中華人民共和國國務院批准的重大文化出版工程

國家文化發展規劃綱要的重點出版工程項目

新聞出版總署列爲「十一五」國家重大工程出版規劃之首

國家出版基金重點支持項目

中華大典

宗教典

河北出版傳媒集團
河北人民出版社

《中華大典》工作委員會

《中華大典》編纂委員會

《中華大典》前言

《中華大典》是運用我國歷代漢文古籍編纂的一部大型工具書。其目的是爲學術界及願意瞭解中國古代珍貴文化典籍的人士提供準確詳實、便於檢索的漢文古籍分類資料。

中國是世界文明古國之一，幾千年來纂寫和聚集的文化典籍浩如烟海。我國歷代都有編纂類書的優良傳統，具有代表性的《永樂大典》等大多已佚失，現存《古今圖書集成》編就距今也已數百年。爲了適應今天和以後研究和檢索的需要，一九八八年海内外三百多位專家學者和各古籍出版社同仁倡議，在已有類書的基礎上，用現代科學方法編纂一部新的類書《中華大典》。

國務院在關於編纂《中華大典》問題的批覆中指出，編纂《中華大典》「是我國建國以來最大的一項文化出版工程」。本書所收漢文古籍上起先秦，下迄清末，約三萬種，達七億多字，分爲二十四個典，近百個分典，内容廣博，規模宏大，前所未有。

《中華大典》的編纂工作堅持科學態度和百花齊放、百家争鳴方針。儘量採用古精校精刻本，優先採用我國建國後文獻學和考古學的優秀成果。對傳統文化中重要的不同學派的資料，兼收並蓄。運用現代圖書分類的方法，對收集到的資料，精選、精編，力求便於檢索、準確可信。

這項工作從開始起就受到中共中央、國務院和有關部門的重視和支持。國家主席江澤民、國務院總理李鵬分别爲《中華大典》題詞。江澤民的題詞是：「同心同德群策群力認真編好中華大典爲建設有中國特色的社會主義服務」。李鵬的題詞是：「繼承和弘揚民族優秀傳統文化」。全國政協主席李瑞環、國務委員李鐵映也作了重要指示，要求抓緊辦理。一九九零年五月，國務院批准

《中華大典》爲國家重點古籍整理項目。一九九二年九月，正式成立了《中華大典》工作委員會和《中華大典》編纂委員會，召開了《中華大典》工作、編纂會議。自此，《中華大典》的編纂工作由試點轉入正式啓動，逐步鋪開。

編纂《中華大典》，學術性很强，工作量很大，工程十分艱鉅，全賴廣大專家學者和全國各有關高等院校、科研院所、圖書館、出版單位的鼎力支持與積極參與。大家本着弘揚中華民族優秀文化的心願，發揚奉獻精神，克服各種困難，團結協作，給這部巨大類書的出版提供了根本保證。在此謹表示誠摯的謝意。

對本書的批評與建議，我們將十分歡迎。

《中華大典》編纂委員會

一九九七年四月

二〇〇六年十一月修訂

《中華大典》編纂通則

一、性質：《中華大典》（以下簡稱《大典》）是對漢文古籍（含已翻譯成漢文的少數民族古籍）進行全面的、系統的、科學的分類整理和彙編總結的新型類書，是在繼承歷代類書優良傳統、攷慮漢文古籍固有特點的基礎上，借鑒和參照近代編纂百科全書的經驗和方法編纂而成。編纂《大典》的目的，是爲學術界及願意瞭解中國古代珍貴文化典籍的人士提供各種分門別類的、準確詳細的古代漢文專題資料。

二、規模和體例：《大典》所收古籍的時限，上自先秦，下迄辛亥革命。全書共收各類漢文古籍三萬餘種，七億多字。全書體例，着重汲取清代《古今圖書集成》所採用的經目和緯目相交織這一統一框架結構的模式，同時參照現代科學的學科、目録分類方法，並根據各類學科内容的實際情況，一般將每一大類學科輯爲一典，也有將幾個相關學科共輯爲一典的。對各典名稱，均以現代學科命名，對於所收入的各種古籍資料，亦儘可能納入現代科學分類體系之中。

三、經目：大典共分二十四個典，即哲學典、宗教典、政治典、軍事典、經濟典、法律典、教育典、語言文字典、文學典、藝術典、歷史典、歷史地理典、民俗典、數學典、物理化學典、天文典、地學典、生物學典、醫藥衛生典、農業典、林業典、工業典、交通運輸典、文獻目録典。典以下以分典、總部、部、分部分級，分部之下的標目根據各學科特點由各典自行擬定。

四、緯目：共設置九項緯目，用以包容各級經目的具體内容：

①題解：對有關學科的名稱、概念、涵義、特點等作總體介紹的資料。

②論説：有關理論部分的資料。

③ 綜述：有關學科或事物的系統性資料，凡有關學科或事物的性狀、制度、範疇、特點及學科地位、發展情況等具體内容均編入此緯目中。

④ 傳記：有關人物的傳記資料。

⑤ 紀事：有關學科或事物的具體活動或事例的資料。

⑥ 著録：重要人物或文獻的有關著作資料，如專集介紹、序跋、藏書題記，以及有關著作的成書經過、版本源流等。

⑦ 藝文：有關屬於文學欣賞性的散文或韻文。

⑧ 雜録：凡未收入以上各緯目，而又有較高參攷價值的資料，均入雜録。

⑨ 圖表：根據有關經目的内容需要，圖與表附於相關專題之下，或集中彙總於某級經目之後。

《大典》以内容分類安排各級緯目，各級緯目的正文，一般以原書爲單位，按時代順序排列。每一條資料前標明出處，包括書名或作者名、篇名或卷次，以利讀者核對原書。

五、書目：每分典後附有該分典所收書之書目，書目包括書名、作者、時(年)代、版本等内容。時代以成書時代爲準，成書時代不詳者，以作者主要活動時代爲準，並遵從歷史習慣。

六、版本：《大典》在選用版本時儘量採用古人的精校精刻本，亦採用學術界通用的近、現代整理圈點本及現代學者校點整理本。

七、校點：爲儘可能保存古籍原貌，《大典》祇對底本中明顯的脱、訛、衍、倒進行勘正。古本中的避諱字一般不作改動，祇對缺筆字補足筆畫。後人刻書時避當朝人諱而改動的字，據古本改回。《大典》採用新式標點法。

一九九六年八月

二〇〇六年十一月修訂

《中華大典·宗教典》編纂委員會

《中華大典·宗教典》編纂説明（代序）

李　申

不幸，這本來是由任繼愈先生撰寫的文字，如今祇能由我來代寫了。

遵照任繼愈先生的意見，本典也不稱序言，而僅稱「編纂説明」。雖小違大典體例，但更合編纂初衷。大典的編纂，本意就是要用材料説話。僅做編纂説明，也就盡了編纂者的責任，也利於讓讀者自己從原始材料中做出判斷。

《宗教典》共分四個分典：儒教分典，佛教分典，道教分典，伊斯蘭、基督與諸教分典。分典根據具體情況，設若干總部、部、分部。所收材料，儒佛道三教主要取自《四庫全書》、《大藏經》和《道藏》系統；佛教與伊斯蘭、基督和諸教分典所取材料，有的本是外文著作，但早已譯成漢文，成爲中華傳統文化的一部分，也加收録。由於宗教的特殊情況，同一緯目下，均仿照儒教分典按經史子集順序和時間先後，排列材料。

我們把《四庫全書》的文字和現代整理本、明清精校精刻本、《四部叢刊》本進行比較後發現，《四庫全書》本除去在某些涉及民族問題上文字小有改動之外，絶大部分資料的選材是精良的，文字也比較準確，故作爲工作用本。

標題一般依大典規定。但文集部分一般先標作者加篇名，其下用括弧標出文集名和卷數。

標點必用句、逗和書名號，少用頓號、冒號、問號、分號等；一般不用引號、感嘆號、省略號。現代整理過的典籍，如二十四史等，保留原標點符號，發現明顯錯誤者，慎重改動。

書名號，混略稱用的，兩頭加書名號，中間用頓號隔開，如《大、小戴禮記》，《論語、孟子集注》等；類名不加，如「五經」、「三史」；指意稱名者，一般不加，如隋唐志、前書（指《漢書》），新書（指《新唐書》）等；卦名一律不加書名號，以免造成「《乾》上《坤》下」等問題。其他更爲複雜的情況，則由編纂者依據實際情況，妥善處理。

甲骨文和金文幾乎可説全是宗教文獻。由於其内容大多已包含在其後形成的儒教文獻之中，加之儒教文獻繁多，《語言文字典》等對該文字有專門收録，所以本典没有選用甲骨和金文材料。新出土的有關原始宗教的資料，由於多是現代文字，也不在本典選用範圍。

宗教教義中的理論部分，許多已經收入《哲學典》。爲避免重複，本典僅在確有必要的情況下收録。所以讀者欲瞭解中國古代宗教，宜將本典和《哲學典》參照研究。

由於「宗教」概念一直被認為非中國原有，所以於《儒教分典·釋義稱名總部》後特設一《宗教釋義部》，說明「宗教」概念乃中國固有。

根據古代實際，本典給予《儒教分典》以較多的篇幅。並且認爲，講中國古代宗教如果忽略儒教，則必不能準確反映古代宗教面貌。

二〇〇九年七月十一日，對於本典，是一個黑色的日子，主編任繼愈先生在這一天最終離開了他尚未完成的事業。後繼者，只能以完成先生未竟之業，告慰先生之靈。

二〇〇九年九月九日

《中華大典·宗教典》編纂體例説明

本典依照大典統一體例，根據本典實際，補充如下：

一、由於宗教經典特别意義，本書内容排序一般先經後論及其他。在儒教，首先依《四庫》經史子集，經書依《易》《書》《詩》《禮》《春秋》等，史書依正史、編年史等順序排列；然後再按時代排列。其他宗教資料依此原則具體安排。

二、材料僅收集一九一一年及其以前的漢文材料。外來經典一九一一年前已譯成漢文的，已經成爲傳統文化一部分，應收録。

三、標題

（一）經書、二十四正史，一般標：書名加卷數（或篇名），用括弧注明注疏者。如取義以注疏爲主，則標：注疏者加書名加卷數或篇名。

（二）論或儒教子書，一般爲三級：作者加書名加卷數（或篇名），特殊情況可標四級：作者加書名加卷數加篇名。

（三）文章出於文集者，一般標：作者加篇名（文集名加卷數）。

（四）漢及漢以前書，不標作者，只標書名加篇名（或卷數）。歷代欽定、官修書，一般不標作者。需要時標出時代。

四、標點

（一）依大典規定，結合本典實際，書名號、句號、逗號必標；少用頓號、冒號、問號、分號等；一般不用引號、感嘆號、省略號。現代整理過的典籍，如二十四史等，保留原標點符號；發現明顯錯誤者，慎改。

（二）依據現在古籍整理狀況。本典規定對卦名不加書名號。即：乾、坤、艮、兑等。否則將出現「《乾》上《坤》下」等問題。但引用《周易》書中文字時例外。如《周易·彖傳·乾》。

（三）編選者不明確處，書名號寧缺勿濫。如易、詩等。

（四）混略稱書名者，兩頭加，中間用頓號隔開。如《大、小戴禮記》，《論語、孟子集注》。類名不加，如「五經」，「三史」。

（五）指意稱名者，一般不加。如隋唐志、詩書禮樂、論孟荀揚、前書（指《漢書》）、新書（指《新唐書》）等。

中華大典·宗教典

總目

儒教分典
佛教分典
道教分典
伊斯蘭、基督與諸教分典

中華大典·宗教典

道教分典

主編：王卡

#《中華大典·宗教典·道教分典》編纂委員會

道教分典主編：王　卡　副主編：汪桂平

科戒總部、符咒法術總部主編：姜守誠

醫藥養生總部、金丹總部主編：林巧薇

教義總部主編：胡百濤

編　委：王　卡　汪桂平　姜守誠　林巧薇　胡百濤

《中華大典·宗教典·道教分典》編纂説明

《道教分典》設神仙、教史人物、經籍、教義、科戒、符咒法術、醫藥養生、金丹、宮觀仙境九個總部。

《神仙總部》設神鬼靈祇部、仙真部，展示道教的神仙系統。

《教史人物總部》按時代分早期道教、隋唐五代、宋遼金元、明清四部，分别介紹各時期道教史上的重要道士及相關人物。

《經籍總部》設三洞真經、四輔真經、道教論集、道法科儀、道史仙傳五部，分别介紹相關道教經典。

《教義總部》設教義術語部、教門常識部，展示道教教義。

《科戒總部》設科儀名目、文檢、祝讚、戒律四部，介紹道教的齋醮科儀和戒律系統。

《符咒法術總部》設咒訣、逐鬼、祈安、禳災、却疾五部，介紹道教的符咒法術系統。

《醫藥養生總部》設醫藥學部、養生功法及武術部、房中養生部，介紹道教在醫藥學、養生學等方面的成就。

《金丹總部》設内丹部、外丹黄白術部，介紹道教的内丹和外丹修煉方術。

《宫觀仙境總部》介紹道教的名山勝地及重要宫觀。

王　卡　二〇一四年四月二十五日

道教分典

簡目

一　神仙總部
二　教史人物總部
三　經籍總部
四　教義總部
五　科戒總部
六　符咒法術總部
七　醫藥養生總部
八　金丹總部
九　宮觀仙境總部
引用書目

目次

一 神仙總部 …… 一

神鬼靈祇部 …… 三

元始天王 …… 三
太上道君 …… 三
太上大道君 …… 三
三天君 …… 四
青靈始老君 …… 五
丹靈眞老君 …… 五
中央黃老君 …… 六
金門皓靈皇老君 …… 六
五靈玄老君 …… 六
太上老君 …… 七
太微天帝君 …… 八
青要帝君 …… 八
總眞主錄 …… 九
中天玉寶元靈元老君 …… 九
赤明天帝 …… 九
南極尊神 …… 一〇
玉皇上帝 …… 一一
九天司命保生天尊 …… 一一
聖祖母元天大聖后 …… 一一
東華帝君 …… 一二
后土皇地祇 …… 一二
玄天上帝 …… 一二
梓潼帝君 …… 一三
三元大帝 …… 一四
至聖炳靈王 …… 一四
佑聖眞君 …… 一五
東嶽 …… 一五
南嶽 …… 一五
西嶽 …… 一五
北嶽 …… 一六
中嶽 …… 一六
四瀆 …… 一六
泗州大聖 …… 一六
五顯公 …… 一七
萬迴虢國公 …… 一七
許眞君 …… 一七
薩眞人 …… 一八

袁千里……一九
崔府君……一九
吳客三眞君……二〇
昭靈侯……二〇
義勇武安王……二〇
淸源妙道眞君……二一
威惠顯聖王……二一
祠山張大帝……二二
趙元帥……二二
鍾馗……二三
五瘟使者……二三
司命竈神……二四
福神……二四
五盜將軍……二四
王元帥……二四
謝天君……二五
大奶夫人……二五
天妃娘娘……二五
劉天君……二六
王高二元帥……二六
田華畢元帥……二七
田呂元帥……二七
黨元帥……二七
石元帥……二八
高元帥……二八
靈官馬元帥……二八
孚佑溫元帥……二九
朱元帥……二九
張元帥……三〇
辛興苟元帥……三〇
鐵元帥……三〇
太歲殷元帥……三一
斬鬼張眞君……三一
五雷神……三一
門神二將軍……三二

仙眞部……三三

黃帝……三三
通玄天師……三四
有古大先生……三四
盤古先生……三四
鬱華子……三四
廣壽子……三四
大成子……三五
廣成子……三五
赤松子……三五
寧封子……三五
馬師皇……三六
彭祖 籛鏗……三六
籛鏗 見彭祖……三七
仇生……三七
容成公……三七
葛由……三八
陸通……三八
王子喬……三八
王晉 見王子喬……三九
黃阮丘 阮丘……三九

阮　丘見黃阮丘……三九
安期先生安期生……三九
安期生見安期先生……四〇
樂子長……四〇
園　客……四〇
馬鳴生馬明生……四〇
馬明生見馬鳴生……四二
陰長生……四二
王　眞……四三
陳　長……四四
王　烈……四四
東郭延……四四
劉　京……四五
趙　瞿……四五
壺　公……四五
魯女生……四七
封君達……四七
關令尹……四七
尹　喜……四七
張　楷……四九
周隱遙……四九
劉　商……四九
伯山甫……五〇
李常在……五〇
蘇仙公……五〇
成仙公……五一
天眞皇人……五二
白石生……五二
王　倪……五二
洪崖先生……五二
展上公……五三
何　侯……五三
文　子辛　鈃……五三
辛　鈃見文子……五四
亢倉子庚桑楚……五四
庚桑楚見亢倉子……五四
浮丘公……五四
沈　羲……五五
成連先生……五五
武夷君……五五
若　士……五六
沈文泰……五七
董　謁……五七
李　充……五七
孟　岐……五八
郭　瓊……五八
黃　安……五八
皇初平……五八
沈　建……五九
華子期……五九
王　遠……五九
蔡　經……六一
涉　正……六二
孫　博……六二
天門子王　綱……六二
王　綱見天門子……六三

劉政……六三
王喬……六三
成君平……六三
鬼谷先生……六三
茅濛……六四
西門君……六四
郭四朝……六四
周太賓……六四
姜叔茂……六五
王興……六五
壽光侯……六五
衛叔卿……六五
戴孟……六六
山世遠……六六
毛伯道……六六
蘇林……六七
陽生……六七
王思眞……六八
王仲都……六八
上成公……六八
桐君……六八
劉晨……六九
尹軌……六九
杜冲……七〇
彭宗……七一
宋倫……七一
馮長……七二
姚坦……七三
周亮……七三
尹澄……七三
王探……七四
李翼……七四
李八伯李八百……七五
李八百見李八伯……七六
匡續……七六
玉子……七七
李冰……七七
魯般……七七
唐建威……七七
孔丘明……七八
何紫霄……七八
唐公昉……七九
丁令威……七九
張良……七九
蘇耽……八一
司馬季主……八二
嚴青……八二
王谷神皮玄耀……八二
皮玄耀見王谷神……八三
李奉仙……八三
清平吉……八三
黃山君……八三
呂恭……八三
陳安世……八四
靈壽光……八四
張禮正……八四

李根……八五
黄敬……八五
甘始……八五
黄子陽……八六
周義山……八六
王褒……八八
梅福……八九
裴君裴玄仁……九〇
裴玄仁見裴君……九二
孔元方……九二
焦先……九二
陽翁伯……九三
李意期……九三
杜契……九三
李阿……九三
介象……九四
董奉……九五
茅君茅盈……九六
茅盈見茅君……九七
韓崇……九八
馮良……九八
郎宗……九八
淳于斟……九九
桃俊……九九
劉翊……九九
張激子……一〇〇
虞翁生……一〇〇
朱孺子……一〇〇
尹虔子……一〇一
鄭景世……一〇一
平仲節……一〇一
吳睦……一〇一
郭靜……一〇二
范伯慈……一〇二
韓偉遠……一〇二
劉少翁……一〇二
無上元君……一〇二
太一元君……一〇四
聖母元君……一〇四
金母元君見西王母……一〇六
西王母……一〇六
九天玄女……一〇九
蠶女……一〇九
雲華夫人……一一〇
李真多……一一一
孫氏……一一一
張文姬……一一一
張文光……一一一
張賢……一一二
張芝……一一二
盧氏……一一二
張玉蘭……一一二
嬰母……一一三
諶姆見嬰母……一一四
劉仙姑……一一四
盱母……一一四

許　氏……一一四
薛練師……一一五
上元夫人……一一五
南極王夫人……一一八
雲林右英夫人……一一八
紫微王夫人……一一九
太眞王夫人……一二二
昭靈李夫人……一二四
中候王夫人……一二五
三元馮夫人……一二五
太微玄清左夫人……一二五
東華上房靈妃……一二五
麻　姑……一二六
魏夫人……一二七
九華安妃……一二九
王妙想……一二九
王奉仙……一三〇
鮑　姑……一三一
梁　母……一三一
徐仙姑……一三二
花　姑……一三二
焦靜眞……一三三
王法進……一三三
費妙行……一三三
緱仙姑……一三四
裴元靜……一三四
戚逍遙……一三五
何仙姑……一三五
謝自然……一三五
蔡尋眞……一三八
麻　媼……一三八
盧眉娘神　姑……一三八
神　姑見盧眉娘……一三九
吳綵鸞……一三九
杜蘭香……一三九
南溟夫人……一四〇
邊洞玄……一四一
黃觀福……一四二
陽平治……一四二
薛玄同……一四三
萼綠華……一四三
孫夫人……一四四
彭　女……一四四
采　女……一四四
河間王女……一四五

二　教史人物總部

……一四七

早期道教部……一四九

呂　尚……一四九
老　子……一五〇
莊　子……一五〇
列　子……一五一
范　蠡……一五一
徐　福徐　市……一五二
徐　市見徐福……一五二
河上公……一五二

李少君……一五三
東方朔……一五四
董仲君……一五七
劉　安淮南王……一五七
淮南王見劉安……一六〇
劉　根……一六〇
劉　圖……一六一
魏伯陽……一六一
張道陵……一六二
王　長……一六四
趙　昇……一六四
張　衡……一六四
張　魯……一六五
桓　闓……一六六
宮　嵩……一六六
干　吉……一六六
帛　和……一六七
封　衡……一六八
王　老……一六八
張　皓……一六八
華　陀……一六八
左　慈……一七一
欒　巴……一七二
薊子訓……一七三
路大安……一七四
王　暉……一七五
鮑　靚……一七五
葛　玄葛仙公……一七六
葛仙公見葛玄……一七九
鄭思遠……一七九
葛　洪……一七九
黄野人……一八〇
楊　羲……一八〇
許　邁……一八一
許　穆……一八二
許　翽……一八二
許黄民……一八二
陸修靜……一八三
孫遊嶽……一八四
陶弘景……一八四
扈　謙……一八六
許太史許　遜……一八六
許　遜見許太史……一八八
吳　猛……一八八
韓　越……一八九
郭　璞……一八九
王　嘉……一九〇
寇謙之……一九一
郭文舉……一九一
韋　節……一九二
岐　暉……一九二
梁　諶……一九三
孫　徹……一九三
馬　儉……一九三
尹　通……一九四
牛文侯……一九四

王道義……一九四
陳寶熾……一九五
王延……一九五
侯楷……一九五
嚴達……一九六
于章……一九六
嵇康……一九七
東郭延……一九八
欒子長……一九八
王玄甫……一九八
嚴東……一九八

隋唐五代部……一九九

徐則……一九九
丁玄眞……一九九
巨國珍……一九九
胡隱遙……二〇〇
王遠知……二〇〇
李元基……二〇二
張惠明……二〇二
韋善俊……二〇二
陳道冲……二〇三
田仕文……二〇三
王軌……二〇三
王柯……二〇四
孫思邈……二〇四
張公弼……二〇六
潘師正……二〇七
劉道合……二〇八
萬振……二〇八
李淳風……二〇九
葉法善……二〇九
何尊師……二一四
周賢者……二一五
張惠感……二一五
許宣平……二一五
劉知古……二一六
唐若山……二一六
王希夷……二一七
尚獻甫……二一七
尹文操……二一八
李思慕……二一九
楊通幽……二一九
胡惠超……二二〇
白履忠……二二一
邢和璞……二二一
司馬承禎……二二一
吳筠……二二四
張志和玄真子……二二四
玄眞子見張志和……二二五
羅子房……二二五
羅公遠……二二五
崔生……二二六
李聿……二二七
王旻……二二七
王向……二二八
李遐周……二二八

李筌……二二八
張卓……二二九
陸生……二二九
葉靜能……二三〇
張果……二三〇
徐左卿……二三二
李含光……二三二
申泰芝……二三五
傅仙宗……二三七
王常……二三七
楊泰明……二三八
韋景昭……二三八
張太空……二四〇
黃洞元……二四〇
鄧紫陽……二四〇
翟法言……二四一
張子祥……二四一
張通玄……二四二
張恆……二四二
張光……二四二
張慈正……二四二
張高……二四三
張應韶……二四三
張順……二四三
張士元……二四三
張脩……二四四
許棲巖……二四四
殷文祥……二四五
程太虛……二四六
錢朗……二四六
鍾離權……二四七
呂嵒……二四八
朱桃椎……二四九
洪志……二四九
韓湘……二四九
藍采和……二五〇
徐靈府……二五〇
劉元靖……二五〇
麒麟客……二五一
侯道華……二五二
楊雲外……二五二
柳條青……二五三
呂志真……二五三
左元澤……二五三
施肩吾……二五四
田虛應……二五四
馮惟良……二五五
應夷節……二五五
陳寡言……二五六
葉藏質……二五七
軒轅集……二五七
譚峭岩……二五八
王璨……二五八
葉千韶……二五八
祖舒……二五九
張辭……二五九

王元芝……二六〇
爾朱洞……二六〇
孫智清……二六一
馬湘……二六一
金可記……二六二
王昌遇……二六二
熊德融……二六三
張諶……二六三
張秉一……二六四
張善……二六四
張季文……二六四
趙知微……二六四
劉瞖……二六五
王廓……二六五
王可交……二六五
閭丘方遠……二六六
劉得常……二六六
聶師道……二六七
杜光庭……二六九
吳涵虛……二七〇
鄭遨……二七〇
伊用昌……二七一
譚峭……二七一
張薦明……二七二
聶紹元……二七二
楊保宗……二七二
萬祐……二七三
李守微……二七三
譚紫霄……二七三
王棲霞……二七四
許堅……二七五
王法進……二七六
費冠卿……二七六
楊眞伯……二七七
維揚十友……二七七
閭丘子……二七八
王子芝……二七八
陳簡……二七九
王叡……二七九
沈彬……二七九
蔡少霞……二八〇
鄭居中……二八〇
張山人……二八〇
輔神通……二八一
騾鞭客……二八一
杜巫……二八二
程逸人……二八二
李處士……二八二
趙操……二八三
俞叟……二八三
陳季卿……二八四
陳生……二八四
崔言……二八五
王老……二八五
司馬郊……二八六
朱孺子……二八六

邊洞元……二八七

宋遼金元部……二八八

劉玄英劉操……二八八
劉　操見劉玄英……二八九
陳　摶……二八九
屈突無爲……二九二
牽子廉……二九三
劉希嶽……二九三
蘇澄隱……二九三
劉若拙……二九四
張　白……二九四
混沌道士……二九五
梁　筌……二九五
丁少微……二九五
張契眞……二九五
張元化……二九六
張齊物……二九六
張無夢……二九七
塗定辭……二九七
趙靈運……二九八
种　放……二九八
王懷隱……三〇〇
趙自然……三〇〇
賀蘭棲眞……三〇〇
柴通玄……三〇二
甄棲眞……三〇二
郭上竈……三〇二
李鑒夫……三〇三
呂大郎……三〇三
王　鼎……三〇三
趙抱一……三〇四
武抱一……三〇四
朱自英……三〇五
李仙人……三〇五
劉從善……三〇六
藍　方……三〇六
張用成張伯端……三〇七
張伯端見張用成……三〇八
陳景元……三〇八
馬自然……三〇八
劉　昉……三〇九
羅道成……三〇九
曾志靜……三〇九
歸眞子……三一〇
孫希齡……三一〇
周　貫……三一〇
劉元眞……三一一
陳太初……三一一
馬宣德……三一一
胡用琮……三一二
董惟滋……三一二
劉　景……三一二
沈東老……三一三
車　四……三一三
章　詧……三一四
邢仙翁……三一四

賈善翔……三一五
周史卿……三一五
劉大頭……三一五
劉混康……三一六
王　筌……三一七
徐守信……三一八
王老志……三一八
林靈素林靈蘁……三一九
林靈蘁見林靈素……三二二
王文卿……三二二
毛奉柔……三二三
笪淨之……三二四
張正隨……三二四
張乾曜……三二五
張嗣宗……三二五
張象中……三二五
張敦復……三二六
張景端……三二六
張繼先……三二六
張時修……三二八
魏漢津……三二八
王仔昔……三二八
黃知微……三二九
畢道寧……三二九
田端彥……三二九
劉跛子……三三〇
水丘子……三三〇
張虛白……三三〇
劉卞功……三三一
薛玄微……三三三
莎衣道人……三三三
石　泰……三三四
薛道光……三三四
陳　楠……三三四
白玉蟾……三三五
彭　耜……三三六
朱　橘……三三六
王　嘉……三三七
馬　鈺……三四〇
譚處端……三四二
劉處玄……三四三
丘處機……三四四
王處一……三四八
郝大通……三四九
孫不二……三五〇
和德瑾……三五一
李靈陽……三五二
皇甫坦……三五三
羅　晏……三五五
薩守堅……三五五
趙麻衣……三五六
劉居中……三五六
譙　定……三五六
姚平仲……三五七
蘇　庠……三五七
馮觀國……三五八

趙縮手……三五九
寇子隆……三五九
傅得一……三五九
張宗元……三六一
張道清……三六一
謝守灝……三六二
黃舜申……三六三
雷時中……三六三
莫月鼎……三六四
金蓬頭……三六四
徐希和……三六五
蔣景徹……三六五
李景合……三六五
李景暎……三六六
徐守經……三六六
秦汝達……三六六
邢汝嘉……三六六
薛汝積……三六七
任元阜……三六七
鮑志眞……三六七
湯志道……三六八
周大川……三六八
吳養浩……三六八
甯全眞……三六九
林靈眞……三七〇
通玄子見劉志淵……三七一
劉志淵……三七一
卜道堅……三七二
蒲察道淵……三七二
陳道益……三七三
瑩然子……三七三
訾存眞……三七四
許廣陽……三七五
尹志平……三七五
李志常……三七七
于志道……三七九
李志源……三八二
于道顯……三八二
趙悟玄……三八三
楊明眞……三八四
周全道……三八五
范圓曦……三八六
王志謹……三八七
張志素……三八八
張志敬……三八九
趙九淵……三八九
呂道安……三九〇
崔道演……三九〇
潘德沖……三九一
夏志誠……三九二
于志可……三九三
綦志遠……三九四
李志遠……三九五
馮志亨……三九七
孟志源……三九八
劉道寧……三九九

李志方……三九九
李志明……四〇〇
王志坦……四〇一
毛養素……四〇二
李志源……四〇三
把德伸……四〇四
李志柔……四〇五
然逸期……四〇六
秦志安……四〇六
王　粹……四〇七
張　本……四〇七
李志全……四〇八
高道寬……四〇八
褚志通……四〇九
史志經……四一〇
張志偉……四一一
劉志源……四一二
趙志淵……四一三
姬志眞……四一三
趙抱淵……四一四
申志貞……四一四
馬天麟……四一五
辛希聲……四一六
楊至道……四一六
陳志益……四一七
斡勒守堅……四一八
周慶安……四一八
穆守妙……四一九
朱志希……四一九
張志謹……四二〇
李大方……四二一
袁從義……四二一
彭九萬……四二二
佘岫雲……四二三
劉志貞……四二四
杜志寥……四二四
孫志覺……四二五
司志淨……四二五
李守遷……四二六
謝成眞……四二六
劉志通……四二七
寇志靜……四二七
石志堅……四二八
喬志高……四二八
史處厚……四二九
劉通微……四二九
嚴處常……四三〇
姚　玹……四三〇
曹　瑱……四三〇
來靈玉……四三一
雷大通……四三一
劉眞一……四三二
李大乘……四三二
蘇　鉉……四三二
于通清……四三三
段明源……四三三

柳開悟……四三三
任守一……四三四
喬潛道……四三四
李沖道……四三五
趙九古……四三五
陶彥明……四三六
王志達……四三六
薛知微……四三七
陳知命……四三七
宋明一……四三七
呂道安……四三八
畢知常……四三八
宋德方……四三九
張守眞……四四〇
張伯璟……四四一
張慶先……四四一
張可大……四四一
張宗演……四四二
張與棣……四四三
張與材……四四三
張嗣成……四四四
張嗣德……四四五
張正言……四四五
張聞詩……四四六
留用光……四四六
黃公望……四四六
李道純……四四七
杜道堅……四四七
蔣宗瑛……四四八
景元範……四四八
劉宗昶……四四八
王志心……四四九
翟志穎……四四九
許道杞……四四九
王道孟……四四九
劉大彬……四五〇
祁志誠……四五〇
張留孫……四五一
吳全節……四五五
劉　玉……四五八
黃元吉……四五九
徐　異……四六〇
牛志信……四六一
陳志昂……四六一
魯志瑞……四六二
劉志厚……四六二
韓抱眞……四六三
李元常……四六四
李道謙……四六四
陳日新……四六五
倪文光……四六六
孫德彧……四六七
霍志眞……四六八
劉道清……四六九
趙道堅……四六九
張德純……四七〇

劉德仁……四七〇
酈希成……四七一
岳德文……四七二
張清志……四七三
侯元仙……四七四
韓　矩……四七五
蕭道熙……四七五
王守謙……四七六
蕭志沖……四七七
張善淵……四七八
蕭輔道……四七九
李居壽……四七九
張居祐……四八〇

明清部

張正常……四八二
張三丰……四八三
張　中……四八四
周　顛……四八五
陳通微……四八七
王應瑾……四八七
張友霖……四八八
鄧仲修……四八八
張宇初……四八八
張宇清……四八九
張懋丞……四九〇
劉淵然……四九〇
朱　權……四九二
周玄朴……四九二
于梓人……四九二
冷　謙……四九三
趙宜真見趙元陽……四九三
趙元陽見趙宜真……四九四
張景忠張皮雀……四九四
張皮雀見張景忠……四九六
周元真……四九六
鄧青陽……四九八
彭通微……四九八
單道安……四九八
李素希……四九九
周自然……四九九
李德囦……四九九
邱玄清……四九九
盧秋雲……五〇〇
鄧　羽……五〇〇
蒲善淵……五〇〇
王宗道……五〇〇
吳守一……五〇一
守法眞人……五〇一
黎一泉……五〇二
孫碧雲……五〇二
簡中陽……五〇二
任自垣……五〇二
楊理信……五〇三
胡玄宗……五〇三
張元吉……五〇三
張玄慶……五〇四

馬微善……五〇五
張諺頨……五〇五
張永緒……五〇六
李孜省……五〇七
邵元節……五〇八
陶仲文……五〇八
段朝用……五〇九
龔可佩……五一〇
藍道行……五一〇
胡大順……五一〇
王　金……五一一
顧可學……五一一
端　明……五一二
朱隆禧……五一二
蔣雷谷……五一二
李仲治……五一二
陳善道……五一三
周濟世……五一三
何海曙……五一三
張金箔……五一三
無錫老人……五一四
程　濟……五一四
陳立興……五一四
蔡　敞……五一五
呂貧子……五一五
楊　黼……五一五
庾嶺仙人……五一六
邱　駝……五一六
王士能……五一六
尹繼先……五一七
張復陽……五一八
武光輔……五一八
弔桶大仙……五一八
許三界……五一九
樵陽子……五一九
邀蓬頭……五一九
韓　清……五二〇
雍　泰……五二〇
吳　羽……五二〇
吳夢暘……五二一
劉　偉……五二一
岳　嵩……五二一
王　敕……五二二
青邱子……五二二
金　竹……五二三
裴　慶……五二三
彭明府……五二三
蕭　勝……五二四
菜道人……五二四
蒲　仙……五二四
劉黑黑……五二五
林道人……五二五
周三畏……五二六
藏拙翁……五二六
鄧雲峰……五二六
彭幼朔……五二七

邱了顛……五二七
麩子李……五二八
王道成……五二八
鍾丫髻……五二八
孫玄清……五二九
李夢仙李赤肚 李徹度……五二九
李赤肚見李夢仙……五三〇
李徹度見李夢仙……五三〇
閻希言……五三〇
曹薰……五三一
白玄福……五三一
楊常炫……五三一
鄧起西……五三二
馬眞一……五三三
徐道彰……五三三
鬱存方……五三四
徐石林……五三四
兪大彰……五三五
舒本住……五三六
江本實……五三六
王合心……五三七
張靜定……五三七
沈靜圓……五三八
趙眞嵩……五三八
衛眞定……五三九
張國祥……五三九
張顯祖……五四〇
張應京……五四〇
張逍遙……五四〇
朱立剛……五四一
許去乾……五四一
張洪任……五四二
梅茂林……五四二
羅眞人……五四二
高火頭……五四二
王清正……五四三
江本寔見江本實……五四三
王常月……五四三
沈常敬……五四四
上官常明……五四五
郭長彬……五四五
伍守陽……五四五
詹守椿……五四六
黃守正……五四六
程守宏……五四七
陶靖菴……五四七
黃守圓……五五一
呂守璞……五五二
黃守中……五五二
譚守誠……五五三
程守丹……五五四
林守木……五五五
郭守眞……五五五
金築老人……五五六
江處士……五五六
孫守一……五五七

黃守中雞足道者……五五七
雞足道者見黃守中……五五八
江雲城……五五八
王霞棲……五五八
胡剛剛……五五八
洪元照……五五九
雪蓑翁……五五九
陳戴墨……五五九
王建章……五六〇
陶宏化……五六一
施道淵……五六一
徐啓泰……五六二
沈啓祥……五六三
徐又孺……五六三
沈庶中……五六三
李南宮……五六三
張繼宗……五六四
高惟泰……五六四
何其愚……五六四
周大經……五六四
胡德果……五六五
潘元珪……五六五
張錫麟……五六五
張遇隆……五六六
張存義……五六六
張起隆……五六六
楊承乾……五六六
朱沖和……五六七
黃鶴……五六七
俞桐……五六八
婁近垣……五六八
惠遠謨……五六八
莊椿 莊熙……五六九
李湛然……五七〇
張資理……五七〇
顧神幾……五七〇
詹太林……五七〇
姚太寧……五七一
謝太易……五七一
朱太侳……五七二
孫太岱……五七二
陶思萱……五七二
周太朗……五七四
王太古……五七五
呂太晉……五七五
范太清……五七六
穆清風……五七六
陳清覺……五七七
張清夜……五七八
徐清澄……五七八
戴清源……五七九
方清復……五八〇
謝清涵……五八〇
高清昱……五八一
金清來……五八一
孟清晃……五八二

葉清澈……五八三
童清和……五八三
許清陽……五八三
王清虛……五八四
朱一和……五八四
曾一貫……五八四
徐一返……五八五
駱一中……五八五
戴一振……五八六
徐聖宗……五八六
方一定……五八六
沈一炳……五八六
潘一善……五八九
王一淨……五八九
黃一靜……五九〇
潘一元……五九〇
袁陽舉……五九〇
柯陽桂……五九〇
蔡陽善……五九一
顧陽崑……五九一
陳陽復……五九二
周陽本……五九三
費陽得……五九三
白復禮……五九四
潘復圓……五九四
童復魁……五九四
貝本恆……五九五
管太清……五九五
王太原……五九六
王袖虎……五九六
金懷懷……五九六
閔一得……五九七
劉一明……五九八
施神安……五九九
張鈺……五九九
張培源……五九九
張仁最……六〇〇
李西月……六〇〇
張睡仙……六〇一
李圜帬……六〇一
江本源……六〇一
賴本華……六〇一
程本煥……六〇二
佘明志……六〇二
張合皓……六〇二
王合貴……六〇三
陳教友……六〇三
張教智……六〇三
呂永震……六〇四
汪東亭……六〇四
張圓璿……六〇五
高明峒……六〇五
劉誠印……六〇六
陳至霦……六〇六
劉名瑞……六〇七

三 經籍總部

三 經籍總部……六〇九
三洞真經部……六一一
上清大洞眞經……六一一
上清大洞眞經玉訣音義……六一二
大洞玉經……六一三
洞眞高上玉帝大洞雌一玉檢五老寶經……六一三
太洞金華玉經……六一三
洞眞太上素靈洞元大有妙經……六一三
洞眞太上太霄琅書……六一四
洞眞高上玉清隱書經……六一四
太上洞房內經註……六一四
金闕帝君三元眞一經……六一五
眞　誥……六一五
登眞隱訣……六一六
上清握中訣……六一七
上清太極眞人神仙經……六一七
洞眞太上八道命籍經……六一七
枕中書元始上真衆仙記……六一七
元始上眞衆仙記見枕中書……六一七
洞玄靈寶眞靈位業圖……六一七
洞玄靈寶玉京山步虛經……六一八
靈寶自然九天生神三寶大有金書……六一八
洞玄靈寶自然九天生神玉章經解……六一八
洞玄靈寶自然九天生神章經解義……六一九
洞玄靈寶自然九天生神章經注……六二一
元始無量度人上品妙經四注……六二一
靈寶度人上品妙經旁通圖……六二三
靈寶無量度人上品妙經符圖……六二三
元始無量度人上品妙經註……六二三
元始無量度人上品妙經內義……六二四
太上洞玄靈寶無量度人上品妙經註……六二四
元始無量度人上品妙經註解……六二五
元始無量度人上品妙經通義……六二六
太上洞玄靈寶天尊說救苦妙經註解……六二六
太上靈寶補謝竈王經……六二七
太上洞玄靈寶衆簡文……六二七
太上洞玄靈寶法燭經……六二七
三皇內文遺祕……六二七
太清金闕玉華仙書八極神章三皇內祕文……六二七
洞神八帝元變經……六二八
太上洞神太元河圖三元仰謝儀……六二八
太上三十六部尊經……六二九
無上內秘眞藏經……六二九
大乘妙林經……六二九
無上大乘要訣妙經……六二九
三洞神符記……六二九
道教義樞……六三〇
一切道經……六三一
一切道經音義妙門由起……六三一
太上老君說常清靜經註……六三三
太上老君說常清靜妙經纂圖解註……六三三
太上老君說了心經……六三四
太上靈寶智慧觀身經……六三四
太上昇玄消災護命妙經……六三四
元始天尊說生天得道眞經……六三四

元始天尊說太古經註……六三四
太上赤文洞古經註……六三五
太上說九幽拔罪心印妙經……六三五
高上玉皇心印妙經……六三五
高上玉皇本行經集註……六三五
太上無極總眞文昌大洞仙經……六三六
玉清無極總眞文昌大洞仙經註……六三七
梓潼帝君化書……六三七
太上玄靈北斗本命延生眞經……六三九
太上說南斗六司延壽度人妙經……六三九
太上玄靈北斗本命延生經註……六三九
太上玄靈北斗本命延生眞經註……六四〇
太上玄靈北斗本命延生眞經註解……六四〇
四輔真經部……六四二
太平經……六四二
無上妙道文始眞經……六四三
文始眞經註……六四三
文始眞經言外旨……六四四
太上洞玄寶元上經……六四五
老子化胡經……六四五
老子西昇經御註……六四六
西昇經集註……六四六
傳授經戒儀注訣……六四七
太上三五正一盟威經……六四七
洞玄靈寶課中法……六四七
太上三天內解經……六四七
洞玄靈寶五感文……六四七
道德眞經……六四七
古老子……六四八
道德眞經指歸……六四八
道德眞經註河上公……六五〇
老子道德經序訣……六五〇
道德眞經註王 弼……六五一
道德眞經註李 榮……六五二
唐玄宗御註道德眞經……六五二
唐玄宗御製道德眞經疏……六五三
道德眞經次解……六五三
道德眞經傳……六五四
道德眞經廣聖義……六五五
道德眞經玄德纂疏……六五六
道德篇章玄頌……六五七
道德眞經傳呂惠卿……六五八
道德眞經註蘇 轍……六五八
老子解……六五九
道德寶章……六五九
道德眞經藏室纂微開題科文疏……六五九
道德眞經集註張 氏……六六〇
道德眞經解陳象古……六六二
宋徽宗道德眞經解義……六六二
道德眞經疏義……六六三
元始說先天道德經註解……六六三
道德眞經直解……六六四
道德眞經口義……六六四
道德眞經集解……六六四
道德眞經集註彭 耜……六六五
道德眞經集註釋文……六六六

道德眞經取善集……六六六
道德玄經原旨……六六六
玄經原旨發揮……六六八
道德眞經全解……六六九
道德眞經解 佚名……六六九
道德眞經四子古道集解……六六九
道德眞經集義大旨……六七〇
道德眞經章句訓頌……六七〇
道德會元……六七一
道德眞經註 林志堅……六七一
道德眞經註 吳澄……六七二
道德眞經三解……六七二
大明太祖高皇帝御注道德眞經……六七二
道德眞經集義……六七三
老子翼……六七三
御定道德經注……六七四
老子說畧……六七四
道德經注……六七四
道德經說奥……六七五
道德經編註……六七五
讀道德經私記……六七五
道德經懸解……六七五
南華眞經……六七五
莊子註……六七六
南華眞經註疏……六七七
南華眞經新傳……六七七
莊子疏……六七七
南華眞經口義……六七八
南華眞經義海纂微……六七八
莊子翼……六八〇
莊子通義……六八〇
解莊……六八〇
南華經副墨……六八一
讀莊小言……六八一
藥地炮莊……六八一
古今南華內篇講錄……六八一
南華評註……六八二
莊子解……六八二
南華通……六八二
南華本義……六八二
南華簡鈔……六八三
南華摸象記……六八三
觀老莊影響論……六八三
沖虛至德眞經……六八三
沖虛至德眞經釋文……六八四
沖虛至德眞經解……六八四
沖虛至德眞經四解……六八五
列子辨……六八七
文子……六八七
通玄眞經註……六八八
通玄眞經纘義……六八八
洞靈眞經……六八九
洞靈眞經註……六九〇
黃帝陰符經……六九〇
黃帝陰符經集注……六九一
黃帝陰符經注 黃居眞……六九一

黃帝陰符經注沈亞夫…………六九二
黃帝陰符經解…………六九二
黃帝陰符經注解…………六九三
黃帝陰符經集解…………六九三
黃帝陰符經疏…………六九三
黃帝陰符經講義夏元鼎…………六九四
陰符經考異…………六九六
陰符經三皇玉訣…………六九六
黃帝陰符經注劉處玄…………六九七
黃帝陰符經注唐淳…………六九八
陰符經註侯善淵…………六九八
黃帝陰符經注俞琰…………六九八
黃帝陰符經夾頌解注…………六九九
陰符經解…………六九九
陰符經質劑…………六九九
陰符經註李光地…………七〇〇
周易參同契…………七〇〇
金碧五相類參同契…………七〇一
周易參同契分章通眞義…………七〇一
周易參同契鼎器歌明鏡圖…………七〇三
周易參同契分章注…………七〇三
周易參同契解…………七〇四
周易參同契考異…………七〇五
周易參同契發揮…………七〇六
易　林…………七〇八
周易圖…………七一〇
太易象數鉤深圖…………七一〇
易外別傳…………七一〇
易圖通變…………七一一
易象圖說內篇…………七一一
天原發微…………七一三
席上腐談…………七一三
古文參同契集解…………七一三
周易參同契註解…………七一四
參同契章句…………七一四
參同契註…………七一四
古文周易參同契註…………七一四
古參同契集註…………七一五
玄學正宗…………七一五
集注揚子太玄經…………七一五
通玄秘術…………七一五
懸解錄…………七一六
雁門公妙解錄…………七一六
神仙服食靈芝菖蒲丸方…………七一七
太上肘後玉經方…………七一七
蓬萊山西竈還丹訣…………七一七
軒轅黃帝水經藥法…………七一七
陰眞君金石五相…………七一八
石藥爾雅…………七一八
丹房鑑源…………七一九
神仙煉丹點鑄三元寶照法…………七一九
大洞鍊眞寶經妙訣…………七一九
丹房奧論…………七二〇
指歸集…………七二一
丹房須知…………七二一
金華玉液大丹…………七二二

金華冲碧丹經秘旨……七二二
庚道集……七二三
修煉大丹要訣……七二四
龍虎還丹訣……七二五
通幽訣……七二五
還丹肘後訣……七二五
太清修丹秘訣……七二五
還丹金液歌註……七二五
金丹賦……七二七
還金述……七二七
大丹篇……七二七
還丹衆仙論……七二八
上洞心丹經訣……七二八
修眞歷驗鈔圖……七二八
爐火鑒戒錄……七二九
黃白鏡　續黃白鏡……七二九
太上九要心印妙經……七二九
金碧古文龍虎上經……七三〇
古文龍虎經註疏……七三〇
大還丹照鑑……七三〇
西山羣仙會眞記……七三〇
秘傳正陽眞人靈寶畢法……七三一
陳先生內丹訣……七三一
丹論訣旨心鑑……七三二
金晶論……七三二
還丹顯妙通幽集……七三二
洞元子內丹訣……七三三
太玄朗然子進道詩……七三四
證道歌……七三四
眞一金丹訣……七三五
紫陽眞人悟眞篇註疏……七三五
悟眞篇注釋……七三九
紫陽眞人悟眞篇三註……七四〇
紫陽眞人悟眞篇講義……七四二
悟眞篇註解……七四三
玉洞藏書……七四三
玉清金笥青華祕文金寶內煉丹訣……七四三
還源篇……七四四
還丹復命篇……七四四
海瓊問道集……七四四
海瓊傳道集……七四五
長生指要篇……七四五
爰清子至命篇……七四五
三極至命筌蹄……七四六
玉谿子丹經指要……七四六
許眞君石函記……七四六
先天金丹大道玄奥口訣……七四七
金液大丹口訣……七四八
金丹詩訣……七四九
存神固氣論……七四九
金液還丹印證圖……七四九
修眞太極混元圖……七五〇
修眞太極混元指玄圖……七五一
悟玄篇……七五一
修眞十書……七五一
得一參五……七五一

眞　詮……七五二
讀丹錄……七五二
化機彙參……七五二
觀化集……七五二
黃帝素問……七五三
黃帝內經靈樞集注……七五三
素問入式運氣論奧……七五三
黃帝八十一難經……七五四
圖經衍義本草……七五四
葛仙翁肘後備急方……七五七
孫眞人備急千金要方……七五八
急救仙方……七五九
華陽隱居補闕肘後百一方……七六〇
黃庭內景經……七六一
黃庭外景經……七六一
太上黃庭外景經注……七六二
太上黃庭中景經……七六二
黃庭遁甲緣身經……七六二
太淸中黃眞經……七六二
太淸元道眞經……七六三
太上老君元道眞經註解……七六三
南統大君內丹九章經……七六三
眞氣還元銘……七六四
老子說五廚經註……七六四
服氣精義論……七六四
修眞精義雜論……七六五
胎息經……七六五
幼眞先生服內元炁訣……七六五
嵩山太無先生氣經……七六五
延陵先生集新舊服氣經……七六六
太上導引養生經……七六六
神仙保氣金櫃妙錄……七六六
道　樞……七六六
至游子……七六六
養性延命錄……七六七
枕中記……七六七
上玄高眞延壽赤書……七六七
攝生纂錄……七六八
養生詠玄集……七六八
保生要錄……七六八
混俗頤生錄……七六九
三元延壽參贊書……七六九
道教論集部……七七一
關尹子……七七一
孫子遺說……七七一
尹文子……七七二
鬻　子……七七二
子華子……七七三
鶡冠子……七七四
黃石公素書……七七五
淮南鴻烈集……七七五
抱朴子內篇……七七六
抱朴子外篇……七七六
劉　子……七七七
素履子……七七七
無能子……七七七

意林……七七八
伊川擊壤集……七七八
玄珠錄……七七九
坐忘論……七八〇
天隱子……七八〇
宗玄先生文集……七八〇
三論元旨……七八一
玄眞子外篇……七八一
莊列十論……七八二
六根歸道論……七八二
三十代天師虛靖眞君語錄……七八二
峴泉集……七八三
純陽眞人渾成集……七八四
重陽立教十五論……七八四
重陽全眞集……七八四
重陽教化集……七八五
重陽分梨十化集……七八八
丹陽神光燦……七八九
水雲集……七八九
無爲清靜長生眞人至眞語錄……七九〇
磻溪集……七九〇
大丹直指……七九一
太古集……七九二
清和眞人北游語錄……七九四
葆光集……七九五
盤山棲雲王眞人語錄……七九五
析疑指迷論……七九六
雲宮法語……七九六
中和集……七九七
清庵瑩蟾子語錄……七九七
會眞集……七九八
啓眞集……七九八
抱一函三祕訣……七九九
玄虛子鳴眞集……七九九
玄教大公案……八〇〇
玄宗直指萬法同歸……八〇一
上陽子金丹大要……八〇一
上陽子金丹大要圖……八〇二
鳴鶴餘音……八〇二
全眞清規……八〇三
還眞集……八〇三
崔公入藥鏡注解……八〇四
隨機應化錄……八〇四
原陽子法語……八〇四
諸眞元奥集成……八〇五
羣仙珠玉集成……八〇五
含素子麈譚……八〇五
果山修道居誌……八〇五
無上祕要……八〇六
大道通玄要……八〇六
道典論……八〇六
道要靈祇神呪品經……八〇七
上清道類事相……八〇七
太平御覽道部……八〇七
道書援神契……八〇七
天皇至道太清玉冊……八〇七

道法科儀部

太上洞淵神呪經……八〇九
太上元始天尊說北斗伏魔神呪妙經……八〇九
北帝說豁落七元經……八一〇
七元眞訣語驅疫秘經……八一〇
七元璇璣召魔品經……八一〇
元始說度酆都經……八一〇
七元召魔伏六天神呪經……八一〇
上清天心正法……八一一
上清骨髓靈文鬼律……八一一
太上助國救民總眞秘要……八一二
無上三天玉堂大法……八一三
上方大洞眞元妙經品……八一三
清微仙譜……八一三
清微元降大法……八一四
高上神霄玉清眞王紫書大法……八一五
道法心傳……八一五
明道篇……八一六
道法宗旨圖衍義……八一六
高上月宮太陰元君孝道仙王靈寶淨明黃素書……八一七
靈寶淨明新修九老神印伏魔秘法……八一七
太上靈寶淨明中黃八柱經……八一八
淨明忠孝全書……八一八
劍靈子……八二〇
靈寶歸空訣……八二〇
靈寶天尊說洪恩靈濟眞君妙經……八二〇
洪恩靈濟眞君禮願文……八二一
徐仙翰藻……八二一
徐仙眞錄……八二二
靈棋本章正經……八二三
玄眞靈應寶籤……八二四
大慈好生九天衛房聖母元君靈應寶籤……八二五
黃帝龍首經……八二五
許眞君玉匣記……八二六
虛靜沖和先生徐神翁語錄……八二六
玄圃山靈匧秘籙……八二七
太上洞玄靈寶素靈眞符……八二八
太上秘法鎭宅靈符……八二八
天老神光經……八二九
太上三洞神咒……八二九
太極祭鍊內法……八三〇
貫斗忠孝五雷武侯秘法……八三一
金鎖流珠引……八三二
上清靈寶大法 甯全眞……八三三
上清靈寶大法 金允中……八三四
靈寶無量度人上品妙經……八三七
靈寶無量度人上經大法……八三八
道法會元……八三九
靈寶領教濟度金書……八四〇
法海遺珠……八四一
三洞衆戒文……八四二
道門科範大全集……八四二
道門通教必用集……八四二
道門定制……八四三
道門十規……八四四
赤松子中誡經……八四四

太上感應篇……八四四
太微仙君功過格……八四五
太上慈悲道場消災九幽懺……八四六
太上金櫃玉鏡延生洞玄燭幽懺……八四六
大明玄教立成齋醮儀範……八四七

道史仙傳部

……八四八
列仙傳……八四八
神仙傳……八四八
洞仙傳……八四九
集仙傳……八四九
道教靈驗記……八四九
錄異記……八五〇
神仙感遇傳……八五一
墉城集仙錄……八五一
仙苑編珠……八五一
三洞羣仙錄……八五二
續仙傳……八五三
疑仙傳……八五三
玄品錄……八五四
搜神記……八五四
穆天子傳……八五四
猶龍傳……八五五
混元聖紀……八五七
太上老君年譜要略……八五七
太上混元老子史略……八五八
玄元十子圖……八五八
太極葛仙公傳……八五八
侍帝晨東華上佐司命楊君傳記……八五九
華陽陶隱居內傳……八五九
華陽陶隱居集……八六〇
冥通記……八六〇
洞玄靈寶三師記……八六一
唐葉眞人傳……八六一
三茅眞君加封事典……八六一
漢天師世家……八六二
翊聖保德傳……八六五
西山許眞君八十五化錄……八六六
純陽帝君神化妙通紀……八六七
韓仙傳……八六七
凝陽董眞人遇仙記……八六七
廬山太平興國宮採訪眞君事實……八六七
華蓋山浮丘王郭三眞君事實……八六八
南嶽小錄……八六九
長春眞人西遊記……八六九
玄風慶會錄……八七〇
金蓮正宗記……八七〇
金蓮正宗仙源像傳……八七一
終南山祖庭仙眞內傳……八七一
甘水仙源錄……八七二
歷世眞仙體道通鑑……八七三
周顛仙傳……八七四
鶴林類集……八七四
香案牘……八七五
列仙通紀……八七五
山海經……八七五
洞天福地嶽瀆名山記……八七六

洞淵集……八七六
大滌洞天記……八七七
梅山觀記……八七八
龍瑞觀禹穴陽明洞天圖經……八七八
四明洞天丹山圖詠集……八七八
金華赤松山志……八七九
仙都志……八八〇
西嶽華山志……八八〇
太華希夷志……八八一
岱史……八八二
茅山志……八八二
南嶽總勝集……八八三
天台山志……八八四
天壇王屋山聖跡記……八八四
武當福地總眞集……八八五
古樓觀紫雲衍慶集……八八五
大明續道藏經目錄……八八五
道藏目錄詳註……八八六

四　教義總部……八八七

教義術語部……八八九

道……八八九
德……九一五
常道　可道……九二七
自然……九二九
無爲……九三二
虛無……九四〇
妙本……九四五
有無……九四九
動靜……九五五
動寂……九六〇
陰陽……九六二
五行……九七一
玄道……九八三
玄德……九八四
玄冥……九八七
玄牝……九八九
大一　小一……九九六
眞一……九九七
元氣……一〇〇一
道氣……一〇〇九
三炁……一〇一五
沖氣……一〇一八
柔弱……一〇二一
宇宙……一〇二五
無極……一〇二六
太虛……一〇二八
太易……一〇二九
太初……一〇三二
太始……一〇三三
太素……一〇三四
太極……一〇三六
性命……一〇四〇

我命在我不在天……一〇四六
三盜……一〇四八
五空……一〇四九
四大……一〇四九
抱樸……一〇五一
抱一……一〇五四
貴柔……一〇五八
畜神……一〇六四
功行……一〇六六
實德……一〇七〇
玄覽……一〇七二
心齋……一〇七三
坐忘……一〇七六
重玄……一〇八二
雙遣……一〇八六
中道……一〇九二
二觀……一〇九四
清淨……一〇九七
心性……一一〇四
道性……一一〇八
眞心……一一一二
塵心……一一一四
全眞……一一一五
全善……一一一八
三寶……一一一九
三毒……一一二四
三業……一一二五
五苦……一一二六
五難……一一二六
五欲……一一二七
五濁……一一二七
六情……一一二八
六通……一一二九
十念……一一三〇
十轉……一一三一
秘天寶……一一三二
通關……一一三二
三世……一一三二
三身……一一三三
福田……一一三八
四象……一一四〇
六感六應……一一四五
兩半……一一四五
靈寶……一一四七
位業……一一四九
承負……一一五一
空常……一一五三
淨明……一一五四
道意……一一五五
淨土……一一五六
混元……一一五七
空洞……一一五七
混沌……一一五八
劫運……一一五八
七傷……一一五九
七報……一一六〇

十三虛無……一一六〇

教門常識部……一一六二

三洞……一一六二
七部……一一六四
四輔……一一六六
十二部……一一六八
三十六部……一一七一
道士……一一七一
先生……一一七二
貧道……一一七二
尸解……一一七三
主者……一一七三
高功……一一七四
都講……一一七四
監齋……一一七五
侍香……一一七六
侍經……一一七七
侍燈……一一七七

五 科戒總部……一一七九

科儀名目部……一一八一

生日本命儀 午朝行道……一一八一
懺禳疾病儀 清旦行道……一一八二
懺禳疾病儀 晚朝行道……一一八四
消災道場儀 設醮行道……一一八五
消災星曜儀 啓壇行道……一一八七
靈寶太一祈雨儀 設醮行道……一一八九
祈求雨雪道場儀 晚朝行道……一一九〇
靈寶祈求雨雪道場三朝坐懺儀 日用朝真懺儀……一一九二
靈寶祈求雨雪拜章儀 夕景行道……一一九二
文昌注祿道場儀 臨午行道……一一九三
文昌注祿拜章道場儀 祝神行道……一一九四
文昌注祿拜章道場儀 散壇行道……一一九六
祈嗣大醮儀 臨午行道……一一九八
祈嗣大醮儀 散壇行道……一二〇〇
誓火禳災說戒儀……一二〇一
誓火禳災道場儀 啓壇行道……一二〇二
誓火禳災儀 晚朝行道……一二〇四
誓火禳災儀 設醮行道……一二〇五
誓火禳災設醮三時都懺儀……一二〇六
安宅解犯儀 啓壇行道……一二〇七
安宅解犯儀 臨午行道……一二〇九
安宅解犯儀 晚朝行道……一二一〇
安宅解犯懺方儀……一二一一
安宅解犯十方懺謝儀……一二一二
安宅解犯都懺儀……一二一三
安宅解犯謝竈儀 靜夜昇壇……一二一三
安宅謝竈儀 祭竈法……一二一四
解禳星運醮儀圖敘……一二一五
解禳星運儀 入夕行道……一二一五
運星醮啓祝儀 靜夜陞壇……一二一七
南北二斗同壇延生醮儀 啓壇行道……一二一九
南北二斗同醮儀 臨午行道……一二二〇
南北二斗同醮儀 晚朝行道……一二二二
北斗延生清醮儀……一二二三
北斗延生捍厄儀 靜夜行道……一二二四

北斗延生懺燈儀……一二二七
北斗延生醮說戒儀……一二二九
北斗延生道場儀静夜行道……一二三〇
北斗延生道場儀設醮行道……一二三一
眞武靈應大醮儀……一二三三
眞武靈應大醮儀啓壇行道……一二三五
眞武靈應大醮儀臨午行道……一二三六
道士修眞謝罪儀啓壇行道……一二三八
道士修眞謝罪儀臨午行道……一二四〇
道士修眞謝罪儀設醮行道……一二四一
道士修眞謝罪十方懺儀……一二四三
上清昇化仙度遷神道場儀臨午行道……一二四五
上清昇化仙度遷神道場儀設醮行道……一二四七
東嶽濟度拜章大醮儀……一二四八
東嶽濟度拜章大醮儀啓壇行道……一二五〇
東嶽濟度拜章大醮儀臨午行道……一二五一
東嶽濟度拜章大醮儀散壇行道……一二五三
東嶽濟度上章大醮三時懺方儀臨午十方儀……一二五四
靈寶崇神大醮儀自然行道……一二五六
靈寶崇神大醮儀設醮行道……一二五八
發　奏……一二五九
白　事……一二五九
陞　壇……一二五九
存　思……一二六〇
步虛精思……一二六〇
命魔說……一二六〇
伏章步斗圖……一二六一
講經儀……一二六一
誦經儀……一二六一
天旱章……一二六二
請雨得水過止雨章……一二六三
却蟲蝗鼠災食苗章……一二六三
收鼠災章……一二六三
收除虎災章……一二六四
解咒詛章……一二六四
消怪章……一二六五
禳災却禍延年拔命却殺都章……一二六五
本命謝過口啓章……一二六六
飛度九厄天羅章……一二六六
却三災章……一二六七
青絲拔余章……一二六七
疾病醫治章……一二六七
疾病困重收滅災邪拔命保護章……一二六八
扶衰度厄保護章……一二六八
謝土章……一二六九
却虛耗鬼章……一二六九
言功安宅章……一二六九
斷瘟毒疫章……一二七〇
斷魁泉章……一二七〇
解天羅地網章……一二七一
驛馬章亦云開度章……一二七一
謝五墓章……一二七二
解五墓章……一二七二
謝先亡章……一二七三
保胎章……一二七三
催生章……一二七三

小兒上光度化章……一二七四
保嬰童章……一二七四
斷亡人復連章……一二七四
疾病謝先亡章……一二七五
三五雜籙言功章……一二七五
收除火殃章……一二七六
上清言功章……一二七六
絕泰山死籍言功章……一二七七
遷達先亡言功章……一二七七
百姓言功章……一二七七
爲天地神祇言功章……一二七八
三五言功章……一二七八
除泰山死籍章……一二七八
爲先亡言功章……一二七九
三月一時言功章……一二七九
三會言功章……一二八〇
酆都章……一二八〇
生死解殗洗蕩宅舍章……一二八〇
大醮宅章……一二八一
開通道路章……一二八一
拔河章……一二八一
保蠶章……一二八二
接算章……一二八二
大塚訟章……一二八三
沐浴章……一二八六
解讁章……一二八六
久病大厄金紫代形章……一二八六
出喪下葬章……一二八八
新亡遷達開通道路收除土殃斷絕復連章……一二八八
新亡灑宅逐注却殺章……一二八九
受官拜章……一二八九
臨官蒞民章……一二九〇
收魔夢章……一二九〇
爲亡人首悔贖罪解讁章……一二九〇
賫亡人衣物解罪讁遷達章……一二九一
滅度三塗五苦鍊尸受度適意更生章……一二九一
受官消滅妨害章……一二九二
遷臨大官章……一二九二
保護戎征章……一二九三
救急解計章……一二九三
南嶽魏夫人生算度厄章……一二九五
道士悔謝章……一二九六
道士解過章……一二九七
道士遷考章……一二九七
道士犯籙解謝章……一二九八
道士遠行章……一二九八
舊事道中絕於法契闊章……一二九九
斷四面口舌章……一二九九
疾病定氣章……一二九九
道士天地水三官手籙狀章……一三〇〇
伏誓從道乞丐一生章……一三〇一
疾困延命章……一三〇一
請命章……一三〇一
疾病丐過請命章……一三〇二
困急日中上請命章……一三〇二
禁魂魄章……一三〇二

疾病却三官死解章……一三〇三
收犬子鬼章……一三〇三
斷除非所祭祀鬼神復連章……一三〇四
爲疾病分解存亡盟禱咒詛章……一三〇五
生算度厄章……一三〇五
元皇上品六合生算章……一三〇六
三天請命章……一三〇八
延生解厄章七曜齋用……一三〇九
謝土安宅章安宅齋用……一三一〇
遣疫癘保病章……一三一〇
收邪斷怪解厄保命章……一三一一
保病解厄章資福齋用……一三一一
傳法授道祈恩謝過章傳度用……一三一二
謝罪祈雨章雷霆齋合用……一三一二
祈嗣章祈嗣用……一三一三
文昌祈祿章祈祿用……一三一三
延生解厄延壽章祈壽用……一三一四
謝罪祈晴章祈晴用……一三一四
禳火災章禳災道場用……一三一五
謝罪遣蝗保田章禳蝗道場用……一三一五
諸章官式祈禳通用……一三一五
破酆都開業道章關度黃籙用……一三一七
素車白馬章……一三一八
開通道路章……一三一八
攝召亡魂章……一三一九
沐浴醫治章……一三一九
溥度幽魂章……一三二〇
九煉生仙升度亡魂章……一三二〇
沐浴煉度章……一三二一
酆都赦罪章明真齋用……一三二一
升度亡靈章……一三二一
遷拔亡靈章遷拔道場用……一三二二
蕩滌血湖章血湖道場用……一三二二
滅度煉尸生仙章五煉生尸齋用……一三二三
升度仙魂章師友命過用……一三二三
斷絕復連章度星齋用……一三二四
啓告玄穹章預修黃籙齋用……一三二四
超淩祖玄解冤章……一三二五
南宮寄籍章……一三二五
不經地獄章……一三二五
玉清大赦開度黃籙用……一三二六
衆眞監度章……一三二七
青玄寶赦青玄黃籙用……一三二七
玉皇上帝徽號寶赦九天齋用……一三二八
五鍊生尸寶章……一三二八
祝香後入意文……一三二九
啟壇文……一三二九
啓壇文通用……一三二九
黃籙齋祝香入意後文……一三三〇
諸齋祝香陳願意後文……一三三〇
啟壇告眞吉用……一三三〇
宿啟白五師文……一三三一
建壇發爐……一三三一
啟齋五師前……一三三一
本命經文……一三三二
眞武經文……一三三二

安宅經文……一三三二
黃籙第一日：爲國歎經文……一三三二
黃籙第二日：遷拔歎經文……一三三三
黃籙第三日：消災歎經文……一三三三
懺悔文……一三三三
黃籙啟壇懺悔……一三三三
散壇懺悔文……一三三四
消災懺悔文……一三三四
遷拔懺悔文……一三三四

祝贊部

祝贊部……一三三六
啓堂頌……一三三六
焚牒頌……一三三六
智慧頌……一三三六
奉戒頌……一三三六
請師頌……一三三六
唱道讚……一三三七
華夏讚……一三三七
三啓頌 三首……一三三七
玉京步虛詞 十首……一三三七
金闕步虛詞……一三三八
步虛詞 十首……一三三八
玉清樂……一三三八
上清樂……一三三九
白鶴詞 四首……一三三九
出堂頌……一三三九
經儀三皈依讚……一三三九
宿命讚……一三三九
啓經讚……一三四〇
送經讚……一三四〇
解坐讚……一三四〇
七眞讚……一三四〇
小學仙讚……一三四一
焚章頌 二首……一三四一
焚詞頌……一三四一
度簡頌……一三四一
符戒頌……一三四一
焚簡頌……一三四一
山簡頌……一三四二
水簡頌……一三四二
三塗五苦頌……一三四二
明燈頌……一三四二
散花樂……一三四二
古散花樂……一三四三
五字散花樂……一三四三
散花詞……一三四三
解壇頌……一三四三
還戒頌……一三四四
辭師頌……一三四四
奉送讚……一三四四
難思議讚……一三四四
祝鎮天眞文……一三四四
煉度眞文……一三四五
五方消災眞文正字……一三四五
祝消災眞文……一三四五
祝符戒……一三四五
祝茭龍……一三四六

十二念……一三四六
十二願……一三四六
巢儀十二念……一三四六
普供養讚……一三四七
祝八威眞文……一三四七
八威眞文……一三四七
外壇讚詠……一三四七
爲亡者皈依三寶懺罪……一三四八
高功上御案香祝……一三四九
上手爐香祝……一三四九
上洞案香祝……一三五〇
趙明舉法師存氣熏銜歌……一三五〇
步斗歌……一三五〇

戒律部

……一三五一
太上出家經訓……一三五一
玄門入道求出家法身十七願念……一三五一
言語品……一三五二
講習品……一三五二
禁酒品……一三五二
法服品……一三五三
制法服品……一三五三
忌葷辛品……一三五四
巾冠品……一三五四
敬法服品……一三五五
背道品……一三五五
居處品……一三五六
山居品……一三五六
法具品……一三五六
理髮品……一三五八
沐浴品……一三五八
解穢品……一三五九
鍾磬品……一三五九
必齋品……一三六〇
讀誦品……一三六〇
坐齋相罰品……一三六〇
壇禮品……一三六一
然燈品……一三六一
飲水先咒品……一三六一
奏章品……一三六二
醮請品……一三六二
都禁品……一三六二
神枕品……一三六三
明鏡要經品……一三六三
九節杖品……一三六四
作神劍法品……一三六四
詣圊廁便曲品……一三六五
解惡夢品……一三六五
父母品……一三六五
老病品……一三六五
滅度品……一三六六
師資制服品……一三六六
父母制服品……一三六七
追福功德品……一三六七
滅度財物品……一三六七
執坐壇品……一三六七
禮謁品……一三六八

出入品……一三六八
坐起品……一三六九
執瓶品……一三六九
洗漱品……一三六九
巾器品……一三七〇
齋食品……一三七〇
請法品……一三七一
護持品……一三七一

六　符咒法術總部……一三七三

咒訣部……一三七五

五方衛靈訣……一三七五
杜天師殺劍咒……一三七五
張無盡金籙儀中煞劍咒……一三七五
夜入戶呪……一三七六
夜出戶呪……一三七六
朝入戶呪……一三七六
朝出戶呪……一三七六
釋　訣……一三七六
命魔咒……一三七七
道德經精思存神訣……一三七七
度人經精思存神訣……一三七七
南北斗經精思存神訣……一三七七
道德經玄蘊咒……一三七八
度人經玄蘊咒……一三七八
生神經玄蘊咒……一三七八
印章七元魁約眞形符……一三七九

逐鬼部

收土公……一三八〇
軍兵收怪……一三八〇
收先祖病子孫……一三八〇
收死人耗害……一三八〇
收萬精魅……一三八一
主解蟲鼠精怪……一三八二
收葬送塚墓鬼……一三八二
主塚墓之鬼……一三八三
主井竈鬼……一三八三
主土公鬼……一三八三
主土炁鬼……一三八三
主收竈鬼……一三八四

祈安部……一三八五

主利宅舍……一三八五
保六畜……一三八五
壽命度厄……一三八五
錄魂長生……一三八六
錄祭酒求錄……一三八六
護蠶滋好……一三八六
田作瓜瓠……一三八六
遠行萬里……一三八七
市買欺詐……一三八七
叛道求還……一三八七
祭酒開心……一三八八
入山不渴飲……一三八八
主斬草……一三八八

主移徙宅舍……一三八八
主利居宅……一三八九
主嫁娶……一三八九
主蠶桑……一三九〇
主田種……一三九〇
主六畜……一三九一
主漁捕……一三九一
主賈市……一三九一
主百禍治生……一三九二
主行來出入……一三九二
主利征戰攻伐……一三九二
主請雨……一三九二
主　晴……一三九三
禳災部……一三九四
收官事……一三九四
主解首過……一三九四
主縣官口舌……一三九五
逐賊盜……一三九五
誹謗呪詛……一三九五
治解牢獄……一三九六
治衆疾病……一三九六
治收邪師……一三九七
治收羅鬼……一三九七
主治男女解罪……一三九八
主治解呪詛……一三九八
主解囚繫牢獄……一三九八
主解官事……一三九八
主官事怨仇……一三九九
主收盜賊令還……一三九九
主口舌誹謗……一三九九
主劫掠人夫妻……一四〇〇
却疾部……一四〇一
玉女醫疾……一四〇一
治風毒癩疾……一四〇一
五瘟傷寒……一四〇一
主治顛癇……一四〇二
治目病……一四〇二
治耳聾……一四〇三
治齒頰喉痛……一四〇三
治解社竈……一四〇三
治劫殺注……一四〇三
治蛇蚖五毒……一四〇四
治腫瘰鼠漏……一四〇四
治風痺痿……一四〇四
治久病淋露……一四〇五
主治瘧疾……一四〇五
治男女百病……一四〇五
保產生胎妊……一四〇六
主治雜病……一四〇六
治喑啞……一四〇七
七　醫藥養生總部……一四〇九
醫藥學部……一四一一
養生延壽……一四一一
辟穀服食方……一四二四
美容保健方……一四三二

藥酒方……一四三二
治病方……一四三四

養生功法及武術部……一四三六

養生術語分部……一四三六
守一……一四三六
養生論……一四三七
養形論……一四四一
養氣論……一四四一
養心論……一四四二
養壽論……一四四二
補養論……一四四三
五臟論……一四四五
水火論……一四四六
晨興……一四四七
燕居……一四四七
省心……一四四八
見客……一四四九
防疾……一四四九
愼藥……一四五〇
靜坐……一四五一
沐浴……一四五一
解穢……一四五四
櫛髮……一四五四
叩齒……一四五五
嚥津……一四五六
清靜……一四五六
內觀……一四五七
食忌……一四五九
食誡……一四六〇
胎息……一四六一

存思法分部……一四六三

存思三洞法……一四六三
老君存思法……一四六四
思神訣……一四六七
存身神法……一四六八
存大洞眞經三十九眞法……一四六九
思修九宮法……一四七五
思九宮五神法……一四七六
存元成黃老法……一四七六
存帝君法……一四七七
存玄一老子法……一四七七
存司命法……一四七七

導引法分部……一四七八

導引……一四七八
赤松子導引法……一四七九
寧先生導引法……一四七九
彭祖導引法……一四八〇
王子喬八神導引法……一四八一
太清嚥氣導引法……一四八一
平旦導引法……一四八三
司馬承禎導引法……一四八三
靈劍子導引勢……一四八四
天隱子導引術……一四八五
五臟六腑補瀉導引法……一四八六
日用導引法……一四八六
導引法……一四八七

五禽戲法……一四八七
八段錦坐功圖……一四八八
八段錦導引法……一四八九
十二段錦導引法……一四八九
陳希夷二十四氣坐功導引圖勢……一四九一
易筋經十二圖……一四九五
祛病九圖……一四九七
按　摩……一四九八
頭部按摩法……一四九九
肢體按摩法……一四九九
日用按摩法……一四九九
按摩法……一五〇〇
自按摩法……一五〇一
服氣闡論……一五〇一
行氣法……一五〇八
服氣法……一五〇九
服眞五芽法……一五一〇
服六戊氣法……一五一一
服三五七九氣法……一五一一
養五臟五行氣法……一五一一
六陽時法……一五一二
上清氣秘法……一五一二
服五方靈氣法……一五一三
十二月服氣法……一五一三
服三氣法……一五一三
服日月芒法……一五一四
服日月氣法……一五一四
服日月法……一五一四
服霧法……一五一五
曇鸞法師服氣法……一五一五
嵩山李奉時服氣法……一五一五
王說山人服氣新訣……一五一六
大威儀先生玄素眞人要用氣訣……一五一六
尹眞人服元氣術……一五一七
服元氣法……一五一七
墨子閉氣行氣法……一五一八
申天師服氣要訣……一五一九
神仙絕穀食氣經……一五一九
五臟煉氣法……一五二〇
服氣雜法……一五二〇
內眞妙用訣……一五二一
胎息口訣……一五二二
胎息雜訣……一五二三
進取訣……一五二三
陶氣訣……一五二四
調氣訣……一五二四
咽氣訣……一五二四
行氣訣……一五二四
煉氣訣……一五二五
委氣訣……一五二五
閉氣訣……一五二五
布氣訣……一五二六
六氣訣……一五二六
調液訣……一五二六
飲食訣……一五二六
調護訣……一五二七

休糧訣……一五二七
愼眞訣……一五二七
修存訣……一五二八
愼氣法……一五二九
海蟾眞人胎息訣……一五二九
玄葫眞人胎息訣……一五二九
袁天綱胎息訣……一五三〇
於眞人胎息訣……一五三〇
徐神公胎息訣……一五三〇
煙蘿子胎息訣……一五三〇
達摩禪師胎息訣……一五三〇
李眞人胎息訣……一五三一
抱朴子胎息訣……一五三一
亢倉子胎息訣……一五三一
元憲眞人胎息訣……一五三一
何仙姑胎息訣……一五三二
玉雲張果老胎息訣……一五三二
侯眞人胎息訣……一五三二
鬼谷子胎息訣……一五三二
黃帝胎息訣……一五三三
陳希夷胎息訣……一五三三
逍遙子胎息訣……一五三三
張天師胎息訣……一五三三
郭眞人胎息訣……一五三三
中央黃老君胎息訣……一五三四
柳眞人胎息訣……一五三四
驪山老母胎息訣……一五三四
李仙姑胎息訣……一五三四
天台道者胎息訣……一五三五
劉眞人胎息訣……一五三五
朗然子胎息訣……一五三五
百嶂內視胎息訣……一五三五
曹仙姑胎息訣……一五三六
健身術分部……一五三六
正月修養法……一五三六
二月修養法……一五三六
三月修養法……一五三七
四月修養法……一五三七
五月修養法……一五三七
六月修養法……一五三八
七月修養法……一五三八
八月修養法……一五三八
九月修養法……一五三九
十月修養法……一五三九
十一月修養法……一五三九
十二月修養法……一五四〇
武術分部……一五四〇
太極拳論……一五四〇
太極行功說……一五四〇
太極行功歌……一五四一
太極拳歌……一五四一
太極拳七十二路圖勢……一五四一
房中養生部……一五四九
五　觀……一五四九
洞玄子求子法……一五四九
七　忌……一五四九

九殃……一五四九
素女求子法……一五五〇
彭祖求子法……一五五〇
素女交接之道……一五五〇
彭祖延年益壽法……一五五〇
施瀉頻度……一五五一
素女交接經紀……一五五一
五常……一五五一
五徵……一五五一
五欲……一五五二
十動……一五五二
四至……一五五二
九氣……一五五二
九法……一五五二
八益……一五五三
七損……一五五三
禁忌……一五五四
九狀……一五五四
六勢……一五五四
治傷……一五五五
巫子都治傷法……一五五五
養陽……一五五五
臨御……一五五五
施瀉……一五五六
三十法……一五五六
用藥石……一五五七

八　金丹總部……一五五九

內丹部……一五六一

內丹術語分部……一五六一

水火……一五六一
龍虎……一五六二
丹藥……一五六四
鉛汞……一五六五
河車……一五六七
還丹……一五六八
鍊形……一五七〇
魔難……一五七一
證驗……一五七二
陰陽……一五七三
形化……一五七三
氣化……一五七四
神化……一五七四
藥物……一五七四
火候……一五七五
中宮……一五七六
三關……一五七七
九鼎……一五七七
鼎器……一五七七
眞鉛……一五七八
眞汞……一五七八
眞土……一五七八
刀圭……一五七八
媒人……一五七八

眞一……一五七九
橐籥……一五七九
三一……一五七九
六邪……一五八〇
九轉……一五八〇
三生……一五八〇
五丹……一五八〇
二珠……一五八一
黄芽……一五八一
玄牝……一五八一
九還……一五八二
七返……一五八三
玄關……一五八三
三宫……一五八三
三要……一五八三
鼎爐……一五八四
黄婆……一五八四
金公……一五八四
眞金……一五八四
子母……一五八四
賓主……一五八四
二八……一五八五
丹成……一五八五
性命……一五八五
神室……一五八五
刻漏……一五八六
時晷……一五八六
進火……一五八六
溫水……一五八六
盜機……一五八七
罏鼎……一五八七
神氣……一五八七
子午……一五八七
分至……一五八八
三田……一五八八
聖胎……一五八八
出神……一五八八
坎離……一五八八
眞種子……一五八八
三五一……一五八九
規中圖……一五八九
內三要……一五九〇
外三要……一五九〇
玄關一竅……一五九〇
五車三乘……一五九一
七成九敗……一五九二
內丹三要……一五九二
傍門九品……一五九二
漸法三乘……一五九三
最上一乘……一五九三
內藥外藥……一五九四
先天一氣……一五九四
生殺爻銖……一五九四
陰陽老少……一五九五
水火相求……一五九五
金木相刑……一五九五

神水華池……一五九五
火龍水虎……一五九六
背後三關……一五九六
内丹功法分部……一五九六
朝元……一五九六
内觀……一五九九
超脱……一六〇一
抽添……一六〇二
採取……一六〇三
融結……一六〇三
烹鍊……一六〇三
温養……一六〇四
沐浴……一六〇四
脱胎……一六〇四
止念……一六〇五
採藥……一六〇五
既濟……一六〇五
未濟……一六〇六
固濟……一六〇六
搬運……一六〇六
防危……一六〇六
匹配陰陽……一六〇六
聚散水火……一六〇七
龍虎交媾……一六〇八
鍊法入道……一六〇九
鍊形化炁……一六一〇
鍊炁成神……一六一〇
鍊神合道……一六一一
鍊道入聖……一六一二
九還七返……一六一二
金木交併……一六一三
水源清濁……一六一三
日用五行……一六一三
七返還丹……一六一三
八卦朝元……一六一四
九還一氣……一六一四
出生化神……一六一四
河車運轉……一六一五
四正八用……一六一五
坎離交姤……一六一五
乾坤交姤……一六一五
五氣朝元……一六一六
火中有水……一六一六
水中有火……一六一六
運火行持……一六一六
朔望弦晦……一六一七
防危護失……一六一八
卯酉刑德……一六一八
陰陽顛倒……一六一九
五行還返……一六一九
王氣盛衰……一六一九
添進火候……一六一九
龍虎關軸……一六二〇
情性動靜……一六二〇
金液還丹……一六二〇
三花聚頂……一六二一

和合四象……一六二一
玉液還丹……一六二二
修丹十戒……一六二三
肘後飛金晶……一六二三
九轉金丹秘訣……一六二五
外丹部……一六三一
外丹術語分部……一六三一
擇友……一六三一
擇地……一六三一
藥泥……一六三一
燠養……一六三一
中胎……一六三二
用火……一六三二
火候……一六三二
開爐……一六三二
禁穢……一六三三
取土……一六三三
造炭……一六三三
添水……一六三三
合香……一六三三
壇式……一六三四
採鉛……一六三四
祭爐……一六三五
醮太一法……一六三五
十不可……一六三六
十可……一六三六
十全……一六三七
丹井……一六三七
丹室……一六三八
丹壇……一六三八
外丹藥物分部……一六三八
朱砂……一六三八
雄黃……一六四〇
雌黃……一六四二
石硫黃……一六四三
曾青……一六四三
空青……一六四四
磁石……一六四四
礜石……一六四五
礬石……一六四六
朴硝……一六四六
芒硝……一六四七
鐘乳……一六四七
紫石英……一六四八
代赭石……一六四八
鹵鹹……一六四八
戎鹽……一六四九
鉛丹……一六四九
胡粉……一六四九
靈砂……一六四九
心紅……一六五〇
死汞……一六五〇
點白……一六五〇
拔毛……一六五〇
白上黃……一六五一
石膽……一六五一

砒霜……一六五一
硇砂……一六五一
鹽……一六五二
白礬……一六五二
馬牙硝……一六五二
麩金……一六五二
生銀……一六五二
黃礬……一六五三
龍虎頭……一六五三
玉……一六五三
赤石脂……一六五三
白石脂……一六五三
白石英……一六五三
雲母……一六五四
石腦……一六五四
陽起石……一六五四
金精……一六五四
絳礬……一六五四
雞屎礬……一六五四
石桂英……一六五五
理石……一六五五
硝石……一六五五
天明砂……一六五五
黃花石……一六五五
不灰木……一六五六
太陰玄精……一六五六
滑石……一六五六
胡同律……一六五六
石榴丹……一六五六
禹餘糧……一六五六
金芽……一六五七
石鹽……一六五七
石中黃子……一六五七
黃金……一六五七
白金……一六五七
黑鉛……一六五八
眞汞……一六五八
砒黃……一六五八
成金……一六五九
金液……一六五九
紫粉……一六五九
脫胎芽子……一六五九
離母芽子……一六六〇
天產黃芽……一六六〇
造石水法分部……一六六〇
黃礬石水法……一六六〇
作丹砂水法……一六六〇
神砂石水……一六六一
雄黃石水……一六六一
海浮石水……一六六一
水晶石水……一六六一
陽起石水……一六六二
玉石水……一六六二
金晶石水……一六六二
銀晶石水……一六六二
磁烏石水……一六六三

醉茆信水……一六六三
烏石水……一六六三
禹餘糧石水……一六六三
金芽石水……一六六四
黃烏石水……一六六四
麩金石水……一六六四
紫雲母石水……一六六四
空青石水……一六六五
雄黃水……一六六五
雌黃水……一六六五
礬石水……一六六五
曾青水……一六六六
磁石水……一六六六
硫黃水……一六六六
硝石水……一六六六
白石英水……一六六六
紫石英水……一六六六
赤石脂水……一六六七
玄石脂水……一六六七
滌石英水……一六六七
石桂英水……一六六七
石硫丹水……一六六七
紫賀石水……一六六七
華石水……一六六八
寒水石水……一六六八
凝水石水……一六六八
冷石水……一六六八
滑石水……一六六八
黃耳石水……一六六八
九子石水……一六六九
理石水……一六六九
石腦水……一六六九
雲母水……一六六九
黃金水……一六六九
白銀水……一六六九
鉛錫水……一六七〇
玉粉水……一六七〇
漆水……一六七〇
桂水……一六七〇
鹽水法……一六七〇
石膽水……一六七一
銅青水……一六七一
戎鹽水……一六七一
鹵鹹水……一六七一
鐵華水……一六七一
鉛釭水……一六七一
釭水……一六七二
丹方丹法分部……一六七二
丹華……一六七二
神符……一六七二
神丹……一六七三
還丹……一六七四
餌丹……一六七四
鍊丹……一六七四
柔丹……一六七五
伏丹……一六七五

寒丹……一六七五
召魂丹法……一六七六
太極眞人九轉丹……一六七六
九轉十六變靈砂大丹……一六七七
火龍玄珠大丹……一六七九
神雪丹陽四皓丹……一六七九
四寶神雪丹……一六七九
丹華丹……一六八〇
通神丹……一六八〇
金花還丹方……一六八〇
黄花丹陽方……一六八〇
點丹陽方……一六八一
太一金英神丹方……一六八二
造大還丹方……一六八二
黄帝九鼎丹方……一六八三
黄帝九鼎大還丹方……一六八三
太一金膏丹方……一六八三
石硫黄丹方……一六八三
紫游丹方……一六八四
艮雪丹方……一六八四
五味丹方……一六八四
太一小還丹方……一六八四
太一硫黄丹方……一六八五
八石丹方……一六八五
龍朱丹方……一六八五
八神丹方……一六八六
太一雄黄丹……一六八六
三使丹方……一六八六
召魂丹方……一六八六
流珠丹……一六八七
朝霞丹方……一六八七
光明麗日丹方……一六八七
淩霄丹方……一六八七
伏火硫黄丹……一六八七
四神丹方……一六八八
金英丹方……一六八八
點製五黄丸子方……一六八八
妙寶眞方……一六八八
神化金丹法……一六八九
金碧丹砂變金粟子法……一六九〇
紫金丹砂法……一六九〇
還魂丹法……一六九〇
餌丹砂法……一六九二
九轉青金靈砂丹……一六九二
陰陽九轉成紫金點化還丹訣……一六九三
昇靈砂丹法……一六九四
呂仙賜方……一六九八
混元九轉金丹訣……一六九八
伏丹砂法……一七〇〇
癡汞伏丹法……一七〇〇
虚源九轉大丹硃砂銀法……一七〇〇
九轉出塵糁製大丹……一七〇一
子午靈砂法……一七〇二
太微帝君長生保命丹……一七〇四
造丹法……一七〇五
三家相見死硃砂法……一七〇五

用分胎出砒去鉛通靈法……一七〇六
金華玉液大丹……一七〇七
銀精丹……一七〇八
四聖丹……一七〇八
砒匱養丹陽法……一七〇九
煮粉砒九轉法……一七一〇
劉浪仙感氣大丹……一七一一
太上資聖玄經內四神匱……一七一二
神仙大藥四神匱……一七一二
黃芽金鼎九轉法……一七一三
東坡三黃匱法……一七一四
紫粉別入神室變化大丹法……一七一五
西蜀玉鼎眞人九轉大丹……一七一六
葛仙翁長生九轉靈砂大丹……一七一七
葛仙翁寶硝祕法……一七一八
三聖法（小九轉）……一七一九
小九轉（見三聖法）……一七一九
造紫金白雪……一七一九
白馬牙變轉法……一七二〇
長生匱……一七二一
金丹法……一七二一
鍊丹點五金法……一七二一
太上衛靈神化九轉丹砂法……一七二二
九轉靈砂大丹法……一七二三
銀雪法……一七二五
羽化河車法……一七二五
金華黃芽法……一七二六
幾公白法……一七二六
九轉鍊鉛法……一七二七
九　宮觀仙境總部……一七二九
中國五嶽……一七三一
十大洞天……一七三一
五鎮海瀆……一七三二
三十六靖廬……一七三二
三十六洞天……一七三二
七十二福地……一七三四
二十四治……一七三七
二十八治……一七四一
崑崙……一七四三
方丈……一七四四
蓬丘……一七四四
王屋山……一七四四
委羽山……一七四七
西城山……一七四八
西玄山……一七四八
青城山……一七四八
上清宮……一七四九
天師洞……一七四九
祖師殿……一七四九
建福宮……一七五〇
長生宮……一七五〇
天台山（天台赤城山）……一七五〇
天台赤城山（見天台山）……一七五一
玉京洞……一七五一
桐栢觀……一七五二

玉京觀……一七五四
洞天宮……一七五四
羅浮山……一七五五
羅浮山沖虛觀……一七五五
茅山句曲山……一七五五
句曲山見茅山……一七五五
華陽洞天……一七五五
金陵地肺福地……一七五六
乾元觀……一七五七
元符萬寧宮……一七五七
崇壽觀……一七五九
崇禧萬壽宮……一七六〇
玉晨觀……一七六一
凝神庵……一七六一
白雲崇福觀……一七六二
三茅眞君廟……一七六三
紫陽觀……一七六三
靈寶院……一七六四
林屋山……一七六五
括蒼山……一七六六
霍桐山……一七六六
泰山……一七六六
泰山東嶽廟……一七六九
泰山碧霞元君祠……一七七一
玉帝觀……一七七四
青帝觀……一七七四
衡山……一七七五
眞君觀……一七七五
衡岳觀……一七七六
元陽宮……一七七六
九眞觀……一七七七
靈西觀……一七七八
華山……一七七八
雲臺觀……一七七八
常山……一七七九
嵩山……一七七九
峨嵋山……一七七九
廬山……一七八〇
四明山……一七八〇
陽平山……一七八一
太白山……一七八一
西山……一七八一
逍遙山見西山……一七八二
西山萬壽宮……一七八二
大圍山……一七八二
潛山……一七八三
鬼谷山……一七八三
武夷山……一七八三
玉笥山……一七八三
華蓋山……一七八三
蓋竹山……一七八四
都嶠山……一七八四
白石山……一七八四
句漏山……一七八四
九疑山……一七八四
洞陽山……一七八四

幕阜山……一七八五
大酉山……一七八五
金庭山……一七八五
麻姑山……一七八五
仙都山……一七八五
玉虚宫……一七八六
青田山……一七八六
鍾山……一七八七
良常山……一七八七
紫蓋山……一七八七
天目山……一七八七
桃源山……一七八七
金華山……一七八八
金華洞天……一七八八
寶積觀赤松宫……一七八八
赤松宫見寶積觀……一七八八
天柱山……一七八八
洞霄宫……一七九〇
元清宫……一七九一
沖天觀……一七九二
武當山……一七九三
紫霄巖……一七九四
紫霄宫……一七九四
五龍靈應宫……一七九四
佑聖觀……一七九五
淨樂宫……一七九五
遇眞宫……一七九五
玉虚宫……一七九五
嶗山……一七九六
嶗山太平宫……一七九六
嶗山上清宫……一七九六
九宫山……一七九六
蘇州玄妙觀……一七九七
重陽成道宫……一七九七
亳州太清宫……一七九八
樓觀臺……一七九九
宗聖觀……一八〇〇
會靈觀……一八〇二
玉華觀……一八〇三
會稽山……一八〇三
會稽龍瑞觀……一八〇四
成都青羊宫……一八〇四
龍虎山……一八〇九
白雲觀……一八〇九
北京東嶽廟……一八一〇

引用書目

……一八一三

一

神仙總部

神鬼靈祇部

元始天王

傳記

張君房《雲笈七籤》卷一〇一《紀傳部紀二・元始天王紀》 元始天王稟天自然之胤，結形未沌之霞，託體虛生之胎，生乎空洞之際。時玄景未分，天光冥遠，浩漫太虛。積七千餘劫，天朗氣清，二暉纏絡，玄雲紫蓋映其首，六氣之電翼其真，夜生自明，神光燭室。散形靈馥之煙，棲心霄霞之境，練容洞波之濱，獨秉靈符之節，抗御玄降之章。內氣玄崖，潛想幽窮，忽焉逍遙，流盼忘旋。瓊輪玉輿，碧輦玄龍，飛精流靄，耀電虛宮。東遊碧水豪林之境，上憩青霞九曲之房，進登金闕，受號玉清紫虛高上元皇太上大道君，受金簡玉札，使奏名東華方諸青宮。於時受命，總統億津，玄降玉華之女、金晨之童各三千人。飛龍毒獸，巨虬千尋，玃天奮爪，備衛玉闕。天威煥赫，陳于廣庭，飛青羽蓋，流紫鳳章。《金真玉光》，《豁落七元》，《神虎上符》，《流金火鈴》，結編元皇，位在玉清，掌括上皇，高帝之真。

太上道君

傳記

張君房《雲笈七籤》卷一〇一《紀傳部紀二・太上道君紀》 《洞玄本行經》云：太上道君者，於西那天鬱察山浮羅之嶽，坐七寶騫木之下，清齋空山，靜思神真，合慶冥樞，蕭朗自然，擁觀萬化，俯和衆生。是時十方大聖，至真尊神，詣座燒香，稽首道前，上白道君：「不審《靈寶》出法從何劫而來？至于今日凡幾度人爲盡？如是復有轉輪，天尊是何劫生，值遇《真文》，得今太上之任？致是得度，何獨如之。巍巍德宗，高不可勝。願垂賜告，本行因緣，解說要言，開悟後生。」道言：「天元輪轉，隨劫改運。一成一敗，一死一生。滅而不絕，幽而復明。《靈寶》出法，隨世度人。自元始開光，至于赤明元年，經九千九百億萬劫，度人有如塵沙之衆，不可勝量。赤明之前，於眇莽之中，劫劫出化，非可思議。赤明已後，至上皇元年，宗範大法，得度者衆，終天說之，亦當不盡。今爲可粗明真正之綱維，標得道者之遐迹爾。今聊以開示於後來，領會於靈文之妙。我濯紫晨之流芳，蓋皇上之胄胤。我隨劫死生，世世不絕，常與《靈寶》相值同出。經七百億劫中，會青帝劫終，九氣改運。於是託胎於洪氏之胞，凝神於瓊胎之府，積三千七百年，至赤明開運，歲在甲子，誕於扶刀蓋天西那玉國浮羅之嶽，復與《靈寶》同出度人。元始天尊以我因緣之勳，錫我太上之號，封鬱悅那林昌玉臺天帝君，位登高聖，治玄都玉京。實由我身尊承大法《靈寶真文》，世世不絕，廣度天人，慈心於萬劫，溥濟於衆生，功德之大，勳名繕於億劫之中，致今報爲諸天所宗焉。」

太上大道君

傳記

張君房《雲笈七籤》卷一〇一《紀傳部紀二・太上玉晨大道君紀》 《洞真大洞真經》云：「上清高聖太上大道君者，蓋二晨之精氣，慶雲之紫煙。玉暉煥耀，金映流真。結化含秀，苞凝玄神。寄胎母氏，育形爲人。諱⿱闓貪，字上開元。母妊三千七百年，乃誕於西那天鬱察山浮羅嶽丹玄之阿。」「於是受籙紫皇，受書玉虛，眺景上清，位司高仙，爲高聖太上玉晨大道君，治蘂珠日闕館七映紫房，玉童玉女各三十萬人侍衛。」「於是振策七圃，揚青九霄。騰空儛旌，駕景馳飆。徘徊八煙，盤桓空塗。仰簪日華，俯拾月珠。摘絳林之琅實，餌玄河之紫蕖。偃蹇靈軒，領理帝書。萬神入拜，五德把符。上眞侍晨，天皇抱圖。」「乃仰空言曰：『子欲爲眞，當存日中君，駕龍驂鳳，乘天景雲，東遊桑林，遂詣帝門。若必昇天，當思月中夫人，駕十飛龍，乘我流鈴，西朝六嶺，遂詣帝堂。精根運思，上朝玉皇。薈薈敷《鬱儀》以躡景，晃晃散《結璘》以曁霄。』雙皇合輦，後天而凋」。「夫大有者，九天之紫宮；小有者，清虛三十六天之首洞。」

於是高聖太上大道君初乘一景之輿，駕八素紫雲，攝希微蒼帝名錄豐子俱東行，詣鬱悦那林昌玉臺天，見玉清紫道虛皇上君，受《九暉大晨隱符》。

太上大道君次乘二景之輿，駕七素絳雲，攝中微赤帝名定無彥俱南行，詣高桃厲沖龍羅天，見玉清翼日虛皇太上道君，受《觀靈元晨隱符》。

太上大道君次乘三景之輿，駕六素紅雲，攝太微白帝名蕖淵石俱西行，詣碧落空歌餘黎天，見玉清昌陽始虛皇高元君，受《總晨九極隱符》。

太上大道君次乘四景之輿，駕五素青雲，攝玄微黑帝名齊元旋俱北行，詣加摩坦婁于翳天，見玉清七靜導生高上虛皇君，受《沓曜旋根隱符》。

太上大道君次乘五景之輿，駕四素黃雲，攝始微上帝名接空子俱東北行，詣扶刀蓋華浮羅天，見玉清大明虛皇洞清君，受《玄景晨平隱符》。

太上大道君次乘六景之輿，駕三素綠雲，攝靈微中帝名秉巨文俱東南行，詣貝渭耶蕖初默天，見玉清始元虛皇太霄君，受《合暉晨命隱符》。

太上大道君次乘七景之輿，駕二素紫雲，攝宣微下帝君名宏膚子俱西南行，詣沖容育鬱離沙天，見玉清七觀無生虛皇金靈君，受《齊暉晨玄隱符》。

太上大道君次乘八景之輿，駕一素靈雲，攝洞微眞帝名泗澄攄俱西北行，詣單綠察寶輪法天，見玉清八觀高元虛皇渟景君，受《高上龍煙隱符》。

太上大道君又乘洞景玉輿，駕太霞紫煙玄景之暉，攝九微內帝君名申明閑及上皇九玄九天諸眞仙王等，俱仰登彌梵羅臺霄絕寥丘飛元雲根之都玉清上天，見玉清紫暉太上玉皇明上大道君，受《高清太虛無極上道君隱符》。

三天君

傳記

張君房《雲笈七籤》卷一〇一《紀傳部紀二・三天君列紀》 上清眞人總仙大司馬長生法師主三天君姓栢成諱欻生字芝高，乃中皇時人，歲在東維之際，誕于北水中山栢林之下。夫名爲欻生者，以母感日華而懷孕。年九歲，求長生之道。至十四，與西歸公子巨靈伯尹俱師事黃谷先生。黃谷先生者，能爲不死。修靜無爲，不營他術，含精內觀，凝神空漠，思眞安炁，以致不死。後五百年，遇金仙石公甯氏先生晃夜童子三人，受《胎精中記化胞內經》養神上法解結之要。又登太帝滄浪山洞臺中雙玉穴，酣紫明芝液，遇上清萬石先生，授以乘飛駕虛八氣景龍之蹻，反胎守白越度之法。又廣成子授以《丹青玉爐鍊雲根柔金剛之經》，又授以《飛煙發霜沈雪浮日朱之法》。又遇始元童子丰車小童受《虛皇帝籙仙忌眞戒》化一成萬解形之法。後遇玉清文始東王金暉仙公，號曰玉皇二道君，告以胎閉靜息內保百神開洞雲房堅守三眞之事。後復詣二玉皇君問《雲房之道三眞之訣》。二玉皇君曰：「三眞者，兆一身之帝君，百神之始眞也。若使輔弼審正，三皇內寧，太一保胎，五老扶精。一居丹田，司命護生；一居絳宮，紫氣灌形；一居洞房，三素合明。於是變化離合，與眞同靈。明堂雲宮，紫戶玉門，黃闕金室，丹城朱牕，皆帝一之內宅，三眞之寶室也。於是雲房一景，混合神人。上通崑崙，下臨清淵。雲蓋嵯峨，林竹葱芊。七靈迴轉，七門幽深。金扉玉匱，符籍五篇。公子內伏，外牽白元。混一成形，呼陽召陰。上帝司命，各保所生。微哉難言，非仙不傳。」又問呼陽召陰出入無方之法，氣出神變之道。二玉皇曰：「呼陽者，三氣之所出入也；召陰者，六丁之所往來也。若得三氣之所生，能知六丁之所因者，則陽氣化爲龍車，陰氣變爲玉女，則騰轉無方，輪舞空玄之上也。夫氣之所在，神隨所生焉。神在則氣成，神去則氣零。氣者，即二十四神之正氣，是爲二十四氣也。氣能成神，神亦成氣。散之爲雲霧，合而爲形影，出之爲仙化，入之爲眞一。上結三元，下結萬物，靜爲兆身，動爲兆神。是以常混合二十四神，變化三五之眞人，混成正一，合爲帝君，即兆本神也。夫人受生於天魂，結成於元靈。天魂生之根，元靈生之胎。流會太一，達觀三道，神積玉宮，液溢玄府，津流地戶，澤甜洞房。日月煥於霄暉，五神混於元父。元父主氣，化散帝極。玄母主精，變會幽元。是以司命奉符，固形扶神。公子內守，桃康保魂。左攜無英，右引白元。雲行雨施，萬關流布也。」後二玉皇授歘生《大洞眞經三十九章迴風混合帝一之道》，斷環割青，盟誓而傳，得爲上清眞人，位曰總仙大司馬長生法師主三天君，理太玄都閬風玉臺，總司學道之仙籍，主括三天之人神，萬仙受事於玉臺，五帝北朝於靈軒矣。

青靈始老君

傳記

張君房《雲笈七籤》卷一〇一《紀傳部紀二·青靈始老君紀》《洞玄本行經》云：東方安寶華林青靈始老帝君者，往在白氣御運於金劫之中，暫生鬱悅金映雲臺那林之天西婁無量玉國浩明玄嶽，厥名元慶。於此天中，大建功德，初無懈心，動名仰徹，朱陵火宮書其姓名，記於赤簡。仙道垂成，而値國多綵女，元慶遂以寄世散想，靈魔舉其濁目，朱宮輟其仙名，一退遂經三劫，中値火劫改運，元慶又受氣，寄胎於洪氏之胞。上天以其先身好色，故轉爲女子。朱靈元年，歲在丙午，誕於丹童龍羅衛天洞明玉國丹霍之阿，改姓洪諱那臺。年十四，敬好道法，心願神仙。常市香膏，然燈照暝，大作功德，諸天所稱，名標上清。南極上靈紫虛元君託作傭人，下世敎化。見那臺貞潔，好尚至法。迴駕於丹霍之阿，授那臺《靈寶赤書南方眞文》一篇。於是那臺勵志殊勤，自謂一生作於女子，處於幽房，無由得道。因齋持戒思念，願得轉身爲男。丹心遐徹，遂致感通上眞下降。元始天尊時於琅碧之溪扶搖之丘，坐長林枯桑之下，衆眞侍坐。是日那臺見五色紫光，曲照齋堂。於是心悟，疑是不常。仍出登牆四望，忽見東方桑林之下，華光赫奕，非可勝名，去那臺所住數百里，中隔礙暘谷滄海之口，心懷踊躍，無由得往。因叉手遙禮稱名：「那臺先緣不厚，致作女身。發心願樂，志期神仙，高道法妙，不可得攀，日夕思念，冀得滅度，轉形爲男。歷年無感，常恐生死，不得遂通，彌齡之運，有於今日，天河隔礙，無由披陳。今當投身碧海，沒命於天，冀我形魂，早得輪轉，更建功德，萬劫之中，冀見道眞。」言訖，便從牆上投身擲空，命赴滄海極淵之中，紛然無落，即爲水帝神王以五色飛龍捧接。女身俄頃之間，已於懸中得化形爲男子，乘龍策虛，飛至道前。於是元始即命仙都錫加帝號，於火劫受命，輔於《靈寶青帝玉篇》。七百年中，火劫數極，青氣運行，隨元滅度。以開光元年，於彌梵羅臺霄絕寥丘飛元雲根之都滄霞九雲之墟，元始又錫安寶華林青靈始老帝君號。

丹靈真老君

傳記

張君房《雲笈七籤》卷一〇一《紀傳部紀二·丹靈眞老君紀》《洞玄本行經》云：南方梵寶昌陽丹靈眞老君者，本姓鄭字仁安，大炎之胤，生於禪黎世界赤明天中。生有三氣之雲纏其身，朱鳥鼓翮覆其形。三日能言，便知宿命。年及十二，面有金容玉顏，便棄世離俗，遠遊山林。於寒靈洞宮遇玄和先生，授仁安《靈寶赤書五氣玄天黑帝眞文》一篇、《智慧上品十戒》而去。仁安於是奉戒而長齋，大作功德，珍寶布施，以拯諸乏，割口飴鳥，功名徹天。因於西那國遇天洪災，大水滔天，萬姓流漂。仁安於洪波之上汎舟，誦《戒書·黑帝眞文》，以投水中，水爲開道百頃之地，鳥獸麞鹿虎豹師子皆往依親，悉得無他。是時國王百口登樓而漂沒，歎不能得度。仁安見王垂沒，乃浮舟而往，以所佩《眞文》授與國王。王敬而奉之，水劫即退，翕然得過。王既得免，《眞文》於是即飛去入雲中，莫知所在。仁安失去《眞文》，退仙一階，運應滅度，託命告終，死於北戎之阿。暴露靈屍三十餘年，形體不灰，光色鮮明，無異生時，在于北戎長林之下。時國王遊獵，放火燒山，四面火帀，去其靈屍之間百步之內，火不得然，麞鹿虎豹，莫不依親。王怪而往，見靈屍之上，有三色之光，雲霧鬱冥，鳥獸帀繞。王乃伐薪圍屍，放火焚燒。于時屍放火中，鬱起成人，坐青煙之上，指拈虛無，五色煥爛，左右侍者，仙童玉女，三百餘人，肅然而至。凡是禽獸依親之者，並在火中，皆得過度。仁安以赤明二年，歲在丙午，於加摩坦婁于翳天中洞寥之嶽，改姓洞浮，諱曰極炎，受錫南單梵寶昌陽丹靈眞老帝君，號丹靈老君也。

中央黃老君

傳記

張君房《雲笈七籤》卷一〇一《紀傳部紀二・中央黃老君紀》《洞眞九眞中經》云：中央黃老君者，太上太微天帝君之弟子也，以混皇二年始生焉。年七歲，乃知長生之要，天仙之法。仍眇綸上思，欽納眞玄，蕭條靈想，棲心神源。解脫於文蔚之羅，披素於空任之肆。於是太上授《九眞之訣八道祕言》，施修道成，受書爲太極眞人。

金門皓靈皇老君

傳記

張君房《雲笈七籤》卷一〇一《紀傳部紀二・金門皓靈皇老君紀》《洞玄本行經》云：西方七寶金門皓靈皇老君者，本乃靈鳳之子也。靈鳳以呵羅天中降生於衛羅天堂世界，衛羅國王取而蓄之。王有長女，字曰配

瑛，意甚憐愛，常與共戲，於是靈鳳常以兩翼扇女面。後十二年中，女忽有胎，經涉三月，王意怪之，因斬鳳頭，埋著長林丘中。女後生女，墮地能言，曰：「我是鳳子，位應天妃。」王即名曰皇妃。生得三日，有羣鳳來賀玄哺玉霜，洪泉曲水，八鍊芝瑛。年八歲，執心肅操，超拔俗倫，常朝則謁日，暮則揖月。於重宮之內，王設廚膳，物不味口。天作大雪，一年不解，雪深十丈，鳥獸餓死。王女思憶靈鳳往之遊好，駕而臨之長林丘中，歌曰：「杳杳靈鳳，綿綿長歸。悠悠我思，永與願違。萬劫無期，何時來飛？」於是王所殺鳳鬱然而生，抱女俱飛，徑入雲中。王女今於景霄之上，受書爲南極上元君，常乘九色之鳳。此女前生萬劫已奉《靈寶》，致靈鳳降形，得封南極元君之號。皇妃功德遐徹，天眞感降，以上元之年，歲在庚申，七月七日中時，元始天尊會於衛羅玉國鳳麟之丘，坐騫華之下，衆眞侍坐。是時皇妃所住室內，忽有日象如鏡之圓，空懸眼前。皇妃映見天眞大神普在鏡中長林之下，一室光明。於是自登通陽之臺，遙望西方，見鳳生丘上，紫雲鬱勃，神光煒煥，非可得名，去皇妃所住五百步許。逼以女限處在宮內，無由得往。須臾，忽有神鳳來翔，集於臺上。皇妃白鳳言曰：「西方有道，心願無緣，不審神鳳可得暫駕見致與不？」於是鳳即敷翮，使坐翮上，舉之徑至道前。元始天尊指以金臺王母，「即汝師也，便可施禮。」皇妃叩頭上啓：「惟願衆尊，特垂哀矜，則枯骸更生。」言畢，金母封以西靈玉妃之號，即命九光靈童披霜羅之蘊，出《靈寶赤書白帝眞文》一篇，以授皇妃。受號三百年中，仍值青劫改運，皇妃方復寄胎於李氏之胞三年，於西那玉國金壟幽谷李樹之下而生，化身爲男子，改姓上金諱曰昌。至開光元年，歲在上甲，元始天尊錫西方七寶金門皓靈皇老君號。

五靈玄老君

傳記

張君房《雲笈七籤》卷一〇一《紀傳部紀二・五靈玄老君紀》《洞

玄本行經》云：北方洞陰朔單鬱絶五靈玄老君者，本姓浩字敷明，蓋玄皇之胤，太清之胄，生於元福棄賢世界始青天中。年十二，性好幽寂，心翫山水，遠於家中，或去十日，時復一還。時天下災荒，人民餓殍，一國殆盡。敷明於地境山下，遇一頃巨勝，身自採取，餉係窮乏，日得數過，救度垂死數千餘口。隨取隨生，三年不訖，他人往覓，莫知其處。是時辛苦，形體憔悴，不暇營身，遂致疲頓，死於山下。九天書其功德，金格記其玉名，度其魂神於朱陵之宮。後帝遣金翅大鳥，常敷兩翼，以覆其尸。七百年中，尸形不灰。至水劫改運，水泛尸漂於無崖之淵。水過而後，敷明尸泊貝渭邪渠初默天鬱單之國北豐玄丘。四十年中，又經山火盛行，焚燒尸形，尸於火中，受鍊而起，化成眞人，五色之雲，覆蓋其上。至開明元年，於北豐玄丘改姓節諱靈會，元始天王錫靈會洞陰朔單鬱絶五靈玄老君號。

太上老君

傳記

張君房《雲笈七籤》卷一〇二《紀傳部紀三・混元皇帝聖紀》 太上老君者，混元皇帝也，乃生於無始，起於無因，爲萬道之先，元氣之祖也。蓋無光無象，無音無聲，無宗無緒，幽幽冥冥。其中有精，其精甚眞。彌綸無外，故稱大道焉。夫道者，自然之極尊也，於幽無之中而生空洞焉。空洞者，眞一也。眞一者，不有不無也。從此一氣化生後九十九萬億九十九萬歲，乃化生上三氣，三氣各相去九十九萬億九十九萬歲，三合成德，共生無上也。自無上生後九十九萬億九十九萬歲，乃化生中三氣，三氣各相去九十九萬億九十九萬歲，三合成德，共生玄老也。自玄老生後九十九萬億九十九萬歲，乃化生下三氣，三氣各相去九十九萬億九十九萬歲，三合成德，共生太上也。自太上生後，復八十一萬億八十一萬歲，乃生一氣。一氣生後，復八十一萬億八十一萬歲，乃生前三氣。三氣各相去八十一萬億八十一萬歲，三合成德，共生老君焉。老君生後八十一萬億八十一萬歲，化生一氣。一氣生後八十一萬億八十一萬歲，化生後三氣。三氣又化生玄妙玉女。玉女生後八十一萬億八十一萬歲，三氣混沌，凝結變化，五色玄黃，大如彈丸，入玄妙口中，玄妙因呑之。八十一年乃從左腋而生，生而白首，故號爲老子。

老子者，老君也，此即道之身也，元氣之祖宗，天地之根本也。夫大道玄妙，出於自然，生於無生，先於無先，挺於空洞，陶育乾坤，號曰無上正眞之道。神奇微遠，不可得名。故曰：吾生於無形之先，起乎太初之前，長乎太始之端，行乎太素之元。浮游幽虛，出入杳冥。觀混沌之未判，視清濁之未分，盼髣髴之興光，瞻嚮罔之眇然，窺惚恍之容象，覩鴻洞之無邊，步宇宙之曠野，歷品物之族羣。惟吾生之卓兮，獨立而無倫。消則爲氣，息則爲人矣。

老君者，乃元氣道眞，造化自然者也。强爲之容，則老子也。以虛無爲道，自然爲性也。夫莫能使之然，莫能使之不然，亦不知其所以然，不知其所以不然，故曰自然而然者也。至若以地爲輿，操天爲蓋，馳騖曠蕩，翺翔八外，不足比其大也。窮幽極微，至纖無際，析毫剖釐，刃鋏鋒鋭，不足言其細也。絲竹八音，《簫韶》九成，宮商調暢，律呂和平，不足言其聲也。玄黃煥爛，丹青熻煜，焜煌煒曄，麗靡華飾，不足言其色也。皦耀熠爍，神明恍惚，風流電遊，霆振響逸，不足言其疾也。結根九泉，沈嶠八海，水凝藪澤，淵渟嶽峙，不足言其止也。陰陽不測，變化無倫，飄飖太素，師虛友眞，不足言其神也。光燭玄昧，洞鑒無形，仰觀太極，俯察幽冥，不足言其明也。影離響絶，雲銷霧除，鑽冰求火，探巢捕魚，不足言其無也。滌宇宙之塵穢，掃雲漢於天衢，下坑宏而無底，上寥廓而無隅，包六合而造域，跨八維以爲區，不足言其虛也。然則道固無形，夫何爲名？故乃託虛寄無，假道以言之。言之不足以盡意，故歸之自然。自然者，理之極，乃道之常也，故衆聖所共尊。道尊德貴，夫莫之爵，而常自然，惟老氏乎。

老君者，乃元生之至精，兆形之至靈也。昔於虛空之中，結氣凝眞，强爲之容，體大無邊，相好衆備，自然之尊。上無所攀，下無所躡，懸身而處，不頹不落。著光明之衣，照虛空之中，如含日月之光也。或在雲華之上，身如金色，面放五明，自然化出：神王、力士，青龍、白獸，麒麟、師子，列於前後。或坐千葉蓮花，光明如日，頭建七曜冠，衣晨精服，披九色離羅帔，項負圓光。或乘八景玉輿，駕五色神龍，建流霄皇天丹節，廕九光鶴蓋，神丁執麾，從九萬飛仙，師子啓塗，鳳凰翼軒。或乘玉衡之車，金剛之輪，驂駕九龍，三素飛雲，寶蓋洞耀，流煥太無，燒香散華，浮空而來，伎樂駭虛，難可稱焉。或坐寶堂大殿，光明七寶之帳，朱華羅網，垂覆其上，仙眞列侍，神丁衛軒，旛幢旌節，騎乘滿空。或金容玉姿，黃裳繡帔，凭几振拂，爲物祛塵。或玄冠素服，白馬朱騣，仙童夾侍，神光洞玄。夫妙相不可具圖，學上道之子，宜識眞形。眞形不測，但存此足以感會也。

夫學不知其本，如嬰兒之失母。能知其母，又知其子。既知其子，復守其母。母者何也？無中之有也，是道也，至眞也，宗極也，一切所崇也。隨感而應，應有著微。微則妙象恍惚，乍存乍亡。屈者資之得伸，暗者向之獲明，迷者歸之果定。故神明之君，應著之時，形像相好，動靜有則，以正理邪，周徧無滯，救度無窮，故稱爲聖。或君或臣，或師或友，依緣相逢。逢此應者，皆由精心感道，道氣通感，是故隨機適品矣。夫大道處於無形，無形非凡所見。應感以形，妙相隨時而出。或玉姿金體，爰及肉身。或飛或步，或尊或卑，或山或岱，或夷或夏，不可測量。隨感麤妙，應已則藏。或來無所從，去無所至。洞有洞無，周徧一切。悟者即心得道，迷者觸向乖眞。能崇識老君，尊而敬之，則得正眞道矣。

雜録

張君房《雲笈七籤》卷一〇二《紀傳部紀三・混元皇帝聖紀》論曰：夫道不可見，見而非也；道不可聞，聞而非也。蓋示理教俱空，寂而不動也。而道亦能使未見者見，未聞者聞。此明境智相發，感而遂通也。然通寂雖殊，其至一焉。故曰：「道常無爲而無不爲。」以此論之，蓋由人心者也。夫心之念道，凡有二種：一念法身，七十二相，八十一好，具足微妙，三界特尊。二念眞身，猶如虛空，圓滿清淨，不生不滅。若於此相，未能明審，須憑圖像，係錄其心，當鑄紫金，寫此眞形。泥水銅綵，稱力所爲。殿堂帳座，旛華燈燭，隨心供養，如事眞身。想念丹倒，功德齊等。若能洞觀非身之身，圖像眞形，理亦無二。是以敬像，隨心獲福，報之輕重，惟在其心。念念增進，自然成道。所謂人能念道，道亦念人，即此之謂也。

太微天帝君

傳記

張君房《雲笈七籤》卷一〇二《紀傳部紀三・太微天帝君紀》《紫度炎光神玄變經》云：太微天帝君生于始青之端，九曜神靈之胤，玄氣未凝之始，結流芳之胄而法形焉。連光映靈，紫雲曜電，玄煙流靄，丹暉纏絡，妙覺潛啓，仍採納上契，條暢純和，吐納冥津，遂降靈生之胎，哺兼洪泉曲芝。行年二七，金容內發，玉華外映，洞慧神聰，朗覩虛玄，編掌帝號，其所任乎。澄流九霄之霞，飛眺洞清之源。明機覽於極玄，領綜運于億津，積感加於冥會，妙啓發於自然。是以得御《紫度炎光迴神飛霄登空之法》，修行內應，上登玉清，高上之尊道備，以付中央黃老君焉。

青要帝君

傳記

張君房《雲笈七籤》卷一〇二《紀傳部紀三・青要帝君紀》《洞眞青要紫書金根衆經》云：青要帝君者，九陽元皇玉帝之弟子也。以中皇元年，歲在東維，天始告暉，君育於玄丘玉國無崖之天瓊林七寶之下，溟濛九域之濱，法化應圖，三日啓晨。厥姓堯，諱字伯開，仍有九龍翼君側，七色瓊鳳廕君身，神麟含芝以哺玄，天女吐精以灌眞，玉童擲華以却穢，神妃散香以攘塵。含漱胎息，法秀自然。年冠二六，面發金容，體生靈符，容與順化，應運浮沉。棲心明霞之境，遨遊玉國之墟，執抗元皇之策，落景九域之丘。逍遙流盼，遂經萬劫。方還淸齋雲房之間，以紫雲爲屋，青霞爲城，黃金爲殿，白玉爲牀，五氣交結，高臺連甍，玉陛文階，鳳闕四張，金童侍側，玉華執巾，天仙羅衛，五千餘人。九陽元皇玉帝君時乘碧霞九鳳飛輿，瓊輪羽蓋，從桑林千眞，萬乘億騎，飛行侍仙，三十六人，宴景霄庭，來降於君，與君共登九老仙都之京九曲之房，命西臺龜母開雲鳳之蘊，紫錦之囊，出《紫書眞訣玉篇》，以授於君。君修行道備，位登玉淸。太上大道君授君飛雲羽蓋，流紫鳳章，《金眞玉光》，《豁落七元》，《金神虎符》，《流金火鈴》，青精玉璽，九色無縫之章，單青羽裙，飛行上淸。於是縱景萬變，迴轉五晨，策虛召月，攝日揚輪。洞化離合，與眞同靈，解形遯變，儵欻億千。上登三元，朝謁玉宮，遊覽無崖，匡落九天。出入洞門，攜契玉仙，仰稟高上，元始太眞。應氣順命，位掌帝晨，總統萬道，無仙不關。下攝十天，山靈河源，五嶽四海，莫不上隸於君者也。

總真主録

傳記

張君房《雲笈七籤》卷一〇二《紀傳部紀三·總真主録紀》《洞眞變化七十四方經》云：上淸總眞主録南極長生司命君姓王諱改生字易度，乃太虛元年，歲洛西番，孟商啓運，朱明謝遷，天元冥遯，三暉翳昏，晨風迅虛，六日明焉，君誕于東林廣昌之城長樂之鄉。行年十四，棄世離俗，心慕神仙，遇紫府華先生授陰陽補養、削死修生、三五變錬、七九復神、道御中和、胎息之方。行其術，壽至四百年。登玄溪之澗隱巖之房，詣屠先生受《金丹錬雲芝之根柔金剛之經》，《飛煙起霜沈雪之方》，招霞咽精之道。服御七年，與日合景，行經神州空洞之山，遇太一眞人戴先生受《帝君九錬之方》。

中天玉寶元靈元老君

傳記

張君房《雲笈七籤》卷一〇二《紀傳部紀三·中天玉寶元靈元老君紀》《洞玄本行經》云：中天玉寶元靈元老君者，本姓琨字信然，蓋洞元之胤，中和之胄，生於善忍世界青元天中流生之丘。受生一劫，默然不語，混沌無心，食氣爲糧。天地未光，無常童子於無色之國，授信然《靈寶赤書赤帝眞文》一篇，於是而言。是時惟修一身，初不開張，廣度天人，善功未充，運應更滅。於青元天中，命終流生之州，靈體絶丘之下，經一百餘年，死而不灰，常有黃氣覆蓋其上。至水劫流行，天下溟然，靈骸四面，涌土連天，遏塞水道。信然應化，鬱然而起，更生成人，改姓通班，諱曰元氏。水過之後，天地開光，三象玄曜，七元高明，元始天尊以開光元年，歲在己丑，於高桃厲沖龍羅天反魂林中，錫元氏玉寶元靈元老君號。

赤明天帝

傳記

張君房《雲笈七籤》卷一〇二《紀傳部紀三·赤明天帝紀》《洞玄本行經》云：昔禪黎世界隊王有女字緋音，一音繼音。生乃不言，年至十四，王怪之，乃棄女於南浮長桑之阿空山之中。女乏糧食，常仰日咽氣，引月服精，自然充飽，體不疲損。常行山中，周帀巖洞，忽與神人會於丹陵之舍栢林之下，執絓音右手題赤石之上，語絓音曰：「汝雖不能言，可憶此也。」絓音私心自悼，受生不幸，口不能言，棄在窮山。誓心自願，得還人中，當作功德，無有愛惜。百劫之後，冀與願會。天爲其感，遣朱宫靈童下教絓音理身之術，受《赤書》八字之音，於是能言。絓音晨夕朝禮天文，道眞既降，逆知吉凶，役使百靈，坐命十方。於山而出還於王國。時天下大旱，人民焦燎。王大懼怖，祈請神明。絓音往白王言：「常聞山中，有女不言，能感於天，王識之乎？」王於是悟，識是王女，乃迎女還宫。見女能言，王有愧顔。女顯其道，爲王仰嘯，天降洪雨，注水至丈，於是化形隱景而去。仍更寄形王氏之胞，運未應轉，方又受生，還爲女身。父字以福慶，名曰阿丘曾。年及人禮，乃發大慈之心，布施窮乏，獨寢一處，不雜於物，然燈燒香，長齋幽室。丹誠積感，道爲之降。以開光元年，十方大聖尊神妙行眞人，會南圃丹霍之阿三元洞室青華林中，衆眞侍坐，香華妓樂，五千餘衆，眞文奕奕，光明洞達，映朗內外，雲景煒爍，如星中之月，去阿丘曾所住舍數十里中。丘曾時年十六，見舍光明，內外朗照，疑似不常，乃出南向，望見道眞。丘曾歡喜，叉手作禮，遥稱名曰：「丘曾今遭幸會，身覩天尊，非分之慶，莫知所陳。歸命十方，天中之天。惟蒙玄鑒，賜以誡言，萬劫滅度，冀得飛仙。」魔見丘曾心發大願，力過魔界，因化作五帝老人，往告丘曾云：「我受十方尊神使命，來語汝曰：《靈寶》法興，吾道方行。每欲使人仁愛慈孝，恭奉尊長，敬承二親。如聞汝父，當娉汝身，已相許和，受人之言，父母之命，不可不從，宜先從之。人道既備，餘可投身，違父之教，仙無由成。」女答魔言：「我前生不幸，夙無因緣，功德未充，致作女身。晨夕尅勵，誓在一心，用意堅固，應於自然。生由父母，命歸十天，誠違父教，不如君言。」魔見丘曾執心眞正，於是便退。丘曾自云：「道既高邈，無緣得暢。乃聚柴發火，焚燒身形，冀形骸得成飛塵，隨風自舉，得至道前。」於是火然，丘曾投身，紛然無著，身如蹈空，俄頃之間，已見丘曾化成男子，立在道前。元始天尊即命南極尊神爲丘曾之師，授丘曾《十戒靈寶眞文》。元始天尊又告南極尊神曰：「丘曾前生萬劫，已奉《靈寶》。功德未備，致寄生轉輪。至于今日，化生人中。見吾出法，即得化形。當更度人九萬九千，乃得至眞大神，爲洞陽赤明天帝。」

南極尊神

傳記

張君房《雲笈七籤》卷一〇二《紀傳部紀三・南極尊神紀》《洞玄本行經》云：南極尊神者，本姓皇字度明，乃閻浮黎國宛王之女也。生於禪黎世界赤明天中，生乃當貴，父爲國王，女居宫內，金牀玉榻，七色寶帳，明月雙珠，光照內外。王給妓女數千人，國中珍寶，無有所乏。常欲布散，大建功德。志極山水，訪及神仙。逼限宫禁，津路無緣。志操不樂，心自愁煎。王意憐愍，慰諭百端。問女意故，女終不言，淚落如雨，切無一歡。王加其妓樂，日日作唱，度明聞樂，常如不聞。獨在一處，清淨焚香，長齋持戒，日中乃餐。王知其意，乃於宫中爲踊土作山，山高百丈，種植竹林，山上作臺，名曰尋眞玉臺。度明棄於宫殿，登臺棲身，遮遏道徑，人不得通。單影獨宿一十二年，積感昊蒼。天帝君遣朱宫玉女二十四人，乘雲駕鳳，下迎度明。當去之夕，天起大風雨，雷電激揚，地舍旋轉，驚動一國。王大振懼，莫知所從。天曉分光，失去山臺，不見其女。天帝迎度明於陽丘之嶽丹陵上舍栢林之中，朱鳳侍衛，神龍翼軒，玉童玉女三百餘人。於後大劫數交，天地易位，度明應在棄蕩之例。南上感其丹至，朱宫書其紫名，化其形骸於無始之胞，一劫而生，得爲男身。於南丹洞陽上館明珠七色寶林，赤帝梵寶昌陽丹靈眞老君錫度明以南極上眞之號。

玉皇上帝

傳記

佚名《三教源流搜神大全》卷一《玉皇上帝》 按《聖紀》所載云：

往昔上世有國，名號光嚴妙樂，其國王者名曰淨德。時王有后名寶月光。王乃無嗣，嘗因一日作是思，惟我今將老而無太子，身或崩滅，社稷九廟委付何人？作是念已，即便勑下詔諸道衆於諸宫殿依諸科教懸諸旛蓋，清淨嚴潔廣陳供養，六時行道，徧禱眞聖，已經半載不退初心。忽夜寶月光燁。皇后夢太上道君與諸至眞，金姿玉質清淨之儔，駕五色龍輿，擁大景旌蔭明霞蓋。是時，太上道君安坐龍輿，抱一嬰兒，遍身毛孔放百億光，照諸宫殿作百寶色，幢節前道，浮空而來。是時，皇后心生歡喜，恭敬接禮長跪道前，曰道君言今王無嗣，願乞此子爲社稷主，伏願慈悲哀愍聽許。爾時，道君答皇后曰，願特賜汝。是時，皇后禮謝道君而乃收之，皇后收已便從夢歸。覺而有孕。懷一年，于丙午歲正月九日午時誕于王宫。當生之時，身寶光秋充滿王國，色相妙好，觀者無厭。幼而敏慧而慈善，于其國中所有庫藏一切財寶，盡皆散施窮極困苦、鰥寡孤獨、無所依告、飢饉癃殘、一切衆生，仁愛和遜，歌謠有道，化及遐方，天下仰從歸仁，太子父王加慶。賞爾之後，王忽告崩，太子治政俯念浮生告勑大臣，嗣位有道遂捨其國，於普明秀岩山中脩道，功成超度，過是劫已歷八百劫。身常捨其國爲羣生故，割愛舉道於此，後經八百劫行藥治病亟救衆生令其安樂，此劫盡已又歷八百劫。廣行方便，啓諸道藏，演說靈章，恢宣正化，敷揚神功，助國救人，自幽及顯，過此已後再歷八百劫，亡身殞命，行忍辱故捨已血肉。如是脩行三千二百劫，始證金僊，號曰清淨自然覺王如來。

《宋眞宗實錄》曰：大中祥符七年九月，上對侍臣曰：自元符之降，朕欲與天下臣庶同上玉皇聖號。至天僖元年正月辛丑朔，帝詣太初殿，恭上玉皇大天帝聖號曰：太上開天執符御曆含眞體道昊天至尊玉皇大天帝。

九天司命保生天尊

傳記

佚名《三教源流搜神大全》卷一《聖祖尊號》 御製《靈遇記》曰：景德初，王中正遇司命眞君傳藥金法，上之四年十一月降劉承規之眞舍，五年始奉上徽號曰：九天司命天尊。《宋眞宗實錄》曰：大中祥符五年十月十七日，上夢景德四年先降神人傳玉皇命云：今汝祖趙有名此月二十四日降，如唐眞元事。至日，天尊降延恩殿，閏十月己巳加號：聖祖上靈高道九天司命保生天尊。

聖祖母元天大聖后

傳記

佚名《三教源流搜神大全》卷一《聖母尊號》 唐武后光宅二年九月甲寅，追尊聖母曰先天太后，祖殿在亳州太清宫是也。《國朝會要》曰：天僖元年三月六日冊上聖祖母尊號曰：元天大聖后。先是大中祥符五年制加上聖祖母號，候兗州太極觀成，擇日奉上至是詔王旦等行冊禮。

東華帝君

佚名《三教源流搜神大全》卷一《東華帝君》　東華帝君，純習在道，氣凝寂湛，體無爲將欲，啓廸玄功，生化萬物。先以東華至眞之氣，化而生木公，於碧海之上、蒼靈之墟，以主陽和之氣，理於東方，亦號王公焉。與金母皆挺質太元，毓神玄奧，於東方溟漠之中，分大道醇精之氣而成形，與王母共理二氣而育養天地，陶鈞萬物。凡天上天下三界十方男子之登仙得道者，悉所掌焉。居諸方之上，按《塵外記》：方諸山在東海之內，其諸司命三十五所，以錄天上人間罪福，帝君爲大司命，總統之山有東華臺，帝君常以丁卯日登臺四望。學道之者，凡仙有九品：凡此品次昇天之時，先拜木公，后謁金母，受事既訖，方得昇九天入三清拜太上而觀元始。昔元始告十方天人曰：吾自造言混沌化生二儀，役御陰陽，始封皇上元君。自東華扶桑大帝等，校量水火，定平劫數。中皇元年，太上於玉清瓊房金闕上宫授帝寶經花圖玉訣，使傳後學，玉名合眞之人。故玄綱云：東華不祕於眞訣是也。紫府者，帝君校功行之所。夫海內有三島，而十州列其中。上島三洲謂蓬萊、方丈、瀛州也，中島三洲謂美蓉、閬苑、瑤池也，下島三洲謂赤城、玄関、桃源也。三島九洲鼎峙洪濛之中，又有洲曰紫府，踞三島之間，乃帝君之別理，統轄靈官職位，較量羣仙功行，自地仙而至神仙，神仙而至天仙，天仙而轉眞聖，入虛無洞天，凡三遷也，皆帝君主之。釋之名也，東華者，以帝君東華至眞之氣化而生也。分治東極，居東華之上也。紫府者，職居紫府，統三十五司命，遷轉洞虛官較品眞仙也。陽者主東方，少陽九氣生化萬彙也。帝君者位東方，諸天之尊，君牧衆聖爲生物之主。《易》曰：帝出乎震是也。故曰：東華紫府少陽帝君。又《眞敎元符經》云：昔二儀未分，溟涬濛洪，如鷄子玄黃之中。生自然有盤古眞人。移古就今，是曰盤古。乃是天地之精，自號元始天王，游行虛空之中。又有太元聖母，化生天脊䐠中，經百刼天王行施聖母遂生，天皇號上皇元年始世三萬六千歲，受元始上帝符命爲東宫大帝扶桑大君。東皇公號曰元陽。又考之仙經：或號東王公，或號青童君，或號東方諸，或號青提帝君，名號雖殊，即一東華也。君聖朝至元六年正月日，上尊號曰：東華紫府少陽帝君。

后土皇地祇

傳　記

佚名《三教源流搜神大全》卷一《后土皇地祇》　天地未分，混而爲一，二儀初判，陰陽定位，故清氣騰而爲陽天，濁氣降而爲陰地。爲陽天者，五太相傳，五天定位，上施日月，參差玄象。爲陰地者，五黃相乘，五氣凝結，負載江海、山林屋宇，故曰：天陽地陰、天公地母也。世署所謂土者，乃天地初判黃土也，故謂土母焉，廟在汾陰。宋眞宗朝，大中祥符五年七月二十三日，誥封后土皇地祇。其年駕幸華陰親祀之。今揚州玄妙觀后土祠也。殿前瓊花一株，香色柯葉絶異，非世之常品也。眞宗皇帝封曰：承天効法厚德光大后土皇地祇。

玄天上帝

傳　記

佚名《三教源流搜神大全》卷一《玄天上帝》　按《混洞赤文》所載：玄帝乃元始化身，太極別體。上三皇時，下降爲太始眞人。中三皇時，下降爲太元眞人。下三皇時，下降爲太乙眞人。至黃帝時，下降爲玄天上帝。開皇初刼下世。紫雲元年歲建甲午，三月初三甲寅庚午時，符太陽之精，托胎化生淨樂國王善勝夫人之腹，孕秀一十四月，則太上八十二化也。淨樂國者，乃奎婁之下海外國，上應龍變梵度天。玄帝產母左脇，當生之時瑞雲覆國，異香芬然，地土變金玉，瑞應之祥，玆不備載。生而神靈，舉措隱顯。年及十歲，經典一覽悉皆默會，仰觀俯察靡所不通，潛心念道志氣太虛，願輔上帝普福兆民。父王不能抑志，年十五辭父母欲尋幽谷內煉元眞，遂感玉清聖祖紫虛元君傳授無極上道。元君告玄帝曰：子可越海東遊歷於翼軫之下，有山自乾兌起跡，盤旋五萬里，水出震宮，自有太極便生，是山應顯，定極風天太安皇崖二天。子可入是山，擇衆峰之中沖高紫霄者居之，當契太和。昇舉之後，五百歲，當龍漢二刧中，披髮跣足，攝離坎眞精，歸根復位，上爲三境輔臣，下作十方大聖，方得顯名億刧，與天地日月齊并，是其果滿也。告畢，元君昇雲而去。玄帝乃如師語，越海東遊，步至翼軫之下，果見師告之山。山水藏沒，皆應師言。乃入觀覽，果有七十二峰，之中有一峰聳翠上淩紫霄，下有一嵓當陽虛寂，於是玄帝採師之誡，目山曰太和山，峰曰紫雲峰，嵓曰紫霄嵓，遂即居焉。潛虛玄一，默會萬眞。四十二年，大得上道於黃帝紫雲。五十七年，歲次甲子九月初九日丙寅淸晨，忽有祥雲天花自空而下，迷漫山谷，繞山四方各三百里，林巒震響，自作步虛仙樂之音。是時，玄帝身長九尺，面如滿月，龍眉鳳目，紺髮美髯，顏如冰清，頂帶玉冠，身披松羅之服，跣足拱手，立于紫霄峰上。須臾雲散，有五眞羣仙降于玄帝之前，導從甚盛，非凡見聞。玄帝稽首，祗奉迎拜，五眞曰：予奉玉清玉帝詔，以子功滿道備昇舉，今聞子之聖父聖母已在紫霄矣。玄帝俯伏恭諾。五眞乃宣詔畢，可特拜太玄元帥，領元和遷校府公事，賜九德偃月金晨玉冠，瓊華玉簪，碧理寶圭，素銷飛雲金霞之帔，紫銷龍袞丹裳羽屬絳綵之裙，七寶銖衣，九光朱履，飛紅雲舄，佩太玄元帥玉冊乾元宝印，南北二斗、三台龍劒，飛雲玉輅，丹轝綠輦，羽蓋瓊輪九色之節，十絕靈旛，前嘯九鳳，後吹八鸞，天下玉女億乘萬騎，上赴九清，詔至奉行。玄帝再拜受詔，易服訖，飛昇金闕。按《元洞玉曆記》云：至五帝世來當上天，龍漢二刼下世，洪水方息，人民始耕。殷紂王淫心失道，矯侮上天。生靈方足衣食，心叛正道，日造罪孽，惡毒自横，遂感六天魔王引諸神鬼，傷害衆生，毒氣盤結，上衝太空。是時，元始天尊說法於玉清聖境。天門震開，下見惡氣彌塞天充。於是，妙行眞人叩誠求請願救羣黎。元始乃命玉皇上帝降詔紫微，陽則以周武伐紂平治社稷，陰則以玄帝收魔間分人鬼。當斯時也，上賜玄帝披髮跣足，金甲玄袍，皂纛玄旗，統領丁甲，下降凡世，與六天魔王戰於洞陰之野。是時，魔王以坎離二炁化蒼龜、巨蛇。變現方成，玄帝神力攝於足下。鎖鬼衆於酆都大洞。人民治安，宇宙清肅。玄帝凱還清都，面朝金闕。元始敕命以玄帝功齊五十萬刼，德並三十三天。九霄上賴於眞威，十亟仰依於神化。有大利施於下民，積聖德遍之于玉曆。按遵簡籙當亞帝眞。不有徽崇，何以昭德，特賜尊號，拜玉虛師相。玄天上帝領九天採訪使。聖父曰淨樂天君、明眞大帝，聖母曰善勝太后、瓊眞上仙。下蔭天関曰太玄火精含陰將軍、赤靈尊神，地神曰太玄水精育陽將軍、黑靈尊神，並居天一眞慶之。

格聯

紫極騰輝瑞映八方世界，
玄天著德恩覃十部閻羅。

又

殿向橋東開潢漾水聲登貝帝，
地從坊左聳鬱蒼山色映蒲團。

梓潼帝君

傳記

佚名《三教源流搜神大全》卷一《梓潼帝君》 按《清河內傳》：余本吳會間人，生於周初，後七十三代。帝君曰：吾一十七世爲士大夫身，未常虐民酷吏，週人之急，濟人之乏，容人之過，憫人之孤，性烈而行察，同秋霜青天于白日之不可犯。後西晉末，降生於越之西，嶲之南，兩郡之間。是時，丁未年二月初三日誕生，祥光罩戶，黃雲迷野。居處地府近海里，人請淸河叟曰：君今六十而獲貴嗣，童稚時不喜嬉戲，每慕山澤，往往語言若有隱顯，晝誦羣書，夜避衆子，自笑、自樂，身體光射。居民祈禱，則余嗤訕，長嘯曰：土木而能衣人之衣，食人之食，享之而有應，謗之而有禍，我爲人而焉無靈乎。自後夜夢或爲龍，或爲王者天符，或爲水府漕，自怪而不甚信爲吉兆。三農徯旱，嘉禾無甦，舞雩祝神，恬然無驗，余思曰：寐中夢治水府，今夕當驗。夜往水際，以夢中官函牒河伯，而驚魂尤恐忸怩不能，忽爾之間陰雲四合，風飛雷震。一吏稽首余前曰：運判徙居。余曰：非我也，我乃張戶老之子，名亞。吏曰：奉命促子。余曰：家人如何。吏曰：先到治所。余惶懼未決，吏揖上一白驢而去。俛首里閒風雨聲中頓失鄉地，到一山，連劍嶺而撑參宮星也。若鳳凰之偃，下有古湫引余入一巨穴。門有一石，蜀吏曰：民之禱雨，祝此石而有應，名曰雷柱。吾方褰衣入穴，吏又曰：君記周室爲人，七十三化，陰德傳家而迄今否？余方大悟，若夢覺也。吏曰：君在天譜得神之品，於人世界有知之者。詧不日有中興之兆，君可尋方而顯化。余曰：謝天使嚮報也。入穴則若墮千仞之壑，近地而足不沾，若騰身虛空。有王者之宮，中有禁衛。余入遂見家人，悉都其間。改日作儒士往咸陽，講姚萇之故事。清河內傳焚香者切記廟在劍州梓潼縣。唐玄宗幸蜀神迎於萬里橋，追封左丞相。僖宗播遷亦有陰助之功，加封順濟王。宋太祖初得蜀也，以仁取之，以仁守之，亦爾神陰隲顯相，有以輔吾仁也。靈應廟神加封聖號：忠文仁武孝德聖烈王，聖后協應德惠妃，聖父顯慶慈祐仁裕王，聖母昭德積慶慈淑妃。聖子嗣德王，聖婦善助顯懿夫人。聖子昌德王，聖婦順助惠懿夫人。聖孫紹應昭靈侯，聖孫婦淑應夫人。聖孫承應宣靈侯，聖孫婦惠應夫人。佐神英惠忠烈翼濟福安王。左右桂祿二藉仙官。聖朝延祐三年七月七日加封聖號：輔元開化文昌司祿宏仁帝君。帝君殿在九曲之處，蓋九曲水來朝，九折而去，經行山腹，路成七曲。其殿有降筆亭，亭中以金索懸一五色飛鸞，鸞口啣筆，用金花牋數百番常留筆下，筆墨皆具亭門。本府差官封鎖甚嚴，以防欺僞之弊。降筆訖，其亭內有銅鐘自鳴，廟吏聞於本府。本府差官啓鑰取書以觀報應。其降筆多勸人以忠孝爲本。詐逆犧僭僞蜀王之日，具犧牲設俎豆潔粢盛，親詣帝君廟設祭。甫欲行禮，黑風驟起，滅燭撤香，逆犧震懼，俯伏殿下，須臾開明，視祝板已碎作兩片矣。帝君奉玉帝旨佐南斗注生，由是求嗣者多禱焉。

三元大帝

傳記

佚名《三教源流搜神大全》卷一《三元大帝》 三元大帝乃是元受眞仙之骨，受化更生，再甦爲人。父姓陳名子檮，又曰陳郎，爲人聰俊美貌。於是龍王三女自結爲室。三女生於三子俱是神通廣大，法力無邊。天尊見有神通廣法，顯現無窮，即封爲：上元一品九氣天官紫微大帝，即誕生之符始陽之氣結成，至眞處玄都元陽七寶紫微上宮，總主上宮諸天帝王上聖高眞三羅萬象星君。中元二品七氣地官清虛大帝，九土無極世界洞空清虛之宮，總主五岳帝君并二十四治山九地土皇四維八極神君。下元三品五氣水官洞陰大帝，洞元風澤之炁，晨浩之精，金靈長樂之宮。總主九江水帝四瀆神君、十二溪眞三河四海神君。每至三元日，三官考籍大千世界之內，十方國土之中，上至諸天神仙升臨之藉，星宿照臨國土分野之簿，中至人品考限之期，下至魚龍變化飛走萬類養動生化之期，並俟三官集聖之日，錄奏分別，隨業改形，隨福受報，隨刼轉輪，隨業生死，善惡隨緣，無復差別，宜悉知之。上元一品天官賜福紫微帝君，正月十五日誕生。中元二品地官赦罪青靈帝君，七月十五日誕生。下元三品水官解厄暘谷帝君，十月十五日誕生。

至聖炳靈王

傳記

佚名《三教源流搜神大全》卷一《至聖炳靈王》 炳靈者，聖帝第三子也。唐太宗加威雄將軍。至宋太宗封上吳炳靈公。大中祥符元年二月二十五日封至聖炳靈王。

佑聖真君

傳記

佚名《三教源流搜神大全》卷一《佑聖真君》 佑聖眞君者，眞君姓茅諱盈，本長安咸陽人也。自幼出家，參訪名山洞府，遇王君賜長生之術，得道，稱爲天仙。至漢明帝朝儀朔三年，天書忽降，皆玉篆龍文，云大帝保命。眞君與聖帝同簽生死，共管陰府之事。宋太宗封佑聖眞君。至眞宗加封九天司命上部賜福佑聖眞君。

東嶽

傳記

佚名《三教源流搜神大全》卷一《東嶽》 泰山者，乃羣山之祖，五嶽之宗。天帝之孫，神靈之府也。在兗州奉符縣，今泰安州是也。以梁父山爲儲副。東方朔《神異經》曰：昔盤古氏五世之苗裔曰赫天氏，赫天氏曰胥勃氏，胥勃氏曰玄英氏，玄英氏子曰金輪王，金輪王弟曰少海氏，少海氏妻曰彌輪仙女也。彌輪仙女夜夢吞二日，覺而有娠，生二子，長曰金蟬氏，次曰金虹氏。金虹氏者，即東岳帝君也。金蟬氏即東華帝君也。金虹氏有功在長白山中，至伏羲氏封爲太歲，爲大華眞人掌天仙六籍，遂以歲爲姓，諱崇。其太歲者，乃五代之前無上天尊所都之地，今之奉高是也。其后乃水一天尊之女也。至神農朝賜天符都官，號名府君。至漢明帝封泰山元帥，掌人世居民貴賤高下之分，祿科長短之事，十八地獄六案簿籍，七十五司生死之期。聖帝自堯、舜、禹、湯、周、秦、漢、魏之世，只有天都府君之位。按《唐會要》曰：武后垂拱二年七月初一日封東岳爲神岳天中王，武后萬歲通天元年四月初一日尊爲天齊君。玄宗開元十三年加封天齊王。宋眞宗大中祥符元年十月十五日詔封東嶽天齊仁聖王。至祥符四年五月日尊爲帝號東嶽天齊仁聖帝。

南嶽

傳記

佚名《三教源流搜神大全》卷一《南嶽》 南嶽衡山，衡州衡山縣是也。以霍山爲儲副。東方朔《神異經》云：神姓崇諱嵩。南嶽主於世界星辰分野之地，兼鱗甲水族龍魚之事。大中祥符四年五月二十五日追尊帝號司天昭聖帝。景明皇后聖朝加封大化二字，餘封如故。

西嶽

傳記

佚名《三教源流搜神大全》卷二《西嶽》 西嶽華山，在華州華陰縣是也。以太白山爲儲副。東方朔《神異經》云：神姓善諱壂。西岳者主管世界金銀銅鐵五金之屬，鉤鑄坑冶兼羽毛飛鳥之事。大中祥符四年五月五日追尊帝號金天順聖帝。肅明皇后聖朝加封太利二字，餘封如故。

北嶽

傳記

佚名《三教源流搜神大全》卷二《北嶽》 北嶽恆山，在定州曲陽縣是也，以崆峒山爲儲副。東方朔《神異經》云：神姓晨，諱咢。北嶽者主於世界□河淮濟，兼虎豹走獸之類，蛇虺昆蟲等屬。大中祥符四年五月五日追尊帝號安天玄聖帝，静明皇后聖朝加封大貞二字，餘封如故。

中嶽

傳記

佚名《三教源流搜神大全》卷二《中嶽》 中嶽嵩山，在西京河南府登封縣是也，以少室山爲儲副。東方朔《神異經》云：神姓惲，諱善。中嶽者主於世界地澤川谷溝渠山林樹木之屬。大中祥符四年五月五日追尊帝號中天崇聖帝，正明皇后聖朝加封大寧二字，餘封如故。

四瀆

傳記

佚名《三教源流搜神大全》卷二《四瀆》 江瀆，楚屈原大夫也。唐始封二字公，宋加四字公，聖朝加封四字王，號：廣源順濟王。河瀆，漢陳平也。唐始封二字公，宋加四字公，聖朝加封四字王，號：靈源弘濟王。淮瀆，唐裴説也。唐始封二字公，宋加四字公，聖朝加封四字王，號：長源廣濟王。濟瀆，楚伍大夫也。唐始封二字公，宋加四字公，聖朝加封四字王，號：清源漢濟王。

泗州大聖

傳記

佚名《三教源流搜神大全》卷二《泗州大聖》 泗州僧伽大師者，世謂觀音大士應化也。推本則過去阿僧祇彌伽沙，却值觀世音如來從三惠門而入道，以音聲爲佛事，作以此有緣之衆，乃謂太師自西國來唐高宗時，至長安洛陽行化。歷吳楚間，手執楊枝，混于緇流，或問師何姓，即答曰：我姓何。又問：師是何國人。師曰：我何國人。尋於泗上欲構伽藍，因宿州民賀跋氏舍所居。師曰：此本爲佛宇。令掘地，果得古碑。香積寺，即齊黍龍建所創，又獲金像，衆謂然燈如來。師曰：普光王佛也。因以爲寺額。景龍二年，中宗遣使迎大師至輦轂，深加禮畢。異命住定薦福寺。帝及百官咸稱弟子，與度惠儼惠岸木义三人御書寺額：普光王寺。三月三日，大師示滅，敕令就薦福寺漆身起塔。忽具氣滿城。帝祝送師歸臨淮，言訖異香騰馥。帝問萬迴曰：僧伽大師是何人邪？曰：觀音化身耳。乾符中，謚證聖大師。

五顯公

傳記

佚名《三教源流搜神大全》卷二《五聖始末》 按《祖殿靈應集》云：五顯公之神，在天地間，相與爲本始。至唐光啓中，乃降於兹邑，圖藉莫有登載，故後來者無所考據。惟邑悼耄口以相傳，言邑民王喻有園在城北偏，一夕園中紅光燭天，邑人纍至觀之，見神五人自天而下，導從威儀如王侯狀，黄衣皀絛坐胡床，呼喻而言曰：吾授天命當食此方，福祐斯人，訪勝尋幽而來至止，我廟食此則祐汝亦無憂。喻拜首曰：惟命。言訖，祥雲四方，神昇天矣。明日，邑人來相宅，方山在其東，佩山在其西，左環杏廠，右繞蛇城，南北兩潭，而前坐石大溪，出來縈紆，西下兩峰，特秀巉然，水口良然，佳處也。乃相與手采斬竹薙草作爲華屋，立像肖貌揭虔安靈，四遠聞之鱗集輻湊。自是神降格有功於國，福祐斯民，無時不顯。先是廟號上名五通。大觀中，始賜廟額曰靈順。宣和年間，封兩字侯。紹興中，加四字侯。乾道年，加八字侯。淳熙初，封兩字公。甲辰間，封四字公。十一年，加六字公。慶元一年，加八字王。嘉泰二年，封兩字王。景定元年，封四字王。累有陰助于江左，封六字王。六年十一月，告下封八字王。理宗改封八字王號：第一位顯聰昭應靈格廣濟王，顯慶協惠昭助夫人。第二位顯明昭列靈護廣祐王，顯惠協慶善助夫人。第三位顯正昭順靈衛廣惠王，顯濟協佑正助夫人。第四位顯直昭佑靈貺廣澤王，顯佑協濟喜助夫人。第五位顯德昭利靈助廣成王，顯福協愛靜助夫人。

萬迴虢國公

傳記

佚名《三教源流搜神大全》卷二《萬迴虢國公》 萬迴公者，虢州閿鄉人也，姓張氏。唐貞觀六年五月五日生。生而癡愚，至八九歲方能語。嘯傲如狂，鄉黨莫測。一日，令家人先歸，云：有勝客至。是日，三藏玄奘自西國還，訪之。公問印度風境，了如所見。奘作禮，圍繞稱是。菩薩有兄萬年，久征遼左。母程氏思其音信。公曰：此甚易爾。乃告母而往，至暮而還，及持書。隣里驚異。其童輿寺沙門大明，少而相狎，公來往，明師之室。屬有正諫大夫明崇儼夜過寺，見公左右神兵侍衛。崇儼駭之，詰但言與明。師厚施金繒，作禮而去。咸亨四年，高宗召至內，武后賜錦袍玉帶。時有扶風僧蒙願者甚多靈迹，先在內，每曰：迴來，迴來。及公至，又曰：替到當去。旬日而卒。景雲二年，十二月八日，師卒於長安不祿，壽年八十。時異香氤氳舉體。宋時，特贈司徒虢國公，喪士官給。五年正月十五日，窆於京師香積寺。

許真君

傳記

佚名《三教源流搜神大全》卷二《許真君》 許遜，字敬之，南昌人。吴赤烏二年正月念八日降生，母先夢金鳳啣珠，墜於懷中，而有娠。父許肅，祖父世慕至道。眞君弱冠，師大洞眞君吴猛，傳三清法，博通經史，舉孝廉，拜蜀旌陽縣令也。以晉亂棄官，與吴君同遊江左。會王敦作亂，二君乃假符呪謁敦，欲止敦而存晉也。一日，同郭璞候敦，敦蓄怒而見，曰：孤昨夢將一木上破其天，禪帝位果十全乎？請先生圓之。許曰：此夢非吉矣。曰木上破天，是□字，明公未可妄動。又令璞筮之，曰事無成。問壽，曰：若起事禍將不久，若住武昌壽不可測。敦怒曰：卿壽幾何？曰：予壽盡今日。敦令武士執璞赴刑，二君同敦飲席間乃隱形去。至盧江口召舟過金陵，舟師辭以無人力駕舡。二君曰：但載我，我自行舡。仍戒舟師曰：汝宜堅閉戶隱，若聞舟行聲愼勿潛窺。於是入舟，須刻間舟師聞舟搖撼木葉聲，遂潛窺，見二龍駕舟在紫霄峰頂。既知其窺，委舟而去。二君曰：汝不信吾教，今至此，柰何。遂令舟師舟隱此峰頂，教服靈草，授以神仙術，舟之遺跡，今尙存。眞君後在豫章，遇一少年容儀脩整，自稱愼郎。眞君與之話知非人類。既去，謂門人曰：適少年乃蛟蜃精。吾念江西累遭洪水爲害，若不剪除恐致逃遁。遂舉道眼一觀，見蜃精化一黃牛於洲北。眞君謂弟子施太玉曰：彼黃牛，我今化黑牛，仍以白巾與鬪，汝訊之，當以劒截彼。俄頃二牛奔逐，太玉以劍中黃牛之左股，因投入城西井中，黑牛亦入井，蜃精徑走。蜃精先在潭州化一聰明少年人，多珍寶，娶刺史賈玉女，常旅遊江湖必多獲寶貨而歸。至是空歸，且云被盜所傷。須臾，典報云：有道流許敬之見使君。賈出接坐，眞君曰：聞君得佳婿，畧請見之。愼即託疾不出。眞君厲聲曰：蛟精老魅焉敢遁形。蛟乃化本形，至堂下。命空中神殺之。又令將二兒來眞君，以水噀之，即成小蜃。妻賈氏幾變，父母力懇乃止。令穿屋下丈餘，地皆有水際。又令急移，俄頃官舍沉沒爲潭，踪跡皆宛然。除蜃後於東晉太康二年八月一日，於洪州西山舉家白日上昇。眞君自飛昇之後，里人與眞君族人就其地立祠，以所遺詩一百二十首寫竹簡之上，載之巨筒，令人探取以決休咎，名曰聖籤。宋徽宗政和二年五月十七日，上尊號曰：神功妙濟眞君。改觀爲宮，賜額曰：玉隆萬壽。帝因看書于崇政殿，恍然似夢見東華門北有一道士，戴九華冠，披絳章服，導從者甚衆，至丹墀起簡揖帝。帝乃問曰：卿是何人，不詔而至。對曰：吾爲許旌陽，權掌九天司職，上帝詔往按察西瞿耶國，經由故國。復問曰：朕患安息瘡，諸藥不能愈，眞君有藥否？即取小瓠子傾藥一粒，如綠豆大，呵呪，抹於瘡上，覺如流酥灌體，入骨清涼，遂揖而去，行數步復回顧曰：吾敝舍久已寥落，願聖皇舉眼一看爲幸。帝豁然而覺，詔畫像，如夢中所見者。賜上淸儲祥宮崇奉，詔眞君遺跡去處，未有宮觀，即取本屬官錢建造，如宮觀只因損壞如法脩換，無常住即撥近便官田供辦。聖朝崇奉加至道玄應四字，餘封如故。

薩真人

傳記

佚名《三教源流搜神大全》卷二《薩真人》　薩眞人名守堅，蜀西河人也，少有濟人利物心。嘗學醫，誤用藥殺人，遂棄醫道。聞江南三十代天師虛靜先生及林、王二侍宸道法，步往師之。至陝行囊已盡，見三道人來，問堅何所往？堅告以故。道人曰：天師羽化矣。復問王侍宸。曰：亦化矣。再問林靈素。曰：亦化矣。薩方悵恨。一道人曰：今天師道法亦高，吾與之有舊，當爲作字，可往訪之。吾有一法相授，日間可以自給。遂授以呪棗之術，曰呪一棗可取七文，一日但呪十棗得七十文，則有一日之資矣。一道人曰：吾亦有一法相授，乃雷法也。眞人受辭，用之皆驗。一日凡咒百餘棗，止授七十文爲日用，餘者復以濟貧。及到信州見天師，投信，舉家皆哭，乃虛靖天師親筆也。信中言，吾與王侍宸、林天師遇薩君，各賜一法授之矣，可爲參錄奏名眞人。後法愈大顯。嘗經潭州，人聞神語曰：眞人提刑，來日至。次日，人伺之，只見眞人攜甕笠至，有提點刑獄之牌，人異之。繼至湘陰縣浮梁，見人用童男、童女，生祀本處廟神。眞人曰：此等醒神，即焚其廟。言訖，雷火飛空，廟立焚矣。人莫能救，但聞空中有云：願法力常如今日。自後廟不復興。眞人至龍興府江邊濯足，見水有神影，方面之巾金甲，左手拽袖，右手執鞭。眞人曰：爾何神人也？答曰：吾乃湘陰廟神王善神，眞人焚吾廟後今相隨一十二載，只候有過則復前讎。今眞人功行已高，職隸天樞，望保奏以爲部將。眞人曰：汝兇惡之神，坐吾法中必損吾法。其神即立誓不敢背盟。眞人遂奏帝收係爲將，其應如響。後眞人至涪州，忽一日諸將現形環侍，告曰：天詔將臨，召眞人歸天樞領位。眞人方起身而立即化。後舉棺輕如常木，衆異而開視，則已空棺，且知眞人得屍解之道也。

袁千里

傳記

佚名《三教源流搜神大全》卷二《袁千里》 袁勝，字千里，南豐人，王待宸娣氏子也。育斬勘雷法髣髴舅氏。端平間，寓戴顚家。一日謂戴顚曰：吾逝矣，可焚我。言畢而卒。戴焚之。火及屍，煙焰中有旗現金字曰：雷霆第三判官袁千里也。

崔府君

傳記

佚名《三教源流搜神大全》卷二《崔府君》 崔府君者，乃祈州鼓城人也。父讓，世爲巨農，純良德義，鄉里推重，年將知命未立繼嗣。讓與妻議之曰：我平日所爲，常存濟物之心，今何無嗣。不若與汝共發虔誠禱於北岳。妻從其言，同詣北岳祠下，禱祝祈嗣，畢歸邸中安下。是夜，夫妻夢一仙童手擎一合。崔讓問之，童曰：帝賜合中之物，令君夫妻吞之。言訖，舉合蓋視之，見美玉二枚。夫妻各吞其一，忽然而覺。自後有娠，腹懷十月滿足。於隋大業三年六月六日降生一子，神彩秀美，異於常人。幼而從學，日誦千言，不窺羣子之戲，因名子玉。凡事過人，鄉人咸爲積善之家，天賜也。時唐太宗貞觀七年，詔舉天下賢良赴都，朝廷任用。府君亦在內焉，各賜縣令出身。惟府君除潞州長子縣令。正直無私，洞察秋毫。郡人皆言知縣晝理陽間，夜斷陰府。時五月初間，知縣省喻邑人，此月望日及望後一日無得殺生及獵射，如犯者官中決斷、陰府理問。時有善射者朱蹇哥等二人，潛出廓外射得兔一隻，入城門吏搜住執於庭下。問之曰：爾等故犯，欲以縣庭受刑，陰府受罰？其人云：乞於陰府受罰。以爲陰理將遠。言訖，各放還家。是夜，方就枕，俄有一黃衣吏喚二人至于公庭一所廳上。却見崔知縣王者冠服檢諸人罪狀，或促其壽，或隋其子孫，或減其食祿。汝輩善惡自當裁之，令還本家，遂驚而覺。其人乃異之，忽一日門吏報曰：鵰黃嶺有猛虎攔路傷人。公遣首吏孟完賫符牒至山廟拘虎。其虎出，自啣符牒隨吏而至公庭。崔公責之曰：汝乃異類，所食者有分定。輒敢違其天意，食啖人命，罪當如何？其虎聞之，觸階而死。自此邑人立生祠而祀之。時潞州太守奏申朝廷。貞觀十七年，府君遷磁州滏陽縣令，整太宗陰府君在之事，決楊叟二子負債之冤。後遷衛州衛縣令，與奕棋人楊叟同赴任所。西南五里有河，時夏月水汎漂渰民田，公于河上設壇，以詞奏于上帝。少頃間有一頭蛇浮于水面而卒，水漸散去。郡人亦立生祠祀焉。有一日，公與楊叟奕棊。公忽起，楊叟亦起，公云：爾見否？忽有黃衣數輩執符而言曰：吾奉上帝命云云，次有玉珪、玉帶子服冠簪秀衣五岳衛具。又有百餘人，皆拜畢而立，奏簫韶絲竹之音樂，復有一神取白馬至，府君曰：汝輩少待之。遂呼二子曰：吾將去世矣，無得大慟。取紙筆寫百字銘以訓其子，二子泣拜而授命。言訖而卒，在世六十四年矣。後玄宗値祿山兵亂，帝夜夢神人告之曰：願陛下駕不可別，此方賊不久而滅矣，又何避之。於是帝問姓名，曰：臣乃磁州滏陽縣令崔子玉。帝驚而覺焉。後果如其言。駕歸闕下，建廟封靈聖護國侯。至唐武宗，天下洪水漲溢，禱之乃止，加封護國威應公。宋眞宗東封岱岳，加封上號：護國西齊王。至宋高宗之避狄難，自鎭走鉅鹿，馬斃，冒雨獨行。暮宿老嫗家，嫗與帝澤衣洗足，進糲飯，且告曰：當借一遊騎，早去約五鼓，以包一龕肩置焉。帝請行，稍前邁三歧路，惑焉。忽見白馬，帝異之，躡其後，脫至靈祠下有土，撫之汗如雨。因宿夢青衣方袍人杖擊地，輒其亟行。驚起，遲明發眼紙亭祝板題云：磁州都土地崔府君。俄聞玟珓聲，乃登殿覩像，如夢中所見。寂無人，唯几上有合，內有酒食。帝食之將出焉，白馬復前導，至斜橋谷，馬忽不見，益異之。而從臣耿南仲將民兵數千來迎。及南渡，駐蹕於杭州，帝首爲立廟焉，賜廟額曰：顯衛。

吴客三真君

傳記

佚名《三教源流搜神大全》卷二《吴客三真君》　昔周厲王有三諫官，唐、葛、周也。王好畋獵失政，三官諫曰：先王以仁義守國，以道德化民而天下咸服，未聞禽荒也。屢諫弗聽，三官棄職南遊於吴，吴王大悦。會楚兵侵吴，王甚憂之。三官進曰：臣等致身以死事大王，自有安邦之謀，但大王無慮耳。三官迎敵，各用神策，楚國皆降。吴王遷賞，三官拜辭，奏曰：臣等客臣也，不敢受賜。後知厲王薨、宣王立，復歸周國。宣王錫受甚厚，仍其爵位。後救太子靖王，降五方使者及非災横禍，宣王遷三官於東兗，撫治安慰，民受其賜，商請其資所至無乏，其國大治，三官既昇加封侯號：唐宏，字文明，孚靈侯，七月二十一日誕。葛雍，字文度，威靈侯，二月十三日誕。周斌，字文剛，浹靈侯，十月初二日誕。宋祥符元年，眞宗東封岱岳至天門，忽見三仙自空而下，帝敬問之。三仙曰：臣奏天命護衛玉駕。帝封三仙。

昭靈侯

傳記

佚名《三教源流搜神大全》卷三《昭靈侯》　昭靈侯，南陽張公，諱路斯。隋之初，家于潁上縣百社村，年十六中明至第。唐景龍中爲宣城令，以才能稱。夫人石氏生九子。自宣城罷歸，常釣于焦氏臺之陰。一日，顧見釣處有宫室樓殿，遂入居之。自是夜出旦歸。一輒寒而濕，夫人令問之，公曰：我龍也。蓼人鄭祥遠者亦龍也，與我爭此居，明日當占使九子助我。頭有絳綃者我也，青綃者鄭也。明日，九子以弓矢射青綃者，中之，怒而去。公亦逐之，所過爲谿谷，以達于淮，而青綃者投于合淝之西山，以死爲龍穴山。九子皆化爲龍，而石氏葬關洲。公之兄爲馬步使者，子孫散居潁上，其墓皆存焉。事見于唐布衣趙耕之文，而傳于淮潁間父老之口，載于歐陽文忠公之《集古録》。云自景龍以來，潁人世祠之于焦氏臺。乾寧中，刺史王敬蕘始大其廟。有宋乾德中，蔡州大旱，其刺史司超聞公之靈，築祠于禱，既雨。翰林學士承旨陶穀爲記其事。蓋自淮南至于陳蔡，許汝皆奔走奉祠。景德中，諫議大夫張秉奉詔益新潁上祠宇，而熙寧中司封郎中張徽奏乞爵號，詔封公昭靈侯，石氏柔應夫人。廟有穴萃往往見變異出雲爾，或投器穴中則見于池。而近歲有得蛻骨于地者，金聲玉質，輕重不常，今藏廟中。元祐六年秋，旱甚，郡守龍圖閣学士左朝奉郎蘇軾迎致其骨于西湖之行祠，與吏民禱焉，其應如響，乃益治其廟宇也。

義勇武安王

傳記

佚名《三教源流搜神大全》卷三《義勇武安王》　義勇武安王，姓關，名羽，字雲長，蒲州解良人也。當漢末，與涿郡張飛佐劉先主起義兵。後於南陽卧龍崗三謁茅廬，聘諸葛孔明，宰割山河，三分天下，國號爲蜀。先主命關公爲荆州牧，不幸呂蒙設計，公乃不屈節而亡，追贈大將軍，葬于玉泉山。士人感其德義，歲時奉祀焉。宋眞宗祥符五年十月十七日夜，有神人自空而降，奏曰：臣乃上天直符使者，玉帝有勑，後八日有聖祖軒轅降于宮闕。言訖而去，帝次日與羣臣議之，灑掃宮室，設祭禮。至日，聖降于延恩殿。帝拜於前。聖曰：吾往昔人皇氏也，其後爲軒轅，即汝趙宋之始祖也。吾以汝善脩國政、撫育下民而來。言訖，聖昇天矣。帝大異之。帝與羣臣議之。聖降之跡，山存天香未散。羣臣賀曰：陛下聖德所感，聖祖降于宫闕。帝詔天下梵宫，並建聖祖寶殿。至祥符七年，觧州刺史表奏云：鹽池自古生鹽收辦宣課。自去歲以來，鹽池減水，有虧課程，此係災變，敢不奏聞。帝遣使持詔，至觧州城隍廟祈禱焉。使夜夢一神告曰：吾城隍也，鹽之患乃蚩尤也。往昔蚩尤與軒轅帝爭戰，帝殺之于此地鹽池之側，至今尚有近跡。近聞朝廷創立聖祖殿，蚩尤大忿，攻竭鹽池之水，颯然而覺。得此報，庶迴奏于帝。帝與羣臣議之。王欽若奏曰：地神見報，當設祭以禱之。帝遣呂夷簡持詔就鹽池禱之。祭畢，是夜夢一神人絨服金甲持劍怒而言曰：吾乃蚩尤神也，奉上帝命來此鹽池，於民有功，以國有益。今朝廷崇以軒轅立廟于天下，吾乃一世之讎也。此上不平，故竭鹽池水。朝廷若能除毁軒轅之殿，吾令鹽池如故。若不從，竭絶鹽池，五穀不收。又使西戎爲邊境之患。言訖而去。夷簡颯然而覺，其夢中之事回奏於帝。帝亦夢之。王欽若奏曰：蚩尤乃邪神也，陛下可遣使就信州龍虎山詔張天師可收伏此怪。帝從之，乃遣使詔天師至闕下。帝曰：昨因立聖祖軒轅殿致蚩尤怒涸絶鹽池之水，即今爲患，召卿斷之。天師奏曰：臣舉一將最英勇者，蜀關將軍也。臣當召之，可討蚩尤，必成其功。言訖，師召關將軍至矣。現形於帝前。帝云：蚩尤竭絶鹽池之水。將軍奏曰：陛下聖命敢不從之，臣乞會五岳四瀆名山大川所有陰兵盡往觧州討此妖鬼。若臣與蚩尤對戰，必待七日方勦除。得伏願陛下先令觧州管内戶民三百里内盡閉戶不出，三百里外盡示告行人勿得往來。待七日之期，必成其功。然後開門如往。恐觸犯神鬼，多致死亡。帝從之。關將軍乃授命而退。遂下詔觧州居民悉知。忽一日，大風陰暗白晝如夜，陰雲四起，雷奔電走，似有鐵馬金戈之聲，聞空中叫噪如此，五日方且雲收霧散、天晴日朗。鹽池水如故，皆關將軍力也。其護國祚民如此，帝加其功，遣王欽若賫詔往玉泉山祠下致享，以謝神功。復新其廟，賜廟額曰：義勇。追封四字王，號曰：武安王。宋徽宗加封尊號曰：崇寧至道眞君。

清源妙道真君

傳記

佚名《三教源流搜神大全》卷三《清源妙道真君》 清源妙道眞君，姓趙，名昱。從道士李珏，隱青城山。隋煬帝知其賢，起爲嘉州太守。郡左有冷源二河，内有犍爲老蛟，春夏爲害，其水汎漲漂渰傷民。昱大怒，時五月間設舟船七百艘，率甲士千餘人，民萬餘人，夾江鼓譟，聲振天地。昱持刃入水。有頃，其水赤石崖奔吼如雷。昱右手持刃，左手持蛟首，奮波而出。時有佐昱入水者七人，即七聖是也。公斬蛟時，年二十六歲。隋末天下大亂，棄官隱去，不知所終。後因嘉州江水漲溢，蜀人見青霧中乘白馬引數人鷹犬彈弓獵者波面而過，乃昱也。民感其德，立廟於灌江口奉祀焉。俗曰灌口二郎。太宗封爲神勇大將軍。明皇幸蜀加封赤。宋眞宗朝益州大亂，帝遣張乖崖入蜀治之，公詣祠下，求助於神。果，奏請于朝，追尊聖號曰：清源妙道眞君。

威惠顯聖王

傳記

佚名《三教源流搜神大全》卷三《威惠顯聖王》 神姓伍，名員，字子胥，楚大夫奢之子也。平王聽費無極説，殺父奢、兄尚，子胥奔吳，言伐楚之利，欲以報仇。吳與楚戰，吳果勝焉。吳遂入郢，員掘平王塚，出其尸，鞭之三百，乃雪父仇。吳伐越，越王勾踐擊傷闔廬死，子夫差立。立二年，而報越。勾踐棲于會稽，使大夫種，厚幣遺大宰嚭，以請和，求委國爲臣妾。吴王許之，子胥諫不聽，退而告人曰：吴其爲沼乎。十一年，夫差將爲魯伐齊。勾踐率其衆而朝，王及列士皆有賂，吴人皆喜。子胥獨嘆曰：是豢吴也，不如早從事焉。貟屬其子於齊鮑氏，大宰嚭因說之曰：貟恨其計不用，將爲亂。王使賜之利刃以死，將死曰：樹吾墓以檟，檟可材也。吴其亡乎三年其始弱矣。吴王聞之怒，乃取貟尸盛以鴟夷革浮之江中，吴人憐之爲立祠江上，命曰胥山。吴王既誅貟，乃伐齊，大敗。齊人於艾陵。十四年，會諸侯于黄池，越入吴。二十三年，而越卒滅吴。唐元和間，封惠廣侯。宋封忠武英烈顯聖安福王。聖朝宣賜王號：忠孝威惠顯聖王。

祠山張大帝

傳記

佚名《三教源流搜神大全》卷三《祠山張大帝》 祠山聖烈眞君姓張，諱渤，字伯奇，武陵龍陽人也。父曰龍陽君，母曰張媪。其父龍陽君與媪遊於大湖之陂，正晝無見風雨晦冥雲蓋其上，五祥青雲雷電並起，忽失媪處。俄頃開霽，媪言見大女謂曰吾汝祖也，賜以金丹。已而有娠，懷胎十四個月。當西漢神雀三年二月十一日夜半生。長而奇偉，寬仁大度，喜怒不形於色，身長七尺，隆隼美髯，髮垂委地，深知水火之道。有神告以地荒僻不足建家，命行。有神獸前導，形如白馬，其聲如牛。遂與夫人李氏東遊吴會稽，渡浙江至苕雲三白鶴山。山有四水會流其下，公止而居焉。於白鶴得柳氏，於烏程桑圻得趙氏，爲侍人。王九弟五子、一女、八孫始於吴興郡長興縣順靈鄉發跡，役陰兵自長興荆溪疏鑿聖瀆長十五里，岸高七丈至十五丈，總三十里，志欲通津於廣德也，復於後村畢宅保小山楓樹之側爲掛鼓壇。先時與夫人李氏密議爲期，每餉至鳴鼓三聲，王即自至，不令夫人至開河之所厥。後因夫人遺飧於鼓，乃爲烏啄，王以鳴鼓而餉至，泊王詣鼓壇乃知爲烏所誤。及夫人至鳴其鼓，王反以爲前所誤而不至。夫人遂詣興功之所，見王爲大豨，役陰兵開鑿瀆河。王見夫人，變形未及，遂不與夫人相見，聖瀆之功息矣。遁於廣德縣西五里横山之頂。居民思之，立廟於山西南隅。夫人李氏亦至縣東二里而化，時人亦立其廟。聖瀆之河涸爲民田，即浴兵池，爲湖灌溉瀕湖之田。僅萬頃掛鼓之壇，禽不敢棲蟻不敢聚。云唐天寶中，禱雨感應，初贈水部員外郎，横山改爲祠山。昭宗贈司農少卿，賜金紫。景宗封廣德侯。南唐封爲司徒，封廣德公。後晉封廣德王。宋仁宗封靈濟王。至寧宗朝，累加至八字王。至理宗淳祐五年，改封正佑聖烈眞君。至咸淳二年十二月十二日，準告加封：正佑聖烈昭德昌福眞君。二月十一日誕生。封正寧昭助靈惠順聖妃李氏，二月初二日誕生。封協應濟惠慈昭廣懿夫人趙氏，封協順承濟慈佑廣助夫人。王祖顯慶垂休昭遠靈惠侯，王祖母顯應起家昭靈夫人。王父慈應潛光儲祉衍靈侯，王母慈惠嗣徽聖善夫人。九弟：靈貺普濟昭助侯，靈德昭惠嘉懿夫人。善利通貺靈助侯，善德助惠正懿夫人。順戒孚應顯助侯，順德衍惠昭懿夫人。康衛昭應廣助侯，康德順惠顯懿夫人。靖鎭豐利宏助侯，靖德淑惠靈懿夫人。休應豐澤孚助侯，休德敷惠靖懿夫人。明濟福謙善助侯，濟德綏惠昌懿夫人。昭祐通濟信助侯，昭德靜惠明懿夫人。嘉惠予直順助侯，嘉德柔惠光懿夫人。五子：承烈顯濟啓佑王，五月十五日生。承祀贊福元穆協應夫人。嗣應昭佑公，正月初四日誕生。嗣嬪翊福昭穆夫人。濟美崇祐公，三月十五日誕生。濟順保福恭穆夫人。紹休廣祐公，十二月十二日誕生。紹姒崇福交穆夫人。善繼孚祐公，正月十一日誕生。善行敷福瑞穆夫人。一王女：淑顯柔嘉令儀夫人。八王孫：第一位永福侯，第二位衍祚侯，第三位衍祐侯，第四位衍澤侯，第五位衍瑞侯，第六位衍渥侯，第七位衍慶侯，第八位衍惠侯。佐神丁壬二聖者，打拱方使者封協靈侯。

趙元帥

傳記

佚名《三教源流搜神大全》卷三《趙元帥》 姓趙，諱公明，鍾南山人也。自秦時避世山中，精脩至道，功成，欽奉玉帝旨召爲神霄副帥。按元帥乃皓廷霄度天彗覺昏梵炁化生，其位在乾，金水合炁之象也。其服色，頭戴鐵冠，手執鐵鞭者，金遘水炁也。面色黑而鬍鬚者，北炁也。跨虎者，金象也。故此水中金之義躰，則爲道用，則爲法法，則非雷霆無以彰其威，泰華西臺其府，乃元帥之主掌，而帥以金輪稱，亦西方金象也。元帥上奉天門之令，策役三界，巡察五方，提點九州，爲直殿大將軍，爲北極侍御史。昔漢祖天師脩煉仙丹，龍神奏帝，請威猛神吏爲之守護。由是元帥上奉玉旨授正一玄壇元帥。正則萬邪不干，一則純一不二。之職至重，天師飛昇之後，永鎮龍虎名山。厥今三元開壇，傳度其趨善建功謝過之人，及頑冥不化者，皆元帥掌之。故有龍虎玄壇，實賞罰之一司。部下有八王猛將者，以應八卦也。有六毒大神者，以應天煞、地煞、年煞、月煞、日煞、時煞也。五方雷神、五方猖兵，以應五行二十八將，以應二十八宿。天和、地合二將，所以象天門地戶之闔闢。水火二營將，所以象春生秋煞之往來。驅雷役電，喚雨呼風，除瘟剪瘧，保病禳災，元帥之功莫大焉。至如訟冤伸抑，公能使之鮮釋。公平買賣求財，公能使之宜利和合。但有公平之事，可以對神禱，無不如意。故上天聖號爲高上神霄玉府大都督五方之巡察使九州社令都大提點，直殿大將軍，主領雷霆副元帥，北極侍御史，三界大都督，應元昭烈侯，掌士定命設帳使，二十八宿都總管，上清正一玄壇飛虎金輪執法趙元帥。

鍾馗

傳記

佚名《三教源流搜神大全》卷三《鍾馗》 明皇開元講武驪山翠華還宮。上不悅，因痁疾，作晝夢：一小鬼衣絳，犢鼻，跣一足，履一足，腰懸一履，搢一筠扇，盜太眞繡香囊及上玉笛，繞殿奔戲上前。上叱問之，小鬼奏曰：虛者望空，虛中盜人物，如戲耗，即耗人家喜事成憂。上怒，欲呼武士。俄見一大鬼，頂破帽，衣藍袍，繫角帶，靸朝靴，徑捉小鬼，先刳其目，然後擘而啖之。上問大者爾何人也。奏云：臣鍾南山進士鍾馗也。因武德中應舉不捷，羞歸故里，觸殿階而死。是時奉旨賜綠袍以葬之，感恩祭祀，與我主除天下虛耗妖孽之事。言訖，夢覺痁疾頓瘳，乃詔畫工吳道子，曰：試與朕如夢圖。道子奉旨，恍若有覩，立筆成圖。

五瘟使者

傳記

佚名《三教源流搜神大全》卷四《五瘟使者》 昔隋文帝開皇十一年六月，內有五力士現，於淩空三五丈，於身披五色袍，各執一物，一人執杓子并罐子，一人執皮袋并劍，一人執扇，一人執鎚，一人執火壺。帝問太史居仁曰：此何神，主何災福也？張居仁奏曰：此是五方力士，在天上爲五鬼，在地爲五瘟，名曰五瘟，春瘟張元伯、夏瘟劉元達、秋瘟趙公明、冬瘟鍾仕貴，總管中瘟史文業。如現之者，主國民有瘟疫之疾，此爲天行時病也。帝曰：何以治之，而得免矣？張居仁曰：此行病者，乃天之降疾，無法而治之。於是其年，國人病死者甚衆。是時，帝乃立祠。於六月二十七日詔封五方力士爲將軍，青袍力士封爲顯聖將軍，紅袍力士封爲顯應將軍，白袍力士封爲感應將軍，黑袍力士封爲感成將軍，黃袍力士封爲感威將軍。隋唐皆用五月五日祭之。後匡阜眞人遊至此祠，即收伏五瘟神爲部將也。

司命竈神

傳記

佚名《三教源流搜神大全》卷四《司命竈神》 按《酉陽雜俎》云：竈神，姓張，名單，字子郭，狀如美女。夫人字卿忌，有六女皆名察，即六癸女也。白人罪狀，大者奪紀二三百日，小者奪算二一百日。故爲天地督使，下爲地精。己丑日二出，卯時上天禺中下行署，此日祭得福。其屬神有天地嬌孫，天地大夫，天地都尉，天地長兄，硎上童子，突上紫官君，大和君王，池夫人。凡治竈，於屋中央口向西竈四邊令去釜九寸，以塼及細土構之立亦勿令穿柝，神竈之法也。竈神以壬子日死，不可用此日治竈。當以五月辰日，豬頭祭竈，令人治生萬倍。用犬祭竈，凶敗雞。毛入竈中，至非禍。犬骨入竈，出狂子。正月己巳日，白雞祭竈，宜蠶。五月己丑日祭竈，吉。四月丁巳日祭竈，主百事大吉之兆。

福神

傳記

佚名《三教源流搜神大全》卷四《福神》 福神者，本道州刺史楊公，諱成字。昔漢武帝愛道州矮民，以爲宮奴玩戲。其道州民，生男選揀侏儒好者，每歲不下貢數百人，使公孫父母與子生別。有刺史楊公守郡，以表奏聞天子云：臣按五典，本土只有矮民，無矮奴也。武帝感悟省之，自後更不復取。其郡人立祠，繪像供養，以爲本州福神也。後天下士庶黎民皆繪像敬之，以爲福祿神也。

五盗將軍

傳記

佚名《三教源流搜神大全》卷四《五盗將軍》 《世畧》曰：五盗將軍者，即宋廢帝永光年間五盗寇也，於一方之地作亂爲盗。後於景和年，帝遣大將張洪，破而殺之于新封縣之北。其五人又作怪盗于此，發之者皆呼爲五盗將軍也：杜平、李思、任安、孫立、耿彦正。

王元帥

傳記

佚名《三教源流搜神大全》卷四《王元帥》 襄陽洛里姓王，名惡，字秉誠，父諱臣，早逝。母邵氏遺胎，而生帥于貞觀時丙申年七月庚申日申時。帥幼孤不讀，有膂力，性剛暴質直。市中有不平者，直與分憂、鋤硬、撻横。國人服其公，且憚其武。第多執性不容人分曲直，故含恩者衆，而仇之不盡泯焉。時扶風内名黑虎者，與帥同姓，遂借其威名強淫人之室女。凡殊姿者先摟而後嫁，謂之試先紅。莫敢誰何。後帥聞其冒余醜也，怒殺之。鄉儔與質於廷，帥不跪。官枉之而犴焉。帥髮倒豎曰：污塗留他則甚，余一一殲之，以除民害。闊步摳衣而上，官懼唯唯曰。衆隸胥等逆拽力救而釋之，得無恙。遂至荆襄間，有古庿爲江怪所占，顯靈本方里，遞年六月六日，會主備牛、羊、豬各十，牽酒十醲，免瘟。否則，人物流血而疫。遞會貧苦者，幾至鬻男女以徇之，悲聲盈耳。帥惡而燒之，廟像兩燼，怪風大作。適值薩眞人託藥救瘟以來，遂作法反風而滅妖境，籍以安諸。土主述事以奏玉帝敕封豁洛王元帥，錫金印如斗，內篆赤心忠良四字，管天下都社令。凡有方士奏入者，雷厲風行，察有大過者立撾之，官民不敢少干以私第。帥多在天門用事，不諳人民隱伏，兼以性烈，一承天命即拘其冤，令人骨悚。世人勿犯之可也。

謝天君

傳記

佚名《三教源流搜神大全》卷四《謝天君》 天君姓謝，諱仕榮，字雷行。於貞觀初，一輪火光如斗，直射入山東火焰山界。謝恩其父，韓其母也。帥性烈，貌惡，不屈於豪，亦不敗于法。爲山陰令時，寮東役督司以催科，故嚇帥以千金。帥密拾其賍報。督怒之無從也，因責以苦辯諸若水銀盔甲，帥以錫餙者應。勒以鼓革牛膠，帥以敗蔽、敗甲爲膠，而皮者爲甲鼓奏進。督害之不足，又申以將才，陰陷以把隘帥。即夜率數兵以襲，砍而塞虜心。賊又乘敗以襲我虛，帥又先移塞以伏弩侍之，竟保無虞。蓋役愈苦而才愈辯，事愈險而功愈奇。赤心烈節炳于天日，誠不虛玉帝之寵於耳目臣也。宜受職于火德天君，執金鞭，架火輪，頭頂道冠，以司亢陽之令。

大奶夫人

傳記

佚名《三教源流搜神大全》卷四《大奶夫人》 昔陳四夫人，祖居福州府，羅源縣下渡人也。父諫議，拜戶部郎中，母葛氏。兄陳二相，義兄陳海清。嘉興元年，蛇母興災吃人，占古田縣之靈氣，穴洞於臨水村中。鄉人已立廟祀，以安其靈。遞年重陽買童男、童女二人，以賽其私願耳，遂不爲害。時觀音菩薩赴會歸南海，忽見福州惡氣沖天，乃剪一指甲，化作金光一道，直透陳長者葛氏投胎，時生於大曆元年甲寅歲正月十五日寅時。誕聖瑞氣祥光罩躰，異香繞閫，金鼓聲若有羣仙護送而進者，因諱進姑。兄二相曾授異人口術瑜珈大教正法，神通三界，上動天將，下驅陰兵，威力無邊，遍敕良民。行至古田臨水村，正值輪祭，會首黃三居士供享，心惡其妖，思靖其害，不忍以無辜之稺啖命于荼毒之口。敬請二相行法破之。柰爲海清酒醉，塡差文券時刻，以致天兵、陰兵未應，悞及二相爲毒氣所吸，適得瑜仙顯靈，憑空擲下金鍾罩，覆仙風所照，邪不能近，兄不得脫耳。進姑年方十七，哭念同氣一系，匍往閭山學法洞王女即法師傳度驅雷破廟罡法，打破蛇洞取兄，斬妖爲三。殊料蛇禀天宿赤翼之精，金鍾生氣之靈，與天俱盡，豈能殄。得第殺其毒，不敢肆耳。至今八月十三起，乃蛇宿管度，多興風雨霖雹暴至，傷民稼穡，蛟妖出沒，此其証也。後唐王皇后分娩艱難，幾至危殆，妳乃法到宮以法催下太子，宮娥奏知，唐王大悅，敕封都天鎭國顯應崇福順意大奶夫人，建廟于古田以鎭蛇母，不得爲害也。聖母大造于民，如此法大行于世，專保童男、童女，催生、護幼，妖不爲災，良以蛇不盡殲，故自誓曰：女能布惡，吾能行香，普勑今人。遂沿其故事，而宗行之法多驗焉。

天妃娘娘

傳記

佚名《三教源流搜神大全》卷四《天妃娘娘》 妃林姓，舊在興化路寧海鎭，即莆田縣治八十里濱海湄洲地也。母陳氏嘗夢南海觀音與以優鉢花吞之，已而孕，十四月始免身得。妃以唐天寶元年三月二十三日誕，誕之日異香聞里許，經旬不散。幼而穎異，甫週歲在襁褓中見諸神像，叉手作欲拜狀。五歲能誦《觀音經》。十一歲能婆娑按節樂神，如會稽吳望子蔣子文事。然以衣冠族不欲得此聲于里閈間，即妃亦且韜迹用晦，櫛沐自嘯而已。兄弟四人業商往來海島間。忽一日，妃手足若有所失，瞑目移時，父母以爲暴風疾，急呼之，妃醒而悔曰：何不使我保全兄弟無恙乎？父母不鮮其意，亦不之問。曁兄弟贏勝而歸，哭言前三日颶風大作，巨浪接天，弟兄各異船，其長兄船飄沒水中耳。且各言當風作之時，見一女子牽五兩舡篷桅索也而行，渡波濤若平地。父母始知妃向之瞑目，乃出元神救弟兄也。其長兄不得救者，以其呼之疾而神不及護也，懊恨無已。年及笄，誓不適人，即父母亦不敢強其醮。居無何，儼然端坐而逝。芳香聞數里，亦猶誕之日焉。自是往往見神於先後，人亦多見其輿從侍女擬西王母云。然尤善司孕嗣，一邑共奉之。邑有某婦，醮于人十年，不字。萬方高禖終無有應者，卒禱於妃，即產男子。嗣是凡有不育者，隨禱隨應。至宋路允迪、李富從中貴人使高麗，道湄洲颶風作，船幾覆溺，忽明霞散綺，見有人登檣竿旋舞，持柁甚力，久之獲安。濟中貴人詰于衆，允迪、李富具列對南面謝拜曰：夫此金簡玉書所不鯨鯢腹，而能宣雨露於殊方重譯之地，保君綸不辱命者，聖明力哉，亦妃之靈呵護不淺也。公等誌之，還朝具奏。詔封靈惠夫人，立廟於湄洲。致守香火百家，斲樸梓材，丹雘張矣。我國初，成祖文皇帝七年，中貴人鄭和通西南夷，禱妃廟徵應如宋，歸命遂勅封護國庇民妙靈昭應弘仁普濟天妃，賜祠京師。尸祝者遍天下焉。夫妃生而稟純靈之精，懷神妙之慧，死而司胤則人無闕，司海則水不揚波，其造福於人豈淺鮮哉。余嘗考之興化郡詩併採之費黿采碑記，因署爲之傳者如此。

劉天君

傳記

佚名《三教源流搜神大全》卷四《劉天君》《雜記傳》曰：帥諱後，東晉人也，生於岷江漁渡中。歲次庚子八月十二日酉時，母謝氏取水于江，而帥匍入于波心，得浮槎近傍而濟。其父劉福公掉而迎之，曰何異也，而幸不死。適貧送于羅眞人爲侍讀。因精于五雷掌訣，招風捉雨，隨叩響應，濟民助國。環堵之民議祀之，帥曰是爲名也，而逃之。民書德因壇其宇，而脩焚祈祝于其間，一如所禱捷于浮殼。繼而東京大旱，上蒿目而耳之嗟咨遍編戶焉。且曰：惟禱于劉君之祠，必答所祝。上從之，果訓靈焉，時秋大稔。帝悅而敕之爲玄化慈濟眞君焉。玉帝而亦以其敕者敕之以掌王府事。

王高二元帥

傳記

佚名《三教源流搜神大全》卷四《王高二元帥》《野史傳》曰：王諱鐵，高諱銅，王生榕城之南，高產薊雍之北。二帥各遊仕于中夏，而相與遇于覊洛，至握手歡焉。審其歲，皆周厲時壬戌季冬月廿八日晡時，遂盟以金蘭，不同氣而親若一乳。時二帥皆仕于韓王，力諫而不聽也。欲去之，高曰：女行塞，吾何樂也。竟棄之而偕往，終不祿焉。一日，高出也，王詢之，人曰：逕南嶺焉。王驚曰：虎穴也。伊何之以刃迎之。人止之曰：生死以之也。直行而若無有狀。乃高反而咨王之去往，人曰：爲女過南嶺矣。王奔之，人亦止之曰：爲予行也，而敢後也。乃高不遇虎，而王遇之。王曰：小蟲將吾友何之？力殺之。已而高返，王迎之，曰：吾以女死于虎口。高曰：非也，余覓女，路值柳盜跖，以爲子受擒于彼，手刃虎，戰而捉之。竟言未有獲女也而返。二人欣然攜手而歸。人曰：眞銅鐵友也，凡事多類此。玉帝以爲猛獸不能攜其心也，遂二帥因封爲虎丘長，以示訓。

田華畢元帥

傳記

佚名《三教源流搜神大全》卷四《田華畢元帥》 東鄉間姓田名華者，乃正東二七神也。雷藏地中，寄胎於田間，千年石乳鍾氣而生，誕時白晝，憑空霹靂，火光照天，風雨驟至。帥膝坐，大蛇圍其外，羣蜂哺英以喘。至長遂因田爲田，指葦爲畢，倏鍊于漉瀘岩下。時女媧氏五色土補天，百計不成。帥助木火之精霹，碎玄精之石髓，嘘噀南之氣爋曙鑄之治，聲吼天地，乃塞天漏。又鍊五色火雹，風雷陣上助軒轅擊死蚩尤。軒轅氏拜以龍師之職。帥曰：余方以外人，豈以碌碌自損。拂衣而隱于華胥之境，因名華焉。厥至有唐氏，十日幷出，赤土千里，衆星官喻以代天工司者。帝震蟄起滯，爲天地立心，洪爐造命，乃奉帝旨，駕雷車，擁電旆，雲路風馳，日月秉燭，官騎龍尾臣箕翼，是時雨暘時焉。流及漢末，妖魔縱横，奸淫百出。玉帝封以雷門畢元帥之職，敕掌十二雷庭，輔玄天上帝誅瘟役鬼，上管天地潦涸，下糾羣魅出沒，中擊不仁不義等輩。

田呂元帥

傳記

佚名《三教源流搜神大全》卷四《田呂元帥》 呂元帥之父乃蒼龍之精，帥其子也。昔蒼龍爲慈濟眞君所逐，隱入西蜀黃沙洞，暗窺龐氏美艾而妻焉。半載有寄，眞君覓至而尤化，乃氏亦驚匿於田中。眞君飛劍指龐氏之腹，而胎落固，孩身而龍首也。爾時，雷雨暴至。夫謂見龍在田非耶，眞君既逼其父，不忍破其胎以及其子也，育撫之。因田其姓，雨其諱也。六歲時，送徒于張眞人帳下。日侍不倦，因表而字之曰全靈。自張眞人步虛後，而帳與天雷令等法不俱焉。帥竊覬以心，帥之倣錄于紫華山中。忽然思身所出之原，弗得也。老道士誡之曰：而翁元金之質，而母則隴右老媪，而雙瞑是也。帥泣負而事之，服勞不倦。不數載，咨母所以別父之故，乃母云云。帥日夜思之曰：此一行也，雖而父不法之過，而眞君以逼父於何處，陷母仳傐于何歸，足恨也。自思不報非孝也，有恨不洩不武也，行而不斷非夫也。伊何人斯挾術而刼而父，而亦何不罄所學而雪父耻耶。遂突起，而裂帳爲旗，折竿爲戚，噴水爲霧，擊令爲雷，憑虛而行于太虛中，遍詢眞君行藏。正値十二小妖截路空亡，帥怒展旗幔于帳，已而與戰不鮮。玉帝親召而師之曰眞君。爲民除害，弗可妖仇也。十二空亡，不可刃也。其與帥釋其恨，而願隨鞭韡於三界行在以降妖，幔邪元帥之職。因而以左執雷令，右執黃旄，而上列於負屏之左。

黨元帥

傳記

佚名《三教源流搜神大全》卷五《黨元帥》 帥懷州人，澄深精研，第貌黑而心不黑，內不庇親，外不避仇，任晉昭察使。時留刑無定惟人所入上任見下任奸。帥獨平心不照，兼以廉明，眞僞如見，犴廷無冤獄，下民無怨辭。三載中，而閭謠之曰：黨不黨，見五臟。案臨籍，秉天日，黑判官，人鬼泣。何家宰相，民考妣。蓋黨其姓，黑其貌，歸籍者其諱，而何其翁之諱也，故曰何家宰相。母陳氏生帥于元祐丁未年九月丁卯日未時。主時人見有二三十兒童，旗旛蔽路，鼓樂沿堤，扛一小兒以來，人問之，答曰：一路福星也。享壽九十七。玉帝封之帥，以蒺藜槌掌考校以察天下惡過焉。

石元帥

傳記

佚名《三教源流搜神大全》卷五《石元帥》　《野錄》曰：帥相溪人氏，諱神毓。於周宣王七年三月初四日申時，時風雨驟至，龍掛冥表。鄉人號乃父文甫、若母韓氏曰：阿兒龍種也。夫帥性敏淨長，遊關中，受業於關尹子，結廬於眉山之陽。適當令赤土千里，百木黃落，鱗不得尺水以鼓其鬣。樵叟輩袒肩汗顏，相與聚訴于廬，曰：周于黎民，靡有孑遺。帥愀然曰：愧不龍耳，彼蠢茲若虺若蛇，且以伸蟄揚波，吐氣成雲，爲天下作甘霖，柰何含淳而且不及一焉。則丘稗而牛唾，足恨也。抑鬱而思曰：昔有桑林之禱，何爲也哉。夫非剪爪髠髮者乎。惟誠動天，亦弗誠耳。遂沐浴更衣，明馨于爐，薦虔於盂，再拜而祝，民從之。倏雨滴驟至，彯地滿三尺，殊憶帥之再拜不起，而不知其化矣。已而行人報曰：帥乘馬東行，旄儀羽檄，族擁百餘，謂從者曰：爲我謝諸而輩也，余奉玉帝敕，莫能留耳，幸勿予責。上帝封爲五雷之長，典威福擊伐事。

高元帥

傳記

佚名《三教源流搜神大全》卷五《高元帥》　帥受炁於始元太乙之精，托胎於蒼州高春公家母梅氏，甲子年十一月甲子日子時生下一團火光曜日。父母以爲怪，投之江。藥師天尊抱之爲徒。貌如冠玉，法名員授，仙劑以遊世。凡猿劈腦猿遭彈求，醫帥破驢，蛇破胎帥破出之，鶴完頂鶴頂陷，（帝）〔帥〕以蜈蟬等頭以起之，虎哽喉遭蟬蜍毒，帥以蛇骨化之，諸奇症隨手安痊。適遇一仙，木樗腹而腰口血水瀝瀝不止。帥憐而補之，仍以瓊花之露及天合之皮，而孔如天然。不意神蟲死其中也，乃托于人言曰：信而術亦大造中之生□人也。汝能去病于肘腋隨甲之下，以活世耶？曰：可。即制以灸鬼之法以濟。曰：東南一古栢，女生之乎？曰：可。以觀音淨壺甘露滋之而萌生。曰：西北一腹裂者，女合之乎？曰：可。即以去痛之藥，調以神水咒，易以腹腸，蒙以生肌之散而痊。曰：今士大夫之家乏姙，女胎之乎？曰：可。即以紫英、陽起等石，繼以寄生神散，密推化生神符。神蟲思無以窮其投者，密以金蠶殺氏，謂帥曰：今如何？夫醫一生即殺數草，是活一而枯百也。況胎孕乃權于天，汝欲以命扭，是未必生而傷一死也。汝何能全。予托命于抱樗之中，彼非有死機也，亦何賴于女而強醫之欝。予以死彼未德而余之何仇。女亦得以普濟之仁兩無偏耶。帥語塞，而嘆曰：信不能兼也。女與娘兩以醫死諸在在感德枯謝之。遂和以回生之術，兩甦之。遍遊于方內外，生之甚衆。玉帝憫其爲仁亦苦矣，以爲足爲帝之心爲物造命者，遂封以九天降生高元帥之職。

靈官馬元帥

傳記

佚名《三教源流搜神大全》卷五《靈官馬元帥》　詳老帥之始終，凡三顯聖焉。原是至妙吉祥化身，如來以其滅焦火鬼墳，有傷於慈也，而降之凡。遂以五團火光投胎于馬氏金母。面露三眼，因諱三眼靈光。生下三日，能戰斬東海龍王，以除水孽。繼以盜紫微大帝金鎗，而寄靈于火魔王。公主爲兒手書左靈右耀，復名靈耀，而受業於太惠盡慈妙樂天尊。訓以天書，凡風雷龍蛇鹹鬼安民之術，靡取不精。乃授以金磚三角，變化無邊。遂奉玉帝勑以服風火之神而風輪、火輪之使，收百加聖母而五百火鴉爲之用。降烏龍大王而羽之翼，斬楊子江龍而福于民。屢歷艱險，至忠也。帝授以左印、右劍，掌南天事，至顯也。錫以瓊花之宴，金龍太子爲之行酒，至寵也。殊憶太子傲侮怒帥，火燒南天關，遍敗天將，下走龍宮中，戰離婁師曠，偕以和合二神，仍笞金龍以洩其憤，至不得已又化爲一包胎，而五昆玉二婉蘭共產於鬼子母之遺體。又以母故而入地獄，走海藏，步靈臺，過酆都，入鬼洞，戰哪吒，竊僊桃，敵齊天大聖，釋佛爲之解和至孝也。後復入于菩薩座左至慧也。玉帝以其功德齊天地而敕元帥于玄帝部下，寵以西方領以答下民妻財子祿、之祝百叩百應，雖至巫家冤枉祈禱之宗，悉入其部，直奏天門雷勵風行焉。

孚佑温元帥

傳記

佚名《三教源流搜神大全》卷五《孚佑温元帥》　帥姓溫名瓊，字子玉，後漢東歐郡人，今浙東溫州是也。世居白石橋，祖宗世隱，顯父諱望，業儒舉明經，中科第，酒歎於嗣，以爲非孝也。同妻張氏諱偵，字道輝，禱於后土。時夜夢金甲神，持巨斧，手托一顆明珠以惠張氏，云：我乃六甲之神，玉帝之將，欲寄母胎，托質爲人，母還肯麼？張氏諾，曰：女流無識聖賢顯萃，何取方命。其神委珠于懷而醒，張氏因而含靈一十二月，祥雲繞室，異香馥座，已而誕生於後漢順帝漢安元年辛巳五月五日午時。時沐妊姊曰：此兒左脇有符文二十四篆，右脇有文符十六篆，人莫能識，已而隱其朱畫。乃以其所夢神惠玉環名之曰瓊，字子玉。幼而神明，七歲學步天星，十歲通儒，經傳、子史、天文等書，靡所不通。十九歲科第不中，二十六歲明經射策亦不中。忽然嘆曰：男子漢生不致君澤民，死當助帝誅奸滅邪，以疇吾志。遂留偈云：孝弟爲本，忠義爲先。寬仁容恕立身，無偏便倚清淨，契合眞玄。若奉吾道，何憂不仙。吾隨左右，呼召立前。鬱抑間，忽見蒼龍墮珠于前，臥拾而含之，流于腹。其蒼龍直舞，障日騰金，帥扭爲環，截尾于手。突然幻變，面青、髮赤、藍身、獰猛，握簡，遊衍坐立，英毅勇猛，因顯金盟玉字曰：有能行吾法、誦吾偈者，慈惠民物，以伐妖精，治病驅邪，吾當顯應，斯言不忘。泰山府君聞其威猛，召爲佐嶽之神，積力陰功，受玉帝勅旨，封爲亢金大神，又封爲翼靈照武將軍兵馬都部署，賜以玉環，一握瓊花，一朵金牌，一面內篆無拘霄漢四篆，左手執玉環，右手執鐵簡，有事出入天門朝奏。又奉帝旨令下五嶽爲岳府猛將衆神之宗嶽班之首惟帥能拜金闕，巡察五嶽，累朝封爵，血食於溫州。東嘉之民，敬而畏之。後王巨宋寧年間，有嗣漢三十六代天師飛清眞人張君，始持符召之法役用嶽神，而淂位十太保之列首溫太保之名召之立廟。後翼贊云：南嶽道士婁若虛奉南嶽領秩仙公紫虛元君命書于誌，封東嶽統兵天下都巡檢、五嶽上殿奏事急取罪人案、玉皇殿前左亢金翊靈照武雷王佑侯溫元帥。

朱元帥

傳記

佚名《三教源流搜神大全》卷五《朱元帥》　帥姓朱，諱彥矢，法號爲躰元。昔胎寄於崑崙山頂，毓於癸亥年十月癸亥日時，乃六氣之精，黑霾四時不散而成形。藍青其躰，蚕眉巨眼，飡霞爲乳，吸露爲漿。既長，遂以胎元爲袋，袋人物七日化爲鐵水，布六氣爲六殺神。時發陰翳幔空，日月無光。民無良善並痛其毒，天下幾長爲混沌世矣。爾時玉帝惡其民害也，捉殺之。帥最袋爲雄，無不爲囊中物者。命玄天親譴，亦不比坎比躰之故，而莫能近。蓋惡氣逼人也。太淸助以逍遙扇，以扇其妖氛，命謝天君以火德星入其囊，以燒其槖。帥無能爲也。帝獲以劍指之，曰：汝能從我遊，無以遍及人也。獨於不信道法者以之處囊中焉，以警將來。吾能受汝元帥之職，以察詆侮聖賢。帥唯唯，受戒。乃左金鎚，右皂袋，而威顯。

張元帥

傳記

佚名《三教源流搜神大全》卷五《張元帥》 山東寧海縣有張姓名純，帥乃父也，母黄氏夢金甲神而生帥，因名徤。誕於則天癸卯歲八月癸卯日酉時。帥幼而聰俊，長而神清，貌似靈官，美髭。精鑒史，由科第官至刺史，深諳人間事，耳聽政，口辨冤，筆僉禁立斷而民不冤焉。且仁直剛義，時上鍾意拔年少俊士，詔貢以千計，選應連花不給之役。帥恥之，以時多瘟疫，無中選者報。國人賴以安焉，作生祠而祀之。玉帝以爲不曲不阿，忠之屬也，且才辨于給徤之屬也。直以飛揵報應之職，帥之以共天門寄心膂。又褒以盡忠，錫以瘟槌，加以二郎金盔，以兼理麻痘役，專以保童，爲司命之官也，作福者詳之。

辛興苟元帥

傳記

佚名《三教源流搜神大全》卷四《辛興苟元帥》 古雍州界，地有神雷山。至驚蟄時，雷氣發揚。于二月爲卯，於令爲震，雷門布鼓之神，威氣閃赫，無物不折。至夏秋，雷藏地中，作鷄狀，入于谿岩內。時八月，雍民新姓名興者，字震宇，母張氏，家貧，賣薪以養母，至慇苦。一日往雷山采薪，計值幽岩中，成鷄形者五。帥喜，心曰：可爲進膳資耳。竟獲以歸，進之母。母適餔。掇內衣授之，納于鷄柵者四，隨以內衣覆其上，而欲烹。其一神鷄作人言曰：予雷耳，不可啖也，乞宥一剮之恩。嫗弗允，則雷霹靂而起。母破膽昏跪焉。帥賣薪擕醴以入，抱母屍而哭曰：予何極也，抑至此邪。乃拭淚，目其背有金痕曰：混一之氣，青帝之英，威令所加，莫予敢攖，劈惡誅邪，惟吾司命。乃知雷也。蓋泣而訴之昊曰：母非惡，非邪也。胡不以殛邪而殛母耶？矧宥天下之爲惡者鷄名也，遂並柵之雷鷄而搥之，乃雷爲內衣所掩，竟不能震。第莫爲碎耳。英氣沖虛，而雹雨風霾交至，欲下擊狀，哀其爲母故而憐之，遂變爲道士，進而揖曰：孝子獨不畏雷而反制雷，吾雷神悞以傷而母，而母以怨也。余等願惟而所命以謝厥罪，因奉十二火丹啖之。帥遂易形，妖其頭，喙其嘴，冀其兩肩，左尖右搥，腳踏五鼓而昇化。母屍而去。天帝感其至孝也，迎而封之爲雷門苟元帥，與畢帥共五方事。往來行天剪幽明中邪魔鬼惡。

鐵元帥

傳記

佚名《三教源流搜神大全》卷五《鐵元帥》 維殷末世，魔王現世。負靈者胎生，版蕩于中華，恣毒者以幻化，嶮巇于谿谷。出沒盤結，妖帳太虛。玉帝聞太乙眞人奏，詔六丁入胎於石城顔氏之夢，有母無父，因以鐵爲姓，而頭其名，生于商辛丙午年五月七日寅時。帥幼而武勇，氣排山岳，膽落天地，力倒九牛，殺殺烏兎于水潁之陽，降火馬于陰山之北，殲魔鬼于野火廟中，擒妖狐于紫虛樓下。浮江亂河截靈蛇玄龜于涿混之渚，玄帝方以坎離二業，故而闢雲于九天之下，正值帥之勇推山海，乃踏龜蛇邀帥步虛以同昇。封爲猛烈元帥，分任玄冥之寄矣。

太歲殷元帥

傳記

佚名《三教源流搜神大全》卷五《太歲殷元帥》 帥者紂王之子也，母皇后姜氏。一日，后遊宮園，見地巨人足跡，后以足踐之而孕，降生帥也。肉毬包裸，其時生下被王寵愛。妃名妲己冐奏王曰：正宮產怪。王命棄之狹巷，牛馬見而不敢踐其體。王又命投之于郊，烏鴉蔽日，白鹿供乳。適金鼎化身申眞人經過，但見祥雲藹藹，紫氣騰騰，毫光四起。眞人近而視之，乃一肉毬，曰：此仙胎也。將劍剖毬，得一嬰兒。即抱歸水濂洞，求乳母賀仙姑哺而育之，法名唫叮呶，正名唫哪吒。又緣其棄郊之故，而乳名殷郊。年將七歲，同乳母後園遊翫，母曰：汝非吾子，乃紂王子。因聽信偏妃妲己之言，將汝爲妖，汝母墜樓而死。帥感泣竟見眞人，具道欲報殺母之仇。眞人曰：吾兒年幼，不可去也。帥堅請去。眞人曰：汝果有此願，力報母亦孝思也。但即往天妃八寶洞中，取何寶物爲使，方可前去。帥往取黃鉞、金鐘而見眞人。曰：取此何也？答曰：此物好誅妖昏。是時，眞人口中不語，臉帶微笑，意許如此。只恐年幼，不能奮力，令往取兵書訓汝。先乘海馬下山，收二強人爲副帥。領命即收贊神、鴉將，帶歸見眞人。又命再往掃箒山收得十二強人，方可征商。帥不知強夥，乃十二喪門哭鬼骷髏神。帥即往盡戮之，懸首掛頸胸而回。眞人曰：此骨非他也，能助陣。一敲，鬼哭神驚，人頭昏悶，手軟，不戰自退。於是指帥助武王而伐紂，至牧野率雷震等前鋒，顯威殺商士，前徒倒戈自戮，血流漂杵。當先趕至摘星樓上，正值妲己元是妖雉亡國，日迷主精，夜吃人血，後見紂敗，欲顯聖化去，被帥威嚇斂形擒見。周王命戮，妲大挺妖容，炫目無忍殺者。帥抱忠憤孝義，不荒於色，劈斧誅之。妖散光化道黑煙而沒。玉帝聞有孝義之思，又有斬妖之勇，遂召勅封地司九天遊奕使至德太歲殺伐威權殷元帥。

斬鬼張真君

傳記

佚名《三教源流搜神大全》卷五《斬鬼張真君》 公姓張名巡，妻劉氏，妾柳氏。唐玄宗時，進士出身，官拜睢陽令，遭安祿之變，史思明等叠天亂。四郊版蕩，公負孤城，臨機應變，不依古法，前後三百餘戰，百戰百克，保障軍中器械無一不取之敵者。第公性剛烈，每羕發髮豎齒落則見其始，以背城奪旗鼓，繼以艾蒿殺思明，收萬矢於束草。出奇之際，整威武于坐食野戰之場，明忠義於泣廟之餘，識人倫於天道之傾，知將令於雷將軍之時，豎士志于殺妾蒸骸之表，洩貞義於厲鬼殺賊之詞。至今霽將軍嚙指于鄰以示信。諸軍伍羅雀炙鼠木食而不攜然不屈于畔，逆之逼罵不跪於鋸斛之。吁嗟，豎貞凜冽，曜天射日，眞古天地一孤忠哉。後唐宋歷封爲寶山忠靖景佑福德眞君。

五雷神

傳記

佚名《三教源流搜神大全》卷七《五雷神》 雷神廟在廣東雷州府之西南八里。昔鄉人嘗將麻布造雷鼓、雷車，置廟中，有以魚、彘肉同食者，立爲霆震。舊記云：陳天建初，州民陳氏者因獵獲一卵圍及尺餘，攜歸家。忽一日，霹靂而開，生一子，有文在手，曰：雷州。後養成，名文玉。鄉俗呼爲雷種。後爲本州刺史，歿而有靈，鄉人廟祀之。陰雨則有電光吼聲自廟而出。宋元累封王爵，廟號顯震。德祐中，更名威化。《國史補》：雷州春夏多雷，秋日則伏地中，其狀如彘，人取而食之。又雅州瓦屋山有雷洞，投以瓦石，應手雷震也。

門神二將軍

傳記

佚名《三教源流搜神大全》卷七《門神二將軍》 門神乃是唐朝秦叔保、胡敬德二將軍也。按傳，唐太宗不豫，寢門外拋磚弄瓦鬼魅號呼，三十六宮、七十二院夜無寧靜。太宗懼之，以告羣臣。秦叔保出班奏曰：臣平生殺人如剖瓜，積屍如聚蟻，何懼魍魎乎？願同胡敬德戎裝立門以伺。太宗可其奏，夜果無警。太宗嘉之，謂二人守夜無眠，太宗命畫工圖二人之形像全裝，手執玉斧，腰帶鞭鍊弓箭，怒髮一如平時，懸于宮掖之左右門，邪祟以息。後世沿襲，遂永爲門神。《西遊記》小詞有本是英雄豪傑舊勳臣，只落得千年稱戶尉，萬古作門神之句，傳於後世也。

仙真部

黄帝

傳記

劉向《列仙傳》卷上　黄帝者，號曰軒轅。能劾百神，朝而使之。弱而能言，聖而預知，知物之紀。自以爲雲師，有龍形。自擇亡日，與羣臣辭。至於卒，還葬橋山。山崩，柩空無尸，唯劍、舄在焉。《仙書》云：黄帝採首山之銅，鑄鼎於荆山之下。鼎成，有龍垂胡髯下迎帝，乃昇天。羣臣百僚悉持龍髯，從帝而升攀，帝弓及龍髯，拔而弓墜，羣臣不得從，仰望帝而悲號，故後世以其處爲鼎湖，名其弓爲烏號焉。

趙道一《歷世真仙體道通鑑》卷一《軒轅黄帝》　軒轅黄帝姓公孫。有熊國君少典之次子也。其母西喬氏女，名附寶，瞑見大電光繞北斗樞星，照於郊野，附寶感之而有娠。以樞星降，又名天樞。懷之二十四月，生軒轅於壽丘。帝生而神靈，幼而徇齊，弱而能言，長而敦敏，成而聰明。龍顔日角，河目隆顙，蒼色大肩。始學於大項，長於姬水。帝年十五，心慮無所不通，乃受國於有熊，襲封君之地。以制作軒冕，乃號軒轅；以土德王，曰黄帝。【略】

帝娶西陵氏於大梁，曰嫘祖，爲元妃，生二子，玄囂、昌意。初，喜天下之戴己也，養正娱命，自取安而順之，爲鴻黄之代以一民也。時人未使而自化，未賞而自勸，其心愉而不僞，其事素而不飾，謂太清之始也。耕者不侵畔，漁者不爭岸，抵市不預，價市不閉，鄙商旅之人相讓以財，外戶不閉，是謂大同。帝理天下十五年，憂念黎庶之不理，竭聰明進智力，以營百姓。具修德也，考其功德，而務其法教。時元妃西陵氏始養蠶爲絲，乃有天老五聖以佐理化。帝取伏羲氏之卦象，法而用之，據神農所重六十四卦之義，帝乃作八卦之説，謂之八索，求其重卦之義也。時有臣曹胡造衣，臣伯余造裳，臣於則造履，帝因之作冠冕，始代毛革之弊，所謂黄帝垂衣裳而天下理也。帝因以别尊卑，令男女異處而居，取法乾坤天尊地卑之義。【略】

諸侯有不從者，帝皆率而征之。凡五十二戰，天下大定。【略】

黄帝始畫野分州，令百郡大臣授德教者先列珪玉於蘭蒲席上，使春雜寶爲屑，以沉榆之膠和之爲泥，以分土别尊卑之位與華戎之異。帝旁行天下，得百里之國者萬區，所謂首出庶物，萬國咸寧。【略】

黄帝以天下大定，符瑞並臻，乃登封泰山，禪于亭亭山。又禪于几几山，勒功於喬嶽，作下時祭炎帝，以觀天文，察地理，架宫室，制衣服，候氣律，造百工之藝。累功積德，故天授輿服斧鉞，華蓋羽儀，天神之兵。黄帝著軒輿之銘，帝以事周畢，即推律以定姓，紀鍾甄聲。帝之四妃，生二十五子，得姓者十二人。【略】

黄帝九子，各封一國。元妃嫘祖生二子，玄囂、昌意，並不居帝位。玄囂得道，爲北方水神，昌意居弱水，弟少昊，黄帝之小子也，帝妃女節所生，號金天氏，後即帝位。黄帝之女溺於東海，化爲鳥，名精衛，常銜西山木石以堙東海。昌意娶蜀山氏之女，生顓頊，居帝位，號高陽氏，黄帝之嫡孫也。黄公託拔，昌意之少子也，封北土。禺強，黄帝之胤，不居帝位，亦得道，居北方爲水神。少昊有子七人。顓頊時以其一子有德業，賜姓曼氏，餘不聞。黄帝以天下既理，物用具備，乃尋真訪隱，問道求仙，冀獲長生久視，所謂先理代而後登仙者也。【略】

黄帝修輿封禪禮畢，采首山之銅，鑄九鼎於荆山之下，以象太一。於州是鼎，神質文精也。孫壽三百六十歲，入九嶷山仙去。【略】

黄帝居代總一百二十年云云，在位一百五年。自上仙後，昇天爲太一君，其神爲軒轅之宿在南宫。黄龍之體象後來享之，列爲五帝之中方君，以配天。黄帝土德，中央之位，以主四方，以鎭星配爲子，名樞紐之神，爲佐配享於黄帝。帝之子少昊，名摯，字青陽，號金天氏，居帝位八十一年，都曲阜。子孫相承共四百年。【略】

黄帝子孫，各得姓於事。帝推律定姓者十二具在前，九子各封一國，總三十三氏，出黄帝之後。《先天紀》云：子孫相承，凡一千五百二十年。

雜録

趙道一《歷世真仙體道通鑑》卷一《軒轅黃帝》 臣道一曰：軒轅屈黃帝之尊，禮七十二師，然後垂衣裳而天下治。當是時也，君明臣良，民淳俗樸。以有天下而不恥不問，是故神人悉願歸之，民到于今稱之，此後世所以有黃帝王霸之品者，於此乎可見矣。《道德經》曰：是以聖人處無爲之事，行不言之教，萬物作焉而不辭，生而不有，爲而不恃，功成而弗居。夫惟不居，是以弗去。豈非軒轅之謂乎。

通玄天師

傳記

趙道一《歷世真仙體道通鑑》卷二《通玄天師》 通玄天師一號玄中大法師，在天皇時出《洞眞經》一十二部，以無極大道下教人間。

有古大先生

傳記

趙道一《歷世真仙體道通鑑》卷二《有古大先生》 有古大先生於地皇時出《洞玄經》一十二部，化人以無上正眞之道。

盤古先生

傳記

趙道一《歷世真仙體道通鑑》卷二《盤古先生》 盤古先生在人皇時出《洞神經》一十二部，化人以太平無爲之道。

鬱華子

傳記

趙道一《歷世真仙體道通鑑》卷二《鬱華子》 鬱華子在宓犧時降於田野，授《天皇內文》。又降河圖八卦之文，教人以順性之道。一號宛華，稱田野子，作《元陽經》三十四卷。

廣壽子

傳記

趙道一《歷世真仙體道通鑑》卷二《廣壽子》 廣壽子在祝融時降於恆山，授《人皇內文》，教人以安神之道，俾陶鑄爲器，以變生冷。一號傳豫子，作《按摩通精經》九十卷。

大成子

傳記

趙道一《歷世真仙體道通鑑》卷二《大成子》 大成子又號傳豫子，在神農時降於濟陰，授《地皇內文》，教人以好生之道，俾播殖穀果以代烹殺，和合方藥救疾養性。一云作《太一元精經》三十六卷。

廣成子

傳記

葛洪《神仙傳》卷一《廣成子》 廣成子者，古之仙人也，居崆峒山石室之中。黃帝聞而造焉，曰：敢問至道之要？廣成子曰：爾治天下，雲不待簇而飛，草木不待黃而落，奚足以語至道哉。黃帝退而閒居。三月，復往見之。廣成子方北首而卧，黃帝膝行而前，再拜，請問治身之道。廣成子蹶然而起曰：至哉，子之問也。至道之精，窈窈冥冥，至道之極，昏昏默默。無視無聽，抱神以靜，形將自正，必靜必清，無勞爾形，無搖爾精，乃可長生。慎內閉外，多知爲敗，我守其一，以處其和，故千二百歲，而形未嘗衰。得吾道者，上爲皇。入吾道者，下爲王。吾將去汝，適無何之鄉，入無窮之門，遊無極之野，與日月齊光，與天地爲常。人其盡死，而我獨存焉。

趙道一《歷世真仙體道通鑑》卷二《廣成子》 乃授帝《陰陽經》。一號力默子，作《道成經》七十卷。

雜録

趙道一《歷世真仙體道通鑑》卷二《廣成子》 臣道一曰：廣成子謂我守其一而處其和，故千二百年未嘗衰老。《道德經》曰：昔之得一者，天得一以清，地得一以寧，神得一以靈，谷得一以盈，萬物得一以生，侯王得一爲天下正。其殆以此乎。廣成之意，欲軒轅抱一爲天下式而已。厥後軒轅得道，白日昇天。後世帝王，卒未能及，廣成之功妙矣哉。

赤松子

傳記

劉向《列仙傳》卷上 赤松子者，神農時雨師也。服水玉，以教神農。能入火自燒。往往至崑崙山上，常止西王母石室中，隨風雨上下。炎帝少女追之，亦得仙俱去。至高辛時復爲雨師。今之雨師本是焉。

趙道一《歷世真仙體道通鑑》卷三《赤松子》 《丹臺錄》云：爲崑林仙伯，治南嶽山。《抱朴子》云：赤松子以玄蟲血漬玉爲水而服之，故得乘煙上下也。玉屑服之與水餌，皆令人不死。

寧封子

傳記

劉向《列仙傳》卷上 寧封子者，黃帝時人也。世傳爲黃帝陶正。有人過之，爲其掌火，能出五色煙。久則以敎封子。封子積火自燒，而隨煙氣上下。視其灰燼，猶有其骨。時人共葬於寧北山中，故謂之寧封子焉。

雜録

趙道一《歷世真仙體道通鑑》卷三《甯封子》 甯封先生栖於蜀之青城山北巖，黃帝師焉，請問三一之道，先生曰：吾聞天眞皇人被太上勑，近在峨嵋，達三一之源，可師而問之也。因以《龍蹻經》授黃帝。黃帝受之，能策雲龍以遊八極，乃築壇其上，拜甯君爲五嶽眞人。使川嶽百神淸都受事，乃入峨嵋北巖，受皇人三一之道。周旋海嶽，車轍存焉。又云黃帝封甯君主五嶽，上司嶽神，以水報刻漏於此，是謂六時水，陰時即飄然而灑，暘時即無。

馬師皇

傳記

劉向《列仙傳》卷上 馬師皇者，黃帝時馬醫也。知馬形生死之診，治之輒愈。後有龍下向之，垂耳張口。皇曰：此龍有病，知我能治。乃鍼其唇下口中，以甘草湯飲之而愈。後數數有疾龍出其波，告而求治之。一旦，龍負皇而去。

彭祖 籛鏗

傳記

劉向《列仙傳》卷上 彭祖者，殷大夫也。姓籛名鏗，帝顓頊之孫，陸終氏之中子。歷夏至殷末，八百餘歲。常食桂芝，善導引行氣。歷陽有彭祖仙室，前世禱請風雨，莫不輒應。常有兩虎在祠左右，祠訖，地即有虎跡云。後昇仙而去。

葛洪《神仙傳》卷一《彭祖》 彭祖者，姓籛，名鏗，帝顓頊之玄孫。至殷末世，年七百六十歲而不衰老。少好恬靜，不恤世務，不營名譽，不飾車服，唯以養生治身爲事。殷王聞之，拜爲大夫。常稱疾閑居，不與政事。善於補養導引之術，並服水桂雲母粉麋鹿角，常有少容。然其性沈重，終不自言有道，亦不作詭惑變化鬼怪之事。窈然無爲，時乃遊行，人莫知其所詣，伺候之，竟不見也。有車馬而不常乘，或數百日或數十日不持資糧，還家則衣食與人無異。常閉氣內息，從平旦至日中，乃危坐拭目，摩搦身體，舐唇咽唾，服氣數十，乃起行，言笑如故。其體中或有疲倦不安，便導引閉氣以攻其患。心存其身，頭面九竅，五藏四肢，至於毛髮，皆令其存。覺其氣行體中，起於鼻口中，達十指末，尋即平和也。王自詣問訊，不告之。致遺珍玩，前後數萬，彭祖皆受之以恤貧賤，略無所留。【略】

人道當食甘旨，服輕麗，通陰陽，處官秩，耳目聰明，骨節堅強，顏色和澤，老而不衰，延年久視，長在世間。寒溫風濕不能傷，鬼神衆精莫敢犯，五兵百蟲不能近，憂喜毀譽不爲累，乃可貴耳。人之受氣，雖不知方術，但養之得宜，當至百二十歲。不及此者，皆傷之也。小復曉道，可得二百四十歲，能加之，可至四百八十歲。盡其理者，可以不死，但不成仙人耳。養壽之道，但莫傷之而已。夫冬溫夏涼，不失四時之和。所以適身也。美色淑姿，幽閒娛樂，不致思欲之惑。所以通神也。車服威儀，知足無求，所以一其志也。八音五色，以玩視聽，所以導心也。凡此皆以養壽，而不能斟酌之者，反以速患。古之至人，恐下才之子，未識事宜，流遁不還，故絕其源也。故有上士別床，中士異被，服藥千裹，不如獨卧。五色令人目盲，五味令人口爽。苟能節宣其宜適，抑揚其通塞者，不減年筭，而得其益。凡此之類，譬猶水火，用之過當，反爲害耳。人不知其經脈損傷，血氣不足，內理空疏，髓腦不實，體已先病。故爲外物所犯，因風寒酒色以發之耳。若本充實，豈當病耶。凡遠思強記傷人，憂恚悲哀傷人。情樂過差傷人，忿怒不解傷人。汲汲所願傷人，戚戚所患傷人，寒暖失節傷人，陰陽不交傷人。所傷人者甚衆，而獨責於房室，不亦惑哉。男女相成，猶天地相生也。所以導養神氣，使人不失其和。天地得交接之道，故無終竟之限。人失交接之道，故有殘折之期。能避衆傷之事，得陰陽之術，則不死之道也。天地晝離而夜合，一歲三百六十交，而精氣和合者有四，故能生育萬物，不知窮極。人能則之，可以長存。次有服氣得其道，則邪氣不得入，治身之本要也。其餘吐納導引之術，及念體中萬神，有含影守形之事，一千七百餘條。及四時首向，責己謝過，卧起早晏之法，皆非眞道，可以教初學者，以正其心耳。愛精養體，服氣鍊形，萬神自守。其不然者，則榮衛枯瘁，萬神自逝，非思念所留者也。愚人爲道，不務其本，而逐其末。告以至言，又不能信。見約要之書，謂之輕淺，而晝夕伏誦。觀夫太清北神中經之屬，以此疲勞，至死無益也，不亦悲哉。又人苦多事，又少能棄世獨住山居穴處者，以順道教之，終不能行，是非仁人之意也。但知房中之道，閉氣之術，節思慮，適飲食，則得道矣。吾先師初著九都節解韜形隱遁無爲開明四極九室諸經，萬三千首，爲以示始涉門庭者耳。

趙道一《歷世眞仙體道通鑑》卷三《籛鏗》 籛鏗，帝顓頊之玄孫。因進雉羹於堯，堯封於彭城，後謂之彭祖。有子二人，長名武，次名夷，其所隱山，後人名曰武夷山。一云虞舜時尹壽子傳道與彭祖，一云籛鏗即彭祖。有導引術，有疾則閉氣以攻所患，運行體中，下達指末，即體如常。云上士異床，中士異被，服藥百裹，不如獨卧。人集其術爲《彭祖經》。《列仙傳》云：彭祖歷夏至殷末，八百餘歲。常食桂皮，善導引行氣。歷陽有彭祖仙室，前世禱請，風雨莫不報應，常有兩虎在祠左右，祠訖，地即有虎迹，云後昇仙而去。一云鏗隱山中，編竹爲戶，餐松爲糧，能乘風御氣，騰身踴空。至殷之末世已七百餘歲，後七百七十七歲解化。趙次公云：徐州彭城縣以彭祖而得名。按《寰宇記》：殷之賢臣彭祖，顓帝玄孫，至殷末壽七百六十七歲，今墓北故邑號大彭。《廬山名賢傳》云：彭鏗曾過彭蠡之濱，造其名嶽，今廬山是也。遍遊洞府以窺聖迹，已而把釣於臺上，雙鯉化爲雙龍，沖天而去。或云今江濱有釣魚臺，本彭祖遺迹也。

籛鏗 見彭祖

傳記

仇生

劉向《列仙傳》卷上 仇生者，不知何所人也。當殷湯時，爲木正。三十餘年而更壯，皆知其奇人也，咸共師奉之。常食松脂，在尸鄉北山上自作石室。至周武王，幸其室而祀之。

容成公

傳記

劉向《列仙傳》卷上 容成公者，自稱黄帝師，見於周穆王。能善補導之事，取精於玄牝。其要谷神不死，守生養氣者也。髮白更黑，齒落更生，事與老子同。亦云老子師也。

葛洪《神仙傳》卷七《容成公》 容成公，行玄素之道，延壽無極。

雜録

趙道一《歷世真仙體道通鑑》卷三《容成公》 或曰容成公得御女之術，握固不泄，還精補腦。今不取此説，蓋後世謬相繼也。

又 臣道一曰：《道德經》曰：谷神不死，是謂玄牝。玄牝之門，是謂天地根。綿綿若存，用之不勤。夫得是道者上爲仙，失是道者下爲鬼。容成公得此道，衆妙之門也。後世不得其道，而流於傍蹊曲徑，抑末矣。又極而全於爲御女之術，乃託容成公以爲辭，誤也。

葛由

傳記

劉向《列仙傳》卷上 葛由者，羌人也。周成王時，好刻木羊賣之。一旦騎羊而入西蜀，蜀中王侯貴人追之，上綏山。綏山在峨嵋山西南，高無極也。隨之者不復還，皆得仙道。故里諺曰：得綏山一桃，雖不得仙，亦足以豪。山下立祠數十處云。

陸通

傳記

劉向《列仙傳》卷上 陸通者，云楚狂接輿也。好養生，食橐盧木實乃蕪菁子。遊諸名山，在蜀峨嵋山上，世世見之，歷數百年去。

趙道一《歷世真仙體道通鑑》卷三《陸通》 孔子適楚，楚狂接輿遊其門，曰：鳳兮鳳兮，何如德之衰也。來世不可待，往世不可追也。天下有道，聖人成焉；天下無道，聖人生焉。方今之時，僅免刑焉。福輕乎羽，莫之知載；禍重乎地，莫之知避。已乎已乎，臨人以德；殆乎殆乎，畫地而趨。迷陽迷陽，無傷吾行；吾行却曲，無傷吾足。山木自寇也，膏火自煎也。桂可食故伐之，漆可用故割之，人皆知有用之用，而莫知無用之用也。肩吾見狂接輿，接輿曰：日中始，何以語汝？肩吾曰：告我君人者，以已出經式義度人，孰敢不聽而化諸。狂接輿曰：是欺德也，其於治天下也，猶涉海鑿河而使蚊負山也。夫聖人之治也，治外乎正而後行，確乎能其事者而已矣。且鳥高飛以避矰弋之害，鼷鼠深穴乎神丘之下，以避熏鑿之患，而曾二蟲之無知。肩吾問乎連叔曰：吾聞言於接輿，大而無當，往而不及，吾驚怖其言，猶河漢而無極也，大有逕庭，不近人情焉。連叔曰：其言謂何哉？曰：藐姑射之山，有神人居焉，肌膚若冰雪，綽約若處子，不食五穀，吸風飲露，乘雲氣，御飛龍，而遊乎四海之外。其神凝，使物不疵癘而年穀熟。吾以是狂而不信也。連叔曰：然，瞽者無以與乎文章之觀，聾者無以與乎鍾鼓之聲，豈非形骸有聾盲哉。是其言也，猶時女也。之人也，之德也，將旁礴萬物以爲一世蘄乎亂，孰弊焉以天下爲事。之人也，物莫之傷，大浸稽天而不溺，大旱金石流、土山焦而不熱。是其塵垢粃糠，將猶陶鑄堯舜者也，孰肯以物爲事。皇甫謐云：接輿躬耕，楚王遣使以黃金百鎰、車二駟聘之，不至。

王子喬

傳記

劉向《列仙傳》卷上 王子喬者，周靈王太子晉也。好吹笙，作鳳凰鳴。遊伊、洛之間。道士浮丘公接以上嵩高山。三十餘年後，求之於山上，見栢良曰：告我家七月七日待我於緱氏山巔。至時，果乘白鶴駐山頭，望之不得到。舉手謝時人，數日而去。亦立祠於緱氏山下及嵩高首焉。

趙道一《歷世真仙體道通鑑》卷三《王子喬》 王君名晉，字子喬，亦名喬，字子晉。周靈王有子三十八人，子晉太子也。生而神異，幼而好道，雖燕居宮掖，往往不食。端默之際，累有神仙降之，雖左右之人弗知也。常好吹笙，作鸞鳳之音，聲貫行雲，響滿宮掖。白鸞朱鳳，延頸鼓翼，集而聽之，奇禽異鳥，率舞庭砌，以爲常也。一日，天台山浮丘公降授道要，使修石精金光藏景錄神之法。是時靈王二十二年，穀洛鬭將毀王宮，太子晉累諫不聽，以其忤旨，遂退居別宮，齋戒思道。浮丘公密降其室，賜以靈藥，接以登高山。後數年，友人林良遇子晉於緱山之上，謂良曰：七月七日我當昇天，可與故人會別也。至是，良與故人羣官登山，見子晉棄所乘馬於澗下，飲齕如初。子晉乘白鶴，揮手謝時人，昇天而去。遠近觀之，咸曰：王子登仙。遂言曰：王即吾姓也。因以爲王氏。是時羣官拜別。迴拜所乘馬焉，亦飛空而去。今有拜馬澗在焉。子晉昇天爲右弼，主領五嶽司侍帝晨，號桐柏眞人，理金庭洞天。《楚辭·離騷》、《天問》篇云：白蜺嬰茀，胡爲此堂？安得夫良藥，不能固藏。天式從横，陽離爰死，大鳥何鳴夫，焉喪厥體？註引《仙傳》云：崔文子學道於王子喬，子喬化爲白蜺，而嬰茀持藥與之。文子驚怪，引戈擊蜺，因墮其藥。俯而視之，子喬之尸也。須臾化爲大鳥，飛鳴而去。《方輿記》云：西山中峰最高。頂即王子喬之遺壇。在嶺側，今隸隆興府。

王　晉 見王子喬

黄阮丘 阮　丘

傳　記

劉向《列仙傳》卷下 黄阮丘者，睢山上道士也。衣裘被髮，耳長七寸，口中無齒。日行四百里。於山上種葱薤百餘年，人不知也。時下賣藥，朱璜發明之，乃知其神人也。地動山崩道絶，預戒下人，世共奉祠之。

阮　丘 見黄阮丘

安期先生 安期生

傳　記

劉向《列仙傳》卷上 安期先生者，瑯琊阜鄉人也。賣藥於東海邊，時人皆言千歲翁。秦始皇東遊，請見，與語三日三夜。賜金璧，度數千萬出於阜鄉亭，皆置去。留書，以赤玉舄一雙爲報，曰：後數年求我於蓬萊山。始皇即遣使者徐市、盧生等數百人入海，未至蓬萊山，輒逢風波而還。立祠阜鄉亭海邊十數處。

趙道一《歷世真仙體道通鑑》卷一三《安期生》 漢《郊祀志》云：安期生仙者，通蓬萊中，合則見人，不合則隱。顔師古註云：合謂道相合也。《混元實錄》云：安期生後以道授馬明生，馬授陰長生，陰授爾朱先生。又按《史記》云：樂毅之族有樂臣公，善修黄老言，其本師曰河上丈人，不知其所出。河上丈人教安期生，安期生教毛翕公，毛翕公教樂瑕公，樂瑕公教樂臣公，樂臣公教蓋公，蓋公教於高密膠西，爲曹相國師。又曰：惠帝元年，曹參相齊，盡召長老諸生，問所以安集百姓。諸儒以百數，言人人殊，參未知所定。聞蓋公善治黄老言，使人厚幣請之。公爲言治道貴清靜而民自定，推此類具言之。參用其術，故相齊九年，齊國安。《集仙傳》云：有王老者，不知其名，與魯女生封君達爲友，訪道遊名山，於東嶽之陽遇神仙乘白鹿，與侍女十許人，自山中而下。知是神人，再拜以求延生之道。神仙曰：子知有安期生乎，即我是也。子精誠動天，太上使我授汝度世之訣。因謂之曰：仙道不遠，近取諸身，無思無爲，不吐不納，眞一充於內，而長生飛昇矣。勿使汝思慮營營，勞爾之生也。太上曰：綿綿若存，用之不勤。是眞道矣。言訖，昇天而去。又《抱朴子》云：安期生龍眉⿰車頁，以修養，服金液長生。其止世間，或延千歲，而後去爾。

雜録

趙道一《歷世真仙體道通鑑》卷一三《安期生》 安期生委金璧而去者，所以示之廉。曰後千年求我於蓬萊，所以示之仙不可學矣。乃欲強一時之力，入海以求蓬萊，其可得乎。安期生非祕其道也，秦始皇不可至於道也。《道德經》曰：天地不仁，以萬物爲芻狗。聖人不仁，以百姓爲芻狗。秦始皇縱耳目之欲，以勞動天下，曾不休息，與天地聖人之心，相違亦甚矣。舍道而求長生，道外豈有仙也哉？此安期生所以不容迹於海內，而去之蓬萊也。

安期生 見安期先生

樂子長

傳記

葛洪《神仙傳》卷二《樂子長》 樂子長者，齊人也。少好道，因到霍林山，遇仙人，授以服巨勝、赤松散方。仙人告之曰：蛇服此藥，化爲龍。人服此藥，老成童。又能昇雲上下，改人形容，崇氣益精，起死養生。子能行之，可以度世。子長服之，年一百八十歲，色如少女。妻子九人，皆服其藥，老者返少，小者不老。乃入海，登勞盛山而仙去也。

園客

傳記

劉向《列仙傳》卷下 園客者，濟陰人也。姿貌好而性良，邑人多以女妻之，客終不取。常種五色香草，積數十年，食其實。一旦，有五色蛾止其香樹末，客收而薦之以布，生桑蠶焉。至蠶時，有好女夜至，自稱客妻，道蠶狀。客與俱收蠶，得百二十頭繭，皆如甕大。繅一繭，六十日始盡。訖，則俱去，莫知所在。故濟陽人世祠桑蠶，設祠室焉。或云陳留濟陽氏。

馬鳴生 馬明生

傳記

葛洪《神仙傳》卷五《馬鳴生》 馬鳴生者，齊國臨淄人也，本姓和，字君賢。少爲縣吏，因逐捕而爲賊所傷，當時暫死，得道士神藥救之，遂活。便棄職隨師，初但欲求受治瘡病耳，知其有長生之道，遂久事之，隨師負笈，西之女几山，北到玄丘山，南湊瀘江，周遊天下。勤苦備嘗，乃受《太清神丹經》三卷歸。入山合藥服之，不樂昇天。但服半劑，爲地仙矣。常居所在，不過三年，輒便易處，人或不知其是仙人也。架屋舍，畜僕從，乘車馬，與俗人無異。如此展轉遊九州五百餘年，人多識之，怪其不老。後乃修大丹，白日昇天而去也。

趙道一《歷世真仙體道通鑑》卷一三《馬明生》 馬明生，齊國臨淄人也。本姓和，字君實。少爲縣吏捕賊，爲賊所傷，遇太眞夫人適東嶽，見而憫之。當時殆死，良久忽見一女子，年可十六七，服飾奇麗，姿容絕世，行步其傍，問君實曰：汝何傷血也？君實以實對。夫人曰：汝所傷乃重，刃關於肺，五臟泄漏，血凝絳府，氣激腸外，此將死之急也，奈何？君實知是神人，叩頭求哀，乞賜救護。夫人於肘後筒中出藥一丸，大如小豆，即令服之，登時而愈，血絕瘡合，無復慘痛。君實再拜，跪曰：家財不足以謝，不知何以奉報恩施，惟當自展駑力，以報所受爾。夫人曰：汝必欲以謝我，意亦可嘉，可見隨去否？君實乃易名姓，自號爲馬明生，隨夫人執役。夫人入東嶽岱宗山峭壁石室之中，上下懸絕，重巖深隱，去地千餘丈。石室中有金牀玉几，珍物奇偉，乃人迹所不能至處也。明生初但欲學金瘡方，既見其神仙來往，乃知有不死之道。朝夕供給灑掃，不敢懈倦。夫人亦以鬼怪狼虎眩惑衆變試之，明生神清澄正，略不恐懼。又使明生他行別宿，因以好女於卧息之間，調戲令接之，明生心堅志靜，固無邪念。夫人或行去十日五日還，或一月二十日，輒見有仙人賓客乘龍駕鳳往來。或有拜謁者，眞仙彌日盈坐。客到，輒令明生出外別室。或立致精細厨食殽果，非常香酒奇漿，不覺而至，不可目名。或呼明生坐，與之同飲食。又聞空中有琴瑟之音，歌聲宛妙。夫人亦時自彈琴瑟，有一絃，五音並奏，高玄響激，聞於數里。衆鳥皆爲集于岫室之間，徘徊飛翔，驅之不去。蓋天人之樂，自然之妙音也。夫人棲止，常與明生同石室中，而異榻爾。幽寂之所，都惟二人。或行去，亦不道所往之處，但見常有一白龍來迎，夫人即著雲光繡袍，乘白龍而去。袍上專是明月珠綴著衣縫帶玉佩，戴金華太玄之冠。亦不見有從者，既還即龍自去，不知所在。石室玉牀之上有紫錦被褥，緋羅之帳。中有服玩之物，瑰金函英，玄黃羅列，非世所有，不能一一知其名也。有兩卷素書，上題曰《九天太上道經》，明生亦竟不敢發舒視其文也，惟供給灑掃守巖室而已。至於服玩，亦不敢竊視之，亦不敢有所請問。如此五年，愈加勤肅，輒不怠惰。夫人歎而謂之曰：汝眞可教也，必能得道者也。以子俗人，而不淫不慢，恭仰靈氣而莫之廢，雖欲求長生不死，亦焉有不得乎。因以姓字本末告之，曰：我姓王名婉羅，字勃遂，事玄都太眞，有子爲三天太上府都官司直總糾天曹官秩，此人間卿佐也。年少，數委官遊逸，虛廢事任。有司奏劾，降生東嶽退眞王之編，司鬼神之師，五百年一代其職。因來視之，勵其後使修守政事以補其過。我久在人間，今奉君王命，又被太上召，不得復停。念汝專謹，故以相語，欲教汝長生之方，延年之術。而我所受，服以太和，自然龍胎之體，適可授三天眞人，不可以教始學之者，固非汝所得聞矣。縱或聞之，亦必不能用以持身也。有安期生，曉金液還丹之法，其方祕要，是九君太一之道，白日昇天者矣。安期生明日來，吾將以汝付囑之焉。相隨稍久，其術必傳。明日安期生至，乘駮麟，身著緋衣，頭戴遠遊冠，帶玉佩及虎頭鞶囊。視之，可年二十許，潔白嚴整。從六七仙人，皆執節奉衛。見夫人，揖之甚謹，稱下官。須臾設酒果厨膳，飲宴半日許，夫人語明生曰：吾不復得停，汝隨此君去，勿憂念也，我亦時時當往視汝。因以五言詩二篇贈之，可以相存。明生流涕而辭，擬隨安期生受九丹之道。夫人贈詩，其一曰：暫舍墉城內，命駕岱山阿。仰盻太清闕，雲樓鬱嵯峨。虛中有眞人，來往何紛葩，煉形保自然，俯仰食太和。朝朝九天王，夕館還西華。流精可飛騰，吐納養青牙。至藥非金石，風生自然歌。上下淩景霄，羽衣何娑娑。五嶽非吾室，玄都是我家。下看榮競子，篤似蝸與螟，顧盻塵濁中，憂患自相羅。苟未悟玄旨，安事於琢磨。禍湊由道泄，密愼福臻多。其二曰：昔往崑崙宮，共講天年延，金液雖可遐，未若太和仙。仰登冥靈臺，虛想詠靈人。忽遇榑桑王，九老仙都眞。駕驂紫虯輦，靈顏亦何鮮。啓我尋長塗，邀我自然津，告以鴻飛術，授以玉胎篇。瓊膏凝玄氣，素女爲我陳。俯挹琳鳳腴，仰上飄三天。雲綱立爾步，五嶽可暫還。玄都安足遠，蓬萊山腳間。傳受相親愛，結友爲天人。替即游刑對，禍必無愚賢。祕則享無傾，泄則軀身顛。明生受詩訖，乃隨安期生負笈，西至女几，北到圓丘，南至秦廬，潛及青城，九嶷，周遊天下。二十年中，勤苦備嘗。安期生乃曰：子眞有仙骨，專恭之甚，吾所不及也。遂授以太清金液神丹方，而告之曰：子若未欲昇天，但先服半劑得明生。相別而去，明生乃入華陰山，依方合金丹，服之半劑得仙，而與俗人無異，人莫識其非凡。漢靈帝時，惟太傅胡廣知其有道，嘗訪明生，以國祚大期問之。明生初不對，後亦告焉，無不驗者。後人怪其不老，遂復餌金丹半劑，白日昇天。臨去，著詩三首以示將來，時光和三年也。其一曰：太和何久長，人命將不永。翕如朝露晞，奄忽睡覺醒。生生世所悟，傷生由莫靜。我將尋眞人，澄神挹容景。盤桓崑陵宮，玄都可馳聘。涓子牽我遊，太眞來見省。朝朝王母前，夕歸鍾岳嶺。仰採瓊瑤葩，俯漱琳琅井。千齡猶一刻，萬紀如電頃。其二曰：天地自有常，人命最險巇。年若驚絃發，時猶輕矢逝。雖有灼灼姿，玉爲塵生穢。林草無秋耀，綠葉豈終歲。惜彼繁茂摧，哀彼寒霜厲。有存理必亡，有興必有廢。眞君戲玄津，與物無凝滯。神沖紫霄內，形棲山水際。對虛忘有懷，遊目託容裔。風塵將何來，眞道故可大。其三曰：濁塗諒爲歎，世樂豈足預。振褐掃塵遐，飄飄獨遠舉。寥寥巖嶽際，蕭蕭縱萬慮。靈眞與我遊，落景乘鴻御。朝乘雲輪來，夕駕扶搖去。嗷嘈天地中，囂聲安得附。

馬明生 見馬鳴生

陰長生

傳記

葛洪《神仙傳》卷五《陰長生》 新野人也，漢陰皇后之屬。少生富貴之門，而不好榮位，專務道術。聞有馬鳴生得度世之道，乃尋求，遂與相見，執奴僕之役，親運履之勞。鳴生不教其度世之道，但日夕與之高談當世之事，治生佃農之業，如此二十餘年。長生不懈怠，同時共事鳴生者十二人，皆悉歸去，獨有長生不去，敬禮彌肅。鳴生乃告之曰：子眞是能得道者。乃將長生入青城山中，煮黃土而爲金以示之。立壇四面，以《太清神丹經》受之，乃別去。長生歸，合丹但服其半，即不昇天。乃大作黃金數十萬斤，布施天下窮乏，不問識與不識者。周行天下，與妻子相隨，舉門而皆不老。後於平都山白日昇天。臨去時，著書九篇。云：上古得仙者多矣，不可盡論。但漢興已來，得仙者四十五人，連余爲六矣。二十人尸解，餘者白日昇天焉。《抱朴子》曰：洪聞《諺書》有之曰：子不夜行，不知道上有夜行人。故不得仙者，亦安知天下山林間有學道得仙者耶。陰君已服神丹，雖未昇天。然方以類聚，同聲相應。便自與仙人相尋索聞見，故知此近世諸仙人之數爾。而俗民謂爲不然，以己所不聞，則謂無有，不亦悲哉。夫草澤間士，以隱逸得志，以經籍自娛，不耀文彩，不揚聲名，不循求進，不營聞達，人猶不識之，豈況仙人。亦何急急，令聞達朝闕之徒，知其所云爲哉。陰君自序云：維漢延光元年，新野山北，予受和君神丹要訣，道成去世，副之名山，如有得者，列爲眞人。行乎去來，何爲俗間。不死之道，要在神丹。行氣導引，俯仰屈伸，服食草木，可得少延，不求未度，以至天仙。子欲聞道，此是要言。積學所致，無爲爲神。上士聞之，勉力加勤。下士大笑，以爲不然。能知神丹，久視長存。於是陰君裂黃素寫丹經一通，封以文石之函著嵩山。一通黃櫨簡漆書之封，以青玉之函置大華山。一通黃金之簡刻而書之，封以白銀之函著蜀經山。一通白縑書之，合爲一卷付弟子，使世世當有所傳付。又著書三篇，以示將來。其一曰：唯余之先，佐命唐虞，爰逮漢世，紫艾重紆，余獨好道。而爲匹夫，高尚素志，不事王侯，貪生得生，亦又何求。超跡蒼霄，乘虛駕浮，青腰承翼，與我爲仇。入火不灼，蹈水不濡，逍遙太極，何慮何憂。遨戲仙都，顧愍羣愚。年命之逝，如彼川流。奄忽未幾，泥土爲儔。奔馳索死，不肯暫休。其二曰：余之聖師，體道如貞，昇降變化，松喬爲鄰。惟余同學，十有二人，寒苦求道，歷二十春，中多怠慢，志行不勤。痛乎諸子，命也自天。天不妄授，道必歸賢。身投幽壤，何時可還。嗟爾將來，勤加精研。勿爲流俗，富貴所牽。神道一成，昇彼九天。壽同三光，何但億年。其三曰：惟余垂髮，少好道德。棄家隨師，東西南北。委於五濁，避世自匿。二十餘年，名山之側，寒不遑衣，飢不暇食。思不敢歸，勞不敢息。奉事聖師，承顏悅色。面垢足胝，乃見哀識。遂授要訣，恩深不測。妻子延年，咸享無極。黃金已成，貨財十億。役使鬼神，玉女侍側。余得度世，神丹之力。陰君留人間一百七十年，色如童子，白日昇天也。

趙道一《歷世真仙體道通鑑》卷一三《陰長生》 而明生數因言語得失之際，屢責罵之，長生乃和顏悅心，奉謝不及。如此積二十年，後淸閑之日，明生問其所欲，長生跪曰：惟乞生爾，今以糞草之身，委質天匠，不敢有所汲汲憚於遲速也。明生哀其語，而告之曰：子眞是能得道者也。乃將長生入青城山，煮黃土爲金以示之。立壇歃血，即日以太淸金液神丹授之。欲別去，長生乃叩頭陳謝暫留仙駕，拜辭曰：弟子少長豪樂，希執卑遜，克身勵己，若臨水谷。不能弘道讚德，宣暢妙味，徒尸素壁立，而耄及之。是以心存生契，捨身尋眞。天賜嘉會，有幸遭逢。自執箒二十二年，心力莫植，常懼毀替，筋力弱薄，微效靡騁，恩養不酬。夙夜感悅，告以更生，頓受靈方，是將灰之質蒙延續之年，炎林焦草惠膏澤之霑，所謂絕氣與其蘇息，瞽暗開其視聽，感荷殊戴，非陋詞所謝。昔太歲庚辰，聞先生與南嶽眞人、洪崖君、雲成公、瀛洲仙女數人，共坐論傳度，當委絹之誓，教授有交帶之盟，應祭九老仙都九炁丈人諸君。禱祠受之，大藥必行。下祭而受，爲之不成。弟子預在典室，嘗倖帷側，亦具聞諸仙起末得道之言說、昔授丹節度矣。先生今日見諭，不復陳此，或非先生所授之不盡，將恐示弟子困窮矣。明生慰諭之曰：非有不盡，汝性耽玄味，專炁而和，靈官出鑒以相察矣，不復煩委俗人之信耳。

雜録

趙道一《歷世真仙體道通鑑》卷一三《陰長生》 臣道一曰：陰長生艱難事師，不得其道而不倦，誠之至矣，非常人之所可及也。故同時事馬明生者十有二人，皆怨恚而去，獨長生禮敬彌篤，而卒得其道焉。《道德經》曰：學不學，復衆人之所過，以輔萬物之自然而不敢爲。長生之謂也。

張君房《雲笈七籤》卷一〇六《紀傳部傳四・陰真君傳》 於是長生入武當山石室中合丹，又服半劑，不即升天，而大作黃金數萬斤，以布施天下窮乏，不問識與不識。周行天下，與妻息相隨，舉門皆壽，後委之入平都山，白日升天。臨去，著書九篇，云：「上古仙者多矣，不可具記而論。但漢興已來，高士得仙者四十五人，迨予爲六矣。二十人見尸解去，餘者白日升天焉。」

弟子丹陽葛洪字稚川曰：「嘗聞諺言有云：『不夜行，則不知道上有夜行人。』今不得仙者，亦安知天下山林間密自有學道得仙者耶？陰君已服神藥，雖未升天，然方以嚴麗同聲相應，便自與仙人相尋求聞見，故知此近世諸仙人之數爾。而俗人謂爲不然。已所不聞，則謂之無有，不亦悲哉。夫草澤閑士，以隱逸得志，經籍自娛，不耀文彩，不揚名聲，不修求友，不營聞達，猶不能識之，又況仙人。亦何急令朝菌之徒，知其所云爲哉。」

陰眞君自叙

惟漢延光元年，新野山之子受仙君《神丹要訣》。道成去世，副之名山。如有得者，列爲眞人。行乎去來。何爲俗間？不死之道，要在神丹。行炁導引，俛仰屈伸，服食草木，可得小道。不能永度於世，以至天仙。子欲聞道，此是要言。積學所致，不爲有神。上士爲之，勉力加勤。下愚大笑，以爲不然。能知神丹，久視長存。

王真

傳記

葛洪《神仙傳》卷六《王真》 王眞，字叔堅，上黨人也。少爲羣吏，年七十，乃好道。尋見仙經雜言，說郊間人者，周宣王時郊間採薪之人也。採薪而行歌曰：巾金巾，入天門。呼長精，噏玄泉。鳴天鼓，養泥丸。時人莫能知。唯柱下史曰：此是活國中人，其語祕矣，其人乃古之漁父也。何以知之？八百歲人，目瞳正方。千歲人，目理縱。採薪者乃千歲之人也。貞讀此書而不解其旨，逐搜問諸所在道士。經年，而遇有解其旨者，語貞曰：此近淺之術也，爲可駐年反白而已耳。乃語訣云：巾金巾者，恆存肺炁入泥丸中，徐徐以繞身，身常光澤。噏玄泉者，漱其口液而服之，使人不老。行之七日有效。鳴天鼓者，朝起常叩齒三十六下，使身神安。又夜恆存赤氣，從天門入周身內外。在腦中變爲火，以燔身，身與火同光。如此存之，亦名曰鍊形。泥丸，腦也。天門，口也，習閉炁而吞之，名曰胎息。習漱舌下泉而嚥之，名曰胎食。行之勿休。眞受訣，施行胎息、胎食，鍊形之方，甚有驗。斷穀二百餘年，肉色光美，徐行及馬，力兼數人。自歎曰：我行此術唯可不死，豈及神丹金玉之方邪。乃師事蒯子訓。子訓授其《肘後方》也。魏武帝聞之，呼與相見。見佀年可三十許，意嫌其虛詐，定校其鄉里，皆異口同辭，多有少小見眞者。乃信其有道，甚敬重之。郄孟節師事眞十數年，眞以蒸丹小餌法授孟節，得度世。鄉里計眞已四百歲。後一日將三少妾登女几山，語弟子言：合丹去。去遂不復還。眞日行三百里。孟節能合棗核以不食。至十年，又能閉炁不息，身不動搖，若死人，可至百日半歲。亦有家室。此法是眞所習郊間人之法也。孟節爲人質謹，不妄言。魏武帝爲立茅舍，使令諸方士。晉惠懷之際人，故有見孟節在長安市中者。魏武帝時亦善招求方術，道士皆虛心待之。但諸得道者，莫肯告之以要言耳。

趙道一《歷世真仙體道通鑑》卷二一《王真》 王眞者，上黨人也。年七十九乃學道，行胎息之術，斷穀三十餘年，容少而色美，行及走馬，力兼數人。魏武帝聞之，召相見，似三十許人。意疑其詐，遂驗問其鄉里，皆異口同辭，多自兒童時見之者，眞年已四百歲矣。武帝乃信其道，甚加欽禮焉。

陳長

傳記

葛洪《神仙傳》卷六《陳長》 陳長者，在苧嶼山六百年。每四時設祭。亦不飲食，亦無所修。人有病者，與祭水飲之，皆愈也。

趙道一《歷世真仙體道通鑑》卷二一《陳長》 陳長在紵嶼山上，已六百餘歲。紵嶼山中人爲架屋，每四時烹殺以祭之。長亦不飲食，顏色如六十歲人。諸奉事者每有疾病，即以器詣長，乞祭水飲之，皆愈。紵嶼山上累世相承事之，莫知其所來及服食本末。紵嶼在東海中，吳中周詳者誤到其上，留三年乃得還，具說之如此。紵嶼其山地方圓千里，上有千餘家，有五穀成熟，莫知其年紀，風俗與吳同。

王烈

傳記

葛洪《神仙傳》卷六《王烈》 王烈，字長休，邯鄲人。常服黃精並鍊鉛，年二百三十八歲，有少容，登山如飛。少爲書生，嵇叔夜與之游。烈嘗入太行山，聞山裂聲，往視之，山斷數百丈，有青泥出如髓。取摶之，須臾成石，如熱臘之狀。食之味如粳米。《仙經》云：神山五百歲，輒一開，其中有髓，得服之者。與天地齊畢。

東郭延

傳記

葛洪《神仙傳》卷七《東郭延》 東郭延，字公游，山陽人也。少好道，聞李少君有道，求與相見，叩頭乞得執侍巾櫛灑掃之役。少君許之，見延小心良謹，可成，臨當去，密以五帝六甲左右靈飛之術，遊虛招眞十二事授延。告之曰：此亦要道也，審而行之，亦昇天矣。口訣畢而遣去。延遂還家，合服靈飛散，能夜書，在寢室中，身生光點，左右行六甲左右術，能占吉凶。天下當夗者，識與不識，皆逆知之。又役使鬼神。妝攝虎豹，無所不爲。在鄉里四百歲不老。漢建安二十一年，一旦，有數十人乘虎豹之來迎之。鄰盡見之。乃與親故別而辭去。云詣崑崙臺。臨去，先以《神丹方》、《五帝靈飛祕要》傳尹先生。

劉京

傳記

葛洪《神仙傳》卷七《劉京》 劉京，字太玄，南陽人也。漢孝文皇帝侍郎也。後棄世從邯鄲張君學道，受餌朱英丸方，合服之，百三十歲，視之如三十許人。後師事薊子訓。子訓授京五帝靈飛六甲十二事，神仙十洲眞形諸祕要。京按訣行之，甚效，能役使鬼神，立起風雨，召致行廚，坐在立亡，而知吉凶期日。又能爲人祭天益命。或得十年，到期皆死。其不信者，至期亦死。周流名山五嶽，與王眞俱行悉遍也。魏武帝時，故遊行諸弟子家。皇甫隆聞其有道，乃隨事之。以雲母九子丸及交接之道二方敎隆。隆按合行服之，色理日少，髮不白，齒不落，年三百餘歲，不知能得度世不耳。魏黄初三年，京入衡山中去，遂不復見。京語皇甫隆曰：治身之要，當朝朝服玉泉，使人丁壯有顏色，去三蟲而堅齒也。玉泉者，口中液也。朝來起早，漱液滿口，乃呑之，琢齒二七過。如此者三，乃止。名曰鍊精，使人長生也。夫交接之道至難，非上士不能行之。乘奔牛驚馬，未足喻其嶮墜矣。卿性多淫，得無當用此自戒乎。如京言，慮隆不得度世也。

趙道一《歷世真仙體道通鑑》卷一二《劉京》 劉京者，本漢文帝時侍郎也。從邯鄲張君學道，受餌雲母、朱英方，服之百三十餘歲，視之如三十許人。能知吉凶之期，又能爲人祭天益命，或延得十年五年。至魏武帝時，京遊諸弟子家。皇甫隆聞而隨事之，以雲母丸子方敎隆。隆合服之，得三百歲，不能盡其道法，故不得度世。又有王公看於京得九子丸，時王公已七十歲，乃服之，御八十妾，生二十兒。騎馬獵行，日二百里，飲酒一斛不醉，得壽二百歲。

趙瞿

傳記

葛洪《神仙傳》卷七《趙瞿》 趙瞿者，字子榮，上黨人也。病癩歷年，衆治之不愈。垂死，或云：不及活流棄之，後子孫轉相注易。其家乃賫粮將之送置山穴中。瞿在穴中自怨不幸，晝夜悲歎涕泣。經月，有仙人行經過穴，見而哀之，具問訊之。瞿知其異人，乃叩頭自陳乞哀。於是仙人以一囊藥賜之，教其服法。瞿服之，百許日，瘡都愈，顏色豐悅，肌膚玉澤。仙人又過視之，瞿謝受更生活之恩，乞丐其方，仙人告此是松脂耳，此山中更多此物，汝鍊服之，可以長生不死。瞿乃歸家。家人初謂之鬼也，甚驚愕。瞿遂長服松脂。身體轉輕，氣力百倍，登危越險，終日不極。年百七十歲，齒不墮，髮不白。夜卧，忽見臺間有光大如鏡者，以問左右，皆云不見。久而漸大，一室盡明，如晝日。又夜見面上有綵女二人，長二三寸，面體皆具，但爲小耳。遊戲其口鼻之間。如是且一年，此女漸長大，出在其側。又常聞琴瑟之音，欣然獨笑。在人間三百許年，色如小童。乃入抱犢山去，必地仙也。

壺公

傳記

葛洪《神仙傳》卷九《壺公》 不知其姓名。今世所有召軍符、召鬼神、治病王府符凡二十餘卷，皆出於壺公，故總名爲壺公符。汝南費長房爲市掾時，忽見公從遠方來，入市賣藥，人莫識之。其賣藥口不二價，治百病皆愈。語買藥者曰：服此藥必吐出某物，某日當愈。皆如其言。得錢日收數萬，而隨施與市道貧乏飢凍者，所留者甚少。常懸一空壺於坐上，日入之後，公輒轉足跳入壺中，人莫知所在。唯長房於樓上見之，知其非常人也。長房乃日日自掃除公座前地，及供饌物。公受而不謝。如此積久，長房不懈，亦不敢有所求。公知長房篤信，語長房曰：至暮無人時更來。長房如其言而往，公語長房曰：卿見我跳入壺中時，卿便隨我跳，自當得入。長房承公言爲試，展足不覺已入。既入之後，不復見壺，但見樓觀五色，重門閣道。見公左右侍者數十人。公語長房曰：我仙人也，忝天曹職，所統供事不勤，以此見謫，蹔還人間耳。卿可教，故得見我。長房下座，頓首自陳：肉人無知，積劫厚，幸謬見哀愍，猶如剖棺布氣，生枯起朽。但恐臭穢頑弊，不任驅使。若見憐念，百生之厚幸也。公曰：審爾大佳，勿語人也。公後詣長房於樓上曰：我有少酒，汝相共飲之。酒在樓下，長房遣人取之，不能舉。益至數十人，莫能得上。長房白公，公乃自下，以一指提上，與長房共飲之。酒器不過如蜂大，飲之，至旦不盡。公告長房曰：我某日當去，卿能去否？長房曰：思去之心，不可復言。惟欲令親屬不覺不知，當作何計。公曰：易耳。乃取一青竹杖與長房，戒之曰：卿以竹歸家，使稱病。後日即以此竹杖置卧處，嘿然便來。長房如公所言，而家人見此竹是長房死了，哭泣殯之。長房隨公去，恍惚不知何所之。公獨留之於羣虎中，虎磨牙張口，欲噬長房，長房不懼。明日，又內長房石室中。頭上有大石，方數丈，茅繩懸之，諸蛇並往嚙繩欲斷，而長房自若。公往撫之，曰：子可教矣。乃命噉溷。溷臭惡非常，中有蟲長寸許，長房色難之。公乃嘆謝遣之曰：子不得仙也。今以子爲地上主者，可壽數百餘歲。爲傳封符一卷付之，曰：帶此可主諸鬼神，常稱使者，可以治病消災。長房憂不能到家，公以竹杖與之，曰：但騎此到家耳。長房辭去，騎杖忽然如睡，已到家。家人謂之鬼。具述前事，乃發視棺中，惟一竹杖，乃信之。長房以所騎竹杖投葛陂中，視之，乃青龍耳。長房自謂去家一日，推之已一年矣。長房乃行符收鬼治病，無不愈者。每與人同坐共語，而目瞋訶遣。人問其故曰：怒鬼魅之犯法耳。汝南郡中常有鬼怪，歲輒數來。來時導從威儀，如太守入府，打鼓周行內外匝，乃還去。甚以爲患。後長房詣府君，而正值此鬼來到府門前。府君馳入，獨留長房。鬼知之，不敢前，欲去。長房厲聲呼使捉前來。鬼乃下車，把版伏庭中，叩頭乞得自改。長房呵曰：汝死老鬼，不念溫涼，無故導從，唐突官府。君知當死否？急復令還就人形，以一札符付之，令送與葛陂君。鬼叩頭流涕，持札去，使人追視之，以札立陂邊，以頸繞札而死。東海君來旱，長房後到東海，見其民請雨，謂之曰：東海君有罪，吾前繫於葛陂，今當赦之。令其作雨，於是即有大雨。長房曾與人共行，見一書生，黃巾被裘，無鞍騎馬，下而叩頭。長房曰：促還他馬，赦汝罪。人問之。長房曰：此貍耳，盜社公馬也。又嘗與客坐，使至市市鮓，頃刻而還。或一日之間，人見在千里之外者數處。

趙道一《歷世真仙體道通鑑》卷二〇《壺公》　壺公，不知何許人也。常賣藥，懸一壺於肆頭。及市罷，跳入壺中。市人莫之見，惟汝南人費長房於樓上觀之。異焉，因往再拜，奉酒脯。公知長房之意其神也。謂曰：子明日更來。長房一日復詣，與俱入壺中，惟見玉堂華麗，旨酒嘉殽盈衍其中。共飲畢而出，公曰：我神仙之人，以過見謫。今當去，能相隨乎？樓下有少酒，與卿爲別。長房令十人扛之，猶不舉，翁笑以一指提上。視器如一升許，二人終日飲不盡。長房遂欲求道，而顧家人爲憂。翁乃斷一青竹，度與長房身齊，使懸之舍。後家人見之，即長房形也，以爲縊死，大小驚號，遂殯葬之。長房立其傍，而莫之見也。於是遂隨從，入深山，踐荆棘，於羣虎之中留使獨處，長房不恐。又卧於空室，以朽索懸一千斤石於心上，衆蛇共來嚙索且斷，長房亦不移。翁還，撫之曰：子可教也。復使食糞，糞中有三蟲，臭穢特甚。長房意惡之，翁曰：子幾得道，恨於此不成，如何？長房辭歸，翁與一竹杖曰：騎此任所之，則自至矣，可以杖投葛陂中也。又爲作一符，曰：以此主地上鬼神。長房垂杖，須臾來歸。自謂去家適經旬日，而已十餘年矣。即以杖投葛陂，觀視則龍也。家人謂其久死，不信之，長房曰：往日所葬，竹杖爾。乃發塚剖棺，杖猶存焉。遂能醫療衆病，鞭笞百鬼，至驅使社公。或在坐獨自恚怒，人問其故，曰：吾責鬼魅之犯法者爾。又嘗坐客而使至宛市鮓，須臾還，乃飯。或一日之間，人見其在千里之外者數處焉。後失符，爲鬼所殺。道傳云：汝南歲歲常有魅僞作太守章服，詣府門槌鼓者，郡中患之。時魅適來，而逢長房爲謁府君，惶懼不得退，便前解衣，扣頭乞活。長房呵之云：便於中庭正汝故形。即成老鼈，大如車輪，頸長一丈。長房付其一札以勅葛陂君，魅即扣頭流涕，持札植於陂邊，以頸繞之而死。後東海君來謁葛陂君，因淫其夫人，於是長房劾繫之三年，而東海大旱。長房至海上，見其人請雨，乃謂之曰：東海君有罪，吾前繫於葛陂。今出之，使作雨也。於是雨立霔。長房曾與人共行，見一書生黄巾被裘，無鞍騎馬，下而扣頭，長房曰：還他馬，赦汝罪。問其故，長房曰：此狸也，盜社公馬爾。長房又能縮地脈，數千里牽至前，宛然具足。吴均《續齊諧志》云：汝南桓景從費長房學，長房謂曰：九月九日汝家當有災，急令家人縫絳囊，盛茱萸繫臂上，登高飲菊花酒，此禍乃消。景從其言，舉家登山。夕還，見雞犬一時暴死。今人九月九日登高，蓋本是也。今建寧府有登高山存焉。《丹臺錄》云：壺公姓謝名元一。又興化軍有壺公山，昔有人遇壺公引至山頂，見宫闕樓殿，曰：此壺中日月也。又有壺公廟存焉。一云蔡州懸壺觀，即費長房舊隱，有懸壺樹。信州靈陽觀，亦云費長房竹杖化龍處，未知其故也。

魯女生

傳　記

葛洪《神仙傳》卷一〇《魯女生》 魯女生者，長樂人也。服胡麻餌术，絶穀八十餘年，甚少壯。一日行三百餘里，走逐麞鹿，鄉里傳世見之。二百餘年，入華山中去。時故人與女生别後五十年，入華山廟，逢女生，乘白鹿，從後有玉女數十人也。

封君達

傳　記

葛洪《神仙傳》卷一〇《封君達》 封君達者，隴西人也。服黄精五十餘年，又入鳥鼠山，服鍊水銀，百餘歲，往來鄉里，視之年如三十許人。常騎青牛，聞人有疾病時死者，便過與藥治之，應手皆愈。不以姓字語人，世人識其乘青牛，故號爲青牛道士。後二百餘年，入玄丘山仙去也。

關令尹

傳　記

劉向《列仙傳》卷上 關令尹喜者，周大夫也。善内學，常服精華，隱德修行，時人莫知。老子西遊，喜先見其炁，知有眞人當過，物色而遮之，果得老子。老子亦知其奇，爲著書授之。後與老子俱遊流沙化胡。服苣勝實，莫知其所終。尹喜亦自著書九篇，號曰《關令子》。

尹　喜

傳　記

趙道一《歷世眞仙體道通鑑》卷八《尹喜》 無上眞人尹喜，字公文。初，母氏嘗晝寢，夢天下絳霄，流繞其身。及喜生時，家內陸地自生蓮花，光色鮮盛。眼有日精，姿形長雅，垂臂下膝，堂堂有天人之貌。少好學墳索，善於天文祕緯。仰觀俯察，莫不洞徹，雖鬼神無以匿其情。大度恢傑，不修俗禮。損身濟物，不求聞達。逸響遐宣，周康王時爲大夫，後召爲東宮賓友。結草爲樓，仰觀乾象，精思至道，號爲樓觀。喜於是時，瞻見東方有紫氣西邁，天文顯瑞，知有聖人當度關而西。乃求出爲函谷關令，王從之。昔在浩劫，有聖人名太上老君，自開闢以來，傳弘大道，歷世降爲帝者師。至殷陽甲十七年，自太清境分神化氣下降，託孕於玄妙玉女，計八十一年，於武丁九年庚辰二月十五日降生。生而皓首，故號曰老子。【略】昭王時去官，歸亳隱焉。老君復欲開化西域，乃以昭王二十三年癸丑五月壬午，駕青牛之車，薄版爲隆穹，徐甲爲御將，西度函關。喜至關曰：夫陽數極九，星宿值金，歲月並王法，應九十日內有大聖人經過京邑。乃敕關吏孫景曰：若有形容殊俗，車服異常者，勿聽過。喜即預期齋戒，使掃路四十里，夾道燒香以俟天眞入境。至七月十二日甲子，果有一老人皓首聃耳，乘白輿，駕青牛而至。關吏曰：明府有教，願公少留。乃入白喜，喜曰：道今來矣，我得見聖人矣。即具朝服出迎，跪伏扣頭，邀之曰：願大人暫留神駕。老君謝曰：吾貧賤老翁，居在關東，田在關西，今暫往取薪，何故見留，幸聽度。喜復稽首曰：大人豈是取薪，久承大聖當來西遊，勞神暴露，願少憩神駕。老君曰：聞開導竺乾有古先生，善入無爲，永存綿綿。是以昇就道，經歷關，子何苦留邪？喜又曰：今睹大人，聖姿超絕，乃天上之至尊，邊夷何足往觀？願不託言，少垂哀愍。老君曰：子何所見而知吾？喜曰：去冬十月，天理星西行過昴，自今月朔，融風三至，東方眞氣狀如龍蛇而西度，此大聖人之徵。喜少好《墳》《易》及天文祕緯，凡仰觀俯察，未嘗不驗，故知必有聖人度關。夙夜存思，未嘗暫息。今以有緣，果遇仙駕，願垂慈誨，開濟沉冥。老君既三試之皆過，乃怡然笑曰：善哉，子之知吾。吾亦已知子矣，子有通神之見，當得度世也。喜忻躍，叩頭再拜曰：敢問大聖姓字可得聞乎？老君曰：吾姓字渺渺，從劫至劫，非可悉說也。吾今姓李，字伯陽，號曰老聃。喜於是就官舍設座供養，進盥櫛，行弟子之禮。【略】即授喜《妙眞》、《內解》等，《太清上法》、《三洞眞經》、《靈寶符圖》、《太玄》等法，俾教授至精仁者，羽化神仙，令毋斷絕。喜稽首禮謝。【略】喜乃於草樓清齋，屏絕人事，三年之內，修煉俱畢。心凝形釋，無有飢渴，不畏寒暑。窮數達變之微，形一神萬之旨，悉臻其妙。乃自著書九篇，號《關尹子》。【略】老君謂尹眞人曰：子昔欲從吾遠遊，今道已成，可以遊觀於八紘之外也。乃吐八方隱文授之。喜奉授訖，即致八景雲輿，老君乘輿，駕五色神龍，建流霄皇天丹節蔭九光鶴蓋，前導十二衛官，神丁執麾。後有九萬飛仙，驂控飈輪，獅子啓途，鳳凰翼軒，策空東遊，眞人與四天王從焉。【略】

尹眞人初受童眞之任，隨侍老君遊此宛利天下五嶽名山、洞天宮館及四海江河、洞泉水府。其主者或稱聖帝，或號眞王，或公或侯。有所咨啓，多論二儀三景，陰陽氣候，劫運賒促，及帝王命錄脩短，安危興廢；兆人禍福，并學道進仙階級，黜陟之事；調和氣序，抑消陽九百六災會之法。或請問道德宗源，希夷之旨。老君皆如所請酬答，言辭隱奧，世莫得傳。老君謂喜曰：吾將與汝上朝玉宸，遊歷帝鄉。作是語時，靈音八會，雲騎四合，冉冉昇虛。遂偏歷九天，諸天帝皆來迎老君入其宮宇，設瓊英玉實，月液雲漿，靈芝仙果。光華映席，天樂繁會，靈唱妙絕。諸天帝仙眞皆禮拜，請問自然無上玄妙至眞帝一之道。已而上元太有眞公，中元太極仙公，下元太清仙伯，乘碧霞黃素雲輿，駕蒼虬麒麟獅子，張交輝流霞鸞鳳飛鶴之蓋，仗日精命眞之旆、月華命魔之節、星光命仙之旗。侍從神仙靈官十五萬，各持香花，稽首拜迎老君上昇上清日闕丹城蕊珠宮。老君乃命喜朝禮高聖玉晨太上大道君，於是道君賜喜環剛丹果，隱伏龍芝，珠英玉醴，共十二事。乃從老君下降于天水之靈山，遂之西域。初老君去周，嘗西化大秦、安息、月氏、烏戈、竺乾等國，號古先生，其國王及臣民皆奉教戒，乃還中國。復與無上眞人尹喜至罽賓國行化，次及條支、于闐等國行化，且降伏九十五種外道焉。至穆王四年甲申，老君降遊東海，至榑桑會大帝，校集諸仙名位高下。復分身降于西海，至蘇鄰國行化，俄復昇天。穆王少好神仙之道，登春山瑤池而歸，在位五十四年，年一百四歲。時尹喜既適流沙，其草樓在終南之陰，王追慕靈迹，命駕詣焉，爲修觀建祠。延杜沖等七人爲道士，以奉祠事。夷王之世，老君與玄古三師降于蜀綿竹之三學山，授李眞多以飛昇之道。厲王二十一年甲辰，老君降于樓觀，授道士宋倫以中景之道、《通眞之經》，并靈飛六甲素奏丹符。平王二十三年癸卯十二月，老君復出關開化諸國。遂遊西海，至流麟等洲，考校羣仙功行，乃復昇天。定王之世，王問老君以在世神仙，老君對以：東嶽有展禽先生，南嶽有匡續先生，西嶽有尹喜，北嶽有皇人，中嶽有古先生，即予是也。顯王八年庚申，秦孝公時，老君東還，又與尹眞人等遊於上虞赤城、蒙山，重過榑桑大帝之所校集羣仙。已而隱於洛中景室山，時有黃髮老叟五人，或乘鶴，或衣羽，握青筇之杖，相與共談天地之數，世無知者。老君著述經書垂十萬言，傍有二神人，捧金壺盛墨，狀若淳漆，以寫之。其墨寫木石，皆成篆籀之文。赧王九年乙卯，老君與尹眞人諸仙遊女几、地肺、天柱諸山。復西出散關，渡流沙，昇崑崙，還紫微上宮，返乎太玄之鄉。秦昭王聞之，恨不及見，乃於西麓下老君所經由處爲修城邑，以表聖迹。今有老停驛尹喜城，故墟尙存焉。

張楷

傳記

李昉《太平廣記》卷四《神仙四・張楷》 張楷字公超，有道術，居華山谷中，能爲五里霧，有玉訣金匱之學，坐在立亡之道。人學其術者，塡門如市，故云霧市。今華山有張超谷焉。出仙傳拾遺

周隱遥

傳記

李昉《太平廣記》卷六《神仙六・周隱遥》 周隱遥，洞庭山道士，自云甪里先生之孫，山上有其祖甪里廟甪里村。言其數世得道，嘗居焦山中，學太陰鍊形之道，死於崖窟中。囑其弟子曰：檢視我屍，勿令他物所犯。六年後，若再生，當以衣裳衣我。弟子視之，初則臭穢蟲壞，唯五臟不變。依言閉護之。至六年往看，乃身全却生。弟子備湯沐，以新衣衣之。髮鬒而黑，髭鬣而直，若獸鬣焉。十六年又死如前，更七年復生。如此三度，已四十年餘，近八十歲，狀貌如三十許人。隋煬帝聞之，徵至東都，頒賜豐厚，恩禮隆異。而懇乞歸山，尋還本郡。貞觀中，召至長安，於內殿安置，問修習之道。對曰：臣所修者，匹夫之志，功不及物，利唯一身。帝王修道，一言之利，萬國蒙福。得道之效，速於人臣。區區所學，非九重萬乘之所修也。懇求歸山，尋亦遂其所適。出仙傳拾遺

劉商

傳記

李昉《太平廣記》卷六《神仙六・劉商》 劉商者，中山靖王之後。舉孝廉，歷官合淝令，而篤好無爲清簡之道。方術服鍊之門，五金八石，所難致者，必力而求之。人有方疏，未合鍊施效者，必資其藥石，給其鑪鼎，助使成之，未嘗有所覬覦也。因泛舟苕霅間，遂卜居武康上強山下。有樵童藥叟，雖常草木之藥，詣門而售者，亦答以善價。一旦，樵夫賫樵，有朮一把，商亦厚價致之。其庭廡之下，籬落之間，草木諸藥，已堆積矣。忽閑步杖策，逍遙田畝蹊隧之傍，聊自怡適，聞藂林間，有人相與言曰：中山劉商，今日已賜眞朮矣。蓋陰功篤好之所感乎。窺林中，杳無人跡。奔歸取朮，修而服之。月餘，齒髮益盛，貌如嬰童，舉步輕速，可及馳馬，登涉雲巖，無復困憊。又月餘，坐知四方之事，驗若符契，乃入上彊洞中。咸通初，有酒家以樵叟稍異，盡禮接之。累月復一至。因謂酒家曰：我山中劉商也，夙攻水墨，願留一圖，以酬見待之厚。使備繒素，而約以再來。一日果至酒家，援毫運思，頃刻而千山萬水，非世工之所及。將去，謂酒家曰：我祖淮南王，今爲九海總司，居列眞之任。授我以

南溟都水之秩，旬日遠別，不復來矣。如是十許日，天色晴霽，香風瑞雲，彌布山谷。樵者見空中騎乘，飛舉南去。出仙傳拾遺

伯山甫

傳記

葛洪《神仙傳》卷三《伯山甫》 雍州人也。在華山中精思服餌，時時歸鄉里省親。如此二百餘年不老。每入人家，即知人家先世已來善惡功過，有如臨見。又知未來吉凶，言無不效。見其外生女年老多病，將藥與之。女服藥時年七十，稍稍還少，色如桃花。漢遣使者經見，西河城東有一女子笞一老翁，其老翁頭髮皓白，長跪而受杖。使者怪而問之，女子曰：此是妾兒。昔妾舅氏伯山甫，以神方教妾，妾教使服之，不肯。而致今日衰老，不及於妾。妾恚怒，故與之杖耳。使者問女及兒今各年幾。女子答云：妾年二百三十歲矣，兒今年七十。此女後入華山，得仙而去。

李常在

傳記

李昉《太平廣記》卷一二《神仙一二・李常在》 李常在者，蜀郡人也。少治道術，百姓累世奉事。計其年，已四五百歲而不老，常如五十許人。治病，困者三日，微者一日愈。在家有二男一女，皆已嫁娶，乃去。去時從其弟子曾家孔家，各請一小兒，年皆十七八。家亦不知常在欲何去，即遣送之。常在以青竹杖度二兒。遣歸置其家所卧之處，徑還，勿與家人語。二子承教，以杖歸家。家人了不見兒去，後乃各見死在牀上。二家哀泣，殯埋之。百餘日，弟子從郫縣逢常在，將此二兒俱行。二兒與弟子泣語良久，各附書到。二家發棺視之，唯青竹杖耳，乃知非死。後三十餘年，居地肺山，更娶婦。常在先婦兒乃往尋求之。未至十日，常在謂後妻曰：吾兒欲來見尋，吾當去，可將金餅與之。及至，求父所在，婦以金與之。兒曰：父捨我去數十年，日夜思戀，聞父在此，故自遠來覲省，不求財也。乃止，三十日父不還。兒乃欺其母曰：父不還，我去矣。至外，藏於草間。常在還語婦曰：此兒詐言如是，當還。汝語之，汝長不復須我，我在法不復與汝相見，乃去。少頃兒果來，母語之如此。兒自知不復見其父，乃泣涕而去。後七十餘年，常在忽去。弟子見在虎壽山下居，復娶妻，有父子。世世見之如故。故號之曰常在。出神仙傳

蘇仙公

傳記

李昉《太平廣記》卷一三《神仙一三・蘇仙公》 桂陽人也，漢文帝時得道。先生早喪所怙，鄉中以仁孝聞。宅在郡城東北，出入往來，不避燥濕。至於食物，不憚精粗。先生家貧，常自牧牛。與里中小兒，更日爲牛郎。先生牧之，牛則徘徊側近，不驅自歸。餘小兒牧牛，牛則四散，跨岡越嶮。諸兒問曰：爾何術也。先生曰：非汝輩所知。常乘一鹿。先生常與母共食。母曰：食無鮓，他日可往市買也。先生於是以筯插飯中，攜錢而去。斯須即以鮓至。母食去畢。母曰：何處買來。對曰：便縣市也。母曰：便縣去此百二十里，道途徑嶮，往來遽至，汝欺我也。欲杖之。先生跪曰：買鮓之時，見舅在市，與我語云：明日來此。請待舅至，以驗虛實。母遂寬之。明曉，舅果到，云昨見先生便縣市買鮓。母即驚駭，方知其神異。先生曾持一竹杖，時人謂曰：蘇生竹杖，固是龍也。數歲之後，先生灑掃門庭，修飾牆宇。友人曰：有何邀迎。答曰：仙侶當降。俄頃之間，乃見天西北隅，紫雲氤氳，有數十白鶴，飛翔其中，翩翩然降於蘇氏

之門，皆化爲少年。儀形端美，如十八九歲人，怡然輕舉。先生斂容逢迎，乃跪白母曰：某受命當仙，被召有期，儀衛已至，當違色養。即便拜辭。母子歔欷。母曰：汝去之後，使我如何存活。先生曰：明年天下疾疫，庭中井水，簷邊橘樹，可以代養。井水一升，橘葉一枚，可療一人。兼封一櫃留之。有所闕乏，可以扣櫃言之，所須當至，慎勿開也。言畢即出門。踟躕顧望。聳身入雲。紫雲捧足，羣鶴翱翔，遂昇雲漢而去。來年，果有疾疫。遠近悉求母療之，皆以水及橘葉，無不愈者。有所闕乏，即扣櫃，所須即至。三年之後，母心疑，因即開之。見雙白鶴飛去。自後扣之，無復有應。母年百餘歲，一旦無疾而終。鄉人共葬之，如世人之禮。葬後，忽見州東北牛脾山，紫雲蓋上，有號哭之聲。咸知蘇君之神也。郡守鄉人，皆就山弔慰。但聞哭聲，不見其形。郡守鄉人，苦請相見。空中答曰：出俗日久，形貌殊凡。若當露見，誠恐驚怪。固請不已。即出半面，示一手，皆有細毛。異常人也。因請郡守鄉人曰：遠勞見慰，途徑險阻，可從直路而還，不須迴顧。言畢，即見橋亘嶺傍，直至郡城。行次，有一官吏輒迴顧，遂失橋所，墮落江濱，乃見一赤龍於腳下，宛轉而去。先生哭處，有桂竹兩枝，無風自掃，其地恆淨。三年之後，無復哭聲。因見白馬常在嶺上，遂改牛脾山爲白馬嶺。自後有白鶴來止郡城東北樓上。人或挾彈彈之，鶴以爪攫樓板，似漆書云：城郭是，人民非。三百甲子一來歸，吾是蘇君彈何爲。至今修道之人，每至甲子日，焚香禮於仙公之故第也。出神仙傳

又一說云：蘇耽者，桂陽人也。少以至孝著稱，母食欲得魚羹。耽出湖州市買，去家一千四百里，俄頃便返。耽叔父爲州吏，於市見耽，因書還家，家人大驚。耽後白母：耽受命應仙，方違遠供養。以兩盤留家中，若須食，扣小盤。欲得錢帛，扣大盤。是所須皆立至。鄉里共怪其如此，白官。遣吏檢盤無物，而耽母用之如神。先是。耽初去時云：今年大疫，死者略半。家中井水，飲之無恙。果如所言。闔門元吉。母年百餘歲終。聞山上有人哭聲，服除乃止。百姓爲之立祠。出洞神傳

成仙公

傳記

李昉《太平廣記》卷一三《神仙一三・成仙公》　諱武丁，桂陽臨武烏里人也。後漢時年十三，身長七尺，爲縣小吏。有異姿，少言大度，不附人，人謂之癡。少有經學，不授於師，但有自然之性。時先被使京，還過長沙郡，投郵舍不及，遂宿於野樹下。忽聞樹上人語云：向長沙市藥。平旦視之，乃二白鶴。仙公異之，遂往市。見二人罩白傘，相從而行。先生遂呼之設食。食訖便去，曾不顧謝。先生乃隨之行數里，二人顧見先生，語曰：子有何求而隨不止。先生曰：僕少出陋賤，聞君有濟生之術，是以侍從耳。二人相向而笑。遂出玉函，看素書，果有武丁姓名。於是與藥二丸，令服之。二人語先生曰：君當得地仙。遂令還家，明照萬物。獸聲鳥鳴，悉能解之。先生到家後，縣使送餉府君。府君周昕，有知人之鑒。見先生，呼曰：汝何姓名也。對曰：姓成名武丁，縣司小吏。府君異之，乃留在左右。久之，署爲文學主簿。嘗與衆共坐，聞羣雀鳴而笑之。衆問其故。答曰：市東車翻覆米，羣雀相呼往食。遣視之，信然也。時郡中寮吏豪族，皆怪不應引寒小之人，以亂職位。府君曰：此非卿輩所知也。經旬日，乃與先生居閣直。至年初元會之日，三百餘人，令先生行酒。酒巡徧訖，先生忽以盃酒向東南噀之，衆客愕然怪之。府君曰：必有所以。因問其故。先生曰：臨武縣火，以此救之。衆客皆笑。明日司儀上事，稱武丁不敬。即遣使往臨武縣驗之。縣人張濟上書，稱元日慶集飲酒，晡時火忽延燒廳事，從西北起。時天氣清澄，南風極烈，見陣雲自西北直聳而上，徑止縣。大雨，火即滅。雨中皆有酒氣。衆疑異之，乃知先生蓋非凡人也。後府君令先生出郡城西，立宅居止。只有母一小弟及兩小兒。比及二年，先生告病。四宿而殞。府君自臨殯之。經兩日，猶未成服。先生友人從臨武來，於武昌岡上，逢先生乘白騾西行。友人問曰：日

將暮，何所之也。答曰：暫往迷溪，斯須却返，我去。向來忘大刀在戶側，履在鷄棲上，可過語家人收之。友人至其家，聞哭聲。大驚曰：吾向來於武昌岡逢先生共語，云暫至迷溪，斯須當返，令過語家人，收刀幷履。何得爾乎。其家人云：刀履並入棺中，那應在外。即以此事往啓府君。府君遂令發棺視之，不復見尸。棺中唯一青竹杖，長七尺許。方知先生託形仙去。時人謂先生乘騾於武昌岡，乃改爲騾岡。在郡西十里也。出神仙傳

天真皇人

傳記

趙道一《歷世真仙體道通鑑》卷四《天真皇人》 不知其得道之始，然是前劫修眞極道之人也。身長九尺，玄毛被體，皆長尺餘。黃帝時在峨嵋絕陰之下，蒼玉爲屋，黃金爲座，張華羅幡，然百和香。侍者仙童玉女，座賓三人，皆稱泰淸仙王。黃帝再拜問道，授以五牙三一之文，又在峨嵋山以《太上靈寶度人經》授黃帝，又授帝嚳於牧德之臺。一云蜀岷山江北有慈母山，天眞皇人修煉之所。山有龍池，池中有金銀銅鐵魚，各從其色，得食者味同乾薑，服之可以長生，謂之肉芝。龍池一在山中，一在空中，澄潔如鏡，纖芥不汙。或乾條槁葉飛墮其上，即有五色凡鶩銜去。

白石生

傳記

葛洪《神仙傳》卷一《白石生》 中黃丈人弟子也。至彭祖之時，已年二千餘歲矣。不肯修昇仙之道。但取於不死而已，不失人間之樂。其所據行者，正以交接之道爲主，而金液之藥爲上也。初患家貧身賤，不能得藥，乃養豬牧羊，十數年，約衣節用，致貨萬金，乃買藥服之。常煮白石爲糧，因就白石山居，時人號曰白石生。亦時食脯飲酒，亦時食穀，日能行三四百里，視之色如三十許人。性好朝拜存神，又好讀仙經及太素傳。彭祖問之，何以不服藥昇天乎。答曰：天上無復能樂於此間耶，但莫能使老死耳。天上多有至尊相奉事，更苦人間耳。故時人號白石生爲隱遁仙人，以其不汲汲於昇天爲仙官，而不求聞達故也。

王倪

傳記

趙道一《歷世真仙體道通鑑》卷四《王倪》 即老君弟子也。得道於羲、農之間。黃帝遇之，以傳道要。歷少昊、顓頊世，常遊人間。帝嚳以前爲齧缺師，行飛步之道。堯舜之時猶有見者，後一旦昇天。

洪崖先生

傳記

趙道一《歷世真仙體道通鑑》卷四《洪崖先生》 洪崖先生者，或曰黃帝之臣伶倫也，得道仙去，姓張氏。或曰帝堯時已三千歲矣。漢武帝時，有衛度世者入華山尋其父叔卿，叔卿在絕岩中與數人博戲於石上，問之爲誰，曰：洪崖先生、許由、巢父、大低公、飛黃子、王子晉、薛容也。東漢時班孟堅作《西京賦》云：洪崖立而指麾，紛羽毛之纖纚。是先

生爲衆仙之長久矣。陶弘景《眞誥》云：洪崖先生今爲青城洞眞，故青城山今亦有洪崖。郭景純《游仙詩》云：左挹浮丘袂，右拍洪崖肩。又云：姮娥揚妙音，洪崖頷下頤。蓋先生當此時與姮娥、浮丘之徒，學仙者尙皆可得而見也。洪崖山在豫章之西山，是先生隱焉。隋文帝開皇九年，改豫章郡爲洪州，以先生所居山名之。今洪井在伏龍山北岩，左右石崖，陡起峻絶，春夏飛湍奔注，洪洪如雷，入井則陡殺，餘流爲小谿，注鸞陂。有古壇臨井上，相傳爲先生煉丹處。歲旱禱焉，有赤蛇浮水面，雨爲立霔。井北一里許，於石磧上得五春臼，色渥如丹，各圓深二尺餘，相傳爲先生搗藥處。土人云：每歲端午日未明，或聞搗藥聲，樵夫往往遇其餘滓。井南二里許爲鸞岡，四周有水，即鸞陂是也。相傳鸞岡爲先生乘鸞所憩處，岡側舊有鸞山觀，司馬天師《五嶽朝儀》云：青城山洞周回二千里，昔洪崖先生服琅玕之花而隱，代爲青城眞人。

展上公

傳記

趙道一《歷世真仙體道通鑑》卷四《展上公》　展上公者，高辛時仙人也。學道於伏龍，地乃值李彌滿。上公得道，今爲九宮内右司保。常向諸仙人云：昔在華陽下食白李美，憶之未久，忽已三千歲矣。郭四朝後於其處種五果，又此地可種柰，所謂福鄉之柰，可以除災癘。《玉匱記》云：銜珠山俗呼獨女山也，仙人展上公昇天後，云昔在華陽下食白李，倏忽三千年矣。有碧柰，茅君監植，白李溪在小茅山北。《眞誥》注云：諸歷檢課謂堯元年戊戌至齊之己卯歲，二千八百三年。高辛即堯父，説此語時又應在晉世，而已云三千年，即是堯至今不啻二千八百年。外曆容或不定，如此丁亥之數不將已過乎。考《汲塚紀年》，正二千六百四十三年，彌復大懸也。

何侯

傳記

趙道一《歷世真仙體道通鑑》卷四《何侯》　何侯者，堯時隱蒼梧山，慕長生，三百餘口耕耘。舜南狩，止何侯家，天帝五老來謂舜曰：昇舉有期。翌日，五帝下迎舜白日昇天。至夏禹時，五帝以藥一器與何侯，使投酒中，一家三百餘口飲不竭，以餘酒灑屋宇，拔宅上昇天，位爲太極仙人。今嶷山有何侯廟，在舜廟側。

文子 辛鈃

傳記

趙道一《歷世真仙體道通鑑》卷四《文子》　姓辛名鈃，一名計然，葵丘濮土人。其先晉公子也，學道於老君。周（一本作楚）平王問於文子曰：聞子得道於老聃，今賢人雖有道，而遭淫亂之世，以一人之權而欲化久亂之民，其庸能乎？文子對曰：道德匡邪以爲正，振亂以爲治，化淫敗以爲樸淳，使德復生，天下安寧，要在一人。故積德成王，積怨成亡。堯舜以是昌，桀紂以是亡。平王用其言而天下治。後南遊吳越，范蠡師之。越欲伐吳，范蠡諫曰：臣聞之師曰：兵，凶器；戰，逆德；爭者，事之末也。陰謀逆德，好用凶器，試身於所末，不可。勾踐不聽，敗於夫椒。後位以上大夫，弗就，隱吳興餘英禺山，相傳以爲登雲而昇。按《寰宇記》、《吳興志》俱載：餘英東南三十里有計籌山，越大夫計然嘗登此山籌度地形，因名焉。今山陽白石頂通玄觀，乃故隱處也。其紫雲關、昇元觀，即古常清觀，宋孝宗乾道間改賜今額，山之半有曰登雲石者在。唐明皇追號爲通玄眞人，其著書號《通玄眞經》。

辛鈃見文子

亢倉子庚桑楚

傳記

趙道一《歷世真仙體道通鑑》卷四《亢倉子》　亢倉子者，姓庚桑，名楚，陳人也。得老君之道，能以耳視而目聽。叔孫告魯君，聞之大驚，使上卿厚禮以致之。亢倉子至，魯君卑辭請問，亢倉子曰：傳之者妄也，我能視聽不用耳目，而不能易耳目之用。魯君曰：增異矣，其道奈何？亢倉子曰：體合於心，心合於氣，氣合於無，其有介然之有，唯然之音，雖遠在八荒之外，近在眉睫之間，我必知之。乃不知我七孔四肢之所覺，心腹六府之所知，其自知而已矣。魯君大說。一云居畏壘之山，其臣之畫然知者去之，其妾之絜然仁者遠之。擁腫之與居，鞅掌之爲使。居六年。畏壘大穰。後遊吳興，隱毗陵盂峰道成仙去。後有漢張道陵，唐張果老相繼隱脩，因號張公壇福地。古建洞靈觀，宋改大甲萬壽宮。

庚桑楚見亢倉子

浮丘公

傳記

趙道一《歷世真仙體道通鑑》卷四《浮丘公》　李浮丘伯世號浮丘公，居嵩山脩道，白日飛昇。嘗作《原道歌》云：虎伏龍亦藏，龍藏先伏虎。但畢河車功，不用隄防拒。諸子學飛仙，狂迷不得住。左右得君臣，四物相念護。乾坤法象成，自有眞人顧。又以《相鶴經》授王子晉，崔文子學道於子晉，得其文，藏嵩山石室。淮南公採藥得之，遂傳於世。《相鶴經》云：鶴者陽鳥也，而遊於陰。因金氣，乘火精，以自養。金數九，火數七，故七年小變，十六年大變，百六十年變止，千六百年形體尙潔，故其色白，聲聞於天。故頭赤，食於水；故喙長，軒於前；故後指短，棲於陸；故足高而尾凋，翔於雲；故毛豐而肉疏，大喉以吐。故脩頸以納新，故天壽不可量。所以體無青黃二色者，木土之氣內養故不表於外，是以行必依洲渚，止必集林木，蓋羽族之宗長，仙人之騏驥也。鶴之上相，瘦頭朱頂，露眼黑睛，高鼻短喙，鯀頰骶耳長頸，竦身鸞膺，鳳翼雀毛，龜背鼈腹，軒前垂後，高頸初節，洪髀纖指，此相之備者也。鳴則聞于天，飛則一舉千里。鶴二年落子毛，易黑點，三年產伏。復七年羽翮具，復七年飛薄雲漢，復七年舞應節，復七年晝夜十二時鳴中律。復七年不食生物，大毛落，茸毛生，乃潔白如雪，或純黑，泥水不能汙。復百六十年，雌雄相視而孕。一千六百年，飲而不食，胎化產鸞鳳，同爲羣。聖人在位，則與鳳凰翔于甸。今湖北澧州有獨浮山，《圖經》云：昔浮丘子修眞於此山。今有石室存焉。

沈羲

傳記

葛洪《神仙傳》卷三《沈羲》 沈羲者，吳郡人也。學道於蜀中，但能消災治病，救濟百姓，而不知服食藥物。功德感於天，天神識之。羲與妻賈氏共載，詣子婦卓孔寧家。道次忽逢白鹿車一乘，青龍車一乘，白虎車一乘，從數十騎，皆是朱衣仗節，方飾帶劍，輝赫滿道。問羲曰：君見沈道士乎。羲愕然曰：不知何人耶。又曰：沈羲。答曰：是某也，何爲問之。騎吏曰：羲有功於民，心不忘道，從少已來，履行無過，壽命不長，算祿將盡。黄老愍之，今遣仙官來下迎之。侍郎薄延者，白鹿車是也。度世君司馬生者，青龍車是也。迓迎使者徐福者，白虎車是也。須臾。忽有三仙人在前，羽衣持節，以白玉版青玉介丹玉字授與羲。羲跪受，未能讀。云拜羲爲碧落侍郎，主吳越生死之籍。遂載羲昇天。時道間鋤耘人皆共見之，不知何等，須臾大霧，霧解失其所在，但見羲所乘車牛入田食苗。或有識是羲牛者，以語其家弟子。數百人恐是邪魅將羲藏於山谷間，乃分布於百里之内求之，不得。而後四百餘年，忽來還鄉。推求得其數世孫，名懷喜。懷喜告曰：聞先人相傳，説家祖有仙人，今仙人果歸也。留數十日。羲因話初上天時，不得見天尊，但見老君東向坐。有左右勅羲不得謝，但默坐而已。見宫殿鬱鬱，有如雲氣，五色玄黄，不可名字。侍者數百人，多女子及少男。庭中有珠玉之樹，蒙茸叢生，龍虎辟邪，遊戲其間。但聞琅琅有如銅鐵之聲，不知何物。四壁熠熠，有符書著之。老君形體略高一丈，披髮垂衣，頂項有光。須臾數髮，有玉女持金盤玉盃，盛藥賜羲曰：此是神丹，服之者不死矣。妻各得一刀圭，告言飲畢而謝之。服藥後，賜棗二枚，大如雞子，脯五寸，遣羲去曰：汝還人間，救治百姓之疾病者。君欲來上天，書此符，懸於竿杪，吾當迎汝。乃以一符及仙方一首賜羲。羲奄忽如睡，已在地上，後人多得其方術者也。

成連先生

傳記

趙道一《歷世真仙體道通鑑》卷四《成連先生》 伯牙學琴於成連先生，乃與遊蓬萊山。留伯牙曰：君習之，我將迎。師刺船而去，伯牙凝望，但見海水澒洞，山林冥杳，鳥獸悲號，歎曰：吾師將移我情。乃援琴而歌，曲終，成連至，遂爲天妙操。成連乃仙也。

武夷君

傳記

趙道一《歷世真仙體道通鑑》卷四《武夷君》 武夷山有神人，自稱武夷君，曰：吾居此山，因而爲名焉。又云，混沌初開，有神曰聖姥，母子二人居占此山，秦時人號爲聖姥，衆仙立爲大姥聖母，今人祝廟呼大元夫人是也。又云，天臺山元靈老君、華眞仙師，遣第七仙子名屬仁，乘雲駕鶴，遊歷此山，安排地仙，今人號爲控鶴仙人是也。或云昔有魏王名子騫，在同州立王城，對大王石東去十里，今即城基尚在。此人是墜地仙人，後於此山得道。又云，昔有張湛、孫綽、趙元奇、彭令昭、劉景、顧思遠、白石先生、馬鳴先生，并胡氏、李氏、魚氏、王氏女子四人，通成十二人，同詣此山求道，偕至謁魏王，爲地主。會天亢旱，魏王寘酒酺祭仙祈雨，時控鶴仙人乘雲鶴白馬，從空中而下，遂霈雨澤。張湛等因獲見。時張湛獻仙人詩一絶云：武夷山下武夷君，白馬垂鞭入紫雲。空裏只聞三奠酒，龍潭陂上雨雰雰。仙人得詩甚喜，又見張湛等骨氣不常，訪道精確，意其各有仙分，乃遣何鳳兒往天台山取仙籍一卷，到山檢視，其謫下凡間爲庶類，合居此山八百年，後方得道換骨，歸天仙人。既見仙籍各有姓名，乃安排魏王而下一十三人同居此山，各賜胡麻一合，湯藥半合。遂令魏王開筵置酒，張湛遣元亨打羯鼓，彭令昭吹横笛，顧思遠立色，李三娘彈琵琶，歡宴而罷，羣仙會散。仙人語云：魏王公等，至八百年後可斫取黄心木爲棺，於此岩中玄化，魂魄便得歸天。至期果然玄化，乃於小藏岩中安排長梃材櫬一十三具，插木甎於岩中，挂其靈骨，迄今在焉。又云，秦始皇二年八月十五日，武夷君置肴酒，會鄉人幔亭峰上。初，男女千餘人，齋戒如期而往，乃見虹梁跨溪，制度精巧，飛梯回級，傍設闌中。體輕心喜，不覺其倦。至山頂，在幔亭彩屋，玲瓏掩映，前後可數百間。夾幔亭立八彩幢八枚，銀龍銜玉蘊幡，金鳳翠毛。其幔亭可坐千餘人，設東西地席，各有長座，如今之僧尼位。施緑油紅卷花，食卓，自北競南，無接續其幔亭。北壁當中設一虚牀，謂之太極玉皇座。北壁西厦設一虚牀，謂之太姥魏眞座。北壁東設一虚牀，謂之武夷君座。悉施紅雲茵、紫霞褥各一，銅盂貯花水。初，鄉人至幔亭峰，衙門外聞擊鼓聲，少頃空中有告云，悉呼鄉人爲曾孫。乃曰：汝等男孫先入東序而進，女孫後入西序而進。既而聞讚告曰：有太極玉皇大帝降臨山藪，曾孫可拜謝。又曰：太姥魏眞人，曾孫可拜。又聞嘘咳之聲，乃武夷君焉，高聲而言曰：汝等曾孫，若男若女，皆平安好。男孫東座，女孫西座。中亭有青綾帳幄，各設一牀，陳諸樂具。又聞讚告曰：命鼓師張安陵打引鼓，趙元奇拍副鼓，劉小禽坎鈴鼓，曾少重擺䥫鼓，喬知滿振嘈鼓，高子春持短鼓，管師鮑公希吹横笛，板頭何鳳兒撫等散，如此處東幄，奏停雲左仙之曲。命弦師董嬌娘彈箜篌，謝英妃撫長琴，呂荷香戛圓琵琶。管師其次姑噪，篳篥秀淡鳴洞簫，朱小娥運笙，金師羅妙容打銅鈸，如此處西幄，奏賓雲右仙之曲。見樂具空間横豎，自響精妙。命及行酒，須臾酒至，無謝禮，酒味甘香而醇酒醴，百味珍奇，並皆殊越。又命行酒，乃令歌師彭令昭唱人間可哀之曲，辭曰：天上人間兮會合稀疏，日落西山兮夕鳥歸飛，百年一餉兮志與願違，天宮咫尺兮恨不相隨。歌罷，忽彩雲四合，環佩人馬之音竟空而至。又聞讚告云：玉靈太姥與大姥與曾孫别，再拜。又云：汝等宜速下此山間，久即有蛇螭虎豹之伍，不可遭逢。乃下山，俄而風雨暴至，各回顧山頂，無復一物。鄉人相喚曰：我等凡賤，得與仙尊共宴。後致祠其山，號曰同山云爾。侍郎劉夔序云：山在建寧北二百里外，崇安縣南三十里。按《茅君内傳》云：仙家有三十六洞天，武夷山乃第十六洞，昇眞玄化之天。

若士

傳記

葛洪《神仙傳》卷一《若士》　若士者，古之神仙也，莫知其姓名。燕人盧敖，秦時遊于北海，經于太陰，入于玄闕，至于蒙谷之山，而見若士焉。其爲人也，深目而玄準，鳶肩而脩頸，豐上而殺下，欣欣然方迎風軒輊而舞。顧見盧敖，因遁逃于碑下。盧敖仰而視之，方踡龜殼而食蟹蛤。盧敖乃與之語曰：惟以敖爲背羣離黨，窮觀六合之外，幼而好遊，長而不渝，周行四極，推此陰之未闚。今卒睹夫子于此，殆可與敖爲友乎。若士儼然而笑曰：嘻，子中州之民，不宜遠而至此，猶光乎日月，而載乎列星，比夫不名之地猶突奥也。我昔南遊乎洞瀰之野，北息乎沈默之鄉，西窮乎窈冥之室，東貫乎澒洞之光。其下無地，其上無天。視焉無見，聽焉無聞。其外猶有汰汰之汜，其行一舉而千萬里，吾猶未之能也。今子遊始至于此，乃云窮觀。豈不陋哉。然子處矣，吾與汗漫期於九垓之上，不可以久住，乃舉臂竦身，遂入雲中。盧敖仰而視之，弗見乃止。愴恨若有喪者也，曰：吾比夫子也，猶鴻鵠之與壤蟲也。終日而行，不離咫尺，自以爲遠，不亦謬也。悲哉。

雜録

趙道一《歷世真仙體道通鑑》卷四《若士》　臣道一曰：盧敖遊乎北

海而見若士，語及窮觀，是誠陋矣。惟若士遊乎六合之外，無止極之處，而猶未能盡其妙。後世固有不盧敖之若，有得一法，得一術，而自以爲大道虛無，不過如此，能不淺哉。《道德經》曰：視之不見名曰夷，聽之不聞名曰希，搏之不得名曰微。此三者，不可致詰，故渾而爲一。其上不皦，其下不昧。繩繩不可名，復歸於無物。是謂無狀之狀，無象之象，是謂恍惚。若士其庶幾於道乎。

沈文泰

傳記

葛洪《神仙傳》卷一《沈文泰》 沈文泰者，九疑人也。得江衆神丹土符還年之道，服之有效。欲於崑崙安息二千餘年，以傳李文淵曰：土符不法服藥，行道無益也。文淵遂授其祕要，後亦昇天。今以竹根汁煮丹黃土，去三尸，出此二人也。

董謁

傳記

趙道一《歷世真仙體道通鑑》卷四《董謁》 董謁，字仲玄，武都郁邑人。少好學，常遊山澤，負挾圖書，患其繁重，家拾樹葉以代書簡，言其易卷也。嘗爲人傭牧，或採薪貨之。見野地有書，皆鬼神所化，更本寫之以爲卷帙。縱誕不仕，遊於屠肆。或乞犬羊皮爲衣，所居不過容膝，編荆爲牀，聚鳥獸毛而寢，夏則露宿草石之上。年一百九十歲，鬢髮如童子。出隱無常，或乘牛驢，或躡履屧。家去長安三百里，不日能至。常息人家以題掌，還家以片籜寫之，則紙掌之字，少來勤苦，舌爲之黑，掌爲之爛。世人謂仲玄掌錄而舌學。常疾世人囂煩，著依其之說數萬言，以周孔之徒惑蕩末世，屈曲爲禮樂，令後人多以此自失。夫人稟五常之氣爲萬物之秀，自然知禮樂，何勞之教以裁情者乎。伏羲軒轅唐堯夏禹殷湯爲上聖，周孔爲通人，何以言之？伏羲取鳥獸以充庖，後知腥羶之變。黃帝教人乘舟，後有廬室之居。唐堯夏禹殷湯三聖，或能治水禳旱，爲人除害。至周孔強拘人以禮，亂人以樂。樂極則彌哀，禮逸則臻亂，皆非治國之大統。漢武帝聞其不拘於俗，乃徵至西京，與帝言皆協會精理。後莫知所在。

李充

傳記

趙道一《歷世真仙體道通鑑》卷四《李充》 李充，馮翊人，自言三百歲，從秦始皇發會稽，望江海。少好學，爲博士，門徒萬人。伏生時年十歲，乃就充石壁中受《尚書》，以口傳授伏子，四代之事，略無遺脫。伏子因而誦之，常以繩十餘尋縛腰，誦一遍一結，十尋之繩皆繩結矣，誦記之數萬遍。但云食穀損人精慧，故有遺失。伏子今所傳，百卷得其一矣，堯舜二典闕弘多。充在漢世，常餌菊朮，人問先生何以不語，至經旬日曰：世間無可食，亦無可語者。精神往來，採雲膏霞液，身中惟心在爾，豈能言乎，正恐煩神使舌爾。帝聞神異，乃聘徵。充衣荷草畚，負《五嶽眞形圖》而至，帝禮待之，亦號負圖先生。

孟岐

傳記

趙道一《歷世真仙體道通鑑》卷四《孟岐》 孟岐，清河逸人也。尋師不避險阻，年七百歲，記及周初時事了了如目前。或云：見周公旦抱成王以朝於周廟，岐時侍周公陞壇。公上，岐以手摩成王足，周公以王笏遺岐。岐常寶執，每以衣袂拂拭笏，笏今鋭欲折耳。嘗餌桂葉，在華陰山下拾藥。聞帝好仙，披草萊而出。

郭瓊

傳記

趙道一《歷世真仙體道通鑑》卷四《郭瓊》 郭瓊，東方郡人也。其形貌醜劣，而意度過人。扶杖遊行。每寄宿人家，輒乞薪自照，讀書不眠。主人有笥中祕書讖緯，緘縢甚密。而瓊已闇知，悉覽，莫不服其神異。聞瓊寄宿，則閉戶塞門，有不得之書悉焚之，乃開門進瓊，人恐知其陰謀。瓊常袖中出一把筭子，散置膝前，測人家隱事皆知。或晝卧不閉目，行地無蹤，袒裼如狂。漢武帝尚其異之。

黃安

傳記

趙道一《歷世真仙體道通鑑》卷四《黃安》 黃安，代郡人。自云卑陬不敢處人間，執鞭推判，誦書畫地以計舌數。一夕地成池，明復移處，亦然也。時人謂之舌耕。可八十餘，視若童子。常服朱砂，舉身皆赤，不著衣。坐一神龜，廣三尺。時人問：子坐龜幾年？曰：昔伏羲氏始造網罟，有此龜以授吾，背已平。此龜畏日月之光，三千歲一出頭，我得此龜來已五過出頭矣。行則負龜習而趨，世人謂安年萬歲。漢武帝聞有異跡，乃進與論虛無神仙之事，帝往屈焉。及封泰山，詔董謁、李充、孟岐、郭瓊、黃安五人同輦，謂之五仙臣。帝崩後，即去，不知所之。

皇初平

傳記

葛洪《神仙傳》卷二《皇初平》 皇初平者，丹谿人也。年十五而家使牧羊，有道士見其良謹，使將至金華山石室中，四十餘年忽然不復念家。其兄初起，入山索初平，歷年不能得見。後在市中，有道士善卜，乃問之曰：吾有弟名初平，因令牧羊失之，今四十餘年，不知死生所在，願道君爲占之。道士曰：金華山中有一牧羊兒，姓皇名初平，是卿弟非耶。初起聞之驚喜，即隨道士去尋求。果得相見，兄弟悲喜。因問弟曰：羊皆何在，初平曰：羊近在山東。初起往視，了不見羊，但見白石無數。還謂初平曰：山東無羊也。初平曰：羊在耳，但兄自不見之。初平便乃俱往看之，乃叱曰：羊起。於是白石皆變爲羊數萬頭。初起曰：弟獨得神通如此，吾可學否？初平曰：唯好道，便得耳。初起便棄妻子，留就初平，共服松脂、茯苓，至五千日，能坐在立亡，行於日中無影，而有童子之色。後乃俱還鄉里，諸親死亡略盡，乃復還去。臨去以方授南伯逢，易姓爲赤初平，改字爲赤松子。初起改字爲魯班，其後傳服此藥而得仙者，數十人焉。

趙道一《歷世真仙體道通鑑》卷五《皇初平》 金華山今屬婺州，見有石羊存焉，一云茶陵雲陽山，黄初平號赤松子，治南嶽之陽，即此地有松高萬丈。

沈建

傳記

葛洪《神仙傳》卷二《沈建》 沈建者，丹陽人也。世爲長史，而建獨好道，不肯仕宦。學導引服食之術，遠年却老之法。又能治病，病無輕重，遇建則差，舉事之者千餘家。一日，建當遠行，留寄一奴一婢，並驢一頭，羊十口，各與藥一丸。語主人曰：但累舍居，不煩主人飲食也，便决去。主人怪之曰：此君所寄口有十三，不留寸資，當若之何。建去之後，主人飲啖奴婢，奴婢聞食皆吐逆。以草與驢羊，驢羊皆避而不食，便欲觝人。主人乃驚。後百餘日，奴婢面體光澤，轉勝於初時。驢羊悉肥如飼。建去三年乃還，又各以一丸藥與奴婢、驢羊，乃却飲食如故。建遂斷穀，不食能輕舉，飛行往還，如此三百餘年，乃絶迹，不知所之也。

華子期

傳記

葛洪《神仙傳》卷二《華子期》 華子期者，淮南人也。師祿里先生，受隱仙靈寶方。一曰伊洛飛龜秩，二曰伯禹正機，三曰平衡方。按合服之，日以還少。一日能行五百里，力舉千斤。一歲十二易其形，後乃仙去。

趙道一《歷世真仙體道通鑑》卷五《華子期》 所居名子期山，今屬建寧府。

王遠

傳記

葛洪《神仙傳》卷三《王遠》 王遠，字方平，東海人也。舉孝廉，除郎中，稍加至中散大夫。博學五經，尤明天文圖讖河洛之要，逆知天下盛衰之期。九州吉凶，觀諸掌握。後棄官入山修道。道成，漢孝桓帝聞之，連徵不出。使郡牧逼載，以詣京師，遠低頭閉口，不肯答詔，乃題宫門扇板四百餘字，皆説方來之事。帝惡之，使人削之，外字始去，内字復見，字墨皆徹入板裏。方平無復子孫，鄉里人累世相傳共事之。同郡故太尉公陳耽，爲方平架道室，旦夕朝拜之，但乞福消災，不從學道。方平在耽家四十餘年，耽家無疾病死喪，奴婢皆然，六畜繁息。田蠶萬倍，仕宦高遷。後語耽云：吾期運將盡，當去，不得復停，明日日中，當發也。至時，方平死。耽知其化去，不敢下著地。但悲涕歎息曰：先生捨我去耶，我將何如。具棺器燒香，就床上衣裝之。至三日三夜，忽失其尸，衣帶不解，如蛇蛻耳。方平去後百餘日，耽亦死。或謂耽得方平之道化去，或謂方平知耽將終，委之而去也。其後，方平欲東之括蒼山，過吴，往胥門蔡經家。經者，小民也，骨相當仙。方平知之，故往其家。遂語經曰：汝生命應得度世，故欲取汝以補仙官。然汝少不知道，今氣少肉多，不得上昇，當爲尸解耳。尸解一劇須臾。如從狗竇中過耳。告以要言，乃委經去。後經忽身體發熱如火，欲得水灌，舉家汲水以灌之，如沃燋石，似此三日中，消耗骨立，乃入室以被自覆，忽然失其所在，視其被中，惟有皮頭足具，如今蟬蛻也。去十餘年，忽然還家。去時已老，還更少壯，頭髮還黑。語其家云：七月七日，王君當來過。到其日，可多作數百斛飲食，以供從官，乃去。到期日，其家假借盆甕作飲食數百斛，羅列覆置庭中。其日方平果來，未至經家，則聞金鼓簫管人馬之聲。比近，皆驚，不知何所在。及至經家，舉家皆見方平，著遠遊冠，朱服虎頭鞶裳，五色綬帶劍，少鬚，黄色，長短中形人也。乘羽車駕五龍，龍各異色。麾節幡旗，前後導從，威儀奕奕如大將軍也。有十二玉壺，皆以臘蜜封其口。鼓吹皆乘麟，從天上下懸集，不從道行也。既至，從官皆隱，不知所在，惟見方平坐耳。須臾，引見經父母兄弟。因遣人召麻姑相問，亦莫知麻姑是何神也。言王方平敬報，久不在民間，今集在此，想姑能暫來語否，有頃信還。但聞其語，不見所使人也。答言：麻姑再拜，比不相見，忽已五百餘年，尊卑有序，脩敬無階思念。煩信承來，在彼登當傾倒，而先被記當案行蓬萊，今便暫往。如是當還，還便親覲。願未即去。如此兩時間，麻姑來。來時亦先聞人馬之聲。既至，從官當半於方平也。麻姑至，蔡經亦舉家見之，是好女子，年十八九許，於頂中作髻，餘髮散垂至腰。其衣有文章而非錦綺，光彩耀日，不可名字。皆世所無有也。入拜方平，方平爲之起立。坐定，召進行廚，皆金玉盃盤無限也。餚膳多是諸花果，而香氣達於內外。擘脯而行之，如松栢炙，云是麟脯也。麻姑自説：接待以來，已見東海三爲桑田。向到蓬萊，水又淺於往昔，會時略半也。豈將復還爲陵陸乎。方平笑曰：聖人皆言，海中行，復揚塵也。麻姑欲見蔡經母及婦姪。時經弟婦新産數十日，麻姑望見，乃知之曰：噫。且止。勿前。即求少許米至，得米，便以擲地，謂以米祛其穢也。視米皆成眞珠。方平笑曰：姑故少年也，吾老矣。不喜復作此曹輩狡獪變化也。方平語經家人曰：吾欲賜汝輩酒，此酒乃出天廚，其味醇釀，非俗人所宜飲。飲之或能爛腸，今當以水和之，汝輩勿怪也。乃以一升酒，合水一斗，攪之，以賜經家人。人飲一升許，皆醉。良久，酒盡。方平語左右曰：不足復還取也。以千錢與餘杭姥，相聞求其酤酒。須臾信還，得一油囊，酒五斗許。信傳餘杭姥答言：恐地上酒不中尊者飲耳。又麻姑手爪不如人爪形，皆似鳥爪。蔡經中心私言：若背大癢時，得此爪以爬背，當佳也。方平已知經心中所言。即使人牽經鞭之曰：麻姑神人也。汝何忽謂其爪可以爬背耶。便見鞭著經背，亦不見有人持鞭者。方平告經曰：吾鞭不可妄得也。經比舍有姓陳，失其名字，嘗罷尉。聞經家有神人，乃詣門扣頭求乞拜見。於是方平引前與語。此人便乞得驅使，比於蔡經。方平曰：君且起，可向日立。方平從後視之曰：噫。君心不正，影不端，終不可教以仙道也。當授君地上主者之職。臨去以一符並一傳著小箱中，以與陳尉。告言：此不能令君度世，止能令君竟本壽，壽自出百歲也，可以消災治病。病者命未終，及無罪犯者，以符到其家，便愈矣。若有邪鬼血食作禍者，帶此傳以勅社吏，當收送其鬼。君心中亦當知其輕重，臨時以意治之。陳尉以此符治病，有效事之者數百家，陳尉壽一百一十一歲而死。死後，其子孫行其符，不復效矣。方平去後，經家所作飲食數百斛，在庭中者悉盡，亦不見人飲食之也。經父母私問經曰：王君是何神人，復居何處。經答曰：常治崑崙山，往來羅浮山、括蒼山，此三山上，皆有宮殿。宮殿一如王宮，王君常任天曹事。一日之中，與天上相反覆者數遍。地上五嶽生死之事，悉關王君。王君出時，或不盡將百官，惟乘一黄麟，將士數十人侍。每行，常見山林在下，去地常數百丈，所到，山海之神皆來奉迎拜謁，或有千道者。後數年，經復暫歸家，方平有書與陳尉。眞書廓落，大而不工。先是無人知方平名遠者。起此，乃因陳尉書知之。其家於今，世世存録王君手書及其符傳於小箱中，祕之也。

雜録

趙道一《歷世真仙體道通鑑》卷五《王遠》　《忠州圖經》云：禹廟景德觀，前漢王方平得道之山舊名仙都宮，宋眞宗咸平元年賜太宗皇帝御書一百二十卷，景德元年賜今額。

蔡　經

傳　記

趙道一《歷世真仙體道通鑑》卷五《蔡經》　蔡經者，小民爾，而骨相當得仙。方平知之，故往其家，謂經曰：汝生命應得度世，故來取汝補官僚。然汝少不知道，今氣少肉多，不得上天去，當作尸解。須臾如從狗竇中過爾，告以要言，乃委經去。經後忽身體發熱如火，欲得水灌之，如沃焦狀。如此三日，中消耗骨盡，乃入室以被自覆。忽然失其所在，視其被中，有皮頭足具存，如蟬蛻也。去後十餘年忽還家，去時已老，還更少壯，頭髮皆黑。語家人曰：七月七日王君當來過，到其日可作數百斛飲以供從官。乃去，其家依其言，假借甕器作酒數百斛，羅列覆置庭間以候之。其日方平果來，未至經家，一時但聞金鼓簫管之聲。比近，皆驚，不知何等。及至，經舉家皆見之，方平著遠游之冠，朱衣，虎頭鞶囊，五色之綬帶劍，黃色少鬚，長短中人也。乘五蓋之車，駕五龍，龍各異色。前後麾節旛旗、導從威儀，如大將軍出也。有十二隊五百士，皆以蜜蠟封其口，鼓吹皆乘麟，從天上來下，懸集，不從人道行也。既至，從官皆不復知所在，惟見方平身坐。須臾引見經父兄，因遣人與麻姑相問，亦莫知麻姑是何神也。言：王方平敬報，久不行民間，今來在此，想姑能暫來語否？有頃信還，但聞其語，不見其所使人也。答言：麻姑再拜，但不相見，忽以五百餘年。尊卑有序，修敬無階，思念久煩，承來在彼，故當躬到。而先被詔，當按行蓬萊，今便暫往。如是當還，便宜親覲，願未即去爾。如此兩時間，麻姑來也，來時亦先聞人馬之聲。既至，從官半於方平也。麻姑至，蔡經亦舉家見之，是好女子，年可十八許。於頂中作髻，餘髮散垂之至腰。其衣有文章而非錦綺，光采曜日，不可得名字，皆世所無有也。入拜方平，方平爲起立。坐定，各進行廚，皆金盤玉杯，餚膳多是諸花，而香氣達於內外。擘脯而行之，如有柏炙，云是麟脯也。麻姑自說：接侍以來，已見東海三爲桑田。向到蓬萊，水乃淺於往昔，會將減半也，豈將復爲陵陸乎？方平笑曰：聖人皆言海中行，復揚塵也。麻姑欲見蔡經母及經婦，而經之婦新產數十日，麻姑望見乃知之，曰：噫，且止勿前。索少許米來，便以擲之，視米墮地，皆成丹砂。方平笑曰：麻姑故作少年戲也，吾老矣，不復喜作此狡獪變化也。方平語經家人曰：吾欲賜汝輩酒，此酒乃出天廚，其味醇醲，非俗人所宜，飲之或能爛人腸胃，今當以水添之，汝輩勿怪也。乃以水一斗，合酒一升攪之，以賜經家人。飲一斗許，皆醉。良久酒盡，方平語左右曰：不足，還復取也。以一貫錢與餘杭姥求沽酒，須臾信還，得一油囊，酒五斗許。傳餘杭姥答言：恐地上酒不中尊飲爾。又麻姑手爪不似人形，皆似鳥爪。蔡經心言：背痒時得此爪以爬背，當佳也。方平已知經心中所言，即使人牽經鞭之，曰：麻姑神人也，汝謂其爪可爬背，何也？但見鞭著經背，亦不見有人持鞭者。方平告經曰：吾之鞭可妄得也。經家比舍有姓陳者，失其名字，嘗罷尉，聞經家有神人，乃詣門叩頭，求乞拜見。於是方平引前與語，此人便乞得隨從驅使，比於蔡經。方平曰：君但起，向日立。方平從後視之，言：噫，君心針不正，不可教以仙道也，當授君地上主者之職。臨去，以一符并一傳著小箱中，以與陳尉，告言：此不能令君度世，能令君延壽，本壽自出百歲也。可以禳災治病，病者命未終及無罪過者，君以符到其家便愈矣。若有邪鬼血食作禍祟者，君使帶此符以敕社吏，當收送其鬼。君心當亦知其輕重，臨時以意治之。陳尉以此符治病有效，事之者數百家，壽一百一十歲而死。死後子孫行其符，不復效。方平去後，經家所作數百斛酒在庭中者，皆盡，亦不見人飲之也。經父母私問經曰：王君常在何處？經答言：常治崑崙，往來羅浮山、栝蒼山，此三山上皆有宮室，王君常平天曹事，一日之中，與天上往復者數十過。地上五嶽生死之事，皆先來關王君。王君出入惟乘一黃麟，道從甚肅，所至則山海之神皆來奉迎拜謁也，或者於道白言者。後數十年，經復暫歸省家，方平有書與陳尉，書字廓落，大而不楷。先是，人無知方平名，遠者至此，乃知之。陳尉家今四世存錄王君手書及其符傳小箱也。

涉　正

傳　記

葛洪《神仙傳》卷六《涉正》　字玄真，巴東人，說秦王時事如目前。常閉目，行亦不開。弟子數十年莫見其開目者。有一弟子固請開之，正乃爲開目，有聲如霹靂，光如電。弟子皆匐地。李八百呼爲四百歲小兒也。

趙道一《歷世真仙體道通鑑》卷五《涉正》　良久乃能起，正已復還閉目。正道成，莫見其所服食施行，而授諸弟子，皆以行氣絶房室，及服石腦小丹。

雜　録

趙道一《歷世真仙體道通鑑》卷五《涉正》　臣道一曰：《道德經》曰：五色令人目盲。又曰：聖人爲腹不爲目。古仙亦云：魂在肝而不在眼漏。又曰：閉目見自己之目。使人能神守於內，不爲物轉，則泰山在前而目不見矣。今涉正乃常閉目，雖行猶不開也，豈非故以聖人爲腹不爲目之意，神其敎以開化其弟子乎。後之學道者，合於此乎有悟。

孫　博

傳　記

葛洪《神仙傳》卷四《孫博》　河東人也。有清才，能屬文，著書百許篇。誦經數十萬言。晚乃學道，治墨子之術。能使草木金石皆爲火，光照耀數十里。亦能使身中成炎，口中吐火。指大樹生草即焦枯，若更指之，則復如故。亦能使三軍之衆，各成一叢火。又有藏人亡奴在軍中者，自捕之不得，因就博請，博語奴主曰：吾爲卿燒其營舍，奴必走出，卿但諦伺捉取之。於是，博以一赤丸擲於軍中。須臾，火起漲天，奴果走出而得之。博乃更以一青丸擲之火中，火勢即滅，屋舍百物，向已焦燃者，皆悉如故不損。博每作火，有所燒，他人雖以水灌之，終不可滅。須博自止之，乃止耳。行火水中，不但己身不沾，乃能兼使從者數百人皆不沾。又能將人於水上，敷席而坐，飲食作樂，使衆人舞於其上，不沒不濡，終日盡歡。其疾病者，就博自治，亦無所云，爲博直指之，言愈即愈。又山間石壁，及地上盤石，博便入其中，初尚見背及兩耳出石間，良久都沒。又能呑刀劍數十枚，及從壁中出入，如有孔穴也。又能引鏡爲刀，屈刀爲鏡，可積時不改。須博指之，刀復如故。後入林慮山中，合神丹而仙矣。

天門子 王綱

傳　記

葛洪《神仙傳》卷四《天門子》　天門子者，姓王，名綱。尤明補養之要，故其經曰：陽生立於寅，純木之精。陰生立於申，純金之精。夫以木投金，無往不傷。故陰能溲陽也，陰人著脂粉者，法金之白也。是以眞人道士莫不留心駐意，精其微妙，審其盛衰。我行青龍，彼行白虎。彼前朱雀，我後玄武。不死之道也。又陰人之情也，有急於陽，然能外自戕抑，不肯請陽者，明金不爲木屈也。陽性氣剛躁，志節疏略，至於遊晏，則聲氣和柔，言辭卑下，明木之畏金也。天門子既行此道，年二百八十歲，色如童子。乃服珠醴得仙，入玄洲去也。

王綱 見天門子

劉政

傳記

葛洪《神仙傳》卷四《劉政》 劉政者，沛國人也。高才博物，學無不覽。深維居世榮貴須臾，不如學道，可得長生。乃絕進取之路，求養性之術。勤尋異聞，不遠千里，苟有勝己，雖奴客，必師事之。後治墨子《五行記》，兼服朱英丸。年百八十餘歲也，如童子。好爲變化隱形，又能以一人作百人，百人作千人，千人作萬人。又能隱三軍之衆，使人化成一叢林木。亦能使成鳥獸，試取他人器物，以置其衆處，人不覺之。又能種五果之木，便華實可食，生致行廚，供數百人。又能吹氣爲風，飛沙揚石，以手指屋宇山林壺器，便欲傾壞。更指之，則還如故。又能化作美女之形，及作木人。能一日之中行數千里，噓水興雲。奮手起霧，聚壤成山，刺地成淵。能忽老忽少，乍大乍小，入水不濕。步行水上，召江海中魚鼈蛟龍龜鼉，即皆登岸。又口吐五色之氣，方廣十里，氣上連天。又能騰躍上下，去地數百丈，後不知所在。

王喬

傳記

趙道一《歷世真仙體道通鑑》卷五《王喬》 王喬，犍爲武陽人也。武陽有北平山，在益州南一百四十七里，高一千三百丈，上有白蝦蟆，謂之肉芝，食者長生。非仙材靈骨，莫能致也。喬好道，望山朝拜，積十餘年，登山感致，因得食之。身輕力倍，行及走馬。後爲柏人令，遂於東巑山得道。今武陽有喬仙祠。王喬有三，同姓名，有太子晉王喬，有葉令王喬，食肉芝王喬乃蜀中神仙也。

成君平

傳記

趙道一《歷世真仙體道通鑑》卷五《成君平》 成君平者，長沙郡人也。年十五，兄使牧鵝羊，忽遇一仙翁，將入東華山。兄後尋至山中，見君平，因問所牧鵝羊何在，君平指白石曰：此是也。遂驅起，令隨兄去。旬日却還山下，復化爲石，今猶存焉，因名此山爲鵝羊山。此山在長沙縣北二十里，本名東華山，亦謂之石寶山，上有仙壇丹竈。畢田詩云：羽客何年此煉丹，尚留空竈鎖孱顔。雲中鷄犬仙應有，山下鵝羊石轉頑。湘渚幾回滄海變，遼城無復令威還。何年仙馭重來此，盡遣飛騰上九關。

鬼谷先生

傳記

趙道一《歷世真仙體道通鑑》卷六《鬼谷先生》 鬼谷先生，晉平公時人，姓王名詡，不知何所人，受道於老君。入雲氣山採藥，合服得道，顔如少童。居青溪之鬼谷，因以爲號。蘇秦、張儀問道於先生，先生曰：聞道易，修道難。二子世心未冥，可學游說，以適今時之宜。必得相其國矣，必不得相其死矣。若不懼之，當相傳。二子請學之，三年辭去，先生云：二子輕松喬之永壽，貴一旦之浮榮，惜哉。後復遺其書曰：二君足下勤勞駟馬，功名赫赫，九州稽首。春榮到秋，不得久茂，日數將盡，時訖將老。子不見河邊之木乎，僕馬折其枝，波浪漱其根，此所居者然也。子不見崧岱之松柏乎，華霍之梓檀乎，葉干青雲，根洞三泉，千秋萬歲，無斤斧之患。元狐疫死者，有鳥如烏銜草覆其面，遂活。有司上聞，秦始皇遣使賫草以問先生，先生曰：亘海中有十洲，祖洲有不死之草，生於瓊田之中，亦名養神芝。其葉似菰而不叢生，一株可活一人耳。先生在人間數百歲，後不知所之。或曰鬼谷在嵩高之陽城也。

茅濛

傳記

趙道一《歷世真仙體道通鑑》卷六《茅濛》　茅濛，字初成，咸陽南關人也，即東卿司命君盈之高祖，師鬼谷先生。入華山修道，後乘雲駕龍，白日昇天。先是，其邑歌曰：神仙得者茅初成，駕龍上昇入泰清，時下玄洲戲赤城，繼世而往在我盈，帝若學之臘嘉平。秦始皇聞之，改臘曰嘉平，以希慕得仙。

西門君

傳記

趙道一《歷世真仙體道通鑑》卷六《西門君》　西門君者，少好道，明諸讖緯。以《開山圖》授秦始皇，而不能用。

郭四朝

傳記

趙道一《歷世真仙體道通鑑》卷六《郭四朝》　郭四朝者，周時燕人也。兄弟四人同學道，四朝居長。秦時得道，來勾曲山南，所住處作塘遏，潤水令深，基遮垣墉，今猶可識處。四朝乘小船遊戲其中，每扣舷而歌，歌曰：清池帶靈岫，長林鬱青葱。玄鳥藏幽野，悟言出從容。鼓檝乘神波，稽首希晨風。未獲解脱期，逍遙林丘中。浪神九垓外，研道遂全真。戢此靈鳳羽，藏我華龍鱗。高舉方寸物，萬吹皆垢塵。顧哀朝生惠，孰盡汝車輪。遊空落飛飆，虛步無形方。圓景煥明霞，九鳳唱朝陽。揮翮扇天津，掩靄慶雲翔。遂造太微宇，挹此金梨漿。逍遙玄垓表，不存亦不亡。駕欻舞神霄，披霞帶九日。高皇齊龍輪，遂造北華室。神虎動瓊林，香風合成一。開闔幽冥戶，靈變玄滅迹。

周太賓

傳記

趙道一《歷世真仙體道通鑑》卷六《周太賓》　周太賓，秦時道士也。同姜叔茂學道，在勾曲山，種五果五辛菜，貨之以市丹砂。今山間多有韭薤，即其遺種也。二人并得仙。太賓有才藝，善鼓琴，能彈獨絃而八音和，以教糜長生、孫廣田。

姜叔茂

傳記

趙道一《歷世真仙體道通鑑》卷六《姜叔茂》 姜叔茂，不知何許人。常與周太賓爲友，學道修仙，今在蓬萊爲左卿。南鄭諸姜，則叔茂之後也。叔茂曾作書與太極官僚云：昔學道於鬼谷，道成於少室，養翮於華陽，待舉於逸域。時乘飆輪，宴於勾曲。悟言永歎，代謝之速，物存人亡，我勞如何。《眞誥》曰：秦時道士周太賓及巴陵侯姜叔茂者，來住勾曲山下，又種五果并五辛菜。叔茂以秦孝王時封侯，今名此地爲姜巴者是矣，以其因叔茂而名地焉，下注云：地號，今亦存有大路，從小茅後通延陵，即呼爲姜巴路也。但秦孝公時未併，楚置郡，巴陵縣始晉初，不知那有巴陵之封，恐是巴蜀之巴故也。

王興

傳記

葛洪《神仙傳》卷一〇《王興》 陽城人也。常居一谷中，本凡民，不知書，無學道意也。昔漢武帝元封二年，上嵩山，登大愚石室，起道宮，使董奉君東方朔等。齋潔思神，至夜，忽見仙人長二丈餘，耳下垂至肩。武帝禮而問之，仙人曰：吾九疑仙人也。聞中嶽有石上、菖蒲，一寸九節，服之可以長生，故來採之。言訖忽然不見。武帝顧謂侍臣曰：彼非欲學道服食者，必是中嶽之神，以此教朕耳。乃採菖蒲服之。且二年，而武帝性好熱食，服菖蒲每熱者，輒煩悶不快，乃止。時從官多皆服之，然莫能持久，唯王興聞仙人使武帝常服菖蒲，乃採服之，不息，遂得長生。魏武帝時猶在，其鄉里老小皆云傳世見之，視興常如五十許人，其強健，日行三百里，後不知所之。

趙道一《歷世真仙體道通鑑》卷七《王興》 後爲蒲江主簿，聞縣境有神仙靈化，每瞻望雲際，歸心達誠，遂罷官，隱於秋長山，即二十二化也。下有洞穴，中有千歲金蟾。古老相傳，有見之者當即得道。又有瓊花木，在山之頂，徑八九尺，葉若白檀，終冬常茂，云此木花開即有於此昇天得道者。花如芙蓉，香聞數里。興居此山，存神抱一，吸景內修。又以乘龍蹻紀之道，九載修煉。忽有瓊花吐艷，又見金蟾跳躍，引入洞中，遇金液之丹，拜而服之。後雲車迎之，白日昇天。

壽光侯

傳記

趙道一《歷世真仙體道通鑑》卷七《壽光侯》 能劾百鬼衆魅，令自縛見形。其鄉人有婦爲魅所病，侯爲劾之，得大蛇數丈死於門外。又有神樹，人止者輒死，鳥過必墜。侯復劾之，樹盛夏枯落，見大蛇長七八丈，懸死其間。漢武帝聞而召見，乃試問之曰：吾殿下夜半後，常有數人絳衣被髮，持火相隨，豈能劾之乎？曰：此小怪，易消爾。帝僞使三人爲之，侯劾三人，登時仆地無氣，帝大驚，曰：非魅也，朕相試耳。解之而甦。

衛叔卿

傳記

葛洪《神仙傳》卷二《衛叔卿》 中山人也，服雲母得仙。漢元鳳二年八月壬辰，武帝閒居殿上。忽有一人，乘浮雲駕白鹿集於殿前。帝驚問之爲誰。曰：我中山衛叔卿也。帝曰：中山非我臣乎。叔卿不應，即失所在。帝甚悔恨，即使使者梁伯之往中山推求，遂得叔卿子，名度世。即將還見。帝問焉，度世答曰：臣父少好仙道，服藥治身八十餘年，體轉少壯。一旦委臣去，言：當入華山耳。今四十餘年，未嘗還也。帝即遣梁伯之與度世往華山覓之。度世與梁伯之俱上山，輒雨積數日。度世乃曰：吾父豈不欲吾與人俱往乎。更齋戒獨上，望見其父與數人於石上嬉戲。度世既到，見父上有紫雲覆蔭鬱鬱，白玉爲床，有數仙童執幢節立其後。度世望而再拜。叔卿問曰：汝來何爲。度世具說天子悔恨，不得與父共語，故遣使者與度世共來。叔卿曰：吾前爲太上所遣，欲戒帝以災厄之期，及救危厄之法，國祚可延。而帝強梁自貴，不識道眞，反欲臣我，不足告語，是以棄去。今當與中黃太一共定天元九五之紀，吾不得復往也。度世因曰：向與父博者爲誰。叔卿曰：洪崖先生，許由，巢父，王子晉，薛容也。今世向大亂，天下無聊。後數百年間，土滅金亡，天君來出，乃在壬辰耳。我有仙方，在家西北柱下，歸取，按之合藥服餌，令人長生不死，能乘雲而行，道成來就吾於此，不須復爲漢臣也。度世拜辭而歸，掘得玉函，封以飛仙之香，取而按之餌服，乃五色雲母，並以教梁伯之，遂俱仙去，不以告武帝也。

戴孟

傳記

趙道一《歷世真仙體道通鑑》卷七《戴孟》 戴孟，武當山道士，字成子，武威人也。漢武帝時爲殿中將軍。本姓燕名濟，字仲微，得道後改姓名。又云漢明帝時人，少孤，養母甚至，復好神仙學，周遊四方。母既即世，入華陽山，服白术、黃精，兼能種植，及服雲母、雄黃、丹砂、芝草。篤志於道，久而愈勤。一日授玉珮金璫經并石精金光符於淸靈裴眞人，精思修之，則自覺體輕。遊名山，訪眞境，日行七百里，得不死之道。腰間有十數卷書，即《太微黃書》也。仙人郭子華、張季連、趙叔達、山世遠常與之遊處，謝允常師事之。允字道通，歷陽人。幼時爲人所掠，賣往東陽。久之告官，被誣陷烏傷。獄將入死，夜有老翁授其符，又有黃衣童子往來，於是得免。晉成帝咸康中，至襄陽武當山，見戴孟，觀其風骨，即先來獄中授符者乃孟耳。遂執弟子禮，求授道要。後出仕，作歷陽、新豐、西道三縣，所至多神驗，允年七十猶不老，孟則或隱或顯，莫知所之。《眞誥》云：黃衣童子者，即玉珮金璫之官耳。

山世遠

傳記

趙道一《歷世真仙體道通鑑》卷七《山世遠》 山世遠，授戴孟先生法，暮卧，先讀黃庭內景經一過，乃眠，使人魂魄自制煉。嘗行此二十一年，亦仙矣。是爲合萬過，夕得三四過乃佳。世遠得道，爲太和眞人。

毛伯道

傳記

趙道一《歷世真仙體道通鑑》卷七《毛伯道》 毛伯道、劉道恭、謝稚堅、張兆期，皆後漢時人也。同於王屋山學道四十餘年，共合神丹成。伯道先服即死，次道恭服之又死。稚堅、兆期不敢服，棄藥而歸。未出山，忽見伯道、道恭各乘白鹿在山上，仙人執節以從之。二人悲愕悔謝，道恭授以服茯苓方，二人後亦度世。

蘇林

傳記

趙道一《歷世真仙體道通鑑》卷七《蘇林》 蘇君諱林，字子玄，濮陽曲水人也。少稟異操，獨逸無倫。訪眞之志，與日彌篤。嘗負擔至趙，師琴高先生。時年二十一，受煉氣益命之道。琴高初爲周康王門下舍人，以內行補精術及丹法，能水遊，時已九百歲，唯不死而已，非飛仙也。後乘赤鯉入水，或出入人間。而林託景丹霄，志不終此，後改師華山仙人仇先生。仇先生者，湯王時木正也，服胎食之法，還神守魂之事，大得其益。先生曰：子眞人也，當學眞道，我迹不足躡矣。乃致林於涓子。涓子者，眞人也。既見之，遂授以眞訣。告林曰：欲作地上眞人，必先服食藥物，除去三尸，殺滅穀蟲。三尸者，一名青古，伐人眼，是故目暗面皺，口臭齒落，由是青古之氣穿鑿泥丸也。二名白姑，伐人五臟，是故心耄氣少，喜忘荒悶，由白姑貫穿六腑之液也。三名血尸，伐人胃管，是故腸輪煩滿，骨枯肉焦，志意不開，所思不固，失食則飢，悲愁感歎，精神昏怠，神爽雜錯，由血尸流噬魂胎之關也。若不去三尸而服藥者，穀食雖斷，蟲猶不死也。徒絕五味，雖勤吐納，亦無益焉。蓋其蟲生而求人不死，不可得也。是故服食不辟於死生，由青古、白姑、血尸三鬼不去所致爾。雖復斷穀，人體重滯，淹淹淡悶。又所悶非眞，顛倒翻錯，邪淫不除，由蟲在內搖動五神故也。凡欲求眞，當先服制蟲丸。制蟲丸者，一名初神去本丸也。欲作眞人，當先服制仙丸。制仙丸者，太上八瓊飛精之丹也。夫求長生不死，仙眞之初罔不先服制蟲丸以除尸蟲，建長生之根也。若人腹中有蟲，寧得仙乎？形中饒鬼，安得眞乎？其蟲凶惡，速人之死，故當除之。涓子告林曰：我被帝召，上補中黃四司大夫，領北海公，去世無復日也。後林詣涓子寢靜之室，得書一幅，以遺林也。其文曰：五斗三一大帝所祕，精思二十年，三一相見，授子書矣。但有三一，長生不滅，況復守之乎。能存三一，名刊玉札，況與三一相見乎。加存洞房爲上清公，加知三元爲五帝君。後聖金闕帝君所以乘景迅雷，周行十天，實由洞房三元眞一之道。吾餌木精三百年，服氣五百年，精思六百年，守三一三百年，守洞房六百年，守玄丹五百年。中間復周遊名山，看望八海，回翔五嶽，休息洞室。樂林草之垂條，與鳥獸而相激。川瀆吐精，丘陵蓊鬱，萬物之秀，寒暑之節，弋釣長流，遨遊玄籟，靜心山岫，念眞養氣。呼召六丁，玉女見衛；展轉六合，無所羈束。守形思眞二千八百餘年，實樂中仙，不求聞達。今卒被召，上補天位，徘徊世澤，惆悵絕氣。吾其去矣，請從此別。子勤勖之，相飈室也。林省書流涕，徬徨拜空，涓師之迹亦絕矣。夫玄丹者，泥丸之神也。其法出太上素靈訣，守三一爲地眞，守洞房爲眞人，守玄丹爲太微宮也。林謹奉法術，修行道成，周觀天下，遊晻名山，分形散景，寢息丹陵，賣履市巷，醜形試眞。得意而棲，遯化不倫，時人莫能識也。以漢元帝神爵二年三月六日，告弟子周季通曰：我昨被玄洲召爲眞人，上領太極中候大夫，今與汝別。比明旦，有雲車羽蓋，驂龍駕虎，侍從數千人迎林。林即日登天，冉冉西北而去。良久雲氣覆之，遂絕。林未去之時，先是太極遣使者下拜爲中嶽眞人，後太上又遣玉郎下拜爲五嶽地眞人，宮在丹陵也。弟子周季通曰：予見先師得道爲仙，已三被拜授，乃登昇。蓋洪德高妙，玄韻宿感，靈化虛源，神澄八方。龍昇鳳逐，飛步眞門，隱顯津梁，觀試風塵。其道神矣，其法珍矣，非紙札麤意所能述宣，今聊撰其標略爾，所冀將來有道之士以遊目也。

陽生

傳記

趙道一《歷世真仙體道通鑑》卷七《陽生》 陽生者，住少室西金門山。山有金罌漿，服之得道。

王思真

傳記

趙道一《歷世真仙體道通鑑》卷七《王思真》 王思眞者，不知其得道年代，位爲太上侍經仙郎。漢靈帝光和二年己未正月一日，太上老君降於天台山，命思眞披九色之韞，出《洞玄》、《大洞》等經三十六卷，以授太極左宮仙公葛玄。

王仲都

傳記

葛洪《神仙傳》卷七《王仲都》 王仲都者，漢中人也。漢元帝常以盛暑時曝之，繞以十餘爐火而不熱，亦無汗。凝冬之月，令仲都單衣，無寒色，身上氣蒸如炊。後不知所在。

趙道一《歷世真仙體道通鑑》卷七《王仲都》 王仲都，漢人也。一云道士，學道於梁山，遇太白眞人授以虹丹，能禦寒暑，已二百許年。漢元帝召至京師，試其方術。嘗以嚴冬之月從帝而遊，令仲都單衣乘駟馬車於上林昆明池，環水馳走。帝御狐裘而猶覺寒，仲都貌無變色，背上氣蒸休休然。又當盛夏，曝之日中，圍以十爐火，口不稱熱，身不流汗。後亦仙去。孫思邈嘗於峨眉山棲眞習道，仲都與三五人假爲獵夫，過其居試之，因論長生之旨，遂授道思邈而去。

上成公

傳記

趙道一《歷世真仙體道通鑑》卷七《上成公》 上成公，宓縣人。其初出行，久不還家，後歸語其家人曰：我已得仙。因辭家而去，人見其舉步稍高出虛空中，良久乃沒。後漢時人也。

桐君

傳記

趙道一《歷世真仙體道通鑑》卷七《桐君》 漢獻帝建安三年，貴圖國獻鳴石鷄，其色如丹，大如燕，常在地中應時而鳴，聲能遠徹。其國聞其鳴，乃殺牲以祠之，當聲處掘，則得此鷄。若天下太平，翔飛頡頏以爲佳瑞，亦謂之寶鷄。人聽地中以候晷刻，道士云：仙人桐君採石，入穴數里，得丹，石鷄舂碎爲藥服，令人有聲氣，後天而死。吳寶鼎元年，四方貢珍怪，有琥珀燕，置之靜室，自於室內鳴翔，此之類也。

劉晨

傳記

趙道一《歷世真仙體道通鑑》卷七《劉晨》 劉晨、阮肇，剡縣人也。漢明帝永安十五年，二人往天台山採藥，迷失道路，糧食乏盡。望山頭有一桃木，共取食之，如覺少健。下山得澗水飲之，并各澡浴。又望見蔓菁菜從山腹出，次又有一杯流出，中有胡麻飯屑。二人相謂曰：去人間不遠矣。因過水，深四尺許，行一里，又度一山，出大溪，見二女顏容絕妙，世所未有。便喚劉、阮姓名，如有交舊也。喜悅，因語曰：郎等來何晚也。因邀過家，廳館服飾，無不精華，東西各有牀帳帷幔，七寶瓔珞，非世所有。左右直息青衣，悉皆端正，都無男女。須臾下胡麻飯、山羊脯食之，甚美。又設甘酒，又有數仙客將三五桃至女家，云：來慶女婿。各出樂器，歌調作樂。日既向暮，仙客各還去。劉、阮就所邀女家止宿，駐留十五日。求還，女答曰：今來此是宿福所招，得至仙館，比之流俗，何有此樂。遂住半年，天氣和適，常如三二月，百鳥哀鳴，無不悲思。求歸甚切，女曰：罪根未滅，使令君等如此。更喚諸仙女共作鼓吹，送劉、阮從此山洞口去，不遠至大道。隨其言而得還家鄉，並無相識也。鄉里怪異，乃驗得七代子孫，傳上祖公入山不出，不知何在。既無親屬，棲泊無所。却欲還女家，尋當年所往山路，迷莫知其處。至晉武帝太康八年，竟失二公，不知其所之也。

尹軌

傳記

葛洪《神仙傳》卷九《尹軌》 尹軌者，字公度，太原人也。博學五經，尤明天文理氣，河洛讖緯，無不精微。晚乃奉道，常服黃精，日三合。年數百歲，而顏色美少。常聞其遠祖尹喜，以周康王昭王之時，居草樓，遇老君與說經。其後周穆王再修樓觀，以待有道之士，公度遂居樓觀焉。自云：喜數來與相見，授以道要。由是能坐在立亡，變化之事。蘇並州家先祖頻奉事之，累世子孫見之，顏狀常如五十歲人。遊行人間，或入山，一年半年復見。無妻息。其說天下盛衰治亂之期，安危吉凶所在，未嘗不效。晉永康元年十二月，道洛陽城西一家求寄宿，主人以祭蜡不欲令宿。良久，公度語其姓名，主人乃開門迎公度，與前設酒食。又以數斛穀與公度所乘青騾。公度竟不飲啖，騾亦不食穀。明旦去。謂主人曰：君是不急難人耳。先雖不欲受我宿，後更有勤意吾及騾。雖不食君所設，意望相酬耳。今賜君神藥一丸，帶以隨身。明年當有兵死者滿地，此藥可以全君體命。明年洛中果有趙王倫之亂，死者數萬。舉家有從軍者，皆不還，在家又爲劫殺皆盡，惟餘得藥一人耳。公度腰中帶漆竹管數十枚，中皆有藥，入口即活。天下大疫，有得藥如棗者，塗其門，則一家不病，病者立愈。又弟子黃理，居陸渾山中，患虎爲暴。公度使斷大木爲柱，去家四方各一里外埋一柱。公度即以印印之，虎即絕跡。又有怪鳥止其屋上者。以語公度。公度爲書一奏符，著鳥鳴處，至夕，鳥伏死符下，遂絕。有人遭大喪，當葬而貧窮不及。公度見而嗟之。孝子說其孤苦，公度愴然曰：君能得數斤鉛否？孝子曰：可得耳。乃具鉛數十斤。公度將入山中小屋下，鑪火中銷鉛，以神藥如棗大投沸鉛中，攪之，皆成銀。以與之，曰：吾念汝貧困，不能營葬，故以相與，慎勿言也。復又有一人，本士族子弟，遇公事簿書不明，當陪負官錢百萬。出賣田宅車牛，不售，而見收繫。公度語所識富人曰：可暫以百萬錢借我，欲以救之，後二十日頓相還也。富人即以錢百萬與公度。公度以與遭事者，乃語曰：君致錫百兩。其人即買錫與之。公度於鑪中洋錫，以神藥一方寸匕投沸錫中，變成黃金。金即秤賣，得錢百萬還錢主。公度後到南陽太和山昇仙去矣。

趙道一《歷世真仙體道通鑑》卷八《尹軌》 太和眞人尹軌，字公度，太原人也，乃文始先生之從弟。少學天文，兼通讖緯。來事先生，因敎服黃精花，及授諸道經，凡百餘篇，皆蒙口訣。先生登眞之後，即與隱士杜沖等同於先生宅修學，時年二十八。絕粒養氣，專修上法。太上哀之，賜任太和眞人，仍下統仙僚於杜陽宮。軌時出遊，帶神丹十餘筒，周歷天下，濟護有緣。或煉金銀以賑貧苦，或行丹藥以救危厄，求哀之人，咸得其福利焉。其出入有無，隱顯莫測，故《上淸瓊文帝章》曰：太和眞人與太華眞人、三天長生君、南極總司君、西臺中候北帝、中眞九靈王子、太靈仙妃、赤精玉童、玄谷先生、南嶽赤松子、中山王喬、紫陽眞人、西城王君、中黃先生趙伯玄、山仲宗等，並修行《三眞寶經上法》。皆面發金容，項負圓光，乘虛登霄，遊宴紫庭，變化無方，適意遨翔。嘯命立到，徵召萬靈，攝制羣魔，決斷死生。駕霄乘煙，出入帝庭焉。晉惠帝永興二年，建通天之冠，佩攝神之策，服絳章之裙，披黃文之帔，從東來止於尹眞人之觀。時道士梁諶叩頭，願陳其所習，謂諶曰：吾是無上眞人文始先生之從弟，先生登眞時，吾年二十八，已絕粒養氣，專修上道。太上哀吾，乃賜登太和，下統仙僚於杜陽宮。其宮東西四千里，南北七百里，有金城九重，玉樓十所。宮殿服玩，神芝靈草，不可具名。其《上淸》、《元陽》、《大洞》諸經百萬卷，皆有金童玉女衛之。自然有日月星辰雲氣，伏光流精，洞照其下。神仙略有萬計，皆神光虛映，長生不死，無爲自在。或出遊天下，或上朝玉京，宣校一切行業善惡、報應宿命之期。或論天地日月星辰運度賒促之分，或宴諸天參訂神仙圖籙品位部御之方，或定童眞始仙威儀俯仰之格，或臨諸地領察兆人建功立行齋醮之福，或監度學道男女經方藥餌之術，或遊百山千川檢閱神司鬼官考錄罪福之因，或論風雨雷電水旱豐歉之事。吾所爲無常相，或爲道士，或爲儒生，或爲童愚，或爲長老，不可以一途限也。或與羣眞衆仙驂龍軿鳳，策空駕虛，雲馳電邁，出有入無，分形散影，處處遊集。或巡五嶽之洞，或適十洲之島，或出八荒之域，或入九幽之府，或釣碧海之津，或挹玄丘之雪，或採丹華於閬苑，或掇絳實於玉圃。斯並由已身累功硏習靈文，勤勞甘辛所致爾。吾至今已及一千三百餘歲，所歷事頗多，非爾曹短札能記錄，略舉其大概爾。八月一日，忽竦身騰空，冉冉昇天而去。猶聞宛然笙簫之音，唯餘器服緗素存焉。

雜録

張君房《雲笈七籤》卷一〇四《紀傳部傳二・太和真人傳》 故《上淸瓊文帝章》曰：太和眞人與太華眞人、三天長生君、南極總司禁君、西臺中候北帝、中眞九靈王子、太靈仙妃、赤精玉童、玄谷先生、南嶽赤松子、中山王喬、紫陽眞人、西城王君、中黃先生趙伯玄、山仲宗等，同修行《三眞寶經上法》。皆面發金容，項負圓光，乘虛登霄，遊宴紫庭，變化萬方，適意翱翔，嘯命立到，徵召萬靈，攝制羣魔，決斷生死，駕霄乘煙，出入帝庭焉。

趙道一《歷世真仙體道通鑑》卷八《尹軌》 臣道一曰：尹軌道高德妙，功行絕倫，散景分形，神通浩博。《道德經》曰：古之善爲士者，微妙玄通，深不可識。夫惟不可識，故強之爲容。如尹軌者，眞得其旨也。

杜冲

傳記

趙道一《歷世真仙體道通鑑》卷九《杜冲》 太極眞人杜沖，字玄逸，鎬京人也。以周昭王二十七年丁巳，聞文始先生登眞，乃於玆靈宅棲玄學道。于時幽人逸士自遠而來者，有五人焉，幷沉默虛遠，方雅高素，道術相忘，共弘不伐之則也。先生本第，周康王時賜金百鎰，重加完葺，賜號曰樓觀。沖居之，吟諷道德，營護神氣，至是穆王聞之，爲修觀建祠，置沖爲道士焉。將以氣均巢許，德爲物範，故天子禮之而不臣，諸侯敬之而不爵也。沖居樓觀，經二十餘年，幽感眞人展先生降於寢靖。侍者二人，捧碧玉函立於左右。沖乃拜首求哀，蒙授《九華丹經》二函。謂沖曰：老君與尹先生於東海八渟山召大帝校集羣眞，天下山川洞室仙人無遠不至，時有地司保舉子之勤勞，老君敕我付爾仙經也。沖依方合服，而身生玉映，五臟堅潤，僅容氣息。又感眞人李君授以《太上素靈洞玄大有妙經》，沖復修之，甚得其驗。遂乃解胞釋結，保命凝眞，領攝羣神，洞觀衆妙焉。穆王親崇道教，以祈神仙，共策追風之駿，日馳千里。中到崑崙山，昇玄圃之宮；西詣龜山，謁王母於青琳之室；東遊碧海，展敬丈人採若木之華；北適玄壟，南邁長離，同挹絳山之髓。驅策虎豹，役使百靈，通冥達幽，莫測其涯。年一百二十餘，以懿王十二年己亥，上清元君遣仙官下迎，授書爲太極眞人，下任王屋山仙王。

雜録

趙道一《歷世眞仙體道通鑑》卷九《杜沖》 《混元實錄》云：年一百□十餘歲，穆王十九年己亥，老君遣上清元君下迎，授書。考究傳記，則實錄所載誤。

臣道一曰：杜沖究道德之妙，輕富貴之微，故天子禮之而不臣，諸侯敬之而不爵。《道德經》曰：道常無名，朴雖小，天下不敢臣。侯王若能守，萬物將自賓。杜沖豈非以斯道自任，而納王侯爲道之歸乎。

彭宗

傳記

趙道一《歷世眞仙體道通鑑》卷九《彭宗》 太清眞人彭宗，字法先，彭城人也。年二十，服業於杜沖眞人，深蒙賞接。周穆王好尙黄老，景慕神眞，因詣沖，遂繕完珍館，崇建靈壇，立廟置老君及尹眞人像，廣延天下學道之士，以紹仙風。仍立典司，四時掃飾。後西游崑崙，復拜謁而去。宗乃棲眞味道，精貫人神，嘗從師採藥，忽墮深谷，手足傷損，逮至危困。良久蘇息，肅恭如初。又行山，使之採樵，乃被蛇中，曾無慍色。沖憫之，爲立壇，盟誓丹經、《五千文》、玄一之道，宗寶而修之，日臻幽妙。嘗宵中有神燈數枚，浮空映席，凝暉留耀，洞暢幽冥。或晨起脩按，則氣象高明，常有五色雲霞，霏霏臨繞，能三晝三夜通爲一息。或自沒水底，竟日方出。若瞑目僵卧，輒一年許不動，塵委其上，積厚如紙，見者皆疑已殞，及起，顔色愈鮮澤。能以一氣誦《五千文》，通爲兩遍，言聲清暢，與出入常人無異。山中毒蛇猛虎，宗每以氣禁之，潛伏盤僻，人雖磨觸，終不得動，宗解之方去。嘗有獵者，遙想謗毁，或及門欲相淩辱，宗用氣禁之，其人手足不覺自拘，蠢然尸立。或使幽靈擊之傍門，惟聞叩頭之聲，莫測其所以，俟其悔過，宗即爲釋之。年一百五十餘歲，常如二十年少。至厲王十三年丙申正月，太上道君遣仙官下迎，授書爲太清眞人，治赤城宫。

宋倫

傳記

趙道一《歷世眞仙體道通鑑》卷九《宋倫》 太清眞人宋倫，字德玄，洛陽人也。以周厲王二十一年甲辰歲入道，棲止樓觀。於是凝心寢景，抱一沖和，不交人事，獨步虛曠。日誦《五千文》數遍，服黄菁白术。積二十餘年，乃密感老君，項負圓明，面放金光，披九色離羅之帔，建七映暉晨之冠。有仙童六人，輔眞執籙。倫匍匐乞哀，乃告倫曰：吾有景中之道，通眞之經，生乎三元之始，出乎九玄之庭，五德合慶，六氣凝精，分眞散景，保固遐齡。子能修之，立致雲軿，出有入無，徹幽洞冥，三光幷耀，二氣齊靈，變化適意，飛昇上淸也。倫於是五體據地，聲淚悲咽。老君止之，乃開寶韞，出《靈飛六甲素奏丹符》，以付於倫。又曰：爾能精修上道，味眞想玄，行之無隙，修之能堅，保爾昇度，淩空駕雲。敬則福降，慢則禍纏。道與能行，愼勿輕傳也。倫得經修行，遂自然通感，嘗有玉童六人，更遞侍之。凡有未萌之事，預知其吉凶，察物如神，言無不驗。或與五帝內眞寢息，神仙接汝遊宴山林。飄然飛步，一日能行三千里，淩波涉險，即會津路。時或逍遙川澤，試人之心，變爲鳥獸，馴其左右。或化麋鹿，有獵者逐之，常相去百步、五十步，不能至，善射者射之亦不至。或化鳩鴿之類，翩翔原陸，弋者羅之莫得而維之。或化蟲癩之人，方便開示，令其了悟，而病者頓差。年九十餘，以宣王三十二年丁巳七月，太上遣仙官下迎，授書爲太淸眞人，下司中嶽嵩高山神仙之錄焉。

雜錄

張君房《雲笈七籤》卷一〇四《紀傳部傳二・太淸眞人傳》 論曰：按《樓觀仙師傳》及《樓觀本記》並云，昔周康王聞尹先生有神仙大度之志，乃拜爲大夫，幷賜嘉名，因號此宅爲樓觀焉。次昭王時，大夫遇老君，因遂得道。其次穆王乃欽尚遺塵，爲建祠修觀，召幽逸之人置爲道士，自爾相承，于今不絕。故《樓觀碑》云：「樓觀者，昔周康王大夫關令尹喜所立也，以其結草爲樓，因即爲號。」又云：「周穆王西遊，秦文東獵，並枉駕迴輪，親崇道教。始皇建廟於樓南，漢武立宮於觀北。晉宋謁板，于今尚存。秦漢廟戶，相繼不絕。」由是論之，乃驗老君西度關在於昭王之時，信矣。或云幽厲平敬之時西度者，此由後人不見《老君本紀》，妄爲穿鑿者也。幽王時，孔子時有見老君者，斯並化胡之後，復還中夏幽演之時也。或云老君西出散關者，按張天師述《老君本紀》云，老子幽演訖，乃與文始先生遊此赤城上虞山，過女几雞頭天柱太白山。秦昭襄王聞之，於西麓下爲修城邑，今散關中其故墟猶在是也。謂曾於此過，乃昇於崑崙山，故此舊墟尚稱尹喜城老停驛等名爾。以此詳之，則癸丑年復非度此散關明矣。或云《史記》無文，事同虛妄者，至如九天九壘，川源土俗，徧於六合，猶有不書，況其一區一第，輒能備載焉？若編以史爲實錄者，則天下譜牒圖書，讖緯經論，並爲虛誕，豈獨此一觀一傳而已哉？蓋驗之在實，其來久矣。周宣王時，郊閒採薪之人行歌曰：「巾金巾，入天門。呼長精，歙玄泉。鳴天鼓，養泥丸。」時人莫能知之，惟老君曰：「此活國中人，其語祕矣。斯皆修習無上正眞之道也。」

馮長

傳記

趙道一《歷世眞仙體道通鑑》卷九《馮長》 西嶽眞人馮長，字延壽，驪山人也。年十五即通陰陽占候之書，周宣王聞之，辟爲柱下史。常內澄外混，懼涉興衰，睹天文之錯亂，恐禍將及己，乃退居託疾，潛光幽遯。損棄財帛，絕去交遊，味道攝生，研神保氣。日誦《五千文》，兼服天門冬。五、六年，稍覺其益。精勤勇決，誓延天筭。乃感眞人鄧先生授以《靈書紫文》、寶神之道。長乃櫛晨登景，御氣遊元。於終南靈阜栽巖架遠，呼景列曜，煉魄柔魂，迴黃轉赤而面生玉澤。經十餘年，芳華鬱暢，自然靑精凝液，紫雲結泉，百絕皆榮，三關流潤。復遇眞人彭宗駕白虎，將侍者二人降于室中。長設弟子之禮，側侍下風，脅氣累息，從求道要。眞人曰：爾德音幽妙，神氣遐淸，道必歸眞，當得度世。爾欲鵬飛雲路，玉粲琅玕，可精勤無退，自當有以相召也。乃出太上隱書以授於長。長又注眞八景，味玄九元，寓景流霄，冥葆太漠。爾乃遊邁元隰，觀覽安危，時逢有疾，無不垂護。嘗有狂者，陰爲治之，或十日五日而差。或癩人求哀，不過一月便愈。有人失火，簷棟相連，風焰交馳，無能撲滅，長以意救之，猛火自止。年八十餘，以平王二十年庚寅春三月昇化，時天帝遣仙官下迎，授書爲西嶽眞人，上遊上淸，出入無爲矣。

姚坦

傳記

趙道一《歷世真仙體道通鑑》卷九《姚坦》 玄洲眞人姚坦，字元泰，平陽人也。周平王元年遷洛，晉襄公送周有功，封爲諸侯，詔使致禮幣於祠庭，重修觀廟，給戶五十人及度碩儒一十七人。坦時年十九，以其稽古，偏蒙賞接。襄公乃屈膝頓首，北面稱師，飡風味道，彌歷年載。坦之精確，儼若神明，羣下咸所畏服。其子文公亦修欽仰，時因四年東遊涇渭，復親存慶勞，供承藥物。坦以紛擾，乃遠憩幽岩，常誦《五千文》，精思不出。時忽岩竇傾隤，擊折林木，若自天下，直度其頂，驚沙飛石，不可稱數，坦凝注不顧。頃又大蛇羣出，奔集其居，口吸目視，將若呑噬之狀，或縈繞其身，坦終不怖。時又山神率羣鬼擎一巨石，聳若高峰，風馳電激，垂相逼迫，坦乃張目徐叱之曰：爾何物小醜，欲爲非理，吾宿植眞果，誠心如玉，非爾妖惑可得遏吾眞路也。於是冥心一往，斯須自滅。乃有三人形貌端偉，謂坦曰：吾是此山之正神也，天帝敕吾故來相試，試今過矣。言訖而去。坦乃服煉松脂，數十年中，常有青衣童子遊於寢室。室中漸明，通見諸物。後密降靈人許君，授以玄白回形之道，及《天關三圖飛行之經》。坦運心克己，妙獲靈感，雨中行不霑衣，蹈泥塗不汙履，目有神光，開如電發。行常閉目，有弟子請之，微爲小開，便流光迅裂，衆人驚悸，不能自持，合之則止。年二百一十餘歲，以簡王十一年丙戌夏五月，忽風雨晦冥，雷電奔激，人不敢輒出。雷聲漸歇，弟子出見天雨銀花，繽紛委地，良久方銷。其日太素元君遣仙人下迎，授書爲玄洲眞人，莅於白水宮。

周亮

傳記

趙道一《歷世真仙體道通鑑》卷九《周亮》 八素眞人周亮，字泰宜，太原人也。母曾寢見五色流霄羅覆其宅，因感有妊，經十五月而生。年十九，形長八尺，堂堂然有古人之風，瀟灑高放，不欣榮祿。尤明《易經》、子史，雖寓言世典，而期心眞極。師事姚坦，授《五千文》及《八素眞經》。亮修之，甚有通感。人家有鬼怪振動宅宇，或化水爲血，或傷人及畜，亮爲誦《五千文》及行隱咒，其凶禍自然消沒。有遭狐狸龜蛇爲魅，穢人飲食，竊人財物，以瓦礫戲人，莫能遣者，亮爲誦經持咒，邪物各復其眞形，或死于左右。周靈王太子晉聞之，召與相見，或鼓琴吹笙，同遊商洛，亮乃以武絃孤彈，八音諧暢，百禽率舞。太子嘉之，賜九光七明之芝，及飛解脫網之道。亮修道服芝，日覺神驗。帝密與仙人遊行寶洞，挹漱玉酒，彈琴弈棋，嘯歌終日。或年如七十，髮白齒落，經一宿兩宿不出，則變爲年少，姿容更好。或被凶人執之，戲以糞壤，須臾已隱，莫知所在，其人不覺已自纏縛，困於考擊。或有惡言向之罵者，口中自然流血，謝過求哀乃釋。年一百九十餘歲，以威烈王二十四年己卯，天帝遣天官下迎，授書爲秦隴宮眞人，出入太清，宴遊諸天矣。

尹澄

傳記

趙道一《歷世真仙體道通鑑》卷九《尹澄》 太微眞人尹澄，字初默，汾陽人也。年二十八，以周安王三年壬午冬十月，於樓觀寄慧煉神，宅心虛曠，清齋諷經，不雜人事。衣如帶索，食纔充口。常市香燈，列於壇靖。初，奩中香盡，忽有靈薰滿爐焚之，皆名香也。又嘗然燈無光，自然有神光空映。此皆精理感發，神靈營助也。曾行山中，遇鹿有傷足躓頓不前者，澄哀其苦，乃以藥封之。後因入山，忽遇洪雨，食盡衣單，困於林藪，時有羣鹿掩至，相依而止，飢則吮其乳，安則臥其懷，相隨累日不返。又於絕巘之上寓居小穴，夜中忽有山火，炎煙滿谷，欲避無所，乃有羣猿連肱而下，相携直上，越度危難，此又神祇之垂護也。至秦始皇聞之，屢垂詔致，請攝生之術焉。至三十年，有華山得道茅濛白日昇天，有謠歌。及帝始皇聞之，彌發信仙之意，及遣使齎金帛以憑心。時欲往蓬瀛，乃詔回老君像向東，於眞人廟南別建廟安著，并置道士二七人，賜香田三十頃，給戶一百。詔云：大道汎兮，其可左右。老君迹雖西遊，返則東顧。朕方造蓬瀛，願垂影響。至漢高祖、呂太后及惠帝、景帝、竇太后，並相承注心靈域，每召幽人逸士，常使滿二七八人，仍賜弟子各一人，增廟戶至一百五十，加典司營護，禮給優厚，祈謁不絕，時人崇敬，歸者如雲。澄以其喧撓，乃密告弟子曰：吾仙功未就，德資今運，要以山林爲家，作幽居之子也。遂改名林字。遂巡山谷，逃遁岩壑，食柏漱流，循危蹈朽，契闊林阜，形容憔悴，幽訪神師，備嘗艱苦。雖崢嶸亘塗，靡不投赴。於太一山遇石像芝，懸映青岩，夜望有光，乃採服。方七，便日行六七百里。後於峨眉山中遇仙人宋君，授以三皇內文及九丹祕訣。澄修之大驗，遂能封山掌嶽，生骸護病。曾臨水以投符，符水逆流數步，洪濤頓絕。以藥救暴死，皆得生活。數年有血食鬼神，劾之皆自縛而來，或擊殺者，或自求哀放者。及有遭疾風壞其林屋，爲制之，他處皆被飛飈，其家獨免。曾行逢山崩木折，奔墜溪谷，以符法封之，應手而止。年三百四十餘歲，以漢昭帝始元年乙未六月間，太微帝君遣仙官下迎，授書爲太微眞人，上遊九天矣。

王探

傳記

趙道一《歷世真仙體道通鑑》卷九《王探》 黃庭眞人王探，字養伯，太原人也。瑋貌瑰態，雲爽霞輝，洞洽元津，深窮道本。仕漢爲中常侍中郎，以呂后專政，探抗迹南山，居於樓觀，常以朝元煉藏，吐故納新爲務。至文帝即位，遐仰其風，以逸人見禮，時年三十六。常誦《五千文》，知名與身疏，德爲道本，乃廣行賑惠，念及蒼生。仙人趙先生託以狂人，形容毀弊，從探求乞，施與不已，而求取無厭，探欣然拯之，未嘗疑怪。乃密告之曰：我試子爾，子可教者也。遂授以黃庭內修之訣及澤瀉丸方，依按累月，頓覺神異。入南山採藥，復止於樓觀。後遇太元玉女西靈子都，授以藏景錄形之道，即能變身化景，倏忽萬端。或立叢林，或坐泉石，或化水火，或成鳥獸。而探之本身，與人言笑，宛然無異。復師司馬季主，得其神化無方之術。常與人同行，忽探身散爲雲霧，或屹立平地，即爲崇山。觀者戰駭，而其貌儼然猶在舊處。年九十一歲，以漢武帝元朔六年戊午正月，西靈金母遣仙官下迎，授書爲太極眞人，理於大有宮。

李翼

傳記

趙道一《歷世真仙體道通鑑》卷九《李翼》 西嶽仙卿李翼，師眞人王探，得道仙去。以道傳河上公，授《道德》五千文，深究谷神玄牝之旨。又遇異人傳易，洞曉天地陰陽造化。是故探賾索隱，鈎深致遠，與天地合其德，與鬼神合其吉凶。用能尸居而龍見，淵默而雷聲，神動而天隨。登天遊霧，撓挑無極。一日功成道備，玄德升聞，天帝授書爲西嶽仙卿。

李八伯 李八百

傳　記

葛洪《神仙傳》卷三《李八伯》　李八伯者，蜀人也。莫知其名，歷世見之，時人計之，已年八百歲，因以號之。或隱山林，或在廛市，知漢中唐公昉求道而不遇明師，欲教以至道，乃先往試之，爲作傭客，公昉不知也。公伯驅使用意過於他人。公昉甚愛待之。後八伯乃僞作病，危困欲死，公昉爲迎醫合藥，費數十萬，不以爲損，憂念之意形於顔色。八伯又轉作惡瘡，周身匝體，膿血臭惡，不可近視，人皆不忍近之。公昉爲之流涕曰：卿爲吾家，勤苦累年，而得篤病。吾趣欲令卿得愈。無所悋惜。而猶不愈，當如卿何。八伯曰：吾瘡可愈。然須得人舐之。公昉乃使三婢爲舐之。八伯曰：婢舐之不能使愈，若得君舐之，乃當愈耳。公昉即爲舐之，八伯又言：君舐之復不能使吾愈，得君婦爲舐之，當愈也。公昉乃使婦舐之。八伯曰：瘡乃欲差，然須得三十斛美酒以浴之，乃都愈耳。公昉即爲具酒三十斛，著大器中，八伯乃起入酒中洗浴，瘡則盡愈，體如凝脂，亦無餘痕。乃告公昉曰：吾是仙人，君有至心，故來相試，子定可教。今當相授度世之訣矣。乃使公昉夫妻及舐瘡三婢，以浴餘酒自洗，即皆更少，顔色悅美。以丹經一卷授公昉，公昉入雲臺山中合丹，丹成便登仙去。今拔宅之處，在漢中也。

趙道一《歷世真仙體道通鑑》卷一〇《李八百》　李八百，蜀人也，莫知其名。初來卜居於筠陽之五龍岡，又名赤岡寨，今高安郡治是也，有淬劍池，七星井存焉。歷夏商周，年八百歲，又動則行八百里，時人因號爲李八百。或隱山林，或居廛市。後修行於華林山石室，丹成道備，還蜀中。至秦時，知唐公房有志而不遇明師，欲教授之。乃先往試之，爲公房作傭客。公房乃不知仙人也，驅使八百，任意過於他人，公房甚愛之。後八百詐爲病，困劣欲卒，公房乃命醫合藥，費用數萬錢，不以爲損，憂念之意，形於顔色。八百又轉作惡瘡，周徧身體，潰爛臭濁，不可近也。公房乃流涕曰：汝爲吾家勤苦歷年，而得篤疾。吾甚要汝得愈，無所吝惜，而今正爾，當奈若何？八百曰：吾瘡可愈，須得舐之。公房令三婢舐之，八百又曰：婢舐不能使吾愈，若得君舐之，應愈耳。公房即自舐之。八百言：君舐復不能使吾愈，若得君妻舐之，當差。公房乃復使妻舐之。八百曰：吾瘡已差，欲得三十斛旨酒以沐浴，乃當都愈耳。公房即爲具酒三十斛，致於器中，浴瘡即愈，體如凝脂，亦無餘痕。乃告公房曰：吾是仙人，子有至心，故來相試，子定可教也，今眞相授度世之訣矣。使公房夫妻及舐瘡三婢以其浴餘酒澡洗，即皆更少，顔色美悅。以丹經一卷授公房，入雲臺山中合作丹。丹成，乃服之仙去也。一傳載公房作公昉；云唐公昉，興元府人也，飲李八百仙酒，後拔宅飛昇。今有斗山觀，是其遺迹。《混元實錄》云：李脫學長生之道，周穆王時來居蜀之金堂山龍橋峰下。合九華丹，丹成，去遊五嶽十洞二百餘年。於海上遇飛陽君，授水玉之道。還歸此山煉藥成，又去數百年。或隱或顯，遊於市朝。後復回龍橋峰下，煉金鼎還丹，丹成，已八百歲矣。蜀人歷代見之，因號曰李八百。凡三於此山學道，故世人號此山爲三學山。《九域志仙居觀圖經》云：李八百於此上昇。《華林山實錄》云：李八百於漢州金堂縣三學山白日沖昇，石室在浮雲觀西一百步中峰下，闊一丈，高如之，號八百洞天。東南角又有洞門，纔容人入。行經數丈，漸漸高廣，其深莫測。唐玄宗開元初年，孫天師授得張天師祕訣，藏於此洞，人又呼爲孫天師洞。武宗會昌中，邑人龔氏入此洞，獲得六丁祈雨訣一卷，每遇亢旱，祈禱立應。懿宗咸通五年，高安道士朱元整入此洞，於石函中獲經二卷，上有題云：眞風顯色性。整思曰：性，姓也，色性必朱氏也。遂還高安闡授經教，盛行於時。此洞前後入者甚衆，經歷之狀各異，惟穢濁之人自有阻障。信乎，神仙窟宅，不容無道骨者妄入窺測也。浮雲觀，宋改浮雲山聖壽萬年觀，隸隆興府奉新縣。

李八百 見李八伯

匡續

傳記

趙道一《歷世真仙體道通鑑》卷一〇《匡續》 匡阜先生姓匡名續，字君平，南楚人也。或曰本夏禹之裔，生而神靈，兒時便有物外志。周武王時，師柱下史老聃，得長生之道，遂結茅於南嶂山虎溪之上隱焉。室中無所有，唯置一榻，簡策數編而已。武王聞其名，屢加徵聘，不起。居歲月之久，有少年數詣之，自通曰：姓劉名越，家在前山之左，邀先生過之。且曰：至山下有石，高二尺許，即予舍。續後如約而往，至山下，四顧無居室，果唯一石。乃扣之，石爲之開，若雙扉然。有二青衣執絳節前導，先生漸見樓臺參差，金碧輝映，禽鳥翺翔，花木珍異。其少年頂玄玉冠，朱紱劍佩，陞堂揆引。先生悟非人世，心欲求駐。少年謂先生曰：子陰功未滿，後會可期。遂飲以玉酒三爵，繼索延齡保命湯一啜。先生告別而出，反顧其所，惟巨石宛然。先生自得遇之後，神觀日益精明，而功行不輟。定王嘗問柱史伯陽父方今神仙之在世者，伯陽父舉五嶽諸仙以對，先生其一也。王乃召之，先生遯不見。至威烈王時，復遣使以安車迓之。未至之先，先生曰：時至矣。遂白日騰空而去。使者訪其所隱，空存靖廬。使回因奏請以南嶂山爲靖廬山，邦人亦以先生姓氏呼爲匡山，曰匡阜，曰匡廬。其後避宋太祖諱，改匡曰康。至今其鄉若社，皆因先生而命名，虎溪由是爲三十六福地。先生飛昇之後，上帝命司吳楚水旱，及賜以主溫之印，統攝八部溫神，俗因號爲和溫康阜先生。先生高弟二人，一號白鹿眞人，一號洪子眞。今廬山有煉丹洪井、白鹿洞，是其遺迹。漢武帝元封元年南巡狩，登祀天柱，嘗望秩焉。繼而射蛟潯陽江中，顧問此山何神主之，博士劉歆奏曰：匡續先生得道於此。帝由是封先生爲南極大明公，仍命立祠於虎溪舊隱，列於祀典。迨至東晉，雁門僧慧遠遊羅浮回，夜宿祠下，愛其溪山之勝，謁郡守桓伊曰：昨夢匡先生願捨祠爲寺。伊從之，而遷先生祠於山口之乾維。唐開元間，再加興建。天寶初，明皇命使致齋，尊爲仙廟。土民水旱癘疫，禱之皆應。南唐保大中，相國周宗控節南服而臨九江，睹廟貌隳殘，復加興建。始召道士闞元隱主之，以備香火之奉。復奏賜田莊一所，永充齋贍。宋英宗治平中，賜額爲觀，錫名壽聖。行郊祀，降祝版，州遣貳車酌獻，永爲彝典。建中靖國元年，徽宗詔封先生爲靖明眞人。高宗紹興三十二年，避德壽殿尊號，改賜額廣福。瓊山白玉蟾題古風云：武王笑騎青玉驪，生縶老紂而磔之。四海蒼生盡札瘥，林下哲人甘忍饑。有人著書嵩山下，亦有首陽采薇者。八魃流瘟毒赤子，八紘風車吹火馬。吾聞康續隱靖廬，青牛老人授以書。紫皇錫之斂瘟璽，天下蒼生漸噓枯。既聞人間爵十亂，膠志茹芝飲春澗。定王烈王呼不起，秦王船到峭函岸。及其望夷已蒼苔，中原一鹿走之漢。好仙天子矢江龍，遂封先生大明公。晉僧愛地栽白蓮，訴夢紿牧樹佛宮。吾疑老聃昔化龍，公意無乃與聃同。虎溪之水蟠青龍，虎溪之山摩蒼穹。後人因笑葛洪錯，既到廬山還動脚。葛洪去後幾人來，滿洞白雲寒漠漠。

雜録

趙道一《歷世真仙體道通鑑》卷一〇《匡續》 臣道一曰：匡續以周王屢徵之不起，礪志於道，其視王侯之貴，金玉之富，曾土芥之不如矣。卒能功成行滿，白日沖昇。《道德經》曰：雖有拱璧以先駟馬，不如坐進此道。此誠匡續以之。後世得道之士，不事王侯，高尚其事，或飛昇，或尸解，不知其幾千人矣，其殆本於匡續乎。

玉子

傳記

葛洪《神仙傳》卷四《玉子》 玉子者，姓張，震南郡人也。少學衆經。周幽王徵之不起，乃歎曰：人居世間，日失一日，去生轉遠，去死轉近，而貪富貴，不知養性，命盡氣絶即死。位爲王侯，金玉如山，何益於是爲灰土乎，獨有神仙度世可以無窮耳。乃師長桑子，受其衆術，乃造一家之法，著道書百餘篇。其術以務魁爲主，而精於五行之意。演其微妙以養性治病，消災散禍。能起飄風發木折屋，作雲雷雨霧，以草芥瓦石爲六畜龍虎，立便能行，分形爲數百千人。又能涉行江漢，含水噴之，立成珠玉，遂不復變也。或時閉氣不息，舉之不起，推之不動，屈之不曲，伸之不直，如此數十日，乃復起如故。每與諸弟子行，各丸泥爲馬與之，皆令閉目，須臾，皆乘大馬，乘之一日千里。又能吐五色氣，起數丈見飛鳥過，指之墮地。又臨淵投符，召魚鼉，魚鼉皆走上岸。又能使諸弟子舉眼，即見千里外物，亦不能久也。其務魁時，以器盛水，著兩魁之間，吹而噓之，水上立有赤光，繞之曄曄而起。又以此水治百病，在内者飲之，在外者浴之，皆使立愈。後入崆峒山合丹，丹成白日昇天也。

李冰

傳記

趙道一《歷世真仙體道通鑑》卷一〇《李冰》 李冰、楊磨，皆蜀川得道之士。役禦鬼神，驅斥雲龍，無所不能。當開明氏時，游息於蜀，故嘗佐開明氏理水，爲蜀除患。至秦孝文王時，冰爲蜀郡守，開江灌田萬頃。時巫言每歲江伯取童女一人爲婦，冰至江祠責之，忽不見。良久有二蒼牛鬭於岸上，有頃，冰還流汗，謂官屬曰：吾鬭大困，能相助邪？南向腰中白者，我變也。頃復鬭，主簿刺北向者，江伯乃死，江水不復爲災，亦不復娶矣。冰琢五石犀以厭水，一在青城，二在犀浦，一在成都市橋，一在江中。又於縣北玉女房下白沙堆，立三石人於水中，與江神誓曰：涸不出足，漲不至肩。今如其誓，石人今在江左岸上。蜀人世世祀冰。唐玄宗幸蜀，以冰功及於人，命飾祠宇，追加司空相國。令諸有水泛之處，鄉里爲冰立廟，水勢即止。楊磨亦有神術，能伏龍虎，亦於大皀江側決水灌田，與龍爲誓。

魯般

傳記

趙道一《歷世真仙體道通鑑》卷一〇《魯般》 魯般，燉煌人，功侔造化。嘗怨吳人殺其父，於肅城南作一木仙人，手指吳地，吳地大旱三年。卜曰：般所爲也。齎物謝之，般爲斷其手，其月吳中地大雨。

唐建威

傳記

趙道一《歷世真仙體道通鑑》卷一〇《唐建威》 秦三將軍者，一名建威。姓唐氏；一名德殳，姓李氏；一名雲刁，姓宋氏，悉不知何許人。始皇時，三人皆武士，有大功於國，爵位崇重。既而見秦政日亂，乃相與謀曰：時勢去矣，英雄起矣，方今小人滿朝，正言不用，王道失序，政事乖錯，不早爲之所，吾徒其魚肉矣。時有名宦十人，皆正人君子，亦相率而去之。於是十有三人皆棄官學道，訪名山，入煙蘿，如鹿脱獵場，無復反顧之意。遂經廬山之陽，至紫霄峰下，愛其山水之勝，三人欲遂栖焉。十人曰：不然，初志歸羣玉洞府，豈可中道而廢。言訖未行，一夕雷電奄至，洪流泛涌。且視廬舍，左右化成二溪，溪中盤石上有玉簡天篆，云神化靈溪，金簡標題眞人受眞玉洞潛棲。十人莫知所往，三武士遂棲於溪側，種桃茹芝爲養眞之具。建威曰：當惠以施貧。德殳曰：當藥以濟病。雲刁曰：當言以滌迷，異術同功，而遠近蒙其福。久之，但見祥雲遊空，雙鶴飛舞，自是三人得道仙去矣。後人指其居曰三將軍洞，而置祠焉。至漢武帝時，賜名靈溪觀。

孔丘明

傳記

趙道一《歷世眞仙體道通鑑》卷一一《孔丘明》　孔丘明、駱法通、吴天印、張法樞、謝志空、周仙用、鄒武君、謝幽嵒、楊元中、何紫霄輩十三人，當秦之二世，惡聞其亂，因相與交結，浩志罷官，遠訪大道。内三武弁李德殳、宋雲刀、唐建威，莫詳氏族爵里，初至廬山，便欲休息。一夕疾風甚雨，結成一溪，中得石刻，云神化靈溪，金簡標題眞人受旨玉洞潛棲。三人遂留溪，今靈溪觀是也。十人者，孔公家玉笥山西南，吴公家淦江之西。孔曰：江南羣玉峰，係第十七洞天，號大秀法樂之天。山秀洞靈，可踵棲遯，初志如此，豈得中道而廢。十人結束，前趨羣玉。孔曰：洞天之西，奇峰聳秀，必有靈巖憩息朝元。果於東南石壁之前逢一嵒穴，壁上有古篆，又云洞天西門。十公俱是恬退上士，煉神怡氣，殆非一術。一日有素服老人持銅盆，貯小鯉魚十枚，曰：此魚有異，宜善視之。亟於洞天之後穿池以蓄，後人呼爲養龍池。何紫霄好遠遊，而多簡慢，衆勉之而不聽。九人知不死可學，而行之愈力。漢景帝時，修煉道備，神降於庵，自稱洞天司命，告九人曰：子等精誠至矣，今北酆落籍，名鏤南宫。遂傳還丹之祕而去。丹成服之，神又至曰：上帝詔且至，速之送仙臺。以須時偕登，而衆仙已至。肆筵祖餞，頗如君臣之會。酒行畢，清風穆然，雲物駢集，香氣襲人，九龍控馭，鸞鳳前舞。玉帝敕遣繡衣使者、青衣童子，賫玉冊十道，霞衣十箱，金丹一合，霓旌羽節，俱至臺上。獨有何紫霄遠遊未回，從辰至巳，九眞服丹，更衣整駕。相待不至，留玉冊與霞衣一箱，及一素冊在飛仙石上以遺之。仙樂淒清，羣仙趣駕，孔眞歎曰：仙良仙良，於何之鄉，吾今往矣，子獨奚亡。俄而氣勢漸高，杳不復見。九龍駕，乃當年所養之魚耳。九眞於東陽治石臺煉十寶劍，未仙去時，一與仙良佩，一埋送仙臺，餘鎮洞天八門矣。

何紫霄

傳記

趙道一《歷世眞仙體道通鑑》卷一一《何紫霄》　何紫霄，字仙良，或云姓鄧。九眞已飛昇，而仙良方歸，神清飄蕩，泣對煙雲。上飛仙石，受箱與冊。司命眞君至曰：眞人有違玉詔，不得同昇九眞元會，功行未圓，可隱元龜洞。發箱掛衣視素冊，其中有服太清草法，云可以成地仙，亦言山之東北有洞在平野，此地仙之府可居。仙良已覆其箱於峰頂，俄化爲石。後人因以名峰，而狀亦酷似。又放白猿、犬各一，以食仙藥，皆得騰身而去。仙良餌太清草，行素冊祕法，不浹日已能淩虚。殘山之巨石飛入石洞，所謂地仙。初神遺魚蓄之池，變九龍以騰九眞，復視之，池無有矣。獨一魚乍出乍沒，後亦化龍，潛伏嵒洞耳。

唐公昉

傳記

趙道一《歷世真仙體道通鑑》卷一一《唐公昉》 唐公昉，興元府人也。興元有斗山觀。自平川內聳一山，四面壁立，其上方如斗底，故號之。薜蘿杉檜，景象尤奇，上有唐公昉飲李八百仙酒全家拔宅之迹。其宅基三畝許，陷爲坑，此蓋連地上昇也。一云公房舉宅昇仙，鷄犬皆去，唯鼠惡其不淨，不將去。鼠自悔，一月三吐，易其腸束，廣微所謂唐鼠是也。有前人題詩云：霞衣欲舉醉陶陶，不覺全家住絳霄。公宅只知鷄犬在，上天誰信路岐遙。三清寥廓抛塵夢，八景雲霓事早朝。惟有故林蒼栢秀，露華煙靄鎖驚飈。又洋州有寒泉山，《漢中記》云：秦唐公房師事仙人李八百，公房中渴，八百以杖指崖出湧泉。即此山。登之者，必加嚴肅。或諠譁，立有風雷暴起，因此爲名。

丁令威

傳記

趙道一《歷世真仙體道通鑑》卷一一《丁令威》 丁令威者，遼東人也。少隨師學得仙道分身，任意所欲。常蹔歸化爲白鶴，集郡城門華表柱，言曰：我是丁令威，去家千載，今來歸，城郭如舊人民非，何不學仙離冢纍。遂高飛沖天而去。夫左元放爲羊，令威爲鶴，斯并一時變化之迹爾，非永爲羊鶴也。遼東諸丁譜載，令威漢初學道得仙。

張良

傳記

趙道一《歷世真仙體道通鑑》卷一一《張良》 張良，字子房，其先韓人也。秦滅韓，良以家財求客刺秦王，爲韓報仇。以五世相韓，故良嘗學禮淮陽，於滄洲得力士，爲鐵椎重一百二十斤。秦皇東遊，至博狼沙中，良與客狙擊秦皇，誤中副車。秦皇怒，求賊急甚，良乃更姓名，亡匿下邳。良嘗間從步游下邳，圯上有一老父，衣褐，至良所，直墮其履圯下，顧謂良曰：孺子下取履。良愕然，欲毆之。爲其老，乃彊忍，下取履，因跪進。父以足受之，良殊大驚，父曰：孺子可教矣，後五日平明與我期此。良因怪，跪曰：諾。五日明，良往，父先在，怒曰：後何也？五日鷄鳴往，父又先在，復怒曰：後何也？後五日夜半往，有頃父亦來，喜曰：當如是。出一編書，曰：讀是則爲王者師，後十年興。十三年，孺子見我濟北穀城下，黄石即我矣。遂去不見。且日視其書，乃《太公兵法》。良因異之，常習誦。居下邳爲任俠，數以太公兵法説沛公。沛公喜，常用其策，爲他人言皆不省。良曰：沛公殆天授。遂從，不去。沛公欲擊秦嶢關軍，良曰：臣聞其將屠者子，賈豎易動以利。願且留壁，益張旗幟諸山上爲疑兵，令酈食其持重寶取秦將。秦將欲和，因其解擊之。秦兵敗，遂至咸陽，秦王子嬰降。沛公入秦宮室帷帳，狗馬重寶，婦女以千數，意欲留君之。樊噲諫不聽，良曰：秦爲無道，故沛公得至此，爲天下除殘去賊，宜縞素爲質。今始入秦，即安其樂，此所謂助桀爲虐。且忠言逆耳利於行，毒藥苦口利於病，願聽噲言。沛公乃還軍灞上，見羽鴻門。沛公爲漢王，良因説王燒絶棧道，示天下無還心，固項王意。漢王還定三秦，良遺項羽書曰：漢王失職，欲得關中，如約即止，不敢東。又以齊反書遺羽，曰：齊與趙欲併滅楚。羽以故北擊齊。漢王以良爲成信侯，從東擊楚，兵敗而還，下馬踞鞍而問曰：吾欲捐關以東棄之，誰可與共功者？

良曰：九江王布，楚梟將，與項王有隙。彭越與齊王反梁地，此兩人可急使。而漢王之將，獨韓信可屬大事，當一面。即欲捐之，捐之此三人，楚可破也。漢王乃遣隨何說布連彭，卒破楚者，此三人也。良多病，嘗爲畫策臣，時時從。漢三年，羽急圍漢王於滎陽，漢王與酈食其謀撓楚權，酈生曰：昔湯伐桀，封其後杞；武王誅紂，封其後宋。今秦滅六國，陛下誠立六國後，皆爭戴陛下德義，願爲臣妾。德義已行，南面稱伯，楚必斂衽而朝。漢王曰：善。趣刻印，先生因行佩之。未行，良從外來謁，漢王方食，曰：客有爲我計撓楚權者。具以酈生計告良。良曰：請借前箸以籌之，誠用此謀，陛下事去矣。漢王輟食吐哺，罵曰：豎儒幾敗乃公事。韓信破齊，欲爲齊王。漢王怒，良說漢王。五年，漢王壁固陵，諸侯不至，良說漢王，諸侯皆至。六年，封功臣，良未嘗有戰鬬功，帝曰：運籌帷幄中，決勝千里外，子房功也。自擇齊三萬戶。良曰：始臣起下邳，與上會留，此天以臣授陛下。陛下用臣計，幸而時中，願封留足矣。乃封爲留侯，與蕭何等俱封。其餘爭功，未得行封。上居雒陽云云。上即日駕西都關中，良從入關。性多疾，即導引不食穀，閉門不出。歲餘，上欲廢太子，立戚夫人子趙王如意。呂后使建成侯呂澤劫良，曰：君常爲上謀臣，今上日欲易太子，君安得高枕而卧？良曰：此難以口舌爭也。顧上有不能致者四人，四人年老，皆以上嫚侮士，故逃匿山中，義不爲漢臣。然上高此四人，固請宜來。來以爲客，時從入朝，令上見之，則一助也。於是呂后令呂澤使人奉太子書，卑辭厚禮迎此四人。至十一年，黥布反，上疾，欲使太子擊之，四人乃說建成侯曰：太子將兵有功，即位不益；無功則從此受禍。諸將皆與上定天下，梟將也，使太子將之，無異使羊將狼。臣聞母愛者子抱，今戚夫人日夜侍御，趙王常居前，明其代太子位必矣。吾何不急請呂后，承間爲上泣言：布，天下猛將，善用兵。今諸將皆陛下等夷，乃令太子將此屬，莫肯爲用。且布聞之，鼓行而西爾。上雖疾，彊載輜車，卧而護之，不敢不盡力。上雖苦，彊爲妻子計。后如四人意，上曰：豎子不足遣，乃公自行耳。上自將而東，良疾，彊起見上曰：楚人剽疾，願無與爭鋒。因說上令太子爲將軍，監關中兵，上謂子房雖疾，彊傅太子。時叔孫通爲太傅，良行少傅，事上從破布。歸，疾益甚，愈欲易太子。良諫不聽，因疾不視事。叔孫通引古以死爭，上陽許之，猶欲易之。及宴，置酒太子侍，四人者從太子，年皆八十有餘，鬚眉皓白，衣冠甚偉。上怪問曰：何爲者四人？各言其姓名，上驚曰：吾求公，避逃我，今何從吾兒遊乎？四人曰：陛下輕士善罵，臣等義不辱。今聞太子仁孝，恭敬愛士，天下莫不延頸願爲太子死者，故臣等來。上曰：煩公卒調護太子。四人爲壽畢，趨去。上目送之，召戚夫人指示曰：我欲易之，彼四人爲之輔，羽翼已成，難動搖矣。戚夫人泣涕，上曰：爲我楚舞，吾爲若楚歌。歌曰：鴻鵠高飛，一舉千里，羽翼已就，橫截四海。橫截四海，又可奈何？雖有矰繳，尚安所施。歌數闋，戚夫人歔欷流涕，罷酒。竟不易太子者，良本招四人之力也。良所與從容言天下事甚衆，良乃稱曰：家世相韓，韓滅，不愛萬金之資，爲韓報仇。今以三寸舌爲帝者師，封萬戶，此布衣之極，於良足矣。願棄人間事，從赤松子遊耳。乃學道，欲輕舉。後六歲薨，謚文成侯。良始見圯上老父，後十三歲從高帝過濟北，果得穀城山下黃石，取而寶祠之。及良薨，并葬黃石。每上冢伏臘祠黃石，子不疑嗣。道書云：良仙去，至八世孫道陵得道飛昇，太上遣良下爲詔使焉。

雜録

趙道一《歷世真仙體道通鑑》卷一一《張良》　臣道一曰：至人隱則上仙，顯則瑞世，是故獨善其身則誠意正心修身，兼善天下則齊家治國平天下，其道未嘗不兩存，顧所遇窮達隱顯如何爾。張良可謂兩存其道者也。《道德經》曰：修之於身，其德乃眞；修之於家，其德乃餘；修之於鄉，其德乃長；修之於國，其德乃豐；修之天下，其德乃溥。此正張良之忠於韓，而成漢之功業也。然神仙雖以功名成就於世，是豈圖富貴以自榮，蓋亦行其志也，故終爲遯世之歸焉。經又曰：功成，名遂，身退，天之道。非此之謂乎。

傳記

蘇耽

趙道一《歷世真仙體道通鑑》卷一一《蘇耽》 蘇耽，桂陽人也。耽之母李氏，因江中浣帛，觸沉木而感孕焉。耽生，有雙鶴飛於庭，白光貫戶牖。及生數歲，寡言語，不爲兒戲。少以至孝著稱。年已十四，母方食葷，曰：吾偶思資興瀧鮓，患遠不可得也。耽曰：今往市之。乃去，母以爲戲言見悅爾。食未竟，耽來鮓於前曰：此資興瀧鮓也。母曰：汝最爲謹厚，資興瀧去此二百餘里，汝不一時往還，何詐也？耽曰：市鮓時見舅，兒來言致意母，不數日亦來謁母矣。母舉鮓而食，眞資興瀧鮓也。不數日舅至，具言市中見耽，母亦大神其事。耽一日告母：道果已圓，昇舉有日。翱翔雲水之鄉，脫落塵泥之外，命蒂胎根已爲我有，琅臺紫府本是各家，陰陽不能陶鑄，天地不能管轄。陵谷遷而此不可遷，日月老而吾不可老。眞元一氣，萬古長存。母曰：吾恃爾也，爾去吾何依，何言去乎？耽曰：常聞師曰：一人昇仙，九族受庇，雖過去者亦不爲下鬼。今雖去，母之動息皆可知也。乃留一櫃，封鑰甚固。願母毋開，若有所需，告之如所言也云。因謂鄉人曰：更後二年，郴人大疫。乃殖橘鑿井，曰：受病但食一橘葉，飲泉水一盞，自愈。語已，有五色雲下庭中，簫鼓隱隱而至。耽乃昇雲，泣別母與鄉人，冉冉東南而去。鄉人數百、郡官悉見之，時漢文帝三年也。爾後母凡有乏，禱其櫃，皆如所求。一日母思耽，謂在其中，乃發櫃，了不見物，惟見二鶴淩空而去。蘇仙沖昇之後二年，郴人果大疫，乃取橘泉治病，即時皆愈，所存活者千百人。郡將與僚佐、郡人悉拜祭橘泉之下，常若市焉。不數年，耽母有疾，耽嘗來問疾。不久耽母傾喪，壽百餘歲。朝廷乃命郡守送喪，遂葬蘇山之南。於時猿驚鶴怨，風慘煙昏，愁雲不散，悲雨自冷。山頂聞哀泣，遠聽而近，近聽而遠。郡守率郡僚、郡人詣山慰耽，雖聞仙泣，而不見其形。郡守盧獻可乃曰：不因慰問，無由拜仙，願得一見仙容，以消塵障，非某一身之幸，乃九族之幸也。耽曰：仙凡異道，升沉殊塗，吾不惜令汝見，但恐汝輩福尠，不能盡見吾也。乃曰：吾令汝見吾之半。耽乃出半面一臂示獻可等，郡官見面若眞玉，艷而有光，臂亦紺毛，與日氣相射。郡官再拜跪慰，仙耽曰：山路絕險，遠勞郡官，吾欲造一橋，令汝等安然至家，愼勿回顧也。乃取《玉軸金庭經》一卷，對空擲之，俄成巨橋，若玉虹之架空，欄楯皆金寶爲飾。盧獻可率郡官隱隱而陞，不久到郡。惟判官張信臣回顧，墜墮絕澗，爲朽木敗葉藉地，不曾損，三日方到郡。耽母之終，山上哭聲服除乃止。後郡守以其事聞於上，封其山爲蘇仙山，名其觀爲蘇仙觀，郡守以時嚴潔醮祭焉。元結詩云：靈橘無根井有泉，世間如夢又千年。鄉關不見重歸鶴，姓字今爲第幾仙。風冷露壇人悄悄，地閑荒徑草綿綿。如何躡得蘇君迹，白日霓旌擁上天。又沈彬咏蘇仙山詩云：眼穿林罅見郴州，井裏交連側局楸。味道不來閑處坐，勞生更欲幾時休。蘇仙宅古煙霞老，羲帝墳荒草木愁。千古是非無處問，夕陽西下水東流。宋初，俄有一鶴棲郡齋屋脊，久而不去。郡僚子弟輩聚觀，乃彈之，鶴乃舉足畫屋，若書字焉。郴屋皆以板爲瓦也。鶴乃騫翼昇雲而去，郡將乃遣人陞屋，即見所畫字曰：鄉原一別重來，事非甲子，不記陵谷遷移、白骨蔽野、青山舊時，翹足高屋，下見羣兒，我是蘇仙，彈我何爲？翻身雲外，却返吾居。郡將取其板藏之府中，後乃歸之本觀，仙亦不復再來。高宗紹興間，賜蘇仙爲沖素普應眞人。

張君房《雲笈七籤》卷一一〇《紀傳部一一・蘇耽》 蘇耽者，桂陽人也。少以至孝著稱，母食欲得魚羹，耽出湘州市買，去家一千四百里，俄頃便返。耽叔父爲州吏，於市見耽，因書還家，家人大驚。耽後白母曰：「耽受命應仙，違遠供養。」作兩大櫃留家中。若欲須食扣小櫃，欲得錢帛扣大櫃，是所須皆立至。鄉里共怪其獨如此，白官遣吏，檢櫃無物，而耽母用之如故。先耽將去時云：「今年大疫，死者略半，家此井水，飲之無恙。」果如所言，合門元吉。母年百餘歲終，聞山上有人哭聲，服除乃止。百姓爲之立祠矣。

司馬季主

傳記

趙道一《歷世真仙體道通鑑》卷一一《司馬季主》　楚人也，卜於長安市。漢文帝時，賈誼、宋忠爲大夫，曰：吾聞聖人不在朝廷，或遊廛肆，試往觀之焉。見季主閑坐，弟子侍而誦《陰陽之紀》。二人曰：望先生之狀，聽先生之辭，未嘗見也。尊官高位，賢者舉之，君何行之迂也？季主笑曰：觀大夫類有道術，何言之陋。令蠻夷不服，四時不和，徒趑趄而言，相引以勢，相延以利，賢者乃可羞爾。夫內無饑寒之累，外無劫奪之憂，處上而人敬，居下而無害，君子之道也。卜之爲業，所謂上德不德也。鳳凰不與燕雀爲羣，公等瑣瑣，不足知長者乎。二人忽爾自失，後相謂曰：道尊者安，勢高者危，卜而不審，不見奪糈，爲人生計而不審，身無所處。其後宋忠抵罪，賈誼感鵩，不逃季主之鑒。季主入委羽山大有宮中，師西靈子都，受石精金光藏景化形之道。臨去之際，枕席以代形，粗如其眞身，家人葬之於蜀盤山之南。諸葛亮爲其碑讚云：玄漠大寂，渾合陰陽，天地交泮，萬品滋彰。先生理著，分别柔剛，鬼神以觀，六度顯明。季主得道後，常讀玉經，服明丹之華，挹扶晨之輝，顏如少女，鬚三尺，黑如墨。有子二人，男名法育，女名濟華，乃俱在委羽山，並讀《三十九章》。

嚴青

傳記

葛洪《神仙傳》卷七《嚴青》　會稽人也。家貧，常在山中燒炭。忽遇仙人云：汝骨相合仙。乃以一卷素書與之，令以淨器盛之，置高處。兼教青服石腦法。青遂以淨器盛書，置高處，便聞左右常有十數人侍之。每載炭出，此神便爲引船。他人但見船自行。後斷穀入小霍山去。

趙道一《歷世真仙體道通鑑》卷一二《嚴青》　嚴青者，會稽人也。居貧，常於山作炭，忽遇一人與青語，青不知其神人也。臨行，以一卷書與青曰：汝骨應得長生，吾以神方授汝。青言：我不識書，當奈何？神人曰：不須讀也，但以潔器盛之，置高處爾。并教青服石髓法。青受之，僑居山中，無他佳器，唯有飲壺，乃用以盛所授書，即便見其左右常有數十人侍之。青船載炭時出山下，此神便爲青挽船也，人但見青船自行。又治病救患，但以所授之書到其人家，所病便愈，百姓多尊奉之。青常從弟子家夜歸，都巡夜逢青，呵問何人夜行，青亦厲聲問曰：汝是何人而夜行？都督怒其應對不恭，因叱從兵使收録犯行人。青復叱其從神曰：皆録其夜行人。青徑去，而都督及從者數十人，人馬皆不復得去。明旦，行人見都督，問何爲住此，都督説事狀如此。行人曰：此必是嚴公也。都督曰：我今不能動，可報吾家，速往叩頭謝青，自説昨實不知是先生，乞得放遣。青乃大聲曰：遣放昨所録夜行人。都督乃得去。其後夜行者每見行人，皆先問非嚴公乎。青後斷穀不食，一年而入小霍山仙去。今吳會多奉事青爲嚴家道，但不復知食藥物以求長生，惟存其祭祀爾。

王谷神 皮玄耀

傳記

趙道一《歷世真仙體道通鑑》卷一二《王谷神》　王谷神、皮玄耀者，西漢蜀青城山道士。幼而穎悟，不居榮寵，通《老》、《莊》、《文》、《列》，妙於星緯。周遊名山，渡荆渚，泛瀟湘，至南嶽，卜庵於金母殿。後修胎息還元，數年道成。東遊羣玉，訪九仙。值武帝南巡，見之神氣不羣，乃延之，卜隱於西峰。帝厚賜，兼封王爲太微先生，皮爲太素先生，以上卿禮待之。三年，控碧騾上昇。

皮玄耀 見王谷神

李奉仙

傳記

趙道一《歷世真仙體道通鑑》卷一二《李奉仙》 李奉仙者，東蜀人。自幼不語，年十八，常欲寒棲以避臭茹，人問之，曰：知白守黑，道貴昏默。我師南嶽公云：吾周靈王太子吹笙者也，子三生奉道，而所試由功之不著也，今授子朱綱之法，將昇度南宮。吾師浮丘公授予，今付於子，子宜勤焉。若更遲此生，萬劫不度。吾將爲南嶽司命侍帝晨，又補桐柏眞人。言訖遂隱，漢宣帝詔不起。

清平吉

傳記

趙道一《歷世真仙體道通鑑》卷一二《清平吉》 清平吉，沛國人。漢高皇帝時衛平也，至光武時，容色不老。後尸解去，百餘年復還鄉里，數日間又尸解而去。

黃山君

傳記

葛洪《神仙傳》卷一《黃山君》 黃山君者，修彭祖之術，年數百歲，猶有少容。亦治地仙，不取飛昇。彭祖既去，乃追論其言，爲《彭祖經》。得《彭祖經》者，便爲木中之松柏也。

呂恭

傳記

葛洪《神仙傳》卷二《呂恭》 呂恭，字文敬。少好服食，將一奴一婢於太行山中採藥，忽有三人在谷中，因問恭曰：子好長生乎，而乃勤苦艱險如是耶？恭曰：實好長生，而不遇良方，故採服此物，冀有微益也。一人曰：我姓呂，字文起。一人曰：我姓孫，字文陽。一人曰：我姓李，字文上。皆太清太和府仙人也，時來採藥，當以成授新學者。公既與吾同姓，又字得吾半，是公命當應長生也。若能隨我採藥，語公不死之方。恭即拜曰：有幸得遇神人，但恐闇塞多罪，不足教授。若見採救，是更生之願也。即隨仙人去。二日，乃授恭祕方一通。因遣恭還曰：可歸省鄉里。恭即拜辭仙人。語恭曰：公來雖二日，今人間已二百年。恭歸到家，但見空野，無復子孫，乃見鄉里數世後人趙光輔，遂問：呂恭家何在。人轉怪之曰：君自何來，乃問此久遠之人。吾聞先世傳有呂恭，將一奴一婢入山採藥，不復歸還，以爲虎狼所傷耳。經今已二百餘年，君何問乎？呂恭有後世孫呂習者，在城東北十里作道士，人多奉事之，推求易得耳。恭承輔言，往到習家，叩門而呼之。

奴出問曰：公何來。恭曰：此是吾家也。我昔採藥隨仙人去，至今二百餘年，今復歸矣。習舉家驚喜，徒跣而出。拜曰：仙人來歸，流涕不能自勝。居久之，乃以神方授習而去。時習已年八十，服之，轉轉還少，至二百歲。乃入山去。其子孫世世服此藥，無復老死，皆得仙也。

陳安世

傳記

葛洪《神仙傳》卷三《陳安世》 陳安世者，京兆人也。爲灌叔平客，稟性慈仁。行見鳥獸，下道避之，不欲驚動。不踐生蟲，未嘗殺物。年三十，而叔平好道思神。忽有二仙人託爲書生，從叔平行遊以觀試之。叔平不覺其是仙人也，久而轉懈怠。叔平在內方作美食，二仙人復來詣門，問安世曰：叔平在否。答曰：在。因入白叔平，叔平即欲出。其妻止之曰：餓書生輩，復欲求腹飽耳，勿與食。於是叔平使安世出，告言不在。二人曰：汝向言在，今言不在，何也。大家勅我去耳。二人喜善之以實對，乃相謂曰：叔平勤苦有年，今日値吾二人而反懈怠，是其不遇我，幾成而敗之。乃問安世曰：汝好遨戲耶。答曰：不好也。又曰：汝好道希仙耶。答曰：好道，然無緣知耳。二人曰：汝審好道，明日早會道北大樹下。安世早往期處，到日西而不見二人，乃起將去。曰：書生定欺我耳。二人已在其耳邊呼之曰：安世，汝來何晚耶。答曰：早且來，但不見君耳。二人曰：我端坐在汝邊耳。頻三期之，而安世輒早至，知其可教，乃以藥兩丸與之。誡曰：汝歸家。勿復飲食，別止一處。安世依誡。二人常往其處。叔平怪之。曰：安世處空室。何得有人語，往輒不見，何也。答曰：我獨語耳。叔平見安世不服食，但飲水。止息別位，疑非常人，自知失賢。乃歎曰：夫道尊德貴，不在年齒，父母生我，然非師則莫能使我長生也，先聞道者則爲師矣。乃自執弟子之禮，朝夕拜事安世，爲之洒掃。安世道成，白日昇天。臨去，遂以要道傳叔平，叔平後亦得仙也。

靈壽光

傳記

葛洪《神仙傳》卷七《靈壽光》 靈壽光者，扶風人也。年七十時，得朱英丸方。合服之，轉更少壯，如年二十。時至建安元年，已二百二十歲矣。

趙道一《歷世真仙體道通鑑》卷一二《靈壽光》 常寄寓於江陵胡田家，無疾而卒。田殯埋之，百餘日人復見在小黄，寄書與田。田得書，掘發棺，之中無所有，釘亦不脫，唯履在棺中。

張禮正

傳記

趙道一《歷世真仙體道通鑑》卷一二《張禮正》 張禮正、始明期二人，昔衡山中學道者。禮正以漢末入山，服黄精，顏色丁壯，常如年四十時。明期以魏末入山，服澤瀉柏實丸，共止巖中，後俱受西城王君傳虹景丹方，從來服此丹已四十年，中患丹砂之難得，俱出廣州爲沙門，是滕含爲刺史時也。遂得內外洞徹，眼明身輕，日行五百里。後入九嶷山。

雜録

趙道一《歷世真仙體道通鑑》卷一二《張禮正》 《眞誥》云：又兼守一，亦已三十年。以三月一日東華遣迎，以其日乘雲昇天。今在方諸故室俱爲土山下。注云：滕含以永和十年甲寅年爲廣州刺史。此得仙乙丑歲十二年，是爲前服丹已三十年，猶更出查也。

李根

傳記

葛洪《神仙傳》卷一〇《李根》 字子源，許昌人也。有趙賈者，聞其父祖言傳世見根也。賈爲兒時便隨事根，至賈年八十四，而根年少不老。昔在壽春吳太文家，太文從之學道，得作金銀法，立成。根能變化入水火中，坐致行厨，能供二十人，皆精細之饌，四方奇異之物，非當地所有也。忽告太文云：王陵當敗，壽春當陷，兵中不復居，可急徙去。衆乃使人收根，欲殺之。根時乃方欲書疏，奄聞外有千餘人圍其家求根。語太文父曰：忽忽但語吾不知，官自來搜之，昨已去矣。太文出戶還顧，窺根失所在，左右書器物皆不復見。於是官兵入索，困食衣篋之中，無處不遍，不得根。及良久，太文出，見根固在向坐，儼然如故。根語太文曰：王太尉當族誅，卿弟泄語，十日中當卒死。皆果如言。弟子家有以女給根者，此女知書，根出行，竊視根素書一卷讀之，得根自說其學道經疏云：以漢元封中學道於某甲。時年計根已七百餘年矣。又太文說根兩目瞳子皆方。按《仙經》說：八百歲人瞳子方也。根告諸弟子言：我不得神丹大道之訣，唯得地仙方耳。壽畢天地，然不爲下土之士也。

黃敬

傳記

葛洪《神仙傳》卷一〇《黃敬》 子伯嚴，武陵人也。少讀誦經書，仕州爲部從事。後棄世學道於霍山，八十餘年。復入中嶽，專行服氣斷穀，爲呑吐之事，胎息內視，召六甲玉女，呑陰陽符。又思赤星在洞房前，轉大，如火周身。至二百歲，轉還少壯。道士王紫陽數往見，從求要言。敬告紫陽曰：吾不修服藥之道，但守自然，蓋地仙耳，何足詰問。聞新野陰君神丹昇天之法，此眞大道之極也，子可從之。人能除遺嗜慾如我者，不可以學我所爲也。紫陽固請不止。敬告紫陽曰：大關之中有輔星，想而見之翕習成，赤童在馬持朱庭，指而搖之錬身形，消遺三尸除死名，審能守之可長生，失之不久倫窈冥。紫陽受之，得長生之道也。

甘始

傳記

葛洪《神仙傳》卷一〇《甘始》 太原人也。善行氣，不飮食。又服天門冬，行房中之事。依容成玄素之法，更演益之。爲一卷，用之甚有近效，治病不用針灸湯藥，在人間三百餘歲，乃入王屋山仙去也。

黃子陽

傳記

趙道一《歷世真仙體道通鑑》卷一二《黃子陽》 黃子陽，後魏人，知長生之妙。學道，在博落山中九十餘年，但食桃皮，飲石中黃水。司馬季主以導仙八方與之，遂能度世。

周義山

傳記

趙道一《歷世真仙體道通鑑》卷一四《周義山》 紫陽眞人，姓周名義山，字季通，汝陰人也。漢丞相勃七世之孫，以冠族播流，世居貴宦。祖玄，漢昭帝元鳳元年爲青州刺史。父祕，爲范陽令，時君始生焉。父後積秩累遷，官至陳留刺史。君時年十六，隨從在郡，始讀《孝經》、《論語》、《周易》。爲人沉重，少言笑，喜怒不形於色。好獨坐靜處，不結名好。然精細微密，所存必感。常以平旦之後，日出之前，正東向立，漱口咽液，服氣百數，向日再拜。旦旦如此，爲之經年，父怪而問之所行何等事，君長跪對曰：義山中心好日光長景之暉，是以拜之爾。至月朔旦之日，輒遊市及閭閻陋巷之中，見窮乏饑餓之人，解衣給食。時時登陟名山，喟然悲歎。或入石室中，歡然獨笑。時陳留大儒名士，聞君盛德，體性沉美，咸往詣焉，君輒稱疾不見賓客。漢侍中蔡咸，陳留高士，亦頗知道。聞君德行，數往詣君。每稱疾不欲見之，父乃大怪，怒責之，督切使出見之。既不得已，遂出相見，咸大發清談及論神仙之道、變化之事。君乃凝默內閉，斂神虛靜，頷而和之，一不答也。是歲大旱，斗米千錢，路多饑莩，君乃傾財竭家以濟其困，陰行之人亦不知是君之慈施也。對萬物如臨赤子，斯積德仁愛之施矣。後遇陳留黃泰告君曰：聞君好道，陰德流行，用思微妙，誠感於我，是以相詣。吾是中嶽仙人須林字子玄也，本衛人，靈公末年生。少好道德，受學於岑先生，見授煉身消災之道術。後又遇仇公，見教以服氣之法、還神守魂之事。吾行之甚驗，大得其益。子少知還陽，精髓不泄，又知導引伏氣，吞景咽漿，不復須陰丹內術補胎之益也。然猶三蟲未壞，三尸未死，故導引服氣不得其理。可先服制蟲細丸，以殺穀蟲。蟲有三名，一名青古，二名白姑，三名血尸，謂之三蟲。三蟲在內，令人心煩滿，意志不開，所思不固，失食則饑，悲愁感動，精志不至，仍以飲食不節斷故也。雖復斷穀，人體重滯，淹淹淡悶，所夢非眞，顛倒反錯，邪俗不除，皆由此蟲在內搖動五臟故也。其方用附子五兩、麻子七升、地黃六兩、朮七兩、茱萸根大者七寸、桂四兩、雲芝英五兩，凡七種。先取菖蒲根煮濃，作酒，使清淳。重美一斗半，以七種藥㕮咀內器中漬之，亦可不用㕮咀，三宿乃出暴之。之燥，又取前酒汁漬之三宿，又出暴之，須酒盡止暴，令燥。內鐵臼中，搗之極細，簁令成粉。取白蜜和之，令可丸。以平旦東向初服二丸如小豆，漸益一丸，乃可至十餘丸也。治腹內弦實上氣，心胸結塞，益肌膚，令體輕有光華。盡一劑則蟲死，蟲死則三尸枯，三尸枯則自然落矣。亦可數作，不限一劑也。然後合四鎮丸，加曾青、黃精各一兩，以斷穀畢。若導引服氣不得其理，可先服食衆草苣勝、茯苓、朮、桂、天門冬、黃連、地黃、大黃、桃糉及皮，任擇焉。雖服此藥以得其力，然不得九轉神丹金液之道，不能飛仙也，但可爲延年益壽爾。君按次爲之服食朮，五年身生光澤，徹視內見五臟。乃就仙人求飛仙要訣，仙人曰：藥有數種，仙有數品。有乘雲駕龍，白日昇天，與太極眞人爲友，拜爲仙宮之主，其位可同眞公、定元公、大生公及中黃大夫、九氣丈人、仙都公，此皆上仙也。或爲仙卿大夫，上仙之次也。遊行五嶽或造太清，役使鬼神，中仙也。或受封一山，總領鬼神；或遊翔小有羣集清虛之宮，中仙之次也。若食穀不死，日中無影，下仙也。或白日尸解，過死太陰，然後乃仙，下仙之次也。我受涓子祕要，是中仙耳。子名上金書，當爲眞人，我之道非子眞人所學也。今以守三一之法、靈妙小有之書二百事傳子，石菌、朱柯、若乾芝與子服之，吾道畢矣，子可遠索師也。君再拜受教，退而服神芝五年，目視千里外，日行五百里。遂巡行名山，尋索仙人。聞蒙山欒先生能讀《龍蹻經》，遂往尋之。遇衍門子，於是授《龍蹻經》及《三皇内文》。登王屋山，遇趙陀子，授芝圖十六首及五行祕符。又遇黄先生，受《黄素神方》、《五帝六甲左右靈飛之書四十四訣》。登皤冢山，遇上衛君，授太素傳左乙混洞東蒙之錄、右庾素文攝殺之律。登嵩高山，遇中央黄老君合會仙人在其上太室洞門之内，君頓首拜，乞長生度世。老君曰：子存洞房之内見白元君邪？君對曰：實存洞房，嘗見白元君。黄老君曰：子道未足，未見無英君也。且復游行，受諸要訣，當以上眞道經授子矣。見白元君下仙之事，可壽三千年；見無英君，乃爲眞也，可壽一萬年矣。君再拜受教而退，遊行天下名山大澤。西登白空山，遇沙野帛先生，授《太清上經》。登峨嵋山，入空洞金府，遇寧先生，授《大丹隱書》、《八稟十訣》。登岷山，遇陰先生，授九赤斑符。登岐山，遇臧延甫，授《憂樂曲素訣》。登梁山，遇淮南子成，受《天關三圖》。登牛首山，遇張子房，授《太淸眞經》。登九嶷山，遇李伯陽，授《李氏幽經》。登鍾山，遇高丘子，授《金丹方》二十七首。登鶴鳴山，遇陽安君，授《金液丹經》、《九鼎神丹》。登猛山，遇青精先生，授《黄素傳》。登陸渾山，潛入伊水洞室，遇李子耳，授《隱地八術》。登戎山，遇趙伯玄，授《二九素女術》。登陽洛山，遇幼陽君，授《青要紫書》。登霍山，遇司命君，授《經命青圖上皇民籍》。登鳥鼠山，遇墨翟子，授《紫度炎光内視圖中經》。登曜名山，遇大帝侯夜神童，授金根之經。登委羽山，遇司馬季主，授石精金光藏景化形。登大度山，遇劉子先，授《七變神法》。登都廣建木，遇谷希子，授黄氣之法、太空之術、陽精三道之要。登桐柏山，遇王喬，授素奏丹符。登太華山，遇南嶽赤松子，授《上元眞書》。登太冥山，遇九老仙都君，授《黄水月華四眞法》。登合黎山，遇皇人，授《八素眞經》、《太上隱書》。登景山，遇黄臺萬畢先生，授《九眞中經》。登玄壟羽山，遇玉童十人、九氣丈人，授《白羽紫蓋服黄水月華法》。到桑木，登扶廣山，遇青眞小童君，授《金書祕字》。南行朱火，登丹陵山，遇龔仲陽，授《仙忌眞記》。西遊登空山，見無英君，視西眼洞房中，無英君處其左，白元君處其右，黄老君處其中。無英君服金精朱碧玉綾之袍，光赤朝霞，流景曜天，要《太上靈氣之章》，佩九帝驅邪之策，戴翠上紫靈之冠，蓋太玄丹靈上元赤子之祖父也。左連青宫之氣，氣冠萬神，乃未有天地先，自虚空而生矣。白元君服丹玉之錦雲羅重袍，白光内朱，流景參天，垂暉映神，玄黄徹虚，要太上靈精之章，佩玄元攝魔之策，戴招龍皂冠，蓋玉房雲庭上元赤子之父，右英皓青之室朝運生者也。中央黄老君是太極四眞王之師老矣，上攝九天，中游崑崙，黄闕來其外，紫戶在其内，下與二君入洞房，圓三寸，威儀具焉。夫至思神見，得爲眞人。若見白元君，得爲下眞，壽三千歲。若見無英君，得爲中眞，壽萬歲。若見黄老，與天相傾，上爲眞人，列名金臺。君既詣之，乃再拜頓首，乞與上要訣。黄老君曰：可還視子洞房中。君乃瞑目内視，良久果見洞房之中有二神人，無英、白元君也，被服狀如在空山中者。黄老君笑言曰：微乎深哉，子用意思之精也，白日昇天之道。子還登常山，授子上眞之道。君乃還常山石室中，齋戒念道。復積九十餘年，中白元君、無英君、黄老君遂使授之《大洞眞經三十九篇》，有玉童二十一人，玉女二十一人，皆侍眞燒香，晝夜習之。積十一年，遂乘雲駕龍，白日昇天，上詣太微宫，受書爲紫陽眞人。佩黄旄之節，八威之策，帶流金之鈴，服自然之衣，食玉醴之飴，飲金液之漿。治葛衍山金庭銅城，所謂紫陽宫也。紫陽有八眞人，君處其右。一日三登崑崙，一朝太微帝君。以皤冢爲紫陽別宫，所謂洞庭潛宫也。皤冢山有洞穴，潛行通王屋清虚小有天，亦潛通閬風也。

雜録

趙道一《歷世真仙體道通鑑》卷一四《周義山》 臣道一曰：周義山稱疾養晦，積德累仁，終始一誠，廣參衆妙，眞神仙之博學者也。觀漢侍中蔡咸、陳留高士詣之，咸大發清談，論神仙之道，變化之事，義山乃凝默内閉，斂神虚靜，頷而和之，一不答也。《道德經》曰：信言不美，美言不信。善者不辯，辯者不善。知者不博，博者不知。義山之意也。

王褒

傳記

張君房《雲笈七籤》卷一〇六《紀傳部傳四·清虛真人王君内傳》

華存師清虛眞人王君諱褒字子登，范陽襄平人也，安國侯七世之孫，君以漢元帝建昭三年九月二十七日誕焉。洪基大業，世籍貴盛。君父諱楷，以德行懿美，比州所稱，舉茂才，除議郎，轉中壘大夫、上黨太守、黃門侍郎、侍中、左將軍、鴈門太守。楷正色彤管，坦誠獻替，納言推謨，披衿拔領，率職莅民，政以禮成，捨刑寬賦，不肅而敬。天子賢之，遷殿上三老，使賓皇太子，講《春秋》、《尚書》、《論語》、《禮》、《易》。恢恢仁長，循循善誘。微言既甄，搢紳乘其範；大義已陳，百王格其准。遷光祿大夫，謚曰文侯。夫人司馬遷之孫，淑愼沈博，德配母儀。蓋以清源高流，圓穎遠映，靈根散條，芳華朗曜。是用忠孝啓於上葉，善誘彰於文德，世載英旄，斯人有焉。君體六和之妙炁，挺天然之嘉質，含嶽秀以植韻，秉靈符而標貴，暉灼煥於三晨，峻逸超於玄風。少讀五經，傍看百子，綜筭象緯，通探陰陽，及風炁律呂，靡有不覽也。父爲娉丞相孔光女，娶婦在室，以和人倫。而君凝形淳觀，明德獨往，高期眞全，絕不内盼。峨峨焉若望慶雲之沓轃，浩浩焉似汎滄溟之無極。神棲萬物之嶺，炁邁霄漢之津。鴻漸鄧林，展翮東園。將藏鳳羽以翳於南風，匿龍華以沈於幽源。是乃夜光潛曜，映耀於難掩。【略】後歸西城，清齋三月，授書爲太素清虛眞人矣。

趙道一《歷世真仙體道通鑑》卷一四《王褒》　清虛眞人王君，名褒，字子登，范陽襄平人也，安國侯七世之孫。君以漢元帝建昭三年九月二十七日誕焉。洪基大業，世籍貴盛。君父諱楷，以德行懿美，比州所稱，舉茂才，除議郎，轉中壘大夫、上黨太守、黃門侍郎、侍中、左將軍、鴈門太守。楷正色彤管，坦誠獻替，納言推謨，披襟拔領，率職莅民，政以禮成，捨刑寬賦，不肅而敬。天子賢之，遷殿上三老，使賓皇太子，講《春秋》、《尚書》、《論語》、《禮》、《易》，恢恢仁長，循循善誘。遂名沸絕圃，聲馳京夏。君即閑夜之感，喟然悲歎曰：人間塵藹，趨競得失，利害相攻，有踰鵷雛之視老燕矣。遂決志辭親，入華山中九年。一日夜半，忽聞林澤中有人馬簫鼓之聲。須臾漸近，仰而望之，見千乘萬騎浮空而至。神人乘三素雲輦，手把虎符，朱鉞啓途，握節執旄，曲晨傾蔭，錦旗蔽虛。神人暫停駕而言曰：吾太極眞人西梁子文也，聞子好道，劬勞山林，未該眞要，誠可愍也。勤企長生，實爲至矣。君乃馳詣輪轂之下，叩頭自搏而言曰：褒以肉人，愚頑庸賤，少好生道，莫知隱訣。眞人曰：夫學道無師，無緣自解。我太極眞人，神仙之司，主試校學者，領舉正直爾。子玄錄上清金書東華，名編清虛，位登小有，必當掌括寶籍，爲天王之任。但注心四景，勤慕上業，道自成也。後隱陽洛山中，感南極夫人、西城眞人，授君以《太上寶文》、《八素隱書》、《大洞眞經》、《靈書》、《八道紫度炎光石精玉馬神眞虎文》、《高仙羽玄》，凡三十一卷。依科立盟，結誓而付。乃將君觀玄洲，須臾而至。四面大海，懸濤千丈。洲上宮闕樓觀，瓊室瑤房，不可稱記。西城眞人曰：此仙都之府，太上丈人處之。乃將君入紫桂宮，見丈人著流霞羽袍，冠芙蓉之冠，腰帶神光，手把火鈴。侍女數百，龍虎衛階。太上丈人與西城眞人相禮而已，相携共坐，君時侍側焉。太上丈人曰：彼所謂王子登乎，學道遭逢良師，將得之矣。西城眞人笑，因命君拜。拜畢，太上丈人使坐北向，丈人乃設廚膳，呼吸立具。靈殽千種，丹醴湛溢，燔煙震檀，飛節玄香。陳鈞天之大樂，擊金璈於七芒，崆峒啓音，徹朗天丘。於是龍騰雲崖，飛鳳鳴嘯。山阜洪鯨，涌波淩濤。雲起太虛，風生廣遼。靈歌九眞，雅吟空無；玉華作唱，西妃折腰。爾乃衆仙揮袂，萬神遷延，羽童拊節，慶雲纏錦。於是太上丈人會二十九眞人，皆玄洲之太眞公也。其第一眞人自稱主仙道君，指君而向西城眞人言曰：視此子心眸澄邈，神停形凝，圓晨丕渙，六景發華，殆眞人之美者，小有之賢王也。西城眞人答曰：蓋聞性發乎天，而命成乎人也。於是主仙道君命侍女范運華、趙峻珠、王抱臺等，發瓊笈，披綠韞，出上清隱書、龍文八靈眞經二卷授君，又以雲碧陽水晨飛丹腴二升賜君。君拜服之。眞人遂將君還西城，九年道成，給飛飇之車，東行渡啓明、滄海，登廣桑山，入始暉庭，詣大帝君。稽首再拜，大帝授以《龍景九文紫鳳赤書》、《上清神圖八道玉籙》。次南行，渡渤海、丹海，登長離山，詣南極紫元夫人、華蓋上公，授以五雲夜光雲琅水霜。次西行，渡庚丘巨海沈羽之津，登麗農山，詣紫蓋晨夫人、景眞三皇道君，授以《玉道綠字迴曜太眞隱書》。次北遊，渡彫柔玄海，濟飲龍上河匏瓜津，登廣夜山，詣高上虛皇大道玉君。會其出遊，駕日月之晨，乘紫始之光，鬱靄黄素之雲，勃蔚八景之曜，飛眞萬億，不可稱數。君再拜道側，乃詣上清玉晨帝君、玄清六微元君，二君授以寶洞飛霄絕玄金章，及賜太極隱書、龍明寶珠絳和雲芝。君拜而飲之，即身金色，項映圓光，七曜散華，流煥映形。又退登閬風之野，玄圃之宫，詣中皇玉帝，受解形遁變流景玉經。乃越鬱絕濟弱河，西詣龜臺，謁九靈太眞上清夫人。退，更清齋三月，受《三華寶曜瓊文琅書》、《靈暉上籙》、《七晨素經》。退，又清齋三年，浮浩汗之河，登白空虞山。山周迴三萬里，遊行。翌日，趨詣紫清太素瓊闕，即太素三元上道君所治焉。處丹靈白玉宫，飛映絕曜，紫霞落煥，七光交陳，結於雲宇之上。奇麗玄黄，不可名字。仙童玉女，侍右眞人，蓋無數也。君稽首再拜，詣瓊闕之下。久時，太素三元上道君乃使繡衣命者西林藻，授君金眞玉光流金火鈴、豁落七元八景飛霞。又使清眞左夫人郭靈蓋、右陽玉華仲飛姬，賫神策玉璽，授君以爲太素清虛眞人，領小有天王，三元四司右保上公，治王屋山洞天之中。給玉童玉女各三百人，主領《上清玉章》、《太素寶玄太極上品九天靈文》、《六合祕籍》、《山海妙經》，悉主之。又總括洞內明景三寶，得乘虎旂龍輦，金蓋瓊輪，八景飛輿，出入上清，受事太素，寢宴太極也。

梅福

傳記

趙道一《歷世真仙體道通鑑》卷一四《梅福》 梅福，字子眞，九江壽春人也。少學長安，明《尚書》、《穀梁》、《春秋》，爲郡文學，補南昌尉。漢成帝委任大將軍王鳳，鳳專執擅權。而京兆尹三章素忠，直譏刺鳳，爲鳳所誅。王氏浸盛，災異數見，羣下莫敢正言，福復上書譏切王氏，上不納。又成帝久亡繼嗣，福以爲立建三統，封孔子之世以爲殷後，復上書，終不見納。是時福居家，讀書養性爲事。至平帝元始中，王莽專政，福一朝棄妻子，去九江，爲吳市門卒云。道家云：梅福得道仙去。豫章職方乘云：梅嶺在西山，極崇峻，羊腸而上五里至頂，山下有梅仙觀，今號陽靈觀。觀之上有梅仙壇，舊説梅子眞棄南昌尉，學道於此。梅嶺之下，白石源水出焉。又云：墨池在南昌縣治，東漢南昌縣尉梅福故宅基，因立爲觀，水竹幽茂。晉王右軍羲之典臨川郡，日每過此，盤礴久之不能去，因號墨池。宋謝靈運亦嘗居此一年，著《老子經隱述并疏》一部。唐太宗貞觀中，號太一觀，禮迎萬天師居之。高宗龍朔二年來致醮祭，夜有雲降殿上，至曉而散，壇上有仙燈之祥。玄宗開元間，即爲開元觀，玄宗自書額。宋徽宗崇寧二年，爲崇寧萬壽觀，後又曰天寧。十道四蕃志載：梅福池，福種蓮華池中，歎曰：生爲我酷，身爲我梏，形爲我辱，妻爲我毒。遂棄妻入洪崖山。豈墨池即此池與？如撫州之梅山梅仙觀，隆興府豐城縣之梅仙觀，有仙壇丹井在焉。臨江軍新淦縣之玉笥山承天宫，瑞州新昌縣之梅墩宅仙觀、梅仙觀，皆梅福經由修眞之地。建寧府梅山在城南三里，《方輿記》：梅福嘗煉丹於此，有昇仙壇。《梅仙事實》云：梅君求師慕道，訪鴈蕩諸山，遊南閩，入支提山。又入仙霞山，乃武夷之東也。遂於巖上結庵積年，遇空同仙君，授以內外丹法。乃至鷄籠山，修煉不成。次至毛竹洞，入演仙山。復往玉華山，次至烏石山。至劍江西嶺，再遇空同仙君降謂曰：汝之道緣在飛鴻山也。梅君遂至飛鴻山，結庵修煉，千日功成，神遊體外，丹光燭天。梅君服丹訖，趣裝登途，復回九江。只見祥光射日，紫霧浮空，雲中仙樂嘹亮。金童執節，玉女持幡，力士控鸞，侍仙捧詔。梅君拜詔謝恩，乘青鸞飛昇而去。自後飛鴻山號曰梅仙山也。宋神宗元豐五年七月敕：梅福在漢之際，以孤遠極言天下之事，其志壯哉。晚而家居，讀書養性，卒於遺化高蹈，世傳爲仙。今大江之西，實存廟像，禱祠輒應，能澤吾民。有司上聞，是用錫兹顯號，光靈不泯。其服朕恩，宜特封壽春眞人。高宗紹興二年閏四月敕：朕嚮巡狩於南國，以豫章爲東朝母后，率掖庭而行舟楫，冒風波之險，凡所經涉，必有護持。

爰錫褒恩，以答神貺。洪州豐城縣大江北岸梅福昇仙壇觀壽春眞人，正諫不用，高名獨存，憫漢室之不綱，去吳市而莫返。既嚴祠館，亦錫封名。玆復益以美稱，蓋少敷於新渥。其歆異數，少慰平生，可特封壽春吏隱眞人。

雜録

趙道一《歷世真仙體道通鑑》卷一四《梅福》 臣道一曰：《道德經》曰：將欲取天下而爲之，吾見其不得已。此如湯武革命，順天而應人者也。又曰：天下神器，不可爲也，爲者敗之。此如新室王莽犯分而竊位者也。以湯武之仁，猶不免見譏議於後世，況以亂臣賊子，專權擅柄，以謀簒弑之事乎？善乎，梅福之上書，譏詆王氏朝夕之漸，其慮患也深矣，其爲綱常之計密矣。惜乎，當時人主不能用其言，卒成其禍，爲姦僞之倡，遂使後世如桓玄、侯景之徒，紛紛皆是也。《道德經》曰：爲之於未有，治之於未亂。豈非梅福欲以斯道增乎三綱五常之重而不幸乎。《道德經》又曰：大道廢，有仁義；智慧出，有大僞。斯言盡之矣。

裴君 裴玄仁

傳記

趙道一《歷世真仙體道通鑑》卷一五《裴君》 清寧眞人裴君，字玄仁，右扶風夏陽人也。以漢明帝二年，君始生焉。爲人清明，顏儀整素，善於言笑，目有精光，垂臂下膝，聲氣高徹，呼如鍾鳴。家奉佛道，年十餘歲，晝夜不寐，精思讀經。嘗於四月八日與馮翊趙康子、上黨皓季成共載詣佛圖，時天陰雨，忽有賤人著故布單衣，巾黃巾，詣君車後索載。君禮而問之，不答，君下車以載之，康子、季成並大怒，呵問：何等人而上吾車乎？君乃陳諭，遂聽俱載。君自徒行在後，顏無變色，寄載人自若，亦不以爲慚也。將至佛圖，乃曰：吾家近在此。乃下車，奄然失之佛圖中。道人支子元者，頗知道，宿舊人傳之已年一百七十歲，見君而歎曰：吾從少至老，見人多矣，而未嘗見如子者。乃延君入曲室之中，幽靜之房，大設豐饌。飲食既畢，將君更移隱處，呼之共坐，乃謂曰：吾善相人，莫如爾者。子目中珠子，正似北斗瑤光星，自背已下象如何魁，既有貴爵，又當爲神仙，天下志願，子保享焉。然津梁未啓，七氣未淳，不見妙事，亦無緣而成也。因以所修祕術以告君，道人曰：此長生內術，世莫得知。吾昔遊焦山及鼈祖之阿，遇仙人蔣先生者，乃赤將子輿也，以神訣五首授吾。奉而行之，於今一百七十年矣，氣力輕壯，不覺衰老。但行之不勤，多失眞志，不能去世，故雖延年，不得神仙也。猶是行之多違，精思不至之罪也。今以敎子。於是授之以諸階存思、運用持呪等法，及授諸高眞經書符文，并授服茯苓、胡麻二法。蔣先生惟服此二方，已凌煙化昇，呼吸立至，出入無間，輿乘羣龍，上朝帝眞，位爲仙宗也。

張君房《雲笈七籤》卷一〇五《紀傳部傳三・清靈真人裴君傳》 太素眞人敎裴君二事爲眞人之法曰：旦視日初出之時，臨目閉氣十息，因又咽日光十過，當存令日光霞使入口中，即而吞之。畢，仍存青帝君從日光中來，在我之左；次存赤帝君從日光中來，在我之右；次存白帝君從日光中來，在我之背；次存黑帝君從日光中來，在我之左手上；次存黃帝君從日光中來，在我之右手上。五帝都來，乃又存陽燧絳雲之車，駕九龍，從日光中來到我之前，仍與五君共載而奔日也。裴君止於空山之上，修行精思。一年之中，髣髴形象；二年之中，五帝俱乘日形，見在左右；三年之中，終日而言語笑樂；五年之中，五帝日君遂與裴君驂乘飛龍之車，東到日窟之天東蒙長丘大桑之宮八極之城，登明眞之臺，坐希琳之殿，授裴君以《揮神之章》、《九有之符》，食青精日粕，飲雲碧玄腴。於是與五帝日君日日而遊，此所謂奔日之道也。日中亦有五帝，一曰日君。《太上隱書》中篇曰：「子欲爲眞，當存日君。駕龍驂鳳，乘天景雲。東遊希琳，遂入帝門。精思仍得，要道不煩。名上清靈，列位眞官。乃執《鬱儀文》。」第二事爲眞人之法：日夕視月，臨目閉氣九息，因又咽月光九過，當存月光使入口中，即而吞之。畢，仍存青帝夫人從月光中來，在我之左；次又存赤帝夫人從月光中來，在我之右；次又存白帝夫人從月光中來，在我之背；次又存黑帝夫人從月光中來，在我左手上；次又存黃帝夫人從月光中來，在我右手上。五帝夫人都來，乃又存流鈴飛雲之車，駕十龍，從月光中來到我之前，仍存五夫人共載而奔月也。裴君止於空山之上，修行精思。一年之中，髣髴姿容；二年之中，五夫人遂俱乘月形見在君左右；三年之中，並共笑樂言語；五年之中，五帝月夫人遂與君共乘飛龍之車，西到六嶺之門八絡之丘協晨之宮八景之城，登七靈之臺，坐太和之殿，授裴君《流星夜光之章》、《十明之符》，食黃琬紫津之粘，飲月華雲膏。於是與五夫人夕夕共遊，此所謂奔月之道矣。月中亦有五帝夫人，外經云日君月夫人者，是少有髣髴也。《太上隱書》中篇曰：「子欲昇天，當存月夫人，駕十飛龍，乘我流鈴。西到六嶺，遂入帝堂，精思乃見，上朝天皇。乃執《結璘章》。」裴君白日精思，對日存日中五帝君；夜則精思，對月存月中五夫人。五年之中，日月精神並到，共乘飛龍，上遊太玄。始學則五靈形見，授書賜芝；終成則日月五帝君五夫人驂轡清虛，乘雲太丹，朝謁三元，稽首金闕。乃獲《玉璽金眞》，威制羣神，役使玉女玉童，北朝四眞人，受書爲眞。佩《神虎之符》，以制嚴六天；授《流金之鈴》，以命召衆精；仗青旄之節，以周流九宮。皆由精思微妙，幽感天心，是以靈降扶身，上昇帝庭爾。道士行之者則是耳，不必以已仙人也。若處密室及日月不見時，但心中存而思之可也，不待見日月。要見視之爲至佳，惟精思心盡，無所不通，此言要也。臨目者，令目當閉而不閉之間也。少令得見日月之光景，密而行之，勿令人知。雖雜人同室而止，有密其思者，比肩仍自不覺。每事盡當爾，不但此一條而已。求生養命在於心，三丹田三寸之間耳。是以龍變蟬蛻，皆以一致而成也。《八素經》曰：「仙者心學，心誠則成仙；道者內求，內密則道來；榮者外求，口發則貴至；財者動心，心寂則富集。諸寂動異用，而所攻者一，守之在役用之機也。」

太素眞人曰：爲眞不知道者，亦復多耳。要於乘光揚景，騰雲昇虛，並日月之精，遊九天之表，餐霞飲玄，呼吸太和，乃不可不爲此奇道。此道亦易成而速得也。衆眞有不知此道者，見吾乘雲而攜日月五帝五夫人，莫不敬親而求請問之也，吾亦復未示之也。《內視中方》曰：「子欲步空，常當存日月；子欲登清泠，當存五星。密室密行，不出宇庭。」此之謂也。夫守道者及學道求仙者，修行至精，皆可爲之。爲之既得，便成昇天仙人也。此道不必眞人，而當獨行之也。子有眞骨眞性而密行之，必能含章守愼，不妄傳泄，故以相教耳。《黃老祕言》曰：「子得《鬱儀結璘》，乃成上清之眞。子得《大洞眞經》，乃能飛行上清。無此三文，不得見三元君。」要道盡此，仙子加勤。中仙都無知此道者，此道相傳惟口訣耳。能知此道，不問賢愚，皆乘雲昇天，役使鬼神，羣仙立盟爲約，不得妄宣，泄則滅門。口訣者，《黃老祕言》是也。裴君受命留在空山之上，精思存修二事。五年之中，得見日月之精五帝夫人。讀《隱書》及《九有十明》之符，積十一年。太素眞人來告曰：「子成眞矣。」因錫以龍車，給以羽蓋，並日月之遊精，參五帝之同乘，詣太素宮見上清三元君，受《玉璽金眞》，給玉女二十四人，玉童三十二人，北遊詣太極宮及太微宮，位爲清靈眞人。太素眞人曰：「子存日精五帝君，口含《太上鬱儀文》，須此道成，乃見日中君，無此徒勞自煩冤。」太素眞人曰：「子存月精五帝月夫人口含《太上結璘章》，須此道成，乃見月中夫人，無此徒勞自悼傷。」

【略】

裴君受支子元《服胡麻法》，蔣先生於黃金鼈祖山中授支公也。

胡麻三斗肥者，黃黑無拘，在可擇之使精潔，於微火上熬令香氣，極令燥，細擣以爲散，令沒沒爾，勿下簁。白蜜三斗，以胡麻散漬會蜜中，攪令相和使調帀，安器著釜水中，乃煑如前煑《茯苓法》也。伺候令煎竭可擣，乃出擣之三萬杵，如桐子大，且服三十丸，盡一劑，腸化爲筋，不知寒熱，面反童顏，役使衆靈。蔣先生惟服此二方，先生已淩煙化升，呼吸立至，出入無間，輿乘羣龍，上朝帝眞，位爲仙宗者也。當簸擇胡麻令精。

此二方與世方書小異，裴君所祕者，驗而有實也。云：體先不虛損，及年少之時，當服茯苓；若出三十者，當服胡麻。蔣先生云：「此二方是大有之要法，長生神仙之祕寶。」《寶玄經》云：「茯苓治少，胡麻治老。合以齋戒，服以朝蚤。卉醴華腴，火精水寶。和以爲一，還精歸寶。」此之謂也。卉醴華腴，蜜也；火精，茯苓也；水寶，胡麻也。裴君以年少時所用，故服茯苓，二方同耳。皆長生不死，必仙之奇方也。若大有資力者，亦可合二物，倍用蜜，共煎擣以爲丸乃佳，亦並治老少矣。茯苓、胡麻，不必別作之也。此二方蔣先生乃各在一處授支公，不頓之也。是以焦山而《茯苓方》傳，鼈祖而《胡麻方》出，明道祕之文，乃不可得一盡其根源也。至於支公授裴君，亦乃頓倒囊笈之奥言，肆傾玄眞之祕塗，將以逆鑒察天錄，必當已知應爲仙眞乎！

裴玄仁 見裴君

孔元方

傳記

趙道一《歷世真仙體道通鑑》卷一五《孔元方》 孔元方者，許昌人也。常服松脂、茯苓實。始得此藥時，年已老。自後歲歲更少，常如四十許人。郄元節、左元放皆爲親友，俱業五經及當世之事，專修道術。元方仁慈，惡衣蔬食，飲酒不過一升，年一百七十餘歲。道家或時請元方會飲，人作一酒令，次至元方。元方無所說，直以杖拄地，乃手抱杖倒豎，頭在下，足向上，以一手持酒杯倒飲之，人莫能爲也。元方有一妻、一子，不積餘財，頗種五穀。嘗遭火發，諸人並來救之出，屋下衣糧牀几，元方了不之顧，惟露坐籬下視火。其妻催使元方助之，元方大笑曰：何用此爲憂惜。又別於水邊鑿岸，作一窟室，方廣丈餘。元方入其中，斷穀數月，乃復還家。家人亦不得往來。室前有一栢樹，往復從棘草間行委曲。弟子有急欲詣其居處，終莫能得。後東方有一少年，姓馮名愚，好道。伺見元方入室，愚尋得之。元方曰：人未嘗得見我，汝今日見我，似可教也。乃以《素書》二卷授之，曰：此道之要言也，四十年得傳一人。世若無人，不得以年限足故而妄授也。若四十年無所授，八十年如有二人可授者，則頓授之與二人也。可授不授爲閉天道，不可授而授爲泄天寶。閉道泄寶，殃及子孫。我已得所傳，吾今去也。乃委妻子，入西嶽。後五十年暫還鄉里，時人當有識之者。

焦先

傳記

葛洪《神仙傳》卷六《焦先》 焦先，字孝然，河東人也。漢末關中亂，先失家屬，獨竄於河渚間，食草飲水，無衣履。時陽長朱南望見之，謂之亡士，欲遣船捕取。同郡侯武陽語縣：此狂癡人耳。遂註其籍，給廩日五升。人皆輕易之。然其行不踐邪逕，必循阡陌。及其擒拾，不取大穗。飢不苟食，寒不苟衣。每出，見婦人則隱翳，須至乃出。自作一瓜牛廬，淨掃其中，營木爲床，而草褥其上。至天寒時，搆火以自炙，呻吟獨語。太和青龍中，嘗持一杖南渡，河水泛漲。輒獨云未可也。由是人頗疑不狂。所言多驗，僉謂之隱者也。年八十九終。

趙道一《歷世真仙體道通鑑》卷一五《焦先》 焦先者，字孝然，河東陽人也。在鄉里累歲，年一百七十，常食白石，似今之熟者大芋也。先日日入山伐薪以施人，先從村頭一家起，周而復始。始擔薪以置人門外，人見之，時布席與坐，爲設食。行便坐食，亦不與人語。若人不見，便私置薪於人門間便去，連年如此。及魏受禪，居河之湄，結草爲庵，獨止其中。不設牀席，以草蓐襯坐。其身垢濁如泥漆，或數日一食，行不由徑，不與女人交遊。衣弊則於市賣薪以買，故衣著之，冬常著單衣。太守董經往視之，亦不肯語，經亦以爲賢。後野火起，燒其庵屋。人往視之，見先危坐於庵下，不動。火過，庵燒盡，先乃徐起，其衣服亦不焦灼。又更作庵，時天大雪，人屋多壞。先庵倒，人往不見先所在，恐已凍死。乃共拆庵索之，見先熟卧於雪下，顏色赫然，氣息休休，如暑夏醉卧之狀。人莫知其異，多欲從學道。先曰：我無道也。或老或少，如此三百餘年，乃與人別去，不知所適。所請者，竟不得一言也。魏書云：自羲皇以來，一人而已。

陽翁伯

傳記

趙道一《歷世真仙體道通鑑》卷一五《陽翁伯》 陽翁伯事親孝，葬父母，神感之，泉出墓側。有飲馬者，以白石一升與之，令種，生美玉。一日，有青童引至海山，仙人曰：汝孝於親，當夫婦仙。後徐氏有女，以白璧成婚。數年，夫婦俱昇天。又《搜神記》云：陽翁伯常以漿給行旅，一日有人飲訖，懷中出白子一升與之，曰：種生美玉，並得好婦。如言種之。有徐氏女極美，求之，徐公曰：得美玉一雙即可。以所種得玉璧，遂妻之。

李意期

傳記

葛洪《神仙傳》卷一〇《李意期》 蜀郡人也。傳世識之，云是漢文帝時人也，無妻息。人有欲遠行速至者，意期以符與之，並以丹書其人兩足，則千里皆不盡日而還。人有説四方郡國宮觀市井者，座中或未見，重問説者，意期即爲撮土作之，所作郡國形象皆是，但盈寸耳，須臾消滅。或遊行，不知所之。一年許復還於蜀中，乞食所得，以與貧乏者。於成都角中，作一土窟而居其中。冬夏單衣，髮長剪去之，但使長五寸許。啜少酒脯及棗果，或食百日，不出窟則無所食也。劉玄德欲東伐吳，報關羽之怨，使人迎意期。意期到，玄德敬禮之，問其伐吳。意期不答而求紙筆，玄德與之，意期畫作兵馬器仗十數紙，便一一以手裂壞之。曰：咄，咄。又畫一大人，掘地埋之，乃徑還去。玄德不悅，而出軍，果大敗。十餘萬衆，纔數百人得還，器仗軍資，一時蕩盡。玄德忿恥，發病而卒於永安宮。乃追念其所作大人而埋之，正是玄德之死象也。意期少言語，人有所問，略不對答。蜀人有憂患，往問吉凶，自有常候，但占意期顏色。若懽悅，則百事吉。慘慼，則百事惡。鄧艾未到蜀百餘日，忽失意期所在。後入瑯琊山中，不復出也。

杜契

傳記

趙道一《歷世真仙體道通鑑》卷一五《杜契》 杜契，字廣平，京兆杜陵人也。漢靈帝建安初，渡江依孫策，後孫權用爲□信校尉。黃武二年，契學道，師介琰，受玄白術，居茅山之東。久之，能隱形遁迹。時與弟子採伐，貨易衣糧，而人不能知之。數入洞中，得仙。

李阿

傳記

葛洪《神仙傳》卷三《李阿》 蜀人也。蜀人傳世見之，不老如故，常乞於成都市，而所得隨復以拯貧窮者。夜去朝還，市人莫知其所宿也。或問往事，阿無所言，但占阿顏色。若顏色欣然，則事皆吉。若容貌慘慼，則事皆凶。若阿含笑者，則有大慶。微歎者，則有深憂。如此之候，未曾不審也。有古強者，疑阿是異人，常親事之。試隨阿還所宿，乃在青城山中。強後復欲隨阿去，然身未知道，恐有虎狼，故持其父長刀以自衛。阿見之怒曰：汝隨我行，何畏虎耶。取強刀擊石折敗，強竊憂刀敗。至旦復出隨之，阿問曰：汝愁刀敗耶。強言：實恐父怒。阿即取刀，以左右手擊地，刀復如故，以還強。強逐阿還成都，未至道次，逢奔車，阿以脚置車下，轢其脚脛皆折，阿即死。強驚視之。須臾阿起，以手抑按脚復如故。強年十八，見阿色如五十許人。至強年八十餘，而阿猶如故。後語人云：被崑崙山名，當去。遂不復還耳。

雜録

趙道一《歷世真仙體道通鑑》卷一五《李阿》　《九域志》：資州焦壇山，昔李阿眞人修煉於此，後於蜀州新津上昇。

臣道一曰：李阿得道已深，歷年已久，觀其汲汲以濟孤貧爲念，且屑身乞食以行其教，其意亦深矣。觀其語古強曰：爾隨吾行，那畏虎也。此正《道德經》所謂陸行不遇兕虎之意。彼古強者，雖能具眼力，識阿是異人，又豈能知兕無所投其角，虎無所措其爪哉。

介象

傳記

葛洪《神仙傳》卷九《介象》　介象者，字元則，會稽人也。學通五經，博覽百家之言，能屬文。陰修道法，入東嶽受氣禁之術。能茅上燃火煮雞，雞熟而茅不燋。能令一里內不炊不蒸，雞犬三日不鳴不吠。能令一市人皆坐，不能起。能隱形變化爲草木鳥獸。聞九丹之經，周遊數千里求之，不値明師，乃入山精思，冀遇神仙。疲極卧石上，有一虎往舐象。象睡寤見虎，乃謂之曰：天使汝來侍衛我者，汝且停。若山神使汝來試我，汝疾去。虎乃去。象入山見谷中有石子，紫色光彩，大如雞子，不可稱數。乃取兩枚而遊。谷深，不得度，乃還。於山中見一美女，年十五六許，顔色非常，衣服五彩，蓋仙人也。象叩頭乞長生之方。女曰：汝急送手中物還故處，乃來。吾故於此待汝。象即以石送於谷中而還，見女子在舊處。象復叩頭。女曰：汝血養之氣未盡，斷穀三年更來，吾止此。象歸，斷穀三年，乃復往見，此女故在前處。乃以丹方一首授象，告曰：得此便仙，勿他爲也。象未得合作此藥，常住弟子駱延雅舍帷下牀中。有書生數人，共論書傳事，云云不判。象傍聞之，不能忍，乃爲決解之。書生知象非凡人，密表奏象於其主。象知之欲去，曰：恐官事拘束我耳。延雅固留。吳王詔徵象到武昌，甚敬重之，稱爲介君。爲象起第宅，以御帳給之。賜遺前後累千金。從象學隱形之術，試還後宮，及出入殿門，莫有見者。又令象變化，種瓜菜百果，皆立生可食。與先主共論鱠魚何者最上，象曰：鯔魚爲上。先主曰：此魚乃在海中，安可得乎？象曰：可得耳。但令人於殿中庭方埳者，水滿之，象即索鈎餌起釣之，垂綸於埳中，不食，頃得鯔魚。先生驚喜，問象曰：可食否？象曰：故爲陛下取作鱠，安不可食。仍使廚人切之。先主問曰：蜀使不來，得薑作鱠至美。此間薑不及也。何由得乎？象曰：易得耳。願差一人，並以錢五千文付之。象書一符，以著竹杖中，令其人閉目騎杖，杖止便買薑。買薑畢，復閉目。此人如言騎杖，須臾已到成都。不知何處，問人，言是蜀中也。乃買薑。於時，吳使張溫在蜀，從人恰與買薑人相見。於是甚驚，作書寄家。此人買薑還，廚中鱠始就矣。象又能讀諸符文如讀書，無誤謬者。或不信之，取諸雜符，除其標注以示象。象皆一一別之。又有一人種黍於山中，嘗患獼猴食之。聞象有道，從乞辟猴法。象告無他，汝明日往看黍，若見猴羣下，大嗥語之曰：吾已告介君，介君敕汝莫食黍。此人倉卒，直言象欺弄之。明日往見，羣猴欲下樹，試告象言語，猴即各還樹，絕跡矣。象在吳，連求去，先主不許。象言：某月日病。先生使左右以梨一奩賜象，象食之，須臾便死。先主殯埋之。以日中死，其日餔時已至建鄴，以所賜梨付苑內種之。吏後以表聞先主。發視其棺中，唯一奏版符耳。先主思象，使以所住屋爲廟，時時躬往祭之。常有白鵠來集座上，良久乃去。後弟子見象在蓋竹山中，顔色更少焉。

董奉

傳記

葛洪《神仙傳》卷一〇《董奉》　字君異，侯官縣人也。昔吴先主時，有年少作本縣長，見君異年三十餘，不知有道也。罷去五十餘年，復爲他職，行經侯官。諸故吏人皆往見故長，君異亦往，顏色如昔，了不異故。長宿識之，問曰：君無有道也。昔在縣時，年紀如君輩，今吾已皓白，而君猶少也。君異曰：偶爾耳。杜燮爲交州刺史，得毒病死，已三日。君異時在南方，乃往以三丸藥内死人口中，令人舉死人頭搖而消之，食頃，燮開目動手足，顏色漸還，半日中能起坐，遂活。後四日，乃能語。云：死時奄然如夢，見有數十烏衣人來收之，將載露車上去。入大赤門，徑以寸獄，獄各一戶，戶纔容一人。以燮内一戶中，乃以土從外封之，不復見外。恍惚間，聞有一人言，太乙遣使者來召杜燮。急開出之，聞人以鍤掘其所居戶。良久，引出之。見外有車馬赤蓋，三人共坐車上，一人持節呼燮上車，將還至門而覺。燮既活，乃爲君異起高樓於中庭。君異不飲食，唯啖脯棗多，少飲酒。一日三爲君異設之，君異輒來就燮處飲食，下樓時忽如飛鳥，便來到座，不覺其下，上樓亦爾。如此一年，從燮求去，燮涕泣留之，不許。燮問曰：君欲何所之，當具大船也。君異曰：不用船，宜得一棺器耳。燮即爲具之，至明日日中時，君異死，燮使人殯埋之。七日，人有從容昌來，見君異，因謝杜侯，好自愛重。燮乃開視君異棺中，但見一帛，一面畫作人形，一面丹書符。君異後還廬山下居，有一人少便病癩，垂死，自載詣君異，叩頭乞哀。君異使此人坐一戶中，以五重布巾韜病者目，使勿動搖，乃勑家人莫近。病人云：聞有一物來舐之，痛不可堪，無處不匝。度此物舌當一尺許，其氣息大小如牛，竟不知是何物，良久乃去。君異乃往解病人之巾，以水與飲，遣去，不久當愈，且勿當風。十數日間，病者身體通赤，無皮甚痛，得水浴，即不復痛。二十餘日，即皮生瘡愈，身如凝脂。後常大旱，百穀燋枯，縣令丁士彥謂綱紀曰：董君有道，必能致雨。乃自賫酒脯見君異，説大旱之意。君異曰：雨易得耳。因仰視其屋曰：貧家屋皆見天，不可以得雨，如何。縣令解其意，因曰：先生但爲祈雨，當爲架好屋於是。明日，士彥自將吏人，乃運竹爲起屋。屋成當泥塗，作人掘土取壤，欲取水作泥，君異曰：不煩運水，日暮自當雨也。其夜，大雨高下皆足。又君異居山間，爲人治病，不取錢物，使人重病愈者，使栽杏五株，輕者一株，如此數年，計得十萬餘株，鬱然成林。而山中百蟲羣獸，遊戲杏下，竟不生草，有如耘治也。於是杏子大熟，君異於杏林下作簞倉。語時人曰：欲買杏者，不須來報，徑自取之，得將穀一器置倉中，即自往取一器杏。云：每有一穀少而取杏多者，即有三四頭虎噬逐之。此人怖懼而走，杏即傾覆，虎乃還去。到家量杏，一如穀少。又有人空往偷杏，虎逐之到其家，乃嚙之至死。家人知是偷杏，遂送杏還，叩頭謝過，死者即活。自是已後，買杏者皆於林中自平量之，不敢有欺者。君異以其所得糧穀賑救貧窮，供給行旅，歲消三千斛，尚餘甚多。縣令親故家，有女爲精邪所魅，百不能治。以語君異，若能得女愈，當以侍巾櫛。君異即爲君勑諸魅，有大白鼉，長丈六尺，陸行詣病者門。君異使人斬之，女病即愈。遂以女妻之。久無兒息，君異每出行，妻不能獨住，乃乞一女養之。女年十歲，君異一旦竦身入雲中去，婦及養女獨守其宅，賣杏取給。有欺之者，虎逐之如故。養女長大。納婿同居。其婿凶徒也，常取諸祠廟之神衣物。廟下神下巫語云：某甲恃是仙人女婿，奪吾衣物，吾不在此，但羞人耳，當爲仙人故無用爲問。君異在民間僅百年，乃昇天，其顏色常如年三十時人也。

趙道一《歷世真仙體道通鑑》卷一六《董奉》　沖昇之後，人即杏林之故地置祠，曰太一宮。宋真宗賜額大中祥符觀，徽宗宣和間勑封昇元真人。（一云濠州鍾離縣南有杏山，董奉種杏之所。）

傳　記

茅　君　茅　盈

葛洪《神仙傳》卷五《茅君》　名盈，字叔申，咸陽人也。高祖父濛，字初成。學道於華山，丹成，乘赤龍而昇天。即秦始皇時也，有童謠曰：神仙得者茅初成，駕龍上天昇太清。時下玄洲戲赤城，繼世而往在我盈。帝若學之臘嘉平。其事載史紀詳矣。秦始王方求神仙長生之道，聞謠言，以爲己姓符合謠讖，當得昇天。遂詔改臘爲嘉平，節以應之，望祀蓬萊，使徐福將童男童女，入海求神仙之藥。茅君十八歲入恆山學道，積二十年，道成而歸，父母尚存，見之怒曰：爲子不孝，不親供養而尋逐妖妄，流走四方。舉杖欲擊之，君跪謝曰：某受天命，應當得道，事不兩濟，違遠供養。雖無旦夕之益，而使父母壽老，家門平安。某道已成，不可鞭辱，恐非小故。父怒不已，操杖擊之，杖即摧折而成數十段，皆飛揚如弓激矢，中壁穿柱，壁柱俱陷。父驚，即止。君曰：向所啓者，實慮如斯。邂逅中人，即有傷損。父曰：汝言得道，能起死人否？君曰：死人罪重惡積，不可復生者，即不可起也。若横受短折者，即可令起也。父因問鄉里死者若干人，誰當可起之。君乃遂召社公問之。父聞中庭有人應對，不之見也。問社公：此村中諸已死者，誰可起之，衆人皆聞社公對曰：某甲可起。君乃曰：促約勅所關由，使發遣之事須了可掘。於是日入之後，社公來曰：事已決了，便可發出。於是君語死者家人，掘之，發棺，出死人。死人開目動搖，但未能語。舉而出之，三日後能坐，言語了了。如此發數十人，皆復生，活十歲方復死爾。時君之弟名固字季偉，次弟名衷字思和，仕漢位至二千石。將之官，鄉里親友會送者數百人。親屬榮晏時，茅君亦在座，乃曰：吾雖不作二千石，亦當有神靈之職，尅三月十八日之官，頗能見送乎？在座中衆賓皆相然曰：此君得道當出，衆皆復來送也。君曰：若見顧者，誠荷君之厚意也。但空來，勿有損費。吾當自有供給。至期日，君門前數頃之地忽自平治，無復寸草。忽見有青縑帳幄，下敷數重白毡，容數千人。遠近皆神異之，翕然相語，來者塞道，數倍於前送弟之時也。賓客既集，君言笑延接，一如常禮。不見指使之人，但見金盤玉盃，自到人前。奇殽異果，不可名字。美酒珍饌，賓客皆不能識也。妓樂絲竹，聲動天地。隨食隨益，人人醉飽。明日迎官來至，文官則朱衣紫帶數百人，武官則甲兵旌旗器仗耀日千餘人。茅君乃與父母宗親辭别。乃登羽蓋車而去。麾幢幡蓋，旌節旄鉞，如帝王也。驂駕龍虎麒麟白鶴獅子，奇獸異禽，不可名識。飛鳥數萬，翔覆其上。流雲彩霞，霏霏繞其左右。去家十餘里，忽然不見。觀者莫不歎息。君遂徑之江南，治於句曲山。山有洞室，神仙所居，君治之焉。山下之人爲立廟而奉事之。君嘗在帳中與人言語，其出入或導引人馬，或化爲白鵠。人有疾病祈之者，煮雞子十枚以內帳中，須臾一一擲還，雞子如舊。歸家剖而視之，內無黄者，病人當愈。中有土者，不愈。以此爲候焉。雞子本無開處也。廟中常有天樂異香，奇雲瑞氣。君或來時，音樂導從，自天而下，或終日乃去。遠近居人，賴君之德，無水旱疾癘螟蝗之災，山無刺草毒木及虎狼之厲。時人因呼此山爲茅山焉。後二弟年衰，各七八十歲，棄官委家。過江尋兄。君使服四扇散，却老還嬰，於山下洞中修練四十餘年，亦得成眞。太上老君命五帝使者持節，以白玉版黄金刻書，加九錫之命，拜君爲太元眞人東嶽上卿司命眞君，主吳越生死之籍。方却昇天，或治下於潛山。又使使者以紫素策文，拜固爲定籙君，衷爲保命君，皆例上眞，故號三茅君焉。其九錫文，紫素策，文多不具載，自有别傳。其後每十二月二日、三月十八日，三君各乘一白鶴，集於峰頂也。

趙道一《歷世眞仙體道通鑑》卷一六《茅盈》　眞人姓茅，諱盈，字叔申，咸陽南關人也。姬胄分根，氏族於茅，積德累仁，祚流百世。誕縱明賢，繼踵相承。高祖父諱濛，字初成，深識玄遠，察覽興亡。知周之衰，不仕諸侯，乃師於北郭北阿鬼谷先生。遂隱遁華山，盤西靈峰，逍遥幽岫，靜念神仙，高抗蕭寥，絶塵人間也。盈曾祖父諱偃，字泰能，濛之第四子也。仕秦昭襄王之世，位爲舍人。稍遷車騎校尉，長平恭信侯。毗弼霸正，有功業於時焉。盈祖父諱嘉，字正倫，仕秦莊襄王，爲廣信侯。當是時也，秦地已并巴蜀、漢中、宛郢，置南郡矣。北收上郡以東，爲河東、太原、上黨，東至滎陽，滅二周，置三川郡。以呂不韋爲丞相，號文信侯，使招至賓客遊士，欲併天下。始皇即位，嘉輔帝室，以嘉爲德信侯。六年韓魏趙衛楚共擊秦，取壽陵。始皇使嘉將兵攻之，有功焉。衛迫東都，嘉又克討，皆平之。始皇壯嘉志節，賜金五千斤。二十五年，秦大興兵，使嘉攻燕遼東，得燕王而還。又遣嘉定荆江，南地皆降。是年置會稽郡，嘉將兵於會稽而亡。始皇哀其忠，因以相國禮葬之於長安龍首山西南。嘉有六子，並知名於時，始皇皆官爵承先，並各賜姓。其第六子諱祚，字彦英，不仕不學，志願農巷，即盈之父也。祚有三子，長子諱盈，字叔申；次子諱固，字季偉；小子諱衷，字思和。盈生於漢景帝中元五年丙申歲，少秉異操，天才穎爍，矯志蕭抗，行邁遠逸。不營聞達，不交非類，獨味清虚，恬心玄漠。盈時年十八，遂棄家離親，入于恒山，讀老子道德經、周易傳，採取山朮而餌之。潛景絶崖，素挺靈岫，仰希標玄，與世永違。始皇三十年九月庚子，盈高祖父濛師鬼谷先生於華山之中，乘雲駕龍，白日昇天。先是時，其邑謡曰：神仙得者茅初成，駕龍上昇入太清，時下玄洲戲赤城。繼世而往在我盈，帝若學之臘嘉平。始皇聞謡歌而問其故，父老具對曰：此仙人之謡，勸帝求長生之事。於是始皇欣然乃有尋仙之志，因改臘曰嘉平。盈於恒山積六年，思念至道，誠感密應，寢興妙論通於神夢，髣髴見太玄玉女，把玉札而謂之曰：西城有王君得道，可爲君師，子奚不尋而受教乎？盈乃感悟，登危陟峻，徑到西城，齋戒三月，沐浴向望。遂超榛冒險，稽首靈域，卒見王君。後二十年，從王君西至龜山，見王母。盈乃扣頭再拜，自陳於王母曰：盈小醜賤生，枯骨之餘，敢以不肖之軀而慕龍鳳之年，欲以朝菌之質而求積朔之期。雖仰遠流，莫不知濟津塗堅塞，所要無寄。常恐一旦死於鑽放之難，取笑於世俗之夫。是以昔日負笈幽林，貪師所生。遂遇王君，哀盈丹苦，見授治身之要、服氣之法，於是靜齋深室造行其事。師重見告，以盈身非玉石而無主於常，氣非四時常生於內，正當率御出入，呼吸中適，和液得修，形神靡錯。感應思積則魂魄不滯，理合其分，氣甄其適，乃可形精不枯，宅不可廢也。若使精神疲於往反，津液勞於出入，則形當日凋，神亦枯落，歲減其始，月虧其昔矣，宜妙訪求長易之益。西王母曰：子心至矣。吾昔先師元始天王及皇天扶桑大帝君，見遺以要言，汝願聞之邪。於是口告盈以玉珮金璫之道、太極玄眞之經。盈拜受所言，稽首而立。又告盈曰：夫金璫者，上清之華蓋，陰景之內眞。玉珮者，太上之隱玄，洞飛之寶章。得其道者，皆上陟霄霞，登遨八極，寢宴高空，游行紫虚也。向説元始天王大帝君言，是太霄二景隱書、玉珮金璫之文章也。又有陰陽二景內眞文，與本文相隨，太上法惟令授諸司命，子玉札玄挺，録字刊金，黄映內曜，素書上清，似當爲上卿之君、司命之任矣，此道後別當付於子也。然不先聞明堂玄眞之道，亦無由得太霄隱書也。盈於是辭師，乃歸，紫索混俗，亦不矯於世。【略】及有好道者待我於是，吾自當料理之，以相教訓末悟，於是季偉思和，遂留治此山洞內，立宮結構於外。將道著萬物，流潤蒼生，德加鳥獸，各獲其情。神驗禍福，罪惡必明。內法既融，外教坦平。爾乃風雨以時，五禾成熟，疾癘不起，暴害不行也。《眞誥》云：固位句曲眞人、定録右禁郎。衷位三官保命司。父老歌曰：茅山連金陵，江湖據下流。三神乘白鵠，各治一山頭。甘雨灌旱稻，陸田苗亦柔。妻子咸保室，使我無百憂。白鵠翔青雲，何時復來遊。

雜録

趙道一《歷世眞仙體道通鑑》卷一六《茅盈》　臣道一曰：茅盈以眞仙之裔，讖仙人之謡，藐鍾鼎之榮，慕玄元之敎。故其刻志於道，精感神明，玄功克成，榮踰富貴，彼二弟之崇爵顯秩，而盈略不動心。盈蓋視二弟之榮華，特一夢幻泡影而已。然猶未之悟，故示神變以悟之焉，終使二弟爲道之歸也。《道德經》曰：樂與餌，過客止。道之出口，淡乎其無味。視之不足見，聽之不足聞，用之不可既。茅盈之意。其旨若此。

茅盈 見茅君

韓崇

傳記

趙道一《歷世真仙體道通鑑》卷一六《韓崇》 韓崇者，字長季，吳郡毗陵人也。少好道，林屋仙人王瑋玄曾授之以流珠丹一法，崇奉而修之，大有驗。瑋玄語之曰：子行此道，亦可以出身仕宦，無妨仙舉也。崇遂仕至宛陵令，行仁以爲政，用道以撫民，虎狼深避，蝗不集界。遷汝南太守，拔書佐袁安。安後位至司徒，時人通以崇有識物之鑒也。崇獨居清素，上奇之，加崇俸祿，秩中二千石。後漢孝明皇帝巡狩汝南，上治崇府，崇使妻出住孤獨老嫗家。上聞，歎韓崇可謂百煉不消也。賜縑五十匹。崇在郡積十四年，政化洽著，舉天下最。年七十四，瑋玄乃授以隱解法，得去入大霍山，受瑋玄遁化泥丸紫戶術以度世，今在洞中爲左理中監。

雜録

趙道一《歷世真仙體道通鑑》卷一六《韓崇》 《漢書》所載事迹亦略同，而置辭小異耳。袁安字邵平，初爲縣功曹，被舉歷仕，遂至三公，和帝時卒。即袁紹高祖也。晉世又有馮奚，亦爲太常，名位同耳。韓既隱解，必是託尸。今晉陵上有韓冢，崔巍高大，從來相呼爲韓冢。疑如桃君，或即是此虛壙，而世呼爲孫策將韓當冢也。

馮良

傳記

趙道一《歷世真仙體道通鑑》卷一七《馮良》 馮良，南陽冠軍人。少作縣吏，年三爲尉從佐迎督郵。自恥無志，因毀車轄，裂敗衣幘，遂去。從師受詩傳禮易，復學道術占候。家中謂已死，十五年乃還。整修志節，抗操嚴恪。州郡禮辟不就，詔特徵賢良高第，半道委之還家。時三公爭讓位於良，遂不降就。年六十七，乃棄世，東渡入山，今在鹿迹洞中。

郎宗

傳記

趙道一《歷世真仙體道通鑑》卷一七《郎宗》 郎宗者，字仲綏，北海安丘人。少仕宦，爲吳縣令。學精道術，占候風氣。後一旦有暴風經窗間，占知京師大火燒大夏門，遣人往參，果爾。諸公聞之，以博士徵宗。宗恥以占事就，夜解印綬，負笈遁去。居華山下，服胡麻丸，得道。今在茅山鹿迹洞中。

淳于斟

傳記

趙道一《歷世真仙體道通鑑》卷一七《淳于斟》 淳于斟字叔顯，會稽上虞人。漢桓帝時，作徐州縣令。靈帝時，大將軍辟掾。少好道，明術數，服食胡麻、黃精餌。後入吳烏目山中隱居，遇仙人慧車子，授以虹景丹經。修行得道，今在洞中定録府爲典柄執法郎。

雜録

趙道一《歷世真仙體道通鑑》卷一七《淳于斟》 《易參同契》云：桓帝時上虞淳于叔通受術於徐從事，仰觀乾象以處災異，數有效驗。以知術，故郡舉方士，遷洛陽市長。如此亦爲小異，吳無烏目山。婁及吳興並有天目山，或即是也。

桃俊

傳記

趙道一《歷世真仙體道通鑑》卷一七《桃俊》 桃俊字翁仲，系錢塘人。少爲郡幹佐，末負笈到大學受業，明經術災異，晚爲交趾太守。漢末，棄世入增城山中學道，遇東郭幼平。幼平，秦時人，久隱增城得道者也。幼平敎俊服九精煉氣輔星在心之術，俊修之道成，今在洞中，兼北河司命，主水官之考罰。此位雖隸定録，其實受事於東宮中節度。

雜録

趙道一《歷世真仙體道通鑑》卷一七《桃俊》 《漢書》無此事。今冢在錢塘臨平，墳壇歷然，苗裔猶存。鄉近時聞鼙角之響，故人不敢侵毀之，皆知呼爲桃司命冢。錢塘杜徵士事京產，先典隱居，共有詩詠以贊述斯德，別在集中。幼平亦無所顯云。

劉翊

傳記

趙道一《歷世真仙體道通鑑》卷一七《劉翊》 劉翊字子翔，潁川人。少好道德，而家世大富，常周窮困爲事，好行陰德密惠。陳留張季札當弔師，喪車敗牛，困翊於汝南界。逢之與語，不示名字，即推車牛與乘之，恤死救窮非一人矣。後都長安，翊舉計掾。到都，帝嘉其心，拜郎中，遷陳留太守。出長安五百里中，斂死恤窮，損己分人。行達陽平，遂遇馬皇先生告翊曰：子仁心感天，陰德神鬼。太上將嘉子之用情矣，使我來携汝以長生之道。吾仙官也，爾乃能隨我去不？翊於是扣頭自搏，曰：少好長生，幸遇神仙，乞願侍給。馬皇先生因將翊入桐柏山中，授以隱地八術，服五星之華法。今度名東華，來在洞中，爲定録右理中監。

雜録

趙道一《歷世真仙體道通鑑》卷一七《劉翊》 《漢書》云：翊字子

翊，潁陰人。家世豐富，常能周施，不以爲惠。曾行汝南界中，有陳留張季札，遠赴師喪，遇寒冰車敗，頓滯道路。翊見而謂曰：君慎終赴義，行宜速達。即下車與之，不告姓名，策馬而去。季札意其子翔也。後故到潁陰，還所假乘，翊閉門辭行，不與相見。常守志卧疾，不屈聘命。河南种拂臨郡引爲功曹。後黃巾賊起，翊救急乏絶，資其食者數百人。鄉族死亡則爲殯殮，鰥寡則助其妻娶。獻帝遷都西京，舉上計掾。爾時道路寇阻，翊夜行晝伏，乃到長安。上嘉其忠勤，拜議郎，遷陳留太守。翊又散珍寶，唯餘車馬，自載東歸。出關數百里，見士大夫病死道傍，仍又以馬易棺，脱衣斂之。又逢知故飢困於路，不忍委去，因殺所駕牛以救其乏。衆人止之，翊曰：視沒不救，非志士也。遂俱餓死。此說大同小異，故備載之論。翊字子翔，於字例相得，而翊義亦是相當，但未詳孰正。

張激子

傳記

趙道一《歷世真仙體道通鑑》卷一七《張激子》　張激子者，河南張奉者也，字公先，少時名激子耳。此人亦少發名字，太傅袁隗歎其高操，妻以女。女服飾奢麗，奉不顧眥，無異路人。婦改服，然後成室家也。後棄世入剡山，遇山圖公子。山圖公子，周哀王時大夫，仙人者也，授激子九雲強梁煉玉法。激子修此得道，今在東華宮，行爲太極所署也。或領九宮尚書，與北河侯對，職治水考北河司命。或爲禁保侯，亦併共業故也。北河司命亦治在洞天之中，與張激子對局。

又《魏書》：張範字公儀，河內修武人。祖歆，爲漢司徒，父延。太尉袁隗欲以女妻範，範辭不受。性恬靜樂道，徵命不就。後爲議郎，參丞相魏武庫事，甚是敬重。好賑救窮乏，家無餘財。以建安十七年卒。弟承字公先，亦知名。以方正拜議郎、諫議郎、諫議大夫、趙郡太守。後隨魏武西征，至長安病亡。此說名字番覆大異，承與奉乃相類而非袁婿。若是範又其字不同，詳按事迹，恐多是兄也。《魏書》王修傳又云：修往來南陽，多止張奉舍。奉舉家病，修營救之。按張範兄弟乃嘗避地往揚州，投袁術，又非劉表，不應在南陽，二三爲疑也。

虞翁生

傳記

趙道一《歷世真仙體道通鑑》卷一七《虞翁生》　狼五山中有學道者虞翁生，會稽人也。昔受仙人介君食日精法，以吳時來隱此山。兼行雲氣迴形之道，精思積久，形體更少如童子。晉穆帝永和元年七月二十三日，東大帝遣迎，即日乘雲昇天，今在陽谷山中。

朱孺子

傳記

趙道一《歷世真仙體道通鑑》卷一七《朱孺子》　赤水山中學道者朱孺子，吳末入山，服菊花及术餌。後遇西歸子，授以要言，入室存泥丸法。三十年，遂能致雲雨於洞房中。晉穆帝永和元年八月五日，西王母遣迎，即日乘五色雲車登天。今在積石臺。

尹虔子

傳記

趙道一《歷世真仙體道通鑑》卷一七《尹虔子》　華陰山中有學道者尹虔子、張石生、李方白，並晉武帝時人，受仙人管城子蒸丹餌朮法，俱服，得延年健行。又受蘇門周壽陵服丹霞之道，行已五十年，精心內視，不復飲食，體骨輕健，色如童子。以晉穆帝永和元年二月十二日，太一遣迎，以其日乘雲昇天。今在玄洲。受書爲高山眞人，張石生爲東源伯。

鄭景世

傳記

趙道一《歷世真仙體道通鑑》卷一七《鄭景世》　廬江潛山中有學道者鄭景世、張重華，並以晉初受仙人孟德然口訣，以入山，行守五臟含日法，兼服胡麻，又服玄丹。久久不復飲食，而身體輕強，及易故形。以晉穆帝永和元年四月十九日，北玄老太一迎以雲軿，白日昇天。今在玄洲。

平仲節

傳記

趙道一《歷世真仙體道通鑑》卷一七《平仲節》　括蒼山有學道者平仲節，河中人。以大胡亂中國時來渡江，入括蒼山，受師宋君存心鏡之道、具百神行洞房事。如此積四十五年中精思，身形更少，體有眞氣。晉穆帝永和元年五月一日，中央黃老遣迎，即日乘雲駕龍，白日昇天，今在滄浪雲臺。

吳睦

傳記

趙道一《歷世真仙體道通鑑》卷一七《吳睦》　吳睦者，長安人也。少爲縣吏，掌局枉尅人民。人民訟之，法應入死。睦登委叛，遠遁山林。餓經日，行至石室，遇見孫先生在室中隱學，左右種黍及胡麻，室中恆盈食。睦至乞食，經月不去。孫先生知是叛人，初不問之，與食料理及誦經講道，說及禍福。睦聞之，於是心開意悟，因扣頭自搏，列其事源，立身所行，自首事實，求得改往。遂留石室，爲先生掃除驅使。經四十年後，先生授其道，俱採藥，服食胡麻。精修經教，得三百二十年，服丹白日昇天。

郭　静

傳　記

趙道一《歷世真仙體道通鑑》卷一七《郭静》　郭靜者，潁川人也。少孤，無父母兄弟，窮苦依棲無所。年十六，縣召爲吏。後得罪，仍逃伏，經二月，日不出。遇見鄭先生救度一切，以法勸化之。靜遂隨鄭負擔驅使，經七年不敢懈怠，遂受其導引之要，餌服山术、茯苓，得壽三百歲。復於天維山，赤松子降，授其二人眞道，今在大有洞中爲眞人。

范伯慈

傳　記

趙道一《歷世真仙體道通鑑》卷一七《范伯慈》　范伯慈者，桂陽人也。家本士族，而忽得狂邪，因成邪勞病，頓卧牀席經年。迎師解事，費用家資漸盡，病故不愈。聞大道清約無所用，於是意變，聞沈敬作道士精進，理病多驗，乃棄俗師之。得五十日，病疾都愈。後遇陸玩之，受眞内道。玩之不能入山，伯慈不樂於世，遂辭去，入天目山。服食胡麻，精思十七年，大洞眞仙司命君下降，受三十六篇經。得服還丹，白日昇天，今爲玄一眞人。

韓偉遠

傳　記

趙道一《歷世真仙體道通鑑》卷一七《韓偉遠》　九嶷眞人韓偉遠，昔受於中嶽宋德玄。德玄者，周宣時人，服此靈飛六甲得道，能一日行三千里，數變形爲鳥獸，得玄靈之道，今在嵩高。偉遠久隨之，乃得受法。行之道成，今處九嶷山。

劉少翁

傳　記

趙道一《歷世真仙體道通鑑》卷一七《劉少翁》　昔有劉少翁，曾數入太華山中，拜禮向山。如此二十年，忽一旦見西嶽丈人，授其仙道。

無上元君

傳　記

趙道一《歷世真仙體道通鑑後集》卷一《無上元君》　老君雖歷代應現，而未有誕生之迹，將欲和光同塵以立世教，乃先命玄妙玉女降爲天水尹氏之女，名益壽，適仙人李靈飛。玄妙玉女，即無上元君也。靈飛本皋陶之後，至商時父子相承，得修生之道。父慶賓，年百歲餘，常有少容。周遊五嶽諸山，一旦雲龍下迎，白日昇天。靈飛感父昇天之事，精修大道，亦百有餘日。當老君未誕而昇天，至商十有八世，王陽甲踐祚之十七年庚申之歲，老君自大清境分神化氣，乘日精，駕九龍，化爲五色流珠下降。時尹氏晝寢，夢天開數丈，衆仙捧日出。良久，見日漸小，從天而墜，爲五色珠，大如彈丸，因捧而吞之，覺而有娠今亳州天靜宮有流星壇，即其處。由是容顏益少，神氣安閑。所居之室，六氣和平，冬無凝寒，夏無袢暑。祥光照室，衆惡不侵。八十一年不覺其久。至商二十一王武丁之九年庚辰歲二月建寅十五日卯時，聖母因攀李枝，忽從左腋降生仙傳所載，皆云在胎八十一年。唯內傳云：上帝之師元君，感日精入口，因娠。經七十二年，剖左腋而生。二說雖或不同，然亦有由。虞宣出塞記云：老子復命胞中七十二年，舉候九年。則亦八十一年也。是時陽景重耀，祥雲蔭庭，萬鶴翔空，九天稱慶。玉女跪捧，九龍薦水，以浴聖姿。龍出之地，因成九井漢伏滔《北征記》云：老君廟中有九井，水皆相通，故每汲一井，九井皆動。降生之初，即行九步，步生蓮華。左手指天，右手指地，曰：天上地下，惟道獨尊，我當開揚無上道法，普度一切動植衆生，周偏十方及幽牢地獄應度未度，咸悉度之。隱顯人間，爲國師範。位登太極無上神仙，號曰：聃或作儋者，漢字通用也，名耳，字伯陽，或曰：伯陽父者，尊老之稱也。一名雅，字伯宗。一名志，字伯光。一名石，字孟公。一名重，字子文。一名定，字元陽。一名元，字伯始。一名顯，字元生。一名德，字伯文，老君降生九日，身有九變，皆天冠天衣，自然被體。仍有七十二相，八十一好。【略】寄胎八十一年，極太陽九九之數。生而皓首，故號爲老。古人稱師爲子，又子者男子之通稱，故號老子。居於陳國苦縣瀨鄉曲仁里渦水之陰即今亳州衛眞縣也。聖母既誕育道身，將返天闕。復元君之位，欲示世人以師資傳授之道，乃告老君曰：夫人受生於天地，中有清有濁。氣之清者清明慈仁，氣之濁者愚癡凶虐。明者因修以成性，昧者恣欲以傷命。性者身之原也，命者生之根也。是故修學之人，煉身於九丹，解結於五神，引氣於本生，滅根於三關。九煉十變，百節開明。胞結斷滅，乃知本眞而成上仙也。若不修學，則邪魔入身，百痾競生，死不盡命，痛乎難言。夫仙由心學，心誠則仙成，道貴內求內密，則道來能致靜以合眞，積虛以通神，則取仙日近矣。苟心競神勞，體煩不專，動靜喪精，耳目廣明，徒積稔索道，道愈遠也。寄寓天地間，少許時爾。若能攝氣營神，辛苦注眞，久將得道，則與天地共寄寓太無中也。能洞虛體無，則視之不見，聽之不聞，乃與道合眞矣。老子曰：今混迹塵寰，欲常存不死，隨世度人，可乎？元君曰：吾有祕寶，非聖不傳。有能修之，可以長存。老子曰：願聞其致。元君曰：至道淵奧，深不可識。匪有匪無，匪聲匪色。視之不見，搏之不得。囊括天地，至大無極。近在諸身，莫之能測。能知其則，是謂玄德。老子曰：其道亦有術以致之乎？元君曰：道者虛通之至眞，術者變化之玄技。道因術以濟人，人因修而會道，則變化無窮矣。夫道之要者，無爲而自然；術之祕者，符與氣藥而已。符者三光之靈文，天之眞性也。藥者五行之華英，地之精液也。氣者陰陽之和粹，萬物之靈爽也。人雖得一事未畢，要資符藥道乃訖。此吾之祕寶爾。能兼之，可以長存。度人無量矣。老君曰：身者得道之器也。氣者致命之根也。根拔則命終，器敗則道去。今欲修之，令命固道隆，可得聞乎？元君曰：人稟骨肉之資，猶陶家坯也。坯未冶則敗速，身未煉則命促，理固然也。縱使德冠羣有，神疏太玄，而身猶未免乎老死。夫何故哉？由化致然，不得不然也。惟藥能煉形，符能致神。神歸則心通而性逸，形堅則氣固而命全。然後化氣變精，洞入無形，飛行虛空，存亡自然，乃能長存。得道之人，雖遭劫交，天地崩淪，而災不能及。所以貴乎符藥者，由此也。老君曰：服神丹而長生者，神靈佑之乎，將藥之力邪？元君曰：長生之功由於丹，丹之成由於神。故將合丹，必正身心，不履罪過，神明祐之，作丹必成。神丹入口，壽無窮已。天地明察，道歸仁人。萬兆蠢蠢，名曰行尸，不信長生之可學，謂爲虛誕。從朝至暮，但作求死之事，天豈能強生乎？恣心盡欲，奄忽輒死，千金送葬，何所益哉？則神丹之道成，不惟長生，而亦可作世寶也。知此道者，亦安用天下爲。人有以國易吾方，而非其人不傳也。老子稽首曰：願聞其旨。元君乃仰天而嘯，倏忽有紫雲如蓋，自天奄至。中有五色，蘊光明八達。仙人涓子侍之，元君披出神圖寶章變化之方、還丹伏火水汞液金之術，凡七十二篇，以授老君。【略】老子再叩頭稽首曰：九丹之道既奉慈訓矣，竊聞求仙不得金液，虛自苦辛，願示其要。元君曰：大哉子之問也。九丹金液，同爲昇天之道。然九丹中金液爲上。所以爾者，服九丹之人，或三年，或二年，或一年或半年，或百日六十日、三十日、三日，乃有仙官雲龍來迎。惟服金液者，入口則身色紫金，立生羽翼，升天爲仙官矣。凡欲服之，須先長齋，斷穀一年，乃得服之。自非有玄中之籙及不死之名者，終不得聞金液之道也。其法依前合丹，金成而液之，其道畢矣。此吾之祕寶也。凡有千二百訣，吾於往劫塵沙天地之先受之於元始天尊，奉而行之，得居無上元君之位。吾昔已傳至眞大聖天帝、上帝、太微太一元君，今又授爾，爾其勉之。老君受訖，復請曰：萬兆芸芸，動之死地，今以此廣濟，如何？元君曰：悠悠之徒，耽榮嗜欲死者，若墜石投川，往而不返，甚可痛傷。然道不虛行，必授其人。此道高妙，祕於九玄瓊臺雲笈，萬年一行，貽諸玄籙玉名耳。自非宿命骨分及丹苦之人，不得聞也。愚人多過，方向驅除，烏得違天科而妄宣乎？吾道盡此，將去矣，當遣太一元君語汝。言訖，即有千乘萬騎，五帝上眞擁八景玉輿迎之昇天。今太清神丹經，其法乃出於無上元君。其神能調和陰陽，役使風雨，進退五星，斟酌寒暑。驂駕九龍十二白虎，天下衆仙皆仰隸焉。人之生死，莫不由此，猶言服丹所致也。

太一元君

傳記

趙道一《歷世眞仙體道通鑑後集》卷一《太一元君》 老君乃遠遊山澤，求煉神丹。行經勞山，果遇太一元君，乘五色斑麟，侍官數十人。老君從之問道，元君曰：道之要，在乎還丹金液耳。遂具授祕訣。他年之歷山，復會太一元君，因謝神丹之方。元君曰：吾是羣仙之尊，萬道之主，玄靈祕術，本玄分也，奚辱謝焉。老君曰：凡民無知，死者甚衆，撫心泣血，見之傷悲。欲給以神藥，令皆得長生，可乎？元君曰：不可。生道至重，必授大賢及孝順篤實之士。天生萬物，有善有惡，善者宜生，惡者宜除。不足給藥令皆生也。君已知之，不可輕泄。老君以神仙之道必假修煉，欲垂法以勸來世，故存眞抱一，煉丹服氣，然後乘空淩虛，出有入無，隨意所適，人莫能測。一日乘白鹿復履庭檜而昇天。

聖母元君

傳記

杜光庭《墉城集仙録》卷一 聖母元君者，乃洞陰玄和之炁凝化成人，亦號玄妙玉女，爲上帝之師。太上老君先天毓神歷劫行化，應接隱顯不可稱論。其欲示生於人間，表物之有始也。故散形分神，寄胞於元君焉而更生也。昔於渺莽之劫，常寄誕於天崗靈鏡之山。洎商十八王陽甲八年庚申之歲，老君乘日精駕九龍氤氳漸小如九色彈丸，自天而下託孕於元君之胎。元君時在楚國苦縣瀨鄉曲仁里渦泉之濱晝日假寐，遂感日象如流星之光，徑入口中，因而有娠，凡八十一年，所居之室常有異香之氣，日月之光，髣髴神明以衛其體，容狀麗逸曾不衰怠。至二十二王武丁九年庚辰之歲二月十五日，元君因攀李樹而生，誕於左脇。時有九龍自地湧出，騰躍空中吐水而浴老君焉。龍出之處，因成九井，至今存焉，即亳州太清宮九井是也。老君既生，能行九步，步生蓮花，以乘其足，日月揚輝，萬靈侍衛。即指李樹曰：此余姓也。遂爲李氏，時人亦因號元君爲李母焉。既行九步，左手指天，右手指地，言曰：天上天下唯我獨尊，世間之苦何足樂聞。三日之中身有九變，身長九尺，綠眉素髮，日角月玄，鼻有雙柱，耳有三門，美眉方口，蹈五把十，七十二相，八十一好，周備其身。元君以其生而白首，故號老子，或云自說九名，又云有三十六號，七十二名。《玄妙內篇》云：老君之生也，天地萬神，來集其庭，日童散暉，月妃擲華。七元曜景，三素充庭。萬卉揚芬，陸壤生蓮。神童玄女，翼其左右。靈音虛奏，天樂駭空是也。老君於是景侍元君，幽闡妙道，將欲廣化萬有，大弘正眞也。元君乘暇謂老君曰：吾觀於身皆六家之物權借用耳。何謂六家，甲寅木神爲骨，甲申金神爲齒爪，甲戌土神爲肌肉，甲辰風神爲氣息，甲午火神爲溫煖，甲子水神爲潤澤。又木神爲肝，火神爲心，土神爲脾，金神爲肺，水神爲腎，風神爲膽，六家共成人身。故有五臟六腑，九宮十二室，四肢五體，三焦九竅，百八十關機，三百六十骨節，各隨而居之。故能動作視息，飲食語言，別好惡，知是非也。一家不和即爲病矣。人生各有歲、月、日、時，隨其所屬星宿，以定其貧富貴賤，生命長短焉。然六家之物有合則有散，有生則有死，有成則有敗，有盛則有衰，此物之常數也。身有應敗之患，神有應散之期，命有必盡之勢，甚可畏也。夫神在則爲人，神去則爲尸，豈不痛哉。蓋由五色亂目，使目不明。五聲亂耳，使耳無聽，五味亂口，使口厲爽。取捨亂心，使心飛揚。嗜慾無猒，使神流散。憎愛不泯，使心勞煩。不疾去之，則志氣日耗，壽命日減，可不戒哉。五色者，陷目之錐也。五音者，塞耳之鎚也。五味者，截舌之斧也。衆貨者，焚身之火也。此數者殃禍之宮，患害之室也。元君曰：夫重長生者，始於一身，次及家鄉，至于天下。爲子盡孝，爲臣盡忠，爲上盡愛，爲下盡順。色味調和，與道合眞也。若止一身獨願長生，久住無爲，逃避上下，不營忠孝，不存兼濟，偏善乖道，自是失德。縱能棄吾我之懽，忘色味之適，同枯木死灰，復何足貴。夫修道者，在適而無累，和而常通，永劫無窮，濟度一切，此之長生乃可爲重。長生難得，由忠、孝、仁、義。忠、孝、仁、義立者，功及於物，生自可延。無此德者，獨守山林，木石爲偶，徒喪一生。後方墮苦，先罪未釋，今又無功，遂失人道，生處邊夷或生飛沉，羣醜異類永與道隔，深可悲乎。若能以之習善生樂常存，運之涉惡死苦無極，上士積善永久長生，號爲眞人。天地有壞，眞人無毀，超出三界，逍遙上清。因以一惡，至于萬惡，以垂戒焉。凡人有一千惡者後代妖逆，二千惡者身爲奴僕，三千惡者六疾孤窮，四千惡者疫病流徒，五千惡者爲五獄鬼，六千惡者爲二十八獄囚，七千惡者爲諸方地獄徒，八千惡者墮寒冰獄，九千惡者入邊底獄，一萬惡者墮薜荔獄。萬惡之基起於三業，一一相生以至于萬惡。墮薜荔獄者永無原期，渺渺終天無由濟拔，得不痛哉。夫人覺有一惡，急宜改而不犯者，去道近矣。若爲魔邪所干者，當洗心責己，悔過自修，即可反惡爲善矣。人有一善則心定神安，有十善則氣力強壯，有百善則寶瑞降之，有千善則後代神眞，有二千善則爲聖眞仙將吏，有三千善則爲聖眞仙曹掾，有四千善則爲天下師聖眞仙主統，有五千善則爲聖眞仙魁師，有六千善則爲聖眞仙卿大夫，有七千善則爲聖眞仙公王，有八千善則爲聖眞仙皇帝，有九千善則爲元始五帝君，有一萬善則爲太上玉皇帝。元君曰：萬善之基，亦在三業，十善相生，至于萬善。行善益算，行惡奪算。賞善罰惡，各有職司，報應之理，毫分無失。長生之本，惟善爲基也，戒之勉之。元君曰：人生天地之中，有清有濁，有剛有柔，因而修之各成其性。夫氣清者聰明賢達，氣濁者凶虐愚癡，氣剛者高嚴壯烈，氣柔者慈仁淳篤。所以木性彊直，土性仁和，水性謙退，火性猛烈，金性嚴脆，各隨所受以定其性。明者返伏其性以延其命，愚者恣縱其欲以傷其性。夫性者命之原，命者生之根，勉而修之，勤而鍊之，所以營生以養其性，守神以養其命，則離苦昇樂、福祚無窮矣。且人之生也，皆由於神，神鎮則生，神斷則死。所以積氣爲精，積精爲神，積神則長生矣。元君曰：世人唯知豐餚以甘其口，不知美食之傷命也。只知爵祿以榮其身，不知爵祿奢麗之傷己也。是故修學之人，鍊身於九丹，解結於五神，引氣於本生，滅根於三關，九鍊十變百節開明，斷滅胞結乃知本眞矣。既知本眞則成上仙也。夫仙者，心學心識則成仙。道者，內求內密則道來。眞者，修寂洞靜則合眞。神者，須感積感則靈通。常能守一，去仙近矣。若心競神勞、體煩不專，動靜喪精，耳目廣明者，徒積稔索道，道愈違也。人不修道，如幻化耳，但寄寓天地間少許時也。人若能攝氣營神，苦辛注眞，將久得道，道成，則與天地共寄於太元中矣。又能洞虛體無，則與太無共寄於寂寂中矣。能洞寂寂者，視之不見，聽之不聞，與道冥然矣。元君曰：道者，虛通之至眞也。術者，變化之玄伎也。道之無形，用術以濟人。人之有靈，因修而契道。人能學之，則變化自然矣。道之要者，在深簡而易矣。功術之祕者，唯符藥與炁也。符者，三光之靈文，天之眞信也。藥者，五行之華英，地之精液也。炁者，陰陽之和粹，萬物之靈爽也。此三者，致道之要機，求仙之所寶也。人能兼之，可以常存，度人無量矣。元君曰：道以何達，弘之在人。夫藥能鍊形，符能致神，神歸則心通，形堅則炁固，神全炁固形復堅者，命可全也。命全然後化炁變精，洞入無形，飛行虛空，存亡自然，乃能長久長存也。人之得道，雖大劫之交天地崩淪而災不能及，符藥之功以致斯矣。元君曰：寶章變化之功，還丹金液之術，昔有七十二篇，今則九篇矣。凡三卷，卷有三篇，其中卷三篇正丹經也。一曰玄白，二曰金精，三曰飛符，四曰金華，五曰三五，此謂之五符也。一曰白雪，二曰雄雌，三曰白華，四曰金液，五曰丹華，六曰五色，七曰泥汞，八曰金精，九曰九鼎，皆名九轉還丹。得一丹者可以長生，不必盡須作也。神丹之道三化五轉至九而止。若草木之藥，埋之則腐，煮之則爛，燒之則焦，不能自生，何能生人。金丹之道，即反於此，燒之愈精，冶之愈妙，故能令人長生。因使老君鍊丹，以示世人修道之本，今亳州丹井存焉。元君曰：九丹雖同，得之者繫其行業也。上士服之昇爲仙官，中士服之栖集崑崙，下士服之長生人間矣。元君曰：九丹金液同爲昇天之道，服九丹者爲仙官，雲龍來迎其身。服金液者，身生金色立可昇天。然在立功積行，神丹自至。無功行者，仙不可希也。吾昔於元始天君傳千二百訣，塵沙之劫授度者多。昔傳至眞大仙天帝上帝太微太一元君，下及玄女黄帝皆得道矣。道不虚行必授其人，若耽樂嗜慾、留滯聲色，懷是非之心者，如墜石投川，往而不返，甚可痛也。然此道高妙，祕於九玄瓊臺雲笈萬年一傳，有玄籙玉名者得見篇目，自無宿命骨分形苦之人不得聞矣。於是，元君言畢，雲輿羽蓋，仙官衛從森然而集，即乘八景之輿白日昇天。老君乘白鹿自檜樹之上從衛仙駕，還歸太清，今有鹿跡在檜樹之上。或云：元君之位至尊至大，統制天地，調和陰陽，役使風雨，進退五星，斟酌寒暑，秉握乾坤，三界衆仙皆仰隸焉。人之生死，世之盛衰，咸由之矣。所以爲老君之聖母者，示天地萬物必有稟生之由，師資之本爾。因勅太一元君，述還丹金液之要，以傳於人世者焉。

金母元君 見西王母

西王母

傳記

《雲笈七籤》卷一一四《紀傳部一六・西王母傳》　西王母者，九靈太妙龜山金母也，一號太靈九光龜臺金母，亦號曰金母元君，乃西華之至妙洞陰之極尊。在昔道氣凝寂，湛體無爲，將欲啓迪玄功，生化萬物。先以東華至眞之氣，化而生木公焉。木公生於碧海之上，蒼靈之墟，以主陽和之氣，理於東方，亦號曰王公焉。又以西華至妙之氣，化而生金母焉。金母生於神洲伊川，厥姓緱氏，生而飛翔，以主陰靈之氣，理於西方，亦號王母。皆挺質太無，毓神玄奥，於西方眇莽之中，分大道純精之氣，結氣成形，與東王木公共理二氣，而育養天地，陶鈞萬物矣。體柔順之本，爲極陰之元，位配西方，母養羣品。天上天下，三界十方，女子之登仙得道者，咸所隸焉。所居宫闕，在龜山之春山西那之都，崑崙玄圃閬風之苑，有金城千重，玉樓十二，瓊華之闕，光碧之堂，九層玄臺，紫翠丹房，左帶瑶池，右環翠水，其山之下，弱水九重，洪濤萬丈，非飆車羽輪不可到也。所謂玉闕塈天，綠臺承霄，青琳之宇，朱紫之房，連琳綵帳，明月四朗。戴華勝，佩靈章，左侍仙女，右侍羽童，寶蓋沓映，羽旂廕庭，軒砌之下，植以白環之樹，丹剛之林，空青萬條，瑶幹千尋，無風而神籟自韻，琅然皆九奏八會之音也。神洲在崑崙之東南，故《爾雅》云：「西王母日下」是矣。又云，王母「蓬髮戴勝，虎齒善嘯」者，此乃王母之使，金方白虎之神，非王母之眞形也。元始天王授以《萬天元統龜山九光之籙》，使制召萬靈，統括眞聖，監盟證信，總諸天之羽儀，天尊上聖朝宴之會，考校之所，王母皆臨映焉。《上清寶經》《三洞玉書》，凡所授度，咸所關預也。

昔黄帝討蚩尤之暴，威所未禁，而蚩尤幻化多方，徵風召雨，吹煙噴霧，師衆大迷。帝歸息太山之阿，昏然憂寐。王母遣使披玄狐之裘，以《符》授帝曰：「太一在前，天一在後，得之者勝，戰則剋矣。」《符》廣三寸，長一尺，青瑩如玉，丹血爲文。佩《符》既畢，王母乃命一婦人，人首鳥身，謂帝曰：「我九天玄女也。」授帝以《三宫五意陰陽之略》、《太一遁甲六壬步斗之術》、《陰符之機》、《靈寶五符五勝之文》，遂剋蚩尤於中冀，剪神農之後，誅榆岡於阪泉，而天下大定，都於上谷之涿鹿。又數年，王母遣使白虎之神，乘白虎，集帝之庭，授以《地圖》。其後虞舜攝位，王母遣使授舜白玉環，又授益《地圖》，遂廣黄帝之九州爲十有二州。王母又遣使獻舜皇琯，吹之以和八風。《尚書帝驗期》曰：「王母之國，在西荒之野。」昔茅盈字叔申，王褒字子登，張道陵字輔漢，洎九聖七眞，凡得受書者，皆朝王母於崑陵之闕焉。時叔申道陵侍太上道君乘九蓋之車，控飛虬之軒，越積石之峰，濟弱流之津，渡白水，淩黑波，顧盼倏忽，謁王母於闕下。子登清齋三月，王母授以《瓊華寶曜七辰素經》。茅君從西城王君詣白玉龜臺朝謁王母，求乞長生之道曰：「盈不肖之軀，慕龍鳳之年，欲以朝菌之脆，求積朔之期。」王母愍其勤志，告之曰：「吾昔師元始天王及皇天搏桑帝君，授我以《玉珮金璫》二景纏練之道，上行太極，下造十方，漑月咀日，以入天門，名曰《玄眞之經》，今以授爾，宜勤修焉！」因敕西城王君一一解釋以授焉。又授寶書《四童散方》。洎周穆王滿，命八駿與七萃之士，驊騮、赤驥、盜驪、山子之乘，駕以飛軿之輪，栢夭導車，造父爲右，風馳電逝三千里，越剖閭無凫之鄉，犀玉玄池之野，吉日甲子，黿鼉魚龜爲梁，以濟弱水，而昇崑崙玄圃閬風之野，而賓于王母。穆天子持白珪重錦以爲王母之壽，謌《白雲之謠》，刻石紀迹于弇山之上，而還中土矣。

世之昇天之仙，凡有九品：第一上仙號九天眞王，第二次仙號三天眞皇，第三號太上眞人，第四號飛天眞人，第五號靈仙，第六號眞人，第七號靈人，第八號飛仙，第九號仙人。凡此品次，不可差越。然其昇天之時，先拜木公，後謁金母，受事既訖，方得昇九天，入三清，拜太上，覲奉元始天尊耳。故漢初有四五小兒戲於路中，一兒謌曰：「著青裙，入天門。揖金母，拜木公。」時人皆莫知之，唯張子房知之，乃往拜焉，曰：「此乃東王公之玉童也。」仙人行道昇天，當揖金母而拜木公也，自非沖虛登眞之子，莫知其津矣。

漢孝武皇帝徹好長生之道，以元封元年登嵩高之嶽，築尋眞之臺，齋戒精思。四月戊辰，王母使墉城玉女王子登來，語帝曰：「聞子欲輕四海之祿，迂萬乘之貴，以求長生，眞乎勤哉！七月七日，吾當暫來也。」帝問東方朔，審其神應，乃清齋百日，焚香宮中。夜二唱之後，白雲起於西南，鬱鬱而至，徑趣宮庭。漸近，則雲霞九色，簫鼓震空，龍鳳人馬之衆，乘麟駕鹿之衛，科車天馬，霓旌羽幢，千乘萬騎，光耀宮闕。天仙從官，森羅億衆，皆長丈餘。既至，從官不知所在。王母乘紫雲之輦，駕九色斑龍，帶天眞之策，佩金剛靈璽，黃錦之服，文彩鮮明，金光奕奕，腰分景之劍，結飛雲大綬，頭上華髻，戴太眞晨纓之冠，躡方瓊鳳文之履，可年二十許，天姿奄藹，靈顏絕世，眞靈人也。下車扶侍二女，登牀東向而坐。帝拜，跪問寒溫，侍立良久，呼帝使坐，設以天廚，芳華百果，紫芝萎蕤，紛若塡摞，精珍異常，非世所有，帝不能名也。又命侍女取桃，玉盤盛七枚，大如鴡音保，與鴇同。子，四以與帝，母自食三。帝食桃輒收其核，母問：「何爲？」帝曰：「欲種之耳。」母曰：「此桃三千歲一實，中國土地薄，種之不生如何？」於是王母命侍女王子登彈八珍之璈，董雙成吹雲和之笙，石公子擊昆庭之玉，許飛瓊鼓震靈之簧，婉淩華拊吾陵之石，范成君拍洞陰之磬，段安香作九天之鈞，安法嬰歌《玄靈之曲》，衆聲激朗，清音駭空。歌畢，帝下席叩頭，以問長生之道。王母曰：「汝能賤榮樂卑，耽虛味道，自復佳耳！然汝情恣體欲，淫亂過甚，殺伐非法，奢侈恣性。夫侈者，裂身之車也；淫者，破身之斧也；殺者，響對；奢者，心爛。積欲則神隕，聚穢則命斷，以子蕞爾之身，而宅殘形之賊；盈尺之材，乃攻之者百刃，欲以解脫三尸，全身永久，不可得也。有似無翅之鷃，願鼓天池；朝生之菌，而樂春秋者哉！若能蕩此衆亂，撥穢易意，保神氣於絳府，閉淫宮而不開，靜奢侈於寂室，愛衆生而不危，守慈務施，鍊氣惜精。儻有若斯之事，豈無髣髴耶？若不爾者，譬如抱石而濟長河耳！」帝跪受王母之誡，曰：「徹不才，沉淪流俗，承禪先業，遂覊世累，刑政乖謬，罪積丘山。今日之後，請事斯語矣！」王母曰：「夫養性之道，理身之要，汝固知矣，但在勤行不怠也。我師元始天王昔於嚴霄之臺，授我要言曰：『欲長生者，先取諸身。堅守三一保靈根，玄谷華醴灌沉珍，漑長清精入天門。金室宛轉在中關，青白分明適泥丸，養液閉精具身神。三宮備衛存絳宮，黃庭戊己無流源，徹通五臟十二綸。吐納六府魂魄欣，却此百病辟熱寒，保精留命永長存。』此所謂呼吸太和，保守自然，眞要道者也。凡人爲之，皆必長生，亦可役使鬼神，遊戲五嶽，但不得飛空騰虛而已。汝能爲之，足可度世也。夫學仙者，未有不由此而始也。至若太上靈藥，上帝奇物，地下陰生，重雲妙草，皆神仙之藥也。得上品者，後天而老，乃太上之所服，非中仙之所寶。其中品者，有得服之，後天之逝，乃天眞之所服，非下仙之所逮。其次藥有九丹金液，紫華虹英，太清九轉，五雲之漿，玄霜絳雪，騰躍三黃，東瀛白香，玄洲飛生，八石千芝，威喜九光，西流石膽，東滄青錢，高丘餘糧，積石瓊田，太虛還丹，盛以金蘭，長光絳草，雲童飛干，有得服之，白日昇天。此飛仙之所服，非地仙之所聞。其下藥有松栢之膏，山薑沉精，菊花澤瀉，苟杞茯苓，菖蒲門冬，巨勝黄精，靈飛赤板，桃膠木英，升麻續斷，威蕤黄連，如此下藥，略舉其端，草類繁多，名數有千，子得服之，可以延年。雖不能長享無期，上昇青天，亦可以身生光澤，返老童顔，役使羣鬼，得爲地仙。求道之者，要先憑此階漸，而能致遠勝也。若能呼吸御精，保固神氣，精不脱則永久，氣長存則不死，不用藥石之費，又無營索之勞，取之於身耳。百姓日用而不知，此故爲上品，自然之要也。且夫一人之身，天付之以神，地付之以形，道付之以氣。氣存則生，氣去即死。萬物草木，亦皆如之。身以道爲本，豈可不養神固氣，以全爾形也！形神俱全，上聖所貴。形滅神逝，豈不痛哉！一失此身，萬劫不復，子其寶焉！我之所言，乃我師元始天王所授之詞也。」即勑玉女李慶孫書出之，以付於帝：「汝善修之焉。」

王母命駕將去，帝下席叩頭請留，王母即命侍女召上元夫人同降帝宫。良久，上元夫人至，復坐設天廚。久之，王母命夫人出《八會之書》《五嶽眞形》《五帝六甲靈飛之符》凡十二事云：「此書天上四萬劫一傳，若在人間，四十年可授有道之士。」王母乃命侍女宋靈賓開雲錦之囊，取一策以授帝，王母執書起立以付帝，王母呪曰：「天高地卑，五嶽鎮形。元眞激氣，太澤玄精。天回九道，六和長平。太上《八會》，飛天之成。眞仙節信，由兹通靈。泄墜滅腐，寶歸長齡。徹其愼之，敢告劉生。」祝畢，帝拜受之。王母曰：「夫始學道受符者，宜別祭川嶽諸眞靈，潔齋而佩之焉！四十年後，若將傳付汝之所有，董仲君李少君可授之爾。況爲帝王，可勤祭川嶽，以安國家，投簡眞靈，以祐黎庶也。」言訖，與上元夫人命車言去，從官互集，將欲登天。因笑指方朔曰：「此我隣家小兒，性多滑稽，曾三來偷桃矣。昔爲太上仙官，因沉湎于玉酒，失部御之和，謫佐於汝，非流俗之夫也。」其後武帝不能用王母之戒，爲酒色所惑，殺伐不休，征遼東，擊朝鮮，通西南夷，築臺榭，興土木，海内愁怨，自此失道。幸回中，臨東海，三祠王母，不復降焉。所受之書，置於栢梁臺上，爲天火所焚。李少君解形而去，東方朔飛翥不還，巫蠱事起，帝愈悔恨，元始二年，崩於五柞宫，葬於茂陵。其後茂陵所藏道書五十餘卷，盛以金箱，一旦出於抱犢山中，又玉箱玉杖出於扶風市，驗茂陵宛然如故，而箱杖出於人間，此亦得託形尸解之驗也。

又大茅君盈南治句曲之山，元壽二年八月己酉，南嶽眞人赤君西城王君方諸青童並從王母降於茅盈之室。頃之，天皇大帝遣繡衣使者泠廣子期賜盈神璽玉策，太微帝君遣三天左官御史管脩條賜盈八龍錦輿紫羽華衣，太上大道君遣協晨大夫石叔門賜盈《金虎眞符流金之鈴》，金闕聖君命太極眞人使正一上玄玉郎王忠鮑丘等賜盈以四節燕胎流明神芝。四使者授訖，使盈食芝佩璽，服衣正冠，帶符握鈴而立。四使者告盈曰：「食四節隱芝者位爲眞卿，食金闕玉芝者位爲司命，食流明金英者位爲司祿，食長曜雙飛者位爲眞伯，食夜光洞草者總主左右御史之任，子盡食之矣，壽齊天地，位爲司命，授東嶽上卿，統吳越之神仙，綜江左之山源矣。」言畢，使者俱去。五帝君各以方面車服降於其庭，傳大帝之命，賜盈紫玉之版，黄金刻書九錫之文，拜盈爲東嶽上卿司命眞君太元眞人，授事訖俱去。王母及盈師西城王君爲盈設天廚酣宴，歌《玄靈之曲》。宴罷，王母攜王君及盈，省顧盈之二弟，各授道要。王母命上元夫人授茅固衷《太霄隱書》《丹景道精》等四部寶經。王母執《太霄隱書》，命侍女張靈子執交信之盟，以授於盈固及衷。事訖，西王母昇天而去。

其後紫虛元君魏華存夫人清齋於陽洛隱元之臺，西王母與金闕聖君降於臺中，乘八景輿同詣清虛上宫，傳《玉清隱書》四卷以授華存。是時，三元夫人馮雙禮、紫陽左仙公石路成、太極高仙伯延蓋公子、西城眞人王方平、太虛眞人南嶽赤松子、桐栢眞人王子喬等三十餘眞，各歌《太極陰歌陽歌之曲》，母爲之歌曰：「駕我八景輿，欻然入玉清。龍旍拂霄上，虎旂攝朱兵。逍遙玄津際，萬流無暫停。哀此去留會，劫盡天地傾。當尋無中景，不死亦不生。體彼自然道，寂觀合太冥。南嶽挺眞幹，玉映輝穎精。有任靡其事，虛心自受靈。嘉會絳河曲，相與樂未央。」歌畢，三元夫人答歌亦竟，王母及三元夫人紫陽左仙公太極仙伯清虛王君乃攜南嶽魏華存同去東南行，俱詣天臺霍山，過句曲之金壇，宴太元茅眞人於華陽洞天，留華存於霍山洞宫玉宇之下，衆眞皆從王母昇還龜臺矣。太眞金母，師匠萬品，校領羣眞，聖位尊高，總錄幽顯。至若邊洞玄躬朝而受道，謝自然景侍而登仙，故《洞玄》及《自然傳》謂金母師即王母也。玄經所證，事跡蓋多，此未備錄矣。

九天玄女

傳記

杜光庭《墉城集仙録》卷六　九天玄女者，黃帝之師，聖母元君弟子也。黃帝世爲有熊國之君，佐神農爲理。神農之孫榆岡既衰，諸侯相伐，干戈日尋，各據方色，自稱五行之號。太皞之後自爲青帝，榆岡神農之後自號赤帝，共工之族自號白帝，葛天之後自號黑帝，帝起有熊之墟自號黃帝。乃恭己下士側身修德，在位二十二年，而蚩尤肆孽，弟兄八十一人，獸身人語銅頭鐵額啖砂呑石不食五穀，作五虎之形以害黎庶，鑄兵於葛鑪之山不稟帝命。帝欲征之，博求賢能以爲己助，得風后於海隅，得力牧於大澤，以大鴻爲佐，天老爲師，署三公以象三台，風后爲上台，天老爲中台，五聖爲下台。始獲寶鼎不爨而熟，迎日推筴，以封胡爲將，以夫人費修之子爲太子，用張若、隰朋、力牧、容光、龍紆、倉頡、容成、大撓、屠龍衆臣以爲翼輔，戰蚩尤於涿鹿。帝師不勝，蚩尤作大霧三日內外皆迷。風后法斗機作大車，以杓指南以正四方，帝用憂憒齋于太山之下，王母遣使披玄狐之衣以符授帝，曰：精思告天必有太上之應。居數日，大霧冥冥晝晦，玄女降焉。乘丹鳳御景雲服九色彩翠之衣集于帝前，帝再拜受命。玄女曰：吾以太帝之教，有疑可問也。帝稽首頓首曰：蚩尤暴橫毒害烝黎，四海嗷嗷莫保性命，欲萬戰萬勝之術，與人除害可乎？玄女即授六甲六壬兵信之符，靈寶五帝策使鬼神之書，制妖通靈五明之印，五陰五陽遁元之式，太一十精四神勝負握機之圖，五兵河圖策精之訣。復率諸侯再戰蚩尤于冀州，蚩尤驅魑魅雜妖以爲陣，雨師風伯以爲衛，應龍蓄水以征於帝。帝晝之遂滅蚩尤于絕轡之野中冀之鄉，分四塚以葬之。由是榆岡拒命，又誅之阪泉之野，北逐獯鬻，大定四方。步四極凡二萬八千里，乃鑄鼎立九州，置五行九德之臣以觀天地，祠萬靈垂法設教，然後採首山之銅鑄鼎於荊山之下，黃龍來迎乘龍昇天。

蠶女

傳記

杜光庭《墉城集仙録》卷六　蠶女者，乃是房星之精也。當高辛之時蜀地未立君長，唯蜀山氏獨王一方。其人聚族而居不相統攝，往往侵噬恃強暴寡。蠶女所居在今廣漢之部，亡其姓氏。其父爲鄰部所掠已逾年，唯所乘馬猶在。女念父隔絕，廢飲忘食，其母慰撫之，因告誓於其部之人曰：有能得父還者，以此女嫁之。部人雖聞其誓，無能致父還者，馬聞其言，驚躍振迅，絕絆而去。數月，其父乘馬而歸。自此馬晝夜嘶鳴，不復飲齕。父問其故，母以誓衆之言白之，父曰：誓於人也，不誓於馬，安有人而配偶非類乎？馬能脫我於難功亦大矣，所誓之言不可行也。馬嘶跪愈甚，逮欲害人，父怒射殺之，曝其皮於庭中。女行過側，馬皮蹷然而起，卷女飛去。旬日復棲於桑樹之上，女化爲蠶，食桑葉吐絲成蠒用織羅綺、衾被，以衣被於人間，蠶自此始也。父母悔恨念之不已，一旦蠶女乘彩雲，駕此馬，侍衛數十人自天而下，謂父母曰：太上以我孝能致身，心不忘義，授以九宮仙嬪之任長生矣，無復憶念也。言訖，沖虛而去。今其塚在什邡、綿竹、德陽三縣界，每歲祈蠶者四方雲集，皆獲靈應。蜀之風俗，諸觀畫塑玉女之像，披以馬皮，謂之馬頭娘，以祈蠶桑焉。俗云閣其尸於樹謂之桑樹，恥化爲蟲故謂之蠶。《稽聖賦》云：爰有女人感彼死馬，化爲蠶蟲，衣被天下是也。《陰陽書》云：蠶與馬同類，乃知是房星所化也。

雜録

趙道一《歷世真仙體道通鑑後集》卷二《蠶女》　《周禮・夏官》馬質掌質馬云：若有馬訟，則聽之，禁原蠶者。鄭玄註云：原，再也。天文辰爲馬蠶書，蠶爲龍精，月直大火，則浴其種。是蠶與馬同氣，物不能兩大。禁再蠶者，爲傷馬與。據此之論，蠶馬氣類，世必有深究其理者。道一特書之以俟。

雲華夫人

傳記

杜光庭《墉城集仙録》卷三　雲華夫人者，王母第二十三女，太真王夫人之妹也。名瑤姬，受徊風混合萬景練神飛化之道。嘗遊東海，還過江之上，有巫山焉，峰巖挺拔，林壑幽麗，巨石如壇，平博可翫，留連久之。時大禹理水駐其山下，大風卒至，振崖谷隕，力不可制，因與夫人相值拜而求助，即勑侍女授禹策召百神之書，因命其神狂章、虞余、黃魔、大翳、庚辰、童律等助禹斬石疏波決塞導阨，以循其流。禹拜而謝焉。禹嘗詣之於崇巘之巔，顧眄之際化而爲石，或倏然飛騰散爲輕雲，油然而止聚爲夕雨，或化遊龍，或爲翔鶴，千態萬狀不可視也，不知其常也。禹疑其狡怪獪誕非真仙也。問諸童律。童律曰：天地之本者道也，運道之用者聖也，聖之品次真人仙人矣。其有稟氣成真不修而得道者，木公金母是也。蓋二氣之祖宗，陰陽之原本，仙真之主宰，造化之元先。雲華夫人，金母之女也。昔師三元道君，受上清寶經，受書於紫清闕下，爲雲華上宮夫人，主領教童真之士，理在王映之臺，隱見變化蓋其常也。亦由凝炁成真，與道合體，非寓胎稟化之形，是西華少陰之氣也。且氣之彌綸天地，經營動植，大包造化，細入毫髮，在人爲人，在物爲物，豈止於雲雨龍鶴飛鴻騰鳳哉。禹然之，復往詣焉。忽見雲樓玉臺瑤宮瓊闕森然暨天，靈官侍衛不可名識，師子抱關天馬啓塗毒龍電獸八威備軒，夫人宴坐于瑤臺之上，禹稽首問道。召禹使坐，而言曰：夫聖匠肇興剖太混之一樸爲億萬之體，發大蘊之一包散之以無窮之物，故步三光而立乎晷景，封九域而制乎邦國，刻漏以分晝夜，寒暑以成歲紀，兌離以正方面，山川以分險易，城郭以聚民兵，械以衛衆，輿服以表貴賤，禾黍以備凶歉，凡此之制上稟乎星辰而取法乎神真，下以養於有形之物也。是故日月有幽明，生殺有寒暑，雷霆有出入之期，風雨有動靜之常，清炁浮乎上而濁氣流于下，廢興之數，治亂之運，賢愚之質，善惡之性，剛柔之氣，壽夭之命，貴賤之位，尊卑之序，吉凶之感，窮達之期，此者稟之於道，懸之於天，而聖人之爲紀也。性發乎天而命成乎人，立之者天，行之者道。道存則有，道去則無，非道而物不可存也，非修而道不可致也。玄老有言，致虛極，守靜篤，萬物將自復，復謂歸於道而常存也。道之用也，變化萬端而不失其一，是故天參玄玄，地參混黃，人參道德。去此之外，何一物不止於道也哉。長久之要者，乃天寶其玄，地保其物，人養其氣，所以全也。則我命在我，非天地殺之，鬼神害之，失道而自逝也。志乎哉，勤乎哉，子之功及物矣，勤逮於民矣，善格乎天矣，而未聞至道之要也。吾昔於紫清之闕受書寶而勤之，我三元道君曰：《上真內經》天真所寶，封之金臺，佩入太微。則雲輪上征，神武抱關，振衣瑤房，遨宴希林。長招仙公在西白山而下眄太空，汎乎天津，則乘雲騁龍遊此名山，則真人詣房萬神奉衛，山精司迎，動有八景玉輪，靜則宴處金堂，亦謂之太上玉珮金璫之妙文也。汝將欲越巨海而無飈輪，渡飛沙而無雲軒，陟阨塗而無所舉，涉泥波而無所乘。陸則困於遠絕，水則懼於漂淪。將何以導百谷而濬萬川也？危乎悠哉。太上愍汝之志，亦將授以《靈寶真文》，陸策虎豹，水制蛟龍，斬馘千邪，檢馭羣兇，以成汝之功也，其在乎陽明之天耶。吾所受寶書亦可以出入水火，嘯吒幽冥，收束虎豹，呼召六丁，隱淪行地，顛倒五星，九祖存身，與天相傾也。因令侍女陵容華命出丹玉之笈開上清寶文，以授禹焉。禹拜授而去，又得庚辰虞余之助，遂能導波決川成其功，奠五嶽別九州，而天錫玄圭以爲紫庭真人也。其後楚大夫宋玉以其事言於襄王，王不能訪以道要以求長生，築臺于高唐之館，作陽臺之宮以祀之。宋玉作《神女賦》以寓情荒淫，託詞穢蕪，高眞上仙豈可誣而降之也。有祠在山下，世謂之大仙，隔峰有神女之石，即所化之身也。復有石天尊、神女壇，壇側有竹垂之若篲，有槁葉飛物著壇上者，竹則因風而掃之，終歲瑩潔不爲之污，楚世世祀焉。

李真多

傳記

趙道一《歷世真仙體道通鑑後集》卷二《李真多》　李眞多，仙人李八百之妹也。隨兄修道，居綿竹中。老君與玄古三師降授以飛昇之道，先於八百白日昇天。今有眞多古迹猶在。或來往浮山之側，今號眞多化，即古浮山治也。一云八百嘗與妹眞多來卜居於筠陽之五龍岡又名赤商寨，今瑞州州治是也，復煉丹於華林山石室今隆興府奉新縣浮雲觀是也。八百兄妹俱蜀人也，雖卜居筠陽，間往來蜀中。一日眞多自蜀至，八百候之今瑞州望仙門是也，見眞多手持蓮花，身似有孕，八百怒，意欲引劍揮之。眞多覺之，倏爾淩空渡江，產下童子經一卷。遂乘雲氣，冉冉昇天。時人塑眞多之像，將奉祠焉。像成，而舁不動。是夕眞多見夢云：吾祠宜在五龍岡。翌日，舉像甚輕，乃祠于彼。至唐玄宗天寶十年，天師孫智涼始奏改元陽觀，以顯聖迹。憲宗元和七年，高安縣令諶賁以縣治，觀基兩易。今瑞州城西二里逍遙山，妙眞宮是也。其產經之地，今額儀天觀。觀中女眞，世傳其經。郡人每備香信詣觀看經，以保產難焉。眞多今號明香元君。

孫氏

傳記

趙道一《歷世真仙體道通鑑後集》卷二《孫氏》　孫氏一云雍氏，漢天師張道陵之妻也，同隱龍虎山修道。章帝元和二年，俱到蜀，居陽平化。天師學道，行滿功成，至桓帝永壽二年九月九日，太上詔使至，孫氏同天師於雲臺峰白日飛昇。《三洞珠囊》云：天師昇天後一年，夫人復昇天。

張文姬

傳記

趙道一《歷世真仙體道通鑑後集》卷二《張文姬》　張文姬，天師張道陵之長女也。適陳郡袁公子，家豪好道，久之白日抱五兒昇天。

張文光

傳記

趙道一《歷世真仙體道通鑑後集》卷二《張文光》　張文光，天師張道陵之次女也，一云第四女。爲陵王妃，以得封，犯父諱，不食數月，白日昇天。一云入門三日，於殿上白日昇天。

張賢

傳記

趙道一《歷世真仙體道通鑑後集》卷二《張賢》 張賢，一云名賢姬，天師張道陵之第三女也。一云第五女。爲燕王妃，好道，集眞人之法，久之白日昇天。

張芝

傳記

趙道一《歷世真仙體道通鑑後集》卷二《張芝》 張芝，一云名芳芝，天師張道陵之第四女也，一云第六女。適魏公第二子，夫故犯父諱，遂鬱鬱不樂，於家白日飛昇。

盧氏

傳記

趙道一《歷世真仙體道通鑑後集》卷二《盧氏》 盧氏，嗣漢第二代天師張衡之妻也。張衡得道，盧氏同於陽平山，白日飛昇。

張玉蘭

傳記

《太平廣記》卷六〇《女仙五・張玉蘭》 張玉蘭者，天師之孫，靈眞之女也。幼而潔素，不茹葷血。年十七歲，夢赤光自天而下，光中金字篆文，繚繞數十尺，隨光入其口中，覺不自安，因遂有孕。母氏責之，終不言所夢，唯侍婢知之。一旦謂侍婢曰：吾不能忍恥而生，死而剖腹，以明我心。其夕無疾而終。侍婢以白其事。母不欲違，冀雪其疑。忽有一物如蓮花，自龘其腹而出。開其中，得素金書本際經十卷，素長二丈許，幅六七寸，文明甚妙，將非人功。玉蘭死旬月，常有異香，乃傳寫其經而葬玉蘭。百餘日，大風雷雨，天地晦暝，失經。其玉蘭所在墳壙自開，棺蓋飛在巨木之上。視之，空棺而已。今墓在益州，溫江縣女郎觀是也。三月九日是玉蘭飛昇之日，至今鄉里常設齋祭之。靈眞即天師之子，名衡，號曰嗣師。自漢靈帝光和二年己未正月二十三日，於陽平化白日昇天。玉蘭產經得道，當在靈眞上昇之後，三國紛競之時也。出傳仙錄

趙道一《歷世真仙體道通鑑後集》卷二《張玉蘭》 張玉蘭，張衡之女也。幼而潔素，不食葷血。年十七歲，夢朱光入口，因而有孕。父母責之，終不肯言，惟侍婢知之。一日謂侍婢曰：我死爾，當剖腹以明我心。其夕遂殁。父母不違其言，剖腹得一物，如蓮花初開，其中有白素金書十卷，乃本際經也。十餘日間，有大風雨晦冥，遂失其經。《成都記》云：天師雲孫女無夫而孕，父疑之，欲殺焉。既產，有異光，乃一軸書，則本際經也。父以爲神，乃擲其刀。其後於敦信村登仙，即女郎觀也。今有聖女臺、抛刀池、洗經池存焉。一云得素金書本際經十卷，素長二尺許，幅六七寸，文明甚妙，將非人工。乃傳寫其經而葬玉蘭。百餘日，大風雷雨，失經及玉蘭。墳壙自開，空棺而已。

嬰　母

傳　記

杜光庭《墉城集仙録》卷五　嬰母者，姓諶氏，字曰嬰，不知何許人也。西晉之時，丹陽郡黃堂觀居焉。潛修至道久歷歲年，時人自童幼逮于衰老見之，鬒髮韶容顏狀無改，衆號爲嬰母。因入吳市見一童子年可十四五，近前拜於母云，合爲母兒。母曰：年少自何而來，拜吾爲子未測其旨，亦莫敢許之，豈可相依耶。乃傪嘆而去，月餘又於吳市逢一孩子三歲，以來若無所歸，悲號浹夕，母因視之，執母衣裾不肯捨去。人或見者勸母收而育之，逾於所生矣。既長明穎孝敬異於常人，冠歲以來風神挺邁，所居常有異雲炁光景髣髴而見。侍母左右時說蓬壺閬風之事，母異之。謂曰：吾與汝暫此相因，汝以何爲號也。子曰：昔蒙天眞明授靈章，錫以名品約爲孝道明王，今宜稱而呼之矣。遂告母修眞之訣曰：每須高處玄臺，竦絕異黨，脩閑丘阜，餌服陽和，靜夷玄圃，委鑒太虛。無英公子，黃老玉書，《大洞眞經》，豁落七元，太上隱玄之道可致。輕蓋以流霞之輦，睠眄乎文昌之臺，得此道者九鳳齊唱，天籟駭虛，竦身御節，八景浮空，龍輿虎旂，遊扇八方矣。母宜寶之。一旦孝道明王漠然隱去，母密修大法積數十年，人莫知也。其後吳猛許遜自嵩陽南遊詣母，請傳所得之道。因盟授之，孝道之法遂行江表。暇日母告二子曰：世雲昔爲遜師，今玉皇玄譜之中，猛爲御史，而遜爲高明大使，總領仙籍位品已遷。又所主十二辰配十二國之分，遜領玄枵之野於辰爲子，猛統星紀之邦於辰爲丑，許當居吳之上以從仙階之等降也。又數年有雲龍之駕千乘萬騎來迎，諶母白日升天。今洪州高安縣東四十里有黃堂壇靖，即許君立祠朝拜聖母之所。其升天事跡在丹陽郡中，後避大唐宣宗廟諱，鍾陵祠靖號爲諶母。其孝道之法與靈寶小異，豫章人世世行之。偉哉人之行莫大於孝，孝於親者必忠於君，理於家者必康於國，感天地，動鬼神，厚人倫，美教化，移風俗，外淸八表，內正百度，可以助道弘化者其唯孝乎。則孝道之法降自上玄，隆於晉代，豫章之俗至今行之。故許君則拔宅昇天，位統列國，皆孝感也。

趙道一《歷世眞仙體道通鑑後集》卷二《諶姆》　諶姆者，不知何許人也。其字曰嬰。常居金陵丹陽郡之黃堂，潛修至道。忘其甲子，耆老累世見之，齒髮不衰，容貌常少。皆以諶姆呼之，謂其可爲人師也。吳大大帝時，行丹陽市中。忽遇一男子，年可十四五，叩頭再拜，願爲義子，諶姆告曰：汝既成長，須侍養所生，何得背其已親而事吾爲母？既非其類，不合大道。於是童子跪謝而去。又經旬月，復過市中，忽見孩兒年可三歲，悲啼呼叫，莫知誰氏之子。因遇諶姆，執衣不捨，告云：我母何來，唯願哀憫。諶姆憐其無告，遂收歸撫育。漸向成大，供侍甘旨，晨昏不虧。心與道合，行通神明。聰慧過人，博通經史。天文地理，百氏九流，窮物極玄，探微索奧。年將弱冠，姆謂之曰：我修奉正道，其來久矣。汝以吾撫育，暫此相因，汝既無天，將何以爲姓氏？兒曰：昔蒙天眞授以靈草，約爲孝悌明王，請以此爲名號，可乎？姆曰：既天眞付授，吾何敢有違。復議求婚，兒跪姆前說贊曰：我非世間人，上界眞高仙。今與母爲兒，乃是宿昔緣。因得行孝道，度脫諸神仙。向前十五童，亦是我化身。今已道氣圓，我將返吾身。眞凡自殊趣，何爲議婚姻，盍於黃堂壇，傳教付至人。母既施吾教，三淸棲我神。諶姆聞讚，驚畏異常，遂於黃堂建立壇靖，嚴奉香火，大闡孝道明王之教。明王告姆修眞之訣曰：每須高處玄壇，疏絕異黨，脩閑丘阜，餌服陽和，委鑒太虛，靜夷玄圃。若非無英寶帙，黃老玉書，大洞眞經，豁落七元太上隱玄之道，不可偃息於流霞之車，眷盼乎文昌之台也。得此道者，九鳳齊鳴，萬萬萃止，竦身御節，八景浮空，龍輿虎旂，游翔八方矣。每宜寶之。於是盡得妙訣，兼授靈章，已而辭母，飛騰太空。諶姆受訖，寶而祕之，積數十年而人無知者。至西晉之末，許眞君遜、吳眞君猛，聞姆有道，遠詣丹陽求受道法。姆知其名在圖籍，應爲神仙，於是授以孝道明王之教、眞仙飛舉之宗，及正一斬邪之法、三五飛步之術。仍以蘭公所授孝悌明王銅符鐵券、金丹寶經，一遵元戒，傳付許君。仍語二君玉皇玄譜、仙籍器秩。乃令許君以道授吳君。二君禮謝，將辭歸。許君欲每歲來禮謁姆，姆止之曰：子勿來，吾即還帝鄉矣。乃取香茅一根，南望擲之，茅隨風飛去。因謂曰：子歸於所居之南數十里，認茅落處，立吾祠，歲秋一至足矣。語訖，忽有雲龍之駕來迎，凌空而去。今新建豐城二縣之界，有黃堂觀，乃眞君訪丹陽黃堂所立祠，每年八月三日朝謁諶母之所也。

諶姆 見嬰母

劉仙姑

傳記

趙道一《歷世眞仙體道通鑑後集》卷二《劉仙姑》 劉仙姑名懿，靖安縣人。年數百歲，貌若童子，諶姆嘗稱之。眞君往見，則已飛昇矣，遂留寶木華車遺之。車因風飄舉，三日而下，因名其觀曰華東觀。碑碣猶在，今號棲霞觀。

盱母

傳記

杜光庭《墉城集仙録》卷六 盱母者，豫章人也。外混世俗，而內修眞要耳。嘗云我千年之前曾居西山，世累稍息當歸眞彼中。其子名烈，字道微，少喪其父，事母以孝聞。烝烝翼翼勤於色，養家貧而營侍甘旨，未嘗有闕，鄉里推之。西晉武帝時，同郡吳猛、許遜精修通感道化宣行，居洪崖山，築壇立靖。猛既去世，遜即以寶符眞籙拯俗救民，遠近宗之。遜

仕州爲記室，後每朔望還家朝拜。人或見其乘龍往來，徑速如咫尺耳。唯盱君純篤忠厚，許君委用之，即與母結茅於許君宅東北八十餘步，旦夕侍養許君，謹願恭肅未嘗有怠。母常於山側採擷花果以奉許君，君惜其志誠常欲拯而度之。以惠帝元康二年壬子八月十五日，太上命玉眞上公崔文子、太玄眞卿瑕丘仲冊命，拜許君爲九州都仙大使高明主者，雲車羽蓋白日昇天。許君謂道微及母曰：我承太帝之命不得久留，汝可繼隨仙舉期於異日。母子悲喜不自勝，再拜告請願侍雲輦。君乃許之，即賜靈藥服之，躬稟眞訣，於是夕時從許君昇天，今壇井存焉。鄉人不敢華繕蓋表，盱君母子儉約故也。世號爲盱母壇靖焉。

趙道一《歷世眞仙體道通鑑後集》卷二《盱母》 盱母者，眞君許遜之姊，眞君盱烈之母。許遜以其孀居，乃築室於宅西數十步間，俾居之，許遜隱西山修煉，日夕講究眞詮，盱母與子烈日得參其妙焉。許遜每出，則盱母代掌其家事，仙賓隱客，咸獲見之。許遜飛昇之日，盱母暨烈母子，並受玉皇詔部分仙眷昇天。

許氏

傳記

趙道一《歷世眞仙體道通鑑後集》卷二《許氏》 許氏者，許眞君遜之女也。適建安黃仁覽，盡得眞君道妙。日究神仙之學，任青州從事單騎之官。留許氏，侍翁姑。一夕，家僮報許氏院中夜有語笑聲。姑訊之，許氏曰：黃郎爾。姑曰：吾子從事數千里，安得至此。許氏曰：彼已得仙道，能頃刻千里。戒在漏語，故不敢令姑知。姑曰：若然，當使我見之。是夕仁覽歸，許氏告以故。比明，仁覽不得已出，謁父母曰：仁覽雖從宦遠鄉，夜必潛歸膝下，仙道祕密，不可泄言，恐招譴累。言訖，取竹杖化爲青龍，乘之而去。後許眞君輕舉之日，許氏同仁覽公姑三十二口白日飛昇。仙仗既行，許氏釵偶墜落，今有許氏墜釵洲。

薛練師

傳記

趙道一《歷世真仙體道通鑑後集》卷二《薛練師》 女眞薛練師，不知何許人也。晉時世弊，京邑不寧。有道之士，多棲寓山林以避世。因居南嶽尋眞臺，外示同塵，內修至道。常騎白豹遊耆闍峰，黃鳥白猿不離左右。後於雲龍峰尸解出《仙傳拾遺》。湘中記云：晉女眞薛練師沖舉之處，梁武帝天監五年建觀。至後周武穆公主周惠抃者，生而有異光滿室，幼不茹葷，長思獨處，慕魏夫人、緱仙姑之志。因居石室，感西靈聖母降傳經籙，修三素之道。潭衡之境，士女景慕者數百人。世代將亂，告諸學者曰：我當暫往，約百餘年再來。後學如市，唐玄宗開元初，賜額西靈。後有女冠李太眞、曹妙本接踵得道，即今常住乃周公主所捨觀。廢久，馬氏復興。宋朝特賜每歲度女冠一人，以續焚修。

上元夫人

傳記

杜光庭《墉城集仙録》卷二 上元夫人者，道君弟子也。亦云玄古以來得道證仙位，總統眞籍，亞於龜臺金母。金母所降之處，多使侍女相聞以爲賓侶焉。漢孝武皇帝好神仙之道，禱醮名山以求靈應。元封元年辛未七月七日夜二唱之後，西王母降於漢宮。帝拜迎稽首，侍立久之，王母呼帝命坐，設以天廚，言宴粗悉命駕將去。帝下席叩頭請留慇懃，王母復坐，乃命侍女郎密香邀上元夫人焉。帝不知夫人何眞也，云王九光母，敬謝但不相見，四千餘年天事勞我致以愆面。劉徹好道，適來視之見徹了了，似可成進，然形慢神穢，腦血淫濁，五臟不淳，關胃空索，骨無津液，脈浮反升，肉多精少，童子不移，三尸狡亂，玄白移時，雖當語之，以至道殆，恐非仙才也。吾久不在人間，人間實爲臭濁，然復時可遊望以寫細，念客主對坐悒悒不樂，夫人可暫來否？若能屈駕當停相須，帝見侍女下殿俄失所在，一時頃侍女至，夫人又遣一侍女答問，云阿環，再拜。上問起居，遠隔絳河擾以官事遂替顏色，近五千年仰戀光潤情係無違，密香至奉信承降尊於劉徹處，聞命之際登當命駕，先被太帝君勑使詣玄洲校定天元，正爾暫往如是當還，還便來席，願暫少留。帝因問王母：不審上元何眞也。王母未答，夫人已至矣。來時亦聞雲中簫鼓之聲，既至從官文武千餘人，並是女子年皆十八九許，形容明逸，多服青衣，光彩耀日，眞靈官也。夫人年可二十餘，天姿清耀，靈眸豔絕，服赤霜之袍，雲彩亂色，非錦非繡，不可名字，頭作三角髻，餘髮散垂至腰，戴九靈夜光之冠，帶六山火玉之珮，結鳳文琳華之綬，腰流黃揮精之劍，上殿向王母拜，王母坐止之。呼帝坐北向，夫人設廚，亦乃精珍，與王母所設者相似。王母勑帝曰：此眞元之母，尊貴之神，汝當起拜。帝拜，問寒溫，還坐。夫人笑曰：五濁之人耽酒榮利，嗜味淫色固其常也，且徹以天子之貴，其亂目者倍於凡人焉，而復於華麗之墟拔根願无爲之事良有志矣。王母曰：所謂有心哉。夫人謂帝曰：汝好道乎？聞數招方術祭山嶽靈祠，禱河川亦爲勤矣，勤而不獲寔有由也。汝胎性暴，胎性淫，胎性奢，胎性酷，胎性賊，五者恆舍於榮衛之中，五臟之內，雖獲鋒鋩良針固難愈也。暴則使炁奔而攻神，是故神擾而炁竭。淫則使精漏而魂疲，是故精竭而魂銷。奢則使眞離而魄穢，是故命逝而靈臭。酷則使喪仁而攻目，是故失仁而眼亂。賊則使心鬥而口乾，是故內戰而外絕。五事皆是截身之刀鋸，刳命之斧斤矣。雖復汝好於長生，不能遣兹五難，亦何爲損性而自勞乎？然由是得此小益以自掛挂耳，若從今已去寫汝五惡，反諸柔善，明務察下，慈務矜寬，惠務濟窮，賑務施勞，念務存姑，息務及愛身，恆爲陰德救濟危難，旦夕孜孜不泄精液，於是去諸淫養汝神。放諸奢處至儉勤齋戒，節飲食絕五穀，去臭腥鳴天鼓，飲玉漿蕩華池，叩金梁案而行之，當有冀耳。今阿母迂天尊之重下降於蟪蛄之戶，屈霄虛之靈而詣狐鳴之俎，且阿母至誠妙唱玄音，其敬勗節度，明修所奉，比及百年，阿母必能致汝於玄都之墟，迎汝於崑閬之中，位以仙官遊於十方，吾言信矣，子勵之哉。若不能爾，無所言矣。帝下席跪謝，臣受性兇頑，生長亂濁，面牆不啓無由開達，然貪生畏死奉靈敬神，今受敎此乃天也。輒戢聖命以爲身範，是小醜之臣當獲生活，唯垂哀護賜其玄玄。夫人使帝還坐，王母謂夫人曰：卿之爲誠言甚急切，更使未解之人思於志意。夫人曰：若其志道，將以身投餓虎，忘軀被誠，跡火履難故於一志也，必無憂也。若其無志，則心疑眞信嫌惑之徒，不畏急言，急言之發，欲成其志耳。阿母既有念故來必當賜與尸解之方耳。王母曰：此子勤心已久而不遇良師，遂欲毁其正志當疑天下必無仙人。是故我發閬宮暫舍塵濁，既欲堅其胎志，又欲令向道不惑也。今日相見令人念之，至於尸解下方吾甚不惜，復三年吾必欲賜以成丹半劑，石象散一具，正爾授之，則徹不得停。當今兇奴未弭，邊陲有事，何必令其倉卒寫天下之尊而便入林岫耶。當問篤向畢卒何如，如其迴改吾方數來。王母因拊帝背曰：汝當用上元夫人至言，必獲長生，可不勗勉耶。帝跪曰：輒書金簡以爲身模式焉。帝又見王母巾器中有一卷書，盛以紫錦之囊，帝問此書是仙靈方耶，不審其目可得瞻眄否。王母出以示之曰：此五嶽眞形圖也。昨靑城諸仙就吾請求，今當過以付之。乃三天太上所出，文祕禁重，豈汝穢質所宜佩乎。今且與汝靈光生經，可以通神勸志也。帝叩頭請求不已，王母曰：昔上皇淸虛元年，三天太上道君下觀六合，瞻海河之長短，察丘山之高卑，立天柱而安於地理，植王嶽而擬諸鎭輔，貴崑陵以含靈仙，尊蓬山以館眞人，安火神乎極陰之源，棲太帝乎扶桑之墟。於是方丈之阜爲理命之室，滄浪海島養九老之堂，祖瀛、玄炎、長元、流生、鳳麟、聚窟各爲洲名，並在滄流大海玄津之中。水則碧黑俱流，波則震蕩羣精，諸仙玉女聚居滄溟，其名難測其實分明，乃目山源之規矩，睹河嶽之盤曲，陵迴阜轉山高隴長，周旋逶迤形似書字。是故因象制名，定名實之號，書形祕於玄臺，而出爲靈眞之信，諸仙佩之皆如傳章，道士執之經行山川百神羣靈尊奉親近。汝雖不正，然數詣山澤扣求之志不忘于道，欣子有心今以相與，當深奉愼如事君父，泄失示人必禍考也。夫人語帝曰：阿母今以瓊笈珠韞發紫臺之文，賜汝八會之書，五嶽眞形，可謂至珍且貴，上帝之玄觀矣。子自非受命合神弗見此文矣，今雖得其形，觀其妙理，而無五帝六甲左右靈飛之符，太陰六丁通眞逐靈玉女之籙，太陽六戊招神天光策精之書，左乙混洞東濛之文，右庚素招攝殺之律，壬癸六遯隱地八術，丙丁入火九赤班符，六辛入金致黃水月華之法，六巳石精金光藏景化形，子午卯酉八稟十決六靈威儀，丑辰未戌地眞曲素訣辭長生紫書，三五順行，寅巳申亥紫度炎光內視中方。凡闕此十二事者，當何以召山靈、招地神、攝萬精、驅百鬼、來虎豹、役蛟龍乎。子所謂適知其一，未見其他。帝下席叩頭曰：徹下土濁民不識淸眞，今日聞道，是生命遇，會聖母今當賜與眞形修以度世，夫人方今告徹應須六甲、六丁、六戊致靈之術，既蒙啓發弘益無量，唯願誥誨，濟臣飢渴，使已枯之木蒙雲陽之潤，焦火之草幸甘雨之溉，不敢多陳。帝啓陳不已，王母又告夫人曰：適眞形寶文靈官所貴，此子守求不已誓以必得，故虧科禁將以與之，然五帝六甲通眞招神此術渺邈，必須精潔至誠，殆非流濁所宜施行，吾今既賜徹以眞形，夫人當授之矣。吾嘗憶與夫人共登玄隴羽野及曜眞之山，視王子童子就吾所請太上隱書，吾以三九祕言不可傳泄於中仙，夫人時亦有言見守，助子童之至矣。吾既難違來意，不獨執惜，至於今日之事，有以相似，後來朱陵食靈瓜味甚好，憶此未久而已七千歲矣。夫人既已告徹篇目十二事，必當匠而成之，何緣令主人稽首請某乙流血耶？夫人曰：環若苟惜向不持來耳。此是太虛羣文眞人赤童所出，傳之既自有男女之別耳。又宜授得道者，恐徹下才未應用此耳。王母色不平，乃曰：天禁漏泄犯違明科，傳必其人，授必知眞者，夫人何向下才而說靈飛之篇目乎？妄說則泄，說而不傳是謂衒天道，此禁乃重於傳耶，別勑三宮司直推夫人之輕泄也。吾五嶽眞形文乃太上天皇所出，其文寶妙而爲天仙之信，豈復下授於劉徹也。直以徹孜孜之心數請川嶽，勤修齋戒以求仙之應，志在度世，不遭明師，故吾等有下眄之意耳。至於敎仙之術不復限惜而傳之，夫人但有致靈之方能獨執之乎？吾今所以授徹眞形文者，非謂其必能得道，欲使其精神有驗求仙之感不惑，可以誘進向化之徒。又欲令悠悠者知天地間有此靈眞之事，足以却不信之狂夫耳。吾意在此也，子性氣淫暴，眼睛不紅，何能得成眞仙，浮空參差乎，勤而行之，適可庶於不死耳。明科云：非長生難也，聞道難。非聞道難也，行之難。非行之難也，終之難。良匠能與人規矩，不能使人巧也，必何足隱之耶。夫人曰：

謹受命矣。但環昔蒙倒景君無常先生二君傳靈文約以四千年一傳，女授女男授男，太上科禁以表於照生之符矣。環所授以來，並賢大女郎抱蘭凡傳六十八，女子固不可授男也。頃見扶廣山青眞小童受六甲靈飛於太微中元君凡十二事與環所受者同，青眞是環入室弟子，所受六甲未聞別授於人，彼男官也，今正勅取之將以授徹也。先所以告其篇目者，亦是愍其有心，特欲堅其專炁，今且廣求，他日與之，亦欲與男授男承科而行，使勤而方獲，令知天眞之珍貴耳，非徒苟執衒泄天道矣。願不罪焉。阿母眞形之貴，愍於勤志亦以授之可謂太不宜矣。王母笑曰：亦可恕乎？夫人即命侍女紀羅容促到扶廣山，勅青眞小童出左右六甲靈飛致神之方十二事，當以授劉徹也。須臾侍女還捧八色玉笈鳳文之韞以出六甲之文，曰：弟子阿昌言向奉使絳河，攝南眞七源君檢校羣龍猛獸事畢過門受敕，承阿母相邀詣劉徹家，不意天靈至尊下降於臭濁，不審起居此來何如？侍女紀羅容至云，尊欲得金書祕字六甲靈飛左右策精之文十二事，欲授劉徹，輒封一通付信且徹雖有心實非仙才，詎宜以此傳泄於行尸乎？昌近在帝處見有上言之者甚衆，云山鬼哭於叢林孤魂號於絕域，興師歸而族有功，妄兵勞而縱白骨，奢擾黔首淫酷自恣，罪已彰於太上，怨已見於天炁，囂言玄聞必不得度世也。値尊見勅，不敢有違耳。王母笑曰：言此子者誠多，然帝亦不必推也。夫好道慕仙者，精誠志念齋戒思愆，輒除過一百。克己反善奉敬眞神存眞守一，行此一月，輒除過一千。徹念道累年齋亦勤矣，累禱名山願求度脫，校計功過殆已相掩。但自今已去勤修志誠，奉上元夫人之言，不宜復奢淫暴虐，使萬兆勞殘，怨魂窮鬼破掘之訴，流血之尸，忘功賞之辭耳。夫人乃下席起立，手執八色玉笈鳳文之韞，仰天向帝而呪曰：九天浩洞，太上耀靈，神照玄微，清虛朗明，淸虛者妙，守炁者生，至念道臻，寂感眞成，役神形辱，安精年榮。授徹靈飛，及此六丁，左右招神，天光策精，可以步虛，可以隱形，長生久視，還白留青。我傳有四萬之壽，徹傳在四十之齡。違犯泄漏，禍必族傾，反是天眞，必沉幽冥。爾其愼禍，敢告劉生。爾師主是青眞小童太上中黃道君之司直，元始十天王入室弟子也。姓延名陵陽，字庇華。形有嬰孩之貌，仙官以青眞小童爲號。其爲器也，玉朗洞照，聖周萬變，玄鏡幽覽，才爲真俊，遊于浮廣，推此始運，館于玄圃，治仙職分，子存師君，爾從所願，不存所授，命必傾淪。言畢，夫人一一手指所施用節文以示帝焉。凡十二事都畢，又告帝曰：夫五帝者，方面之眞精。六甲者，六位之通靈。佩而尊之，可致長生。此書上帝封於玄景之臺，子其寶祕焉。王母曰：此三天太上之所撰，藏於紫陵之臺，隱以靈壇之房，封以華琳之函，韞以蘭簡之帛，約之以北羅之索，印以太帝之璽。受之者，四十年傳一人。如無其人，八十年可頓受二人。得道者四百年一傳，得仙者四千年一傳，得眞者四萬年一傳，得昇太上者四十萬年一傳。傳非基人謂之泄天道，得人不傳是謂蔽天寶，非限妄傳是謂輕天老，受而不敬是謂慢天藻。泄、蔽、輕、慢四者，取死之刀斧，延禍之車乘也。泄者，身死於道路，受土刑而骸裂。蔽者，盲聾於來世，命凋枉而卒歿。輕則禍鍾於父母，詣玄都而受罰。慢則暴終而墮惡，生棄疾於後世。皆道之科禁，故以相戒，不可不愼也。王母因授以五嶽眞形圖，帝拜受俱畢，夫人自彈雲琳之璈，歌步玄之曲。王母命侍女田四妃答歌。歌畢，乃告帝從者姓名，及冠帶執佩物名，所以得知而紀焉。至明，王母與上元夫人同乘而去，龍虎車馬道從，音樂如初來時，雲彩鬱勃盡爲香氣，西南而去，良久乃絕。帝既見王母及夫人，乃信天下有神仙之事，但不精勤，久得尸解而去，不能昇天。王母、夫人、青眞小童皆云帝無仙才，斯固玄察之矣。然仙桃靈果、天膳靈酒，帝皆得而食之，但至誠求道之感應，亦非凡骨矣。不然者，何以茂陵之物出於人間，亦聊示神變之跡，知神仙之不可誣也。其後孝宣帝地節四年乙卯，咸陽茅盈，字叔申，受黃金九錫之命，爲東嶽上卿司命眞君太元眞人，是時五帝君授冊既畢，各昇天而去。茅君之師總眞王君、西靈王母與夫人降於句容之山金壇之陵華陽天宮，以宴茅君焉。時茅中君名固字季偉，小茅君名衷字思和，王母王君授以靈訣，亦授錫命紫素之冊。固爲定錄君，衷爲保命君，亦侍眞會。王君告二君曰：夫人乃三天眞皇之母，上元之高尊，統領十方玉童玉女之籍。汝可自陳二君，下席再拜求乞長生之要。夫人憫其勤志，命侍女宋辟妃出紫錦之囊開綠金之笈，以《三元流珠經》、《丹景道精經》、《隱地八術經》、《太極錄景經》凡四部以授二君。王母復勅侍女李方明出丹瓊之函，披雲珠之笈，出《玉珮金璫經》、《太霄隱書經》、《洞飛二景內書》傳司命君。各授書畢，王母與夫人告去，千乘萬騎昇還太空矣。

南極王夫人

傳記

杜光庭《墉城集仙録》卷二　南極王夫人者，王母第四女也，名林，字容眞，一號紫元夫人，或號南極元君。理太丹宮，受書爲金闕聖君上保司命。漢平帝時降於陽洛山石室之中，授清虛眞人小有天王王褒字子登《太上寶文》等經三十一卷。夫人年可十六七許，著錦帔青羽裙，左佩虎書，右帶揮靈，形貌眞正天姿晻藹，乘羽蓋之車駕以九龍，女騎九千。居渤陽丹海長離山中，主教當爲眞人者，晉興寧三年乙丑降眞人楊羲之家，與八眞同會，因吟授羲曰：控飈扇太虛，八景飛高清。仰浮紫晨外，俯看絶落溟。玄心空同間，上下弗流停。無待兩際中，有待無所營。體無則能死，體有則攝生。東賓會高唱，二待何足爭。東賓，東嶽上卿大茅君也。又曰：命駕玉錦輪，舞轡仰徘徊。朝遊朱火宮，夕宴夜光池。浮景清霞杪，八龍正參差。我作無待遊，有待輒見隨。高會佳人寢，二待互是非。有無非有定，待待各自歸。是歲六月二十三日，又吟授楊君曰：林振須類感，雲鬱待龍吟。玄數自相求，觸節皆有音。飛軿出西華，總轡忽來尋。八遐非無娱，同詠理自欽。悼此四羅內，百變常在心。俱遊北寒臺，神風開爾襟。夫人昔授王子登寶經既畢，告之曰：我道飛空八景浮虛上清，子勤修之吾不相欺也。於是西城王君携子登北觀玄洲，拜謁太上丈人及二十九眞主仙道君，道君即太上公子勒伯黎也。道君即命侍女范運華、趙峻珠、王抱臺發瓊笈緑蘊，出《上清隱書》、《龍文八靈眞經》二卷以授子登，又以雲碧陽水晨飛丹腴二升賜之，子登拜受還西城宮，精修九年，日行三千里，視見萬里之外。坐在立亡，役使羣神。乘飛飈之車，遊觀天下，東度啓明之宮、廣桑之山，謁見太帝，受《紫鳳赤書》，南渡丹海長離之山，朝南極元君紫元夫人再受《太丹籙書》，又詣赤臺童子受雲琅水霜。夫人曰：昔日之言，豈負舉哉。子登稽首謝恩訖，西渡庚丘巨海沉羽之泉，登麗農之嶽，詣三皇道君紫蓋華晨夫人，受《玉道緑字太眞隱書》。又北遊雕柔玄海，登廣野之山，遇高上虛皇大道君玄請六微元君，賜以絶玄金章、絳和雲芝，子登拜而服之，還昇中嶽龜臺崑陵朝太眞金母，乃受冊爲太素清虛眞人，領小有天王三元四司左保上公，主領洞府三洞寶文，出入上清受事太極，乃夫人之弟子也。

雲林右英夫人

傳記

杜光庭《墉城集仙録》卷五　雲林右英王夫人名媚蘭，字申林，王母第十三女也。受書爲雲林宮右英夫人，治滄浪宮。晉興寧三年乙丑七月三日，與東嶽上卿司命眞君諸眞同降於楊君，因受書曰：弱喪淍瀁篤靈未盡，倚伏異因雲梯未抗，雖有懷於進趣，猶未淵於至理矣。君才實天工心以清瀾凝浪於高韻，棲神乎太玄，期紫庭而步空矣。有心洞於飛滯，柔翰鬱乎冥契也。動合規矩等圓殊方，靜和眞味吐納餘音，可謂縱誕德挺英姿良爲欽矣。然穢思不豁鄙悋內固，淫念不斷靈池未澄，將未得相與論內外之期汎二景之交耳。夫失機者，貴在能改相釋有情今無妨矣，雖暫弭羣聽故克和也。前途攸邈此比非一漏萬緒多端，當恆戢密，苟情有慫散得隨事失悟言微矣，將何以遏之？將何以遣之？清響散空，神風灑林，身超冥衢，志詠靈音，仁侯其人也。守眞一勤篤者，一年使頭不白而禿髮再生，苟內憂子孫以家業自羈，外綜王事朋友之交，耳目廣用，聲氣雜役。此亦道不專也。又述玉斧修道之事，因喻以薛季和七試不過，乃長里先生薛公之弟爲婬泆失位，然性好簫音鳳響，故長里乞之於太上，使其生因言肇阿陰德，可以及於許侯玉斧也。又云聞北風則心悲，睹啓曜則懷泰，思駿騄以慕騁，嘉柔順以變鬱，世人之心曷嘗不爾。此則其本鄉之風焉，首丘之內感也。苟能信之，君其諧矣。如其壅悋秉欲，丹絳不陽，靈人攜手而空返，高友歛袂而迴晏，神炁不眄其宅，寂通不鼓其目，自命矣。夫故可悲耶。夫得道者以其能排却衆累直面而進，於是百度自靜，衆務雲散。該其擾者不足爲勞，披于艱者可以表心。正月中必有龜山客來，賢者之舉復宜詳之。自古及今死生有津，顯默異會，藏往滅智，與世同之者，皆得道之行也。若夫瓊丹一御，九華三飛，雲液晨酣流黄徘徊，仰噈金漿，咀嚼玉蕤者，立便控景登空，玄昇太微也。自世事乖互，斯業未就，當暫履太陰，潛生冥鄉，外身棄質，養胎虛宅，陶炁絶籥，受精玄漠，故改容於三陰之館，變童顔於九鍊之户。然後知神仙爲貴，死而不亡，去來之事，理之深也。夫垂蔭萬畝者，必出峻極之嶺，滔天振岑者，必發淵浩之源，洪哉積陰德之賢，有似邠人也。逸驎逍遙大荒之表，故無覊絡之憂，靈羽振翅玄圃之峰以違羅絚之患，人之修道豈猷乎？藏身之密匿跡之幽也。且尋飛絶影之足，不能騁逸於呂梁，淩波泳泉之舟，不得陟峻於太行，此才之異也。繁林翳薈則羽族雲萃，玄泉浩瀚則鱗羣競赴，此在德之茂也。爲道者實爲勤苦，勤苦者必得之矣。學道者當在專道，注眞情無散，念撥奢侈保沖白寂焉。如密有所睹熙焉，如潛有所得，專專如臨深谷，戰戰如履薄冰，此得道之門耳，而未得道之室也。所謂學道甚難而甚易，若其寂玄沉味保和天眞，注神栖靈耽研六府，惜炁杜情無視無聽，此學道之易也。若其不能行此數者，所以爲難也，況山嶽炁擾則強禽號於林，川瀆結滯則龍虬慘於澤，此自然象也。苟趣捨理乖，則吹萬之用不同也。非靜順無以要謙，非虛栖無以冥會，思之無邪則無禍害矣。在正其心而斥其累，澄其源而清其流也。若南趨而北聘，心念而口違，捐薺而茹荼，晒九成而悦比鄙者，我知其無識和音之聽鑒也。因告晉簡文帝，宜以麝香一具於頸間，辟水注及惡夢。學道在積功累善，太虛眞人常云：人有衆過而不自悔，罪歸其身如川赴海日益深廣矣。有惡知非悔過從善罪滅善積亦得道也。夫人遇我以惡者以善對之，遇我以禍者以福對之，善常在己矣。惡人害善人猶如仰天而唾，唾不汚天還自汚身，風揚塵，塵不汚彼還蒙其己。道不可毁，禍必滅己。又飯凡人百不如飯一善人，飯善人千不如飯一寒栖學道之人，此高眞之祕言太上之要戒也。財色之於身也，譬如小兒舐刀刃之蜜，蜜不足以美口而有截舌之憂，戒哉。志之愛欲之大，莫大於色，其罪無外，其惡無赦，得不戒耶。學道在陰德施惠解救也。用志莫大於守身，奉道其福甚大，其生甚固。【略】

夫人自初降説此賦詩，尤皆勉勵於修道，慮中道而敗則禍更重矣。丁寧戒諭者，以許君及玉斧皆籍名仙簡，務其日進玄德更懋眞階耳。因述靑童君勸學道之士拔愛欲之根如掇懸珠，一一掇之自當盡矣。又云牛馬負重入泥轉增陷没，道士心挾世欲速須去之，視彼泥中之牛願求蘇息耳。人讀道經得修道之味，如饗美食六腑皆美而有餘味，能行如此者得道矣。紫元夫人亦與夫人言，衆眞曰：天下有五難，貧窮惠施難，豪富學道難，制命不死難，得見洞經難，生值壬辰後當聖世難。昔聞之於大道君曰：道德無形知之無益，當在守志行道耳。譬如磨鏡垢去明存即見己形，斷六情守空静即自見道之眞，亦可自知宿命矣。玄清夫人云：世人繫於妻子家宅之患甚於牢獄，牢獄有原赦之時，而妻子情欲雖有虎口之禍，己猶甘心投之，其罪無赦。故謂之家累，言其陷累我身不得逍遙自適，而人不知割愛去累洗心爲道而存其身也。楊君降眞之會，有十夫人皆列位號而無傳記，及歌吟之詞，備列於此：太和靈嬪上眞左夫人、北海六微玄清夫人、北漢七靈右夫人、太極中華右夫人、八靈道母西嶽蔣夫人、上眞東宮衛夫人、朱陵北絶臺上嬪管妃、北嶽上眞山夫人、西漢夫人、長陵杜夫人。此夕二十三眞人十五夫人降於金壇楊君家也。

趙道一《歷世眞仙體道通鑑後集》卷三《右英王夫人》 右英王夫人，西王母第十三女，名媚蘭，字申林（《總仙奇紀》云中林）。治滄浪山，受書爲雲林夫人。晉哀帝興寧三年七月降句曲山，《眞誥》云：滄浪雲林右英夫人。

紫微王夫人

傳記

杜光庭《墉城集仙録》卷三 夫人名清娥，字愈音，王母第二十女也。昔降授太上寶神經與裴玄仁，裴行之得道，拜清靈眞人。

晉興寧三年乙丑六月降楊羲之家，時與太元眞人、桐柏眞人、右英夫人，南嶽夫人同降，言夫人位爲紫微宫左夫人，鎮羽野玄隴之山上宫主教當成眞人者，是夕眞會，右英夫人歌修眞之事。夫人答歌曰：

乘飈遡九天，息駕三秀嶺。有待徘徊眄，無待故當靜。滄浪奚足勞，孰若越玄井。又吟曰：

龜闕鬱巍巍，墉臺落月珠。列坐九靈房，扣璈吟太無。玉簫和我神，金醴釋我憂。又吟曰：

宴酣東華內，陳鈞千百聲。青君呼我起，折腰希林庭。羽帔扇翠暉，玉珮何鏗玲。俱指高晨殿，相期象中冥。

又叙玄隴之遊，吟曰：

超舉步絳霄，飛飈北壟庭。神華映仙臺，圓曜隨風傾。啓暉挹丹元，飛景餐月精。交袂雲林宇，浩軫還童嬰。蕭蕭寄無宅，是非豈能營。陣上自擾競，安可語養生。

九月六日又降，命楊君染筆喻作吟曰：

解輪太霞上，斂轡造紫丘。手把八空炁，縱身雲中浮。一眄造化綱，再視索高疇。道要既已足，可以解千憂。求眞得良友，不去復何求。

吟此令示許長史穆及郗迴也。又吟曰：

紫空朗明景，玄宫帶絳河。濟濟上清房，雲臺焕嵯峨。八輿造朱池，羽蓋傾霄柯。震風迴三晨，金鈴散玉華。七轡絡九垓，晏眄不必家。借問求道子，何事坐塵波。豈能棲東秀，養眞牧太和。

吟畢亦令示許與郗，十月十七日又與衆眞降，命楊君書曰：

左把玉華蓋，飛景躡七元。三晨焕紫輝，竦眄撫明眞。變踴期須臾，四面皆已神。靈發無涯際，勤思上清文。何事坐横途，令爾感不專。陰阿失玄機，不覺年歲分。

吟畢，徐謂楊君曰：夫今勤者，勤其事，耽其玄微耳。愼者亦觸類而作也。學道之難不可盡矣。有恥鄙之心者於道亦遼乎，灌秉然後可貴耳。賢者之舉自更悟耳，令且當内忘也。因吟曰：

玄清渺渺觀，落景出東渟。願得絶塵友，蕭蕭罕世營

吟此再三，又曰：

靈人隱玄峰，眞神韜雲采。玄唱非無期，妙應自有待。豈期虚空寂，至韻固常在。携襟登羽宫，同宴廣寒裏。借問明人誰，所存唯玉子。

吟竟，曰：卓雲虚之駿，抗翮於崆峒之上，斯人也。豈不長挹南面，永謝千乘乎。二月三十日吟一章曰：

褰裳濟涤河，遂見扶桑公。高會太林墟，賞宴玄華宫。信道苟純篤，何不棲東峰。

此亦叙方諸東華之勝也。四月十四日作七章，曰：

其一

控景始暉津，飛飈登上清。雲臺鬱峨峨，閶闔秀玉城。晨風鼓丹霞，朱煙灑金庭。綠蘂粲玄峰，紫芝巖下生。慶雲纏丹爐，鍊玉飛八瓊。晏眄廣寒宫，萬椿愈童嬰。龍旂音祈啓靈電，虎旗徵朱兵。高眞迴九曜，洞觀均潛明。誰能步幽道，尋我無窮齡。

其二

翳藹紫微館，鬱臺散景飈。鸞唱華蓋間，風鈞導龍軺。八狼携絳旆，素虎吹角簫。雲勃寫靈宫，來適塵中囂。解轡佳人所，同氣自相招。尋宗須臾頃，萬齡乃一朝。椿期會足衰，劫往豈云遼。眞眞乃相目，莫令心徂抄。虚刀揮至空，鄙滯五神愁。

其三

朝啓東晨暉，飛軿越滄泉。山波振青涯，八風扇玄煙。迴眄易遷房，有懷眞感人。三金可遊盤，東岑宜水甄。紛紛當途中，孰能步生津。

其四

飄飄八霞嶺，徘徊飛晨蓋。紫軿騰太空，矖眄九虚外。玉簫激長景，雲煙絶幽藹。高仙宴太眞，清唱無涯際。去來山嶽庭，何事有待邁。

其五

神王曜靈津，七元焕神扉。虚遷方寸裏，一躍登太微。妙音乘和唱，高會亦有機。齊此天人眄，協彼晨景飛。總轡六合外，寧有傾與危。

其六

薄宴塵飈嶺，代謝緣環歸。奚識萬劫期，顧眄令人悲。

其七

靈草廕玄方，仰感璇曜精。詵詵繁茂萌，重德必克昌。

八月十七日夜夫人喚楊君令告許長史，曰：平凝夷質，淵通妙靈。神造重絶，棲眞攝生。太玄植簡，太素刻名。金挺內曜，玉華外榮。朱軒四

駕，嘯命衆精。騁龍玄洲，飛雲浮冥。必能上友逸臺之谷公，下監御于太清矣。因與保命君論遠志九方，又語曰：念不宜多，多則志散，志散而求不病者猶閉門而禦猛敵也。

夫人製服朮方以行於世，叙曰：夫晨齊浩元洞冥幽始八氣靡渾靈關未理者，則獨坦觀於空漠任天適以虛峙，於是淳音微唱和風合起，二明銜暉霄翳無待也。擁萌肇於未剖，塞萬源於機上，含生反眞觸類藏初爰可哂萬歲以爲夭，顧嬰齔而長和耳，何事體造靈神之冥鄉心研殊方之假音遐外哉，自形無得眞之具器，無任眞之用者，誠宜步天元之領攝，推萬精以極妙，尋九緯以挺生，睹晨景之迴照，仰觀煙氣則六靈纏虛，俯眄六律則八風扇威，太无發洞冥之嘯，圓曜有映空之暉，於是紫霞藹秀，波激嶽頽，浮煙籠象，淸景遯飛，五行殺害，四節交擲，金土相親，水火結隙，林卉停偃，百川閉塞，洪雹縱横而响沸，雷震東西而坼裂，天屯見化爲陽九之災，地否閡乃爲百六之會。亢悔則載窮於乾極，睹羣龍攫爪則流血於坤野爾，乃吉凶互衡衆示災咎履坦道者，將幽人貞吉居肥遯者，亦無往不利冒嶮巇也。此皆人行必輿尸涉於東北則朋喪而悔，至苟大川之不利明坎井之沉零矣。此皆人失其眞，物乖我和，遊競萬端，神鬼用謀，容使天地無常，以百姓爲心。

於是太上眞人愍萬流之鼓動，開冥津以悟賢，遂爾導達百變，攝生理具，居福德者常全，處危害者凋折，禦六氣者壽延，服靈芝者神逸，奇方上術演於淸虛之奥，金闕玉劄撰於委羽之臺，窈窕神唱眞暉合離歌其章則控晨太微，用其道則揚輪九陔，軒蓋於流霞之陣，眷眄乎文昌之台，或爐轉丹砂之幽精粉鍊金碧之紫漿，琅玕鬱勃以流華八瓊，雲煥而飛揚絳液，迴波龍胎隱鳴，虎沫鳳腦，雲琅玉霜，太極丹醴，三環靈剛，若以刀圭奏矣。神羽翼張，乃披空洞之上文，煒燁元始之室，瓊音琅書發乎三玄之宮，寶紱紆三元之贈蘂珮登丹琳之房，上帝獻紫軿之重曜，太眞錫流金之火鈴，神童啓轅，九鳳齊鳴，天籟駭虛，晨鐘玲鏗，竦身抑旄，八景浮空，龍輿虎旂，遊扇八方，上造常陽之絶杪，下寢倒景之蘭堂，月妃驂駟日華照容，靈姬奉衾香煙溢窗，顧眄而圓羅邁矣，何九萬之足稱哉。

然後知高仙之道益上，尋靈之余微妙，服御之致合神，吉凶之用頓顯也。自非無英公子黄老玉書《大洞眞經三十九章》，豁落七元太上隱玄者，莫有羣偶於此術矣。然復有體神精思寶練明堂，朝適六虛使五藏生華，守閉元關內存九眞，三炁運液而溉灌丹田，亦其次也。

夫丹誠疏論者，亦奚用東鄰之太牢哉。乃可加以五雲水、桂朮根、黄精、南燭陽草、東石空、青松脂、柏實、巨勝茯苓，此並養生之具，將可以長年矣。吾又俱察草木之勝負有速益於己者，並未及朮勢之多驗乎，且自頃已來殺氣蔽天惡煙弭景，邪魔横起百疢雜臻，或風寒關結，或流腫積痾不期而禍湊，意外而病生者比日來集也。夫朮氣則式遏鬼津吐煙則鎮折邪節，強肉攝魂益血生腦，逐惡致眞守精衛命。餐其餌則靈柔四敷榮輸輕盈。服其丸散則百病瘳除五臟含液，所以長生遠視久而更靈，古人名之爲山精之卉山薑之精。

《太上導仙銘》曰：子欲長生當服山精，子欲輕翔當服山薑。此之謂也。我見諸物皆當減而朮爲益也，直以朮氣之用是今時所要，末世多疾宜當服御耳。夫道雖內足猶畏外來之禍，形有外充亦或中崩之弊，張單偏致殆可鑒乎？夫朮者，一可以長生永壽，二可以却萬魔之枉疾，我見山林隱逸得服此之道千年八百比肩於五嶽矣。人多書繁不能復一一記示之耳，今撰服朮方以悟密尙若必信用庶無横暴之災，既及太平，則四氣含融天緯荐生，災煙消滅五毒匿形，二晨常察萬物自成。於是時任子所運而服御亦無復夭傾也。今所言朮，欲令有心取服遏此災痾耳。

又頃者末學互相擾競多用混成，及黄書赤界之法此誠相生，和合二象匹對之眞要也。若以道交用解網脫羅推會六合，行諸節氣，却消災患結精寶胎，上使腦神不虧，下令三田充溢，進退得度而禍除，經緯相應而長康，敵人執轡而不失，六軍長驅而全反者，乃有其益亦非仙家之盛事也。嗚呼，危哉。此雖相生之術，俱失度世之法，然有似騁冰車之涉乎，炎洲汎火舟以浪於溺津矣。自非眞正亦失者萬萬，或違戾天文憯害嫉妬，靈根鬱塞否泰用隔，犯誓忿盟得罪三官，或遘冤連禍王師傷敗，或坑降殺服流血膏野，或馬力已竭而求之不已。若逐深入北塞而不御者，亦必絶命於兇奴之刀劍乎，將身死於外而家誅於內，可不愼哉，可不愼哉。我見諸如此等少有獲益，徒有求生之妄作，常嘆息於生生矣，豈若守丹眞於絳宮，朝元神於泥丸，保精液而不虧，閉幽術於命門，餌靈朮以順生，漱華泉以淸神，研玄妙之祕圖，誦太上之隱篇，於是高棲于峰岫並金石而論年耶。諸侯安得而友，帝王弗得而臣也。遠風塵之五濁常清淨以期眞，優哉游哉，聊樂我云按夫人以服朮爲序者，亦欲歷申勸戒學仙豈獨於餌朮而已，才豐詞麗學優理博，浩浩然若巨海之長波連山之疊岫也。然所戒彌切，所陳彌當，得不師而稟之，銘而佩之。誘善之功千古不泯，何至眞之屬念如是耶，何至聖之惘物如是耶。

太真王夫人

趙道一《歷世真仙體道通鑑後集》卷三《紫微王夫人》 紫微王夫人，名清娥，字愈音《眞誥》云愈意，王母第二十女也。昔降授寶神經與清靈裴眞人，行之得道。晉哀帝興寧三年乙丑六月，與九華安妃、二十三眞人、十五女仙降句曲，授道於眞人楊羲也。夫人鎮羽野玄隴，主教當成眞人者也。夫人作服朮序，在上清經。

傳記

杜光庭《墉城集仙録》卷四 夫人者，王母之小女也。年可十六七，名婉羅，字勃遂。事玄都太眞王，有子爲三天太上府都官司直，主總糺天曹之違比地上之卿佐，年少好委官遊逸虛廢事，任有司奏劾，以不親局察降主東嶽，退眞王之編，司鬼神之師，五百年一代其職。夫人因來視之，勵其使修守政事以補其過。道過臨淄，值縣小吏和君賢爲前冤所傷，當時殆死。夫人見骨相有異而愍之，問其何傷乃爾，君賢以實對。夫人曰：汝所傷乃重刃關於肺，五臟泄漏，血凝絳府，氣激腸外，此將死之急也。不可復生如何？君賢知是神人，叩頭求哀乞賜救護。夫人於肘後筒中出藥一丸，大如小豆，即令服之，登時而愈，血絶瘡合無復慘痛。君賢再拜，跪曰：家財不足，不知何以奉答恩施，唯當自展駑力以報所受耳。夫人曰：汝必欲謝我，意亦可佳，可見隨去否？君賢乃易名姓，自號馬明生，隨夫人執役。夫人還入東嶽岱宗山崖峭壁石室之中，上下懸絶，重巖深隱，去地千餘丈。石室中有金床玉几，珍物奇瑋，乃人跡所不能至處也。明生初但服事，只欲學金瘡方，既見神仙來往，乃知有不死之道。旦夕供給掃灑，不敢懈倦。夫人亦以鬼怪虎狼眩惑衆變試之，明生神情澄正，終不恐懼。又使明生他行別宿，因以好女於卧息之間調戲親接之，明生心堅志靜，固無邪念。夫人或行去十日五日，或一月二十日方還，輒見有仙人賓客乘龍駕鳳往來，或有拜謁者，眞仙彌日盈坐。客到，輒令明生出外別室中，或立致精細廚食，餚果非常，香酒奇漿不覺而至，不可名目。或呼明生坐，與之同飲食。又聞室中有琴瑟之音，歌聲宛妙。夫人亦時自彈琴，琴有一絃，五音並奏，高朗響激，聞于數里，衆鳥皆爲集於岫室之間徘徊飛翔，驅之不去。逮天人之樂，自然之妙也。夫人棲止，常與明生同石室中而異榻耳。幽寂之所都唯二人，或行去亦不道所往之處，但見常有一白龍來迎，夫人即著雲光、繡袍乘白龍而去，袍上專是明月，珠綴著衣縫，帶玉珮，戴金華太玄之冠，亦不見有從者。既還即龍自去，不知所在。石室玉床之上有紫錦被褥、緋羅之帳，中有服玩之物，瑰金函奩，玄黃羅列，非世所有，不能一一知其名也。有兩卷素書，上題曰《九天太眞道經》，明生亦竟不敢發舒視其文也。唯供給水掃守巖室而已，至於服玩亦不敢竊闚之，亦不敢有所請問。如此五年，愈加勤肅，輒不怠惰。夫人嘆而謂之曰：汝可謂眞可教也，必能得道者也，以子俗人而不淫慢，恭仰靈氣終莫之廢，雖欲死亦焉可得乎？因以姓字本末告之，曰：我久在人間，今奉君王命又被太上召，不復得停。念汝專謹，故以相語，欲教汝長生之方、延年之術，而我所授服以太和自然龍胎之醴，適可授三天眞人，不可以教始學之者，固非汝所得聞矣。縱或聞之，亦必不能用以持身也。有安期先生燒金液丹法，其方祕要，便立用，是九君太一之道，白日昇天者矣。安期明日來，吾將以汝付囑之焉。相隨稍久，其術必傳。明日安期先生至，乘駮驎，著朱衣遠遊冠，帶玉珮及虎頭鞶囊，視之年可二十許，潔白嚴整，從者六七仙人，皆執節奉衛。見夫人甚敬，揖稱下官。須臾，設酒果廚膳，飲宴半日許。安期自説：昔與女郎遊於安息國西海際，食棗異美，此間棗永不及也，憶此未久已二千年矣。夫人云：吾昔與君共食一枚乃不盡，此間小棗那可相比耶。安期曰：下官先日往九河見司陰君與西漢夫人共遊，見問以陽九百六之期，聖主受命之劫，下官登答以年稚不識運厄之紀，別當咨太眞王夫人，今既賜坐欲請此數。夫人曰：期運漫汗非君所能卒知，天地有大陽九大百六，有小陽九小百六，天厄謂之陽九，地虧謂之百六，此二災是天地之否泰陰陽之孛蝕也。大期九千九百年，小期三千三百年，而此運鐘聖王不能禳至於滅亡遺吉自復快耳。今大厄猶爲卒未然，唐世是小陽九之始，計訖來甲申歲百六將會矣。爾時道德方隆，凶惡頓肆，聖君受命乃在壬辰，無復千年亦尋至也。西漢夫人具已經見，所以相問者當是相試耳。然復是司陰君所局，夫陽九者大旱海涌而陸燋，百六者海竭而陵凋自塡四海，水減溟洲，成山連城之鯨萬丈之鮫不達期運之度，唯叩天而索水，詞訟紛紜布於上府，三天煩於省察，司陰亦疲於謹按矣。九河之口是赤水之所衝，其深難測，今已漸枯。八氣蒸於山澤，流沙壅於源口，於是四海俱會羣龍鼓舞爾，乃須甲申之年將飛陰洪倒流矣。今水母上天門而告期積石開萬泉，而通路飛陰風以撓蒼生，注玄流以遐布，洋溢在數年之中，漫衍終九載之暮也。既得道登眞體靈合妙至其時也，但當騰虛空而盻山波，遊浮嶽而視廣川，乘玄鴻以湊丹城，御虬輦而邁景雲耳。咄嗟之間忽焉便適可以翔身娛目，豈足掛意乎？當今日且論酒事，何用此爲及耶。因指明生向安期曰：此子有心向慕，殆可敎訓。昔遇因緣遂來見隨，雖質穢未盡而淫慾已消，今未可授玄和太眞之道，且欲令就君受金液丹方，若可得爾便宜將去。夫流俗之人，心肺單危，經胃內薄，血津疲羸，肝膂不注，其眼唇口不辯其機，蓋大慈而不合天人，欲奔走而不及靈飛，適宜慰撫以成其志，不可試以仙變八威也。想勿加切刻，令其失正矣。安期曰：諾，但恐道淺術薄不足以訓授耳。下官昔受此方於廣成丈人，先師爲道德至妙，窈冥其心，無視無聽，言其行也無跡，言其止也無留，神炁接於玄漠，四骸寄於靈丘，存志無以踞崆峒之上，膝間草木忽林生而成洪阜，動之若叩地而不言，求之輒移載而莫宣，不知所以得其術，不解何緣造其根，當此之時實復罔然矣。以四五十年中勤守匪懈久修奴役以奉顏色，遂蒙顧盻漸見告悟，今越湯池而入生地，時開朱顏以對問，見示以求道之難易，于時乃賜與金液之要言也。此則先師之成法，實不敢倉卒而傳之也，要當令在二十年之內必使其闚天路矣。下官往與女郎俱會圓丘，觀九陔之壘落，望弱水而東流，賜酣玄碧之芳酒，不覺高卑而詠歌。嘗開尊笈以盻靈籙，偶見玉胎瓊膏之方，服之刀圭立登雲天，解形萬變。上爲眞皇，此術徑妙。蓋約於金液之華，又速於霜雪九轉之鋒，今非敢有譏捨近而從遠，遠徑而近煩，實思聞神方之品第，願知眞仙之高尊，苟卑降有殊又非所宜，論瓊腴之方必是侍者，未可得用耶。夫人曰：君未知乎？此是天皇之靈方，乃眞人所宜用耳，非流俗下尸所能闚闟也。仙方凡有九品：一名太和，自然琅玕之醴。二名玉胎，瓊液之膏。三名飛丹，紫華流精。四名朱光，雲碧之腴。五名九泉，紅華神丹。六名太淸，金液之華。七名九轉，霜雪之丹。八名九鼎雲英。九名雲光石流飛丹。此皆九丹之次第也。得仙者亦有九品：第一上仙，號九天眞王。第二次仙，號三天眞皇。第三號太上眞人。第四號飛天眞人。第五號靈仙。第六號眞人。第七號靈人。第八號飛仙。第九號仙人。此九仙之品第也。各有差降，不可超越，彼學知金液已爲過矣。至於玉皇之所餌，非淺學所宜聞也。君雖得道而久在世上，囂濁染於正炁，塵垢鼓於三一，恐猶未可登三天而朝太上，邁扶桑而謁太眞，玉胎之方尙未可愈，何況下才而令聞其篇目耶。安期有慙色，退席曰：下官實不知靈藥之妙品殊異，乃爾信駭聽矣。因自陳，曰：下官曾聞女郎有九天太眞道經淸虛明鏡，鑒朗玄冥，誠非下才可得仰瞻，然受遇彌久接引每重不自省量希乞敎訓，不審其書可得見乎？如暫睹盻太眞，則魚目易質矣。夫人哂爾而笑，良久曰：太上道殊，眞府遐邈，將非下才可得交關，君但當弘今日之功，無伐非分之勞矣。我正爾暫北到玄洲，東詣方丈，簡仙官於玉庭，遊蓬萊以匿景，太上有命親勑我往定神仙於流沙之外，受鴻飛乎九霄之房，校眞人之遐紀，舉天靈於崑閬，漱龍胎于玄都之宮，試玉女于衆仙之堂，天事靡盬，將未暇相示以太眞經也。若子能勤正一於太淸，解三皇之妙籙，抱神光於幽林，制羣仙於五嶽，陳山形以招衆靈，役恆華而命四瀆者，然後尋我於三天之丘，見索於鍾山王屋，則眞書可得而授焉。如其不然，無爲屈逸駿而步滄津，捐舟檝而濟溟海矣。想誤日用之所和鍊金液以求眞樂生，生而享年存正氣以營身爾，乃返華髮於童顏保久視乎靈津也。如向所論陽九百六應期輒降，夫安危無專否泰有對，超然遠覽悵懷感慨，亢極之災可避而不可禳，明期運所鍾，聖主不能知。是以伯陽棄周而闗令悟其國弊，天人之事彰於品物，君何爲屑屑久爲地仙乎。孰若先覺以高飛，超風塵而自潔，避甲中於玄途，並眞靈而齊列乎。言爲心盡，君將勗之。安期長跪曰：今日授敎輒奉修焉。夫人語明生曰：吾不復得停，汝隨此君去勿憂念也。我亦時時當往視汝。因以五言詩二篇贈之，可以相存。明生流涕而辭，乃隨安期先生受九丹之道，詩曰：

暫寫墉城內，命駕岱山阿。仰瞻太清闕，雲樓鬱嵯峨。虛中有眞人，來往何紛葩。鍊形保自然，俯仰挹太和。朝朝九天王，夕館還西華。流精可飛騰，吐納養青牙。至樂非金石，風生自然歌。上下淩景霄，羽衣何婆娑。五嶽非妾室，玄都是我家。下看榮競子，篤似蛙與蟆。顧盼塵濁中，憂患自相羅。苟未悟妙旨，安事於琢磨。禍湊由道泄，密愼福臻多。

其一

昔生崑陵宮，共講天年延。金液雖可遐，未若太和仙。仰登冥靈臺，虛想詠靈人。忽遇扶桑王，九老仙都眞。駕驂紫虬輦，靈顏一何鮮。啓我尋長途，邀我自然津。告以鴻飛術，受以《玉胎篇》。瓊膏凝玄器，素女爲我陳。俯挹琳鳳腴，仰上飄三天。雲綱立爾步，五嶽可暫還。玄都安足遠，蓬萊在腳間。傳授相親愛，結友爲天人。替即由刑對，禍必無愚賢。祕則享無傾，泄則軀命顚。

其二

賦詩畢，明生隨安期負笈入女几山，夫人乘雲龍而去矣。明生隨師周遊青城、廬、潛凡二十年，乃受金液之方，鍊服而昇天矣。

趙道一《歷世眞仙體道通鑑後集》卷三《太眞王夫人》 太眞王夫人，王母之小女也。衣服奇麗，姿容絶世，年可十六七。時以兒爲三天太上府都官司直，被降主東嶽。夫人暫來往於岱宗山，石室高崖，重巖深隱，人迹所不能到，去地千餘丈。中有玉几金牀，珍物奇偉。每彈一弦之琴，即百禽飛集，鼓舞聽之。時乘一白龍，周旋四海。仙人馬明生嘗爲縣吏，爲賊所傷。瘡甚，殆死。遇夫人救之，數年後夫人令明生師安期生，受金液還丹，修煉昇天。

昭靈李夫人

傳記

杜光庭《墉城集仙録》卷二 方丈臺東宮昭靈李夫人者，即北元中玄道君李慶賓之女，太保玉郎李靈飛之妹也。以湯時得道白日昇天，受書爲東宮昭靈夫人，治方丈臺第十三朱館中。東晉哀帝丕興寧三年乙丑八月二十二日夜降於眞人楊羲之家，夫人著紫錦衣、帶神虎符、握流金鈴，年可十三四許，有兩侍女年可二十一二。侍女名隱暉，皆青綾衣，捧白玉箱二枚，青帶絡之，題曰：太上帝章，一曰：太上玉文。夫人帶青玉色綬，如世人帶章囊狀，隱章當長五丈許，大三四尺，與上元夫人、紫微夫人、右英夫人諸眞同降，臨去作詩曰：雲墉帶天搆，七炁煥神馮。瓊扉啓晨鳴，九音絳樞中。紫霞興朱門，香煙生綠窗。四駕舞虎旗，青軿擲玄空。華蓋隨雲倒，落鳳控六龍。策景五嶽阿，三素眄君房。適聞臊穢氣，萬濁污我胸。臭物薰精神，囂塵德相衝。明玉皆璀爛，何獨盛五躬。高揖苦不早，坐地自生蟲。臨去又吟曰：心勿欲亂，神勿淫役，道易不順，災重不逆，永喪其眞，遂棄我適，復往許家否，我當復來爾，勤之而已。其年九月三日復降，又歌曰：縱酒觀羣慧，倏欻四落周。不覺所以然，實心有待遊。相遇皆懽樂，不遇亦不憂。縱影玄空中，兩會自然疇。十二月一日夜又吟寄許玉斧曰：飛輪高晨臺，控轡玄隴隅。手携紫皇袂，倏忽八風驅。玉華翼綠帷，青羣扇翠裾。冠軒煥崔嵬，珮玲帶月珠。薄入風塵中，塞鼻逃當塗。臭腥凋我炁，百痾令心徂。何不飈然起，蕭蕭步太虛。

趙道一《歷世眞仙體道通鑑後集》卷三 北元中玄道君李慶賓之女，太保玉郎李靈飛之小妹。受書爲東宮靈照夫人，治方丈臺第十三朱館中。夫人著紫錦衣，帶神虎符，握流金鈴。有兩侍女，年可二十許。夫人年可十三四許。

中候王夫人

傳記

趙道一《歷世真仙體道通鑑後集》卷三《中候王夫人》 女仙王觀香字衆愛，周靈王第三女也。是宋姬所生，於子喬爲別生妹。受子喬飛解脱網之道，得去入緱外書作緱字氏山中，後俱與子喬入陸渾，積三十九年道成，白日沖天。《眞誥》云：受書爲紫清宮。內傳：妃領東宮中，候眞夫人、子喬弟兄七人得道五男二女。其眉壽是觀香之同生兄，亦得道。

三元馮夫人

傳記

杜光庭《墉城集仙録》卷二 三元夫人者，姓馮名雙禮珠，乃上清高眞也。亦主監盟，初仙及證度得道，當爲眞人元君者也。以晉穆帝聃永和五年己酉，夫人與西王母、南極元君、九微元君、紫陽左仙公、石路成、太極高仙伯、延蓋童子、西城總眞王方平、太虛眞人、南嶽赤松子、桐柏眞人、右弼王王子喬會於小有清虛上宮絳房之內，宴南嶽紫虛元君魏夫人華存，設以神餚，奏以鈞樂，九靈合節八音玲瓓，王母起舞乃擊節而歌，歌畢夫人自彈雲璈而答，歌曰：玉清出九天，神館飛霞外。霄臺煥嵯峨，靈廈秀鬱翳。五雲興翠華，八風扇綠炁。仰吟銷魔詠，俯研智與慧。萬眞啓神景，唱期絳房會。挺穎德音子，神映乃拂沛。天嶽淩空搆，洞臺深幽邃。遊海悟井頗，履眞覺世穢。舞輪宴重空，筌魚自然廢。回我大椿羅，長謝朝生世。歌畢衆眞各奏陽歌陰歌之辭，皆內修證道之旨，或叙積功累行之美，或歌金液霜華之要，與洞神陽歌之曲小異，蓋天眞之微辭也。

太微玄清左夫人

傳記

杜光庭《墉城集仙録》卷三 夫人者，乃太微之上眞也。興寧三年乙丑十二月十七日，與太元眞人衆眞降於句曲金壇眞人楊羲之室，吟北淳宮中歌。詞曰：

鬱藹非眞墟，太無爲我館。玄公豈有懷，縈蒙孤所難。落鳳控紫霞，矯轡登晨岸。寂寂無濠涯，暉暉空中觀。隱芝秀鳳丘，逡巡瑤林畔。龍胎嬰爾形，八瓊迴素旦。琅華繁玉宮，綺葩淩巖粲。鵬扇絕億嶺，拊翮扶霄翰。西庭命長歌，雲璈乘虛彈。八風纏綠宇，叢煙豁然散。靈童擲流金，太微啓璧案。三元折腰舞，紫皇揮袂讚。玄玄扇景暉，曄曄長庚煥。超軿聳明刃，下盼使我惋。顧哀地仙輩，何爲棲林澗。

是夕衆降，太元眞人述玄清宮中之事，因吟此章，皆上清內修得眞之旨，以用和神也。夫人諸經傳別未顯名氏事跡也。

東華上房靈妃

傳記

杜光庭《墉城集仙録》卷三 靈妃者，方諸宮有東華上房，乃靈妃所理之處，亦天眞之高位，將是太帝之左右相也。其詞曰：

紫桂植瑤園，朱華聲萋萋。月宮生蘂泉，日中有瓊池。左拔音跋圓靈曜，右掣丹霞暉。流金煥絳庭，八景絕煙迴。綠蓋浮明朗，控節命太微。

鳳精童華顏，琳腴充賜飢。控晨挹太素，乘欻翔玉墀。吐納六虛氣，玉嬪把巾隨。彈徹南雲扇，香風鼓錦披。叩商百獸舞，六天攝神威。倏欻億萬椿，齡紀鬱巍巍。小鮮未烹鼎，言我巖下悲。

此亦是晉興寧三年乙丑十二月十七日夜，太元衆眞降於楊君之室云此歌章，青童宮中常所吟詠，以勵青宮學眞者之業，述檢制之要明修之樂，此靈妃亦別未顯名氏及所習事跡。

麻姑

傳記

杜光庭《墉城集仙録》卷四　麻姑者，乃上眞元君之亞也。孝桓帝時，神仙王遠字方平降於蔡經家，將至，一時頃聞鼓簫人馬之聲，及至，舉家皆見之。方平戴遠遊冠，朱衣，虎頭鞶囊，五色之綬，帶劍，少鬚黃白色，中形人也。乘羽蓋車駕五龍，龍各異色。麾節幡旗前後導從，威儀奕奕如大將軍也。有十二隊五百士皆以蠟密封其口鼓吹，皆乘麟從天而下，懸集於庭，從官皆長丈餘，不從道行既至，從官皆隱不知所在，唯見方平與經父兄弟及母相見，獨坐良久，即令人與麻姑相訪經家。經亦不知麻姑何人也，言曰：王方平敬報姑，余久不行人間，今來在此想姑能暫來語乎？有頃使者還，不見其形但聞其語，云麻姑再拜，但不相見忽已五百餘年，尊卑有序修敬無階，煩信承來在彼，登頃即到，而先受帝命當按行蓬萊，今便暫往，如是當還，還便親覲，願未即去。如此兩時間麻姑至矣。來時亦先聞人馬簫鼓之聲，既至從官半於方平也。麻姑至，蔡經亦舉家見之，是好女子，年可十八九許，於頂中作髻，餘髮垂之至腰，其衣有文章而非錦綺，光彩耀日，不可名字，皆世所無有也。入拜方平，平爲之起立，坐定召進行廚，皆金盤玉杯無限也。餚膳多是諸花果而香氣達於內外，擘脯而行之如栢炙，云是麟脯也。麻姑自說云，接待已來，見東海三爲桑田，向到蓬萊水又淺於往者，會時略半也，豈將復還爲陵陸乎？方平笑曰：聖人皆言海中行復揚塵也。姑欲見蔡經母及婦姪，時弟婦新產數十日，麻姑望見乃知之，曰：噫！且止勿前。即求少許米來。得米便撒之擲地，謂以米祛其穢也。視米皆成眞珠矣。方平笑曰：姑固少矣，吾老矣，了不喜復作此狡獪變化也。方平語經家人曰：吾欲賜汝輩酒，此酒乃出天廚，其味醇醲，非世人所宜飲，飲之或能爛腸，今當以水和之，汝輩勿怪也。乃以一升酒合水一斗攪之，賜經家人，人飲一升許皆醉，良久酒盡。方平語左右曰：不足復還取也。仍以千錢與餘杭姥，相聞求其沽酒。須臾使還，得一油囊酒五斗許，使傳餘杭姥答言：恐地上酒不中尊仙飲耳。又麻姑爪如鳥爪，蔡經見之，心中所念言，背大癢時得此爪以爬背當佳否。方平已知經心中所念，即使人牽經鞭之，謂曰：麻姑神仙也，汝何忽謂爪可以爬背耶？但見鞭著經背，亦不見有人持鞭者。方平告經曰：吾鞭不可妄得也。是日又以一符傳授蔡經。鄰人陳尉能召鬼魔救人治疾，蔡經亦得解蛻之道如蛇蟬耳。經常從王君遊涉山海，或暫歸家，王君亦有書與陳尉，多似篆文或眞書，字廓落而大，陳尉世世寶之。宴畢，方平麻姑命駕昇天而去，簫鼓導從一如初焉。

趙道一《歷世眞仙體道通鑑後集》卷三《麻姑》　麻姑乃王方平之妹，修道得仙，年可十八許，於頂中作髻，餘髮散垂至腰。其衣有文章，光彩耀日，世所無有也按道書云：老君歷觀無極世界，三災九厄，十芒八難，示以禳除之法。中有遣北方黑騎、天官兵馬、倉老麻姑、五億萬騎等語。則知麻姑浩劫之高眞，乘運應世，有自來矣。昔方平降蔡經家，遣使邀麻姑同宴，各進行廚，皆金盤玉杯。餚膳多是諸花，而香氣達于內外。擘麟脯如行栢炙，進天酒如飲瓊漿。麻姑曰：接待以來，見東海三爲桑田。向到蓬萊，水乃淺於往日。會將減半也，將復揚塵也。麻姑手爪頗似鳥爪，蔡經心言背癢，時得此爪以爬背，當佳也。方平已知經心中所言，即使神吏鞭之曰：麻姑神人也，汝可萌妄想哉。宣州有麻姑仙壇，建昌軍有麻姑山，靈迹非止一處。宋徽宗政和間，寵褒麻姑爲眞寂沖應元君。寧宗嘉泰間，改封虛寂沖應眞人。

魏夫人

傳記

《太平廣記》卷五八《女仙三・魏夫人》 魏夫人者，任城人也，晉司徒劇陽文康公舒之女，名華存，字賢安。幼而好道，靜默恭謹，讀莊老，三傳五經百氏，無不該覽。志慕神仙，味眞耽玄，欲求沖舉，常服胡麻散茯苓丸，吐納氣液，攝生夷靜。親戚往來，一無關見。常欲別居閑處，父母不許。年二十四，彊適太保掾南陽劉文，字幼彥，生二子，長曰璞，次曰瑕。幼彥後爲修武令，夫人心期幽靈，精誠彌篤。二子粗立，乃離隔宇室，齋於別寢。將逾三月，忽有太極眞人安度明、東華大神、方諸青童、扶桑碧阿陽谷神王、景林眞人、小有仙女、清虛眞人王裒來降。裒謂夫人曰：聞子密緯眞氣，注心三清，勤苦至矣。扶桑大帝君敕我授子神眞之道。青童君曰：清虛天王，即汝之師也。度明曰：子苦心求道，道今來矣。景林眞人曰：虛皇鑒爾勤感，太極已注子之仙名於玉札矣。子其勗哉。青童君又曰：子不更聞上道內法晨景玉經者，仙道無緣得成。後日當會暘滁山中，爾謹密之。王君乃命侍女華散條、李明兌等，便披雲蘊，開玉笈，出《太上寶文》、《八素隱書》、《大洞眞經》、《靈書八道》、《紫度炎光》、《石精金馬》、《神眞虎文》、《高仙羽玄》等經，凡三十一卷，即手授夫人焉。王君因告曰：我昔於此學道，遇南極夫人、西城王君。授我寶經三十一卷，行之以成眞人，位爲小有洞天仙王。令所授者即南極元君、西城王君之本文也。此山洞臺，乃清虛之別宮耳。於是王君起立北向，執書而祝曰：太上三元，九星高眞，虛微入道，上清玉晨，褒爲太帝所敕，使教於魏華存。是月丹良，吉日戊申，謹按寶書《神金虎文》、《大洞眞經》、《八素玉篇》，合三十一卷。是褒昔精思於陽明西山，受眞人太師紫元夫人書也。華存當謹按明法，以成至眞，誦修虛道，長爲飛仙。有泄我書，族及一門，身爲下鬼，塞諸河源。九天有命，敢告華存。祝畢。王君又曰：我受祕訣於紫元君，言聽敎於師云。此篇當傳諸眞人，不但我得而已。子今獲之，太帝命焉。此書自我當七人得之，以白玉爲簡，青玉爲字，至華存則爲四矣。於是景林又授夫人《黃庭內景經》。令晝夜存念，讀之萬遍後，乃能洞觀鬼神，安適六府，調和三魂五臟，主華色，反嬰孩，乃不死之道也。於是四眞吟唱，各命玉女，彈琴擊鐘吹簫，合節而發歌。歌畢，王君乃解摘經中所修之節度，及寶經之指歸，行事之口訣諸要備訖，徐乃別去。是時太極眞人命北寒玉女宋聯涓，彈九氣之璈，青童命東華玉女煙景珠，擊西盈之鐘，暘谷神王命神林玉女賈屈廷，吹鳳嗥之簫，青虛眞人命飛玄玉女鮮於虛，拊九合玉節，太極眞人發排空之歌，青童吟太霞之曲，神王諷晨啓之章，清虛詠駕飆之詞。既散後，諸眞元君日夕來降。雖幼彥隔壁，寂然莫知。其後幼彥物故，值天下荒亂，夫人撫養內外，旁救窮乏，亦爲眞仙默示其兆，知中原將亂，携二子渡江。璞爲庾亮司馬，又爲溫太眞司馬，後至安成太守。遐爲陶太尉侃從事中郎將。夫人自洛邑達江南，盜寇之中，凡所過處，神明保佑，常果元吉。二子位既成立，夫人因得冥心齋靜，累感眞靈，修眞之益，與日俱進。凡住世八十三年，以晉成帝咸和九年，歲在甲午，王君復與青童、東華君來降，授夫人成藥二劑，一曰遷神白騎神散，一曰石精金光化形靈丸，使頓服之，稱疾不行，凡七日，太乙玄仙遣飆車來迎。夫人乃託劍化形而去，徑入陽洛山中。明日，青童君、太極四眞人、清虛王君，令夫人清齋五百日，讀大洞眞經，併分別眞經要祕，道陵天師又授明威章奏，存祝吏兵符籙之訣，衆眞各摽至訓，三日而去。道陵所以偏教委曲者，以夫人在世當爲女官祭酒，領職理民故也。夫人誦經萬遍，積十六年，顏如少女，於是龜山九虛太眞金母、金闕聖君、南極元君，共迎夫人白日昇天，北詣上清宮玉闕之下。太微帝君、中央黃老君、三素高元君、太上玉晨太道君、太素三元君、扶桑太帝君、金闕後聖君，各令使者致命，授夫人玉札金文，位爲紫虛元君，領上眞司命南岳夫人，比秩仙公，使治天台大霍山洞臺中。主下訓奉道，教授當爲仙者。男曰眞人，女曰元君。夫人受錫事畢，王母及金闕聖君、南極元君各去。使夫人於王屋小有天中，更齋戒二月畢。九微元君、龜山王母、三元夫人衆諸眞仙，並降於小有清虛上。四奏，各命侍女陳鈞成之曲，九靈合節，八音靈際，王母擊節而歌，三元夫人彈雲璈而答歌，餘眞各歌。須臾司命神仙諸隸屬，及南岳迎官並至，虎旂龍輦，激耀百里中。王母諸眞，乃共與夫人東南而行，俱詣天台霍山臺。又便道過句由金壇茅叔申，宴會二日二夕，共適於霍山。夫人安駕玉宇，然後各別。初，王君告夫人曰：學者當去疾除病，因授甘草穀仙方。夫人服之。夫人能隸書小有王君並傳，事甚詳悉，又述黄庭内景注，叙青精餓飯方。後屢降茅山，子璞後至侍中。夫人令璞傳法于司徒瑯邪王舍人楊羲，護軍長史許穆，穆子玉斧，並皆昇仙。陶貞白眞誥所呼南眞，即夫人也。以晉興寧三年乙丑，降楊家。謂楊君曰：修道之士，不欲見血肉，見雖避之，不如不見。又云：向過東海中，波聲如雷。又云：裴清靈眞人錦囊中有寶神經，昔從紫微夫人所受。吾亦有是西宮定本，即是玄圃北壇西瑤之上臺，天眞珍文盡藏其中也。因授書云：若夫仰擲雲輪，總轡太空，手攜宵煙，足陟王庭，身昇帝闕，披寶嗡青，論九玄之逸度，沉萬椿之長生，眞言玄朗，高譚玉清，今則迴靈塵埃。訓我弟子，周目五濁，勞神臭腥，子所營者道，研詠者妙，道妙既得，吾子加之，慮斯蕩散，念且愼之。仍云：河東桐柏山之西頭，適崩二百餘丈，吾昨與茅叔申詣清虚宮，授眞仙之籍。得失之事，頓落四十七人，復上者三人耳。固當洗心虚邁，勤注理盡，心殫意竭，如履氷火，久久如此，仙道亦不隱矣。但在莊敬丹到，而絶淫色之念也。若抱淫慾之心，行上眞之道者，清宮所落，皆此輩也。豈止落名生籍，方將被考於三官也。勉之愼之。宗道者貴無邪，棲眞者安恬愉，至寂非引順之主，淡然非教授之匠。故當困煩以領無耳。爲道者精則可矣，有精而不勤，能而不專，無益也。要在悋心消豁，穢念疾開，可以數看東山，勤望三秀，差復益耳。言者性命之全敗，信者得失之關籥，張良三期，可謂篤道而明心矣。又曰：得道去世，或顯或隱，託體遺跡者，道之隱也。昔有再酣瓊液而叩棺，一服刀圭而尸爛，鹿皮公吞玉華而流蟲出戶，賈季子咽金液而臭聞百里，黄帝火九鼎於荆山，尙有喬嶺之墓，李玉服雲散以潛昇，猶頭足異處，墨狄飮虹丹以沒水，甯生服石腦而赴火，務光翦薤以入清冷之泉，柏成納氣而腸胃三腐，如此之比，不可勝紀。微乎得道，趣捨之迹，固無常矣。保命君曰：所謂尸解者，假形而示死，非眞死也。南眞曰：人死必視其形。如生人者，尸解也。足不青、皮不皺者，亦尸解也。目落不光，無異生人者，尸解也。髮盡落而失形骨者，尸解也。白日尸解，自是仙矣。若非尸解之例，死經太陰，暫過三官者，肉脱脈散，血沉灰爛，而五臟自生，骨如玉，七魄營侍。三魂守宅者，或三十年、二十年、十年、三年，當血肉再生，復質成形，必勝於昔日未死之容者，此名鍊形。太陰易貌，三官之仙也。天帝云：太陰鍊身形，勝服九轉丹，形容端且嚴，面色似靈雲，上登太極闕，受書爲眞人，是也。若暫遊太陰者，太一守尸，三魂營骨，七魄侍肉，胎靈録氣，皆數滿再生而飛天。其用他藥尸解，非是靈丸者，即不得返故鄉，三官執之也。其死而更生者，未殮而失其尸。有形及存而無者，有衣結不解、衣存而形去者，有髮脱而形飛者，有頭斷已死、乃從一旁出者，皆尸解也。白日解者爲上，夜半解者爲下。向晚向暮去者，爲地下主者。此得道之差降也。夫人之修道，或災逼禍生，形壞氣亡者，似由多言而守一，多端而期苟免也。是以層巢頽枝而墜落，百勝失於一敗。惜乎，通仙之才，安可爲二豎子而致斃耶？智以無涯傷性，心以欲惡蕩眞，豈若守根靜中，棲研三神，彌貫萬物，而洞玄鏡寂，混然與泥丸爲一，而内外均福也。眞人歸心於一，任於永信，心歸則正，神和信順，利眞之兆，自然之感，無假兩際也。若外見察觀之氣，内有惱結之哂，有如此者，我見其敗，未見其立。地下主者，乃下道之文官。地下鬼師，乃下道之武官。文解一百四年一進，武解倍之。世人勤心於嗜慾，兼味於清正，華目以隨世，畏死而希仙者，皆多武解，尸之最下也。夫人與衆眞吟詩曰：玄感妙象外，和聲自相招，靈雲鬱紫晨，蘭風扇緑軺。上眞宴瓊臺，邈爲地仙標，所期貴遠邁，故能秀穎翹。翫彼八素翰，道成初不遼，人事胡可預，使爾形氣消。夫人既遊江南，遂於撫州幷山立靜室，又於臨汝水西置壇宇。歲久無梗，踪跡殆平。有女道士黄靈徽，年邁八十，貌若嬰孺，號爲花姑，特加修飾，累有靈應。夫人亦寓夢以示之，後亦昇天。玄宗敕道士蔡偉編入後仙傳。大曆三年戊申，魯國公顏眞卿重加修葺，立碑以紀其事焉。出集仙録及本傳

趙道一《歷世眞仙體道通鑑後集》卷三《南嶽魏夫人》 夫人姓魏名華存，字賢安，任城人，即晉武帝左僕射魏舒之女。天才卓異，性樂神仙。年二十四，父母強逼以事南陽劉又諱彦。幼爲修武令，夫人隨之。遂因請閑齋于別室，謹修道法。入室百日，所期仙靈，精思希感。季冬夜半，感四眞人降於靖室，而授道要。後衆眞再降，令夫人託疾尸解，飆輪

命訪王屋清虛洞天，奉天帝君命傳玉札金文，位爲紫虛元君，領上眞司命，主諸學道生死圖籍，攝御三官關較罪考，又加南嶽夫人，比秩仙公治大霍山洞臺，後成帝咸和四年，飆輪下迎升天。杜甫望嶽詩云：南嶽配朱雀，秩禮自百王。欻吸領地靈，鴻洞半炎方。邦家用祀典，在德匪馨香。巡狩何寂寥，有虞今則亡。洎五臨世網，行邁越瀟湘。渴日絶壁出，漾舟清光旁。祝融五峰尊，峰峰次低昂。紫蓋獨不朝，爭長業相望。恭聞魏夫人，羣仙夾翺翔。有時五峰氣，散風如飛霜。牽迫限修途，未暇杖崇岡。歸來覬命駕，沐浴休玉堂。三嘆問府主，曷以贊我皇。牲璧忍衰俗，神其思降祥。夫人壇在南嶽中峰之前，巨石之上，是一片大石，方可丈餘。其形方穩，下圓上平，浮寄他石之上。嘗試一人推之，以能轉動，人多則屹然而定，相傳以爲靈異，往往神仙幽人游息其上。奇雰靈氣，彌覆其頂。《丹臺錄》云：魏夫人爲紫虛元君，治南嶽。《眞誥》云：上眞司命南嶽眞人。

九華安妃

傳記

趙道一《歷世真仙體道通鑑後集》卷三《九華安妃》 古之得道女仙也。晉哀帝興寧三年六月十五夜，紫微王夫人降授眞人楊羲道要，與一神女俱來，著雲錦襹，上丹下青，文彩光鮮，視之年可十三四許。左右又有兩侍女，一侍女手中持一錦囊，長一尺二寸，以盛書，有十餘卷。以白玉檢囊口，見刻檢上字云：玉清神虎內眞紫元丹章。其一侍女捧一白箱，以絳帶束絡之。白箱似象牙形也。一侍女年可十七八，皆整飾非常。神女及侍者顔容瑩潔，鮮徹如玉，香氣馥亂如燒香嬰也香嬰出外國。紫微夫人曰：此是太虛上眞元君金臺李夫人之少女也，昔嘗詣龜山學上清道。道成，受太上書命爲紫清上宮九華眞妃者也。於是賜姓爲安，名鬱嬪，字靈簫。眞妃至，良久手中先握三枚棗，色如乾棗而形長大，內無核，其味甘美，異常棗。眞妃以一枚與楊羲食之。畢，眞妃作文相贈，又紫微王夫人亦作文相曉。諸眞人皆受書畢，各去，獨眞妃少留，命侍女發檢囊中，出上清玉霞紫映內觀隱書、上清還晨歸童日暉中元，共二卷，皆三元八會之也，付楊羲，令寫之。又云：君若不耐風火之煙，欲抱眞形於幽林者，且可尋劍解之道作告終之術也。楊羲後果劍解隱化，後遂飛昇。

王妙想

傳記

《太平廣記》卷六一《女仙六・王妙想》 王妙想，蒼梧女道士也。辟穀服氣，住黃庭觀邊之水傍，朝謁精誠，想念丹府，由是感通。每至月旦，常有光景雲物之異，重嶂幽壑，人所罕到，妙想未嘗言之於人。如是歲餘，朔旦忽有音樂，遙在半空，虛徐不下，稍久散去。又歲餘，忽有靈香郁烈，祥雲滿庭，天樂之音，震動林壑，光燭壇殿，如十日之明，空中作金碧之色，烜爚亂眼，不可相視。須臾，千乘萬騎，懸空而下，皆乘麒麟鳳凰，龍鶴天馬，人物儀衛數千，人皆長丈餘，持戈戟兵杖，旌旛幢蓋。良久，乃鶴蓋鳳車，導九龍之輦，下降壇前。有一人羽衣寶冠，佩劍曳履，昇殿而坐，身有五色光赫然，羣仙擁從亦數百人。妙想即往祝謁。大仙謂妙想曰：吾乃帝舜耳。昔勞厭萬國，養道此山。每欲誘教後進，使世人知道無不可教授者。且大道在于內，不在於外，道在身，不在他人。玄經所謂修之於身，其德乃具，此蓋修之自己。證仙成眞，非他人所能致也。吾覩地司奏，汝於此山三十餘歲，始終如一，守道不邪，存念貞神，遵稟玄戒，汝亦至矣。若無所成證，此乃道之棄人也。玄經云：常善救物，而無棄物。道之布惠周普，念物物皆欲成之，人人皆欲度之。但是世人福果單微，道氣浮淺，不能精專於道，既有所修，又不勤久，道氣未應，而已中怠，是人自棄道，非道之棄人也。汝精誠一至，將以百生千生，望於所誠，不怠不退，深可悲愍。吾昔遇太上老君，示以道德眞經，理國理身，度人行教。此亦可以亘天地，塞乾坤，通九天，貫萬物，爲行化之要，修證之本，不可譬論而言也。吾常銘之於心，布之於物，弘化濟俗，不敢斯須輒有怠替，至今稟奉師匠，終刧之寶也。但世俗浮詐迷妄者多，嗤謙光之人，以爲懦怯，輕退身之道，以爲迂劣，笑絕聖棄智之旨，以爲荒唐，鄙絕仁棄義之詞，以爲勁捷，此蓋迷俗之不知也。玄聖之意，將欲還淳復樸，崇道黜邪，斜徑既除，至道自顯，淳朴已立，澆兢自祛，此則裁制之義無所施，兼愛之慈無所措，昭灼之聖無所用，機譎之智無所行，天下混然，歸乎大順，此玄聖之大旨也。奈何世俗浮僞，人奔奢巧。故帝王不得以靜理，則萬緒交馳矣。道化不得以坦行，則百家紛競矣。故曰：人之自迷，其日固久。若洗心潔己，獨善其身，能以至道爲師資，長生爲歸趣，亦難得其人也。吾以汝修學勤篤，暫來省視，爾天骨宿稟，復何疑乎，汝必得之也。吾昔于民間，年尚沖幼，忽感太上大道君降於曲室之中，教以修身之道，理國之要，使吾瞑目安坐，冉冉乘空，至南方之國曰揚州。上直牛斗，下瞰淮澤，入十龍之門，泛昭回之河，瓠瓜之津，得水源號方山。四面各闊千里，中有玉城瑤闕，云九疑之山。山有九峰，峰有一水，九江分流其下，以注六合。周而復始，泝上於此，以灌天河，故九水源出此山也。上下流注，周于四海，使我導九州，開八域，而歸功此山。山有三宮，一名天帝宮，二名紫微宮，三名清源宮。吾以曆數既往，歸理此山，上居紫微，下鎮于此。常以久視無爲之道，分命仙官，下教於人。夫諸天上聖，高真大仙，愍刼曆不常，代運流轉，陰陽倚伏，生死推遷。俄爾之間，人及陽九百六之會，孜孜下教，以救於人，愈切於世人之求道也。世人求道，若存若亡，繫念存心，百萬中無一人勤久者。天真憫俗，常在人間，隱景化形，隨方開悟，而千萬人中無一人可教者。古有言曰：修道如初，得道有餘，多是初勤中惰，前功併棄耳。道豈負於人哉。汝布宣我意，廣令開曉也。此山九峰者，皆有宮室，命真官主之。其下有寶玉五金，靈芝神草，三天所鎮之藥，太上所藏之經。或在石室洞臺，雲崖嵌谷，故亦有靈司主掌。巨虬猛獸，螣蛇毒龍，以爲備衛。一曰長安峰，二曰萬年峰，三曰宗正峰，四曰大理峰，五曰天寶峰，六曰廣得峰，七曰宜春峰，八曰宜城峰，九曰行化峰，下有宮闕，各爲理所。九水者，一曰銀花水，二曰復淑水，三曰巢水，四曰許泉，五曰歸水，六曰沙水，七曰金花水，八曰永安水，九曰晉水。此九水支流四海，周灌無窮。山中異獸珍禽，無所不有。無毒螫鷙獲之物，可以度世，可以養生，可以修道，可以登真也。汝居山以來，未嘗遊覽四表，拂衣塵外，遐眺空碧，俯睇岑巒，固不可得而知也。吾爲汝導之，得不勉之、修之，佇駕景策空，然後倒景而研其本末也。於是命侍臣，以道德二經及駐景靈丸授之而去。如是一年或三五降于黃庭觀。十年後，妙想白日升天。玆山以舜修道之所，故曰道州營道縣。出集仙錄

王奉仙

傳記

趙道一《歷世真仙體道通鑑後集》卷三《王奉仙》 女仙王奉仙，宣州人也。家貧，父母耕織爲業。奉仙年十四，於田中忽見青衣童少女十許人，與之嬉戲，良久散去。他日，往田所見之如舊。月餘，諸女夜集其家，終夕言笑，達旦方去。或攜珍果殽饌而來，非世所有。其房甚狹，來衆雖多，不覺其隘。父母疑而伺之，終無所見。又疑妖物所惑，詰責甚切，每託他辭以對。自是諸女晝日往來，與之遠遊，無所不届，及暮乃返。奉仙自此不飲不食，漸覺其異。一日近父母見在庭竹之杪，墜身投地。因問其故，方乃言所遇皆是仙女，每周遊天上，自此竹竿上昇往來。諸女又剪奉仙之髮，前齊眉目，後垂到肩，積年不復長。而肌膚豐潔若冰玉，明眸異貌，天人之相也。又智辯明悟，人所不及，言論之理，契合要妙。嘗與高達之人言曰：某所遇者道也，所得者仙也，所見之女皆女仙也。每到天宮見上仙所居，仙人多被服文繡，雲冠霜簡，執仙花靈草，詠吟洞章。或登雲門芝田，瑤宮瓊闕，話長生度世之事。行於星漢之上，不知其幾千萬里也。初到天上，曰大有宮，天尊處廣殿之中，萬真侍衛，天人無數也。奉仙謁見，天尊命左右以玉漿一杯賜之，謂奉仙曰：汝有仙骨，法當上仙。由世運未滿，五十年方復還此。百穀之實，食之傷人真

氣，草木之果，食之損人年壽，汝宜辟穀養眞。自此不食二十年矣。夫天尊化於天上，主宰萬物，若世人之父也。世尊化於世上，勸人以善，若世人之母也。儒典行於世間，若世人之兄長也。舉世人如嬰兒焉，但識其母，不知其父兄之尊，故知道者少，重儒者寡，不足怪也。奉仙所見天上事，與今道無異，了無菩薩佛僧之像也。奉仙所圖畫功德，多作天人帝王道君朝服之儀，題云朝天圖。遊於淮浙間，所至之處，觀者雲集。奉仙唯以忠孝正直之道，清淨儉約之言，修身密行之要，以敎於士女，故遠近欽仰。金玉寶貨，塡委其前，所施萬計，皆委而不受。奉仙與二女弟居洞庭山，後居錢塘項山。二女弟子奉香火，建殿宇華盛，力未嘗闕。一旦而終，年十八，果符五十年之說也。其平日宴坐居室，則睹千里之事。凝思游神，則朝九天之上。將終，雲鶴屢降，異香盈室。化後尸形柔澤，肌膚如生，識者以爲尸解。

鮑姑

傳記

張君房《雲笈七籤》卷一一五《紀傳部一七・鮑姑》 鮑姑者，南海太守鮑靚之女，晉散騎常侍葛洪之妻也。靚字太玄，陳留人也。少有密鑒，洞於幽元，沉心冥肆，人莫知之。靚及妹並先世累積陰德，福逮於靚，故皆得道，姑及小妹並登仙品。靚學通經緯，後師左元放受《中部法》及《三皇五嶽劾召之要》，行之神驗，能役使鬼神，封山制魔。東晉元帝大興元年戊寅，靚於蔣山遇眞人陰長生授刀解之術。累徵至黃門侍郎，求出爲南海太守，以姑適葛稚川。稚川自散騎常侍，爲鍊丹砂，求爲句漏縣令。太玄在南海，小女及笄，無病暴卒。太玄時對賓客，略無悲悼，葬於羅浮山，容色若生，人皆謂爲尸解。靚還丹陽卒，葬於石子崗，後遇蘇峻亂，發棺無尸，但有大刀而已。賊欲取刀，聞塚左右兵馬之聲，顧之驚駭中間，其刀訇然有聲，若雷震之音，衆賊奔走。賊平之後，收刀別復葬之。靚與妹亦得尸解之道，姑與稚川相次登仙。

趙道一《歷世眞仙體道通鑑後集》卷四《鮑姑》 後有崔煒者，居南海。時中元日，番禺人多陳設珍異於神廟，煒往窺之，見一老嫗足蹶覆人酒瓮，被當壚者歐擊，煒趨解曰：酒值幾錢？當壚者曰：值一貫。煒即脫衣爲之代償，老嫗不謝而去。異日，復遇諸途，乃曰：昨蒙爲吾解難，不敢忘也。吾善醫贅瘤，今有越井岡艾少許，聊爲君謝。若遇贅瘤，即可以治之。不過一灼，無不愈者。後遇一僧人，贅垂於耳，一灼立愈。僧因引至一大富室，其人有贅，一灼亦愈。由是名顯，延者甚衆。一旦遂成富翁，煒不敢忘，日夕在念。一日復遇一人告曰：老嫗者乃鮑靚之女，葛洪眞人之妻也，行此灸於南海者，積有年矣。

梁母

傳記

張君房《雲笈七籤》卷一一五《紀傳部一七・梁母》 梁母者，盱眙人也。孀居無子，舍逆旅于平原亭。客來投憩，咸若還家不異。住客還錢，多少未嘗有言。客住經月，亦無所厭。麤衣糲食之外，所得施諸貧病。曾有少年住經月，舉動異於常人，臨去云：「我是東海小童。」母亦不知小童何人也。宋元徽四年丙辰，馬耳山道士徐道盛蹔至蒙陰，於蜂城西遇一青羊車，車自住，見一小童子喚云：「徐道士前來。」道盛行進，去車三步許止。又見二童子年十二三許，齊著黃衣絳裹，頭上角髻，容服端正，世無比也。車中人遣一童子傳語云：「我是平原客舍梁母也。今被太上召還，應過蓬萊尋子喬，經太山，檢考召，意欲相見，果得子來。靈轡飄飄，玄崗嶮巇，津驛有限，日程三千，侍對在近，我心憂勞，便當乘煙三清，此三子見送玄都。因汝爲我謝東方清信士女，太平在近，十有餘一，好相開度，過此無憂危也。」舉手謝去云：「太平相見。」馳車騰遊，極目而沒。道盛還逆旅訪之，正是梁母度世日相見也。

徐仙姑

傳記

張君房《雲笈七籤》卷一一五《紀傳部一七·徐仙姑》 徐仙姑者，北齊僕射徐之才女也。不知師奉何人，已數百歲，狀貌常如二十四五歲矣。善禁呪之術，獨遊海内，三江五嶽，天台四明，羅浮括蒼，名山勝賞，無不周徧。多宿巖麓林窟之中，亦寓止僧院，忽爲豪僧數輩，微詞巧言，姑輒罵之。羣僧激怒，欲以刃制之，詞色愈敎。姑笑曰：「我女子也，而能棄家雲水，不避蛟龍虎狼，豈懼汝鼠輩乎？」即解衣而卧，遽撤其燭，僧輩喜以爲得志也。明日姑理策出山，諸僧一夕皆殭立尸坐，若被拘縛，口噤不能言。姑去數里，僧乃如故。來往江表，吴人見之四十餘年矣，顏色如舊，其行若飛，所至之處，畏而敬之若神明矣，無敢以非正之意戲侮者。咸通初，謂瞻縣白鶴觀道士黄雲陶曰：「我先君仕北齊，以方術聞名，陰功及物，今亦得道。故我爲福所及，亦延年長生耳。」以此詳之，即實之才之女也。

花姑

傳記

張君房《雲笈七籤》卷一一五《紀傳部一七·花姑》 花姑者，女道士黄靈微也。年八十而有少容，貌如嬰孺，道行高潔，世人號爲花姑，蹀履徐行，奔馬不及，不知何許人也。自唐初來往江浙湖嶺間，名山靈洞，無所不造。經涉之處，或宿於林野，即有神靈衛之。人或有不正之念，欲淩侮者，立致顛沛。遠近畏而敬之，奉事之如神明矣。聞南嶽魏夫人平昔渡江修道，有壇靖在臨川郡，臨汝水西石井山有仙壇，遂訪求之。歲月且久，榛蕪淪翳，時人莫得知之。以則天長壽二年壬辰冬十月，詣洪都西山謁道士胡超而問焉。超字拔俗，能通神明，即爲指南郭六里許有烏龜原，古有石龜，每犯田苗，被人擊其首折，則其處也。姑訪之，見龜之左右，壇跡宛然，立處當壇中矣。於其下得尊像油甕錐刀燈盞之類，因葺而興之。復夢夫人指九曲池於壇南，訪而獲之，塼砌尚在。景雲中，睿宗皇帝使道士葉善信將繡像幡花，來修法事，仍於壇西建洞靈觀，度女道士七人住持。洎明皇，醮祭祈禱不絶。每有風雨，或聞簫管之聲。凡是禮謁，必須嚴潔，不爾，有虵虎驚吼之異。時有雲物如鳥，羣飛垂帶，直下壇上，倏忽西出，如向井山，前後非一而已。花姑肸蠁靈通，密有所告曰：「井山古跡，汝須崇修。」俄聞異香從西來，姑累得嘉兆，躬申葺理，行宿洞口，聞聲磬之音，雖荒梗多時，若有人接導，寓宿林莽，怡然甚安。逹明入山，果遇壇殿餘址，遂立屋宇，聞步虚仙梵之響，環壇數里。有樵採不精潔者，必有怪異之驚。有野象中箭來投花姑，姑爲拔之。其後，每齋前則銜蓮藕以獻姑。開元九年辛酉歲，姑欲昇化，謂其弟子曰：「吾仙程所促，不可久住。吾身化之後，勿釘吾棺，只以絳紗冪覆棺上而已。」明日無疾而終，肌膚香潔，形氣溫煖，異香滿於庭堂之内。弟子依所命，棺不釘，以絳紗覆之而已。忽聞雷震，擊紗上有孔，大如雞子，棺中唯有被覆木簡，屋上穿處可通人，座中貟瓜，數日生蔓，結實如桃者二焉。每至忌辰，即風雲鬱勃，直入室内。明皇聞而駭之，使覆其事，明日使道士蔡偉編入《後仙傳》。開元二十八年庚辰三月乙酉，勑道士齎龍璧來醮。忽有白鹿自壇東出，至姑塚間而滅，即花姑葬空棺木簡之處。又有五色仙蛾集於壇上，刺史張景佚以爲聖德所感，立碑頌述。天寶八載己丑，以魏夫人上昇之所，度女道士二人常修香火。大曆三年戊申，魯郡開國公顏眞卿爲撫州刺史，舊跡荒毁，闕人住持，召仙臺觀道士譚仙巖道士黄道進二七人住洞靈觀，又以高行女道士黎瓊仙七人居仙壇院。顏公述《仙壇碑》而自書之，以紀其事跡焉。

焦静真

傳記

趙道一《歷世真仙體道通鑑後集》卷四《焦静真》 唐女眞焦靜眞，因精思間有人導至方丈山，遇二仙女，謂曰：子欲爲眞官，可謁東華青童道君，受三皇法。請名氏，則司馬承禎也。歸而詣承禎求度，未幾昇天。嘗降謂薛季昌曰：先生得道，高於陶都水之任，當爲東華上淸眞人。

王法進

傳記

張君房《雲笈七籤》卷一一五《紀傳部一七·王法進》 王法進者，劍州臨津縣人也。孩孺之時，自然好道。家近古觀，雖無道士居之，其嬉戲未嘗輕侮於尊像，見必斂手致敬，若有凛懼焉。十餘歲，有女官自劍州歷外邑過其家，父母以其慕道，託女官以保護之。與授《正一延生籙》，名曰法進。而專勤香火，護持齋戒，亦茹栢絶粒，時有感降。是歲三川饑歉，斛㪷翔貴，死者十有五六，多採山芋野葛充饑。忽有二青童降於其庭，宣上帝之命曰：「以汝宿稟仙骨，歸心精誠，不忘於道，今以青童召汝受事於玉京也。」法進即隨青童騰身凌虛，徑達太帝之所。命以玉盃霞漿賜之，飮訖，帝謂之曰：「人稟五行之大，體天地之和氣，得爲人形，復生中土，甚不易也。而天運四時之氣，地稟五行之秀，生五穀百果，以養於人。而人不知天地養育之恩，輕棄五穀，厭捨絲麻，使耕農之夫，紡織之婦，身勤而不得飽，力竭而不免寒，徒施其勞，曾不愛惜，斯固神明所責，天地不祐也。近者地司嶽瀆日有奏，言人厭賤米麥，不貴衣食之本。我已勑太華之府，收五穀之神，令所種不成，下民饑餓，因示責罰，以懲其心。世愚悠悠，曾未覺悟。旋奉太上所勑，以大道好生，不可因彼惡民，以害衆善。雖天地神明罪之，愚民亦不知過之所起，因無懺請首原之路，虛受其苦耳。汝當爲無上侍童，入侍天府。今且令汝下於世，告諭下民，使其悔罪，寶愛桑蠶，貴敬農事，惜五穀百果，知大道之養人，厚地之育物，宗奉正道，崇事神明。至於水火之用，不可厭棄，衣食之養，儉己約身，皆能行此明戒，天地愛之，神明護之，風雨順調，家國安泰，此乃增益汝之陰功也。」即命侍女披琅笈珠韞，出《靈寶清齋告謝天地法》一卷付之，傳行於世，曰：「世人可相率幽山高靜之處，置齋悔謝。一年之內，春秋兩爲。春則祈於年豐，秋則謝於道力。如此，則宿罪可除，穀父蠶母之神爲置豐衍也。龍虎之年，復當召汝矣！」命青童送還其家，已三箇月也。所受之書，即今《靈寶清齋告謝天地之法》是也。其法簡易，與《靈寶自然齋》大率相類。但人間行之，立成徵効。苟或几席器物，小有輕慢濁污者，營奉之人少有不公心者，即飄風驟雨壞其壇筵，迅霆吼雷毀其器用。自是三川梁漢之人，歲皆崇事，雖愚朴之士，狂暴之夫，罔不戰慄兢戒，肅恭擎跽，知奉其法焉。或螟蝗旱潦，害稼傷農之處，衆誠有率，勉於修奉之處，炷香告玄，旦夕響應，必臻其祐。與不虔不信之徒，立可較其徵驗矣。巴南謂之淸齋，蜀土謂之天功齋，蓋一揆矣。法進以天寶十一年壬辰歲，雲鶴迎之而昇天。此乃亦符龍虎之運，神人之言矣。

費妙行

傳記

趙道一《歷世真仙體道通鑑後集》卷四《費妙行》 費妙行，唐孫天師智涼之妻也。玄宗天寶七年，天師奏乞置觀，度女道士七人，立堂祠之。五代亂，觀遂廢。宋初復興，始命男道士居焉。遂立天師像並妙行，幷祠于觀。今額眞福，屬隆興府奉新縣。

緱仙姑

傳記

張君房《雲笈七籤》卷一一五《紀傳部一七・緱仙姑》　緱仙姑者，長沙人也。入道居衡山，年八十餘，容色甚少，於嶽之下魏夫人仙壇精修香火，十餘年孑然無侶。壇側多虎狼，常人遊者，須結侶執兵器方敢入，仙姑深隱其間，曾無所畏。數年後，有一青鳥，形如鳩鴿，紅頂長尾，飛來所居，自語曰：「我南嶽夫人使也。以姑修道精苦，獨棲窮林，命我爲伴耳。」他日又言：「西王母姓緱，乃姑之聖祖也。聞姑修道勤至，將有眞官降而授道，但時未至耳，宜勉於修勵也。」每有人遊山，必青鳥豫説其姓字及其日，一一皆驗。又曰：「河南緱氏，王母修道之處，故鄉之山也。」又一日，青鳥飛來曰：「今夕有暴客，無害，勿以爲怖也。」其夕，果十餘僧來。魏夫人仙壇乃是一片巨石，方可丈餘，其下宛然浮寄他石之上，或一人以手推之則摇動，人多則屹然而住。是夜羣僧持火杖刀，將害仙姑。入其室，姑在牀上而僧不見。既出門，即推壞仙壇，轟然有聲，山震谷裂，謂已顛墜矣，而終不能動。僧相率奔去。及明，有至遠村者，分散九僧爲虎噬殺，一僧推壇之時不同其惡，免爲虎害，夫人仙壇儼然無損，姑亦無恙。歲餘，青鳥語姑遷居他所。因徙居湖南，鳥亦隨之，而他人未嘗會其語。相國文昭鄭公畋自承旨學士左遷梧州牧，師事於姑。姑謂文昭公曰：「此後四海多難，人間不可久居，吾將卜隱九疑矣！」一旦遂去。

裴元静

傳記

趙道一《歷世眞仙體道通鑑後集》卷五《裴元静》　裴氏道名元静，緱氏縣令裴昇之女，鄠縣尉李言之妻也。幼而聰惠，母以詩書示之，覽誦不忘。及笄，不以華艷自飾，迥然好道，請於父母，置一静室披戴。父母亦崇道，深念許之。日以香水瞻禮道像，以女使伴之，弗納也。其獨居若別有女伴言語者，父母窺之，不見人。詰之，堅不言。潔思閑澹，雖骨肉常拘之以禮，曾無慢容。及年二十，父欲歸於李言。聞之，深以爲不可，唯願入道修眞，以求度世。父母抑之，曰：女生有歸，是爲禮婦，時不可失，禮不可虧。倘入道，是畢世無所歸也。南嶽魏夫人亦嘗從夫，後爲上仙。遂逼之，以事李言，及奉箕箒，婦禮臻備。未一月間，告於李言曰：某素修道，神人不許爲君妻，請絶俗。李言早慕道，聞妻之言甚異，乃獨居静室焚修。夜中，聞言笑聲，李言稍疑之。未敢驚，乃壁隙窺之，見光明滿室，芬鬱異香。有二女子可十七八，鳳髻霓裳，姿態宛麗。侍女數人，皆雲鬟綵服，綽約在側。元静與二女言笑。李言異之而退。及旦，問於元静，曰：有之，此崑崙仙女相省。更來，愼忽窺也，恐君爲靈官所責。且元静與君宿緣薄，暫會人間爾。仙人亦念君未有後，俟眞仙再降，當爲祈請。後一夕，有天女降李言之宅。經年復降，送一兒與李言曰：此君之子也，元静即當去矣。後三日，有雲盤旋，仙女奏樂，白鳳載元静沖天向西北而去。

戚逍遥

傳記

趙道一《歷世真仙體道通鑑後集》卷五《戚逍遥》 戚氏道名逍遥，冀州南宮人也。父教授生徒以自資。而逍遥十餘歲，情頗靜澹，不爲兒戲，有好道心。父母亦知之，常行陰德於人。而父以女誡授於逍遥，逍遥覽之曰：此常人之事爾。遂取老子仙經，誦之不輟。及笄，媒氏詣其家，聞之以爲不祥，迨二十歲，父母以適同邑藺濤耕織之家。而舅姑嚴酷，責之以蠶農怠惰。而逍遥晨暮以齋潔爲事，殊不以家産經意。藺濤亦屢責之。逍遥白舅姑，請退返，父母亦逼回。於是以不能爲塵俗事，願獨居靜室修道，以資舅姑。藺濤與父母俱有他疑，乃棄之於一室。而逍遥但以香水爲資，絶食靜想。自歌曰：笑看滄海欲成塵，王母花前別衆眞。千載却歸天上去，一心珍重世間人。藺濤一家及鄰里，悉以爲妖狂。夜間，室内有人言語聲。及曉，見其獨坐，亦不驚之。又三日晨起，舉家聞屋裂如雷，但見所服衣履在室内，仰視半天，有雲霞煙靄焕赫，鸞鶴飛鳴。復有仙樂香軿，綵仗羅列。逍遥與衆仙俱在雲中，歷歷聞分別言語。藺濤馳報逍遥父母。既至，猶見之也。邑郭之人咸奔觀望，無不驚嘆。

何仙姑

傳記

趙道一《歷世真仙體道通鑑後集》卷五《何仙姑》 何仙姑，廣州增城縣何泰之女也。唐天后時，住雲母溪。年十四五，一夕夢神人教食雲母粉，可得輕身不死。因餌之，誓不嫁。常往來山頂，其行如飛。每朝去，暮則持山果歸，遺其母。後遂辟穀，語言異常。天后遣使召赴闕，中路失之。廣州會仙觀記云：何仙姑居此食雲母，唐中宗景龍中白日昇仙。至玄宗天寶九載，都虚觀會鄉人齋，有五色雲起於麻姑壇，衆皆見之。有仙子縹緲而出，道士蔡天一識其爲何仙姑也。代宗大曆中，又現身於小石樓，廣州刺史高暈具上其事於朝。

謝自然

傳記

《太平廣記》卷六六《女仙一一・謝自然》 謝自然者，其先兗州人。父寰，居果州南充，舉孝廉，鄉里器重。建中初，刺史李端以試祕書省校書表爲從事。母胥氏，亦邑中右族。自然性穎異，不食葷血。年七歲，母令隨尼越惠，經年以疾歸，又令隨尼日朗，十月求還，常所言多道家事，詞氣高異。其家在大方山下，頂有古像老君，自然因拜禮，不願却下，母從之，乃徙居山頂。自此常誦道德經、黄庭内篇。年十四，其年九月，因食新稻米飯，云：盡是蛆蟲，自此絶粒。數取皂莢煎湯服之，即吐痢困劇，腹中諸蟲悉出，體輕目明。其蟲大小赤白，狀類頗多。自此猶食栢葉，日進一枝。七年之後，栢亦不食。九年之外，仍不飲水。貞元三年三月，於開元觀詣絶粒道士程太虚，受五千文紫靈寶籙。六年四月，刺史韓佾至郡，疑其妄。延入州北堂東閤，閉之累月，方率長幼，開鑰出之。膚體宛然，聲氣朗暢，佾即使女自明師事焉。先是父寰旅遊多年，及歸，見自然修道不食，以爲妖妄。曰：我家世儒風，五常之外，非先王之法，何得有此妖惑。因鎖閉堂中四十餘日，益加爽秀，寰方驚駭焉。七年九月，韓佾轝於大方山，置壇，請程太虚具三洞籙。十一月，徙自然居於州郭。貞元九年，刺史李堅至，自然告云：居城郭非便，願依泉石。堅即築室于金泉山，移自然居之。山有石嵌竇，水灌其口中，可澡飾形神，揮斥氛澤。自然初駐山，有一人年可四十，自稱頭陀，衣服形貌，不類緇流。云：速訪眞人，合門皆拒之。云：此無眞人。頭陀但笑耳，擧家拜之，獨不受自然拜。施錢二百，竟亦不受。乃施手巾一條，受之。云：後會日當以此相示。須臾出門，不知所在。久之，當午有一大蛇，圍三尺，長丈餘，有兩小白角，以頭枕房門，吐氣滿室，斯須雲霧四合，及霧散，蛇亦不見。自然所居室，唯容一牀，四邊纔通人行。白蛇去後，常有十餘小蛇，或大如臂，或大如股，旦夕在牀左右，或黑或白，或吐氣，或有聲，各各盤結，不相毒螫。又有兩虎，出入必從。人至則隱伏不見。家犬吠虎凡八年，自遷居郭中，犬留方山。上昇之後，犬不知所在。自然之室，父母亦不敢同坐其牀，或輒詣其中，必有變異。自是呼爲仙女之室，常晝夜獨居，深山窮谷，無所畏怖。亦云：誤踏蛇背，其冷如冰，虎在前後，異常腥臭，兼言常有天使八人侍側，二童子青衣戴冠，八使衣黃，又二天神衛其門屛，如今壁畫諸神，手執鎗鉅。每行止，則諸使及神，驅斥侍衛。又云：某山神姓陳名壽，魏晉時人。並說眞人位高，仙人位卑，言己將授東極眞人之任。貞元十年三月三日，移入金泉道場，其日雲物明媚，異於常景。自然云：此日天眞羣仙皆會。金泉林中長有鹿，未嘗避人。士女雖衆，亦馴擾。明日，上仙送白鞍一具，縷以寶鈿。上仙曰：以此遺之，其地可安居也。五月八日，金母元君命盧使降之。從午止亥，六月二十日聞使，從午至戌，七月一日，崔張二使。從寅至午，多說神仙官府之事。言上界好弈棊，多音樂，語笑率論至道玄妙之理。又云：此山千百蛇蟲，悉驅向西矣。盡以龍鎭其山。道場中常有二虎五麒麟兩青鸞，或前或後，或飛或鳴，麟如馬形，五色有角，紫麟，駿尾白者常在前，擧尾苕帚。七月十一日，上仙杜使降石壇上，以符一道，丸如藥丸，使自然服之。十五日，可焚香五爐於壇上，五爐於室中。至時眞人每來。十五日五更，有青衣七人，內一人稱中華，云：食時上眞至。良久盧使至，云：金母來。須與金母降於庭，自然拜禮。母曰：別汝兩劫矣。自將几案陳設，珍奇溢目，命自然坐，初盧使侍立久，亦令坐。盧云：暫詣紫極宮，看中元道場。官吏士庶咸在，逡巡盧使來云：此一時全勝以前齋。問其故，云：此度不燒乳頭香。乳頭香天眞惡之，唯可燒和香耳。七日，崔張二使至，問自然，能就長林居否。答云：不能。二使色似不悅。二十二日午前，金母復降云：爲不肯居長林，被貶一階。長林仙宮也。戌時金母去，崔使方云：上界最尊金母。賜藥一器，色黃白，味甘。自然餌不盡，卻將去。又將衣一副，朱碧綠色相間，外素，內有文，其衣縹緲，執之不着手。且却將去，已後即取汝來。又將桃一枝，大於臂，上有三十桃，碧色，大如椀。云：此猶是小者。是日金母乘鸞，侍者悉乘龍及鶴，五色雲霧，浮泛其下。金母云：便向州中過羣仙。後去，望之皆在雲中。其日州中馬坊廚戟門皆報云：長虹入州。翌日李堅問於自然，方驗之。紫極宮亦報虹入，遠近共見。八月九日十日十一日，羣仙日來，傳金母勑。速令披髮四十日，金母當自來。所降使或言姓崔名某。將一板，闊二尺，長五尺，其上有九色，每羣仙欲至，牆壁間悉熒煌似鏡，羣仙亦各自有几案隨從。自然每被髮，則黃雲繚繞其身。又有七人，黃衣戴冠，侍於左右。自八月十九日已後，日誦黃庭經十徧，誦時有二童子侍立。丹一遍即抄錄。至十遍，童子一人便將向上界去。九月一日，羣仙又至，將桃一枝，大如斗，半赤半黃半紅，云：鄉里甚足此果。割一臠食，余則侍者却收。九月五日，金母又至，持三道符，令吞之，不令着水，服之覺身心殊勝。金母云：更一來則不來矣。又指旁側一仙云：此即汝同類也。十五日平明，一仙使至，不言姓名，將三道符，傳金母勑，盡令服之。又將桃六臠令食，食三臠，又將去。其使至暮方還。十月十一日，入靜室之際，有仙人來召，即乘麒麟昇天，將天衣來迎。自然所着衣留在繩牀上，却回，着舊衣，置天衣於鶴背將去。云：去時乘麟，回時乘鶴也。十九日，盧仙使來，自辰至未方去。每天使降時，鸞鶴千萬，衆仙畢集。位高者乘鸞，次乘麒麟，次乘龍。鸞鶴每翅各大丈餘，近有大鳥下長安，鸞之大小，幾欲相類，但毛彩異耳。言下長安者名曰天雀，亦曰神雀，每降則國家當有大福。二十五日，滿身毛髮孔中出血，沾漬衣裳，皆作通帔山水橫紋。就溪洗濯，轉更分明，向日看似金色，手觸之如金聲。二十六日二十七日，東嶽夫人併來，勸令沐浴，兼用香湯，不得令有乳頭香。又云：天上自有神，非鬼神之神。上界無削髮之人，若得道後，悉皆戴冠，功德則一。凡齋食切忌嘗之，尤宜潔淨，器皿亦爾。上天諸神，每齋即降而視之，深惡不精潔，不唯無福，亦無獲罪。李堅常與夫人于几上誦經，先讀外篇，次讀內篇，內即魏夫人傳中本也。大都精思講讀者得福，麄行者招罪立驗。自然絕粒，凡一十三年，晝夜寐，兩膝上忽有印形，小於人間官印，四壖若有古篆六字，粲如白玉。今年正月，其印移在兩膝內，並膝則兩印相合，分毫無差。又有神力，日行二千里，或至千里，人莫知之。冥夜深室，纖微無不洞鑒。又不衣綿纊，寒不近火，暑不搖扇，人間吉凶善惡，無不知者。性嚴重深密，事不出口，雖父母亦不得知。以李堅崇尚至道，稍稍言及，云：天上亦欲遣世間奉道人知之，俾其尊明道教。又言凡禮尊像，四拜爲重，三拜爲輕。又居金泉道場，每靜坐則羣鹿必至，又云：凡人能清淨一室，焚香諷黃庭道德經，或一徧，或七徧，全勝布施修齋。凡誦經在精心，不在徧數多。事之人，中路而退，所損尤多，不如元不會者，愼之愼之。人命至重，多殺人則損年夭壽，來往之報，永無休止矣。又每行常聞天樂，皆先唱步虛詞，多止三首，第一篇第五篇第八篇，步虛訖，即奏樂，先撫雲璈。雲璈形圓似鏡，有絃。凡傳道法，必須至信之人。魏夫人傳中，切約不許傳教，但令祕密，亦恐乖於折中。夫藥力只可益壽，若昇天駕景，全在修道服藥。修道事頗不同，服栢便可絕粒。若山谷難求側栢，只尋常栢葉，但不近丘墓，便可服之，石上者尤好。曝乾者難將息，旋採旋食，尚有津潤，易清益人。大都栢葉、茯苓、枸杞、胡麻，俱能常年久視，可試驗。修道要山林靜居，不宜俯近村柵，若城郭不可。以其葷腥，靈仙不降，與道背矣。煉藥飲水，宜用泉水，尤惡井水，仍須遠家及血屬。慮有恩情忽起，即非修持之行。凡食米體重，食麥體輕。辟穀入山。須依衆方，除三蟲伏尸。凡服氣，先調氣，次閉氣，出入不由口鼻，令滿身自由，則生死不能侵矣。是年九月，霖雨甚，自然自金泉往南山省程君，淩晨到山，衣履不濕。詰之，云：且離金泉耳。程君甚異之。十一月九日，詣州與李堅別，云：中旬的去矣。亦不更入靜室，二十日辰時，於金泉道場白日昇天。士女數千人，咸共瞻仰。祖母周氏、母胥氏、妹自柔、弟子李生，聞其訣別之語曰：勤修至道。須臾五色雲遮亘一川，天樂異香，散漫彌久。所着衣冠簪帔一十事，脫留小繩牀上，結繫如舊。刺史李堅表聞，詔褒美之。李堅述金泉道場碑，立本末爲傳云：天上有白玉堂，老君居之。殿壁上高列眞仙之名，如人間壁記。時有朱書注其下云：降世爲帝王或爲宰輔者。又自然當昇天時，有堂內東壁上書記五十二字云：寄語主人，及諸眷屬，但當全身，莫生悲苦，自可勤修功德，併諸善心，修立福田，清齋念道。百劫之後，冀有善緣，早會清原之鄉，即與相見。其書迹存焉。出集仙錄

趙道一《歷世眞仙體道通鑑後集》卷五《謝自然》　謝自然，蜀華陽女眞也，賦性穎異，幼而入道。其師以黃老仙經示之，一覽皆如舊讀，再覽誦之不忘。及長，神氣清爽，言談迥高。好琴書，善筆札，能屬文。常鄙卓文君之爲人。每焚修瞻禱王母、麻姑，慕南嶽魏夫人之節操。及年四十，出遠遊，往青城、大面、峨眉、三十六靖廬、二十四治。尋離蜀，歷京洛，抵江淮。凡有名山洞府靈迹之所，無不辛勤歷覽。後聞天臺道士司馬承禎居玉霄峰，有道孤高，遂詣焉。師事承禎正三年，別居山野，終日採樵，爲承禎執爨而歸。又持香果，專切問道。承禎訝其堅苦，曰：我無道德，何以勝此。然子何所欲？自然曰：萬里之外，嚮師得度世之道，故來求受上法以度爾。非他求也。承禎以女眞罕傳上法，恐泄慢大道，但唯諾而已。復經逾歲月，自然乃嘆曰：明師未錄，毋乃命邪。以每登玉霄峰，即見滄海蓬萊，亦應非遠，人間恐無可師者。於是告別承禎，言去蓬萊。罄捨資裝，布衣絕粒，挈一席投于海，泛之於波上。適新羅船見，就載。及登船數日，但見海水碧色，日落則遠浪相蹙，陰火連天，船在火焰中行。逾年，船爲風飄入一色水如墨，又一色水如粉，又一色水如珠，又一色水如硫黃，氣忽風轉，船乃投一澳中。有山，日照如金色，亦有草木香霧走獸與禽，皆黃色。船人俱上山，見無大小，悉是硫黃，賈客遽棄別貨，盡載其石。凡經四色水，每遇一水皆三五日晝夜，風帆所適，莫知遠近。復行月餘，又橫風所飄，海師惶戚，舟人恐懼。遙見水上湧出大山，上列紅旗千餘面。海師言是鯨魚揚鬣。又晴天忽見氣直上，高百餘丈，傍若暴風雨，此魚腦中噓吸氣。如此復見海人怪獸鬼神，千態萬狀，自然乃焚香，想蓬萊禱祝。須臾，俄到一山，見林木花鳥，煙嵐若春。海師登山，望有屋舍人家甚衆。自然謂曰：豈非仙山乎。海師言：船中人可登山歇泊，以俟風便。俄而人皆登山散遊，而自然獨遊一處。有道士數人，侍者皆青衣，有木風動如金石聲。花草香薰人徹骨，彩鸞、霜鶴、碧鷄、五色犬遊於庭除。中有一人花冠霞帔，狀貌端美。青衣引見，自然曰：蓬萊尋師，求度世法。道士笑曰：蓬萊隔弱水，此去三十萬里，非舟楫可行，非飛仙莫及。天台山司馬承禎，名在丹臺，身居赤城，眞良師也，可以回

去。俄頃風起，聞海師促人登船，言風已便。及揚帆，又爲横風飄三日，卻到台州岸。自然欣然，復往天台，具言其實，以告承禎，並謝前過。承禎曰：俟擇日陞壇以度。於是爲傳授上清法。後却歸蜀，於果州南充縣金泉山修道功成。唐德宗貞元十年甲戌十月十六日，老君命召之，白日飛昇。節度使韋皋奏聞于朝。一云自然臨昇天時，書于堂之東壁云：寄語諸眷屬，莫生悲苦，可勤修功德，修立福田，清齋念道。百劫之後，冀有善緣，早會清源之鄉，即得相見。其書迹存焉。上昇後三日，再自天降，謂刺史李堅曰：天上有玉堂最高，老君居焉，白玉爲壁，上皆金題神仙之名，時有朱書注其下云：降世爲帝王，或爲宰輔。凡神仙謁見老君，皆四拜焉。予恐世人不信有神仙之事，故暫來語君。語訖，遂即昇天。堅以表聞，有詔褒美。白紫清云：謝自然，今爲東極眞人。

蔡尋眞

傳記

趙道一《歷世眞仙體道通鑑後集》卷五《蔡尋眞》 蔡尋眞，侍郎蔡某之女也。李騰空，宰相李林甫之女也。二人少有異越，生長富貴，無嗜好。每欲出家學道，父母不能奪其志。唐德宗貞元中，相友入廬山，尋眞居詠眞洞天屏風疊南五老峰東，騰空居屏風疊北凌雲峰下。大溪噴激，白雲蒼崖，物象勝處。咸有道德，能以丹藥符籙救人疾苦，遠近賴之。每於三元八節會于詠眞洞，以相師資講道爲事。九江守許渾嘗聞於朝，德宗加敬焉。及其蛻解，門人收簪，簡瘞于舊居。鄉俗歲月祀之。後渾入朝，會昭德皇后崩，因言二女眞其故居可賜觀名，以伸追奉。乃詔以詠眞洞爲尋眞觀，騰空所居爲昭德觀。李白詩送李云：羨君相門女，愛道愛神仙。素手掬秋靄，羅衣曳紫煙。一往屏風疊，乘鸞著玉鞭。

麻媪

傳記

趙道一《歷世眞仙體道通鑑後集》卷五《麻媪》 盧杞少時，與麻媪者廢宅賃居。一日見有金犢車子在麻媪門外，杞窺之，一女子年可十四五，神仙人也。明日潛訪之，麻媪曰：莫欲一見不？杞然之。麻媪曰：諾。後三日見樓臺華麗，輜軿降空，乃前女子也。謂杞曰：更七日奉見。呼麻媪付藥二丸，斸地種之。頃刻生二葫蘆，漸大如甕。麻媪以刃剖其中，與杞各處其一。風雲忽起，騰上碧霄。杞謂麻媪曰：此去洛陽多少路。答曰：八萬里。良久葫蘆上見樓閣，以水晶爲牆。女子居殿中，從女數百，麻媪立於諸衛之下。女命杞坐，具酒饌，曰：郎君合得三事取一，長者留此宮，壽與天齊。次爲地仙，時得至此。下爲人間宰相。杞曰：處此爲上願。女子喜曰：此水晶宮也。某爲太陰夫人仙格已高，郎君處此，便是白日飛昇。乃爲箋奏上帝。少頃，朱衣使者宣帝命，曰：盧杞欲求水晶宮住否？欲爲地仙否？欲爲人間宰相否？杞曰：人間宰相。朱衣趣出，太陰夫人失色，令麻媪速領回，推入葫蘆。却至舊居，塵榻儼然，葫蘆與麻媪俱不復見。此乃女仙麻媪以神變開化於人，而盧杞貪昏不悟，遂致墮落。

盧眉娘 神姑

傳記

《太平廣記》卷六六《女仙一一·盧眉娘》 唐永貞年，南海貢奇女盧眉娘，年十四歲。眉娘生，眉如綫且長，故有是名。本北祖帝師之裔，自大定中，流落嶺表，後漢盧景裕、景祚、景宣、景融，兄弟四人，皆爲皇王之師，因號帝師。眉娘幼而惠悟，工巧無比，能于一尺絹上，繡法華經七卷。字之大小，不逾粟粒，而點畫分明，細如毛髮，其品題章句，無不具矣。更善作飛仙蓋，以絲一鉤，分爲三段，染成五色，結爲金蓋五重，其中有十洲三島，天人玉女，臺殿麟鳳之像，而執幢捧節童子，亦不啻千數。其蓋闊一丈，秤無三兩，煎靈香膏傳之，則堅硬不斷。唐順宗皇帝嘉其工，謂之神姑。因令止于宮中，每日止飲酒二三合。至元和中，憲宗嘉其聰惠而又奇巧，遂賜金鳳環，以束其腕。眉娘不願在禁中，遂度爲道士，放歸南海，仍賜號曰逍遙。及後神遷，香氣滿堂，弟子將葬，舉棺覺輕，即徹其蓋，惟見之舊履而已。出杜陽雜編

神姑 見盧眉娘

吳綵鸞

傳記

趙道一《歷世真仙體道通鑑後集》卷五《吳綵鸞》 唐文宗太和末，有書生文蕭，海內無家，因萍梗抵鍾陵郡。蕭性柔而治道，貌清而出塵，與紫極宮道士柳棲乾善，遂止其宮三四年矣。鍾陵西山有游帷觀，即許眞君遜上昇之第也。每歲至中秋上昇日，吳蜀楚越之人不遠千里而至，多攜挈名香珍果，繒繡金錢，設齋醮以祈福。時鍾陵人萬數，車馬喧闐，士女櫛比，連臂踏歌。蕭因往觀之，睹一姝歌唱稍異。因聽其詞理，脫塵出俗，意諧物外。復歌詞有文蕭綵鸞之句，蕭驚曰：吾姓名其兆乎，此必神仙之儔侶也。竟植足而不能去。蕭詰左右，或云：洪井青衣女子也，其居洪崖壇側，亦不得其實。蕭伺之歌罷，已四更矣。姝與三四輩告別，獨秉燭穿大松徑，將陟山捫石，冒險而昇焉。蕭亦潛繼其蹤。燭將盡，有仙童數十輩持松炬出迎之。蕭失聲，姝乃覺，回首而詰曰：非文蕭邪？蕭曰：然，姝曰：吾與子數未合，何遽至此。因相引至絕頂，侍衛甚嚴，有几案幃幄，金爐國香，與蕭坐定，有二仙娥各持簿書而前，其間多指射江湖覆溺之事。適至一婦女名，而姝意有不得所。又云某日滄湖風濤，亦有誤殺孩稚者。姝怒曰：豈容易而誤邪。執溥書曰：但嬰孩氣弱未足，自不禁也。非不救，莫奈之何。蕭聞之，因詰其事，姝竟不對。蕭又請益堅，姝答曰：此陰機，不合泄於子，吾當與子受禍爾。仙娥執書既去，忽天地黯晦，風雷震怒，擺裂幃帳，傾覆案几。蕭恐悸，不敢傍視。姝倉惶著衣，秉簡叩齒，肅恭伏地待罪。俄而風雲貼息，星宿陳布，而仙童自天而降，持天書宣曰：吳綵鸞以私欲而泄天機，謫爲民妻一紀。姝遂流涕，與蕭相同下山，竟許成婚而歸鍾陵，遂止蕭所居之室。蕭方知姝姓名，因詰姝先世之譜系，姝曰：我父吳仙君諱猛，豫章人也，晉書有傳。濟人利物，立正去邪，今爲仙官，名標洞府。吾昨爲仙主陰籍六百年矣，但無何得罪於帝，俄遭謫也，然子亦因吾可出世矣。蕭處清貧，不能自給。姝寫孫愐唐韻，日一部，運筆如飛。每鬻之，獲金五緡，盡則復寫，如此僅十載，至唐武宗會昌二年，稍爲人知，遂與蕭潛往新吳縣越王山側百姓鄒舉村中。夫婦共訓童子數十人。忽一夜，聞二虎咆哮於院外。及明，失二人所在。淩晨，有負薪者自越王山下見二人各跨一虎，行步如風，陟峰巒而去。

杜蘭香

傳記

杜光庭《墉城集仙録》卷五 杜蘭香者，不知何許人也。有漁父者於湘江洞庭投綸自給，一旦於洞庭之岸聞兒啼哭聲，四顧無人，惟三歲女子在於岸側。漁父憐而舉之還家，養育十餘歲，天姿奇偉，靈顏姝瑩，迨天人也。忽有青童靈人自空玄而下，來集其家，攜女而去，臨昇天謂其父曰：

我仙女杜蘭香也，有過謫于人間，玄期有限今將去矣。於是淩空而去，自後時亦還家。其後於洞庭包山降張碩家，碩蓋修道者也。蘭香降之三年，授以舉形飛化之道，碩亦得仙。初降時留玉簡、玉唾盂、紅火浣布，以爲登眞之信焉。又一夕命侍女齎黃鱗羽帔絳履玄冠鶴氅之服丹玉珮揮靈劍，以授於碩，曰：此上仙之所服，非洞天之所有也。不知張碩仙官定何班品，傳記未顯，難得詳載也。漁父亦自老益少，往往不食，亦學道江湘間，不知所之矣。

南溟夫人

傳記

張君房《雲笈七籤》卷一一六《紀傳部一八・南溟夫人》 南溟夫人者，居南海之中，不知品秩之等降，蓋神仙得道者也。有元徹柳實二人，同志訪道，於衡山結廬，棲遁歲餘，相與適南。至廣州合浦縣，登舟，將越海而濟，南抵交阯，維舟岸側。適村人享神，簫鼓喧奏，舟人水工至于僕使，皆往觀焉。唯二子在舟中。俄爾颶風斷纜，漂舟入海，莫知所之，幾覆沒者二三矣。忽泊一孤島，風浪亦定。二子登岸，極目于島上，見白玉天尊像，瑩然在石室之內，前有金爐香燼，而竟無人。二子周覽悵望，見一巨獸出于波中，若有所察，良久而沒。俄爾紫雲湧於海面，瀰漫三四里，中有大蓮花，高百餘尺，葉葉旋舒，內有帳幄，綺繡錯雜，虹橋闊數十尺，直抵島上。有侍女捧香於天尊像前，炷香未已，二子哀叩之，以求救拔，願示歸路。侍女訝曰：「何遽至此耶？」以事白之。侍女曰：「少頃南溟夫人與玉虛尊師約，子可求而請之也。」侍女未去，有一道士乘彩雲白鹿而至。二子哀泣以告之，道士曰：「可隨此女謁南溟夫人也。」二子受教，隨侍女登橋，至帳前再拜稽首，以漂泛之由，述其姓字。夫人命坐，尊師亦至，環坐奏樂，頃之進饌。尊師曰：「二客求人間饌以享之。」饌畢，尊師以丹篆一卷授夫人，夫人拜受訖，尊師告去，謂二子曰：「有道氣，無憂歸路也。合有靈藥相贈，子分未合，當自有師，吾不當爲子之師也，他日相見矣。」二子拜辭，尊師乘鹿而去。頃有武夫長十餘丈，金甲執劍，進曰：「奉使天吳，清道不謹，法當顯戮，今已行刑。」遂趨而沒。夫人即命侍女示二子歸路，曰：「從百花橋去。」贈以玉壺，曰：「前程有事，可叩此壺也。」遂辭夫人，登橋而去。橋長且廣，欄干上皆異花，二子花間窺見千虬萬龍，互相繳結而爲橋矣。見向之巨獸，已身首異處，浮于波間。二子問所送使者斬獸之由，答曰：「爲不知二客故也。」使者謂二客曰：「我不當爲使送子，蓋有深意，欲奉託也。」衣帶間解合子琥珀與之，中有物隱隱然若蜘蛛形。謂二子曰：「我輩水仙也。頃與番禺少年情好之至，有一子三歲，合棄之，夫人令與南嶽郎君爲子矣。中間迴鴈峰使者有事于水府，吾寄與子所弄玉環與之，而爲使者隱却，頗以爲悵。望二客持此合子於迴鴈峰廟中投之，若得玉環，爲送嶽廟，吾子亦當有答，愼勿開啓。」二子受而懷之，又問：「玉虛尊師云：『子自有師。』誰也？」曰：「南嶽太極先生耳，自當遇之。」須臾橋盡，與使者相別，已達合浦之岸，問其時代，已十二年矣。於是將還衡山，中途餒甚，試叩玉壺，則珍味至。二子一食，不復飢渴。及還，妻已謝世，家人曰：「郎君溺海十餘年矣。」自此二子益有厭俗之志，無復名宦之心，乃登衡嶽，投合子於迴鴈峰廟。瞬息之間，有黑龍長數丈，激風噴電，折木撥屋，霹靂一聲，廟宇立碎。戰慄之際，空中有人以玉環授之，二子得環送於嶽廟。及歸，有黃衣少年持二金合以酬二子曰：「南嶽郎君持此還魂膏以報君也，家有斃者，雖一甲子，猶可塗頂而活。」既受之，而失其使。二子遂以膏塗活其妻。後因大雪，見一樵叟，負重淩寒，二子哀其老，以酒飲之。忽見其檐上有「太極」字，遂禮而爲師。曰：「吾得神仙之道，列名太極矣。太上勑我來度子耳。」因見玉壺曰：「此吾貯玉液之壺，亡來數十甲子，甚喜再見。」遂以玉壺獻之。二子隨太極先生入朱陵宮祝融峰，歷遊諸仙府，與妻俱得昇天之道。

邊洞玄

傳記

張君房《雲笈七籤》卷一一六《紀傳部一八・邊洞玄》 邊洞玄者，范陽人女也。幼而高潔敏慧，仁慈好善，見微物之命有危急者，必俯而救之，救未獲之間，忘其飢渴。每霜雪凝沍，鳥雀飢棲，必求米穀粒食以散餵之。歲月既深，鳥雀望而識之，或飛鳴前導，或翔舞後隨。年十五，白其父母，願得入道修身，絶粒養氣。父母憐其仁慈且孝，未許之也。既笄，誓以不嫁，奉養甘旨。數年，丁父母憂，毁瘠不食，幾至滅性。服闋，詣郡中女官，請爲道士。終鮮兄弟，子無近親，性巧慧，能機杼，衆女官憐而敬之。紡織勤勤，晝夜不懈，每有所得，市胡麻茯苓人參香火之外，多貯五穀之類。人或問之：「既不食累年，而貯米麥何也？豈非永夜淩晨有飢渴之念耶？」笑而不答。然每朝於後庭散米穀以飼禽鳥，於宇内以飼鼠，積歲如之，曾無怠色。一觀之内，女官之家，機織爲務，自洞玄居後，未嘗有鼠害於物，人皆傳之，以爲陰德及物之應也。性亦好服餌，或有投以丹藥，授以丸散，必於天尊堂中焚香供養訖，而後服之。往往爲藥所苦，嘔逆吐痢，至於疲劇，亦無所怨嘆。疾纔已，則吞服如常，其同道惜之，委曲指喻，丁寧揮解，而至信之心，確不移也。苟遇歲饑，分所貯米麥以濟於人者亦多矣。一旦有老叟負布囊入觀賣藥，衆因問之，所賣者何藥也？叟曰：「大還丹，餌服之者，長生神仙，白日昇天。」聞之皆以爲笑。叟面目黖黑，形容枯槁。行步傴僂，聲纔出口，衆笑謂之曰：「既還丹可致不死，長生昇天，何憔悴若此而不自恤邪？」叟曰：「吾此丹初熟，合度人立功。度人未滿，求仙者難得，吾不能自服便飛昇沖天耳！」衆問曰：「舉世之人，皆願長生不死，延年益壽，人盡有心，何言求仙者難得也？」叟曰：「人皆有心好道而不能修行，能好道復能修行，精神不退，勤久其事，不被聲色所誘，名利所惑，奢華所亂，是非所牽，初心不變，如金如石者難也。百千萬人無一人矣！何謂好道也？」問曰：「貴爲天子，富有四海，有金丹之藥何不獻之？令得長生永壽也。」叟曰：「天上大聖眞人高眞上仙，與北斗七元君輪降人間，以爲天子，期滿之日，歸昇上天，何假服丹而得道也？」又問曰：「既盡知之，今天子是何仙也？」曰：「朱陽太一南宫眞人耳。」問答之敏，事異於人，發言如流，人不可測。逡巡，暴風雷雨，遞相顧視，驚悸異常，衆人稍稍散去。叟問衆曰：「此有女道士，好行陰德，絶粒多年者何在？」因指其院以示之。叟入院不扣問，徑至洞玄之前曰：「此有還丹大藥，遠來相救，能服之邪？」洞玄驚喜延坐，問藥須幾錢？叟曰：「所直不多，五十萬金耳。」洞玄曰：「此窮窘多年，殊無此錢，何以致藥耶？」叟曰：「勿憂，子自幼及今，四十年矣。三十年積聚五穀，餉飼禽蟲，以此計之，不啻藥價也。」即開囊示之，藥丸青黑色，大如梧桐子者二三斗，令於藥囊中自探之。洞玄以意於藥囊中取得三丸。叟曰：「此丹服之易腸換血，十五日後方得昇天，此乃中品之藥也。」又於衣裾内解一合子大如錢，出少許藥如桃膠狀，亦似桃香，叟自於井中汲水調此桃膠，令吞丸藥。叟喜曰：「汝之至誠，感激太上，有命使我召汝。既服二藥，無復易腸換血之事。即宜處臺閣之上，接眞會仙，勿復居臭濁之室，七日即可以昇天，當有天衣天樂自來迎矣。」須臾雨霽，叟不知所之。衆女官奔詣洞玄之房，問其得藥否？具以告之，或嗤其怪誕，或歎其遭遇，相顧驚駭。由是郡衆之人有知者，亦先馳往觀之。於是洞玄告人曰：「我不欲居此，願登於門樓之上。」顧眄之際，樓猶扃鐍。洞玄告人曰：「我不於此。」語猶未終，已騰身在樓上矣。異香流溢，奇雲散漫，一郡之内，觀者如堵。太守僚吏，遠近之人，皆禮謁焉。洞玄告衆曰：「中元日早必昇天，可來相別也。」衆乃致齋大會，七月十五日辰時，天樂滿空，紫雲藹鬱，縈繞觀樓，衆人見洞玄昇天，音樂導從，幡旌羅列，直南而去，午時雲物方散矣。太守衆官具以奏聞。是日辰巳間，大唐明皇居便殿，忽聞異香紛鬱，紫炁充庭，有青童四人導一女道士，年可十六七，進曰：「妾是幽州女道士邊洞玄也，今日得道昇天來，以辭陛下。」言訖，冉冉而去。乃詔問所部，奏函亦馹騎馳至，與此符合，勑其觀爲登仙觀，樓曰紫雲樓，以旌其事。是歲，皇妹玉眞公主咸請入道，進其封邑及實封。由是上好神仙之事，彌更勤篤焉。仍勅校書郎王端敬之爲碑，以紀其神仙之盛事者也。

《太平廣記》卷六三《女仙人・邊洞玄》 唐開元末，冀州棗強縣女道士邊洞玄，學道服餌四十年，年八十四歲。忽有老人，持一器湯餅，來詣洞玄曰：吾是三山仙人，以汝得道，故來相取。此湯餅是玉英之粉，神仙所貴，頃來得道者多服之。爾但服無疑，後七日必當羽化。洞玄食畢，老人曰：吾今先行，汝後來也。言訖不見。後日，洞玄忽覺身輕，齒髮盡換，謂弟子曰：上清見召，不久當往。顧念汝等，能不恨恨。善修吾道，無爲樂人間事，爲土棺散魂耳。滿七日，弟子等晨往問訊動止，已見紫雲昏凝，徧滿庭戶，又聞空中有數人語。乃不敢入，悉止門外。須臾門開，洞玄乃乘紫雲，竦身空中立，去地百餘尺，與諸弟子及法侶等辭訣。時刺史源復，與官吏百姓等數萬人，皆遙瞻禮。有頃日出，紫氣化爲五色雲，洞玄冉冉而上，久之方滅。出廣異記

黃觀福

傳記

張君房《雲笈七籤》卷一一六《紀傳部一八・黃觀福》 黃觀福者，雅州百丈縣民之女也。自幼不食葷血，好清淨，家貧無香，取栢葉栢子焚之。每凝然靜坐，無所營爲，經日不以爲倦。或食栢葉，飲水自給，不嗜五穀。父母憐之，聽其率性任意。既笄，欲嫁之。忽謂父母曰：「門首水中，極有異物。」常時多與父母說奇事先兆，往往信驗，聞之固以爲然。隨往看，水果洶湧不息，乃自投水中，良久不出。父母撈攎，得一木像天尊，古昔所製，金彩已駁，狀貌與女無異，水即澄清如舊，無復他物。便以木像置於路側，號泣驚異而歸。其母時來視之，憶念不已。忽有彩雲仙樂，導衛甚多，與女伴三人下其庭中，謂父母曰：「女本上清仙人也，有小過謫在人間，年限既畢，復歸上天，無至憂念也。同來三人，一是玉皇侍女，一是大帝侍晨女，一是上清侍女，姓黃名觀福，此去不復來矣！今年此地疾疫，死者甚多。」以金遺父母，使移家益州，以避凶歲。即留金數餅，昇天而去。父母如其言，移家蜀郡。其歲疫毒黎民，雅地尤甚，十喪三四，即麟德年也。今俗呼爲黃冠佛，蓋以不識天尊像，仍是相傳語訛，以黃觀福爲黃冠佛也。

陽平治

傳記

張君房《雲笈七籤》卷一一六《紀傳部一八・陽平治》 陽平治謫仙妻，不知其名。九隴居人張守珪家甚富，有茶園在陽平化仙居山內。每歲召採茶人力百餘輩，男女傭工者雜之園中。有一少年賃爲摘茶，自言無親族。性甚了慧勤願，守珪憐之，以爲義兒。又一女年二十餘，亦無親族，願爲義兒之婦，孝義端恪，守珪甚善之。一旦山水汎溢，市井路絕，鹽酪既闕，守珪甚憂。新婦曰：「此可買耳。」取錢出門十數步，置錢樹下，以杖扣樹，得鹽酪而歸。後或有所要，但令扣樹取之，無不得者。其夫術亦如此。因與隣婦十數人，於堋口市相遇，爲買酒一盌，與衆婦飲之皆醉，而盌中酒不減。遠近傳說，人皆異之。守珪請問，其術受於何人？少年曰：「我陽平洞中仙人耳，因有小過，謫於人間，不久當去。」守珪曰：「洞府大小，與人間城闕相類否？」答曰：「二十四化各有一大洞，或方千里、五百、三百里。其中皆有日月飛精，謂之伏神之根，下照洞中，與世間無異。其中皆有仙王仙卿仙官輔相佐之，如世之職司。有得道之人及積功遷神反生之者，皆居其中，以爲民庶。每年三元大節，諸天各有上眞下遊洞天，以觀其所理善惡，人世死生興廢，水旱風雨，預關於洞中焉。其龍神祠廟血食之司，皆爲洞府所統也。二十四化之外，其靑城峨嵋益登慈母繁陽嶓冢皆亦有洞，不在十大洞天三十六小洞天之數。洞之仙曹，如人間郡縣聚落耳，不可一一詳記之也。」旬日之間，忽夫婦俱去。

薛玄同

傳記

張君房《雲笈七籤》卷一一六《紀傳部一八・薛玄同》 薛氏者，河中少尹馮徽之妻也，道號玄同。適馮徽二十年，乃言素志，託疾獨處，誓焚香念道，持《黃庭經》日三兩遍。又十三年，夜有青衣玉女二人降其室內。將至，有光如月，照其庭廡，香風颯然。時當初秋，殘暑方甚，而清涼虛爽，颯若洞中。二女告曰：「紫虛元君主領南方下教之籍，命諸眞大仙於四海之外，六合之內，名山大川，有志慕長生心冥眞道者，必降而教之。玄同善功爲地司累奏，簡在紫虛之府，況聞女子立志，元君尤嘉其用心，即日將親降於此。」如是凡五夕，焚香嚴盛，以候元君。咸通十五年甲午七月十四日，元君與侍女羣眞二十七人降於其室，玄同拜迎于門。元君憩坐良久，示以黃庭塡神存修之旨，賜九華之丹一粒，使「八年後吞之，當遣玉女飆車，迎汝於嵩嶽矣」，言訖散去。玄同自是冥心靜神，往往不食。雖眞仙降眄，光景燭空，靈風異香，雲璈鈞樂，奏於其室，馮徽亦不知也。徽以玄同別室修道，邈不可親，愚娟之懷，常加毀笑，每獲東陵之疑矣。洎廣明庚子之歲，大寇犯闕，衣纓奔竄，所在偸安，馮與玄同寓跡於常州晉陵，存注不輟，益用虔恭。中和元年十月，舟行至直瀆口，欲抵別墅，親隣女伴數人乘流之際，忽見河濱有朱紫官吏及戈甲武士，立而序列，若候玄同舟檝之至也。四境多虞，所在寇盜，舟人見之，驚駭不進。玄同曰：「無懼也。」即移舟及之，官吏皆拜。玄同指揮曰：「未也，猶在春中，私第去，無速也。」其官吏遂各散去。而同舟者雖見，莫究其由。明年壬寅二月，玄同沐浴，餌紫虛所賜之丹，二仙女密降其室，促嵩高之行。是月十四日，示以有疾，一夕終于私第，有仙鶴三十六隻，翔集室宇之上。玄同形質柔煖，狀若生人，額中炅然白光一點，良久化爲紫氣。沐浴之際，玄髮重生，立長數尺。十五日夜，雲彩滿室，忽聞雷電震霹之聲，棺蓋飛起在庭中，失尸所在，空衣衾而已。異香雲鶴，浹旬不去。浙西節度使相國周寶奏曰：「伏聞趙夫人登遐之日，玉貌如生，陶先生猒世之時，異香不絕。同其羽化，錄在仙經。豈謂明時，復覩斯事！伏以馮徽妻薛氏，早拋塵俗，久息玄門。神仙祕室之書，能探奧旨；女子鉛華之事，不撓沖襟。非絕粒茹芝，守眞見素，履聖世無爲之化，窮玄元守一之規？不然者，安得方念鼓盆，靈禽疊降，正悲鸞鏡，玄髮重生，雷電顯祥，雲霞表異？天迴而但聞絲行，棺空而唯有衣衾。謫來暫住人間，仙去却歸天上。事傳千古，美稱一時，雖屬郡之休禎，乃國朝之盛事。臣忝分優寄，輒具奏聞，干冒天廷，無任戰越喜賀之至。」是歲二月十五日奏於成都行在。勑曰：「惟天法道，著在仙經。上德勤修，玄功是致。覽茲申奏，頗叶殊祥。同魏氏之登仙，比花姑之降世。光乎郡縣，煥我國朝。宜付史官，編於簡冊。仍委本道以上供錢於其住處修金籙道場，以答上玄，用伸虔感者。」時駐蹕成都之三年也。

萼緑華

傳記

《太平廣記》卷五七《女仙二・萼緑華》 萼緑華者，女仙也。年可二十許，上下青衣，顔色絕整，以晉穆帝昇平三年己未十一月十日夜降於羊權家，自云是南山人，不知何仙也。自此一月輒六過其家。權字道學，即晉簡文黃門郎羊欣祖也。權及欣，皆潛修道要，耽玄味眞。緑華云：「我本姓楊。」又云是九嶷山中得道羅鬱也。宿命時，曾爲其師母毒殺乳婦玄洲，以先罪未滅，故暫謫降臭濁，以償其過。贈權詩一篇，並火澣布手巾一，金玉條脫各一枚。條脫似指環而大，異常精好。謂權曰：「愼無泄我下降之事，泄之則彼此獲罪。」因曰：「修道之士，視錦繡如弊帛，視爵位如過客，視金玉如礫石，無思無慮，無事無爲，行人所不能行，學人所不能學，勤人所不能勤，得人所不能得。何者？世人行嗜欲，我行介獨，世人行俗務，我學恬淡，世人勤聲利，我勤內行，世人得老死，我得長生。故我行之已九百歲矣。授權尸解藥，亦隱景化形而去。今在湘東山中。出眞誥

孫夫人

傳　記

杜光庭《墉城集仙録》卷六　孫夫人者，三天法師張道陵之妻也。同隱龍虎山修三元默朝之道，積年累有感降。天師得黃帝龍虎中丹之術，丹成服之，能分形散景，坐在立亡。天師自鄱陽入嵩高山得隱書制命之術，能策召鬼神。時海內紛擾，在位多危，又文道凋喪，不足以拯危佐世。年五十方修道，及丹成又二十年，旣術用精妙，遂入蜀遊諸名山，率身行教。夫人棲眞江表，道化甚行，以沖帝永嘉元年乙酉到蜀居陽平化，鍊金液九丹。依太一元君所授黃帝之法，積年丹成，變形飛化無所不能。以桓帝永壽二年丙申九月九日，與天師於閬中雲臺化白日昇天，位至上眞東嶽夫人。子衡，字靈眞，繼志修鍊世號嗣師，以靈帝光和二年歲在己未正月二十三日，於陽平化白日昇天。孫魯，字公期，世號系師。當漢祚陵夷中土紛亂，爲梁、益二州牧，鎭南將軍，理于漢中。魏祖行靈帝之命就加爵秩，旋以劉章失蜀，先生舉兵，公期託化歸眞隱景而去。王子安陽平化碑云：嗣師歸眞有會證道，玆山反霧移煙玄霄，亘地馳鴻驛鳳白日昇天。靈衛肅而上騰神儀，杳而長騖。西川耆舊攀鳳翼而無階，南國英靈仰龍髯而無逮，即以上昇之日遂爲齋祭之辰是也。初夫人居化中遠近欽風禮謁如市，旋以方調鑪鼎，務在精嚴，人物諠闐必慮褻瀆，遂於山趾化一泉，使禮奉之人先以其水盥沐，然後方詣道靖，號曰解穢水，至今存焉。天師垂法令人探石井水，男女皆有應驗，以爲種子之法焉。山有三重以象三境，其前有伯陽池，即太上老君遊宴之所，後有登眞洞，與青城、峨嵋、青衣、西玄、羅浮、洞庭諸仙山洞室徑邃潛通，故爲二十四化之首也。

彭　女

傳　記

杜光庭《墉城集仙録》卷六　彭女者，彭祖之女孫也。祖姓籛，名鏗，帝顓頊之玄孫，陸終氏之子。舜舉之於堯，臣能調羹，進雉羹於堯。堯以其善調味必能養生，善養生必能養民，遂封於彭城。其道可祖，彭人世世見之，故謂之彭祖，言彭地之祖也。其地在徐州，而彭祖得道不樂沖天，周遊四海，居蜀多年，子孫繁衆，故有彭山、天彭、彭門之名，俱在蜀焉。《禮經》云：微盧彭濮皆蜀地也。導江有天彭山，兩峰如闕，相去四十餘步，謂之彭門，祖嘗隱焉，因以爲號。彭女亦得養生之道，隨祖修行亦數百歲，朝拜勤志，晨夕不倦。今彭女山有禮拜石，有彭女五體、肘膝拜痕，及衣髻之跡，深有僅寸。每往來北平洞及此山並建爲彭女化，一旦彭女於此昇天，其後置縣因山爲號。元和丁酉歲前進士湛賁立碑以紀其事，《蜀紀》詳載焉。若豐沛之彭城，即彭祖始封之地，大彭之國雄爲五霸之一也。唐光化三年庚申五月，有三鶴飛來共巢於彭女觀檜樹之上，巢廣六尺。刺史司空張琳具狀聞於蜀主，西平王香燈致醮，營修觀宇。其夕神燈千炬，飛照林嶺。畫圖上奏，下詔褒美，仍編入《唐史》也。

采　女

傳　記

杜光庭《墉城集仙録》卷六　采女者，商王宮女也，少得養神之道，年二百七十餘，視之如十五六歲耳。初，王聞彭祖有道拜爲大夫，封之於

彭。每稱疾閑居不預政事，服雲母粉麋鹿角雲母水桂，常有少容，性沉靜，不自言有道。王詣問訊，竟莫之告，遺以珍玩，皆受以恤貧，乏略無所留。王於掖庭立華屋紫閣，飾以金玉使祖居之，令采女乘輜軿問道於彭祖。采女再拜，請問延年益壽之法，答曰：舉形登天上補仙官者，當服元君太一金丹白日昇天也。此道至大，非君王所爲。其次當愛精養神服食草藥，可以長生，但不能役使鬼神乘虛飛行耳。其次陰陽運炁導引屈伸，使百節炁行關機無滯，此可以無疾痛所侵，而後思神念眞坐忘練液，皆可以令人久壽。若二炁交接之道，泝流補腦之要，此甚難行，有懷棘履刃之危，又非王之所爲也。吾所聞淺薄道止於此，不足宣傳也。大宛中有青精先生千歲而色如童子，或終歲不食，或一日九餐，可以問其道也。采女曰：青精先生何仙也？答曰：此乃得道耳，非仙人也。仙者，或竦身入雲無翅而飛，或駕龍虎上造太階，或爲鳥獸浮遊青霄，或潛行江海翱翔名山，或服元氣，或茹芝英，或出入人間，或隱跡林莽，面生異骨體有奇毛，戀好深僻不交流俗者也。若以人之修身，當食甘珍服輕麗處官秩通陰陽，耳目聰明骨節堅強顏色神澤老而不衰，延年久視長在世間。寒濕風溫不能傷，鬼神衆精不能害，五兵百蟲不能中，憂喜毁譽不能累，此乃可貴耳。人生於世但養之得宜可至百二十歲，不及此者皆傷之也。大醉大飽大喜大怒大溫大寒大勞大極皆傷也，至樂至憂至畏至怖至撓至躁至奢至淫皆傷也，甚飢甚渴甚思甚慮亦傷也，久坐久立久卧久行亦傷也。寒溫得節，飢飽適宜，無思無爲，惟清惟靜，此可與言修身耳。已得其壽復養之得宜可二百四十歲四百八十歲，但莫傷之也。冬溫夏涼不失四時之和者，所以適身也，美色淑姿不至思欲之惑者，所以通神也，車服威儀知足不求者，所以一其志也，八音五色不至於耽溺者，所以遵心也。凡此之物本以養人，人之不能斟酌得中反以爲患，故聖賢垂戒懼下才溺之流遁忘返用之失所，故修道之士皆令禁之，欲以檢制之易也。故曰：上士別床，中士異被，服藥百裹不如獨卧。色使目盲，聲使耳聾，馨令鼻塞，欲致心蕩，味令口爽，苟能節宣得所，用之得宜，不減年壽必得其益。此者譬猶水火，用之過當反爲害耳。人不知經脉損傷，血氣不足，內理空疏，髓腦不實，體已先病，故爲外物所犯，因風寒酒色以發之耳。若本充實，豈有病耶。凡遠思羨願傷人，憂恚悲哀傷人，情樂過差傷人，忿怒不解傷人，汲汲所愛傷人，戚戚所患傷人，寒暖失節傷人，陰陽不交傷人，所傷者衆而獨責房室爲傷可謂惑矣。是以男女相成猶天地之相生也，所以導養神炁使人不失其和。夫天地晝離而夜合，一歲之中三百六十交，故四時均而萬物生，生生成成不知窮極，所以天不失其動，地不失其靜，氣不失其和，物不失其生，而能長久也。夫人不能法天地之常，而獨執一隅，單景孤形，減衣絶食，自取死病，愚之甚也。去此修攝節宣之外，則有服元和之炁，得其道則邪神不能入，此理身之本也。餘含景思神歷藏導引吞餌服御之事千七百餘條，及四時首向責己謝過卧起早晏之法，可以教初學之士，引進向善之門漸正其心，而徐息其罪咎，非便能致人得道也。若血脉枯竭神炁凋敗，豈思神念眞而能守之，固未知其益矣。此由愚人爲道而求其末，不務其本也。又內不養神外則勞形，元精漸虛神炁困竭，而晝夜伏勤誦讀經訣，此亦無益也。既久不蒙效，則怨道無驗，恨古人欺我，此又非也。我師云：節解韜形無爲九室諸經萬三千首，皆示以始涉之門庭耳。采女具受諸要以教王，王試爲之皆有驗。王行彭祖之道亦壽三百餘歲，但不能戒其妖淫耳。其後采女亦不知所之，蓋是得道者也。

河間王女

傳記

杜光庭《墉城集仙録》卷六　河間王女者，乃玄俗之妻也。玄俗得神仙之道來往河間已數百年，鄉人言常見之日中無影，唯餌巴豆雲母，亦賣之於都市，七丸二錢可愈百病。河間王有病買服之，下蛇十餘頭。問其病意，答言王之所病乃六世餘殃所致，非王所招也。王昔嘗放乳鹿，即麒麟母也，仁心感天固當遇我耳。王家老舍人云：常見父母說云玄俗日中無影，王召而視之果驗。王女幼絶葷血，淸靜好道，王以女妻之。居數年，與女俱入常山中，時有見者。

教史人物總部

早期道教部

呂　尚

傳　記

劉向《列仙傳》卷上　呂尙者，冀州人也。生而内智，預見存亡。避紂之亂，隱於遼東四十年。西適周，匿於南山，釣於磻溪，三年不獲魚。比閭皆曰：可已矣。尙曰：非爾所及也。已而果得《兵鈐》於魚腹中。文王夢得聖人，聞尙，遂載而歸。至武王伐紂，嘗作《陰謀》百餘篇。服澤芝地髓，具二百年而告亡。有難而不葬，後子伋葬之，無尸，唯有《玉鈐》六篇在棺中云。

《史記·齊太公世家》　太公望呂尙者，東海上人。其先祖嘗爲四岳，佐禹平水土甚有功。虞夏之際封於呂，或封於申，姓姜氏。夏商之時，申、呂或封枝庶子孫，或爲庶人，尙其後苗裔也。本姓姜氏，從其封姓，故曰呂尙。

呂尙蓋嘗窮困，年老矣，以漁釣奸周西伯。西伯將出獵，卜之，曰「所獲非龍非彲，非虎非羆；所獲霸王之輔」。於是周西伯獵，果遇太公於渭之陽，與語大說，曰：「自吾先君太公曰『當有聖人適周，周以興』。子眞是邪？吾太公望子久矣。」故號之曰「太公望」，載與俱歸，立爲師。

或曰，太公博聞，嘗事紂。紂無道，去之。游說諸侯，無所遇，而卒西歸周西伯。或曰，呂尙處士，隱海濱。周西伯拘羑里，散宜生、閎夭素知而招呂尙。呂尙亦曰「吾聞西伯賢，又善養老，盍往焉」。三人者爲西伯求美女奇物，獻之於紂，以贖西伯。西伯得以出，反國。言呂尙所以事周雖異，然要之爲文武師。

周西伯昌之脫羑里歸，與呂尙陰謀修德以傾商政，其事多兵權與奇計，故後世之言兵及周之陰權皆宗太公爲本謀。周西伯政平，及斷虞芮之訟，而詩人稱西伯受命曰文王。伐崇、密須、犬夷，大作豐邑。天下三分，其二歸周者，太公之謀計居多。

文王崩，武王即位。九年，欲修文王業，東伐以觀諸侯集否。師行，師尙父左仗黃鉞，右把白旄以誓，曰：「蒼兕蒼兕，總爾衆庶，與爾舟楫，後至者斬！」遂至盟津。諸侯不期而會者八百諸侯。諸侯皆曰：「紂可伐也。」武王曰：「未可。」還師，與太公作此太誓。

居二年，紂殺王子比干，囚箕子。武王將伐紂，卜，龜兆不吉，風雨暴至。羣公盡懼，唯太公彊之勸武王，武王於是遂行。十一年正月甲子，誓於牧野，伐商紂。紂師敗績。紂反走，登鹿台，遂追斬紂。明日，武王立於社，羣公奉明水，衛康叔封布采席，師尙父牽牲，史佚策祝，以告神討紂之罪。散鹿台之錢，發鉅橋之粟，以振貧民。封比干墓，釋箕子囚。遷九鼎，脩周政，與天下更始。師尙父謀居多。

於是武王已平商而王天下，封師尙父於齊營丘。東就國，道宿行遲。逆旅之人曰：「吾聞時難得而易失。客寢甚安，殆非就國者也。」太公聞之，夜衣而行，犂明至國。萊侯來伐，與之爭營丘。營丘邊萊。萊人，夷也，會紂之亂而周初定，未能集遠方，是以與太公爭國。

太公至國，脩政，因其俗，簡其禮，通商工之業，便魚鹽之利，而人民多歸齊，齊爲大國。及周成王少時，管蔡作亂，淮夷畔周，乃使召康公命太公曰：「東至海，西至河，南至穆陵，北至無棣，五侯九伯，實得征之。」齊由此得征伐，爲大國。都營丘。

蓋太公之卒百有餘年，子丁公呂伋立。丁公卒，子乙公得立。乙公卒，子癸公慈母立。癸公卒，子哀公不辰立。

太史公曰：吾適齊，自泰山屬之琅邪，北被於海，膏壤二千里，其民闊達多匿知，其天性也。以太公之聖，建國本，桓公之盛，修善政，以爲諸侯會盟，稱伯，不亦宜乎？洋洋哉，固大國之風也！太公佐周，實秉陰謀。既表東海，乃居營丘。小白致霸，九合諸侯。及溺内寵，釁鍾蟲流。莊公失德，崔杼作仇。陳氏專政，厚貨輕收。悼、簡遘禍，田、闞非儔。渢渢餘烈，一變何由？

老子

傳記

劉向《列仙傳》卷上　老子姓李，名耳，字伯陽，陳人也。生於殷時，爲周柱下史。好養精氣，貴接而不施。轉爲守藏史，積八十餘年，《史記》云二百餘年。時稱爲隱君子，謚曰聃。仲尼至周，見老子，知其聖人，乃師之。後周德衰，乃乘青牛車去。入大秦，過西關，關令尹喜待而迎之。知眞人也，乃強使著書，作《道德經》上下二卷。

紀事

《史記・老子韓非列傳》　老子者，楚苦縣厲鄉曲仁里人也，姓李氏，名耳，字聃，周守藏室之史也。

孔子適周，將問禮於老子。老子曰：「子所言者，其人與骨皆已朽矣，獨其言在耳。且君子得其時則駕，不得其時則蓬累而行。吾聞之，良賈深藏若虛，君子盛德容貌若愚。去子之驕氣與多欲，態色與淫志，是皆無益於子之身。吾所以告子，若是而已。」孔子去，謂弟子曰：「鳥，吾知其能飛；魚，吾知其能遊；獸，吾知其能走。走者可以爲罔，遊者可以爲綸，飛者可以爲矰。至於龍，吾不能知其乘風雲而上天。吾今日見老子，其猶龍邪！」

老子脩道德，其學以自隱無名爲務。居周久之，見周之衰，迺遂去。至關，關令尹喜曰：「子將隱矣，彊爲我著書。」於是老子乃著書上下篇，言道德之意五千餘言而去，莫知其所終。

或曰：老萊子亦楚人也，著書十五篇，言道家之用，與孔子同時云。

蓋老子百有六十餘歲，或言二百餘歲，以其脩道而養壽也。

自孔子死之後百二十九年，而史記周太史儋見秦獻公曰：「始秦與周合，合五百歲而離，離七十歲而霸王者出焉。」或曰儋即老子，或曰非也，世莫知其然否。老子，隱君子也。

老子之子名宗，宗爲魏將，封於段干。宗子注，注子宮，宮玄孫假，假仕於漢孝文帝。而假之子解爲膠西王卬太傅，因家于齊焉。

世之學老子者則絀儒學，儒學亦絀老子。「道不同不相爲謀」，豈謂是邪？李耳無爲自化，清靜自正。

雜録

《史記・老子韓非列傳》　太史公曰：老子所貴道，虛無，因應變化於無爲，故著書辭稱微妙難識。莊子散道德，放論，要亦歸之自然。申子卑卑，施之於名實。韓子引繩墨，切事情，明是非，其極慘礉少恩。皆原於道德之意，而老子深遠矣。

莊子

傳記

《史記・老子韓非列傳》　莊子者，蒙人也，名周。周嘗爲蒙漆園吏，與梁惠王、齊宣王同時。其學無所不闚，然其要本歸於老子之言。故其著書十餘萬言，大抵率寓言也。作《漁父》、《盜跖》、《胠篋》，以詆訿孔子之徒，以明老子之術。《畏累虛》、《亢桑子》之屬，皆空語無事實。然善屬書離辭，指事類情，用剽剝儒、墨，雖當世宿學不能自解免也。其言洸洋自恣以適己，故自王公大人不能器之。

楚威王聞莊周賢，使使厚幣迎之，許以爲相。莊周笑謂楚使者曰：「千金，重利；卿相，尊位也。子獨不見郊祭之犧牛乎？養食之數歲，衣以文繡，以入大廟。當是之時，雖欲爲孤豚，豈可得乎？子亟去，無汙我。我寧遊戲汙瀆之中自快，無爲有國者所羈，終身不仕，以快吾志焉。」

趙道一《歷世真仙體道通鑑》卷六《莊子》 莊子，宋人也。姓莊名周，字子休，生於睢陽蒙縣，學老氏之道。梁惠王時爲蒙縣漆園吏，以卑賤不肯仕。後得道，著書名《莊子》。《眞誥》云：莊子師長桑公子，受其微言，謂之莊子也。隱於抱犢山中，服北育火丹，白日昇天，補太極闈編郎。下注云：長桑即是扁鵲師，事見《魏傳》及《史記》。世人苟知莊生如此者，其書彌足可重矣。唐玄宗追號爲南華眞人，其書號《南華眞經》，宋徽宗封微妙元通眞君。

列子

傳記

趙道一《歷世真仙體道通鑑》卷六《列子》 列子，鄭人也，姓列名禦寇。問道於關尹子，復師壺丘子林，又師老商氏，友伯高子進，二子之道，九年之後能御風雨行。弟子嚴恢問曰：所謂問道者，爲富乎？列子曰：桀紂爲輕道而重利，是以亡。嘗隱居鄭圃四十年，人無知者。得道之後，著書名《列子》，見行世。唐玄宗追號爲沖虛眞人，其書號《沖虛眞經》，宋徽宗封致虛觀妙眞君。

范蠡

傳記

劉向《列仙傳》卷上 范蠡字少伯，徐人也。事周，師太公望。好服桂飲水，爲越大夫，佐勾踐破吳。後乘輕舟入海，變名姓，適齊，爲鴟夷子。更後百餘年，見於陶，爲陶朱君。財累億萬，號陶朱公。後棄之，蘭陵賣藥，後人世世識見之。

雜録

《史記·貨殖列傳》 昔者越王句踐困於會稽之上，乃用范蠡、計然。計然曰：「知鬥則修備，時用則知物，二者形則萬貨之情可得而觀已。故歲在金，穰；水，毁；木，饑；火，旱。旱則資舟，水則資車，物之理也。六歲穰，六歲旱，十二歲一大饑。夫糶，二十病農，九十病末。末病則財不出，農病則草不辟矣。上不過八十，下不減三十，則農末俱利，平糶齊物，關市不乏，治國之道也。積著之理，務完物，無息幣。以物相貿易，腐敗而食之貨勿留，無敢居貴。論其有餘不足，則知貴賤。貴上極則反賤，賤下極則反貴。貴出如糞土，賤取如珠玉。財幣欲其行如流水。」修之十年，國富，厚賂戰士，士赴矢石，如渴得飲，遂報彊吳，觀兵中國，稱號「五霸」。

范蠡既雪會稽之恥，乃喟然而歎曰：「計然之策七，越用其五而得意。既已施於國，吾欲用之家。」乃乘扁舟浮於江湖，變名易姓，適齊爲鴟夷子皮，之陶爲硃公。硃公以爲陶天下之中，諸侯四通，貨物所交易也。乃治產積居。與時逐而不責於人。故善治生者，能擇人而任時。十九年之中三致千金，再分散與貧交疏昆弟。此所謂富好行其德者也。後年衰老而聽子孫，子孫脩業而息之，遂至巨萬。故言富者皆稱陶硃公。

趙道一《歷世真仙體道通鑑》卷三《范蠡》 李元膺記范蠡學道於麗元山，屬彭州。《二十四化志》云：范蠡於北邙山得仙。

徐福 徐市

傳記

《史記・秦始皇本紀》 既已，齊人徐市等上書，言海中有三神山，名曰蓬萊、方丈、瀛洲，仙人居之。請得齋戒，與童男女求之。於是遣徐市發童男女數千人，入海求仙人。【略】還過吳，從江乘渡。並海上，北至琅邪。方士徐市等入海求神藥，數歲不得，費多，恐譴，乃詐曰：「蓬萊藥可得，然常爲大鮫魚所苦，故不得至，原請善射與俱，見則以連弩射之。」始皇夢與海神戰，如人狀。問占夢，博士曰：「水神不可見，以大魚蛟龍爲候。今上禱祠備謹，而有此惡神，當除去，而善神可致。」乃令入海者齎捕巨魚具，而自以連弩候大魚出射之。自琅邪北至榮成山，弗見。至之罘，見巨魚，射殺一魚。遂並海西。

趙道一《歷世真仙體道通鑑》卷六《徐福》 徐福字君房，不知何許人也。秦始皇時，大宛中多枉死者橫道，數有鳥如烏狀，啣草覆死人面，皆登時而活。持草以問北郭鬼谷先生，而云：祖洲上養神芝。始皇乃謂可索得，因訪求精誠，得道士徐福。發童男童女各五百人，率樓船等入海尋祖洲，不返，不知所在。逮沈羲得道，黃老遣福爲使者，乘白虎車來迎。由是後人知福得道。《仙傳拾遺》云：唐開元中，有士人患半身枯黑，御醫張上客等不能活其人，聚族言曰：形體如是，寧可久全，聞大海中有神仙，正當求仙方可愈疾。宗族留之，不可，因與侍者齎糧至登州大海側，遇空舟，乃賫所攜，挂帆隨風可行。十餘日，近一孤島，上有數百人，如朝謁狀。須臾至岸，岸側有婦人洗藥，問彼皆何者，婦人指云：中心床坐鬚髮白者，徐君也。又問徐君是誰，婦人云：君知秦始皇時徐福耶？曰：知之。曰：此則是也。頃之，衆各散去。士人遂登岸致謁，具語始末，求其醫理。徐君曰：汝之疾，遇我即生。初以粢飯哺之，器物皆奇小。士人嫌其薄，徐君曰：能盡此爲佳飡也，但恐不盡爾。士人連啖如數甌物，至飽而竭。復以一小器盛酒，飲之至醉。翌日，又以黑藥數丸與食，利黑汁數斗，其病乃愈。士人求住奉事，徐君云：爾有祿位，未宜即留，當以東風相送，毋愁歸路遠也。復與黃藥一袋，云：此藥善治一切病，還遇疾者，可以刀圭飲之。士人還，數日至登州。以藥奏聞，時玄宗令有疾者服之，皆愈。

徐市 見徐福

河上公

傳記

葛洪《神仙傳》卷八《河上公》 莫知其姓名也。漢孝文帝時，結草爲庵於河之濱，常讀老子《道德經》。時文帝好老子之道，詔命諸王公大臣州牧在朝卿士，皆令誦之。不通老子經者，不得陞朝。帝於經中有疑義，人莫能通。侍郎裴楷奏云：陝州河上，有人誦《老子》。即遣詔使賫所疑義問之。公曰：道尊德貴，非可遙問也。帝即駕幸詣之。公在庵中不出，帝使人謂之曰：溥天之下，莫非王土。率土之濱，莫非王民。域中四大，而王居其一。子雖有道，猶朕民也，不能自屈，何乃高乎。朕能使民富貴貧賤。須臾，公即拊掌坐躍，冉冉在空虛之中，去地百餘尺，而止於虛空。良久，俛而答曰：余上不至天，中不累人，下不居地，何民之有焉？君宜能令余富貴貧賤乎？帝大驚，悟知是神人，方下輦稽首禮謝曰：朕以不能忝承先業，才小任大，憂於不堪。而志奉道德，直以暗昧，多所不了。惟願道君垂愍，有以教之。河上公即授素書《老子道德章句》二卷，謂帝曰：熟研究之，所疑自解。余著此經以來，千七百餘年，凡傳三人，連子四矣。勿示非人。帝即拜跪受經。言畢失公所在。遂於西山築臺望之，不復見矣。論者以爲文帝雖耽尚大道，而心未純信，故示神變以悟帝，意欲成其道。時人因號河上公。

趙道一《歷世真仙體道通鑑》卷一二《河上公》 今有河上公廟在陝府之北，并文帝望仙臺遺迹存焉。

雜録

趙道一《歷世真仙體道通鑑》卷一二《河上公》 河上公結廬於河上，淡然不謀，泊然無爲，其出有入無，隱顯聖凡，非一日矣。《道德經》曰：道之尊，德之貴，夫莫之爵而常自然。是誠河上公也。一旦漢文帝聞其有道，親駕詣之，河上公乃授素書老子章句二卷。厥後文帝以恭儉化天下，後世議者謂漢文帝有三代之風，豈非河上公道德之化邪。

李少君

傳記

葛洪《神仙傳》卷六《李少君》 字雲翼，齊國臨淄人也。少好道，入泰山採藥，修絶穀遁世全身之術。道未成而疾，困於山林中。遇安期先生經過，見少君。少君叩頭求乞活。安期愍其有至心，而被病當死，乃以神樓散一匕與服之，即起。少君於是求隨安期，奉給奴役使任，師事之。安期將少君東至赤城，南至羅浮，北至大垣，西游玉門，周流五嶽，觀看江山。如此數十年。安期一旦語之：我被玄洲召，即日當去。汝未應隨我至彼，今當相捨去也。復六百年，當迎汝於此。因授神丹鑪火、飛雪之方，誓約口訣。畢，須臾，有乘龍虎導引數百人，迎安期。安期乘羽車而昇天也。少君於是還，齋戒，賣於市，商估六國。或時爲吏，或作師醫治病，或時煦賃。易姓改名，遊行處所，莫知其有道。逮漢武帝之時，聞帝招募方士，特敬道術，而先貧不辦合大藥，喟然長歎，語弟子曰：老將至矣，死將近矣，而財不足用。躬耕力作，商估求錢，必不致辦合藥。又吾亦羸拙於斯事也。聞天子好道，請欲見之，求爲合丹，可得恣意，無求不得。天子中成者成之，不中教者便捨去。吾在世上已五百餘年，而不爲一權者，必不免於蟲蟻之糧矣。乃以方上武帝，言臣能凝汞成白銀，飛丹砂成黄金。金成服之，白日昇天，神仙無窮，身生朱陽之羽，體備圓光之翼，竦則淩天，伏入無間，控飛龍而八遐已遍，駕白鴻而九陔立周。冥海之棗大如瓜，鍾山之李大如瓶，臣已食之。逮先師安期先生授臣口訣，是以保黄物之可成也。於是引見，甚尊敬之。賜遺無數，爲立屋地。武帝自謂：必能使我度世者。少君嘗從武安侯飲酒，坐中有老人，年九十餘。少君言與其祖父遊射處，老人爲小兒時，從其祖父，識有此人。一座盡驚。少君見武帝有故銅器，少君望而識之曰：昔齊桓公嘗陳此器於栢寢。帝按其刻，果齊桓公器。乃知少君數百歲人也。然視之常時年五十許人。面色甚好，肌膚悦澤，尤有光華。眉目口齒，似十五童子。諸侯王貴人聞其能令人不死，老更少壯，饋遺之金錢無限。乃密作神丹。丹成未服，又就帝求五帝六甲左右霧飛之書，凡十二事。帝以元封四年七月，以書授少君。到元封六年九月，少君稱疾，上表云：陛下思心玄妙，志甄長生，於是招訪道術，無遠不至。精誠感神，天神斯降。自非宿命所適，孰能偕合。然丹方禁重，宜絶臭腥。法養物仁，克仙蠢動。而陛下不能絶奢侈，遠聲色，殺伐不止，喜怒不除。萬里有不歸之魂，市朝有流血之刑。神丹大道，未可得成。而臣疾與年偕，今者虚療，又不獲躬親齋戒，預睹彭祖丹砂之變，於此邈矣。先師安期先生昔所賜金丹之方，信而有徵。若按節度，奉法戒，爾乃可備用之焉。若鬱砂虹飛，玄朱九轉，剖六二而流精奪日，探霜雪而月光風卷。徘徊丹霞，騰沸龍虎。投鉛錫而黄金克成，刀圭入喉而凋氣立反。爾乃駕神虬以上昇，騁雲車以涉遠。當驗此方之神，將明小臣之不妄矣。乃以小丹方與帝，而稱疾，固非大丹方也。其夜，武帝夢與少君俱上嵩高山，半道有繡衣使者，乘龍持節從雲中下，言：太一請少君。武帝覺，即遣使者問少君消息。且告近臣曰：如朕夢，少君將捨朕去矣。明日少君臨病困，武帝自往視，並使左右人受其方書。未竟而少君絶。武帝流涕曰：少君不死也，故作此而去。既斂之，忽失其所在。中表衣帶不解，如蟬蜺也。於是爲殯其衣物。百餘日，行人有見少君在河東蒲坂市者，乘青騾。帝聞之，使發其棺，棺中無所復有，釘亦不脫，唯餘履在耳。武帝殊益懊恨求少君之不勤也。明年栢梁臺火燒，失諸祕書妙文也。初少君與朝議郎董仲相親，見仲宿有固疾，體枯氣少，乃與其成藥二劑，並其方一篇，用戊巳之草，后土脂精，良獸沉肪，先莠之根。右卉華體。龍啣之草，亥月上旬，合煎銅鼎。童男童女，服盡一劑，身體便輕。服盡三劑，齒落更生。服盡五劑，命不復傾。仲爲人剛直，博學五經，然不達道術，常笑人服藥學道。數上書諫武帝，以爲人生有命，衰老有常，非道術所能延益。雖見其有異，以爲天性，非術所致。得其藥竟不服，又不解從問其方，爲藏去之而已。少君去後數月，仲病甚矣。又武帝數道其夢，恨惜之。仲乃憶所得少君藥，試取服之，未半，能行，身體輕壯，所苦了愈。藥盡，氣力如三十時。乃更信世間有不死之道。即以去官，行求道士，問以方意，悉不能曉。然白髮皆還黑，形容甚盛。後八十餘乃死，臨死謂子道生曰：我得少君神方，我不信事，後得力無能解之，懷恨黄泉。汝後可行求術人，問解之者。若長服此藥，必度世也。道生感父遺言，遂不肯仕，周旋天下，求解此方。到江夏，遇博澤先生。先生曰：此乃非神丹金玉也，可使人得數百年而已耳。乃具爲說解其方意，所用物眞名。道生合藥，服之，得壽三百七十歲。入雞頭山中，不知竟得道不。同時卓元成、張子仁、吳士耳、蔡子盛、魏仲明、張遠達服之，或得三百歲，或得五百歲，皆至死不病不傴，面不皺理，齒不落，髮不白，房屋不廢。此蓋少君凡弊方耳，猶使人如此，況其上方邪。少君當去時，密以六甲左右靈飛術十二事傳東郭延，以神丹飛玄之方授少君鄉里人蒯子順者。此二人後學道，並得仙。少君又授子訓崑崙神州眞形也。

趙道一《歷世眞仙體道通鑑》卷六《李少君》 李少君，字雲翼，好道，入泰山採藥，修絕穀全身之術。遇安期生，少君疾困，叩頭乞活，安期生以神樓散一匕與服之，即愈。漢武帝初，至雍郊，見五時，後常三歲一郊。是時少君以祠竈辟穀却老方見上，常自謂七十，能使物却老。上方故銅器，問少君，對曰：此器齊桓公十年陳於栢寢。已而按其刻，果齊桓公器，一宮盡駭，以少君神，數百歲人也。少君言上：祠竈皆可致物，而丹砂可化爲黄金。黄金成，可以爲飲食器，則益壽。益壽而蓬萊仙乃可見，以封禪則不死，黄帝是也。臣嘗遊海上，見安期生。安期生食臣棗，大如瓜。於是天子始祠竈，遣方士入海求蓬萊安期生之屬。一云少君上言：臣能凝汞成銀，飛丹砂成黄金，服之白日昇天，身竦則淩空，伏入無間，控飛龍而八遐徧，乘白鴻而九垓周。溟海之棗大如瓜，鍾山之李大如缾。臣食之，遂生奇光。師安期，授臣口訣，是以保萬物之可成也。於是上甚尊敬，爲立屋第。抱朴子曰：按董仲舒所撰《李少君家傳》云：少君有不死之方，而家貧無有市以藥物，故出於幕，以假途見錢，道成而去。又按漢《楚中起居注》云：少君將去也，武帝夢與之共登嵩山，逢繡衣使者乘龍自雲中下云：太一請少君。帝覺，語左右曰：如我夢，少君捨我去也，數日而少君病死，入棺，帝令發棺，無尸，獨衣冠在焉。

東方朔

傳記

劉向《列仙傳》卷下 東方朔者，平原厭次人也。久在吳中，爲書師數十年。武帝時上書說便宜，拜爲郎。至昭帝時，時人或謂聖人，或謂凡人。作深淺顯默之行，或忠言，或詼語，莫知其旨。至宣帝初，棄郎以避亂世，置幘官舍，風飄之而去。後見於會稽，賣藥五湖。智者疑其歲星精也。

《漢書·東方朔傳》 東方朔字曼倩，平原厭次人也。武帝初即位，征天下舉方正賢良文學材力之士，待以不次之位，四方士多上書言得失，自衒鬻者以千數，其不足采者輒報聞罷。朔初來，上書曰：「臣朔少失父母，長養兄嫂。年十三學書，三冬文史足用。十五學擊劍。十六學《詩》、《書》，誦二十二萬言。十九學孫、吳兵法，戰陣之具，鉦鼓之教，亦誦二十二萬言。凡臣朔固已誦四十四萬言。又常服子路之言。臣朔年二十二，長九尺三寸，目若懸珠，齒若編貝，勇若孟賁，捷若慶忌，廉若鮑叔，信若尾生。若此，可以爲天子大臣矣。臣朔昧死再拜以聞。」朔文辭不遜，高自稱譽，上偉之，令待詔公車，奉祿薄，未得省見。

久之，朔紿騶朱儒，曰：「上以若曹無益于縣官，耕田力作固不及人，臨衆處官不能治民，從軍擊虜不任兵事，無益于國用，徒索衣食，今欲盡殺若曹。」侏儒大恐，啼泣。朔敎曰：「上即過，叩頭請罪。」居有頃，聞上過，朱儒皆號泣頓首。上問：「何爲？」對曰：「東方朔言上欲盡誅臣等。」上知朔多端，召問朔：「何恐朱儒爲？」對曰：「臣朔生亦言，死亦言。朱儒長三尺餘，奉一囊粟，錢二百四十。臣朔長九尺餘，亦奉一囊粟，錢二百四十。朱儒飽欲死，臣朔饑欲死。臣言可用，幸異其禮；不可用，罷之，無令但索長安米。」上大笑，因使待詔金馬門，稍得親近。

上嘗使諸數家射覆，置守宮盂下，射之，皆不能中。朔自贊曰：「臣嘗受《易》，請射之。」乃別著布卦而對曰：「臣以爲龍又無角，謂之爲蛇又有足，跂跂脈脈善緣壁，是非守宮即蜥蜴。」上曰：「善。」賜帛十匹。複使射他物，連中，輒賜帛。

時，有幸倡郭舍人，滑稽不窮，常侍左右，曰：「朔狂，幸中耳，非至數也。臣願令朔複射，朔中之，臣榜百，不能中，臣賜帛。」乃覆樹上寄生，令朔射之。朔曰：「是寠藪也。」舍人曰：「果知朔不能中也。」朔曰：「生肉爲膾，乾肉爲脯；著樹爲寄生，盆下爲寠藪。」上令倡監榜舍人，舍人不勝痛，呼謈。朔笑之曰：「咄！口無毛，聲謷謷，尻益高。」舍人恚曰：「朔擅詆欺天子從官，當棄市。」上問朔：「何故詆之？」對曰：「臣非敢詆之，乃與爲隱耳。」上曰：「隱云何？」朔曰：「夫口無毛者，狗竇也；聲謷謷者，鳥哺𣪊也；尻益高者，鶴俯啄也。」舍人不服，因曰：「臣願復問朔隱語，不知，亦當榜。」即妄爲諧語曰：「令壺齟，老柏塗，伊優亞，狋吽牙。何謂也？」朔曰：「令者，命也。壺者，所以盛也。齟者，齒不正也。老者，人所敬也。柏者，鬼之廷也。塗者，漸洳徑也。伊優亞者，辭未定也。狋吽牙者，兩犬爭也。」舍人所問，朔應聲輒對，變詐鋒出，莫能窮者，左右大驚。上以朔爲常侍郎，遂得愛幸。

久之，伏日，詔賜從官肉。大官丞日晏不來，朔獨拔劍割肉，謂其同官曰：「伏日當蚤歸，請受賜。」即懷肉去。大官奏之。朔入，上曰：「昨賜肉，不待詔，以劍割肉而去之，何也？」朔免冠謝。上曰：「先生起，自責也！」朔再拜曰：「朔來！朔來！受賜不待詔，何無禮也！拔劍割肉，一何壯也！割之不多，又何廉也！歸遺細君，又何仁也！」上笑曰：「使先生自責，乃反自譽！」復賜酒一石，肉百斤，歸遺細君。

【略】

久之，隆慮公主子昭平君尙帝女夷安公主，隆慮主病困，以金千斤、錢千萬爲昭平君豫贖死罪，上許之。隆慮主卒，昭平君日驕，醉殺主傅，獄繫內官。以公主子，廷尉上請請論。左右人人爲言：「前又入贖，陛下許之。」上曰：「吾弟老有是一子，死以屬我。」於是爲之垂涕歎息良久，曰：「法令者，先帝所造也，用弟故而誣先帝之法，吾何面目入高廟乎！又下負萬民。」乃可其奏，哀不能自止，左右盡悲。朔前上壽，曰：「臣聞聖王爲政，賞不避仇讎，誅不擇骨肉。《書》曰：『不偏不黨，王道蕩蕩。』此二者，五帝所重，三王所難也。陛下行之，是以四海之內元元之民各得其所，天下幸甚！臣朔奉觴，昧死再拜上萬歲壽。」上乃起，入省中，夕時召讓朔，曰：「傳曰『時然後言，人不厭其言』。今先生上壽，時乎？」朔免冠頓首曰：「臣聞樂太盛則陽溢，哀太盛則陰損，陰陽變則心氣動，心氣動則精神散，精神散而邪氣及。銷憂者莫若酒，臣朔所以上壽者，明陛下正而不阿，因以止哀也。愚不知忌諱，當死。」先是，朔嘗醉入殿中，小遺殿上，劾不敬。有詔免爲庶人，待詔宦者署。因此對復爲中郎，賜帛百匹。

【略】

時天下侈靡趨末，百姓多離農畝。上從容問朔：「吾欲化民，豈有道乎？」朔對曰：「堯、舜、禹、湯、文、武、成、康上古之事，經歷數千載，尙難言也，臣不敢陳。願近述孝文皇帝之時，當世耆老皆聞見之。貴爲天子，富有四海，身衣弋綈，足履革舃，以韋帶劍，莞蒲爲席，兵木無刃，衣縕無文，集上書囊以爲殿帷；以道德爲麗，以仁義爲準。於是天下望風成俗，昭然化之。今陛下以城中爲小，圖起建章，左鳳闕，右神明，號稱千門萬戶；木土衣綺繡，狗馬被繢罽；宮人簪瑇瑁，垂珠璣；設戲車，教馳逐，飾文采，叢珍怪；撞萬石之鐘，擊雷霆之鼓，作俳優，舞鄭女。上爲淫侈如此，而欲使民獨不奢侈失農，事之難者也。陛下誠能用臣朔之計，推甲乙之帳燔之於四通之衢，卻走馬示不復用，則堯、舜之隆宜可與比治矣。《易》曰：『正其本，萬事理；失之豪氂，差以千里。』願陛下留意察之。

朔雖詼笑，然時觀察顔色，直言切諫，上常用之。自公卿在位，朔皆敖弄，無所爲屈。

上以朔口諧辭給，好作問之。嘗問朔曰：「先生視朕何如主也？」朔對曰：「自唐、虞之隆，成、康之際，未足以諭當世。臣伏觀陛下功德，陳五帝之上，在三王之右。非若此而已，誠得天下賢士，公卿在位咸得其人矣。譬若以周、邵爲丞相，孔丘爲御史大夫，太公爲將軍，畢公高拾遺於後，弁嚴子爲衛尉，皋陶爲大理，后稷爲司農，伊尹爲少府，子贛使外國，顔、閔爲博士，子夏爲太常，益爲右扶風，季路爲執金吾，契爲鴻臚，龍逢爲宗正，伯夷爲京兆，管仲爲馮翊，魯般爲將作，仲山甫爲光祿，申伯爲太僕，延陵季子爲水衡，百里奚爲典屬國，柳下惠爲大長秋，史魚爲司直，蘧伯玉爲太傅，孔父爲詹事，孫叔敖爲諸侯相，子產爲郡守，王慶忌爲期門，夏育爲鼎官，羿爲旄頭，宋萬爲式道候。」上乃大笑。

是時，朝廷多賢材，上復問朔：「方今公孫丞相，兒大夫、董仲舒、夏侯始昌、司馬相如、吾丘壽王、主父偃、朱買臣、嚴助、汲黯、膠倉、終軍、嚴安、徐樂、司馬遷之倫，皆辯知閎達，溢于文辭，先生自視，何與比哉？」朔對曰：「臣觀其臿齒牙，樹頰胲，吐脣吻，擢項頤，結股腳，連脽尻，遺蛇其跡，行步偊旅，臣朔雖不肖，尚兼此數子者。」朔之進對澹辭，皆此類也。」

武帝既招英俊，程其器能，用之如不及。時方外事胡、越，內興制度，國家多事，自公孫弘以下至司馬遷，皆奉使方外，或爲郡國守相至公卿，而朔嘗至太中大夫，後常爲郎，與枚皋、郭舍人俱在左右，詼啁而已。久之，朔上書陳農戰強國之計，因自訟獨不得大官，欲求試用。其言專商鞅、韓非之語也，指意放蕩，頗復詼諧，辭數萬言，終不見用。朔因著論，設客難己，用位卑以自慰諭。其辭曰：

客難東方朔曰：「蘇秦、張儀一當萬乘之主，而都卿相之位，澤及後世。今子大夫修先王之術，慕聖人之義，諷誦《詩》、《書》百家之言，不可勝數，著於竹帛，脣腐齒落，服膺而不釋，好學樂道之效，明白甚矣；自以智能海內無雙，則可謂博聞辯智矣。然悉力盡忠以事聖帝，曠日持久，官不過侍郎，位不過執戟，意者尚有遺行邪？同胞之徒無所容居，其故何也？」

東方先生喟然長息，仰而應之曰：「是固非子之所能備也。彼一時也，此一時也，豈可同哉？夫蘇秦、張儀之時，周室大壞，諸侯不朝，力政爭權，相禽以兵，並爲十二國，未有雌雄，得士者強，失士者亡，故談說行焉。身處尊位，珍寶充內，外有廪倉，澤及後世，子孫長享。今則不然。聖帝流德，天下震懾，諸侯賓服，連四海之外以爲帶，安於覆盂，動猶運之掌，賢不肖何以異哉？遵天之道，順地之理，物無不得其所；故綏之則安，動之則苦；尊之則爲將，卑之則爲虜；抗之則在青雲之上，抑之則在深泉之下；用之則爲虎，不用則爲鼠；雖欲盡節效情，安知前後？夫天地之大，士民之衆，竭精談說，並進輻湊者不可勝數，悉力募之，困於衣食，或失門戶。使蘇秦、張儀與僕並生於今之世，曾不得掌故，安敢望常侍郎乎？故曰時異事異。

「雖然，安可以不務修身乎哉！《詩》云：『鼓鐘于宮，聲聞於外。』『鶴鳴于九皋，聲聞於天。』苟能修身，何患不榮！太公體行仁義，七十有二乃設用于文、武，得信厥說，封于齊，七百歲而不絕。此士所以日夜孳孳，敏行而不敢怠也。辟若鶺鴒，飛且鳴矣。傳曰：『天不爲人之惡寒而輟其冬，地不爲人之惡險而輟其廣，君子不爲小人之匈匈而易其行。』『天有常度，地有常形，君子有常行；君子道其常，小人計其功。』《詩》云：『禮義之不愆，何恤人之言？』故曰：『水至清則無魚，人至察則無徒。冕而前旒，所以蔽明；黈纊充耳，所以塞聰。』明有所不見，聰有所不聞，舉大德，赦小過，無求備於一人之義也。枉而直之，使自得之；優而柔之，使自求之；揆而度之，使自索之。」蓋聖人教化如此，欲自得之；自得之，則敏且廣矣。

「今世之處士，魁然無徒，廓然獨居，上觀許由，下察接輿，計同范蠡，忠合子胥，天下和平，與義相扶，寡耦少徒，固其宜也，子何疑於我哉？若夫燕之用樂毅，秦之任李斯，酈食其之下齊，說行如流，曲從如環，所欲必得，功若丘山，海內定，國家安，是遇其時也，子又何怪之邪？語曰『以管窺天，以蠡測海，以莛撞鐘』，豈能通其條貫，考其文理，發其音聲哉！繇是觀之，譬猶鼱鼩之襲狗，孤豚之咋虎，至則靡耳，何功之有？今以下愚而非處士，雖欲勿困，固不得已，此適足以明其不知權變而終或于大道也。」

【略】

贊曰：劉向言少時數問長老賢人通于事及朔時者，皆曰朔口諧倡辯，不能持論，喜爲庸人誦說，故令後世多傳聞者。而楊雄亦以爲朔言不純師，行不純德，其流風遺書蔑如也。然朔名過實者，以其詼達多端，不名一行，應諧似優，不窮似智，正諫似直，穢德似隱。非夷、齊而是柳下惠，戒其子以上容：「首陽爲拙，柱下爲工；飽食安步，以仕易農；依隱玩世，詭時不逢」。其滑稽之雄乎！朔之詼諧，逢占射覆，其事浮淺，行於衆庶，童兒牧豎莫不眩耀。而後世好事者因取奇言怪語附著之朔，故詳錄焉。

董仲君

傳記

李昉《太平廣記》卷七一《道術一·董仲君》 漢武帝嬖李夫人。及夫人死後，帝欲見之，乃詔董仲君與之語曰：朕思李氏，其可得見乎。仲君曰：可遠見而不可同於帷席。帝曰：一見足矣，可致之。仲君曰：黑河之北，有對野之都也。出潛英之石，其色青，質輕如毛羽。寒盛則石溫，夏盛則石冷。刻之爲人像，神語不異眞人。使此石像往，則夫人至矣。此石人能傳譯人語，有聲無氣，故知神異也。帝曰：此石可得乎。仲君曰：願得樓船百艘，巨力千人。能浮水登木者，皆使明於道術。賫不死之藥，乃至闇海。經十年而還。昔之去人，或升雲不歸，或托形假死，獲反者四五人。得此石，即令工人，依先圖刻作李夫人形。俄而成，置於輕紗幕中，婉若生時。帝大悅，問仲君曰：可得近乎。仲君曰：譬如中宵忽夢，而晝可得親近乎。此石毒，特宜近望，不可迫也。勿輕萬乘之尊，惑此精魅也。帝乃從其諫。見夫人畢，仲君使人舂此石人爲九段，不復思夢。乃築夢靈臺，時祀之。出王子年拾遺記

劉安 淮南王

傳記

葛洪《神仙傳》卷六《淮南王》 淮南王安，好神仙之道，海內方士從其游者多矣。一旦，有八公詣之，容狀衰老，枯槁傴僂。閽者謂之曰：王之所好，神仙度世長生久視之道，必須有異於人，王乃禮接，今公衰老如此，非王所宜見也。拒之數四。公求見不已，閽者對如初。八公曰：王以我衰老，不欲相見，却致年少，又何難哉。於是振衣整容，立成童幼之狀。閽者驚而引進。王倒屣而迎之，設禮稱弟子曰：高仙遠降，何以教寡人。問其姓氏，答曰：我等之名，所謂文五常、武七德、枝百英、壽千齡、葉萬椿、鳴九皋、修三田、岑一峰也。各能吹噓風雨，震動雷電，傾天駭地。迴日駐流，役使鬼神。鞭撻魔魅，出入水火，移易山川，變化之事，無所不能也。時王之小臣伍被，曾有過，恐王誅之，心不自安，詣闕告變，證安必反。武帝疑之，詔大宗正持節淮南，以案其事。宗正未至，八公謂王曰：伍被人臣，而誣其主，天必誅之。王可去矣，此亦天遣王耳。君無此事，日復一日，人間豈可捨哉。乃取鼎煮藥，使王服之，骨肉近三百餘人，同日昇天。雞犬舐藥器者，亦同飛去。八公與王，駐馬於山石上，但留人馬蹤跡，不知所在。宗正以此事奏帝，帝大懊恨，命誅伍被，自此廣招方士，亦求度世之藥，竟不得。其後，王母降時，授仙經，密賜靈方，得尸解之道，由是茂陵玉箱金杖丹出人間，抱犢道經見於山洞，亦視示武帝不死之跡耳。

趙道一《歷世眞仙體道通鑑》卷五《劉安》 淮南王劉安，漢高皇帝之孫。好儒學、方技，作《內書》二十一篇，又著《鴻寶萬年》三卷，論變化之道。有八公往詣之，門吏自以意難問之曰：王上欲得延年却期不老之道，中欲得博物洽聞、精義入微之大儒，下欲得勇敢武力扛鼎、暴死横行之壯士。今先生皆耆老矣，自無註書之術、賁育之氣，豈能究三墳五

典，八索九丘，鈎深致遠，窮理盡性乎。三者并乏，不敢相通。公笑曰：聞王欽賢好士，吐握不倦，苟有一介，莫不畢至。古人貴九九之學，養鳴吠之士，誠欲市馬骨以致騏驥，師郭生以招羣彥。吾等雖鄙，不合所求，故遠致身，欲一見王，就令無益，亦不爲損，云何限之逆見嫌擇？若王必欲見少年則謂之有道，見垂白則謂之庸人，恐非發石取玉，探淵索珠之謂也。薄吾等老，謹以少矣。言畢，八公變爲十五歲童子，露髻青鬢，色如桃花。於是門吏驚悚，馳走白王。王聞之，不及履，即徒跣出迎，以登思仙之臺，列錦綺之帷，設象牙之床，燔百和之香，進金玉之几，穿弟子之履，北面拱手而言曰：安以凡才，少好道德。羈鎖世業，沉淪流俗，不能遺累，放逸山林。然夙夜飢渴，思願神明，沐浴垢穢，誠革浮薄，抱情不暢，邈若雲泥，不圖厚幸。道君降屈，是安祿命當蒙拔擢。喜懼屏營，不知所措，惟乞道君哀而教之，則螟蛉假翼去地飛矣。八公便已成老人矣，告王曰：雖復淺識，且備先學，知王好道，故來相從。不知意何所欲，吾一人能坐致風雨，立起雲霧，畫地爲江河，撮土爲山岳。一人能崩高塞淵，牧虎豹，致龍蛇，役神鬼。一人能分形易貌，坐在立亡，隱蔽三軍，白日盡暝。一人能乘虛步空，起海淩煙，出入無間，呼吸千里。一人能入火不焦，入水不濡，刃之不傷，射之不中，冬凍不寒，夏暑不汗。一人能千變萬化，恣意所爲，禽獸草木立成，轉徙山川陵岳。一人能防災度厄，辟邪却害，延年壽，長生久視。一人能煎泥成金，鍛鉛爲銀，水煉八石，飛騰流珠，乘龍駕雲，浮游太清，任王所欲。安於是旦夕朝拜，身進果酒，先乞試之，變化風雨雲霧，無不有效。遂授丹經及三十六水銀等方，藥成未服。而安有子名遷，好劍，自謂莫及也。郎中雷被與戲，而被誤中於遷，遷怒，被乃求擊匈奴以贖罪。安不聽，被懼爲遷所殺，乃上書於天子。是時漢法，諸侯壅閼奮擊匈奴者，罪死。安當誅，武帝素敬重安，但削其二縣。雷被與伍被素親，伍被亦以奸私得罪於安，安怒之而未發，被恐誅，乃誣告安謀反。天子使宗正持節治安，八公告安曰：可以去矣，此乃天所以發遣王，願王勿疑。乃與安登山大祭，埋金於地，即白日昇天。八公與安所踐石上皆陷，於今人馬之迹存焉。八公告安曰：雖復天使有此，然伍被爲臣誣告君父，夫有神仙之籍者，人謀之者死，犯之者滅，被今當受誅也。於是宗正既至，失安所在。推問，云：王仙去矣。天子聞之悵然，乃諷使廷尉張湯奏伍被爲安畫謀反計，遂族誅二被，如八公言矣。漢史祕之，不欲言神仙之事，恐後世人主常廢棄萬機，以求不死，故言安自殺。一云王同八公昇天，乃棄置藥鼎，鷄犬舐之，并得輕舉，鷄鳴雲中，犬吠天上。一云安得鴻寶萬年之術仙去，位太極眞人。

紀事

《漢書·淮南衡山濟北王傳》 淮南王安爲人好書，鼓琴，不喜弋獵狗馬馳騁，亦欲以行陰德拊循百姓，流名譽。招致賓客方術之士數千人，作爲內書二十一篇，外書甚衆，又有中篇八卷，言神仙黃白之術，亦二十餘萬言。時武帝方好藝文，以安屬爲諸父，辯博善爲文辭，甚尊重之。每爲報書及賜，常召司馬相如等視草乃遣。初，安入朝，獻所作內篇，新出，上愛祕之。使爲離騷傳，旦受詔，日食時上。又獻頌德及長安都國頌。每宴見，談說得失及方技賦頌，昏莫然後罷。

安初入朝，雅善太尉武安侯，武安侯迎之霸上，與語曰：「方今上無太子，王親高皇帝孫，行仁義，天下莫不聞。宮車一日晏駕，非王尙誰立者！」淮南王大喜，厚遺武安侯寶賂。其羣臣賓客，江淮間多輕薄，以厲王遷死感激安。

建元六年，彗星見，淮南王心怪之。或說王曰：「先吳軍時，彗星出，長數尺，然尙流血千里。今彗星竟天，天下兵當大起。」王心以爲上無太子，天下有變，諸侯並爭，愈益治攻戰具，積金錢賂遺郡國。游士妄作妖言阿諛王，王喜，多賜予之。

王有女陵，慧有口。王愛陵，多予金錢，爲中詗長安，約結上左右。元朔二年，上賜淮南王几杖，不朝。后荼愛幸，生子遷爲太子，取皇太后外孫修成君女爲太子妃。王謀爲反具，畏太子妃知而內泄事，乃與太子謀，令詐不愛，三月不同席。王陽怒太子，閉使與妃同內，終不近妃。妃求去，王乃上書謝歸之。後荼、太子遷及女陵擅國權，奪民田宅，妄致繫人。

太子學用劍，自以爲人莫及，聞郎中雷被巧，召與戲。被壹再辭讓，誤中太子。太子怒，被恐。此時有欲從軍者輒詣長安，被即願奮擊匈奴。太子數惡被，王使郎中令斥免，欲以禁後。元朔五年，被遂亡之長安，上書自明。事下廷尉、河南。河南治，逮淮南太子。王、王后計欲毋遣太子，遂發兵。計未定，猶與十餘日。會有詔即訊太子，淮南相怒壽春丞留太子逮不遣，劾不敬。王請相，相不聽。王使人上書告相，事下廷尉治。從跡連王，王使人候司。漢公卿請逮捕治王，王恐，欲發兵。太子遷謀曰：「漢使即逮王，令人衣衛士衣，持戟居王旁，有非是者，即刺殺之，臣亦使人刺殺淮南中尉，乃舉兵，未晚也。」是時上不許公卿，而遣漢中尉宏即訊驗王。王視漢中尉顔色和，問斥雷被事耳，自度無何，不發。中尉還，以聞。公卿治者曰：「淮南王安雍閼求奮擊匈奴者雷被等，格明詔，當棄市。」詔不許。請廢勿王，上不許。請削五縣，可二縣。使中尉宏赦其罪，罰以削地。中尉入淮南界，宣言赦王。王初聞公卿請誅之，未知得削地，聞漢使來，恐其捕之，乃與太子謀如前計。中尉至，即賀王，王以故不發。其後自傷曰：「吾行仁義見削地，寡人甚恥之。」爲反謀益甚。諸使者道長安來，爲妄言，言上無男，即喜；言漢廷治，有男，即怒，以爲妄言，非也。

日夜與左吳等按輿地圖，部署兵所從入。王曰：「上無太子，宮車即晏駕，大臣必徵膠東王，不即常山王，諸侯並爭，吾可以無備乎！且吾高帝孫，親行仁義，陛下遇我厚，吾能忍之；萬世之後，吾寧能北面事豎子乎！」

王有孽子不害，最長，王不愛，后、太子皆不以爲子兄數。不害子建，材高有氣，常怨望太子不省其父。時諸侯皆得分子弟爲侯，淮南王有兩子，一子爲太子，而建父不得爲侯。陰結交，欲害太子，以其父代之。太子知之，數捕系笞建。建具知太子之欲謀殺漢中尉，即使所善壽春嚴正上書天子曰：「毒藥苦口利病，忠言逆耳利行。今淮南王孫建材能高，淮南王后荼、荼子遷常疾害建。建父不害無罪，擅數繫，欲殺之。今建在，可徵問，具知淮南王陰事。」書既聞，上以其事下廷尉、河南治。是歲元朔六年也。故辟陽侯孫審卿善丞相公孫弘，怨淮南厲王殺其大父，陰求淮南事而構之於弘。弘乃疑淮南有畔逆計，深探其獄。河南治建，辭引太子及黨與。

初，王數以舉兵謀問伍被，被常諫之，以吳楚七國爲效。王引陳勝、吳廣，被複言形勢不同，必敗亡。及建見治，王恐國陰事泄，欲發，復問被，被爲言發兵權變。語在被傳。於是王銳欲發，乃令官奴入宮中，作皇帝璽，丞相、御史大夫、將軍、吏中二千石、都官令、丞印，及旁近郡太守、都尉印，漢使節法冠。欲如伍被計，使人爲得罪而西，事大將軍、丞相；一日發兵，即刺大將軍衛青，而説丞相弘下之，如發蒙耳。欲發國中兵，恐相、二千石不聽，王乃與伍被謀，爲失火宮中，相、二千石救火，因殺之。又欲令人衣求盜衣，持羽檄從南方來，呼言曰「南越兵入」，欲因以發兵。乃使人之廬江、會稽爲求盜，未決。

廷尉以建辭連太子遷聞，上遣廷尉監與淮南中尉逮捕太子。至，淮南王聞，與太子謀召相、二千石，欲殺而發兵。召相，相至；内史以出爲解。中尉曰：「臣受詔使，不得見王。」王念獨殺相而内史、中尉不來，無益也，即罷相。計猶與未決。太子念所坐者謀殺漢中尉，所與謀殺者已死，以爲口絶，乃謂王曰：「羣臣可用者皆前繫，今無足與舉事者。王以非時發，恐無功，臣願會逮。」王亦愈欲休，即許太子。太子自刑，不殊，伍被自詣吏，具告與淮南王謀反。吏因捕太子、王后，圍王宮，盡捕王賓客在國中者，索得反具以聞。上下公卿治，所連引與淮南王謀反列侯、二千石、豪桀數千人，皆以罪輕重受誅。

衡山王賜，淮南王弟，當坐收。有司請逮捕衡山王，上曰：「諸侯各以其國爲本，不當相坐。與諸侯王列侯議。」趙王彭祖、列侯讓等四十三人皆曰：「淮南王安大逆無道，謀反明白，當伏誅。」膠西王端議曰：「安廢法度，行邪辟，有詐僞心，以亂天下，營惑百姓，背畔宗廟，妄作妖言。春秋曰：『臣毋將，將而誅。』安罪重於將，謀反形已定。臣端所見其書印圖及它逆亡道事驗明白，當伏法。論國吏二百石以上及比者，宗室近幸臣不在法中者，不能相教，皆當免，削爵爲士伍，毋得官爲吏。其非吏，它贖死金二斤八兩，以章安之罪，使天下明知臣子之道，毋敢復有邪僻背畔之意。」丞相弘、廷尉湯等以聞，上使宗正以符節治王。未至，安自刑殺。后、太子諸所與謀皆收夷。國除爲九江郡。

淮南王 見劉安

劉根

傳記

《後漢書・方術傳下・劉根》 劉根者，潁川人也。隱居嵩山中。諸好事者，自遠而至，就根學道，太守史祈以根爲妖妄，乃收執詣郡，數之曰：「汝有何術，而誣惑百姓？若果有神，可顯一驗事。不爾，立死矣。」根曰：「實無它異，頗能令人見鬼耳。」祈曰：「促召之，使太守目睹，爾乃爲明。」根於是左顧而嘯，有頃，祈之亡父祖近親數十人，皆反縛在前，向根叩頭曰：「小兒無狀，分當萬坐。」顧而叱祈曰：「汝爲子孫，不能有益先人，而反累辱亡靈！可叩頭爲吾陳謝。」祈驚懼悲哀，頓首流血，請自甘罪坐。根嘿而不應，忽然俱去，不知在所。

葛洪《神仙傳》卷八《劉根》 字君安，長安人也。少時明五經，以漢孝成皇帝綏和二年舉孝廉，除郎中。後棄世道，遁入嵩高山石室中。崢嶸絕，高五千丈，自崖北而入。冬夏無衣，毛長一二尺。其顏如十四、五許人。深目多鬚，鬢皆黄，長三四寸。每與坐，或時忽然變著高冠玄衣，人不覺換之。時衡府君在潁川，自說其先祖有與根同歲者。王莽數使使請根，根不肯往。衡府君道廟掾王珍問起居，根不答。再令功曹趙公往山達敬，根惟言謝府君，更無他言。後潁川太守高府君到官，民人大疫，郡中死者過半。太守家大小悉病，府君使珍從根求消災除疫氣之術。珍叩頭述府君意，根敎於太歲宮氣上穿地作孔，深三尺，以沙着中，以酒沃之。君依言，病者即愈，疫氣登絕。後常用之，有效。後太守史祈，以根爲妖妄，欲殺之，遣使呼根。舉郡皆諫，以爲不可。祈殊不肯止。諸吏先使人以此意報根。使者至，根曰：太守欲吾來何也？吾當往耳。不往者，

恐汝諸人必得罪，謂卿等不來呼我也。根即詣郡。時賓客盈坐，祈令根前，使庭下五十餘人將繩索鞭杖立於根後。祈厲聲問曰：君有道耶？根曰：有道。祈曰：有道，能召鬼使我見乎？若不見，即當戮汝。根曰：甚易耳。遂借祈前筆硯書作符，扣堦鋒，錚然作銅聲。因長嘯，嘯音非常清亮，聞於城外。聞者莫不肅然，衆賓客悉恐。須臾，廳前南壁忽開數丈，見四赤衣吏，傳呼避道。赤衣兵數十人，操持刀劍，將一科車直從壞壁中入到廳前，根勅下車上鬼。赤衣兵發車上烏被，上有一老公、一老姥，反縛囚繫，大繩的頭。熟視之，乃祈亡父母也。祈驚愕，愴然流涕。父母亦泣，責罵祈：我生時，汝仕宦未達，不得汝祿養。我死後，汝何爲犯忤神仙尊官，使我被收束囚辱如此？汝亦何面目立於人間？祈下堦叩頭，向根乞放赦先人。根乃敕赤衣兵將囚出去。廳前南壁復開，車過，尋失車所在。根亦隱去。祈恍惚若狂，其妻暴卒，良久乃蘇，云：見君家先被捉者，大怒云：何以犯觸大仙，使我被罪。當來殺汝。後月餘，祈及妻兒並卒。少室廟掾王珍，數得見根顏色懽悅之情，伏地叩頭，請問根從初得道之由。根說：昔入山精思，無處不到。後入華陰山，見一人乘白鹿從千餘人，玉女左右四人，執彩旄之節，年皆十五六。余再拜頓首，求乞一言。神人乃住，告余曰：汝聞昔有韓衆否乎？答曰：嘗聞有之。神人曰：即我是也。余自陳少好長生不死之道，而不遇明師，頗習方書，按而爲之。多不驗。豈根命相不應度世也？今日有幸逢大神，是根宿夜夢想，從心所願。願見哀憐，賜其要訣。神未肯告余。余乃流涕自搏重請。神人曰：坐，吾將告汝。汝有仙骨，故得見我。汝今髓不滿，血不煖，氣少腦減，筋急肉沮，故服藥行氣不得其力。必欲長生，且先治病十二年，乃可服仙之上藥耳。夫仙道有昇天躡雲者，有遊行五嶽者，有食穀不死者，有尸解而仙者，要在於服藥。服藥有上下，故仙有數品也。不知房中之事，行氣導引而不得神藥，亦不能仙也。藥之上者，唯有九轉還丹及太乙金液。服之，皆立便登天，不積日月矣。其次雲母雄黄之屬，能使人乘雲駕龍，亦可使役鬼神，變化長生者。草木之藥，唯能治病補虛，駐年返白，斷穀益氣，不能使人不死也。高可數百年，下纔全其所稟而已，不足久賴矣。余乃頓首曰：今日受敎，乃天也。神人曰：必欲長生，先去三尸。三尸去，則意志定，嗜欲除也。乃以神方五篇見授，云：伏尸常以月望晦朔

上天，白人罪過。司命奪人筭紀，使少壽。人身中神欲人生，而三尸欲人死，死則神散，返於無形之中，而三尸成鬼，而人享奠祭祀之，則得歆饗，以此利在人速死也。夢與惡人鬬爭，此乃神與尸相戰也。根乃從次合作服之，遂以得仙。珍又言：數見投符於地，有所告召，即見如取之者，然不見人。又唯聞有所推問，有人答對，而不見形也。或聞有鞭杖聲，而或地上見血，莫測其端也。敎珍守一行氣存神坐三綱六紀謝過上古之法，不知珍能得仙名耳。根後入鷄頭山中仙去矣。

趙道一《歷世真仙體道通鑑》卷二〇《劉根》 劉根，潁川人。能令見鬼，隱於嵩山。潁川太守杜新聞之，以爲妖訛，召至郡。新謂根曰：君有何能，而常惑衆。根曰：僕能令人見鬼。新曰：今即試看，若無鬼，汝當見誅。於是根左顧而笑，須臾，新之亡父母悉反縛於伊前，鬼乃責曰：汝爲人子，不能光益我，因何累及亡人？仍語新曰：可急謝過於劉先生。新乃泣涕扣頭謝根。俄頃根與鬼俱不見，莫知所之。不日，新亦卒。或云：劉根常服棗核中仁，百邪疾不復干，後漢時人。皮日休與毛公泉《詩》云：劉根昔成道，玆塢四百年。毿毿被其體，號爲綠毛仙。因思清泠汲，鑿彼岩巔巔。五色既煉矣，一勺方鏗然。既用文武火，俄窮雌雄篇。赤鹽撲紅霧，日華飛素煙。服之生羽翼，倏爾沖玄天。眞隱尙有迹，厥祀將近千。我來討靈勝，到此期終焉。滴若破寶淨，蘇深餘甃圓。澄如玉髓潔，泛若金精鮮。顏色半帶乳，氣味全和鉛。飲之融痞蹇，濯之神俱孿。有時翫者觸，倏忽風雷顛。素綆絲不短，越罌腹甚便。汲時月液動，擔處水漿旋。大獻大司諫，置之鈴閣前。清如介潔性，滌此掃蕩權。炙背野人興，亦思侯伯憐。也知飲水苦，願受一缾泉。《南嶽總勝集》云：劉根先生修大洞帝乙之道，遊宦四方，爲政有德。晚歸南嶽之東峰，煉眞朝斗，服氣祭神而玄化。

劉圖

傳記

趙道一《歷世真仙體道通鑑》卷五《劉圖》 漢安帝永初三年己酉二月，老君降於泰山。遣泰山使者羽以車騎，召江夏善士劉圖，欲使校定天下簿籍。圖至，見老君當殿南面而坐，泰山君居東西向，九天仙君居南北向，八極天君居西東向。命圖與官屬校定天下名籍，三日而畢。老君欲示圖以罪福報應，乃令羽將圖至天堂。見太清宮中金臺玉殿，音樂自然，仙眞多著青衣，執金簡，歌詠經文。觀畢遣回，圖因此得道，遂爲道士，後亦仙去。

魏伯陽

傳記

葛洪《神仙傳》卷二《魏伯陽》 吳人也。本高門之子，而性好道術，不肯仕宦。閒居養性，時人莫知之。後與弟子三人入山作神丹，丹成，知弟子心不盡，乃試之曰：此丹今雖成，當先試之。今試飴犬，犬即飛者，可服之。若犬死者，則不可服也。伯陽入山，特將一白犬自隨。又有毒丹，轉數未足，合和未至，服之暫死。故伯陽便以毒丹與白犬，食之即死。伯陽乃問弟子曰：作丹惟恐不成，丹既成，而犬食之即死，恐未合神明之意，服之恐復如犬，爲之奈何。弟子曰：先生當服之否？伯陽曰：吾背違世俗，委家入山，不得仙道，亦不復歸，死之與生，吾當服之耳。伯陽乃服丹，丹入口即死。弟子顧相謂曰：作丹欲長生，而服之即死，當奈何。獨有一弟子曰：吾師非凡人也，服丹而死，將無有意耶。亦乃服丹，即復死。餘二弟子乃相謂曰：所以作丹者，欲求長生。今服即死，焉用此爲。若不服此，自可數十年在世間活也。遂不服。乃共出山，欲爲伯陽及死弟子求市棺木。二人去後，伯陽即起，將所服丹内死弟子及白犬口中，皆起。弟子姓虞。遂皆仙去。因逢人入山伐木，乃作書與鄉里，寄謝二弟子，弟子方乃懊恨。伯陽作《參同契五行相類》，凡三卷。其説似解《周易》，其實假借爻象，以論作丹之意。而儒者不知神仙之事，反作陰陽注之，殊失其大旨也。

趙道一《歷世真仙體道通鑑》卷一三《魏伯陽》 一云東漢魏伯陽，會稽上虞人也。世襲簪裾，惟公不仕，修眞潛默，養志虚無，每視軒裳如糠粃焉。不知師授誰氏，得古人龍虎經，盡獲妙旨，乃約《周易》撰《參同契》三篇。又云未盡纖微，復作補塞遺脱一篇，繼演丹經之奥。所述多以寓言借事，隱顯異文。公撰《參同契》者，謂修丹與造化同途，故託易象而論之，今行於世。後來解註者數家，惟眞一子彭曉所解最正，丹成仙去，書幸流傳。

雜録

趙道一《歷世真仙體道通鑑》卷一三《魏伯陽》 《道德經》曰：道者萬物之奥，善人之寶。魏伯陽，善人也，不私其寶而與天下共之，善之至也。蓋自廣成子發三丹九鼎之祕以明至道，歷五帝有夏之世，雖神仙服胳傳授間聞於人，丹道之玄幾絶響。逮至殷周，太上復化身降生世間，斯道再揚。至前漢諸仙微寓歌詩，斯道猶未大闡。至伯陽假易道作《參同契》，至道之微盡之，爲法於天下，可傳於無窮，善人之寶其泄矣。此其教隆於漢晉，盛於隋唐，以迄于今，豈非伯陽之功乎。

張道陵

傳記

葛洪《神仙傳》卷五《張道陵》 字輔漢，沛國豐縣人也。本太學書生，博採五經。晚乃歎曰：此無益於年命。遂學長生之道，得《黄帝九鼎丹經》，修鍊於繁陽山。丹成服之，能坐在立亡，漸漸復少。後於萬山石室中，得《隱書祕文》及制命山嶽衆神之術，行之有驗。初，天師值中國紛亂，在位者多危，退耕於餘杭。又漢政陵遲，賦斂無度，難以自安。雖聚徒教授，而文道凋喪，不足以拯危佐世。陵年五十方退身修道，十年之間已成道矣。聞蜀民朴素可教化，且多名山，乃將弟子入蜀，於鶴鳴山隱居。既遇老君，遂於隱居之所備藥物，依法修鍊。三年丹成，未敢服餌，謂弟子曰：神丹已成，若服之，當沖天爲眞人。然未有大功於世，須爲國家除害興利，以濟民庶，然後服丹即輕舉。臣事三境，庶無愧焉。老君尋遣清和玉女，教以吐納清和之法。修行千日，能内見五藏，外集外神。乃行三步九迹交乾履斗，隨罡所指，以攝精邪。戰六天魔鬼，奪二十四治，改爲福庭，名之化宇。降其帥爲陰官。先時，蜀中魔鬼數萬，白晝爲市，擅行疫癘，生民久罹其害。自六天大魔摧伏之後。陵斥其鬼衆，散處西北不毛之地，與之爲誓曰：人主於晝，鬼行於夜。陰陽分别，各有司存。違者，正一有法必加誅戮。於是幽冥異域，人鬼殊途。今西蜀青城山，有鬼市並天師誓鬼碑石、天地石，日月存焉。

趙道一《歷世真仙體道通鑑》卷一八《張天師》 天師眞人姓張氏，諱道陵，字輔漢，沛豐邑人，留侯子房八世孫也。子房初遊下邳，遇黄石公，授以《素書》。後從漢高帝有功，封侯。養眞辟穀，師友赤松，得東園公飛步之訣。謚文成侯。陰功隱行，流芳後葉。有子名不疑，不疑次子高，高子通，通子無妄，無妄子里仁，里仁子覺，覺子起，起子大順，眞人乃大順之長子也。母初夢天人自北斗魁星中降至地，長丈餘，衣繡衣，以蘅薇香授之。既覺，衣服居室皆有異香，經月而不散。感而有孕於東漢光武建武十年甲午正月望日，生於吳地天目山。時黄雲覆室，紫氣盈庭，室中光氣如日月。復聞昔日之香，浹日方散。年及冠，身長九尺二寸，厖眉廣顙，綠睛朱頂，隆準方頤，目有三角，伏犀貫腦，玉枕峰起，垂手過膝，美鬚髯。龍踞虎步，豐下鋭上，望之儼然。雖親友見之，肅如也。七歲讀《道德》二篇十許遍，而達其旨，於天文地理、河洛圖緯之書，皆極其妙。通習墳典，所覽無遺。從學者千餘人，天目山南三十里，西北八十里，皆有講誦之堂，臨安神仙觀，餘杭通仙觀，即其地也。後舉賢良方正直言極諫科，中之。身雖仕，而志修煉形輕舉。久之，退隱北邙山。三年，有白虎銜符文置座傍。朝廷就徵爲博士，稱疾不起。和帝即位，聞其有道，以三品印綬、駟馬車等徵爲太傅，後封冀縣侯，三詔不就。語使者曰：爲我謝天子，人生百歲，光陰瞬息間。父母妻子，恩愛隆厚，豈能長保哉？九天之上，無何有之鄉，金闕帝君將詔吾以爲臣矣。惟清靜寡慾，則天下自治，何以臣爲？時永元四年壬辰歲也。遂自河洛，樂蜀之溪嶺深秀，遂隱其山，苦節學道，嗇氣養神。謂弟子曰：吾少嗜學，研窮六籍，大抵皆經世具也。夫通爵顯秩，籯金轂玉，比吾身中一毫孰重？然四體百骸，又豈吾所固有也，皆游塵聚沫耳。刳心煉形，與道合眞，乘雲駕龍，白晝上賓，豈不快哉。人生有會則離，有生則死，死者精神冥冥，不可復還。惟昔軒轅味道，松喬食霞，並白日飛騰，永劫無窮，不亦美乎。古人辭萬乘之貴，千駟之富，良有以矣。既不能兼才通俗，與世俱濟，請從所學，各宜及時。於此分別，不亦可乎。夫人情亦無極，聚極則散去，樂極則悲來，豈可逃也。吾今將遊涉山海，遠離塵境，棲寓幽渺，以究所學。與汝等別離，子等固如何也？弟子有王長者，習天文，通黄老，留侍左右。遂散學徒。以清虛淡薄爲務，不交人事。王長負書行歌，同往雲錦山居。而眞人修玄玄之道，後乃按方煉龍虎大丹。一年有紅光照室，二年有五雲覆鼎。夜不假燭，髣髴有青龍白虎各一，常繞丹鼎。三年丹成，眞人年六十餘，餌之而容貌益少，若三十許人，行及犇馬。又得祕書祕文，制命山嶽，檄召萬靈。【略】眞人領弟子還鶴鳴山，於桓帝永壽元年乙未正月七日五更之初，長、昇見空中神仙騎吏一人，駕雲車，徘徊於山之東南，大聲言曰：張道陵功行已就，將授以祕籙。言訖，老君駕龍輿，眞人乘白鶴，自渠亭山會於成都城下。老君同至，萬神湊迎，涌出一玉局，高丈餘。老君昇座，爲眞人再授道要，重演正一盟威之旨，說北斗延生經。以十五日上元，再會於成都，說南斗經及演說諸經。眞人聽畢，老君已回，玉局消散，因成空洞。眞人往鹿堂治，召四鎮太歲、五嶽四瀆、社稷神祇，羣仙悉集。是時山前有一石筍，可高丈餘，眞人執起以誓衆神曰：太上有勑，令吾誓衆，當崇奉正道，好生惡殺，佐國安民。其有不稟恭者，吾遣萬神誅之。乃擲石筍於巖下，立於治側。遂與定三十六靖廬、七十二福地、三百六十名山高低品秩，各置一正神主守，如世間郡邑之治。遂領昇、長往雲臺治，於西北隅築壇安爐，煉大丹。丹成服之，浴於水，有神光亘天。永壽二年丙申，眞人自以功成道著，乃於治之西北半崖間，舉身躍入石壁中，自崖頂而出，因成二洞。今崖半曰峻仙洞，崖上曰平仙洞。是年九月九日，在巴西赤城渠亭山中，太上遣使者并五帝部從，持玉冊授正一眞人之號。眞人將以盟威都功等諸品祕籙、斬邪二劍、玉冊玉印以授其長子衡，戒之曰：此文總統三五步罡，正一之樞要，世世一子，紹吾之位，非吾家宗親子孫不傳。謂長、昇曰：吾有餘丹在煉丹亭上金盂之中，汝二子可分餌，今日當隨吾矣。是日亭午之際，復見一人朱衣青襟，曳履持版；一人黑幘綃衣，結履佩劍，各捧玉函，從朱衣使者趨前，再拜曰：奉上清眞符，迎眞人於閬苑。須臾，東北有二十四人，皆龍虎鸞鶴之騎，各執青幢絳節，獅子辟邪、天騶甲卒皆至，稱景陽吏。即有黑龍駕一紫輿，玉女二人引眞人與夫人雍氏一云孫氏登車，前導後從，天樂引迎，於雲臺峰白日昇天，時眞人年一百二十三歲也。唐玄宗贊云：邈彼炎漢，天圖中缺，萬彙消殘，三靈蕩越。惟師膺運，神威迅發。躬侍眞元，親傳祕訣。妖毒雲驅，崇山劍裂。大布聲教，全清蠱孽。一振無爲，永光有截。鸞鶴斯邁，丹青是設。玉相眞儀，傳芳不歇。又贊云：邈矣眞仙，孤高峻節，氣貫穹冥，玄元示訣。落落神儀，亭亭皓月，誅邪斬精，魅驅鬼徹。漢代盟威，流傳不絕。肅宗贊云：德自清虛，聖教之實。或隱或見，是朴是質。靜處瓊堂，焚香玉室。道心不二，是爲正一。宋徽宗進封眞君玉冊文：維大觀二年歲次戊子十月丁丑朔十有六日壬辰，皇帝御名謹再拜言曰：惟道無方，待人而成。若昔至眞，以道興世。功被萬物，則爲神明主；務稱其休，夫何敢不崇，恭惟漢天師正一眞人三天扶教輔元大法師，體妙闡幽，有大利於天下。劉氏之季，厥績甚茂。遂挾光景，上超人羣，祕籙眞圖，孚係於後。弭除妖孽，擯禦不祥，陰騭有民，既久彌著。不有徽稱，何以極報，典揚嘉惠。謹遣朝奉大夫知信州軍州事劉晏，上尊號正一靜應眞君。大道藏於幽，顯於明，功施於遠，著于近。匪我能然，惟常弗息，則能尚鑒觀兹，以衍其餘，佑相我邦家，延及我民懋，昭無疆之休，俾嗣于永世。理宗嘉熙三年，封正一靜應顯佑眞君。

雜録

趙道一《歷世真仙體道通鑑》卷一八《張天師》 臣道一曰：鬼神變化，從古以之，人鬼混殽，道將違矣。張天師乃稟符籙之教，通天地之情，分隸陰陽，區别人鬼。至於奪鬼幽獄，立二十四治，其與太上之降九十五種外道不殊。正一之教流傳後世，實非小補。且德垂後裔，世襲眞風，以至于今，亦天之報功也。《道德經》曰：以道涖天下，其鬼不神。非其鬼不神，其神不傷人。非其神不傷人，聖人亦不傷。張天師必能深究其旨。

王長

傳記

趙道一《歷世真仙體道通鑑》卷一九《王長》 眞人王長，不知何所人也，從張正一眞人學。眞人往雲錦山，散羣弟子，惟王長習天文，通黄老，留侍左右。長遂負書行歌，同眞人往雲錦山，日侍眞人。服丹戰鬼，積行累功，後於渠亭山，眞人一日指長曰：惟爾累世種善，宿有仙骨，可與成就矣。遂盡得眞人九鼎之要，白日飛昇。

趙昇

傳記

趙道一《歷世真仙體道通鑑》卷一九《趙昇》 眞人趙昇號鹿堂子，不知何所人也。始，張正一眞人在蜀，昇不遠千里而來，願執弟子禮。眞人試以難者七事，而昇終始如一。第七試因取桃，同王長投谷中，見眞人坐瓊牀寶帳，遂拜授《神丹寶經》。後事眞人功行滿備，白日昇天。

雜録

趙道一《歷世真仙體道通鑑》卷一九《趙昇》 趙昇不遠千里而求師，守一誠而不變，志於道，亡其身，忍辱含垢，堅節礪操，卒能得明師之旨，授參道德之玄微，積行累功，煉形輕舉。觀其志，其與傳先生之穿盤石不殊。後之學仙者，眞可爲軌範也。《道德經》曰：强行者有志。其斯之謂夫。

張衡

傳記

趙道一《歷世真仙體道通鑑》卷一九《張衡》 嗣師張衡字靈眞，張正一眞人長子也。少博學，隱居不仕，有大名於天下。時帝聞其有道，徵爲黄門侍郎，不就。不關世務，吐納不食。於漢靈帝光和二年己未正月二十三日，以眞人之法付子。師與妻盧氏得道陽平山，白日飛昇。

張魯

傳記

趙道一《歷世真仙體道通鑑》卷一九《張魯》 系師張魯字公期，嗣師長子也。好道，守眞人之法。仕漢，歷典農校尉、安民中郎將、漢中南鄭二郡太守。後隱身學道，以符法治病，致米一斗，疾苦立愈。久之，積米鉅萬。魏王聞之，遣使統兵來討。弟子告師，師曰：慎勿爲懼。遂同弟子登嶺而望，見兵馬四合，師以手版畫地成河，怒濤洶湧，下臨不測，兵不得度。使者復統水師至岸，師又以手版畫其河中，輒出一峰，高千餘丈，兵不能進。使者回，具述其事。魏王遣使追謝，賫印綬拜爲梁益二州刺史、鎭南將軍，封閬中侯，食邑三萬戶。師固辭不受，謂使者曰：吾修道之士，世慕沖舉。今裂地之封，非所願也，請還印綬，無復再來。後修煉，白日乘龍昇天。師有弟二人，長曰衛，次曰傀。衛歷招義將軍，好道，於嘉陵飛昇。傀歷南郡太守，棄官學道，久之，白日飛昇。

《三國志・魏書・張魯傳》 張魯字公祺，沛國豐人也。祖父陵，客蜀，學道鵠鳴山中，造作道書以惑百姓，從受道者出五斗米，故世號「米賊」。陵死，子衡行其道。衡死，魯復行之。益州牧劉焉以魯爲督義司馬，與別部司馬張脩將兵擊漢中太守蘇固，魯遂襲脩殺之，奪其衆。焉死，子璋代立，以魯不順，盡殺魯母家室。魯遂據漢中，以鬼道教民，自號「師君」。其來學道者，初皆名「鬼卒」。受本道已信，號「祭酒」。各領部衆，多者爲治頭大祭酒。皆教以誠信不欺詐，有病自首其過，大都與黃巾相似。諸祭酒皆作義舍，如今之亭傳。又置義米肉，縣於義舍，行路者量腹取足；若過多，鬼道輒病之。犯法者，三原，然後乃行刑。不置長吏，皆以祭酒爲治，民夷便樂之。雄據巴、漢垂三十年。

漢末，力不能征，遂就寵魯爲鎭民中郎將，領漢甯太守，通貢獻而已。民有地中得玉印者，羣下欲尊魯爲漢甯王。魯功曹巴西閻圃諫魯曰：「漢川之民，戶出十萬，財富土沃，四面險固；上匡天子，則爲桓、文，次及竇融，不失富貴。今承制署置，勢足斬斷，不煩于王。願且不稱，勿爲禍先。」魯從之。韓遂、馬超之亂，關西民從子午谷奔之者數萬家。

建安二十年，太祖乃自散關出武都征之，至陽平關。魯欲舉漢中降，其弟衛不肯，率衆數萬人拒關堅守。太祖攻破之，遂入蜀。

魯聞陽平已陷，將稽顙〔歸降〕，圃又曰：「今以迫往，功必輕；不如依（杜灌）〔杜濩〕赴朴胡相拒，然後委質，功必多。」於是乃奔南山入巴中。左右欲悉燒寶貨倉庫，魯曰：「本欲歸命國家，而意未達。今之走，避銳鋒，非有惡意。寶貨倉庫，國家之有。」遂封藏而去。太祖入南鄭，甚嘉之。又以魯本有善意，遣人慰喩。魯盡將家出，太祖逆拜魯鎭南將軍，待以客禮，封閬中侯，邑萬戶。封魯五子及閻圃等皆爲列侯。

爲子彭祖取魯女。魯薨，諡之曰原侯。子富嗣。

雜錄

《三國志・魏書・張魯傳》裴松之注引《典略》 熹平中，妖賊大起，三輔有駱曜。光和中，東方有張角，漢中有張脩。駱曜教民緬匿法，角爲太平道，脩爲五斗米道。太平道者，師持九節杖爲符祝，教病人叩頭思過，因以符水飲之，得病或日淺而愈者，則云此人信道，其或不愈，則爲不信道。修法略與角同，加施靜室，使病者處其中思過。又使人爲奸令祭酒，祭酒主以老子五千文，使都習，號爲奸令。爲鬼吏，主爲病者請禱。請禱之法，書病人姓名，說服罪之意。作三通，其一上之天，著山上，其一埋之地，其一沉之水，謂之三官手書。使病者家出米五斗以爲常，故號曰五斗米師。實無益於治病，但爲淫妄，然小人昏愚，競共事之。後角被誅，修亦亡。及魯在漢中，因其民信行修業，遂增飾之。教使作義舍，以米肉置其中以止行人；又教使自隱，有小過者，當治道百步，則罪除；又依月令，春夏禁殺；又禁酒。流移寄在其地者，不敢不奉。臣松之謂張修應是張衡，非《典略》之失，則傳寫之誤。

桓闓

傳記

李昉《太平廣記》卷一五《神仙一五·桓闓》 桓闓者，不知何許人也。事華陽陶先生，爲執役之士。辛勤十餘年，性常謹默沈靜。奉役之外，無所營爲。一旦，有二青童白鶴，自空而下，集隱居庭中。隱居欣然臨軒接之。青童曰：太上命求桓先生耳。隱居默然，心計門人無姓桓者，命求之，乃執役桓君耳。問其所修何道而致此。桓君曰：修默朝之道積年，親朝太帝九年矣，乃有今日之召。將昇天，陶君欲師之。桓固執謙卑，不獲請。陶君曰：某行教修道，勤亦至矣，得非有過，而淹延在世乎。願爲訪之，他日相告。於是桓君服天衣，駕白鶴，昇天而去。三日，密降陶君之室言曰：君之陰功著矣。所修本草，以䖟蟲水蛭輩爲藥，功雖及人，而害於物命。以此一紀之後，當解形去世，署蓬萊都水監耳。言訖乃去。陶君復以草木之藥可代物命者，著《別行本草》三卷，以贖其過焉。後果解形得道。出《神仙感遇傳》。

宮嵩

傳記

葛洪《神仙傳》卷七《宮嵩》 宮嵩者，琅琊人也。大有文才，著道書二百餘卷。服雲母，得地仙之道，後入苧嶼山中仙去。

趙道一《歷世真仙體道通鑑》卷二〇《宮嵩》 宮嵩者，琅琊人也。有文才，著書百餘卷。師事仙人干吉。漢元帝時，嵩隨吉於曲陽泉上，遇天仙授吉青縑朱字《太平經》十部，吉行之得道，以付嵩。後上此書。書多論陰陽否泰災眚之事，有天道地道人道，云：治國者用之，可以長生。此其旨也。嵩服雲母，數百歲有童子之色，後出入紵嶼山仙去矣。

雜録

《後漢書·襄楷傳》 桓帝時，宦官專朝，政刑暴濫，又比失皇子，災異尤數。延熹九年，楷自家詣闕上疏曰：「【略】臣前上琅邪宮崇受干吉神書，不合明聽。臣聞布穀鳴於孟夏，蟋蟀吟於始秋，物有微而志信，人有賤而言忠。臣雖至賤，誠願賜清閒，極盡所言。」書奏不省。十餘日，復上書曰：「【略】前者宮崇所獻神書，專以奉天地順五行爲本，亦有興國廣嗣之術。其文易曉，參同經典，而順帝不行，故國胤不興，孝沖、孝質頻世短祚。」

干吉

傳記

趙道一《歷世真仙體道通鑑》卷二〇《干吉》 干吉者，琅琊人也。先名室，後改名吉。其父祖世有道術，不殺生命，吉精苦有踰於昔人。常遊曲陽流水上，得神書百餘卷，皆赤界白素，青首朱目，號曰《太平青領書》，時漢成帝河平二年甲午也。蓋吉親受於老君，今道家《太平經》也。其經以甲乙丙丁戊己庚辛壬癸爲部，每部一十七卷。一云吉忽得痼疾，經十餘年，百藥不愈。乃晨夕焚香，哀告上天，願賜救度。老君感其精誠，乃令仙人帛和爲賣藥翁。行市中，授之經，且曰：卿得此書，非但愈疾而已，當得長生，化行天下。吉乃拜受，其疾頓除。老君復降，親授其旨。遂編前經，成一百七十卷。吉得其旨，遂以修身養性，消災治疾，無不驗者。其要曰：夫人之生也，天付之以神，地付之以精，沖和付之以氣。人能保精愛神護氣，內則致身長生，外則致國太平。又曰：人臣之行，當上愛其君。欲其長生，爲人子者當念父母，畏其將老，風化其意，使之入道。常爲求索奇方殊術，以奉君親。爲人弟子者，當念錄師恩。夫人生於父母，成道德於師，得尊榮於君。每念君父師將老，無以復之，或行學，更事賢明，求奇方異法而資益之，此乃應太古上皇最善忠臣孝子順弟子也。人皆爲之，則天下太平矣。有心之人，所作皆善，言行精實，心自克責，灑心易行，感動於上。受天施恩，輒言報謝，精專不怠，得致神仙。其方曰：吾字十一名爲士，丙午丁巳爲祖始，四口治事萬物理，子巾用角治其右。潛龍勿用坎爲巳，人得見之壽長久。居天地間活而已，治萬百人仙可待。善理病者勿輕紿，樂莫樂於長安市。使人壽若西王母，比若四時周反始，九十字策傳方士。蓋神丹奇藥，可以奉君父師者焉。又出科戒祭酒之法以付吉。吉後奉經行道，分布弟子，置男官女官，廣化人民，四方歸嚮。後孝章皇帝元和二年，老君復降，詰責吉曰：吾前授汝道助國扶命，憂念萬兆。而自頃以來，諸男女弟子託吾位號，貪財縱欲，驕倨自大，嫉賢妬才，更相是非，皆不當爾，故來語汝。吉稽首伏地，叩頭百下，曰：唯唯，願太上赦既往之罪，容臣修將來之善。從今日已往，不知當何以救諸男女弟子之譴責？老君曰：汝善聽教，人生雖壽萬年，不持戒律，與老木久石何異？寧一日持戒爲道德而死，不忍犯戒而生。持戒者上補天官，尸解昇仙。世人雖爲王公，上至帝皇，脫有重罪，無益魂神，可不痛邪？明奉吾戒，以教授之。乃爲說一百八十戒。訖，又語吉曰：往古先聖皆從此得道，道本無形，從師得成。道不可廢，師不可輕。吉稽首受命，再拜而謝。吉後寓居會稽，孫策平江東，進襲會稽，見士民皆呼吉爲干郎，事之如神，策招吉爲客在軍中，將士多疾病，請吉噀水輒差。策將兵數萬人，欲迎獻帝，討曹公，使吉占風色，每有神驗。將士咸崇仰吉，且先拜吉後朝策。策見將士多在吉所，因怒曰：吾不如干君邪？乃收吉，責數吉曰：天久旱，水道不通，君不同人憂，安坐船中作鬼態，東吾將士，敗吾部曲，今當相除。即縛吉暴日中，使請雨。若能感天，今日中大雨則相原，不爾加誅。俄而雲興雨霔，江中漂泛。將士共賀吉，策遂殺之。將士涕泣收葬。明旦往視，俄失其尸。策大愴恨，從此常見吉在其前後。後策尋爲許貞伏客所傷，照鏡見吉在鏡中，策大驚，因掊鏡大叫，胸創裂而死。《混元實錄》云：吉尚周旋人間百餘年，然後仙去。

雜録

《後漢書・襄楷傳》 初，順帝時，琅邪宮崇詣闕，上其師干吉於曲陽泉水上所得神書百七十卷，皆縹白素硃介青首硃目，號《太平清領書》。其言以陰陽五行爲家，而多巫覡雜語。有司奏崇所上妖妄不經，乃收臧之。後張角頗有其書焉。

趙道一《歷世真仙體道通鑑》卷二〇《干吉》 《道德經》曰：夫佳兵不祥之器，物或惡之，故有道者不處。干吉祖父慕道，而躬自勤苦有踰前人，乃致身軍旅之中，而爲孫策所殺。雖曰兵解也，然使干吉退藏於密，積行累功，又安知不證飛昇之品乎？後之學仙者，當以處佳兵爲深戒。

帛和

傳記

葛洪《神仙傳》卷七《帛和》 帛和，字仲理。師董先生，行炁斷穀術，又詣西城山師王君。君謂曰：大道之訣，非可卒得。吾暫往瀛洲。汝於此石室中，可熟視石壁，久久當見文字。見則讀之，得道矣。和乃視之。一年了無所見，二年似有文字，三年了然見《太清中經神丹方》、《三皇文》、《五嶽圖》，和誦之上口。王君迴，曰：子得之矣。乃作神丹，服半劑，延年無極。以半劑作黃金五十斤，救惠貧病也。

封衡

傳記

趙道一《歷世真仙體道通鑑》卷二一《封衡》 封衡字君達，隴西人也。幼學道，通老莊學，勤訪眞訣。初服黃連五十年，後入鳥獸山採藥。又服朮百餘年，還鄉里，如二十許人。聞有病死者，識與不識便以腰間竹管藥與之，或下針，應手立愈。愛嗇精氣，不極視大言。凡圖籍傳記，無不習誦。復遇魯女生，授《還丹訣》及《五嶽眞形圖》，遂周遊天下，故山官水神潛相迎伺，而凶鬼怪物無不竄避。人或疑之，以矢刃刺禦，皆不能害。常駕一青牛，人莫知其名，因號青牛道士。魏武帝問養性大略，師曰：體欲常勞，食欲常少。勞勿過極，少勿過虛。去肥濃，節酸鹹，減思慮，損喜怒，除馳逐，愼房室，則幾於道矣。故聖人春夏養陽，秋冬養陰，以順其根，以契造化之妙。有二侍者，一負書笈，一攜藥笥。有《容成養氣術》十二卷、《墨子隱形法》一篇、《靈寶衛生經》一卷。笥有煉成水銀霜、黃連屑等，在人間僅二百餘年，後入元丘山不見。

王老

傳記

趙道一《歷世真仙體道通鑑》卷二一《王老》 王老，不知其名，與魯女生、封君達爲友。訪道遊名山，於東嶽之陽遇神仙乘白鹿，與侍女十許人自山中而下。知是神人，再拜以求長生之道。神仙曰：子知有安期君乎？即我是也。子精誠動天，太上使我授汝度世之訣。《經》云：綿綿若存，用之不勤。是眞道矣。言訖，昇天而去。王老行之愈力，三年行及奔馬，肌膚充澤，狀若處子，能分形變化，坐在立亡。周遊人間四海之内，時有見之者。

張皓

傳記

趙道一《歷世真仙體道通鑑》卷二一《張皓》 張皓字文明，汝南人。東漢安帝永初中，嘗詔逸人爲道士，皓年二十歲與選。一日，封衡召至，皓望風服膺，求啓未悟。衡因觀其心，遣涉於深淵，則遇鮫鯨迫之，而貌不變。誘之以色，試之以財，而心不動。衡曰：可教也。於是付以《青要紫書金根上經》及神丹半兩，從而戒之曰：勤則得之，替則失之。皓俯伏受命，遂入赤城山服丹行道。久之，耳能洞聽，目能徹視。常有學道者來訪，則或爲白鶴，或爲飛雲，搏空遊虛，隱沒而莫之見。至魏明帝太和初登眞。

華陀

傳記

《三國志·魏書·方技傳·華佗》 華佗字元化，沛國譙人也，一名旉。遊學徐土，兼通數經。沛相陳珪舉孝廉，太尉黃琬辟，皆不就。曉養性之術，時人以爲年且百歲而貌有壯容。又精方藥，其療疾，合湯不過數種，心解分劑，不復稱量，煮熟便飲，語其節度，舍去輒愈。若當灸，不過一兩處，每處不過七八壯，病亦應除。若當針，亦不過一兩處，下針言「當引某許，若至，語人」。病者言「已到」，應便拔針，病亦行差。若病結積在內，針藥所不能及，當須刳割者，便飲其麻沸散，須臾便如醉死無所知，因破取。病若在腸中，便斷腸湔洗，縫腹膏摩，四五日差，不痛，人亦不自寤，一月之間，即平復矣。

故甘陵相夫人有娠六月，腹痛不安，佗視脈，曰：「胎已死矣。」使人手摸知所在，在左則男，在右則女。人云「在左」，於是爲湯下之，果下男形，即愈。

縣吏尹世苦四支煩，口中乾，不欲聞人聲，小便不利。佗曰：「試作熱食，得汗則愈；不汗，後三日死。」即作熱食而不汗出，佗曰：「藏氣已絶於內，當啼泣而絶。」果如佗言。

府吏兒尋、李延共止，俱頭痛身熱，所苦正同。佗曰：「尋當下之，延當發汗。」或難其異，佗曰：「尋外實，延內實，故治之宜殊。」即各與藥，明旦並起。

鹽瀆嚴昕與數人共候佗，適至，佗謂昕曰：「君身中佳否？」昕曰：「自如常。」佗曰：「君有急病見於面，莫多飲酒。」坐畢歸，行數里，昕卒頭眩墮車，人扶將還，載歸家，中宿死。

故督郵頓子獻得病已差，詣佗視脈，曰：「尚虛，未得複，勿爲勞事，御內即死。臨死，當吐舌數寸。」其妻聞其病除，從百餘里來省之，止宿交接，中間三日發病，一如佗言。

督郵徐毅得病，佗往省之。毅謂佗曰：「昨使醫曹吏劉租針胃管訖，便苦欬嗽，欲卧不安。」佗曰：「刺不得胃管，誤中肝也，食當日減，五日不救。」遂如佗言。

東陽陳叔山小男二歲得疾，下利常先啼，日以羸困。問佗，佗曰：「其母懷軀，陽氣內養，乳中虛冷，兒得母寒，故令不時愈。」佗與四物女宛丸，十日即除。

彭城夫人夜之廁，蠆螫其手，呻呼無賴。佗令溫湯近熱，漬手其中，卒可得寐，但旁人數爲易湯，湯令暖之，其旦即愈。

軍吏梅平得病，除名還家，家居廣陵，未至二百里，止親人舍。有頃，佗偶至主人許，主人令佗視平，佗謂平曰：「君早見我，可不至此。今疾已結，促去可得與家相見，五日卒。」應時歸，如佗所刻。

佗行道，見一人病咽塞，嗜食而不得下，家人車載欲往就醫。佗聞其呻吟，駐車往視，語之曰：「向來道邊有賣餅家蒜齏大酢，從取三升飲之，病自當去。」即如佗言，立吐蛇一枚，縣車邊，欲造佗。佗尚未還，小兒戲門前，逆見，自相謂曰：「似逢我公，車邊病是也。」疾者前入坐，見佗北壁縣此蛇輩約以十數。

又有一郡守病，佗以爲其人盛怒則差，乃多受其貨而不加治，無何棄去，留書罵之。郡守果大怒，令人追捉殺佗。郡守子知之，屬使勿逐。守瞋恚既甚，吐黑血數升而愈。

又有一士大夫不快，佗云：「君病深，當破腹取。然君壽亦不過十年，病不能殺君，忍病十歲，壽俱當盡，不足故自刳裂。」士大夫不耐痛癢，必欲除之。佗遂下手，所患尋差，十年竟死。

廣陵太守陳登得病，胸中煩懣，面赤不食。佗脈之曰：「府君胃中有蟲數升，欲成內疽，食腥物所爲也。」即作湯二升，先服一升，斯須盡服之。食頃，吐出三升許蟲，赤頭皆動，半身是生魚膾也，所苦便愈。佗曰：「此病後三期當發，遇良醫乃可濟救。」依期果發動，時佗不在，如言而死。

太祖聞而召佗，佗常在左右。太祖苦頭風，每發，心亂目眩，佗針鬲，隨手而差。

李將軍妻病甚，呼佗視脈，曰：「傷娠而胎不去。」將軍言：「聞實傷娠，胎已去矣。」佗曰：「案脈，胎未去也。」將軍以爲不然。佗舍去，婦稍小差。百餘日複動，更呼佗，佗曰：「此脈故事有胎。前當生兩兒，一兒先出，血出甚多，後兒不及生。母不自覺，旁人亦不寤，不復迎，遂不得生。胎死，血脈不復歸，必燥著母脊，故使多脊痛。今當與湯，並針一處，此死胎必出。」湯針既加，婦痛急如欲生者。佗曰：「此死胎久枯，不能自出，宜使人探之。」果得一死男，手足完具，色黑，長可尺所。

佗之絶技，凡此類也。然本作士人，以醫見業，意常自悔，後太祖親理，得病篤重，使佗專視。佗曰：「此近難濟，恒事攻治，可延歲月。」佗久遠家思歸，因曰：「當得家書，方欲暫還耳。」到家，辭以妻病，數乞期不反。太祖累書呼，又敕郡縣發遣。佗恃能厭食事，猶不上道。太祖大怒，使人往檢。若妻信病，賜小豆四十斛，寬假限日；若其虛詐，便收送之。於是傳付許獄，考驗首服。荀彧請曰：「佗術實工，人命所縣，宜含宥之。」太祖曰：「不憂，天下當無此鼠輩耶？」遂考竟佗。佗臨死，出一卷書與獄吏，曰：「此可以活人。」吏畏法不受，佗亦不強，索火燒之。佗死後，太祖頭風未除。太祖曰：「佗能愈此。小人養吾病，欲以自重，然吾不殺此子，亦終當不爲我斷此根原耳。」及後愛子倉舒病困，太祖歎曰：「吾悔殺華佗，令此兒強死也。」

初，軍吏李成苦欬嗽，晝夜不寤，時吐膿血，以問佗。佗言：「君病腸臃，欬之所吐，非從肺來也。與君散兩錢，當吐二升餘膿血訖，快自養，一月可小起，好自將愛，一年便健。十八歲當一小發，服此散，亦行復差。若不得此藥，故當死。」復與兩錢散，成得藥去。五六歲，親中人有病如成者，謂成曰：「卿今強健，我欲死，何忍無急去藥，以待不祥？先持貸我，我差，爲卿從華佗更索。」成與之。已故到譙，適値佗見收，忽忽不忍從求。後十八歲，成病竟發，無藥可服，以至於死。

廣陵吳普、彭城樊阿皆從佗學。普依準佗治，多所全濟。佗語普曰：「人體欲得勞動，但不當使極爾。動搖則穀氣得消，血脈流通，病不得生，譬猶戶樞不朽是也。是以古之仙者爲導引之事，熊頸鴟顧，引挽腰體，動諸關節，以求難老。吾有一術，名五禽之戲，一曰虎，二曰鹿，三曰熊，四曰猨，五曰鳥，亦以除疾，並利蹄足，以當導引。體中不快，起作一禽之戲，沾濡汗出，因上著粉，身體輕便，腹中欲食。」普施行之，年九十餘，耳目聰明，齒牙完堅。阿善針術。凡醫咸言背及胸藏之間不可妄針，針之不過四分，而阿針背入一二寸，巨闕胸藏針下五六寸，而病輒皆瘳。阿從佗求可服食益於人者，佗授以漆葉青黏散。漆葉屑一升，青黏屑十四兩，以是爲率，言久服去三蟲，利五藏，輕體，使人頭不白。阿從其言，壽百餘歲。漆葉處所而有，青黏生於豐、沛、彭城及朝歌云。

雜録

《三國志・魏書・方技傳・華佗》裴松之注引《華佗別傳》 人有在青龍中見山陽太守廣陵劉景宗，景宗說中平日數見華佗，其治病手脈之候，其驗若神。琅琊劉勳爲河內太守，有女年幾二十，左腳膝裏上有瘡，癢而不痛。瘡愈數十日復發，如此七八年，迎佗使視，佗曰：「是易治之。當得稻糠黃色犬一頭，好馬二疋。」以繩繫犬頸，使走馬牽犬，馬極輒易，計馬走三十餘里，犬不能行，復令步人拖曳，計向五十里。乃以藥飲女，女即安臥不知人。因取大刀斷犬腹近後腳之前，以所斷之處向瘡口，令去二三寸。停之須臾，有若蛇者從瘡中而出，便以鐵椎橫貫蛇頭。蛇在皮中動搖良久，須臾不動，乃牽出，長三尺所，純是蛇，但有眼處而無童子，又逆鱗耳。以膏散著瘡中，七日愈。又有人苦頭眩，頭不得舉，目不得視，積年。佗使悉解衣倒懸，令頭去地一二寸，濡布拭身體，令周帀，候視諸脈，盡出五色。佗令弟子數人以鈹刀決脈，五色血盡，視赤血，乃下，以膏摩被覆，汗自出周帀，飲以亭曆犬血散，立愈。又有婦人長病經年，世謂寒熱注病者。冬十一月中，佗令坐石槽中，平旦用寒水汲灌，云當滿百。始七八灌，會戰欲死，灌者懼，欲止。佗令滿數。將至八十灌，熱氣乃蒸出，嚻嚻高二三尺。滿百灌，佗乃使然火溫床，厚覆，良久汗洽出，著粉，汗燥便愈。又有人病腹中半切痛，十餘日中，鬢眉墮落。佗曰：「是脾半腐，可刳腹養治也。」使飲藥令臥，破腹就視，脾果半腐壞。以刀斷之，刮去惡肉，以膏傅瘡，飲之以藥，百日平復。

又 青黏者，一名地節，一名黃芝，主理五藏，益精氣。本出於迷入山者，見仙人服之，以告佗。佗以爲佳，輒語阿，阿又祕之。近者人見阿之壽而氣力強盛，怪之，遂責阿所服，因醉亂誤道之。法一施，人多服者，皆有大驗。

文帝《典論》論郤儉等事曰：「潁川郤儉能辟穀，餌伏苓。甘陵甘始亦善行氣，老有少容。廬江左慈知補導之術。並爲軍吏。初，儉之至，市伏苓價暴數倍。議郎安平李覃學其辟穀，餐伏苓，飲寒水，中泄利，殆至隕命。後始來，衆人無不鴟視狼顧，呼吸吐納。軍謀祭酒弘農董芬爲之過差，氣閉不通，良久乃蘇。左慈到，又競受其補導之術，至寺人嚴峻，往從問受。閹豎眞無事於斯術也，人之逐聲，乃至於是。光和中，北海王和平亦好道術，自以當仙。濟南孫邕少事之，從至京師。會和平病死，邕因葬之東陶，有書百餘卷，藥數囊，悉以送之。後弟子夏榮言其尸解。邕至今恨不取其寶書仙藥。劉向惑於鴻寶之說，君游眩於子政之言，古今愚謬，豈唯一人哉！」

東阿王作《辯道論》曰：「世有方士，吾王悉所招致，甘陵有甘始，廬江有左慈，陽城有郤儉。始能行氣導引，慈曉房中之術，儉善辟穀，悉號三百歲。卒所以集之于魏國者，誠恐斯人之徒，接奸宄以欺衆，行妖慝以惑民，豈復欲觀神仙于瀛洲，求安期於海島，釋金輅而履雲輿，棄六驥而美飛龍哉？自家王與太子及余兄弟咸以爲調笑，不信之矣。然始等知上遇之有恆，奉不過於員吏，賞不加於無功，海島難得而遊，六黻難得而佩，終不敢進虛誕之言，出非常之語。余嘗試郤儉絕穀百日，躬與之寢處，行步起居自若也。夫人不食七日則死，而儉乃如是。然不必益壽，可以療疾而不憚饑饉焉。左慈善修房內之術，差可終命，然自非有志至精，莫能行也。甘始者，老而有少容，自諸術士咸共歸之。然始辭繁寡實，頗有怪言。余嘗辟左右，獨與之談，問其所行，溫顏以誘之，美辭以導之，始語余：『吾本師姓韓字世雄，嘗與師于南海作金，前後數四，投數萬斤金於海。』又言：『諸梁時，西域胡來獻香罽、腰帶、割玉刀，時悔不取也。』又言：『車師之西國。兒生，擘背出脾，欲其食少而弩行也。』又言：『取鯉魚五寸一雙，合其一煮藥，俱投沸膏中，有藥者奮尾鼓鰓，游行沉浮，有若處淵，其一者已熟而可噉。』余時問：『言率可試不？』言：『是藥去此逾萬里，當出塞，始不自行不能得也。』言不盡於此，頗難悉載，故粗舉其巨怪者。始若遭秦始皇、漢武帝，則復爲徐市、欒大之徒也。」

左慈

傳記

《後漢書·方術傳下·左慈》 左慈字元放，廬江人也。少有神道。嘗在司空曹操坐，操從容顧衆賓曰：「今日高會，珍羞略備，所少吳松江鱸魚耳。」放于下坐應曰：「此可得也。」因求銅盤貯水，以竹竿餌釣於盤中，須臾引一鱸魚出。操大拊掌笑，會者皆驚。操曰：「一魚不周坐席，可更得乎？」放乃更餌鉤沉之，須臾復引出，皆長三尺餘，生鮮可愛。操使目前鱠之，周浹會者。操又謂曰：「既已得魚，恨無蜀中生薑耳。」放曰：「亦可得也。」操恐其近即所取，因曰：「吾前遣人到蜀買錦，可過敕使者，增市二端。」語頃，即得薑還，並獲操使報命。後操使蜀反，驗問增錦之狀及時日早晚，若符契焉。

後操出近郊，士大夫從者百許人，慈乃爲齎酒一升，脯一斤，手自斟酌，百官莫不醉飽。操怪之，使尋其故，行視諸壚，悉亡其酒脯矣。操懷不喜，因坐上收，欲殺之，慈乃卻入壁中，霍然不知所在。或見於市者，又捕之，而市人皆變形與慈同，莫知誰是。後人逢慈于陽城山頭，因復逐之，遂入走羊羣。操知不可得，乃令就羊中告之曰：「不復相殺，本試君術耳。」忽有一老羝屈前兩膝，人立而言曰：「遽如許。」即競往赴之，而羣羊數百皆變爲羝，並屈前膝人立，云「遽如許」，遂莫知所取焉。

葛洪《神仙傳》卷八《左慈》 字元放，廬江人也。少明五經，兼通星緯。見漢祚將盡，天下亂起，乃嘆曰：值此衰運，官高者危，財多者死，當世榮華不足貪也。乃學道術，尤明六甲，能役使鬼神，坐致行廚。精思於天柱山中，得石室內《九丹金液經》，能變化萬端，不可勝紀。曹公聞而召之，閉一室中，使人守視，斷其穀食，日與二升水，期年乃出之，顏色如故。曹公曰：吾自謂天下無不食之人。曹公乃欲從學道。慈曰：學道當得清淨無爲，非尊貴所宜。曹公怒，乃謀殺之。慈已知之，求乞骸骨。曹公曰：何忽去耳？慈曰：公欲殺慈，慈故求去耳。曹公曰：無有此意。君欲高尚其志者，亦不久留也。乃爲設酒。慈曰：今當遠適，願乞分杯飲酒。公曰：善。是時天寒，溫酒尚未熱，慈解劍以攪酒，須臾劍都盡，如人磨墨狀。初，曹公聞慈求分杯飲酒，謂慈當使公先飲，以餘與慈耳。而慈拔簪以畫杯酒，酒即中斷，分爲兩向。慈即飲其半，送半與公。公不喜之，未即爲飲，慈乞自飲之。飲畢，以杯擲屋棟，杯懸着棟動搖，似飛鳥之俯仰，若欲落而不落。一座莫不矚目視杯，既而已失慈矣。尋問之，慈已還所住處。曹公遂益欲殺慈，乃勅內外收捕慈。慈走羣羊中，追者視慈入羣羊中，而奄忽失之，疑其化爲羊也。然不能分別之。捕吏乃語羊曰：人主意欲得見先生，暫還無苦。於是羣羊中有一大者，跪而言。吏乃相謂曰：此跪羊是慈也。復欲擒之。羊無大小悉長跪，追者亦不知慈所在，乃止。後有知慈處者，以告曹公。公遣吏收之，得慈。慈非不得隱，故欲令人知其神化耳。於是受執入獄，獄吏欲考訊之，戶中有一慈，戶外亦有一慈，不知孰是。曹公聞而愈惡之，使引出市殺之。須臾，有七慈相似。官收得六慈，失一慈。有頃，六慈皆失。尋又見慈走入市，乃閉市四門而索之。或不識者，問慈形貌何似。傳言慈眇一目，青葛巾，單衣。見有似此人者，便收之。及爾，一市中人，皆眇一目，葛巾單衣，竟不能分。曹公令所在普逐之，如見便殺。後有人見慈，便斷其頭以獻曹公。公大喜，及至視之，乃一束茅耳。有從荊州來者，見慈在荊州。荊州牧劉表以爲惑衆，復欲殺慈。慈意已知。表出耀兵，乃欲見其道術。乃徐去詣表，說有薄禮，願以餉軍。表曰：道人單僑，吾軍人衆，非道人所能餉也。慈重道之。表使人取之。有酒一器，脯一束，而十餘人共舁之不起。慈乃自取之，以一刀削脯投地，請百人運酒及脯，以賜兵士。人各酒三杯，脯一片，食之如常酒脯味。凡萬餘人皆周足，而器中酒如故，脯亦不減。座中又有賓客數十人，皆得大醉。表乃大驚，無復害慈之意。慈數日委表東去入吳。吳有徐隨者，亦有道術，居丹徒。慈過隨門，門下有客車六七乘。客詐慈云：徐公不在。慈便即去。宿客見其牛皆在楊柳樹杪行，適上樹，即不見。下即復見牛行樹上。又車轂中皆生荊棘，長一尺，斫之不斷，搖之不動。宿客大懼，入報徐公，說有一眇目老至門，吾欺之，言公不在。此人去後，須臾使車牛皆如此，不知何意。徐公曰：咄咄。此是左公過我，汝曹那得欺之。急追之，諸客分布逐之。及慈，羅列叩頭謝之。慈意解，即遣還去。及至，見車牛如故繫在，車轂中無復荊木也。慈見吳先主孫權。權素知慈有道，頗禮重之。權侍臣謝送知曹公、劉表皆忌慈惑衆，復譖於權，欲使殺之。後出遊，請慈俱行，令慈行於馬前，欲自後刺殺之。慈著木屐，持青竹杖，徐徐緩步行，常在馬前百步。著鞭策馬，操兵器逐之，終不能及。送知其有道，乃止。慈告葛仙公言：當入霍山中合九轉丹。丹成，遂仙去矣。

雜録

趙道一《歷世真仙體道通鑑》卷一五《左慈》 《眞誥》云：左慈今在小括山，常行來，數在此下，尋更受職也。慈顏色甚少，正得爐火九華之益。其下注云：左慈字元放，李仲甫弟，即葛玄之師也。魏武父子招集諸方士，慈亦同在。漢獻帝建安末渡江尋山，乃得入洞。又乞丹砂，合九華丹。九華丹是太清中經法，小括即小括蒼山，在永嘉溪橋之北。

欒巴

傳記

《後漢書・欒巴傳》 欒巴字叔元，魏郡內黃人也。好道。順帝世，以宦者給事掖庭，補黃門令，非其好也。性質直，學覽經典，雖在中官，不與諸常侍交接。後陽氣通暢，白上乞退，擢拜郎中，四遷桂楊太守。以郡處南垂，不閑典訓，爲吏人定婚姻喪紀之禮，興立學校，以獎進之。雖幹吏卑末，皆課令習讀，程試殿最，隨能升授。政事明察。視事七年，以病乞骸骨。

荊州刺史李固薦巴治跡，徵拜議郎，守光祿大夫，與杜喬、周舉等八人徇行州郡。

巴使徐州還，再遷豫章太守。郡土多山川鬼怪，小人常破貲產以祈禱。巴素有道術，能役鬼神，乃悉毀壞房祀，剪理奸巫，於是妖異自消。百姓始頗爲懼，終皆安之。遷沛相。所在有績，徵拜尚書。會帝崩，營起憲陵。陵左右或有小人墳塚，主者欲有所侵毀，巴連上書苦諫。時梁太后臨朝，詔詰巴曰：「大行皇帝晏駕有日，卜擇陵園，務從省約，塋域所極，裁二十頃，而巴虛言主者壞人塚墓。事既非實，寢不報下，巴猶固遂其愚，復上誹謗。苟肆狂瞽，益不可長。」巴坐下獄，抵罪，禁錮還家。

二十餘年，靈帝即位，大將軍竇武、太傅陳蕃輔政，徵拜議郎。蕃、武被誅，巴以其黨，復謫爲永昌太守。以功自劾，辭病不行，上書極諫，理陳、竇之冤。帝怒，下詔切責，收付廷尉。巴自殺。子賀，官至雲中太守。

葛洪《神仙傳》卷五 欒巴，蜀人也。太守請爲功曹，以師事之，請試術。乃平生入壁中去，壁外人叫虎狼，還乃巴也。遷豫章太守，有廟神，能與人言語。巴到，推社稷，問其蹤由，乃老往齊爲書生。太守以女妻之，生一男。巴往齊，勅一道符，乃化爲狸。巴爲尙書，正旦，會羣臣，飲酒。巴乃含酒起，望西南噀之，奏云：臣本鄉成都市失火，故爲救之。帝馳驛往問之，云：正旦失火時，有雨自東北來，滅火，雨皆作酒氣也。故終日不違如愚，若無所得而愚，是乃物之塊然者也。士大夫學道者多矣，然所謂八段錦、六字氣，特導引吐納而已。不知氣血寓於身而不可擾，貴於自然流通，世豈復知此哉。雖日宴坐，而心騖於外，營營然如飛蛾之赴宵燭，蒼蠅之觸曉窗，知往而不知返，知就利而不知避害，海魚有以蝦爲目者，人皆笑之，而不知其故。晝非日，不能馳；夕非火，不能鑒。故學道者，須令物不能遷其性。冶容曼色，吾視之與嫫母同；大廈華屋，吾視之與茅茨同。澄心淸淨，湛然而無思時，導其氣，即百骸皆通。抱純白，養太玄，然後不入其機，則知神之所爲，氣之所生，精之所復，何行而不至哉！所著《百章發明道祕》，要眇深切，迷途之指南也。

趙道一《歷世眞仙體道通鑑》卷一五《欒巴》 欒巴，字叔元，內黃人。事漢桓帝四遷桂陽太守，甚有政聲。後遷豫章太守，郡土多山川鬼怪，小人常破貲産以祈禱。巴素有道術，能役使鬼神，乃悉毁壞房祀，剪理姦巫，於是妖異自消。百姓始頗以爲懼，終皆安之。桓帝崩後，靈帝即位，陳蕃被誅，巴坐黨，復謫爲永昌太守。以功自劾，辭病不行。上書極諫，理陳竇之冤。帝怒，下詔切責，收付廷尉，巴自殺。《記纂淵海》云：後一旦大風，天霧暗，失巴所在。尋問之，其日還成都，與親戚別去而昇天矣。《仙傳》云：欒巴，蜀成都人也。少好道，不修俗事。時太守詣巴，請屈爲功曹，待以師友之禮。巴到，太守曰：聞功曹有道，可試見一奇乎？巴唯唯。乃平坐，即入壁中去，冉冉如雲氣之狀，須臾失巴所在。壁外人見化成一虎，虎乃巴矣。後舉孝廉，除郎中，遷豫章太守。廬山廟有神，能於帳中共外人語，飲酒空中投杯。人往乞福，能使江湖之中分風舉帆，船行相逢。巴至郡，往廟中，便失神所在。巴曰：廟神詐爲天官，損百姓日久，罪當治之。以事付功曹，巴自行捕逐。若不時討，恐其後遊行天下，所在血食，枉害良民，責以重禱。乃下所在，推問山林社稷，求鬼蹤迹。此鬼於是走至齊郡，化爲書生，善談五經。太守即以女妻之。巴知其所在，上表請解郡守，往捕其鬼。巴到，詣太守曰：聞君有賢婿，願見之。鬼已知巴來，託病不出。巴謂太守曰：令婿非人也，是老鬼詐爲廟神，今走至此，故來取之。太守召之不出，巴曰：出之甚易。請太守筆硯奏案，乃作符。符成，長嘯空中，忽有人將符去，亦不見人形，一座皆驚。符至，書生向婦泣曰：去必死矣。須臾書生自攜符來至庭下，見巴，不敢前。巴叱曰：老鬼何不復爾形。應聲即變爲狸，叩頭乞活。巴勅殺之，皆見空中刀下，狸頭墮地。太守女已生一兒，復化爲狸，亦殺之。巴去還豫章，豫章郡多鬼，又多獨足鬼，爲百姓害。巴到後，更無此患，妖邪一時消滅。後徵爲尙書郎。正旦大會，巴後到，有酒容。賜百官酒，又不飲，向西南三噀之。有司奏巴不敬，詔問，巴曰：臣鄉里以臣能治鬼護病，生爲臣立廟。今旦有耆老，皆來臣廟中享，臣不能早委之，是以有酒容。臣適見成都市上火，臣故噀酒爲雨以救之，非敢不敬。當請詔問，虛抵罪。乃發驛書問成都，成都奏言：正旦食後失火，須臾有大雨三陣，從東北來，火乃止。雨著人，皆作酒氣。後一旦忽大風雨，天地晦冥，對坐不相見，因失巴所在。尋問，巴還成都，與親故別，稱不更還，老幼皆於廟中送之云。送時因風雨晦冥，莫知去處也。《眞誥》云：昔巴作兵解去，入林瀘山中，積十三年而後還家。今在鶴鳴赤石山中。

薊子訓

傳記

葛洪《神仙傳》卷七《薊子訓》 薊達，字子訓，齊國臨淄人。【略】少仕州郡，舉孝廉。除郎中，又從軍，拜駙馬都尉。晚悟治世俗綜理官無益於年命也，乃從少君學治病作醫法。漸久，見少君有不死之道，遂以弟子之禮事少君而師焉。少君亦以子訓用心專，知可成就，漸漸告之以道家事。因教令胎息、胎食、住年、止白之法。行之二百餘年，顏色不老。在鄉里與人信讓從事，性好清淨，常閑居讀《易》。時作小小文疏，皆有意義。少君晚又授子訓無常子大幻化之術，按事施行，皆效。曾見比舍家抱一兒，從求抱之，失手而墮地，兒即死。其家素尊敬之，不敢有悲哀之色而埋之，謂此兒命應不成人。行已積日，轉不能復思之，子訓因出外抱兒出家。家人恐是鬼，乞不復用。子訓曰：但取無苦，故是汝兒也。兒識其母，喜笑欲往母。乃取之，意猶不了。子訓既去，夫婦共往掘視，所埋死兒空器中，有泥兒長六寸許耳。此兒遂長大。又諸老人鬢畢白者，子訓但與之對坐共語，宿昔之間，則明旦皆鬢黑矣。亦無所施爲，爲黑可期一年二百日也。亦復有不使人鬢黑者，蓋神幻之大變者也。京師貴人聞之，莫不虛心欲見子訓，而無緣致之。子訓比居有年少爲太學生，於是諸貴人共呼語之：卿所以勤苦讀書者，欲以課試規富貴耳。但爲吾一致薊子訓來，能使卿不勞而達。書生許諾，乃歸。親事子訓，朝夕灑掃，立侍左右，如此且二百日。子訓語書生曰：卿非學道者，何能如此？書生曰：忝鄉里末流，長幼之道自當爾。子訓曰：何以不道實而作虛飾邪？吾已具知卿意。諸貴人欲得見我，我亦何惜一行之勞，而不使卿得榮位乎？便可還語諸人。吾某月某日當往。書生甚喜，到京師，具向諸貴人說此意。到期日，子訓未行。書生父母憂之，往視子訓。子訓曰：恐我不行也，不使卿兒失信，當發。以食時去所居。書生父母相謂曰：薊先生雖不如期至，要是往也。定後日書生歸，推計之，子訓以其日中時到京師，是不能半日行千餘里。既至，書生往見之子訓。子訓問書生曰：誰欲見我者？書生曰：欲見先生者甚多，不敢枉屈，但乞知先生所止，自當來也。子訓曰：不須使來，吾尙千餘里來寧，復與諸人計此邪？卿今日使人人盡語之，使各絕賓客，吾日中當往，臨時自當擇所先詣。書生如其言語貴人，貴人各灑掃。到日中子訓往，凡二十三處，便有二十三子訓，各在一處，諸貴人各各喜，自謂子訓先詣之。定明日相參問，同時各有一子訓，其衣服顏色皆如一，而論說隨主人諮問，各各答對不同耳。主人竝爲設酒食之具，以餉子訓。皆各家家盡禮飲食之。於是遠近大驚。諸貴人竝欲詣之，子訓謂書生曰：諸人謂我當有重瞳八采，故欲見我。我亦無所道。我不復往，便爾去矣。適出門，諸貴人冠蓋塞道。到門，書生言：適去矣，東陌上乘青騾者是也。於是各各走馬逐之，望見其騾徐徐而行，各走馬逐之不及。如此行半日，而常相去一里許，不可及也。乃各罷還。子訓既少君鄉里弟子。微密謹愼，思證道奧，隨時明匠，將足甄綜衆妙矣。

趙道一《歷世真仙體道通鑑》卷二〇《薊子訓》　二百餘年顏色不老。曾抱鄰舍嬰兒，誤墮地死，兒家即埋之。子訓自外來，抱兒還之。家恐是鬼，子訓掘視所埋，但泥而已。漢時京師貴人莫不虛心欲見，既到京師，公卿以下候之者，座上常數百人，皆爲設酒脯，終日不匱。一日太學諸生詣請子訓，子訓以食時發，日中到，未半日行千餘里。往二十三處，諸貴人喜，自謂先詣之。明日相問，各言子訓衣服顏色如一，遠近驚異。後因遯去，遂不知所止。初去之日，惟見白雲騰起數十處，行人於長安東霸城見之與一老公共摩娑銅人，相謂曰：適見鑄此，而已近五百歲矣。見者呼之曰：薊先生小住。竝行，視若遲徐，而走馬不及。仙傳云：薊子訓，齊人，舉孝廉，除郎中，又爲都尉，人莫知其有道，所載他事略同。

路大安

傳記

趙道一《歷世真仙體道通鑑》卷二一《路大安》　眞人姓路名光，又名大安，西蜀大寧軍內黃縣人也，後徙居婺州，乃漢路溫舒九世孫。於順帝漢安元年九月十五日子時誕生，神清骨秀，鬢疏眼青。襲世箕裘，博通經史。歷三國鼎分，晉室肇造，科目不公，仕途艱進，乃自歎曰：僕幼蹇滯，時運興廢，雖有濟世之才，奈何時與命違，所謀弗就。功名之念頓息，遂舍家修道。遊至河陽，假舍驛亭，吏曰：不可宿驛中，有妖，儻或不信，必有禍害。眞人曰：吾有神劍，能斬邪怪，不必多言。遂投宿。夜半風寒凜凜，瞑目視之，庭隅妖氣中有婦人悲告曰：眞官乞賜救拔，此乃張氏古宅，向爲寇劫掠殺妾張氏而埋此也，若得收葬，方遂往生。翌日掘之，果得連環白骨，遂葬之於高陵。眞人因此堅心慕道，廣求濟生度死之術，尋訪名山。於晉武帝太康五年甲辰歲五月五日，縱步姑射，忽於古檜下見一老叟，衣黃裘，踞石而坐。進揖之曰：先生何獨在此？仰而長吁，久而不答。眞人禮貌尤至。久之，老叟謂眞人曰：久立我傍，果何求哉？觀子祿氣薄，道氣重，異日名與年同事俱終矣。眞人聞此語，如夢得覺，乃再拜告之：弟子所求者道也。叟曰：道者杳杳冥冥，無形無像，何以求之？再拜告曰：道固難言，願得濟生度死之術以救世，可乎？叟曰：道者妙萬物而爲言，常應常靜，不可聲求，亦不容索，惟在留神恬淡，集性希夷，元氣長存，外物不攖。然後行功布氣，漱液煉神，可以超凡入聖。眞人曰：今日得聞誨語，心如死灰，乞望先生明教一術，度人修己。叟曰：子可教矣。遂以六天如意大法經籙，謂之曰：依此行持，濟生度死，妙用難思，子宜祕之。叟就拂袖而去，追之莫及。復反顧，謂眞人曰：修半紀相會。眞人自是往華山仙掌峰修煉。至惠帝永熙二年十月十五日夜半，夢太上老君命右侍玉童賜玉鑰匙十事，而參合前老叟法書。夢覺，神開意解，自此書符行功布氣、治病驅邪，無不應驗。至永康元年三月。秦地血雨降，妖星晝見，疫毒流行，民遭橫夭。眞人敬施符水，點混元燈，越三旬間方息。至永康二年正月，虎兕入城，民心搖動，莫能禁止。時王戎知相位，惠帝責之曰：卿任輔弼之重，何致此物擾我生靈？今降敕召人剿治。眞人於戎，甥舅也。眞人遂往揭榜，謂戎曰：某有術可禁此。戎見其甥言，遂奏帝，召入內，奏對乞與民除害，奉勑令任便行持。依混元法，攝召虎兕，自空飛至。帝愕然，眞人呪水噀之，化爲蠅蟆，布氣呑之，一城安靜。帝喜，褒詢之曰：子乃吾朝眞天師也，與漢天師殊時同號，異世同功。賜以緑紈朱服、青絲縚、碧玉環，及以金帛贈之。眞人笑而不受，奏曰：助國救民，忍以財賄汙身？遂居華山，以混元籙傳之丁義，以混元經傳之郭璞，以混元法傳之許旌陽，以混元針灸傳之妙通朱仙。大安元年八月十二日，夜夢太上老君謂曰：年與名同，可以沖天，佐紫微北極大帝，職充司命眞君。更宜每月三九日下降人間，察其功過，應有災患急難，應聲度之。夢覺身輕，倏忽飛舉昇天而去。其混元之法，今行於世焉。

王暉

傳記

趙道一《歷世真仙體道通鑑》卷二一《王暉》 道士王暉者，魏時人，白羊公子之弟子也。居華嶽熊牢嶺洞眞觀，常種黃精於溪側，則虎爲之耕，豹爲之耘。出入亦乘虎豹，具韉轡，行鞭策，如人乘馬無異。餌黃精、蒼朮，積有歲時。其後以道術傳王法沖，乃尸解而去。門人葬冠履於巖左，有黃雲覆其上。嘗著祕訣百餘言以教人，而人莫能曉。其辭曰：黃帝昇鼎湖，乘素入紫煙。明精陰不久，運往馳龍旋，枯悴林將凋，鮮鱗沉深淵。遊仙騰霞觀，喜作歲月綿。晝占勿龜兆，夕唱良有緣。中嶽鎭和氣，般輪共成篇。若能思得之，賜與金一鉼音駢。

鮑靚

傳記

趙道一《歷世真仙體道通鑑》卷二一《鮑靚》 字太玄，陳留人也。少有密鑒，洞於幽玄，深心冥肆，人莫之知。一云爲南海太守，得祕法悟眞理，受眞仙要訣於諶姆。按《洞天記》云：靚及妹並是先身。七世祖李湛、張慮者，俱杜陵北鄉人，同在渭橋爲客舍居，積行陰德，好道希生，故福逮於靚等。使易世變族，改氏更生，合爲天倫。根胄雖異，德蔭並同。靚學明經術緯候，師左元放，受中部法及三皇五嶽劾召之要，行之神驗，能役使鬼神，封山制魔。晉元帝大興元年，靚暫往江東，於蔣山北道見一人，年可十六七許，好顏色。俱行數里，其人徐徐動足，靚奔馬不及，以漸而遠。因問曰：相觀行步必有道者。其人曰：吾仙人陰長生也，太上使赤城。君有心於道，故得見我爾。靚即下馬拜問寒溫，未及有所陳，陰君曰：此地復十年當交兵流血。後蘇峻之亂，果足十年。又云：君慕道久矣，吾當度爾。仙法：考得仙者，尸解爲妙，上尸解用刀，下尸解用竹木，皆以神丹染筆，書太上太玄陰生符於刀刃左右，須臾便滅。所書者面目死於牀上矣，其眞身遁去，勿復還家，家人謂刀是其人也。用竹木如刀之法。陰君乃傳靚此道。又與靚論晉室脩短之期，皆演一爲十爲百，以表元帝。託云推步所知，不言見陰君所說。是陰君戒其然矣。《羅浮圖志》云：稚川居羅浮時，靚爲南海太守，以道術見稱。嘗行部入海，遇風，飢甚，取白石煮食之。與稚川善，常往來山中，或語論達旦乃去。人見其來，門無車馬，獨雙燕往還。或怪而問之，則雙履也。《墉城集仙錄》云：靚以女妻葛洪。靚後還丹陽，卒葬於石子岡。後遇蘇峻亂，發棺無尸，但有大刀而已。賊欲取刀，間冢左右有兵馬之聲。顧之驚駭，中間其刀，輷然有聲，若雷震之音，衆賊奔走。賊平之後，收刀別復葬之。

雜録

趙道一《歷世眞仙體道通鑑》卷二一《鮑靚》　《眞誥》云：靚爲地下主者，帶潛山眞人。復五百年後，爲崑丘侍郎。《晉書》云：鮑靚字太玄，東海人。年五歲語父母云：本是曲陽李家兒，九歲墮井死。其父母尋訪得李氏，推問皆符驗。靚學兼內外，明天文河洛書，後爲南海太守。嘗行部入海，遇風，飢甚，取白石煮食之以自濟。嘗見仙人陰君授道訣，百餘歲卒。

葛玄 葛仙公

傳記

葛洪《神仙傳》卷八《葛玄》　葛玄，字孝先，丹陽人也。生而秀穎，性識英明，經傳子史，無不概覽。年十餘，俱失怙恃。忽歎曰：天下有常不死之道，何不學焉。因遁跡名山，參訪異人，服餌芝朮。從仙人左慈受《九丹金液仙經》。玄勤奉齋科，感老君與太極眞人降於天台山，授玄《靈寶》等經三十六卷。久之，太上又與三眞人項負圓光，乘八景玉輿，寶蓋幡幢旌節，煥耀空中。從官千萬。命侍經仙郎王思眞披九光玉韞，出《洞元》、《大洞》等經三十六卷，及上清齋二法：一絶羣獨宴，靜炁遺形，冥心之齋也。二清壇肅侶，依太眞之儀，先拔九祖，次及家門，後謝已身也。靈寶齋六法：一、金籙，調和陰陽，寶鎭國祚。二、玉籙，保祐后妃公侯貴族。三、黃籙，卿相牧伯拔度九祖罪原。四、明眞，超度祖先，解諸冤對。五、三元，自謝犯戒之罪。六、八節，謝七祖及已身，請福謝罪也。及洞神、太一、塗炭等齋，並戒法等件，悉遵太上之命，修煉勤苦不怠。尤長於治病，收劾鬼魅之術。能分形變化。吳大帝要與相見，欲加榮位。玄不枉，求去不得，待以客禮。一日，語弟子張恭言：吾爲世主所逼留，不遑作太藥，今當以八月十三日中時去矣。至期，玄衣冠入室，卧而氣絶，顏色不變。弟子燒香守之，三日三夜，夜半忽大風起，發屋折木，聲響如雷，燭滅良久。風止燃燭，失玄所在，但見委衣床上，帶無解者。明旦問鄰人，鄰人言：了無大風。風止在一宅內，籬落樹木並敗折也。

李昉《太平廣記》卷七一《道術一・葛玄》　葛玄，字孝先。從左元放受《九丹金液仙經》，未及合作。常服餌朮，尤長於治病。鬼魅皆見形，或遣或殺。能絶穀，連年不饑。能積薪烈火而坐其上，薪盡而衣冠不灼。飲酒一斛，便入深泉澗中卧，酒解乃出，身不濡濕。玄備覽五經，又好談論。好事少年數十人，從玄游學。嘗船行，見器中藏書札符數十枚，因問此符之驗，能爲何事，可得見否。玄曰：符亦何所爲乎。即取一符投江中，流而下。玄曰：何如。客曰：吾投之亦能爾。玄又取一符投江中，逆流而上。曰：何如。客曰：異矣。又取一符投江中，停立不動。須臾下符上，上符下，三符合一處。玄乃取之。又江邊有一洗衣女。玄謂諸少年曰：吾爲卿等走此女。何如。客曰：善。乃投一符於水中。女便驚走，數里許不止。玄曰：可以使止矣。復以一符投水中，女即止還。人問女何怖而走，答曰：吾自不知何故也。玄常過主人。主人病，祭祀道精。精人使玄飲酒，精人言語不遜。玄大怒曰：奸鬼敢爾。敕五伯曳精人，縛柱鞭脊。即見如有人牽精人出者。至庭抱柱，解衣投地。但聞鞭聲，血出流滴。精人故作鬼語乞命。玄曰：赦汝死罪，汝能令生人病愈否。精人曰：能。玄曰：與汝三日期。病者不愈，當治汝。精人乃見放。玄嘗行過廟。此神常使往來之人。未至百步，乃下騎乘。中有大樹數十株，上有衆鳥，莫敢犯之。玄乘車過，不下。須臾有大風迴逐玄車，塵埃漫天，從者皆辟易。玄乃大怒曰：小邪敢爾。即舉手止風，風便止。玄還，以符投廟中，樹上鳥皆墮地而死。後數日，廟樹盛夏皆枯，尋廟屋火起，焚燒悉盡。玄見買魚者在水邊，玄謂魚主曰：欲煩此魚至河伯處，可乎。魚人曰：魚已死矣。何能爲。玄曰：無苦也。乃以魚與玄。玄以丹書帋納魚腹，擲魚水中。俄頃魚還躍上岸，吐墨書青色如大葉而飛去。玄常有賓後來者，出迎之。坐上又有一玄，與客語，迎送亦然。時天寒。玄謂客曰：貧居，不能人人得爐火。請作火，共使得煖。玄因張口吐氣，赫然火出，須臾滿屋。客盡得如在日中，亦不甚熱。諸書生請玄作可以戲者。玄時患熱，方仰卧，使人以粉粉身，未及結衣。答曰：熱甚，不能起作戲。玄因徐徐以腹揩屋棟數十過，還復牀上。及下，冉冉如雲氣。腹粉着屋棟，連日猶在。玄方與客對食，食畢漱口，口中飯盡成大蜂數百頭，飛行作聲。良久張口，羣蜂還飛入口中，玄嚼之，故是飯也。玄手拍牀，蝦蟆及諸蟲、飛鳥、燕、雀、魚、鼈之屬，使之舞，皆應絃節如人，玄止之即止。玄冬中能爲客設生瓜，夏致氷雪。又能取數十錢，使人散投井中，玄徐徐以器於上呼錢出，於是一一飛從井中出，悉入器中。玄爲客致酒，無人傳杯。杯自至人前，或飲不盡，杯亦不去。畫流水，即爲逆流十丈許。於時有一道士，頗能治病，從中國來。欺人，言我數百歲。玄知其誑，後會衆坐。玄謂所親曰：欲知此公年否。所親曰：善。忽有人從天上下，舉座矚目。良久集地，着朱衣進賢冠。入至此道士前曰：天帝詔問公之定年幾許，而欺誑百姓。道士大怖，下牀長跪。答曰：無狀，實年七十三。玄因撫手大笑。忽然失朱衣所在。道士大慚，遂不知所之。吳大帝請玄相見，欲加榮位。玄不聽，求去不得，以客待之，常共遊宴。坐上見道間人民請雨。帝曰：百姓請雨，安可得乎。玄曰：易得耳。即便書符著社中。一時之間，天地晦冥，大雨流注，中庭平地水尺餘。帝曰：水寧可使有魚乎。玄曰：可。復書符水中。須臾，有大魚百許頭，亦各長一二尺，走水中。帝曰：可食乎。玄曰：可。遂使取治之，乃眞魚也。常從帝行舟，遇大風，百官船無大小多濡沒。玄船亦淪失所在。帝嘆曰：葛公有道，亦不能免此乎。乃登四望山，使人船鈎。船沒已經宿，忽見玄從水上來。既至，尚有酒色。謝帝曰：昨因侍從，而伍子胥見彊牽過，卒不得捨去，煩勞至尊，暴露水次。玄每行，卒逢所親，要於道間樹下，折草刺樹，以杯器盛之，汁流如泉，杯滿即止。飲之，皆如好酒。又取土石草木以下酒，入口皆是鹿脯。其所刺樹，以杯承之，杯至即汁出，杯滿即止。他人取之，終不爲出也。或有請玄，玄意不欲往。主人彊之，不得已隨去。行數百步，玄腹痛。止而卧地，須臾死。舉頭頭斷，舉四肢四肢斷，更臭爛蟲生，不可復近。請之者遽走告玄家，更見玄故在堂上，此人亦不敢言之。走還向玄死處，已失玄尸所在。與人俱行，能令去地三四尺，仍並而步。又玄游會稽，有賈人從中國過神廟，廟神使主簿教語賈人曰：欲附一封書與葛公，可爲致之。主簿因以函書擲賈人船頭，如釘着，不可取。及達會稽，即以報玄。玄自取之，即得。語弟子張大言曰：吾爲天子所逼留，不遑作大藥，今當尸解，八月十三日日中時當發。至期，玄衣冠入室，卧而氣絶，其色不變。弟子燒香守之三日，夜半忽大風起，發屋折木，聲如雷。炬滅，良久風止，忽失玄所在。但見委衣床上，帶無解者。且問隣家，隣家人言了無大風。風止一宅，籬落樹木，皆敗拆也。出《神仙傳》

趙道一《歷世真仙體道通鑑》卷二三《葛仙公》　字孝先。家本琅琊，世傳簪組高祖盧爲漢驃騎大將軍，封下邳侯。後讓國，與弟文托遂南游江左，逍遙丘壑。適丹陽句容，見其山水秀麗，風俗淳厚，深合雅意。

偶會仲弟孫來爲別駕，一日參侍而言曰：吾從祖既爲泰伯，而劣孫可爲仲雍之後乎。因是同居焉。仙公祖矩，仕漢爲黄門侍郎。父孝儒，歷大鴻臚，登尚書。其先裔出葛天氏，食封於葛，遂以國爲姓。世載忠德，歷代諸侯也。仙公本大羅眞人下降，以後漢桓帝延禧七年甲辰歲四月八日誕世。仙公父素奉道法，即遣使齎香華錢詣本里玄静觀，求香水浴兒。時有自然道士支道紀，莫知其所由來，聞尚書得男，乃欣然與來使曰：吾昨宵夢見通玄眞人從大羅天下降，與吾言：昔別已經劫，子將忘我耶？予作禮稱：弟子願得無上正眞道眼。汝歸，悉告尚書，明日當往賀君生奇男。使者歸，以實聞。越一日，道紀果來賀，尚書告曰：始有此子，圖爲宗嗣計，式副願望。道紀求兒看，母有難色。父令抱兒出，道紀見兒，不覺起敬。尚書驚問，道紀曰：吉之先見，敢以爲賀。此兒有紫氣覆之，狀如寶蓋，神光流轉焕耀，當爲神仙，非世間常兒比。尚書曰：仙聖寥邈，變化茫昧，深不可測。願得壽考，以爲宗嗣，足矣。道紀曰：聰明智慧，暫經人世，九天稱慶，七祖同歡，生者被福，死者登天。道紀遂念眞人宿世之功，因作禮十方仙聖，永保元吉。禮竟，爲仙公作讚，其辭曰：身雖輪聖化，魂神無暫滅。宿福積重緣，昔願非今日。大羅眞人降，仙聖含眞出。天龍漱香花，濯我煉胎質。微言將誰信，靈期玄佑畢。道心超不二，混成表元一。獨悟本无想，放朗大乘逸。頌畢，道紀長揖而出，倏然不見。【略】學道修仙，先修戒行，方見漸階。道行既立，乃可服食靈藥，導引元氣，噏納太和，呼吸陰陽，固煉內丹，可以爲地仙。入火不灼，入水不濡，過度災戹，却禍來祥。然須齋直得成。此經出《太上靈寶洞玄大道无極自然眞一五稱文》中，古《三皇內書》論其神仙事，衆妙悉歸於靈寶大法。昔張天師得仙，親遇太上授以《正一盟威修眞祕訣》，及《靈寶五稱文》，出齋事爲首。如靈寶大法，其文簡要，義趣弘深，難可概舉。夫地仙，先登靈山。爲山神主，大期六百年，或三百年者，後皆補天仙。惟於九轉金液還丹，金液玉醴，皆得乘雲駕龍，白日昇天。如《大洞眞經》，誦之便可昇舉，坐見十方，不須服御丹液。夙有仙骨，得見斯文。盜竊靈文者，如有翅不能飛，須要從師授受口訣，告盟天地眞仙，乃可傳也。《三皇內文》、《五嶽十地神洲七變七寶靈圖內篇》，皆上仙之所寶。夫學道者，從微至著，自邇陟遐，不可越略。靈寶符圖，至尊至重，可度大陽九百六之災。眞人超邁三界者，皆由此道矣。【略】昇天之年，八十有一。三篇之詩，次列於後。其一曰：眞人昔遺教，愍念孤癡子。嬖邪不信道，禍亂由斯起。身隨朝露晞，悔恨何有已。罪大不可揜，流毒將誰理。冥冥未出期，劫盡方當止。轉輪貧賤家，仍復爲役使。四體或不完，蹩躄行乞市。不知積罪報，怨天神不恃。大道常無爲，弘之由善始。吾今獲輕舉，修行立功爾。三界盡稽首，從容紫宫裏。停駕虛無中，人生若流水。臨別屬素翰，粗標靈妙紀。其二曰：我今便昇天，愍念諸儒英。大道體虛無，寂寂中有精。視之若冥昧，窈窈中昭明。莫言道虛誕，所患不至誠。奚不登名山，誦是洞眞經。一諷而一詠，玄音徹太清。太上輝金容，衆仙齊應聲。十方散香花，燔煙栴檀馨。皇娥奏九韶，鸞鳳諧和鳴。龍駕翳空迎，華蓋耀杳冥。翛開劫仞臺，帝釋倏降庭。八王奉丹液，挹漱身騰輕。逍遥有無間，流朗絕形名。神童挾侍側，自然朝萬靈。飄飄八景輿，遊宴白玉京。七祖昇福堂，先亡悉超生。王侯能篤信，必爲天下貞，大人體至德，一切蒙其成。其三曰：散誕遊山水，吐納和靈津。竦氣同希夷，靜詠道德篇。至心宗玄一，冥感今乃宣。飛駕御九龍，飄飄乘紫煙。華景耀空衢，紅雲擁帝前。暫迂蓬萊宫，倏忽已賓天。偉偉衆眞會，渺渺淩重玄。體固無終劫，金顏隨日鮮。懽樂忘上境，悲念一切人。誰能離死壞，結是冥中緣。悠悠成至道，無有入無間。微妙良難測，智者謂我賢。若能弘衆妙，輕舉昇神仙。歌畢，雲輿冉冉昇天而去。仙公所著老子《道德經序》及《斷穀服食方》三卷、《入山精思經》十九卷洎神仙歌詩，令遺世間。《吳書》云：先帝好道術，有事仙者葛玄嘗與遊處，帝重之，特爲於方山立洞玄觀。後仙公於閤皂白日昇天，至今方山猶有煮藥鐺及丹臼在焉。按《輿地志》，於赤烏二年建立方山觀也。宋徽宗崇寧三年二月二十八日，奉勅臨江軍清江縣閤皂山葛仙公壇，山川勝境，仙聖所居，其盛德茂功，顯聞于世者，朕必秩而祀之。惟眞人寄言立稱，咸造宗極，出入無畛，與道翺翔。壇于琳宫，積有年所，祈禳休息，美利在民。賜嘉褒榮，特建崇號，尚祈歆懌，永福此邦。可特封沖應眞人。理宗淳祐六年三月十七日，奉勅臨江軍清江縣管下閤皂山葛仙公沖應眞人，莊周氏云：神人使物不疵癘而年穀熟，仙之謂歟。爾修於名山以成妙道，世傳飛昇，尚矣。在崇寧間，固已錫封。迺者部使者從邦甿之請，復以祈禱應響，歲事屢豐之狀來上。

朕於方士說無所嗜，嘉其有功於民，爰命禮官用衍稱謂。若夫乘雲御風，游乎八極之表，何有於名然，姑以見朕褒表之忱也。可特封沖應孚佑眞君。

葛仙公 見葛玄

鄭思遠

傳記

趙道一《歷世真仙體道通鑑》卷二四《鄭思遠》　鄭思遠，少爲書生，善律曆候緯。晚師葛孝先，受《正一法文》、《三皇内文》、《五嶽眞形圖》、《太清金液經》、《洞玄五符》，入廬江馬迹山居，仁及鳥獸，所住山，虎生二子，山下人格得虎母，虎父驚逸，虎子未能得食。思遠見之，將還山舍養飼。虎父尋還依思遠。後思遠每出行，乘騎虎父，二虎子負經書衣藥以從。時於永康横江橋逢相識許隱，具煖藥酒，虎即拾柴然火。隱患齒痛，從思遠求虎鬚，欲求熱插齒間得愈。思遠爲之拔之，虎伏不動。

雜録

趙道一《歷世真仙體道通鑑》卷二四《鄭思遠》　道德經曰：上善若水，水善利萬物而不爭。思遠可謂上善者也，至於養道林泉，仁及鳥獸。且虎乃害人之獸，人共惡之。思遠乃憐虎子之失母，收而飼之。古人所謂養虎自患者，此必然之理，而思遠不見其爲患，且負經書衣藥以從，及拾薪而然火。可謂道之高，德之厚，上善之感也。

葛洪

傳記

趙道一《歷世真仙體道通鑑》卷二四《葛洪》　葛洪字稚川，丹陽句容人。少好學，家貧，躬自伐薪以貨紙墨，夜輒寫書誦習，遂以儒學知名。性寡慾，無所愛玩，不知棋局幾道樗蒱齒名。爲人木訥，不好榮利。閉門却掃，未嘗交遊。時或尋書問義，不遠千里，崎嶇冒涉，期於必得。遂覽究典籍，尤好神仙導養之法。從祖玄，吳時學道得仙，號曰葛仙公。以其煉丹祕術授弟子鄭隱，洪就隱學，悉得其法焉。晉成帝咸和初，司徒王導召補州主簿，後選爲散騎常侍，領大著作。洪固辭不就。以年老，欲煉丹以期遐壽。聞交趾出丹砂，乃求爲句漏令。帝以洪資高，不許。洪曰：非欲爲榮，以有丹爾。帝從之。洪遂將子姪俱行。至廣州，刺史鄧嶽留，不聽，去。洪乃止羅浮山煉丹，在山積年，優游閑養，著述不輟。其《自序》云：洪體乏進趣之才，偶好無爲之業。假令奮翅，則能淩厲玄霄，騁足則能追風躡景，猶欲戢勁翮於斥鷃之羣，藏逸迹於跛驢之伍。何況大塊稟我以尋常之短羽，造化假我以至駑之蹇足。自卜者審不能者止，豈敢力蒼蠅而慕沖天之舉，策跛鱉而追飛兔之軌哉。是以望絶於榮華之塗，而志安乎窮圮之域。藜藿有八珍之甘，蓬蓽有藻棁之樂也。世儒徒知服膺周孔，莫信神仙之書，不但大而笑之，又將謗毁眞正。故予所著子言黄白之事，名曰内篇。其餘剝難，通釋名曰外篇。内外凡一百一十六篇，雖不足藏之名山，且欲緘之金匱，以示識者。自號抱朴子，因以名書。洪博聞深洽，江左絶倫。著述篇章，富於班馬。又精辨玄賾，析理深微。後忽與嶽疏云：當遊行尋師，尅期便發。嶽得疏，狼狽往別，而洪坐至日中，兀然若睡而卒。嶽至，遂不及見。年八十一。視其顏色如生，體亦柔軟。舉尸入棺，甚輕，如空衣，世以爲尸解得仙云。史臣曰：稚川束髮從師，老而忘倦。紬奇冊府，總百代之遺編；紀化仙都，窮九丹之祕術。謝浮榮而捐雜藝，賤尺寶而惜分陰，游德棲眞，超然方外，全生之道，其最優乎。眉山唐庚子西贊云：江左日陋，無復德輝。翔而不集，翩然南飛。鄧嶽細兒，處仲餘黨，豈有識知，亦復瞻仰。吾緣內丹，遂居羅浮。豈以嶽故，而議去留。所就者大，寧卹其小。吾與嶽遊，如狎鷗鳥。

雜錄

趙道一《歷世真仙體道通鑑》卷二四《葛洪》　《道德經》云：寵辱若驚，貴大患若身。葛洪以才學之優，棄功名之貴，夫豈無其故哉。蓋晉室自東遷之後，奸臣搆禍，王道衰微。奇士異人，不一二作。紛紛江左，何時定乎。葛洪之見，可謂出於類拔乎萃矣，是以遯世無悶，樂道全眞。遺寵而辱不及，忘身而患不至，卒能終始于學，仙道克成。後之道者，宜取則焉。

黃野人

傳記

趙道一《歷世真仙體道通鑑》卷二四《黃野人》　黃野人，葛仙之弟子也。稚川棲山煉丹，野人隨之。葛既仙去，留丹於柱石之間，野人自外至，得一粒服之，爲地行仙。今肉身常在世間，有緣者或遇之。後有人遊羅浮，宿留巖谷間，中夜見一人身無衣而紺毛覆體，意必仙也。乃再拜問道，其人了不顧，但長笑數聲，響振林木。歌詩云：雲來萬嶺動，雲去天一色。長笑兩三聲，空山秋月白。其即野人明矣。又宋度宗咸淳中，客有戴烏方帽，著韡，往來羅浮山中，見人則大笑反走。三年不言姓名，它日醉歸，忽取煤書壁上云：雲意不知，滄海春光。欲上翠微，人間一墮。千劫猶愛，梅花未歸。書畢，度海而去。豈非野人之儔侶乎。

楊羲

傳記

趙道一《歷世真仙體道通鑑》卷二四《楊羲》　眞人楊君名羲，晉成帝咸和五年庚寅九月生。似是吳人，來居句容，學道於茅山。爲人潔白，美姿容，善言笑。攻書好學，該涉經史。性淵懿沉厚，幼有通靈之鑒。與二許早結神明之交。二許者，遠遊許邁、長史許穆也。長史薦於相王用爲公府舍人，以穆帝永和初，受中黃制虎豹法。六年，又就劉璞傳《靈寶五符》。璞即魏夫人長子也。君淵沉應感，虛抱自得，若燥濕之引水火，冥默幽欸，相襲無朕矣。年三十六，以哀帝興寧三年乙丑歲，衆眞降授道要。有若上相青童君、太虛眞人、赤君上宰、西城王君、太元茅眞人、清靈裴眞人、桐柏王眞人、紫陽周眞人、中茅君、小茅君、范中候、荀中候、紫光夫人、南嶽夫人、右英夫人、紫微夫人、九華安妃、昭靈夫人、中候夫人，莫不霓旌暗曳，神轡潛竦，紛紛屬乎煙霄，淪蹤收於俗蹊，讌聲金響於君。月無曠日，歲不虛矣。君師魏夫人，儷九華而朋於諸眞，故九華安妃云：明君靈質虛閑，祕搆玉朗，蘭淵高流，清響金宮。必高佐四輔，承制聖君，理生斷死，賞罰鬼神，攝命千靈，封山召雲，主察陰陽之和氣，爲吳越鬼神之君也。後二十二年，將乘龍駕雲，白日昇天矣。今若不耐風火之煙，可尋劍解，作告終之術也。又玄清眞人謂羲曰：夫學道當如射箭，箭直往不顧，乃造堋的。操志入山，惟往勿疑，乃獲至眞。羲恭受，勤行得仙。晉簡文帝後師羲得道。羲後果劍解隱化。眞誥筭以孝武帝太元十二年丙戌去世。弟子許翽，翽父穆，亦因君遇眞。故許氏九人，雖道慶自先，數至神發，如塵鑒凝照，揮瑩之功，并歸于君矣。太元十三年，君乃乘雲駕龍，西謁太素，北朝玉清，輔佐東華，總括吳越人鬼神靈之司。《丹臺錄》云：爲東華上佐。

許邁

傳記

趙道一《歷世真仙體道通鑑》卷二一《許邁》 許邁字叔玄，小名映，丹陽句曲人也。世爲冑族，冠冕相承。映總角好道，潛志幽契。曾從郭璞筮卦，遇《大壯》之《大有》上六爻發，璞謂映曰：君元吉自天，宜學輕舉之道。初，鮑靚授以《中部之法》及《三皇内文》。一旦辭家，往而不返，東入臨安懸霤山中，散髮去累，改名遠遊。服朮黄精，漸得其益，注心希微，日夜无間。數年之中，密感玄虛太一眞人定錄茅君降授上法，遂善於胎息内觀，步斗隱逸。每一感通，將超越雲漢。後移臨安赤城，遇王世龍、趙道玄、傅太初，映因師世龍，受解束反行之道，服玉液朝腦精。三年之中，面有童顏。臨映得道，三官都禁，遣典柄侯周魴、主非使者嚴白虎出丹簡罪簿，各執一通詰映諸愆，如其無答，便當執也。賴得龔幼節、李開林相助。映甚怖懼，強長笑叱詫而答曰：大道無親，惟善是與；天地無私，隨德乃矜。是以版泉流血，無遺龍犇之舉三苗；丹野涿鹿，絳草豈妨大聖靈化、高通上達邪？吾七世祖許子阿者，積仁蘊德，陰加鳥獸，遇凶荒疫癘之年，百遺一口，子阿散財拯救，自營方藥，已死之命，懸於子阿手，得濟者四百八人。德墜我等，應得仙者五人，皆錄字青宮，豈是爾輩可以豫乎？言畢，會司命君遣聽候李遵握鈴而至，魴等笑而走，即得度世東宮，爲地仙中品。映第五弟穆，亦同時得道。

雜録

張君房《雲笈七籤》卷一〇六《紀傳部傳四·許邁眞人傳》 映第五弟謐小名穆，官至護軍長史散騎常侍，年七十二，捨世尋仙，能通靈降眞。先經患滿，腹中結寒，小便不利。遇西王母第二十七女號曰紫微夫人謂穆曰：「此病冢訟之所致，家又有怨鬼爲害，可服朮，自得豁然除去。」紫微夫人因作《服朮叙》以傳。穆依方修合，服十旬都愈，眼明耳聰，容貌日少。司命君授以飛步之道，告穆曰：「淵奇體道，解幽達精。虛中授物，柔德順貞。寬慈博採，聞道必行。逍遙飛步，啓誠坦平。策龍上造，浮煙三清。寔眞仙之師友，乃長里之先生。必當封牧鍾邑，守伯仙京，傅佐上德，列書絳名。」

穆第二子虎牙，耀穎玄根，列景眞圖，諸天仙人，咸謂爲寅獸白齒。定錄君所告服藥事多隱語，誌諸姓名曰：「鳳棲喬木，素衣炳然。履順思貞，凝心虛玄。五公石腴，彼體所便。急宜服之，可以少顏。三八合明，次行玄眞。解駕偃息，可識洞篇。瓊刃應數，適心高玄。棲隱默沈，正炁不衰。朮散除疾，是汝所宜。次服飢飯，兼穀勿違。益髓除患，肌膚充肥。然後登山，詠洞講微。寅獸白齒，爾能見機。遂得不死，過度壬辰。偃息盛木，玩執周書。太極殖簡，金書西華。學服可否，自應靈符。理契同歸，神洞相求。」

穆第三子玉斧，含眞淵嶷，少有徽譽，司徒辟掾不就，隱居茅山，師楊羲受《三天正法曲素鳳文》。後定錄君授其上道，告玉斧曰：「斧學道當如穿井，井形愈深，土愈難運出。若不堅其心，正其行，豈得見泉源耶？」又曰：「夫學道當專注，精無散念。撥奢侈，保沖泊。寂焉如密有所覩，熙焉若潛有所得。始得道之門也，猶未入道之室也。所謂知道爲易，學道爲難者也。若乃幽寂沈味，保和天眞，耽正六府，無視無聽，此乃道之易也。即是不能爲之者，所以爲難矣。許侯研之哉，斧子瑩之哉！」年二十八，超然登仙。映於東山與穆書曰：「吾自寄神炁，收景東林，沐浴明丘，乖我同生。每東瞻滄流，歎逝之迅。西眄雲崖，哀興内發。髣髴故鄉，鬱何壘壘！將欲返身歸塗，但矯足自抑爾！於是靜心一思，逸憑靈虛。登巖崎嶇，引領仰玄。眞志飛上，遊空竦眞。始覺形非我質，遂忘軀逐神矣。浪心飆外，世務永絕。足樂幽林，外難一塞。建志不倦，精誠無廢。遂遇明師，見授奇術。清講新妙，玉音洞密。吐納平顔，鍊形保骨。沖炁夷泯，無復内外也。但恨吾遭良師之太晚，返滯性之不早。吾得道之狀，艱辛情事，定錄眞君以當說之矣。崇賴成覆，救濟之功，天地不能踰也。聞弟遠造上法，偶眞重幽。心觀靈無，烝陶太素。登七關之巍峩，味三辰以積遷。虛落霄表，映朗九玄。此道高妙，非吾徒所聞也。亦由下挺稟淺，未由望也。然高行者常戒在危殆，得趣者常險乎將失。禍福之萌，於斯而用。道親於勤，神歸精感，丹心待眞，招之須臾。若念慮百端，協以營道，雖騁百年，亦無冀也。三官急難，吾昔聞之在前。七考之福，既已播之於後。因運乘易，不亦速耶！幾成而敗，自己而作，試校千端，因邪而生矣！爾想善功，苦心勞形，勤立功德，萬物芸芸，亦何益哉？斧子蕭蕭，其可羨也。各不自悟，當造此事，斧獨何人，享其高乎？師友之結，得失所宗，託景希眞，在於此舉也。吾方棲神空岫，隱形深林，採汧谷之幽芝，掇丹草以成眞矣。昔約道成當還，貺信雖未通徹，粗有髣髴。亦欲暫偃洞野，看望墳塋，不期而往，冀暫見弟。因緣簡略，臨書增懷。映報」

許穆

傳記

趙道一《歷世真仙體道通鑑》卷二一《許穆》 許穆字思玄，一名謐。祖尙，父副。穆少知名，晉簡文在藩，爲世表之交。起家爲太學博士；累遷，位散騎常侍、護軍長史。雖居蟬冕，心慕道德。以第四兄遠遊嘉遯不返，遂表辭榮，太宗不奪其志。穆乃宅於茅山，與楊羲偏該靈奧，天降玉札，授爲上清眞人。年七十二解駕遺世。梁高祖爲於山別立祠眞館。長史本宅，天監十三年立爲宗陽觀，今之紫陽觀是也。宅南一井，即長史所穿。南一塘，郭四朝築以壅柳谷，曰公泉。《茅山記》云：小茅山北有一山，名雷平山。山西北有上清眞人許長史宅，今爲觀。觀前有眞人靈壇。

許翽

傳記

趙道一《歷世真仙體道通鑑》卷二四《許翽》 雷平山眞人許翽，字道翔，小名玉斧。父穆，晉護軍長史，眞位上清左卿。母陶氏，名科斗，先於長史入洞，爲易遷宮夫人。眞人幼獨標挺，含眞淵嶷，長史器異之。郡舉上計掾主簿，並不赴。清秀瑩潔，穢秕塵務，如泉去蒙，盈其科而自進。居雷平山下，師楊君，傳《三天正法曲素鳳文》。後定錄眞人授其上道，告之曰：學道當如穿井，井愈深土愈難出，若不堅心正行，豈得見泉源耶。眞人常願早遊洞室，不欲久停人間。遂詣北地告終，即居方隅山洞方原館中。常去來四平方臺，故眞誥云：幽人在世時，心常樂居焉。又楊君與長史書亦云：不審方隅眞人設座於易遷戶中，後十六年當度東華，授書爲上清仙公，上相。帝晨譜云年三十，而不記去歲。按二錄，晉海西公太和二年丁卯，時年二十七歲。則是成帝咸康七年辛丑生，自太和三年以後，無復顯迹。依譜，年三十，則庚午年去世。《耆舊傳》云：在北洞北石壇上燒香禮拜，因伏而不起。明旦，視形如生。壇今猶在。又云從張鎭南受衣解法。蓋夜於壇上去耳。娶建康令黄演女，生男黄民，乃還家。

許黄民

傳記

趙道一《歷世真仙體道通鑑》卷二四《許黄氏》 字玄文，上清仙公翽之子，上清左卿穆之孫。以晉穆帝昇平五年辛酉生。娶西陽令葛萬安女，時掾年二十一，仕郡主簿、察孝廉、司農丞、南蠻參軍、臨沮令。惠帝永興三年，京畿紛亂，令乃奉經入剡，爲馬朗所翹敬。朗從父弟罕，亦相周給。時人咸知許先生得道，又父祖皆有名稱，各加崇敬。宋文帝元嘉六年，欲移居錢塘，乃封其眞經一廚作朗静中，語此是仙靈之迹，縱有書，亦勿與人。及至杜道鞠家，停少時而終，時年六十九。

又《眞誥》言黄民及伯祖邁、姑婆娥皇、伯聯、與黄民子榮、弟孫女瓊輝，并得度世。馬朗敬經若君父，每有神光靈氣見於堂宇，朗妻數見有青衣玉女空中去來，其家皆保富壽。朗忿山陰何道竊書泄意，復洋銅灌廚鑰，令家人不得復開。朗終，子洪嘉興殳季眞又復宗事。廢帝景和元年，居士樓惠明諷殳季眞啓勑開取。季眞善道術，爲當時所知。及至，奉呈於華林園。既見眞迹，瓌異朱黄煥赫，不敢窮覽。至明帝登祚，季眞乃啓還私廨。陸簡寂南下立崇虛館，經亦歸于館。何神眞巧運，既閟於馬，又發於殳，終授於陸君。馬殳猶巾几負籍羃之宗，而無容入其妙焉。

陸修静

傳記

趙道一《歷世真仙體道通鑑》卷二四《陸修静》　廬山陸先生，吴興懿族陸氏之子，諱修静。道降元氣，生而異俗，其色怡怡，其德熙熙。明以啓著，虛以貫幽。少宗儒氏，墳索讖緯，靡不總該。以爲先天輔化混一精氣與眞宰爲徒者，載在金編玉字，遂收迹寰中，冥搜潛衡。熊湘暨九嶷、羅浮，西至巫峽，峨嵋，如雲映松風，麗乎山而映乎水。功成叩玄，感神授神靈訣，適然自得，通交於仙眞之間矣。宋元嘉末，因市藥京邑，文帝素欽其道風，作停霞寶車，使左僕射徐湛宣旨留之，先生固辭弗顧，拂衣而去。後帝有太初之難，人咸異之。先生時溯江南，尤嗜匡阜之勝概。孝武帝大明五年，爰搆精廬於白雲峰下。太始三年，明帝復加詔命，使刺史王景文敦勸，不得已而就焉。及登車日，乃有熊虎猿鳥，悲鳴滿路，出山而止。先生既至闕，帝設崇虛館、通仙臺以待之。於是順風問道，妙沃帝心。朝野識眞之士，若水奔壑，如風應虎，其誰能禦之。先生撥霧開日，汰沙引金，指方以倒之。中人已上，皆自盈其分，司徒袁粲之流是也。既立崇虛館，殳氏所寶經訣並歸於彼。由是翕然一變頽俗，朝野宗師焉。明年，帝不豫，詔請先生修涂炭之齋。是夕，壇宇間卿雲紛郁，翌日疾瘳。桂陽王用兵，暴白骨徧野，先生具棺櫬收而瘞之。其陰德密運，蓋多此類。先生屢求還山，帝不許。迨蒼梧王元徽五年春正月，忽謂門人曰：吾迫於恩命，違其宿尙，今將還舊山，爾可飭裝整駕。弟子皆迓之。至三月二日，忽偃然解化，其膚體暉映，異香芬馥。後三日，廬山諸徒共見先生，霓旌靄然，還止舊隱，斯須不知所在，相與驚而異之。遺命盛以布囊，投所在崖谷。門人不忍，遂奉還廬山。時春秋七十二。所謂煉形幽壤，騰景太微者矣。有詔謚曰簡寂先生，始以故居爲簡寂觀，宗有道也。先是，洞眞之部眞僞混淆，先生刊而正之，涇渭乃判。故齋戒儀範，爲將來典式。凡撰記論議，百有餘篇，并行於世。門徒得道者，孫遊嶽、李果之最著稱首。後孔德彰與果之書，論先生云：先生道冠中都，化流東國。帝王稟其規，人靈宗其法。微言既絕，大法將謝。法師稟神定之資，居入室之品，學悟之美，門徒所歸。宜其整葺遺蹤，提綱振紀，光先師之餘化，纂妙道之遺風，可以導引末俗，開曉後途者矣。初，先生之赴詔也，嘗曳布囊。及逝而歸，忽有布囊挂於巖樹。今所居西澗，一峰名布囊巖，有醮石，高六七尺，方廣丈餘。其向乾亥，亦名禮斗。石門外有煉丹井，有連理樹，其榦合抱，其根蟠罩。又有石磬，其聲清越。又有藥苗苦竹，亘於山谷，皆遺跡也。唐天后太極元年，勑醮於觀，有黑龍羣鶴之異。降詔褒崇，仍付史館。宋徽宗宣和元年七月一日，封丹元眞人。其詞曰：朕惟前古高蹈之士，名迹不泯而稱號未稱者，議所以追顯之。簡寂先生陸修静，精眞內得，是正遺經垂範，一時脫然超世。廬阜故隱有祠，至今考實定名，禮以眞人之號。非特用褒往躅，亦俾後之聞風者，知道之所在而加勉焉。可特封丹元眞人。

陶弘景

傳記

《南史・隱逸傳下・陶弘景》　陶弘景，字通明，丹陽秣陵人也。祖隆，王府參軍。父貞，孝昌令。

初，弘景母郝氏夢兩天人手執香鑪來至其所，已而有娠。以宋孝建三年丙申歲夏至日生。幼有異操，年四五歲恆以荻爲筆，畫灰中學書。至十歲，得葛洪《神仙傳》，晝夜研尋，便有養生之志。謂人曰：「仰青雲，覩白日，不覺爲遠矣。」父爲妾所害，弘景終身不娶。及長，身長七尺七寸，神儀明秀，朗目踈眉，細形長額聳耳，耳孔各有十餘毛出外二寸許，右膝有數十黑子作七星文。讀書萬餘卷，一事不知，以爲深恥。善琴棊，工草隸。未弱冠，齊高帝作相，引爲諸王侍讀，除奉朝請。雖在朱門，閉影不交外物，唯以披閱爲務。朝儀故事，多所取焉。

家貧，求宰縣不遂。永明十年，脱朝服挂神武門，上表辭祿。詔許之，賜以束帛，敕所在月給伏苓五斤，白蜜二升，以供服餌。及發，公卿祖之征虜亭，供帳甚盛，車馬塡咽，咸云宋、齊以來未有斯事。於是止于句容之句曲山。恆曰：「此山下是第八洞宮，名金陵華陽之天，周回一百五十里。昔漢有咸陽三茅君得道來掌此山，故謂之茅山。」乃中山立館，自號華陽陶隱居。人間書札，即以隱居代名。

始從東陽孫游嶽受符圖經法，徧歷名山，尋訪仙藥。身既輕捷，性愛山水，每經澗谷，必坐卧其間，吟詠盤桓，不能已已。謂門人曰：「吾見朱門廣廈，雖識其華樂，而無欲往之心。望高巖，瞰大澤，知此難立止，自恆欲就之。且永明中求祿，得輒差舛；若不爾，豈得爲今日之事。豈唯身有仙相，亦緣勢使之然。」沈約爲東陽郡守，高其志節，累書要之，不至。

弘景爲人員通謙謹，出處冥會，心如明鏡，遇物便了。言無煩舛，有

雜録

趙道一《歷世真仙體道通鑑》卷二四《陸修静》　陸修静解化於宋之元徽，而《釋氏通鑑》載：梁敬帝紹泰元年，道士陸修静等初爲梁武所棄，遂奔入魏。至是，其徒頗盛。而齊帝事佛，静等嫉之，詣闕請與釋子觸法。且以年代考之，元徽去紹泰六十餘年，其所載事迹，豈非謬乎。

孫遊嶽

傳記

趙道一《歷世真仙體道通鑑》卷二四《孫遊嶽》　先生姓孫名遊嶽，字穎達，東陽人吳之裔也。幼而恭，長而和。其靜如淵，其氣如春。甄汰凡流，潛神希微。嘗步赤松澗縉雲堂，卜終焉之地。宋文帝太初中，簡寂先生至廬嶽，乃執籍事之，遂授《三洞經》法及楊許二眞人墨迹。其後茹芝却粒，又專服穀仙丸。六十七年，顏色精爽，久而愈少。暨簡寂羽化，還舊隱，研味眞趣。至齊武帝永明二年，詔主興世館。由是奇逸之士，爭相趨赴，若孔德璋、劉孝標輩，皆結方外之好。雖常以病求歸，詔命未允。以七年五月中，忽沐浴安坐而終。門弟子數百人，惟陶弘景爲入室。以《三洞經》及楊許墨迹，竭篋相付。後弘景因撰《眞誥》，行於世。

亦隨覺。永元初，更築三層樓，弘景處其上，弟子居其中，賓客至其下。與物遂絶，唯一家僮得至其所。本便馬善射，晚皆不爲，唯聽吹笙而已。特愛松風，庭院皆植松，每聞其響，欣然爲樂。有時獨游泉石，望見者以爲仙人。

性好著述，尚奇異，顧惜光景，老而彌篤。尤明陰陽五行、風角星算、山川地理、方圖産物、醫術本草，著《帝代年曆》，以算推知漢熹平三年丁丑冬至，加時在日中，而天實以乙亥冬至，加時在夜半，凡差三十八刻，是漢曆後天二日十二刻也。又以歷代皆取其先妣母后配饗地祇，以爲神理宜然，碩學通儒，咸所不悟。又常造渾天象，高三尺許，地居中央，天轉而地不動，以機動之，悉與天相會。云「修道所須，非止史官是用」。深慕張良爲人，云「古賢無比」。

齊末爲歌曰「水丑木」爲「梁」字。及梁武兵至新林，遣弟子戴猛之假道奉表。及聞議禪代，弘景援引圖讖，數處皆成「梁」字，令弟子進之。武帝既早與之游，及即位後，恩禮愈篤，書問不絶，冠蓋相望。

弘景既得神符祕訣，以爲神丹可成，而苦無藥物。帝給黄金、朱砂、曾青、雄黄等。後合飛丹，色如霜雪，服之體輕。及帝服飛丹有驗，益敬重之。每得其書，燒香虔受。帝使造年曆，至己巳歲而加朱點，實太清三年也。帝手敕招之，錫以鹿皮巾。後屢加禮聘，並不出，唯畫作兩牛，一牛散放水草之間，一牛著金籠頭，有人執繩，以杖驅之。武帝笑曰：「此人無所不作，欲敩曳尾之龜，豈有可致之理。」國家每有吉凶征討大事，無不前以諮詢。月中常有數信，時人謂爲山中宰相。二宫及公王貴要參候相繼，贈遺未嘗脱時，多不納受，縱留者即作功德。

天監四年，移居積金東澗。弘景善辟穀導引之法，自隱處四十許年，年逾八十而有壯容。仙書云：「眼方者壽千歲。」弘景末年一眼有時而方。曾夢佛授其菩提記云，名爲勝力菩薩。乃詣鄮縣阿育王塔自誓，受五大戒。後簡文臨南徐州，欽其風素，召至後堂，以葛巾進見，與談論數日而去，簡文甚敬異之。天監中，獻丹於武帝。中大通初，又獻二刀，其一名善勝，一名威勝，並爲佳寶。

無疾，自知應逝，逆剋亡日，仍爲告逝詩。大同二年卒，時年八十一。顔色不變，屈申如常，香氣累日，氛氲滿山。遺令：「既没不須沐浴，不須施牀，止兩重席於地，因所著舊衣，上加生裓裙及臂衣靺冠巾法服。左肘録鈴，右肘藥鈴，佩符絡左腋下。繞腰穿環結於前，釵符於髻上。通以大袈裟覆衾蒙首足。明器有車馬。道人道士並在門中，道人左，道士右。百日内夜常然燈，旦常香火。」弟子遵而行之。詔贈太中大夫，謚曰貞白先生。

弘景妙解術數，逆知梁祚覆没，預制詩云：「夷甫任散誕，平叔坐論空。豈悟昭陽殿，遂作單于宫。」詩祕在篋裏，化後，門人方稍出之。大同末，人士競談玄理，不習武事，後侯景篡，果在昭陽殿。

初，弘景母夢青龍無尾，自己升天。弘景果不妻無子。從兄以子松喬嗣。所著《學苑》百卷、《孝經》、《論語集注》、《帝代年曆》、《本草集注》、《効驗方》、《肘後百一方》、《古今州郡記》、《圖像集要》及《玉匱記》、《七曜新舊術疏》、《占候》、《合丹法式》，共祕密不傳，及撰而未訖又十部，唯弟子得之。

雜録

趙道一《歷世真仙體道通鑑》卷二四《陶弘景》 《道德經》云：以正治國，以奇用兵，以無事取天下。又曰：兵者不祥之器，非君子之器，不得已而用之，恬惔爲上。勝而不美，而美之者是樂殺人。夫樂殺人者，不可得志於天下矣。老氏之意，蓋欲追還太古羲黄唐虞之風，務質樸而不尚虚華，使君臣上下，遠聲色，去奢侈，而成清静之化。不至於窮兵黷武，而滅無爲之治也。後世之人，不省厥旨，乃以清談縱誕爲奇。其涖政或偏於姑息而不明賞罰，或放於怠惰而不務勤恪，或病於疏鹵而不究精微，或恃高才而驕傲忽略。其弊不一，至大敗於晉朝君臣之間。淪及後來，有臨兵而講老子《道德經》者。至是，老子之道爲之受汙，使能深識老氏之道者，果如是乎。陶弘景遭逢亂世，棲逸山林，其觀朝政之弊，有詩曰：「夷甫任散誕，平叔坐談空。不意昭陽殿，化作單于宫。」時梁武以釋學治天下，朝臣亦競談玄理，爲政乖繆，武備不修，漸至覆亡其國。故弘景之詩及之。弘景，學老氏之學者也。後世學老氏之學而立人之朝者，可不深味其旨哉。

扈謙

傳記

趙道一《歷世真仙體道通鑑》卷二一《扈謙》 扈謙，魏郡人也。性縱誕，不耻惡衣食，好飲酒，不擇精麤。常吟曰：風從牖中入，酒在杯中搖。手握四十九，靈光在上照。巍峨聚蓍下，獨向冥理笑。又曰：進不登龍門，退不求名位。無以消白日，常作巍峨醉。精於易占，常在建康後巷許新婦店前筮，一卦一百錢，日限錢五百止，次卦千錢不爲也。謙母住尚方門外路西，謙日送錢三百供養母。餘錢二百，謙以飲酒，乞與貧寒。晉海西公且出，見赤蛇蟠於御牀，俄爾失蛇。詔謙筮卦易林，曰：晉室有磐石之固，陛下有出宮之象。海西曰：可消伏否？謙曰：後年應有大將北征失利，以三萬人逆之於壽春北，此災可消。明年秋，桓溫北討敗績，咎豫州刺史袁眞不爲後援，誅眞。還鎮石頭，廢海西，立簡文。溫妾產息玄至艱難，謙筮曰：公第西北六間馬廄壞，竟便差。是男兒，聲氣雄烈，當震動四海。溫賜謙錢三十萬，謙云：謙用筮錢，常患不盡，且無容錢處，請還公庫。溫不聽。許氏以空櫃借謙貯錢，俄而夫人復送錢三十萬。謙從得溫錢後，日筮三卦以供養母，以溫錢飲酒，求能酣客，不問識與不識，羣聚極飲。客隨謙者衆，許氏常以賢人禮待謙，不計求酒之多少。謙後斷，不復詣許氏。訪覓經年，忽於譙溝遇謙，曰：家中欲得櫃用，先生幸還家中，取去先所寄錢。謙笑曰：三年所飲數千斗，唯四十日纔足相補，止餘一百半許有耳，大夫不復足顧矣。吾以爪刻壁記之，寫算便知也。許氏試依其言算之，不差一文。後謙母夜亡，謙且還，云：因緣盡矣。安葬而去，不知所之。數日，許氏家人於落星路邊見謙卧地，始謂其醉，捉手牽引，唯空衣無尸。

雜録

趙道一《歷世真仙體道通鑑》卷二一《扈謙》 扈謙以孝養母，不干名利。內修至道，外混光塵。每筮一卦百錢，日限錢五百止。多以奉母，少以自贍，次卦則須千錢不爲。非廉而不劌者，寧得至此。《道德經》曰：名與身孰親，身與貨孰多，得與亡孰病？是故甚愛必大費，多藏必厚亡。知足不辱，知止不殆，可以長久。扈謙誠熟究此道也。

許太史 許遜

傳記

趙道一《歷世真仙體道通鑑》卷二六《許太史》 名遜，字敬之。曾祖琰，祖王，父肅，世居許昌，高節不仕，潁陽由之後也。父漢末避地於豫章之南昌，因家焉。吳赤烏二年己未，母夫人夢金鳳銜珠墜於掌中，玩而吞之。及覺，腹動，因是有娠而生眞君焉。句曲山遠遊君邁，晉護軍長史穆，皆眞君再從昆弟也。眞君生而穎悟，姿容秀偉。少小通疏，與物無忤。嘗從獵，射一麀鹿中之，子墮，鹿母猶顧舐之，未竟而斃。因感悟，即折棄弓矢，剋意爲學。博通經史，明天文地理，音律五行讖緯之書，尤嗜神僊修煉之術，頗臻其妙。聞西安吳猛得至人《丁義神方》，乃往師之，悉傳其祕。遂與郭璞訪名山，求善地，爲栖眞之所。得西山之陽逍遙山金氏宅，遂徙居之。日以修煉爲事，不求聞達。鄉黨化其孝友，交游服其德義。嘗有售鐵燈檠者，因夜然燈，見有漆剝處，視之乃金也，翼日訪主還之。人有饋遺，苟非其義，一介不取。郡舉孝廉，不就。朝廷屢加禮命，不得已乃以晉武帝太康元年起爲蜀郡旌陽縣令，時年四十二。視事之初，誡吏胥去貪鄙，除煩細，脫囚縶，悉開諭以道，吏民悅服，咸願自新。發擿如神，吏不敢欺，其聽訟必先教以忠孝慈仁忍愼勤儉，近賢遠奸，去貪戢暴。具載文誡，言甚詳悉。復患百里之遠，難於戶曉，乃擇秀民之有德望，與耆老之可語者，委之勸率，故爭競之風日銷，久而至於無訟。先是，歲饑，民無以輸租，郡邑繩以法，率民多流移。眞君乃以靈丹點瓦礫爲金，令人潛瘞於縣圃。一日，籍民之未輸納者，咸造於庭，使服力於後圃。民钁地獲金，得以輸納，遂悉安堵。鄰境流民慕其德惠，來依附者甚衆，遂至戶口增衍。屬歲大疫，死者十七八，眞君以所授神方拯治之。符咒所及，登時而愈。至於沉痾之疾，無不痊者。傳聞他郡，病民相繼而至者，日且千計。於是標竹於郭外，十里之江，置符水於其中，俾就竹下飲之，皆瘥。其悼耄羸疾不能自至者，汲歸飲之，亦獲痊安。蜀民爲之謠曰：人無盜竊，吏無奸欺，我君活人，病無能爲。後江左之民亦來汲水於旌陽，眞君乃咒水一器，置符其中，令持歸置之江濱，亦植竹以標其所，俾病者飲之，江左之民亦良愈。今號蜀江。眞君任旌陽既久，知晉室將亂，乃棄官東歸。蜀民感其德化，無計借留，所在立生祠，家傳畫像，敬事如神明焉。啓行之日，贏糧而送者蔽野。有至千里始還者，有隨至其宅，願服役而不返者，乃於宅東之隙地結茨以居，狀如營壘，多改氏族以從眞君之姓，故號許家營焉。其遺愛及民，有如此者。【略】二君各乘一龍，分水陸還會於北嶺之天寶洞。遂歸舊隱，日與弟子講究眞詮。數十年間，不復以時事關意，惟精修至道。作醉思仙之歌，又著《八寶垂訓》曰：忠孝廉謹，寬裕容忍。忠則不欺，孝則不悖，廉而罔貪，謹而勿失，修身如此，可以成德。寬則得衆，裕然有餘，容而翕受，忍則安舒，接人以此，怨咎滌除。凡我法子，動靜勤篤，念茲在茲，常守其獨。有爽厥心，三官考戮。鄉黨化之，皆遷善遠罪，孝悌興行。平時出處，隨機應物，不異常人。但所居之處鳴鶴翔飛，景雲旋繞而已。自東晉亂離，江左頻擾，眞君所居環百餘里，盜賊不入，閭里晏安，年穀屢登，人無災害。其福被生靈，人莫知其所以然也。至孝武寧康二年甲戌，眞君年一百三十六歲。八月朔旦，有雲仗自天而下，二仙乘輦，導從甚都，降於眞君之庭。眞君降階迎拜，二仙曰：奉玉皇命，賜子詔。眞君俯伏以聽，乃宣詔曰：上詔學仙童子許遜，卿在多劫之前，積修至道，勤苦備悉，經緯逾深。萬法千門，罔不師歷。救災拔難，除害蕩妖，功濟生靈，名高玉籍。衆眞推仰，宜有甄昇。可授九州都仙太史、高明大使，賜紫綵羽袍、瓊旌寶節、玉膏金丹各一。合詔至奉行。眞君再拜。登階受詔。一仙曰：予乃玉眞上公崔子文。一仙曰：予乃元眞大卿瑕丘仲。言畢，揖眞君坐，告以沖舉之日。遂乘雲車而去。眞君乃召門弟子與鄉曲耆老，諭以行期。自此朝夕會於眞君之第，日設宴飲，共叙惜別。且教以行善立功，以致神仙之旨。著《靈劍子》等書，又與十一弟子各爲五言二韻勸誡詩十首，以遺世。【略】初，眞君與郭璞尋眞選勝，至宜春栖梧山，王長史之子朔迎眞君居西亭。久之，眞君謂朔曰：吾視子可傳吾術。乃密授仙方。復云：此居山川秀麗，兼有靈泉出於道南，前對洞天，俯臨袁水，宜爲道院。朔從之，眞君書一「靖」字于壁而去。飛昇之日，雲軿過其上。遣二青衣下告朔：以被玉皇詔命，因來別子。朔洎闔家瞻拜祈度，眞君俯告曰：子輩仙骨未充，但可延年。乃飛仙茅一根授朔，曰：此茅味異，殖於茲地，久服長生。甘能養肉，辛能養節，苦能養氣，鹹能養骨，滑能養膚，酸能養筋。宜和苦酒服之，必效。言訖而別。自後王族如言服餌，各壽百齡焉。眞君所從游者三百餘人，其功行傑出，通吳君十有一人。眞君飛昇之後，里人與眞君之族孫簡，就其地立祠，以所遺詩一百二十首寫竹簡之上，載之巨筩，令人探取以決休咎，名曰聖籤。其鐘車函臼并寶，藏于祠中。蜀旌陽之民，競齎金帛、負磚甓來，甃壇井以報功德，各鐫姓名于上。隋煬帝時，焚修中輟，觀亦尋廢。至唐高宗永淳中，天師胡惠超重興建之。明皇尤加寅奉。宋太宗、眞宗、仁宗，皆賜御書。眞宗又遣中使賜香燭花旛旌節舞偶，改賜額曰玉隆，取度人經太釋玉隆騰勝天之義。仍禁名山樵採，蠲租賦之役。復置官提舉，爲優異老臣之地。徽宗皇帝降玉冊，上尊號，醮告詞文云：政和二年太歲壬辰五月丁巳朔十七日癸酉，皇帝御名謹遣入內內侍省內殿程奇請道士三七人，於洪州玉隆觀建道場七晝夜。罷散日，設醮一座，三百六十分位。上啓神功妙濟眞君：伏以至神無像，雖莫能名，成德在人。姑從所示，式褒顯蹟。肇薦徽稱，冀享欽崇，永綏福地。某無任誠惶誠恐懇禱之至，謹詞。御降眞君冊、告表文，臣某祇奉高眞，肇揚顯蹟，仰太霄之在望，祓靈宇以申虔。美利所加既作，黎民之福純熙。來被更延景曆之昌，臣無任精虔激切之至。謹奉表，奏告以聞。臣某誠惶誠恐，頓首謹言。玉冊文曰：維政和二年歲次壬辰五月丁巳朔十七日癸酉，皇帝再拜言曰：天眷用懋，寵綏四方。爰有至眞，克相上帝，烜威赫德，錫羡降康。而名號弗宣，曷彰報典，迺詔有司考循祕牒，發揮遺懿，垂示無窮。共惟眞君躬握元圖，密庸妙契，繇魏迄晉，嗣休炳靈。賑乏蠲疴，一方攸賴。剪妖馘毒，三氣獲分。肆膺諶姆之符，榮啓都仙之籍。超昇璇極，載紀綿邈。廟像屹崇，風烈如在。矧炎暉之有赫，方皇運之郅隆。薦降嘉祥，聿彰幽贊，禬禳響答，民物阜寧。宜極徽稱，以昭嚴奉。謹遣朝奉大夫充集賢殿修撰知洪州軍州管幹學事兼管內勸農使充江南西路兵馬鈐轄護軍賜紫金魚袋王畟，上尊號曰神功妙濟眞君。洪惟降鑒，誕受丕章，佑我無疆，保茲景命。俾緝熙於純嘏，用敷錫於羣倫。謹言。政和六年，改觀爲宮。眞君昭靈著驗非一，屢承恩寵，事迹詳載逍遙山玉隆萬壽宮志。

雜録

趙道一《歷世真仙體道通鑑》卷二六《許太史》 許太史辭棄官榮，潛心道法。活民則行符咒水，除害則誅蛟斬蛇。行滿功成，高陞仙品。然而鄉黨化其孝友，交游服其德義，隨機應物，不異常人。但所居之處常有鳴鶴翔飛，景雲旋繞而已。其在仕也，政有可觀；其歸隱也，內則修丹，外則混俗，眞神仙之雄傑者也。《道德經》曰：道沖而用之或不盈，淵乎似萬物之宗。挫其鋭，解其紛，和其光，同其塵。湛兮似若存，吾不知誰之子，象帝之先。許太史得之也。

雜録

張君房《雲笈七籤》卷一〇六《紀傳部傳四・吴猛真人傳》 許遜字敬之，南昌人也。少以射獵爲業，一旦入山射鹿，鹿胎從弩箭瘡中出墮地，鹿母舐其子，未竟而死。遜愴然感悟，折弩而歸。聞豫章有孝道之士吴猛學道，能通靈達聖。歎我緣薄，未得識之。於是旦夕遙禮拜猛，久而彌勤。已鑒其心，猛升仙去時，語其子云：「吾去後，東南方有人姓許名遜，應來弔汝，汝當重看之，可以眞符授也。」至時遜果來弔，其子以父命，將眞符傳遜。奉修眞感，有愈於猛。

許遜

見許太史

吴猛

傳記

趙道一《歷世真仙體道通鑑》卷二七《吴猛》 吴君名猛，字世雲，濮陽人。仕吴爲西安令，因家焉。今分寧縣是也。性至孝，齠齔時，夏月手不驅蚊，懼其去已而嚙親也。年四十，得至人《丁義神方》，繼師南海太守鮑靚，復得祕法。吴黄龍中，天降白雲符授之，遂以道術大行於吴晉之間。晉武帝時，許眞君從世雲傳法，世雲盡以祕要授之。永嘉末，杜弢寇蜀，攻陷州縣。眞君既誅大蛇，世雲曰：蛇是蜀精，蛇死則杜弢滅矣。卒如其言。嘗見暴風大作，書符擲屋上，有青鳥銜去，風即止。或問其故，答曰：南湖有舟，遇此風中，有二道士呼天求救，故以此止之。驗之果然。西安令干慶死，已三日，世雲曰：令長數未盡，當爲訟之於天。遂卧於屍傍，數日與慶俱起。慶弟著作郎寶，感其異，遂作《搜神記》，行於世。嘗渡豫章江，値風濤乏舟。世雲以所執白羽扇畫水而渡，觀者駭異。晉孝武帝寧康二年，眞君上昇，世雲復還西安。是年十月十五日，上帝命眞人周廣捧詔召世雲，遂乘白鹿車，與弟子四人白晝沖昇，宅號紫雲府。宋徽宗政和二年五月，準誥封眞人，詞曰：洪都福地，紫府列眞，既靈異之有聞，豈褒崇之可後。以爾早學至道，嘗悟祕言，道化施行，世稱慈父。功行甫就，飛昇帝鄉。大江之西，尚存故宅，凡禱輒應，吾民是依。錫之新封，用彰德懿。朕命惟允，其鑒于茲。可特封神烈眞人。

張君房《雲笈七籤》卷一〇六《紀傳部・傳四》　吳猛字世雲，豫章人也。性至孝，小兒時在父母膝下，無驕慢色，後得道。海昏上僚，路有大虵，時或斷道，以炁吸呑行人，行旅爲絶。猛與弟子往除虵害，虵乃入藏深穴，猛勑南昌社公追虵。虵頭高數丈，猛踏蛇尾沿背而以足按頭，弟子斫殺之。猛云：「此蛇是蜀精，蛇死則杜弢滅矣。」果如言。將軍王敦迎猛，道過宫亭，廟神具官僚迎猛。猛曰：「汝神王已盡，不宜久居，非據我不相問也。」神乃去。至蜀見敦，時多疫病，猛標浦水百步，飲者皆愈，日中請水者將千人。敦惡之，於座收猛，奄然失去，大相檢覆。猛恐坐者多，乃徐步於萬人之中還船，天地冥合，乘風迅逝，一宿至家。弟子見兩龍負船，眼如甕大。猛云：「敦踐人君之位，命終此稔。」其年敦死。後太尉庾亮迎猛至武昌，便歸，自言算盡，未至家五十里亡。殯後疑化，弟子開棺，不見其尸。

韓越

傳記

張君房《雲笈七籤》卷一一〇《洞仙傳・韓越》　韓越者，南陵冠軍人也。心慕神仙，形類狂愚，隨師長齋，誦詠口不輟響。常著屐，行無遠近，入山或百日五十日輒還。家人問越，未嘗實對。後鄉人斫枯木作弓，於大陽山絶崖石室中，見越與六七仙人讀經。越後山中還，於巒村暴亡。家迎覺棺輕，疑非眞尸。發看，唯竹杖耳。宋大明中，越鄉人爲臺將北使，於青州南門遇越，容貌更少，共語移時，訪親表存亡，悲欣凝然。越云：「吾婦患嗽未差，今因與卿散一裹，令溫酒頓服之。」臺將還都，番下具傳越言。而越婦服散，嗽即愈。

郭璞

傳記

張君房《雲笈七籤》卷一一〇《洞仙傳・郭璞》　郭璞字景純，河東人也。王敦欲反，使之占夢，曰：「吾昨夢在石頭外江中扶犁耕，卿占之。」璞曰：「大江扶犁耕，耕亦自不成，反亦無所成。」敦怒謂璞曰：「卿自占命盡何時？」璞曰：「下官命盡今日。」敦令誅璞。璞謂伍伯曰：「吾年十三時，於柵塘脱袍與汝，言吾命應在汝手中，汝可用吾刀。」伍伯感昔深惠，銜涕行法。殯後三日，南州市人見璞貨其平生服飾，與相識共語。敦聞之不信，使開棺無尸。璞得尸解之道，今爲水仙伯。

趙道一《歷世真仙體道通鑑》卷二八《郭璞》　郭璞字景純，河東人也。好經術，博學有高材，而訥於言論。詞賦爲晉中興之冠，好古文奇字，妙於陰陽算曆。有郭公者，客居於河東，精於卜筮，璞從之受業。公以青囊中書九卷與之，由是遂洞五行天文卜筮之術。禳災轉禍，通致無方。雖京房、管輅，不能過也。璞門人趙載嘗竊青囊書，未及讀而爲火所焚。惠、懷之際，河東先擾。璞筮之，知難將作，於是避地東南，抵將軍趙固。會固所乘良馬死，固惜之，不接賓客。璞至，門吏不爲通。璞曰：吾能活馬。吏驚，入白固。固趨出，曰：君能活吾馬乎？璞曰：得健夫二三十人，皆持長竿東行三十里，有丘林社廟者，便以竿打拍，當得一物，宜急持歸。得此，馬活矣。固如其言，果得一物，似猴。將歸，此物見死馬，便噓吸其鼻。頃之馬起，奮迅嘶鳴，食如常，不復見向物。固奇之，厚加資給。璞過江，王導深重之，引參己軍事。元帝初鎭建鄴，導使璞筮之，所言皆驗，遷著作佐郎。時陰陽錯繆，而刑獄繁興，璞上疏云：夫寅畏者所以享福，怠傲者所以招患。宜蕩除瑕釁，贊陽布惠。建武四年三月癸亥，日中有黑子，璞以帝用刑過差，陰陽錯繆，皆繫刑所致。赦不欲數。然子產鑄刑書，非政之善，不得不作，須以救弊故也。今之宜赦，理亦如之。頃之，遷尚書郎。永昌元年春正月，璞復上疏，請因皇孫生，下赦令。帝從之，大赦改元。王敦以璞爲記室參軍，璞善卜筮，知敦必作亂。已預其禍，甚憂之。大將軍掾陳述卒，璞哭之極哀，曰：嗣祖焉知非福也。元帝崩，璞以母憂去職，卜葬地于暨陽，去水百許步。人以近水爲言，璞曰：當即爲陸矣。其後沙漲掩墓，數十里皆爲桑田。璞嘗爲人葬，明帝微服往觀之，因問主人：何以葬龍角，此法當滅族。主人曰：郭璞云此葬龍耳，不出三年當致天子也。帝曰：出天子耶？答曰：能致天子問耳。帝甚異之。明帝大寧元年三月，王敦謀篡位，諷朝廷徵己。帝手詔徵之，敦移鎮姑熟。二年五月，將舉兵向京師，令璞占夢。璞筮之，曰：無成。敦曰：予壽幾何？璞曰：公若舉事，禍將不久；若還武昌，則壽未可量也。敦怒曰：卿壽幾何？璞曰：壽盡今日日中。敦大怒，令伍伯縛之。璞謂伍伯曰：吾年十三時，於柵塘脫袍與汝，言吾命應在汝手中，汝可用吾刀。伍伯感昔深惠，銜涕行法。璞未筮夢之先，已預報家人，備送終之具在行刑之所。命即窆於江側兩松之間，後三日南州市人見璞貨其平生服飾，與相識共語。敦聞之不信，開棺無屍，乃兵解也。後爲水府仙伯。璞生平與桓彝友善，彝每造之，或值璞在卧內，便直入。璞曰：卿來，他處自可徑前，但不可廁上相尋耳，必客主有殃。彝後因醉詣璞，正逢在廁，掩而觀之，見璞裸身被髮，銜刀設醊。見彝，撫心大驚，曰：吾囑卿勿來，反更如是，非但禍吾，卿亦不免矣。璞終嬰王敦之禍，彝亦死於蘇峻之難。璞撰前後筮驗六十餘事，名爲洞林。又抄京、費諸家要最，更撰新林十篇，卜韻一篇，注釋《爾雅》，又注《三蒼方言》、《穆天子傳》、《山海經》、《楚辭》，皆傳於世。所作詩賦誄，亦數萬言。

王嘉

傳記

張君房《雲笈七籤》卷一一〇《洞仙傳·王嘉》 王嘉字子年，隴西安陽人也。久在於東陽谷口，攜弟子登崖穴處。御六炁，守三一，冬夏不改其服，顏色日少。苻堅累徵不就。堅尋大舉南征，以弟融爲大將軍，遣人問嘉。嘉曰：「金堅火強。」仍乘使者馬，正衣冠，徐徐東行數百步。因墮其衣裳，奔馬而還，踞牀而不言。堅又不解，更遣人問：「世祚云何？」嘉曰：「未央。」堅欣然以爲吉徵。明年歲在癸未，堅大敗於壽春，遂亡秦國，是殃在未年也。以秦居西爲金，晉都南爲火，火能鑠金也。嘉尋移嵩高山。姚萇定長安，問嘉：「朕應九五不？」嘉曰：「略當得。」萇大怒曰：「小道士答朕不恭。」有司奏，誅嘉及二弟子。萇先使人隴右逢嘉將兩弟子，計已千餘里，正是誅日。嘉使書與萇。萇令發嘉及二弟子棺，並無尸，各有竹杖一枚。萇尋亡。

趙道一《歷世真仙體道通鑑》卷二八《王嘉》 王嘉字子年，隴西安陽人。輕舉止，醜形貌，滑稽好語笑。不食五穀，不衣美麗。清虛服炁，不與世人交游。隱于東陽谷，鑿崖穴處。弟子數百人，亦穴居。一云嘉御六炁，守三一，冬夏不改其服，顏色日少。季龍之末，棄其徒，潛于終南山，結菴而止。門人復隨之，乃遷於倒獸山。好尚之士師宗，問當世之事，隨問而對。好爲譬喻，如調戲者。言未然之事，辭如讖記。當時人莫能曉，過皆有驗。人候之，至心則見，不至心則隱形不見。衣服在架，履杖猶存。或欲取其衣者，終不及企，而取衣架愈高，而屋亦不大。履杖諸物亦然。秦苻堅累徵不就。堅尋大舉南征，以茅融爲大將軍，遣人問嘉。嘉曰：金堅火強。仍乘使者馬，正衣冠，徐徐東行數百步，而策馬馳反。脫衣服，棄冠履而歸。下馬踞床而不言，堅又不解，更遣人問世祚如何。嘉曰：未央。堅欣然以爲吉徵。明年，歲在癸未，堅大敗於壽春，遂亡秦國。是央在未年也。以秦居西爲金，晉都南爲火，火能鑠金也。嘉尋移嵩高山，姚萇與符登相持，問嘉曰：吾將殺登，定天下否？嘉曰：略得之。萇大怒曰：得當云得，何略之有。遂斬之及二弟子。萇先使人隴右逢嘉將兩弟子，已千餘里，正是誅嘉日也。嘉使書與萇，萇令發嘉及二弟子棺，並無屍，各有竹杖一枚。萇尋亡。嘉著《拾遺記》十卷，多紀異事，見行世。

寇謙之

傳　記

張君房《雲笈七籤》卷一一〇《洞仙傳·寇謙之》　寇謙之者，不知何許人也。弱年好道，入東嶽岱宗山，精苦累年。一旦得眞人分以成丹，白日昇天。謙之符章，救治百姓神驗。於今北方猶行其道者多焉。

趙道一《歷世真仙體道通鑑》卷二九《寇謙之》　字輔眞，上谷平昌人，後魏刺史讚之弟也。遠祖仁，漢成帝時隱王屋山，白日飛昇，號明眞先生。仁之孫曰雋，亦乘龍而去。父馮翊，爲河東太守，以秦苻堅建元乙丑歲七月七日生天師。年十六，長八尺有餘。至十八歲，乃傾心慕道，幽感上達，有仙人成公興傭於謙之從母家，因易之使墾田。一日，於林下箕周髀不合，公興因教之，應手而成。謙之乃嘆賞，有頃忽謂謙之曰：法師有意學道，可相與爲隱乎？遂與之遊華山，常採藥食，謙之自此不復飢。又隱於嵩山數年，一日謂謙之曰：某出，當有人將藥相遺，但食之。果如所言，視其藥，皆毒蟲臭惡物，乃恐懼而出。公興還，具對。公興嘆曰：法師未易得仙，但可爲王者師。復曰：某不久留，翼日午時當去。公興亡後，先生幸爲沐浴，自當有人見迎。公興乃入第三重石室而卒，謙之躬自沐浴。明日日中，有叩石室者，謙之出視，見兩童子，一持法服，一持鉢及杖。謙之引入，至公興尸所。公興倏然而起，著衣持鉢執杖而去。謙之遂守志嵩陽，不復出。後魏明元帝神瑞二年夏四月一日，遽有二人衣翠衣羽服，冠洞雲冠，乘龍持麾來，曰：老君至。徐聞音樂之聲，斯須太上乘白玉車，九龍驂駕，威儀赫奕，神仙導從，集上山頂。謙之虔心作禮，見闕五宮門，臺殿岌然。太上坐白銀華林下，敕仙伯王方平引謙之前立，曰：吾得中嶽集仙宮主表稱，張道陵登眞以來，修眞之人無所師授，今有中嶽道士寇謙之行合自然，宜處師位。故吾授汝以天師之任，及雲中音誦新科經戒。自開闢以來，不傳于世。今運數當出，汝宜修之，佐國扶命以化生靈。遂出新科經戒九卷。謙之受訖，五雲臺殿俱隱。太常二年正月十五日，太上復降，又賜新科符籙十餘卷，且戒之曰：前後符籙，得人可授。授非其人，罪及汝身。謙之稽首奉教，而後志行日新。太武帝始光中，朝廷遣洛州刺史梁公率官千餘人詣山，迎師至闕。而朝野未甚信奉，惟司徒崔浩師事之，上疏曰：臣聞聖主受命，則天應以瑞，河圖洛書皆寄言蟲獸，未若今日神人對接也。昔漢高帝雖曰英聖，四皓猶不屈之。上悟其言，乃命使奉玉帛告祭嵩嶽，及賜師宮館。前席問道，禮遇益恭。復欲授輔弼之位，師固辭曰：我今聖師，太上四臨，神仙六降，并授天經科法。量其所感，乃眞聖也。遂建都壇，創靜輪天宮，制作威儀，一如經戒。於是天下歸仰焉。至庚辰歲，師請爲帝祈福於中嶽，精誠通感，太上冥授帝以太平眞君之號，并冠服符籙。師還具奏，是歲改爲太平眞君元年。二年，謙之奏曰：今陛下以眞君御世，建靜輪天宮，自古未有，當受符籙以彰聖德。上然其言，乃登壇受之。九年正月七日，謂弟子曰：吾昨夢成公興召我於中嶽仙宮。五月二十五日，果羽化。有青炁若煙出口中，至天半乃消。其體漸縮，識者謂之尸解。降年八十四。至七月十五日，東郡沈猷採藥於嵩嶽頂，見謙之身作銀色，光明如日。由是知爲仙人。

郭文舉

傳　記

張君房《雲笈七籤》卷一一〇《洞仙傳·郭文舉》　郭文舉，河內軹人。少愛山水，常游名山，觀華陰石室。洛陽陷，入吳居大辟山，停木於樹，苫覆而止。時猛獸爲暴，文舉居之十餘年，無患。丞相王導使迎至京師，朝士咸共觀之。文舉頹然箕踞，旁若無人。周顗問曰：「猛獸害人，先生獨不畏邪？」文舉曰：「吾無害獸之心，故獸不害人。」周顗庾亮桓溫劉恢共歎曰：「文舉雖無賢人之才，而有賢人之德。」咸和元年，懇求還山。導不許。復少日，遁入臨安白土山。明年，蘇峻作亂，時人謂文舉逆知，故去也。有《老子經》二卷，緼盛懸屋，未嘗見讀之。山外人徐凱師事文舉受籙，籙上將軍吏兵，並見形於凱使役之。又令凱見社竈神，戒凱曰：「不可有房室，不復爲卿使。」凱後娶曁氏女，諸神即隱，唯餘籙吏二人，不復從命。語凱云：「汝違師約，天曹已攝吏兵，留我等守《太上籙》，不復可使。」文舉亡，如蟬蛻，山下人爲之立碑。文舉書箬葉上，著《金雄詩》、《金雌記》，後人於其所住牀席下得之。次第尋看，讖緯相似，乃傳於世。

雜録

趙道一《歷世真仙體道通鑑》卷二八《郭文舉》　郭文舉棲隱山林，不畏猛獸，觀其答周顗之問曰：吾無害獸之心，故獸不害人。其所養所學，可知矣。此所以起人之嘆服。道德經曰：含德之厚，比於赤子，毒蟲不螫，猛獸不據，攫鳥不搏。豈非郭文舉之謂乎。

韋節

傳記

趙道一《歷世真仙體道通鑑》卷二九《韋節》　法師韋節者，字處元，京兆杜陵人。其族名家，藏書萬餘卷。節幼而好古，通經傳子史，傍及占候之術，靡不精索。十四歲，後魏武帝擢爲東宮侍書。及孝明帝初即位，太后視朝，出守於魯郡。莊帝立，復爲陽夏守，以可近嵩山隱真道士趙靜通法師也。既至，遂還簪紱於朝，而謁法師。受三洞靈文，神方祕訣。靜通曰：嵩高是神仙福地，頃浮屠氏棲於此，非有絕俗之行，直欲託名嶽以鬻風聲。由是積尸沈魄，穢濁靈山。比者天文氣候怒戾失中，恐災流於此，尙宜安居耶。汝可抵商洛岷益間，吾當遊泰山，或乘桴浮海。節乃卜居華山之陽，人因號華陽子。餌黃精、白朮、胡麻、茯苓、丹砂、雄黃，修三一雌一，八道九眞。又行黃庭內景、智慧消魔經法。撰爲《三洞儀序》，注《妙眞》、《西昇》等經及《莊》、《列》、《中庸》、《孝經》、《論語》，惟《老子》、《周易》有別論八十餘卷。又讀太和眞人樓觀先生內傳，復爲一卷。周武帝嘗請受靈寶五符赤書眞文，有白鶴臨壇，徘徊而去。帝嘉之，屢有錫賜。復詔爲修眞之曲，遂撰精思法。上嘆仰再四，因賜號精思法師。時有陳國使周洪正，聞師名，欲即問道。帝召與之對，剖析深微，抑揚三教。洪正美而嘆曰：此三界傑人，非止二國之可仰而已。帝特改號玄中大法師。已而廬於山之東嶺，屏諸喧雜，以宅淸曠。上聞之，復賜太元精舍。武帝太和四年《外紀》作天康，忽彩雲如蓋，覆其廬，且曰：予當乘此而去。遂不出戶。十有二日，乃寂然解化，降年七十三。

岐暉

傳記

趙道一《歷世真仙體道通鑑》卷二九《岐暉》　法師岐暉字平定，京兆人也。周武帝太和五年入道。未幾，會武帝沙汰釋老之徒，因復流俗。至隋道法重興，時年二十六，景行之心愈固，遂事蘇法師於通道觀。久之，傳授三洞經法，修按未嘗少怠。內以希夷全其眞，外以逍遙適其趣。歷年之久，湛然自得。隋大業七年，煬帝親駕征遼，暉謂門弟子曰：天道將改，吾猶及見之，不過數歲矣。或問曰：不知來者若何？曰：當有老君子孫治世，此後吾教大興。後數年，隋果亂。至唐高祖欽異其德，遣使齎龍綵以祈福。醮夕，有白雲覆壇，雙鹿馴砌。其精感如此。上嘉之，詔修樓觀，壇宇尊像，一皆鼎新。仍以藍田充焚修之費，命師主之。一日，上躬詣祠庭，謂左右曰：老君乃吾聖祖也，今爲社稷主，不有洪建，其可已乎。因改觀爲宗聖，詔賜粟帛以充齋給。師每爲國祈謝之外，修存三守一及卧斗之法。嘗以仙經云欲爲仙客入太白，於是擇門人志道者俱往。既至而返，則室中常有神仙談笑。唐太宗貞觀四年七月十八日，忽謂門人曰：翌日巳時，吾當去世。及期果羽化，春秋七十三。

梁諶

傳記

趙道一《歷世真仙體道通鑑》卷三〇《梁諶》 道士梁諶者，字考成，京兆扶風人也。博通經史，雖陰陽占候之術，靡不精究。外聲利，薄滋味，唯以安閑自適。一日相者見之，且曰：此子目流白光，貌集眞氣，非常人也。後果樂神仙道。大魏元帝咸熙初，事鄭法師於樓觀，時年十七。仁不勝生，和不好勝，人皆樂之。常夢與仙人遊，或登名山，或酌石髓，由是自有所娛。至晉惠帝永興二年乙丑五月五日，老君命眞人尹軌降于樓觀，乃盡弟子禮事之。踰月，遂授煉氣隱形之法，次授水石還丹術，卒授六甲符及采服日月黃華法。後隱於終南山，食炁吞符，大盡其妙。又廣索丹砂，還而爲餌。凡辭氣之出，則音韻清徹。自是欽奉者多，乃深入巖谷。嘗阻大雪，鳥獸俱斃，而諶獨守寂，其志堅篤，故靈眞自集。目能視地中物，耳能聽數里聲。一日忽謂門人曰：有朋友待吾於南峰，今須往矣。乃冠服而出，則雲氣迷統，不見其形，惟聞鼓吹之音隱隱於空。時元帝大興元年戊寅歲。混元實錄云：能飛行變化，三年丹成，白日昇天。

孫徹

傳記

趙道一《歷世真仙體道通鑑》卷三〇《孫徹》 道士孫徹者，字仲宣，不知何許人，即尹通之籍師也。性端直，寡言語。外視若愚，而中養素，人莫能測之。前趙初光中，師事王先生，方十八歲。先生與之出處，人皆呼先生爲大煉師，徹爲小煉師。先生爲時所望，請訪益多，而遂隱遁。惟徹住樓觀，或宿於木杪與人迹罕及之地。居常編葛爲席，合目端坐，若有所思。人或侮之，謙以自牧，故皆歎然自失而退。每觀人顔色，不待人語言而已知人吉凶。年七十餘，秦建元八年春，忽謂侍者曰：吾須暫行。乃拂衣而去，終莫知其所適。其友馬儉思之，乃取葛席置靜室中供養。凡數日，輒聞席上有人語。其靈異如此。

馬儉

傳記

趙道一《歷世真仙體道通鑑》卷三〇《馬儉》 字元約，京兆右扶風人，尹通之度師也。年十六歲，長八尺，耳大而厚，垂手過膝，額有伏犀，手有縱理。損聲色，外名利。博通經史，尤長於風騷。郡邑異之，有辟命，不就。秦甘靈中，隸道士籍於樓觀，從孫徹學道，時十七歲。遂授以道要。其經史之贍，則五符眞文、三皇内文、道德、靈寶衆經，遁甲占候之法。其藥術之妙，則斷穀服水，餌棗膏、天門、煎朮、煎啇、陸酒、五方雲牙、六甲符、諸天内音，行氣導引之方。其役使萬靈，制御羣邪，則有八吏六丁、二十四神、三皇衆要之科，無施不驗。姚萇聞而奇之，遣使往召，辭以疾。萇嘉其節，乃給香燭，欽尙加厚。儉志道益堅，仁惠周物，人所奔湊，日以滋多。一日，天神降而言曰：法師夙有功德，今復勤修道業，丹名玉曆，白簡玄臺，積有日矣。但保其天年，必得度世。何區區於祈禱，役役於召劾者哉？自可優游三素，混合五神，絕諸聞見，獨保清曠。由是怡神養素，不復出，而仙眞時降。年九十八，後魏太武帝大延五年冬十月一日，謂弟子尹通曰：吾平生所修所感，當祕之勿泄也。頃有白雲從西北來，覆寢室。須臾返眞，惟聞香氣不絕，而白雲南舉焉。

尹通

傳記

趙道一《歷世真仙體道通鑑》卷三〇《尹通》 道士尹通者，字靈鑒，眞人軌之後也。幼從儒學，羣經子史，博無不覽。常嗟幻化非固，每仰天而歎。父母未之達，迫以婚宦。通乃跪伏曰：切聞張眞昇天，鎮南嗣美；茅君得道，太守投誠。況高祖太極眞人之遺德，可無隆紹，願從所志。父母許之，遂飄然而去。時天下寇難縱橫，通履艱危，冒驚險，而至樓觀。年二十六，後魏太武始光初，事馬儉法師。服勤歷年，方授眞人祕韞玉字金書。及恃怙已失，孝禮既盡，而希眞守一之心與日俱往。香火朝謁，無或少怠。服黃精、雄黃、天門冬數十年，體漸清爽，性亦敏慧。尤急於療疾，可愈者治之，言不可者決不可救。太武好道，欽聞其名，常遣使致香燭，俾之建齋行道。自是四方請謁不絶，而通惟以功德爲懷，與而無求，散而無積。時有姪法興及牛文侯、王道義與其徒七人，繼踵而來，共希靈迹。故仙風眞教，自此復彰。年一百一歲，耳聰目明，尤能夜書。至孝文太和二十三年承明二年改太和，近刊《北史》多遺落。夏四月八日，忽與門弟子爲終天之別。有頃，奄忽而化，顏色如常。藏劍之久，老子昇眞陵之西，有神燈數枚，光映其上，而後漸散。

牛文侯

傳記

趙道一《歷世真仙體道通鑑》卷三〇《牛文侯》 道士牛文侯，隴西人也。性識穎拔，學洞古今，尤深於莊老。至於天文地理，無微不綜。又善誨人，隨其性導以忠孝，其勸戒則示罪福之理，其威禁則以符籙之科。由是法教重興，人多化惡爲善。嘗爲人講說，未始措意於利財，至于不得已，則受小而辭大。訪人貧乏，密遣致物於其家，欲人不知其所從來也。每冬寒，則布穀於地，使禽蟲有所食。陰功密惠，大以及於人，小以及於物。修身積德，久而愈篤。西魏文帝大統五年八月二十八日，夢青衣道童告云：上帝有命，宜早治裝，明旦當發。及覺，乃與門人別。翌日澡浴訖，果化。降年八十二。

王道義

傳記

趙道一《歷世真仙體道通鑑》卷三〇《王道義》 道士王道義者，魏時人。博覽羣書，兼明緯候。知終南有尹喜登眞之所，後魏孝文帝太和中，自姑射山將門弟子六七人來居之。初，道士牛文侯、尹靈鑒等四十餘人，敷弘道化，朝野欽奉。時歲歉，常住之資殆不充給。道義大修觀宇，興土木工，丁匠就役。日常百數，而用度不乏。人訝而窺之，則倉庫皆備，取多而益不窮。咸知師之神化，陰有靈助。由是樓殿壇宇，一皆鼎新。惟秦始皇所造老子殿，以其宏麗，不加修飾。令門人購集眞經萬餘卷，皆自捐己力，未始求於人。其性浩然無係累。室中常有人語，弟子輩潛往伺之，乃眞仙之降會也。後魏宣武永平中，將反眞之際，白雲滿室，異香盈庭，踰日方散。里人有見道義乘鹿而去。

陳寶熾

傳記

趙道一《歷世真仙體道通鑑》卷三〇《陳寶熾》 正懿先生陳寶熾，潁川人也。年二十一，不樂婚宦，後魏孝文太和十八年，隸籍樓觀，事法師王道義。未幾羽化，遂遊華陰。復遇陸景眞人，授祕法而歸。於是端誠虛己，依按修持，及誦大洞經。久之通感，故珍禽奇獸，常來侍衛。每朝老子祠及八節投龍簡，則白虎馴遶，左右導從。往來人或有惡意，則咆哮震奮，觸觀左之槐，使彼惡者驚畏自匿，人因號曰老虎木。其德感如此，通幽達冥，無所不至。事有未兆，則先知。其祟妖害人，禁之立止。西魏文帝欽異之，召入延英殿問道。時太師安定公及朝士大夫皆從而師之。年七十有六，大統十五年三月十七日，告門人曰：吾昨夢仙官召，不果久留。來何爲欣，去何爲愴，生死道一，夢覺理均。爾等體之，無或悲矣。言訖，奄忽而化。詔謚正懿先生。

王延

傳記

趙道一《歷世真仙體道通鑑》卷三〇《王延》 道士王延字子元，扶風人也。纔九歲，好道，西魏孝文帝大統三年丁巳，入道師正懿先生陳寶熾。至十八，肄業於樓觀。與眞人李順與相友善。未幾，訪華山雲臺觀，復師焦曠眞人，授三洞祕訣眞經。惟松餐澗飲，以希眞理，後周武帝欽聞，乃遣使召之。焦眞人謂曰：道教陵夷，久失拯援。可應詔出，弘大道教，吾自此逝矣。至都，久之得請還西嶽雲臺觀，復詔增修以居之。然山石無土，致之極勞。因虛默禱于天，忽涌土出於觀側，取多而不竭。嘗苦乏油，乃置一器，經夕自滿，久用而有餘。凡賓客將至，則先有二青鳥，其狀如鳥，飛鳴報之。每登仙掌，陟蓮峰，如履平地。居常出處有猛虎，馴遶若相保衛。是時天下溺於浮屠氏，且其徒不能維持禪律之學，務以罪福駭俗，其弊浸盛，故行沙汰。道教亦從而幾絕。時師之名獨爲上所欽，召至闕，咨問道要。復欲建通道觀，命校讎三洞經法、科儀戒律、飛符籙，凡八十餘卷。又撰三洞珠囊七卷，詔頒於通道觀。由是道教復興，朝廷以大象紀號。至隋文帝禪位，置玄都觀，詔延主之。開皇六年丙午，特召見於大興殿。上齋誠受智慧大戒，於是祥風景雲，羅覆壇所，因職以道門威儀。威儀之名，自茲始矣。時公卿大夫，翕然欽附。仁壽四年春三月吉日，告門人曰：吾欲歸西嶽，但恐上未許。至九日，羽化於仙都觀，有白鶴飛鳴，徘徊庭戶。上異之，遣使護葬西嶽。及就壙，但空棺而已。

侯楷

傳記

趙道一《歷世真仙體道通鑑》卷三〇《侯楷》 道士侯楷字法先，京兆人也。年十四，力究經典，尤精老莊之學。趣向孤高，不畢婚宦，遂就學於正懿先生。年十九，後魏宣武正始中，爲道士，授玄文祕訣。晨夕之奉，久而愈勤。正懿曰：汝雖秉心勵節，於道不懈，苟非栖隱山林，未易有得也。楷曰：道在方寸，何必山林？曰：吾亦知道無不在，然人間修之，時亦有得。但古來仙者，多託巖藪。成眞之後，出而同塵。上眞亦曰：大洞眞經不得人間詠之，詠之則大魔敗之也。又葛仙翁將登眞，別弟子鄭思遠云：何不登名山誦大洞眞經，一諷而一詠，玄音徹太清。由是知入山非惟不是可欲，抑亦自然與經道相符。汝今景慕希夷，入山乃其宜也。曰：入山雖可存眞，然違遠几席，寧逭科律之責耶？師嘉其言，且曰：道非知之難，行之難也。果能始卒無替，道在中矣。逮正懿羽化，乃卜居於寒谷，行三奔術。三奔術者，乃黄帝三奔御女之術。後世迷以傳迷，神仙之所深戒。侯楷受學於陳寶熾，其神仙源流有自來矣，未必三奔之術也。然神仙日月高奔之法，頗契大道。恐是高奔，非三奔。必後世作傳之人誤書也。誦大洞經及三皇内文、劾召之法。其居有清泉環流，三松偃覆，灑然幽寂，是爲栖眞之所，遂號三松觀。人有爲魑魅之害者，無有遠近，皆乞救於楷。或持之以禁呪，或示之以符術，則無不立除之。將去，無他疾，謂門弟子曰：昔費長房失符，爲鬼所殺。吾非失符也，終歸道眞。苟世俗不達，以謂吾爲長房者也。春秋八十六，周武帝建德二年冬十月解化。

嚴達

傳記

趙道一《歷世眞仙體道通鑑》卷三〇《嚴達》　法師嚴達字道通，扶風人也。自髫齔已有方外志，每得一花一果，輒羞獻於像前。樓觀侯法師見而器之。後魏明元帝永興中入道，年始二十。齋眞之暇，常請問大經。遂學窮瓊韞，博通妙術。周武帝建德中，詔法師及王延於便殿，是時已沙汰浮屠氏，又下議於公卿，復欲去道家者流。上問法師道與釋孰優，曰：主優而客劣。上曰：主客奚辯？曰：釋出西方，得非客乎？道出中夏，得非主乎？上曰：客既西歸，主無送耶？曰：客歸則有益胡土，主在則無損中華。去者不追，居者自保，又何送乎。上嘉其對，然不免有所減損，自五嶽觀廟外，悉廢之。特爲法師建通道觀於田谷之左，復選樓觀之士十人，俾共弘眞教。時王延更欲多得之，法師曰：古之達者，先存諸己，而後存諸人。今上不欲廢道教，而意則去繁。但道貴得人，玄綱自振，何必多人耶。蓋多人則多累，反爲吾道之玷。夫道不欲雜，雜則多，多則惑，惑則亂，亂則眞理喪矣，詎有益哉。遂與王延、蘇道標、程法明、周化生、王眞微、史道樂、于長文、張法成、伏道崇等十人，以道術相忘，同乎出處，世號曰田谷十老。至隋室道教復振，文帝開皇中，詔重修二廟，精擇羽流，累致墨詞以祈景福，於是朝野宗奉焉。煬帝大業五年三月十七日，聽周法師鼓琴，乃曰：琴聲感神，當有神降，更奏一曲吾聽之，曲未徹，奄然返眞，春秋九十一。

于章

傳記

趙道一《歷世眞仙體道通鑑》卷三〇《于章》　法師于章字長文，右扶風人。年七歲，父母教讀《孝經》，數日乃曰：聞有《道德經》，意願習誦。父母異之，隨其所好，令習于侯法師。至西魏大統九年披度，服巾瓶之勞凡十有四載。法師愍之，爲開三洞衆眞要法，倒篋相付。嘗自謂曰：眞人符命，非俗可傳。今吾得之，固所寶也。於是靜室圖寫雲篆龍章，精嚴其事。而施之於人，靡不神驗。適會詔選戒潔之士十人居通道觀，而師與焉。然常懷希眞之心，期居幽寂。至周靜帝大象二年，遂卜觀之下西嶺下。誅茅累石，嘯咏林泉。餌黄精、茯苓、山地黄，又服氣吞符，飛章設醮。如此積勤，歷年無輟。隋文帝開皇十七年，復受皇化丈人太極眞公六十甲子及五帝五嶽符印，凡一百三十六首。幷論天地源流，符之本末，置壇法式。乃錄授符日月及眞仙誥訣，次第記之，名爲起序。由是通眞之心與日俱進，故除妖翦祟，其神變不可量，而流俗霑惠日益多矣。煬帝大業十年六月十四日羽化，春秋八十有二。臨窆之日，有一白鳥自棺而去，人謂得蛻形之道。

嵇康

傳記

趙道一《歷世真仙體道通鑑》卷三四《嵇康》 嵇康字叔夜，向北山從道士孫登學琴，登不教之，曰：子有逸郡之才，必當戮於市。康遂別去，登乃沖昇。康向南行，至會稽王伯通家求宿。伯通造得一館，未得三年，每夜有人宿者，不至天明即死。伯通見此凶，遂嘗閉之。至是，康留宿館中，一更後乃取琴彈，二更時見有八鬼從後館出。康懼之，微祝乾元亨利貞三遍，乃問鬼曰：王伯通造得此館，成來三年，每夜有人宿者死，總是汝八鬼殺之？鬼曰：我非殺人鬼，是舜時掌樂官，兄弟八人，號曰伶倫。舜受佞臣之言，枉殺我兄弟，在此處埋。主人王伯通造館，不知向我上築牆，壓我悶我。見有人宿者，出擬告之，彼見我等，自懼而死，即非我等殺之。今願先生與主人說，取我等骸骨遷別處埋葬。期半年，主人封爲本郡太守。今賞先生一廣陵曲，天下妙絕。康聞知大悅，遂以琴與鬼。鬼彈一遍，康即能彈。彈至夜深，伯通向宅中忽聞琴聲美麗，乃披衣起坐，聽琴音，深怪之，乃問康。康答曰：主人館中殺人鬼，我今見之矣。伯通曰：何以見之？康具言其事。明日伯通使人掘地，果見八具骸骨。遂別造棺，就高潔處遷埋。後晉文帝時，伯通果爲太守，康爲中散大夫。帝令康北面受詔，教宮人曲，康不肯教。帝後聽佞臣之言，殺康於市中，康遂抱琴而死。葬後開棺，空不見尸。《晉書》云：嵇康字叔夜，譙國銍人。其先姓奚，會稽上虞人，以避怨徙焉。銍有嵇山，家于其側，因而命氏。康早孤，有奇才，遠邁不負羣。身長七尺八寸，美詞氣，有風儀。而土木形骸不自藻飾，人以爲龍章鳳姿，天質自然。博覽，無不該通。與魏宗室婚，拜中散大夫。常修養性服食之事，彈琴詠詩，自足於懷。以爲神仙稟之自然，非積學所得，至於導養得理，則安期彭祖之倫可及。乃著《養生論》。每思郢質，惟陳留阮籍、河內山濤，豫其流者向秀、劉伶、籍兄子咸、王戎，遂爲竹林之遊，世所謂竹林七賢也。戎自言與康居山陽二十年，未嘗見其喜慍之色。康嘗採藥遊山澤，會其得意忽焉忘反。時有樵蘇者遇之，咸謂爲神。至汲郡山中，見孫登，康遂從之遊。登沈默自守，無所言說。康臨別去，登曰：君性烈而才儁，其能免乎。康又遇王烈，共入山。烈嘗得石髓如飴，即自服半，餘半與康，皆凝而爲石。又入石室中，見一卷素書，遽呼康，往取輒不復見。烈乃嘆曰：叔夜志趣非常，而輒不遇，命也。山濤將去選官，舉康自代。康乃與濤書告絕，大略云：聞道士遺言，餌朮黃精令人久壽，意甚信之。游山澤，觀魚鳥，心甚樂之。一行作吏，此事便廢，安能舍其所樂而從其所懼哉。今但欲守陋巷，教養子孫，時時與親舊敘離闊，陳說平生。濁酒一盃，彈琴一曲，志意畢矣。此書既行，知其不可羈屈也。康性絕巧而好鍛，宅中有一柳樹甚茂，乃激水圜之，每夏月居其下以鍛。東平呂安服康高致，每一相思，輒千里命駕，康友而善之。後安爲兄所枉訴，以事繫獄。辭相證引，遂復收康。康性愼言行，一旦縲紲，乃作幽憤詩曰：雖曰義直，神辱忠沮，澡身滄浪，曷云能補。初，康居貧，嘗與向秀共鍛于大樹之下，以自贍給。潁川鍾會，貴公子也，精練有才辯，故枉造焉。康不爲之禮，而鍛不輟。良久會去，康曰：何所聞而來，何所見而去？會曰：聞所聞而來，見所見而去。會以此憾之。及是，言於文帝曰：嵇康卧龍也，不可起，公無憂天下。顧以康爲慮爾，因譖康欲助毌丘儉，帝遂害之。康將刑東市，太學生三千人請以爲師，弗許。康顧視日影，索琴彈之，曰：昔袁孝宏嘗從吾學廣陵散，吾每靳固之，廣陵散於今絕矣。時年四十。海內之士，莫不痛之。帝尋悟而恨焉。初，康嘗遊洛西，暮宿華陽亭。引琴而彈，夜分忽有客詣之，稱是古人。與康共談音律，辭致清辯。因索琴彈之而爲廣陵散，聲調絕倫。遂以授康，仍誓不傳人，亦不言其姓字。康善談理，又能屬文，撰上古以來高士爲之傳贊，又作太師箴。《記纂淵海》云：南海太守鮑靚，通靈士也。東海徐寧師之，寧夜聞靜室有琴聲，怪其妙而問焉。靚曰：嵇叔夜。寧曰：嵇臨命東市，何得在此？靚曰：叔夜雖示終，而實尸解也。

東郭延

傳記

趙道一《歷世真仙體道通鑑》卷三四《東郭延》　東郭延者，山陽人也。服靈飛散，能夜書。在冥室中，身皆生光，照耀一室。又能望見平地數十里小物，知眞形色。又凡見人，不計識與不識，能逆知其生死，一如其言。在鄉至四百歲不老。一旦有數十人乘迎之，比鄰盡見，與親故辭别而去。云詣崑崙山也。

樂子長

傳記

趙道一《歷世真仙體道通鑑》卷三四《樂子長》　潛山眞君是樂史之遠祖。按《總仙記》曰：眞君名子長，齊人也。少好道，到霍林遇仙人韓衆，受靈寶符，傳巨勝、赤松散。眞君服藥，年一百八十歲，色如少女。妻子九人，皆服此藥。入勞盛山昇仙，住方丈之室。於神州受太玄生籙，以五芝爲糧。太上補爲修門郎，位亞神次。唐玄宗夢二十八仙，稱星二十八宿。內眞君是星宿，於潛山得道，號潛山眞君。

王玄甫

傳記

趙道一《歷世真仙體道通鑑》卷三四《王玄甫》　王玄甫，沛人也。同吳人鄧伯元學道於赤城、霍山，受服青精石飯、吞日精丹景之法，內思洞房，積三十四年，乃內見五藏，冥夜中能書。晉穆帝永和元年正月十五日，大帝遣羽車迎之，玄甫與鄧伯元乘雲駕龍，白日昇天。今在北玄圃臺，受書爲中嶽眞人。

嚴東

傳記

趙道一《歷世真仙體道通鑑》卷二八《嚴東》　道士嚴東，不知何許人。年四十餘，齊高帝建元中詣晉陵，依道士李景遊。嘗自悔若愚，衣弊履穿，惟賫一瓢，亦無經書。及與之談論，所造深微，而聲音清徹，聽者駭異。其爲笑傲歌謠，和光混迹，時人皆知非常，而欽尚之。在晉陵五六年，一日將别，援筆註《靈寶度人經》。辭不停翰，窮日而終。乃入溧陽甑山中，後亦不知所在。

隋唐五代部

徐則

傳記

趙道一《歷世真仙體道通鑑》卷二九《徐則》 道士徐則者，東海郯人。沉靜寡慾，常懷棲隱之志，乃入縉雲山修道。久之，太極徐眞人降謂曰：汝出八十，當爲王者師，然後得道。因廬天台山，絕粒養浩，所資惟松水而已。隋煬帝爲晉王，鎮揚州，以書召之。謂門人曰：吾今年八十一，王召我，徐眞人之言驗矣。既至，晉王請授道法，則辭以日不利。其夕，雖香火如常，朝禮至五更，寂然返眞。王命使送還天台。時自江都道中，人或見師徒步，云得還。及至舊隱，以經書道法遺弟子。仍掃一室，曰：有客至，宜延之於此。有頃，跨石梁而去，不知所在。翌日，果使至。時年八十有二，晉王追嘆，三遣使圖其形，又命柳䛒爲贊，曰：可道非道，常道無名。上德不德，至德無營。眞風扇矣。粵有夙煉金骨，怡神玉清。石髓方漱，靈丹欲成。言念葛稚，將從茅盈。我王遙屬，爰感虛誠。柱下暫啓，河上沈精。留符信在，化杖龍輕。求思靈迹，曷用攄情。

丁玄真

傳記

趙道一《歷世真仙體道通鑑》卷三一《丁玄真》 字仲誠，潯陽人也。天資恪敏，嚴於持戒，爲鄉里推仰。嘗遇野人得法，其要精妙，能攝鬼神而驅役之，無不如意。每以康王谷地最靈秀。其谷口有銅馬廟，云漢王莽嘗造銅馬，歲久有物附之，肆爲妖怪，食民物畜稼苗之類，爲害弗堪，居人乃爲立廟以祈之。玄眞惡其事，即毀翦其廟，乃取是地置眞宇焉。遂送銅馬於南江，人未迴而馬已復其舊處，玄眞又斷馬之左足，而馬乃化人形，泣曰：願得一食之所。玄眞遂移其祠于澗之西，許其弗爲害也。前又有毒龍潭，因風雨晦冥，忽見二龍出而弄珠，光彩照爍。玄眞叱之，輒取其珠置眞殿內。而龍又入殿取珠，既而弗得，乃吐涎滿地。復見殿柱有張僧繇所畫二龍，即與之鬭，風雨震吼，衝倒檐楹。玄眞遂書鐵符，燒鐵鐘，鎮其潭龍，龍穿山西而去。又復以鐵釘釘殿柱，畫龍之目，其患乃止。於是神怪避地，始爲福庭。時隋文帝開皇十年也。江州刺史狀其事封章朝廷，帝聞而異之，降詔褒崇，命州郡加禮遇焉。煬帝大業三年解化，其夕有白光亘於天之東南。及玄眞既逝，方沒。春秋七十八。

巨國珍

傳記

趙道一《歷世真仙體道通鑑》卷三〇《巨國珍》 巨法師名國珍，武功人。性淳厚，好神仙學。年三十斷俗緣，而事游法師於樓觀，時隋文帝仁壽之四年也。焚修之外，口必誦經，心常存一，名利兩忘，喜怒俱遣。食蔬衣弊，所守彌篤。或有遺物者，隨得隨散。或有輕侮者，終不恚怒。法師嘉其行，乃授以思微戒籙，封召符章。依按而修，勤亦備至。每臨壇誦經，遍未及數，則雖冬風夏日，未嘗輒廢。一日因感疾，人勉之以藥，曰：道勝則疾除，何慮之有。其自信之如此。由是遠近之俗，嚮風而至，不可勝計。春秋六十，唐太宗貞觀八年夏五月十三日，晝寢，門人忽聞車馬之聲。有頃，瓦屋皆震，法師遂化。

朱象先《終南山説經臺歷代真仙碑記・巨國珍法師》 法師武功人，

年三十，隋仁壽中入道。食蔬衣弊，恪守苦節，飢寒未嘗分念，聲利不關諸心。人譽之則懼，人辱之則拱而聽。非唯面順，實亦心服，蓋道愈充而心愈柔也。惷叟見之，曰：不欲爭虛氣於形迹之間，唯務收實效於言意之表，國珍是已。贊曰：心期出世與天游，世事誰能爲校酬。蔬食草衣還自樂，旁觀虛作不堪憂。

胡隱遥

傳記

趙道一《歷世真仙體道通鑑》卷二九《胡隱遥》 洞庭山道士也，自云角里先生之孫。其山有角里村角里廟，累世多得道。隱遥居焦山，學太陰煉形之法，死於巖中。囑弟子曰：常視吾體，無令物犯。六年後若再生，當復我以衣冠。弟子視之，肌體爛壞，惟五臟不變。乃復閉護，及期果再生。遂備湯沐浴，加新衣。其髮鬒而黑，其鬚粗而直。後十六年，如前死，更七年復生。如此凡三度，約八十歲，狀貌如三十許人。隋煬帝聞之，召見，恩禮隆異。唐貞觀中，太宗詔入内殿，問攝生之道。對曰：臣所修者，匹夫之志，功不及物。帝王修道，一言之利，萬國蒙福，得道之效尤速。臣區區之學，非九重萬乘之所修也。請歸山，後不知所之。

王遠知

綜述

《舊唐書・隱逸傳・王遠知》 道士王遠知，琅邪人也。祖景賢，梁江州刺史。父曇選，陳揚州刺史。遠知母，梁駕部郎中丁超女也。嘗晝寢，夢靈鳳集其身，因而有娠，又聞腹中啼聲，沙門寶誌謂曇選曰：「生子當爲神仙之宗伯也。」遠知少聰敏，博綜羣書。初入茅山，師事陶弘景，傳其道法。後又師事宗道先生臧兢。陳主聞其名，召入重陽殿，令講論，甚見嗟賞。及隋煬帝爲晉王，鎮揚州，使王子相、柳顧言相次召之，遠知乃來謁見，斯須而鬚髮變白，晉王懼而遣之，少頃又復其舊。煬帝幸涿郡，遣員外郎崔鳳舉就邀之，遠知見於臨朔宮，煬帝親執弟子之禮，敕都城起玉清玄壇以處之。及幸揚州，遠知諫不宜遠去京國，煬帝不從。

高祖之龍潛也，遠知嘗密傳符命。武德中，太宗平王世充，與房玄齡微服以謁之，遠知迎謂曰：「此中有聖人，得非秦王乎？」太宗因以實告，遠知曰：「方作太平天子，願自惜也。」太宗登極，將加重位，固請歸山。至貞觀九年，敕潤州於茅山置太受觀，并度道士二十七人。降璽書曰：「先生操履夷簡，德業沖粹，屏棄塵雜，棲志虛玄，吐故納新，食芝餌术，念衆妙於三清之表，返華髮於百齡之外，道邁前烈，聲高自古。非夫得祕訣於金壇，受幽文於玉笈者，其孰能與此乎！朕昔在藩朝，早獲問道，眷言風範，無忘寤寐。近覽來奏，請歸舊山，已有別敕，不違高志，并許置觀，用表宿心。未知先生早晚已屆江外，所營棟宇，何當就功？佇聞委曲，副兹引領。近已令太史薛頤等往詣，令宣朕意。」其年，遠知謂弟子潘師正曰：「吾見仙格，以吾小時誤損一童子吻，不得白日昇天。見署少室伯，將行在即。」翌日，沐浴，加冠衣，焚香而寢，卒，年一百二十六歲。調露二年，追贈遠知太中大夫，謚曰昇眞先生。則天臨朝，追贈金紫光祿大夫。天授二年，改謚曰昇玄先生。

傳記

《新唐書・方技傳・王遠知》 王遠知，系本琅邪，後爲揚州人。父曇選，爲陳揚州刺史。母晝寢，夢鳳集其身，因有娠。浮屠寶誌謂曇選曰：「生子當爲世方士。」

遠知少警敏，多通書傳，事陶弘景，傳其術，爲道士。又從臧兢游。陳後主聞其名，召入重陽殿，辯論超詣，甚見咨挹。隋煬帝爲晉王，鎮揚州，使人介以邀見，少選髮白，俄復鬒，帝懼，遣之。後幸涿郡，詔遠知見臨朔宮，帝執弟子禮，咨質仙事，詔京師作玉清玄壇以處之。及幸揚州，遠知謂帝不宜遠京國，不省。

高祖尙微，遠知密語天命。武德中，平王世充，秦王與房玄齡微服過之，遠知未識，迎語曰：「中有聖人，非王乎？」乃諗以實。遠知曰：「方爲太平天子，願自愛。」太宗立，欲官之，苦辭。貞觀九年，詔潤州即茆山爲觀，俾居之。璽詔曰：「省所奏，願還舊山，已別詔不違雅素，并敕立祠觀，以伸曩懷。未知先生早晚至江外，祠舍何當就功？令太史令薛頤等往宣朕意。」

遠知多怪言，詫其弟子潘師正曰：「吾少也有累，不得上天，今署少室伯，吾將行。」即沐浴，加冠衣，若寢者，遂卒。或言壽蓋百二十六歲云。遺命子紹業曰：「爾年六十五見天子，七十見女君。」調露中，紹業表其言，高宗召見，嗟賞，追贈遠知太中大夫，謚升眞先生。武后時復召見，皆如其年。又贈金紫光祿大夫。天授中改謚升玄。

紀事

趙道一《歷世真仙體道通鑑》卷二五《王遠知》 道士瑯琊王遠知，陳揚州刺史曇首之子。外祖丁超，梁駕部郎中。其母因夢靈鳳，有娠。僧寶誌曰：生子當爲神仙宗伯也。年七歲，日覽萬言，博總羣書，心冥至道。年十五，入華陽事陶貞白先生，授三洞法。又從宗道先生藏矜，傳諸祕訣。陳主召入重陽殿，特加禮敬，賞賚資送還茅山。先生乃於洞西北嶺上，結靖室以居，研味玄祕。陳宣帝大建末，靖室中忽有一神人醉卧嘔吐，先生然香禮候，神人曰：吾將遊天台山，卿能去否？先生即隨出，上東嶺。至山半，忽思未二三弟子付囑經書，背行十餘步，迴望神人，化爲鶴飛去。隋晉王廣鎭揚州，王子相柳顧言相續奉請先生。既至，斯須而鬢髮變白，王懼而歸之。少選復舊。王踐祚，敕崔鳳舉諮迓，帝親執弟子禮。敕江都起玉清玄壇以處之，仍令代王越師焉。唐高祖龍潛時，先生嘗密告符命。秦王與房玄齡微服就謁，先生迎謂曰：此中有聖人。秦王請以實告，先生曰：方作太平天子，願自愛也。秦王詣先生，受三洞法。及登極，將加重位，固辭歸山。至太宗貞觀九年，敕潤州於茅山置太平觀，并度七人。降璽書曰：朕昔在藩朝，早獲問道，眷言風範，無忘寤寐。近覽來奏，請歸舊山，已有別敕，不違高志。所令置觀，用表宿心。先生浩氣虛懷，語默一致，涵照如鏡，應物無私。時有竇德玄，先經揚州，遇司命使者，言其有重祿，以九九之數當終命。德玄求哀，使者云：眞人王法主是少室仙伯，檢錄人鬼之任，關奏天曹，無不即應。德玄遂懇祈於先生，先生不得已，因與請命。使者報曰：更延十三年。至高宗朝，德玄爲左相，捐館舍之日。言皆如之，故舉世呼先生爲法主。又知已授仙職，後謂潘師正曰：吾昨見仙格，以小時誤傷一童子唇，不得白日昇天，署少室仙伯，將行有近。翌日，沐浴加冠衣，焚香而寐，告化，時年一百二十一歲。潘師正、徐道邈同得祕訣，爲入室弟子。陳羽、王軌次之。其餘各棲洞府，終身無替。高宗調露二年，贈太中大夫，謚曰昇玄先生。乃敕置太平觀，度道四十九人。天后嗣聖初，又贈金紫光祿大夫，改謚昇眞先生。明皇天寶中，敕李含光於太平觀造影堂，寫眞像，用旌仙迹焉。一云先生善易，知人死生禍福。作《易總》十五卷。一日雷雨雲霧中，一老叱先生曰：所泄者書何在，上帝命吾攝六丁雷電追取。先生惶懼據地，傍有六人青衣，已捧書立矣。老人責曰：上方禁文，自有飛天保衛，金科祕於玄都，汝何敢輒藏緗帙？先生對曰：青溪之老傳授。老人曰：上帝敕下，汝仙品已及，受度期展四年，二紀數也。先生化後，有人過海，爲風飄蕩，忽見葉舟自天末來，乃先生也。且曰：君涉險，何至如此？此洋海之東十萬里也。借子迅風，一夕可到登州。既去，舟如飛羽，覺風⿱羽毛⿱羽毛。而過明日，果至登州。

雜録

劉大彬《茅山志》卷一〇《上清品》 十代宗師：上清少室仙伯唐國師金紫光祿大夫，謚昇玄先生，姓王諱遠知，字德廣，瑯琊臨沂人。父曇，選陳揚州刺史，母丁夢鳳鳥集其身。僧寶誌謂其父曰：生子當爲神仙。宗伯以梁大通二年生。弱冠，師宗道先生，臧矜進而宗修隱居經法，陳主召入重陽殿，特加禮敬，送歸茅山，居于洞西北嶺。隋，晉王廣鎮揚州，具禮迎請。既至，忽鬚髮變白，王懼而歸之。大業七年，煬帝幸涿郡，召見臨朔宮，扈駕洛陽，奉勅詣中嶽修齋，復詔京師，建玉清玄壇以處之。唐高祖龍潛時，先生密告以符命。武德中，太宗爲秦王，平王世充因與房玄齡微服謁先生，先生迎謂曰：此中有聖人。秦王洒審其實，先生曰：方作太平天子，願自愛。已而請還山。貞觀九年，勅建太平觀，賜田度道士七七人爲侍者。八月十四日，適因睡寤，喜形於色，謂弟子曰：吾向暫游洞宮，仙官見報，欲以疲朽補仙伯，名位已定，行在不久。十六日，沐浴，入室，焚香，顧問侍者日時早晚。對曰：辰時。曰：好。即正衣冠就寢而化，年一百二十有六。高宗調露二年，贈太中大夫，謚昇真先生，天后嗣聖加贈前號，時稱玉法主云。贊曰：翩翩鳳儀，覽德不遲。或隱或來，景運有期。質化神通，不滯玄白。百廿六歲，唐仙宗伯。

李元基

傳記

趙道一《歷世真仙體道通鑑》卷三一《李元基》 李元基，唐高祖武德初人。隱葛山中，有道術，能坐在立亡，人莫測之。時時經行，以符藥救人。採虎骨、針鵲影、活魚鱉甚衆。每晝出，逢夜則止，露宿草野中。代宗末，在建昌縣中插松柏滿身，飛去。後有人採藥葛山，見元基跨青鹿行若飛，問之不應，莫知所在焉。

張惠明

傳記

趙道一《歷世真仙體道通鑑》卷三三《張惠明》 張惠明，趙郡人。結廬於中條山，受法於元真觀。常行咒禁，驅馳精魅。後往長安，遇混元子，受高奔之道。行之，功濟德備，道學超羣。凡諸就席，皆章甫之徒。唐太宗詔之內殿，致醮有感。後乞歸山林，上允敕住南嶽，封妙濟大師。忽一夕遇南嶽右英夫人，傳抱一守眞、三五混合之要。行之一紀，復詔之西嶽，以便問事。後尸解。

韋善俊

傳記

趙道一《歷世真仙體道通鑑》卷三六《韋善俊》 韋善俊者，其先出京兆。高祖逍遙不仕，祖宣敏嘗爲鞏縣令，因家於鞏，父昂好山水。母王氏初妊，每噉血食則連夕腹痛，遂蔬食。既生，年十三歲，長齋誦道德、度人、西昇、昇玄等經，人有所惠，悉爲賑救之用。及壯，詣嵩陽觀事黄元賾參佩道法，又從臨汝洞元觀道士韓元最，復授祕要，常有二青童侍左右。唐高宗調露初，有劉文兒過山之西，見神人長丈餘，介甲而坐。見善俊來，起迓之。文兒因訪識者，曰：此奉戒道之士也。文兒欽異，遂從善俊歸嵩陽。天后嗣聖中，寓籍昇仙觀。一日復見神人，厲聲曰：子何人，輒來此，請速去，不爾傷子。善俊曰：神人試我耶，何相逼太甚。神人遂遜謝而去。又嘗過壇墟店東，遇黑駁犬繞旋不去，因畜之，呼爲烏龍。如意中，將遊少林寺，以齋食食之。僧曰：人未食而食犬，可乎？謝曰：吾過矣。尋出寺而去，望之愈遠，而犬愈大，長數丈，化爲龍。善俊乘之，歸嵩陽，絶迹不復出。長壽中，忽謂弟子曰：吾學道已九十九年，今則百矣。太上召我，當往。遂乘龍去。

陳道沖

傳記

趙道一《歷世真仙體道通鑑》卷三一《陳道沖》 法師姓陳氏，名道沖，潯陽人。母方娠，夢天仙入其室。及生，有殊相。兒時便不飲酒茹葷，每聞人講經論道，則傾耳諦聽。暨長，戒行高潔，傳法籙於異人。遂結庵于紫霄之別峰，即勝絶處也。有弟子八九人，亦戒行有學，門庭甚峻，不妄接人。當時蒙其容與者，名爲登龍門，以比漢李膺焉。道沖酷嗜老莊，非徒誦其文，能徹其理窟。嘗以謂吾教本宗老莊，而老莊之意本是悟明性地，故其言每每云：莫若以明，此其的也。後人但知習術而泥迹，失之遠矣。晨暮必爲羣弟子講説，有著論一篇，傳于世。時唐太宗貞觀二十一年春，忽爲弟子曰：吾欲一遊名岳。衆以其老，覩止之。道沖曰：必行。至日中解化，春秋一百一十四。視其顔色如生，體亦柔軟。舉棺如無物，人以爲仙去。

田仕文

傳記

趙道一《歷世真仙體道通鑑》卷二九《田仕文》 田法師名仕文，右鄠人也。隋文帝開皇七年，試業入道，事韋節法師，傳授三洞經法及符訣。又誦靈寶、生神章二經。居常餌服白朮、茯苓，久而有益。每煉氣於靜室，或一旬半月而出，顔色愈光澤。凡八節、十直、庚申日，齋戒修奉，未嘗少輟。爲人祈福，無不通感。或爲人救病，無不平愈。陳綱常請醮，忽袖降棗數顆在壇，食之，則非人間所有者。又道士尹漆一日令佩符籙，函忽墜水，豁然有聲，漆已在岸。其眞籙神符之靈，皆此類。常語人曰：世之人有苦必援之。然未之信。時有里人賀蘭開者，受戒於師。一夕忽卒，爲鬼吏所執，至一府庭，如人間有司之所。掌簿者閲之，謂開曰：汝有受戒之名，可復還。由是重蘇。其通幽達冥之效如此，四方之際信尙者多，而受賜不可勝紀。唐太宗貞觀十七年六月十九日羽化，人皆見旛花羽節迎師而去，且曰：吾今登南宮福堂矣。降年七十有五。門弟子惟尹文操爲入室者。

朱象先《終南山説經臺歷世真仙碑記・田仕文法師》 法師鄠邑人，年十九，開皇七年試業，披度爲道士。師華陽子，受内觀定觀眞胦。每入室鍊化，動經旬月，閉關不出。出則顔色愈豐潤。以符法惠人，或起死，或援溺，屢彰靈應。年七十五解化，衆見寶幢羽節，浮空而去。贊曰：入室經旬不啓封，神光透入玉壺中。一從絳節排空去，知在蓬萊第幾宮。

王軌

傳記

趙道一《歷世真仙體道通鑑》卷二五《王軌》 道士王軌者，字洪範，臨沂人也。曾祖筠，梁散騎常侍、少府卿、度支尚書。大父銛，梁簡文太子洗馬、招遠將軍。父瑜，陳著作郎、鄱陽王常侍。軌年二十歲，事法主王遠知，執巾瓶之禮凡十六年。每座下聽道德、西昇、靈寶、南華諸經，退席爲人曲講。又摹寫上清尊法，洞玄、洞神符圖祕寶，封於石室，以鎮山嶽。餌朮飡松，積有日矣。齋講傳授有所得，惟造像周急爲先。唐太宗知其名，常咨訪道要。高宗乾封二年十一月旦，謂門人曰：吾昨夜夢三人，羽衣執簡，前曰：華陽天官用師爲神仙主者，兼知校領省官。吾昔在桐柏山，已感斯夢，辭不獲，今乃復然，殆將去矣。戒門人修道之要，經書祕訣，各有所付。至八日，沐浴衣冠，翌日坐笏而化。及就櫬，但空衣結帶而已。春秋八十八。河南于信之刻石于華陽洞。

王柯

傳記

趙道一《歷世真仙體道通鑑》卷三九《王柯》 王柯字仙柯，青城橫源人也一云蜀州永康縣翠園山下人。母丁氏夢大星照身，及覺，室內有光，因而有孕。生而紫胞綠脈，形狀異常，幼穎異拔俗。家巨富，不以經意。長則仁慈好善，見老弱窮困惻然哀之，形於顏色，周急施惠。每大雪時，施粒食以濟禽鳥。後遇至人傳丹訣，於乃居側洞中修煉，歷年無成。鼎忽破，丹乃化爲金線石。後因偏行山園，一日至味江龍潭，又上西峰，遇道士煉丹，柯乃助其薪炭，奉事三年，寒暑不移。道士嘉其志，授以祕訣，令內修上道，外積陰功。丹成，復分遺之。柯服丹，漸覺神爽氣逸，身輕意暢。門側有大栢數株，騰身而舉，已在栢杪，因此昇天而去。今栢猶在。乃唐高宗儀鳳三年中得道也，其地即今羅家山，道士乃羅公遠云。

孫思邈

傳記

《舊唐書·方伎傳·孫思邈》 孫思邈，京兆華原人也。七歲就學，

日誦千餘言。弱冠，善談莊、老及百家之說，兼好釋典。洛州總管獨孤信見而歎曰：「此聖童也。但恨其器大，適小難爲用也。」周宣帝時，思邈以王室多故，乃隱居太白山。隋文帝輔政，徵爲國子博士，稱疾不起。嘗謂所親曰：「過五十年，當有聖人出，吾方助之以濟人。」及太宗即位，召詣京師，嗟其容色甚少，謂曰：「故知有道者誠可尊重，羡門、廣成，豈虛言哉！」將授以爵位，固辭不受。顯慶四年，高宗召見，拜諫議大夫，又固辭不受。

上元元年，辭疾請歸，特賜良馬，及鄱陽公主邑司以居焉。當時知名之士宋令文、孟詵、盧照鄰等，執師資之禮以事焉。思邈嘗從幸九成宮，照鄰留在其宅。時庭前有病梨樹，照鄰爲之賦，其序曰：「癸酉之歲，余臥疾長安光德坊之官舍。父老云：『是鄱陽公主邑司。昔公主未嫁而卒，故其邑廢。』時有孫思邈處士居之。邈道合古今，學殫數術。高談正一，則古之蒙莊子；深入不二，則今之維摩詰耳。其推步甲乙，度量乾坤，則洛下閎、安期先生之儔也。」照鄰有惡疾，醫所不能愈，乃問思邈：「名醫愈疾，其道何如？」思邈曰：「吾聞善言天者，必質之於人；善言人者，亦本之於天。天有四時五行，寒暑迭代，其轉運也，和而爲雨，怒而爲風，凝而爲霜雪，張而爲虹蜺，此天地之常數也。人有四支五藏，一覺一寐，呼吸吐納，精氣往來，流而爲榮衛，彰而爲氣色，發而爲音聲，此人之常數也。陽用其形，陰用其精，天人之所同也。及其失也，蒸則生熱，否則生寒，結而爲瘤贅，陷而爲癰疽，奔而爲喘乏，竭而爲燋枯，診發乎面，變動乎形。推此以及天地亦如之。故五緯盈縮，星辰錯行，日月薄蝕，孛彗飛流，此天地之危診也。寒暑不時，天地之蒸否也；石立土踊，天地之瘤贅也；山崩土陷，天地之癰疽也；奔風暴雨，天地之喘乏也；川瀆竭涸，天地之燋枯也。良醫導之以藥石，救之以鍼劑，聖人和之以至德，輔之以人事，故形體有可愈之疾，天地有可消之災。」又曰：「膽欲大而心欲小，智欲圓而行欲方。《詩》曰：『如臨深淵，如履薄冰』，謂小心也；『赳赳武夫，公侯干城』，謂大膽也。『不爲利回，不爲義疚』，行之方也；『見機而作，不俟終日』，智之圓也。」

思邈自云開皇辛酉歲生，至今年九十三矣，詢之鄉里，咸云數百歲人，話周、齊間事，歷歷如眼見，以此參之，不啻百歲人矣。然猶視聽不

衰，神采甚茂，可謂古之聰明博達不死者也。

初，魏徵等受詔脩齊、梁、陳、周、隋五代史，恐有遺漏，屢訪之，思邈口以傳授，有如目覩。東臺侍郎孫處約將其五子侹、儆、俊、佑、佺以謁思邈，思邈曰：「俊當先貴；佑當晚達；佺最名重，禍在執兵。」後皆如其言。太子詹事盧齊卿童幼時，請問人倫之事，思邈曰：「汝後五十年位登方伯，吾孫當爲屬吏，可自保也。」後齊卿爲徐州刺史，思邈孫溥果爲徐州蕭縣丞。思邈初謂齊卿之時，溥猶未生，而預知其事。凡諸異迹，多此類也。

永淳元年卒。遺令薄葬，不藏冥器，祭祀無牲牢。經月餘，顔貌不改，舉屍就木，猶若空衣，時人異之。自注《老子》、《莊子》，撰《千金方》三十卷，行於代。又撰《福祿論》三卷，《攝生眞錄》及《枕中素書》、《會三教論》各一卷。

子行，天授中爲鳳閣侍郎。

《新唐書・隱逸傳・孫思邈》 孫思邈，京兆華原人。通百家說，善言老子、莊周。周洛州總管獨孤信見其少，異之，曰：「聖童也，顧器大難爲用爾！」及長，居太白山。隋文帝輔政，以國子博士召，不拜。密語人曰：「後五十年有聖人出，吾且助之。」太宗初，召詣京師，年已老，而聽視聰瞭。帝歎曰：「有道者！」欲官之，不受。顯慶中，復召見，拜諫議大夫，固辭。上元元年，稱疾還山，高宗賜良馬，假鄱陽公主邑司以居之。

思邈於陰陽、推步、醫藥無不善，孟詵、盧照隣等師事之。照隣有惡疾，不可爲，感而問曰：「高醫愈疾，奈何？」答曰：「天有四時五行，寒暑迭居，和爲雨，怒爲風，凝爲雪霜，張爲虹蜺，天常數也。人之四支五藏，一覺一寐，吐納往來，流爲榮衛，章爲氣色，發爲音聲，人常數也。陽用其形，陰用其精，天人所同也。失則烝生熱，否生寒，結爲瘤贅，陷爲癰疽，奔則喘乏，竭則燋槁，發乎面，動乎形。天地亦然：五緯縮贏，孛彗飛流，其危診也；寒暑不時，其烝否也；石立土踊，是其瘤贅；山崩土陷，是其癰疽；奔風暴雨其喘乏，川瀆竭涸其燋槁。高醫導以藥石，救以鍼劑；聖人和以至德，輔以人事。故體有可愈之疾，天有可振之災。」

照隣曰：「人事奈何？」曰：「心爲之君，君尚恭，故欲小。《詩》曰『如臨深淵，如履薄冰』，小之謂也。膽爲之將，以果決爲務，故欲大。《詩》曰『赳赳武夫，公侯干城』，大之謂也。仁者靜，地之象，故欲方。《傳》曰『不爲利回，不爲義疚』，方之謂也。智者動，天之象，故欲圓。《易》曰『見機而作，不俟終日』，圓之謂也。」

復問養性之要，答曰：「天有盈虛，人有屯危，不自慎，不能濟也。故養性必先知自慎也。慎以畏爲本，故士無畏則簡仁義，農無畏則墮稼穡，工無畏則慢規矩，商無畏則貨不殖，子無畏則忘孝，父無畏則廢慈，臣無畏則勳不立，君無畏則亂不治。是以太上畏道，其次畏天，其次畏物，其次畏人，其次畏身。憂於身者不拘於人，畏於己者不制於彼，慎於小者不懼於大，戒於近者不侮於遠。知此則人事畢矣。」

初，魏徵等脩齊、梁、周、隋等五家史，屢咨所遺，其傳最詳。永淳初，卒，年百餘歲，遺令薄葬，不藏明器，祭去牲牢。

孫處約嘗以諸子見，思邈曰：「俊先顯，侑晚貴，佺禍在執兵。」後皆驗。太子詹事盧齊卿之少也，思邈曰：「後五十年位方伯，吾孫爲屬吏，顧自愛。」時思邈之孫溥尚未生，及溥爲蕭丞，而齊卿徐州刺史。

張君房《雲笈七籤》卷一一三下《紀傳部一五傳一二・續仙傳・孫思邈》 孫思邈，京兆華原人也。七歲就學，日誦千言。及長，好談莊老百家之說。周宣帝時，以王室多事，隱於太白山學道，鍊氣養形，求度世之術。洞曉天文推步，精究醫藥，審察聲色，常蘊仁慈，凡所舉動，務行陰德，濟物爲功。偶出路行，見牧牛童子殺小蛇，已傷血出。思邈求其童，脫衣贖而救之，以藥封裹，放於草內。復月餘出行，見一白衣少年，僕馬甚壯，下馬拜思邈，謝以言曰：「小弟蒙道者所救。」思邈聞之，不以爲意。少年復拜思邈，請以別馬載之，偕行如飛，到一城郭，花木正春，景色和媚，門庭煥赫，人物繁雜，儼若王者之居，少年延思邈入，見一人端正美貌，白帢帽絳衣，侍從甚衆，欣喜相接，謝思邈曰：「深思道者，故遣兒子相迎。前者小兒獨出，忽爲愚人所傷，賴脫衣贖救，獲全其命。此中血屬非少，共感再生之恩，今得面道者，榮幸足矣。」俄頃延入，若宮闈內，見中年女子領一青衣小兒出，再三拜謝思邈曰：「此兒癡騃，爲人傷損，賴救免害。」思邈省記，嘗救青蛇，即訝此何所也。又見左右皆閹人宮妓，呼帢帽爲君王，呼女子爲妃后，心異之，潛問於左右，曰：「此涇陽水府也。」王者乃命賓寮設酒饌妓樂，以宴思邈，辭以辟穀服氣，惟飲酒爾。留連三日，問其欲，對曰：「山居樂道，思眞鍊神，目雖所窺，心固無欲。」乃以輕綃珠金贈行，思邈堅辭不受。曰：「道者不以此爲意耶！何以相報？」乃命其子取《龍宮藥方》三十首與先生：「此眞道者可以濟世救人。」俄復命僕馬送先生歸山。既歸，深自爲異，歷試諸方，皆若神效。後著《千金方》三十卷，散《龍宮方》在其內。又以聲色診人之疾，著《脈經》一卷，大行於世。隋文帝輔政，徵爲國子博士，不就，嘗謂人曰：「過此五十年，當有聖人出，吾方助之，以濟生人。」至唐太宗時，召詣京師，訝其容貌甚少，曰：「故知有道者，誠可尊重，羨門之徒，豈虛言哉！」將授以爵位，固辭不受。高宗初，拜諫議大夫，復固辭，時年九十餘，視聽不衰。【略】其文學也穎出，其道術也不可勝紀。高宗後無何，制授承務郎，致之尚藥局，不就。永徽三年二月十五日，晨起沐浴，儼其衣冠，端拱以坐，謂子孫曰：「我爲世人所逼，隱於洞府修鍊，將昇無何之鄉，臣於金闕，不能應召往來。」俄而氣絶，遺令薄葬，不設盟器牲牢之奠。月餘顔色不變，舉屍入棺，如空衣焉，已尸解矣。

趙道一《歷世真仙體道通鑑》卷二九《孫思邈》　至唐明皇幸蜀，夢思邈乞雄黄，乃命中使賫十斤送峨嵋山頂上。中使上山，見老人幅巾被褐，二青衣童夾侍，曰：有表録上皇帝。中使視石上，朱書百餘字，遂録之。隨録隨滅，須臾白氣漫起，因忽不見。後成都有一僧，誦法華經甚專，雖經兵亂，卒不能害。忽一日有山僕至，云：先生請師誦經。遂引行，過溪嶺數重，煙嵐中入一山居。僕曰：先生老病起晚，請誦經至寶塔品，欲一聽之。至此，先生果出。野服杖藜，兩耳垂肩。焚香聽經罷，入不復出。遂供僧以藤盤行箸秫飯一盂，杞菊數甌。僧食之，無鹽酪，味美若甘露。并得䞋錢一鐶。僕送出路口，僧因問曰：先生何姓？曰：姓孫。問：何名？　僕於僧掌中手書思邈二字，僧大駭，迴視僕，遽失不見。僧乃於山中尋求，竟迷舊路。歸視䞋資，乃金錢一百文也。由茲一飯，身輕無疾。至宋眞宗天禧中，僧已一百餘歲。後隱去，莫知所之。

臣道一曰：孫思邈煉氣養神，精究醫藥，務行陰德，常蘊仁慈，汲汲以善爲務。小蛇之傷，昆蟲之微爾，思邈以藥封而放之，其德及昆蟲，非人可及，至於龍宮之報，感靈異之若此。《道德經》曰：常善救物，故無棄物。孫思邈以之。

張公弼

傳記

趙道一《歷世真仙體道通鑑》卷三一《張公弼》　有劉法師者，不詳其名，唐太宗貞觀中居華陰雲臺觀，煉氣絶粒二十年。每歲三元齋，有一人衣縫掖衣，貌陋而黔，來居坐末。齋畢，亦無言而去。如此凡十餘年，衣服顔色累不改。法師異而問之，則曰：予姓張名公弼，住蓮華峰東北隅。法師意彼無人所居，試問同往，公弼諾之，曰：此中甚樂，師能住，亦無間。法師從之約二十餘里，援蘿攀葛，纔有鳥徑。其崖谷險絶，雖猿狖不過。履之若夷途，法師從行亦無難苦。至一石壁，高千餘仞，下臨無底之谷。一徑闊數寸，惟側足而立。公弼以指扣石壁，中有人問爲誰，曰某。遂忽然開一門，有天地，森羅萬象。公弼將法師欲入，其人怒爲公弼曰：何故引外人來？乃闔門，則又成石壁矣。公弼曰：此非他人，乃雲臺觀劉法師，與吾有舊，故同來。即開門而納之。公弼曰：法師來此，君可具食。其人問法師便住否，法師請以後期。遂取一盂水，以肘後青囊中刀圭粉和之，以飲法師。其味甘且香。公弼曰：予嘗云山中甚樂，君盍爲戲，令法師觀之。其人乃以水噀東谷中，俄有蒼龍白象各一，對舞，舞甚妙。丹鳳青鸞各一，對歌，歌甚清。公弼與法師別之出門，行數十步返顧，但巨崖深壑而已。將及觀，公弼辭去。法師歸，處置畢，再訪公弼，則步步險阻，不可前。其後公弼亦不復至矣。

潘師正

傳記

《舊唐書・隱逸傳・潘師正》 潘師正，趙州贊皇人也。少喪母，廬於墓側，以至孝聞。大業中，度爲道士，師事王遠知，盡以道門隱訣及符籙授之。師正清淨寡欲，居於嵩山之逍遙谷，積二十餘年，但服松葉飲水而已。高宗幸東都，因召見與語，問師正：「山中有何所須？」師正對曰：「所須松樹清泉，山中不乏。」高宗與天后甚尊敬之，留連信宿而還。尋敕所司於師正所居造崇唐觀，嶺上別起精思觀以處之。初置奉天宮，帝令所司於逍遙谷口特開一門，號曰仙遊門，又於苑北面置尋眞門，皆爲師正立名焉。時太常奏新造樂曲，帝又令以《祈仙》、《望仙》、《翹仙》爲名。前後贈詩，凡數十首。師正以永淳元年卒，時年九十八。高宗及天后追思不已，贈太中大夫，賜謚曰體玄先生。

《新唐書・隱逸傳・潘師正》 潘師正者，貝州宗城人。少喪母，廬墓，以孝聞。事王遠知爲道士，得其術，居逍遙谷。高宗幸東都，召見，問所須，對曰：「茂松清泉，臣所須也，既不乏矣。」帝尊異之，詔即其廬作崇唐觀。及營奉天宮，又敕直逍遙谷作門曰仙游，北曰尋眞。時太常獻新樂，帝更名《祈仙》、《望仙》、《翹仙曲》。卒，年九十八，贈太中大夫，謚體玄先生。

趙道一《歷世真仙體道通鑑》卷二五《潘師正》 字子眞，貝州宗城人。祖居常，周楚州刺史，父寘，隋通州刺史。母魯氏，善言名理。師正始生，有光。鄰母善骨法，謂此兒不仙即貴。及能言，授六經皆通。且曰：此書外，有過此者乎？母曰：惟《道德》五千文爾。遂誦之。及母病將危，謂師正曰：死者人之大期，期至而往，吾何恨哉。然汝尙幼，不免爲吾念。師正泣血捧母手曰：若天奪慈顏，某亦不能生。母曰：汝若毁滅，非盡終始之孝也。師正殞絕良久，曰：忍死強生，當絕粒從道，庶憑眞教以爲津梁。母摩其頂勉之。既葬，廬於墓，以孝聞。隋煬帝大業中，有道士劉愛道，見而器之，曰：三清之驥，非爾誰乘之。時茅山王遠知爲煬帝所重，每詔入禁中，躬薦松水以祈福慶。愛道謂師正曰：吾非不欲爾相從，然成就功道，非遠知不可。遠知既見，忻然謂愛道曰：今日復有潘仙，吾教之幸也。由是隸道士籍，授三洞隱訣眞文。未幾，遠知請還茅山，師正侍行。渡揚子江，飲穢水，痢下如凝脂。遂夢見一人衣冠皓鮮，乘空而下，授白藥一粒，飲之。及寤而愈。既至，遠知謂曰：吾雖欲留汝於此，而嵩陽乃汝修眞之地，當亟還也。於是與劉愛道合居雙泉頂間二十餘年，復廬於逍遙谷。食飲惟青松澗水而已，洗心忘形，與草木俱。所修經法，有太清之道三，中眞之道六，下眞之道八。唐高宗幸東都，召見，請作符書，辭不解。復問山中所須，對曰：茂松清泉，臣之所須，此山中不乏矣。帝異之，遂莫留，即其廬作崇唐觀及奉天宮。又敕其逍遙谷作門，南曰僊遊，北曰尋眞。時太常獻新樂，帝更名《祈仙》、《望仙》、《翹仙曲》。調露初，高宗狩嵩嶽，以車輿迎師正入嵩陽觀問道，復送至逍遙谷。見薜荔繩床將朽敗，餘無火粒之具，惟有兩大瓢，問何所用。對曰：臣有青飿飯，昔西城王君以南燭爲之，服食得道。既還都，命使江東造青飿飯以賜之。每手詔撫問，皆具弟子姓名咨白。而法服香燭金帛，繼奉不絕。其感遇之盛如此。謂弟子曰：吾實無用，天恩濫加。爲道士，衣皆上之所賜，復處以崇構，興動土工，屠害草木，驚撓禽獸，吾罪人也，必招冥譴。汝等少年學道，當求深山窮谷絕迹之處，則無累矣。上在洛陽，又詔，辭不獲，遂館於天苑。逮還山，帝以詩送。永淳元年正月一日，谷之東巖忽有簫管空歌之音，弟子來白。先生曰：吾無所聞，汝勿爲名以眩俗也。忽謂弟子韓文禮曰：爲吾造石室於北巖之下，夏末當遷居。文禮未忍爲，而促之不已。白曰：北巖通靈嶽可乎？曰：吾居此五十餘年，降眞者三，語要者七，各能精一，當自知之。至六月十四日，索沐浴，書青符置湯中，云：終身淨也。翌日將旦，聞猿鶴悲鳴，徘徊不去。至晚，聞石室未成，則曰：果不濟吾用。遽云：去。文禮問：何去？曰：泰山檢校功德。至十六日，復曰：石室未成，權作瓦屋以寘我，無改衣服，後百日遷石室中。是日雲氣覆庭，異香滿室。須臾解化，年九十八。詔贈太中大夫，謚曰體玄先生。先生神標仙骨，雅似隱居。夫階眞韜眞，練景遊化者，其有類乎。弟子凡八人，并皆殊秀。然鸞姿鳳態，渺映雲松者，有韋法昭、司馬子微、郭崇眞，皆稟訓瑤庭，密受瓊室，專玉淸之業，遺下仙之儔矣。時陳子昂作頌。

劉大彬《茅山志》卷一一《上淸品》　十一代宗師：上淸檢校仙公唐國師太中大夫，謚體玄先生，姓潘，諱師正，字子眞，貝州宗城人。父寘隋通州刺史，母魯氏善言名理，口受以《道德經》。母卒，廬墓以孝聞。大業中，有道士劉愛道者，見而奇之曰：三淸之驥，非爾誰乘之。時王法主爲煬帝所尊禮，每入禁中躬薦松水以祈福。愛道曰：吾甚欲子相從，然成就功道，非法主不可。由是師事法主，同還茅山。一日，謂先生曰：嵩陽迺汝修眞之地，當亟往無疑。先生遂入雙泉中嶺間，居十許年，復深入逍遙谷，邈與世絕。上元三年，高宗幸東都，禮嵩嶽，召見先生，請作符書，辭不解。又問山中所須，答曰：茂松淸泉，臣之所須，此中不乏。帝異之。調露初，再祀嵩，帝迺幸逍遙谷，見薜荔繩床將朽敗，餘無火粒之具，唯兩瓢貯靑飢飯耳，因即其地勑建崇唐觀。明年春，又以步輦致先生於洛城西宮，仍勑改嵩陽觀爲奉天宮。每手詔，具弟子姓名咨白，自是乘輿屢陟山阿。帝在洛陽，復召對，及請還，御製詩以送先生。嘗謂弟子曰：吾實無用接見帝王，驚擾靈嶽。汝等學道不厭深眇，則無累矣。永淳元年六月十四日，索沐浴，書靑符置湯中曰：終身淨也。時造石室於北巖下，將成。十六日，遽云：去去。弟子韓文禮問何去，曰：泰山檢校功德。語畢，雲氣覆庭，須臾解蛻年九十八。天后降制若曰：去年冬晚，軒皇之駕不追。今歲秋初，廣成之居又寂。聖曆二年，立碑嵩山。贊曰：絕世之資，皆思友之。仙緣有定，敢縻以私。茂松淸泉，亦復何須。冥心合眞，樂出太虛。

劉道合

傳　記

《舊唐書·隱逸傳·劉道合》　道士劉道合者，陳州宛丘人。初與潘師正同隱於嵩山。高宗聞其名，令於隱所置太一觀以居之。召入宮中，深尊禮之。及將封太山，屬久雨，帝令道合於儀鸞殿作止雨之術，俄而霽朗，帝大悅。又令道合馳傳先上太山，以祈福祐。前後賞賜，皆散施貧乏，未嘗有所蓄積。高宗又令道合合還丹，丹成而上之。咸亨中卒。及帝營奉天宮，遷道合之殯室，弟子開棺將改葬，其尸惟有空皮，而背上開坼，有似蟬蛻，盡失其齒骨，衆謂尸解。高宗聞之不悅，曰：「劉師爲我合丹，自服仙去。其所進者，亦無異焉。」

趙道一《歷世眞仙體道通鑑》卷二九《劉道合》　一名愛道，陳宛丘人也。幼懷隱逸志，住壽春安陽山。隋末遷蘇山，從仙堂觀道士孟詵傳道。復入霍山。春分日啓誓文於谷中，返數里間，雷雹而雨，遂止於巖。是夕，夢有人召，覺則恍然有光，見一神人身長丈餘，衣冠劍佩，持符從介甲士六七人。謂道合曰：吾爲黃神大威使者，今六天魄類賊害民物，聞子好道，志節不屈，可制魔羣。吾以三天正一盟威攝召符契授子。道合受而呑之，自是道法所施，無不驗。唐高祖武德中，入嵩山與潘師正同居。高宗聞之，降詔於所隱立太一觀，使居之。時將封泰山，雨不止。帝使道合禳呪，俄霽。得寵，賜輒散貧乏。洛邑苦飛蝗，道合以符示官吏，俾散貼境內，則立消。唐高宗咸亨中，上召作符。既成，未克進，忽料簡書，汲汲然似有行意。弟子問之，則曰：廬山司命君召吾。有頃，沐浴具冠褐而化。調露中，創奉天宮，遷道合墓。發棺，見骸骨拆，若蟬蛻者一云惟有空皮，而背上開拆，有若蟬蛻者。帝聞之，曰：爲我合丹，而乃自服去耶。

萬　振

傳　記

趙道一《歷世眞仙體道通鑑》卷三一《萬振》　字長生，洪郡之南昌人。得長生久視之道，顯晦齊梁間，人莫知其年。有符呪濟物，治人疾苦立效。當時以爲旌陽、欒巴之徒。隋文帝聞其名聲，重之，詔於洪崖山爲精舍，即今棲眞觀是也。唐太宗貞觀十五年，太守周遜請於梅福宅建太乙觀，禮迎天師居之，即今天寧萬壽觀是也。先是，漁者得青石，長七尺，扣之有音樂聲。郡以獻于朝，高宗命碎之，得二劍，鐔上刻天師姓名。帝異之。顯慶二年，高宗召見光曜日殿，帝問治國養生之道，振荅曰：無思無爲，清靜以爲天下正。治國猶治身也。帝尊待之如師友，賜予無所受。龍朔元年，尸解於京師。數日啓棺，惟有一劍一杖而已。詔以銅函盛劍杖，葬于西山天寶洞之側，今洞陽觀是也。天師有德業碑，乃唐滕王元嬰文，在開元觀中云。

李淳風

傳記

《新唐書・方技傳・李淳風》 李淳風，岐州雍人。父播，仕隋高唐尉，棄官爲道士，號黃冠子，以論譔自見。淳風幼爽秀，通羣書，明步天曆算。貞觀初，與傅仁均爭曆法，議者多附淳風，故以將仕郎直太史局。制渾天儀，詆摭前世得失，著《法象書》七篇上之。擢承務郎，遷太常博士，改太史丞，與諸儒脩書，遷爲令。太宗得祕讖，言「唐中弱，有女武代王」。以問淳風，對曰：「其兆既成，已在宮中。又四十年而王，王而夷唐子孫且盡。」帝曰：「我求而殺之，奈何？」對曰：「天之所命，不可去也，而王者果不死，徒使疑似之戮淫及無辜。且陛下所親愛，四十年而老，老則仁，雖受終易姓，而不能絕唐。若殺之，復生壯者，多殺而逞，則陛下子孫無遺種矣！」帝采其言，止。

淳風於占候吉凶，若節契然，當世術家意有鬼神相之，非學習可致，終不能測也。以勞封昌樂縣男。奉詔與算博士梁述、助教王眞儒等是正《五曹》、《孫子》等書，刊定注解，立於學官。撰《麟德曆》代《戊寅曆》，候者推最密。自祕閣郎中復爲太史令，卒。所撰《典章文物志》、《乙巳占》等書傳於世。子該，孫仙宗，並擢太史令。

葉法善

傳記

《舊唐書・方伎傳・葉法善》 道士葉法善，括州括蒼縣人。自曾祖三代爲道士，皆有攝養占卜之術。法善少得符籙，尤能厭劾鬼神。顯慶中，高宗聞其名，徵詣京師，將加爵位，固辭不受。求爲道士，因留在內道場，供待甚厚。時高宗令廣徵諸方道術之士，合鍊黃白。法善上言：「金丹難就，徒費財物，有虧政理，請覈其眞僞。」帝然其言，因令法善試之，由是乃出九十餘人，因一切罷之。法善又嘗於東都凌空觀設壇醮祭，城中士女競往觀之，俄頃數十人自投火中，觀者大驚，救之而免。法善曰：「此皆魅病，爲吾法所攝耳。」問之果然。法善悉爲禁劾，其病乃愈。法善自高宗、則天、中宗歷五十年，常往來名山，數召入禁中，盡禮問道。然排擠佛法，議者或譏其向背。以其術高，終莫之測。睿宗即位，稱法善有冥助之力，先天二年，拜鴻臚卿，封越國公，仍依舊爲道士，止於京師之景龍觀，又贈其父爲歙州刺史。當時尊寵，莫與爲比。

法善生於隋大業之丙子，死於開元之庚子，凡一百七歲。八年卒。詔曰：「故道士鴻臚卿員外置越國公葉法善，天眞精密，妙理玄暢，包括祕要，發揮靈符，固以冥默難源，希夷罕測。而情棲蓬閬，迹混朝伍，保黃冠而不杖，加紫綬而非榮，卓爾孤秀，泠然獨往。勝氣絕俗，貞風無塵，金骨外聳，珠光內應。斯乃體應中仙，名升上德。朕當聽政之暇，屢詢至道；公以理國之法，數奏昌言。謀參隱諷，事宜弘益。歎徽音之未泯，悲形解之俄留，曾莫憖遺，殲良奄及。永惟平昔，感愴于懷，宜申禮命，式旌泉壤。可贈越州都督。」

《新唐書・方技傳・葉法善》 高宗時，又有葉法善者，括州括蒼人。世爲道士，傳陰陽、占繇、符架之術，能厭劾怪鬼。帝聞之，召詣京師，欲寵以官，不拜。留內齋場，禮賜殊縟。時帝悉召方士，化黃金治丹，法善上言：「丹不可遽就，徒費財與日，請覈眞僞。」帝許之，凡百餘人皆罷。嘗在東都凌空祠爲壇以祭，都人悉往觀，有數十人自奔火中，衆大驚，救而免。法善笑曰：「此爲魅所馮，吾以法攝之耳。」問而信，病亦皆已。其譎幻類若此。

歷高、中二宗朝五十年，往來山中，時時召入禁內。雅不喜浮屠法，常力詆毁，議者淺其好憎，然以術高，卒叵之測。睿宗立，或言陰有助力。先天中，拜鴻臚卿，員外置，封越國公，舍景龍觀，追贈其父歙州刺史，寵映當世。開元八年卒。或言生隋大業丙子，死庚子，蓋百七歲云。玄宗下詔褒悼，贈越州都督。

趙道一《歷世眞仙體道通鑑》卷三九《葉法善》 字道元，處州括蒼人，世爲道士。母留氏晝寢，夢流星入口，吞之有娠，十五月而生。七歲，溺大江三年而還，父母詢其故，曰：青童引我，飲以雲漿，復朝太上，故少留爾。及冠，長九尺，性淳厚天然，不茹葷。遇青城趙元陽授遁甲，嵩陽韋善俊授八史，由是自能厭劾鬼佐。因卜居卯酉山，有巨石當路，行者迂徑避之，遂投符，石自起。嘗遊白馬山，石室中遇三神人，皆錦衣寶冠，謂法善曰：我奉太上命，以密旨告子，子乃太極紫微左仙卿，以校錄不勤，謫於人世。速宜立功，濟人佐國，當復元任。今以正一三五之法令授於子，宜勉而行之。言訖而去。而後鋮滅妖凶，靡所不驗。唐高宗聞之，故寵以官，不拜，請度爲道士。留內齋禮，賜予甚厚。時帝悉召方士，化黃金治丹法。善上言丹不遽就，徒費財與日，請覈眞僞，帝然之，凡百餘人皆罷。嘗在東都凌空祠爲壇以祭，都人悉往觀，有數十人自奔火中，衆大驚，救而方免。法善笑曰：此爲魅所憑，吾法攝之爾。詢之果然，病亦皆愈。歷高宗、中宗朝五十年，往來山中，時時召入。惟不愛浮屠法，常力詆之，議者淺其好憎，然以術高，卒莫之測。中宗景龍四年三月九日，三神人復降，傳太上命云：汝當輔我睿宗及開元帝。曰：未可隱迹山岩以曠委任。時二帝未立，而廟號、年號已先知之。所以於睿宗、明皇陰有助力。土蕃進寶，函封題曰：請陛下自開，無令人知。法善奏曰：此不祥也，宜令蕃使自開之。既開，果有弩箭自函而發，中蕃使而死。睿宗先天中拜鴻臚卿員外，置越國公，舍景龍觀。祖國重謚有道先生，父惠明贈歙州刺史，寵映當世。時僚庶受籙者，不可勝數。叔祖靖能有道術，仍善屬文，高祖時直翰林，爲國子祭酒。汝陽王嘗飲靖能，靖能曰：有生徒能飲，當令上謁。翌日有通謁者曰：道士常持滿，見之侏儒也。談胚渾之道，飲以酒，至五斗許，忽醉倒，乃一甕也。錢塘有巨蜃溺舟，經涉者苦之，法善以符投水，其蜃自斃。開元初，明皇以元夕觀燈於上元陽宮，謂無如此之盛。法善曰：西凉府今夕之燈，亦可亞。明皇異之，求往。則俾合目，頃刻而至。因以鐵鑞如意貰酒，翌日遣使求之，果在。又中秋夜與上遊月宮，聞天樂，問其名，曰：紫雲曲。上素曉音律，默記之，遂著樂府，更名曰霓裳羽衣曲。時月宮還過潞州，俯視城郭悄然，但月色如晝。法善取玉笛，請上奏一曲，仍投金錢子城中。僅旬浹，潞州奏中秋夜有天樂，臨城兼獲金錢以進。師居四明之下、天台之東數年，忽於五月一日有一老叟詣門，號泣求救。門人謂其有疾，白于師。引而問之，曰：某東海之龍也，天帝敕我守八海之寶，一千年一更任，無過者則籍于仙品。某已九百七十年矣，微勳垂成。近有波羅門逞幻術，居于海岸，晨夕禁咒積三十年，法將成，五月五日海告竭矣。其統天鎮海之寶，上帝制靈之物，必爲波羅門所取，至日乞以丹符相救。師既飛符，海水復舊，其人愧嘆，赴海水而死。翌日龍輦寶貨以謝師，師曰：林野棲神之所，珠璣寶貨無所用之。遂不受。謂龍曰：岩石之上，去水稍遠，若致一清泉，即爲佳惠爾。是夕聞瀟瀟風雨聲，達旦，繞山齋石渠泉水環流，至今謂之天師渠。燕國公張說常與師會飲，師曰：此有麴處士，性謹而訥，頗耽酒，鍾石可也。召至，其形侏儒，腰數圍，拜揖之禮頗樸拙。酒至輒盡，而神色不動。師忽叱之曰：曾無高談雅論，惟務耽酒，何所用哉。因扶之，乃一巨榼爾。至開元八年，尸解于景龍觀。或言生隋大業丙子，卒壬戌，蓋百有七歲。解化之後，明皇思之，降制曰：故道士具官葉某，天眞精密，妙理幽暢，包括祕要，發揮靈符。固以冥默難言，希夷罕測，而情棲蓬閬，迹混朝伍。保黃冠而不拔，加紫紱以非榮，卓爾孤芳，冷然獨往。勝氣絕俗，貞風無塵，金骨外聳，珠光內映。斯乃體應中仙，名升上德。朕嘗聽政之暇，屈詢至道。公以理國之法，屢奏昌言，謀參隱諷，事宜洪益。嘆徽音之未泯，悲縣解而俄留。何莫憖遺殲，良奄及永。惟平昔感愴予懷，宜申禮命，式賁泉壤。可贈越州都督。敕葬于松陽，百官縞素泣送國門之外。仍度其姪潤州司馬爲道士師。有弟子百餘人，惟暨齊物、尹愔爲入室矣。

佚名《唐葉真人傳》 眞人姓葉。名法善，字道元，一字太素，本南陽人也。自葉公沈諸，梁之後屬。漢末桓靈之時，避地江左。鼻祖儉，尋佳山水，得會稽之南鄉，隱於卯酉，家於松陽焉。高祖乾昱，道德有聞。曾祖道興，不墜世業。祖國重，始搆大門。父慧明，業詩禮居儒，素不務榮寵。遊翫山林，枕石漱流。行歌負薪，每結草爲舍。預知未然，曰：吾當有子。妻劉氏，因晝寢，夢流星入口，吞之，繼而有娠。經十有五月，歲在困敦，月黃鍾，而眞人生。天無浮翳，四氣朗清。異香入室，神光滿堂。綵雲徘徊，玄鶴下降。初眞人在胎，聲聞於外。及生而聰明，幼而岐嶷。年甫七歲，識量温雅，貌古老成。父熟視之曰：汝幼勤苦，老必雅貴。於是涉江而遊，三年不返，家人謂已溺亡。及還，問其故。則曰：二青童引我，飲以雲漿，留連許時。年十歲，有善人倫者，曰：子以日角月淵，隆隼僂背，倏上促下，當爲帝王之師。及弱冠，身長九尺，額有二午。性純潔，自小不茹葷，獨處幽室。好古學文，十一誦詩書，十二學禮樂。研窮周易，耽味老莊。河洛圖緯，悉皆詳覽。志願修道，棲遲林泉。與父俱遁乎卯山，樵蘇自給。尋形選勝，占星候氣。登高臨深，窮源逝險。是時已有役使之術，其門巨石當路，投符起之，須臾飛去，疊於山之東南，衆皆驚異。今卯山有石坎存焉。常尋幽訪隱，得靈墟福地。其有歐治鑄劍溪。歐溪有神女化塚，石門嶺，仙人曳履嶺，其山勢並括蒼仙都洞天。連延天臺四明。近金華長山赤松洞，黃初平叱石羊之處，相去不遠。中有白馬山瀑布水。青溪萬仞，古號仙居，林泉葱蒨，於是眞人隱焉。家貧，嘗曰：我生人世，功業未成，堂有垂白之親，何以爲養。遂傭耕畎畝，日旰不休，時有紫雲爲之覆蓋。同人奪其陰處，雲亦隨之。被漁者掃水卧於泥中，口中不言，色亦不愠。牧馬既去其害，牧牛況無其金。無何居父母喪，乃於歐溪近山訪卜葬之地，有一白鹿卧於山下雪中，近之，鹿遂躍去，其卧處温然，其有白氣亘屬高下。眞人異之，因小立環視此山，則重岡疊隴，朝揖四正。與夫左右前後連袤起伏，形勢悉備。歎曰：斯可藏矣。遂葬焉。眞人曰：不遇名師，將何度世。是時歲方十三，從括蒼山入天台、四明、金華、會稽、涉江浙。北入天柱、天目、姑蘇、洞庭、勾曲、衡山、霍山。南遊劍水，登赤城，至羅浮等處，凡名山勝地，自江漢之南，無不經歷。尋詣豫章萬法師求鍊丹、辟穀、導引、胎息之法。但熊經鳥申，吐故納新，食松茹朮，無榮於世。年十五中毒殆死。又見青童曰：勾曲仙人，天臺茅君，飛印相救。言畢，印至，印其腹。良久豁如。遠訪茅君，相遇，岳骨上起，目瞳正方。微笑曰：爾來乎。汝名已登仙格，身逢魔試，故相救而免，當以輔人弼教爲意。由是於青城趙元陽受遁甲步玄之術，嵩高韋善俊傳八史雲蹻之道。後入蒙山訪求隱術，於是山路遇一羽士，問曰：子何往。眞人曰：欲求師學道。羽士曰：余亦學道，幸得相遇於此。我欲暫往他處，有小衣幞，君爲守之。眞人曰：諾。羽士遂去。經數日復來，曰：子眞長者，願以仙書一卷，神劍一口相報。遂開幞取贈授之。羽士告別，且曰：子但持此按行，爾後景界漸來，預知善惡。又合鍊神丹，置壇起竈，經涉數年，思存靈應。十月上甲夜半，焚香願念，忽聞空中鳴鍾擊磬，管絃簫琴之音。起而視之，俄頃見騎從滿室，內有三神人，各長八尺餘，容貌異常，衣雲錦之衣，戴通天冠。眞人俯伏虔請。神人曰：汝但復坐勿恐，太上遣吾喻汝，汝合得道。蓋昔是太極紫微左宮仙翁領校簿，書錄諸仙，及天下得道之士名字，增年減筭，一月三奏。緣汝失謹，曾於休暇之日，遊乎八荒。因兹降下人世，更修功累德，行滿之日，當復汝仙位。今汝行三五盟威，正一之法，誅斬魑魅妖魔，救護羣品，惠施貧乏，代天行理。但以陰德爲先，不須別有貢告。吾有祕法欲相傳授，須清齋三日，無使世人知。受吾口訣，不得文字相付，恐傳非人。輕泄帝旨，罪延七祖，不得上升。即以符、劍、封、印授之。又一神人曰：卿今退眞，下生人世。宜廣建功德。更受五嶽符圖，天皇大字，及三一眞經，黃庭紫書，八景素書，步躡罡紀祕密微妙。但是三洞上清、上法、上眞須精進修習，晨夕無替。及長存五千文，統理人道，明察天地。勿致輕泄，道當自成。又一神人曰：至道微妙，非此能言，要當守一，屏去驕淫。每以鳴鍾擊鼓，調三理關，導引吐納，服內外丹。常挹存日月，開閉門戶，朝修太上，則當朱光潛照，無英白元，自來守護。黃老奏書，功成行滿，必當升舉。汝受此言，修行不倦，後期欲至，即於許氏旌陽君宅北山峰，重復相見。眞人俯伏，謝曰：某行微德薄，不悟天眞，枉垂靈駕，非意所及，恭承教旨，精意奉行。再拜奉辭，神人騰空而去。由是潛行陰德，濟度死生。及會稽理病，屢曾起死。復於楊州，以劍開長史夫人之腹，取病以示人，夫人當時病差如故。凡開腸易胃，破腹剪形，一無損壞，亦無痛楚。抉目洗睛，出安紙上，除去膜翳，復納於中，全不驚動，目明如故。人強與錢，則乞諸貧病。其有狂邪淫祀爲災害者，行履所及，並皆誅戮。名聞遠近，並皆知之。徵召至于，再三控辭，不允，勉赴闕庭。高宗皇帝見之，不使設以臣禮。湛然示寂，一無所言，但喘息而已。上曰：卿病耶。曰：臣病在市朝，療在山林，願從退隱。上曰：此逸人耳。詔爲上卿，眞人力辭，不拜。曰：臣願出家，請爲道士。帝乃從之，度於景龍觀，多留內庭，問以道法，窮盡源奧，吉凶臧否，皆預知之，言無不中。黑闥作亂，主上憂惶，莫知所計，問眞人曰：何以禳救。答曰：此小寇無足爲憂。遂以符法，勑天兵數萬，翳空而來，甲刃交馳，擊賊奔走。帝曰：功衛社稷，師之力也。屢有寵錫，眞人辭而不受。曰：是天道神功，在臣何與。時有中書侍郎女，以狐魅爲祟，顛狂猖厥，鬼語神歌。女每見一僧乘青騾來至，其病遂作。奉勑命師爲治。眞人欲示神變。謂侍郎曰：貧道辟穀日久，疲羸無力，希一飽飯，當即爲治。侍郎即遣家人具蔬飯。眞人一飯一斛，麪三碩。瓜菜果實，莫以數計，見者皆驚，尚云未飽。未作法間，僧乘騾而至，瞻視眞人，遂即却走。眞人叱吏兵擒縶，女遙知發聲大哭。眞人大叱一聲，僧變成狐，騾乃化狗。訊問曰：家在城南古墓中。遂往掘視，得狐百許。金銀羅綺，狼藉其內。因得素書三卷，野狐名目宗譜等官位名諱。眞人繼書符焚之。狐類悉皆屛滅。由是之後，城內病者盡差。帝及皇后，諸王公主，朝士以下，親受道法。百官子弟，京城及諸州道士，從眞人受經法者，前後計數千餘人。王公布施塞道盈衢，隨其所得，捨入觀宇，修飾尊像，及救困窮。每日炊米十餘碩，以供貧病，來者悉無選擇。眞人常懷直諫匡保社稷之心。高宗欲登封告成，駕幸中嶽。忽疫疾流行，扈從者多病死。奉勑命令治，眞人一誦呪訣，疫癘消殄，垂死者並皆得甦。特旨授殿中監。眞人復辭不受。當時有供奉明正諫，每使冥官上天曹檢事，須臾之間，來報善惡，未嘗失期。帝令師密切厭之，及問正諫都無所知。數日云：使不來。上令尊師解之，正諫曰：云被葉尊師遣向天門把捉，不得通上。又令密鑿地爲坎，使樂人入坎鼓樂。謂師曰：地中無故有音聲，請師厭禳。眞人書符四道，釘之於地，音聲便斷。仍使日責地中樂人，何不作樂。報云：見四方有蛇，各如柱大，張口向人欲噬，驚懼，故不敢動。時值旱暵，命眞人向河祈雨。曰：各賚雨衣及繖蓋，相隨人未之信。禱祈纔畢，雨遂霶霈，人馬衣冠盡濕。一日，請帝暫離寢避災，初不信，眞人力言之，方移。畢，風雨雷電霹靂，當帝寢處，直下震地，甲帳爲之碎，帝驚悸不已。其餘應驗，事多不載。眞人雖出入彤闈，佐時輔國，而韜時匿跡，和光同塵，心存仙道，志慕騰舉，辭欲還山，帝乃許焉。歸至茅山，姑蘇，洞庭，天目，天臺，括蒼等處往來。於茅山修眞鍊丹，朝謁無虧。忽五月一日，老叟詣門號泣求救，眞人引而問之。曰：某東海龍也，上帝勑主八海之寶，一千年一更其任，無過失者，超登列仙。某已九百七十年矣，微勛將就。有婆羅門者，逞其幻法於海畔，日夜禁呪，積二十年，其法將驗，海水如雲捲上天畔。五月五日，海將涸焉，統天鎭海之寶，必爲幻僧所取，某今哀求救援。眞人許之。至五日午時勑丹符飛往，海水復舊。胡僧愧歎，赴海而死。來日，老叟輩珍奇寶物來報，眞人辭謝不受。因曰：此山峰去水且遠，但得一泉即爲惠也。是日風雨及明，山館之側有一派清泉，自石渠出，經旱不竭，今謂之天師渠。在四明之下，天臺之東，眞人所寓處，皆須置壇立井。卯山絶頂初創山齋，復賜額爲通天宮，大中祥符三年改壽昌觀。觀之側西北向，有鍊丹井，山下有靈泉，即泉處有醮廚，士民祈禱之所。治平元年賜壽聖觀，今改名廣福觀。眞人嘗至清溪，屬炎暑，與道士遊於溪渚。眞人忽沈水中，七日不返，同遊道士驚懼，謂已葬蛟龍之腹。歸告其家，及徒衆道俗，盡皆傍溪覓之。七日後，忽見從舊遊處出。曰：汝等必懼耶，我暫共河伯遊蓬萊，值數仙人宴會，留頃刻間。慮子憂之，故亟來，果然也。遂入天台尋司馬練師，訪不死之福庭。去桐柏，入靈墟，謂司馬練師曰：蔭落落之長松，藉萋萋之織草，今日是也。又登華頂望海云：蓬萊去此不遠，與子當復應歸彼，即司馬練師負琴，眞人撫劍。而過石橋，臨青谿萬仞，蹈危履險，撫壁立之翠屛，又何懼焉。歲辛丑，則天皇后徵眞人投龍採藥，徧禱名山大川。風軒飄飄，駟騎絡繹。後中宗皇帝在位，武三思尚秉國權，時多信讒說。眞人從容累諫，忤旨貶之嶺外。門人憂色，眞人曰：否泰有時，隱見正當爾也。遂遞至南嶽，抵連州，去廣州，尚數百里陸路不通，要以舟濟。眞人欲於廣州採藥，先遣弟子舟行至廣府。義唐觀道士聞眞人來，馳報都督胡元禮，即與道士僧尼及府縣官僚，先向江邊迎候。少時，見眞人乘白馬從水上來，及到岸相謁，引至龍興觀。自都督別駕長史百姓多受道法。捨施園林田宅者甚多，眞人一無所取，並回施常住。當後得旨，量移歸至洪州，依宗華觀，將弟子入西山洪崖先生學道之所，居涉三年行，上清隱法。景龍四年太歲辛亥，據編年作景雲二年辛亥三月初六夜，弟子夢一仙人，將一鶴，相隨問云。對曰：我是時人，不言姓字。指弟子曰：君幸得師左宮仙卿，帝其方徵即有信來。神人所將鶴徘徊四顧，宛轉而舞。睡覺即白之。眞人曰：汝當夢耶，此吉徵吾已知矣。九日日中時，有瑞雲天樂，香氣馥郁，浮空而來，遙至室內，弟子認是夢中所見。神人謂眞人曰：相識否乎。答曰：晨夕思慕眞容，有如饑渴。每夜存想寤寐之間，常侍左右，何爲不識。叩頭再拜。神人曰：卿累功欲滿，宜自精勵，道高魔試，當須愼之。太上令我預送變形易骨金精上藥與卿，時運未至，不可即服，密而藏之。神人曰：卿至八月，即當入京，佐助當今帝主，及開元神武皇帝，傳授道法，兼殄元凶。今天步艱難，龍飛在即，子當輔佐國家，安鎭名山嶽瀆，投龍醮祭，几在於子，自天佑之。且受世榮祿，至封邑大，內居其位，世亦應之，如影隨形。歲鶉尾，月鶉火，三日日中時，西嶽侍卿，復卿太極紫微左宮仙卿之位。言畢，眞人謝曰：濁質下愚，濫叨眞盼，儻遂後期，則蝱力負山，不勝其任，粉骨何謝。再拜而辭。至八月，果奉勑曰：道士葉尊師，令入京，若有弟子，亦任隨從。眞人既奉詔，乘驛至京。朝見之後，多留內廷。時玄宗在藩邸，與眞人同處，因章醮龍見壇前。祈求皆有靈驗，禱雪盈尺，請雨霶霈。嘗在廬山升壇，壇角陸地水湧，其水甘美，仙鶴羣舞。在許先生宅醮，二黃龍從井出。眞人匡輔玄宗，在潞州明雨，時預知韋氏逆亂，先已聞奏先天之言，一一並實。玄宗嘗問眞人機要，乃密云：昔遇神人，嘗說有開元帝號。凡謀逆之黨，並得預知。及帝登九五，改元爲開元，號神武皇帝。眞人在帝左右，未嘗不獻可替否，密申幽贊。除害殄凶，玄功遐被。相國姚崇有女已死。愛念彌切，投符起之。張尉之妻死而化生，復爲夫婦，眞人知之，曰：此尸媚之疾也，不速除則張尉必死。投符而化爲黑氣。錢塘江有巨蜃，淪溺舟航，經涉者苦之。清沙鎭長沈愈躬自來迎，眞人由是往焉。候潮信至，以鐵符丹篆鎭之，至今絕其患。又以劍勒道靜二字於巖上，各方三丈許。眞跡尚存，即三教門山是也。玄宗移仗上陽宮觀燈，尙方匠毛頤心結搆綵樓三十餘間，飾以金翠珠玉，樓高百餘丈。微風所觸鏘然成韻，以燈爲龍螭騰躍之狀，似非人力所至，玄宗悅之。促召眞人，觀於樓下。眞人曰：彩燈之盛，固無比矣，然西涼府今夕之燈，亦亞於此，但皆奢侈，無益於國。帝怪其言，欲試其仙術，且曰：今欲一往。得乎。曰：此易耳，以至尊遠往觀燈，恐非所宜。帝力強之。眞人請帝瞑目，騰驅而上，俄頃即至，以所隨如意貰酒。及欲回，復請帝瞑目，頃之，已在樓下，而歌舞未終。繼遣中使，託以他事，使於涼州，因取如意以還，驗之非妄。八月望夜，與帝遊月宮，令聆月中天樂，問其曲名，曰：紫雲。帝素知音律，記其聲，遂著樂府，更其名曰：霓裳羽衣。自月宮還，過潞州，俯視城郭峭然，而月色如晝，因請帝以玉笛奏曲。時玉笛尚在寢殿中，眞人遣神人取之，不頃而至，既而奏曲，遂投金錢於城中而還。旬日潞州奏，八月望夜，有天樂臨城，兼獲金錢以進。帝累與近臣試其道術，皆非妄幻。若入杜隱形，凌空化鶴，追岳神，致風雨，靈驗之事，不可殫述。會吐蕃遣使，進寶函封，曰：請陛下自開，毋令他人知機密。朝廷默然。唯眞人曰：此是凶物，宜令番使自開。及令開，函中弩發，中番使而死。帝嗟嘆驚悸，故愈加禮敬。先天二年八月，加授金紫光祿大夫，鴻臚卿越國公。三讓不受，帝不許讓。制書略曰：道士葉法善德包貞素，學究玄微。預睹璺萌，函申忠款。宜加寵命，以答懋功。仍遂乃懷，俾從眞服。可授金紫光祿大夫，鴻臚卿越國公，兼景龍觀主。眞人辭不獲免，請回贈先君，並捨括蒼山門故居，奏請置宣陽觀一所，凡道場供養，珍奇寶物，並是錫賜盡歸山門。宣陽觀屬麗水縣宣慈鄉，今改爲冲眞觀。贈眞人父銀青光祿大夫，使持節歙州刺史。又請卯山西南祖宅爲觀，賜額曰：淳和。在松陽縣日市，今改爲永寧觀。眞人於是請還山，拜掃致敬，於麗水松陽二處墓門，封樹碑表。命李邕作墓誌。韓擇木書以光窀穸。其墓在冲眞之側。眞人祖國重，葬於松陽之西山，山有石雞能鳴，遂於其處置道院，今曰天眞院。立碑于下。時請李邕爲碑記，併求其書，而邕不允，是夜追其魂書之，續以碑刻示邕。邕笑曰：初以爲夢，今果然矣。眞人始得碑石於海嶠，遣神人運歸，水神不知，誤裂其石，即投符治之，水神哀告，得免。以膠綴石斷處，今其碑斷痕在焉。眞人封樹碑拜祭，泉石生輝，鄉閭忻慶。開元五年，歲在丁巳，春三月因別鄉人，曰：別易會難，此去恐不相見。左右歔欷，道俗潸然，車騎駢闐，士女絡繹。送之登途，莫不哀慟。又曰：吾來年即遣信還，可於此候之，信到吾非久矣。明年正月二十七日，忽見玄鶴數百，列北而來，翔集歐溪，徘徊三日。瑞雲五色，一時上覆。三日之後，不知所在。鄉人怪其言靈異，莫測所由。開元八年庚甲歲五月，眞人已年一百七歲，於西京景龍觀託疾，潛服神丹。天眞來往，千乘萬騎，日夜不絕。門人弟子，親王公主，中使朝士已下來去莫覺。唯弟子君愔、盧齊物等，見密而不言。至六月三日，甲申日中時分，眞人化劍爲尸，雲輿造門。天鈞擁戶，綵雲繚繞，香氣繽紛，迎侍而去。京城之人咸見院中有青煙直上，與天相接，終日不滅。眞人於座側留三詩云：

昔在禹餘天，還依太上家。忝以掌仙籙，去來乘煙霞。暫下宛利城，渺然思金華。自此非久住，雲上登香車。

適向人間世，時復濟蒼生。度人初行滿，輔國亦功成。但念淸微樂，誰忻下界榮。門人好住此，翛然雲上征。

退仙時此地，去俗久爲榮。今日登雲天，歸眞遊上清。泥丸空示世，騰舉不爲名。爲報學仙者，知余朝玉京。

并有遺書報弟子仲容，云：汝將吾詩及書進上，不得求官，當奉詔監喪，歸葬括蒼。吾去後百六十年外，卯山當出一人，更過於吾。若有人於吾舊居修行，即其人也。眞人昔藏劍丹在卯山巨石下，後有豐去奢修行於此，得之，遂仙而去。今山產仙茆，及無名異，丹竈下土化成耳。眞人升雲之後，弟子於舊坐處，收得詩及書進上，帝感泣，親幸喪所，輟朝三日。王公以下，百官朝士，無不感慟。翌日，進贈越州都督。至十六日，奉勅內圖寫眞人貌像，御製贊曰：

詞江瀉液，義苑含芬。別有眞氣，青溪出雲。卓爾無對，超然不羣。幽薊子，道士封君。

肅宗重贊曰：

昂昂高士，瀟灑孤峙。却立排煙，乘霓控鯉。果而不伐，爲而不恃。馭風泠然，與物終始。

又有制書，具在賀知章作《玄虛誌序》中。仍勅度眞人弟子司馬仲容爲東京聖眞觀道士，與中使護喪，歸葬於宣陽觀之側。王公以下，盡出京城青門外送別，傾城縞素，莫不攀號哀慟。歸至揚州，冥信先至，仙鶴數百翔於括蒼洞天墓田。綵雲五色，徘徊數日，不終旬朔。眞人靈輀已至葬所，奉勅衢婺杭三州助葬官僚士庶，道俗男女，去來如市。門人數千，悲慟不已。百鳥哀鳴。四面雲集。天爲改色，日亦無光。葬後一年，棺槨自開，但見衣冠劍舄，始知眞人不死，實輕舉耳。帝緬想仙風，眷慕不已。於觀立碑，寵以宸翰，及命太子題額。至國朝政和六年，特封致虛見素法師。宣和二年，加號靈虛見素眞人。誥文藏於麗水之沖眞。今以李邕所作碑誌，及眞人前後表奏、批答、制誥、世系，悉輯錄于後云。

何尊師

傳記

趙道一《歷世真仙體道通鑑》卷三二《何尊師》 不知何許人，唐高宗龍朔中，居衡岳，不顯名氏。其顏若四十歲人，行步如風。常往來蒼梧五嶺間，來無所慕，去無所戮。僅百數餘年，人常見之，狀貌不改。或問氏族，但云何何。或詰其鄉里及修證，亦云何何。時人因號曰何尊師。衣弊履穿，其心浩如也。道士田虛應、鄧中虛嘗請曰：尊師卒無言，何以開悟學者。則曰：知不知者上也，不知知者下也。誰能鑿混沌之竅，悟自然之理耶。遂杖藜入林而去，須臾羣虎隨之，不復見矣。唐明皇開元中，司馬承禎遊衡岳，望祝融峰曰：當有高仙處之，何氣色秀異之若此。已而見尊師於林中，承禎致禮造問，則據石而坐，若無所睹。不見答而退，歎曰：此可謂全而德不形言者也。乃構廬於祝融峰延之，尊師就此不復出。觀察使呂渭即其廬，請受符籙。雖張太空、田虛應、鄧中虛師事之，皆不得其旨。天寶二年下元日，雲鶴翔空，異香芬郁，謂弟子曰：吾去之後，當舉於紫蓋南峰盤石上。遂化，顏色不變。弟子乃環衛，行遷神之法。中夕聞雷震之聲，即失其所在。衡陽太守蘇務廉文其碑。

周賢者

傳記

李昉《太平廣記》卷七三《道術三・周賢者》 唐則天朝，相國裴炎第四弟爲虢州司戶。虢州有周賢者，居深山，不詳其所自。與司戶善，謂曰：公兄爲相甚善，然不出三年，當身戮家破，宗族皆誅。可不懼乎。司戶具悉其行事，知非常人也。乃涕泣而請救。周生曰：事猶未萌，有得脫理，急至都，以吾言告兄，求取黃金五十鎰將來。吾於弘農山中，爲作章醮，可以移禍殃矣。司戶於是取急還都，謁兄河東侯炎。炎爲人睦親，於友悌甚至。每兄弟自遠來，則同臥談笑。雖彌歷旬日，不歸內寢焉。司戶夜中，以周賢語告之，且求其金。炎不信神鬼。至於邪俗鎭厭，常呵怒之。聞弟言，大怒曰：汝何不知大方，而隨俗幻惑。此愚輩何解，而欲以金與之。且世間巫覡，好託鬼神，取人財物。吾見之常切齒。今汝何故忽有此言。靜而思之，深令人恨。司戶泣曰：周賢者，識非俗幻。每見發言，未嘗不中。兄爲宰相，家計溫足，何惜少金。不令轉災爲祥也。炎滋怒不應。司戶知兄志不可奪，惆悵辭歸弘農。時河東侯初立則天爲皇后，專朝擅權，自謂有泰山之安，故不信周言，而却怒恨。及歲餘，天皇崩，天后漸親朝政，忌害大臣，嫌隙屢搆，乃思周賢者語，即令人至弘農，召司戶至都，炎餽具黃金，令求賢者於弘農諸山中。盡不得，尋至南陽、襄陽、江陵山中，乃得之，告以兄言。賢者因與還弘農，謂司戶曰：往年禍害未成，故可壇場致請。今災祥已搆，不久滅門，何求之有。且吾前月中至洛，見裴令被戮，繫其首於右足下。事已如此，且無免勢，君勿更言。且吾與司戶相知日久，不可令君與兄同禍。可求百兩金，與君一房章醮請帝，可以得免。若言裴令，終無益也。司戶即市金與賢者，入弘農山中設壇場，奏章請命。法事畢，仍藏金於山中。謂司戶曰：君一房免禍矣。然急去官，移家襄陽。司戶即遷家襄陽，月餘而染風疾。十月而裴令下獄極刑，兄弟子姪皆從。而司戶風疾，在襄州。有司奏請誅之。天后曰：旣染風疾，死在旦夕，不須問，此一房特宜免死。由是得免。初河東侯遇害之夕，而犬咬其首曳焉。及明，守者求得之。因以髮繫其首於左足下，竟如初言。出《記聞》。

張惠感

傳記

趙道一《歷世眞仙體道通鑑》卷三六《張惠感》 張惠感字智元，高安人，正一眞人第十四代孫。自崇元觀遷隱于浮雲，志修神仙之道，時唐武后朝也。有游帷觀道士胡惠超，壽數百歲，因遊高安吳田瀑布，致敬吳仙壇道浮雲師惠感。長安五年，武后召惠感爲國師，齋于明堂。感慶雲，見神龍，黃鶴翔集。詔往亳州太淸宮修金籙齋，醮九井。井久枯，時冰雪凝沍，忽有聲如雷，水暴湧，二龍出戲。后異之，賜絹五百疋。歸浮雲，游吳田瀑布，東林二賢廟、三元觀，祭六丁，謝七元，煉丹浮雲。明皇天寶中，有神人降于壇曰：子修行勤苦，諸仙保舉，明旦鷄鳴當飛昇矣。如期雲物異降，白日沖昇。武后久視元年庚子所鑄鐘，記惠感姓名可考。高安調露鄉，今有惠感故里張氏坊存焉。

許宣平

傳記

張君房《雲笈七籤》卷一一三下引《紀傳部一五傳一二・續仙傳・許宣平》 新安歙人也。睿宗景雲年中，隱於城陽山南塢，結菴以居，不知其服餌，但見不食，顏若四十許人，輕健行疾奔馬。時或負薪以賣，薪檐常掛一花瓢及曲竹杖，每醉行騰騰以歸。邇來三十餘年，或施人危急，或救人疾苦。城市之人多訪之，不見，但覽菴壁題詩云：「隱居三十載，築室南山巔。靜夜翫明月，閑朝飲碧泉。樵人歌壠上，谷鳥戲巖前。樂矣不知老，都忘甲子年。」好事者多誦其詩，有抵長安者，於驛路洛陽同華間傳舍，是處題之。天寶中，李白自翰林出，東遊經傳舍，覽詩吟之，嘆曰：「此仙人詩也。」詰之於人，得宣平之實。白於是遊及新安，涉溪登山，累訪之不得，乃題詩於菴壁曰：「我吟傳舍詩，來訪仙人居。煙嶺迷高跡，雲林隔太虛。窺庭但蕭索，倚杖空躊躕。應化遼天鶴，歸當千載餘。」宣平歸菴，見壁詩，又吟曰：「一池荷葉衣無盡，兩畝黃精食有餘。又被人來尋討著，移菴不免更深居。」其菴後爲野火燒之，莫知宣平蹤跡。後百餘載，至咸通十二年，郡人許明恕家有婢，常逐伴入山採樵，一日獨於南山中，見一人坐石上，方食桃甚大，問婢曰：「汝許明恕家人也？」婢曰：「是。」其人曰：「我即明恕之祖宣平也。」婢言曰：「常聞家內說，祖翁得仙多年，無由尋訪。」宣平謂婢曰：「汝歸爲我向明恕道，我在此山中。與汝一桃食之，不得將出。山內虎狼甚多，山神惜此桃。」婢乃食之，甚美，頃之而盡。遣婢隨樵人歸家言之。婢歸覺檐樵輕健，到家具言：「入山逢祖翁宣平。」其明恕嗔婢將上祖之名牽呼，取杖打之。其婢隨杖身起，不知所之。後有人入山內逢見婢，童顏輕健，身衣樹皮，行疾如風，遂入昇林木而去。

劉知古

傳記

趙道一《歷世真仙體道通鑑》卷三一《劉知古》　道士劉知古字光玄，其先彭城沛人也。自中山靖王而下凡十二世，皆顯達。曾祖英，隋朝以孝廉登科，歷官臨邛令，故大父與其考，因家于臨邛。母太夫人吳氏，感異夢而生知古。生而慧，幼而明，長而秀，壯而正。視名利若仇讎，惟從事於道。唐高宗龍朔中，出家爲太清觀三洞道士。至於八公寶章，三簡祕籙，丹經脈訣之旨，出死入生之術，罔不洞曉。睿宗召見問道家事，稱旨，特加崇錫，送還山。明皇開元中，天災流行，疾疫者十有八九，上召知古治之。乃歎曰：火德星君聖人，亦癘。下法煉藥，上醫察聲，至于鍼艾，不其遠矣。遂以色代脈，用氣蠲痾。故能膏肓河決，腠理雪散，其精妙之如此。上寵錫，皆不受。天寶十九年，詔知古兼內史田思崇醮二十四位。久之，乞還蜀，請以居第爲大千秋觀。上親書額賜之，李邕文其碑。知古以兄爲儒，弟爲釋，因設三教像以事。燕國公張說聞其風而悅之，作三教銘，其辭曰：正氣生神，結虛爲實。上清尊帝，中黃守出，華彩衣裳，虛無宮室。紫炁乘斗，赤鑪飲日，十天從此，萬靈受役。蓮華釋門，麟角儒術，法共不二，心同得一。道心惟微，守而勿失。而後因天長節，改觀爲天長。嘗有客授以黃白術。雖翬甍連構，頗極壯麗，所費萬計，未嘗資於人。工畢，客復至，約於東陽伏牛山，其下有古觀，因葺而居之。又授神虎寶經、上清隱文、高奔上道之要。行之十年，忽然室中見有光，產丹芝一莖，扣之有金石之聲。夢神人謂曰：後山石壁中有金魚，跨之可以沖天。非此芝扣石，不可致。遲明訪金魚，茫然不知其所。是夕復夢曰：滴泉之下是也。既至，以芝扣，如風雷之震，巨石迸裂。得金魚長三尺許。乘之飛空，雲霧旋擁而去矣。

唐若山

傳記

趙道一《歷世真仙體道通鑑》卷三五《唐若山》　唐若山，魯郡人也。唐睿宗先天中，歷官尚書郎，連典劇郡。玄宗開元中，出守潤州，頗有惠政，遠近稱之。若山常好長生之道，弟若水爲衡嶽道士，得胎元谷神之要。常召入內殿，懇求歸山，詔許之。若山素好方術，所至之處，必會爐鼎之客。雖術用無取者，皆禮而接之。家財殆盡，俸祿所入未嘗有餘，金石所費不知紀極。晚歲尤篤志焉，以潤之府庫官錢以市藥，賓佐骨肉每加切諫，若山俱不聽納。一旦有老叟形容羸瘠，狀貌枯槁，詣門款謁，自言有長生之道。見者皆笑其衰薾，若山見之，盡禮加恭，留止月餘，所論皆非丹石之旨。若山博採萬訣歌誦圖記，無不研考，問叟所長，皆蔑如也。復好肥鮮美酒，珍饌品膳，雖瘦老劣而所食敵三四人。若山欽奉承事，曾無倦色。一旦從容謂若山曰：君家百口，所給常若不足。貴爲方伯，力尚多闕，一旦居閑，何以爲贍。況帑藏錢帛頗有侵用，誠爲憂之。若山驚曰：某此不久將有交代，亦常爲憂，而計無所出。若緣此獲譴，固所甘心，但虞一家有凍餒之苦爾。叟曰：無多慮也。促命酒，連舉數日。若山飲酒素少，是日亦飲三四爵，殊不覺醉，心甚異之。洎夜月甚明，撤觴，徐步庭下。良久，叟謂若山曰：可命一僕運鐺鍋鐵器十數事於藥室間，使僕布炭壘爐臼鼎鉗之屬爲一聚，熾炭加之，烘然如窰，不可向視。叟於帶間解小瓢，出丹二丸，投於火中，闔扉而出。謂若山曰：子有道骨，法當度世。加以馬尚正眞，性無忿恚，仙家尤重此行。吾太上眞人也，遊觀人間，以度有心之士。憫子勤志，故來相度爾。吾所化黃白之物，一以留遺子孫，旁濟貧乏。一以支納帑藏，無貽後憂，便可命棹遊江爲去世之計，翌日相俟於中流也。言訖，失其所在。若山淩晨開閱所化之物，爛然照屋。復扃閉之，即與寮吏賓客三五人整棹浮江。將金山寺，既及中流，江霧晦冥，咫尺不辨。若山獨見老叟棹漁舟，直抵舫側招揖。若山遂入漁舟中，超然而去。久之，風波稍定，昏霧開霽，已失若山矣。郡中几案收得若山訣別之書，指揮家事。又得遺表，因以奏聞。其大旨以世祿暫榮，浮生難保，惟是登眞脫屣，可以後天爲期。昔范丞相泛舟五湖，是知其主不堪同樂也；張留侯之去師赤松，是畏其生不可久存也。二子之志與臣不同，臣運屬休明，累叨榮爵，早悟昇沈之理，深知止足之規。棲心玄關，偶得丹訣。黃金可作，信淮南之昔言；白日可延，察眞經之妙用。既得之矣，餘復何求，是用揮手紅塵，騰神碧海，扶桑在望，蓬島非遙。遐瞻帝閽，不勝犬馬戀軒之至。玄宗省表，異之，遽命優恤其家。促召唐若水，與內臣齎詔江表海濱尋訪，杳無音塵矣。其後二十年，有若山知舊自浙西奉使淮南，於魚肆中見若山鬻魚於市，混同常人。睨其使而延之入陋巷中，縈迴數百步，乃及華第止。使與食，哀其久貧，市鐵二十鋌。明日復相遇，已化金矣，盡以遺之。使姓劉，今劉子孫世居金陵，亦有修道者。《南嶽總眞集》云：其弟若水尸解於南嶽。

王希夷

傳記

《舊唐書・隱逸傳・王希夷》王希夷，徐州滕縣人也。孤貧好道。父母終，爲人牧羊，收傭以供葬。葬畢，隱於嵩山，師道士黃頤，向四十年，盡能傳其閉氣導養之術。頤卒，更居兗州徂來山中，與道士劉玄博爲棲遁之友。好《易》及《老子》，嘗餌松柏葉及雜花散。景龍中，年七十餘，氣力益壯。刺史盧齊卿就謁致禮，因訪以字人之術，希夷曰：「孔子稱『己所不欲，勿施於人』，可以終身行之矣。」及玄宗東巡，敕州縣以禮徵，召至駕前，年已九十六。上令中書令張說訪以道義，宦官扶入宮中，與語甚悅。開元十四年，下制曰：「徐州處士王希夷，絕學棄智，抱一居貞，久謝囂塵，獨往林壑。朕爲封巒展禮，側席旌賢，賁然來思，克應嘉召。雖紆綺季之跡，已過伏生之年，宜命秩以尊儒，俾全高於尚齒。可朝散大夫，守國子博士，聽致仕還山。州縣春秋致束帛酒肉，仍賜衣一副、絹一百匹。」尋壽終。

尚獻甫

傳記

《新唐書・方技傳・尚獻甫》尚獻甫，衛州汲人，善占候。武后召見，由道士擢太史令，辭曰：「臣梗野，不可以事官長。」后改太史局爲渾儀監，以獻甫爲令，不隸祕書省。數問災異，又於上陽宮集術家撰《方域》

等篇。長安二年，熒惑犯五諸侯，獻甫自陳：「五諸侯，太史位；臣命納音，金也；火，金之仇，臣且死。」后曰：「朕爲卿厭之。」遷水衡都尉，謂曰：「水生金，卿無憂。」至秋卒，后嗟異，復以渾儀監爲太史局云。

尹文操

傳記

朱象先《古樓觀紫雲衍慶集》卷上《大唐宗聖觀主銀青光禄大夫天水尹尊師碑》　聞夫眞人者出巨殼，歷倚杵，騎蚩廉，從敦圉，臣雷公，妾密妃。朝濯髮於湯泉，夕晞首於暘谷，仍丹丘以長嘯，戴翠華以高遊。自非殖因曠劫，肅恭大浩從事於金房之前，鏤心於玉晨之上，攜青童而應黄籙者，奚以成後來之妙相乎？繼絶景而胤希聲，則尊師其人矣。尊師諱文操，字景先，隴西天水人也。後秦尚書僕射緯之後。緯仕長安，故爲扈人焉。若乃鬱爲帝師，降迹於唐勛之代，光乎王佐，應命於周武之朝，家籍代資，可略言矣。曾祖洪，宇文朝商州長史。大父舒，隋文州別駕。昭考珍，皇朝散大夫，以先知授。尊師特稟異氣，垂實冥華，始降迹也，其母袁氏夜夢玄妙玉女授九老丈人之符，寤而記之，每存思也。數月而聞腹中誦經聲，且時時有異光繞身矣。及載弄之始，目光炯然，眸子轉盼，若有所見矣。袁氏以其所夢，有徵心誌而不言也。及勝衣之日，自識文字，惟誦《老子》及《孝經》。乃曰：此兩經者，天地之心也。此後見好殺之字，若蹈水火，視無禮之文，如墜泉谷。稍長，聞有尹眞廟，乃精心事之，不近俗事。因讀《西昇》、《靈寶》等經，漸達眞敎，既得玄味，便契黄中。聞師者傳道之父母，行道之神明，無數劫來，妙經是出，不因師學謂之長昏，遂章惶無已，求師不暇。時有周法者，內音之先鳴，上皇之高足，乃願參軒效駕，陪景嘯空，奔走禮謁，以申宿志。周法見之，乃謂尊師曰：汝於劫會之中，已受龜山之籙也。便訓以紫雲之妙旨，授以青羽之隱法，一入其心，謂赤松、王子喬可與撫煙月矣。年十五，道行已周，有名于遠近矣。屬文德皇后遵上景而委中宮，于時搜訪道林，博採眞迹。尊師即應玄景，行預籙雲，奉敕出家，配住宗聖觀。雖翦芝瓊園，採琳玄隴，意每遠出，未近謝也。將欲沐浴東井，棲遲南昌，保護崑崙，窺窬渾沌矣。故屬想丹煙，游心紫度，徧尋五嶽，備涉九元，尋三君之祖氣，成七晨之慧眼。旋謁周法，便居終南。寂慮於溫泉，冥精於寒谷，有年日矣。既通八景，又達九天，知來藏往，多所曉悟，若有神曰：周法上遷。及省所居，已去順也。貞觀末年，行喪既畢，永徽三年，乃游太白，入重玄也。見所未見，聞所未聞，此後丹字紫書，三五順行之法，扶晨接晝，九六逆取之方，咸得其要。尊師所有遊山異迹，祈醮靈應，並有別錄，此不載之。至於顯慶以來，國家所賴，出入供奉，詢德諮量，救世度人，轉經行道，玄壇黄屋，帝座天言，東都西京，少陽太一，九城二華，展敬推誠，三十餘年，以日繫月，始終不絶，有感必通，凡是效驗，君臣同悉，敕書往復。日月更回，神道昭彰，歲時交積者，不可具載，並傳於帝居，一二要者，略舉其目。初，尊師遊太白高頂，雲霧四周，聲振萬壑□□□□□□千仞，復有像充九色，其高十仞，欣然長往者，意已篤焉。高宗之在九成宮，有孛彗經天，長數丈，以問尊師，尊師對曰：此天誡子也。子能敬父，君能順天，納諫徵賢，斥邪遠佞，罷役休征，責躬勵行，以合天心，當不日而滅。上依而行之，應時消矣。是故高宗以晉府舊宅爲太宗造昊天觀，以尊師爲觀主，兼知本觀事。儀鳳四年，上在東都，先請尊師於老君廟修功德，及上親謁，百官咸從。上及皇后、諸王、公主等，同見老君乘白馬，左右神物，莫得名言，騰空而來，降于壇所，內外號叫，舞躍再拜，親承聖音，得非尊師之誠感也。由是奉敕修《玄元皇帝聖紀》一部，凡十卷，總百十篇，篇別有贊。時半千爲尊師作也，紀贊異秩，繕寫進之，高宗大悅，終日觀省，不離于玉案，乃授尊師銀青光祿大夫，行太常少卿。尊師固讓，不得已，辭官而受散職焉。永淳二年，天中有望，告成有日，萬乘雷動，千騎風馳，天子乘閣道而御帝車，羣官陪六儀而承七曜，將禮于天樞，幸中嶽也。金繩未舉，玉檢猶潛，而六龍頓轡，三光斂色，聖體不安，旋于皇極。屬紫微虛位，白雲上征，萬國號訴，四方遏密，太后諮訪尊師，尊師曰：眞坊仙境，亦著代謝，物有榮悴，氣有初終，大道之常，幸康神器。陛下宜存思諒闇，極想欽明，密理百神，潛芘萬姓。文操人間地上，物裏天中，所有靈明，倍百祈請，亦望二十四結，火燒而憂盡，七十二教，水鍊而法成，皆見先徵，以明後事。乃著《祛惑論》四卷，《消魔論》三十卷，《先師傳》一卷。垂拱四年，將賓玉帝也，上足時道成咸願奏章以延福蔭，尊師止之曰：有順宜遵，不可犯禁。言訖委化，顏色如常。粤以長壽四年四月十四日，遷兆於終南文仙谷。弟子侯少微等，追思龍漢遠慕龜巖，冀德音與天地同久，神道共陰陽齊化，昭芘騫林，冥滋柏樹，俾斯貞石，文若三光。其詞曰：去矣。大仙，悠哉上玄。玉谷白芝之座，金闕紫蘭之前。既嘯景於瓊札，固交歡於碧泉。出三萬六千之厚地，入三萬六千之遠天。咀九華之翠菊，坐五色之紅蓮，常吟外景，每握內篇。春霞飛乎絳雲，秋風生乎紫煙。裴回高黃嶺，顧步太白巔。三秦四塞帝王國，京兆長安龍鳳川。煌煌兮四明路，浩浩兮八景年。今已向上襲前果，何時來下降宿緣。當乘道之氣，應傳道之味。必使氤氳六合中，自然昌揚萬劫通。稽首空歌步，願得乘九素。天下同此心，非獨騫之林。銀青光祿大夫、行太子右諭德兼崇文館學士、上柱國、平涼縣開國公員半千撰。開元五年十月二日，弟子侯少微建。

又《終南説經臺歷代真仙碑記·銀青光禄大夫尹尊師》 尊師名文操，字景先，隴右人。才道胥美，聲光籍甚。儀鳳二年，奉敕主宗聖觀。三年，上命建醮，躬行拜謁。上親見玄元乘白馬臨降，遂命修《聖紀》一部，授銀青光祿大夫，行太常少卿。師辭職受官，著《大道消魔論》等書，詳見員半千撰道行碑。贊曰：聖紀修成叩帝閽，銀青高爵重褒光。遺書燦爛人安在，道史千年姓字香。

李思慕

傳記

趙道一《歷世真仙體道通鑑》卷三三《李思慕》 李思慕，成紀人。與東楚董練師、白先生結煙霞之友。周遊三湘名山，後訪南嶽五峰。雖師範不同，而各有指歸。白既於石鼓上昇，思慕入京師，高力士嫉吳筠而進之於明皇。答問稱旨，後乞歸山。上厚賜餞行。註清靜經，行於世。後玄化於紫蓋峰。惟董混迹於衡陽後洞，常以咒術治人病苦。有酬之者，惟酒一醉爲妙。於是無醒時，醉卧衢路或溪谷，遇雨而衣不濡，凌嚴霜而皓如也。數年，巡門告人曰：各好將息。人皆訝之，亦於洞後尸解如蟬蜕也。唐杜甫有憶昔行詩，末句云：更訪衡陽董練師，南游早鼓瀟湘柂。

楊通幽

傳記

趙道一《歷世真仙體道通鑑》卷四三《楊通幽》 楊通幽者，本名什伍，廣漢什邡人。幼遇道士教以檄召之術，受三皇天文。役命鬼神，無不立應。驅毒厲，剪氛邪，禳水旱，致風雨，是法皆能之。而木訥疏傲，不拘於俗。其術數變異，遠近稱之。唐玄宗賜名通幽，問其所受之道，曰：臣師乃南極王君青城眞人，昔於後城山中教以召命之術，曰可以輔贊太平之君，然後方得飛昇之道。戒以護氣希言，目不妄視，絶聲利，遠囂塵，則可以淩三界，登太清矣。又問昇天入地何所爲硋，曰：得道之人，入火不灼，入水不濡，躡虛如履實，觸實如蹈虛。雖九地之厚，巨海之廣，八極之遠，萬天之大，應念欻至，何所拘硋乎。所以然者，形與道合也。上善其對。通幽居數載，乃登後城山葺靜室於其頂，時還其家。門人言天眞累降於靜室，一旦與羣仙俱去矣。

胡惠超

傳記

趙道一《歷世真仙體道通鑑》卷二七《胡惠超》 天師胡惠超字拔俗，不知何許人也。莫知其年壽，唐高宗上元間，來自廬山，棲於豫章西山之洪井。幅巾布褐，徒行負杖。至游帷觀，見同輩，手不執板，擎拳而已。美鬚眉，體貌瓌偉，類四十許歲人。身不甚長，然每處稠人中，其首獨出其上。雖至長者，止及其肩。故時人稱爲胡長仙。人問其年幾何，曰：五十二歲。逾數十載問之，亦復云然。至論晉宋已來治亂興廢，纖毫不差。喜談晉司空張華文，博物如其友。或云許、吳君嘗授其延生煉化，超三元九紀之道，能檄召神靈，驅奮雷雨。至陶弘景校茅山華陽洞太清經七十卷，天師亦與焉。背縫盡朱書其姓名，覽之者皆見之。又曰：吾昔到此，客於盱姆用，是不知爲何代人物也。每逢路傍暴骨遺骸，悉爲瘞之。地有古物寶器，掘之如其言而獲。聞邪怪之物，疾之如寇讎，即務翦除之。時豫章西門有樟木精，爲獨足神，大興怪祟，邀人淫祀。天師一見叱罵，書符禁制，即命斬伐，積薪灌油，以火焚燎，妖祟遂滅。以地爲觀舊名信果，今額天慶。昔游帷觀，唐初荒廢，因問主觀胡不修葺，答以乏材力。天師奮然而往，不逾月以木栰至。高安樟木江口，距觀九十里，命栰人緊繫縛，各就宿江岸，臨暮飛黑符一道，中夜烈風雷雨。比明，栰已在壇下矣。凌抹嶺谷所當之路林木，披靡摧折。又於山下發一窖，出錢三百千，爲工役之需應。殿宇非人所居者，皆夜役鬼神爲之。門外鑿三井，以辟火災俗號曰禁火井，故至今永無火災。久之，異迹顯著。唐高宗時偶抵京邑，詔除壽春宮狐妖，賜洞眞先生。至是，天后以蒲輪召之。天師深隱巖谷，州縣搜求之急，不得已而出。至都，引見於武成殿。后臨問仙事，天師止陳道德帝王治化之源。后大喜，又欲留於都下，委以煉丹之事，天師辭請還山修煉。敕遣使齎金璧送歸。行次單父，賜書曰：先生道位高尚，早出塵俗，如軒曆之廣成，漢朝之河上，遂能不遠千里，來赴三川。日御先開，望霓裳之漸遠；天津後渡，瞻鶴蓋以方遙。空睇風雲，惆悵無已。儻蒙九轉之餘，希遺一丸之藥。天師乃於洪崖先生古壇之際煉丹，首尾三年，降詔趣召詣闕，至則館於禁中。天師辭歸，固留不許。天師一朝遁去，上聞，嘆恨久之。遣使齎贈甚厚，兼贈詩一篇，云：高人協高志，山服往山家。迢迢聞風月，去去隔煙霞。碧岫窺玄洞，玉竈煉丹砂。今日星津上，延首望靈槎。天師歸西山，居於盱母靖，觀有三清中門，眞君橫堂堂在今仙井函舊亭上，皆鬼工所造。平柱眠枋疊至脊，斲削之工，人或可侔，至植立不斜，堅固不朽，非人可及。梁牌親題年號，筆力遒勁。又自寫其眞容於後殿之壁。其居西山，人皆師事之。千里之內，無疫癘水旱之災，無猛鷙夭枉之苦，遠近賴焉。長安三年二月十六日，命弟子於遊帷觀之西北伏龍岡造磚墳，藏太玄眞符二，七星神劍、靈寶策杖各一。三日而訖。天師正衣冠，坐繩床，異香滿室。空中雲鶴，牆外人馬之聲，紛紛不絕。視之，已解蛻矣。州具以聞，賜錢帛修齋醮，復謚曰洞眞先生。姑蘇先生司馬貞撰碑，具載詳悉。開元中，天師復出，爲明皇所重，以詩送還山，云：仙客厭人間，孤雲比性閑。話離情未已，煙水萬重山。又世傳明皇三公主從之學道，一曰玉眞長公主，二曰玉眞次公主，三曰眞一公主。其後道成，皆隱翔鸞洞。師亦隱去。今伏龍山凌雲觀，乃師還山所居。公主從之學道處，凌雲南去十餘里，平地有山，爲冢三。又師再藏劍印符籙處，俗呼曰三椰，至今屬籍凌雲觀。其門人高弟甚多，最顯者曰萬天師、藺天師。臨川井山黃花姑云：游帷觀有胡天師畫其像壁。一日將頹，忽有一雲水道士至，以木板模寫之，儼然復前狀。越夕而壁倒，道士亦不知所往。門堂以宋徽宗政和六年奉旨重造，始徹去，今惟眞板存焉。

白履忠

傳記

《舊唐書·隱逸傳·白履忠》　白履忠，陳留浚儀人也。博涉文史。嘗隱居于古大梁城，時人號爲梁丘子。景雲中，徵拜校書郎。尋棄官而歸。開元十年，刑部尚書王志愔表薦履忠隱居讀書，貞苦守操，有古人之風，堪代褚無量、馬懷素入閣侍讀。十七年，國子祭酒楊瑒又表薦履忠堪爲學官，乃徵赴京師。及至，履忠辭以老病，不任職事。詔曰：「處士前祕書省校書郎白履忠，學優緗簡，道賁丘園，探賾以見其微，隱居能達其志。故以汲引洙、泗，物色夷門，素風自高，玄冕非貴。几杖云暮，章秩宜加，俾承禮命之優，式副寵賢之美。可朝散大夫。」履忠尋表請還鄉，手詔曰：「孝悌立身，靜退放俗，年過從耄，不雜風塵。盛德予聞，通班是錫，豈惟旌賁山藪，實欲獎勸人倫。且遊上京，徐還故里。」乃停留數月而歸。履忠鄉人左庶子吳兢謂履忠曰：「吾子家室屢空，竟不霑斗米匹帛，雖得五品，何益於實也？」履忠欣然曰：「往歲契丹入寇，家家盡著括排門夫，履忠特以少讀書籍，縣司放免，至今惶愧。今雖不得，且是吾家終身高卧，免傜役，豈易得也！」尋壽終。著《三玄精辯論》一卷，註《老子》及《黃庭內景經》，有文集十卷。

邢和璞

傳記

趙道一《歷世真仙體道通鑑》卷三九《邢和璞》　邢和璞，不知何許人。隱居瀛海間，善筭心術，凡人心之所計，布筭而知之。卜居嵩潁間，著潁陽書三篇，有筭心旋空之訣，復能以法活死者。唐明皇開元十二年至都，朝貴候之，其門如市。有友人居白馬坡下，和璞至，死已踰日。當其母哀之，和璞遂置尸于牀，引其衾同卧。閉戶良久，起，具湯沐而猶未甦，復與之寢，須臾即活。又崔司馬者，與和璞善，因疾篤，曰：先生何棄我耶？已而聞寢壁有穿穴聲，窺之有微隙，漸大，見導從數百人，一人紫衣大冠，坐車中，謂崔曰：邢先生合太乙相救。言訖而去，其疾遂愈，隙穴亦尋失矣。房琯爲桐廬宰，待和璞甚善。暇日因攜手出城，不覺行十數里。至夏谷村，有廢佛堂，松竹森映，共坐其下。和璞以杖擊地，令侍者掘之深數尺，得一瓦瓶，中有婁師德與永公書。和璞笑謂琯曰：省此乎？琯髣髴前世嘗爲僧，名永，和璞曰：君當爲宰輔，善自愛。然其終必食鱠，棺以龜茲，不在私第，不在公館，不在寺宇，不在外家。琯後果踐台輔，謫居閬州，卧疾紫極宮。稍愈，太守召會郡齋，進鱠，食畢疾復作。夢神人曰：邢眞人之言信矣。翌日果終，前有賈者拖龜茲板爲老君帳，因假以爲棺。和璞廬終南，學道者多依之。時崔晤與其友，恭事左右。一日謂其徒曰：旦夕有異客，子等爲予設具。又戒曰：謹毋窺伺。翌日，果一人至，其長五尺，闊三尺，首居其半，衣緋執笏，鼓髯大笑，吻角侵耳。作劇談，多非人間語。崔晤欲見，不自正，遂趨而過。客熟視，謂和璞曰：此非泰山老師乎？曰：然。食訖而去。和璞謂晤曰：此上帝戲臣也，言泰山老師，子能省乎？晤垂涕曰：少聞先人言，某寶老師之後身，然前身不甚記。和璞後亦不知所之。

司馬承禎

傳記

《舊唐書·隱逸傳·司馬承禎》　道士司馬承禎，字子微，河内溫人。周晉州刺史、琅邪公裔玄孫。少好學，薄於爲吏，遂爲道士。事潘師正，傳其符籙及辟穀導引服餌之術。師正特賞異之，謂曰：「我自陶隱居傳正一之法，至汝四葉矣。」承禎嘗遍游名山，乃止於天台山。則天聞其名，召至都，降手敕以讚美之。及將還，敕麟臺監李嶠餞之於洛橋之東。

景雲二年，睿宗令其兄承禕就天台山追之至京，引入宮中，問以陰陽術數之事。承禎對曰：「道經之旨：『爲道日損，損之又損，以至於無爲。』且心目所知見者，每損之尚未能已，豈復攻乎異端，而增其智慮哉！」帝曰：「理身無爲，則清高矣。理國無爲，如何？」對曰：「國猶身也。《老子》曰：『遊心於澹，合氣於漠，順物自然而無私焉，而天下理。』《易》曰：『聖人者，與天地合其德。』是知天不言而信，不爲而成。無爲之旨，理國之道也。」睿宗歎息曰：「廣成之言，即斯是也。」承禎固辭還山，仍賜寶琴一張及霞紋帔而遣之，朝中詞人贈詩者百餘人。

開元九年，玄宗又遣使迎入京，親受法籙，前後賞賜甚厚。十年，駕還西都，承禎又請還天台山，玄宗賦詩以遣之。十五年，又召至都。玄宗令承禎於王屋山自選形勝，置壇室以居焉。承禎因上言：「今五嶽神祠，皆是山林之神，非正眞之神也。五嶽皆有洞府，各有上清眞人降任其職，山川風雨，陰陽氣序，是所理焉。冠冕章服，佐從神仙，皆有名數。請別立齋祠之所。」玄宗從其言，因敕五嶽各置眞君祠一所，其形象制度，皆令承禎推按道經，創意爲之。承禎頗善篆隸書，玄宗令以三體寫《老子經》，因刊正文句，定著五千三百八十言爲眞本以奏上之。以承禎王屋所居爲陽臺觀，上自題額，遣使送之。賜絹三百匹，以充藥餌之用。俄又令玉眞公主及光祿卿韋縚至其所居修金籙齋，復加以錫賚。

是歲，卒於王屋山，時年八十九。其弟子表稱：「死之日，有雙鶴遶壇，及白雲從壇中涌出，上連于天，而師容色如生。」玄宗深歎之，乃下制曰：「混成不測，入寥自化。雖獨立有象，而至極則冥。故王屋山道士司馬子微，心依道勝，理會玄遠，遍遊名山，密契仙洞。存觀其妙，逍遙得意之場；亡復其根，宴息無何之境。固以名登眞格，位在靈官。林壑未改，遐霄已曠，言念高烈，有愴于懷，宜贈徽章，用光丹籙。可銀青光祿大夫，號眞一先生。」仍爲親製碑文。

《新唐書・隱逸傳・司馬承禎》 司馬承禎字子微，洛州溫人。事潘師正，傳辟穀道引術，無不通。師正異之，曰：「我得陶隱居正一法，逮而四世矣。」因辭去，偏游名山，廬天台不出。武后嘗召之，未幾，去。睿宗復命其兄承禕就起之，既至，引入中掖廷問其術，對曰：「爲道日損，損之又損，以至於無爲。夫心目所知見，每損之尚不能已，況攻異端而增智慮哉？」帝曰：「治身則爾，治國若何？」對曰：「國猶身也，故游心於淡，合氣於漠，與物自然而無私焉，而天下治。」帝嗟味曰：「廣成之言也！」錫寶琴、霞紋帔，還之。

開元中，再被召至都，玄宗詔於王屋山置壇室以居。善篆、隸，帝命以三體寫《老子》，刊正文句。又命玉眞公主及光祿卿韋縚至所居，按金籙設祠，厚賜焉。卒，年八十九，贈銀青光祿大夫，謚貞一先生，親文其碑。

自師正、道合與承禎等，語言詼譎似方士，剟之不録，直取其隱概云。

張君房《雲笈七籤》卷一一三下《紀傳部一五傳一二・續仙傳・司馬承禎》 司馬承禎字子微，博學能文，攻篆迴爲一體，號曰金剪刀書。隱於天台山玉霄峰，自號白雲子，有服餌之術。唐則天累詔之不起，睿宗深尚道教，屢加尊異，承禎方赴召。睿宗問陰陽術數之事，承禎對曰：「《老君經》云：『損之又損，以至於無爲。』且心目所見知，每損之尚未能已，豈復攻乎異端而增智慮哉？」睿宗曰：「理身無爲則清高矣，理國無爲如之何？」對曰：「國猶身也。《莊子》云：『游心於澹，合氣於漠，順於自然，乃無私焉，而天下理。』《易》曰：『聖人者，與天地合其德。』是知天不言而信，不爲而成，無爲之旨，理國之要也。」睿宗深賞異，留之欲加寵位，固辭不可，告歸山。乃賜寶琴花帔以遣之，公卿多賦詩以送，常侍徐彥伯撮其美者三十餘篇爲製序，名曰《白雲記》，見傳於世。時盧藏用早隱於終南山，後登朝居要官，見承禎將還天台，藏用指終南謂之曰：「此中大有佳處，何必天台？」承禎徐對曰：「以僕所觀，乃仕宦之捷徑爾。」藏用有慙色。明皇在宥天下，深好道術，徵詔承禎到京，留於內殿，頗加禮敬，問以延年度世之事。承禎隱而微言，明皇亦傳而祕之，故人莫得知也。由是明皇理國四十五年，雖祿山犯闕，鑾輿狩蜀，及爲上皇迴，又七年，方始晏駕，雖由天數，豈非道力之助延長耶？初明皇登封泰山迴，問承禎：「五嶽何神主之？」對曰：「嶽者山之巨鎮，而能出雷雨，潛諸神仙，國之望者爲之。然山林神也，亦有仙官主之。」於是詔五嶽於山頂別置仙官廟，自承禎始也。又蜀女眞謝自然泛海，將詣蓬萊求師，船爲風飄到一山，見道士指言：「天台山司馬承禎名在丹臺，身居赤城，此眞良師也。蓬萊隔弱水三十萬里，非舟檝可行，非飛仙無以到。」自然乃迴求承禎受度，後白日上昇而去。承禎居山，修眞勤苦，年一百餘歲，童顏輕健，若三十許人。有弟子七十餘人，一旦告弟子曰：「吾自玉霄峰東望蓬萊，常有眞靈降駕。今爲東海青童君東華君所召，必須去人間。」俄頃氣絕，若蟬蛻，已解化矣，弟子葬其衣冠焉。

劉大彬《茅山志》卷一一《上清品》 十二代宗師：上清玄初仙公唐國師銀青光祿大夫，謚貞一先生，姓司馬，諱承禎，一名子微，字道隱，世居溫。晉彭城王權之後，襄滑二州長史仁最之子，生而能言，天錫神表。年二十，師體玄於嵩陽，受金根上經三洞隱書。嘗有鳥如鳳凰，下集香几，爪痕著几，成書文曰：「東華上清眞人」。由是益神其行，玄宗異之，遣使徵聘，勑王屋山置陽臺觀以居。一日，感天帝召，遂來山禮謁華陽洞天，因撰貞白碑，陰記師以王屋小有之天總眞之府：景氣幽欻，神祇會昌，吾道苟行，奚足不可？翻飛投足，有終焉之志。復於觀之朝維高丘之午窮極絕界，得中巖臺，上直天壇，下繚長阜，亘木圓抱，鳴溪中流，每養龍大谷，相鶴中峰，燎金洞之衆香，吸石窗之鮮氣有日矣。著坐忘論，及撰《修眞祕旨》十二篇，爲隱居眞訣之副。師且慮帝恩深久，遂徙居天台玉霄峰以期沖舉。又勑建桐栢觀，其地請師五體書《道德經》。開元乙亥歲六月十八日，忽謂近侍曰：吾已受職玄都，不復得住。洒部署封檢，若將遠適。迨暮，有赤雲繚繞摩地而來，雲上簫聲泠然。衆咸駭異，謂必上升，遽扊戶而已蛻形矣。玄宗御製碑在桐栢頂。贊曰：至神合虛，應物無迹。強名坐忘，銷爾塵質。高風華林，旭日丹臺。蓬海無師，歸求天台。

趙道一《歷世眞仙體道通鑑》卷二五《司馬承禎》 後周瑯琊公司馬裔玄孫，名承禎，字子微，洛州溫人也。事潘師正，傳辟穀導引術，無不通。師正異之，曰：我得陶隱居正一法。逮汝四世矣。久之，辭几席，遍遊名山。廬天台，構層軒於壇上，目爲衆妙臺。唐武后嘗召之，未幾去。與陳子昂、盧藏用、宋之問、王適、畢構、李白、孟浩然、王維、賀知章，爲仙宗十友。睿宗復命其兄承禕就之，詔曰：鍊師德超河上，逍遙浮丘，高游碧落之庭，獨步清源之境。朕初登寶位，久藉徽猷。雖堯帝丕圖，翹心罊缺；軒皇御曆，遠想崆峒。緬惟彼懷，寧妨此顧。朝欽夕佇，迹滯心飛，欲遣使者專迎，或慮鍊師嘉遯，故令禕往，願與同來。披遂不延，先此毋慮。既至，引入中掖。延問其術，對曰：爲道日損，損之又損，以至於無爲。夫心目所知見，每損之尙不能已，況攻異端而增智慮哉。帝曰：治身則爾，治國若何？對曰：國猶身也。故游心於淡，合氣於漠，與物自然而無容私焉，則天下治。帝嘆詠曰：廣成之言，何以加此。賜寶琴霞帔以還。公卿賦詩送之，常恆徐彥坦總而爲之序，曰白雲記。後復遣使迎至京師，親授符籙，賞賜甚厚。每固辭請歸。盧藏用早隱終南山，後登朝居要官。見承禎將還天台，藏用指終南山曰：此中大有佳處，何必天台。對曰：以僕觀之，乃仕宦之捷徑爾。藏用有慚色。明皇詔於王屋山置壇室以居之。承禎善篆隸，金剪刀書，自成一家體。帝命以三體寫老子，刊正文句。嘗鑄含象鑒、震景劍進之。命光祿卿韋縚至所居，按金籙設祠，厚賜。上封泰山回，問承禎五嶽何神主之，對曰：嶽者山之巨鎮，而能出雲降雨，爲國之望。然靈仙所隱，別有仙官主之。於是詔五嶽別立仙官廟。時女眞焦靜眞泛海，詣蓬萊求師。至一山，見道者，指言曰：天台山司馬承禎，名在丹臺，身居赤城，眞良師也。靜眞既還，詣承禎求度，未幾昇天。嘗降謂薛季昌曰：先生得道，高於陶都水之任，當爲東華上清眞人。開元中，文靖天師與承禎赴長生殿，千秋節齋直，中夜行道。畢，隔雲屏各就枕，斯須忽聞小兒誦經聲，玲玲如金玉響。天師乃褰裳躡步而窺之，見承禎額上有小日如錢，光耀一席。逼而聽之，乃承禎腦中之聲也。天師退，謂其徒曰：《黃庭經》云泥丸九眞皆有房，方圓一寸處此中。又云左神公子發神語。其先生之謂。有弟子七十餘人。忽曰：吾玉霄峰東望蓬萊，有靈眞降駕，今爲東海小青童君。東華君所召，必須往。俄頃化去，如蟬脫蛻，弟子葬其衣冠焉，時年八十有九。詔贈銀青光祿大夫，謚正一先生。帝親文其碑，韋渠牟作傳。嘗撰《修眞祕旨》《天地宮府圖》《坐忘論》《登眞系》等行於世。

臣道一曰：司馬承禎藐視軒裳，棲身洞府，心地之高邁，學問之淵源，不易及也。其答唐睿宗之問曰：國猶身也，故游心於淡，合炁於漠，與物自然而無容私焉，則天下治。此誠得太上之深旨。《道德經》云：我無爲而民自化，我好靜而民自正，我無事而民自富，我無欲而民自樸。即此義也。

吴筠

傳記

《舊唐書・隱逸傳・吴筠》吴筠，魯中之儒士也。少通經，善屬文，舉進士不第。性高潔，不奈流俗，乃入嵩山，依潘師正爲道士，傳正一之法，苦心鑽仰，乃盡通其術。開元中，南遊金陵，訪道茅山。久之，東遊天台。筠尤善著述，在剡與越中文士爲詩酒之會，所著歌篇，傳於京師。玄宗聞其名，遣使徵之。既至，與語甚悅，令待詔翰林。帝問以道法，對曰：「道法之精，無如五千言，其諸枝詞蔓說，徒費紙札耳。」又問神仙脩鍊之事，對曰：「此野人之事，當以歲月功行求之，非人主之所宜適意。」每與緇黄列坐，朝臣啓奏，筠之所陳，但名教世務而已，間之以諷詠，以達其誠。玄宗深重之。

天寶中，李林甫、楊國忠用事，綱紀日紊。筠知天下將亂，堅求還嵩山，累表不許，乃詔於嶽觀別立道院。祿山將亂，求還茅山，許之。既而中原大亂，江淮多盜，乃東遊會稽。嘗於天台剡中往來，與詩人李白、孔巢父詩篇酬和，逍遥泉石，人多從之。竟終於越中。文集二十卷。其《玄綱》三篇、《神仙可學論》等，爲達識之士所稱。筠在翰林時，特承恩顧，由是爲羣僧之所嫉。驃騎高力士素奉佛，嘗短筠于上前，筠不悅，乃求還山。故所著文賦，深詆釋氏，亦爲通人所譏。然詞理宏通，文彩焕發，每製一篇，人皆傳寫。雖李白之放蕩，杜甫之壯麗，能兼之者，其唯筠乎。

《新唐書・隱逸傳・吴筠》吴筠字貞節，華州華陰人。通經誼，美文辭，舉進士不中。性高鯁，不耐沈浮於時，去居南陽倚帝山。天寶初，召至京師，請隸道士籍，乃入嵩山依潘師正，究其術。南游天台，觀滄海，與有名士相娛樂，文辭傳京師。玄宗遣使召見大同殿，與語甚悅，敕待詔翰林，獻《玄綱》三篇。帝嘗問道，對曰：「深於道者，無如《老子》五千文，其餘徒喪紙札耳。」復問神仙治鍊法，對曰：「此野人事，積歲月求之，非人主宜留意。」筠每開陳，皆名教世務，以微言諷天子，天子重之。羣沙門嫉其見遇，而高力士素事浮屠，共短筠於帝，筠亦知天下將亂，懇求還嵩山。詔爲立道館。安祿山欲稱兵，乃還茅山。而兩京陷，江、淮盜賊起，因東入會稽剡中。大曆十三年卒，弟子私謚爲宗元先生。

始，筠見惡於力士而斥，故文章深詆釋氏。筠所善孔巢父、李白，歌詩略相甲乙云。

趙道一《歷世真仙體道通鑑》卷三七《吴筠》嘗論谷神之妙，則有玄綱論。哀蓬心蒿目之遠於道，則有神仙可學論。疏瀹澡雪使無落吾事，則有洗心、棲岩賦。修胸中之誠而休乎天君，則有心目論、契神頌。至若遊仙步虚，王化雜感之作，凡四百五十餘篇，禮部侍郎權得輿集而爲序。始筠見惡於力士而斥，故文章深詆釋氏。筠所喜孔巢父歌詩，略相甲乙。代宗大曆十三年，於宣城道觀中忽焚香返真，弟子邵冀元與其徒葬天柱之西麓，私謚宗元先生。

張志和 玄真子

傳記

《新唐書・隱逸傳・張志和》張志和字子同，婺州金華人。始名龜齡。父游朝，通莊、列二子書，爲《象罔》、《白馬證》諸篇佐其說。母夢楓生腹上而產志和。十六擢明經，以策干肅宗，特見賞重，命待詔翰林，授左金吾衛錄事參軍，因賜名。後坐事貶南浦尉，會赦還，以親既喪，不復仕，居江湖，自稱煙波釣徒。著《玄真子》，亦以自號。有韋詣者，爲撰《內解》。志和又著《太易》十五篇，其卦三百六十五。

兄鶴齡恐其遁世不還，爲築室越州東郭，茨以生草，椽棟不施斤斧。豹席椶屩，每垂釣不設餌，志不在魚也。縣令使浚渠，執畚無忤色。嘗欲以大布製裘，嫂爲躬績織，及成，衣之，雖暑不解。

觀察使陳少游往見，爲終日留，表其居曰玄眞坊。以門隘，爲買地大其閎，號回軒巷。先是門阻流水，無梁，少游爲構之，人號大夫橋。帝嘗賜奴婢各一，志和配爲夫婦，號漁童、樵青。

陸羽常問：「孰爲往來者？」對曰：「太虛爲室，明月爲燭，與四海諸公共處，未嘗少別也，何有往來？」顔眞卿爲湖州刺史，志和來謁，眞卿以舟敝漏，請更之，志和曰：「願爲浮家泛宅，往來苕、霅間。」辯捷類如此。

善圖山水，酒酣，或擊鼓吹笛，舐筆輒成。嘗撰《漁歌》，憲宗圖眞求其歌，不能致。李德裕稱志和「隱而有名，顯而無事，不窮不達，嚴光之比」云。

張君房《雲笈七籤》卷一一三下《紀傳部一五傳一二・續仙傳・玄眞子》 玄眞子姓張名志和，會稽山陰人也。博學能文，進士擢第，善畫，飲酒三斗不醉。守眞養氣，卧雪不寒，入水不濡。天下山水，皆所遊覽。魯公顔眞卿與之友善。眞卿爲湖州刺史，與門客會飲，乃唱和爲《漁父詞》。其首唱即志和之詞，曰：「西塞山邊白鳥飛，桃花流水鱖魚肥。青箬笠，緑蓑衣，斜風細雨不須歸。」眞卿與陸鴻漸徐士衡李成矩共唱和二十五首，遞相誇賞。而志和命丹青剪素，寫景夾詞，須臾成五本，花木禽魚，山水景像，奇絶蹤跡，今古無倫。而眞卿與諸賓客傳翫，歎伏不已。其後眞卿東遊平望驛，志和酒酣爲水戲，鋪席於水上，獨坐飲酌嘯詠。其席來去遲速如刺舟聲，復有雲鶴隨覆其上。眞卿親賓參佐觀者，莫不驚異。尋於水上揮手以謝眞卿，上昇而去。今猶有傳寶其畫在人間者。

玄眞子 見張志和

羅子房

傳記

趙道一《歷世眞仙體道通鑑》卷三五 冲虛子姓羅名子房，唐玄宗開元中，父子修行於玉笥元貞觀。其父尸解，葬空棺於觀側。冲虛子久亦功成，駕空舟於門外杉表，騰空而去。

羅公遠

傳記

張君房《雲笈七籤》一一三上《紀傳部一四傳一一・神仙感遇傳・羅公遠》 八月十五日夜，侍明皇於宮中翫月。公遠曰：「陛下莫要月宮中看否？」帝唯之。乃以拄杖向空擲之，化爲大橋，橋道如銀。與明皇昇橋，行若十數里，精光奪目，寒氣侵人，遂至大城。公遠曰：「此月宮也。」見仙女數百，皆素練霓衣，舞於廣庭。上問其曲名，曰：「《霓裳羽衣》也。」乃密記其聲調。旋爲冷氣所逼，遂復躡銀橋迴。返顧銀橋，隨步而滅。明日召樂工，依其調作《霓裳羽衣曲》，遂行於世。明皇欲傳隱形之術，公遠祕而不說。上怒，乃選善射者十人伏於壁，召公遠與語，衆矢俱發，公遠致斃。上令瘞於宮內。月餘，中使自蜀迴，奏事訖，云：「臣至駱谷見羅公遠，令附起居，專於成都望車駕。」上大駕，問其行李如何，曰：「跣足，攜鞋一隻。」乃令開棺視之，唯見一草鞋在棺，有箭孔十數。安祿山犯闕，明皇幸蜀，有稱維厶延來謁，召之即不見，思其意，維厶延蓋公遠字也。上悔恨，歎息累日。

趙道一《歷世真仙體道通鑑》卷三九《羅公遠》 道士羅公遠一名思遠，鄂州人也。一云彭州九隴縣人。修道宇于漓沅化，常往青城、羅川間，歷周隋唐，年數百歲，乍老乍少，韜晦名迹。唐明皇開元中春三月，鄂州刺史燕屬吏于郡之園亭，士庶遊覽者無不至。有一白衣，長八九尺，容儀端偉。門吏初疑之，俄有一小童見而叱之曰：汝何故離本處，輒來此，宜速去。白衣遂攝衣而走，吏乃執小童，白刺史。因問其族，云：姓羅名公遠，幼學道術。適見守江龍來此，與明公逐之。刺史未之信，曰：須令我見其形。曰：請俟後日。及期，於江干穿一小圳，僅尺餘，以引江水。刺史與郡人皆至，須臾有一白魚，長五六寸，隨流而入，騰躍漸大，煙如線。頃之，黑氣橫空，咫尺不辨。公遠白刺史：與郡人速上津亭。未至，雷電而雨。既少霽，見一白龍於江心，頭與雲連，食頃方隱。時明皇好方外士，刺史具以聞，因召見，每問無不稱旨。劍南有果，謂之日熟子，張果、葉法善與上以術取之，曰：午後必至。其日擁爐，公遠始與坐，抵暮不至。張與葉相顧曰：莫是羅君不？公遠笑於爐中撥出一火筯，斯須使者持日熟子至。葉詰之，曰：到京城，烈焰亘天，無路可過通，稍息方得到此。諸公皆失色。上每召公遠與法善、金剛、三藏試法，而公遠常勝。凡出入禁中，或以微言規諷，或以直道獻替，鹹崇驅妖，召龍致雨，无善自隱。上欲傳其術，公遠曰：陛下玉書金簡，已格九清，宜襲唐虞之無爲，繼文景之儉約，豈可以四海之尊，萬乘之貴，宗廟之重，社稷之大，而輕徇小術耶？若盡臣術，必懷璽入民間，困於魚服也。上不悟，遂辱駡公遠。公遠走入殿柱中數上過，上愈怒，劈柱追之。既見，復入五碣中，又擊碣爲數十塊，皆有公遠之形，上謝之，乃如故。上強之不已，因敎焉，然不肯盡其術。試自隱常餘衣帶，不爾影迹。及公遠，其試則驗。厚賜金帛，然卒不得其妙。上怒，遂斬之。有中使輔仙玉自蜀還，速公遠駕而西，謂仙玉曰：吾晉成帝咸和年間入蜀，棲息林泉，以修眞爲務。聞天子好道，乃捨煙霞之樂，冒於塵世。欲以至道敎人王，上延我於別殿而素靈藥，我告以人間之府藏，葷血充積，三田未虛，六氣未潔，請以十年爲約而受，乃不能守，因小術加我以丹頸之戮，一何虐焉。然得道之人，形氣混合，豈能以世俗兵刃水火害於我哉。但念主上列丹華之籍，有玉系之舊，而眷眷之情不能已。因袖出一書，謂仙玉曰：可以此達上，云我姓羅名公達，靜眞先生弟子也，上必悟焉。仍涼曰：小隱居山，食果飲水，度流年而已。赴闕，洽道惟食三棗。上嘆息，送肅明觀，遣內侍郭道寶送棗二盤。六月再召見，上引入內閣，賜坐，與觀寢殿蓮池。問：比地亢陽，有秋失望，奈何？智涼曰：誠能動天，願陛下秉誠賜臣夜醮，必致甘雨。制可。醮竟，雷雨隨應，上大悅。因問治國之要，對以聖人道在心不在他求。賜紫衣一襲，度爲道士。自是丐辭闕庭，奉詔歸舊隱煉丹，賜絹五百疋。二十七年丹成，詔詣闕，賜賚優渥。肅宗至德二載，召不赴。乾元初，享年百有四十，月解于浮雲觀。

崔生

傳記

張君房《雲笈七籤》卷一一三上《紀傳部一四傳一一・續仙傳・羅公遠》 進士崔生，常遊青山，解鞍放驢，無僕御，驢逸而走，馳之不能及。約行十里，至一洞口，時已曛黑，驢即奔入，崔生悚懼，不敢前進，力固疲矣，遂寢巖下。至曉，洞中微明，乃入十餘里，望見巖壑間有金城絳闕，而被甲執兵者守衛之。崔生知是仙境，乃告曰：「某塵俗之士，願謁仙翁。」守吏趨報，頃之召入。見一人居殿，服羽衣，身可丈餘，侍女數百，與崔生趨拜，使坐與語，忻然留宿，酒味珍香，異果羅列。謂崔生曰：「此非人世府也，驢追益走者，余之奉邀也。蓋一女子，願事於君，此亦冥數前定耳。」生再拜謝，遂以女妻之。數日，令左右取青合中藥兩丸，與生服之。但覺臟腑清瑩，摩體若蟬蛻，瑩然嬰兒之貌。每朔望與崔生乘鶴，而上朝蘂宮。月餘，崔生曰：「某血屬在人間，請歸一決，非有所戀也。」仙公戒之曰：「崔郎不得淹留。」遂與符一通，「急有患禍，此可隱形，愼不可遊宮禁。」臨別，又與一符曰：「甚急即開。」乃命取一驢付之。崔生到京都，試往人家皆不見，因入內。會劒南進太眞錦繡，乃竊其珍者。上曰：「計無賊至，此必爲妖取之。」遂令羅公遠作法，以朱字照之，寢殿戶後，果得崔生。崔生具寫本末，上不信，令笞死。崔生乃出仙翁臨行之符，照公遠與持執者，當時絕倒，良久方起。啓上曰：「此人已居上界，不可殺也。縱殺之，臣等即受禍，亦非國之福。」上乃赦之，猶疑其事不實，遣數百人具兵服兼術士，送至洞口。復見金城絳闕，仙翁御殿，侍從森然。出呼曰：「崔郎不取吾語，幾至顛毀。」崔生拜訖，遂昇洞門。所送者欲隨之，仙翁以杖畫地成川，闊數丈。崔生妻擲一領巾，化爲五色絳橋，令崔生踏過，橋隨步即滅。既至洞口，崔生謂送人曰：「事只如此，可以歸。」須臾，雲霧四合，咫尺不見，唯聞鸞鶴簫籟之聲，遙望雲山而去，上方知其神仙也。

李聿

傳記

趙道一《歷世真仙體道通鑑》卷三九《李聿》 李聿，唐宗室也。羅公遠於明皇燕間講論道妙，出入含元殿，曾試之。後授歙州刺史，與家屬之官，甫過大江，乃爲鼉所祟，拘聿之魂而附其形，自其家赴任。一日公遠校錄水府，見之，於是飛符誅鼉，而還聿之魂。聿乃棄官，入青城山太一洞，請符以救其室。遂依公遠學道，後證仙果，今列侍左右云。

王旻

傳記

李昉《太平廣記》卷七二《道術二·王旻》 太和先生王旻，得道者也。常遊名山五岳，貌如三十餘人。其父亦道成，有姑亦得道，道高於父。旻常言：姑年七百歲矣。有人知其姑者，常在衡岳，或往來天台羅浮，貌如童嬰，其行比陳夏姬。唯以房中術致不死，所在夫壻甚衆。天寶初，有薦旻者。詔徵之。至則於內道場安置。學通內外，長於佛教。帝與貴妃楊氏，旦夕禮謁，拜於牀下，訪以道術。旻隨事教之。然大約在於修身儉約，慈心爲本。以帝不好釋典，旻每以釋教引之，廣陳報應，以開其志。帝亦雅信之。旻雖長於服餌，而常飲酒不止。其飲必小爵，移晷乃盡一杯。而與人言談，隨機應對，亦神者也。人退皆得所未得。其服飾隨四時變改。或食鯽魚，每飯稻米，然不過多。至葱韭葷辛之物，鹹酢非養生者，未嘗食也。好勸人食蘆菔根葉，云：久食功多力甚，養生之物也。人有傳世世見之，而貌皆如故，蓋及千歲矣。在京多年。天寶六年，南岳道者李遐周，恐其戀京不出，乃宣言曰：吾將爲帝師，授以祕籙，帝因令所在求之。七年冬而遐周至，與旻相見，請曰：王生戀世樂，不能出耶，可以行矣。於是勸旻令出。旻乃請於高密牢山合煉。玄宗許之，因改牢山爲輔唐山，許旻居之。旻嘗言：張果天仙也，在人間三千年矣。姜撫地仙也，壽九十三矣。撫好殺生命，以折己壽，是仙家所忌。此人終不能白日昇天矣。出《紀聞》。

趙道一《歷世真仙體道通鑑》卷三二《王旻》 居洛陽青羅山。鄉里見之已數百歲，常有少容。葺居幽勝，多殖芝朮藥苗，栽培花木，皆有方法。著《山居雜錄》三篇。每日蔬饌，多是粉芝英充估青飥，其術行於世。或游名山，或寓荆渚。唐高宗朝，諸武擅權，威傾海內，惟太子賓客武攸緒，天后之姪，退身遠禍，結于於嵩陽，師模於旻，得其導養煉氣之訣。旻謂之曰：捨人爵而慕仙階，誠爲難事，必在堅志林谷，以周其義，毋爲之檢鶴書以易其操。明皇開元中，召旻至京師，頗優恩禮。明皇先於茅山併得楊許七眞及陶隱居所寫上清諸經眞跡，既詣司馬白雲受三洞寶籙，後遙詣李元靖受眞跡上經。其所闕楊君筆札十數幅，遣旻齎詔書信幣，就紫陽觀請元靖先生補之，曰：朕不欲命小臣干冒於先生，委茲專往，必冀神仙手筆今古相續爾。到山之日，靈鶴翔鳴。補經之時，異香芬烈，有神人降于元靖之室。皆精誠所應也。及還京，歲餘請歸舊山，不復遊於城闕。旻與達奚侍郎往還，旻死後，杖屨詣達奚，方知其尸解矣。

王向

傳記

趙道一《歷世真仙體道通鑑》卷三五《王向》　王君諱向，杜陵人也。生而持稟奇操，日久望終南高峰，謂父母曰：兒長大，必居此山以求出世。鄉里異之。博採墳典，經目即誦之。年既冠，與里人鄭爽業文，舉進士，二年未中第。退居南山石門谷，以坐忘返照爲事。累年，神仙孟先生降授三一五千之道，能變化飛行，分形散影。唐明皇開元末，其友人鄭爽爲御史，奉使楊州。既至，於途中見向弊衣傴僂，側立道隅。鄭惻然憫之，使人召至傳舍，問其遊息，向以旅寓困悴爲答。明日復來，謂鄭曰：吾子眷眷有故人之情，能易服降貴，過予弊廬乎？鄭然之。即更衣潛往，經歷闤闠，復入陋巷，若由荒徑，殆無人蹤。蕈榛隘翳者數里，乃及所居。入門，則向請先入爲席。久之，使侍者引鄭。即進，見金樓寶臺，朱甍翠殿，非人世所睹。向霞冠雲衣，羽衛嚴盛，勢若王者。鄭悚悸，不敢仰視。留宴一夕，奇饌仙樂不可目名。及曉，相送於門，謂鄭曰：子雖名遂功成，而力尙淸困。使左右樵僮持弊蓋引還傳舍，即以此蓋於市質錢百萬，以贈於鄭。自此不知所之。復往追訪，無復舊迹。使回京師，具以密奏。時明皇棲心神仙，亦詔淮海節度使物色訪求，竟不能得。向與鄭話舊之時，云已爲太一仙人矣。

李遐周

傳記

趙道一《歷世真仙體道通鑑》卷四二《李遐周》　李遐周者，不知何許人，有道術，隱顯不能測。唐明皇開元中，嘗召入禁掖。久之，求出住玄都觀。宰相李林甫往謁之，遐周謂曰：公在則家大，歿則家亡。林甫拜泣求救，遐周笑而不答，則曰：戲之爾。天寶末，祿山豪橫跋扈，遠近憂之，而上意未悟。一旦遐周遁去，不知所之，但於其居壁上題詩數篇，讖祿山僭竊及幸蜀之事，人莫能曉，而後皆有所驗。其末云：燕市人皆去，函關馬不歸。若逢山下鬼，環上繫羅衣。燕市人皆去者，祿山假幽薊之衆而起也；函關馬不歸者，哥舒翰潼關之敗，匹馬不還也；若逢山下鬼者，即嵬字，馬驛名也；環上繫羅衣者，貴妃小字玉環，馬嵬時高力士以羅巾縊之。其所先見者，皆此類。

李筌

傳記

趙道一《歷世真仙體道通鑑》卷二二《李筌》　李筌號達觀子，居少室山，好神仙之道。常歷名山，博採方術。至嵩山虎口巖，得《黃帝陰符》本經素書，朱漆玉緘以玉匣，題曰大魏太平眞君二年七月七日，上清道士寇謙之藏諸名山，用傳同好。其本糜爛，筌抄讀數千遍，竟不曉其義理。因入秦，至驪山下逢一老姥，髽髻當頂，餘髮半垂，弊衣扶杖，狀貌甚異。路傍見遺火燒樹，因自言曰：火生於木，禍發必剋。筌驚而問之曰：此黃帝陰符，老姥何得而言之？姥曰：吾受此經已三元六周甲子矣，少年從何而得之？筌稽首再拜，具告所得。姥曰：少年顴骨貫於生門，命門齊於日角，血腦未減，心影不偏，德賢而好法，神勇而樂智，眞吾弟子也。然四十五當有大厄。因出丹書符一道，貫於杖端，令筌跪而受之。姥於是坐於石上，與筌說《陰符》之義曰：《陰符》凡三百言，一百言演道，一百言演法，一百言演術。上有神仙抱一之道，中有富國安民之法，下有強兵戰勝之術。皆內出心機，外合人事。觀其精微，《黃庭八景》不足以爲玄；察其至要，經傳子史不足以爲文；任其巧智，孫吳韓白不足以爲奇。非有道之士，不可使聞之。故至人用之得其道，賢人用之得其法，正人用人得其術，識分不同也。如傳同好，必清齋而授之，有本者爲師，無本者爲弟子也。不得以富貴爲重，貧賤爲輕。違者奪紀二十。本命日誦七遍，益心機，加年壽。每年七月七日寫一本，藏於名山石巖中，得加筭。久之，姥曰：日已晡矣，吾有麥飯，相與爲食。袖中出一瓢，令筌谷中取水。既滿矣，瓢忽重百餘斤，力不能制，而沉於泉。及還，已失姥所在，但留麥飯數升而已。筌食之，自此絕粒。唐玄宗開元中，爲江陵節度副使、御史中丞。筌有將略，作《太白陰經》十卷，又著《中台志》十卷。時爲李林甫所排，位不顯。竟入名山訪道，後不知所之也。

張卓

傳記

李昉《太平廣記》卷五二《神仙五二·張卓》 張卓者，蜀人。唐開元中，明經及第，歸蜀覲省，唯有一驢，衣與書悉背在上，不暇乘，但驅而行。取便路，自斜谷中。數日，將至洋州，驢忽然奔擲入深箐中，尋之不得。天將暮，又無人家，欲宿林下，且懼狼虎，是夜月明，約行數十里，得大路，更三二里，見大宅，朱門西開。天既明，有山童自宅中出，卓問求水。童歸，逡巡見一人，朱冠高履，曳杖而出。卓趨而拜之，大仙曰：觀子塵中之人，何爲至此。卓具陳之。仙曰：有緣耳。乃命坐，賜杯水，香滑清冷，身覺輕健。又設美饌訖，就西院沐浴，以衣一箱衣之。仙曰：子骨未成就，分當留此。某有一女，兼欲聘之。卓起拜謝，是夕成禮。數日，卓忽思家。仙人與卓二朱符，二黑符。一黑符可置於頭，入人家能隱形。一黑符可置左臂，千里之內，引手取之。一朱符可置舌上，有不可却者，開口示之。一朱符可置左足，即能蹙地脈及拒非常。然勿恃靈符，自顛狂耳。卓至京師，見一大宅，人馬駢闐，窮極華盛。卓入之，經數門，至廳事，見鋪陳羅列，賓客滿堂。又於帳內粧飾一女，年可十五六，卓領之。潛於中門，聞一宅切切之聲云：相公失小娘子。具事聞奏，敕羅葉二師就宅尋之。葉公踏步叩齒，噴水化成一條黑氣，直至卓前，見一少年執女衣襟。右座一見怒極，令前擒之。卓因舉臂，如抵牆壁，終不能近。遽以狗馬血潑之。又以刀劍擊刺之。卓乃開口。鋒刃斷折。續又敕使宣云。斷頸進上。卓聞而懼。因脫左鞋。伸足推之，右座及羅葉二師暨敕使，皆仰仆焉。葉公曰：向來入門，見非常之氣，及其開口，果有太乙使者。相公但獲愛女，何苦相害。卓因縱女。上使衛兵送歸舊山，仙人曳杖途中曰：張郎不聽吾語，遽遭羅網也。侍衛兵士尚隨之，仙人以拄杖畫地，化爲大江，波濤浩淼，闊三二里。妻以霞帔搭於水上，須臾化一飛橋，在半天之上。仙山前行，卓次之，妻又次之。三人登橋而過，隨步旋收，但見蒼山四合，削壁萬重，人皆遙禮。歸奏玄宗，俄發使就山祭醮之，因呼爲隔仙山。在洋州西六十里，至今存焉。出《會昌解頤錄》。

陸生

傳記

李昉《太平廣記》卷七二《道術二·陸生》 唐開元中，有吳人陸生，貢明經舉在京，貧無僕從，常早就識，自駕其驢。驢忽驚躍，斷韁而走。生追之，出啓夏門，直至終南山下，見一徑，登山，甚熟。此驢直上，生隨之上。五六里至一處，甚平曠。有人家，門庭整肅。生窺之，見茅齋前有蒲萄架，其驢繫在樹下。生遂叩門。良久，見一老人開門，延生入。顏色甚異，頗修敬焉。遂命生曰：坐。生求驢而歸。主人曰：郎君止爲驢乎。得至此，幸會也。某故取驢以召君。君且少留，當自悟矣。又延客入宅，見華堂邃宇，林亭池沼，蓋仙境也。留一宿，饋以珍味，飲酒歡樂，聲技皆仙者。生心自驚駭，未測其故。明日將辭。主人曰：此實洞府，以君有道，吾是以相召。指左右童隸數人曰：此人本皆城市屠沽，皆吾所敎，道成者能興雲致雨，坐在立亡，浮游世間，人不能識。君當處此，而壽與天地長久，豈若人間浮榮蟲菌之輩。子願之乎。生拜謝曰：敬授敎。老人曰：授學師資之禮，合獻一女，度君無因而得。今授君一術求之。遂令取一青竹，度如人長。授之曰：君持此入城，城中朝官，五品已上、三品以下家人，見之，投竹於彼，而取其女來。但心存吾約，無慮也。然愼勿入權貴家，力或能相制伏。生遂持杖入城。生不知公卿第宅，已入數家，皆無女，而人亦無見其形者。悮入戶部王侍郎宅，復入閣。正見一女臨鏡晨粧。生投杖於牀，攜女而去。比下階顧，見竹已化作女形，殭臥在牀。一家驚呼云：小娘子卒亡。生將女去。會侍郎下朝，時權要謁請盈街，宅門重邃，不得出，隱於中門側。王聞女亡，入宅省視，左右奔走不絕。須臾，公卿以下，皆至門矣。時葉天師在朝，奔遣邀屈。生隱於戶下半日矣。少頃，葉天師至。診視之曰，此非鬼魅，乃道術者爲之爾。遂取水噴呪死女，立變爲竹。又曰：此亦不遠，搜尙在。遂持刀禁呪，遶宅尋索，果於門側得生。生既被擒，遂被枷鎖捶拷，訊其妖狀。生遂述其本情，就南山同取老人。遂令錮項，領從人至山下。往時小徑，都已無矣。所司益以爲幻妄，將領生歸。生向山慟哭曰：老人豈殺我耶。舉頭望見一徑，見老人杖策而下。至山足，府吏即欲前逼。老人以杖畫地，遂成一水，闊丈餘。生叩頭哀求。老人曰：吾去日語汝，勿入權貴家。故違我命，患自掇也。然亦不可不救爾。從人驚視之次，老人取水一口噀之，黑霧數里，白晝如暝，人不相見，食頃而散，已失陸生所在，而枷鎖委地。山上小徑與水，皆不見矣。出《原化記》。

葉靜能

傳記

李昉《太平廣記》卷七二《道術二·葉靜能》　唐汝陽王好飲，終日不亂。客有至者，莫不留連且夕。時術士葉靜能常過焉，王彊之酒。不可，曰：某有一生徒，酒量可爲王飲客矣。然雖侏儒，亦有過人者。明日使謁王，王試與之言也。明旦，有投刺曰：道士常持蒲。王引入，長二尺。既坐，談胚渾至道。次三皇五帝，歷代興亡。天時人事，經傳子史，歷歷如指諸掌焉。王呿口不能對。既而以王意未洽，更咨話淺近諧戲之事。王則懽然。謂曰：觀師風度，亦常飲酒乎。持蒲曰：唯所命耳。王即令左右行酒，已數巡。持蒲曰：此不足爲飲也。請移大器中，與王自挹而飲之，量止則已，不亦樂乎。王又如其言，命醇酎數石。置大斛中，以巨觥取而飲之。王飲中醺然，而持蒲固不擾，風韻轉高。良久，忽謂王曰：某止此一杯，醉矣。王曰：觀師量殊未可足，請更進之。持蒲曰：王不知度量有限乎，何必見彊。乃復盡一杯，忽倒。視之則一大酒榼，受五斗焉。出《河東記》。

張果

傳記

《舊唐書·方伎傳·張果》　張果者，不知何許人也。則天時，隱於中條山，往來汾、晉間，時人傳其有長年祕術，自云年數百歲矣。嘗著《陰符經玄解》，盡其玄理。則天遣使召之，果佯死不赴。後人復見之，往來恆州山中。開元二十一年，恆州刺史韋濟以狀奏聞。玄宗令通書舍人裴晤往迎之，果對使絕氣如死，良久漸蘇，晤不敢逼，馳還奏狀。又遣中書舍人徐嶠齎璽書以邀迎之，果乃隨嶠至東都，肩輿入宮中。

玄宗初即位，親訪理道及神仙方藥之事，及聞變化不測而疑之。有邢和璞者，善算人而知夭壽善惡，玄宗令算果，則懵然莫知其甲子。又有師夜光者，善視鬼，玄宗召果與之密坐，令夜光視之，夜光進曰：「果今安在？」夜光對面終莫能見。玄宗謂力士曰：「吾聞飲堇汁無苦者，眞奇士也。」會天寒，使以堇汁飲果。果乃引飲三巵，醺然如醉所作，顧曰：「非佳酒也。」乃寢。頃之，取鏡視齒，則盡燋且黧。命左右取鐵如意擊齒墮，藏於帶。乃懷中出神仙藥，微紅，傅墮齒之斷。復寐良久，齒皆出矣，粲然潔白，玄宗方信之。

玄宗好神仙，而欲果尙公主，果固未知之，謂祕書少監王迥質、太常少卿蕭華曰：「諺云娶婦得公主，眞可畏也。」迥質與華相顧，未曉其言。即有中使至，宣曰：「玉眞公主早歲好道，欲降先生。」果大笑，竟不奉詔。迥質等方悟向來之言。後懇辭歸山，因下制曰：「恆州張果先生，遊方外者也。跡先高尙，深入窈冥。是渾光塵，應召城闕。莫詳甲子之數，且謂羲皇上人。問以道樞，盡會宗極。今特行朝禮，爰畀寵命。可銀青光祿大夫，號曰通玄先生。」其年請入恆山，錫以衣服及雜綵等，便放歸山。乃入恆山，不知所之。玄宗爲造棲霞觀於隱所，在蒲吾縣，後改爲平山縣。

《新唐書・方技傳・張果》 張果者，晦鄉里世繫以自神，隱中條山，往來汾、晉間，世傳數百歲人。武后時，遣使召之，即死，後人復見居恆州山中。

《雲笈七籤》卷一一三下《紀傳部一五傳一二・續仙傳・張果》 隱於恆州條山，往來汾晉間，時人傳有長生祕術。耆老云，爲兒童時人見之，自言數百歲矣。唐太宗高宗徵之不起，則天召之出山，佯死於妒女廟前。時方炎暑，須臾臭爛生蟲，於是則天信其死矣。後有人於恆州山中復見之。開元二十三年，明皇詔通事舍人裴晤馳驛於恆州迎之，果對晤氣絕而死。晤乃焚香，宣天子求道之意，俄頃漸蘇。晤不敢逼，馳還奏之。乃命中書舍人徐嶠通事舍人盧重玄賫璽書迎果，果隨嶠到東京，於集賢院安置，肩輿入宮，備加禮敬。公卿皆往拜謁，問以方外之事，皆詭對。每云：「余是堯時丙子年人。」時人莫能測也。又云：「堯時爲侍中。」善於胎息，累日不食，時進美酒及三黃丸。明皇留之內殿，賜之酒。辭以小臣飲不過二升，有一弟子可飲一斗。明皇聞之喜，令召之。俄頃一小道士自殿簷飛下，年可十六七，美姿容，旨趣雅澹，謁見上，言辭清爽，禮貌臻備。明皇命坐，果曰：「弟子常侍立於側，不可賜坐。」明皇愈喜，賜酒，飲及一斗不醉。果辭曰：「不可更賜，過度必有所失，致龍顏一笑爾。」明皇又逼賜之，酒忽從頂湧出，冠子撲落地，化爲榼。明皇及嬪御皆驚笑，視之失道士矣。但金榼在地覆之，榼貯一斗，驗之乃集賢院中榼也。累試仙術，不可窮紀。乃下詔曰：「恆州張果先生，遊方之外者也。跡先高尙，心入窅冥。是混光塵，應召城闕。莫知甲子之數，且謂羲皇上人。問以道樞，盡會宗極。今則將行朝禮，爰升寵命。可銀青光祿大夫，號通玄先生。」果累陳老病，乞歸恆州。賜絹三百疋，隨從弟子二人，給驛肩舁到恆州，弟子一人放迴，一人相隨入山。天寶初，明皇又遣徵詔，果聞之示卒，弟子葬之。後發之，但空棺而已。

趙道一《歷世眞仙體道通鑑》卷三七《張果》 張果隱於恆州條山，往來汾晉間。時人傳果有長生祕籙，耆老云爲兒童時人見之已，言數百歲，常乘一白驢，日行數萬里。休則疊之，其厚如紙，置於巾箱中，乘則以水噀之，復成驢矣。唐太宗高宗徵之，不起。則天皇后召之，出山，佯死於妒女廟前。時方炎暑，須臾臭爛生蟲，於是則天信其死矣一云後隱於鳳州，夏居豆積山，冬居鷩鷲山。明皇聘，不至。後有人於恆州山中復見之。開元二十三年，明皇詔通事舍人裴晤馳驛於恆州迎之，果對晤，氣絕而死。晤乃焚香，宣天子求遊之意。俄頃漸蘇，晤不敢逼，馳還奏之。乃命中書舍人徐嶠、通事舍人盧重玄，齎璽書迎果。果隨嶠到東京其唐明皇遊溫泉幸東都，於集賢院安置。肩輿入宮，備加禮敬，公卿皆往拜謁。帝問神仙，不答。善息氣，能累日不食，數飲酒。上賜之酒，辭以小臣飲不過二升，有一弟子可飲一斗。明皇聞之喜，令召之。俄頃一小道士自殿簷飛下，年可十六七，美姿容，旨趣雅淡。謁見上，言辭清爽，禮貌臻備。明皇命坐，果曰：弟子當侍立於側，不可賜坐。明皇愈喜，賜酒，飲及一斗，不醉。果辭曰：不可更賜，過度必有所失，致龍顏一笑爾。明皇又逼賜之酒，忽從頂湧出，冠子撲落地，化爲榼蓋，上及嬪御皆驚笑，視之，失道士矣。但金榼在地，覆之，榼貯一斗酒。驗之，乃集賢院中榼也。累試仙術，不可窮紀。果嘗云：我生堯丙子歲，位侍中。其貌若六七十許。邢和璞者，善知人夭壽；師夜光者，善視鬼。帝令和璞推果壽，則懵然莫知；密使夜光視之，不見果所在。帝謂高力士曰：吾聞飲堇而無苦者，奇士也。時天寒，因取以飲果，三進，頹然曰：非佳酒也。乃寢，頃視，齒焦縮，顧左右取鐵如意擊墮之，藏帶中。出藥付其齒。良久齒復生，粲然駢潔，上狩咸陽，獲一大鹿，令庖人欲烹之，果曰：此仙鹿也，已滿千歲。昔漢武元狩五年，臣曾侍從畋于上林，獲此鹿，乃放之。上曰：鹿多矣。時遷代變，豈不爲獵者所獲乎？果曰：武帝放之時，以銅牌誌于左角下。遂命驗之，果有銅牌二寸許，但文字凋暗爾。上曰：元狩是何甲子，至此凡幾年？果曰：是歲癸亥，武帝始開崑明池，今甲戌歲八百五十二年矣。上命太史校其曆，略無差焉。上問葉法善曰：果何人耶？答曰：臣知之，然臣言之即死，今不敢言。若陛下免冠跣足救臣，臣即得活。上許之。法善曰：混沌初分白蝙蝠精。言訖，七竅流血，僵仆於地。上遽詣果所，免冠跣足，自稱其罪。果徐曰：此兒多口過，不責之恐泄天地之機爾。上復哀懇久之，果以水噀其面，法善即期復生。帝益神之，詔圖形集賢院。下詔曰：恆州張果先生，遊方之外者也。迹先高尙，心入杳冥。是混光塵，應召至闕。莫知甲子之數，且謂羲皇上人。問以道樞，盡會宗極。今則將行朝禮，爰升寵命，可銀青光祿大夫，號通玄先生。果屢陳老病，乞歸恆州，賜絹三百疋，隨從弟子二人，給驛肩舁到恆州。弟子一人放回，一人相隨入山。天寶初，明皇遣徵詔果，聞示卒，弟子葬之。後發之，但空棺而已，帝爲立棲霞觀。

臣道一曰：張果超凡入聖，坐在立亡，變化無窮，道德純粹。觀其留形住世，與廣成子、籛鏗輩不相殊，得神仙者，未易到也。《道德經》曰：治人事天莫若嗇。夫惟嗇，是謂早服。早服謂之重積德，重積德則無不克，無不克則莫知其極，莫知其極則可以有國。有國之母，可以長久，是謂深根固蒂，長生久視之道。張果是也。

徐左卿

傳記

趙道一《歷世真仙體道通鑑》卷四二《徐左卿》 徐左卿者，不知何許人。唐天寶十三年重陽日，明皇獵于沙苑，雲間有孤鶴徊翔，上親射之，其鶴帶箭而墜。將及地丈許，欻然矯翼首于西南，衆極目久之，不見。益州城西十五里有道觀，其流非修習者莫得居之，東廊第一院，尤爲幽寂。左卿常自稱青城山道士，風格清古，一歲凡三四至觀，宿於德虛正堂，以俟其來。至則三五日或旬朔言歸青城，甚爲人所仰。一日忽自外至，神采不怡，攜一箭，謂人曰：吾山中偶爲此物所加，已無恙矣。然此箭非人所有，越明年箭主到此，當付之。遂留於後壁復題其時云：十三載九月九日也。明皇狩蜀，至觀因幸道院，見其箭，命取閱之，即御箭爾。上驚異，詢之道士，以實對。即前歲沙苑中所射之鶴，乃徐左卿也。復覽其題，則又知當日自沙苑一翥而至此。後蜀人亦無復有遇左卿者。武興之東勤三十里，溪山可愛，而南北之峰峙然聳秀，名之曰飛仙嶺。耆舊相傳云：昔左卿帶流矢飛泊之所，今嶺之下有飛仙觀遺址存焉。宋仁宗皇祐中，北作訪使郭諮題云：翠嶺標仙迹，雲間碧樹開。每聞岩鶴過，疑是羽衣來。絕嶠時飛石，寒潭忽起雷。必應苑中箭，猶寄在丹臺。

李含光

傳記

趙道一《歷世真仙體道通鑑》卷二五《李含光》 晉陵人也。弘孝威家本淳儒，州里號貞隱先生，後避唐敬宗諱，改爲李氏。其子曰含光，年十三，篤好道學，雖處暗室，如對君父。然人見之，神色皆歛。工篆隸，或稱過其父，一聞之，終身不書。後師正一先生，雲篆寶書，傾囊相付。且曰：眞玉清之客也。抱虛無而行功，則其道不窮；託幽阜而滅迹，則於德亦淺。承教雖遠，宜先救人。含光既稟眞訓，乃忘情於身，周急於物。每啓章奏，則齋心潔己，未始少怠。唐明皇召見，問理化，對曰：道德經者，君王之師也。昔漢文帝行之，躋民於仁壽之域。又問金鼎，曰：道德者公也，輕舉者公中之私也。雖見其私，亦聖人之存教。若求生徇欲，類於繫風，不亦難乎。帝嘉之，優禮以待。未幾，以疾辭，東歸句曲，詔爲紫陽觀以居之。帝受楊許眞經，請爲師，復以疾不赴。遂於大同殿具詞，遙請加號文靖先生。手詔屢降，給奉相續。嘗撰《仙學傳》及論三玄異同，幷《本草音義》，又詔補楊眞人手迹數紙。代宗大曆四年十一月，謂弟子韋景昭、孟湛然曰：吾將順化。有頃，顏色怡然而往。於是祥雲降，芝草生，享年八十七。

劉大彬《茅山志》卷一一《上清品》 十三代宗師：上清眞人唐國師正議大夫玄靜先生，姓李諱含光，廣陵江都人。本姓弘，避則天諱易焉。家世業儒，父孝威，號貞隱先生，精黃老之術。神龍初，師以清行度爲道士，居龍興觀。開元十七年，從司馬先生於王屋山。一見，目之曰：眞玉清之客也。居嵩陽二十餘年。司馬僊游，玄宗召詣闕與語，歎曰：吾見含光，知司馬眞人猶然在世。一日，問及金鼎，對曰：道德，公也，輕舉，公中之私耳。若忽道德而求生徇欲，則以繫風。玄宗深感異之，詔居陽臺觀，歲餘稱疾，乞還句曲纂修經法。天寶四年十二月，命中使齎璽書徵之，既至，館於禁中。每欲咨稟，必先齋沐。請傳道法，辭以疾，不能强而止，再求還山。迺特勑楊許故宅紫陽觀以居之。御製詩餞別，又禁山中採捕漁獵，食葷血者不得入。時經誥眞蹟已多散逸，師奉詔搜訪，備得寶書進上之。又詔山人王旼請師楷書上經十三紙，以補遺闕。七年三月十八日，玄宗受三洞經籙于大同殿，遙禮先生爲度師，賜號玄靜先生法衣一襲，以伸師資之禮，詔刻石華陽洞宮以志之。繼兩徵詣闕，旋皆請老而還。爲國修齋，數感甘露靈芝之瑞。大曆四年己酉十一月十四日，解蛻于紫陽之別院，年八十有七，以左玄大夫贈正議大夫。贊曰：公私之辯，至道名言。徒說弗從，頻煩主恩。上經十三，妙補遺闕。參著刻銘，無愧稱絕。

又卷二三《録金石篇》柳識《唐茅山紫陽觀玄静先生碑》 道門華陽，亦儒門洙泗，蓋玄化振於此也。白日登晨，有西漢茅氏兄弟；隱景遁化，有東晉許氏一門；襲明沖用，以闡道風，有梁貞白先生、唐玄靜先生。開元中，玄宗禮請尊師而問理化，對曰：《道德經》，君王之師也。昔漢文帝行其言，仁壽天下。次問金鼎，對曰：道德公也，輕舉公中私也。時見其私，聖人存教。若求生徇欲，則似繫風。上悅，因加玄靜之號。無何，故以疾辭，東還句曲。先生諱含光，本姓弘，則天諱弘，改爲李氏。考孝威，州里號貞隱先生，家本醇儒，晉陵人也。夫性與道妙，則眞有運無。古之學者，離有得有，不外歎馳景而內觀馳心，不遠思化金而近思化欲。今之學者，多見反是，若迺行於眞理，窅然觀妙，先示正性，發明宗元，則玄靜其人也。年十三，辭家奉道，端視清受，慈向蠢動，闇室之中，如對君親，時人見之，情性皆歛。幼工篆隸，或稱過父，一聞此議，終身不書。所撰《仙學傳記》闕遺備載，又論三玄異同，著《眞經》及《本草音義》，而皆精詳祛惑，窮理於學，如鐘蘊聲。其後師事華蓋峰司馬君，雲篆寶書，傾囊傳授，既而目之曰：眞玉清之客。抱虛無而行功者，無道不窮，託幽阜而滅迹者，於德亦淺。承之自遠，宜且救人。於是引後學升堂稟玄訓也。先生元氣不散，瑤圖虛映，達靈已久，晦曜爲常，動非用開，靜非默閉，當吹萬之會，若得一之初，應迹可名，常道不可名也，羣蒙求我，豈勞言說，孕育至化，虛融一心，心一變至於學，學一變至於道，同淑氣自來，得之不見，所以摳衣而進，無有遠邇，仰範元和，茂資全性者，若秋芳之依層巘，夏潦之會通川也。先生忘情於身，而慈於人，禎祥屢應，視同衆象，士庶咨詢，色授其意。常令章壇閉院，醮火擇薪，精微誠敬，率皆此類。曩者天書繼至，務欲尊崇，公卿祈請，信無虛月，卒使玄門之中，轉見眞璞，持慈儉之寶，歸羲黃之風。至矣哉，我師敎也。大曆四年冬十一月，顧謂入室弟子韋景昭、孟湛然曰：吾將順化。神氣恬然，若坐忘長往，時年八十七。靈雲降室，執簡如生。據眞經，斯迺秉化自由，仙階深妙者也。門人等以爲醴泉之味，飲者始知，我師之道，學久方見，願叙眞宗，以示於後。泰曾游道，敢述玄風。銘曰：

古有強名，元精希夷，黃帝遺之，先生得之。縱心而往，與一相隨。眞性所容，太無同規。日行仙路，不語到時。人言萬靈，我見常姿。玄宗仰止，徵就京師。紫極徒貴，白雲不知。遐方後學，來往怡怡。空有多門，眞精自持。委順而去，人焉能窺。玄科祕訣，本有冥期。大曆七年八月十四日建。

又顔眞卿《茅山玄靜先生廣陵李君碑銘并序》 先生姓李，諱含光，廣陵江都人。本姓弘，以孝敬皇帝廟諱改焉。二十一代祖宏，江夏太守，避王莽，徙居晉陵，遂爲郡人。高祖文嶷，陳桂陽王國侍郎。曾祖榮，皇朝雷州司馬。祖師龕，隱居以求其志，徙居江都。父孝威，博學好古，雅修彭、聃之道，與天台司馬鍊師子微爲方外友，尤以篤愼著于州里，考行議，謚曰正隱先生。母瑯琊王氏，賢明有德行。先生孩提則有殊異，睟日獨取《孝經》如捧讀焉。髫丱好靜處，習誦墳、典。年十八，志求道妙，遂師事同邑李先生，游藝數年。神龍初，以清行度爲道士，居龍興觀，尤精《老》、《莊》、《周易》之深趣。執喪過哀，口不嘗甘旨之味，食惟穬麥而已。封植膳羞，皆出其手，號毁骨立，親族莫不傷之。開元十七年，從司馬鍊師於王屋山，傳授大法靈文金記，一覽無遺，綜覈古今，該明奧旨。玄宗知先生偏得子微之道，迺詔先生居王屋山陽臺觀以繼之。歲餘，請歸茅山，纂修經法。頻徵，皆謝病不出。天寶四載冬，迺命中官賚璽書徵之。既至，延入禁中，每欲諮稟，必先齋沐。他日請傳道法，先生辭以足疾不任科儀者數焉，玄宗知不可強而止。先生嘗以茅山靈蹟翦焉將墜，眞經祕籙亦多散落，請歸修葺。迺特詔於楊、許舊居紫陽以宅之，仍賜絹二百疋、法衣兩副、香鑪一具、御製詩及叙以餞之。又禁於山側採捕漁獵，食葷血者不得輒入，公私祈禱，咸絕牲牢。先生以六載秋到山，是歲詔書三至，渥澤頻繁，輝映崖谷。初，山中有上清眞人許長史、楊君、陶隱居自寫經法，歷代傳寶，時遭喪亂，散逸無遺。先生奉詔搜求，悉備其蹟而進上之。先時，玄宗將求大法，請先生爲師，竟執謙沖，辭疾而退。洎七載春，玄宗又欲受《三洞眞經》，以其春之三月，中官賚璽書云：其月十八日，尅受經誥。是日於大同殿潔修其事，遂遙禮先生爲度師，并賜衣一襲以申師資之禮，因以玄靜爲先生之嘉號焉。仍詔刻石華陽洞宮以志之。是歲夏五月，隱居合丹之所，有芝草八十一莖散生松石之間，詔俾先生與中官啓告靈仙，緘封表進。夏，又詔以紫陽觀側近二百戶，太平、崇元兩觀各一百戶，並免其官徭，以供香火。秋七月，又徵先生。既至，請居道觀以養疾。九載春，辭歸舊山。其年夏六月，前生芝靈之所又產三百餘莖，煌煌秀異，人所莫睹。先生又圖而奏之。是歲冬，又徵先生，於紫陽別院館之。十載秋，先生又懇辭告老，御製序詩以餞之。十有一載，先生奉詔與門人韋景昭等於紫陽之東鬱岡山別建齋院，立心誠肅。是夜仙壇林間偏生甘露，因以上聞，特詔嘉異。初，隱居先生以《三洞眞經》傳昇玄先生，昇玄付體玄先生，體玄付正一先生，正一付先生。自先生距于隱居凡五葉矣，皆總襲妙門大正眞法，所以茅山爲天下學道之所宗矣。於戲，是非可齊也，物我均焉，生死可忘也，覺夢同焉。如此者，何域心於變化之際哉？先生以大曆己酉歲冬十一月十有四日，遁化于紫陽之別院，春秋八十有七。其十二月八日，門人赴喪而至者凡數千人，號奉冠舄，遷窆于雷平山之西陲。遺命以松棺、竹杖、木几、水瓶、香奩、香鑪置於藏內。門弟子等仰奉嘉猷，克遵儉德。先生識思眞淳，業行高古，道窮性命之本，學冠天人之際，所以優游句曲，爵爲王者之師出入明庭，特寵肩輿之貴，是以順風而問，昔稱於黃帝，望山而請，今見於玄宗矣。又博覽羣書，長於撰著。嘗以《本草》之書，精明藥物，事關性命，難用因循，著《音義》兩卷。又以老莊《周易》爲潔靜之書，著《學記》、《義略》各三篇、《內學記》二篇，以續仙家之遺事，皆名實無遺，詞旨該博。初，先生幼年頗工篆籀，而隸書尤妙，客或賞之云：賢於其父。因投筆不書。玄宗詔山人王旼強請先生楷書上經一十三紙，以補楊、許之闕。先生能於陰陽術數之道，而不以藝業爲能，極於轉鍊服食之事，而不以壽養爲極，但冥懷素朴，妙味玄津，非夫博大之至人，孰能盡於此？眞卿乾元二年，以昇州刺史充浙江西節度，欽承至德，結慕玄微，遂專使致書茅山以抒誠懇。先生特令韋鍊師景昭復書，眞卿恩眷綢繆，足勵超然之志。然宗師可仰，望紫府而非遙，王事不遑，寄白雲而攸遠。洎大曆六年，眞卿罷刺臨川，旋舟建業，將宅心小嶺，長庇高蹤，而轉刺吳興，事乖夙願。徘徊郡邑，空懷尊道之心，瞻望林巒，永負借山之託。而景昭洎郭閎等，以先生茂烈芳猷，願銘金石，迺邀道士劉明素求託斯文。眞卿與先生門人中林子殷淑、遺名子韋渠牟嘗接采眞之游，緒聞含一之德，敢強名於巷黨，曷足辯於鴻濛。其詞曰：

抱一混茫，人之紀綱。先生以之，氣王神強。迺啓玄旨，玄門以彰。迺爲帝師，帝道惟康。甘露呈瑞，靈芝發祥。上士云感，高風載揚。鶴返仙廟，雲辭帝鄉。退歸而老，妙識行藏。德本無累，道心有常。寔曰形解，孰與坐忘。伐石表墓，勒名傳芳。谷變陵遷，厥迹彌光。大曆十二年夏五月建，渤海吳崇休鐫。

申泰芝

傳　記

佚名《雲阜山申仙翁傳》 仙翁申姓，名泰芝，字廣祥。家世洛陽人，譜係出于周時申伯之裔。故《詩》有云「維嶽降神，生甫及申」是也。申伯之德，柔惠且直，蕃宣四海，有其功德。朝廷宣王以路車乘馬，賜南土而居之，而子孫繼承不絕。迄至于漢，傑出申仙祖翁，年高八十餘歲。武帝有聞，遣安車駟馬迎之，封太中大夫。厥後嗣孫寓長沙，皆仕宦宰相之榮。及其散徙四方者，不可勝紀。惟先祖之宗，流派於邵州邵陵縣，今之寶慶府邵陽縣仁風鄉柳塘村。卜居，高大門閭。父母以敬愛慈忍孝善於恆心。一夕，母楊氏夫人夢一神人自空而下，持紫芝一莖，揉碎爲丸，與楊氏掬水吞之。覺而喜懼不已。及至旦明，以夢告於族屬。有曰紫芝非凡矣，必有祥瑞。因而有妊。時於唐則天順聖皇后垂拱三年，歲次丁亥，八月初五日辰時誕生。是時神光燦爛，瑞氣衝盈，遠近歡呼，莫不嗟訝，何喜如之。仙翁既長，器識不凡，敏而好學，六經通曉，善屬文，深戒色慾，斷葷腥。其奈家不甚厚，每見困窮，隨力贈給。人有犯而不校，觀其玄教經科，一覽備悉。及父喪，遇神人指以地，葬於紅衙山爲之宅兆，盡其孝道，罔有虧也。未幾，無心於世，好其夐處，疏於親友之交，慕神仙之事。一日，澄神涗思，訪遊南嶽朱陵洞天，踐履巉巖之際，陟彼祝融峰上木陰之下，坐其巖石之上，歎曰：此中甚有佳致，何惜无緣居此。俄有一老叟黃冠野服，髭鬢皓然，散誕徜徉，來于憩所，仙翁起而揖之。叟乃問曰：子何人也，在此歎息？仙翁答曰：吾乃邵陵人也，暫遊勝概，愛此清閑，自恨緣薄，不獲久駐，所以歎息。叟復有云：名山靈跡，在在有之，何道在近而求諸遠耶？子所居之地，幸有雲山之北、余胡之巔、蓮荷之託，亦有小小超絕去處，可以鍊行修身，但患子之無心耳。仙翁曰：願求指教。叟曰：吾乃九天眞人，今授子之要法。乃探囊取書一帙，曰：此即金丹火龍大成之旨，爲超凡入聖之機，密而行之，方得成道。道成之日，吾當邂逅子於大羅之境未晚也。切宜精修，幸勿輕泄懈怠。於是仙翁俯伏拜受，欽慕不已。俄頃之間，風飛雲起，叟已在半天矣。仙翁再拜，違南山徑歸故里。自是笑談應對，動息之間，與平昔不同也。半年之久，又告族屬：我今不欲處此塵俗，擬求隱地修養身心，敢以暫別左右。諸人允諾。於是就蓮荷山蓋覆庵寮，立丹竈，採藥物，按法修鍊。今蓮荷山有丹竈、丹池尙存。丹成之後，告之衆曰：我丹藥雖成，善行未備，不敢輕服，佩而行之，當爲助國立功，濟民累行，他時入侍三境，誠無愧矣。仙翁自此轉覺神清炁爽，洞達幽冥，曰暘而暘，曰雨而雨，隱顯變化，坐觀世事如指諸掌。孰不仰羨？至明皇開元二十六年戊寅之歲八月十六，朝罷，帝謂羣臣曰：朕自昨宵夢一神人告朕云，湖南雲山之北，邵陵之地，有申姓道人，號曰白雲居士，以鍊丹成而悟道。若禮之，可爲國師，必能與國家修禳而獲福壽。羣臣喜而稱賀于帝：此猶高宗夢傳說而無異也。即勑翰林草詔，遣使奉詔往邵陵尋訪而宣詔之。詔到，郡守委官同奉使於余胡蓮荷修鍊之所，果有申姓道人稱白雲居士。時已道德清高，欣然從詔，不逆上命，即同詔使前赴長安帝都。到日，承宣入殿，與帝談論，聞一知十。帝稱爲仙翁，賜號大國師，勑旨住持元眞觀事，賜千斤金鍾、百鍊寶劍，與國焚修祝願，許其出入禁廷，主領玄教。次年八月中秋夜，帝謂仙翁曰：月中可以到否？仙翁答曰：可也。遂同葉靜天師與帝擁從乘雲，至于月殿之下，見榜曰廣寒清虛之府，過一大門，在玉光中乃飛浮宮殿，常有寒氣逼人，濕濡襟袖，見其門兵嚴衛，止於門下。少焉，仙翁引進，明皇得見仙衆及素娥十餘人，衣皓衣，乘白鸞，笑舞於大桂樹下。樂音響亮，明皇素解音律，焂覽而意已得傳，倉忙抄寫曲譜，即今之工六工尺　工尺四上　上尺上尺工　六吾六工　六吾六

尺六　工尺上尺上　四合四上尺　上四上之字是也。頃刻，仙翁、葉靜天師與帝依前乘雲，隨逐旋風，若醉寤而還宮闕。次夕，明皇意求再往，仙翁但笑而不允，帝亦無咎矣。天寶三年，明皇宮中楊貴妃亦懇仙翁受傳祕籙。次年二月二日，上建寶齋，設紙蓆僞座而試之，仙翁端坐而席不傾。上歎曰：異哉，眞神仙中人也。時仙翁乃留餘齋在几，帝問曰：留齋何如？答曰：歸以遺母。帝曰：路程甚遠，何時可到？答曰：今晚可到。帝亦未信。遂附齋與邵陵郡守，到郡，齋尙溫芬。郡守隨即具表謝帝，看詳日時，果賜齋之日同也。於是帝與臣僚無不欽信。惟帝愛慕貴妃之情甚厚，仙翁累入內庭與帝講解，因進諫曰：宜戒色慾，爲患防其奸臣蔽主，竊弄大權，小人在位則君子在野。然帝不見用，亦不甚謹。一夕，京城元眞觀金鍾不扣自鳴，有司奏聞。帝召仙翁，曰：西嶽神人報云，國家不寧，禍亂將至。雖曰有數，亦可修禳。明年果見南蠻釁毒南方。仙翁已知有安祿山之變將漸萌矣，仙翁乃上表辭帝，乞歸故里，爲國按法禳之，奈歸心甚切。帝亦從請，乃敕宮中陳氏製法衣一襲以贈行色。時陳氏係掌侍茶湯之職，供侍仙翁甚久，未嘗憚勞。仙翁謂陳氏曰：日久有勞心勤，無以爲謝，有藥一丸名絳雪丹，贈汝。候命終之日，方服此丹，至時可告于帝聽。若氣絕之後，以身入棺，但蓋半掩，塚門勿塞，可高大其墓墳，令汝魂魄出入自若，不受輪迴厄難。百年之時，汝身不壞。遇生人之炁，令汝死而復生，即還人道，得爲地仙矣。陳氏受丹，稱謝仙翁曰：妾若他日命終，得免輪迴之苦，敢忘所自耳。其後陳氏病危之時，以前事告帝，皆從所請，安葬陳氏棺柩出禁城三里之外，題其墓曰蘭昌宮。後天寶七年二月二日，帝敕中書門下省遣中官二員雀湜、李中貴等護送仙翁還於邵陵。是時貴妃亦製紫服一領，以金珠裝飾而贈之。御筆親書敕賜宜唐觀額，與仙翁還山主持香火，福國利民。回郡，參見太守，具述聖意，遂歸故里柳塘，即今祖基觀是也。仙翁謂中官曰：山門寂寥，殊乏奉侍，有丹藥二丸贈送，回京見其六親方可吞服，以釋塵勞之難。來使受丹，叙謝告別，往見太守，請給回文，取路從邵河塘口渡，買舟過洞庭，迤邐可回京國。初起程，至大禹廟前，二使相與語曰：仙翁贈丹，必有神驗，何必到家方服？遂取水吞之。良久，覺身輕心燥熱，即解衣浴於廟下淺流之中，自然身輕欲羽，勢可騰空。乃與從者曰：一切裹囊盡付汝輩，急速歸京，以此事的報家人，各宜知悉。二使遂隱入彼處山林中。有時人或見其出入，罔知所在，邦人立廟奉祀，今之邵江漁父王是也。或云二人服丹後浴於水中，其江內之魚自此之後漁獵之人皆不能獲其魚，因此號爲漁父大王，與禹王爲友，後總稱漁父三位靈官。見於余胡山下，地名雲霖，建觀宇以前敕額爲用。於是闡揚教法，與國祝壽降祥。帝敕本州支給錢糧，供眞膳衆。彼時仙翁於邵河箕子潭水面建壇，作法拜章，斷隔南蠻。今潭面上有拜章蓆紋，水長水落，其紋如故。其後明皇幸蜀，太子即位，靈武中興大唐，此必拜章修禳之驗也。仙翁由是書符呪水，行藥治病。時復奏事於長安帝庭，或赴洛陽齋會，朝遊暮返，策空駕浮。而邵陵城東河畔有小石室，仙翁往來其中隱遁，頃刻又在洛陽矣。風俗通知靈異，至今號曰洛陽灣，顯然可據。至天寶十四年，歲在乙未，八月十三日，由楊二姓集社會於宜唐觀側。仙翁亦承其請，中途遇神人與桃三五顆，因持桃顆見示社人，舉皆嗟嘆。獻之，長宿不受，遂剖而食之。須臾之間，彷彿聞太空步虛之聲，忽爾余胡峰頂祥雲下覆，仙樂響亮，鸞鶴飛騰，旌幢雜還，內朱衣二人，珠翠擁從，隱隱下至觀所。仙翁遂辭杜衆，迎禮仙軿。中有長旛一首丈餘，上赤書玉字題曰：邵州道士申泰芝，丹成九轉，行滿三千，今當白日上昇。仰視彩雲四布，絳節滿前。仙翁囑之道衆曰：吾今脫離塵世，昇陟清都，與天地相爲長久。今後凡民有請，吾當感而遂通。此後必遇劫火患難，但陰相扶持。各宜保重，所有宜唐觀，永遠爲祝聖人壽。遇三元、八節、五臘、十直之辰，勿虧醮奉，福國及民。言訖，騰空而去。時仙翁年已六十九矣。今余胡山有石柱，上橫平石一片，世傳此爲仙翁上馬臺。道士比時結狀申州，太守具表聞奏朝廷。其年八月十三日，明皇登殿之際，遙見虛空有仙仗駕鶴，形儀持幢執節衛列左右。帝與朝臣庶士咸皆瞻視。一日，邵州太守表到，丞相陳希烈、李林甫捧表達御。上覽所奏，事因帝登殿遙見太空現神仙之儀相符而合。即敕下邵州守，令四時宜加祭謁，毋輒怠慢。本觀去州百餘里，守令往來禮謁不便，復爲聞奏。次敕守令於近城創立開元觀，於邵河之北繪塑仙像崇奉，以便祭祀。續降敕旨，凡申氏之族，五服之內，並敕免租稅。仙翁上昇之日，永州祁陽縣士庶人等見一仙人乘白鶴浮空而來，飛下仙衣一領於道觀之所，收之安奉，因易其觀名曰白鶴觀，亦爲聞奏。看詳，皆別無神仙事故，惟邵州申泰芝白日跨鶴飛昇天也。其觀每遇法會，請衆捧衣遶壇行道，歷世傳聞不泯。仙翁之丹，世無仙分不可覬覦。至于雲山勝概，猶存仙翁昔日棲眞之所，巖穴深邃，峭壁巉巖，不可得進，併存仙跡於峰巔絶頂，攀緣而上，可得見之。山間靈杉蓊鬱，歷年多矣。靈巖聖水，請禱輒應。今山門香火，官民士庶，禦菑捍旱，澤物利民，影響報應。白雲長鎖於巖前，洪福永扶於國祚。普天稱慶，易地騰歡。謹留行狀以廣聞，豈小補云爾。

趙道一《歷世眞仙體道通鑑》卷三三《申泰芝》 申泰芝字廣祥，其先洛陽人也，因守官湖外，世代寓居長沙，後散徙四方。其遠近欽慕，泰芝卜居邵州仁風村柳塘，數世皆修慈惠。自幼夐處，不與親友交。好讀書，常淸儉。遊息南嶽，訪神仙之事。一夕於祝融頂遇眞人，傳金丹火龍之術。歸，煉丹雲山北余胡之頂，積有年矣。大藥已成，功行俱備，而能乘虛神遊，隱顯出入，綽有神異，人不可測。唐開元二十六年歲在戊寅八月十六日，明皇詔近臣曰：朕昨宵中秋夜寢夢神人告朕，言湖南邵州雲山有道人煉丹得仙，若禮遇之，可爲國師。

傅仙宗

傳記

趙道一《歷世眞仙體道通鑑》卷四一《傅仙宗》 練師傅仙宗，長安人。父倫，資陽令。仙宗幼聰明而好道家學，年十二隱資陽山，未幾有神人告玉案山乃福地，可往修行。既至，建玄齡觀以居之。僅一紀，一日又有介甲士數人告曰：某主山神也，自師居此，身不遑安。況此未爲修眞之所，即州之西有平岡山可居。仙宗然其說，乘青騾赴平岡山，聞鬼神侍衛而至。建星壇靜室，創老君殿於其間。唐明皇詔赴闕。利州桔栢江每年舟楫爲水所害，仙宗抵其江津，人說其苦難，仙宗乃以二石板篆符投水中，翌日果有二大魚曝於灘，腹下有丹字曰：赤鯉赤鯉，生居河水，不避仙官，宜得其死。刺史具以聞，詔立仙宗祠於其涘。已而至都，所對稱旨，命賜優厚，俾于上淸宮設醮，上躬詣之。仙宗拜請東方青帝青童從官將神及諸位列宿等，皆儼然來降。上恐懼，既罷，問：卿修何道而致此？曰：臣修道，務以安人利物，節食儉衣，守之以恬淡，行之以簡易，澄之不清，撓之不濁，以此自勝，故一切神靈應召而至。又問金丹，曰：金液之丹未可便服，須功滿行圓，惠及民物，然後服之即長生也。上大悅。久之，乞還山，詔修葺舊觀，賜額爲應眞，上親書之。後亦遣使賫香燭就設醮席不絶。唐肅宗乾元三年十月十四日，忽聞空中云：太上有勑。乃索沐浴，遂登榻而化。邑人王念自成都還，道中見仙宗乘青騾入簡州去，而後亦莫知其所之。

王常

傳記

李昉《太平廣記》卷七三《道術三・王常》 王常者，洛陽人，負氣尚義，見人不平，必手刃之。見人飢寒，至於解衣推食，略無難色。至德二年，常於終南山遊，遇風雨，宿於中山。夜將半，雨晴雲飛，月朗風恬，常慨然四望而歎曰：我欲平天下亂，無一人之柄以佐我，無尺土之封以資我。我欲救天下之飢寒，而又衣食亦不自充。天地神祇福善，故不足信。言訖，有一神人自空而下，謂常曰：爾何此言。常按劍沉吟良久，乃對曰：我言者，平生之志也。是何神聖，降臨此間。神人曰：我有術，黄金可成，水銀可死。雖不足平禍亂，亦可少濟人之飢寒。爾能授術於我，以救世人飢寒乎。常曰：我聞此術是神仙之術。空有其名，未之見也。況載籍之內，備叙秦皇、漢武好此道，終無成，但爲千載之譏誚。神人曰：秦皇、漢武帝王也。帝王處救人之位，自有救人之術而不行，反求神仙之術則非。爾無救人之位，欲救天下之人。固可行此術。常曰：黄金成，水銀死。眞有之乎。神人曰：勿疑，有之哉。夫黄金生於山石，其始也是山石之精，而千年爲水銀。水銀受太陰之氣，固流蕩而不凝定。微遇純陽之氣合，則化黃金於倏忽也。今若以水銀欲化成黃金，必須在山即化，不在山即不化。但遇純陰之石，氣合即化也。我有書，君受之勿疑。常乃再拜神人。神人於袖中取一卷書授常。常跪受訖。神人戒之曰：讀此書，盡了黃白之道。異日當却付一人。勿輕授，勿終祕。勿授之以貴人，勿授之以道流僧徒，彼皆少有救人之術。勿授之以不義之輩，彼必不以飢寒爲念。黃金成，濟人之外，勿奢逸。珍重我術，珍重我言。如不然，天奪爾算。常又再拜曰：神人今授我聖術，固終身無忘也。但乞示我是何神聖，使我知大惠之處。神仙曰：我山神也。昔有道人藏此書於我山。今遇爾義烈之人，是以付爾。言訖而滅。常得此書讀之，遂成其術。爾後多遊歷天下，以黃金賑濟乏絕。出《奇事記》。

楊泰明

傳記

趙道一《歷世真仙體道通鑑》卷三八《楊泰明》 楊孝子名泰明，不知何許人也。本儒生，事父母極孝，時呼爲楊孝子。嘗爲汾陽王郭子儀幕客，性恬淡，不貪爵祿。每勸子儀曰：軍政雖曰尙嚴，然人命至重，不可輕殺。以故子儀掌兵二十餘年，不妄誅戮，軍士愛之如父兄，皆泰明之力也。嘗謂終日戰鬬，有傷慈心，遂出爲長安令。唐代宗永泰元年，乃易道士衣，棄官潛遁。初隱茅山，以其淺近，遂來廬山峰頂結庵，造青精飯，辟穀。造松栢爲香，禱於九天使者眞王，求長生之道，積十四年，當秋晴月滿之夜，天宇淸霽，忽於虔禮之地見神人，金冠絳袍，白珠結縷。傍有一人執玉斧，一人捧玉函。神人曰：我乃九天使者，採訪人間善惡，以汝積世有功於民，秉心清苦，精持道行，誠達九天，玉清太素三元君命我授汝九天太眞道經。泰明伏地稱謝，神人徐啓玉函，授以寶書，仍告戒曰：始終精勤不替，道成之日，吾當召汝。語訖，風雲驟起，已失所在。開經觀之，乃高上大洞經三十九章，一號九天太眞道經。泰明從此依經行持，屏迹塵世，凡三十六年。憲宗元和八年正月一日日中，祥雲迎繞於庵前，泰明遂乘雲昇騰而去。

韋景昭

傳記

劉大彬《茅山志》卷一一《上清品》 十四代宗師：上清仙伯大洞貞元先生，姓韋諱景昭，丹陽延陵人，吳司空愼十六代孫。精究儒術而不肯取科名，獨慕神仙之學。初度于延陵之尋眞觀，師事包士榮。士榮師崇玄觀包法整，法整師包方廣，方廣師王軌，軌之師，昇眞王法主也。惟習靈寶經法，後居長安肅明觀。至天寶中，奉詔侍玄靜先生，歸茅山。勑建紫陽觀居焉。大曆初，受玄靜經籙正傳。肅代以來，天下喪亂，師獨以道爲己任。貞元元年十一月癸卯，召門弟子曰：吾昨見仙官持勑書，召任上清仙伯，不復住世矣。來何爲喜，去何爲悲？汝等體之，毋或哀泣。時年九十二而化。贊曰：神凴虛生，至靈爲寶。世塵紛揚，獨靜以保。時成返空，我知其歸。來無所欣，去無所悲。

又卷二三《錄金石篇》陸長源《華陽三洞景昭在法師碑》 夫通聖神、該品彙、冠百靈而獨立者，其惟人乎。道所以包渾元，經始萬象者也，人所以稟純粹，司會百靈者也。故人因道而集祉，道因人而垂休，不宰之功，兆乎造物，無言之德，洽乎生民，蕭散乎汗漫之間，沖融乎希夷之表，與天籟而吹萬，並谷神而長存者矣。紫陽眞人大法師，諱景昭，字懷寶，本丹陽延陵人也。其先系自顓頊大彭之後，在虞爲陶唐氏，在夏爲御龍氏，在商爲豕韋氏，因國命氏。芬馥蔓延，以至于裔孫孟。孟爲楚太傅，賢爲漢丞相，昭入吳爲侍中，昭兄愼爲司空，法師即司空十六代孫也。司空薨，葬于延陵，子孫因而家焉。祖道會，父思葳，皆丘園養素，道高跡隱，載于列仙之籍。法師方娠稟異，自幼表奇，孕元和之粹靈，體太玄之妙質，初以素書發蹟，配度于延陵之尋仙觀，後以丹臺著稱，隸居于長安之肅明觀。屬玄宗、廣成問道，姑射頤神，放心於凝寂之場，垂拱於穆清之上，法師因得羽儀金籙，頡頏玉繩，籍籍京師，垂二十載。爰辭上國，思還故鄉，重隸茅山之太平觀。天寶中，興玄靜先生奉詔修功德，造紫陽觀，因而居焉。遂於鍊丹院傳黃素之方，修齋醮之法，翔雲瑞鶴，飛舞於壇場，甘露神芝，降生於庭院。初，法師師事大法師包士榮，榮師事崇玄觀道士包法整，整師事上士包方廣，廣師事華陽觀道士王軌，軌師事昇玄先生王遠知，遠知師事華陽隱居陶弘景。自道源錫派，玄教傳宗，玉堂銀闕之人、羽蓋毛旌之客，府無虛籍，代有其徒。法師至行稽乎玄化，通識合于靈造，與其有也，萬物不得而不有，與其無也，萬物不得而不無。得喪以春秋爲死生，盈虛以天地爲旦暮，雲外虎頭之佩，雪中鶴氅之裘，孩季通而撫子玄，師仇公而祖黃太，教戒示乎傳授，服餌見乎延長，侍杖屨者，迹徧於江湖，傳經籙者，事同乎洙泗。一居山觀，三紀于兹，還神契乎時來，寂魄同乎物故，以貞元元年癸卯，委蛻于紫陽之道場，顔色怡悦，屈伸如常，春秋九十有二。以其月己酉，遷神于雷平山之西原玄靜先生壽宮之左。傳授蘇州龍興觀道士皐洞虛，得沖虛之妙用，躡上眞之玄蹤，梁市之客胥來，華陽之人間出矣。道士韋崇詢，主修齋醮祭，俯仰節度。道士朱惠明，掌法籙經書，修眞祕訣。法師上編仙籙，旁契道樞，神含混元，德與純粹，誘進羣動，感通衆靈，邈然非寰宇之間，超然在風塵之表。至如身纏世故，跡混俗塵，發忠孝以飭躬，演信義而旌行，蓋隨時而不器，豈常道之可師與！浙江東西節度支度判官、檢校尚書兵部郎中兼侍御史扶風竇公曰：泉布武區中，棲心象外，與法師聲同道韻，理契德源，追往想琴高之祠，傳神著務光之傳，見徵副墨，用琢他山。其詞曰：

惟道之大，提功混茫。惟人殆庶，與道迴翔。素韻凝寂，玄功靈長。肇形無迹，啓迪遂光。矯矯法師，錫羡華陽。本族命世，在虞系唐。御龍事夏，豕韋居商。嶷然靈表，自幼而彰。理冠容成，質侔夏黃。尋仙發蹟，肅明始揚。宵禮金殿，晨朝玉皇。丹臺道侶，白雲帝鄉。楚山萬里，故國丹陽。醮宮鳴磬，齋室焚香。芝生庭院，鶴舞壇場。茅君祕洞，葛氏眞方。來時去順，齊彭泊殤。化鱗風翥，委蛻雲驤。峰巒邐邐，松桂蒼蒼。塵生杖屨，苔染巾箱。龍銜彩眊，虎綴鞶囊。閬風玄圃，瑤軒玉堂。追存如在，頌德不忘。孤石巋然，萬古連岡。貞元三年，獻春正月上元之辰建造。太平觀道士徐元沼、許長久、徐則，內行克修，外通儒學，許則宿推公幹，虔奉眞宗。

又賈餗《崇元聖祖院碑》 唐寶曆二年，歲直丙午，浙右連帥、御史大夫贊皇公新建聖祖院于大茅峰下、崇元觀之前，上直天華陽洞之南門，集羣仙之靈慶，資聖壽於億萬。本其經始，實感周先生出應昌運，爲唐廣成，薦瑞表祥，式旌不朽，於是恩錫院額，號曰寶曆崇元聖祖院。玄門之盛，輝動巖谷。時唐興二百有九載，天子以神聖武文，惟新景命，德合乎五千文之玄訓，明繼乎十二聖之丕業，以清靜源化理，以仁壽域生靈，陶之以太和，躋之於至順。故自臨御大寶，則詔百辟，旁延萬邦，推誠備禮、徵訪治道，寤寐孜孜，如恐不及。夫明天子勤求于上，必賢邦伯感致于下，君臣一德，而道德可興。迺其年秋七月，公以天子之命，齋戒虔懇，果得周先生曰：息元寔元精之全德，大道之宗師也。先生葆眞抱一，涵光吹萬，天下聆其風者久矣。而遐襟曠迹，冥寄希夷，顯晦自我，人莫能識。夫玄珠非喫詬可索，至道惟精誠是致，故累聖所不能起，而一朝感契洪化，烝然來思，且謂公曰：昔廣成對理身之問，鴻濛啓養心之說，二者皇上大本也。今息元亦將以斯道上報吾君。公於是澄心清神，思所以慶皇休而贊景福，遂與先生圖議，選置玄宇。相彼形勝，莫靈此峰，昔梁朝福鄉太子置道館二，古壇廢井，遺址猶在。迺鏟荒夷險，鬱起層構，散俸錢以資其費，擇幹吏以董其役，翬飛矢直，不日而成。像設崇嚴，殿宇沉邃。神仙儀衛，左右森列。并按舊史氏，得仲尼問禮，關尹請著書之象，咸備于前。蓋將會通仙而肅百靈，以永爲國家齋醮之勝選也。況三茅精氣、二許馨烈，古來得道者，代有其人。考傳驗圖，若可攀揖。而繚垣之內，有流泉嘉木，滋飾幽潤，地靈境秀，觸類增益，懋此成績，與山無窮。仰惟聖祖育德乎太極之前，顯仁於未形之表，當是時也，合散消息，莫可名象，明而爲日月，動而爲風雷，播育而不測，運行而不殆，君得之豕韋，以挈天地，臣得之傅說，以相武丁，吾何爲哉。道本一貫，及夫神化挺生，含章炳靈，象帝之先，資我強名，將寄言以顯玄樞，錫羡以興皇業。猶龍既見，萬物方睹，是宜夫垂休儲祉，長發其祥，億萬斯慶，集于寶曆，此崇元新院所以得時而啓也。初，公以上方崇嚮道德之士，可以當是大選者，唯周先生一人而已。故其招致之忠盡，訪求之精實，則先生不得不出，而公之誠節不得不伸。既而聖情感愜，萬國瞻賀，其逢迎之優異，禮貌之嚴顯，自古尊師重道之盛，無以加也。則眞宗玄極，至道之精，不得不洞契乎上心，播宣於至術，俾風流澤浸，廣被八區，此先生所以出而不疑，亦所以示天下之不可不致如己者。當吾君之至理，適吾道之可行，千載一期，起迺時耳。矧公以濟代全材，合乎休明，樹風南藩，績最天下。前歲興建儒學，而天降膏露，顯于廟庭，俗變風移，遂至於道。今之輝崇眞館，闡奉玄化，上感睿旨，下孚元元，仁聲順氣，流溢四境。推是爲政，大而伸之，則致君經國之用可見矣。又況封部之內、融汰之下，徧識玄元之教，俱爲嵔𡹷之人，顧難乎哉？餗謬列屬城，獲詳事實，又嘗以春秋屬辭爲學，故承命舊筆，直而不文。其銘曰：

聖運光啓，山川效靈。黃帝爲君，起迺廣成。崆峒至言，今復行兮。明明天子，以道致理。方伯虔誠，先生戾止。累聖莫致，今茲起兮。玄感既宣，化流溥天。公拜稽首，天子萬年。何以薦神，御玄元兮。闕宇崇崇，聖祖尊容。神而明之，神應豐隆。華陽仙洞，大茅峰兮。金榜瑤壇，仙衛眞官。羽節凌風，珠佩珊珊。是醮是齋，百福延兮。名從天錫，境占地久。下薦臣忠，上資聖壽。靈山萬歲，績不朽兮。

張太空

傳記

趙道一《歷世真仙體道通鑑》卷三三《張太空》　先生姓張名太空，隱衡嶽上清宮，修行得道。唐代宗大曆七年，爲唐相李泌之師。後隱元陽宮，於德宗貞元四年六月十三日尸解於靈隱峰。御製詞文云：夫至道無名，強假名而崇道。至眞無謚，必求謚以明眞。惟其可稱，實在全德。故南嶽元陽宮道士張太空，混元育粹，玄之又玄，煉骨三清，存神八景。衡峰養德，時近百年。依罔象以冥搜，挾鴻蒙而冲用。棲遲浩氣，太古眞形。頃在先皇，敷崇道妙。望乎玄鶴之駕，錫以紫霓之裳。我有輔臣，格言高躅，永懷仙子，恨不同時。聊申嘉尙之情，式降昭旌之命。策名表德，庶永無窮。可贈玄和先生。其宮宋淳化、天聖、政和三經修葺。宣和元年，徽宗改賜崇明觀，後三里有伏虎岩。

黃洞元

傳記

劉大彬《茅山志》卷一一《上清品》　十五代宗師：洞眞先生，姓黃諱洞元，南嶽人。早游華陽，與玄靜先生爲師友，嘗受行中黃服日之法。後入武陵，住桃源觀，有瞿童子，名栢庭，自辰溪來，師事甚謹。一日獨游，歸語師曰：桃源中有水洞，花木紛馨，洞室周繚澗中多五色石。童子得一石，狀如龜，引之首尾俱動，師藏經笈中，旬餘失所在。異日，約俱往，水溢，溪洞迷不知處。大曆八年癸丑夏五月晦，童子辭師曰：後當於句曲相見。明年，師徙居廬山紫霄峰，凡十載。復來山住下泊宮，日誦《大洞經》，嗣韋宗師之學，又八載。瞿童子者至，師適曳杖有出，栢庭亦不留及。歸聞姓名，大駭，遂易服焚香，望空拜伏，久之凝立而化，舉體唯空衣耳。德宗嘆異，贈先生號，壽九十五贊曰：

瞻日得道，其知甚眞。栢庭之來，桃源始春。石龜五色，首動尾應。忽然亡之，妙極玄徵。

鄧紫陽

傳記

趙道一《歷世真仙體道通鑑》卷三二《鄧紫陽》　道士鄧紫陽，建昌南城縣人。初隱麻姑壇之西北。後因省親，路獲神劍，佩之。性頗剛毅，自負濟世之材。每憩溪壑之間，誦天蓬呪不輟，遂感北帝遣神人授以劍法。遠訪南岳朱陵，謁青玉光天二壇，禮鄧眞人。夢有所感。唐明皇開元中，蒙召入大同殿，建醮胡藩，封爲天師。修功德二十七年，忽見虎駕龍車，二人執節於庭中。顧謂其友竹務猷曰：此迎我也，可爲吾奏願欲歸葬本山，仍謂立廟於壇側。明皇從之，後尸解。

翟法言

傳記

趙道一《歷世真仙體道通鑑》卷四一《翟法言》 翟法言字乾祐，夔州雲安人也。身長六尺，少喜老子說，志清修，斥五辛不食，居玉石鄉之精舍。唐玄宗天寶十四載，乾祐年四十一矣，忽夢一童子曰：二眞人令我語汝，翌日可至溪上。乾祐遽悟，質明至溪上，則是有偶坐磐石者，神宇超然，乃二眞人也。乾祐趨謁恭甚，俄而雲霧晦冥，眞人乘之而去，顧乾祐曰：吾近閱靈異經，知有若名，故持籙來。亟在雲昇宮，吾授若也。乾祐即往，眞人乃授以寶笈靈文三科，一曰三將軍祕術，二曰紫虛祕術，三曰太上正一盟威祕法。并賜神圓一百二十，使正月朔旦取一餌之，壽當如其數。且戒曰：西有瀦池，五龍居之，若可召而役焉，以利濟羣生。乾祐拜受其言，已乃更築靜居，恪行三科，於是眞人與日月星君夜數降其室。邑人取汲於江夏，苦濁飲，乾祐鑿井其廬傍，召一龍主之，雖隆暑，水亦甘冽。乾祐以考召著名，每念雲安一邑，江流之險有一十五處，一日作法召其灘神，俾悉平之。是夕應召而至者一十四灘，獨有一灘召不能至，乾祐大怒，必欲召之。既至，乃一女人峨冠大袖，慨然進辭曰：天師稟天行化，妾乃一水神，何敢抗拒？第有未安，不容不稟。覩君之意，不過欲便舟楫，而不知從事舟楫者日常倍利，縱有少費，不足爲損。沿江小民三四百家，無田可耕，無桑可織，全仰爲人挽負以資其生。今若盡平灘險，在舟楫固甚便，在彼小民其於衣食爲如何？太上之意必不如此，深恐異時獲罪，不免負累，更宜裁之。乾祐歎曰：汝之所慮非吾所及。於是復命十四灘之神，各復其險。是夕風雨哮吼，雷霆震擊，明日視之，一十五灘驚波怒濤，宛然如故。荆南節度使王玘者聞其名，親從受籙。是夕代宗夢玘從三神人遊，即遣黃門謁者馬承靜問狀，玘以乾祐對。代宗因曰：朕有六甲殿，七寶所成，中有金箱玉簡，頻使法師啓之而鑰不可動。乾祐有道者，宜能啓也。詔玘趣延乾祐辦裝。既至長安，以酒饌六甲殿，門即洞開。代宗悅，賜乾祐號通靈大師。少焉辭歸，代宗會其流餞之。乾祐取帨置玉几上，他道士不知所以。乾祐曰：吾法高者爲先，有能舉是帨者吾師也。衆道士莫能舉，乾祐徐取置諸道士，盡皆不能興。代宗曰：奈何？乾祐曰：今起不難，聊爲諸公少覗爾。即叱之，遂起，代宗大異之。乾祐遂去，三日至江陵。及歸所舍，則母已死於虎。乾祐召虎至，地神從之，曰：天師母九戹八難，天符殺之爾。乾祐鞭虎數十，釋之。自是尤務拯人疾苦，煉黃白，遇窮者施之。文宗太和十年十二月朔，告其徒曰：後五日吾將朝天。至時而化，其徒葬之。晡時聞雲中有鐘鐸之音，雲五色爛然，乾祐在其上，俯謂其徒曰：勉旃毋忘吾道。尋冉冉而去。發視其棺，惟有衣屨而已。後十五年，有李文盛見乾祐於益都，曰：吾暫遊青城，行返雲昇矣。益州新津縣繫龍江有繫龍樹，方輿記云：仙人翟石自峨嵋山來，繫一龍於此。恐即乾祐也，俟後博覽者，幸訂其是非焉。

張子祥

傳記

張正常《漢天師世家》卷二 十代天師，諱子祥，字麟伯。仕隋，爲洛陽尉。棄官襲教，服食精煉，能吐丹置掌中，光芒出戶，尋復噏之。嘗遊河洛，登嵩山中峰石室，樂其幽勝。時夜忽聞兵騎聲，有二神吏謁曰：東嶽主者道過，謁天師。主者曰：昔會聖師於青城，今四百餘載。自魏晉以來，亂離已久，生靈受害，罪業牽纏，無由解脱。今嶽司有幸，重遇聖師，願乞廣宣符籙，庶俾超化。言訖辭去。天師還山，分遣弟子，宣化四方，以積玄功。壽一百二十歲而化。元至正十三年，贈上青玄妙大虛眞君。

趙道一《歷世真仙體道通鑑》卷一九《張子祥》 張子祥字麟伯，德信之長子。博覽諸經，究探今古。襲儒衣冠，仕隋，歷洛陽尉。未幾棄官，與妻子退隱龍虎山。從學者數百人，志在修養，顏容益少，常若二十歲人。能吐腹中丹，置掌中翫弄，或夜投器中，光芒穿屋，乃復吞之。久之得道，年一百二歲一云百二十歲而卒。舉棺甚輕，葬之夕，墓忽有穴。其塚開，視所存，唯衣服爾。

張通玄

傳記

張正常《漢天師世家》卷二 十一代天師，諱通玄，字仲達。天性靜默，常獨坐一室，非時不出，雖左右人，亦常罕見。歲大疫，以標植水中，汲飲者皆愈，有持帛來謝，卻之曰：吾祖以濟人，安可受謝。乞符者雲集，受經籙者益衆。年九十七而化，元至正十三年，贈上清玄應沖和眞君。

張恒

傳記

張正常《漢天師世家》卷二 十二代天師，諱恆，字德潤。經史過目，悉不忘。唐高宗遣使召至，問以治國安民之道。對曰：能無爲，則天下治矣。上嘉之。尤善幻術，自言：吾神仙中之狡獪者。一日，自闕潛歸，嘆曰：吾幾落世網。學道於家，嘗推甕於室中，對妻子茹葷飲酒，夜發甕皆在瓮中，經日不壞。年九十八而化，元至正十三年，贈上清玄德太和眞君。

張光

傳記

張正常《漢天師世家》卷二 十三代天師，諱光，字德紹。勵志於道。脩煉，居石室中，垂三十年。及襲教，乃還家。傳授經籙，居常蔬食，後能辟穀，壽一百四歲而化。元至正十三年，贈太玄至德廣妙眞君。幼子名梧，字君明，自幼修煉，能辟穀，飛行往來，不知所終。

趙道一《歷世真仙體道通鑑》卷一九《張光》 張光字德昭，德潤之長子，少傳授眞人之法，久之棄妻，與次子悟入山修行二十餘載，乃出見其妻，又同處五年。後終於家，年一百二歲。而悟亦能辟穀。

張慈正

傳記

張正常《漢天師世家》卷二 十四代天師，諱慈正，字子明，智慧明敏，常以易道教人，從者雲集。每有餘貲，即賑貧乏。棄妻脩道山中，登聖井山，結庵獨處。每歲三元日，傳經籙，則出山。朝廷累徵，不起。後百餘歲化，空中聞仙樂聲下迎。今聖井號徵君山，溪號徵君坑。元至正十三年，贈太玄上德紫虛眞君。

趙道一《歷世眞仙體道通鑑》卷一九《張慈正》 張慈正字子明，德昭之長子。博學羣書，最精於易，從學者百餘人。久之，學道隱山，與妻子不相見。傳守眞人之法，歲以三元傳度諸階祕籙，四方歸之。所積法信，備荒歲以助貧乏之士，亦能煅煉黄白之法。百餘歲卒於山中，空中有仙樂隱隱焉。

張高

傳記

張正常《漢天師世家》卷二 十五代天師，諱高，字士龍。姿宇超曠，好酒，縱飲一石，不醉。唐玄宗召見，命即京師置壇傳籙，頒賜金帛，免租稅，冊封漢祖天師號。肅宗降香幣，建醮於山中，賜宸翰以贊天師像。嘗忘玉印長安酒家，有少年力舉之，不能動。明日，天師至，笑而攜去。年九十三化，元至正十三年，贈太玄崇德玄化眞君。

趙道一《歷世眞仙體道通鑑》卷一九《張高》 張高字士龍，子明長子也。學道守眞人之法，飲酒至一石而不醉。唐明皇召見於京師，置壇受籙，降賜金帛，仍免租稅，冊封漢祖天師之號。肅宗降香建醮，親灑宸翰以贊天師。貞元中，降供養。供養金鍍銀香爐、香合、緋羅絹金帕及黄複器物。年九十一歲卒家。

張應韶

傳記

張正常《漢天師世家》卷二 十六代天師，諱應韶，字治鳳。襲教後，授其子以劍印，隱居山南龍鬚井上，躬耕自娱。每據石吹鐵笛井上，聲聞數里。一日，懸篴井上，端坐而化，葬井傍。今有仙人墓，竈構樹門在焉。所耕之地，號黄沙坑。元至正十三年，贈洞虛演道沖素眞君。

趙道一《歷世眞仙體道通鑑》卷一九《張應韶》 張應韶字治鳳，士龍之長子。博學經典，後隱山中辟穀，能百日不食。與妻子躬耕，能吹鐵笛，數里外聞之。一日告其子曰：吾世傳眞人之教，功及於人多矣。吾今垂年，汝當傳守。言訖，兀然端坐，瞑目而化，年九十九。

張順

傳記

張正常《漢天師世家》卷二 十七代天師，諱順，字中孚。至孝，母疾經旬，月不解帶。每謂人曰：人不忠孝，而欲學道希仙，是舍舟楫而涉大川也。初任貴水尉，棄官襲教，攜妻子，結茅山中以居。壽八十七而化。元至正十三年，贈洞虛闡教孚佑眞君。

趙道一《歷世眞仙體道通鑑》卷一九《張順》 字仲孚，治鳳之長子。少事母孝，曰：不孝不忠而欲學道求仙，是猶捨舟楫而涉大川也。仕爲本縣貴水尉，後棄官幷妻子，結茅以居。年八十七歲，童顔皓齒，不疾而化。

張士元

傳記

張正常《漢天師世家》卷二 十八代天師，諱士元，字仲良，瘠而多髯，居應天山四十年。山多虎，人莫敢謁。惟三元日，則下山傳籙。每大風雨，或見其玄冠，乘黑虎往來諸峰間，知其爲天師也。今山南有丹舍，山北有繙經石，黑龍井，碧蓮池，皆其遺跡。年九十二歲，元至正十三年，贈洞虛明道贊運眞君。

趙道一《歷世真仙體道通鑑》卷一九《張士元》 張士元字仲良，仲孚之長子。少博習羣書，年四十餘始學道。習夜坐，久之能通臂上下，出入如飛。以符法傳人，治病，能種桃李，頃刻而實。時君聞其有道，屢以美官徵之，固辭不起。終於家，年九十二。

張脩

傳記

張正常《漢天師世家》卷二 十九代天師，諱脩，字德眞。性淳樸，躬耕於野。以疾告者，篆木葉治之，即愈。凡傳符籙有得，隨以施人。江西大賈劉遷者，嘗受符籙。一日，死於金陵，二日復甦。言爲冥司所攝，道遇仙吏，曰：常受法籙，死期雖至，可復延二紀。遂入山中，爲弟子。一日，天師集諸弟子曰：吾某日當化。至日，沐浴更衣，端坐而化。年八十五歲。元至正十三年，贈沖玄翊化昭慶眞君。

趙道一《歷世真仙體道通鑑》卷一九《張修》 張修字德眞，仲良之長子。爲人質樸，常衣布素，不喜華飾。與妻耕於野，不與鄉人交通。歲以符法傳人、治病，應時而驗。所得法信，皆施貧士，甘於寂寞，無所貪慕。先二年，自營墳郭，曰：吾二年當去。至期乃沐浴更衣，端坐而化，時年八十五歲。

雜録

趙道一《歷世真仙體道通鑑》卷一九《張修》 《靈驗記》云：劉遷者，江西大賈。詣十九世天師傳授都功法籙，明年卒於金陵，兩夕而蘇，云：冥官所追，忽有金光自天而下，黃衣使者乘空而至，執素簡讀曰：劉遷身佩正一籙，名在上天，非地司所籍。大限既足，可延三十年。由是披褐修道，入龍虎山師奉天師焉。

許栖巖

傳記

趙道一《歷世真仙體道通鑑》卷三二《許栖巖》 許栖巖秀才，家于岐山下。唐德宗貞元中舉，進士不第。於長安昊天觀習業，月餘併喪三馬，不可塗行。而更選良駿，有蓄人牽馬來，稱是逸足。栖巖欲市，尚且疑之。是觀有道士能易，栖巖請筮之。遇乾，曰飛龍在天，利見大人。曰：此馬龍種也，當因此馬利見大人，則事無不諧矣。人皆哂其妄，獨栖巖信而市之。雖加意秣飼，而膚革不充。後值韋令公鎭西蜀，栖巖舊出其門下，自詣坤維而謁。道經劍閣，馬驚失足，俱墜於巖壑之間，幾萬丈。底爲槁葉所積，俱不能損。仰觀峭絶，無計攀援。良久祝曰：我非劉備，爾非的盧，無計躍出。吁，道士之占，何其謬耶。遂與馬解其銜勒，去其韉席，縱其所欲。似經一晝，栖巖捫石竅，漸能踰足，因躡巨栗如拳，取而食之，甚濟飢渴。如此又約數十里，竅漸明朗。忽若出洞口，見平地數里，春景爛然。殖碧桃萬有餘株，花間有青石池。池傍有石屋，屋中有道士，白髮丹臉，偃卧於石榻之上，傍見二玉女。栖巖因之叩首再拜，玉女大駭曰：爾何人，遽至太一元君之室。栖巖具陳本末，二女遂白元君。元君召栖巖，栖巖拜手稽顙。元君曰：爾在人間何好？曰：好道，多讀莊老、黃庭經。元君曰：爾於三道書各得何句，請一一說之。栖巖曰：莊子云：眞人息之以踵。老子云：其精甚眞。黃庭經云：但思一部壽無窮。元君曰：子近道矣。乃命坐，玉女酌石髓而飲之，曰：嵇康不能得，今爾得之，乃數也。栖巖乃跪謝而飲之。玉女前曰：穎道士至矣。元君命設榻而坐，有道士長眉巨唇，恢形古貌，執笏而跪禮之。元君勞之曰：君何遠來？曰：故來相謁。元君曰：請與吾筭二事，且髣大華何神也？立海橋何鬼也？吾不能達。道士遂布筭蔌蔌，披閱三才，討論六合，上窮蒼昊，下抵幽泉。良久，擘大華者雖云巨靈，實夸父之神也；立海橋者雖云醜怪，乃五丁之鬼也。元君點首，曰：然。又曰：筭吾今夕何爲。又布筭曰：元君今夕合東遊三萬里。元君曰：何太遠乎。栖巖因熟視道士，乃昔卜馬者，大驚其事。道士曰：昔日乾卦，合今日矣。栖巖叩首而謝之。逡巡，有仙童馭鹿龍而至，曰：東皇君使迎元君，今宵於曲龍山翫月。元君撫掌而咍曰：道士卜中矣。道士敬謝而告去，元君曰：爲我語邢和璞。道士曰：諾。元君與栖巖曰：可同游曲龍山。便令浴於池，而同跨鹿龍去。頃刻而抵曲龍山，但見危橋千步，聳柱萬尋，若長虹之亘青天，如曳練之橫碧落。勢連河漢，影入滄溟。玉瑩無塵，雲凝不散。元君命栖巖拜東皇，東皇曰：爾許長史之孫也。栖巖曰：某少孤，不知先祖何官也。東皇曰：吾昨宵與汝祖同飲，亦知汝當來。東皇遂命仙童酌醴而進，與元君三人而飲。元君問東皇曰：近來海水如何？東皇曰：比前時之會淺，已減半，吁知桑田亦應不久爾。東皇命玉女歌青城丈人詞，送元君酒。歌曰：月砌瑤階泉滴乳，玉簫催鳳和煙舞。青城丈人何處遊，玄鶴唳天雲一縷。仙童擊玉，繼而和之。宴極，東皇索玉簡而題詩曰：造化天橋碧海東，玉輪還過輾晴虹。霓襟似拂瀛洲頂，顥氣潛消橐籥中。元君繼曰：危橋橫石架雲端，跨鹿登臨景象寬。顥魄洗煙澄碧落，桂花低拂玉簪寒。亦請栖巖繼之，曰：曲龍橋頂翫瀛洲，凡骨空陪汗漫遊。不假丹梯躡霄漢，水晶盤冷桂花秋。於是紅鸞舌歌，彩鳳羽舞，笙簫響徹於天外，絲桐韻落於人間。仙侶盡歡，各治命駕索輿，令栖巖俱乘鹿龍而返。下視大城郭，栖巖曰：此何處？元君曰：此新羅國也。又至海畔小城邑，又問：此何處？曰：此唐國登州也。俄頃到舊洞府，栖巖再拜辭歸，元君曰：爾能飲石髓，已得人間千歲。無漏泄，無荒淫。能如此，猶更得一見吾也。命玉女牽栖巖馬來，曰：雖是君馬，本即吾洞之龍子，因無由作怒傷稼，謫於人間負荷。亦偶去與君緣合爾。馬至昔日解鞍處，毛色如故，翅逸爽瘦，如八駿之狀。元君曰：汝到人間，無用此馬，但於渭溪解之，當化爲龍，不異昔日費長房投青竹杖於葛陂也。栖巖驚躍，稽首拜辭。玉女謂栖巖曰：龍子迴日，虢縣田婆鍼與寄少許來。遂跨馬如飛，食頃已達虢縣之舊莊。田園蕪沒，井邑凋殘。詢之，時代已六十年矣，時宣宗大中五年也。栖巖體已清虛，性兼淡泊。既無所欲，焉有用乎。遂不問舊產，惟謀田婆鍼。一日訪詢田婆，婆曰：太一家紫霄姊妹，常寄信買鍼來。詰之其他，即結舌噤齒而不對。遂取鍼繫於馬鬣，放之渭濱，果化爲龍而入水去。栖巖後隱匡廬間，多有人見之者。

殷文祥

傳記

張君房《雲笈七籤》卷一一三下《紀傳部一五傳一二・續仙傳・殷文祥》

殷七七名文祥，又名道筌，常自稱七七，俗多呼之，不知何所人也。遊行天下，人言久見之，不測其年壽，面光白，若四十許人，到處或易其姓名不定。曾於涇州賣藥，時靈臺蕃漢，疫癘俱甚，得藥入口即愈，皆謂之神聖。得錢即施之於人，而常醉於城市間。周寶於長安識之，尋爲涇原節度，迎之禮重，慕之道術還元之事。及寶移鎮浙西數年後，七七忽到復賣藥。寶聞之驚喜，遽召之，師敬益甚。每醉自歌曰：「解醞須臾酒，能開頃刻花。琴彈《碧玉調》，鑪鍊白朱砂。」寶嘗試之，悉有驗。其於種瓜釣魚，若葛仙公術也。鶴林寺杜鵑花高丈餘，每春末花爛熳。僧傳言：「貞元年中，有外國僧自天台鉢盂中以藥養其根來種之。」自後構飾花院鎖閉，人或窺見女子紅裳艷麗，遊於樹下。有輒採花折枝者，必爲所祟，俗傳女子花神也。所以人共保惜，故繁艷異於常花。其花欲開，探報分數，節度使賓寮官屬，繼日賞翫，其後一城士女四方之人，無不以酒樂遊從。連春入夏，自旦及昏，閭里之間，殆于廢業。寶一日謂七七曰：「鶴林之花，天下奇絕，嘗聞能開非時之花，此可開否？」七七曰：「可也。」寶曰：「今重九將近，能副此日否？」七七諾之，乃前三日往鶴林寺宿焉。中夜女子來謂七七曰：「道者欲開此花耶？」七七乃問：「何人深夜到此？」女子曰：「妾爲上玄所命，下司此花，在人間已逾百年，非久即歸閬苑去，今與道者共開之，非道者無以感妾。」於是女子倏然不見。來日晨起，寺僧或訝花漸拆蘂。及九日，爛熳如春，乃以聞寶，一城士庶異之，遊賞復如春夏間。數日花俄不見，亦無落花在地。後七七偶到官僚家，適值會賓次，主與賓趨而迎之，有佐酒倡優共輕侮之。七七乃白主人：「欲以二栗爲令，可乎？」咸喜，謂必有戲術資於歡笑。乃以栗巡行，嗅者皆聞異香驚嘆。惟佐酒笑七七者二人嗅之，化作石，綴於鼻，掣不落，但言穢氣不可堪。二人共起狂舞，花鈿委地，相次悲啼，粉黛交下，優伶輩一時辭舞，鼓樂自作聲，頗合節奏，曲止而舞不已，一席之人，笑皆絕倒。久之，主人祈謝於七七，有頃，石自鼻落復爲栗，傳之皆有異香，及花鈿粉黛悉如舊，略無所損，咸敬事之。又七七酌水爲酒，削木爲脯，使人退行，止船即住，呼鳥自隨，唾魚即活，撮土畫地狀山川形勢，折茆聚蟻變城市人物，有人曾經行處見之，言歷歷皆似，但小狹爾。凡諸術不可勝紀。後二年，薛玄劉浩作亂，寶南奔杭州。而寶總戎爲政，刑或無辜，前上饒牧陳全裕經其境，構之以禍，赤其盡族。寶八十三，筋力尤壯，女妓百數，蓋得七七之術，後爲無辜及全裕作厲，一旦忽殂。七七，劉浩軍變之時，在甘露寺爲衆僧推落北崖，謂墮江死矣。其後，人見在江西十餘年賣藥，入蜀莫知所止。

程太虛

傳記

趙道一《歷世真仙體道通鑑》卷四二《程太虛》 程太虛者，果州西兊人。幼好道，節操不類於常人。年十五登所居之東山，飄然有淩虛意。尋有五色雲霞擁其身，俄而天樂羽蓋合沓而至。太虛默念未辭親友，忽雷震一聲，竟無所睹。退而刻志修誦愈勤。年十八，恃怙俱失，棄資產，居南岷山，絕粒坐忘，動逾歲月。有二虎侍左右，若備呼使，因名爲善言、善行，乃撫皆授以三歸之戒，遂跪伏而聽，自是呼名則至。忽一夕大風拔木，雷電而雨，砌下坎陷，中水如沸湧，因以杖攪之，得碧玉印兩鈕。每歲農人乞符籙祈年，以印印之，則授者愈豐阜。凡有得以惠施之外，皆以構祠設像，無所私已。有女道士謝自然授法籙，印訖，則密收之，一日失所在。唐德宗貞元十年，自然白日昇天。憲宗元和四年，太虛解化。五年二月，遷神于玄宮，貌不變而輕若空衣，所化之地忽生皀莢一本，柯葉下垂，俗謂之披頭皀莢。宣宗大中十年，有命使自峽入蜀，道由南岷訪太虛之祠，謂其門人曰：去年冬過商山，宿逆旅，出門見嶺上花木稍繁，忽忽躋石躡險，幾五六十步。至其下，異花夾道，約一里餘。有居第如公館，青童引入，見一道士，自云姓程名太虛，祖居西兊，今憩此已。而留連極勤，厚囑曰：明年君自蜀入岷，無忘訪我。今熟視其像，果與見者無異。

錢朗

傳記

趙道一《歷世真仙體道通鑑》卷四五《錢朗》 錢隱居名朗，字內光，洪州南昌人也。少居西山，讀書精勤，有節操，五經登科，累歷世宦，清直著稱，去有遺愛，時論美之。唐文宗朝，開成初爲安南都護副使，後爲光祿卿，歸隱廬山。情澹好道，師東嶽道士徐鈞，得補腦還元、服煉長生之術。昭宗世，錢塘彭城王錢鏐慕朗得道長年，乃迎就錢塘，師事之。時朗已一百五十餘歲，童顏輕健。玄孫數人，皆以明經進身，仕爲宰官，已皓首矣。朗忽一日告別言：我處世多年，適爲上清所召，今須去矣。俄氣絕。數日顏色怡暢如生，舉之就棺，身輕若空衣然，已尸解矣。其玄孫謂人曰：我之高祖，年一百七十餘歲。

鍾離權

傳記

趙道一《歷世真仙體道通鑑》卷三一《鍾離權》 後改名覺，字寂道，號和谷子，一號正陽子，又號雲房先生，燕臺人也一云京兆咸陽人，曾祖諱朴，祖諱守道，父諱源，皆漢代著名。父列侯至雲中府。生仙誕之時，異光數丈，狀若烈火，侍衛皆驚。眞人之相，頂圓額廣，耳厚肩長，目深鼻聳，口方頰大，唇臉如丹乳，遠臂垂如三歲兒。晝夜不哭不食，第七日躍而有聲曰：身遊紫府，名書玉京。其音如鐘，行如奔馬，童稚莫之能及一云少攻文學，仕漢至諫議大夫。因表李堅邊事，謫官江南。漢祚既終，歷魏仕晉。及壯，仕晉爲大將，統兵出戰西北土蕃。兩軍交鋒，忽天大雷電，風雨晦冥，人不相睹，兩軍不戰自潰一云晉武帝時，命與偏將軍周處攻征失利。眞人獨騎奔逃山谷，迷失道路。夜進深林幽澗，期以全生。乃遇一胡僧，鬅頭拂額，體掛草結之衣。引行數里，到一村莊，曰：此東華先生成道之所，將軍可以歇泊。揖別而退一云遇一僧人，遂問，而無語，以手遙指東南廟宇。門前見一衣青道者，遂問此何方也，答曰：此紫府少陽帝君所居也。眞人未敢驚動莊中，良久忽聞人語云：此碧眼胡僧，饒舌相撓。莊中一老人披白鹿裘，扶青藜杖，抗聲前曰：來者非大將軍鍾離權否？眞人應曰：是。老人復曰：爾何事不寄宿山僧之所？眞人聞而大驚，心想曰：必異人也。是時已失虎狼之威，遽有鸞鶴之志，不覺回心向道，哀求度世之方。於是老人授以長生眞訣，赤符玉篆，金科靈文，金丹火候，青龍劍法，囑之勤行。眞人告辭出門，迴顧莊居，不見其處。自是領悟玄旨。一云自知夙有仙骨，故擺脫世緣，冀紹仙果。首遇上仙王玄甫，得長生訣。再遇華陽眞人，傳太乙刀圭，火符內丹，洞曉玄玄之道。一云昔軒轅黃帝得金丹祕訣，以玉匣藏於壽春縣東紫金山懸鐘洞，眞人得遇師傳之後，復遊雲水。至魯，居鄒城，入崆峒，於紫金四皓峰居之。遇仙人引入洞，獲玉匣祕訣。至德內全，遂終妙道《全眞傳》云：眞人生於漢代四月十五日，於晉朝五月二十日上昇，不記何年。後有唐進士呂紹先，屢舉不第，乃縱遊天下。首於廬山遇火龍眞人，傳劍法。後於長安道中遇眞人題壁間云：坐卧常將酒一壺，不教雙眼看東都。乾坤世界無名姓，疏散人間大丈夫。紹先乃再拜，眞人令紹先作言志詩，紹先詩云：生在儒家遇太平，懸纓垂帶布衣輕。誰能世上爭名利，臣侍玉皇歸上清。眞人喜曰：予所居在終南山鶴頂，有洞，子可予此行。眞人乃神示變化，頃刻輒到一峰。洞門霞彩，三虎踞門，眞人叱之，虎下絕澗。遂飲紹先以元和之酒，坐石談玄。須臾有青童持蓬萊山書云：羣仙宴聚，邀先生赴天池，論五元。眞人神游記：眞人臨去，謂紹先曰：爾既到此從吾奉道，今子當名嵒，字洞賓。吾今去矣，汝但解屛塵勞，肅清仙骨，吾不晚即還。以三虎守門，於是冉冉白鶴，前望東南雲際，渺渺而沒。嵒遂將眞人所付洞中之書，朝夕親閱。次日，眞人還，謂曰：得無憶歸否？嵒曰：塵緣既斷，俗骨已清。幸從眞人得探妙道，豈敢再生塵累耶？眞人曰：善哉，汝等守陰者惟知是魄，有陽只是冥魂，世人不知分離陰陽之異。若能全陽而聚其冥魂，以合陰魄，使陰陽相合，魂魄成眞，是謂眞人。嵒問曰：至理甚深，何以全形？眞人曰：慧發冥冥，泰定神靈。神既混合，豈不契眞。金形玉質本出精誠，大藥既成，身乃飛輕。是夕，賜以上眞玄訣。俄有扣戶者，乃清溪鄭思遠與泰華施眞人，由東南而來，緩步淩虛，體凝金碧。相揖共坐，少頃適尹思逸煉丹之所，遂造仙扉。施眞人曰：此侍者何人也？眞人曰：今朝呂海州讓之子，本習儒墨，失意上國，邂逅長安酒肆，從吾奉道。通陰陽制煉、形神入妙之微。嵒乃拜二仙。鄭眞人曰：形清神在，目秀精藏，子欲脫塵網，可示一詩。授嵒金管霞箋，靈膠犀硯。嵒立獻一詩云：萬劫千生到此生，生生身始得飛輕。拋家別國雲山趣，煉魄全魂日月精。比見世人論九鼎，欲窮大藥訪三清。如今獲遇神仙面，紫府仙扉得姓名。三仙相視，嘆其才清句麗。時春禽幽嚶，眞人謂嵒曰：可於洞口題云：春氣塞空花露滴，朝陽拍海嶽雲收。又謂嵒曰：吾朝元有期，十洲羽客至玉京奏功行，以陞仙階。恐汝不可久居此洞，後十年洞庭湖相見。取筆於洞中石壁草書一十六字，曰：晝日高明，夜月圓清。陰陽魂神，混合上昇。擲筆告嵒曰：世間遊行，當施利濟之道，行滿功成，復當際會。即見數仙子綃衣露彩，手捧金簡靈符，云：上帝召鍾離權。於是翔鸞飛鳳，金幢玉節，僊吹嘹喨，冉冉而去。嵒不勝依戀。久之，客游江淮洞庭，荆湖鄂岳及汴洛兩都。道成仙去。其問答玄妙，神仙施肩吾編之爲《鍾呂傳道集》，今行於世。宋欽宗靖康初，封眞人爲正陽眞人。元至元六年正月，褒贈正陽開悟傳道眞君。

呂嵒

傳記

趙道一《歷世眞仙體道通鑑》卷四五《呂嵒》 字洞賓，號純陽子。世傳以爲東平人，一云西京河南府蒲坂縣永樂鎭人，即今河東河中府也。曾祖延之，仕唐，終浙東節度使。祖渭，第進士，德宗貞元中官至禮部侍郎，晚爲潭州刺史。有四子。曰溫，字化光，官至衢州刺史。曰恭，嶺南府判官。曰儉，爲御史。曰讓，歷太子右庶子。或曰終於海州刺史。先生乃讓之子也。貞元十二年丙子四月十四日，生於林檎樹下。少聰敏，日誦萬言。至文宗開成二年丁巳，擢舉進士。擢第時，年四十二歲，龍姿鳳目，鬢髮疏秀，金水之相。頂華陽巾，衣逍遙服。貌似張良，又似太史公之狀。後因遊廬山，遇異人，得長生訣。一云武宗會昌中，兩舉進士不第，因於長安道中，擬游華山。酒肆憩息，俄有一人，長髯碧眼，自西而來，亦憩此肆，遂與共炊。髯者親爨，先生因就日負暄，不覺睡著，夢舉進士，登科第，歷任顯官。奏對稱旨，遂除翰苑，入臺閣，擢侍從。俄拜執政。居朝三十餘年。偶上殿應對差誤，被罪謫官，南遷江表。路值風雪，僕馬俱瘁。一身無聊，方自嘆息。忽然夢覺，髯者飯猶未熟。倏然笑曰：黃糧猶未熟，一夢到華胥。先生驚曰：公安知我有夢耶？髯者曰：公適來之夢，富貴不足喜，貧賤不足憂，大抵窮通榮辱，壽夭得喪，往古來今，皆如一夢。富貴則爲好夢，貧賤則爲惡夢。壽長則爲好夢，夭折則爲惡夢。如公適來之夢，誠好夢也。一失到底，轉爲惡夢，公備知之矣。貴即虛名，富猶孽火，金珠外物，子孫他人，一息不來，四大不顧，把甚物爲堅固。即復題詩壁間，先生大悟，因拜曰：公眞異人也，敢問貴姓，居何鄉邦？髯者曰：吾乃天下都散漢鍾離權也，居終南山。公若省悟，可從吾去。先生於是棄儒業而從游，師事之而得道。復於僖宗廣明元年，遇崔公，傳入藥鏡，即知修行性命，不差毫髮。後多遊湘潭岳鄂之間，人莫之識。嘗題岳陽樓詩云：朝遊北嶽暮蒼梧，袖裏青蛇膽氣粗。三入岳陽人不識，朗吟飛過洞庭湖。外多有詩文留世，略見眞常集。又著丹訣，演正論，述劍集，各有玄旨，以遺後學。後南遊巴陵，西還關中，沖昇於紫極山。一云歷江州，登黃鶴樓，以五月二十日午刻昇天而去，不知何年。其自作傳云：吾乃京兆人，唐末累舉進士不第，因遊華山，遇鍾離子，傳授延命之術，尋遇苦竹眞人，傳授日月交幷之法。再遇鍾離，盡獲金丹之妙。吾得年五十，道始成。第一度郭上竈，第二度趙仙姑，法名何。二人性通利，吾授之以歸根復命法。吾惟是風清月白，神仙會遇之時，嘗遊兩浙、京汴、譙郡，身長五尺二寸，面黃白，鼻聳直，左眼下有一痣，如人間使者，箸頭大。常著白襴衫，繫皂縚，變化不可度，世言吾賣墨飛劍取人頭，吾聞哂之。實有三劍，一斷煩惱，二斷貪嗔，三斷色慾，是吾之劍法也。世有傳吾之神，不若傳吾之法。傳吾之法，不若傳吾之行。何以見爲人若反是，雖攜手接武，終不成道。先生自沖昇之後，時降人間，化度有緣。學仙之士，出入隱顯，不可測識。其先後游戲人間事迹，詳載諸書。宋徽宗宣和元年七月二十八日勑封，告詞云：朕嘉與斯民，偕之大道。凡厥仙隱，有載冊書，司存來析，寵褒必下。呂仙翁匿景藏采，遠迹遐方，逮建福庭，適當茇舍，嘆兹符契，錫以號名。神明不亡，尚鑒休渥。可特封妙通眞人。及太元至元六年正月，褒贈純陽演正警化眞君。臣道一曰：呂嵒棄利斥名，逍遙物外，神示道化，疏絕塵凡。觀其詩云：三入岳陽人不識，朗吟飛過洞庭湖。聞其風者悅之。《道德經》曰：知我者希，則我者貴。眞呂嵒之謂也。

朱桃椎

傳記

《新唐書・隱逸傳・朱桃椎》 朱桃椎，益州成都人。澹泊絶俗，被裘曳索，人莫能測其爲。長史竇軌見之，遺以衣服、鹿幘、麂鞾，逼署鄉正。委之地，不肯服。更結廬山中，夏則贏，冬緝木皮葉自蔽，贈遺無所受。嘗織十芒屩置道上，見者曰：「居士屩也。」爲鬻米茗易之，置其處，輒取去，終不與人接。其爲屩，草柔細，環結促密，人爭躡之。高士廉爲長史，備禮以請，降階與之語，不答，瞪視而出。士廉拜曰：「祭酒其使我以無事治蜀邪？」乃簡條目，薄賦斂，州大治。屢遣人存問，見輒走林草自匿云。

趙道一《歷世真仙體道通鑑》卷四三《朱桃椎》 益之靈泉分崃山，朱祭酒名桃椎，得道證果，不樂飛昇，混跡樵牧，往來城市山林間，以救世度人爲念，異事接乎耳目者，未易殫紀。一云得道於蜀中玉珍山，有養生銘、茅茨賦、水調歌、撼庭秋等作遺世，大較自述隱遁之樂與內丹訣云。《蜀檮杌》云：道士朱桃椎，一日謁王處回，於階前以劍撥土，取花子三粒種之，須臾成花三朵，謂處回曰：此仙人旌節花，公富貴之兆也。處回終歷蜀三鎮，以太子太傅致仕，果如其言。蜀人多敬事之，後有人令畫工許其姓者畫其像。許素不知桃椎爲何人，久之不能著筆。忽一日有一叟弊衣憔悴，引二童子至，曰：我即朱眞人也。於是解童子所負囊中出黃道服、鹿皮冠、白玉簪，頂冠易衣巍坐，以手摩面，則童顏矣。引其鬚，應手而黑，乃一美丈夫也，丰神飄逸，仙風俊邁。二童子一甚奇怪，一甚秀美，頃刻變相。畫者驚異，曰：不知神仙臨降。道人曰：君傳吾神置肆中，有求售者止取千錢。後有識者云：此唐神仙傳朱桃椎也。後求畫者輻湊，許增價至二千，乃夢道人曰：汝福有限，安得過取。乃掌其左頰，既寤，其頭遂偏。許復於所畫像前拜謝悔罪，不敢增價。後蜀中以許偏頭所畫朱眞人爲名畫，云眞人受封爲妙通感應眞人。

洪志

傳記

趙道一《歷世真仙體道通鑑》卷四四《洪志》 道士姓洪名志，不知何許人也。少博學通經，兼明星緯醫藥之書，能極其妙。然未知名，或勉之趨權門以假借者，答曰：良金美玉不知以賫賣之。竟不往。既而以身世夢幻，非堅牢物，乃出家爲道士，遂隱廬山。常乘青牛往來，人謂青牛道士。居山草衣木食，勤行苦志。久之忽遇異人與處，授以神方。自是能明六甲，役使鬼神，變化萬端，不可勝紀。一日遂及故里，手攜一小籃，人不知其有道也。或要之飲，盡罄盤飧，志遂於籃內取脯炙棗栗之物以供，坐人盡輒飽，取人皆厭餐，莫不驚而問之，志笑而不答。及宿旅舍，時天寒，人見其單服，又無他衾褥衣物之類，乃於戶密窺其所爲，見其於小籃內取枕褥覆臥，物物皆足，暨復攜而出。於是人知其有道矣，皆曰：洪郎非若我輩。皆尊異之。後丹成仙去，人名其處曰青牛谷，壇場猶存焉。

韓湘

傳記

趙道一《歷世真仙體道通鑑》卷四二《韓湘》 韓湘字清夫，韓文公愈之猶子也。落魄不羈，文公勉之學，湘曰：湘之所學，非公知之。公令作詩以觀其志，詩曰：青山雲水窟，此地是吾家。後夜流瓊液，淩晨咀絳霞。琴彈碧玉調，爐煉白朱砂。寶鼎存金虎，元田養白鴉。一瓢藏世界，三尺斬妖邪。解造逡巡酒，能開頃刻花。有人能學我，同共看仙葩。公覽而戲之曰：子能奪造化耶？湘曰：此甚易事。公爲開樽，湘聚土以盆覆之，良久花開，乃碧花二朵，似牡丹差大，顔色艷麗。於花間擁出金字一聯，云：雲横秦嶺家何在，雪擁藍關馬不前。公未曉其意，湘曰：事久可驗。遂告去。未幾公以佛骨事謫官潮州，一日途中遇雪，俄有一人冒雪而來，乃湘也。湘曰：憶花上之句乎，正今日事也。公詢其地，即藍關也。嗟嘆久之，曰：吾爲汝足此詩，詩曰：一封朝奏九重天，夕貶潮陽路八千。本爲聖明除弊事，豈將衰朽惜殘年。雲横秦嶺家何在，雪擁藍關馬不前。知汝遠來應有意，好收吾骨瘴江邊。遂與湘宿藍關傳舍，方信此道之不誣。及湘辭去，公留之不可，乃作別湘詩云：才爲世用古來多，如子雄文世孰過。好待功名成就日，却收身去卧煙蘿。湘別公詩云：舉世都爲名利醉，伊予獨向道中醒。他時定是飛昇去，衝破秋空一點青。湘謂公曰：公往瘴毒之鄉，難於保育。乃出藥一瓢，曰：服一粒可以禦瘴煙之毒。公謂湘曰：吾實慮不脱死魂遊海外，一思至此，不覺垂淚。吾不敢復希富貴，但得生入鬼門關足矣。湘曰：公非久即西，不惟全家無恙，公當復用於朝。公曰：此後復有相見之期乎？湘曰：前約未可知也。後皆如所説焉。

藍采和

傳記

趙道一《歷世真仙體道通鑑》卷三七《藍采和》　藍采和，不知何許人也。常衣破藍衫，六銙黑木，腰帶闊三寸餘，一腳著靴，一腳跣行。夏則衫内加絮，冬則卧於雪中，氣出如蒸。每行，歌於城市，乞索。持大拍板，長三尺餘。常醉踏歌，老少皆隨看之。機捷諧謔人門，應聲答之，笑皆絶倒。似狂非狂，行則振靴踏歌云：踏踏歌，藍采和，世界能幾何。紅顔一春樹，流光一擲梭。古人混混去不返，今人紛紛來更多。朝騎鸞鳳到碧落，暮見桑田生白波。長景明暉在空際，金銀宮闕高嵯峨。歌詞多率爾而作，皆神仙意，人莫之測。但以錢與之，繩穿拖行，或散失，亦不迴顧。或見貧人，即與之，或與酒家。周遊天下，人有爲兒童時見之者，及斑白見之，顔狀如故。後踏歌濠梁間，於酒樓上乘醉，有雲鶴笙簫聲，忽然輕舉，於雲中擲下靴衫腰帶拍板，冉冉而去。其靴衫等，旋亦失亡。

徐靈府

傳記

趙道一《歷世真仙體道通鑑》卷四〇《徐靈府》　道士徐靈府號默希子，錢塘天目山人。通儒學，無意於名利。居天台雲蓋峰虎頭岩石室中，凡十餘年。門人建草堂請居之，弗往。而後自廬於石層上，喬松脩竹，森然在目。有環池方百餘步，中多怪石，若島嶼，因名之曰方瀛。日以修煉自樂，於其間嘗爲詩曰：寂寂凝神太極初，無心應物自雲輿。性修自性非求得，欲識眞人秖是渠。又曰：學道全眞在此生，迷徒待死更求生。今生不了無生理，縱復生知何處生。唐會昌初，武宗詔浙東廉訪使以起之，辭不獲，出見廉使，獻言志詩曰：野性歌三樂，皇恩出九重。求傳紫宸命，免下白雲峰。多愧書傳鶴，深慚紙畫龍。將何佐明主，甘老在岩松。廉訪奏以衰槁，免命。由此絶粒，久之，凝寂而化，享年八十二。著玄鑑五篇，注通玄眞經十二篇，及撰天台山記、三洞要略。門人得其道惟左元澤。

劉元靖

傳記

趙道一《歷世真仙體道通鑑》卷四〇《劉元靖》　道士劉元靖者，武昌人。師王道宗，授正一籙。未幾，道宗將告寂，所有均遺諸門人，元靖惟收圖書。既葬於東山，晴夜有氣出墓中，高數丈。元靖異之，遂改葬。及發棺，但遺衣衾而已，始知其師得道。元靖感悟，泛洞庭，游武陵。復入南嶽，師田良逸。因登魏夫人仙壇，乃有卜居意。自壇尋峻峰而上六十五里《南嶽總眞集》云：十數里，見一石穴南向，因闢以爲居。引泉環流，伐木誅茅，前構小閣，棋局茶竈鑿石而成。史君韓曄遊此，命其閣曰會仙。常以百草芽爲蘖醞酒，雖絕粒煉氣，而一飲斗餘。唐敬宗寶曆初，詔入思政殿。問長生事，曰：無利無營，少私寡慾，修身世世之旨也。上不悅，而難作，放令歸山。明州刺史唐伸妻病，求符於元靖，元靖戒來使曰：此符當示史君，毋先於夫人。使還，伸已殂，夫人自愈。武宗會昌中，復召入禁中。上請授法籙，問三盟歃血事，對曰：世之所重者髮膚，天子之尊，止可飮丹以代之。齋戒，陞壇授籙，賜銀青光祿大夫、崇玄館大學士，號廣成先生。別築崇玄觀以居之。乞還山，詔許。宣宗大中五年冬十月，有雲鶴屢降，未幾去世。聞天樂浮空，及遷神日，惟杖屨在。弟子呂志眞得其道。兵部侍郎萬鄰文碑，吏部員外郎趙櫓爲傳，盧璠作石室銘，道士張堅白爲內傳。

麒麟客

傳記

李昉《太平廣記》卷五三《神仙五三·麒麟客》 麒麟客者，南陽張茂實客傭僕也，茂實家於華山下。唐大中初，偶遊洛中，假僕於南市，得一人焉。其名曰王夐，年可四十餘。傭作之直月五百，勤幹無私，出於深誠，苟有可爲，不待指使。茂實器之，易其名曰大曆，將倍其直，固辭。其家益憐之。居五年，計酬直盡，一旦辭茂實曰：夐本居山，家業不薄。適與厄會，須傭作以禳之，固非無資而賣力者。今厄盡矣，謂從此辭。茂實不測其言，不敢留，聽之去。日暮，入白茂實曰：感君恩宥，深欲奉報。夐家去此甚近，其中景趣，亦甚可觀，能相逐一遊乎。茂實喜曰：何幸。然不欲令家人知，潛一遊可乎。夐曰：甚易。於是截竹杖長數尺，其上書符。授茂實曰：君杖此入室，稱腹痛。左右人悉令取藥，去後，潛置竹於衾中，抽身出來可也。茂實從之，夐喜曰：君眞可遊吾居者也。相與南行一里餘，有黃頭執青麒麟一，赤文虎二，候於道左。茂實驚欲迴避，夐曰：無苦，但前行。既到前，夐乘麒麟，茂實與黃頭各乘一虎。茂實懼不敢近，曰：夐相隨，請不須畏。且此物人間之極俊者，但試乘之，遂憑而上，穩不可言。於是從之上仙掌峰，越壑淩山，舉意而過，殊不覺峻險。如到三更，計數百里矣。下一山，物衆鮮媚，松石可愛，樓臺宮觀，非世間所有。將及門，引者揖曰：阿郎何來。紫衣吏數百人，羅拜道側。既入，青衣數十人，容色皆殊，衣服鮮華，不可名狀，各執樂器引拜。遂於中堂宴食畢，且命茂實坐。夐入更衣，返坐，衣裳冠冕，儀貌堂堂然，實眞仙之風度也。其窗戶堦闥，屏幃茵褥之盛，固非人世所有。歌鸞舞鳳，及諸聲樂，皆所未聞，情意高逸，不復思人寰之事。歡極，主人曰：此乃仙居，非世人所到。以君宿緣，合一到此。故有逃厄之遇，仙俗路殊，塵靜難雜。君宜歸修其心，三五劫後，當復相見。夐比者塵緣將盡，上界有名，得遇太清眞人，召入小有洞中，示以九天之樂，復令下指生死海波。且曰：樂雖難求，苦亦易遣，如爲山者，掬土增高。不掬則止，穿則陷。夫昇高者，不上難而下易乎。自是修習，經六七劫，乃證此身。迴視委骸，積如山岳。四大海水，半是吾宿世父母妻子別泣之淚。然念念修之，倏已一世。形骸雖遠，此不忘修致。其功即亦非遠，亦時有心遠氣清。一言而悟者，勉之。遺金百鎰，爲營身之助。復乘麒麟，令黃頭執之。夐步送到家，家人方環泣。茂實投金於井中，夐抽去竹杖，令茂實潛臥衾中。夐曰：我當至蓬萊謁大仙伯。明旦蓮花峰上，有綵雲車去，我之乘也。遂揖而去。茂實忽呻吟，衆驚而問之。茂實紿之曰：初腹痛時，忽若有人見召，遂奄然耳。不知其多少時也。家人曰：取藥既迴，呼之不應，已七日矣。唯心頭尚暖，故未歛也。明日望之，蓮花峰上，果有彩雲，遂棄官遊名山。後歸，出井中金與眷屬。再出遊山，後不知所在也。

出《續玄怪錄》

侯道華

傳記

趙道一《歷世真仙體道通鑑》卷三六《侯道華》 侯道華自言峨嵋山來，泊於河中永樂縣道靜院，若風狂人，衆道士皆輕易之。又云陝州芮城人，詣中條山道靖觀，事周尊師名悟仙。居常如風狂人，凡觀舍有所損，自持斤補完之。登危立險，人所難及處，皆到。又爲事賤劣，有客來，不問道俗凡庶，悉爲擔水汲湯，濯足浣衣。又淘溷灌園，辛苦備歷，以資於衆。衆益賤之，驅叱甚於僕隸，而道華愈忻然。又常好子史，手不釋卷，一覽必誦之於口。衆或問之要此何爲，答曰：天上無愚懵仙人。衆咸笑之。經十餘年，殿梁上或有神光，人每見之。相傳云：唐開元中，有劉天師嘗煉丹成，試犬犬死，而人不敢服，藏之於殿梁。人皆謂妄言矣《混元實錄》云：按《宣室志》云：唐文宗時道士鄧太玄煉丹成，留一合藏於院內。因殿宇損壞，道華葺之，登梁陷中得小金合，有丹，遂吞之，擲下其合。吞丹訖，遽無變動。忽一日入市，醉歸。其觀素有松樹偃蓋，甚爲勝景。道華乃著木履上樹，悉斫去松枝。羣道士屢止之，不可。但斫曰：他日礙我上昇處。衆人以爲風狂，怒之且甚。適永樂縣令至，其吏人觀其斫松，深訝之。衆具白於官，官於是責辱之，道華亦忻然。後七日，道華晨起，沐浴妝飾，焚香曰：我當有仙使來相迎。但望空拜不已，衆猶未信。須臾，人言見觀前松上有雲鶴盤旋，簫笙響亮。道華忽飛在松頂坐，久之，衆甚驚忙，永樂縣官道俗，奔馳瞻禮。其責辱道華縣官扣磕流血，道華揮手以謝。道華云：我受玉皇詔，授仙臺郎，知上清宮善信院，今去矣。復留一詩云：帖裹大還丹，多年色不移。前宵謾喫却，今日碧空飛。慚愧深珍重，珍重鄧天師。昔年煉得藥，留著與內芝。吾師知此術，速鍊莫遲爲。三清相對侍，大羅的有期。俄頃，雲中音樂聲，幢旛隱隱，淩空而去。時唐宣宗大中五年也一云辭衆云：去年七月一日，蒙老君遣眞人韓衆降，賜姓李名內芝，配住上清善信院。乃脫履松下，上古松之表，脫衣挂松上而昇。鄭云叟題中條道靖觀詩云：松頂留衣上玉霄，永傳聖迹化中條。不知揖徧諸仙否，豈累如今隔兩宵。節度使鄭公光按視，以事聞奏，詔賜絹五百匹，幷賜御衣修飾殿廊，賜名昇仙院。

臣道一曰：侯道華勞謙養道，屈己事人。觀其躬持斧斤，完葺宇舍，至於汲湯灌園等事，若僕隸，以實於衆。倘其後來不獲飛昇，人肯以仙視之乎。蓋眞仙闡化，必有深旨。《道德經》曰：天長地久，天地所以能長且久者，以其不自生，故能長生。是以聖人後其身而身先，外其形而形存。非以其無私邪，故能成其私。侯道華以之。

楊雲外

傳記

趙道一《歷世真仙體道通鑑》卷四五《楊雲外》 楊雲外字慕仙，徐州人也。世官軍中，慕仙生而秀穎，獨不喜介胄事。年幾冠，即白其父母，丐爲道士。父母不能奪其志。時荒山有廢精廬舍，因往居之，俄有異人，指示一所，曰：下有瘞錢，爾乏食，可以取給。尋復以道授慕仙。於是神鑒頓超悟，能辟穀，馴擾虎狼。父母時念之，慕仙即還家，而人見慕仙固自處精廬也，皆大駭焉。居久之，去遊廬山，亦止羣虎中往來。游歷洞府甚多。唐宣宗大中末，始止硤抵萬州石城山。尤多虎，夙夕燕坐其間。山高無水，已而泉忽涌出。未幾，來雲安之雲昇宮。懿宗咸通中，語人曰：吾鄉有災。是歲十月，龐勛亂彭城。僖宗乾符後，黃巢興曹濮，浸淫徧天下。硤內險遠，民恃以無恐。慕仙醉卧市道上，悲吒曰：此地多殺，奈何？其後硤內兵起，慕仙所卧之地，適肆屠戮，血流赭土。光啓二年，慕仙過邑子袁生，告之曰：吾於白水王氏有宿負，未盡償行，當償之。二月王果作難，剽雲昇，慕仙觸強刃以死。袁生取瘞之，色如平常。

後有人見其往來於房陵，雲安監使李文表從子亦遇於成都。袁生發瘞視之，但存短褐而已。雲安雲昇宮有碑，杜光庭文存焉。

柳條青

傳記

趙道一《歷世真仙體道通鑑》卷四四《柳條青》 唐宣宗大中末，有異人號柳條青。一日暴卒，既葬，其冢上見有紫氣，發視之，棺中惟有一青杖耳。

呂志真

傳記

趙道一《歷世真仙體道通鑑》卷四〇《呂志真》 呂志眞者，不知何許人，廣成先生劉元靖之弟子也。內潔而外和，似不能言者。居石室中十餘年，其後每歲一至京師，遊瀟湘，訪諸門人之家。常荷二大瓢，藥物服飾、經籙道具皆貯之。喜以藥石救人，入林谷則有虎豹隨之。人問其道，則默然無所對。出商山道中，忽失色不前，人皆訝之。且者前有剽掠者來，果見兵刃。志眞謂賊曰：此行者皆吾弟子，毋得干之。其徒斂衽避路，不復敢前。又至一谷口，曰：此有害人之物同行。遂入林中，以繩縶二虎而出。由是知志眞深得廣成之道。嘗云：先初居石室時，所處甚隘。一夕致醮，忽山開數十步，其中平敞。復有黑豹，馴繞其側。

左元澤

傳記

趙道一《歷世真仙體道通鑑》卷四〇《左元澤》 道士左元澤，永嘉人也。賦性耿介，不俯仰於時。事方瀛徐靈府，因卜居香林峰石室中，去方瀛一里許。晨夕省奉，雖祁寒暑熱未始不至。靈府愍其勤恪，遂授以祕要。後陟玉霄峰，有人設黃籙齋，元澤列纂，以草屨登壇。或詰之，曰：三境尚擬去，此何土堆也。後歸松房，絕粒不語。忽攜一布囊，貯木屬古鑑入山，莫知其所止。或一月兩月即出訪其友應夷節，談論清虛外，嘗言所居有一岩室，左右有大竹數十根，前有池，於曲渚中有碧芙蓉數十朵，又有文禽數十隻，類鸂鶒，游泳其間。嘉其趣，因宿室中，至夜有物環其身。既覺，惟瞑目坐忘，達旦方解去。視其布褐，惟聞涎腥。是夕復坐室中，布網步以伺之。果一物自池中出，長數丈，兩目光射人，若蛟螭之狀。俯岩呵喻，徐而蹙縮入池，因戒曰：後學輩無術，謹勿棲岩穴也。溫州青障觀有土地，里人常以血食祀之，苟祀不至，則爲祟。元澤以杖笞神背三下，翌日有大狸死于庭，背有杖痕者三。里人復夢神告曰：託附吾者爲仙官笞死，謹勿血食祀我也。元澤一日忽謂主觀者曰：某將他適，請置湯沐。復祝之：掩蓋日但請隨香氣而去，盡處即止。是夕有風雨雷電交作，光中有兵衛，皆介甲。將曉，聞唱珍重聲。往視之。已化矣。遂襲香氣盡處，如其言瘞之，果得一自然石壙，不知其甲子。嘗製眞一頌，題於方瀛石壁，曰：大道杳冥，不可致詰。含太虛爲廣舍，總萬宇于眞一。以道守眞，眞亦非一。言之以自然，任之以萬物。胎根既斷，三界迴出，九祖得度，三官息筆。實賴無功之功，其功妙而難匹。

施肩吾

傳記

趙道一《歷世真仙體道通鑑》卷四五《施肩吾》　施君名肩吾，字希聖，號華陽。睦之分水人。世家嚴陵七里瀨。少舉進士，習禮記，有能詩聲。趣尚煙霞，慕神仙輕舉之學。唐憲宗元和十五年，登進士第。主文太常卿李建，賦大羹，不和。詩早春殘雪一榜，如姚康、元晦，後皆頗以詩文顯，君獨不仕，張司業籍贈之詩云：雖得空名不著身。又送東歸詩，有折得高名到處閑之句。故希聖詩自謂元和進士，長慶隱淪者，蓋登科之明年，改元長慶。希聖遂遠引，不復來。文宗太和中，乃自嚴陵入西山，訪道棲靜眞矣。初，希聖遇旌陽，授以五種內丹訣及外丹神方，後再遇呂洞賓，傳授內煉金液還丹大道。於是終隱西山。今觀西一里許爲芭蕉源，沿山梯級而上，有書堂舊址，石室故在。希聖手植老柏，尚有一二存者。其所爲詩文甚多，山中所傳，未十之四。有得其告勑於嚴陵，云：觀已刻之石。瓊山白玉蟾跋《施華陽文集》云：李眞多以太乙刀圭火符之訣，傳之鍾離權，鍾離權傳之呂洞賓。呂即施之師也。施有上足李文英。昔施君授李一十六字，世罕知者。一靈妙有，法界圓通，離種種邊，允執厥中。予偶得之，故併以告胡棲眞，使補其遺云。楊無爲題石室詩云：玉京高謝黃金榜，石室歸來白鹿車。山後暗通天寶洞，眼前便是地仙家。時聞清夜雪中犬，迴視紅塵井裏蛙。五百年前人未到，芭蕉源上鎖煙霞。

田虛應

傳記

原題劉處静撰《洞玄靈寶三師記》　經師，南嶽上清大洞田君，諱虛應，字良逸，齊國人也。隋開皇中侍親，而居攸縣之西。數里以爲地，接人煙，非棲息進道之所，雖林麓清幽，亦捨之而去，遷于嶽中。君稟靈純粹，夙蘊天和。紹嬀水之靈源，纂重華之孝德。其後擁耒於紫蓋峰之東南層巖之下，躬耕稼穡，致養於親五十餘年，晨夕無怠。雖欲披榛訪道，匿景尋眞，而肅恭溫清，罔敢自適泊聖。善委蛻，乃周遊五峰，放志長往。唐龍朔年中，與隱仙何君相遇，默傳其道，自此煙蘿、泉石所止忌歸，由是山門居無定所。州牧田侯遐迎道德，於嶽觀殿東構降眞堂，田千乘諸葛黃述讚于壁，以旌玄德。先生時憩於茲，弘道傳法。所授上清大洞，自貞一先生傳天師薛君，薛君以傳先生。先生纘承玄要，深臻道域。涉歷雲水二百餘年。雖寒暑遷貿，而壽紀莫窮，至今諸夆遊人，往往有見之者。斯則瑤宮、閬洞必有所宴居，仙秩、眞階必有所揚歷。但塵凡敻隔，不可得而詳焉。先生門弟子達者四人，棲瑤馮君惟良，香林陳君寡言，方瀛徐君靈府，元和中，東入天台山，隨方宣教，憲宗皇帝詔徵不起。廣成先生劉君，猶居嶽下，武宗皇帝徵爲天師，入國傳道。今江浙三洞之法，以先生田君爲祖師焉。讚曰：

皇皇至道，無名之朴。惟希惟微，匪清匪濁。昭昭吾祖，超然先覺。默而得之，學無所學。嬀川啓祚，齊國承華。樂道簞食，橫經絳紗。粃糠簪紱，賓友煙霞。躬耕致養，盡孝于家。深隱巖扃，追眞林嶺。佺羨爲侶，松喬共永。世碁徒遷，我身彌靜。欻駕飆車，飛翔八景。

趙道一《歷世真仙體道通鑑》卷四〇《田虛應》　道士田虛應者，字良逸，齊國人。爲性樸拙，吐露無忌諱。隋文帝開皇中，侍親於攸縣，以喧究遷南嶽，躬耕於紫蓋峰，以盡子職，凡五十餘年。母既去世，乃遊五峰，放志自適。唐高宗龍朔中，州牧田侯於嶽觀構降眞堂以居之，田千乘贊以粉壁。所授上清大洞祕法，自正一先生傳薛季昌，季昌傳盧應。既承道要，涉歷雲水，爲友善者惟蔣含洪而已。時呂渭、楊馮皆使湖南，嘗就訪高論。潭州旱，祈之久不獲，召盧應。盧應鬔髮弊衣至郡，無言而雨自降。又嘗久雨不止，郡守建壇于嶽觀，亦默然岸幘而坐，洎升壇，即霽。憲宗元和中，東入天台不復出。憲宗詔，不起。有歐陽平者，道學亦高，嘗兄事之。一夕夢三神人各持金爐自天而降，若有所召，密謂人曰：二先生不久去矣，我必繼之。未幾盧應果羽化，蔣亦繼往。門弟子達者三人，栖瑤馮惟良、香林陳寡言、方瀛徐靈府。

馮惟良

傳記

原題劉處静撰《洞玄靈寶三師記》 籍師，天台山桐栢觀上清大洞三徵君馮君，諱惟良，長樂人也。修道於衡嶽中宮，與方瀛徐君、香林陳君爲煙蘿之友，各葺靜室於中宮之側，相去二三里焉。其後於降眞堂詣先生田君，師稟眞訣，三洞幽奥，咸得參授。元和中，東入天台山，弘宣大教。會稽廉察、河南元稹，聞其風而悦之，叙悃緘詞，望雲致敬，執弟子之禮。時桐栢觀自貞一先生繕修之後，綿歷歲年，華殿、層樓榛蕪翳薈。三君記元戎之力，再加興構，作上清閣、降眞堂、白雲亭、翛閑院，以復貞一先生之跡，以貞一田君舊傳三洞之道，行于江南，憲宗、敬宗疊降徵詔，蒲輪鶴書，竟不能屈，即於華林谷創栖瑤，隱居以止焉。於是履策尋幽，遍討奇趣，靈墟華頂，瓊室石橋，天姥桃花之源，金庭黄雲之野，翛然獨往，累月一歸。自此深隱，莫知其所。門人三洞應君夷節，玉霄葉君藏質，字含象，仙都劉君處靜，金庭沈君觀無，皆法葉仙枝輝映，相繼盛於海内焉。讚曰：

厥初太極，是生兩儀。混沌既鑿，浮競交馳。泝源歸朴，以道爲基。天童寶籙，授受于師。液玉膏金，胎元鍊魄。登壇告帝，投披玄賾。紫蓋云邁，金庭是宅。剪薙榛蕪，中興桐栢。萬壑岑寂，三人得朋。浙河之左，吾道斯弘。聖主翹德，元戎服膺。雲心無著，鶴詔難徵。星步風馭，颯然上騰。

趙道一《歷世真仙體道通鑑》卷四〇《馮惟良》 道士馮惟良字雲翼，相人也。修道於衡嶽中宮，與徐靈府、陳寡言爲煙蘿友。香火之外，瑟酒自娱。久之，就降眞堂，師田虚應，授三洞祕訣。唐憲宗元和中，東入天台、會稽，廉訪使元稹聞其風而悦之，常造請方外事。桐栢觀自正一先生完葺以來，湮廢之久，惟良乃再締構，作上清閣、降眞堂、白雲亭、翛閑院，復正一先生之迹，以三洞之道行于江表。憲宗詔，不赴，即華林谷創栖瑤隱居以止。桃源金陵，常翛然獨往，累月一歸。忽一日命湯沐浴，冠簡降庭，若有所對召。須臾陞階，遂化，年九十。傳授弟子僅百數，唯應夷節、葉藏質、沈觀外，他無得其要。

應夷節

傳記

原題劉處静撰《洞玄靈寶三師記》 度師，天台山道元院上清大洞道元先生，賜紫應君，諱夷節，字適中，祖汝南人，東晉居婺女金華山，今爲東陽郡人也。開元朝高士徵君庶凝之玄孫。仍世經明，行修仕，不求達。先生道煥太和，氣藴沖邈。孕素靈之質，竦紫庭之才。體至精而不緇，契谷神而無玷。母何氏夫人，夢流星入牖，驚寤而神光在焉，因覺懷妊。元和五年庚寅歲誕，而居然異俗，亂哺之中，不喜葷雜。年七歲，辭親慕道，就本郡蘭溪縣靈瑞觀吳尊師玄素，受《南華沖虚通靈眞經》及《周易》、《孝經》、《論語》，諷讀專勤，五行俱下。十三歲，備冠褐、三衣、五戒，祇稟恭修。師友仰之肅如也。年十五，入天台，參正一，十七佩高玄紫虚，十八詣龍虎山，係天師十八代孫少任，受三品大都功，二十四參靈寶眞文、洞神、洞玄之法，二十九進昇玄，三十有二受上清大洞、迴車畢道、紫文素帶、藉地騰天之符，旁探子史，内約玄詮，晦迹韜光，勤修妙賾。以上清大法，自句曲陶眞人傳昇玄王眞人，王傳體玄潘眞人，潘傳貞一司馬眞人，司馬傳南嶽薛天師季昌，薛傳衡山田先生良逸，田傳天台棲瑤馮徵君惟良，馮傳先生。奕葉降靈，蟬聯至德，青林委粹，繼躡仙階。玉霄葉君含象、仙都劉君處靜，皆同學也。會昌三年，棲桐栢觀西南翠屏巖，別建淨壇，冥心祕旨。剪茅度水，冀厥攸居，越州觀察使李公褒遠慕貞規，順風翹請，奏置院額，勑旨以道元爲名。既而息影林端五十餘載，秉持大敎，日無曠時。至吳越之人，瞻香稽首，願執巾几者，或脫履人寰，或揚名邦國，不可具載懿哉。先生自幼及長，風塵靡雜。擺落陰滓，峭隔常偷。溫潤沖襟，眞氣不散。德宇嚴邃，詞華朗清。每入靜行齋，登壇閱籙，爲時致福，濟物度人。肹蠁通靈，鬱有嘉瑞。誦黃庭隱訣，吟大洞瓊章。八道望雲，三元受事，徊風隱地，攀手藏天。勤而鍊之，昏旦相續。固亦降靈垂貺，玄授眞傳。虛室而欻駕潛臻，盻仰而飆車密稅，先生得之矣。聞者公侯，傾矚藩屏，欽迎飛章。上聞允崇懿號，薦奉芝詔，寵錫紫衣。雖叶世譽，初心匪愜。先生深意，嘗謂門弟子曰：吾以弘護本敎，不得遁世銷聲，道不違人，勤求可至。玉京、金闕，泉曲、酆都，相去幾何，惟心所兆。後學之者，勉弘之焉。以乾寧甲寅七月中會日，朝謁訖，澡沐入靜，凝神如有所待。八日丑時，恬然解化，春秋八十有五。肢體柔和，顏狀無改，《眞經》所謂：上解者也。是夕，淸香滿院，紫氣浮空，禽鳥哀鳴，山川失色。後七日，遷神于院東北隅石室，爲鍊蛻之所，遵科範也。是月四日，有神二人，羽服執簡，自外而入，儀質非凡。院中門人繼往參訊，但聞吟讚之聲，已失所在。此乃靈官之所玄告也。又五年前孟冬月，山中道士章敬玄於天台觀偶瞻巖峰之上，見雲物紅紫，紛然有異，中有綵舟三艘，其一玉霄葉君乘之，一則方瀛劉君倏然乘之，一則先生居其中，二舟飄然飛去，先生之舟在二舟之後。果劉、葉已先昇化，先生後方登遐。益明得道之徵，寔表修行之應矣。拾遺張穎述院記，衡陽羅隱撰眞讚，鴻筆鑠石麗藻淸詞，皆當朝偉才，垂之不朽。然而化仙之迹，昭昭然未在。賢儒之筆，顧惟孱眇，輒紀大猷。顒佇英才，別加潤色。後學弟子吳郡陸甚夷，稽首煙霞，直書其事，門人廣成先生製。讚曰：

道祕重玄，跡分三洞。玉字金訣，玄虬紫鳳。三景斯寶，東華所諷。理燭昏衢，以醒大夢。惟師懿德，擺落氛囂。啇頌傲漢，穎曲亂堯。八道淸鍊，三元默朝，修之造極，功欲乘飆。丹霍洞臺，赤城仙宇。闡法傳敎，靈規妙矩。

趙道一《歷世真仙體道通鑑》卷四〇《應夷節》 應夷節字適中，汝南人也。唐明皇開元中高士應凝之曾孫。累世不仕，窮道養性。母何氏夢流星入牖，驚覺，室有光，因而孕焉。既生，不喜茹葷。年七歲，而性敏慧，詣蘭谿靈瑞觀吳尊師，受老莊文列及周易。十三歲與道士籍，持十戒，而勤梵誦。師友見之，肅如也。久之，遊天台、龍虎山，受正一紫虛都功等籙，而後復受昇玄上清迴車畢道，及紫文素帶藉地騰天符。且上清大法自陶隱居傳王遠知，王傳潘先生，潘傳司馬練師，司馬傳薛季昌，薛傳田良逸，田傳馮惟良，馮傳夷節也。師行之精謹，故動有神靈之默助。與葉藏質、劉處靜爲林泉友。唐武宗會昌中，就天台桐栢觀之西南別建淨壇以居，觀察使李褒間來問道，因奏請院額，因詔以道元爲名。拾遺張穎撰記。而栖眞此地五十餘年，吳越之人瞻風稽首，願侍巾几者莫知其數。每入靜行道，登壇閱籙，或爲人致福，數有感應。居常誦黃庭、大洞二經，至於八道望雲，三元受事，迴風隱地，攀斗藏天之術，尤勤行之。時公卿以師名聞奏，詔賜服號，固辭。嘗謂門弟子曰：吾以維持敎法，不能滅迹匿端。雖道不違人，而勤行方至。然玉京金闕，泉曲酆都，相去幾何，唯心所召，爾等勉之。昭宗乾寧中，忽一日沐浴入靜，凝神如有所待。至翌日，昧爽解化，春秋八十有五。是夕淸香馥郁，猿鳥悲鳴。及遷神就窆，但空棺而已。東陽羅隱爲贊。

陳寡言

傳記

趙道一《歷世真仙體道通鑑》卷四〇《陳寡言》 道士陳寡言字大

初，越州暨陽人。隱居於玉霄峰，號曰華林。天台科法，有闕遺者，拾而補之。居常以琴酒爲娛，每吟詠，放情自任，未嘗加飾。其山居詩曰：醉卧茅堂不閉關，覺來開眼見青山。松花落處宿猿在，麋鹿羣羣林際還。又曰：照水冰如鑑，掃雪玉爲塵。何須問今古，便是上皇人。寡言雖補闕科教，而不躬行。惟傳度弟子有劉介者，字處靜，捨明經業，即婺州蘭谿，事靈瑞觀主吳守素爲道士，聞寡言之名，遂就華林請教，奉几杖香火凡二十年，盡寡言之道。寡言將尸解，謂處靜曰：當盛我以布囊，置石室中，慎勿以木爲也。享年六十四。處靜與葉藏質、應夷節爲方外友，久之將坐化，以詩示其徒，乃返眞。其辭曰：我本無形暫有形，偶來人世逐營營。輪迴債負今還了，搔首索然歸上淸。別有詩十篇，今在天台道元院。

葉藏質

傳記

趙道一《歷世真仙體道通鑑》卷四〇《葉藏質》 道士葉藏質字含象，處州松陽人，法善之裔也。初隸安和觀爲道士，詣天台馮惟良授三洞經籙。於玉霄峰選勝創道齋，號石門山居。其前有二峰，聳峭對峙，故曰石門。日誦道德、度人二經。晚年尤精符術，請之者如織。婺州牧爲邪物所撓，詣請符。至中路，犯以穢忌，失之。牧親造，見案上有筒，封檢甚固，乃前之符也。因焚香，置匣捧歸，祟物遂絕。由是獲驗之家有所施，不是已則少留之，悉爲葺壇宇功德之費。牧乃表其賢，唐懿宗優詔石門山居爲玉霄觀。忽命酒，召其友應夷節同飲，語及生平事，然後告以行日。及期，題於門曰：鷄鳴時去。門人遂聞珠珮雜鼓樂聲于空中，須臾鷄唱，視之，已化矣。年七十四。

軒轅集

傳記

趙道一《歷世真仙體道通鑑》卷四二《軒轅集》 羅浮山先生軒轅集者，不知何許人。居羅浮山，人傳數百歲，顏色不老，髮長垂地，坐暗室則目有光長數丈。每採藥於岩谷，則毒龍猛獸隨之，若有所衛護。居常民家請齋者雖百餘處，無不分身而至。與人飲酒，則神出一壺才容一二升，賓客滿座，傾之彌日不竭。人命飲，百升不醉。夜則垂髮於盆中，其酒瀝瀝而出，麴蘖之香，略無減耗。或飛朱篆則可致千里，遇病者以布巾拂之，即應手而愈。唐宣宗召入，問：長生可致乎？答曰：絕聲色，薄滋味，哀樂一致，德施無偏，自然與天地合德，日月齊明，雖堯舜禹湯之道可致，況長生久視乎。又問：先生與張果孰愈？曰：臣不知他，但年少於果耳。及退，又以金盆覆白鵲試之。時集方休于外，謂中人曰：皇帝安能更令老夫射覆乎。中人不諭其意，上復召令速至，集纔及玉陛，謂上曰：盆下白鵲宜放之。上笑曰：先生早知矣。命坐御榻前，令宮人侍茶湯。集貌古而布素，有笑之者，則鬒髮朱唇，年方二八，須臾變爲老嫗，鷄皮鮐背，鬢髮皤然，皆泣涕不已，上令謝之，却復故。京師素無豆蔻荔枝花，上因語及，俄頃二花皆至，各數百朵，枝葉方茂，如新剪者。又嘗相子，集曰：臣山下有者，味踰於此。上曰：朕無緣得矣。集遂取御座前碧玉甌，以寶盤覆之，俄頃徹盤，相子在其下。上食之，歎其甘美無比。又問曰：朕得幾年天子？即取筆書四十字。但十字一起，上笑曰：朕安敢望四十年乎？及晏駕，乃十四年也。久之，辭還山，命中使送之，每見其於一布囊探錢以施貧者，比至江陵，數十萬取益不竭。未及山，忽亡其所在。中使惶恐，不日南海奏先生已歸羅浮山矣。

譚峭岩

傳記

趙道一《歷世真仙體道通鑑》卷三八《譚峭岩》 譚峭岩，茅山道士。唐敬宗寶曆中，遊天台江浙間，年貌如二十許人。人亦不知其有道，務以陰功救物，常遺金于途，以拯貧乏。或報，殊不認。問其故，則曰：陰眞君化土爲金以賑不足，吾恨未能。且無用之物以邀人，亦何怪。久而知其有術，神丹以化瓦礫，符篆以制鬼神。或者話隋煬帝東巡事，峭岩忽失言曰：大業年中開丹陽河，斷三岡脈，其下血流，吾嘗往觀之。由此知峭岩之壽，蓋數百年矣。弟子鄧甲久事之，授以丹訣符術，則不能盡其妙，但陸擒兕虎，水縛蛟螭而已。峭岩謂曰：人賦分有定，水石能致其熱，火不能致其寒，雖盡吾之道，而汝則止是矣。文宗開成中，輕舉於南嶽矣。

王瓅

傳記

趙道一《歷世真仙體道通鑑》卷三五《王瓅》 王瓅一本作琭，唐懿宗咸通十三年壬辰歲爲王屋令。嘗念黃庭經六千遍，欲自註解而未了深義。罷官居山之下，絕穀咽氣，乃入洞中。行三二十里，忽然平闊，壁立萬仞下，嵌室石牀案几儼然，若有人居。案上古經一軸，不敢輒取，再拜言曰：臣慕長生，竊入洞天，是萬劫良會。今睹玉案玄經，願眞仙許塵目一披。良久，忽有一人坐於案側曰：子勤至也。吾東極眞人王太虛，與子同姓。黃庭經吾了所註，便授於子。復以桃核一片予之，大如數斗器。此桃出融皇澤中，食之者白日飛行。此核磨而服之，不惟愈疾，可以延年。子未可居此，更二十年期。言訖不見。瓅乃攜核與經而歸，服核誦經，狀貌益少。東極眞人註黃庭經，世或有之。

葉千韶

傳記

趙道一《歷世真仙體道通鑑》卷三五《葉千韶》 字魯聰，洪州建昌人。少師事西山道士，學十二眞君道術，辟穀服氣。嘗獨居，忽大風雨雷電，有一白衣人拜千韶言：君道德臻備，仙籍褒陞，當在人間役使鬼神更顯功績。今神人將降君，可以見之，無所畏也。於是千韶焚香拱默以坐，俄頃雲中有遠遊朱衣眞官一人降，又神將十餘人，皆帶劍佩龍虎符，部從鬼神甚衆，有黃衣綠衣吏各執簿一卷，神將皆列拜千韶。眞官謂千韶曰：天命授君此簿神將吏兵，幸備役使，以救世人。千韶拜授天書，捧其簿閱之，若人間兵籍也。吏掌其簿書，請召則應命。後自長嘯，則風生林壑，噀水則雨流原野，足擦地則雷鳴轆轆，手畫空則電光爍爍。乃遊行天下，每佯狂，醉傲於城市間。忽驅叱以振威，人問之，則曰：我見某處火災，某處亢旱，使雨以救之耳。人驗之，果然。常經過州縣，適逢亢旱。人請千韶祈雨，即備香案啓祝，須臾雨降。有請致雷者，腳擦地便鳴從地底發轆轆聲。或苦雨，祈請不應，千韶立爲止雨。冬中或旱，祈雪，千韶乃單衣跣足，立於日中嘯詠。俄頃風雲會合，降雪連宵。又以符救人疾苦，不俟人之求請，見疾者無不憫而救之。有邪病者，聞千韶之名自愈，得符者終身病不再發。唐懿宗咸通十一年，千韶遊及濠州，聞刺史劉昉忽中風垂命，名醫莫療。千韶策杖入州，曰：感我此來，使君再生矣。於是書符三道，貼於肩、脇、腿。曰：驅風從腳出，三日當愈。於是風颼颼從腳心出，三日平復如故。昉博通文學，素好道術。歷官得郡，善政及人。

乃謂賓吏曰：昉平生師道，忽中暴風，遽感異人以相救度。董奉還杜燮之魂，今可倖矣，實道力之所報也。郡人皆神於千韶，昉乃迎之於郡，齋以師事之，厚以金帛謝之。千韶遽捨昉而去，尋之，無蹤矣。後有人於荆湘間見千韶，話濠州事而笑。十餘年後，隱於西山，時有人見之者。

祖舒

傳記

趙道一《歷世真仙體道通鑑續編》卷五《祖舒》 又名遂道，字昉仲。唐廣西零陵永州祈陽縣人，月孛化身，九月九日生。面黎黑色，大圓眼，露齒，頭髮鬔鬆，插竹節釵。手足黑而有毫，身長七尺，壽一百三十二歲。幼存節操，生而神靈。厲志修眞，父母莫能禁之，遂徧遊名山，師事許眞君、鄭眞人、靈光聖母。一日於西京清虛洞神化溪遇太玄夫人降于溪濱，又從而師之。蒙與俱至洞中凡數日，變現男女，歷試諸難，終無怠志，乃授以元始大道。俾乘枯木，順流隨止。少焉，木至故處，失夫人所在矣。由是會四派而一之，職位清微元上侍宸。復化身爲清微察令昭化元君，又號通化一輝元君，統轄雷霆。變相不一，或紅巾搭膊，跣足露腿，威勢可畏。或按劍坐石，嘯命風霆。或乘龍仗劍，策役萬靈。或金冠素服，尊臨洞府。性烈令嚴，雖雷神亦加嚴勵。功成沖舉，居金闕昭凝宮，主清微洞照府。又曰金闕中靈凝照府，主持教法，惠濟生靈。

黄舜申傳、陳采編《清微仙譜·會道》 清微侍元上宸玄都總眞九炁元靈夫人太皇景明洞陽金闕昭凝妙道保仙元君祖舒，一名遂道，字昉仲。月孛化身，降唐昭宗時，廣西零陵郡人。面棗黑色，大目，身長七尺。幼存節操，生而神靈，父母莫能禁，遂入道。遍歷名山，至桂陽軍江渚石上，遇護明元妃，化身靈光，聖母授以清微自然先天之奧。或竹釵袒臂，仗劍坐石，嘯命風霆，飛行人世。繼至西京近地，山中清虛，洞神化溪。感太清泰玄文元君，化形美女，濯于溪濱，師執巾侍之，奉迎至岸。凡數夕，變現男女猛獸異相，歷試諸難，殊無怠意，知其誠確，乃召使乘木筏泝流，次復故所，悉以上清靈寶道德正一之旨付之，隱而不見，師總五派之奧，統轄雷霆，變相不一。或乘龍仗劍，策役萬靈。或金冠素服，尊居洞府，性烈令肅，雖雷神亦加嚴勵。今治清微洞照府，主持教法，嗣教之士，宜竭忠誠。稍或有違，嗔責立至。又號通化一煇元君。

張辭

傳記

李昉《太平廣記》卷七五《道術五·張辭》 咸通初，有進士張辭，下第後，多遊淮海間，頗有道術。常養氣絕粒，好酒耽棊，鄙人以爐火藥術爲事。一旦覩之，乃大哂，命筆題其壁云：爭那金烏何，頭上飛不住。紅爐漫燒藥，玉顏安可駐。今年花發枝，明年葉落樹。不如且飲酒，朝暮復朝暮。人咸異之。性不喜裝飾，多歷旗亭，好酒故也。或人召飲，若合意，則索紙剪蛺蝶二三十枚，以氣吹之，成列而飛。如此累刻，以指收之，俄皆在手。見者求之，即以他事爲阻。嘗遊監城，多爲酒困。非類輩欲乘其酒而試之，相競較力。邑令偶見，繫之。既醒，乃課述德陳情詩二律以獻令，令乃立釋之。所記一篇云：門風常有蕙蘭馨，鼎族家傳霸國名。容貌靜懸秋月彩，文章高振海濤聲。訟堂無事調琴軫，郡閤何妨醉玉觥。今日東漸橋下水，一條從此鎮常清。自後邑宰多張之才，次求其道。日夕延接，欲傳其術。張以明府勳貴家流，年少而宰劇邑，多聲色狗馬之求，未暇志味玄奧。因贈詩以開其意云：何用梯媒向外求，長生只合內中修。莫言大道人難得，自是行心不到頭。他日將欲離去，乃書琴堂而別。後人多云江南上昇。初去日，乘酒醉，因求片楮，剪二鶴於廳前，以水噀之，俄而翔翥。乃曰：汝可先去，吾即後來。時邑令亦醉，不暇拘留，張遂得去。其所題云：張辭張辭自不會，天下經書在腹內。身即騰騰處世間，心即逍遙出天外。至今爲江淮好事者所說。出《桂苑叢談》。

王元芝

傳記

趙道一《歷世真仙體道通鑑》卷三二《王元芝》　王元芝，鍾陵人也。十數歲時，夜出門見一道士，與語，因隨之在江中水底月光中行。不見有泥沙，水隨步自開。路傍見一物如龍，又若蛇，形長十丈許，有五色光。問道士，答曰：此水母也，見者長生。明日方還，自是好遊山間。多飲酒，亦無服餌。每言洪崖西山蕭史壇，匡廬玉笥麻姑諸仙洞，無不徧歷。其間嘗於江右識仙人曹德休。德休，西晉太史官，後梁尚書郎。即得不死之道，泛舟西江，與元芝往來。元芝嘗爲縣吏，被繫獄中。德休知之，來其家，令取水少許，禁呪之，令人餉元芝。元芝飲訖，械繫已脱。遂歸，同德休而去。來往九江、金陵、江都，四十餘年方歸，年益少。先是，鍾陵多山魈，元芝欲到，山魈避之，謂人曰：王處士來。人有於道衢見兵士旗幟千人，至其前，乃元芝行也。或逆風掛帆，或泛水安坐。唐懿宗咸通末，元芝遊玉笥山。雲水道士皮元休，舊與之友善，忽於郁木坑見元芝與道者數輩遊覽，因問所適。答曰：是蕭子雲、吳世雲、梅福、大脩諸仙約我，將登玉梁山，候蓬萊范仙伯爾。言已不見，即雲霧溟濛，風振林谷。元休悵仰而歸。一本芝作之字，未知孰是。

爾朱洞

傳記

趙道一《歷世真仙體道通鑑》卷四五《爾朱洞》　爾朱洞字通微，不知何許人也。少遇異人，授還元抱一之道，煉大丹不死之方，因自號歸元子。唐懿宗朝，至蓬州。州有大小蓬山，世傳周穆王時，有人於此刻木爲羊，跨而仙去。通微曰：是與海上三山名同，又有跨羊仙迹，吾期成道於兹乎。乃援修蔓，躡絶壁，得石室，喜甚。曰：足辦吾事矣。久之，復捨去，賣藥於蜀漢之間。其行飄然，如乘太虛。時時啗豬血灌腸，飲酒哦詩，人莫之測。所舍逆旅，主人每夕怪其室中腷腷有聲，間窺之，則其身自榻而昇，觸棟而止。後伺其醉，以粉涂其腹，黎明視其棟，著其上皓然。或者於枯骸中得物如雀卵，持以問通微。通微曰：殆服神丹而不能修煉，故純陰剝消，無陽與俱，獨就丹田成此爾。女子吞之，當生異兒。果有呑卵者，生兒，神光爍日，異香滿室。唐昭宗大順中，王建圍成都，通微亦在焉，館通微者，憂懣曰：建約城陷日，夷戮無噍類，奈何？通微曰：勿憂也。施席籠，攝建及其三軍入其中，有如聚蟻。建與軍皆見神人乘黑雲，叱其軍曰：敢有一毫傷吾民，若等禍且及。建等怖伏曰：不敢。建入成都，果束兵。市不改肆，民既全濟矣。通微則又往客果州，嘗大醉天封精舍，嘔丹於其井中，曰：後當爲良藥。至今炎夏病瘠者飲之，必差。果州朱鳳山，州之南爾，朱仙及李淳風養煉之地。通微一日謂所善郡人張洪之曰：吾久不朝元，今欲往謝氏仙山趨宸極。時冬夜晴澈，漏方中，大雪暴集。洪之念通微凍踣，漏甫盡，即出求之。見其衣單衣，卧道上，舉碧玉簡示洪之曰：吾朝元，誤墜此溪上，盤石有聲，爾視之，石必斷矣。視之，信然。鄰有斃於酒者，通微以藥灌之，即蹶然起。言已入陰府，主者令亟還，曰：眞人有命，延壽一紀。洪之因是大駭，請授以道。通微曰：爾股上天魚，首倒無益也。更一生，乃可爾。洪之股有痣，若魚形，首素上向，至是果倒矣。通微鬻丹陽一粒，需錢十二萬。太守召鬻之，曰：太守金多，非一百二十萬錢不可售。太守怒，以爲惑衆。納之竹奩，沈於江。至涪陵上流，有二人乘舟而漁。舉網，怪其重，出之，乃通微，貌如常。漁者曰：必異人也，入定乎？叩銅缶寤之，少焉，通微開目視二漁者，曰：子等何人，此去銅梁幾何，有三都乎？曰：我白石二江人，漁水上。此去銅梁四百里，自是而東即酆都縣平都山仙都觀也。通微曰：吾師謂吾遇三都，白石浮水乃仙去，殆此。即先是，通微至江濱，多投白石，待其浮，人不解也。通微既登岸，從容語二漁者曰：子類有道者，有所傳乎？二漁曰：我昔從海山仙人得三一之旨，煉陽銷陰，亦有年矣。通微於是索酒，與劇飲，取丹分餌之。至荔枝園下，旌節自天降，導三人昇雲而去。涪州松屏出石山間，爾朱先生種松於此。映山之石，皆有松文，采者祈禱，得佳天然成文。其後通微再見於世，有成都胡二郎仙井，道士遇焉。

孫智清

傳記

劉大彬《茅山志》卷一一《上清品》 十六代宗師：明玄先生，姓孫諱智清，不知何許人。在襁褓時，畏聞腥羶。及解事，唯進以酒，辭家入山，師洞眞先生。大和六年，爲山門威儀。七年，奏請重禁採捕四時、祭祀咸絕牲牢，奉勑書立石。紫陽觀李衛公尊師之，嘗有詩贈。武宗會昌元年，召修生神齋，勑建九層寶壇行道，因賜號焉。解化時，衆見風雨中有大魚金鱗玉鬣，師乘之，淩大峰而上，未詳歲月。贊曰：

食味養形，食氣養神。鼎俎傷生，忍而害仁。我貴食母，無假于外。瞻儀有感，豈識其會？

馬湘

傳記

張君房《雲笈七籤》卷一一三下《紀傳部一五傳一二·續仙傳·馬自然》 馬湘字自然，杭州鹽官人也。世爲縣之小吏，而湘獨好經史，攻文學。乃隨道士，天下遍遊。後歸江南，而常醉於湖州，墮霅溪，經日而出，衣不濕，坐於水上而來，言適爲項王相召，飲酒欲醉，方返溪濱。觀者如雲，酒氣猶衝人，狀若風狂，路人多隨看之。又時復以拳入鼻，及出拳，鼻如故。又指溪水令逆流食頃，指柳樹隨溪水走來去，指橋令斷復續。後遊常州，遇馬植出相任常州刺史，素聞湘名，乃邀相見，迎禮甚異之。植問：「道兄幸同宗姓，欲爲兄弟，冀師道術，可乎？」湘曰：「相公何望？」曰：「扶風。」湘戲曰：「相公扶風馬，湘則馬風牛。但且相知，無徵同姓。」意言與植風馬牛不相及也。然植留之郡齋，益敬之。或飲會次，植請見小術。乃於席上以瓷器盛土種瓜，須臾引蔓，生花結實，取食衆賓，皆稱香美，異於常瓜。又於遍身及襪上摸錢，所出不知多少，擲之皆青銅錢，撮投井中，呼之一一飛出，人有收取者，頃復失之。又植言，此城中鼠極多。湘書一符，令人帖於南壁下，以筯擊盤長嘯，鼠成羣而來，走就符下俯伏。湘乃呼鼠，有一大者近堦前。湘曰：「汝毛蟲微物，天與粒食，何得穿穴屋宇，晝夜撓於相公？且以慈憫爲心，未能殺汝，宜便率衆離此。」大鼠乃迴羣鼠前，皆叩頭謝罪，遂作隊莫知其數，出城門去，自此城內便絕鼠。

後南遊越州，經洞巖禪院，僧三數百人方齋，而湘與婺州永康縣牧馬巖道士王知微、弟子王延叟同行，僧見湘知微到，踞而食，略無揖者，但使以飯。湘不食，促知微延叟速食而起，僧齋未畢。及出門，又促速行，到諸暨縣南店中，約去禪院七十餘里。深夜聞尋道士聲，主人遽應：「此有三人。」問者極喜，請於主人，願見道士。及入，乃二僧，見湘但禮拜哀鳴，曰：「禪僧不識道者，昨失迎奉，致貽責怒，三數百僧到今下牀不得，某二僧是主事，且不坐，所以得來，固乞捨之。」湘惟睡而不對，知微延叟但笑之。僧愈哀乞，湘起曰：「此後無以輕慢人爲意。迴去入門，僧輩當能下牀。」僧迴，果如其言。湘翌日又南行，時方春，見一家好菘菜，求之不得，仍聞惡言。命延叟取紙筆，知微言：「求菜見阻，誠無訟理。況在道門，詎宜施之？」湘笑曰：「我非訟者也，作小戲爾！」於是延叟捧紙筆，湘畫一白鷺鷥，以水噴之，飛入菜畦中啄菜。其主人趕起，又飛下再三。湘又畫一猧子，走趕捉白鷺鷥，共踐其菜，碎盡不已。其主人見道士戲笑，求菜致此，慮復爲他術，即來哀求。湘曰：「非求乞菜也，故相戲爾。」於是呼鷺及猧，皆飛走投入湘懷中，視菜如故，悉無所損。

又南遊霍桐山，入長溪縣界，夜投旅店，宿舍小而行旅已多，主人戲言：「無宿處，道士能壁上睡即相容。」已逼日暮，知微延叟曰：「祇能舍宿，爭會壁睡？」湘曰：「爾但俗旅中睡，我坐可到明。」衆皆睡，而湘躍身梁上，一腳掛梁倒睡。適主人夜起，燭火照見，大驚異。湘曰：「梁上猶能，壁上何難？」而入壁久之不出。主人祈謝移時，請知微延叟入家內淨處，方出。及旦，主人留連，忽失所在。知微延叟前行數里尋求，已在路傍。自霍桐迴永康縣東天寶觀駐泊，觀前有大枯松，湘指之曰：「此松已三千年餘，即化爲石。」自後果化爲石。忽大風雷震石倒山側，作數截。楊發自廣州節度責授婺州刺史，發性尚奇異，知之，乃徙兩截就郡齋，致之龍興寺九松院，各高六七尺，徑三尺餘，其石松皮鱗皴，今猶存焉。或有告疾者，湘無藥，但以竹杖打病處，腹內及身上百病，以竹杖指之，口吹杖頭如雷鳴，便愈。有患腰駝腳曲拄杖而來者，亦以杖打之，令放拄杖，應手便伸展。時有以財帛與湘，阻讓不免，留之，復散與貧人。所遊行之處，或宮觀巖洞，多題詩句。其登杭州秦望山詩曰：「太一初分何處尋？空留歷數變人心。九天日月移朝夕，萬里山川換古今。風動水光吞遠嶠，雨添嵐氣沒高林。秦皇謾作驅山計，滄海茫茫轉更深。」

後歸故鄉省兄，適兄遠出，嫂姪喜歸。湘告曰：「我與兄共此宅，今歸要分，我惟愛東園爾。」嫂姪異之，小叔久離家歸來，兄猶未見面，何言分地？骨肉之情，必不忍如此。駐留三日，嫂姪訝之不食，但飲酒而已，待兄不歸，及夜遽卒。明日兄歸問，妻子具以實對。兄感慟，乃曰：「弟學道多年，非歸要分宅，是歸託化於我，以絕思望耳。」乃棺殮之，其夕棺輷然有聲，一家驚異，乃葬於東園，時大中十年也。明年東川奏，劍州梓桐縣道士馬自然，白日上昇。湘於東川謂人曰：「我鹽官人也，新羽化於浙西，今又爲玉皇所詔，於此上昇。」以其事奏之，遂勅浙西道杭州覆之，發塚視棺，乃一竹杖而已。

金可記

傳記

張君房《雲笈七籤》卷一一三下《紀傳部一五傳一二・續仙傳・金可記》 金可記，新羅人也。賓貢進士，性沉靜好道，不尚華侈。或服氣煉形，自以爲樂。博學強記，屬文清麗。美姿容，舉動言談，迥有中華之風。俄擢第不仕，隱於終南山子午谷葺居，懷退逸之趣，手植奇花異果極多。常焚香靜坐，若有念思，又誦《道德》及諸仙經不輟。後三年，思歸本國，航海而去。復來衣道服，却入終南，務行陰德，人有所求無阻者，精勤爲事，人不可偕也。大中十一年十二月上表言：「臣奉玉皇詔，爲英文台侍郎，明年二月十五日當上昇。」時宣宗頗以爲異，遣中使徵入內，固辭不就。又求見玉皇詔，辭以爲別仙所掌，不留人間。遂賜宮女四人，香藥金綵，又遣中使二人專看待。然可記獨居靜室，宮女中使多不接近。每夜聞室內常有人談笑聲，中使竊窺，但見仙官仙女各坐龍鳳之上，儼然相對，復有侍衛非少，而宮女中使不敢輒驚。二月十五日春景妍媚，花卉爛熳，果有五雲唳鶴，翔鸞白鵠，笙簫金石，羽蓋瓊輪，幡幢滿空，迎之昇天而去。朝列士庶觀者塡溢山谷，莫不瞻禮歎異焉。

王昌遇

傳記

趙道一《歷世真仙體道通鑑》卷四五《王昌遇》 王昌遇，梓州人也。爲州治獄吏，嘗晨食豬蹄，不盡而藏之。已而妻妾匿之，至夕將取食焉，婢紅蓮以不獲告。昌遇意其盜也，笞掠之。不勝痛，遂誣服。妻徐出豚蹄，曰：我試君耳。君鞫獄得無類是乎？昌遇大感悟，自是多所平反，而所爲亦寖近道矣。俄有老父賣藥於市，能除鼠，暴終日，無售者。昌遇憐之，每遇老父，輒鬻以歸。如是久之，老父怪曰：君家多鼠乎？昌遇曰：吾憐丈人不售，故鬻之，非求毒鼠也。藥具在。老父曰：第用之，鼠未必死爾。昌遇歸，投藥食中，鼠大集。食已，皆化鴿飛去。昌遇大驚，往求老父，不見也。未幾有道人日醉於市，卧道上，人呼之爲落魄仙，時白昭嗣節度東川，劉闢方阻兵禁夜行者，得輒死。昌遇爲牙校，治右厢，夜過所部，見有卧道上者，視之，乃落魄仙也。匿不發，掖歸其家。落魄既寤，詬曰：吾有二縑，白金三兩，錢二千，今失之，必汝也。昌遇不復辯，如數償之。落魄仙持以去，曰：他日見子瀘上。逾數年，官府追舊吏解綱，昌遇當解絹綱於瀘州。至江安道中，遇二道士，執兵刃，挾弓矢，昌遇股慄，不敢進。道士曰：乃爾耶，慎勿恐，吾落魄仙也。挽昌遇至其居，爲其設酒，已，還其元來所賞金帛，曰：正爲今日設也。後昌遇得此，以償絹綱，虧折之數，遂得交，收公文迴歸。道士復告昌遇曰：爾知陽精魂立，陰精魄成，兩精相傳而成神明，神以形用，形以神生，神去則形斃矣？昌遇曰：不知也，願受教之。道士曰：神以道全形，以術延爾因。授以赤龍大丹訣，曰：昔者毒鼠藥，乃外丹之本也。火養之三年，服之仙矣。遂名昌遇爲易玄子。呼左右取焉。令昌遇乘以歸，馬無轡而行，若奔雷，直淩霄漢間。俄爾至高峰，若蹶然，則矗立平地矣。馬忽言曰：吾乃潭中龍也，子所聞丹方，尚能省乎？復爲之開說。既已，即躍入潭中，化爲龍沫去。尋有負樵者至，昌遇問此何地，曰：東川也。昌遇因問途而還，即詣府，丐免。後來差發，遂煉丹於北郊之長平山，西郊之鳳凰山，丹成輕舉。時唐宣宗大中十三年九月九日也。

熊德融

傳記

趙道一《歷世真仙體道通鑑》卷四二《熊德融》　熊尊師名德融，字大光，荆州人也。幼稟淡泊，不餌腥羶，鋭然有出塵志。年十三辭家訪道，千里苦志勞形，人咸異之。後至九嶷山，忽遇一人於道左，綠髮朱顔，眸子瑩然。德融疑其非常，進而問之，則唯唯無語。因相與攜手入山，漸造幽深，至一石室，引德融坐，謂曰：夫道不欲雜，雜則擾，擾則憂，憂則不救，故聖人先存諸己而後存諸人。又曰：綿綿若存，用之不勤。子之骨法終成仙道，今猶未也。因腰間取一葫蘆，傾酒飲之，云：他日相會，勉旃勉旃。遂入，德融伺候數日，竟不復出，因悵然而返自失者累月。唐宣宗太中初，遂遊廬山，居于簡寂觀。常晏坐一室，終日寂然，人莫測其所爲。至懿宗咸通二年解化。葬訖後數日，有道士南歸，道逢德融，幅巾藜杖獨步，因問何往，曰：吾之九嶷尋師矣。道士既歸，語其事，發棺視之，唯有一簪而已。先是，從游者如李相國珏，崔相國植，于刺史德誨諸公，皆奉其道，稱其門人焉。

張諶

傳記

張正常《漢天師世家》卷二　二十代天師，諱諶，字子堅。唐會昌辛酉，武宗召見，賜傳籙壇宇額曰：眞仙觀。將命官，辭歸不受。咸通中，懿宗命建金籙大醮，賜金帛，還山。一日，大醉而化。年一百餘歲，元至正十三年，贈沖玄洞眞孚德眞君。

趙道一《歷世真仙體道通鑑》卷一九《張諶》 張諶字子堅，德眞之長子。博學，爲當時通儒，攻草隸。晚年好道，能辟穀。一日三飲，大醉而化，年一百餘歲。

張秉一

傳記

張正常《漢天師世家》卷二 二十一代天師，諱秉一，字溫甫。母嘗晝寢，夢神人履金龜下降，覺而有娠，十有五月而生。既長，目光如電，夜能視物。常負劍行山澤，開叱一老樹，雷即震裂，打死二巨蟒，小蛇百餘。南唐齊王夢墮井中，有道士碧眼長髯，衣絳衣，掖出之。占曰：此漢天師也。遂即龍虎山，建祠宇，賜水田。天師將化，曰：吾去矣，須地震。乃殮，已而果震，七日乃殮。體溫如玉，壽九十二。元至正十三年，贈守玄紫極昭化眞君。

趙道一《歷世真仙體道通鑑》卷一九《張秉一》 張秉一字溫甫，子堅之長子。母初夢金龜入腹，覺而有孕。少年學道，能洞窺牆壁外。嘗累千金，遇凶年市穀救施貧乏。年九十二歲，一日語妻曰：吾死後地震則斂而葬之。言訖，乃正坐執簡而化。七日果地震，乃斂而葬焉，體尚溫而不壞。

張善

傳記

張正常《漢天師世家》卷二 二十二代天師，諱善，字元長。幼不茹葷，稍長，遍遊名山三十餘年，始還。淵默內脩，不與物接。壽八十七。元至正十三年，贈清虛崇應孚惠眞君。

趙道一《歷世真仙體道通鑑》卷一九《張善》 張善字元長，溫甫之長子。幼不茹葷，長好道，遊歷名山大川，二十年方還。即不出戶，深有內養。年八十七歲而終。

張季文

傳記

張正常《漢天師世家》卷二 二十三代天師，諱季文，字仲珪。五代之季，人受其經籙甚衆，乃鑄鐵環券繼之。宋初，鐵券籙尤盛。壽八十七。元至正十三年，贈清虛妙道輔國眞君。

趙道一《歷世真仙體道通鑑》卷一九《張季文》 張季文字仲歸。元長之子。歲以諸階祕籙傳度弟子之能修行者，用符水治病立愈。年八十七歲而卒。

趙知微

傳記

趙道一《歷世真仙體道通鑑》卷四二《趙知微》 道士趙知微，不知何許人。結廬於九華山鳳凰嶺，日誦道書，草衣木食數十年，由此得道。人多從之，皇甫元眞爲弟子凡十五年。唐懿宗咸通中，知微煉丹，遣元眞市藥於京師，寓玉清觀之上清院。時皇甫枚日相訪，詢及知微事，元眞曰：門人自事師以來，未嘗有惰容，嘗云分杯結霧及化竹釣鯔之術吾皆得之，但小戲術爾。去歲中秋霖雨，門人皆歎佳夕不得賞月，吾師忽命侍童備酒，偏召諸生，謂曰：能昇天柱峰翫月否？諸生雖應諾，而切訝之。少頃，吾師曳杖而出，諸生從行。既闢扉，天已廓清，皓月如晝。捫蘿援篠，立峰之巔。吾師危坐，諸生列侍，舉酒詠郭景純遊仙詩數篇，諸生有清嘯者、步虛者、鼓琴者，以至月落方歸。既就榻，而風雨如初。元眞善棋無敵，得點化術。久之歸九華山，不復出矣。

劉晉

傳記

李昉《太平廣記》卷五四《神仙五四・劉晉》 劉晉，小字宜哥，唐宰相瞻之兄也。晉家貧好道，嘗有道士經其家，見晉異之，乃問知道否。曰：知之。某性饒俗氣，業應未淨，遽可彊學邪。道士曰：能相師乎。晉曰：何敢。於是師事之。道士命晉曰：山棲求道，無必裹巾。晉遂丫髻布衣，隨道士入羅浮山。初，晉與瞻俱讀書爲文，而晉性唯高尚。瞻情慕榮達，晉嘗謂瞻曰：鄙必不第，則逸於山野。爾得第，則勞於塵俗，竟不及於鄙也。然慎於富貴。四十年後，當驗矣。瞻曰：神仙遐遠難求。秦皇、漢武，非不區區也，廊廟咫尺易致。馬周、張嘉貞，可以繼踵矣。自後晉愈精思於道，乃隱於羅浮。瞻進士登科，屢歷清顯，及昇輔相，頗著燮調之稱。俄謫日南，行次廣州朝臺，泊舟江濱。忽有丫角布衣少年，衝暴雨而來，衣履不濕，云欲見瞻。左右皆訝，乃詰之。但言宜哥來也，以白。瞻問形狀，具以對。瞻驚嘆，乃迎入見之。晉顏貌可二十來，瞻以皤然衰朽。方爲逐臣，悲喜不勝。晉復勉之曰：與余爲兄弟，手足所痛，曩日之言，今四十年矣。瞻亦感嘆，謂晉曰：可復修之否。晉曰：身邀榮寵，職和陰陽。用心動靜，能無損乎。自非茅家阿兄，已昇天仙。詎能救爾，今唯來相別，非來相救也。於是同舟行，別話平生隔闊之事。一夕失晉所在。今羅浮山中，時有見者。瞻遂南適，歿於貶所矣。出《續仙傳》。

王廓

傳記

趙道一《歷世真仙體道通鑑》卷二二《王廓》 布衣王廓，唐懿宗咸通中自荆渚隨船將過洞庭，風甚，泊舟君山下，與數人沿岸尋山徑，登山而行。忽聞酒香，問諸同行，皆曰：無。良久香愈甚，路側崖間見有洞穴，廓心疑焉，遂入穴中。行十許步，平石上有窪穴，中有酒，掬而飲之，味極醇美。飲可半斗餘，陶然如醉。坐歇窪穴之側，稍醒乃歸舟中，話於同侶。衆人爭往求之，無復所見。自此充悦無疾，漸厭五穀，乃入名山學道去。後看仙書云：君山有天酒，飲之昇仙。廓之所遇者，乃此酒也。

王可交

傳記

趙道一《歷世真仙體道通鑑》卷二二《王可交》 王可交，蘇州崑山人也。本農畝之夫，素不知道。年數歲，眼有五色光起，夜則愈甚，冥室之中，可以鑒物。或人謂其所親曰：此疾也，光盡則喪其目矣。父母愚，召庸醫以灸之，光乃絶。唐懿宗咸通十年十一月，可交自市還家，於河邊見大舫一艘，絡其金綵，飾以珠翠，張樂而遊。可交立而觀之，舫艤於岸，中有一青童引之登舫。見十餘人峨冠羽服，衣文斑駮，雲霞山水之狀。各執樂器，一人唱言曰：三三叔欲與汝相見。亦不知何許人也。傍一人言曰：好仙骨，爲火所損，未可與酒，但不食十年方可得道爾。以栗子一枚與之，令食。可交食一半，留一半在手中，遂奏樂飲酒。童子復引之上岸，忽如夢中。足纔及地，已墜於天台山瀑布之巖下。頃刻之中，水陸千里。台州刺史袁從疑其詐妄，移牒驗其鄉里，自失可交之日洎到天台之時，已三十日矣。可交自此不食，顏狀鮮瑩。袁以羽褐授之，使居紫極宮。越州廉察御史大夫王諷奏曰：姑以神遊天上之簫韶一曲。俄如夢覺，人間之甲子三旬，雖云十載爲期，終恐一朝飛去。詔曰：神仙之迹具載，練緗靈異可稱。忽詳聽鑒，既升凡骨，況在名山，今古不殊，蓬瀛何遠。委本道切加安期先生棲隱。於是任其遊息，數年猶在江表間。

閭丘方遠

傳記

張君房《雲笈七籤》卷一一三下《紀傳部一五傳一二・續仙傳・閭丘方遠》 閭丘方遠字大方，舒州宿松人也。幼而辯慧，年十六，精通《詩》《書》，學《易》於廬山陳元晤。二十九，問大丹於香林左元澤，澤奇之。後師事於仙都山隱眞巖劉處靖，學修眞出世之術。三十四，受法籙於天台山玉霄宮葉藏質，眞文祕訣，盡以付授。而方遠守一行氣之暇，篤好子史羣書，每披卷必一覽之，不遺於心。常自言：「葛稚川陶貞白，吾之師友也。」銓《太平經》爲三十篇，備盡樞要，其聲名愈播於江淮間。唐昭宗景福二年，錢塘彭城王錢鏐深慕方遠道德，禮謁於餘杭大滌洞，築室宇以安之，列行業以表之。昭宗累徵之，方遠以天文推尋，秦地將欲荆榛，唐祚必當革易，侔之園綺，不出山林，竟不赴召。乃降詔褒異，就頒命服，俾耀玄風，賜號妙有大師玄同先生。闡揚聖化，啓發蒙昧，眞靈事跡，顯聞吳楚。由是從而學者，若正一眞人之在蜀，趙昇王長亦混於門下，弟子二百餘人，會稽夏隱言譙國戴隱虞滎陽鄭隱瑤吳郡陸隱周廣陵盛隱林武都章隱芝，皆傳道要而升堂奥者也。廣平程紫霄應召於秦宮，新安聶師道行教於吳國，安定胡謙光魯國孔宗魯十人，皆受思眞鍊神之妙旨。其餘遊於聖跡，藏於名山，不復得而記矣。天復二年二月十四日，沐浴焚香，端拱而坐，俟亭午而化，顏色怡暢，屈伸自遂，異香芬馥，三日不散。弟子以從俗葬，舉以就棺，但空衣而尸解矣。葬於大滌洞之傍白鹿山。後有道俗於仙都山及廬山累見之，自言：「我捨大滌洞，歸隱灊山天柱源也。」

趙道一《歷世眞仙體道通鑑》卷四〇《閭丘方遠》 臣道一曰：左元澤答閭丘方遠之問，善則善矣，然未云但於有無一致，泯然無心。則學者猶未知有無之辯也。夫能識無中不無，有中不有，方契乎道。方遠之所得，度不止此也。《道德經》曰：三十輻共一轂，當其無，有車之用。埏埴以爲器，當其無，有器之用。鑿戶牖以爲室，當其無，有室之用。故有之以爲利，無之以爲用。此論無也。又曰：孔德之容，惟道是從。道之爲物，唯恍唯惚。惚兮恍兮，其中有象；恍兮惚兮，其中有物；窈兮冥兮，其中有精。其精甚眞，其中有信。又曰：有物混成，先天地生。寂兮寥兮，獨立而不改，周行而不殆，可以爲天下母。吾不知其名，字之曰道。此論有也。知此，則親見左元澤亦必曰：斯言盡之矣。

劉得常

傳記

劉大彬《茅山志》卷一一《上清品》 十八代宗師：洞微元靜先生，姓劉諱得常，金陵人。十七歲作大道歌見吳宗師，觀其氣骨，飄然出塵，曰：賢者能飲茅山泉，一月當十倍今日聰明，一年特生光慧，十年聞仙道矣。師洒作冷泉吟。又曰：吾有玉經妙旨，子若歛華歸實，可以混合天人、離情理識。由是再拜，執弟子禮，得其道，居紫陽觀二十年，不踰戶閾。華姥山一夕有童子歌曰：靈菌長，金刀響。山中人數聞之，慮有兵。是年盛產黃芝，經月枯悴，師亦解眞。贊曰：

龍章鳳書，可制劫運，藏之貴虛，保之貴定。全體皆用，誰執其方，欲窮所之，弟子亡羊。

聶師道

傳記

吴淑《江淮異人録》 聶師道，歙人，少好道。唐末于濤爲歙州刺史，其兄方外爲道士，居於郡南山中，師道往事之。濤時往詣方外，至於郡政，咸以諮之。乃名其山爲問政山。吴朝以師道嘗居是山，因號爲問政先生焉。初，方外在山中，郡人少信奉者。及師道至，⿰貝危信日至而富實。師道嘗與友人同行，至一逆旅，友病熱疾，村中無復醫藥，或教病者曰：能食少不潔，可以解。及病危，因復勸之，人有難色。師道諭之曰：事急矣，何難於此，吾爲汝先嘗之。乃取啗之。人感其意，乃食，而病果愈。後給事中裴樞爲歙州，當唐祚之季，詔令不通。宣州田頵、池州陶雅舉兵圍之累月，歙人頻破之。後食盡援絶，議以城降。而城中殺外軍已多，無敢將命出者。師道乃自請行。樞曰：君乃道士，豈可遊兵革中耶？請易服以往。師道曰：吾已受道法科敎，不容易服。乃縋之出城。二將初亦甚怪，及與之語，乃大喜曰：眞道人也。誓約已定，復遣還城中。及期樞適有未盡，復欲延期，更令師道出諭之。人謂其二三，咸爲危之。師道亦無難色。及復見二將，皆曰無不可，唯給事命時。城中人獲全，師道之力也。吴太祖聞其名，召至廣陵，建紫極宮以居之。一夜有羣盗入其所止，至於什器，皆盡取之。師道謂之曰：汝爲盗，取吾財以救飢寒也，持此將安用之？乃引於曲室，盡取金帛與之。仍謂之曰：爾當從其處出，無巡人，可以無患。盗如所教，竟以不敗。後吴朝遣師道至龍虎山設醮，道遇羣盗劫之，將加害，其中一人熟視師道，謂同黨曰：勿犯先生。令盡以所得還之。羣盗亦皆從其言。因謂師道曰：某即昔年揚洲紫極宮中爲盗者。感先生至仁之心，今以奉報。後卒于廣陵。時方遣使於湖湘，使還至某處，見師道，問之曰：何以至此？師道曰：朝廷遣我醮南嶽。使者以爲然。及入吴境，方知師道卒矣。師道姪孫紹元，少入道，風貌和雅，善屬文。年二十餘卒。初，紹元既病劇，有四鶴集於紹元所處屋上。及其卒，人見五鶴沖天而去。

張君房《雲笈七籤》卷一一三下《紀傳部一五傳一二・續仙傳・聶師道》 聶師道字通微，新安歙人也。性聰淳直，言行謙謹，養親以孝聞，深爲鄉里所敬。少師事道士于方外，即德誨之從兄也。德誨自省郎出牧新安之二年，方外從之荆南書記。早捨妻子入道，學養氣修眞之術，周遊五嶽名山到新安。德誨乃於郡之東山選勝地，構室宇以居之，目爲問政山房。而師道事之，辛勤十餘年，傳法籙修眞之要。後出遊績溪山，自言嘗覽內傳，見服松脂法，乃與道侶上百丈山採松脂。崖石迴聳百丈，遂以名之，其四望高千餘仞。夜宿於崖頂松下，天清月朗，忽聞仙樂起自東南紫雲上，遙遙而來，遲緩過於石金山。石金與百丈，其高相等，雖平地隔三十里，山頂相望咫尺間。乃聞仙樂到彼輟少時，敲小鈸三通復奏樂，金石笙簫，絲匏響亮，擊鼓而拍，莫審其曲調，聲揭而清，特異人間之樂，自三更及雞鳴而止。後問於山下人，是夜皆聞之。其同侶歎曰：「方採靈藥，遽聞仙樂，豈非有感？此亦君得道之嘉兆矣！」其後遊行歸南嶽，禮玉淸及光天二壇，後泊招仙觀，入洞靈源。時當春景，聞蔡眞人舊隱處不遠，有花木甚異，採樵者時或見蔡眞人在其間。師道喜之，乃辟穀七日，晨起獨趨，山中漸行，見花有異香，不覺日晚。忽到大溪傍，見一樵人臨水坐於沙上，師道驟欲親近之，乃負薪將下溪，迴顧師道，却駐樵檐問：「獨此何往？」應之曰：「學道尋仙，深心所切，聞蔡眞人隱此山，願一禮謁耳。」樵人曰：「蔡君所居極深，人不可到。」師道曰：「攀蘿登崖，已及於此，有山通行，豈憚遠近？」樵人又曰：「日將暮矣，且行過此山，東有人家可宿。」師道欲隨樵人去，樵人遽入水，甚淺。及師道入水，極深而急，不敢涉。樵人曰：「爾五十年後，方過得此溪。」目送樵人步水面而去不見，乃迴山東行十餘里，遙望見草舍三間，有籬落雞犬。漸近，見一人青白色似農者，年可三十，獨居，見師道到，甚訝師道深山自行。忽曰：「家累俱出，何爲主人？」又問師道：「此來何之？」應曰：「尋蔡眞人居。」主人曰：「路上見一樵人否？」曰：「見。」主人曰：「此蔡道者，適過也。」師道聞之，禮祝曰：「凡愚見仙聖不識，亦命也。」已逼夜，山林深黑，投宿無地。又問曰：「從何來？」具以發跡新安尋眞之由以對，乃許入其舍。復指師道令近火鑪邊牀上坐，曰：「山中偶食盡，求之未歸。」師道曰：「絶糧多時，却不以食爲念。」見火側有湯鼎，復有數箇黄甆合。主人曰：「合内物皆堪喫，任意取之。」乃揭一合是茶，主人以湯潑，及喫，氣味頗異於常茶。復思茶更揭之，合不可開，遍揭諸合，皆不能開。師道心訝不似村人家，而不敢言。主人别屋睡，日高不起，又無火燭，睡中曰：「此孤寂之處，忽病無以相待，前村人家甚多，可以往彼。」師道便行數里，不見人家，悉是崖險，乃迴，已迷向宿之處。復行約三十餘里，即逢見一老人，欣喜邀於石上坐，問入山之意。具以前事對之。老人曰：「蔡君父子俱隱於此山。昨夜所宿之處，即其子也。」又曰：「爾道氣甚濃，仙骨未就，入山飢渴，何能却迴？」俄折草一莖與師道，形如薑苗而長尺餘，嚼之味甘美。復令取泉水，喫次舉頭，已失老人所在。師道悲歎不已，而覺食茶草之後，氣力輕健，愈於來時。却欲沿山路尋宿處，其路已爲棘蔓蔽塞，前去不通，却迴招仙觀。衆道士忽見師道，驚異曰：「此觀地雖靈嶽，側近蟲獸甚多，人罕能獨行，何忽去月餘日？實久憂望。」師道曰：「昨日方去，始經一宿。」具言見樵人及宿處，又逢老人。道士皆歎曰：「吾輩雖同居此觀，徒爲學道，知有蔡眞人，無緣一見。吾子夙有仙分，已見蔡君父子。其老人者，昔聞彭眞人亦隱此山，豈非彭君乎？子一入山，遽逢三仙人。一日一宿，人間月餘矣！其實積習之命也。」師道深自歎異。

駐招仙觀修鍊逾年，後以親老思歸，却回問政山。每入諸山拾薪斸藥，或逢虎豹，見師道垂耳搖尾，俯伏於地。師道以手撫而呼之，乃起隨行，或以薪藥附於背上負之，送歸而去。昔郭文舉之居大滌洞伏虎亦如之，歙之近山頗有猛獸，而不爲人之害者，自師道之感也。其親時問師道遊學所益，具陳其事。親聞之而喜曰：「汝以孝養我，以道資我，亦幸爲汝母矣！此蓋宿慶之及也。」後又出遊，復思往南嶽九嶷山，早聞梅眞人蕭侍郎皆隱玉笥山，時人多見之。梅即漢南昌尉福也，蕭即子雲字景喬，梁之公子，自東陽太守避侯景之亂，全家入山，二人俱得道於此。師道且止玉笥清虚觀，思慕梅蕭，三遊郁木坑，或冀一見。堅心以去，山行極深。忽見一人布衣烏紗帽，顔若五十許人，師道禮敬問之。初自稱行者，問師道何往，乃以尋梅蕭爲答。行者曰：「聞爾精勤慕道，遍訪名山，情亦非易。欲見二君，行者可以相引。爾宿業甚淨，已應玉籍有名，雖未便飛昇，當亦度世爾。」行者又曰：「我謝修通也，恐爾未識，故以自言。本居南嶽，與彭蔡同隱已三百年，知爾常遊洞靈源。我適爲東華君命主玉笥山林地仙，兼掌清虚觀境土社令。爾與我素有道緣，是得相見。然梅蕭日中爲小有天王所召，恐未便還，非可俟也。」師道於是虔拜曰：「凡世肉人，謬探大道，凝神注想，以朝繼夕，未知要妙，若浮于海，詎識其涯？不期今日獲見道君，實百生之幸也。」修通曰：「丹心懇苦，深可憫哉！爾世事未了，且當送爾出山路，往我所止。」隨行數里，忽見草舍兩間，甚新潔，有牀席，小鐺然火煎湯，儼若書生所居而無人。修通命師道入坐於木兔上，修通自坐白石鹿牀上。俄有一髽角童，以湯一盌與師道，呷之，神氣爽然。又指令架上取書一卷，修通曰：「此《素書》也，但習之無怠，當得眞旨。」師道意欲求住師學，未之啓言，而修通已知，曰：「爾有親垂老，雖有兄能養，若欲更南遊，此未可言住。我弟子紫芝在九嶷山，若往彼見之，爲我傳語，兼出《素書》示之，得盡其旨矣。或不見，但投《素書》於毛如溪上洞中，仍題石壁記我傳語之意，紫芝當自授爾要道。」言訖，乃發遣師道迴，俄不見修通，已在郁木坑外，師道入清虚觀矣。衆道士驚曰：「一去七日而返，何之也？」師道具以對之，有道士二人欣躍，乞與師道共入郁木坑。到舊處，巖石草樹，歷歷宛然，但失其草舍，竟日悵望而迴。師道得《素書》，文字可識，皆說龜山王母理化衆仙祕要眞訣也。他仙習此，當得昇天；世人授之，跡參洞府。其間有疑義，不可究也。後到南嶽九嶷山湘眞觀月餘，尋問紫芝蹤跡。咸言毛如溪有一隱士，莫知姓名，人或見者。師道累入山尋之不見，乃如修通之言，投書題石壁。後常夢神人稱紫芝，教之以釋凝滯，意乃醒然。經歲餘，復還問政，居二十餘年，每焚修即以二蔡彭謝眞形畫像瞻禮，仍自以管幅編異，傳於道俗。

其後吳太祖霸江淮間，聞師道名迹，冀其道德，護於軍庶，繼發徵召，及至廣陵，建玄元宮以居之。每昇壇祈恩禱福，水旱無不應致，天地感動，煙雲呈祥，是以人情咸依道化，境若華胥，俗皆可封，雖古今異時，寔大帝之介君也。乃降褒美爲逍遙大師問政先生，以顯國之師也。弟子鄒德匡王處訥楊匡翌汪用眞程守朴曾景霄王可儒崔繟然杜崇眞鄧啓遐吳知古，皆得妙理，傳上清法，散於諸州府，襲眞風而行教，朝廷皆命以紫衣，光其玄門。有秦吳荆齊燕梁閩蜀之士，咸來逾紀，勤苦奉事。師道常謂之曰：「我無道術，何以遠來若此？」弟子皆曰：「昔張君居蜀，天下之人悉往師之，隨其所修，各授以道要焉，羣弟子執奴僕之役，久而不去者，方得成仙。今悉是枯骨子孫，日逼朽腐，思避短景，希度長生，願無却懇切也。」然師道以仁慈接衆，言不阻違，隨其性識，指以道要，若久行霧露，餘潤漬衣，近羅沉檀，輕香襲體。由是居廣陵三十餘年，有弟子五百餘人。而師道胎息已久，鍊丹有成，一旦告弟子曰：「適爲黑幘朱衣一符吏告，我爲仙官所召，必須去矣！」頃之，異香滿室，雲鶴近庭，若眞靈所集，爽然言別而化，弟子殮之，棺忽有聲，視之若蟬蛻，尸解矣。後數日，人自豫章來，見之領一髽角童隨行，道俗多識之，咸問：「何爲遠遊？」曰：「離南嶽多年，今暫往爾。」所在多泊舊遊宮觀而去。半年後，有人自長沙來，亦如豫章所見，復言衡陽路見歸洞靈源去。樵人言五十年後過此溪，適足驗矣。詳其由來，是二蔡彭謝之儔侶也。隱化而往，絶世思望，神仙皆然矣。

杜光庭

傳記

趙道一《歷世真仙體道通鑑》卷四〇《杜光庭》 道士杜光庭字賓聖，號東瀛子，本處州人《青城山記》云：京兆杜陵人。博極羣書，志趣超邁。唐懿宗朝與鄭雲叟賦萬言不中，乃奮然入道，事天台道士應夷節。常謂道法科教自漢天師暨陸脩靜撰集以來，歲月綿邈，幾將廢墜。遂考眞僞，條列始末，故天下羽屬永遠受其賜。鄭畋薦其文於朝，僖宗召見，賜以紫服象簡，充麟德殿文章，應制爲道門領袖。當時推服，皆曰學海千尋，辭林萬葉，扶宗立教，海內一人而已。中和初，從駕興元道，游西縣，適遇術士陳七子名休復，灑然異之，披榛穴地，聚瓢酒酌之，曰：以此換子五藏爾。先生知國難未靖，上表丐游成都，喜青城山白雲溪氣象盤礴，遂結茅居之。溪蓋薛昌眞人飛昇之地也。未幾，駕將復都，詔光庭醮二十四位。會王建霸蜀，召爲皇子師。建謂曰：昔漢有四皓，不如吾一先生足矣。光庭不樂宮中，薦許寂、徐簡夫自代，因老于成都。相國徐光溥志學之年，執弟子禮事之。光庭嘗謂曰：予初學於上庠，而國子監書籍皆備。先讀天文神仙之書，次覽經史子集。一月之內，分布定日而習之，一日誦經書，二日覽子史，三日學爲，四日記故事，五日遊息。凡五事，每月各六日，如此不五七年，經史備熟。韋藹學士以兄之相國莊之文集請爲序，光庭曰：相國富有文辭，若集中不刪落小悼浮艷等詩，不敢聞命。建用張格，乃唐相濬之子，其才術高於時，而於故實未通。治蜀初，小大事每令咨稟，蓋光庭非止善辭藻，而已有經國之大才。時有道士感庭秋謁之而不遇。一日忽謂門人曰：青城方創眞宮，工未畢，昨夢朝上帝，以吾作岷峨主司，恐不久於世。門人皆霑襟，及眞宮成，時後唐莊宗長興四年癸巳十一月，光庭八十四歲，一旦披法服作禮辭天陞堂，趺坐而化。顔色溫晬，宛若其生。異香滿室，久之乃散。光庭有一白犬，目之曰吠雲，令以麻油塗足，繪布裹之，曰：吾聞油塗犬足可日行萬里。逡巡，吠雲亦號叫數聲而斃。光庭嘗撰混元圖、紀聖賦、廣聖義、歷帝記暨歌詩雜文，僅百餘卷，行于世。凡所著述，未嘗不以經濟爲意《蜀檮杌》云：有文千餘卷，皆本無爲之旨。如山居百韻詩及紀道德懷古今二篇，有一言至十五言頗有益於教化。蜀主王建初賜號廣德先生，又欲優於名秩，詢于故事，毛文錫獻言：唐武德初祁平定爲金紫大夫，開元中尹愔居諫省，於是以爲諫議大夫，封蔡國公，進號廣成先生。延之玉局化，通正初遷戶部侍郎。衍襲位，尊爲傳眞天師，特進檢校太傅太子賓客兼崇文館大學士。

吴涵虛

傳記

趙道一《歷世真仙體道通鑑》卷四六《吴涵虛》　道士吴涵虛，字合靈，居然風采，未嘗下山。終日沉湎，亦無煙火之具，俗呼爲吴猱。好睡，經旬不食。常言：人若要閑即須懶，如勤即不閑也。素不攻文，忽作上昇歌曰：玉皇有詔登仙職，龍吐雲兮鳳著力。眼前驀地見樓臺，異草奇花不可識。我向大羅觀世界，世界如同指掌大。當時不爲上昇忙，一時擕向瀛洲邁。至於後唐潞王清泰二年，上升。又有荆臺隱士鐵冠先生樊氏，慕合靈之道，常騎白牛訪之。楚王馬希範常師之，後馬希範嗣位，先生不知所之。

鄭遨

傳記

《新五代史・一行傳》　鄭遨字雲叟，滑州白馬人也。唐明宗祖廟諱遨，故世行其字。遨少好學，敏於文辭。唐昭宗時，舉進士不中，見天下已亂，有拂衣遠去之意，欲擕其妻、子與俱隱，其妻不從，遨乃入少室山爲道士。其妻數以書勸遨還家，輒投之於火，後聞其妻、子卒，一慟而止。

遨與李振故善，振後事梁貴顯，欲以祿遨，遨不顧，後振得罪南竄，遨徒步千里往省之，由是聞者益高其行。

其後，遨聞華山有五粒松，脂淪入地，千歲化爲藥，能去三尸，因徙居華陰，欲求之。與道士李道殷、羅隱之友善，世目以爲三高士。遨種田，隱之賣藥以自給，道殷有釣魚術，鈎而不餌，又能化石爲金，遨嘗驗其信然，而不之求也。節度使劉遂凝數以寶貨遺之，遨一不受。唐明宗時以左拾遺、晉高祖時以諫議大夫召之，皆不起，即賜號爲逍遙先生。天福四年卒，年七十四。

遨之節高矣，遭亂世不污於榮利，至棄妻子不顧而去，豈非與世自絶而篤愛其身者歟？然遨好飲酒弈棊，時時爲詩章落人間，人間多寫以縑素，相贈遺以爲寶，至或圖寫其形，玩于屋壁，其迹雖遠而其名愈彰，與乎石門、荷蓧之徒異矣。

與遨同時張薦明者，燕人也。少以儒學遊河朔，後去爲道士，通老子、莊周之説。高祖召見，問道家可以治國乎，對曰：「道也者，妙萬物而爲言，得其極者，尸居袵席之間可以治天地也。」高祖大其言，延入内殿講《道德經》，拜以爲師。薦明聞宫中奏時鼓，曰：「陛下聞鼓乎？其聲一而已。五音十二律，鼓無一焉，然和之者鼓也。夫一，萬事之本也，能守一者可以治天下。」高祖善之，賜號通玄先生，後不知其所終。

趙道一《歷世真仙體道通鑑》卷四三《鄭遨》　鄭遨字雲叟，滑州白馬人，避唐明宗祖諱，故世行其字。遨少學，敏於文詞。唐末舉進士不第，天下將亂，有拂衣遠去之意。欲擕妻子與俱隱，其妻非而不行，遨乃入少室山爲道士。其妻數以書勸還家，遨未嘗一覽，輒投之於火，其絶累如此。妻子繼謝，每聞訃一哭而止。有二青童一鶴一琴從之。遨與梁室權臣李振友善，振欲祿之，拒而不諾。既而振得罪南遷，遨徒步千里往省之，由是聞者益高其行。遨聞華山有五粒松脂淪於地，千年化爲藥，能去三尸，因徙居華山之陰求之。與道士李道盛、羅隱之爲煙蘿友，世自以爲三高士。遨則種田，隱之貨藥以自給，道盛有釣魚術，鈎而不餌，又能化石爲金。遨嘗驗之，信而不求。俱好酒能詩，善弈棋長嘯。有大瓢，云可辟寒暑，置酒於其中，經時味不壞。日擕就花木水石間，一酌一詠。嘗因酒酣聯句，鄭曰：一壺天上有名物，兩箇世間無事人。羅曰：醉却隱之雲叟外，不知何處是天眞。後晉高祖即位，遣使詔爲諫議大夫，雲叟稱疾不起，以表謝。上益嘉之，賜號逍遙先生，以諫議大夫致仕，給月俸。嘗爲酒詠詩千三百言，海内好名者書于縑緗以贈貺。復有越千里之外，使畫工潛寫其容於屏障者。其爲天下所重如此。天福末年，七十有四，以壽終。所著詩，修史薛居正錄而爲序目，曰《擬峰集》，行世。

伊用昌

傳記

李昉《太平廣記》卷五五《神仙五五・伊用昌》 熊皦補闕説：頃年，有伊用昌者，不知何許人也。其妻甚少，有殊色。音律女工之事，皆曲盡其妙。夫雖饑寒丐食，終無愧意。或有豪富子弟，以言笑戲調，常有不可犯之色。其夫能飲，多狂逸，時人皆呼爲伊風子。多遊江左廬陵宜春等諸郡，出語輕忽，多爲衆所毆擊。愛作《望江南詞》，夫妻唱和，或宿於古寺廢廟間，遇物即有所詠，其詞皆有旨。熊只記得《詠鼓詞》云：江南鼓，梭肚兩頭欒。釘着不知侵骨髓，打來只是沒心肝，空腹被人漫。餘多不記。江南有芒草，貧民採之織屨。緣地土卑濕，此草耐水，而貧民多着之。伊風子至茶陵縣門，大題云：茶陵一道好長街，兩畔栽柳不栽槐。夜後不聞更漏鼓，只聽鎚芒織草鞋。時縣官及胥吏大爲不可，遭衆人亂毆，逐出界。江南人呼輕薄之詞爲覆窠。其妻告曰：常言小處不要覆窠，而君須要覆窠之。譬如騎惡馬，落馬足穿鐙，非理傷墮一等。君不用苦之。如是夫妻俱有輕薄之態。天祐癸酉年，夫妻至撫州南城縣所，有村民斃一犢。夫妻丐得牛肉一二十觔，於鄉校內烹炙，一夕俱食盡。至明，夫妻爲肉所脹，俱死於鄉校內。縣鎮吏民，以蘆蓆裹尸，於縣南路左百余步而瘞之。其鎮將姓丁，是江西廉使劉公親隨。一年後得替歸府，劉公已薨。忽一旦於北市棚下，見伊風子夫妻，唱《望江南詞》乞錢。既相見甚喜，便叙舊事。執丁手上酒樓，三人共飲數㪷，丁大醉而睡。伊風子遂索筆題酒樓壁云：此生生在此生先，何事從玄不復玄。已在淮南雞犬後，而今便到玉皇前。題畢，夫妻連臂高唱而出城，遂渡江至遊帷觀，題眞君殿後其銜云：定憶萬兆恆沙軍國主南方赤龍神王伊用昌。詞云：日日祥雲瑞氣連，應儂家作大神仙。筆頭灑起風雷力，劒下驅馳造化權。更與戎夷添禮樂，永教胡虜絶烽煙。列仙功業只如此，直上三清第一天。題罷，連臂入西山。時人皆見躡虛而行，自此更不復出。其丁將於酒樓上醉醒，懷內得紫金一十兩。其金並送在淮海南城縣。後人開其墓，只見蘆蓆兩領，裹爛牛肉十餘觔，臭不可近。餘更無別物。熊言六七歲時，猶記識伊風子，或着道服，稱伊尊師。熊嘗於頂上患一癰癤，疼痛不可忍。伊尊師含三口水，噀其癰便潰，並不爲患，至今尚有痕在。熊言親覩其事，非謬說也。出《玉堂閑話》。

趙道一《歷世真仙體道通鑑》卷四六《伊用昌》 伊用昌，不知何許人。唐末，披羽褐，往來江右。縱酒狂逸，世人呼爲伊風子。妻年甚少，善音律女工，皆盡其妙。豪家子以言笑調之，毅然有不可犯之色。用昌好作《望江南詞》，夫婦唱和而歌，傍若無人。夜多宿古寺廢廟中。嘗死於醴陵，又於哀帝天祐年間至建昌南城縣。夫婦一夕俱斃，鎮將丁其姓，以籧篨藁葬路傍。後一年，鎮將抵鍾陵。一旦，於北市棚下見用昌夫婦唱《望江南詞》。用昌同鎮將登旗亭痛飲，大醉。夫婦連臂高唱，出城渡江。至游帷觀，題殿壁，自稱上方赤龍神王。因入西山，後不復出焉。

譚峭

傳記

張君房《雲笈七籤》卷一一三下《紀傳部一五傳一二・續仙傳・譚峭》 譚峭字景升，國子司業洙之子。幼而聰明，及長頗涉經史，強記問無不知，屬文清麗。洙訓以進士爲業，而峭不然，迥好黃老諸子，及周穆漢武茅君《列仙內傳》，靡不精究。一旦告父出遊終南山，父以終南山近京都，許之。自經終南太白太行王屋嵩華泰嶽，迤邐遊歷名山，不復歸寧。父馳書責之，復謝曰：「茅君昔爲人子，亦辭父學仙，今峭慕之，冀其有益。」父母以其堅心求道，豈以世事拘之？乃聽其所從。而峭師於嵩山道士十餘年，得辟穀養氣之術，惟以酒爲樂，常醉騰騰，周遊無所不之。夏則服烏裘，冬則綠布衫，或卧於風雨雪霜中經日，人謂已弊，視之氣出咻咻然。父常念之，每遣家僮尋訪，春冬必寄之衣及錢帛，捧之且喜，復書遽遣家僮，乃厚遺之。纔去，便以父所寄衣出街路，見貧寒者與之，及寄於酒家，一無所留。人或問之：「何爲如此？」曰：「何能看得？盜之所竊，必累於人。不衣不食，固無憂也。」常欣欣然，或謂風狂。每行吟曰：「綫作長江扇作天，靸鞋拋向海東邊。蓬萊信道無多路，只在譚生柱杖前。」爾後居南嶽錬丹成，服之，入水不濡，入火不灼，亦能隱化，復入青城而去。

張薦明

傳記

趙道一《歷世真仙體道通鑑》卷四六《張薦明》 張薦明者，燕人也。少以儒學遊河朔，後去爲道士。通老子、莊周之説。後晉高祖天福四年己亥九月辛卯，上召見，問：道家可以治國乎？對曰：道也者，妙萬物而爲言，總兩儀而稱德。得其極者，尸居袵席之間，可以治天地。高祖大其言，延入内殿，講《道德經》，拜以爲師。忽一日，薦明聞禁中奏時鼓，曰：陛下聞鼓乎，其聲一而已，五聲十二律，鼓無一焉。然和之者，鼓也。夫一，萬事之本也。能守一者，可以治天下。高祖善之。五年五日，賜號通玄先生。後不知所之。

臣道一曰：張薦明，可謂造道之深者。觀其答高祖之問，曰得其極者，尸居袵席之間，可以治天地。《道德經》曰：不出户，知天下。不窺牖，見天道。其出彌遠，其知彌少。是以聖人不行而知，不見而名。正以此意。又答曰：能守一者，可以治天下。皆本於《道德經》。

聶紹元

傳記

趙道一《歷世真仙體道通鑑》卷四二《聶紹元》 練師聶紹元，字伯祖。母程氏有娠，畏葷茹，嘗夢天人指其腹曰：此子當證道果。及生而穎達，自不與童稚羣。既長，雅好書史，尤精老莊文列。一日詣金陵，師道士高朗昭，受戒籙。是夕夢入一城，官府甚嚴肅，中有朱衣者憑几謂紹元曰：此司祿之所也，可自閲籍。籍云：聶紹元十八入道。二十授上清畢法，二十六又往南岳。遂掩卷而寤。久之，自金陵還問政山，築室以居。不偶世俗，自號無名子，作無名子草堂記。世多以練師稱之。是時南唐後主酷好事佛，待緇毳加禮，怒冠褐輩，苟其榮利，往往落鬚髮以趨之，練師上疏切諫。厥後以母老，侍溫凊極勤悴。一日晨起沐浴，曰：我伯祖有云：吾家世世宜修煉，可各率勵，勿忘太上教。俄有四鶴集于屋，又神光從空而下，赫赫四照。城中望見者，疑爲火所焚，即之則闃然無他，但紹元已化矣。四鶴與神光冉冉而去。先一夕告其母曰：胡將軍至，可備二七人酒果。已而影響間若有就坐者。及旦，莊隸來云：練師與三道士衣緋綠乘馬，從者數十輩，冠帶曄曄南去。練師迴首曰：吾往南岳矣。常撰宗性論、修眞祕訣。學士徐鉉、徐鍇俱稱歎，嘗曰：吴筠、施肩吾，無以加焉。

楊保宗

傳記

趙道一《歷世真仙體道通鑑後集》卷五《楊保宗》 女冠楊保宗，不知何許人也。自幼爽秀，及笄許娉矣。忽有感悟，遂乞爲道士，父母從之。乃入廬山，棲於上霄峰崇善觀。頓忘塵念，達清靜之源。却粒煉形而勤行，播于遠邇，玄風大振。南唐元宗聞之，持詔赴闕，延入禁中，俾妃嬪之樂道者與之相見。問其所欲，保宗因言舊宇湫弊，不能容衆。元宗乃命賜以金錢，而六宮競施，服翫珍珠綵繡，計逾千萬。令新其宇，仍勅尚書郎韓熙載撰記，賜觀額以眞風，賜保宗以紫衣。又詔臣下作詩頌以送之，皆所以旌道也，保宗素慕蔡尋眞、李騰空之爲人，亦能以丹藥符籙救人疾苦。暇日或至屏風疊之南北，瞻禮二祠焉。保宗年已老，而色如孺子。既歿，容貌如生，擧棺甚輕，人以爲尸解。先是，崇善觀始於梁武帝大同初，其後歷四百年，而名人高士寂無所聞。曁保宗風聲遠著，學者大集，而道門稱盛。

萬祐

傳記

陳葆光《三洞羣仙録》卷一五　萬祐脩道於黔南無人之境，每三二十年出城都市藥。蜀王建迎入宮，盡禮事之，問其服餌，皆祕而不言，曰：吾非神仙，亦非服餌之士，但虛心養氣，仁其行，尠其過。問其齒，則曰：吾只記夜郎王蜀之歲，蠶叢氏都郫之年，時被請出，但見烏兎交馳，花開木落，不記其甲子矣。後堅辭歸山，建泣留不住，問其後事，皆不言之。既去，於所居壁間見題字曰：莫教牽動青豬足，動即炎炎不可撲。鷙獸不欲兩頭黃，色即其年天不哭。智者不能詳之。至乙亥年，起師東取秦鳳，乙亥是爲青豬，爲焚爇之期也。後三年歲在戊寅，土而建殂，方知寅爲鷙獸，干與納音俱是土，土黃色，是以言鷙獸兩頭黃，此言不差毫髮。

李守微

傳記

趙道一《歷世眞仙體道通鑑》卷四三《李守微》　道士李守微者，不知何許人。常遊蜀，善養氣不食，行疾如風，好飲酒，談論多滑稽，不拘小節，人常輕侮之。忽謂人曰：予欲遊五嶽諸山，今往矣。或問求利術，則曰：浮生瞬息間，當尋眞訪道，脫灑塵網，至若服氣煉丹，茹芝絶粒，皆有益也，何區區於利術哉？遂遁去。或者憾之，聞于僞蜀主，俾求之，卒不得。久之有人見於梁宋間，或在吳楚，顔狀殊不改，謂人曰：我適自東海來，又欲南岳去。後不復見。與祠部韓嶼友善，嶼贈詩云：一定童顔老歲華，貧寒遊歷貴人家。煉成正氣功應大，養得元神道不差。舄曳鶴毛乾髦毿，筇攜杖瘦似槎牙。如何篤隱不歸去，落盡蟠桃幾處花。

譚紫霄

傳記

趙道一《歷世眞仙體道通鑑》卷四三《譚紫霄》　金門羽客姓譚氏名紫霄，一云子雷，其先北海人也，高祖在唐爲達士。紫霄生於金陵，骨法魁梧，神識秀麗，龜形鶴步，圓目方喙，日角有吉字，人關有井文，衆以其殊相異之。六經百氏，祕典靈書，多所該通。南之玉笥山爲道士，後遇異人授以魁罡斗極觀燈飛符之術，行之靈驗。自是名傾江湖，依之如流。遂入閩中，閩主王審知禮加勤厚，一命洞玄天師玄或作章，再命左街道門威儀貞一先生，降札曰：慈能育物，鑒可通神，未歸十洞三天，且佐宵衣旰食。閩亡歸金陵，南唐烈祖聞之，遣使勞問，旁午於道召見，應對鋒辯。上悅服，乃授左街道門威儀，及錫命服，加眞曜先生。降札曰：養德林中，棲神象外，遺華世網，絶利道腴。保大中，又賜金門羽客。紫霄素愛廬山勝概，於是卜白雲峰之棲隱洞，即梁昭明太子書堂，今棲隱觀是也。又於星渚之城南門創別館以備出入，今壽聖觀是也。後主久欽其高風，復召至金陵，未幾還山。宋太祖開寶六年夏四月一日，沐浴上堂，端坐而逝，春秋一百五十。時洞側人見其有雲氣如龍，沖昇而去。及葬，又有彩雲白鶴盤繞其上。後主遣使賵贈彌渥。初，紫霄得術精妙，能醮星象，事黑殺，禹步指訣，禁詛鬼魅，爲人燒奏禳祈災祥，頗知壽夭。人或召之，則澣沐至暮，獨登一閣焚爐刺關奏法事，然後爇燈爲驗。遲明，盡能言人算數長短，靡不應者。武昌軍節度使何敬殊寵婢獲怒，置井中死，人無知者。建隆初，何遇疾，召紫霄。紫霄中夜被髮然燈於靜室，見女厲自訴爲祟之由，紫霄具言之，何曰：信然。乃丹書符送之，其疾即愈。又有奇術，一鄰僧於溪滸創亭子，且爲頑石所阻，致工百倍不能平之。紫霄適見，曰：斯固易爾。以指掐訣，含水噀之，命鎚其石如粉。紫霄自被累朝寵遇，其禮皆比蜀杜光庭，然多辭而不受。凡所獲饋醮祭之資，皆以延賢達、賑貧窶，及待四方賓客，室無囊箱焉。紫霄居洞，時道流聞風而至者百餘人，每爲其徒講莊列，曰：莊列吾教也熟，其書本是悟明眞性，要見本來無物，其說正與釋氏合。若能以釋氏之書參而觀之，則莊列之意較然易明。吾幼時於《金剛》、《圓覺》諸經無所不讀，以是吾於本來眞性無不了悟。今時人自謂道家，便與釋氏互相矛盾，不知眞心求道者不如是也。況但拾其緒餘土苴，有迹爲之事，以是爲道，非惟不悟眞性，亦且背老莊之本意萬萬矣。以故紫霄室中道釋儒書皆有之。《南唐列傳》載：譚紫霄，泉州人，幼爲道士。初有陳守元者，亦道士，嘗鋤地得木札數十，貯銅盎中，皆張道陵符篆，朱墨如新藏。去而不能用，以授紫霄。紫霄盡能通之，遂自言得道陵天心正法，劾鬼魅、治產病多效。閩王孟昶尊重之，號金門羽客、正一先生。閩亡，遯居廬山棲隱洞，學者百餘人。後主聞其名，召見，賜官皆辭不受。俄而疾卒，年百餘歲。今言天心正法者，皆祖於紫霄。

王棲霞

傳記

劉大彬《茅山志》卷一一《上清品》 十九代宗師：貞素先生，姓王諱棲霞，一名敬眞，字玄隱，生於齊而長於魯。七歲神童及第，而仙才靈氣稟於自然。天祐丁卯歲，避亂南渡，至于壽春，從問政聶先生傳道法。及來華陽，又從威儀鄧君啓遐，受《大洞經訣》。南唐烈祖方在賓門，寔來作鎮，召師至金陵，館於玄眞觀。聖曆中興恩禮殊重，加金印紫綬，號玄博大師。表請還山，詔不允。又加貞素先生，號復贈洞微元靜之稱。保大元年壬子歲，夏四月甲寅，隱化于玄眞。春秋六十有二，賻錢二十萬，奉冠劍，歸葬雷平山。徐鉉撰碑，贊曰：

旭日未升，衆星璨如。江南之都，依我仙墟。金印紫綬，於我何有？彼以爲貴，來斯順受。

又卷二四《録金石篇》徐鉉《唐道門威儀玄博大師貞素先生王君碑》

原夫至道之先，邈哉希矣，書契以降，可得而云。黃帝、堯、舜澄其源，故垂衣恭己，在宥天下。伯陽、仲尼道其用，故建言立德，憲章無窮。赤松、羨門神而明之，故輕舉上賓，留侯、商皓變而通之，故解景滅迹。順是而下，莫不由之。故有縉紳端委，利萬物於廟堂之上；葛巾蕙帶，全陰功於塵埃之外。隱顯殊志，趣舍同歸。其人有終，其魄不死。閬風玄圃，羣帝之密都；赤城華陽，仙聖之治所。光靈肸蠁，若在左右，仁人君子，往往至焉，見之於貞素先生矣。君諱棲霞，字玄隱，華宗繼世，積德所鍾。生於齊，得泱泱之風；長於魯，習恂恂之教。七歲神童及第，十五博綜經史，闔黨童子，靡敢並行，東方諸侯，爲之前席。而仙才靈氣稟於自然，塵纓世網，不可拘繫。每名山獨往，神契感通，奇怪恍惚，衆莫能測。天祐丁卯歲，避亂南渡，至于壽春，感四海之分崩，想八公之遺跡，於是解巾名路，委質玄門。問政先生聶君見而奇之，授以法籙。是日有彩雲皓鶴，翔舞久之。既而窮若士之遨遊，得東卿之勝境。道無不在，善豈常師，又從威儀鄧君啓遐受《大洞眞經》，玄科祕旨，動以諮詢。福地仙源，因而棲託，誅茅穿徑，枕石漱流。身既隱而名愈彰，道已寂而節彌苦。桑田自改，桂樹長留。烈祖孝高皇帝方在賓門，實來作鎭。紫炁表眞人之應，青雲符好道之占。君鶴書被徵，褐衣來見，談天人之際，講道德之源，靡勞牧馬之迷，自契順風之請。因從敦禮，來止建康。有玄眞觀者，陳宣帝爲藏矜先生之所作也。殿堂岑寂，水木清華，游焉息焉，以遂其好。每竹宮望拜，玉牒祕詞，叩寂求眞，必君是賴，嘉祥靈應，世莫得聞。聖曆中興，恩禮殊重，賜金印紫綬，號玄博大師。烈祖嘗從容謂君曰：吾不貪四海之富，惟以蒼生爲憂。君對曰：夫古聖人，修其身而後及天下，天下得一人安而後安。今天子動勞萬機，忘寢與食，身且不能自治，豈能治蒼生哉？帝善其言，以百金爲之壽。其識度亮直，又如此焉。今上嗣清靜之基，尊玄默之化，諮諏賓敬，有踰於前，而君茅嶺夙心，老而彌篤。比年抗表，請歸舊山，優詔惜之，又加貞素先生之號。既而玉棺有命，紫素告期，葛洪見留，不成大藥，少君捨去，先夢繡衣。保大壬子歲夏四月甲寅，隱化于玄眞觀，春秋六十有二。恩旨痛惜，賻錢二十萬，道俗嗟慕，會葬數百人。初，君之及茅山也，即良常洞之前，相雷平山之下，披榛翦穢，面壑臨流，除地爲壇，表朝眞之位，因丘設隧，卜安神之室。至是歸葬，符夙願焉。六月丙申，發自京師，泝淮而上。時畿內久旱，川塗可揭，是日大雨洪注，騰波郤流。驀長堤，踰重堰，飄然利涉，人不知勞。昔周君有欒水之朝，宣尼有泗水之應，校靈比德，其殆庶乎？君傳法度人，數逾累百。有若玄眞觀主朱懷德，名先入室，道極嚴師。首座孫仲之，章表，大德劉德光，參受經法，預聞玄祕。永懷在三之義，願垂不朽之風。威儀王可德、首座陳希聲，並仰高山，共刊貞石。鉉也不佞，夙承教義，雖復仙凡異迹，靜躁殊途，而誠以所感，素交斯在，徘徊祠宇，邈若山河，敬書峴首之悲，以伺遼城之歎。其詞曰：

於鑠子晉，上賓于天。亦有胤孫，窮神體玄。昔我來斯，世稱其賢。今我往矣，人謂之仙。至道希夷，孰知其然？華陽洞府，句曲風煙。林芳橘葉，地即芝田。披文相質，億萬斯年。

許堅

傳記

趙道一《歷世眞仙體道通鑑》卷四六《許堅》 許堅，字介石，廬江人也。或曰本晉長史穆之裔。形陋而怪，長滿七尺。幘巾芒鞋，短襴至骭。亦無齎裝，惟自負布囊而已。性嗜酒，善屬文，尤好吟詠。嘗以策干江南主，及以詩上舍人徐鉉，竟拂衣去。居常無冬夏，常持一大扇，自號江南野人。書一絕于扇云：哦吟但寫胸中妙，飲酒能忘身後名。但願長閑有詩酒，一溪風月共清明。又題簡寂觀云：常恨眞風千載隱，洞天還得恣遊遨。松楸古色一壇靜，鸞鶴不來表漢高。茅氏井寒丹已化，玄宗碑斷夢魂勞。分明有個長生路，不向紅塵嘆二毛。宋太祖乾德中，其文集頗行於世。爲人靜默，不苟名聲。所居無常，多往簡寂觀或白鹿洞，人莫知其趨向也。時須濯浴，便就溪澗，不解衣帶，出而曝衣於石。今簡寂大澗中有許堅曬衣石尚存。堅有鼎，容三升，每得魚，不去鱗腸，或烹或炙，不加醯鹽。熟處，旋啖。素與樊若水善。樊北渡，至大宋太平興國中，因漕江南，會堅於簡寂。勉以祿仕，則顰蹙不答，乃割俸金三百緡爲酒資，以券授之。堅唯而不謝。既半期，未嘗一言。或爲之請之，則飲酒市魚，歡然醉舞。或有借券而往公府，亦從之。至樊將解職，就索囊券，亦亡其所之。其曠達自任如此。後往茅山，或之九華，隨意所適，人不能測。亦未嘗見其釜鬵。又嘗至陽羨，一日涉西津，忽淩波闊步而行，衆方驚，以爲神。眞宗景德末，卒於金陵。歲餘，兵部員外郎陳靖，艤舟秦淮，謂兩日前於洪井見堅來謁，門刺尚在。及發其瘗，無所復睹，人以爲尸解云。

王法進

傳記

李昉《太平廣記》卷五三《神仙五三・王法進》 王法進者，劍州臨津人也。幼而好道，家近古觀。雖無道士居之，其嬉戲未嘗輕侮於像設。十餘歲，有女冠自劍州歷外邑，過其家，父母以其慕道，託女冠以保護之，與授正一延生小籙，名曰法進。而專勤香火，齋戒護持，亦茹栢絕粒，時有感降。時三川饑儉，斛㪷翔貴，死者十五六，多採野葛山芋以充饑。忽三青童降於其庭，謂法進曰：上帝以汝夙稟仙骨，歸心精誠，不忘於道。敕我迎汝受事於上京也。不覺騰空，逕達大帝之所，命以玉盃霞漿賜之。徐謂曰：人處三才之大，體天地之和，得人形，生中土，甚不易也。天運四時之氣，地稟五行之秀，生五穀百果，以養於人，而人不知天地養育之恩，輕棄五穀，厭捨絲麻，使耕農之夫，紡績之婦身勤而不得飽，力竭而不禦寒。徒施其勞，曾無愛惜者，斯固神明所責，天地不佑矣。近者地司岳瀆所奏，以世人厭擲五穀，不貴衣食之本，我已敕太華之府，收五穀之神，所種不成，下民饑餓，因示罰責，以懲其心。然旋奉太上慈旨，以大道好生，務先救物。雖天地神明責之，愚民不知其過所自，固無懺請首原之路。汝當爲上宮侍童，入侍天府。今且令汝下歸於世，告喻下民，使其悔罪，寶愛農桑，此亦汝之陰功也。命侍女以靈寶清齋告謝天地儀一軸付之，使傳行於世。曰：令世人相率於幽山高靜之所，致齋悔謝，一年再爲之，則宿罪可除。穀父蠶母之神，爲致豐衍矣。龍虎之年，復當召汝。即今清齋天公告謝之法是也。法進以天寶十二年壬辰遂復昇天。出《仙傳拾遺》。

費冠卿

傳記

李昉《太平廣記》卷五四《神仙五四・費冠卿》 費冠卿，池州人也。進士擢第，將歸故鄉，別相國鄭公餘慶。公素與秋浦劉令友善，喜費之行，託以寓書焉。手札盈幅，緘以授費。戒之曰：劉令久在名場，所以不登甲乙之選者，以其褊率，不拘於時，捨科甲而就卑宦，可善遇之也。費因請公略批行止書末，貴其因所慰薦，稍垂青眼。公然之，發函批數行，復緘如初。費至秋浦，先投刺於劉。劉閱刺，委諸案上，略不顧盼。費悚立俟命，久而無報，疑其不可也，即以相國書授閽者。劉發緘覽畢，慢罵曰：鄭某老漢，用此書何爲。劈而棄之。費愈懼，排闥而入，趨拜於前。劉忽閔然顧之，揖坐與語。日暮矣，劉促令排店。費曰：日已昏黑，或得逆旅之舍，亦不及矣。乞於廳廡之下，席地一宵。明日徐詣店所，即自解囊裝，舒氈席於地。劉即拂衣而入。良久出曰：此非待賓之所，有閤子中。既而閉門，鏁繫甚嚴。費莫知所以，據榻而息。是夕月明，於門竅中窺其外，悄然無聲。見劉令自執篲畚，掃除堂之內外。庭廡陛壁，靡不周悉。費異其事，危坐屏息，不寐而伺焉。將及一更，忽有異香之氣，郁烈殊常，非人世所有。良久，劉執版恭立於庭，似有所候。香氣彌甚，即見雲冠紫衣仙人，長八九尺，數十人擁從而至。劉再拜稽首，此仙人直詣堂中。劉立侍其側，俄有筵席羅列，餚饌奇果，香聞閣下。費聞之，已覺氣清神爽。須臾奏樂飲酒，命劉令布席於地，亦侍飲焉。樂之音調，亦非人間之曲。仙人忽問劉曰：得鄭某信否。對曰：得信甚安。頃之又問：得鄭某書否。對曰：費冠卿先輩自長安來，得書。笑曰：費冠卿且喜及第也，今在此邪。對曰：在。仙人曰：吾未合與之相見，且與一杯酒。但向道早修行，即得相見矣。即命劉酌酒一盃，送閤子中。費窺見劉自呷酒半盃，即以階上盆中水投杯中，疑而未飲。仙人忽下階，與徒從乘雲而去。

劉拜辭嗚咽。仙人戒曰：爾見鄭某，但令修行，即當相見也。既去，劉即詣閣中。見酒猶在。驚曰：此酒萬劫不可一遇，何不飲也。引而飲之。費力爭，得一兩呷。劉即與冠卿爲修道之友，卜居九華山。以左拾遺徵，竟不起。鄭相國尋亦去世。劉費頗祕其事。不知所降是何眞仙也。出《神仙感遇傳》。

楊真伯

傳記

李昉《太平廣記》卷五三《神仙五三・楊真伯》 弘農楊眞伯，幼有文，性躭翫書史，以至忘寢食。父母不能禁止，時或奪其脂燭，匿其詩書。眞伯頗以爲患，遂逃過洪饒間，於精舍空院，肄習半年餘。中秋夜，習讀次，可二更已來，忽有人扣學窗牖間，眞伯淫於典籍不知也。俄然有人啓扉而入，乃一雙鬟青衣，言曰：女郎久棲幽隱，服氣茹芝，多往來洞庭雲水間。知君子近至此，又骨氣清淨，志操堅白，願盡款曲。眞伯殊不應，青衣自反。三更後，聞戶外珩璜環珮之聲，異香芳馥。俄而青衣報女郎且至，年可二八，冠碧雲鳳翼冠，衣紫雲霞日月衣，精光射人，逡巡就坐。眞伯殊不顧問一言。久之，於眞伯案取硯，青衣薦牋。女郎書札數行，怏然而去。眞伯因起，乃視其所留詩曰：君子竟執逆，無田達誠素。明月海上山，秋風獨歸去。其後亦不知女郎是何人也，豈非洞庭諸仙乎。觀其詩思，豈人間之言歟。出《博異志》。

維揚十友

傳記

李昉《太平廣記》卷五三《神仙五三・維揚十友》 維揚十友者，皆家產粗豐，守分知足，不干祿位，不貪貨財，慕玄知道者也。相約爲友，若兄弟焉。時海內大安，民人胥悅，遽以酒食爲娛，自樂其志，始於一家，周於十室，率以爲常。忽有一老叟，衣服滓弊，氣貌羸弱，似貧窶不足之士也，亦着麻衣，預十人末，以造其會。衆既適情，亦皆憫之，不加斥逐，醉飽自去，莫知所之。一旦言於衆曰：余力困之士也，幸衆人許陪坐末，不以爲責。今十人置宴，皆得預之，席既周畢，亦願力爲一會，以答厚恩。約以他日，願得同往。至期，十友如其言，相率以待。淩晨，貧叟果至，相引徐步，詣東塘郊外，不覺爲遠。草莽中茆屋兩三間，傾側欲摧，引入其下，有丐者數輩在焉，皆是蓬髮鶉衣，形狀穢陋。叟至，丐者相顧而起，牆立以俟其命。叟令掃除舍下，陳列蘧蒢，布以菅席，相邀環坐。日既旰矣，咸有饑色。久之，各以醯鹽竹筯，置於客前。逡巡，數輩共舉一亘板如案，長四五尺，設於席中，以油帊幕之。十友相顧，謂必濟饑，甚以爲喜。既撤油帊，氣熗熗然尙未可辨。久而視之，乃是蒸一童兒，可十數歲，已糜爛矣。耳目手足，半已墮落。叟揖讓勸勉，使衆就食。衆深嫌之，多託以飫飽，亦有忿恚逃去，都無肯食者。叟縱意飡啖，似有盈味，食之不盡，即命諸丐擎去，令盡食之。因謂諸人曰：此所食者，千歲人參也。頗甚難求，不可一遇。吾得此物，感諸公延遇之恩，聊欲相報。且食之者，白日昇天，身爲上仙。衆既不食，其命也夫。衆驚異，悔謝未及。叟促問諸丐，令食訖即來。俄而丐者化爲青童玉女，幡蓋導從，與叟一時昇天。十友剋心追求，更莫能見。出《神仙感遇傳》。

閭丘子

傳記

李昉《太平廣記》卷五二《神仙五二・閭丘子》 有滎陽鄭又玄，名家子也，居長安中。自小與隣舍閭丘氏子，偕讀書於師氏。又玄性驕，率以門望清貴，而閭丘氏寒賤者，往往戲而罵之曰：閭丘氏非吾類也，而我偕學於師氏。我雖不語，汝寧不愧於心乎。閭丘子嘿然有慚色。後數歲，閭丘子病死。及十年，又玄以明經上第，其後調補參軍於唐安郡。既至官，郡守命假尉唐興，有同舍仇生者，大賈之子，年始冠，其家資產萬計。日與又玄會，又玄累受其金錢賂遺，常與讌遊。然仇生非士族，未嘗以禮貌接之。嘗一日，又玄置酒高會，而仇生不得預。及酒闌，有謂又玄者曰：仇生與子同舍會讌，而仇生不得預，豈非有罪乎。又玄慚，即召仇生。生至，又玄以巵飲之。生辭不能引滿，固謝。又玄怒罵曰：汝市井之民，徒知錐刀爾，何爲僭居官秩邪。且吾與汝爲伍，實汝之幸，又何敢辭酒乎。因振衣起。仇生羞且甚，俛而退，遂棄官閉門，不與人往來，經數月病卒。明年，鄭罷官，僑居濛陽郡佛寺。鄭常好黄老之道，時有吳道士者，以道藝聞，廬於蜀門山。又玄高其風，即驅而就謁，願爲門弟子。吳道士曰：子既慕神仙，當且居山林，無爲汲汲於塵俗間。又玄喜謝曰：先生眞有道者，某願爲隸於左右，其可乎。道士許而留之。凡十五年，又玄志稍惰。吳道士曰：子不能固其心，徒爲居山林中，無補矣。又玄即辭去，讌遊濛陽郡久之。其後東入長安，次褒城，舍逆旅氏，遇一童兒十餘歲，貌甚秀。又玄與之語，其辨慧千轉萬化。又玄自謂不能及。已而謂又玄曰：我與君故人有年矣。君省之乎。又玄曰：忘矣。童兒曰：吾嘗生閭丘氏之門，居長安中，與子偕學於師氏。子以我寒賤，且曰非吾類也。後又爲仇氏子，尉於唐興，與子同舍。子受我金錢賂遺甚多，然子未嘗以禮貌遇我，罵我市井之民。何吾子驕傲之甚邪。又玄驚，因再拜謝曰：誠吾之罪也。然子非聖人，安得知三生事乎。童兒曰：我太清眞人，上帝以汝有道氣，故生我於人間。與汝爲友，將授眞仙之訣。而汝以性驕傲，終不能得其道。吁，可悲乎。言訖，忽亡所見。又玄既寤其事，甚慚恚，竟以憂卒。出《宣室志》。

王子芝

傳記

趙道一《歷世真仙體道通鑑》卷二二《王子芝》 王子芝字仙苗，自云河南緱山人。常遊京洛間，耆老云：五十年來見之，狀貌常如四十許，莫知其甲子也。好養氣，而嗜酒。故蒲帥琅琊公重盈作鎭之初年，子芝廨宇紫極宮，公令待之甚厚。又聞其嗜酒，日以二榼餉之。子芝因出，遇一樵者，荷擔於宮門，貌非常也，意甚異焉。因市其薪，厚償厥價。樵者得金，亦不讓而去。子芝令人躡其後以覘之，樵者徑趨酒肆，盡飲酒以歸。他日復來，謂子芝曰：是酒佳則佳矣，然殊不及解縣石氏之醞也。予適自彼來，恨向者無侶，不果盡於斟酌。子芝因降階執手，與之擁爐，祈於樵者曰：石氏芳醪可致不？樵者許之，因丹筆書符一，置於火上。煙未絕，有小豎立侍，樵者命之曰：爾領尊師之僕挈此二榼，徑往石家取酒，吾待以尊師一醉。時既昏夜，門已扃禁，小豎謂子芝僕曰：可閉目。因搭其頭，人與酒壺皆出自門隙。已及解縣，買酒而還。因與子芝共傾焉，其甘醇郁洌，非世所傳。中宵，樵者謂子芝曰：子已醉矣，予召一客坐子旁，可乎？子芝曰：可。樵者復書朱符致火上，瞬息聞異香滿室，有一人貌堂堂，美鬚眉，紫袍，秉簡揖坐，於是共飲。良久，樵者燒一鐵筋以焌紫衣者曰：子可去。時東方明矣，遂各起別。樵者因謂子芝曰：識向來人不？少頃可造河瀆廟睹之。子芝送樵者訖，因過廟所睹夜來共飲者，乃神耳，鐵筋之驗宛然。其後子芝再遇樵仙，別傳修煉之訣，遂爲地仙。

陳簡

傳記

趙道一《歷世真仙體道通鑑》卷二二《陳簡》 陳簡，婺州金華縣小吏也。早入縣，未啓關，躊躇以候。忽逢一道流，其行甚急。簡不覺隨之，行三五里，忽及一宮觀，殿宇森聳，傍有大山。道流引之至一室內，有几案筆墨之屬，以黄素書一卷，紙十餘幅授之，曰：以汝有書性，爲我書之。發標視之，皆古篆文。素不識篆字，亦未嘗攻學，心甚難之。道流已去，無可推遜。試按本書之，甚易，半日已畢。道流以一杯湯與之，曰：此金華神液，不可妄得，飲之者壽不可限，味甚甘美。因勞謝而遣之曰：世難即復來，此金華洞天也。出門，恍如夢覺，已三日矣。還家習篆書，遒勁異常，而不復飲食。太守鮮梓方將受籙，頗異其事，以爲神仙嘉應，判縣狀曰：方得祕籙，有此嘉祥。既彰悟道之階，允協登眞之兆。簡尋復入金華山去，後不知其所終。

王叡

傳記

趙道一《歷世真仙體道通鑑》卷二二《王叡》 進士王叡，漁經獵史之士也。孜孜矻矻，窮古人之所未窮，得先儒之所未得，著《炙轂子》三十卷，六經得失，史冊差謬，未有不針其膏而藥其肓者。所有二種之篇，釋喻之説，則古人高識洞鑒之士有所不逮焉。嗜酒自娛，不拘於俗，酣暢之外，必切磋義府，研覈詞樞，亦猶劉闡之詬誚古人矣。然其咀吸風露，呼嚼嵐霞，因而成疹，積年苦冷，而莫能愈。遊燕中，道逢癭杖椶笠者，鶴貌高古，異諸其儕，名曰希道。笑謂之曰：少年有三惑之累耶？何苦瘠若斯。叡語其故，希道曰：予有爐鼎之功，何疾不除也。叡委質以師之，齋於漳水之濱，三日而授其訣曰：木精天魂，金液地魄，坎離運行，寬猛無成，金木有數，秦晉合宜。近效六旬，遠期三載爾。歌曰：魄微入魂牝牡結，陽呴陰滋神鬼滅。千歌萬讚皆未決，古往今來拋日月。受而製焉，餌之，周星疹且瘳矣。乃隱晦自處，佯狂混時，年八十，殆於彭山道中，識者瘞之。未幾又在成都市，常寓止樂溫縣，時鷙獸結尾爲害尤甚，叡醉宿草莽，露身林野，無所憚焉，斯亦蟬蛻之流也。

沈彬

傳記

李昉《太平廣記》卷五四《神仙五四・沈彬》 吳興沈彬，少而好道。及致仕歸高安，恆以朝修服餌爲事。嘗遊郁木洞觀，忽聞空中樂聲，仰視雲際，見女仙數十，冉冉而下，逕之觀中。徧至像前焚香，良久乃去。彬匿室中不敢出。既去，入殿視之，几案上皆有遺香，彬悉取置爐中。已而自悔曰：吾平生好道，今見神仙而不能禮謁，得仙香而不能食之，是其無分歟。初，彬恆誡其子云：吾所居堂中，正是吉地，即葬之。及卒，如其言。掘地得自然塼壙，製作甚精，塼上皆作吳興字。彬年八十餘卒。後豫章有漁人投生米於潭中捕魚，不覺行遠。忽入一石門，煥然明朗，行數百步，見一白髯翁。諦視之，頗類於彬。謂漁人曰：此非爾所宜來，速出猶可。漁人遽出登岸，云入水已三日矣。故老有知者云：此即西仙天寶洞之南門也。出《稽神錄》。

蔡少霞

傳記

李昉《太平廣記》卷五五《神仙五五·蔡少霞》　蔡少霞者，陳留人也。性情恬和，幼而奉道。早歲明經得第，選蘄州參軍。秩滿，漂寓江浙間。久之，再授兗州泗水丞，遂於縣東二十里買山築室，爲終焉之計。居處深僻，俯瞰龜蒙，水石雲霞，境象殊勝。少霞世累早絕，尤諧夙尚。偶一日沿溪獨行，忽得美蔭，因憩焉。神思昏然，不覺成寐。因爲褐衣鹿幘之人夢中召去，隨之遠遊，乃至城廓一所。碧天虛曠，瑞日曈曨，人俗潔淨，卉木鮮茂。少霞舉目移足，惶惑不寧，即被導之令前。經歷門堂，深邃莫測，遥見玉人當軒獨立。少霞遽修敬謁，玉人謂曰：愍子虔心，今宜領事。少霞靡知所謂，復爲鹿幘人引至東廊，止於石碑之側。謂少霞曰：召君書此，賀遇良因。少霞素不工書，即極辭讓。鹿幘人曰：但按文而錄，胡乃拒違。俄有二童，自北而來。一捧牙箱，內有兩幅紫絹文書，一齎筆硯，即付少霞。凝神搦管，頃刻而畢。因覽讀之，已記於心矣。題云：蒼龍溪新宮銘，紫陽眞人山玄卿撰。良常西麓，源澤東洩。新宮宏宏，崇軒巘巘。雕珉盤礎，鏤檀棟臬。碧瓦鱗差，瑤瑎昉截。閣凝瑞霞，樓橫祥霓。騶虞巡徼，昌明捧闑。珠樹規連，玉泉矩洩。靈飈遐集，聖日俯晰。太上游詣，無極便闕。百神守護，諸眞班列。仙翁鵠立，道師水潔。飲玉成漿，饌瓊爲屑。桂旗不動，蘭幄互設。妙樂競奏，流鈴間發。天籟虛徐，風簫泠澈。鳳歌諧律，鶴舞會節。三變玄雲，九成絳雪。易遷徒語，童初詎說。方更周視，遂爲鹿幘人促之，忽遽而返。醒然遂寤，急命紙筆，登即紀錄。自是兗豫好奇之人，多詣少霞。謁訪其事，有鄭還古者，爲立傳焉。且少霞乃孝廉一叟耳，固知其不妄矣。出《集異記》。

鄭居中

傳記

李昉《太平廣記》卷五五《神仙五五·鄭居中》　鄭舍人居中，高雅之士，好道術，常遇張山人者，多同遊處，人但呼爲小張山人，亦不知其所能也。居襄漢間，除中書舍人，不就。開成二年春，往東洛嵩岳，攜家僮三四人，與僧登歷，無所不到，數月淹止。日晚至一處，林泉秀潔，愛甚忘返，會院僧不在。張燭爇火將宿，遣僕者求之，兼取筆，似欲爲詩者。操筆之次，燈滅火盡。一僮在側，聞鄭公仆地之聲，喉中氣麤，有光如雞子，遶頸而出。遽吹薪照之，已不救矣。紙上有四字云：香火願畢。畢字僅不成。後居山者及獵人時見之，衣服如遊涉之狀。當應是張生潛出言其終竟之日，鄭公捨家以避耳。若此豈非達命者歟。出《逸史》。

張山人

傳記

李昉《太平廣記》卷七二《道術二·張山人》　唐曹王貶衡州，時有張山人，技術之士。王常出獵，因得羣鹿十餘頭。圍已合，計必擒獲。無何失之，不知其處。召山人問之。山人曰：此是術者所隱。遂索水，以刀湯禁之。少頃，於水中見一道士，長纔及寸，負囊拄杖，敝敝而行。衆人視之，無不見者。山人乃取布針，就水中刺道士左足，遂見跛足而行。即告曰：此人易追，止十餘里。遂命走向北。逐之十餘里，果見道士跛足而行，與水中見者狀貌同。遂以王命邀之，道士笑而來。山人曰：不可責怒，但以禮求請之。道士至，王問鹿何在。曰：鹿在矣。向見諸鹿無故即死，故哀之。所以禁隱，亦不敢放。今在山側耳。王遣左右視之，諸鹿隱於小坡而不動。王問其患足之由。曰：行數里，忽患之。王召山人，與之相視，乃舊識焉。其足尋亦平復。乃是郴州連山觀侯生，即從容遣之。未期，有一客過郴州，寄宿此觀，縛馬於觀門，糞污頗甚。觀主見而責之。客大怒，詬罵道士而去。未十日，客忽遇張山人。山人謂曰：君方有大厄，蓋有所犯觸。客即說前日與道士爭罵之由。山人曰：此異人也，爲君致禍，却速往辭謝之。不然，不可脫也。此爲震厄。君今夕所至，當截一栢木，長與身齊，致所卧處，以衣衾蓋之，身別處一屋，以棗木作釘子七枚，釘地依北斗狀，仍建辰位，身居第二星下伏，當免矣。客大驚，登時却迴，求得栢木。來郴州，宿於山舘，如言設法。半夜，忽大風雨，雷電震於前屋，須臾電光直入所止。客伏於星下，不敢動，電入屋數四，如有搜獲之狀，不得而止。比明前視，栢木已爲粉矣。客益懼，奔謝觀主，哀求生命。久而方解。謂客曰：人不可輕也。毒蛇之輩，尚能害人，豈合無狀相忤乎。今已捨子矣。客首罪而去。遂求張山人，厚報之也。出《原化記》。

輔神通

傳記

李昉《太平廣記》卷七二《道術二·輔神道》 道士輔神通者，家在蜀州，幼而孤貧，恆爲人牧牛以自給。神通牧所，恆見一道士往來，因爾致敬相識。數載，道士謂神通曰：能爲弟子否。答曰：甚快。乃引神通入水中，謂通曰：我入之時，汝宜隨之，無憚爲也。既入，使至其居所，屋宇嚴潔，有藥囊丹竈，牀下悉大還丹。遂使神通看火，兼教黃白之術。經三年，神通已年二十餘，思憶人間。會道士不在，乃盜還丹，別貯一處。道士歸，問其丹何在。神通便推不見。道士嘆息曰：吾欲授汝道要。汝今若是，曷足授。我雖備解諸法，然無益長生也。引至他道逐去，便出，神通甚悅。崎嶇洞穴，以藥自資。七十餘日，方至人間。其後厭世事，追思道士。聞其往來在蜀州開元觀，遂請配度，隸名於是。其後聞道士至，往候後。輒云已出，如是數十度，終不得見。神通私以金百斤與房中奴，令道士來可馳報。奴得金後，頻來報，更不得見。蜀州刺史奏神通曉黃白，玄宗試之皆驗。每先以土鍋煮水銀，隨帝所請，以少藥投之，應手而變。帝求得其術，會祿山之亂乃止。出《廣異記》。

騾鞭客

傳記

李昉《太平廣記》卷七二《道術二·騾鞭客》 茅山黃尊師，法籙甚高。於茅山側，修起天尊殿，講說教化，日有數千人。時講筵初合，忽有一人排闥叫呼，相貌麤黑，言辭鄙陋，腰插騾鞭，如隨商客騾䭾者。罵曰：道士，汝正熟睡邪。聚衆作何物。不向深山學修道，還敢謾語邪。黃尊師不測，下講筵遜詞。衆人悉懼，不敢牴牾。良久詞色稍和，曰：豈不是修一殿，卻用幾錢。曰：要五千貫。曰：盡搬破甑釜及雜鐵來。約八九百斤，掘地爲爐，以火銷之。探懷中取葫蘆，瀉出兩丸藥，以物攪之。少頃去火，已成上銀。曰：此合得萬餘貫，修觀計用有餘。講則所獲無多，但罷之。黃生與徒弟皆相謝，問其所欲，笑出門去，不知所之。後十餘年，黃生奉詔赴京，忽於長街西，見插騾鞭者，肩一幞子，隨騎驢老人行，全無茅山氣色。黃生欲趨揖，乃搖手，指乘驢者，復連叩頭。黃生但遙榼禮而已。老人髮白如絲，顏若十四、五女子也。出《逸史》。

杜巫

傳記

李昉《太平廣記》卷七二《道術二·杜巫》 杜巫尚書年少未達時，曾於長白山遇道士，貽丹一丸，即令服訖，不欲食，容色悅懌，輕健無疾。後任商州刺史，自以既登太守，班位已崇，而不食恐驚於衆，於是欲去其丹，遇客無不問其法。歲餘，有道士至，甚年少，巫詢之，道士教以食豬肉，仍吃血。巫從之食吃，道士命拏羅。須臾，巫吐痰涎至多，有一塊物如栗，道士取之，甚堅固。道士剖之，若新膠之未乾者，丹在中。道士取以洗之，置於手中，其色綠瑩。巫曰：將來，吾自收之，暮年服也。道士不與曰：長白吾師曰：杜巫悔服吾丹，今願出之。汝可教之，收藥歸也。今我奉師之命，欲去其神物。今既去矣，而又擬留至耄年。縱收得，亦不能用也，自宜息心。遂吞之而去。巫後五十餘年，罄產燒藥，竟不成。出《玄怪錄》。

程逸人

傳記

李昉《太平廣記》卷七三《道術三·程逸人》 上黨有程逸人者，有符術。劉悟爲澤潞節度。臨沼縣民蕭季平，家甚富，忽一日無疾暴卒。逸人嘗受平厚惠，聞其死，即馳往視之，語其子云：爾父未當死，蓋爲山神所召。治之尚可活。於是朱書一符，向空擲之。僅食頃，季平果蘇。其子問父向安適乎。季平曰：我今日方起，忽見一綠衣人云：霍山神召我，由是與使者俱行，約五十餘里，適遇丈夫朱衣，仗劍怒目，從空而至，謂我曰：程斬邪召汝，汝可即去。於是綠衣者馳走，若有懼。朱衣人牽我復偕來，有頃忽覺醒然。其家驚異。因質問逸人曰：所謂程斬邪者誰邪。逸人曰：吾學於師氏歸氏龍虎斬邪符籙。因解所佩籙囊以示之，人方信其不誣。逸人後遊閩越，竟不知所在。出《宣室志》。

李處士

傳記

李昉《太平廣記》卷七三《道術三·李處士》 李文公翺，自文昌宫出刺合淝郡。公性褊直方正，未嘗信巫覡之事。郡客李處士者，自云能通神人之言，言事頗中，合郡肅敬，如事神明。公下車旬月，乃投刺候謁，禮容甚倨。公謂曰：仲尼大聖也，而云未知生焉知死，子能賢於宣文邪。生曰：不然。獨不見阮生著無鬼論，精辨宏贍，人不能屈，果至見鬼乎。且公骨肉間，旦夕當有遘疾沉困者，苟晏安酖毒則已。或五常粗備。漬以七情，孰忍視溺而不援哉。公愈怒，立命械繫之。夫人背疽，明日內潰，果不食昏瞑，百刻不糝。遍召醫藥，曾無少瘳。愛女十人，既笄未嫁，環牀呱呱而泣。自歸咎於文公之桎梏李生也。公以夗央義重，息裔情牽，不得已，解縲紲而祈叩之。則曰：若手翰一文，俟夜當祈之，宜留墨篆同焚，當可脫免。仍誡曰：慎勿箋易鉛槧，他無所須矣。公竟受教，即自草祝語，潔手書之。公性褊且疑，數紙皆誤，不能爽約。則又再書，炬灺更深，疲於毫硯，克意一幅，繕札稍嚴。而官位之中，竟箋一字。既逾時刻，遂並符以焚。焚畢，呻吟頓減，合室相慶。黎明，李生候謁，公深德之。生曰：禍則見免，猶謂遲遲，誠公無得漏略，何爲復注一字。公曰：無之。生曰：祝詞在斯。因探懷以出示，則昨夕所燼之文也。公驚愕慚赧，避席而拜，酬之厚幣，竟無所取。旬日告別，不知所往。疾亦漸間。出《唐闕史》。

趙操

傳記

李昉《太平廣記》卷七三《道術三·趙操》 趙操者，唐相國憬之孽子也。性疎狂不愼，相國屢加教戒，終莫改悔，有過懼罪。因盜小吏之驢，攜私錢二緡，竄於旗亭下。不日錢盡，遂南出啓夏門，恣意縱驢，從其所往。俄屆南山，漸入深遠。猿鳥一徑，非畜乘所歷。操即繫驢山木，躋攀獨往。行可二十里，忽遇人居，因即款門。既入，有二白髮叟謂操曰：汝旣至，可以少留。操顧其室內，妻妾孤幼，不異俗世。操端無所執，但恣遊山水，而甚安焉。月餘，二叟謂操曰：勞汝入都，爲吾市山中所要。操則應命。二叟曰：汝所乘驢，貨之可得五千。汝用此，依吾所約買之而還。操因曰：操大人方爲國相，今者入京，懼其收維。且驢非己畜，何容便貨。況繫之山門，今已一月，其存亡不可知也。二叟曰：第依吾教，勿過憂苦。操即出山，宛見其驢尙在。還乘之而馳，足力甚壯。貨之，果得五千。因探懷中二叟所示之書，惟買水銀耳。操即爲交易。薄晚而歸，終暝遂及二叟之舍。二叟即以雜藥燒煉，俄而化爲黃金，因以此術示之於操。自爾半年。二叟徐謂操曰：汝可歸寧。三年之後，當與汝會於茅廬。操願留不獲，於是辭訣。及家，相國薨再宿矣。操過小祥，則又入山。岐路木石，峰巒樹木，皆非向之所經也。操亟返，服闋。因告別昆仲，遊於江湖，至今無羈於世，從學道者甚衆。操終無傳焉。出《集異記》。

俞叟

傳記

李昉《太平廣記》卷七四《道術四·俞叟》 尙書王公潛節度荆南時，有呂氏子，衣敝舉策，有飢寒之色，投刺來謁，公不爲禮，甚怏怏。因寓於逆旅。月餘，窮乏益甚，遂鬻所乘驢於荆州市。有市門監俞叟者，召呂生而語，且問其所由。呂生曰：吾家於渭北。家貧親老，無以給旨甘之養。府帥公吾之重表丈也，吾不遠而來，冀哀吾貧而周之。入謁而公不一顧，豈非命也。叟曰：某雖貧，無資食以賙吾子之急。然向者見吾子有飢寒色，甚不平。今夕爲吾子具食，幸宿我宇下，生無以辭焉。呂生許諾。於是延入一室，湫隘卑陋，摧簷壞垣，無牀榻茵褥。致敝薦於地，與呂生坐。語久命食，以陶器進脫粟飯而已。食訖，夜既深，謂呂生曰：吾早年好道，常隱居四明山，從道士學却老之術，有志未就，自晦迹於此。僅十年，而荆人未有知者。以吾子困於羈旅，得無動於心耶。今夕爲吾子設一小術，以致歸路裹糧之費，不亦可乎。呂生雖疑誕妄，然甚覺其異。叟因取一缶合於地，僅食頃，舉而視之，見一人長五寸許，紫綬金腰帶，俛而拱焉。俞叟指曰：此乃尙書王公之魂也。呂生熟視其狀貌，果類王公，心默而異之。因戒曰：呂乃汝之表姪也，家苦貧，無以給旦夕之贍，故自渭北不遠而來。汝宜厚給館穀，盡親親之道。汝何自矜，曾不一顧，豈人心哉。今不罪汝，宜厚貲之，無使爲留滯之客。紫衣僂而揖，若受教之狀。叟又曰：呂生無僕馬，可致一匹一僕，縑二百疋，以遺之。紫衣又僂而揖，於是却以缶合於上。有頃再啓之，已無見矣。明旦，天將曉。叟謂呂生曰：子可疾去，王公旦夕召子矣。及歸逆旅，王公果使召之。方見且謝曰：吾子不遠見訪，屬軍府務殷。未果一日接言，深用爲愧，幸吾子察之。是日始館呂生驛亭，與宴遊累日。呂生告去，王公贈僕馬及縑二百。呂生益奇之，然不敢言。及歸渭北後數年，因與友人數輩會宿，語及靈怪，始以其事說於人也。出《宣室志》。

陳季卿

傳記

李昉《太平廣記》卷七四《道術四・陳季卿》 陳季卿者，家於江南。辭家十年，舉進士。志不能無成歸，羇棲輦下。鬻書判給衣食，常訪僧於青龍寺。遇僧他適，因息於暖閣中，以待僧還。有終南山翁，亦伺僧歸。方擁爐而坐，揖季卿就爐。坐久，謂季卿曰：日已晡矣，得無餒乎。季卿曰：實飢矣。僧且不在，爲之奈何。翁乃於肘後解一小囊，出藥方寸，止煎一杯。與季卿曰：粗可療飢矣。季卿啜訖，充然暢適。飢寒之苦，洗然而愈。東壁有寰瀛圖。季卿乃尋江南路，因長歎曰：得自渭泛於河，遊於洛，泳於淮，濟於江，達於家，亦不悔無成而歸。翁笑曰：此不難致。乃命僧童折堦前一竹葉，作葉舟，置圖中渭水之上，曰：公但注目於此舟，則如公向來所願耳。然至家，慎勿久留。季卿熟視久之，稍覺渭水波浪。一葉漸大，席帆既張，恍然若登舟。始自渭及河，維舟於禪窟蘭若。題詩於南楹云：霜鐘鳴時夕風急，亂鴉又望寒林集。此時輟棹悲且吟，獨向蓮花一峰立。明日，次潼關，登岸。題句於關門東普通院門云：度關悲失志，萬緒亂心機。下坂馬無力，掃門塵滿衣。計謀多不就，心口自相違。已作羞歸計，還勝羞不歸。自陝東，凡所經歷，一如前願。旬余至家，妻子兄弟，拜迎於門。夕有《江亭晚望》詩，題於書齋云：立向江亭滿目愁，十年前事信悠悠。田園已逐浮雲散，鄉里半隨逝水流。川上莫逢諸釣叟，浦邊難得舊沙鷗。不緣齒髮未遲暮，吟對遠山堪白頭。此夕謂其妻曰：吾試期近，不可久留，即當進棹。乃吟一章別其妻云：月斜寒露白，此夕去留心。酒至添愁飲，詩成和淚吟。離歌棲鳳管，別鶴怨瑤琴。明夜相思處，秋風吹半衾。將登舟，又留一章別諸兄弟云：謀身非不早，其奈命來遲。舊友皆霄漢，此身猶路歧。北風微雪後，晚景有雲時。惆悵清江上，區區趁試期。一更後，復登葉舟泛江而逝。兄弟妻屬慟哭於濱。謂其鬼物矣。一葉漾漾，遵舊途至於渭濱。乃賃乘，復遊青龍寺。宛然見山翁擁褐而坐。季卿謝曰：歸則歸矣，得非夢乎。翁笑曰：後六十日方自知。而日將晚，僧尚不至，翁去。季卿還主人。後二月，季卿之妻子，賫金帛，自江南來，謂季卿厭世矣，故來訪之。妻曰：某月某日歸，是夕作詩於西齋，並留別二章。始知非夢。明年春，季卿下第東歸，至禪窟及關門蘭若，見所題兩篇，翰墨尚新。後年季卿成名，遂絕粒，入終南山去。出《纂異記》。

陳生

傳記

李昉《太平廣記》卷七四《道術四・陳生》 茅山陳生者，休糧服氣。所居草堂數間，偶至延陵，到傭作坊，求人負擔藥物却歸山居，以價賤，多不肯。有一夫壯力，然神少，頗若癡者，疥瘡滿身。前拜曰：去得。遂令挈囊而從行。其直多少，亦不問也。既至，因願留採薪，都不計其價。與陳生約，日五束。陳曰：吾辟穀。無飯與飡。答曰：某是貧窮人，何處得食，但斸草根飡，亦可矣。遂每日斫柴十束，五束留於房內自燒，五束供陳生。會山下有衣冠家妻患齒，詣陳生覓藥。其家日求之，又令小婢送梨果餅子之類。陳生休糧，果食亦不食也。每至，則被傭者接而食之。仍笑謂曰：明日更送來，我當有藥。如此者數四。一日，傭者並送柴十束，納陳生處。爲兩日用。夜後遂扃門熾火，攜一小鍋入。陳生密窺之，見於葫蘆中瀉水銀數合，煎之，攪如稀餳。投一丸藥，乃爲金矣。傭者撚兩丸，以紙裹置懷中，餘作一金餅，密賫出門去。明日日高起，求藥者已至，乃持丸者付之，令患齒者含之。一丸未半，乃平復矣。痛止，第出蟲數十。陳生伺傭者出，於房內搜而觀之，得書二卷，不喻其旨，遂藏之。傭者至，大怒，罵陳生。生不敢隱，却還之。曰：某今去矣。遂出門，入水沐浴，乃變爲美少年，無復瘡疥也。拜訖，跳入深澗中，遂不知所之。出《逸史》。

崔言

傳記

李昉《太平廣記》卷七五《道術五・崔言》 崔言者，隸職於左親騎軍。一旦得疾而目昏闇，咫尺不辨人物，眉髮自落，鼻梁崩倒，肌膚生瘡如疥，皆目爲惡疾，勢不可救。因爲駱谷子午歸寨使，遇一道流，自谷中出，不言姓名，受其方曰：皂莢刺採一二升，燒之爲灰。大黄九蒸九曝，杵之爲末。食上。濃煎大黄湯，以末匕調而服之。旬日，鬚髮再生，肌膚充潤，所疾頓愈，眼明倍於尋常。道流傳此方訖，却入山去，不知所之。出《神仙感遇傳》。

王老

傳記

張君房《雲笈七籤》卷一一三下《紀傳部一五傳一二・續仙傳・王老》 王老，坊州宜君縣人也。居于村野，頗好道愛客，務行陰德爲意，其妻亦同心不倦。一日有繿縷道士造其門，王老與妻俱迎禮之。居月餘間，日與王老玄談盃酌，甚相歡洽。俄患惡瘡偏身，王老乃求醫藥，看療益加勤切，而瘡日甚，迨將逾年。道士曰：「此不煩以凡藥相療，但得數斛酒浸之自愈。」於是王老爲精潔釀酒，及熟，道士言以大甕盛酒，吾自加藥浸之。遂脱衣入甕，三日方出，鬢髮俱黑，而顔復少年，肌若凝脂。王老闔家視之驚異。道士謂王老曰：「此酒可飲，能令人飛昇上天。」王老信之，初甕酒五斛餘，及窺三二斗在爾，清泠香美，異於常酒。時方與二人持麥次，遂共飲，皆大醉。道士亦飲，云：「上天去否？」王老曰：「願隨師所適。」於是祥風忽起，綵雲如蒸，屋舍草樹，全家人物雞犬，一時飛去，空中猶聞打麥聲，數村人共觀望驚歎。惟貓鼠棄而不去。風定，其賃持麥二人，乃遺在別村樹下，後亦不食，皆得長年。今宜君縣西三十里，有昇仙鄉存焉。

趙道一《歷世真仙體道通鑑》卷四三 王老者，莫知何代人。唐玄宗天寶中，有士人崔姓者尉於巴蜀，纔至成都而卒。時連帥章仇兼瓊哀其妻少而無所投止，因爲於青城山中置一別墅，又以其色美，有娉納之意。計無所出，因謂其夫人曰：貴爲諸侯妻，何不盛陳宴席以邀女客，五百里內盡可迎至。夫人甚悦，兼瓊因命衙官徧報五百里內女郎，尅日會成都，意欲因會便留亡尉妻也，不謂已爲盧舅納之訖。盧舅密知兼瓊意，令尉妻辭疾不行。兼瓊大怒，促左右百騎收捕。盧舅時方食，兵騎繞宅已合，盧談笑自若，殊不介懷。食訖，謂尉妻曰：兼瓊之意可知矣，夫人不可不行。少頃即當送素色衣來，便可服之而往。言訖，乘騾出門，兵騎前攬不得，徐徐而去。追之，不能及。俄使一小童捧箱內有故青裙、白衫子、綠帔子，緋羅縠絹，皆世人所未見者。尉妻服之至成都，諸女郎皆先期而至，兼瓊覘於帷下。及尉妻入，光彩繞身，美色傍射，不可正視，坐者皆懾氣，不覺起拜。會訖歸，三日而卒。兼瓊大駭，具狀奏聞。玄宗問張果，果云：知之，不敢言，請問青城王老。玄宗即詔兼瓊求訪王老進之，兼瓊搜索青城山前後，并無此人，惟草市藥肆云：常有二人日來賣山藥，稱王老。所使二人至，兼瓊即令衙官隨之。入山數里，至草堂，老人皤然隱足而坐。衙官即入宣詔，致兼瓊之意，王老曰：此必多言小仙張果也。因與兼瓊尅到京師之期，先令發表，不肯乘傳，兼瓊從之。使纔到銀臺，王老亦到，玄宗即召問之。時張果侍在玄宗之側，見王老惶恐再拜，王老叱果曰：小子何不若是，又遣遠取吾來？果言：小仙不敢，專俟仙伯言耳。王老即復曰：盧二舅即太元夫人庫子，因言下遊，以亡尉妻微有仙骨，故納爲媵。無何盜大元夫人衣服與著，已受責至冥，亡尉妻以衣太元夫人衣服，墮無間獄矣。奏訖，苦不願從事，果命放還，後不知所在。

司馬郊

傳記

趙道一《歷世真仙體道通鑑》卷四四《司馬郊》 道士司馬郊一名凝正，一名守中，不知何許人也。常遊江上，披冠褐躡屐而行，日可千里，衣服不改而常新，所爲㸰撞竟無敢近之者。能詐死，以至青腫臭腐，俄而復活。嘗止於池州開元觀，自宣之歙，時有道士邵脩默亦往歙，至城中約之與同行，脩默避之，先往。至一鎮戍方息於逆旅，而郊先至。脩默隱身潛窺之，見郊入別店中，召主人與飲酒，旋即辱之。主人初敬謝，不得已而擊之。既而互相毆擊，郊忽踣於地，視之已死，體冷色變，一市聚觀。乃集鄉里縛其主人，檢身責詞，將送於州。時已向夕，欲明旦乃行。至夜半後，聞店中諠然曰：已失司馬矣。人方悟郊詐死，乃釋主人。脩默明日乃行，至前百餘里，詐問人曰：司馬尊師何時過去？曰：今早已過矣。明日復行百里問之，曰：昨早已過。及到歙問之，亦然。每往來江上諸州，至一旅舍安泊，久之將去，告其主人曰：我所有竹器不能將行，取火焚之。主人阻曰：風高，且竹屋低隘，不可舉火。郊不已，衆共勸之，郊怒，乃發火於室中，持一大杖立於門側，敢至者擊之。郊有力，皆莫敢前。俄而火盛燄出於竹瓦之隙，衆惶駭，既而火滅，郊竹器皆盡，所卧床皆熏灼，而薦席無焦者。有朱翺爲池州法曹，郊過詣之，謂朱曰：君色惡當病，我即去。君病中能呼我本名，當有所應。翺不之信，後十餘日果然病熱甚重，忽憶郊之言，意甚神之，因稽首思念垂祐。初，朱有病惡，見人在床前，有小吏陳某者，指使如意，令入室侍疾，亦叱去。家人于之外戶，無得入者。至是，朱恍惚見陳某持一甌藥進，朱飲之，便覺意爽體佳，呼家人曰：適陳某所持來藥甚效，當再將來服。家人驚曰：此不令入室，陳某安得至此？朱乃悟郊之垂祐也。自是朱病漸愈。郊嘗居歙州某觀，病痢困甚，衆擬欲白官司，先以意問郊，郊怒曰：吾疾方愈，何勞若此爲。而益篤，主觀不得已乃口白縣令，令使人候之郊，曰：長者何故知吾病也？來者以告郊，郊怒，忽起結束，徑入山中，步行如飛。後十餘日，持一大杖求主觀將杖之，觀道士共拜求救，乃免。又至洪州市中，探買鮓食，小兒呼曰：道士喫鮓。郊怒，以物擊小兒，中額流血。巡人執郊送於虞候，虞候乃聞其名，方喜，勸說之。郊乃極口怒罵虞候，虞候忿，杖之數十。郊謂人曰：彼杖我十五可得十五日活，杖我十十日活矣。未幾果然。自是入廬山居簡寂觀，無日不游覽，雖深山峻嶺人迹所不可到者，等閑一造如平地。後醉卧，數日弗起，臨終置一杖於棺中，及葬，覺棺空，發之，惟杖在焉。

朱孺子

傳記

張君房《雲笈七籤》卷一一三下《紀傳部一五傳一二·續仙傳·朱孺子》 朱孺子，永嘉安固人也。幼而師道士王玄眞，居大箬巖。巖即陶隱居修《眞誥》於此，亦爲眞誥巖，巖之西有陶山在焉。勤苦事於玄眞，深慕仙道，常登山嶺，採黃精服餌，歷十餘年。一日就溪濯蔬，見岸側二小花犬，孺子異之，乃尋逐入枸杞叢下。歸告玄眞，訝之，遂與孺子俱往伺之，復見二犬戲躍，逼之，又入枸杞下。玄眞與孺子共尋掘，乃得二枸杞根，形狀如花犬，堅若石。洗挈歸以煮之，而孺子益薪看火，三日晝夜不離竈側。試嘗汁味，取喫不已。及見根爛，以告玄眞，共取食之。俄頃，孺子忽飛昇在前峰上，玄眞驚異久之，孺子謝別玄眞，昇雲而去，到今俗呼其峰爲童子峰。玄眞後餌其根盡，不知其年壽，亦隱於巖之西陶山，有採捕者時或見之。

邊洞元

傳記

趙道一《歷世真仙體道通鑑》卷四三《邊洞元》 邊洞元者，洛陽人。幼慕老莊學，因隸籍爲道士。凡遊四方，貨藥以自給。一日登嵩山嶂嶺，遇一書生以木簡負數冊書，又一大壺，同憩於古松之下。洞元問曰：君何往？曰：往嵩陽肄業，若有相識，願尊師示一書爲先容。洞元諾之。復曰：壺中酒命師飲之，可乎？曰：卑性素好飲，蒙見召幸矣。於是連飲十數杯，洞元乃醉，書生曰：小子有術可與師醒酒，然慎勿懼之。遂取木簡摩拭，俄而化爲劍。復曰：欲借師之肝鱠之，可乎？洞元懼而醒，乃俯伏乞命，書生曰：觀子有仙風道骨，然未有所遇。遂揮劍騰空而去，擲下一卷書，謂洞元曰：收之，請相訪五雲溪。既展看，即數幅紙五彩畫，研茶槌二十枚，殊不曉其意。紙尾有絕句詩云：邂逅相逢嶂嶺邊，對傾浮蟻共談玄。擬將劍法親傳授，却爲迷人未有緣。洞元感嘆不遇，皇皇若有所亡遺。所至處見人問曰：君莫知五雲去處否？人以爲風狂，多不答。久之歸洛陽，乘醉入水，不復出。而後有客自衡湘來，洞元於南嶽觀中託附書至洛陽，其法屬交友親舊辯其墨迹，乃洞元親染。時好事者皆曰水解。

宋遼金元部

劉玄英劉操

傳記

趙道一《歷世真仙體道通鑑》卷四九《劉玄英》 劉玄英字宗成，號海蟾子。初名操，字昭遠，後得道改稱焉。燕地廣陵人也一云大遼人。以明經擢第，仕燕主劉守光爲相，素喜性命之説，欽崇黄老之教。一日忽有道人來謁，海蟾乃邀坐堂上，待以賓禮。問其氏族名字，俱不對，但自稱正陽子。海蟾順風請益，道人爲演清靜無爲之宗、金夜還丹之要。既竟，乃索鷄卵十枚，金錢十文。以一文置之几上，累十卵於錢，若浮圖之狀。海蟾驚異之，嘆曰：危哉。道人曰：人居榮祿之場，履憂患之地，其危有甚於此者。復以盡其錢擘破爲二，擲之，遂辭而去。海蟾因此大悟。是夜命家人設宴，棄擲金玉。翌早解印辭朝，易服從道。有詩云：抛離火宅三千指，屏去門兵十萬家。紀當時之實也。一旦遽辭燕地，遠泛秦川，陶眞於泰華之前，遁迹於終南之下，韜光隱晦，人莫測其所以然。一云爲燕丞相，一旦遽悟，棄官學道。後遇呂洞賓，得金丹之祕旨。自此往來終南泰華間。復結張無夢、种放，訪陳希夷先生，爲方外友。亦間作詩，有詩集行於世。其詠修煉，則有還金篇行於世。後隱代州之鳳凰山。宋仁宗天聖九年，遊歷名山，所至多有遺迹。一日於州壽寧觀題古詩十韻，云：醉走白雲來，倒提銅尾秉。引個碧眼奴，擔著獨壺瘿。自言秦世事，家住葛洪井。不讀黄庭經，豈燒龍虎鼎。獨立都市中，不受俗人請。欲攜霹靂琴，去上芙蓉頂。吳牛買十個，溪田耕半頃。種秫釀白醪，總是仙家境。醉卧松陰下，閑過白雲嶺。要去即便去，直入秋霞影。仍自寫眞其傍，攝襟書龜鶴齊壽四字，題云：廣陵閑民劉某書。至鳳凰山來儀觀，亦自寫眞，飛白清安福壽四字。所畫五星，惟土宿尙存。其所寫眞，幅巾黄衣，右肩挑酒瓢，左肩提布囊，破綻處補之，氣韻言澹，人望之知爲有道者。又嘗於成都府青羊宮潑墨成壽山福海四字。二處相隔地里，壽寧至來儀僅兩舍，西蜀至代數千里，皆同日時而書之，以示分形散景、神變無方之妙。丹成尸解，有白氣自頂門出，化而爲鶴，飛而沖天。《全眞傳》云：十二月二十四日降世，十一月二十七日上昇。不記何年。大元至元六年正月，褒贈海蟾明悟弘道眞君。

秦志安《金蓮正宗記》卷一《海蟾劉眞人》 先生姓劉，諱操，字宗成，號海蟾公，燕山人也。年一十六歲，以明經擢甲科，累遷至上相。平昔好談性命之説，然終不得其妙。一旦有道者來謁，邀坐堂上，以賓禮待之，問其姓名，默而不答，但自稱正陽子，願乞鷄卵十枚，金錢一文，安金錢於桉上，而高累十卵，危而不墜。海蟾歎曰：危哉。先生曰：相公身命俱危，更甚於此。海蟾頓悟，先生乃收卵而藏之，擘金錢而棄之，遂辭而去。海蟾於是催設夜宴，佯託沉醉，以杯盤寶器俱擲於地而碎之，夫人洎兒女輩莫不怒責。比及朝退，猶未解顔，輒解印而辭官，佯狂歌舞。自述歌曰：余緣太歲生燕地，憶昔三光分秀氣。丱角圓明霜雪心，十六早登科甲第。紆朱懷紫金章貴，各各綺羅輕挂體。而今位極掌絲綸，倏忽從前春一寐。昨宵家宴至三更，兒女夫人並侍婢，被予佯醉撥杯盤，擊碎珊瑚珍玉器。兒女嫌，夫人惡，忘却從前衣食樂。來朝朝退怒猶存，些兒小過無推託。因此事，方省悟，前有輪迴誰救度，退官納印棄榮華，慷慨身心求出路。遂易衣而道處於卑賤，以辱其形。又述一聯云：抛離火宅三千口，屏去門兵百萬家。厥後遠泛秦川，陶眞於太華之前，遁跡於終南之下，頤精煉氣，以至成眞。忽一旦於代州壽寧觀以墨水潑成龜鶴齊壽四字，納一丈餘，並自寫眞於壁間，繼有西蜀成都府青羊宮以墨水潑成清安福壽四字，代州鳳凰山來儀觀潑成壽山福海四字，三處相隔不啻數千里，皆同日而書之，以表其神變無方耳。後題長篇詩云：醉騎白驢來，倒提銅尾搮。引箇碧眼奴，擔著獨胡瘿。自忘塵世事，家住葛洪井。不讀《黄庭經》，豈燒龍虎鼎。獨立都市中，不受俗人請。欲攜霹靂琴，去上崑崙頂。吳牛買十角，溪田耕半頃。種黍釀白醪，便是仙家景。醉卧古松陰，閒立白雲嶺。要去即便去，直入秋毫影。隨代所顯靈跡甚多，不能具述，聊記其大概云。

劉志玄《金蓮正宗仙源像傳》 師姓劉名操，字宗成，號海蟾子，燕山人也。年十六登遼之甲科，仕至上相。嗜性命之學，未究玄蘊，忽有道人來謁，師以賓禮延之，問其姓名，默而不答，惟索鷄卵十，金錢一，以金錢置桉上，纍纍疊十卵不墜。師歎曰：危哉。道人曰：公身命俱危，更甚於此。師復問曰：如何是不危底。道人乃斂鷄卵，金錢擲之於地，長笑而去。師於是頓悟，因夜宴，盡碎寶器，明日解相印，易道衣，佯狂歌舞，遠遊秦川。復遇前次道人授以丹訣，方知是正陽子也。【略】師後以道妙授董凝陽、張紫陽，乃遁跡於終南、太華之間，不知所終。有詩文行於世。元世祖皇帝封號海蟾明悟弘道眞君，武宗皇帝加封海蟾明悟弘道純佑帝君。

劉操 見劉玄英

陳摶

傳記

趙道一《歷世真仙體道通鑑》卷四七《陳摶》 先生姓陳，名摶，字圖南，號扶搖子，亳州眞源人也，與老子同鄉里一云普州崇龕人，恐是後來隱居之所。生而不能言。始，四五歲戲渦水之濱，有青衣媪召置懷中，乳之，自是能言，聰悟過人。及長，經史一覽無遺一云自束髮不爲兒戲。年十五，詩禮書數至方藥之書，莫不通究。親喪，先生曰：吾向所學，足以記姓名而已，吾將棄此，遊泰山之巓，長松之下，與安期、黃石輩論出世法，合不死藥，安能與世俗輩脂韋汩沒，出入生死輪迴間哉？乃盡其家業，散以遺人，惟攜一石鐺而去。唐士大夫挹其清風，欲識先生，面如景星彩雲之出，爭先睹之爲快，先生皆不與之友。由是謝絕人事，野冠草服，行歌坐樂，日遊市肆，若入無人之境。或上酒樓，或宿野店，多游京國間。後唐明宗聞先生名，親爲手詔召，先生至，長揖人主。明宗待之愈謹，賜先生號清虛處士，仍以宮女三人賜先生。先生爲表謝上云：趙國名姬，漢庭淑女，行尤婉美，身本良家。一入深宮，久膺富貴，昔居天上，今落人間。臣不敢納於私家，謹用安之別館，臣性如麋鹿，迹若萍蓬，飄若從風之雲，泛如無纜之舸。臣送彼復歸清禁。及有詩上浼聽覽，詩云：雪爲肌體玉爲顋，多謝君王送到來。處士不生巫峽夢，空煩雲雨下陽臺。以書奏付宮使，即時遯去。因肆意山水間，自言嘗遇孫君仿、鹿皮處士二人，謂武當山九室岩可以隱居，遂往棲焉。服氣辟穀，以恬默自處，凡二十餘年。撰指玄篇八十一章，入室還丹詩五十首，又作釣潭集萬餘字，皆羅縷道妙，包括至眞。嘗夜立庭間，見金人持劍，呼曰：子道成矣，當有歸成之地。先生曰：金人云歸成之地，蓋秋爲萬物之所斂而歸者也。吾其隱於西方乎。是時，年已七十餘。俄徙居華山，得古雲臺觀基，闢荆榛而居之，以契歸成之語。時境內有虎食人。先生至，叱虎令去，自是不爲害。唐開元中，李奇者隱於華陽，顏有童色，斯須行數百里，與先生遊，更相酬倡。先生常閉門卧，累月不起。周世宗顯德中，有尋訪者窺其戶，閴其無人，惟獸迹鳥聲而已。有樵於山麓者，見有遺骸塵壁，迫而視之，乃先生也。捫其心，獨暖，良久氣還。而起曰：睡酣，奚爲擾我。州將羅彥威以聞，世宗召見禁中。月餘方起，因問以黃白事。對曰：陛下爲四海之主，當以政治爲念，夫何留意於小道邪《資治通鑑》云：陛下爲天子，以治天下爲務，安用此爲？世宗不以爲忤。拜諫議大夫。固辭。賜號白雲先生，遣還山，詔州縣長吏常存問之。先生負經濟之才，歷五季亂，每聞一朝革命，輒顰眉數日。嘗作詩云：十年蹤跡走紅塵，回首青山入夢頻。紫陌縱榮爭及睡，朱門雖貴不如貧。愁聞劍戟扶危主，悶聽笙歌聒醉人。攜取舊書歸舊隱，野花啼鳥一般春。一日，乘驢遊華陰，聞宋太祖登極，大笑曰：天下自此定矣。遂隱華山，不復出。太祖召，不至。興國初，始赴召。太宗賜詩云：曾向前朝出白雲，後來踪跡杳無聞。如今若肯隨朝詔，總把三峰賜與君。先生將至闕，上言求一靜室休息，乃賜觀於建隆觀。扃戶熟寐，月餘方起。詔，服華陽巾，草屨垂絛，以賓禮見於延英殿。賜坐，延問甚久。時上方欲征河東，先生諫止之。會軍已興，上不樂其言，詔復令寐於御苑。及兵還，不利。經百餘日，乞歸山。太平興國四年，復來。始云河東可取。暨王師再舉，果執劉繼元、年幷州。上謂宰相宋琪等曰：摶，方外之士，在華山已四十餘載。度其年，蓋百餘歲，語論甚高。因遣中使送至，中書琪等從容問曰：先生得玄默之道，可以教人乎？對曰：摶不知吐納養生之理，神仙黄白之事，非有方術可傳。假令白日沖天，亦何益於世教？聖上博達今古，深究治亂，眞有道仁明之主，是君臣同德致理之時，勤行修煉，無以加此。琪等稱善，以其語白上，上益重之。下詔曰：華山隱士陳摶，晦迹丘樊，棲心岩穴，跌宕世表，涵味道腴。往在周朝，物色幽遁，嘗應鶴板之詔，終逐鴻冥之心。自爾以來，多歷年所。今復言迂高迹，來儀帝庭，不有嘉名，曷彰清範，可賜號希夷先生。上屢與之屬和詩什。上問曰：若昔堯舜之爲天下，今可至否？先生云：土階三尺，茅茨不剪，其迹似不可及。然能清靜爲治，即今之堯舜也。上善其對，因出諸子使視之，先生密陳天命，實在章聖。上亦欲拜諫議大夫，固辭，乞歸山。進詩云：草澤吾皇詔，圖南摶姓陳。三峰十載客，四海一閑人。世態從來薄，詩情自得眞。乞全麋鹿性，何處不稱臣。上知其不可留，即賜宴便殿，詔宰臣兩禁赴宴，爲詩以寵行，仍賜龜鶴、鞍馬、束帛，又詔華陽刺史王祚時就存問其願。操几杖以師事者，不可勝數。其後再遣中使就山，宣召先生。先生曰：極荷聖恩，臣且乞居華山。先生意甚堅，使回具奏其事，上又遣中使賫手詔茶藥等物賜之，仍仰所屬太守縣令以禮遺之，安車軟輪之異，數迎先生。【略】端拱元年，一日語門人曰：吾來歲中元後，當遊峨嵋。明年遣門人鑿石室於張超谷。既成，先生往造之，曰：鑱石太華，斯谷猶爲勝處，吾其歸於此乎。即草遺表，其略云：臣大數有期，聖朝難戀，已於今年十月二十二日化形於蓮華峰下張超谷中。又草奏疏，人莫見其言，遣賈得昇幷龜鶴鞍馬詣闕以進。上獨覽久之，以龜鶴鞍馬復賜得昇，仍賜紫服，幷賜號曰：悟眞。又予錢五百萬，俾營北極殿，以終其志。先生初欲示化，使盡夜然燈燭於石室中。至期，以左手支頤而終。逮七日，容色不變，其肢體尙溫。有五色雲蔽其谷口，彌月不散。享年一百一十八歲。使得升繼其觀事先生明易，以數字授穆伯長，穆授李挺之，李授康節，邵堯夫以象學授种放，种授盧江許堅，許授范，爲此一枝，傳於南方也。後有中使至峨嵋山，有客入謁，衣冠甚偉，自稱東明專相，然多語華山事。數日方悟，曰：此華山陳先生。遽令召之，已不知其所往矣。祥符中，眞宗祀汾睢回，再幸雲臺，瞻先生之遺像，詔除其觀田租。召對道士賈得昇，幷賜武子華等紫服，俾建聖祖幷眞宗本命、星官、元辰三殿。又繪睟容於北壁。先是，雍熙中，先生謂賈得昇曰：吾行，老君殿後見神人，服黑衣冠，云北極開同紫微帝君，汝可以前後所賜市材立北極殿。又曰：昔唐金仙公主以此爲祈眞之館，今吾復遇北辰，此觀其興矣，惟汝當得之。逮眞宗臨幸，果三十年，得昇當之。其逆知來物，多類此。

臣道一曰：陳摶粹於道德，以睡玩世。樵者捫心，則曰睡酣，奚爲擾我。宋太后召至闕，則扃户熟寐月餘。希夷之號，雅稱其旨。然託迹於睡，其意必有在也。《道德經》曰：衆人昭昭，我獨若昏。衆人察察，我獨悶悶。豈非陳摶睡之義乎。

紀事

趙道一《歷世真仙體道通鑑》卷四七《陳摶》 昔先生多與山下崔古往還，有衣冠子金礪多遊山水之間，謁古曰：願因子一見希夷先生。古曰：更待之，先生方睡，俟其覺方可見。礪曰：何時也？古云或半歲，或三四月，近亦不暇月餘。子有所之，且去，他日復來。礪乃去，後歲餘再遊華山，見古，適會先生繼至。礪伏謁甚恭，乃請於先生曰：礪向遊華山，欲見先生，會先生睡未覺，睡亦有道乎？願先生誨之，開其所未悟。先生啞然有聲，聳肩收足，昂面頹然，曰：不意子孱瑣若是也，於起居寢處尙不能識，欲脫離生死，躍出輪迴，難矣。今飽食逸居，汲汲惟患衣食之不豐，饑而食，倦而卧，鼾聲聞於四遠，一夕輒數覺者，名利聲色汨其神識，酒醴膏膻昏其心志，此世俗之睡也。若至人之睡，留藏金息，飮納玉液，金門牢而不可開，土户閉而不可啓，蒼龍守乎青宮，素虎伏於西室，眞氣運轉於丹池，神水循環乎五內，呼甲丁以直其時，召百靈以衛其室。然後吾神出於九宮，恣遊青碧，履虛如履實，昇上若就下，冉冉與祥風遨遊，飄飄共閑雲出沒，坐至崑崙紫府，遍履福地洞天。咀日月之精華，玩煙霞之絕景。訪眞人，論方外之理，期仙子爲異域之遊。看滄海以成塵，指陰陽而舒嘯。興欲返則足躡清風，身浮落景。故其睡也，不知歲月之遷移，安愁陵谷之改變。因子請問，爲子成詩。曰：常人無所重，惟睡乃爲重。舉世以爲息，魂離形不動。覺來無所知，貪求心愈動。堪笑塵地中，不知身是夢。又詩云：至人本無夢，其夢乃遊仙。眞人亦無睡，睡則浮雲煙。爐裏長存藥，壺中別有天。欲知睡夢裏，人間第一玄。夫大夢大覺也，小夢小覺也，吾睡眞睡也，吾夢眞夢也，非世夢也。先生曰：吾非久復睡，子無所往，他日訪吾，令子見眞睡。先生乃去，礪塊然如醉者之醒，不知出門遂歸其家。他日再訪先生，先生論攝生祕訣，敷演至妙之門，發明太玄之奧，曰：吾某日睡，子可來。礪如期而往，至則先生已睡矣。見先生仰卧，出入無息，面色紅瑩。礪拜禮於床下而去。又一日，有一客訪先生，適値其睡，傍有一仙人諦聽其息聲，則以墨筆烏涂於紙，如是數次，滿紙烏塗莫辨。客怪而請問之。仙人曰：彼先生華胥調此混沌譜也。先生暇日間，喜遨遊。得興吟詠，遇景成句。嘗題西峰詩云：爲愛西峰好，吟頭盡日昂。岩花紅作陣，溪水綠成行。幾夜礙新月，半川無夕陽。寄言嘉遁客，此處是仙鄉。又餘聯：半夜天香入岩谷，西風吹落嶺頭蓮。空愛掌痕侵碧漢，無人增嘆巨靈神。先生時遇毛女，因贈之詩云：藥苗不滿笥，又更上危巓。回指歸去路，相將入翠煙。又詩云：曾折松枝爲寶櫛，又編槲葉作羅襦。有時問著秦宮事，笑撚仙花望太虛。關中逸人呂洞賓有道術，雖數百里，頃刻輒到，世以爲神仙。常數至先生齋，酬倡如交友。先生曾當春月，於華山水邊石上閑步，見壺公、赤松子、呂洞賓相繼而至。四仙言語未久，有地神獻一果盤，酒一器，四仙飲酌半酣，各賦詩一首。先生曰：春暖羣花半開，逍遙石上徘徊。曾垂玉勒金闕，閑踏青沙碧苔。洞中睡來幾載，流霞獨飲千杯。逢人莫說人事，笑指白雲去來。壺公曰：壺中自有樓臺，四季羣花競開。閑時即飲瓊液，醉後或卧青苔。逍遙非關名利，落魄不染塵埃。逢人莫說人事，笑指白雲去來。赤松子曰：乍離南山竹齋，因過舊隱天台。洞中美酒纔熟，路上羣花半開。我骨非是凡骨，君才亦是仙才。逢人莫說人事，笑指白雲去來。呂洞賓曰：落魄直至此來，曾經幾度花開。悶便著錢沽酒，恣意千杯萬杯。閑遊八十一天，醉上茅君醮臺。逢人莫說人事，笑指白雲去來。先生一日謂賈得昇曰：今日有佳客至，當速見報。少頃一人衣短褐青巾，叩門，賈未及報，其人倏爾而去。先生遽令出，追之一里餘，復遇老人衣鹿皮，因問曰：前去者尚未遠否？老人曰：此神仙李八百也，動則行八百里。言竟，老人亦失所在。又悟老人鹿衣者，乃太清得道白鹿先生李阮也。先生曰：吾其不可名留世矣。

雜録

趙道一《歷世真仙體道通鑑》卷四七《陳摶》　先生經史浩博，尤精易學，鑒人察物，辨別聖凡。宋太祖、太宗龍潛時，與趙忠獻公遊長安市，先生與之同入酒肆。公因坐右席，先生曰：汝紫微帝垣一小星爾，敢據上次乎？周世宗、宋太祖同行，先生則云：城外有三天子氣。种放初從先生，先生曰：若當逢明主，名動天庭。名者，古今之美器，造物者所忌，子名將有物敗之。卒如其言。忠定張公詠爲布衣時，先生一見而奇之。公曰：願分華山一半居，可乎？先生於公固可，及別去，贈以毫楮。公解其意，曰：是將嬰我以世務。贈詩云：征吾入蜀是尋常，鼎沸笙歌救火忙。乞得東南佳麗地，亦應多謝鬢邊蒼。後果登第，以名動天下，將赴劍南，有詩寄先生云：性愚不肯林泉住，剛要清流擬致君。今日星馳劍南去，回頭慚愧華山雲。及還，有詩云：人生大抵重官榮，見我東歸夾道迎。應被華出高士笑，天眞喪盡得浮名。忠定晚年疽發於首，乃出守昇州，所贈詩，無有不驗者。陳康肅公堯咨既登第，過謁先生，坐中有道人，鬖髿，意象軒傲。目康肅公，連言曰：南庵。語已，徑去。康肅公深異之，問曰：向來何人？先生曰：鍾離子也。康肅公惘然，欲去追之，先生笑曰：已在數千里外矣。康肅公曰：南庵何謂也？先生曰：他日自知之。其後康肅公轉漕閩中，巡行過墟里間，聞田婦呼其子曰：汝去南庵，趣汝父歸。康肅公大驚，問南庵所在。視之，則廢伽藍也。有碣云：某年月日南庵主入滅，祠其眞身於此。乃康肅公生時也。清源王世則，與韓見素、趙諫議同詣先生。世則爲僕隸，拜階下。先生曰：侮人者自侮也。揖世則使坐於諸公之右，曰：將來君獨首冠諸公，盡如此會也。明年，世則果第一，餘皆列於次。又能逆知人意，齋中有大瓢，挂壁上，道士賈休復心欲得之而不言。先生謂休復曰：子來非他，蓋欲吾瓢爾。呼侍者取與之。有郭沆者，少居華陰，嘗宿觀下。中夜先生呼令趣歸，沆憚其遠，先生與之俱往。一二里，有人號呼以報其母卒，沆始悟其言。先生因遺以藥，使急去，可救。既至，果卒，灌其藥，遂甦。許諫議仲宣罷，成都牧致書幣以問休咎，先生召門人賈得昇曰：爾爲我答書，云給事此去，更不出。未幾果卒。後先生稀到人間，或然遊華陰。華陰令王睦聞先生來，倒履門迎。既坐，先生曰：久不飲，思得少酒。睦曰：適有美酒。似知先生之來，命滌器具饌。既飲，睦謂先生曰：先生居溪岩，寢止何室，出使何人守之也？先生微笑，乃索筆爲詩曰：華山高處是吾宮，出即淩空跨曉風。臺榭不將金鎖閉，來時自有白雲封。睦得詩，愧謝。先生曰：子更一年，有大災，吾之此來，有意救子。子守官如是，雖有患，神理亦祐焉。睦居守廉潔清慎，視民如子，不忍鞭扑，人性又明敏故也。先生乃出藥一粒，曰：可以禦來歲之禍。睦起再拜，受藥服之。飲至中夜，先生如廁，久而不回，遂不見。睦替回都下，忽馬驚，墮汴水，善沒者救之，得不死。先生亦時時來山下民家，至今尚有人見者，今西華有先生宮觀存焉。

《宋史・隱逸傳上・陳摶》 陳摶字圖南，亳州真源人。始四五歲，戲渦水岸側，有青衣媪乳之，自是聰悟日益。及長，讀經史百家之言，一見成誦，悉無遺忘，頗以詩名。後唐長興中，舉進士不第，遂不求祿仕，以山水爲樂。自言嘗遇孫君仿、麞皮處士二人者，高尚之人也，語摶曰：「武當山九室巖可以隱居。」摶往棲焉。因服氣辟穀歷二十餘年，但日飲酒數杯。移居華山雲臺觀，又止少華石室。每寢處，多百餘日不起。

周世宗好黄白術，有以摶名聞者，顯德三年，命華州送至闕下。留止禁中月餘，從容問其術，摶對曰：「陛下爲四海之主，當以致治爲念，奈何留意黄白之事乎？」世宗不之責，命爲諫議大夫，固辭不受。既知其無他術，放還所止，詔本州長吏歲時存問。五年，成州刺史朱憲陛辭赴任，世宗令齎帛五十匹、茶三十斤賜摶。

太平興國中來朝，太宗待之甚厚。九年復來朝，上益加禮重，謂宰相宋琪等曰：「摶獨善其身，不干勢利，所謂方外之士也。摶居華山已四十餘年，度其年近百歲。自言經承五代離亂，幸天下太平，故來朝覲。與之語，甚可聽。」因遣中使送至中書，琪等從容問曰：「先生得玄默修養之道，可以教人乎？」對曰：「摶山野之人，於時無用，亦不知神仙黄白之事、吐納養生之理，非有方術可傳。假令白日沖天，亦何益於世？今聖上龍顔秀異，有天人之表，博達古今，深究治亂，眞有道仁聖之主也。正君臣協心同德、興化致治之秋，勤行修煉，無出於此。」琪等稱善，以其語白上。上益重之，下詔賜號希夷先生，仍賜紫衣一襲，留摶闕下，令有司增葺所止雲臺觀。上屢與之屬和詩賦，數月放還山。

端拱初，忽謂弟子賈德昇曰：「汝可於張超谷鑿石爲室，吾將憩焉。」二年秋七月，石室成，摶手書數百言爲表，其略曰：「臣摶大數有終，聖朝難戀，已於今月二十二日化形於蓮花峰下張超谷中。」如期而卒，經七日支體猶溫。有五色雲蔽塞洞口，彌月不散。

摶好讀《易》，手不釋卷。常自號扶搖子，著《指玄篇》八十一章，言導養及還丹之事。宰相王溥亦著八十一章以箋其指。摶又有《三峰寓言》及《高陽集》、《釣潭集》，詩六百餘首。

能逆知人意，齋中有大瓢挂壁上，道士賈休復心欲之，摶已知其意，謂休復曰：「子來非有他，蓋欲吾瓢爾。」呼侍者取以與之，休復大驚，以爲神。有郭沆者，少居華陰，夜宿雲臺觀。摶中夜呼令趣歸，沆未決；有頃，復曰：「可勿歸矣。」明日，沆還家，果中夜母暴得心痛幾死，食頃而愈。

屈突無爲

傳記

趙道一《歷世真仙體道通鑑》卷五〇《屈突無爲》 字無不爲，世不知其里諜，但云五代時得道教書，號神和子，言保護鉛精，可以成變化者也。張忠定公少游東都，與神和子同逆旅。初不知也，神和子意喜忠定公，日會飲酒家。將別去，復崇飲且醉。忠定公曰：與子傾蓋於此，而不知子爲誰，異日叵識，奈何？神和子曰：吾隱者，何有姓名爲哉？苦問之，則云：神和子也。後當見子成都。至宋徽宗時，忠定公出守成都，始思其言，異之。凡再入蜀，物色神和子，不可得。後營繕天慶觀，築望仙閣，間輟游焉。燕坐終日，冀有所遇，終不克也。逼交符，復一往，將意絶於此矣。薄暮步出東廡，得微徑而入。稍探抵精舍，周四墉皆畫古人像，而埃塵黝黕。發墉視之，中有一羽服者，恍然似逆旅中所睹也。題曰神和子。忠定公悵然自失。神和子後亦莫有見者。利州綿谷縣烏奴山，以李烏奴得名。峭壁雙削，有洞，高不可上，云五代時屈眞人上昇所。

率子廉

傳記

趙道一《歷世真仙體道通鑑》卷五〇《率子廉》 率子廉，衡山農夫也。愚朴不遜，衆謂之率牛。後入南嶽觀爲道士。觀西南七里，有紫虛閣，故魏夫人壇也。他道士惡荒寂，莫肯居，先生獨樂居之。人莫見其所爲，頗嗜酒，往往醉卧山林間。大風雨至，不知也；虎狼過前，亦莫之害。故禮部侍郎王公祐出守長沙，奉詔禱南嶽，訪魏夫人壇。先生方醉，不能起，直視曰：村道士愛酒，不能常得，輒徑醉。官人怒之。王公察其異，載而與歸。居月餘，落漠無所言。復送還山，曰：尊師韜光内晦，所不測也，今當以詩奉贈。既而忘慮晝寢，夢來索詩，乃作二絶句，書板，置閣上。衆道士驚曰：率牛何以得此？宋太宗太平興國五年六月二十七日，忽謂觀中人曰：吾將有所適，閣不可無人，當速追繼我者。衆益驚曰：天暑如此，率牛安往耶？狼狽視之，則已死矣，始大異之曰：率牛乃知死者。即葬嶽下。未幾，南臺寺沙門守澄自東都還，見先生南薰門外，神氣清逸。守澄問何故出山，曰：閑遊爾。因寄一書，致謝衡嶽李尊師。歸乃知其死日，見先生時也。遂發其冢觀之，杖屨而已。

劉希嶽

傳記

趙道一《歷世真仙體道通鑑》卷五〇《劉希嶽》 劉希嶽，字秀峰，漳州人也。少業儒，三以進士舉於鄉。宋太宗端拱中，乃去爲道士，居西都老子觀中。六十四歲始遇異人，得道，因號朗然子。嘗自言：辛勤未逾十年，人驚不老歲月。俄經一紀，自覺如新。亦有詩云：夾脊雙關至頂門，修行徑路此爲根。一日辭去，其衆曰：汝老矣，尚何之耶？秀峰不答。沐浴更衣，室中陳席而卧。斯須，其卧内有聲，飛出一金蟬，遂失秀峰所在。嘗著詩三十餘篇，行於世。

蘇澄隱

傳記

趙道一《歷世真仙體道通鑑》卷四七《蘇澄隱》 鎮陽龍興觀道士蘇澄隱者，通老莊，又善攝養。宋開寶二年閏五月，太祖駐鎮陽，召之掖陛殿。上曰：師踰八十，容貌甚少，是能養生，宜以術教朕。澄隱曰：臣之養生，不過精思煉氣而已。帝王之養生，則異於是。老子曰：我無爲而民自化，我無欲而民自正。無爲無欲，凝神太和，帝軒帝堯享國永年，皆得此道。上嘉之，寵賜殊厚。出《皇朝通鑑》

《宋史·方技傳上·蘇澄隱》 蘇澄隱字棲眞，眞定人。爲道士，住龍興觀，得養生之術，年八十餘不衰老。後唐明宗嘗下詔召之，又令宰相馮道致書諭旨，歷清泰、天福中繼有聘命，並辭疾不至。開運末，契丹主兀欲立，求有名稱僧道加以恩命，惟澄隱不受。當時公卿自馮道、李崧、和凝而下，皆在鎭陽，日造其室與談宴，各賦詩以贈。周廣順、顯德中，詔存問之。

太祖征太原還，駐蹕鎭陽，召見行宫，命中使掖陞殿，謂之曰：「京師作建隆觀，思得有道之士居之，師累辭召命，豈懷土耶？」對曰：「大梁帝宅，浩穰繁會，非林泉之士所可寄迹也。」上察其意，亦不彊之，賜茶百斤、絹二百匹。又幸其觀，問曰：「師年踰八十而氣貌益壯，善養生者也。」因問其術，對曰：「臣之養生，不過精思練氣爾，帝王養生即異於是。老子曰：『我無爲而民自化，我無欲而民自正。』無爲無欲，凝神太和，昔黄帝、唐堯享國永年，得此道也。」上大悦，賜紫衣一襲、銀器五百兩、帛五百匹。年僅百歲而卒。

劉若拙

傳記

趙道一《歷世真仙體道通鑑》卷四七《劉若拙》 宋開寶五年冬十月癸卯，太祖詔功德使與左街道録劉若拙，集京師道士，試驗其學業。未至而不修飾者，皆斥之。若拙，蜀人，自號華蓋先生。善服氣，年九十餘不衰，步履輕疾。每水旱，必召於禁中，設壇致禱，其法精審。出《皇朝通鑑》

張白

傳記

趙道一《歷世真仙體道通鑑》卷四七《張白》 張白字虚白，自稱白雲子，清河人也。沉静，博學能文。兩舉進士不第，會親喪，乃泣而自謂曰：祿以養親，今親不逮，干祿何爲？遂辟穀不食，以養氣全神爲事。道家之書，無不研賾。宋太祖開寶中，南游荆渚。時鄉人韓可玭爲通守，延納甚歡。會朝廷弔伐江吳，軍國多事，因褫儒服爲道士。適武陵，寓龍興觀。郡守劉侍郎墀、監兵張延福，深加禮重。嘗以方鑒遺延福曰：收之，可以辟邪。白韜眞自晦，窮日沈湎于酒，落魄無所拘。每醉於市上，不問親疏，輒指而慢駡，而其言切中人微隱之事，有識者多異之。每遇風雪，若寒則必破冰深入，安坐水中，永日方出。衣襦沾濕，氣如蒸炊。指顧之間，悉已乾燥。或與爲戲，仰視正立，令惡少數輩盡力推曳，略不少偃。又或仰舒一足，令三四人舉之，衆但面赬，而足不動。居常入崔家酒肆，貰飲無量。一日力欲償酒，直崔氏之酒保白其言曰：尊師每來即酒，客倍如常日，而所獲之息少。崔氏聞之，即不敢算分文。忽一日，於酒肆中題壁云：武陵溪畔崔家酒，地上應無天上有。南來道士飲數斗，醉卧白雲深洞口。自是沽者猶倍。南嶽道士唐允昇、魏應時，亦當時有道之士。慕其人，常與之游。白天才敏贍，思如涌泉，數日間賦武陵春色詩三百篇，皆以武陵春色裏爲首句。一篇云：武陵春色裏，十二酒家樓。大醉方回首，逢人懶點頭。是非都不管，名利頓然休。戴箇星冠子，浮沈逐世流。白出語成章，卒皆平易有道理，故不類尋常狂醉人言也。後一旦稱疾，亟語主觀者曰：我必不起，愼勿焚我，恐里中親識來尋，但依俗禮葬於西門外。言訖神逝。經數夕，肢體如生，異香滿室。傾城士庶，觀睹累日。崔氏爲買棺，監兵張延福出己俸，如其言瘞之。僅月餘，壙所有一穴。未幾延福復奉使江淮，有老僕夫於維楊開明橋上遇白，問方鑒在否。又云斯鑒亦不久留。僕歸具道，延福疑曰：渠死久矣，汝何見邪？尋索鑒熟視，應手而碎。又鼎之步奏官余安者，以公事至楊州，亦遇白，攜大葫蘆貨藥，亟召安飲於酒肆，話武陵舊遊。數日安告行，白曰：爲我附書謝崔氏。余歸致書，崔覽之大驚。遽發棺視之，已空矣。白註昇玄消災護命經，夾著頌。其首篇云：太上本來眞，虚無中有神。若能心解悟，頭上更無人。末篇云：心疑隨萬境，隨境認心緣。道非有爲有，方名離種邊。又著指玄篇暨七言歌詩，名爲丹臺集，並傳於世。

混沌道士

傳記

趙道一《歷世真仙體道通鑑》卷四七《混沌道士》 宋太祖太宗潛耀日，嘗與一道士游，無定姓名，自曰混沌，或曰眞無。自太祖御極，不復見。上巳祓禊西沼，道士揖太祖曰：别來喜安。上亟見之，一如平昔，抵掌浩飲。上曰：我壽還得幾多？對曰：但今年十月二十夜，晴則可延一紀，不爾當速措置。上留之後苑，或見宿於木鳥巢中，數日不見。至所期之日，上御太清閣以望氣，是夕果晴，星斗明燦。上心方喜，俄而陰霾四起，天地陡變，雪雹驟降。移杖下閣，急傳宮鑰開端門，召開封王，則太宗也。延入大寢，酌酒對飲。悉屏宮宦，遥見燭影下太宗時時避席，有不可勝之狀。飲訖，禁漏三鼓，雪已數寸。帝引柱斧戳雪，顧太宗曰：好做好做。遂解帶就寢，鼻息如雷。將五鼓，寂無所聞，帝已崩矣。

梁筌

傳記

朱象先《終南山説經臺歷代真仙碑記·正一通真梁真人》 眞人名筌，周顯德中，爲觀宗主。時陳希夷居仙游宮，與眞人密邇，往來爲林下友。宋革命，翊聖眞君降于終南山，令張守眞入道。謂曰：吾爲汝天上之師，汝别有人間之師。張君遂禮眞人爲師。開寶中，詔封正一通眞眞人。太平興國三年蛻化。贊曰：天上眞君久見知，張君别有世間師。一生林下無人識，祇許希夷作子期。

丁少微

傳記

趙道一《歷世真仙體道通鑑》卷四七《丁少微》 宋太宗太平興國三年四月乙卯，召華山道士眞源丁少微至闕。少微善服氣引年，與陳摶齊名。然少微志尚清潔，摶嗜酒放曠，雖居室密邇，未嘗往來。少微以金丹、巨勝、南芝、玄芝等獻上，留數月遣還。出《皇朝通鑑》

《宋史·方技傳上·丁少微》 丁少微，亳州眞源人。爲道士，持齋戒，奉科儀尤爲精至。嘗隱華山潼谷，密邇陳摶所居，與摶齊名。少微志尚清潔，摶嗜酒適性，其道不同，未嘗相往還。少微善服氣，多餌藥，年百餘歲，康強無疾。始，卜居山上，起壇場淨室，通夕朝禮，五十餘年未嘗稍懈。太平興國三年，召赴闕，以金丹、巨勝、南芝、玄芝爲獻。留數月，遣還山。七年冬卒。

張契真

傳記

趙道一《歷世真仙體道通鑑》卷四八《張契真》 張契眞字齊一，錢塘人也。幼孤，遂依上清宮胡法師浮遊江浙，上會稽，探禹穴，歷縉雲，遊赤城，以訪仙道，契眞皆負篋從之。時朱天師居天台，目而器之，以其有清骨方瞳，因度爲道士，久之，還錢塘，居吳山眞聖宮。周世宗顯德五年，受正一盟威靈寶法籙於大元樊先生，由是紫蕊玉笈之書無不歷覽，而名振江浙。忠懿王精崇道法，每三籙齋，俾總其事。王公貴人亦從而欽尚。宋太平興國中，太宗命有司即國之東南建太一宮，詔天下戒潔之士以居之，而契眞與選。未幾，禁中清醮，因召見。款對稱旨，賜紫衣，而上以道書魚魯未定，詔兩街道錄選優學者刊正，而契眞復與。既畢，賜元靜大師之號。眞宗景德三年正月十一日夜就寢，髣髴間有朱衣吏持符而至，曰：奉命張某宜速淨穢，往彼職事。遲曉，召門人徐思簡曰：吾且行矣，子其志之。越二十五日，沐浴訖，泊然返眞，享年七十一。翼日遷神于城之東，肢體柔軟，而汗霡霂於面。及火化，得青黑色珠可升餘。丞相錢惟演謂其徒曰：此浮屠氏所謂舍利，在仙經則曰精氣凝結而成。《步虛經》云：舍利耀金姿，龍駕欻來迎是也。師爲性沉默，聲利不容於心，惟嗜好文，老而不倦。手抄經史子集，凡五百餘卷。善草隸弈棋，而隱晦自抑。嘗獨坐軒砌，鳥集於懷，其忘機感物如此。

張元化

傳記

趙道一《歷世真仙體道通鑑》卷四八《張元化》 道士張元化者，不知何許人，稱華蓋先生。弟游汝墳，汝人因請主北極觀，焚修外以慈愛及物，而汝人無不悅之。獨不知其密修何道，但混俗和光，未始自異於人。有施油燈於北極殿者，元化以大盆貯水，泛八燈，而自成星斗之列。杓建所指，隨曉昏而轉。郡人有請齋者，老少無異志而預議之，然未之請而師黎明必至。其間有意欲請，而夫妻忽反目者，有男女不承順顏色者，雖來請，而逆知其意，拒而不往，但勸諭而使之去。觀之側有果園蔬圃，里人俟其出而竊之，至其園而師已在彼，其先知之見，多此類。郡中周司馬與師最相善，然不知授之以何術。師嘗因歲旦，秉葦炬繞巷陌，雖數刻方匝，而炬之燼若初。人訝而詢之，對曰：有行瘟鬼，吾故逐去。人以是爲狂而不信。及夏，城外果疾疫暴作，而城中貧賤富貴皆無恙，每以符藥救人，有所得悉爲焚修之費。一日，有客召入酒肆，元化辭以素不飲。後欲

與茹葷，又辭以佩法籙。客稍怒，元化熟視之，知其非人也。謂曰：暫歸觀中，願子少待，即再相見。因取劍而誘出郊，叱使坐而戮之，即鬼也。朱髮藍面，脊薄如五七歲小兒。攜其首以視人，曰：此鬼輒敗，吾故戮之，以去民害。遂積薪於通衢焚之，而腥氣累日不散。一夕，郡人皆夢元化見別云：暫遠遊，希善愛。是夕寢中，忽羽化。達旦，人有疑而來訪者，大小皆同。宋太宗太平興國初，進士安鴻漸寓郡中，恃才傲物，自謂無人可意。見元化則擎跽服，從而就弟子列。既葬，及舉櫬，甚重，若有鐵石物圓轉於其中。鴻漸遂命酒致禱，則漸覺輕。臨壙發視之，則頂上有一竅，可容臂。識者曰：此蟬蛻矣。未幾，有客自河陰來，貨石榴于汝墳。途中遇一道士，自云：我乃汝墳張觀主，託附一書。仍市中石榴數十顆，獻于北極殿。客諾之。既至，其徒曰：此書乃師之眞墨迹也。引客至影堂，客曰：向所見者，與此像略無異。至今汝人圖像而事之。嘗撰還丹訣并小詞二闋，叙修行事，傳於世。

張齊物

傳記

趙道一《歷世真仙體道通鑑》卷四八《張齊物》 李臻，燕人也。性溫約，未嘗失於人。遊荊、湘間。宋太宗淳化中，至江陵。偶疾作，僑居公安門外，雖貧窶，未嘗絕客。忽有道士訪門，自稱姓張名齊物，隴西人，謁臻以求寓泊。臻諾之，但愧貧乏，無所待。齊物曰：貧道不食，可日得酒數升，爲厚賜爾。臻諾之。齊物曰：飲於市，雖屠沽輩亦不間。至夜後方歸，忽醉罵臻。臻略不介意，待之益厚。又一日，大醉歸，抵臻寢所，至晚方醒。嘔吐狼藉，臥具皆污。童僕輩怒，欲扶之，臻止之，曰：醉人何足責。齊物遲明告行，謂臻曰：感君之顧厚矣。今則復能相送數里乎？臻遂與之偕行，可十里間。齊物曰：某非滔滔者，薄有所負焉。周遊人間五十年，未嘗見仁厚如君者，願有小術爲獻。臻問何術，曰：黄白

術也。臻曰：賦命淺薄，不敢當，願先生察之。齊物茫然自笑，曰：君之道，非某所及也。於是抽簪，引以爲劍，執之曰：請自此別。乃劃地，隨手而裂，投身入於地，地亦隨合。臻嘆異之，由是遂晦迹，不復見。

張無夢

傳記

趙道一《歷世真仙體道通鑑》卷四八《張無夢》 張無夢字靈隱，號鴻蒙子，鳳翔盩厔人也。身長六尺，風格俊爽，居常好清閑，窮《老》《易》。父爲儒，肥遁不仕。有二子，無夢即其長也，篤孝聞於鄉里。及冠，以貲產委其弟，遂入華山，與种放、劉海蟾結方外友。事陳希夷先生，無夢多得微旨。久之，遊天台，登赤城，廬於瓊臺觀。行赤松導引，安期還丹之法。僅十餘載間，以修煉內事，形于歌詠，累成百首，題曰《還元篇》。夏英公倅台州，入山見之。得此篇歸輦下。時王冀公執政，訪隱逸人，英公以還元篇獻之。未幾，以聞于上。宋眞宗特召對，問以長久之策。無夢曰：臣野人也，但於山中嘗誦《老子》《周易》而已，不知其他也。上令講《易》，即說謙卦。上問曰：獨說謙卦，何也？曰：方大有之時，宜守之以謙。上喜其說，除著作左郎。無夢固辭曰：陛下德如堯舜，山林中豈不容一巢父、許由邪。因舍建隆之翊聖院。復召講《還元篇》，無夢曰：國猶身也。心無爲則氣和，氣和則萬寶結矣。心有爲則氣亂，氣亂則英華散矣。此還元之大旨也。略說十數篇而退。遣使賜金帛，皆不受，乞還山。復賜處士暢飲先生號，亦不受。上以歌一闋賜行，其辭曰：混元爲教含醇精，視之不見聽無聲。惟有達人臻此理，逍遙物外自沈冥。浮雲舒卷絕常勢，流水方圓靡定形。乘興偶然辭澗谷，談眞俄爾謁王庭。順風已得聞宗旨，枕石還期適性情。玉帛簪纓非所重，長歌聊復寵歸程。冀公邀入私第，意欲款延，無夢曰：萬乘且辭矣，相公人臣，徒煩見留。明日遂行。有旨令台州給著作郎俸以養老，至山亦不請。其始卒守節如此。有黃白術，祕而不言。居瓊臺又十餘年，復隱於終南鶴池。久之，遊嵩山，泛湘漢，抵金陵保寧壽寧佛舍，杜門不出。士人或有見而請問者，則對之以聾，而後人事幾廢。然博通古今，百家之學至于圖經小史，記之歷歷無遺。有二經生侍几案，久之因度爲道士。無夢年九十九，終於金陵。經三日，頂中有白氣，勃勃然出，高三尺餘，移時方散。乃就棺，肢體柔軟，指甲不青，心胸尚暖。史君玉琪遺吏藏於悟空禪師塔前。有瓊臺詩集行於世。碧虛子陳景元嘗預弟子列，得老莊之深旨。

塗定辭

傳記

趙道一《歷世真仙體道通鑑》卷四八《塗定辭》 蓬之良山龍諜里人也。塗氏之先，自孟知祥據蜀時已數世居此。躬耕植產，家累百金，宋眞宗咸平中，定辭隸役于郡。因輦帛入關，遇夜舍華陰客邸。偶有書生，自稱東專者，揖定辭而坐，相得甚歡，遂留飲浹日。及告行，書生曰：吾陳摶也。以君非凡骨，故特邂逅于此。定辭喜懼不自勝。因懇求異術。書生曰：術不貴異，但畜精神，不以好惡內傷則善矣。於是袖出藥一刀圭，曰：君但餌此，當壽百年。翌日，再訪之，則不復見。既而西歸，落魄不事生產，遂鑿所居之南山爲石室，險絕數十仞，觀者毛髮皆聳，定辭梯木登陟如履平地。初，石室乾燥，每患乏水，輒咒之，甘泉應期而出。居常好飼羣鳥，或臨風一呼，則千數翔集，馴狎左右。每暑則挾纊自曝石上，謂之迎涼；或寒沍則衣單縐而已。嘗遊成都，謁僧希白，因命膳，食鹽一器，僅數斤，坐客皆驚異。術士王鶴與之款飲，定辭獨飲數斗不亂。又屑薑葱數升，雜茹之。凡賓客之來，忽言好飲食何物者，則必與之取足同食。客雖屢饜，而不肯止。嘗以田產爲人訟，移鞫於岩渠，幾一歲，獄中未始具糧，而訟不敢敵，典獄之官亦以拒抗，不得情，因散禁定辭。定辭遽往城北羅漢院之江上，絕崖之巔有古木，輒登其上不肯下，凡七日。人呼之，則曰：我不下，爾輩但以箭射老夫，不能，彈之亦可。然人卒不敢逼之。至第八日，不呼而自下，復居就鞠所，而赦書至。久之，請爲道士。每到仲春，人服疏藥時，渠即臨流，於小灘下體露，從水自七竅中入，謂之涮腸。嘗有二小商於脱白溪，一人中暑毒暴死，定辭持鐵針於額上，以一槌擊之，入一寸許，須臾復活。明年以物來爲報，則不受。嘗貯五十萬錢，扃鐍甚固。飲家人無妄取用，然子孫亦莫知其意。去世之前月，自室歸。謂家人曰：吾平生市物，凡直百錢者，必過所售之數與之，儻其間有以多爲辭者，以是錢賞其廉，然終吾之身，卒無一人，嘆世俗之貪冒如此。一日呼家人於前，曰：我九十三歲，不死何待。索巴豆食之，於是吃二百粒。不動，移刻更吃百粒，微微溏泄，乃平坐而化。人環而哭之，却復活，乃曰：坐去，恐汝輩難作葬，具言訖，則卧化也。經數夕，童顔儼然如生。及就壙，而棺甚輕，識者以爲尸解。所居之石室，時聞簫鼓之聲。其子爲左侍禁，孫數人舉進士。

趙靈運

傳記

趙道一《歷世真仙體道通鑑》卷五〇《趙靈運》 趙靈運，不知何許人也。宋太宗雍熙中，爲莫州莫縣令。歲大旱，祈禱不應，慨然嘆曰：吾爲令而旱如是，如將不得粒食，吾何以生爲耶？積薪於庭，着道士服，執簡焚香，請于上帝曰：三日不雨，以此自焚。居三日，天晴無纖雲，乃趨薪所。方舉火，而雲起雷電大雨，火即滅。有五色雲覆薪上，俄與所侍邑小吏乘雲而去。後人即其地築趙仙壇焉。

种放

傳記

《宋史·隱逸傳上·种放》 种放字明逸，河南洛陽人也。父詡，吏部令史，調補長安主簿。放沉默好學，七歲能屬文，不與羣兒戲。父嘗令舉進士，放辭以業未成，不可妄動。每往來嵩、華間，慨然有山林意。未幾父卒，數兄皆干進，獨放與母俱隱終南豹林谷之東明峰，結草爲廬，僅庇風雨。以講習爲業，從學者衆，得束脩以養母，母亦樂道，薄滋味。

放得辟穀術，别爲堂於峰頂，盡日望雲危坐。每山水暴漲，道路阻隔，糧糗乏絶，止食芋栗。性嗜酒，嘗種秫自釀，每曰空山清寂，聊以養和，因號雲溪醉侯。幅巾短褐，負琴攜壺，泝長溪，坐磐石，採山藥以助飲，往往終日。值月夕或至宵分，自豹林抵州郭七十里，徒步與樵人往返。性不喜浮圖氏，嘗裂佛經以製帷帳。所著《蒙書》十卷及《嗣禹説》、《表孟子上下篇》、《太一祠録》，人頗稱之。多爲歌詩，自稱「退士」，嘗作傳以述其志。

淳化三年，陝西轉運宋惟幹言其才行，詔使召之。其母恚曰：「常勸汝勿聚徒講學。身既隱矣，何用文爲？果爲人知而不得安處，我將棄汝深入窮山矣。」放稱疾不起。其母盡取其筆硯焚之，與放轉居窮僻，人跡罕至。太宗嘉其節，詔京兆賜以緡錢使養母，不奪其志，有司歲時存問。咸平元年母卒，水漿不入口三日，廬於墓側。翰林學士宋湜、集賢院學士錢若水、知制誥王禹偁言其貧不克葬，詔賜錢三萬、帛三十匹、米三十斛以助其喪。

四年，兵部尚書張齊賢言放隱居三十年，不遊城市十五載，孝行純至，可勵風俗，簡朴退靜，無謝古人。復詔本府遣官詣山，以禮發遣赴闕，賫裝錢五萬，放辭不起。明年，齊賢出守京兆，復條陳放操行，請加旌賁。即賜詔曰：「汝隱居丘園，博通今古，孝悌之行，鄉里所推，慕古人之遺榮，挹君子之常道。屢覽守藩之奏，彌彰遁世之風，載渴來儀，副予延佇。今遣供奉官周旺齎詔，召汝赴闕，賜帛百匹、錢十萬。」九月，放至，對崇政殿，以幅巾見，命坐與語，詢以民政邊事。放曰：「明王之治，愛民而已，惟徐而化之。」餘皆謙讓不對。即日授左司諫、直昭文館，賜巾服簡帶，館于都亭驛，大官供膳。翌日，表辭恩命。上知放舊與陳堯叟游，令堯叟諭意；又謂宰相曰：「朕求茂異，以廣視聽，資治道。如放終未樂仕，亦可遂其請也。」中書傳詔，放曰：「病居山林，天恩累加禮聘，巖猿溪鳥之性，固不敢以祿仕爲意。然主上虛懷待士，旰食憂人之心，亦不敢以羈束爲念。」遂詔不聽其讓。數日，復召見，賜緋衣、象簡、犀帶、銀魚，御製五言詩寵之，賜昭慶坊第一區，加帷帳什物，銀器五百兩，錢三十萬。中謝日，賜食學士院，自是屢得召對。六年春，再表謝暫歸故山，詔許其請。將行，又遷起居舍人，命館閣官宴餞于瓊林苑，上賜七言詩三章，在席皆賦。十月，遣使就山撫問，圖其林泉居處以獻，優詔趣其入覲，放以疾未平爲請。

景德元年十月，來朝，言歸山之久，請計月不受奉，詔特給之。嘗因觀書賦詩，上曰：「放體格高古。聞其歸，私居終日，默坐一室。山水之樂，亦天性也。每所詢問，皆據經以對，頗多裨益。朕優待之，蓋以激浮競也。」放每至京師，秦雍生徒多就而受業。二年，擢爲右諫議大夫。表乞嵩少養疾，許之，令河南府檢校。召對資政殿，曲宴學士院，王欽若洎當直學士、舍人、待制悉預。既罷，又賜宴于欽若直廬。表乞免都門置餞之禮。屢遣中使勞問，賜以茶藥。是冬，復來朝。三年，以兄喪請告歸終南營葬，復召宴賜詩。

放山居草舍五六區，啖野蔬蕎麥。表求太宗御書及經史音疏，悉給焉。十月，復至，上謂宰相曰：「放比來高尚其事，每所詢問，頗有可采。朝廷雖加爵秩，而未能大用，即物議未厭，所慮放卷而懷之。」即遣內侍任文慶齎詔諭之曰：「朕臨御寰區，憂勤旰昃，詳延茂異，物色隱淪，思訪話言，用熙庶績。以卿棲心巖竇，屏跡囂塵，躡綺皓之遐蹤，有曾、顏之至行，特舉賁園之典，果符前席之心。每所諮詢，備詳理道，載觀敷納，蔚有材謀，深簡朕懷，頗思大用。然以羣情未悉，成命是稽。今四隩來同，萬區思乂，方崇政本，庶厚時風。卿必能酌斟化源，丹青王度，恢富國彊兵之術，陳制禮作樂之規，返樸還淳，措刑息訟，輔予不逮，馴至太平，登用機衡，弼成寡昧。卿宜體茲眷遇，罄乃誠明，敍經國之大猷，述致君之遠略，盡形奏牘，以沃朕心。副涼德之倚毗，裦外朝之觀聽，乃司樞務，式治至公。」

放上言曰：「臣讀書業文，實自父師之誨，學古嗜退，本求山水之樂。思率天性以奉至道，豈有意於麋鹿，蓋無心於紱冕。其所幸者，邦家化成，疆埸兵偃，羣黎鼓舞，庶彙胥悅。蒲帛之聘，寵渙巖谷，君命薦及，肅聽祗受。既朝象魏之下，但愧巖林之賤。奉聖顏於咫尺，聆德音之教諭。列迹侍從，峩冠諫諍。雖愚者之慮，竭忠規而屢陳；而大君之明，懼瞽言之無補。今又訪以禮樂之制，詢其刑政之方，且小器微材，欲加大用。蓋念沿革之攸宜，歷三五而既異，弛張之體，豈一二而可述。國家謀建皇極，躋納富壽，惟二聖之光宅，總百王之闕漏，豈伊葑菲，敢預論述。方今德義宣明，鸞驥戾止，如臣之才，儼爾駢列。伏望洞知臣之鑒，憐守節之志，俾泛駕無覆壓之害，使爲器免溢蕩之咎，寢此過聽，遂其夙心。況臣首獻納之行，不爲無位；預清閑之對，不爲疎隔。又安敢碌碌而依違，嘿嘿而曠素？願且齒於諫署，庶少觀於朝制，斯亦否能有適，名器無假。唯茲保全之惠，仰繫仁聖之賜。」

時先俾陳堯叟諭旨，堯叟手筆審其意，放云：「自被聘召，及遷諫垣，無所補報，爲幸多矣。今主上聖明，朝無闕政，處之顯位，則是重增其過。」及覽表，上曰：「放能守分懇讓，益可嘉也。」大中祥符元年，命判集賢院，從封泰山，拜給事中。二年四月，求歸山，宴餞于龍圖閣，命學士即席賦詩，製序。上作詩，卒章云：「我心虛佇日，無復醉山中。」初，放作詩嘗有「溪上醉眠都不知」之句，故及之。三年正月，復召赴闕，表乞賜告，手詔優答之。作歌賜之，乃齎衣服、器幣，令京兆府每季遣幕職就山存問。四年正月，復來朝，從祠汾陰，拜工部侍郎。

放屢至闕下，俄復還山，人有詒書嘲其出處之迹，且勸以棄位居巖谷，放不答。放終身不娶，尤惡囂雜，故京城賜第爲擇僻處。然祿賜既優，晚節頗飾輿服。于長安廣置良田，歲利甚博，亦有彊市者，遂致爭訟，門人族屬依倚恣橫。王嗣宗守京兆，放嘗乘醉慢罵之。嗣宗屢遣人責放不法，仍條上其事。詔工部郎中施護推究，會赦恩而止。四月，求歸山，又賜宴遣之。所居山林，細民多縱樵採，特詔禁止。放遂表徙居嵩山天封觀側，遣內侍就興唐觀基起第賜之。假踰百日，續給其奉。然猶往來終南，按視田畝。每行必給驛乘，在道或親詬驛吏，規算糧具之直。時議浸薄之。

嘗曲宴令羣臣賦詩，杜鎬以素不屬辭，誦《北山移文》以譏之。上嘗語近臣曰：「放爲朕言事甚衆，但外廷無知者。」因出所上《時議》十三篇，其目曰：《議道》、《議德》、《議刑》、《議器》、《議文武》、《議制度》、《議教化》、《議賞罰》、《議官司》、《議軍政》、《議獄訟》、《議征賦》、《議邪正》。

八年十一月乙丑，晨興，忽取前後章疏稿悉焚之，服道士衣，召諸生會飲於次，酒數行而卒。訃聞，上甚嗟悼，親製文遣內侍朱允中致祭。歸葬終南，贈工部尚書，錄其姪世雍同學究出身。

王懷隱

傳記

《宋史・方技傳上・王懷隱》王懷隱，宋州睢陽人。初爲道士，住京城建隆觀，善醫診。太宗尹京，懷隱以湯劑祗事。太平興國初，詔歸俗，命爲尚藥奉御，三遷至翰林醫官使。三年，吳越遣子惟濬入朝，惟濬被疾，詔懷隱視之。

初，太宗在藩邸，暇日多留意醫術，藏名方千餘首，皆嘗有驗者。至是，詔翰林醫官院各具家傳經驗方以獻，又萬餘首，命懷隱與副使王祐鄭奇、醫官陳昭遇參對編類。每部以隋太醫令巢元方《病源候論》冠其首，而方藥次之，成一百卷。太宗御製序，賜名曰《太平聖惠方》，仍令鏤板頒行天下，諸州各置醫博士掌之。懷隱後數年卒。

趙自然

傳記

《宋史・方技傳上・趙自然》趙自然，太平繁昌人，家荻港旁，以鬻茗爲業，本名王九。始十三，疾甚，父抱詣青華觀，許爲道士。後夢一人狀貌魁偉，綸巾素袍，鬢髮班白，自云姓陰，引之登高山，謂曰：「汝有道氣，吾將教汝辟穀之法。」乃出青柏枝令啗，夢中食之。及覺，遂不食，神氣清爽，每聞火食氣即嘔，惟生果清泉而已。歲餘，復夢向見老人，教以篆書數百字，寤悉能記。寫以示人，皆不能識。或云：「此非篆也，乃道家符籙耳。」嘗爲《元道歌》，言修練之要。知州王洞表其事，太宗召赴闕，親問之，賜道士服，改名自然，賚錢三十萬。月餘遣還，住青華觀。後因病，飲食如故。大中祥符二年，詔曰：「如聞自然頗精修養之術。」委發轉使楊覃訪其行迹，命內侍武永全召至闕下，屢得對，賜紫衣，改青華觀曰延禧。自然以母老求還侍養，許之。

大中祥符中，又有鄭榮者，本禁軍，戍壁州還，夜遇神人謂曰：「汝有道氣，勿火食。」因授以醫術救人。七年，賜名自清，度爲道士，居上清宮。所傳藥能愈大風疾，民多求之，皆刺臂血和餅給焉。

賀蘭棲真

傳記

《宋史・方技傳下・賀蘭棲真》賀蘭棲眞，不知何許人。爲道士，自言百歲。善服氣，不憚寒暑，往往不食；或時縱酒，遊市廛間，能啖肉至數斤。始居嵩山紫虛觀，後徙濟源奉仙觀，張齊賢與之善。景德二年，詔曰：「師棲身巖壑，抗志煙霞，觀心衆妙之門，脱屣浮雲之外。朕奉希夷而爲教，法清靜以臨民，思得有道之人，訪以無爲之理。久懷上士，欲覿眞風，爰命使車，往申禮聘。師其暫別林谷，來儀闕庭，必副招延，無憚登涉。今遣入内内品李懷贇召師赴闕。」既至，眞宗作二韻詩賜之，號宗玄大師，賚以紫服、白金、茶、帛、香、藥，特蠲觀之田租，度其侍者。未幾，求還舊居。大中祥符三年卒，時大雪，經三日，頂猶熱，人多異之。

汪仲詢《聖詔御詩及朝賢紀贈賀蘭先生序》（《道家金石略》）　賀蘭棲眞者，譙國人也。始事驪山白鹿觀馮洞元。洞元沖寂，復訪道于終南，結茅于岩曲。未載紀，思得福地以毓其眞，於是乎游王屋□濟源流之奉仙，即唐小睿眞人舊隱之所也。沁湨之流潤其側，行屋之翠聳其旁，波滉瀁以爭翻，雲縹渺而相握。其或風人叩課，朝士經由，潛分洞府之春，悉覿神仙之趣。不逾跬咫，可鼓方台，斯亦邑中之景勝者歟？故高士達人，咸睎隱息，以兹戾止焉。先生小節靡拘，至眞不染，深于莊老，仍善辟穀，吐故納新，稚顔鴉鬢，而常獨住天壇。藥匱采摭靈苗，馴致猛獸，民咸異斯，莫之以茹。景德初，眞宗皇帝以四海大寧，萬機豐暇，詢訪奇妙之士，用資恭默之誠。聞其素風，渴其全德，二年秋九月，遣中使馳蒲輪，賚鶴板而召之。先生識探幾萌，道臻妙本，祇荷聖念，應詔闕下。逮入對崇和，果加前席，禮遇勤厚。未幾請還，上許之，寵以蘭袍，旌以□□，著七言以賜之，增重幣以將之。觀有土田，永蠲租賦，授兹賚貢，光于旋歸。洎錫符紀號之三祀冬十一月二十有一日，無疾而終，享年一百一十三歲。孫自之内□猶如生，舉體柔軟。捫之者驚駭，目之者欽承，此道家所謂屍解者也。葬之日，邑中三百餘人爲之理塚，迨今薰焚，曾無闕矣。意妙門不宰，明道若虛，其生也揚□教於一人，其歿也示眞筌于綿古，淵偉英特，其先生之謂乎！今邑宰裴君德滋仰先皇之奉道，□時人之□歔，傷歲月以□遷，□禱詔之失墜，乃召監觀羽人郭太明，蓋先生之道孫也，遍搜篋□，復得朝賢紀贈詩二章共四首，餘皆散落弗可備存。由是磨礱□石，刊勒斯文。命走鄙辭，式揚盛事，所貴乎往來□覩，觀乎道行，知上德之可宗，閲彼辰章，見垂裳之博采。創立有□，不一美乎。

時大宋天聖九年歲次辛未孟冬月十有八日敘。

雜　録

《賜賀蘭棲真敕書並贈詩序碑》（《道家金石略》）　敕賀蘭棲眞：汝棲身岩壑，抗志煙霞，觀心衆妙之門，脱屣浮榮之外。朕奉希夷而爲教，法清淨以臨民，思得有道之人，訪以無爲之理。久懷上士，欲覿眞風，爰命使臣，以禮徵聘。汝其暫別林谷，來至闕庭，無辭跋涉之勞，當體招延之意。今差入内高班内品李懷贇往彼詔汝赴闕，故兹示諭，想宜知悉。秋冷，汝比好否。遣書指不多及。十八日敬。

詩賜賀蘭棲眞：玄元留教五千言，有象難名恍惚間，數選篇章達至理，時吟時詠道情閑。

七言四韻詩一首贈宗眞大師：尚書右僕射判軍州事張齊賢上

月耕雪耨雜芝田，洞府遊多隱奉仙，聳秀萬尋連翠嶠，澄明一派接靈泉。鳳書昔降幽居側，鶴駕曾朝瑞日邊，四海高名誰可並，赤松黄石好差肩。

七言詩一絶贈賀蘭宗眞大師：知制誥陳堯咨上

偶分天命過他家，松竹森森一徑斜，此境豈教塵俗愛，主人高論盡南華。

張閶《章聖皇帝御制詩記》（《道家金石略》）　章聖皇帝即位之七載，聞河陽濟源奉仙觀唐魯眞人舊廬有道士賀蘭棲眞者，道術甚高，發使者詔至京師。既見與語，灑然異之。棲眞爲詩以獻，上復製詩以寵答之。一日，從容問曰：「人言先生能點化黄金，信乎？」對曰：「陛下聖德睿明，富有四海，可謂眞天子矣，臣願以堯舜之道點化天下。顧方士僞術，不足爲陛下道。」上大奇其言，益加敬禮。未幾丐還，賜號宗眞大師，加以命服，且蠲其觀之田賦。棲眞壽一百一十有三歲，乃屍解去，葬於觀之京。又八十有八年，其徒郭仲琨再刻賜詩于石，而圖棲眞像其下，且屬臣爲之記。臣閶再拜稽首而言曰：伏觀自昔世主，躬好道家之術者甚衆，而鮮得其眞，故其始莫不以謂神仙可致，長年可祈，至以弊屣視天下，親屈帝尊以禮怪迂之士，而其後類不免爲詭誕之所欺惑，可謂太息。惟章聖皇帝沖妙在躬，神明自得，以道蒞天下者二十有四年，不待問途襄城之野，翺行空同之上，而異人奇士，應時而來，樂告以善。故祥符、景德之間，天子垂拱無爲，海內蒙福，登封告成，號稱至治，其功德遠矣。觀棲眞之所陳，上所以待遇之意，與昔之世主所甘心者，顧不異哉！棲眞異事多，此不復具載，特書其爲上語者如此。紹聖四年十月一日新授滄州司法參軍臣張闓謹記。

柴通玄

傳記

《宋史・方技傳下・柴通玄》 柴通玄字又玄，陝州閿鄉人。爲道士於承天觀。年百餘歲，善辟穀長嘯，唯飲酒。言唐末事，歷歷可聽。太宗召至闕下，懇求歸本觀。眞宗即位，屢來京師。召對，語無文飾，多以修身愼行爲說。祀汾陰，召至行在，命坐，問以無爲之要。所居觀即唐軒遊宮，有明皇詩石及所書《道德經》二碑。上作二韻詩賜之，幷賚以茶、藥、束帛。詔爲修道院，蠲其田租，度弟子二人。明年春，通玄作遺表，自稱羅山太一洞主，遣弟子張守元、李守一詣闕，以龜鶴爲獻；又召官僚士庶言生死之要。夜分，盥濯，然香庭中，望闕而坐，遲明卒。

時又召河中草澤劉巽、華山隱士鄭隱、敷水隱士李寧。巽年七十餘，以經傳講授，躬耕自給。授大理評事致仕，賜緑袍、笏、銀帶。隱以經術爲業，遇道士傳辟穀鍊氣之法，修習頗驗，居華山王刁巖踰二十年，冬夏常衣皮裘。寧精於藥術，老而不衰，常以藥施人，人以金帛爲報，輒拒之。景德中，萬安太后不豫，驛召寧赴闕，未至而后崩。大中祥符四年，賜號正晦先生。上並作詩爲賜，加以茶、藥、繒帛。獨隱辭賜物不受。

甄棲真

傳記

《宋史・方技傳下・甄棲真》 甄棲眞字道淵，單州單父人。博涉經傳，長於詩賦。一應進士舉，不中第，歎曰：「勞神敝精，以追虛名，無益也。」遂棄其業，讀道家書以自樂。初訪道於牢山華蓋先生，久之出遊京師，因入建隆觀爲道士。周歷四方，以藥術濟人，不取其報。祥符中，寓居晉州，性和靜無所好惡，晉人愛之，以爲紫極宮主。

年七十有五，遇人，或以爲許元陽，語之曰：「汝風神秀異，有如李筌。雖老矣，尚可仙也。」因授鍊形養元之訣，且曰：「得道如反掌，第行之惟艱，汝勉之。」棲眞行之二三年，漸反童顏，攀高躡危，輕若飛舉。乾興元年秋，謂其徒曰：「此歲之暮，吾當逝矣。」即宮西北隅自甃殯室。室成，不食一月，與平居所知敍別，以十二月二日衣紙衣卧磚榻卒。人未之奇也。及歲久，形如生，衆始驚，傳以爲尸解。

棲眞自號神光子，與隱人海蟾子者以詩往還。論養生祕術，目曰《還金篇》，凡兩卷。

郭上竈

傳記

趙道一《歷世眞仙體道通鑑》卷四八《郭上竈》 郭上竈者，不知何許人。宋眞宗天禧中，嘗以傭雇瀹湯滌器于汴州橋茶肆間。一日，有青巾布袍而啜茶者，形貌瓌偉。神采凜然，屢目於郭。郭亦疑其異人，又竊覘於袖間引出利劍，郭思念曰：必呂先生也。伺其出，即走拜于前，曰：際遇先生，願爲僕廝。呂不顧而去。郭乃尾後，至一闃處，呂回顧曰：若眞欲事我邪？可受吾一劍。郭唯唯，延頸以俟。引劍將擊，郭大呼，已失呂所在。郭乃在百萬倉中巡，卒擒送官，杖而遣去。自此京城裏外，幽僻之處，無不至。見人必熟視，良久方去。問之，則曰：我尋呂先生。自此十年餘，不知所在。仁宗天聖末，有趙長官，家居磁州邑城鎭之別業。忽有丐者，緼袍而來，見趙再拜曰：某郭上竈也。趙亦嘗識之，遂問：見呂先生否？郭曰：周天下，不知見，今爲大數垂盡，故來求一小棺，以藏遺骸。趙大以爲妄，問曰：何日當盡？曰：來日午時。趙曰：若然，當爲汝買棺。郭又曰：幷乞棺首開一穴，將一竹竿，通其節插穴中，庶得通氣。趙雖唯之，殊謂不然。明日午時，汲水浣身，卧槐下，遂絕。趙大異之，爲造棺。河朔乏竹，取故傘柄通其中，插棺首，瘞之於河岸。仍恐爲狐犬所發，植棘累石以固焉。其年秋，大雨，河水泛漲，數日乃退。趙慮其柩爲水所漂，策杖臨視，棺開無尸。

李鑒夫

傳記

趙道一《歷世眞仙體道通鑑》卷五〇《李鑒夫》 李鑒夫，不知何許人也。宋太宗太平興國初來遊蓬池，居開元精舍，都寺未之奇也。一日，間窺先生劍出眉間，爍爍如電，先生彈其鋏，且歌且舞。已，復納於眉間，都寺大駭，始厚禮之。俄醉踣於路以卒，官爲瘞之。未幾，或見於傍郡，歸告與先生雅游者。發其瘞，失其所在。

呂大郎

傳記

趙道一《歷世眞仙體道通鑑》卷五〇《呂大郎》 呂大郎，大名成安人也。家始饒財，大郎既壯，落魄盡費貲，然無毫髮恨意。宋眞宗景德中，忽發狂，同章市遇餅餅，輒奪食，見梨核棄道上，亦取啗之。後有道人接入山，大郎口許諾，而意不能忘其家也。道人曰：汝可去，將葫蘆十數，衣冠寘諸榻，夜以劍斷葫蘆已，則挂劍扉上，亟去，無旋顧。大郎既還，如道人所誡斷葫蘆矣。已試施顧，則見家人皆斷首。泣涕而去。及旦，家人復見大郎投環扉上死矣。遂瘞之。居數月，鄉人自安陽以大郎書來，家人大駭。往啓其瘞，則前所挂劍焉。

王鼎

傳記

趙道一《歷世眞仙體道通鑑》卷五〇《王鼎》 王鼎，襄陽人也。其初蓋寄迹醫卜中，以養妻子。嘗有詩云：也有山妻也有兒，也爲卜筮也爲醫。後遇鍾離先生，得道，作詩云：假裏淘眞十八年，今朝始遇漢朝賢。遂自號王同子，人不見其飲食也。一日行江干，或見二影在水中，怪而問其故。曰：若欲更見之乎？斯須十餘，久乃沒。宋眞宗祥符中，召至禁中，麻衣草履，長揖而已。後去，不知所之。著修眞書行於世。

趙抱一

傳記

趙道一《歷世真仙體道通鑑》卷四八《趙抱一》 先生名抱一，鳳州兩當人也。父徙居梁泉蒲池，世以農桑爲業。先生年十二，因牧牛，遇一老人，問之曰：子飢否？先生不應，但點頭而已。老人探手囊中，取食與之，其狀如蘿蔔而味甘。又與拄杖一條，瓢子一枚，中有藥，乃豌豆也。諭之令人服食。於是沈痾新疾，得服者無不愈。先生自食蘿蔔，不復思煙火食。久之，信步至京城之西把樓院之三門下，有一僧曰：子無乃要出家邪？曰：然。僧曰：子去見參頭，託渠引援。於是至院之後門草亭子上，恍然睡數日。復有一僧至，見之，問其所從來，乃引入。自涅槃堂過，聞有呻吟聲，先生曰：何人若此？僧曰：數日童行，時疫方甚。先生自瓢中傾豌豆藥，令以新汲水咽之，即時汗如新沐人，經夕而愈。僧衆異之，傳於裏外。然後請藥者如市，而瓢中之藥愈出不竭。人所饋之物，皆不受，悉與主僧巡警官按察。雖知非幻惑人，然見人來日多，不可禁止，於是具以申朝廷。時宋眞宗車駕東封未還，丞相向公留守京師，陰遣人驗其實，飛奏詣行在以聞。尋有旨，令辟簡寂宮觀以居之，乃得東太一之宮齋館。先生既就止，有司嚴其扃鐍，擊柝以固護，復令道士胡太易等以飲食伺候。日夕所食者，但棗栗三兩枚而已。凡月餘，車駕方還。召見，眞宗拊其背曰：卿，朕同姓也。遂即披度爲道士，賜名抱一。未幾，求歸。上賜金鍍銀龍頭拄杖銅朱記鸚鵡杯香藥等，仍差中使張茂先、道士胡大易送至石門山，特與建眞寂觀以爲登眞之所，每年賜披度及紫衣。仁宗慶曆中，忽行寢罷。至宣和年間，先生復來京師，寓太乙宮之舊隱，具章以聞，乞復先帝所賜恩澤。仁宗素知先生名，覽章悉許，仍舊召見，而臺諫力止之，先生兩到京，凡盡日飲酒不醉，止食少許蔬果而已。嘉祐年間，汲汲求歸，但言恐有水阻。既歸，至中秋果有大水。忽一日遣門人昝惟甫入郡中市藥，過期未還。先生集門弟子，謂曰：我欲入奏庭謁張尚書抃，而惟甫未還。忽覺疲困，言訖，就寢而化，享年七十八歲。百日肢體尚暖，久之精舍黃瘦，如此三年，門人乃葬之。始遇之拄杖，即眞宗以龍頭者易之，其餘所賜物並存。識者謂所遇老人，乃張果先生也。蓋有洞于郡之西，世傳張果隱於此。

《宋史・方技傳上・趙自然》 又有秦州民家子趙抱一者，常牧牛田間。一夕，有叩門召之者，以杖引行，杖端有氣如煙，其香可悅。俄至山崖絕頂，見數人會飲，音樂交奏，與人間無異。抱一駭而不測。會巡檢使過其下，聞樂聲，疑羣盜歡聚，集村民梯崖而上。至則無所覩，抱一獨在，援以下之，具言其故。凡經夕，若俄頃。自是不喜熟食，凡火化者未嘗歷口。茹甘菊、柏葉、果實、井泉，間亦飲酒，貌如嬰兒。素不習文墨，口占辭句，頗成篇詠，有道家之趣。遂不親農事，野行露宿。大中祥符四年，至京師，猶丱角，詔賜名，度爲道士。自是間歲或一至京師，常令居太一宮，與人言多養生事焉。

武抱一

傳記

趙道一《歷世真仙體道通鑑》卷四八《武抱一》 武抱一，建康人也。始從茅山道士爲僮。精舍有鐘，肅衆道士，命僮以時擊撞。宋太祖建隆中，忽遇至人，乃得道，去來不可測，人因謂之仙童。華陽道士朱自英，通丹經，眞宗詔封觀妙先生，厚禮聘之。仙僮聞自英將行，貽書曰：抱一啓：切以笑傲升平，輕欺富貴，扶疏丹桂，難藏明月之光；峭絕青山，莫滯白雲之迹。言之不足，道在其中。形神別隱於三山，名姓已彰於四海。歲月何定，鉛汞何求。如或因循，空成潦倒。眞珠圓而美之美矣，絳雪凝而自然而然。在市孰非，在山孰是。水積成海，氣積成神。匪我相知，少言休語。抱一貨藥而利名何有，和光而道俗寧殊。輕舉行，修長生，道在多是，逍遙於雲水，未嘗暴露於天機。知者難言，行者自見。聊書懇悃，以代笑談。一日二秋，咫尺萬里。陽氣如煙，荒郊似水。更保沖和，別休請問。今因魚雁，聊附寸心。書到山前，以申鶴望。謹啓。又爲詩曰：聖主搜羅物外人，總來金闕見靈眞。惟予不願彰名姓，綠水青山道可親。自英讀未竟，已失持書者，心因異之。

朱自英

傳記

趙道一《歷世真仙體道通鑑》卷四八《朱自英》　先生朱自英，字隱芝，句曲朱陽里人。生八九歲，牧牛郭干村，時能致鶴，或謂不祥。父母遂棄之，入道，師玉晨觀道士朱文吉。十一歲度爲道士，與張練師紹英居積金峰，却穀，常屨滿戶外。先生曰：比其絕迹而躡我衆，不太多事乎？於是旦疊壇而夕渡江，將拜混元於亳社，禮天師於青城。逢一叟，命先生閉目，曰：謹執予裾。惟覺林梢拂足，開目乃坐青城山下，遂授以金鼎九轉飛精劍法事，曰：世號陳鐵腳，即我矣。言訖，失叟所在。先生思三茅道藏闕僞，乃載游瀨鄉，校讎太清古本。歲餘，有道人武姓，相訊問先生曰：能往否？先生曰：敢不從命。藏睛少選，觸耳閴然，忽睹闤闠。顧謂先生曰：此河中府也。侵尋及河，截流安涉。先生踵之，若蹈平陸。接岸，欣然曰：信士可教，吾水星童子也。此一行已抵，度形太陰。然雖幽屛，不厭深渺，殊時復會。遽背而去。先生還故山，得九老仙都君印，濟人不倦。未幾，玉清昭應宮詔選，名行工部侍郎薛映以先生名上，朝廷遣使詔先生，表辭。時主尙未建儲，遣中使任文慶齎香設醮，命先生奏章求嗣。章聖明肅皇后乃夢羽衣數十，從一仙官下降，云：此宋第四帝見《聖政錄》，茅山有碑。及仁宗嗣，服使兩至州縣，敦迫不得已，遂受命館昭應宮，待遇甚渥。昭應宮使王欽若，喜先生暫朝玉闕，有詩酬倡。及累表獲辭，節度太尉知昇州丁謂亦賦詩送歸山。自是隱居，稱疾不起。明肅太后時遣使降香設醮，爲保聖躬，及親札賜金注碗一副，云是主上小時用底。爲道者置莊一所，寶墨猶存。及受上清經法，遙尊先生爲度師，賜號觀妙。武仙童復寄書幷詩一首，勉更韜晦。今章壇、丹竈、賜鐘，猶存茅山方隅洞側乾元觀。舊隱也，有幽光顯揚碑，備詳仙迹。

劉大彬《茅山志》卷一一《上清品》　二十三代宗師：宋國師觀妙先生，姓朱諱自英，字隱芝，句曲朱陽里人，生於太平興國元年。八九歲從牧兒郭干村，能吹笛致鶴，父母以爲不祥，棄之。迺從朱元吉著道士服，時年十二，端拱之初也。繼與明眞張鍊師居積金山頂，試辟穀術，人稍趨之，遂思遠游。至襄陽，遇異人陳鐵腳挾往青城山，復過瀨鄉，校讎太清宮古藏經。遇水星童子武抱一，游河中府，行止神變。景德元年嗣教，年二十九。四年，眞宗遣使祈胤，明年，仁宗生，事具宋史。奉旨住持玉清昭應宮，山中勅建乾元天聖兩觀，賜號國師。明肅太后傳大洞畢法，復賜號觀妙先生。還山，得武抱一蜀中所寄書，意警責姓名顯耀，暴露天機，先生對之，泣數行下，弟子莫測也。天聖七年十一月坐化，手執祥符所賜玉如意，流汗浹體，額有凝珠，尸解之上法者，世壽五十又三。贊曰：

赤子童眞，宿智冥得。淩虛有音，履水無迹。有道之朝，煖如中春。執玉振金，爲時外臣。

李仙人

傳記

趙道一《歷世真仙體道通鑑》卷四八《李仙人》　樂史仕宋爲西京留臺御史，嘗夢天帝召。俄見宮闕壯麗，帝曰：主求嗣，吾爲擇之。少選一人至，帝曰：中原求嗣，汝往勿辭。頓首祈免者再三，帝曰：往哉。遂唯而去。傍拱立者曰：此南嶽赤腳李仙人也。常酣於酒。明年果生仁宗。又會聖宮在洛陽之東，祖宗神御在焉。仁宗嘉祐八年三月二十九日，晝漏盡，人見羽衛陳布道中，最後一人衣赭袍，張黃蓋，乘馬至宮前，不見。

明日宮門大敞，諸殿門鎖不鑰自啓，俄頃仁宗上仙。

劉從善

傳記

趙道一《歷世真仙體道通鑑》卷四八《劉從善》 劉從善字順天，號浩然子，西洛人也。家世不仕，厥考因籍於汴之祥符。從善幼而明敏，雅好道學。宋真宗祥符中，師道士王太和於建隆觀。五年，試業爲道士。以貧窶，惟求化給其親，雖祁寒暑熱，未嘗有怠，人皆稱其孝。仁宗天聖初，以乾元節賜紫衣。二年六月，承旨充景靈宫住持。三年八月，上與太后欲授法籙，詔三茅大洞法師觀妙先生朱自英於玉清昭應宫金籙壇。又降旨，選明經教、勤謹焚修之士五十餘人，同壇傳授，從善首與焉。復宣賜正一法服冠履劍佩等，而後上嚴于孝享，以時追慕，特遣使諭以先帝忌辰，令於神御前咒食持課，乃編集三洞經偈頌以薦仙駕，尋進咒食文。上嘉之，賜號全素大師。仍以其文頒諸宫觀。咒食之科，自從善始，時延寧宫告成，詔撰聖像五藏銘，應制者衆，惟從善稱旨，遂以金玉牌刻其文。景祐中，乞還本觀。未幾，章獻、章惠靈駕出都，充法師，沿路講贊。至和二年乙未正月，仁宗不豫，召從善於大慶殿設醮奏章，命執政代拜。至夜伏章次，帝忽大漸，瞑目已數刻，中外驚讋，而從善遲久方起曰：章已達太上，有勑令聖駕回矣。俄而帝甦，即傳宣問葛將軍何神也。從善對曰：三天門下有神曰葛將軍。復傳宣曰：速令設位供養。翌日，聖體遂康，諭左右曰：朕昨夜夢至天門，有葛將軍者，云皇帝未合來，急借馬送回，遂寤。久之，有旨令內侍麥承信建葛將軍觀於郊壇之西南，賜金雅飾，仍賜從善御服衽席金帛等，欲賜先生號，固辭。嘉祐初，左右街道錄薦爲道官，上可其奏，授右街守闕監議，辭不獲，乃承命。五年夏，民苦大水，復拜章于福寧殿而免昏墊。從善自守闕監議累遷右街副錄，居常誦玉清、本際、西昇、黄庭等經，至若服氣煉形，亦勤而行之。英宗臨御，丞相韓魏公復乞賜先生號，又辭之。神宗熙寧三年七月二十八日，沐浴訖，集弟子於前，曰：吾俟大風來，即當去。須臾果如所說而化，降年八十一。後有客見從善白馬如蜀，託云：見吾徒弟，煩爲言之。由是知其尸解。嘗撰集齋科及拜章式，行於世。

藍方

傳記

趙道一《歷世真仙體道通鑑》卷四八《藍方》 字元道。亳州父老言，自兒童時見先生，狀貌迄今如一。先生髮委地，黑光可愛。肌若截膏，眉目疏遠，唇若積朱，齒如排玉。舉動溫厚，接物以和，小大皆得其歡心。或醉游旗亭，遇廢人丐於道路，探懷出錢盈掬遺之。頗好施藥，拯救疾苦。宋仁宗聞先生之名，特詔上殿，賜坐，及賜茶藥，館於芳林園。未幾告去，賜號南嶽養素先生。住南嶽招仙觀。是時學士賈公昌朝贈先生詩云：聖澤濃霑隱逸身，道裝宜用葛爲巾。祝融峰下醉明月，湘水源頭釣紫鱗。曾見海桃三結子，不知邛豆幾回春。他年我若功成去，願作靈橋跪履人。先生和曰：近告明君乞得身，不妨林下戴緇巾。滿斟野酒浮瓊蟻，旋釣溪魚鱠錦鱗。元府鳥雛飛後夜，洞中龍子養長春。吾宫儻若爲同志，續有壺天兩個人。先生有弟子陳通叟，問無功行即不至神仙之地。先生曰：古之爲功行恐人知，今之爲功行恐人不知，此所以功行膚淺，卒無所成就也。尚書郎李觀爲進士時，游南嶽，過長沙飲旗亭中，忽有負竹奩持釘鉸具者，謂曰：子往南嶽，爲我問養素先生，十月懷胎如何出得。觀至南嶽以語先生，先生大驚曰：其人眉間有白痣乎？曰：然。先生嘆曰：是海蟾子也。吾養聖胎已成，患無以出之，非斯人不足以成吾道也。先生獨宿閣上，一夕與人言語，侍者穴牖窺伺，見紅光滿室。明日客詢之，先生曰：吾師劉道君行雨過此，留話少刻也。先生一日沐浴竟，召侍者謂之曰：吾今一百七十二歲，安可復顧先生位號，但不欲拒聖君之意，今當捨去矣。乃奄然而逝。先生多遊西川，亦時來湖湘間，今人時復見之。一云：玉谿叟李觀遊南嶽，欲見藍養素，道中逢一人，荷釘鉸之具，謂觀曰：子非李觀，往岳山見藍養素乎？曰：然。其人又曰：煩公寄一信於藍公，云：劉處士奉問先生，十月懷胎如何出得？觀既見藍，具述所言。藍曰：眉間有白痣乎？公曰：有之。藍曰：此劉海蟾也。吾養聖胎已成，非斯人不能證果。觀曰：劉處士奉問先生十月懷胎如何出得。藍拊掌大笑，惟聞頂雷隱然，見一人如雪月之輝，與藍無異，直上沖霄，而藍已逝矣。觀焚香歎息而退。今嶽山長嘯先生是也，肉身塑像存焉。

張用成 張伯端

傳記

趙道一《歷世真仙體道通鑑》卷四九《張用成》 張伯端，天台人也。少無所不學，浪迹雲水。晚傳混元之道而未備，孜孜訪問，遍歷四方。宋神宗熙寧二年，陸龍圖公詵鎮益都，乃依以遊蜀。遂遇劉海蟾，授金液還丹火候之訣，乃改名用成，字平叔，號紫陽。修煉功成，作悟眞篇，行於世。嘗有一僧，修戒定慧，自以爲得最上乘禪旨，能入定出神，數百里間頃刻輒到。一日與紫陽相遇，雅志契合。紫陽曰：禪師今日能與同遊遠方乎？僧曰：可也。紫陽曰：唯命是聽。僧曰：願同往楊州觀瓊花。紫陽曰：諾。於是紫陽與僧處一淨室，相對瞑目趺坐，皆出神遊。紫陽纔至其地，僧已先至，繞花三匝。紫陽曰：今日與禪師至此，各折一花爲記。僧與紫陽各折一花歸。少頃，紫陽與僧欠伸而覺，紫陽云：禪師瓊花何在，僧袖手皆空，紫陽於手中拈出瓊花，與僧笑玩。紫陽曰：今世人學禪學仙，如吾二人者亦間見矣。紫陽遂與僧爲莫逆之交。後弟子問紫陽曰：彼禪師者，與吾師同此神遊，何以有折花之異？紫陽曰：我金丹大道，性命兼修，是故聚則成形，散則成氣，所至之地，眞神見形，謂之陽神。彼之所修，欲速見功，不復修命，直修性宗，故所至之地，人見無復形影，謂之陰神。弟子曰：唯。紫陽常云：道家以命宗立教，故詳言命而略言性。釋氏以性宗立教，故詳言性而略言命。性命本不相離，道釋本無二致。彼釋迦生於西土，亦得金丹之道，性命兼修，是爲最上乘法，故號曰金仙傅大士。詩云：六年雪嶺爲何因，只爲調和氣與神。一百刻中爲一息，方知大道是全身。鍾離正陽亦云：達磨面壁九年，方超內院；世尊冥心六載，始出凡籠。以此知釋迦性命兼修分曉，其定中出陰神，乃二乘坐禪之法。奈何其神屬陰，宅舍難固，不免常用遷徙。一念差誤，則透靈別殼異胎，安能成佛，是即我教第五等鬼仙也。其鬼仙者，五仙之下一也。陰中超脫，神像不明，鬼關無姓，三山無名，雖不入輪迴，又難返蓬瀛，終無所歸，止於投胎奪舍而已。其修持之人，始也不悟大道，而欲於速成，形如槁木，心若死灰，神識內守，一志不散。定中以出陰神，乃清靈之鬼，非純陽之仙。以其一志，陰靈不散，故曰鬼仙。雖曰仙，其實鬼也。故神仙不取。釋迦亦云：惟以佛乘得滅度，無有餘乘。又曰：世間無有二乘得滅度，惟一佛乘得滅度爾。釋迦之不取二乘，即我教之不取鬼仙也。奈何人之根器分量不同，所以釋氏說三乘之法，道家分五等仙、三千六百傍門法也。鍾離眞人云：妙法三千六百門，學人各執一爲根。豈知些子神仙訣，不在三千六百門。此正釋迦所謂惟一佛乘得滅度之意也。一云：英宗治平中，龍圖陸公帥桂林，取紫陽帳下典機事，公移他鎮，皆以自隨，最後公薨於成都，紫陽轉徙秦隴。久之，事扶風馬默處厚於河東。處厚被召，臨行，紫陽以《悟眞篇》授之，曰：平生所學，盡在是矣，願公流布此書，當有因書而會意者。後處厚出爲廣南漕，紫陽復從之遊。於元豐五年三月十五日，趺坐而化，住世九十九歲。有尸解頌云：四大欲散，浮雲已空。一靈妙有，法界圓通。一好禪弟子用火燒化。得舍利千百，大者如芡實焉，色皆紺碧。羣弟子至，遂指謂曰：此道書所謂舍利耀金姿也。後七年，劉奉眞遇紫陽於王屋山，留詩一章而去。徽宗政和中，紫陽一日通名姓，謁黃公冕仲尙書於延平。黃公素傳容成之道，且酷嗜爐火，年加耄矣。語不契而去。繼後，寓書於黃，叙述甚異。其孫銓見其書，祕不盡言。其中大略，紫陽自謂昔與黃皆紫微天宮，號九皇眞人，因誤校勘劫運之籍，遂謫於人間。今垣中可見者，六星而已，潛耀者三，用成、冕仲泊維楊子先生也。用成爲紫陽眞人，冕仲曰紫元，于公曰紫華。

一時被謫官吏，皆已復於清都矣。今用成又證仙品，獨晁仲沉淪於宦海，凡當爲人十世，今九世矣。來世苟復迷妄合塵，别淪異趣，無復昇遷之期。紫陽故叙仙契，力欲推拔，而黄公竟不契。以歿，惟目號紫元翁而已。九皇不載于天宫，即微星也。度弟子不一，其弟子白龍洞劉道人，名奉真，白日飛昇，即建康府劉斗子也。

張伯端 見張用成

陳景元

傳記

趙道一《歷世真仙體道通鑑》卷四九《張景元》 道士陳景元，字太虚，師號真靖，自稱碧虚子，建昌之南城人。師高郵道士韓知止，已而别其師，游天台山，遇鴻蒙先生張無夢，授祕術。自幼讀書，至老不倦。凡道書，皆手自校寫，積日窮年。初游京師，居醴泉觀，衆請開講。宋神宗聞其名，詔即其地設普天大醮，命撰青詞以進。既奏，稱善得旨，賜對天章閣，遂得今師名。又改章服，累遷左右街副道録。己卯，乞歸廬山葬親，詔賜白金助之，行李無他物，百擔皆經史也。所居以道儒醫書，各爲齋館而區别之，四方學者果從其遊，則隨所類齋館相與校讎，於是人人得盡其學。所役二奴，曰黄精、枸杞，馴而不狡，真有道之役也。大臣王安石、王珪喜與之遊。初歸廬山，與安石别，安石問其乞歸之意，景元云：本野人，而今爲官身，有吏責，觸事遇嫌猜，不若歸廬山爲佳。安石韻其語，書几間，曰：官身有吏責，觸事遇嫌猜。野性難堪此，廬山歸去來。復書其後云：真靖自言如此。景元喜作正書，祖述羲之《樂毅論》《黄庭經》，下逮歐陽詢《化度寺碑》耳。年七十，沐浴改衣，韻語長嘯一聲，正坐而逝。其語云：昔之委和，今之蜕質。非化非生，復吾真宅。世乃悟其尸解。有注《道經》二卷、《老氏藏室纂微》二卷、注《莊子》十卷、《高士傳》百卷、文集二十卷、《大洞經音義》、《集注靈寶度人經》，傳於世。

馬自然

傳記

趙道一《歷世真仙體道通鑑》卷四九《馬自然》 馬自然，不知何許人也。少習修真煉氣之方。年六十有四，至建昌酒壚，見四道人，衣百結，而儀觀甚偉。有童在傍，自然問其氏名。答曰：鍾離先生、呂先生、劉海蟾、陳七子也。自然大驚，僕僕往拜之。鍾離真人曰：汝骨氣異凡曹，吾數十年來求可教者，莫爾及也。俄與呂陳二公偕去，曰：爾有師矣。獨海蟾留乃爲自然演金丹之祕，曰：杳杳冥冥，其中有精。恍恍惚惚，其中有物。物非常物也，精非常精也。天得之以清，地得之以寧，人得之以靈。夫能抱元守一，回天關，轉地軸，則陰陽會而乾坤合矣。於是開坎離之户，使龍虎交噬，入戊己之變化，此上天之靈寶，妙中妙者也。是法者。人皆有分焉，惟其識昧神昏，沉湎愛欲。或知之而未達，閉息孤坐，存神入妄，漱津則咽唾，導引則勞形，辟穀則中餒，吐納則召風邪，外荒則燒鉛汞，内荒則淫陰丹，如是中不煉而神不存矣。自壯而趨老，自老而趨死，如六驥抉隙，亦可哀哉。爾當求精於杳冥，求物於恍惚，形神洞達，與道合真。自然聞其言而師之，遂得道。後遊廬山，酣寢石上，逾六旬。蕘者過，始驚寤之。俄去，入閤皀山，登紫房，訪清虚。時復往來市道上，著蓑裳，冠箬笠，持大鐵杓化錢。市酒，醉則徜徉山澤間。其後不知所終。

劉昉

傳記

趙道一《歷世真仙體道通鑑》卷五〇《劉昉》 劉昉字中明，酸棗人也。初爲丞相府卒吏，積勞出爲左殿直。已而歎曰：爲吏徒勞爾，吾將凊吾中扃，脫屣塵垢之外，與安期羡門并游。乃屏居東都委巷中，惟務衣食其凍餒，而藥石其疾苦，然未嘗出也。達官要人稍稍聞其名，願見中明不可得。多就見之，中明久頗不樂。繼而阿保死，中明遂飄然有遠引意，曰：吾無累矣。即南游衡山，訪養素先生藍元道。繼又往郴州。時從弟質爲青州從事，舍中明於家。中明曰：吾惡簿書敲扑而逃之，豈能復從爾居乎。乃止於東山僧坊。沙門道覺詫中明曰：吾然膏油於如來前二十年矣，勝利當無涯。中明曰：異乎吾所聞修行，子以身爲檠，戒行爲膏油，以心爲然器，照一切無明，古有然燈佛是也。道覺大歎異之。居百餘日，別質而去，曰：吾方放志宇內以好山爲所棲，白雲爲故鄉，恨子不得俱爾。後於南康伽藍尸解。其徒窆于伽藍傍，有邑令拜其窆，窆中呼曰：上暴殄，斷無明，勿冒賄，勿枉刑。令愕然而去。侯用賢至閬州，見中明葛裘賣藥於市。簡有從亦嘗見於東都，問曰：先生尸解，何至此耶？中明曰：無則入有，解乃歸眞，吾家常事耳，子何訝焉？有從曰：居與先生同閈，先生面若紅瓊，有從將爲朽骨，獨不念之乎？中明曰：踰五十之年，雖志於道，如敗屋。然枝傾漏葺，第可延歲月。况子行年七十，平生好法律，佐人爭訟，損子陰德多矣，尚何言。遂徑去。有從追之，中明曰：子歸可矣。吾孤雲野鶴，子焉能及我哉。遂去，不知所之。

羅道成

傳記

趙道一《歷世真仙體道通鑑》卷五〇《羅道成》 宋仁宗慶曆年間，有處士遊東嶽，謁主簿郭及甫。既坐，視其刺，乃羅道成。詢其鄉里，曰：郴人。及甫留飲，處士曰：久思東州之遊，前日至泰山，已歷徧也，且夕回南方。乃借紙筆爲詩曰：因思靈秀偶東遊，碧玉寒堆可疊秋。直上太平高處望，根盤連接十餘州。復自和云：水雲蹤跡日閑遊，夏谷陰寒冷勝秋。猿鳥性情猶戀舊，翻身却去海邊州。及去，及甫遣人送之。至邸，又爲詩付吏曰：白騾代步若奔雲，閑人所至留詩迹。欲知名姓問源流，請看郴陽山下石。後詢郴人，曰：地有羅眞君觀，因得道，跨白騾行。石壁上其騾迹至今存焉。

曾志静

傳記

趙道一《歷世真仙體道通鑑》卷五〇《曾志静》 曾志靜，廬陵人也。少不飲酒食肉，端毅寡言。既勝冠，去爲道士，益玄默，不與世接。忽有異人過之，授以道。自是杜門辟穀者逮五六年，異人來視之，曰：未也。與之語而去。踰數年，復至，曰：可矣。志靜遂徹關闢牖，人窺之，神觀玉立矣。宋仁宗至和二年春，忽告其徒曰：吾九月爲衡山之遊，世外之期，不可失也。至期，正坐而化。既葬，方首冬傍有桃，灼然放華。俄有自衡山持志靜書來，勉其徒學道云。

歸真子

傳記

趙道一《歷世真仙體道通鑑》卷五〇《歸正子》　唐子正，桂州人。宋英宗治平中，赴京調舉。至全州途中，雇一夫挈重檐，動若健羽，雖鞭馬疾追，常先百步外。恐其逸去，遂遣之。其僕即日自全二千七百里，日午已到唐州，留書寄驛吏曰：候桂州唐秀才至，即付之。唐後月餘方抵。唐驛吏出書，題云：呈桂州唐秀才，歸眞子謹封。及開緘，惟一詩曰：袁州相見又之全，不遇先生道未圓。大抵有心求富貴，到頭無分學神仙。篋中靈藥宜頻施，竈裏朱砂莫妄傳。待得角龍爲宴會，好來黃壁卧林泉。唐詰其狀貌，乃所雇僕也。留書之日，即全州所遣之日。後倅邕州。神宗熙寧三年丙辰，交賊寇邕，唐盡室遇害，所謂角龍也。

孫希齡

傳記

趙道一《歷世真仙體道通鑑》卷五〇《孫希齡》　孫希齡，不知其里居，亦莫詳何代人也。宋英宗治平中，供奉官陳允監衢州酒務，時已七十餘，髮禿齒脫。孫往候之，衣服繿縷，允意少之。孫俄出一刀圭，令允拭齒，允未之信。他日取以潔上齒，家人見而笑曰：何用黑鬚耶？允驚，取鑑照之，髯果黝如也。去巾視童首，則髮已數寸，脫齒亦隱然有生者。孫則不復知其所之矣。

周貫

傳記

趙道一《歷世真仙體道通鑑》卷五〇《周貫》　周貫自言膠東人，年八十歲，常稱木雁子。善屬文，游於洪州西山。嗜酒不羈，布褐粗全。人或贈之錢，則詣酒家取醉，餘皆散墜不顧。西山之人見貫往來者五十餘年，而顔如初。至有以道術訪之，則必報以惡聲，使之親近不得也。常蓄一瓢，置酒其中，喜作詩，一日止奉新龍泉觀，道士合門鼓琴，貫以席自覆，忽叩扉大呼。道士驚問，笑曰：偶得佳句，告子爾。道士殊不意，問之，因使口誦。貫以手指畫吟曰：彈琴傷指甲，蓋薦損髭鬚。又至袁州見市人李生爲其遠韻，欲與俱飲。李生有難色，貫指煮藥鐺歌以譏之云：頑鈍天教合作鐺，縱生三腳不能行。雖然有耳不聽法，只愛人間戀火坑。宋神宗熙寧元年，至豫章石頭市，遇故人張生，爲具酒食而宿旅邸。中夜，主人聞戶外車馬合沓聲，起而視之，無有也。惟貫所卧室戶正開，猶奄奄然喘息，就而察之，貫已死矣。明日告新建縣吳杲，即往按之。貫身柔潔如生，扶而轉之，腹中汩汩有聲，縣主簿劉純臣使人棺斂埋之。張生還家，其弟出迎門曰：周翁淩晨見過，云今往雙嶺矣。衆乃知貫非實死也。貫所著華陽集三篇，坐卧不離懷袖，人莫得見。死之日，純臣取而有之。純臣稱其文險絕而有條理。純臣以詩記之曰：八十西山作酒仙，麻鞋乳斷布衣穿。形骸一脫塵緣去，太極光陰不記年。後又有人見之於東都，貫令持書約李生云：我明年中秋夕，當上謁也。至期果造李生家。時李生以事出，貫乃以白土大書其門而去。曰：今年中秋夕，來赴去年約。不見折腳鐺，彈指空剝剝。李生後竟墮馬，折一足也。

劉元真

傳記

趙道一《歷世真仙體道通鑑》卷五〇《劉元真》 劉元眞字子直，葉原人也。世爲農夫。與客弈棋，子直方毁齔卧杏下，忽寤，驚告其父曰：適夢道師誨兒弈，且以杏啗兒。自是不復食。既長，棄家徜徉終南山水間，俄於莎嶺谷得浮屠廢祠居之。盛冬而裸，惟以木葉蔽後前。時有笙簫鍾磬之音，羣仙下其室。嘗與人同行道中，見有騎而過者，子直語之曰：幸以吾民爲念。騎者去，同行者問其故，子直曰：華山神也。上帝以麥有秋，民不之愛，使收什二，吾爲民請焉。且曰：宜亟行前得道傍舍方休。而天暴雨大雷以風，麥敗什二。人稍稍異之，相率立庵廬。子直因爲煉丹嶺上，踰九年，戒其傍居人曰：吾丹將成，爾爲吾伐鉦鼓助之。傍居人爭持鉦鼓往，果有異獸，駭而去。子直取丹沉於泉。居一年，出之以施傍居人，餌之者皆壽百餘歲。宋神宗元豐中，子直辭其鄰曰：上帝召我，當與爾別。於是晝有雲彩如虹，垂庵廬前，子直乘之而去。有劉益者，師子直，得守一存三之道。

陳太初

傳記

趙道一《歷世真仙體道通鑑》卷五〇《陳太初》 陳太初，眉山市井人子也。與蘇東坡同學。八歲師道士張易簡，易簡稱之。東坡擢第進士，而太初爲郡小吏。其後東坡謫居黄州，有眉山道士陸惟忠自蜀來，云太初已乃解矣。蜀人吳師道爲漢州太守，太初往客焉。正旦日，見師道求衣食錢物，且告別。持所得，盡與市人貧者。返坐於戟門下，遂化。師道使卒舁往野外焚之，卒罵曰：何物道士，使我正旦舁死人。太初微笑開目，曰：不復煩汝舁，乃步自戟門，至金雁橋下趺坐而逝。一城人見煙焰上，渺渺然，一陳道人沖虚而去。

馬宣德

傳記

趙道一《歷世真仙體道通鑑》卷五〇《馬宣德》 馬宣德不知何許人也，嘗仕至宣德郎。宋神宗熙寧中，宋若谷通判岢嵐軍，一日宴坐，宣德遣蒼頭奴持謁入，宣德繼至。冠三山幘，披紫鶴氅。坐定，言曰：吾謝事久矣，聞君世慕道，所以來。吾居抱犢山，君後一月當往彼，幸訪我，若谷莫之測，姑嘸然應曰：諾。既去，如其期若谷果彼命，按牧馬地至抱犢山，尚不省宣德與有約也。吏曰：蹊隧險遠，不可往。若谷曰：上命也，可辭乎。叱馭驅之，抵其岑絶。見一童子道周致宣德意，召若谷。若谷始大驚。披蓁莽從之，道上皆虎狼交迹，其深有茅廬一區。宣德肅於門，延入，具盤飧殺蔌，多藥苗也。室有爐，光景赫然，指示若谷曰：吾煉大丹已有成者，子遇此，殆有緣乎。取二丸遺若谷餌之。若谷俄趨出，回顧蒼崖喬木，煙雲蓊鬱而已。若谷時已六十二，鬚鬢蒼白。歸所舍，攬鏡視之，則返黑矣。尋去岢嵐，來東都，遊相國伽藍，稠衆中有道人呼曰：君腹有大丹，厚護持。言已不見。若谷家饒財，多蓄侍女，不能如道人戒，至八十餘歲，口吻忽吐赤光而卒。

胡用琮

傳記

趙道一《歷世真仙體道通鑑》卷五〇《胡用琮》　號沖眞子。幼脱俗緣，留心修煉，隸籍於廬山太平興國宫。宋神宗熙寧中，有道人破衫弊履，自稱姓名，突入庫堂，傍若無人。道士見者，不顧而去。獨胡揖坐小床，從容款話。驚其仙風不凡，待遇加禮。既而索酒再飲，復與胡出，飲于邸。胡辭以日暮回，掀髯一笑而別。翌早，胡入城，謁郡侯，抵關未啓鑰，道人又自城而出。笑以相顧。閽吏去未三鼓時，有回道人在此候門開，不知何人也。胡心因異之。後數年，革帶麻鞵，挑二壺，號大宋客，訪胡于道院，談論清雅。胡問此壺何用，答曰：行李也。傾壺視之，皆黄白之物。問胡欲此否，胡答：不願，但得長生之術足矣。就取碎銀鬻酒與胡飲，口授至道。及日暮，以刀剜土瀝酒，潄津和土，嘘呵成墨，擲之几上，鏗然有聲，語胡曰：服此可愈疾入仙矣。再飲，胡醉倒。及醒來，但聞異香滿室，剜土處有泉透出，不知客之所在。胡以墨研酒飲，宿疾頓蘇，年逾七旬，貌若處子，酒量如初。由是漸厭人間，一旦留詩，蛻形而去。今宫有墨仙泉，掬飲，味甘，冬夏不竭。王左丞宲、宋侍郎伯友及諸名公，皆有酬倡留題並載《本宫名賢詩集》。并有《胡公遇仙傳》，載舊記碑刻。

董惟滋

傳記

倪守約《金華赤松山志·沖真董先生》　先生名惟滋，好學篤文，不事生業。隱寄赤松，解悟經品，思通神會，時貴以先生名，薦之于神廟，召試諸經理義敷暢，上悦，賜度牒爲赤松黄冠師，繼賜沖眞師號及紫衣。未幾，掌東京中太乙事及哲廟，元祐間乃丐歸家山，上嘉之，復敕領寶積觀事。

劉景

傳記

佚名《劉真人歌並序》（《道家金石略》）　仙翁姓劉，名景，字仲遠，桂林人也。幼尚氣節，初爲屠，次爲商。常販私鉛，遇方士與劉的論以法禁之嚴，翁告以貧而不能矣。方士大笑，取所荷鉛一塊，藥之即爲銀，以授之。達旦，失方士所在，於是大悟，乃習醫卜，遍歷名山。至京師，館于賈丞相昌朝家二十年，好弈飲，或終日不食。冬夏一裘，瞑目誦莊老、周易。皇祐間還鄉，容色不衰，父老異之，知其得道者也。乃棲于所居南溪山之陽石室中。妻孥時欲省之，至山下，輒見毒蛇猛獸，不得進。公性嗜酒，每出，市人爭見之，欣然應接，樵歌而歸。或有問道者，即指眞心，眞心即可學也。人以憂虞求者，無不應驗。有疾病告者，施以藥隨瘉。遠近皆愛敬之。公自號大空子，人問點化之術，即笑而不答。天台張平叔眞人贈以長歌，敘以神仙造化之妙，公警悟，即與平叔施肩吾從游，人莫知其契也。元豐八年九月，告其子曰：「此形不可恃，吾亡日當以火化。」一夕無恙而逝，其子依遺言將舉火，發棺視之，惟存布袍絛履而已。後百余日，廉州合浦還珠驛密授東山逍遙子金玄祕要決，並至家書于桂林，人知公屍解化矣。壽年一百一十八歲。後遊山士夫惟見張眞人歌，而劉仙翁歌訣今獲此，恐久而濛沒，余遂勒以石以存仙跡，是垂不朽云。

金玄歌

予家本住桂林側，金木岩傍是其宅，窮玄造理經百春，往復蓬萊爲上客。逍遙宇宙人不識，誰會宗流話端的，大隱居廛心欲澄，小隱山間爲所寂。乾坤大地炁初分，男女陰陽相配匹，夫婦團欒齊會時，節次存升過關隙。金烏玉兔坎離交，二家通流化爲液，四物和合作汞鉛，養就玄珠誰會得。固眞精，是胎息，烹煉依時無間隔，子午名爲七返根，戊亥加臨九轉覓。離卦圓，坎卦益，氣液相交龍虎曆，長就黄芽道本宗，內丹一粒如金璧。加減三昧火頻燒，魔鬼星分自潛皭，天眞透出過九宮，獨跨赤龍朝紫極。指玄機，伸祕跡，此理深藏宜保惜，勿將輕易示非人，亂泄天機遭災厄。學道之人守正一，漸成漸轉功行畢，出離凡體達蓬瀛，玉帝書名記仙籍。

沈東老

傳記

趙道一《歷世真仙體道通鑑》卷五一《沈東老》 吳興之東林沈東老，能釀八仙白酒。一日有客自號回道人，長揖於門曰：知公白酒新熟，遠來相訪，願求一醉。宋神宗熙寧元年八月十九日也。公見其風骨秀偉，跫然起迎。徐觀其碧眼，有光。與之語，其聲清圓，於古今治亂，老莊浮屠之理，無所不通，知其非塵埃中人也。因出酒器十數，於席間，公曰：聞道人善飲，欲以鼎先爲壽，如何？道人曰：飲器中惟鐘鼎爲大，屈巵螺杯次之，而梨花蕉葉最小，請戒侍人，次第連斟，當爲公自小至大以飲之，笑曰：有如顧愷之食蔗，漸入佳境也。又約周而復始，常易器，滿斟於前，笑曰：所謂杯中酒不空也。酒至前即盡飲，更相酬勸。道人因命東老鼓琴，乃浩歌而和之。又嘗圍棋以相娛，止弈數子，輒拂去，笑曰：祗恐棋終爛斧柯。道人自日中至暮，已飲數斗，無酒色。是夕月微明，秋暑未退，蚊虻尚多，侍人秉燭驅拂，偶滅一燭。道人乃命取竹枝，以餘酒噀之，插於遠壁，須臾蚊蚋盡趨壁間。所飲之地，灑然無有。東老欲有所叩，請學驅蚊之法。道人曰：且飲，小術烏足道哉。聞公自能黄白之術，未嘗妄用，且篤於孝義，又多陰功，此予今自所以來，尋訪而將以發之也。東老因叩長生輕舉之術，道人曰：以四大假合之身，未可離形而頓去，惟死生去住爲大事，死知所住則神生於彼矣。東老攝衣起謝有以諭之，道人曰：此古今所謂最上極則處也。此去五年，復遇。今日公當化去，然公之所鍾愛者，子偕也，治命時不得見之。當此之際，公亦先期而知，謹勿動念，恐喪失公之眞性。東老頷而悟之。飲將達旦，則瓮中所釀，止留糟粕而無飲瀝矣。道人曰：久不留浙中，今日爲公而來，當留詩以贈。因擘席上榴皮，畫字題于庵壁，其色微黄，漸加黑。詩云：西鄰已富憂不足，東老雖貧樂有餘。白酒釀來因好客，黄金散盡爲收書。已而告別東老，啓關送之，天漸明矣。握手並行，笑約異時之集，至舍西石橋今名回仙橋，道人先度乘風而去，莫之所適。後四年中秋之夕，東老微恙，乃囑其族人而告之曰：回道人曩年間此月十九日，嘗誦予曰：此去五年復遇今日，當化去。意在明年，今乃熙寧之五年也。子偕又適在京師干薦，道人之言，其在今日乎。及期，捐館，凡道人所言皆驗今湖州有回仙觀，仙迹存焉。

車四

傳記

趙道一《歷世真仙體道通鑑》卷五一《車四》 蔡元長初登第，爲錢塘尉巡捕。至湯村，薄晚休舍，有道人狀貌甚偉，求見。蔡平日喜接方士，亟延與語，飲之酒而去。明日宿他所，復見之。又明日泊新村，道人復至，飲酒數盡斗，懇曰：夜不能歸，願託宿，可乎？蔡始猶不可，其請至再，不得已許之。且同榻，命蔡居外，已處於內，戒曰：中夜有相尋覓者，告勿言。蔡意其奸盜亡命，將有捕者，身爲尉，故匿之不便也。然無可奈何，輾轉至三更，目不交睫。聞舍外人聲，俄頃漸衆，遂排戶入。曰：車四元在此，何由？叵耐，欲就床擒之。或云：恐幷損床外人，帝必怒，恐獲罪。蔡大恐，起坐呼從吏，無一應者。道人安寢自如，撼之不動。外人云：又被渠韃了六十年，可怪可怪。咨嗟良久，聞室內如揭竹紙數萬番之聲，鷄鳴乃寂。乎從者，始應，問所見，皆不知。道人矍然起謝曰：某乃車四也。賴公脫此大厄，又可活一甲子，已度第三次矣。自此無所患。公當貴極人爵，吾是以得免。如甚不然，與公皆死矣。念無以報。吾有藥，能化銅鐵爲金銀，公欲之否？蔡拒不受，強與乾汞一訣曰：他日有急當用之。天且明，別去，後不復見。蔡以其說傳中子脩，蔡死，脩家窶廣西，賴是以濟。蔡之客陳丙，嘗爲象郡守，亦知其詳。

章詧

傳記

趙道一《歷世真仙體道通鑑》卷五一《章詧》　章詧字隱之，成都人。自幼不羣，天才卓異。修舉業之暇，精妙於易。註太玄經至九卷，忽晝寢，夢見楊子雲曰：太玄猶如一浮圖，有十三卷，汝註至九，天機豈容易泄耶？詧覺，甚疑異之。後略註至十卷，進上宋神宗，喜，賜爵，不受，封爲沖退處士。嘗與邵雍康節友善。因遊廣漢金雁橋，見一童，年十二，鬻詩。詧喜之，拉同歸，更名經童。詧常看黃庭經，凡看罷，童竊窺之。一日有青衣童持書至，詧接書，已失青童。觀書皮云南嶽布衣眞一子書，至西州沖退處士處。及開，但一章，詩云：未遂山中吟，時聞世上音。笑言失眞詮，塵穢濁神襟。歸殖南國芝，點化北溟金。千日勤耕耘，自然生瑤琳。詧因遊西溪，偶濯足，有異人李士寧訪之，詧遽云：足濯西溪流水去。李速應云：手持南嶽寄來詩。詧驚而笑曰：何以知之？李云：久矣。李辭云：吾先往南嶽，君宜早來。自後李不復見。經童一日告去，詧曰：汝欲何往？童曰：先往南嶽候先生。詧曰：汝何以知之？童曰：久矣。童坐亡逾月，詧別相知而尸解。詧嘗煉丹，後服丹，化如蟬蛻也。今人時見之於南嶽。段顧言吊之，詩略云：尸解去難尋，空留一鼎金。西州大隱沒，北極少微沉。又張賢良詩云：西海從來鎖大名，或聞蟬蛻棄遐齡。青城已結神仙侶，碧落俄沉處士星。金鼎煉成眞汞藥，玉堂傳授太玄經。平生是我深投分，自愧無才與勒銘。

《宋史・隱逸傳中・章詧》　章詧字隱之，成都雙流人。少孤，鞠於兄嫂，以所事父母事之。博通經學，尤長《易》、《太玄》，著《發隱》三篇，明用蓍索道之法，知以數寓道之用，三摹九據始終之變。蜀守蔣堂、楊察、張方平、何郯、趙抃咸以逸民薦，一賜粟帛，再命州助教，不就。嘉祐中，賜號沖退處士。王素時爲州，因更其所居之鄉曰處士，里曰通儒，坊曰沖退。詧由是益以道自裕，尊生養氣，憂喜、是非亦不以撓其心形。

嘗訪里人范百祿，謂曰：「子辟穀二十餘年，今強力尚足，子亦嘗知以氣治疾之說乎？」百祿因從扣《太玄》，詧爲解述大旨，再復《攡》詞曰：「『人之所好而不足者，善也；所醜而有餘者，惡也。君子能強其所不足，而拂其所有餘，《太玄》之道幾矣。』此子雲仁義之心，予之於《太玄》也，述斯而已。若苦其思，艱其言，迂溺其所以爲數而忘其仁義之大，是惡足以語夫道哉？」熙寧元年，卒，年七十六。子禩，亦好古學，嘗應行義敦遺詔。仍世有隱德，其所居猶存。

邢仙翁

傳記

趙道一《歷世真仙體道通鑑》卷五一《邢仙翁》　宋神宗熙寧四年辛亥歲，有武人李□官衡州捕鹽，深入九疑山，路不可上，捨轡民舍，望前嶺青煙貫空凝然，指問村人，人曰：見之，不知爲何所。李識其處，告舉子李彥高，彥高困場屋久，好奇，去學黃老不死術。聞之心悅，裹糧偕李同行。攀緣而上，忽得平地草堂數間，入見老人燕坐，驚曰：子何能至此？此非人可到。答：以慕道來耳。老人笑揖之坐，問姓字，曰：吾唐末人，避世來此，姓邢氏，名不欲聞世間。彥高意其邢和璞，曰：非也。

因言聞今國爲宋，不知天子姓氏。彦高以熙寧天子傳序年月對，老人頷之。彦高詰其地，皆不答。歸益糧，復至。老人笑勞之，留五日，惟授以吐納煉氣術。語倦，援琴作操，堂上驚雷怒濤，餘韻不絶。自此繼往，老人延如故人，無間矣。遂參問內事，曰：此事祕密，未易言也。因曰：吾校天上書，自有程限，子妨吾事，勿更來，吾亦不久徙去。彦高顧書曰：仙矣，猶用此耶？曰：豈有不知書神仙，此皆著自瓊房，繫玉籍者分讎，已則歸之，再給也。徘徊竟別去，出十二詩贈彦高。今記其二，云：無言隱几閑松扃，萬古襟懷獨自靈。箋契時鋪三卷篆，彈冠常動一簪星。青童去斸南山朮，野客來尋北帝經。天道不須窺牖見，滿門山嶽目青青。事業功名不足論，好乘年少入眞門。渾如一夢莊生蝶，況是千年杜史孫。須向黄庭分內外，不交周易祕乾坤。他年陵谷還遷變，家住蓬瀛我尚存。篆皆古文，彦高莫識。後不復再往。討尋其字，十八年始究。彦高頗得道，今往來湘衡，人無知者。王性之爲作邢仙翁記。

賈善翔

傳記

趙道一《歷世真仙體道通鑑》卷五一《賈善翔》 道士賈善翔，蓬州人，字鴻舉。善談笑，好琴嗜酒，混俗和光，默究修煉。蘇東坡嘗過之，獻書問曰：身如芭蕉，心似蓮花，百節疏通，萬竅玲瓏。來時一，去時八萬四千。末云：鴻舉下語。善翔答曰：老道士這裏沒許多般數。善翔於宋哲宗朝作猶龍記暨高道傳，行於世。一日在亳州太清宮，衆請講太上洞玄靈寶度人經。至説經二遍，盲者目明。時會中有一嫗，年七十餘，喪明已三十年，一聞經義，豁然自明。後啓醮之夕，夢衆靈官傳太上命，賜其仙服，以善翔爲太清宮主者。數日後，竟返眞。張商英作眞遊記，編載其事。

周史卿

傳記

趙道一《歷世真仙體道通鑑》卷五一《周史卿》 周史卿，建州浦城人。宋哲宗元祐初，如京師，赴省試，中途遇道者云云，即與弟子入由果山煉丹，聲價籍籍。士大夫經山下，無不往見。呂吉甫自建安移宣州，苦足疾，不能行，來謁周。周請呂伸足直前，爲布氣，令人以扇搧之，少頃足疾火熱炎上徹心，良久痛遂已。凡在山二十年，丹垂成。一夕風雷大作，霹靂甚震，曉視藥爐，丹已失矣。周不意，遂出神求之，謂妻曰：我當略往，七日且復回，未死也，切勿焚我。妻如其言。周平生與一僧善，僧亦在他山結廬，聞周死，來吊，力勸其妻曰：學道之人視形骸如糞土，既去矣，安足惜。妻信僧言，泣而焚之。明日而周回，則已無形體可生矣，空中咄咄責其妻而去。異日僧復來，妻以前事告之，僧曰：吾適方聞訃，故來，前日未嘗至。乃悟魔所化也。其家後置周影像於僧舍，日輪一行者奉香火，必於地得四錢。又留醋一甕，至久不敗。

劉大頭

傳記

趙道一《歷世真仙體道通鑑》卷五一《劉大頭》 祕校遯齋徐誼，秦人也。宋哲宗紹聖中，赴調京師，過洛中，時盛寒，丐者卧道側，誼惻然憫之，探篋中得錢三百文，盡以畀之。丐者初不謝，既行數十步，始於馬後追呼云：荷官人仁惠濟此餘生，官人他日到京城，願訪竹冊巷劉大頭家。誼許之，到京已忘前語。一日，詣親故，過小巷，問左右，云：此竹冊巷也。誼乃憶丐者之言，扣門呼劉大頭者三，大頭出迎曰：官人信士，乃肯訪此賤老。揖坐小軒中，呼其妻出迎，拜曰：我前日不遇官人，且爲餓殍。亟命具酒盤，中惟貯大桃數枚。酒三行，誼辭退。丐者曰：貧賤無以爲意，願獻此桃而已。誼袖之以歸。及至所居，覺漸重，不能勝。取視，皆眞金也。復往，則其室虛矣。

劉混康

傳記

趙道一《歷世真仙體道通鑑》卷五二《劉混康》 劉混康字志通，晉陵人，其上世皆不仕。母朱氏，於宋仁宗景祐二年十二月二日茅君下降之夕，夢一羽士入其室，覺而生混康。年十三，依本郡太和觀道士湯含象受業。嘉祐五年，試經爲道士，脱落世故，日閱道書，於洞經妙旨，獨心得之。患世無明師，乃散髮登壇，以天爲宗。已而聞三茅道士毛奉柔偏得觀妙朱君之道，遂往依焉。毛一見而奇之，悉授以大洞經籙。乃結庵於積金峰居。一日，有羽人同造其廬，指庵之東隅謂之曰：汝即此居，抱神守中，德惠及人，當無愧於前人矣。又顧混康額間曰：此無作之地，道之所尚，非可以有疵也。以手捫之，明日瘢滅。混康由是勤行利人，遠近宗仰。哲宗時召至京師，賜所居庵爲元符觀。徽宗即位，召赴闕《皇朝通鑑紀事》云：混康有節行，頗爲神宗所敬重，故上禮信之。崇寧二年，乞歸山。七月，有旨用觀妙先生朱自英奏，草九老仙都君即文琢玉賜之，仍賜號葆眞觀妙先生。五年七月，加號葆眞觀妙沖和先生。大觀二年四月，同泰州道士徐神翁、天師張虛靜，一時復會上清儲祥宮，各賜道院以居。未幾羽解。五月，特賜太中大夫。始末優異，備載豐碑。

劉大彬《茅山志》卷一一《上清品》 二十五代宗師：葆眞觀妙沖和先生太中大夫，謚靜一，姓劉諱混康，字混康，一字志通，晉陵人，景祐二年乙亥十二月二日生。十三歲，從泰和觀湯含象。嘉祐五年，試經爲道士，一夕夢神人告曰：汝欲學仙，當擇名山。嘗患世無良師，每靜夜登壇，散髮焚香，以天爲宗。已而聞華陽毛宗師有道，往依焉。庵居積金山，常有五色雲霧結爲樓殿，人異之。一日，有三羽士造其廬，指庵之東隅，謂師曰：汝即此居，抱神守中，德惠及人，當無愧前人也。又顧師眉間曰：此無作之地，道之所尚，不可有疵。手爲捫之，明日，瘢滅。元祐元年，哲宗后孟氏誤吞針喉中，醫莫能出，有司以高道聞，召見，師進服符，嘔出針，刺符上。宮中神其事，賜號洞元通妙法師，住持上清儲祥宮。紹聖四年，勑江寧府，即所居潛神庵爲元符觀，別勑江寧府句容縣三茅山經籙宗壇與信州龍虎山、臨江軍閤皂山。三山鼎峙，輔化皇圖。徽宗加號元符萬寧宮，賜九老仙都君玉印、景震玉槶具劍、御製詩頌書畫。賜予不能悉紀，師累表災變，上雖加歎而不能用其言，屢召至闕。大觀二年，赴召出山，羣鹿遮道，師以意喻之，一鹿觸車而斃，瘞之道左。先是，所畜鶴聞召飛去，師曰：鶴去鹿斃，吾無還期。四月至京，館于儲祥宮新作元符之別觀，夜夢天帝召。詰朝駕幸儲祥，就見，因進上所誦《大洞經》。十七日臨午，儵然解蜕，年七十二。勑遣使護柩還山，葬壘玉峰，特詔建藏眞觀爲祠室云。贊曰：

玉華蕩空，金英散香。羣仙啓關，受契紫皇。神明之區，有相成道。襲眞紹傳，天地同老。

紀事

劉大彬《茅山志》卷二六《録金石篇》蔡卞《茅山華陽先生解化之碑》 大觀二年春，詔華陽先生來朝京師。夏四月丁亥，先生至自茅山，上命道士二百人具威儀導迎，館于上清儲祥宮新作元符之別觀。先生病，不能朝，勞問之使不絕於途。是月十日，車駕幸儲祥宮，因召見先生，與語久之。前兩夕，先生夢侍天帝所，相論說《大洞眞經》，覺而異之。及見上，迺以平日所寶《大洞經》以獻，上覽之動色曰：朕潔齋書此經甫畢，及親繪三茅眞君像，適欲以授先生。是日，遂并賜之。先生既授經，與上意合，則釋然以喜。車駕將還宮，復召見先生，所以撫存之甚厚。後七日丁酉，有司以先生解化聞，上震悼，命中貴人賜金營喪，特贈太中大夫，使使護其柩以還。葬有日，詔臣卞作爲墓碑，以詔無窮。臣既受命，竊惟古之全德之人，本在於道，以資物而不匱，貴在於己，以順人而不失，是故頫仰酬酢，無適而非眞也。及至後世，一曲之士知爲己而已，而其弊至於絶物，抱虛守寂，老死於巖穴之中，自以爲得矣，而功不加諸人，道不行於世，始以自爲，而所以自爲者實少，此昔之隱者所以有往而不反之論也。若華陽先生則不然，方其棲眞深巒，人迹罕至，則以上清符水愈人之疾，至不可勝數，其功利博矣。及遭聖上，以天縱大智，作新斯民，本原道眞，宗尙有德，則頻年之間，數承命造朝，召入宮廷，燕見終日，造膝所談，多所謂天下妙理。向也雲泉之爲娱，而今也名顯於朝廷，向也樵牧之與俱，而今也道信於宮壼，天下方士聞其風者，翕然化之，豈可與彼枯槁一曲之士同日而語哉！先生姓劉氏，諱混康，常州晉陵人也。其上世皆不仕，崇寧中，以先生故，始詔贈其父守眞宣德郎，母朱氏蓬萊縣太君。先生少則虛澹不羣，仁宗時試經爲道士，脫略世故，日閲道書，而於洞經妙旨，獨心得之。患世無明師，迺散髮登壇，以天爲宗。已而聞三茅道士毛奉柔者有道行，名聞一時，遂往依焉。毛一見而奇之，悉授以大洞經籙。其後迺結菴于山之積金峰，居一日，有三羽人者，莫知其所從來，同造其廬，亟出指菴之東隅謂之曰：汝即此以居，抱神守中，德惠及人，當無愧於前人矣。又顧先生額間曰：此無作之地，道之所尙，非可以有疵。以手捫之。明日，瘢滅不復見。而求所謂三羽人者，終莫能得也。先生繇是刻意勤行，而於接物利人，日益不懈，遠近宗仰之。哲宗時召至京師，賜號洞元通妙大師，而以所居菴爲元符觀。未幾，謁還故山。上之元年，復召赴闕，其明年又告歸，許之，賜以九老仙都君玉印，又詔增廣殿宇，而命近侍總其事，於中都得專達焉。尋降誥，賜號葆眞觀妙先生。先生雖居山，而手勑詢勞無虛月。觀將成，請朝天廷以謝上恩，有詔敦勉其來，召對宣和殿，賜御書畫，於是增改觀名曰元符萬寧宮，而宮之正門及景命萬年、天寧萬福兩殿，太平飛天法輪之牓，皆上自書。昭回之章，焜燿萬古。三茅崇奉之嚴，未有盛於斯時也。明年夏四月，先生又告歸，詔賜所居菴以潛神爲名，而加先生以沖和二字，居數月，又作慶成頌，及賜歸山詩以寵之。大觀改元，詔屢趣召，先生固辭，許之。於是有旨，命其傳籙大弟子守靜凝和法師笪淨之入見，喻德意焉。其明年，先生迺來朝，將行之前一日，菴中平時所養鶴輒飛去，先生聞而歎曰：鶴去，吾殆不還乎。已而果卒京師。即其年七月壬申，葬山南疊玉峰，詔特謚靜一，而以其墓之祠宇爲藏眞觀。先生專氣致柔，不與物忤，淵渟雲行，動靜兩得，眷待終始，身名尊榮，可銘也已。銘曰：

芒乎道初，未始有物。自氣求之，則已芒芴。昔之得者，造乎其先。逮後沉冥，迺始無傳。泯泯膠膠，轉徙之塗。貌象樊然，心與之俱。何以更之，俟靜俟虛。矧矣先生，與古爲徒，純氣是守，靡所營趨。帝命造廷，翩然來思，敢告所聞，妙入無爲。縻之高名，樂此巖棲，乘化而盡，形則如斯。鑱石道周，後人之詒。

先師被遇聖朝，恩榮終始，如藏眞建觀，前所未有。詔宗工述解化之迹，上親題額以賜焉。鉅碑泥金艱於傳本，謹再模刻，以廣施云。時政和元年四月十七日，上清三洞弟子、二十六代守靜凝和法師笪淨之謹題。

王筌

傳記

趙道一《歷世真仙體道通鑑》卷五二《王筌》 王筌字子眞，鳳翔陽平人。其父登科，兄弟皆爲進士，筌獨閑居樂道。一日郊行，憩瓜圃間，野婦從乞瓜，乳齊於腹。筌知非常人，問其姓，曰：吾蕭三娘也。筌取瓜置諸橐以遺之，婦就食，輟其餘，曰：爾可嘗乎？筌接取而食，無難色。婦曰：可教矣，神仙海蟾子今居此，當度後學，吾明日挾汝往見。及見海蟾，海蟾曰：汝以夙契得遇我。命長跪，傳至道，授丹訣，戒以積功累行。遂還家白母，遺妻歸。周游名山。一時大臣薦其賢，賜封沖虛處士。宋哲宗元符三年，再游茅山。先是，中峰石洞忽開，眞誥所謂華陽洞天便門者也，一閉千歲矣。又甘露薦降，道士劉混康曰：必有異人。既而筌乃來，受上清籙。是夕仙樂聞於空浮之上。留踰歲，晝夢二天人與黃衣使者數百，乘擁白虎來迎，跨虎而行，登危躡險。由中峰入石洞向所開便門。顧視左右金庭玉堂，兩青衣童子入通見茅君，再拜謁。君問勞甚厚。曰：帝已勑汝華陽洞天司命府丞。因賜金勑以還。及寤，別混康曰：吾數將盡，且有所授，從此逝矣。下投道人葛沖曰：敢以死累公。預言八月十七日當解化。及期，具衣冠端坐而逝，時徽宗建中靖國歲，春秋六十一。

徐守信

傳記

趙道一《歷世真仙體道通鑑》卷五二《徐守信》 神翁徐守信，海陵人也。爲天慶觀傭役，服弊衣，曳繩屨，或時跣足而行。終日無爲，惟執篲灑掃，且誦《度人經》不絕口。有道士徐元吉，他方來，病癩甚惡，衆厭惡之，斥居觀後茅廬中。神翁獨眭事之，元吉已而死，神翁丐錢爲斂瘞。既已，歸茅廬，哭三日，出而佯狂，稍稍有異事，人神之，因稱爲神翁，始知得道於癩道士也。觀中或絕食，神翁曰：吾當爲汝求之。即入殿上，卧久而出，語衆道士曰：至矣。頃之，負米而至者肩相摩也。有以白金爲奉，神翁置之床。盜闞其亡方發關而入，則見神翁正色坐床上，盜懼而走，自是四方多來問災異。呂惠卿吉甫除喪赴闕，枉道過神翁。神翁驚奔，吉甫追之。神翁顧謂曰：善守善守。吉甫拜而去。既還朝，俄以事黜知單州。蔣之奇穎叔主發運江淮，議鑿漕渠，而憂有石不可迹導，疑未決，以訪神翁。神翁望其來道諭之曰：開即開，何許人也？穎叔嘆服曰：異人也。漕渠遂果開。宋哲宗不豫，遣哲甫降香至，神翁書符，吉甫以進。未幾，徽宗嗣位。崇寧初召之，不肯往，強輿至東都，復不可留，乃禮歸之，即海陵爲建仙源萬壽宮使居焉。大觀末尸解去。

《虛靜沖和先生徐神翁語録》卷上 徐神翁名守信，泰州海陵人。年十九入天慶觀，隱跡于掃灑之役。嘗遇至人授道，日誦《度人經》。有問休咎者，假經中語以告。常攜一帚，人呼曰徐二翁。發運使蔣穎叔以經中有神公受命普掃不祥之語，呼曰神翁。自是，皆以神翁目之。崇寧二年，詔賜號虛靜沖和先生，凡三召赴闕。大觀二年四月二十日，解化于上清儲祥宮之道院，年七十有六，贈太中大夫，勑葬本州城東響林東原。宣和中，即其地建昇眞觀。

王老志

傳記

趙道一《歷世真仙體道通鑑》卷五二《王老志》 先生姓王，名老志，濮州之臨泉人也。嘗遇鍾離眞人授內丹要訣，以道術知名。沂州有公吏，欲求事左右，寄所親致意，先生答之詩曰：多年退罷老公人，手種桑麻數百根。盡是筆頭挼撚得，一枝枝上有冤魂。竟拒不見。濮有士人饒口，欲以語窮之，往造焉。其居四面環以高墉，但開狗竇出入。士人匍匐就之，方談辭如雲，忽見地有旋渦處，俄已盈數尺，中有鱗甲如斗大。先生謂士人曰：子亟歸，稍緩必致奇禍。士人遽出，行未五里，雷電雨雹倏起，馬蹺局不行，乃入土室避之。望先生庵廬百拜乞命，僅得免。宋徽宗政和三年九月，詔州縣敦遣至京師，賜號洞微先生。四年正月加號觀妙明眞洞微先生。先生雖掉頭祿豢，然時出危言諷天子。一日，徽宗召之入禁禦，顯肅皇后在坐，先生卒然出幅紙曰：陛下他日與中宮皆有難，臣行死，不及見矣。臣有乾坤鑒法，可以厭禳。然尤當修德，始可回天意。請如臣法鑄乾坤鑒，各以五色流蘇垂寘於寢殿。臣死後，當時坐鑒下，記憶臣語。日儆一日，思所以消變於未形者，上竦受其說。有詔庀工，鑒成進御，而先生歸濮解化《皇朝通鑑紀事》云：宣和四年十月辛未，觀妙明眞洞微先生王老志卒，賜金以葬，贈正議大夫。《宣和録》云：先生所居地必生花，謂之地錦。靖康陟方之禍，二宮每寶持之。且嘆其先識，納君於正道也。

《宋史・方技傳下・王老志》 王老志，濮州臨泉人。事親以孝聞。

爲轉運小吏，不受賂謝。遇異人於丐中，自言吾所謂鍾離先生也，予之丹，服之而狂。遂棄妻子，結草廬田間，時爲人言休咎。

政和三年，太僕卿王亶以其名聞。召至京師，館于蔡京第。嘗緘書一封至帝所，徽宗啓讀，乃昔歲秋中與喬、劉二妃燕好之語也。帝由是稍信之，封爲洞微先生。朝士多從求書，初若不可解，後卒應者十八九，故其門如市。京慮太甚，頗以爲戒；老志亦謹畏，乃奏禁絶之。嘗獻乾坤鑑法，命鑄之。既成，謂帝與皇后他日皆有難，請時坐鑑下，思所以儆懼消變者。

明年，見其師，責以擅處富貴，乃丐歸，未得請，病甚，始許其去。步行出，就居，病已失矣。歸濮而死。詔賜金以葬，贈正議大夫。

初，王黼未達時，父爲臨泉令，問黼名位所至，即書「太平宰相」四字。旋以墨塗去之，曰：「恐泄機也。」黼敗，人乃悟。

林靈素 林靈蘁

傳記

《宋史・方技傳下・林靈素》 林靈素，溫州人。少從浮屠學，苦其師笞罵，去爲道士。善妖幻，往來淮、泗間，丐食僧寺，僧寺苦之。

政和末，王老志、王仔昔既衰，徽宗訪方士於左道錄徐知常，以靈素對。既見，大言曰：「天有九霄，而神霄爲最高，其治曰府。神霄玉清王者，上帝之長子，主南方，號長生大帝君，陛下是也，既下降于世，其弟號青華帝君者，主東方，攝領之。己乃府仙卿曰褚慧，亦下降佐帝君之治。」又謂蔡京爲左元仙伯，王黼爲文華吏，盛章、王革爲園苑寶華吏，鄭居中、童貫及諸巨閹皆爲之名。貴妃劉氏方有寵，曰九華玉眞安妃。帝心獨喜其事，賜號通眞達靈先生，賞賚無算。

建上清寶籙宮，密連禁省。天下皆建神霄萬壽宮。浸浸造爲青華正晝臨壇，及火龍神劍夜降內宮之事，假帝誥、天書、雲篆，務以欺世惑衆。其說妄誕，不可究質，實無所能解。惟稍識五雷法，召呼風霆，間禱雨有小驗而已。令吏民詣宮受神霄祕籙，朝士之嗜進者，亦靡然趨之。每設大齋，輒費緡錢數萬，謂之千道會。帝設幄其側，而靈素升高正坐，問者皆再拜以請。所言無殊異，時時雜捷給嘲詼以資媟笑。其徒美衣玉食，幾二萬人。遂立道學，置郎、大夫十等，有諸殿侍長、校籍、授經，以擬待制、修撰、直閣。始欲盡廢釋氏以逞前憾，既而改其名稱冠服。

靈素益尊重，升溫州爲應道軍節度，加號元妙先生、金門羽客、沖和殿侍晨，出入呵引，至與諸王爭道。都人稱曰「道家兩府」。本與道士王允誠共爲怪神，後忌其相軋，毒之死。宣和初，都城暴水，遣靈素厭勝。方率其徒步虛城上，役夫爭舉梃將擊之，走而免。帝知衆所怨，始不樂。

靈素在京師四年，恣橫愈不悛，道遇皇太子弗斂避。太子入訴，帝怒，以爲太虛大夫，斥還故里，命江端本通判溫州，幾察之。端本廉得其居處過制罪，詔徙置楚州而已死。遺奏至，猶以侍從禮葬焉。

紀事

趙道一《歷世真仙體道通鑑》卷五三《林靈蘁》 先生姓林，本名靈蘁，字通叟，溫州永嘉人也。家業寒微。其母夜歸，覺紅雲覆身，因而有孕。懷胎二十四月，一夕夢日光入室，有神人衣綠袍玉帶，眼出日光，執筆告：來日借此居也。翌日陰雲四合，霹靂三聲，先生即降誕。金光滿室，相貌殊倫。長五歲，不語時。五月五日，風雨大作，有道士頂青玉冠，衣霞衣，不告而入。見先生，喜曰：久不相睹，特來上謁。相顧無掌，大笑出門，追之不及，自此能言。出語有據，不雜兒戲。七歲讀書，粗能作詩，日記萬字。蘇東坡軾來見，以曆日與讀，一覽了無遺誤，東坡驚異曰：子聰明過我，富貴可立待。先生笑而答曰：我之志則異於先生矣。東坡云：子當如何？先生曰：生封侯，死立廟，未爲貴也。封侯虛名，廟食不離下鬼，願作神仙，予之志也。先生年將三十。博通儒道經典，志慕清虛，語論孤高，迥脫塵俗。初，先生遊西洛，遇一道人，姓趙，交游數載。忽一日，道人云：我大數將至，與子暫別，後事望子主之。七日果死，乃在客舍，先生竟爲沐浴安葬。遺下青錢二十五貫，盡其數用，不餘不闕。及遺衣囊中有書三冊，細字如珠，間有天篆，人莫能識。分爲十九篇，盛以絳紗，題云付與林某。冊上題曰神霄天壇玉書。皆有神仙變化法，言興雲致雨符咒，驅遣下鬼，役使萬靈。冊尾有支使二十五貫錢數，逐項皆合。先生自受其玉書，豁然神悟，察見鬼神，誦呪書符，策役雷電，追攝邪魔，與人禁治疾苦，立見功驗。驅瘟伐廟，無施不靈。先生次年至岳陽酒肆，復見趙道人云：予乃漢天師弟子趙昇也。向者所授五雷玉書，謹而行之，不可輕泄。即日爲神霄教主雷霆大判官東華帝君有難，力當救之。【略】大觀二年四月，詔求天下有道之士，茅山宗師劉混康奏曰：臣以愚蒙，無可副聖意。有在世神仙林靈蘁，生居永嘉，何下詔之晚也。帝即遣使求之，不起。至政和六年十月，駕幸於太乙東宮，敕委道錄徐知常奏，所有溫州道士林靈蘁，在道院安下，言貌異常，累言神霄事，人莫能曉。嘗作神霄謠，題于壁，今錄奏呈帝覽。讀其文，皆神仙妙語。喜甚，乃令徐知常引林靈蘁入見。帝曰：卿有何法術？先生奏云：臣上知天上，中識人間，下知地府等事。帝視先生，風貌如舊日識之。帝曰：卿昔仕乎，舊曾面朕乎？先生奏對：臣往年中秋上朝玉帝，瞻見陛下天顔，曾起居聖駕。帝曰：朕方省之，記得卿乘青牛，今牛何在？先生奏曰：青牛寄牧外國，非久進來。帝甚奇之，御書改名靈素，賜號通眞達靈先生。非時宣召入內，刪定道史經籙靈壇等事。帝以師事之，特建通眞宮爲居。興寶籙宮，建仁濟亭，散施符藥。次開神霄籙壇。神霄宮成，帝領羣臣蔡京等慶宮。早齋罷，帝引百官遊行，曰：宣德五門來萬國。蔡京等沈思，無以答，帝顧林曰：師能對否？先生應聲曰：神霄一府總諸天。帝大喜。先生被旨修正一黃籙青醮科儀，編排三界聖位，校正丹經子書。每月初七日陞座，洎親王內貴、文武百官，皆集聽講三洞道經。或御駕親臨，亦于座下。自此東京人方知奉道也《皇朝通鑑》云：政和七年，兩浙道士林靈素至京師，二月御上清寶籙宮，命通眞先生林靈素講道經及玉清神霄王降生記，有翔鶴數千，飛鳴久之。先生集九天祕書，龍章鳳篆，九等雷法，集成玉篇進上。昔漢天師有神霄雷書二十卷，并天部霆司八角雷印六顆。至第八代天師藏十卷，并六印文，并晉火痕印文。國初，張守眞遇翊聖眞君傳賜五卷。帝欲得雷書金經全足，收入道藏，求訪不得。先生靜夜飛神，從玉華天尊奏告上帝，乞賜觀看雷文并霆司等印。帝遣六丁玉女以印授之，一天壇玉印，一神霄嗣教宗師印，一都管雷公印，一天部霆司印，皆堅如鐵石，非金非玉，及以雷書五卷賜靈素看。先生拜謝，懷印而還。省錄雷書進奏，遂得全集。政和七年七月，高麗國果進青牛到京，帝不勝欣喜。百官拜賀，帝即賜先生乘騎入朝。先生遂作青牛歌一篇，首句有云：政和丁酉西風秋，天子賜以騎青牛。成篇進奏，帝大悅。八月，先生復撰明點綱紀錄進，帝賜鋟梓。重和元年，華山因開三清殿基，巨石匣中有雷文法書一冊，乃金地繭紙，進至御前，與先生上年所進雷書不差一字。帝喜曰：何靈素神聖聰明，記之如此。【略】宣和元年正月八日，上詔天下僧徒並改稱德士。先生上表云：臣本山林之士，誤蒙聖恩，若更改僧徒，必招衆怨，乞依舊布衣還鄉。聖旨不允，不得再有陳請。

冬，全臺上言林靈素妄議遷都，妖惑聖聽，改除釋教，毀謗大臣。先生聞之，大笑，呼諸弟子并監宮官吏曰：前後宣賜之物，約三百擔，自去年用千字文字號封鎖，籍書分明，一無所用，可迴納宮中。只喚一童子攜衣被，行出國門，宣喚不迴。帝賜宮溫州《東都事略》云：宣和元年冬十一月乙卯，祀昊天上帝於國壇，大赦天下，放林靈素歸山。先生頃在京時，雖宰執親王不與交談，亦不接見賓客，惟虛靜天師至，即開門對話終日終宵。此外則東西皇城使張如晦者，舊在通眞宮，出則同行，坐則同席。宗師法教，獨張一人得其妙也。既還鄉，則同居永嘉。宣和元年八月，忽一日攜表見太守，乞爲進。及別州官親族鄰里，曰：塵世不可久戀，況大禍將及，即當辭去。至十五日既望，命如晦曰：吾法門以付，惟汝尚有六印九符并六丁妙用神機，盡付與汝，世代只傳一人，無致輕泄。并七寶素珠一串，如主上來取，即便分付。汝將來當爲朝廷全節大忠，今則別去，他時神霄再會，言訖，索紙筆書頌云：四十五歲勞生，浮名滿世崢嶸。只記神霄舊路，中秋月上三更。書訖，上香一炷，時正三更，月朗風清。忽有霹靂一聲，先生坐化而去。先自指壙於郭外，遺囑張公與諸弟子：可於正穴下更開深五尺，見龜蛇即遂下棺，見五色氣出，不候蓋土，急走百步。弟子依其言，果見山崩石裂，不知所在。帝聞之，驚嘆嗚噎，御製祭文勑：嗚呼，生者假有，死者返眞。志道者爲洞達之士，哀死者非悟解之倫。倏爾而來，洞然而去。去住不以形骸爲己累，存亡不以顯榮爲足珍，乃超生死之道，達幻化之理，惟仙卿之能乎。嗚呼，仙卿之生非生也。天將假乎佐天行化，助國濟民。仙卿之死非死也，復歸乎天，大道咸行，羣迷已覺，故神凝粹乎天眞，尸解托乎世數。乘雲氣，騎日月，遊蓬瀛之巔乎，步紫虛之玉墀乎，不可得而測之者也。今仰守臣執人間之世禮，致祭柩前，若精爽不昧，歆此寵嘉尙饗。勑：侍宸林公羽化，仰守臣閭丘咢如法致祭，仰侍從官吏卜地安瘞。將囊中金器出賣，作黄籙大醮一月日，欠錢將省庫錢支用。錄奏呈，不得觀望滅裂，當別差官審察，以稱朕旨，始終待遇之意，勑封九十五字尊號寶誥，勑賜高上神霄玉清府右極西臺仙卿、雷霆玉樞元明普化天師、洞明文逸契元應眞傳道輔教宗師、金門羽客、沖和殿侍宸行特進太宰同中書門下平章事、上柱國魯國郡開國公，食邑八千一百戶，實封三千戶，賜紫玉方符通眞達靈元妙護國先生林靈素。

雜録

趙道一《歷世真仙體道通鑑》卷五三《林靈蘁》 奉勑賜玉眞教主神霄宮林公。伴饍，帝嘆曰：每思皇后英魂何歸，朕嘗聞唐明皇令葉先生追楊太眞相見，師能致否？先生應云：謹領聖諭。至夜設醮，飛符召之。奏云：皇后見在玉華宮，與西王母宴集。聞宣召，頃刻駕青鸞而至。移時，聞異香襲人，天花亂墜，仙樂滿空，皇后即至矣。帝熟視，與存日無異，但仙服圭履與人間不同。后見帝曰：臣妾昔爲仙官主者，因神霄相會，思凡得罪，謫下人間，今業緣已滿，還遂舊職。荷帝寵召，聞命即臨，願陛下知丙午之亂，奉大道，去華飾，任忠良，滅奸黨，修德行，誅童蔡，此禍可免，他時玉府再會天顔。不然，則大禍將臨。因循沈墜，切爲陛下憂之。帝問：卿昔在仙班，是何職位？曰：臣妾即紫虛元君陰神也，陛下即東華帝君也。帝曰：禁中諸人并臣僚等，無惜一言。曰：明節乃紫虛玄靈夫人，王皇后乃獻花菩薩，太子乃龜山羅漢尊者，蔡京乃北都六洞魔王第二洞大鬼頭，童貫是飛天大鬼母，林先生是神霄教主兼雷霆大判官，徐知常是東海巨蟾精。帝又問國祚如何，默默不答，良久云：天數有限，不敢久留。言訖，漸漸不見。先生嘗與帝飛神遊青華宮，上游月府，福地洞天，靡所不到。凡有醮告，多致景雲仙鶴之翔。亢旱祈禳則嘯命風雷，興雲降雨。五月，賜金門羽客通眞達靈元妙先生、侍中大夫。九月，特授本品眞官，免視法。十月，天寧節前三日建祝壽大醮，奏邀御駕。候三更，瞻見鬱羅蕭臺，天仙衆眞俱從太上道君親降，與陛下增壽。帝聞之齋沐，同三殿九宮宰執親王同觀勝事。是夜，天無浮翳，月朗風清。初聞天香滿席，仙鶴翺翔，五色彩雲四合而上。仙樂聲喧，環佩振響。去地五丈餘，虛光明中閃出樓臺宮殿，天丁力士、玉女金童，建節捧香繞於臺畔。上有玉牌，金篆鬱羅蕭臺四字。衆人皆不見，惟帝與張虛靜見之。帝上香再拜，宣皇太子看，良久太子曰：泗州大聖寶塔也。帝怒，勑內侍策出，奉聖旨，皇太子不得再與神霄醮會。上謂先生曰：太子元是龜山尊者，亦曰聖賢，何如此不通正教？先生對曰：羅漢生前持齋執戒，忍辱修行，既墮凡間，合爲貴人。但有孝慈，不通玄旨，願陛下勿責太子也。十一月，賜沖和殿侍宸。十二月，奉修佑聖殿。帝曰：願見眞武聖像。先生曰：容臣同虛靜天師奏請。宿殿致齋，於正午時黑雲蔽日，大雷霹靂，火光中現蒼龜巨蛇，塞於殿下。帝祝香再拜，告曰：願見眞君，幸垂降鑒。霹靂一聲，龜蛇不見，但見一巨足塞于帝殿下。帝又上香再拜云：伏願玄元聖祖應化慈悲，既沐降臨，得見一小身，不勝慶幸。須臾遂現身，長丈餘，端嚴妙相，披髮，皀袍垂地，金甲大袖，玉帶腕劍，跣足，頂有圓光，結帶飛繞。立一時久，帝自能寫眞。更宣畫院寫成，間忽不見。次日安奉醮謝，蔡京奏云：切恐眞君未易降於人間，昔日太宗皇帝曾命張守眞請降，亦有畫本，用匣御封藏于閣下，羣臣皆不許見之，乞取對之，可見眞僞。奉聖旨宣取，太宗御封尙在，拆展看，與今來現本一同，更無差殊，帝愈悦。又請北斗七眞二使者，乘金橋而降，此不畫錄。帝瞻拜七眞，聞斗中降語云：幸速避地，勿尙奢華，當出聖斷，毋聽姦邪所敗。言訖，迤邐昇空。此夜帝喜，邀虛靜與先生同宴。宴罷，同遊禁中一閣下，見碑題曰元祐姦黨之碑。先生與虛靜看之，各俯首致敬，因請紙筆題詩云：蘇黄不作文章客，童蔡反爲社稷臣。三十年來無定論，不知姦黨是何人。帝翌日以詩示太師蔡京，京皇恐無地，乞出，不允。先生有一室，兩面窗前門後壁乃入靖之處，中有二椅，外常封鎖，不許一切人入。雖駕到，亦不引入其室。蔡京疑，遣八廂密探之，有黄羅帳、上銷金龍床及朱紅椅卓。奏上：林公有僭意，願陛下親往，臣當從駕指示。敢有不實，臣當萬死。帝即幸通眞宫，先生迎駕起居，帝與京徑入其室，啓封關鎖，但見粉壁明窗，椅卓二隻，他無一物。蔡京驚惶戰懼，叩頭請罪。先生請問其因，帝曰：蔡京可誅。先生奏乞赦之。乃指室中壁上，請帝近觀。帝子細看之，有一小符。乃金樓玉殿符也。下畫黄羅帳，如錢大，上有細字，書云：天尊御座。先生曰：臣每請玉華天尊下降坐此，臣焉敢僭。帝笑曰：卿游戲得好。帝曰：朕聞漢武帝嘗請西王母降見問道，朕欲見西王母，卿能致否？先生云：謹領聖諭。乃於香爐上燒一小符，少頃見王母領諸玉女乘雲而降，一如常人，與帝對坐，顧先生曰：今日何緣特蒙相召？先生曰：今天子慕道，願見元君。帝即起，拈香再拜。王母曰：東華帝君免拜。帝曰：今睹仙顔，萬劫千生，實爲榮幸，若有指教，敢望聖慈。王母曰：凡事可請問侍宸林先生、張虚静天師，可脱大難。帝曰：元君既降，得無垂訓？王母遂授帝神丹補益之術，曰：察姦臣，遷都長安，法太祖、太宗行事，雖見小災，不爲大禍。不然，後悔無及矣。言訖而去。一日皇太子上殿奏曰：林靈素妖術，願陛下誅之。臣每日念他自知法廣大，不可思議，如陛下不信，乞宣法師等皆見在京，可與林靈素鬥法，別其邪正。時有十四人會於凝神殿，帝宣太子諸王暨羣臣觀看。先生噀水一口，化成五色雲，中有仙鶴百數，飛繞殿前，又有金龍獅子雜於雲間。某等奏曰：此非也。乃紙龍鶴耳，容臣等諷大神呪，即令龍鶴墜地，化爲紙也。太子聞之，喜曰：若果然，則林靈素法僞當斬。正誦呪間，十四人中止有兩人能諷，餘者皆不能語言，面若死灰。皇太子叱先生曰：諸人若死，敎爾還命。念呪訖，仙鶴龍加百數，蔽日遮雲。帝曰：此件無效，别有何術？十二人皆伏地戰懼，其二人奏云：臣能呪水百沸。宣水令呪，果然。太子擎水盂向帝前，呼先生看。先生取氣一口吹水中，水即清凉且結成冰。帝責云：本朝待汝等甚厚，敢來妄言。先生奏云：乞燒木炭一千斤爲火洞，表裏通紅，臣乞與二人同入試驗。良久火洞已成，先生云：臣乞先入洞，乞令二人隨入。先生入火洞，火不著衣。諸人伏地哀鳴，告太子曰：乞救臣等性命，情願戴冠執簡，聽役施行。皇太子下殿拜告，乞納皇太子冊贖罪。奉聖旨免罪，惟道堅二人係中國人，不應罔上，送開封府刺面，決配於前令衆。

林靈蘊 見林靈素

王文卿

傳記

趙道一《歷世真仙體道通鑑》卷五三《王文卿》　先生姓王名文卿，字述道，世本江右建昌南豐人也。先生生於宋哲宗元祐八年二月十七日亥時。生而神異，長而聰敏。嘗爲詩，有紅塵富貴無心戀，紫府眞仙有志攀之句。一日忽告父曰：夜夢至一所，樓觀森秀，有一巨蛇蟠於地，某試躡其首，蛇奮起，幾登霄漢。父曰：子當續吾仙宗也。先生繼而性慕清虚，志惟養素，不貪名利，遠於塵勞。每樂逸遊靈境，勝地迤邐，幅巾筇杖，曠遊寰宇。徽宗宣和初，將渡楊子江，遇一異人授以飛章謁帝之法及嘯命風雷之書。每克辰飛章，默朝上帝。召雷祈雨，叱咤風雲。久雨祈晴，則天即朗霽；深冬祈雪，則六花飄空。或人家妖祟爲害，即遣神將驅治，俱獲安迹。常隱聲不譽，詩酒落魄，俗流不得而曉。先是，侍宸林靈素奏徽宗皇帝，云先生乃三天都史，掌文吏，下生人世，以贊清静之化。凡十八詔，天下搜求，不知所在。皇叔廉訪使巡歷至高郵軍，得病，醫不效。遇先生求符水，得愈。初隱姓名，至懇方知王文卿也。回朝首奏仙異之端。宣和四年七月，奉皇帝親灑宸翰，頒赴寓地，褒揚道德，崇奬無爲，遣侍宸董仲允充採訪使，同本路監司守臣具禮延聘，候送赴闕。先生既至，奏對玄化無爲大道，龍顔大喜，賜館於九陽總眞宫，奉使絡繹繁至。頒賜金鞍御馬，龍茶玉醞，珍玩奇果，金錢幣帛，並皆表還不受。先生奉命入清宫，勑水灑掃，奉賜劍盂，引入内灑淨。宫人掛金錢，不計其數，出宫門並撒於地上，曰：眞人也。又問宫中有祟否？先生奏曰：宫内東南角上有祟。問曰：何以去之？先生曰：臣篆符。符畢，使人速持去後宰門，揚於波心，聽其影響。上依奏行。後人迴奏：符入水中，如人執去。先生又奏曰：良久雷震，陛下勿驚。果然雷劈開宮中東南角上大檜樹，死大蟒一條，長數丈，作兩截。上不勝其喜。初京口有狐王廟，乃石祖皇帝置立，奉祀年深。一日廟中出火焚盡，悉爲草場。執政張天覺行德政，毁去狐王廟一千餘所。天覺既罷，狐鬼乃結成羣，入內盗竊器皿珍玩，迷惑宮人。或登山嶽，或遊殿閣，種種作怪，致卒寵女不少。故先生到闕日，上首諭之，先生奏云：願陛下淵默，容臣驅治，乞於京之東北門內築雷壇三層，內安鐵甕。至夜月明，仗劍登壇，飛符叱咤，風雷大作，天地晦冥。中夜，道官皆見將吏驅縛數鬼，緋衣，並入壇心。先生以符紙蓋甕口，作法，埋之地，皆震動。淩晨入奏，已禁狐怪，此去無害。但瑤池中梁朝有一黑魚在池成怪，狐鬼乘此魚如龍形出入禁中，驚害宮嬪，今誅死已訖，乞差中官併取往鬼門殯之，永得斷絕。上親幸瑤池，果有死魚，長一丈餘。嘆服久之，即於禁狐壇所造殿堂道院，圍繞其壇，賜額司命府，勑先生往來提舉。五日一次降香，壇中建醮。先生又進符一十二道，用銅鐵石三物刊其符，藏於大內十二方位，驅斬花石草木之妖。其後揚州久旱，主上宣祈求雨澤。先生奏乞劍水盂。奉勑賜水盂幷劍，先生噀水一口，祝云：大宋皇帝命臣祈雨，雨要霶霈，風要拔樹，揚州千里之內，並要霑足。借黃河三尺。急急如律令。過數日，揚州守臣具奏，皆已得雨，雨皆黃濁。上問先生所降甘雨，何爲黃濁？先生曰：江河淮濟，上帝皆禁之，惟黃河水不禁，故爾。上大喜曰：神哉。宣和七年七月，下詔文勑沖虛妙道先生王文卿，可特授太素大夫、凝神殿校籍、視朝請大夫右文修撰參聯從橐。未幾，又勑凝神殿侍宸，後加同管轄九陽總眞宮提舉司命府事。父肇，始贈承事郎；母江氏，贈太宜人。先生上表乞還山林，徘徊靖室，混合帝一之道，諷誦大洞眞經，祝延睿筭。上不允。又勑先生五日一次佩金方符，入大內諸宮閣，咒水滌穢，除邪治病，講明道德。復遣中使黃瑤，命先生就廣德宮行持南昌受煉司大法，拔度亡魂。是夜先生飛符追被狐鬼所害宮人，一一現形。又發生天寶籙，遣超度生，上甚神之。十一月有事於明堂，又淫雨，上召先生曰：每遇明堂即雨雪凝凍，傷損禁衛法物，今次明堂專委仙卿就九陽總眞宮祈晴。先生許之。自習儀日至明堂事畢，果然大晴。次日上坐青華殿，召先生入見，上對宰臣曰：今次明堂大晴，實王文卿之力。即命賜誥，依前太素大夫凝神殿侍宸，再除兩府侍宸沖虛通妙先生、視太中大夫、特進徽猷閣待制，主管教門公事。父再贈承議郎，母太令人，妻平氏宜人，叔王深賜承信郎，弟次卿迪功郎，依幹當南郊出身。【略】欽宗皇帝靖康元年四月，先生復趨朝乞還鄉侍母親，詞旨懇切，上聽其奏。紹興十三年，高宗皇帝詔書來召先生，不赴。一日邵武太守徐德脩過邑，訪先生，先生曰：邵武頃大旱。因默朝帝所，見所謂惠應神叩玉陛，爲民計甚力，帝諭以數當然。惠應興言：其州窮且瘠，民不可一日無穀。辭甚切，至卒得請，而歲有秋。徐守迴府，述其事，與士民翕然鼎新，增廣廟堂，深加奉祀。惠應錄中盡言其詳。紹興二十二年，先生一日與弟子朱智卿言曰：吾將隱去。乃自持法書印篆入軍峰石洞間藏之，仍勑令地神守護，聽候有道行者遇之。二十三年癸酉八月二十一日，先生辭縣宰，別交游，於二十三日早起作頌題棺木云：我身是假，松板非眞。牢籠俗眼，跳出紅塵。頌畢，隱化於縣之清都觀許旌陽煉丹之堂，其時雷震一聲，師遂化去。弟子熊山人、平敬宗、袁庭植等奉葬于烏龜岡。次年三月，龍虎山郭道士至邑，云上元之夕，奏籙道場，侍宸在宫住三日方去。後有客自成都府歸，中途遇先生入蜀。亦間有遇先生傳道法者。

毛奉柔

傳記

劉大彬《茅山志》卷一一《上清品》 二十四代宗師：通眞明元先生，姓毛諱奉柔，建康句容人。嘗侍父入茅山天市壇，遇黑虎，父終無所見，先生迫視之，虎拜其前。觀妙宗師聞而異之，謂其父曰：華陽之道，在君之子矣。遂留山中師事觀妙。謹朴忠厚，有長者風，結廬積金山，慕隱居道靖之地居焉，苦志在於輕舉。嘉祐八年十二月大雪中，庵前木犀驟花，先生心異之。少頃，有道士劉混康者自常州泰和觀來，先生感其誠懇，且嘉瑞應，一時授以經法。未幾，解化。崇寧元年，贈先生號。贊曰：

積金之陰，其神孔威。潛靈感符，啓我仙扉。兩扉闔開，神生懸景。丹光在林，人識餘鼎。

笪淨之

傳記

劉大彬《茅山志》卷一一《上清品》 二十六代宗師：凝神殿侍宸守靜凝和法師沖隱先生，姓笪諱淨之，字清遠，金陵人。父得一，好道術，鄉里號達翁。餘杭有杜道士者，自匿其名，嘗從翁游。熙寧元年，師將誕，父夢杜投其家，心異之。師幼與羣兒戲，輒畫地爲道家像。父攜之來山，劉先生見而奇之曰：是子他日人天師也。師喜躍，誓不復歸，父亦欣然。從之。元祐間，與俱入朝，先生被旨住持上清儲祥宮，以師歸，主元符宮事。崇寧四年，賜法師號，兼領崇禧觀，凡上恩興建土木與夫山門之請乞，師備勞焉。撰集科儀，營救貧乏，尤所致意。政和三年七月三日，召門弟子曰：吾今四十有六歲，昔先生嘗授記以爲過，叨朝廷厚恩，壽當不逾於此。遂索筆書遺表，盥沐更衣，泊然而逝。表聞，天子嗟悼，詔贈沖隱先生，爵及父母，葬藏眞觀之山。入室弟子俞希隱、徐希和。希和得旨嗣傳印劍，希隱入青城山，今蜀人有聞洞法上道，俞公之行化也。師美髯長身，丰骨異俗。每入見，爲上加賞云。

又卷二六《録金石篇》蔡卞《沖隱先生墓誌銘》 先生氏笪，名淨之，字清遠，金陵人。父得一，少不事事，晚好道術，鄉里號笪翁。餘杭有杜道士者，自匿其名，常從翁游。先生方在娠，一日，翁夙興見杜道士入其門，俄失所在，心異之，有頃先生誕焉。先生生而淳澹，識度深遠，幼不茹葷，六七歲，日誦書數百言，從羣兒嬉，輒畫地爲道家像。父攜之游茅山，時靜一先生劉混康結茅積金峰，一見稱之曰：是子他日人天師也。示之以輕舉之法，先生躍而大喜，願留師事，誓不復歸，父亦欣然許之。服勤左右累年。王安石閒居金陵，聞靜一高行，遣書致禮邀之。先生奉杖屨以從，試與之語，率皆造理，屢稱善焉。元祐中，臣守宣城，靜一遣先生持書過之，館之後園西室，前有華果。林木叠嶂樓臺之勝，近俯城市，遠望百里間，而先生終日靜坐，未嘗出門，心竊奇之，迺出緡錢度爲道士。先生志益精篤，靜一悉以三洞經畀之。書符呪水以弭疾除邪，率多驗。蓋累年之間，盡得靜一之道，深居山林之幽，而聲名暴著一時。哲宗皇帝在宥天下，搜求道術之士，首召靜一來朝京師。從師入見，顧其貌異焉，錫師名以寵之。元符初，賜所廬爲觀，號元符。今天子躬體妙道，以臨萬邦，命守臣敦遣靜一造朝，勿聽其有所辭。先生與之俱來，禮遇尤至，勅有司大新厥字，親書宮名以賜，更號守靜法師，領住持事。又明年，復召入朝，暨進見，弟子從行者皆有恩數及之。久之，得請還山，又加號凝和，賜御書畫以寵其行。大觀四年，復至自茅山，天子命即所館建壇席，俾倡其教以示學者，遣中使賚之，縉紳士大夫多從聽受，復固辭還山。上更以御書及畫靜一遺像付之。先是，九幽黃籙久廢，世罕道者，先生發明之，二科儀式方大顯於時。凡深山絶嶠，學者棲處其間，時或淫雨積雪，徑路阻絶，先生必亟往餉之。歲稍不登，輒令減田租之入，以饔粥食飢者，不幸殍殫，衣衾瘞之。居數年，一日召其徒，謂之曰：吾今年四十有六，昔吾先師記吾之數不逾於此，吾將化矣。荷國重恩，不得面見天子，迺索筆自草遺表以聞。翌日，具湯沐，易衣冠而逝，時政和三年七月三日也。表聞，天子嗟悼，詔贈沖隱先生，賚之緡錢。以其年十一月封窆于大茅峰之陽華蓋峰下，受業弟子數十人，其上首曰傅希列、徐希和。希和爲養素法師，繼踵住持，而希列被召爲右街都監。後三年，又詔贈先生之父爲承事郎，母周氏爲孺人。蓋自先生少時，臣已識之，及其將終，亦令人喻意於臣，云寫遺表畢，屬期已至，不得書數言以別。既葬數年，有詔，使爲之銘。

張正隨

傳記

趙道一《歷世眞仙體道通鑑》卷一九《張正隨》 張正隨字寶神，仲歸長子也。爲人質直淳朴，不與俗人交，遇諸途，則趨而避之。歲以傳度法信救施貧乏，雖家貧而不顧。年八十七歲而終，追封眞靜先生。

張正常《漢天師世家》卷二　二十四代天師，諱正隨，字寶神。性質直敦朴，不與俗接。宋大中祥符八年乙卯召至，吏部尚書王欽若爲奏，立授籙院，幷奉勑改眞仙觀爲上清觀，年八十七歲而終。宋眞宗皇帝制曰：朕嗣守宗祧，欽崇天道，荷乾坤之瑞應，闡河洛之珍符，思與至人共參妙道，爾祖得靈詮於金闕，垂法統於後昆。汝爲嫡孫，紹承異學，茲啓先天之祕，以誘後覺之民。惟帝鑒觀，躋世仁壽，肆頒徽號，益衍玄猷，賜號眞靜先生。元至正十三年，贈清虚廣敎妙濟眞君。

張乾曜

傳記

趙道一《歷世真仙體道通鑑》卷一九《張乾曜》　張乾曜，寶神之長子也。好道，守掌眞人之敎法。《會要》云：大中祥符八年，召信州道士張乾曜，於京師上清宮置壇，傳籙度人。宋仁宗聞其有道，天聖八年五月召赴闕，賜澄素先生之號。上問以飛昇之事，沉吟久之，對曰：此非可以輔政敎也。上嘉之。又問幾子，對以長子傳道，次業儒。遂以次子見素爲將，作監主簿，見素雖仕，而志尤慕道，以衛尉寺丞休官，隱居鄱陽東湖，至今子孫家焉。

張正常《漢天師世家》卷二　二十五代天師，諱乾曜，字元光。端靜寡言，篤志內脩。宋天聖八年，仁宗召赴闕，問以沖舉之事。對曰：此非可以輔政敎也。陛下苟能返之朴，行以簡易，則天下和平矣，奚事沖舉哉。上嘉之，賜號澄素先生。上又問，卿有幾子。對曰：長子傳道，次業儒。遂以次子見素爲將，作監主簿，見素雖仕，而志尤慕道，以衛尉守丞，休官隱居鄱陽東湖，至今子孫家焉。天師年八十五而化，瘞劍仁福鄉樟埠曹家源。宋仁宗皇帝制曰：朕嗣服歷年，潛心至道。若稽黄帝之爲君也，所以養人民，官陰陽而成無爲之治者，則有廣成子在崆峒之上，不憚膝行，順下風而問焉，爲民故也。爾不遠千里，至輦下一言，悟朕得養生治民之要，可無徽稱，以示旌異，尚弘神化，用副招延，罔俾廣成，專美前古，賜號澄素先生。元至正十三年，贈崇玄普濟湛寂眞君。

張嗣宗

傳記

趙道一《歷世真仙體道通鑑》卷一九《張嗣宗》　張嗣宗，澄素先生之長子。襲眞人之敎，傳度祕籙。得吐納之法，年七十容貌如童孩，年八十一歲而卒。封虚白先生。《會要》云：至和三年八月，賜號沖靜先生。

張正常《漢天師世家》卷二　二十六代天師，諱嗣宗，字榮祖。生而左手有印文，及襲敎，神異具著。至和二年己未，宋仁宗召赴闕，祈禱有應，奉勑遷上清觀於山之陽。年七十八，貌若童顔。賜號虚白先生，八十一而化，瘞劍醹口寨。宋仁宗皇帝制曰：柴望秩宗，乃禱祠之肇啓，行宮藏事，非巫史之可儕。苟誠意之旁通，亦治世之所賴。漢天師二十六代孫張嗣宗，紹承家學，綽有祖風，比露烮以箋天，旋彌災而爲福，非道心精一，至誠感神，能若是耶。虚空生白，吉祥止止，惟爾有焉。賜號虚白先生。元至正十三年，贈崇眞普化妙悟眞君。

張象中

傳記

趙道一《歷世真仙體道通鑑》卷一九《張象中》　張象中字拱辰，虚白先生之長子。七歲賜紫，承襲。一云年十三，穎慧非常，博通經史，尤有道術。宋仁宗召見，賜坐，咨問道法甚妙，特賜紫衣，親灑宸翰以鎮福庭，復賜束帛金器。自後朝廷寵賚薦至。師承襲眞人之教，終身不怠。

張正常《漢天師世家》卷二　二十七代天師，諱象中，字拱宸。生三月，能行。五月，能言。七歲，召赴闕，賜紫衣，命嗣教。賜坐問道，大稱旨。上賜宸翰，後歸徵君山梧竹塘，結廬以居，得道沖舉，有七星墩、白鶴塢存焉。元至正十三年，贈崇眞通惠紫玄眞君。

張敦復

傳記

趙道一《歷世真仙體道通鑑》卷一九《張敦復》　張敦復字延之，拱辰長子。少儒服，有聲場屋，後以嫡子承正一二十八世，丕闡祖風，四方宗之。年五十三而卒，追封葆光先生。

張正常《漢天師世家》卷二　二十八代天師，諱敦復，字延之。學識天成，聲如洪鐘，士林仰之。宋熙寧間，神宗召赴闕，命醮於內殿，賜號葆光先生。年五十三而化，瘞劍鄭家塢。宋神宗皇帝制曰：朕荷后皇眷顧之休，藉祖宗盈成之業，海宇寧謐，民物阜康，思弘清淨之風，共樂無爲之治。漢天師二十八代孫張敦復，世傳祖印，早悟眞詮，惜遽返於丹丘，遂莫前於宣室，宜申簡冊，以賁煙霞，賜號葆光先生。元至正十三年，贈太極無爲演道眞君。

張景端

傳記

趙道一《歷世真仙體道通鑑》卷一九《張景端》　張景端字子仁，乃二十四代之後，名迪，第五子也。好道，承襲眞人之教。年三十一歲一云五十二歲卒，追封葆眞先生。

張正常《漢天師世家》卷三　二十九代天師，諱景端，字子仁，敦復之從子也。性恬澹，絕嗜慾，不與物競，篤志玄學。大觀二年，贈葆眞先生。年五十二歲而化。宋徽宗皇帝制曰：朕惟禦災捍患，祀典所先，崇德報功，聖人所尚。乃者虛靖先生張繼先，靖鹽池之妖氛，藏金庭之醮奏，如響斯答，厥功甚懋，推其本原，蓋有家學，而汝名號之稱，朕甚慊焉，特贈葆眞先生。元至正十三年，贈太極清虛慈妙眞君。

張繼先

傳記

趙道一《歷世真仙體道通鑑》卷一九《張繼先》　張繼先字遵正，乃二十六代之後。宣教郎、臨川知縣，名處仁，字德玄，第二子也。九歲承襲眞人之教。宋徽宗崇寧以來，凡四召至闕，賜號虛靜先生，視秩中散大夫。初，神宗以眞人印文陽平治都功印凡六字用崑玉刻之，藏於三清儲祥宮法從庫，將以畀有道者。至是，以賜繼先。已而進封眞人爲正一靜應顯佑眞君，仍詔有司就國之東建下院以居之，賜額曰崇道。又賜緡錢，修龍虎山上清宮，撥步口莊五萬以飯其衆，改賜上清正一宮額，追封其祖及父先生號，度其祖母陳氏、馮氏，妹葆眞皆爲道士，建眞觀以居之。復用澄素先生例，官其兄紹先假將仕郎，恩賚甚厚。先生志在沖淡，引辭以歸。嘗作靜通庵于上清宮後，爲心齋坐忘之所，又因祖師雲錦山龍虎丹竈而修煉焉。瑞彩祥光，照耀山谷，有降祥堂、濯鼎池，遺迹猶存。後著心說及大道歌，以貽于世。丁未，年三十六歲，欽宗詔赴闕，至泗州解化。己酉年冬，赴杭州薛門下生日齋。是年大盜入境，先生預告衆而去。至今道侶往還，多見在羅浮、西蜀，隱顯不定云。

紀事

張正常《漢天師世家》卷三　三十代天師，諱繼先，字嘉聞，又字道正，號翛然子，二十七代天師之曾孫。祖敦信，父處仁，仕宋知臨川縣。宋元祐七年壬申十月二十日，生於蒙谷庵。五歲不言，一日，聞雞鳴，忽笑，賦詩曰：靈鷄有五德，冠距不離身，五更張大口，喚醒夢中人。翌日，宴坐碧蓮花上，人皆稱異，爲眞仙，今浴仙觀有池存焉。九歲嗣教。崇寧二年，解州奏鹽池水溢，上以問道士徐神翁，對曰：蛟蠥爲害，宜宣張天師。命有司聘之。明年赴闕召見，問曰：卿居龍虎山，曾見龍虎否。對曰：居山，虎則常見，今日方睹龍顔。上悦，令作符進。上覽笑曰：靈從何來。對曰：神之所寓，靈自從之。上問能書否，對曰：臣嘗書《道德經》。遂取進上。問脩丹之術若何。對曰：此野人事也，非人主所宜嗜。陛下清靜無爲，同夫堯舜足矣。上悦。侍入寢殿宫，人競以扇求書，以經語書之，皆密契其意，中舉一握，稽首書曰：保鎮國祚，與天長存。乃上之所御也。賜宴而出。十二月望日，召見。上曰：解池水溢，民罹其害，故召卿治之。命下即書鐵符，令弟子祝永佑同中官投解池岸圮處。踰頃，雷電晝晦，有蛟蠥磔死水裔。上問：卿向治蛟蠥，用何，將還可見否。曰：臣所役者關羽，當召至。即握劍召於殿左，羽隨見，上驚擲崇寧錢與之曰：以封汝。世因祀爲崇寧眞君。明年三月，奏鹽課復常。五月，召見賜坐，問道法同異。對曰：道本無爲而無不爲，體即道也，用即法也，體用一源，本無同異。若一者不立，二者強名，何同異之有。上曰：然若有同異，便與言爲三矣。因進天心盪兇諸雷法，上親祀之。七月，建壇傳授經籙，演法講說道妙，參禮者雲集，皆領悟而去。上御天祥殿，從容問道及時政。對曰：元祐諸臣，皆負天下重望，乞聖度從容。悚然曰：朕何所不容。對曰：陛下弘建皇極，無偏無黨，以天下蒼生爲念，幸甚。力乞還山。上獎諭許之，贈金帛，皆不受。命近臣具禮餞於國門。四年復召，建醮內廷，因密奏赤馬紅羊之兆，請脩德。宋徽宗皇帝制曰：勑漢天師三十代孫張繼先，天師在漢，玄功著聞。汝爲裔孫，不替遠業，傳襲祖法，符水有功，虛靖恬和，道行高潔，宜加顯錫，昭尙眞風。賜號虛靖先生，賜金鑄老君及漢天師像。屢乞還，不許，問何所欲，對曰：臣所欲，上清觀弊陋偏僻，衆欲遷而新之，力所未能。命江東漕臣，即山中度地遷建，賜田以食其衆。復立庵於山之北，爲天師脩煉之所，御書靖通庵額賜之。有亭曰翛然，并建靈寶、雲錦、眞懿三觀，改祖師祠爲演法觀，奉玉冊，上祖師號，封爲眞君。十二月還山，凡父兄，皆賜爵有差。四方學者，率數千百人。大觀丁亥，上遣使，命醮於山中。且召赴闕，時徐神翁同館居，無何，神翁曰：世事悠悠，不如歸休。對曰：歸則便歸，何思何慮。神翁遽坐而逝。端陽，召見宫中，若有妖，卿當祛之。對曰：聞邪不干正，妖不勝德。陛下脩德，妖必自息。內侍奏仁濟亭果有妖，俄頃，妖憑一少年，以手抱頭，泣拜。天師曰：汝心自昧，墮在迷途。返爾本形，汝宜速化。乃收泣，仆地久之，遂斃。上復命以大甕數十，貯水京畿，取符投水中，以飲有疾者，凡飲者皆愈。上遣使問道要，且言神仙可學，不死可致。乃作大道歌授使以進。歲大旱，命禱之，雨三日。授大虛大夫，辭不受，御製詩以賜。大觀二年，還山。賜金帛，力辭曰：臣一野褐爾，得以無用。公卿祖送塞道，揖別曰：聚散本常理，出處無定期，浮生倏忽，諸公勉之。還山，與弟子曰：江湘入蜀，有二十八治，又之自秦川還山，即西源築庵居之，扁曰：渾淪。沂陽瓊林臺北有爲愛西源，好絕句五首。時石自方從鄱陽來，與之游。一日，語以死生之變。自方曰：吾得全於天，不知好生，不知惡死，奈何得以死哉。答曰：不然，爾謂得全於天，天復得全於何。眞宰不明，性識交熾，一眞獨露，萬劫皆空，則天亦無所全。自方有省。政和二年，遣使復召，以疾辭。俾弟子王道堅奉謝，以脩德彌災爲告。勑改上清觀爲宫，授道堅爲太素大夫，凝神殿校籍，命預禳國難，遂還盱江。王文卿皆以道術同顯於朝，既還山，亦常往還，由是日曠逸自怡，或風晨月夕，窮幽極險，徙倚歌咏，每有自得。一日，題翛然亭壁曰：赤帝御龍行未伏，姮娥分月入深山。人莫能測。嘗遊麻姑，憩齊雲亭，歎曰：蓬萊步入，清淺其桑田乎。靖康之變，其言始驗。丙午，金人寇汴，上與太上皇思天師預奏之言，遣使亟召。至泗州天慶觀，索筆作頌曰：一面靑銅鏡，數重蒼玉山，恍然夜缸發，移跡洞天間，寶殿香雲合，無人萬象閑，西山下紅日，煙雨落潸潸。書終而化。時靖康丙午十一月二十三日，京師亦以是日陷。族父武功大夫張憲適至，率士民葬於龜山之下。初天師在京時，太學生陳東、易觀以終身問，天師曰：陳東爲忠臣，垂名不朽。易觀爲縣，以壽終。高宗南渡，陳東上言，乞罷黄潛善、汪伯彦，東被殺。易觀爲太和令，家貧，以年終。天師既化，越十六年紹興辛酉，西河薩守堅遊青城，遇於峽口，授以符法，及《水調歌》一闋，授書一緘，履一隻，令達嗣天師。抵山，嗣天師發書，異之，令人啓泗州窆，惟一履存，方知其尸解。後亦有遇於武夷、羅浮者。

張時修

傳記

趙道一《歷世真仙體道通鑑》卷一九《張時修》 張時修字朝英，虛白先生之後也。素習儒術，累舉不第，乃恬然靜退，志慕修煉。以虛靜不娶無嗣，衆推承襲。年六十一歲，於龍虎故居解化。

張正常《漢天師世家》卷三 三十一代天師，諱時脩，字朝英，二十七代天師象中之孫，敦直子也。虛靖不娶，無子。弟淵宗爲道士，擬令嗣教，光輝清化。虛靖遊泗州時，以印劍經籙付之朝英，以是衆推之以嗣教。辭曰：繼先，吾從子也，吾何後之。衆曰：法統所在。遂嗣教。乃恬然靜退，志慕脩煉，年六十一歲而化。元至正十三年，贈正一弘化明悟眞君。

魏漢津

傳記

《宋史・方技傳下・魏漢津》 魏漢津，本蜀黥卒也。自言師事唐仙人李良號「李八百」者，授以鼎樂之法。嘗過三山龍門，聞水聲，謂人曰：「其下必有玉。」即脱衣沒水，抱石而出，果玉也。皇祐中，與房庶俱以善樂薦，時阮逸方定黍律，不獲用。崇寧初猶在，朝廷方協考鐘律，得召見，獻樂議，言得黄帝、夏禹聲爲律、身爲度之説。謂人主稟賦與衆異，請以帝指三節三寸爲度，定黄鐘之律；而中指之徑圍，則度量權衡所自出也。又云：「聲有太有少。太者，清聲，陽也，天道也。少者，濁聲，陰也，地道也。中聲在其間，人道也。合三才之道，備陰陽奇偶，然後四序可得而調，萬物可得而理。」當時以爲迂怪，蔡京獨神之。或言漢津本范鎮之役，稍窺見其制作，而京託之於李良云。

於是請先鑄九鼎，次鑄帝坐大鐘及二十四氣鐘。四年三月鼎成，賜號沖顯處士。八月，《大晟樂》成。徽宗御大慶殿受羣臣朝賀，加漢津虛和沖顯寶應先生，頒其樂書天下。而京之客劉昺主樂事，論太少之説爲非，將議改作。既而以樂成久，易之恐動觀聽，遂止。漢津密爲京言：「《大晟》獨得古意什三四爾，他多非古説，異日當以訪任宗堯。」宗堯學於漢津者也。

漢津曉陰陽數術，多奇中，嘗語所知曰：「不三十年，天下亂矣。」未幾死。京遂召宗堯爲典樂，復欲有所建，而爲田爲所奪，語在《樂志》。後即鑄鼎之所建寶成殿，祀黄帝、夏禹、成王、周、召而良、漢津俱配食。謚漢津爲嘉晟侯。

有馬賁者，出京之門，在大晟府十三年，方魏、劉、任、田異論時，依違其間，無所質正，擢至通議大夫、徽猷閣待制。議者咎當時名器之濫如此。

王仔昔

傳記

《宋史・方技傳下・王仔昔》 王仔昔，洪州人。始學儒，自言遇許遜，得《大洞》、《隱書》豁落七元之法，出游嵩山，能道人未來事。政和中，徽宗召見，賜號沖隱處士。帝以旱禱雨，每遣小黃門持紙求仔昔畫，日又至，忽篆符其上，仍細書「焚符湯沃而洗之」。黃門懼不肯受，強之，乃持去。蓋帝默祝爲宮妃療赤目者，用其説一沃，立愈。進封通妙先生，居上清寶籙宮。獻議九鼎神器不可藏於外。乃於禁中建圓象徽調閣以貯之。

仔昔資倨傲，又少戇，帝常待以客禮，故其遇巨閹殆若童奴，又欲羣道士皆宗己。及林靈素有寵，忌之，陷以事，囚之東太一宮。旋坐言語不遜，下獄死。仔昔之得罪，宦者馮浩力最多。未死時，書示其徒曰：「上蔡遇冤人。」其後浩南竄，至上蔡被誅。

黃知微

傳記

趙道一《歷世真仙體道通鑑》卷五〇《黃知微》　黃知微，字明道，廬山太平興國宮道士也。稟性沖淡，賦形豐偉。宋神宗元豐間，充知殿，奉香火。一日潛山體道先生崔君來訪，因語泥丸萬神，刀圭一粒之妙，遂授一九谷神之道，金液淪景之旨。從此若佯若蹶，散誕靡常，時人呼爲黃風子。遂自賦黃顛歌載本傳。性嗜酒，每醉則浩歌，歌罷顛狂。常在宮前朝眞橋上疾聲大呼，若有所呵。一衲百結，裸露不顧。隆冬盛夏，恬無寒暑。士夫間有施惠者，隨手散去。或居山間，或遊城市，常挈兩布囊，每遇餅餌藥物之屬，雜貯囊中，了無穢氣，號曰錦香。時有大雪，林壑變白，獨先生所居之屋無雪。常指室傍壁罅示人曰：此吾游蜀之路也。初不知書，所談多史傳。素不能文，而所出皆高妙之句。猴溪蔡子高、司馬知白、崔風子、高赤脚，皆與交遊。徽宗崇寧末年，逾九十，貌若處子，肌膚如玉。狂態如初，酒量不減。宣和末詔徵，不起。有司強之，至九江，曰：今二天子矣。我往何爲？繼而淵聖登極，赦至本宮。未回祿日，先生於採訪殿揭甃殖蒿，曰：明年了來。次年韓世清賊馬果焚宮庭，乃殖蒿之日也。談人禍福，歷歷皆驗。先生羽化，瘞于宮側，後數年，有自蜀中回者，曰：黃風子今在蜀，昨於成都相會，寄家書在此。衆疑之，開槭，乃是喪亂後所存道士姓名。於是發棺視之，惟衣履在。

畢道寧

傳記

趙道一《歷世真仙體道通鑑》卷五〇《畢道寧》　廬山太平興國宮道士畢道寧，字康叔。幼穎悟，貌清奇，經書一見成誦。宋哲宗紹聖間，遊江浙。一日到潛山，遇方士，默會其意乃曰：學道貴乎煉神毓氣，丹書乃是入道梯媒。公若屏絶俗紛，精煉神氣，自然通眞達靈矣。因臨水指謂曰：水定則形直，心靜則神寧，不可不鑒。遂以丹授之，曰：異日與子再會於聖治峰下。一揖而去，恍無所睹。畢即日還山，適遇宮副虛席，州命帖充。未幾，丐閑築道院于宮之右，鑿池瀦水，名曰清新。每日杜門存神，誦度人經一卷。至徽宗宣和七年正月三日，有衣白山人來訪，話舊授沁園春云：一粒金丹，大如黍米，定中降胎。運陰陽根本，東龍西虎，結凝金水，擇地深栽。九載無虧，三田功滿，赴氣周圓。爐鼎開，偷元化，用自然宗祖，全在靈臺眞才。休戀塵埃。況穎悟明堂，嬰未孩。幸淮濱相遇，靈丹付了，親留玄旨，期進仙階。此去何時，水雲高會，更上煙霞岐路哉。人間世，任王侯貴顯，同委蒿萊。畢得此詞，越四日整襟危坐而逝。

田端彦

傳記

趙道一《歷世真仙體道通鑑》卷五〇《田端彦》　齊魯間人也，少登進士第。宋徽宗崇寧中，簽書荆南節度府。亡何，獄有死囚，與太守呂嘉問議不合，即掛衣冠府門去。入遠安山，止於清溪精舍。率常且入溪谷，抵夕乃歸。居百數十日，忽不歸清溪，沙門遣人求之，見其寢石上，二虎守其傍，不敢近也。自是不知所之。後數年，短褐躡屩，負鐺謁妻兄邢恕和叔於洛，時蓋已八十餘，而面有少色，鬒髮郁然，洛之士大夫皆從之游。先生與人談笑傾蓋，或問所以得道者，則不對也。政和末有遇於襄鄧之郊，其形容不衰。

劉跛子

傳記

趙道一《歷世真仙體道通鑑》卷五〇《劉跛子》 劉跛子，青州人也。拄一拐，每一歲必一至洛中看花。張丞相召自京湖，時跛子與客飲市橋。客聞車騎過甚盛，起觀之，跛子挽其衣，使且飲。作詩曰：遷客湖湘召赴京，輪蹄相送一何榮。爭如與子市橋飲，且免人間寵辱驚。陳瑩中素愛之，作長短句贈之曰：槁木形骸，浮雲身世，一年兩到京華。又還乘興，閑看洛陽花。聞道鞓紅，最好春歸，後終委泥沙。忘言處，花開花謝，不似我生涯。年華留不住，饑飧困卧，觸處爲家。這一輪明月，本自無瑕。隨分冬裘夏葛，都不會赤水黄芽。誰知我春風一拐，談笑有丹砂。宋徽宗政和中，寓興國寺，人計其壽百四五十許。

水丘子

傳記

趙道一《歷世真仙體道通鑑》卷五〇《水丘子》 水丘子，眞州人

也。始業儒，已而遇至人，乃棄家，放蕩嗜酒，人未之知也。有徐文中者，宋徽宗宣和中居東都，所役兵忽爲車轢甓甚，遇道者以藥付之，即能行。甓兵求道者謝之，自是陽狂，日啗濕紙、冬瓜子，曰：冬瓜易化，濕紙難消。或問其道，曰：清靜是也。簡易爲上爾。文中由是略聞其說，而心好之。未幾，遇水丘子，再拜求授教。水丘子曰：人四大假合，雜乎芒忽之間，變而有氣，氣變而有形。形以心爲君，心者神之所舍也。神從志，無志則從意。志致一之謂精，惟天下至精能合天下之志神。精與神一而不離，則變化在我矣。此長生久視之道也。故不可以心湊泊焉，但情不附物，物自不能凝爾。文中因大悟曰：意在脾，脾數五爲土，水得土則止，火得土則息，精神意所以合而爲一乎。水丘子後登天慶精舍木上仙去。文中官至六品，後不知所終。

張虚白

傳記

趙道一《歷世真仙體道通鑑》卷五一《張虚白》 張虚白字致祥，鄧州南陽人也，隸道士籍於太一宮。身長六尺，美鬚髯。性静重，通太一六壬術。留心丹竈，遇異人得妙訣，自言前身乃武陵張白先生，其徒推武陵尸解年月及虚白誕生之時，若合符節。武陵平生好酒，有詩云：武陵溪畔崔家酒，地上應無天上有。南來道士飲一斗，醉卧白雲深洞口。虚白亦善飲。宋徽宗知其道行過人，每召見，必飲數觥，雖醉益恭。上愛之，俾管轄龍德太一宮。宮中增飾四堂，曰洪道、眞學、會賓、隱眞。又創諸庵，如超然、致道、運機，與十餘小軒，皆宸翰榜之。悉横牌絹面，緣以古錦，幽邃華麗，甲於諸宮。雖被眷甚久，未嘗少自矜耀。凡恩賚無虚日。一日，快行六人舁三朱函以賜，啓封，皆麩金。拜受之際，無喜色，曰：此朝廷物，非道流所可用也。但藏之而已。宣和末，夏大雷雨，宣和殿角枝三龍騰躍而去。上驚，召虚白問曰：復非怪耶？虚白曰：願陛下修德

以禳之。虛白少學醫，病者求治，多立愈。上既內禪，欽宗召見，待遇尤厚。凡御前所印經典，及三亭所積符藥，盡賜之，車載數日不絕。金人犯闕，聞其名，搜訪甚急。初得之，肩輿至南薰門，諸番爭肩輿以行，悉以神仙事之。既陷虜四年，金人再至睢揚，遊騎入城，天慶觀道士皆奔走，金人止之曰：汝輩多異人，無敢傷也。因問道衆識張虛白先生否，昨至吾境，忽一日徧謂諸酋領曰：某年月日吾當化去，汝俗行釋氏荼毗法，道家忌之，幸得棺柩瘞深土中。至期果化。虛白自遭遇，官至太虛大夫沖和殿侍宸金門羽客。出入禁中，以玉牌爲號，侍宸之名九人，林靈蘁、王允誠、徐知常、董南運、李得柔、王沖道、邵若愚、王文卿。金門羽客惟林靈蘁、王允誠、虛白三人而已。居龍德太一宮凡十年，非宣召不出。有就見者，必聞，衆賓禮見於堂上，未嘗到權貴人門下。侍上前終日論道，無一言及時事，或問之，曰：朝廷事有宰相在，非臣等所知也。

劉卞功

綜述

趙道一《歷世真仙體道通鑑》卷五一《劉卞功》 濱州人也，自少好道。家居，有老父過其門曰：善補鐵。先生曰：我鬲敗，能補否？老父曰：人破尚能補，況鬲乎？先生知其非常人，遽再拜，老父因以丹餌之。自是盡棄世事，穿窟室以居。人欲見者，由竇中入，然未有眞契者也。宋徽宗三遣使召之，堅卧不應詔。徽宗益欽重之，賜號高尚先生。先生於書無所不通，而初未嘗苦學也。與人談，必中庸要道，大概云：淸靜無爲，不以外物累心，則神全而守固，蜂蠆不能毒，寒暑不能侵。世之人若之何以嗜慾害身，以貨財害子孫，以政事害人，以學術害天下。後世致忘其壽命之宗，終不覺悟，曷若吾上下與天地同流，獨不快於心哉。欽宗靖康初，先生始去其鄉，游巴蜀，浮江浙，窺衡湘，蓋有意於接物矣。在蜀得二士，曰郄、曰柴，自是常從之。先生至吳，又得桐廬李季次仲，授以方書。次仲行之甚篤，道亦成。先生嘗以告鍾離先生求援度次仲，云：鼻通三劍，腦煉九丹。次仲妻故盲，先生過，次仲唾手拭之，乃復明。嘗與次仲約明年春赴茅山鶴會，次仲如期往，有鶴數百，飛集山上，而物色先生，不見，獨郄、柴二士在焉。從而問之，則望衆中一人神宇軒舉者，曰：先生也。次仲曰：何與昔異乎？方士曰：先生已換骨矣。出一脛骨示次仲，次仲至今藏之。山有華陽洞，石若屏者，曲折數重，其下陂池不測。先生因與入，曰：吾自此從黃眞人游羅浮矣。遂不出。或云今在蜀之青城山，人不得而見之也。

傳記

張孝純《高尚處士修真記》（《道家金石略》） 高尚眞人于前宋熙寧八年乙卯歲夏四月初五日降生于濱州安平鎮劉氏之家。其先徐州彭門人也，咸平後又寄居霸州保定，因祖熙寧初宦游海濱，因以家焉，遂爲安平人。高祖惟清，故任都官郎中，曾祖巽，故任金部員外郎，祖有章，故任左侍禁，父補。衆昆季趨名務利，獨守道好學，鄙利遺名，不求聞達。母姚氏，棣州故太常博士姚誼之女，性質不凡，至善無恚怒。少孀撫孤，閫內整肅。年逾七旬，日樂持誦，鄉人呼爲仙母。兄弟三人，兄曰億，弟曰仁功，眞人諱卞功，字子民。眞人降生日，有祥異，胞衣不類常人。天資穎悟，智識超遠，巧伎絕類，百事盡通。自幼稚時不爲兒童戲，父母欽之。稍長，苦學博通載籍，尤喜周易莊老之書，善以筆劄，不曾婚娶。自十四歲居父喪，遇異人授以祕言，遂閉戶不出，堅持不語。冬夏衣以布衲，族人以爲狂悖。乃即家之東，相去百步，築以環堵，周圍殖以椒株，獨居小室，只容寢卧，以待風雨。雖炎暑不致扇，苦寒不親火，終日閉戶靜坐，唯登廁便溺出戶。每日開戶有數，行步有時，晨晚二食，晨則一杯粥，晚則以蔬食，皆不用鹽醬五味之屬。喜食時果，隨食食之，或用時果以薦食，二食之外，不啓唇。隱居地約三四畝以來，際環堵西南隅小屋下門爲圭竇，高不二尺，時以賓客有願見者，俛伏而過。每見賓客，設以時果一盤迎待，不問貧富貴賤，禮之一也。心有欲言，則書於錫牌以亦人。

或訪以死生禍福，則辭云不知。或求教請益，多引周易、莊老之書爲答，無有不冥當人之心，皆仁義忠信之言，慈儉孝友之意，若空虛怪誕之事，未嘗一字及之。所謂四方時有清齋而來者，有步拜而至者，有不得見而守歲久者，有望其隱居而默祝者，有求見以消災者，有聽教而洗過者，有稱發藥之言，有揚至明之理。又自眞人修眞以來，鄉人無問老幼，商旅無限遐邇，平時求見而不得見者，攀環堵以竊窺伺，開戶而瞻拜，四邊垣墉，往往頽壞，修葺不輟。非特以此，鄉中長上耆德之舊，且且過門瞻禮，以致其恭信。然眞人素倦見於人，以人見之者寡，有錄一言求一字爲終身之法戒以受之，語世重如寶，故天下欽崇。積有歲年，殆見其眞人修眞坐進此道而應於世者如此。政和初，太上皇道君在御，道教事興，搜聘幽隱，咸起而命之於朝。其間累辭詔而不起者，獨眞人一人而已。是時邇臣有狀厥實以告於朝，朝廷賜錢三百貫，詔槽使沈公純誠敦請赴闕。眞人書示曰：「庸愚之人，自養其性，豈希世望。」純誠再拜曰：「朝廷崇重道眞，異人輩出，獨先生高卧不起，意所未曉。」眞人復書示曰：「暗啞之人，别無能事可以獻君。」堅辭不起。政和六年秋，告授高尚處士，其辭曰：「朕高古人修眞勵行，道興乎世，今乃見之。爾趣操不凡，蕭然一室，招聘屢往，確避莫回，宜錫美名，用彰清節。雖云沖啬，尚克欽承。可特授高尚處士。」眞人笑而不言，官吏惶恐，告以君命不可違拒，遂受於家而還。朝廷聞之，密遣漕使杜公綰圖其像以進，由是繪容遍於朝野。又續承朝旨，高尚處士視中散大夫。朝廷益重其德，乃特以月給米一十二斛，歲賜絹二十四，將以祖產蠲免稅賦等事以贍其家。宣和初，朝廷復遣憲使周公宗師、廉訪使鄭公舉躬親省問，即隱居之所賜高尚觀名額，仍歲度道童一名，俾專焚修，用示欽崇之意。有司欲嚴飾增修，眞人書示曰：「得一席之地足矣，請無費民力。」遂止。淵聖即位，以先朝先生道官經賜名爵者，頗爲猥濫，詔遣憲使張公剛中核實僞冒。是時追毀其告者殆盡，唯高尚之告獨存，而眞人之名溢彰于四海矣。宣和末逮乎建炎，數年之間，濱、滄、青、齊等州，羣寇蜂起，各聚之衆動號數萬。有來瞻禮者，必率其徒解甲棄刃，俯伏室外，至於拜地成坎。或嚴戒其衆以不犯，或勒兵逾境而不入，或敬受教示而感悟，或陰畏清德以遠逃。緣此屢有羣寇請眞人爲首長，欲伏於衆，有至庵下，有不能至庵下，寇皆惑亂而終莫之近。又有人舉拜眞人爲謀主，欲帥於兵，有吐其辭，有不能措其意。人施百計而終莫之親，故非素得於道，不麗塵網，孰致是哉。至劉齊朝阜昌初，朝廷詔濱州守臣張公當世專詣庵所，敦請勸駕。眞人書示曰：「所習與習治亂之書者門戶極不同。」當世再三請禱，固辭不起。眞人遇大軍至以兵火間，其北軍則望風欽崇，全無所犯。阜昌初，本郡西營河南都統捏里孛堇蕭公永堅率衆屢至庵下，捏里曰：「先生人也，我亦人也，學先生之道，與先生須同。」眞人書示曰：「性本一也，習射與屬文，所習則成功不同，故有間矣。若屏棄外事，專務潔淨，有入道之漸。」捏里又曰：「比一方有被虜者甚衆，或有捕獲，則籍沒全族，家長敲戮。」眞人復書示曰：「有違條令者，行以寬恕爲幸。兼愛惜生靈，慶及子孫。」捏里歎伏而退。眞人行年六十有九，身體壯健，唇臉如童，雙眸如電，晶彩射人，人見之畏慄。住環堵，居小室修眞五十五年，遂感周環堵繞小室自然生大小柏二十六棟，以潔淨所致，至於草木之成如此。大金皇統三年癸歲，冬十一月初九日，未平旦，用杖子擊戶，呼役使人靳用彰，書示曰：「我去也，將我衣物來。」須臾，南面端坐，忽然脱質超升。未超升二三年前，託以他故，後事磚木之屬，盡預備焉。至當月十三日始殮，身體溫暖，顔容如故，衆人愕然以奇脱質之異。卜庵之北，穴地而葬。鄉人恩感，不旬日，負土以成墳，焚香瞻拜者踵踵而至。遠近聞之，盡皆悽愴。其弟仁功究尋眞人方冊，於一舊冊後親筆細書云：「夫道者無與誤心如，灰其心，枯其形，動而無，靜而虛，恬淡無爲，此乃神人所行也。守眞抱一，養神保氣，內事眞正，外事柔弱，形神相久，此乃仙人所行也。夫乃心者，大包天地，細入毫末，制之則止，放之則狂，清淨則生，濁躁則亡。躁動神去，除垢止念，靜心守一，衆垢以除，萬事乃畢。心同太虛，心若死灰，如嬰兒之未孩，自然玄通，清者不濁，淨者不穢，正者不邪，平者不傾，人常守道，道不失身，長存處靜，長令意安，結繩而用之。若覺一念起，須除滅，但行立坐卧，久久調習，方使靜定。靜心者不動也，安心者不危也。靜定勿令放動，千生之業難得靜已。千經萬訣，惟存心志。」此乃眞人之祕語，不敢有隱，以示後世。孝純昔倅濱日，累接眞人之教，不同常人，而與之熟。眞人超升，有弟仁功攜詩一軸，遠來求記。孝純略載其實，別不敢飾以虛文。眞人自始以來，奉道之德行，天下衆人之所共知者如此。及乎眞人修眞之妙，不可得而聞。

薛玄微

傳　記

鄭志林《大朝濱州安平鎮薛先生之碑》（《道家金石略》） 詳夫玄元之教，道德之宗，淵默無爲，在乎抱眞守素之妙也。然謂□得一之靈也，故當經昆侖，涉太虛而遊恍惚之庭，推斥八極通變化者，必于修眞養氣而應驗矣。故曰昔聞其語矣，未見其人也。今則可於高尚之門則諸，寔在嗣祖聯芳，則于三祖師父見焉。先生俗姓薛氏，法諱玄微，本貫編籍濱州蒲台人也。其宗系世族名德之家，生而異常，長而溫雅。其爲人也，仁孝著聞於鄉里，有信行焉。邇遐靡不稱譽哉，可謂天之賦□出乎自然。良以素蘊出塵之想，心懷捐俗之志，於是年踰不惑之季，遂乃慨然發憤，詣高尚觀禮靳師父出家，以此服膺教命，侍覲無違。勤劬三載，日恪嚴敬恭□而無毫髮之憚矣。何期一日，忽値靳公師父蛻質升霞，向昔□蒙師之默示壙穴之地，即於是日依旨掩藏。其于喪事既以畢矣，哀戚之情禮盡心焉。由是□□先生□祖教家風承襲相代，繼人環堵，翛然晏安，其於□□以□舊儀。於是劉峒供給飲食，依其常例。自此薛公精勤無倦，德□招然，四方遠近之者莫不□風向化。或以遠來瞻禮者不得親面，望環堵而敬拜，或近乃欣然而讚頌者，往來接武。自此歲月逾遷，騏驥過隙。先生居庵，抱道守眞，經歷十九年，探得坐忘之眞，可證形神入妙，與道合眞，穎悟得神之□一日，將欲順世告終，即呼門弟傳道興，乃授祕傳口訣默付其人。囑事已訖，怡然長逝。門人號泣哀慟，雖云□之體質不改生存之容。由是道興率本觀道衆□□棺槨衣衾，卜宅兆而安厝□窆葬已竟，遂倣師之容儀，俾工匠塑其形貌，安致衆眞之堂。自先生從師入道，經今羽化之期，享齡六旬有五，時歲在大定壬□□□既已久矣，厥後於明昌二祀在□□□□□□顯其神異，語人曰：我乃濱州安平人也。以此知先生神化之靈跡也。次復於明昌五載，至東平府化茲□材□板，令船戶皇重二河運送載致於本觀，自此乃知先生神游八表，蓋先生之靈異也。斯者僅年已來，兵戈屢興，觀宇多遭灰燼，延及祖師廟貌，焚毀不□□者。知觀威儀孫善用並趙德雲等，心懷至切，夙夜不忘祖師之德。慮恐年深歲久，湮滅家風，俾後世而無聞焉。遂乃率衆欲刊石銘碑焉。明乎世次譜諜，□無泯沒。訪求跋語，及囑於予。僕以老耄固辭不獲，於是援毫稽首而敬書。若于先生之行狀道績，萬分而紀一二，今以略述梗概云爾。其辭曰：

玄元之教，源深流長。高尚之風，累葉重彰。偉哉薛公，顒顒昂昂。紹遵祖道，巍巍煌煌。天鍾睿性，德備五常。服膺師訓，三祖續□。葆眞守朴，宴居環牆。一十九載，形神俱忘。靈通八表，洞達玄綱。一旦功圓，鶴馭升翔。羽化既久，顯跡他方。耀州□□，□□□□。東平化石，碑材允臧。師之神異，豈可掩藏。刻之琬琰，讚頌揮揚。銘之云何，庶幾不亡。俾眞仙之教永遠，歷億劫而彌昌。

莎衣道人

傳　記

《宋史・方技傳下・莎衣道人》 莎衣道人，姓何氏，淮陽軍朐山人。祖執禮，仕至朝議大夫。道人避亂渡江，嘗舉進士不中。紹興末，來平江。一日，自外歸，倏若狂者，身衣白襴，晝丐食于市，夜止天慶觀。久之，衣益敝，以莎緝之。嘗遊妙嚴寺，臨池見影，豁然大悟。人無貴賤，問休咎罔不奇中。會有瘵者乞醫，命持一草去，旬日而愈。衆翕然傳莎草可以愈疾，求而不得者，或遂不起，由是遠近異之。

孝宗一夕夢莎衣人跣哭來弔者，訊之，曰：「蘇人也。」詰其故，不肯言。帝寤，以語內侍。會后及太子薨，帝哀泣，內侍進前勉釋，并道前夢。帝洒矍然，因遣使召之，不至。帝念恢復大計，累歲未有所屬，后位虛且久，乃焚香默言：「何誠能仙顧，必知朕意。」遂遣中官致贄，不言所以。道人見之掉首，吳音曰：「有中國即有外夷，有日即有月，不須問。」趣之去。使者歸奏，帝甚異之，遂賜號通神先生，爲築庵觀中，賜衣數襲，皆不受。好事者強邀入庵，大笑而出，復於故處。衆日以珍饌餉之，每食于通衢，逮飽即去。

帝歲命內侍即其居設千道齋，合雲水之士，施予優普。一歲，偶踰期，衆咸訝而請，道人亟起于臥，搖手瞬目而招之曰：「亟來，亟來！」是日內侍至平望，衆益服其神。光宗即位，召之，又不至。慶元六年卒。

石泰

傳記

趙道一《歷世真仙體道通鑑》卷四九《石泰》 石泰，常州人。字得之，號杏林，一號翠玄子。遇張紫陽，得金丹之道。初，紫陽得道於劉海蟾，海蟾曰：異日有爲汝脫繮解鎖者，當以此道授之，餘皆不許。其後紫陽三傳非人，三遭禍患，誓不敢妄傳，乃作《悟眞篇》行於世，曰：使宿有仙風道骨之人，讀之自悟，則是天之所授，非人之輒傳矣。中罹鳳州太守怒，按以事，坐黥。竄，經由邠境，會大雪，與護送者俱飲酒村肆。杏林適肆中，既揖而坐，見邀同席。杏林笑顧，爲此衆客方歡，彼客未成飲，盍來相就，於是會飲，酒酣，問其故，具以告。杏林念之曰：邠守故人也。樂善忘勢，不遠千里，能迂玉趾，有因緣可免此行。紫陽懇請護送者許之，諾，相與於邠。杏林爲之先，容一見，獲免。紫陽德之，曰：此恩不報，豈人也哉，子平生學道，無所得聞，今將丹法用傳於子。杏林拜謝，仰受付囑，苦志修煉。道成，作《還元篇》行於世。壽一百三十七，於宋高宗紹興二十八年八月十五日尸解。作頌云：雷破泥丸穴，眞身駕火龍，不知誰下手，打破太虛空。後二年，易介復見杏林於羅浮山。

薛道光

傳記

趙道一《歷世真仙體道通鑑》卷四九《薛道光》 一名式，一名道源，陝府鷄足山人也。一云閬州人，字太原。嘗爲僧，法號紫賢，一號毗陵禪師。雲遊長安，留開福寺，參長老修嚴。嚴與道眼因緣：金鷄未鳴時，如何沒這音響？又參僧如環，得如何是超佛祖之談，糊餅圓陀陀地，因桔槔，頓有省悟，有頌曰：軋軋相從響，發時不從他。得豁然知。桔槔說盡無生曲，井裏泥蛇舞柘枝。二老然之。自爾頓悟無上圓明眞實法要，機鋒迅捷，宗說兼通，且復雅意金丹導養。宋徽宗崇寧五年丙戌冬，寓郿縣之青鎭，聽講佛寺。適遇鳳翔府扶風縣杏林、驛道人石泰字得之，年八十五矣。髮綠朱顏，神宇非凡，夜事縫紉。紫賢心因異之，偶舉張平叔詩曲。石矍然曰：識斯人乎，吾師也。備言紫陽傳道之由，紫賢乃稽首皈依，請因受業。卒學還丹，傳受口訣眞要，且戒令往通邑大都，依有力者即可圖之。紫賢遂來京師，棄僧迦黎，幅巾縫掖，和光混俗，覬了此事，乃註解《悟眞篇》，作《復命篇》及《丹髓歌》，行世。紫賢道成，壽一百十四歲，於光宗紹熙二年九月初九日尸解。作頌云：鐵馬奔入海，泥蛇飛上天。蓬萊三島路，元不在西邊。明年，沙道昭復見紫賢於霍童山。

陳楠

傳記

趙道一《歷世真仙體道通鑑》卷四九《陳楠》 陳楠字南木，號翠虛，惠州博羅縣白水巖人。以盤櫳箍桶爲生，浮湛俗間，人無知者。作盤櫳、箍桶頌。盤櫳頌云：終日盤盤圓又圓，中間一位土爲尊。磨來磨去知多少，個裏全無斧鑿痕。箍桶頌云：有漏教無漏，如何水泄通。既能圓密了，內外一眞空。其言下超悟如此，根器概可想見也。後得太乙刀圭金丹法訣於毗陵禪師，得景霄大雷琅書於黎姥山神人。每人求符水，翠虛捻土付之，病多輒愈，故人呼之爲陳泥丸。宋徽宗政和中，擢提舉道錄院事。後歸羅浮，以道法行於世。所至與人治鬼。潮陽民家女苦狐厭，狂易無度，翠虛用雷符熏狐魅殺之。時披髮走，日行四五百里。鶉衣百結，塵垢滿身。間食犬肉，終日爛醉，莫測所如。而濟人利物，效驗有不可揜者。嘗之蒼梧，遇郡禱旱，人憂暍死，翠虛執鐵鞭下淵潭，驅龍起，須臾陰雲四合，雷雨交作，境內霑足，遂爲豐年。過三山大義渡，洪流湍悍，舟不敢行，翠虛浮笠而濟。行欽管道上，遇羣盜拉殺瘞之。後三日盜散，復甦。遊長沙，衡帥節執拘送邕州。去數夕，又回長沙矣。中夜坐或含水銀，越宿吐視，已成白金。乞與其徒，不顧。翠虛常自言閱世四十三，然有四世見之者，湖廣中人常問翠虛覓詩，但自口縷縷而出皆成文理，第不肯親書，竟未解其故。有翠虛妙悟全集行世，及作羅浮翠虛吟。以丹法授瓊山白玉蟾，其出入，玉蟾常侍左右。翠虛於寧宗嘉定六年一云四年四月十四日，在漳州赴鶴會罷，說與會主云：我當來會裏尸解。會主不以爲事，遂留四句，命玉蟾題之，曰：頂上雷聲霹靂，混沌落地無蹤。今朝得路便行，騎個無角火龍。彼時玉蟾隨侍在漳州梁山，翠虛與一箍桶老子，掎角入水而逝。其箍桶老子，先有一斧在地，再尋其斧，斧亦不見。玉蟾嘆曰：此水解也。當日有葛縣尉在潭州寧鄉縣見之。翠虛與尉之父爲久契，因寄一書，使尉歸潮達其父。後方知當日在此尸解，在彼見也。翠虛度弟子三人：鞠九思、沙蟄虛、白玉蟾。

白玉蟾

傳記

趙道一《歷世眞仙體道通鑑》卷四九《白玉蟾》 先生姓白，母以玉蟾名之，應夢也，字以閱衆甫，一字如晦。世爲閩人，以其祖任瓊州之日，故生於海南，乃自號爲海瓊子，或號海南翁，或號瓊山道人，或號蠙庵，或號武夷散人，或號神霄散吏。幼舉童子，長遊方外，得翠虛陳泥丸先生之道。當時士大夫欲以異科薦之，弗就也。自得道之後，蔬腸絕粒凡九年，而四方學者如牛毛。若夫出處之大概，與其著書立言之略，及所行有神異靈奇之處，備見諸書。其初，先生事翠虛九年，始得其道。翠虛遊方外，必與先生俱。逮翠虛解化于臨漳，先生乃獨往還於羅浮、霍童、武夷、龍虎、天台、金華、九日諸山。髼頭跣足，一衲弊甚，而神清氣爽，與弱冠少年無異。喜飲酒，不見其醉。博洽儒書，究竟禪理。出言成章，文不加點。隨身無片紙，落筆滿四方。大字草書，視之若龍蛇飛動，兼善篆隸，尤妙梅竹，而不輕作，間自寫其容，數筆立就，工畫者不能及。受上清籙，行諸階法，於都天大雷最著。所用雷印，常佩肘間。所至祈禳，輒有異應。時言休咎，警動聾俗。姓名達於九重，養素之褒，笑而不受。有願從之遊者，莫得也。嘗在京都游西湖，至暮墮水，舟人甚驚，繞湖而尋，不見。達旦，則先生在水上，猶醺然也。一日，有持刃迫脅者，先生叱之，其人不覺墜刃而走。先生召之曰：爾來勿驚。遽以刃還之。都人有稱先生入水不濡，逢兵不害者。後縱遊名山，莫知所之劉後村序王隱六學九書云蟾尤夭死，非也。或云尸解於海豐縣。

彭耜

傳記

趙道一《歷世真仙體道通鑑》卷四九《彭耜》　彭耜字季益，世爲三山人，奕世顯宦。自其少時，早有文聲。自中銓後，恬不問仕。事海瓊先生白玉蟾，得太一刀圭火符之傳，九鼎金鉛砂汞之書，紫霄嘯命風霆之文。歸作《鶴林賦》，復作詩曰：買得螺江一葉舟，功名如蠟阿休休。我無曳尾乞憐態，早作灰心不仕謀。已學漆園耕白兆，甘爲關令候青牛。刀圭底事憑誰會，明月清風爲點頭。其所居立鶴林靖，日以孔老娛其心。以符治疾，多所全濟。鄉邦得之，一時寓貴多勉其仕，牢不可破。然而學問博洽，趣尚清遠，須古之孝廉不是過也。當路欲以隱逸薦之于朝，君聞而遜謝之，終日杜門，與世絶交遊。凡生產家人之事，曾不經意。其內子潘蕊珠，厥志一也，晨夕惟薰修而已。耜得興則賦詩，或亦飲酒。飲必大醉，冥然後止。遇有鬼神加害者，則以丹符療之，遂愈。其沈酣道法，呼嘯風雷，人所敬慕。後尸解於福州。今城東有鳳丘山鶴林道院存焉。

朱橘

傳記

趙道一《歷世真仙體道通鑑》卷四九《朱橘》　號翠陽，世居淮西安慶之望江，其先世皆無聞於時。橘之生也，母嚴氏夢呑一星，光大如斗。已有娠十五月，母常憂焉。一日遇道人於門首，手持一物，如橘，謂其母曰：食此，子生矣。母喜而受之，請問名氏，道人乃出袖中一扇示之，上有鞠君子三字，曰：吾姓名也。言訖，遂失其所。移時而橘誕，時壬戌仲冬二十有六日也。父異之，因命名橘子。及六歲，而怙恃俱失。橘生而聰慧，有志儒業，尤精易數。且謂丹道造化之妙，無出於此。嘗兩領鄉薦，未遂科第之志。喜閱道釋之書，後因臨池顧影，倏然驚悟，乃厭薄名利，欽慕修煉。所至名山勝地，必遂登覽，意在得師以證入道。歲在戊子，因往惠之博羅。一日，廛中遇一道人，手握一橘，狀若風狂，且行歌笑而吟曰：橘橘橘，無人識。惟有姓朱人，方知是端的。衆皆駭之，莫曉其意。獨橘有所感，隨至郊外無人之境，乃拜而問曰：眞人非鞠君子乎？道人驚曰：子何人也？橘以姓名告，乃悟昔之時事。道人曰：子自謂平日所欲者何，或富或貴，惟汝擇之，吾從所請。橘笑而答曰：人生富貴，如海上漚，空中雲，聚散何有定據。惟聞神仙有長生不死之旨，換骨回陽之妙，可得聞乎？道人默然弗答。橘乃涕泣而復請曰：宿生慶幸，獲遇仙君，不揣愚蒙，願垂點化。道人因爲之説曰：夫息者，自心也，元氣也，乃虛無之根，造化之主。升降離合，悉從心起。衆生所以迷失本眞，輪迴六道，流浪四生者，爲不能了此心爾。故古仙上人，惟欲人明了此心。了心則見自性，見自性則去聖不遠。若此心不明了，皆非正覺無上至眞之妙道也。橘一聆斯語，恍如自失。道人乃指山前一大石，約以明日早至，吾當度汝。橘一再往，道人已先坐於石上，曰：子來何遲？橘乃愧謝而退。及夜半而往焉，道人曰：子之來，今其時矣。遂與之盟天誓地，即以九鼎刀圭火符之訣、五雷金書玉篆之文、九八飛神陽道之法、心傳口訣，悉以付之，且誡令往皖公山築室，依法修煉。後當有一小兒至，宜以道法傳之，繼汝後也。餘皆勿許。功成之日，吾當保舉汝登雲天矣。橘拜謝訖，道人乘雲冉冉而去。道人者即橘母所遇之鞠君子，號九霞。九霞之師，則翠虛陳泥丸也。橘敬遵其教，入皖公山築室修煉。後有登山者，見一小兒潔白如玉，洗手庵前皖水之上，其行如流星之速。及隨其所之入庵，而不知其所止，惟橘儼然端坐。人皆謂橘，嬰兒之顯相也。橘後爲寇所撓，入閩，至惠之博羅，有鄉人陳六者在彼，因爲少留，與之終日醉酒爲樂，茹葷食肉，無所忌擇。或訝而問曰：先生平日齋戒如此，今反嗜如彼，何邪？橘答曰：吾所以混俗，和光同塵，不欲自異爾。子不聞魚之與虎乎？魚若異羣，棄水躍岸，則死；虎若異羣，棄山入市，則擒。吾但心與道冥，超乎萬幻，至理之妙，身外有身，故非世俗所得而知也。橘留惠三載，一日天氣嚴寒，忽謂鄉人陳六曰：吾將去矣，汝盍爲我圖之。陳莫能測。翌日，橘乃坐化於旅館中。陳乃與其館主謀之，扛抬橘於門首，緣化得錢十餘貫，爲殯埋之奉。及次日，橘乃復甦。越數日，入城中，又謂陳六曰：吾今當立化於縣衙前。陳從其言。化後用泥塑之，駭而聚觀者千餘人。忽博羅狠吏醉呼而前曰：汝前日假爲坐化，今復假爲立化。遂執覺鞭之，惟見堆泥墮地而已。衆人方知橘示神變而尸解云，時宋理宗淳祐二年十一月十三日也。橘有弟子，姓鄭名孺子，號翠房。

王嚞

綜述

劉祖謙《終南山重陽祖師仙跡記》（《甘水仙源録》卷一） 今觀終南山重陽祖師，始於業儒，其卒成道，凡接人初機，必先使讀《孝經》、《道德經》，又教之以孝謹純一。及其立說，多引六經爲證據。其在文登寧海萊州嘗率其徒演法建會者凡五，皆所以明正心誠意、少私寡欲之理，不主一相不居一教也。師咸陽人，姓王氏，名嚞，字知明，重陽其號。母孕二十四月而生，美鬚髯，目長於口，形質魁偉，任氣而好俠。少讀書係學籍，又隸名武選。當天眷之初，以財雄鄉里。歲且饑，人多殍亡，有盜盡劫其資以去。一日，適因物色得盜，終不之問，遠近以爲長者。正隆己卯間，忽遇至人於甘河，以師爲可教，密付口訣及飲以神水，自是盡斷諸緣，同塵萬有，陽狂垢污，人益叵測。【略】後於南時村掘地爲隧，封高數尺，榜曰活死人墓。又於四隅各植海棠一株，曰吾將來使四海教風爲一家耳。居三年，復自實之，遂遷於劉蔣，與和、李二眞人爲友，各結茅居之。至大定丁亥夏，復焚其居，人爭赴救，師婆娑舞於火邊，且作歌以見意。詰旦東邁，徑達寧海，首會馬鈺於怡老亭。馬亦儒流中豪傑者，初未易許師，故懇師庵居，固其扃鐍，率數日不給食，縱與食之，亦未嘗見水火跡。或時夜就馬語，莫知其所由來。及去，追之不及，扃鐍如故。間與魂交夢警，分梨賜栗之化不一。馬於是始加敬信，與其家人孫氏俱執弟子禮。又得譚處端、劉處玄、丘處機、王處一、郝大通等七人，多類此。號馬曰丹陽，譚曰長眞，劉曰長生，丘曰長春，王曰玉陽，郝曰廣寧，孫曰清靜散人，並結爲方外眷屬。迨己丑季秋，留王、郝於崑崳山，攜四子西歸。抵汴，寓王氏逆旅，無幾何，呼丹陽付密語，無疾而逝，春秋五十有八。四子歸其柩，葬於劉蔣故庵之側。丹陽因廬於墓次，今之祖庭是也。師先自六年前於長安欒村庵壁留題云：害風害風舊病發，壽命不過五十八。乃知仙齡有期，非偶然也。有詩詞千餘篇，分爲全眞前後集傳于世。玉峰老人胡光謙爲之傳。及丹陽嗣教，從之者益衆，其徒遂滿天下。丹陽東歸，長春因劉蔣故庵大加營葺。玉陽又請額爲靈虛觀。凡住持者始受度爲道士，以奉香火。世宗皇帝素欽其名，嘗遣使訪焉。戊申春，長春、玉陽應命至京師，賜以冠巾條服，命居天長觀。尋又徵至北宮長松島，與語，大悅，詔於島西築官庵居之。承安、泰和間，道陵亦屢召玉陽、長生至闕下，賜居修眞觀，以待召問。玉陽得號體玄大師。自丹陽而下所爲歌詩各有集，而郝廣寧獨邃於《易》，備見于《太古集》中。至正大初，密國公璹讚云：全眞道東，四子傳化，四子謂誰？丘劉譚馬。德其亞者，王郝與孫，共成七賢，贊我眞人。玉陽長春，大啓其門，遭遇聖朝，爲王之賓。瀛海渺然，仙跡宛存。

傳記

趙道一《歷世真仙體道通鑑續編》卷一《王嚞》 字知名，號重陽子，京兆咸陽人，遷終南之劉蔣村，母感異夢而妊，二十有四月始生，時宋徽宗政和二年十二月二十二日也。師自幼不羣，及長，體貌雄偉而美鬚髯，倜儻尙義，不拘小節。弱冠，業進士，係學籍，好屬文，才思敏捷。始名中孚，字允卿，後入道，改稱焉。齊改元阜昌初金太宗天會八年，封劉豫爲王，國號齊，是南宋建炎四年。撫治河外，不及於秦，歲屢饑，人至相食。時咸陽醴泉惟師家富魁兩邑，其大父乃出餘以賙之，遠而不及者，咸來劫取，鄰里三百戶餘，亦因而侵之，家財爲之一空。有司率兵卒捕獲，將寘之法，師曰：鄉人饑荒，拾路所得，吾不忍寘之死地。有司賢之，遂釋不問，人服其德。金海陵煬王正隆四年，師忽自嘆曰：孔子四十不惑，孟子四十不動心，予猶碌碌如此，不亦愚乎？自是之後，性少檢束，親戚惡之，曰害風來。師受而不辭。關中謂狂者爲害風，因以自呼。是年六月，師醉於甘河鎮，會二人被髮披氈，其年貌同一，師訝之，從而懇請。其人徐曰：此子可教。因授其修眞口訣，時年四十有八，故遇師詩云：四旬八上始遭逢，口訣傳來便有功。其所遇者，蓋唐純陽子呂仙翁之化身也。五年中秋，再遇於醴泉，師趨拜之，衆笑曰：言是害風，安得識眞仙耶？其人邀師飲，師問其鄉閭年姓，答曰：濮州人，年二十二。而不告其姓。留祕語五篇，令師讀畢焚之，且曰：速去東海投譚捉馬。已而俄失所在。師乃捐棄妻孥，送次女於姻家，竟委而去。行丐於鄠社終南間，舉止亦若狂者，人莫測也。後別構庵於南時村，起封高數尺，壙深丈餘，以活死人目之，又號曰行菆，以方牌掛其上，書云王害風靈位。又於庵四隅各殖海棠、梨一株。同庵和公怪而問之，師曰：吾欲使他日四方敎風爲一，亦如此殖。三年，遷居劉蔣北之水中央，肆口皆塵外語，鄉人素待以害風，故莫審其意。【略】俄一夕，自焚其庵，村里驚救之，師方舞躍而歌曰：數載殷勤，謾居劉蔣，庵中日日塵勞長。豁然眞火瞥然開，便教燒了歸無上。奉勸諸公，莫生悒怏，我咱別有深深況。惟留灰燼不重遊，蓬萊路上知來往。人問其故，答曰：三年之後，便有人來修此。遂東行。【略】迤邐出關，抵登州，夜歸觀中，書陝西所作詩於壁云：一別終南水竹村，家無兒女亦無孫。三千里路尋知友，引入長生不死門。明旦拂衣東邁。世宗大定七年七月，抵寧海，徑詣儒者范明叔家。主人適與郡人馬宜甫邀館於私第，既久，重而遇之。初，宜甫夢其南園一鶴從地湧出。師至，同師擇地立庵，師指鶴起之處，命名全眞。全眞之名，始於此矣。師欲挽西游，宜甫家貲鉅萬，久而未決，其室孫氏尤難之。冬十月，師乃入環堵，約宜甫日饋一食，鎖庵百日。至於分梨與芋栗，令宜甫夫婦食之，各有其數。每分送，則必以詩詞或爲歌頌，宜甫亦皆酬和。又示神異罪福之報以警之。既啓戶，宜甫乃始屏去塵累，改衣冠而執弟子之禮，師名之曰鈺，字玄寶，號丹陽子。曩師在宜甫宅，會譚玉者，以宿疾來見，師始拒之，玉固請爲弟子，留宿庵中，其疾頓愈。玉遂黜其妻而從之，師名以處端，字通正，號長眞子。繼有主公者，居牛仙山，聞師至，來謁。問答有梨，遂師禮之，後住鐵查山雲光洞，師飛蓋致其名號，名處一，號傘陽子。日者郝昇深於易，賣卜於市，師入其肆，背而坐焉。昇曰：請公迴頭。師應聲曰：君何爲不迴頭耶？昇悚然異之。師出，從至朝元觀，師授之二詞，以發至意，昇大感悟，乃執弟子禮。後至煙霞洞，賜名曰璘，號恬然子，且以無被衣畀之。未幾，師領馬鈺等住崑崳山。始至，指而言曰：是中有煙霞洞，我先世修道之所也。命鑿之，其器具之朽者與玉池井尚在。又因取石於嶺，有巨塊將墜，適當其庵，師厲聲叱之，矻然而止。山間樵蘇，見者駭之。時棲霞丘公年十九，雖已入道，未知所從，而盤桓崑崳。聞師在全眞庵，因投謁於齋次。師知其爲遠器，贈之以詩，賜名處機，字通密，號長春子。自此門人頗集，師以罵詈笞捶磨煉之，稍稍散去。篤志不變者，惟馬、譚、丘而已。八年八月，師自煙霞遷文登姜實庵，九月居縣北蘇翁庵。九年四月，寧海周伯通請師至，則立金蓮堂、金蓮會。其井水舊鹹，咒之而甘美。俄夜有光如晝，人以爲火，亟往視之，見師行而光明隨之。師嘗訓馬鈺之妻孫氏，名不二，號清靜散人。又以天堂畫相示之。五月五日，令不二燒誓狀，仍贈以詩。又於文登立七寶會、福川立三光會，至登州立玉華會。【略】甫正月，師與衆別曰：今可赴師眞之期矣。馬鈺等乞遺言，師曰：吾昔已書京兆灤村呂道人庵之壁，口占頌曰：地肺重陽子，呼爲王害風。來時長日月，去後任西東。作伴雲和水，爲鄰虛與空。一靈眞性在，不與衆心同。且戒勿哭，言訖而蛻。衆皆號慟，師忽開目曰：何至於此。囑馬鈺以後事，若達關西，化我鄉人。仍付之密語，勿輕傳之。鈺再拜而受。又謂譚處端等曰：汝輩前程，皆在馬公手，遂書物外親眷詩云：一弟一姪兩箇兒，和予五逸做修持。結爲物外眞親眷，擺脫塵中假合屍。周匝種成清靜景，遞相傳授紫靈芝。山頭并赴金華會，我赴蓬萊先禮師。書畢，奄然而逝，享年五十八，時大定十年正月四日也。友之謂衆曰：我既爲弟子，當主喪事。日祭謹甚，至靈柩西遷，不少懈焉。告其子曰：五人受重陽王公點化，我其一也。馬鈺等至京兆灤村，訪呂道人庵，得所爲之頌。又唱和玉蟾李靈陽於終南，師在南京以詩寄二公，有首先一去三人同之句。見醴泉史公密乃出舊圖，而皆應合。相與葺師之故庵。師素不爲鄉里信重，及馬鈺至秦，人方始追悔。後鈺輩復往南京，取其靈柩歸葬於劉蔣。結廬三年，然後各從所志。馬鈺嗣其教，與譚劉丘者繼爲宗盟，而全眞學者稱鍾呂劉爲三祖，又以師爲祖師。大元至元六年己巳正月，國朝褒贈重陽全眞開化眞君。其遺文全眞前後韜光集，行於世云。

雜録

趙道一《歷世真仙體道通鑑續編》卷一《王嚞》 間遊蓬萊閣觀海，大風忽起，人見師隨風入海中。有頃，復躍出，惟墜失簪冠，尋於波面泛泛而至。有介公者，素好善事，而請出家，志甚懇切，師竟不許。介去，師謂人曰：今二人於此欲建大殿宇，一則基址既立，材木既豐，未求匠者而匠者自至，何哉？材既備而功可成也。一則指其立基之所，窪坎未平，一工未集，匠者望之而去矣。師在煙霞時，張德昭有子，聰明，甫十六歲，送之入山就學，以其宿有深契，前後所贈歌詩幷畫二事理，反復曉告者非一。後出山省親而不復至，師與德昭書，又付以眞實語，其子內心領之雅之，夙有仙分，而不能自奮於塵。凡師之度人也，必審其才分淺深，故於德昭之子呼小張哥，而未嘗以名。百方鐫誨而不能致，介公孜孜切切而自請出家，而卒不納，其所處例如此。在萊州立平等會，自是遠近風動，與會者千餘人。其五會之榜略云：平等者，道德之祖，清靜之元，爲玉華金蓮之根本，作三光七寶之宗源。普濟羣生，徧拔黎庶。人人願吐於黃芽，個個不遊於黑路。玉華者，乃氣之宗。金蓮者，乃神之祖。神是氣之子，氣是神之母。子母相見，得爲神仙。然則有眞功眞行，澄心定意，抱元守一，存神固氣，眞功也。修仁蘊德，濟貧拔苦，先人後己，與物無私，眞行也。又有金蓮定分疏、開明疏、三光疏、玉華疏、平等會規矩及諸詩篇，文多不載。師後往返於登萊、寧海之間。及行，皆留詩爲別。九月，挈馬、譚、丘三人西邁。過登州，太守紇石烈名邈者，待以師禮。及辭，曰：再會何時？師曰：南京。後師羽化，而邈適除南京副留守。又指望仙門外畫橋，語郡人曰：他年逢橋必壞。復一紀，太守何邦彥以橋勢雄峭，不利車馬，遂命改之。其逆知類如此。達揔城，又得劉公者，始隨其母來謁。師一見，輒契諭以出家，母欣諾之。名以處玄，號長生子，遂行。至是，所謂馬譚劉丘，舉集席下矣。故竹杖歌云：海上專尋知友來，兀誰堪可教依託。昨宵夢裏見諸虬，內有四虬能跳躍。蓋預指而言之也。所謂詩詞與其事迹始末，各載於本傳。師至南京，憩於王氏旅邸。時孟宗獻友之，以同知單州，丁母憂歸。有神風先生杜哥者，嘗預言友之四魁事，凡所發，莫不應，友之以仙待之。一日，忽告友之曰：元帥來，我當參謁。友之令童僕默踵其後，杜徑入王氏邸中，一膝跪見。師方卧而閱書，殊不少顧。友之雅重杜，及聞，大驚。杜再往，始爲一眄。三往，笑而視之，杜乃雀躍而去。友之因之就謁，師閱書而不爲禮。問讀何書，亦不答。就視，樂章集也。問：全乎？師曰：止一帙爾。友之曰：家有全集，可觀也。即爲送至。師自到京日，使馬鈺等四人乞錢於市，市及斤之鯉煮食之，秤不及則不食。友之頗惑，默念道人看樂章集，已非所宜，又食魚，必其斤重，果何爲哉。他日，問樂章集徹乎，師不言，但付其舊本。友之檢閱，其空行間逐篇和訖，不覺嘆曰：神仙語也。即還，沐浴更衣，焚香請教，日益加敬。師自是不復食魚，蓋以友之爲大鯉，故示意爾。師命馬鈺召匠者造獨坐風車，工畢，師云：近日火熁我眼，不能見，使燃燈徧照之。鈺即頓悟。又師自市四鯉，穿而拖之，入於邸中。以羊肉二斤併煮之熟，藏之月餘，其魚肉皆臭敗。令門人弟子食之，時各戒羶葷，莫有敢食者。師徧問，皆曰不敢。馬鈺獨稽首曰：師令食，弟子食之。師叱曰：汝自不斷，得欲託我耶？遂與滿鉢。師復曰：到關西，無此物與汝食之。凡數朝，先令鈺早食羊魚，又令沽酒，市天蒸棗蜜彈子，師自食之。詢鈺曰：會得否？鈺未悟，即愈加痛教，狂罵捶楚，不分晝夜，且曰：汝一日自當悟矣。鈺拜謝曰：蒙師慈誨，無所可報。師曰：惟修行則可報。後入關，始悟京中之事，皆玄妙之教也。臘月中時，於鈺輩極鍛煉之功，蹍往者百千，錯行倒施，一言一動，悉受呵責。以鈺等所乞錢物多，市薪炭大然於所寢之室。其室褊小，令馬鈺譚處端入於內，劉處玄丘處機立於外。內則不任其熱，外則不任其寒。處玄不堪而遁去，師將設三子立於床下，師曰：丹陽已得道，長眞已知道，吾無慮矣。處機所學，一聽丹陽、處玄，長眞，當管領之。又顧處機曰：此子異日地位非常，必大開教門者也。

馬鈺

傳記

趙道一《歷世真仙體道通鑑續編》卷一《馬鈺》 師初名從義，字宜甫。一名鈺，字玄寶，更之也。號丹陽子。漢伏波將軍援之後，本扶風人，五代兵亂，遷寧海。世業儒。祖覺，字莘叟，至孝，通五經。父師楊，字希賢，儀觀秀偉，沉靜有度量，以孝義稱。【略】有子五人，以仁義禮智信名之，時號五常馬氏。師，次子也。母孕時，夢麻姑賜丹一粒，吞之，覺而分瑞，時金太宗天會元年五月二十日也。師在兒時，常誦乘雲駕鶴之語。及長，爲儒而不樂進取。父愛其才，俾掌庫物。好賙濟而無私心，由是得輕財好施名。李無夢見而奇之曰：額有三山，手垂過膝，眞大仙之材，因贊之曰：身體堂堂，面圓耳長。眉脩目俊，準直口方。相好具足，頂有神光。宜甫受記同步蓬莊居。無幾，丹成忠顯孫君以女妻師，生三子：庭珍、庭瑞、庭珪。師嘗補試郡庠，偶夜夢二人，衣皆褐色。其一素補其兩肩，泣告師曰：我輩十萬餘，命在公所主。言訖而去。逐之入屠者劉清豬圈中，壁上有字是：我輩己亥十萬人，大半已經辛巳殺，此門若是不慈悲，後世軸頭常廝抹。既覺，聞屠豬聲起，視之，則清之小子阿兒縛二豬，其一肩白已殺之矣。方悟己亥豬也，辛巳清之歲屬也。師疑其夢不祥，使術者孫子元占之，因以稽其壽。子元曰：公壽不過四十九。師乃大感悟，曰：生死果不由人耶？予欲親有道之士，學長生久視。又師與客弈棋，常自誦云：此一著不錯，當不死矣。世宗大定七年七月，同遼陽高巨才、鄉人戰師飲於范明叔怡老亭，酒酣，師題詩云：抱元守一是工夫，懶漢如今一也無。終日銜杯暢神思，醉中却有那人扶。皆不曉其意。中元後一日，重陽祖師自終南來，徑入怡老亭。戰師問：布袍竹笠，冒暑東來，何勤如焉？曰：宿緣仙契，有知己之尋。既食瓜，即從蒂而食。問其故，曰：甘向苦中來。問從何方來，曰：路遠千里，特來扶醉人。師默念言：予從前所作，有醉中人扶之語，此公何以得知？因問：何名爲道？曰：五行不到處，父母未生時。明叔曰：此十字耳，曲盡妙意，非神仙能出此語乎？坐間談論，尤與師合。師邀歸私第而師事之。始，師夢一鶴從地湧出，至是立庵於南園祖師指鶴起之地，名之曰全眞。祖師必欲挽師西遊，師以家事所繫，未易猛棄。祖師乃盛陳遠離鄉之高，不離鄉之累，與之開釋。師由是與祖師契義日深。是歲十月初，祖師命師鎖其庵，日饋一食。時隆冬在候，風雪四入，而庵之所有惟筆硯枕席，布衾草屨而已。然形神沖暢，如在春風和氣中。識者謂至人有寒谷迴春之妙。鎖庵之一日，賜師梨一枚，令啖之。每六日，賜芋栗各六。至是月十一日，分梨爲二，令夫婦共食。後六日之芋栗，旬日之梨，爲常期也。其芋栗如初之賜，梨則每旬例增其一。至於九旬，而積數爲五十有五。每分送，則必以詩詞寓其微意，師亦隨韻酬答。解者曰：芋者遇也，梨者離也。立遇則離分之義。又分者損之又損也。五十有五者天地奇偶之數也，欲使離其親戚里閈，以至無所不離耳。又於夢中以十犯十戒獄警之。八年正月十有一日啓鎖，祖師謂曰：將行在三四日之間，從我歸去。乃作一場奇怪哉，鎖害風百日。師於是以貲產付庭珍輩，以離書付孫氏，入市求乞。祖師因師夢中歌燒得白，煉得黃，便是長生不死方之句，賜今名號。又夢隨入一山，及旦，祖師呼曰：山侗因爲小字。二月從祖師居崑嵛之煙霞洞，忽患頭痛，殆不可忍，祖師令醫於家。一日，語門人曰：馬公破道。問何以知之，曰：昨夜夢飲酒，使人往詢之，藥用酒引，不覺過多，由是疾益甚。人迴報云：馬公將死矣。祖師鼓掌曰：吾三千里外尋此知友，寧復至於此極乎？爲其信之不篤，故感此疾，與法水即可愈矣。乃寄眞言云：凡人學道，先須依此一十二字，斷酒色財氣攀緣愛念憂愁思慮，自今後，更無言可說。如不依此，便做靈丹，性命亦不能了。八月，祖師在文登姜實庵，預戒門人曰：馬公來，勿納。九月朔，師果至，祖師傳語曰：如今相見，已後不相見；要已後相見，今不相見。師乞已後相見，遂居縣北蘇氏庵。至十月初，令師燒誓狀，贈詩云：擲下金鈎恰一年，方吞香餌任綸牽。玉京山上爲鵬化，隨我扶搖入洞天。五月五日，祖師在金蓮堂，令孫氏燒誓狀，別庵居之。十一日，召師至范明叔宅，以詞贈之，亦不收領。

或容暫見，又復逐出。後至南京，始得共處矣。祖師欲令化錢於寧海，師以有不還鄉之願辭之。祖師怒，自夜撻之至旦。從西行，抵汴梁，寓於王氏旅舍者久之，祖師於師等尤加鍛煉，責罵捶楚，逆順莫測。飲食起居，悉示仙機。是歲將終，祖師辭衆云：今可赴師眞之期矣。師乞頌，曰：我已書之關中矣。十年春正月四日，囑以後事而逝。師於是同衆化錢，負仙骨往京兆葬之劉蔣，遺命也。仍即祖師舊庵爲環，頭分三髻，居喪者三年。夫三髻者，三吉字，祖師之諱也。師尊而戴之，故多自稱三髻山侗。嘗與丘劉譚三人，在秦渡眞武廟，月夜各言其志。師曰鬬貧，譚曰鬬是，劉曰鬬志，丘曰鬬閑。師與諸公雖同出於重陽之門，以祖師嘗有一弟一姪之語，特稱師爲師叔。十五年，弟運甫寄書邀師會葬其父母，師答書云：汝所葬者骨，予所度者神。所行之迹有以異，而報德之心無以異也。遂以煉丹砂詞答之。師嘗作十勸百不歌，一日示衆云：此非出己意，亦是祖師之言，因而成之也。又問門人曰：一日一夜凡幾時？對曰：十二。師曰：十二時中，天道運行，斡旋造化，還頃有停息否？對曰：無知。師曰：學道者切須法天之道，斡旋身中造化，十二時中常清常靜，不起纖毫塵念。日就月將，工夫既到，神仙必矣。【略】師之歌頌，有《漸悟》《金玉》《摘微》《三寶》《行化》《圓成》等集，行於世。大元至元六年己巳正月，褒贈丹陽抱一無爲眞人云。

紀事

趙道一《歷世真仙體道通鑑續編》卷一《馬鈺》 十八年，就化華亭，劉昭信、李大乘十餘人，不得其一焉，乃作詩，有云：錦鱗不得空滂漉，收什瓊竿歸去來。大乘還悟，乃執弟子禮，賜號曰靈陽子。【略】師率其徒欲西游崆峒，取道亭川，官僚士庶請敎者肩摩踵接，惟恐其後。師感其誠，委曲開諭，亹亹忘倦。雖平日陸梁狂恣之徒，率皆改心易慮，以作非爲耻。二十年八月二十四日，師往長安祈雨，有詩云：一犁霑足待何時，五五不過二十五。明日雨足。二十一年，師在京兆，謂門人來靈玉曰：關中謂衣裳舊重修潔者，何名？靈玉曰：名拆洗。師曰：東方敎門年深弊壞，吾當拆洗之。未踰旬，官中有牒發事，陝右道衆不勝震慄，惟長春謂大乘曰：吾道東矣。予雖在牒數，不可出關。若出關，則關中敎門掃地也。師出關，所至垂髫戴白，迎送不絶。至濟南，有韓陶清甫者，慕邵堯夫之爲人，所居號安樂園，邀師詣之，乞師一語，師曰：夫道以無心爲體，以忘言爲用，柔弱爲本，清靜爲基。節飲食，絶思慮，靜坐以調息，安寢以養氣。心不馳則性定，形不勞則精全，神不擾則丹結。然後滅情於虛，寧神於極，不出戶庭而妙道得矣。韓謝曰：大道鴻蒙，無所叩詰，今聞至論，得其門而入矣。二十二年十二月，師行化於文登。漁者譚氏之婿于公輩，焚網於琅琊，因召風迴雪霽，海市忽見之應。士大夫有借蘇東坡海市詩韻以贊之者，師亦繼作焉。金蓮堂水素鹹苦，師臨井呪之，其甘如醴，郡人號曰靈液，構亭立碑，以記其異。師在文登七寶庵，門人鑿井九尺而大石障之，師乃示洞中仙詞云：穿鑿須加二尺深，甘泉自有應清吟。鑿之一尺八寸，泉自湧出。師一日謂門人曰：今日當有非常之喜。乃歌舞自娛。俄有報云：壬寅十二月晦日，孫仙姑化於河南府。嘗爲門人說內天地云：人能常清靜，天地悉皆歸。人膈之上爲天，人膈之下爲地。若天氣下降，地氣上騰，上沖下和，氣自圓矣。又說四體用云：行則措足於坦途，住則凝神於太虛，坐則勻鼻端之息，卧則抱腹內之珠。又聯句云：水中焰迸三丹結，火裏蓮生一性圓。學道男兒無我相，修眞烈士沒人情。石女吹簫鸞鳳舞，泥牛入海虎龍和。玲瓏玉姹敲龍角，惺灑金童跨虎腰。此類甚多，蓋道人身中事也。師還海上，初祖師嘗立五會，師至則重闡焉。至寧海，一日爲向屠者劉清舉及在家夢中事云：計汝二十餘年，所殺定數亦已足矣。若不改業，必入無間獄。清悉焚屠豬之具於郭外。二十三年四月，師欲往芝陽高莊，半途迓者百餘人，或曰：海市從旦至午，見而未滅。曩者雖間有之，非清旦不可得而見也。今師之來，有此非常。里之漁者鞠斌、郭亨、欒周輩，不待勸誘，聚網焚於桑島。過午，復有龍車鶴駕，旌幢羽蓋之應，洪儒鉅筆，成海市感應集。下元日，文山九幽醮。師夜聞空中報云：重陽眞人至。明日晡時，祖師青巾白袍，坐白龜於碧蓮葉上，龜搖其尾。衆會歡呼，拜於泥中。祖師迴身側卧，東南而去。九月晦日，與僧燭律師、士人范壽卿於城北三敎堂焚香宴坐，鄜州王道師抱琴來鼓之。日昃，鄉人雲集，師作歸山操云：能無爲兮無不爲，能無知兮無不知。知此道兮誰不爲，爲此道兮誰復知。風蕭蕭兮木葉飛，聲嗷嗷兮雁南飛。嗟人世兮日月催，老欲死兮猶貪癡。傷人世兮魂欲飛，嗟人世兮心欲摧。難可了兮人間非，指青山兮當早歸。青山夜兮明月輝，青山曉兮明月歸。饑餐霞兮渴飲溪，與世隔兮人不知。無乎知兮無乎爲，此心滅兮那復爲。天庭復有雙華飛，登三宮兮遊紫微。未幾，肆筆書委形贊，其略云：大哉登眞，路入青冥。麟隨絳節，鳳捧朱軿。鳴鑾佩玉，履虚步雲。超受眞誥，上登玉晨。蓋寓其歸眞之意。十二月祖師降辰，醮于萊陽遊仙觀。師屢瞻於雲表，門人曹瑱問其故，曰：祖師并和公師叔至，當赴蓬瀛。于知一曰：緣事浩大，乞暫留於世。師云：堂堂歸去也，作個快活仙人。呼劉眞一，囑曰：汝等望作神仙，須要積功累行，縱遇千魔萬難，慎勿退惰，然後可領吾言。我開眼也見，瞑目也見，疋來不在眼，但心中了然，則無所不見矣。談話夜將二鼓，風雨大雷震一聲，師東首枕肱而逝，是月二十有二日也。是夜，師叩酒監郭復中門，郭素不相信，出而邀之，索筆書頌云：長年六十一，在世無人識。烈雷吼一聲，浩浩隨風逸。書畢，告別。堅留之，即趨而去。又劉錫屋壁間留一頌，云：三陽會裏行功圓，風馬乘風已作仙。勸汝降伏龍與虎，自然有分亦登天。少頃，人云師已逝矣，方悟所見皆師之陽神也。經七日，神質不變，遂葬于遊仙。初，師在崑崙紫金山東華庵，傍有大松數十，枝葉變白，半載不青，師嘆曰：松之白，殆爲我乎。二十四年正月，長生主醮於昌陽。十八日巳午間，進士徐紹祖等見空中卿雲鸞鶴，變態飛舞，不可名狀，重陽雲冠絳服，丹陽三髻素衣，現於雲際，移時乃去，遂碑記之。二十五年，邑人疑陝西徒衆盜去仙骨，萊陽宰劉公啓棺視之，貌如生。乃更衣於金玉堂，而復葬之。

譚處端

傳記

趙道一《歷世眞仙體道通鑑續編》卷二《譚處端》　師初名玉，字伯玉。後名處端，字通正，號長眞子，蓋祖師授之也。世爲寧海人，以金太宗天會元年三月一日生。生而骨相不凡，六歲偶墮井，其家人急救之，則安坐水上。出之，無所傷。又所居遺火，巨棟折於卧榻前，師方熟寢，呼而起之，神情自若，人已知其爲異。既入學，記誦敏給，同輩罕及。十歲學詩，一日其所親指木架葡萄，令作詩，有云：一朝行上青龍架，見者人人仰面看。衆喜其醞藉。長而倜儻不事邊幅，以孝義見稱。其於經史，靡不涉獵，尤工諸草隸。因醉卧雪中，即感風痺之疾，自知非藥石可療，乃暗誦北斗經以求濟急。夢大帝橫空，師飛起取之，則諸星君坐其上，師拜其下。恍然而覺，自是歸道之心遂決。世宗大定七年，聞祖師在馬丹陽家，徑往，乞備門弟子列。祖師留宿庵中，時嚴冬在候，藉以海藻而不任其寒。祖師展足令抱之，少頃汗出，如置身甑中。黎明以盥手餘水滌其面，宿疾頓愈。由是願推誠心，終身事之。他日，妻嚴氏怪師不歸，就詰其所以，師遽離之。祖師復嘉其勇斷，遂授以祕訣，立今名號。又贈詞，有達眞譚玉之語，其許可也明矣。八年，從祖師隱崑崙之煙霞。九年，從至黄縣盧山延眞觀。觀有盧眞君出世之迹，師於玉皇殿西壁題詩，有杳杳飈輪去不迴，鸞驂鶴馭破雲堆之句。是歲冬，從祖師遊梁。十年春，祖師蟬蜕於王氏旅邸，同丹陽輩負仙骨葬于終南之劉蔣村，治喪三年。十四年，復關東，至洛陽朝元宫，題詩云：紫詔師眞歸去後，未知孰繼大羅仙。朝元宫寔朗然子登眞之所，故迤邐至懷之。修武有張八哥者，如狂如癡，識者以爲有道。一日唱言於市，曰：來者譚先生，神仙之總管也。後居新鄉府君廟之庵，因往獲嘉縣，尋復寓衛州北關邸中。新鄉之廟官溫六，忽夜見庵中燈火熒然，竊視之，則師面火獨坐。溫拜於前，師微答，不言而出。溫待久不至，迹之而不知所在，急呼道衆，白其事。衆令朱四者詣衛質之，主人曰：先生自至，未嘗出也。朱迴，告其衆，乃知其陽神也。十五年，乞食於磁州二祖鎮，一狂徒問：爾從何來？遽以拳擊師之口，尋致血流齒折，而容色不變，吐齒於手，舞躍而歸於邸中。見者咸怒，欲使訟于官。師但云：謝他慈悲教誨。時丹陽在關中，聞而贊之曰：一拳消盡平生業。師家所見，其有如此。十六年，至洺州白家灘，一農夫病累月，治療無方，夢中遇一道者，軀幹魁偉，與之紅藥，服之立愈。次日見師，愕然曰：此夢中賜藥之師也。欲以物酬，師不領而去。嘗與滄州王四郎者同合寸金丸，師之所分，治無不效，王之所分，效十四五。互易之，其效與否如前。始知非獨藥之神，亦道氣法力之神也。十七年，過高唐縣，以茶肆吳六者奉待往來道侶甚勤，乃遺龜蛇二字懸其肆，初不知其爲譚師眞也。一日，鄰舍失火，多所延及，而吳肆獨存。人以二字同純陽眞人辟火符，蓋純陽嘗留題於博興縣之酒館，縣被火，其館不災。辟火符，時人謂之耳。又乞食宜村，過渡新船就功，將寘諸水，聚人而挽之，力不能動。師因助之，應手而去。是後凡僧道渡者，水工願設手焉。東遊抵陽武縣北，夜起，見北斗交換，星如車輪。亟呼道衆觀之，其星尚如鷄卵，動搖未定，久之復故。自後，師念聖號甚謹。衛州淇門鎮石孔目問師持念之故，師云：衆亦宜念，今歲當有大水之災。衆莫之省，是年河決王洪埽。二十年，復西遊至同州西里庵，門人求親筆，輒書龜蛇二字，筆力遒勁，有龍蛇盤屈之狀。凡求書者，亦多以二字與之。蓋預指歸期，人初不悟，至乙巳四月一日仙蛻，始應焉。二十一年，師在華陰純陽洞，瘡生於首，曰：其將死乎。衆莫知所對。良久曰：今我未死，逮生於足則死矣。因示衆云：六年煉盡無明火，十載修成換骨丹。湛湛虛堂無挂礙，已知跳出死生關。又云：恰十年來學得癡，騰騰兀兀任東西。欲詢風子修行事，垢面髼頭火滅時。復至洛陽朝元宮之東，得隙地數畝，築庵居之。二十五年，夢遇重陽、丹陽，報以仙飛之期。即令門人預營葬事，適足生瘡，遂書長短句云：交泰一聲雷，迸出靈光萬道輝。龍遇迅雷重脫殼，幽微射出，金光透頂飛。一性赴瑤池，得與丹陽相從隨。顯見長眞眞妙理，無爲湧出，陽神獨自歸。書畢，曲肱而逝矣。大元至元六年己巳正月，褒贈長眞雲水蘊德眞人。有《水雲》前後集，行于世。

劉處玄

傳記

趙道一《歷世真仙體道通鑑續編》卷二《劉處玄》 字通妙，長生其號也。金熙宗皇統七年七月十二日，生於東萊之武臣莊。其先九世，孝友相繼。宋太宗太平興國間，朝廷旌其門閭，特免本郡諸役。其存恤親舊，賑贍貧乏，祖父皆有先世之風。母王氏，夜夢白衣翁呼出西南，指之，有玉樹而四枝，枝各有一金葉。令取其一，曰：他日必生異人。意將取之，其葉自墜於手。視之，則金蟬飛起，而復投於口中，翁失所在。十有三月，師乃生，是夜紫氣二道從太基山橫貫其家。師自幼而孤，事母以孝聞。母亦有棲隱之志。太基在武官南二里許，山之陽有道士谷，乃光州太守鄭道昭成道之所，師嘗盤桓其間。弱冠，母欲議娶。師以素有學道之志，竟弗許。金世宗大定九年春，於鄰居壁間人所不及處，得二頌，其墨尚濡，末句云：武官養性眞仙地，須作長生不死人。是歲九月，祖師與其徒丹陽、長眞自東而來，師與母俱往參謁。祖師一見，問之曰：汝解壁間語否？師不言，四人相視而笑，正所謂目擊道存之妙也。祖師遺之詩云：釣罷歸來又見鰲，已知有分列仙曹。鳴榔相喚知子意，躍出洪波萬丈高。乃授以名號。未幾，從祖師遊梁，與馬譚丘三子俱。一日，祖師以詩示四子，有我趁蓬萊先禮師之句。又云：我之辭世之語，已留長安灤村呂道人家。十年，祖師羽化，師與三人同負柩歸葬終南，廬於墓側三年，各聽所之。因與長眞東入洛陽，長眞居朝元，師居市中土地廟，不語者三年。俄遷城東北雲溪洞，徒衆日集，忽指地云：中有井三。鑿之二丈餘，得知下貫泉源。人問何以知之，曰：曩世所居也。二十年，師指庵右馮氏園曰：此我身後之緣。四十年，園之松栢死，瀍水西流，其地當不售而得。乃磨一碑埋於中，云：此緣興而碑立。明年，東之萊。迨長春眞人西游，道出雲溪，門人陳其遺言。其後東海郡侯大安二年運粟，有司得長生觀額。至宣宗興定三年，四十年矣。馮氏鬻其園圃，蔡清臣以白金百兩得之。請師之門人于離峰住持，官伐松栢爲樓櫓之用。又架雲橋，取瀍水，經觀西流以護城。師之言，於斯皆驗。師既至萊，築庵居之。二十二年，復居武官。於是玄風大振，四方受教者日益衆。師遂註道德、黃庭、清靜等經。是年，丹陽自關中來，師盛服見之。丹陽責其侈，師辯之曰：予聞修行之人，日消萬兩黃金。丹陽曰：日消萬兩黃金，正好粗衣淡飯。終薦證明萊州醮事。二十三年十二月二十二日，丹陽羽化。明年正月，姜守靜請師主醮於昌陽。十八日巳午間，胡璋、徐紹祖等忽見瑞鶴盤繞空際，祖師雲冠絳服，丹陽三髻，現於彩雲之上。四月十五日，登州醮，海市見於竹島。丹陽既殁，師與玉陽同主葬事，守墳百日，乃使門人張順眞等持書詣洛，請長眞主教。一日謂順眞曰：教門之事，不在於我。丹陽得遊仙，吾得朝元。後寄書中有歸逝之語，兼委掌教事。是年五月旱，登郡守請師祈雨，海市復見於竹島。明日，丹陽現於應仙橋之西北，是日雨足。二十九年，師嗣長眞主教。章宗明昌二年，駙馬都尉出鎮萊州，見歸向者甚衆，而不見有異於人，疑之，命尉司欒武節追捕下獄。俄頃，市人見師於城南，與道友接談如平日。鄭押獄王受事亦見之，意師逃出。往視獄中，師方熟睡。二人驚駭，具所見以白，亟令出之。又濰州溫迪罕明威來見，留之三日，告之曰：汝可速歸，汝庵欲壞矣。既歸，其庵無故，人以病卒。承安二年冬，召赴闕，勅寓天長觀。問以玄旨，所對皆合上意。臣庶見者，無不敬焉。就禮部給觀額五，曰靈虛，曰太微，曰龍翔，曰集仙，曰妙眞。明年三月，得旨還山，大興靈虛之緣。吳六先高明遠者，憚師嚴厲，密謀他日。師令郝命清諭之曰：我不了道，而且性急，請别尋師友。二人相視而語曰：我輩在心之事，師能知之。遂謝罪。赤腳劉先生得疾，一月不愈，來乞早逝。師振杖言曰：汝向時有一年背道之愆，世則以功準過，陰理則功過各受其報。前日之愆，一年可準。今既相遇，一月亦可也。劉因自誓，而疾頓愈。泰和二年，主濱州醮。正月中旬，小雪初霽，古城壕水復冰，上現瓊葩玉樹，不啻千數，若珊瑚之狀尤多，又杏花約及二千。其小枝欑卧者，殆不可勝計。觀之者皆曰：常人至誠，尚可動天地，感鬼神，況有道之士乎，有此感應也宜矣。同知東京留守事劉昭毅、定海軍節度使劉師魯，致政之後，與師往來甚相得。三年正月，二公請講師弟禮，師謝曰：公等皆當代名臣，深荷顧遇，吾將逝矣，不足爲公等友。輒示頌云：正到崢嶸處，何如拂袖歸。我今須繼踵，迴首反希夷。二公覽之愴然。是月二十八日，大師淄王請主醮，稟師所赴之期，師云：越八日。二月六日，師羽化，乃八日也。師魯哭之以詩云：與君晚歲得相親，相對忘形略主賓。日望師來虛正寢，忽驚仙去泣同人。聞溪聲憶廣長舌，見山色思清靜身。從此誰爲林下客，靈虛寂寞鎖深春。時春秋五十有六。大元至元六年己巳正月，褒贈長生輔化明德眞人。有《太虛安閑仙集》《般陽》《大成》《大同》《神光》《至眞語錄》等集行于世。

丘處機

綜述

《元史・釋老傳・丘處機》 丘處機，登州棲霞人，自號長春子。兒時，有相者謂其異日當爲神仙宗伯。年十九，爲全眞學于寧海之崑（崙）〔嵛〕山，與馬鈺、譚處端、劉處玄、王處一、郝大通、孫不二同師重陽王眞人。重陽一見處機，大器之。金、宋之季，俱遣使來召，不赴。

歲己卯，太祖自乃蠻命近臣札八兒、劉仲祿持詔求之。處機一日忽語其徒，使促裝，曰：「天使來召我，我當往。」翌日，二人者至，處機乃與弟子十有八人同往見焉。明年，宿留山北，先馳表謝，拳拳以止殺爲勸。又明年，趣使再至，乃發撫州，經數十國，爲地萬有餘里。蓋蹀血戰場，避寇叛域，絕糧沙漠，自崑崳歷四載而始達雪山。常馬行深雪中，馬上舉策試之，未及積雪之半。既見，太祖大悅，賜食、設廬帳甚飭。

太祖時方西征，日事攻戰，處機每言欲一天下者，必在乎不嗜殺人。及問爲治之方，則對以敬天愛民爲本。問長生久視之道，則告以清心寡欲爲要。太祖深契其言，曰：「天錫仙翁，以寤朕志。」命左右書之，且以訓諸子焉。於是錫之虎符，副以璽書，不斥其名，惟曰「神仙」。一日雷震，太祖以問，處機對曰：「雷，天威也。人罪莫大於不孝，不孝則不順乎天，故天威震動以警之。似聞境內不孝者多，陛下宜明天威，以導有衆。」太祖從之。

歲癸未，太祖大獵于東山，馬踣，處機請曰：「天道好生，陛下春秋高，數畋獵，非宜。」太祖爲罷獵者久之。時國兵踐蹂中原，河南、北尤甚，民罹俘戮，無所逃命。處機還燕，使其徒持牒招求於戰伐之餘，由是爲人奴者得復爲良，與濱死而得更生者，毋慮二三萬人。中州人至今稱道之。

歲乙酉，熒惑犯尾，其占在燕，處機禱之，果退舍。丁亥，又爲旱禱，期以三日雨，當名瑞應，已而亦驗。有旨改賜宮名曰長春，且遣使勞問，制若曰：「朕常念神仙，神仙毋忘朕也。」六月，浴于東溪，越二日天大雷雨，太液池岸北水入東湖，聲聞數里，魚鱉盡去，池遂涸，而北口高岸亦崩。處機嘆曰：「山其摧乎，池其涸乎，吾將與之俱乎！」遂卒，年八十。其徒尹志平等世奉璽書襲掌其教，至大間加賜金印。

傳記

陳時可《長春眞人本行碑》（《甘水仙源録》卷二） 師長春子，姓丘氏，諱處機，字通密，登州棲霞人。幼聰敏，日記千餘言，能久而不忘。未冠學道，遇祖師重陽子于崑嵛山之煙霞洞，祖師知其非常人也，以金鱗頌贈之，遂執弟子禮。尋長生劉公、長眞譚公、丹陽馬公，皆造席下，相視莫逆，世謂之丘劉譚馬焉。大定九年，從祖師遊梁。明年，祖師猒世。十有二年，師洎丹陽公護仙骨歸終南，葬于其故里。師乃入磻溪穴居，日乞一食，行則一簑，雖簞瓢不置也，人謂之簑衣先生，晝夜不寐者六年。既而隱隴州龍門山七年，如在磻溪時，其志道如此。道既成，遠方學者咸依之，京兆統軍夾谷公奉疏請還祖師之舊隱。師既至，構祖堂輪奐，餘悉稱是，諸方謂之祖庵，玄風愈振。二十八年春，師以道德升聞，徵赴京師，官建庵于萬寧宮之西，以便咨訪。夏五月召見于長松島，秋七月復見。師剖析至理，進瑤臺第一層曲，眷遇至渥。翌日遣中使賜上林桃，師不食茶果十餘年，至是取其一啖之，重上賜也。八月得旨還終南，仍賜錢十萬，表辭之。爾後復居祖庵。明昌二年東歸棲霞，乃大建琳宮，勑賜其額曰太虛，氣象雄偉，爲東方道林之冠。泰和間，元妃重道，遙禮師禁中，遺道經一藏。師既居海上，達官貴人敬奉者日益多，定海軍節度使劉公師魯、鄒公應中二老，當代名臣，皆相與友。貞祐甲戌之秋，山東亂，駙馬都尉僕散公將兵討之，時登及寧海未服，公請師撫諭，所至皆投戈拜命，二州遂定。己卯之冬，成吉思皇帝命侍臣劉仲祿持詔迎師，明年春啓行。夏四月道出居庸，夜遇羣盜于其北，皆稽顙以退，且曰無驚父師。是年十月，師在武川進表，使回復，有勅書，促師西行，稱之曰師，曰眞人，其見重如此。又明年春，踰嶺而北，壬午之四月甫達印度，見皇帝于大雪山之陽。問以長生藥，師但舉衛生之經以對。他日又數論仁孝，皇帝以其實，嘉之。癸未之三月，車駕至賽藍，詔許師東歸，且賜以贐禮。師固辭曰：臣歸途萬餘里，得馹騎館穀足矣。制可其奏，因盡蠲其徒之賦役。師之馳傳往返也，所過迎者動數千人，所居戶外之屨滿矣，所去至有擁馬首以泣者，其感人心如此。及入漢地，四方道流不遠千里而來，所歷城郭皆挽留。八月至宣德，元帥邀師居眞州之朝元觀。明年春，住燕京大天長觀，行省請也。自爾，使者赴行宮，皇帝必問神仙安否，還即有宣諭語，嘗曰：朕所有地，其欲居者居之。繼而行省又施瓊華島爲觀。兵革而來，天長已殘廢，島尤甚，師葺之，工物不假化緣，皆遠邇自獻者，三年一新。師之在天長也，靜侶雲集，參叩玄旨，旁門異戶，靡不向風。每醮輒鶴見。熒惑犯尾宿，師禳之即退舍。旱魃爲民虐，師祈之則雨應。京人歸慕，建長春等八會，教行四方。丁亥之五月，有旨以瓊華島爲萬安宮，天長觀爲長春宮，且授使者金虎牌，持護教門。六月二十有三日，雷雨大作，太液池之南岸崩裂，水入東湖，聲聞數里，魚鱉悉去，北口山亦摧。人有亦是報者，師莞爾而笑曰：山摧池枯，吾將與之俱乎。七月四日，顧謂門人曰：昔丹陽公嘗記余曰：吾歿之後教門當大興，四方往往化爲道鄉，公正當其時也，公又當住持大宮觀。其言一一皆驗，吾歸無遺恨矣。俄而示疾，數如偃中，侍者止之，師曰：吾不欲勞人，汝等猶有分別在，且偃寢奚異哉。七日，提舉宋道安輩請師登堂，慰會衆之望。師曰：吾九日上堂去。及是日，留頌葆光而歸眞焉，春秋八十。明年七夕前一日，將葬，羣弟子啓棺視之，師儼然如生。道俗瞻禮者三日，日萬人，悉嘆異之。九日醮畢，閟仙蛻于白雲觀之處順堂。師誠明慈儉，凡將帥來謁，必方便勸以不殺人。有急必周之，士有俘于人者必援而出之。士馬所至，以師與之名，脫欲兵之禍者甚衆。度弟子皆視其才何如，高者挈以道，其次訓以功行，又其次化以罪福，罔有遺者。故其生也，四方之門人丹青其像事之。其歿也，近者號慕，遠者駿奔，如考妣焉。及其葬也，會者又萬人。近世之高道，福德兼備未有如師者。師於道經無所不讀，儒書梵典亦歷歷上口。又喜屬文賦詩，然未始起藁，大率以提唱玄要爲意，雖不事雕鐫，而自然成文，有《磻溪》、《鳴道》二集行于世云。

紀　事

趙道一《歷世眞仙體道通鑑續編》卷二《丘處機》　是年五月，元太祖聖武皇帝自奈蠻國遣侍臣劉仲祿請師，其制略曰：七載之中成大業，六合之内爲一統。是以南連蠻宋，北接回紇，東夏西戎，悉稱臣佐。任大守重，懼有闕政。且夫刳舟剡楫，將以濟江河也；聘賢選佐，將以安天下也。朕踐祚以來，勤心庶政，三九之位，未見其人。伏聞先生體眞履規，博物洽聞，探賾窮理，道沖德著，有古君子之遺風，抱眞上人之雅操。今知猶隱山東舊境，朕心仰懷無已。山川懸闊，有失躬迎之禮。朕但避位側身，齋戒沐浴，選差近臣備輕素車，不遠數千里，謹邀先生暫屈仙步，不以沙漠遠行爲念。或憂民當世之務，或恤朕保身之術，令朕得親仙座。惟先生將咳嗽之餘，但授一言，斯可矣。八月，仲祿抵燕。聞師在萊州，又得益都安撫司吳燕、蔣元等，願以二十騎從行。至益都，其帥張林助以駟騎。次維州，得清河尹公。十二月，送至東萊，傳所以宣召之旨，師慨然許行。庚辰正月間，弟子選可以從行者，得一十八人。二月入燕，行省石抹公館於玉虛觀。仲祿先遣人馳奏，師亦奉表以聞。四月，作醮於太極宮，師登寶玄堂傳戒。有鶴自西北來，焚簡之際，一簡飛空，五鶴翔舞其上。明日，師北行，道出居庸，遇羣盜，皆稽顙以退，且曰：毋驚師父。五月，至德興寓龍陽觀。中元日，醮，午後傳戒。衆露坐，暑甚，須臾雲覆其上，狀若圓蓋，移時方散。觀中井水僅給百衆，至是汲之不竭。八月，太傅移剌公請居宣德之朝元觀。公構聖殿及祖堂，欲畫其壁，時當十月，畫史以寒辭。師不許，曰：鄒律尚能回春，況聖賢有所扶持耶？畢工，果無沍寒之阻。是月，進表者曷剌迴，有詔曰：勑眞人丘師：省所奏，應召而來者，惟師道逾三子，德重多方，命臣奉厥，玄纁馳傳。訪諸滄海，時與願適，天不人違。兩朝屢詔而弗行，單使一邀而肯起，謂朕天啓，所以身歸，不辭暴露於風霜，自願跋涉於沙漬。書章來上，喜慰何言。軍國之事，非朕所期；道德之心，誠云可尚。顧川途之雖闊，瞻几杖之非遙。爰答來章，可明朕意。秋暑，師比安好。遺書，指不多及。又勑：仲祿無使眞人飢且勞，可扶持緩來。其禮敬如此。辛巳二月，道友餞行於西郊，至有擁馬首而泣者，曰：師去萬里外，何時復舊瞻禮？師曰：三載歸矣。五月朔，抵陸局河，日食之。既七月，至阿不罕山，鎮海來謁，言前有大山高峻，廣澤沮陷，不可以車。留門弟子宋道安九人，立棲霞觀。率趙虛靜輩，輕騎以行。中秋日，抵金山白骨甸，皆云此地天氣陰黯，魑魅魍魎爲祟，過者必以血塗馬首厭之。師笑曰：道人家何憂此。過之，卒無所見。抵陰山，王官士庶道釋數百來見，師因問其故俗，乃曰：景龍三年楊何爲大都護，有德政，惠及後人，於今賴之。十一月，至邪迷思干大城之北，太師移剌國公及蒙古師等，載酒以迎。大設幃幄，因駐車焉。太師以回紇歎食，復多盜賊，恐變生不測。師曰：道人任運逍遙以度歲月，白刃臨頭猶不足畏，況盜賊未至而預憂乎？且善惡兩途，必不相害。衆遂安。冬，居等端氏之新宫。壬午三月上旬，阿里鮮至自行宮，宣諭仲祿、鎮海曰：惟汝二人，護從眞人來，仍勑萬戶播魯，只以甲士千人衛之。過鐵門，達于行，在舍館定入見。上勞之曰：他國徵聘皆不應，今遠逾萬里而來，朕甚嘉焉。對曰：山野詔而起者，天也。咨訪焉，上重其誠實，設二帳於御臣之東以居之。約四月十四日，及期有山賊之報，上欲親往，改卜十月望吉。師乞還舊館，上曰：再來，不亦勞乎？師曰：兩旬可矣。上又曰：無護送者。越三日，命宣差楊阿狗督回紇酋長一千餘騎從行，由他路迴。五月，達邪迷思干，諸官迎師入館，時重五日也。師既還館，館據北崖，俯清流十餘丈，溪水自雪山來，甚寒，仲夏炎熱，就軒風卧，夜則寢屋顛之臺。六月極暑，浴溪中。師之在絶域也，自適如此。其館中賓客甚少，每以經書遊戲，有詩云：北出陰山萬里餘，西過大食半年居。遐荒鄙俗難論道，靜室幽巖且看書。七月，遣阿里鮮奉表詣行宮，稟論道日期。八月七日，得上批答。八日，即行，太師相送數十里。二十二日，田鎮海來迎。及行宮，上遣鎮海問曰：便欲見邪？且少憩耶？師曰：入見是望。既見，賜湩酪，竟乃辭。上曰：師每日來就食可乎？師曰：山野修道之人，惟愛靜處。上令從便。二十七日，車駕北迴，在路屢賜葡萄酒、瓜、茶等。九月，巔渡航橋而北，師奏話期將至，上召大師阿海。其月既望，是夕上設庭燎虛前席以延之。大師阿海阿里鮮入侍，上問以至道。師曰：夫道生天育地，日月星辰，鬼神人物，皆從道生。人止知天大，不知道之大也。輕清者爲天。天，陽也，屬火。重濁者爲地。地，陰也，屬水。人居其中，負陰而抱陽，故學道之人，知修煉之術，去奢屏欲，固精守神，惟煉乎陽。是致陰消而陽全，則昇乎天而爲仙，如火之炎上也。其愚昧者，以酒爲漿，以妄爲常，恣情逐欲，耗精損神，是致陽衰而陰盛，則沉於地而爲鬼，如水之流下也。修眞者如轉石上山，山愈高而進愈難，跬步顛沛，前功俱廢。以其難爲，舉世莫之爲也。道人修眞煉心，一物不思，如太虛止水。水之風息也，靜而清，萬物照之，燦然悉見。水之風來也，動而濁，曷能鑒萬物乎。本來眞性靜如止水，眼悅乎色，耳好乎聲，舌嗜乎味，意著乎事。此數者續來而疊舉，若飄風之鼓浪也。道人治心之初甚難，歲久功深，損之又損，至於無爲。道人一身爾，治心猶難矧。夫天子富有四海，日覽萬機，治心豈易哉。但能節色欲，減思慮，亦獲天祐，況復能全戒者乎。古之人以立嗣而娶，嗣立而戒欲，則孔子四十而不惑，孟子四十而不動心。蓋人生四十以上，血氣漸衰。陛下春秋已高，宜修德保身，以介眉壽。諭以服藥獨卧之理。藥爲草，精爲髓。去髓添草，譬如囊中貯金。以金易鐵，久之金盡，囊之所存者鐵爾，夫何益哉？服藥者何以異此，飲食居處，珍玩貨財，亦當依分，不宜稍過。四海之外，所有國土誠衆，奇珍異寶其產雖多，然不如中原天垂經教，治國治身之術爲之大備，屢有異人成道昇天者。山東河北，天下美地，多出良香美蔬魚鹽絲枲，以給四方之用，自古得之爲大，所以歷代有國者，惟重此地爾。今盡爲陛下所有，奈何兵火相繼，流散未集。宜選清幹官爲之規畫，量免稅賦，使軍國足布帛之用，黔黎復蘇息之期，一舉兩得，茲亦祈福之一端爾。苟授非其才，不徒無益，反爲害也。初，金國之得天下，以創起東土，中原人情尚未諳悉，封劉豫於東平，使經營八年，然後取之，亦開創之良策也。山野微陳梗概，其用之捨之，惟在宸衷之斷而已。上悅，令左右書之於策，此其大略也。其詳見《慶會錄》。翌日，上問以震雷事，對曰：山野聞國俗，夏不浴於河，不浣衣，不造氈，野有菌則禁其採，畏天威也。然非奉天之至道。嘗聞三千之罪莫大於不孝，今聞國俗於父母未知孝道，帝宜教戒之。上集太子諸王大臣，諭以師前後之語，且云：天俾神仙爲朕言此，汝輩各銘於心。神仙之名始於此矣。癸未二月七日，因入見而辭，上曰：少俟三五日，前日道語有所未解者，朕悟即行。上獵東山，射一大豕，馬踣失馭。豕傍立不敢前。左右進馬，遂罷獵。師聞之，入諫曰：天道好生，今聖壽已高，宜少出獵。墜馬，天戒也。豕不敢前，天護之也。上曰：朕已深省，以騎射少所習，雖未能遽已，神仙之言在我衷焉。自是乃簡出。三月七日，又入辭，制可。而所賜備極豐腆，皆辭之。授尊重安慰之旨，以寵其歸。因命阿里鮮護師東行，送者皆泣別。至阿不罕山，過棲霞觀。至五月中，師不食，但飲湯而已。衆諮之曰：師奚疾？師曰：予疾非爾輩所可測，聖賢琢磨故爾。是夕，尹清和夢人謂之曰：師之疾，公輩勿憂，至漢地當自愈。六月晦抵豐州，宣差俞公請止其家，奉以湯藥，輒飽食，是後如故。衆相謂曰：清和之夢驗矣。至雲中，阿里鮮欲招諭山東，請與清和行，師曰：天意未詳，雖往何益。阿里鮮再拜曰：若國王臨以大軍，生靈必遭殺戮。師曰：雖救之不得，猶愈於坐視也。從其請。八月至宣德，居州之朝元觀，河朔州府王官將帥以書疏來請者若輻輳，然師答云：王室未寧，道門先暢，開度有緣，恢弘無量。郡方帥首志心歸向，恨不化身分酬衆望。甲申二月朔，居縉山之秋陽觀，燕京行省石抹，咸得不宣差便宜劉仲祿，各持疏懇請住太極宮，許之，乃度居庸。初，師之出武川也，衆請還期，師曰三載歸，至是如其言。

雜録

趙道一《歷世眞仙體道通鑑續編》卷二《丘處機》 是後道侶雲集，玄教日興，乃建八會：曰平等，曰長春，曰靈寶，曰長生，曰明眞，曰平安，曰消災，曰萬蓮。求法名者日益衆，常以歌頌示之。時復出遊故園瓊華之上，從者五六人，宴坐松陰。或自賦詩，或相屬和。夕陽在山，澹然忘歸。乙酉春，師折梨花一枝，持賜寧玄居士張公去華。公重其賜，瓶以養之。至秋結實二十有四，無異其樹之生者，時以爲祥。去華乃誠明之父也。師之寓意，微矣哉。延祥觀枯槐一株，師以杖遶而擊之，云：此槐生矣。及今榮茂，他槐莫及。九月初，宣撫王楫以熒惑犯尾宿，主燕境災，將醮以禳之，問所費，師曰：一物失所，猶懷不忍，況闔境乎。比年民苦徵役，公私交困，我當以常住物給之。但令衆官齋戒，以俟行禮。醮竟之夕，宣撫喜而賀曰：熒惑已退數舍，我輩無復憂矣。師之德感，何其速哉。師曰：予何德，祈禱之事，自古有之，但恐其不誠爾。丙戌五月，京師大旱，行省請師主醮。雨乃足，僉曰神仙雨也，名公碩儒皆以詩賀。丁亥五月，復旱，在京奉道會，衆請作醮。師徐謂曰：我方留意醮事，公等亦建此議，所謂好事不約而同也。仍云：一日爲祈雨醮，二日爲賀雨醮，三日中有雨，是右醮家瑞應雨。過三日，非醮家雨也。或曰：天意匪易度，師對衆出是語，萬一失期，能無招衆口之訾也？師曰：非爾所知也。後皆如師言。是月，門人王志明至自秦州，奉旨改太極宫爲長春，瓊華島爲萬安宫，仍賜以虎符。凡道家事，一委神仙處置。六月，師不出，明日雷雨大作。人報云：太液之南岸崩裂，水入東湖，聲聞數十里，黿鼉魚鱉盡去，池遂枯涸，北口山亦摧。師初無言，良久笑曰：山摧池枯，吾將與之俱乎。七月四日，師謂門人曰：昔丹陽嘗授記於予，云：吾歿之後，教門大興，四方往往化爲道鄉，道院皆勑賜名額。又當住持大宫觀，仍有使者佩符乘傳幹教門事。此乃功成名遂，歸休之時也。丹陽之言，一一皆驗，吾歸無遺恨矣。九日，登寶玄堂，留頌云：生死朝昏事一般，幻泡出沒水長閑。微光見處跳烏兔，玄量閑時納海山。揮斥八紘如咫尺，吹噓萬有似機關。狂辭落筆成塵垢，寄在時人妄聽間。書畢而逝，春秋八十。便宜劉仲祿揮涕而嘆曰：眞人入覲以來，君臣道合，離闕之後，上意眷慕，未嘗少忘。今師既昇化，速當聞奏。自是四方赴喪者，哀慟如喪其親。戊子三月朔，清和建議爲師構堂於白雲觀，期以七月九日大葬。六月霖雨，皆慮有妨。七月初，廓然晴霽。及啓棺，容色如生，觀者如堵。三日，藏仙蜕於堂，異香芬馥者移時。既寧神，大雨。宣撫王楫會葬，自爲主盟，親榜其堂曰處順。至元六年己巳正月，褒贈長春演道主教眞人。師之歌文，有《磻溪鳴道集》行於世。

王處一

傳記

趙道一《歷世真仙體道通鑑續編》卷三《王處一》 寧海東牟人，玉陽其號也。金熙宗皇統二年壬戌三月十八日，母周氏夜夢紅霞繞身，驚寤，是日乃生。甫七歲，嘗氣絶仆地，移時方蘇。母驚問曰：汝何爲而若是？曰：但知熟寐，不知其他。師因悟生死之理。一日偶至山中，遇一老人坐大石，謂之曰：子異日揚名帝闕，爲道教宗主。遂摩頂令去。又嘗聞空中人問云：汝識我否？對曰：未識也。曰：我玄庭宫主也。是後狂歌謾舞，冬寒跣足單衣，顔色不變。忽作頌自歌云：爭甚名，競甚利，不如聞早修心地。自家修證自前程，自家不作爲羣類。弱冠，或告以婚事，笑而不應。世宗大定八年，師在文登牛仙山庵居，人告以祖師至，即詣全眞庵，請爲門弟子。祖師知其爲玄門大器，遂從其請。二月晦，從祖師至崑崳煙霞洞，乃授以正法及今名。其母拜祖師，亦願學道，師知其貞潔以德清名之，號玄靖散人。九年四月，師在鐵查山，祖師與丹陽輩數人自文登將歸寧海，取道龍泉。時日方熾，祖師執傘而行，丹陽輩從之。其傘忽騰空而去，自辰及晡，墮於師庵之前。龍泉距查山幾二百里，柄內得今號。又曰傘陽子，此字祖師撰之也。暨有七人之名，師在馬譚劉丘之次。故祖師有云：傘竹通爲七個人，以應金蓮之七數也。又云：結竹金丹出頂上，五光射透彩雲棚。九月，祖師西邁，師隱於雲光洞，常臨危崖，翹足駐立不移者數日，人以鐵腳仙人目之。師九年煆煉，心地開明，是後數往來於齊魯間。二十二年秋，居寧海，丹陽眞人來自關中，同宿於金蓮堂，從容謂師曰：重陽祖師不遠數千里，提挈吾儕，吾儕殊無以報，不愧於心歟。且得道之士苟利其身，功不及物，恐非弘濟之旨，誠欲光昭先師之德，莫若彰玄應而福生靈。公今抱道藏器而獨善其身，無乃不可乎？師曰：且道無同異，緣有行否，先生道備一身，德光四海，使天下之人望風而敬服者，無他，是道興而緣行也。今貧子緣之未行，姑猖狂以混世耳。丹陽然之。二十七年，世宗徵赴闕，凡所應對，大副宸衷。館於天長觀者久之，上聞有以鴆酒害師者，遣使詢其酒之所自來。雖至再三，終不之告，但託疾而已。上聞，益深嘉嘆。乞還山侍親，從之。二十八年二月，復詔至闕，建修眞觀，賜金書篆額，俾居焉。二月，主萬春節醮事。八月，得旨歸，仍賜金帛鉅萬，辭不受。十二月，上弗豫，遣使召師，師謂使者曰：何來之晚，恐不及重睹聖顔矣。明年春，逢哀詔於涿郡，固辭東還。章宗承安二年七月，徵見於便殿，問以養生之道。師以無爲清靜，少私寡欲爲對。又問性命之理，師言：内丹之説，以心運氣，是皆無爲自然，斡旋造化，玄元至道不爲而成者也。上曰：非朕所得而議。乃問以治國及邊境事，所對莫不允合上心。又謂曰：先生凡有所問而必知之，何也？師曰：偶然爾。上曰：毋讓朕，願聞之。師曰：鏡明猶能鑒萬物，而況天地之鑒，無幽不燭，何物可得而逃，所謂天地之鑒，自己靈明之妙也。上嘆曰：清明在躬，氣志如神。嗜慾將至，其兆必先。先生之謂也。明年春，奏母氏壽垂九袠，乞還侍養，上賜觀額及體玄大師號，物禮甚厚。三年癸亥，上命亳州太清宫兩主普天醮事，具戒度爲道士者千餘人。得遇師之降日，門人畢集。師之母曰：我今年耄，如何得歸。師言壽期或在今秋之七月也。母因有不貪生，不懼死之語，及期得疾，師乃速營葬事。凡二十有五日而逝。逝之日，人皆聞異香馥郁，筦絃清雅，移時方止。北京按察使前參政孛术魯公久佩師旨，訓名尊道，凡與師遇，或預言雨降之期，或告以後會之處，歷歷皆應。一日詣聖水致懇而言曰：尊道於神仙但聞其名，自遇師之後，凡伸祈禱，必垂嘉應。行止會遇，示以預知，深愧塵凡不能從雲水之游，事與願違，徒增悵然也。七年，元妃施道經一藏，驛送聖水玉虚觀。觀之水洞前有大石，斜出數丈俯其下，過者懼慴。一日，集衆謂之曰：大石今宜去之。鎚鑿具舉攻之數日，師問云：幾何？對曰：百分之一爾。師笑曰：汝等安能去此。遂躬詣其傍，運鎚三擊，聲若雷霆，響震岩谷，其石乃墮，見者莫不悚然。貞祐四年，文登令溫迪罕龜壽，迎師歸縣之天寶觀。明年四月二十三日，師語門人曰：羣仙已約我矣。言訖，沐浴冠帶，焚香朝禮十方，乃辭世。師之歌詩，有《雲光集》行于世。大元至元六年己巳正月，褒贈玉陽體玄廣度眞人。先是，明昌改元，重五日萊陽縣劉植以無嗣告，師曰：公富而好禮，未應絶也，然吾稟之上蒼。六月望日詣其居，而植爲置具，師曰：特來送嗣，豈可以常酒相待耶？庫之西北，所封者妙醖也。植往索之，得煮酒一器。師曰：不惟此酒，嗣亦如之。索紙書一頌，後批四四應眞四字。明年四月十有四日而生子。乞名，師曰：已與之矣。植良久曰：四四則人所共知，應眞二字是其名否？師曰：是日純陽降世，非應眞乎。遂名之。至於叱遲金愈歷年之疾，爲潘信起兇徒之死，卧凍雪於趙實之門，復鳴鷄於羌侁之架，冬單衣而弈棋，瓶無底而貯酒，傳道則有山鳴谷吼之應，書符則有鬼怪潛出之靈，此類甚多，是皆師應世之迹，具載別記，茲不備録焉。

郝大通

傳記

趙道一《歷世眞仙體道通鑑續編》卷三《郝大通》　字太古，寧海人，廣寧其號也。金熙宗天眷三年正月初三日生，世爲宦族，郝朝列之從弟。少孤，事母甚孝。嘗夢神人示以周易祕義，由是洞曉陰陽律曆、卜筮之術。厭紛華而樂淡薄，隱德於卜筮中。世宗大定七年，祖師至寧海，見其資稟高古，所習不凡，遂以背坐之機感發之，翌日晚，於朝元觀付以二詞，言下領悟，如走萬里迷途，一呼知返，蓋其根本知覺分上，夙有薰染之力故耳。既接言論，其相與固結，日深一日。八年三月，從祖師至崑崳煙霞洞，請列門弟中而求法焉。祖師乃名之曰璘，道號恬然子，仍以弊衲去其袖。畀之曰：勿患無袖，汝當自成。蓋傳法之意也。今之名號，自言游鳳翔路中偶得之。師在文登，常攜瓦罐乞食。經半載，誤觸之碎。祖師別賜之題頌於其上云：撲碎眞灰罐，却得害風觀。眞待悟殘餘，有個人人喚。九年秋，馬譚劉丘四師從祖師西去，留師與玉陽居查山。後玉陽以師不立苦志，忠告而勸激之，師遂西訪四師。四師方廬於祖師墓，喪禮終，師欲與同處。聞譚長眞激以隨人腳跟轉之語，明日遂行至岐山，遇神人，復授以易之大義。十五年，坐於沃州橋下而不語，常爲小兒輩戲，累磚石爲塔於頂，囑以勿壞，頭竟不側。河水泛溢而不動，而亦不傷。如是者六年。其所守蓋如此。貞定少尹郭長倩過之，下車致拜禮，所贈甚厚。覬師一顧，終不能得，嗟異而去。二十二年，居眞定，每陞堂講演，遠近來聽者常數百人。有問答歌詩、周易參同演説圖象，總三萬餘言，目曰《太古集》。後至咸平，與高士王繪賢佐遊。賢佐相從亦常十數人，占筮之應十得八九，師則無不應者，由是賢佐輩皆神之，請當師席而受其祕義，賢佐因之名動闕庭。師嘗欲作易圖，遽然索筆。其徒范圓曦以粥熟告，師曰：

速持來，我方得意。筆入手，一朝揮三十圖。至於天長預告侯子眞之火，恩州夜入王鎭國之夢，人休咎，道之行否，兵革所臨之期，凡有言之於其前，莫不驗之於其後。史館張邦直子中所謂聳動人之耳目，其徒往往能道之，故不著云。東海郡侯崇慶元年十二月三十日仙蛻於寧海先天觀，春秋七十有三，前此三年，令預修葬事，及期果然。大元至元六年己巳正月，褒贈廣寧通玄太古眞人云。

孫不二

傳記

秦志安《金蓮正宗記》卷五《清静散人》 仙姑者，孫忠翊之幼女也，家世寧海。初，母夢七鶴毰毸舞於庭中，良久六鶴飛去，獨一鶴入于懷中，覺而有娠，乃生是女。性甚聰慧，在閨房中禮法嚴謹，素善翰墨，尤工吟詠。既笄，適馬氏生三子，皆教之以義方。適大定丁亥冬，重陽先生來自終南，馬宜甫待之甚厚，仙姑未之純信，乃鎖先生於庵中百有餘日，不與飲食，開關視之，顔采勝常，方始信奉。仍出神入夢，種種變現，懼之以地獄，誘之以天堂，十度分梨，六番賜芋，宜甫遂從師入道，仙姑尚且愛心未盡，猶豫不決，更待一年，始抛三子，竹冠布袍，詣本州金蓮堂禮重陽而求度。先生贈之詩曰：分梨十化是前年，天與佳期本自然。爲甚當時不出離，元來只待結金蓮。仍賜之法名曰不二，道號曰清静散人，授以天符雲篆祕訣而已。重陽乃南歸汴梁而委蛻焉，丘、劉、譚、馬負其仙骨，歸葬終南，仙姑聞之，迤邐西邁，穿雲度月，卧雪眠霜，毁敗容色而不以爲苦。逮壬辰之春首，亦抵京兆趙蓬萊宅中，與丹陽相見，參同妙旨，轉涉理窟。丹陽乃贈之以《鍊丹砂》曰：奉報富春姑，休要隨予，而今非婦亦非夫。各自修完眞面目，脱免三塗鍊氣莫教麤，上下寬舒，綿綿似有却如無。箇裏靈童，調引動，得赴仙都。仙姑謝而受之，相別東西，各處一方，鍊心環堵。七年之後，三田返復，百竅周流。遂起而東行，遊歷洛陽，勸化接引，度人甚多。一旦書《卜算子》云：握固披衣候，水火頻交媾。萬道霞光海底生，一撞三關透。仙樂頻頻奏，常飲醍醐酒。妙藥都無頃刻間，九轉丹砂就。書畢告門人曰：師眞有約，各赴瑶池，仙期至矣。沐浴更衣，問左右曰：天氣早晚。皆對曰：卓午矣。遂結跏趺，奄然端坐而處順焉，顔色如生，香風滿室，瑞氣繚繞，低覆原野，終日不散，時壬寅年十二月二十九日也。當此之際，丹陽方居寧海環堵之中，仰而視之，見仙姑乘五色祥雲飄飄然在空懸之中，笑而言曰：吾先歸蓬閬矣。丹陽聞之，拂衣而起舞，因作《醉仙令》以自慶云。

劉志玄《金蓮正宗仙源像傳》 仙姑姓孫名不二，號清淨散人，寧海人也，生於宋徽宗宣和元年己亥正月初五日。父曰忠顯，母夢六鶴飛舞於庭，一鶴飛入懷中，覺而有娠，乃生仙姑。性聰慧，嚴禮法，長適州之馬宜甫，即丹陽先生也，生三子，曰庭珍、庭瑞、庭珪。大定七年閏七月，重陽抵寧海，築全眞庵於南園。十月朔，重陽於庵鑽環。明年正月十一日出環，仙姑夫婦悟分梨十化之教。二月初八日，宜甫棄家從道。九年重五日，仙姑詣金蓮堂，師重陽出家。重陽乃贈以詩，爲立今名號，遂授以道要。其冬，重陽攜馬、譚、劉、丘四師遊汴梁。明年春，聞重陽仙化，四師舉仙蛻歸終南之劉蔣，仙姑就金蓮堂居環。大定十五年夏，仙姑西入關，致醮祖庭，未幾即出關，遊洛陽，居風仙姑洞，接引弟子甚衆。二十二年壬寅十二月二十九日，忽沐浴更衣冠，問弟子天氣早晚，對曰：卓午矣。遂援筆書《卜算子》云：握固披衣候，水火頻交媾。萬道霞光海底生，一撞三關透。仙樂頻頻奏，常飲醍醐酒。妙藥都來頃刻間，九轉丹砂就。書畢，謂弟子云：吾今歸矣，各善護持。乃趺坐而化。時丹陽在文登七寶庵，忽拂衣起舞，歌《醉仙令》，謂門人曰：今日有非常之喜。衆叩其故，丹陽曰：孫仙姑今日已仙去。明年春，報者至，云仙姑於是日返眞於洛陽矣。有詩詞行於世。元世祖皇帝封號清淨淵貞順德眞人，武宗皇帝加封清淨淵貞玄虚順化元君。

贊曰：離俗超塵，探玄究妙。鐵板尋眞，笊籬靈照。九還功就，幾載坐忘。蓬萊歸路，笑倒丹陽。

雜録

《歷世真仙體道通鑑後集》卷六《孫仙姑》　仙姑孫氏，名不二，號清靜散人，寧海豪族孫忠翊之幼女也。金太祖天輔二年戊戌春，母夢七鶴毰毸，舞于家庭。一鶴漸入于懷，覺而有娠，至三年己亥正月五日乃生。生而聰慧，柔淑貞懿之態，挺乎自然。擇配之時，父忠翊聞煉師無夢讚馬宜甫有眞仙之材，遂妻之。而生三子，咸敎以義方。宜甫以家鉅富，常濟人貧乏，仙姑必承順而輔之。世宗太定七年丁亥，重陽祖師自終南來，化宜甫洎仙姑入道，構全眞庵以居之。夫婦敬之若神，事之若君。嘗畫一骷髏，志期夫婦之從化，題之以頌云：堪笑人人憂裏愁，我今須畫一骷髏。生前只會貪冤業，不到如斯不肯休。仙姑始然未純信。是冬，祖師誓鎖庵百日，約五日一食。宜甫親爲供送，屢示神變，權以化之十回。拯於地獄，警三業之爲愆十度。十以交梨，示九丹之妙用。又賜之以芋栗，告之以道戒。以見其留連貲產之汩沒，始終不悟，一日見祖師大醉，徑造其宅，臥於仙姑寢室。姑責其非禮，怒鎖之門，使家僕呼宜甫於市而告之。宜甫曰：師與予談道不離几席，寧有此事。至家開鎖，其室已空。窺所鎖之庵，祖師睡正濃矣。姑始生敬信。又一日，祖師復畫天堂一軸，示之曰：果能出家，決有此報。後一載己丑夏四月，郡人周伯通捨宅爲金蓮堂，邀祖師、丹陽等住持。重五日，仙姑拋棄三子，屏絕萬緣，詣堂以期開度。是日祖師逐丹陽出堂，姑至，令燒誓狀於道前，賜名不二，號清靜散人，仍贈以詩云：分梨十化是前緣，天與佳期本自然。因甚當時不出離，元來只待結金蓮。祖師導之上街乞化，令別作庵以居，繼傳道要。時仙姑年五十一矣。是年秋，祖師挈丘劉譚馬歸汴梁，翌年祖師昇仙。十二年壬辰，丹陽歸仙柩於終南劉蔣，乃祖師結庵之地。襄事既終，丹陽持服守墳，尸居環堵十六年。丙申，仙姑亦過潼關，將以參同至理而決疑情。丹陽作《浪淘沙》以寄姑，姑致禮遙謝。二處環庵，行其所傳，東遷洛陽。有風仙姑者，俗呼小二娘。按進士王宇作姑銘序云：風仙姑始自皇統關西，來寓東周，不顯姓氏壽，亦不言何處人，以語音較之，似秦人也。乞食度日，垢面髼頭，以穢污身而遠世魔。晝則徉狂於廛市，夜則棲泊於荒祠。不起愛憎，不言非是。無爲淡泊，任性自然。蓋內修仙道，外隱仙蹤，而能信口放言以暢玄旨。有云：綠葉漫天長，黃花滿地開。千里覓不得，萬里捉將來。又曰：油盡盞乾燈自滅，隨風却見剔燈人。若此語言，不可殫錄。仙姑至洛陽，依而居焉。風仙姑之居有二洞，命仙姑居下洞，己居上洞。常積磚石於前，凡男子過下洞者，必以磚石擊之，而外魔不能作障。加之訓獎，則六年道成。行化度人，而歸向者甚衆。嘗作《卜算子》示衆云：握固披衣，候水火頻交媾。萬道霞光海底生，一撞三關透。仙樂頻頻奏，自飲醍醐酒。妙藥都無，頃刻間九轉丹砂就。二十二年壬寅季冬晦日，忽謂門弟子曰：師眞有命，當赴瑤池，期即至矣。遂沐浴更衣，問曰：左右以天道時刻。對曰：午刻矣。命具紙筆，寫頌以遺世云：三千功滿超三界，跳出陰陽包裹外。隱顯縱横得自由，醉魂不復歸寧海。書畢，跏趺而坐，奄然而化。香風散漫，瑞氣氤氳，竟日不散。時丹陽居寧海環堵中，聞仙樂駭空，仰而視之，見仙姑乘彩雲而過，仙童玉女旌節儀仗擁導前後，俯而告丹陽曰：吾先歸蓬島矣。逮大元辛丑春，京兆總管田侯將葬重陽祖師仙蛻。清和宗師偕祖庭諸師，洎總管僚屬，於終南縣李舍人莊創慶眞觀，首發仙姑之墳，移葬于觀之金蓮堂，永爲十方女冠歸依之所。甲辰歲，奉朝命改觀爲宮。至元己巳正月，褒贈清靜淵貞順德眞人。

和德瑾

傳　記

趙道一《歷世真仙體道通鑑續編》卷三《和德瑾》　玉蟾子姓和名德瑾，秦州甘泉人。嘗爲州吏，未嘗取非義財。日與一道者談玄笑飲，後道者臂梟而來，曰：此禽怪哉，眼大而不識人。玉蟾子不悟其旨。忽道者以惡疾而殂，玉蟾子備禮葬之。不數旬，有老嫗踵門而謁曰：昔亡道者，吾子也。奈老無依何？玉蟾子贈之金帛，嫗曰：但得發壙，一視吾子，誠無憾矣。玉蟾子率鄰里與嫗發壙開棺，失屍所在，惟存贈嫗金帛。迴視嫗，亦失焉。由是感悟，棄家入山。後遇至人，得九還金液之妙。游終南山，行其所傳，日益精進，以至沖和周密，妙用通神。逮重陽王君遇眞，遂結爲仙林之友，莫知所終。

李道謙《終南山祖庭仙真内傳》卷上　師姓和氏，名德瑾，秦州甘泉縣人。天姿整秀，志學之歲，攻事翰墨及冠隱。身爲刀筆吏，然處事中正。以道存心，未嘗取非義財。遇高人勝士，靡不參請。天德間以部掾出身，方將遊仕宦途。忽一道者過門，師延至家，酌酒談玄，大適其意，少焉而去。他日道者復至，臂擎一梟，謂師曰：此物雖許大眼，了不識人。師乃悟爲異人，因問其鄉里姓字，不告而往。後月餘道者復來，身染厲疾，止於其家。膿血汙穢，殆不可近。師爲召醫，百療不效。經歲乃殂，師備禮葬之。又數月一老嫗詣門，泣且告曰：老身有兒，性嗜雲水，不事家業。近知遊居貴宅，特來相尋。師告以病殂，嫗慟哭不已，曰：老身與兒，止是二口。兒今既死，何所託身。師請以母禮事之。一日嫗曰：吾欲啓壙，一睹兒面，雖死無憾。懇告再四，師爲發塚，但空棺而已。中有祕旨一幅，老嫗亦失所在。師嘆曰：吾今遇眞仙，尚汩沒塵坌中，果何爲也。由是黜妻棄子，易衣入道。時聞重陽祖師亦遇眞，居終南，乃往參同。大定三年，於劉蔣村結茅，與靈陽李公三人同處。既而心地圓通，大得其妙。七年丁亥，重陽東遊海上，師與靈陽共居暢道。十年庚寅春，馬譚劉丘四眞將至，師及李靈陽時寓終南太平宮。留錢於貨羹之家，謂曰：今日當有丘劉譚馬四仙客至，可善待之。良久四人果至，貨羹人邀之曰：公輩豈非丘劉譚馬邪。四人相視而笑曰：汝何由知之。曰：和李二師已留羹錢矣。四子嘆異，食畢往見，忻然相得。師嘗命畫工寫眞，憑虎而睡，衆莫能曉。秋九月初師忽覺道體違和，丹陽命長春侍。疾至十四日，翛然順化。四子葬于劉蔣菴側。畫憑虎睡者，乃預表歸期在寅年也。升仙之後，有臨潼張公久患風疾。衆醫莫效，將屬纊之際，夢師至門，告以治療之方。問其姓名，曰：吾終南和玉蟾也。覺而其疾少愈。用其所告之劑，疾果頓差。張就菴設齋建亭，以酬其惠。謚曰：玉蟾普明澄寂眞人。今祖庭石刻尚在。

李靈陽

傳記

趙道一《歷世真仙體道通鑑續編》卷三《李靈陽》　靈陽子姓李，名字俱不聞，京兆人也。爲人沈默寡慾，學問該博，而樂仙道。遇道者授神仙抱一符火大丹之訣，頓拋塵俗，朝修暮煉。積之歲年，至乎大妙。與玉蟾、重陽二子爲終南林泉之友。嘗謂重陽子曰：子他日道化九圍，敎行四海，非吾輩之可及。金世宗大定己丑，重陽攜四眞人入汴，有詩寄云：和公與李公，首先一志三人同。逮重陽登眞，丹陽挈丘劉譚三子來謁。一日，二君預留錢於終南食肆，曰：今日有仙客丘劉譚馬者至，則待之。四師至食，人道姓以邀之。丹陽笑曰：公何知予等姓氏？曰：和李二仙君預有付囑，故知之。時二君泊太平宮，四子食畢，就宮參謁，自此眞門之下，咸以師叔稱之。

李道謙《終南山祖庭仙真内傳》卷上　師姓李氏，京兆終南縣人。聰明特達，學問淹該。天德間遇異人點化，自是落魄，不問家事。視富貴若浮雲，遠名利如桎梏。徜徉泉石，以道自樂。韜光晦迹，素厭人知。故終身不告人名字，里人但以李眞人呼之。至大定三年，與重陽祖師泊玉蟾和公同結茅于劉蔣居之。其於鉛汞龍虎之學，多賴重陽指授。七年丁亥夏重陽東遊海上，師與和公止居劉蔣修身接物。重陽至汴，寄之以詩云傳語。和公與李公首先一志，三人同其爲交契可知矣。迨十年春重陽升仙于汴梁，丘劉譚馬四眞入關，待二師以叔禮。是年秋玉蟾亦假化，師與衆眞同處。二十八年春正月長春丘君奉詔赴闕，拜別之際師囑曰：重陽謂汝必能大開玄敎，今其時矣。萬一善自保愛，來春鶴馭早還，吾專俟汝爲喪主。秋八月長春得旨還終南，是冬盤桓山陽淮洛之間。明年春二月西歸，過鄠郊秦渡鎮，道衆請留數日。先旬日前師無恙，絕粒不食，衆問之，曰：汝輩無慮吾，惟待喪主而已。即遣人促長春亟歸。既至，拜於榻前，即賜之墨。長春悟其旨，命匠造棺。未及成，師已順化，時三月初一日也。長春以禮葬于菴側之仙塋，敬謚曰：靈陽輝耀演化眞人。

皇甫坦

綜述

《宋史·方技傳下·皇甫坦》 皇甫坦，蜀之夾江人。善醫術。顯仁太后苦目疾，國醫不能瘉，詔募他醫，臨安守臣張偁以坦聞。高宗召見，問何以治身，坦曰：「心無爲則身安，人主無爲則天下治。」引至慈寧殿治太后目疾，立愈。帝喜，厚賜之，一無所受。令持香禱青城山，還，復召問以長生久視之術，坦曰：「先禁諸欲，勿令放逸。丹經萬卷，不如守一。」帝歎服，書「清靜」二字以名其菴，且繪其像禁中。荆南帥李道雅敬坦，坦歲謁道。隆興初，道入朝，高宗、孝宗問之，皆稱皇甫先生而不名。坦又善相人，嘗相道中女必爲天下母，後果爲光宗后。

傳記

趙道一《歷世真仙體道通鑑續編》卷三《皇甫坦》 字履道，皇甫其氏也。其世代地里莫詳，或云嘗居臨淄，及瑕丘，得三避五假之術。後遯迹於蜀之峨嵋。一夕行風雪中，忽聞人呼曰：子有道氣，吾當度子。先生一顧，見一道人卧茅檐下，令先生與之抵足而睡。覺暖氣自足而達，浹身徹頂，如在春風和氣中。比曉，其人振衣拂袖而去。先生詢其姓字，但云他日來靈泉相尋。先生後往靈泉觀求之，見唐隱士朱桃椎畫像，蜀人稱妙通眞人，方知所遇乃朱眞人也。先生一日與一道人偕行，復遇妙通於途，授以冬瓜一截、葱數莖，曰：前去伺我城中酒肆。如其言而往，抵暮及闗。視瓜輒爲人首，而葱則髮也，水所霑衣皆血痕。闗吏執之，併錄其同行者。先生獨以身任咎，初不辯所從來，遲明將以解府，瓜葱如故，衣血亦亡。官吏驚異，慰諭而遣之出，則妙通已伺於戶外。笑曰：子眞可教也。乃烹瓜對酌，遂授以虛坎實離之旨。復引泛舟，舉杖擊水以示，波平復擊。如是數次，顧曰：會麼？先生唯唯而已。遂傳內外二丹之訣。自是隨在修持，寒暑諠寂，不問平居多宴，坐而不寐，兩足外踝皆平偃。一日見頂門有珠光焰。因歌曰：山頭紅日出，藥苗新，欲將心事付，瑤琴知音少，絃斷有誰聽。識者以爲丹成之驗。方周游海內，救人利物以積功行。宋高宗紹興二十七年，顯仁皇太后得目疾，國醫不能療。忽夢黃衣道人長髯廣耳，太后問：能醫眼否？曰：能。太后曰：若醫得我眼明，即是我師父也。覺而異之，以語高宗，皇帝有詔物色之。時先生南遊，自稱眼醫。臨安守張偁見畫像，以先生惟肖，遣人求得於建康，遂以名聞。召對便殿，問何以治身，先生對曰：臣之治身，猶陛下之治天下也。心無爲則身安，帝王無爲則天下治。上善其言，即白太后。明日宣入，與俱至慈寧殿。先生敬爲皇太后噓呵布氣，良久翳開目明，認見先生，喜曰：眞昨夢中所見師父也。由是宮中皆呼先生爲師父仙。詔位有甄娘娘，病躄累年，踴而後能步，太后命先生亦爲布氣，即釋踴而行。及將還山，留一扇於禁中，曰：有發寒熱者，以此扇之，當差。未幾宮中多患瘧，用之皆驗。陛辭之日，兩宮賜賚甚厚，先生止受香茶衣服而已。上亦高之。因其行，命賚御香致禱於青城山丈人觀。訖事，還詣安靜觀焚香，即妙通之舊隱也。遂奏請重新觀宇，且贊其像曰：靈泉眞人，兩蜀鍾秀。馬溪道成，茅茨賦就。歷世救物，示迹不有。惟我知師，再拜稽首。明年，迴至忠州仙都觀。平都山巔有巨栢，雷震枯死二十年矣。先生呵氣祝之，不逾月枝葉再榮。王從道記其事，刊於石。繼而上遣使賜手詔慰勞，且召之曰：先生清標孤映，寄迹物外，秕糠塵俗，嘯詠煙霞，信可樂也。去秋爲別，俯仰周歲，興懷晤言，馳神緬邈。計青城會友於元覽，白雲遂無心於帝鄉也。秋涼甚邇，不知何日可相見，願早踐言，則騎氣御風，泠然無難行。且湘雲橫素，桂子吹香，燕館超然，下風問道，虛懷結想久矣，專此爲問。殘暑在序，益保清虛。先生得詔即行，比至，賜紫衫皂衫絲履，令閤門引見。從容問長生久視之道。先生對以清虛寡慾爲先，先損諸欲，莫令放逸。丹經萬卷，不如守一。上嘉嘆久之，曰：眞人也。由是傳聞中外，競以眞人稱之。他日，又問。先生對曰：仙人道士非有靈，積精累氣以成眞。深契聖意，嘉嘆再三，曰：此其所以爲眞人也。因書其語于扇以賜。仍寫道德、黄庭、陰符經賜焉。時姑蘇數道僧亦聞道之士，召至。先生已在座。初不相識，道僧入長揖萬乘，而見先生即拜。賜坐，辭。問其故，曰：仙階有高下，眞人在上，我不敢坐。強之，乃坐於地。後先生乞還山，上留過郊祀。時久雨，上以爲慮，問於先生，以必晴對。及將宿青城，復遣問焉。先生進詩曰：夜靜天中星歷歷，曉來壇上月娟娟。皇圖鞏固中興業，帝祚遐昌億萬年。至夜果晴。上命爲先生設幕次嘉會門，賜香燭飲食，以御前金器排辦。駕迴，先生起居太上式車，顧而微笑。即日宣押賜宴，先生因賦每蒙天一笑，遂與物爲春之詩。上大喜。尋復乞還山，上固留，不可，乃命築庵廬阜以便於宣召。又繪先生像，御題其上，爲皇甫眞人像，而贊之曰：皇甫高士，眉宇列仙。以道興世，孰計其年。閑雲在空，孤鶴行天。掀髯一笑，同乎自然。封以錦囊，命内侍省都知張某去爲持示先生。復攜入，留禁中。後移置於德壽宫道院，太后賜金爲建庵費。先生提所著道袂辭曰：只此便是臣庵，無所事金。卒不受。太后乃命幹辦御藥院董仲永袖金潛置於先生臥榻而去。啓行見之，即封付臨安府繳納。比至廬山，太后復遣幕士仰立賫金就賜先生，復固辭。尋降付江州，令鬻錢以給。先生不得已而乃用。太后旨意建普天大醮二壇，祈福皇帝仍普及生靈。復以餘錢繳納，太后不許，即命兩府曹勛白雲處士酈守寧以其錢仍益金爲先生置兩莊於山之南北，北曰銅盤，南曰丹桂，收歲入以接待雲水之士。先生始遂築庵于蓮華洞，攙雲游之士而居焉。孝宗皇帝隆興元年，太上皇御札詔先生曰：自退處別宫，日以頤神養志爲事。思見風采，款親道話。幸早命駕，少同閑適。專信奉迓，用伸至懷。既至，宣見於康壽殿，乃命館于西湖顯應觀西齋堂。以兩府曹勛館伴宣對，錫宴至數次。後先生遊天台，康壽殿産靈芝。復遣兩府傳宣撫問，賜沈香二百兩，并以畫芝草扇親書御贊于上賜之。乾道改元初，方遊武當。上皇遣德壽宫使臣陳球宣召，追及於襄陽。繼命兩府曹勛迎勞於道。乾道二年二月至行在所，復命館伴於顯應觀，明日即宣入，賜宴。又明日幸其館，命登御舟泛湖游園。後屢侍燕，間談修眞之旨。遂賜御書靈寶度人經，壽聖皇后書清靜妙經。孝宗初登位，嘗傳旨宣問先生，迴奏凡百言，大略請審刑德，剴嗜慾，推衛生之理以爲治。至是引對内殿，賜曲燕，宣勸至數十爵，仍賜内府香茶。乾道三年上皇元命之歲，欲致禱于灊山及廬阜、青城，謂先生精誠足以感格，即命捧兩宫御香，以御舟津送至九江。逮至青城，焚香始祝，黄龍爲見。初，欽宗靖康之難，兩府曹勛自燕京持徽廟御札迴，至黄河無舟，夜遇先生於河濱，束葦筏與俱渡。至岸，僵且死。先生然葦以燎之，良久乃蘇，問姓名，不告。曰：朱眞人以公爲安社稷計，故令我來渡公，後三十年當見公於錢塘。言訖而別。及先生應召與之相會，語及舊約，兩府追記風貌，感泣下拜，待以師禮。其贈先生詞有云：自嘆孤身早歲，黄河渡口蒙情。蓋序前事也。上皇知之，故每有宣問迎勞館伴，必屬之。先生建閣寶藏所賜御書，上皇賜名紹興煥文之閣，亦命兩府書榜。先是，廬阜庵成，道流聚食日衆，而汲水於澗以爲苦。先生一旦荷鍤引人斸庵側之地，不一二尺，有泉涌出石隙間，清冽而甘，亢旱不涸。及赴召，上皇偶詢山居之事，因以奏聞。壽聖皇后在坐，曰：先生在處，必有神物護持也。上皇即命爲神泉，御書二字以賜。乾道九年，御賜御書清虚之庵四字爲門額，仍歲賜勅牒度道士以奉香火。先生前後四赴召命，自上皇退居德壽，恩眷益加。每至，宴勞外，賜上尊珍膳無虚日。先生再還自青城，掃迹朝市，惟德壽宫歲時遣問不絶，屢遣中使至山宣唤，皆力辭不赴。淳熙五年秋，忽言：我將遠適，不可不辭太上皇。治裝欲如行在所，中輟不行。九月二十三日，遂口授詞旨，令門人作遺奏以進。凡士夫道釋與厚善者，亦具辭書。明日晨興，沐浴更新衣，至日中陞堂集衆，焚香取御書并宣賜衣物付弟子輩，曰：我將遊乎無何有之鄉，此太上皇所賜，當留以鎭名山。汝等向後接續住持，代相傳授，寶而藏之，毋違吾訓。又曰：道不負人，大家努力，珍重珍重。語已拱手垂足，坐於繩床而化。三日不欹不倚，容色紅瑩，髭髮如漆。入龕，身猶柔暖。於是弟子曹彌深、謝守灝等，與其徒二十有四人，以十二月壬辰，奉遺蛻藏于庵側之左隴，從遺訓也。初，治壙得白蟾於數仞之下五色土中，又得古斷碑，有冷翠淩舟四字。將窆之夕，天燈下燭，比曉方沒。會葬者二千餘人。乃發紼，有仙鶴隨之，盤旋其上，窆已乃去。

羅晏

傳記

趙道一《歷世真仙體道通鑑續編》卷三《羅晏》　羅赤腳名晏，閬中人。少時遇異人，攜以出，歸而有所悟解。宋徽宗宣和中，或言於朝，賜封靜應處士。張魏公宣撫陝蜀，延致軍中。金虜攻擾鳳關，精鋭迭出。大將吳玠禦之，殺傷相當，猶堅持不去，公以爲憂。羅曰：相公勿恐，明日虜遁矣。有如不然，晏當伏斧鉞以受誤軍之罪。明日果引去，公始敬異之。連奏，號太和沖夷先生。好游漢州，每至必館於王志行朝奉家。王氏傳三世見之矣。其事志行夫婦禮甚敬，曰：吾前身父母也。高宗紹興六年丙辰，蜀大饑，志行買妾於流民中，姿貌甚麗。羅見而駭曰：此人安得在公家留之，稍久得禍，將不細，當爲除之。命煮水數斗，取竈下灰一籃，喚妾前，以巾蒙其首，而注湯於灰上，煙氣勃勃然，妾即仆地，蓋枯骨一具也。羅曰：渠來時經女儈否，今安在？曰：在某處。亟呼之，儈且至，則又以巾蒙枯骨，復爲人形，舉止姿態與初時不異。遂付與儈而取其值。志行從弟志舉登第歸，羅見之他所，授以書一卷，緘其外，戒曰：還家逢不如意事則啓之。及家，三日而聞母訃。試發書，乃畫一官人，緑袍騎馬，前列賀客，最後輿一柩，凶服者隨之哭。廣都龍華寺，宇文氏功德院也。羅與主僧坐，忽起曰：房令人來。僧驚問：何在？曰：入祠堂矣。僧謂其怪誕。明日宇文氏中信至，其妻房氏正以前一日死。嘗往揚州鎮，館於陳氏，夜如廁，奔而還曰：異事異事。適四白衣人踰牆垣入圃中，陳氏皆懼，羅曰：無預君事，明晨當知之。及旦，圃人告羊生四子。紹興三十年，在鹽亭得疾，寓訊如溫江，求迎於李芝提刑家。李遣數僕來，羅病良愈，即上道行，戒其僕曰：自此而左，惟金堂路近且易行，然吾不欲往，願從廣漢或他塗以西，幸無誤。僕諾退而背其言，乃抵古城鎮。及溫江而卒。蜀人以爲年一百七八十歲。

薩守堅

傳記

趙道一《歷世真仙體道通鑑續編》卷四《薩守堅》　南華人也，一云西河人，自稱汾陽薩客。少有濟人利物之心。嘗學醫，誤用藥殺人，遂棄醫。聞江南三十代天師虚靜先生及林、王二侍宸道法之高，欲求學法，出蜀至陝，行囊已盡。方坐石悶，忽見三道人來。薩問此去信州遠近，道人問所欲，薩云：欲訪虚靜天師，參學道法。道人曰：天師羽化矣。薩方悵恨，一道人云：今天師道法亦高，吾與之有舊，當爲作字可往訪之。吾有一法相授，日間可以自給。遂授以呪棗之術。曰：呪一棗可取七文，一日但呪十棗，得七十文，則有一日之資矣。一道人云：吾亦有一法相授。與之棕扇一柄，曰：有病者則搧之，即愈。一道人云：吾亦有一法相授，乃雷法也。薩拜而受之，用之皆驗。一日凡呪百餘棗，止取七十文爲日用，餘者復以濟貧。及到信州，見天師，投信，舉家慟哭，乃三十代天師親筆也。信中言吾與林侍宸、王侍宸遇薩某，各以一法授之矣，可授以未盡之文。薩由是道法大顯。嘗寓某處城隍廟數日，太守夢城隍告之曰：薩先生數日寓此，令我起處不安，幸爲我善遣之。太守至廟，逐薩使去。薩行數十里，遇人舁豕往廟酬願，薩以少香附之，曰：去酬願畢，爲置爐焚之。其人如誡，迅雷一聲，火焚其廟，更不延燒民居。越三年，薩至某渡，無操舟者，舉篙自渡，置三文錢於舟中以償渡金。因掬水浣手，見一人鐵冠紅袍，手執玉斧立於水中，薩訶之曰：汝乃何人，速見形。其人立於側曰：我王善，即某州城隍也，昨眞官焚我廟，我家三百餘口無依，我實無罪，訴于上帝。帝賜玉斧，令我相隨，遇眞官有犯天律，令得便宜施行後奏。我隨眞官三年，并無犯律者，今日渡舟，眞官乃置錢舟中，則眞官無可報之時矣。今願爲部將，奉行法旨。薩曰：更相從三年，亦只如是。薩遂奏玉帝，擢爲部將。每有行持，報應若響。嘗有詩云：道法於身不等閑，尋思戒行徹心寒。千年鐵樹開花易，一日酆都出世難。又詩云：言清行濁休談道，不顧天條法謾行。但依本分安神氣，何慮仙都不掛名。眞人得道後，遊閩中，一日端坐而化。

趙麻衣

傳記

趙道一《歷世真仙體道通鑑續編》卷四《趙麻衣》　趙麻衣，不知何許人也。唐僖宗時黄巢盜起，麻衣避於終南山，見道人數十居山間，麻衣無所得食，願爲傭役，由是有所遇而得道。宋高宗建炎初，始來遊青城山。久之，乃入成都玉局化。以籧篨爲屋而居，常服麻縷百結之衣，人因號爲麻衣。形臞如槁木，而骨不露，神采湛然。晝出，見凡草木之立者，行掇之。暮歸，則掇横於道。人莫究其意，亦不見其有所飲食也。人有具酒茗邀之，或不顧，或爲留以飲。餘者授人，人飲之，覺芬洌異常。麻衣時時言及五代及本朝事，亹亹有條理。或窮詰之，則於皮上取圓覺經示之曰：盡在是矣。達官貴人招之，未嘗往也。或云五代嘗爲兵，已而免，去帖尚存。平生黧黑。一旦趺坐而化，尺宅肢體潔白如玉然。

劉居中

傳記

趙道一《歷世真仙體道通鑑續編》卷四《劉居中》　劉居中，京師人。少時隱於嵩山，居山巓最深處，曰控鶴庵。初與兩人同處，率一兩月輒下山覓糧，登陟極艱苦，往往躋攀葛藟，窮日力而至。兩人不堪其苦，皆舍去，獨劉居之自若，凡二十年。遭亂南來。宋高宗紹興間，嘗召入宮，賜沖靜處士。後廬於豫章之東湖，每爲人言昔日事云：嵩山峻極處有平地，可爲田者百畝。別有小山巖岫之屬，常時雲雨只在半山間。大蜥蜴數百，皆長三四尺，人以食就手飼之，撫摩其體，膩如脂。一日聚繞盎邊各就取水，纔入口即吐出，已圓結如彈丸。積之于側，俄頃間累累滿地。忽震雷一聲起，彈丸皆失去。明日山下人來言，昨正午雨雹大作，乃知蜥蜴所爲者此也。又聞石壁間老人讀書聲，逼而聽之，寂然。既退，復爾。其後石壁摧，得異書甚多，陰陽方技，修眞黄白之學，無所不有。既下山，獨取其首尾全者數篇，餘悉焚之。又嘗聞異香滿室，經日乃散，不知從來也。劉生於神宗元豐七年甲子，百餘歲矣。不知所終。

譙定

傳記

趙道一《歷世真仙體道通鑑續編》卷四《譙定》　字天授，涪州樂溫縣玉溪人。深於易學，隱青城大面山中得道。宋高宗建炎初，以經行召至揚州。欲留之講筵，不可，拜通直郎直祕閣致仕。今百數十餘歲。巢居險絕，人不能到，而先生數年輒一出，至山前，人有見之者。

《宋史・隱逸傳下・譙定》　譙定字天授，涪陵人。少喜學佛，析其理歸於儒。後學《易》于郭曩氏，自「見乃謂之象」一語以入。郭曩氏者，世家南平，始祖在漢爲嚴君平之師，世傳《易》學，蓋象數之學也。定一日至汴，聞伊川程頤講道于洛，潔衣往見，棄其學而學焉。遂得聞精義，造詣愈至，浩然而歸。其後頤貶涪，實定之鄉也，北山有巖，師友游泳其中，涪人名之曰讀易洞。

靖康初，呂好問薦之，欽宗召爲崇政殿說書，以論弗合，辭不就。高宗即位，定猶在汴。右丞許翰又薦之，詔宗澤津遣詣行在。至惟揚，寓邸舍，窶甚，一中貴人偶與隣，餽之食不受，與之衣亦不受，委金而去，定袖而歸之，其自立之操類此。上將用之，會金兵至，失定所在。復歸蜀，愛青城大面之勝，棲遯其中，蜀人指其地曰譙巖，敬定而不敢名，稱之曰譙夫子，有繪像祀之者，久而不衰。定《易》學得之程頤，授之胡憲、劉勉之，而馮時行、張行成則得定之餘意者也。定後不知所終，樵夫牧童往往有見之者，世傳其爲仙云。

初，程頤之父珦嘗守廣漢，頤與兄顥皆隨侍，游成都，見治篾箍桶者挾冊，就視之則《易》也，欲擬議致詰，而篾者先曰：「若嘗學此乎？」因指「《未濟》男之窮」以發問。二程遜而問之，則曰：「三陽皆失位。」兄弟渙然有所省，翌日再過之，則去矣。其後袁滋入洛，問《易》於頤，頤曰：「《易》學在蜀耳，盍往求之？」滋入蜀訪問，久無所遇。已而見賣醬薛翁於眉、邛間，與語，大有所得，不知所得何語也。

憲、勉之、滋皆閩人，時行、行成蜀人，郭曩氏及篾叟、醬翁皆蜀之隱君子也。

姚平仲

傳記

趙道一《歷世真仙體道通鑑續編》卷四《姚平仲》　隱青城大面山姚平仲，字希晏。宋欽宗靖康初，在圍城中，夜將死士攻敵營，不利，騎駿騾逸去。高宗建炎初，所在揭榜以觀察使召之，竟不出。孝宗淳熙甲午乙未間，乃有人見之於青城山丈人觀道院。年近九十，髭髯長委地。喜作草書，蓋已得成仙云。

蘇庠

傳記

趙道一《歷世真仙體道通鑑續編》卷四《蘇庠》　丹陽蘇養直，名庠。居後湖，暮年徙潤州太湖馬迹山。宋高宗紹興十四年甲子十一月中，病酒困卧，所使村童徐行者持謁扣床，曰：有客稱江宣贊，欲求見。視其謁云：惠州羅浮山水簾洞長生道人江觀潮。兩畔各寫詩一句，曰：富貴易逢日月短，此中難遇是長生。蘇悦其語，強起延之，客曰：羅浮黄眞人黄眞人，晉時爲惠州太守，棄官入羅浮山水簾洞，以君不欲世間聲利，姓名已書仙籍，命我持丹授君。蘇時年八十矣，應之曰：庠平生未識眞人，又形骸已壞，何以丹爲哉。客曰：此非五金八石之比，蓋眞人眞氣所化也，服之無嫌。蘇視客，衣服侈麗類貴游，而言辭鄙俗無藴藉，甚惡之，冀速去，曰：雖然，終不願得也。老病缺於承迎，當令兒曹奉陪。客曰：我專爲君來，君不欲丹，當復持以歸。但路絶遠，願借一宿，明旦晴即去，不然須少留也。不獲已，命館於松菊墅。時天久晴，五更大雨作。蘇憶昨日語，頗悔。亟邀致，具酒。未及飲，蘇曰：丹可見否？客喜，便於腰間篋中取授蘇，連云：且延一紀。藥僅如豆大，黄紫色，亦不作丸劑。客曰：困篤則服之，方可見效。凡身有疾，但敬想丹力所行，至即愈。餌此者當飛昇度世，若情欲未畢，故自延一紀壽，壽終亦爲仙官矣。酒數行，適旣僕牽驢過前，客曰：此驢昔嘗爲人。叱令笑，驢即笑。又求青箬笠中鹽以飼之，祝曰：復爲人去。再叱令笑，又笑，坐皆驚異。又諭蘇畫眞人像，蘇曰：其狀何如？曰：一神仙中人，服黄道衣，繫皀絛，著琴鞋，持水晶數珠，掛玉瓢於右帶。嘗有遇之於羅浮鐵橋懸崖雲霧間，服佩正如此。遂別去，約五年復來，來時君異於今日矣。蘇以丹并刺字置笥中，歲未盡五日，忽大病。至除夕，氣絶。家人以頂煖，不忍殮。及明，諸子記前事。發笥視之，藥故在。取投口中，即能起，灑然若無疾，飲啗自如。再令拾刺字幷丹貼，欲燒末飲之，不復見。後數日，長子如京口，以客言命圖黃像。像成，儼然江君也，始悟江即黃君云。蘇雖髮如霜，自是其半再黑。初，高宗建炎中，喪右目瞳子，至此瞭然。吳興陶安世聞其名，往訪之，得其所遭本末如此。後二十年，作書與鄰林向伯共云：吾可中聞異音，羅浮仙人期以數年相見，應盡便盡，餘不復較。十二月往茅山，別諸道友。元日，聚族歡飲達旦，披衣曳杖出門，曰：黃眞人至矣。其行如馳。婢僕驚奔，僅能挽衣襟，已立化。未卒之前，洪慶善嘗以書求其近詩，答云：頃得方士神藥，奪命鬼手中，服食以來，誐詩結字，無復餘習。慶善叙其詩文，實載此語。陶安世作記，甚備焉。

馮觀國

傳記

趙道一《歷世眞仙體道通鑑續編》卷四《馮觀國》 馮觀國，邵武人。幼敏悟讀書，既冠，意若有所厭，即棄鄉里，遊方外。遇異人，得導引内丹之法。凡天文地理性命禍福之妙，不學而精。乃晦名氏，自稱無町畦道人。寓宜春二年，挾術自養。所言人吉凶及陰陽變化，盡驗。或有誚其醉飲狂怪者，觀國不與較，以詩謝云：踏徧紅塵四百州，幾多風月是良儔。朝來應笑頭陀叟，道不相侔風馬牛。又述懷詩云：落魄塵懷觸處然，深藏妙用散神仙。筆端間作龍蛇走，壺裏長挑日月懸。謾假人倫來混世，只將酒盞度流年。潛修功行歸何處，笑指瀛洲返洞天。餘詩尚多，皆脫塵離俗，人亦多莫能曉也。有瑞州上高縣麻塘李宣卿者，一夕約東門僕黃卷曰：明日要五更早起，看門外有何動靜來報。僕唯諾而去。次早淩晨，開門見門外凳上有一醉道人熟睡，喚之不應，遂通報宅堂。宣卿尋令扶起，請入書院少歇，令左右供給盥漱。畢即請相見，問其姓名，來自何方，並不答。但再索酒，急進巨觥，不計其數。又告饑覓飯，愈食愈不言飽。時宣卿故妻唐氏新葬，作庵已就，而未有住庵者，因領道人看庵。道人即欣然肯住，遂給米炭等送之入庵。越三日往視，則所給米炭略不曾動。元送火種數塊，亦如故。問何故，曰：前日喫已飽矣。但夜寒覓紙衾，復與之。又一日入庵，則見所與紙衾已裂爲四，以青茆縛於床四腳。又問何故，答曰：寒從下上。後因酒間忽作詩曰：南北東西總是家，自知身命屬煙霞。只因貪戀一杯酒，誤却碧桃千樹花。人雖見其詩不凡，然時弄小術如今之撮藥者，又常喜顛酒，未免以等閑待之。久之，但聞姓馮，故衆呼之曰馮顛道。宣卿諸子一日入庵拜掃，竟不見道人何在，但見墳塋中霞光遍地，舉頭望之，只見道人坐于樹杪，仰面向天，吐氣而下，尋即光燦。或謂其能吸太陽精也。住庵凡十八年，多與宣卿諸子歡笑戲狎，或出言無狀，或就席顛倒，矢溺不禁。似此可厭者，諸子頗惡之。一夕，有倡女佐樽，諸子飲方樂，道人突入席間，少醉。所爲及亂。席散，諸子戲舉倡女所攜之婢配之，鎖二人置樓上，翼早啓視，則無道人矣。惟婢云鑰門之後，滿樓之熱如火，不容近。其身夜半稍涼，聞虛空樂作。近五更，棟間簌簌有聲。言訖，諸子就怪所爲，舉目視梁間，則有字題其棟云：水非溝壑龍方卧，木是梧桐鳳始棲。莫道男兒無去路，碧霄雲外有仙梯。翌早，元僕黃卷在袁州遇道人于市，云：夜來衆官人取笑太惡，五更我已過此，就寄聲云。後會要相見，可來宜春臺下相探。是日午時，滿城哄傳臺下有道人坐化。黃卷往視之，即馮顛道也，遂歸報其主。宋高宗紹興三十二年三月十四日也。先是，道人遍往辭知舊，且寄詩言別。至日端坐，作頌而逝。頌云：平生無町畦，任眞但落魄。爛醉是生涯，天地爲棺槨。其時，儀眞李觀民爲袁州太守，乃其舅氏，方認得是其甥，本姓馮，名觀國，年十八領薦往赴省，後竟不歸。於此方見，遂命塑其身於城東之治平宮。宣卿有子名德謙者，往視之，撫其背云：道人何不分曉，一別而去。忽迴頭相顧，至今塑像猶左顧也。其師王蒙道人，其侶方七道人，往來詩詞甚多。

趙縮手

傳記

趙道一《歷世真仙體道通鑑續編》卷四《趙縮手》　趙縮手者，不知其名，本普州士人也。少年時，父母與錢令買書於成都。及半途，有方外之遇，遂棄家出遊。至宋高宗紹興末，蓋百餘歲矣。喜來彭漢間，行則縮兩手於胸前，以是得名。人延之食，不以多寡，輒盡。飲酒自一杯至百杯，皆不辭。或終日不飲食，亦怡然自樂。嘗於醉中言文潞公入蜀中，歷歷有本末。他日復詢之，曰：不知也。黃仲秉家寫其眞，事之，成都人房偉爲贊云：養氣近術，談道近禪，被褐懷玉，其樂也天。欲去即去，欲住即住，縮手袖間，孰測其故。趙見而笑曰：養氣安得謂之術，禪與道一也，安有二。我縮手於胸，非袖間也。取筆續曰：似驢無觜，似牛無角，文殊普賢，摸索不著。又自贊曰：紅塵白雲堆裏，好箇道人活計。無事東行西行，有時半醒半醉。相逢大笑一場，不是胡歌虜沸。除非同道方知，同道世間有幾。綿竹人袁仲舉久病起，遇趙過門，邀入，飲以酒。問曰：吾疾狀如此，先生將奈何？趙不答，但歌詞一闋，云：我有屋三間，柱用八山週迴，四壁海遮攔。萬象森羅爲斗栱，瓦蓋青天。無漏得多年，結就因緣，修成功行滿三千。降得火龍伏得虎，陸地神仙。云：此呂洞賓所作也，吾亦有一篇。又歌曰：損屋一間兒，好與支持，休教風雨等閑欺。覓箇帶，修安穩路，莫遣人知。休更著，便宜下手。知時要知險裏，却防危，透得玄關。歸去路，方步雲梯。歌罷，滿飲數杯，無言而去。仲秉正與偕行，徐問其故，曰：觀吾詞意可見矣。後旬日，袁死什邡縣。風俗每以正月作衛眞人生日，道衆畢會，趙亦往寓於居人謝氏。先一夕告之曰：住君家不爲便，假我此榻，吾將有所之。拂旦，徑趨對門小寺。得一室，正榻趺坐，傍人怪其不言，就視，已化矣。會者數千人，爭先來觀，以香火致敬。越三日火化，其骨鈎聯如鎖子云。

寇子隆

傳記

趙道一《歷世真仙體道通鑑續編》卷四《寇子隆》　青城山相去三十里麻姑洞，相傳云亦姑修眞處也。丈人觀道士寇子隆，獨往瞻謁。至中途，遇村婦數輩，自山中擔蘿蔔而出。弛檐牽裳，就道上清泉跣足洗菜。見子隆至，問：尊師何往？曰：將謁麻姑。一婦笑曰：姑今日不在山，無用去。遂取蘿蔔一顆授子隆，曰：可食此。子隆食之，遂行。竊自念曰：彼皆村野愚婦，豈識麻姑爲何人，得非戲我邪？忽焉如悟，迴首視之，無所見矣。自是神清氣全，老無疾病。每爲人章醮，自稱火部尚書。壽過百歲，宋孝宗隆興中羽化矣。

傅得一

傳記

趙道一《歷世真仙體道通鑑續編》卷四《傅得一》　師諱得一，字寧道，又字齊賢，清江新淦人也。姓傅氏。師之父某尤篤志道術，偕師之母盧氏，俱有隱操。初聞邑之陽有護國劉仙師壇，觀多靈異，間有仙隱於其山，中心竊慕之，遂卜居於山之下。宋徽宗政和五年乙未九月哉生魄，忽紅光遶舍，鄰里驚而異之。翌日，而師降誕。未及月，而舉動岐嶷，有若髫齔。年十一失怙，恃里人有嚴縣丞，矜其少孤，收育於家。是年，師以生朝往拜劉仙師。回至半山，見茂林脩竹中有六道人圍棋，飲於磐石之上。師欲就觀，徘徊不得其徑而入。忽一老者顧而指示之，乃得至石傍。

頃之，才老人贈以一楂子，厲聲謂曰：酒不得飲。師唯唯，執楂子嚙之，味苦澀，不可食，遂懷以歸。行一里許，乃擲於道傍。其家以師久不迴，遣人尋索，經宿乃得之。詢其所由，師具以告。其家與鄉里之好事者異之，競隨師登山，令指示其所，惟見荆榛荒翳，無復向時之境。迴至所棄楂子之地，則既夕矣，紅光燦然。人謂寶藏發見，爭前取之，光亦尋滅，猶聞異香芬馥。師曰：早間道人與我楂子尚在此。復取而食，味益苦，還擲之而去。自覺神氣清爽，行步如飛，遂能預知休咎。所居去邑十里，師嘗一日十往返。語言狂怪，歌笑自若。或滿頭戴花，或醉卧橋路，人莫能測。市人有惡之者，以毒酒推而溺諸縣橋之下，師隨流出没二里許。登岸，復入市。笑謂溺之者曰：何相戲之酷耶？人始訝其異。後屢試之，復然。衆乃驚服，稱爲傅仙。時師年十八，忽起江湖之興，被蓑笠，荷瓢囊，徧走湖廣淮浙間。名山福地，靡不游歷。或孤棲巖谷，或露宿叢祠，所至放誕，不自檢束。如在新淦時，人皆謂之狂生。然言人之災福輒應，士大夫益多奇之。張魏公浚留守建康，召師與語，即蒙殊遇。丞相史公浩嘗有詩贈師云：試問此行何所止，烏有鄉中無住里。醉時不覺醒時癡，世人誰識顛道士。異時又贈之詩曰：相識三十年，身顛心不顛，有人還會得，即是地行仙。後所贈益多。初，史越王未當國時，與同省諸公宴集，師偶遇之，衆中遽呼公曰：傳道人獨許你某年月日作相，公他日幸無相忘。後果如期拜相，師一日造府門，即延之上座，酌以酒。自是往來無間。忽一日大醉，跣而入府，遽以泥足穿丞相履，手作執板狀，四顧懽呼。公問其所欲，師云：要鶴氅著。公識其意，諾之。會楊和正適來謁，公遂薦之。和正是夕夢一異人來見，翌日王招之，見其儀狀儼如夢中。王與語，大喜，即贈以敕牒衣號副焉。遂禮管轄。祖慶章爲師隸湖州武康縣常清觀。觀，王所建也。忽一日，持其度牒詣和正曰：野鶴孤雲，狂性復作。不能坐受束縛，請從此辭。和正大笑，乃貽書觀中，以師散人，當處之以規矩之外。復月，遺以醇酒。居無何，拂袖而去。王遣藍輿遺驢之物，追路與之，師一無所受。遂徑還清江。時郡守嚴陵吳公聞師名久，一見大悅，舉家待以師禮。師不肯留，乃強延以玉笥山承天宮。貳職非其好也。未幾，復請管轄閤皂山崇真宮。曾不期月，大師朱公以玉隆萬壽宮管轄招之。已而顯謨沈公鎮豫章，與漕使少卿魯公、寶文任公移管轄鐵柱延真宮。孝宗乾道九年癸巳，晦庵朱文公爲扁雲庵二大字，及贈一絶句云：到處逢人說傳顛，相看知是幾生前。直攜北斗傾天漢，去作龍宮第二仙。其後范石湖大參張公樞使諸賢題贈，不可勝紀。淳熙元年甲午，史越王帥閩。一日，師遽呼徒弟葉永壽曰：我欲福州見丞相。次早遂行。於時繪像求贊，王在前，師傍立，竟諾所請，書於三山郡齋。留之數月，因奏薦于德壽殿。是年四月，奉聖旨宣召，師每自洪都至行在，不三日可到。三山距京將二千里。師亦然躬詣內殿，賜齋并銀絹物及御書寶扇一握、靈寶大師度牒等，是月十五日，師上謝表。師雖有此奇遇，而略不動心。未幾辭歸，住延真凡二十載。其臧否人物，言必有中。如龍圖韓公總江夏之師，侍郎李公將江西之漕，皆先期以告，其預知多此類。有自錢塘附師書至清江者，亦三日而達。師或一日應數家之供，同時俱至。人謂師得費長房縮地、薊子訓分形之術，未知其果然否耶。師性曠達，不親世務，雖屢典殊庭，充位而已。夜多不寐，亦有時默坐不出盡月。雖猖狂妄行，而志尚清潔，出入公卿之門，每以爲善自愛勸誘其人，人亦以此敬之。淳熙十五年戊申十一月二十二日，呼其門人，囑以後事，命筆題頌曰：平生膽氣清高，抱道長樂逍遙。天地陰陽反覆，雲收霧捲丹霄。頌竟，擲筆而化，享年七十有四。凡度弟子門人，以明年正月壬寅瘞劍於府東門之外朱砂岡，會葬者千餘人。謝觀復跋云：初，師之生，人謂不孕而育，其母亦自以爲然。嘗考之仙傳，雖至人降世，託迹同凡，亦必假陰陽之氣、三元充養，以成玆有質之軀。是故混元未誕，先降日精於玄妙；瞿曇將生，必夢白象於莫耶。固未聞不妊而子者。如其異人，託化於世，母不自覺，容或有之。所以老子八十一年，元君不覺其久。莊公寤生，姜氏疑非己產。故師之處身應物，皆非學門師承，所得諒由是也。嘗聞許碏有詩云：閬苑花前是醉鄉，滔翻阿母九霞觴。羣仙指點嫌輕薄，謫向人間作酒狂。師殆其庶幾乎，不然，老仙何以切戒其飲，正慮其狂態復作耳。謝守灝昔與之游甚密謹，略摭其大概。後之君子欲考其詳，則有史越王之墓志在云。

張宗元

傳記

趙道一《歷世真仙體道通鑑續編》卷四《張宗元》　河北霸州人也。入青城大面山中峰紫栢嶺結茅，耿介有守。居山五十年，傍無給侍，常與虎豹蛇虺雜居，恬不爲害。宋孝宗淳熙十四年八月二十九日，無疾而化。

張道清

傳記

趙道一《歷世真仙體道通鑑續編》卷五《張道清》　眞君姓張氏，諱道清，字得一，蒲騷里中人。母王氏感異夢而孕，宋高宗紹興六年丙辰五月二十日，毓眞君於青牛山舍。時紫氣騰空，遠近咸以爲異焉。幼侍翁媼徙居郢之京山。自爲兒時，氣宇澄清，不茹葷醴，達性命禍福。或數日不食。或一日入山，半旬不反。半旬不反，往覘之，則見卧於嵒中，有兩虎踞於側，里人驚而神之。又一日寢覺，告母曰：適往復州里女兄吳家方歸，大一姐約以絲履果實來獻。翌日果然。由是父母亦信其神異。二十七年上元日，眞君默坐前山，見五雲縹緲，間有萬神森衛，中有帝君坐龍輿，召眞君授以祕訣靈文。眞君得之，道望始顯。後於其地建祠，以記受道之所名曰帝授。已而鄉里旱澇，祈禱輒應。人有疾病，符水立愈。由是京漢嚮慕者衆。孝宗乾道元年，捨所居爲祠，立玉帝睟容崇奉即光廟，御書長森灣，今萬歲觀是也。二年，眞君幅巾藜杖，偏覽襄漢名山。至洪山謁主寺僧木閣老，因與之講究玄寂之道。喜木閣有慧性定力，罄所得鄉里酬施金帛回施之。八年，隨州旱，禱雨弗應，木閣以眞君靈異聞于郡。郡委佐官躬往長森，禮請眞君。至郡，惟書天授神章一紙焚之，甘雨隨降。官民感忭，願留香火祠奉。眞君不諾，重過洪山。木閣告於眞君曰：道本乎一，教分則三，願勿棄此山主張佛法。眞君曰：一來一去，各有定緣。予昨受玉帝旨，謂興建香火之地分應斗牛界，連廬霍，逢九當興。天命不可違也。乃辭別木閣，迴住長森。淳熙元年七月，眞君至龍虎山瞻禮天師，受上清大洞籙以歸。四年，有僧祖超自天台國清寺來，請師即往彼說過去事，僧衆神之。眞君歸郢，而蒲騷里人益景慕其靈異，士民捐舍，於青牛山毓靈之地立祠宇一所，以奉香火今崇寧萬壽觀是也。十年，眞君有中都之遊。時光宗在儲，適齊安郡主病，亟慈懿皇后念曰：若得張先生來，此病可療。且地遠，卒難至。而李府御帶隨以眞君見，留府第，聞于東宮，有命召見。眞君呪棗水以進，郡主飲之，遂甦。光宗曰：眞哉，神哉。寵賜甚厚，眞君不受，乃親灑眞牧二字及鏤之牙牌以賜。自此，時一召見，禮貌有加。眞君淡泊無爲，非問不答。一日召次，問起居之地，對曰：郢州長森灣。光宗又親灑長森灣以賜。十一年，眞君離京城，迴舊隱，活民命者衆。眞君視長森祠宇尚隘，弗稱儲君寶畫之光，命其徒楊宗華等營而新之。既成，白于衆曰：昔奉玉帝密旨，建立道場，別有其地，山川之靈俟命已久，將有行焉。乃自郢入蜀，歷參井，泛湖湘，過洞庭而下盆浦。十四年春，過康廬，有仙翁揖于途曰：拙者遁跡九宮，遠來參迓，願早訪彼山，庶我輩有所倚藉。眞君唯之。遂由富川上至通羊，宿杉坑梵刹。是夕，山之阿有鄉耆張鎮者，夜夢神人黄袍白馬，直入其舍。翌午，眞君至鎮，異之，傾意相嚮。眞君告之曰：九宮靈壇，湮廢已久。吾將辟其基，以爲國家祈禱之地。遂捫蘿登山數十里，得其地於山之巔，廣數十畝，即圖誌載之曰平壺臺是也。日暮，就宿山中，趺坐松下。夜半，山靈諠聲，從者駭然。眞君曰：是山之神交相喜爾。繼有赤蛇神龍之異。平明，從者告饑，眞君默坐方醒，於袖中出齋[illegible]，各與其一。異香，猶熱。食之，且飽。遂於壺臺之下定向子午，標立道場，而下曰：吾且回長森，秋期再來。乃以符法授其徒楊宗華，令先往開闢，結茅爲居，權以安憩。十五年戊申，眞君至，七衆歡迎入山，四方之民抱病求安者雲集，隨叩隨應。貧者助力，富者輸財。繼而眞君靈貺匪一，九宮開闢不日成之。光宗紹熙元年，召命，不赴。上遣使降香燭錦幡銀券入山設國醮，徼福于民。寧皇在儲，亦有厚賚。未幾，朝命易庵爲欽天觀。慶元元年，寧宗臨御，慈懿居内宮，每歲遣使入山，厚有錫賚。三年，眞君返長森。五年，上賜眞君爲眞牧眞人。嘉泰四年，寧皇親灑欽天瑞慶之宮六字，敕修内司，鋟梓改觀爲宮，賜賚駢屋。六月，上復加封太平護國眞牧眞人。開禧二年，敕江西轉運司撥賜閑田，又慈明皇后賜錢置莊，供贍羽衆。累降特旨，免役蠲租等。是年虜寇京西，長森實據其要。虜既入境，羽衆奔逃。眞君端坐堂上，虜莫能犯。及舉火焚祠，煙焰自熄。乃驚嘆曰：此南朝得道仙子也。三年夏初，眞君復還長森，而九宮諸徒亦至省侍，咸願請眞君回九宮，眞君曰：吾之行止，非汝等所知。吾創九宮道場，乃奉天命，爲保國寧家，安集道衆而設。汝等當以進道爲心，勿以吾不歸爲慮。至七月五日，眞君鳴鼓陞坐，諭衆曰：死生一晝夜也，出入一乾坤也。予自歷劫以來，應時出世，隨念度人，身在塵凡，名書仙譜。今將歸矣，洞然八荒，了無挂礙。汝等各守戒行，循規蹈矩，以扶教法，以報君親。及索紙書頌曰：幻質塵芳，方度六紀。憫一切情，如渴赴水。踏破鐵鞋，尋跟索底。一刹那間，衆流截止。仰沐宸恩，可謂終始。今日逃形，湛然脱屣。咦，分明記得來時路，乘彼白雲歸帝鄉。頌畢，珍重端坐而蜕。遺表奏上，蒙寧皇御批：太平護國眞牧眞人張道清，志識清虚，道行高潔。先朝眷遇，極爲優厚。況祈禱雨暘，累獲感應。今已羽化，朕甚憫之，可於内帑降賜錢，令徒弟往長森灣迎歸九宮崇奉仰。九宮主者就禁地内卜吉所安瘞，不得滅裂，仍不許所在邀阻。付欽天瑞慶宮，准此。續降聖旨札：下江西轉運司委都運趙龍圖督促其徒，疾速迎回，嚴奉徒衆承旨前往長森灣護龕迎歸，涓吉入塔。忽眞君親附童子謂：吾今神歸天府，遺形何以葬爲，惜諸方善信遠來，無以瞻敬，於是立堂崇奉，眞相猶存。嘉定三年，續奉寧皇御書眞牧堂三字，鏤牌以賜。理宗御極，眷遇有加，紹定四年加封眞牧普應眞人其事迹靈異，君恩寵渥，詳載九宮山眞君全傳。

謝守灝

傳記

趙道一《歷世真仙體道通鑑續編》卷五《謝守灝》 先生姓謝名守灝，字懷英，永嘉人也，生於宋高宗紹興四年甲寅三月二十二日午時。先生少聰慧明敏，年弱冠，刻志於學。一日有雲水道流訪其書齋，道流曰：貧道結緣先生。與之揖，就坐。復起入内命茶，道流點首曰：欽哉，古學問神仙也。道流坐，先生默然似有覺悟，自是諸經子史一覽無遺。勵精儒業，天才該贍。少年補中上庠，後館于曹忠靖公府。時清虚皇甫眞人遭際主上，每延問道德。曹公感眞人渡黄河之恩，時延于家。先生仰慕眞人道德，遂脱儒冠，參禮眞人，隸籍羽褐。眞人之道，首付曹彌深，次於先生爲入室弟子焉。先生博學强記，議論宏偉，每優道劣釋，間有惡其分别輕重。先生每言：儒家有云，能言距楊墨者，聖人之徒也。吾於道家亦云。一日，有士人聰明記問志尚釋教，問先生曰：三教孰優耶？先生曰：天下無二道，萬殊同一初。至理昭然，何疑之有？先生究竟經史，出言有據，懸河之辯，莫能屈之。一日，復有難者曰：盡信書不如無書。先生曰：如是則校之經史尚不可信，足下之言尚可信乎？其人無答，欽服而去。孝宗淳熙十三年，江西漕使牒請知西山玉隆萬壽宮。光宗紹熙之初，朝廷賜觀復大師，充行在壽寧觀管轄高士。先生惟是究覽三教諸子百家之書，作太上老君混元皇帝實錄一部七卷，奏聞主上，盛行於時。學問淵源，聲動朝野。紹熙四年，再任玉隆萬壽宮住持。寧宗嘉泰元年，復任焚修管轄宮事，一陞經座，撥妙指玄，勾引三教。高人問話，應答如響。間亦於寺院借座説法，禪林尊宿，亦多嘆服。先生早遊江海，多歷名山。嘗遇至人，授以《旌陽石函記》一部，金丹之理，愈造妙門。内焉養眞，外焉混俗，人莫知之也。光寧兩朝，眷遇優渥。平生交友，當代大賢，超羣拔俗，人莫能及。逮至晚年，相貌清古，鬚髮皓白，人咸謂活老君出世。

閑中靜坐，焚香誦書。因觀自著《混元實錄》，撫几長吟曰：知我者其惟是書乎，罪我者其惟是書乎。門人請益，先生曰：吾志在修文輔教，明辯正邪。立見已定，一言不易。後世毀譽，任之也。老耄之年，顏容悅澤，耳目聰明。清夜對燈解書，蠅頭細字。嘗以所隱《石函記》一篇此一篇名《金丹法象論》，後有人作一篇補遺，法度乖謬，恐誤學者，書字如粟，刻於銀葉之上，藏於岩穴，以俟骨相合仙之士焉。晚年復辭往永嘉郡瑞安縣紫華峰創宮，請額於朝，爲九星宮。玆蓋先生湯沐之邑也。住世引年七十有九，於寧宗嘉定五年壬申二月十九夜，忽夢天人下降，謂先生曰：太上有命，趣召修眞仙史記。翌日午時，具香湯沐浴，辭别道衆。書頌云：造物逆旅主，天地一蘧廬。還汝已生有，還我未生無。頌畢，正衣冠端坐，奄忽而化。後門人私謚修文輔教觀復先生。

黃舜申

傳記

趙道一《歷世真仙體道通鑑續編》卷五《黃雷淵》　眞人姓黃名舜申，福建建寧人。幼而聰慧過人，三教九流無所不通。仕廣西時，憲使南公見而奇之，悉以神書授焉。眞人鈎玄探賾，集成大全，登門之士如雲。後承詔命入覲，繼而得旨還山，隱於紫霞滄洲之上，制授丹山雷淵廣福普化眞人。其所度弟子，皆立石題名。立石之前者三十人，立石之後者五人而已。前者各得一法，後者盡得其傳。如武當洞淵張眞人，化行四海，獨露孤峰，其道則多行于北。西山眞息熊眞人，獨在諸立石題名之後，道闡四方，則尤多行乎南土。傳之安城彭汝勵，汝勵傳之安福曾塵外，塵外傳之浚儀趙元陽。如上授受者，皆爲一代宗匠，道德沖融，內外光霽焉。

雷時中

傳記

趙道一《歷世真仙體道通鑑續編》卷五《雷默庵》　眞人姓雷諱時中，字可權，號默庵。其先本豫章人，後家于湖廣之武昌金牛鎮。所居溪水迴環東西二橋，故又號雙橋。老人生於宋嘉定辛巳年十一月初五日辰時，幼習詞賦，後通詩經。三領鄉薦，精心道學，專務性理。與九江吉甫親，因己未、庚申之難，挈家依居吉甫。甲子歲殿帥往太平宮酬醮，師從其行。夜宿太平宮之聽雨軒，恍惚間見上帝親謂語曰：卿陽祿無分，陰官有緣，不須留意功名。是夕本宮知宮亦夢採訪眞君告曰：來日午刻可精嚴祀事。五百靈官中有一靈官親降，于壇炷香。次日午朝，殿帥謂師曰：我困甚，師可代燒香。及至壇中，知宮大駭，方知師五百靈官中人也。後知宮白于師，師愈留心道法，絶念功名。復回居金牛鎮，置壇祀呈。庚午三月三日玄武誕辰，師具表賀，焚香朗誦度人經。忽有一道人標格異常，自外至，謂曰：貧道有一階道法，特來授汝。因出袖中書一卷，曰：可置此文於壇中，齋戒七日後方可開看。師受之，置于香案。回首，道人已出，不知所在，方悟其爲異人也。入壇拜謝，持誠齋戒七日，焚香拜禮，開看其文，乃混元六天如意道法。看畢，壇中白晝如夜，須臾雷火布滿，雷霆辛天君立于案上，曰：吾奉昊天敕命，付卿開闡雷霆之教，普濟衆生。吾教上帝爲主，以吾佐之，以卿行之。前日授卿之文者，乃祖師路眞君也。卿名在仙籍，七世爲儒，三世行法，並無纖過，當大興吾教。路祖師當晉時親遇太上老君，授以此法，而是教專以度人經爲主。師每化導世人及開度弟子，皆先令其精心誦經，各獲果報。且嘗論度人經旨，以開後學。其要在十迴度人，非惟十遍可以度人，乃在平日修鍊自己，以究返還之妙。切須先度祖宗，終得道備，飛昇上清。經旨之明，莫越是矣。及儒釋二家，博采旁求，貫徹混融，歸于一致。四方聞其道行卓異，及其門者日衆。弟子數千人，分東南西蜀二派，首度盧、李二宗師及南康查泰宇。由是盧李之道行于西蜀，泰宇之道行乎東南。混元之教大行于世，所著心法序要、道法直指、原道歌，皆發揚混元道化之妙。以至元乙未四月初五日，沐浴更衣端坐。臨午，命盧李二師率諸門人諷度人經一卷畢，即索筆紙書頌曰：一輪明月照清穹，萬里無雲光霽中。自在逍遙無一事，圓融常與太虛同。頌畢，凝然而逝。是年冬，弟子奉葬于郡之顔山。後雷霆累降筆云：上帝已陞眞人爲玄都上相、混元妙道普濟眞君、雷聲演教天尊。

莫月鼎

傳記

趙道一《歷世真仙體道通鑑續編》卷五《莫月鼎》 諱洞一，字起炎，浙西霅川人，莫合之裔也。生而聰慧，英敏過人。酷慕道法神仙家之說，乃與同郡西埜沈震雷眞人同師事鐵壁鄒眞人，得侍宸王眞君九天雷晶隱書，由是名著當時。至若會稽混融韓公、錢塘楊和玉蟾川諸公，望重當代，爲道法所宗，皆炷香座下，由是道法愈重。眞人落魄無家，隨所寓而止焉。求其道者甚衆，往往遺世絶俗離倫，飲酒輒醉，自樂天眞。其接門人，多致叱咤，試其誠怠之心而進止之。有不堪者，中道而廢。至元丁亥，被召赴闕下，符法闡揚，雷雨在指顧之間。一時名動京師，奔走後先者如雲如堵。有不遠數千里及門而求道者，有奉束脩五十緡，師受之。一日，袖之而去，遇酒肆，陋者乃入。見貧寒者濟之，有老病孤弱者必以物與之。及晡而還，緡皆罄矣。門人中有道材法器者，輒循循以進之。其於雷霆之奧，發揚底蘊，開示來學者多矣。使者一符形，每授門人，各有不同，是乃眞人自立法以證派源。考其玄微，同歸一致。自侍宸王眞君演道以來，惟眞人與西埜沈眞人二派支流衍迤，盛于西江，昌于東吳。扶敎澤民，莫有甚焉。以延祐庚寅秋日方正午，趺坐問弟子曰：是何時也？弟子曰：日卓午矣。遂索紙筆作偈曰：七十四年明月，也曾陰晴圓缺。今日大地光明，三界虛空透徹。書畢，端坐而逝，顔面如丹。

金蓬頭

傳記

趙道一《歷世真仙體道通鑑續編》卷五《金蓬頭》 金蓬頭，永嘉人也，名志陽，號野庵。素蓬頭一髻，世因以爲號。生而不羣，自幼果敢，大志不羈。甫長，慕道棄世，慮若焚溺，遂師全眞道士李月溪。月溪乃眞常李眞人之徒，眞常又長春丘眞人之高弟也。一見器之，命遊燕趙齊楚，求正乎先德焉，得參事眞常李眞人。南至袁州，遇守城校尉顛軍子，狀貌偉素，日不與世接，夜宿神祠。師知其異，乃師事之，亦有所得。歷游武夷、龍虎二山。時龍虎主先天觀者傅師正，館師于蓬萊庵。庵據徵君聖井、藐姑諸峰之會，師攀陟崖壑，侶鹿豕，藉雲霧，視以爲常。或夜坐盤石，蛇虎値于前，輒愕而逝去。命其徒李全正、趙眞純築天瑞庵于峰頂，四方聞其道者，無遠邇凡病患者輒叩之，即應以所供果服之，無不愈。參禮者日集。嘗天旱，登龍井召龍出，語龍出聽。踰時漸小，躍入神中，乃警以偈，龍騰入水，少頃天大雨。元統癸酉，復隱武夷山，居玉蟾之止止庵。浙東元帥李太平聞而禮之，謂曰：命嚴則民治，心清則欲寡。李益敬服。或有妬者，謀以藥毒之。師預知，命其徒鑿池瀦水。果服，浴而出之，安然。今名吐丹井。至元丙子歲正月一日，其同學桂心淵，世稱桂風子，坐解于廬山。師聞之，四月十日令徒書一頌，坐逝。越十三日，面頳若栗，肢體溫軟猶生，瘞於庵側。所受弟子則勞養素、郭處常、李西來、張天全、殷破衲、方方壺，皆以道聞於世。

婁近垣《龍虎山志》卷七 金蓬頭，號野庵，永嘉人。遊龍虎山，啓先天觀，復構蓬萊庵於聖井山。每風月良夜，露坐磐石上，蛇値其前，悉逶迤避去。歲旱，叩井召龍與語，龍出聽，逾時漸小，躍入袖中，復騰奮入水，雨隨霧沛。後隱武夷山，人以毒藥飲之，鑿地伏而吐出，今名吐丹井。方方壺、殷破衲、李西來，皆其高弟也。

徐希和

傳記

劉大彬《茅山志》卷一二《上清品篇》 二十七代宗師：太中大夫凝神殿侍宸養素觀妙先生，姓徐諱希和，字仲和，金陵溧水人。祖父樂施與，笪君尤爲徐君所敬慕，命師以侍巾舄，嘗從入朝。上嘉其道才清素，勑就陛前承恩爲道士，沖隱解化，奉御筆嗣宗壇。政和四年，召請闕，及秋還山，賜丹臺郎，轉太素大夫凝神殿校籍。宣和三年，復被召內廷，建別館處之。四年，授前職，請歸故山，勑有司禮送。五年三月十八日，降御封香入山，有白鶴天燈之應。每坐大靜接降仙眞，侍者窺之，唯聞其語。師預知世，故常若隱憂。靖康之初，閉靖不食。一日集徒衆曰：吾仙期已迫，不得見聖人治世也。以建炎元年七月二十五日若坐忘長往矣。贊曰：

古先聖眞，鍊質返始。往來無方，聚散無體。我神甚眞，故與之遇。外戶何人，欲聞其語。

蔣景徹

傳記

劉大彬《茅山志》卷一二《上清品篇》 二十八代宗師：元觀先生，姓蔣諱景徹，字通老，金陵句容人。眉目秀異，面有斗文。十一歲侍沖隱公，及聞三洞俞先生入蜀，往見於峨眉山。俞嘉其意，益其所學。臨別謂師曰：三十五代，我當如阜及山，嗣掌大法。建炎寇起，燬元符宮，師獨保經籙、印劍。左街道録傳希烈聞于朝，高宗賜金重建宮，師復行化至京師。前一夕，和王楊公存中、夫人趙同夢天尊降其第。明日，師謁王門，王大敬信。今宮山門，王所建者。嘗歎曰：吾以土木事虧損仙業，不得白日昇翥。師有白玉天尊像，甚祕，比至解化，像亦亡去。紹興十六年四月二十九日也。贊曰：

土木之崇，時息時興。我行無爲，彼夢有徵。峨峨象帝，玉質天粹。臨化俱返，孰執其契。

李景合

傳記

劉大彬《茅山志》卷一二《上清品篇》 二十九代宗師：崇德先生，姓李諱景合，字靈運，句容人。幼師元觀，該練經法。南渡之後，壇席典儀缺落，賴師潤色之。一日，遊雷平山，得古劍一，以獻元觀，元觀曰：此陶公墓中物也，神物不可泄，合歸入故地。果得隱居墓，卓劍墓上。須臾雷電大風晦冥，明日往視，其劍無有，墓上復得二青李。元觀聞之曰：劍去李出，予當避席。即奉師登壇，是日，虎嘯鹿鳴，鸞鶴交至。師好施藥，人一疾安，今投一錢井中，積錢盈井，人呼曰藥錢井，所活人可知矣。紹興二十年九月十五日，不疾而逝，葬歸眞山中。贊曰：

神物之還，雷電與俱。青李何來，報徵神墟。發藥羣疾，泉流林注。以無盡施，待有緣者。

李景暎

傳記

劉大彬《茅山志》卷一二《上清品篇》 三十代宗師：靖眞先生，諱景暎，字靈暉，崇德宗師弟也。早喪父，事母至孝，年四十不娶，母卒，從兄著黃冠。崇德公曰：吾昔得二李陶公墓下，子來驗矣。因作二李亭于白李溪。師至性澹泊，深寶慈儉，一入大靜，彌月不出。高宗累召，辭疾不起，即山中賜號靖眞先生。紹興二十五年夏旱，留守詣師請雨，大應，守聞之。朝使一再至，師辭疾愈力。明年，爲秦夫人王氏拜章，知檜繫鄷都事。隆興二年正月一日，謂侍者曰：吾將觀化矣。遂閑靜危坐不食，至六日午時化。贊曰：

太一好生，泫容禱祠。而所福禍，則不敢私。迷國當誅，猶冀冥報。玄獄之警，亦輔名教。

徐守經

傳記

劉大彬《茅山志》卷一二《上清品篇》 三十一代宗師：保寧沖妙先生，姓徐諱守經，金陵溧水人。母夢流星降其室而生，十歲不能言，有道人言自茅山來，服其丹，遂能言。母迺令入山師事靖眞。守一抱道，不求人知。隆興二年，嗣主壇壝，朝廷累召，守靖眞之敎，確然不起。每有禬禳，遣使即山修事，輒獲嘉應。及得江陰秦先生手印劍付之，退藏於密。慶元元年三月九日，辭衆而逝。贊曰：

流星之光，下而爲人。斂精含輝，忘言絕塵。神丹之來，道不苟授。應物泊然，是善玄守。

秦汝達

傳記

劉大彬《茅山志》卷一二《上清品篇》 三十二代宗師：明敎先生，姓秦諱汝達，字通遠，江陰人。家貧苦學，常拾廢紙遺筆學書，強記過人。訪道東南名山，保寧宗師闢館西洞，以書致之。先生來，與語通夕，明日以印劍奉先生登壇，衆望見先生眉宇若神，皆服保寧公擇賢之密、知人之明也。紹熙二年，朝廷遣使封香營金籙齋，有白鶴綵雲之異，賜先生號。慶元元年十月九日，句容簿沈來謁，比別，至山橋，聞鐘聲，人曰：秦宗師仙去。沈大駭，還望先生，趺坐凝然，體猶溫澤，因歎曰：相逢茶已罷，一笑便昇仙。入室弟子邢汝嘉時在京，爲太一宮高士左街道錄，是日還山，奉勑嗣教。贊曰：

仙學所能，非人間書。示假豪素，何妨棄餘？幾動於微，我感以虛。謂我預知，孰究玄樞？

邢汝嘉

傳記

劉大彬《茅山志》卷一二《上清品篇》 三十三代宗師：眞應先生，姓邢諱汝嘉，字子嘉，建康溧水人。七歲能綴文，善談名理，身長七尺，手垂過膝。孝宗召爲御前高士，師蚤年寡髮，不勝冠，特賜巾裹上殿，並御製詩曰：朕親命製華陽巾，賜與茅山得道人。戴此不妨朝玉陛，免教五嶽受埃塵。慶元元年十月三日，得秦宗師書曰：吾近得眞誥，將有回車之期，宗教甚重，子可速請勑，歸領印劍，期以九日。至山奏聞，上深異之，勑送還山，爲嗣宗師。嘉定元年重建藏室，獲施與金帛數萬計。謂門人曰：吾非好此，明年將歲大饑矣。嘉定二年三月二十二日，不疾而化。是歲，秋歉甚，衆賴以安，有餘濟困頓者，活人無算，其存心如此。贊曰：

於皇阜陵，躬勤孝理。爰尚清靜，詢于眞士。手製華巾，俾郤冠塵。疇克稱玆，玉立長身。

薛汝積

傳記

劉大彬《茅山志》卷一二《上清品篇》 三十四代宗師：沖玄明一先生，姓薛諱汝積，字德夫，常州晉陵人。性簡儉，學《周易》《老》《莊》，與眞應先生意甚相得，眞應以高士主祠尙方，音問不相涉二十餘年，後卒爲師友，傳其道統。嘉定六年癸酉地臘日，寧宗皇后楊氏用明肅太后故事命左街鑒義上官德欽賫香幣受大洞畢法，遙禮先生爲度師，修羅天醮。甘露降，靈芝生，白鶴綵雲，嘉瑞非一。高士劉先覺撰《傳籙記》。七年十二月十八日，解眞。先生初名克昭，字明夫，及傳華陽之學，更前名，著其世德之由起也。贊曰：

發書啓玄，託易著明。出日入月，道正不傾。瑞露密降，芝英自生。白鶴起飛，遂超太清。

任元阜

傳記

劉大彬《茅山志》卷一二《上清品篇》 三十五代宗師：通靈至道先生，姓任諱元阜，字山甫，溧水人。幼負奇質，察理幽深，神貌超然，綽有仙氣。薛宗師夢童子揭其坐席曰：俞先生來，子愼避席。俞即元觀蔣公峨眉山見之，有三十五代如阜之語，蓋蜀中仙去數十年，薛公嘗聞斯語矣。及師入山，薛公曰：華陽再來客也。即授以玉書，學者駢踵而至。嘉定十六年，淫雨，寧宗召至闕，修大醮。師勑水至坤隅，向艮戶躡罡，若有禁勑。上亦先夢其地有妖異，人所不知也。因賜號通靈。明年，復召禱雨，加至道，賜象簡冠帔，皇后賜之紈扇，親書特賜妙相眞人于上。其他賜予，悉散貧者，上益加敬。嘉熙三年三月十八日，建齋罷，白衆曰：吾將佐司命君，理忠孝之任，宜珍重焉。翛然而逝，壽六十四。贊曰：

孰謂仙眞，遺世去之。受職于天，忠孝是司。地道無成，含章爲美。俾揚皇風，是用錫爾。

鮑志真

傳記

劉大彬《茅山志》卷一二《上清品篇》 三十六代宗師：明微先生，姓鮑諱志眞，字淳夫，溧水人。家業儒而貧，父道中得遺金，有遠吏泣至，問所遺，即歸之。夕夢羽人謂父曰：汝有陰德，生子當仙。父母以歲疫命入山受道，是年疫，惟鮑氏一門免焉。趙葵開閫東方，請師醮拔滁城戰歿之士，羽童鸞鶴見於雲中。葵深敬異之，復於□義家獲南嶽景震劍。淳祐三年，上表解職，居陪眞館，日誦《太丘隱書》。十一年辛亥，其四月十七日，靜一先生解眞之日也。燒香作禮，召大衆曰：我當從祖師去矣。是夕蜕去。贊曰：

千萬之一，人保純德。萬億之一，純德之極。純極而仙，人化而遷。父不拾遺，仙許子爲。

湯志道

傳記

劉大彬《茅山志》卷一二《上清品篇》 三十七代宗師：靈寶先生，姓湯諱志道，鎮江丹陽人。讀書負奇氣，髽髻跣足，坐大茅山頂三十年，誓不出山。趙善湘帥金陵訪山中高道，一見奇之，使禮明微宗師，始聞大道之要。淳祐三年，傳印劍。五年秋，大旱，召赴闕禱雨。師曰：雨不須禱。上曰：亢旱奈何？師曰：臣聞民者，天之赤子。陛下憂民若此，雨當旋至。臣行不足格天，臣心有足知天。是夕果雨。上大悦，民舉手曰湯仙雨。召住太一宮，力辭還山，賜賚特厚。十一年四月，上表退席。寶祐六年正月三日，說偈有云：笑入寥天一，酒一笑辭世。贊曰：

冠巾裳衣，人飾其外。我髽以游，返質非怪。桑林之憂，釋以甘霈。而不自神，曰天所溉。

周大川

傳記

倪守約《金華赤松山志・沖和先生周君》 先生名大川，字巨濟，號澄齋，本郡人也。自幼入道，潛心宗風，承恩後有術者相之曰：此人必可一言悟主。及年，德俱備，寧廟聞其名，乃詔入覲，館于高士堂，尋奉萬壽香火，上甚禮貌之，乃爲家山申請免和買雜敷，仍立山門道正司。又數年，謝絶軟紅歸養故業，衆又挽爲家山主人，愛常住，毫髮無欺，贍衆無乏，莊田負逋，則捐己資而代償，讙聲載道。若夫吟詠紓情，横琴樂道，人所不能易及也。與通妙先生易君如剛爲莫逆友。嘉定間上猶愛念二人，俱賜象簡，又俱賜先生號，所得御書見崇奉于沖和道院之御書閣。

吴養浩

傳記

倪守約《金華赤松山志・道録吴先生》 先生名養浩，平生讀書不倦，十行俱下。遊歷江湖，則與雲泉高士楊休文爲文章友，玩弄筆硯，朝中公卿皆屈禮招致之。紹定間文聲益振，理廟聞其名召入覲，令主太乙，自是聖春彌篤宣賜不一，積階至左街道録，年七十餘而化。

甯全真

傳記

《靈寶領教濟度金書·嗣教録·贊化甯先生》名本立，字道立，諱全眞。開封府人也。世裔莫詳。幼養於裴氏家，長猶從裴姓。然天性純孝，奉所生母尤謹。其資稟純異，敏於記憶。凡諸子百家、醫藥卜筮之書，無不該貫融會。善察天文躔度，猶工於風角鳥占卜術。家貧無以自給，爲六部尙書令。每歎曰：吾性嗜沖寂，且聞至人多廛隱者，老子嘗爲柱下史矣。吾切慕焉。會尙書王古入朝，雅知先生有道，檄充史掾尙書，嗣丹元眞人東華嫡傳。又聞田靈虛遇陸簡寂於盧山，玄受三洞經教，與東華丹元玄旨。會合尙書，延致靈虛于家，俾先生典侍抄錄。先生既心與道契，一見輒解悟。凡宗旨祕文，必私錄副本。靈虛知先生宿有仙分，心切許之，勿訝也。先生亦未嘗敢請焉。一日靈虛言於尙書曰：裴氏子根器深重，骨相合仙，異日當負大名，然振起吾東華教者，必此人也。欲以上道授之，俾其掌敎，可乎？尙書亦欣然曰：此吾志也。遂授焉。自是修持不怠，能通眞達靈，飛神謁帝，名振京師。遭靖康國難，大駕南巡。先生奉所生母以行，遂飄泊來南。凡所至處，人輒歸慕。前是，楊司命得道華陽，以《靈寶玄範四十九品》、《五府玉冊符文》一宗印訣進于朝，詔藏祕府。司命登眞，付於嗣法仕子仙，曰：爾嗣吾上道，愼勿輕泄。若遇緋衣人，則付之。後仕君於江南，時先生尙從裴姓，仕君曰：吾昔受先師緋衣之囑，今始悟緋衣者，子姓也。即以圖策心印付度。未幾母亡，號慟不已。時兄弟皆淪喪無嫡承，至是始復甯姓。紹興中旣駐蹕吳會，十六年十一月，高宗皇帝將有事於南郊。及致齋，雨雪交作，上憂形于色。或奏請先生致禱焉。甲戌朝獻元廟，霽日麗空。乙亥享太廟，晚宿青成齋宮，風雪復作。上即封香，遣內使詣先生靖治，先生謝恩。訖，以爲今去行禮，只一二時，須具章奏。無及，乃取水噀壁中，光輒現。令齎香內使詣觀之，一上眞降鑑，云是太皇萬福道君。先生命內使以上旨，懇切求一日之晴，以訖大禮。蒙道君首肯而退，即策騎回奏，及行次宮門，凝雲漸散。丙子淸旦，上登壇行禮，於彩雲繚繞中，三台獨見。暨五鼓成禮，則風雪又如昨矣。廷臣付史館以紀其瑞，上從之。後恩平郡王迎至府中，建大齋，奉高廟密旨，附上二章緘竟而後付出。初不知所云何事，伏拜畢奏，蒙上帝睿旨，所陳忠孝二字，忠字未可行，孝字允所請矣。蓋高廟言恢復及靈嗣事也。三十八年，逆亮犯淮，江南事急，中外恟恟，羽檄交馳。高廟詔先生入殿庭，仍奏密章。拜畢，復誦章中所陳，不差一字。奏云：面奉虛皇上帝，降賜一箭。又有靈飛玉女，傳旨而出。曰：天亡此胡。三日後天下當太平。初言甚祕。及期，捷書果至，逆亮以其下作亂，中流矢死。上令學士院降詔，忽有天亡此胡，俾以身而送死之句。上大驚異。顧問學士曰：卿何有天亡此胡之句。學士奏曰：臣夜來夢一金甲神人，語臣曰：上帝勅旨已下，天亡此胡。臣遂下一句綴之。高廟大喜，勅賜洞微高士。繼進贊化先生。賜賚榮寵。是後朝廷凡有醮禮，皆屬先生主典之。左街道錄劉能眞，初嗣先生上清靈寶大法，眷寵兩朝。以先生上章之驗，惡其壓己，嫉妬不平，於是有殺羿之心，大興謗訕。孝宗皇帝即位，初年起張魏公浚爲樞密使都督江淮兵馬，首命先生占之。先生曰：今日出師不利，相公將有險職之譴。張浚大怒，以爲訛言，阻遏重器。而劉能眞黨於內豎謝安道、魯允修，及統制官陳瑤，李嶸，共陷先生，拘付後司獄，實欲置之死地。先生被囚十餘日，神色怡然。張浚問之，始無必殺之意，遂黥隸軍籍。不數月，張浚果失職，落樞密使都督，改江淮宣撫。先生以能眞陷己，具章奏劾之帝師，有令臣求生不得，求死不得之語，正以咎師之罪。乃立誓曰：東華靈寶上道宗派，眞眞相授，不許傳黃冠。未幾，能眞以譴死。斯人也，開山御前三茅觀，內渡以來，傳道最先。背師若是，誠惡逆之子也。先生遂晦跡深遯，益勤修練。士夫慕其道而歸之者如市。浙右諸處士庶，多率錢建齋醮，或度幽魂，或弭兵戈，或祈晴雨，動有玄報，不可殫紀。天台巾子山素有飛猴，爲郡之患。有吳崇哲者受其害，請先生治之。見《夷堅志丁集》第一卷侯將軍事。因受其祟之餽，一日際午，忽命家人篝燈，家人以日中告。始歎曰：吾受鬼贜，故獲所譴。典章表者，急書章謝罪，墨汙其紙者至再。先生曰：天省不允，無如之何。自是喪明。然於上道宗旨，無不默記。遠方學子慕道而求者，必預知其姓名及人品高下。經法篇帙散亂者，以手捫之，即知品目所在。即以崇代一宗，付玉牒趙義夫、寶婺蘭溪何淳眞。何素宦族，爲國子進士，慕先生之敎，不惜重貲，延于家塾。如宋扶、何德陽、王承之、章友直、宗妙道、胡元鼎、胡次裴、趙懷政、胡仲造、杜文豫，皆受學焉。先生晚年，惟留何淳眞家。淳熙辛丑孟秋，淳眞適婺女。先生謂其家人曰：我欲蛻形玉闕矣，而淳眞不歸，爲別何耶。既而歎曰：吾今定業盡矣，豈有黥面漢，而可以臣事玉淸也耶。乃命家童取水洗之，肌肉如初。良久復曰：豈有一瞽目漢，而可以上朝玉淸也。仍取水洗之，光明還初，取繡針以線度之。有侍婢曰三娘子者，久在左右。先生顧謂之曰：三十年不見汝面，髮垂白如是矣。又曰：我今臣事玉淸，可無愧矣。俄頃解化。人但見天樂淸圓，甘露下降，彩雲滿空，異香盈室，禎祥異至，實中元日也。先生生於建中靖國之辛巳七月十八日午時，得年八十有一。諸弟子斂形蓋棺，托尸於永康之同山。嗣代趙義夫上章祈度，得都省批降，先生已證位開光救苦眞人。其墓迄今林木鬱秀，呼爲甯仙塚。後有鄉宦仕于蜀，見先生冠華陽巾，遊於蜀郡，猶訊及江浙間諸門人弟子云。

林靈眞

傳記

《靈寶領教濟度金書・嗣教録・水南林先生》　先生姓林，諱偉夫，字君昭，法諱靈眞。世爲溫之平陽林坳人。祖粢，官至武經郎。父嗣孫，官至保義郎。母夫人徐氏，南宮舍人桃渚徐公儼夫之妹也。保義公篤好修行，家素富貴，與夫人舉案。次嘗曰：吾宗桂枝林氏，蕃衍昌大，詩書之澤未艾，何使我有伯道之戚耶。夫人每於淸晨靜夜，必露香密禱焉。一夕，夫人夢洪水自南滂漲其境，盂載一嬰兒激波而至。夫人視曰：勿使溺也。遂撫抱之，而覺有感，隨娠。乃以宋嘉熙己亥九月二十八日，生公于里第。公幼穎夙悟，資稟不凡。既長，經緯史傳、諸子百家，若方外之書，靡不洞究。而於四輔三奇、《陰符》、《畢法》之旨，獨加意焉。公每撫語言，呐呐然若不出口。其爲文則雅致混混，問見曾出。鄉之諸父老，若侍郎平坡應公節嚴，右司雲振林公千之，尤器重之。以公之種學績文如此，大則可以鳴國家之盛，小則亦當校讎羣玉府。乃累舉不第，卒授登仕郎將誠漕闈。適丁時艱，笑曰：黃粱舊事，毋乃似乎。於是棄儒從道，捨宅爲觀。家貲鉅萬，如棄弊屣。追感先夫人洪水自南之夢，自號水南。遂榜其門曰水南福地。投禮提點復庵先生戴公煟爲師。取丹元方諸之義，扁其宅曰丹元觀。安撫肖梅徐公似孫寔爲書之。觀宇內外，威儀一新，雕珉盤礎鏤竦粢，與新宮之境何以異。公每曰：予學道于虛一先生林公，東華先生薛公，于茲有年矣。幸造道域，參玄律。詎可韞所學，而不濟於世。乃紹開東華之敎，蔚爲一代眞師。以度生濟死爲己任，建普度大會者不一書。性合眞筌，道開幽鍵，監觀有赫，來格來寧，猗歟盛哉。會元厄於劫火。公曰：無何有之鄉，廣漠之野，有是乎。乃深隱蕃芝山修洞，將彌千日。有自括蒼山回者曰：疇昔之夜，夢坳山有道士，趺坐誦經，神光大定，慶雲繽紛，則公之德行有諸內，必形諸外。道友間多誦言之。先代敎主眞人企其高，渴其道，命駕速，公甚敬。扣以眞機玄奧，歷歷以對。眞人喜溢于容。曰：永嘉有此高人哉。乃檄公爲溫州路玄學講師，繼陞本路道錄。公自視欿然，乃退居琳宇，盡三洞領敎諸科，及歷代祖師所著內文祕典，準繩正一敎法，譔輯爲篇，目爲《濟度之書》一十卷。《符章奧旨》二卷。大而告天祝聖之文，小而田里禬禳之事，修齋奉醮，粲然畢備，如上會稽，睹千巖萬壑之秀，草木朦朧，雲興霞蔚。於是攜文，徧歷名山，投簡紀信。載陟龍虎，禮謁當代敎主眞人，情愴語契。凡所譔集，遂徹慈覽，喜命掌箋記者錄藏之，復命本路玄司長貳爲倡鋟梓，以永其傳。且授以靈寶通玄弘敎法師敎門高士，住持溫州路天淸觀事，俾歸老焉。凡弟子受道於公之門者，在州里不下百餘人。在方外則天師門下高閑董公宗師，堂下閑閑吳公，金華謝公，括蒼兩峰周公，武林槃隱王公，吳門靜境周公，派孫有廬山鍾岳于公，赤城天樂趙公，武林廛隱方公，練溪巖谷周公，虛舟平公，竹外張公，此玄門之表表尤著者。其從游參妙，肩摩踵接，未可一一記之，亦可謂一時授受之盛。公自住天淸，不復有遠遊興，斗室焚蘭，虛緣葆眞。間有願學者進之無倦，忱得有教無類之意。乃一日貽書於天任曰：吾嗣教諸子，皆在遐方，而密邇相依襲香火之緣者，維子耳。今郡中中元齋事，子盍爲我贊助焉。夏夜候涼，與其師弟存一，徜徉廊廡間。曰：吾祖父壽不滿花甲，今我寓形人間，年符大《易》六十四卦之數，亦云足矣。因命酒待月，更闌興盡，入榻危坐。呼侍者曰：我將去矣。師弟存一操紙索偈。公曰：奚用人間語哉。及左右篝燈侍前，則已端然羽化。實大德壬寅六月之二十一日也。公鶴形松貌，冰潔玉立，望而知爲許長史、陶隱居行輩中人。獨賦性以直，持志以廉，爲事多不與世合，其畸於人而侔於天者乎。孤雲馬驟，烈冶波翻，其至人乎。蓋其死宜妙契玄同，於今日也。歟公之俗子伯祥，偕座下弟子，以殯之，七日，奉劍履歸里，將以是冬葬於蕃芝山之源。天任早幸登門，粗叨入室，公之行實，獲知詳委，敢叙次如上，以干立言君子爲之銘。

通玄子 見劉志淵

劉志淵

傳記

佚名《行狀》（《啓真集》卷下） 通玄子劉志淵，西慈高樓里人也。乃超然子入室弟子。從師以來，二十年間，不見形容喜怒。而後風動，晉幷草偃，士庶願以師事之者，不勝其數。先生平昔卧不驚夢，行不顧途，坐如槁木，住若頑石，常默默而心不與物構。或有客相訪，話不終席，但若昏而口不應問，視不對目，果別得有所趨向之妙。若非道力久銘於胸中，曷至於是耶。凡所咳唾，句麗隨珠趙璧，得筆力如椽，不假搜索而成一集，目曰《啓眞》。時享年五十有九，以意終歲七月十九日尸解。遺頌曰：行屍地上逐風塵，養就如如證本眞。掬地包天無狀貌，十方三界露全身。及其殯也，風雨送三十餘里，然而近靈柩也，風不動幡，雨不霑衣，瑞氣接霓，異香噴礴。凡送葬者，莫不駭然。萬口一辭而興歎曰：此眞道業之所感也。是誠偉歟。

李志全《清虛子劉尊師墓誌銘》（《道家金石略》） 尊師劉公，出於長春國師嗣教淸和眞人門下，法諱志淵，字彦深，即涉□淸涼村人氏。自祖考以上，世敦農桑，務本供租，爲縣名族。厚積陰德，理無不酬。尊師初降，骨峻有異，及能言，即喜方外，道家經範，默誦於心。甫冠，二親爲納采問名娶室，師聞言遂潛逃往他方，遠避愛欲塵染。經再歲，慈親竟娶處子以待其來省，師自誓不還本土，俄遭離亂，遂各相失，不審存亡，乃慷然發憤曰：「人如朝露浮漚，卒起卒滅，幻軀生死變故，夜力負走，無時暫停。其來紛紛，不知何從，其去攘攘，不知攸往。孰能向迅激流中躍出欲海，超升道岸者哉！」乃隻身蹭蹬，雲遊水曆，乞丐餘食以充腸腑，帶索裘褐以度炎肅，鶉無定居，鷇仰粗足，如此者凡二十霜。若非賦性剛決淳質，深悟世僞，漸階玄眞者，焉能顛沛於是，苦節獨立而不改乎？迨甲申歲，首聞長春國師至自西域，弭節于燕京太極宮，斯時雲儔輻湊，不憚重趼，千里參覲。方瞳側聆咳唾微言，具談修眞始末，乃曰：「五祖證道果於前，七眞紹玄筌於後，並是潔淨無爲心地，法門歸性復命，深根固蒂，長生久視之道。爾輩當處實行權，隨機應物，動則屈己利他，靜則滅念降心。吾昔于磻溪龍門下志十三年，險阻艱苦，備悉之矣。日中一食，歉而不飽，夜歷五更，強而不眠，除滌昏夢，剪截邪想。常使一性珠明，七情凍釋。經云：仙道難固，鬼趣易邪，然內功既克粗備，外行亦借周圓，諸天紀籙，方證仙品。」師既領藥石，骨肉都融，心釋神解，行不知所之，處不知所持，因歸禮嗣教淸和爲引度。退居鄉里，率俾門衆，仍將舊宅先疇改作福田，營造眞宇，創水碾磑，接待游方幽隱之士。不十稔，建三淸大殿，五祖七眞正位，塑繪嚴飾極粹，並兩翼雲堂數處，靜室、廚庫、園廄，綽有列次，爲一方首出，蒙賜名額號太淸觀，爲士庶祈祝香火之地。諸方同志向慕者多，門下被戴，男冠女衆約數百名。其外建方所庵觀，凡成功者十余區，皆尊師平昔所積。道緣感應，何其偉歟！不意歲次癸丑五月初三日，仙期有限，塵網無羈，遂沐浴整冠服，端坐方丈，辭衆而羽化，道壽六十三歲。其門人縞素心喪，逾期於觀艮嵎二里許，卜宅兆塋地宮，以師禮葬訖。門人郭志希、王志謹等，思慕不已，恐行狀湮微，躬詣銅川卑隱、玄都忝褐、酎泉李志全處，懇禱再四，求爲本師立碑刻銘，垂示永久，激勵後學，斯亦貴愛之遺芳也。僕義不可拒，弗自揆謬，悠摭實績而敘其源流，仍系之以銘。其辭曰：

清虛志操，吾徒蓋小，和而不流，強哉斯矯。百煉金精，千磨玉妙，宇泰神飛，天光普曜。拱揖諸仙，徜徉蓬島，回視塵氛，蠛封何眇。馬鬣千秋兮崇嶠之顏，朝霞夕露兮誰知其大覺。

卜道堅

傳記

《房山東嶽廟女冠卜道堅升雲之幢》（《道家金石略》） 蓋積功累行者世之所尚，受持齋戒者人之所推，歷觀古昔爲道之士，或盡力而行，或中道而止者不爲不多矣，能抱道專一，度脫塵凡，古難其人。觀于龐公靈照刹那之悟，皆由此理。邇者女冠卜氏，俗本房山，自幼年而悟出家，後受恩戒，法名道堅，棄俗歸眞四十餘年矣。守持太上正一法籙，清潔嚴肅，驅邪治病，無不應者。門徒張志仙數人，皆述其本邑壇衆知其德行清高，遂請至本邑東嶽行廟攝壇治病，經歷年久矣。觀其前後建功，求諸事業，莫不盡善。度春秋七十有四，乃泰和丙寅四月十有七日，已年殊無疾病，召門弟子曰：「來日辰時，須當行上。」右手稽首。侍者驚曰：「況師安康，何發此語？」有頃至但如其眠，徐往觀之，誠如其言也。若非至人，安得如此明了。

蒲察道淵

傳記

李道謙《通微真人蒲察尊師傳》（《道家金石略》） 師姓蒲察氏，諱道淵，通微子道號也。家世上京，乃祖以金朝開國佐命功封世襲千戶，遂爲燕都之巨室。上世以威武起家，故宗系莫得其詳。師於天德四年壬申歲生，氣稟特異，方在繈褓，乳母以葷口哺之，必泣哇而後已。迨齠齓間，遇道象輒自瞻拜，敬慕不肯去，見羽士過門，必延致于家，特爲設齋供養之。年既冠，父母欲議昏，師聞之，跪告於前曰：「塵俗之事，性非所願，乃所好則神仙輕舉之業。」父母責之曰：「吾家世襲簪纓，賴子以承門蔭，寧容有是請邪。」遂擇良配定之。及結約之日，預夜，母夢婦縗絰而入，驚且問曰：「何故此服之不祥？」婦曰：「夫新喪矣。」既覺，母曰是婦不利於吾兒，遽絕其姻。師叩私遁于□陽之南山，得一岩穴，木葉積尺，傍有清泉，就爲棲遁之所，惟啖柏飲水而已。數月，樵者見之，告于山下居民，爭相供奉。師丹心潛會，精感仰徹，忽於定中見三仙人衣冠整秀，飄然而來，曰：「聞子好道，故未相過。夫道無師不度，道貴有傳。子今塊坐於斯，以求至道，殆猶尋喬木而訪淵鱗耳，斷無可成之理，宜速下山求師可也。」師乃還家，已逾歲矣。由是求師學道之心愈切。一日于燕市中見貨藥道流，以狡獪惑衆，師厭觀之。傍一走卒言曰：此妄人耳，吾關西有丘師父者，眞神仙人。師聞之，延於肆而飲之酒，詢得其詳。是夜，夢一道者髽頭木屐，身披鹿皮，西南而行，愈逐而愈不及，遂泣呼之。道者回顧曰：「子慕道雖勤，因緣未契，後年三十可相見也。」覺而志之，常往來于燕山易水之間。無幾何，二親俱下世，方舅氏得官長安，因從入關。舅氏又欲擇姻，師於一室自潔其形以免。政瘡痍之際，夜夢昔山中所見三仙人傳之以藥，未及旬而愈。時清明，因遊興慶池，遇女冠鎦瓊，問長春師所在。瓊曰：吾師今隱隴山。翌日徑往參謁，比師將至，長春預告弟子畢知常曰：「有自燕都來受教者。」須臾師至，見長春鬅頭木屐，克肖向夢中所遇，時大定之辛丑歲，師甫三十矣。長春命躬執采汲，奉侍道侶，勤勞既久，屢蒙印可，于道大有所得。丙午，京兆統軍夾谷公因師請長春下隴山，居終南祖庭，道過汧陽之石門，愛其泉石幽邃，乞地數畝，築全眞堂，留師居之。師徜徉林麓，棲眞養浩，以行其所受之道。明昌辛亥夏，寧海洞眞于君奉長春命來與師同處，結爲方外友。隴之州將多國朝貴族，稔知師門第，及慕其高潔，時來參拜，師必以愛民崇道之語教之。乙卯，朝省沙汰道流，幽人逸士，競歸隴川，依師得安者衆。承安戊午，縣人輸資禮部，就全眞堂買玉淸觀額，大建琳宇，玄化鼎盛。適歲饑，師罄其所有振擠，賴以全活者甚多。里人無賴惡少輩，師以禍福之報勸諭之，不數年，其俗丕變。泰和甲子，忽語其友洞眞曰：「長春有閬風之召，吾將歸矣。」未幾示微疾而逝，春秋五十有三。洞眞龕其像而事之，後值正大之兵，觀罹劫火。洎大元革命戊戌秋，洞眞得旨住持終南重陽宮，主領陝右教事，遣門人興復玉淸遺址，仍命改葬師于宮北之天池。自掩壙之初，羣鶴翔舞其上，已事而去，萬目共瞻，以爲異事。歲辛亥，掌敎眞常李君奉朝命追贈圓明普惠通微眞人之號云。

陳道益

傳記

高鳴《清虛宮重顯子返真碑銘》（《道家金石略》） 重顯子，單州琴台人，陳其姓，道益其名，重顯子其號也。族膏腴，弟昆三人，伯氏仲氏皆以俠聞。子性稟淑願，言動恂恂然，故獨爲父母所鍾愛。自侗丱不作華美事，閭里耋艾咸異之。客有過其門，顧曰：「是兒風骨不凡，它日必有高世志。」金大定間，全眞敎方行，子聞而悅之，以雪山靈眞子道統所在，願執敬杖屨，已而妙與神契，肯綮不少經。蓋靈眞子得其傳于丹陽馬公，馬公親受大宗師重陽子，付畀於茲四世矣，故其所至，加於人一等。閱再閏，辭去，將逃空虛不可得，乃起環堵寂寞之濱居之，納缶自牖，日裁一食，嗒焉似喪其耦者。無几何，厥問四馳，向往者日甚，至戶外屨滿，猶有列禦寇未見伯昏瞀人時氣象。子驚焉，去之商河蒲灣，卒以環堵成其誌。既恐無以善其後，復行化諸方，抵武川與至人長春丘公遇，公告曰：天下名山洞府，非有道者孰能與世傳。大恆之左麓，嘗爲抱朴子棲隱，因名葛洪山觀。木石巉秀，泉壤沃冽，四時之氣清而煦，或者其然乎，往哉汝宜。至之始，年穀大穰，物無疵癘，于是社而稷之，尸而祝之，自邑長郊大夫如所謂安侯者，莫不油然動乎其衷矣。凡期有六旬，淸虛宮成，自爾學徒愈衆，詵詵爲一境冠。壬辰冬十月十八日，雨木冰林，凜如縞素，子作曰：我將觀化。怡然書頌而逝。既棺，舉之甚輕如空，人謂屍解云。享年八十有一，甲午始葬于西岩之阿，幸求朝廷賜號洞虛眞人。又四年，門人韓志逸、邵志終、賈志玄狀子之行，介吾方外友趙虛白來乞銘，辭弗克。嘗試論之，凡物衰盛，存乎其人。夫全眞之敎興，由正隆以來，僅百餘載。以九流家久且遠視之，宜若濫觴而未浸也。今東盡海，南薄漢淮，西北歷廣莫，雖十廬之聚，必有香火一席之奉，非存乎其人而何？矧子挺然奮起，閎衍之氣超出夷等，而所度弟子又無慮千人，其劇者如高志筌、史志筌、趙志完輩，例能光揚羽翼，擴其師之意，故在處若庵若觀，營建至百所，譆可謂能也已。雖然，因緣際會，亦非偶然者。爲之銘曰：

得于天以全，得于人以傳，得靜篤于窮年，道其舍旃，倬哉此賢。河出昆侖，百流一源，大玄聖之門，而復反其根，名永長存。

瑩然子

傳記

張寧遠《天壇尊師周仙靈異之碑》（《道家金石略》） 大道出乎天，歷世不變，人弘其道，雖亡若存。蓋靈明點於胸中，逍遙樂於物外，【略】尊師瑩然子其人也。師本密州膠西縣農家子，十六歲舍俗，因夢警悟，遂禮長生劉眞人爲師，學道則玄妙頓覺，讀書則經史該通，且諸子百家之說，無所不□，尤精□易象。後悟玉陽、太古二仙之眞□，受長春丘眞人之【略】來□路汴梁之地。正大間，逢國多難，師以不拘禮法，或有設疑，指爲細人，師亦不爲□姑□之，遂爲吏所捕，解赴樞密院。是時樞密使駙馬尉□其黃冠野服，蓬首□頗有太古之風，因問以延年術。師答曰：「內固精神，外修陰德。」又內族點檢撒合連問何爲戒行，答曰：「外妻不婚，世嗣不淫，□□壯形，以保其眞。」又同簽時公問如□是安樂法，答曰：「減嗜欲。」又同簽奧屯舜卿問谷神不死之道，答曰：「虛而能應，妙存□□。」又問□□之樸，答曰：「明珠在蚌，方圓未定；良玉隱石，黑白未分；妻兒在服，陰□莫辯；雞禽在卵，雌雄未見。」似此者，多不能歷舉。衆皆□許，雖未敢釋，饋以香茗，置之別室，以待其□。坐間有內侍李公持此問對入具奏聞，帝嘉歎而詔出之。後□家以禮徵召，屢辭不能，令提點太一、清微等宮，寵賜頤眞之號。然在玄門榮之，師視富貴如浮雲，□沉于丹陽觀井中，恥以名污也。翰林宗工，屢至廣下，雖與□然實以冷眼視之，又恥其貴交也。如晦跡於洛陽，棲雲八名不怠於圃役，後住□州，秋啓六載得成於煉功。或者謂師稱爲「憨周」者何也？其說有二：一則昔居嵩州□元觀時，與道伴黃公同庵，有日，澗下見虎食鹿，師意其韓而取之。道伴曰：「虎所食者不可與競，競則必傷其命。」師曰：「□取其皮而反其肉，又何不可？」直抵其下，全無所憚，剝皮而還，反肉而飼其虎，傍處亦無害心，食畢而去，故人稱之曰憨。一則平居□息，終日如愚，兀兀癡癡，似無所知，故人稱之曰憨。二者較之，俱有所長□□□□出於無心，南華所謂得其天然，其生以全者是也，故又曰，呼爲「沒縫鎖」何也？蓋緘自訥，未嘗唾一字，東坡所謂尋當靜中未覓不得，及玄鑰內投大開性大外開□天，得機密保衛之術，又何諄諄與夫以先覺覺後覺，以先知覺後知，無所讓焉。鎖名沒縫，其斯之謂歟？又師在朝元觀時，本觀自古無水，衆患遠及。師住持後，□□引門人于觀次，指其所曰：「此山石間有泉，汝等下掘。」衆依命而穿之，果有其泉，其水可飲千人，至今以爲利。己丑避亂覃懷，逐棲太古觀，方便度人，門弟甚衆。丁酉□王屋總帥司榮久欽德望，屢疏禮請，使住持天壇上方院。師稔知天壇勝地，乃淸虛小有洞天，古來非有道之士不能處之，召門弟子曰：「昔唐有煉師司馬子微，帝遣使往天台山徵之，命主天壇。我輩何人，□今蒙總帥司公屢以疏請，使爲住持，若不允之，更何地棲遲？古人云當仁不讓。」遂允來請，主斯院。周載間，與徒衆闢土耕稼，頃畝四至並給到總帥公據，爰紀碑陰，□惟利於後人，庶絕紛競於他日也。既而雲房方丈，一新結緣。庚子春二月二日，系師降生日，會衆召知觀暨門人曰：「大衆事我有日，於汝等殊無寸益，噫，儒逝曰殂，□盡曰緣，道升曰歸。我今知歸，又何恨焉？將來歸日，止將吾骨於此堂下窰子內葬之。」人皆驚曰：「窰子何有？」以當年七月二十一日歸寂。門人若命，遂坎其穴於法□下，穿至丈餘，果有故窰，衆皆稽首而歎曰：何尊師明明於先見也？乃定藏金焉。乙巳，門人圓明子王德眞懇請紀碑，僕自度乏才事，未敢諾，有宣差都總管下經歷李昌祖曰：「世濁歸道者衆，但自冠簪得其門者寡矣！今周仙道門之龍象□有靈異事蹟，葬知故窰，眞所謂方外得道之士。若不發揚其美，使□人何景仰耶？」僕聞之，敬諾而喜爲之書。銘曰：

異哉尊師，靈明內姿，幼而歸道，長而釋疑。點華尙素，如愚如癡，遇得眞法，不迷多歧。天壇勝所，允請住持，歸葬其宅，故窰預知。彩繪其像，棟樑其祠，千秋萬祀，仙□名垂。

訾存真

傳記

李宗善《繹仙傳存真訾仙翁實録之碑》（《道家金石略》） 仙翁家世博州，訾其姓也。貞元元年十一月望後一日，載弄之始辰也。賦性淳厚，平居寡言笑。大定二十一年，遊歷濟南，於逆旅中遇丹陽眞人，欽慕不已，輒從而師之。恭請受號，遂得亘初二字以爲法諱。至明昌之改元，往拜長春子丘仙公。久之，又參拜長生子劉仙公。仙公愛其勤而不懈，輒賜之道號曰守眞子，以避金諱，改守爲存。承安之後，杖履南邁，抵鈞台。蓬首垢面，衲衣菅屨，滅跡匿影，緘口結舌。晝則乞食旅市，夜則歸於河龕。及泰和間，冬大雪丈餘，人多餒死，先生不出十有餘日。世人以爲死矣，各持畚鍤，欲往埋瘞，徐視之，儼然端坐，殊無寒餒之色。自是之後，人方驚訝，敬信者多。貞祐四年十月十三日，大兵破關陝，犯京師，官民散亂，莫知所措。先生曰：「無妨，必自潁亭過鄭，此間何必憂懼。」俟三日，果如其言。至元光間，天子敕書徵入京師，令睦親府、禮部尙書多所問答，上大悅。正大改元，蔡州寮屬請公赴千簪會。府掾蘇君見而愛之，舍城東果園約三十餘畝，創立玄眞道院，先生主盟，道衆輻輳，不下五百餘衆。正大四年久旱，術甲節使請先生主行祈雨醮事，立獲霑足。是日午齋，鋪設錦裀，先生輒以泥履坐於裀上，夫人憂見於色，以爲敗我錦裀。齋畢而出，夫人視之，亦無點污，與新不異。是日在城中外洎確山、米市、竹竿三巷中，家家皆見先生就齋。金主哀宗駕幸蔡下，問百官曰：「天下城池盡皆攻陷，此城獨安，緣何故也？」百官僉對以訾尊師保祐之力也，上大喜，即日宣上殿同話。問答如流，莫不稱旨。甲午正月初九日，留遺世頌曰：一念不起，萬緣皆空，拂袖而去，明月淸風。擲筆而返眞，春秋八十有二。未及葬，翌日城陷矣。

許廣陽

傳　記

秦志安《復建十方重陽延壽宮碑銘並序》（《道家金石略》）　九土鍾美，惟雍爲上，就雍稱最，在茲涇陽。邑之西北，不遠三堠，爰有別墅，地平如低，林茂如織，風氣和濡，人物繁秀，嵯峨聳其北，唐原輔其東，仲山弼其西，涇流匯其南，鑿岸分源，左環右繞，東沾西沃，有畎皆溢，無溝不盈，故桑痲之盛，禾麥之豐，號爲秦中之甲乙焉。輔教眞人廣陽子許君愛其山水之明秀，士庶之剛直，翩翩然寄跡於斯，乞食不飽，衲衣不完，口不妄言，目不邪視，十有餘年，未嘗改節。於是四方之民，傾心而信向之矣。雖崑壘之慕庚桑，圃田之歸禦寇，未足逾也！莫不舍良田，

捐靜賄，築環堵，啓靖廬，迄成巨廈，號曰三陽。眞人不違人請，和光同塵，接物利生，麈塵談玄，主盟師席，功滿丹成，悶然厭世，超然上仙，乘彼白雲，至於帝鄉。自時厥後，劫火相仍，廊廡一毁，灰燼飛揚，化爲平地，蒿埋棘荒。天方悔禍，再振皇綱，復立郡縣，居民稍還。眞人之高弟淸微大師寇君志淨，通妙大師賈君志玄，常淸大師劉君志和，皆畸人俟天，忘塵寡欲，味道日久，無慮數十輩，不忘前人之舊業，荷鍬鍤，具斧鉞，劃荆榛而作徑，藝花木以成行，量地爲基，起土爲壇，殿矗中央，榱題琳琅，象設混元，金碧煌煌，左列爨位，右辟雲房，霞開丈室，棋布茅堂，雖未完具，亦足以爲一時之壯觀也。璇榜高懸，號曰重陽，彰師祖之無方，表玄門之有自。日以談虛無，論希夷，黜嗜欲，絕聖智者，若輻輳而聚乎其中矣。嗚乎美哉！廣陽子乃趙了眞之高弟，馬丹陽之法孫。所傳者正，所受者明，故後來枝葉雖遠，而不失其所宗，知末榮則本豐，源深則派巨，畢舉其事以每成功。知宮向公志眞、越公志超、王公志謙，百舍重趼，千里丐文，余固知不辭，遠道而來，知不可拒，遂爲之詞曰：

偉哉玄化，厚德無疆，含弘光大，品物藩昌。諒彼膏腴，唯在涇陽，土美民贍，至人彷徨。變化齊一，不可爲量，民之仰戴，崑壘亢倉。遂成卜築，金碧煒煌。無何劫火，煨燼飛揚，湯武革命，復振皇綱。公之高弟，鳳麟翺翔，是營有俶，乃復肯堂。止基乃理，榱題琳琅，日改月化，霞室雲房，高揮璇榜，號曰重陽。能事既畢，金蓮繼芳，玉蕊傳燭，綿綿不忘，鐫諸贔屭，久而益彰。

尹志平

傳　記

弋轂《淸和妙道廣化真人尹宗師碑銘并序》（《甘水仙源録》卷三）　宗師，全眞嗣教六世祖也。自守眞緒，風化鼎盛，什百於疇昔。形器之域，古今同盡，春秋八十有三，遽有拂衣啓手之嘆，以辛亥二月六日昇于

大房山清和宮之正寢。【略】師諱志平，字大和，姓尹氏。遠祖居滄州，前宋時有宦萊州者，因家焉。顯高祖妣有子九人，俱登進士第，仕至郡守者七人。顯大父公直、顯考弘誼，皆隱德不耀。師於大定九年正月二十日生，是夕其母方寐，見儀衛異常，皆盛服而入，神思愕然，驚寤，師已誕矣。時里人相驚曰，尹氏宅火。奔救之，至則無火。稍長舉止異凡兒，三歲穎悟善記事，五歲入學日誦千餘言，讀書即玄解。嘗因祀事，究生死理，杳然遐想自忘。七歲遇陝西王大師，有從遊意。十四歲遇丹陽眞人，遽欲棄家入道，其父難之，潛往。十九歲復迫令還家，錮之，竟逃出再三，始從之。住昌邑縣之西庵，常獨坐樹下達旦。或一夕，見長生劉眞人飄然而來，斷其首，剖其心，復置之，覺而大有所悟。後住庵福山縣，養疾惠困，勤瘁者累年，衆德之。遊濰州，時龍虎完顏氏素豪倨，慕師道德，施囿地，創觀曰玉清，率家人尊事之。今觀廢於兵，而松檜鬱爲茂林。後覲長春眞人於棲霞觀，執弟子禮，眞人特器異之，付授無所隱。又受易於太古郝眞人，受口訣於玉陽王眞人。自是道業日隆，聲價大振，四方學者翕然宗之。己卯歲，太祖皇帝遣便宜劉仲祿，徵長春眞人。仲祿及益都，眞常李公曰：長春今在海上，非先見尹公，必不能成此盛事。及濰陽，謁師於玉清之丈室，見其神釆嚴重，不覺畏敬自失，從容語及詔旨，師大喜曰：將以斯道覺斯民，今其時矣。遂偕往覲長春眞人於萊州昊天觀。先是金宋聘命交至，皆不應，至是師勸行，決計北上。時從者十八人，皆德望素重者，師爲之冠。辛巳及癸未，備嘗艱阻，既見帝於西印度，奏對稱旨。還及雲中，眞人聞山東亂，國兵又南下，曰：彼方生靈命懸砧鼎，非汝莫能救。遂遣往招慰，聞者樂附，所全活甚多。乙酉歲，勑令長春眞人住太極宮，即今長春宮也。師在席下，四方尊禮者雲合，師曰：我無功德，敢與享此供奉乎。遂辭退，住德興之龍陽觀。屢承眞人手劄示以託重意。及眞人升，師方隱煙霞觀，又欲絕跡遠遁，爲衆以主教事敦請，勉從之。還長春宮，以嗣事自任，自是徒衆輻湊，輦賮樂貢者，日充塞庭宇。忽謂衆曰：吾素猒冗劇，喜山林。遂因平欒請主醮事，而出遁景州之東山。未幾，燕之僚士固請還宮。壬辰，帝南征還，師迎見於順天，慰問甚厚，仍令皇后代祀香於長春宮，貺賚優渥。甲午春，遊毋閭山，太玄觀之李虛玄語人曰：去年院中青氣氤氳者累日，占者以爲當有異人至。今師來，既驗矣。踰春南歸，及玉田，衆喜，爲數日留。日已晡，遽促駕兼夜行五十餘里，舍豐草中，衆莫知所以。後還宮，始知在玉田時，有寇數百欲劫掠，追至大合甸，不及而反。從者相賀曰：非師奈我輩何？時皇后遣使勞問，賜道經一藏。乙未春，詣沁州，主黃籙醮事。入郊城境，居人或夢縣之地祇曰：眞人來，當警衛無虞。及平遙理醮事，時旱久且風，醮之三晝夜，燈燭恬然，在他境猶風。沁帥杜德康、平遙帥梁瑜各施宮觀，一方傾心焉。九月達平陽，分命披雲宋公率衆鏤道藏經板，不數載而完，所費不貲，而人樂成之，亦師爲之張本。師以此道化大行，歸功祖師重陽眞人，遂留意祖庭。時京兆行省田公馳疏來請，適與師意合，丙申春始達。於榛莽中規度兆域，及宮觀基址。終南太華等處諸觀宇，廢不能復，咸請主於師。時陝右甫定，遺民猶有保柵未下者，聞師至，相先歸附，師爲撫慰，皆按堵如故。繼而被命於雲中，令師選天下戒行精嚴之士，爲國祈福，化人作善。時平遙之興國觀、崞之神清、前高之玉虛白雲洞、定襄之重陽、沁之神霄、平陽之玄都，皆主於師。秋，帝命中書楊公召還燕，道經太行山間，羣盜羅拜受教，悉爲良民。出井陘，歷趙魏齊魯，請命者皆謝遣，原野道路設香花，望塵迎拜者日千萬計，貢物山積，略不顧。戊戌春，忽曰：吾老矣，久厭勞事，以正月上日傳衣鉢於眞常李公，俾主教事。乃卜築五華山，並增葺大房山之眞陽觀，更曰清和宮，以爲菟裘焉。終南祖庭葬具已備，庚子冬請師董其成，欣然而往，雖冒寒跋險不憚也。常曰，吾以報師恩耳。時季冬，京兆一境旱，衆禱曰：師來和氣必應，下車而雪。大蕆葬禮，以明年正月二十五日既事。時陝右雖甫定，猶爲邊鄙重地，經理及會葬者，四方道俗雲集常數萬人，物議恂恂不安，賴師道德素重，鎭伏邪炁，故得完其功。初，重陽眞人修道於此，既成，火其庵而東，貽詩有後人復修意，至是師賡之，亦有繼祖來修之語。噫，百年事終始脗合，豈偶然哉。於是剪蕪平丘，土木並作，堂廡殿閣粲然一新。既成，額以重陽，以示報本意。若華山之雲臺、驪山之華清、太平宗聖等宮，悉擇名重耆宿以主之，興完皆踰舊。是年還燕，夏五月過太原，時自春不雨，禾種不入，師憐之，出己帑物爲香火費，爲民祈禱，雨大霈。及還燕無幾何，謂侍者曰：我常便清和宮之西堂，故居之，今爲我灑掃方丈。從之，翌日長往，及宮洮類禮聖畢，訣衆曰：吾將逝矣。衆驚愕，師曰：吾意已決，夫復何言。有進紙筆者，默不應。惟戒葬事勿豐，遂不食，但飲水啜茶，危坐談道，語音雄暢異常。是夜久正衣冠，曲肱而逝。衆毀哭過哀，時馨香之氣滿室，遠近聞者奔走賻賵，哀戚若喪考妣。初，師遺言葬大房，至是僚士固請，遂葬五華，徇輿意也。中統改元二年，詔贈清和妙道廣化眞人。師平日著述甚多，門人板之，目曰《葆光集》，并《語録》皆通貫經藝，洞見道體，所謂博學而約說者。當時朝旨褒崇，及宏儒名卿詩文讚美，裒爲一集，目曰《應緣録》。其覺後進則高下不遺，蹊逕坦明，以謙遜勤約爲治心之要，以踐履功行爲入道之基，及其縱說，則時亦露機緘之妙，所謂窮理盡性以至命者也。得其門者，由堂及奧，其次不失爲誠謹之士，其成就於人者如此。

雜録

戈鷇《清和妙道廣化真人尹宗師碑銘》（《甘水仙源録》卷三） 初居濰陽龍虎家，餘二十年，姬侍日滿前，終莫一識其面。嘗失善馬，獲其盜，物色既驗，盜畏罪不承，曰此我馬也。師即還馬縱去，其高潔不累於物如此。至大至剛之氣，充諸內，形諸外，望之如神，即之如春，不怒而威，匪爵而尊，雖萬乘不足加其重，雖窮處不足爲之輕，其平日之所養者如此。及遭時得君，權道濟物，祥風時雨，覆及遠方，跂行喙息，罔不得其所，其見於功用者如此。其至誠前知，感通神明，則又時出人意表。以天挺之姿，承積累之基，譬猶日中之陽，月盈之光，不期盛而自盛，尚且謙抑自居，淡泊自樂，化應乎無窮之緣，神寂乎寥廓之鄉，體用兼備，無過不及之弊，其諸異乎同源而異流者歟？抑世有以綱常爲言者，是又大不然。自四海橫潰，華禮蕩滅，污俗所染，又豈特於借鋤德色，取箒誶語，八佾舞庭，召王所狩者乎？及風化所過，暴者仁，奪者讓，泰者抑，上下怗然，此於綱常之助，其功豈易量哉。

李志常

傳記

王鶚《玄門掌教大宗師真常真人道行碑銘》（《甘水仙源録》卷三）

公諱志常，字浩然，其先洺州永年人，宋季避地濮之范陽，尋又徙開之觀城，因著籍焉。高祖皓，曾祖昌，祖明，父蔓，皆隱德不耀，素爲鄉里所重。明昌癸丑春正月十有九日，母聶氏夜夢異服一人授以玉兒，覺而生公。二歲喪父，六歲喪母，養於伯父濟川家。濟川諱蒙，名舉子也。賦義兩科，屢占上遊，雖以四舉終場同進士出身，歉如也。見公穎悟不羣，嶄然出頭角，意欲作成，以償平昔之願，而公不喜文飾，雅好恬澹，常默禱高穹，望早逢異師勝友，式副夙心。年十有九，伯將議婚，公聞之嘆曰：本期學道，未涉津涯，若愛欲纏縛，則古人高蹈出塵之事業難乎有成矣。同舍兄張本敏之初以嗣續規公，既知牢不可奪，乃各言所志而訣。居無幾，負書曳杖，作雲水之遊，初隱東萊之牢山，復徙天柱山之仙人宮。宮之主者曰湯陰李仙，見公儀觀魁偉，音吐不凡，大加賞異。逮公辭，告之曰：君玄門大器也，山庵荒僻，非久淹之地。昔祖師所至，異人並出，今獨長春在焉，宜往從之。他時成就，未可量也。公翌日遂行，至即墨之東山。屬貞祐喪亂，土寇蜂起，山有窟室，可容數百人，寇至則避其中。衆以公後，拒而不納。俄爲寇所獲，問窟所在，捶楚慘毒，絕而復蘇，竟不以告。寇退，窟入者出，環泣而謝之曰：吾儕小人，數百口之命，懸於公一言，而公能忘不納之怨，以死救之，其過常情遠甚。爭爲給養，至於康調，迄今父老猶能道之。歲戊寅夏六月，聞長春師自登居萊，公促裝往拜席下。師一見器許，待之異常。山東路轉運使田琢器之，高其行，且聞昔在即墨，主帥黃摑副統咨公籌畫，保完一城，以書邀至益都，待以賓禮。己卯冬十有二月，我朝遣便宜劉相仲祿齎詔備禮，起長春師于東萊。時益都副帥張林自金歸宋，叛服靡常，公懼其爲阻滯，乃往說林，俾移檄所經，衛送以行。庚辰春正月，師始命駕，從行者十有八人，公其一也。二月達燕，明年春二月北上，秋七月至阿不罕山，距漢地幾萬里，並山漢人千家逆師羅拜，以爲希世之遇，咸請立觀擇人主之。師將行，指公坐上語衆曰：此子通明中正，學問該洽，今爲汝等留此，其善待之。因賜公眞常子號，額名其觀曰棲霞。師既西邁，公率衆興作，刻日落成，又立長春、玉華二會，至今不輟。癸未夏五月，師至自行在，憩于其觀。一日齋客四集，師手持一弓弦，不言以授公，公亦不言而受，圈而佩之，仍作詩爲謝，師但笑頷而已。蓋阿不罕之留，弓弦之授，識者知其有付屬之意。秋七月從師還，至下水時，殘暑尚熾，師因納涼官舍之門樓，字呼公而教之曰：眞師不易遇，得道者不易逢，逢之而不易識也。守道之篤，人貌而天，行直寓六骸而淵宗，忘飢渴而常寧，至靜而遺形，獨遊乎無極之妙庭。此語汝當記之，以俟他日自得之耳。公拜而謝，自承教之後，益自奮勵，息機體眞，敬事循理，歷死生憂患之際，曾不易其所守。師住燕京之日，凡教門公事必與聞之。丁亥秋七月，師既仙去，清和嗣教，以公爲都道籙兼領長春宮事。己丑秋七月，見上於乾樓輦，時方詔通經之士教太子，公進《易》、《詩》、《書》、《道德》、《孝經》，且具陳大義，上嘉之。冬十一月，得旨方還。庚寅冬，有誣告處順堂繪事有不應者，清和即日被執，衆皆駭散，公獨請代之曰：清和宗師也，職在傳道。教門一切，我悉主之，罪則在我，他人無及焉。使者高其節，特免杻械，鎖之入獄。夜半鎖忽自開，公以語獄吏，吏復鎖之，而復自開。平旦吏以白有司，適以來使會食，所食肉骨上隱然見師像，其訟遂息。癸巳夏六月，承詔即燕京，敎蒙古貴官之子十有八人，公薦寂照大師馮志亨佐其事，日就月將，而才藝有可稱者。乙未秋七月，奉詔築道院於和林，委公選高道乘傳以來。雖清和掌教，而朝覲往來必以公，故公爲朝廷所知，而數數得旨，璽書所稱曰：仙孔八合識。八合識譯語師也。戊戌春正月，清和會四方耆舊，手自爲書付公，俾嗣教。公度不能辭乃受之。三月，大行臺斷事官忽土虎奉朝命復加玄門正派嗣法演教眞常眞人號。夏四月赴闕，以教門事條奏，首及終南山靈虛觀，係重陽祖師鍊眞開化之地，得旨賜重陽宮號，命大爲營建。甲辰春正月，朝命令公於長春宮作普天大醮三千六百分位，及選行業精嚴之士，普賜戒籙。逮戊申春二月既望，醮始告成，凡七晝夜，祥應不可殫紀。歲辛亥，先帝即位之始年也，欲遵祀典遍祭嶽瀆。冬十月，遣中使詔公至闕下，上端拱御榻，親緘信香，冥心注想，默禱於祀所者久之，金盒錦幡，皆手授公，選近侍哈力丹爲輔行，仍賜内府白金五千兩以充其費。陛辭之日，錫公金符，及倚付璽書，令掌教如故。公至祭所，設金籙醮三晝夜，承制賜登壇道衆紫衣，暨所屬官吏預醮者，賞賚有差。詢問窮乏，量加賑卹。自恆而岱，岱而衡，衡隷宋境，公嘗奏可於天壇望祀焉。既又合祭四瀆於濟源，終之至於嵩，至於華，皆如恆岱之禮。祀所多有徵應，鴻儒鉅筆，碑以紀之。壬子春正月，命駕終南祖庭，恭行祀禮，規度營造，凡山下道院皆爲一例，以是地係教門根本故也。逮四月既望東歸。癸丑春正月，奉上命作金籙大齋，給散隨路道士女冠普度戒牒，以公爲印押大宗師。甲寅春，上又遣使作普天大醮，分位日期，如戊申，而益以附薦海内亡魂，勑公爲大濟度師，出黄金五百兩，白金五千兩，凡龍璧環紐鎭信之物，及沉檀龍麝諸香，並從官給。自發牒至滿散，鸞鶴五雲現於空際者無虛日。公復念燕境罪徒久幽狴犴，不以湔洗，則無由自新，言之有司，蒙開釋者甚衆。冬十有二月，有旨召公，乙卯秋七月，見上於行宮。適西域進方物，時太子諸王就宴，勑公預焉。舍館既定，數召見，咨以治國保民之術。十有二月朔旦，上謂公曰：朕欲天下百姓安生樂業，然與我同此心者未見其人，何如？公奏曰：自古聖君有愛民之心，則才德之士必應誠而至。因歷舉動賢並用，可成國泰民安之效，上嘉納之，命書諸冊。自午未間入承顧問，及燈乃退，丙辰春正月，以老辭。夏四月，至自北庭。五月至晦，總眞閣之北簷無故摧壞。六月庚申朔，公倦於接應，謝絶賓客，隱几不言。戊寅，正襟危坐，語左右曰：昨夜境界異常，吾自知卦數已盡，歸其時矣。主管教門，向已奏聞，令誠明張志敬受代，餘無可議者。翌日，悉以符印法衣付之，乃留頌，順正而化，春秋六十有四。平昔著述多爲人所持去，有《又玄集》二十卷、《西遊記》二卷行於世。

雜録

王鶚《玄門掌教大宗師真常真人道行碑銘》（《甘水仙源録》卷三）

道教之曰全眞，以重陽眞人爲祖師，其自甘河仙遇，劉蔣焚庵，行化關東，前後僅十年，而天下翕然宗之，非信道篤而自知明，安能特立章章如是？卒之搜奇訪逸，得高第四人，曰丹陽、曰長眞、曰長生、曰長春。四人者，俱能整玄綱，弘聖教，使運數起而道德新，韙矣哉。至於禮聘兩國，聲馳四方，生能無欲，歿能不壞，惟長春師爲然。師救物以仁，度人以慈，澹然無極，而衆美從之，故遊其門者率聰明特達之士。然傳法嗣教止於尹清和、李眞常二公而已。清和公早慕眞風，徧趨法席，濰陽化度，沙漠侍行，爲長春門弟子之冠。其踵師掌教，謙抑不居，竟脱煩勞，優遊以壽終。若夫以清靜養眞，以仁恕接物，華實相副，文質兼全，名重望崇，使遠近道俗趨拜堂下，惟恐其後，則吾眞常公有之矣。【略】公以儒家者流決意學道，事師謹，與人忠，茹葷飲酒之戒涓毫不犯。主宮門二十年，凡所營繕，皆公指授，翬飛櫛比，雄冠一時。四方信施，歲入良多，悉付之常住，一無私積，羽化之日衣衾杖履而已。性質直，不能曲意順情，故謗訟屢興，隨即自解，公一不校，復以誠信待之。方其與同舍張君敏之之訣也，各言其志，敏之卒中詞賦高第，而公竟掌道教長春。別幾二紀，敏之以使北見留，隱爲黄冠，公兄事如昔，并其屬給養之。時河南新附，士大夫之流寓於燕者，往往竄名道籍，公委曲招延，飯于齋堂日數十人。或者猒其煩，公不恤也，其待士之誠類如此。長春道侶不下數百，獨能識誠明於齠稚，教育成就，卒付重任，其知人之明又如此。故能歷事三朝，薦承恩顧，雲軿所至，傾動南北，香火迭迎，絡繹不絶。及聞訃音，近者素服長號，若喪考妣，遠者出迓仙靈，爲位以哭，可謂其生也榮，其死也哀矣。庚申夏四月，今上嗣登寶位，中統辛酉秋八月，詔贈眞常上德宣教眞人號。

于志道

傳記

楊奐《終南山重陽萬壽宮洞真于真人道行碑》（《甘水仙源録》卷三）

師諱善慶，字伯祥，寧海人，高門于公之後。祖彦升，主好時縣簿，考道濟，韜光不仕。師幼不茹葷，長通經史大義，雅嗜道德性命之學，與馬丹陽同里閈。大定二十二年，丹陽演法於金蓮道場，耆稚雲集，而師預焉，時甫十七矣。丹陽見而奇之，且嘆曰：向畏重陽譴訶，頗萌倦弛，然得以終其業者，彦升力也。使是兒入道，殆天報乎其家。聽執几杖以從。再年冬，丹陽返眞，徑造隴州龍門山謁丘長春，長春俾參長眞於洛陽，得鍊心法，丐食同華間。明昌初，長春歸海上，囑曰：汝緣在汧隴，無他往。夫人需友以成，不可不擇。復入秦，卜吳嶽東南峰，鑿石以處，日止一餐。凡可以資於道者，造次不暫舍，絶跡人間七八年，迄今目其龕曰于眞人洞。友蒲察道淵待之如師，後創觀汧陽之石門。承安中，好事者請玉清額，禮體玄大師，尋佩受法籙以輔道救物，遠近益加崇敬。泰和三年，隴之州將保賜沖虛大師號。五年再謁長春，啓證心印，退隱相州天平山。六年，長春介畢知常緘示密語，督還汧隴，仍易名志道。師再三敬諾，參長生，久之道價隆重，輝照一時。雖黄髮故老，自以爲不逮也。常謂學仙者存乎積累，赴人之急，當如己之急。八年南征凱還，憫其俘纍，必盡力購援而後已。元光二年，隴山亂，中太一宮李沖虛聞之，舉以自代，不起。正大改元，上悼西軍戰殁，遣禮部尚書趙公秉文祭於平涼，充濟度師。秉文高其節，圖像薦諸朝，召之，又不起。二年饑荒，或言路直秦岐之咽，過客無別，歲計奈何。師曰：吾門一見其難，而遽如許，不廣甚矣。言者悚愧。未幾，秋大熟，遷五姓洞眞觀，環居弗出逼，中使絡繹不絶，起而應之，遂領中太一宮事。七年，河南不雨，召近侍護師降香濟源上，初期望祀於宮中，而臨河阻風，鐵劄既沉，斥鼓棹前進，登岸，風如故，立致甘澍，特旨褒異，兼提點五嶽佑神觀。天興二年春，京城送款于我朝，驛訪高道，以師爲之冠。秋七月，約由中灤渡北邁。時苦於餓，依附者衆，船人疑其有金帛，迤邐沿流而下，夜將半，遇一沙渚，委之而去。黎明驚濤四涌，莫不倉皇失措，會八柳樹堤潰乃定。徐謂弟子符道清曰：今日之事，非爾不能濟。道清秦人，不安於水，承命捷若神助，俄賂二舟馳迓，舉脱其厄，其臨事如此。過魏過魯過趙，諸侯郊迎以相躡，擁篲以相先。玄通子范圓曦方爲人所尊信，主東平上清宮，聞風虛席引避，良有以也。乙未秋入燕，致祠處順堂下，適清和嗣教門事，待之如伯仲。

丙申，燕境大旱而蝗，俯徇輿情，投符瀘溝，乃雨，蝗不爲災。戊戌夏四月，詔天下選試道釋，進號通玄廣德洞眞眞人。秋七月，掌教李公眞常奏請住持終南山重陽萬壽宮，適北京留守烏公築全眞觀奉之。庚子，太傅移剌寶儉總管田雄交疏，邀師會葬祖庭，即日命駕入關總宮事。綦白雲、李無欲實綱維之，而曹沖和志陽實潤色之。丙午夏五月，西遊鞏昌，以汪侯德臣敦請故也。冬，盤桓秦亭，賓僚劉澤瑕、王道寧、焦澍，朝夕左右，動靜語默，具西州錄。丁未春二月還宮，張道士來雲中，躬拜庭下，師堅讓不受。執事者曰：眞人壽垂九秩，簪冠滿前，以此而處淵源之地，過矣。師曰：禮無不答，大白若辱，廣德若不足，老氏有之。以丹陽接一童子，必答焉，忍自尊大耶。庚戌冬十月二日沐浴，正襟危坐，猶平日。翌日留頌，以寓生不必樂死不必憂之旨，曲肱歛息坦然順化，春秋八十五。後九日，葬于宮之西北隅，有洪鍾集行於世。鎭陽馮侍郎璧傳其事甚悉。在汴則尚書左丞張公行信、平章政事侯公摯、司諫許公古、禮部尚書楊公雲翼、王府司馬李守節、修撰雷淵、應奉翰林文字宋九嘉，在燕則陳漕長時可、吳大卿、張侍讀本，在關中則參省王輔臣、郎中邳邦用、講議來獻臣、同德寺丞楊天德、員外郎張徽、中書掾裴憲、經籍官孟攀鱗、署丞張琚。蓋當世景慕者也，容力取而言詰之哉。師間氣天挺，謙慈夷粹，似簡而不失其倨，似和而不涉於流，信乎其難名也。四方學徒，不可勝數，雖久於其事者，未嘗見喜怒之色形於顏間。察其日用之常，則寒暑風雨無少變，六十八年脇不沾席衣不解帶，可謂愼終如始矣。與人言惟正心誠意而已，至於嗇神頤眞之祕，苟非眞人，閉口不吐，恐失之強聒也。精潔儉素，不習而能，一履襪之細，至經歲不易，肯以絲毫利諸己耶。東徹海岱，南窮襄鄧，西極洮鞏，北際燕遼，瑰蹤瑋跡，章章可考。

雜録

李道謙《終南山祖庭仙真内傳》卷下 既而父珍與其室王氏謀曰：吾止是兒蒸嘗所系，今丹陽化度入道，殆夙契乎。丹陽嘗業儒，必不妄絕吾于氏之祀。其修眞之門，量有超出世法之外者。我輩區區，尙何所戀。遂與女子洎家人輩，俱受業于丹陽之門。丹陽訓珍法諱曰道濟，王氏曰道清及號玉谿散人，女曰妙靜，即師之姊也。後俱爲玄門之宿德。再年癸卯冬，師從丹陽赴萊陽遊仙觀醮。未幾丹陽上仙，長生、玉陽二宗師來主喪事。嘗聞丹陽有報德彥升語，乃授師道門儀範，命宋崇福相將入關，俾事長春宗師，以遠鄉土親愛之情。師受教而西至終南祖庭，拜謁靈陽李君，備陳長生、玉陽之命，靈陽見師天姿雅澹，舉措不凡，教之棲山林、遠廛市，親有道，種福田，且使枉道詣平涼，參高士崔羊頭。師承命而往，一夕宿回山王母宮，夜夢老嫗持餅一槃餉鬅頭道者，道者即取一餅擘半與師食，仍自食其半。又二日達平涼崔菴，參禮甫畢，俄一嫗持餅一槃來饋于崔，其崔與嫗克肖夢中之見，崔取一餅擘半與師食，即自食其半，且曰：連前夜者，食吾一餅矣。時趙九古侍側，崔指師曰：是子可教，其有道緣乎。居踰月，多蒙指授。遂辭詣隴州龍門山侍長春，恭執汲爨。乙巳春，長春命師詣洛陽，致書于長眞宗師，長眞訓以推強挫銳、鍛鍊塵心爲學道之要。無何，長眞返眞，師葬祭禮，竟復入關，丐食同華間，行其所受。丙午，長春下隴山，振教祖庭。召師席下，令日服勤勞，以結勝緣。先長春游隴川日，愛汧陽縣東之石門嘉勝，築全眞堂，命弟子蒲察道淵居之。明昌辛亥長春將歸海上，謂師曰：汝緣在斯，無他往。人需友以成，友不可不擇。蒲察道淵者，心存至道，是人必能輔成爾業，可往居之。師詣吳嶽五峰山鑿石以處，日止一餐，晝夜不寐者七年。惟道是力，乃臻於妙。受經籙，以輔道救物，遠近益加崇敬。泰和癸亥，隴州牧保賜沖虛大師號。五年乙丑，復往棲霞觀長春，請進上道，無何，長春遂促西歸。至臨沂，遇玉陽于縣廨，玉陽首問關中日與甚人爲友，師以蒲察告玉陽。再問蒲察入道之由，師告以奉長春命，玉陽曰：審若是，則可與友矣。遂蒙教以微旨，乃授洞眞子號。居數日乃別，道過林慮，愛其幽閴，棲止于天平觀。丙寅，長春介畢知常持教帖云：大抵上根之人，惟財色是遠，汝既能推財讓義，何必深山窮谷守靜篤也。草字到日，即便下山，復還汧隴。目今教門闕少得力人，要汝弘闡爾，仍更名志道。師拜命還秦。八年戊辰南征凱還，憫其俘縶購援者甚多。師自五峰卒業以來，詣門求度爲道士者數百人，俱立觀院於鳳翔汧隴之間。元光癸未，汴梁中太一宮提點李沖虛舉以自代，不起。正大改元，上悼西軍戰沒，詔遣禮部尚書趙公秉文醮祭於平涼，延師爲濟度。醮竟，師以所奉信幣悉具呈回，納助軍須之用。趙素重師高潔，圖像薦諸朝。遣使召之，又不起。已而隴山兵亂，畢知常請師詣岐山五姓之洞眞觀居環堵。丙戌，遣中使再召，起而應之，至京之日，奉旨提點中太一宮，若密國公璹、侯莘公摯、楊尚書雲翼、許司諫古、馮內翰璧，諸相貴近，爭相景慕。時金運將終，徭役叢出，民大不堪，徵及道釋。師每於執政者方便啓導，屢寢其議，四方緇黃，多賴以安。丁亥，北來道衆傳長春升仙于燕山，師日惟一飯，心喪者三年。庚寅河南旱，詔近侍護師禱於濟瀆，上期望祀于宮中，醮竟立致甘澍，特旨褒異，令兼領五嶽佑神觀事。是秋書大有年。天興癸巳春，汴京納款，聖朝遣使訪三教人，以師爲之冠。秋七月由中欒北渡，時依附者衆，舟人疑有金帛，薄暮啓船，遇一沙渚，給以達岸，委之而去。黎明驚濤四涌，莫不倉惶失措，師泰然無懼色。是日會八柳樹堤潰，水勢南下，命弟子符道清濟賂二舟，舉脫其厄，於是挈衆達大名。玄通范圓曦時主東平上清宮，聞師至，率在府僚屬道衆備車騎來迎，虛席引避。師辭不得已，乃弘教於東原。乙未秋上燕都謁長春處順堂，燕人懇留，不獲南歸。丙申夏燕境蝗旱大作，行臺諸官禱師禳祭，師俯徇輿情，啓醮即雨，蝗不爲災。秋，淸和眞人尹君自關中還燕，命眞常李君權教，築室于西院，與師對處，日相陪佚。戊戌春，眞常嗣掌教事。夏四月朝廷選試道釋，以師聞望隆重，進號通玄廣德洞眞眞人。適北京留守烏德亨築全眞觀，邀師矜式其國人，勉應而行。秋七月眞常奏請得旨，改終南靈虛觀爲重陽宮，敕師住持，主領陝右教門事。庚子夏，太傅移剌寶儉、京兆總管田德燦差官持疏往邀，即日命駕。烏公以下僚庶以師興復祖庭之故，知不可留，饋金贐幣者充積。過燕涉趙，度晉來秦，所至之方，諸侯郊迎，士庶嚮慕。以所得之貲，悉爲興建之費。辛丑春正月，會諸路師德，葬祖師於白雲殿。時關輔甫綏，民稀土曠。門下道流共念祖師開化之德，競來入關，營佃方所，爲之羽翼。東連海岱，西徹鞏洮。南際江淮，北通沙漠。往還道俗，奉香送供者，絡繹不絕。與李宮作務之衆，恆不下數千人，賴師道德高厚。每至朔望，必設齋集衆，教以修身養性爲功，立觀度人爲行，及諭以罪福之理，俾各從所便，故得循規蹈矩，教門寧謐。不十載間，雄宮傑觀，星羅雲布於三秦之分矣。其祖庭制度爲海內琳宮之冠。師以甘河祖師遇眞之地，建遇仙宮以彰靈跡。又於西虢磻谿長春鍊化之所，分命門人千指創長春成道宮以報教育之德。夾谷先鋒使於祖庭作功德主，建虛皇壇殿，以甲辰上元日請師設羅天大醮，薦悼海內亡魂。以落成之適皇子闊端大王開府西涼，遣使趙崇簡就宮修金籙醮七晝宵，方降聖之際，北東二方眞文無火自化。使回啓其靈異，王特降璽書護持玄教，仍增以重陽萬壽宮額，賜與醮五師以眞人號。謂師與宋披雲、薛太霞、綦白雲、李無欲也。夏五月，聖旨遣近使裴天民詣宮，行降御香，特加優遇。丙午秋，鞏昌總帥汪德臣欲請師作醮薦父靈儀，慮其不能動，啓於王府以汪侯開國大臣，遂命丞相完顏鳳哥敬詣終南禮請，師即應之。鞏昌地接西羌，居民但習浮屠之教，師以無爲、淸靜、正心、誠意之道化之，風俗爲之一變。冬演教秦亭，應緣接物之迹，秦士有《西州録》。丁未春還宮，秋八月皇太后賜以冠服，仍頒寶誥，敕守臣外護玄化，無令擾瀆。庚戌夏六月通明閣告成，師拽杖逍遙其下曰：吾焚修祖庭，經營是閣僅十年，今始見成就，豈徒以誇其壯麗爲哉。蓋常人之情，見其嚴飾乎外者，而儼敬之心油然而生乎內。夫上達之士以淸靜無事絕慮修身者，固不在是。其於弘教度人，此象設崇構之緣，亦不可偏廢。教之所以崇，道之所以尊也。冬十月三日沐浴正襟危坐，召衆於前囑以修進之語，日方卓午，留頌而逝於衆妙堂。春秋八十有五。醮祭九日，顏采如生。遠近道俗，執紼奉賻者數萬人。葬於宮之仙蛻園，附玉蟾靈陽二師之側。度人暢道詩詞目曰《洪鍾集》行於世，故翰林待制孟攀鱗作文，率長安士人特來祖庭致祭，河南轉運使楊奐爲作道行碑。至元戊寅歲於白雲殿後建思眞堂，設像以事香火矣。

張本《送眞人于公如北京引》（《甘水仙源録》卷一〇）　戊戌歲三月初吉，北京司鑰萬戶烏公遣介紹抵長春，奉玄纁書邀眞人洞眞老，以矜式其國人，既可所請。四月望日，公復躬親備車馬來逆。僕聞洞眞寧海人，自齠齓入道居關中五十餘年，里閈不一遊。其苦節厲志行輩鮮儷，潔行仁聲遠近著聞。正大間，被中旨提點汴京中太一宮。越壬辰，大軍南渡，燕京長春宮諸耆宿莫不懸懸于懷，後聞嚴行臺護歸東平，莫不相慶。因至燕謁處順堂，宮人懇留，不獲南歸五年矣。羽士服其精嚴如奉神人，都人瞻其容止如睹列仙。一日命駕，猿鶴爲之怨驚，松菊爲之寂寞。衆設堅議以阻其行，其信不可奪也。至欲有以力挽而俾不得去者，僕曰至人兼善之心視斯世如一，常以其有餘補其所不足，長春、清和留西堂，李眞常主法席，其餘耆德不可概舉比數。此老以及遠方正如海藏，雖去一珠，吾光無所損，施之他室照夜爲有餘矣。又況白霫土厚人純，勸善易入聞道易行，加之烏使君侯漕臺輩身先奉鐫能致有德，先覺以師範之視變故俗如反掌耳。或謂洞眞澹如白雲，去往無心，安能規規語汝誨汝俾汝，悠悠者果從其訓耶。僕曰：明月一出即現諸水，月何期於水水亦不能逃。夫月者，大明以臨之，至寂以感之，心領神受中有不能已者，何事規規其間，洞眞胸中自有明月，人性猶水，天下一也，何獨白霫之疑哉。衆聞之，雖其元老見奪爲私弔復以君子所居者，化爲兹道賀也。於是相與開賓館，設祖席，作歌詩餞送，以寵其行，張本引之且贈詩。

李志源

傳　記

張邦直《真常子李真人碑銘》（《甘水仙源録》卷四）　學道之難，大要有三：一曰悟理，二曰弘敎，三曰付畀得人。能備是者，其眞常眞人乎。眞人之所學，即世之所謂全眞者也。是道之傳，古所未有，倡始於重陽王君，門弟子得其傳者，馬丹陽玄寶泊其室孫清淨不二，譚長眞通正，劉長生通妙，丘長春通密，王玉陽體玄，郝廣寧大通七人而已。厥後學者偏天下，無慮數千萬人，而習他教者爲衰，嗚呼盛哉。眞人之時，馬已謝世，而丘、劉、王、郝尚無恙，眞人歷扣四君，見者皆以爲可教，乃抽關啓鑰，不少靳固。眞人會集微妙，淵停海涵，無一不具，由是心益明了，而其道坐進矣。性好山林，乘興即往，然未嘗留滯一處。始在燕薊間，尋之登、之萊、之嵩、之河秦，既而即大梁之丹陽觀居焉。所至則徒衆奔走往來，願受教門下者無虛日，眞人一皆接納飲食，教誨略無倦容，故人人咸自以爲有得，而依歸之誠益堅。眞人一日遣人詣鄙之五姓，邀寧海于公伯祥主中太乙宮，且曰：于吾友也，風神灑落，識度夷曠，衣褐懷玉而不願人知，蓋吾先師長春子所密授者。他日興吾教者，其斯人歟？及癸巳之春，大朝遣使徵眞人，既受命治裝，行有日，忽顧謂其衆曰：天將興治古之道，而吾不及見。吾向所以邀于者，正謂今日也。遂以後事付于，而問曰：日景午未？侍者曰：午矣。乃枕肱而逝，享年八十有三。眞人德興人，諱志源，李其氏，眞常蓋丘師所賜號云。

于道顯

傳　記

元好問《離峰子于公墓銘》（《甘水仙源録》卷四）　有爲全眞之言者衛致夷，狀其師離峰之行，請予爲墓道之碑曰：始吾離峰子事長生劉君，年未二十便能以苦自力，丐食齊魯間，雖腐敗委棄，蠅蚋之餘，不少猒。不置廬舍爲定居計，城市道途昏暮即止，風雨寒暑不卹也。吾全眞家禁睡眠，謂之鍊陰魔，向上諸人，有脇不沾席數十年者。吾離峰子行丐至許昌，寄嶽祠，通夕疾走，環城數周，日以爲常，其堅忍類如此。嘗立城門之側，有大車載藁秸而過，藁觸其鼻，忽若有所省，懽喜踊躍不能自禁，爲一老師鎖閉空室中三日乃止。初不知書，自是日誦數百言，有示老莊者，隨讀隨講，如迎刃而解。不數年偏內外學，作爲歌詩，伸紙引筆，初若不經意，皆切于事而合于理，學者至今傳之。爲人偉儀觀，器量寬博，世俗毁譽，不以關諸心，獨於周急繼困，恆若不及也。南渡後，道價重一時，京師貴遊聞師名，奔走承事，請爲門弟子者不勝紀。正大中，被旨提點亳州太清宮，賜號紫虛大師。離峰子之生平如此，門人輩將以葬師洛陽長生觀，吾子嘗許以銘，幸卒成之。予在三鄉時，蓋嘗見離峰子於衆人之中，及官東南，離峰子樂與吾屬遊，思欲扣其所知而未果也。且衛求予文有年矣，今復自聊城走數百里及於濟上，待之者又數月。病予懶於筆墨，若謂有疑於師者，然予於離峰子何疑哉？予聞之今之人，全眞道有取於老佛家之間，故其寒餓憔悴痛自黔劓若枯寂頭陀然。及有得也，樹林水鳥竹木瓦石之所感觸，則能穎脱，縛律自解，心光曄然，普照六合，亦與頭陀得道者無異。故嘗論之，夫事與理偕，有是理則有是事，然亦有無是理而有是事者。予撰《夷堅續志》，有平居未嘗知點畫，一旦作偈頌，肆口成文，深入理窟者三數人。黥卒販夫且然，況念念在道者乎。張內翰敏之，離峰子之舊，叙其歌詩曰：師自以其言爲道之棄物，今所以傳者，欲知此老林下百眂塵中幾蛻耳。又曰：悠然而風鳴，汎然而谷應，彼區區者或以律度求我，是亦按天籟以宮商，責渾沌之尠丹青也。吾友孫伯英，河洛名士，在太學時，出高獻臣之門。若雷希顔、辛敬之、劉景玄皆天下之選，而伯英與之遊，頭角嶄然，不甘落其後，一見師即北面事之，竟爲黄冠以歿。張予所敬，而孫所愛也，二君子且然，予於離峰子何疑哉？乃爲銘。離峰子諱道顯，出於文登于氏，初隱觀津女几之桃花平，過洛陽，得其師劉君舊隱葺居之，是爲長生觀。住太清三年，避壬辰之兵於盧氏，漆水公迎置鄧下，俄以疾終，春秋六十有五。離峰子其自號云。

趙悟玄

傳記

李謙《弘玄真人趙公道行碑》（《甘水仙源録》卷四） 弘玄眞人仙蛻之七十年，至元庚辰春，嗣法孫刑默庵道安託終南重陽萬壽宮宗主天樂眞人李道謙狀其行實，遣弟子至京師以道行碑爲請。推本源委，乃叙而銘之。按眞人諱悟玄，字子深，姓趙氏，出臨潼之零口民家。在孕十有二月，生於金天德元年，驚姜之夕，室有光燁然，父母異之。早孤，事母魏以孝謹稱。性沖澹，屏棄外慕。既冠，讀書通大義，時全眞教始興，眞人聞而嚮焉。會第一代重陽公謝世，丹陽馬公扶護而西，道出零口，眞人迎館於家，禮敬備至。丹陽觀其有受道之器，與之語，遂相契。翌日，遇丹陽行丐長安市，眞人出貨泉百緡饋之，歸謂母曰：人生幾何，汨沒一世間，徒勞人耳。不若鄙遠俗務，棲心玄門，可以悟理，可以明性，可以達道。母曰：果若有志，吾與偕往。乃舉家入道，訪丹陽於終南之劉蔣，師事之。親炙日久，丹陽教以息心養性之術，浸有所得。長安人趙恩虛第宅以請，乃築爲環堵，師弟子入居其中，今蓬萊觀是也。宴坐數歲，心境澄徹，至理貫融，得丹陽之學爲多。其後丹陽東遊，有稷山段明源者，復究玄旨。丹陽喜曰：關西已有趙悟玄，河東又得段明源，吾教得所傳矣。是後關中之人，攀挹道譽，以不得參接爲恨。邠州淳化李氏築爲精舍，延眞人以居，因剪柏四枝，手植於庭，且口占數語，以道其樹善本之義，柏遂生，迄今茂盛。泰和中，樊川雒六郎者，事眞人執禮恭甚。其弟某，家居城中，屢於茶肆見一道者居座傍。暇日謁其兄來樊川，聞眞人爲兄所禮敬也，同往拜之，閲其貌，則茶肆常見者。因以語兄，知眞人未嘗出，大加敬信，遂割別墅朱陽村之柏坡爲眞人築庵之地。庵成，命曰全道。又謂弟子然逸期曰：京兆延祥觀，道祖玄元示跡之地，曩者丹陽師已築堂其側，他日必爲崇福道場，汝可居之。眞人時亦往來其中，歲增月葺，今爲名觀。大安壬申春，眞人拜掃先塋，諸弟子皆從，中路聞虛空有聲，如樂音合奏，從者皆聞之，眞人因作歌詞以志其異，僅成半篇，命弟子魯現琦識之。時弟子李道寶自洛西還，道中忽與眞人遇，且曰：汝當速行，吾其逝也。言終不見。至陝復遇眞人，曰：向嘗作歌詞未終篇，今足成之，汝其無忘。道寶至淳化，眞人已返眞矣。道寶爲諸弟子言所見，舉其詞合現琦所識，遂成全篇，衆皆駭異。眞人閲世六十有三年，自號了眞子。明年葬柏坡之全道庵，同知平涼府事楊公庭秀實誌其墓。國朝掌教宗師清和尹公拜祠下，嘆其崖巓峻狹，不足以容廣廈，命其徒芟夷坡之下，而改作焉，額曰翠微宫，尊之也。眞常李公奉朝命追贈今號曰弘玄眞人。眞人邃於玄學，所謂修丹養性，黄庭內外景之說，得之於心，宣之於口，皆成詠歌，有曰九九詩、無生吟，具載《仙梯集》，傳於道流。山東諸郡目眞人曰小丹陽。初，眞人居灃西，嘗晨起呼衆曰：三十年後，玄教大興，當有宗師闡化門人徧天下，汝等其勉之。及長春丘眞人赴太祖聖武皇帝之召，竟如其期，咸以爲至誠前知，靜而能應云。門弟子甚衆，其尤賢而有道者曰清貧子王德遇、洗燈子然逸期、明微子王志清。嗣清貧者曰呂志眞，嗣洗燈子者曰張道性，明微子度李志久，方主翠微宫事。

李道謙《終南山祖庭仙真内傳》卷上 先生姓趙，名悟玄，字子深，道號了眞子。京兆臨潼人，家世業農。寄丹胎十有二月，生於天德元年五月初二日。分瑞之際，神光滿室。親屬相傳，莫不爲異。既長，志尚清虛，不樂世味。大定庚寅春，丹陽宗師率丘劉譚三友入關，道經零口鎮，先生見之，識其非凡。遂邀至家，設齋延待。既而與母魏氏並姊弟妻姪六人，俱詣終南祖菴，投丹陽出家。丹陽方急於度人立教，俱蒙允納。各付以修眞微旨，及嗣後屢以法言誘掖，皆能爲玄門之達者。惟先生侍丹陽最久，既得法之後，於劉蔣居環者數年。庚子歲京兆趙恩，舍宅修蓬萊菴。請先生居環，忻然就請，兀坐逾十年。爾後邠州淳化縣秦莊道友李氏築環，來請先生，又往居一紀之歲，遂得心符至道。因折柏四枝插於環中，迄今榮茂。泰和中咸寧縣樊川雒希瑄聞先生爲有道者，築環請居之。一日房弟雒都巡於京兆茶肆内，見一道者來乞錢，遂手付一文與之而去。後月餘還家謁先生於環堵，見而驚曰：此向日茶肆乞錢道者也。問兄先生亦嘗出乎，曰無。都巡乃焚香拜禮，以朱陽村世業柏坡與先生修全道菴，永爲棲眞福田。先生嘗謂弟子然逸期曰：京兆太白廟，道祖玄元示迹之地，向者丹陽已築堂其側，他日必爲崇福道場，汝可居之。先生亦時往來其中，今果爲名觀矣。居數載，先生復往淳化。以大安三年三月十有七日，無疾而逝，享年六十有三。生平暢道詩詞號曰《仙梯集》行于世。度弟子數百人，惟王德遇、然逸期爲入室。後移葬先生於樊川全道菴之柏坡，訪平涼同知楊庭秀爲作墓碑以紀其道行。天興兵後，就全道故址大行興建爲翠微宫矣。壬子歲眞常眞人炷香祖庭，贈以弘玄眞人號。

楊明真

傳記

劉祖謙《終南山碧虛真人楊先生墓銘》（《甘水仙源録》卷四） 明昌初，僕時年十四五，就學于長安，聞得道羊皮先生已羽化于府署之宣詔廳，復有紙襖先生居焉，數數見之。方稚蒙，未能知其異人。泰和之末，得官有扈，或言楊碧虛者，傳王祖師之道，名振關中，乃向所謂紙襖先生也。先生名明眞，其號碧虛子，耀州三原趙曲里人，家世爲農，兄弟四人俱入道，先生其伯也，仲曰守珪，餘俱早世。先生始從馬丹陽學，復詣山東見丘、王諸師，由宣詔廳往來南山。承安、泰和間，徒衆頗多歸之。適陜右二統帥俱皇族，相繼師禮焉。運使嘉議高公，忽病心痛，治莫能效，先生爲布氣按摩立愈，有詩十絶爲謝。先生素不識書，口占賡酬，略不停思，高大異之，嘗云：先生獨傳祖師心要。紙襖草履，土木形骸，或歌或舞，或類狂癡，曾以養生安心術相授。其爲宦貴士流尊禮如此。道俗景仰，隨問隨答，頃刻詩頌積疊，人人滿意。正大二年清明日，語門人李志常即祖墳預建壽塔，果以十年六月無疾而逝，享年八十。集所爲歌詩餘三百篇，目曰《長安集》。先是，其仲守珪受印可於先生，遂居鳳翔。一日，求木于前知府术虎公，既瞑目，門人歛焉，郡人驚異，觀者萬計。二道人因忿爭於前，久之不解，忽聞擊木聲，舉蓋再起，讓曰：若輩將賣我作利賂耶，速蓋棺，將無人矣。葬後不數日，北兵奄至，城扉果闔，於是郡人始悟，事見定海節度使盧通議墓碑云。嘻，一門而二達者，異哉。志常以師之壙獨未有銘見請，宜銘：

　　世人憧憧名利場，體便綺紈味膏粱。氣不内充性則戕，一眞忽焉散微茫。反以紙襖爲猖狂，誰知懷玉終煌煌。倒持陰陽長不亡，飛上神京朝玉皇。守爐鍊丹曾竊嘗，其徒今有李志常。

李道謙《終南山祖庭仙真内傳》卷中 先生姓楊氏，世爲耀州三原縣人。父蕃母劉氏，以天德庚午歲十一月十八日先生乃生。分瑞之際，青氣盈室。幼而孤梗，不與羣兒戲狎。既長，每發浮生如電之嘆，志慕仙道。當大定十四年聞丹陽宗師弘全眞大教於終南祖庭，即棄家特詣門下，乞垂開度。丹陽見其體貌魁梧，胸襟開朗，嘆曰：此眞仙材也。因訓名明眞，號碧虛子。授以還丹泝流之訣。先生既得受記，頭鬅面垢，乞食度日，或歌或舞，佯狂玩世，人皆以楊害風呼之。常持一馬杓以爲飲器，隱迹丐徒中，數歲不語。志逾金石，盤桓終南鄠社間。後聞丹陽上仙，東游海上，奠祭墳壠。覲謁長生玉陽二宗師，多蒙指授。迤邐西歸，嘗聞稷山縣眞陽子段君爲丹陽許可。取道河東，炷香參拜，段君密授道要，又以物外人詞贈之。先生辭而還秦，自是了無疑障。徑入京兆省前宣詔廳，忘言危坐，雖紛華滿前，未嘗一盼而已。心灰體槁，如在山林，一紀之歲，入於大妙。承安己未轉運使高德卿忽患心痛，百醫不效。屬纊之際，夢先生以水噀之，偏身汗出，倏然而甦。不數日四肢康豫，親詣宣詔廳，焚香拜謝，多贈金帛。先生不受，復作詩十絶謝之。重午日先生在清眞菴畫地爲鑪，撮土代香，翠煙靄出，盤結丈餘，旋爲華蓋，移時不散。時有數鶴飛鳴其上，萬目仰瞻，靡不讚異。由是統軍完顏公助貲興建即今之丹霞觀也。蒲城老蘇兩膝拘攣，不能步履。先生以水噀之，奔走如故。厥後里人之疾者，竟來求水。先生厭其紛冗，呪水一杯注之井中，有聲如雷。自此疾者汲而飲之，無不痊差。迄今號曰法水井。無何還祖庭閑居，召門人修齋集衆。嗣法於無欲子李公，及請知觀畢知常，囑以藏身之地。留頌云：八十年來如電拂，一堆臭腐棄荒田。予今去後全無礙，撒手歸空合自然。置筆奄然順化。福山宋昭然者，與先生素不相協，先生窗外與之告別，宋遽出戶迎待，適人來報先生羽化。時正大戊子六月十一日也，享年七十有九。度門人數百輩，平生著述目曰《長安集》行于世。葬于劉蔣之仙蛻園。庚戌冬掌教眞常眞人奉朝命追謚曰碧虚毅烈眞人。

周全道

傳記

李道謙《終南山全陽真人周尊師道行碑》（《甘水仙源録》卷四） 至元甲戌歲秋九月壬午，終南山重陽成道宮提點吳志恆來劉蔣祖庭之筠溪，再拜稽首曰：我先師全陽周君，道高德著，福大緣深，願得子之文刻石，以傳來世。余以不敏辭而弗許也。謹按藏室所收《金蓮記》，及崆峒李公君瑞作師墓銘，並向者洞眞眞人于君常談師之言行，而編次之。師姓周氏，諱全道，世爲古幽之巨室，亂後譜牒遺墜，故世系莫得其詳。生於皇統乙丑十二月二十二日，自幼語默，進止若成人，狀邈奇古，神情雅澹。夙喪其父，生理蕭索，竭力以事母。母忽感奇疾，百療不愈，師割股與藥同進，厥疾乃瘳，鄉黨以孝聞。年及冠，里人有以子妻之者，師婉其辭而却之。及母氏之終天也，哀毀過禮，幾於滅性，嘆曰：吾嘗聞道家有言，一子進道，九祖登仙。欲服罔極之恩，無踰於此。時大定癸巳歲，聞丹陽宗師環居終南祖庵，弘演眞教，師徑詣席下，求受道要。丹陽納之，俾與弟子列，自薪水舂爨，皆使親歷。師恭服勤勞，數年匪懈，丹陽察其有受道之志，一旦召入環室，付之眞訣，及賜以全陽子號。師既得法，克己鍊心，行其所受，如是又數載，合堂雲衆，莫不服其踐履之實。無幾何，丹陽謂曰：邠近邊鄙，教化難通，汝當往居，以弘吾道。師承命而行，卜庵玉峰山下，頤神養浩積德累功，與人子言教之孝，與人弟言告之順，貪者誨以廉，懦者諭以立，各因其根性淺深皆蒙啓發。至於疲癃殘疾惸獨鰥寡而無告者，收養於庵中。由是閭里士庶日益敬仰，邠人爲之遷善。壬寅，丹陽鶴馭東歸，師每至清明，必躬詣終南祖庭致祭，歲以爲常。貞祐間，羌人陷邠，師亦在虜中，雖被俘縶，其精進道業略不少渝。羌識其爲異人，遂釋之。厥後四方來詣門請益受教者，奚止滿戶外之屨，度弟子僅千人，俱令各立方所，誘掖後進。元光末，尚書左丞張公信甫出鎮邠郡，素忌師名，一日詣庵叩其所修，師告以道德性命之理。公喜其誠，出而語人曰：周全陽有道者也。翌日設齋，仍贈以袍履，時遣人候問起居，師亦嘗往來。寓居長安縣之漢高祖廟，統軍完顏公待以師禮。正大戊子復還邠，以十月十有七日命衆作齋，召嗣法門人圓明子李志源洎諸上足囑之曰：終南南時村活死人墓，祖師開化鍊眞之地，吾欲增葺以彰仙跡，奈世態如此不可強爲也。他日昇平之後，汝輩各當勉力，以成吾志。言訖，命侍者焚香，令衆誦《清靜經》，師危坐澄聽，甫竟三過，枕左肱而逝，春秋八十有四。葬於玉峰庵側。士人王才卿者，與師爲莫逆友，時仕慶陽。方天兵圍城甚急，忽夢師布衣藜杖造門而至曰：吾今特來與公相別。軒冕儻寄，不堪久戀，此身一失，再得實難。珍重而去。未幾圍解，王乃訪人，始知師入夢告別之日，乃返眞之辰也。遽解印綬，黜妻子，樂道以終其身。先承安戊午歲，東魯鄆城縣洞虚子張志淵者，嘗兩夢神人持白刃叱之曰：爾年將盡，胡爲不參師學道以脱速死耶。既覺，心神恍惚，因詣郭西郊行以暢其情。適見一道者麻衣草履，軀幹魁偉，飄然西來，就而言曰：汝有宿緣，故來相接。即於道傍樹陰教以烹鉛鍊汞密語，及解以麻條贈之，且曰：敬之哉，無忘吾訓。三十年後當有吾門弟來此與汝相會，是時汝得與師眞共給大緣矣。張問其姓名，答曰：吾關中周全陽也。俄失所在。張乃警悟，遂易衣入道，後於濟州創白雲觀，度門弟數百人，悉立庵觀於齊魯之間。壬辰，六軍下河南，李圓明挈衆北渡，於東河縣築棲眞觀居之。張聞往見，告以向日遇師之故，圓明出師畫像示之，張焚香致拜曰，此正吾曩所遇師也，即遞相印可，以圓明爲道兄焉。乙未關中甫定，圓明追念師之遺命，率法屬門衆百餘西歸，於南時創重陽成道宮，張洞虛屢輦金幣以資其用。不十載，雄構壯締庨豁可觀。辛丑春，淸和眞人會葬祖師畢，命門人捧師仙柩葬於劉蔣之仙蛻園。壬子，常敎眞常李君奉朝命，追贈全陽廣德弘化眞人號。師仁慈憫物，惠愛困窮，處己儉薄而厚於施設。每以謙沖自守，不恃其成而居物先，其嗇氣頤神之妙，乃平日素習，雖須臾不少替。迨乎應緣扶教，則任物之自然，而門徒輻集，權貴欽崇，非以計謀而致其事。仙宮道觀所在，俱有成績，兀坐終日，望之儼然而不見惰容，及其即之，熙然如陽和生物，使人虛往而實歸。老氏之三寶，南華之眞人行，師兼而有之，可謂聖門之達者歟。

范圓曦

傳記

宋子貞《普照眞人玄通子范公墓誌銘》（《甘水仙源録》卷四） 公諱圓曦，姓范氏，號玄通子，寧海人。性有夙慧，能記始生時事。少長見屠豕，遂不茹葷。居母喪，露處墓側，父喪，具凶服日一往，雖大風雨不避。幼業儒，喜涉獵書傳，務通大義而已。年十九，從郝太古學爲全眞，太古深器之，潛授祕訣，且屬以觀事，常住多羨餘幾十萬緡，聽其出入不問。太古尋順世，餘衆利其財，謀欲害公，公聞而笑曰，吾爲衆守耳，何至如是，即幷管鑰以付，拂袖如膠西。屏絶世慮，自閉環室中，究其所謂精氣神之學。繼徙密州，州人大加敬信。貞祐初，紅寇起，東海富人多以財寶寓公。城破寇入，公度不可保，乃盡出所有以啖渠帥，老幼獲免者甚衆。寇退，遺民奉公爲主，復爲城守。先是有詔能完復一州一縣者名就拜其州縣長官，已而命下，公力辭之曰，道人得此安用？改賜普照大師、本州道正，受之。山東益亂，由東平入覃懷，登太行，下遼山以達邢臺。時邢臺已歸命，遂屬國朝。尋遷趙州，築環堵不出。居一歲，聞丘長春奉詔南下，詣謁於燕山，大蒙印可，俾充河間眞定等路道門提點。武仙之變，挈徒走泰山。丙戌，東平大行臺嚴公迎修上清萬壽宮。署道敎都提點，時遣人候起居，或就諮訪，禮意勤縟，莫與爲比。公亦論列利害不屈，左右行臺之政，多所裨益。積十有二年，宮事稍就緒，乃東遊海上，謁太古祠，及一覲先壠，徑詣眞定築太古觀，又修趙州之天寧觀，時時往來其間。戊申，朝命加賜玄通廣濟普照眞人，牢讓不受。是歲遊關中，祀重陽祖師於終南，秦隴帥太傅濮國公素蹇傲，未嘗下士，見公不覺膝屈，三返致疏，請提點重陽萬壽宮。公辭以年老，不任應接，帥檄關吏不令出，公不得已爲之住持。纔半載，假以行緣諸方，復還眞定。未幾會葬源明眞人李志源於有莘，歸次大名，一日晨起盥漱畢，忽謂衆曰：吾今日以往更不度人。日始中，奄然長逝。平昔嘗語人曰：從上諸師多淹疾累久，不得速去，甚不快人意。或曰：師能之乎？公曰：令汝看。至是果然。歲在己酉十月二十五日也，享年七十二。門人王裕中等輦其柩歸東平，卜以明年二月二十五日葬于上清萬壽宮之脩然堂。以子貞嘗辱知於公，懇求乞銘。公爲人開朗尚義，汲汲於濟物，而疾惡之心太重，若將有志於世者。間暇談笑，亹亹可愛，一有不合，則面折力爭，雖毫髮不貸。要之胸中無滯礙，故言雖切直，人不以爲訐。與人交必盡誠，振乏急難，輕財如糞土。樂從士大夫遊，汴梁既下衣冠北渡者多往依焉。尤邃於玄學，神怪幻惑之術，略不掛口。其嘗受戒籙稱爲門弟子者，不可勝計。四方請益之士多乞爲歌詩，及其手字，公布紙落筆動數百幅，殊不致思，而文彩可觀，得片言隻字，皆藏之十襲，以爲祕寶。所至之地，則候騎絡繹，幢蓋塞路，馬首不得前，自郡守縣令而下莫不奔走致敬，北面師事，其爲時所重如此。

雜録

《范圓曦封真人敕並延住持上清觀疏》（《道家金石略》）　長生天氣力里皇帝聖旨：東平府上清萬壽宮故范圓曦可追號玄通普照惠和眞人，准此。至元十一年四月　日（寶）

伏爲申請普照大師范公住持本府上清觀，爲國焚修，祝延聖壽者。竊以白雲有象，物物咸覩，明月無心，方方遍照。故老氏見留于關尹，而蓋公往舍于齊候，不賴高眞，孰弘妙道？伏惟普照大師范公，久懷祕印，密獲玄珠，揮刀不見其全牛，進道殊輕于駟馬，而乃深藏利器，堅卧空山。念兹法席之久虛，必得明師而堪處，用裁短簡，奉屈華軒，庶分土苴之餘，一洗膏肓之疾。不圖謙德，徒往報章，故雖嘉歎者再三，猶冀挽回于萬一。恭展載賡之禮，庸彰必起之誠，輒以蕪辭，附之楮尾，幸詳哀懇，早賜俞音。謹書。

詩一章仍用來韻

大道玄玄用莫窮，山林城郭本來同，生靈政切思商皓，岩穴應難卧葛洪。月到團圓明必普，水無高下決斯通，毋勞再四持謙抑，人世光陰似轉蓬。丙戌年七月　日

崇進東平行尚書省嚴疏

王志謹

傳記

王鶚《棲雲真人王尊師道行碑》（《甘水仙源録》卷四）　今上皇帝即位之二年，稽古建官，百度具舉，內嚴省署，外列監司，班慶賞以酬勳庸，錫嘉名以尊有德。越八月之望，中書丞相奏：全眞老宗師王棲雲操行純正，海內欽崇，宜降璽書以彰寵數。制可，特賜號惠慈利物至德眞人。命下之日，四方萬里聞之，莫不感悅，知其錫予允當，師眞得人也。師法諱志謹，占籍東明之溫里，家世業農，富而好禮。師生體異，夙有道緣，甫冠將娶，不告而出，徑趨山東。路聞太古廣寧眞人演教寧海，執弟子禮，久之緣熟，漸次親炙，口傳心受，凡得一語銘諸肺腑，自是日益修進，大蒙印可。逮廣寧仙蛻，隻影西來，壞衲破瓢，首蓬面垢，行不知所之，止不知所爲，人役之笑而往，人辱之拜而受，韜光晦跡，未有識其爲道者。尋値兵饑，盜賊蜂起，民皆潛匿，師遭執縛，將殺而烹之，神色不變，言辭慷慨，略無懼容，羣盜知其異人而釋之。亂甫定，從長春眞人北遊燕薊，徜徉乎盤山西澗之石龕，草衣木食，若將終身焉。諸方學者日來質疑，由是道價愈增，令聞遐播，然猶執謙，樂居人後。長春仙去，方出經行，不喜置鉢囊拄杖，盛暑不笠不扇，嚴冬不裘不帽，沿身之外無長物。人有以財物獻者，雖勉受之，過目不問。後遊諸方，到即緣契，興建琳宇在處有之，所至泰然不以舊新介意，住雖久，去不回顧，慙憩朝夕，亦猶久寓之安。車轍所經，願爲門弟子者動以千數，達官著姓，白叟黃童，山林緇素之流，閨闈笄總之子，莫不羅拜于前，其爲世景仰如此。凡丫童之拜，師即答之，或問之，則曰：凡隸玄門，皆太上之徒，吾之昆季也。天下之患，莫大乎傲慢輕易，道性人人具足，奚分長幼乎。聞者嘆服。平居澹泊，不事華飾，惟祭饗高眞，色色莊嚴，未嘗以爲過，雖金冠玉珮，鶴氅鳳履，服之不辭也。設醮之際，屢致休禎，或鸞鶴翔空，或風雨應期，隱而不言，不可殫紀。歲戊子，經鎭市帥曹德祿邀師作黃籙大齋，遠近會者不下數千，其井僅供二三十人，德祿憂之，請于師。師命具茶果躬祭井上，以淨席覆之，歷一晝夜而後啓，其泉洶湧用之不竭，醮已復初。四方傳誦，師不以爲異，或詢其故，師曰：無他，彼以誠告，我以誠應，誠意交孚，天地可通，況其餘乎！聞者愈服，其感應不可備錄。初，重陽眞人西歸，契丹陽輩四子傳道于汴之逆旅。主人王氏不禮，反謗毀之，重陽曰：吾居之地，他日當令子孫卜築於此。主人以爲狂。未幾重陽登仙，後六十有四年，汴降，師挈其徒跡其地，不十數年殿宇壯麗氣壓諸方，識者知重陽之言始驗，師亦不以爲功，曰諸人之力也。凡所興工，皆聽自願，不強率，不責辦，故人樂爲之用。中統癸亥夏六月己酉朔，晏

坐方壺，不語不食，門弟子怪問其故，但閉目凝神指虛空而已。及沐浴安寢，靜聽不聞呻吟之聲，熟視不睹屈伸之跡，門衆環侍，不敢少離。叱之曰：汝等各幹自己正事去。越十有七日乙丑，盤桓枕肱，晏然而逝，春秋八十有六。傾城號泣三日，遠近訃聞，皆爲位以哭，事之如生，其至誠感人又如此。師雖不看書，所行皆合理事，所言唯眞實語，動與二篇四輔相契，有一毫利人利物即自爲之。向在特室環堵中，如對千百人，無做作，無縱恣，無褻慢，日日如是，歲歲如是，所謂獨立而不改，周行而不殆，惟師有焉。師慈以利物，儉以律身，謙以自牧，老氏之三寶，師能保之，所以上格天心，下孚人望，嶷然爲一代宗師，學者瞠乎其後，而有不可及焉。歲閼逢困敦正月朏，師之門人論志元、魏志言持師行狀，洎提點張志格、李志居書，不遠數千里乞銘於予。予於師，鄉里也，同宗也，昔予待罪翰林，稔師之名，限以南北，未之獲見，北渡後始識于燕，予不知宗屬近遠，以年長一紀拜之，師亦答拜。比年數數會晤，時辱見臨，情話終日。予乘間問之曰：師年八十，宜深居簡出，坐以傳教，使問道之人香火來，不亦重乎。顧區區普受人請，車無停轍，人無寧跡，毋乃涉於輕易耶？師應之曰：渠書生也，凡在交際，宜有分別。我全眞者流，不敢失前輩遺躅，富貴者召之亦往，貧賤者召之亦往，一日十請亦往，千里來請亦往，急於利人，所以不敢少安以自便耳。又問：師所至，日書法名，不知其數。不詢其人，不考其素，其中豈無惡少傳徒，無乃爲累乎？師曰：全眞化導，正在此耳。使朝爲盜跖，暮爲伯夷，則又何求。雖千百一人，亦化導之力也。予聞之喜甚，知師之心，天地之心，父母之心也。

張志素

傳記

孟祺《應緣扶教崇道張尊師道行碑》（《甘水仙源録》卷四）　廣哉道之爲用，巨無不包，細無不入，後玄元之跡千八百年，黄其冠，鶴其氅，以五千言爲宗者，不可勝紀。而全眞之教，獨能大振玄風，會衆流而爲一，夷考其行，豈無所本而然哉。當乾坤板蕩之際，長春老仙徵自海濱，首以好生惡殺爲請，一言之功，既足以感九重而風四海。又侍從之士十有八人，皆英偉宏達道行純備，或心膂之，或羽翼之，欲玄風之不振，衆流之不一，不可得矣。故應緣扶教崇道大宗師，十八人之一也。宗師姓張氏，諱志素，號谷神子，睢陽人。震肅之際，母夢衣冠丈人以芝見授，明日誕師。及長，風儀秀整，遇異人飲之以酒，襟靈頓悟，有瀟灑出塵之想，遂拉同志謁長春眞人於東萊。長春嚙齒大罵，漫不加省，二三子大懼，皆逡巡遁去，師留請益恭。長春噱然笑曰：孺子可教。遂以備庖爨之列。始於侍海嶠之遊，赴龍庭之召，迄於環西域之轍，稅燕城之駕，艱關數萬里，首尾四十年，周旋供養，未嘗失長春旨意，暫違几杖，輒有如失一手之喩。長春羽化，清和、眞常二眞人嗣教，師一居提點之位，一錄中都路道教事，衆務鱗集，他人若不可措手，師處之常有餘裕。既而應北諸侯之聘，演教白霫，門徒琳宇，燦然改一方之觀。時譙郡玄元祖庭，久廢於兵，僉以興復爲難，誠明眞人念獨師可辦，尺書加幣，改白霫之轅而南之。居十餘年，殿堂廊廡合百餘楹，彩碧一新，郡上其事，有詔特加擁衛，仍錫今宗師之號。至元五年十二月，屢有光自頂出，氤氳徹於空際。一日，語其徒曰：長春有閬風之召。遂沐浴具衣冠而逝，壽八十有一。嗚呼，異哉。師有才略幹局，遇事必成，文章技術，靡不兼善，故訃傳之日，咸有道林憔悴之嘆。雖然，此奚足以知師。蓋大方之家，以心爲死灰，以形爲槁木，黜聰明，去健羡，至於嗒焉隱几，不知有己而後已。師至人也，豈獨異夫是哉。但眞光內映，心與天遊，物交於前，一與之淵默，一與之波流，發於外者不得不爲賢智事業，與人蚩蚩語其渺冥恍惚之妙，不可得而致詰，特以土苴見稱耳。觀谷神子者，能以此言求之，庶乎其不繆矣。一日，住持太清宮提點李志祕，狀師生平，用道教提點劉公之命，以紀述爲請。義不可讓，遂約其所說而書之。至元九年春謹記。

張志敬

傳記

王磐《玄門掌教宗師誠明真人道行碑銘》（《甘水仙源録》卷五） 師姓張氏，諱志敬，字義卿，燕京安次人。幼淸臞，骨骼巉巖，寡言笑，不喜葷茹，見道士輒懽喜迎接，聞讀道經則諦聽不忍去。父母相謂曰：此兒其有方外之宿緣乎？八歲送入長春宮，禮眞常李眞人爲師，給使左右，朝夕未嘗離。眞常本儒者，喜文學，而師性敏悟，善誦習，工書翰，又謹飭如成人，故眞常愛之特異。恕齋王先生以詩名當世，而淸高絶俗，棲止道宮，眞常命師從之學。方丈西有堂曰萃玄，側有小樓，積書萬卷，人莫能到，眞常以鎖鑰付師，恣所窺覽。師資稟旣異，所以涵養成就之者，又有本源，宜其所造超詣而不凡也。甲寅歲，以師提點教門事。後兩年，眞常示化，易簀之際，衆以後事爲請，眞常曰：志敬在，諸君何慮焉。哭臨旣畢，衆環師而拜，內外翕然欽服。中統三年，朝廷賜之制書，其詞曰：玄門掌敎眞人張志敬，自童子身，著道士服，志行修潔，問學淹該，甫踰不惑之年，純作難能之事，增光前輩，垂法後人，可特賜號光先體道誠明眞人。尙服新恩，益堅素守。至元二年，聖旨就長春宮建設金籙大醮三千六百分位。行事之日，有羣鶴翔舞，下掠壇墠，去而復來者累日。天子嘉之，賜師金冠雲羅法服一襲，仍命翰林詞臣作瑞應記，刻之碑石。嶽瀆廟貌，罹金季兵火之餘，率多摧毁，內府出元寶鈔十萬緡付師，雇工繕修。師擇道門中廉潔有幹局者，量工役多寡給以錢幣，使各任其事。或剗瓦礫而更造，或補罅漏而增修，凡再易寒暑，四嶽一瀆，五廟完成，盡還舊觀。方將礱磨貞石，叙聖代尊崇祀典，祗敬山川，興壞起廢之盛美，而師忽感微疾，以至元七年冬十一月十有七日化，享年五十有一。京師士大夫遠方道俗奉香火致奠禮者塡塞街陌，累月不已。噫，全眞之教，以識心見性爲宗，損己利物爲行，不資參學，不立文字，自重陽王眞人至李眞常凡三傳，學者漸知讀書，不以文字爲障蔽。及師掌教，大暢玄旨，然後學者皆知講論經典涵泳義理爲眞實入門。當嗣法之初，先輩師德存者尙多，師以晚進，躐出其上，中心不能無少望焉。師德度深厚，氣貌溫和，頹然處順，不見涯涘，彊悍者服其謙恭，驕矜者慚其退讓，故初雖少咈，久乃怗然。加以持身精謹，遇物通方，京師賢士大夫及四方賓客，所與遊者靡不得其懽心。至元九年三月三日，葬五華山道院東。

趙九淵

傳記

孟攀鱗《湛然子趙先生墓碑》（《甘水仙源録》卷五） 湛然子趙先生，諱九淵，字幾道，隴州人。自幼出家，禮丹陽大宗師。天資高明，德性純淑，潔靜精微之理，素所深究，怪誕虛無之事，未之或及。知身以神爲主也，故力於修鍊；知道以文爲用也，故寓於著述。談不輕易，所談必本於公論，交不泛濫，所交必取於端友。至於一篇一詠，一贈一答，皆所以發揮玄旨，暢叙幽情，混元洙泗，融爲同境。由是道望崇重，教風周廣于西土矣。丁亥中，翻然仙去，凡爲門徒者，久服心訓。嗣法子趙公志沖追念先師傳授之恩，恨無以報，謹捨靜貲，特置吉地，起墳立石，乃勒其文云。玄默閹茂歲，閼逢攝提格月，昭陽大淵獻日敬誌。

李道謙《終南山祖庭仙真内傳》卷上 先生姓趙氏，諱九淵，字幾道，湛然子其號也。世爲隴州隴安縣之右族。先生自幼不同兒輩戲狎，既長賦性謹愿，平居寡言。體貌魁偉，襟度灑落。習儒業，嘗中鄉試之甲科，故隴人以解元呼之。不事功名，每有高蹈遠引之志。年逾三十，未嘗婚娶。大定戊戌秋，丹陽宗師演化隴川，一時歸嚮者靈集。先生見之而心醉，曰：此吾歸休之地。於是設齋炷香，請預弟子列，丹陽納之。明年丹陽還祖庭，先生從居之。朝叩夕參於道德性命之學，大有所得。迨壬寅丹陽仙仗東歸，先生往來終南鳳隴之間，徜徉自若也。河內張邦直尹扶風，日常延致其家，與之談道。每留數月，爲方外忘形之交。先生作文尚平淡，詩句雅健，得陶謝體。每誦老莊黄庭爲日課，非法之言，略不出口。聞人談及他人之短，輒瞑目不與之相接。但云：置論徒敗德招怨，躬自厚而薄責於人，聖人之遺訓也。故所至人皆敬慕之。正大末鳳隴兵亂，先生負笈深入隴山，莫知所終。及大元撫治輔正，洞眞眞人于君奉旨住持終南祖庭。尋訪先生遺文，得於隴州祐德觀鄭鍊師子周處，目之曰《思玄集》。中統初京兆昊天觀先生門人趙志沖，於府城之北特置吉地，請翰林待制孟攀鱗作誌，起墳葬先生之衣冠，以致春秋之祀云。

呂道安

傳記

趙九淵《終南山靈虚觀沖虚大師呂君墓誌》（《甘水仙源録》卷五）　道家者流，備眞功以光前人，修實德以詔來世，高蹈物表，超出塵寰，其亦絶類離倫之所爲乎，偉矣哉。全眞道教，其來尚爾，重陽祖師發其源，繼有七眞暢其委，接其武，而開祖庭之基者誰歟？沖虚大師呂君其首也。君法諱道安，家本寧海，世爲巨室。幼年穎悟，志慕玄門，仙風道骨稟於天，眞功實德資於性，善繼丹陽之志，遠離東土之逕。君也，其出家之雄歟，事師則夙夜匪懈，立志則終始不渝，故在祖庭四十餘年，撑拄玄教，光大前猷，建堂殿，潔壇場，以嚴香火之奉，步斗牛，頤精神，以成靜定之功。修外養內，積德累行，其詔來世之規者，何其博哉。承安擾攘，眞道否閉，君也其中流之壺歟？不降其志，不屈其身，回既倒之瀾，挽將傾之棟。會玉陽眞人奉勅主掌教事，君乃復構基址，於是宣賜觀之號曰靈虚，制授君之稱曰沖虚，披戴門弟子三百餘人，祖庭之教粲然復興矣。歲在興定，數絶塵緣，一日，屬門人以進道之語，乃書頌云：平生不解道詩篇，鍬钁爲朋四十年，稍通陰符三百字，粗明道德五千言。般般放下般般悟，物物俱忘物物捐，此去不遭閻老唤，今朝唯待玉皇宣。頌畢翛然羽化，享春秋者八十。噫嘻，出家修道如呂君者，信乎絶類離倫之流也。已而其法弟畢知常安厝君之靈櫬于祖塋之北，丐予爲誌，以光潛德，因摭其實而爲之記，且繼之銘曰：

載惟呂公，崑嵛秀鍾，幼脱塵網，早登道宮。侍師惟謹，接物惟恭，立志立事，有初有終。不忝厥祖，克修厥躬，值歷道否，挽回教風。啓佑我後，規恢實功，制授徽號，人欽德容。大數適至，塵緣頓空，舟移夜壑，珍藏里中，揭諸貞石，以熾無窮。

崔道演

傳記

杜仁傑《眞静崔先生傳》（《甘水仙源録》卷五）　先生姓崔氏，諱道演，字玄甫，觀之脩人，眞靜其號也。賦性雅質無俗韻，長讀三教書，洞曉大義，識者以爲載道之器。事父母以純孝聞，廬墓三年，去家爲道士，師東海劉長生，甚得其傳。頃歸將陵之韋家墅下棲焉，假醫術築所謂積善之基，富貴者無所取，貧窶者反多所給，是以四遠無夭折，人咸德之。粗工王彰嫉甚，必欲致之死地而後已。一日與先生遇諸曠，輒挽裂偃仆，以塊封厥吻而去之。彰以爲死矣，少之復甦，過者驚叫問狀，曰我每疾作乃如是，後亦不復介意。居無何，弟子劉志恆請布金山昊天觀居焉。邊人楊涓、畢琳意在有所詰，期以仲冬來，過是不至，時大雨雪，畢因擁掃家庭間，獲片楮，開看，乃先生讓二子寒盟之章也。復有横山馬志定、路志亨者，事先生有日矣，將去，以詩爲贐，扁諸所居之堂，堂菑，詩奄然在壁間如新染翰者，其神異類此。當貞祐之亂，挺身南渡，因僑鞏之純陽觀，駐錫未幾，屨滿戶外。越興定辛巳八月二十九日，端坐南向而逝，俗壽八十有一。凡先生平生所爲所行所得，唯門人張志偉獨具其體云。

贊曰：天下所貴乎得道之士者，時其來順其去而已矣，非直以乘雲氣，跨箕尾，解水火，遺冠舄，導以旛幢，殿以聲樂，然後以爲昇天之證。吾讀《列仙傳》，涉此說者甚多。夫古之隱者，深山窮谷中恬然委蛻，千載而下不知幾千百人，不幸不爲世所知，至於泯滅而無所聞。幸而爲好事者紀録，而又過神其事，使後世不能盡信，惜哉。吾復揣隱者之心，恐不如是其汲汲於駭一時之觀聽也。如先生則不然，不內不外，非有非無，吾以爲黄耶，其教戒精嚴有過乎釋氏者，吾以爲緇耶，其業履忠孝又出乎先儒。將前聖之萬法，輒混而爲一區，間者遺馬、路以燎原之頌，墮楊、畢以雪庭之書，聊遊戲乎三昧，此亦豈先生之本心也歟？要之，以慈儉禮讓爲立身之本，以《詩》、《書》、《語》、《孟》爲教人之符。及其逝也，兀然端坐如晏居，浩浩乎同造物者遊，悠悠乎將元氣者與俱，是以恩綸一出，名隸清都，號曰眞靜，不亦宜乎。

潘德冲

傳記

單公履《沖和真人潘公神道之碑》（《甘水仙源録》卷五）　師姓潘氏，諱德冲，字仲和，沖和其號也，淄之齊東人。家世業農，大父秉政，適大安兵興，起家爲軍都統，戍萊州。父楫，字濟之，以儒爲業，辟充益都府學教授。世父澤民，萊州節度判官。自高祖以上及於師，九世同居，家素饒財。嘗遇歲凶，發粟賑飢，民賴以全活者甚衆，鄉閭有貧者即假貸之，不責其償，其樂施如此。一日，有術士過其家，語之曰：是家有陰德必獲陽報，當生異子。初，師之母王氏嘗夢有祥雲入室覆其身，良久乃去。自爾有娠，妊十九月，師乃生。七歲不能言，其父憂之，忽有一道者來乞食，父延之入門，問所從來，云自東海，將適長安。師即從傍與之語，慶答如流，父駭愕。道者曰：是子神韻沖粹，非凡兒也，異日當爲人天師，宜善鞠之。自此遂能言。後稍長，警悟敏慧，常人莫及，讀書日記千餘言。後聞父母欲爲娶妻，遂宵遁，即往棲霞濱都觀。道過濰陽，時清和眞人住持玉清宫，問所適，知其將詣長春，乃引見焉。自是服膺問道，得傳心之要。長春委師以焚修之事，至其暇日則默坐靜室中，凝神滌慮物我兩忘，一歸於要妙幽玄之境，如是者十餘年。太祖聖武皇帝親征西域，聞長春之名，遣仲禄劉君齎詔詣海上起之。乃從長春西覲，風沙萬里，不以爲勞也。還燕之三年，長春仙去，眞人尹公嗣法，命充燕京都道録兼領宫事。眞常復總玄機，注倚尤深。燕去和林數千里，朝覲往返凡十有三，供擬之費皆倚辦於師，一無所闕。所以玄教眞風恢張誕布，薄海內外無所不至者，師與有力焉。師之內誠外方，各有所任，道並行而不相悖者，又可見於此。歲乙未，平遙官長梁公，偕同僚懇疏請清和眞人重修興國觀，眞人命師往。甫踰年，撤其舊而新之。壬寅，署師諸路道教都提舉，仍兼本路道録。甲辰，河東永樂祠堂災，祠蓋呂純陽之仙蹟也，朝議以爲純陽之顯道如此，祠而祀之，事涉簡陋，可改爲純陽萬壽宫，命李眞常遴選道望隆盛人所具瞻者崇建焉。先是，長春自西域回，抵蓋里泊，夜與諸門弟子談，語次謂師曰：汝緣他年當在西南，此時永樂吾道矣。至是眞常泊清和二宗師，集衆言曰：純陽，吾教之祖也。今朝廷崇飭如此，孰可任其事者？衆以師德望幹才綽有餘裕，即欲堪其役無踰於師，況長春蓋里泊之言已嘗命之矣。乃署師爲河東南北兩路道教都提點，命往營之。師率其徒至永樂，百工勸緣源源而來，如子之趨父事，陶甓伐木雲集川流，於是略基址，度遠邇，程功能，平枝榦，合事庀徒，百堵皆作，不數稔新宫告成。堂殿廊廡齋廚廄庫，下至於寮舍湢浴之屬，各有位置，莫不焕然一新。北踰一舍，有山曰九峰，土人云此純陽得道處也。遣其徒劉若水起純陽上宫，及於宫側創下院十餘區，市良田竹葦及蔬圃果園舟車碾磑，歲充常住百色之費。至於四方賓侶過謁宫下者，周爰四顧，見其嚴飭壯盛，儼敬之心油然而生。夫撤祠宇而爲宫庭，其崇卑相去奚啻萬萬，然於純陽之本眞何加損益。但致飭之道，斯其行者遠矣，而人之觀感異焉，此象教所以不可廢於後世。聳天下耳目於見聞之際，而絶其褻易之心，嚴乎外者所以佐乎內，象之所以崇者，道之所以尊也。由是言之，師之恢大盛緣作新崇構豈徒以誇其壯麗也哉。己酉秋，中宫懿旨，凡海嶽靈山及玄教師堂，遣近侍護師悉降香以禮之。乃增葺濰陽玉清宫，至崑崙山麻姑洞，取歷代誥册刊之石，以彰靈蹟。壬子夏四月，眞常因奉朝命祀嶽瀆，過永樂，見其規模宏敞，喜謂師曰，非師不能畢此勝緣，乃傾帑以助其經費。明旦，與師同躋九峰之巔，見其秀拔如椅，遂易其名曰玉椅峰。甲寅春，聖天子在藩邸，命設普天醮於長春宮，於是召四方羽侶道行清高者畢集，師首與其選。致彩雲鸞鶴之瑞，眞常曰，此瑞公適當之，遂以清和眞人所遺金冠錦服爲贈。事畢還永樂。丙辰夏四月適上宮，至五月朔旦，忽謂左右曰：吾幼遇長春師，授以祕傳，終身誦之，粗有所得。繼而清和、眞常以純陽師祖世緣見付，吾比年經營略有次第。今世緣道念亦庶幾兼修而並舉，無復事矣，吾其行乎？衆不知所謂。二十六日，將返下宮，時方盛夏，畏日載途。從者咸以爲病，師曰汝衆弟行無傷也。忽陰霧四合，抵下宮四十餘里，人不知暑，此尤可訝。初純陽殿前有古柿二本，根榦盤錯枝葉茂盛，一夕無風自折，衆方驚悟曰：此柿無風而折，可謂大異。吾師前日之言，其兆於此矣。是夜二更將盡，師忽扶杖而出，面四方，誦呪語。隨即以灰摻之，露坐移時，若有所待，尋復入，以湯頮其面，即易衣索筆，書頌一篇，既畢，乃就枕翛然而逝，春秋六十有六。門人奔訃於掌教誠明眞人，遣提點孟公，賻賵甚厚。庚申歲三月初五日葬于宮之乾位，仍建別祠，令嗣事者以奉歲時香火，報本反始之道也。既而誠明疏師之德，上于朝，賜沖和微妙眞人之號。

雜録

單公履《沖和眞人潘公神道之碑》（《甘水仙源録》卷五） 師性資仁裕，戒履修潔，雖居道流然樂善好施。中條東西居民每歲初或有貸粟於宮者，數踰千石，適時凶荒，道侶不贍，衆議欲徵之，師曰：歲荒人飢，奪彼與此，是豈仁人之用心哉。負者聞而德之，後每於純陽誕日相率設會，獻香資以致報，歲以爲常。癸丑春旱，總管徐德祿拉諸耆老禱於師，師爲誦靈寶經，不旬日致甘澍盈尺。師嘗居九峰純陽上宮，又號九峰老人，門人三宮提點淵靜大師劉若水，乃於師誦經處築臺，志之曰：九峰老人誦經臺。因狀其行，付提點純陽萬壽宮事文志通，自永樂走燕，凡二千里，拉知宮劉志復詣予而言曰：師之道行如此，然神隧之石未有所紀，敢請。予以不敏辭，凡四五往返，請益堅，予以志通尊其師也篤，而託於予也專，是可嘉已，乃爲述其始終而次第之，因系之以説焉。夫道之爲教尙矣，小而始於鍊度之微，大而極於性命之奥，無非事者。至於營葺宮宇，惠鮮貧乏，此但觸物應緣隨感而動，勞而不有施而不報，特神化之糟粕耳，非師之至也。與接爲構，紛紛擾擾，殆多事矣。然遊神於淡合氣於漠，超然獨覩以自出於塵境之外者，彼何足土苴芥蔕乎其間也耶。故自從師海上，締構諸方，跡與世俱，道隨神運，固未嘗一日不接於事爲，亦未嘗一日不在乎悠然泊然之中也。世徒見師之揆日作室，不少輟於斯須之頃，以爲若是而止耳，豈知至人循其故然，無所事事，寂感一致，虛中泛應之心跡也哉。道一而已，自隨其所見而名之者，蓋不止於一而已也。試以四者言之，曰微、曰妙、曰玄、曰通。謂之微者，以其杳冥恍惚，不可爲象者也。謂之妙者，以其變化不測，莫知所以然也。玄者，深而不可探也。通者，其化無不徧也。模狀形容，固亦至矣，然智者之智，仁者之仁，雖所見殊方，會歸則一，亦豈有二本哉！渾淪圓周，無所玷缺，在山滿山，在河滿河，道之全也。極六合之內外，盡萬物之洪纖，雖神變無方，而莫非實理，道之眞也。由是而爲命，由是而爲性，由是而爲心，又由是而之於情，或源也，或委也，引而伸之，亦將何有不全，何有不眞者乎？然則全也、眞也，一而二，二而一者也。其萬化之本根，一元之統體歟？長春之傳於師者蓋如此，師則有以推而廣之，是可銘也。

夏志誠

傳記

姬志眞《無爲抱道素德眞人夏公道行碑記》（《甘水仙源録》卷五）
公姓夏，諱志誠，號清貧道人，濟南章丘人。世本農家，以積善稱於鄉里，非義不爲。歷祖宗未嘗有及公訟之門者，蓋以分守傳家焉。父珍，有三子，公其長也。生而簡靜，體貌魁偉，賦性敦厚，希言笑。自髫齔便有方外之志，甫弱冠，不願有室，常以生死性命事爲虞。俟二弟成人，俱爲之婚姻，教以奉養二嚴，自求出家，人初不之許。泰和改元，公固辭，父母亦知不能奪其志，從之。徑詣棲霞太虛觀，師禮長春宗師，參求玄理，遂親炙左右，得一善則服膺朝夕不替。公不讀世間書，然進修道德之語日記千言。恆若不識不知者，但躬勤庶務而已，蓋行衆人之所難爲也。貞祐中，四夷雲擾，有大寇據海州，州之道衆無計可出，宗師命公往救之，即不辭而去。既至，方便援引，獲免者甚衆。觀其從命專直，雖經虎兕甲兵而無所避忌，蓋敬信之心致一也。己卯，國朝遣使召宗師，公亦從，北行居延沙漠，迢遞數萬里，衆有倦行役者，公以己乘之騎付之，而自徒步，蓋苦己利他之行如此也。及行在，居無幾，復從宗師還燕，肇闢玄門，眞風大振，遠近炷香參謁者如市。公有所得珍玩財賄，雖過目不問其所以，人求則與之而無悋。宗師以公願愨，命主玉虛觀事。不數歲還宫，曳杖拂袖而來，囊橐俱棄，蓋不以物介意也。復命主白雲觀事，公率衆勉力，皆服其德。丁亥秋七月，宗師猒世，繼而清和主盟玄教，壬辰以公提點長春宫事。雜處稠人，未嘗有尊大之心，無問則終日不語，有問則怡然而應，惟勸人行道而已。其在紛紜曹雜中，不擇乞兒皂隸及門弟之末行者，雖狂童對坐爾汝談笑，與貴戚大人不分等類，蓋其心無彼此也。壬寅秋，領宫事已十餘年，以老乞閑，衆猶戀之不已，固辭方免。雖退居閑處，云爲普請，則以身先之，蓋忘我之至也。在宗師左右，始終恆若一日，其事上之心無時少替。常危坐終日，介然如石，雖對喧悖淆混，若無聞見，如土木偶，其不識者目以爲愚。或叩以方外先天之説，歷歷皆明其要，而未之嘗言，蓋涵養深厚攖而能寧者也。詳夫莅事則專，行身則眞，視財則疏，處衆則寬，奉上則敬，接人則誠，一皆出於道德之純正。戊申，掌教眞人以恩例授無爲抱道素德清虛大師，兼賜金冠錦服。公乙卯年八月初六日化，享年八十三。門人奉其衣冠葬于五華之仙塋，禮也。辛酉，王庭嘉其德，遣使持旨追贈今號，予嘗試論之，昔田子方之師曰東郭順子，其爲人也，眞人貌而天，虛緣而葆眞，清而容物，物無道正容以悟之，使人之意也消，而田子方未嘗譽之，以其德之難言也。素德眞人若東郭之爲人，何如是之同也？原自弱冠以迄於終身，步趨玄域而無一毫利欲之私，至於以身率物，未嘗詰責傷割於彼，其專心致志，內不失己，外不失物，往來塵境幻化之間而無礙，所謂人貌而天，清而容物者宜矣。至論公行無妄跡，言無愧辭，手橈指顧，無不任眞，語默作止，無不從實，此皆以跡求之而已。其在玄門六十餘年，有所密受於眞師者，未易以示人，所謂聖智造迷鬼神莫測之事，將與天地相終始矣，是豈輿人所得而輕議哉。後之人聞公清靜眞實平澹之風，勉而效之，未有放其心而不復者，久而肖焉，與道幾矣。中統閼逢困敦，姑洗既望，謹齋沐頓首勉爲誌云。

于志可

傳記

李鼎《沖虛大師于公墓碣銘》（《甘水仙源録》卷五） 師姓于，名志可，字顯道，沖虛其號也，寧海人，漢高門于公之後。父諱江，子六人，師其幼也。雅好淡淨，齠齔有出塵之志。承安初，長生劉眞人以道接人於武官，師聞之往焉，於顧眄之間，似有所契。雖爲父兄約制，不得即從之長往，而默相感召之機已動，而不能自止矣。年甫十九，乃決意往事之席下。居無幾，長生歸眞，遂求法於長春宗師。宗師知其爲受道器，乃授之。師既得法，因服炊爨之役十餘年，期服厚德，時亦以嚴潔見稱。後從宗師應詔，回處燕京大長春宫。宗師仙去，清和眞人嗣教，乃命提點本宫事六年，常住物業，有增益而無廢壞，上下協穆，內外寧謐，如空冥中有扶持之者。後以老得閑。至乙卯春二月庚午朏，越五日甲戌，託以微疾，斂息曲肱，安然順化於白雲觀寢室中，葬之五華之衆仙塋，春秋七十有一。衆耆宿相與言曰：此老自宗師仙去之後，受清和、眞常二大宗師託以提點宫門事，如彼其久，當時常日用度，或出或納，物之充溢流轉於前者，可勝計耶？及兹小斂之際，一衲一袍之外無長物，可稱者一也。又從在道門以來五十餘年衣不解帶脇不沾席，可稱者二也。其臨化之時，門人問及喪葬安措事，乃拒之曰，吾將往矣，清濁各有所歸，兹一聚塵，沉焚露瘞，無所不可，又何足問，任爾所爲，可稱者三也。至如其餘，於語默動靜之間，謙柔誠敬之德日積月累，見之於所行者多矣，不必徧舉。姑以茲三事占之，明見善守其傳之於師者，精確純正而外物不能溷也。乃暨門弟子衆人等，謀爲不朽計，狀其師平昔所行之大概，請文於予，將刻之石。予亦重師之有道，乃因其實而編次之，屬之以銘曰：

萬善之美，藏之於誠，何以占之，觀其所行。五十餘年，脇不沾席，胡不少轉，我心匪石。財貨泉如，人事絲如，胡不少溷，我心本虚。曲肱歛息，不昧所得，今果何存，溪聲山色。假者見假，眞者見眞，吾玄門中，偉哉若人。耆宿門弟，謀不朽計，刻此銘辭，昭示後世。

綦志遠

傳記

李庭《玄門弘教白雲眞人綦公道行碑》（《甘水仙源録》卷五）

《書》曰：吉人爲善，惟日不足，謂心無所爲而爲之也。《易》曰：積善之家必有餘慶，謂天無不報也。夫人有奇偉卓絶之行，而不得享樂於其身者，必有其子孫。竊觀白雲眞人綦公之父，修仁行義孜孜不懈，其於賑貧周急，若飲食然，勤亦至矣。是以上天降監，挺生善人。仍命仙眞周旋誘掖，卒使蟬蜕污濁之中，坐享清淨之福者垂五十年，所謂有積於冥冥，獲報於昭昭者，寧不信歟？公諱志遠，字子玄，萊州掖縣人。高祖元亨，嘗歷官至安化軍節度使，曾祖貞、祖得中皆雅志丘園潛德不耀，父遵性明毅慷慨，胸次洞然無畦畛。初綦氏世爲著姓，宗族嘗至萬指，中有孤惸，其征徭不能力給者，皆身任之。事既濟，未嘗纖毫有德色。里中人有以飛語被繫有司者，義其無辜，即爲代之，在囹圄中復能以恩信感動獄吏，因縱其出入，凡獄之冤者，多從容設策理出之，未幾，己亦以恩獲免。大定丁亥，重陽祖師挈諸師眞西遊，乃館穀于其家，因語之曰：汝將來必有一子爲羽衣。遂即其里建龍翔觀，朝夕香火敬奉天眞。泰和乙丑，歲飢，民有菜色，因發私廩爲粥以給之，賴以全活者甚衆。癸酉兵凶之後，遺骸徧野，親犯寒苦，悉以收瘞。數獲遺物甚腆，必伺其主而歸之，無則皆散之以賙不給。母張氏，亦有淑德，事舅姑以敬願稱。既而生公，氣質沉厚，寡言笑，舉止不凡。至十五歲，嘗使之學，辭曰：性非所好，乃所願則神仙輕舉之事。父母欲力奪之，即屏居一室，自潔其形。祖師先見之明於斯驗矣。乃辭家禮長春大宗師丘公爲師。戊寅，奉宗師教，住持萊州昊天觀。大元龍興，太祖聖武皇帝，天資仁聖，志慕玄風，己卯冬，遣近臣劉仲禄賫手詔，駕安車，東抵海濱，就徵宗師。明年春啓行，仍率高第弟子一十八人與之偕，公即其一也。當時，櫛風沐雨胼手胝足，跋涉數萬里，見上於西域雪山之陽。因承虚己之問，乃答以民爲邦本，本固邦寧，既來之，即安之，此濟世之要術也。是言既奏，深契上心，玉音奬諭，惟恨相見之晚。因被旨佩虎符，宗主天下道流。比回，駐車金山之巔，顧謂清和尹公曰：綦公從我以來，山行水宿，日益恭敬，可謂勤矣。觀其氣象，將來弘吾教者必斯人矣。尹公曰：然。至燕，宗師住持太極宮，尋改大長春宮，委公總知宮門事，授清眞大師號。洎以肋國救民經籙付之，度道士吳志決等以備灑掃。宗師既仙去，遺命清和嗣教門事，公左右維持，終始未嘗怠。甲午春，清和委以山東諸路，行緣所至，老師宿德望風迎迓，輦粟帛委堂下者動以千計。非誠心妙行有以動人悟物，能若是乎？戊戌春，太宗英文皇帝詔選高道，從掌教眞常李公被詔赴闕。是歲冬，奉旨輔洞眞于公，偕無欲李公復立終南祖庭，提點陝西教事。庚子春遂入長安，從府僚之請也。建立大玄都萬壽宮，若驪山之白鹿、終南之太一、樊川之白雲、鳳棲原之長生、藍田之金山，皆斥其舊而新之，其餘宮觀修廢補弊不可殫紀。秋，太傅移剌公、總管田侯各差官從公持疏詣燕，邀請清和大葬祖師。既畢，甲辰春，先鋒使夾谷公就祖庭設羅天大醮，禮請于洞眞、宋披雲、薛太霞洎公與李無欲共成五位眞人，攝行醮事。會皇子永昌王遣使趙崇簡設金籙大醮爲國祈祥，遂復同諸公莅事。觀其進奏精嚴，靈異昭著，使回具啓其事，因引見，待之敬禮甚厚，進與醮五眞人徽號，公例加玄門弘教白雲眞人。丁未冬，太傅移剌公就佑德觀設黄籙大醮，臨壇仆體者百餘人。戊申春，皇太后遣使楊仲明賫旨寵錫金符冠服，仍命領職如故。辛亥歲夏，憲宗皇帝即位，遣使唐古出持璽書宣諭，倚付掌管關中道教。癸丑，皇太弟遣使脱憐馳驛諭旨，待以師禮。乙卯六月，無疾晨興，忽集衆謂門人申志信曰：吾將行矣，汝當嗣吾職，主張後事。仍命經營喪具。至七月二十四日順化而終，享年六十有六。明年，改葬于祖庭西北隅仙塋之次。

李道謙《終南山祖庭仙真内傳》卷下　師姓綦氏，名志遠，字子玄，世爲萊州掖縣巨族。祖德中父遵，皆雅志田園，以陰德見稱於鄉里。皇統間饑莩滿野，其家設粥以濟，至秋成乃止。大定己丑重陽祖師挈丹陽、長眞、長春三師過其門，嘗邀至家，修齋供奉。後於鄉里創龍翔觀，朝夕香火以奉上眞。割膏腴田施充常住，以贍雲衆。當明昌庚戌正月十九日，師乃生。幼不戲狎，年志學，使之讀書，師曰：所願學者，方外修眞之業。弱冠之歲，父母欲議婚。師聞之，潛於静室，自潔其身。家人知其志不可奪，即令披道士服，既而往棲霞參長春宗師。服勤久之，於道有所得。無幾何，從長春居萊州昊天觀。己卯歲太祖聖武皇帝遣使持詔起長春遊北闕，明年春正月啓途，選從者一十八人，師預其一也。霜眠露寢，往復三載，道路艱辛，備嘗之矣。回達金山之巔，林間少憩，長春顧謂清和尹公曰：綦生賦性淳謹，將來吾教可勝大用。甲申長春還燕都，住長春宫，師服勤愈謹。迨長春上仙，清和嗣主教席，俾師知長春宫事，仍賜白雲子號。既而委之行化山東，所至迎迓者不輟。師以善言勸諭，四方耆宿奉幣堂下者不可勝計。戊戌春眞常李君嗣掌教事，夏四月入覲天廷，以師從行。秋七月眞常奏請得旨，命師同洞眞于君住持終南山重陽宫，提點陝右教事。還燕，清和謂師曰：昔長春金山之語，今其時矣。汝當克勤，乃事無怠。師謝而西來。庚子，率京兆僚屬復上燕都，禮請清和主重陽祖師葬事。厥後祖庭興修，師多所規畫，仍於京兆府城玄都萬壽宫及炭谷太一宫，俱加營建。甲辰上元日，皇子闊端大王遣使趙崇簡就宫修金籙醮七晝宵，使回啓陳靈異，王特降旨護持玄教，洎預醮五師俱賜徽號，例授玄門弘教白雲眞人。丙午冬，皇太后賜以黄金冠服，特加優遇。辛亥憲宗皇帝嗣登大寶，頒降聖旨，敕師典領陝右道門如故。壬子冬，是時西蜀未全歸附，一妄人誣告道衆與蜀人相通，有司率兵大加按治，道衆駭散。明年夏四月，聖天子在藩邸行宫六盤，師往謁見，以實哀訴，蒙降璽書撫慰，始安度門弟子數百人，建立宫觀二十餘所。至乙卯秋七月二十四日，示微疾而逝於玄都之丈室，春秋六十有六。初瘞於樊川白雲觀，後改葬于劉蔣祖庭之仙蛻園矣。

李志遠

傳記

何道寧《終南山重陽萬壽宫無欲觀妙眞人李公本行碑》（《甘水仙源録》卷六）　釣六鰲於東海者，不爲鯢鰌而垂鉤；採合抱於鄧林者，不爲拱把而加斧。苟志於大，區區細務不較也。今觀無欲行實，其超出物表之志，蓋類是歟？公族姓李，諱仲美，原月山人。父珍，職官醞，有子四人，公其次，生於大定己丑。五歲始能步，及長，聰慧邁倫慷慨特達，毅然以正直自負，里閈有狡獪者每正辭折之，人望而畏服。嘗肆意酒間，視舉世爲不足玩。年三十七，乃憣然曰：與其汩沒塵坌中，孰若擺脱方外耶？時全眞教方行，意欲從師而未知所向，適碧虛楊先生主重陽祖庭事，乃往見之。碧虛素得人於眉睫間，知其爲玄門重器，然天屬所繫，度其有難解於心者，且令還歸，但勉以積善而已。公抵家，與諸親友決，謝妻子而去。其妻訕之，笑而不顧。其父見而呵責，公婉其辭，曉之以理性之事，父徐省悟，亦欲向道，乃同詣碧虛門下。碧虛以公識量不凡，命名守寧及無欲子號。公蓬頭弊衣，行丐於市，時人謂之酒李先生。日用間，惟以濟人利物爲己任，至於幽微之理，允造其極。大安庚午，秦境大旱，居民阻饑，公謂其屬曰：餓殍如此，安忍坐視。同邑趙三郎富甲關中，公詣其門，備訴田里艱棘之狀，趙悟，乃發廩粟付公賙賑。公與齊志道等晝夜舂爨，以給貧病，日不減百人。井水適涸，衆憂之，公密禱于神，甃泉得水，設濟至秋斂而罷。公素不欲彰名，懼人知己，即日西行，已而有司奏聞，特賜趙爲潤國長者。未幾，入興平環居，以千日爲約，其静中妙用見《長安集》。至期，渠河使夾谷公及耆老數輩，就環懇請，以縣南龍祥觀委公爲主，公諾之。居五年，至興定庚辰，住終南樓觀五年，又遷京兆之丹霞。尋蒙師旨主營建三原碧虛觀事，所寓之地皆有成規。正大戊子春，碧虛於祖庭丈室，謂公可以倚重，舉以自代。關中擾動，公及軍民避亂于南山，糧盡，人相魚肉，幾及我公，或曰此酒李先生，素有道者也，因攜持出山，遂得免焉。庚寅春，如南陽，依附者衆，會沖虛李公、洞眞于公在汴，沖虛奏請住持丹陽觀。癸巳，汴京款附于我朝，俄而忽起異議，無辜者皆坐誅，公與一長老止水泊中，迫於兇焰，長老悚慄不能自持，公止之曰：我輩平日所行，正爲此耳。死生常事，夫何畏焉？竟以事免。城中絶糧，人爭北渡，津人固拒，饑溺者以萬計。公請洞眞先登，因以陰騭開諭津人，餘皆獲濟。公繼達新衛，門徒望風輻湊，今之靈虛天慶創成榮觀，自此始也。明年，領衆適燕，時清和尹公掌教，每會道衆議祖庭緣事，皆推公爲能，公謝不逮，復奏請住持重陽宮兼任提點陝西教門事，更名志遠，祖以厚贐。公東行而歸，過魯過魏，自侯伯以下皆夾道祗迎。有以庵觀奉之者，有願爲弟子者，有以財施者，公得之不以一毫私己，悉歸之祖庭。京兆田侯德粲聞公西歸，督佐官就河中相迓，以府城佑德觀歸之，今玉清宮是也。時關中甫定，暴狠相煽，公以仁言誘掖，稍稍格心。比年南征，俘摯來者不絶，公詢其主，有好善者多端勸諭引而歸道，有不可必致者，乃議貨取，隨授以明文，許其自便，其感之深者終不忍去。公嘗往來於祖庭、玉清之間，然規畫調度未嘗不拳拳於祖庭。丙申秋，受清和師書督祖師葬事，掌教眞常宗師又任以祖庭之職。冬十月，詔提點重陽宮。再年，秦士議修文廟，闕瓦，郎中邳邦用輩請於公，公盡給之，士皆稱嘆。庚子春三月，被旨特賜無欲觀妙眞人號。秋七月，河北郝公總管家隸百餘，陰謀南遁，得其顯狀，盡欲刑之。公聞之，連夜馳至其門，以善言誨導，亡者皆免。明年，城中羣小數百，結連私逸，權府韓淵密知其情，議尸諸市以令衆，感公一言，但殲其魁渠。太傅移剌寶儉，其母死，欲以二婢爲殉，公以古葬禮正之，始罷議。凡契丹人以人殉死者，弊因以革。丙午春，詔燕京作普天醮，公預焉。夏四月，歸自衛，汴京長官復請住丹陽，棲雲王公具禮郊迎，座中若有急色，介諸徒速出，人莫知其然。甫登舟，南軍已擁京門，其先見類如此。明年還宮，秋八月朝旨加玄微眞人號，尋又冠服之寵。甲寅春，宗師以國家醮事，具書招致，年已八十六矣，不敢以老耄辭。比至堂下，疾篤，以後事付于法弟衍眞大師張志悅，以其徒拜宗師爲大度師，於長春方壺留頌而蛻，時夏六月二十六日也。諸徒奉柩西歸，附葬于終南祖塋，禮也。葬之明年，志悅命李志安、陳志元

具行狀請于宗師，欲刻諸石。道寧適有事于堂下，宗師就命當筆，且曰：無欲領袖祖庭，蓋有年矣，今子代之，始終行實，子必熟知，其文之也固宜。道寧不復牢讓，謹按無欲可見之行，爲之說曰：有主持玄教之大人，不可無輔翼玄教之仁人。大人者正己而物正者也，我宗師正容悟物，天下羽士皆觀而化。無欲公輔弼其教，以仁存心，俾祖師根本之地有隆無替，可謂無負宗師眷倚之意。蓋公之爲人，稟剛大正直之氣，持特立獨行之操，傳授有源，充養有地，故施於事也，無不濟之以仁，遇患難則先之，見人急難，必盡力救援而後已。有叩其修眞之訣者，則以積累勉勵之，其可與談性命事者，每至夜分不寐。雖與童子言，亦諄諄未嘗倦，至於名士大夫，尤樂與交遊而相忘形骸。與人接談，又能度其高下而切中其機。然且待人以約，持己以謙，其處衆也，威而不猛，和而不流。在環堵四五年間，神變之妙，欲直書之，恐人以爲誕。原其動靜語默之常，亦可謂間世異人者矣，故碑之而無慊。乃贊之曰：

偉歟李公，專氣致柔，其守也堅，其行也周。解紛庶務，而善計不籌，一志不撓，而先爲之儔。若人者，將猒世擾攘而追帝鄉之遊耶。吾知其了了諸緣，而嗒然乎歸休也。

雜録

王惲《衛州胙城縣靈虛觀碑》（《甘水仙源録》卷九）　衛之胙縣，距城北墉，有觀曰靈虛，蓋玄微眞人大度師李公所建也。門人奉教，歲久彌篤，故殿堂像設廊廡齋室制不崇侈，略潰於成。初，胙之割於滑也，越金明昌間河改南道，因入於衛。貞祐南遷，迫爲疆場，建帥府，統州治，宿重兵，繫浮梁，阨爲京師北門。歲壬辰，金人撤守，天兵徇取之。明年，京城大饑，人相食，出逃死求餔者，日不下千數。既抵河津，人利其財賄，率不時濟，殍死風雪中及已濟而陷沒者，一日間亦無慮百數。方草昧未判，獨全眞教大行，所在翕然從風，雖彊梁跋扈性於嗜殺之徒，率徼福避禍，佩法號者，皆是也。時無欲子李公已在衛，有日，目其事，愀然嘆曰：厄會乃爾，人發殺機復至於此耶。吾挐舟而來，本行化北遊，茲焉不

格，安往而施其道哉？遂税駕河上，建此道場以爲神道設教之本。於是玄風一扇，比屋回心，貪殘狠戾，化而柔良，津人跋俗悔過受教於門者，肩相摩而踵相接矣。凶焰燎原，撲殺心於已熾，慈航登岸，夷天險爲坦途。由是而觀，非好生至德浹於人心者，其能若是哉。師一日晨起，集大衆謂曰：吾學道有年，印於心者，一與虚而已。蓋生之所恃精與神也，神之所安虚與静也。一則爲營魄之主，虚則乃萬物之本。故經云：天得一以清，地得一以寧，神得一以靈，致虚極，守静篤，萬物並作，吾以觀其復。惟其虚則能靈，靈則自虚矣。且天地虚而發亭毓之妙，日月虚而盪照臨之光，山澤虚而蒸雲雷之變，人心虚而爲萬物之靈，致虚而要其極，不過鍊精守寂，滌情去慾而已。因題其額曰靈虚。二三子敬奉吾教，且曰君子盛德，容貌若愚，今業漿之家，十饋其八九，吾不可久於此，明日遂行。自是風聲教習，洋溢於河朔矣。師諱志遠，秦原月山人。年餘三十，棄妻子入道，師浮山碧虚子，遂盡得眞傳，深入性窟，故爲大宗主推德主持玄教於終南祖庭者，蓋有年矣。生平以濟物爲本，事具重陽宫碑，兹不復云。歲丙午，詔大醮燕京，師預焉。上既受釐，特加師玄微眞人號，且膺寶冠霞帔之寵，世以酒李先生行云。甲寅春復以醮事赴召堂下，眞人以是年夏六月羽化於燕之長春宫。及西歸，門人啓柩，顔色如生。越冬十有一月，扶護至衛，弟子王志安等以縗絰成禮，哀號凝慕，如喪考妣，醮祭三晝夜而去，禮也。啓行，有祥雲晻晻自東北來，陰翳蓋如，抵西南河堧而散。是夜朔風震屋，將濟即止，船安如陸。吁，亦異哉。中統五年春，志安等圖爲不朽，用昭師德，遂以禮幣來謁曰：先師行業，杳乎難名。教之所及，師之所在也。然過化存神之妙，經度營建之始，無文以詔來者，責其誰歸？吾子方有志圖經，鄉枌盛事，幸爲我樂道之，敢再拜以請。僕儒家者流，道不同不相爲謀，獨嘉其尊師重教，窮源務本篤信有如此者，故即其説而爲次第云。且全眞爲教，始以修眞絶俗，遠引高蹈，滅景山林，如標枝野鹿，漠然不與世接。果哉末之難矣，終之混跡人間，蟬蜕泥滓，以兼善濟物爲日用之方。豈以道眞治身，以緒餘爲國，以土苴治天下乎。不然，天命之性，有物有則，彝倫一叙，終不得而弊之耶？如長春眞人丘公，在先朝時皇帝清問，首以治國保民爲本，其利亦云博哉。今觀玄微眞人度師李公出處行己，若易地則皆然爾，於是乎書。且爲門人作詩，追遠仙遊，以極奔逸絶塵之想。渺渺帝鄉，乘白雲而何在，依依玄鶴，抱黄石以空悲。

馮志亨

傳記

趙著《佐玄寂照大師馮公道行碑銘》（《甘水仙源録》卷六） 公諱志亨，字伯通，寂照其號，同州馮翊人，五代瀛王道之後。賦性明敏，業進士，年甫弱冠，府薦入京師，就住太學。兩赴内試不中，適崇慶兵亂，還鄉以詩書自娱，不復爲舉子計。本州節度使奥屯肅請攝教授事，公辭以不能。大兵西征，公因北渡，寓德興，深居不出。歲癸未，長春宗師自北闕迴，道過焉，公以其平昔聖學浸灌之故，至是爲眞師感發之機一召於外，而己之天機立應於内，鶴鳴子和，森不可禦，尋即願奉几杖，列門弟中。乃先謁眞常眞人爲先容，眞常一見莫逆於心，遂引見焉，宗師亦不以常人待之。既還燕，一夕指公謂二三尊宿曰：斯人他日必能扶持吾玄門後事也。公默然銘於胸中。後數載，宗師將歸眞宅，衆乃以嗣事爲請，師曰：我之託付，伯通知之矣，不必復言。長春仙去，公謂清和眞人曰：道教之興，自開闢以來，未有今日之盛。長春宗師人貌而天者也，教門後事，屬意在君，豈非天乎，請毋多讓。遂集道衆，並達官貴族、天下大老、便宜劉公之屬，就迎於所居之静室，請定仙號。初，清和閉門而不納，公奓户而入，扶至堂上，使衆羅拜堂下。名位既正，玄風大振，公之力也。至乙未，清和因祖庭事往闡教於秦晉之間，默遺公手書云：予年邁而往矣，老不歇心，少不努力，俱非所宜。況四時之序，功成者去，未成者來，汝當果斷，時不可不順。公得書，乃自念言：眞常攝行此事已十年，知之者不惟玄門道衆，上至天庭，下至山野，皆知之，此蓋天也，豈人私意所得而可否哉。丁酉，清和承詔還宫，公乃取元初立清和彌縫扶護之禮，按爲典故而行之，遂立眞常。既畢，清和乃以歸老之計逍遥於自得之鄉，眞常乃以無礙智慧進服教門之重任。輔茲二眞人終始進退俱不失其正者，亦公之力也。先是承詔教授冑子十有八人，公乃於名家子弟中，選性行溫恭者如其數爲伴讀，令讀《孝經》、《語》、《孟》、《中庸》、《大學》等書，庶幾各人於口傳心受之間，而萬善固有之地日益開明，能知治國平天下之道，本自正心誠意始。是後日就月將，果皆克自樹立，不惟俱獲重用，復以才德見稱於士人。又勸宣撫王公，改樞密院爲宣聖廟，命弟子薛德琚，修葺武廟而守祀之。又創建五嶽觀，及道庵十餘處，爲道衆修進之所。庚子冬十月，京兆太傅及總管田侯等，請清和改葬重陽祖師，以公爲輔。行自燕至秦三千餘里，凡經過道家宮觀，廢者興之，缺者完之，至百餘所。其間公爲之記，使刻諸石者亦十二三焉。祖師葬事既已，復從清和還宮。戊申，眞常大宗師依恩例賜金欄紫服，遷充教門都道錄、權教門事，仍賜以今號，蓋嘉之也。及將立玄學，公復以作成後進之心而贊助之，直至有成。甲寅秋八月二十三日，示疾即眞，享壽七十有五，二十六日葬之五華山之西南原，禮也。

孟志源

傳記

李鼎《重玄廣德弘道真人孟公碑銘》（《甘水仙源録》卷六） 公名志源，字德清，號重玄子，其先本上京徒單氏。大定末，遷萊州膠水，居孟氏宅，人因以孟氏歸之，此亦古之因食采地得氏者也。高祖旼，卒于汾陽軍節度使。高祖母完顏氏，金源郡王希尹之妹。曾祖克寧，尚嘉祥縣主，事熙宗、海陵、興陵、道陵凡四朝。以功累遷至太師，封淄王，及薨，謚曰忠烈。祖斜哥，辭世襲千戶，終于南京副留守。父給答馬，復世襲千戶職，母烏林答氏。略以金國名臣傳考之，其家世可謂盛矣，況在大定、明昌、泰和間，使他人處之，鮮不爲紛華之所流蕩。公獨從髫齔中猒富貴而樂淡薄，非性分上夙有薰習之力，能之乎？明昌初，年饑，即墨人高翔嘯聚劫掠，詔命公之父討之，乃曰：食者民之天，得之則生，弗得則死。抵死求生，小人之常情，討而誅之，惡在其爲民父母也。遂宣布主上之德，賑以倉廩，不戮一人，寇爲之平。古語有云：活千人之命，其後必有顯者。是公能了此大事，亦必借先世豐功厚澤陰相之力而致之耳。公有三兄六弟，其兄有官至驃騎者，有至輔國者，餘皆克紹家聲。泰和癸亥，父母與議婚事，公因遁去，徑詣濰州玉清宮，見長春宗師，請爲門弟子。師憐其貴家子，兼異其風骨不凡，後必爲玄門大器，乃從其請，授今之名字。父兄疑其第四都全眞觀主知之，故爲隱匿，縶歸有司。公聞之，遂還家自言其志。父母知不可奪，因選第二都樂眞觀使居之，樂眞今更名玉清矣。公雖得法於長春，充養之際，亦嘗質於玉陽、太古二師眞，玉陽賜號開眞子。太安己巳，長春應詔京師，還住玉清，知公有所得，乃賜重玄子號，蓋嘉之也。貞祐癸酉，公之昆弟皆爲兵亂蕩散，而父母失依，公乃扶二親就己所居，致孝養之力三載。雖二兄還，其安置省問誠敬之禮未嘗缺。己卯，聖朝遣便宜劉仲祿起長春於海濱，門人中選道行清實可以從行者得十八人，公其一也。及進程萬里沙漠，其緇重車皆兩人主之，惟公獨御焉。清和憫其勤，請副於師，師曰：吾知斯人之勤矣，但欲先行其人之所難，而後必有大所獲耳。公聞之，乃曰：弟子於師丘山厚德無以爲報，共僕其御實當爲之事。予惟不知所求，亦不知爲勞也。同行者由是雖勤苦百至，皆爭赴矣。辛巳，西至阿不罕山，始有漢人耕作，因公等九人立棲霞觀。癸未，住德興之龍陽。甲申，長春奉旨住燕城太極宮，尋更名長春，公亦自龍陽來。丁亥，師反眞，公年四十一矣。一日，靜坐一室，忽於恍惚間見重陽、長眞、長春三師眞，公拜畢侍立，祖師言：汝壽當七十五。長春言：汝五十後必負教門重任，事雖繁劇，汝勿憚，是皆磨礪汝之砥石，煆鍊汝之鑪冶也。言訖不知所在，尋覺身中百關通暢眞氣沂流，昇尾閭，入泥丸，是後日復一日，神物變化，金漿玉液，黄庭絳宮，灌溉浸漬，非言可及。公因徧考先代師眞得道之後身中之事著見於書者，針芥相投矣。公從此以來，雖顛沛造次，罔不在是。其身中所得流運之理，亦未嘗止，想當時其爲樂可勝計耶。至清和眞人掌教，乃副知長春宮事，俄遷知宮。戊戌，受宮門提舉。丙午，遷宮門提點。戊申，權教門事。己酉，以恩例賜金冠紫服，並至德玄虛悟眞大師號。癸丑，掌教眞常大宗師奉朝命普度戒籙，委公爲監度師。丙辰，眞常羽化，誠明眞人張公嗣教，以公玄門大老之故，已又在制，遂授以教門都提點印，俾攝其事。戊午秋，應丞相胡公之請，主平陽黄籙羅天大醮，尋奉令旨賜今眞人號。中統二年辛酉，春秋七十有五矣，度門人五百有奇，宫觀稱是。是年春二月二日，順正而化，前此數日，預以後事囑門人。凡爲省視者，見其耳聰目明音吐洪暢盡如平昔，皆不之信，至是，方知公之所得過人遠甚。越三日，葬之五華山仙瑩，從遺命也。至於度門人，立宫觀，玆皆緒餘土苴，衆人之所共見者，或可得而言之。今壽幾八十矣，而精神不衰，臨行一著，又明白如彼，其素養之於内，必有精眞微妙，衆人之所不能見之者，豈易得而言之也。送葬之日，官僚士庶前祭後擁，傾動都邑，道衆不言可知。

劉道寧

傳記

王鶚《渾源縣真常子劉君道行記》（《甘水仙源録》卷六） 君諱道寧，雲中白登人，世爲縣吏，以廉平稱。君生不好弄，間與諸兒戲，必結庵趺坐，曰我學道爾，識者知其有宿習。及長，雅意玄門，昆季凡四人，君其伯也，縣民推嗣世業，力却之。泰和壬戌，聞渾源隱士劉柴頭號得道，乃與家人訣，詣屛風山金泉觀，師事焉。師歷試諸難，至遣丐食，君樂從不屑也。師知可教，遂授微旨。自是東遊海上，西歷關中，寓華山上方之白雲宫。屬歲饑僵餒，立志不少衰。既又如太原泊神霄宫，有饒益院僧賢而飯之，道獲楮幣千二百貫，君榜求其主，踰月竟不至，悉以給貧乏，而一無所私。貞祐之甲戌，避地張村，穴洞以居。歲丙子，鄉里稍安帖，土官馮祿聞君之在并也，迎歸雲内。君尸居環堵，若將與世絶者，而樂道之人渴於請益，百方爲出之。於是肩摩踵接，學君之學者日益衆矣。庚辰春，渾源長高定飽聞君譽，敬請之來，曰龍泉、曰金泉、曰玄元，皆名觀也，君更爲住持，而興廢起頓之功爲多。癸未秋，眞人丘長春入覲回，君執弟子禮，迓諸銀海之東，目繫道存，一見如故。問君之初事，以柴頭對，師領之曰：仙人中天隱也。因授祕訣，加號眞常，令築室西京。未幾，推爲道官長，遊戲十年，庭無一訟。逮長春仙蛻，清和紹休，尤與君相得。丙申之春，尹清和謁祖庭還，會君於古恆嶽之陽，語之曰：吾近遊陝右，奉田侯德粲之命，凡玄宫道宇皆擇人主之。惟華山之雲台，地靈物秀，實仙家一洞天，非君無可託者。君再辭不獲，遂遣門人爲經營，君亦往返再三，大興築構，所過崇奉，男女如市。癸卯中夏，田侯修華嶽廟，復與丞相胡公天祿同署，邀君於雲應間。君聞命欣然，即日就途，甫四三年厥功告成。丙午春，有詔設普天大醮於燕京之長春宫，徧召諸方耆德，而君亦預焉。時李眞人主醮事，得君甚喜。是年夏五月庚申，旋車古恆，越二十二日壬午，請州牧高仲揀泊門人許志安，屬以後事。翌日將中，曲肱而逝，春秋七十有五。君生長大定、明昌間，不以世俗所樂者嬰其心，而能遠跡塵凡，棲心物表，東遊西歷，所至風靡。雖土木屢興，聊亦應緣而已。嘗作《巴人曲》接引於衆，又著《會仙》、《隨應》、《總仙》三録，以道神仙可學之事。臨終語門弟子曰：可於丈室瘞吾軀，榜以翛然足矣。蓋取南華翛然而來翛然而往之義，則君之平昔所養可知已。

李志方

傳記

高鳴《重玄子李先生返真碑銘》（《甘水仙源録》卷六） 金朝故事，新天子即位例出諸王爲方鎮。大安、崇慶間，宣宗以豐王來彰德，先生時以高訾家推擇爲功曹掾，有廉平稱，尤精算術，因之出入府中。雅性重厚，復小心畏愼，故見親任。至寧元年，宣宗入繼大統，明年車駕幸汴梁，扈從以行，補戶部令史。當艱難之際，柄臣高琪蔑視文吏，其持下急如束濕，從事者爲之惴恐，稍稍引去，先生以直道自任，氣殊不少衰。會被檄漕米餽燕師，抵霸州，値北兵大入，幾至不測，然憂世之懇，每見於顔間。議者謂，秩無崇卑，顧力行何如耳。若是而進武，則功名爵位，其畏不顯？一日，忽報謝病歸隆慮山，聞者愕然。適與丹陽馬公之高弟盧公相遇，便請執禮爲全眞師。既付授有源，未幾，默有所契，徑入棲霞谷無憂洞，深坐練化木茹澗飲，其節愈堅，苦學道者難言之行。元師府宗室惟良、招撫使杜仙，皆一時豪傑，日加敬異，在屯戍扞禦中，嘗率僚佐致謁，其他可知。甲申，聞長春丘公應召還，附盧公遠迓，得賜名志方，號重玄子。盧公有北京之命，謂先生緣在彰德，俾之南行。總管趙德用請住迎祥觀，觀雖兵燼日久，凡事草創，先生一顧奐焉，有承平舊物之漸。丁亥，長春公上仙攜法衆往祭，因宿留檀順，若致心喪焉。庚寅復還，士庶逢迎，懽動閭里，皆曰：吾家先生來也。總帥蕭仲通暨同列奉疏請主盟天慶宮，宮之荒廢，略如始住迎祥時。先生力爲經度，不數歲大敞而新之，殿堂庭廡壇藏廚庫，下逮廄湢咸備，而法視他郡邑爲冠。丁巳，宗王穆哥崇向高風，遣使持金冠雲錦羽衣焜耀之，仍加眞人號。以庚申二月九日，春秋七十有六，怡然留頌而逝，門弟子葬之王裕村某原，從治命也。所著《地元經》若干篇行于世。甲子春，提點趙志璞偕法兄弟扶狀來謁曰：先師寧神，塚上之木拱矣，而旌紀寂寥，誠惠顧之以銘，死且無恨，敢請。嗚以先生之行有應銘者，蓋先生少時已自不碌碌，雖由文法進，人皆以遠大器許之。況潛邸舊人，依光日月，君臣相遇，古人謂之千載，雖方駕漢名臣可也，乃今挺然不顧，槁項黃馘，自棄於澹泊無端倪之地，以至成道，非烈丈夫孰能如此？以是概之，眞可銘也已。若夫萬鶴遶醮壇而翔飛，蝗抱祭器而死，虎承牒而殺田豕，雪失道而作司南，其靈異類此者甚多，皆先生平日所不喜道，亦不敢具書。先生字友之，相州安陽人，初諱益，既入道，止以法名行。

李志明

傳記

王博文《棲真子李尊師墓碑》（《甘水仙源録》卷六） 尊師姓李氏，諱志明，字用晦，棲眞其號也。世爲潞之壺關人，以農爲業。祖考而上，皆潛德不耀。甫九歲，去父母爲全眞學，初禮樊山潘先生爲師，誦經讀書，爲童子事。稍長，遇超然廣化王眞人，授以火候周天之法，鍊陰爲陽之術，久之，覺有徵驗，鼓舞踴躍不自勝，乃曰師眞豈欺我哉。自是益積日新之功，遂事長春眞人，命名與字，愛之深，所以教之篤。始自薪水庖廄及一切勞筋力役心智之事，皆令親歷而備嘗之，然後誘之以至道之妙，示之以用力之方，亹亹諄複不憚朝夕，師亦力強而志苦，至脇不沾席者餘十年。靜而生慧，性識明了，伸紙引筆，肆口爲歌頌，皆有理致。長春曰：李生果爲受道之器，非餘子所及也。居無幾，乃曳杖挂瓢徑歸太原，葺保眞觀居之。或寄跡於廛肆，或丐食於村墟，觀化閱世，人無識之者，但以單子李師父目之。時方進取，國制未定，戎馬營屯星散汾晉間，劫攘財物戕害人命者，在所有之，有司莫敢誰何。歲庚寅，太宗皇帝南伐，駐蹕並之古城，師率徒侶拜覲天光，拈香祝壽，上情悅懌，因敕兵人有暴民攘物者，以軍法從事，遂著爲令。由是行者無擾，居者晏然，師與有力焉。辛卯再駕而南，復蒙盼睞，是後師之道價益重矣。清和宗師嗣教，命管領一路道門事，仍兼本府道錄，復以道體沖虛大師之號畀之。未幾府尹石抹公及道錄智公，以保眞狹隘，疏請師住持天慶故宮。天慶兵亂後鞠爲荆棘瓦礫之場，既允其請，慨然以興復崇建爲事。一日，從容語徒衆曰：度道士以守宮觀，雖近代之制，然自漢武帝時於甘泉宮中爲臺，畫天地太一諸鬼神像，各置祭具，自是之後，蔓綿衍溢恢張弘大以至於今，其來遠矣。吾道家者流，雖恬淡無爲以治其心，可不以分祉祝釐爲立教之跡乎。是則以營繕之事，不得不盡心力而爲之也。或有以功大難之者，師曰：古人有言，作舍道傍，三年不成，謀之欲衆，斷之在我。即荷畚鍤爲之倡，從之者雲集，貴者董其役，富者輸其財，智者獻其巧，壯者程其力，師幹旋運動於神明之中，而應之者不愆於素，遂使天慶之規制雄碩俊整爲一方之冠者，具見於榮祿宋公所撰萬壽宮碑，玆故略。戊子夏，大旱，將爲一路災，府中祈雨，僚屬以師主醮事，已而澍雨霑浹，歲以大豐。又宣差完顏胡失刺暴得奇疾，氣息幾絕，家人走告師以危殆狀，躬詣其處呪詛，杯水下咽復甦。其精誠之至，感格之效如此，平生不勝計，所錄纔一二耳。己酉，眞常眞人以師踐履之實，洋溢遠邇，遷河東南北兩路道副提點。凝坐一室中，不動聲色，而事無不集者，雅爲誠明宗師所敬重。中統二年即陞副爲正，越明年左仙翁保奏於永寧邸即授棲眞洪妙眞人之號。方爲人天所瞻仰，遽爾猒世，於至元丙寅建子月之浹晨返眞，得年六十有七。又明年，師之高弟提點張志希、侯志正等請道教都提點洞元大師申雲叟繼主天慶事，雲叟即師之同法弟也。至元癸酉，予方官太原，適洞元還自燕都，將以是年四月己酉葬師於太原府城之東南三里所，從遺命也。洞元持師之門人郭志脩等所纂行實狀，以墓碑爲請。洞元與予二十年之舊也，固辭弗許，因請洞元言：尊師一方外閑人耳，無猗頓之富，無晉楚之力，徒以日積月累而歲以增加，遂令荒寒寂寞之域，一顧盼之頃化爲天上之玉京，平地之寶坊，非德足以服人，誠足以感物，曷以臻此？莊子有言，水之積也不厚，則其負大舟也無力，風之積也不厚，則其負大翼也無力，以師今日之所成就者論之，可謂積厚而有力者哉。

王志坦

傳記

高鳴《崇真光教淳和真人道行之碑》（《甘水仙源録》卷七） 全眞之教，始於少陽君，興於重陽子，大盛於長春公。長春傳之清和，清和傳之眞常，眞常傳之誠明，誠明傳之淳和。淳和以大元數之，實爲宗門五代祖，諱志坦，字公平，出於相州湯陰王氏。父諱忠，性愨願，以貲雄其鄉。母岳氏，閨壼有微妊，夢古仙來告曰：此子成人必令學道，否則將禍而家，已而公生焉。自童弁不好弄戲，且不喜華羡物。甫及冠，即著道士服，師北京盧尊師，師乃丹陽馬公之法孫、洞清于公之高弟也。時以道録居京之華陽宫。盧素嚴厲，少忤輒責誚之，殆若官府然，故居門下者鮮克終。公參謁之餘，力營百役，至於廥廄湢磑之細，躬執靡有懈，盧亦憫其勤而誠，復加以禮。癸未秋，謁大宗師長春眞人于宣德，一見器之，傳付祕訣。既恐無以善其後，遂行化興中義錦間，日丐一食，雖蚊蚋嘬敗亦不屑棄，已匪茆而居，不計何地遇昏暮即止。戊子，聞清和宗師駐燕，知道統所在，參禮焉。師愛其力行，大加奬拔，公忽有開悟，恍若神明，頓還舊觀。無幾何，徑入金坡，坐而鍊化，窮深抵幽，木茹澗飲，人莫見其面。其志愈堅苦，雖晦跡十餘年，無賢不肖皆曰：金坡王先生，有道之士也。甲辰春，眞常眞人李公素高其玄，屢以書見招，來拜爲大度師。夏五月，從眞常北上，參受三洞祕籙，以祈禳訶禁濟人。其疾病，藥石不可爲者，假符水或以袂拂之，罔不立驗，咸畏服其神。皇太后飲挹眞風，寵賚以禮，公益自謙遜，惟顚墜是懼。每蒙慰諭，必歸功於聖神，若私不敢有者，其知本不伐也如此。留居闕庭者六年，還燕爲教門都提點。燕去和林，里千六百有奇，凡赴十有七，馳驅寒暑，略無艱苦狀。蓋以輔翼玄教爲己任，雖九死不悔也。先皇帝踐祚之元年，龍集辛亥，詔眞常公佩金符，馳傳祀嶽瀆，以公爲輔行，繼而奉香代祭者又四，皆祈天求命，斂福錫民爲意。癸丑，上問養生之術，對曰：此山林枯槁之士所宜，非天子之急務也。天子代天理物，當順天心與民興利，則天降之福壽。近大赦天下，革故鼎新，民樂生活。開創以來，戕横天閼，精魂無依，非求諸冥冥中而莫之能救，是所謂恩已及於八方，澤又浸於九原矣。因奏修黄籙普天大醮，上喜曰：天垂此教以利天下。即詔公，命眞常公于燕之長春宫陳設醮事，所須旅百俱出内帑，一無擾於民食墨得。甲寅三月十有五日，禮備將行雲膚寸而雨，公密禱於天，天爲之靜，風月肅然，星辰可摘，又有卿雲鸞鶴之應，公卿文士咸作歌詩以贊其瑞。繇是道價益重，一時，貴遊悉奔走承事，或執弟子禮。眞常猒世，誠明嗣之，公之力居多。中統建元春，入關，旋及覃懷，陟天壇，愛之，留玉峰前期歲。相州神霄宫久虚玄席，諸耆宿士庶懇公主之。明年會眞常葬，又明年復入金坡。至元改元，燕人楊提領者素慕玄教，於私第之後圃，作環庵一區，願得天下清修高尚之士奉之。僉曰：金坡王練師可即禮致焉。三年冬，誠明復以提點事懇公。七年，誠明上仙，今皇帝詔公襲位，仍加眞人號。以九年十一月二十有七日，蛻形於長春之玄堂，得年七十有三。越明年，門弟子梁志安、常志敏等，奉其衣冠寧神於金坡山下，從治命也。時天氣肅冽，比襄事，熙熙然化而陽春，執紼祖載者萬餘人，汗皆浹背，咸嗟異之，以謂純誠之驗也。所著信心録、六牛圖傳於世。葬之明年，志安、志敏等狀公之行，來謁銘。嗚治彰德時，蓋嘗以疏請公主神霄，從遊甚款，故習其爲人義不可辭。公美儀觀，愛讀書，尤喜性理學，深得奧義。好施與困乏無聊者，不以己之有無。謙恭寬碩，克己下人，故度門弟子者數千人，若觀若庵者又營建百餘區，可謂能弘其道矣。嗚呼，以公平日陰功濟物之心，嚮在闕庭，假之以政，救時行道，焉知不有如行符設醮之功耶？若夫將適遼東也，禱之而愈風痺，又去許昌也，空中傳玉帝有命，其靈異若是者甚多，然實非公之本心，且有淳和眞人傳在，玆略而不書。

毛養素

傳記

李國維《頤眞沖虛眞人毛尊師蜕化銘》（《甘水仙源録》卷七） 百年以來，能繼重陽七眞之風，而不下於今之高道，動化關洛間，衆所飲慕，卓然獨異者，沖虛眞人毛尊師也。師諱養素，字壽之，道號純素子，頤眞沖虛眞人，其師號也。家世平水，太常博士兼祕書郎、沁州同知毛麾牧達之嫡孫。牧達以文行純粹，前金明昌初，朝廷重其名，特徵授宮教之職，得其師道，上下受益，歷館閣，通守外郡，於道無少違失，宜其爲天所佑，有賢子孫。其父諱德，字日新，以門資入仕，不喜躁進，師性資沖澹，雅有出塵之志。幼喪母，事父謹敬，鄉里以純孝稱。既長，僑寓許昌。貞祐初，適一羽客見過，風神蕭爽，師一見乃知其爲異人，謹奉之久。羽客曰：此子可教，授以祕語。師問仙號，曰：我華山陳希夷也。言訖，忽失所在。自是心神渙釋，道緣漸濃，又於隱君子于宋二老，時親言教，以謙光處己，實德接物。乃父既即世，喪祭禮闋，棄家易服而道，往禮太華惠照眞人田無礙，即丹陽之法嗣也。謹執几杖，清苦玄門，幾二十年，惠照異之，丹書祕訣又得其傳，天光煥發日以益新，殆不可掩。因志在四方，不爲物滯，門人常志久系出素宦，方監永寧務，棄官入道，同諸貴遊請師居鳳翼道院。一日，其子尋訪，既見，堅乞還歸，師却之曰：吾既在道門，去就自有時，終不能爲世俗累，爾無顧我。子號泣而迴。後天興河南之變，大朝王師南渡，因復姑汾。時官府道俗，交狀敦請，同法屬王、葉諸公、棲霞黨子春住持玄都觀。當其晉境，飛蝗滿地，民心懸急，師率王、葉輩，齋戒致禱，蝗悉飛去，竟不成災，人以爲靈應昭然，精誠所致，莫不尊敬之。但福地靖廬，未能全忘其情，乙未同諸門人常志久，由陝而南，興葺洛陽朝元、棲霞二宮，及華陰清華觀。不數年，金碧輪奐冠於他處。丁酉，汝州官府狀請住北極觀。己亥，關洛荐饑，豪富閉糴，師悉發餘糧均施困餒，賴以活者甚衆，蓋平昔樂於賙急，以仁爲己任如此。辛丑，清和眞人至終南，以師宿德望重，起爲棲霞提點，兼領披雲玄都寶藏八卦局。時紫陽楊使君行漕臺，暨玉華王元禮、西庵楊相正卿諸公，俱在洛，與之遊，相得甚厚，道價增重，光耀一時。甲辰，副提點寂照大師吳志明北上賫皇后懿旨，有沖虛大師之號，繼及眞常掌教大宗師銜命南下，賜號頤眞沖虛眞人。既莅琳宮，主盟師席，薰戒嚴肅，日無惰容。庚戌，擧燕京都道錄韓公以自代，退跡清華。未幾，韓復歸燕棄世，再奉掌教誠明眞人法諭，復領朝元棲霞宮事。師於性理之學，剋意終世，斯須無少間斷，故能透脱融貫，全眞正脈，其造之也不爲不深。一日，炷香危坐，即示歸寂之語，衆莫能測。翌日晨興，方理巾幘既畢，依牆儼然立化，神觀不衰。是日朝霞亘天，人有見師翺翔其上者。士子伊川楊君用、登封韓仲溫因宿於宮，嘆以爲異，實己未七月上旬四日也，世壽八十有二，凡聚徒闡教，前後度門人百數輩，其遺骨瘞葬於本宮之先塋。關洛諸公多爲作傳及賦歌詩挽誄之，有汎霞圖卷傳於世。翰林待制孟攀鱗、京兆教授李庭，叙之甚詳，門弟子王志沖、張志佺、同道判常志久，賫講師郭從道所作行狀，謁余求誌，辭不能已。余以謂甚哉，道之難明也。其道有成不成，由其人之悟不悟，故前聖有道心唯微之旨，亦有謂朝聞道夕死可矣之語，皆不以達道爲易。其所以悟而成者，誠亦有所由來，必也，所稟賦高明，所遇合神異，所以抱神守一甚固，積行累功甚勤，自種時一點物眞，力耕敏耘善始令終，然後可望入其閫域矣。師生於姑汾，長於賢祖考積慶之門，得天地之間氣，其稟賦不必論也。隱於許下，遇希夷，許以可教，遂授其妙道。入太華禮田無礙，授丹書，其遇可知也。內持孝敬以事親奉天，外施慈仁以愛人及物，此非積累之功行乎。隱居華之下、洛之濱，清淨虛寂，餘四十載，有進無退，此非抱神守一甚固者乎？故卒能有成，脫塵網之中，出化機之表，翛然往來，入於自在逍遙之境界，不亦宜乎。後之學者，可不景行而加諸意。抑謂自大朝奄有天下，以至中統改元，當今皇天眷命皇帝暨后妃、太子、諸王莫不敦尚玄風，敬禮高士，而師之所歸至善若此，不可不爲之銘。銘曰：

太古之時，人生之始，壽而不夭，仁而不鄙。大道既隱，衰俗靡靡，滋熾人慾，泯絶天理。輕妄好惡，勞煩聽視，眞趣之歸，幾人而已。在清流中，有純素子，忘懷名利，遠跡朝市，養氣煙霞，棲身山水。伊水洛水，嵩山華山，往求同志，密叩玄關。當擾攘之際，徜徉乎其間，契遇高眞，逸駕相攀，傳授祕訣，煆成大丹，輟食賙人，救時阻艱。內持外修，功成行完，策名紫府，垂範黃冠，塵緣方盡，飈馭將還，幻身外物，付之等閑，汎霞璇空，眇視塵寰。陳跡在碑，有志明刊，善始令終，衆之所難。不歸於地府，不列之王官，生死無變於己，而況乎利害之端，豈亦不幾於神仙之一班，後人仰止，拂石以觀。

李志源

傳記

李道謙《終南山圓明眞人李練師道行碑》（《甘水仙源録》卷七）　師姓李，諱志源，邠州三水縣人。天挺至性，宗黨以孝悌稱，自幼有沖舉志。年未三十考妣俱喪，乃棄家絶累潔身入道，師事本州玉峰觀全陽周君，服勤左右數年匪懈。全陽憫其精懇，遂付以修眞微旨，且使遊歷諸方，參證心印。至醴泉，與同志裴公結茅以居，遺欲凝神虛心集道，歷十有八載，故得塵慮盡銷天光內發。鄉人李公，崇尚高潔，建道院率閭里耆艾延至，事以師禮。無何，全陽召之還邠，賜號圓明子，俾主玉峰觀。又嘗集衆言曰：圓明於道實有所得，他日吾歸全之後，汝輩當尸祝之。迨正大戊子冬十月，全陽返眞，門衆遵宿昔之命，舉練師處師位，練師勉從其請。未幾，遷居京兆府城之西漢高祖廟，凡昆季子姪教育公溥，遠近道屬靡不得其懽心，始服全陽付畀得人之哲。天興初，秦地受兵，練師挈衆出關，寓陝州之雞足山，尋遷洛陽長生觀。及河南破，天朝遣使招集三教人，練師率衆北渡，於東阿縣築棲眞觀居之，遠邇聞其名德之重，請益受教者不可勝紀。玄通子范尊師方主東魯道教事，待之如伯仲，時遣人候問起居，資其不給。甲午歲，關輔略定，練師念及終南南時村活死人墓，乃重陽祖師鍊眞之地，曩者全陽意欲葺居，以彰仙跡，適丁金季之亂，不克肯構，即遣門人王志瑞等西歸耕占。乙未，參軍齊大年與練師鄉里之舊，時居趙州，慕其道德，創悟眞庵，請至事之，百色用度繼奉不輟。丙申冬，適燕，謁處順堂，掌教淸和宗師遇以殊禮，署練師充眞定路道門提點，且曰：吾向詣長安祀香祖庭，見公遣人創制南時勝跡，吾就名與重陽成道觀矣。然此非細故，公儻不親臨，恐莫能濟。練師還趙之日，繼令法弟吳志恆來充知觀。戊戌冬，京兆總管田德粲差官持疏，往迓練師，即日命駕，率百衆西還，大行起建。由是道緣益弘，門徒翕集，不數年殿宇壯麗，與宗聖、上清、遇仙諸宮相甲乙。辛丑春，祖庭會葬之際，道流恆數千人，洞眞宗師舉練師提舉重陽宮，練師以正己而物正之道裨贊玄化，與有力焉。丙午八月朔旦，朝謁禮竟，忽謂衆曰：吾昨承玄告，不能久留世矣，公輩各當以進修爲業。及此師祖勝緣，實先師之志，今克伸之吾歸無慊矣，可善主持無使中道而廢。遂絶粒忘言，越五日，沐浴更衣，奄然解化，春秋七十有一，門衆葬于本宮東北之仙塋。庚戌冬，掌教眞常眞人奉上命委加玄教有道之士名號，以恩例追贈淵虛圓明眞人，仍升觀爲宮，於戲盛哉。練師道器凝重，上性謙沖，律己容人，輕財重義。生平不讀書，凡視聽言動脗合經旨。當作務紛擾之甚，其修鍊之功亦無時少輟。丈室之中，惟巾盂几杖無長物，一冠一袍之外不置囊橐。終日塊坐，殆若與世相忘者，及其即之，而飮人以和，使人自有所得。其教誘後進，又能隨其根性高下，各有所發明，無非頤神、毓氣、誠意、正心之要。雖髫童之愚，所爲不道，亦未嘗以惡言斥辱，但以善惡罪福之報方便啓導之，必使心自愧服，以馴其化，其成就於人者如是。至元癸酉秋重陽日，提點吳志恆每念練師薫陶切磋之惠，思而不忘，丐予爲文，用刻貞石，以垂不朽。向予與練師同居仙境，僅及十年，仰慕高風，亦樂道其盛德，仍系之以銘。銘曰：

眞常之道，無門無房，誰其啓之，教祖重陽。東遊海上，四字傳芳，支分派別，化洽萬方。圓明老仙，天挺道器，丹陽裔孫，全陽嫡嗣。久進眞修，功周德備，或出或處，有道有義，仙仗西來，肯構南時，門徒濟濟，教化熙熙。樓觀嵯峨，金碧參差，肇開神宇，萬世之基。善始令終，曲肱斂息，形有生化，道無終極。我銘以辭，無愧乎實，刻石琳宮，後昆懿則。

元好問《圓明李先生墓表》（《遺山集》卷三一） 先生諱志源，姓李氏，邠之三水人。幼有至性，宗黨以孝稱。年未三十，考妣俱喪，因棄家入道，師事玉峰周君，伐薪供水，執役不少倦。積三數年，周君憫其勞，使之游歷諸方。至醴泉，與同業結茅以居。全眞家樂與過客餌，道院所往，至者如歸。嘗歲飢，資用乏絶。先生辟穀數旬，以供給來者，其先人後已類此。又十有八年，乃築圜堵於三水李氏家，三年人莫見其面。周君知其有所得也，召之還豳，遂主玉峰觀，并以法席付之，號曰圓明子。先生資稟醇正，寡於言論，行己接物，始終如一，時人以其仁䘏周至，故有慈孝之目，周君亦以爲無愧其名也。正大末，關中受兵，先生避地雒陽。及河南破，僑寓東阿者數年。初，周君以重陽煉化之地號活死人墓者，蕪沒已久，每欲葺居之。歲甲午，關輔畧定，先生乃緣其師雅意，率法兄弟諸人，分遣徒衆，力爲經度之，是爲重陽成道觀。營建未幾，即命駕西還。先生既老，道價益重，學者嚮慕，過於玉峰。時以丙午秋八月之五日，春秋七十有一，反眞於成道之中堂，以故即其地葬之。明年夏四月，先生之同業潘志元、周志靜、門弟子陳志清來新興，踵門致謁，以先生墓表爲請曰：吾圓明老師嘗成道訖功，將就太原謁文吾子，期以秋七月即途，而以事不果行，遺命吾屬，使必成夙志，其眷眷于吾子者如是。聞吾子亦以普照范君、幕府正之王君之故知其名，能不以文字使少見於後乎。予因問三子者：圓明既以名取我，以文託我，意其臭味必有相同者，其言句可得聞乎？三子者曰：圓明臨終，沐浴易衣，會法屬與之訣，有求遺教者，第告之以清淨無爲，不染不著而已。已而復求詩頌，圓明麾之曰：吾平生未嘗弄筆墨，設強作一語，非留病人間乎。且近世諸師文編，達者猶將以爲筌蹄，況萬萬不相侔者乎。言終怡然而逝。圓明平實如此，何言句之有哉？予止之曰：子休矣，圓明所得，吾得之矣。乃爲之銘，銘曰：

舌吐而吞，駟馬追奔，孰愈於目擊而道存。夫惟不關鍵而閉，是謂玄之門。終南之原，若人復其元，始於補劓息黥，乃今拔本而塞源，蓋予許之以忘言之契，故以其不言者而爲知言。

把德伸

傳記

陳楚望《清虛大師把君道行録》（《甘水仙源録》卷七） 國家尊右三教，道其一也。爲教者思寵遇之優渥，而歸美報上之念，亦與國家相爲無窮。是以道家者流，必創宮殿，集徒侶，崇奉玄昊，晨夕焚修，以爲皇家祈天求命之地，此乃天保下報上之遺意，而通明殿之所以建也。天下之理，通則明，人心本自虛明洞達，一爲外物所蔽，則明者塞矣，塞則暗莫甚焉。夫明必本於通，不通未有能明者也，此通明之義，是宜清虛大師把君以是銘諸心，而又以是名其殿也。君諱德伸，字仲直，世居唐邑。幼而好學，事親以孝聞。學廣聞多，而以老氏虛心體道之要，爲入道之門戶。值貞祐南遷，挈家襄陵十餘載，二親相繼而逝。既終喪，欲訪異人，辭故里，南遊至蒙山，受道於無塵子衛君。無塵甚器重之，爲立今名字。自此黃冠野服，惟意所適。晚寓青社，養素於太虛宮。先是有同門高士王君，於府城東南隅卜建觀基，欲居雲遊之衆，城東二十里許購田園，以備香供之具。一旦遇仲直，道同志合，悉以其地相付與，且曰：成吾志者子也。仲直躬率羽流，鋭意締構。是時總管于公、元師姜公及諸方信士隨心樂施助成勝事。崇通明之正殿，立玉帝之尊儀，方丈雲堂，齋廚庫庾，廊廡雜舍，以序營爲，一新偉觀。落成之後，每遇朔望，自總管以次官行香致禮，以贊頌天子萬年之祝，其歸美報上之一念，必使無負於尊右之初意，此仲直之本志也。玄門掌教大宗師眞常眞人名其觀曰通玄，仍付以金襴紫衣，號曰清虛。大宗師誠明眞人特授益都路道録。歲次乙亥，朝廷遣使徵召，留長春宮，每事屢有咨訪，特旨遷授提舉諸路道教，以彰有德。昔河內司馬子微受中嶽體玄潘君正一之法，體玄受之於茅山昇玄王君，昇玄受之於華陽隱居陶君。自陶君至子微歷四世，而子微被召於唐景雲間，乃以治國猶治身之説納誨於睿宗。自丹陽宗師以是道傳之元元宋君，元元傳之無塵子衛君，無塵子傳之仲直，亦已四世。而仲直以有道榮膺召命，他日奏對，必能以正心誠意，開物成務之學，啓沃聖心，其視子微治國治身之語，殆異世而同符矣。仲直老名而儒行者也，余與交最久，頗知出處之大概，併筆之以遺後之嗣教者，使有知焉。至元庚辰正月吉日記。

李志柔

傳記

李道謙《終南山樓觀宗聖宮同塵真人李尊師道行碑》（《甘水仙源録》卷七） 師姓李氏，諱志柔，字謙叔，其先洺水人，世業農桑，以門地清白見稱於鄉里。昆季四人，師其次也。生有宿慧，及長，雅好林泉，蕭然有出塵之趣。父志微素嗜玄學，先從趙州臨城縣太古高弟開玄眞人李君參受全眞教法，及學成行尊所作歌詩深契玄理。泰和辛酉歲，師亦事開玄，執弟子禮，服勤日久，開玄識爲受道器，眞筌祕訣付授無所隱。師既蒙印可，自是鍊心養性，丐食邢洺間，雖絶粒數日，立志不少衰。尋隱居仙翁、廣陽兩山，謝絶人事者十有二年，潛究道德性命之學，大有所得，是時開玄及志微俱上仙，其兄志端、弟志藏、志雍皆從師遊，蓋相尚以道也。已而西山盜起，遷邢臺，築通眞觀居之。道價日隆遠近向慕，願爲門弟子者戶外之屨嘗滿。庚辰春，聞長春宗師拔起海隅，道經燕趙，師以禮餞行。迨癸未八月，長春奉詔南下，師復迓於宣德之朝元觀。長春以師碩德宿望賜號同塵子，教以立觀度人，將迎往來道衆爲務。師恪遵玄訓，於是始建長春於漳川，奉天、棲眞於大名。丙戌，復詣燕觀寶玄堂，參證心印。明年秋，長春返眞，師杖屨南歸，向化者益衆，如磁州之神霄，相州之清虛，林慮之天平，廣宗之大同，燕都之洞眞，皆以次而舉。其門弟諸方起建大小庵觀二百餘區，化度道流稱是。丙申，清和宗師自燕入秦，與復終南劉蔣祖庭。時師亦侍行。適樓觀宗聖宮道士張致堅以廢址係玄元道祖演道德二篇聖蹟，天興兵亂，焚毁殆盡，具狀懇宗師乞爲重建計。宗師以爲無丹山豈能棲彩鳳，有任公乃得獣大魚，即以狀付師俾任其責。師奉命率徒，剗荆蕪，陶瓦甓，經之營之，日漸成序。丁酉冬，眞常宗師署師大名邢洺兩路教門提點，暨清眞大師號，俾往來秦魏趙間以辦其事。不十載，雄樓傑觀粲然一新。庚戌，洺州牧石德玉慕師名節，詣闕保奏，賜黄金冠服，加號同塵洪妙眞人。甲寅春，詔燕京大長春宮修普天大醮，師預高道之選，事竟，盤桓邢洺諸觀院，有未完者例爲補葺。中統癸亥，誠明宗師命督還樓觀，凡有闕略悉加修飾，方之前代增益數倍矣。至元改元，奉德音禁民侵擾，及使臣軍旅無聽留宿，以便焚誦。三年丙寅夏六月二日，沐浴正襟儼若平日，集衆於前，戒以修身利物爲念，以後事嗣弟子石志堅主領，翌日翛然順化，享年七十有八。方其斂息之際，宮北焦家巷居民見空界五雲浮動，仙音朗徹。奔往視之，師乃昇矣。畏暑流金，顔色如生，醮祭三日，權瘞於所居之丈室，既事遣介赴喪於山東門人。忽一日，大名奉天宮羣鶴飛鳴，下直壇殿，衆目仰瞻，須臾訃音至，識者以爲師之神遊也。後四年庚午，門下諸耆宿卜以清明日葬于宮東南成道觀之仙遊堂。師純素誠敬終日危坐，望之毅然若不可犯，逮其即之教人不倦，皆嗇養精氣神之祕，其次則必以退己進人，罪福之方，隨其高下接引之，誕惑幻怪之語不道也。雖應緣世務中，其頤眞毓浩之業未始少間，輕財重義慈儉謙裕殆若夙成。四方學徒不可勝計，歲時供奉金帛充溢，悉歸常住，爲興建費，衣冠之外囊無私積，故能享其壽致高名。所至之地，權豪士庶莫不再拜禮敬，北面師事之，自非胸中誠實所格，疇克爾耶？以予嘗辱知於師，比其葬也，石君志堅狀師平昔所行大概，懇來乞文，將刻之石。予亦重師之有道，不得以固陋辭，即因其實而紀之。

朱象先《終南山説經臺歷代真仙碑記・同塵洪妙李真人》 眞人名志柔，字謙叔，洺水人。師事開玄李眞人，謝絶世紛，隱山葆鍊，道成行著，四方宗仰。天興之變，觀掃地矣。歲丙申，眞人承清和之命，挈領門德，竭力創復，芟蕪起廢，琳宇一新，徒侶雲臻，倍加疇昔。封同塵洪妙眞人，年七十八蜕化。贊曰：起廢成完速若神，瓊樓寶殿一番新。重來尹李還相遇，秪恐今人是古人。

然逸期

傳　記

王利用《洗燈子然先生道行碑銘》（《甘水仙源録》卷七）　道家者流，蓋逸民之徒歟，語其心則沖虚清靜，語其身則落魄不羈，語其情則愛惡俱遣，語其志則持守不移。其設教也，不娶不宦，不葷不垢，慈而祥，貧而樂，和柔謙退而已。所以老莊於周，鍾離於漢，呂仙之於唐，繼繼承承，而不世出也。其簪冠模範，心跡塵俗者，姑置而勿論。金源氏作，重陽祖師飲甘泉而了道，丹陽馬師遇重陽以修眞，趙玉斗法嗣於丹陽，洗燈子光續於趙斗。教法大闡而關中爲最者，洗燈師與有力焉。師諱逸期，字守約，姓然氏，京兆涇陽人，大定辛卯，分瑞于世。骨相異常，弱不好弄，及其長也，神注于顔，髯過于腹，澹然寡欲，樂慕玄風。父母欲妻之，誓而弗許，遂禮清陽子桃花陳先生爲師。灑掃叩詰盡瘁服勞，雖經叱訶責辱未少退惰，晝不懈夜不寐者凡六寒暑矣。清陽子曰：汝雖經鍛鍊，功行未圓，若非明師指訣，詎可入於大乘。東山道人與汝有千劫緣，當往參禮。力遣之，乃謝去，至驪山遇了眞子趙公，方悟陳師之言。久炙仙機，默有所契，了眞子曰：靜功垂成，更加礱勵可也。長安太白延祥觀，乃唐朝玄元道祖示現之跡，吾丹陽師已爲建立全眞堂於其側，他日必爲大福田，汝可識之。即日西邁，過醴泉，邑人留居環堵，遂乃踵納眞息，內杜德機，棄智忘言，識心見性，不三年造夫大妙之域。一日，火光從環堵中出，衆以爲災，奔赴之，至則見師瞑笑而坐，衆感而異之，方悟火光乃神光也，於是敬仰禮奉倍於他日。師厭其煩瀆，出遊商顔，卜築三陽草庵以止息焉。字其庵曰還眞。三陽地勢高迥，泉素艱得，師指其震隅曰：泉其在此乎？發之，泉果涌出，甘冽如飴。遂賦詩曰：一陽初動震天關，須信還眞地有緣，昨夜乖龍轟霹靂，迸潮海眼出寒泉。居十歲，聞望益彰，門人大集，鄉之善友敦請西遊，遂赴了眞師所囑太白延祥觀而住持焉。士庶參謁，曲盡誠敬，持紙幅懇求之翰墨者比比也。或者辭色頗倨，即書二詩付之，持歸披讀了無一字。翌日，再詣師席，具白其事。笑曰：爾元不曾開眼，再讀當有所見。展而視之墨跡儼存，驚悔拜謝而去。節度使曳剌金紫之在鄧也，病篤，夢異人飲以法水，寤而即愈，命工繪其像，晨昏敬禮焉。聞師歷商過鄧，使數人邀於路，至則駭曰：乃夢中所遇之異人也。出像示之，惟肖。師知其意誠，諭以詩曰：憶昔垂綸逾四載，至今猶自不吞鈎，可憐笑殺灘頭鷺，辜負寒江一葉舟。金紫拜而受之。歲壬辰秋七月，居淅川，召門下楊志堅、張道性語之曰：比歲暮，吾將行矣。其年冬十一月二十八日，命道侶次第而坐，曰：諸公盍爲我餞行。因令高歌起舞，時及四鼓，乃留頌曰：四大元無主，包羅物外身，壺中天地好，歸跨紫麒麟。頌畢，擲筆端坐而蜕，春秋六十有二。乃卜服餌谷之兆而權厝焉。越明年，門人白志柔等欲改葬樊川了眞師仙塋之次，焚香啓柩，面如生，亦足以表其平日修鍊之功矣。至元癸未冬十二月，嗣法提點趙志暉、提舉王志靈、知觀李道和輩，持師道行之狀，介道友通眞子乞文於予，曰：吾師襟靈明爽，虚室生白，經文洞曉，肆筆成書。曩昔著述歌詩幾四百首，引援門弟子無慮千餘人，墓雖有誌，若非道行碑銘恐無以白于世而壽于後也。予感其求請之懇，乃爲之銘曰：

維鍊金兮，純粹其精，維質玉兮，瓏玲其聲。德參乎兩儀，秀稟乎五行，言乃矢口而發，書乃肆筆而成。降龍伏虎兮，翱翔乎河洛七八之數，乘風御氣兮，逍遙乎鵾鵬九萬之程。其來也孤雲，其去也迅霆，孰知夫洗燈莫測之妙，盍視此翠琰不朽之銘乎。

秦志安

傳　記

元好問《通眞子秦公道行碑銘》（《甘水仙源録》卷七）　通眞子諱志安，字彦容，出於陵川秦氏。大父諱事軻，通經博古，工作大字，爲州里所重。父諱略，字簡夫，中歲困於名場，即以詩爲顓門之學，自號西溪道人，殊有古意，苦於雕琢而無跡可尋，一時文士極稱道之。生二子，通眞子其長也。自早歲趣尙高雅，三舉進士，而於得喪澹如也。貞祐初避亂南渡，西溪年在喜懼，親舊以祿養爲言，不獲已，復一試有司，至御簾罷歸。正大中，西溪下世，通眞子已四十，遂置家事不問，放浪嵩少間，稍取方外書讀之，以求治心養性之要。既而於二家之學有所疑，質諸禪子，猒其推墮滉瀁中，而無可徵詰也，去從道士遊。河南破，北歸，遇披雲老師宋公於上黨，略數語即有契，乃嘆曰：吾得歸宿之所矣。因執弟子禮事之，且求道藏縱觀之。披雲爲言：喪亂之後，圖籍散落無幾，獨管岑者僅存，吾欲力紹絕業，鋟木流布，有可成之資，第未有任其責者耳。獨善其身，曷若與天下共之？通眞子再拜曰，謹受教。於是，補完訂正，出於其手者爲多。中間奉被朝旨，借力貴近，百方並進，卒至於能事穎脫眞風遐布，而通眞子之道價亦重於一時矣。通眞子記誦該洽，篇什敏捷，樂於提誨，不立崖岸，居玄都垂十稔，雖日課校讎，其參玄學，受章句，自遠方至者源源不絕。他主師席者，皆竊有望洋之嘆焉。藏室既成之五月，謂徒衆言：寶藏成壞事關幽顯，冥冥之間當有陰相者。今大緣已竟，吾其行乎。越二十五日，夜參半，天無陰翳，忽震雷風烈大木隨拔，遽沐浴易衣，蛻形於所居之樗櫟堂，得年五十有七。弟子李志實等以丁未年月日奉其衣冠寧神於天壇之麓，披雲之命也。所著《林泉集》二十卷行於代。往予先君子令陵川，予始成童，乃識通眞子之大父，閑居嵩山，與西溪爲詩酒之友者十五年。通眞子以世契之重，與予道相合而意相得也，故志實輩百拜求爲其師作銘。今年春二月，劉志淸者復自濟上訪予新興，冰雪沍寒跋涉千里，其勤有足哀者，況於平生之言。乃爲作銘，鋟刻之松臺。

王粹

傳記

李道謙《恕齋王先生事蹟》（《甘水仙源録》卷七） 先生姓王氏，名粹，字子正，北平之巨族也。才高而學贍，少有詩名，每一詠出膾炙人口。然與世疏闊不事舉業，正大間薄遊鄧下。時漆水公節鎭唐鄧，喜文章，樂與士夫遊，故中朝名士多往依焉，先生亦客其門。會天兵南下民遷襄陽，先生亦漂泊江漢間。甲午楊侯彥誠被命招集三教醫卜等流，一時士人皆得保其妻孥復還中國。楊侯獨迎先生至燕，遇眞常大宗師，即北面事之，執弟子禮，居長春宮。眞常遇之甚厚，復以上世師祖本行屬之爲傳，將藏諸祕笈以永其傳。先生遂居萃玄堂，研精致思旁求遠索紬繹而編輯之。年四十餘，以癸卯九月無疾而逝。不浹旬而見夢於誠明張君，其云爲款曲不異平昔，少焉作詩而別，云：當時每恨花開早，及看花開花已老。花落花開能幾何？回頭又見春光好。詰旦誠明以所夢之詩白於眞常宗師，眞常嘆曰：子正仙矣。聞者異之。先生爲人性恬澹無機構廉潔貞介，與人交悉待之以誠，聞有道行者雖窮居陋巷必親之。嗜讀書，作文尤長於詩，其五言雅淡有陶韋之風焉。

張本

傳記

李道謙《訥庵張先生事蹟》（《甘水仙源録》卷七） 先生諱本，字敏之，觀津人。幼年與眞常李眞人爲同舍生，初眞常之入道也先生以嗣績規之，既知牢不可奪乃各言所志而訣。貞祐二年，先生中詞賦高第，平生工於大篆及八分，作詩殊有古意。正大九年，以翰林學士使北，見留，遂隱爲黃冠。居燕京長春宮僅十年，時眞常掌道教，兄事如昔，盡禮給養之，後遊濟南翛然而化。

李志全

傳記

李蔚《純成子李君墓誌銘》（《甘水仙源録》卷八） 講師李君沒，其友申公都提舉以告，且曰：講師操履堅正，德業沖粹，人所共知。臨終以後事見託，經營宅兆，今已安措。不有銘辭，無以慰諸幽，願詳其所聞而誌之。講師諱志全，字鼎臣，太原太谷人。少業進士，父洵直以經義中明昌五年第。講師挺志不羣，守箕裘之舊，孜孜講習，視富貴如探囊中物也。當立之年，不意世變，干戈日尋，無復進取遑遑如也。當時天子好長生之道，不遠萬里召見丘長春，賓禮至厚，玄風大振，聞者皆興。故講師所以歸心依河陽張尊師爲引度。長春西迴，策杖徒步謁見于奉聖龍陽觀，授以道妙暨諱名。自是山居有年，名聞籍甚。其後東萊宋披雲以所在道書焚於劫火，奉朝旨收拾於灰燼之餘，散亂無復可考，求博洽異聞之士俾校讎之，迺得講師，始終十年，朝夕不倦。三洞靈文，號爲完書，功亦不細。教主李眞常奉恩例，賜公純成大師，提舉燕京玄學。未幾，復還天壇舊隱，徜徉巖壑，將終老焉。忽以昇聞，中統二年六月日也，享年七十有一。平昔著述號《酎泉集》三十卷行于世，又集七眞及已下諸師詩賦二十卷目曰《修眞文苑》。嗚呼！士嘗論之，以君才學取一第不爲難矣。世方擾攘，河朔尤甚，自保不暇，度日如年。壯志衰謝，甘埋於塵土，誰爲知者，泯滅無疑也。迴視埋沒于草萊，湮滅無聞者爲何如哉？乃作銘曰：

于嗟純成，幼戴儒冠，讀書幾載，校藝秋宫。誓將一舉，九萬鵬摶，運有定厄，世無常安。幡然學道，秉心如丹，長春西迴，景星爭觀。徒步千里，一見相懽，授以道妙，佩服馨蘭。苦心修鍊，幾換炎寒，要遊玉京，此事無難。三洞寶典，灰燼遺殘，校讎十稔，書始爲完。拂衣高蹈，雅志林巒，却歸舊隱，終老盤桓。無何仙去，聞者悲酸，刻諸琬琰，過者詳看，當知道中，自有鳳鸞。

高道寬

傳記

姚燧《洞觀普濟圓明真人高君道行碑》（《甘水仙源録》卷八） 我元自太祖聖武皇帝視丘長春有道，聘爲玄門宗，厥後太、定、憲三宗及今皇帝，皆稟孝自天，善繼以述。雖長春返眞不虛其位，命尹清和、李眞常、張誠明、王純眞與今張玄逸嗣焉而迭居之，如丘在太祖世。其徒認縣官崇禮斯道之盛，語其師之居，不敢斥，必曰堂下。然堂下治京師，而祖師之藏，與夫成道之廬，則在今終南山之劉蔣。自堂下視之，猶木根而水源，必茂浚乎此，乃始不憂傳脈之不盛。故凡四方走幣堂下爲香火之奉者，必割界而實之祖庭，待以興化弘教之須。豈惟是爲然，惟人亦然，苟可以任興化弘教之責，亦必擢置祖庭，受事之陳不令拱手肆志於無用之地。嗚呼！才有大細，故任有重輕，德有著微，故居有久近。自秦而夏而梁而蜀，治轄恆半堂下，其任如彼其重也。自庚子從洞眞入關，今茲四十年，職道教者，獨再紀其居如此其久也。則夫爲才之大，爲德之著，尚待言說而始白之人耶？君姓高氏，諱道寬，字裕之，應之懷仁人。其世夙豪於財，而系則不詳。幼業讀書，能通大義焉。長爲吏長安，丁內外艱，始棄室爲黃冠師。其從受學三人，始則安蓬萊淪其源，繼則李沖虛大其流，終則于洞眞會其融而導其歸，故遊洞眞門最久，洞眞亦恃君有受而克大其傳也。既告以道德之微言，又授上清紫虛之籙，賜號圓明子，署知重陽萬壽宫，及提點甘河遇仙宫。歲壬子，眞常擢爲京兆道錄者十年。中統辛酉，誠明薦之朝，制以爲提點陝西興元等路道教兼領重陽萬壽宫事。至元辛未，純眞易子爲尊師，加知常抱德於圓明之上。丙子，天后、皇子安西王，各錫黃金雲羅冠服一被，教令又益以西蜀道教，猶仍圓明，第易知常抱德爲洞觀普濟，尊師爲眞人。以明年丁丑春正月二十有五日上征，逆而推之，盡金明昌乙卯秋七月十有九日爲閱春秋八十有三，而藏冠屨於仙蛻之園云。其年五月，嗣眞人李天樂實狀其行，俾道錄郭志祥持示燧曰：眞人之德，宜顯詩之，將維子是請也。燧曰：嗣眞人與道錄之言不可辭讓，況及先眞人風概之一際乎。乃遂詩之。

李道謙《終南山祖庭仙真内傳》卷下 師姓高氏，諱道寬，字裕之，世爲應州懷仁縣之豪族。質貌魁偉，襟度夷曠。以明昌乙卯歲七月十九日生。幼不同羣兒戲狎，既長讀書，通經史大義。性尚雅淡，每有出塵遠引之思。以二親在堂，莫遂其志。及大安兵興，雲應當其衝，即挈家避地居長安，隱身爲刀筆吏。既而考妣俱下世，喪祭如禮。一夕露坐家庭，夜將半，忽睹光明如晝，仰視西北，天門大闢，紅霞翠靄之間，瓊林、琪樹、寶殿、瑤臺，歷歷具見，須臾復闔。自是學道之心益切。興定辛巳聞章臺街蓬萊菴全眞安君有道，即捐家棄累，執弟子禮。安君愛其勇決，教以摧強挫鋭、寡欲治心爲修身之本。師佩服玄訓，弊衣糲食，味道思眞，晏如也。正大改元遊汴梁，依丹陽觀沖虛李君，參進上道。沖虛俾服勤勞，以資福德。師躬執爨汲之役，數年不怠，沖虛授之道要。丙戌金主遣中使詣鳳翔徵洞眞于君，仍命李沖虛選精嚴道人一員副行。沖虛召師前曰：師資契遇，實關冥理，洞眞吾方外友，昔嘗蒙丹陽長春二師眞印可，眞玄門之宗匠，今上命有請，汝可偕往。他日興起，吾道作成爾業者，其斯人歟，敬之哉。師受教而行。洞眞既至汴，奉命提點中太一宮。師居席下，朝叩夕請，其於道德性命之學有所進。癸巳汴京下，師乃北渡上燕都，尋居德興之龍陽觀，頤神毓浩，若將終身焉。戊戌春洞眞召還燕，從演教白霫。庚子冬又從入關，興復終南祖庭。是時經營會葬祖師之際，師多方化導，裨贊其用。戊申洞眞賜號圓明子，署知重陽萬壽宮，及提點甘河遇仙宮事，且語之曰：人徒知枯坐息思爲進道之功，殊不知上達之士，圓通定慧，體用並修，即動而靜，雖攖而寧，爲無爲，事無事，同塵和光，此老氏之微旨也。今玄化盛興，汝當奉此，應緣扶教，接物利生，以爲登眞達道之基，汝後必負教門重任。事雖稠疊，愼無憚，是皆庸玉汝於成也。師叩頭跪進曰：仙眞妙旨，實非凡俗所聞，今日見教，請事斯語。由是儉以治身，寬以莅衆，不數載，內外道衆莫不得其歡心。識者嘆服，以洞眞爲知人。壬子春掌教眞常李君祀香祖庭，俾師充京兆路道錄，從事十年，事有成而無替。迨中統辛酉誠明眞人張君詣闕，保奏宣授陝西興元等路道教提點，兼鎮重陽萬壽宮事。至元戊辰夏皇姪永昌王賜金冠錦服。辛未嗣教眞人純眞王君，贈號知常抱德圓明尊師。未幾永昌王再賜洞觀普濟圓明眞人號。癸酉春皇子安西王開府六盤，師一見應對稱旨，薦賜冠服。乙亥夏召師就行宮修金籙羅天大醮，自將事之日迄于筵終，瑞雲輪囷，靈應昭著，備見于參政商君所作投龍冊碑，茲不贅述。無幾何，中宮又以冠服見賜，寵諭優渥。丙子秋七月安西王頒降璽書，益以西蜀道教併付掌管。師典領教門踰二十年，專尚德化，未嘗一施政刑。在祖庭則繼創南昌上宮，洎五祖大殿，其餘廚庫藏廐，增葺者甚多。雖一稺子參請，亦必以禮相接，未嘗有自得驕慢之色形於顏間。教事繁劇，物來即應，皆曲中其理。每至夜分，澄神靜坐，達旦不寐，其修眞鍊養之功，習以爲常。以是年逾八旬，步履康強，精神充懌。上而王公，下迨黎庶，莫不待以殊禮。故得教門靜肅，道衆乂安，四方陰受其賜者，爲不少。丁丑春正月上旬，忽得微疾，侍者勸進藥，師曰：死生如旦暮，乃物之常理，奚藥石可延分外之筭邪。至二十四日遂不食，終日危坐，談話如平昔，但教人以進道之語，翌日奄然順化於所居之靜室，享春秋八十有三。越五日葬于宮之仙蛻園，送葬道俗踰萬人，其平生道力自可見矣。

褚志通

傳記

姚燧《太華真隱褚君傳》（《甘水仙源録》卷八） 靈臺眞隱褚君，幼業儒，長而遭時艱，求所以託焉而逃者，寄跡老子法中。受學劉眞常，棲遲不在城邑，多名山中，如保之葛洪、瑯琊之七峰、應之嶽神，無常居焉。後由眞常主華陰之雲臺宮，始從之西。眞常逝而徙上方，留弟子主雲臺。華嶽也，爲山益奇。上方又天下之絶險，自趾望之，石壁切雲霄，峻削正矗，非恃鐵絙不得緣縋上下。不知鐵絙成於何代何人意者，古能險之聖也。將至其顛，下臨壑谷，深數里，盲煙冪翳其中，非神完氣勁，鮮不視眩而魄震。君負食上下自給，如由堂適奧，嬉然不爲艱。薄寒則上下負食益勤，爲禦冬備。一歲偶未集，冰雪塞山門，計廩纔得常冬之半，始服氣減食爲胎息，遠或數日一炊。明年山門開，弟子往哭，求其死，見步履話言不衰他時，方神其爲非庸人。伺下山，止之曰：不可復有往也已，設向師食不繼，僵死冰雪，弟子雖有喙，何說自白其能孝於天下，必勿復往也已。君難逆其請，指牛心谷曰：此漢太尉楊公震授徒之槐市也。或聞而稽疑其傳，止得公嘗教授，湖不見其居華陰者，不識君何據曰然。谷南直中方入，行二許里，深林奇石，泉淺淺鳴其下。墾地盈畝，構室延袤不足尋丈，環蒔佳花美箭，人之來者始則愛其蕭爽，不自知置身塵埃之外，居不移晷，既已欠伸佗然而思去矣。君又屏弟子獨居，或勸宜留一人自佐，曰：吾居此樂，彼居此戚，所安先不同。猶彊而留之，能勉期月之外，要終相棄去。吾故與之爲約，非春糧採薪之至絕而繼，具而去。亦古之君子以人望人，不竭忠也。其出山還雲台，必以水冰無所仰飲，十月爲候，二月還谷。性嗜讀書，逾熟左氏博議，日食數龠，飲酒未醺而止，不盡醉也。人家得名酒，爭攜餉之，至則沉罌泉中，時依林坐石，引瓢獨酌。日入則入室而休，坐罷寢覺起行庭中。一夕如聞林間行聲戛戛，君則曰獸也，雖不得其名，可試而知。引石投之，曰麇鹿哉，將驚而奔。或止而不去者，虎耳，果止，聽不去。明旦視樊垣外虎跡縱橫。再夜，走行如前夕，不以自戒而止。聞而談者，神明之。亦有他土樵人獵夫之適山，初未聞君爲孰何人，責之具炊，寢則假榻，甚者易而詬咄隨之，益勤以安，無難色忿言其外，若職宜然者。去或問姓名，惟他語不告，終問之，則曰：吾求知人耶，必求人知而求若知耶？吾居此在人所不問，而吾所不告也。人見其苦身不近人情如是，然不違俗，上自王公而下及臺皂，爭以一際顏色爲快。燧亦嘗一再造廬焉，告以人間聲利，泛如秋風之過耳，噤不酬應。叩之山間爲樂何如，必盡舉平生所見好石幽樹，佳泉危棧，亹亹忘罷。若幸夫人一往，而我能先之者。相舍以出，覺胸臆塵鄙如雪之見晛，消釋無留餘者數日。益信夫遊方之外，有恬愉靜退之士如君者，罕類例求也。君名志通，字伯達。名聞天聰，俾禱水旱有應，不爲沴，賜號佑德眞人，提點嶽祠灝靈宮。又以嶽祠風雨將騫，內出鈔萬八千緡爲完輯費。三年易弊而新，飾淲爲翬，過者改觀，始有應務之才，特韜之耳。年八十，德益深，聞益彰，聖皇思見益急，當歲己卯至元十六年，詔中使起之。北面受命稽首曰：草莽之臣通也，自知審矣。疇昔壯也，言不足以資廊廟擇，力不足以彊禦侮，今老矣，先狗馬塡溝壑，晨夕雖蒙冒龍光，力疾以行，終不達，恐傷陛下仁及草木之化，是以昧死請。中使竟虛車而返。今李大參公號知君深，且樂誦人善者，戒燧傳之，無俾不聞於今而泯於後焉。公名德輝，字仲實，前北京等路行中書省，今以中奉大夫出相安西府云。

史志經

傳記

王鳴《洞玄子史公道行録》（《甘水仙源録》卷八） 公名志經，字天緯，絳州翼城人，世習儒業。祖彬，字執中，父公佐，字良臣，皆隱德不耀。公以泰和壬戌歲生，生而夙慧，雅有道緣。六歲從里人吉德居讀書屬句，天資穎悟夐出儕輩。貞祐甲戌，翼城再陷，流寓于雲中，主完顏氏家。渠見其不凡，養以如子。興定辛巳，遁跡投玄，禮恆嶽劉眞常爲師，師一見器之，事必諮委。歲癸未，長春大宗師應詔東還，公從其師拜于阿不罕私第，長春訓以今名。自後道行日隆，盤桓于蔚、代、朔、應間，研精問學，弊衣糲食，晏如也。丙申，清和老仙洎京兆總管田侯議葺西嶽雲臺觀，勸請貞常師，師許之，間遣門人輩斧荆榛，輿瓦礫，不數年間漸至完美。雲臺道衆擬公住持，而未許也。辛丑，專价持書控馬來邀，公雅意西遊，欣然就道。秋八月達華封，公以華山名嶽，靈跡甚多，兵戈相尋，至于湮沒，乃搜奇訪異，親歷見聞，至古今名士所作碑記、表傳、詩文，極力求之，期于必得而後已，於是著爲《華山志》十有四卷。丙午，眞常羽化，公詣渾源哭之，且心喪三年。己酉，拜于洞眞眞人，參受經籙。庚戌，掌教李眞人屢以書請，辭不獲已，來燕。玄學講餘間，受《易》《老》微旨。辛亥，從眞人北覲，例賜紫衣，加號弘眞宣義大師。壬子，復從眞人偏祀嶽瀆。戊午，東遊海濱，謁七眞故居，訪重陽祖師行化遺跡。癸亥春，自登萊還燕。公平生喜著述，爲文不事雕篆，率皆眞實語，前後累數百萬言，皆有理致可觀，無長語浮辭。惟《華山》一志，纖悉備具，尤爲盡心，在他人不可及，觀者當自知之。方劉眞常之將歸也，遺言葬諸儵然堂。襄事既畢，公自來燕，因魏學士邦彦禱予作記，時已飽公之名。予頃年往來長春，與公良晤，乘閑求予作《華山志》序。予謂龍谿孟駕之既作之于前，而蓮峰太霞老、三洞講經趙法師又皆發明于後，予再言之，贅也。惟公平昔道價，至老益振，於是不可不書，乃爲書其出處大略，使後之學者可以述追遐軌，而執筆誌高道者或有考焉。

李道謙《史講師道行録後跋文》（《甘水仙源録》卷八） 講師洞玄史公，余自弱冠始識芝眉于太華，後既會於終南，又復會於燕山，中間音容契遇簡櫝往來者逾三十載。公以至元癸酉冬自燕還雲臺，再年甲戌秋七月仙仗來終南，炷香祖庭，出所述長春宗師慶會圖託余爲序，而彌綸其闕。因得與公焚香談道，樽酒論文，從遊乎數月。逮季冬初吉座中屢出長別之語，皤然東歸而堅不可留。今年乙亥春，聞公於正月四日以後事囑諸嗣師寂然楮君，神遊于所居之松菊堂矣，享春秋七十有四。嗚呼！異哉。公先自庚戌歲，承掌教眞人命遨遊四方，遠越二紀，以著述經傳扶植玄教爲己任，高名揚海宇偉跡徧天下。老年轍還故隱，儵然仙去，可謂人能弘道道不負人者也。是歲日南至，公之門人劉志新持翰林學士承旨王君作公道行錄，丐余續其後事，將刊貞珉以垂不朽，余亦景仰公之有道，故樂爲之書。

張志偉

傳記

杜仁傑《泰安阜上張氏先塋記》（《甘水仙源録》卷八） 布山之陽，有邸曰阜上。阜上之民有張氏，家以財穀雄里社。當前金正隆間，人夥地狹，往往無所資衣食，唯張氏有田若干畝，有牛若干角，然能周急繼困，遇客無問貴賤館之如一，當時遂有長者之稱。張氏冢男諱林者，因卜新塋於阜之西南三里許，卜者尹通實相其事。林問通曰：是葬也，有何徵兆？通曰：比襄事時，有一縞兔起巽方，走乾位。及窆果應，續謂林曰：君家三世之後當有異人出，子不復能見矣。林生彬生仙，祚胤始大。仙生四子，孟曰榮，仲曰平，季曰山，其第四子方在孕，未期月，母劉氏見茹葷者輒掩鼻而去，及劬勞之日，若昏瞶然，有人疾呼曰：長老在門首，汝當敬謁。遂出，見一僧坐馬上，合爪言曰：我必飯于而家。覺而舉一子，骨法殊不類凡兒。甫齔，並不飲食肉人乳，亦異哉。六歲習神童，誦五經，略皆上口，然不樂居家。十二，去父母入山學道，禮眞靜崔先生爲師，得法諱志偉，號天倪子。發辭吐氣，已不在丫蓬老輩下。不數年，道價騰滿齊魯間。時東西諸侯皆出於武弁，見之無不屈膝。東平嚴武惠公以寧海范普照住持萬壽上清宮，輿議以謂，治軍民如武惠，掌道教如普照，可謂無前矣，必得峻潔知辦如張志偉者以貳宮政，斯可矣。至三謁然後惠然。居無幾，廢者興，缺者完，惰者勤，慢者敬，凡所應用無一不備，僉曰稱哉。已而驛稟朝廷，賜號崇眞保德大師，授紫衣，緣以金襴，報之也。于是慨然拂衣，復還布山之舊隱。間與故人畢清卿對榻以談，方偃息間，頃緣泰山之阿入西溪谷，若有人前導者，由淵濟公祠至竹林寺，樓觀參差如在天上，從者四五輩，皆素所不識。覺而告之畢，曰：果有是耶？其年七月，武惠公以書來召，因論泰安之爲郡，蓋前古帝王對禪之所。其宮衛，其輦輅，其祠宇，自經劫火之後，百不一存，良可悼惜，下官忝在其境，不粗爲修葺之，甚非所謂事神之義也，敢以大師道廕爲我綱維是事，乃所願也。師傴僂致辭曰：某一空山食菜道人，何敢承當？武惠答以工匠之役，木石之資，與夫綵繪丹雘之費，我盡領之，師無讓爲，遂諾之。經構迄今三十餘年無空日，故自絕頂大新玉女祠，倍於故殿三之二，取東海白玉石爲像如人然，一稱殿之廣袤。天門舊無屋，又創立之。下至會眞宮、玉帝殿及聖祖殿，方丈廊廡齋廚，皆不與焉。外則岱嶽、朝元等觀，皆增修有數，抑亦勞哉。若夫師之寢處衣食，與役夫等。是以人忘其死而成師之志，雖國朝爲之，亦不能齊一如此。有司聞之，特加崇眞明道圓融大師之號，兼提點泰安州教門事。復於中統四年，蒙燕都大長春宮掌教誠明眞人專使齎奉聖訓，委師提舉修飾東嶽廟事。予自壬辰北渡後，往來於奉高者有年矣，夤緣得與師交際，其相與之意甚厚，且嘗有同老泰山之約。

查志隆《岱史》卷八《遺蹟紀·列仙遺蹟·張志純》 張志純，號天倪子，泰安埠上保人。六歲能誦五經，十二歲入玄門，居會眞宫數載，道行超羣輩。初名志偉，元主改今名，賜號崇眞保德大師，授紫服，重建岱岳，升元二觀及上岳廟。元初王奕斐稿有贈詩云：赤松宗世遠，岳地作神仙。註云：其人百二十歲，三見帝。學士徐世隆題其小影曰：形雖羸，于道則肥；性雖介，于物則齊，具儒墨之體用，見天地之端倪。杜仁傑曰：其學也老莊，其志也軒岐。郡人王天挺曰：冰霜外潔，日星内炳。又曰：山澤之臞，道德之腴，徐徐于于，此世之所謂天倪子者乎？化日自頌曰：脱下娘生皮袋，此際樂然輕快。百尺竿頭進步，蓬玄洞府去來。去來，前世宿德，醫僧，今非道門小才。

紀事

徐世隆《岳陽重修朝元觀記》（《道家金石略》） 岱宗者何，衆嶽之長也，岳陽者何，四方之南也，朝元者何，兩儀資生，萬物居泰，羣臣之賀正也。故道家取象，名其觀曰朝元。朝元之建，未詳始于何代。東平嚴公南征愷還之日，徑趨泰山祠焉，禮也。蓋昔者諸侯得祭境内山川，將登絶頂，遙望古殿，檐楹損壞，棟宇摧仆，遣人視之，果如所見。命道侶住持，克期修理，會公薨逝，嗣相踵行其事，夤緣掌教洞明眞人，屬天倪子張志純。志純元名志偉，遇聖上知識，遂改今名。天倪子以嶽廟事重辭焉，眞人乃下捸不起。天倪承命，遂鳩工掄材，雖時經凶年，亦勉力成之，其費皆出會眞常住，嶽頂香貲，掌教所助淨財，支用殆盡。嗚呼！俚語云：「與人不足，勸人爲屋。」□棟樑之材，丹雘之工，物也邪。雖然，泰山者，逢玄之洞天，洞天叁十六，福地七十二，即其壹也，故其門曰天門，其觀曰日觀，其風也來萬里，其雨也遍九州，其星曰歲星，其帝曰青帝。既爲衆□之長，又爲萬物之宗，其興與廢必有靈祇司之，豈有不爲神物所護持者哉！廢而興之宜矣。雖然，古人爲命，裨諶草創，世叔討論，子羽修飾，子産潤色，區區一辭令之微，尚經四賢而能之，若此祠也，先公偕之，嗣相繼之，眞人助之，天倪終之，豈有不興者乎？翰林集賢學士又爲之記，且敘之以詩云：

嚴公南伐愷歌歸，曾過朝元古殿基，已立城池從衆守，未完宫觀擇師爲。丹青繪出神仙像，玉石鐫成仁聖姿，紀德歌功翰林事，步虚正叟七言詞。大元至元二十二年歲乙酉三月十有七日。

劉志源

傳記

李道謙《終南劉先生事蹟》（《甘水仙源録》卷八） 先生姓劉氏，諱志源，道號清泠子，相臺固縣人也。家故饒財，夙喪其父，昆季三人奉孀母以居。先生自幼不凡，有瀟灑出塵之想，及母氏終天，盡三年之喪，於是徑詣澶州洪洋山郎尊師席下改衣入道。自此心地益明，志行苦卓。嘗往來於開滑間，衣弊足跣，人不堪其憂，先生自以爲樂也。其兄聞之，初未之信，一日以縑一束置於路，潛隱窺之，先生過而不顧，兄乃嘆異，始加敬服。崇慶間，東遊鐵查山，謁玉陽眞人，得授祕訣。無幾，金天失馭，山東郡縣自相屠戮。時先生丐食於賢堌，堌地頗高，其下有穴可容數百人，北兵奄至，近堌之民俱潛穴中。先生端坐其上，寇亦莫能爲害。如是數年，一方賴以全活，民到于今稱之。先生又于澶淵之鴈華臺鑿龕而處，時大軍之後豺狼徧野，晝而食人，先生泰然不以爲怖。龕之左右常有數狼，馴狎似相守衛之狀。老氏所謂善攝生者虎無所措其爪，兵無所容其刃，先生有之。癸未冬，長春宗師奉詔南下，先生迓於宣德，長春一見深許，授之以履，令勿跣步，仍委提舉大名路教門事。由是道價益隆，度門弟子數百人，建立庵觀百有餘所。乙未，清和眞人祀香祖庭，明年還燕，召先生謂之曰：終南山上清太平宮乃翊聖眞君示現聖跡，宋朝勅修，名宮也。兵亂以來，偶墮灰劫，非得福大緣深之士莫能興復，公可往任其責，且以輔翼祖庭爲務。先生承命，遂挈徒入關，至則披荊剪棘伐木購工，數年之間殿堂廊廡粲然一新，遠近莫不稱羨。噫，若先生者，其在玄門亦可謂有功者矣。癸卯秋九月二十三日留頌委蛻而逝，享壽七十有四，葬於終南縣城之南長春觀。壬子，掌教眞常李眞人祀香祖庭，奉朝命追贈爲純德妙成眞人云。

趙志淵

傳記

張好古《清平子趙先生道行碑》（《甘水仙源録》卷八） 全眞之道，一言可以盡之，曰誠而已。誠者，實之謂也。歷觀重陽祖師以下諸仙眞，或立觀度人，或扶宗翊教，所以積功累行而令名無窮，非誠實無妄，其孰能與於此乎，清平子趙先生，即其人也。先生諱志淵，單州人。自幼舉止不凡，雅好恬澹。甫及冠，父母俱喪，聞滕州靈眞子馬尊師有道之士，徑往參訪，願留而受業於門。靈眞歷試諸難以苦其志，薰鍊既久，玄機祕訣悉以傳之。先生於是辭雪巖，遊寧海，玉陽一見器許而道價日增矣。大安、崇慶間，先生避兵王屋山，草衣木食，不變所守。後聞河朔既定，行化諸方，以誠感人，所至景慕。大元癸未，長春宗師奉詔南下，詣謁於燕山，特蒙獎異，且以修眞觀俾居之。先生每日一造師席，聽受談演，故於九轉七返深根固蔕之妙，了無疑障。及長春昇，始從洺州僚庶之請，主持神霄萬壽宮。先生應物無心，到即緣契，至若大名、磁、相之間，度學者凡數百人，立庵觀十有餘所，然猶執謙樂退，未嘗以師名自居。乙未，掌教清和眞人祀香祖庭，先生亦來就見。明年清和還燕，留先生充提舉。時關中兵革甫定，歲且饑，祖庭道衆屢欲委去，賴先生訓以功行，化以罪福，方便誘掖，內外怗然。丁酉，清和以書遺先生曰：驪山華清宮，古仙聖跡，自來國家崇奉祈福之地，若非門下老成人，孰能主張。君年深在道，有力於教門，可以提點事任修復之責。因賜清虛大師號。先生既受命，乃率其徒芟剪荊榛葺整屋宇，丹堊藻繪粲然一新。又建遇仙觀於終南山之蔡村，以輔翼祖庭之勝跡，其他一庵一宇在在有之。辛丑，會葬祖師畢，東歸洺州。癸卯，神霄宮大殿告成，天爲降瑞，衆皆稱賀，先生亦不以爲異。初，先生之在祖庭也，與清泠子劉先生爲莫逆友，是年冬，清泠之門人有自魏府來者，報其師已於九月二十三日返眞于終南矣。先生以季冬朔旦啓行，欲詣魏府致遙奠之禮，暮宿廣平，遽然嘆曰：觀物之化，不知化及我也。即還宮，召門弟子曰：昨夜師眞有命，令吾速歸祖庭，吾其逝乎。遂以後事付張志靜，索紙筆留頌曰：修行端的要工夫，鍊就丹砂不用鑪。擺手便歸雲外路，高穹風月自如如。置筆而化，實初三日也，春秋七十有七，葬於州城南之道院。後四十六年，至元戊子春，華清宮提點李志通、遇仙觀尊宿楊志素、提領蘇道常等，以其法屬講師呂志眞爲介紹，持狀來謁曰：吾祖清平老人，寧神于東州有年矣，惟是陝右門徒設祠置像，以奉歲時之香火，雖未嘗絶，然道行之碑至今未有能立者，豈非不敏之過歟？敢再拜以銘辭爲請。予謂銘所以紀德也，先生之德有足銘者。

姬志真

傳記

李道謙《知常姬眞人事蹟》（《甘水仙源録》卷八） 師姓姬，名翼，字輔之，澤州高平縣人。系出長安雍氏有唐，故孝義雍睦，前沔州別駕雍府君，即其祖也。後有官是邑，有因而家焉。至金世宗即位，避御諱易爲今姓。師始生，其母夢仙人授一玉石，吞之覺而即孕。師自幼雅重，識者知其不凡，四歲讀書，九歲考妣俱喪，比年十三而能詩賦，甫弱冠天文地理陰陽律曆之學無不精究。辛巳，天兵下河東澤潞，居民半爲俘虜，師孑然一身流離竄徙寓冀州之南宮。甲午，棲雲王眞人演教諸方，道出於此，師一言相契，遂執弟子禮，賜名志眞，號知常子。自是從遊盤山，頤眞養浩大蒙印可。壬子歲，掌敎眞常李君起置玄學於燕京大長春宮，師亦與其請，日與四方師德遞主法席，後學之士多賴進益。甲寅春，棲雲來燕赴普天醮事，禮竟，挈師還汴梁，居朝元宮。無幾，棲雲登眞，以師嗣主敎事。至元丁卯春二月，聖主降詔云：姬志眞德行貞良文學優贍，易垂直解，道入總章。早師萬壽於盤山，晚主朝元於汴水。稔聞操履宜先褒崇，可特賜文醇德懿知常眞人之號。尙體綸章，永祈國算。師以明年十二月三十日示微疾而逝，春秋七十有六，所著詩文曰《雲山集》，及《道德經總章》、《周易直解》行于世云。

趙抱淵

傳記

張子獻《延安路趙先生本行記》（《甘水仙源録》卷八） 先生名抱淵，道號還元子，俗呼曰魔哥，延安之鄜川人。家世業農，屢積陰德。先生自幼不凡，志在方外，嘗遇有道之士謂之曰：汝夙有善緣，我今傳汝祕訣，勉自修習，終當有成。遂結庵以居。事母至孝，鄉黨共稱之。後因戴柏高師父引詣劉眞人席下，得授心印，隱居陽山，一紀不出。先生素不讀書，忽一日，夢眞君召賜金一席，辭而弗受，復以《道德》二篇付之，先生即吞之入腹。自此性天明朗，心地開通，聞所不聞，知所不知，詩詞歌詠，若湧泉之流注。因述歌云：昨日庵前遇莊列，二人點我長生訣。又云：尋箇知音尋不得，野人獨步下秦川。遂來終南參重陽祖師，玄機密旨，大蒙啓證。後歷名山勝境，落魄不覊，寓意於詩酒之間，自稱太上弟子。至晚年還鄉，於迎祥觀住坐。泰和五年，甘泉縣道友敦請先生住庵，乃作《無夢令》詞答之，其末句云：相別相別，來歲春分時節。時人莫曉其意。俄爾，次年二月初四日，上遣二使者奉冠服召先生赴闕，先生固辭曰：吾一老村夫耳，莫難行焉。使者堅索登程，先生與道友黨珍及門弟子言，我且當迴避，遂沐浴正衣冠而坐，至三更，忽睹電光滿室，聲震如雷，衆皆驚駭，奔往視之，則先生儼然而逝矣。留頌云：松梢皓鶴向風冷，只有翻雲歸去心，萬里青天一片雪，儘敎華表柱頭尋。是夜正屬春分之際，誠有驗於詞中之語，享年七十有二。平生述作，集爲《混成篇》傳于世。噫，昔先生陽山養浩，一紀不出，豈非御六氣之辯者哉。捨綸召之榮，而蛻殼飛昇，又豈非乘天地之正哉？斯不亦無待之人，獨往獨來而得自在者。予故曰：人之所以得大自在者，以其了達生死去來不有凝滯而然也，庸不信夫？先生示滅之後，來使繪眞容以復上命，時先生已預赴闕矣。使者具告其事，朝廷莫不驚嘆，復遣使馬進章齎持賻物，與合郡官僚卜於迎祥觀西，鑿石爲洞，高棺厚葬，建祠樹碑，用彰仙跡，使有四時香火之奉焉。來使索予作記，以傳不朽，僕自顧不才，安敢當此。然忝竊朝廷之祿，敢違來使之命，且景仰先生之高風，恨不得再見，於是乎奮筆以書其實事云。

申志貞

傳記

張好古《洞元虛靜大師申公提點墓誌銘》（《甘水仙源録》卷八） 公名志貞，字正之，澤州高平縣人。幼讀書，中經童舉辭，後流寓太原，遂廢干祿之學，易衣入道。初從超然子王君遊，後處燕京大長春宮，禮眞常李眞人爲師。眞常得公甚喜，授洞元子號，且以詩贈之，曰：一志守其貞，出塵功可畢。時恕齋王先生、納庵張內翰以宏才碩學棲止道宮。公復於暇日就聽講論，由是德日進而名亦彰矣。庚子，眞常宗師委公任宮門事，號稱幹濟。甲辰，宣差裴天民奉詔諸路降香，以公爲輔行，還燕，陞宮門知宮，蓋嘉之也。戊申，宗師以恩例賜紫衣遷充宮門提舉。辛亥，奉旨代宗師詣東嶽作醮，禮成，投簡龍潭，殊獲徵應。甲寅，以提舉敎門事從宗師徧祀嶽瀆。明年，復從宗師北覲。又明年，宗師猒世，誠明嗣敎，命公宗主天壇上方紫微宮事，因自號雲叟，逍遙山林，若將終身焉。中統壬戌，永寧王邸久聞道譽，特賜洞元虛靜大師之號。至元四年丁卯，太原府天慶宮懇公主持師席。七年冬，誠明厦書邀致堂下，未幾誠明上仙，淳和眞人復以道教都提點强公，不得已而起，隨曳杖南邁，歷并汾，憩河中，所至留請者甚衆。壬午，西遊祖庭，增葺終南山傳村長春觀，以爲菟裘焉。忽以微疾順正而化，享年七十有五，實甲申歲七月二十三日也。公爲人儀貌秀整，器識宏遠，所與遊悉聞人名士。雖眞常掌教，凡事必委于公，而公亦以輔翼玄教爲己任。至若朝覲往來，歷陰山數萬里之險，略不以艱苦爲念，人或訝之，則曰：吾不爲玄門肯如是乎？在燕之日，未嘗不用力於祖庭，良以報本故也。平生不移所守，故凡得喪禍福，無足以撓其心者。閑居則左琴右書，自適其樂。又善於應接，無問貴賤長幼，莫不得其懽心。然察公所行皆當理事，所言惟眞實語，略無纖毫貪狥之意，方之古人，斯亦可以無愧矣。既歿，門人魯志興集所爲詩文得一十六卷，號曰《濩澤蒙齋集》，傳于世。一日，志興具狀以墓銘見請，予方固辭而天樂眞人亦爲予言曰：此老在教門中可謂盡力者，汝其銘之毋讓。予曰：諾。遂叙而銘之。銘曰：

嗟哉申公，氣大而剛，作事可法，出言有章。由我者吾而道義是守，不我者天而得喪俱亡。若人者將盡力玄門歸而愬諸帝旁耶，吾知其挈所有乘所遇以遊于世而卒返其鄉者也。

馬天麟

傳記

趙復《燕京創建玉清觀碑》（《甘水仙源録》卷九） 一介之士，苟存心於愛物，則於人必有所濟。古之君子，抱負道德，不幸而不得有爲於時，猶當行之一邑一鄉，以盡己之職分。逮其必不得已，則以活人爲己任。昔陸宣公以仁義之學輔德宗，晚貶忠州，闔甕牖，終日端坐其中，書本草，製藥物，以惠州閭之有疢疾者。故參政范文正公嘗言，達願爲帝王師，窮願爲良醫。仁者以經濟民物爲心，蓋未嘗必天下以不遇而遂忘之也。燕有隱君子姓馬氏，名天麟，字君瑞，志希其法名也，世居上谷之德興，自其父祖以上皆以醫學起家，而潛德不耀。金國大定、明昌中，經理北邊，桓州開大元帥府，公之父以醫從行。公時年幾冠，由曉女眞言擢帥府譯史，歷仕諸師，皆以幹濟稱。積十餘年，秩滿罷歸。貞祐甲戌，杖策渡河，校功幕府，有司覈按舊蹟，補亳州衛眞縣酒税監，滿即投檄不仕，居許汴間。與里人沖虛大師李公有舊，常往來京城之丹陽觀，且日與名士大夫遊。正大壬辰，國破，公自許昌挺身北渡抵燕，遂納拜於洞眞于眞人爲受業師。公既與世不偶，乃北踰居庸，涉武川，乞食昌州境中。見營幕錯居，感疾者衆，類乏醫療，公慨念疇昔，即發其所祕三折肱之藝，煮散餌之，病者四起。會那演相公避暑嶺外，嬰酒積癥，病卧帳中，命公視之，一劑立愈。忻然握手，相得如平生懽，因聯騎南下，禮清和老師，得印號清夷子。公既歸燕，直相府之東，通衢之北，百步而近曰甘泉坊，有東嶽行祠，居人奉事惟謹。及公至，虛席請居之，因並施焉。既又斥地得數畝，薙草攦蕆，延袤如度，售材陶甓，創建爲玉清觀，棲泊道流，館穀諸方。蓋燕距昌千有餘里，公夏時而往，比秋而還，歲卒爲常。其所遊者，皆名王貴人，凡醫術所盡悉歸常住，一物不留私囊中。那演暨其弟三相公素服公廉靜寡欲，咸加禮重，常似助其所不給。及南庵庵主李公志玄者，復相與經營，宣力甚多。已署正殿四楹，將立元始像，齋堂寢室可食可居，庖湢蔬井可濯可溉，高明爽塏，魚貫順序，焚香燕處。希夷無爲以祖述黄老，而憲章莊列，公之志願能事畢矣。公雅與太一知宫李公志通及丹陽大師劉公志安道同德合，爲方外采眞之遊。一日，無故而疾作。嘗謂二公曰：余年逾從心大期斯迫，與公等交遊三十年，蹤跡半天下，區區營巢一枝者，將爲度師眞人諸上足傳道之地耳。門人法屬，未有畀付，玉清後事，欲勒諸堅珉以垂不朽，幸卒勉之。既稽諸宿論，僉謂宜允。公性資慷慨豁落無隱，恭謹博愛，輕財好施。自從事冠裳，律己嚴甚，恪守師訓，刳形待物。昌州當駟騎孔道，每歲掌教眞常眞人北觀天庭，公必先事經理，纖悉備具罔有闕遺。則公之用力於斯道，可謂厪矣。故備術其平生始末而系之以銘。其辭曰：

太虛無形，玉清無色，道斯强名，化寧有極。恭皇於穆，象帝之先，翬飛輪奐，棟宇森然。黝甓山升，梓材魚貫，爲國表儀，視民容觀。翼翼相府，維護維呵，兟兟有侶，宣力孔多。得一以盈，緒於土苴，修之乃眞，以福天下。汚隆既異，懷卷無方，經生起死，折肱之良。我闢玄宮，以閱衆甫，博大宗師，神明爲伍。西山之東，東山之西，勒此銘詩，爲天下谿。

辛希聲

傳記

辛願《大金陝州修靈虛觀記》（《甘水仙源録》卷九） 興定紀號之三禩，歲在己卯孟夏四月，陝州靈虛觀道士辛姓而希聲其名者，因寧海羽客于君，揭其地圖及其建置行事之始終，以來謁文於予曰：希聲世籍河東，爲平陽人，自幼出家去鄉里遠遊，參九鼎鐵查山雲光洞體玄大師玉陽眞人爲道士，頗窺至道之要。大師諱處一，姓王氏，牟平人，受道於祖師重陽眞人，爲全眞高弟，與丘、劉、譚、馬、孫、郝諸大仙伯比肩知名。自世宗皇帝暨章宗、東海三朝，仍皆蒙禮遇，錫號賜服，爲吾門光華。年七十六，厭世蜕形于東牟，蓋三年於此矣。平生唱道偈頌文字頗多，已盡播四方好事之口，獨所著五言長韻《金丹詩訣》一章，希聲私藏甚久，人無知者。今希聲年且老，託跡于陝，乃與二三同志創茲一居，奉爲十方同門往來遊憩膳宿之所。載惟先師玄妙之文，不可終祕不傳，謹已刻石，與天下後世修眞之士共之。然不得妙於文辭者記其本末，則一切曖昧猶不傳也。竊聞吾子好爲古文，多從方外遊，敢敬以請。予嘉其誠篤不可辭，且必不得免，乃不辭而爲之。謹按道家源於黃帝、老聃，至列禦、莊周氏廓而大之，乃與孔子之道並立，爲教於天下而不廢。蓋其一死生、齊物我、會羣有於至虛，而取其獨爲最妙者，而其粃糠之餘，猶降而爲天地神明內聖外王之業。自司馬子長、劉向、葛洪之徒，號稱閎博，皆論著其美，而不敢以小。而世之昧者往往泥于糟粕，以爲聃之書滅絶仁義禮樂不可以訓，馴至晉梁君子清談亂國，因以異端非聖詆之，過矣。竊嘗論之，今所謂全眞氏，雖爲近出，大能備該黃帝老聃之藴，然則涉世制行，殊有可喜者。其遜讓似儒，其勤苦似墨，其慈愛似佛，至於塊守質朴，澹無營爲，則又類夫修混沌者。異於畔岸以爲高，黠滑以爲通，詭誕以爲了，驚聾眩瞽，盜取聲利，抗顔自得，而不知愧恥者遠甚。間有去此而即彼者，皆自其人之無良，非道之有不善也。然則希聲圖創建立以待學者，其意蓋亦出於如此，故予有取於是，而樂爲稱道，庶將來聞其風，遵其途，以遊黃帝、老聃之閫閾者，知夫聖人道之大全，固有所在，不可滯乎一曲而已。其觀之基址，以畝計之者五，而以置其地，以承安之壬申，聖堂、廚所、雲寮皆備具於三室，而廣其制度，不侈不陋。是時兵餓方相仍，故其措置大略如此。其最竭力同事以興是役者武道堅，希聲同郡，而年甚先，今老死已久。其費錢買額贊成之者李拯，咸平人，世爲宦族，清修好道，今方以材選爲令於杞。于君名道顯，淡守中，皆與希聲同爲門人云。

楊至道

傳記

張本《修建開陽觀碑》（《甘水仙源録》卷一〇） 丁酉之春，仲月既望，景州開陽觀之羽士，以燕京長春宮提點大師張志素爲介，玄衣白簡晨踏於門，再拜稽首而言曰：景之開陽觀，惟先師通玄大師以德起築，實經其始。惟長春眞人以師之厥德克配，實賜之名。其聲問發越之所從，本根封殖之所由，日月駸駸，遂奄以歿。惟小子實任其責，夙夜孔懷，恐遺前人之羞。敢狀其事以告閽者，惟先生蓋嘗侍翰林，必世之名善爲文辭者，所作足以垂後，幸寵之珍文，刻諸玄名，以爲不朽之傳。僕亦義其門弟子能述其師之志，理不得讓，系之以辭曰：通玄姓楊，諱至道，灤州馬城縣之靈泉人，其師號通玄，前金之賜書也。自明昌庚戌改衣入道，朗然先生之所引度也。既陪杖屨三年，尋有四方之志。抵武清，居於圜堵，不接人事者三易寒暑。起，過惠州，經靈巖，人有以非意酷相加者，不爲之辯。及知其巖之可以棲眞也，脱冠跣足穴石作洞，首鼠十年服勤如一。及洞成，有泉出焉，今之所謂滴水洞也。惠州神山縣官屬耆德，尚其志操疏邀至境，遂起太清觀，實泰和丁卯歲也。貞祐改元，復雲水於興平之間。大朝本觀功德主燕京行省參謀國家奴、景州牧王仲溫、倅陳玫、潤州牧李濟暨諸僚佐，稔聞道價，頗得以親炙。丁丑歲，以狀奉州之蘇家莊隙地南北二十，東西三里爲奇，左龍岡，右混河，前抵鐵山，後連鵰嶺，聽其耕鑿卜築，惟意於其間。始披榛伐木，陶甓輦石，内以玄行風動所居，外以艱苦身倡其徒，不盈十稔，營三清正殿，及雲堂於西，香積於東，翬飛粲然，方壺賓館，靜密得宜，蔬圃翼張，果林圜列，紫戶扃雲，秀陰蔽日，小有洞中之一天也。其闢土墾田積十餘頃，雖居徒數百指，其饘粥之計，未嘗人有所攖拂。適觀之落成，長春眞人以中旨賜還，遂趨赴謁名，得以開陽命之。夫陽之爲德，固仁明剛健，然其一消一盈，亦嘗累於時之所變遷也。剝之六五，爲比則五陰方進，爲用則一復未萌，此非困於消乎。乾之上九，爲德則太剛欲折，爲候則炎炎將焚，此非逼於盈乎。有以全剛明之德，成施生之功者，其惟開陽之謂歟。於時爲春，於德爲生，於氣爲和，於數爲中，前已離乎虛空不用之地，後不至於亢極有悔之時，吾觀之得以此命者，豈其通玄之德，柔不至息，剛不至絶，中有以髣髴長春擬議以正其名也。通玄父諱沖，常言先世相襲惟一子，四葉以來，暨以陰德自力。至通玄，兄弟六人，其次曰伯義，奉其先人之祀。季早世，自其長曰伯和，又其次曰道夷，次曰志堅，及通玄皆爲羽衣。通玄性剛明，有志節，然能循循自樽抑，故見於眉宇者，常穆如也。爲人推誠，不喜以囊橐相覆掩，凡歷艱險，必率先諸人，其館穀往來羽流，雖傾囊倒囷而樂爲之，故生平無私積，遠近受業餘三百人。壬辰歲十二月初三日，示微疾，説偈而終。門人營祠於觀之東偏而葬之，歲時來會，祭奠不輟。

陳志益

傳記

高鳴《淵靜觀記》（《甘水仙源録》卷一〇） 恆山爲中國巨鎮，稽之書，實有虞氏朔巡狩之地。後代相承，寘祠于大茂峰之絶頂以備封祀，世因謂之神尖。距神尖而東不兩舍，抵石門，有谷曰帶耳。厥土衍沃，崇崗限其陰，磵水絡之，淙淙然東南流，可以湘濯灌溉。環望千金、鐵冠諸嶺，巖岫歷歷如在掌上，四時變化，雲煙草樹，濃淡覆露，殊愜人思致，殆亦天壤間一嘉處也。全眞重顯子築觀於其中，額曰淵靜，於是乎一山之勝概，盡爲淵靜几閣之供矣。初，重顯子自武川來，將徧遊南方，設教度人。唐司倉張瑋輩，傾心事之，既日聞道妙，咸有社稷尸祝之意。重顯子曰：吾得一把茅、一盂飯足矣，何苦以膠膠羡物爲哉。所慊者，聖眞無象設之宇，門弟子無以揭香火之處。大衆雜然曰，謹受教。歲己丑，瑋割世業膏腴田三十畝始基之，輸幣入粟者道路不絶，及庀工董役，火西流而載旬三浹而成，其用簡，其功速，若有神陰相之者。儼大殿于端，掖西以堂，又掖東以庖，危墉屹乎四周，不華不質不庳不侈，曲中儀軌，凡若干楹。雖城邑名構窮土木金碧之盛，以山林泉石左映右帶，而氣象有出乎其表者矣。蓋重顯子生有淑性，兒時已不茹葷血。大定間，同郡靈眞子爲引度，即許以法器。靈眞子實丹陽馬公之高弟，惟傳授有源，又嘗尸居環堵，久於鍊化，故其得道甚敏。及謁長春宗師，又知修行之要，獨善其身，不若廣建道場，爲大利益事。用是所至之方，苟緣契有在，必盡心焉。區以計之，如淵靜者百有奇。至謂幽深高潔爲仙家福地，如小有洞天者皆不敢與淵靜齒。懿哉，若重顯子，可謂篤道自信，不負玄門者矣。後二十年，門人等合謀曰：物理有廢興，世代有遷革，惟金石可以傳不朽。夫吾師之功載卓卓如此，不自以爲功，其任責在後人爾。今師已矣，爲後人者不務光揚褎大，不幸當不能逃數之時，視遺跡泯焉無據，則負負其何言。盍請工文辭者以卒事。既數踵門，余甚憐其勤厚意，遂爲著其始末云。重顯子其自號也，姓陳，諱志益，單州琴臺人。嘗住侍葛公山清虛宮，壬辰春順化，享齒八十有一，贈洞虛眞人。自餘高風異行，暨所度弟子名氏，有清虛之碑在，玆略而不書。癸丑二月二十有二日記。

斡勒守堅

傳　記

李晉《龍陽觀玉真清妙真人本行記》（《道家金石略》）　中統二年辛酉之春，孟月望日，女官劉淨元、李守眞以禮爲介，晨謁於僕，再拜稽首而言曰：「我先師女官玉眞清妙眞人生平，道門用志，所經所過者，首以興教善俗爲務。今雖懇存音容祭祀，奈無跡可觀焉，後之學徒將何傳於世？蓋爲我師紀其行事。」既不克辭，則以平日聞見行實，謹編次序。眞人姓斡勒，諱守堅，上京蓋州人，後革變于世，易氏曰李。大定中，父任本州節度使。眞人七歲，天挺英粹，喜慕玄風，每尋常吟詠步虛仙梵之聲，父母異之曰：必先世羽流也。一日，幸遇太清觀女官夾谷大師，遂禮爲師。至十有五歲，明昌七年，試經中選，賜紫度爲女官，其時而志于學聖人典教，足以知之。至大朝隆興天下，長春國師丘神仙應詔還燕，參受道法，載以師禮事焉。神仙委以燕北教化，之雲之朔，至於宣德，太傅相公洎太夫人一見待之甚厚，創慶雲觀住持，以舍人寶童相公、百家奴相公寄賀于門下，度女官張淨淳等十數人。戊戌秋，太傅相公有征于秦蜀，撫定關中，故以安車迎迓，西入長安，擇地京兆府錄事司，□□城街北古眞武廟繼而新之，額曰龍陽。其次太傅□□舍人堅童、元童、孫男延童皆寄于席下，省衙閨門□□闔郡仕宦，靡不欽仰。辛丑春，清和大宗師委任終南山唐玉眞公主延生觀住持，提點陝西女官焚修事，普被恩澤，賜玉眞清妙眞人號。于時洞眞眞人、披雲眞人、白雲眞人、無欲眞人大爲道紀，嘗益論於左右，目擊道存，靡不獎譽。非博通天理，能若是乎？辛亥夏，欲厭於世，謂其徒曰：我將大化矣。故清齋飲水，百有餘日，至秋七月二十有四日卒，享春秋七十，厚葬於府東金華落衆仙墳劉仙姑之左。凡人之生，善始善終者鮮矣，眞人存誠克敬，始終盡善，則其美績之可書焉。清明日立石。

周慶安

傳　記

王麟《崇真大師靈祠記》（《道家金石略》）　先生姓周，諱慶安，道號恬然子，濟南人也。其家富貴軒冕，束帶而立於朝者，代不乏人矣。□公其宿有道骨仙風，穎悟生死，一遇玉陽仙師，頓開□網，豁達靈明，眠雲卧月，咀芝嚼蘭，信其眞物外人也。是時門弟洽數百輩。先生立不教，坐不議，虛心而往，實腹而歸。及其八十有五，欲遺物離人之際，故談笑示衆棄世頌畢，曲眠左肱，翛然返眞，神遊八紘之外矣。門下弟子念師訓誨之德，庶幾張大其功，特建靈祠，慕伸其懇。欲香火不斷于四時，冀恭奉無忘於一念，俾後之學者，春秋之祭，瞻□白雲，臨風拜奠，□玆素節以勵其志。知觀江志海謁予以話其事，遂援筆而書之，以紀歲月爾。古邠進士王麟記。

大朝中統二年九月二十□日　觀妙大師江志海立石

遺世頌曰：八十五載紅塵斷，卻返白雲深處歸。性體虛空同壽筭，風鄰月伴樂希夷。

師五月十三日降，十一月二十九日升。

穆守妙

傳記

蘇子珍《創建悟真庵記》（《道家金石略》） 蓋聞太上無形、無名、無極、無上、無虛，自然大□元首自從造化，道教從生。無爲之尊，自然之父，所詮奧典，密授尹喜道德二篇，以警未悟。所謂專一氣而至柔，修一心而成道，然後支流淵派，綴葉聯芳，得道者即入蓬萊，知音者還歸三島。始自元皇以來，太上□行，悉能曉了，太虛符咒，並皆明達。或有吞霞伏氣，或有策使鬼神，或有入火不燒，或有履水不溺，或有白日上升，或有隱形於地。神通妙用，莫可思詮，上古同尊，百王不易。唯有蒙古聖朝陛下，平登九五，遂有四方。道邁羲皇，德逾堯舜，光澤四海，八表歸仁，遍國恢弘，重興道教。國師長春眞人，道心宏闊，德行孤高，杲日兮獨照自心，迴絕兮萬緣不涉，爲教海之波瀾，乃吾門之梁棟者也。厥後嗣教宗師清和眞人、眞常眞人、誠明眞人，□□重□，玄風大闡，使寒灰生於烈焰，令枯木發于萌芽。圜牆打坐，胸藏朗月，團圓拐棒，簞瓢內收，明珠燦爛，光輝晃耀，橫遍十方，但遇知音，普皆受用。今有慕道學人女冠穆，法諱守妙，祖代衛州胙城西北二十里第十疃庶民人也。奄然有悟，剪除虛妄，心地開通，拋舍俗緣，得其機要。然後拜二祖師陳先生法諱志堅、陳先生法諱授恩，朝夕訓誨，得其顯訣。奉太上天心之祕法，感聖母元君之妙藥，無疾不藥，無病不除，說其靈驗，則報應昭昭也。然後明通凡聖之途，示人善惡之路。順其理則入聖超凡，背其理則漂流欲海，所謂源明洞中七日，世上早一千年。令威證道，回來閻浮，倏經萬載，爲善者受人天之福，爲惡者獲酆都之苦。如斯捷徑，禍福無差，但入玄門，俱瞻道德。舍祖業田地作興福壇場，願賀一方信士，同心竭力，創建靈壇。或出工匠，或舍錢財，積年久受辛勤，今日才方完備。前後有殿，東西有堂，三門聖像一新，庫屋廚房了畢。仍請名于宗師，目之曰悟眞庵也。每日敲金擊玉，修大羅三境之天，逐朝禮拜朝眞，願盡證長生不老。俾令代代相傳，綿綿無盡，輒以直贊之曰：

鼓擊玄風振，恢弘道教行，盈天皆了達，遍宇自然贊。寶月當空掛，驪珠到處精，密傳稀有法，覿面化羣萌。集斯善利，端爲上祝今上皇基永固，帝導遐昌，金枝永茂於千春，玉葉長聯於萬代。巨僚官宰，□位常居，士庶工商，長臻五福，一方信士，各保康寧，進道壇生，修行有慶。庵之始末，撮在於斯，採摘直言，爲其記耳。

朱志希

傳記

任毅《晉州五嶽觀碑》（《道家金石略》） 夫道者，先地先天，無體無名，視之不足見，聽之不足聞，用之不可既，妙萬物而爲言者也。道雖無名，而所以發揚弘大之者則在乎人而已。本州五嶽觀，西望恆山，南連滹水，其餘勝景古跡，不可備載，眞可建琳宮之地也。通微大師創建是觀，師本單州人，姓朱氏，名志希，子夷其字也。自幼好道，年過弱冠，遂頓拋塵網，棄俗出家，拜清平老爲引度師，此師之出家始跡也。至大朝丁丑歲，師初到此州東關，坐靜修行，時有會首李元輩，日給飲食。師一日同秦志朴遇長春眞人請法，眞人遂以頌付之，云：「莫問天機事怎生，惟修陰德念長更，人生返覆皆仙道，日日操持盡力行。」師自此得法，心地開通，性珠朗耀，後度徒衆道士女冠數十人。至丁亥，志朴同會首李元輩詣元帥府出給觀地四至公據。當年夏五月，奉國上將軍、右副元帥王公爲功德主，修蓋正殿，塑太上七眞聖像，復建廚房道房十餘間。至丁酉，又建五嶽廟正殿，塑五嶽聖像。凡所經營締構者，遠近大小皆有其□，於本州之東西卓宿里建通微觀，州之北祖祥里建玄金庵，俱作下院。此非能發揚弘大其道者，不足以致是功也。至甲寅，師年八十有五，夏六月十有三日羽化，歷三七日方始安措，其容體殊不變，人皆異之。師臨終有辭世頌云：「時人笑我太憨癡，八十五歲樂希夷，逍遙洞府無拘束，明月清風送我歸。」師之弟子知觀秦公承掌敎眞常眞人法賜金冠道服充一州四縣道正，在任十年之間，玄門中咸服其公平焉。公年近耄耋，而輒辭其職，至中統二年公辭世。公之同母弟秦志永，本觀修行住持亦以久矣，蒙掌敎誠明眞人法旨，令承襲乃兄道正之職。辛酉秋，共議刻石，本州學校舉事韓君正夫與道正輩同詣僕求文，堅辭不可得，乃因師之行狀以文其始終，復爲之銘云：

師初舍俗，萌心固早，性如赤子，眞能養浩。求引度師，拜請平老，雲遊諸郡，皆服得道。丁丑之秋，始届是州，適逢信士，共爲挽留。王帥敬禮，觀興有由，三清五嶽，殿宇繼修。興緣既畢，師方羽化，平昔爲人，淳而不詐。所積功行，眞人相亞，敬作碑銘，愚言非詫。

張志謹

傳記

□或《重修天壇靈都萬壽宮碑》（《道家金石略》）　夫靈都萬壽宮者，本唐玉眞公主受道登眞之所，其聖賢感格祥應之理，備見銘記。然否泰交居，不免興廢，干戈之際，人與物故，非後世英偉超卓之士，苦心盡力復興成之，又孰能與於此哉！惟寧神子廣玄眞人張公其人也歟？公諱志謹，字伯恭。遠祖起唐末衣冠家，自後仕官不輟。至公先人，溫縣占籍，家世豪富，周急濟□，凡物□□己有。一夕，因異夢而公降世焉。公生不類常，長而穎悟，里閈之間不爲兒戲事。志學之後，其喜道書，其雅淡不凡，超諸昆仲之上。至泰和間，泛海爲商，偶攖水寇，公□己資以付之，同輩猶是而免禍。一日至武陟，道中遇青巾道者，飲以靈藥，既而失其所在。公遂體融心醉，不知身世之在人間也。自是之後，萬慮□釋，故辭親棄業，遠適向道。禮掌敎長春眞人爲師，親炙訓導，日就月將，功行勤懇，仍雲水二十寒暑，故得事無不通，理無不明，吐言發向，輒成□句。因成無相集傳世焉。要之，非積學所能，皆心地正語也。癸未歲，偶於雲中，復謁長春眞人，再授口訣，賜寧神之號，及付以嗣行敎化事，公謝不敢當。丙戌歲至晉陽，與□□□友預言天壇佳境可居。明年至靈都，一見形勢，如有宿昔，衆方驗先日之言有誠也。由是本郡侯司帥等，具禮敦請。公睹其殿宇廊廡，階砌名物，悉爲廢壞，慨然有再【略】居不月餘間，門下訪問者不可數舉，受業者五十餘衆，同心同德，興復觀宇。一日，公湯沐告行，是時亦有異事，具見本傳。於是卜葬觀側。心喪既已，門下諸弟共推尊宿□□通元大師提點孫志玄代掌觀門事，故葉和戮力，以舉大事。然前所廢者，今而興之，前所無者，今而有之，增廣損益，衆緣畢舉。故自殿堂、門宇、齋室、精舍、塑繪，咸與一新。有水磑、竹木、園圃、桑土爲常住資贍之產，道衆不啻百餘。仍置三洞寶經以實其中，使後學者有所依據，可謂不負先師之囑矣。庚戌五月，奉上命，特贈寧神子爲廣玄眞人，靈都觀爲靈都萬壽宮。一日，平水明□道者張志用、堯山道士吳志明因太醫彥寶郭公過予謁詞以紀其實。僕謂玄敎大宗師重陽憫化妙行眞人首播玄風，以闡大猷。逮乎□玄眞□弘道化。厥後方方立敎，觀宇是崇，唯孺子庸夫，必知道之可尙。況靈都名號，其來久矣。興自有唐長公主修崇之日，列於天山清幽之地。今聖朝御極，萬國化淳，道家之興，固其宜也。洎掌敎誠明眞人恢洪妙道，啓迪後人，追思寧神子讓功責己，潛德密行，接物利生，興滯補弊，俾提點孫公率諸道衆終□其志，爲國期祥，爲民期福。所謂有物有則，有始有終，千載之後，不墮勝緣，前人之志，後人繼之，後人之功，前人啓之，前後相屬，若合符節。又聞天壇福地，亞于蓬萊，四望佳趣，□言可紀。凡爲一遊者，如士子之登龍虎榜，實天下人向慕之所也，豈山野鄙儒得以稱道哉！固辭不獲，姑書勝概之萬一云。仍作銘曰：

靈都仙宮，起于古昔。高名大地，坦然明白。陵谷遷貿，斯亦隨革。廣玄眞人，尋復踵跡。一昔廢墜，重爲開闢。□馨吐芳，鉤深探頤。應世既已，返於眞宅。後之明者，共服其役。竟力規爲，緣情損益。大舉繼成，蓋由眞□。終始之善，誠無不獲。洋溢區宇，萬世無斁。

李大方

傳記

元好問《通玄大師李君墓碑》（《遺山文集》卷三一） 明昌、承安間，文治已極，天子思所以敦本抑末，厚天下之俗，既以經明行修舉王磵逸賓、張建吉甫、文商伯起輩三數公，官使之矣。至於道家者流，潔己求志，有可以贊清淨之化者，亦特徵焉。最後得通玄李君，天下翕然以得人歸之。蓋君天質沖遠，蟬蛻俗外，出入世典，而無專門獨擅之蔽，從容雅道，而無山林高蹇之陋。一時名士，如竹谿黨公世傑、黃山趙公文孺、黃華王公子端，皆以道義締交於君。大丞相莘國胥公，於人物慎許可，及爲君作贊，至有百世清規之語，則君之流品爲可見矣。君諱大方，字廣道，世爲汾西人，父以醫爲業。母管氏，妊十二月，夢神人捧日照其室，已而君生。弱不好弄，言語動作，率非嬰兒所當有者，家人異焉。七歲入道，師沖佑觀道士郭師禮，學有夙昔，能日記千言。年十二，以誦經通得度，即辭師往趙城，讀書天寧道院，積力既久，遂窮藏史之祕，至於六經百氏之學，亦稱淹通。大定初，遊關中，道風藹然，有騫飛不羣之目。講師郝君道本，名重一時，一見君即以大器許之。及郝被召，君佩上清三洞祕籙，主盟秦雍者餘二十年。泰和七年春，詔以君提點中都太極宮事，賜號體玄大師。俄被旨以祈嗣設大醮，君嚴恭科禁，方士誕幻之語，未嘗一出諸口，徒以精誠感通，遂有萬鶴下臨之應，百官表賀，文士亦多贊詠。召對稱旨，又召入禁中訪道。君儀觀秀偉，占對詳雅，玄談亹亹，聽者忘倦，章宗特敬異之。衛紹王大安初，召君馳驛詣嶽瀆，投金龍玉冊，爲民求福，賜雲錦羽衣，仍佩金符，加號通玄大師。所至靈應昭著，此不具載。貞祐南渡，君還居鄉邑，因自號北山退翁。莘公鎮平陽，以歲旱請君致禱，車轍未旋，而澍雨霑足，時人以神人許之。壬午秋，避兵清涼山，一日布卦，得剝之上九，嘆曰：吾行矣。明日游騎至，擁老幼萬人下山，君爲門弟子元慶言：吾將安歸乎。朝家以我爲有道者，猥以徵書見及，寧當負之耶。而輩第往，毋念我爲也。乃策杖入深谷，卧大龕下，怡然而逝，春秋六十有四，實元光元年九月二十二日也。兵退，元慶等奉公衣冠葬於某所。癸卯冬，予自燕都還太原，道出范陽，君之族孫閔，持蕭鍊師公弼所錄事跡，以墓表見屬曰：吾祖墓木已拱，而旌紀寂寥，誠得吾子譔述，以著金石，傳永久，死不恨矣。敢百拜以請。某謝曰：自予爲舉子時熟君名，欲造其門，然以愚幼未敢也。幸當以不腆之文，託君以傳，其何敢辭。乃爲論，次之銘曰：

處士素隱，方士誕荒，天厚通玄，畀之玄綱。相彼少微，出此冀方，姑射之山，草木有光。可陽可陰，以柔以剛，千仞壁立，屹乎堂堂。雖有拱璧駟馬，不失其燕處之常，亘浸稽天，一簣莫障。所謂伊人，柴立中央，自古皆有死，獨有道者爲不亡。望君蓬萊，海日蒼涼，千年一歸，徘徊故鄉。勒銘墓石，維以志衣冠之藏。

袁從義

傳記

元好問《藏雲先生袁君墓表》（《遺山文集》卷三一） 先生諱從義，字用之，族袁氏，世爲虞鄉著姓。母娠十二月而生，且有神光照室之異。幼沉默，不好爲童子劇。及長，儀觀秀偉，音聲如鐘，識者知其不凡。年十九入道，師事玉峰胡先生于金。玉峰道風儒業，名動京師。年八十，章宗特徵授禮官。先生盡傳其學，通經史百家，旁及釋典，亦稱該洽，而於易學蓋終身焉。初，親舊以先生龍蟠鳳翥，有雲漢之望，勸之就舉選，先生薄於世味，不之屑也。中條靈峰觀，唐賢羅通舊隱，歲久頹圮，不庇風雨，先生率同志麻長官平甫共葺之，命高弟喬知先象之居焉，結茅此山之王官谷，近司空表聖休休亭故基，是爲藏雲道院。先生因以藏雲自號，種竹餘三十畝，山田二頃，足充賓客之奉。先生道價既重，州郡長吏到者，牽詣山門致謁。禮部閑閑趙公周臣，內翰屏山李公之純，每見必厚相慰藉，互以詩什爲贈。中朝名勝，如史季寵、王隆吉、羅鳴道、李欽止、吉仲器、馬元章、王可道、許德臣、元禮昆季，皆就傳易道，自餘成業于先生之門者，又不知幾何人矣。先生資樂易，行己接物，得於吾孔孟書者爲多。事母孝，故生平未嘗遠出。母年九十，終於隱所，葬祭如禮，州里稱焉。里中孤幼不能自存者，先生收養之，躬自教督，使有受學之漸。既長，又爲之婚娶，如是十餘輩，其後俱有所成。雅好醫術，病者來以藥請，賴以全濟者甚衆。兵後歲飢，民無所于糴，盡出餘粟，以贍貧者。或時出，鄉人爭延致之，談經誦道，言笑彌日。凡今世道家祭醮章奏，皆鄙而不爲。嘗獨行山間，遇異人，自稱衡岳主者蕭正之，謂先生三世學道，乃今有成，吾於蓬山仙註院見吾子名氏，却後當爲孝廉貞淨仙人，代鄭雲叟爲少室伯，主司眞洞天。言訖，失所在，然先生自以爲不敢當也。正大甲申，朔方兵再畧蒲解，先生避亂山陽史華國家，已而保聚被攻，先生義不受辱，顧謂弟子言：吾往矣。乃閉息土室中，怡然而逝，年六十六，時二月十有四日也。猶子致中等葬之山麓之南，所著易畧釋、列子章句、莊子畧解、雲菴妙選，方傳於世。始予罷內鄉，致中介於劉鄧州光甫丐予文，以表先生之墓。及官京師，見閑閑公亦以爲言，并以挽詩見示。朔南喪亂，因循未暇，而予心未始忘也。丁未春，芮城李邦彥過吾州，邦彥先生鄉曲，與之游甚款，用是重以斯文爲請。予問邦彥：藏雲所以爲天下所高，可得聞乎？邦彥言：藏雲隱節可以配古人，而器量可以奉至尊，吾不知其他。予捧手曰：有是哉，乃爲次第之。

彭九萬

傳記

虞集《九萬彭君之碑》（《道園學古録》卷五〇） 九萬先生彭君南起者，廬陵人。六歲能記誦經史，其父攜之至豫章西山。又六歲，入城府學

於紫極宮，遂爲道士。稍長，游湖湘，既歸有文名，尤長于詩。臨川崇仁西北四十里有仙祠曰上方觀，觀之主者陳復宗見而異之，延而客之，親之，譽之，使其長老友之，其卑幼事之爲父兄，時人蓋莫知其意也。故翰林學士臨川吳公澄，縉紳儒宗，海內之彥及其門者甚衆，方外士以清通博雅見知遇，則未有如君之無厭無倦者也。予雖寓臨川，而居家之日少，徒從君於文墨議論，不知其他。在史館時，有自江南來者，言君得神仙術，閉門修之三月，覺有氣汩汩從中起，稍引之，其動如風，其煖如火，以次周其身，如貫珠然，久之有歸如明鏡止水，身心泰然，若與太虛爲一。或嘯咏以樂，或簡默以居，凡俗疑其爲狂病云。釋氏之宗本卑因果之說，而其徒脩儀範爲世人求福田，滅罪業，其文甚多。君見而笑之，取其所爲金剛供儀者，一筆數千言，依其節奏而開以法要，佛理粲然，凡情豁焉，予見之固疑其有所得矣。後聞其東出閩嶠，過武夷，至于海際，以爲古仙奇藥，往往在是，蓋有所訪云。予既歸田，始得至所居，留久之，乃敢問之曰：予聞近世有成仙者，宜春玉谿李簡易先生其人也，信國趙丞相之子淇嘗面授其說，予偶見其書。子之游湘州，聞其說乎？君啞然笑曰：吾危得仙矣，不欲與世俗爲異也。文心之老，願進其方，乃扁其室曰青城眞寓以待予來，而予未之能從也。邑有富家，棄妻子，變居室爲道家祠宇，其教之師采其意上聞，而請君主之，從之。居三月，忽往紫極宮留三月，與所知別，遽歸上方所居之山房而委蛻焉。時仍改至元之元年十一月九日也，年五十有二。有詩文若干卷，道釋儀文若干卷。西去山房數十步有支隴焉，隱然其隆，廓然其容，松栢楩楠，鬱乎蒼蒼，良田清水，隱映左右，蓋嘗與予采蘭於斯也。其弟子陳子靖、龔致虛請予觀之，師尊康克明、袁用宏以所遺冠劍藏之，其友戴衍、其從子從之學道者大年請予書其遺事而識之。君族本出唐吉州刺史玕，君在時嘗求予識其父墓頗詳。上方爲郡邑之望，車馬至者不絶，自得君也，聲聞日重，部使者張策以大儒卓行，自居歷所部救荒，過之，留君舍，論民事疾苦與政令所宜，汎論經史古今治亂天文地理之說，至于儒行道要，語至達旦不能相舍去，嘆曰：道家乃有斯人哉！至京師，爲予誦之，則吾九萬君也。陳復宗將老，出黃金散諸弟子，皆有所屬，亦有以與君，而笑曰：惟子所爲。復宗歿數年，君集衆而告之曰：師鄉所與金，有客化易，致息倍蓰，具在此，其爲觀中

買田以食衆，吾無用也。然後人服復宗之知人云。戴衍田公幸爲詩以招之，去之千年必能爲其人一來也。乃爲之詩曰：天之蒼蒼，其有涯耶？九萬其程，孰羽儀耶？大羅之鹿，旖峰旆旆，膏田丹井，靈氣所會。有芝有蘭，爲秋爲春，子去不來，白雲誰鄰。噫後之人，善視松栢，我作新詩，永鎮玄宅。

余岫雲

傳記

虞集《非非子幽室志》（《道園學古録》卷五〇） 漢代所謂道家之言，蓋以黄老爲宗，清靜無爲爲本。昔者汴宋之將亡，而道士家之説，詭幻益甚。乃有豪傑之士，佯狂玩世，志之所存，則求返其眞而已，謂之全眞。士有識變亂之機者，往往從之。門戶頗寬弘，雜出乎其間者，亦不可勝紀。而潤飲谷食，耐辛苦寒暑，堅忍人之所不能堪，力行人之所不能守，以自致于道，頗有所述于世者不無也。爲其學者，常推一人爲之主，自朝廷命之，勢位甚尊重，而遡其立教之初意，同不同未可知也。予在北方，數聞有爲其道者，而不可得見。如書樓、大方兩孫公之掌教，略嘗與之游。其山居者，有汝州趙先生，嘗奉詔至京師而得見之。服羊皮大布之衣，曾不掩脛，而肌膚潔白，玉溫而雪明，食飲甚寡，而其氣充然如春。與人語，辭簡而意遠，貴富盛氣多智術者見之，莫不泊然自失。予是以知其爲道者，常或有人也。歸田江上，聞有蓬頭金先生者，甚高潔，接其徒極嚴峻，間嘗相聞往來武夷聖井諸山，而不獲相見。則予貿貿塵土，歲云暮矣，能無慨然于中乎。昔人云，千里虛谷，聞足音而喜，亦人之情也。崇仁仙游山，在邑東廓門外，晉王郭二仙人求其師浮邱伯之所歷也，有余岫雲師者居之。終日與人相接而不失其介，其中毅然不可犯，而未嘗與人有競意。日使童子攜一簞入市，人家見爲岫雲僮也，輒與飯一小器，日向中，簞稍滿，即還，師弟子主僕烹水瀹而食之。而江東西高雅之流，或道過，或徑詣，無不即岫雲之室者，分簞食共食，無愧容，無德色。山下薄有田數畝，隣人多助之耕穫，給不給亦不經意。故常往來予舍，久而不厭，問其生，則道華蓋山南谷人也，年十五，辭親入道於宜黄縣南華山昭福觀。既而嘆曰：託兄弟以養親，從師以入道，果爲何事耶。辭其師以去，偏歷江漢淮海，渡河循山，東游乎齊魯，至於燕趙之間，兩游華陰，入終南，登太白，而後還乎武當、衡嶽、羅浮，出武夷，過天台，計其所見，必有異於人者矣。在溫州，寓同學者之舍，州郡命方士禱旱不應，或曰此君不凡，當可得雨，羣起之，岫雲曰：欲雨乎？是日雨沾足，亦不見其有所爲也。郡中先有教人學道者，出妻子，破家產乃可。岫雲曰：非道也，復爾家室，治爾田疇，行人道之常，而不累於心可也。及歸臨川祥符觀，道士黄執中聞其風而悦焉，率玉清觀之人處之仙游山，破屋數椽耳。居亡何，信嚮四至，仙殿門廡，陶甓竹石，不約而輯。有山木閣者，憑虛丈尺耳，士大夫仙人過客，就是以信宿而去，或至兼旬月，亦不知其瓶粟之無儲也。岫雲未嘗讀書，而所言平易雅正，故翰林學士吳公之夫人余氏，岫雲之從姑也。仙游修葺略成，吳公爲之記。公嘗問爾之爲學何如，以顏子喟然章對，始則恍惚難象，而卒見卓然自立，時至而自化爾。公曰：呫嗶終日，未有如是舉者。蓋深許之矣。有爲作鐘樓者，岫雲來告曰，樓成丐一言。予游宜春之仰山，以十一月至家，而岫雲前一月化去矣。至元五年己卯，歲之十月二十七日也，得年六十。未歿時，偏與所識書別，略無怛意。其弟子彭致中瘞諸山下，予至其墓前，致中以志幽爲請，始悟鐘記，蓋自爲也。乃使求石羅山之陽，而刻斯文焉。岫雲諱希聖，一字非非子，有偈頌普説等。致中山下人，年少淳謹，今係籍玉清，亦嘗游方江南，道教之師署爲仙游山昭清觀住持提舉云。銘曰：

六十而化藏斯邱，孰云非仙乃其游，微風落月山木秋，簞食屢空吁不留。

劉志貞

傳記

王惲《故普濟大師劉公道行碑銘》（《秋澗集》卷五三） 晉州景行里有觀曰玄應，其徒謝志堅、梁志端，介寓館主謝純踵門來謁，而告予曰：「先師純熙子化形已久，今雖像而事之，其平昔道術及於人者，班班可紀。然非文之貞珉，無以示來者而傳不朽。明府嘗列官太史，六家之旨，所宜論述也。敢百拜以請。」謹按所持狀，師諱志貞，字子常，族劉氏，陝之三堂人。幼沉潛不好弄，及長，趣尚沖曠，嗜黃老書，遂棄家入道。既而有啓悟。歲己亥，披雲宋公首暢宗風，力紹絶學，起道藏書於河汾間。師尋師來晉，止舄玄都宮，與方士韓仙翁遇，傳寶珠照法，覺靈府惝悅，日幡然喜曰：此人天師也，吾皈依有所。即執弟子禮事之，受紫虛籙訣，香火修持，晨夜不少懈。宋偉其志，後以上清三洞五雷籙法界焉。師操履益精勵，神經怪牒，大賾冥奧，氣志既凝，洞知來物，簪裾所加，法力所至，疾痛呻吟，隨失所在。中外喧播，以靈異稱。今聖上邸潛時，聞其名，遣使召至，試以籙法，三驗諸事，遠邇幽深，靈應昭著。時既雨且風，勢幾恆若，命師以誠祈止，少頃豐霳回御，蜚廉爲不颶矣。上異之，賜御醪仙氅，加號普濟大師，特光寵焉。留館堂下，以需時召。自是道價隆隆，風動一時矣。中統庚申冬，詔就長春宮設羅天清醮，師攝行大禮，凡七旦夜，神人和暢，且有天光現朗之異。上聞之喜甚，咸謂師精誠所致。明年秋，奉旨馳乘祝香岳瀆。事已，還過故隱，語志堅曰：「吾雅性僻逸，恬於世味，偶以兼術供奉闕庭，恩遇優渥，已逾素分。物微近盛，吾道家所忌。」遂謝使者而輟裝焉。後復來徵，竟辭疾不起。以至元元年夏五月終所居丈室，壽六十有六。師丰儀秀整，面如滿月，紫髯垂胆，倘然有獨立出塵之趣。接物不以貴賤易其禮度，人之有疾若己受之，推誠齊物，惟恐不力，時人以此多之。予嘗以道家者流，以清寂爲宗，一死生，外形骸，自放於萬物之表，是不以一毫世故攖拂其心。至於挾方術，出祕藝，捄時行道者，世有其人。如砭劑膏肓，笞逐鬼物，驅役社翁，安人區而遠不祥，往往驗於事者，蓋世所不廢也。普濟師其斯人之徒與？較夫遺世絶俗，歸潔一身，自放於萬物之表，誠法教中有裨於世者耳。且以費長房訓子事，猶傳於東京方伎之列者，師之行業出處，又足嘉尚，吾烏得而辭哉。乃繫之銘詩，庶幾門人歸來望思之意。

杜志寥

傳記

姬志真《大朝曲陽縣重修真君觀碑》（《道家金石略》） 國朝隆興，歲舍重光大淵獻，上即位之元年，秋七月，詔命掌教大宗師眞常眞人代禮名山，降香望祭。越十月二十七日，先詣北嶽聖帝廟恭焚御香，修設清醮，保安國祚。禮畢，眞人周覽附廟鎮嶽及眞君觀，陳跡零替，空無所有。曩自天兵易世，棄故趣新，廊廡殿堂，傾圮殆盡。古禮禋祀望秩山川，必預監嶽眞君之所，觀宇於是乎修。今也靈跡滅裂，深爲感慨，復擬營葺斯觀，孰主張是？公舉寂照安和大師杜志寥者，乃能其事，衆僉允之。眞人乃付文以充眞君觀提點，俾重修焉，及賜醮餘之物，以資張本之用。大師承命，率衆勉勵，夙夜勤劬，經營締構，緝故增新，不敢告勞。及蒙眞人教旨，令眞定、順天兩路道司協贊。丁巳，復承嗣教誠明眞人克紹前烈，給物以完。太歲壬子，方經始之年，乙丑冬十月，其功告成，殿而像之，齋堂廚庫，奐然惟新。上足以昭告明眞，嘉時潔祀，下足以將迎霞侶，乃日齋心。精感遐通，思誠上逮，冀眞君之垂祐，資神物之護持，保國寧家，尊師報本，此崇修之大略也。原夫地之五嶽，山之峻極者，巨鎮五方，古封嶽神爲聖帝，各以眞君主之，載在祠典，今不贅云。蓋取昔之得道眞仙附近者，署而封之，爲監嶽眞君也。茲恆山，北嶽之主山也，河逢山爲左，抱犢山爲右，今嘉禾山之陽，古立眞君觀，漢唐以來，傳襲故跡，是名監嶽，以鎮北方。遺老相傳，乃徐眞君也。古籍封號鬱微洞淵元極黑帝眞君，左右三眞，歷代沿襲，以爲國家祈禱禳云禬之地，推誠致敬，昭格明靈，祝聖壽之無疆，佑睿圖之永固，平寧社稷，安鎭方隅，斯有國之常典也。歲舍柔兆攝提格春仲月，執事者不遠而來，祈余紀實，以表宗師眞人立意之切，垂示其後，不敢以蹇淺辭，謹齋沐而直書。其銘曰：

肇分兩儀，乾運不息，坤輿以載，方嶽峻極。眞君主之，山靈靜謐，祠典備紀，封禪定式。輔弼左右，眞仙署職，立觀監嶽，異彼廟食。國朝辛亥，帝位初陟，詔命眞常，山川望秩。百度更新，重興是跡，誠明克紹，協贊無逸。庀物蒇事，念師致力，曾未浹辰，其功告畢，志寥居之，守而勿失。

孫志覺

傳記

酈居敬《欒城縣太極觀記》（《道家金石略》） 欒城太極觀，實悟眞大師孫公志覺之所建也。師本太原大家，夙蘊善根，生而不茹葷血，不訥淳信，澹乎有抱一集虛之志。年十三入道，禮尊宿赤城米志元而師事之。庚辰夏四月，以長春手翰，繼授今名，就令守德興府之喬松觀。居十餘年，人無議言。庚寅春，眞定路西元州元帥左監軍韓侯智走書幣邀師主在州之修眞觀，扶衰起廢，土木有加焉。田□□至縣達魯火赤兼提舉縣事王君倘聚耆老而謀曰：「是邑久罹變故，土俗愚冗，吾來莅政，已及週期，而民尚未知化。顧不有性行純懿者相觀而化之，則孰知遷善之義哉！」遂合辭具疏請師住持是觀。師亦不多讓，□然而來，蓋意將有以化之也。觀經兵毀，遺址丘墟，師爲之翦荆棘，拾瓦礫，朝經暮營，日締月構，且隆寒盛暑亦不暇恤，如此積年而後有成。位三清於其前，殿玉皇於其後，堂七眞於其西，齋廚寮舍，像設供具，隨事一新。至於元氏之重陽庵，則又爲師之別業，茲不具錄。眞定道司美其能，因命監欒城等處諸觀事。蕞爾之邑，實居南北要衝，雲賓霞友，往來者無虛日，師歡喜承事，館穀□盡禮，莫不使欣欣之色溢於衡宇而去。此與夫掊人之財固爲己有，雖拔一毛以利人而且不爲者，良有間矣！至元己巳春，會首董君曼卿來謁僕曰：「孫師之功德若是，幸吾子文之石以示永久，顧不偉歟。」僕應之曰：「師之視此，如遊雲在山，空花寓目，暫假因緣，特其遊戲耳，安用文爲？況鯫生常談，不足以揄揚盛美。敢辭。」辭愈固，請愈力，加之有鄉曲追隨之舊，義不獲已，故勉爲之書。

司志淨

傳記

茅志宣《創建清眞庵記》（《道家金石略》） 今茲琳宮在鄒縣坤申之位，相近舍餘之地，有鎭曰郭里。首枕乎凫山聖祖之宮，左有妙光洞天，右鄰集仙觀宇，北倚清流一派，滔滔而東注汪洋。中有清眞庵，去市稍遠，寂寥幽迥，眞上士棲神之所也。山雖不高，蒼回翠轉，足以供杖屨之吟眺也。水雖不深，雲奔霧瀉，足以供綸竿嘯傲也。時有玄元聖祖道教之中，全叫丹陽眞人之遠孫清虛子司志淨，乃古滕人也。生而好善，長而奉眞。自中年之後，悟世空華，舍俗歸道，投禮嶧山清都觀主崇寧大師孫志和爲師。訓習經久，遠涉方外，妙窺環中，普參賢哲，遍禮高明。求物外之玄機，窮天地之要妙，推坎離配合之理，故身瀟灑，擔簦負笈，渡水穿雲，風餐露宿，累遇眞仙，頗明祕奥。復游孔孟之鄉，寄跡於此處，穿穴而跧，乞餘而食。人見其狀貌高古，舉止清淡，知其不凡。玄門信士，衆相議曰：築垣起舍，斵瓦礫而夷之，芟荆杞而坦之，植花木而秀之，開溝洫而圃之，經之營之，尸而祝之，俎而豆之，同會首人等聞其風而悦之。施地舍糧，助力捐賄，創建昊天殿洎齋室、雲堂、廚庫，繪塑玉皇上帝、左右宰臣、玄中法師、靈官吏神。藥竈隱靜廬之脅，丹爐連方丈之陰。竹引軒風，松篩徑月。煥丹青於列聖之像，燦金碧於羣仙之容。每遇朔旦，謹集道流，焚香誦經，祝贊當今皇皆聖壽萬歲，文武官僚長居祿位，願成勝事者。雖陶隱居華陽之洞天，潘師正逍遙之道院，何以加此乎？功既成矣，師乃恍爾厭世，翻身步雲。今有門下弟子亘初子厲志元曰：吾師之功，其可掩乎？遂不遠百里，乞文於予，將以刻諸翠琰。予責之曰：「神仙之事，貴在隱密。老子曰：自伐者無功，自矜者不長。莊子曰：全其形而生者藏其身也，不厭深渺而已矣。子之刊石，無乃背違老莊之教乎？」弟子曰：「不然，前人之軌轍，後人之模範。若上世聖人不遺軌範，則後學之人盲聾而安所取模範乎？兼如此宮觀庵舍而無銘碣，百年之後，時更代變，湮沒無文，將爲豪強者奪而居之。」予聞其說，遂不敢拒，齋沐而爲之銘。其詞曰：

嵬嶧之山，煙月蒼茫。郭里之田，創建殿堂。雲官仙館，昊天系房。醲玄化兮泛千古，醞眞風兮滿四方。丹桂郁兮秋茂，金蓮燦兮曉芳。四獸森兮衛宇，□威嚴兮護堂。聽開簾而語莊，□天人而兩忘。鶴翩翩而飛去，覺壺中歲月之長。

李守遷

傳記

知常老人《大元國寶峰觀記》（《道家金石略》）　夫道者立，本於先天，崇名爲太上，一機冥運，萬範開張，通貫乎高厚之間，升降乎有無之際，所謂大本大宗，自亘古以固存者也。開闢而下，得其所傳者多矣，而未之嘗言。曁乎老氏爲之發其源，衆眞繼而張其後，然亦污隆順世，隱顯隨時，雖降跡之有殊，乃襲明而不既也。厥後□□□時有廢興，而道無一毫損益於其間也。建立掃除，因時而用。近代正隆而後，重陽復出，解紛救弊，通眞達靈，任幻化之往來，示吾宗之不出也。道傳東海數子，大弘其教，亦有不知其然者。洎乎長春眞人，應詔行在，眞風復振，道日重明，寵授皇恩，主盟玄教，簪裳之侶接跡而奔趨，鐘鼎之家傾心而外護，修宮立觀，在處有之。茲林州之南四十里，鄉曰仙岩，墅名元康，中有道院曰寶峰觀，原其經始，自女冠安眞散人之至而建之也。散人姓李氏，名守遷，散人則其道號云。其祖大名人，盛年穎悟，塵境靡常，捐俗而道，剗心穢跡，參棲雲眞人修煉忘物忘我之道，以之獨立周行，密而得之，歷久不渝。然後杖屨雲行，乘流坎止，日丐於人。及慕山間林下絕塵之跡，偶及是里，里中之好道宋元同妻郭氏，及信善之族，見其志操異常，共留止之。時復請益，及施隙地，□面皆至道，以畝計者□十有奇，俾廬以居之，作道場地。散人遂率其徒，經營卜築，隨力締構，殿堂廚庫，僅以完備，從本及末，三十餘年，寖成道院。僅以辰香夕燈，朝參暮禮，祝皇上萬安之祚，祈官民百祿之祥，所以報本尊師，安身養命，應世之理也。甫成之始，請名于宗師，額之曰寶峰，蓋取附近南山之號也。古人喻道性如山，若玉京劫刃之類是也。山則取其拔擢出地而有巍然寂然不動之象，山之爲物，雖居物表，時遇春而萬物生，正行秋而萬實成，雖體寂然，感而遂應。故夫寂然不動者，若道之體也，道體則獨立而不改，自亘古以固存者是已。隨時生化者，若道之用也，道用則周行而不殆，從日新而不故者是已。峰則又穎脫乎山之上矣。寶峰之制義若此，以是名觀，亦示爲道者，亦以有無利用，不主故常，終安於寂然不動之眞而已。斯觀之主李守遷，功未及圓，順化而往，後人范妙奇、韓妙溫繼而主之。執事者遠來及汴，敘其師之勤跡，索余贅語以紀諸石。固辭不可，勉爲之直書。

謝成真

傳記

磐溪子《重修北極宮碑》（《道家金石略》）　有武信軍蓬溪縣謝先生者，因丙申蜀難，漂泊隴西臨洮間，見時世未寧，遂舍俗出家，後禮自然子爲師，得通玄法，專以濟生度死爲念，行符設藥，治病救人，無不效者。見大軍經過處，橫屍滿路，在在暴骨，動怵惕惻隱之心。自隴西臨洮諸州，遍巡道路原野，身負畚鍤，掩骼埋胔，十有八年，不知幾千人矣。

比至西康，州主老元帥武候見其積功修行，請住道士崖同陳先生焚獻，不幸陳早歸化，後得順慶何意眞、墊江何玉眞協力同心，率徒衆櫛風沐雨，自效木石之功，補廢枝傾，修建玉皇殿、北極宮、靈官祠，廚房倉庫，一一全備。棟宇翬飛，樓閣壯麗，迥出煙霞之表，顯仙靈之古跡，眞山中之勝境也。邇來有遊山薦香者，於岩洞石壁間時聞鐘磬之音，此地□仇池不遠，無乃亦通於小有洞天者乎？落成，索予爲記，予不敏，爲紀其實以詔來者傳諸不朽云。

劉志通

傳記

心庵《北嶽葛洪山清虛宮知微子劉公寓形志》（《道家金石略》） 粵以生生者不生，化化者不化，然有生者不得不生，有化者不得不化也。洪山老人劉志通，系葭州里人也。宦門之家，童時動止殊異，識者奇之。弱冠會投戈散地，外其身而遁其生，師事全眞門下重顯子陳君，服其勞而脫其塵。侍師十有餘載，盡終行爲苦己利物安人，始終如一，精潔慷愷，輔佐院門，乃致修身窮理，未嘗少替。將老矣，有徒弟鄭志和等欲創窀穸之所，公曰：「天地一蘧廬也，盍爲哉？」予曰不然，從古應世，後人之大事，寓形厚藏，禮也。劉公與予方外故人也，因而書焉。

寇志静

傳記

唐堃《圓明朗照真人功行之碑》（《道家金石略》） 嘗聞上古修眞之士，外而應物，內則頤神，功行俱備，飛升九霄。今亦能此者，其惟寇公眞人乎？公諱志靜，字隱之，道號圓明子，家世櫟陽雨金人，寇萊公之後裔也。父爲同州節度使，清廉有政聲，母氏看經積善，于前金泰和間夢吞雷光，覺而有娠，厥後公乃生。稟性清朗，處己謙慈，厭紛華，甘淡泊。年十有五，志在方外，父母欲與娶室，誓而弗許，謂親黨曰：「身非我有，況於偶乎？世間恩情名利，皆浮漚空花，何足恃哉。予將養眞源以保長生，不復輪回塵寰中耳。」父母聞其語，即令出家，禮廣陽子許眞人爲師。師見舉措異常，必成大器，密傳妙旨。公豁然大悟，若河決而注諸海，鑒磨而光徹天，從此智識日加，進修時敏，居環煉性，極深研精，火中識龍，水中識虎，其神妙孰能測焉。金末，五陰剝極，九州鼎沸，避鋒鏑東徙，歷試諸難，不憂不懼，履變如履常，足見所養深根固蒂矣。至大元甲午歲，寶運開泰，飛龍在天，混一六合，萬化更新，玄風大振，復居環堵。既久出環，推先覺覺後之心，隨方闡教，接物利生，度門弟子數百餘衆，四方參訪者輻輳雲集。戊戌還故鄉，過大河，阻渡，公默禱於上蒼，河即冰合，乃得渡焉，衆皆駭異。越明年，抵鄉中，有竹千戶、怡縣丞、范主簿等，禮請公于先師福地重修延壽宮以爲祝聖之所。公應其請，同悟眞子全道眞人賈志玄，暨徒弟兩縣提領沖虛大師何志清等，竭力經營，廣其規制，修殿者三：曰寥陽，曰通明，曰七眞，建堂者亦三：曰法籙，曰靈官，曰祠堂。左爲雲齋，右爲香廚，兩廡翼張，三門表立，造南昌上宮，築虛皇寶壇，至於丈室庫房淨位，環堵塑繪，金碧雕鏤之屬，靡不具備，其功豈小補哉。噫！公所修功行，何止立宮觀而已。觀其勤事父師，無犯無隱，始終致敬，此以知其孝行也。廣度門人，抉開昏暗，俾各悟其，此以知其陰公也。凡主醮說法，天花飛座，雲鶴繞壇，此以知其妙行也。或見人危疾，必書符以救之，或憂民阻饑，必設粥以濟之，或憫沉魂枯骨，必舍財薦而瘞之，其他所爲，皆類乎此，茲乃見於外修者也。推其內修者，虛心忘形，煉魄御氣，含精毓神，功加九轉，超陰陽而窮造化，蹈水火而貴金石，現出神光，顯作化身，御風乘雲之舉，不言可知。外雖有爲，內實無爲，常應常靜，內外相融，性相俱顯，月印清溪，誠得眞常之道。嗚呼！公潛身養浩，淵默雷聲，名達於朝，上賜金紫，加圓明朗照眞人號，縉紳欽仰焉。或謂公積功累行，充實光輝，輝映今古，振起玄門，爲羽流修眞之儀範，可信哉！□示養晦蘧廬，一日，公之高弟講師文志通惠然踵門，請予敘其師之功行，以鐫諸石，□廣陽名於後世。余嘉志通等用心，義難以辭，應之曰：昔人見一善行，尙表而錄之，況今圓明子實行眞功，蕩人耳目，予豈緘默弗揚其善哉？然內而煉眞，神機妙密，不可以言揚，外而修善，事目浩繁，亦不可盡述，姑舉其大概而書，以示方來之操修者。銘曰：

偉哉圓明，悟空入道，得師心傳，學道淵浩。襟懷灑落，戒行精確，抉先天祕，以覺後覺。立宮度人，救苦濟貧，外而應物，內則頤神。功行兩全，昭然達理，性徹形超，長生久視。門人存誠，遹駿有聲，命工鐫石紀銘，俾師千載揚名。

石志堅

傳記

李道謙《終南山宗聖宮主石公道行記》（《道家金石略》） 公姓石，名志堅，字庭玉，汾州西河人，世習儒業。祖榮，父萬，皆隱德不耀。公以泰和乙丑歲生，生而夙□，□有道緣。六歲入小學，已能日誦數百言。天姿穎悟，夐出□輩。稍長，性重靜，寡言笑。貞祐丙子，河東兵亂，因流寓於覃懷。既而去家，詣邢臺通眞觀師同塵眞人李君，究全眞性命之學。奉侍左右，始自井春庖廄之役，皆嘗親歷，勤懇諄複，數年不怠。同塵察其可教，遂授以修身至道。公服膺力踐，非餘子所能及。居無幾，恆山公叛，西山寇起，居民擾攘，乃曳杖掛瓢，避地東□之上清宮，依玄通眞人范君。君委以監齋之職，日聆謦欬，於道大有所悟。其于老莊諸經，罔不涉獵，皆能造其極致。一日，玄通進而前曰：「向上諸師，登眞達道，內公外行，兩者相資，方始成就。譬猶飛鳥之假兩翼，缺一不可。寧海先天宮者，實先師廣寧郝君煉化之地，久經劫火，焚毀殆盡，吾欲興復，以彰仙跡，汝可從提點張公天倪往任其責。」公拜命而東，適行台李

全作大功德主，會多方道門耆宿，遷葬丹陽、長生、玉陽、廣寧四師仙蛻。當時遐邇景仰，供奉者衆。道俗往來，量其高下，將迎館穀，莫不得其歡心。時常住之帑藏，古□命公掌龠，出納之際，以心相盟，不置文簿，不事會計。如是數歲，及謝事之日，交付□彼，惟隨身一衲而已。拂袖如泰□之雪溪，焚香讀經，棲心養浩，若將終身焉。未幾，同塵遣介召至邢臺□提點通眞觀。不四三年功成事□。□命入關，提點終南宗聖宮，凡云爲動作，則以身先之。逮至元丙寅□，同塵將厭代，遺教嗣主本宗法席。公泣涕跪前，辭不敢當，師命益堅，乃敬領其事。未及十稔，宗聖之因緣增盛，內外無間言。四方法屬，翕然輻湊，咸服其師付畀得人之明。無何，掌教誠明張君下教，命隨□名山大川，諸大宮觀，例起玄庠，教育後進。予嘗與公同主祖庭講筵，公凝然靖空，密若無言，及其扣□，□□四輔之奧，重玄衆妙之微，歷歷洞明其要。蓋涵養敦厚，所謂良賈深藏若虛者也。辛未□淳和眞□□嗣教，以恩例賜公體眞復樸□□大師之號，褒其成德。公年逾七秩，所養益厚。一日，偶以□□□□□微疾，遂奄然而化，時丁丑二月二十九日也，春秋七十有四。葬于宮之坤維，既事，執事者懇□□□□□□概而爲墓誌。

喬志高

傳記

佚名《大元中嶽崇福宮宗主棲雲虛静真人壽宮記》（《道家金石略》） 眞人喬君，法諱志高，古齊即墨人也。母王氏，夢上仙飛降而有孕，懷十有五月而生。額秀玄點，足攝龜紋，□軀鶴脛，道骨仙風，自然育超世之姿。歲未冠而投玄師長春聖賢，得處世之訣，跏趺無寐五十餘霜，隨緣度門徒約千百衆，域中多立宮觀，輔以神仙國師之教，恆有濟時賙急之心。當大朝敬天愛民，先皇帝命眞常眞人設普天大醮，遂敕賜棲雲虛靜眞人之號。其禳禱，其感通，應請如神，百祈百驗，豪士貴公，奉從頗□。其留崇福宮三

十餘歲，所委提點知宫人員皆當其用，山門廢宇，將見成功，產業貲基，足能贍衆，弘揚道範之微，敷闡玄風之奥，今則寧容備錄，弗可俱陳。時與萬聖千眞，結緣亦廣，數將有□□師知未來之兆，因以歎曰：我住壞空定分，然他覺悟法衆，故遺世而處順焉。享春秋七旬有七，登眞于中統甲子孟秋二日也。□師之所述崧陽文集，散落棄失，不傳於世。嗚呼哀哉！於人龜鏡，果天喪歟，非□天喪歟？有門人夏志□者，慕師之德，報師之恩，舍己財建壽宫，永存不泯之□跡，斯誠行孝道也哉。

劉通微

傳記

李道謙《終南山祖庭仙眞内傳》卷上　先生姓劉氏，諱通微，字悦道，默然子道號也。東萊掖城人。世爲鄉里右族，倜儻不羈。在弱冠間，飛鷹走犬，博奕鬬雞，迷於花酒之場。一旦染奇疾，幾至不救。夢入仙家之境，已而平復。遂悟幻化之理，以道存心。大定丁亥夏，重陽祖師將遊海上。道過掖城，見先生神情爽邁，有飛舉雲霄之態。與之同話，機緣契合，授以修眞祕旨及今名號。先生即得印可，即棄家長，往杖筴入關中，結茅于終南山甘谷之側。吟風嘯月，枕石漱流，放懷塵世之外。庚寅春丘劉譚馬四師西來，先生相得甚歡，同葺劉蔣菴居之。既而四師復詣汴梁，負祖師仙蛻歸葬於菴側。先生廬墓三年，北遊嵐管。内全道妙，外應世緣，摳衣請教者日不虚席。於是立觀度人，玄風大振於西山矣。嘉聲遠播，名達皇都。明昌初道陵召至闕下，問以九還七返之事。先生曰：此山林野人所尚，陛下居九五之位，四海生民之主，不必留意於此。但對以黄老清靜無爲修身治國之要。上悦，敕館于天長觀，尋遷永壽道院，開堂演道，三教九流請益問話者戶外屨滿。未幾得旨還山，賜御書以寵其行。翺翔於齊魯間，至埭州商河縣聶家莊，謂門人曰：此吾歸休之所也。因葺治廬舍居之。一日焚香禮聖，集衆囑以修眞之語。曰：師眞有閬風之召，吾當歸矣。奄然假化。即承安元年二月十五日，貞元節也。平生所作詩詞目曰《全道集》行于世，仙化之所，今大建朝元宫矣。

史處厚

傳記

李道謙《終南山祖庭仙眞内傳》卷上　先生家世乾州醴泉，姓史氏，名公密。初自垂髫，心慕至道。大定壬午歲，聞重陽祖師遇仙受祕訣，養道於終南。時走而請盟，遂蒙允納。教以全眞性命之學。仍訓名處厚，號洞陽子。自是乞食鍊心，往來於終南鄠社間。七年丁亥春，重陽將游東海，欲令侍行。先生辭以母老，不敢遠游。重陽遂畫三髻道者立於雲中，傍有一松一鶴，付之曰：謹祕藏之，此爲他日參同之符。及庚寅春，重陽仙化於汴梁，丹陽宗師率三友入關，至長安孔仙菴。先生徑往參謁，時丹陽初頂三髻。先生出示重陽向日所留畫圖，大爲讚異。四師告以海上開化、汴梁升仙之事，遞相印可相得。甚歡，即與四師同葺劉蔣菴居之。丹陽屢以詩詞訓告，次第誘掖。不數載間，克臻大妙。後復還醴泉，和光玩世，不拘禮法。時人以史風子呼之。忽歌舞於市，唯云歸去蓬莊，衆俗莫曉。如是者三日，徑來菴中，奄然蟬蛻。時甲午六月十五日也。官僚士庶，靡不瞻拜。初葬醴泉，明年丹陽移葬於劉蔣之仙塋。開棺視之，顔采如生。丹陽以四言讚之云：史公得遇，得遇重陽。重陽傳授，傳授玄黄。玄黄至理，至理不忘。内持修鍊，外絶炎涼。水火既濟，日月交光。龍吟離位，虎嘯坎房。木金間隔，奼女圓方。刀圭爛飲，知味聞香。神丹結正，晃耀晶陽。風仙來度，顯出嘉祥。歌舞三日，辭別街坊。惟云歸去，趨赴蓬莊。復入菴内，奄然坐亡。觀者雲集，事理匪常。一靈眞性，班列仙行。先生道業，讀此讚文自可見矣。享年七十有三。中統癸亥，再遷仙塋。開壙視之，僅及百年，骨雖散亂，其色如金，其堅若石。余所親見者也，異哉。

嚴處常

傳記

李道謙《終南山祖庭仙真内傳》卷上　先生姓嚴氏，名處常，號長清子。京兆櫟陽縣人，即重陽祖師之外戚。幼習儒，志尚清虛。以父母在堂，未能高蹈物表。爲縣法司，臨事慈愍。一日向暮還家，路拾遺書一卷，題曰：玉靈聖書，得之者仙。于是焚香祝曰：我今二十有九，誓於不惑之年潔身入道。祝畢，酹酒於醮盆中，有聲隱隱若雷，家人咸以爲異。後踰一紀，二親俱喪，忽患目疾，治之愈甚。默自責曰：昔得聖書，誓以四十出家，今過期矣。此疾稍痊，即當從道。無何，目明如故。遂往終南劉蔣，參重陽祖師，願受教爲門弟子。時大定癸未歲也。先生既蒙允納，克志于道，數年祖師授以微旨。七年丁亥夏，祖師東遊。先生遨遊終南泉石，住處頤神毓浩。十年春丘劉譚馬四師入關，蒙丹陽宗師復爲印可，仍贈之楊柳枝詞云：一虎一龍一處眠，打盤旋。一呼一吸一周天，徧三田。一麥一麻通一線，裊祥煙。一來一往一還元，產胎仙。先生拜受，自是了無疑障。居祖庭又逾十載，道契眞常。以二十三年癸卯夏四月八日焚香辭衆，無疾而逝，春秋七十三矣。

姚玹

傳記

李道謙《終南山祖庭仙真内傳》卷上　先生姓姚氏，諱玹，號雲陽子。終南蔣夏村人，世爲鄉里巨族。父祖俱好賑贍貧乏，多積陰德，乃生先生。丰神灑落，超然挺出塵之姿。性甚仁慈，聞人有急，必往援救。與重陽祖師有緦麻之親。大定丁亥四月，重陽詣門告別。先生問將安往，重陽告欲遊海上，丘劉譚中捉馬之行。先生素以害風相待，笑而別。無何重陽自汴京爲先生寄藏頭拆字詩一章，云：前相識，二官人。你眞靈，看好因。抵芝苗，公未識。成道果，次須屯。蒙卦聚，神來祐。左源通，氣轉新。斧若磨，交利快。頭一點，遇長春。不數年丹陽輩來居劉蔣菴，先生所居相去數里。聞之，往詢其始末。見丘劉譚馬四師皆淩雲仙客，愕然歎曰：向重陽告別之語今果驗矣。我輩常以害風待，何愚之甚邪。由斯頓悟，乃棄家捐累。乞受道于丹陽宗師，丹陽教以修眞奧旨及賜今名號，仍贈之詩云：灰心忘富貴，槁體樂清貧。甘作逍遙客，長爲自在人。氣中須養氣，神内更頤神。不著纖毫假，方能得至眞。恭侍左右，多所傳授。先生得法之後，目不交睫，脅不占席。十有餘年，深入大妙。壬寅，丹陽東歸寧海，先生從行，迨丹陽上仙。先生遊歷磁相間，愛滏陽風俗淳厚。築白雲菴居之，隨機接物，演化度人。一日謂衆言曰：師眞有命，吾其歸乎。於是沐浴更衣，跏趺而坐，日方卓午，寂爾返眞，異香芬馥，移時而散，享年七十二。平生所述詩詞號《破迷集》行於世。

曹瑱

傳記

李道謙《終南山祖庭仙真内傳》卷上　先生姓曹，諱瑱，道號朝虛子。陝右坊州人，家世鉅富，猶子徽美叔早登甲第。先生少讀書，鄉里以孝悌稱。爲人忠厚謙和，襟懷蕭爽壯歲。遊場屋間，屢中高選。大定甲午暇日，因覽仙經道典，掩卷歎曰：人生浮世，光陰電回，倏然而已。不究生前妙本，出世高標，果何爲哉。雖有學仙之志，罔知所適。聞丹陽宗師於終南祖庭居環堵，先生徑往。參謁一見，神合氣協，若有夙習之契。丹陽納諸門下，教以道要。先生既蒙接引，心知至人不易遇也。遂捐進取心，以永依歸。丹陽知先生逸氣超邁，妙識高明。一日因先生靜室澄坐，思造乎靜。丹陽詣之曰：學進歟。先生稽首而跪乎前曰：學欲進，而未之能也。丹陽曰：夫靜也者，天命之原，仙聖之本。習而進之，猶假翰以登天。反思而究，則如坐堂上而睹階前也。不曰靜乎，攖而不煩。不曰真乎，作而不妄。先生拜而謝曰：瑱得之矣，自信而不疑，自明而不昧。自古自今繩繩而不絕者，其斯之謂歟。丹陽乃首肯，瑱再拜而退。後得玄門十解元者，自先生始也。凡初入道者，丹陽以先生爲兄。壬寅丹陽東歸寧海，先生侍行。明年丹陽羽化，先生代師行化海上。明昌中與雲中蘇公、無染柳公奉長春師叔命，同飛舄燕薊，演化度人，應緣接物。十有餘年，玄化大行。於泰和丁卯夏四月，先生時寓燕都城東永壽觀，忽告衆曰：吾當歸矣。不數日示微疾而逝，道衆具禮葬之觀東。兵後乙巳冬，改葬于五華山。庚戌歲十二月奉朝命追贈翊玄惠正朝虛真人號，蓋掌教真常真人請之也。

來靈玉

傳記

李道謙《終南山祖庭仙真內傳》卷上 先生世爲京兆右族。姓來氏，諱靈玉，道號真陽子。幼習儒業，鄉里以解元呼之。大定十年間，禮丹陽宗師出家。迨丹陽東歸海上，先生侍行。嗣後事跡無所可考，姑略紀其大概，他日得之，當爲詳錄。

雷大通

傳記

李道謙《終南山祖庭仙真內傳》卷上 先生姓雷氏，名大通，道號洪陽子。世爲延安數政之巨族。身長六尺，情懷雅淡，不事小節。眉疏目秀，耳大準直。脣如渥丹，鬚髯美細。幼業儒素，嘗以詞賦魁鄉選，故時人以解元稱之。當大定乙未春，方夜讀書，燈下月朗風清。欲竟三鼓，忽聞窗外以杖畫地聲，既而言曰：可歎愚迷謾用功，浮華一夢轉頭空。何如立志修仙舉，永住三山最上宮。先生劇啓戶出觀，了無所見。秉燭視之，見以杖畫向詩四句，後畫嵒翁二字。先生自是了悟空華，頓悱學仙之志。是歲秋因赴試長安，聞終南祖庭有丹陽宗師闡全真教法，即往謁之，一見若有夙契。乃作詩二絕，寫懷以呈。宗師即繼韻答之云：饒君聲價勝蘇秦，不似韜光更匿名。物外逍遙真坦蕩，亘初一點自然明。靜清便是長生訣，捨棄妻男沒口傳。悟後知空寧著有，自然獲得好因緣。先生焚香拜請，願執弟子禮。宗師留於座下，訓以今之名號。朝叩夕請於道，大有所得。壬寅夏丹陽東歸，先生留居祖庭，日進道業。甲辰春聞丹陽上仙杖屨游海上，奠祭墳壠。迨明昌初迤邐西來，道過滕郡，愛嶧山巖壑幽邃，築修真菴於嚮石澗。棲真養浩，演化度人。厥後詣門，受教爲門弟子者數百人。惟靈真子馬了道清明子王志專爲入室，今各建方所，引接後進。至大安辛未秋，先生謂門人曰：百六數窮，劫災斯至生靈魚肉，吾不忍處世也。無幾何示微疾而逝，門人葬于修真菴側。未幾兵甲擾攘，烽煙澒洞。後至大元撫定，人煙稍集。歲庚戌，先生之高弟清虛真人張志洞至自武川，睹先生宅兆卑隘，封樹草略。即會四方法屬，備衣衾石槨，大行改葬於雪山仙塋靈都宮。以弟子馬靈真王清明祔于左右，仍構堂設像以事香火。

劉真一

傳記

李道謙《終南山祖庭仙真內傳》卷上 先生姓劉氏，諱真一，道號朗然子。世爲登州黃縣之巨室，父祖以儒學起家，積德奉道，鄉里所稱。先生幼喪其父，讀書日記數千言，辭源浩瀚。弱冠間試藝春官，得占高甲，時人以解元呼之。然每以世事爲不足玩，常有淩雲邁往之志。忽得泄瀉之疾，纏滯彌年。已及膏肓，百療不效。大定己丑秋，重陽祖師挈丹陽長眞長春三眞過其門，母氏設齋供養之。且以子疾告，祖師視之曰：此吾門大士，非汝家子也。許之入道，則可矣。母氏焚香跪於前曰：此疾果愈，俾侍几杖以從。祖師以餘飲與之，既飲汗出如洗，厥疾漸瘳。迨明年祖師已升仙於汴梁，先生入關詣終南劉蔣村，禮丹陽宗師。出家奉侍，既久得付玄旨。壬寅夏從丹陽東歸。癸卯冬丹陽將羽化，召先生囑之曰：汝等要作神仙，須要積功累行。縱遇千魔萬難，愼勿退墮。然後可領吾言，我開眼也見，瞑目也見。元來不在眼，但心中了然，則無所不見矣。又曰：汝緣在北方，可往矣。先生拜而謝。丹陽既升仙，迤邐北游平灤之境，所至請益者戶外屨滿。一日至撫寧縣，愛其山水佳勝，築重陽觀居之。厥後度門衆數千餘輩，創宮觀大小僅三百區。北方道風洪暢，先生闡揚之力居多。至泰和丙寅歲二月初六日，召入室弟子邸道明等曰：吾其歸矣，昔丹陽將升仙囑予進道之語，汝輩當無忘。《金玉集》，凡入道者不可不觀，爲我鏤梓散于多方可也。須臾翛然假化。平昔所作歌詩目曰《應緣集》行于世矣。

李大乘

傳記

李道謙《終南山祖庭仙眞内傳》卷上　先生姓李氏，世爲平涼府華亭縣之大族。幼習儒業，長於辭翰。早年嘗中鄉選，迨中歲至御廉下第，慨然有煙霞之志。大定戊戌秋丹陽宗師行化西來，先生邀于私第事之，丹陽日談道妙。於是黜妻棄累改衣，執弟子禮。丹陽訓名大乘，號靈陽子。日受眞教，曲盡妙蘊。己亥二月十五日，丹陽就先生花圃築環，與先生同居，約百日爲期。仍贈之詩云：西北亭川環堵居，此中堪可隱吾軀。眼前碧竹數君子，面對青松二大夫。流水假山兒戲爾，清風明月汝知乎。若能悟解予栽韭，時宗師環中栽韭以寓意也，有分靈光赴玉都。丹陽又見花圃中，林檎一株久已枯死，於四月十四日命移於環内栽之。仍作詩云：天上三十六，地下三十六。天地入寶瓶，七十二候足。後至五月二十日青芽徧吐，枯榦復榮。丹陽謂大乘曰：四月十四乃純陽降世辰也，至此日吾之生辰也。相去三十六日，天地晝夜相合爲七十二候足矣。先生作異木記以紀其神，刻諸貞石。無何丹陽挈先生來終南祖庭，居數載之間屢蒙印可。壬寅丹陽將東歸，長春謂先生曰：吾道東矣。時館陶劉武節得官鄠邑，雅與先生相善。官既滿，請先生東遊。至家，築菴奉之。劉亦入道，爲門弟子。厥後道緣日盛，門徒雲集。又數年，先生示微疾順化。其體若蟬蛻而輕，遠近觀者大加歎異。門人具禮葬於菴側。關中兵後，道衆即先生華亭環圃大行興建爲太清觀矣。

蘇鉉

傳記

李道謙《終南山祖庭仙眞内傳》卷上　先生姓蘇氏，名鉉，號雲中子。華州蒲城人。賦性寬慈，謙而好禮。遇煙霞勝槪，終日忘返。大定辛卯春，詣終南祖庭丹陽宗師席下，乞垂開度。丹陽置諸左右，教以入道儀範。服勞既久，未嘗少懈。丹陽付授道妙，及屢以詩詞接引，使進眞功。以至心源明了，道體沖融。一時羽屬皆以小丹陽目之，其造道之深可見矣。後辭師游海上，和光同塵，扶宗翊教。壬寅夏丹陽東歸，復侍几杖。迨丹陽之上仙也，盤桓登萊之間。明昌初長春宗師命先生演敎燕薊，住崇福觀。道緣日興，從游者衆。一日謂門人曰：世緣塵務何時了絕，吾其歸矣。言訖，綵雲繚繞空際，枕肱而逝。至大元乙巳冬，清和眞人移葬于五華山仙塋，眞常眞人奉朝命追贈體元輔教雲中眞人號云。

于通清

傳記

李道謙《終南山祖庭仙真内傳》卷上　先生河東隰州人，姓于氏，諱通清，字泰寧，道號眞光子。初母夢神人授丹一粒，服之有娠洎。分瑞之日，紅光照室，半日方散。夙喪其父，所居與神霄宮相近。先生髫齔之歲，母氏攜往宮炷香。手指道像而問母曰：此聖眞者，人可得而爲乎。母曰：唯志於道者，可得而近之。先生心諾其言，自是時詣宮嬉游。每見黄冠師誦經，必澄坐其側諦聽筵終而去。既長，爲人端直，不事家産。恆有高蹈物表之志，但未知所適。年幾冠母氏終天，葬祭盡禮。大定己亥歲，忽一道者詣門乞食，先生飯之。因問將安往，道者告以將詣終南參師。先生乃從其行，謁見丹陽宗師於祖庭。丹陽問其行止，先生具實以告。丹陽留居座下，執巾瓶之役數年。一日手書立身法，付之曰：遵是而行，仙階可至。又屢授眞訣，乃得心性圓通。後丹陽東歸，留先生居祖庭。迨明昌辛亥長春亦東還海上，先生從，居棲霞之太虚觀。又數載長春進而前曰：聖賢教門，方欲開闡，汝可分適北京等處弘揚吾道。遂授以親翰，付畀教法。先生承命，至響都環居三載。其神光屢見，僚庶敦請出環。參玄問道者不可勝計，莫不虚往而實歸。厥後道緣日興，度門弟子踰千人，唯盧柔和丁至一爲入室僚庶。選京城東北隅爽塏之地，築華陽觀奉之。先生亦自號塗陽隱士。大安己巳玉陽眞人仙仗北來，館于觀下。無何挈先生至燕都，保賜紫衣師號。自是道價益高，門徒愈集。貞祐甲戌歲蒙長春書召，還棲霞之太虚觀，俾主觀事。興定改元，土寇擾攘，遷居福山縣杏山村之修眞菴。忽然先生集衆告曰：今日天氣清朗，北兵寢息，吾其歸矣。遂沐浴，書頌曰：今朝推倒無根樹，頃刻扳翻鍊藥鑪。我獨去時無滯礙，杖藜倒曳赴蓬壺。擲筆瞑目而逝，春秋五十有六。時五雲繚繞，籠罩菴所，竟日不散。兵後住持彰德府天慶宫門下法孫李志方，遷先生遺蛻葬于府城西北王裕村之仙塋，構堂以奉香火矣。

段明源

傳記

李道謙《終南山祖庭仙真内傳》卷上　先生世居平水，法諱光普，字明源，道號眞陽子。幼而聰慧，長而豪俠。因酒誤傷人肢體，避罪入關中。偶至終南祖庭，聞丹陽宗師談道，大有開悟。於是焚香拜禮，懇祈出家。丹陽見許，恭執勞役以事左右。數年之間，漸有得於心。一日跪告師前，丹陽教以寡欲澄心、摧強挫鋭。先生既蒙印可，行其所受之學。不數載乃得，心字瞻明，臻於妙道。遂杖筴還河東，於稷山縣城之北築了眞菴居環堵，自此依歸者衆。歲壬寅夏忽謂門人曰：丹陽宗師將東歸，可備香信，汝等隨吾往謁。即出環率衆而行，甫抵潼關，仙仗果至矣。丹陽叩其所修，先生以所進答之。丹陽嘆曰：關中已有趙悟玄，河東又得段明源，吾教得所傳矣。先生拜辭而回，道價益高。三原楊明眞聞之，往詣參請，多蒙指授，仍以物外人詞見贈。迨明昌改元二月二十八日，先生召門人曰：吾有三山之遊。沐浴書頌云：歲久樂希夷，光明性燭輝。靈通三島路，氣結六銖衣。放曠無拘束，逍遙出是非。默然無一事，鶴馭綵雲歸。書畢，曲肱而逝。目光炯然，數日不落。備禮葬于了眞菴側，平生歌詩號曰《明源集》行于世矣。

柳開悟

傳記

李道謙《終南山祖庭仙真内傳》卷中　先生陝右坊州人，姓柳氏，諱開悟，字巨濟，道號無染子。性聰敏少言，家富不喜華飾。業進士，博識強記，能屬文。再赴廷試而還鄉中，以才名推爲州學錄。大定壬辰春，因游長安，遇丹陽宗師，與之語，及贈以詞。先生有所開悟，遂捨家從之游。居劉蔣祖菴踰十年，於道大有所進。與曹瑱、來靈玉、劉真一、李大乘、雷大通、李大莖、趙九淵輩俱在丹陽門下，時人稱之曰玄門十解元。丹陽東歸，先生與諸公亦從行。迨丹陽上仙，先生於明昌間奉長春宗師命，演化燕薊。既而遷固安之棲玄菴，以崇慶改元壽終。兵後乙巳冬十月，清和真人移葬于五華山。庚戌冬掌教真常真人奉上命贈明玄崇德無染真人號，仍作暮碣銘。

任守一

傳記

李道謙《終南山祖庭仙真內傳》卷中　先生姓任氏，諱守一，道號自然子。世爲京兆鄠縣之農家。體榦魁梧，胸襟開朗，不拘小節，性喜射獵。一夕夢鬼使攝入陰府，歷見罪囚校對拷掠之事。覺而有悟，因毀弓折矢，對天自盟，願改前非。以新厥德徑，詣劉蔣祖菴丹陽宗師門下，求受道業，丹陽斥逐。至於數日，其心益堅。乃納之，俾就環堵供事。飲膳三載，之間服勞益謹，未嘗須臾少懈。丹陽憐之，指授真訣，教以忍辱降心，調鍊神氣。久之心地虛明，漸有所得。一日跪前告曰：庸鄙凡愚，蒙師開悟，顧無以報，願垂慈憫，不棄陋拙，更執汲爨三年。丹陽却之曰：汝向時未悟，須當服勤效役，今既有所得，當進汝真功，接引後進。於是先生拜辭，乞食河朔間，道緣日盛。至大定癸卯冬，聞丹陽返真，先生廬墓三載。未幾忽召門人曰：昨夕師真有命，令從遊道山。沐浴更衣，翛然順化，即明昌改元四月十四日也。兵後門人移葬于登州蓬萊縣百澗村重陽觀，構堂設像矣。

喬潛道

傳記

李道謙《終南山祖庭仙真內傳》卷中　先生家世平陽，族喬氏，名潛道，號沖虛子。賦性沈靜，素嗜玄虛。大定壬辰歲時年三十有六，與里人李沖道同游終南，拜禮丹陽宗師，求受全真教法。居劉蔣祖庭，採薪汲水，供事道衆。艱辛備歷，略不敢怠。一日丹陽授以玄旨，仍付詩二絕云：樂天知命不愁窮，懷玉身心衆莫同。烹鍊神丹憑匠手，須教鼎內雪霜紅。道中玄妙與誰窮，撞著知音語話同。守黑不教心上黑，丹紅勝似面顏紅。先生既得道訓，與同志李君相爲切偲，克勤道業逾十載，故能各造玄奧。壬寅丹陽東歸，先生與李君共游，郃音閤水乞食度日。既而劉戶部好謙語人曰：昔列子居鄭圃四十年，人不知其有道。蓋懷道抱德之士，如良賈之深藏其貨，惟恐人知。吾觀喬李二仙，其斯人之流乎。縣人聞之，日加敬仰。擇故城之東北隅，築太清觀事之。丙午長春宗師演教祖庭，二公徑來席下，日親教語。長春察其所安，忽謂衆曰：喬李二公克勤于道，真吾門之達者。自是道價日益高。明昌辛亥，承長春命同弘化河東，於臨汾築沖虛觀居之。泰和壬戌復來郃水，棲真接物。貞祐丁丑春三月，因與士人王可大坐間忽曰：吾敢少煩於君，願助一袍以襯吾行。不數日無疾而逝，享年八十一，可大來弔方知索袍謂棺也。時門人李道隱居於他所，一旦先生突然踵門，密有規誨，臨別又曰：明日可一來，吾別有所屬。翌日道隱行至中途，逢人來報先生昨日已羽化矣，方知來者身外之化身也。

李沖道

傳記

李道謙《終南山祖庭仙真内傳》卷中　先生姓李，名沖道，清虛子別號也。家世平陽。性剛毅，善辭翰，事父母孝。於大定壬辰間年幾不惑，遂與同里喬潛道結爲林下莫逆友，偕詣陝右終南丹陽宗師門下，求受道業。宗師視其可教，留與弟子列，舂爨灑掃，勤事數年，愈久愈敬宗師。一日授以祕旨，仍贈之詩云：逍遙物外興無窮，且恁和光混俗同。堪嘆浮雲虛幻夢，恰如敗葉舞秋紅。任人閑笑道家窮，一志修仙俗匪同。三伏洞天霜雪降，靈苗慧草轉添紅。先生既得印可，篤志於道，脅不占牀者僅十霜，故得心宇。泰定忽夜見神光照室，朗如白晝，遂與喬君同往郃陽，丐食鍊行，弘演眞教。丙午長春自隴山來祖庭，復詣座下，參進上道。迨明昌辛亥長春東歸，命先生與喬君弘化河東，於臨汾縣西築沖虛觀居之，度門弟子數百人，造菴觀數十區。長歌短詠，稍露玄旨，喬君責之曰：道人貴韜光晦迹，目今向上眞師在世，止可各進眞道。先生謝而焚之，一旦命衆具湯沐，且曰：吾世緣已盡，今當歸矣。囑門人以志道之語，翛然順化。非煙非霧，偏覆庭宇，三日而修。士庶瞻拜，靡不歎異。葬于沖虛觀，構堂造像以奉香火。

趙九古

傳記

李道謙《終南山祖庭仙真内傳》卷中　先生姓趙氏，諱九古，道號虛靜子。家世檀州，祖宗簪纓相繼，咸有政聲。父淄州太守改同知平涼府事，因家焉。先生大定三年癸未生，天姿澹靜，日者相之曰：風清骨奇，非塵坌中所能留也。夙喪其父，每有升虛之志。十七年丁酉母欲娶之，而不從命，屢請入道。母數詰責，知其志不可奪，乃從之。聞府中崔羊頭者爲有道，往師焉。崔命執廚爨之役，每夜令造食五七，度度必改味。及所進亦不多食，亦不令多造，使通宵不寐。如此三載，其心益恭，亦無分毫驕氣，人以内奉先生呼之。崔知其可教，十九年己亥俾先生詣華亭丹陽，席下請益，丹陽納之。庚子丹陽還終南，命先生往龍門供侍長春，而親訓炙，長春易名道堅，時往來於平涼。丙午長春挈居終南祖庭，長春起戊申之詔也，留先生事靈陽李君。明昌辛亥長春東歸海上，攜過掖城，命謁長生。未幾長生令先生歸棲霞，長春喜其來也，命充文侍掌經籍典教。凡僚庶道流來謁，必先參先生，然後入拜丈室。其爲文清古，筆法類《瘞鶴銘》。迨己卯歲長春赴詔適西域，選侍行者，先生爲之首，至賽藍城，先生謂清和尹公曰：我至宣德時覺有長往之兆，嘗蒙師訓，道人不以死生介懷，何所不可，公等善事師眞。言畢而逝，享年五十有九。葬之郭東原上，迄今土人祀之。初長春過阿不罕山，留宋道安等九人建棲霞觀以待，至壬午爲惡人妬忌起訟，衆皆憂懼。道安晝寢見先生自天窗而下曰：吾師書至。道安曰：自何來。曰：自天上。受而觀之，止見太清二字。宋覺白於衆，翌日果有書至自行在，訟事乃寢。蓋先生之陰護也。癸未，長春東還，過其塋域，諸友欲扶櫬而歸，長春止之曰：四大假軀，終爲棄物。一靈眞性，自在無拘。奚拘拘然，以棄物爲念哉。明日遂行，既達漢地。自雲中武川灤陽燕薊十餘處，見先生單騎而至，預報長春宗師東還，何不遠迎。其神異之迹，不能備紀，姑錄一二以表死而不亡者也。庚戌歲眞常眞人奉命褒美道門師德，贈先生中貞翊教玄應眞人號，葬冠履於五華山，以奉歲祀焉。

陶彦明

傳記

李道謙《終南山祖庭仙真内傳》卷中　先生平陽襄陵縣人，幼而好道，事父母以孝聞。年逾三十，怙恃俱失。先生哀毁，過禮服闋。慨然置家累，渡河而南寓居靈寶縣，欲投師學道，罔知所適。大定癸巳歲河間許子靜來爲縣宰，見先生氣質淳正，且告之曰：公果欲慕道修仙，非得師匠，徒費世祀。吾聞丹陽馬君弘全眞之教，今居終南，汝可依歸。乃作詩送行。先生徑詣劉蔣，丹陽見之，如有夙契，留居座下，與之名曰彦明，字明甫。親炙日久，教以性命之理。朝夕訓誨，以至心地開通，了無凝滯。使之游歷諳方，究取父母未生前去。先生卜居渭南，簞食瓢飲。行其所受於師者，若將終身焉。不數歲丹陽召還祖庭，問以日用，且嘆曰：純而不雜者，其惟陶明甫乎。賜之號曰無名子。既而丹陽東歸，先生亦出關，棲止于洛西抱犢山，尋遷桃花山隱居。逾二十年忽告其徒曰：吾昨於定中偶憶先世嘗居靈光洞，今失其所在。後因遊女几山，見石壁間有刻靈光洞三字，中有石牀鐵臼尚在，遂葺居之。衆驗其言，益加信敬。隱餘十載，俄遷居長淵，人莫測其意。不數日北兵掠女几，民多被禍，獨長淵無一騎之來，人益服先生有預見之慧。雖法壽甚高，而步履康健，精神悦懌，可見平日鍊養之功也。正大丙戌秋，雲溪菴門人狄抱元、王抱眞請先生就菴過冬，先生辭曰：此中已備結冬之計，待來春當往，彼作歸休之所。丁亥三月六日杖筴抵雲溪，與道衆笑談終日，翌旦更衣端坐，索紙筆書頌，奄然而逝，享年八十有六。停柩七日，頰紅頂溫，如熟睡狀。殯於所居靜室，明年離峰于君葬諸鳳翼山之西。啓棺形質不變，香風滿谷，萬人瞻拜，莫不讚異。故左丞姚樞爲作墓銘，以紀靈異焉。

王志達

傳記

李道謙《終南山祖庭仙真内傳》卷中　先生延安之大族，姓王氏，名志達，道號玄通子。生於天德庚午歲十二月二十九日。夙喪其父，妙齡雅負清鑒，每歎世緣虚幻，有超然拔俗之心。既長以戶般充里正，征斂廉平，鄉人敬之。以大定丁酉歲，因友人得疾，數日身化爲大蛇，惟頭面未變。先生視之，友曰：公輩可備筐器，送我於山，不然恐頭面隨化，傷及生人。先生揭衾一視，其項已下果爲蟒矣。遂與家人送至山麓間，即附草而去。先生驚駭，從此長往不歸。路逢異人，授以玄旨，且曰：今丹陽師演化于終南，可往師焉。俄失所在，先生徑往，求爲度脱。丹陽初不納，至於責辱數日，求教益堅。憫其誠至，留居席下，俾隨衆執役，教以忍辱鍊心。居數年其勤儉謙退，愈久愈篤。未幾丹陽以道德性命之要付之，先生既得法，卜雲陽縣環堵。默坐一十三年，乃得心光内發，吐爲辭章，胳合玄理。度門弟子數百人，後復還延安。五月大旱，官民問先生雨期，曰：今日小雨，未能霑足，過此三日，澤大足矣。至期，果如其言。泰和間羌人入寇，人心駭懼，先生徐曰：請無慮，昨吾定中見三千無首人，驅五百大獸至。後數日捷書至，果梟首三千級，獲駝五百餘頭。四方聞之，益加敬奉。一日於市肆中小酌，出門仰瞻天表，還入坐，索紙筆書頌云：一輪紅日耀中天，五色祥雲頂上旋。珍重一聲歸去也，倒騎玄鶴海東邊。擲筆曲肱而逝，時大安庚午十二月初二日午時也，享年六十一。平生著述號《玄通集》行于世，葬于府城之東南。天興兵後，門人就先生葬所建玄通觀，以奉香火焉。

薛知微

傳記

李道謙《終南山祖庭仙真内傳》卷中　先生世居河東河津縣，乃唐征遼將軍薛仁貴之遠孫也。法諱知微，字道淵，號碧霄子。以天德庚午歲生，幼不嬉戲，長慕清閑，性沈默寡言。年踰弱冠，酷好養生性命之學。大定辛卯歲丹陽宗師演教終南，聲揚遠邇，先生乃黜妻子，敬謁席下，操紼篲以侍門庭，前後三霜，始終一節。丹陽識爲受道器，乃付以修眞祕旨。先生既得其傳，復還鄉里，築菴守靜，調氣養神。如此六載，故得心宇泰定，性天疏明。辛丑再至祖庭，奉師進道。忽一夕天澄月朗，輒起取薪置諸屋下，衆皆訝其誕，比明雪已盈尺，共服先生有靜定之功，洞見未然。癸卯二三道侶拉同遊天壇，先生曰：王屋洞天，素欲一往，安樂窩中可以託宿。既至主人迎居，一室軒扉雅敞，榜曰安樂窩。同行者相視歎曰：先生誠有道者也。時丹陽東歸海上，多法弟王志一欲遊寧海參師。與之相別，先生慟哭，衆莫測其所以，及王抵寧海，丹陽已羽化二旬矣。未幾復還鄉中，王汝霖來見，先生曰：胡不早求良醫胗治厥疾。王時無恙，聞先生之言不以爲事。未及月忽中風而卒。崇慶間儒士吳世傑、薛國寶問先生秋試題目，對曰：三王以賞刑致康。至期，果然二人皆第。又一日杜仲敏者來菴閑話，先生笑曰：公可速歸，落井之婦猶可救也。杜蒼忙至家，果如所告。先生預見，未然皆類。此後南渡遨游嵩少間，尋遷内鄉，愛其人淳景秀，即結茅隱居，多所接引。至正大壬辰冬十月三日無疾而逝，享春秋八十三。所作詩詞號《清虚集》，度門弟子數百人，唯侯志忍、柳志春、唐志安、范志沖四人爲入室，皆立觀度人於河東雲應間，爲當代之高道。兵後遷先生遺蜕葬於終南山下鄠縣遊仙宮之集眞堂，掌教眞常李君奉朝命追謚先生曰昇玄眞人云。

陳知命

傳記

李道謙《終南山祖庭仙真内傳》卷中　先生姓陳，名知命，道號朝眞子。終南縣袁村人，與劉蔣爲鄰疃。重陽祖師累會化度，先生以家產殷富，未能遽抛塵累。後因丹陽等四眞來居祖菴，先生頗有入道之心。一日丹陽宗師以青包巾一頂作詩贈之云：青雲翦破作雲包，熟視陳公有分消。顧我共君同宿契，願君同我樂逍遙。長生路上尋金鑛，不夜鄉中採玉苗。何啻一身超達去，九玄七祖上丹霄。先生既蒙點化，嘆曰：向日重陽累會化度，我已愚昧不能從師高蹈，儻一朝大限臨頭，寧得以此薄業少延一日之生耶。即日禮丹陽爲師，改衣入道。丹陽以先生有幹濟才，俾充祖庭菴主，積行立功。十載之間，每以醫藥救人，多種陰德，其道衆多賴芘蔭。丹陽每作詩詞，教戒先生修眞處靜，大造其妙。無何退職閑居，丹陽以呂道安代主菴事。先生專以修進爲業。至承安丁巳，忽以手撫呂背，曰：公緣法甚大，將來此菴爲觀之日，度道士數百人爲門弟子。是時吾道大弘，公適當其時，善自保愛，吾其歸矣。言訖徧辭道侶，怡然順化，享壽八十有一。停柩三日，肌體輕軟，目光烱然。明年玉陽宗師買祖菴爲靈虚觀，保賜呂道安沖虚大師號，俾掌敕牒，主領觀事。後果度道士僅三百人，皆符先生之言矣。

宋明一

傳記

李道謙《終南山祖庭仙真内傳》卷中　先生姓宋，諱明一，號昭然子。登州福山縣人。乃祖及父世爲縣吏，以廉平積德，見稱于鄉里。先生幼習儒業，長於詞翰。每以此世爲不足玩，發出塵學道之志。年踰三旬，辭親長往，徑入關中。禮丹陽宗師出家，千磨百鍊，志如金石。服勤之暇，其於修眞習靜之業，與日俱進。丹陽付之口訣，仍以青華陽巾賜之。先生拜受，以其師之所賜，終身收掌，每到旦望頂之，朝拜眞聖。迨大定壬寅春，丹陽鶴馭東歸，先生侍行至海上，日以其母兄姊姪六人俱禮丹陽入道。明年冬丹陽上仙，先生復入關居祖庭。丙午率衆詣隴山，請長春宗師還終南大弘祖教。明昌辛亥長春仙仗亦東遊，先生受法旨，充祖庭尊宿，自後凡入道者，令先生爲引度師。至正大丙戌北兵下，秦川民庶驚擾，避地南山。道衆俱入澇谷，先生獨不肯往。衆勸之行，先生曰：吾之宿債，安所逃乎，汝輩可行，吾獨於此守之。不數日邏兵卒至，靈虛殿宇悉爲灰燼，先生亦被害。翌日道衆下山視之，膏血不流，可謂純陽之體，嵇康羅公遠之流乎。時十月十有三日也，享壽八十四。至大元壬子春正月，掌教眞常眞人李君奉朝命，追贈先生以無憂眞人號云。

呂道安

傳記

李道謙《終南山祖庭仙眞内傳》卷中　先生姓呂氏，諱道安，世爲寧海巨族。幼年穎悟，志慕玄風。仙姿道骨，稟於天然。事父母孝，聞於鄉里。年僅三十二，親俱喪盡。葬祭禮，慨然捐俗入道。是時馬譚丘劉四師於終南守墳，先生隻身西來，納拜於丹陽宗師。丹陽與先生同里閈，素知門第清潔，遂令服勤左右。既薰陶日久，乃能了悟道妙。大定庚子歲，丹陽俾先生充祖庭菴主，撫育道衆。時靈陽李君在世，亦多蒙啓發。丙午長春宗師自龍門來居祖庭，數載之間，日親玄訓於道，了無疑障。明昌辛亥長春仙仗亦東歸，先生修身以敬莅衆，以寬道風，不減師眞在日。乙卯朝省罷無敕額，菴院悉沒於官，祖庭亦在其數。自是門庭蕭索，道侶散逸。承安丁巳時玉陽眞人被召闕下，遣人來召先生。明年春至燕都，玉陽買祖庭爲靈虛觀。仍保授先生沖虛大師號，使掌敕牒，主領觀事，且曰：重陽祖師徒步數千里來化我輩，端爲教門後事，我雖不能親往來，嘗敢忘。汝於祖庭夙緣甚厚，善爲主持。及以詩贈之云：大悟威光朗太空，先天眞瑞信怱怱。虛無清靜全今古，至道流傳正祖宗。三界十方通一致，千經萬論了無窮。忘情自現天元主，透出陰陽造化中。先生西歸祖庭，因緣復振。不數載，買度爲道者，皆以先生爲師，僅三百人買額，爲觀在陝右者數十區。至興定辛巳二月十三日，囑門人以修進之語，以法弟畢知常嗣主觀事，翛然順化，享年八十。葬于仙塋諸師之側。大元壬子春掌教眞常眞人李君，奉朝命追贈先生以凝虛眞人號。

畢知常

傳記

李道謙《終南山祖庭仙眞内傳》卷中　先生姓畢，諱知常。世爲乾州醴泉之巨室，昆季四人，俱好清虛無爲之學。大定壬辰歲聞丹陽宗師於終南祖菴弘演眞教，偕來席下出家。丹陽各付祕訣，節次授以詩詞誘進，以至俱能深造道妙，翹翹爲人天師，惟先生最幼，置之左右，執巾缾之役。日夕訓誨，歲月既久，故偏得修身性命之要。迨壬寅夏丹陽東歸，囑先生西入隴山，侍長春丘君，採薪汲水凡五年。每進饋之暇，危然澄坐，通夕不寐，以修靜定之功。明昌辛亥長春仙仗亦東游，留先生與呂道安同主祖菴事。先生於呂雖爲昆仲，待以師禮。六年乙卯朝省新法以祖菴無敕額，例沒於官。承安丁巳，先生往海上謁諸宗師，長春以所有之貲傾囊盡付，及親作疏文，俾先生化導諸方，爲重建計。明年春先生上燕都，玉陽時應命闕下，召呂道安至燕，買祖庭爲靈虛觀。仍保賜先生通眞大師號，令副知觀事。與呂偕西歸祖庭，道風爲之再新。先生尤善醫藥，聞人之疾，不擇貧富必往救之。至興定辛巳呂道安上仙，先生嗣主靈虛香火。其殿堂廊廡創造增葺者甚多，道緣曰弘，不數歲度門人踰百衆。無幾何，謝觀事閑居，退隱岐山縣五姓之洞眞觀，和光同塵，頤眞養浩。時亦一至靈虚，綱領觀事。正大辛卯關中受兵，先生與居民同避地於太白山之峽，至三月十六日告門人曰：昨於定中山靈潛報，此地不堪久處，當徙之他所。世態如此，吾不忍見。即焚香辭聖，翌旦奄然長逝，門人葬于所居之石室。居民有聽其言而去者，不數日兵至，不去之民俱被禍。大元庚子冬，洞眞眞人于君，奉朝命來住祖庭。念及先生同出丹陽之門，又爲平昔莫逆友，爲衆言曰：畢通眞昔居此踰五十年，恢弘祖教，實吾門之大士也。遂命門人遷先生遺蛻葬於劉蔣之仙塋。壬子春掌教眞常李君，奉朝命追贈先生曰廣容眞人。

宋德方

傳記

李道謙《終南山祖庭仙真内傳》卷下　師姓宋，諱德方，字廣道，萊州掖城人。先世以積善見稱。其初生之夕，里人見其家祥光照徹比日，即大定癸卯歲八月一日也，時人遂異之。僅能言便好讀書，不爲童穉嬉戲事，穎悟強記，識者謂是夙性薰習故。在年十二問其母曰：人有死，可得免乎？母曰：汝問神仙劉眞人去。時長生劉宗師闡教於武官，於是師明日徑往。長生一見，愛其骨格清秀，音吐不凡，留侍几杖。因於灑掃應對之間，就憤悱鬱積之地，投以正法，而啓發之。師既得指授，朝夕充養，未始少息。後得度於玉陽，占道士籍。迨長生仙去，事長春宗師於棲霞。儒經道典，如《易》、《老》、《中庸》、《大學》、《莊》、《列》等書，尤所酷好。外雖詩、書、子、史，亦罔不涉獵。於中采其窮理盡性之學，涵泳踐履，潛通默識，光明洞達，動與之會，其日新之美，固已不可掩矣。庚辰春正月，大元太祖聖武皇帝遣近侍劉仲祿起長春於東海之濱，選其可與侍行者一十八人，師其一也。往復三載，還燕住長春宮。是時從長春之衆，皆躬勤勞。師獨泰然以琴書自娛，有評之於長春，長春拒之曰：汝等勿啜啜斯人，已後扶宗翊教之事業，汝等皆不可及。長春亦嘗私謂師曰：汝緣當在西南。師因語及道經泯滅，宜爲恢復之事，長春曰：兹事體甚大，我則不暇兼，冥冥中自有主之者，他日爾當任之。仍授以披雲子號。及長春羽化，清和嗣典教事。令師提點教門，一舉一動無偏私，而有規制，内外道流，莫不心服。癸巳大丞相胡天祿時行臺河東，請主醮事。甲午遊太原西山，得古昊天觀，故址有二石洞，皆道像儼存，壁間有宋童二字。師修葺三年，殿閣峥嶸，金碧丹雘，如鼇頭突出，一洞天也。丁酉復主平陽醮事，因於玄都觀思及長春向日堂下燕閒之際有曰，藏經大事，我則不暇，他日汝其任之。又曰汝緣當在西南之語，乃私自念云：吾師長春君以神化天運之力，發而爲前知之妙，凡有言之於其先，莫不驗之於其後，謂緣在西南之語，我已安而踐之矣，何獨至於藏經而疑焉。遂與門下講師通眞子秦志安等謀爲鋟木流布之計，丞相胡公聞而悦之，傾白金千兩以爲創始之費，即授之通眞子，令於平陽玄都觀總其事。至事成之日，曾不愆于素故翰林學士李冶所作碑文，從倡始而至畢，乎靡不備錄讀之見。其補完亡缺，搜羅遺逸，而海内數萬里皆經親歷之地。使他人處之，縱不爲煩冗所困，則必厭其勞矣。師猶假餘力，即萊州神山開九陽洞，及建立宮觀，自燕至秦晉凡四十餘區。辛丑春正月會葬重陽祖師於終南。癸卯自甘棠來永樂鎮，拜謁於純陽祠下，見其荒蕪狹隘，師乃招集道衆住持。後雖掌教眞常李君奏請朝命大行興建者，師實爲之張本。甲辰春來終南祖庭，應皇子闊端大王醮事，醮竟，例賜玄都至道眞人號。是時歲經勝緣俱已斷乎，即閒居於雪堂，日與耆年宿德相會談道。至丁未冬十月十有一日，沐浴更衣，示微疾而逝於所居之待鶴亭，春秋六十有五。越七日葬於宮之仙蛻園。平生所作詩文目曰《樂全》前後二集行于世。戊申冬門人遷仙柩於河東永樂鎮純陽宮葬之，建祠立碑，以事香火。至元庚午歲春三月聖旨追贈玄通弘教披雲眞人號。

王利用《玄通弘教披雲真人道行之碑》（《道家金石略》）　三燈傳一燈，光明不得不大，一燈續三燈，氣焰不得不弘，金聲於前，玉振於後，源委歸正，授受無窮，宜其大且弘也。眞人姓宋氏，諱德方，字廣道，萊州士林右族。驚姜之夕，里人見其祥光照徹，異之。生而挺峰嶷，長而好學，於書無所不讀，觀今所傳樂全辭翰，自不可誣。年十二，悟夢幻之無常，企眞仙之遐舉，遺棄家詣長生劉宗師而學道焉。長生愛其骨格清秀，音吐不凡，留侍几杖，於灑掃應對之間，憤悱堙鬱之際，投以正法而啓發之。尋得度于玉陽，占道士籍。後事長春師，其致知格物之學，識心見性之理，洞達精研，涵泳踐履，積眞力久，道價日增，抑所謂「三燈傳一燈，一燈續三燈」者，此也。由是行成於內，聲達於朝。歲己亥，合西□太子賜以披雲眞人之號。乙巳，皇子闊端加以玄都至道之稱。辛亥，皇太弟旭烈祟以披雲天師之位。至元丙寅，塔察兒大王褒以玄都教主流通至道披雲天師。庚午春三月，今主上璽書追贈玄通弘教披雲眞人，仍錫雲州金閣山雲溪觀額曰崇眞。嘻，非至德動人，英邁蓋世，其孰能與此乎？初，大元太祖聖武皇帝遣近侍劉仲祿起長春師於東海，其從行者一十八人，眞人與其選。往復三載，還燕，住長春宮。是時海衆皆躬塵勞，眞人獨燕處，日以琴書自娛，或訴之師，師曰：「汝等毋呶呶，斯人異日扶宗翊教，塵勞固不在汝下。」又嘗私謂曰：「汝緣當在西南。」因授以披雲子號。無幾何，長春霞飛，清和嗣法，命眞人提點教門事，一舉一措，無偏無私，內外道流，靡不悦服。癸巳，丞相胡公天祿時行台河東，敦請主啍州及平陽醮事。甲午，率門徒游太原之西山，得古昊天觀故址，榛莽無人跡，中有二石洞，聖像儼存。壁間有「宋童」二字。眞人葺之三年，恍然一洞天也。昊天落成之秋，胡公再設大醮於平陽，其人繼主之。丁酉，眞人思及長春曩昔緣在西南之語，私自謂曰：「吾長春師以神化天運之力，發而爲前知之妙，凡有定之於先，莫不驗之於後。即今聖皇開國之初，仙眞立教之際，與其蕭閑度日，獨善其身，曷若以大本大宗，道德性命之學，而接引後進者哉。」歲辛丑春正月，涉河赴終南祖庭，會葬重陽祖師，甫畢，則演道于秦鞏鳳隴之間，而向慕者甚衆。癸卯，謁拜純陽於河東永樂鎮祠下，見其荒蕪湫隘，乃招集道衆住持以開闢之。厥後掌教眞常李君奏請朝命，大行興建梵修之地，蓋張本于眞人也。至於東萊神山開九陽洞，及建立宮觀于燕趙秦晉間，凡四十余區，門下傳道者不啻千百數，抑所謂光明氣焰，大且弘者此也。甲辰春，復來祖庭，赴羅天醮，事竟即閒居雪堂，曰與洞眞、白雲、無欲三宗師，暨諸耆年宿德，談經論道，教養爲心。丁未冬十月十有一日，沐浴更衣，示微疾而逝，春秋六十有五。越七日，葬于宮之仙蛻園。戊申冬，門弟子楊太初奉堂下命，遷仙柩於永樂鎮。己丑冬十二月，法孫張道祺來自長安，偕道錄王志明賫秦蜀道教提點天樂眞人李君之書，逕詣成都，致懇於予曰：「先師披雲眞人，今已改葬于純陽宮乾維之原，儻不碑而表之，殆失皇家褒贈之意，抑亦法子法孫之過也，敢請。」予義其請，系之以辭。

張守真

傳記

趙道一《歷世真仙體道通鑑》卷一九《張守真》 字遵一，朝英長子也。母吳氏，嘗夢畀以仙果，曰：汝食之，生子當主陽平治都功印。生而純素守靜，長而寡慾。宋紹興十年庚申，承襲世教。每歲三元傳度，四方輻湊，除邪馘毒，道化盛行。二十九年二月七日，高宗賜號正應先生。孝宗乾道六年十月十三日，高宗召命。十一月十三日，詔赴德壽宮，館于養魚莊。越三日引見，賜坐，咨訪道法，甚款。十九日，孝宗召見，賜坐，賜金錫齋，退就館舍，錫賚頻蕃。十二月十九日，高宗命醮月臺，所禱有異應。越明年，復召見。以上清三洞諸品寶籙，流傳寖久，乃錫金委道錄院鋟木成書，就延祥觀傳度，且命以其版歸，及賜象簡景震劍并手書陰符經以畀之。先生既歸林下，翛然自得，不以世俗介意。每云：嘗收兄虛靜先生書，有川蜀之約，吾將往遊焉。於淳熙三年十月三十日，無疾羽解。

張正常《漢天師世家》卷三 三十二代天師，諱守眞，字遵一，母吳氏，娠十九月而生。宋紹興十年，襲教。乾道六年，毗陵有妖憑樹，詔治之。既行，一夕，雷拔其樹。召赴闕，賜號正應先生。高宗召見，咨問道法。孝宗時，江濤衝決，命醮內廷，有異應，上賜以象簡寶劍、《清靜》、《陰符》二經，賜號正應先生。淳熙三年十月三十日，謂弟子曰：頃得吾兄虛靖書，有青城之約，今當往矣。言畢而化，藏蛻於演法觀近西。元孝宗皇帝制曰：勑漢天師三十二代嗣孫守眞，爾傳之祖業，載世數十，而猶未泯，亦異也。已錫之嘉名，厥有故事，特授正應先生，復贈崇虛光妙正應眞君。

張伯璟

傳　記

趙道一《歷世真仙體道通鑑》卷一九《張伯璟》　張伯璟字德瑩，正應先生長子也。儀冠軒偉，豐玉枕，美鬚髯，人皆謂有正一之風。宋孝宗乾道中，侍正應先生赴召，高宗賜坐賜齋，御筆更名景淵。又見南內，宣演道法，甚嘉納焉。越月，高宗命正應大醮月臺，正應以景淵隸其事，每獲殊應，上加錫賚併賜象簡以歸。遂掌三元之教符籙，受者尤盛。初，皇子魏王鎮明州，以玉壇召師，相得尤厚。一日遣人薦來邀迓，忽謂其徒曰：人間之寵雖至，然吾自有仙期，不可爽矣。遂隱几而化。

張正常《漢天師世家》卷三　三十三代天師，諱景淵，字德瑩，初名伯璟。乾道間，侍父入朝，高宗異之，改今名，嘗醮內廷，有大感。皇子魏王鎮明州，有疾，爲壇以請。至，乃呪水飲之而愈，禮送特厚。一日，復遣人致聘，使及門，忽召弟子曰：吾仙期不可爽。遂隱几而化，瘞劍於上清莒家源。元至正十三年，贈崇眞太素沖道眞君。攝天師，諱嗣先，字光祖，乾道癸巳，兄景淵曾以爲子。年十九襲教，崇寧中，召入覲，時景憲太子書樵隱二字賜之。嗣教一十一年，族長議以景淵有子，當傳，即以印劍付姪慶先，退休樂道以終。

張慶先

傳　記

趙道一《歷世真仙體道通鑑》卷一九《張慶先》　張慶先字紹祖，德瑩嫡子也。慶先未生時，德瑩嘗鞠幼弟嗣先爲子，既而攝祖教。慶先降世，天姿閑雅，賦性簡默，蓋如列子之居鄭圃，時人無知者。久而聲名方馨，神異煥發，道俗宗嚮，不謀同辭曰：眞正一先生之裔也。遂鳴于有司，以宋寧宗嘉泰元年辛酉五月正，襲三十四代之位。三元傳籙，奉香火者雲至。師常以眞純自守，儉素居家，慈仁接物。見貧乏寒棲之士，尤加惻隱而賙濟之。無他嗜好，惟喜飲，而不爲酒困。至嘉定二年下元開壇，越七日，有綈袍幅巾之士，神風偉岸，類有道者。衆莫詰其所從來，師一見之，開樽下榻，如平生歡。既別，猶附耳語，移時乃去。師自是焚香絕粒，不交人事。家人意其蟬蛻有日，請遺法訣，闔而不言。至是月二十九日晨興，盥櫛如平時，翛然晏坐而逝。

張正常《漢天師世家》卷三　三十四代天師，諱慶先，字紹祖，德瑩子也。慶先未生，德瑩嘗鞠幼弟嗣先權攝教位。慶先以嘉泰辛酉襲教，性慈儉周貧，因至是經籙之傳益廣。飲酒數斗不醉。嘗遊山之張公洞，有井極深，戲以木葉投之。俄而波濤洶湧，有一老人，從井中出，拜而有請，戒之毋旱澇而去。嘉定二年十月二十二，有道人來謁，禮敬甚恭。既去，語弟子曰：彼與吾有深約。越七日，晨興晏坐而化。元至正十三年，贈崇虛眞妙光化眞君。

張可大

傳　記

趙道一《歷世真仙體道通鑑》卷一九《張可大》　張可大字子賢，乃正應先生第二子，伯瑀之孫，仁靜先生天麟之次子也。初，景淵羽化時，伯瑀嘗攝三十四代事。至慶先羽化，嫡子成大幼，天麟復攝行三十五代教法，嘗被宋寧宗召，賜號仁靜先生。未幾，成大早化，遂以可大爲慶先後。理宗紹定三年，仁靜仙去，可大年方十三，正承三十五代之教。豐神秀異，性識不凡。四方參受法籙者，動數萬計，道化盛行。端平三年，奉聖旨賜錢，重刊先朝元賜籙板。嘉熙二年，加封正一靜應顯佑眞君。助法，鳴山、玉泉、龍井之神，咸加封焉。三年四月，奉聖旨召赴行都，退潮禱雨，禳蝗保邊，咸有感格。七月，召見，賜坐賜齋，賜號觀妙先生。褒嘉甚至，錫賚便蕃，仍賜錢重興先朝元賜眞懿觀，俾爲母子同居之地，錫以土田，免其租賦。御書觀額及眞風之殿、紫微之閣以賜，又賜扇一握，親灑宸翰曰：神與道而爲一，天與人而相連，苟精守以專密，必駕景而淩煙。先生又爲助法，鳴山、玉泉、龍井之神請于朝，咸加封爵。自是簡眷愈隆，時有宣賜，降香建醮無虛歲，每禱輒應。至寶祐二年，復奉聖旨，召赴行在，住持龍翔宮。以親老故辭，準勅，提舉三山符籙兼御前諸宮觀教門公事，主領龍翔宮事，至今遙領。自是既得請，有逍遙物外之志。景定三年，乃以教法授次子宗演，具表奏聞。至四月初十日羽解，上與東宮各有賜賻。至瘞劍，宣賜尤厚。丞相江萬里爲撰碑銘。

張正常《漢天師世家》卷三　三十五代天師，諱可大，字子賢。曾祖三十二代天師守眞弟二子伯瑀之孫。初，景淵歿，伯瑀常攝教事。慶先歿，嫡子成大幼，可大父天麟攝教事。寧宗召賜仁靜先生。未幾，成大早歿，以可大爲慶先後。紹定三年，仁靜歿，可大年十二，正三十五代天師位。時鄱陽水溢，壞民廬室，袁提刑甫請治之，以符投江，雷震殪死大白蛇，水遂復，故袁爲詩以贈。端平年間，累召赴闕，賜鋟經貲。嘉禧三年，錢塘潮決水及艮山門，民廬盡湮，詔治之。投鐵符潭中，潮遂退。又大旱蝗，命醮於太乙宮，雨作蝗殪。七月召見，賜號觀妙先生，勅提舉三山符籙，兼御前諸宮觀教門公事，主領龍翔宮，重建眞懿觀，賜田若干頃，免租稅。御書眞風殿、紫微閣、眞懿觀額。上冊加封祖師，關石二帥，龍井等神。元世祖遣使訊之，乃授以靈詮，且言其後驗。景定四年四月，以印劍付次子宗演，具表辭謝而化。丞相江萬里爲銘，瘞劍於瑞慶觀。元世祖皇帝制曰：道爲天地之常經，妙參造化名者，古今之公器，特示褒崇。故三十五代嗣教漢天師觀妙先生張可大，佩籙三玄，蜚聲八極，積功累行，造彼希微，禱雨退潮，特其土苴。昔先皇在潛邸，遣間使詣珠庭，知天命之有歸，以靈詮而默授，謂聖明當一四海，其徵驗。後二十年，蓋神與道俱洞側將來之數，及遠懷近悅，允符前日之言。乃眷眞游，盍頒異渥，嗣師與棣，克紹宗風，宗師留孫，總持玄教。其立稷丘之祝，仍加眞一之稱，於戲冕服，倘來非至人之所尙，雲軒伊邇，尙多貺之未伸。贈通玄應化觀妙眞君。

張宗演

傳記

張正常《漢天師世家》卷三　三十六代天師，諱宗演，字世傳，號簡齊。性淵靜，少穎敏，年十九襲教。宋咸淳間，信之上饒旱，守臣唐震請祈雨，應如期。元世祖平宋，遣使優諭，召至，勅廷臣郊迎，待以客禮。入見，顧問者再。六月醮於內廷。明年，又醮長春宮，賜號演道靈應沖和眞人，給二品銀印，命主江南道教事，得自給牒度人爲道士，路設道錄司，州設道正司，縣設威儀司，皆屬焉。詔諭江南復宮觀賦役，即京師創崇眞萬壽宮，勅弟子張留孫主之。後復兩召至闕，禮遇有加。一日，有道人來謁，告以玉兔之約。時至元辛卯十一月十一日，有獻白兔者，語弟子曰：吾昔以明日生，今以明日去矣。遂書頌而化，瘞劍於蟠田源，後贈演道靈應沖和玄靜眞君。元世祖皇帝詔曰：諭龍虎山張天師，卿之先祖道陵，用心精一，得法籙之正傳，甚有徵驗，流布至今，子孫相承，已數十代，二千餘年矣。雖常聞卿之譽，以兩國梗絕之故，未遂延請，邇者宋主不度德量力，執我行人，久留弗遣，以故命中書左丞相伯顏率兵南伐，上天眷合，大江已爲我有，南北一家。今特遣武略將軍兵部郎中王世英，武略將軍刑部郎中蕭郁賚詔召卿，毋以易主，遂生疑貳。卿之先世，自東漢以來，歷事一十五姓，無非公心，未嘗有所偏執。天無私心，厥命靡常，卿知道者，寧想昧於是乎。宜趣命駕，毋多辭讓，故茲詔示，復宜知悉，欽哉。元世祖皇帝制曰：三十六代天師張宗演，卿心傳法統，體粹眞風，廣黃庭大洞之科，持正一盟威之籙，爰清爰淨，以信以誠，三尺青蛇，役鬼神於冥漠，一桮明水，淨天孽於邇遐，既弘開濟之功，宜畀褒崇之號，特贈演道靈應沖和眞人。元成宗皇帝制曰：蓋公遇漢，寧辭海上之招，司馬在唐，嘗應天台之聘。按古來之達士，多寓跡於名山，惟出處之隨時，乃周旋於中度。三十六代天師演道靈應沖和眞人，管領江南諸路道教事。張宗演慶衍仙靈之派，學探靜定之功。自王師臨鄂渚之初，而妙道達世皇之聽，芝泥，雲篆，鳳書，一下於江南。金服，瑤冠，鶴馭，三承於聖卷。宗風爲之益振，玄教爲之增光。遐想仙游，宜申卹典。爰進陞階之號，仍加節惠之文。於戲，旌陽有術鎮蛟螭。既貽芳於賢嗣，姑射所居無疵癘，尙敷錫於編氓。贈演道靈應沖和玄靜眞君。

張與棣

傳記

張正常《漢天師世家》卷三　三十七代天師，諱與棣，字國華，號希微子。淵默寡言，洞明三教，爲詩文，立成數千言。甫冠，侍父入覲，儀表溫瑩，敏於應對，上屢嘆異之。至元辛卯，嗣教。應召，上賜坐，慰勞甚至，授體玄弘道廣教眞人，管領江南諸路道教事。成宗登極，復召，命醮於圓殿，又醮於長春宮，命天下行其醮典，改天下諸路天慶觀爲玄妙觀。一日，忽謂弟子曰：吾世味素薄，今留京師且久，非吾願也。懇乞歸山，未允。越月，示化於崇眞宮，遣使護柩還山，勑廷臣祖祭於都門，後葬於玉田。元世祖皇帝制曰：漢天師三十七代孫張與棣，可嗣乃父演道靈應沖和眞人，以傳法統，用闡玄風，宜令張與棣准此。元世祖皇帝制曰：漢天師三十七代孫張與棣，卿慶源有自，化應無方。宜頒紫誥之榮，以作玄門之表。特賜體玄弘道廣教眞人，管領江南諸路道教事。元武宗皇帝制曰：紹玄風而繼世，率乃祖之攸行，溥內則以疏恩，亦於今之所向。嗣漢三十七代天師仙姑馮淑眞，簪纓素緒，鞶帨芳儀，媲穀城之傳益，師清靜守栢舟之操彌篤，堅貞爰祉，惟深錫名，斯侈雲龍風虎之慶會，亶謂有光舞鳳迴鸞之制書，茂承無斁，授靖明眞素仙姑。

張與材

傳記

張正常《漢天師世家》卷三　三十八代天師，諱與材，字國梁，號廣微子，宗演次子，天資仁厚，爲詩文，可立就，書翰精奇，至元三十一年嗣教。上遣使賜冠服玉珮，俾掌教事，乃召見。明年，改元元貞，入見大明殿。又明年，制授太素凝神廣道眞人，兼管道教。仍封母爲玄眞妙應仙姑，俾自給牒度道士，免宮觀差役，護法籙，免遠輸之役。大德二年，海鹽官奏，二州潮大溢百里，沙岸嚙，將及城下，奉詔治之。至杭州，醮於佑聖觀，投鐵符河圮處，符躍出者三，雷電晝晦，磔死水怪魚首龜身長丈餘於水裔，隄障復故。五年復召，至京，丞相答剌罕請禱雨。天師曰：誠可格天，天必有感。明日果雨。上召問：冬暖不雪，民間得無有災乎，命爲壇禱之，是夜，雪下盈尺。六年辭歸，上御柳林，詔天師侍祠，致嘉貺甚著。且緘香，使禱於所過名山宮觀，歸醮於上清正一宮，給銀印，視一品，加金紫光祿大夫，留國公，正一教主，兼主領三山符籙。加封二代嗣師，三代系師，皆爲眞君。母周氏，爲玄眞妙應淵德慈濟元君。時皇太后在興聖宮，仁宗在東宮，皆寵賜特厚。是歲，夏多雨，宰臣合散公留守大都，遣禮部尙書王公約請禱。越三日天霽。仁宗即位，復入朝賜見嘉禧殿，詔太保曲出若曰：予嘉天師之道，其繼承之緒佗無與比者。又賜寶冠金服。二年四月，遣使至山，諭曰：去冬不雪，今復不雨。田弗就種，朕甚不忍民之傷也。禱於上清宮，隨應遠近周洽。每歲參授法籙及以水旱妖癘來告者，無虛日，皆活之。捐粟爲義倉，以周貧乏。藝術之士，日集於門，各如其望。延祐二年秋，與弟子遍遊岩洞，或爲詩繪物，皆寓意有警，人莫能測。除日，復自贊壽像，有東風吹雪之句。越明年，正月，有一日，雪。口占遺頌而化，勑葬於金谿之鳴陽，建祠曰玄都觀。元貞二年，成宗皇帝制曰：三十八代天師張與材，卿虹芝標瑞，金格蜚英，學參萬景之玄微，籙闡三元之正教。乃祖乃父，已顯號之，同膺難弟難兄，宜眞風之再衍。特加寵錫，庸示眷懷，惟至人體道爲功。卿當振靈山之緒，以敬德祈天永命。朕方崇璇室之科，賜號太素凝神廣道眞人，管領江南諸路道教事。元大德八年，成宗皇帝制曰：粤自上古，相傳能爲國家除害。正一初祖之於蜀，嘗駈龍井之妖，觀妙先生之於杭，亦彌胥濤之患。卿持法印之三載，潮齧海鹽之兩州，憑鐵符丹篆之靈，殄魚首龜形之蠥，沙漲復隄防之固，民居脫昏墊之災。比因江淛行省，以聞俯酌玄教宗師之議，精誠有感，宜茂進於仙階，清靜無爲，尙欽崇于妙道。特加正一教主，兼領三山符籙，餘爲故。元至大元年，成宗皇帝制曰：惟除邪輔正，關世教以爲多。崇德報功，宜邦彝之具舉，維聖祖夙欽於至道，而先皇屢款于眞儀。茲嗣服之云初，豈疏榮之可後。正一教主，嗣漢三十八代天師，太素凝神廣道眞人，管領江南諸路道事，主領三山符籙張與材，清偏偉望，博學通村，泓然理域之深融，汎若環中之順應，禦民菑而輒效，持章猶虛請之精嚴。祈福貺則隨臻餘戒，具沖和之祇，肅動靡端倪之可見，勞奚章綏之能爲制，則特頒理於茲，順於戲封留足矣。益光炎漢之高風，自天申之永贊，有元之丕祚，往綏燕履茂對鴻庥，加贈正一教主嗣漢三十八代天師太素凝神廣道明德大眞人，領江南諸路道教事。特授金紫光祿大夫，封留國公，餘如故。元貞二年，成宗皇帝制曰：至道之用存乎人，偉貞源之有自，君子之學成，其德繄茲，闡之是儀，太素凝神廣道眞人，嗣漢三十八代天師張與材，母周氏，惠恭德合，沖和行資，純素蒼圖，分系本支，迭紀于仙階，珠樹聯芳，兄弟繼傳于祖，即于今可尙，往昔未聞，特頒寵渥之隆，庸慰孝心之至，宜于後裔，益增正一之光輝，介邇遐年永奉宵晨之香火，賜號玄眞妙應仙姑。元至大元年，武宗皇帝制曰：朕惟老子著道德言，亦本孝慈之旨，西母在列，仙籍可爲，仁壽之宗，方將敦俗化以養親，故特崇閫儀而錫寵正一教主嗣漢三十八代天師太素凝神廣道眞人張與材母玄眞妙應仙姑周惠恭，禔身貞淑，秉性徽柔，德媲高門，克義方之訓，慶緜後裔，益昌道紀之傳，是宜頒天詔之五花，以示報春輝之寸草。問蓬萊水幾見海嘗清淺，西池蓮開，居姑躬山。能使物不疵癘而年穀熟，助揚正教，茂介遐齡，授玄眞妙應淵德眞人。元延祐元年，仁宗皇帝制曰：修道者，母爲先，學仙者，孝爲大。泝其源之所自，錫恩命以維新。正一教主太素凝神廣道明德大眞人領江南諸路道教事嗣漢三十八代天師張與材母玄眞妙應淵德眞人周氏惠德，有德有功，爰清爰靜，來作神仙之侶，維以末年，繼爲天人之師。幸哉有子，指蓬山而歸去，葉鼎卷以如遺。雖沖漠不可強名，而國家亦所宜禮肆，頒美號式，重玄宗於戲，藏劍依壇，尙想成丹之魏母，飛茅建靖，母志傳道之諶師，謬爾逍遙，歆茲優渥，追封玄眞妙應淵德慈濟元君。

張嗣成

傳記

張正常《漢天師世家》卷三 三十九代天師，諱嗣成，字次望，號太玄子。神淸高遠，端毅寡言。至大三年，侍父入覲，至杭，寓宗陽宮。俄杭城火發，衆往求救，發通江橋，望火起處，以水噀之，火遂滅。延祐三年丙辰，留國仙逝，以印劍授之，命襲教，開府張宗，師聞於朝。仁宗遣使至山，命主教事，且召之。十月入覲，上顧問甚至，喜曰：克肖而父。命建金籙大醮於長春宮，禮成，賜冠服。明年正月，告歸。制授太玄輔化體仁應道大眞人，主領三山符籙，掌江南道教事。推恩，封母易氏爲妙明慧應常靜眞人。降璽書，命掌道教，給度牒，行法籙，免遠輸之役，遣使護送還山。七年，鹽官州海潮復作，詔即行省建大醮禱之，投鐵符岸圮處，雷電大作，水息復故。英宗即位，詔入覲見於上都，降璽書給驛護還。泰定二年正月壬午日，有食之大臣求禱雪以禳之，天大雪。復命建黃籙大醮於長春宮，時有天花雲鶴之瑞，國子司業虞集承詔記之，制加翊元崇德正一教主知集賢院道教事。四年，鹽官州潮復決岸，崩及城，詔召至行省，醮於佑聖宮。有三足龜見殿上，潮退。杭民以旱告，即雨。至順元年，入朝降璽，書申護有加。至元，再召入見上於明仁殿，時京畿旱，詔禱雨崇眞宮，大應。秋，苦雨，禱而霽。冬不雪，祈即應。上大悅，賜以上尊，且語近臣曰：朕煩天師多矣，可錄前後勳績備載制詞。三年三月，頒制加知集賢院事。留京已久，乞還山，詔百官宴餞之。既還，棄絕人事，逍遙自娱。至正四年甲申，將遊五嶽，青城，先登泰山。九月，舟次呂梁，薄暮，有一老人求見，密語，移刻而去。明日，遽命返舟，庚子抵寶，應化於舟中。弟子奉冠劍還，入鄱湖，抵雲錦溪，有二黑龍護舟疾行。不六日，泝流而達，其神異若此，後葬於南山。元仁宗皇帝制曰：天下有道，宜崇清靜之風，至人無爲，爰佐隆平之治。誕揚命號，申耀宗乘。嗣天師張嗣成，得老氏之眞詮，實玄門之鉅擘。自漢而下，以其數考之一千餘年，渡江以來，於今四傳矣。三十九代，學邃瓊科之正聲，騰絳簡之英嗣。錄云，初來朝，甚謹，俾陟仙班之舊，綜維教事之新，贊皇極之建中，衍洪圖之錫羡，於虧維名不假。朕特示於綏嘉，率祖攸行。卿盍思於報稱，丕欽茲渥，罔替其恭。推恩，封母易氏爲妙明慧應常靜眞人，别降璽書，命掌道教。元英宗皇帝制曰：朕欽崇天命，景慕道德，求所以靜一而寧民者，與言至人，榮及後裔。嗣天師張嗣成，由爾祖能傳老氏之旨，遵和崇正，扶植世教。世其家者，繼顯在爾。器識弘達，博學多聞。自先朝以長，而賢俾嗣名號，承志篤善，克勤不怠。每懷沖退令聞益彰。朕踐祚之始，爾奉幣來朝，執儀甚謹，良用寵嘉，申命宜新，循乃舊職，尚一爾心，用弘爾教，恭畏祗肅，協贊無爲之治，毋替厥服往惟，欽哉。特授正一教主嗣漢天師太玄輔化體仁應道大眞人，主領三山符籙，掌江南道教事。元晉王制曰：我國家之崇玄教，古莫與倫。卿家世之被皇恩，今爲特盛。宜隆稱號，爰示寵嘉。嗣天師張嗣成，冰雪神人，風雲聖代。乃祖乃父，累功積行於前，若子若孫，繼緒增光於後。及此初元之覲，助予敬德之新，翼翼小心，允謂恪恭而有禮，巍巍大道，共期清靜以無爲。特授翊元崇德正一教主嗣漢天師太玄輔化體仁廣道大眞人，主領三山符籙，掌江南道教事。封胡氏爲明慧慈順仙姑。元順帝制曰：老聃度函谷關，未始忘於天下，留侯從赤松子，豈果棄於人間，式開聖人神道設教之門，遂任天子爲民請福之寄世傳法者，代有功焉。不遠而朝，宜新厥命。特授翊元崇德正一教主嗣漢三十九代天師太玄輔化體仁應道大眞人，主領三山符籙，掌江南道敎，知集賢院事張嗣宗，神明之裔，道德之宗。自爾祖之遇世宗，乃父之於仁廟，既膺天眷，兼簡帝心。雖膺有道之長，實繫聖明之主，而樂無爲之治，庶闡清靜之風。誕布玄休，屢昭靈應。卿既克承於後，朕亦丕勞爾先。往者海水爲災，再免黔黎於昏墊，近而天時作慝，三致雨雪之感通。功成弗居，禮宜有報。噫，神仙以忠孝爲本，尚母媿於傳賢，帝王以天地爲心，曷敢忘於敬德，見所帶職號如故。

張嗣德

傳記

張正常《漢天師世家》卷三　四十代天師，諱嗣德，號太乙，與材第二子也。性寬厚，善文好詩。至正甲申嗣教，後九年壬辰，天下兵興，命弟子舒惟寅募義保障，凡鄰郡間，兵不敢犯，民賴以安。是年十月，微疾而化。明年，制授太乙明敎廣玄體道大眞人，主領三山符籙，掌江南道教事，制下已化矣，藏蜕排衙石。元順帝制曰：正一仙眞，克紹經籙符章之祕，神明華胄，宜膺冠裳劍印之傳，仙籍有徵，寵章再錫，咨爾張嗣德，學資家訓，道演宗盟，祖禰流芳，雲仍襲慶，始著飛昇於蜀漢，世施度化於江湖。寶籙金符，瑞應昔昭於簡冊，青蛇玉劍，淵源永緒於箕裘。歷彰糾攝之靈，每佐清寧之治。渙號雖基於前代，綸恩猶渥於本朝。紫誥銀章，禮重褒崇之典，珠冠金服，光貫沖素之流。玄門偶闕於承宗，法嗣共推於嫡嗣。卿其奉眞元之秋律，肅太上之精筵。恪思繼業之隆，益拯含生之沴，再揚靈素，永播眞風。於戲，珪幣多儀，務念輸誠以事帝，壇壝祕祝，愼嚴徼福以庇民。尚體予衷，以弘爾教。

張正言

傳記

張正常《漢天師世家》卷三　四十一代天師，諱正言，號東華，嗣德長子也。貌古神清，沉靜寡言。時京道不通，且二年餘矣。江浙行省，遣間使傳制授天師明誠凝道弘文廣教大眞人，主領三山符籙，掌江南道教事。踰年，集諸弟子曰：吾家世代以福國忠君化民爲本，今天下兵爭日久，朝廷去遠，安危未可知。况吾諸弟子總玄教於北者，榮遇特隆，可無一言以致徵兆之吉乎。於是介弟子程天翼，奉命言於玄教大宗師，於有興入陳於朝。上曰：天師，方外士也。曩以川途梗塞，無以致撫安之道，朕甚慊焉。天命此幸，有以旋之宗師奉旨。俾天翼還報，歲己亥。中元日，陞座演道，語若有警，人鮮能測。未幾，示微疾，召弟子曰：吾自襲教以來，遭時多難，今逝期至矣。越二日，書頌而化。

張聞詩

傳記

婁近垣《龍虎山志》卷七 張聞詩，號松隱，貴溪人。景定間，敕賜觀妙大師，住持本宮。先是，宮門不稱，聞詩別創樓門，面琵琶峰，前臨大溪，有以陰陽之說撓之者，聞詩曰：自後吾教當大昌，山中之盛，應十倍於前也。預作生壙于石陂渡，得石鏡一，石履二，聞詩曰：此豈吾徒履泰階而輝耀靈之兆歟？謂張留孫曰：恐在爾也。後十年，宗師在朝元至元間誥封通眞觀妙元應眞人，卒。

留用光

傳記

婁近垣《龍虎山志》卷七 留用光，字道輝，貴溪人，師蔡元久，道貌奇古。既壯，遊南嶽，至臨川，逢一道人，自言張輔元，與偕行。行則爲張負，止則爲張炊。次長沙，張謂曰：子事吾勤亦至矣，向吾慢子，觀子之變，乃久而加敬。吾入蜀，有一編書授子，子其祕之。遂去，啓視之，乃天心五雷法書也。張輔元者，或謂是漢天師云。淳熙丁未，衢州旱甚，郡守沈作礪夜夢神人告曰：司江南風雨者，留用光也。又夢黑龍蟠於城隍廟門。且遣視之，乃用光醉卧也。遂強延禱雨，大應。作礪以聞，詔趣赴朝，道經婺之蘭溪嚴陵，皆以雨請，悉應如響。至錢塘，禱雨又應。時年四十，尚未得牒正道士之名，孝宗即御前賜以冠服，且御書「行業清高精誠感格」八字賜之，前後五制授左右街都道錄、太乙宮都監，號沖靜先生。寧宗爲出內帑錢帛，修上清宮，新而廣之，特免差徭，復爲甲乙，奏立長生局，許置莊田飯衆，增賁舊規。嘉泰甲子，得請還山，校定黃籙科儀。開禧乙丑冬，復召，謂使者曰：歸奏天子，治天下者，道德五千言足矣，山林野人，來將奚益？明年丙寅元旦朝眞畢，與宮之士會拜，笑且言曰：奉告珍重。有問之者，答曰：一念倏萌，是曰妄想，達人大觀，孰來孰往。遂口授遺表，俾聞于朝。乃陞座揮麈，言曰：自出洞來無敵手，竟不續下句而化。七日面色如生。寧宗覽表，爲之嗟悼，遺香賻宣，葬於宮後之方家源。嗣其教者爲紫微派。

黃公望

傳記

陳教友《長春道教源流》卷七 黃公望，字子久，本姓陸，世居平江之常熟，繼永嘉黃氏，遂徙富春。父年九十始得之，曰黃公望子久矣，因以名字焉。性稟敏異，應神童科。至元中，浙西廉訪徐琰辟爲書吏。一日，著道士服，持文書白事，琰怪而詰之。即引去，更名堅，自號大癡。道人隱於西湖之筲箕泉，已而歸富春，卒年八十六。楊鐵厓謂：子久詩宗晚唐，畫獨追關仝，其據梧隱几，若忘身世，蓋游方之外，非世俗所能知也。所著曰《大癡道人集》，別有《紙舟先生全眞直指》一卷，《抱一含三祕訣》一卷，并金月巖編公望傳。《元詩選》參。國朝錢大昕《元史藝文志補》

李道純

論說

陳教友《長春道教源流》卷七　酥醪洞主曰：《中和集·全眞活法》一篇，道純以授諸門人者。其云全眞道人，當行全眞之道。所謂全眞者，全其本眞也，全精全氣全神，方謂之全眞。才有欠缺，便不全也，才有點污，便不眞也。全精可以保身，欲全其精，先要身安定，安定則無欲，故精全也。全氣可以養心，欲全其氣，先要心清淨，清淨則無念，故氣全也。全神可以返虛，欲全其神，先要意誠，意誠則身心合而返虛也。是故精氣神爲三元藥物，身心意爲三元至要，學神仙法不必多爲，但煉精氣神三寶爲丹頭，三寶會於中宮，金丹成矣。豈不易知，豈爲難行，難行難知者，爲邪妄眩惑爾。觀其所言，頗得全眞派養生之要，蓋欲挽南宗流弊，而歸諸北宗者。明王世貞《弇州續稿》有書中和集後云：余始得此書而讀之，覺其緊爽有味，其於一切內外丹藥吐納伸經之術，如黃庭、參同、悟眞之類，皆指以爲傍門小道，而究其大指，多出禪門，如四祖啓法融南嶽醒大寂語，又雜以中庸飾之，大要欲成一家言耳，非必有所得也。吾所聞如尹蓬頭、赤度子，所見如閻蓬頭、劉大瓢輩，遠者至數百歲，邇者亦自強力，飲噉兼人，傍門小道行之久，久亦自有益，第不能出世耳。此曹子眉山公所謂啖豬肉者也，李先生所謂談龍肉美者也。按王氏既知傍門小道不能出世，乃不究全眞要道，而但嘲李先生爲談龍肉美，何耶？

傳記

陳教友《長春道教源流》卷七　李道純字元素，號清菴，別號瑩蟾子，都梁人。博學長才，所著《中和集》，盡闢一切爐鼎服食修煉之說，歸於沖虛渾化，與造物爲一。併註《太上大道德經》三章、《道德會元》等書行世。《鳳陽府志》，參《四庫提要》○《中和集》內有《全眞活法》一篇，則道純全眞派也。杜道堅《中和集》序云，維揚損菴蔡君志頤，清菴門人也，得其賸馥，編次成書，大德丙午，謁余印可。丙午，成宗大德十年。道純於時當已化，蓋世祖時人。道藏目錄載道純所著有《太上昇元消災護命妙經註》《太上玄通經註》《無上赤文洞古經註》《太上老君說常清靜經註》《三元易髓》一卷，《全眞集玄祕要》一卷，《瑩蟾子語錄》六卷，都梁，漢零陵郡，晉以後爲邵陵郡，今湖南寶慶府武岡州地，道純蓋湖南人而居鳳陽者。

杜道堅

論說

陳教友《長春道教源流》卷七　酥醪洞主曰：宋時大江南北，道教亦盛，大約皆南宗也，然王逢《梧溪集》有「十二月廿二日，爲王重陽眞人誕辰，是日立春，在松江長春道院瞻拜眞人及七眞像，敬題薛一山丹房詩」，則元時全眞教已行於江南矣。余希聖、李道純、杜道堅，蓋其著者。考其所學，則以北宗爲主旨，而不雜以南宗，亦篤信之士也。

傳記

陳教友《長春道教源流》卷七　杜處逸字道堅，號南谷子，采石人。

年十四得異書，師事葛蒙庵，入茅山昇元觀作道士。皇慶間，授隆道沖眞崇正眞人，創元通觀，作覽古樓，聚書萬卷。延祐中，住武林宗楊宮，築老君臺，肖聃像，旁列尹喜、列禦寇、莊周等爲十賢，趙孟頫記其事。後微疾，爆然有聲而逝。《太平府志》〇杜道堅《中和集·序》云：維陽蔡君志頤，以李清庵《中和集》謁余印可，余未啓帙，先已知，羣妄掃空，一眞呈露，謂如天付之而爲命，人受之而爲性，至於先天太極，自然金丹，光照太虛，不假修煉者，漏泄無餘矣。可以窮神知變而深根寧極，可以脫胎神化而復歸無極也。抑以見道之有物混成，儒之中和育物，釋之指心見性，此皆同工異曲，咸自太極中來，是故老聖常善救人，佛不輕於汝等，周公豈欺我哉。覽是集者，切忌生疑，觀所論，蓋深得全眞之學者。石墨鐫華云：陝西樓觀有元時希聲堂碑、文始先生碑，杜道堅書文始先生尹喜也。道堅，江南人，而爲陝西樓觀書碑，則亦全眞派也。道藏目錄載有道堅所著《道德玄經原旨》四卷，《玄經眞玄旨發揮》二卷，《通玄眞經續義》十二卷。四庫提要有宋杜道堅《文子續義》十二卷，與《通玄眞經續義》當即一書，云宋人者誤。

蔣宗瑛

傳記

劉大彬《茅山志》卷一二《上清品篇》　三十八代宗師：沖妙先生，姓蔣諱宗瑛，字大玉，毗陵人。幼習舉子業，長游四方，居越之金庭山二年。嘗於石壁間得《登眞隱訣》一書，私甚異之，遂挾書來華陽，從湯先生游。一昔夢天門開，見游玉海仙人五字。明日傳度登壇，因以爲號。朝廷行郊祀禮，久雨，召詣闕禱，迺大霽。理宗賜御書上清宗壇、聖德仁祐之殿、景福萬年之殿，凡三牓，賜錢十萬緡，繕修宮宇。還山，累表乞謝事，不允。開慶改元，託疾游廬山，遇鄂渚之亂，迺過天目山，往來永嘉山水間，註《大洞玉經》十六卷。上聞其高尚不可回，地主之任不可缺，遂勑高士景元範代之。大元至元十八年，世祖皇帝降特詔，便安就道，不得辭。比至燕都，六月二十七日無疾化，弟子奉冠履歸葬藏眞之山。贊曰：

得書石室，古仙所留。具釋隱言，以鎭丹丘。天門廣開，羣眞畢來。匪夢伊眞，萬方其新。

景元範

傳記

劉大彬《茅山志》卷一二《上清品篇》　三十九代宗師：架巖先生，姓景諱元範，字仲模，句曲人。幼依任宗師，爲侍者。脩髯廣顙，如古列仙，生平不知酒肉味。嘉熙間，從任公詣都，出住建康天慶觀。開慶改元，召爲龍翔宮高士，歷左右街鑒義。未幾，勑充上清宗師。理宗后謝氏如先朝故事，尊以師禮，受大洞畢法，其詞略曰：爲天下母，敬持坤順之符，尊道中師，庸受頤眞之籙。時師以元陽觀爲外靖居焉。景定壬戌十二月二十五日化。贊曰：

偉乎架巖，誓遺世塵，食地徇形，寔滯昇眞。處高非危，守潔非介。飛步神京，接軌玉海。

劉宗衵

傳記

劉大彬《茅山志》卷一二《上清品篇》　四十代宗師元靜先生，姓劉諱宗衵，溧水人。師事玉海蔣公，公弟子數十輩，師年獨幼，卑順自牧，冥心道域。寶祐間，從蔣公造朝，復從游廬山，宿紫極宮。夜聞呼茅山道士曰：天王校錄洞中劉子可歸矣。師心怪之。明日，別蔣公去，至金陵。父卒，終喪迺還句曲。一夕芝生滿山，悒悒不樂，人問之，終不言。明年，北兵破四川，朝廷累徵不起，深晦其道，以終天年。贊曰：

世運向微，海將塵飛。仙人知幾，暫至遄歸。山靈夜呼，芝英晝映。我保玉書，以請民命。

王志心

傳記

劉大彬《茅山志》卷一二《上清品篇》 四十一代宗師：一空眞妙先生，【略】金壇人。棄家學道，師元符知宮湯元載。唯上清宗壇主其法者，世以甲乙次，蓋自靜一先生始。時開慶宦者董宋臣私於婺之道士朱知常，挈印劍於赤松宮。師詣闕，上言暴其惡。詔如舊次，勑取印劍還山，衆推登壇，揮手謝之。寒暑一衲而已。每凝坐而起，兩袖常拂火光。咸淳癸酉九月二日，說偈解去，大衆追禮，爲復正宗師，以補系代之失。贊曰：

道之所傳，天且弗違。孰睥睨之，間以人爲。苟可間者，斯非其道。告示眞士，善守神保。

翟志穎

傳記

劉大彬《茅山志》卷一二《上清品篇》 四十二代宗師：觀妙先生，姓翟諱志穎，字同叔，丹陽人。年十三，入華陽洞之西便門，遇道士坐石上，指石壁題名謂師曰：汝姓名在崇師之列。因顧石壁，失其人。及長，果嗣法主之任。清容慈儉，唯道是從，始自永嘉迎玉海度師還山。北兵乙亥歲下江南，明年丙子化去。時至元十三年六月二十四日也。贊曰：

華陽之洞，壁以玄瓊。千歲一開，列見仙名。仙之爲道，有化無迹。人躬火傳，我返眞極。

許道杞

傳記

劉大彬《茅山志》卷一二《上清品篇》 四十三代宗師：凝和宣靜眞應法師，姓許諱道杞，字祖禹，句容人，上清仙侯之裔也，宋端平三年丙申十二月二十七日生。幼事蔣度，師性行方矢，不輕然諾。國初，兵革之餘，歲旱饑疫，淮邦惟甚。時省治在維揚，省臣避堂請師至禱，雨足而疾已，遂給驛敦，送于朝。世祖以臂疾，召見大都香殿，令試以法，愈。復命祈雪止風，皆奇驗。賜寶冠法服降璽書，大護其教。佩印南還，三茅山悉統隸之。至元二十八年二月三日，微示疾握固，促召王君道孟，授之經法，謝別而逝，壽五十六。贊曰：

上清之宗，世以賢受。景運肇新，仙裔洒復。嘘和噏精，保衛聖躬。翼以星斗，導之雷風。

王道孟

傳記

劉大彬《茅山志》卷一二《上清品篇》 四十四代宗師：養素通眞明教眞人，姓王諱道孟，字牧齋，句容人。方面豐頤，容止莊厲。年十四，師事元符道士沈宗紹，不飾僞而行益高，不求譽而名愈出。未四十，人以先輩屬焉。比嗣教朝京師，蒙恩數，一如許先生。大德戊戌歲饑，兩至維揚驅蝗請雨，大驗。特賜號稱眞人，行業見翰林直學士元明善所撰華陽道院碑文。至大辛亥，請老而傳，迺命入室弟子劉大彬襲其教，年七十有三，蛻于華陽，實宋寶祐壬寅生人。贊曰：

養素以朴，通眞以誠。內接玄同，外佐昇平。蜚螟伏藏，年穀成遂。少見其微，已足名世。

劉大彬

傳記

劉大彬《茅山志》卷一二《上清品篇》 四十五代宗師洞觀微妙玄應眞人，姓劉名大彬，號玉虛子，吳郡錢唐人。皇慶改元賜號延祐四年，得九老仙都君玉印，有司聞于朝，仁宗皇特旨還賜宗壇，以傳道統。贊曰：

山嶽昂藏，湖海浩湯。玄徵備至，植宗華陽。承光紫闕，敷貺朱方。九老都君，錫爾寶章。

祁志誠

傳記

《元史・釋老傳・祁志誠》 處機之四傳有曰〔祁〕志誠者，居雲州金閣山，道譽甚著。丞相安童嘗過而問之，志誠告以修身治世之要。安童感其言，故其相世祖也，以清靜忠厚爲主。及罷還第，退然若無與於世者，人以爲有得於志誠之言。其後安童復被召入相，辭，不可，遂往決於志誠。志誠曰：「昔與子同列者何人？今同列者何人？」安童悟，入見世祖，辭曰：「臣昔爲宰相，年尚少，幸不失陛下事者，丞佐皆臣所師友。今事臣者，皆進與臣俱，則臣之爲政能有加於前乎！」世祖曰：「誰爲卿言是？」對曰：「〔祈〕〔祁〕眞人。」世祖嘆異者久之。

李謙《玄門掌教大宗師存神應化洞明眞人祁公道行之碑》（《道家金石略》） 其人諱志誠，字信甫，姓祁氏，鈞之陽翟里人。家世業農，用致富饒。考逸其名諱，行善好施，人以長者稱之。母方震，夢道者遺之桃，取食之。翼日里人遙望所居火，奔往救視，及即之，無所見而眞人適生。少岐嶷，識度異常兒。歲壬辰，國兵下河南，眞人年十四，爲軍士所俘。軍士資殘忍，同輩百餘人，殺戮無噍類，惟眞人獲免。兵至太原祁縣招賢里，有大族強氏者，素與軍帥善，留眞人子養之，俾從師就學。年幾冠，謀爲取婦，辭曰：「不肖生逢喪亂，離去親戚。白刃之下，孑身爲造物者所遺，心槁木，形死灰，安能復以人道立於世？將息情絕欲，入山學道。高門撫養之私，前死會當圖報。」強氏強之不可。時全眞教盛行，聞披雲老師宋君居太原西龍山之靜居，乃詣謁受教。承事數年，躬執勞苦。披雲識其偉器，謂門弟子曰：「弘吾教者，必此子也。」授以入道之要，輒忻然領解，業益進，道益隆，賜號洞明子。同門二高弟，曰宋，曰傅，皆知推重眞人，不敢以先覺自居。一日，披雲呼之來前，爲書數語遺之。大略謂祁志誠可嗣其教，惟謹乃心，毋替吾言，敬之敬之。眞人拜受而去。至保州之西沈村，築環堵以居，不出者凡三載。既又謁靈陽丁先生于奉先之瑞雲庵，羣居力作者逾月，人未識也。一夕，先生獨坐丈室，眞人前往參扣，先生持火燭其面曰：吾于全眞之門，久未見其人，不謂今得子。喜不自禁，爲之手舞足蹈。自是講論道義，不令去左右。久之辭去，丁問子將奚適，眞人言當還太原。丁曰：「汝南還不過老于卒伍，北行當張吾軍，爲統軍帥。」眞人復之曰：「弟子日丐一食，且不得飽，何言統軍爲。」去之南行，至涿得疾，不能前進，追憶前言曰：行或使之，止或尼之，無乃非人力邪？反面北行抵燕，疾遂勿藥。歲庚戌，出居庸，至雲州。州將士庶，禮遇良厚，爲擇地草庵處之，扁其庵曰樂全。口占漫與，皆達理之言，往往爲人傳誦。疾者來謁，爲符祝療治，應手良已，一方多賴以全濟。閑出郭，杖屨入西山，尋幽擇勝。至劉家谷，見其峰巒秀峙，清泉茂樹，意甚愛之。土人謂其地昔金閣仙人隱所，乃誅茆卜築，名其山曰金閣，谷曰遊仙，觀曰雲溪，尋徙居其中。中統壬戌，大丞相安童聞其名，專遣今吏部尚書張元智持書迎致，一見如素知。問以修身齊家治國之方，眞人曰：「身正則景正，身邪則景邪。大丈夫處其厚，不處其薄，居其實，不居其華。治大國若烹小鮮。」丞相歎重，以爲名言。有問隨答，未嘗阿意苟容，由是待以師禮。至元七年，爲其師披雲宋君請謚於朝，贈玄通弘教披雲眞人。所居金閣山雲溪觀，賜額曰崇眞。八年，授諸路道教都提點。明年，嗣玄門掌教眞人，仍錫璽書衛其教。歲奉命持香祠嶽瀆，爲國祭醮祝釐，精誠感通，數有符應。宋平，所孚寶玉入內府，有天尊像及名鼎，詔送長春宮，俾眞人奉事。尋以金飾紫檀塵拂賜之。眞人感念強氏子養之恩，請復其家，詔從之。十五年，衡州入職方，命眞人持香幣偕今御史中丞崔彧往祀南嶽。既至之明日，遽蕆儀行事，禮成即趣裝就道。從者不悅曰：「此來凡跋涉七千餘里，不勝困憊，宜姑作數日留。」眞人不應，行未及兩舍，州人追報嶽祠爲盜所據矣，人謂眞人有前知之明。十八年，道門多故，眞人挺身直前，百沮而不撓。或謂宜及是時謝事引去，復之曰：「方玄風隆盛則以師長自居，少遇屯厄則退身爲隱士，人其謂我何？稍俟安泰然後辭去，爲未晚也。」二十二年，煩言已息，適丞相安童至自朔方，乃曰：「退歸岩穴，此其時矣。」春二月，移書集賢院，舉道教提點張志仙自代。集賢院以聞，詔可。羽流合詞言曰：「昌平北山三元觀，長春先師所居，宜爲眞人歸老之地。」即日命駕還山，尋易名蓬山道院，鑿地修壙，爲卻後寧神之藏。又以崇眞宮棟宇卑陋，不足以揭虔妥靈，躬率徒侶百餘人，出私帑所有，購材募工，經啓改作。王公貴人及遠近信道之士，皆樂爲佽助。創前後二殿，堅整崇峻，門觀顯嚴，金碧輝映。今皇太后道過雲州，遣使致香幣問遺。駙馬高唐王奉黃金五十兩，爲藻飾之費。三十年春，會徒屬匠者告之曰：「汝等當致竭心力，毋憚勞苦，比終歲尙畢斯役。吾老矣，幸及見之。」其冬行丐州境，未幾遽還，謂門弟子曰：「繪塑之工，吾不能竟矣，汝衆其嗣成之。」求紙筆作二頌示衆，易新衣冠，怡然而逝。是年十一月二十八日也，享年七十有五。十二月丁酉，諸弟子奉師之柩，權殯崇眞宮之震位，從居民請也。前期行丐所至，凡遇故知，皆相與訣別。羽化之日，遠近吏民，奔走會哭，從事服役者日且千人。非待人以誠，能若是乎？今上即位，追謚存神應化洞明眞人。眞人明于性理，通世務，尤善論事，裁處得宜。丞相伯顏尤加禮敬。開府史公，一代名臣，不輕許可，聞其論議，至謂祁眞人若在仕流，必長於治理。大氐平生所學，得於靜境，眞積力久，心光燁然。未嘗事筆研，及作大字，結密有法。遊戲篇詠，輒出人意表。嘗有「閑把一瓢盛海月，常垂兩袖舞天風」之句，語意高邁，若此者衆。有《西雲集》三卷傳於世。竊常謂眞人遯跡山林，草衣木食，守玄默而爲無爲，何嘗以趨時應務爲心哉。及聲光一出，不容韜晦，一旦膺尺一之召，嗣處教席，上承萬乘之尊，次則王公大人之所際接，其下則四海道流之所受教，非道德充實，誠有大過人者，必不能然。及其蹈止足之戒，復煙霞之約，翛然無累，浩然長往，視世間所謂榮利，不啻如土苴然，抑可謂知進退不失其正者歟！門弟高道輝等狀其行，介御史中丞崔公以道行碑爲請。謙數與眞人相周旋，知其行誠然，爲敘次而銘之。

張留孫

傳記

趙孟頫《上卿真人張留孫碑》（《道家金石略》） 世祖聖德神功文武皇帝受命上玄，混一四海，拔豪傑異材以自輔翼，蓋不惟處之將相大臣。時則有若開府儀同三司上卿輔成贊化保運玄教大宗師張公，則以方外顯矣。公諱留孫，字師漢，系出漢文成侯。至唐宰相文瓘之子孫，始居江南。其分居信州貴溪者，世爲士族。公生宋之季年，因從伯兄聞詩學道龍虎山上清宮，授黃帝老子之書，及正一符籙，祠祭天地百神之法。羽衣高冠，修髯廣頤，狀貌甚偉，有相者過之曰：異哉貴人，七分神仙，三分宰輔也。歲己未，世祖軍武昌，已聞嗣漢天師張宗演名，間使通問。及得江南，亟召之，從其徒數十人以來，皆美材奇士。及入見，有錫予，上獨目公而偉之，於是宗演歸而公留。上時時召問，因及虛心正身崇儉愛民以保天下之説，深合上意。裕宗在東宮，寢疾，上以爲憂，詔公往護視，疾尋瘳，上悅。上幸日月山，昭睿順聖皇后又寢疾，上命貴臣趣公禱祈以其法。中宮夜夢髯神絳衣朱轂，行青草間，介士白獸擁導，以問公。公曰：

青草生意也，明疾以春愈。果然。後從公求所禱神像禮之，見畫者與夢契，益以爲神。乃詔兩都各建上帝祠宇，皆賜名曰崇眞之宮，並以居公，賜平江、嘉興田若干頃，大都、昌平栗園若干畝給其用，而號公曰天師。公曰：天師有世嗣，臣不可稱天師。於是以宗演爲天師，別詔尙方作玉具劍，刻文曰：「大元皇帝賜張上卿佩之」，號曰上卿玄教宗師，總攝道教，服寶冠金織衣裳，玉佩珠履，執圭以奉祀事。即家起其父九德爲信州治中，佐郡以願謹聞，超拜浙東宣慰同知，又改江東，以便家。進其高弟門人皆給館傳車馬，行幸無所不從。公或留禁中，至夜即輟乘輦使歸，導以衛士，雖固卻，不聽也。上曰：古者天子皆親巡方嶽，今海内初定，恐勞吾民，上卿其乘驛馬五十以代朕行。是時上亟欲周知遐邇，搜訪遺逸，故以近臣介公，而敕宰相百官祖餞國南門外。還朝，多所奏薦，上籍其名聘焉，擢公商議集賢院事。初，集賢、翰林共一院，用公奏，始分，翰林掌詔誥國史，集賢館天下賢士以領道教，置道官及宮觀主者，給印視五品，爲其道者復傜役。或以道家書當焚，上既允其奏，裕宗以公言請曰：黄老之言，治國家有不可廢者。上始悔悟，集儒臣論定所當傳者，使天下復崇其教。而嗣漢天師之傳，自宗演至於今凡四世，皆倚公論建矣。會廷議開通惠河未訣，召問公，公曰：河成誠便利，願敕有司毋重傷民可也。武宗、仁宗之始生也，上皆命公擬名以進。仁宗五歲時，譯爲梵文，今廟諱是也。上將相完澤，命公以易筮，遇同人之豫，公曰：同人柔得中而應乎乾，豫利建侯，象爲君臣咸吉，誠相完澤，天下幸甚。明日拜完澤右丞相。上不豫，諭隆福宮曰：張上卿事朕歲久，終始一德，宜令諸皇孫尊信其道。又諭公善事嗣皇帝云。未幾上崩，成宗歸自潛邸，隆福太后遣重臣從公郊迎，行至，公下馬立道左，上令就騎，且語之曰：卿家老君猶爾睡耶？意謂梵經後道教中衰也，公對曰：老君今當覺矣。上悅，車駕屢親祠崇眞，敕留守段眞益買民地充拓其舊，期年訖功，上臨幸落成。明年有星孛於正北，詔公禱之，奏曰：臣聞人事失於下則災異見於上，願陛下省躬修德以祈天也。上曰：卿戒甚至，朕不敢忽。未幾兩都及河東地震，又命公禱之，公曰：今命臣祠上帝，徒取故事受辭於有司，臣竊爲陛下懼。上曰：卿言是也。朕之一心，天實監之，賴卿禮祠以達之爾。遂禱於崇眞，有白鶴數百翔集中庭，詔文臣閻復等作頌刻石。上嘗御便殿，命公進講南華經，公推廣成子語黄帝之説，上感歎，加特賜上卿玄教大宗師。以公生日，賜玉冠、上尊、良馬，隆福宮、中宮皆有賜賚，自是歲以爲常。興聖太皇太后還自懷孟，以公先朝舊臣，加禮尤重。武宗踐阼，升公大眞人知集賢院領諸路道教事，尋加特進，封其三代皆一品，以其兄弟之子二人備宿衛，命其弟子吴全節爲玄教嗣師。仁宗雅好文治，常從容召公論道，公曰：聖人至德，保體潔淨，則永壽萬年，庶類以成而天下自治。是時文學之士並進，而公言最爲簡要矣。加號輔成贊化保運玄教大宗師，敕將作院刻玉爲印文曰「玄教大宗師印」以賜公。上御嘉禧殿謂宰臣曰：知朕有耆德之臣乎，張上卿是也。皆對曰：誠如聖言。明日，加開府儀同三司，封其弟子七人皆爲眞人，其四佩銀印，以宣命者十二人，贈其祖師八人、故弟子二人皆爲眞人。加贈其曾祖宏綱曰集賢大學士、光祿大夫、柱國，謚安惠，祖粹夫曰金紫光祿大夫、大司徒、上柱國，謚康穆，考九德曰開府儀同三司、大司徒、上柱國，謚文簡，皆封魏國公，其妣皆封魏國夫人。其從子在宿衛者皆受四品官。公年七十，詔圖其像，命孟頫贊之曰：「道德之全，玄之又玄，時而出之，溥博淵泉。其動也天遊，其靜也自然。人皆謂我智，而我初無言，人皆謂我貴，而我不敢爲天下先。贊化育而不居，寶慈儉以乾乾，故位三公，揖萬乘，獨立乎方之外，而坐閱乎大椿之年。微臣作頌，承命自天，穆如清風，萬古其傳。」識以皇帝之寶，賜宴崇眞宮，宣徽使光祿卿具酒饌，教坊備法樂，朝臣咸與。興聖宮、中宮賜金帛、上尊有差。公謝曰：臣師老氏之學，以滿盈爲戒，而臣蒙被恩數過盛，既耄，補報無日，願乞骸骨還山。不許。今上皇帝即位，待公如先朝故事，至治元年十二月壬子，公焚香室中，召諸弟子曰：吾教以清靜無爲爲本，慈儉不敢爲天下先，其宗旨也。今玄教特被寵遇五朝四十七年，爾徒見其盛也，其亦知吾之戰戰慄慄，至於今而後知，而後知其免夫。尙思恪恭乃事以報稱朝廷，毋墜成規，則吾志也。言畢端坐而逝，壽七十四。訃聞，中宮皆追貴臣致賻，舉朝會弔，巷無居人。比斂，容貌不變，體質輕軟，如舉空衣。徹奠就道，雲日晦冥，寒風慘惻，林木爲之縞素，行路嗟異。明年三月，歸其喪於故山。弟子七十五人，余以誠、何恩榮、吴全節、王壽衍、孫益謙、李奕芳、毛穎達、夏文泳、薛廷鳳、陳日新、上官與齡、舒致祥、張嗣房、何斯可、徐天麟、丁應松、彭齊年、薛起東、李世昌、張德隆、薛玄義、陳彥倫、詹處敬、于有興、王景平、蔡仲哲、彭堯臣、張汝翼、馮瑞京、祝永慶、蔡允中、張善式、董襲常、王國賓、曹載靜、余克剛、丁迪吉、張居遜、董宇定、王用亨、張顯良、徐守勤、彭一寧、劉若沖等，將葬之山東之南山。於是皇帝若曰：玄敎嗣師全節，其襲玄敎大宗師、知集賢院總攝道敎事，予告歸治喪。前翰林學士承旨孟頫，其著銘文，書刻表世。臣孟頫再拜受命而言曰：至元二十四年，世祖皇帝用薦者言，召見臣孟頫，以爲兵部郎，數賜顧問。是時張公已貴，而南北故老儒臣，多在朝廷。臣去國三十年，復被仁宗皇帝收召，待罪禁近，而世祖時□朝略無在者，或僅見其子孫，獨張公以高道厚德，服勤累朝，身受恩寵，超越常倫。而其心欿然，但恐懼自持，至於服食起居之奉，才取僅給，初不知其貴且盛也。每進見，必陳說古今治亂成敗之理，多所裨益。士大夫賴公薦揚致位尊顯者數十百人，及以過失獲譴，賴公救解，自貸于死者亦如之。公未嘗言，惟恐其人知之，故亦不得而稱焉。嗚呼，先皇帝棄羣臣，老臣伏在田里且三年矣。張公亦遂去世，感歎存殁，不亦悲乎！今上皇帝不以臣遠去，老病且死，猶記憶之，命以論次公事。嗚呼，旨意所及，豈直爲張公哀榮哉，列聖涵煦之盛可得而論矣，臣其敢辭。

《元史・釋老傳・張留孫》

正一天師者，始自漢張道陵，其後四代曰盛，來居信之龍虎山。相傳至三十六代宗演，當至元十三年，世祖已平江南，遣使召之。至則命廷臣郊勞，待以客禮。及見，語之曰：「昔歲己未，朕次鄂渚，嘗令王一淸往訪卿父，卿父使報朕曰：後二十年天下當混一。神仙之言驗於今矣。」因命坐，錫宴，特賜玉芙蓉冠、組金無縫服，命主領江南道敎，仍賜銀印。

十八年、二十五年再入覲。世祖嘗命取其祖天師所傳玉印、寶劍觀之，語侍臣曰：「朝代更易已不知其幾，而天師劍印傳子若孫尙至今日，其果有神明之相矣乎！」嗟嘆久之。二十九年卒，子與棣嗣，爲三十七代，襲掌江南道敎。三十一年入覲，卒于京師。元貞元年，弟與材嗣，爲三十八代，襲掌道敎。

時潮嚙鹽官、海鹽兩州，爲患特甚，與材以術治之。一夕大雷電以震，明日見有物魚首龜形者礫于水裔，潮患遂息。大德五年，召見于上都幄殿。八年，授正一敎主，主領三山符籙。武宗即位，來覲，特授金紫光祿大夫，封留國公，錫金印。仁宗即位，特賜寶冠、組織文金之服。延祐三年卒。四年，子嗣成嗣，爲三十九代，襲領江南道敎，主領三山符籙如故。

其徒張留孫者，字師漢，信州貴溪人。少時入龍虎山爲道士，有道人相之曰：「神仙宰相也。」至元十三年，從天師張宗演入朝，世祖與語，稱旨，遂留侍闕下。世祖嘗親祠幄殿，皇太子侍。忽風雨暴至，衆駭懼，留孫禱之立止。又嘗次日月山，昭睿順聖皇后得疾危甚，亟召留孫請禱。旣而后夢有朱衣長髯，從甲士，導朱輦白獸行草間者。覺而異之，以問留孫，對曰：「甲士導輦獸者，臣所佩法籙中將吏也；朱衣長髯者，漢祖天師也；行草間者，春時也。殿下之疾，其及春而瘳乎！」后命取所事畫像以進，視之果夢中所見者。帝后大悅，即命留孫爲天師，留孫固辭不敢當，乃號之上卿，命尙方鑄寶劍以賜，建崇眞宮于兩京，俾留孫居之，專掌祠事。

十五年，授玄敎宗師，錫銀印。又特任其父信州路治中，尋復陞江東道同知宣慰司事。是時天下大定，世祖思與民休息，留孫待詔尙方，因論黃老治道貴淸淨、聖人在宥天下之旨，深契主衷。及將以完澤爲相，命留孫筮之，得《同人》之《豫》，留孫進曰：「『《同人》，柔得位而（進）〔應〕乎乾』，君臣之合也；『《豫》，利（建）侯』，命相之事也。何吉如之，願陛下勿疑。」及拜完澤，天下果以爲得賢相。

大德中，加號玄敎大宗師，同知集賢院道敎事，且追封其三代皆魏國公，官階品俱第一。武宗立，召見，賜坐，陞大眞人，知集賢院，位大學士上。尋又加特進。進講老子推明謙讓之道。及仁宗即位，猶恆誦其言，且諭近臣曰：「累朝舊德，僅餘張上卿爾。」進開府儀同三司，加號輔成贊化保運玄敎大宗師，刻玉爲玄敎大宗師印以賜。至治元年十二月卒，年七十四。天曆元年，追贈道祖神（應）〔德〕眞君。其徒吳全節嗣。

雜録

虞集《張宗師墓誌銘》（《道園學古録》卷五〇） 至治元年十二月壬子，開府儀同三司上卿輔成贊化保運玄教大宗師知集賢院事領諸路道教事張公卒于京師，年七十有四。明年三月辛未，歸其喪于廣信之貴溪，將以泰定三年十二月十四日甲申葬于南山之月嶠。其弟子吳全節以事狀致書虞集曰：維玄教本始于我大宗師，今忝承嗣之重，誠不敢怠。維大宗師有道行，願刻石玄宫，以著無極。謹按公諱留孫，字師漢，姓張氏，其居貴溪自高祖戩始，上遡唐宰相文瓘十七世。公生有奇質，長七尺餘，清峻端重，廣顙美鬚髯，音吐如洪鍾，周游四方，見者異之。相師曰：此神仙宰相也。從伯氏聞詩學道上清宫。江南内附，與三十六代天師宗衍入朝，世祖皇帝見而異之，召與語稱旨，留侍左右，給廩餼供帳，從行幸。上祠幄殿，裕宗皇帝以皇太子侍，風雨暴至，衆駭然，詔公禱之立止。上幸日月山，昭睿順聖皇后病甚，詔公禱之，即有奇徵，病良愈。自宫禁邸第大臣之，皆事之如神明。上命公稱天師，公言：天師嗣漢張陵，有世系，非臣所當爲。乃號公上卿，命尚方鑄寶劍，刻文曰：大元皇帝賜張上卿。兩都皆作崇眞宫，賜田園，命公居之，號玄教宗師，佩銀印。用公奏，以天師宗演爲眞人，掌教江南。分集賢、翰林爲兩院，以道教隸集賢，郡置道官，用五品印，宫觀各置主掌，爲其道者復之無所與。上用言者，焚道家經，裕皇以公言入告，上爲集廷臣議，存其不當焚者，而醮祈禁祝亦不廢。岳瀆既皆在天子封内，即使近臣從公徧祠名山大川，訪問遺逸。勅百官餞之國南門，比還，所薦論，上皆以名召用。有司議開河京城以便漕者，未決，上召問公，乃可其奏。大臣聞公論傷財害民之故，乃至躬負畚鍤以爲民先。河成，至于今便之。公非洗沐不得遠去，帷帳每出，輒勅衛士載腰輿歸公。【略】成宗皇帝身履太平之盛，致意人天之祭，以持保其盈成。謂道家醮設事上帝甚謹，既尊信公，則命爲之如其方。終成宗之世，幾歲脩之，内在仁智殿、延春閣，外則崇眞、長春兩宫，上常親祠，其上章皆親署御名，每盡七日乃罷，致白鶴翔集之應，史臣頌之。然而星孛水旱地震之禱，公猶以修德省政之事，懇懇爲上言之，則非徒禱矣。於是詔天下復用其經籙章醮，加號玄教大宗師同知集賢院道教事，又加特賜上卿。武宗皇帝即位，公每入見，上望見即亟召賜坐，陞大眞人知集賢院事，位大學士上，尋加特進。時太皇太后在興聖宫，仁宗皇帝在東宫，並待以優禮。武宗、仁宗之生也，公皆受命世祖爲製名，興聖宫記其事，是以贊書及之。進講老子東宫，推明謙讓之道。及仁宗在御，猶恆誦其言。上嘗坐嘉禧殿，顧謂大臣近侍曰：累朝舊德，今爲誰乎？未及對，上曰：無踰張上卿矣，進開府儀同三司，加號輔成贊化保運玄教大宗師。刻玉爲印，曰玄教大宗師印，上手授公曰：以此傳玄教之宗。公年七十，上使國工畫公像，詔翰林學士承旨趙公孟頫書贊，進入，上親臨視，識以皇帝之寶，以賜公生日。是日，賜宴崇眞宫，内外有司各以其職供具，宰相百官咸與焉。興聖宫、中宫皆有加賜。明日，公入謝，因奏曰：臣以山林疏遠，遭遇列聖，恩寵顯榮，於臣極矣，深懼滿盈，乞骸骨歸。不允，今皇帝禮遇一如先朝，重賜璽書護之。公年彌高，感上知遇，未敢求去，竟卒京師。卒之日，召弟子入室，戒囑百十言，端坐而逝。三日始歛，顔色如生，手足溫軟，輕若委衣。事聞，上震悼，遣使賻贈以禮，興聖宫、中宫使者繼至，傾朝虚市來會哭，莫不悲慟。及出國門，送者塡擁，接于郊畛，亭午霏霧翳日，冷風肅然，林木野草，人馬鬚髯，車蓋衣帽，簌簌成冰花，縞素如一。自京師至其鄉，水陸數千里，所過郡縣，迎送設奠，不約而集。比葬，四方弔問之使交至，自王公以下，治喪致客，未有若此盛者。於戲，世祖皇帝既一海内，盡得其豪傑而用之。至元中，羣策盡屈，用集大成，謀畧商計，武勇工藝之臣，與公並立於朝者，其遺言成績之存或遠矣，而公巋然，乃獨至今，於是神聖子孫，繼繼承承者五世矣。四十七年之間，大臣拜罷，親近用事者，更迭出入，其善者固已至其子若孫若曾孫，彼紛紛起滅於忽焉之頃者，又何可深計。天師神明之家也，公爲奏其子孫之傳亦既四易，況其他哉。而公以一身對之，無一日之渝改，其於斯世何如也。因爲之銘曰：

大江東南，阜隆液融，升神返全，有識其封。皇錫篆玉，宗傳之守，
尚俾來嗣，與國長久。

吴全節

傳記

《元史・釋老傳・吴全節》 全節字成季，饒州安仁人。年十三學道于龍虎山。至元二十四年至京師，從留孫見世祖。三十一年，成宗至自朔方，召見，賜古琱玉蟠螭環一，敕每歲侍從行幸，所司給廬帳、車馬、衣服、廩餼，著爲令。大德十一年，授玄教嗣師，錫銀印，視二品。至大元年，賜七寶金冠、織金文之服。三年，贈其祖昭文館大學士，封其父司徒、饒國公，母饒國太夫人，名其所居之鄉曰榮祿，里曰具慶。至治元年，留孫卒。二年，制授特進、上卿、玄教大宗師、崇文弘道玄德眞人、總攝江淮荆襄等處道教、知集賢院道教事，玉印一、銀印二幷授之。

全節嘗代祀嶽瀆還，成宗問曰：「卿所過郡縣，有善治民者乎？」對曰：「臣過洛陽，太守盧摯平易無爲，而民以安靖。」成宗曰：「吾憶其人。」即日召拜集賢學士。成宗崩，仁宗至自懷孟，有狂士以危言訐翰林學士閻復者，事叵測。全節力爲言于李孟，孟以聞，仁宗意解，復告老而去。當時以爲朝廷得敬大臣體，而不以口語傷賢者，全節蓋有力焉。

全節雅好結士大夫，無所不傾其交，長者尤見親而敬，推轂善類，唯恐不盡其力。至於振窮周急，又未嘗以恩怨異其心，當時以爲頗有俠氣云。全節卒，年八十有二，其徒夏文泳嗣。

紀事

虞集《河圖仙壇之碑》（《道園學古録》卷二五） 今上皇帝以特進上卿吴公全節年七十，用其師故開府儀同三司神德張眞君故事，命肖其像，使宰執贊之，識以明仁殿寶而寵之，賜宴於所居崇眞萬壽宮，近臣百官咸與，大合樂以饗，盡日迺已。既拜，賜公坐於承慶之堂，召門人弟子而告之曰：「吾在髫齡，志翔寥廓，稍長學道，弱冠從先師謁世祖皇帝，遂留不歸。五十年間，以天子之命，祀名山大川，東西南北，轍迹咸至。一遇泉石之勝，輒旁皇而不可得。而我父母被寵光，封鄉國，高年偕老，時優詔使歸爲壽，而我曾不能晨夕在側，吾終身之不安者也。今老矣，爲我圖地，必吾父母之塋是近，庶體魄有所依焉，則我之志也。小子識之。」於是命弟子歸饒而求之，明年得地於安仁縣，去饒國公之墓左數百步，其山曰河圖之山。書以圖來，公歎曰：「吾昔聞諸異人云，河圖八卦也，今人所傳河圖，蓋五位相得而各有合之圖也。儒家頗駭其說，然即卦以指視先天位數，吾得金吾之旨焉。故宋江東謝公枋得得其說而隱去，世祖力致之，在道不食數十日而神氣益完，迫授以官迺化去。吾受其書而藏之，今得山曰河圖，告我之兆久矣。」迺命作石壇，據風氣之會，將以棲神焉。則又歎曰：予平生以泯然無聞爲深恥，每於國家政令之得失，人才之當否，生民之利害，吉凶之先徵，苟有可言者，未嘗敢以外臣自詭而不盡心焉。而恩賚之厚，際遇之久，則又非人力所能至者矣。其從子集賢待制善，竊知公之意，録其平生之事畧已成編。會善卒，公得其書而感焉，乃遺書江南以告集曰：「吾蚤歲猶得見國朝諸大臣及宋之遺老，逮其中年，公卿之重，士大夫之賢且仁者，無一人吾不見焉。覽觀四方，逝者如水，知心之友，其文可以傳者，莫若清河元復初氏，而云亡亦已久矣。區區之迹，他日將何所託乎？人生不可期，相望數千里，子必爲我著仙壇之記，使千載之下，猶或於此乎知之，則亦故人之情也夫。」迺爲次第善之所録以遺之云：吴氏系出泰伯，爲吴子之國，子孫散處吴楚間，多以國爲氏。其在番者爲番君，番之吴皆宗番君矣。其居安仁有龍坡居士諱岳者，墓在桂溪前倉之曾源，其高大父也。世居壽櫟山，屋於磻石之上，故宋咸淳己巳，有泉出東楹之礎，潤液之脈理直如貫繩，上升梁間，達乎西楹，迺生靈芝，光彩映日，久而不壞。是歲十一月七日公生，丹光盈室。生七月而能言，其父抱膝上，因坐假寐，夢神人告之曰：高仙託體君家，塵中不能留也。四歲能誦詩，七歲其叔父教之，日記千言。十歲從其兄遊乎仙巖之下，慨然有遺世之意。十三學道信州路桂溪縣龍虎山太上清正一宮之達觀堂，堂之尊師李君宗老嘗有異徵，得公而應焉。臨川有雷空山先生者，隱居種湖之上，深明易老，以其所學著爲成書。公往師焉，他從學者莫之能及也。李君避舍，延至雷先生，而公得以專受其業。雖休沐不出，每得新瓜果之屬，必即以歸獻其親，無有曠闕。十六度爲道士，於其傳系，則居何君恩榮之次。國朝初得江南，嗣漢二十六代張天師宗演入朝，張公留孫在行，奉勅留禁近，始賜名，上賜其後位特進開府儀同三司元敎大宗師者也。至元十四年，作崇眞宮以居之。二十四年，開府徵公至京師，公辭其親，別龍坡君之墓，新墓田之舍以行。是年得入見。二十六年，奉詔祠南嶽。二十八年，奉詔從開府徧祀嶽瀆諸山川。二十九年，賜崇眞宮於浙西，公奉詔宣諭江浙行省。三十一年，成宗皇帝自朔方還纂大統，公從開府率其屬北迎，召見賜公古琱玉蟠螭之環一。有旨設醮於上都壽寧宮五晝夜，公專主章奏，特勅命公每歲侍從行幸，所司給廬、帳、車馬、衣服、廪餼，著爲令。元貞元年，制授公沖素崇道法師、南嶽提點。二年，奉詔祠中嶽、淮瀆、南嶽、南海。大德元年，奉詔祠后土、西嶽、河瀆、江瀆。二年，制授沖素崇道玄德法師、大都崇眞萬壽宮提點。三年，太上清正一宮災，公奉旨與近侍馳驛命江浙省臣更作之，公請與宮之人各以私財佐有司之不及。四年，命有司作三清殿及觀門廊廡，於崇眞宮設醮慶成。上齋而臨幸，賜開府及公黃金白金重幣有差。五年，公奉旨召嗣漢三十八代張天師與村，過揚州爲守臣禱旱，雨。至京師爲達爾罕丞相、哈喇哈遜王禱旱，又雨。八年，公父母年皆七十，奉旨降御香於江南諸名山，賜對衣，尚尊爲其親壽於齊老之堂。九年，作崇眞觀於安仁縣，賜名曰萬壽崇眞觀。十年，制授公江淮荆襄等處道敎都提點。十一年，武宗皇帝自朔方歸纂大統，制授公玄敎嗣師、總攝江淮荆襄等處道敎都提點、崇文弘道玄德眞人，鑄銀爲印曰「玄敎嗣師之印」，視二品。封其父克已翰林學士、中順大夫。至大元年，以歲歉，禁民間酒，特勅光祿寺日有賜尊。上賜公七寶金冠，織金文之衣，爲朝眞之服。仁宗皇帝在東宮，所賜冠與衣貴重華異如上所賜。公從駕至中都，中秋賜宴，上顧其貂裘弊，改賜黑貂三百以爲衣，縷金文之錦以爲緣。二年，制授公弟子夏文泳元成文正中和眞人、江淮荆襄等處道敎都提點，賜銀印，視二品。三年，公奉聖旨設醮於龍虎、閤皀、句曲三山。制贈公大父鑑昭文館大學士、資善大夫，追封饒國公，謚文靖，祖妣陳氏封饒國夫人。父翰林學士克已加授榮祿大夫、大司徒、饒國公，母舒氏饒國太夫人，仍賜對衣，尚尊。有旨命公奉贊書歸鄉榮其親，因命設醮於安仁縣之崇眞觀以慶成。皇慶元年，仁宗皇帝命設大醮於大都南城長春宮，公奉旨投金龍玉簡於嵩山濟瀆。是年，勅翰林學士元明善修龍虎山志，者序進入，改賜崇眞觀額爲崇文宮。延祐元年，公奉旨設醮於龍虎、閤皀、句曲三山，因請歸慶其父母八十之壽，對衣、尚尊之賜如初。是年，傳旨江浙行省促公還朝，制授公弟子毛穎達正德弘仁靜一眞人，嗣掌遁甲之祠事，賜銀印，視二品。四年，有旨名其鄉曰榮祿鄉，里曰具慶里，降璽書護其家。六年，饒國公之訃至上京，集賢以聞，勅翰林侍讀學士元明善著碑文，翰林學士承旨趙孟頫書字，太子詹事郭貫篆額，給傳奔喪。十一月太夫人歿，十二月葬父母於其縣崇德鄉之山田，作明成觀以奉祀。明年，召還京師。英宗皇帝至治元年十二月，開府張公觀化於大都崇眞宮，上聞，有旨歸其喪於龍虎山，百官送諸上東門外，所過有司治辦舟車祭遣，公請歸職喪不許，命弟子崇玄沖道明復眞人陳日新、薛玄羲奉喪還。二年，制授公特進上卿玄敎大宗師崇文弘道玄德廣化眞人，總攝江淮荆襄等處道敎，知集賢院道敎事，玄敎大宗師王章一，一品銀印一，總攝道敎事，二品銀印一，并授之。敕省臺百司諭以傳宗之事而大護其教，用開府之志，作東嶽仁聖宮於齊化門外，重修太上延福宮。三年，太上清宮又災，公率其屬更作之。泰定元年春，長春掌敎眞人闕，上用公薦，以汴梁朝元宮孫公履道主之。二年，公奉旨設大醮於長春宮，又設大醮於崇眞宮，護敎之詔如故事，制贈饒國公光祿大夫、大司徒、謚文康。三年，奉旨設醮於龍虎、閤皀、句曲三山，奉勅葬開府張公於南山之月嶠，作仁靖觀以奉祀。四年，改造開府所建溪山眞慶宮。天曆改元冬，公還自上京。明年，北迎明宗皇帝，謁見之次，賜對衣尚尊。及歸，天曆護敎之詔如故事，追封故開府張公曰神德眞君，勅改仁靖觀爲神德宮。至順二年，公進宋儒陸文安公九淵語錄，世罕知陸氏之學，是以進之。有旨設醮於長春宮，公告老，請以弟子夏文泳嗣玄敎，詔留公。三年，有旨設普天大醮於長春宮，又設大醮於崇眞宮。元統元年，今上皇帝即位，護敎之詔如故事。仍改至元之元年，京師旱，公奉勅禱之，雨。冬無雪，公奉勅禱之，雪。三年，公重建饒州芝山文惠觀於永平門外，遷番君之神以居之。四年，與神德宮、明成觀皆被璽書之賜。五年，畿內田有蟲災，執政請公禱之，三日盡除。而仙壇之成則在六年矣。皇元初有中原，五嶽之四在天子封內，既得宋而後，南嶽之神得而禮焉，是以世祖特命開府張公領其祠，至是屬諸公矣。長沙有故宋相趙信公葵之子淇，博學多識，尤好神仙金丹之事。有宜春李先生簡易者，故玉溪李觀諸孫，遇異人得丹道，蓋以爲遇劉海蟾而得之。淇每師問焉，未盡其旨，而李先生化去。後遇之玉山道中，始得其説。既內附，命爲湖南宣慰使，輒欲棄官行其道，憂患多故，不能如其志。公爲天子使南嶽，道過長沙，趙公見而敬焉，曰：神氣沖爽而有福德，可以受吾道。迺焚香密室，出其書以授之，則皆海蟾玉溪之祕云。世祖嘗曰：天子當禮五嶽，而朕年高不能往。每遣近臣忠信而識察者，分道祠嶽瀆、后土，戒之曰：神明之使，馬不至喘汗則善矣。蓋歸而問其所聞見，人物道里，風俗美惡，歲事豐凶，州縣得失，莫不參伍以周知疎遠之迹焉。公之連歲被命而出，每辭以爲臣不足以當大事之重，上曰：敬愼通敏，誰如卿者。遂行。他日，成宗遣嶽瀆使還，顧問如世祖故事，曰：卿過郡縣，有善治民者乎？對曰：臣過洛陽，太守盧摯平易無爲，而民以安靖。上曰：吾憶其人。即日召拜集賢學士。公使過浙西時，故翰林學士閻公復爲按察使，老成文學，譽望甚重，公時才踰弱冠，議論明正，閻公客之，不敢忽也。後閻公居翰林，益加重焉。成宗既崩，仁宗皇帝在懷孟未至，而閻公典詔令，有狂士危言以訐閻公，事罔測。公力言諸李、韓公，故仁宗意解。及武皇即位，遂以平章政事歸老高唐，如世祖待王鹿菴磐故事。朝廷得敬大臣之體，不以口語傷賢者，則公深有以維持之也。故翰林學士吳公澄，始用董忠宣公士選薦於朝，自布衣拜翰林，應奉召至，不拜去，後又召爲國子監丞，升司業，與時宰論不合，又去。公啓於集賢貴人曰：吳先生大儒天下士，聽其去，非朝廷美事。集賢貴人聽公言，超奏吳公爲直學士，吳公雖不赴，而天下韙之。至元、大德之間，重熙累洽，大臣故老，心腹之臣，莫不與開府有深契焉。至於學問典故，從容裨補，有人所不能知，而外庭之君子，巍冠褒衣，以論唐虞之治，無南北皆主於公矣。若何公榮祖、張公思立、王公毅、高公昉、賈公鈞、郝公景文、李公孟、趙公世延、曹公鼎新、敬公儼、王公約、王公士熙、韓公從益諸執政，多所諮訪。閻公復、姚公燧、盧公摯、王公構、陳公儼、劉公敏中、高公克恭、程公鉅夫、趙公孟頫、張公伯純、郭公貫、元公明善、袁公桷、鄧公文原、張公養浩、李公道源、商公琦、曹公元彬、王公都中諸君子，雅相友善，交游之賢，蓋不得盡紀也。薦引善良惟恐不及，憂患零落惟恐不盡，其推轂之力，至於死生患難，經理喪具，不以恩怨異心，則尤公之所長也。公博覽羣書，偏察羣藝，而於道德性命之要粹如也。嘗作環樞之堂，畫先天諸圖於壁，以玩心神明，有詩曰：要知顔子如愚處，正是羲皇未畫前。其所造蓋如此。故其述作，光明痛快，足以見太平之盛，而深存忠厚，於人倫有所感發。自幼至老，尤好吟詠，皆出其天性之自然，而非有所勉強。尤識爲政大體，是以開府每與廷臣議論，及奏對上前，及於儒者之事，必曰臣留孫之弟子吳全節深知儒學，可備顧問。是以武宗、仁宗之世，嘗欲使返初服而置諸輔弼焉。道家設醮之事，是其職掌，故於科教之方，無所遺闕，香火之費無所簡吝。然而朝廷耗費過重，則每曰事天以實不以文，弭災在於修德而禱祈特其一事爾。全眞之教，叙其祖傳，有所謂玄風慶會錄者，大德中嘗使人譯之而莫達其意，有旨命公論定。公曰：邱眞人之所以告太祖皇帝者，其大概不過以取天下之要在乎不殺，治天下之要在乎任賢，修身之要在乎清心寡欲，煉神致虛，則與天地相爲長久矣。譯者如其言奏之，上大感悦。不惟邱公之心事明白，而太祖皇帝聖學之淵微亦從可窺其萬一，是以君子深有感於公之言也。公之執親喪也，自奔喪至家，水漿饘粥，僅足以延息，涕泗滂沱，繼以血衂。喪葬之後，力之所得爲者，無不盡其力焉。山田之域，伐石江濱，山爲洞穴，掘泉下錮，深廣高厚。葬之日，郡守王公都中親助喪事，送葬者連數郡，車馬畢至。時方寒雨，濘淖載途，一夕北風，結凍堅冰在地，行者無苦，人以爲孝思所感也。明成觀有著存閣者，以致其嚴祀之意。方外之士感其孝思，知愼其親之存歿，自此始矣。其事開府也，先意承志，周思廣慮，所以事朝廷尙道教，無絲毫有所違咈。開府泰然委之而不疑，確然信之而不惑，所以能有立於聖世者，非惟運數則然，而其誠心相孚，亦有以致之也。其葬開府於南山也，饒信撫三郡守將以其官屬會葬江南諸名山之主者，皆來竣事，伐石題名而退。擇卜之愼，營繕之勞，工力之博，賓客之盛，東南數十年間未有能彷彿其萬一者。公之盡力於其師，與所以奉其親無二矣。久之，作南山諸詩，沈鬱哀慕，識者讀而感焉。東南道教之事，大體已定於開府之世，而艱難險阻，不無時見於所遭裨補扶持，彌縫其闕，使夫羽衣黃冠之士，得安其食飲於山林之間，而不知公之心力之罄多矣。公之宗系別居於達觀堂者，尊顯獨隆於他支，封眞人者凡數十人，奉被璽書主宮觀者尤不可勝紀，其姓名別有述。公平生畫像之贊，及大父母父母與其身之所奉被贊書及諸堂室記頌，皆一時名筆，別類爲書，曰《天爵堂類編》，并其所爲詩文曰《看雲錄》者，通若干卷，集賢直學士揭傒斯奉旨作序以傳於世。皇上即位之初，親御翰墨，書「閒閒看雲」四大字，題曰賜吳上卿，識以明仁殿寶，勑御史中丞馬祖常、太常歐陽玄爲之贊。至元六年九月初一日，大駕自上京還，次懷來，燕坐幄殿，集賢大學士布達實哩等以上卿之言入奏曰：御書四大字，臣全節既刻諸樂石，又模勒於文，梓爲四鉅牓，塗以黃金，周以雲龍之飾，以其二賜崇文宮閣而庋之，請錫名曰龍章寶閣。又以其賜達觀堂，先朝嘗賜玉璞，命攻玉之工，擬太上說經之像，刻數年而後成，請以歸之達觀閣而祠之，請錫名曰玉像之閣。而御書二牓，揭諸其上矣。

劉玉

傳記

佚名《西山隱士玉真劉先生傳》（《淨明忠孝全書》卷一） 先生姓劉，諱玉，字頤眞，玉眞子，其號也。其先番易石門人，高祖宗翰，遷南康建昌，名所居里曰石門，示不忘本也。宋紹興中擢第，授滁州來安簿，世傳詩禮。父剛，母鄔氏，以寶祐丁巳八月二十日生先生。是早，紅霞覆屋，鄰曲駭異，其父再遷隆興新建忠孝鄉。先生夙有卓識，五歲就學讀書，務通大義，弱冠父母繼亡，居喪盡禮，家貧力耕而食，視塵世事不足爲，篤志於神仙之學。

初，都仙太史許眞君，以晉寧康甲戌歲，於豫章西山昇仙，嘗留讖記云：吾仙去後一千二百四十年間，五陵之內當出弟子今作地仙誤也八百人，師出豫章河西岸，大揚吾教，郡江心忽生沙洲，掩過沙井口者，是其時也。至建炎戊申，僅七百年，兵禍煽結，民物塗炭。何眞公等致禱眞君，丐垂救度，既而降神渝川，諭以辛亥八月望，當降玉隆宮。至期迎俟，日中雲霧鬱勃，自天而下，由殿西徑升玉冊殿，降授《飛仙度人經淨明忠孝大法》。眞公得之，建翼眞壇，傳度弟子五百餘人，消禳厄會，民賴以安。迨今二百餘年，其法寖微。

至元壬午，朝命改隆興路爲龍興。其年五月，章江門外一洲。是秋，先生經行西山鴻油岡，遇洞眞天師胡君，告以姓字，先生拜問曰：天師胡爲在此？曰：龍沙已生，淨明大教將興，當出八百弟子，汝爲之師。歲在丙申臘月庚申，眞君下降子家，子際遇如何眞公，時今在子夜，故來告子。言訖不見。先生心竊自喜。明年春，復於玉隆禁山遇之，即下拜。胡君曰：吾今再來，實傳眞君之旨，可尋西山中黃堂山烏晶原，建玉眞壇以棲隱。當知眞君即太陽帝君化生，仙傳謂生身有金鳳，銜珠夢兆者，非也。乃日中金烏流精，在天爲氣，在地成形，鴻濛開闢，降於洪井，却至海藏。至眞君降世，乃由扶桑之墟，下貫崑崙之頂，乃從風輪水淵，由地中行，騰出洪崖之井，以應西山之氣，故其地名曰烏晶原。蓋日月二君屬記眞君，以爲後代傳道之信，其所在之處，萬靈護持，出沒變化，非容人力。眞君降於吳赤烏己未歲正月二十八日戊午。己未爲火，在天上初元戊午表太陽也，二年己未表餘氣化生也，正月表人道始於寅也，二十八日表近晦而續明也。天啓仙運，年符赤烏，其後海昏誅蛇，有赤烏飛過，亦應此耳。今仙運將周，烏晶出現，其在青羊之歲上元之辰紫清宮中，子得以鎮靖廬，大教興矣。因與言淨明之旨，踰時而別。及出山，已越兩日。

先生自是益加精進，又於孝行里立騰勝道院，以善道勸化，遠近聞知，仰嚮從游者衆。甲午十一月甲子，遇水府仙伯郭君，教以經山緯水之術。遂遊黃堂山烏晶原尋訪，果得魏道人故居，乃昔日眞君修眞之所，而又洪崖先生張君舊隱地，隸紫清。以田易之而卜築，且定居焉。靈官鄧君貽詩有曰：洪崖尋舊跡，合讖於松沙者，謂此也。元貞己未正月甲寅，先生神遊玉眞府，遇眞君與張君、胡君，玉眞朝元回。先生作禮，眞君顧令先生，求見陽烏，張君袖出三足烏示之。上元庚申，先生往紫清，與弟子王眞定，方公成，登拍洪樓，焚香默禱，聞硫氣郁烈，倚闌候望，倏有流光飛墜鑪間，俯視則烏晶在焉。大如椰子，非鐵非石，而黑潤沈重，受而藏之。是夕，胡君授以大道，說明年歲晚，復至紫清，告諸弟子，以師君將降，約同候迎。十二月庚申，王眞定、方公成、胡次由輩，同集先生之舍。先生曰：有一士緣重，當不召而至。是夕，雪大作，初更時，玉隆宮法子黃元吉忽至，先生曰：天寒歲晚，遠來何爲？元吉曰：夜來夢胡天師告曰，劉玉眞家有盛事，汝可速往，故來。先生於是與諸弟子，明燎爇薰，至誠以俟。夜將半，先生凝望虛空，倏忽間，師君至。亟率弟子下階迎拜，黃氣瀰漫，非煙非霧，擁升堂上，降授《玉眞靈寶壇記》，紙尾署云：弟子劉玉眞，丁酉正月甲子朔旦，登山巔授至道。頃之，光景豁散。既而，郭君授以壇疏。除夕寒雪陰霾，先生清齋以待，夜過半，山堂門開，介冑神人至前曰：眞君召子。乃篝燈躋攀而上，仰視天星朗然。少焉仙駕降，先生瞻禮，以栢葉藉棗橘以進。眞君告曰：茲山前俯鸞岡，後據鶴嶺，吾昔修眞時，於此朝禮太上，太上命日月二君降此，授吾至道，是名靈寶朝天壇。吾今亦於此授此中黃大道八極眞詮，子當敬受。吾八百弟子，汝爲首英，名氏悉在華林八百洞天久矣，刻書青琅，高揭丹崖。更當勉勵弟子，不昧心君，不戕性命，忠孝存心，方便濟物，異日功成果滿，胥會洞中，顧不樂歟。此外精心奉教，隨所修積，各享其報，終不沈墮。若有不自提策，勤始怠終，則有風刀之考。子今恢演教法，積累功勳，再世三生，鍊消陰滓，登晨白日，如吾無異。勉之勉之。言畢高舉，先生拜送，瞻望極日而還。十月甲午，寓玉隆清逸堂。丙申，胡君復來授以道法，說及三五飛步正一斬邪之旨。

由是開闡大教，誘誨後學。其法以忠孝爲本，敬天崇道，濟生度死爲事，簡而不繁。諸弟子問曰：昔何眞公所傳稍繁，今先生所授極簡，何其不同？先生曰：昔紹興之時，仙期懸隔，權以救世，以法弘教，故繁。今龍沙已生，仙期迫近，急於度人，以道宏教，故約。此所以異，然其至則一，無庸疑。因謂曰：吾與若輩，幸以宿因，遭逢大教，喜慶難言。今靖廬粗備，相與首致華封之祝，以寓吾忠，次伸追遠之誠，以昭吾孝。修身慎行，植德行道，可無愧矣。今爲若輩懇師君，請降日精月華，鍊度先亡，以除冥累。十月望，乃登朝天壇，露香敷奏，席地存神，置二陶器於壇上。俄東西布飛光二道，如金線，自天際注器中，左液如丹，右津如汞，用以書符，訖事無餘。越七日，弟子咸夢先亡，言感眞君拯拔陶鑄，返陰生陽，已升仙階矣。明年十月庚申，郭君復至，授以法說，而鄧君數來談《易》，故先生於《易》尤邃。方公成嘗言爻象，夜分風動燭滅。先生一噓，而燭復然。公成驚問，先生徐曰：子言紙上之《易》，而未知身中之《易》。如知之，則已滅者可復明，又何所怪。公成下拜，願卒爲弟子。居常與羣仙接對，而張、胡、郭、鄧爲密。張君嘗招之過洪井，擲扇水中，命之浮渡。又與如意丹方，令采洪井石蒲爲藥，以施病者。郭君嘗引遊水府，見門下鎖一巨青猴，指曰：此神禹所禁巫支祁也。

先生雖道行日隆，而益自韜晦，間爲人祈禬禳解，無不出奇。隱眞洞眞靖廬次第興建，諸品祕要相繼授受。至大戊申正月丁卯，投烏晶於洪井，曰：緣重者得之。即以傳教之任付黃元吉，謂曰：吾此生爲大教初機而來，異時再出，當與八百弟子俱會。今陽數將終，身謝之後，以吾遺體靜夜火之，復骨於招賢之原，三年將遷瘞海島。二月癸巳，如紫清宮翠岩寺告別。甲午示疾，弟子畢集。丙申，晨興端坐榻上，日正中，舉手拱揖，就榻側卧而逝。春秋五十有二。弟子遵遺旨而送終，後三年啓窆視之，唯存空函。先生之學，本於正心誠意，而見於眞踐實履。不矯亢以爲高，不詭隨以爲順，不妄語不多言，言必關於天理世教，於三教之旨了然解悟，而以老氏爲宗。有《玉眞語錄》、《淨明祕旨》，凡一百三十七品云。

黃元吉

傳記

佚名《中黃先生碑銘》（《淨明忠孝全書》卷一）

黃君元吉，字希文，豫章豐城名族。父良俊，母吳氏。年十二入玉隆萬壽宮，事清逸堂朱尊師。朱歿，其師王月航尊師，愛而教之。王尊師嚴潔清儉，有古人之意，善醫藥，施謝之積粗瞻，即閉戶絕來求醫者。希文請授其術以爲業，王尊師不可，曰：吾非有靳於子也。顧醫道甚精微，識慮稍不至，則人由我而死，非易事也。將以此爲利益不宜，吾幸得舍此，不爲冀寡過耳。誠慮返累子，不如歸求清靜，以自致也。王尊師沒。久之，西山中有劉玉眞先生者，本質行老儒，隱居深僻，有神明之遇，曰：晉旌陽許君千年龍沙之記，今及其時，而劉則八百仙人之首云。獨重希文，以爲可托，及去世以其傳囑焉。蓋其說以本心淨明爲要，而制行必以忠孝爲貴而已。希文事劉先生如父，事其夫人如母，苟遠去飲食必祝之。而後嘗奉其言，如臨天地鬼神，乃即其山擇地立玉眞隱眞洞眞之壇，以授弟子。至治三年，又以其說游京師，公卿大夫士多禮問之，莫不歎異。明年太定改元，嗣漢三十九代張天師朝京，廷臣薦希文者曰：中黄先生剛介堅鷙，長於幹裁譽。嘗都監其宮，治衆嚴甚，人或不樂，而土田之入廬舍之完，公而成功。昔爲忤者，更交譽之親之，其後從玉眞先生得旌陽忠孝之教。蓋折節就沖，澹爲達人，鉅公前席宜表異之。乃爲書，請希文爲淨明崇德弘道法師教門高士。玉隆萬壽宮焚，修提點未行，玄教大宗師留之崇眞萬壽宮。期年，將以其名上聞奏，且上有爾書之賜，而希文翛然高居，唯以發明其師說爲己事。有所謂清虛日來滓穢盡淨者，蓋庶幾焉。十二月十一日，爲書寄別其弟子陳天和等，而命從者曰：今夜子時，當報我及期。從者以告，希文曰：吾返玉眞之墟矣。明日，用火淨吾骨於城東門外，薪盡火絕有風南來者，吾報汝也。已而果然，從者負其遺劍，將歸藏西山。希文在世五十五年，爲道士四十年，度弟子陳天和、劉眞傳、熊玄暉、劉思復、黄通理，授淨明忠孝之教者，人衆不可備列。中山趙先生，有道之士也。嘗與希文俱來，爲之言曰：子爲銘其藏。予重趙君之請，故爲之銘曰：西山之墟古仙宅，奇蹤一隱兩五百。陽精發輝表靈赫，我與受書繼玄德。長生不死爲世則，忽焉去之不可測。鏘金爲音玉爲畫，表歸眞土塡無極。

徐異

傳記

佚名《丹扃道人事實》（《淨明忠孝全書》卷一）　丹扃子姓徐氏，名異，一名慧，字子奇。至元辛卯八月二十七日寅時生，娶劉氏，生子師晉。其先爲豐城望族，仕廬陵，因家焉。其大父愚谷先生，典刑博雅，前宋試場屋有聲，二子俱早世。子奇幼孤即穎異，恥與俗子友，閉戶讀書，危坐竟日，養吾劉先生，爲須溪冢嫡，時稱爲文章司命人物，權衡得其許可者如登龍門。始八月旦，子奇嘗侍大父往謁之，一見問所學，即令以詩題，子奇援筆立就。先生大加賞歎，因取少陵徐卿二子生絕奇之語，改字子奇。且爲序其所作詩集，稱其五言，高處春容淡泊，頗近古意，至於近體亦變化流麗，蓋其天分之高而學所致也。其推許之意，概可見矣。戊午春，慨然爲金臺遊，首以文墨見知于御史李一飛、典瑞院使馬九皋、右丞齊峰、平章大慈都，由是鈞樞臺閣名公鉅卿多所接禮。癸亥春，英廟詔書金經試，字中書者數百人，子奇首中前列，未幾經事竟寢。子奇聞中黄先生得都仙淨明之道，駐于崇眞宮，遂往師焉。中黄一見曰：夜夢子，今子來，似有夙契，當宏吾教。自是盡得中黄八極之妙，又參藍眞人于長春宮得全眞無爲之旨，賜號淨明配道格神昭效法師。由是，人爵無復介其心胸，雖中朝貴人交剡互辟，恬不能動其心矣。甲子春，以母老竟歸，圖爲色養，計其所以，婉容娛侍，曲意順承，無所不用其極如是者，二十餘年迨終，喪葬盡禮。初歸之日，家適病疫，或曰：未可歸。子奇曰：安有及門而不升堂拜母者乎？竟歸。其所謂神明憑依者，皆辟易解散若未病，然自非道高德重安能殄息若此其速也。是歲大旱，鄉人請禱于里之吉安橋旋慰霓望。自是弟子益衆，及其門者，皆文學特達之士。雖六七十翁，皆願從焉。曰：吾師道也。子奇倜儻尙氣，節慷慨，尙然諾。導悟學者剖決玄微，海竭河傾，源窮派析，犂然有當於人心。數十年間，千百里內，水旱豐凶，請禱即往，神動天隨，雷電隨應，其所以化赤地爲豐年掃積陰爲霽景者，不知其幾焉。至如來病，士庶是以爲瘧，家人之啼泣，木客之憑淩，雲篆一飛，陰怪旋屏，若此者尤衆也。是其操存持守之不息，故光輝昭著之，自然有諸中形諸外也。士君子常稱奇峰先生，又稱丹扃道人。蓋其爲室也，清虛明淨，扁以丹扃。留國張公，書而記之，詩集曰《盃水玉霄》，滕公序之。所傳淨明忠孝諸書，先以刊行。至於手譔科文，正大雅潔，凡若干卷傳于世。庚寅春，寄內師府羅文奎詩云：憶昔長廊聽雨時，黄金染筆寫烏絲。百年似夢我先覺，萬事如雲子尙癡。天上故人天上老，里中野客里中嬉。臨風聊致拳拳意，老病無才懶賦詩。又寄臺使盛熙明詩云：向來風雨意，俛仰十年餘。雖有千山隔，寧無數字書。棲遲吾分耳，富貴易交乎。珍重平生學，風雲展壯圖。又寄別弟子鍾彥文詩云：花甲今年恰一周，安心安分更何求。夢回池草春生筆，吟到江梅月滿樓。生數又從今日始，老懷不及少年遊。還丹鍊就身如葉，洞府名山任去留。又自贊其像曰：生前我即汝，死後汝即我。於是二中間，誰曾識眞我咦。月輪元不在波心，四海五湖無不可。至五月望日，命弟子蕭尙賢代謝師仙將吏，爲酒食以召鄉黨朋友話別，對坐客云：天香繞屋家肥潤，玉宇開基仕顯超明。且日中，索紙筆留頌云：這箇臭皮袋，撇了無窒礙。烈焰紅爐中，明月清風外。擲筆端坐，鼻流玉筯尺餘，移時視之，則已去矣。留形住世六十年，度弟子數百人。

牛志信

傳記

高恕明《創修靈顯觀記》（《道家金石略》） 師諱志信，號明眞子，乃潞城三池西社人也。立年有二猛，棄俗而入道，受業於本縣永昌觀任公大師席下，其源出於全眞。既蒙見納，崇清虛，遵道德，於身則去華務實，接物則和光同塵。其戒行也冰清，其身心也玉潔，事師之理如事父焉。歲舍甲辰，本村衆會首欽其質樸而儉素，慕其剛毅而清高，禮請于白鶴岔南靈顯廟之傍，以結香火之緣。師欣然諾其請，於是率其門人，來興是觀。同心苦志，芟荆剪棘，平墓疊址，雖手足胼胝亦不憚其勞。四方善信，貧者效力，富者奉財。不數載間，聖眞有殿，雲侶有齋。春秋享壽八旬，翛然而蛻。寄瘞三秋，卜宅革葬，啓柩視之，鬚髮□然而不落，肌膚殼然而全身，豈其師之平昔頤煉之徵哉。門人王從善者，繼前人之業，述前人之事，一日會其徒而議曰：「若不刻諸翠琰，以永其傳，恐歲代綿邈，後人忘其呂眞人之詩翰，及不知前人創業之艱難也。」於是王公觀宰乞文于予，山野辭之曰：慚無八斗之才，枉玷萬年之石。拒之再三，告之再四，予嘉厥志誠，遂抖擻枯腸，審其實事而爲之記。

陳志昂

傳記

王之綱《玉清觀碑》（《道家金石略》） 直衛州西北一舍而遠，太行蒼谷之中，有觀曰玉清，實南京朝元宮之別院也。初谷中有廣施王祠，土人事之惟謹。壬辰兵變，祠亦廢。道士陳志昂遊歷於斯，見其山水明麗，梅竹叢茂，遂有終焉之志，乃修廢祠以奉香火，尋即祠東創構道院。不數年，殿宇、齋廚、庫廄煥然一新，至於碓磑、蔬圃、園林亦有攸序。志昂世爲相台鶴壁里人，號清眞大師，禮惠慈利物至德眞人爲師。親炙日久，深蒙許可。歲丁卯，春秋八十，無疾而逝。繼其事者法弟煙霞子楚志雲也。未幾引退，狀請於朝元本宗掌教崇玄誠德洞陽眞人，命志昂高弟耿道明來主是觀。道明敬遵遺躅，增葺有加，則肯堂之能事畢矣。至元甲申，僕以事來汴，館於朝元丈室，洞陽以玉清始末告之，且求數語以刻諸石。僕謂全眞之教始于五祖，衍於七眞，恬澹自守，沖虛爲宗，體老氏之玄言，悟蒙莊之微旨。自長春應召，至誠明主席，五六十年間，非無修心煉性，超世出塵之士，俱未若惠慈利物至德眞人，年彌高，德彌邵，嶷然爲一代大宗師也。眞人姓王氏，曹州東明人，道號棲雲子，以誠化導，以惠利人，雲車所過，拜者塞途，隨立宮觀，在在有之，年開九秩，翛然而往，實洞天之列仙歟。初傳而得姬知常，再傳而至李通和，今吾洞陽，凡三主教矣。棲雲與我先君有鄉里同宗之契，洞陽於僕爲尊宿，顧晚生後進，不敢以不敏辭，謹爲次第其事，仍系之以銘。銘曰：

粵全眞，多異人，逃世網，出迷津。穴太行，神鬼藏，擇勝地，構玄堂。弘斯道，在乎時，鑱貞石，始終之。

魯志瑞

傳記

白棟《大元國輝州請佃户靈陽觀記》（《道家金石略》） 太行之東，有城隱然，右枕泉源，古稱共國，而近號蘇門者，今輝郡也。都南半舍，有墅蔚然，延袤五里，爲泉水之所沮洳，人煙之所輳集，秔稻蔽野，籬落如畫，北與稻田務爲鄰，因居人以得名者，請佃戶也。墅之南疃，有殿巍然，出塵氛之外，庭宇峻潔，水竹環抱，望之若神仙之府，即之爲聖眞之居者，靈陽觀也。觀之逸人，有葛其屨而藤其冠，素其衣而青其囊，以仁術濟民，爲鄉術之所尊奉者，魯志瑞也。志瑞黄州巨室，幼罹板蕩，轉徙河平，聞全眞之教能脫人於憂辱，愾然有慕道之志。時安陽子陳志玄，道價方重，聲重鄰邑，遂志瑞易其故名，罄其學而教焉。陳，中牟人，箕裘儒業，父祖昆弟，並敦義讓，謂之義門陳氏。壬辰北渡，流寓燕山，乃禮崇道眞人丁公爲師。公識其字畫，謂老於筆墨者，及見，乃一童子，覩其風骨，有方外之相，遂度以入道。居數歲，辭而南游適衛，至百門山，覽康節之遺窠，登公和之嘯台，履仙人之跡，瞻威惠之祠，掬水以弄清泚，喟然歎曰：「此隱者之所願見而不得者，吾舍此何適矣。」即堅坐祠下，已而皇禮村之好事者，謂爲有道，迎歸至其里以事之。志玄請坐圜堵，週一歲之月，里人敬信，築道館，拜以出環，而志玄名益熾，度門人百餘，志瑞其一也。有請佃戶李寶者，悅志玄之學，以今觀基之券，奉以周旋，志玄爲受之，稍稍營葺而未必其成也。會崇道眞人之拜回祖庭，取道是邑，指觀基謂志玄曰：「玆地負陰抱陽，處山水之秀，當有勝緣，汝其致力乎此。」陳許諾，漸起爲觀，乞名于燕京長春宫掌教眞常眞人，錫額賜號。志瑞事之餘十年，蒙辭翰印受教，乃以醫藥所得，常善救人，遍謁里中之豪，得其資力，庀徒蒇工，舊者新之，小者大之，無者起之，不足者補之，不期年而工畢，凡屋者幾廿楹，前殿以奉玄元，後殿以奉衆眞，靈官有祠，齋廚有堂，下逮門牆庫廄，蔬畦竹塢，無不備具。所贏市地於四鄰，合舊爲六十餘畝，百泉之水，經流其中，海上之鷗不疑，濠梁之魚恆樂，高齋坐嘯，西北諸峰，雲煙朝暮，近在几案，眞可爲頤神養性之所。厥後安陽子卒謝世於此，志瑞即葬之泉上，與衆法兄弟之骨次爲仙墳，實觀之西北隅也。志瑞既主此觀，谷且焚修，上祝皇王萬安之祚，逍遙偃仰，欲以所營繕者樂之以終其身。經至元癸未之水，漂沒殆盡，所餘者唯存玄元殿，志瑞乃擬後殿故基，改爲玉皇殿。墅人聞之，奔走相役，歲未再改，與他屋之傾圮者悉復其宅，而天人之表，金碧加粲然矣。丙戌冬，余以事一至其地，志瑞之徒即具觀之本末與其師承之次弟，介於世家申君榮之、儒士劉君寬甫，以記文爲請。予惟老氏之教，以虛無爲宗，清靜爲本，居實而不居華，務內而不務外，今乃是崇是飾，且欲以言識之，得無戾于玄元之教。自今以始，里人有香火於是觀者，能指以告之曰：後殿所事即天帝也，於皇在上，昭監在下，福善禍淫，影響不僭，故若孝而父母，睦而弟昆，勤而農功，畢而公賦，一言一動，惟理之循，則汝之足雖不及於吾門，神將福汝矣！汝若棄而親戚，締而朋黨，舍而所事，求而所樂，一言一動，唯欲之從，則汝之跡雖恆接於吾庭，神將禍汝矣！審如是，畀一里之人變而爲善，善變而爲福，則人之奉師也不爲無益，師之受奉於人也不爲無功，而是觀當與此墅相存亡，而師之名亦當與泉水相終始矣，尚何待夫文石爲哉？

劉志厚

傳記

文道廣《玄靖達觀大師劉公墓誌銘》（《道家金石略》） 搢紳廟堂，進退百宫，非達也，勒銘鐘鼎，揄揚英譽，非達也。超幻化之境，窮性命之源，而方寸洞然者，其達人之大觀者乎？練師劉公，嘗從事於斯矣。公諱志厚，字泊淳，道號廣陽子，世業應州，富而且仁。公少時記識聰敏，及長，志量豪逸，爲時輩所欽，辟充省掾。會朔方有警，朝議以公有籌邊之略，畀之虎符及兵師千衆，委鎮上黨。在仕塗中，立論讜正，舉措異常。一日，脱然有悟，遂棄職隱遁，避地遼沁間，因謀歸道。歲甲申，從銅川趙觀主爲師，趙辭之，令往拜長春師門下。公從其議，嘗游食魯趙間，晝則一食，夜則忘寐，每專氣入精，淡然與神明伍，向所謂湖海之氣，榮觀之寵，一棲而俱泯也。公於儒書每見涉獵，而于老莊之學，尤得其旨，時人以莊子劉先生稱之。又精草隸書，自作一家楷式。己丑來燕，會葬長春師，未幾復隱緡山秋陽觀，主者韓君長卿待之甚厚。丁酉，掌教清和宗師以杜侯懇，詣沁原行醮，歸途抵洺州，公適有事于磁，聞師之來，敬謁行館，願執拔彗以備灑掃。師素得人於眉睫間，以公爲玄門重器，常置諸左右，使與賓客言及代書翰。庚子侍師造陝西祖庭，往返數千里，凡應對出納之事，必盡精謹，未嘗以倦弛形於辭色，前後餘二十年，其尊師重道之心，愈久愈敬。每談及性命事，師必就其靈府發見之端而開導之，其後大有所得，與燕城士大夫酬唱，詞翰俱美，無半點塵氣，方外諸人皆以清和座下爲得人矣。有頃，保充五華宫清和宫提點之副，由是道價崇重，門徒輻輳，立觀凡四，魏縣之重陽、臨彰之迎仙、磁州之長春、懷州之清和，皆公主之。戊申春，詔長春宫設普天醮，公預高道之選，恩例賜金襴紫服及今之師號。辛亥，先師委蜕，心喪不怠。迨眞常宗師之嗣教也，因觀寰宇記，知燕之西山有神仙洞府，而逕路嶮巇，人跡罕到，命公往相視之。公不憚勞苦，徑往奉先，詢諸耆老，果于神寧鄉西北得黄山玉室洞天，俗云漢留侯棲隱之所，又得仙都山仙君洞、大房山潛眞洞，皆非人世所有。公復命，眞常師甚喜，即命葺居之。時五華提點闕任，有難其行者，言之宗師，師責曰：「五華因緣，大概已就，但得一長者主之足矣。今三洞福地，大費經理，微劉公，誰可託者。」言者悚退。公既受命，罄己資以爲營構之具，先於仙君洞下創觀以居，仍率衆鑿開洞門，始終計工千百。再年，師推公爲三山洞主，大緣未竟，公忽處順，蓋丁巳三月初十日也，春秋五十有九，所度弟子百餘衆。方公未疾之前，曾書頌遺其徒焦志潤，有「神遊八極，位列仙班」之語，由是觀之，可謂達生死之機而了了於胸次者矣！門人卜地洞山之南隙而安厝之，禮也。四月晦，涿郡翠華壇郭子元、李子玉等陳祭方盥之始，有羣鶴翔集，人皆異之。葬畢，志潤等丐志其墓。余寓長春，辱與公鄰，且數得請益，用是不克牢讓，姑爲編次其實而系之銘曰：

維此畸人，玄門梁棟，即道是身，識世大夢。左右清和，筆頭拈弄，來無所將，去無所送。玄鶴一歸，三山空洞，勒銘翠琰，千載取重。

韓抱真

傳記

丁志純《重修白雲觀碑》（《道家金石略》）　夫道無乎不在，則天下之物莫非道也。物無非道，則道外無物，此古之人所以爲未始有物也。至矣盡矣，不可以加矣。故教之留傳，則軒轅太上立焉，歷殷、周、唐、宋及金之世，玄風繼闡，琳宫相望，乃重陽七眞立焉。門下耆宿韓君，禹城人氏，弱冠之時，學道于玉陽，服膺歲久，偏得師之役也。名抱眞，號廣陽子，志在乎嵩山，丐食於洛陽，歷東原。時當前金之際，兵革蝟興，公者挈其徒侶來遊青社，而至萬山。公美山之陽，若簸之楷式，兩谷而下，中有其崗，名之曰茅嶺。嶺之純土，宜粟果雜株，嶺之前迮左右，其谷若臼若圈，林木陰翳，嶽麓回還，中有其井，外有其泉，深邃而下垂，中可容人也。公贊之不已，可以爲福地乎。有會首馬公，素重先生之道德，因已其地施焉。若是，則平持阿險，剪去荆蓁，結茅其上，而衆共處之。公樂道忘饑，或三日不舉火，十年不置衣，惰支體，黜聰明，離形去智，乃合乎大同。故道精思於內，而德發輝於外，虛而往，實而歸，無形而心成也，戶外之履滿矣。弟子劉志遂、景志純等，率其衆相與左右羽翼之。鳩功伐材，運棟輦甓，日營月葺，不數年間，中興大堂一區，金碧聖像眞官之位，雲齋兩翼，至於燕寢之間，蔬圃之囿，舂磑之場，梓棗茂盛，松檜森然，罔不畢備矣。偉觀落成之後，每遇朔望，鳴鐘集衆，香火致禮，以贊祝天子萬年之固，此廣陽之本志也。玄門掌教大宗師眞常眞人，名其觀曰白雲，仍付以金襴紫衣，號曰沖虛。未幾何，老師擇日而登假，而心未嘗死者乎！繼踵主其觀事，唯存馬志沖，遂將梁家莊地十畝，易換陳提控茅嶺之田，北至山，東至溝東崖，西至溝西崖，南至老師之墳壟，其師藏塋之地，乃焦王會首施之也。其餘土田，或東或西或南，延袤不等，高下不齊，計田六十畝，盡充觀之常住，贍養徒衆焉。沖一日自度其事，慮盛跡歲久湮沒，欲樹他山之石，庶傳不朽。公不遠舍而來青社，攜果于余：子其爲我文之。余是已故摭其修建之始末，以書之爲記，俾來者有考焉。又系之以銘曰：

大道恍惚，玄之又玄，軒轅太上，立教爲先，重陽七子，教之繼傳。般陽南視，萬山巍然，前有二谷，若臼若圈，左有其井，右有其泉，馬公祖產，施與韓仙。荆蓁阿險，變爲芝田，修成觀宇，白雲接天，皇王萬壽，黎庶免邅。孰營茸事，廣陽徒緣，歷文在石，來者考焉。

李元常

傳記

馬光國《創立興國觀記》（《道家金石略》） 人生天地間，誰不欲立志當年，垂名後世，以成其功者，蓋有時之遇不遇，命之與不與，斯二者，天也。孤獨臣孽子，其造心也危，其慮患也深，故達，苟能終始如一以伸其願，李公之謂也。公諱元常，平陽李都統之子，資質孤摽，賦性明敏，不幸早孤，煢煢獨立，孑孑無依。遂南游夏邑，素聞王公講師其人有德，敬拜席下，願留而受業於門。夙莫勤謹，服膺學問，凡有訓誨，默會心通，數年之後，德業有成，拜別南歸，渡河適澠。至義豐鄉西張村，左右徘徊，眄睞古禹廟貌壯麗，北有長溝之險，南望熊耳之高，東近雷公之祠，西接鳴河之門，四望廓然，眞仙侶之勝地。讀暨碑記，乃興國五年重建。遂與鄉人歲時致祭，屋宇雖曾更新，終爲舊貫，樹志潛謀，於廟東始剪荆棘，創立觀院，墾田興農，以爲永遠之基。不數年，殿廡畢舉，妝嚴亦集，煥然奪目，爲之一新，因取興國年爲觀名，以示將來。至於敎養門徒，無不精通，信結會首，遠近服從，凡所興修，多資衆力。由此觀之，惟造心之危，慮患之深，故能至此。語曰：人能弘道，非道弘人。其斯謂歟？公壽終羽化，其徒張正淳等，已卜觀之吉地爲仙塋之宅兆而安葬之。追慕其德，若不文諸石，使後世無聞，泯絕吾師之用心，負累深矣。以事告之夏縣李威儀，同來謁予爲記。僕以無學，又厥疾縈身，辭謝，求懇益堅，讓不獲已，姑摭其事實爲之記云。

李道謙

傳記

宋渤《玄明文靖天樂直人李公道行銘並序》（《道家金石略》） 終南山之尊高，雲夢澤之廣闊，在天地間不知凡幾區，惟二者處今中原，故獨稱最巨，亮有神龕之。靈明變化，雨暘開闔，古今以來，中有不可測。英奇秀拔，魁傑壯偉，人物之出，亦不可常得。近世大宗師重陽王公以道德絕倡，號稱全眞，矗興金大定中。始方羊於東海上，既而演溢於八表，行至人之無爲，說千載之心傳，二百年於茲矣。公生終南山下，舊居地尚存。後其弟子盛啓之，擬成宮室，歷代崇飾之，嗣致香火，又敕扁其顏曰重陽萬壽宮。主宮中務者，非名勝閎博之士，蓋莫得與其選。天樂眞人李公和甫，當師席者三十年，操行踐履，羽流想聞，神釆言論，風旨玄敎，景其範模。諱道謙，汴梁人，代爲豪家。考諱師孟，學成行尊，不爲舉子計，鄉郡高之，曰隱君不敢名。金末喪亂，歲饑，出私積賑施貧餓。母遊氏，亦賢謹能助隱君爲善。公資秀穎，能言便開敏知擬指，七歲以六經童子貢禮部。天興癸巳金亡，朝廷遣使區別四民，凡衣冠道釋之流寓者異籍之。公在儒者籍，時兵事方殷，遂改著道者服，以謂世利多累，弗若究性命之眞，終己可樂無窮也。遂於三墳五典之正，老氏五千言之微，及所謂內聖外王之說，祠祀上章、金丹玉訣之祕，咸詣精奧。當時全眞之門，老師者德，所在尚多，爭欲邀致之，公悉無所許。壬寅，西游秦中，見洞眞眞人于公持籙方嚴，著見幽顯，心然之，即執贄拜，列弟子行。洞眞器其賢，待以文章翰學事，尋傾平生所得舉付之。丙午，從洞眞演教秦隴。戊申春，東還鄉里，葬其先府君於夷山，付家產于侄德，令經紀宗族，識者嘉其克終人子之孝。庚戌，洞眞羽化，遺命甚勤。辛亥，眞常李公主玄教，署提點重陽宮事。憲宗皇帝詔眞常設醮于終南祖庭，見公奉職周飭，復委營辦庶事，于諸方色色具集。人初疑之，既而咸服眞常知鑒。公行方見異聞勝跡，仙聖詔舉，必詳錄之爲成書，以開示後學爲己任。戊午，誠明眞人張公主玄教，俾公充京兆路道錄。至元二年升京兆道門提點，臨衆以寬簡平允爲務，道民宜之。行台廉、商諸公皆以名士賓禮，故一時帖然，無敢嘩者。九年，淳和王公請至京師，授諸路道教提舉，尋辭西歸。十四年，安西王開府陝西，得承制除拜，署公提點陝西五路西蜀四川道教兼領重陽萬壽宮事，仍遺之黃金冠法錦服。十五年，王復令修大醮祠于重陽宮，以公爲領祀師，事已，錫予優渥，且俾刻石紀其歲月。十七年，世祖皇帝申降璽書守前職。二十四年，謁嗣安西王于六盤山，王錫之白玉鉤、名馬鞍轡。二十五年，永昌王遣使致師贄。甲午，上踐祚，秋七月，賜公號玄明文靖天樂眞人。元貞二年夏六月，忽微疾，己未，遽長逝，歲七十有八矣。公私聞之，咸來弔祭，無不盡哀。葬之日，會者數萬人，霞五采覆壙上，羣鶴翔雲中，觀者歎異之。公純誠清粹，負氣正大，雖爲道者師，不眩以誕，不擾以紛，不妄語笑，平居澹然，人莫測其津涘。終身未嘗廢書不觀，經史百家，靡不周覽。晨起日課，取道德經、周易洛誦一通，盛寒暑弗輟。重陽爲宮，四方都會，園田殖產，收入不少，而自奉菲儉，不減寒素。問學必踐履，許予必公是，踈財尙義，一錢須內之宮帑，掌者敬事，亦不敢肆私見欺。宮西北有小溪，竹石林樾可愛，洞眞居時嘗名曰筠溪，公復爲堂其上，爲文章詩詠其中，積有什一帙，曰筠溪集，奇麗超詣，若陶謝風致，作者尙之。蓋公本儒家子，能讀六經，及入道者門，輔之以潔淨性命之學，故蓄之胸臆者義理精深，溢爲言議則英華粲發，非直槁中枯形而已者也。往時先輩如紫陽楊先生奐，雪齋姚公樞，翰長永年王公磐，左山商公挺，公皆從之翱翔，爲方外友。許可之文，見於往還篇章中。岐山舊有周公廟，歲久圮，公遣徒庀工，一復故制。長安中有司作新孔子廟堂，又助棟宇費十三四。無貴賤長幼，識與不識，聞而賢之。著述有祖庭內傳三卷、七眞人年譜一卷、終南山記三十卷、仙源錄六卷、筠溪筆錄一十卷、詩文五卷。

陳日新

傳記

虞集《陳眞人道行碑》（《道園學古録》卷五〇） 善爲老子之學者，泊然而通，介然而容，燭乎幾而不作於用，適乎變而不阿其從，至自外者，漠焉不爲之動，存乎中者，淵焉不見其窮，沖沖乎充充乎，執之則無方，建之則有宗者，吾得一人焉，崇玄沖道明復眞人陳公先生也。公弱不好弄，靜居若思。昆弟三人，既喪父，伯氏以儒顯，仲氏能治家以爲養，其母某夫人知公志，使從師龍虎山，玩心希夷，爲學日約，人莫測其所至，而其所造亦莫自知也。及來京，天下英俊咸往從而締歡者，若飲醇而飫甘，豪者靡，機者弛，有其能者莫不慊然自失而退。若公者，非古所謂德人者耶？公始辭母出家，雖遠去而未始頃刻忘，嘗思報親之大者而盡心焉。而人所見者，晚歲歸爲親壽，燕樂親戚鄉里累日，人人感動。及殁，奔喪治葬，哀毀如禮。故開府儀同三司張公留孫殁，公以弟子諸孫護喪歸。開府朝之大人舊臣，喪所過，傾官府，走士庶，弔奠無虛日。公推盡中情，凡役具辨，人又以爲難能。然公再罹鉅創，形氣向弱，而爲生之道傷矣。蓋還京居五年，淘煉清虛，一旦化去，隤然委順，弗撓弗怛，天曆二年四月四日也，年五十二。師友哭之慟，大夫士來弔者皆失聲，凡爲其道者哀思之不忘無間言。初，開府公受知世祖皇帝，肇設玄教，身爲大宗師，擇可以受其傳者，非奇材異質不與也。今大宗師吳公全節，元貞大德中爲天子禱祠名山，見公於上清正一萬壽宮，歸以告開府，遂召以來，深得開府心。歲從車駕行幸，嘗察罕海，有旨禱雨大應。故武宗皇帝、仁宗皇帝、興聖太后皆知公道術，宣授某法師，提舉崇眞萬壽宮，進授提點，遂封眞人，兼領龍興玉隆萬壽宮，又領杭州宗陽宮。開府之師弟子得封眞人者十數人，而張公、吳公、夏公文泳以眞人居大都崇眞萬壽宮，典司玄教。公之封眞人也，贊書以四傳屬之而遽止，此其命也。夫公好讀書而樂接世務，其居在宮中最幽迥處，庭中草木無所剪治，花實時成，云以觀化。好爲詩，淸麗自然，有足傳者。手校道書丹經、大洞玉訣、靈寶黃籙齋科等書，皆極精詣，其徒受而習焉。嘗道杭，杭方旱，徧禱弗應，行省丞相達爾罕候公以爲請，公坐爲致雨告足，杭人至今道之。公又能論人生甲子，推之以言其禍福壽夭奇中，人異之，公不以爲事，亦未嘗言也。公歿時，篋中有書數卷耳，幾無以爲斂。自附身以至於還葬，皆吳公出私財給之。奉喪歸其里者，馮瑞京、徐愼初。其墓在某處，葬以某年月日，提點舒某、張某來求銘。舒、張、馮皆公以次相傳之弟子，徐從游者也。予與公爲方外之交者三十年，最知公，故宜銘。公諱日新，字又新，饒之安仁人，祖某，父某。銘曰：眞人桀驚，忽其登天，上薄太霞，下蹴輕煙。寶化而消，名在世間，我哦其詩，琅璈相宣。秋高露零，素華娟娟，松有茯苓，石有醴泉。來食來游，待以歲年，雨入于田，雲復于山。泯泯瀏瀏，曷窺其玄，城郭孔固，何日一還。燕樂曾孫，有教有言，我銘在茲，百靈守虔。

婁近垣《龍虎山志》卷七 陳日新，字又新，安仁人。弱不好弄，靜居若思。昆弟三人，既喪父，伯氏以儒顯，仲氏能治家，以爲養其母。知日新志，使從師龍虎山，玩志希夷，爲學日約，人莫測其所至，而其所造，亦莫自知也。及至京師，好讀書，不樂接世務。其居在宮中最幽迥處，庭中草木，無所翦治，花實時成，云以觀化。好爲詩，淸麗有足傳者。手校道書，丹經大洞玉訣靈寶黃籙齋科，皆極精詣。嘗過杭，杭方旱，徧禱弗應，行省丞相答剌罕候日新以爲請，坐爲致雨，杭人稱之。又能論人生甲子推之，以言其禍福壽夭，奇中，人異之。日新不以爲事，亦未嘗言也。開府張公留孫受知元世祖，肇設道教，身爲大宗師，擇可以受其傳者。吳宗師全節大德中爲天子禱祀名山，見日新於上淸正一萬壽宮，回告開府。遂召見，深得開府心。歲從車駕行幸察罕海，有旨禱雨，大應，授崇眞萬壽宮提點，封眞人，兼龍興玉隆萬壽宮，又領杭州宗陽宮。天曆二年四月四日卒，年五十二。虞道園集與爲方外交三十年，最知日新，日新沒，爲之銘其墓，今《道園學古録》載《陳眞人道行碑》是也。

倪文光

傳記

虞集《倪文光墓碑》（《道園學古録》卷五〇） 至順二年夏，予扈從上都，吳郡倪瑛與其弟珽使人持張先生貞居之書來求製兄文光眞人碑銘。前十年，予從表兄臨邛魏君起客吳中，爲予言文光之善。且曰，部使者過其門而見之，表其堂曰高風，託予記之。予爲之言曰：嗟夫，士或困於窮愁放逐，力有所不得爲，則自託諸仙人道士以爲解，苟有可爲，焉知其將無不爲乎。唯德慧術智，可以有爲而有所不爲，脫然遺世獨立，庶幾其爲高風者乎。若文光之所就，部使者廉問所至，表之敬之爲宜云。後予直翰林，聞朝廷賜文光以眞人之號，歎曰：名者實之賓，文光之高風既達矣乎！不知其未及受命而歿也。貞居脩大洞祕訣句曲山中，與予有棲遁之約者也，今實以書來請，而瑛珽又知好文學，予敢愛於言乎。按鞏昌王仁輔狀，文光姓倪氏，系出漢御史大夫寬。宋景祐中，有諱願者，自西夏入使宋不還，徙都梁，子孫漸多，聚族以居，其里遂名倪湖。建炎初，其曾孫益渡江至常州無錫，居梅里之祇陀，遂爲無錫人。益生伋，伋生淞，淞生將仕郎椿，椿生炳，世積陰德，族大以厚，實生昭奎，是爲文光眞人也。母邵氏，始娠文光，夢異僧持械至其家，及生，有光夜赫然出屋上，鄉人以爲火也，操具舁水，四聚至，則知非火也。其家固已異之，稍長，入鄉校，校師常絀其問辨。爲歌詩興趣，自然有出世之意。善相者過之，告其父兄曰：是兒不策勳萬里，亦且標名九霄矣。文光頗以此言自信，經史之外，凡瞿聃之書，至於輿地象胥之說，莫不精究。及冠，雅志屛華絕欲，獨念無他兄弟備養，不忍舍其親而去耳。元貞初，東平徐公琰按察浙西，招文光議幕中，甚奇之，薦諸行省，授學道書院山長，吳人祠子游處也，因爲立學官焉。文光訓授有法，又出私錢，更作禮殿及祭器，士子畏愛之。秩滿，用薦者當遷官，文光慨然以爲不足則有務於外，吾安所不足，使吾心芒然無所主，以身從桎梏乎。謝去薰俗，以黃老爲歸。久之，二弟生且長，文光曰：可矣。去從金先生應新爲玄學，又從餘杭王眞人壽衍游，即弓河之上作玄文館，祠老子，而事之以二尹子、亢桑子、莊子、列子從，規制弘敞。玄教大宗師張上卿偉之，召而薦諸朝，以親老弗欲出，上卿亦不之強也。署文光爲州道判，又進道正，以領祀事。州人屢以水旱請禱之，靜默內處而肹蠁外應，人莫窺其際。蝗出境中，文光爲鄉錫山祝之，雲族而雨，蝗悉入具區，歲大熟。長史列上其行業。至大元年，有旨以玄元館爲觀，賜號元素神應崇道法師，爲住持提點。二年，宣授常州路道錄。延祐元年，有旨陞玄元觀爲玄元萬壽宮，仍住持提點杭州路開元宮事。明年，特賜眞人號，是爲玄中文節貞白眞人。命及門，而文光已遷化，則天曆元年九月十四日也。文光既服道士服，然執親之喪，亦遵程子、朱子所脩禮，用古葬法，亦不狥流俗，爲祠以奉祀。又爲永思堂於錫山，以瞻望其祖父之始來居者。母夫人且老，文光築室先廬之近，歲時歸養，親燠寒飲食之宜，得親之驩心焉。二弟尤淳，族人里中子弟不暇教者，爲義塾教之，歿不能葬者，葬之，貧無歸者，資遣之。大夫士相見，見其儀觀軒特，襟靈虛曠，未嘗不嘆焉。晚自號玄中子，或稱初陽眞逸，別有清微館於錫山之陰，蓋將神游寥廓。又爲樓居曰棲神偉觀，又臨黃公澗左作小蓬萊之亭，右爲天淵之亭，自擬於陶隱居之聽松風也。又卜霞步峰下爲棲神之地，築室種樹，高風堂在焉。句曲自茅氏兄弟，歷陶隱居、司馬承楨，世有傳授，今劉君大彬奉其大洞經法，爲之宗師，文光晚乃從之遊。每一造之，彌旬乃返，神契冥感，句曲人愛慕之，而文光有遠舉之志矣。前解化數日，召二弟，屬以善守先業，事母夫人。召弟子單宗玄屬，以傳法度之事。以九月九日會親友于清微館，登惠山絕頂，下睨五湖，揮手謝別。後五日，宴坐玄元方丈道室，翛然蟬蛻，顏貌如生，春秋五十。雖其令聞美譽表於鄉里，達於四方，淡泊絕欲以終其身，非所謂卓行者耶。國家崇尚玄教，其位號自法師爲眞人，始自禁廷錄旨識，以寶璽而賜之，其重自中書書制而命之，所謂宣也，其位望重矣。至若眞人者，多在朝廷任祝釐之事，不然亦當以釐事入奏則命之。文光高居雲海之上，林泉之間，跬步不踰於戶庭，而君命狎至，遂躋清顯，非名實素孚者疇克爾耶？昔玄靜先生之終也，柳識之文不加多，顏清臣之文不加少，後世並稱焉。故酌其宜而爲文光之詩。詩曰：

錫山之原，其土阜溫。麓有嘉泉，泓渟弗奔。敷潤千里，升爲雨雲，濯濯秋明，煦煦晨暾。卉木清妍，庶生並繁，含景抽英，出爲眞人。抱道以居，孝友具存，眞館邃嚴，金碧珠璠。雲霞蔽虧，日月吐呑，消搖庭戶，高風遠聞。天書玉章，來於九門，霞衣金紱，珮切瑤琨。受命于家，三接彌尊，淵潤巖輝，襲體曣嘔。稼穡有秋，桃李何言，句曲之虛，有祕洞文。攝衣來登，受道神君，飛步太霞，下却塵紛。審于九淵，歸息天根，鬱鬱邱園，遺劍在焉，寥廓歲年，永懷孤騫。

孫德彧

傳記

虞集《玄門掌教孫眞人墓誌銘》（《道園學古錄》卷五〇） 眞人道行著于天下，其最可傳信者，延祐二年夏，禮部尙書元明善代丞相禱雨長春宮，眞人曰：明日雨徵至，須丞相上章，自言憂民報國之意，小得雨。尙書即爲章往向丞相，丞相病在臥內，使人取章入，署名付還。眞人一見，告尙書曰：章觸婦人手，且得罪，寧敢望雨乎？使人問丞相門下果然。二人恐懼拜伏請罪，久之，退齋宮俟命，夜半眞人曰：上帝念民無辜，賜之雨三日。果雨三日，尙書儒者盛貴人，不覺屈膝拜之。後建法主殿于宮西，朝廷命國工塑像，而元公爲之碑。五年夏，中書參知政事王公桂禱雨亦如之，興聖宮遣重臣醮雨長春，七日正醮，雨大至。所遣重臣，眞人曰：勿憂也，此祭酒雨，止月星粲然，皆以聞。後上見眞人，目迎送之曰：眞仙人也。命圖其像，屬翰林學士承旨趙公孟頫爲贊，以璽識之。陝西行御史臺都事吳君昉，僉陝西廉訪司事張君翥，在鳳鳴見眞人爲李氏脩醮，五色雲覆其壇，二日迺已，皆記以文。渭溢岸壞，漂廬舍，民走告眞人，眞人爲至水次，登壞岸，衆危之，然水立止。此皆有文書可考，歌詠以百數，若此者不可盡書也。蓋眞人端靜貞一，自然感化如此，非有神怪譎幻者也，故君子信而傳之。眞人諱德彧，字用章，眉山書樓孫武諸孫。年六歲，造終南祖庭穆眞人坐下。十一歲爲道士，事樂天李眞人，與同輩執事，未嘗忘讀書。紫陽楊公奐然見而異之，待之猶子。誠明張眞人、淳和王眞人、洞明祁眞人、張眞人掌教時，皆親禮用之。世祖皇帝時命眞人從親王匡西服，成宗皇帝命眞人分教秦蜀間，武宗皇帝賜眞人號，仁宗皇帝累加恩命，召至京師，掌道教，號曰特授神仙演道大宗師、玄門掌教輔道體仁文粹開化眞人，管領諸路道教所，知集賢院道教事，推恩封其師若祖于洞眞爲眞君，高圓明、李天樂爲眞人，穆王二師爲眞人。終南山重陽宮者，全眞之祖庭也，至眞人居之，始大脩餙，天子爲出尙服賜之，鎭其宮。甘河，祖師遇仙處也，眞人奉詔建橋，以寓度濟來者之意，其役甚大，又詔元公明善製碑文。七年得請于上，歸終南，優禮送之。至治元年秋，夢賦游仙詞，飄飄有遺世之意，八月五日化去，壽七十九，有希聲集行于世。九月十二日瘞之仙遊園，明年其弟子任道明、張若訥、顏某、趙道直、景若沖等來請銘。銘曰：

眉山之陽，詩書故家，篤生異人，爲國光華。於粲有文，獨以道著，號曰眞人，天子所予。眞人燕居，雲間日舒，物不疵癘，容容于于。眞人出游，靈風前除，塵埃廓清，百神爲驅。天子有祈，眞人致之，曰雨曰暘，天亦不違。盛德之尊，豈惟玄門，紛紛鄙涼，亦皆寬敦。終南峨峨，仙游有石，我銘識之，過者必式。

霍志真

傳記

王惲《提點彰德路道教事寂然子霍君道行碣銘》（《秋澗集》卷六一）

惟國朝甲辰乙巳間，鹿庵先生教授共城，不肖亦忝侍于几杖。時有爲全眞學者重玄李練師自相下來，買田於卓泉，建立棲眞別館。既而重玄北歸，委紀綱士霍君明道爲之主營建。不數年，創堂殿廊廡，煥然一新，際泉兩涘，盡種植巨竹，陰繄數百畝，中搆鈞溪亭，招致吾徒日徜徉笑傲其上，由是卓泉道院聞於遠邇，簉名洞天福地之末。維時重玄則始之勤，而霍君明道實與有力焉。師諱志眞，號寂然子，明道其字也。系出安陽縣秋口農里號大家。父諱澤，嘗夢一麻衣道士，云自天壇而來，求託宿，許焉。寤而誕師。幼不好弄，寡言笑。既長，性淡泊，不慕悅榮利。弱冠，辭親學道，父憶夙徵，既允其請。迺詣于相之天慶宮，禮重玄子爲門人。全眞之家，禁睡眠，謂之消陰魔，服勤苦而曰打塵勞，以折其強梗驕吝之氣。師從事於此者，凡閱三十寒暑，略無憚色。重玄騐其爲受道器，乃命主治玄門事，挺志誠確，措畫井井有法。及卜築于蘇門，委之輔敦教基，宏演宗緒，俾特達而有所樹立焉。師復披荆榛，掇瓦礫，攻苦食淡，擴充師志。又爲闢農畝，創水磑，廣資生理，培植教本，致遠邇尊禮，來者日益衆。至於齋廬深靜，井竈修潔，遊人過客如歸，而皆仰給焉。道俗推舉，任輝之威儀。師滌除玄覽，痛自澄治，惟務正己以格物，有辨訟者，率用理遣，不知官府爲何事。故羽流敬安，一方凝重，至二十載之久。年踰耳順，相之吏民咸宿仰道價，請主天慶宮。既至，受提點彰德路道教事，凡閱十有三祀。年尊德重，不俟言論，而衆自化服。師以某年月日沐浴易衣冠，無疾而逝，壽八十有一。葬于安陽縣王裕里重玄仙塚之側。師丰度清逸，望若時措之宜，和光同塵，接物無徇俗之弊。其訓導徒輩，言約理到，悉以身爲律度，可謂純乎其純，玄之又玄者也。其門人杜志用，夙承提誨，國報無方，瑑石紀銘，期傳不朽，乃因介太一純一眞人李公來屬筆。予既重李公請，又與師有夙昔之雅，既叙其行，已而系之以辭。銘曰：

道之大原，玄文五千，誕誇索隱，匪其正傳。質稟貞素，心地善淵，惟畀也全，內思靜專。耕田鑿井，順乎世緣，修己求志，繕吾性天。無欲觀妙，是爲道之自然，尙無往而不可，孰間朝市之與林泉。若人者雖乘化而委蛻，安知其精純之氣，不乘泠風而仙耶？門人攀慕，向雲翩躚，勒銘松臺，何千百年。

劉道清

傳記

陶德泰《尊宿提點劉道清德行之記》（《道家金石略》） 斯道之在天下也，萬物莫不有焉。而人爲萬物之最靈貴者，既以□□矣，而不能明於道，可乎哉？今陽臺宫通眞靜源沖素大師、賜紫金襴提點純清子劉道清□能明於道者，是以人皆以德行稱譽之。蓋斯道也，人能得之於心，謂之德，能施之於事，謂之行，故兼而言之爲德行也。本宫住持提點王德仁，敬趨天壇絶頂之總仙宫，謁予而言曰：吾宗屬有尊宿者劉公也。自吾童稚出家，見其親歷住持，幹辦常住之事，及春秋既高，而退休于兹有年矣。于常住之物，毫分無取，此一德也。凡遇饑饉之年，齋糧有不贍者，未嘗不以自己之資產周濟其急，此傳記二德也。或興修殿宇，補葺□廊，未嘗不施財效力，此三德也。或造作眞聖道像，供器法物，皆發其囊篋以給其用，此四德也。今略舉其大概，未及細陳。近於至正七年，適丁荒歉，復以己之金穀凡若干，盡納于常住之庫，令贍道衆，令助修造，而好善樂施之心無倦焉。於是以親謁先生之所，願求其文以紀頌其德，此宫門之所以報□劉公也。予聞而嘉之曰：夫人有片善，尚猶可采，況有此四德乎，皆非細細之事也。是宜勒之於貞珉，以爲後人之模範。復爲銘曰：

天生萬物，惟人最靈。天地有象，道德無形。有者易昧，無者便明。孰能明之，劉公道清。於財不吝，逢歉則賑。其譽日彰，厥修益進。與物何私，淡然無爲。老莊之書，理契精思。積功累行，服食紫芝。動靜可法，允合宏規。德仁有心，託予述之。大書于碣，永世其宜。

趙道堅

傳記

閔懶雲《趙虛静律師傳》（鮑廷博注）（《金蓋心燈》卷一） 師姓趙，名道堅，號虛静，南陽新野人。初業儒，博聞強記，精於體認，不能爲應世學。至性淳愼，言語謹默，鄉里稱古人。喜參道典，尤善莊老，與世浮沉，父兄不之識也。聞七眞演教，獨攜瓢笠，謁長春邱祖。【注】《道譜》載：長春眞人姓邱，名處機，字通密，山東文登縣人，生於金遼之地。王重陽祖師度之入道，潛修龍門磻溪諸深處。後爲元世祖皇帝三聘出山，遂一言止殺。天下初定，復遣其十八大弟子，分十八路以安撫天下流民，因而安堵全生者無算。世祖乃敕封眞人以「長春全德神化明應主教眞君」，號曰儒仙，主全眞道教，開龍門派。追封其傳道師五代，皆加封帝君；並封其同學劉長生、譚長眞、馬丹陽、郝太古、王玉陽、孫不二爲七眞，各開道派，謂之「金蓮七宗」。譚、劉、馬、郝、王，五眞亦各加號敕封眞君，孫亦加號封元君。其門下十八大弟子，以招撫功，皆賜封號，爵大宗師。○愚按全眞道派，邱祖師一振之，遂大行於天下焉。誠敬精嚴，執弟子禮。邱祖與語而奇之，曰：此元（玄）門柱石，天仙領袖也。他日續心燈而流傳戒法者，必此子矣。遂侍祖游燕闡教，凡有作爲，不言自合，或侍終夜，不發一語。祖乃傳以清虛自然之祕，棲隱龍門者多載。【注】《道譜》載：出撫西北路七載，安堵流民二十餘萬人。○《逸林》載：退修龍門十有七載。復出，侍祖於白雲觀，統大衆。【注】《道譜》載：首座趙律師，奉元世祖皇帝敕，賜封抱元趙大宗師。師於至元庚辰【注】元世祖之十七年，乃大一統元年也。正月望日，受初眞戒、中極戒，如法行持，無漏妙應。祖乃親傳心印，付衣鉢，受天仙戒，贈偈四句，以爲龍門派，計二十字。【注】《逸林・全眞錄》載：元世祖賜開龍門派欽定二十字。即「道德通元（玄）靜，眞常守太清，一陽來復本，合教永圓明」之源派也。師謹識之，未敢妄泄。是爲龍門第一代律師。

〔師〕行維戒律精嚴，威儀整肅，弟子中鮮有當意者。修持凡三十年，功圓行滿，將示化，始以戒法口訣，於皇慶壬子年【注】元仁宗元年，距至元庚辰已三十三載。十月望日，鄭重其禮，親授河南道士張碧芝，名德純。

【注】此篇暨以下四篇，一本於《缽鑑錄》。較之原傳，其文稍簡。

張德純

傳　記

閔懶雲《張碧芝律師傳》（鮑廷博注）（《金蓋心燈》卷一） 師姓張，名德純，本名珩，號碧芝，開封、洛陽富室子。形容魁偉，性豪俠，多致術士丹客，講摩不倦，家因破而病作。乃悟所行皆妄想，無益身心性命，遂棄家爲道士，滌除舊習，專精元（玄）旨，年已三十餘矣。聞龍門衣缽已付趙祖，遂以弟子禮事虛靜師，歷年十八，一無指授，而誠敬不之移。祖知爲道器，將示化，始呼至前，囑曰：「昔我子邱子大闡元（玄）風，廣行教化，其間得道承宗者，豈爲鮮少，乃獨以無上之道傳付於我，今又三十年矣。不敢輕授匪人，以辱太上正宗，得子以承，我事畢矣。汝其珍重以持。」師跪而受之，遂隱華山肩，荷律教有年。【注】《逸林》載五十餘年，此仍本于《缽鑑錄》。是爲龍門第二代律師。運至大元至正歲次丁未【注】元順宗之三十五年，爲改元至正之二十七年，實爲元代之末年也。距皇慶壬子已五十有六載。七月望日，以傳東昌陳致中，名通微。師遂遐隱，不知所終。

劉德仁

綜　述

《元史·釋老傳》 眞大道教者，始自金季，道士劉德仁之所立也。其教以苦節危行爲要，而不妄取於人、不苟侈於己者也。五傳而至酈希（誠）（成），居燕城天寶宮，見知憲宗，始名其教曰眞大道，授希（誠）（成）太玄眞人，領教事，內出冠服以賜，仍給紫衣三十襲，賜其從者。至元五年，世祖命其徒孫德福統轄諸路眞大道，錫銅章。二十年，改賜銀印二。又三傳而至張（志清）（清志），其教益盛，授演教大宗師、凝神沖妙玄應眞人。（志清）（清志）事親孝，尤耐辛苦，制行堅峻。東海珠、牢山舊多虎，（志清）（清志）往結茅居之，虎皆避徙，然頗爲人害。（志清）（清志）曰：「是吾奪其所也！」遂去之。後居臨汾，地大震，城郭邑屋摧壓，死者不可勝計，獨（志清）（清志）所居裂爲二，無少損焉。乃偏巡木石間，聽呻吟聲，救活者甚衆。朝廷重其名，給驛致之掌教事。（志清）（清志）舍傳徒步至京師，深居簡出，人或不識其面。貴人達官來見，率告病，伏臥內不起。至於道德縉紳先生，則納屣杖屨求見，不以爲難。時人高其風，至畫爲圖以相傳焉。

杜成寬《洛京緱山改建先天宮記》（《道家金石略》） 惟我祖師東嶽眞人劉君，生居滄州樂陵縣之北界，首以愛敬事母，以清靜處身。端由正念之克存，乃感聖師之臨御，復駕青犢，來抵其家，授以宗乘，傳以經筆，俾興大道之正教，以度末世之黎民。其教也，本之以見素抱樸，少思寡欲，持之以虛心實腹，守氣養神，及乎德盛而功成，乃可濟生而度死，以無爲而保正性命，以無相而驅役鬼神。行教三十八年，住世五十九載，以法傳付二祖大通眞人陳君。二祖既掌天權，弘立祖道，度人罔極，設化無方，闡教垂一十五年，法壽則莫得而識，以法傳付三祖純陽眞人張君。三祖稟質不凡，行法好古，敷宣聖教，克肖先師，處世五十五年，闡教二十五載，乃以教法傳付四祖元陽眞人毛君。四祖見性達聰，罔愆成法，心厭塵世，不永斯年，掌教五星有奇，得年三十八歲，復以教法遜與五祖太玄眞人酈君。五祖當教之日，值大元立國之初，法令未行，逆魔亂起，始終一十五載，遭逢十七大魔。以五祖道德崇高，威靈顯赫，魔不勝道，尋乃自平。自戊戌以來，化因以洽，南通河岳，北極燕齊，立觀度人，莫知其數，眞人尊太玄之號，教門得眞假之分，闡教三十六年，享壽七十八歲，將法傳付六祖通玄大師孫君。六祖得法之後，德感宸旒，名聞朝野，君王眷顧，卿相主持，秉統轄諸路之權，受通玄眞人之號，嗣承宗教，轉見輝光。敷化一十五年，享壽五十六歲，於至元癸酉四月念二日以微疾而終。雖與歷代同示坐亡，其應現威儀化其他有異，於預先七日，將法傳付七祖頤眞大師李君。其傳受事意，又極昭彰，道俗官民，咸稱殊異。七祖得法之後，宣授統轄諸路，賜頤眞體道眞人名號。有河南路洛京提點舉師杜公德元，來詣師堂，告曰：德元所住之府店緱山，乃周靈王太子子喬仙君飛升之地也，始創原廟，賜號賓天，時有前朝就爲觀額。廟處仙山之末，觀居緱嶺之阿，殿堂房屋，有四五百間，受業之徒，莫知其數，屢經劫火，焚蕩一空。至乙巳年間，得本里官民楊彈壓、王彈壓及莊院人等，具疏屈請本教道人楊德元住持此山，以奉仙君，爲祝聖祈祥之地。屆于丙午，蒙先師五祖眞人法旨，令德元與尊宿老大師李德甫，引領徒門酈德和、侯德寶等同來，偕楊德元住此，啓修眞開化之途，繼承師命。賜德元紫衣明照大師號，補作示師，隨即升充保舉，仍賜楊德元爲紫衣清和大師，遷以法師之職。迄六祖眞人掌教，劄差德元爲河南路提點舉師，楊德元充執本路道錄職事，仍就此山爲開教化人之所。德元與楊德元等，同志協心，經營起造，躬持畚鍤，親執斧斤，開撥荊榛，驅除瓦礫，鳩工作址，命匠掄材，二三歲間，方有倫序。眞聖之堂再葺，仙君之廟更新，廟廡絜齊，齋廬成辦，既營廄庫，乃建房廊。內觀則丈室尊嚴，外望則宮門整肅。粤自結茅而立道，至於築室以塈堂，補故作新，奉眞安衆，既成其事，上白元帥，乃告于王，遽然獲旨，鼎新革故，改觀爲宮。即作賓之嘉名，益先天之美號。爰從創始，迄至於今，荏苒光陰，垂三十載。惟大道光亨於此日，化仙君丕顯於兹辰，聖師開聖教之端，宗主嗣宗門之法，諸功德主作成之力，大福德人護法之功，存歿之得道淨流，新舊之運心法侶，同成勝觀，共結良緣，又皆能竭力於教門，孰不欲垂名於後世？原聽宗師之法旨，許令立石以紀元，於是乎奉明命于師堂，屬衰翁而作記。

傳記

田璞《重修隆陽宮碑》（《道家金石略》）　眞大道祖師無憂子之闡教門也，衣取以蔽形，不尚華美，目不貪於色也。祈禱不假鐘鼓之音，耳不貪於聲也。飲食絕棄五葷，口不貪於味也。治生以耕耘蠶織爲業，四體不貪於安逸也。纖毫不乞於人，情不貪於嗜欲也。夫如是清靜其心，燕處超然，默契太上衆妙之理，其眞大道教門也哉。師姓劉氏，諱善仁，滄州之樂陵縣人也。生於汴宋宣和四年春正月十有八日，夙喪其父，不喜與兒輩嬉戲，見螻蟻避之而不履。有金皇統二年，冬十一月既望，遲明，似夢而非，有老人鬚眉皓白，乘青犢車至，遂授玄妙道訣而別去，不知所之。由是鄉人疾病者遠近而來，請治符藥，針艾弗用也，愈效如影響焉。示門徒誡法，其目有九，俱造次不忘而遵行之。及大定七年，賜東嶽眞人之號。大定二十年，仲春既望，師瞻拜太虛，安然而逝。

酈希成

傳記

田璞《重修隆陽宮碑》（《道家金石略》）　傳及第五祖師太玄眞人酈君諱希成，嫣川之水峪人也。降日祥光滿室，金末道業已隆。聖朝創業之初，爲教門舉正而闡教山東。四祖師毛君，暑月病劇，速召而來燕。既承其法，拂袖有深山之隱，慕道之徒，翕然而從，不召而自來，不言而自應，於是出整頹綱，道風大振，巨觀小庵，四方有之。嘗聞行教之泰安州，路經郡邑留止，師曰：吾不到泰山而不雨。時夏旱也，官吏信，送別而去。璞也先人寂然老人，時從行焉，私謂舉師田公曰：「師言不亦過乎，天道幽遠，安得必然。」舉師曰：「師之至誠，感應不測，豈敢懸料哉！」師至岱嶽觀，召觀主而謂曰：速迓行李，恐雨來而無雨具耳。師于方壺之西，面西北立，以稷扇蔽面而默禱之，片雲從所向之方而起，須臾密佈長天，雷鳴電掣，澍雨如翻盆。師坐方壺中，以扇指寂然謂衆曰：「此子弗信吾言，其誠然矣。貧道嘗夜起，不知履之所在，而問侍童焉，豈知天道必應乎？吾以至誠懇禱而獲其應，天其許教門之暢也。」道衆再拜而謝。居數日，玩泰山之白龍潭，師於東邊面西立，默禱之，水面有光如盤，漸如巨車之輪，舒張弗已，山壁林木，輝彩燦明。師曰「可止矣，可止矣」，忽然躍身環曲，離水數尺而沒，適有樵夫樹上窺之，奔告州人。翼日，長官盛服來拜，且謝不謹。噫，掌行道教，其效驗乃爾，人不知其然而然也。師自泰安而還，到處扶病抱疾者祈治而即愈。或出家，或在家爲弟子者，殆無曠日矣。師經中山，過易水，至奉先縣之懷玉鄉，愛其山奇地秀，欲建觀宇，適有三祖師時舉師趙希元輩墳塔在，土人云，其地嘗爲大道庵，名曰靈泉也。師益喜，於是運石啓地，剪荆棘而構屋築垣，栽棗植桑而墾田野，載離寒暑，已成其趣。東有單鳳之山，北有卧龍之崗，駝峰磊落，出乎其上，南有上欒之原。太玄眞人屬王舉師德昌領院門事，是後歲歲興功弗輟，建聖像之殿，方壺、齋堂、廚舍，次第而列，田墅倉廩，蔬圃水碾，井池碓磑，至於馬牛之廐，莫不完置。今之掌教大宗師崇玄廣化眞人八祖岳君，總角時修行於斯，亦有年矣。仙翁道友，晨昏參禮，仰祝聖朝萬萬載福祚無疆，香火誦經，無虛其日。厥後敬奉勢都兒大王令旨，特賜隆陽宮之額。本宮舉師田德進從教門舉正王德道造弊廬而言曰：隆陽之宮，都西名處也。自始經營，及今幾六十年矣。欲刻豐碑，俾遊玩者知其眞大道之教，及示諸後人遵守而勿怠，禮也。來請文。璞幼時嘗聞先人暨田舉師丈話奇應之事，又重二師之請，弗敢固辭，遂爲文而銘之。

岳德文

傳記

虞集《眞大道第八代崇玄廣化眞人岳公之碑》（《道園學古録》卷五〇）　國家混一海宇，兼進羣藝，俾各得自致其功，罔或遺佚。是故禱祠禬禳之事，有屬諸道家者。其別數宗，而眞大道者，以苦節危行爲要，不妄求于人，不苟侈于己，庶幾以徇世夸俗爲不敢者。昔者金有中原，豪傑奇偉之士，往往不肯嬰世故，蹈亂離，輒草衣木食，或佯狂獨往，各立名號，以自放於山澤之間。當是時，師友道喪，聖賢之學湮泯澌盡，惟是爲道家者，多能自異於流俗，而又以去惡復善之說以勸諸人，一時州里田野，各以其所近而從之。受其教戒者，風靡水流，散在郡縣，皆能力耕作，治廬舍，聯絡表樹，以相保守，久而未之變也。國朝之制，凡爲其教之師者，必得在禁近，號其人曰眞人，給以印章，得行文書視官府。而眞大道教者，則制封無憂普濟開微洞明眞君劉德仁之所立也。以弟子嗣守其業，治大都南城天寶宮。又嘗得郡置道官一人，領其徒屬，與全眞正一之流參立矣。今其第九傳掌教眞人張忠清者，世家關中，其譜則横渠氏之族姓也。事親至孝，制行堅峻。嘗掌教矣，厭謁請逢迎之煩，逃去之。久無克充其任者，朝廷重其名實，遣使尋訪，給驛致之。既見，度不可辭，即舍所賜傳，徒步入京師，深居寡出，人或不識其面。著書以明其學，文多奇奧。貴人達官來見，率告病伏卧内，雖有金玉重幣之獻，漠如也。或拜伏戶下良久，自牖間得一語而去，已爲幸甚過望。至於道德忠正縉紳先生，則納屣杖策往見，不以爲難，時人高其風。至晝爲圖以相傳。翰林學士吳公嘗移疾假館于天寶宮之別業，其徒以眞人道行記請。吳公之言，天下學者所尊信，因擇其可書者以遺之，其徒爭取以模刻諸石，遠近且十餘所。眞人聞而誨之曰：始吾學道，豈求名哉？遽止之不能也。則來者告曰：木則有本，水則有源矣，吾師之隱德，未傳聞於世，而吾獨以吳公之文行，是既爲吾弟子先矣。惟先師之事，今吳公歸老臨川之上，念不可復以強之，請子爲之辭。予既思吳公知張眞人事，必敬重之，乃授其事而爲之次第曰：眞大道第八代師曰岳眞人，諱德文，字某某。父曰得慶，故家絳州翼縣，娶澤州王氏，兵間遷涿之范陽，今爲涿州人。生三子，眞人其季也。將生時，其母夢老人皓鬚長身，冠劍壯偉，告之曰：當暫寄母家矣。明日，州人見有青氣西北起，若自天來者，奔從氣所往視之，則岳氏家也。氣止而眞人生，歲乙未之九月十九日，距今九十三年矣。生而雄渾，稍長，不爲兒嬉，性不嗜酒食肉，亦絶不啖。年十六，辭親入道龍陽宮。其父愿慤人也，事稼穡惟謹，心甚是之。而長兄興方以才勇爲行軍百夫長，疑其惰也，驅而置之行伍之間，非其志也。是時五代師大玄酈希成眞人居懷來水峪之大玄宮，往依焉。十八受教，被其冠服，漸領其文書谷帛之事，又主四方之來受其戒誓者，太玄甚重之。而其父母且老，從眞人於水峪事太玄，後皆泊然委蛻，其徒稱之。太玄之化去也，密告其六代師玄通孫得福眞人曰：岳生其八代乎。第七代師頤眞李德和眞人之掌教也，署爲法師，充教門諸路都提點，以副已也。至元十九年十月，眞人所焚香爐中有異徵，方怪之，而李師升堂集衆，以教事付眞人曰：先師之囑如此。遂以二十一年宣授崇玄廣化眞人，掌教宗師，統轄諸路眞大道教事。又賜璽書褒護之。自是眷遇隆渥，中宮至召見，親賜袍焉。安童丞相嘗病，眞人視之立差，時甚神之。諸王邸各以其章致書，爲崇教禮助者，多至五十餘通，而實都爾王又爲創庫藏，脩宮宇，廣門牆，充田畝，治冠與衣，間飾金寶，極其精盛。元貞某年，加封其師祖，錫賚尤厚，使人立碑棣州冠劍所藏處。是年奉詔修大內延春閣，下賜予徧及其徒，而眞人以大德三年二月化去而升仙矣。始涿有童謠云：涿有八岳。父老莫之解也，後眞人號岳祖，蓋其徵云。而岳氏由眞人父子入道，自其仲兄得元以次，子孫女婦從其教數十人焉。吾聞其徒云，西出關隴，至於蜀，東望齊魯，至於海濱，南極江淮之表，皆有奉其教戒者。皆攻苦力作，嚴祀香火，朔望晨夕望拜，禮其師之爲眞人者如神明然，信非有道行福德者，多不足當其任。而眞人時常使人行江南錄奉其教者，已三千餘人。庵觀四百，其他可概知矣。

張清志

傳記

佚名《堯帝延壽宮真大道真人道行碑記》（《道家金石略》） 謹按眞大道之教也，興□金人得中土之時，有祖師劉得仁，初號無憂普濟眞人，加號無憂普濟開明洞微眞君，目味□德經，虛心實腹，□言悟眞□□絕□嗜欲，屏斷酒肉，勤力耕種，戒行嚴潔，一時翕然宗之。傳至五祖酈眞人，克遵祖訓，□謹修持。其時有孟德平乃泰安長清縣第六鄉人也，父祖俱事戎壘，從嚴武惠公東平闔幕勾當。□德平不喜俗冗，斷葷絕欲，惟務修行。屢嘗驗其眞志，遂□□修堯帝延壽宮兼管四季祭禮□督工修造，僅三載工畢。德平率衆俱禮五祖爲師。忽一日，得浩然之氣，輒以宮門付王成貴、杜進福住持，師一瓢一杖，雲□山川。既而復歸□清舊隱，重修上清宮爲之祖堂，以俟老焉。惟成貴承繼宮門。蒙六祖眞人授以東平路道錄勾當，領職垂二十餘年，未聞面惡於人。後解職與杜進福、任□貴等，遵守戒律，未嘗違怠，至於玄應眞人之傳矣。眞人張氏，乾州奉天縣人，儒宦著族。大父德開，爲軍官，長千夫。父永興襲其職，母呂氏。師長身古貌，耽耳美須，蕭然塵壒之表，望而知其有仙風道氣。自幼惡殺，不啖肉味。年十六，從天寶李師爲道流，錫名清志，然猶歸養父母。年十八，辭家入太白山，越一年，往覲李師，復還省親。久之，辭親入終南山。大父年老，招之出山，乃家居侍養。年二十六，創長安明道觀，又適鳳翔□扶風縣立天寶宮。及李師解眞，師事岳師，畀以扶風道教之職。年三十三，爲永昌王祈福於五嶽四瀆，名山大川既遍，復來關中修理前所創宮觀。居太白山龍虎洞三載，妖魅障厄亟至，一皆不懾。聞大母喪，歸服喪如禮。會陝西行省官有疾，治之而愈，有所歸遺，皆卻不受，彼乃爲辦葬資。服闋至京師，岳師試以勞事，喜曰：是子可矣。又遣之出曰：他年再來。吾師暨徒二人，入□□大珠牢山，結茅而居。山舊多虎穴，虎避他處，頗爲人害。吾師曰：「吾奪其所，可去之。」於是游山東諸州，爲人除疾，應驗之速，若或相之云。已而岳師歿，吾師還喪之。喪畢，潛遁，逾大慶渡，至河東居臨汾。五年白雲庵地大震，城邑鄉村屋廬悉摧，壓死者不可勝計。獨師與其徒所居中裂爲二，得免於患。師遍巡木石間，聽呻吟聲，救活甚衆。復歸華山舊隱，而天寶宮二趙一鄭攝掌教事，五年之間，相繼殞滅。鄭臨終語其徒曰：「天降凶菑，死亡薦臻，得非於教條有違逆歟？吾聞張清志躬受岳師付囑，蓋仁人也，可奉之掌教，庶有豸乎。」於是宮之徒衆尋訪吾師于華山岩谷。既至，衆皆悅服，師諭徒衆曰：「吾教以慈儉無爲爲寶，今聽獄訟，設刑威，若有司然。吾教果如是乎？繼今以始，凡桎梏鞭笞之具，盡廢之。」衆諾，自是衆安害息。五年宿弊，一旦悉除。吾師之孝其親也，大父母、父母之存，膳必親視，藥必親嘗，出入必告，應對必謹，凊溫定省，靡或有闕。母嘗病疽殆甚，口吻其膿去毒，遂得蘇瘥。又患隔氣，疾幾不救，師禱神進藥，不寢食四旬，母忽吐涎塊如瓜，漸底平復。居喪至哀，於儒家喪制不悖。師之敬其師也，塵賤之役，人不屑爲者皆不厭倦，澣衣執爨，汲井剪廁，一無所辭。師之持其身也，衣布衲，攜銅罐，自爲粥以食，終夜危坐，未嘗解衣甘寢。不衣絲纊及氈澣罽皮毛之屬，至於乳酪酥蜜，亦未嘗嚌也。師之濟於人也，少能力耕，其鄉土厚泉深，艱于得水，盛夏時，每日于農務之餘，汲水貯石槽中，使盈而不竭，以待鄰里放牧牛羊，及禽鳥之渴者來飲之。宗戚之家，親死子壯，葬娶愆期，則傾囊爲之葬娶。饑饉之歲，見不能自存之人，輒賑恤令不至餒死。行禱嶽瀆山川□賫錢三千緡隨行，以濟所在煢獨無告者。鈞州趙家河，民居近山麓，莫可鑿井，遠取河水以飲。師爲相土脈，俾井其處，果得甘泉，人甚便之。新豐戲河，地在高原，亦以無井爲苦。或告以師前在趙家河得水之事，衆詣師請。師曰：「前特偶然爾，其可再乎？」請不已，竟爲掘二井。師之達於命也，謙沖損抑。掌教將二十年，教風日盛，于天寶宮完舊營新，誦經之堂，禮師之祠，安衆之寮，以至庖庾庫廄，各有攸宜。日食數千指，而吾師淡乎無欲，他翁神君，亦將讓德。欲立石以紀天寶宮重興之由，敢以爲世之能文章者請。予曰：子之教自託於老氏，其原蓋深遠矣。其流之別，教各不同，予未暇細論。洪惟我朝列聖之於二教，其恩至厚，其禮至隆，前古未之有也。而子之師皎然獨淸於衆濁之中，口絶葷膻之味，身絶汚穢之行，可謂特立不羣者矣。若夫客塵不入而心常虛，主珍不出而腹常實，神氣合一如夫妻子母之相戀而不離，長生久視以閱生生滅滅之衆，此則老氏之末流，所謂神仙之伎也。予學孔氏，不足以知此，然或罔克究竟而欺世盜名者，蓋亦不無。若子之師，潔尙質素，泊然自守，庶乎可與游方之外者哉。謹記。

侯元仙

傳記

王若虛《清虛大師侯公墓碣》（《滹南遺老集》卷四二） 師諱元仙，字子眞，趙州人也。大父澄，以胥吏起身，至河北西路漕司掾，才幹旣優，而行已無玷，尤以孝友著稱，議者謂不見用于時，則必有得于道。母殁，慨然曰：所以區區塵土間者，爲親故也，今不侍養，復何爲哉。聞淇上蕭眞人立太一大教，因往參爲門弟子。眞人一見愛之，授名道淨，傳太一三元法，得以便宜行化。乃即本州及眞定之第，各建太一堂，奉持香火，以符藥濟人。大定二年，凡釋道之居無名額者，許進輸賜之。公遂投牒，以在州道院爲太淸觀，而在府者爲迎祥。眞人每批經籙，必先授公而後傳，前後千品，公曰：天寶下降，要當永劫流行，一日去世，誰其保之？密禱上眞，願于私屬生繼嗣，其後男琳得子，相貌殊常，即師也。澄大喜，以爲祈禱有徵，而得所託矣。會朝廷鬻祠牒，由是度爲道士。年十生不茹葷，始學語，能辨三官之像。少長，嬉戲則敎羣兒禮北斗。澄大四，已克主大醮，詞音淸亮，逈出一時，儕輩翕然推服。明昌初，以高德應詔，入住中都天長觀。自泰和改元，國家事祈禳，連設大醮，羽流極天下之選，而師皆與焉。仍常居要職，出諸人右，功完賞賚甚渥，賜紫衣，德號曰觀妙。尋佩符馳傳，降御香于岱嶽、長白等山。頃之，以親老辭歸鄉里。崇慶間，召住太極宮，用進補軍儲恩，改授今號。宣宗南巡，被命入汴，提控上淸宮，敕有司一依天長故事，逾年而退。未幾，太淸宮請爲宗主，三返益勤，不得已應之。時院門淩替，殆莫能支，加以歲賦數百斛，爲病尤甚。師下車未浹旬，以狀上聞，悉獲蠲免，衆賴其庇。已而拂袖棲遲于洧川。正大庚寅正月，爲□士左崇等作醮于鈞臺，法事勝絶，舉壇欣幸，以爲未始遇也。旣畢將還，忽示微疾，衆欲召醫候之，師不許，曰：世緣已盡，自可長往，安用療爲？越三日日中，命置高座，面處之顧，至未刻，則口占一頌，舉首端坐，頂中戛然有聲，兩手握子文而逝，時年六十九矣。遠近士庶，炷香拜禮者累日。神色宛如生人。己酉，焚化於郭西，從遺命也。下火之際，紫雲見其北，蒼鶴十數翔舞空中，移時乃散，送者幾萬人，莫不以手加額。嗚呼異哉，其超脱明白如此，亦世所罕聞也。丙戌，塔于潁濱之崇眞觀。予素知師名而不及識，每以爲恨。然嘗與其門人悟詮游，悟詮業履淸修，而讀書好事，亦落落不凡者。以大元辛丑年正月二十日，改葬師于平棘縣明信鄉之鄭村原，屬予銘其墓，渠意旣堅，而竊亦樂爲之道也。乃叙而銘之曰：

其生也爲賢，其沒也爲仙，人而知此足矣，又何加焉？著之琬琰，以永其傳。

韓　矩

傳　記

王惲《故太一二代度師先考韓君墓碣銘》（《秋澗集》卷六一）　君諱矩，字某，其先世爲大梁望族。曾祖璹，五季時官司諫，終以銀青榮祿大夫致仕，避地北渡，遂占籍爲衛人焉。祖奕，大觀末舉茂才，數爲縣有聲。父渤，金初登進士第，雅有文采，終獲嘉令。君自少以疾不仕，資性慈祥，家故饒財，心樂施與。凡親舊貧窶，里喪有不克襄事者，至則傾倒槖篋，以賙其急。或者來謝，曰非初心也。鄉黨悉以長者稱。天眷間，太一始祖眞人以神道設教，凡遠邇嚮風，受籙爲門徒者，歲無慮千數。君擧族淸修，信禮之爲尤。至香火之奉，雖寒暑風雨，不爽厥德。已而君內子閻氏以嗣事爲禱，眞人篆丹符令吞之，且曰：汝家積善已久，當產異人。既誕，師果有奇表，眞人目之曰：他日輔興吾教者，必此兒也。有免抱，即留養道宮。三歲識字，七歲善書，及既長，儀觀秀偉，慧悟絶人，批荅辭章，捷若影響。遂由清虛師主盟法席二十餘年，輔興之言，有充而至於極焉者，今追定仙號曰太一二代嗣教重明眞人。由是而觀，則韓氏一門之積，其來固遠，以有是子而論之，君之德又概可見矣。雖年甫中壽，師易韓爲蕭，然至於克荷玄綱，光隆教本，在韓宗亦爲不朽。君既歿，嗣重明躬葬君於四門里祖塋之次，母閻氏祔焉，禮也。其六代度師全祐，顧惟傳嗣之重，猥及余末，千何以圖報，維是跡師眞所從出者，其潛德幽光，表而銘之，中心度獲少安矣。乃以刻文來請。師於某祖妣妙清君，列叔父行，於義不可辭，遂叙其世次，而系之以銘。銘曰：

作善降祥，長惡得厲，在理必然，隨感而至。赫赫韓宗，德顯河衛，衍慶及君，滀而瀹淪。俟著而發，乃生異人，異人伊何，太一次祖。提挈玄綱，鵬騫鳳翥，庇及本宗，光隆邱土。松栢蕭園，連崗接武，神格仙遊，有來容與。風駕雲軒，同飆共馭，純化追遠，歸厚來昆。泝流尋源，以表道根，勒銘墓石，永賁四門。

蕭道熙

傳　記

單公履《太一二代度師贈嗣教重明真人蕭公墓碑銘》（《道家金石略》）

太一嗣教重明眞人謝事後七十餘年，寵諡賁臨，祝冊將告，其玄孫蕭居壽與其提點張善淵相拉直弊廬以幣言曰：「師之德博矣，屬以多故，敕命難明，今兹得請於朝。惟所以表初禩之者，本末未具，是殆闕然。」並以同郡王惲狀，請爲師銘，刻之□碑。［略］師諱道熙，字光遠，本姓韓氏，其先汴州人。後唐李，五代祖銀青榮祿大夫璹避汴兵，因家于衛，故著籍焉。曾祖奕山擧茂材，祖渤登進士第，父矩隱德不仕，是實生師。爲人英偉特達，□豐儀，眉目秀整，鬚髮甚澤。三歲有白氏之無之譽，六歲能書。正隆間，始祖一悟眞人以神道設教，感驗靈異，□寧甚尊禮之，所在翕然從風，韓氏擧家尤極敬信。師在母苦病，語□父請禱于眞人。眞人曰：「毋恐。汝韓氏素植善根，彌月當生異子，大吾法門。可服吾丹書，無復苦矣。」及分瑞之夕，殆達如也。甫岐嶷，留養宮中，□受度爲道士。未幾復命以淸虛大德之號。大定六年冬，即命嗣法。是時師甫十歲，以幼辭，不許，令大衆悉參拜，如朝眞人之儀。十有一月，眞人羽化于萬壽丈室，師縗絰哀痛，若在苫塊。然與執事□□□喪事，哭踴之節，縗麻之數，塋域之制，遣奠之儀，與具葬虞時日，卒截然不少然，觀者咸嗟異之。既窆，師乃具儀法升堂，大衆以次就列，有門弟子芊道省、劉道固等，即問師它生云何賢聖，同稽首求頌。師走筆批曰：「明月清風大德，頗訝愚人未識，忉忉問吾爲誰，只是從來太一。」嗣法之始，衆以其幼，頗少之。至是悦服，咸屬心歸向焉。由是風聲遠逮，自濟東及於海壖，門徒日增，無慮千萬矣。初，眞人謂靈章寶籙，率天神護持，宇舍偪仄，□

陋無以妥安神靈，命中央起台爲壇屋，其戶牖悉以鐵爲之。師乃構締層閣，宏大壯麗，逾於先訓，揭以靈章寶蘊之名，凡佩籙投符，進階錫品，卒於是乎在，觀望尤聳焉。□于墳原建朝元觀，□石紀祖師功德。□綜練之餘，興創葺理，殆無虛歲，若堂殿房寮，門廡台觀，下至於廚庫館廄，門人僦匠受工，悅若子來，初無告命之勞，登登丁丁，已整然輪奐矣。十年，師始十有四臘，門人李悟眞者，造請何爲仙道，師曰：「汝當遷矣，奚問爲。」李殊不悟其旨，明年，李一夕不疾而□，□車□□棺者如執虛，開視之，維從中一白鴿飛去，餘衣衾而已。衆愕然，始悟向云遷者，即仙也。一日，師忽謂左右曰：「吾教始於是川，固已東漸於□矣，然且夕當洋溢京師，汝等可趣治裝從吾行。」未幾，世宗詔求海內名德主持天長觀事，師幡然應詔，從行者幾數百人。提點孫公始以□□爲憂，不數日，□□之民，陸輦川舟，坌集于門下。其道尊德至，人感而化若是者非一。及陛見，特加優禮，時大定十四年也。明年，辭還。後四年，住趙之太清觀，適境內旱，州郡遍走羣望不應，遂禱雨于師。乃書飛雷救旱符一道，□靜幾上，□州佐以下，酌咒水沃符□，比還，雨盈尺許，歲賴以熟，迄今趙人能道其事。二十二年，興陵夢師朝謁，儀觀甚偉，寐思之，徵至內殿，問以攝生之道。對曰：「呼□吐納，以靳嗇餘齡，此□滅山林□□□□者之所□，不可□於爲道。陛下聖德天覆，宇內晏夷，含氣之類，莫不咸若，惟當信執厥中，嘉與天下，同享太平之福。攝生之道，無大於此。」上嗟歎焉。及還，寵錫甚渥。二十六年秋，師密謂門人蕭道宗曰：「吾門□□□此不可久處，當遺美後人，吾將遍禮名山矣。然門徒數萬，繼今傳後，不可乏人。揣其純粹廉潔，介然有守，無逾王志沖者。」遂集大衆，醮祭禰廟，俾以傳代寶籙，曰「君太一第三祖」也。仍銘所□法具云：「有德輔□，□□□欺。敬之愼之，永保教基。」遂去不知所終。師風儀□爽，德宇純粹，樂與賢士大夫游，譚玄論道，造極精微。道藏之外，兼通經史百家之術，善屬文，動輒數百言，深入理窟。字畫□□，有魏晉間風格。嘗□題畫像云：「來自無中來，去向無中去，來去總一般，要識其間路。」其達如此。鄉里有老疾不能自存者，率一人月給緡五千，前後近百人。有貧不能舉其喪者，爲具棺槨衣被葬之乃已，其樂於振□又如此。至於□□度程□□儀物注揩云爲之際，一皆有法，雖古能吏不過也。而又精嚴法象，通貫神明，度厄愈疾，德用有不可勝言者矣。五代師居壽溫淳衍博，戒淨明通，足以冠冕大方，紀綱玄統，爲一代人天之師。神山神游，莫名窆在，窀穸未備，責其在予。越乙卯春，具大招之禮葬師衣冠于祖塋之側，禮也。中統三年，乃具其事狀請命於朝，特追謚重明眞人號。昔太史公撰次六家之要者，道家之名，歷代因之，無□以□靜玄□爲體，祈禳禱□爲之用，雖□□□□有□□□其綜眞悟理，享帝禜星以爲有國者崇福祈祥之地，其用則一而已。粤自四象未分，太極含用，渾淪磅礴，寓妙理於無□之中，□□朕兆□天乾知太始而萌一□之造氣母□胎而啓玄牝之門，一之用□矣。散而爲五行，爲潤下，爲炎上，爲曲直，爲從革，爲稼穡，融而爲羣品，則流者峙者，飛者走者，動者植者，羣分而類聚之，□曰萬□至於□□太和，莫不各有一眞之性，其原未有不本於天之一者。故一之□也，始乎辰極，其神太一，用斯顯焉，實元工運化之樞，萬有資生之本也。列宿之中，最尊二十八舍環於外，若三十輪共一數者，過於□□及中央各以四十五年爲率。雨臨之方，宿壽吉昌，是以漢武重泰峙之祠而禮□郊祀，汴都正四維之位則報極儲祥，皆所以嚴象緯之尊，致欽崇之用也。禱祀之禮，於是乎興。金天眷間，始祖一悟眞人是生衛郡，遠□漢儀，近追前代，上稽下考，而立教焉。本之以湛寂，而符籙爲之輔，於以上格圜穹，妥安玄象，度羣生於厄苦，而爲之津梁。跡其沖靜玄虛，夫祈禳禱祀者，並行而不相悖。然苟非其人，道不虛行，師其二代嗣法者也，而能□□擴充，增光禰德，玄風溥□。己不居其成功，付畀得人，退守孤竹子臧之節，所謂激衰俗之頹波，隆百世之師者矣。是可銘也。

王守謙

傳記

王惲《太一三代度師先考王君墓表》（《秋澗集》卷六一）　君姓王

氏，諱守謙，字受益，博之堂邑人。世以播種爲業，致資產豐阜，田以井而計者九，桑以株而會者蓋萬數焉，遂爲里中鉅家。然闔門善良，薄於世味，奉道之心，亟若饑渴。聞太一教以符籙濟度世厄，所在奔走，惟恐其後，君乃與其配李氏，欽挹眞風，不遠千里，願爲門弟子。量家歲費外，悉以贏餘爲本宮香火供。有子曰志沖，即今太一三代度師也。師生而岐嶷，七歲出就外傅，應對進退，皆中禮度。及毀齒，善記誦，喜讀老莊等書。初君董田務於野，牛憩蔭下，寤寐間若聞呵喝聲，見數青衣人導一童子前來，且曰：天仙過此，可少避。恍視之無有，適師持壺漿來餉，君異而不出。曰：自度是兒恐終非田舍中物也。及長，父兄與議婚，不許，曰去家入道，乃所願也。遂禮二代師爲黃冠，以徑明行脩，得度入道士列。旣嗣法席，遭遇道陵，特賜號玄通大師。君聞而喜曰：天仙之異，誠有驗矣。且曰：平生奉道，獲此實報，王氏爲有後矣。享年七十有六，考終牖下，師以禮葬本縣王莊里祖塋之右，母李氏祔焉。今度師勅定仙號曰體道虛寂眞人，其師眞之德，靈應之蹟，詳見墓碑，茲不復云。六代度師全祐嗣教之七年，自燕命提點張居禮等以禮幣來謁，且致其意曰：「道家者流，雖崇尚玄默，而太一教法，專以篤人倫翊世教爲本。至於聚廬託處，似踈而親，師弟之在兩間，傳度授受，實有父子之義焉。今三代師眞其在宗門，表墓有碑，嗣法有傳，可謂光且顯矣。然物之在天壤間，未有無本而出者，今末有餘榮，而本爲寂然，豈厚人倫輔世教之理哉？敢百拜以表辭爲屬，幸憲使無拒。」予以師之言，誠爲知所本矣，遂諾而作之表。

蕭志沖

傳記

王若虛《太一三代度師蕭公墓表》（《滹南遺老集》卷四二） 太一之數，興於金朝天眷間。衛郡蕭眞人，其始祖也。靈異之跡，上動至尊，勅賜觀名太一萬壽。世嗣其法，一再傳而得師焉。師諱志沖，字用道，博州堂邑人。本姓王氏，祖某父某，並受眞人法籙。師幼穎悟，誦書日千言，而沉靜寡言，不好戲弄。年十六，父兄議婚，師曰性喜出家，不願娶也，强之不可，因而逃去。隱于冠氏李守奇家，遂與守奇詣衛州，參二代師爲門弟子，始事尊宿霍子華。子華故有淹疾，師侍奉惟謹，前後十年，無懈倦之色，或衣不解帶者數月，人以爲難。大定十六年，朝廷普試僧道，師初密誦經文，人人不知，一旦中選，儕類甚驚。及當給據，言于考官曰：師兄蕭道宗，累被黜落，年過四十，乞以據授道宗，某方壯，徐爲後圖未晚也。考官不許，而多其讓。十七年，授度保充衛州管內威儀，領教門事。二代師將退席，密語道宗曰：吾門徒數萬，而試經具戒者，完顏志寧及王某而已。志寧資雖明敏，而頗輕肆，非主教之才，不如王某純粹廉潔爲可屬。乃以爲法嗣，而改姓，凡法嗣皆從蕭氏，蓋祖師之訓也。師素不爲辭章，及升堂諭衆，隨意而言，悉成文理，勸戒深切，聽者聳然，內外相慶，以爲宗門得人矣。居無何，有司選奏四方高德之士補住中都天長觀，師首應之。旣而河犯，郡城居人往往他徙，而本觀道衆亦旅寓于藮門，師聞而還。聲望旣隆，求教者接跡而至，歲所傳無慮數千人。先是汲縣閻村有觀曰朝元，荒廢已久，而額籍具存，師請諸官，遷于西門墳園之側，以處其衆。明年河復，本觀殿宇頹毀且盡，師次第繕完，尋復一新，而增創者幾倍，所費不貲。明昌間，前尚書右丞劉公偉自大名移鎭河中，道出淇上，謁師甚恭。州倅移剌者，先以常流待師，見劉加禮，心猶疑之。其後數屛人獨往，而師常靜坐無爲，因問先生于此有何受用，師曰：靜中自有所得，非語言可以形容。若無得者，雖片時不能安，況終身乎。其人乃服曰：劉公誠有知矣。師自重修觀舍，深居簡出，外人多不識其面。承安改元，日食正旦，父老懼災，請師作醮于神霄宮，士庶畢集。師少時白晳而癯，至是色如紫玉，目光炯然，冠佩整肅，若自天而下，觀者嘆仰，以爲眞人復生也，少長貴賤，悉歸禮之。泰和初，章廟春秋已高，皇嗣未立，設普天大醮于亳之太清宮，閏歲報謝，師皆與焉。五年，河南道士籍少，既以再祈皇嗣被召，過師問之，師曰：向來作醮，例遣重臣，所在供擬，多傷物命，其違天意甚矣。自今宜罷之，至于與醮官吏，皆須禁止葷酒，務行善事，庶可達誠。雖然，再三則瀆，亦恐徒勞耳。籍至闕，以勿遣重臣爲言，上可之，而令籍詣太清行事如初。師與俱往，既又同赴中都太極宮，誦經百日。時戶部侍郎胥鼎方提控寺觀，恐師南還，率朝士十餘候之，曰：今明主臨朝，尊元重道，天長纔廢，隨建此宮。如師者人天眼目，不容遽去也。會宮衆亦堅挽之，遂勉爲留。七年大蝗，上遣中官問提點郭元長禳治法，元長勅其徒閱道藏求之，師從傍曰：道藏如海，豈易討尋。就使有之，亦未敢必其應。吾祖眞人嘗留經籙三百餘階，內有祕章，今可用也。遂取以進。上喜曰：天垂此教，以利生民。即命師依科作醮，比行禮，大雨，師呪信香一炷，禱于眞人，其雨立止。翌日，有旨問蝗絶之期，對以三日。據法有灑壇符，而灑時當留一面，使蝗有所歸。師則留其西，西乃大山也。及期，則羣飛入山而死。詔加賞賚，師固辭曰：道人救物，安用賞爲。上曰：眞道人也，當別議旌表。郭元長告免提點職，詔師繼之，仍賜號元通大師。內人賈病逾年，諸醫莫療。上曰：此非藥餌所及，前禳蝗王某，殆是異人，或能起之。師奉命直抵宮闈，治以符水而愈。宮闈非閹寺不得到，蓋以道重師也。衛紹即位，特賜上清大洞法服一襲，當時榮之。師嘗謂人生貴適意，顧名雖尊顯，而身甚勞，浩然有休息志，乃因胥公舉汾西李大方以自代而歸，實大安二年之春也。一日，集衆曰：祖師立教，代代相承，如續燈然，無有窮盡。今弟子中蕭輔道者，祖師再從孫，吾當付之。於是退處西堂，高拱淵默，不復以世務關意。貞祐二年，四代師主亳之太清，師亦從焉。四年閏七月丙午，忽謂門人曰：速具湯沐，吾將歸寂。門人亟加冠履，未畢而逝。有鶴數十，旋遶久之，時天氣猶暑，閱餘旬而體不變。八月庚申，權殯于宮之塋。其日陰晦重甚，衆方以時刻爲疑。俄樹杪雲開如席許，得以不誤，已而陰晦如故。又聞香風四來，送者幾萬人，咸嘆異之。初，師之將誕也，有桑生于宅中，不半歲成樹，比十年，其高數尋，狀如層樓，世所未見。至是亦無故而枯，相與始終，尤可怪訝也。師平生無喜愠，恂恂似不能言，至遇事而發，雖衆所難決者，三數語輒定。老莊之外，兼通諸史諸書，而尤長于左氏春秋，其智識有大過人者。享年六十六歲，戒臘四十，自號元朴子云。四代師，字公弼，既返河朔，將復迎師骨以祔于眞人，而求所以表其墓者，俾予文之。公弼一世偉人，所交皆天下之士，而竊幸與之游，昔已嘗爲作眞人傳矣，而又有兹命，是不以蕪陋見鄙也。義不得辭，則據其事狀而具著焉。

張善淵

傳記

王惲《故真靖大師衛輝路道教提點張公墓碣銘》（《秋澗集》卷六一）

夫道有綱紀，需人而後弘，如上承師眞，下綜法務，以公材吏用而肇開玄佐之功者，其鍊師張公乎。公諱善淵，字幾道，趙郡平棘人。公生有異相，比長，言灑灑有次序。父溥，嘗任衛眞縣酒坊使，時太一四代祖中和眞人提點于亳之太清宮，溥素挹眞風，日侍師於几席間，嘗沾沾然而喜曰：吾見師聽以說，遂參禮爲門弟子。中和人品甚高邁，道價重一世，與游者公卿賢士夫，一動靜語默間，皆中倫慮。公親炙既久，日有所得，與之俱化，若時雨然。歲壬辰，河南舉大兵，公與中和隔離者久之，既而聞師北渡，遂稅駕於趙，迴奔奉焉。師忻甚曰：奔走疏附，吾宗門幸有人矣。即令知太清觀事。丙午夏四月，侍中和師赴太后幄殿，及見，及需寵眷，奏受眞定路教門提點，仍賞賜白錦法服，命伏中和頒錦幡寶香於崧高、太華二山，以仰祈福祐。時衛之祖觀，兵燼後鞠爲草棘，中和師畀資經理，不三數年，神庭燕處，頓還舊觀。壬子歲夏六月，公從中和北覲嶺邸，加號眞靖大師，改提點衛輝路道教事。甲寅歲，復奉旨致禮嶽瀆。癸丑冬，詔天下名師悉赴燕長春宮修羅天清醮，公奏五代貞常眞人與于會。其所以致顯宗教，推轂嗣師，高出衆表，俾道流光闡者，公力居多。己未春，上南巡，臨幸壽宮，時公以染疾不克朝謁，上言念舊，眷命近侍存問，仍頒賜御藥葡萄酒服之，病良已。故中統二年中，換受宣詞，有云「操持堅正，祭醮精嚴，隨師遠覲於闕庭，奉命敬祠於嶽瀆，已加玄號，宜煥新章」之旨。道論爲榮焉。公資性清峭貞幹，臨事敏而善斷，馭衆肅而有方，雖一言話，出人意表，從不肯碌碌混常流中。生平喜讀書，於老子最爲有得，故行已接物，多掇其微妙。至於禱禳醮祭，內嚴外辨，綽綽有餘裕。兩從中和北上，沈幾先物，往返萬里，無不如其志。嘗奉旨給諸道度牒，鶴舃所經，例有贐，公略無所私焉，其清介遠大又如此。壽七十，委蜕於太一順事齋室中，實至元乙亥正月廿五日也。越三日，陪葬於祖塋之次。後八年，六代祖純一眞人，念公有力宗門，在玄士實爲傑出，有不當泯於後者，丐予銘之以識墓竁。余因摭其行實而系之以辭。

蕭輔道

傳記

王惲《清輝殿記》（《秋澗集》卷三八） 維衛州府太一廣福萬壽宮，伏爲憲天述道仁文義武大光孝皇帝赫臨之盛，易常然丈室，大起行殿，邇天威而貯寵光焉。既落成，嗣師蕭全祐以其事上聞，賜名曰清輝。全祐將文諸貞石，以傳不朽，謂臣嘗忝屬太史，于法得書，乃具其本末來請。臣謹按初上之在潛也，思得賢俊，以裨至理，聞太史四代度師蕭輔道弘衍博大，則其人也。於是以安車來聘，既至，上詢所以爲治者，師以愛民立制、潤色鴻業、用隆至孝者數事爲對。上喜甚，錫之重寶，辭不受。曰「眞有道士也」，賜號中和仁靖眞人，冠帔尊崇之禮，前後有加。迨己未春，鑾輅南駕，次牧之野，時師仙游已邈，上以隱居所在，特枉駕來幸，周覽殿廡間，奠享丈室，詢慰宿昔者久之，所以欽挹眞風，懷思不忘。且從五代嗣師居壽之請，及登大寶，復降璽書，追寵師德，有「清而能容，老而不曜，富文學，知變通，嚮朕在潛，與之同處，何音容乍遠，冠履遽遺，殊用悵然」之歎。

又《萬壽宮方丈記》 萬壽宮既易常然丈室，起清蹕行殿，越明年，作夏屋于新宮之背，蓋所以拱辰居而復師位也。方之舊制，一切充而大之，其傳度之位，賓友之筵，淵嘿之室，高明靜深，顯敞誠超越矣。既考室迺以壁紀來愬。維太一教興于金初，始祖垂創，顧雖一事，而本而末，皆有次第。其植根豐末，濬源衍流，傳無窮于後者，惟恐其不弘且博也。逮重明嗣法，至創靈章，唆仙品，有充類至極者。大定一水，漂泛無幾，再傳而得虛寂，堂宇齋壇，刻期而復。貞祐之兵，燼爲飛煙，四代中和仁靜眞人披荆榛，掇瓦礫，成難爲易，不十年，略見完具。其有侈而未廓大者，以俟夫後之肯構者焉。然顯仁藏用，已胚胎于其中矣。貞常師持守成業，而光揚恢廓之志，規模未竟，而奪之遽。今六代純一師，感其如此，思有以大慰先志之有俟而未竟，俾既易而必葺者，八年之間，一新而改觀，誠可謂繼述之善者矣。

李居壽

傳記

王惲《太一五祖演化貞常真人行狀》（《秋澗集》卷四七） 師姓李氏，諱居壽，字伯仁，道號淳然子，衛之汲縣西晉里人。生有淑質，沈默寡言笑，自幼喜道家之學。年十三，拜太一四代祖中和仁靖眞人爲師，旦夕給侍左右，進退應對，容度詳謹。中和知其可教，甚善待之。戊戌歲，受戒爲道士，命典符籙科式等事，籙文部帙靈章寶篆，仙階顯職，稱號廣博，師裝繕嚴整，銓次詳明，大稱所委。壬子歲，聖主居潛邸，駐蹕嶺上，以安車召中和眞人於衛。既至，燕見之次，薦師才識明敏，志行淳和，請傳嗣爲五代祖，仍從誓約，易姓爲蕭，即蒙允可，賜爲貞常大師，仍授紫衣。其年冬，中和謝世。中和人品道價，高絶一世，師嗣挈玄綱，以簡重堅潔，持守成規，洞洞屬屬，若恐失墜。及其張皇道紀，醻酢事宜，其應如響，由是徒衆厭服，聽約束惟謹，前人之光，曾不少佚。時衛大旱，守官致禱于師，即書太一靈符，浸巨盎中，騰呪未畢，雲葉膚合，澍雨霑足。致德譽日廣，上聞於朝。己未春，上南巡，駐蹕淇右，重師之請，幸所居萬壽宮。悵眞仙之倏去，喜什界之得人，周歷殿廡，詢慰者久之。師敷對誠款，允協睿意，眷顧光寵，於焉伊始。明年庚申，中統建元，春正月，命師即本宮設黃籙靜醮，冥薦江淮戰歿一切非命者。迎奏際，陰風凄凄，若有趨赴慘泣之狀。秋九月，詔赴闕下，上親諭修祈祓金籙醮筵。翼日，特賜號太一演化貞常眞人。二年冬，上命禁斗於厚載門，親詣祝香，仍賜錦紋綾帔。四年秋，遣近侍護師頒香嶽瀆等祠，仍賑濟貧乏。至元三年，以京師劉氏宅賜師爲齋潔待問之所。六年春，皇嗣請師禱祀上眞，用介繁祉，受釐之餘，遂賚師金冠錦服玉佩符焉。八年，螟蝗爲災，命師即岱宗汾脽，設驅屏法，其秋乃大熟。十年正月，就上都大安閣演金籙科儀，時春寒，賜黑狐裘貂帽各一。冬十月，奉安眞武神位于昭應新宮，禮畢，中官衣以異製綾道服。大内青宮肇造之初，皆詔師按太一符云禳鎭方所。十一年，特旨於奉先坊創太一廣福萬壽宮，中建齋壇，繼太保劉秉忠醮六十神將，歲給道衆粟帛有差。十五年，奉旨祭七元星君于西府鐘室。啓告之初，期以風動所樹幡標爲神君格思之驗，既而儲皇親臨炷香，冷風颼颼，至幡影飀飀，從官劍佩鏗鏘，肅然爲起敬。明日具陳其事，上甚喜。越明年以事辭結遁壇，命易七元斗位。聖上儲皇，以師積年祭禱精誠，多獲靈應，前後賜與，如玉尊像、寶粧劍、安車龍杖、金銀器皿等物，不可殫紀。師爰自傳嗣以來，奏言始祖曰太一一悟傳教眞人，二代祖曰太一嗣教重明眞人，三代祖曰太一體道虚寂眞人，四代祖曰太一中和仁靖眞人，焚黄昭告，典禮華縟，存殁有榮焉。至元三年，以重修祖觀殿宇告成以聞，蒙勅辭臣製碑，鋪敦教基，具紀本末。復奏受保舉師張善淵眞靖大師，教門提點監度師高昌齡保眞崇德大師，高弟李全祐觀妙大師，范全定希眞大師，及欽承璽書，護持玄門，其弘闡宗教，殊爲光顯。師以至元十七年七月二十六日羽化於西堂方丈，享年六十。治命令觀妙大師李全祐嗣主法席。訃聞，上嗟悼久之，儲皇賻楮冥三十定，仍諭中書省給威儀祖送。其年十月，遣使護喪歸葬衛州汲縣四門村祖塋之次。師豐儀修偉，清修有操行，謙虚篤實，不事表襮，混然與物無忤。而胷中風鑒殊皜皜也。與人交，誠款有藴藉，所談率以忠信孝慈爲行身之本，未嘗露香火餘習。生平問學，不斯須離，如饑渴之於飲食。其易傳、皇極、三式等書，皆通究其理。晚節德量弘衍博大，不可涯涘。宜其爲聖皇挹眞風，屬祕祀，留宿宮禁，參預庭議。師素以憂深思遠，理或未暢，形於顔色，設因方便而霈德澤之深，即詢訪而裨時政之闕，横覆道蔭，成敷錫之美者多矣。惟其玄默不出，頗得而詳。論者謂師雖方外士，其至誠上感，蓋有君臣慶會之契。古人稱上士學道，輔世主以洽好生之德，師其有焉。既窆之二年，嗣教眞人將以師官行請於朝，植碑神門，揄揚追報，以慰華表歸來之想。以不肖惲與師義同里閈，交且久，知師爲頗詳，以事狀見託。謹將師之人品道術，細細形之於筆端，庶幾太史秉筆者得以採擇焉。至元十九年十二月二十一日，中議大夫治書侍御史行御史臺事王惲謹狀。

張居祐

傳記

王惲《凝寂大師衛輝路道教都提點張公墓碣銘并序》（《秋澗集》卷六一）

大師諱居祐，字天錫，世爲汲郡人。父道用，居樂善東北坊，素以茗飲爲業。師早失怙，恃兄居仁，訓育有方。甫及長，愿立如成人，然向慕玄風，亟若飢渴，思得大宗師爲依歸，以果其腹。歲壬辰，天兵下河南，時太一四代度師遂自拓城北渡，應大將薩濟斯請，主新衛昭順聖后祠。兄居仁舉家崇奉，遂命師爲門弟子。居無幾，四代度師北遷，住趙之太清宮，以師童侍有年，謹敬不怠，雅重焉，遂度爲道士。俄命掌觀之廩料，出納詳明，儉而中禮，曾無有撮龠之悞，度師稱其能。時衛之祖觀，兵後燬廢殆掃地，度師遣提點張善淵詣衛興復，且請師以佐葺理，允焉。師爲之戮力從事，小大之役，率以身先之。既而張侍鶴馭北觀，其營建事，師獨任之。不十稔，壇殿齋室，下暨於庖湢庫廐，井井一新。己酉春，中和眞人還衛，顧視之，喜其得人。己酉冬，中和昇寂，師辦易葬事，焦勞爲獨多。丁巳冬，以事召赴行殿，勞歸，霑衣幣有加。還，貞常眞人以師素貞幹有節，命知宮事，繼陞充提舉。中統三年，上特遣使植碑壽宮，師復趣辦，不踰其素，於國事有光焉。至元十九年，六代純一眞人嗣主法席，以師道行純粹，勤恪有功，上言於朝，宣授凝寂大師、衛輝路道教都提點。凡七年間，道流推服，教門增重焉。二十六年二月五日，得寒疾，再宿，談笑而逝。及斂，予臨視，面如生，吁亦異矣哉。享年七十有二。越七日，提點范全定等葬師於四門里祖塋之側，禮也。師爲人樂易，無機械心，苟有過，必須問之人，而無憚於改，不然咽若有物所梗。其歷事三度師，前後五十餘載，護道服勤。始卒，德不爽。純一眞人以予係鄉曲，故持狀來謁銘，因憶十九年冬，予僑寓大都道宮，適師與會，宵永無寐，龕燈爐火，尊俎談舊，嘗及于萬靈坑事，悲世故之無常，悼逝者之如是，凄然動華表歸語之感焉。故師每歲例清明後一日，丐具酒肴楮幣等物，斗量車載，展祭塚次，以慰鄉梓冥漠之魂，亦惟恐其心之不盡也。其於存歿兩間，亦追遠歸厚之意也歟。是可銘。銘曰：

太一設教，幽顯兩通，凡曰云爲，須人乃崇。猗歟張公，德度沖融，致身福地，逢敎之隆。敦兮若朴，發之天衷，寂不俗絕，勞而有功。師事三葉，罔異初終，一朝委蛻，爲報何豐。祖垠之東，萬栢葱蘢，陪葬其側，若堂有封。鑱銘表石，永示無窮。

明清部

張正常

傳記

《漢天師世家》卷三　四十二代天師，諱正常，字仲紀，號沖虚子，三十九代天師太玄公之冢子也。生有異徵，大玄公假寐，夢神人飛空而至，曰：余自華蓋山來，遊君家，願見容也。及覺而生。幼穎，特寛厚，雙目燭人，性嗜老莊言，於仙道秘法尤篤志。大玄遊五嶽，指相傳印劍曰：龍星再集於亥，吾兒當持此大振玄風。至正己亥襲教，太玄之懸記始驗。時兵亂，經籙久秘，至是願授者川至。闡三元醮脩於玄壇，嘗鍊度幽爽，輒有異感。辛丑，我大明太祖高皇帝，發御榜，命有司訪求招聘，而天師始遊。遣使者上牋，陳天運有歸之符，上以手書賜答，有勉澄心定性，以凝道功之語。乙巳，朝京師，上召見，悦曰：瞳樞電轉，法貌昂然，眞漢天師苗裔也。命坐賜燕，下詔褒美之。再召宴，及錫以金幣，還山。丙午，復入覲京城，士庶求符者，日以千百計，侍史不能給，閉關拒之不止。上諭俾施符水，乃篆巨符投朝天宫井中，人爭汲之，須臾水竭，見土弗已，疫者飲之，皆瘳。上聞而嘉之，令作亭井上，號曰太乙泉。命傳太上延禧諸階法籙，及辭還山，復詔中貴人，賫賜織文金衣，特勑中書給驛券畀之，以便朝覲。吳元年丁未，詣上勸進牋。洪武戊申，上登大寶位，建號改元。入賀，賜宴於便殿，諭曰：兹授卿以大眞人稱號，誥命議給俸祿，面奏懇辭議俸，止乞如故，事優免及，專出符籙之事。上嘉而可之，准賜蠲通戶，及大上清宫各色徭役。宴畢，內降制書國朝制詞具載皇明恩命世錄授正一教主，嗣漢四十二代天師護國闡祖通誠崇道弘德大眞人，領道教事，仍給銀印，視正二品。特設玄幕之佐，曰：贊教掌書等官，陛辭而還。上御謹身殿，從容謂曰：卿乃祖天師，有功於國，所以家世與孔子並傳，以迄於今。卿宜體之以清靜無爲，輔予至治，則予汝嘉。出白金十五鎰賜之俾新其宅第。己酉二月，特召入朝，上御奉天殿賜見，預命設宴待之。是月，承顧問者四，錫宴者二。三月十三日，上將通誠於天帝，致齋三日，上御衮冕服，親署御名於章，勑太常設樂，手授於眞人，俾祝而焚之。禮成，錫金幣，宴於文樓，羣弟子饗於別館，仍賞賚有差。庚戌夏，上錄功貤寵，特勑吏部改贈父三十九代天師太玄輔化體仁應道大眞人，嗣成爲正一教主太玄弘化明成崇道大眞人，改封母明慧慈順仙姑，胡氏爲恭順慈惠淑靜玄君。是年秋，上復召見，問以鬼神情狀，更給掌天下道教銀印。壬子秋，特召入覲，復加賜永掌天下道教事之誥以寵之。丙辰秋，上遣使召，忽先期而至，入見，上喜曰：卿來何符朕意耶，明年秋，朕將遣使祠海嶽諸神，卿當妙柬弟子之清脩者，與其偕來，錫燕及金法衣玉圭珮法器之屬。丁巳夏，率羣弟子入覲，宴於午門城樓上，舉爵謂曰：卿宜罄此一觴。勑內侍出御，製歷代天師贊示曰：他日當書以賜卿。明日勑，遣代祠嵩山，分遣重臣與弟子代祠羣岳，仍賜衣各二襲，楮幣有差。既還，錫宴賞如初。及歸山，志趣頗異常。一日，置酒，與昆弟酣飲。慨然歎曰：五嶽名山，先子欲遊而弗遂。嵩山中峰，乃吾祖得太清丹經之所。今藉聖天子威靈，幸一至焉。嚥曦景於層霄，邈浮埃於浩劫，吾志將有在矣。咸訝其言，未幾，示以徵疾，端坐榻上，屬弟子方從義曰：吾無以報國家寵恩，爾等宜左右我子孫，以贊寧謐之化命。取印劍授其子曰：我家千五百年之傳在是，汝其勉之。語已，舉手作一圓象，嘿然而化。是夕，大崖石崩，聲聞數十里。禮部尚書張籌爲訃聞，上嗟悼良久，且曰：朕欲命其徧祠五嶽，今方一至嵩山，何期大數止於斯耶。遂親製文一通，遣前浙江行省叅知政事安慶弔祭之，藏蜕於南山刺坑口。

《明史·方伎傳·張正常》　張正常，字仲紀，漢張道陵四十二世孫也。世居貴溪龍虎山。元時賜號天師。太祖克南昌，正常遣使上謁，已而兩入朝。洪武元年入賀即位。太祖曰：「天有師乎？」乃改授正一嗣教眞人，賜銀印，秩視二品。設寮佐，曰贊教，曰掌書。定爲制。

張三丰

傳　記

《明史·方伎傳·張三丰》　張三丰，遼東懿州人，名全一，一名君寶，三丰其號也。以其不飾邊幅，又號張邋遢。頎而偉，龜形鶴背，大耳圓目，鬚髯如戟。寒暑惟一衲一蓑，所啖，升斗輒盡，或數日一食，或數月不食。書經目不忘，游處無恆，或云能一日千里。善嬉諧，旁若無人。嘗游武當諸巖壑，語人曰：「此山，異日必大興。」時五龍、南巖、紫霄俱燬於兵，三丰與其徒去荆榛，辟瓦礫，創草廬居之，已而舍去。

太祖故聞其名，洪武二十四年遣使覓之不得。後居寶雞之金臺觀，一日自言當死，留頌而逝，縣人共棺殮之。及葬，聞棺內有聲，啟視則復活。乃遊四川，見蜀獻王。復入武當，歷襄、漢，踪跡益奇幻。

永樂中，成祖遣給事中胡濙偕內侍朱祥齎璽書香幣往訪，遍歷荒徼，積數年不遇。乃命工部侍郎郭璡、隆平侯張信等，督丁夫三十餘萬人，大營武當宮觀，費以百萬計。既成，賜名太和太岳山，設官鑄印以守，竟符三丰言。

或言三丰金時人，元初與劉秉忠同師，後學道於鹿邑之太清宮，然皆不可考。天順三年，英宗賜誥，贈爲通微顯化眞人，終莫測其存亡也。

王建章《歷代仙史》卷六　張三丰，遼東懿州人，名君寶，字全一，別號保和容忍三丰子。元末居寶雞金臺觀，留頌而逝。士人殮之，臨社窆復生，乃入蜀。洪武初，入武當山修煉。丰姿態魁偉，美髯如戟，頂作一髻，手持刀尺，一笠一衲，寒暑御之，不飾邊幅，或遊市井，浩浩自如，旁若無人，時呼爲張邋遢。日行千里，靜則瞑目旬日。有問之者，終日不答一語。或與論三教經書，則吐詞滾滾，皆本道德忠孝，心與神通，神與道一。每事來，輒先知。飲酒一斗，或辟穀數月，自若也。登山速如飛，隆冬卧雪中。遍遊武當山中天柱、五龍、南岩、紫霄諸名勝。嘗語鄉人云：茲山異日當大顯於時。至二十三年，拂袖遊方而去，明太祖詔求之不得。永樂中，遣官徧詣天下名山訪之，不遇。天順末，贈爲通微顯化眞人。後又有人見之鳴鶴山，或隱或見，莫可蹤跡。嘗遊揚州瓊花觀，有詩曰：瓊枝玉樹屬仙家，未識人間有此花。清致不沾凡雨露，高標猶帶舊烟霞。歷年既久何曾老，舉世無雙莫漫誇。便欲載回天上去，擬從博望借仙槎。其詞瀟灑，蓋自況也。

王槩《大嶽太和山紀略》卷四　張三丰，號元元子，又號張邋遢，遼東懿州人，張仲安第五子也。寓居鳳翔寶雞縣之金臺觀修煉，忽留頌而逝。士人楊軌山殮之，臨窆復生，以一小鼓留其家。後亦亡去，入蜀轉楚，登武當山。洪武二十四年，詔求之不得。永樂中，遣禮科都給事中胡濙遍詣天下名山，訪之不遇。又舊志載，張全一號三丰，風姿魁偉，鬚髯如戟，頂中作一髻，一笠一衲，自無寒暑，又號爲張邋遢，或處窮山，或遊閙市，嬉嬉自如。及至論三教經書，絡繹不絕，凡吐詞發語，專以道德忠孝爲本。事皆先見，或三五日一餐，或兩三月一食，穿山走石，行住無常。洪武初，遍歷名山，搜奇攬勝，至武當結庵，庵前古木五株，栖其下，猛獸不距，鷙鳥不搏，人益異之。嘗與耆舊語云，吾山異日與今大有不同。命邱元清住五龍，盧秋雲住南岩，劉古泉、楊善澄住紫霄，又結庵展旗峰北曰遇眞宮，黄土城內曰會仙館。語弟子周眞德曰：爾可善守香火，成立自有時來，非在予也。洪武二十三年，拂袖長往，不知所之。永樂十年，遣使致香書，屢訪不獲。正統元年，敕封通微顯化眞人。

紀　事

陳教友《長春道教源流》卷七　張三丰，遼東懿州人，名全一，一名君寶，三丰其號也。以其不飭邊幅，又號張邋遢。頎而偉，龜形鶴背，大耳圓目，鬚髯如戟。寒暑惟一衲一簑。所啖升斗輒盡，或數日一食，或數月不食。書經目不忘。或處窮山，或遊市井，能一日千里。嬉笑諧謔，旁若無人。嘗遊武當諸巖壑，語人曰：此山異日必大興。時五龍、南巖、紫霄，俱毀於兵火。三丰去荆榛，辟瓦礫，與其徒創草廬居之。已而舍去，行遊四方。太祖故聞其名，洪武二十四年遣使徧覓之，不遇。後居寶鷄之金臺觀，一日自言當辭世，留頌而逝。縣人共棺殮之，及葬，聞棺內有聲，啓視，則復活。乃遊四川，見蜀獻王。復入武當，歷襄漢，不常厥處。永樂中，成祖遣給事中胡濙、內侍朱祥，齎璽書香幣往訪，積數年，窮陬僻壤皆到，迄不遇。乃命工部侍郎郭璡、隆平侯張信等，督丁夫三十餘萬人，大營武當宮觀，費以數百萬計。既成，賜名太嶽太和山，設官鑄印以守，竟符三丰言。或言三丰金時人，元初與劉秉忠同師，後學道於鹿邑之太清宮，與里人張毅相習。毅四世孫朝用嘗遊寶鷄，遇三丰，問：汝家名毅者爲誰？答曰：吾高祖也。三丰曰：吾會見其始生時，今孺子亦漸長，努力讀書，官可至三品。後亦符其言。天順三年，英宗賜誥贈爲通微顯化眞人，然竟莫測其存亡也。國朝王鴻緒《明史稿》。〇考名山藏，紀三丰事最詳。云三丰一字玄玄，別號保和容忍三丰子。嘗與劉太保秉忠、冷協律謙學於沙門海雲。經籍墳典，過目成誦。成祖靖難時，眞武玄帝屢示靈助，上感神庥，於武當大立宮觀。三丰一日至京師，成祖召問之曰：吾欲學道，誰最樂者？對曰：食美者遺通利極樂事。上謂其不敬，欲殺之。忽有所苦，則不能食，與不得遺，方思之道逢使者附進簑衣草，數莖煎服，尋愈。上殊念之，以給事中胡濙往求之，又命王宗道奉書若香，遍入名山，求十年不得。至天順末，或隱或見。英宗聞之，封爲通微顯化眞人。此皆《明史稿》未及者。《名山藏》又云：三丰至武當，命弟子邱玄清、盧秋雲居五龍、南巖。又云：秋雲悟全眞之理。又云：成祖遣王宗道往求，給全眞牒。而《野獲編》稱，邱玄清爲全眞道人，然則三丰全眞派也。他書紀三丰神異甚多，茲不具錄。

又 酥醪洞主曰：明初道術最著者三人，一周顛，一張中，一張三丰，皆能前知者。周顛，太祖親爲撰傳。張中，宋濂以所聞於太祖，爲之撰傳，然皆不詳何派。張三丰，事見於說部及志乘者，並謂其居武當，則全眞派也。武當自張道貴、張守淸後，多兼習淸微上道，惟三丰無之。《名山藏》稱：其有問養生術，竟日不答。論三教等書，若決江河，所言皆道德仁義，忠孝之旨。此全眞正學、重陽長春之的裔也。當時成祖徧求之，故世多附會之詞，而明陸深《玉堂漫筆》乃謂，成祖此舉，別有所爲，胡忠安濙行事，蓋奉密敕，則以爲建文遜荒，欲求得之。然非三丰有異蹟，成祖亦不能假託也。吁亦神矣哉！

張中

傳記

《明史·方伎傳·張中》 張中，字景華，臨川人。少應進士舉不第，遂放情山水。遇異人，授數學，談禍福，多奇中。太祖下南昌，以鄧愈薦召至，賜坐。問曰：「予下豫章，兵不血刃，此邦之人其少息乎？」對曰：「未也。旦夕此地當流血，廬舍燬且盡，鐵柱觀亦僅存一殿耳。」未幾，指揮康泰反，如其言。尋又言國中大臣有變，宜豫防。至秋，平章邵榮、參政趙繼祖伏甲北門爲亂，事覺伏誅。陳友諒圍南昌三月，太祖伐之，召問之。曰：「五十日當大勝，亥子之日獲其渠帥。」帝命從行，舟次孤山，無風不能進。乃以洞玄法祭之，風大作，遂達鄱陽。大戰湖中，常遇春孤舟深入，敵舟圍之數重，衆憂之。曰：「無憂，亥時當自出。」已而果然。連戰大勝，友諒中流矢死，降其衆五萬。自啟行至受降，適五十日。始南昌被圍，帝問「何日當解」，曰「七月丙戌」。報至，乃乙酉，蓋術官算曆，是月差一日，實在丙戌也。其占驗奇中，多若此。爲人狷介寡合。與之言，稍涉倫理，輒亂以他語，類佯狂玩世者。嘗好戴鐵冠，人稱爲鐵冠子云。

王建章《歷代仙史》卷六 張中字景和，江西臨川人。初舉進士不第，遇異人授以太極數學，談禍福多驗。狷介寡言，常戴鐵冠子，人因呼爲鐵冠道人。明太祖初駐師滁陽，道人來謁曰：明公龍瞳鳳目，狀貌非常，眞命世之主，受命應在千日內。上大奇之，留於幕下，每出師，令望氣決休咎，皆神驗。洪武初，上登鍾山，詞臣扈從擁翠亭，給筆劄賦詩應制，中亦與焉。上常微行，至一寺中，羣僧伏道旁迎，上曰：何以知朕？對曰：聞鐵冠道人云。上手餅食未半以賜之，問道人能先知我至，試言我國事，願直述，無我諱。道人信口誦數十句，中有曰：戊寅閏五龍歸海，壬午青龍火裡逃。至建文間始驗。其他奇中，往往類此。道人居都下數年，後一旦自投於大中橋下，遂水解。上命求其尸，不獲。未幾潼關吏報云：某月某日，鐵冠道人策杖出關。即其投水之日也。上嘗親疏張中十事，命宋濂作傳云。

周顛

傳記

《明史·方伎傳·周顛》 周顛，建昌人，無名字。年十四，得狂疾，走南昌市中乞食，語言無恆，皆呼之曰顛。及長有異狀，數謁長官，曰「告太平」。時天下寧謐，人莫測也。後南昌爲陳友諒所據，顛避去。太祖克南昌，顛謁道左。洎還金陵，顛亦隨至。一日，駕出，顛來謁。問「何爲」，曰「告太平」。自是屢以告。太祖厭之，命覆以巨缸，積薪煅之。薪盡啟視，則無恙，頂上出微汗而已。太祖異之，命寄食蔣山僧寺。已而僧來訴，顛與沙彌爭飯，怒而不食且半月。太祖往視顛，顛無饑色。乃賜盛饌，食已閉空室中，絕其粒一月，比往視，如故。諸將士爭進酒饌，茹而吐之，太祖與共食則不吐。太祖將征友諒，問曰：「此行可乎？」對曰：「可。」曰：「彼已稱帝，克之不亦難乎？」顛仰首眎天，正容曰：「天上無他座。」太祖攜之行，舟次安慶，無風，遣使問之。曰：「行則有風。」遂命牽舟進，須臾風大作，直抵小孤。太祖慮其妄言惑軍心，使人守之。至馬當，見江豚戲水，歎曰：「水怪見，損人多。」守者以告。太祖惡之，投諸江。師次湖口，顛復來，且乞食。太祖與之食，食已，即整衣作遠行狀，遂辭去。友諒既平，太祖遣使往廬山求之，不得，疑其仙去。洪武中，帝親撰《周顛仙傳》，紀其事。

王建章《歷代仙史》卷六 周顛仙，不知其名。自言建昌人，年十餘，病顛。常操一瓢，入南昌乞食，日施力於人，夜卧閭簷間，祁寒暑雨自若。洪武初，太祖自將定南昌，顛仙從道左拜謁，潛隨至金陵，每遇上出，輒趨進曰「告太平」。上頗厭之。衣帶常繫菖蒲三寸許，日細嚼飲水，不時口出異言。上被顛仙所煩，特以燒酒醉之，飲無數，弗醉，其顛如故。又常自言入火不熱，上命巨甕覆之，積薪舉火，火滅發缸，視之端坐無恙，寒氣凜然。乃令寄食蔣山寺，日與諸僧撓競爭飯。上知之，令閉之密室中，不食者二十三日，容不饑倦，復食如常。太祖嘗親至蔣山賜食，顛仙伺駕還，伏於道右，以手畫地成圈，指謂上曰：你打破一箍，再做一箍。上不曉其意。後上西征九江，顛仙隨行，因其異言，乃令沉之江中，水不能溺。見上，復賜食，食畢，乃辭去。深入匡廬，莫知所之。後數年，上不豫，乃遣天池寺僧至京師，言天眼尊者及顛仙遣送藥來。上服之，疾愈。因命行人至廬山尋訪，各以一詩寄上。上親爲文，紀其事焉。常自畫一像，在皇城五鳳樓上。

紀事

朱元璋《御製周顛仙人傳》 顛人周姓者，自言南昌屬郡建昌人也。年一十有四歲，因患顛疾，父母無暇，常拘，於是顛。入南昌，乞食於市，歲如常，顛如是，更無他往。元至正間，失記何年，忽入撫州一次，未幾仍歸南昌。有時施力於市戶之家，日與傭人相雜，暮宿閭閻之下。歲將三十餘，俄有異詞，凡新官到任，必謁見而訴之，其詞曰「告太平」。此異言也，何以見？當是時，元天下承平，將亂在邇，其顛者故發此言，乃曰異詞。不數年，元天下亂，所在英雄據險，殺無寧日。其稱僞漢陳友諒者，帥烏合之衆，以入南昌，其顛者，無與語也。未幾，朕親帥舟師，復取南昌，城降，朕撫民既而歸建業，於南昌東華門道左，見男子一人，拜於道傍，朕謂左右曰：此何人也？左右皆曰顛人。朕三月歸建業，顛者六月至。朕親出督工，逢顛者來謁，謂顛者曰：此來爲何？對曰告太平。如此者朝出則逢之所告如前，或左或右，或前或後，務以此言爲先。有時遙見以手入胸襟中，似手討物，以手置口中，問其故，乃曰蝨子。復謂曰幾何，對曰二三斗。此等異言，大槩知朕之不寧，當首見時，即言婆孃歹，又鄉談中，常歌云：世上甚麼動得人心，只有臙脂胚粉，動得婆孃嫂裏人。及問其故，對曰：你只這般，只這般。每每如此，及告太平。

終日被此顛者所煩，特以燒酒醉之，暢飲弗醉。明日又來，仍以盌多爲說。於是製新衣易彼之舊衣，新衣至，朕視顛者舊裙，腰間藏三寸許菖蒲一莖，謂顛者曰，此物何用？對曰：細嚼飲水，腹無痛。朕細嚼水呑之。是後，顛者日顛不已，命蒸之。初以巨缸覆之，令顛者居其內，以五尺圍蘆薪緣缸煆之，薪盡火消，揭缸而視之，儼然如故。是後復蒸之，以五尺圍蘆薪一束，半以缸覆，顛者於內，周遭以火煆之，烟消火滅之後，揭缸而視之，儼然如故。又未幾，時以五尺圍蘆薪兩束，半以缸覆，顛者於內，煆煉之薪盡火消之後，揭缸視之，其烟凝於缸底，若張綿狀，顛者微以首撼，撼小水微出，即醒無恙。命寄食於蔣山寺，主僧領之。月餘，僧來告顛者有異狀，與沙彌爭飯。遂怒不食，今半月矣。朕奇之，明日命駕親往詢視之，至寺遙見顛者來迓，步趨無艱，容無饑色，是其異也。因盛殺饈，同享於翠微亭。膳後，朕密謂主僧曰：令顛者清齋一月，以視其能否。主僧如朕命，防顛者於一室，朕每二日一問，問至二十有三日，果不飲膳，是出凡人也。朕親往以開之，諸軍將士聞之，爭取酒殽以供之，大飽弗納，所飲食者盡出之。良久召至，朕與共享食如前，納之弗出。酒過且酣，先於朕歸道傍側道右邊待朕至。及朕至，顛者以手畫地成圈，指謂朕曰：你打破個桶，做一個桶。發此異言。當是時，金陵村民聞之，爭邀供養。一日逢後生者，俄出異詞：噫，教你充軍便充軍。又閒中見朕，常歌曰：山東只好立一個省。未幾，朕將西征九江，特問顛者曰：此行可乎？應聲曰可。朕謂顛者曰：彼已稱帝，今與彼戰，豈不難乎？顛者故作顛態，仰面視房之上，久之，穩首正容以手拂之曰：上面無他的。朕謂曰：此行你偕往，可乎？曰可。詢畢朕歸，其顛者以平日所持之拐擎之，急趨朕之馬前，搖舞之狀若壯士揮戈之勢，此露必勝之兆。後兵行，帶往至皖城，無風，舟師難行，遣人問之，顛者乃曰：只管行，只管有風，無膽不行便無風。於是諸軍上牽以舟泊岸，泝流而上，不二三里，微風漸起，又不十里，大風猛作，揚帆長驅，遂達小孤。朕曾謂相伴者曰：其顛人，無正語，防閑之。儻有謬詞來報。馬當江中，江豚戲水，顛者曰：水怪見前，損人多。伴者來報，朕不然其說。顛果無知，棄溺於江中。至湖口，失記人數，約有十七八人，將顛者傾去湖口小江邊，意在溺死，去久而歸，顛者回來。問命往者何不置之死地，又復生來，對曰：難置之於死。語未既，顛者倅至，謂朕欲食，朕與之食，食既，顛者整頓精神衣服之類，若遠行之狀，至朕前鞠躬舒項，謂朕曰：你殺之。朕謂曰：被你煩多，殺且未敢，且縱你行。遂糗糧而往，去後莫知所之。朕於彭蠡之中大戰之後回江上，星列水師以據江勢。暇中，試令人往匡廬之下，顛者所向之方，詢土居之民，要知顛者之有無。地荒人無，惟太平宮側草莽間一民居之，以顛者狀云之謂民人曰：是曾見否？對曰：前者俄有一瘦長人物，初至我處，聲言：好了，我告太平來了，你爲民者用心種田。語後，於我宅內，不食半月矣。深入匡廬，無知所之。朕戰後歸來，癸卯圍武昌，甲辰平荆楚，乙巳入兩浙，丙午平吳越，下中原、兩廣、福建，天下混一。洪武癸亥八月，俄有赤腳僧名覺顯者至，自言於匡廬深山巖壑中，見一老人，使我來謂大明天子有說，問其說，乃云國祚殿廷儀禮司以此奏。朕思方今虛誑者多，朕馭宇內，至尊於黔黎之上，奉上下於兩間，善聽善見，恐貽民笑，故不見不答。是僧伺候四年，仍往匡廬，意在欲見。朕不與見，但以詩二首寄之。去後二年，使人詢之，果曾再見否？其赤腳者云不復再見。又四年，朕患熱症，幾將去世，俄赤腳僧至，言天眼尊者及周顛仙人遣某送藥至。朕初又不欲見，少思之，既病，人以藥來，雖眞假，合見之。出與見，惠朕以藥。藥之名，其一曰溫良藥兩片，其一曰溫良石一塊。其用之方，金盆子盛，著背上磨，著金醆子內，喫一醆便好。朕遂服之。初無甚異，初服在未時，間至點燈時，周身肉內搐掣，此藥之應也，當夜病愈，精神日強。一日服過三番，乃聞有菖蒲香，盞底有丹砂沈墜，鮮紅異世有者。其赤腳僧云，某在天池寺，去嵓有五里餘，俄有徐道人來言，竹林寺見詩，往視之。某與同往，見天眼尊者坐竹林寺中。少頃，一披草衣者入，某謂天眼曰：此何人也？對曰：此周顛是也，方今人主所詢者，此人也。即今人主作熱，爾當送藥與服之。天眼更云我與顛者和人主詩。某問曰：詩將視看。對曰：已寫於石上。某於石上觀之，果有詩二首。朕謂赤腳曰：還能記乎？曰能。即命錄之，見其詩麤俗無韻無聯，似乎非詩也。及遣人詣匡廬召至，使者至杳然矣。朕復以是詩再觀，其詞其字，皆異尋常，不在鐫巧，但說事耳，國之休咎存亡之道已決矣。故紀之以示後人。

陳通微

傳記

閔懶雲《陳沖夷律師傳》（鮑廷博注）（《金蓋心燈》卷一） 師姓陳，名通微，原名致中，號沖夷子，山東東昌人。早喪父母，往來羽流間，學正一驅邪祈禱之法，大著靈異，人爭事之。師苦其煩擾，爰盡棄之，逃至華山。過碧芝張祖精舍，見祖誦《道德經》，神志恬適，顧其左右皆儀度閒雅。師禮足長跪請教，祖不答。進叩如前，遂止宿，且深自抑損。久之，始得改授今名，疊承三戒。以上參考於《缽鑑》、《逸林》兩書，特刪去其各種神異事蹟。嗣是謹行妙德，苦志元功，秦晉之間，多所闡揚，爰度羽流，周遊有年。以上悉本之《缽鑑》，其事跡殆不可考。不得遇，乃入青城。至洪武丁卯明太祖二十年。正月望日，迺以戒法傳西安周大拙，名玄朴而隱。是爲龍門第三代律師。

王應瑾

傳記

徐一夔《王真士壽藏碑銘》（《始豐稿》卷一四） 杭佑聖觀之延真館，有真士曰王君景舟，既豫營冢壙于西山蓮花峰之下，凡衣食棺槨以及銘旌之類，亦皆備具，而屬其友毛君起宗言於余曰：「死生者，晝夜之道也，惟不死不生，乃無晝夜。而一氣之所聚，則不能獨免。吾將以吾之有晝夜者爲之地焉，願得徐君爲我誌之。庶吾未瞑目時，得一覩焉，亦足快也。」余曰：異哉，真士之見也。非一死生解外膠者，其能然乎。余乃不辭，而敘其平生之概，爲王真士壽藏碑云。真士世爲錢塘人，名應瑾，景舟其字也。父德原，母沈氏，兄弟四人，而真士行居四。始生時，其母夢紫氣滿室。稍長，氣韻凝重，奉祠神明惟謹。識者曰，此道器也，非凡人家兒。年十八，從鶴林宮沈日瑞度爲道士。佑聖觀者，故宋孝宗之潛邸也，地勢亢爽，林木葱蒨，飛樓傑閣，在烟霞之中，城府之仙都也，星冠霞珮之侶集焉。真士入處其觀之延真館，精究元業，造詣出同輩上。主領觀事者器之，請知庫司事，金穀之出納，了無所濡，陞充提舉觀事。真士德譽日隆，其後遂爲元門尊宿。洪武三年，四十二代天師畀號教門高士，洞微真隱純一法師，住持元妙觀，同領本府諸宮觀事。又三年，嗣天師加授東華宏道純一法司教門真士貞白先生，住持龍翔宮，兼領本府諸宮觀事。此真士之履歷也。真士雖以無爲爲宗，於道家法所以興雷致雨者，尤盡心焉。當世神師若王盤隱、何東霞、鄧子皋、鄧仲修，皆師事之，咨决法要。真士心志純一，日游乎神明之庭。杭地大物衆，邦人或以旱乾告，有人民社稷者走真士所陳款，真士用其術，發揚蹈厲鼓舞陰陽之橐籥，雷作雨至，若呼而應。前後二三十年之間，以旱乾告者惟真士是賴，此真士之道術也。真士在龍翔時，以興廢補弊爲事。而佑聖觀乃其業成之地，頹圮尤甚，凡棟宇之撓屈者，赤白之漫漶者，皆撤而新之。且性至孝，善事父母，父母歿，購地五畝於南山之金沙塢，葬其父母而爲祭享之所，俾其從子奉祀。所以厚其親者，不以托迹元門而或後焉。又雅好結交名勝，如故楊提學廉夫、張外史伯雨、俞山人子中，今玘講經大樸、仁講經一初，或師或友，情好甚篤。其崇本始，敦交好又如此。初真士謝龍翔席，歸延真館，疏種藥畦，作洗竹亭，浚天一泉，置吹笙石，築馭鶴臺，而日逍遙其間，曰吾聊以盡吾之有夜旦者爾，他無所爲也。余告之曰：真士亦誠異於人哉。且吾聞之古者，王公貴人，盛年而爲椑，歲一漆之，有事則載以從，初不以蚤爲諱。惟夫昧者不知制事於未然，故有以爲諱者，一旦倉卒，卒墮於墨子之所謂薄，不免爲君子所誚。聞真士之風，其亦少自廣乎。乃爲之銘。

張友霖

傳記

宋濂《張公修文碑略》（《金陵玄觀志》卷一） 公諱友霖，修文其字也，信之貴溪人。時桂心淵隱匡廬，金志陽居武夷，二人者，世號爲眞仙翁，修丹之士依之者成市，公皆躡屩擔簦，往拜其坐下，傳其二皇內文，九鼎丹法，所謂延齡度世者，頗領其幽玄。復自嘆曰：吾春秋方盛，撫臣微權，要不可無見也。乃出力於詩章古文辭，課之於虛無，扣之於寂寞，蓋混混乎其不可竭也。虞文靖公集以文雄海內，公爲書數千百言，暨所謂雜著一編，遣其徒張自賓往質之，文靖深加敬嘆，與之相辨難者甚至。自是及門受業者日衆，其從求文戶外亦屨滿矣。公則又曰：此當寘之一毛巳在顚，其尚不求歸宿之地乎？於是刊落葩藻與道夷，猶至和薰蒸，四體盎晬，有不知歲月之易遷者。嗣天師張公嗣德嘉公玄學淵邃，辟爲教門講師，張公累詔至南京，公皆爲輔行翊賛相導，靡不備至。洪武辛亥秋八月，更辟教門高士，尋提點太上清正一萬壽宮，而諸宮觀事，咸莅焉。未幾，與高行道士黃裳吉、鄧仲修同被召，公奏對稱旨，賜食禁中而退。冬十月，大駕幸鍾山崇禧寺，復燕勞有加。明年壬子春，公屢乞還山，上欲屬以禁祈之事，命中書留之，且有白金之賜。秋七月，公示微疾於朝天宮，謂仲修及丹霞鍊師周玄眞曰：盍趣宮主宋玄眞相見乎？既至，正襟危坐，從容言曰：身非我有，性本虛空，生浮死休，處世一夢，吾將觀化於冥冥之中矣。遂操觚賦詩一章，翛然而逝。儀曹因以其事聞，上爲之惻然。後三日，奉遺蛻焚於石子岡，執紼從者至數千人，火既熾，有五色祥煙盤旋於其上云。公自呼鐵鑛子，有文集若干卷，亦以鐵鑛名。

鄧仲修

傳記

宋濂《鄧鍊師碑略》（《金陵玄觀志》卷一） 洪武四年，詔天師張公正常擇其徒之可者以名聞，詔至闕下，問以雷霆鬼神之事，於是鄧君仲修等述感化之由以對，上說，賜坐錫燕，詔舘之朝天宮，祠禱之事多屬焉。五年春三月不雨，上以農病播種憂之，仲修奉詔設壇場，行驅召風雷之法，天大雨，賜白金若干兩。後三年秋七月，復不雨，御史大夫率儀曹承詔臨祠禱，三日不效，仲修退坐齋室，默運玄化，出仗劍一叱，雲合雨如注。是歲冬無雪，詔李韓公及丞相至，上命以禱，期三日雪至，期果然。上甚寵異之，每召見與語，嘗賜以詩，及御注道德經，命與住持朝天宮。有宋眞宗修祠祝科儀行於世。仲修名某，今以字行，臨川人。

張宇初

傳記

張正常《漢天師世家》卷三 四十三代天師諱宇初，字子璿，別號耆山。冲虛之冢子也。目秀雙瞳，而交二斗。九歲，嶷如老成。一日，有異人謁見，曰：是列仙之儒，異日，丕張斯教者也。及長，資識夐高，學問深造，貫綜三氏，融爲一塗，旁及諸子百家之籍，靡不窮蒐，發爲載道紀事之文，各極精妙。著成，《峴泉文集》二十卷，遼王嘉而梓之。嘗因徹上覽，以是被前席，寵尤渥。而王公縉紳之士，亦莫不敬重焉。嘗侍冲虛於天心水月樓，目睹雲霧起西北，中有金扉洞開，五色晃耀，護衛天神，鎧仗森列，勃然改容。冲虛問之，具對如所見。自是以家秘授之易，了試之，益神。洪武十一年入朝，上召見，反覆諦視之，笑曰：絕類乃父。眷賚有加。明年，上特遣使詣山，齎賜誥勑二道，授正一嗣教道合無爲闡祖光範大眞人，勑召赴京。復降手勑，勉加脩節，以格神明之意，賜法衣金幣，給驛券還山。辛酉，錫誥，封母包氏爲清虛冲素妙善玄君。癸亥，召赴闕，命建玉籙大齋於紫金山。乙丑，命禱雨於神樂觀，隨應。庚午，入覲奏准降勑重建大上清宮。辛未六月朔，上視朝，旨諭禮部，嚴禁僞造符籙者，賜正一玄壇之印俾關防符籙，永鎭名山。既還，擇地於里之黃箬峰下，搆峴泉精舍，爲終焉之所。壬午，成祖文皇帝嗣登寶位，入賀，寵遇益隆，賜緡錢葺大上清宮。永樂元年，命陪祀天壇。丙戌命編脩道教書以進。丁亥，召見，命就朝天宮建薦揚玉籙大齋，有慶雲覆壇，鸞鶴交舞之瑞。祠官以聞，賜勑嘉獎。戊子三月，降特旨申諭眞人門下專出符籙。四月，命傳延禧法籙，建延禧大齋五壇，咸有瑞應，厚賜尙方珍物，特命更給驛券還山。十月，手勑俾邀請眞仙張三丰。己丑，再勑尋訪張三丰。庚寅春，忽發神異語，人莫能測。一日，以印劍授介弟宇清曰：吾將返吾眞矣，惟國恩未報爾。其承此以圖之。又越三日，書頌曰：一點靈明，本無生滅，五十年中，非圓非闕，今朝裂破大虛空，三界十方俱透徹。舉手前向指而逝。時大駕駐蹕北京，皇太子監國，遣行人陳達賜祭。明年，天衷追悼，復遣行人蕭榮諭祭焉。藏蛻於峴泉。

《明史・方伎傳・張正常》　長子宇初嗣。建文時，坐不法，奪印誥。成祖即位，復之。宇初嘗受道法於長春眞人劉淵然，後與淵然不協，相詆訐。永樂八年卒，弟宇清嗣。宣德初，淵然進號大眞人，宇清入朝懇禮部尙書胡濙爲之請，亦加號崇謙守靜。

張宇清

傳記

張正常《漢天師世家》卷三　四十四代天師，諱宇清，字彥璣，別號西璧，冲虛仲子，耆山之弟。初，冲虛夢壁魯眞人，峨冠朱衣，入其室，翌日，生。七歲能詩。及長，凡秘要儒經子史，究索無遺。著有《西壁文集》傳於世。永樂庚寅嗣教。十月，大駕南還，召見，賜宴，及冠服圭珮之屬，命醮於朝天宮，賜誥，授正一嗣教清虛冲素光祖演道大眞人，領道教事。癸巳七月，勑遣齎賜太嶽圓光圖，并椰梅百顆。八月，降勑俾選有道行羽士，爲武當山住持。九月，命使詣山，就大上清宮建金籙大齋。七日，感龍井出見之瑞。上給緡錢，俾市魚放養溪中，賜名曰放生池，禁止網釣。乙未，詔修太上清宮，并勑建眞懿觀，造浮橋，築隄防。丁酉，命分獻西鎭壇。十一月，詔往福建靈濟宮，修建祈謝金籙大齋。瑞感圓光燭霄，卿雲成幔，鸞鶴交舞，靈貺叠臻，祀官以聞，降勑嘉獎，仍有金幣之賜。戊戌二月，勑召入京，賜冠服綵幣，白金百鎰，命祠玄帝金像於太和山。五月，命治浙江潮患，乃書鐵符，戒弟子黃端友往投之。時波濤汹湧，若有人馬呼鳴之聲，既而水退患止，有司以聞，上遣使嘉獎賞賚。己亥，誥封妻孫氏爲端靜貞淑妙惠玄君，復有金幣錢物，及番果海魚之賜。庚子，上召見，命率羽士修玉籙大齋，休徵尤夥。十月，命建普度醮於京之靈濟宮。辛丑正月朔，命分獻星辰壇，復建保安醮。七日，賜冠服圭珮錦綺貂裘之屬。上北伐還京，命建祈謝大齋，感祥光慶靄之應，賜賚有加，特勑褒獎。甲辰命醮太和山。仁宗昭皇帝即位，入賀，命修薦揚大齋，亦有異徵。仍降勑獎諭，賜金玉法印，并織文金衣，鶴氅貂裘圭珮綺幣，及從行弟子，賞賚有差。宣宗章皇帝即位，宣德改元入賀，錫燕內殿。四月，推恩，申錫嘉號之勑。六月，加誥封爲正一嗣教清虛冲素光祖演道崇謙守靜洞玄大眞人，掌天下道教事。丁未，入覲，詔下有司悉蠲僕從丁役。五月三，以老辭上還山。一日，中秋集衆飲闌，而作頌曰：易窟探周，行訪浮丘，乾虹橋畔，坤雷渡頭，咦，宇內清光半是秋，半爲貞氣還天表。忽迅雷大作，有虹隨見，光滿山谷而化。訃聞於上，遣太監雷春諭祭。復敕葬於北眞觀之右山。

張懋丞

傳記

張正常《漢天師世家》卷四　四十五代天師，諱懋丞，字文開，別號九陽。處心恬澹，不膠於物，又號曰澹然，冲虛嫡孫，耆山、西壁之從子也。初，父宇珵於洪武丙寅臘日，宴坐中庭，突有道者謁見，衣貌甚奇，自稱重陽子，遺以菊花一本，曰：願假館門下六十年。語畢，忽不見。始異之，後覺其爲重陽眞人也。明年九月九日，天師生時，有菊香滿室，紫雲覆屋，三日乃散。四歲，效作禹步，感雷聲隱隱，人以爲偶然，命再步，雷輒大震。及授儒經玄秘，日記萬言，文章書法卓冠時彥。嘗經山澤，或謂垂木前障過者，傴僂請從間道，天師曰：予任已民之責，矧正人，不由邪徑。頃之，烈風大作，至則樹已拔矣。入京，過武林，民多疫，求符者不能悉給，乃書鉅符投井中，人競汲之，水爲竭，飲者瘳焉。遊華蓋山，祥光屢現，天燈夜如星布，其神異感格大都若此。洪武二十二年，父宇珵蒙太祖高皇帝聞其賢，召偕無爲眞人，入對雅稱旨，賚以金幣，命前御史中丞誠意伯劉基以其弟之子妻之，天師乃劉氏所生也。及入覲，賜燕便殿。明年，命傳太上延禧籙建延禧醮於大內，禮成，賜冠服劍珮之屬。四月，陪祀太廟，錫誥授正一嗣教崇修至道葆素演法眞人，領道教事。己酉春，入賀萬壽節，命分獻東鎮壇俾醮於仁智殿，賜賚有加。三月，上御西宮召見，與語大悅，奏舉上淸宮高道操克弘、龔繼宗、顏福淵、黃嘉佑等爲道錄職員，詔可遣中使黎都詣山起之。十二月，錫誥贈故室孫氏爲柔嘉貞靜玄君。辛亥，入覲，命分獻星辰壇醮於內皇壇，有尙方

八寶金幣之賜。四月，陪祀太廟，禮畢，特遣中官護送還山。癸丑冬，入覲，明年春，命醮於靈濟宮。三月，會靑宮不豫，召入治而安之，上悅，賜冠劍衣舄，命分獻風雲雷雨壇，命保安醮於大德觀，復有金幣之賜。給部牒五百，度羽士。辭歸留之。五月，召對於內庭，賜御製招隱歌還山，抵甲馬營傳舍，上復遣使追授密敕，勉以脩鍊之學，勿墜宗範云。英宗睿皇帝即位正統，改元，入賀，敕建天師府於朝天宮內東北隅，此先帝之命，至是落成。遣禮官迎入府居之，給以餼廩，命脩昇眞大齋於本宮。明年元旦，賜燕於奉天殿。十一日，俾分獻風雲雷雨壇。明日召見，繼召衍聖公同宴，便殿各有金幣蟒衣朱履之賜。本月，命傳太上延禧諸籙建金籙延禧醮於朝天宮，賞賜有加。己未春，命分獻東鎮壇。二月，皇太后聖壽節建祝延醮於朝天宮，禮成，賜金幣。庚申，錫誥封繼室董氏爲溫靜柔順玄君。三月，命安祀玄帝金像，醮於大內玄天祠。禮畢，命以祖傳印劍進覽，上撫摩久之，歎曰：神物靈異，果如是乎。燕賚而出。辛酉春正月，命分獻東鎮壇醮於朝天宮，給部牒五百，度羽士，厚賜而還。壬戌冬，入賀，錫宴文華殿。癸亥春，命分獻星辰壇醮於朝天宮。明年，辭歸。奏曰：臣沐兩朝寵恩，無由仰答萬一，恐臣天賦有限，不能長侍陛下淸光矣，有一子，早不祿。嫡孫元吉，雖及髫歲，資稟頗奇，願以代臣補報。上慰留至再，乃許抵家，以印劍付元吉曰：吾已得請於朝，孺子懋之，永承天眷。語訖，端坐而化，壽五十有九，果符假館之數。訃聞，詔遣禮部郎中趙最諭祭，工部主事江淸塋葬於馬鞍山，建觀曰南極以祀之。

劉淵然

傳記

《明史・方伎傳・劉淵然》　劉淵然者，贛縣人。幼爲祥符宮道士，頗能呼召風雷。洪武二十六年，太祖聞其名，召至，賜號高道，館朝天宮。永樂中，從至北京。仁宗立，賜號長春眞人，給二品印誥，與正一眞

人等。宣德初，進大眞人。七年乞歸朝天宮，御製山水圖歌賜之。卒年八十二，閱七日入殮，端坐如生。淵然有道術，爲人淸靜自守，故爲累朝所禮。其徒有邵以正者，雲南人，早得法於淵然。淵然請老，薦之，召爲道籙司左元義。正統中，遷左正一，領京師道教事。景泰時，賜號悟元養素凝神沖默闡微振法通妙眞人。天順三年，將行慶成宴。故事，眞人列二品班末，至是，帝曰：「殿上宴文武官，眞人安得與。」其送筵席，與之，遂爲制。

楊榮《長春劉眞人傳略》（《金陵玄觀志》卷二） 眞人氏劉諱淵然，號體玄子，世居徐州蕭縣。謁原陽於雩都紫陽觀，盡得全眞秘妙之術。洪武庚午，往謁龍虎山，道過南昌，時歲大旱，藩臬諸官邀之致雩，即日甘雨如澍。已而太祖高皇帝聞眞人道行，召至闕下，屢問天人相與果何所感，眞人具以實對，深契宸衷。及試之符法，無不驗者。乃賜以法劍，號高道，館之朝天宮，眷待甚至。復命有司於宮之西北建屋數十楹，扁曰西山道院以居之。戊寅夏五月朔，駕幸朝天宮，至道院，面加撫慰，命隨入內廷，賜坐右順門，咨詢移時方退。翌日，遣中貴人賚手詔，命其游名山洞府，求謁神人，以神其神。詰朝入謝，賜膳及紗衣楮鏹乘驛去。

金桂馨、漆逢源《逍遥山萬壽宮志》卷五《浄明嗣教四先生傳》 劉淵然，號體玄子。其先徐之蕭縣人，元英宗至治間，祖伯成贛州路總管，因家焉。眞人，總管次子元壽之子也。祖母謝夫人夢紫衣道人入室，而先生生矣。年十六爲道士，得親炙趙公原陽，刻志進修，寒暑不懈。每與同輩處語及脩行，輒舉忠孝爲本。原陽聞之嘆曰：此良器也。攜之歸金精山，授以玉淸宗教玉宸黃籙無極浄明等書，呼召風雷，劾治鬼物，濟拔幽爽，無不響應。又三年，原陽告以金火返還大丹之訣，棲神鍊氣，玄悟超卓。嘗遊龍虎山，過南昌，値歲旱，官屬請禱，大雨傾注，民獲有秋，由是聲聞益彰。洪武癸酉，召至闕下，接對淸問，深契宸衷，試以道術，靈應赫然，乃賜號高道，建西山道院于朝天宮以居之。後駕幸朝天，撫慰甚至，遣中使賚手詔，諭以名山洞府尋眞之遊。眞人即入謝，得乘驛傳遊廬山，上鄂渚，至武當。適鑾御賓天，鈞召還領右正一之命。永樂間，陞左正一。建金籙大齋七晝夕，奏曰靈貺昭答，有醴泉甘露鸞鶴之祥，寵錫騈蕃。眞人素性耿介，不合于人，因中以他事，謫置龍虎山。又謫雲南，居龍泉觀三載。滇民告旱，疾疫大作，眞人施藥禱雨，稿者以甦，病者以起。洪熙時遣使徵還，命居洞陽觀，賜貂裘鶴氅，親書沖虛至道玄妙無爲光範演教長春眞人授之，曰：以此封卿，恐不滿德。眞人頓首謝，力辭不許，復賜誥于前封加莊靜普濟四字。又賜以銀章，俾領天下道教事。選樂舞生十人爲之徒，輿帳供奉之盛，卓冠當時。宣德元年，召至內庭，賜法衣寶劍。眞人因奏立雲南、大理、金齒三道紀司，上從之，于是命其徒爲道紀，闡化南詔。眞人屢乞還朝天，以終餘齒。七年二月，上親灑宸翰，作山水圖賜之，復題詩其端，遣內臣羅智送還眞人。乃奏留弟子邵以正，仍居洞陽，以代祝釐，遂授以正道籙司。【略】是年秋八月有八日昧爽，沐浴更衣，集其徒告曰：人以氣聚而生，氣散而死，吾將逝矣。日中，引手作一圈，曰呵呵，趺坐而化。壽八十有二。訃聞，上遣行人吳惠諭祭，命工部營葬江寧縣安德鄉圓子岡，復召胡儼至內廷，授旨撰文立碑，以表章焉。

紀事

陳教友《長春道教源流》卷七 劉淵然，贛縣人，幼出家爲祥符宮道士。後詣雩都紫陽觀，師趙原陽，傳其法，能呼召風雷。洪武二十六年，太祖聞其名，召之。既至，入對便殿，賜號高道，館朝天宮。永樂中，從駕至北京。仁宗嗣位，賜號冲虛至道元妙無爲光範衍教莊靜普濟長春眞人，給二品印，器與正一眞人等。宣德初，進號大眞人。七年，乞骸骨，命送南京朝天宮，御製山水圖歌賜之。卒年八十二，閱七日入殮，端坐若生。淵然有道術，爲人淸靜自守，不干世事，故爲累朝所禮。正一眞人張宇初之術，淵然所授也。國朝王鴻緒《明史稿》。○《明史稿》又云：張正常，道陵四十二代孫。洪武元年，授正一嗣教眞人。十年卒，子宇初嗣。宇初道法受之淵然，後與淵然不協，相詆訐，人輕之。據此是正常於正一法已失其傳，淵然本其師，授以全眞兼正一，故宇初轉學之也。明徐有貞《重建蘇城福濟觀記》云：郭宗衡產崑邑，師長春眞人劉淵然，居兩京侍祠行宮，久之乃領是觀，作二翼宇，一祠純陽及南五祖北七眞，一祠長春諸師。據此，則淵然仍守全眞之學，正一之術，係所兼習，非以是爲宗主者。《徐州志》云：淵然號體玄子，祖母謝氏夢紫衣道者入室而生。宣德七年八月八日，屬其徒曰：氣聚而生，氣散而死，生死一理，吾將逝矣。引手作一圈曰呵呵，趺坐而化。

朱權

傳記

金桂馨、漆逢源《逍遥山萬壽宮志》卷五《浄明朱真人傳》 明高皇帝第十五子，錫名權，號涵虛。初封寧夏，因其智謀，寵錫巖疆，鞏固邦國也。眞人自言前身乃南極冲虛眞君降生，不樂藩封，棲心雲外。一日顧左右侍臣曰：爵祿空華，勳名泡影，每思仙道，住世長年。在昔嘗聞龍沙有讖，師出豫章，欲往求之。侍臣進曰：疆土重任，未便遠遊。不聽，忽爾布袍草履，挂冠宮門。飄然雲水，至豫章天寶洞，結茅爲室，叠石爲床，侶煙霞而友麋鹿矣。有一老人，授以浄明忠孝之微言，日餌陽和，以樂其天眞。成祖文皇帝屢詔就國，不赴，乃以其世子即于豫章襲藩封。加封眞人爲涵虛眞人，號臞仙。日與張三丰、周顚仙咏歌酬唱。一日，三丰以腐鼠擲几上，衆惡之，須臾化爲白藕，衆駭然。三丰忽袖而去，眞人追至南關，見三丰高入雲中，因建望仙樓，即今望仙鋪，其芳跡也。乃修丹竈，笑傲雲烟，不與時貴通音問者久之。忽命童子取水沐浴，端坐榻前，高聲言曰：烏晶之約，待之久矣。異香繞室，天樂盈空，巍然而逝。有洞天秘典、太清玉冊、神隱、浄明奥論、肘後奇方、吉星便覽諸書數十餘卷，享年七十有三。辭藩爵者三十有餘年，果然神仙中人，樂處巖穴，非急流勇退者之所可企而及也。按諸王傳，寧獻王權，高皇第十七子，初封大寧，後徙南昌。

周玄朴

傳記

閔懶雲《周大拙律師傳》（鮑廷博注）（《金蓋心燈》卷一） 師姓周，名元（玄）朴，原名知生，號大拙，陜西西安人。賦性不凡，耽元（玄）教，躬耕自樂，而運値元季，郊野多事，不能安居，遯隱終南。又會土寇倡亂，徵聘異人術士，搜求甚急，遂棄家入青城山。《道譜》載，時年四十八。皈依陳祖冲夷子，擔荷戒法。以上俱本之《鉢鑑》。是時元（玄）門零落，有志之士皆全身避咎。師隱青城，不履塵市五十餘年，面壁內觀，不以教相有爲之事累心。弟子數人皆不以闡教爲事，律門幾致湮沒。以上五十八字本之《鉢鑑》，而删其繁詞。住世一百一十年，始得天台道者張宗仁承當法戒，此本《鉢鑑》。復得頓空氏承傳宗派，重負乃釋。此參考於《鉢鑑》及《鉢鑑續》二書，其説大同而小異。師顔色如童，足登峯頂如履平地。於景泰庚午歲明代宗元年，距洪武丁卯已六十四年。十月望日他適，不知所終。是爲龍門第四代律師。宗仁，〔法〕名靜定。頓空氏名靜圓，姓沈，原名旭。

于梓人

傳記

王建章《歷代仙史》卷六 于梓人，一作子仁，湖南武岡州人也。其父常夢梓童神，遂能雕塑人像，極其工緻。梓人生七八歲，眉目如畫，資性聰警，州守愛之，因其父藝，以梓人名焉。及長，有雋才，且多異術，舉洪武乙丑進士，歷知登州府。有訴其家人傷於虎者，梓人命卒持牒入山捕虎，卒泣不肯行，更命他卒曰：茀焚此牒，山中虎自來。卒入山，焚其牒，火方息而虎隨至，弭首帖尾，隨行入城，觀者如堵。虎至庭下，伏不動，梓人厲聲叱杖之。尋爲部民告訐，以爲妖術惑衆，有詔逮下刑部治之。數月死獄中，棄其尸，家人發喪成服。一夜忽聞叩門聲，問爲誰，曰是梓人。家人驚以爲鬼，曰：吾實以間逃去，云死者詐也，勿疑。遂納之。梓人不自晦匿，日與故舊遊宴，或泛舟，不用篙楫，逆水而上以爲樂。里人劉氏執而縶之，白知州，朝廷命法官來州推案。未至，一日忽失所在。劉無以自明，竟坐欺罔，得重譴，而梓人自是不復見云。常自號七十一峯道人，詞翰遒逸可觀。有吳用者，藏其遊泰山歌一紙。

冷謙

傳記

王建章《歷代仙史》卷六 冷謙字啓敬，精音律，善鼓瑟，工繪畫。元末，以黄冠隱居吴山，飄然有塵外之趣。洪武初，召爲太常協律郎，考正樂器，郊廟樂章，多所撰定。嘗遇異人，傳仙術。有友貧不能自存，求濟於謙，謙曰：吾指汝一所往焉，愼勿多取。許之，乃於壁上畫一門，一鶴守之，令其友敲門，門忽自開，入其室，金寶充牣，蓋朝庭內帑也。其友恣取以出，而不覺遺其引。他日內庫失金，庫吏以聞，因據引執其人訊之，并逮謙。將至，謂拘者曰：吾死矣，願求少水以救渴。拘者以瓶汲水飲之，謙遽隱瓶中。守者懼罪，謙曰：無害，汝但携瓶至御前。守者如言，上問之，輒於瓶中奏對，上曰：汝出見朕，朕不殺汝。瓶內曰：臣有罪，不敢出。上怒，碎其瓶，呼之片片皆應，終不知所在，移檄四方物色之，亦不能得。張三丰嘗跋謙畫蓬萊仙奕圖曰：蓬萊仙奕圖者，龍陽子湘湖冷君所作也。君武陵人，字啓敬，龍陽其號也。中統初，與邢臺劉秉中仲晦，從沙門海雲。書無不讀，尤邃於易，及邵氏經世，天文地理律歷，以至衆技，多通之。至元中，秉中預中書省事，君乃棄釋從儒。遊霅川，與司戶參軍趙孟頫，於四明史衛王府，覩唐李思訓畫，頓然發之胸臆，遂效之。不月餘，其山水人物窠石等，無異將軍筆法，傳彩尤加纖細。由此以丹青名當時。於淮陽遇異人授中黄大丹，出示平叔悟眞之旨，穎然而悟。至正間，則百數歲矣。綠髮童顏，如方壯不惑之年。時值紅巾之暴，君避地金陵，日以濟人利物，方藥如神。此卷乃至元六年爲余作也。余將訪冷君於十洲三島，恐後人不知冷君胸中丘壑三昧之妙，不識奇仙異筆，混之凡流，故識此。永樂壬辰孟春三日，三丰遯老書。

趙宜真 趙元陽

傳記

王建章《歷代仙史》卷六 趙元陽名宜眞，係趙宋之後。其先家於浚，父仕元爲安福令，因居焉。自幼穎敏，好讀書。博通經史百家言，習進士業，例試入京，以病不能起，久不愈。夢神人曰：汝吾家人，何望世貴？因此從道。初從師受清微靈寶諸階雷奧，又深慕神仙出世之學，復師郡之青華山張天全。其學本龍虎山仝蓬頭，得金液內外丹訣，實本長春邱眞人之道。又師李元一，其學本乎玉蟾白眞人南派之學，蓋大道神仙之說。自重陽王眞君，傳之丹陽馬祖七眞人，道行乎中原。海蟾劉眞君，傳之紫陽張祖，道行乎南藩。師會南北之學而一之。嘗遊郡之白鶴山永興觀，乃西晉匡仙故跡，遂結茅以居。間以道法致雷雨，度精爽，無不神驗。聞者越千里從之。洪武初，挾弟子西遊湘蜀武當諸山，還歷龍虎，訪漢天師遺跡，因至贛州，愛雩都山水，遂止紫陽觀。屏棄浮世，絕慮塵囂，靖默而居，恬淡自處，尤好濟人利物，方藥治病。當代名公鉅卿，莫不尊禮。其端行雅操，偉度仙風，飄飄在人世而不可羈也。或作詩歌以自適，凡正一天心雷奧，金液還丹之旨，發揮極多。洪武壬戌正月朔旦，忽謝衆，鑰關入靜。至五月三日夏至，啓關，漱浴，更衣趺坐，書偈畢，擲筆於地。時雷電交飛，風雨晦冥，師乃翛然而逝。

婁近垣《龍虎山志》卷七　趙元陽，安福人。初習進士業，夢神語曰：汝神仙中人，何必求塵世利達。遂棄家學道龍虎山，得金蓬頭內外丹訣。洪武初，遍歷名山，還謁冲虛天師，天師禮敬之，上清學者多師事焉。後於雩都紫陽觀尸解去。詩詞若干篇行于世。

金桂馨、漆逢源《逍遥山萬壽宮志》卷五《凈明嗣教四先生傳》　父爲安福令，因家焉。眞人初穎敏，博通經史，習進士業，將赴省試，行次通州，疾大作，夢神人語之曰：女吾家人，何望世貴？詰旦，疾愈，歸告于父。從眞君受凈明忠孝道法、清微諸階雷教，間有闕文，悉加參考訂正。復師張廣濟，得長春邱眞人北派之傳。師李玄一，得紫清白眞人南派之學。至于醫術，尤所研究。嘗遊白鶴山，訪晉匡仙遺址，結茆居之，從者不遠千里雲集座下。元順帝至正十三年挾弟子遊湘蜀，歷武當，謁龍虎，冲虛天師深加禮敬，上清學者多師焉。還至贛之雩都紫陽觀，因居之，弟子益衆。有《原陽法語》行于世。由是凈明學者尊爲嗣師云。

紀事

陳教友《長春道教源流》卷七　趙元陽，名宜眞。其父仕元爲安福令，因家焉。幼穎敏，習進士業。例試入京，以病不能赴，夢神人曰：汝神仙中人，何望世貴？遂從塵外遊，師李元、張天全，結茅匡山居之。於正一、天心、雷奧、全眞、還丹之旨，多所發揮。洪武壬戌正月朔，謝衆曰：自今閉關，以還吾眞，愼無干焉。五月三日夏至啓關，漱浴更衣，趺坐呼弟子於前，書偈畢，雷電交飛，風雨晦冥，乃翛然逝。明日，縣官士庶，觀者雲集，殮時肢體屈伸，顔色如生。著有詩詞歌論若干篇。其徒甚衆，纘承道統者劉淵然一人而已。豫章書○道藏目錄載有《靈寶歸空訣》一卷，云崇文廣道純德法師教門高士原陽子趙宜眞述。又《仙傳外科秘方》十二卷，《原陽子法語》二卷，并云浚儀趙宜眞譔。蓋宜眞河南人，明初封法師者。《江西通志》云，宜眞洪武初寓雩都紫陽觀，壬戌沐浴更衣書榻上云：遁世和光了幻緣，緣消幻滅獨超然，清風偏界無遮障，赫日當空照大千。書罷倏然而逝。景泰六年，贈崇文廣道純德原陽趙眞人。

又　酥醪洞主曰：王世貞游白雲觀記云，全眞之教徧天下，蓋與元相終始，明興，而其道始小屈。以劉淵然之見崇，不能盡復其盛也。淵然爲宜眞弟子，然則宜眞、淵然，全眞派也。元時江右全眞派自張模、趙友欽後，至陳致虛而大行其學，皆兼南宗。豫章書謂宜眞通全眞還丹之旨，則亦出於張。趙宜眞又通正一天心雷奧，正一之學源於江右，且元時張宗演後裔世爲掌教，宜眞故兼習之也。然自是而北宗南宗及正一教，遂多通而爲一矣。

趙元陽 見趙宜真

張景忠 張皮雀

傳記

王建章《歷代仙史》卷六　張景忠，吳人，年十歲，洪武間隨父遵之江西參議，翛然有塵外之志。嘗潛出，經宿不返，使人覓之，見於民家，竊聽道流誦經。年十六，還吳，不肯娶，入元妙觀爲道士，更名道修，號雲峯。一日天將雨，其師胡元谷謂曰：女亟其乘屋。如其言啓瓦，見有書一帙，取視之，乃雪溪莫月鼎所傳五雷諸法也。大喜下屋，胡曰：捉得麼？對云：已得之矣。自此遂落魄不羈，丰神高朗，常手持皮雀，引兒童戲，人遂以張皮雀呼之，名籍籍聞吳楚間。有富商延主醮事，張應命而往，至則惟索酒肉啖飲，已而大醉，席地卧。諸黃冠乃焚奏章，張久而始醒曰：章中第幾行，失落某字，幾行差錯某字，此豈敬天之道。問章何在，張乃出諸袖中。衆諦視之，則所焚之章也。諸黃冠相顧錯愕，皆下拜。平日戲賣風雲雷雨，出則兒童牽衣執袂隨之。如賣雷，則書一符於瓦片，以法水噀之，令人持去，擲於空野，有聲如雷。或風或雨，各隨所買而與之。夏日偕友他往，友以烈日難行，張曰無傷，自有傘，問傘何在，曰：試行，自有之。友不信，挽之行，見天際黑雲一點，隨其所行而蔽日色，一如傘蓋。正統庚申四月，無疾而終，年六十一。

顧沅《元妙觀志》卷三　張景忠，俗稱張皮雀，後更名道修，別號雲峯，長洲人。父遵，洪武中江西參議，攜景忠以隨。景忠年才十餘，翛然有塵外之志。常潛出，經宿不返，母夫人使人覓之，見一民家延道流誦經，景忠從旁竊聽，若有得者。夫人異焉。年十六，還吳，時求道之志愈堅，遂不肯娶，入元妙觀，禮胡元谷俗稱胡風子爲師。胡蓋得雪溪莫月鼎之傳，然祕其術，不肯授人。景忠事之甚謹，一日天將雨，胡呼謂曰：汝亟其乘屋。如其言，啓瓦，有書一帙，取視之，乃月鼎五雷諸法也。大喜而下，胡復謂云，捉得麼，云已得之矣。由是景忠之名，籍籍聞吳楚間。宣德八年夏，常州不雨，苗將槁，江陰大家周氏懇請景忠往而頗有怠意，景忠登壇怒甚，命雷神擊碎大樹凡二，周氏之廩悉爲雷火所焚，粟無粒存，已而黑雲蔽天，又有龍見凡四，雨下如注，觀者莫不股栗。十年乙卯，崑山不雨，縣尹某延景忠致禱，景忠約三日雨，雨果如期而至，田疇沾足。尹酬以金帛，尊師麾之去。尹爲塑其像以遺焉。景忠風神高朗，梳兩髽髻，著青布袍。每天日晴美，行市井間，人招之不至，或不招自至，唯聞人之患則猶己之患。朱明寺橋有戴翁者，以鬻雞爲業，子忽遘疾譫語，不省人事，延景忠治之。景忠入其門，求棒就牀次連擊千下，子病遂瘥。槐市里馬氏婦，一日自外歸，爲祟所憑狂叫欲走，見景忠來，即俯伏於地，甦而如故。憩橋巷丁某女，病傷寒，諸藥莫療，請景忠至，索酒痛飲杯行無算，灦行，告之曰：勿藥，至五更愈矣。既而果然。蓋景忠之神如此。景忠年六十一，以正統庚申四月無疾而歿。歿後一月，有人見於吳江之長橋者，或疑其爲尸解云。

紀　事

顧沅《元妙觀志》卷一一　張皮雀者，名道修。少從其父參議江西時，每聞道院鐘鼓笙磬音，趣往觀焉。父不能禁。後還吳中爲道士，師事胡風子，胡風子師事莫月鼎，居元妙觀，弟子甚衆。欲密授道修，以書置屋上覆瓦中，呼道修曰，天將雨，亟升屋敗隙補之，道修如其往，胡曰得乎？道修應曰得之矣。如是始得祕訣，驅風雷如神。嘗懷一皮雀，好飲酒，食狗肉，嘗有病瘧者求治，會方啖狗肉，遂以汁濡作符以授之，曰：謹握之，及家而始啓。其人易之曰，何物能治疾耶。中途竊視之，忽有神人怒撻之幾絕。一日行道中，見一人，責之曰：汝婦將死，盍返視耶？入寢中，婦果自縊，忽絕而甦。天亢旱，太守朱勝求禱，道修曰：儒輩每毀我，欲雨，設壇於學宮。太守不可，然不得已，遂強設於里塾。又令黃冠輿之以行命，置水於兩廡間，呼羣兒侍諧笑滿前，每作符，遣一兒投水中，其上滃合，雷電轟烈，大雨如注。道修大呼曰：請誅貪吏。諸吏跪伏，莫敢仰視。良久曰：沾足乎？衆曰然。雨乃止。江陰旱，富民周氏請禱，道修往視，囷廩甚侈，怒曰：彼固求福已耳。且爲之禱，雷雨大作。道修曰：彼爲富不仁，請焚其廩。火燒其廬，焚之幾盡。吳江旱，王道會者禱之，雨已作，道修曰：王道會亦禱雨乎，今日邂逅誠幸，相角法術如何？衆歡然建兩壇，道修謂道會曰：左右何居？道會歡東郊已雲，遂即左，道修在右，少頃雲歸於西，東望皎然，雨忽大注，道會大慚。神驗甚衆，不可測也。居常忤兒意，每受撻，不走但呼：大宿世，大宿世。以壽終，翌旦人於松陵長橋上見之。《異林》

張皮雀，蘇衛人，嘗從胡風子游。胡術奇妙，日賣雷於市，市童畀一錢，令朱書雷字於童掌，令握固，稍縱雷即應聲張。從之久，胡悉以術授之。張貧無完衣，亦頗顛騃，袖有皮雀，時作聲出，則羣兒相逐。宣德癸丑大旱，郡守況鍾延張結壇于義役倉，張索酒數十瓶，飲盡鼾卧。天無纖翳，衆譁欲散。張欠伸索鏡，鏡至，以墨塗鏡，而虛其中，天亦黑雲四布，惟中天露日。張謂守曰：是無難，俾道官塗之。守懇請張握筆一塗滿鏡，雲亦忽合，雷擊霆飛雨如建瓴。踰時，守焚香告足，贈以厚幣，不納。張購沉香，自刻小像甚肖，刻畢而殂，像今尙存。後數月，杭州遣使來取天蓬尺，謂張在祈雨，家人以死告，使遽還，已得雨矣，蓋尸解云。蓬軒吳記

張皮雀既得胡風子術，日賣掌心雷。里中羣兒，每以一錢與之，便以硃書雷字於其掌心，兒趨鬧市中，揚言曰：雷來矣，雷來矣。舒掌即作殷殷聲，騰於空中，市人仰觀天，無不駭異，久之漸漸而止。

一日，張皮雀行元妙觀門外，見洗白家曝衣帛在市，呼之曰：責茶

來喫。其人不應，便書一符吹去西北角，驟雨如傾，點污衣帛，使其家明日重洗。

張皮雀嘗與諸少年戲賭，同看市行女子足之大小。就地拾一莖稻草，横置之，女子行者，跨視爲溝，競褰裳而跨之。又戲謂少年曰：吾欲此女憑肩而行，何如？復擲莖草於地，便舉手憑之，問人何故，向憑道士肩答曰：吾自不知何故也，見大溝，溝旁有枯樹，便憑之而過矣。

張皮雀好飲酒，食狗肉。適民家建醮，衆道士飛章告元，向空上焚，只候皮雀登壇，皮雀大醉而至，謂衆道士曰：速收醮筵，雷火且至，緣所上之章有字失體，復草書，上帝大怒，咸被棄擲，且命火部譴其不敬矣。衆道士云：未嘗誤也。皮雀忽於袖中出所焚之章示之，宛然淨本，封題印署如故，字誤書草一符其言。有頃，雷電駭空，自北而至，飛火環其廬，焚燒盡矣。

張皮雀嘗蓄一雞於元壇祠下，皮雀出門，謂元壇神曰：豁子照管家畜，莫被人攘去也。鎖其門，以鑰掛門上而出。里中無賴少年闞之便竊啟視，攘雞在抱，欲出不能，但於庭際旋繞，左衝右突而已。伺皮雀歸，哀鳴祈之，笑釋去。人問少年，汝既少年，何以不走？答曰：身如被擊，欲逃不得。後遂莫敢犯焉。上五條檜園

張皮雀手持皮雀兒，引羣兒童爲戲，恆有數十隨之，亦能青天鼓雷，人觀其裸童身也。

張皮雀 見張景忠

周元真

傳記

王建章《歷代仙史》卷六 周元眞字元初，世居嘉禾，後遷姑蘇。八歲而孤，獨隨母居。踰四年，忽有龐眉翁，類道人劍客者過之，謂元初精神溢目，不類塵中人。製道家冠服被之，元初亦自喜。又二年，上眞道院施如意囊，囊貯諸物，集四方人，使探鈎取之。元初視曰：我誠探得第一，即離俗無疑。已而果然。乃走嘉禾紫虛觀，從李拱瑞爲道士。受劾召鬼神之術，尋又受靈寶大法於步宗浩，宗浩即莫洞乙第三傳法孫也。遂以道術顯名，驅召如神。會吳越被兵，游魂出爲厲，元初建壇陳醮，白鶴五十四翔壇上，久而後去。又沈實母歿，痛念勿置，聘元初修祠事，問曰：君能致吾母魂魄乎？曰可。即剪紙爲旌，令童子執之，元初左右顧眄，作叱嘯聲，旌重壓地，母降於童，聲音威儀如平生，實與家人，環之以泣。洪武庚戌，上欲問鬼神情狀於道家者流，嗣天師張與元初皆被召，賜宴於光祿寺，從容問雷霆所以神之故，元初對曰：天地之間，無踰陰陽，因其運轉，故有神。神與人合者也，天人相孚，本同一理爾。上悅。元初爲人，多內功，兼好澤物。葑門石橋，費將巨萬，元初談笑成之。初主丹霞道院，重新其祠廟。繼住常熟致道觀，觀有丹井蕪沒，元初重甃之，建亭覆其上。嘗搆來鶴軒於丹霞茂林間，披鶴氅衣，執黃庭經一卷，焚香默坐，人稱之爲鶴林高士云。太史公宋濂曰：予遊江南，見元初鳳凰臺上，方瞳灼然，長眉聳然，傲視於萬物之表，竊意緱山仙人乘鶴吹笙而下也。亟往叩長生久視之要，元初乃言曰：混沌之時，一炁孔神，無形與聲。入之無門，子盍索於呼吸之根乎。其體中虛，元象之初，不依物以居，枝扶而葉疎，能黜其知，守其愚，則羣陰盡消，而純陽獨舒矣。子盍慎諸。予敬其言，而未之能行也。元初孝於親，一日不見，輒懸懸如饑，欲欲然若有所疑。經曰：孝弟之至，通於神明。然則元初之所以能役使鬼神者，其繫於是與？

宋濂《周尊師傳略》（《金陵玄觀志》卷一） 周尊師名玄眞，字玄初，世居嘉禾，後遷於姑蘇，受靈寶大法於曹桂孫。會吳越被兵，游魂出爲厲，玄初建壇陳醮祠，白鶴五十，回翔壇上，久而後去，及浮河爇燈，二燈高起懸柳枝，人驚以爲神功。萬夫長沈實母歿，痛念之弗置，聘玄初修祠事。實因問曰：君能致吾母魂魄乎？曰可。即剪紙爲旌，令童子執之，玄初左右顧眄，作叱嘯聲，旌重將壓地，母降於童，音聲威儀如平生，實與家人環之以泣。洪武戊申，京師旱，夏五月至於秋七月不雨，太

師李韓公方秉鈞軸承命左司郎中劉允中迎玄初致雨。是月庚寅，設雷壇於冶城山，研朱書鐵符投揚子江中，波濤遽興。玄初夜坐斗下，存神窈冥，霓光燁燁，遶身達旦。辛卯，玄初握劍上壇，召風師霆伯誓之，俄陰雲蔽空，大風拔木，雨降如翻盆。韓公曰：此法師雨也。玄初曰：未也，明日辰時再降雨，乃足爾。至期復果然有黑龍蜿蜒見西方，迨午始霽。韓公以幣贈，玄初弗受，竟拂袖東歸。朝紳嘉之，以文辭道其功者，不可悉數。明年庚戌，上欲問鬼神情狀於道家者流，嗣天師張眞人與玄初皆被召，賜宴於光祿寺，禮遣其還。又明年辛亥秋九月己卯，上召玄初至京，見於武樓，從容賜坐，訪雷霆所以神之故。玄初對曰：天地之間，無踰陰陽者，因其運轉，故有神，神與人合者也。雷非人無以知雷之天，人非雷無以知人之天，天人相孚，本同一理爾。上悅。今年壬子春三月不雨，中書右丞相汪公命玄初致禱，仍於冶城山建壇，其應如初。太史公曰：予游江南，見玄初鳳凰亭上，方瞳燁然，長眉聳然，傲睨於萬物之表，竊意緱山仙人乘鶴吹笙而徠下也。亟往叩長生久視之要，玄初乃言曰：混沌之時，一氣孔神，無形與聲，入之無門，子盍索於呼吸之根乎。其體中虛，玄象之初，不依物以居，枝扶而葉疎，能黜其知，守其愚，則群陰盡銷，而純陽獨舒矣，子盍愼諸。予敬受之以還，而未之能行也。然而玄初之役使鬼神者，其能幹天樞道之樞歟？抑玄初孝於親，一日不見輒懸懸如饑，欲欲然若有所疑，經曰孝弟之至，通於神明，玄初所以能變化者，其或有繫於是歟？非歟？

紀事

吳履《周提點鶴林序》（《元妙觀志》卷八）　吳郡有方士曰周元初者，自幼慕道，性虛恬淡寡欲，始禮元妙觀某人爲師。讀道德、南華二經，會其指趣，習九轉九候丹訣，時與人治患，多有痊者。洪武初，以高道舉至京師，蒙授神樂觀都提點職。居無何，奉命祈雪應。後歲旱，命禱雨又應。由是名播遠近，凡所見聞，莫不加敬焉。未幾，以親老歸吳侍奉，甘旨之奉，未嘗稍怠。今年春，履集羽士修醮儀，素聞其譽，奉瓣香請典其事。觀其莊敬嚴肅，導達羣賢，進退俯仰，洋洋乎如有臨者。翌午，以其術召至七鶴一鸞，翚飛繞壇盤旋之久而後去。又有葷穢觸犯戒壇者，俄仆於地，禱而復醒，時人益驚異之。元初不以功自居，而以齋主虔誠之所致。因請識其事。余嘗少閱《漢書・藝文志》，所載方士禱祠祈雨止雨之術，其來久矣。與夫近代方士，往往祈雨雪，交神明，除邪治病，其感通捷于影響，傳記所傳，不可誣也。試嘗論之，葆眞之士由其得道術之祕，旋斡陰陽，能致此歟。抑其秉心塞淵，格于神明，而致此歟，意者或又有一道歟。今周元初疇昔祈雨雪之應，與夫今日鸞鶴之徵，特其誠之一效歟。至若清其心，安其魂，存一氣于中，夜而虛待於無爲之先者，則元初之所獨得而非他人之所知也。異日羽化神遊，則當索之閬風之上矣，竊有望焉，因書以贈。時洪武己巳夏四月上澣。

顧沅《元妙觀志》卷三　周元眞，字元初，嘉興人。年十二，入紫虛觀，從李太無爲道士。太無，杜道堅弟子也。至正戊子，來居葑門外報恩道院，能以符篆召鶴，名所居爲來鶴軒，自號鶴林先生。雖身寓方外，事母至孝。其學受靈寶經法於曹谷神，又因顧養浩，受五雷祕文於步宗浩。洪武戊申，京師大旱，太師李韓公善長迎元眞致雨有應。庚戌，上欲問鬼神情狀，嗣天師、元眞同被召賜宴。又明年，上召問雷霆所以神之故，對曰：天地之間，陰陽運轉，故有神，神與人合者也。雷非人無以知元之天，人非雷無以知人之天，天人相孚，同一理爾。上悅。壬子三月不雨，右丞相汪廣洋命元眞致禱，其應如初。乙卯又旱，元眞禱亦應。冬無雪，復命元眞祈之。己未，授領神樂觀事。元眞平日亦好興建利物，嘗造安里橋，重構報恩道院，修致道觀丹井。卒葬於莫月鼎墓次。

雜録

顧沅《元妙觀志》卷一一　元初名元眞，嘉禾人，後遷姑蘇。年十餘歲時，忽有龐眉翁類道人劍客者過之，愛元初精神溢目，不類塵中人，製道家冠服被之，元初果喜。又二年，會上眞道院施如意囊囊貯諸物，集四方人，使探鉤取之。元初欣然仰天祝曰，我誠探得第一，即離俗無疑。已而果然。乃走嘉禾紫虛觀，從李拱端爲道士。拱端，南谷杜眞人高弟，以道行聞。既得元初，授以劾召鬼神之術，尋復受靈寶大法於曹桂孫。會吳越被兵，游魂出爲厲，元初建壇陳醮詞，白鶴五十四翔壇上，久而後去。萬夫長沈實母歿，痛念之不置，聘元初修祀事，實因問曰：聞君能召鶴，有諸？元初曰然。趣神要之素羽，翩翩自空而來，凡四十有二，若果屬其指呼者。實喜，因復問曰：君能致吾母魂魄乎？曰可。即剪紙爲旌，令童子執之，元初左右顧視，作叱嘯聲，旌重將壓地，母降於童，音聲威儀如生平，實與家人環之以泣。子陽子詩中所稱「覽茲孝子誠，赴此仙人招，阿母鍊魂仙，高超謝塵囂」等語，皆道其實也。元初先主丹霞道院，嘗一新其祠廟。繼住持常熟致道觀，觀有丹井，元初求得之重甃，以甓作亭覆其上。蓋其在虞山實久，故應眞有詩云云。《當恕軒偶筆》

鄧青陽

傳記

王槩《大嶽太和山紀略》卷四　鄧青陽，生於元季，來武當，從高士學黃老莊列、周易、龍虎大丹諸書，精思熟鍊，深得其奧。遊武林，有「忘情消白日，高卧看青山」之句，所著觀物吟，又曰警世文。洪武初，吳中人多有識之者，後不知所終。

彭通微

傳記

陳教友《長春道教源流》卷七　彭通微，原名宏大，號素雲，河南汝陽人。母夢一黃冠授大桃，食之而有娠。大德十一年二月十五日生，年十二事劉月淵爲師。至正四年，游武當山，時太和張眞人主紫霄宮。素雲服勞執役三年，得眞人授煉氣棲神之旨。訪終南，走蜀土青城，入閩登武夷，凡古仙過化處，歷覽殆遍。東浮浙水，陟天目，至松江，擇勝棲止。明洪武十四年，始至細林山，結茅居之。初太和眞人授記曰逢辰即棲，且曰雲間有福地，即此山也。山舊有泉久涸，一日雷擊石罅，遂成一井。明太祖徧求天下高人，有司以聞。二十七年秋八月二十一日清旦，啓關沐浴，更衣趺坐，語徒輩曰：我將返我眞。又曰：九天之上，無不忠不孝神仙，今人人倫未盡，欲修仙佛，蒸砂作飯，豈不遠哉。乃舉筆書偈曰：「九十韶光一度春，由來幻法已非眞。玉音謾說追空想，金紫羞將潤色身。已見聖朝新態度，休疑海外舊風塵。於今解脫縈纏去，萬仞峯頭月一輪。」書畢，問左右曰：何時？曰：正中。遂翛然而逝。是歲十月，太祖命中使鄭誠恩入山宣召，以羽化聞。越月，復遣中使入山，啓龕視之，正身不倚，長爪遶身。命有司甃以甎石，繚以垣牆，賜號明眞子。相傳其爪乘風化爲金蛇，似蜥蜴而無足，長三四寸，今辰山猶有之，取置器中，俄失所在。《松江府志》〇元王逢《梧溪集》云，彭素雲中州人，郭梅巖西江人，竝學全眞，有道行。贈詩云：彭郭上清班，相望高世間。木龕雙石壁，棱層萬雲山。軒冕泥塗底，詩書桎梏間。鄉園數形夢，欲借羽車還。此彭素雲即通微，郭梅巖未詳。

單道安

傳記

陳教友《長春道教源流》卷七　單道安，均州人。從南巖張眞人學，精究道法，執弟子禮，懃慤弗怠。眞人昇舉之後，潛藏於疊字峯，屏絕人事，虔奉玄帝香火。洪武初，遊西華、終南諸山，仍居重陽萬壽宮。一日，以所授玄祕付與門人而去。弟子李素希攜冠履瘞於五華仙塋。《武當山志》。

李素希

傳記

陳教友《長春道教源流》卷七 李素希，字幽巖，號明始，洛陽人，元末棄家來遊武當。洪武初，住持五龍宮，後退隱於自然庵。含光守默，不與人接。永樂三年，榔梅結實，遣道士易本中上貢，詔命道士萬道遠賫勅賜以表裏鈔錠。四年，榔梅仍實，復遣道士呂正中上進，賜賚如前。是年，詣朝謝恩，賜坐便殿，諮以理國治身之道，惟以道德奏對。上說，禮待甚厚，賜還本山。永樂十年，敕遣大臣創建宮觀三十餘處，經營之始，訪古跡舊規，皆一一陳之。常以手加額，願皇圖萬歲，天下太平。永樂十九年六月初五日，屬門徒各宜精修學道，今教門大興，吾去無憾矣。語畢端坐瞑目，壽九十三。時戶部主事王和在焉。翌日焚化，骨齒皆青，人皆傳其爲仙矣。冠劍藏於黑虎澗上。《武當山志》〇國朝宋犖《筠廊偶筆》：榔梅，榔木梅實，相傳眞武折梅枝插榔樹而成。道士每歲采而蜜煎，充貢獻焉。

周自然

傳記

陳教友《長春道教源流》卷七 周自然，金臺人。自幼入全眞教，及長，遊於四方，以道化俗，以藥濟人。洪武初，來往武當五龍行宮，居民以其道明藥效，咸敬慕之。年將耄耋，貌若童穉。一日，以所藏道書醫衛付與門弟子曰：吾當委順去矣。翌日，沐浴更衣而逝。葬於桃源洞。《武當山志》。

李德囦

傳記

陳教友《長春道教源流》卷七 李德囦，號古巖，金臺人。自幼入陝西重陽萬壽宮出家，道德、南華、三教經書，得其要旨。壯年遊武當於紫霄宮，禮高士曾仁智爲師，授以精微雷法，明先天之理，知體用之源，徙居元和觀。洪武二十三年，湘王來謁武當，嘉其有修煉之功，賜住荊州府長春觀。一日謂人曰，吾將返矣，作頌示之曰：八十餘年光陰，不染不著分毫，大笑呵呵歸去，一輪明月天高。王聞之，嗟悼不已，贈曰：爾本無生，何期云沒，拂袖三山，金宮銀闕，唉，今日大地，光明萬里，秋天明月。遣官葬於元和觀之東。《武當山志》。

又 酥醪洞主曰：全眞之教行於北方，其始至南方者，武當一派也。惟當世祖平宋時，遣使召龍虎山三十六代天師張宗演，命主領江南道教，終元之世，江南掌教皆其後裔，而張留孫、吳全節復更迭爲大宗師，故武當全眞一派，亦不得不修正一、清微之法，蓋其勢然也。然觀張道貴至李德囦諸人，考其功行，尚不失全眞本旨。而張守清弟子且遞傳於兩湖江浙間，蓋自是而大江以南，全眞教幾徧及之矣。

邱玄清

傳記

陳教友《長春道教源流》卷七 全眞道人邱玄清，富平人。初從黃得禎出家，洪武初來遊武當，禮張三丰眞仙。三丰曰：山當大顯，無幾何時矣。因結三菴，命弟子分居之。曰五龍菴，命玄清居之，曰南巖菴，命盧秋雲居之，曰紫霄菴，命劉古泉、楊善澄居之，而自結菴，以奉玄帝。後有司以玄清賢，薦於朝，授監察御史，轉太常卿。每遇大祀天地，上宿齋宮，諮以雨暘事，奏對有驗，上深敬焉。公餘黃庭、道德不輟於口。上嘗賜以媛女，固辭不受，益重之。及成祖靖難，玄帝屢示靈助，遂大立宫觀於武當，名其山曰太和，所建地即玄清輩菴居，而三丰所結菴，成祖大之曰玉虛宮，前言遂驗。玄清後隨成祖北遷。一夕謂門徒曰，明日乃吾歸辰，至期端坐而逝。明沈德符《野獲編》，何喬遠《名山藏》，參《襄陽府志》、《陝西通志》。〇《野獲編》稱，太祖以二宫人賜之，邱度不能辭，遂自宫。今觀其遺像，儼然媼也。《陝西通志》稱其賜媛固辭，當即一事。

王槩《大嶽太和山紀略》卷四　邱元清，西安富平人。幼從黃得真出家，洪武初遊武當，爲五龍住持。有司以賢才薦，授監察御史不受，轉太常卿。每遇大祀，上宿齋宫，諮以雨暘，奏對有驗。公餘黃庭、道德不輟於口，間則凝神坐忘。一夕，謂門徒曰：明日乃吾歸辰。至期端坐而逝，壽六十七。朝廷遣禮部侍郎張智諭祭，還葬五龍宫黑虎澗之上。

盧秋雲

傳記

陳教友《長春道教源流》卷七　盧秋雲，光化人。初從終南重陽萬壽宫高士遊，悟全真之理。後師張三丰爲弟子，隱南巖之巔。永樂八年，無疾而化。《名山藏》，參《武當山志》。〇志又云：劉古泉，河南人，有躡景凌虛之志，入寶珠巖下，常蒲團獨坐。一旦，告其友楊善澄曰：吾今解帶，正在此時。語畢而逝。又云：楊善澄，太行山西人，夙有道契，與劉古泉爲友，人並敬之。楊劉二人，志不言何派，然與邱玄清、盧秋雲同爲三丰弟子，亦全眞教也。

鄧羽

傳記

陳教友《長春道教源流》卷七　鄧羽，南海人。明初青陽令，後爲道士，隱武當之南巖。永樂中，不知所往，人以爲仙去。有觀物吟一卷。國朝錢謙益《列朝詩集》〇《武當山志》云：鄧青陽，南巖道士，生於元季，資穎過人，不屑與儕俗伍。早來武當，從高士學黃老莊列龍虎大丹諸書，深得其奧。凡所寓興，吐詞發語，皆有激發。遊武林，有「忘情消白日，高卧看青山」之句。所著觀物吟又曰警世文。洪武初，吳中多有識之者。按即此鄧羽亦全眞派道士也。

蒲善淵

傳記

陳教友《長春道教源流》卷七　蒲善淵，關西人，從邱玄清學莊列之道。洪武十五年，除均州道正。永樂間，奉使四方，諮訪賢達，後於章貢元妙觀無疾而化，葬於黑虎澗之上。《武當山志》。

王宗道

傳記

陳教友《長春道教源流》卷七　王宗道，字景雲，一字景仙，淮安人。與雲水道士何無垢者居數年，遊嵩華。一日，獨坐菴前，忽一道士負笠露髻，麻衣策杖，自東南來，長揖就坐。景雲與語，略露半指，曰：得非三丰先生乎？道士曰：子非景雲乎？驚且喜，拜執弟子禮。道士曰無以爲也，既授以導引嚥漱秘術，教以步虚洞微之辭，遊戲市肆，士大夫多延致之，題詩飲酒，竟日不辭。因言山行，欲得獐皮製裙，汝爲我募，景雲歸，具飯飯道士，遂失所在。尋至海上，西經徐汴、雒陽、嵩華、終南、太白諸山，將往游青城，復相遇於漢武臨軒之所，因諭之曰：汝子在泮，待其成名，相會未晚。言訖，授笠杖而別，洪武壬申年也。永樂改元，景雲子孚任給事中。越三年，成祖思見三丰，國子助教王達善言景雲亦與往來，成祖召見，給全眞牒，賜金冠鶴氅，使奉書若香，徧入名山，求之十年不得。《名山藏・方外記》。

又 酥醪洞主曰：自張三丰至王宗道諸人，亦武當全眞派，然其所學，不兼正一，蓋親炙三丰，傳授者正也。

吳守一

傳記

陳教友《長春道教源流》卷七 吳守一，蘭陵人。早爲黄冠師，後從淵然劉眞人，授以鍊度秘術。入琅邪神峯山之陽，棲霞辟穀有年。忽有道士入菴，與語須臾，袖中出茶一包，遂烹與共啜。出戶少頃，道士不見。年逾九十，鶴髮童顏，羽化之夕，奇香滿室，白鶴繞空者移日。《山東通志》。

守法真人

傳記

陳教友《長春道教源流》卷七 守法眞人，字浩然，嘉定人。父名海，太常丞。守法生有骨相，始學易，爲儒生。常因病，適一黄冠至識之，遂勸之入道，且曰：從吾言，疾即愈，後當大振玄門。從之，疾果平。已而從應元孫眞人學，又學於通妙邵眞人，盡得其術。尋以龍虎山張眞人薦，住持東嶽廟。未幾，奉詔偕天下高道校道藏經，因禮部尚書胡濙薦，擢神樂觀提點。天順丁丑，擢道錄司左演法，兼朝天宫住持。癸巳，遷左正一。明年，封玄志守靜清虚高士，尋封冲虚靜默悟法從道凝誠衍範顯教眞人，賜誥命銀印，并封贈其父母。弘治改元，授左正一，命掌道錄事。踰三年卒。守法性質直謹厚，尤以謙約自守，頗精於術，而尤本之以誠意，以故用之有驗。成化間大旱，命禱雨，雨隨至。明秋又旱，禱亦應。又明年旱，禱不應。守法篆符於鐵，授中貴，往投西湖之龍潭，頃之西南雲起，如鳥駐潭上，俄見青蛇長數尺，盤旋久之。中貴未入城，雷雨大至。上益喜，賜第居之。一日召入便殿，詢以天人感應之理，對曰：惟德動天，至誠感神，此外無他道也。上深然之，聞者服其正對。《續文獻通考》。

又 酥醪洞主曰：自趙宜眞至守法眞人，遞相傳授，皆全眞派也。然兼習南宗及正一之學。

黎一泉

傳記

王槩《大嶽太和山紀略》卷四　黎一泉，本州人。幼出家於紫霄宫。元末遊江右諸名山，訪道尋師，杖履瓢笠，放浪形骸之外。再謁毛公壇、張公洞，得林屋洞天王無僞授以太極上道，清微底妙，仍歸紫霄崖。年八十一，翛然蜕去。

孫碧雲

傳記

王槩《大嶽太和山紀略》卷四　孫碧雲，關西人。幼入西嶽華山。洪武二十七年，徵至京，賜衲衣齋供，館於朝天宫。明年，賜還華山。永樂十年，復召至京，賜詩一章，號虚元子，勅授道錄司右正一，又勅授南巖宫住持。十五年，忽謂門人曰：教門已興，吾將往矣。翼日，沐浴更衣，遙空禮謝而逝。葬於檜林庵，有《碧雲集》行世。

簡中陽

傳記

王槩《大嶽太和山紀略》卷四　簡中陽，字欽和，武昌人，得異人授以中黄上道、清微秘法。洪武辛未，來武當，居紫霄之巔，辟穀坐忘。永樂丙戌，召見問元帝昇眞事蹟，一一奏陳，賜以祠部護身符牒。還山後隱於福地峯，杜門守静。告門徒曰：吾將謝世矣。語畢端坐而去，印劍藏於紫霄之西龕。

任自垣

傳記

王槩《大嶽太和山紀略》卷四　任自垣，幼穎悟，讀書曉大義。出家三茅山元符萬寧宫，遂知名。永樂十一年，選授太和山玉虚宫提點。宣德三年，陞太常寺寺丞，提調本山。所著有《太和山志》行於世。宣德五年，以壽終，還葬句容。

楊理信

傳記

劉名瑞《南無道派宗譜・南無派第五代》 楊大眞人字達修，號歸源子。生於大明太祖洪武乙丑十八年五月十四日聖降，係山東萊州府移居泰安州蒙陰縣人氏。中年守業，經營碌碌，識幻因悟蟬蛾之化，漸生異念。至春得一友人付與金丹難問一書，類搜秘語，朝夕再再誓盟，感遇恩師香林觀中，以金丹口訣盡示施之。至四十一歲，從師皈道。以至道授與玄宗。七月十三日飛昇。繼師遺云：乾陽蠖過一陰生，姤卦丙午有鸞鳴。柳星張宿須沐浴，嘖嘖勿驚自然程。二陰物降意思迴，不可速下矚林中。景現一路華似月，扶助先天照內行。

胡玄宗

傳記

劉名瑞《南無道派宗譜・南無派第六代》 胡大眞人字範賓，號昭元子，生於明太祖洪武丁丑年三十年三月初七日聖降，係直隸順德府邯鄲縣黃粱仙蹟人氏。幻精地理經術，中年立儒肄，會三家之一覽，方明心性，而弗離于命。亦至青城，感遇恩師河神廟中，以至道並口訣盡慈付之。嗣以至道授與微善。正月十九日飛昇。繼師遺云：遁入鵲橋腭舐嚴，㚇送含光倒捲簾。緊防滑石行跌路，碧眼胡僧手托天。穿咽任中刻刻瀝，大小到此一般溥。雖然氣弱未成粒，寄信爲作不可偏。

張元吉

傳記

張正常《漢天師世家》卷四 四十六代天師，諱元吉，字孟陽，別號太和。滄然之孫，贈寂靜眞人子也。母玄君高氏，夢長庚星如虹，下流化爲白鳳，集於懷。及覺，光猶滿室，感而有娠。乙卯春正月九日生，時有靈芝出東柱礎下。自幼明敏絕人，凡祖秘儒書，一覽輒了。喜爲詩詞，然所發皆非塵世語，讀者莫不奇之。正統乙丑冬，赴闕，時年甫十一，上見之，愛其岐嶷如成人，召入內庭，命坐賜茶，錫誥授正一嗣教沖虛守素紹祖崇法眞人，領道教事，厚賜而還。丙演冬，召見於仁智殿，命書趙天君符，恍惚有神虎哮吼之聲，上驚異嘉嘆，賜冠服圭珮及金幣之屬，誥贈父留綱爲正一嗣教崇玄養素寂靜眞人，封母高氏爲慈惠靜淑玄君。丁卯，上念其幼孤，賜勑諭禁治族屬侵侮之輩，更授贊教掌書等官輔之。戊辰，上御大善殿召對稱旨，有萃寶冠金文服之賜。己巳正朔，命分獻星辰壇。三月，辭歸，諭留之。夏六月，雷撤謹身殿，瓦擊蚩吻，雨浹旬不止。召問以愼起居，戒邊防爲對。命建祈晴醮，於朝天宮，檄召雷神。有巨鷹藍距赤翅，挾大風而唳蓬萊門，攫檄排雲而上，觀者駭然色變，應時天朗氣清。祠官聞上喜愕交至，賜賚有加。秋七月，上北狩，皇后命建保安醮於內庭。景泰改元，秋八月景皇帝召入覲，顧問者再，命建保鎭國祚醮於大德觀，有天花雲鶴之瑞，降勑褒嘉。明年二月，給部牒一千，度羽士。壬申冬，命醮於內庭，禮成，賜燕仁智殿。癸酉春，命分獻風雲雷雨壇醮於朝天宮。乙亥春，上御文華殿召見，問諸雷秘法，命作符，大悅曰：神明之冑，代不乏人，可謂善繼矣。當時以爲榮。四月，命建金籙黃籙二大齋於靈濟宮，有卿雲覆壇，五色盤旋如車蓋，鸞鶴羣至，聚觀者數萬人。祠官以聞，上嘉錫誥，加封爲正一嗣教沖虛守素紹祖崇法安恬樂靜玄同大眞人，掌天下道教事，賜玉冠圭珮衣履之屬，特命尙方良治作法劍一口賜之，遣中使護送還山。天順元年，英宗睿皇帝復位。二月入賀，命建祈謝醮於內庭，寵賚逾厚。七月，頒勑申禁僞出符籙及族屬欺凌者。己卯冬，入覲，賜燕內庭，再命傳太上延禧諸秘籙。庚辰春，命陪祀天壇，上御齋宮垂清，問對稱旨，賜金練衣錫誥，加封母高氏爲太玄君。辛巳四月，上遣使賫勑詣山，召赴闕，俾醮於大內玄天祠，有異兆。七月，祝融扇燄於承天門，命就朝天宮建祈謝禳熒醮。七日，致感河伯驅波御溝驟溢，上嘉獎深至，賜以冠服劍器，及從行弟子，賞賚有差。復召對奏，乞大赦天下。明年三月，陛辭而還抵潞河，上遣錦衣衛百戶劉昇，令以原給驛券，外加賜馬快船追送之。甲申春入朝，上登寶座，輒有影響，命書符劾之。明旦，有異鳥斃於氈裀之下，命中官錢義率旗校舁出朝天宮，火裂之，響遂息。上嘗睡覺，足隱隱痛要忍亟，燭之，有黑痕，似人指點狀。遣內使傳旨諭，乃進符水滌之，痕退患愈。未幾，上御奉天殿，聞空中有如木石墜壓之聲，天衷悚懼，命醮禳謝。是夕，其聲寂然，尤加禮重，錫誥加封爲正一嗣教體玄悟法淵默靜虛闡道弘化妙應大眞人，掌天下道教事，加封慈惠靜淑太玄君母高氏爲慈和端惠貞淑太玄君，厚賜還山。憲宗純皇帝即位，成化元年九月入賀，賜燕於文華殿。明年正月，上遣中官齎賜天廐良馬，及文錦、朱舄、黃封、上罇、番果、海魚等物爲壽。翌日，入謝，仍賜燕內庭。十一日，命分獻風雲雷雨壇。二月，命建昇眞醮於大德觀，賜勑申禁族屬侵犯及諸人僞造符籙，并授贊教掌書等官，助理玄政。丁亥秋，入朝，召見於大善殿，命以祖傳印劍進覽。上回重瞳久之，嘆曰：物之珍毖，果有神靈。賜燕而出。十一月上復御大善殿召對，聖語勉以護國安民，更給正一嗣教大眞人府金印，又加賜玉印各一顆，御書大眞人府四字，命梓縣於府第閥額，三錫恩綸，加封爲正一嗣教體玄崇默悟法通眞闡道弘化輔德佑聖妙應大眞人，掌天下道教事。仍遣中官秦勤齎，賜蟒衣玉帶冠履劍器圭珮之屬，寵賚獨盛，朝野榮之。己丑冬，召見，命建金籙醮於朝天宮。辭歸出遊，歷登名嶽，探仙人舊隱之跡。去六載方還，徑抵龍虎岳下，結茅却粒者三年。一日，書頌畢，端坐而化，舉之如空衣矣。葬於本里播箕灣。

《明史・方伎傳・張正常》　再傳至曾孫元吉，年幼，敕其祖母護持，而贈其父留綱爲眞人，封母高氏爲元君。景泰五年入朝，乞給道童四百二十人度牒。濙復爲請，許之。尋欲得大眞人號，濙爲請，又許之。天順七年再乞給道童三百五十人度牒，禮部尚書姚夔持不可，詔許度百五十人。

憲宗立，元吉復乞加母封，改太元君爲太夫人，以吏部言不許，乃止。初，元吉已賜號沖虛守素昭祖崇法安恬樂靜玄同大眞人，母慈惠靜淑太元君，至是加元吉號體元悟法淵默靜虛闡道弘法妙應大眞人，母慈和端惠貞淑太眞君。然元吉素兇頑，至僭用乘輿器服，擅易制書。奪良家子女，逼取人財物。家置獄，前後殺四十餘人，有一家三人者。事聞，憲宗怒，械元吉至京，會百官廷訊，論死。於是刑部尚書陸瑜等請停襲，去眞人號，不許。命仍舊制，擇其族人授之，有妄稱天師，印行符籙者，罪不貸。時成化五年四月也。元吉坐繫二年，竟以夤緣免死，杖百，發肅州軍，尋釋爲庶人。

張玄慶

傳記

張正常《漢天師世家》卷四　四十七代天師，諱玄慶，字天錫，別號貞一，又號七一丈人。生時有異徵，博學能文，長於詩書。成化丁酉入覲，錫燕內庭，遣中官梁芳傳旨，聘成國公朱儀女爲配。明年，詔赴南畿完婚。仍賜蟒衣玉帶，加撥馬快船隻送回。誥授正一嗣教保和養素繼祖守道大眞人，領道教事，封母吳氏爲志順淑靜玄君。甲辰，賜勑諭申禁諸人僞造私出符籙，及偷盜放生魚。乙巳春，特勑江西守臣，重建大眞人府第，命降香大華蓋山及鐵柱宮。丙午，入覲，命醮欽安殿，有玉帶金幣之賜。孝宗敬皇帝即位，弘治戊申，入賀，寵遇有加。庚戌夏，雷擊謹身殿柱，建祈謝醮於欽安殿，感天花慶靄之祥，上嘉賚之，又命祈聖嗣醮於內庭。明年，皇太子生，賜雕花天祿、壽字玉帶、金冠、蟒衣、銀幣之屬。丙辰，上遣太監李瑾、李珍齎，勑俾建保民大醮於大上清宮，以守臣鄧原并兩司掌印官陪祀。召羣鶴舞空，卿雲疑蓋之瑞。戊午冬，命祈雪於朝天宮，明日大雪。己未春，命傳太上延禧秘籙，賜牙刻印記二函并金幣，陞辭而還。五月，行舟次沽頭閘，旱淺不前，分司主事蒙某請禱，乃書鐵符投白象潭，薄暮，雲密，雨如注，旌栅揚焉。辛酉冬，詔攜嗣子入朝，上御欽安殿召見，錫嗣子衣帶命坐，宴於殿中，乞致仕可之。明年春，遣祀長陵迴復，賜宴便殿，授致仕勅書以榮之。四月，遣賫香旛達天目，葛仙，華蓋，武當，鶴鳴五山。還報命獎勞宴賚踰常，差通州衛指揮率官兵護送歸山。甲子，嗣子入覲，以自畫聖像及上意所欲古劍等物附獻，上以祖天師畫像及金幣回賜之。乙丑春二月聖衷注念，特降褒問之，書又勑俞，往武當，鶴鳴，葛仙三山之遊，附御前香燭，令轉致三山，以表禮神之意。於是躋眺危巓，窮探靈窟，後次鶴鳴之崎嶇，邂逅一鶉衣鶴貌老翁，迎而揖之，作而笑曰：來去不聞山鳥喧，三生石上龍蛇年。即拂袖緣崖而逝。天師游睇良久，悵然返旆。己巳秋九月，張筵會客縱飲，極歡舉觴，謂林方伯，王憲副曰：吾有老友之期，不可失，恐此會難。又惟公等任天下治平之望者，勉旃可也。咸以爲醉語，勿諒。酒竟後，戒左右置蒲團於玄壇之西，從容理裾，北向盤坐，乃再誦老翁言而化，藏蜕於金谿長生觀。

馬微善

傳記

劉名瑞《南無道派宗譜・南無派第七代》 馬大眞人字懷精，號數一子。生於大明憲宗純皇帝成化丙午二十二年三月初一日聖降，係山東濟南府禹城縣黄家舖村人氏。幼精易書，並東坡三蘇一集，故念惜水火之志。俟至中年，得遇昭元諭省，將口訣盡行付之。師作頌曰：生不可放乎，知止亦不可妄蘆，明此廢之，杳覺之中冥舞。急叩而皈之矣。將主道授與至洞。五月十一日飛昇。繼師遺云：符退三陰否卦交，返照從物看動爻。危險不口參觜問，滴過重樓絳宮邀。情投性合無多寄，若悞程頭卦錯交。乾上坤下偶不久，覺待應知宵叫趨。

張諺頨

傳記

張正常《漢天師世家》卷四 四十八代天師，諱諺頨，字士瞻，別號湛然。先是貞一翁夢神人佩劍植梓於庭而生，及長有祖父風。弘治辛酉，甫十二歲，奉詔隨父入朝，上顧而奇之，賜宴欽安殿，命坐，三宮俱召見，賞賚有差，誥授正一嗣教致虚冲靜承先弘化眞人，掌天下道教事。歸而求學，不輟玄秘。既精涉獵墳典，事親篤孝，鄉族稱之。武宗毅皇帝即位，正德丙寅春，入賀召見，問曰：鄉之祖，非神仙乎，朕聞神仙長在，今還可見，亦可學否。對曰：臣聞君類愈於神仙者，堯舜是也，至今猶存。上自天子，下及庶人，未嘗不見，願陛下慕而傚之，則聖壽可等天地矣。乃若臣類爲神仙者，奚足尚哉。奏辭還山。戊辰，頒給部牒，普度羽士。庚午，疏請重修大上清宮，以成。先帝遺命，勑遣內官監太監李文，會同江西鎭巡等官督造。壬申，召見，命陪祀泰壇，有蟒衣玉帶之賜。庚辰，車駕南狩，或言牛首山後湖各有妖。召赴，行在諭，往除之，果見磔死一妖。上大悅，勑扈駕還京。世宗肅皇帝即位，嘉靖改元，入賀，上賜問，以清心寡慾爲對，稱旨。寵賚孔殷，特遣還山請太上諸秘延禧籙文以進。癸未，詔聘安遠侯柳文之女爲繼室，勑留都內外守備官陪往親迎。丙午，錫誥加封爲正一嗣教懷玄抱眞養素守默葆光履和致虚冲靜承先弘化大眞人，掌天下道教事。復賜加封勑書，並准授上清宮道士傳德岩，邵啟南爲贊教，金永壽，詹望奎爲掌書等官。勑往禱於太和山。三月，勑遣內官監左少監吳猷，會同江西撫按重建大眞人第，增造勑書閣以尊藏累朝宸翰，西立萬法宗壇以奉上帝列眞，東蓋天師家廟以祀歷代眞人，餘悉更置山水增輝，遂爲福地冠先。是上命範銅爲神像，成，乃勑吳猷賫至萬法宗壇安祀，頒賜掌法仙卿銀印一函，牙刻宗傳之印一函。詔下戶部查復上清宮田糧侵匿於豪民者，仍降勑禁護。戊子，入覲，命陪祀星辰壇，有御札文綺之賜。辛卯，入覲，驛傳艱阻，至京後期。上問故，以實對，勑各巡按御史，查提違慢有司等官罪之。明年三月，勑遣內官監左監丞曹玉，會同撫按重建大上清宮。乙未，以本府莊田有司違例編寄莊各縣差徭，奏下戶部議止，照品官例優免。覆奉命悉蠲之，仍著爲令。丁酉入覲，驛遞違慢，如初奏謝後期之罪。奉聖旨，大眞人張彥頨總領道教，赴京朝賀，先朝屢有明旨。著沿途有司，應付這各該地方官吏，如何不行，支給著巡按御史，查提了問，巡撫官且不查究，今後務要嚴加戒飭軍衛有司，一體應付，不許遲延悞事，該衙門知道。是冬無雪，命禱於內庭，即應。上大悅，有金冠，玉帶，蟒衣，銀幣之賜。戊戌，命建金籙大齋於內皇壇，有白鶴繞壇，卿雲捧日之瑞，賞賚有加。辭歸，賜勑以護其行。本年詔往齊雲山，建報謝禱禳大醮。後因奏乞以本山如太和山例除道士爲住持管理職員，賜神宮額名曰玄天太素宮，免徵所餘香錢，降勑禁護，是年冬，聖母升遐。明年，上賜手書以示哀感之意。己亥正月，嗣子生於新府第，上聞之，喜不已，親灑宸翰，并賜金幣爲賀。庚子，上念嗣子正在襁褓，恐難遠離，遣行人黃如桂，齎勑諭暫免入朝，俾得守視。辛丑，錫誥，贈嫡母朱氏爲端柔順德玄君，生母宋氏爲柔慈崇善玄君，贈妻李氏爲冲虛柔惠玄君，繼妻吳氏爲安妙善常玄君，柳氏爲莊惠志道玄君。本年命給部牒五百度羽士。特勑江西巡撫都御史，嚴禁撫州奸民僞出符籙者。己酉，詔攜嗣子入覲，舟次錢塘，沙淤江涘，民病涉。投以一符，即盪去。次徐州，水涸，舟膠戲。作一詩投之曰：呂梁洪下疾如飛，一派神棲接古徐，願借紅袍三尺水，官航穩載上京畿。水忽夜溢，比及都門。上遣太監高忠迎而諭勞之，齎賜嗣子蟒衣玉帶金帛。明日召見，錫燕便殿，命錄歷代眞人名諱進覽。既而賜御札曰：卿子名可曰永緒。後乞致仕，詔可之，陛辭而還。庚戌十一月，忽夢遊岱宗。十六日晨，興沐浴更衣畢，焚香隱几而化，壽七十有一。上聞嗟悼無已。詔從侯爵例錫之卹典，遣行人李琦，錦衣千戶王正億諭祭營葬。勑定弋陽縣城東故叠山書院爲佳城，皆異數也。

《明史·方伎傳·張正常》　族人元慶嗣，弘治中卒。子彥頨嗣，嘉靖二年進號大眞人。彥頨知天子好神仙，遣其徒十餘人乘傳諧雲南、四川採取遺經、古器進上方，且以蟒衣玉帶遺鎮守中貴，爲雲南巡撫歐陽重所劾，不問。十六年禱雪內庭有驗，賜金冠玉帶，蟒衣銀幣，易金印，敕稱卿不名。彥頨入朝所經，郵傳供應或後期，常山知縣吳襄等至下按臣治。

張永緒

傳記

張正常《漢天師世家》卷四　四十九代天師，諱永緒，字允承，別號三陽。父湛然，嘗夢介胄之士，持刺來謁，自稱三陽，將軍刺上書九字者，三而了無姓名，忽大風飄去而寤。翌日生焉。玄典甫通，問學擊劍。出則佩劍，巡行山澤中，入則杜門，謝絕諸賓客，不喜逢迎，似涉傲世。嘉靖己酉，詔隨父入朝，抵都城，上遣太監高忠齎賜衣帶。明日召見於內庭，賞賚有差，命宴便殿，詔嗣教襲爵誥授正一嗣教守玄養素遵範崇道大眞人，掌天下道教事。詔聘定國公徐延德女爲配，勑成國公朱希忠遂安伯陳鏸議行婚禮。壬子入覲，上遣司禮監太監黃錦傳旨，正一大眞人張永緒，著給與伯爵，朝祭常服。仍賜常用勑禮工二部，製送光動朝班。癸丑春，仍奉玉音成婚，市目遣官護送還山，勑駕部增驛券內例外應付以裕征途。乙卯，奉勑改建正一，靜應，祥符三觀，工費不敷疏，奏請益以落成之。戊午冬，入覲。上賜顧問曰：爾父近來攝養飲食何如。對曰：臣父子沐高厚之恩，洎舉家安享太平之賜，然臣父自度犬馬氣衰，每諄諄訓臣，勉圖補報，不敢時刻忘於宣室之前也。上曰：但不審而父復能一至朝否。賜宴而出。是年，降勑諭有司，查明雜差料價，照舊盡行優免，兵部查照新例，給與勘合，照舊例，起撥馬快船隻，嚴戒官員人等，不許違慢。再召入對，賜燕便殿，命建保國安民大醮於朝天宮，有蟒衣玉帶之錫。明年正月十三日，上遣中使趙憲傳聖諭，俾早回家，以慰父望。遂不俟大典禮終，先陛辭而還。甲子冬入觀，上御西苑召問，錫宴及蟒衣玉帶之屬。乙丑元旦，特遣中官，傳命先諸大臣入見便殿。既而賜宴，同大學士徐階等七臣，上命以天師預首席焉。醮於內庭。復命主春祈祀典禮。

畢，力辭還山，舟次嚴陵瀨，蹶然起而推篷四顧夕陽山色，移時忽作語曰：九九九，歸時侯家隔數峰，青還在，無何有。鼎湖將墜火龍髯，我今先跨金牛走。少間，又曰：暗來回首不須悲，鷄鳴日出看依舊。其聲斷續，莫不訝之。乃戒榜人遄櫂以前，歸未幾而化。内子徐氏以訃聞，上殊痛悼之，錫伯爵例恤典，遣行人姚光泮諭祭併營兆域於獅子巷，立祠南極觀，誥封徐氏爲靜和元君，仍降勑諭嚴戒族屬諸人，毋得凌侮。其聖恩隆重，深加存惜，保延玄緒，以永紹宗風。

李孜省

傳記

《明史·佞倖傳·李孜省》 李孜省，南昌人。以布政司吏待選京職，贓事發，匿不歸。時憲宗好方術，孜省乃學五雷法，厚結中官梁芳、錢義，以符籙進。

成化十五年，特旨授太常丞。御史楊守隨、給事中李俊等劾孜省贓吏，不宜典祭祀，乃改上林苑監丞。日寵幸，賜金冠、法劍及印章二，許密封奏請。益獻淫邪方術，與芳等表裏爲奸，漸干預政事。十七年，擢右通政，寄俸本司，仍掌監事。同官王㬊輕之，不加禮。孜省譖㬊，左遷太僕少卿。故事，寄俸官不得預郊壇分獻，帝特以命孜省。廷臣懲㬊事，無敢執奏者。

初，帝踐位甫踰月，即命中官傳旨，用工人爲文思院副使。自後相繼不絕，一傳旨姓名至百十人，時謂之傳奉官，文武、僧道濫恩澤者數千。鄧常恩、趙玉芝、淩中、顧玒及奸僧繼曉輩，皆尊顯，與孜省相倚爲奸，然權寵皆出孜省下。居二年，進左通政。給事中王瑞、御史張稷等交劾之。乃貶二秩，爲本司左參議，他貶黜者又十二人。蓋特借以塞中外之望，孜省寵固未嘗替也。頃之，復遷左通政。

二十一年正月，星變求言。九卿大臣、給事御史皆極論傳奉官之弊，首及孜省、常恩等。帝頗感悟，貶孜省上林監丞，令吏部錄冗濫者名凡五百餘人。帝爲留六十七人，餘皆斥罷，中外大說。孜省緣是恨廷臣甚，搆逐主事張吉、員外郎彭綱，而益以左道持帝意。

其年十月，再復左通政，益作威福。搆罪吏部尚書尹旻及其子侍講龍。又假扶鸞術言江西人赤心報國，於是致仕副都御史劉敷、禮部郎中黃景、南京兵部侍郎尹直、工部尚書李裕、禮部侍郎謝一夔，皆因之以進。問採時望，若學士楊守陳、倪岳，少詹事劉健，都御史余子俊、李敏諸名臣，悉密封推薦。搢紳進退，多出其口，執政大臣萬安、劉吉、彭華從而附麗之。通政邊鏞爲僉都御史，李和爲南京戶部侍郎，皆其力也。所排擠江西巡撫閔珪、洗馬羅璟、兵部尚書馬文升、順天府丞楊守隨，皆被譴，朝野側目。

吏部奏通政使缺，即以命孜省，而右通政陳政以下五人，遞進一官。時張文質方以尚書掌司事，通政故未嘗缺使也。已，復擢禮部右侍郎，掌通政如故。

常恩，臨江人，因中官陳喜進。玉芝，番禺人，因中官高諒進。並以曉方術，累擢太常卿。玉芝丁母憂，特賜祭葬，大治塋域，制度踰等。玒、中不知何許人。玒以扶鸞術，累官太常少卿，喪母賜祭，且給贈誥。故事，四品未三載無給誥賜祭者，憲宗特予之。吏部尚書尹旻因請并贈其父。未幾，進本寺卿。其二子經、綸，亦官太常少卿。中以善書供事文華殿，不數年爲太常卿。踰月，以諫官言，降寺丞。孜省以星變貶，常恩亦貶本寺丞，而玉芝、玒、中並如故。孜省復通政，常恩亦復太常卿。有李文昌者，試術不效，杖五十，斥還。岳州通判沈政以繪事夤緣至太常少卿，請斂天下貨財充内府。帝怒，下獄，杖謫廣西慶遠通判。人頗以爲快。

然羣奸中外蟠結，士大夫附者日益多。進士郭宗由刑部主事，以篆刻爲中人所引，擢尚寶少卿，日與市井工技伍，趨走闕廷。兵科左給事中張善吉謫官，因秘術干中官高英，得召見，因自陳乞復給事中，士論以爲羞。大學士萬安亦獻房中術以固寵。而諸雜流加侍郎、通政、太常、太僕、尚寶者，不可悉數。

憲宗崩，孝宗嗣位，始用科道言，盡汰傳奉官，謫孜省、常恩、玉芝、玨、中、經戍邊衛。又以中官蔣琮言，逮孜省、常恩、玉芝等下詔獄，坐交結近侍律斬，妻子流二千里。詔免死，仍戍邊。孜省不勝搒掠，瘐死。

邵元節

傳記

《明史・佞倖傳・邵元節》　邵元節，貴溪人，龍虎山上清宫道士也。師事范文泰、李伯芳、黄太初，咸盡其術。寧王宸濠召之，辭不往。世宗嗣位，惑内侍崔文等言，好鬼神事，日事齋醮。諫官屢以爲言，不納。嘉靖三年，徵元節入京，見於便殿，大加寵信，俾居顯靈宫，專司禱祀。雨雪愆期，禱有驗，封爲清微妙清守靜修眞凝元衍範志默秉誠致一眞人，統轄朝天、顯靈、靈濟三宫，總領道教，錫金、玉、銀、象牙印各一。

六年乞還山，詔許馳傳。未幾，趨朝。有事南郊，命分獻風雲雷雨壇。預宴奉天殿，班二品。贈其父太常丞，母安人，并贈文泰眞人，賜元節紫衣玉帶。給事中高金論之，帝下金詔獄。敕建眞人府於城西，以其孫啟南爲太常丞，曾孫時雍爲太常博士。歲給元節禄百石，以校尉四十人供灑掃，賜莊田三十頃，蠲其租。又遣中使建道院於貴溪，賜名仙源宫。既成，乞假還山。中途上奏，言爲大學士李時弟員外郎所侮。時上章引罪，旼下獄獲譴。比還朝，舟至潞河，命中官迎入，賜蟒服及「闡教輔國」玉印。

先是，以皇嗣未建，數命元節建醮，以夏言爲監禮使，文武大臣日再上香。越三年，皇子疊生，帝大喜，數加恩元節，拜禮部尚書，賜一品服。孫啟南、徒陳善道等咸進秩，贈伯芳、太初爲眞人。

帝幸承天，元節病不能從。無何死，帝爲出涕，贈少師，賜祭十壇，遣中官錦衣護喪還，有司營葬，用伯爵禮。禮官擬謚榮靖，不稱旨，再擬文康。帝兼用之，曰文康榮靖。啟南官至太常少卿。善道亦封清微闡教崇眞衛道高士。隆慶初，削元節秩謚。

婁近垣《龍虎山志》卷七　邵元節，字仲康，號雪崖，安仁人，逹觀院道士。從其師范文泰、李伯芳、黄太初，咸盡其術。寧王宸濠召之，辭不往，放浪江湖間。嘉靖三年，徵入京，見於便殿。雨雪愆期，禱有驗，授清微闡教輔國妙濟守靜修眞凝元衍範志默秉誠致一眞人，統轄朝天、顯靈、靈濟三宫，總領道教。錫金玉銀象印各一。有事南郊，命分獻風雲雷雨壇，賜紫衣玉帶。勅建府於城西，歲給禄百石，以校尉四十人供灑掃，賜莊田三十頃，蠲其租。又遣中使建道院於貴溪，賜名仙源宫。乞還山，舟至潞河，命中官迎入，賜蟒及闡教輔國玉印。先是，以皇嗣未建，數命元節修醮，以夏言爲監禮使，文武大臣日再上香。越三年，皇子叠生，上大喜，數加恩眷，拜禮部尚書，賜一品服。十八年八月，上躬視顯陵，元節留京師，一日晨起，召其徒，語之曰：「我殆將逝矣，安得走行在一見皇帝耶？」言訖，卒。帝爲之慟，贈少師，賜祭十壇，遣中官錦衣護喪還，有司營葬，用伯爵禮。禮部擬謚榮靖，不稱旨，再擬文康，帝遂兼用之，曰文康榮靖。追贈三代及師皆眞人，所著有《太和文集》。

陶仲文

傳記

《明史・佞倖傳・陶仲文》　陶仲文，初名典眞，黄岡人。嘗受符水訣於羅田萬玉山，與邵元節善。

嘉靖中，由黄梅縣吏爲遼東庫大使。秩滿，需次京師，寓元節邸舍。元節年老，宫中黑眚見，治不效，因薦仲文於帝。以符水噀劍，絶宫中妖。莊敬太子患痘，禱之而瘥，帝深寵異。

十八年南巡，元節病，以仲文代。次衛輝，有旋風繞駕，帝問：「此何祥也？」對曰：「主火。」是夕行宫果火，宫人死者甚衆。帝益異之，授神霄保國宣教高士，尋封神霄保國弘烈宣教振法通眞忠孝秉一眞人。明年八月欲令太子監國，專事靜攝。太僕卿楊最疏諫，杖死，廷臣震慴。大臣爭諂媚取容，神仙禱祀日亟。以仲文子世同爲太常丞，子壻吳濬、從孫良輔爲太常博士。帝有疾，既而瘳，喜仲文祈禱功，特授少保、禮部尚書。久之，加少傅，仍兼少保。仲文起筦庫，不二歲登三孤，恩寵出元節上。乃請建雷壇於鄉縣，祝聖壽，以其徒臧宗仁爲左至靈，馳驛往，督黄州同知郭顯文監之。工稍稽，謫顯文典史，遣工部郎何成代，督趣甚急，公私騷然。御史楊爵、郎中劉魁言及之。給事中周怡陳時事，有「日事禱祠」語。帝大怒，悉下詔獄，拷掠長繫。吏部尚書熊浹諫乩仙，即命削籍。自是，中外爭獻符瑞，焚修、齋醮之事，無敢指及之者矣。

帝自二十年遭宮婢變，移居西內，日求長生，郊廟不親，朝講盡廢，君臣不相接，獨仲文得時見，見輒賜坐，稱之爲師而不名。心知臣下必議己，每下詔旨多憤疾之辭，廷臣莫知所指。小人顧可學、盛端明、朱隆禧輩，皆緣以進。其後，夏言以不冠香葉冠，積他釁至死。而嚴嵩以虔奉焚修蒙異眷者二十年。大同獲諜者王三，帝歸功上玄，加仲文少師，仍兼少傅少保。一人兼領三孤，終明世，惟仲文而已。久之，授特進光祿大夫柱國兼支大學士俸，廕子世恩爲尚寶丞。復以聖誕加恩，給伯爵俸，授其徒郭弘經、王永寧爲高士。

時都御史胡纘宗下獄，株連數十人。二十九年春，京師災異頻見，帝以咨仲文。對言慮有冤獄，得雨方解。俄法司上纘宗等爰書，帝悉從輕典，果得雨。乃以平獄功，封仲文恭誠伯，歲祿千二百石，弘經、永寧封眞人。仇鸞之追戮也，下詔稱仲文功，增祿百石，廕子世昌國子生。三十二年，仲文言：「齊河縣道士張演昇建大清橋，濬河得龍骨一，重千斤。又突出石沙一脈，長數丈，類有神相。」帝即發帑銀助之。時建元嶽湖廣太和山，既成，遣英國公張溶往行安神禮，仲文偕顧可學建醮祈福。明年，聖誕，加恩，廕子錦衣百戶。

帝益求長生，日夜禱祠，簡文武大臣及詞臣入直西苑，供奉青詞。四方奸人段朝用、龔可佩、藍道行、王金、胡大順、藍田玉之屬，咸以燒煉符咒熒惑天子，然不久皆敗，獨仲文恩寵日隆，久而不替，士大夫或緣以進。又創二龍不相見之說，青宮虛位者二十年。

三十五年，上皇考道號爲三天金闕無上玉堂都仙法主玄元道德哲慧聖尊開眞仁化大帝，皇妣號爲三天金闕無上玉堂總仙法主玄元道德哲慧聖母天后掌仙妙化元君，帝自號靈霄上清統雷元陽妙一飛玄眞君，後加號九天弘教普濟生靈掌陰陽功過大道思仁紫極仙翁一陽眞人元虛圓應開化伏魔忠孝帝君，再號太上大羅天仙紫極長生聖智昭靈統元證應玉虛總掌五雷大眞人玄都境萬壽帝君。明年，仲文有疾，乞還山，獻上歷年所賜蟒玉、金寶、法冠及白金萬兩。既歸，帝念之不置，遣錦衣官存問，命有司以時加禮，改其子尚寶少卿世恩爲太常丞兼道錄司右演法，供事眞人府。

仲文得寵二十年，位極人臣。然小心愼密，不敢恣肆。三十九年卒，年八十餘。帝聞痛悼，葬祭祖邵元節，特諡榮康惠肅。世恩後至太常卿。隆慶元年坐與王金僞製藥物，下獄論死。仲文秩諡亦追削。

段朝用

傳記

《明史・佞倖傳・段朝用》　段朝用，合肥人。以燒煉干郭勛，言所化銀皆仙物，用爲飲食器，當不死。勛進之帝，帝大悅。仲文亦薦之，獻萬金助雷壇工費。帝嘉其忠，授紫府宣忠高士。朝用請歲進數萬金以資國用，帝益喜。已而術不驗，其徒王子巖攻發其詐。帝執子巖、朝用，付鎭撫拷訊，朝用所獻銀，故出勛資。事既敗，帝亦寖疎勛。明年，勛亦下獄，朝用乃脅勛賄，捶死其家人，復上疏瀆奏。帝怒，遂論死。

龔可佩

傳記

《明史·佞倖傳·龔可佩》龔可佩，嘉定人。出家崑山爲道士，通曉道家神名，由仲文進。諸大臣撰靑詞者，時從可佩問道家故事，俱愛之，得爲太常博士。帝命入西宮，教宮人習法事，累遷太常少卿。爲中官所惡，誣其嗜酒，使使偵之，報可佩醉員外郎邵畯所。執下詔獄，并逮畯，俱杖六十。可佩杖死，屍暴潞河，爲羣犬所食，畯亦奪官。畯與可佩故無交，無敢白其枉者。

藍道行

傳記

《明史·佞倖傳·藍道行》藍道行以扶鸞術得幸，有所問，輒密封遣中官詣壇焚之，所答多不如旨。帝咎中官穢褻，中官懼，交通道行，啟視而後焚，答始稱旨。帝大喜，問：「今天下何以不治？」道行故惡嚴嵩，假乩仙言嵩奸罪。帝問：「果爾，上仙何不殛之？」答曰：「留待皇帝自殛。」帝心動，會御史鄒應龍劾嵩疏上，帝即放嵩還。已，嵩詗知道行所爲，厚賂帝左右，發其怙寵招權諸不法事。下詔獄，坐斬，死獄中。

胡大順

傳記

《明史·佞倖傳·胡大順》胡大順者，仲文同縣人也。緣仲文進，供事靈濟宮。仲文死，大順以奸欺事發，斥回籍。後覬復用，僞撰《萬壽金書》一帙，詭稱呂祖所作，且言呂祖授三元大丹，可却疾不老。遣其子元玉從妖人何廷玉齎入京，因左演法藍田玉、左正一羅萬象以通內官趙楹，獻之帝。

田玉者，鐵柱觀道士。嚴嵩罷歸，至南昌，值聖誕，田玉爲帝建醮。會御史姜儆訪秘法至，嵩索田玉諸符籙進獻。田玉亦自以召鶴術託儆附奏，得召爲演法，與萬象並以扶鸞術供奉西內，因交歡楹。時帝方幸此三人，故大順書由三人進。帝覽書問：「既云乩書，扶乩者何不來？」田玉遂詐爲聖諭徵之，至則屢上書求見。帝語徐階曰：「自藍道行下獄，遂百孽擾宮。今大順來，可復用乎？」對曰：「扶乩之術，惟中外交通，間有驗者，否則茫然不知。今宮孽已久，似非道行所致。且用此輩，孽未必消。小人無賴，宜治以法。」帝悟，報曰：「田玉無狀，去冬代廷玉進水銀藥，遂詐傳密旨，徵取大順，不治無以儆將來。」階對：「水銀不可服食，詐傳詔旨罪尤重。倘置不問，羣小互相朋結，恐釀大患。」乃命執大順、田玉、萬象等下錦衣獄，不知其奸由楹也。錦衣上獄詞，帝有意寬之，以問階。階力言不可不重治，乃下諸人法司，令重擬。楹伺間，具密奏，爲諸人申理。帝大怒，付司禮拷訊，具得其交通狀，遂與大順、田玉、萬象、廷玉、元玉並論死。楹瘐死。帝以逆囚當顯戮，怒所司不如法，詔停刑部司官俸。嘉靖四十四年也。

世宗朝，奏章有前朝、後朝之說。前朝所奏者，諸司章奏也；他方士雜流有所陳請，則從後朝入，前朝官不與聞，故無人摘發。賴帝晚年漸悟其妄，而政府力爲執奏，諸奸獲正法云。

王金

傳記

《明史・佞倖傳・王金》　王金者，鄠縣人也。爲國子生，殺人當死。知縣陰應麟雅好黃白術，聞金有秘方，爲之解，得末減。金遂逃京師，匿通政使趙文華所。以仙酒獻文華，文華獻之帝。及文華視師江南，金落魄無所遇。一日，帝於秘殿扶乩，言服芝可延年，使使採芝天下。四方來獻者，皆積苑中；中使竊出市人，復進之以邀賞。金厚結中使，得芝萬本，聚爲一山，號萬歲芝山，又僞爲五色龜，欲因禮部以獻，尚書吳山不爲進。山罷，金自進之。帝大喜，遣官告太廟。禮官袁煒率廷臣表賀，而授金太醫院御醫。

先是，總督胡宗憲獻白鹿者再。帝喜，告謝玄極寶殿及太廟，進宗憲秩，百官表賀。已，宗憲獻靈芝五、白龜二。帝益喜，賜金幣、鶴衣，告廟表賀如初。不數日，龜死，帝曰：「天降靈物，朕固疑處塵寰不久也。」淮王獻白雁二，帝曰：「天降祥羽，其告廟。」嚴嵩孫鵠獻玉兔一、靈芝六十四，藍道行獻瑞龜。俱遣中官獻太廟，廷臣表賀。未幾，兔生二子，禮官請謝玄告廟。是月，兔又生二子，帝以爲延生之祥，特建謝典告廟。已又生數子，皆稱賀。其他西苑嘉禾，顯陵甘露，無不告廟稱賀者。

當是時，陶仲文已死，嚴嵩亦罷政，藍道行又以詐僞誅，宮中數見妖孽，帝春秋高，意邑邑不樂，中官因詐飾以娛之。四十三年五月，帝夜坐庭中，獲一桃御幄後，左右言自空中下。帝大喜曰：「天賜也。」修迎恩醮五日。明日復降一桃，其夜白兔生二子。帝益喜，謝玄告廟。未幾，壽鹿亦生二子，廷臣表賀。帝以奇祥三錫，天眷非常，手詔褒答。

時遣官求方士於四方，至者日衆。豐城人熊顯進仙書六十六冊，方士趙添壽進秘法三十二種，醫士申世文亦進三種。帝知其多妄，無殊錫。金思所以動帝，乃與世文及陶世恩、陶倣、劉文彬、高守中僞造《諸品仙方》、《養老新書》、《七元天禽護國兵策》，與所製金石藥並進。其方詭秘不可辨，性燥，非服食所宜。帝御之，稍稍火發不能愈。世恩竟得遷太常卿，倣太醫院使，文彬太常博士。未幾，帝大漸，遺詔歸罪金等，命悉正典刑，五人並論死繫獄。隆慶四年十月，高拱柄國，盡反徐階之政，乃宥金等死，編口外爲民。

顧可學

傳記

《明史・佞倖傳・顧可學》　顧可學，無錫人。舉進士，歷官浙江參議。言官劾其在部時盜官帑，斥歸，家居二十餘年。瞷世宗好長生，而同年生嚴嵩方柄國，乃厚賄嵩，自言能煉童男女溲爲秋石，服之延年。嵩爲言於帝，遣使齎金幣就其家賜之。可學詣闕謝，遂命爲右通政。嘉靖二十四年超拜工部尚書，尋改禮部，再加至太子太保。時盛端明亦以方術承帝眷，可學獨揚揚自喜，請屬公事。人咸畏而惡之。

帝惑乩仙言，手詔問禮部：「古用芝入藥，今產何所？」尚書吳山博引《本草》、《黃帝內經》、《漢舊儀》、王充《論衡》、《瑞命記》，言：「歷代皆以芝爲瑞，然服食之法未有傳，所產地亦未敢預擬。」乃詔有司採之五嶽及太和、龍虎、三茅、齊雲、鶴鳴諸山。無何，宛平民獻芝五本。帝悅，賚銀幣。自是，來獻者接踵。時又採銀礦、龍涎香，中使四出，論者咸咎可學。可學尋以年老乞休。卒，賜祭葬，謚榮僖。

端明

傳記

《明史·佞倖傳·端明》 端明，饒平人。舉進士，歷官右副都御史，督南京糧儲，劾罷，家居十年。自言通曉藥石，服之可長生，由陶仲文以進，嚴嵩亦左右之，遂召爲禮部右侍郎。尋拜工部尚書，改禮部，加太子少保，皆與可學並命。二人但食祿不治事，供奉藥物而已。端明頗負才名，晚由他途進，士論恥之。端明內不自安，引去，卒於家。賜祭葬，諡榮簡。隆慶初，二人皆褫官奪諡。

朱隆禧

傳記

《明史·佞倖傳·朱隆禧》 朱隆禧者，崑山人。由進士歷順天府丞，坐大計黜。二十七年，陶仲文赴太和山，隆禧邀至其家，以所傳長生秘術及所製香衲祈代進。仲文還朝，奏之。帝悅，即其家賜白金、飛魚服。隆禧入朝謝恩，帝以大計罷閒官例不復起，加太常卿致仕。居二年，加禮部右侍郎。會有邊警，仲文乘閒薦隆禧知兵。帝曰：「祖宗法不可廢。」卒不用。既卒，其妻請卹典，所司執不予，帝特諭予之。隆慶初，褫官。

帝晚年求方術益急，仲文、可學輩皆前死。四十一年冬，命御史姜儆、王大任分行天下，訪求方士及符籙秘書。儆，江南、山東、浙江、江西、福建、廣東、廣西；大任，畿輔、河南、湖廣、四川、山西、陝西、雲南、貴州。至四十三年十月還朝，上所得法秘數千冊，方士唐秩、劉文彬等數人。儆、大任擢侍講學士，秩等賜第京師。儆不自安，尋引退。大任入翰林，不爲同官所齒。隆慶元年正月，言官劾兩人所進劉文彬等已正刑章，宜并罪，遂奪職。

蔣雷谷

傳記

婁近垣《龍虎山志》卷七 蔣雷谷，字同壽，貴溪人。幼遊上清宮，歎曰：凡骨豈能居此？即投洞觀院，禮練太素爲師。元教祕法，悉得其傳。後遊蜀，得掌心雷祕。明洪武初，授神樂觀知觀，尋陞五音都提點。永樂初還山，度弟子顏福淵、吳嗣育。

李仲冶

傳記

婁近垣《龍虎山志》卷七 李仲冶，號了菴，龍虎山道士。聞祝直清刱陸文安公祠於其里，從之遊，忽覺有省。一日往金溪，會黃殷士講學於半山，相與劇談本心之說，一座盡傾，咸曰此小鵞湖也。

陳善道

傳記

婁近垣《龍虎山志》卷七　陳善道，號石泉，南昌人，仙源宮道士。嘉靖間從邵元節入朝，授道錄司左正一，尋授清微演教崇眞衛道高士，掌道錄司事。元節卒，賜太和府以居，并八里莊。又賜一品服，兼朝天、顯靈、靈濟三宮住持。

周濟世

傳記

婁近垣《龍虎山志》卷七　周濟世，貴溪人，混成院道士。神宗時，爲法籙局提舉，道法日顯。島帥毛文龍及唐藩先後延致，論道修醮。既復遊蜀留保靖司者數年，歸而卜築先天山以老焉。

何海曙

傳記

婁近垣《龍虎山志》卷七　何海曙，字四和，安仁人，混成院道士。崇禎間入覲，沈相國尊重之，待以師禮。任本宮提點，五十三代眞人嘗訪道焉。

張金箔

傳記

王建章《歷代仙史》卷六　張金箔，山西平陽人。性機敏，山西俗素不善治金箔，張至杭見之，歸擅其藝。嘗行經濟源湫水之瀆，觀於神祠，祠素號靈異，能隨人意所需，即自水底浮出。張對水沉思，忽笑曰：此伏機耳，非神也。歸以後圃鑿池，積水設機，神異悉如濟源，客至輒引爲戲。忽有一老道流至，張引遊池上，因曰：吾亦有小術，請試之，君宜過我。張許諾。明日天未曙，有二童子乘一龍，手控一龍，從空中下，言道士召張君。張隨龍，欲乘之，龍不服，騰驤吼嘯，勢將飛變，童子夾鞭之，張乃得乘。須臾至一山中，見茅屋數間，老道危坐其中，曰：老夫不欲涉塵世，以二足置他所，俟取至爲禮。張見兩腿兀然倚壁，老道以手掊之，腿自湊及其體。行禮畢，謂張曰：君可移家至此，同享仙境之樂。張謝不能。道士囑童往移，倏忽之間，張之房產男女，皆在目前。張大驚，俄頃不見。張再拜請教，道士指庭中曰：此有丹，子宜自取之。張尋索再三，無所見，惟見東南角草中有糞堆。道士嘆曰：子無緣，當留形住世間耳。居月餘，頗有所得，一日偶出遊，遂迷其處，尋路出，乃在大同城外。歸至家，治金箔如故。旦暮能數千里，或縛草爲龍，乘之而行，歸則掛簷下，亦時作戲術娛人。明太祖聞之，召至闕下，張頓首拜謝曰：臣非妖術，特戲術耳。上欲試之，張出袖中小銅瓶，注以沸湯，書符投其中，初出如縷，漸勃然五色雲，充滿殿庭。上悅，欲盡其術。時方隆冬，索乾蓮子，撒金水河冰上，頃刻冰解，花葉滿河，香艷可愛。復索紙，翦一小舟，身入舟中，鼓棹放歌，往來花間。忽入岸中，失其所在，荷花亦復不見。河中固層冰積雪，寒燠風景迥異矣。

無錫老人

傳記

王建章《歷代仙史》卷六 無錫老人，不知其蹤跡，明初遊於無錫。時有周某者爲担夫，於大市橋見一老獨行，衣冠古朴，意色甚倦，顧謂曰：病體不耐行，能相負至惠山乎？周許之，負之行，覺其身或重數百斤，或輕如一葉，若此數四，疑而問之。老人曰：吾方病，病來則身重，去則輕爾。及山，老人解其襦與之曰：適無錢，以是償汝。周不受，曰：可爲數錢，使翁無襦耶？老人笑曰：子乃有是心，可教也。就地拔一莖草，與之曰：是可愈痢。又拔一莖與之曰：是可愈瘧。且曰：汝識道院中辛天君像乎？曰：識之。取塊土以授曰：有所欲，但焚少許，天君立降，可使治百魅。又令側卧，向其耳嘘炁，熱如蒸，自耳入喉，以達於腹，頓覺神思開爽。乃別去。他日，有富人病痢，募能療者，周煎草飲之，立愈。酬米百石，止受其一，餘悉令施貧者。其妻尤之，呶呶不已。周叱之曰：彼辛天君，猶聽吾指使，若敢如是乎。妻詈其妄，周乃剔少土焚之，便有神將現於前曰：師何事？周以實對，神怒其輕率，舉手中戟，點其頭而去。點處遂潰成瘡，至老不痊，人目之曰爛頭，以法術知名當世。

程濟

傳記

王建章《歷代仙史》卷六 程濟，陝西朝邑人，有奇術。洪武末，以明經舉爲四川岳池教諭。岳池去朝邑數千里，濟寢食在朝邑，而治岳池事不廢。建文初，上書言某月某日，西北兵起，朝廷謂非所宜言，繫至京，將殺之，濟大呼曰：陛下幸寬臣，至期無兵，臣死未晚。遂下獄，已而兵果起。赦濟，以爲翰林編修，充軍師，護諸將北行，與靖難兵戰於徐州大捷，諸將豎碑，叙戰功，及統軍者姓名，濟一夜往祭碑，人莫知其故。及文皇過徐，見碑大怒，趣左右椎之，再椎，遽曰：止止，爲我錄碑文來。其後按碑族之，無得脫者。濟姓名正椎脫處，因得免。曩之祭，蓋禳之也。淮上諸將敗，濟還京，建文急召入問計，對曰：天數已定，惟可出走耳。立召僧爲上祝髮，濟從之出。每遇險，以術脫去。相從數十年，建文有所往，必令濟筮。後隨至南京，人尚有識濟者，指之曰程編修，已而蹤跡隨絕。

陳立興

傳記

王建章《歷代仙史》卷六 陳立興，蠡口人，家貧篤孝。母病，愛食城中某家糕，立興每旦入城，買以奉母，七年無間。一日路逢道士云：吾母亦有疾，思食此，能見與否？陳即與之。復往買，比還，則道士已持糕奉其母，食之病即愈。立興夜夢道士，授以藥瓢濟人，且起果獲瓢，及一詩云：蓬萊仙境幾千春，四海逍遙不染塵，勝地偶然閒一玩，無端不見本來人。立興乃以方藥濟人，遠近神之。及卒，鄉人立祠以祀。永樂中，詔訪天下靈跡，瓢遂歸天府。

蔡敞

傳記

王建章《歷代仙史》卷六　蔡敞字士宏，本崑山人，永樂中徙居北京。少好遊，嘗遇異人於歌樓，自稱王先生，相與甚善。一夕乘月步都市時，夜禁甚嚴，邏卒交錯於道，無所詰問，敞心異之。復遇二三客，控馬以待，先生至，客前請行。曰：我攜郎君至此，諸君能更脩一騎，與同遊乎？須臾又控一馬至，甚雄駿，敞乘之。囑使閉目，雖甚苦，勿妄窺視。敞受教，耳邊但聞風濤聲，然寒極不能禁，屢以爲言。先生嘆曰：此去地四十里，有剛風，過此即得上仙，恨子福淺耳。即令開目，乃在一野寺前，供帳甚盛，就樹下坐。諸客縱談，皆非塵世間事，敞亦不能知也。因問此爲何地，曰：此去句容縣十五里，某寺也。敞縱觀，以一石子納金剛口中。酒數行，復與諸客乘馬還都市而別，時漏下方四籌耳。居數日，王先生來，以一木杖贈敞，勉以讀書進修，後當再會，珍重而去。敞後以翰林秀才，選中書，歷官員外郎，出守衢州。道經丹陽，因至句容，尋訪此寺，則固舊遊處也，視金剛口中，石子猶在。既而有一道士進謁，敞留飲，道士遣一童子，去席百步，解衣而立，時方隆冬，遙吐氣噓之，即汗出淋漓，煖如盛夏，又口出風吹之，寒氣襲人，便欲僵仆。敞驚起曰：此庭中瓦礫山積，欲去之久矣，然未暇也，君能除之乎？道士曰：此易耳。即令閉門，盡屏侍從，但聞庭中喧鬨聲，瞬息聲止，開戶視之，堦砌如掃矣。敞嘆異，乘月送之。將別，乃以王先生所留木杖令道士執之，道士亦大驚曰：杖熱如火，不能執。遂不復至。

呂貧子

傳記

王建章《歷代仙史》卷六　呂仙，永樂間乞食於永豐，寒暑惟着一破衲，臭穢不可聞，自稱呂貧子。洞元宮前有米賈，常施以錢，一日來乞，而賈冗且厭頻來，擲一錢予之，悞墮街心石上。貧子不拾，但以足趾踏錢，入石沒輪。貧子故宿東岳山頂，早出晚歸，風雨不間。賈駭踏錢事，往尋之，已死矣，因爲藁葬。後十餘年，賈爲縣所役，往南昌解銀藩司，居半月，不得報牒。食盡大窘，忽遇貧子於章江門，曰：汝死矣，尚在乎？曰：未也。公今日得牒矣。賈言食盡，貧子曰：得牒時，來就我。往果得牒，就貧子，因着以草履，使閉目行，誡聞水碓聲，始可開目。蓋永豐始有水碓也。行數刻，聞水碓聲，抵縣投牒，令大詫曰：藩司今辰所發牒，何以遽至？賈言其故，方知是仙，爲建祠。令人發葬地，內惟石刻貧子像，上有歌詞，即往日行歌於市也。曰：福田多處作孽多，福田少處作業少。我是無福人，無福無煩惱。一箇破燒瓶，一領破衲襖，不憂盜賊饑寒少。假饒不作仙，也證菩提道。此石置祠中，街心石爲郡守金公攜歸，錢尚在石內。

楊黼

傳記

王建章《歷代仙史》卷六　楊黼，雲南太和人，自號存誠道人。孝友慈和，甘貧力學。園中桂樹盤結如樓，黼巢居其上。日著孝經，硯水自溢。母卒葬畢，即隱雞足山，凡二十年。卒之日，親友之家，皆見其登門作別。或又見於安寧道中焉。後明末崇禎壬午，河西季元祺赴選，得大理訓導，便道詣武當，有生來謁，自稱大理府學生楊黼，俛懇寄語於家，祺許之。及□□關，見黼南去，數呼不應。抵任，問諸生，方知爲永樂間人。因爲立碑，表曰桂樓先生故里。

范承勳《鷄足山志》卷六　先生者，永樂年間太和人，號存誠。隱居不仕，孝友好施，庭前桂樹扶疎蟠屈，巢居其上，因別號桂樓。讀書不輟，一日硯水竭，欲下取之，顧視則水溢矣，自是有得。後入鷄山，栖羅漢壁崖穴中二十餘年。年八十，歸家卒。卒之日，家人見公從外入，曰：楊黼今日大事了也。凡所交遊，盡見其至家爲別。又有人於安寧道中遇之，疑仙去也。所註有桂樓集，篆隸宗源。卒之日，又有人于貴州見之，寄語諸孫，計程是日已過二千里外矣。

庚嶺仙人

傳記

王建章《歷代仙史》卷六　庾嶺仙人，亦不測其從來。□泰中，有御史劉某，初仕知廣南邑，赴任行至庾嶺，忽見小茅屋數間，乃酒肆也。肴核具備，酤者數人，皆病癩，形狀醜穢不可近，悉前來問訊曰：明公□臨吾土，吾等有薄醞粗饌，奉致區區，願公毋逆野人意。劉心殊惡之，拒斥不受，強之飲，劉終不願。癩者乃更從內捧出果二盤，一桃一棗，皆鮮腴可愛，又請曰：公不飲，盍取數果乎？劉終疑其不潔，不得已，漫取一棗，置袖間。其人恚劉不享，將果投於地而退。前途抵傳舍，責丞以不戒道路，丞曰：此地□有所爲人居酒館乎，定幻妄耳。劉怒，命駕使丞隨而往，至其所，則絕無茅屋也。劉大駭，因取袖棗示之，則良金也，光采灼爍，非世間所有。劉與衆始驚異，恨不食其物。取金懷之，不去身，心怦怦然，恆冀再遇其人，而邈無可迹。後劉投老而歸，年八十餘矣。一日命兒曹云，吾欲出行，可爲我於此月中涓吉。兒奉令選期，惟冬至日午時爲吉，稟於劉，劉乃處分家事。至其日，遍邀親友，一一慰勞敘別。因沐浴，着新衣，又令人舁其棺來，頻問時候，至期遂踉蹌入室，拱手謝諸人。將金丸拭而吞之，竟入棺，端正偃卧而化。

邱駝

傳記

王建章《歷代仙史》卷六　邱駝，浙之桐廬人也。病僂，因以駝名。家貧，操舟濟度，不責値。忽隔岸暮夜有呼渡者，駝急就之，無所見。頃之又呼，往又無所見，僂僂無怨言。拔篙將行，而僂疾忽愈。時人異之。越數載卒，家人殯焉。久之，鄰有至衢者，見駝與一人同行，欸洽若平時，囑寄所穿履以歸。又貽之以屣，着之則行如飛。不日至家，以履付其妻。視之，故殮時物也。啓塚，惟竹篋在焉。所貽屣，俄化爲雙鵲飛去，始知其尸解云。

王士能

傳記

王建章《歷代仙史》卷六　王士能，山東濟寧州人也。生元至正甲辰，入成化癸卯，涉年一百二十餘歲。自幼慕長生之術。聞蜀雪山中有異人，因往訪之。及至，見一老人，披毡衣卧深洞中石床上，顏如嬰兒。卧側一囊，所盛類乾麪，時取啖之，掬飲澗水。士能留數日，所賫米盡，跪而乞食。老人分囊中物與之，苦澁不能咽，乃拾山果野菜以充腹。居三年，勤苦不懈，老人憐之曰：子可以語道矣。然子得之，當出山，他日非其人，勿輕授也。遂示以攝形煉炁之要。學成辭出，來居濟寧，不火食，日惟啗棗數枚，或菜數莖，飲水少許而已。白髮被額，肌膚如童子。濟寧指揮王宣往見，問姓名，大驚曰：聞吾祖言，吾上世有叔祖名士能，好道出家，不知所終，翁殆是乎？問以家世，所言皆合。宣有同官，欲受其術，士能望見曰：爾聲伎滿前，口事妄作，非吾徒也。乃止。上疏言狀，朝廷下山東守臣，俾乘安車入京見，上優賜寶鏹，遣歸。學士程敏正與之語，多靜坐寡欲之說。瞑目閉息曰：老僕無能爲，朝廷過聽而召之，僕豈知道者，但習靜日久。近日乃與人接，大敗吾事矣。問以元末國初事，曰：一身之外，皆非所知也。楊循吉嘗問其所以致壽，曰無他術。但平生不茹葷，不娶妻，不識數，不爭氣耳。

尹繼先

傳記

王建章《歷代仙史》卷六　尹繼先，臨洮人。元時爲天慶觀道士，懷一牒，綴之羊皮，久而尚存。成化間遊南都，髮累歲忘櫛，而自不團結，人因呼尹蓬頭云。尹得邸寓，輒閉關卧，多踰月，少亦五六日而後起。居常不飯，人饋之食，亦不辭。魏國公舘尹於居第，嘗偃居晝寢，寤而語魏公曰：適遊姑蘇洞庭山而返。魏國公愕不信，即出袖中兩橘畀之。王文成公試禮闈落第，卒業南雍，走從尹遊，共寢處百餘日，尹喜曰：爾大聰明，其以勳業顯哉。第本貴介公子，筋骨脆，難學我。我所以入道者，危苦堅耐，世人總不堪也。洛陽有野道張姓者，售僞誑世，而以聞見該洽，論辯雄肆，引重薦紳間。客南都，士庶慕而爭趨，軒車滿戶外。尹識其僞也，敝衣跣而往謁，隨衆尊稱之。張方危弁高坐，側侍者肩摩，傲岸不爲尹禮，顧罵曰：乞兒辱吾教。尹乃據東面，坐而謂曰：爾欲談道耶？我一任爾問。張曰：爾乞兒，吾又奚問？尹曰：爾無我罵，爾詿《悟眞篇》，恐天下訕刺爾者無窮已。張曰：然則爾曉《參同契》與《悟眞》耶？尹張目朗音，爲抽廣成壺邱延歷度紀樞奥，稍論序柱下五千文，暨內典華嚴楞伽、姬易艮卦彖爻，三教渾合之旨翩翻千百言。衆驚異悚聽，皆俗耳所未聞。於是始知尹之辯慧不羣，邃於元學也。尹歸倚牆立，自掌其頰者數十，恨猶有勝心。且道非可言，言則與道遠。因鍵扉寢伏久之，終南黃山人過訪，值尹睡正熟，謂弟子曰：謹貽爾師青衣鞋，我不能待別矣。又數日起，問曰：有友人黃來，渠何言？弟子獻所贈，尹曰：是預料我將遙適也。無何，劉瑾潛圖不軌，惡尹私有詆斥，羅而戍之關右。尹至戍所，過鐵鶴觀，騎一鶴，凌空而去。

彭輅《尹山人傳》（《金陵玄觀志》卷一）　尹山人者，北地產也，元世祖時爲天慶觀道士。其度牒綴之羊皮，久而尚存。成化間遊南都，髮累歲忘櫛，而自不團結，南都人呼爲尹蓬頭云。尹得邸寓，輒閉關卧，多者踰月，少選亦五六日，而後起居，常不飯，人饋之食，亦不辭。嘗造民家，會設餉客麵近四十餘碗，客有戲尹者曰：公能盡噉之乎？曰能。取而噉之，盡無留餘也。孫秀才臬曰：某伯父接山人市中，而賣瓜擔停焉，某伯父戲曰：公能盡此一擔瓜乎？曰能。即買而饋之，噉瓜立盡，無留餘也。戶曹員外李遣僕上病疏，一日辰刻，尹見其僕於北闕端門前，僕曰：命已下，主人幸得告矣。是午餐尹，報李曰：今旦端門前見使者，已得告，急束裝行耳。後僕還，核問果合。南北迢遞三千里，馳返纔一飯之頃，人聞而大異之。某御史當仲秋耗靡日，命其隸召尹來，隸曰：昨昔之暮，尹登大中橋觀月，兩鼻孔垂涕尺許，尹殆死矣，夫何召？御史笑曰：此爲鼻柱，非老病也。隸甫行，而尹已扣門入，蓋就其召己也。御史亦異之。魏國館尹於居第，嘗偃大榻晝睡，寤而語魏國曰：適遊姑蘇洞庭山而返。魏國愕不信，即出袖中兩橘畀之，其時南都尚未有洞庭橘也。南都一貴人之母，敬事尹，數數修供，進衣饌甚虔，既而所愛孫少未冠而病，沉綿尫瘵，諸醫擅時名者皆謝不可治。迺邀尹，力懇之，尹曰：此非藥物所能爲，我以太夫人遇我厚，不得已，費我十年功，爲爾一救。令置兩榻相附，昏夜縛少年之足，於尹足連屬數重，尹皷氣運轉，喉嘷嘷有聲，氣達湧泉，貫少年足，大熱，遍體流汗如雨注，臭穢畢泄。詰朝解其縛，而少年蘇蘇有生色，別授刀圭藥，徐服而愈。王文成公守仁試禮闈卷落卒業南廱，走從尹遊，共寢處百餘日，尹喜曰：爾大聰明，第本貴介公子，筋骨脆，難學我。我所以入道者，危苦堅耐，世人總不堪也，爾無長生分，其竟以動業顯哉。文成悵然惋之。洛陽有野毛頭張姓者，售僞誑世自矜飾，而以聞見該洽，論說雄俊，引重薦紳間。客抵南都，士人慕而爭趨，軒車滿戶外。尹識其僞也，斂衣跣而往謁，隨衆稱老爺尊之。張方危弁高坐，側侍者肩摩，張傲岸不爲尹禮，顧罵曰：乞兒辱吾教。尹廼據東面坐而謂曰：爾欲譚道耶，我一任爾問。張曰：爾乞兒，吾又奚問？尹因刺之曰：爾無我罵，爾注《悟眞篇》，恐天下訕刺爾者無窮已。張曰：然則爾曉《參同契》與《悟眞》耶？尹張目朗音，爲抽廣成壺丘、延歷度紀樞奧，稍論敘柱下五千文，暨內典、華嚴楞伽、姬易艮卦彖爻，三教渾合之旨，翩翩千百言。衆驚異悚聽，皆俗耳所未聞，於是始知山人之辯慧不羣，邃於玄學也。尹歸倚牆立，自掌其頰者數十下，恨猶有勝心，且道非可言，言則與道遠，因鍵扉寢伏。久之，終南黃山人過訪，值尹睡正熟，謂弟子曰：謹貽爾師青衣鞋，我不能待別矣。又數日，尹起問曰：有友人黃來，渠何言？子弟獻所贈，尹曰：是豫料我將遙適也。無何，逆閹劉瑾潛圖不軌，惡尹私有詆斥，羅而戍之關右。尹至戍所，偶過鐵鶴觀，騎一鶴凌空飛去。

張復陽

傳記

王建章《歷代仙史》卷六 張復陽，當湖人。初業儒，善詩工畫。從朱則菴學道，游金陵，止朝天宮，與尹蓬頭爲侶。後住餘杭洞霄宮，有虎從石壁中出，彌耳隨行，麾之不去。住二十年，乃還里，當事爲新一枝堂，建栖元閣以居之。宏治三年，八十有八，尸解去，仙樂滿空，異香經月不散。舉棺甚輕，至今以鐵索懸一枝堂後，如空罍焉。

武光輔

傳記

王建章《歷代仙史》卷六 武光輔，溧水人。性至孝，少失父，非母命不敢專。習學有悟，母令援監，勉從之，非其志也。及壯，以母老不仕，居常好遊山水，若有所尋覓。生有神力，能扛鼎。善畫竹，每以自娛，人不可強，讀書隨卷輒盡，但點頭微笑而已。母卒，遂學道。服方外衣，持竹杖，出入飄然。一日命肩輿曰，吾欲有所往。行數里叱歸，喚家人具湯，浴罷焚香，端坐而逝。月餘，里人自廣陵歸，聞其死，驚訝曰：某日在廣陵道上，與語良久，親見絲杖如平時。叩其遇之日，乃即其卒之日也。

弔桶大仙

傳記

王建章《歷代仙史》卷六 弔桶大仙，莫考其由來。宏治元年之秋，蘇城有王生者，常行至跨塘橋，昏暮無可投宿。道旁有土地祠，因入其中，伏香案下。約夜半，聞扣門聲，廟神令從衛問之，答云：告大王，明日大仙到此，可出接。從者入，白復令問大仙是何服色，云着葱褐衣，持斂桶，所謂弔桶大仙者也。王生聞之，且驚且喜，明日遂不行，危坐以伺。午後果有一髽髻道人，衣敝葱褐，手持一水桶而無底，至廟前，顧土地像，舉手拱禮便行。王生趨出，拜而懇曰：大仙度我。道人固拒之，拂衣而行。王生跟至南教場中，跪伏以請，道人曰：然則待我使汝，遂以桶置地上，以手旋轉之數匝，令王生視之，則一井也，水清且滿，中有游魚。道人曰：汝可下井取魚，倘得，吾即度汝。生畏不敢下，道人曰：然則吾取與汝看。因躍入井中，生急視之，道人與井，皆不見矣。

許三界

傳記

王建章《歷代仙史》卷六 許三界，宏治時平南人也。採樵自給，偶登山，得一衣，非布非褐，而渾身上下皆無縫。因衣之歸，衆見駭之，曰必仙衣也。因能言人未來事，禱晴雨輒應，信奉之者甚衆。制府聞之，以爲妖，懼其惑衆，使人逮至，覆之鐘下，厚環以薪，煅之徹夜。明日發鐘，無有也。三界夕已抵家，謂人曰，我去也，無爲若曹累。遂不知所往，人因立廟祀之，每著靈異。

樵陽子

傳記

王建章《歷代仙史》卷六 樵陽子，蜀青城山樵子也。姓雷，大足縣人。方誕育，有踞而募其門者，父母因呼之曰化緣。可二歲，二親皆亡，同里陳和養爲子。十餘歲，陳夫婦又歿，遂投青城山下童翁家。童又貧，無所得食，乃入山砍柴，售人以活。人持升米，或碗許米，市其柴盡一擔，樵子不計也。一日入山，天大雨雪，迷失道，所見惟高崖萬丈，古木架陰森，飛鳥都絕。忽一老人，鬚眉皓白，執拂招樵子坐。頃之，又一老人，貌頎腹便便，衣大袖紫袍，亦來共語。如是累月，並有所授。已，乃導樵子大樹下，曰：是中爾，前生所托也。設十二拜禮甚恭，號之曰樵陽子。老人既去，樵子徘徊岩谷間，時聞隔岸彈琴聲，或□聲，跡之無有也。結跏趺大樹下，凡百餘日，敗衣掩形，頽然槁木。採藥人過而怪之，頗以語灌縣人。羣走物色，識爲童家兒。曰是兒陷雪窖一年矣，乃能作如是相。事聞縣令，之山中臨問，所對班班應古記，非童子口吻也。自言吾前身在樹中，令人斫樹，樹轟然若雷震者，劃然而開，現委蛻焉。髮垂額，指爪繞身，其貌則樵子也。於坐處得一石匣，匣有文字，又有布衲，鐵冠緌。縣令下教製龕奉蛻，築菴居樵子。其名傾動州郡，士庶競來瞻謁。樵子遽能談人未來事，又能已人疾。來者益多，乃避於安縣之天池山。士庶復走天池，趾相錯，薦紳官僚，車蓋相望。而石泉鄧某，墨吏也，問丹何在，樵子曰：爲令廉而仁，是官人外丹。令疑誚己，名之妖人，上變告臺司追捕，事下成都逮治。樵子樸野，至則箕踞而誶。丞大恚罵，何物囚敢爾。痛榜之，無苦也。繫囹圄三月，獄上而觀察廉其非辜，事得解。遣還山，厥後凡開府及藩臬司至者，率召見，樵子不拒。會毗陵吳參政捧表過家，遂挾之來江南，止永慶寺。亦數過錫山龔方伯城南別業，稍一遊武陵西湖，所至人就徵未來事，及丐已疾者麇集，樵陽子不甚答，間露一班，即往往奇中。其在山專餌生黃精，出則火食，食止蔬茶。然終歲無便溺。素未名，因自名思道。未幾辭去。

遨蓬頭

傳記

王建章《歷代仙史》卷六 遨蓬頭，邱長春十代道孫也。名清淨，李徹度師之。先是李病羸，瀕死數四，問醫七年，而病日亟。一日遨托爲丐者，呼門外，背負一帛，大書云：大病行功，小病行藥。李因召視，遨以手摩其頂曰：從吾言則可治。徐徐抱之，凡坐七晝夜，而病霍然。

韓清

傳記

王建章《歷代仙史》卷六　韓清者，洛陽人也。幼好道，不修邊幅。常服氣鍊神，遨遊雲水。十歲操筆，便成文章。有女冠自華陰來，過其家，密授道要。因閉室精思，遂深元理，漸能分身隱形。雖遊學宮，傲然禮法之外。時時微露奇跡，人莫之測。有趙府君者，素重方術，見韓風骨明秀，知非凡流，深加禮遇。府君常喪妾，燕居獨坐，思與韓飲博遣懷，韓忽拱立於側。趙驚曰：生從何來？對曰：蒙公見懷，敢不趨侍。命酒數行，相與博戲。時方春月，庭中花開，韓以手揉之，和入酒樽，頓覺酒味殊常。忽吏解失火，衆奔救，府君登樓共觀，清持盃酒，向吏解噀之，火即滅。府君由此益敬異之。時清父爲縣藏吏，偶藏失金，縣令拘吏夫婦，並繫獄中。府君欲釋之，令不從。一日訊其事，吏夫婦囚首跪堦下，令勅門者，無容秀才闖入。清忽立案旁，令踞見，大詬，叱伍伯執之，左右素聞其神，共諫令，令曰：若多妖術，能代父償藏金乎？不爾，當并受拷掠。清曰唯唯，請假鼎釜。及至，清取令案上錫硯筆架盛水瓷甌之屬，一一餖飣於火，虞其不給，命拾堦下瓦甓聚其上。出袖中小囊，得藥二粒，投火中。良久，紫烟蒸鬱，充滿廳中，啓視鼎釜，都成上金矣。謂令曰：此神仙金，敵世間幾倍價。償藏之外，可羅粟賑饑，毋妄費也。令大駭曰：技止此乎。清曰：未也。引其袖一呼，忽見二女子，自階登拜，窈窕無雙，嬌歌妙舞，莫可形狀，須臾轉身，逼向令。令止之。清因取女子，還納袖中。令又問，清乃探其襟內，引出一龍一虎，風生雲起，哮吼拏攫，爭前作搏噬狀，跳躍向令，令急止之。清復取龍虎，還納襟中。令惶怖曰：止矣，吾見子之奇矣，無煩更設也。清曰：猶未也，公無懼，聊以劇戲耳。從左右索水一盂，清持箸噀之，俄有塵起，烟霧晦冥，胥吏皆無人色。頃之塵歛，視其庭，已成大河，波濤洶涌，清乃拾地上樹葉，作舟浮之，身登其上，父母亦共載焉。揮手別令曰：爲我謝趙府君，異日洞天相會也。刺舟冉冉入雲，俄而漸滅。衆皆仰視羅拜，倏忽天霽，縣堂如舊。令具以聞府君，趙遂棄官而歸。

雍泰

傳記

王建章《歷代仙史》卷六　雍泰，官至都御史，鎮大同。一卒犯盜當死，鎮守太監問之，泣曰：某非盜，乃異人所授煉銀之術，因而見疑。公活某命，以此術獻。太監不信，仍還雍公所，詢知大喜，陰令疏其方，試之良驗。縱其囚而棄官以歸。久之內事亦就，托云病死，家人葬於先壠，而公遁去。遊行江湖三十年。正德中，一卒遇公於途，拜呼不止，公曰：何悮也。曰：某事雍公，熟識其狀，公即其人，安能欺我。挽其衣不釋，公乃邀入肆，飲之酒，曰：勿向人道。有銀一封在几下，汝取之。卒醉，公得逸去。

吳羽

傳記

王建章《歷代仙史》卷六　吳羽，三秦人也。初爲行人時，奉命來荆襄，方至蘆溝，一道士前揖曰：公來四川，當至青羊觀相訪。及荆襄事畢，命往川中，公大駭。既而至其地，道士果來，坐談移時。後公歷任遷南京冬官亞卿，復遇道士，遂解官，不知所之。

吴夢暘

傳記

王建章《歷代仙史》卷六　吴夢暘，常薦順天辛卯鄉試，授定州守，不宜官，未一年，輒罷去。衲衣百結，爲五嶽遊。雖雨雪日，必走百餘里，人問何逐逐耶，曰師命我爾。爲人眇小雀躍，即里居，亦日環走諸山墼不休。可數日不食，寒暑一衲，雨不蓋，卧不被。常語人：吾每歲必三至河套。亦不言何所爲也。好青鳥家言，常爲人卜地，人尊奉之，有所餽金及鮮衣履，受之出門數里，拜使者，歸其主人，而獨剔取碎金分裹之，塞衲孔中，曰：足吾食矣。嘗過建平訪某，問翁今日何許來，曰宣城則已百里矣，而邑中形勢，及所歷山龍水原，悉已得之。時猶未下舂也，命具飯，曰：吾薄福，不任兼味，君即飯我，幸一肉。既見席設有重簋，潛起出，遍迹之，不可見矣。程介之阻雪山東逆旅，元夜獨飲，見敝衣老人來觀燈，神態甚逸，試招之，即上座，數酬，翩然起，了不關主人。程甚驚，尾之至一巨室，見男女羅拜，程問此何人，門者曰：若未識吴仙翁耶？程亦入拜，遂請侍宿，徐叩養生旨，不應，但於衲中捫蝨搯之。程問道人安得此，曰：業虱也，業除則我乃得不東西奔耳。且起，程辭去，曰不知何時復見，吴曰六月臨清道中耳。程私念，吾此行未卜還期，安知六月且臨清乎。及還，果六月，此至臨清，熱甚，觧衣蔭樹間，乃有冒絮蹩蹩來者，則吴翁也。相與珍重而別。又汪司馬，常偕方京兆、江方伯，謁吴問翁：既是神仙中人，亦常到瑤池否？吴曰：會必迎我，阿母出蟠桃，眞如斗大。問會與誰俱，曰：周公、仲尼皆在。問仲尼何狀，則如傳記所載狀貌衣冠。問神仙可得乎，曰：但憂不聖賢，毋憂不神仙。諸公相視，畏其狎侮，竟不敢復有所叩。其與人語，依於孝弟仁義。常自歌曰：至苦莫如我，至樂莫如我，至苦有至樂，説甚苦做麼。

劉偉

傳記

王建章《歷代仙史》卷六　劉偉，朝邑人。以鄉舉令文水，擢御史，所至皆不嚴而治，以厚德稱。父喪，廬墓三年，性好神仙。比疾，命其子曰：即死，毋埋我。及卒，其鄉人有自遠方還者，多從道中見之，寄問其家，其子因不敢葬。都御史韓邦奇，劉氏甥也，不信，屢促其子襄大事，子亦未忍違父命。久之，韓涖任山西，方視事，忽閽人持偉名紙入報，韓驚起，憲使張璉問之，公備言舅氏死已久，人傳仙去，某未之信，今通名紙者，即其人也。問其狀，閽人言此人戴古氊笠，青絹袍，一童子扶之，肩布囊，立門外。遂命延入，從中道緩步而前，韓公遙識之，遽起迎候，官僚悉下階揖入。起居無異平生，但簡言笑，問之則對。坐定，手接茶而不飲，坐中亦莫敢先發言。韓公起，邀入旁室中相勞苦，答曰：久別特遠來視汝。語及家事，頗作悲泣之狀。韓留欵不可，即起別去。謂曰：汝弟邦靖，可令速歸。出門復攜童子去。官僚相視駭愕，令人迹之，止一遠寺中。明日往訪，寺僧曰：昨暮有一劉知府，寄居方丈，言進謁韓公，即去矣。邦靖歸里卒。劉氏聞之，發棺視，惟一屨在焉。

岳嵩

傳記

王建章《歷代仙史》卷六　岳嵩，不知其從來。祥符縣有高彥節，去家里許，有別業，屋破敗無人居。忽一男子，自稱岳嵩，寄居其中。無行李僕從，亦不言其所自。更歲餘，周世子聞其人，遣使召之，不至。世子怒，令官校圍其居，盡日不聞人聲，乃破垣入，惟聞旁室內有呻吟聲，就視之，見一人以舊白布衣覆身，卧頹壁下，創甚，流血被面，瞬息將絕，容貌亦不是嵩，餘屋皆無一物。乃舍之而去。既暮，嵩忽叩彥節，言世子求我急，欲避之，久賴居停，恨無以報。就其家求得銅燭剪半股，銅筋一枝，置火爐中，良久，出藥一粒投之，即啓關出，再拜而別。彥節入視之，二物皆成良金。後五十年，高氏之甥周鏞，爲槐水驛丞，一日迎官，遙見嵩戴笠持藥囊來。鏞猶識之，相對問訊如平生，且自言今已易姓名爲邱山，偶尋友經此，倉卒別去。已而鏞驚悟嵩顏色不改，欲追之，已無及矣。

王敕

傳記

王建章《歷代仙史》卷六　王敕，歷城人。少有道術，嘗讀書卧牛山中，與一僧爲侶。每晨炊將熟，相與攜筐，同登高巖，採野蔬藥苗，使僧攜之先下，比叩門，王却自內出與開鍵。僧訝而叩之，則曰吾從間道還也。王後登鼎甲，自翰林出外督學省中，一日集校諸生，遙見白雲一片，起山頂上，急馳兩騎，視雲落處斸之，得白石子數升，圓瑩如雪，輦之而歸。令庖人剉碎，煮成腐羹，徧召諸生食之，甘美殊常。諸生請問何物，曰此雲母也。後以國子祭酒家居，前卧牛山僧寢疾，王往視之，問僧曰，此行願富乎貴乎？僧曰兼之。王曰惜也功行未滿，且着蜀王府中爲第二兒。因舉筆判其背上一行，僧便化去。是日，蜀府宮中，果誕次子，背隱隱有字現出，蜀王以手摩之，應手而滅。敕後尸解去。歷城人有自都下還者，道逢騶從，旌旗鼓樂甚盛，趨避之，敕從輿中呼謂曰：得非吾鄉某人耶，某被上帝召，不得辭家，寄語吾兒，有書數卷藏某處，可取而讀也。比至其家，而王以是日化矣。

青邱子

傳記

王建章《歷代仙史》卷六　青邱子，不知何所人也。隱於武當山，遊行天下，終莫測其年歲。嘉靖間，有王生者，好尋名山，博採方術，有高蹈遐舉之想。偶因秋晴遊縱，誤入一山，見林壑深秀，塢徑幽委，不覺愛翫忘歸。遂窮其僻，踐丹危，履翠險，或下或高，且數十里。隱映若有洞門在斷崖絕澗中，水流花開，風氣如春。徘徊良久，忽聞酣睡聲，披榛竊視，一老父枕石而卧，狀貌奇古。生察其非凡也，屏息竦立，伺其寤，急趨下拜。老人驚問得入之由，具告所以，賜胡麻飯與食，謂曰：世人不信神仙，汝能跋涉至此，眞可教矣。然子之先，不聞有七世祖王重陽者乎，吾即是也。子好道，以明年八月十五爲期，待我於西蜀琵琶峯下。今日方與南宮列眞，期會此境，須臾即來，汝乃凡夫，穢濁未除，可速歸去。生便叩謝而出，微聞簫管寥亮雲端，踉蹌下山。逾五日，始得達家。詰之於人，其先代果有重陽祖師，道成仙去，生則其雲孫也。生自飯胡麻，腹常不饑，顏色益少。轉盼間，明年中秋近矣，結行李而渡江，然不悉琵琶峯在蜀何地，一日忽聞舟中吟詩，有此峯名，亟問其處，曰：此即巫山十二峯之一也。因尋其峯，至中秋前一夕，露宿峯頭，以候仙駕。遲明望見淩空跨鶴而來者，前老父也。瞻仰作禮，父見生先在，笑曰：此兒大佳，眞有心之士哉。但汝骨格未就，因緣尚隔一塵，今止可學劍仙之術，游戲人間。吾非汝師，汝師是青邱子，見住武當山中，却歸往尋，必得其眞傳。生臨別，拜辭曰：不審青邱先生，居於武當何峯？老父曰：六株松下一茅菴，即其居也。生乃之武當，負囊獨上，緣磴攀躋，日向晚矣。忽見巖前蒼松六株，果有茅屋數間在焉。烟蘿四合，仄徑微通。叩門良久，童子出而延入，仰視青邱先生，秀髮厖眉，倚樹而嘯。謂曰：爾祖王重陽使汝來也。拜罷，遣沐浴畢，令住菴後淨室。堂中有藥鼎，高數尺，周遭封固，紫燄光騰，照耀林壑。生至，苐敎以守爐看火，添縮薪炭，不得擅離妄視而已。每晝則有玉女二人，青童二人，更番直應。生偶問及鼎中何物，皆笑而不言。先生已具知之，怒訶欲驅之去，衆皆跪請乃止，後遂不敢發問。久之丹鼎成矣。出其金液，可六百餘斤，分而爲二，又折之至七八斤而止，移貯大磐石上搗之，晝作夜息，漸漸而薄，因成鋏片。擇日鑄成六劍，懸於絶壁之下，以飛瀑濺激其上，歷經旬，劍質已柔。此六劍各有名，先生舉其一畀生，令童子開其腦後藏之，亦無所苦。又令齋心七日，盡傳擊刺之秘，命往青城山，結茆棲止。戒毋妄用，苐一不得作世間非爲事，致干天譴。又以其四，分授二青童玉女，其一自佩。生往青城山年餘，復來尋，則室廬如故，門戶緘鎖，寂無人在，問山中人，曰：青邱先生去且一年矣。生還，行過荆南，見先生混迹丐者之中。乃相隨同去，不知所之。

金竹

傳記

王建章《歷代仙史》卷六 金竹，字子虛，常熟縣湖南人也。少游庠序，有拔俗之韻。嘗館於李氏，其所居，在虞山下，時往登眺徘徊，每當月朗風清，曼聲長嘯，戛於雲表。平生絶不喜談人間事，衆呼之爲痴。其詩手不停揮，濡毫立綴，語多元勝，誇賞藝林。嘉靖三十年，倭亂初平，金悵然不樂塵世。一夕夢其前身之所處，恍惚舊遊，遂捨妻子出家。雲水後數年，有相識人解軍之雲南，事畢將歸，道經玉龍山下，旁有草菴，際暮投宿，望見庵主，綸巾羽氅，據繩床盤膝而坐，視之，乃里中金秀才也。顏色轉少，鬢如青絲，因攝衣下拜，通鄉里姓名。金與錢數十文，令詣村店進酒食，仍來安宿。解人既獲醉飽，其夜寢於菴內繩床之側。初就寢時，見金取其襆中傘張之，兩手搖轉不停，如此竟夕，恍惚若夢，耳中但聞海濤洶涌之聲。凌晨寤而起，視其身，却卧於楊子江岸、西津渡口，自暮及朝，已達萬里。其傘室中有附書數行，寄語家人云：浮踪浪跡，勿以爲念。又數年，有人見之於終南山。

裴慶

傳記

王建章《歷代仙史》卷六 裴慶者，姑蘇人也。織機爲業，因婦不德，棄之行乞，夜宿於憇橋巷中。一日乞食，還時大雪數尺，忽見路旁蓬席之上，絶無分寸，其氣如蒸，恠而視之，則六七丐者在焉。慶便入拜曰：下界愚民，稽首大仙。衆丐搖手笑曰：子痴矣，吾屬乞兒也，何知神仙事乎。慶再拜叩頭不已，強乞破甌中殘瀋啖之，以舌舐盡。歸而身輕，攀牆援樹，幾欲淩虛直上。鄰里聚觀，叩以方來休咎，言無不驗。有親故入楚，登武當山，路遇慶，附信歸里，人咸謂慶終日在吳市，未嘗遠出。又張眞人常遇之武當山上，視其足，躡虛而行。異之，問其姓名，答曰：我姑蘇裴慶也。至燕，於驛夫中見之，眞人求敎不答，至跪請不已，乃踞上坐，劇談，夜分隱去。一日擔街上破草鞋，壘成小洞，方廣丈餘，端坐其內，扃塞洞門，吐火自焚其身，居民共見烈焰中，慶騎白鶴昇天而去。

彭明府

傳記

王建章《歷代仙史》卷六 彭明府，永新人。少好道，不樂爲官。雲水羽流，居常滿座。一日有道士闖入其室，彭起延坐，徵姓名，曰我馬西風也。彭顧左右進茶，道士曰：貧道從武夷山來，攜得旗鎗數葉，烹之已熟，請出奉餉。取懷中葫蘆瀉之，香茗二甌，甘冽殊常。飲罷，彭又顧左右置酒。道士又曰：酒亦貧道所有，是湘中醽醁酒也。別注一壺，如鶴股傾之不竭。復出肴核，並珍怪之物，彭大驚。至暮告別，固留之不可，曰：子所交者，非吾侣也，能從我遊，請以明晨會於某坊，可乎？彭許諾。道士忽擲盃梁上，化爲雙燕，飛鳴啾啾，衆咸駭視，回顧座中，已失道士所在矣。彭大喜，通夕不寐。黎明而興，如言訪之，道士已先在坊下，顧而謂曰：子眞有心哉。趣與俱行，可數十里，至一幽絶處，泉香石翠，花媚草靈，望見綉幄丹崖，高出天半。彭心訝其非世間也，忽起家念，曰：某來時，未與妻子言別，師能容我暫歸乎？道士長息而語曰：信哉，凡夫之難度也。子歸則歸爾，何云暫耶。彭叩頭悔謝，道士出囊中紅霞米二升，賜之，戒曰：煮三粒作湯，可療百病，勤行施捨，愼勿秘惜，米盡則子遷化之期。言既，瞥然隱去，彭乃悵惘而還。以米施人，果多異騐，壽至百餘歲。米將盡矣，乃呼家人治具，邀親昵賓遊，燕會數日，沐浴衣冠，與衆辭別，俄聞室中異香發越，端坐而化。

蕭勝

傳記

王建章《歷代仙史》卷六 蕭勝，祖居邵武，初爲農夫，力行孝道。後遇仙，飲以墨水，便博通文義。且教以理學數學，在羅近溪諸公處，論學頗得其奥。黄州林子木，過邵武，往訪之，問以所疑，皆不言而喻。年九十七，尸解去。

菜道人

傳記

王建章《歷代仙史》卷六 菜道人，不知姓名，寓居汝寧。蹤迹頗異，時事爐鼎，不飲食，冬夏惟啖菜，人因呼爲菜道人。人以乞金求者，爲索銅鐵，已而皆以金還。一日有求者，復索銅，其人貧甚，無從得，道人曰：取君家釜來。其人持至，道人碎之，只取數兩，探囊中藥拭其上，令自煆，頃刻火息，皆良金也。祝枝山云：有某與之善，予鄉周公震守郡，某因言於周，周固邀之，方入郡衙，周祈其術，道人遜謝而已。某曰：先生嘗記元初事乎？道人搖首曰：我豈知所謂開元初事耶？既而別去，扶杖偃蹇行甚遲。某語周，遣人尾之，見道人出城，屢回顧又遲行，比至曠野，顧人已遠，即擲杖馳去，翔鳥不及，遂不復見。

蒲仙

傳記

王建章《歷代仙史》卷六 蒲仙，不知何許人，遊於浙。少爲人傭保，俄辭主人，行乞里中，露處人家簷下，雨雪不侵，冬夏無衣，取蒲囊五六領連綴而裹其體。嘗在嘉興角里街上，出入往來，不擇淨垢，每天將雨，輒臨池自浣其蒲，以是爲騐。里中有疾者，摘蒲施之，煮湯服立愈。一日，過湖州村落，入人家乞食，其人已入山販茶。蒲仙在其家食畢，因卧於簷下，氣息如蒸，抵暮索筆題蒲仙卧此一日六字於壁間而去。及販茶人歸，云此日入山，遇二虎，幾不免，踉蹌而出，見蒲仙於塢口，挾兩貍，置肩而行，安得卧此地乎？歲餘，不知所之。

劉黑黑

傳記

王建章《歷代仙史》卷六　劉黑黑，東齊人也。萬歷三十年由泰州渡江，來遊虞山，止泊無所，衣服滓敝，狀若風狂，號爲垢仙。後入姑蘇，晝曝夜露，蓬首穢形，每風雪連旬，市人慮其已死，就視無恙，氣汗流蒸。歲餘忽不見，尋求在齊門外。後住太倉，最後至松江黃浦，老少圍繞之，便走入蘆花叢裏。穴地而坐，委曲隱蔽，不火食者經月。或叩其道，曰：吾有弟子在蘇州，可就而問也。忽一日死，村民火其尸。後數日，有見其坐泖灘上，折蘆一枝，掠水而去。

林道人

傳記

王建章《歷代仙史》卷六　林道人者，不察所從來，亦莫知其名字。從純陽祖師受指石成金之法，能令頑石瓦礫草木、人間所有之物，應手而變，不事鍊合。然以救濟貧乏，未嘗自潤也。萬歷中，在延平府，沙縣黃別駕某罷官歸，頗樂方術，延之於家，禮待甚渥。有貪夫求其術不得，陳狀訐之，守遣分捕，而林已在門矣。遽令召入，林秀眉美髯，丰姿出格，守望見心異之。謂曰：若有何術，能立就黃白乎？林曰：貧道非爐火術，亦不幻惑貴人，但以賑救乏絕而已。公既欲試，惟所命耳。守即戒左右取水銀與之，計重二鎰。林請水一噐，投水銀其中，以手揉之，少頃澄水，已成好銀。守大驚，亟呼銀工，就地爲爐，依法燒煉，果竟不變，乃厚禮而遣焉。辛卯，雲間董其昌至閩中，會林於別駕處，遂取盤中梧子一粒授林，方茶次，林便投入茶盌，隨手所指，立變爲銀。徐以匙挑出，舉座驗之，無不駭愕。董曰：梧子化爲銀矣，銀獨不可復化爲梧子乎？林接取，再納茶盌，良久出之，故是梧子也。如此者三，林曰：此眞銀矣，五百年後不復變也。董乃藏諸袖中。於時延平官僚，咸欲就林傳術，卒不肯授，從容謂董曰：某之術，通天地，役鬼神，非其人不妄傳，觀學士神骨非凡，稍有道分，當不靳指示。但某常拯救人，以陰功及物，須藉學士高文，流傳閩中，請從此地逝矣。董許諾。中夜思：吾爲此人立傳，萬一事敗，豈非名節玷乎？且吾自有名教，寧能藉黃白之術以濟世哉。明日遣家監持輕吹二端，織履一緉，送林留別。而林已逆知之，乃迎而謂曰：爾主昨許爲我作傳，夜半生疑，然仍遣幣致敬，終不失爲長者，因受其禮。曰：某亦欲附薄儀報謝，乃於脚下碾一斷瓦，約重十二鍰，取紙包裹，以授曰：聊用奉酬學士，然愼勿途中開視也。及抵行舘，發其所裹，上金燦然，宛是斷瓦之狀。林所居深山邃谷無人跡處，往來於城市，每寓別駕家，日費數金，並以濟乏。忽一日，駕柴車遠出，役夫跪而請曰：仙官濟人之功廣矣，如某貧若此，忍不援手一救耶？林爲之動容，令求一片石，役夫就地選取大者，秤之重七斤八兩。林嘆曰：嗟乎，福薄之人，何以當此。役夫叩頭再四，林不得已，強舉一指指之，即脫其腰纏束之，戒云：抵家方可開也。役夫行至半途，覺腰中極冷，因輒開視，乃是七斤半白鹽餅耳。鬻之，得錢八十文，僅酬一日之勞。董嘗叩其大要，云曾鍊一神，不委不名，欲呼之，但用右手食指，書神姓名於左手中指背上，止二字，神立至矣。自言讀黃庭內景，別有旨歸，每於靜夜，密呼五臟神名，其神自出，宛若人形，並長寸許，行動如常，衣色精采，其分明者，容髮皆具，是神無病。如或一臟受疴，則此臟之神，颯萎不振，急召使入，忙用點檢工夫，逡巡再呼之出，便不復爾。又言呂翁蹤跡，近多在幔亭峯下，常溷僕夫樵子之中，時人莫之識也。

周三畏

傳記

王建章《歷代仙史》卷六　周仙人，隱陝西延安府葭州深山中，世無知者。修煉多年，斷穀不食，日飲凈水三甌以爲常，便溺俱絕。間用法水，療民疾苦。其水止取一滴，滴入凈瓷罐中，攜歸則盈罍矣，煮服之，應手而愈。由此遠近稱神，有司上其事於延安開府鄭、榆關大帥李，數遣官吏，入山敦請，車騎旁午，不至。最後以裨將往強之，乃出山。既達榆林，時萬歷甲辰冬十月，西北極邊，地且凍矣，而仙人氣如蒸，面有微汗，視其貌，可十六七歲少年，身被百衲，首戴七星帽，以七金鈴綴於帽簷，又用金圈束其額，金鐶貫其耳，髮皆鬒黑卷起，一如頭陀之狀。仙人見中丞及元戎，抗手長揖，叙世間賓主禮而已，揖罷，不登席坐，結跏趺於地。叩其胸中，古今事無不曉暢，二公大驚，幕下賓僚無能應對者。時有四明人吳一鯨，頗稱博洽，方客中丞幕下，命往質難之，仙人與吳生酬論，邃古以還，六合而外，吐納如流，傾湫倒峽，一鯨聞所未聞，中心悅服，口屈不復置對。偶論宋史，及岳家父子事，仙人即大慟，淚下如雨。明日復語及，又慟如初。座人或徵時事，不對，叩以國家運數，僅答尙繇遠三字，餘不肯言。是日中丞移仙人於城西玉皇閣，陰使人守之，日惟供水三甌，他無所須也。軍民求法水者，絡繹喧填，門如霧市，俄而法水不給。仙人索紅棗代之，開府大帥，各送棗二石，命置於閣下，乃召病者，登閣取棗，仙人出棗於袖中，次第給散，其下八筐之內，空無有矣。中丞益奇之，常因參禮，屏左右，質其姓名年紀，仙人默然，不得已，強應曰姓周。晝夜環衛於閣上下者百餘人，是夕，忽不見。衆皆惶懼，二公相顧失色。數日後撫帥兩府內，各見空中墮下名刺一束，中有周三畏拜謝五大字，餘並空紙，因知三畏是宋賢臣。相傳秦檜先曾命其鞫勘岳帥之獄，三畏棄官入山。仙人即三畏也。後榆林人服其棗者，終身無病，爭繪小像，龕事於家。

藏拙翁

傳記

王建章《歷代仙史》卷六　藏拙翁，從武當來南海，寄居白雲山寺中。凡七日一食，餘六日飲水而已，以此爲常。駱用卿爲令，叩以天文地理、修煉服餌之術，無不精曉。會歲大旱，結壇祈雨，如期霑足。贈以金帛，悉不受。間以黃白之事爲請，翁即以足蹴泥淖，置火中，以銅鐵投之，悉化金液。一日用卿訪翁，坐定遽起，言適有緊急公文，將移新會令徐乾。翁即請公文，及用卿手書納懷中，默坐逾時，探懷中，出乾報緘，及印信公文，俱在焉。用卿大駭異之，且暮虔拜請教，翁曰：君惟地理一事，稍可指授，若天文則有國禁，修煉則剝喪既多，且必不能棄人間事，無徒自苦也。遂攜用卿登山，指示龍脈沙水、起伏向背之勢，其言甚畧。不久，用卿以朝覲至京，道士亦去，用卿遂以地理名天下。常至武當物色之，竟無知者。

鄧雲峰

傳記

王建章《歷代仙史》卷六　鄧雲峯，寄跡山西。有一妹，俱隱靈邱邑南深山中。山故多松，即晴和，雲氣不絕。鄧與妹各居一峯，無舍宇，冬夏坐山岩間，採藥爲糧，人無知者。偶一老樵過其側，見鄧巖內，貌如嬰兒，鬢髮皓白，呼樵與語。久之樵腹饑請歸，鄧乃撥草莔下，出巨芋二枚，使服之，樵食之甘美，且氣蒸蒸然，如初出水火者。而鄧左右無竈，心竊詫異。鄧已逆知，笑曰：子疑所食乎？老夫不吃世中烟火，饑啖松栢有年矣。時山中朋儕過餉山芋數枚，與妹未食，子有緣得飡，何深求爲？樵請見其妹，鄧亦不拒，顧前峯呼之，倏聞松杪風起於雲霧中。見一女子，方二十許，髮垂背，顔色明艷，衣鹿皮豹裙，赤足，提一筥，滿貯藥苗，至鄧前並坐。因詢鄧曰：坐談許久，餉客乎？鄧白前語，妹曰：彼世人，焉辨此。予適得一佳味，値客來，當出共之。乃從筥中取黄精三條，壯逾搗衣杵，樵分其一，入口毫無苦澀，漿液迸出，冷然灌頂，覺神氣迥異，肢體漸輕，心大了徹。時日已晡，告歸，約再來。及抵家，其子婦已訝相失三日，樵大驚異，始知所遇乃仙也。是夜聞穀氣，不能下咽。遲明復就鄧求長生訣，鄧終勿告，遙指松際曰：吾妹來，子宜請。樵甫轉首，蚤見鄧偕其妹，騰身峯頂，拍手笑曰：老樵歸而復來，誠道根深厚。今不用苦求，更三十年，可會於恆山果老嶺上。須臾雲氣飛揚，不知所往。樵自是即隱鄧岩下，搜得棕團一，瓢一，日服松葉，畧無所苦。居年餘，回家告別，備與里中父老，述鄧顛末，乞爲治祠。衆就其地營造宮室，名曰鄧峯寺，樵苦人跡雜遝，隨入恆山，不知所終。

彭幼朔

傳記

王建章《歷代仙史》卷六　彭幼朔，名龤，不知何許人也。萬曆丙戌丁亥間，寓蜀之銅川，自稱鄒常春。時顧雲鳳爲州守，異其人，物色之，戴高簷帽，乘輿以來。與語，詭激多奇。又七年甲午，來吳中，稱江鶴，號甑甎子，攜其妻寓雲間。常出游旬月，妻蓬髮閉戶，迨其歸，始櫛沐。交士大夫，多言其居官時事，每及正嘉間鉅公，輒曰：某某吾門生也。已而往長安，其妻卒。又數年，游楚中，自稱祝萬壽，號海圍。承德諸生，從之學舉子業。應山楊漣，爲其父卜葬，勞劇成疾，數月垂死。祝來往視之，頮其面，大呼楊二者三，脣微張，袖中出藥一粒，納口中，氣息惙惙，夜分而甦。明日諸生就漣家享祝，漣從床上躍出，飲啖如常，人皆駭曰：祝老能生死人也。癸卯元旦，試諸生，批漣文後云：但得三人同一口，九霄之上便飛騰。漣果以是科鄉薦，主考與房考，名俱有口字，故云云。又二年，來游吳中，用服氣法授人，說百餘年朝野事瞭如指掌，與人言依於長者好爲人排難解怨。祝後復聘中貴家女，性好清修，長齋誦金剛經。翁亦從其佞佛，時時作有爲功德。其語音似江楚間人，然竟莫知其由來也。天啓中，楊漣以給諫劾魏奄，大獄連染，翁出橐中裝助其家。又懼禍，改馮姓，往依涿相以居。丙寅歲，至金陵，依李沮修，卜壽藏於龍泉山。經營甫畢，集友朋告別，談笑而逝。既殮，其妻闔戶自經，人爲合葬焉。後兩月，有人乘馬，夜扣沮修門，投書而去，發之則彭翁手書也，手跡如生平。又一年，有人見之登萊山中，僕從車馬甚盛。或嘗問翁何故數更姓名，曰：此古人逃刼法也，刼數將到，變姓名，遁五百里外，鬼無從攝我，便過一刼矣。幼朔有女，嫁膠州高太守鏘，其詞翰高氏多有之。

邱了顛

傳記

王建章《歷代仙史》卷六　邱了顛，江南仙僧也。本和州人，著異明泰昌天啓時。相貌偉特，鼻柱貫頂，目光如電。生而喪母，數歲，聞有哭母者，曰：吾母何往？由是朝夕思，兀兀如癡。壯業屠，賣肉不問價多少，唯其所割。人咸以顛目之。無何，有鉏地得佛像者，即棄屠，請其像戴於首。夜誦佛號，持準提咒，脅不至席。後遇異僧過歷陽，爲之染剃，字之曰了顛。行腳齊魯閩粵，數年歸，顛益甚，語無倫次，多中人隱。每食必盡二三升，或數口不食。人召之飯，飯畢，以餘粒呼鼠百餘來就食，麾之即去。金陵城北鼓樓，踞高阜，軒窗四豁，顛坐卧其上。時鐘樓有胡風子，徉狂飲啖集所擇，顛每相與語達旦。從而問道者，不知其何語也。顧鄰初太史，以其疾詢，顛不應，指園中太湖石曰：好一塊石，可惜枯了。太史喻其旨。又民間有一女子將于歸，忽患蠱脹，顛以兩手抵其胸，女腹中熱如火，遂利黑水斗餘而愈。張侍御初抵任，進三山門，顛於輿中拉之出，大喝曰：等汝久矣。左右辟易，侍御榜之十，送西城獄。顛喜曰：好了，還他了。獄囚病疫，卧纍纍，顛命汲井水一桶，以土攪水中，呼囚各飲一盃，病如脱，懽聲雷鬨，司城悞爲刼獄也。因申臺司釋之。是年天中節，辭衆入江，送者數百人。

麩子李

傳記

陳教友《長春道教源流》卷七　麩子李，正德間太和山得道者，以其辟穀，但噉麥麩，故名。荆藩永定王慕之，遣十校移文參藩董是山者，禮聘以至。寓嶄武當宮，衣破衲，不食。王屢迎入宮，祈長生訣，皆不對，但云儒者修身齊家，此長生訣也。賜金帛甚厚，皆委棄不顧。已辭歸，王仍遣十校送之，令索書報命。至漢口，卧舟中，忽不見。校奔至山，見李坐捨身巖險絶處誦經，遙爲拜泣索書，又不見。後復遣校至山，則云李尸解矣。校於歸途，又見李持鉢行如飛。亡何，王以干宗正條，幾覆國，始悟李語非漫然也。《續文獻通考》。○《武當山志》云：麩子李，屠大山中丞奉詔修太和，曾訪之山中。按此亦全眞道士，武當係全眞派也。

王道成

傳記

陳教友《長春道教源流》卷七　全眞王道成，河南人。成化間遊平涼，居崆峒山問道宮，靜修四十年。又知黃白術，百歲以上人貌若五六十者。能啗巨豚，肩粟至數升，飲酒不醉，行步如飛，鄉人悉宗之。弘治年，建修三清殿。正德七年，又起玉皇閣。總制張公以師事之，號爲王全眞。正德九年，羣執役者見出貲侈厥宮院，乘夜暗劫，全眞先知之，命賈徐二弟子匿林中。二生強師避之，師曰：吾有宿命未還，汝急往。移時賊果至，挾財將出，全眞斥其名詈之，賊懼敗露，持斧破其首，血皆白膏。是夜全眞夢訴于張軍門，遣兵尋捕之。踰年，始獲眞盜。是旦，途行入亦有見其像者，與夙昔無異。後嘉靖十四年，江西朱仲山商于川中遘疾，得道士療之而愈，與以金帛不受，乃謂曰：吾崆峒道士王全眞，增修老君閣，中有絢像未完，爾可敷金。商至宮，始知王全眞逝。乃爲建閣，並裝貼塑像。人始信全眞脱化而去，益崇其祀典云。《崆峒志》。

鍾丫髻

傳記

陳教友《長春道教源流》卷七　鍾丫髻，百十四歲，尚丫髻，故名。丁未冬，上親賜見，命居白雲觀。明王世貞《鳳洲筆記》。○《弇州續稿》有游白雲觀記云：鍾丫髻，短而黧，髮強半白，問其年，曰不記也。固叩之，則曰吾生十三歲而有土木難，依稀從長老說之也。則百十四者，信矣。問何以壽，則曰：天可憐活爾許年，吾無術，惟不娶，不多飲，不怒，不識數耳。余心服其語，簡切匪妄。以此核之，土木之變在正統己巳，年十三則生於正統二年丁巳，至嘉靖二十六年丁未，計百十一歲云。百十四者，世貞記時蓋在嘉靖二十九年也。

孫玄清

傳　記

陳教友《長春道教源流》卷七　孫玄清，號海嶽山人，青州府壽光縣人。自幼在嶗山明霞洞出家，禮李顯陀爲師。後遊鐵茶山雲光洞，遇通源子，授以昇降天門運籌之法。年十九歲，即墨縣太和眞人擕住黄石宫。玄清苦煉二十餘年，復遇斗篷張眞人，共談修眞口訣，遂豁然貫通。嘉靖三十七年，至京白雲觀坐鉢堂一載，大著靈異。値京中天旱，求雨有效，賜護國天師、左讚教主、紫陽眞人。隆慶三年六月上昇，壽七十三。玄清本龍門派四代孫，後別立法派名金山派，因在嶗山修眞，亦名嶗山派。國朝梁教無《玄門必讀》。

李夢仙 李赤肚　李徹度

傳　記

笪蟾光《茅山志》卷九　李道人，黟縣人，父母皆夢一道人入門而生，名夢仙，以正德庚午生。父故雄於貲，道人暱妓鳳仙，年至四十，幾死。有一丐者呼門，自稱清淨邀蓬頭，爲邱長春十代孫，指北海牢山爲居，教以修煉法，更名一了，偕之登天目，屬之曰：咄咄，善守而道，黄白男女，皆惑世罪業，汝其戒之。忽不見。道人遂勸妓爲道姑，棄妻子，雲游西粤湘山、楚太和山，散髮嘯歌，衆莫之識。時閆希言在山，獨識之，相得甚驩，朝夕修證。閆往茅山，李忽投清涼澗中，捧腹大笑，從此遂不衣，嚴冬亦然，故以赤肚名。十年遊終南，又十年遊匡廬，三年始入茅山，而閆先一年尸解矣。欲師江文各，文谷不受，遂拜空而師閆。復着衣曳履，混於衆衲，衆衲不爲禮，更號徹度。遇病者，不假藥餌，或呪或咽或噀，無不立愈，衆稍禮之。東南巨室，咸倚爲命，延之就之者，車馬錯於途。談道一本於無欲，問仙搖首閉目，曰不知不知。嘗坐燕口洞三年。王荆石先生宿大茅峯，夢一道人坐斯洞，覺而馳至，遂肅拜焉。里中有新，必獻之洞，不獻必有夢迫之。化於萬曆己未八月，年一百十五歲。

陳教友《長春道教源流》卷七　李赤肚者，徽之黟人，或稱徹度。少負奇特，遊酒人聲伎之間，揮金無所惜。年四十，挾王鳳仙客鳩茲，病羸瀕死。一日，有丐者呼門外，鳳仙召之入，丐者以手摩赤肚頂曰：從吾言可治，不則死。赤肚伏枕首肯，丐者索凫蛋五十枚，酒一甕，以右手援赤肚摟膝上，左手且剝且吸。初摟時，赤肚肢骨砉然有聲，徐徐抱之，凡坐七晝夜，而所苦霍然。赤肚跪請其姓名，曰吾乃邱長春十代孫清淨邀蓬頭也。遂掃室焚香，稽首稱師，卒爲弟子。悉教以還丹修煉之術，而更名一了。居三年，與遊天目山，忽語赤肚曰：善守而道，黄白男女皆旁門惑世，罪業滔天，汝其戒之。言訖而去。赤肚尋別築石南菴於萬年縣，居鳳仙爲道姑。而雲遊海內，初入全州湘山，更入太和山，散髮長嘯。遇閻道人，見如夙識。閻道人即弇州所記閻蓬頭者。之茅山，屏居一室，忽出，投清涼澗中，見者驚救，赤肚方泛泛若凫，捧腹大笑。遂不著衣，嚴寒大雪，尤見眉頰間汗簌簌下。已入終南山，與銅帽道人爲侶。銅帽者，年亦數百，不知何許人，以戴銅帽，故名。又十年，出遊廬山。住三年，再入茅山訪閻，閻已先一年尸解。茅山故多遊衲，赤肚更著衣履，混諸衲中。少試功行，始相顧而嘻，已少試治病，病立愈，相顧而驚，稍稍有和尚奉爲師者。自是名熾遠近，問病者絡繹千里，王公巨卿爭致饋供，赤肚皆謝去。治病不假藥餌，視色行法，如其師法，以七日爲期，重者再七日，又重者用符呪，僵者立起。或叩以仙術，輒閉目搖手曰不知不知。每坐定，輒叩齒塞兑含液漱漉漉而咽之，以後摩面梳髮，一日能九食，亦能九日一食。飲一升醉，或數十升不醉，葷蔬俱適口不擇。太原王公荆石云：師得度世術，今春秋八十九矣，貌若四十許人，眉宇嘗有氣出如雲烟。師適出二像，屬題彷彿若張果、邢和璞。忽老忽少，變幻不常，贈以詩云：三度逢君鬢未星，從知大藥九還成。煙霄路迥翔黃鵠，參井捫來下赤城。彩筆行吟高意氣，青囊市隱足治生。相期五嶽朝真去，爲問何人向子平。《黟縣志》：按遨蓬頭名清淨，李赤肚名一了，此用龍門派字爲名。

李赤肚 見李夢仙

李徹度 見李夢仙

閻希言

傳記

王建章《歷代仙史》卷六 李徹度者，徽之黟人也。年四十，遇異人，授以還丹修煉之術。嘗與登天目山，謂曰：「咄咄，善守而道。黄白男女，皆旁門惑世，罪業滔天。汝其成之，毋貽後悔。」言訖不見。李感其言，奉道彌謹。常至留都，公卿士庶，迎訪若雲。隨所棲止，絕無揀擇。尤喜爲人治病，不假藥餌，以符咒噀之，起死回生，捷於和緩。其談道一本無欲，所授法蕩佚簡易，多與儒通。雖愚夫婦，可與知能。至問以仙術，輒閉目搖首，曰不知。其意謂慾未盡，絕談無益耳。其性簡談，毫無所嗜。能九日一食，葷素唯適。歡笑竟日，且琴且歌，超然脫離能令學之者，奮而不怠，甘而不苦。贈以金帛，多不納，即納，悉付其弟子作功德。年九十一，而髮加元，步履加健，容愈豐潤。楊道賓曰：予迎道人署中，終日坐對，共談濟世出世甚詳。又與余言常依忠，與兒輩言常依孝，大類嚴君平。乃知元何曾病儒，而病儒者，皆元異類也。黃白彼家，亦稱元可乎。軒轅問道廣成，帝堯問道齧缺，其治平皆法萬世。元於儒何負哉。茲因道人特購道書一帙，徐聽疏釋，恍乎若失也。嗟乎，平叔一書，解則悟眞，不解則悞人。蓋諺詳之矣。

王建章《歷代仙史》卷六 閻希言，不知何許人。頂一髻，不巾櫛，粗布夾衫，履而不襪。爲人疎眉目，豐輔重頷，肌肉充實，腰腹十圍，叩之如鐵，秤之重可三百斤，行步健迅。盛暑輒裸而暴日中，不汗，窮冬鑿冰而浴。喜飲酒，量不過三四升，酣暢自適，則歌道曲以娛坐者。食能兼人，不擇葷素，嗜蔬而安粥。人奉之幘則幘，奉之衣則衣，予之金錢，亦置袖中，轉盼即付之何人手，不顧也。出則童子噪而從之，往往手袖甘果爲餉，故從者益衆。然絕不爲人道其所由來，叩之以延年中舉之術，亦不應。唯勸人行陰騭，廣施予，勿淫勿殺，勿憂勿恚，勿多思而已。後遊金陵，過毛百戶家，飯畢，謂其徒曰，我欲得湯浴。湯至，凡三浴而後爽然，命移枕蓐地坐，曰：道人不當卧床也。已覺，氣息漸微，驚問：道人得無欲去乎？曰：既知之，何問。又問：有所言否？曰：我何言，窮理盡性，以至於命，齊家治國平天下而已。遂瞑趺坐不僵，浹日猶暖，汗沾鬚若璣，三日入龕，移至乾元觀。時啓龕視之，蓋百日猶若生也。弇州山人曰：道人以甲申之冬，過我弇中，酒間忽謂余：吾家山西，二十七八時，行販燕市，資足自給，常因房室過度，成瘵且死，獲遇我師，誨之坐功，得無恙。且謂汝欲不死，亟去家毋問。當是時，有一女而置之，今都不憶吾血屬，惟憶吾姓閻。度其時，蓋在嘉靖乙未丙申間。余謂道人無住爲主，無戀爲本，無相爲宗，其眞有道者耶。道人常言，道在正心誠意，格物致知，存天理，去人欲，便見心中樂處。又曰：道在惟精惟一，允執厥中，中即誠，不誠無物。又曰：心無不存之謂照，欲無不泯之謂忘，當忘湛然即照，當照絕塵即忘。纔覺念動，即融妄歸眞。又曰：喜中知止則不喜，怒中回思則不怒。能咬得這二字，便入忘境。又頌云：吾道精微在一誠，不誠無物道難精。寂然不動無聲臭，恍惚之中見本眞。又曰：自知有念終無念，誰識無情卻有情。凡古今窮通，得喪置勿談。即他人談及，置勿問。嘗諭人曰：若能存好心，行好事，便做得好人。其所告人，皆日用常行之道，就其所業而語之。又曰：窮理盡性，以至於命，此是大道工夫。修身齊家，治國平天下，此是大道門路。眞正大英雄，人不過如此。

笪蟾光《茅山志》卷九　閻道人者，不知何許人也，其投刺人稱希言，人與之書亦稱希言。頂一髻，不巾櫛，粗布衫，而無袒服，履而不襪，疏眉目，豐輔重，頤色正紫，腰腹十圍，叩之如鐵，重可三百斤，行步輕捷，雖少壯不啻也。盛暑赤裸而曝日中，不汗。窮冬鑿冰而浴，又令人積溺缶中，浴之出，使自乾，嗅之殊不覺膻臊。以故所至者異之，目爲道人。以其不巾櫛也，又目之閻蓬頭。諸慕道者，咸以奢呼矣。道人亦不辭，或坐不起，拜之亦不起，然未嘗求伸於不知已。喜飲酒，量不過三四升，酣暢自適，則歌道曲以娛坐者。食能百人，不擇葷素，第嗜蔬而安粥。人奉之幘則幘，奉之衣則衣，予之金錢則亦寘袖中，轉盼即付之何人手，不顧也。出則童子譟而從之，往往袖甘果爲餉，故從者益衆。問道人百歲乎，曰然。問且二百歲乎，曰然。問元時嘗爲安慶路總管乎，曰然。或曰道人不過六十耳，何誑我爲？曰是誑爾也。竟無以測也。然道人絕不爲人道其所繇得，叩之以延年沖舉之術，亦不應，唯勸人行陰隲，廣施予，勿淫勿殺，勿憂忿恚，勿多思而已。萬曆十六年十月十三日，日下春，過毛百戶俊家，飯畢，謂其徒：我欲得湯浴。湯至，凡三浴而後爽。然命移枕蓐地，坐曰：道人不當卧牀也。已覺，氣息微，始驚問道人：得無欲去乎？道人曰：既知之，何問。又問有所言否？曰：我何言？窮理盡性以至於命，齊家治國平天下而已。遂瞑，趺坐不僵，浹旬猶暖，氣色休休然，汗沾鬚有若璣者。三日而入龕，七日而移至乹元觀。時時啓龕視之，蓋百日猶若生也。道人游行人間者五十餘年，灼然著聲者垂四十年。出無恆響，詣無恆主，宿無恆夕，忽然而來，忽然而去，無住無主，無戀爲本，無相爲宗，其眞有道者耶。弇山人曰：道人以甲申之冬過我弇中，酒間忽謂余：吾家山西，二十七八時行販燕市，足自給而房幃過度，成瘵且死。而遇我師誨之坐功，德無恙，且謂汝欲不死，亟去家毋問。當是時，有一女而置之，今者都不憶吾血屬，惟憶吾姓閆。度其時，蓋在嘉靖乙未丙申間也。余謂道人漫應人多矣，安知不復漫謂我，我姑漫應之，因相與失笑而別。

紀事

陳教友《長春道教源流》卷七　閻道人，名希言，號亦曰希言。不知何許人，自言家山西，有妻室，生一女，年二十七八時成瘵幾死，遇師誨以坐功，得無恙。嘉靖乙未丙申間，去家學道，後從太和山至勾曲之乾元觀。時似六十許人，或曰已百餘歲，或曰元時嘗爲某路總管，希言皆漫應之，終不測其何如人也。頂一髻，不巾櫛，人因稱爲閻蓬頭。身著粗布夾衫，有裙襦而無袒服，履而不襪，爲人疏眉目，豐輔重頷，腰腹十圍，叩之如鐵彭彭然。盛暑裸暴日中不汗，窮冬鑿冰而浴。又令人積溺缶中，浴之出使自乾，嗅之殊不覺膻臊。喜飲酒，食能兼人，第嗜蔬而安粥。或叩以延年沖舉之術，不應，惟勸人行陰隲，廣施與，勿淫勿殺，勿憂勿恚，勿多思而已。乾元觀故址，初僅有門及丙舍，道人遊金陵公卿間，彙貲成諸殿閣，山徑左右皆植桃李，春時若錦繡。益斥南畔田，引山泉溉之，成稻田數十畝。住觀五十餘年。一日過毛百戶俊家，飯畢索湯浴，三浴後移茵蓐地上，坐似欲解去狀，其徒問所欲言，曰：我何言，窮理盡性以至於命，齊家治國平天下而已。遂瞑，趺坐不僵，浹旬猶有煖，氣色休休然，汗沾鬢若璣。三日入龕，七日移至乾元觀，百日視之猶若生時。萬曆戊子十月也。明王世貞《弇州山人續稿·閻道人傳》〇閻希言，不詳何派。然其與李赤肚如夙識，亦當全眞道士也。《江甯府志》云：希言嘗曰「心無不存謂之照，欲無不泯謂之忘」，又曰「喜中知止則不喜，怒中回思則不怒，能咬此二語，便入忘境」。玩其言，蓋深有得於全眞之學者。

曹薰

傳記

陳教友《長春道教源流》卷七　曹薰名家子，少不識字，好放鷹鼓刀。破產結客遭家難，愈益無賴。及壯，之曠野，遇異人納一丸口中，醉七日。諸少年邀薰遊，忽忽無意往，人咸怪之。後春月，隨衆禮茅君於茅山，至乾元觀，松鶴寂歷，但聞泉聲，愀然改容曰：此吾故宅也。不復還家，結茅巉巖下，瞑目趺坐百日。時閻蓬頭、李徹度皆來指示道書，薰一日便記識不忘。執筆作書，形如鸞鳳，殊有翔翥之勢。有以往事問者，恍隔世矣。然聞朝野不平事，則鬚眉奮掀，議論風起。一日，有玉立丈夫從旁叱曰：狂奴，尚復爾耶！已忽不見。洒遂自悔責，掩關寂坐。後頂門闢開，訇然有聲，現蜃樓於腦中，薰自知幻妄，復鎮以混沌，號混成子。所著有道德、陰符、悟眞、參同諸經，并警歌百首，皆談內丹。晚年歸掃邱墓，指塘左土曰：可瘞吾骨。向者結胎茅山，今者遺蛻爾祖之旁，出世住世，兩無負矣。年九十有三，端坐瞑目而逝。子弟哭其尸，張目叱之者三。薰長髯，人因多稱爲髯仙，蓋與八紘道人同時云。《鎮江府志》

白玄福

傳記

陳教友《長春道教源流》卷七　白玄福，號柱峯，係西秦金明延川人氏。世居閥閱，稽譜係白樂天二十八代孫。年不惑，以明經擢職官。未幾，掛官不仕，逕入太和七眞洞。後爲諸當事強起巖穴，修復武當宮庵橋梁，嗣修明眞庵，爲聚徒講肄之所。囑徒云：慢理蒲團修太嶽，願成志士闡全眞。壽七十，一日書偈云：性返靈明炁返空，太虛似我不相同，只因會得些兒意，撒手撐開混沌中。偈畢，端坐而逝。《武當山志》

楊常炫

傳記

陳教友《長春道教源流》卷七　楊常炫，山西人。庚辰進士，明末棄官。登華山，頂禮皇老大神，修眞悟性，復遷嵩嶽，養氣中方。以門生故吏往來雜遝，乃三遷於武當之北巖。與住山白玄福相友善，餌精服朮於洞者六年。嗣是豫知山中劫數將至，出游江漢間，爲副憲佘公誦經救劫，刊劉洞陽《總眞集》行世。《武當山志》

鄧起西

傳記

陳教友《長春道教源流》卷七　鄧起西，名大臨，號丹邱，常熟人，鄧黻曾孫。黻舉於鄉，以母老不上春官，及母歿服闋，黻仍不上，曰：吾向以母在不上，今往，是利母之歿也。時稱爲眞孝廉。起西幼孤，稍長即能力學，從遊於江陰黃介子毓祺。歲乙酉，江陰城守不下，介子與其門人起兵竹塘應之，起西募兵於崇明。事敗，介子亡命淮南，以官印印所往來書，爲人告變，捕入金陵獄。起西職納橐饘，獄急，介子以其所著小遊仙詩園中草授起西，坐脫而去。當事戮其尸，起西號泣守喪鋒刃之中，贖其首，聯之於頸，棺殮送歸，有漢楊匡之風，當時稱。介子之門有徐趨、鄧大臨，趨則抗節而死者也，起西師死之後，遍走江湖，欲得奇才劍客而友之，卒無所遇。辛丑，訪黃梨洲於雙瀑院，曰：吾已竄身爲黃冠矣。唱和旬日，偕至武林，起西上玉皇山去。甲辰，梨洲至虞山，起西以其精舍館之，欵對數人，張雪崖、顧石賓，皆其道侶也。隨訪熊魚山於烏目，訪李膚公於赤岸，皆起西導之。比梨洲返棹，起西送至城西楊忠烈祠下，涕零如雨。未幾遂逝。梨洲謂起西之在玄門，苦身持力，無異於全眞之教，有死之心，無生之氣，以保此悲天憫人之故我，無愧師門，即鄧牧、張雨亦不願爲是谷音中人物。然而世眼易欺，禪師語錄流通，頗不寂寞，世無杜清碧，起西名氏已自銷沈云。

馬真一

傳記

陳教友《長春道教源流》卷七　馬道人眞一，不知何里人，居華山王刁洞，以峯巔自號，或稱以瘋顛，亦漫應之。洞有三道人居其中，無榻几，因石爲牀，無經書文字，無藥物丹爐。其弟子常光等椎魯無知，不談燒煉黃白等法，不爲齋醮符籙等事，清靜全眞以爲教。能冬月以雪爲沐浴，氣蒸蒸如暑。値旱，官迎之署，不立壇，不焚香，但索酒大飲，飲間雨下如注。或問吉凶，矢口而答，無不奇中。或預言天下事，不爽。忽一日，謂其弟子曰：將東出關矣。旋去，不知所在。或有遇之關外者，言峯巓事，尤多奇云。國朝李楷《河濱文集》。〇國朝錢謙益《初學文集》有萬尊師傳云：尊師名國樞，江西人，天啓丁卯登峨眉山，盧紫雲授以薩眞人神霄青符五雷秘法。戊辰之楚，有馬全眞者，補衣苴履，乞食湖湘間，目之而問曰：子從峨眉老人來耶？萬語之故，馬曰：炁清則符靈，派清則法靈，子傳法而不傳派，其猶未也。此馬全眞，當即馬眞一。《廣陽雜記》云：馬眞一者，龍門法嗣，世號顛仙，言其不死，今猶在遼東。此眞一出關後事，蓋國初猶存。

徐道彰

傳記

許仁《徐元一法師傳》（《通玄觀志》卷下）　元一徐法師，諱道彰，法名道明，別號凝虛，錢塘鳳山宦裔也，職任眞人府贊教。生於景泰庚午，年少有道緣，企慕老莊，禮三茅徐洞暘爲師，講肄內典諸書。爲人孝友誠敬，利濟自期。竹菴屠君見而重之，因授以清微五雷諸法。從此益砥行律身，玄風日振。母雲氏患疾，元一手調藥餌，目不交睫，夜則禮斗，願以身代，潛封股肉，和蔘芪以進，良已。後數年，母沒，號泣呼天，幾不再生，既葬，依依孺慕，索食終身。執政者給劄，推住通玄觀。通玄泒出三茅，已遭兵燹，元一力圖恢復，胼胝無支。成化辛丑，杭郡亢暘，太守淮陰陳侯請之出，建壇於城隍廟三日，大雨如注，枯槁勃興，一時聲名藉甚，皆號爲法師雨。嗣此屢禱於山陰，禱於海昌，禱於鴦湖，禱於苕溪，凡一十七壇，無不響應。故越士贈詩，海昌餞詞，郡守陳侯、金陵梁侯、西蜀楊侯皆贈以文。或蠲其役，或旌以幣帛。而人德之也深，其爲功也大。又能採三光之氣，治穉兒之失，明行紫庭追蟲法，救癆瘵於幾危者。嗣後遐邇醮禳，必延請焉。所獲金帛，建三清等殿，法相器具聿新。廼迎徐洞暘師於三茅，奉以通玄上座，主維觀事。凡諸飲食起居，問以寒暄，猶孝子之事嚴父。後師仙遊，哀毀骨立，每遇節忌，唏噓追慕，一依儒禮。年來聲譽日隆，師不自居，乃築丹室數椽，潛身脩鍊，足不踰外，如是者十數年。至癸未長夏既望，山亭忽有羣鶴飛鳴，師知仙期已至，乃囑徒曰：後三日，我當去矣，急備後事，毋忽至期。沐浴更衣，索筆書偈曰：倏來倏往，七十四年，今朝歸去，白日青天。咦，萬緣凈盡超三界，一點靈光照大千。書畢，遂趺坐而化，滿室異香，竟日不散。遠近士夫莫不驚嘆，號曰神仙。時余避暑在山，親覩其事，故爲之立傳，以示其後云。

沈儀《徐元一法師墓表》（《通玄觀志》卷下）　惟吳山有觀曰通玄，

粵在昭陽協洽歲之旦月既望二日，觀之元一徐法師化去，爰瘞劍於南山之原。厥嗣孫鶴泉贊教曰：闡隱發潛，惟在吾子，敢請予嘗識法師，接其話言。乃操觚曰：法師之生，風骨不凡，鬚鬢飄蕭，膚理腴澤，時時籜冠野服容與林壑間，有遺世獨立之意，見者以異人目之。少厭塵俗，辭家入道。其始在三茅，既而謂通玄闃寂，乃築山房，日居其中。專氣致□，委心内典，其於正授旁參，不遺餘力，諸凡道家所謂清微、靈寶、五雷，皆通其法訣。每時值大旱，有司禮致之，若歲己亥雨，歲辛丑雨，歲丁未雨，洎歲戊申雪，禱皆應。他爲妖所憑，謁師求治，又累著靈跡。觀久圮，亟捐貲，搆廣殿，設崇像，數十年來，玄教中裒然爲舉首，遠近稱之不容口云：夫老氏爲教，其來遠矣，若謂爲有則寥廓荒忽，不敢知然，竊自念造物者取諸吾身焉，爾已匪直神甚其謀也。自主貴誠，誠迺應天。自律貴正，正迺禦邪。不窺牖以知天道，由來言之矣。法師其有得於是也乎。夫非常者，固常人之所異也，玆亦蔑得而泯沒矣，摛文以昭永世其可哉。法師其諱爲道彰，其籍爲錢塘城南里，其壽爲耄有四，其職爲眞人府贊教，其後之嗣其教者爲李玄泰、張玄復與郁存方，及張應禎、胡應祥，凡十人。

郁存方

傳記

夏宗虞《郁法師鶴泉傳》（《通玄觀志》卷下） 法師姓郁氏，名存方，字克正，別號鶴泉，乃仁和鉅族也。其母姜氏，夢鶴鳴其舍而孕，生於成化丁未九月十九日。幼有道心，父琳遂送入通玄，禮東山張君爲師，習正一教。而師祖元一法師知其品行不凡，授以清微、靈寶、五雷秘法，後嘉靖丙戌、戊子、乙未歲，每大旱，鎮巡藩臬重臣洎郡邑長吏，憫農悼物，徧告於封內，壇墠弗雨，廼請鶴泉於城隍、三茅、佑聖等處立壇，恭默運誠，甘澍大降。張眞人舉爲贊教職。嘗用葉法善起石符，則救侍御於井，奮鬭去奢斬邪劍，則治婦魅於梁，效曹德體驅□術，則逐祟於驛，此特其大者。其他術，難以悉載。遐邇咸皈，道聲日播。積酬信，建望鶴亭、謁斗臺、壽域樓、眞官祠、玄宗堂、石崖古像、編輯觀誌，凡元一創而未集者，悉繼其志而成之。如城南鳳山嶺道傾陷艱行，則捐鉢資，鋪石板爲坦途。江滸洋泮古井崩塞，則躬募人力，運磚修甃如故。遂築亭於傍，多夏施茶湯以濟寒暑。隨身衣單，每遇窮苦，見即解施。後庚寅歲，鄰火飛燎，延及住室，而三清諸殿，巋然無恙，人以爲鶴泉之誠而神祐之也。凡燎毀者，整換如新。己亥六月大水，婺睦洚水大作，民多漂溺，蔽江而下，屍積沙渚。鶴泉倡其同門，掩骼埋胔，捐貲昇度，澤及枯骨焉。庚子壬寅乙巳歲復屢旱，又請禱雨於佑聖觀，檄移龍王，借湖水以濟急。須臾雨作，民居瓦溜有荇藻細鱗之異。尤爲郡守陳公所重，作文以表之。君子謂鶴泉鍊太虛燭微，若雨暘福國，祛妖祟寧民，殫所私紹述，溥諸法淑後，堅恭恪酬人，修言辭貞行，福國忠也，紹述孝也，淑後慈也，寧民仁也，恭恪禮也，燭微智也，貞行信也，皆聖賢道也，身老氏而儒其道，君子所亟取，故予樂爲之傳云。

徐石林

傳記

顧沅《元妙觀志》卷三 徐石林，常熟人，數歲出家蘇城伍子胥廟爲道士。年二十至京師，游藍道行之門。道行誅，入龍虎山張眞人府，居二十餘年，遇異人授鍊月孛法，能預言人禍福休咎。以萬曆甲申歸吳，仍居子胥廟中。其族人有婦患痼疾，延之祈禳，石林扃一室供月孛像，扃鍵甚嚴，事畢行法，畢啓門出，蹙額言曰：病甚矣，奈何恐難久也。族人拜懇之，乃曰尙有一法可幸延萬一，然須得一極誠實童身女子守火，恐難其人。其家有婢曰重陽，年十四，素誠實，乃令充其役。至期以一磁瓶洗極淨，先書符於内，次以錢三十六文一一咒而投入，而以桃木作楔塞之，令童女浴身，易新布衣，捧瓶前行，石林仗劍隨之，大聲誦天蓬咒，入廚房以瓶置中竈，熱灰護之兩旁，竈日夜舉火不息，戒童女謹守四十九日勿動，期滿當來啓瓶。居半月，忽倉皇而來曰：敗矣，瓶動矣。啓瓶，數其錢止存十二文，蓋此女宵來竊之也。石林歎曰：惜哉，定數不可強，若滿四十九日，而錢不動，當得年如數，今則一紀外不可知矣。時婦年二十一，果三十三歲而亡。萬曆十八年，吳中大旱，郡守備禮往迎，辭不見。郡守曰：地坼苗枯，三日不雨，民立槁矣。奈何坐視乎？石林歎曰：三吳福，恐爲貧道禍。乃結壇於元妙觀中，用鼓數十架，置壇四旁，瓦百片置壇上。郡侯行香畢，石林上壇，焚符三通，亦擂鼓三通，俄頃四邊雲起，雷聲殷然，石林大呼曰：擂鼓。數十架鼓一時齊發，石林就壇取片瓦擲空中，每擲一瓦，輒得一雷，鼓聲與雷聲碎瓦聲爭奮。自辰至酉，而雨終不得。是夜露立至天明，拜伏壇上，須臾，霹靂四起，大雨如注，從辰至申，可三尺許。石林尚伏壇上不少動，雨止方起，舉步下壇，失足墜，遂死壇下。郡侯出俸金，買棺殮之，停其柩於元妙觀。合郡紳衿士庶拜奠者三日。先是石林至其所親張伯起家言別，伯起問何往，石林曰：今歲吳中之旱實係天災，貧道感賢郡侯親顧，義不可辭，貧道禱必有雨，第恐干天之怒，不可復活。伯起曰：然則如何？曰：某明日登壇，後日必雨，後日爲貧道本命日，祈雨必呼斥諸紳名諱，雨至後，貧道必無幸矣。知君義重，敢以身後事相託。我死，望以柳車一具，就子胥廟前空地焚化，拾骨置一瓶中，付廟中道士看守，明年眞人府當有人至，付歸可也。其月孛像供奉多年，姑留公靜室中，府中人至，一併付之。死生之託，無負吾言。至是伯起如其戒。

俞大彰

徐大經《俞賓梅祈雨實録》（《重陽庵集》附録） 重陽庵，杭吳山勝槩也。庵有羽士諱大彰，字用昭，別號賓梅，素行高潔，善屬文藝，篤信仙家者，術學黃老清靜之策，凡所建白規爲悉怡然退居人下生平無疾遽色、仗節義、愼取與，人有告急者，輒以所僅者周之，而忘己之貧，時或以不道加之，卒能反己自修，喜怒弗之形也。予曾大父知府怡庵公敏，大父副使一軒公潭，父宜祥，世與庵士友善，而賓梅尤父祖之愛且敬者也。以故相知之深，餘不暇枚紀，姑錄其祈雨之實，類有足徵。嘉靖甲午，海甯民方以旱爲憂，設壇延賓梅於上，遂移檄天府，有鷹自西方來，撫檄而去，黎民坐觀雨於道旁者以萬計。未幾而雨果如期大至，三日乃止。於是馳譽海內，邑人咸推重之。越明年乙未，仁和天久不雨，田疇龜坼，唐棲右族，相顧愕然。亦延之以致禱於大善寺，密雲聚而還散，賓梅曰：東南破法，衆往執之。果方上人居。無何，而雷霆大震，風雨驟至，自夕達旦，溝澮皆盈，人莫不以爲神也。戊戌載，海甯復請於壇，賓梅立誠發緘，而白鶴尋繞於壇者，凡三十有六，衆爭視之，相屬於道。期曰：三日之後，曷觀雨乎。已而雨果時行，民德之，且喜且驚，自是聲聞郡縣。歲次壬寅，旱既太甚，赤地千里，郡守希齊陳公以禮召之，乃禱雨於社稷之壇。郡守曰：雨可期乎？徐應之曰：至誠感神，太守德也，然雨則以某時日至，至必三日。期日大雨沛然，田禾復甦。郡守遇之益隆，命縣以采繒勞之，而各遺之以俸，乃辭。越三載乙巳，餘杭令識其名，乃屬其耆老曰：方今米價俑貴，旱魃爲災，兪師誠來，吾無憂矣。俾遠迎之，而賓梅亦毅然弗之辭也。至則募法於壇，一雨三日，邑侯大靈異之，學士大夫罔不走幣稱賀。殆今戊申，其占爲有年矣，既而仲夏，彌月不雨，人皆病於夏畦，鄉人謀曰，兪師幸寓於斯，約日各賷己資，以成禱雨之會。時孟秋庚午日也，是夕果雨，辛未大雨，壬申復雨，槁者蘇，勞者逸，鄉民歡忻鼓舞而誦德者不衰。余時寓館塘棲之奉眞院，衆皆求文於余以酬之，余曰：文者所以彰實行，垂不朽也。天人相與之際，甚可畏哉，必通神明之德者，而後可以體天地之撰。賓梅之素履，余誠知之深矣，然其感格之義，余尚疑。其所可能者，人也，所不可能者，天也。若夫神異之應，則郡守陳君仕賢、餘杭令蔡君潤宗、翰林馬君三才、諫宮許君相卿、柱史徐君鶴齡、韓君廉、陸君穩、太學生沈君僑，先後皆有詞章以表其實，矧予無旌善之責，復何贅哉。時修重陽集適成，直當會郡儒之意，而詳於篇首足矣。衆謝而去，予故援筆以錄賓梅之實，俾觀重陽集者備覽焉。錢塘徐大經撰。

陳善《知大真人府贊府賓梅俞法師禱雨神驗序》（《重陽庵集》附録）

新上御極二年，勵精政治，早朝宴罷，問民水旱疾疹之災，親率大小臣工，布德施惠。而中外百司庶府，罔不宣揚德意，惠養元元，固宜仁風翔洽，雨暘時若，日星草木，罔不效祥薦祉也。乃者燕冀諸路，日食地震，雨血路裂，四方災異，日以奏聞。浙爲東南雄鎮，財賦甲天下，而西北之戎馬，賴浙以需，朝廷之供億，賴浙以充，一或水溢旱乾焉，天下之公私耗矣，是不能不厪當路者之憂也。今年時屆夏秋，旱既太甚，田疇爲之龜坼，萬姓惶惶然相顧駭愕，咸曰：天將重遺吾浙也，何以堪命乎。維時巡撫都御史趙公孔昭、巡鹽督屯都御史鄒公應龍、巡按御史李公淑和、巡鹽御史龐公永吉、督糧御史譚公啓會秉精誠上體天子勤恤之憂，一皆素衣糲食，減樂徹刑者彌月。仍移檄布政使郭公朝賓、按察使蔡公文知、郡事胡公一介、知仁和縣事舒公鼇知、錢塘縣事何公子明等，而更相飭勵曰：昭等不德，旱魃爲災，苟不肅將封內神祇，而以身籲之，其何以荅天之譴，濟民之瘼哉。孟秋之望，建壇於淨慈寺，而延法師俞大彰，於其上書符走牒，恭禮百神，而請雨焉。方是時，百官祝天羅拜，曰：法師能雨乎？乃刻日以限雨之期。士民祝天羅拜，曰：法師能雨乎？乃拭目以望雨之濟。而俞法師者，術傳天師府之正訣者也，探星象之微，闡幽都之秘，飛行要旨，鬼神其依。乃復命於院司，示應於士民曰：大彰祗承上帝，今將得雨也，期在三日後，乙丑雨，丙寅又雨，丁卯大雨，嗣後飄風拔樹，霶霈者緜緜焉，吾浙濟矣。已而雨果如期捷至，若持左券以示驗，而時刻不爽先報焉。於是百官相與樂於庭，士民相與忭於野，槁者甦，病者起，憂者釋，百穀用，登其占爲有年，而公私可濟，戎馬可需，供億可充矣。特命郡縣厚幣綵繒，大陳鼓吹以旌之。是院司之旬宣，得法師以懋其績，而士民之惠養，得法司以造其生。然則法師之禱雨，豈不上承帝命，而功施社稷也哉。法師名大彰，字用昭，別號海空，吳山重陽福地羽士也。禱雨禳災，芟邪輔正，歷五十餘年，隨試輒效，杭地遠近，咸以神異稱之，因併敘其績云龍集。

舒本住

傳記

笪蟾光《茅山志》卷九　舒道人晚而慕道，浪跡諸名勝，至三茅鬱岡之下，見有宋朱眞人幽光顯揚碑仆於荆榛中，土人取石爲灰，碎其碑，將負去，忽雷雨晦冥，若見有人輳合立之者。道人異之，乃倚碑結茅而棲，堅意精心，凡十餘年。而道人閔希言者，始來自終南，豐腹重頷，不冠不履，舒知其不凡，拜爲師。遂相與胼胝，興復古乹元云。然則舒道人者，其觀妙之守孫也，名本住，號一庵，金陵人，與江文谷同爲希言高足弟子，享年九十有六。

江本實

傳記

笪蟾光《茅山志》卷九　江道人，名本實，號文谷，薊州玉田人。蚤歲棄家學道，萬曆壬午至鬱岡，師希言。嘗言人生未嘗無死，有盡形骸，人死未嘗無生，當存精氣。乃於洗心池旁，培小阜，祀重陽，因叠石塞牖，趺坐於中，謂其徒每日向牖呼之，應則已，不應則入收斂遺蛻。凡呼之三年，乃不應，啓石視之，坐蛻矣。故稱爲活死人墓。所著有《華陽眞誨》，行於世。

陳教友《長春道教源流》卷七　活死人者，姓江名本寔，四川人。家素封，明亡，散家財，棄妻子，入終南學仙，十年得其道。遂遨遊四海，既而止妙高峯，從閻老人結廬煉金丹，又十年丹成。座下弟子百餘人，推荆溪陳留王爲首。能駕雲往來，能水面上立，能峭壁間行，嘗縛虎爲騎，出入市中。活死人怒呼而責之曰：「所貴乎道者，清静無爲也，無爲而至于無聲，方臻衆妙之門。故曰有聲之聲，延及百里，無聲之聲，延及四海。今汝所行，皆有爲也。有爲則駭世惑俗，豈清静道哉。」于是陳留王乃盡棄其術，掩關息坐三年，然後請見，活死人大説，曰：子可以授吾大道矣。既授，乃集羣弟子告曰：吾聞成功者退，今吾道既已得人，吾將隱矣。乃命掘一土穴山半，僅可容身，活死人入居之，命以土掩，毋使有隙，但朝夕來呼我可耳。既埋，羣弟子如命，朝夕往呼之，活死人在土中必大聲應。三年，呼之不應矣。羣弟子乃樹之以碣，曰活死人之墓。留溪外傳○按此全眞派入終南，學重陽之學，而爲是名者。

王合心

傳記

笪蟾光《茅山志》卷九 王小顛，道名合心，常州宜興人。生而慧辨，通儒術，弱冠居金沙，即悦水雲之士，作方外遊，遍諸名山。訪高流，見閆希言，師事之，叩昇舉事。師曰：所云昇舉者，豈虚空之中別有苑囿宮殿，以爲遊息而往居哉，無往非仙蹤耳。於是歷鬱岡而始慰其入道之心。先生且學博而才敏，構詞用意，出人意表，其所言多是默示道妙，傷感世態。復善草書，屈伸變化，絶無塵跡。讀道書，悟一言則篤信而體行之，言曰：吾聞鴻濛鑿而太朴死，然則是禮也，鑿之首也。乃假於酒，跛履踞坐，以自放狂歌浪語，以禦人藏機，作拙以示無用，於是人皆目其爲顛，而省其禮以接先生，而先生亦得以簡其禮以應酬矣，於是人咸稱爲小顛。先生又嘗爲其師江愼言薦度九，曰全眞，何以獨度九？以乩陽至九，則羣龍無首，陽當變陰，時時靜坐，養成陽晶，數極恐其反暗，故從九而鼓動其陽光，過此九九，則仙之造化定矣。衆人死則爲鬼，屬坤之陰，暗而無知，至六日，則坤之六爻已終，陰極則變，而一陽復生於下，以爲地雷復，故易有七來復之辭，於是乘其復明而薦拔之，此衆人所以度七也。

張靜定

傳記

閔懶雲《張無我律師傳》（鮑廷博注）（《金蓋心燈》卷一） 師姓張，名靜定，原名宗仁，浙江餘杭人。世業儒，精通性理。永樂間，按《缽鑑》載成祖朝，是也。《東原語錄》載成化朝，化字疑誤。茲從《缽鑑》。舉明經，不能趨時，隱居不仕，講學於苕溪。父母既葬，慨然有物外之志，謂其子曰：「了此一件人子大事，吾此形骸不復累爾矣。天地雖闊，我當逍遙其間，安能拘拘于老學究，坐以待死耶。」遂遊名山，參訪高人達士。嘗言：若有陳沖夷，吾當北面事之。至天台而喜，依止黃冠家，羽士三四人以師事之，亦不卻，吟詠唱和，精入元元（玄元），經典丹訣，一覽即解。《東原語錄》稱其著作頗多，後皆毀棄。盤桓十餘年，體顏子之坐忘，子綦之喪耦也。更號無我，弟子益衆，然猶志在訪求。一日，有乞食道者曰：「天台景致不如青城，師何不一遊？」遂遠遊青城，至山即聞周眞人道德之名，登涉月餘始相見。不覺屈膝曰：「眞我師也。」印證不數語，眞人曰：「道雖如是，有一大事託子。」乃舉如意、戒律、師派授之，曰：「雖時當晦蹟，先聖一脈不可不續，後當擇一至士授之，再傳而行矣。」仍還隱天台。《道譜》載：無我律師居天台山，年已六十餘，得青城山周大拙遣道徒招之，遂往受戒，復還天台，時在景泰元年。是謂龍門第五代律師。於嘉靖壬午歲明世宗元年，距景泰庚午已七十二年。七月望日，以傳瑯琊趙得源，名眞嵩。

沈靜圓

傳記

閔懶雲《沈頓空宗師傳》（鮑廷博注）（《金蓋心燈》卷一）　師姓沈，名靜圓，字哉生。原名旭，晚號頓空氏，山西太原籍，江南句容人。《逸林》謂師生長句容，其祖籍吳興人，非也。稽師之生也，父遜《逸林》載永樂朝進士，母嚴《逸林》載年四十。禱於茅山，應夢而得者，故名旭。師生而能言，母驚曰：「汝果神人，默乃是；若妖也，自便。」遂默不復言。至九歲，弟珏生，始呼母。父喜，示以書，遇目即成誦；與之筆，揮灑成文章，而性無好尚。是年母殂，十三父又卒，能攜弟珏成禮，扶親柩歸葬山西。路遇天台道者張無我，贈以要言，泣拜而別。師嗣是有出塵志。以上概出於范青雲《鉢鑑續》一書，《鉢鑑録》所闕者。

正統戊辰明英宗十三年秋，出遊名山，復遇天台道者張無我於青城山。斯時道者已遇大拙周祖，受授宗旨、戒律，改名靜定矣。既見，相慰問，願師之。張不答。翼而前，瞥見皤然而鬍，雙目如電，危坐大盤陀，呼張曰：「攜來得非沈歟？宗教如是，律法亦如是。」師遂跪請，命名靜圓，字曰哉生。皤然者，大拙周祖也。歲己巳英宗正統十四年。七月望日，晉付元（玄）脈曰：「是祖祖親傳，善護持，善付囑。」師拜而受之，禮畢，命行，乃偕張而去。以上《鉢鑑録》、《鉢鑑續》二書均載。辛未代宗二年。至天台，有顯者據桐柏山。師檄告之山神，即日猛獸毒蛇繞守桐柏左右。年餘，顯者悟，願施山，山乃完。其事詳載於《鉢鑑續》卷一，並載其檄文及獸形甚詳。己卯英宗天順三年，至金蓋，掛瓢於書隱樓，慨仙蹤之不振，弔逸緒之無承。蓋指陸、呂、梅、沈、衛、閔諸先哲。有終焉志，問水尋山，陶情適性，居有年。一日晨起，見虎臥簷下，逐之不去。師曰：「汝具天性，奈何好殺，今後能戒否？」虎起而復伏，若受戒然，與處數載，有如猫犬之附人。僧衆異之，咸願皈元（玄），一時滿山蓄髮，遠近稱爲勝事。《鉢鑑續》略載之。按蘇柳塘《夢齋筆談》載之甚詳。

成化乙酉憲宗元年春，師遊禾郡，遇華亭衛平陽於語溪，遂攜至南宮，授以宗旨、元（玄）脈，命名眞定，拂袖而散。按《鉢鑑》、《鉢鑑續》二書所載皆同。是爲龍門第五代宗師，後亦無人見之者。

趙眞嵩

傳記

閔懶雲《趙復陽律師傳》（鮑廷博注）（《金蓋心燈》卷一）　師姓趙，名眞嵩，原名得源，號復陽子，山東琅琊人也。父母以乏嗣，禱於諸斗，得天花白鶴之祥。生而端莊，體相超然，有出塵姿，性薄浮名。年二十，精通經史，博覽道、釋要典。二十五，父母亡，追痛不已，思有以報。遂出遊武當，至茅山閲道笈，挂單瓢。奔走吳越山水間，冀得明師，四載無所遇。適天台，登桐柏，歷盡崎嶇。平陽道現，甚喜之，讚歎間，忽應聲曰：「美則美矣，爾知更上一層樓否？」顧之，不覺近前，笑而拜，恍如舊識，曰：「子非琅琊趙得源耶？生死肉骨，固有常道，能者從之。」進叩姓氏，〔答〕曰：「張無我。」遂請皈依，許之，命名眞嵩，具誓戒。請元（玄）旨，不之許。事有年，曰：「時至矣。」乃攜登瓊臺，密付戒旨曰：「我將他適，汝毋久居，〔當〕自度人。太上一脈，惟汝能任。王屋山清虚洞天也，往居以俟時。」遂別去，不知所之。以上悉本《鉢鑑》，參以《復陽得道記》。

師則獨居雙闕，飲食頓減，夜夢父至，責以大義，遂至王屋山精修不二法。《鉢鑑》載嘉靖二年師入王屋山。黄鶴來翔，白猿奉果，師益謙謹不自滿。既且面壁忘言，雀栖其髻，忽聞山有笑語聲，漸近呼師名，若師父母音。乃開目，蓋坐已三載，所至果所生，悲喜交集，乃復相笑而昇。師嗣是六通具足。按《鉢鑑》載：師隱青城，習大定，有雀棲其髻。上帝命其父母呼之始覺，已三年矣。父母撫師背曰：「是是非非古到今，是非不動至人心；若是至人心不動，動心還是是非人。」言畢，相笑而昇，曰：「可矣，好持之。」師嗣是六通具足。○《逸林》載：某居青城山，入定三年，雀栖於髻。上帝敕其父母降呼，遂開目，悲喜交集。父母咸怒，責之曰：「上帝以汝道成，故活我兩人。汝心仍動，聚恐不久也。」師跪拜而慰之曰：「親言誠是，然親勿憂。父母至前，子心不動，非人也。仁至義盡，斯謂純天。兒惟恐不孝罪深，天心或昧，二親之來，或由意造，尙非天命。今果命出自天，則父母已昇天也，無患聚不久也。」父母咸作喜色曰：「兒言是也，前言試之耳。」遂攜師上升，朝謁玉帝。旋入東華紫府，參謁列祖。復下天台，神度衛平陽。歸於青城，謁張無我律師。乃神遊海上三山，時往來於世間，卒度王崑陽眞人，授受戒律。崇正（禎）戊辰明莊烈帝元年，上党王平訪至，始得傳其所受。〔師〕乃返天台，復入王屋而終隱焉。是爲龍門第六代律師。

衛眞定

傳記

閔懶雲《衛平陽宗師傳》（鮑廷博注）（《金蓋心燈》卷一） 師姓衛，名眞定，字元宰，號平陽子，嘉興石門人也。其先世居華亭，宋末元初，正節先生開白社書院於石涇塘，遂家石門。《缽鑑續》所載如是。師生而魯，父母不甚恤之，而師性至孝，兄弟間有過則分任不辭。既長，有出塵志，父母不之問，常出遊數月一歸。一夕宿社廟，夢神告曰：「明日有眞師至，負奚囊、持拂塵者是也。」蘧然覺，坐守至下午，遇頓空氏，一如夢示。《缽鑑續》所載如是，《缽鑑》無應夢事。乃禮而師之，遂攜至南宮，命名眞定，授以宗旨而散。

師自是坐如尸，立如齋，儼乎其若思，茫乎其若迷。父母益惡之，諸昆季皆忽視，鄉里無有識之。乃雲遊名山川，《逸林》載師遊至天台，遇趙復陽律師，頗多印正。備歷險苦，師無倦志，歲月寒暑俱於相忘。既而土寇四起，師嘗出入其間，若履昇平妙境。《缽鑑》所載止此。游至蜀，有老神仙者，獻賊之所崇奉者也。見師，延坐而禮拜之，問以救劫之秘。師笑曰：「天生人，天殺人，在天可挽。今天生之，人自殺之，無可挽。汝亦非必

在數者，以未能曲全而貪功弗去，我不知爾究竟也。」此說並見於《缽鑑續》、《逸林》兩書。師之論如此，師之道不已神乎。若夫海行而馭風事載《逸林》及《蝶夢齋筆談》兩書，扣鐘而致糧事載《缽鑑續》，特其餘事，未可以爲至道之驗也，不爲之詳。崇道德，薄神通，宗教立法如此。

師生於正統辛酉英宗六年十月朔日，卒於順治乙酉十月望日，住世二百有五歲。是爲龍門第六代宗師。得其宗旨者，桐鄉沈一齋，名常敬。此十三字，並見於《缽鑑》及《缽鑑續》。

張國祥

傳記

張元旭《補漢天師世家》 五十代天師諱國祥，字文徵，號心湛，永緒之從子也。生有異姿，紺眉碧瞳，氣宇軼塵表。萬曆五年襲爵，赴京陛見，上優加禮遇，御書宗傳字額賜之，並錫以玉刻宗傳之印，暨元壇印。命祈雪以占豐年，果應時雪降，上大悅，賜金冠玉帶，並賜隆宗門外直房，又勅修理朝天宮內賜第，御書眞人府額。奉旨聘駙馬都尉謝公詔之女爲配，以定國公徐掌姻事，凡六禮之費，悉出內帑。廿九年七月廿九日命給公爵朝祭服，仍准常用。留京十三年，寵賚甚渥。及還山，舟抵嶧縣，值湖水凍寒不能進，檄召湖神，凍解應若桴響，嶧令鐫碑以記之，文存湖廟。先四十二代眞人仲紀公，集祖宗言行爲世家一卷，宋文憲濂序之。眞人復續集至四十九代，俾家系不紊，垂示綦詳。又輯《龍虎山誌》三卷，備記載甚資考證。己酉，貴谿大水，上清宮殿悉傾圮，入告，上賜銀修建。工尙未竟，辛亥歲，平居無恙，一日見華陽祖師前來導引，遂端坐而化。誥封正一嗣教凝誠志道闡元宏教大眞人，掌天下道教事，贈太子少保。勅葬金溪明陽橋，立觀以供祭奠，曰明陽觀。

張顯祖

傳記

張元旭《補漢天師世家》 五十一代天師諱顯祖，神宗改名顯庸，字九功。幼時誤墮井中，明旦汲者至始出，衣冠無霑濡，人驚異之。賦性仁孝，好禮義，習謙和，喜讀書，長益精進不懈。嘗曰爲學猶掘井，井愈深土愈難出，若不決心到底，豈得見泉源乎。天啟甲寅，襲爵舊例，不待終喪，顯庸懇請，守制服闋，始拜命。嘗修大上清宮，工未竟，恐墮父志，朝夕庀材鳩工，越二年告竣。然志尚冲淡，樂事修煉，年未及艾，即卸掌教事，以印劍授子應京。別搆靜室，署曰梧綠軒，自號浴梧散人。日與弟子究先天太極及心性之學，著三教同塗論，使學者得窺教旨，杜門戶之見。又著金丹辨惑、浴梧詩集，凡若干卷，讀之使人明於修養，足出迷津。好施予，遇歲歉，盡以所積賑鄰里。時土賊環窺上清，設法禦之，地方賴以安謐。丙子大饑，散粟濟災，計口周給，受施不少。享年八十有一。明誥封正一嗣教光揚祖範冲和清素大眞人，掌天下道教事。懷宗加太子少保。康熙四十二年誥贈光祿大夫。

張應京

傳記

張元旭《補漢天師世家》 五十二代天師諱應京，字翊宸。崇禎丙子襲爵，庚辰入覲。適皇子病，命祈禳，懷宗親謁祖天師壇行禮，將下拜，應京曰：臣祖天師道陵位在人臣，禮不當拜。上曰：卿祖道德高深，正賴默贊元化，可晉封六合無窮高明大帝。卒成禮。皇子病旋瘳，賞賚優渥。甲申三月，懷宗殉國，既而隆武僭號於隆平。貴谿與閩接壤，盜賊蜂起，安仁妖僧煽衆焚掠，禍延上清。眞人募鄉勇禦之不克，登老雷壇嶺，檄召神將殺賊，俄而陰雲四塞，遙見一神驅黑虎逐賊。賊潰散，邑里獲安。皇清定鼎入賀，世祖章皇帝頒賜勅諭，諭曰：國家續天立極，光昭典禮，清靜之教，亦所不廢。爾祖張道陵，博通五經，覃精玄教，治民疾病，俾不惑神怪。子孫嗣教，代有崇封，兹特命爾襲職掌理道籙，統率族屬，務使異端方術，不得惑亂愚民。今朝綱整肅，百度惟貞，爾其申飭教規，遵行正道。其附山本教族屬賢愚不同，悉聽糾察，此外不得干預。爾尤宜法祖奉道，謹德修行，身立模範，禁約該管員役，俾之一守法紀，毋致生事，庶不負朝廷優加盛典。爾其欽承之。故諭給一品印，恩禮咸如故。還抵揚州瓊花觀而化。康熙四十二年，誥封光祿大夫。夫人朱氏，明益藩郡主。

《明史・方伎傳・張正常》 國祥傳至應京。崇禎十四年，帝以天下多故，召應京有所祈禱。既至，命賜宴。禮臣言：「天順中制，眞人不與宴，但賜筵席。今應京奉有優旨，請倣宴法王佛子例，宴於靈濟宮，以內官主席。」從之。明年三月，應京請加三官神封號，中外一體尊奉。禮官力駁其謬，事得寢。

張氏自正常以來，無他神異，專恃符籙，祈雨驅鬼，間有小驗。顧代相傳襲，閱世既久，卒莫廢去云。

張逍遥

傳記

金桂馨、漆逢源《逍遥山萬壽宫志》卷五《净明張真人傳》 師姓張，河南杞縣人。其族世名字，未嘗語人，故不詳。生明萬曆乙未五月十三日。天性至孝，十八九時，便知慕道。偶遇杜君，相語甚契，杜偕同衆入仙人洞。時習採藥茹草，修持祭斗，他如水火龍虎之機，未之講也。居無幾，食且盡，衆等意在出山，杜君諾之，師執不從，杜君以餘糧斗許遺師。杜君遂同衆出山，師送之，痛哭乞言，但囑曰：汝志氣如此，當自得道。至于世所流傳，皆爲道障，切不可行。師叩首別後，惟茹藥祭斗，精誠感格，蒙尊帝二星降焉。混合良久，自此得悟性命之要，還丹之道，皆神傳也。間絶食且凍將危，檀家何麪店感夢，冒雪持饍以奉，乃得活。居二年，忽山神告師，當别徙避亂也。師遂過游湖廣之黄陂，比崇奉頗衆，趨謁者無間。居四年，師慕淨明之旨，感鳥晶有識，于是渡江，始至豫章之西山，寓洪井洞畔小亭四月。亭甚湫隘，而師處之浩然，樵牧目爲逍遙，逍遙之號始此。一日，紫清宫道士告師以虎洞之狀，師遂慨然攜杖以從，道士攜糧引師至洞。爾時三虎踞洞，樵採無徑，道士雖同捫蘿剪茆以行，不過以試師耳，而師堅志棲眞，乃忻忻止焉。初居洞中，三虎常依爲守護，叱之乃去。洞中陰濕，茆深石峭，人跡罕到，師手足胼胝，芟叢闢境，極盡勤苦。時無室廬，夜卧傾崖下，星月離離，覆面霜雪，苦則脱衣裸體而凍，凍甚則進一衣，又甚則又進一衣，以此變易寒暑，飢飲澗水，可累日不食。久之，乃結小石室于古松澗。幅巾羽扇，瞑目静坐，士大夫聞而過訪焉。禹港李康成者，首先造詣。繼而周公令樹、李公太虛、陳公士業、黎公博菴、劉公旅菴，間與之談休咎，率多奇中。或問以金丹之術，輒曰我中州産壯歲自負其膽勇，横槊支劍，若而年以母病，遂入山，獨静坐耳，安知其他。每道明季事，歷歷可聽，大類曾歷朝者，卒不肯竟述其生平。嗣是求見者日廣，咸有以發其衷，即或笑或罵，無不得其懽而去。二十九年若一日焉，每謁者有種種疑試，師亦應之，如疑而決。至順治辛丑正月，有鶴翔半空，語弟子曰：吾將去矣。衆疑信間，左肋有孩兒十數聲。于十五夜，忽霹靂一聲，師兀然而逝。其時師語衆弟子云：此後玄風大振，子等勇猛精進，吾在碧落中待之矣。

朱立剛

傳記

劉名瑞《南無道派宗譜·南無派第十一代》 朱大眞人字一二，號熒蟾子。生於大明光宗泰昌庚申元年十月二十日聖降，係直隸定州馬頭舖村人氏。性好清虛，隱於醫卜之中，自識屢惜性命。嗣於中年，遇師不棄，久示盤桓，指悟眞而言道體，談紫陽八脈以作津梁，斯時省悟，從師一遊。以至道授與去乾。二月初五日上昇。繼師遺云：出五入六亥屬坤，須至静地養靈根。若降極處當攝顧，防險周完復周輪。子垠念住田中引，武先文後噓蟄惜。吾今施裔一品字，虛危落女宿守禁門女。

許去乾

傳記

劉名瑞《南無道派宗譜·南無派第十二代》 許大眞人字聚五，號狩陽子。生於大明懷宗崇禎癸酉六年九月十四日聖降，係直隸順德府沙河縣搭連店村人氏。幼習唐詩古文，中年業舉業至京所，得遇玉蟾冲碧經、中和集、陳祖羅浮吟、仙佛合宗等書，朝夕玩味，豁然亦知玄教宏闊。嗣後歸家，棄儒涉訪，無十一遇，亦待春壬子歲，遇師在凝陽古道小前邨中，急叩皈之。以至道授與雲峰。八月十七日上昇。繼師遺云：坤卦復静止道生，若入虛危女宫程。玥還本舍神微忘，如龍懷珠外無形。待時静極惚一動，先天仍歸子位中。物前闖危磨慧劍，軿後金庫矧上撐。

張洪任

傳記

張元旭《補漢天師世家》 五十三代天師諱洪任，字漢基，翊宸次子。幼即好學通秘笈，順治八年襲爵，十二年入覲。世祖章皇帝駕幸南海子召見，詢及歷代宗系，以世家稱之。命光祿寺設宴，陪以禮部堂官。又命工部覔宅，以靈祐宫察院地居之。勅免本戶及上清宫各色徭役。時外藩有妖爲害，聞於朝，命驅除之。遣法員高惟泰、楊幼芬出塞効治立應，諸部落咸感其神，因之崇信道法不衰。閒居樂情詩酒，陶然自得，鑿西化園池沼，養性于其中，輒自成趣。康熙六年丁未，微恙而化，年四十三。時子尚未週，命弟洪偕攝掌教事。誥贈光祿大夫。

梅茂林

傳記

仰蘅《武林元妙觀志》卷二 梅茂林，字觀復，仁和人。初本迎眞房出家，後歸湛然院。年十二，從都紀陸嘉賓爲師。明萬曆乙巳，給部牒。崇禎初，嘗爲道紀。盡心供職，當道多稱之。值時多難，任滿不得代，竭蹷在職，久乃克卸。及國朝順治庚寅年，逾六十矣，羽衆又請曰：海宇初寧，雖方外之職，庶務不一，非師耆德練達，莫能任教中首領事者，願出而宇庇衆褐焉。先生不得辭，遂復爲都紀。是時羽士服制未定，皆衣儒服，登壇醮祭，先生爲之申請，改復道裝。又請立事例二十餘條，臺府皆允之。於是道司規格，始有遵守。辛丑十二月解化，壽七十八。

羅真人

傳記

完顔崇實《白雲仙表》 羅眞人，江西人也。康熙間來京師，冬夏一衲，佯狂於市。或取生米麥，以口吹之即熟。晚間店家舉燭火，未及燃，羅吹之亦熾。京師九門，一日九見其形。後忽隱去，三年無踪，疑死矣。忽有年姓者掃坑，北人冬天都燒暖坑，坑深丈許，每三年一掃積灰。坑中聞鼾聲，大驚，集衆視之，羅眞人也。崛然而起，曰：借汝家坑，熟卧三年矣。衆請送入廟，曰：吾不入廟。請供奉之，曰：吾不受供。然則何歸？曰：可送吾至前門外密蜂窩。即舁往窩洞，在土山之凹，聚游蜂數百萬。羅解衣赤身而入，羣蜂圍繞，出入於羅之七竅，而不能螫。人饋之食，或食，或不食，每食必罄其所饋。或與斗米飯，雞卵三百，一啖而盡，亦無飽色。或饋生薑四十斤，片時啖盡。居窩數載，莫能測其所脩。雍正五年春，至白雲觀，居靜室，杜門不出者一月有餘，道衆潛往觀之，則已坐化矣。遂藏仙蜕於觀東，神異之妙，朝野咸知。世宗憲皇帝敕封恬淡守一眞人，並命建塔以覆之，即今白雲觀東之塔院也。

高火頭

傳記

完顔崇實《白雲仙表》 高火頭師，本文人，鄉貫無考。讀書甚富，偶聞塾師喻言「不吃十分苦，難成大覺仙」，遂翛然有出塵之想。乾隆間至白雲觀，充當火頭十餘年。性嗜菸，與常住清規不合，主事者禁止之，師曰：菸乃熙朝瑞草，人所當吸，敢以清規難我耶。竟莫能禁。後偕友人遊牢山，牢山諸道者素慕火頭而未相識，常言得高師一降臨爲幸。及師至，甫入廟，出菸吸之，見者以不守清規，促令去。所到之處，無不催單。適其友後至，詢廟中高火頭來否，曰未也。友以偕往告，並舉師服餙言動示之，乃知即催單者，始悔覿面相失，遣人追之，已失所在。牢山數百里，宮觀數十處，皆於一日見其形焉。

王清正

傳記

陳教友《長春道教源流》卷七　道人王萊陽，名清正，龍門法嗣馬眞一嫡派也。孫宗武于華陽時，已與之友，知其人甚悉。今興復京都白雲觀。嘗言華陽道派有二：一太華，一王刁也。太華宗陳希夷，王刁宗邱長春。《廣陽雜記》。○白雲觀於明末嘗被燬，至國初王清正來居，乃再興復。清正蓋華陽道士，白雲觀道派用龍門，當自清正始也。

江本寔 見江本實

王常月

傳記

閔懶雲《王崑陽律師傳》（鮑廷博注）《金蓋心燈》卷一　師姓王，名常月，號崑陽，原名平。山西潞安人。幼有道士顧之曰：「樵陽再生矣。」言訖不見。然初無好尚，父兄皆留心元（玄）門，尊事張麻衣。麻衣爲師治危疾，大顯神力而去。師棄家訪之，時年弱冠，而向道之心已篤。遍遊名山，踰越險阻，風霜道途，歲月寒暑，幾於相忘者八十餘年。此二十五字，呂雲隱撰傳中所無，茲據《鉢鑑續》所載如此。至王屋山，得得心動，遂遇至人。至人者，復陽趙眞人也。隱居久，就懇指示，眞人不答者月餘。師食松枝，飲清泉，拜求更切。麻衣特至爲之請，命名常月，始知張與眞人友也。又爲求戒，授以二冊。麻衣特至，亦本之《鉢鑑續》。眞人囑曰：「成道甚易，然亦甚難，必以苦行爲先，種種外務切須掃除，依律精持，潛心教典，體《道德》自然之元奧，探《南華》活潑之眞機，方爲穩當。汝大器，當晚成。」以上出《復陽傳道記》。師再拜受教，周流諸山間，甘苦備嘗，搜覽三教經書，孜孜不怠。過一古觀中，道籍頗多，晝夜檢閱，每乏燈，以香續火，光照而讀。八九年間，參師二十餘處，印證五十餘人。此本之《鉢鑑續》。時値軍荒，相繼搶攘。聞九宮山多異人，訪不可得，至最深處，見一人巍然獨坐，覲顔拜謁，即前復陽眞人也。驚喜過望。眞人問：「十年之闊，持心應物，何得何失？」師歷敘元（玄）風頽蔽，邪說流行，罹諸艱苦，徒增浩歎耳。眞人曰：「君子窮於道謂窮，通於道謂通；道備我身，何憂窮通。若違時妄行，安能免世俗之謗議，匪類之妒忌哉？吾有三百年來獨任之事，當付於子，寶而秘之，時至而興，大闡元（玄）風，是在子矣。」遂轉授《天仙戒》。以上出《鉢鑑續》及《金蓋雲箋》兩書。又云：「昔我長春眞君於元世祖時，廣行戒法，流演太上清靜律寶，心心相印，祖祖相傳，皆守靜默而厭有爲，單傳秘授，不能廣行。是以羽流道侶鮮覩威儀，幾不知元（玄）門有戒矣。今因緣將到，任大事者非子而誰？」謂日後登壇授戒。乃傳衣鉢。師辭謝不敏。眞人曰：「得人而傳，非勉強也。子於二十年後遊燕京，謁邱祖於白雲觀，是道行之時也。」《鉢鑑續》及呂雲隱所撰傳文，載皆同。

師生於嘉靖壬午五月二十二日，按呂雲隱所撰傳，謂師生于萬曆甲午；《鉢鑑續》載，師生於嘉靖壬午，長沈太和宗師一歲，極辨雲隱相傳之訛。茲從《鉢繼續》。○嘉靖壬午，爲明世宗元年也。於順治乙未秋遊京師，《鉢鑑續》載，師年一百三十有四歲，始遊京師，而狀如五十許。挂單靈佑宮。歲丙申順治十三年。三月望日，說戒於白雲觀。因緣護法，天然會合，皆符眞人語。歲戊戌，陶然飯，命名守貞。即靖菴先生。己亥，黄珏至，命名守元。即赤陽律師。凡三登壇，而得弟子千餘人，威儀楚楚，莫不欣羨。二十餘年間，諸山闡揚殆遍；戒子得道者，仙蹤勝跡亦復不少。此節悉本於《鉢鑑續》，較其原傳刪減十之九。〇又載：師前於崇正（禎）庚辰年五月五日，於王屋山手錄《大戒》三冊，首授江西伍端陽，名守陽，即冲虚律師，先于甲申元旦卒。

師將示化，時在康熙十九年，呂雲隱所撰傳文及《鉢鑑續》原傳，均載之。又以自用如意源流拂塵，傳於姑蘇呂樹，名守璞。即雲隱律師。以上二十三字，《鉢鑑續》所載如此。

完顔崇實《白雲仙表》　王眞人名常月，號崑陽子，山西潞安府長治縣人也。生當明季之亂，慨然有出塵之心。年甫弱冠，即遍歷名山，參求大道。迨至中年，始於王屋山遇趙復陽祖師，懇求開示，師不答，乃飢飡松柏，渴飲清泉，至月餘，拜求益切。師見其誠，密於天□王母洞告盟天地，授以戒律，且勉之曰：大哉至道，成之非易，易也必以功行爲先。眞人再拜受教，歷八九年，參師二十餘位，印證五十餘人。聞九宮山內有隱士，亟往訪之，遥見幽林密茂處，一人端坐石上，膝行而前，視之即復陽也。驚喜交集，師問邇來應物持心，何得何失，眞人以元風頹敗求師振拔爲對，師曰：君子窮於道之謂窮，通於道之謂通，道備吾身，何患宗風之不振耶？遂以天仙大戒密授之。別師後，居華山，一日拜斗，見斗姥自空而降，謂曰：汝緣在北，毋滯於斯。時吾世祖皇帝入關之始，眞人遂北上掛單於靈佑宮。丙申三月望日，奉旨主講白雲觀。賜紫衣。凡三次登壇説戒，度弟子千餘人，道風大振。康熙庚申九月九日，以衣鉢授弟子譚守誠，留頌而逝，葬於白雲觀西偏。聖祖仁皇帝聞之，賜號抱一高士，命築饗堂以覆之，塑法像以祀之。

陳教友《長春道教源流》卷七　王常月，字崑陽。嘗恢復江寧虎踞關之隱仙菴，菴爲嘉靖五年嶗山道人高玄禮結草，名竹林道院，崇禎三年易今名。崑陽有道行，曾寓京都白雲觀，後化於菴中，李皋爲之銘。國朝朱緒《金陵詩徵》〇《江寧府志》：隱仙菴，相傳陶宏景隱居於此，故名。明時冷鐵腳、尹蓬頭嘗遊此菴。

沈常敬

傳記

閔懶雲《沈太和宗師傳》（鮑廷博注）（《金蓋心燈》卷一）　師姓沈，名常敬，字一齋，號太和子。浙江桐鄉人。《鉢鑑續》載：祖籍吳興，遷居桐鄉。世業儒，《逸林》謂師江南人，中明世宗辛丑歲進士，贅於苕溪施氏，遂家焉。家貧，無隔宿糧，師處之泰然。人問之，曰：我樂其無累心事。古人謂之清俸，脱恐有滿日，遷比富鄰遺擾，或及是所憂也。已而有某姓自蘇來遷，家富而貪，居鄉不仁，失戒而災，師宅亦因火廢。遂遷居武康，課小沙彌，性縱酒，常以白眼觀世。《逸林》亦謂師性縱酒，一日有醉漢過其門，師適自友人家大醉而歸，相值不及避，師素有臂力，格之，漢仆墜石而死，因遭縲繫，月餘而出。遂戒酒，遍遊名山。而《鉢鑑續》不載。懶雲子謂其事可疑，故不錄。愚附註之，爲縱酒者戒。年四十入金蓋，楊於蘧雲，習靈音欽也。既靈而棄之曰：是幻化，非至道。遷揣六韜奇壬於武林，旋又棄之，謂是鹿鹿家數，非妙用也。退習長生久視之方於元蓋洞天，久又棄之曰：是戀尸者事耳，志士豈可溺此。遂游名山，路遇平陽子，與談合，遂師之。始得太上宗旨，乃至茅山而居焉。以上悉採摘于《鉢鑑續》，刪繁就簡以成章者。是爲龍門第七代宗師。得其傳者，玉陽孫師、赤陽黄師也。歲癸巳順治十年季秋十六日，宴然長逝，葬於茅山。稽師生於嘉靖癸未明世宗二年也六月十九日，住世一百三十有一歲。出《鉢鑑續》。

上官常明

傳記

陳教友《長春道教源流》卷七　直隸天津衛天妃宮道士上官常明者，不知何許人也。平生端愨誠樸，無纖毫僞，行全眞功。年六十餘，一日，命其徒購壽缸一具，舁之庭，道士喜入缸，坐而試之，曰：正好，亦不須擇日，以炫世去了罷。即瞑目長往矣。其徒以缸停于室中三年。其師弟素無行，好飲，欲舉其屍瘗之土，以缸易酒，及啓，寂無屍焉。大驚，遂患毒瘡，徧醫不愈。天津有客吳門者歸省，遇道士于淮陰市中，客素識道士，因問何日離天津，道士答曰三月某日。客出銀五星齋道士，道士授以方，曰：予師弟患瘡，乞付之，命依方修治，即愈也。遂别去。客抵家，過天妃宮，詢其師弟，師弟告之故，始知啓缸之日，即道士所云三月某日也。《留溪外傳》。

又　酥醪洞主曰：自馬眞一至上官常明，皆龍門法嗣，其派則眞常守太清也，餘不爾者，或全眞他派，或未舉其名。

郭長彬

傳記

陳教友《長春道教源流》卷七　郭長彬，字去勝，平湖人。母夢呂祖授桃，食之而孕。年十三，從許自修爲道士。及長，受法于窮窿山施諒生。遊句曲、龍虎諸名山，得五雷傳，歸住松塵道院，行法屢驗。晚至京師，棲白雲觀，觀爲元邱長春蛻化之所。一日，悉更衣履，靜息踰日，不飲食，視之則已化。豫親王親至瞻禮，爲龕以葬之，題曰「拂袖白雲」，相國張玉書題曰「長春接軌」。後弟子孫楚昂迎龕歸葬，啓之顔色如生。《嘉興府志》。

伍守陽

傳記

閔懶雲《伍沖虛律師傳》（鮑廷博注）《金蓋心燈》卷二　師姓伍，名守陽，字端陽，原名陽，江西吉安人。宗師守虛之兄也。《缽鑑續》載有此句，未詳其出誰人門下，想亦係龍門八代宗師。幼精性理，明佛三昧。年二十，舉明經，志在成仙，不入仕籍。朝士屢推之，遯入廬山，師事曹老師名常化，號還陽，李泥丸。曹師授以大丹秘〔訣〕，未就。即《天仙正理》所稱曹老師者，蓋本此。李師曰：希仙者須立三千功、八百行乃可。遂授以《東老遺書》。師遂竭情烹鍊，丹垂成而飛者五十有七次。乃出訪泥丸於何山即金蓋之西北麓。南麓，得五雷法而返。丹乃成，將試取吞〔服〕，泥丸突至曰：毋。洞汝五臟未堅，服恐不利，不如以點石，得則普濟。乃點所坐大磐石，轟然若雷聲，雲霞爲之色變，金成而泥丸杳矣。師嗣是濟人作福無虛日，吉王聞之，羅致而師事之。師恐有禍及，遯至天台之瓊臺。以上按《缽鑑》所未載。考謝太易撰《師大傳》暨《缽鑑續》，均詳言之。今本于《缽鑑續》，其文字大同小異。

趙復陽知而俯就曰：汝乃律門眞種子，盍至王屋山清虛洞天，與我常月子即王崑陽律師。倘徉時日乎？并授以內丹口訣，曰：是爾所曹某所事之書也。師乃拜辭，踵至王屋，崑陽律師已預俟於洞門外。師時亦大悟，洞徹金液微妙，一見契合，遂皈投，叠受三大戒，得名守陽，字曰端陽，以時值重五節也。以上《缽鑑》、《缽鑑續》兩書均載。相處有年，返服還丹，始得質凡成化。自號沖虛子，手著《仙佛合宗》、《天仙正理》。按師門下有姚耕煙、謝凝素兩律師，實爲傳道受戒弟子。至歲甲申正月朔日，忽沐浴辭衆而逝，地曰武陵。

《天仙正理直論》附録《伍真人事實及授受源流略》　謹按：眞人故明嘉靖乙卯孝廉，維摩州刺史伍希德，號健齋先生之季子也。世居南昌辟邪里。幼孤，家貧力學，持身高潔，一介不苟取。長而薄榮利，篤好道德性命之言，造次顛沛弗離也。性至孝，以母在，故歲授生徒，博館穀。母九十餘而卒，而先生世壽亦七十矣，遂隱迹仙去。所著《天仙正理》《仙佛合宗》二書，掃盡旁門，獨標精義，誠無生之寶筏也。眞人爲龍門嫡嗣，原序謂龍門授之張靜虛，即俗所謂虎皮張眞人者。李虛庵師靜虛，曹還陽師虛庵，而眞人爲還陽弟子。據此則眞人爲龍門四傳弟子矣。間考龍門二十字派，眞人適當第八字，即眞人亦自書「龍門第八派弟子」。然則博庵之序，果無據耶？因重修《天仙正理》，復以得之買痴先生，及西江板原叙諸說，緝而誌之，以存十一於千百云。越日鐵蟾又書。

詹守椿

傳記

閔懶雲《詹怡陽律師傳》（鮑廷博注）（《金蓋心燈》卷二）　師姓詹，名守椿，字扶搖，號怡陽子，江南金陵人。祖籍徽州，世業鹽，遂家金陵。以上十一字出《道譜》。崑陽王祖（傳）戒弟子。母劉，國戚也。未詳其所自出。通佛乘，家奉大士極誠。已染痼疾，師向禱，年僅七齡，久而勿愈。乃向哭，檀像突動，驚而出，遇一道者，自稱慈度居士，狀貌奇異，遂跪求救母，叩頭流血。初，家有珠塔，層級纖備，重五錢，希世珍也。師愛佩弗釋，道者向募之，欣然解與。道者探囊得紅丸，大如豆，以奉母含，果立愈。爰感其恩，遂繪像懸禮，至長弗衰。然師善病，嘗經年卧，家事置勿理。劉爲娶妻置妾，弗得子。年三十，世運滄桑，母亦殂。盡散蓄貲百有七十萬鏹，以濟江淮難衆。《鉢鑑續》載之甚詳，事在辛巳歲，明崇禎十四年也。阮大鋮招之，不就，拘其妻妾，妻妾咸死之。師乃北遁，匿於燕山深奧處，身存短褐破履，日食松柏以度。夜夢大士告曰：汝家應絶，天憐爾孝且慈，留爾以度先亡。越十載，樵陽演戒來蓋謂王崑陽律師，出禮，受授天仙，許及骨肉冥圓，同昇極樂，長爲金仙班頭。今毋自賊身性，加呑冬青，身得強。言訖遽悟，起拜而誓守。歲乙未，崑陽王祖來自王屋，掛單靈佑宫，旋開戒壇於白雲觀，從者如雲。師聞造謁，極相契，叠受三大戒，統領大衆有年。隨王南行。《金蓋雲箋》載：康熙三年歲次甲辰三月，國師王眞人由京師出駐浙杭之宗陽宫，從者二十餘人。歷駐金蓋、穹窿、青坪、棲霞等境。《金蓋雲箋》載：康熙六年歲次丁未秋七月，王崑陽眞人來止我山，詹律師守椿、黄律師守元從，續溪處士江太虛偕。明年秋，姑蘇施法師亮生、呂律師守璞來迎我眞人，乃出山，之穹窿，詹某等從行。與交有雲隱即呂律師守璞、靖菴即金蓋宗師陶靖菴先生、赤陽即黄律師守元，一號隱眞，儒名珏、石菴即金蓋嗣師，姓陶名太定、明陽姓周名太朗。〇以上諸師均有本傳列後、鐵竹即穹窿山施法師，名亮生，《道譜》載其曾受戒于崑陽眞人者，此不列傳輩二十餘師，互闡太上宗風。自號怡陽子其所傳不可考，於康熙三十九年他出，不知所往。《金蓋雲箋》載：怡陽子於康熙己卯自燕來山居，常出遊江浙間。明年庚辰夏復出遊，不知所在。是爲龍門第八代律師。以上悉出《鉢鑑續》。〇按其原傳計三千餘言，此刪繁以就簡者。迄今百有餘年，金陵善信猶能歷述其捨珠感象、應夢成眞勝事。

黄守正

傳記

閔懶雲《黄虛堂律師傳》（鮑廷博注）（《金蓋心燈》卷二）　師姓黄，名守正，字得一，號虛堂子，江南長洲人，滸關太微律院之開山祖也。《鉢鑑續》無此句。初無好尙，世業儒，讀書而已。年少於貞九呂翁，呂雲隱律師之父，事見於呂律師傳。翁心敬之，知其必成道器。年十三入蘇郡庠，十五冠古學，吳會名振。間遊靈巖，遇異人，謂其當出世作散人，領袖一山，不宜浮沉宦海，白鶴夜投，因緣會至。歲癸未明崇禎十六年，一客特至，三鄉人，白姓而鶴名者，約訪太和子於茅山。始如夢覺，欣然就道。至則太和子他適無耗，返至天台，止桐柏，一丐道人踵前，喜即靈巖異人也。互爲禮叩，師心尤敬之。異人囑曰：王屋山人將出世矣，乙未當至京師，此地毋久留。師拜謝起，已失所在。遂偕白返蘇，而向道之心益切。居數年，白他適，不知所之，師得雲隱而友之。《缽鑑續》所載如此。又值世運滄桑，遂決意出俗，不復進取。屆時北上，果逢崑陽王祖說戒白雲觀，遂執弟子禮，受初眞戒而出，旋開律院於滸關。歲甲辰康熙三年，始晉受中極戒於武林宗陽宫。未幾，復受天仙戒。遇隱眞子即黃赤陽律師，同游金蓋，會靖菴氏。已而雲隱子踵至，遂辭返太微。《金蓋雲箋》載：康熙三年，隱眞子黃師偕江夏黃沖陽、武陵譚心月、姑蘇黃虛堂，自杭來山。姑蘇呂雲隱亦由杭來山，群居一月。隱眞旋大德，沖陽之法華，心月偕雲隱駐冠山，虛堂返太微。〇今滸關太微院道裔，皆其傳也。得其宗律者爲孫碧陽，有傳列卷三。雲隱亦開律院於冠山，相峙闡揚，律宗大振，俱稱八代律師。此篇大略悉出於《缽鑑續》。異人之言悉應。

程守宏

傳記

閔懶雲《程謣山律師傳》（鮑廷博注）（《金蓋心燈》卷二） 師姓程，名守宏，字謣山，新安世家子。《逸林》載：其父仕浙江，師生於武林。母夢黃鶴繞室而生，然善病，早廢書，感山水之清幽，痛人生如夢幻，遂決然出俗。父母不能強，乃爲築室於浙之西泠，遣僕侍之。以上出於《逸林》。聞上陽子駐大德，誠詣請訓。上陽子見而憐之，曰：「因緣未至，妄求無益。歲乙未漸可鉤元（玄），至甲辰始可一貫。」既而攜入密室，授以却厄密宗，曰：「功滿三千，所以報本；行圓八百，適以培元。是內也，非外也，能者從之。」唯唯拜叩而退。於是閉戶西泠，坐忘一室，三月病愈，九月身強，冬不知寒，夏不知熱。以上出《金蓋雲箋》，謣山自述。《缽鑑續》亦採之。喟然歎曰：「道無淺深，純一自神，旨哉言乎！」一載大悟，遂出而濟世，雲遊海內，盜賊水火，不知何以恬出也。如是有年。卜孟文《白漾漁人聞見錄》載：師遊湖廣，聞何騰蛟爲左良玉所逼，自投於江，師僞爲捕魚人救之得甦。又載丁亥三月，師遊至衡陽，其父執瞿式耜招之，師往。自三月至五月，相隨晝夜，立矢石中，師與瞿公皆身無一瘡（創）。後瞿公爲亂兵傷足，師復往爲接骨，治之而去。

歲乙未，至京師，遇崑陽王祖。丙申，受初眞戒。越二載，祖聞靖菴賢，命持卷冊、芝杖、源流、拂塵至金蓋。靖菴厚禮之，與處年餘。《金蓋雲箋》載：順治戊戌，師來金蓋。明年己亥，偕我宗師回京，謁王祖。至甲辰，王祖來杭，晉受中極戒。想從王祖南來。其戊戌至甲辰數年，蹤跡未詳。旋受天仙戒。遂返新安禮親墓，出隱廬山，不復入世。此篇大略出於《缽鑑續》。是爲龍門第八代律師。

陶靖菴

傳記

閔懶雲《靖菴先生傳》（鮑廷博注）（《金蓋心燈》卷二） 靖菴先生者，勝國之孤忠，我朝之高士，金蓋之宗師也。曰孤忠者，身爲沈浩也。曰高士者，身爲陶然也。曰宗師者，本《缽鑑續》所稱靖菴宗師也。〇按《金蓋雲箋》謂先生既逝，門人私謚曰靖菴先生。考之《道譜》，則稱陶靖菴律師；《逸林》亦稱靖菴先生。歷年未久，而傳聞互異。謂《道譜》與《缽鑑續》、《金蓋雲箋》、《江湖樞要集序》及《逸林》等書。不有以考，何以傳信？諸書所載，互有異同，此篇參綜於各書，以《缽鑑續》及《逸林》兩書爲據。

先生蓋一靈二殼而成眞者，此句揭明前後兩身，以爲通篇綱領。稽其寄靈甯晉也，是爲沈浩。母鄭氏，四十無子，禱於社廟，驚雷而娠，遂生浩。按《逸林》、《缽鑑續》兩書均載。就卜於張麻衣，得遯之既濟，曰：「世事戲也，人生寄也。曰沈曰陶，曰然曰浩，死死生生，儒儒道道，傳之千百世，居然與張三丰、趙復陽稱三異矣。好撫之。」按此説出郭來青《麻衣易斷·存驗》。《鉢鑑續》亦採載之。

及長，志尚清節，博雅能文，力能舉千觔。中崇禎辛未武進士，而容貌倫偉，鬚長三尺許，技勇稱當時第一。授懷寧守備，陞京營神樞東九營遊擊。時京營軍制壞，冒餉無算，積習相沿，弊重難返。因條析神樞營事宜，上之。其本稿全載《湖墅紀聞》。內臣王裕民索三千金，弗予。議卒格。浩歎曰：「朝廷之上，選官增職非賄不行，敘功記錄無錢莫問，係軍國重事皆由情面囑託，關社稷生靈必用金帛打點，世事至此，尙何忍言。」遂稱疾辭官去，莫知所之。以上出《湖墅紀聞》。《鉢鑑續》亦採之。

歲甲申秋七月，職方某、國戚指揮某某，皆閩人，猝遇浩於東海之濱。狀若擔叟，背負大革囊，中藏磊磊然。〔浩〕厲聲叱曰：「汝曹變衣冠，將安遁？昔既竊位，今必偷生，云有待者，詐耳。殺卻污我匕首，爲告若：蓋另指一人，非謂此職方、指揮數輩。甯晉沈某將問汝！」翼日，有某者果家死，而報失其首聞。以上出《逸林·神俠篇》。《鉢鑑續》亦採之。蓋浩之憤世辭官也，計遇異人，得其術以殄朝佞，精誠格天，遂果得遇於途。術既成，遂之天台，訪其同志黃珏。珏，湖人也，以諸生而有術者。丕遇，遂之湖，入金蓋，獨處年餘。術益神，返之東海，手刃某某等一十三人，皆故明之權貴也。此補敘其辭官去後，猝遇海濱於前數年苦心。

〔浩〕猶自病術微，不足雪國恥，跡至異人居，進求靈㔩。靈㔩法具三十六門，太公望所遺，爲留侯、武侯藉成王霸業者。得而煉之，百日大靈。遂辭出，將之之，往也。刃吳三桂而奪其兵。異人覺跡追至，叱曰：「毋妄行。古未有以術幻成厥志，且大聖人已御極，鼠輩將就戮，國恥可雪也。欲完孤忠，一死足矣，而數當再生，蔓爾因緣。」遂促浩死。異人者，張三丰也。浩乃泣拜辭，踴身入海。爲順治元年季冬八日事。

既入海，洪濤拍天，沉浮不自主。忽見碧眼藍身，赤髮上豎數輩，追呼好送。遂覺耳畔風生，若有萬馬奔騰之勢。俄而挾沖天際，旋復倒拽穴入，而聞見胥泯，惟覺寒氣冰人，氣格格不得達，悶幾絕。已而噓發二三，氣乃舒，然神志搖搖，殆有過夭氣冰時也。強制半晌，〔氣〕定乃爽。竊有所怪，乃開目，見有青裘而少、白褐而壯〔者〕。又有黃冠草履〔者〕，衣麻衣，貌奇而古，撫之曰：「我張麻衣。〔汝〕一死，足三丰之囑，今而後重開日月，爲巴蜀之陶然可也。」先生聞，掘然起，已失所在，乃東奔西顧。青裘、白衣者咸亦驚呀（訝），知麻衣非凡客，益相慶夫死者之復生也。乃咸前請曰：「舅安神。」不之顧，四巡疾趨。觀者如堵，咸呼二人曰：「飲以湯，毋任其走。」少者起而理髻，辭而自理，髮如雲，視之黑如漆。旋呀（訝）鬚失而膚凝如雪，大異之。於是徐起，鑒形於江，皤然者竟翩翩美少矣。始默悟謹識其囑，不復談往事，俯而泣，仰而號，竟以陶然自居，字錦城，更字浩然。以上出《逸林完志·寄靈中篇》，及卜孟文《白漾漁人聞見錄》。《鉢鑑續》亦採之。

〔陶〕然，蜀人也。父紳，外卒。然僅五齡，依其姊以生。既長，姊居孀。然未娶，姊沒。值蜀亂，率〔二〕甥南遷，謀至浙也。壯則長然一歲，少則年十七。《金蓋雲箋》等書均未詳其二甥姓名。按此卷《林茂陽律師傳》內載，浙省城北菩提菴主僧慧源，爲其甥也。其一甥未詳所終。渡江舟漏而然溺，地曰武昌。然年二十有九，援然出水者，二甥與有力焉。以上出《金蓋雲箋》，及潘牧心《湖海紀聞》等書。

先生既再生，遂將然二甥順流而下。越豫經皖，直抵浙江湖州，之然姪屺瞻家，安然二甥而他之。屺瞻者，歸安諸生，晚號石菴，家富而仁，學優而義。自崇禎壬午下第，絶跡不復出世，亦一代之奇人也。後有石菴嗣師傳，在卷三。原（初），然父紳中萬歷朝武舉，授吳興千戶，與屺瞻祖〔父〕祥爲無服昆弟，生常往來。既卒，力難返蜀，祥爲卜葬於小梅山，局完氣秀，頗稱祥志。然時留蜀，與屺瞻未嘗謀面。屺瞻能體祖志，綏其二甥，而父事然，不亦孝乎。宜其終承遺緒後繼先生，承主講習，而爲金蓋嗣師也。以上事實具載《金蓋雲箋》中，《鉢鑑續》亦採之。

先生至是愈深韜晦，且易形貌，故湖郡故知，亦無能識之者。之外旋返，訪黃珏也。又不遇，乃之天台，徘徊於桐柏山麓，而行藏未決。暫見倏髯雙髻，赤面藍袍，雙目炯炯，鶴立桐柏林中，若有所俟。識爲異人，疑即黃珏。先生悲且喜，趨前禮之。若勿視然，佝僂久之，叱曰：「汝非甯晉沈浩耶？一死足矣。逐逐神通，不思究竟。」先生懼，跪悔泣，叩頭流血。異人喜，乃改容，怡然笑，翼然前曰：「毋。我有三百年來未傳正宗，他日當囑常月子付爾。梅華島是爾故林，曷返守，相時而出。」復以手撫其背曰：「不出世，莫入世；不入世，莫出世。夙世罪愆，報盡乃全，寧順受，毋法避。」先生跪而拜曰：「謹受教。」進叩姓氏，叱而退，不敢抗，再拜別。

乃之豫之荊，之滇之揚，返黔轉襄，入漢就皖，折閩穿蜀，走至甯晉，出溯星宿，上雪山。備歷艱險，幾至於死，數數忍辱，饑寒凍餒，裂膚折肢，不敢復以法避。訪梅華島不得，聞湖郡多異人，知未來過去現在，遂又返湖，棲於黃鶴山，山在黃珏故居。雲遊不五載，足跡滿天下，故竟鬚白髮禿，非復再生時狀；較之〔沈〕浩，體有倍老焉。按《逸林》、《缽鑑續》兩書載：先生於順治七年庚寅之秋，自蜀倦遊而歸，仍居戴華陶屺瞻家，時往獨居黃鶴山。越六年，始得偕隱眞子入金蓋之梅華島。先生至是志始定，一意皈元（玄），無半縷英豪氣，休休若灌園叟。《逸林》載：先生既歸，暇日手著《湖海蠡言》十卷。將其雲遊五年中，分天文、地理、人事、山靈、水怪、辟兵、知遇、救人、參同十類；凡足跡所至，耳目所及，無不備述。後有吳興潘牧心得其本，遂并金築老人手著《三江詩史》七卷，及陶、黃兩律師合訂《江湖樞要集》三卷、復《自敍見聞》十六卷，共編成三十六卷，名曰《湖海紀聞》。而先生生平，合前後兩身而載之，實十居其六焉。

歲丙申順治十三年，始知妙喜、黃珏隱於弁陰之碧巖。聞珏爲晉代神仙隱眞子後身隱眞子爲晉代旌陽許眞君弟子，六通具足，謂是養成而非法煉者。遂造訪，竭敬竭誠。既見，若故知。珏即問曰：「先生得非甯晉奇男子，易殼於武昌水次者歟？某休天目有年，亦惟從事於文昌化筆，遡其傳自旌陽始祖，始記有之。昔司馬氏之有天下也，孽蛟滋計，肥子若孫，將沉豫省成中海。上帝怒，命祖祖即許眞君也。收斬，葛翁佐之葛翁即抱朴子，名洪，玉眞、靈眞、隱眞皆許眞君弟子。輩三千人，爲之指臂。經濟多載，萬法千門，竭才盡技，蛟乃殄，豫安而壤浮，帝之力，豫蒼生之福。祖得劈大滌仙箬，編筏三成以承豫。今具區沿三州，生靈豈止億萬萬，而腥焰踰伋，下必有物。西湖爲具區端戶，外窺錢唐，通海眼，兩地無人制，爲害非細。祖曰：我已三調靈眞疑即先生前身，但繹下文可見。至浙，將遺鎭湖之金蓋。遺汝之杭，鎭大德，且以俟來，以鎭鶴林即今金鼓洞。又嘗聞之呂祖即純陽帝君。亦云：今之陶然，昔之沈浩；會鎭金蓋，機緣夙造；甯晉奇男，不告之告；爲復陽孫，爲浩然號；丙申不遠，黃鶴三到；靈眞隱眞，神仙可造。如是如是，某故知之。謂具六通，相傳之誤。」〔陶然〕因進問曰：「先生究將何之而休？」乃爲歷述其遇，并告以所訪。〔珏〕曰：「梅華島在望，古以地樹多梅得名。按之《道藏》，天下隱男眞居之，勝與海外桃華島匹，即今金蓋也。星應牛女間，隖曰雲巢，晉時名春谷，陸簡寂嘗居之。唐曰桐鳳隖，宮無上仙蹟著焉，呂潭隖中有清濁兩泉眼，形如呂字，中多龍子，相傳爲宮無上手鑿。可據而信也。晉有克正即何楷、宋有安定即胡瑗、正節即衛富益、東老即沈東老、子春即梅子春；於元則仲穆即趙雍、牧齋即閔牧齋，諱遜。明之藕益、宋之參寥，高僧也；閔珏、蘇軾、顏眞卿，名宦也，無不倦倦久居。間或勿去者，東漢尹無我、屈東生、韓珊珊，苦而人。以上諸人，惟趙仲穆、參寥子、蘇文忠、顏魯公四人未列傳。其餘諸人均列傳於卷七、卷八中。要知脈接黃山，竅開林屋，景純之說非虛。苟無至人以主之，豈非虛此勝境歟？按先生之行藏，洵成寄戲；先生之趨向，不外忠純，眞當代之異人，宜爲駐世神仙許可。某雖不敏，願請從事。山之高十五里，山之廣四倍之，山之神有謂尹無我，有謂韓珊珊。珊珊無蹟，其出處莫之考。相傳爲無我之師，東生之舅，淮陰之裔冑，知兵法，諳遁甲，三國徐庶嘗師之。有寇據方山，爲烏程憂，因起陰兵逐之鏡湖，巨魁殁於水，烏程乃安。民感其澤，故至今祀之。或謂〔此系〕尹無我之事，故又祠尹。尹亦姓屈，東生之叔也。曾爲會稽郡鹽鐵尹，以無我爲學，故曰尹無我。能興雲致雨，咒水成潮，遺蹟在在有之，誌乘所敘尹公潮是也。嘗拄日於金蓋事載本山志略，知未來事，卒與東生隱金蓋。東生受業於左慈，亦知變幻，尤精吐納，故壽最長。許、葛除蛟時，東生亦與焉。梅華島之大略如此。」以上《金蓋雲箋》及《江湖樞要集》均載之甚詳，約二千餘言，《缽鑑續》但略引之。此得刪繁就簡之要。遂與偕訪，得先生故居齊音齋假音格龕而居之。已而參元（玄）訪道者集若雲，雲巢之名始驗。《志略》載雲巢之名始於元季，愚按參寥子詩已有雲巢，則宋時已名雲巢矣。惟繹其末句「琅玕青與白雲齊」之義，則宋時之雲巢或在於巓，迨元而改築於隖，是未可知也。

先生曰：「天上神仙皆是人間孝子忠臣，漢壽亭侯血刃終身，位證大帝，未聞其有子午烹煉，休糧出俗之行也。人從實朴朴地下手，便是築基妙訣。神通法術，乃駐世神仙萬不得已一行之事，非經敎，聖賢仙佛所不取也。龕中坐者，非呂、陸、衛師歟？陸不仕宋，呂避僞周，正史缺載，野錄可憑。具載於《湖墅紀聞》等書。向使衛應元召，仕至卿相，不過數載榮寵，安保究竟？惟能心安肥遯，聚焚著作，故愈隱而愈彰。即此可悟聖賢仙佛，止完其眞性，全其無愧而已矣。」晟溪雪笠翁聞而歎曰：「若浩然者，今之古人歟？我聞其語矣，未見其人也。」將就訪，而崑陽王律師以卷冊、如意、玉麈、芝杖，遣人即程謌山律師。寄授，命名守貞。貞者，正而固也。崑陽可謂知人矣。前於桐柏林中所聞「他日當命常月子付爾」一語，至此始應。禮聞來學，不聞往教。先生蓋不戒而戒，久受知於天台異人。異人姓趙，名眞嵩，號復陽，律師之師也。然則卷冊之寄，必上承夫趙祖之命而來者。

歲己亥順治十六年，先生乃攜珏至京師，一以謝所授，且爲珏請受戒。珏本爲沈太和宗師門人，派名守圓，自號赤陽子，又號隱眞，故但請受戒。後自有列傳。律師方飯，聞至，果吐哺，出曰：「我子趙子復陽氏嘗言之，汝來何晚。」乃跪謝不敏，繼而泣。遂邀入別室，授以無窮秘旨。先生自是益精進，遂具六通。珏則受戒至天仙，頗多進益。其賜偈曰：「圓陀陀，光爍爍；貞元圓，摸著腳。同去同來，炳來得法；永鎭鶴林，白雲先達。」命名守元本名守圓，至此改名守元。令〔守〕元之杭居鳳山之大德觀，先生之湖仍歸金蓋山。又曰：「道越世而興者，數也。若夫南林春雪，艮野天香，猶馬之白眉也乎。其系出太朗者，第九代周明陽律師，名太朗，其時已皈孫玉陽宗師門下，爲沈太和宗師門孫矣。汝曹識之。」以上雜出於《金蓋雲箋》及《鉢鑑續》、《道脈源流》等書。

已而歸，與先生游者，晟溪雪笠翁而已。方士往來者良多，蓋居塵出塵之交，惟此一人而已。翁姓閔，名聲，字毅甫。崇禎壬午舉人，嘗不應召，亦以逸民終。後另有傳，列於卷七上之高人部。翁命屺瞻入侍，命名太定，號曰石菴。以上出《金蓋雲箋》。歲癸丑康熙十二年，溯其于順治丙申入山，先後凡一十八年，九月二十七日，忽命屺瞻送其卷冊、如意、玉麈、芝杖，之杭之大德觀。逮返，先生說偈而逝。偈曰：「生也寄，死也義；耿耿百千秋，難了此生戲。不如去，不如去。」頃之，見先生乘雲而上。門人石菴子，爲卜葬於金蓋之陽。舉其龕，若虛器然。大學士黃機爲撰墓門表。因門人私謚曰靖菴先生，題其墓碑曰高士靖菴先生之墓。其文爲笪重光書，廷博昔見其本于湖城高氏。惜其墓碑已斷蝕矣。杭通判許天榮壽之石。以上悉本《鉢鑑續》。是日，黃師赤陽子即名珏者，亦沐浴辭衆，召其門人周太朗與之偈，瞑然而逝。時十月朔日也。

紀事

黃機《陶高士靖菴先生墓表》 嗚呼！異人者，天之梯也，君之航也，世道民人之中流砥柱也。天旣生之，天必有以用之。奈何一聽其跋涉寰宇，出阻入險，獨逸一山，草衣木食，待數十年之久，而終不得一白其志，見之行事，著之竹帛，宜其喟然歎，撫然悲，卒然歸，而棄世如遺，有如吾陶高士諱然字浩然先生者，豈不惜哉！

先生，我朝之異人也。生於蜀，爲晉淵明先生三十八世孫。其先世居會稽，祖唐，應蜀藩聘，遂居蜀。父紳，以萬歷朝武舉，官吳興千戶。卒於官，貧無以殮。先生諸父祥，湖郡諸生也。富而義，其先亦由會稽遷歸安者，擬送歸蜀不果，爲卜葬于小梅山。術者謂當出異人。時先生年五歲，隨母黃留蜀。未幾黃卒，依姊氏以生。旣長，姊惡其不事生產，不爲娶。姊歿，始至歸安。諸父祥墓木已拱。祥孫思萱有祖風，送休金蓋山。爲浙西勝壤，尹無我、宮無上曾居之。尋復出遊五載，如滇如齊、如豫如揚，轉黔越廣，穿漢入閩，經燕達晉，曆崑崙星宿而返。當其時，明社初屋，餘寇未平，四海烝民不屠於流賊，即殄於庶頑，僻壤窮鄉，皆成虎穴。先生乃以一介書生，徒步憑弔于其間，飄然往返，不損毫髮，異哉！石菴曰：「叔年少於我，三教典墳，記覽無遺，狀貌蹁躚，眞神仙中人。」問其長，若一無者；究其蘊，淵乎若無底泉；測其量，渺乎若南海洋。有時而涵平無際，霽月光風；有時而旌揚鉦震，迅雷疾電，草木咸威；有時而蓬壺方丈、圓嶠瀛洲，善繪莫狀。人嘗見其與洪洞明、黃赤陽、盛青厓相慕訪，氣味融洽，而經處三五七日，不聞談論，欻然散去，望之若斷霞孤鶩。又見其登山極巔初，四顧閒如也；旣旋趨翼如也。已而仰天長嘯，山鳴谷應，風雲爲之色變。就與之語，嗒焉若有喪。試進扣之，曰：「我聞之，不出世，莫入世；不入世，莫出世。蓋出處有權，進退有道，苟不體此而惑於命數，凡夫也，不可與言志也。」

歲戊戌，受戒于京師白雲觀。律師崑陽王君授以卷冊、如意、芝杖、玉麈，命名守貞，遺歸金蓋。因自號靖菴子。至癸丑孟冬朔，風雷忽作，乃辭衆說偈而逝。偈曰：「生也寄，死也義；耿耿百千秋，難了此生戲。不如去，不如去。」享年五十八，生於萬歷四十〔四〕年六月二十四日辰時，卒於康熙十有二年十月朔日午時。其諸子思萱爲卜葬于金蓋南麓，舉其柩若虛器然。思萱號石菴，湖之碩士，言不苟譽。今所述若此，囑余爲撰墓表。先生眞我朝之異人也哉。

黃守圓

傳記

閔懶雲《黃赤陽律師傳》（鮑廷博注）（《金蓋心燈》卷二） 師姓黃，名守圓，易名守元，自號赤陽子。原名珏，號隱眞。《江湖樞要集》、《淨明眞詮》等書，俱稱隱眞子，未聞有赤陽子之號。浙江烏程人，明季諸生也。少負奇才，明術數，豪邁不拘，世居吳江之震澤鄉。祖申，中萬歷朝舉人，授黃岡縣令。有德政，三年行取進京，卒於山東。父名慕韓，母淩氏，年俱十六七，留黃岡不得歸。邑人憐之，遂家而入籍，爲黃岡諸生。以祖墓之在湖也，遂之山東，扶父柩歸葬於烏程之黃鶴山，而淩氏沒於楚。師生才三歲，廼返楚，攜師扶淩柩還江南，依於其族。未幾父卒，家尋災，族不之恤，乃依舅氏淩景仁，居歸安之雙林鎭。舅爲葬其父母於妙喜。年十三，舅又卒，以不得舅母歡心，出居妙喜。形影相依，縱多親族，無有過而問之者，惟傭工自活。以餘資購殘籍，焚膏誦讀，志日堅。偶聞時事，必舍耜三歎曰：「彼富貴而肆縱，若是我得志，必鋤之。」嗣有舅族謚忠介之封君某，偶過訪，大奇之，授以《性理大全》、《朱子綱目》，並選古今文藝若干首，令熟揣之，資以白米三石。乃得日夕專精，未三月，心手契合，揮灑皆珠玉，識日益深。一日出遊，遇董香光於織里，相得如故知。留住半月，遂得書法三昧。香光謂曰：「以子之材，傳世不難，何自窘乃爾。」師曰：「舌耕耜耕，勞逸有殊，而傭工一也。且播耘耕薅，其間天道人事，妙義無窮，以之撫世，道果有異於農乎？故昔伊尹，聖人而王佐也，亦嘗從事於農，而謂之自窘，得乎？」香光心重之。已而師出應試，爲湖郡庠生。年三十，香光既貴，遣人招之京，不就。出遊武林，日賣字以沽飲，著作頗多。某巨公見而奇之，師心薄其人，避之若浼。問其故，笑而不答。

年四十，聞上陽子考之《道譜》，姓陳名致虛，爲馬丹陽眞君遇仙派裔。居〔杭州〕大德觀，造訪而師之。師後居大德觀而終焉，蓋因乎此。乃得筆錄奇壬諸異書一十九種，返潛習於天目山，寒暑不間者有年，術精且神，知未來，遂委身巖谷。歲甲申，焚其衣冠經籍，易羽衣而出。以上五百餘言，悉出於《金蓋雲箋》中閔聲撰《黃隱眞先生傳》，考《缽鑑續》止採其師事上陽子得法一節，餘闕載。遊至茅山，太和宗師知之，謂其門人孫守一即孫玉陽宗師，後有傳列卷尾。曰：「八代律嗣至矣，可書守圓二字以待。」師至，遂以名之。曰：「圓者，〇也，一也。識得一，萬事畢；崑陽興，明陽立；圓易元，業可必。」蓋云元者，善之長也。師拜而聆之。以上出《道脈源流》。起爲卜，得贅壻六壬課名，疑之。轉得八專亦課名，乃悟。越十三年，始返湖隱於碧巖在弁山，果有陶然字浩然者至，贅壻之課應。是爲靖菴先生，遂入梅華島。歲己亥，偕靖菴入京師以求大戒。崑陽眞人見而喜之，果延入室，授以《宗旨》一冊，曰：「三百年一行教典備於此矣，兩承而一授之也可。」遂易名守元，八專之課又應。康熙常作順治庚子，先眞人而出駐於大德越五年甲辰，眞人始來杭，果有震澤後進周名太朗者即周明陽律師，奉其本師孫玉陽即孫宗師守一。命來投求戒。師歎曰：「匹夫行藏，絲絲命定，況事關社稷歟？生我者父母，存我者子陳子即陳上陽眞人。也。」遂與周約，人莫之知。以上出《缽鑑續》。

越十有四年，歲癸丑十月朔，靖菴先生亦寄其卷冊、如意、玉麈、芝杖至，乃召太朗，師以《宗旨》並付之，曰：「此先太律師復陽趙祖之命也，好承之，師師傳授，以待來者。咦！渺渺太虛中，壽世無量劫；悠然見南山，才是眞消息。」《道脈源流》載：周問何時，師曰「戊子當來」云云。觀下卷《周明陽律師傳》可見。語畢遂逝。七日入龕，顏色如生。以上悉本於《道脈源流》。考《缽鑑續》、《金蓋雲箋》均載之。是爲龍門第八代律師。師生於萬歷乙未歲正月九日辰時，卒於康熙癸丑歲十月朔日午時，住世七十有九歲。門人明陽子遷葬於棲霞嶺北，地曰天官山。

呂守璞

傳記

閔懶雲《呂雲隱律師傳》（鮑廷博注）（《金蓋心燈》卷二） 師姓呂，名守璞，號雲隱。原名樹，字端虛，姑蘇長洲人也。父貞九，爲徐文質後身。此句亦本之原傳，《缽鑑續》亦載之，未詳其何據。髫年補博士弟子員第一，憮於太倉庠，名傾吳會。後值世運滄桑，脫青衫，衣羽服，訪終南，歸碧天，竟以仙化。按原傳，貞九翁嗣清微派，爲二十三代法師。〇以上五十字，悉本《缽鑑續》。而師修明性地，大闡宗風，建梵天壇，魏元君、劉天君殿，暨父塔院於小桃源。

師生而穎異，丰采照人，塵俗緣人所溺而不能出者，師出之最早；道法緣人所疑而不能入者，師入之最早。蓋由力學，復有天焉。年十四即洗心道奧，持長齋。十七辭江氏姻，鸞鳳分棲，廣行諸法，濟度人鬼。饋以金銀則毫無指染，而獨以道法證父子緣，又以父子證師弟緣。當父訪道時，師纔十七齡耳。按師著《復立山房詩》，上有二兄，師蓋爲貞九翁季子。毅然擔一瓢一笠，奔走數千里，直抵武當、終南最深處，疊遇魔試，不生退轉，按原傳，師遇猛虎、毒蛇均交臂而過，載之甚詳。卒能遇父侍歸。妻江，亦慨然有出世志，遂禮翁爲師，取名正合，號雲城，築女貞仙院，修煉其中。江雲城大師傳，列卷六下女貞部。師嘗告曰：「學道之人僅明丹訣，不從實地修持，是猶渡江湖亡舟檝也。」

輕雲子曰：青律始於長春邱祖，襲爲單傳秘簡。崑陽眞人興，歷訪萬山中，乃得傳於趙祖，出應世祖章皇帝詔，說戒白雲觀。師聞前謁，眞人一見喜曰：「是眞法嗣也。」遂授初眞戒，旋於武林授中極戒，此師二十齡及二十四齡事也。師二十一齡，父將羽化，預期示兆。師聞馳赴，課葬小桃源。師獨守塔，若將終身。及壯，領受天仙戒，大開演缽堂於姑蘇之冠山。其戒子承化得道者，亦復不少。歲庚申，崑陽眞人將返平壺，取平日自用錦囊如意源流拂塵等，印封完密，囑侍者曰：「姑蘇呂守璞來，付之。」時康熙十九年十二月二十五日也。

師性功淵朗，胸無纖翳，藹藹乎春融，浩浩乎秋空，動爲閒雲，靜爲止水。平日一意修持，不求文字藻飾，一旦豁然昭灼，則信口拈來，皆妙諦矣。所著有《心印經註》、《東原語錄》、《復立山房詩》，梓以行世。此篇按之呂徵所撰原傳，大意盡同，而文法頗異，删括甚多。考《缽鑑續》所載，亦甚略。師於清微爲二十四代，於龍門爲八代律師。康熙庚寅四月十四日，按庚寅爲康熙四十九年，距庚申有三十年。以自用如意源流拂塵，付其弟子呂徵，名太晉。即師之胞姪，傳列卷三。以上見《缽鑑續》。

黃守中

傳記

閔懶雲《黃沖陽律師傳》（鮑廷博注）（《金蓋心燈》卷二） 師姓黃，名守中，號沖陽子，湖廣江夏人。父盛，崇禎朝任浙江副總兵，卒于官。師年二十有二，患軟腳病，留浙不返。訪道於茅山，不遇，路逢土寇，擄資奪盡，乃乞食返楚。一家歿於疫，室又遭兵燹，思自經。適靖菴先生過楚，知而救之，順與治疾，痼疾竟愈。《缽鑑續》載：師患癱瘓，既而全家喪歿，因自經。靖菴律師過而解救之。既甦，詢其癱疾之由，曰：「前遇寇時，幸不見殺，而左足忽木，遂不能屈伸。」靖菴爲撫之良久，口諵諵若詛，忽見空中飛一股，大如指。靖菴首叩而手接之，急搥其足，喝曰換，已爲摩撫再三，覺氣熱如火，自膝及足，試屈伸之，遂愈。師叩其故，曰：「楚多妖法，此以木腿易人腿，吾遣神人易之來，故愈。吾蜀中亦有行之者，已殛之矣。」蓋採於《白漾漁人聞見錄》，然靖菴未嘗言之者，故亦不備錄。〔靖菴〕授以內觀法。〔師〕願從遊，不許。折回浙，年已四十三，寓於武林千勝廟。

一日，羽士數輩自北南來，將朝普陀，聞隱眞子（黃赤陽）名，約就訪。入天目，不遇，將復之茅山。既行，日沉風雪作，狼狽覓宿，止於古廟後樓。夜既半，微聞有聲自遠來，若笑若哭，師不之動。頃而同侶紛紛，若皆外走，已乃寂然。天曙起，失同侶，四呼不應。時雪初霽，出循跡遍尋至廟後，皆縱橫倒地，目瞪口噤，惟身皆尙溫。師驚極，強定而守。日既高，一僧持漿至，謂王將軍囑來。師喜，取以灌，皆甦，相向哭。衆曰：「得毋吾輩盡死歟？」未及詰，僧叱曰：「汝曹迷，故至此，居士固無恙，生汝曹者，居士也。將軍謂汝曹不足恤，慮累居士，命我來。居士定心，至小菴，會同將軍，北訪金仙。」師乃率衆謝，隨之行里許，翠竹森如，中含茅屋，露一老僧，皓鬚星目，倚門而立。見即率衆趨前，揖而入，曰：「將軍何在。」曰：「往矣。」乃向老僧謝。老僧曰：「無他，內魔不生，外魔自滅。惟居士知之，得感將軍來。老僧不與世事久矣，重將軍命，暫且多事。飯熟矣，曷各飯。」乃出胡麻飯一盒，曰：「有緣乃得供也。」師感將軍再造而未得謝，心得得不安。老僧曰：「毋，且飯。」群乃飯。老僧睨視之，曰：「有緣得常飽。居士北行，當會將軍於道，會間毋憶也。心定神知，心擾神昧，如是如是。」師起拜謝之，已而辭出，不數武，僧廬俱泯，但見凍竹折枝，漫山晴雪而已。師遂悟，辭衆北走至京，月餘不饑。適崑陽說戒白雲觀，乃皈投。王祖大器之，疊授三壇大戒。一日，隨雲衆進演缽堂，王糾察現，即王天君，其誥文有糾察大靈官之號，故稱王糾察。鬚眉畢燭，乃悟老僧語，拜而祝謝焉。

歲甲辰，隨祖至浙，訪隱眞子於大德觀，追述往事，互相慶讚，遂往建菴於天目。崑陽王祖署其堂曰「麻飯精舍」。隱眞子爲序其事，其文載《金蓋雲箋》。丙午，至金蓋訪靖菴，語言針芥曰：「不圖太上宗旨微妙如此，昔日先生慈授諸秘，字字金針也。」靖菴曰：「古人云，言無淺深，在人領會耳。」居數月，返飯麻。後常往來於天目、法華等境，多所闡揚，學者宗之，鮮克當意。歲乙卯康熙十四年也。〇按《金蓋雲箋》載，乙卯歲范青雲來山訪遺書，黃沖陽子來自法華，手輯《白雲同門錄》一冊，示青雲子。及青雲去後，師亦隨出山，後遂復不見矣，忽外出，不知所之。此篇與《缽鑑續》所載，事同而文小異。是爲龍門第八代律師。

譚守誠

傳記

閔懶雲《譚心月律師傳》（鮑廷博注）（《金蓋心燈》卷二） 師姓譚，名守誠，號心月，湖廣武陵人。性篤實，不苟言笑，童時已然。既長，讀書於黃鶴樓，飄飄有出塵志。江夏有沖陽子，亦抱異質，成莫逆交，常相約曰：「人生百年耳，安得名師而事之，他日有聞，必共趨禮，皆成則妙，一就必轉拯，不爾即爲負誓不成道。」已而沖陽隨父遠出，蓋之浙江副總兵任，音問疎。師亦出遊滇黔間，忽忽三十餘年。迨返，沖陽全家沒於疫，師四訪無音。一夕夢至京師，見沖陽衣羽衣，巍然高坐，未及禮叩而遽覺，大異之。遂束裝北上，歷盡艱險。當時正兵戈載道。及抵京，聞崑陽王祖大開演缽堂於白雲觀，就師之。王祖奇其材，疊付大戒，始知沖陽已於庚子順治十七年。皈投，備受三戒。乃大悅，駐觀有年，道既純淳，偕沖陽而至浙，往來於陶靖菴先生，居金蓋、黃隱眞子，居大德、黃虛堂子，居潛關、呂雲隱子，居冠山。之間。師皆親如骨肉，嗣是益互琢磨，惠諸後學，勉承宗教，四方咸向之。時遊金蓋，亦駐冠山，又有年計二十四年，忽於丁卯歲康熙二十六年，不知所之。此篇大意悉本《白雲同門錄》，參以《缽鑑續》語。

乾隆甲子，有見於雲南太和宮，出其手錄戒律，托寄與冠山陶某云。此說傳聞於冠山陶律師門人，其見師而受寄託者，爲吳門紳士唐某云。〇乾隆四十八年，懶雲子遊冠山，見其手錄戒律原本三卷，其尾頁另署四十字。其文曰：「眞人有命，青律傳孫。乃交黑兔，爰托文門。金果一德，龍樹載駸。黃中通理，懷之好音。守誠恭承師命，敬題。」懶雲子讀而遽悟曰：「乃交黑兔者，謂歲次今年癸卯也。文門者，閔字也。金果者，我師派上承杭州金鼓洞，洞有金果泉，故又名金果洞。一得（德）者，我派名也。首二句，我譚子所以寄陶子也。後三句，殆某得此本，後之驗證與？」因徧告山衆，拜而受之。及後懶雲子往雲南，以其原本奉授雞足道者，始應後三句。按雞足道者傳，列於卷六首篇，閱者可覽焉，玆不備述。

佚名《太上律脉・第八代傳戒律師》 譚守誠，道號心月，自述云：余楚之酈縣人氏。南嶽瀟湘之間，仙壇靈境，屢有奇人。余幼時曾遇紺鬢朱顏老人，指余曰，此子骨相不凡，他日可任大事。余始不知所云何謂也。迨後父母早逝，棄家訪道，雲水名山遍參有年，皆以竟接待十方爲要，無他念也。一日崑陽眞人言余眞誠不苟，攜余前往武當演教，而初眞、中極次第授余。謹恪修持二十餘載，敬始愼終，未敢懈怠。師知扶疏丹桂，難藏明月之珠；峭絶青山，莫滯白雲之跡，於康熙十九年九月九日，請當道護法，以道法眞傳付焉。余以儒理未深，因緣福報未足以光顯眞思，爲善守之計以待後人。不意律脈中微，戒堂無主，爲道衆護法等迫推，不得已主持法席，原爲道脈計，非余敢有所私也。今欣道脈有托，所傳得人，遂於康熙庚午年十一月二十八日，傳楚之詹維陽，以光祖意。

陳教友《長春道教源流》卷七 譚守誠，號心月，楚之酈縣人。爲兒時，相貌不凡，嬉于庭，有紺髮朱顏黃冠客，負蒲團策杖過其廬，見而異之曰：此子骨氣異常，他日可肩吾大道也。語畢忽不見，家人皆怪之。明亡，遂棄家爲道士，偏遊名山，歷參耆宿，頗有得。一日遇王崑陽，相見如故，遂偕往武當山中，傳秘密精義。操修二十餘年，無晷刻少懈。崑陽知其有所得，以龍門心印付之，屬曰：爾得吾道，當以度人爲急，度一人證道，即積無量功德也。于是守誠游行天下，以救拔爲主，誘人于至道，丁寧告誡，勿使墮落旁門。後至江南，見有根器者衆，乃於隱仙菴設教焉。誨人以忠孝爲本，以誠靜爲用，其徒從者幾千人。康熙己巳，語諸學人曰：吾將逝矣，當在某月日也。至期沐浴更衣，說偈曰：一心靜極萬緣消，獨露眞容月正高，自在希夷堪湛寂，龍門法律柏林操。端坐而化。得其學者黃州詹太林晉柏也。國朝陳鼎《留溪外傳》。

程守丹

傳記

閔懶雲《程華陽律師傳》（鮑廷博注）（《金蓋心燈》卷二） 師姓程，名守丹，號華陽子，原名鎭華，字英和，徽郡績溪人也。世業儒，有古風，男讀女織，疏布自甘，無公事不入城市者，數世矣。師承志守，以孝友爲宗。値世滄桑，群勸出試，笑而不答。強之再，曰：「山野廢材，自守猶拙，若出而試，倖得一職，上無當意於長官，下無滿願於黎庶，屏斥乃歸，辱莫大焉。我甯繼守祖訓，得過三十六歲，家事楚〔定〕，將爲東西南北散人以歿，是我願也。」師少精奇門，通易理，凡有動作，必先之卜，吉凶悔吝，應如〔影〕響。三十九至金蓋，師事堅密禪師藕益禪師弟子，後有傳列卷七之高僧部，究參佛乘。始不敢以瑣事瀆之易，曰：「循理而行，非易是易，若囿於易，易失其易，況降而下者乎。」居山七載，日惟從事於木雞，漸至忘食忘寢，客來不知起，有問不知答。一日豁然長嘯，嗒焉中止，喟然歎曰：「眞如而外，無非戲局，我其逢場作戲歟？靜也戲，動也戲，喜怒哀樂，生死成敗，無非戲劇。隨戲演劇，做得熱鬧，忙戲也。冷靜瀟灑，閒戲也。窮愁落寞，窘戲也。刀兵水火，危戲也。離別傷亡，苦戲也。參元〔玄〕訪道，醒戲也。貪財好色，迷戲也。孜孜業業，勤戲也。悠悠忽忽，懶戲也。雄赳赳，勇戲也。樂陶陶，逸戲也。推而至於風雲雷雨，春夏秋冬，造物之戲也。富貴貧賤，飲食男女，人生之戲也。造物之戲出於無心，人生之戲幻於有我。有我則害生，趨避徒自苦耳。登此傀儡場，難免戲中戲，一朝鑼鼓歇，閒逸爲誰來？然人生之戲愈出愈奇，而造物之戲古今不二，即此可悟無心之妙。」此說全出於《金蓋雲箋》中，按之《鉢鑑續》，止載眞如云云三句。

歲丁未康熙六年，崑陽王祖來駐金蓋，師禮之。命名守丹，疊授初眞、中極兩大戒。遂從王祖出駐江浙諸名境，復隨入京師白雲觀，暢演醒戲十有餘年。及祖逝時康熙十九年，〔師〕自北南來，按《缽鑑續》載：師於康熙辛酉之秋始返浙。乃依明陽子振興鶴林即杭州金鼓洞鶴林道院，始得安演逸戲，十有五年而逝，異香氤氳三日始散。此篇事蹟悉本《缽鑑續》，其說則參考於《金蓋雲箋》中。是爲龍門第八代律師。

林守木

傳記

閔懶雲《林茂陽律師傳》（鮑廷博注）（《金蓋心燈》卷二） 師姓林，名守木，號茂陽，浙江仙居人。祖籍福建。祖昌明，遷之台郡。父華生，遷仙居之四都，載耕載讀。師生而慧，有辯才。歲癸卯康熙二年，至省垣，寓城北菩提菴。菴主僧慧源，四川人，靖菴先生甥也。爲述聞見，遂至金蓋謁靖菴，留住月餘歸，有出塵志。越三年，復由金蓋至大德。崑陽王祖導之入室，《金蓋雲箋》載：丙午秋七月，林師來山，我宗師遣至杭，謁王祖師。出辭，祖示以偈偈言未詳。遂遊五嶽，履險蹈危，不可勝紀，總以忍辱仁柔法脫盜刃。迨返，舉世泰，訪至元蓋餘杭縣境有元蓋洞天，適赤陽子與靖菴先生、金築老人俱楊金築坪，金築老人傳列後，與談，大契之。赤陽子率師返杭，授以《大洞經》，令遊天目、黃山、普陀等境。英志盡消，柔出訥入，無復強制，厥道將圓，乃返杭謁赤陽子。赤陽乃出示崑陽王祖手書，爲之加冠贈名，疊付三戒。遂依明陽子，居金鼓洞。《缽鑑續》載：師於康熙十一年壬子，得王崑陽眞人書，遂受戒，年已六十矣。後居金鼓洞終焉。住世九十有四，卒葬法華山。此篇大意本《缽鑑續》，按之《金鼓洞志》，具名而已。是爲龍門第八代律師。

懶雲子曰：余閱蘇柳堂《蝶夢齋筆談》，載有康熙丁丑年天台令某按縣志，康熙三十六年知縣過百步宮，見一道者年約三十許，端坐紫陽樓，傍有皤然老紳，肅衣冠，捧茶進。道者若弗視，老紳立良久，始接飲。令不勝憤，呼吏拘之。紳知爲令，亟趨前跪曰：「是貢生父，年已八十五，因尚元（玄）學，出遊六十載，三十年前曾一歸，不浹旬而遽出。某奉母命歷訪，又三十餘年，今始得遇，惟願迎父歸以慰母，而未得父允。幸得賢父母來，敢乞勸父歸也。」令聞，不覺驚喜，遽翼貢士趨前揖曰：「某不識先生，先生何修而得此？」道者亦起而揖曰：「我林守木，乃先律師王崑陽先生戒弟子，但知守戒，未嘗修也。」令曰：「不俗固仙骨，多情亦佛心。先生曷從嗣子請？」語未畢，道者已點頭，坐而瞑矣。令乃諭貢士：「曷奉母來會於樓？」又以母老疾難之。移時令出，貢士送之返，而道者已杳然矣。《筆談》所載止此。按此說考《缽鑑續》等書均不錄。噫！師其壯歲即成歟？殆返老而爲壯也。其以守戒精修，即以慰家人之念歟？夫崑陽律師凡三登壇而得弟子千餘人，戒子得道者良亦不少，師乃爲賢宰官所見耳。

郭守真

傳記

《太清宮特建世系承志碑》（《鐵刹山志》卷六） 郭祖當龍門第八代，在關東爲初祖。原籍江南，世安蠖屈，後徙遼郡，運啟鴻飛。當明鼎將革，雅意修行，隱居不仕。初則崇儒通釋，繼則返道歸眞，綜三教爲一家，貫天下爲一理。其學識造詣，固足以入聖超凡，成眞作祖矣，而眞人不以自足也。於是謁崑陽於燕京，訪孫眞於大嶗，尋師問道，幾遍名山。厥後於即墨之馬鞍山，得遇常明李祖，一言印證，全體通明。覺前此千經妙諦，滴滴歸源；視後來一切衆生，人人可度。爰承師命，仍居鐵刹之山；乃詔門人，大啟雲光之洞。居山三十餘載，度者甚衆，其挺然傑出者，時則有若劉子太應、高子太護、呂子太普，及王太祥、王太興、高太悟、劉太琳、劉太靜、劉太華、沈太宗、砥太庸諸子等十一人，皆能本其師說，潛心悟道。康熙癸卯春，奉省畿內旱且甚，將軍唐公心切憂民，聘師祈雨。甫至，符水不施，而風伯爲之效靈，雨師亦知應節。將軍與都人士，咸欽師之盛德，留住城中。乃體師意，於城外西北角乾地，撤水築基，起三教堂一所。堂後起高閣三楹，像玉帝尊儀於內。又於閣之兩旁，貯道經一藏。蓋神像所以昭明事，而經文所以載道也。落成後，乃迎眞人率群弟子居之。公與都人士，以師禮事師，每值公餘，輒來聽講。師見人心向善，又命諸弟子分往千、閶諸山，隨緣津度，接引後賢。留劉太靜、高太護、呂太普三子，輔師度世。其時遠近來參謁者，恆絡繹不絕。姑無論請見爲何如人，苟其潔己以進，莫不覆以慈雲，施以化雨。蓋有叩即鳴者，眞常之應物也；主靜不言者，法輪之自轉也。丙子秋，師欲示化隱去，先以三門事傳其弟子曰：「吾此正法，近無隱於及門，遠可俟諸百世，茲以傳汝。汝宜殷勤接待，勿令斷絕。」遂謝塵緣，閉關危坐，縱有喧悖，若罔見聞。戊子九月廿五日，趺坐羽化。群弟子相與瘞其舄杖於後院。越明年，起塔立祠，而題先師尊號「致虛守靜郭大眞人」於塔與祠，以誌不忘師恩之意云。

金築老人

傳記

閔懶雲《金築老人傳》（鮑廷博注）（《金蓋心燈》卷二） 金築老人者，字號三見而三異。《洞霄聞人志》載：盛青厓，江南桐城人，明末進士，隱天柱觀。即餘杭天柱山之金築坪。《楊氏逸林》載：樵雲氏者，桐鄉人，姓盛，名未詳。明末舉進士，値世滄桑，高隱大滌，自號退密山人。學問淵閎，不讓鄧牧宋末高士，隱於餘杭山中。。吳興陶石菴輩得其詩文全稿，將付梓，不果而歿。《菰城拾遺》載：異人金大滌，學富五車，嘗自比管、樂。明亡，遂隱。初休金蓋之白雲居，更號樵雲，既歸老於天柱金築坪。平時往來者，道有靖菴、石菴、赤陽，釋則藕益、堅密、洞明而已。三僧皆列傳於卷七。著作頗多，石菴輩梓以行世。此所謂三見三異也。愚按《金蓋雲箋》載：順治元年有一老人，不知姓名籍貫，來居山之白雲菴，自稱白雲老人，以署其稿。明年出山，住餘杭金築坪，改號金築老人。順治十六年己亥，老人來山，訪靖菴先生與洪洞明頭陀，遂邀洞明入天柱山，歲常往來。及康熙九年庚戌，老人又稱退密山人，以其手著《三江詩史全集》，遣潘牧心來山乞序，靖菴爲序之。康熙十五年丙辰，老人復來自金築，仍居山之白雲菴。明年復歸金築云云。則《洞霄宮志》所稱盛青厓，《楊氏逸林》所稱樵雲氏，《菰城拾遺》所稱金大滌，均與《金蓋雲箋》不符，而紀其事實則大同小異。又按《缽鑑續》謂：退密山人者，不自述其名氏，爲崑陽王祖戒弟子，居大滌山，江浙之間所稱元虛淸逸先生者也。《白雲同門錄》稱謂退密翁，亦未詳其名，其事蹟亦都隱約莫可考云。合觀第三卷潘牧心傳文略詳。輕雲子即第十代沈律師，其傳文列於卷四。曰「總之不離乎隱君子」者，近是。得其傳者，吳興潘牧心。稽之餘杭大滌山，葬有金築老人墓。相傳老人未之死，逝越九月，總兵某自山西來，攜有老人手書，及其殉葬騰雲履、降魔扇，付牧心收貯。乾隆間，邑人餘杭人猶都見之。說載《聞人志》。係洞霄宮舊志。靖菴先生曰：「天上神仙，皆是人間孝子忠臣。」信矣夫！

江處士

傳記

閔懶雲《江處士傳》（鮑廷博注）（《金蓋心燈》卷二） 江處士者，名字未之詳。《缽鑑續》謂爲崑陽律師弟子，道德精深，無書不讀，鄉黨稱異人，間世一出材也。少好術學，晚事精虛。《缽鑑續》載文止此。愚按《金蓋雲箋》載：康熙六年丁未，崑陽眞人來止我山，續溪處士江太虛偕云云。《逸林》載：値歲旱，處士出方珠法，救灌寡婦田，反因受呵於邑令。又嘗爲友致書巴蜀，膾茶尙溫，已取據返。及年既邁，嘗讌客家中，績溪某客於杭見其泛舟於西湖六橋間，即是日也。且招下茶話云。以上三事《逸林》載之甚詳，茲不備述。處士眞異人也，生卒亦不可考。或謂其道號太虛，徽州績溪人也。蓋本之《金蓋雲箋》中。

孫守一

傳記

閔懶雲《孫玉陽宗師傳》（鮑廷博注）（《金蓋心燈》卷二） 師姓孫，名守一，號玉陽，原名尙之，歸安諸生也。生有神智，年三歲能辨疑獄，全起親誼，其事未詳，《鉢鑑續》所載如是。鄉里豔稱之。既長，博聞強記，且精騎射，自命不凡。然不屑入世，常休金蓋之雲根。爲元初衛正節先生所建，今其址已無存矣。年十九游金陵，遇太和沈祖於陶谷，慨然以得仙爲分內事。遂偕隱茅山，授以秘書三十六種，師則一一精詣其髓。《鉢鑑續》記之甚詳。沈祖大悅，授以宗旨，命名守一。按《鉢鑑》載：師爲太和宗師首座承宗弟子，同居茅山二十三年。

歲丙申順治十三年，歸休金蓋。浩然即陶靖菴先生至，師問何持？答曰：「穿過一線天，直造大悲界。」師曰：「何如踢倒落伽山，瀉出無生境乎？」相笑而別。已上四十五字，《鉢鑑續》所無，出自《金蓋雲箋》。旋又出遊名山，復駐茅山乾元觀。得閻曉峯皈投。康熙甲辰三年也，遣其門人周太朗，之杭之大德觀，並與宗旨一冊，使嗣赤陽黃律師。赤陽本〔沈〕太和弟子，與師爲同門，後往受戒于崑陽律師，故亦稱律師。師遂飄然而出。愚嘗聞之沈輕雲律師，謂孫宗師於乾隆初年間尙在世。又按《鉢鑑續》所載：甲辰之明年乙巳元旦，門人范青雲遇師於天台之瓊臺，遂從行十有二年而出。青雲子記其問答語言，編列《鉢鑑續》九卷。此傳但序至甲辰年止，惜其後之履歷，《鉢鑑續》既未顯著，考之他書亦無佐證，故仍闕之。得其宗旨者閻曉峯、本係茅山法派，後皈孫師，仍住乾元觀，其所傳仍〔爲茅山〕法派，閻亦未嘗至金蓋，故不爲列傳。周明陽即名太朗者。《鉢鑑續》所載如是。范青雲亦得宗旨，而不自列名，觀於下文可見。是爲龍門第八代宗師。

懶雲子曰：余按《鉢鑑續》九卷，纂自湖廣人范青雲名太清，其傳列卷三。范亦從師十二載，考之《鉢鑑續》，自康熙四年元旦遇師於天台，遂從他去，越十有二年而出駐於桐柏山云云。自記其問答語言，編成第九卷，不下萬七千言。迨後雍正間，感奉世宗憲皇帝敕建崇道觀，大興桐柏山，宗風賴以一振，苟非心承宗旨者，曷克臻此。事載《天台桐柏山志》。然其爲本師記事，謂得宗旨者，但稱閻、周二子，而自逸其名。由今觀之，明陽既爲後於陶、黃承當戒律，並稱陶、黃者，以從前崑陽眞人有「兩承而一授」之說。曉峯復從事於法秘，駐守乾元，承師脈者惟青雲子一人矣。余思青雲，其殆勞謙君子人歟？輕雲子曰：「然，非也，蓋棺然後論定。范宗師，精嚴之至者也。」

黃守中 雞足道者

傳記

閔懶雲《雞足道者黃律師傳》（鮑廷博注）（《金蓋心燈》卷六） 雞足道者來自月支，休於雞足。雞足，滇南山名。月支，西方國名，即古之氐國。懶雲子謂滇南土人相傳，元初已有此道者，不知其來自何代也。自稱野怛婆闍，而無姓名字號。野怛婆闍，華言求道士。所精惟斗法。順治庚子始至京師，觀光演鉢。崑陽王祖贈姓曰黃，命名守中，且曰：「汝但住世，越百三十秋，大戒自得。」遂促返，按《鉢鑑》亦載：有雞足道者自稱野怛婆闍。與上文所記大略相同。仍持斗秘，精勤不怠。管天仙聞蹟而師之，命名太清。歲庚戌乾隆五十五年，距順治庚子正一百三十年，余往謁，攜有《大戒書》，道者見而喜曰：「交易之，則兩得也。」謂以《西竺斗法》傳懶雲子，以易《大戒書》也。〔余〕遂止宿三月，梵音得。道者則手錄《大戒書》，懸崑陽王祖像，泣拜而祝，轉顧余曰：「西竺至寶，汝已易得，善護正宗，戒虧則力薄。王祖靈在，悉知悉見也。」余亦泣拜而受之。此道者之所以稱黃律師也。愚按懶雲得其斗法，奉爲西竺心宗，歸纂《大梵先天梵音斗咒》，凡十部，計十二卷，刊傳於世。〇按《斗法》所稱嚕哆律師，即黃律師也。起，促余返。時懶雲子服官滇南，蓋仍返至滇省也。至半途，總制富公名綱遣使往迎，及使返，述子已逝。余曰：「不然，子蓋行五假法耳。」歲戊午嘉慶三年，果有見子於四川青羊宫者。

雞足道者見黄守中

江雲城

傳記

閔懶雲《江雲城大師傳》（鮑廷博注）（《金蓋心燈》卷六）　女道士江雲城者，名正合，雲隱律師之妻也。江南吳江人。年十七歸律師，律師志在修眞，端坐不卧。江叩以故，律師告以情，請從此別。江笑曰：「子有志，余獨無志？」遂亦起坐不復卧，而相敬如賓焉。已而律師尋父外出，江惟日誦《黄庭》，曉夜不之間，頗有心得，魏夫人爲之夢降者三。及吕奉父返，父已得道，喜江之有志也，乃命今名，加授《靈飛經》。精而鍊之者有年，喪葬事竣，出開女貞觀於木瀆，規矩森密，五尺童子不得獨入。數載道成，得王霞棲而授以道，遂白日沖舉，隱隱見有南嶽夫人前導云。按此篇悉採自江蘇吕徵所撰原傳。

王霞棲

傳記

閔懶雲《王霞棲大師傳》（鮑廷博注）（《金蓋心燈》卷六）　王霞棲者，江南望族女。父兄皆尙元（玄）學，家有不繫舟壇。不繫舟三字，蓋乩壇名也。余聞有仙女紫姑者，能降神。霞棲有眷於紫姑仙，嘗受心印，志在精修。以幼字錢姓，礙於律義，終歸函陽子，而常獨宿。中歲函陽亦悟，出之冠山，王始皈投女貞，爲雲城後。成其志者，紫姑之力居多。

霞棲既淨處，亦事靈飛法，卒得六通。兼持梵網、楞嚴等訣，屏除神異。又有年，遠近閨貞節孝，咸皈附之，女貞宗益振。出脩胡貞女塔於浙湖何山，置田十畝而返。今其田已無主掌者，貞女塔亦莫能辨之者。傳謂貞女胡采采嘗降不繫舟，霞棲奉爲師者，故有是舉。以上悉採吕徵所撰原傳。《逸林》載：霞棲於康熙五十年辛卯上昇，紫姑奏授東華瓊館牙籤內史，以其三閱《道藏》云。

胡剛剛

傳記

閔懶雲《胡剛剛仙子傳》（鮑廷博注）（《金蓋心燈》卷六）　胡剛剛者，名滿月，字海生，松江青浦人，楊君鶴家義女也。幼遇異人授以丹訣，九歲功靈，十二暫蜕，法爲入定。其家昧，乃殮之。固常夜現，繼則晝出，楊氏患之。輕雲律師至，楊未之告。夜既半，聞有呼「還我室」者，聲漸近。律師異之，爲歛神以視，形果彰。召之前，娉娉婷婷，不類鬼。定睛以矚，不慄不退，知非妖。乃詰之，得其情，知殼已敗。心憐之而未可即度，叱而退去，則淚盈盈狀，不勝悲者。復招入，戒以青律。跪而聆之曰：「苟得殼居，道成必報。」律師爲熱紅碳一盆，置之左；注水一盂，置之右。曰：「汝殼在水，曷入尋？」剛剛入，久之出，曰「不在」。（師）曰：「然則在火，曷入之？」剛剛又入，良久泣出，曰：「又不在，我道難成矣。」律師喝曰：「癡女子，神仙之妙，亦不過入水不濡，入火不熱耳。汝今出入兩無一礙，不已志遂乎，何戀殘軀？汝今而後，但堅爾念，一爾神，隱現從經，護持正教，三千功滿，八百行圓，仙職有日也。」剛剛大悟，九拜稱師。師則授以元（玄）偈曰：「有誦此者，汝其即至，違不成道。」剛剛泣拜曰：「謹受教。」起而雲自足生，冉冉昇滅。楊氏從此室安。按之《樵雲紀事錄》載：律師於乾隆四十年乙未，自桐柏來金蓋，陽復始得皈，嗣龍門十二代。又載：是年秋律師出山，至松江度胡剛剛仙子。師以偈言附之冊，誦之無不應如響，亦金蓋之護法仙也。按《至眞經》稱曰「太虛玉女剛剛胡眞人」，蓋已受仙職也。爰爲傳其始末云。

洪元照

傳記

閔懶雲《洪洞明先生傳》（鮑廷博注）（《金蓋心燈》卷七） 先生姓洪，名元照，字洞明，明季諸生也。《逸林》謂：新安洪洞明者，故明之遺老，隱於釋道間，與陶靖菴、黃隱眞、盛青厓輩爲莫逆交。［略］乙未順治十二年，有崑陽王律師者，奉敕説戒於京師白雲觀。或勸律師招之，授以戒律。律師笑曰：「士各有志，以完其天，彼何召爲？」先生聞之，亦笑曰：「此老的是解人。」乃即日披緇作頭陀狀，北會文覺禪師於京城，南訪客子僧於湖州青螺菴。在金蓋山南之下昂村。遂游金蓋見靖菴，考之《金蓋雲箋》，事在順治十六年。入大滌遇金築老人即盛青厓，復歷天台、雁蕩等境，返休姑蘇之虎阜。越一年而他之，曰：「我爲後來者作影耳。」遂去不復見。以上事實悉本潘牧心《湖海紀聞錄》。

雪蓑翁

傳記

閔懶雲《雪蓑翁傳》（鮑廷博注）（《金蓋心燈》卷七） 雪蓑翁者，余族祖也。名聲，子毅甫。崇禎壬午舉人，嘗不應召，老休金蓋。心純貌慈，博洽能文，精詩善畫，與靖菴先生爲忘形交。赤陽黃子大重之，稱翁爲「人中鳳」，嘗語石菴子曰：「凡人能似雪蓑翁品行學問，可告無愧也。」語見《金蓋雲箋》黃隱眞與陶石菴書。翁性至潔，然酬應間和若春風，居山無他好，惟執筆錄三教經文，間與靖菴、石菴等剖釋經解。家赤貧，饔飧不繼，晏如也。其與遊者，前有藕益禪師，爲晟舍古慧明寺方丈，嘗居金蓋之蘧雲菴，自稱靈峯老人。後有堅密禪師。爲藕益大弟子，於順治十六年偕翁入山，訪靖菴先生，亦楊蘧雲菴。著有《周易註疏》、《楞嚴經咒註》，並《傳燈錄》等書。至康熙八年出山之徽州，住仰山。堅密亦儒家子，悟徹三乘，戒律精嚴。翁善飲，至則必備旨酒以奉之，相視而笑，有淵明、遠公之趣。晚歲尤能澄寂，三月後事能知之。享年八十有六，墓在金蓋山鳳凰原。

陳戴墨

傳記

沈捷《吴山重陽庵陳戴墨法師傳》（《重陽庵集》附刻） 沈子曰：聞之古昔，傳者傳也。當陽沈碑水中，太師藏之名山，王喬舃履出於風俗通，老慈羊鳴傳於抱朴子，無非以人生石火，身世蜉蝣，苟有生前之美而不能博身後之名，將無寂寞一時沈淪千載。是故無可傳而強爲之傳，是謂獵聲。有可傳而不即爲之傳，是謂掩美，此皆執筆者之咎也。今夫邱壑之間，塵世之表，果有眞修一生，有聞當世，而坐令其滅沒不傳，吾烏乎敢。予年舞象，先君子挈居重陽庵下，今且七十四矣。環山皆琳宮也，簪笏之士，不知其幾千百輩，而道行標表者，指不多屈。茲特爲戴墨陳師作傳，以山中人言山中事，蓋亦見而知之，不可得而掩云。按戴墨尊師，乙卯正月二十四誕於仁和之塘棲鎮，姓陳氏，諱嘉宣。詩鄉舊宅，世所稱花園陳者，是其祖族也。師生而疎眉秀額，凝宇不凡，性樂靜栖，處羣兒中，已負鶴翩雲霄之致。甲子歲，方十齡，早脫塵囂，遽膺冠帔，投禮叔鶴林爲師。於是初通儒典，漸讀道書，尤喜親事翰墨，善擘窠大書，揮洒壺汁，不必以霞霄之鵝，換右軍之經矣。時至甲戌，師纔弱冠耳，道性天悠，塵心日損，漸爾睨目羽人，竚意天后，不屑尋常學道僅僅熟背科律，仰天德色也。於是奮發鼓篋，更學靈寶大法於善長孫師之門，身佩豁落之圖，腰垂虎鞶之囊，發五嶽之金記，誦九籥之丹經，下赤玉之靈文，聚朱陵之眞氣。行且雲車風馬，霓鞭羽蓋，可以昇騰紫府，來往赤城，寥落重陽，六十年來，人無不知其中有戴墨矣。夫重陽倚崇阿，據林麓，竹木繁鬱，臺殿蔽虧，曾經宋穆陵駐蹕，前有韓冉，後有梅俞，修眞格帝，代不乏人。嘉隆以後，學者不守庚申，都忘甲子，無復有問道崆峒，訪書石室者，山頭松葉，嶺上白雲，都無許長史分矣。自有戴墨，而神仙金止玉亭，眞人瓊思霞想，去天無須尺五，隔道何必兩塵，呼吸可通，甘霖立降。每當火雲作峯，枯蟬噪柳之際，塗之人無不仰而雩曰，陳戴墨來，何暮於是。癸未，海昌有禱。壬辰，雲居有禱，城隍廟有禱，隨往苕溪有禱。癸卯、辛亥，太歲廟連年有禱，龍骨長乾，馬驟頻滴。師之面目黧黑，形容枯槁，竟如屈大夫作天問時，江翻海立，以挾起我枯苗。其叩九闕，謁雨澤，若披慈母之帷，而如攜如取也。嗟乎，戴墨用是老矣。撫院蕭、朱、范三公，總督趙、劉二公，織造金、胡、艾、魏四公，屢屢懸扁贈金，一曰利澤蒼生，一曰靈雨從心，一曰功參化育，蓋實錄也。至方伯袁公而下郡僚，嵇、張、陳、孫、許諸公，邑大夫何、孟、梁等，莫不稽首壇前，爲萬民酬惠。師之勞苦功高，有如此者。若夫重陽北廡，風雨千年，金戶雖存，丹青已剝，師以學道之暇，六十年中，經營締造，垂三十年許。如甲申重建眞武殿，己丑創斗母閣，癸巳建玉帝閣、關帝殿，此時栖室庖湢，并一新焉。戊戌重修山大門，星宿閣。己亥年重建青衣閣，甲申鼎建文昌、張仙、痘神閣。迄於壬子歲，重建天醫古院，并創觀音大士諸神等殿，環山望之，亦塵寰咫尺耳。師之精力所搆，儼然如層城丹邱，仙靈窟宅。與他圖經所載，洞天福地潛藏於幽詭奧區，渺不可問者，迥乎不同。初之幸重陽有戴墨者，今且幸戴墨再造重陽矣，重陽可以傳諸不朽矣。迺師猶讓善勿居，歸厥功於當事趙、劉、朱、范諸公，及紳士吳、戴、嚴、金、姚、韓諸位，其有功不伐，又如此謙讓。噫嘻，戴墨亦可以傳諸不朽矣，沈子亦將附驥尾而千里乎。沈子書傳畢，更爲之論曰：名山勝地往代天誕毓眞賢，而不能代人奮興頹圮，是人之所能爲者，非天之所能爲也。不知以誕毓之人，力爲奮興之事，而天上誕毓之意始顯，人旣傑矣，而地靈益爲之著。山中宰相陶宏景，洞裏眞人葛稚川，戴墨可與重陽，並有千古。里中二雪老人沈捷頓首拜撰。

又《仙靈紀異》語云：褚小不可懷大，綆短不足汲深，予之傳戴墨也，止及其雨暘之利濟，雲搆之嵯峨，有道功業，誠無以加，使世之知戴墨者，謂亦可以傳之無窮矣。至其晚遇眞人，祕授大道，朝聞夕可之樂，前有千古，後有萬年，眞天人心性間事，非他人所可得而名言也。安能使言而信，信而傳乎。今戴墨屬纊之際，二偈始和盤託出，并默庵夫子所祕授者，亦無隱焉，其兩人吻合處，仙靈一席，儼然未□。噫嘻，究竟予安能傳戴墨哉。

王建章

傳記

真吾清嵐氏《玉樞真人本末》（《仙術秘庫》卷首） 眞人姓王氏，諱建章，字肯堂，道號玉樞子，嘗自稱爲區區子。生於順治乙酉年，籍係紹興。自眞人之祖，始卜居於杭之仁和縣，累世爲善。至眞人之父明徵公，家號素封。當明末兵亂之際，復廣積陰德。晚年方生眞人。眞人生而磊犖不羈，孝友性成。舞勺時即遊黌宮，才思絕倫。甫弱冠，即念四大假合，慨然有出世之志，遂棄功名。博覽經典，輕財好施，周急濟窮，如是多年。至四十歲時，其志彌堅。乃結茆於宅旁，勵志清虛，精心玄奧。因自題其靜室曰白骨軒，坐卧其中，或終日無言，或清宵趺坐，潛修密證，非俗人所能識也。眞人有心契數友，皆道翁也。往來時，或脫略形跡，無賓主送迎之禮。或攜手同遊，徧踏湖山，遇會心處，必盤桓領略，不能自已。人咸以陶隱居目之。康熙甲午歲首，夜夢一人紫衣繡裳，異香襲人，謂眞人曰：吾金闕侍者。因作禮而吟曰：乘雲冉冉下瑤天，特訪當年跨鶴仙，一爵瓊漿和柏露，鏘金曳玉鳳樓前。吟畢，出一玉爵令飲。眞人未敢舉，紫衣仙人曰：此三清殿上物，非人間所有，特來持贈，但欲得一言以復命耳。眞人於恍惚間，即矢口答曰：盥手焚香憶九天，偶來塵世挾飛仙，從茲自有青雲路，恍惚輕裙帝座前。自是玄學益進，動與天遊。其慈悲居心，高超物外，如大宅陽春，長空霽月。杭之人士，無不欽慕之。眞人精於刀圭，尤好著述，抱元守一之暇，凡古今來奇蹤異跡，悉繕錄而藏之。嘗謂其嗣君及孫輩曰：後世之人，有與吾同志者，可盡以吾書與之。其提絜後學，無所私係如此。晚年功行已成，克證仙果，於康熙戊戌年羽化而去，時年七十有四云。

陶宏化

傳記

顧沅《元妙觀志》卷四 陶宏化，字蛩寰，郡中宦家子。生天啓間，年弱冠，值國變，即棄舉子業，隱於元妙觀三官殿中，訓蒙課餘，旁涉道家書，若有夙契。未久即洞精微妙，有離俗之志。順治四年，吳中歲饑，繼復疫作。撫軍某公延元妙觀羽士祈禳，衆皆畏縮，推舉宏化。撫軍見宏化應對不俗，大喜，既而祈禱有驗。撫軍將薦授以官，宏化力辭，欲出家，撫軍成其志，遂舉爲道紀司，送入東嶽殿爲住持。時殿宇廊廡及東嶽樓，皆歷年已久，宏化力任鼎新，次第重建，巍煥悉倍於前。晚年淡於世務，惟時以醫藥濟人，不求分毫利，郡人尤德之。康熙三十一年十一月初七日，盤膝坐化，年七十二。

施道淵

傳記

顧沅《元妙觀志》卷四 施道淵，字亮生，別號鐵竹道人，生吳縣橫塘鄉。童眞出家爲朝眞觀道士，遇異人張信符授以丹訣。年十九，從龍虎山徐演眞授五雷法，能驅役百神。時爲人除祟魅，療疾苦，不以取利。初築室堯峯，晨夕修煉。移住穹窿山，即茅君故宮，鳩材修葺，殿堂齋寮，以次鼎新。順治戊戌，五十三代眞人張洪任請於朝，賜額上眞觀，并賜道淵號養元抱一宣教演化法師。由是四方徵請，凡建名勝一百七十餘所，塑像八千七百二十有奇。郡中元妙觀，殿宇傾圮，太傅金之俊延道淵主觀事，修復三清、雷尊諸殿，建彌羅閣，規模宏整，所費鉅萬，一錢不私。晚游閩越，探眞訪道，尤多救濟。康熙丙辰，裕親王召主醮京師，乞歸。丁巳除夕，謂衆曰：明年此夕，不復與汝等聚矣。戊午七月，果化於山觀。道淵著有玉留堂語錄。

顧詒祿《鐵竹道人畫像記》（《元妙觀志》卷一〇） 道家者，其源蓋出於老子。漢初法有三十七家，以去健羨、處冲虛爲要。東漢末，張眞人道陵創爲天官符籙之法。至北魏寇謙之，自言見老子元孫李譜文，授圖籙眞經，因有攝召之術。傳之既久，漸流妄誕，祖元虛者服氣餌丹，習符咒者禱祠醮祭，其徒愈雜，其本愈漓，無復五千言道德之餘意，而天下羣目爲異端矣。苟能澡雪精神，蠲去邪祟，積實行，樹實功，原非吾儒所棄也。世所傳鐵竹道人有足述云：道人年十五出家朝眞觀，遇龍虎山法官徐演眞授以五雷符祕法，能驅役百神，時爲人除祟魅，療疾苦，不以取利。既住持堯峯，晨夕修鍊，歷有年所，慨然曰：吾觀士農工商，皆能出其力以爲功於人，吾方外獨山居野處，飲瀣糧松，自善其身，無纖毫功，非太上旨也。庶幾崇飾尊嚴，可以廣大教法。遂出堯峯，住穹窿即茅君故宮，鳩材葺殿堂齋寮，以次成就。五十三代眞人張洪任敬其行，嘉其功，請於朝，賜額上眞觀，賜號養元抱一宣敎演化法師。至今吳中道院之盛，首穹窿山。先是郡城有元妙觀，殿宇巍煥，徒衆蕃衍，年久殿傾衆散。太傅金文通公延師主觀事，師復募金召役，初修三清殿，繼修雷尊諸殿，鼎建彌羅寶閣，摶金設色，肖天神地祗像，一時規模宏麗，頓復舊觀。晚歲雲遊閩粵，度仙霞嶺，踰五嶺，探眞訪道，所過尤多救濟。最後奉裕親王召，設醮京師，公卿折節。師不耐應酬，醮畢乞歸，王度不可留，灑翰贈行，因還山。丁巳除夕，謂衆曰：明年此夕，不復與汝等聚矣。戊午七月，果化於山觀。自古三敎並列，而吾儒紛紛闢佛闢道者，由釋道之自失其本也，彼設敎之初，豈不以實行實功爲尚哉。如師者，抱元默之守，存利濟之心，未嘗無符術澤物而不以爲名，未嘗絶塵埃遺世而卒全其素，行高功遠，蔭被無窮，謂非契太上道德之旨而爲吾儒所重者歟。嗣孫潘元珪繪師像，爲雲礽瞻仰，而屬余記之如此。師生於吳縣横塘鄉，姓施氏，名道淵，字亮生，自號鐵竹道人。

雜録

顧沅《元妙觀志》卷一　度師施亮生道淵，在穹窿山剏建殿宇，賒欠木價千金，並無抵補，將近中秋，木商取索，度師許以十月初十日淸還。至期，木商復至，度師款留在院，明日兑銀，時尚素手也。深更，聞叩門聲甚急切，乃命侍者遥視，回報云，慕太太遣人賫送千金來此。度師出見，使云太太昨因夢寐中有人募緣，不能少緩，所以深夜趕至。即爲收受，明晨請木商兑足，不踰時刻，大爲神奇。

江北一大吏以子病危，敦請施度師救患。甫至郭外，出迎甚衆，乘轎而入，從閙市經過，聞知將決囚三人。度師到署，欲行世法，大吏堅辭。即啓口募緣，大吏云萬無不從。度師云：今日爲公子貴恙，好生之德，此乃第一，所決囚犯，暫緩爲是。因復監禁。度師遂建道場，不浹旬而病者已起，且能自至道場瞻禮，大吏與夫人大悦。迨四十九日圓滿，度師辭別，餽送優渥，度師再行募緣活此三人，大吏一面題請，一面釋放。三人入山叩謝再生之恩，度師云：人不可作惡，何況爲盜，汝等肯改過自新，悉從我入山。其二人不欲，詢知留戀父母妻子之故，度師各予十金生息活命。其一人無親屬者，決意不去，在院行脚，度師歿後二十餘年而死。

康熙初，耿藩病篤，遣人到蘇迎請施度師借壽廿載，度師謂壽數如何可借，侍者曰無妨，促裝而去，中途報知已殂。比至閩，建七七道場，虔誠頂禮，伊子精忠悦甚，以六千金爲贈，度師募以萬金之緣，伊弟等湊足其數。歸造彌羅寶閣，藉此一緣也。上三條，《玉峯隨筆》。

耿精忠之未叛也，延吳中道士施亮生作醮完滿，日夢天賜一罪字，覺而詢之亮生，亮生曰：天意欲殿下非禮勿視，非禮勿聽，非禮勿言，非禮勿動也。耿後起兵伏誅，人以亮生爲知幾云。《鐵硯室雜録》。

聞之故老，太倉王某蚤歿，遺一女，年十五六，依寡母以居。嘗遊園中，見池畔一龜，小如錢，戲履之，欣然有人道感，歸，恍有烏衣丈夫隨焉，女昏如夢，百計驅之不得。聞蘇州元妙觀眞人施亮生行天心法，婦率女申狀訟之。亮生默然，以墨磨硯，一餉間空中深黑，雷震百里，曰龜死海中，無恙矣。龜之族率衆復讎亮生，令神將禦之，龜投以石，中亮生目，亮生怒，掩其族而殲焉。厥後眞人化去，像塑觀中，一目盲。《質直談耳》。

崇明施亮生，居吳門，爲穹窿住持，達行純粹，屢著靈異。嘗攝妖魅至壇曰：爾七世童身，壞我千年苦行。募修元妙觀，布金山積，令人守護，莫敢窺伺。歿後，航海者嘗見穹窿方丈神燈。《直隸太倉州志》。

徐啓泰

傳記

仰蘅《武林元妙觀志》卷二　徐啓泰，字聖修，湖州烏程之後林村人。明崇禎庚辰，年十三，從道長春院。生而胸際有肉，墳起如鎖形，長身方面，儀觀偉然，望而知非塵埃中人。自少趣尚□泊，笑言不苟，潛心元學，日夜研究，訪道尋師，不遠千里。既而道業益精，進持律戒益嚴，搢紳士庶與交游者，無不傾誠膺服。是時觀之殿宇皆弊廢，先生堅志重興，順治己亥建大殿，明年改山門，康熙丁未後殿成，剔蕪振廢，積勞十餘年，事無不集，觀之不泯，先生之力爲多。時五十一代眞人嘉其整創之勤，己酉進授贊教之職。先生既成起廢之志，於物情益無所繫，屏謝外事，惟修內煉，長夜燕坐，脅不沾席者二十餘年。嘗游天目、大滌諸山水，閱數載乃返。其居室輒有神蛇護繞，或海鶴下棲，人胥異之，先生亦不自知其然焉。丁卯重九日，泊然而化。生於戊辰十月十二日，年六十。

沈啓祥

傳記

仰蘅《武林元妙觀志》卷二 沈啓祥，字靜明。明崇禎間出家湛然院，刻苦修持，終日焚香誦經，寒暑無間，以此見重於時。郡人建醮者，爭迎恐後。康熙甲戌夏旱，官民請禱，越三日沛然沾足，其誠應如此。時吳山中興觀侍祠乏人，乃延先生主之，力任興復，未幾整葺一新焉。

徐又孺

傳記

仰蘅《武林元妙觀志》卷二 徐又孺，字吉臣，號葵亭，聖修先生從子也。自少豪放不羈，有力善武事。嘗從外舅貿易海上，中途有虎出犯，先生直前怒叱之，虎爲之披靡而去。年既逾弱冠，翻然慕方外之游，投從叔出家。杜門習靜，力學不倦，能詩善書，雜通圖緯，岐黃等技，無不精妙，而于醫術，尤得異傳。居恆手闢畦圃，雜植藥草，蓄丹丸以濟疾苦，莫不應手而瘥。所與交游，多異人奇士，賦詩擊劍，意豁如也。著有《葵亭詩集》。

沈庶中

傳記

仰蘅《武林元妙觀志》卷二 沈庶中，字蘄若，長春院道士。沈敏通書義，志行修潔，以善琴稱於時。初湛然院劉宗玉，徒步走信州，禮劉華實爲師，學成而歸。先生從之游，故於法典，尤精習，然深自韜晦，不屑以齋醮爲己利，人亦以是高之。康熙庚子，嘗任郡都紀。

李南宮

傳記

仰蘅《武林元妙觀志》卷二 李南宮，未詳其從道何所，自號憨憨子。雲游至杭，適天旱，衆禱之不應，時本觀沈蘄若爲都紀，南宮詣觀自言曰：速白官府，齋潔偕禱，爲若致雨。遂索一新皂布袍衣之，以大甕貯水，置三清殿。至夜，掩門獨居殿中，觀者側耳戶外，但聞戛水聲不絕，移時有黑雲升空，五更果雨。啓戶出，辭而去，蓋異人云。

張繼宗

傳記

張元旭《補漢天師世家》 五十四代天師諱繼宗，字善述，聖祖仁皇帝賜御書碧城額以爲號。生八月而父卒，叔洪偕攝教事。至年十四襲爵入覲。有覬奪大眞人印者，卒不敢試。上命分壇禱雨，眞人奏應於某日得雨，至時果應，上甚嘉歎。命隨覲法員吳士行等三人留京，三年一易，日給餼廩，來往給驛馬，復增二員爲例。還山，御書大上清宮額賜之。三十三年甲戌，命進香五岳。道出開封，長吏以苦旱疫癘請禱，不旬日雨澍而疫已。河水衝決歸界，日齧岸數十丈，吏民惶懼走請，投以鐵符鎮之，岸以獲固。過龍陽，有妖神號五羊者爲祟，焚其祠，現白足鼈無算，死溪中而妖絕。過姑蘇，取赤猴鐵鎖二怪。三十五年丙子，復命賜乾坤玉劍。四十二年，覃恩授光祿大夫。四十六年丁亥，賜第京師。五十二年癸巳，賜帑銀修龍虎山殿宇。五十四年乙未冬入覲，至揚州瓊花觀，矍然曰：此先祖禪蛻處也，余亦從此逝矣。遂化於觀內。

高惟泰

傳記

婁近垣《龍虎山志》卷七 高惟泰，字淩雲，環秀院道士，爲上清宮提點。年八十餘，隨五十三代眞人入覲，值著勒拖親王病，有邪爲祟，世祖章皇帝命惟泰出口治之，日馳三百里至其地，飛符驅治，王疾頓瘳。復命，賜銀幣還山，年九十卒。

何其愚

傳記

婁近垣《龍虎山志》卷七 何其愚，字特生，安仁人，海曙姪也。出家紫微院；性耿介，不苟取與時，巡撫董公尊重之。嘗以千金爲壽，其愚却不受。尤抗直，遇事無所迴避。五十四代眞人之少也，遭家多難，其愚爲之維持調護，以迄成立。眞人年十六，例應襲爵，而地方大吏阻格不以聞。其愚走京師，訴于禮部，其言慷慨悲激，聞者皆爲感動，而眞人竟以此得襲。上清宮門樓燬，其愚募修之。眞人世家，自五十代後無續輯者，其愚私集五十代至五十三代事蹟爲一册，今世家賴之得以傳其事。爲年九十三，無病卒。

周大經

傳記

婁近垣《龍虎山志》卷七 周大經，字子篆，南城人，三華院道士，妙正眞人婁近垣之師也。明習五雷正法、諸家符祕，任本宮提點。好行其教於四方，度弟子數百人。江浙間羽士之精於道法者，不問知爲大經弟子也。蘸郡之潘元珪、允章，松郡之邱從、高天山二人，道法尤爲蘸松之冠，並伊弟子。云年七十卒，葬富潭。

胡德果

傳記

顧沅《元妙觀志》卷四　胡德果，號雲廬，郡人，爲施鐵竹弟子，盡得施之術。康熙四十三年，吳中大旱，大中丞宋公犖延德果建壇祈雨，德果進謁不拜，中丞笑曰：如此大法師，定能祈得甘霖。胡用月孛法，其夜星月皎潔，觀者如堵，德果登壇，裸婦人而仗劍指其私處，書符念咒，霎時黑雲四起，雷電大作，胡急下壇，趨三清殿，雷火霹靂隨之，鬢衣悉燎，急雨如注，平地水深三尺，胡急呼曰請大人接雨。中丞率屬跪露臺，衣冠盡溼。書「法有師承」四字額以奬之。自後名望愈著，前後撫吳使者如吳公存禮、陳公鵬年、張公伯行，悉有贈額，曰人在三山，濟時神術，現懸方丈云。

彭啓豐《題胡法師像贊》（《元妙觀志》卷一〇）　雲廬胡法師，爲鐵竹道人高弟。鐵竹開穹窿，建上眞觀於山巔，功德鉅萬，又重修元妙觀，起三重彌羅閣，金錢倍之，揭其虔心，寸縷不苟，故萬神妥靈，祝釐是賴。廿年之後，雲廬振起，天人嚮應，雷雨在握，廣濟利實，衆皆悅服信從。而乃補葺山觀之罅漏，以崇其規模，羽流如雲，威儀整飭，與鐵竹後先相應，可謂善繼善述者矣。昔余先王父歸林泉，雲廬有塵外之雅，常與其析衆彙談重玄，默然深契，每稱宏景、稚川合爲一人。惜哉功德甫就，翩然而化。弟子允章潘法師，能守成規，秋亭俞高士，以詩畫名。家友二師，可以知雲廬之楷模矣。雲廬爲人骨瘦而神清，如列仙之臞儒，今瞻遺像，嗟吾生之既晚，未得領其妙旨，能無憾乎。因作頌曰：

雲廬道士，骨秀巖巖。道德津梁，實爲荷擔。手捉日月，以爲莊嚴。從者如流，其道亦南。有像無形，疑仙疑凡。昔掣雷霆，且灑雨露。此大願力，慈悲威怒。五百年後，莫余敢侮。

潘元珪

傳記

顧沅《元妙觀志》卷四　潘元珪，字允章，號梧庵，郡人。出家元妙觀，爲胡德果高弟，善五雷法。德果化去後，凡吳中有大醮法事，俱延元珪主之，輒有驗。名聞京師，雍正間應召入都，值正大光明殿，爲御前值季法官。遇有祈禱，皆稱旨，賞賚甚厚，公卿大夫咸敬禮焉。及南歸日，散秩大臣尙崇廙贈「金門逸客」扁，以榮其行云。

張錫麟

傳記

張元旭《補漢天師世家》　五十五代天師諱錫麟，字仁祉，號龍虎主人。常偕諸弟朝夕篤學，一遵庭訓。康熙五十四年襲爵，召見暢春園，賜筵宴，並賜香扇緞疋，恩命如舊。屢覲天顏，寵賚有加。世宗憲皇帝御極，授光祿大夫。雍正五年例應入覲，法員婁近垣隨行，至杭州病篤，囑近垣曰：吾無以報皇恩，子忠勤誠篤，其體予志，善事天子。越日卒，遺疏：臣子遇隆幼，請以次弟慶麟署理。得諭書賜允。八年，上命近垣禮斗有應，發帑修大上清宮。九年三月，三弟昭麟以州同引見，命署大眞人印務，協同監修上清宮，並賜銀幣還山。

張遇隆

傳記

張元旭《補漢天師世家》 五十六代天師諱遇隆，字輔天，號靈谷。仁祉之子，生而岐嶷英俊軼倫，欽差劉公以神童目之。居恆與弟子員闡明道典，究理法秘，及先儒書冊，精勤不懈。乾隆七年，奉旨承襲入覲，召見圓明園，賜克食緞疋，宴賚視舊制有加。復賜御書敎演宗傳額，並朝服袍套筆墨等物。壬戌，入覲圓明園，賜山莊避暑詩集一部，花緞二端，各親王皆有予賜。乾隆辛未，聖駕南巡，召見行在，賜緞二端荷包等物。十七年，以梅御史劾，部議改爲正五品。厥後，優游山中，悉心任化，陶然以終。三十六年辛卯，覃恩誥贈通議大夫。

張存義

傳記

張元旭《補漢天師世家》 五十七代天師諱存義，字方直，號宜亭。資質聰敏，總角不凡。乾隆三十一年，年十五襲爵入覲。以祈雨晉秩正三品，換給爵印，賜直靈福地匾額，内繡老子像，並御書法經。復奉旨照例朝覲，嗣後正一眞人，並隨帶法官，准其馳驛。欽此。三十四年入覲，祈雪立應，賜珊瑚碧玉道冠顧繡法衣，上元日賜宴看燈。三十五年，恭祝萬壽，適丁母艱，蒙恩體恤，免其慶賀。四十一年，恭逢孝聖憲皇太后大禮，恭送梓宮，恩賞銀一千兩。旋赴齊雲山進香。年二十八卒，無子。遺疏請以嫡堂叔起隆承襲。

張起隆

傳記

張元旭《補漢天師世家》 五十八代天師諱起隆，字紹武，號錦崖，一號體山。貌魁岸，深沉足智，能文善詩，四方知名之士樂與之遊。九齡入大學，歲辛卯遊京，甲午考入四庫全書館謄錄，議叙一等。以縣丞分發河南試，同歷署開封府經廳糧儲道庫大使布政使司都事。四十四年，堂姪五十七代宜亭眞人遺疏懇請，承襲祖爵。四十五年，江西巡撫郝題咨調回江，奉旨承襲。恭遇皇上七旬萬壽，八月抵京，赴熱河慶祝，進如意等物。蒙恩賞，收北斗延生眞經一部。十一日面請聖安，奉恩旨，著在内廷聽戲三日，賜上同大緞帽緯，及内造器同普洱茶食物等。十四日晚，又著在萬樹園看放烟花。四十七年入覲，召見乾清宮，蒙溫旨，命於次年元旦大高殿拜進慶賀表文。禮成，賜老子繡像及藏香。四十九年，恭遇聖駕六次南巡，循例於江蘇無錫接駕進貢。蒙賞收爐瓶等物，召見行在，又蒙賞給克食大緞四端，御題墨刻羅漢圖。後數入覲，俱恩禮有加。嘉慶戊午屆慶期，行至蘇州，告病回里，卒於山。

楊承乾

傳記

周紹溪《楊眞人傳》（笪蟾光《茅山志》卷一四） 雍正初年，九霄宮毓祥院住持也。眞人諱承乾，字體元，晉陵染溪籍。八歲，父母俱亾。後適茅山，後羽士趙述先爲徒。其性魯樸，人亦莫之異。善飲喜弈，每夜禮斗徹曉，奉祖師像虔祀之。一日隨其師至白下，師見其與衣服藍縷者八人撫掌談笑，師責之。體元曰：師見是丐者耶？師未覺耳。會有張子我愚者，與交，見其垂簾暗室，頂現神光，照耀如白晝，異之。嘗得薩眞人咒棗之法，普救人疾。辛未上元，預定七月八日爲解脱。期至，異香滿室，咳唾成青蓮，作詩一首，詩曰：峋嶁山裏出仙人，今古從來地自神，我愛山幽眞靜寂，眞忘眞了是成眞。書完，遂擲筆而逝，鼻垂玉柱，四枝柔軟如生。後有自西來者，見體元坐半山松樹下，蓋尸解云。

陳蕴山《楊真人序》（笪蟾光《茅山志》卷一四） 雍正初年，九霄宫迎旭院住持楊眞人者，諱承乾，字體元，乃晉陵之梁溪籍也。早歲稱孤，入山有志，適本宫先羽士趙述先，訪同好於吳門，道出錫山，邂逅相遭，願隨几杖。然秉性疎懶，寡言語，甘淡泊，詩酒自好，世故不知，即悟道參玄，誠於中不形於外，師未察其異，人更莫之識也。兼奉吕祖神像，虔祀悠久，或問其感應若何，每笑而不答，人竊譏其愚如也。一日師與弟，白門返轡，買棹江頭，楊公落後，與藍衫破碎者八人，談笑從容，戀戀不舍，師叱之曰：此丐者也，吾輩何與爲伍。公應之曰：此眞丐者乎？師殆未之覺耳。嗣後益娱情於詩酒，醒世以瘋顛，憑人毁譽，終莫之較。會有張子我愚，修眞養性，名重一時，遊山至院，見楊公風骨不凡，功行已著，乃私自忖曰：溯混康劉眞人，暨劉大彬眞人後，年湮代遠，繼芳躅而遙翥者，其惟斯人也。隨結爲神明契。公又獲咒棗書符法，救人疾苦，試無不驗，人嘖嘖焉。公輒自諉曰：此偶然耳，何足齒及。不敢稍露色相，而其任道之重，如此已可見全豹之一斑矣。時在辛未上元，語本院衆人云：七月八日，余須解脱。衆莫肯信。期至異香滿室，咳唾成蓮，起而作詩一首曰：峋嶁山裏出仙人，今古從來地自神，我愛山幽眞寂靜，眞忘眞了是成眞。書罷擲筆而逝。後有自西來者，見楊公坐半山松樹下云云。由此觀之，楊公之了道，眞耶否耶？蕴山忝屬後輩，幼聞師長提命，後復披吟遺稿非不欲時深慕道，爰步前徽，稍得闡揚夫玄教，緣遭兵燹，殿宇摧殘，經營修理，鎖務分心，兼之根基淺薄，是以有志而未逮也。近因重修茅山志，將付手民，刊示千秋，故不揣譾陋，復理前説，序其簡端。

朱沖和

傳記

仰蘅《武林元妙觀志》卷二 朱沖和，字禮成，從道長春院。壯時謁上清宫閔沖素，受正一雷法。閉戸存鍊，久之豁然大悟，從此通眞達靈，悉如響答。恆以篆符治人疾疢，有告者，書片紙與之，或取盂水噓氣以吞，無不奇驗。乾隆戊子及戊戌，並以時値苦旱，官民延禱，甘霖隨沛。時至德觀寮舍痺隘，先生與弟子車象先募建傑閣於殿側，於是清衆棲息，始克有所。晚年屏謝世緣，益修内觀，以上壽終。爲人貌頎而髯長，性方而行正，人望見之，無不肅然起敬者。

黄鶴

傳記

仰蘅《武林元妙觀志》卷二 黄鶴號含山，德清之柏林村人。家素貧，幼時無力就塾，然識趣高遠，見書籍輒討論弗懈，遇清泉秀竹山水佳處，則留連忘返，其志已飄然不羣。年十七，從道長春院，刻苦潛修，躬行戒律，茹蔬飲水，勵志甚堅。既而從無錫蔣慧峰先生，受三光之訣。又之龍虎山，見提點朱古堂先生，得妙正眞人心傳之祕，悉精研而通習之。以符術濟人，皆有驗。暇時以詩歌爲樂，晨夕嘯吟，工拙不計，斷章零句，積滿几案間。或時出，討尋幽勝，追逐雲月，盡寄之詞章，翛然無他營焉。與郡中胡封塘、項秋子諸詩人，結吟社，倡和甚夥。有雲墟山房遺稿，友人汪新畬爲之梓行于世。

俞桐

傳記

顧沅《元妙觀志》卷四 俞桐字秋亭，長洲人，以病入道，居元妙觀。隱於畫，餘事成詩，專取自然，不刻意求深，爲沈尚書歸愚所賞識，錄其五言古詩二首，入別裁集。其漁父詞云：身爲漁父，志不在魚，投竿直釣，悠悠江湖。釣不必得，得不求沽，煙霞爲餐，天地爲廬。弗願獨醒，頹然一壺，忘我忘天，浩歌可夫。歸愚謂視漁父答孫緬歌，其所見尤高。

婁近垣

傳記

張昭麟《敕賜重建大真人府第碑記》（北圖拓片） 如我妙正真人者，姓婁氏，名近垣，法號三臣，江南松江婁縣人也。沖齡味道，眇愛雲松，至性精虔，博綜符籙。始潛養于楓溪，繼來遊于江右，契元都之秘，玉局攸傳，啟綠笈之真，景輿爰駕。於雍正五年，循例值季。雍正九年正月，欽承世宗憲皇帝諭旨，近垣緑章有效，丹篆多靈。降敕語之輝煌，嘉闡法之誠敬，聖心悅豫，恩賚有加。賜以龍虎山四品提點，供奉內廷欽安殿住持。雍正十年三月二十五日，頒給龍虎山上清宮提點印信，併給提點提舉等員部箚二十五道。十一年十月十六日，敕封妙正真人，賜大光明殿開山正住持，統領法官四十八員。焚脩頂禮，禱雨祈晴，祝國佑民，迎祥請福。重念道妙重元，心栖正一，崇隆典禮，實表淸脩。爰廣推恩於所自，更成盛事於名山，特發內帑，專遣大臣，董督脩建龍虎山上清宮。堂皇畢構，殿閣聿新，騰紫氣於山樹，起龍光於林樾。邁前人之威烈，旣澤永於西江，振往古之靈蹤，更恩垂於內地。正陽門外，舊有大真人府，爲循例朝覲齋居之所，其寮舍即值季法官之居停也。年久傾頹，屋宇狹隘。欽命易地於地安門外。東西廣一十三丈五尺，南北二十四丈零。頒式繪圖，壯觀輪奐，開虛室以鑿牖，擬丹台以凌階。并建法官從寮，合計房屋八十一間。始於雍正九年之春月，訖工於雍正十二年之冬月。【略】伏遇今皇上孝思，維則道被無垠覃恩。妙正真人晉秩三品，誥封通議大夫，榮及祖父，兼掌道錄司印務事、東嶽廟等處正住持。天恩疊錫，大法常流。惟殫護國之誠，宜沐酬庸之美。昭麟自慚菲薄，何能際茲曠典。欣覩帝代之殊恩，共儼天威於咫尺。庶幾夙夜匪懈，對越彌殷，謹書歲月，以誌盛遇焉。

張鵬翀《重修龍虎山志序》 如婁君朗齋名近垣者，能以修身却病之術，裨益聖躬，雩禱齋壇，屢著誠效。世宗憲皇帝特加寵異，錫以真人封號，爲元教主持。且因婁氏忠勤，推本所自，敕重修龍虎山上清宮，發帑鉅萬，遣內大臣董視落成，錫之碑額，以垂永久。珠樓紺殿，照耀巘谷，龍文鳳篆，輝麗星虹，誠百世之曠典也。婁君以遭逢異數，爲羽流增重，且提點本山教籙，不可無紀述以誌恩賚之隆，特舉舊志，重加纂輯，捐貲剞劂，粲然成編。

惠遠謨

傳記

彭啓豐《惠法師傳》（顧沅《元妙觀志》卷一〇） 惠法師名遠謨，字虛中，號澹峯。其先陝西人，明季徙蘇州。曾祖律和公有耆德，年百歲。半農先生，其從兄弟也。師幼孤，五六歲時，性靜默，與常兒異，讀書過目成誦。稍長，其家以日者言，送至元妙觀方丈，受業於潘梧庵。時主席胡雲廬，爲延師講學，乃得肆力於學。凡經史子集，罔不汎覽。長益潛心道藏，通曉精熟。與人有畛域，不爲戲狎，以故人皆敬憚之。年三十，授道紀司。雍正九年，敕修龍虎山上清宫，設數院，師主玉華院事。後二年，京師修光明殿成，上欲擇江浙羽士中有道法者焚修其中，敕所在有司敦迫就道，師由是入都。妙正婁眞人主光明殿，素聞師名，相見如平生歡。師以師事之，受其法。十三年二月，梧庵化去，時方主方丈席。師聞訃南旋，經紀其喪，繼其席。是年秋，婁眞人以龍虎山缺提點，奏師名，敕部給劄，師復往龍虎山署提點事。乾隆九年，眞人以年就衰，招師入都相贊助，每事必諮之。明年，充御前值季，遇雨暘愆期，行法輒應，名益振。眞人修《龍虎山志》，參稽考訂，師之力多焉。師以方丈主席久虛，欲歸，眞人曰：此間不可無子。固留之。於是師乃致書吳中，諸外護舉同門徐東村主方丈。至十五年冬，徐又化去，薦紳父老仍推師，相與寄書，眞人曰：是不可復留也。泫然而别。上聞，賜道經一藏，歸而建藏經閣。十六年，蘇州旱，巡撫王公請師祈雨，期以三日，如期果大雨，王公深重之。凡前後主席二十餘年，每有祈禱，及驅治鬼怪，多有驗。上南巡，幸元妙觀，師率衆跪迎，賜白金三百。平生儉，自奉有餘，輒置田以供衆。建閣者三：曰玉華，曰觀音，曰眞慶。三十六年二月，以疾終，年七十有五。初病時，有同門陳昆和者先卒，師哀之，屈指計曰：二月二十日昆和五七之期，予不及一哭矣。果以是日化去云。

舊史氏曰：元妙觀方丈創自鐵竹道人，歷三世，均有道行，爲吳中羽流表率。今滄峯續而弗替，又能恢其家業，亦賢矣哉。其所著詩若干卷，清雋出塵，時有摩詰神味。予與惠氏故世交，與師往來頗熟，故爲之傳如此。

莊椿　莊熙

傳記

顧沅《元妙觀志》卷四　莊椿字玉臣，號蒙園，又號鐵柏道人，常州人，本鉅族。自幼即慕冲虛，長而深通元要。偕其姪熙來吳，清修於元妙觀之蓬柏山房。精符水驅禳之法，除魔療病，無不奇驗。乾隆乙亥夏，吳中亢旱，大憲延其叔姪祈雨，甘霖大沛。次年春大疫，復延之禱禳，沴氣旋消，郡人感悅。松太道憲申公夢璽書「功濟民禾」額以贈之。會維揚亦大疫，鹽政聞莊名，延之致禱，亦有應驗。鹺使及轉運諸公，亦各贈以匾額。申公後陞浙江廉訪，臨行復作《鐵柏道人圖記》以贈，命鐫諸石。

莊熙字季符，號鐵壺道人，常州人，鐵柏道人之姪也。少歲即喜讀老氏之書，隨其叔來蘇，習靜於元妙觀之蓬柏山房。盡得道家之秘旨，與椿齊名。

申夢璽《鐵柏鐵壺兩道人圖像記》（《元妙觀志》卷一〇）　道法與儒，殊途而同旨者也。儒以靜存動察爲要，道亦以靜養動作爲先。深山窮谷，獨結茆庵，與太虛爲徒，而與人世相絶，其爲修眉古髯，得靜養之樂者，有其人。或身不出城市，足不入巖壑，揮霍雷霆，驅役鬼神，禳病除怪，説咒施符，無不立驗，其動靜交養，有合眞修者，往往難焉。今乃於元妙觀莊鍊師遇之。鍊師名椿，字玉臣，號鐵柏，又號蒙圃，本毗陵巨族也。幼慕冲虛，長通元要，偕其姪季符清修於觀之蓬柏山房，此靜者也。而符水驅禳之法，人有所請求，無不驗，則又動者機矣。余耳其名久，緣遊宦四方，未獲一見，既巡視吳中，竊謂得親道貌，而簿書鞅掌，朝夕不遑，未得修居士服，訂方外交。乙亥夏五月，吳中亢旱，丙子春，疫癘僨興，民受其困。時大憲率屬吏致齋告虔，所以爲民請命者備至。余請於上臺，延師叔姪祈禱，既而甘霖立沛，沴氣旋消，吳民大悅。時維揚旱疫亦與吳同，鹽臺復延師祈禳，數日立効，鹽臺鹽道各書匾額以贈。此固聖天子敬德與大憲親民至意足以弭災祲而迓休祥，然師之通靈達妙贊翊至治，功未可泯。昔有人入峨嵋山，見道流數十輩，顏盡童，叩之四閱花甲。凡人世憂喜事，茫無所知。普惠道人善符術，每出必有虎豹相隨，夜行則光照丈許，山川不若靡不藏匿，此則主動彼則主靜師也，兼之眞有得吾儒靜存動察之要者，宜其行成而功鉅也。其姪季符，名熙盡，得其師祕，名亦相並，吳人咸重之。余自吳董漕浙水，今將秉臬粵西，恐吳民久而忘也，既書額，兹復圖其像於石，而勒是文以誌之他日者。九年面壁，一葦是杭，謝棄簪纓，棲心典要，倘要跨鶴乘鸞，現身說法，示我前因，鐵笛一吹，晨鐘數響，仙凡異境，知有相視而笑者。

李湛然

傳記

顧沅《元妙觀志》卷四 李湛然，字神徹，號冷庵，太倉人。父靜養諸生，母丁氏。生七歲，送清眞觀。及冠，充元妙觀書記。後至龍虎山，婁眞人近垣授以法。年四十，隱於橫山北麓，築澹香居，奉母極孝，兼以金針度人。乾隆三十年九月化去。先一年賦詩留別諸道友，屆期諸友畢集，晷刻不爽，焚香沐浴而化。著有參同契闡注，冷庵吟稾一冊。得其傳者，橫山徐梧岡鳳章。

張資理

傳記

顧沅《元妙觀志》卷四 張資理，字一枝，號友桐，吳邑篁村人。本儒家子，幼聰敏，年十一出家朝眞觀，爲沈堅蒼法師之徒。嗜學不倦，先由儒家言，通五千道德之旨，以及符籙祕典，靡不洞貫。行法歷有應驗。雍正十二年，蒙世宗憲皇帝欽點入都，住正大光明殿。復從惠澹峯受法，爲御前值季法官。每遇雨暘，祈禱稱旨，屢荷上賜。乾隆十四年回蘇。奉婁眞人命，往龍虎山上淸宮領迎華院事。五十七代天師張存義授以五雷正法。丙申年，請假回蘇。丁酉年七月，郡紳士公請主席元妙觀方丈。戊戌夏，蘇郡大旱，奉各憲命，協同李宣仁、李殿揚祈雨，有驗。庚子春，高宗純皇帝翠華南幸，資理率同道衆迎駕，奏對稱旨，天顏大悅，賜白金五百兩，尤爲異數。乙巳歲，復亢旱，大中丞閔公敦請設壇祈雨，資理爲主壇，亦著應驗。他如治病祛邪，不能悉記。資理淡然寡欲，從不受人錢。平居惟焚香靜坐，暇時喜習漢隸，蒼勁入妙，片紙流傳，人爭寶貴，兼善吟咏。丙午年羽化，年七十五歲。

顧神幾

傳記

顧沅《元妙觀志》卷四 顧神幾，字斯立，郡之元和人。年十二，出家元妙觀，受業於徐東村。乾隆十七年，從徐入都，充御前值季。三十四年冬回蘇，時方丈惠澹峯羽師羽化，郡紳等即延神幾繼其席。三十八年五月，山門被災，神幾叩募，各宰官暨闔郡紳富等，捐貲重建，親自經營木石，督理匠役，晝夜忘倦。至四十年告竣，規模巍煥，人皆稱之。四十二年化去，年六十八歲。

詹太林

傳記

佚名《太上律脉・第九代傳戒律師》 維陽子晉柏。詹太林自述云：余幼思致君，長懷出世，胞胎江漢，曾紹書香於孔孟門中；穎脫玉隆，遂溯道源於元始會下。遇龍沙之掩井，於胥樂兮；見仙伯之掃壇，此其時也。親沖師於草閣，□刮仙蹤；檢大藏於乾元，景行觀柯。拾遺偈於仙洞，得秘書于良常。實有天緣，不可強也。庚午冬月，蒙譚師之稀遇，得續祖脈，會龍門之上游，徐觀山海。中山有約，復謁神京，演教十方，接引多士。內有穆清風，苦志修持，寒暑無間，康熙四十八年二月十三日，節屆春中，遂將大法付焉。

姚太寧

傳記

閔懶雲《姚耕煙律師傳》（鮑廷博注）（《金蓋心燈》卷三） 師姓姚，名太寧，浙江崇德人今之石門縣。少孤，寄養周姓，穎悟非常。年十三，見賞於沖虛子即伍眞人。師亦自命不凡，不苟求利達。以上出崑陽《缽鑑》。嘗從我先族祖大司馬公諱夢得，字昭余出征狪猺，陪宴土司秦良玉，飛矢入營，連斃三士卒，師危坐，色如常，氣膽之壯可知矣。此說出《湖墅紀聞》。聞故明國事日蹙，遂隱浙杭之西湖，自號耕煙子。日益韜晦其才，惟釣魚歌詠，以適天性。會沖虛子復自豫來浙，遂師之，而盡得其傳。已而歎曰：「長生之道，固如是也。然士各有志，今而後眞可生死自由矣。」至癸未故明崇禎十六年冬十月一日，凝素謝子過浙，聞師名，造問長生訣。師告之曰：「國祚將移，生民塗炭，駐世非易，保戒尤難。我將先我師而歸，子速往，尚有得。」遂爲書一函，拜囑而送之錢江。曰：「子詣師居，爲我好辭，來歲元旦，某當恭俟於蓬山之麓。」凝素問以故，曰：「我怕讀虢國夫人一絕耳。」指「平明騎馬入宮門」句。語畢，淚如雨下。舟既發，師遂立逝於江干，顏色如生，七日不倒。居民始爲卜葬於六和塔，題曰「姚耕煙律師墓」云。與《金蓋雲箋》中謝太易撰師本傳，及《缽鑑續》所載，語同而稍簡。

謝太易

傳記

閔懶雲《謝凝素律師傳》（鮑廷博注）（《金蓋心燈》卷三） 師姓謝，名太易，自號凝素子，江蘇武進人。性愛潔，生不茹葷，爲林處士逋後身。以上十四字出《缽鑑續》。嘗徙寓毗陵紅梅閣，每徹夜倚梅，靜領逸趣。相傳月夜聞環珮聲，精格致也。《逸林》載：師嘗居毗陵紅梅閣，閣爲張紫陽、薛道光、陳上陽輩手註《悟眞篇》處，有紅梅百本，紫陽所手植者。師於月夜常聞環珮聲，一夕偶坐，恍惚間見羽士數輩，最前長者約四十許，末一少年約十四五，笑語而至。長者顧少年曰：「汝註《道德經》深入淺出，而無鉛汞氣，然正是《悟眞》心法也。」中一人曰：「盍往孤山？」長者忽指師曰：「此老何來？」師遽起，忽不見，恍若夢遇。師自是有出塵志。

歲癸未明崇正（禎）十六年《逸林》作歲壬午，茲從《缽鑑續》，至孤山，有終焉志。旋得白註《道德經》，伏揣之。《逸林》載：壬午至孤山，得白註《道德經》，始悟毗陵所遇長者張，少者白也。第未解其爲《悟眞》心法，後就正於姚耕煙云。聞耕煙名，竭誠持謁。耕煙感之，起而告曰：「道無爾我，緣有深淺。我師隱廬山，與子有緣，即往訪，猶得聞道。」遂起就道，耕煙爲具書，且留飯。辭持書出，送之江干。舟發十餘里，猶見耕煙鵠立也。抵西江，不遇，遍歷山曲無蹤。至武昌，上龜山，見一羽衣攜藜杖，翩翩而下，手招而呼曰：「客愛梅，客師遊廣信，臘朔返廬山。」瞥視之，乃耕煙也。急前趨，忽不見。至期果遇，遂呈書，並述囑。沖虛默然久之，曰是矣。遂爲解釋章註，縱談元（玄）奧，一動一靜，咸囑體認。隨游至武陵，授以宗旨大戒，凡諸法秘，咸備聞之。轉瞬元旦，沖虛子逝，師爲卜葬於武陵之平山，遂廬墓。干戈擾攘，無能驚及，師蓋有以作用也。以上事實，參訂於《逸林》、《缽鑑續》二書。

世既泰，返江南之金蓋，訪梅華島。寄跡何山趙莊，復植梅於左右，當時稱勝境。《逸林》所載如是。〇愚按何山趙莊，即元趙仲穆金粟園，文衡山嘗居之，有《金粟園唱和一集》行世。《缽鑑續》所謂趙莊有二，一在何山，其一即今梅華巢。《淨明眞詮》所稱龍樵道院，是其舊址也。究無確據。稽之山前父老，謂爲隱於金蓋東偏，即今梅華巢，未知孰是。《金蓋雲箋》載：師於順治十四年丁酉來山，居梅華巢，手著丹經，復廣植梅。至康熙癸亥出山，不知所之。康熙甲辰，出謁崑陽王祖於宗陽宮，又多授受。靖菴先生比師曰鶴，赤陽子稱師曰梅仙，亦可想見其丰神矣。著作頗多，傳世不少。有《白註道德經疏》、《參同契註疏》，及《金仙正論》、《慧命篇》、《金丹火候》；又《梅隖清賞集》、《植梅譜》、《日用編》等書，凡十餘種云。其最元（玄）者，《金仙正論》、《慧命篇》、《金丹火候》。癸亥出遊，不復返。以上本於《金蓋雲箋》

嘉慶四年，有僧稱柳華陽者，寓京師之天壇東側，年約四五十許，有謂安慶人，有謂武進人。余慕而造訪，出示著書，目同而文小異，今且付梓。柳華陽詎即謝凝素歟？抑其元（玄）裔歟？總之仙佛一家，今古一時，萬靈一性，何謝何柳，書傳則幸云。

朱太倥

傳記

陳教友《長春道教源流》卷七　朱太倥，字沖陽，崑山人。讀書好古，得詹眞人法。句容笪重光、青浦諸嗣郢與之遊，直以師事之，問飛昇黃白之事，即叱曰外道也。主江都瓊花觀最久，不與儔類伍，及見蜀之余生生，遂訂爲莫逆交，唱咏甚得，著有《山居樂集》。國朝王豫《江蘇詩徵》。○詹眞人當即詹太林，以龍門派核之，太倥亦當譚守誠弟子。其示人詩云：習靜歧儒俗，居山異市廛，斷齏忘大欲，辟穀想眞傳。有著成迷妄，無心合聖賢，瘦笻兼野鶴，隨境度流年。玩其詩，蓋亦證道者。　國朝張邦伸錦里新編：余畣字生生，號鈍菴，青神人，明大司馬肅敏公裔，世授衛指揮千戶，值流寇亂，爲黃冠，避難江東，賣詩文自給，嘗寓吳門客舍，自言爲梅花作主人。康熙乙丑仲夏，蛻化於瓊花觀，時七十九。按生生亦當全眞道士。又吳震方述異記：諸嗣郢，順治辛丑進士，習玄門之學，築精室佘山，號九峯山人，晚年無疾騎鶴化去。後忽寓書崑山葉訒菴寄仙茅三兩，訒菴發書，皆出世語，所寄藥則當歸也。未幾鄉人來京，聞其已卒，乃大駭。明年，訒菴卒於京。按嗣郢，亦有得於全眞之學者。

孫太岱

傳記

閔懶雲《孫碧陽律師傳》（鮑廷博注）（《金蓋心燈》卷三）　孫師碧陽子，徽郡麗男子也。年十七皈元（玄），名太岱，戒行精嚴，未幾仙化，爲虛堂律師戒弟子。虛堂姓黃，開太微律院於湆墅，傳列卷二。方師之在俗也，人爭以女妻之，師惟微笑，同庚者訝之。師問曰：「子都今存否？存亦皤然老翁耳。此色身肉成者，一朝腐爛，鮮不掩鼻而過之。」聞者皆大笑嗤其腐，師不能耐，乃出奔。遇虛堂律師而師之，疊受三戒，令居小桃源。《逸林》載：師上有三兄，其長兄爲雲隱律師族婿。當師出奔時，父母俱歿，其兄訪得之，將逼以歸，雲隱爲處置。乃居小桃源，出皈湆關太微院黃律師，因受三大戒焉。越一年，無疾逝。是爲青華孫律師。青華，其自字也。《缽鑑續》所載如是，《逸林》謂師爲李青蓮後身，歿十載後，憑乩普度，嘗自述其生平如此。

陶思萓

傳記

閔懶雲《陶石菴先生傳》（鮑廷博注）（《金蓋心燈》卷三）　先生姓陶，名思萓，字屺瞻，一名太定，自號石菴子，歸安增廣生。祖籍會稽，高蜀高士靖菴先生之族姪，晉淵明先生三十九世孫也。原序無此二十一字。高祖德培，自會稽遷烏程。祖祥，湖郡諸生，遷歸安之戴華鄉，世業賈，稱巨富。父淳，有詩名，早卒。母董氏，名兌兌，七歲能詩，十六歲歸陶，十七生先生。祖母莊〔氏〕夢無數金甲神，各執旂節指揮其宅，智火萬端，隱隱內發，人宅俱搖搖不能持，鄰里號叫驚救。〔莊〕戰慄而覺，以爲不祥，大惡之。越二載，父果卒。莊又惑於命數，逐養外宅，依外兄董香光以生。迨莊歿始得歸，年已二十三矣。母董，著有《棘憂草》若干卷，香光爲端錄。先生寶之，見即悲痛，終身不能卒讀。事祖如事父，病革，割股以食之。既不起，願以身殉。晟溪雪蓑翁見卷二靖菴先生傳注，其師也，理諭至再，始進粥，三年未嘗笑。先生生而神慧，九歲能賦《白楊吟》以寄性，以不能得祖母莊心，悲鬱成疾。性嗜詩畫，尤精蘭竹，善草隸。雪蓑翁強之試，乃入泮。時祖年已邁，先生亦年逾三十。已而世事日非，不復應試。歲飢，官不之賑，先生盡發倉粟以濟，〔飢民〕集若雲。無賴子以集衆鳴之官，官不之察，家因破。雪蓑翁力救之，罪始脫。收其餘燼，資不盈萬，意恬如也。遂散其僮僕，井臼親操，若固能者，暇則賦詩作畫。妻莊憂之，先生諭曰：「東鄰某，尙書孫也。鶉衣百結，妻子菜粥，營而後得。豈素貧困耶，今若此，可知蘇困有數。且較之吾家之居蜀者，求作太平雞犬不可得，汝曹賴祖宗遺澤，寢處無喧，尙不自足歟？」爲取琴鼓之，和若春風，悅乃止。

乙酉春順治二年，族叔〔陶〕然率甥某某歸自蜀。先生欣然析其己產以安外弟，送其叔然休金蓋，是爲靖菴先生。秋，靖菴復他出。越五年歸，見其鬚髮純白，向之悲號，氣幾絕。聞者皆爲垂淚。原序無此三十五字。此本《缽鑑續》傳文。無何〔妻〕莊歿，長子澄年十八，次子漣年十四，皆聰慧，貌端麗，智圓而精，三教經史，覽無遺義，著作超群，動靜卓然。見之者無不擊節歎賞，曰：「是陶氏千里駒，宋之二蘇也。」不一載相繼而夭。女一及笄未字，亦死。鄉人咸痛之，以爲天道無憑。先生曰：「惡，是何言也。天之生材，各有其用，祖父箕裘，繼之有道。我子若女，殆不以此爲志者，宜天之不我子女壽也。我非不欲富貴功名也，富貴功名非吾家故有物，且憂國有人矣。一子道成，九族升天。昔我叔浩然氏，旋休旋出，攖鋒冒鏑，萬死一生，五年之暫，蹟遍塵寰，致令翩翩美少，奮成皓首，行何其悴。今乃裹足勿出，止何其固。知事已然，蓋將假梅島作桃源耳。我故有絜眷入山之志也，我子若女無是志者無是福，無是福者無是壽，是以去。不然，清福一家享，何難拔宅飛昇，守我忠孝祖訓歟？惟能完人道者，斯克享天福也。」於是浸淫夫蒙莊，咀吹乎釋典，有年，乃手註《周易》、《參同》、《悟眞》等書，頗稱靖菴志。遂入金蓋，復多著作。稽之《金蓋雲箋》，先生著有《周易註疏》、《悟眞》、《參同》二種註疏、《南華經註》，纂有《道緣斗懺》、《玉樞經集註》、《玉皇本行經集註》、《千眞雷懺》、《紫庭經註疏》等書。外遺有《（金蓋）雲箋》六本，內記本山四十八年事實。門人徐紫垣訂爲十二卷。先生生前有嘗開鐫其叔靖菴先生各種遺書，刊其太夫人《棘憂草》董書碑本，成十二帖。又訂本山《萬年簿》一冊。今其各種著作散諸四方，概以殘缺云。

又有年，靖菴先生卒，先生繼其志以守。以上悉與閔南仲先生所撰《陶石菴入山序》文，大略相同。范靑雲著《金蓋雲箋》序言亦採述之。嘗謂門人徐紫垣曰：「讀書不忠孝，修元（玄）不清淨，譬如引泉入溷，遺羞潔類，罪在不赦。茲山立法，敎孝敎忠，上承呂、衛之宗，呂即宮無上，謂純陽帝君也。衛謂宋末衛正節先生。不替邱、王律派，謂邱長春眞君、王崑陽律師。始稱種子。子本望族後賢，性淳而樸，識道根源，大器也。毋小就筆墨濡染，適足累性。當以我爲戒。」先生蓋現身說法也。按卷四有徐紫垣傳。其居山日惟靜默，晨起讀《學》《庸》一過，繼之《道德》《楞嚴》。晚則炷香禮斗，以祝世泰。以上出《缽鑑續》載，稱陶石菴律師卒於康熙壬申七月初八日云。

壬申秋夕康熙三十一年，夢至一境，山削水曲，殿宇巍峨，傍有小樓，陳設富麗，中坐一叟，冠碧玉冠，衣翡翠裘，朱履黃絛，侍從雲集，絲竹管絃設而未作。俄見一人方巾而少，自後出見，即轉趨叟前曰：「三十九世孫某至，留否？」曰：「得非戶外立者乎？」曰然。先生趨進，伏於地。叟曰：「我淵明也，是爾遠祖。昔爾志願清潔，今果垂熟，毋過高，過猶不及。歸則示期化，是亦一道也。」語未畢，內樂大作，遂寤。次日辭世而逝。此說出於《楊氏逸林》。門人紫垣子卜葬於靖菴先生墓側，地曰石菴龕。由先生墓得名，至今傳之。先生於儒曰處士，邑人嚴我斯題其墓碑曰「清處士陶石菴先生之墓」。於龍門爲九代律師。《缽鑑續》稱陶石菴律師。

周太朗

傳記

閔懶雲《周明陽律師傳》（鮑廷博注）（《金蓋心燈》卷三）　師姓周，名太朗，字元眞，號明陽子，江蘇震澤人。茅山乾元觀之宗嗣，先皈玉陽孫宗師於茅山乾元觀。杭州金鼓洞之開山祖，金蓋山雲巢之宗師也。考之《缽鑑續》載：康熙五十九年庚子，徐隆巖始主雲巢講席。此後居金蓋者，周律師門下所傳者爲最盛，咸奉周爲宗師，故稱宗師。○愚按明陽子受宗旨於玉陽孫公，承受戒律源流于陶、黄二公，原係靖菴所傳者，故稱宗師。七歲能詩，赤陽子見而奇之曰：「是元（玄）門眞種子，囿於利達，非其志也。」既長，性嗜平澹。强之試，入郡庠。惟以古人自居，邑人皆敬之。年二十，隨父仕至京師，謁白雲觀，虔禮七眞殿下，誓願出家，以親在未遽也。越三年父歿，扶柩歸里，喪盡其哀，祭盡其誠。服闋，窀穸既安，乃決意捨俗。復遊人海，往來觀中，願依觀主而居之。崑陽眞人諭之曰：「師在江南，宗律將於汝一貫。」乃南返至茅山，遇玉陽孫祖於乾元觀，稽首執弟子禮，從事宗教，得名太朗，號曰明陽。故篇首稱乾元觀宗嗣。遂從遊名山，祖則極意砥礪。師益爭自琢磨，篤志不移者有年，宗旨盡得。

歲甲辰康熙三年，復遇赤陽黄祖於大德觀，互見卷二赤陽律師、玉陽宗師兩傳內。進受大戒。黄祖大契之，謂曰：「昔我遇汝於家，汝纔七歲耳。光陰迅速，子髮已斑，愚按康熙甲辰歲，師年方三十八歲，蓋其髮已斑云。我老矣。汝承師命來，三百年一行大事，謂（受）戒律正宗。非子，我誰與。」遂與約而別。《金蓋雲箋》載：明陽子於康熙乙巳後，常來金蓋，究問江湖樞要於靖菴先生。故其後靜鎭鶴林，一如法制，絕無水妖決鬬之虞，皆陶、黄所教云。是歲秋，崑陽眞人至武林，相依兩載，多所授受，學更進，六通具足。時西湖棲霞嶺有金鼓洞，舊稱名勝，懸崖倚空，未有屋宇。師愛其境隔紅塵，掛瓢巖下者三日，洞主僧慧登法師至。《金蓋雲箋》載：慧登爲杭城菩提菴主僧慧源同參兄，夙聞周律師道德之名。既見，遂以金鼓洞歸周，乃得建觀宇云。一見契合，舉山施於師，師拜而受之。已而同志永甯王師來自金蓋，始共結茅，繼建瓦屋，遂開金鼓洞，即今之鶴林道院，參元（玄）訪道者雲集。其中人物、古跡，具載《金鼓洞志》。此篇節次，悉本諸《缽鑑續》、《金蓋雲箋》兩書。愚考志中戴清源撰師傳文，與《缽鑑續》所載意同而文異。

歲癸丑十月朔，黄祖來召。師已齋沐前迎，相視微笑，曰：「去留一也。願師善護諸。」祖亦首允，以手遙指曰：「戊子當來。」師曰諾。此說參觀於卷四戴停雲傳中自見。祖復以如意、玉麈、芝杖、卷冊付師，此即靖菴遺齎來杭之物。師拜而受之。是爲龍門第九代律師。見《缽鑑續》。

懶雲子曰：當時從師者千有餘人，此句見《缽鑑續》。其得宗旨而能樹立者，惟我子高子東籬宗師，於周律師門下獨承宗旨，未嘗受戒，後繼范青雲宗師，入主天台桐柏山崇道觀講席。與停雲戴師、於周律師門下爲統領弟子，其後承主金鼓洞講席。凝陽方師、靜靈金師、逸陽孟師，數人而已。以上諸師均有傳列卷四。聞之輕雲子曰：「全眞一派，東華而下盛自重陽，按之《道譜》，東華姓李名亞，元封全眞大教主東華紫府輔元立極少陽帝君。李傳鍾離雲房名權，元封正陽開悟傳道垂教帝君。鍾離傳呂純陽名巖，元封純陽演政警化孚佑帝君。今皇上御極之九年，晉封燮元贊運四字，加於舊封號之上。呂傳劉海蟾名操，元封帝君號，於宋時早開南宗一派。呂又傳重陽帝君。重陽姓王名嚞，元封扶元協極重陽帝君，於宋末開北宗一派。傳邱、劉、譚、馬、郝、王六眞君，暨孫元君，是爲金蓮七宗，俱於元時敕加封號。全眞道派於斯爲盛，故曰東華而下盛自重陽也。歷傳邱、趙、張、陳、周祖，周傳張、趙、王、黄，並傳沈、衛、沈、孫諸師祖。皆奉元始度人無量之心，修其內觀無心之法，故能化愚迷成知識，遵正軌而破歧途，不重法力神通長生不死，惟煉性淳心淨，大道同風。逮我明陽子周律師出，祖道南行，外與沖虛、沖陽、虛堂、怡陽、雲隱、心月、諤山、青雲、凝素、石菴、全陽諸大律師後先頡頏，內而茂陽、華陽、永甯、融陽、小童、停雲、凝陽、靜靈、賓陽、逸陽、東籬諸師，一秉玉陽、太和、平陽、頓空之宗旨，上承無我、復陽、崑陽、靖菴、赤陽之戒律，賡揚唱和，元（玄）風慶會。自元而降，殆無有過之者，猗歟盛哉。」

師生於崇禎元年正月二十日，卒於康熙五十年九月九日，住世八十有四歲。生卒年月出《道脈源流》。

王太古

傳記

閔懶雲《王永甯律師傳》（鮑廷博注）（《金蓋心燈》卷三） 王師永甯子，四川夔關人也。蜀亂南游，初休金蓋，年已七十五矣。按《金蓋雲箋》載：師於順治十七年來山，年已七十五，而身任樵採。禮靖菴陶祖爲師，赤陽黄祖亦重之。師嘗往來其間，佐明陽子創開金鼓洞。及後陶、黄並逝，乃偕明陽子守鶴林。按師於康熙十三年甲寅，年已九十，始出山佐明陽子創守鶴林。○以上本《金蓋雲箋》。樵採身任，得閒則持誦禮拜。一日歸自外，神意脱然，不誦不禮。明陽子將問之，師笑曰：「君既知我，何以處我？昔我之從靖菴氏也，歷險出艱，盜聞至道，而未能守。赤陽子謂我有材，終成大器，上續律宗，下開元（玄）徑。今知道貴無我，欲淨理淳，千經萬典，發明心學，完我太古，頭即玉京山，心即法王城。語言行事，理之發於外者也。過去、未來、現在，古云不可得，我云何必得。又轉而進曰：自然得、求不得。譬如天明入室，物物件件、巨巨細細，悉知悉見，何勞思索。我輩黑夜入室，故一無所見，東摸西摸，撈得一物則喜，因而棘手刺額，種種不測者有之。何不持燈而入，雖未若白日之明，而誤觸可免。此師道之不可無，經藏之不可失也歟？吾聞之，古之人假前哲作明燈，所貴自立。閲彼程圖，一步不走，十年還在家裏坐。購了多少拄杖，渾身傍著他，腳力一些不用，看他如何替行得？世之人不之察，歸咎圖、杖而不自責者，比比然也。豈知經藏，程圖也；先生，拄杖也，亦明燈也。靜以待旦，諸物洞見，水到渠成之義也。學力所致，自然之道也。世之人不學則已，學期立悟，故鮮不棘手而刺額也。道固如是也。君既知我，何以處我？」

明陽子遽然起，肅然拱曰：「諾。」師聞而謝且拜。遂擇日懸陶、黄二祖像，爲師更服加冠，鄭重其儀，付以三戒。即取師言「完我太古」句義，贈名太古，號曰永寧子。師之原名愼，字止止，按《金蓋雲箋》載，止止二字，靖菴所賜。故《鉢鑑續》稱止止道人。師自是事周如師，而周則以兄禮待之，相處數十餘年，於宗旨互有闡發。以上均出《鉢鑑續》。嘗聞周以融陽童師爲師後，師則兼取許青陽，遂命融陽名曰清和，青陽名曰清陽。稽師後明陽十年而逝，融陽已化，師之殮與葬，青陽獨任之，人始服其先見之明云。此説蓋聞之沈輕雲律師。師生於萬曆丁酉，卒於康熙辛丑，享年一百二十有五歲。葬於棲霞嶺北之天官山。是爲龍門第九代永甯律師。

呂太晉

傳記

閔懶雲《呂全陽律師傳》（鮑廷博注）（《金蓋心燈》卷三） 師姓呂，名太晉，號全陽，原名徵，别字又嵓，姑蘇長洲人。雲隱律師族子也。年十一出家，二十二受初眞戒，二十五進受中極戒。於是雲隱律師呼入密室，然燭焚香，拜跪起而告之曰：「昔余早歲棄家，尋親訪道，遍歷山川，得遇先太律師崑陽王眞人，授余大道，結茅自立。予父即爾祖，一脈相承。汝今頗有志行，疊受律戒，爲律門弟子，精修勿懈，屏絶旁門。此汝祖積功累行，仙靈不昧，諸子皆賢，可以承宗祧，復生汝身繼此脈，甚慰祖望。今余年邁，恐先師秘旨日後無傳，特以大戒，兼附一偈，首授與汝。其偈文曰：吾道貴修身，戒行毋虧少。放下萬緣空，寂爾元（玄）中妙。智燈朗如月，心光徹宵曉。性體湛然明，證果天仙道。汝其竭力修持，闡揚大道，勿替先志。勉旃毋忽。」以上出《冠山源流》。師嗣是坐忘一室，曉夜不偷，遂造巔盡。《鉢鑑續》所載如是，其説較《冠山源流》有所加，兹删述之如此。

懶雲子曰：輕雲子云當時南北律師數有千計，得如師者，其惟我明陽周祖。周克以無爲爲用，師則以坐忘爲功，不顯法力，不尚神通。舍周與師，其誰與歸？雲隱律師，可謂得傳也矣。仙佛有種，信然。

范太清

傳記

閔懶雲《范青雲宗師傳》（鮑廷博注）（《金蓋心燈》卷三） 師姓范，名太清，號靑雲子，湖廣江夏人。玉陽孫祖弟子，獨承宗教者也。早歲任俠，而學富五車，性薄名利，嘗不應福藩召。按《楊氏逸林》載：江夏范某篤學而任俠，從者甚衆。阮大鋮慕其名，矯福藩旨下招，將以助其惡。范不赴召，易羽衣而出，自號靑雲子。馬、阮等復大緝無蹤云云。毅然擔一瓢一笠，隨身無銖蓄，托蹟徧天下。稽其皈孫祖也，歲在我世祖章皇帝之元年。師年三十九，脫靑衫，易羽衣，入茅山謁沈祖太和宗師。祖命嗣玉陽門下，得元（玄）偈一百十首，而復使之遊，曰「應盡乃來」。其間之艱難困苦，出入於水火刀兵，具見師手述《缽鑑續》。已而纖介悉應，十年乃歸。太和宗師將辭世，孫祖乃爲命名加冠，復授以錦記數章而出。然師猶志在豪俠，輕死生，放浪雲林，屢遭觸折者有年。游至天台時，雪初霽，乃獨登瓊臺，仰天長嘯，山谷爲之應聲，如鸞如鳳，餘音四繞。師得得心動，瞥見孫祖戴笠而來，遂攜師去。越十有二年，返駐桐柏，人第見其休休焉，得得焉，問水尋山幾三十載。以上大略核之《缽鑑續》，所述相符。年逾百歲，而狀如四五十許。人問之，則概以四十三對。此說蓋聞之沈輕雲律師。

東籬子曰：當師之居桐柏宮也，山地四十里，久爲邑豪佔據。師以事達九重，恭奉憲宗皇帝特旨下頒，敕建崇道觀，賜田六百畝。使淸聖孤竹子之古像重輝，按《桐柏山志》載：師嘗掘古石像二，背有鐫文曰「伯夷之像」、「叔齊之像」云云。後得建觀，因崇祀奉焉。禪仙紫陽氏之遺蹤顯著，紫陽氏姓張，南宋時人，嘗居天台，著《悟眞篇》。雍正間賜禪仙封號，建觀崇奉，實師之力也。見《桐柏山志》。桐柏一山，遂爲天下望。事在雍正十二年。此師出於萬死一生之餘，而功成身退者，具載《桐柏山志》。

輕雲子曰：范宗師以一身獨承沈頓空宗師、衛平陽宗師、沈太和宗師、孫玉陽宗師四代之宗派，此說須參觀卷二孫玉陽宗師傳。於康熙、雍正七十餘年中，歲常往來於江浙，得受崑陽王律師《缽鑑》五卷。《金蓋雲箋》載：康熙六年丁未之秋，我祖師王崑陽眞人來山。九月，湖廣靑雲子范太淸，爲宗師玉陽孫公高弟，來謁眞人，授以《缽鑑》五卷。明年正月，靑雲子乃偕龍游童融陽辭去云云。愚按《缽鑑續》所載大略相同。時復與諸先律師遊，復手述《缽鑑續》九卷。始於順治之甲申，迄於雍正之乙卯，自順治元年至雍正十二年，上下九十二年間，皆師耳聞目擊之事。其於龍門宗律，實繼邱、王之緒，而總持樞紐者也。厥後崇道觀落成，俾我子高子即東籬宗師，爲輕雲子之師，故稱子高子入主講席，而自投閒於四方，其足跡絕不向天台一至。已而歸老於鶴林即杭之金鼓洞。是則我高子之學，雖非范授，其宗派之流傳，顯有繼述矣。師生於萬曆丙午明神宗三十四年，卒於乾隆戊辰，住世一百四十有三歲。東籬子爲葬於鶴林之陽，地在報本堂側。是爲龍門第九代宗師。愚按此篇大意，蓋聞諸輕雲律師者。

愚按孫玉陽門下有閻、周、范三子。閻子《心燈》無傳，玆置勿論。周明陽子始受宗旨於孫宗師，繼受戒律於陶、黃兩師，實爲統承王、沈二師之宗律者也。竊查明陽子門人衆矣，獨一東籬子稱宗師，蓋其不戒而戒之，躬修退守宗風於桐柏宮。若靑雲子，雖始終于玉陽門下，而身任事於《缽鑑》之源流。可見范、高之學，其後先繼美於天台者，無非太和子一脈之心傳。況周、范本屬同門，即援孫、黃以例之，亦事同一轍。則范之與高，正不必歧而二之，亦無庸統而系之。但曰：若龍門一流，其第九代則有范靑雲宗師，其第十代則有高東籬宗師，可也。輕雲子所謂「雖非授受，顯有繼述」，綦愼重矣。蓋不必自我傳之，而自不絕於世也。今懶雲子爲東籬翁高足，其在斯乎。廷博謹識。

穆清風

傳記

佚名《太上律脈·第十代傳戒律師》 昇陽穆淸風，字玉房，宗源姓呂，繼託穆氏。戒律中續代傳燈，必標本源。故地中州，慕道入玄，雲遊名山，逍遙吳越，朝謁乾元，親遇本師維陽詹公。歲在己丑老祖誕日，授我嗣傳。又於成都梓潼宮演教，歲在甲午，登壇三次。領戒弟子保舉，懇傳秦地朱子，法名一和，素有道緣，源流心印，當續子傳。於康熙丁酉歲仲冬月庚辰日，付之大法。

陳清覺

傳記

劉沅《碧洞真人墓碑》（《道藏輯要》翼集一） 陳公清覺，楚之武昌人，爲少年名進士，入庶常。其天資穎異，宜有大過人者。繼而辭官歸隱，從武當詹公太林遊，講求養生之旨。康熙二十六年入峨嵋，至蜀郡，結茅於青羊肆側。時趙公良璧爲蜀司臬，駐節江干，偶於公遇而契，爲葺其居；肖呂、韓二公像，顏曰二仙庵。四十一年，以清覺之賢請於朝，蒙聖祖俞允，並賜以丹台碧洞之額，又御書張紫陽詩章賜之。公之榮寵可謂至矣。惟聖祖不以方外而棄之，惟趙公亦不以方外視之。堯舜在上，下有巢許，惟茲可以當之。明年，趙公遷浙江藩司。越二年歲乙酉九月二十二日，而陳公遂辭塵矣。公沒而思之者衆，其徒末吳本固、甘合泰等，殮公以塔。平涼楊光遠序事於石，而歲久剝蝕，無復句讀之存，今其徒愈不得而知矣。公之見重於聖祖如是，必有大過乎人者，宜壽世以導來。茲固公之徒，第以方外事公，而不達乎行藏之義，非所以爲公功也。故揭其旨而記之於石。

趙良璧《新修青羊二仙庵碑記》（《道藏輯要》翼集一） 歲乙亥仲呂月之二十日，余歷其地。遠望覩一小廬，趨而扣之，見老者盤膝靜坐，面貌沖容，眞有道士也。驚喜注目久之，余亦不問其姓氏里居，即拉之並轡而歸，供於署之積翠軒。渠惟兀然盤坐，斂神靜性，終日夜不吐一言，不作一顰。余敬而禮之，問其由來，曰青城是也。問其齋供，曰隨緣過也。再問其鄉貫姓名，曰楚人而俗姓陳也。**【略】**余所遇之陳道翁，靜而修眞者也。守一塵之境，不求人知；甘簡食之風，寂焉塵表。煉本性之光明，任去來於何有。野鶴無心，白雲常在。余之相遇於道翁也，緣爲之也。因思修眞養靜，一切原空；然皮隔尚存，而風雨不蔽，半菽不飽，則余今日之遇則何耶？爰度其地，經營基址，採購木植，付彼梓人，構亭一座，豎靜室三間。東西朔南，各建靜室，另立安單六間，接大衆也。客座三間，待隨喜也。又另立安室三間，爲養老之堂也。以及了門廚舍，共二十四間。前後栽以竹木。又計道糧之所需，即於近庵處〔買田〕二契，其用價八千兩，每年可栽穀種十石，條銀六兩，以供本庵之道供。即一切大衆往來安單，來不拒去不追，一體供養，以溥大同之志。時藩司高君，樂助銀三千兩，而庵中諸事悉以告成。適護府之李牧，同各縣令進而言曰：庵中事必備，某等欲共建外山門一座，可乎？予應之曰：唯唯。亦不日告成焉。

紀事

趙良璧手諭（《道藏輯要》翼集一） 乙亥夏，採輿於南郊，偶遇清覺道者於青羊宮之左。其容穆然，其貌沖然，誠靜養之全眞也。余敬而禮之，遂延入署中，膝談數日，渠以謝歸。余思修眞養性，茅舍爲妥，粗粒是飽；而風雨不蔽，半粟不供，即使靜念不移，觀者能不記憶？爰於其地構室三間，建庭一座，匾曰二仙庵，聯曰心性。復於其地之四角各豎一室，隨其徒遊者養靜其中。另造單房三間、廚房三間，以濟過往。又用價八十兩置田二契產屋，使室廬永久，道糧有〔繼〕。蓋藉以無心之遇，而成有心之計。人謂一念之誠，而不知宿緣有在，了此一段因緣耳。願世世守之，在世爲清覺之齋供，去世爲清覺之香煙，式相守毋相論也。倘有不肖逆類私行盜賣，即赴有司，與援同罪。

陳清覺《新建青羊二仙庵功德碑記》（《道藏輯要》翼集一） 今於乙亥之秋，幸遇臬台趙公，創建一靜室，其名曰青羊二仙庵。所以輔翼修行，即青羊宮之別館也。其間曲折周致，安頓新奇，俱出人表。而又多置齋糧，使存久遠。愚不知何幸而遇之，青羊宮又不知何幸，而得大善人之護持乃爾也夫。【略】愚迂而拙，不足爲道德光，亦不足爲趙公重。惟敬撰俚言，勒之碑銘，以存趙公不朽之功德云。

洪成鼎《重修二仙庵碑記》（《道藏輯要》翼集一） 二仙庵曷昉乎？自康熙乙亥廉使趙公良璧遇仙始也。公休暇日偶遊西郊，尋張三豐眞人詩碑遺跡。恍惚若有所遇，蹤跡之，不覺步入叢篁中，見草團瓢有道士跏趺習靜，內供小圖，畫兩仙人像。問之道士，以呂（洞賓）、韓（湘子）二仙對。公睇視，大驚異。道士楚人，自青城來，名陳清覺。公與語，深契元（玄）旨，益異之。蓋公平昔通道甚篤，適有邂逅遇，而二仙庵建修之緣，於是乎起矣。先建正殿祀呂祖；後建亭並祀呂、韓二仙，遂顏曰二仙亭；最後建斗姥閣，並靜室單房、客寮茶習，共數十區；更捐俸買田二契，供香祀。大概具公碑文中。復請於朝，康熙四十一年歲在壬午十二月，欽賜御書「丹台碧洞」匾額，並《悟眞篇》「赤龍黑虎各西東，四象交加戊己中；復姤自茲能運用，金丹誰道不成功」詩一章。乃建御書坊於亭南，題曰了門。公自號海岸，每有會心，拈句書聊，皆有獨契，恆不時至，止與陳翁密談，講堂奧中事，竟日夕不休。及公遷浙藩，特留示禁，其多方維護，皆公一片樂道惓惓、度世婆心也。

張清夜

傳記

安洪德《重修四川青羊宮碑記》（《道藏輯要》續翼集一） 未幾，於城南武侯祠中，得識道人張清夜。道人係東吳名士，遁跡於此者。其居武侯祠也，培園林，植松柏，殿宇垣墉煥然一新，其功未易一二數也。余既重道人之高隱，又見其勤於所事，因以青羊宮屬理焉。道人曰：「此雖係道教祖庭，固吾分內事，然吾老矣，無能爲也。」未得承應。及後本府王太尊聞之，又諄諄懇請，無可辭。是年癸亥，遂令其徒汪一萃任之。道人亦時至宮，極力調護，相輕重緩急之宜，縮衣食，銖積錙累，並廣爲募化。至乙丑二月十五日，恭逢太上聖誕之辰，即創懸鐘板，接待十方。一時道衆聞聲雲集，得以執事有人，清規復振，儼然成一大叢林也。由是先修後之玉皇樓，紫金、降生、說法三台，及後之混元殿。丁丑，汪羽化，徒孫王陽奇繼之。越三年，中之八卦亭，左之三官殿，右之祖師殿，及今之無極大殿，次第告成。其所餘，又裝金像，飾棟樑。前後歷有一十七年，約費四千餘金，而青羊宮之勝景，十倍於前矣。他如牆垣砌道，謀所以振作之者，其勢方繩繩未已。

道人今年八十有四，則余亦以老解組歸里。憶當時升沉靡定，東西轉蓬，未能助一臂力。顧茲巍然改觀，曷勝感慰。爰述本末，以勒道人之績於不朽，則青羊宮之昭著，得以萬年不息矣。是爲記。

徐清澄

傳記

閔懶雲《徐紫垣先生傳》（鮑廷博注）（《金蓋心燈》卷四） 先生姓徐，名清澄，號紫垣，原名拱宸，字北瞻，江南崑山人。遭家多難，因而出世。師蓋性嗜元（玄）學，崇眞斥僞，而議論鋒如。族之顯者未之識，及遭不造，羣不之解，乃出走，年已二十九矣。未詳其所爲何事。《缽鑑續》所載如此，謂其族叔乾學輩未之識云。煢煢道路間，心鬱鬱不能平，倦而假寐。有青衣數輩，同聲而歌，歌曰：「南山北山，彼秀此頑，一天陶鑄，實命不然。」一若有如諷如譏之意。忽爲行人攫覺。按《楊氏逸林》載：先生遇洛人宮無上於通州，呂四贈以南山北山一歌而別，事在康熙元年。參觀卷七神仙內宮無上傳自見。自是精神恍惚，應答失宜，益與世違者三十餘年。既爲人作寄書客，特至金蓋，及索書，又失所在。按《缽鑑續》載：先生於康熙三十一年壬申之春，遇其中表邵雷州於鎮江金山寺，得其書送浙湖之金蓋山，遂皈陶石菴先生門下云。但見脩竹萬竿、喬松數十本繞一敝廬，徘徊不敢入。俄一老翁年約八十許，扶杖而出，呼曰：「客進坐，老夫待汝久矣。」遂偕入，歡若平生。竊異之，翻以爲夢，已而神恬始悟。蓋先生與悟眞子金山之遇，原未嘗有書，皆恍惚中之因緣輻湊耳。見《缽鑑續》。翁亦爲述行藏事，大契之，遂禮翁爲師。翁盡以山事付之掌。未幾，爲懸列祖像於丹室，鄭重其禮，授以宗旨源流，命名錫號。數月而逝，曰：「好事宗旨，毋滯毋拘。」事在康熙三十一年孟秋七日，翁即石菴嗣師也。先生年已六十有三云。

嗣是獨居金蓋，蔬食簞瓢，載樵載養，樂天機，忘歲月，時歌一曲。或而黃冠草履，或而披髮行吟，竹爲之舞，鳥爲之歌，馴哮虎，友麞鹿，朱蘭三放，么鳳羣來，師亦不自異也。按之《缽鑑續》，先生於康熙癸酉手訂靖菴、石菴兩師手誌日月記，分十二卷。所載順治元年始，康熙三十年止，共四十八年事實，名曰《金蓋雲箋》，青雲子范太清爲之序。又嘗刊石菴手纂經懺六部，並《道源》一卷。先生又手輯《黃庭經集註》行世。又載：乙酉之夏，紅蘭放於西澗，么鳳集於桐鵙。丙申之春，朱蘭重放，白虎守扉，是年始大開經社。戊戌之秋，朱蘭三放，么鳳忽稀。明年己亥，先生乃逝。先生住山凡二十七年，其來山訪道者，則有程華陽律師、詹怡陽律師、初陽樊師、則陽孫師、南陽歸師、永甯王師、鶴嶺徐師、凝陽方師、旻陽葉師、青雲子范宗師等，及雲南金懷懷輩。先嗣師石菴先生族姪起哉，來山居二十餘年卒，先生爲葬於下泉埠。

〔先生〕行將辭世，爲山開經社。二（次）年，積資置田五畝。即今竹字圩田五畝，係先生於康熙五十六年手置。人問之，〔答〕曰：「無恆產者無恆心，山須人守，我恐餐風食蕨，後來者將不旋踵而去也。」已而金鼓洞凝陽子姓方，遣其門人隆巖子亦姓徐來山，先生乃說偈而逝。其偈語無可考。是爲金蓋嗣師徐紫垣先生，於龍門爲第十代宗師。先生生於崇禎庚午，卒於康熙己亥，住世九十歲。此篇大意悉出《缽鑑續》。青雲子曰：嗚呼先生，其亦人盡見天者矣。據《缽鑑續》讚語。

戴清源

傳記

閔懶雲《戴停雲律師傳》（鮑廷博注）（《金蓋心燈》卷四）　師姓戴，名清源，字初陽，號停雲，浙江仁和人。祖籍徽州，全陽子之甥，全陽子姓呂，傳列卷三。師事明陽周祖者也。性簡達，方正不阿。全陽子深契之，導之以清虛之學有年。年三十始皈周祖，按《金蓋雲箋》載：康熙辛未歲，有仁和戴停雲自冠山來金蓋，石菴薦皈杭州金鼓洞，依周明陽律師云云。疊受三戒，多所闡揚。已而祖逝，師承主席，心契惟谷音子。即沈輕雲律師。稽師生於康熙五十年辛卯之冬，戴師始承主講席，後十有三年爲雍正甲辰，沈師始至金鼓洞，皈高東籬宗師門下。十數載內，動靜悠然，不離宗旨，遠近仰之，謂周得人。後以人事煩劇，交院事於聖哲駱師聖哲爲戴師弟子，傳列於後，退閒一室。久之，一日晨起，集衆論元（玄），發前未發。子高子適至，懶雲子爲東籬門人，故亦稱子高子。師喜問子曰：「谷音得非戊子生歟？」〔高〕子曰然。〔師〕曰：「然則太上宗律傳有人矣。」蓋稽卷二、卷三黃赤陽、周明陽兩律師傳內，有「戊子當來」之語。翼（翌）日，谷音入侍，師呼而訓曰：「我家律派，上承張、趙謂張無我、趙復陽兩律師，近述王、黃謂王崑陽、黃赤陽兩律師，以先律師謂周明陽律師衍流某輩。汝師道邁，謂高東籬宗師道行之高遠也。而遙承沈、衛、沈、孫之宗旨，謂沈頓空、衛平陽、沈太和、孫玉陽四代宗師。後學希承。汝爲南嶽降神，掌有朱篆，承是統者，非汝而誰。然某聞之，李林甫降自天仙，嚴分宜嚴嵩亦感星隕，適成奸佞。生貴精修，有恃必墮，汝其勉旃。」遂授以大戒三冊。按輕雲於二十四歲疊受戒律，推其年爲雍正九年歲次辛亥，時戴師方七十歲。越數載，師忽沐浴焚香，禮聖揖衆而逝。七日入龕，顏色如生，住世七十有四歲。師蓋生於康熙壬寅，卒於雍正乙卯。葬於龍井，題曰「龍門第十代停雲戴律師墓」。以上均本《缽鑑續》。其墓碑不著何人所題者，或即范宗師手筆。既檢其笥，得二偈焉。其一曰：「虛度韶華七十秋，金飛玉走不停留。於茲追憶從前事，一枕黃粱已白頭。」其二曰：「騎鶴歸停海上山，空留勝跡在人間。赤明遺偈昭如日，戊子當來正未還。」愚按戊子當來一語，乃赤陽子口傳周明陽，明陽以告戴師，〔故此〕偈謂赤明遺偈。此二偈愚曾親見於金鼓洞蔡天一手，乃戴師墨筆也。後見《金鼓洞志》內，〔末二句〕改作「蒼松翠竹長相待，望斷孤雲尚未還」，蓋不知原偈之指，翻失本意耳。味其偈，溯其心，蓋當時屬意於谷音之作也。非惟卓識，乃是前知。

方清復

傳記

閔懶雲《方凝陽律師傳》（鮑廷博注）（《金蓋心燈》卷四） 師姓方，名清復，號凝陽子，休寧世家子也。幼而敏慧，長而慕元（玄），日常焚香以讀《易》，寒暑不之間。壯歲至浙，遊幕於撫署，兼訪至道於周明陽。方其初見於周也，極誠而進，極喜而退。人問之，［答］曰：「君不見其拔草乎？拔草，去念也，非教而何。」已而又至，周爲執帚以除氛。師謝而出，曰：「是教我淨土也，恩莫大焉，舍之子，我誰師。」遂具柬皈投，周亦不卻，命之名而囑之歸。

越十三載，喪葬事竣，竟棄子女妻妾，易服南來。夜遇羣盜，宴處如故，從容起曰：「富者贈人以財，貧者贈人以言。」一手攜道衣，一手將書籍曰：「披此可成仙，讀此可證果。我懼衣食之誤人，故舍家而奉道。諸君若省修行，五百阿羅漢，即是諸君前輩也。」羣盜聞之，哄然而散，且竟有面赤而退者。同舟咸慶之，而師無喜色。既至杭，一人特至，爲師負戴，情摯而禮恭，抵院弗去。問其故，［答］曰：「願從披道衣，讀仙經，希冀證果耳。」是人也，姓徐氏，山東人，從師三十載，後皈徐紫垣，《缽鑑續》稱：是爲山東徐隆巖，乃康熙三十四年事。○以上悉本《缽鑑續》。竟得證果而逝。是爲徐隆巖，隆巖亦不自諱，故人得知其即羣盜中之面赤者。

［略］

嘗聞之輕雲子，謂師平時不苟言笑，事上撫下，惟慎且貞，言道性善，行忘人我，父事師長，兄事友朋，故人咸樂與共處。鶴林之振，師力居多。又謂師嘗禮斗，甘露書降，爲世祈年，風調雨順，祈雪雪飛，除蝗蝗滅，種種靈感，不可勝記。無他，一誠以應之。若師者，可謂善拔草，工淨土也矣。師生於順治六年十月一日，卒於乾隆元年三月二日，住世八十有七歲。見《金鼓洞記事》。是爲龍門第十代律師。

謝清涵

傳記

閔懶雲《謝賓陽律師》（鮑廷博注）（《金蓋心燈》卷四） 師姓謝，名清涵，字慎齋，號賓陽，江南武進人，爲凝素子季叔。三舉孝廉，三中副車，志灰皈元（玄），不求聞達。年已四十有七，而狂躁之性未平。《金蓋雲箋》載：師於康熙二十年辛酉之春來金蓋，時年四十七。所載如是，則其初皈明陽子時，年未至四十七也。明陽子愛護之，而病其性放，命字慎齋。又憂其躁，命名清涵。一日自外至，側肩撒臂，周見之叱曰：「天上無不敬神仙，世間無犯規羽士，聖賢仙佛，完從敬始，妖魔鬼怪，成從肆來。」因又號以賓陽。師自是刻加遏抑，恭敬自持者有年。辭周出遊至金蓋，行李楚楚。石菴見曰：「以其騎馬參方，不如在家啜湯。」師慚謝且跪。石菴說，乃扶而起曰：「眞吾家大器也。」留休三月，頗有得。出《金蓋雲箋》，按《缽鑑續》亦載之。於是入蜀穿黔，足遍天下，返棲龍井。周祖知其道圓，始付大戒。《缽鑑續》載：康熙四十年辛巳，師年六十七，始受三大戒云。又二十餘年而逝，葬於馬鞍山，住世九十有八歲。

《逸林》載其遊蜀勝事十有三則，謂師亦晚歲通神，而素精術數者，然於浙無聞焉。嘗聞之輕雲子曰：此駱賓陽事，非師也。駱賓陽蓋亦道家者流，未詳其傳自何人。師爲龍門第十代律師云。

高清昱

傳記

閔懶雲《高東籬宗師傳》（鮑廷博注）（《金蓋心燈》卷四） 子高子名清昱，字東籬，一字東離。祖籍山東爲寧海州人，寄居長白。其祖於明萬曆初年始居長白。父熙，中順治戊子舉人，己丑進士。康熙間，某由內職放臺灣道，轉陞長沙臬司，道卒。見《臺灣風俗考》周敘文內。稽其初入道也，歲在壬申康熙三十一年，由臺灣而至浙，年已七十五矣。稽師手著《臺灣風俗考》三卷，成於康熙三十四年乙亥之秋，周敘所述載又如此，蓋師久居臺灣者也。始偕族姪高麟來訪杭之金鼓洞，遂事明陽周祖爲師。周識爲道器，遂留之，亦不詳其生平履歷。高麟本仁和庠生，與子往來如骨肉，故《金鼓洞志》稱子爲仁和世家子，殆未之考也。予侍子有年，故略知之。謂知其祖籍山東，寄居長白，復由臺灣而至浙也。

子自此曰趨承周祖，周惟授以《南華》。子故宿學儒也，受而伏揣，益自折節以事之。又十有三年，祖乃授以《道德》，且爲標撥宗旨。旋授以《參同》、《悟眞》，未幾又授以《華嚴》。曰：「此皆證聖成眞之寶筏也已。」又授以趙註《學》、《庸》、《道德》首章、《心經》全冊。曰：「此出世入世眞消息，簡易易行。進此後，熟揣《周易》，神仙之能事畢矣。」考之《缽鑑續》，師於康熙四十六年丁亥正月，受宗旨於明陽子，有「汝其追述孫祖宗風」等語。子自是靈關四闢，花香鳥語，雲裊溪旋，無非元（玄）徑矣。嘗謂人曰：「人病不心清耳，心清眼自明，明無或昧，自與道合。蓋人身一小天地，無物不有，無理不具，包古今，具去來，身同則具同，非難非易，何聖何凡，遲速有時，成功則一，一心清淨，水到渠成。」子之立論如是，子之學力可想見矣。此高子告方鎔陽之語。

余聞之輕雲子：子曾以事外出，遇少年要於道，強入青樓。子恬處歡笑，不露聲色。子既出，問曰：「道者亦動心乎？」〔答〕曰：「我心如鏡，象憂亦憂，象喜亦喜。」又有人故按子於地，而辱毆之，問曰：「怒否？」〔答〕曰：「子等搥不出怒，但惡戲我，我何怒爲？」問痛否，〔答〕曰：「子等自搗，痛癢自覺，反問我耶。」尋散去，子行自若，而惡戲者歸，無不遍體青墨。子之作用又如是。子嘗數月不食，冬嘗衣葛，夏嘗衣裘。居嘗聚圓絲銀於大盆，置之坐前，而閉其目，兒曹爭竊之，一時盆空，乃開目笑曰：「開眼常存，轉眼即失，可悟此物無情，去留不足戀也。」想其時必有守錢虜居側，子故以此省之耳。有自稱能以法濟人者，子笑而問之曰：「我患一瘡，頗不便，子能割一些些肉以補我否？」某不能，答曰：「挖肉補瘡，已非道理，奈何割張家股，以療李家病乎。」某慚而退。子之省人，大率類此。以上諸說，蓋俱聞之輕雲子。

子居鶴林有年，從遊甚衆，鮮當意者。師於康熙三十一年始居鶴林，至雍正十三年出主天台桐柏山崇道觀講席。求其賢賢相繼，得心解而力行者，惟輕雲氏。子嘗示人曰：「修道樣與做戲無異，我深恥之。逐逐興常住，常住即身也，奈何身外興之？此之謂務外，離太上宗旨遠矣。」遂之天台桐柏宮。以上五十三字出《缽鑑續》。道亦不行，曲高和寡，自古云然，子亦聽之而已矣。晚知道之終不行也，乃示疾而逝，葬於桐柏山。後二十年，或有見子於四川青羊宮，謂其鬚髮轉黑，意子厭世而屍解者。以上雲遊道衆所述如此。子生於天命元年六月十九日，按師生前每述其前事，必稱天命、天聰、崇德諸年號，未嘗有泰昌、天啓、崇正（禎）之稱，觀其手著《臺灣風俗考》序文可見。蓋因其祖已遷居長白故也。茲稱天命元年也。卒於乾隆三十三年七月望日，享年一百五十一歲。是爲龍門第十代宗師。著有《臺灣風俗考》三卷。

金清來

傳記

閔懶雲《金静靈律師傳》（鮑廷博注）（《金蓋心燈》卷四） 師姓金，名清來，静靈其自號也。原名日生，字東陽，烏程邑庠生，世居江南黃葉村。性慧而狂，善弈好飲。年十七，舉孝廉不第。《逸林》載：金日生於崇禎壬午，下第後遂出遊，年方十七耳。遂出遊溫、台間，有出世志，而勃勃然英氣逼人，識者咸敬之。嘗縱飲市廛而裸其體，逢人謾罵，故所居常遷逐，而師行自若。聞隱眞子名，造訪過金蓋。靖菴先生大抑之，師不之悟，遂成肝疾，尋辭去。《金蓋雲箋》載：康熙十一年，烏程諸生金日生來山，居數月，尋感疾去。疾革乃悔，歎曰：「神仙難做，爲人更難，欲近高人，須先自琢。」乃退隱入海十有九年，自以爲可矣，將返浙。《逸林》載：師於康熙三十一年歲在壬申，始由京師皈浙杭之金鼓洞，遂出世。時明陽周祖鎭武林之金鼓洞，忽謂門人初陽即戴停雲律師、凝陽曰：「十月五日，黃葉村某至，大器也。然須極抑之，而示以澹趣。」已而師至長跪，〔祖〕不之答。叩之衆，皆神志寂然，無可否。但令任運水，諸眞士亦不甚敬恤。師承之若分宜然，而夜則長立不寐，倦則跪拜。如是有年，祖乃呼入曰：「時至矣，三鼓至此。」師乃泣拜，至期入，祖告曰：「道以無我而徹，佛以無住而生。」遂爲目顧而掌示之，乃大悟，拜辭出。鶴林諸眞咸相慶賀，而師行日勤，若未聞宗旨然。未幾，疊受三戒。越十載，祖逝之日，爲康熙五十年辛卯九月九日。師自外至，曰：「師去乎。」遂亦立而逝，三日不倒。紀師年八十有六歲。是爲龍門第十代律師。門人黃一陽葬師於武林之半山。黃一陽，心燈無傳，亦不詳其字。

懶雲子曰：師爲金太傅之俊族子，見《楊氏逸林》，能以逸士終，潔哉。師乃崇禎朝諸生耳，《逸林》謂其慷慨出世，逸跡有四則，均在溫、台處地。讀之令人淚下。《鉢鑑續》載亦然。謂不得其叔父心，甲申之後往來於溫、台之間，與諸遺忠逸老遊。其慷慨悲歌以宣志節，外人有不得知者。記有之：英雄閒，乃神仙。微乎言哉。

孟清晃

傳記

閔懶雲《孟逸陽律師傳》（鮑廷博注）（《金蓋心燈》卷四） 孟師名清晃，號逸陽，山東嶧縣人。少從其叔甯宇，宦游江浙間。好丹法，喜吟詠，事師七十餘家，名山遊遍。年五十始皈鶴林周祖，故遲之一歲命名，始悟宗旨神通，一根性發。理事之暇，熟讀《楞嚴》，參以《金碧》，即《金碧參同契》。閒則嘯傲西泠，陶鎔氣質，誹笑由人，清狂自在有年。聞金蓋紫垣氏得元（玄）宗精髓，復出訪。《鉢鑑續》載：師少壯時，嘗從陶石菴、謝凝素兩師居金蓋，於康熙三十六年丁丑始皈金鼓洞。越三年庚辰，出訪徐紫垣於金蓋山。明年辛巳冬，復返金鼓洞。〇愚按《金蓋雲箋》載：康熙十四年乙卯，山東孟逸陽來山，師事我嗣師石菴子與凝素子。越二年丁巳，出山之江南。則師前至金蓋時年二十八，後至金蓋年五十三矣。晨宵印證，宿習盡埽，吟詠乃廢，飄然而歸，清狂者竟變爲淳樸矣。周祖喜曰可，令出遊四海，接引有緣。至山西潞安府，適旻陽葉師從一楚巫至。楚巫以神異爲才，大顯靈怪，愚夫愚婦聚若蜂蟻，斂財若阜。及其干禁，遁失其法，被收，將〔累〕及葉。葉窘，極思自盡。師知之，投刺府尹。楚巫未之知也，自死於獄。府尹名泰生，師之從姪而莫逆者。事乃解，遂攜〔葉〕至浙，以白周祖。祖喜而付法授戒，命名清澈。已而師住松晟觀名，葉亦偕休，竟承律宗三十餘年，無疾而逝。出《鉢鑑續》。是皆我明陽氏人飢亦飢之慈化也夫。得其傳者，素靖子潘一善云。

葉清澈

傳記

閔懶雲《葉旻陽律師傳》（鮑廷博注）（《金蓋心燈》卷四）　葉師名清澈，號旻陽，安徽六合人。家富而豪，酷好神通，家因破，出遊未悟，幾至死乃醒，始皈律師，事見孟逸陽傳。師既悟，潛修宗教有年。崑山徐氏有蛇擾，紫垣子召師除之。師至金蓋，初弗允，紫垣喻曰：「子昔妄，故當戒，今無欲，行何妨。」乃行之。雷震一下，蛇隨電落，庭遺大珠，皎若月。驗之，蛇腦破而出，蛇長丈七尺，圍大如斗。遺珠歸葉，葉歸徐，皆不受，卒歸程邑尹。徐氏家安，兩地里人至今稱之。已而返杭，住松晟觀，先後三十餘年，確守宗律，罔或敢渝。詩曰：出於幽谷，遷於喬木。其師之謂歟？

童清和

傳記

閔懶雲《童融陽律師傳》（鮑廷博注）（《金蓋心燈》卷四）　童師名清和，號融陽子，浙江龍游人。少好修性，嗜佛乘，禮僧十數輩，皆一時善知識。歲丁酉順治十四年至天台，遇趙祖復陽氏，贈以偈曰：「說覺還不覺，針頭往外穿，動靜都不是，放下兩頭看。」師於言下立悟，不覺屈膝呼師。趙曰：「莫，太朗爾師也。癸丑緣合。」師乃獨居瓊臺，久之始覺動靜咸宜。《缽鑑續》謂師自順治丁酉迄康熙丙午，獨居天台瓊臺凡九年，大丹已成。乃出而煉性，印證於崑陽、赤陽、靖菴、石菴輩，居金蓋亦有年。《金蓋雲箋》載：康熙五年丙午，龍游人童融陽自天台來。七年戊申正月，偕湖廣人范青雲出山。八年己酉，融陽子歸自茅山。十二年癸丑八月，我宗師靖菴先生，詔融陽子往投杭之金鼓洞。○愚按康熙六年丁未，王崑陽眞人率詹、黄二律師來山時，融陽子正在金蓋，及明年正月始偕范青雲出山。故曰「出而印證於崑陽、赤陽、靖菴、石菴」。至歲癸丑，出之杭。周祖明陽氏聲名已振，及師至，彼此契合，有相見恨晚之意。遂止而不他適，竟爲諸眞領袖。周祖心重之，殿宇既竣，教相具足，乃同永甯王祖爲之加冠受戒。是爲龍門第十代律師。越十餘載，返主天台桐柏宮講席。邑人不之敬，禱之太上。有范青雲者，湖廣人也，嘗與師同事玉陽孫祖於茅山者至。師以山事託之，無病而逝。師生於萬曆己未明神宗之四十七年六月二十日，卒於康熙丙申七月十八日，住世九十有六歲，葬於桐柏山。此篇悉本《缽鑑續》。

許清陽

傳記

閔懶雲《許青陽律師傳》（鮑廷博注）（《金蓋心燈》卷四）　師姓許，名淸陽，字小童，號青陽，浙江仁和世家子。初習舉子業，屢試不售，遂絶意，進取元（玄）門，師事明陽周祖。授以課誦，罔問寒暑餘功，惟守靜默，不務馳逐。永甯王祖愛其材，周祖知之，以爲王後。王歿，師爲殯葬，哀毀一如喪周，至性純孝，出之自然。其接應事物，惟誠惟信而已。師初於康熙戊辰，出駐東城機神殿，衆留勿舍。師曰：「緣在是也。」遂往。按《金蓋雲箋》載：師於康熙二十六年丁卯之秋，自金鼓洞來山。明年戊辰返杭，出駐機神殿。茲稱衆留勿舍，或係當時來居金蓋之道衆云。

有客至，楚人也。爲杭郡守故戚，少孤，依舅氏以生。母歿，舅爲喪葬。既長，以父事舅，而利其財。舅氏亦以子視之，其婚娶舅任之。已而舅遭災，貧且病，某竟棄如遺，種種不義，浙中人未有知者。〔客〕問：「觀有幾友？」師忽心動，答曰：「二。」問：「一何在？」適有狗自外至，師曰：「來矣。」客哂之。師起曰：「是頗知仗義者。昔某有餘時畜之，今某貧且病，彼依依不某棄。鄰人或嘉其義，百法誘之去，彼不爲惑。某故以友視之，非敢故自卑也。」

一日，師過麵肆，肆主人設麵以供，而神色惶遽。詢之，曰：「某傭者家東越，適斃於肆，恐有訟累。」師曰：「若毋恐。」囑開死者戶，師入，死者甦矣。命速送歸越，並囑扃師於斯室，七晝夜毋啟視。肆主人遵之，迨七日送者返，師出而傭者即死於家。又嘗失柴斧，責護法神追還。以上悉本《缽鑑續》。

〔師〕既蛻年餘，有客從蜀來者，攜其雙履以還某，乃師殉葬物也。種種顯異，城東父老猶嘖嘖道之。永寧子眞知人者也。是爲龍門第十代律師。

王清虛

傳記

閔懶雲《王洞陽律師傳》（鮑廷博注）（《金蓋心燈》卷四） 師姓王，名清虛，字定然，號洞陽子。原名大器，江南蘇州人。師事全陽姓呂，駐姑蘇之冠山、石菴姓陶，即金蓋嗣師、牧心姓潘，駐餘杭金築坪，駐修冠山、金蓋有年。按《金蓋雲箋》載：康熙二十二年，江蘇王大器來山，師事石菴嗣師。越六年己巳，王大器出山，之金築。越二年辛未，復自金築歸山，旋住冠山。品行卓立，道法超然，晚休大滌山。《缽鑑續》載：王大器於康熙三十五年丙子之春，始從冠山過金蓋，復至大滌，遂居金築坪，皈侍牧心子，命名清虛，默受三大戒律云。愛其山水佳秀，洞府清幽，勿他適。清虛之名，牧心所命。全陽、石菴善教之，未爲巾冠師，而皆事之如事父，都得心傳。晚年濟人作福無虛日，杭屬遠近延請祈禱者，無不立應，名譽籍盛。後無恙正襟危坐而化，卒年九十有六。門人靑陽子葬師於大滌山。

朱一和

傳記

佚名《太上律脈・第十一代傳戒律師》 懷陽子朱一和，字自明，乃扶風人氏。少有高尚之心，長無世俗之好，惟以天文爲願，出家爲念。爲人行不由邪徑，目不視華麗，口不出狂言，雖有驚急，不與人語。椿萱早逝，絕俗出家爲道士。遊至西蜀梓潼宮，開修接待常住，建立養疾病院。十餘歲冬夏卧不設席，朝夕手不釋卷，一念純眞，無他志也。甲午歲，忽有清風穆師雲遊至此，見師道德眞純，言行卓絕，遂授三戒，得傳道脈。師亦登壇三次，不意仙脈衰微，身被病恙，臨化語大衆曰：欲得傳吾之法戒，必須青城山人袁清舉，可任斯事，堪光祖德，以繼太上宗脈統序也。

曾一貫

傳記

陳教友《長春道教源流》卷七 曾師一貫，號山山，不詳何許人。其師李清秋，龍門派第十代孫，得至人傳授眞訣，一貫傳其學。恬修道成，以符藥救人。康熙間入羅浮，築道場於紫霞洞。五十五年，廣州旱，當道邀請求雨，雨大注。因委管沖虛觀，山中五觀餘四曰酥醪、曰九天、曰黃龍、曰白鶴，俱延爲住持。後遷紫霞洞道場於酥醪洞，令弟子柯陽桂主之，師自居沖虛。未幾羽化，葬沖虛觀前獅子山。師遺有佩劍，能辟邪，有病祟者，取劍懸卧內即愈，今尚存。

徐一返

傳記

閔懶雲《徐隆巖嗣師傳》（鮑廷博注）（《金蓋心燈》卷四） 嗣師姓徐，名一返，字龍元，號隆巖，山東東昌人。少任俠，有北宮黝之風，不自檢攝，失身於跖侶。一日遇凝陽子姓方於水濱，聞其訓示，大契於中，悔而遁之浙，遂出俗，夙興夜寐，居然處士矣。事在康熙乙亥年，見凝陽律師傳。侍凝陽子有年，深造元（玄）奧，乃受宗旨，持三戒，出之金蓋。按之本山《（金蓋）紀事錄》載：師於康熙五十二年癸巳，從其本師方凝陽來山，居五月而返。又載：五十八年己亥，復從其本師來，遂師事紫垣子，命字隆巖云。

紫垣子有逝志，師來大悅，盡以山事付之掌。曰：「汝承凝陽敎，但存無我相。若留此，當以菩薩心，而現羅刹相，庶幾住以待來者。東鄰白雲僧非善類，白雲菴在雲巢東南，向有僧居之，今居無僧矣。以恩結之，以力降之，皆不得而服也。惟一遜而澹，不避之避也。洞庭蔣生字雨蒼，有傳列卷七，庸材也，然有來歷人。其祖母王氏非凡婦，爲禱楚中湘君廟而生。所惜者，嘗精進而仍退惑也。果來，好收之。」語畢遂逝。師爲卜葬於金蓋之陽，今墓不可考矣。

師嗣是晤言一室，鄰若無鄰者二十五年。又按本山《紀事錄》載：師於康熙五十九年庚子，始主本山講席。明年辛丑，方凝陽律師復來山俯護，居三年。甲辰乃出山，復歸金鼓洞。洞庭蔣生始入山，往來又五載，乃皈師。按《紀事錄》載：乾隆八年癸亥，洞庭蔣雨蒼來山，嗣師切諭之，即日出山去，由是常往來焉。《紀事錄》又載：乾隆戊辰蔣雨蒼始棄家入山，嗣師復切訓之，授以茅山祈禱法，使承張眞人正一法派，得名通祥。復授以宗旨，而不命名，盡以山事付之。師自出居下昂，以歲時往來於山中。師付以山事，而出住下昂、竹墩等境諸靜室，避白雲僧也。蔣乃久賈於狄岡者，護之者衆，雲巢始安。

師精於法，師亦嘗皈正一派，其名漢臣。禱雨祈晴無不立應，而知者鮮也。樵雲子姓陳嘗師之，迨蔣歿而師猶存。蔣生後於乾隆三十年乙酉出金蓋山，歸洞庭數月卒於家，時師猶存。蔣雨蒼、陳樵雲、朱春陽、史常哉四君子之斗法傳自師。師之有功於金蓋也，偉矣。自師出山後，凡五十餘年中，主持金蓋者皆師門下士之力云。其生卒年未之詳，其墓葬於下昂之鄉，住世九十有三歲。是爲龍門第十一代嗣師。此篇大意，懶雲子謂係樵雲子所述，而參以《紀事錄》者。〇愚按《紀事錄》即樵雲所成。

駱一中

傳記

閔懶雲《駱聖哲嗣師傳》（鮑廷博注）（《金蓋心燈》卷四） 駱師名一中，錢塘駱家莊人。性質而純，中年皈道，擔柴運水，獨任其勞，爲停雲律師弟子。戴師頗憐之，而師則日進其功，嘗自面壁苦修，徹夜朝禮，於是授以宗旨，命名加冠。蓋謂三千諸佛，行門而出，雖欲自休，心有不敢。嘗謂輕雲子曰：「我既出家，當捨命修，惟恐一息怠惰，振作便難。捨父母，去妻子，所爲何事？假太上法爲衣食地，地獄種子也。」師之自戒如此，宜其卒承宗派，四方仰之。以上蓋聞之輕雲子。諺曰：修道如牛毛，成道如麟角。世間羽觀衆矣，求有勤純如駱者，何可多得。一傳而蔡生陽善即蔡天一，傳列卷五，大興鶴林。再傳而北莊戴子，遙承周明陽律師、戴停雲律師之律宗。三傳而復純張生，《金鼓洞志》就。脈脈不湮，其來有自。余考金鼓洞駱師，實繼停雲律師而主講席者也。

戴一振

傳記

閔懶雲《戴聖學嗣師傳》（鮑廷博注）（《金蓋心燈》卷四） 戴師名一振，字聖學。性喜靜，從其從叔閒休鶴林。從叔歎其純，外人皆笑之。及既逝，或有見於西湖陸莊，衆聞始悔。從叔者，停雲戴師也。輕雲子所述如此。

徐聖宗

傳記

閔懶雲《徐聖宗嗣師傳》（鮑廷博注）（《金蓋心燈》卷四） 徐師字聖宗，江蘇洞庭人。早歲孤貧，讀書不利，幕遊閩粤，倦乃歸元（玄）。停雲戴師契重之，命名一正，休於鶴林。嘗從聖哲、聖學輩，往來於金蓋、金築，追蹤陶謂靖菴先生、黄謂赤陽先生、大滌謂金築老人之遺風，互相砥礪，頗知精進。卒明性理，澹然自持，爲四方仰。輕雲子稱其材，鶴林不衰，謂其力多。

方一定

傳記

閔懶雲《方鎔陽宗師傳》（鮑廷博注）（《金蓋心燈》卷四） 方師名一定，字鎔陽，寧海人。子高子弟子。子高子者，東籬宗師也。入道最早，徹悟功深，著有《心印經註》、《太極元經》行世。輕雲子謂爲不朽之作。曰：「是出心傳，亦由心徹，直與古聖眞一鼻孔出氣者。」師於溫、台、寧、處間，及門甚衆，所居勝境賴以重輝。有如桐柏百步，金罍紫琅，委羽、蓋竹之類。皆宫觀名。師承東籬宗師後，主席天台崇道觀時，概爲修築者。師豈漫應數運而興哉。有德以招之，有功以致之耳。及門之最著者，姑蘇顧子名陽崑，字滄洲，傳列卷五，續顧而成者，來眞王子字孟生，號嶧陽，傳列卷五、復圓潘子號雪峯，王嶧陽弟子，傳列卷五，餘若春谷陳生輩，名陽眞，字太僕，懶雲子弟子，少時嘗從師於委羽洞天者也。千有餘人，蓋統計師主天台崇道觀講席時，凡來印證者而言。均克清淨自娱，不出宗教。猗歟盛哉，是眞能承我子高子之學，而心無慚怍者也。宜我輕雲子眷眷爲人道也歟。

沈一炳

傳記

閔懶雲《沈輕雲律師傳》（鮑廷博注）（《金蓋心燈》卷四） 師姓沈，名一炳，字眞陽，號谷音，又號輕雲子，吳興世家子也。祖居竹墩，九世好善。曾祖濂，遷居前邱，世稱仁者。祖善繼，家貧克孝，舌耕以生。父周章，母錢氏，以乏嗣禱於歸安射村開化院，歸夢巨星隕於庭，越十有四月而生。生時異香繞室，天樂盈空，鄉里咸聞而驚異之。方七歲，父卒，母復疾殂，四顧壁立，日隨牧子以刈草，夜率形影以歸廬，鄉里咸悲之，而師處之恬如也。以上與王傳所記同。或問之，曰：「我聞之父母云，上古之人無衣無褐，茹毛而飲血，上巢而下窟，故壽至盈萬。中古不然，火而食，織而衣，入則宮室，出則舟車，而壽止滿百。不見夫漁家子乎，寒冬而裸其體，酷暑而寘之風，一生無疾，且壽且康。無他，貧苦以煉之，忘機以生之耳。我亦猶是，故亦自樂。」其立志堅定已如此。以上見陳樵雲子《紀事錄》中。

童時好趺坐，喜規畫星辰，得像則拜。嘗牧羊於前谿之側，見龍鬬溪頭，能以手書令升沉，止雷電，初亦不自異也。年十六，遇蜀人李泥丸於金蓋山，授受秘詩三章，遂有出塵志。十七遁跡武林金鼓洞，師事子高子，未幾盡得其傳，乃命今名。停雲戴師與我子高子東籬宗師，兄弟也，爲師授以三大戒。按江青所書碑本，無以上二十八字。出訪道於高池武康山名，貝常吉名本恆，爲華山派裔。厚遇之，臨別謂師曰：「他年得君，同主大滌洞足矣。余年長，請先往以待君。」既而常吉住餘杭洞霄宮，師住無錫正氣菴，面壁三年，遂出之松江，復遇泥丸，問其究竟。答曰：「三一音符，道之至中、至正、至眞者，但事長生，非吾願也。」嗣是究心儒書，躭性理，參《周易》五十餘年。其得力在愼獨，其致功在眞誠，步趨語默，未嘗心離中正也。晚歲通神，知未來，洞悉三教一貫，而謙讓不自盈，亦未嘗預示可否。人問吉凶悔吝，但據理以答之，不涉神異。以上與姚傳所序大同而小異。〇愚按《紀事錄》載：師於乾隆元年從高東籬宗師應聘至天台桐柏山，主崇道觀講席。明年丁巳，遇西河薩眞君於桐柏山麓，遂出遊訪道於高池，得貝常吉爲友，繼往松江從周法師，得諸大法秘宗。時師年三十。又按乾隆三十三年戊子七月望日，高東籬宗師年百五十一歲，謝世於天台。懶雲子先期得書，亟往送。及至，沈師已先在，嗣是懶雲子常從沈師學，以師禮事沈師，從高師命也。稽師年六十一，懶雲子年二十有一歲云。

歲丙戌乾隆三十一年，師年五十九，莊親王招入京，與談大悅，將薦之朝，固辭乃返。王常念之，謂諸大臣曰：「若谷音者，惜不幸而羽其服矣。用之啟議，舍之可惜。我聞其論治平也，長官不好貨，下吏不剝民，除蠹役，達輿情，因其治而治之。其論黃河也，循故道，守舊制，嚴察成堤，而厚恤河兵。論鹽法則曰：培竈戶，查重觔，除賂獻，禁升騰。又謂錢禁私鑄，不如折十而五用，築城掘河，要務也，俟其歲饑而行之。其論極當，有材如是，而使之老朽空谷，我輩何以對天下。」當時大臣咸自引咎，爲之歎息，而師則竊以爲幸。以上見王傳。

有孝廉某某，數入勸師易服得官，師笑而謂之曰：「使我少歷幾十年苦行，亦早就仕，爲長官奔走。然或民未得益，而身戍巴里坤，甚則就戮菜市口，未可知也。」越數載，而某某皆任甘肅，冒賑獄興，卒皆正法。總制某經浙過訪，就問休咎。師曰：「事無巨細，欺上必誅，此理也，非數也。」未幾而總制某亦以坐贓案賜帛死。此二說見《紀事錄》。昔賢謂君子造命，小人喪命，庸人囿命。師之論，特冀若輩毋爲命囿歟？抑直誨其毋喪命歟？

師之教人也，妙議不易，必審其情性之遠近，穎悟之頓漸，用力之難易，披隙導窾而指示之。故誨無不返，示無不悟。嘗謂余曰：「天地一陰陽也，陰陽一造化也。機發於萬有不測之間，聖人測之，惟天應之，而吉凶消長之道呈焉。故古之至人，惟密審其不識不知之處，而宏其無我無人之教。蓋物各一天，而天含萬有，分之則物物一太極，合之則萬靈惟一性。譬之一人九子，分則九州，合則一本。氣一則貫通，靈一則照圓，天下一家也，萬姓一我也。不以天下爲天下則化行，能以一身視萬姓則世治。蓋呼吸相通，輿情自悉，物我無間，大道同風。此治心之元喻，亦宰世之良謨也。」按師與懶雲子等心傳口授之語言文字，散見於書帖本頁者不可勝記，茲特載其一耳。

師嘗禱雨於菰城，事在乾隆五十年歲次乙巳。祈晴於撫署，致雪於錢塘，收狐於青浦，伏虎於終南，馴狼於太白。以上均乾隆乙未至乙巳十年內事蹟。皆不假符篆法籙，蓋其爲用神矣。師常語人曰：「有道德者有神通，無道德者無神通。是以《楞嚴》一籍，極詆神通；關尹《五千》，惟明道德。可知道德，體也；神通，用也。取其用而遺其體，適成其爲妖孽。君子則不然，廓其眞靈，養其眞氣，積之宏，蓄之久，及時流露，有行乎其所不得不行，止乎其所不得不止之妙也。」

及師垂歿時，竟一日而奇蹟四著焉。一告逝於歸安開化院，再告逝於武林張宅，三告逝於無錫顧氏，四告逝於松江楊姓。我見其告逝於開化院也，院在歸安縣射村。集道侶，焚符圖，分經籍，翩翩然，翼翼然，朝神揖侶，若將他之。已而手書逝偈四十九章，有「住世七十九，光陰非等閒，喜完眞面目，神證太虛天」等句。又出其平日所作八十一偈。按江青碑本於所書之下有二十八字，其文曰：「萬卷丹經一性宗，心神安醒是元功，丹竈謹防丹火焰，抽添有意欠圓通。」偈於八十一偈之上。尋見紅光冉冉，出自其頂而逝。斯時也，異香盈室，天樂愔愔，羣聞移時歇，不已異乎。於武林、於松江、於無錫，則無不於同日之正午至其家。地相距凡百里、五百里、七百里不等，或現天仙服，或現處士衣，或見披髮，或見巾冠，稽其飲食酬酢皆如昔。按江青書碑本，此處尚有一百一十字。其文曰：於楊氏則書偈云：「一樣精修七十春，如君世有幾人能，駑材讓我稱先覺，覺後還須爾獨承。」於顧氏則云：「仙事希夷人事危，利名誤爾好天材，知君也解崇眞教，萬古金仙心淨來。」於張氏則云：「蕭蕭白髮意懸懸，底事勾留日半恬，爲愛主人閒且曠，好從清靜去修仙。」其後證之，悉合時日。師非入神出化之天仙歟？而以平澹無奇中出之，蓋師之神通，正師之道德也。師生於康熙戊子年四十七年七月十八日子時，卒於乾隆丙午年五十一年十月二十六日午時。常吉門人李仁凝碑本作月峯，蓋李名仁凝號月峯爲封其龕，享年七十有九。葬於大滌山之金築坪，蓋師所自擇也。是爲龍門第十一代律師。按江青碑本無此句，又凡稱師處，碑本皆稱先生，不作師字。王殿撰勿菴爲之寫照，奉於歸安開化院。家中丞峙庭公諱鄂元，時巡撫江蘇復爲刻像於滸關文昌宮。踵而祀之者，武林懶雲塢在棲霞山金鼓洞內、湖州金蓋山澹泊境、維陽菊花坡。以上各處皆師生前遊蹟所駐之處。嘉慶四年，定親王郵賜太虛眞境匾額，並聯句云：「在在尋聲扶妙道，心心相印賜通靈。」均懸金蓋山。大學士朱文正公諱珪亦寄題柱聯云：「貫三清而上下，太極本無；乘六氣而周流，至虛不宰。」亦在金蓋山。嗚呼！不有至德，何以感賢王之寵賜，而致文正諸公之眷敬耶？

懶雲子曰：師之道高且深矣，當時之從師遊者，類皆望洋而歎，不知所宗。按師門下如陳樵雲、費丹心、周梯霞三人，後均有傳列卷五。外如鄭韜圃、高海留，及顧、楊、張諸公，約十餘人，均卓卓一時，各本所傳以教後學。然有其一體，則已卓卓當時，宗族稱孝，鄉黨稱弟，或以富，或以貴，或以長年證果，有自然之效也。師之教人有十義：曰忍辱、曰仁柔、曰止敬、曰高明、曰退讓、曰剛忠、曰慧辨、曰勤、曰信、曰廉。余嘗持之三十餘年，知而不能達，悟而不能守，殊愧師之啟迪矣。師嘗拈成語以訓余曰：「問渠那得清如許，爲有源頭活水來。」又曰：「等閒識得東風面，萬紫千紅總是春。」又曰：「向來枉費推移力，此日中流自在行。」旨哉數言，請與當世共參之，可乎。

紀事

周陽本《子沈子太虛主人傳》（鮑廷博注）（《金蓋心燈》卷四） 字眞陽。一名眞陽，字谷音，號輕雲子，蛻號太虛主人。吳興世家子，生有異徵。性至孝，幼失怙恃，卒克自愛身修，造至神化而不住者，雖曰天賦，豈非學至哉。吳郡姚、王兩殿撰，各撰傳文，蕭山湯敦甫閣學書之，載入《餘杭洞霄宮志》。我叔閔公懶雲子亦撰傳二千餘言，錢塘江青書之，議將付石。小子復何贅述焉。蓋子之精行，不可得而測；子之妙用，更有不可得而勝記者。樵雲陳君訂有《紀事錄》，尚不免有缺漏云。蓋記詳則流諸繁，記略則失其實，皆非也。爰爲節述其入道、聞道、得道、行道、證道、圓道之年與日，俾遺夫後學者循日循年，依次晉修，庶免躐等之弊已耳。

子年十六，遇蜀人李泥丸於金蓋山，始授心宗。十七印證於金鼓洞高東籬宗師。二十四疊受全眞三戒於戴停雲律師，後隨高宗師入天台，勇猛精進。三十通神，出遊滇、黔、山、陝間，多所闡揚，學徵（臻）化域而歸。五十有六，從事忘言於無錫、青浦諸靜居，人莫得而窺其奧。年七十大徹悟，超三界，出五行，蓋徵（臻）入虛空粉碎之元（玄）境矣。越九載，歲次丙午十月二十六日午時，參聖揖侶，若將他之，說偈於歸安開化院，院爲太夫人錢禱嗣得兆之地。說偈畢遂逝。是日也，武林張某、蔡某、無錫顧某、譚某、松江楊某咸家居，均得子詣其堂，敘寒暄，進齋供，臨行咸各付偈一章而別。迄今〔各〕家珍守之，可據取而問也。

子聞之樵雲陳氏，謂某壇呂祖榴皮題詩處也，蓋即歸安縣境之東林山。子嘗往待之。呂祖不之名稱，曰：「故人坐，毋煩禮。」贈以詩，有「炎漢名盤柏，隴西是故家」句。又時有某者失儀，王糾察將致罰，風狂燭滅。子就前解之，糾察連書「某領諭」，風頓止。又聞子即於丙午十月，神降蜀之雲停淨所，偕梓潼君降經三卷，名曰《至眞經》。明年正月，蜀都人士傳送至蘇〔州〕，長洲彭氏、吳興閔氏先後刊刻，以傳於世。稽此數則，子之道德神通，不已證夫金仙身分歟？然子未嘗一自炫也。

余隨懶雲子，偕樵雲陳氏、丹心費氏等，皆得侍子有年，聞訓亦各成帙。而懶雲子篤實輝光，清虛恢漠，獨承其大，才足以闡揚先哲，德足以化育後賢，現亦從事於面壁忘言，其造詣正未可量。樵雲氏則先我子而仙去，其神猶能禦大災餘，邑侯謂有功於民，奏入祀典。事詳樵雲本傳。丹心氏則一生無假，的是眞人，五年前戊辰之春，亦徵〔臻〕正果。他若西溪王氏名沂、海留高氏名山輝、雪峯潘生名復圓，嘗侍子於無錫者，傳列卷五之末等，均稱一代名賢，流芳身後，可謂善事繼述者矣。惟余壯不如人，髦而戮力，勉持師訓，三十餘年間，無一近似之者。然時復見子於夢寐羹牆，有不勝內省之疚也。蓋子之一生，功從止敬入，德自太虛宏，實實樸樸，精精純純，不自滿假，撒手乃息。所論所宗，出入乎《學》《庸》《性理》、《道德》《楞嚴》，而一準乎《周易》。神通變化，能而勿尙，平澹極者，正其高厚之無窮也。嘉慶十七年歲次壬申七月望日，受度弟子周陽本百拜敬述，並書於金蓋山之雲巢。

潘一善

傳記

閔懶雲《潘素靖律師傳》（鮑廷博注）（《金蓋心燈》卷四） 潘師字素靖，吳興東泊人。原名寅，家貧失怙，從其叔出〔家〕，爲杭州水月菴沙彌，而心喜元〔玄〕學。鶴林孟逸陽，高士也，聲名四振。師心慕之，乃詭造夢兆以愚其叔，即以說孟師。孟師知而不遽破，愛其材也。許之，命名一善。師時年十三，而終日趺坐，如醉如癡。忽覺與一垂髫女相戲謔，咯咯笑有聲。子高子東籬宗師適至，叱曰：「小鬼頭，得無內景而爲識牽歟？噫，汝雖童眞，已開識界，此危微之關也。來，吾語汝。今而後訣惟心等虛空，湛然常寂，庶無此障。其次亦惟微加眞意，隨汝目光越海北，穿升至泥丸，一停一洩，降至臍輪。到此地位，加之虛極，妙遇無雙，一旦海日東昇，奇境也，亦危關也。安之一法，惟除怖字，能省深沉，晉攻尾閭，浮槎逆泛，返遡崑崙，如前停洩，百脈充和，神歸炁穴，斯爲一度。晝夜三度，百日胎圓。加前空心妙訣，脫胎何難，其要在滅除七情，胸無人我。我以汝有緣，期無負爾師錄耳。」師再拜受之。

孟師聞而鼓掌曰：「不意此子果有是緣，他日水月重輝，特其餘事也。」已而師行如囑，年未二十，至道已圓。孟師遂爲加冠，疊付三戒。師惟和光同塵，絕無顯異，數十年如一日。以上見《紀事錄》，輕雲子所述者。退興水月，奉像誦經，隨緣建閣。迄今城東父老，但能述其平生不苟言笑，處心誠潔而已。諺曰：眞人不露相。其師之謂歟？是眞仿佛我輕雲子，爲能得心解力行於高子者也。志稱尊師，有何愧哉。《金鼓洞志》稱師曰潘尊師。

王一浄

傳記

閔懶雲《王聖慧宗師傳》（鮑廷博注）（《金蓋心燈》卷四） 王師名一淨，字聖慧，浙杭世家子。少喪父母，流落街市間。靑陽許師憐而收之。既長，不識不知，命之食則食，命之臥則臥。凡夫起居動作，悉承師命，無能自主，惟仰而怡怡，俯而嬉嬉，悲感惱怒，未之聞也。已而有黃姓者來皈許師，命名一靜，囑師以兄事之。許將逝，爲師及黃加冠易服，曰：「我其逝也。」師聞泣不已，許慰曰：「我眠去，即醒，汝一聽靜，事靜如我。不哭，我自天來，同爾天去。」言畢乃逝。靜哭而師笑，依龕長立。靜惡之，食不呼，眠不囑，三日不移所。但見足腫而色黃，乃憐之，遂令食令眠，兼令拜聖，一如許在。得閒則仰天而視，目不轉睫。問之，〔答〕曰：「我侍師也。」衆皆笑之侮之，詈之撾之，嬉嬉怡怡，自若也。一靜既歿，師尙存。一日晨起，忽失師在，驗之戶扃如故，四訪無蹤，人皆以爲許師度去云。此篇說辭得之金鼓洞道衆，並見《楊氏逸林》。

黃一靜

傳記

閔懶雲《黃聖惠嗣師傳》（鮑廷博注）（《金蓋心燈》卷四） 黃師字聖惠，名一靜，原名青選，仁和諸生。精易理，年五十無嗣，卜得遯卦，適遇聖慧季叔，引之機神殿，有出塵志。青陽許師不之許，三至乃收，訓曰：「知罪否？」曰：「不孝之罪，某所不免。」許曰：「將誰欺？某店某童不是耶？」師聞，不覺泣跪曰：「今將何如？」曰：「姑待之，某月某日，將自投，鳴之族，汝妻爲之證定矣。」已而果然，蓋其出妾所生也。師嗣是事許如神。許將逝，以聖慧托之，師則視如骨肉。日惟賣卜以生，夜則禮斗達旦，十年不懈，頗有感應。有鄰某，性至孝，母死哀極，子憐之，急上章告斗，刻許，死者甦。輕雲子嘗述之：一日出至西湖，遇二青衣，一持帖，一持書，拆視之，（乃）于忠肅公召請書也。師乃泣辭曰：「我有弟聖慧，棄之不忍。」青衣不答，飄然失在。歸知不久，乃沐浴辭衆，三鼓竟逝。越三月，聖慧王師亦不知所往。異哉！

潘一元

傳記

閔懶雲《潘天厓律師傳》（鮑廷博注）（《金蓋心燈》卷四） 潘師青陽子，名一元，字天厓，餘杭人。九歲受書，聰穎異常，從父至金蓋，紫垣子眷重之。謂其夢感許、葛，必爲名醫。許諱遜，晉時旌陽令也。葛諱洪，字稚川，亦晉時人。按之《道藏》，皆位證天醫者。及長，熟揣岐黃，果擅方脈。又謂其骨格超然，必成道門種子。已而失怙，果慕大滌清淨，棄家入道，修持有得。脈接金築老人，爲洞陽王師戒弟子。其孀母吳氏，和丸茹蘗，甘與偕隱，以終苦節，壽登百有一歲。

袁陽舉

傳記

佚名《太上律脈·第十二代傳戒律師》 袁清舉，法名陽舉，號九陽，西秦鳳翔人也。幼崇敦厚，長習孝敬，尊賢重聖，行不越理。一日從母命至親眷家，回轉路遇異人，修髯偉貌，飄然若仙。師敬禮之，囑師語曰：「子道中人也，學道即得仙矣。」語畢忽無形。師即盟天發願，棄家修道，遂訪至景福山，出家修道，積功累行十數年。復遊終南山、老君山，重修古工（宮），四方善信無不歡悅。又遊西都，隱居青城，朝誦心印，暮禮斗真爲功。至甲午年，緣遇昇陽律師，在川省梓潼宮設建律壇，開化人天，三壇已畢。自雍正六年歲次戊申，復遊陝省景福山，開建律壇，至八年正月登壇三次。內有却塵王來還，係燕京人氏，年六十有四，虔持《道德經》、《黃庭經》，演虛無清靜之理，不改其志，經業尊崇，可任祖脈，以闡玄風。時在庚戌年正月望日，授之大法，以永其傳焉。

柯陽桂

傳記

陳教友《長春道教源流》卷七 柯師陽桂，號善智，福建泉州府晉江縣人。家世仕宦，師幼習舉子業，然性耽清靜，慕老莊之學。弱冠棄家，游羅浮，禮曾一貫爲師。羅浮酥醪洞，相傳安期生與神女於此會燕，醉後呼吸水露，化爲酥醪，故名。晉葛洪隱羅浮，曾建北菴，宋代舊有觀，遭亂久廢。一貫與師，擇今地重爲興築。師操行清潔，住山三十餘年，度弟子百餘人。乾隆十年六月二十日，無疾而化，年五十三。門人瘞於觀右之銅鼓嶺，歲時臨奠焉。

蔡陽善

傳記

閔懶雲《蔡天一嗣師傳》（鮑廷博注）（《金蓋心燈》卷五） 蔡師名陽善，字天一，浙江石門人。中年皈道，聖哲駱師之弟子。智圓而達，神靜而充。輕雲子稱其材足以振興殿宇，宏觀規模。已而果然財緣雲集，鳩工庀材，小者大之，低者昂之，闢基築岸，費逾萬計。金果泉之題名，降魔岩之表衆，懶雲塢供奉輕雲子遺像，報本堂供奉列祖之所，成自斯人。松山若干畝，禾田若干畝，置自斯人。鶴林爲之一振，事詳《金鼓洞志》。十方雲水日聚百人，無復有瓶罄之恥，是眞能宏我明陽周祖之堂構者也。其緣之來也，善承人志，作事周詳，用人得當，經法眞誠，酬應柔質，人故樂與佈施，退無悔志，人人相引，緣似雲水來，此其振興鶴林之功用也。如是者三十餘年而歿，師之用心良苦矣，師之功亦鉅矣。

或有病其不事內功，是不知道者也。《清規執事榜》元時邱長春眞君所定，王崑陽律師所傳曰：「打坐參元（玄）也這箇，運水擔柴也這箇。」也這箇，猶言也是大道也。凡夫這箇那箇，箇中一有分別，便非宗教。師蓋律其身苦行箇中。夫苦行非惟操作禮誦等，亦非惟枯寂奔馳等，坐而籌畫，卧而指揮，皆是也。況酬應乎，況把握乎；況和其衷、勤其躬，以興常住乎。孟子曰：「君子勞心，小人勞力。」師於井臼亦親操焉，於壇場亦興事焉，靜則勞心，動則勞力。謂師非宗教種子，得乎？後之人不去莊嚴仙境界，徒能狼藉道家風，不僅爲師之罪人已耳。

或又有病其不從疾逝，乃遭火卒，事詳《金鼓洞志》蔡師本傳。不足爲從學表式，是更不知道者也。蓋化有五轍，無分高下，凡從其道而死者，皆正命也。五轍爲何？曰疾、曰兵、曰水、曰火、曰風。風化者，如無盡子潘無盡於大庭廣衆中猝然影滅。水化者，唐之李太白、宋之陳泥丸。兵化者，周之萇弘，晉之郭璞。火化者，漢于吉，人所共知者也。他若佛氏有闍維之道，而疾化者多矣。柱下史由之，皆抱大道而天仙者，未可以分高下也。學者亦自審其素行之何如耳。《金鼓洞志》不之辨，爰引以論之。

師生於乾隆□□月□□日，卒於嘉慶□□月□□日，住世六十有□歲。是爲龍門第十二代嗣師，金鼓洞鶴林堂上之宗師也。得其傳者爲戴北莊律師。

顧陽崑

傳記

閔懶雲《顧滄洲宗師傳》（鮑廷博注）（《金蓋心燈》卷五） 顧師名陽崑，字蒼州，號滄洲，姑蘇人，鎔陽宗師弟子也。博聞強記，道學淵深，從遊人衆。棲桐柏有年，尋眞問徑者無虛日，疲於酬應，退隱於俗，又數十春秋而歿。我門雲水者咸病之，羣擯師於敗教中。余聞之喟然歎曰：道之成否，果在服物彩章耶？抑在精修心性耶？世之道樣者多矣，豈知穿我衣，喫我飯，犯我法，斯乃眞敗類、大魔軍。況儒衣冠而證太上者，非柱下史乎？按《道典》以周柱下史爲道祖，稱太上老君。考之《道祖源流》亦然。旌陽令、勾漏令而證天相者，非許、葛乎？按《道典》載：許眞君諱遜，晉時人，嘗爲旌陽令，後拔宅飛昇，證九天諫議大夫，高明大使，雷樞上相。又按葛仙翁諱玄，東漢時人，嘗爲勾漏令，昇證東華太極左宮仙翁，雷霆玄省天機內相云。古往今來得道者亦衆矣，吁未之思耳。余非敢爲顧師辨，蓋混俗和光，宗門本分云。

陳陽復

傳記

閔懶雲《陳樵雲律師傳》（鮑廷博注）（《金蓋心燈》卷五） 樵雲陳師，名陽復，原名去非，字翼庭。輕雲律師戒弟子，金蓋之嗣師，余之畏友也。浙江歸安人，世居荻岡。早歲嗜禪，從事《十六觀經》，大有所得，辭婚不娶。年十七，出遊名山川。二十五，歸自粵西，禮嶐巖師於雲巢，進求元（玄）秘。嶐巖師授以紫光梵斗，遂休雲巢。愚按陳樵雲手纂《紀事錄》載：乾隆十年乙丑，至金蓋謁嶐巖嗣師，年方十六。嗣師授以先宗師靖菴先生所纂《道源》一卷，遂出山雲遊。又載：乾隆十九年甲戌，自粵西歸山。時嶐巖子已出山，居下昂，蔣雨蒼繼守，遂居山輔之。嶐巖子授以紫光斗秘，日夜誦禮，藉以進功云云。日夜虔禮，甘露爲之屢降，露凝若珠，掛諸松針、竹葉間，有紅白二種。余年十五，嘗從兄胞兄希顏先生讀書雲巢，時乾隆二十七年壬午，時出採服之，甘香非餳蜜可比。師曰服此者壽，初亦未悟其爲甘露降而凝者。斯時也，朱蘭歲放，么鳳羣翔，客山者咸異之，而師未以爲祥。歲乙未乾隆四十年，輕雲律師知而俯就，命名陽復，授以律宗。按其《紀事錄》載：乾隆乙未春，閔湘波先生始迎輕雲沈子，自桐柏來山。余乃皈投，始得繼嗣龍門，爲十二代弟子，派名陽復。遂受三大戒，始承本山陶、徐四宗師遺緒，主講席云。

師嗣是深加韜晦，謂：「向日重裘，往來於炎暑烈日之下，披單葛行，走於風霜冰雪之途，或百里、七十里而不識寒暑，此皆顯異〔之行〕，羽流所尚。要未能以無我爲宗，而一循夫王道，且事干律戒，不可訓也。至如假衣推食，拔難救災，雖分內事，苟不素其位而行焉，鮮有不爲所困，而道翻爲晦者。此凡學道者不可不知。」又謂余曰：「若吾子心性磊落，而好爲其難者，尤當戒之。」

歲庚子乾隆四十五年，先君子廷博謹按：閔艮甫先生，諱大夏，字位思，乾隆甲子榜魁，挑選河南息縣，後請改教喩秉鐸餘杭，命余入山從事養氣。師乃於是秋出遊楚豫間，師以山事付懶雲子云。多所印證。有如李赤腳、張蓬頭、金懷懷、龍門道士輩，互相契合，愈徵信夫宗律法科，同乎一源，其神化自有，如彼如此。乙巳乾隆五十年春，衲衣芒鞋，長鬚風拽，踵至餘杭。先君子見而大喜曰：「君緣在是耶？」師曰然。時南湖東堤三元宮乏主席，〔先君子〕爲告邑宰，延師主之。是歲大旱，河道涸，田盡枯，客米不至。邑宰田公名嘉種，關中名進士憂之，延師虔禱於三元帝前，應聲雨下。一日苗盡蘇，二日遍足，三日河道通。邑宰大悅，議給匾以旌之。師曰：「某所恃者，爲民父母之誠，而甘霖斯霈，邑人氏之福也。某何功焉。」

時余有事於姑蘇，按懶雲子於乾隆四十九年甲辰，以山事交樵雲之徒楊來逸，出山之蘇。數月〔後〕始至餘邑餘杭，時爲九月二十四日。至則家人告曰：師至久矣。既見，寒溫而外，默無一語。久之，起顧余曰：「我之來也，三三五五；我之去也，三三五五，殆有數焉。」遂辭出，留之不可。余味其語，夜半乃悟：三三得非月數耶，五五得非日數耶，來非生義耶，去非卒義耶？若然，明日乃師生辰，師豈明日當逝耶，何曰有數耶？坐以待旦，不意戶啟而羣客掩至，迨散始往，師果於辰刻危然坐逝矣。是爲乾隆乙巳年九月二十五日。師生於雍正庚戌年九月二十五日，住世五十有六。越七日，輕雲子至，爲封其龕。目光不落，顏色如生，異香氤氳，出自其體，馨聞餘邑餘杭之四郊，月餘乃泯。邑宰擬爲文以祭之，先君子復述其居山出遊種種元（玄）妙。邑宰歎曰：「是古君子也。」遂爲立祠塑像於三元宮側，卜葬於天柱山之金築坪。題曰：龍門第十二代金蓋嗣師樵雲陳君之墓。

嘉慶二年丁巳，餘邑餘杭大水，湖堤將決，邑宰張公名鳳鑾，至其祠救災。師像忽躍出，離座丈許，浮水面，移時牆崩而水退，像泥無稍損。張感其神，擬建樓置田以奉之，不果。厥後姑蘇張公吉安，來宰是邑，始爲堂以祠，且置產焉。按此篇較之《餘杭金鼓洞志》，大同而小異。

懶雲子曰：按之祭法，能禦大災則祀之，能捍大患則祀之。師以一介書生，屢應賢邑宰之誠感，其精靈直通乎天地，生死無二致，其得祠祀於餘邑餘杭也宜矣。現聞其祠香火甚盛，籤藥靈應如響云。曩者居山日久，以和氣而致祥於冥漠中者，良復不淺，人固莫得而稱焉。癸酉冬，餘杭鮑南雲等修其墓，改題曰「龍門第十二代樵雲陳律師之墓」，以其曾受三戒於輕雲沈子也。前題「嗣師」者，志其不忘金蓋云爾。

周陽本

傳記

閔懶雲《周梯霞律師傳》（鮑廷博注）（《金蓋心燈》卷五） 梯霞周師，名陽本，字用霖。早歲皈元（玄），原名通照，浙杭海寧人也。初事符籙，爲餘杭道紀司有年，禱雨祈晴，靡不回應。兼善書法，邑都士人皆重之，延主天曹、李王等觀，均重興之。年六十餘，始遇輕雲律師於南塘，乃皈龍門。一意金丹，捨城市，入銅山半持菴，蔬食菜羹，井臼自操，獨居三十餘年。日惟禮誦，倦則凝神養炁。樵者過訪，囑以守正，少者孝，老者慈。士大夫來，惟舉《學》《庸》《論》《孟》中語，返復詳示，不雜二氏說。遇釋氏，證以《金剛》《圓覺》等經，遇同門則以五千言爲宗旨。或問道之形義，則曰：「飲水飲湯，冷暖自覺，此非可以告外人者。吾輩各自問心，諒無躐等諸弊，其要在不自欺三字云。」余與師交三十餘年矣，師嘗同居金蓋者六載，（嘉慶初年，師主金蓋山雲巢講席。）惟見其事事從眞。每曰：「所謂眞人者，不失其赤子之心之謂也。但赤子本一無所知而混混，眞人者物物圓覺而一無所惑，其差別如此。」師可謂得吾沈師之宗旨者矣。

歲丙辰秋，余與（師）遊大滌之巔，有獸似兔而大，紫灰色，見師匍拜而逸。（余）奇而問之，（師）曰：「彼將爲守山虎得，我救而生之，故來謝。」余聞而疑之，師曰：「我山虎馴如貓，能懂人意者，君疑誑耶？姑歸示信可也。」是晚師禮斗功畢，忽若與人言，果見一虎伏而聽，既以首着地者三，起而逸。余從而究竟之，曰：「虎猶人也，去其貪志即捨殘性，復其本來。此我家家訓，君何疑之未釋耶？」余聞，不勝慚服。

師生於康熙乙未七月七日，卒於嘉慶癸酉十一月二十六日，享年九十有九，葬於金築坪輕雲律師墓側。嗚呼！若師者，余之畏友也。今捨我而長逝矣，余將何藉以進乎。爰爲立傳，即以自勉云爾。

費陽得

傳記

閔懶雲《費丹心律師傳》（鮑廷博注）（《金蓋心燈》卷五） 丹心費師，字通眞，原名漢文，輕雲律師戒弟子，吳興千金人。六歲歸清微派，爲射村開化院元（玄）裔。稟性純勤，一無外好，識大義，言忠行篤，忍辱仁柔。輕雲子謂爲可教，卒授以戒，命名陽得。（按丹心子之皈沈律師也，事在乾隆四十六年辛丑之秋。）道功益進，應感尤靈，院乃新，規模楚楚，爲遠近觀冠。然師之事沈子，竭誠且周。沈師嘗試之以威以惠，師惟順受而切感之，顏色情詞無稍出入，雖純一孝子，無能或過。沈師稱其道器，洵非虛言也。梯霞子謂其一生無假，的是眞人，亦非過譽也。

余承師琢磨久矣，月夜談心，師心如月，嘗謂余曰：「學道心空，着空即病，我甯于寔樸樸地下手，一旦豁然，自忘人我。」又曰：「毀譽聽之人，冷暖只自覺。昔樵雲氏忍受飛冤，卒成正果。（按乾隆四十五年庚子，樵雲陳律師居金蓋雲巢時，有鄉愚某盜斫費姓墳樹，費氏追究甚迫。樵雲子知其人有老母幼子，貧窶不堪，案將破不能自存。樵雲挺身至費姓家，冒認誤斫其樹。費與樵雲素交好，乃懈追，然一時咸謂爲盜。樵雲終日自任不辭，交謗者衆，遂出而雲遊。）凡生而赫赫者，沒名必敗也。」師之識超世一籌，即此可見。師今殂矣，余益孤矣。老成凋謝，宗律其無人歟。我聞師將辭世也，望余若渴，余無狀，未能一送師，豈有私屬哉。惟惠我好音，勉承宗教而已。師生於雍正□□年□月□日，卒於嘉慶戊辰年二月，住世七十有□歲。是爲龍門第十二代律師。

白復禮

傳記

佚名《太上律脈·第十四代傳戒律師》　白復禮，字慧直，號照圓子，陝省綏德州人氏。幼時嗜道教，不欲與俗流爲伍。年十九歲，慨然有出俗志，東游韓邑兩峪山，靜坐數載，未稱志。後訪道華峰，受業於應詔道人伍子門下，眞心受學，苦志立行，頗悟道意。而應詔東去，思欲得一境以自養，雲遊關內浴水，觀名曰通眞，遂卜居焉。修眞養性，苦志參玄，證虛無之妙道，究金丹之正理。廣施恩義，疾痛顚連者必加恩養；多行方便，窮途迷迹者深加警覺。居不數載，觀宇改觀，一方皆善風焉。遐邇人氏莫不聞風慕義，因號爲通眞上人。至於乾隆丁巳，開演百日法戒，得龍門程本渙，心甚喜之，曰：「誠樸如是，道無憂矣。」遂以所受之却塵者付之。後閉關三載，羽化昇仙。

潘復圓

傳記

閔懶雲《潘雪峰律師傳》（鮑廷博注）（《金蓋心燈》卷五）　雪峰子姓潘，名復圓，姑蘇陸墓人。鎔陽方師元（玄）裔，滄洲顧子之孫，嶧陽王生之弟子也。童眞慕道，爲晉代玉眞眞人後身。按晉代玉眞爲旌陽眞君弟子，與靈眞、隱眞輩同佐旌陽許眞君治蛟者。茲稱雪峰爲其後身者，懶雲子謂金懷懷之言也。與余爲莫逆友，又爲錢師名陽璈授經弟子，錢亦龍門十二代，嘗居杭州天眞山，開登雲觀支派。王師名一誠，自號活死人傳道嗣。按此句謂潘雪峰乃王一誠（又名金懷懷，號活死人）宗師所傳法嗣。參見卷六金懷懷王宗師傳。嘗侍輕雲律師於無錫，授以戒律者也。向道心堅，故年十五即捨俗精修，雲遊海內，勝境名山，無不踵至。事師百有三人，而度師不與焉。凡其從事諸師，雖不出乎宗律教法四科，而四科之中千門萬戶，互有瑕瑜，子竟兼而求之，其勇於精進，勤於參考，爲何如哉。然非具有〔智〕慧法眼，鮮不遺其精而得其粗者。余與子敘之久矣，親見其休休焉，得得焉，和如春風，明如秋月，高若峰、平若水，亟亟遲遲，無不合度。世之羽客如牛毛，罕有得而及之。人第稱其舍己從人，仁柔忍辱，焉知其懷純乎天，喜怒詈笑有不得而見之。余之幸，得而侍之；余不幸，子中棄我而夭之。天乎天乎，子何棄我而夭之？

昔余之入金蓋也，嘉慶元年丙辰之歲。豈爲逸己而已哉，亦豈逃名而然哉？計欲擴我不二室，廣我不二門，聚我不二糧，以致天下不二士。延子爲師，振興宗教，上承不二法，完我不二心。豈期不半載，而子已登不二天。嘉慶二年丁巳，雪峰卒於姑蘇，金蓋諸公未之知也。一日昧爽，忽聞扣門聲，時有徐君德暉啟門，則雪峰潘師也。仍閉門，翼以入，衆人皆起，均望見之。及登呂祖殿庭，遂入，忽不見。天乎天乎，子何棄我而登乎！壽夭人可主，興廢有天存，子有同心，神常惠臨。其卒之日，神來金蓋，故望其神常惠臨也。言念及此，難作太上之忘情。子兮子兮，我不傳子之行，特以傳子之心，以告我同門，是以略傳。

童復魁

傳記

陳教友《長春道教源流》卷七　童師復魁，號慵菴，浙江紹興府會稽縣人，柯陽桂再傳弟子也。乾隆辛亥，入道羅浮酥醪觀，時年三十八矣。精進有得，復雲游二十載乃歸，衆共推爲住持。制府重之，復舉任道會司之職。師御下嚴正，山中道釋，俱奉命惟謹。客有避跡入羅浮者，所歷寺院，款給優厚，詢其故，俱云童住持預言有佳客至，不敢慢。及至觀，相蓄如弟子，掃一室，令靜處，戒毋出入。住久，見師服食精贍，揮黃金如土，亦不審阿堵物何來也。一日，呼客語曰，君可歸矣。別時付以隱語，不可解，及歸，乃釋然。其神異多類此。觀下路出麻姑峯及佛子隩，俱險峻不可騎，師養一馬，每過輒蹀躞自喜，人共危之，師不恤也。嘉慶辛酉九月初三日坐化，壽九十八。其徒江本源葬之柯陽桂塋次，香山黃培芳題其墓，稱曰仙師。南海謝蘭生爲像，贊曰：游衍洞天，一何自在。簸弄耳目，一何狡獪。老子之道，其猶龍歟。誰其乘雲，上下從歟。噫，酣睡一菴，其慵歟，其非慵歟。觀此，其道行可知已。賴介生師云，童慵菴師同時住觀者，何復川師，一百二歲，金莊馬師，亦幾及百歲，師兄弟、師弟子松齡鶴算，容與一門，余所親見也，故世稱觀多壽人。

貝本恒

傳記

陳教友《長春道教源流》卷七　貝師本恒，字常吉，淮陽人。年十七，禮武當袁正遇爲師。後訪王崑陽，授修眞戒律。康熙己亥，結茅武康之高池山，參玄靜煉，得祖炁符籙，祈者響應，羣以眞人呼之。雍正己酉，雲間朱椿通守金華，患瘧，久藥不瘳，服師符即愈。朱以祿壽嗣問師，笑答曰：祿當顯位，壽幾耄耋，嗣則艱得而晚也。後皆如言。乾隆乙丑，餘杭人延主洞霄宮。丁卯，臨安疫，獄囚皆病，師禳之得安。次年，虎晝搏人，獵者亦被傷，師步遇虎，喝勿傷人，虎頫首避去，患遂息。師之學，宗郝太古眞人，先明易道之原，晚造神仙之域。其徒陳仁恩，奉敎三十年，得明其旨。撰《周易參義》、《黃老旨歸》二書。及將辭世，出柿數枚，留餉龍門道侶陸清微，即口占偈云：六六經翻，玄洞九九，丹傳鉛汞，仔細端求。一竅子緜密，調停兩鼻孔，胡麻飯，破衲襖。七十餘秋，江南江北咄，八百龍沙一一客，畢竟到頭甚麼說，歸來無事任逍遙，何處風光不自得。仁恩侍旁，書甫畢而師化。乾隆二十三年十一月十八日也。壽七十一。化後二十三日，面色如生。適清微至自當湖，遂爲封龕，藏本宮之左。國朝梁同書頻羅庵集洞霄宮貝法師傳〇又國朝李元度昭顯眞人碑云眞人姓郭，名世賢，字榮芳，瀏陽人。少孤貧，事母至孝，爲縫人以養性，不茹葷血。母卒，屏人事，遊武當山，得辟穀術。及歸隱瀏東大光洞祖師巖。乾隆三十八年除夕坐化巖中，年四十五。肉身不壞，目灼灼有光。鄉人廟祀之，歲旱禱雨輒驗。咸豐中，髮匪叠犯瀏陽，賴其神示現，瀕危得免。巡撫駱秉章奏請封昭顯眞人。按武當爲全眞派，此郭世賢亦全眞道士也。

管太清

傳記

閔懶雲《管天仙傳》（鮑廷博注）（《金蓋心燈》卷六）　管天仙者，名太清，國初（順天府）大興人。生於明季，初無聞見者。順治間，始遇仙得道。想即遇雞足道者于京師。雲遊天下，然善韜晦，蹟無多著。嘗率子王子游勞（嶗）山。愚按子王子者，即金懷懷，名清楚者，爲懶雲子之師，故稱子王子。勞山在山東登州府境上。雲大辯、李赤脚輩，均叨指示。雲大辯、李赤脚，皆金懷懷王宗師弟子，後有傳。卒成大道，名顯一時，則其學問道德，自有不可測者。

乾隆戊申歲五十三年，相傳至京師，休於李鐵拐斜街。白馬李識之，次日即遁。白馬李者，亦異人，年將軍名羹堯嘗師之。胸羅今古，雲大辯所傾倒，每思北面事之者。乃謂衆曰：「管天仙混蹟清虛，無痕得見，我不及天仙遠矣。」豈有白馬李者而黨譽人哉，蓋必具實德以動人者。樵雲子亦云如是。愚聞陳樵雲於乾隆四十六年辛丑，曾遇管天仙於湖北岳州城外。其時管天仙在一農家，課讀童子六七人，身服儒衣冠云。計壽高矣，或云已逝，或云猶存。歿歿存存，仙家常事，爰爲傳。

王太原

傳記

閔懶雲《大脚仙傳》（鮑廷博注）（《金蓋心燈》卷六） 大腳仙者，姓王名太原，字晉人。幼隱雞足，長至勞（崂）山，道成，游楚湘間。問其住世，已忘歲月。我鄉張金琯嘗任襄陽太守，謂曾見之於襄陽東郭。身長而趾巨，頷下懸物如球。詢之土人云：其髯也長約二丈，有時繞腰作帶者。居無常所，或岩谷，或江濱，風雨雪霜不室休，居常數月不見。遇有緣則微笑，無緣則瞠視。食惟石栗，人饋以物，置之而去。衣一千針衣，敝垢無完色。〔相〕傳積數十年，不聞與人接洽，話言不可得。惟乾隆初年，襄陽前太守姪某，年僅十六七，平居好道，聞而跡訪。見即大笑，疾攜他去，日暮放返，約期來度。〔姪某〕略述蹤蹟，太守誌之。謂師姓朱，故明唐王少子侍姬江鈿鈿〔所〕出。師孕方七月，唐王遇害，鈿鈿毀容，雜處難女中。有吉王故師伍沖虛者，伍沖虛傳列卷二首篇。神導〔鈿鈿〕入滇，寄休雞足深處。〔師〕生七歲，母鈿鈿歿。龍樹山人即雞足道者黃律師是也入滇居久，知而收之。長則命名太原，字曰晉人，以其本係王孫，故〔改〕姓王。後十年，前太守姪某不知所之。以上悉據張太守傳述土人之言。人咸疑其〔爲師〕度去，張蓬頭曰非。

承其妙旨者，惟張蓬頭。蓬頭楚人，明忠臣瞿式耜子，與師同患難者，年少（稍）長於師云。此說懶雲子謂得之張蓬頭之徒李蓬頭之言也。

王袖虎

傳記

閔懶雲《王袖虎傳》（鮑廷博注）（《金蓋心燈》卷六） 王袖虎者，四川人，名字未之詳。早歲從軍，屢勝不賞，遁隱牢山，或曰勞（崂）山。管天仙度之滇南。雞足道者爲其性躁，屢抑之。大腳仙來，引至襄陽，又大抑之。令日登峰越嶺爲功，食以冬青、石栗。初頗苦之，既而安，久而神寂，不有動靜。乃遣訪李蓬頭，出西北口外十有三年，始大悟，深自抑。又年餘，李蓬頭授以茅山祈禱法。歸雞足煉有年，將出道者，始爲命名。管天仙又至，曰：「可以出度善緣矣。」於是雲遊閩廣間，大顯神異，藉以度人。嘗納二虎於袖，呼以斑斑、阿雜，則躍出就食。其初出也，形如小貓，其已出也，便成巨虎。喝曰攝收，〔虎〕一躍入着袖立，小如初。故閩廣人咸信之，從而遷善者甚衆，袖虎之名所由著也。

乾隆戊子，至金蓋，樵雲子問之。曰：「是幻術，非道也。然得變化如心者，幻中亦有眞我。譬如行軍，一準帥令，故曰心法。法從外至，道更左矣。」越日遂去，不知所之。此說見《樵雲紀事錄》。又載其出山至水口，覓渡對岸，鄉人駕舟渡之，見其袖中兩貓甚麗。鄉人索一不可，再三要之不得。將抵岸，鄉人執其袖強奪之，及師登岸，已成巨虎矣，一躍登岸。鄉人大驚，師乃出一丸俾服之，半晌方寧，數日始安云。

金懷懷

傳記

閔懶雲《金懷懷王宗師傳》（鮑廷博注）（《金蓋心燈》卷六） 金懷

懷者，子王子也。名清楚，雲南阿迷人。生於故明洪武九年八月望日。三歲喪父，九齡母亦亡。子隨姊氏以長，勇力過人。阿迷民變，子持短刃，挾姊〔從〕軍沖出，俱無恙。歸官，官嘉其勇，令任先鋒，一戰殲其魁，擒其僞帥阿虎香，阿迷安。歸知姊病，聞五老山有異人，之訪失路，旁徑紆迴，跡入不知返，乃登山望。失足墮極下，不損，起覓徑，上得一洞，望之，有似可得緣而上者，遂入行里許，側有大洞，微聞笑語聲。日已西墜，腹極飢，遂又入跡約四五里，有二老者方對酌，見子俱起，命坐下，飲以酒。即出一橘，大如拳，分剖食之，飢渴頓止。洞中無他物，中安一爐，碧焰閃閃，一老者顧曰：「汝欲出乎，焰滅我送子出。」子頷之，遂坐以守。越日焰滅，又一老者取一盂水至，波紋瀠如，謂曰：「水定即偕行。」俄而水定，清若鏡，老者喜曰：「可矣。」入取一杖出，横跨其上，招子亦如法跨，令閉目，聞聲擾耳，勿顧問。已而颯颯風生，愈聞愈響，不敢開視。頃又忽止，及啟視，老者已失，四顧皆竹徑，細而紆迴。尋步里許，得一菴曰雲巢，進叩周行，始知非故土也。主席者，靖菴先生，時則順治十五年矣。

子至是乃悟，遂止雲巢，任樵採者十七年。以上云云，按之《金蓋雲箋》所載相同。靖菴殁，始返雲南。按靖菴先生於康熙十二年癸丑辭世，金懷懷於明年甲寅出山回滇。至阿迷，家已不可考也。遂上雞足，無所遇。返之楚，遇管天仙，與談洽，成師弟，安居武當眞武宮二十九年。轉之金蓋，主席者已姓徐矣。紫垣留之住三載，復返雲南。按《楊氏逸林》載：金懷懷，明永樂間人，入山修道二百餘載。康熙初年飛步來湖州，止於金蓋山，奉陶浩然爲師，居處十四年，絕無神異。後歸雲南，至康熙四十二年癸未復至金蓋。所食惟桐花竹實，飲則清泉。居三載，亦無他異，忽不見云。聞雞足道者名，造謁合，因得斗法。旋出遊蜀，李泥丸居青羊宮，授以黃白等術。於是足跡遍天下，而無可困也。

乾隆戊子歲，姑蘇潘雪峰遇子於勞山，當時之從者雲大辯、李赤腳也。以上懶雲子均據潘雪峰所述。乙卯秋，余始與雪峰率梅谷，梅谷姓徐，名陽仁，原名德暉，金華浦江人。自歸安射村起程，作雲遊天下計。發舟至菱湖文昌閣，一道士衣破衲，荷七寶，年約四十許，面圓而赤，兩目星星，無多鬚，飄飄過。雪峰望見大喜，登岸拜叩，語良久，同下登舟，謂余曰：「我師祖也。」王宗師有徒雲大辯者，爲雪峰之師，故稱師祖。余亦喜而拜，舟乃行。次早將達平望，子顧余曰：「兩緣洽，莫虛過。十洲三島，不出一心。不悟遠遊，徒招磨折。太虛大道，聞莫忽撩。」輕雲律師蛻號太虛主人，爲懶雲子傳道師，故曰太虛大道。余再拜，願皈投，子曰可，遂登岸去。余尚不知其爲子也，且未知子之即去我也。良久不見返，雪峰又述其始末，始知金懷懷者，即子也。悔未肅恭，致遭子棄。遂偕雲峰、梅谷分道周巡，人無得而見之者。廢然返，不復出遊，迄今不復見。

閔一得

傳記

晏端書《閔懶雲先生傳》（鮑廷博注）（《金蓋心燈》卷七）　先生姓閔，名苕旉，字補之，一字小艮，懶雲其道號也。世爲吳興望族。父大夏，舉於鄉，授河南息縣令，尋改教諭餘杭。先生生而體弱，九歲猶艱於行，依高東籬翁於桐柏山，習導引術，遂皈龍門派，派名一得。未幾疾愈，歸讀書，研究性理，不爲科舉學。及壯，以父命入貲爲州司馬，服官滇南。尋奉諱歸，絕意仕進，出訪名勝，數遇異人相印證。有沈子輕雲者，東籬首座弟子也。學綜三教，得東籬眞傳。翁將示化時，先生年逾弱冠，親往送別，嗣後遂從輕雲學，以師禮事之，遵翁命也。其及門弟子，皆卓犖一時，先生獨得其大，常守輕雲十訓，數十年不敢少懈。

邑南金蓋山，爲陶靖菴修眞之所。沈師羽化，先生遂居是山，閉關修道。憫其法嗣陵替，屋宇傾頹，慨然思振其緒。於是修葺增壯，拓其規模，並修近山衛正節高士墓，植梅百餘株。時或往來江浙間，隨緣啟迪。自縉紳之士，至胥吏僕輿，欽其道範，納交受業者，實繁有徒。入室者雖不多覯，而誘掖獎勸之下，因其言而自新者，亦復不少。

先生朗若秋月，和若春風，定則如山，虛則如谷。中年學已貫徹，晚境更臻純粹，語默無非至道，起居純是天機。至於樂善好施，精神強固，猶其小焉者也。其教人也，有體有用，有本有末，篤於行時，不事神奇。大旨以修身寡過爲入門，窮理盡性至命爲究竟，省察涵養爲徹始徹終功夫。嘗憫丹經邪正混淆，流弊滋多，爰取平日聞於師友，及四方好道之人，持其所藏之本，過訪就正者，讎校勘訂，剖其眞僞。凡陰陽採補，詭傳邪說，悉皆屏斥，歸於中正。所著《金蓋心燈》八卷，沿流溯源，發潛闡幽。又《書隱樓藏書》二十八種，及《還源篇闡微》，以儒釋之精華，詮道家之元（玄）妙，言言口訣，字字心傳。俾有志者循序漸進，自有爲以造無爲，不致昧厥旨歸。石照山人謂其能集元（玄）學之大成，周梯霞謂爲篤實輝光，清虛恢漠，足以承先啟後者，洵不誣矣。

歲乙未，年七十八，其嗣迎養於家。逾年冬，偶感微疾，翛然而逝。自擬身後楹聯曰：「修道只爲求己志，著書未盡度人心。」又集《孟子》書曰：「不失其赤子之心，善養吾浩然之氣。」即此數言，其生平可概見矣。先生生於乾隆戊寅十二月初二日，卒於道光丙申十一月初十日，住世七十有九年。葬於金蓋山之東麓，門人祠之弗替焉。

楊維崑《閔懶雲先生傳》 先生名苕旉，字補之，吳興世家子。生時，其父艮甫公夢羽服者至，自稱貝懶雲，故又自號懶雲子。幼穎異，從羣兒戲，墮井中，若有掖之出者。素羸弱，謁東籬高子於桐柏山，留數載，體始充。資性絕人，讀書窮理，不爲應擧業。比壯，有經世志，援例入選，以州司馬官雲南。尋丁父憂，不復仕。會東籬卒，從其高弟沈子輕雲遊，甚器之。沈卒，出訪名勝，歷吳楚燕趙，足跡半天下。先後遇金懷懷、白馬李、李鑿頭、龍門道士輩，與往復講論，多所契合。所至之處，名公賢士爭相推重。晚隱邑之金蓋山，山故有道棲息之所，拓地居之，學者日進，誘掖獎勸不少倦焉。爲人俊爽沖和，超然物表，年七十餘精力不衰，如四五十人。嘗冬月遇一故人寒甚，即解身上裘衣之。族中停柩十數，貧不能擧，爲經理葬焉。時艮甫公在任所，夢衣冠者數輩來謝，疑之，後始知其故，蓋即葬柩之夕也。其慷慨任事類如此。尤勤著述，採摭羣書，參以舊聞，成《金蓋心燈》八卷，並輯《書隱樓藏書》二十餘種行世。年七十九卒，門人爲祠祀之。

沈秉成《懶雲先生傳》 先生姓閔氏，名苕旉，歸安人。父大夏，某科擧人，官息縣知縣。生先生日，息縣君夢羽服者至，曰「余貝懶雲也」，故別署懶雲子。幼聰穎，從羣兒嬉，墮井中，若有掖之出者。體素弱，謁高東籬於桐柏山，受服食、撟引法，氣漸充。資性過人，讀書千數百卷，洞極理要。不爲應擧業，承息縣君命，入貲選雲南州同。以父喪歸，不復仕。東籬既羽化，從東籬高弟沈輕雲問業。輕雲卒，出遊吳楚燕趙，先後遇金懷懷、白馬李、李鑿頭、龍門道者，相與往復講論，多所契合，當代名公卿爭推重焉。晚隱縣之金蓋山，山故有道棲息之所，拓地立樓觀堂廡，學者日聚，誘掖獎勸弗少倦。年七十時，精力完固，焠然有壯容。嘗冬月遇一故人，衣薄見寒色，解身上裘衣之。族中停柩十數，貧不能擧，爲擇地營葬。息縣君方官河南，夢衣冠者數輩，躇階肅謝。後得先生書，夢夕即葬日也。生平勤於著述，輯《書隱樓叢書》二十餘種，別撰《金蓋心燈》八卷，發明本師宗旨，於丹家邪說闢之尤力。篤實純靜，平易近人，論者以爲有儒者氣象。道光十六年卒，年七十九。未卒前一夕，集《孟子》作連句曰：「善養吾浩然之氣，不失其赤子之心」，以示門人。門人立祠山上，揭二語於楹。

劉一明

傳記

《皋蘭縣志》卷二七 劉一明，山西曲沃人。家累萬金，棄之隸道士籍。結廬金縣之棲雲山，往來蘭城，掛單白道樓。得《參同》、《悟眞》之旨，講易太極圖、先天圖多名理，兼精醫術。著書甚富，有《周易三義》、《金丹口訣》、《沙脹眼科》等書數十卷，板行於世。《續志》。

楊芳燦《周易闡眞序》 悟元道人者，金城棲雲山之肥遯士也。其生平著述《三易註略》若干卷，余既序而傳之矣。茲復出其《周易闡眞》一編，索余爲識其著書之由。蓋道人以蚤年始學，隱跡黃冠，神解超超，道心宿契。後遇龕谷老人，盡抉元眞之秘，以爲丹道即易道也，聖道即仙道也。易非卜筮煉度之書，實皆窮理盡性至命之學也。於是述伯陽之遺義，參神聖之蘊奇，取龍蛇鉛汞之法，驗以爻繫圖象之說，別其劣歧，歸於宗主。其辭約，其義繁，其文淺，其指深，取類極邇，而見道甚遠。其身心性命之功，殆不謬乎吾儒之爲之者。嗚呼，若道人者，庶乎可與言《易》哉。

劉一明《易理闡真序》 予自童子時，即知有此一大事。因緣留心參學，所遇緇黃皆不出上行議論。彼時亦以爲然，不敢非之。後遇龕谷老人，即分邪正。復遇仙留丈人，群疑盡釋。始知丹道即《易》道，聖道即仙道，《易》非卜筮之書，乃窮理盡性至命之學也。予不敢自私，爰於《三易註略》之後，體二師之旨，述伯陽之意，盡將丹法寓於《周易》圖卦繫辭之中【略】書成之後，名曰《易理闡眞》，乃闡其修持性命之眞耳。

施神安

傳記

顧沅《元妙觀志》卷四 施神安，字箴靜，元和人。自幼即喜道家言，出家元妙觀方丈，拜惠澹峯爲師，稱入室弟子。繼復受五雷正法於朝眞觀沈堅蒼法師。乾隆辛卯年，充方丈監院，將師澹峯所遺吳邑良田二百餘畝，悉以歸入常住，永供香火，人咸敬服。丙午年，主席方丈。戊午，蘇郡旱虐，奉憲祈雨，輒有驗。年七十五卒。

張鈺

傳記

張元旭《補漢天師世家》 五十九代天師諱鈺，字佩相，號琢亭，錦崖次子。豐頤碩膚，風度端凝，善言辭，聲若洪鐘，識者重之。平生立心接物，眞率無僞，重師儒，厚故舊。每遇旱潦，輒爲民祈禱，無不響應。嘉慶五年襲封，詣闕謝恩，請謁裕陵，奉溫旨褒允。前後數召見養心殿，屢賞克食並大緞藏香。十年入覲，蒙賜玉如意一柄，荷包一封，金錢四圓。十四年晉京祝嘏，蒙賜筵宴，並賞大緞宮錦嗜嚕等物。二十三年復朝，御書福字賜之，寵賚有加。光緒三十年，覃恩誥贈光祿大夫。

張培源

傳記

張元旭《補漢天師世家》 六十代天師諱培源，字育成，號養泉。穎異澹樸，篤於孝友。道光九年襲爵，因生母累年抱恙，囑勿遠離，擬請詣闕，謝恩未果。生平樂善好施，舍己濟人。行藏似鶴，當時以白鶴仙師稱之。凡諸符法，悉能一氣渾成。極研究大梵斗母玄科，尤能闡演入妙。浙江海甯州有妖爲患，海堤崩裂，延至立驗。道光十一年，復患水沿溺數百里，將軍奕湘馳羽請救命，胞弟持印劍往治。爲設醮數日，令法員乘小艇，衝濤而濟，投以鐵符。天返風，艇復故所，潮平堤立。二十五年秋七月，貴谿久旱，病蝗飛騰蔽日，禾菽蝕齧殆盡，邑侯請治。爲設醮七日，雷風肅烈，大雨如注，連夕凝寒似深秋，命持符水，洒壇前後，蝗盡殪於河。咸豐八年戊午，亂兵侵境，避往應天山，偕一丁負印，行至壠岸地方遇寇，丁不及匿，棄印道旁，兵騎蜂擁蟻接，印仍故所，視如不見，踐之不覺，賊去，叱丁攜歸。九年己未，督辦團練，防勦多捷。十月中旬八日，忽有赤蛇游於庭，俄而不見，咸謂山居之常，不以爲異。翌日將曙，竟無疾長逝。法經云，蛇乃鶴之糧，殆返眞之兆歟。縣志贊：德著金繩，功追玉局，驅蝗蟲而鄉城爭頌，息潮湧而寰海競稱。蓋紀實也。光緒三十年，覃恩誥贈光祿大夫。

張仁晸

傳記

張元旭《補漢天師世家》 六十一代天師諱仁晸，字炳祥，號清巖。秉性冲和，研精秘典，事親以孝聞。咸豐九年，佐父辦團，防勦多捷。經巡撫耆奏，獎奉上諭着以縣主簿，不論雙單月擢用。同治元年襲爵。當亂後，法書秘卷，簡斷篇殘，不易徵集。乃日與弟子員，參考編訂，續錄成帙，越寒暑靡懈。四年遊粵東，遇異人贈黑玉印一。方旋抵滬城，其地屢有回祿患，求書符避火者甚衆，以印蓋均得免，謂見有黑面金甲者附符焉。光緒六年，奉母命禱南海，航遇風幾覆，忽見大士現身雲端，得無恙。九年，省祖墓於西蜀青城山，見祖天師於天師洞。出川經重慶，先有布商某，遇人授以劍，告之曰：俟天師至此，爾將此劍贈之。俄而天師至，布商贈劍。重慶會館有青龍閣，久潛巨蟒，天陰朝夕吐氣如雲，仗劍以登，書火符焚之，怪滅。居恒端坐寡言，洞明三十代祖靜修之功。年六十有三，微恙而終。光緒三十年，覃恩誥贈光祿大夫。

李西月

傳記

《樂山縣志》卷九 李平權，號涵虛，樂邑諸生也。住淩雲鄉之李家河。河故淺狹，舟楫不通，權書舍近焉。一夜月明，偕友散步其處，見溪中一漁舟，有老翁對月仰卧而歌。權默計此地向無漁人，何來此翁？因與友人同詣之。問對間，知非常人，遂邀至館，師事之。居年餘，頗有所得。時李嘉秀主講九峰書院，平權爲其門人。久之，嘉秀知其有異，轉師之。著有《無根樹》，臨終時，與族人宴座聯句，結云：「兒女英雄債，從今一筆勾。」吟畢，偈曰：「清風明月，才知是我。」溘然而逝。

李道山《李涵虛真人小傳》（《三車秘旨》卷首） 眞人四川嘉定府樂山縣李家河長乙山人氏。生於嘉慶丙寅年八月初四日寅時。生時，母夢一道人懷抱金書一函入門，寤時則眞人生焉。伯仲三人，師居其二。幼而穎悟，弱冠入邑庠生。善琴，嗜詩酒。年二十四，遇呂祖，不識。後病傷血之症，奉母命，至峨眉縣養病，遇鄭朴山先生。先生康熙時人，孫眞人諱教鸞之高弟也。同寓與之治病，並云：「金石草木，只可治標。治本則宜用自身妙藥，方能堅固。」聞之，恍若夢覺，即稽首皈依。先生遂傳口訣，囑云：「大劫將至，子宜速修救世，更有祖師上眞爲師。」後至峨眉山，遇呂祖、豐祖於禪院。師初名元植，字平泉。呂祖改爲西月，字涵虛，一字團陽，密付本音。潛修數載，金丹成矣。三師復至，叮嚀速著書救世。奉三眞之命，著有《太上十三經注解》、《大洞老仙經發明》、《二注無根樹》，名曰《道言十五種》。又曰《守身切要》。將呂祖年譜、聖跡、丹經、救世等書刪訂，名曰《海山奇遇》。撰集豐祖全書，名曰《三豐全集》。自著另有《九層煉心》、《文終經》、《後天串述》，俱刊行於世。更有《圓嶠內篇》、《三車秘旨》、《道竅談》三書，俱未刊行。山于咸豐丙辰正月至長乙山房，得瞻慈容，如三十許人。拜別後，師于本年五月初八寅時升舉，異香滿空者七日。本日卯時，現仙容於自流井。飛升後，顯跡甚多，不能盡述。師生二子，長業儒，次務農。大兄舉三子，長十一歲，聰明仁孝，師每稱羨。門人甚衆，而大丹成者，江西周道昌一人，得玉液還丹者數人。山德薄緣淺，侍師未久，略述其目擊大概云爾。福建建寧縣巧洋弟子李道山敬述。

張睡仙

傳　記

完顏崇實《白雲仙表·張睡仙師》 張睡仙師，不知何處人，以善睡得名。初至白雲觀，當衆吃齋之際，獨擁被焉。或啓之，答曰：吾服氣耳，何必吃人間煙火食耶。衆以爲誑，遂逐之。及催單期滿，復來，識者曰：此有道之士，請居靜室。十餘日不一啓扉，潛往探之，則高枕而卧，始信精炁神已能自固，咸敬服之。後居都城之呂祖閣，閣小而破，幾不足蔽風雨。某內官助資脩葺，門閭高大，殿宇輝煌，儼然成一大道場。而師漠然，若未之見。一日語其徒曰：吾將行，爾等毋懈厥志。言畢而逝。葬於白雲觀之三仙墳，後遷葬於黃村。

李圜帬

傳　記

完顏崇實《白雲仙表·李圜帬師》 李圜帬師，山西平陽府臨汾縣人也。本係貴家子，學問淵博，不求仕進。初遊武當山，皈依龍泉觀之汪老律師，取名復信。後隱終南數十年，爪甲長數尺，蟠屈如蛇，護以竹筒。道光初年，至白雲觀，身穿破衲，腰繫圜帬，時人因以圜帬呼之。精於岐黃，活人無筭，或有以朱提爲謝者，辭曰：吾將藉此立功，豈肯受賄，君果德我，護法常住可矣。道光乙未七月十五日，順正而化，葬於白雲觀之三仙墳，享年一百有二。

江本源

傳　記

陳教友《長春道教源流》卷七 江師本源，字瀛濤，號松竹山人，廣州府番禺縣人。入道羅浮酥醪觀，繼童復魁爲住持。師有戒行，通儒釋之學，能詩文，士大夫喜從之遊。以觀爲浮山最深處，乃闢佛子坳塗徑，築玉液亭，爲義漿以濟行者。又以廣州白雲山蒲澗安期生嘗采藥其間，復倡築安期仙祠。晚營生壙於觀左之望岡墩。嘉慶丙子，毗陵湯貽汾來遊，爲題其壙曰江瀛濤藏於此。化後，門人即瘞仙蛻於壙中。賴介生師云：瀛濤建鄭仙祠於蒲澗，祠左則雲泉山館，南海仲令擬增廣之。既拆卸，不及建而去任，瀛濤旋亦昇化於酥醪。於是其徒孫楊敎善踵爲之，比舊更宏敞，香火日盛。歷二十餘年。一日山館中童子忽聞叩門聲，啓視則厖然胖道士，請姓名，曰江某，俄而由小門出，往仙祠，童子請導不許。明日，童子見楊師而述之，楊愕然問狀，則眞瀛濤也。當時相傳以爲得仙云。

賴本華

傳　記

陳教友《長春道教源流》卷七 賴師本華，號介生，原名洪禧，字疇叶，廣州府東莞縣人。初習舉業，爲諸生，以詩名。後入羅浮酥醪觀，禮童復魁爲師。習靜一室，不與人接。墊江李惺游羅浮，慕其人，請與相見，師以耳聾辭。惺悵然題詩於壁曰：山外浮來一窾公，山中却有賴癡翁，癡翁不與窾公見，知道癡翁耳詐聾。後年八十餘，化於觀中。其子孫迎遺蜕返臺鄉閭。有《浮山新志》、《紅棉館詩鈔》傳於世。《國朝正雅集》：張永堅號雲根，新會人，羽士，住羅浮白鶴觀，有《無心齋吟草》。番禺劉彬華謂其骨清法密，亦山中能詩者。

程本焕

傳記

佚名《太上律脈・第十五代傳戒律師》 程本焕，號香嵒，西秦龍門人也。幼棲紫雲觀，有學道志。當其性嗜詩書，已會儒家之奧旨；既而泛覽諸子，遂悟塵世之勞牢。嘗自歎曰：此非所以修眞處也。於是卜象山，修心煉己，備嘗艱苦。乾隆丁巳年，白老律師開演戒期，見其眞純質樸，因以道脈寄之。自受戒之後，益堅純修，禁步三載，誦詠《皇經》，四方來者無不共欽道貌，而大師虛懷若谷，切切然方以功行未盡爲憂，復以傳賢爲念。茲於乾隆戊子年三月清明日，登壇說戒，幸得一人，姓張名本瑞，係晉代州人，出家於太華峰，可與有爲，而道脈之源流，庶不致於湮沒焉。

佘明志

傳記

陳教友《長春道教源流》卷七 佘師明志，號笑塵子。原名慈鶴，廣州府順德縣世家子，父宦於蜀產焉。少隨父任，讀儒書，通玄理，弱冠即有出塵之想。回粵後試弗售，娶妻生子矣。既而曰：世途險詐，室家累人，何鬱鬱久居此。同治甲子，年踰不惑，遂入道羅浮之酥醪觀。杜門不出，惟焚香斗室，晝夜誦道德、黄庭等經。雖風雨寒暑，無少輟。嘗謂：吾儕修道，丹藥本無可憑，不若誦經以存心，使心無欺念，還吾本體，自能超凡入聖，神游太虛。住山十年，計所誦經，不啻數千萬遍。每語人曰：吾誦經有得，血氣調和，冬不慄，暑不汗，飢渴可忘，疾病罔作，其效如此。一日具齋，邀道侶告別，云明晨下山，衆怪之。夜漏三下，經聲猶未輟，天將曉，啓戶視之，趺坐榻上化矣。榻前遺書諸道侶，勉以修身立命，并囑刊其語錄訓世，時甲戌八月也。師緘默寡言，誦經之暇，惟以詩自娱。道侶彙梓之，名曰《笑塵子集》。集中小詩云：雪冷風寒步亦稀，繞闌別有好心機，枯枝一一芟除去，免使春來壞蝶衣。荒隄偪仄欠寬平，難使摩肩互送迎，偶遇鶴來還却避，不妨讓路與他行。久住仙都歲月深，山閒風味熟沈吟，年年最好三冬候，爛煮畦中白菜心。別傳香味透心田，山上蟠桃幾顆懸，意欲摘來還自壽，却忘今歲是何年。此可想其所得，已化時，余親見之。

張合皓

傳記

佚名《太上律脈・第十六代傳戒律師》 張合皓，字朗然，號怡軒，陝西西安府長治縣人氏。先世積德，至師之父母好善尤篤，生師。甫弱冠，居然厭俗，常詠「籠雞有食湯鍋近，野鶴無糧天地寬」之句，慨然有出世意。未幾，父母相繼下世，時年三十二歲。入終南，至鄠縣瑤上菴，從本善李師爲徒，深相得也。既而訪窰頭神洞張律師，博通三教，朝夕晤對，獲益良多。一日，有二人過訪，貌若乞丐，師與語，非常人也。叩其姓氏，曰赤腳董，曰赤腳石。請爲弟子，弗許，益敬事之。日久，董、石二人知師刻苦精勤，不懈於志，以爲是傳道器，因導之往投赤腳李。李，涇陽人，德行超邁，功候精深。於是往來終南、華嶽，風雨追隨，不離杖屨，深得天人秘奥，三教同原宗旨。蓋自是師之學日以進，遂於乾隆四十二年偕李、董二師至京師，住白雲觀。觀自長春創始以來，近五百餘年，琴臺丹竈，淸風猶在人間，徘徊不忍遽去，於是爲此地應知客者。一十三年六月，移住御園永寧觀，見知於侍講學士圖豁布。學士特建延寧菴，招住之。越十有五年，至五十六年，始接白雲觀住持。迄嘉慶十二年，閲十六載，習勞任苦，道行精潔，四方諸友欣然雲集。又自念覺人覺世，遠近差殊，證古證今，先後一轍；前賢仰止之難企，後嗣追宗而莫及。爲憫顓愚，往求賢哲，開壇演戒，説經講法。爰咨有衆，詢謀悉協。於是具禮幣，遣知客張本重，於八月下浣徒步往西嶽華山，聘請張律師出山。於十二月初六日到觀，越明年二月，設壇説戒畢，得受戒弟子一百二十餘人，甚勝事也。張律師因憶其先程師遺囑曰：「吾之戒律，將來興化於北。今日之舉，先數十年程師預知之，豈偶然哉。」張律師遵程師之言，將《龍門正宗戒律法脈源流》，傳之與合皓張律師。師自語曰：「我春期接法，自許願於九月九日設壇傳戒。」後至七月間，自知不待傳戒即該羽化，將大法付與龍門張合智，羽化飛昇。

王合貴

傳記

完顔崇實《白雲仙表·王赤脚師》 王赤脚師，名合貴，山東青州府博山縣人也。年弱冠，從邑中達摩庵李師出家。雲遊數十年，至京都白雲觀，繡頭跣足，一衲一瓢，寒暑無異。問其年，曰八十一，越數年，又問亦如之。結茅於觀之呂祖殿前，夏秋蜂房滿簷，當師入定時，或有戲之者，蜂輒螫，若爲師護靜。某貴官玩雪至觀，適師往厨中取齋，將試其道行，乃截其歸路，迫使蹴積雪行，而眡與之語良久。乃嘆曰：眞修行人也，予重裘猶寒，師衲衣赤足，竟不知冷耶。低頭視之，足下之雪已化去尺許矣。厚贈而別，師受之而散給衆人。凡有饋送者，悉如是。羽化之後，葬於白雲觀之三仙墳。

陳教友

傳記

賴際熙《羅浮山酥醪洞主陳先生像贊》（《長春道教源流》卷首） 先生名銘珪，字友珊，東莞人。咸豐壬子副貢生。少受業順德梁章冉廷枏之門，與南海譚玉生瑩、番禺李恢垣光廷、陳蘭圃澧、順德李仲約文田游其學，無所不通。每歲冬餘以經學詞章敎弟子，率百餘人。甲寅，紅巾賊何六陷縣城，先生練民團扞鄉里，殺賊無算。邑令華雲樵廷杰稱其能。時各縣皆賊，其同年黎召民兆棠籌巨饟，令率團勇復順德。以母老不能離左右，未果行。性孝友，館穀所入，資其弟不少吝。光緒辛巳，年五十八，母劉終，踰月遂以毀卒。著有《長春道教源流》《浮山志》《詩文集》共若干卷。先生嘗因羅浮梅花村故址，剏建梅花仙院。晚學道，派名教友。以修復酥醪觀，爲之住持，自稱酥醪洞主。

張教智

傳記

完顔崇實《白雲仙表·張老律師》 張老律師字教習，號慧生子，別號坤鶴。祖籍通州，父母早歿。師年尚幼，便究心性理，不務俗學。二十三歲，皈依於文昌閣段眞人座下，殷勤修行者八年。既而出外參訪，登泰山，度潼關，徧歷險阻，胸次豁然。後入西山紅蘿庵，飢餐松實，渴飲清泉者久之。嘉慶十二年至白雲觀，受戒於華山張老律師。時方丈合皓師已得律師眞傳，即以衣鉢授之。師兢兢業業，不負所傳。嘗居地窖養靜，年餘不接世事，靜中輒見羣魔來擾，方悲大道之難成。益堅持正念，移室後窖，即陷知前此爲衆靈呵護也。在觀十數年，廊廡殿宇，修葺一新。觀中向無養贍恆產，值歲大饑，掛單者數倍於前，師於隆冬之際，持鉢募化，手足皆裂，不以爲苦。前後開壇十次，度戒子一千一百餘人。蓋自昆陽以來，未有如此之盛者也。道光二十年二月十九日，順正而化，葬於白雲觀之東南塔院。

佚名《太上律脈・第十七代傳戒律師》 張眞人，字教智，號慧生子，京都順天府通州人也。師母親年過三十無子，因禱於通州文昌閣，是夜夢一白鶴投入懷中，因而有娠。當生之時，霞光繞空，瑞氣盈門，一時父老莫不驚相謂曰：此家當出異人。形容端雅，色相莊嚴，幼而靈敏，長而孝慈，鮮不以爲人中特色矣。無何，堂上老人相繼而亡，而師亦孤立無偶。因思世態炎涼，人情冷暖，見名利之浮華，覩富貴之倏忽，以此持念不下，常懷出世之心。自思岩棲谷處，代不乏人，修眞養性，何地無賢，遂皈依文昌閣段眞人名下，奉令承教，殷勤不怠。一旦遵奉師命，參訪維殷，雲遊念切，跋山涉水，不辭險阻之勞；沐雨櫛風，甘受程途之苦。下關東而接待往來，過關西而參悟玄機。已而歸山，饑湌松柏，渴飲清泉，優遊歲月之間，念茲在茲，遂得《三皇玉訣》之秘旨焉。迨參學於白雲觀中，內堅其志，外篤其行，數載以來，立功立行，精勤益倍常矣。適有華山張老律師開壇演敎，傳戒度人，而師亦與於其間。老律師將太上大法付與合皓張眞人。後律師見師氣宇軒昂，心地特達，遂授以太上大法。自是師兢兢業業，恐負所傳，必欲擇一人焉以授之。孰知閱歷數載，所遇不合，有目擊而非者，豈得之易而授之難哉，亦得人難而授人易耳。道光十五年，有南陽玄妙觀監院呂震，係山東琅琊郡人氏，行持戒律有年，可稱律門法器，因將祖傳大法付與呂震，登壇說戒，永其傳焉。

呂永震

傳記

佚名《太上律脈・第十八代傳戒律師》 呂永震，字乾初，號雷鳴子。原籍山東青州府朐縣呂家樓人氏。自幼多病，好觀道書，有出世之想。直待慈母殯葬三年之後，不戀草芥，單騎出門，訪道天涯。適至濟寧州青鶴洞，皈拜度師張本柱名下。出家數年之後，告假參訪遊，至京都白雲觀受戒，當執總理諸事數年，大衆推爲監院。五年退院南遊，忽逢南陽車馬來接，無奈身至玄妙觀，大衆共推監院。乙丑五月，白雲觀車馬臨門，懇請赴都傳戒，勢難推却，只得身還舊邦，監院同衆推爲方丈。自覺年邁，無能爲矣，只望後人闡揚，然既受律師之大法，理當傳賢。是歲冬月，覺有辭世之兆，即欲圖就所事，祗因際遇不時，未敢遽動。回憶南陽府玄妙觀監院張宗璿，行爲端方，心地明朗，且其才堪任重，德足服人，堪爲玄門之柱石，宗教之領袖也。今將大法付與受持，異日努力護道，傳戒登壇，修己度人，永其續焉。

汪東亭

傳記

柯兆平《性命要旨後跋》 東亭先生，安徽休甯縣鳳湖人也。生平心跡，好積功累行，毫不以功名富貴繫於懷焉。茲於光緒丁亥歲，遨游漢臯，來予旅邸，謂家嚴曰：方今明道之士，遙遙海內，未見一人，何其道之湮沒，以至如此。家嚴答曰：雖《陰符》、《道德》傳世，文辭古奧，學者閲之而不解。及後丹經叠出，半隱半露，學者參之而不透。非道之不行，實由道之不明也。先生因茲，大發慈悲，著《性命要旨》一書。書成之日，見示於兆，受而誦之。純是先天之大道，身心性命之學。古來聖賢仙佛，心心相印。口口相傳秘訣，莫不一一發明之，洵爲宇宙間金科玉律，天壤中寶字奇文也。倘誠意修眞之君子，有緣得遇是書，便可升堂入室。遵法而行之，層層透達，節節見驗，方知先生之道高矣，先生之德厚矣。而天下後世學人，無不沾先生之恩矣。

張圓璿

傳記

佚名《太上律脈・第十九代傳戒律師》 張圓璿，字耕雲，號雲樵子。原籍山東登州府福山縣人氏。師天資明敏，賦性仁慈，儀容端雅，志行高潔。自幼慕道，旋在本省萊州府即墨嶗山三官廟出家。師自脱俗以來，博覽群經，廣參道典，普歷名山，不憚險阻之苦；遍謁高賢，惟求玄妙之訣。櫛風沐雨，卧露餐霜，大立冲天之志氣，堅守面壁之靜功。一旦豁然貫通，與道合一，不忍獨善其身，而以利物爲懷。遂於江南天寶觀開立常住，道衆雲集，玄風可觀。不料兵荒擾亂，移衲於南陽玄妙觀。乾初呂老方丈久聞師名，乃請師就觀，談道數日，志氣相洽，故傳龍門之大法，繼推監院之權衡。師自受託之後，勤理教政，夜以繼日，精修妙行，嚴以持己，寬以待人，道衆無不悦服。又遇捻匪入境，焚掠屠戮，慘不可言，難民紛紛，無所逃避。師慈心難忍，首先捐資築寨，製造軍器，協督紳民護守城池。且又飯濟難民，日來就食之人不下數千，所賴全活者豈可勝計。賊匪數逼城垣，賴師設計嚴防，復同鎮帥督兵追剿，身先士卒，親冒矢石，屢立奇功。數年之間，贊化焦勞，南陽危而復安。誠謂「道教恰是儒教，道法即同王法」，是以官紳軍民無不感戴，合詞詳稟撫帥李轉詳咨部，復請大藏經全部，恩准頒賜。師乃赴都親領，尊奉玄妙觀，創建經閣，重修殿宇，内外焕然。迨於丁卯，白雲觀道衆公議請師來京，尊爲方丈，開壇傳戒，期滿南歸。庚午，再請傳戒。時值皇親照公府太夫人靈寄觀中，師爲虔誦《血湖經》一藏，半載之久，靡有怠容。蒙慈禧皇太后恩賜紫袍玉冠，捐金助壇，開大戒場。伯子公侯接踵而來請謁，聲名播於遠方。師忽悟《道德經》云：雖有拱璧以先駟馬，不如坐進此道。《悟眞篇》云：下手速修猶太遲。故立意潛修，究竟本來。乃大法未傳，恐負呂老律師之所託，遂於衆弟子中選得雲蒙山高仁峒。其爲人也，道心堅固，立志超羣，堪爲道門法器，以大法付焉。

高明峒

傳記

佚名《太上律脈・第二十代傳戒律師》 高仁峒，法名明峒，字雲溪，號壽山子。世居山左任城東郭三里營。祖父俱以耕讀爲業，家非殷實而樂善好施。師自髫齡淡泊爲懷，雅愛山水，時有厭世出塵之想。及年十六歲，父母相繼棄世，喪葬盡禮，哀毁逾恆。厥後家人爲之議婚，師聞之即乘間潛遊，奔至雲蒙山白雲岩，皈依李眞人名下爲徒，居山學道，五載功行。後辭師參訪，托鉢遨遊，四海一身，雲水萬里。遍歷秦晉吳楚燕趙名勝之區，數登海島，三上嶗山。所遇師友十人，類皆高明曠達之士，提撕勸勉，妙悟愈深。嗣於同治辛未年，特來金台求戒。適值張老律師傳戒於白雲觀，師領受戒傳，咸慶得人。後從張老律師傳戒於關東、陝西等省，所獲戒士不乏良材。迨光緒二年春，仍還京都，養靜於聖米石塘，山居一載，研究玄妙之精。暇時手著《雲水集》，歌訣偈語，贈答道人。諸篇言簡意賅，曲盡道妙，道侶爭求各編，以先睹爲快。師本擬長此靜修，不問世事，緣陳大師毓坤再三勸駕，義不容辭，於次年端陽月下山，棲跡白雲觀。冬月，經道衆舉爲監院。時師年三十七歲，自謂才疎道淺，難勝鉅任，惟有任勞任怨，竭力爲之。執事數年，叢林咸稱悦服。師謙抑爲懷，求退未果，嗣經道衆推師爲方丈。受任後慘淡經營，維持觀務，百廢俱興。且師輕財樂善，性喜交遊，當道名公巨卿羣相過訪，車馬冠蓋絡繹於途，一時稱盛事焉。嗣於［光緒］八年八月開壇傳戒，百日圓滿，四方求戒者得四百四人。內有陳明霦，志趣遠大，才裕品端，堪爲法門柱石，遂以大法付之，以期繼起有人云爾。

劉誠印

傳記

禧祐《劉素雲道行碑》（《白雲觀志》卷四） 白雲觀乃長春祖師建立，迄今六百餘年矣，遂稱爲叢林道會，道家之祖庭也。焚脩住持，代代相傳，護法施主，綿綿接續。載記昭昭，靡不具備。玆者劉素雲煉師，法篆誠印，直隸東光人。自幼好善，儒道兼優，皈依在第十九代方丈張耕雲名下爲徒。曾爲本觀護壇化主，計自同治辛未，募捐五千餘金，爲傳戒費，受戒者三百餘人。期滿張師南歸，繼之者爲豁一孟師，調度有方，諸臻妥善。孟師復逝，於是衆議舉高雲溪爲住持。雲溪爲素雲同戒至契，幸承素雲竭力護法，於壬午歲，復募七千餘金，爲衣鉢、口糧、傳戒費，受戒者四百餘人。甲申歲，又募捐九千餘金爲傳戒費，受戒者五百餘人。以至脩屋建舍，刊板印經，種種不可枚舉。廟事當爲家事，道侶視如手足，觀中各事無不興廢脩整，是素雲之功德，已足昭垂永久。玆又慮及燕九、九皇，祖師兩聖誕，香供澹泊，敬約善士張誠明、張誠五，以及內官信官助善者百餘人，建立長春永久供會。起於光緒八年，每歲香供之費，約需三百餘金。至丙戌歲，會中積蓄無多。素雲恐失其傳，又自捐三千二百六十金，購買昌平州地方上澤田十五頃有奇，每歲收租三百三十金，交本觀爲業，永遠作爲二會香供燈菓之資，以垂永久。如素雲之夙具慧根，成此善果，洵足爲久遠之基，是以共推功德護法之首也。雲溪因爲之立石，以傳不朽云爾。

高仁峒《白雲觀長春供會碑記》（《白雲觀志》卷四） 有鍊師劉素雲者，前住持張耕雲之高弟，雲溪之戒友也。靜參妙諦，悟徹元機，方軌慧門，維舟法岸。道每欣夫種玉，術更妙於點金。解陸賈之越裝，志羞障簏，乞尉遲之庫帖，腋可成裘。皈依而衣鉢相傳，看霞帔星冠之咸集，供養則香花並獻，更交梨火棗之紛羅。燈傳日月之光，三千界幽明普照；香爇旃檀之氣，十二城郁馥同聞。獨是千金易盡，九轉難成。欲爲經久之謀，端賴農夫之利。田維上上，奚須編王氏金溝，稼詠多多，何異種陳君珠圃。比顏淵之負郭，五十畝未免清寒，緬諸葛於成都，十五頃差堪饒裕。雲溪慮善緣之易泯，懼大美之弗彰，爰泐貞珉，永蟠靜院。從此法留萬世，常開大會於無遮，應知果證三生，夙具仙根於上界。是爲記。

陳至霦

傳記

佚名《太上律脈・第二十一代傳戒律師》 陳眞人，名明霦，法名至霦，字鐘乾，號毓坤，道號玉峯子。世居天津海濱，以耕讀傳家，向稱望族。師誕生於咸豐甲寅年，幼而聰敏，秉性至孝，侍母素食，不茹葷酒。稍長，即有超凡出世之想。年二十四歲，投拜新城聖海宮陳眞人圓嵐爲師，研究道妙，別具慧心。厥後赴關東千、閭二山訪道，遍歷名山大川，屢遇異人傳授心法。光緒壬午年，高雲溪方丈傳戒於白雲觀，師躬逢其盛，而才冠羣賢，雲溪方丈遂將大法付焉。彼時監戒大師張明治，將所受張耕雲老方丈之法亦付於師，囑爲代傳道脈，足徵我師道德名譽，庶爲衆所欽佩。甲申年，雲溪方丈復開戒壇，師任引禮大師。是年冬，雲溪方丈因事棘手，託故遠遊。維時張耕雲老方丈在觀客居，姚靄雲大師爲監院。闔觀道侶莫知所措，惟師力持尋覓雲溪方丈回觀之議。乙酉春，親赴西山聖米石塘，尋訪未遇。復往延慶州滴水岩、龍門、赤城、獨石口、九龍泉等處，始晤雲溪方丈面，費盡心力，設法勸接回觀。是役也，涉水跋山，風餐露宿，不憚艱難險阻之苦，獨力維持觀中大局，其心勞矣，其功偉矣。是年，師因母患病，告假省親，不意遽遭大故，哀毁逾恆，葬祭如禮。事竣回觀，旋任總理，督管各執事創修花園工程，襄辦永久會務，並置買昌平州田地十三頃。均屬實事求是，勞而不辭。辛卯秋，任監戒大師，敬禮將事。冬月，因積勞過甚，退居宣武城南之玉皇廟養疴。自署齋名曰安樂洞天，杜門著書，不問世事。師生平最嗜理學，於理學家著述名言，罔不搜羅參考，理學貫通則道妙愈悟。尤好讀義經，研求玄理，每有心得。蓋五年潛心靜養，遠勝十年閉戶讀書，因是學術道德與日俱進焉。丙申春，師聞聖海宮陳老眞人病篤，馳回新城本廟，侍奉湯藥。而眞人旋即羽化，師爲之殯葬如禮。是年秋，雲溪方丈又開壇傳戒，任師爲證盟大師。事竣，仍歸本廟主持廟務，有條不紊。丁酉年正月，師奔父喪，哀痛盡禮。殯葬之期，親友往弔及鄉鄰來觀者，咸爲感泣。成禮後，即歸本廟，修持三載。適遭庚子之變，各國聯軍入境。新城正當其衝，居民聞警紛逃，人心擾亂。師堅定不移，誓守廟土，毅然與聯軍長官接洽。遂訂保護居民之約，兩載有餘，秋毫無犯。鄉民生命財產得以轉危爲安者，吾師之力也。經此變亂後，師知時局危迫，不可不預爲綢繆。遂將廟產香火餘資竭力撙節，於壬寅年正月，在新城創辦小學校，招鄰里子弟入校讀書，不收學費。所延教習，皆係精通中西科學。師不憚勞瘁，不時赴校稽查。教者與學者交相勤奮，因而造就成材者日多。創辦津郡學校之風，我師當首屈一指。維時　袁大總統任直隸兼北洋大臣，因師倡立學校，嘉惠士林，贈以匾額二方，一曰「德水滂仁」，一曰「行道有福」，旌其功德。己酉年春，白雲觀叢林請師爲監院。辛亥年正月，道衆推舉任方丈席。再三推却，而衆願難違，不得已而受任。師閱歷精深，虛懷若谷，待人治事素以慈善爲懷。自受任以來，闔觀翕然悦服，上下毫無閒言。是年秋，湖北起義，時局變遷。迨壬子年民國成立，約法載有人民信教自由之條。師遂發心願，聯合道衆，倡立道教會。以整頓道教清規，推廣地方慈善，並發起國民道德思想爲宗旨。上書陳請創定條規，復提倡各省道廟設立分會。文電交馳，日不暇給，洵稱維持宗教，覺牖國民之善舉。蓋師堅苦持躬，能忍人所不能忍；明哲應世，預知人所不能知。非道德素裕，理學兼通者，孰能若是。刻值時事艱危，時以道統人才爲念，爰於癸丑年春三月，特啟玄壇，宣演大法，得歸戒弟子三百二十餘人。其中不乏良才，以備續衍道統。則我師不愧爲承先啟後，龍門道派中一大偉人云爾。迨己未年春三月，我師特啟玄壇，説戒百日。一因慶祝歐戰告終，爲世界祈禱和平之福；一因維持祖國宗教，度羣生咸登道岸之隆。當説戒期内，農田迭獲甘霖，皆我師默禱誠求之所致也。蒙徐大總統頒賜匾額一方，文曰「葆素含眞」；並蒙清皇室頒賜匾額一方，以示嘉獎。而我師撝謙自惕，遜謝不惶。此次傳戒所得皈依弟子四百一十二人，良才濟濟，稱盛一時，洵不負我師培植後進之至意也。

劉名瑞

傳記

《南無道派宗譜・南無派第二十代》　恩師於皇清光緒二十六年後隱於京東次渠村，滅跡藏形，絶無知者。有耕讀三友，陳毓文、孫耀亭、孫抱禪。閱老人所作諸書，遍訪二十餘年，卒於運際二十年幸未歲菊月上旬詣師，見面相契，三人皆皈依老人門下。老人曰：師尋弟子易，弟子尋師難。後將至道盡授於三人。繼後將原修草本宗譜授於毓文，法名大純。又繼後將正本宗譜授於抱禪，法名大憼。次年壬申三月初四日示疾，初五日戌正壽終。老人享年九十三歲滅渡，己亥年戊戌月丙午日癸巳時降生。滅渡前二日留偈云：一念純眞金可化，三心未了水難消。繼師遺云：小往大來識訣路，升降須明數止足。流行卦位還先體，繼斜對待守元初。七日採取名大[illegible]，一周種變似璨珠。一粒復成得一粒，刀圭結就入玄壺。

經籍總部

三洞真經部

上清大洞真經

題解

朱自英《上清大洞真經序》 夫道生於無，潛衆靈而莫測；神凝於虛，妙萬變而無方，杳冥有精而泰定發光，太玄無際而致虛守靜，是之謂大洞者歟。及其斂精聚神，御祖炁以徊旋；鍊神會道，運祥風而鼓舞；無中欻有，呼吸散萬神之形；動極復靜，恍惚囿帝一之妙，是之謂徊風混合者歟。爲天地普植之本，帝聖造化之原。人之生也，稟氣於太極，而動靜法乎天地；肇靈於一元，而闔闢體乎陰陽。故上清三十九帝皇，迴眞下映，入兆身中三十九戶，於是各由其所貫之戶，著經一章。其辭幽奥，以用領括百神，招眞辟非，所謂慶雲開生門，祥烟塞死戶者，此歟。故中央黃老元素道君，總彼列聖之奥旨，集成大洞之眞經，故曰三十九章經也。又有徊風帝一、高元雄一、五老雌一，是三經者，所以輔乎三十九章之尊經耳。夫道有三奇，第一之奇《大洞眞經三十九章》，第二之奇《五老雌一寶經》，第三之奇《素靈大有妙經》。故三十九章者，乃九天之奇訣，上元太素君金書之首經也。一名三天龍書，一名九天太眞道經。此經之作，乃自玄微十方，元始天王所運炁撰集也。西王母從元始天王受道，乃共刻北元天中錄那邪國，靈鏡人鳥之山，閬萊之岫。乃於虛室之中，聚九玄正一之炁，結而成書，字徑一丈，于今存焉。元始天王又以傳上清八眞中央黃老君，使教授下方當爲眞人，上昇三辰者焉。中央黃老君隱禁此經，世無知者，故人間地上五嶽天中，永無此經。上清天眞尤所寶祕，唯太玄有金闕玉名，瓊札紫簡，三元有併晨祕籙，丹臺有黃文之字，當必爲眞人者，乃得受之爾。是經也，上皇之道標，紫晨之妙篇，制命九天之階，徵召五帝之靈，逸徊風之混合，凝九轉於玄精，交會雌雄，混合萬神，森羅幽鬱，瓊響太眞，運辟非於明梁，通易有於玄門，洞德刅以造妙，濯耀羅而映雲。太漢爲靈闕之炁，無刅爲浩劫之年，巍巍神館，萬眞之淵，金房煥赫，鬱乎上清。其旨幽微，難可究詳。兆能長齋，絕志人間，誦玉篇於曲室，叩瓊音以震靈，則眞人定籙於東華，七玄更潤於紫房，制魔王以威神，攝五帝以衛身，萬遍周而肉身飛，七轉召而司命至。此大洞之奇章，總億道而反生，自無奇毛異質，金骨玉名，皆不得有妄披於靈文，其禁悉依九眞明科。兆當苦齋三年，乃得讀之。誦詠此章，萬遍既畢，中央黃老道君上奏，太上命丹颷綠蓋之車，九靈使者太乙司命，來迎於子。於是五老翼軒，八風扇羽，神雷前驅，玉華扶轂，乘雲駕龍，即日升天，詣太素三元君宮中受書。是謂上登上清，受書太極，拜爲高仙左卿者也。兆若但有此經，不得讀之者，太微天帝君拔出死簡，於授經之始刊定眞籙，於造齋之初度籍太極，刻名東華，關奏太上，錄封龜臺，萬神千靈自稱兆爲九玄大夫，位準太淸仙伯也。受經之格，一依九眞明科，兆宜遵焉。

程公端《後序》 《易》曰：大哉乾元，萬物資始。又曰：乾道變化，各正性命，保合大和，乃利貞。先儒釋之曰：何謂元，是不可言也。其陰陽未形之初乎。天之所賦爲命，物之所受爲性。性命妙矣，保合大和，而後能利貞。大洞一經，其本乎迴元復命。世之議者皆曰：道妙於虛無，神潛於欻有。殊不知未有天地，先有此道。洙泗門人之稱夫子曰：性與天道，不可得而聞也。蓋此道即惟精惟一之妙，自堯舜禹三聖相傳，皆心心符印，未嘗須臾離也。迨至春秋，世降俗末，指爲甚高難行之事，無所適從，故夫子亦罕言之。及其顔子坐忘，曾子一唯，豈復有異聞乎。是經之旨，乃存心養性以事天，聚精會神而合道，與夫子操則存捨則亡之說，初不相背。頃自中央黃老君隱禁之後，世亦無知者。故人間地上，五嶽山中，永無此經。後世之人，莫聞大道，恣情欲海，汩志塵波，夫其所謂保太和、正性命者，良可憫也。茅山上清宗壇，歷代傳授，千餘歲間，纔三十八人。蓋其發天地未形之蘊，析父母媾精之妙，故宜隱祕，不輕畀傳。咸淳仲春，玉海沖妙宗師，來游九華，因訪道室，語及此事聞者幾希，懼將泯絕，欲廣其傳焉。公端以三生結習之緣，蒙師指教，感恩莫酬，敬命厥工，用鋟諸梓，以承其志，與天下學士共之。必有賚寶，效心盟天而傳者，願力行之，以昌此道。

張宇初《後序》 性命之賦於物也，至大至微，至輕至重，有無不可涯涘，而其不遺於道，悉可見可求矣。故得夫己者明，然後知天地萬彙，皆一物也。彼之虛靈神妙者，吾豈不具之。既具之，則可見可求，曷不與至大至微，至輕至重者同所賦有，而不昧焉。道之所謂經者，發乎天眞之音，三炁之文，莫不由上帝眞仙宣演，而後傳之下世也。其音聞於無音，其文質於無文，判於溟涬混沌之始，而其開廓生植之著，則可聞可質矣，謂之經也。啟己之藏，說己之經，發其至眞之奥，以開人之頑蔽，豈不物物具夫此經也哉。大洞眞經，凡三十九章，皆修鍊之旨。行之而有成者，若魏、楊、郭、許者是也。其隱乎高虛，達乎明徹，或謹於禮謁，或頤於采服，工用各有同異，非可泛易求之。蓋脩鍊之道，必本於養炁存神，逐物去慮，然後炁凝神化，物絶慮融，無毫髮之間礙，而後復乎溟涬混沌之始。故不飢渴、不生滅，與雲行空躡者遊，於或往或來，而莫知其極也。經之行世，敬善之士必思廣其傳。原其存心於善，一也。閫道者能常一，求道有年，募工刊是經，來請一言。噫！知經之爲道，而從之也衆矣，能行經之道，是不徒從之也。太上之設教，蠢動之類，莫不受其澤，行之千萬世而不息者，有自來矣。其幾何人能信於己而力修之？能信而修之，何患其不得乎經也。矧出乎有無涯涘之表，而神妙不特乎經之謂也。持經者尚當勉於余言乎。

著録

《文獻通考》卷二二四《經籍考》五一 《大洞眞經》一卷。晁氏曰：題云高上虛皇君等道書三十七章，晉永和中，上清紫微元君降授於王夫人，是上清高法。《道藏》書六部，一曰大洞眞部，二曰靈寶洞元部，三曰太上洞神部，四曰太眞部，五曰太清部，六曰正一部。李氏《道書志》四類，一曰經誥類，二曰傳録類，三曰丹藥類，四曰符篆類，皆以此書爲之首。然《唐志》不載，故以次《度人經》云。

《道藏目録詳註》卷一 上清大洞眞經六卷，有符像。大洞秘旨。其中多是身中百神之名字，所主所居宮，分山林樓臺池舘，一一明白。大槩以生門死戶，守雌抱雄爲主。混合百神，常存各居其所，各理其務，存養自己神炁，吟咏寶章，則天眞下降，與兆身中神炁混融，乃至長生不死之道也。

上清大洞真經玉訣音義

題解

陳景元《上清大洞真經玉訣音義叙》 《大洞眞經三十九章》，品目尊嚴，冠三洞寶經之首，靈章祕祝，玉檢隱書，載之詳矣。粵自西城總眞君、南極紫元君，降授清虛眞人，清虛傳授南嶽魏夫人，曰：子自不在山中，隱身清齋，虛中吐納者，則《大洞眞經》不可妄讀也。所以爾者，妙音九徹，眞聲高唱，文炁與玉虛參玄，霞味與太陽俱暢，動脣發吐，則玉華立至，諷詠靈句，則攜契太上，靜止接拱，則紫房自觀，思念所期，則觸類感動。所以七祖獲福，受籙仙宮，越從幽鬼，俱宴朱陵，斯文高妙，控駕晨舉，乘景龍之上道，非風塵流俗之所當爲也。若在俗中讀之者，則三官、北帝微亂其音，景聆炁穢，不得明響上清，聲參紫極之靈房矣。《青要紫書》中央黄老君云：得見《大洞眞經三十九章》，便白日昇天，而有修之者，積年無成，便謂經之不眞，此皆坐由東華无金簡之目，金闕无玉札之名，眞靈不爲其降，而爲天魔所來，故有不感之效，徒得神經，萬亦不成矣。向使先奏金簡於青宮，奉玉札於帝皇，得給金晨玉童、西華玉女，侍衛靈文，普下諸天諸地，三界稱善，詠章萬徧，豈有不致瓊輿紫軿之感邪？此經降世，唯句曲楊、許眞人，王屋司馬練師，逮歷世高道之士，皆遵稟科格，盟贶相傳，口授諷誦之訣，密付混合之微，故得名書金格，躡景上清。今也眞風湮散，僞隱山棲，道範不聞，師資禮廢，敎法衰弊，莫甚於斯。景元總角出家，弱冠訪道，遊歷僅三十載，綱領十有餘年，老歸茅山，結菴懺悔，自歎道緣蹇薄，塵業深重，雖孜孜教典，而未遇眞師，欲誦洞經，詎敢開韞。於是澡雪身心，靜務恭潔，廣求古本，先自考詳，沉嘿披尋，反覆研搆，一句一字，未嘗越略。或兩義相乖，彌增回惑；如發細作發煙之類是也。或偏傍儳改，字體浮雜。如棲作㮸，哥作歌之類是也。此蓋盜寫私傳，相承訛謬，遂將前輩修習之本，前輩謂三洞法師觀妙先生朱自英、三洞法師沖妙大師皇甫希及，皆誦洞經，並天聖年中人。及茅山藏本，比對隱書，輒撰音義，兼疏同異，粗解所疑，弗敢示諸法義，聊自記其所覽。乃三月齋心，繕寫洞經玉訣一帙，晨夕瞻禮，仰俟靈人依科授受，以償夙志也。

大洞玉經

題解

龔德同《序》 大洞玉經，漢壇傳之久矣。愚於少年，固嘗披誦，而不曉經義。先輩云：多是身中百神之名，不可以文理推之也。後得茅山宗壇及梓潼文昌經本，比方各有差殊，或因傳寫之誤，或音聲之訛，大同小異，互有得失。然聖經不敢輕易去取。乙巳歲菊月，有國子助教豫章太古熊隣初，棄官學道，究竟大洞經旨，由盱江麻姑來山中，攜至所抄大洞經本，乃有昔皆太玄趙眞人所注經義，其中多是身中百神名字，所主所居宮分山林、樓臺池館，一一明白。大槩以生門死戶，守雌抱雄爲主，混合百神，常存各居其所，各理其務。同山鍊師蘭雪周先生，與愚同好，雖年躋八十，耳聰目明，筆力遒勁，繕寫二部，因以見示，一誦了然，可謂晚年有此奇遇也。惜乎區區老朽，不能修持，然又不忍捨置，姑例抄一袠，居常玩味，及傳之後學。抄畢返璧，尚冀先生精專持誦，修鍊日新，返老還童，不辜所遇。而獻頌曰：

大洞玉經，至道之精，眞思帝一，守雌抱雄，三部八景，混合迴風，祥烟慶雲，戶塞門通，太一命神，滅魔推凶，執符把籍，結節皆空，三關通暢，九炁冲冲，世發玉蘭，天根茂豐，證一眞道，位登仙翁，長保景化，消搖琳宮，他日蓬閬，一笑相逢。

《道藏目録詳註》卷一 《大洞玉經》。二卷，有符。若能行持經中符咒，精誠混煉，存神日新，返老還童，長生久視。嘗考《神仙通鑑》并列仙傳記內，行持大洞經法，登仙者不可勝紀。

洞真高上玉帝大洞雌一玉檢五老寶經

題解

《道藏目録詳註》卷四 一卷，有符。讀大洞雌一眞經者，惟是道引神津，通徹靈源，保固紫房，潔明泥丸，攝養太一，開釋三關，守鎮七轉，凝和元神，誦持萬遍，名列上仙。

太洞金華玉經

題解

《道藏目録詳註》卷一 一卷，有圖。言回風混合第一之道、存修九圖太洞內法、存修雌雄眞一十三圖。

洞真太上素靈洞元大有妙經

題解

《道藏目録詳註》卷四 一卷，有符。此經轉演三洞之府，總御萬眞之源。祕在九天之上，大有之宮，金臺玉室，素靈房中。刻玉爲簡，以撰其文，金樓玉宇，以明其篇。混化三洞，變生上元，中統十絶，虚生之天，下理萬炁，則無幽不開也。

洞真太上太霄琅書

著録

《道藏目録詳註》卷四 十卷，紫微夫人撰。三乘要月瓊章、智慧要科、師資行實齋戒要訣、習學禁忌雜説、脩行大乘行業行道去來等第，皆言修行漸次。

洞真高上玉清隱書經四種

著録

《道藏目録詳註》卷四 《上清太上玉清隱書滅魔神慧高玄眞經》一卷，有符，内存萬神飛景之法。

《上清高上滅魔玉帝神慧玉清隱書》一卷，有像。隱書内有高上玉清刻石隱銘内文、制鬼等文。

《上清高上滅魔洞景金元玉清隱書》一卷。此經乃高上之訣、辭玉帝之靈章也，藏之於景雲之闕、瓊霞之房，封以丹蕊之篋，祕以雲錦之囊，自非眞仙之名，帝圖玉録者，亦不得聞此經也。

《上清高上金元羽章玉清隱書》内有五帝大魔隱諱。

太上洞房内經註

題解

周真人《太上洞房内經序》 道可學也，思微實難。仙可求也，精至爲難。眞人可見也，養志性爲難。玉女可使也，修清潔寂爲難。是以八素以眞思爲上首，祕言以九眞爲内經，神法以精思爲至深，反童以徹眞爲靈得，大洞以高上爲元始，大丹以雌一三素爲内精，老君以自然爲尊，太上以無英爲清，黄老以志性爲道，白元以潔寂爲貞，眞人以志合相求，仙要以精感乃道成。此皆道之貴者，子其思而行之。思不感則道不往，精不微則去眞遠。勿以死傷生，勿以色不貞，勿以醉念道，勿以邪求生，勿以榮禄進，勿以鬼爲靈，勿以財爲寶，勿以美飾盈，勿以俗爲樂，勿以耳移聲，勿以汙濁潔，勿使體不精，人之所勿爲亦多矣。存洞房，愼吾所忌言。人生自然知道者寡，修而行之，學而精之。老子曰：上士聞道，勤而行之。信哉言也。大洞所以爲眞經者，眞精之至也。所以思微爲難者，謂存洞房之難也。能微能玄，精思感至，存見無英，則眞人之道畢矣。老子外景曰：長生要妙，房中之要也。子在洞房，右見白元君，則仙道成；中央見黄老君，則壽萬年；左見無英君，眞之至精。三君見矣，白日昇天，佩流鈴虎符，遊行上清，人之世德其行，有録名，無此德，無冀於仙。

第一生有金格玉名，第二太玄宮有素籙，第三左手有大字，第四背青志，象如河魁，第五身有七星志，第六頂中有紫光，自照見其體，第七鶴行龍趨，身體絡文，第八心中九孔，肺下青穴，第九頭生五氣，上接重雲，第十玉聲金響，口生紫氣。若生有此者，不須學道，期必仙也。其次生無死地，其次青骨，其次行過古人，其次德齊上賢，其次篤志至道，注心玄微，陰德流行，行不違道。其次志行清淑，性質和善，柔厚溫仁，所存必感。以此學道，可致仙也。其次先人布恩，七世修德，有功三官，無違人神，己身勤道，可復仙也。其次先人有仙名，而求仙已有大功於三官，有三百善事，可致仙也。過此已下，雖才質淵朗，英奇邁世，無此上事，苦自勞爾，無仙冀也。大要生有骨録，必有仙志。

今以吾所受道授子，愼傳非其人也。昔蘇子玄者，外國人也，善行三一，爲中嶽仙人。吾昔好道，已來見諸，賜我神芝，教我仙道，以老君黄庭外經眞訣内字見授。吾奉而行之，上作眞人。子今學道，書以授子，按而行之。

存洞房白元君，常以日出之時，玄景初生，正立東向，再拜，冥目内視，閉氣咽液百二十過畢，乃存玉房内絳宫大神象，見白元君。朝夕行之，常以爲法。每至甲子之日，夜半生氣之時，被髮傅粉，接手兩膝，服氣咽液百四十過畢，呼玉房神名，呼之耳象聞如人應聲，或有誦經音，則其應也。當以兩手摩目二七過，乃止。行此之要，務欲精衣物被服，愼使陰氣近之，欲得幽房静室，使耳無所聞，目無所見，心無所存，體静神和，爾乃行之。若近人間，爲人所視，及見悲哀驚恐，則神忌也，存必不感，作亦不成。吾乃再拜，奉而行之，存洞房五年，果見房内右有白元君，龍衣虎帶，正處房右。吾私心獨笑，知道必成。乃以遊行天下五嶽名山，遇諸仙人口授道訣，凡五百七十餘事，當漸以授汝，秘而修之，愼傳非其人。

吾昔登中嶽嵩高山，發洞庭，入洞門，遇黄老君，乃頓首再拜自陳：兆以汙世肉人，染濁穢塵，年七十以來，私懷一心，竊慕大道，志願神仙。眞道玄邈，靈妙深遠，雖周遊五嶽，超邁名山，時遇仙人稟受玄訣，然頑穢難移，未緣騰迹。今重玄舒景，蒙光迴日，親見眞顔，御接靈暉。於是兆叩首啟乞，爲生年至願，願見哀憐，賜其神訣。黄老君曰：子存洞房，見白元君乎。兆進，長跪答曰：實見白元君。黄老君曰：子未足，且復遊行，受諸眞訣，當以上眞道經授子。兆又叩頭自搏，重從請乞，乞爲遊走之使，侍接龍車。黄老君曰：子有金格玉名，當爲眞人，何所憂哉。子見白元，仙事足矣，欲爲眞人，當存無英，若見無英，眞道成矣，子便存之，不試子也。兆復自陳，乞洞房經訣，大君内篇。黄老君曰：洞房之内至精中有大神，不可名，非子即所應受，退齋更來，當以授汝。兆乃再拜，敬受教矣。退齋少室三月，乃上登太室，復入洞門，復見黄老君。黄老君曰：今以洞房内經授子，子存此神，常以夜半，冥目静念，思讀此經，奄見大神，則無英君也。兆再拜受教，奉而行之，積二十七年，乃見無英君，並復存見黄老君，黄老君以《大洞眞經》見授。遂乘雲駕龍，白日昇天。其經甚秘，今以授子，愼傳非其人。

著録

《道藏目録詳註》卷一　周眞人序云：行此經法，每日存洞房白元君、無英君、黄老君，仍有呼召之法、神靈變化、乘雲登仙之術。

金闕帝君三元真一經

著録

《道藏目録詳註》卷一　一卷。涓子受東海青童君言三元眞一眞人。所以貴一者，上一爲一身之天帝，中一爲絳宫之丹田，下一爲黄庭之元土也。

真誥

著録

《文獻通考》卷二二四《經籍考》五一　《眞誥》十卷。

晁氏曰：梁陶弘景撰。皆眞人口授之誥，故以爲名。記許邁、楊羲諸仙受授之説。本七卷，《運題》一，《象甄》二，《命授》三，《協昌期》四，《稽神樞》五，《握眞輔》六，《翼眞檢》七。後人析第一、第二、第四，各爲上下。

《朱子語錄》曰：道書中《眞誥》，末後有《道授篇》，却是竊佛家《四十二章經》爲之。非特此也，至如地獄託生妄誕之說，皆是竊他佛教中至鄙至陋者爲之。某嘗謂其徒曰，自家有箇寶珠，被他竊去了，却不照管，亦都不知，却去他牆根壁角竊得箇破瓶破罐用，此甚好笑。

《道藏目録詳註》卷四 《眞誥》二十卷。卷九有符。華陽洞天眞白先生陶隱居集。內言句曲洞天形勝，及眞人鬼神事蹟，並存想服朮等法。

《四庫全書提要・子部・道家類》 《眞誥》二十卷，梁陶弘景撰。弘景有《刀劍録》，已著録。是書凡運象篇、甄命授、協昌期、稽神樞、闡幽微、握眞輔、翼眞檢等七篇。其運象篇，書末弘景叙録又作運題象。前後必有一訛，然未詳孰是也。《文獻通考》作十卷，此本乃二十卷，蓋後人所分析也。所言皆仙眞授受眞訣之事。《朱子語録》云：《眞誥・甄命篇》却是竊佛家《四十二章經》爲之，至如地獄託生妄誕之說，皆是竊佛教中至鄙至陋者爲之。黄伯思《東觀餘論》則云：《眞誥》衆靈敎戒條後方圓諸條，皆與佛《四十二章經》同，後人所附。然二氏之書，亦存此一家於天地間耳，固不必一一別是非，亦無庸一一辯眞僞也。伯思又云：小宋太乙宫詩「瑞木千尋聳，仙圖幾弔開」註云「《眞誥》謂一卷爲一弔」，殊不知《眞誥》所云弓即卷字，蓋從省文，《眞誥》音一爾，非弔字也。然則此書諸卷，皆原作弓字。陶宗儀《說郛》蓋本於此。今皆作卷，幾亦非弘景之舊矣。

綜述

《眞誥》卷一九《眞誥叙録》 眞誥運題象第一，此卷並立辭表意，發詠暢旨，論冥數感對，自相儔會，分爲四卷。

眞誥甄命授第二，此卷並詮導行學，誡厲愆怠，兼曉諭分挺，炳發禍福，分爲四卷。

眞誥協昌期第三，此卷並修行條領，服御節度，以會用爲宜，隨事顯法。

眞誥稽神樞第四，此卷並區貫山水，宣叙洞宅，測眞仙位業，領理所闕，分爲四卷。

眞誥闡幽微第五，此卷並鬼神宮府，官司氏族，明形識不滅，善惡無遺，分爲二卷。

眞語握眞輔第六，此卷是三君在世自所記錄，及書疏往來，非眞誥之例，分爲二卷。

眞誥翼眞檢第七。此卷是標明眞緒，證質玄原，悉隱居所述，非眞誥之例，分爲二卷。

右眞誥一蘊。其十六卷是眞人所誥，四卷是在世記述。仰尋道經上清上品，事極高眞之業；佛經《妙法蓮華》，理會一乘之致；仙書《莊子內篇》，義窮玄任之境。此三道足以包括萬象，體具幽明，而並各二十卷者，當是璇璣七政，以齊八方故也。隱居所製《登眞隱訣》，亦爲七貫，今述此《眞誥》，復成七日。五七之數，物理備矣。

夫眞人之旨，不同世目，謹仰範緯候，取其義類，以三言爲題。所以《莊》篇亦如此者，蓋長桑公子之微言故也，俗儒觀之，未解所以。

眞誥者，眞人口受之誥也。猶如佛經皆言佛說。而顧玄平謂爲眞迹，當言眞人之手書迹也，亦可言眞人之所行事迹也。若以手書爲言，眞人不得爲隸字；若以事迹爲目，則此迹不在眞人爾。且書此之時，未得稱眞，既於義無旨，故不宜爲號。

登眞隱訣

著録

《文獻通考》卷二二四《經籍考》五一 《登眞隱訣》二十五卷。晁氏曰：梁陶弘景撰。景以學其訣者，當由階而登，眞文多隱，非訣莫登，故以名書。凡七篇十七條，《隋志》云。

《道藏目録詳註》卷二 三卷。華陽隱居陶弘景撰。隱訣述玄州上卿蘇君傳訣，并誦黃庭經煉神等法。

上清握中訣

著録

《道藏目録詳註》卷一　三卷，中卷有符。内乘虚篇、躡景篇、遊行篇、三命篇、徘徊篇、三陽等篇，皆存神躡景之法。

上清太極真人神仙經

著録

《道藏目録詳註》卷四　一卷。女弟子魏華存授清虚眞人訣，太極眞人服四極雲芽神仙上法。

洞真太上八道命籍經

著録

《道藏目録詳註》卷四　上下二卷。一名八道命籍、一名八間、一名八達、一名八解。此文封於靈都紫府之内、瑤臺曲密之房也。

枕中書 元始上真衆仙記

著録

《四庫全書總目·子部·道家類存目》《枕中書》一卷，舊本題晉葛洪撰。考隋、唐、宋《藝文志》，但有墨子《枕中記》及《枕中素書》，而無葛洪《枕中書》。此本別載《説郛》中，一名《元始上眞衆仙記》。而《通志》所列《元始上眞記》無衆仙字，似亦非此書。書中説多謬悠。若稱太昊氏治岱宗山，顓頊治恆山，祝融氏治衡霍山，黄帝治嵩高山，金天氏治華陰山，堯治熊耳山，舜治積石山，禹治蓋竹山，湯治元極山，武王爲田極明公，漢高祖、光武爲四明賓友之類，已屬不經。至謂元始天尊與太元玉女通氣結精，遂生扶桑大帝、九天元女，誕妄尤甚。又在《眞靈位業圖》諸書之下。其出後人僞撰無疑也。

元始上真衆仙記 見枕中書

洞玄靈寶真靈位業圖

綜述

陶弘景《洞玄靈寶真靈位業圖序》　夫仰鏡玄精，覩景耀之巨細；俯眄平區，見巖海之崇深。搜訪人綱，究朝班之品序；研綜天經，測眞靈之階業。但名爵隱顯，學號進退，四宮之内，疑似相參。今正當比類經正，讎校儀服，埒其高卑，區其宮域。又有指目單位，上皇道君、五帝七老，如此比之類是矣。略說姓名，墨羽孟卓之例是。或任同秩異，金闕四帝、太極四眞，及下教之例是矣。業均迹別者，諸步綱之例也。如希林眞人爲太微右公，而領九宮上相，未委爲北宴上清，當下親相識耶。諸如此例，難可必證。謂其並繼其所領，而從高域，粗事事條辯，略宣後章。輒以淺識下生，輕品上聖，昇降失序，梯級乖本，懼貽謫玄府，絡咎冥司。謹依誠陳，啟仰希照，亮若必不宜然，願垂戒告。今所詮貫者，實稟注之奧旨，存向之要趣。祈祝跪請，宜委位序之尊卑；對眞接異，必究所遇之輕重。是以三君共辭，先致學未體之尤；下班居上，智有不達之蔽。雖同號眞人，眞品乃有數，俱目仙人，仙亦有等級千億。若不精委條領，略識宗源者，猶如野夫出朝廷，見朱衣必令史，句驪入中國，呼一切爲叅軍。豈解士庶之貴賤，辯爵號異同乎。陶弘景序。

著録

《道藏目録詳註》卷一 一卷，梁貞白先生陶弘景纂。內論上眞仙聖天人等級，分別宗源條目果位圖録。

《四庫全書總目・子部・道家類存目》 《眞靈位業圖》一卷，舊本題梁陶宏景撰。宏景有《眞誥》，已著録。《眞誥》見於唐宋志，朱子謂其竊佛家至鄙至陋者。此書杜撰鑿空，又出《眞誥》之下。其用緯書靈威仰、赤熛怒、曜魄寶、含樞紐之名，已屬附會。而易叶光紀爲隱侯局，尤爲無據。至以孔子爲第三左位太極上眞公，顏回爲明晨侍郎，秦始皇爲酆都北帝上相，曹操爲太傅，周公爲西明公，比少傅，周武王爲鬼官北斗君，則誕妄殆不足辨。王世貞、胡震亨乃取《眞誥》及《玉檢大録》諸書，詳爲考核，殆亦好奇之過矣。

洞玄靈寶玉京山步虛經

著録

《道藏目録詳註》卷四 一卷。言玉京山在無上大羅天中玉京之上，七寶元臺，居五億五萬五千五百五十五重天，最上頂天也。

靈寶自然九天生神三寶大有金書

著録

《道藏目録詳註》卷一 一卷。始青清微天寶章、白元禹餘靈寶章、玄黄太赤神寶章。天寶君大洞尊神、靈寶君洞玄尊神、神寶君洞神尊神。故三天寶，乃化九天生神也。

洞玄靈寶自然九天生神玉章經解

題解

王希巢《序》 形不能長存，能存者氣爲之運。氣不能常運，常運者精爲之根。三者混而爲一，則神仙之道不難致焉。

九天生神章大要有四。一曰愛其形，二曰保其神，三曰貴其氣，四曰固其根。人之有形，如人有屋，雖云假合，豈可任其損壞，使日就頹剝耶，則世間無露居之民也。且形者，百神之所寓，一性之所存，聰明之所託。修行者待是而後成功，必先曰愛其形。夫積陽生神，積陰生形。形之與神，須臾不可離也。形堅則神能久留，屋堅則人能久居。功業未充，而陰殼先悴者，常爲學者之患。愚者不知，自謂外形骸象，耳目視之，若塵垢秕糠，便爲了達之士。一旦投形於利害榮辱之境，終身無成，則是人也，與死奚擇。今也不但愛之，必使形之與神，以相爲用，貴乎骨肉同飛也。暑不當風，夏不卧濕，坐久傷骨，勞久傷筋。推是理也，動容周旋，無一時而不愛也。外無單豹之食，内無張毅之病。始於愛形，終於踐形，豈苟然哉。形與神同，不相遠離，故二曰保其神。神者，陽之精，天之分。莊子曰：不離乎精謂之神。人神何由降，有命以降之。故九月神布，命乃具也。神既來舍，如屋之有人，列棟宇，鑿戶牖，視聽食息，無不由焉。其生也，驚天而駭地，其動也，手執而足行。通而變之，坐在立亡，皆爲我用矣。有終身由之而不知者，一旦溘然而逝，與糞壤俱腐，則神者不待，夜半負之而去。斯人也，竟不知神之爲何物也，悲哉。經曰：何爲死作令神泣。神能御氣，故三曰貴其氣。天地之大，非氣莫運，日月之光，非氣不明。人及萬物，咸同稟焉。有不同者，正與不正也。龜鶴之不悴，得氣之清也。松栢之後凋，得氣之剛也。惟人者得炁之正，而不全也。經曰：三氣爲天地之尊，九氣爲萬物之根。若人者能保九氣之根，上合三氣之尊，貴孰甚焉。患乎不知矣。人但貴其氣而不知其所從來，不亦淺乎。氣本生乎精，精藏乎腎，則知氣者，精爲之根也。既知其根，則可以言致命也。故四曰固其根。經曰：萬物芸芸，各復歸其根。歸根曰靜，靜曰復命。修行之士，必以靜守之，然後根深而蒂固矣。故莊子曰：無搖汝精，乃可以長生。形得神以住，神得氣而靈，可以還元，可以成丹，是與三元合德，九氣齊并也。原夫《九天生神章》，寶上天禁書，不因劫運之交，無因而傳焉。蓋欲夫倒置之俗勝，必欲躋之於仁壽之鄉，開化於未悟者也。上陳三寶，開化天地人及萬物，咸稟育焉。次演九章，生立九天。人稟九氣，以爲命元，頭象九天，上列九宮，身藏九府，以象九州，外開九戶，以象九野，一身之用，豈外夫九氣耶。用之全者，上升九天，用之次者，終於尸解，不知其用者，徒受一形，若寄氣而行。是道也，人人具有，而不能致之者，何耶。私心勝而事物奪矣。三皇之時，民淳事簡，大道不隱，人皆知修身之要，故有千二百歲厭世而上升者。故聞經曰：上古有眞人，提挈天地，把握陰陽，呼吸精氣，獨立守神，肌肉若一，故能壽比天地，無有終時。自經秦火之變，三皇之書湮没不見，於世獨惟《難經》、《素問》存，而爲醫者之學。故書序曰：三皇之書，言大道也，自後世窮遂喪。修身養命之法，雖不斷如綫，繼之佛法浸入中國，以寂滅爲樂，然指斷臂，去本益甚，則吾大道之學，愈不明矣。頃日東南歸，因鄉人任公賢良，謂曰：生神章寔道家之大原，人多看轉，前雖有玉蟾子注疏，其詞簡要，恨學者難造焉。若詳解之，使人人易曉，不爲無補也。其言有當於心，焚修之暇，願所學焉。昔歐陽文忠公，平生不喜道家之學，晚年守亳社，始有所悟。一日訪道於石塘隱者，願有學焉。隱者曰：公屋舍已壞，難復語此。但能明了前境，猶庶幾焉。文忠公道德文章卓絕當世，豈無受道資質耶。尙謂失之東隅，僅了前境，又況資質不如文忠公者耶。得是道者，九祖同仙，奚前境之可患。強自取枉，柔自取束，可不勉哉。

洞玄靈寶自然九天生神章經解義

題解

佚名《序説》：原夫三洞一乘教典，大科分三，一序分，二正宗分，三流通分。今此經乃三洞自然之炁結成靈文，非由人所演説，故經題不冠以太上，經首不冠以道言，不立序分，不言時處。而所謂洞玄靈寶者，乃述經者以其所載之道，當隸於本部也。從經首至太清太極宫，即述三寶之本跡也。自此三號雖年殊號異，本同一也，至離其本眞耳，言三炁爲天地萬化之原，而人則與之同根合德也。内分五章。一章自此三號至開光贊本宣化。二章自炁清高澄至並受生成，分辯儀象，立奠三才。三章自天地萬化至天地之極也，乃攝跡崇本。四章自人之受生至終不生也，言人貫三才，重生緣會。五章自夫人至本眞耳，乃讚重勸修。次自九天生神章至所聞也，讚章本起，功德無量。內分四章。一章自九天至自然之章，贊章自然，體全用具。二章自天寶至生人，言誦章功德，玄應隨量。三章自學士至還人，言羣品皈依，應量自利。四章自三寶至所聞也，乃歸本反寂。次自夫學上道至登晨，乃讚重教修功用差等。內分六章。一章自夫學上道至坐致自然，讚勸齊舉。二章自三寶至同仙，言祕重尊奉。三章自三元至考身，乃勉宿善，戒輕傳。四章自脩行至寶章，捨事入道，澄心契元。五章自誦之一過至一時生神，言如法行道，功德等漸。六章自九過爲一遍至登晨，乃序效階差，終致極果。以上乃正宗分也。此經既以自然爲宗，故首不立序分，至此乃立出經之序分也。自元始天尊至賜所未聞爲一段，中分九章。一章自元始天尊至嘯朗九天，權立時處，顯示容儀。二章自是時至披心，乃神王應機，將陳己問。三章自於是至侍晨，乃整儀啟問，自述己職。四章自方當乘機應會至善惡當分，乃乘時興愍，宣任濟善。五章自赤明以來至以充儲官，明三代選人以充仙任。六章自如此之例至毫分無遺，明隨因證果，詮次差等。七章自又九幽之府至開大有之民，明遷拔宿善充太平民。八章自當此之時至亦臣之憂矣，明應會料別，慮失平等。九章自大期既切，至賜所未聞，乃開心自任，哀求法要。次自於是天尊至慎勿輕傳，明出經緣儀。中分二章。一章自於是天尊至妙亦難超，明天尊應機，讚道將授。二章自子既司帝位至慎勿輕傳，乃天尊讚許，勉勤戒祕。以上乃序分也。自登命至復位，乃流通法要，具述儀度。中分二章。一章自登命至神王乃出命傳經，衆眞具儀。二章云法事既畢，諸天復位，乃授經既竟，斂儀反寂。乃流通分也。次自天尊重告至可不慎之焉。乃申贊祕重，然後出章也。

董思靖《**後序**》余解是經畢，有難者曰：天命流行，於穆不已，二炁五行，賦與萬物，生生不窮，原於一炁，而主宰是炁者，一理而已。故自天畀付謂之命，人物稟受謂之性，應感莫測謂之神。神一而已，在心爲思，在眼爲視，在耳爲聽，在口爲言，乃至手之持執，足之運奔，千變萬化，莫非一神之所爲，惟用得其正則吉，失其正則凶爾。烏有分守名字，若是之殊異哉。

余曰：子之說誠亦有理，惜夫知其一，未知其二也。夫道之全體，渾然一致，而精粗本末，表裏之分截然，於其中毫釐絲忽，有不可得而紊者。今徒知所謂渾然者之大，而樂言之，而不知夫所謂截然者，未始相離也。子蓋觀諸天地之道乎。總而言之，曰天地而已，然其中則日月星辰之行其紀，雨風露雷之施其化，江湖山嶽之流峙，飛走動植之生成，此豈非渾然之中，粲然截然者乎。如是之類，將其神明各有所司乎，抑亦曰神一而已乎。析而分之，不可備舉，且以日之行度論之，槩而言則一年一周天。然而三百六十五度四分度之一，在翼不可爲軫，在角不可爲亢，又豈非絲忽之不可紊者乎。人身亦一天地也。今夫四支百體之區分，五藏六府之晐存，至於三萬六千關節，亦莫不各有所主。故眼之官則視，而聾者不以視代聽，乃至口之於言，心之於思，無不皆然。此衆神名字之所以立，而統之則有宗，會之則有元也。是烏可以分裂而病之耶。

難者又曰：《老子》云：天得一以清，地得一以寧，人得一以靈，萬物得一以生。《莊子》云：天地與我並生，萬物與我爲一。又云：將磅礴萬物以爲一，及所謂其一，與天爲徒。言道之至，莫如老莊，皆主乎一，則是天地萬物之殊，惟一以貫之耳。今是經反以不一爲貴，何邪。

余曰：子知是經之旨乎。其稱名也雜，其統之也一。經所謂元，即老莊之所謂一也。謂之元，謂之一，言其體也。生神之法，稱名之雜，言其用也。論其體，所以舉其同，論其用，所以顯其異。老子曰：道生一，一生二，二生三，三生萬物。此本末具舉之言也。是經之論，始乎一元，而終乎天地萬化，並受生成，則一之中而萬者具矣。生神之道，以空洞眞一爲體，以變化不一爲用，唯一故能靜，靜而後能變，變而後能化，聖功生焉，神明出焉，則一與不一，非二物也。吾聞之先聖曰：斂萬炁爲一炁，散一炁爲萬炁，合萬神爲一神，分一神爲萬神。又曰：聚則爲形，散則爲炁。此其闔闢斂散之道，蓋與陰陽同功，天地同德。故曰：宇宙在乎手，萬化生乎身。推而行之，可以成人，可以成物，可以贊化育，可以叅天地。非天下之聖神，孰能與於此哉。若夫知其本無，而不知其至有，知其眞一，而不知其變化者，是一偏之說，安可與此同日語耶。

難者又曰：教中有云：情存聖量，猶落法塵。今是經教人以修習聖胎之法，無乃墮於是乎。

余曰：情存聖量，爲未忘心法者言也，修習聖胎，爲初學之士設也。若乃道全德備者，何可以此議之。吾聞之先聖曰：聖人斂萬有於一息，無有一物可役吾之明徹；散一息於萬有，無有一物可間吾之云爲。譬之天地間，日月之升沉，風霆之鼓舞，雲霧之起滅，萬有之變化，往來出沒，自然而然，惡識所以然，惡識所以不然。若是者，孰爲聖量乎，孰爲法塵乎。

難者又曰：嘗聞釋氏之説，以一切有相皆爲幻妄，故其教曰無生，又曰寂滅爲樂。而道家之教，乃曰長生久視，及升虛尸解，故彼目之曰弄精魂，守尸鬼者。某於此不能無惑，願爲我決之。

余曰：不然。道一而已，豈有彼此之分哉。且如達磨之躡葦渡江，普化之搖鈴空際，或金棺自舉，或碣石藏身，其亦弄精魂，守尸鬼者乎。夫道有情有信，無爲無形，自本自根，未有天地，自古以固存，神鬼神帝，生天生地，在六極之下而不爲深，長於上古而不爲老。無始無終，無前無後，得之者與道同久。且萬物非道無以生，非德無以成。生生之理，無時不然。而生生者不生，化化者不化，夫何容心焉。余聞之先聖曰：人在道中，猶魚在水中。人去道則亡，魚失水則死，良由修之者有勤怠，故得之者有淺深。淺者惟及於心，深者兼被於形。及於心者，但得慧覺而已。既得慧覺，悅而多辯，靈炁泄喪，形亦隨之。被於形者，形神俱妙，與道合眞。顯則神同於形，隱則形同於神，在有而有，在無而無，不可以形跡窺，不可以死生論，而何弄精魂，守尸鬼之云。故曰：以我之精合天地萬物之精，以我之神合天地萬物之神，以我之魂合天地萬物之魂，以我之魄合天地萬物之魄。則天地萬物，皆吾精吾神、吾魂吾魄。何者死，何者生。夫如是，則乘天地之正，御六炁之變，遊乎三清，而與道同體矣。故曰：至人無己。難者之疑，於是而釋。余因寄呈三山蔣靖庵，既從而訂之，且令附于經後。

洞玄靈寶自然九天生神章經注

題解

張守清《序》 生神玉章，上帝所以宣示好生之德也。故凡寶鍊混合登晨之道，靡不畢備。然旨趣超邁，非世常辭，苟無傳注，不易明也。嘗聞衡嶽道士薛幽棲、太清供奉李少微、西華法師成玄英所傳，皆通玄究微，惜未之見。後之注者雖多，惟王隱賢、蕭眞祐、浮山眞率三家，發明頗詳盡。然其所見乎有異同，觀者不能會其一，而反致疑者有之。若甲申運度，事難考覈，而乃深求隱僻，驚世駭俗，以此傳。神者氣之靈，乘陰陽，擅變化，周流上下四方，而無間者也。天行四時，生百物，神人大浸稽天而不溺，土山焦而不熱，乘雲御風，物莫能傷，皆此神也。凡人神聚則生，散則死。九章以生神爲名，其義遠矣。舊注亡慮數十家，高者入於渺茫，下者泥於流俗，每以爲歎。客有自吳來者，示余以華陽復所注。觀其大意，會粹諸説之長，混而爲一，引《靈寶》、《黄庭》，發揮丹道，簡而易見。若浮雲凈盡，皎月當空，令人瞭然。噫，是注也，學道之指南也。言辭云乎哉，必有上士，勤而行之，如吾老子所言者矣。至順壬申重午後五日，體玄妙應太和眞人，武當太清微妙化宮開山張守清序。

元始無量度人上品妙經四注

題解

《宋真宗御製靈寶度人經序》 夫太易垂教，先於至神；混元著書，本於妙道。契陰陽之不測，摽沖默之難名。蓋以闡無爲之爲，著無象之象；範圍幽贊，藏用而顯仁；恍惚窈冥，化民而育物；雖古今而異制，誠訓導以同歸。若乃藏室靈文，昭臺祕籍，紛綸玉笈，充溢丹函。龜闕墉城，自高眞而降授；赤明龍漢，應運劫以流傳；斯固超視聽之先，在名言之表。弼成至治，漸漬羣生。首出於九流，抗行於百代；干戈俶擾之際，用之而豈遑？蟲魚咸若之辰，捨之而孰可？《太上靈寶度人經》者，元始之妙言，玉晨之寶誥。浮黎眞境，紀談受之初；紫微上宮，顯緘藏之迹。實諸天之隱韻，爲大梵之仙章。八角垂芒，本由於神翰；千祇列衛，普度於人靈。其或育質圓方，稟和霄壤，少私寡欲，背僞歸眞，端慮以潔齋，洗心而成誦。精專外積，純粹內充，信可以自晦而明，無幽不燭，類虛室之生白，同溫泉之盪邪。熙熙而陟春臺，濟濟而登壽域，至誠所極，介福何窮！朕祇紹慶基，茂承元貺；席綿昌之寶緒，幸集隆平；賴燕翼之不祥，用康普率。固絕畋遊之樂，務宣清淨之風。嘗以此經，久傳中夏，近觀注誼，頗極該詳。爰命所司，特加摹印，正魯魚之訛謬，廣寰海之流通。凡百羣倫，庶同歸嚮，咸臻善利，以副憂勤。聊述斯文，冠於篇首云爾。

陳景元《度人經集注序》 夫空洞浮光，渾淪未判，大道之將化，故玄文發于中天；虛無之乍凝，廼妙炁結乎碧落。字方一丈之廣，勢垂八角之芒，粲粲煌煌，光華曄曄。是時，元始之降舍栢陵，五老之環侍雲坐，遽命天眞皇人，規模榘屈，仿像奪眞，疏成諸天隱書，編作五方靈範。紀混元龍漢之載，藏鬱羅紫微之宮，演爲三十六部尊經，分爲萬二千圖籙。天章雲篆，八會之書，莫不祖焉。昔在始青天中、寶珠之內，講集靈寶之教，拯拔天人之倫。玉晨君受之，以序其首尾，祕于上館，約四萬劫一傳，誓不輕泄于下世。於是龜臺金母憫陽九、百六之災，親禮玉京，懇請流布。洎乎軒轅黃帝問道于峨嵋之陰，稽首皇人，載傳寶訓。至吳有句曲葛玄，訪道會稽郡，祈眞上虞山，遇太極諸使之駕，降靈寶衆經之帙，斯爲上品，最先受焉。厥後修誦之士，浹于寰區，隱韻祕音，世莫能究。齊之嚴東首爲註解，仰推梵炁之旋箕，俯測酆都之泉曲，布諸方冊，表裏煥然。若非洞闡幽微，曷由條達宗旨？遂使嚮風之客，抉塞啟竅，隨性發明。及有唐道士薛幽棲，揮紱青城，毓眞衡嶽，眞解序說，明白存修。繼有太清供奉李少微、西華法師成玄英，各撰註疏，援引內音而拾遺補闕，事理悉備。景元總角慕道，少探玉經，不揆蔽蒙，輒敢編綴。今於四家之說，刪去重複，精選密義，纂成四卷。庶免多惑云爾。治平四年、歲次丁未、仲秋望日序。

薛幽棲《序》 夫道者，在於寂默虛無，心冥神契；經者，資於書寫傳授，誦詠弘暢。非寂默則莫能契道，非敷誦則無以弘經。雖宗轍有殊，而體貫齊一。張之則異域，混之則同歸。因道所以立經，因經所以明道。道爲經之本體，經即道之迹用，本迹相明，體用玄合，是以煥眞文於空洞之上，開洪源於紫極之館。則三品眞目，析羣方飛天之書；七部衆經，播雲篆光明之迹。於是元始天尊坐於玄都玉京紫微上宮，以三洞正經居前，三大副經居後；道德二篇爲輔弼，玉清隱書爲敎主。且《洞玄靈寶》，則三洞中洞之一部，《無量度人》，則中洞一部之一卷。修習之法，則一部多門；諷誦之篇，則此卷爲首。上消天災，保鎮帝王，下禳毒害，以度兆民，中拔祖宗，已身得道。斯則巍巍大範，獨步三清者哉。此經義旨冥奧，音韻隱祕，皆申明大梵之理，非化誘常途之辭，故云上聖已成眞人，通玄究微，能悉其章。所以誦讀者多焉，精達者鮮矣。今不揆蟻蠓之力，強舉千鈞之重，直以凡下裁斷聖意，儻親承玄師，必冀蒙詢誨。時甲午歲、庚午月也。

著録

《道藏目録詳註》卷一 四卷。齊嚴東、唐薛幽棲、李少微、成玄英註，宋陳景元集註。

靈寶度人上品妙經旁通圖

著録

《道藏目録詳註》卷一　中下同卷，上卷原缺。上清儲慶宮守一大師賜紫道士劉元道編。內有三十五分總炁上元圖、三十二天總括隱祕係宿炁說五方五帝所主名諱靜室圖、混洞赤文章混洞赤文梵炁之圖、九光九炁化生九天之圖、普告三界化生諸天等圖。

靈寶無量度人上品妙經符圖

題解

宋徽宗《靈寶無量度人經符圖序》　原夫華靈隱藹，藏三炁於鴻濛；神景含輝，潛萬眞於至賾。虛無鬱秀，劫化自然，中有妙極神一挺生，是爲元始之尊。開圖帝先，凝粹流形之本，玄黃植象之宗也。故其判闢天地，分序陰陽，四始循度，八索盈虧，並稟承於上德，咸統隸於司權。隱配其神，協孕其性，列位開方，造育裁成；九和十合，無物不臻；綿綿而來，難極難窮。道以強名，號爲靈寶。蓋靈寶者，太元生化之本根也。自爾幽機發明，啟迪晨精，當思上古立運之前，融結萬品，朗耀英鮮，至理昭彰於龍漢，妙文煒著於赤明。圓羅敷燦，周布雲章，五方煥落，八角垂芒，微蘊遁於眞奥，神用晦於元綱。將恢大敎，慈惠流芳，書按於皇人之筆，義宣於太上之言。或爲符圖，或爲隱篇；或演妙於浮黎之土，或藏玄於黍米之珠；或付之於我等，或受之於玉虛；或秘在於蘂珠芝宮，或嚴崇於神府華堂。開聯品秩，別類分條；散則經維於六甲之數，合則總括於一元之標。爲大法梁，超涉玄津，無所不度，無所不禳。無運數於窮厄，保祥社於隆昌，安鎮國祚，封掌山川，巍巍大範，靡不彌綸。此其謂之靈寶者，實爲元大之高稱焉。在其上館大有之宮，寶禁此經，萬天至重。有勤苦而聞者，須審其賢，遵明科於紫微之格，視仰俯於神王之儀；不許輕出，萬劫一傳。我昔總眞玉境，開化妙庭，擁瑞霞之九映，飛鳳蓋於三華，陟耀景之龍臺，盼運會於元扃。考校曆數，稱慶太平。仰祈上帝，降世度人。後至壬辰、庚子之年，炁應九陽，邪法消蕩，正道方行，開悟群黎，授度無窮。是其時也，啟紫泥之寶笈，解玉鑰於琅函。瓊編蘂簡，當用宣明；希眞之子，得以見之，豈不幸哉！我每居於碧琳之房，宴接於玉晨之範，嘯詠高虛，研擴微詮，備明要於神府，覽至理於澄鑑，故得披釋元義，齊玄妙輪；辯深旨於本章，析宛麗於靈音；闡無量之樞轄，精詳究於杳冥。將可以登玄峰於萬仞，濟浩蕩之溺淵者焉。蓋濯羅騰煥於虛清，無不照於幽沉之間，妙紀敷揚，存乎簡易之道；昭昭可別，開悟有緣。學者無忽於至用，修而進之，則可以召靈炁於三關，藹寶華於九戶，功滿德就，名書上清，逸轡高上，翺翔太明。德化之大，豈可議其津極者哉。

著録

《道藏目録詳註》卷一　三卷。宋徽宗御註。靈寶始青變化之圖、碧落空歌之圖、大浮黎土之圖。

元始無量度人上品妙經註

題解

清河老人《序》　竊以美玉混塵，必假磨礲之巧；至言藏妙，須憑潤色之功，故經傳能悉之辭，《易》有盡象之語。靈機所悟，玄理斯彰。恭惟《太上洞玄靈寶無量度人上品妙經》者，飛玄結炁，雲篆成文，爲萬法之宗，冠三洞之首。淵兮隱奥，難可尋詳。若非已造於幽微，孰敢亂陳於箋註。矧下士罕窺其篇目，玄科切禁於妄傳。雖念誦勤渠，莫知宗旨，如登寶所，素手而回，數墨巡行，竟無所得。於是東海青元眞人憫斯愚昧，大闡洪音，斥新舊疑文，立見成要論，條分八事，詳釋二章。首明理性之因，終顯命根之祕，開盲釋瞶，演道登眞，破執著之旁觀，接探端之上學。或微微引喻，或縷縷談玄，與乎浩劫慈尊，金口無異；間有包括未詳，予乃作頌。重美其意，俾誦之士得以研窮。然後動地放光，處處黍珠出現；因言悟理，人人法病頓除。斯爲宗敎之淵源，可爲度人之本旨也，故以無量名之。化諸道子，鋟木刊行，廣施未悟，豈世之小補哉。清河老人書。

著　録

《道藏目録詳註》卷一　二卷。東海青玄眞人註，淸河老人頌，凈明道子郭崗鳳參校并贊。内解條分八事，詳釋二章。首明理性之因，終顯命根之祕，開明釋瞶，演道登眞。

元始無量度人上品妙經内義

著　録

《道藏目録詳註》卷一　五卷有圖，觀復道子蕭應叟註。有元始祖炁等章。

太上洞玄靈寶無量度人上品妙經註

題　解

陳致虛《序》　太乙含眞氣，實爲妙道仙宗。《靈寶度人經》，是謂洞玄上品。生育天地，闔闢陰陽，造化得以運行，元功恃而溥博。昭懸日月，旋斡星辰，普殖神靈，化生品彙者也。在《道德經》，以無爲爲先，有爲爲次。上德者，無爲也；下德者，有爲也。上仁者，無爲也；上義者，有爲也。此《度人經》則以有爲爲首，無爲爲終。玄座空浮者，有爲也；冥慧洞清者，無爲也。璇璣玉衡，一時停輪者，有爲也；十方肅清，河海靜默者，無爲也。故説經周竟十遍，而枯骨成人，有功勤上奏諸天，則萬神朝禮。三十二天三十二帝，示祖劫之化、生諸天隱諱。諸天隱名，恐天人之泄慢。泄慢則禍及七祖，勤行則位登仙翁。萬劫不傳，上天所寶，何爲靈寶？氣謂之靈，精謂之寶。寂然不動，感而遂通，曰靈；上無復祖，唯道爲身，曰寶。氣合而精聚，曰上品。神交而道合，曰度人。則知靈寶者，精氣也。精氣者，汞鉛也。汞鉛者，陰陽也。陰陽者，離坎也。離坎非得有爲之道，而既濟之，則何由凝結而成黍米之珠哉。

厥夫人之初生也，以無合有，盜竊天地絪緼眞一之氣，以冒賦其形也。孕毓十月，脱胎去蔕，日漿夜乳，然後形全而神王，神全而精粹，精盈而至和之氣盛塞。先哲云：氣全者不思食，神全者不思睡，精全者不思慾。當此之時，號曰純陽。夫純陽者，乾也。上士於此而行上德無爲之道，内修外功，則魔王敬形，便得神仙。謂夫末學道淺，不樂仙道，是以保眞者少，迷惑者多。廼於醉生夢死之場，熾于慾海愛河之地，則向來所稟天地眞一之氣，潛奔而寓于坤矣。繼此而往，坤乃乘乾之一陽而爲坎，乾因坤破虧一陽而爲離。審兹慾從愛起，愛逐情生，情隨境亂。況夫喜怒哀樂，慮嘆變怒，日夜相代乎前，與物相刃相靡，寧知物來無窮，我心有際之説乎。是以仙道難固，鬼道易邪，運應滅度，身經太陰，輪迴無期，可勝悲憫。至人仙子，獲遇眞師，頓悟人道者，心諒不由他，却於一氣潛虧之時，早行靈寶度人之道以復之。且復者何也？即下德有爲之道，即上義爲之之道，即元始懸珠之道，即流戊就己之道，即降龍伏虎之道，即煉鉛乾汞之道，即金液歸眞，形神俱妙之道也。領悟到此，方信地藏發泄之妙，金玉露形之功。全其本年，咸得長生，過度三界，飛升太空，皆分内事。况積德而建功者乎。

尋詳是經，元始天尊於龍漢初、天地始分，玉字且出，乃撰此經。時以紫筆書于空青之林，字皆廣長一丈，以授玉晨道君。玉晨授玄一眞人，玄一授天眞皇人。皇人細書其文，以爲正音，祕而藏之。軒轅時，皇人與太清三仙王會峨嵋山，黄帝再拜問道，皇人授以五牙三一之文，并《度人經》上卷。黄帝修之上仙。後帝嚳於牧德臺，皇人授以《本章》、《玉曆章》。西漢元封間，西王母以上卷并二章授武帝，始成全經。東漢時，太上降授干吉，增《靈書上篇》，并《太平經》一百五十卷。桓帝時，老君降蜀，授天師《度人》、《北斗》諸經籙千餘卷。吳時，太極眞人於會稽上虞山，授太極左宫仙翁葛玄《度人經》，增《靈書中篇》。鄭眞人思遠授抱朴子葛洪經本，又增《靈書上下篇》、《太極眞人後序》，即今之全本。晉王纂遇道君賜此經，及諸經數十卷。元魏時，寇謙之居嵩山修行，感太上授此經，并餘經六十餘卷。經之流世，人知念誦禱祈，而不知有還丹久視之道存。自政和御註，繼以薛幽棲、嚴東啟、成玄英、李少微諸家註釋。又寶慶初，蕭觀復述《度人內義丹旨》。是皆研心究竟者也。

僕以緣遇師眞，授以金液大還火符之祕，欲與世人盡諳此道，乃注《道德經》、《金剛經》，述《金丹大要》，既而參以道用世法，分註此經。又引前哲所論善者證之。庶幾規禍福者，知勤誦而向善，超造物者，知修行而登眞。噫！世人皆知悦生而惡死，既知惡死，則必思所以逃其死者。今乃不然。知惡死已，卻埋身於名利嗜慾之場，而不知悔，是愈急其死也。既知悦生，必思所以求其長生久視之道者。今乃不然。知悦生已，却不求眞師指示長生返還之旨，唯只瞎走傍門，盲行邪逕者，是愈促其生也。山間林下，城邑智人，既知誦念此經，宜求經中有金丹永世之捷逕者。蓋太上以靈寶之道而度人者，直欲世人行此道也。果能進修勤行，則上遊上清無色之境，梵行必矣。至元丙子中秋，金螺山北紫霄絳宫上陽子陳觀吾序。

著録

《道藏目録詳註》卷一　三卷，上陽子陳觀吾註。金液大還火符之訣。兼舊述道德經金剛經金丹大要，相參以道，用世法分註合解。

元始無量度人上品妙經註解

題解

薛季昭《序》　昔元始於始青天寶珠內演説靈寶大法，普度天人，命天眞皇人釋大梵玉字付之道君，秘于上館，約四萬劫一傳。後因龜臺金母即王母憫陽九百六之變，親禮玉京，請留下世。及西漢元封年中七月七日，王母下降，隨順漢字，譯此天篆，授之武帝，已爲第七授。然此纔一品耳。在天卷帙甚多，及至晉時，左宫仙翁於會稽上虞山感太極徐眞人來勑所授，即有靈書下篇，及太極眞人後序。其後兵火，經品散落。厥後小仙翁葛洪眞人於鄭眞人思遠處得所受之文，止於大量玄玄也。其後眞眞付度，靈文層出，然皆未有天眞皇人之演義。前輩皆不敢強爲之辭，此直解之作，所以亦止於大量玄玄也。九江冰湖埜人薛季昭再述。

又《後序》　至大改元歲在戊申九月一日，予宿於先天壇。夜夢普濟一炁眞人老祖師雷默庵曰：先生之名，在神霄玉府，闡化之功，與老夫相亞。今爲青靈開教宗師，遷充集仙府，使兼大光明殿掌籍仙官。天君即日有《虛玄篇》贈汝。言畢遂覺。季昭繼後於重九日，乃紫皇飛昇之日。予因出南關，過谷神庵鮑明甫學眞壇內，忽見香爐中有光感天君，於光中果現此篇，賜通玄闡妙青靈開教宗師薛季昭。

又　予末學道淺，曾將《度人上品》、《生神九章》、《救苦妙經》，妄意詳釋者，不過欲啟發初眞入道之門耳。初未嘗萌一毫希覬想。自鋟梓印施之後，惴惴度日，每以妄爲強作，獲譴於雷霆者爲慮。豈意天君恕其僭而矜容之，褒嘉獎勵，靡所不至。此《虛玄篇》廼天君贈予之章也。令予刊名印所解《度人經》前，以闡諸人。自得此篇，予早夜以思，兩難明處。若行刊印，似乎衒名，以起或者之議；若不刊印，似乎泯沒，又違天君之命。予再三繹思：浮言之議，尚可逃也；違天之命，則吾豈敢。予雖不獲己，以所贈之篇，刊于卷末，然亦終匪予心之所樂，識者鑒之。九江冰湖埜人薛季昭書。

李月陽《序》 冰湖薛顯翁參註釋經，接引初機。邦士蔡翔夫憐其苦志，與之綉梓。大德乙巳，經板告成，乃涓子月初四日丙午，繕裝經帙，灑掃東壇，偏行進奏天帝御前。告旨頒下十方三界星垣雷府、地水泉曲、嶽瀆城隍、九州社令，凡屬神祇及掌經教眞司去處，咸使知聞，以闡空玄。越五日庚戌，因遊西市，偕冰湖謁先天濟生雷壇，忽蒙九天神威天樞豁落王元帥善，題押證盟現報四十四言曰：汝奉道敬眞，何在疑心，解經之功，無不妙要，行道法何在擬議未決，凡在一心，無不驗也。汝作之功，皆非虛無，只此。見者皆爲之驚異，乃知冰湖解經之誠，已達之帝闇矣。功詎可量哉！五日前，冰湖潔東壇，有請于天帝。五日後，予同謁西壇，得報于天將。天將者，乃天帝之指使也。冰湖無心於天將，而天將有心於冰湖，得非天將奉天帝之命，以示人乎。予覩其事，咸應速如桴鼓，願受經者，至心持誦，不可視爲常典。庶乎一誦一禮，必獲異驗，是亦予拳拳之望。是年是月初十日，壬子雷降日，廬山羽褐李月陽謹題。

元始無量度人上品妙經通義

著　録

《道藏目録詳註》卷一 四卷有圖，正一嗣教道合無爲闡祖光範眞人張宇初註。經註內太極圖、妙化圖、神靈圖、混洞赤文等圖，并通義解註。

太上洞玄靈寶天尊説救苦妙經註解

題　解

周準《序》 夫學長生久視之道，在乎鍊炁養神，兼施並行。然鍊養之功，本乎一心，心能勤修，則學仙何患乎不得。《眞誥》曰：仙者心學，奥哉斯旨也。僕夙慕修眞，未逢上士，有果能明生死，達性命者，僕將跪履而問焉。比遊武夷西湖，與四明呂君邂逅，一見歡然，遂定交爲煙蘿友，因俱載以歸，館于靜舍。呂君號洞陽子，蚤遇至人，刻意莊老之學，博極仙書，問靡不知。一日謂愚曰：世有所謂《救苦經》者，實大洞之密旨，上道之祕言也。以其隱奥玄微，難窮妙理，所以傳自往古，而詮註未彰，思欲殫所蘊，發揮其義。未幾書成，滔滔萬言，首明一點，指慶雲祥煙爲泰和，辯生門死戶爲玄牝，分二炁之清濁，判三昧之火符，以泥丸仙明眞性之所歸，還上天炁爲命寶之所集，總談上道之樞要，粲然包括其中，不惟警未聞裨後學而已，抑亦使人洞明修鍊，默識天機，豈架空言衒虛文之比哉。噫，此經之妙道至言，晦久而未明，今日顯矣。夫天中之尊，演教法弘濟，所謂救苦者，非獨爲幽魂苦爽而設，其所救者，普天之下生靈耳。蓋欲使人人體道，咸離迷途，湛壺天之朗徹，悟眞性之無爲，然後服天氣，盜虛無，結聖胎，通神明，使形與神妙，白日飛昇，是謂大丈夫越世表，出三界輪迴之難，始名眞救苦耳。大矣哉，超死度生，無出是經，有遇斯解，留神不捨者，必見其得道矣。

太上靈寶補謝竈王經

著録

《道藏目録詳註》卷二　司命爲種火之母，上通天界，下統五行，達於神明，觀乎二炁。在天爲北斗七元使者，在人間爲司命宅神，紀錄善惡，主持人命。

太上洞玄靈寶衆簡文

著録

《道藏目録詳註》卷二　有符，簡寂先生陸修靜撰。元始靈寶、告五岳靈山、除罪求仙等法，及五方眞文、赤書大字。

太上洞玄靈寶法燭經

著録

《道藏目録詳註》卷二　法燭者，規矩之謂，規圓矩方，萬物從之得正。燭乃有光之物，佐月嗣日，開昏朗闇，用其明，得所見。

三皇内文遺祕

題解

紫微道人《三皇内文遺祕序》　金闕神章，三皇默祕之文也。在天與天爲道，而統五行，著萬神，主萬象。在地與地爲德，宰萬物，擒精怪，斬邪神。故爲無上御攝之法，至神不死之道也。内隱陰陽六化之功，使修行之人，不遭外患。居山止洞林境，修眞養素，求訪山中巖谷，若非斯文，則精怪以禍人之性命者多矣。故世市鬧宅，堂室舍宇之中，或年深絶於無人之跡，精邪尙有存焉，而況於深山幽谷，窮路林芳之處也。居山守靜，若不懷斯文者，如將身自投於死地。今降斯文，以辨邪正，令後學仙之士，不遭禍患，橫傷命耳。時年丙午菊節，紫微道人序。

太清金闕玉華仙書八極神章三皇内祕文

佚名《序》　九玄之初，二象未構，空洞凝華，靈風集粹，神章結於混成，玉字標於獨化，挺乎有無之際，焕乎玄黄之先。日月得之以照臨，乾坤資之以覆載。於是無上虚皇命元始大聖編于金闕，次於玉章，内祕上玄，未流下土，降鑒有道，乃賜斯文。故軒轅受符，伏犧受圖，高辛得天經，大禹獲洛書，神道有攝降，啟於茲矣。又玄元愍俗，歷爲帝師，人倫浮僞則垂道德，以示淳朴，鬼神雜擾則降此文，以蕩妖邪。斯又西臺而隱靈文，東華而祕眞訣。其龍章雲篆，非賢不傳，戒之不退，用之保專。雖未得神仙之道，而亦在世遊行，已證地仙之果也。可以玉石作匣，五綵爲囊，祕藏丹房，而勿慢輕矣。

著録

《道藏目録詳註》卷三　三卷，有符圖。微正章第一、神宗章第二、鬼宗章第三、精宗章第四、天條章第五、天皇神印章第六、天皇神呪章第七、天皇眞形符第八、三皇劍法章第九。地皇神印章第一、地眞形符篆章第二、修士居山所宜章第三、入山醮儀山主章第四、高玄風澤洞章第五、對山元天靜地章第六、辯識仙賓邪神章第七、辯識三十六種芝草變形章第八、辯識三十六種仙藥形象章第九、地皇君服餌仙朮昇仙得道章第十。制惡興善章第一、立正忘邪章第二、明昏亂章第三、固形體章第四、煉神氣章第五、出聖胎章第六、超仙章第七、人皇符印章第八、人皇神呪章第九、知生死五假素奏上法章第十。此文藏於西臺玉笈，雲篆龍章，非賢不傳，重玄甚祕。

洞神八帝元變經

著録

《道藏目録詳註》卷四　一卷，有符像。此經一十五篇，有提綱紀目神圖禹步服符藥服等法。

太上洞神太元河圖三元仰謝儀

題解

杜光庭《太上洞神太元河圖三元仰謝儀序》　經曰：河圖仰謝之法，學道之士常能行之，度洪災之劫，昇爲種民。若兵戈水火，旱潦螟蝗，星辰變怪，天地易常，山摧川涸，日月薄蝕，風霜不時，雷雹害物，妖氣作沴，鬼邪惑衆，四境不寧，猛鷙爲暴。若帝王國主不安，及疾厄災異，至於民間危急，當告謝天地，玄感穹旻，乃可解度耳。

天道惘物，玄聖流慈。太上出河洛龜龍之書，青文綠甲之字，以授帝王。此蓋教民致福謝過，度厄解災之法也。行之則上合天道，舉無不應矣。三元仰謝齋，用壬辰、癸巳之日，戌亥之時。戌亥爲天門，蛇對於樞，知變即成龍，龍當其機，識化即入道。戌亥者，天門之津塗。辰巳者，龍蛇之樞機也。感悟求眞，必由斯日，故用辰巳日也。壬者，陽氣所生，太一之位也。故戌亥時昇壇告謝。子時，陽氣通生之首也。道法執象導物，伏鬼制神，御天統人，以十二辰爲用。立德於子，表成於丑，愼衰於寅，戒敗於卯，運智慮於辰，用消息於巳，救傾於午，即安於未，防亂於申，開大於酉，歸根於戌，太平於亥。歸根則陰氣盡，太平則陽氣昇。道運則陽昇，水柔則道合，故壬癸爲勝，順陽合道故也。急有祈謝，未及壬辰日者，寅以愼衰，午以救傾，戌以歸根。此三辰日時，急亦可用，合天道矣。苟能丹苦感徹，必契神明者，餘日無爽，不拘於此矣。未齋三日，掃灑內外，禁絶庶事，約飭僚友，惟務精嚴，一心營備，無忘謹敬也。

太上三十六部尊經

著　録

《道藏目録詳註》卷一　六卷。《上清經》、《妙眞經》、《太乙經》、《妙林經》、《開化經》、《仙人經》、《黄林經》、《上眞經》、《道教經》、《上煉經》、《上妙功德經》、《道德經》，此十二部經，藴在大洞玉清境藏中。《洞玄經》、《元陽經》、《元辰經》、《大刦經》、《上聞經》、《内音經》、《錬生經》、《靈秘經》、《消魔經》、《無暑經》、《按摩經》、《上通經》，此十二部經，藴在大洞上清境藏中。《太清經》、《徹視經》、《集仙經》、《洞淵經》、《内秘經》、《眞一經》、《集靈經》、《中精經》、《無量經》、《集宫經》、《黄庭經》、《小刦經》，此十二部經，藴在大洞太清境藏中。故三洞分爲三十六部尊經。

無上内秘真藏經

著　録

《道藏目録詳註》卷一　十卷。此經一十三品：顯道品、辯三寶品、四眞品、惠澤品、解脱品、辯相明部衺品、普明品、顯功德品、誡行品、妙德品、集仙品、明行品、究竟品。

大乘妙林經

著　録

《道藏目録詳註》卷四　上中下三卷。内序品、觀眞相品、辯邪正品、觀身品、童子問品、隨順品、衆眞説品、觀法品、浄慧品、讚嘆品，皆演妙空眞義。

無上大乘要訣妙經

著　録

《道藏目録詳註》卷一　一卷。太上道君説無上大乘要訣、究竟法身第一義。

三洞神符記

著　録

《道藏目録詳註》卷一　内記三元八會六書之法。雲篆八體六書六文符字入顯玉字訣皇文帝書天龍章鳳文玉牒金書石字題素玉文字玉篆玉篇玉札丹書墨籙玉策福連之書、琅蚪瓊文白銀之篇、赤書火煉眞文瓊札金壺墨汁字紫字自然之字、四會成字琅簡蕋書石碽書符訣等符，書篆散於三洞經法中，詳而考之。

道教義樞

題解

孟安排《道教義樞序》 夫道者，至虛至寂，甚眞甚妙，而虛無不通，寂無不應。於是有元始天尊應氣成象，自寂而動，從眞起應，出乎混沌之際，窈冥之中，含養元和，化貸陰陽也。故老君《道經》云：窈冥中有精，怳惚中有象。又云：有物混成，先天地生，寂兮寥兮，獨立不改，周行不殆，可以爲天下母。蓋明元始天尊於混沌之間應氣成象，故有物混成也。《靈寶無量度人經》云：渺渺億劫，混沌之中，上無復色，下無復淵，金剛乘天，無形無影，赤明開圖，運度自然，元始安鎮，敷落五篇。故知元始天尊以金剛妙質，乘運天氣，布化陶鈞。致分度，自然儀象，女圖敷鎮也。儒書《經籍志》云：元始天尊生於太無之先，稟自然之炁，冲虛凝遠，莫知其極。天地淪壞，劫數終盡，而天尊之體常存不滅。每至天地初開，或在玉京之上，或在五方淨土，授以祕道，謂之開劫度人。然其開劫，非一度矣，故有延康、赤明、龍漢、開皇，是其年號耳。其所度人，皆諸天仙聖，無量上品，有太上老君、天眞皇人、五方天帝及諸仙官，轉共承受。所說之經，亦稟元一之炁，自然而有，非所造爲，亦與天尊常存不滅。天地不壞，則蘊而莫傳，劫運若開，其文自見。凡有八字，盡道之奧，謂之天書。字方一丈，八角垂光，光彩照曜，驚心駭目，雖諸天仙，不能省視。天尊之開劫也，乃命天眞皇人，吹轉天音而辯析之。眞人已下至于諸仙，展轉節級，以次相授。諸仙得之，始授世人矣。《靈寶經》云：元始天尊以龍漢之年，出法度人。滅過去後，天地破壞，無復光明，男女灰滅，淪於延康。幽幽冥冥，億劫之中，至赤明開光，天地復位，我又出世，號無名之君，出法敎化，度諸天人。我過去後，一劫交周，天地又壞，復無光明。至開皇元年，我於始青天中，號元始天尊，流演法敎，度諸天眞。《度人本行經》云：自元始開光已來，至于赤明元年，經九千九百億萬劫。《度人本際經》云：元始天尊爲汝等，故權應見身，敎導開度，諸未度者，爲後世緣。今當反神還乎無爲湛然，常寂不動之處。又云：自我得道以來，經無量劫，常在世間，未曾捨離。若應度者，恆見我身，運會遷移，則不能見。此劫衆生，機宜所感，當由道君，而得度脫。是故我今昇玄入妙，汝等肉眼，不能見我眞實之身，謂言滅盡。但修正觀，自當見我，與今無異。若於空相，未能明審，猶憑圖像，係錄其心。當鑄紫金，寫我眞相，禮拜供養，如對眞形，想念丹禱，功德齊等。貧窮之人，泥木銅彩，隨力能辦，殿堂帳座，幡花燈燭，稱力供養，如事眞身。承此因緣，終歸上道。是知元始天尊，生乎妙炁，忽焉有像，應化無窮。顯迹託形，無因無待，演法開教，有始有終。老君度人，明應象之理，太玄本際，示眞寂之由，本行論其劫時，靈寶標其名號。不經穢濁，所謂清虛，是稱玄妙，豈同夫釋氏託生，終開右脇，老君出世，必從左腋乎？而悠悠之徒，未能窮源討本，所以好儒術者，但習典墳，崇眞如者，惟觀釋典。至於道經幽祕，罕有研尋，既不知其指歸，實亦昧其篇目，遂乃各齊其所見，多以天尊爲虛誕也。故知井蛙不可以語於海，夏蟲不可以語於冰。信哉斯言！信哉斯言！洎乎元始天尊昇玄入妙，形像既著，文教大行，玄言滿於天下，奧義盈乎寶藏。於是繫象探其深旨，子史竊其微詞，翻譯之流，實宗其要。所以儒書道敎，事或相通；了義玄章，理歸其一。能知其本，則彼我俱忘；但識其末，則是非斯起。而世人逐末者衆，歸本者稀，欲令息紛競於胸中，固不可也，惜哉！莊生有言，舉天下皆惑，余雖有所嚮，庸可得乎？其有支公十番之辯，鍾生四本之談，雖事玄虛，空論勝負；王家八並，宋氏四非，赭道正之玄章，劉先生之通論，咸存主客，從競往還。至於二觀、三乘、六通、四等，衆經要旨，祕而未申，惟玄門大義，盛論斯致。但以其文浩博，學者罕能精研，遂使修證迷位業之階差，談講昧理教之深淺。今依准此論，芟夷繁冗，廣引衆經，以事類之，名曰《道教義樞》。顯至道之教方，標大義之樞要，勒成十卷，凡三十七條。俾夫大笑之流，蕭然悟法，勤行之士，指示玄宗。不其善乎？不其善乎？

著録

《道藏目録詳註》卷四　卷一之十共十卷。論道德法身三寶位業三洞七部十二部義、兩半義、道意義、十善義、因果義、五因義、六情義、三業十惡義、三一義、二觀義、三乘義、六通義、四達義、六度義、四等義、三界義、五道義、混元義。

一切道經

題解

唐高宗等《序》　蓋聞紫仙握契，括妙有而敷仁；青童贊曆，周泰無而運道。開三元之秘檢，著跡琅函；藻八會之靈編，刊功石笥。銀書耀彩，盈寶印於丹房；錦字流文，煥神珠於玄閣。示迷途之歸往，拯暗壑之淪滑。廣洽譬於衢樽，普照均於堂鏡。孝敬皇帝，前星賦象，貞列緯於乾樞；少海澄瀾，奠名區於震域。問安視膳，體恭孝以端儀；撫軍監國，服仁愛而凝範。學昭通敏，非受諭於春卿；識綜沉幾，自含章於秋禮。今者黄離遽殞，碧題玄虛。翔鶴可羈，奄促游仙之駕；鷄鳴載響，無復入謁之期。瞻對肅成，慘凝烟於胄序；循臨博望，予苦月於賓階。拂虛悵而摧心，俯空筵而咽淚。興言鞠育，感痛難勝。故展哀情，爲寫《一切道經》卅六部。龍經寶偈，還開垂露之書；鳳籙英詞，更入飛雲之篆。九宮秘冊，罄金版而無遺；五岳眞筌，窺琳房而畢備。所願以兹妙業，式祐儲靈，總萬福以扶維，嚴十仙而警衛。靡流星之琳旆，上星甸以游衿；馭馳日之瓊輪，下日門而弭節。鎮昇光碧之宇，常安泰紫之庭。天地之所包含，陰陽之所播植。並乘六辨，俱出四迷。

一切道經音義妙門由起

題解

唐玄宗《一切道經音義序》　朕聞大道幽深，妙門虛寂。龜山之文不測，龍漢之旨難窺。況復記録漸訛，年齡浸遠。黄庭妙簡，或逢燕龠之疑；縹府眞言，多有魯魚之失。遂令玉京後進，覽祕篆而無從；金闕群遊，習靈符而有誤。恭惟老氏，國之本宗，虔述玄經，朕之夙好，詳其乖舛，深可吁嗟。爰命諸觀大德及兩宮學士，討論義理，尋繹沖微，披珠叢玉篇之衆書，考《字林》《說文》之群籍，入其閫閾，得其菁華。所音見在《一切經音義》，凡有一百四十卷；其音義目録及經目不入此數之中。庶以宣闡青元，發揮碧落，毗助風化，訓導甿黎。令其託志希夷，永絶陶陰之惑；歸心徼妙，長祛晉亥之迷云爾。

史崇《妙門由起序》　夫至道難究，虛皇不測，雖無爲無形，而有情有信。無爲無形也，忘功用而起視聽；有情有信也，孕生靈而運寒燠。乾坤得之以開闢，日月得之以貞明，天子得之以致理，國祚得之以太平。爲一切之祖首，萬物之父母也。若乃虛空自然，變見生爲，凝靈結氣，化成聖人，即元始天尊之謂也。故經云，無狀之狀，無物之象，是謂惚恍。又云，恍惚中有物，恍惚中有象，杳冥中有精，其精甚眞，其中有信。又云，元始者，道之應化，一之凝精，因氣感生，轉變自然。此既不由胎誕，因經姓系。夫有天地，方有人焉；有人焉，方有氏族。天尊生於混沌之始，何宗祖之有乎？其後改號示變，應迹垂靈，託胎洪氏之胞，降形李母之腋，蓋有由矣。然五身既分，三代斯別，隨機應物，拯溺安危，汲引群迷，財成庶族，慈悲覆燾，難以勝言。所謂眞身者，至道之體也；應身者，元始天尊、太上道君也；法身者，眞精布氣，化生萬物也；化身者，堀然獨化，天寶君等也；報身者，由積勤累德，廣建福田，樂靜信等也。然元始天尊、太上道君、高上老子應號雖異，本源不殊。更託師資，以度群品，或命尹喜入天竺以化胡人，或與鬼谷之崑崙，以行聖教。慈濟之道，無遠不通。蓋方圓動靜，黑白燥濕，自然理性，不可易也。吹管操絃，修文學武，因緣習用，不可廢也。夫自然者，性之質也；因緣者，性之用也。因緣以修之，自然以成之。由此而言，高仙上聖，合道歸眞，固增廣善緣，精進無退，度人濟己，通幽洞冥，變麤爲精，練凡成聖。而惑者遂云，神仙當有仙骨，骨法應者，不學而得。何其謬哉？然法界高深，天宮悠曠，五億五萬，布其方域；三千大千，分其國土，則有玄都妙境。玉京延至聖之遊，宛利仙居；寶臺致神君之化，眞庭杳眇。陽和七耀之天，妙躅深沉；太微九靈之觀，斯乃存諸。浩劫著自遐齡，厥迹紛綸，卒難詳載。夫津梁所建，開度攸先，國土不安，陰陽致沴，凶衰係起，疫毒流行，遂能保祐帝王，安鎭黎庶，此之功德，何以加焉。然道士立名，凡有七等：一者天眞，二者神仙，三者幽逸，四者山居，五者出家，六者在家，七者祭酒。其天眞、神仙、幽逸、山居、出家等，去塵離俗，守道全眞，蹤寄寰中，不拘世務。其在家、祭酒等，願辭聲利，希入妙門，但在人間救療爲事，今劍南、江表，此道行焉。所以稱之爲道士者，以其務營常道故也。至於法衣，非無差降。黃裳絳褐，式崇正一之儀；鳳氣飛雲，用表洞玄之服。載諸經教，此不縷陳。原夫眞經，實惟深奧，或凝空結氣，自然成章；或浮黎協晨，聖人演妙；或天書下降，玉字方傳；或代出聖師，撰述靈旨。其後遞相傳授，使得流通，或寶座敷揚，十方聽受。所以護持帝王，使國土安寧；拔度淪亡，使魂神遷陟。利人濟己，契道冥眞，法力幽通，難以爲喻。崇信者因而享福，毀謗者於是挻災，若影之隨形，響之應聲也。是以軒轅、夏后崇信也，致升仙之道，成太平之功；梁武、齊宣毀謗也，招禍敗之辱，受覆亡之報。我國家承宗李樹，襲訓鶱林，恆締想於眞靈，每稽芳於道德；無爲無事，載揚垂拱之風；洒聖洒神，逾闡不言之敎。既而彤闈少事，紫掖多閑，披鳳笈之仙章，啟龍緘之祕訣。文多隱諱，字殊俗體。欲使普天率土，廣識靈音，故勑金紫光祿大夫鴻臚卿員外置同正員上柱國河內郡開國公太清觀主臣史崇爲大使，銀青光祿大夫檢校太子僕射上柱國臣盧子眞爲副使，宣議郎試右領軍衛長史臣史杲爲判官，與銀青光祿大夫檢校中書令兼太子右庶子昭文館學士上柱國安平縣開國子臣崔湜、金紫光祿大夫行禮部尙書昭文館學士上柱國晉國公臣薛稷、銀青光祿大夫右散騎常侍昭文館學士權檢校左羽林將軍上柱國高平縣開國公臣徐彥伯、銀青光祿大夫右散騎常侍昭文館學士權檢校右羽林將軍上柱國壽昌縣開國侯臣賈膺福、銀青光祿大夫行黃門侍郎昭文館學士上柱國贊皇縣開國男臣竺乂、銀青光祿大夫行太子右諭德昭文館學士兼宋王侍讀上柱國臣丘悅、正議大夫行工部侍郎昭文館學士柱國臣盧藏用、正議大夫行祕書少監昭文館學士柱國臣韋利器、正議大夫行太府少卿昭文館學士上柱國吳興縣開國男臣沈佺期、通議大夫主爵郎中權檢校右羽林將軍兼昭文館學士上柱國臣李猷、正議大夫行太子洗馬昭文館學士上柱國臣張齊賢、大中大夫昭文館學士輕車都尉臣鄭喜、朝散大夫檢校祕書丞昭文館學士臣胡皓、金紫光祿大夫崇文館學士上柱國魯國公臣祝欽明、銀青光祿大夫行黃門侍郎兼修國史崇文館學士東海郡開國公臣徐堅、朝散大夫守中書侍郎崇文館學士臣王琚、銀青光祿大夫崇文館學士上柱國平涼縣開國子臣員半千、銀青光祿大夫崇文館學士上柱國臣胡雄、銀青光祿大夫行國子司業崇文館學士兼皇太子侍讀上柱國臣褚無量、通議大夫行祕書少監崇文館學士知館事上柱國居巢縣開國子臣劉子玄、朝議大夫行中書舍人崇文館學士上輕車都尉臣賈曾、朝散大夫中書舍人內供奉崇文館學士柱國臣蘇晉、大德京太清觀大德張萬福、大德劉靜儼、大德田君楷、大德阮孝波、京玄都觀主尹敬崇、大德京東明觀主寇義侍、大德京太清觀法師孫文儁、大德時居貞、大德單大易、大德高貞一、大德張範、大德田克勤、大德范仙廈、大德宗聖觀主侯元爽、大德東都大福唐觀法師侯抱虛、上座張至虛、劉元良、大德絳州玉京觀主席抱舟等，集見在道經，稽其本末，撰其《音義》。然以運數綿曠，年代遷易，時有夷險，經有隱見，或劫初即下，劫末還升；或無道之君，投以煨燼；或好尙之士，祕之巖穴。因而殘缺，紊其部伍，據目而論，百不存一。今且據京中藏內見在經二千餘卷，以爲音訓，具如目錄；餘經、儀、傳、論、疏、記等文，可易解者，此不詳備。其所散逸，佇別搜求，續冀修繕，用補遺闕。而經且久遠，字出靈聖，梵音罕測，雲篆難窺，或爲無識加增，或爲傳寫妄誤，或持浮僞之說，竊揉眞文，或採菁華之言，將文釋典，不可齊其所見，斥以靈篇。今之著述，或所未悟，中間闕疑，用俟能者，名曰《一切道經音義》。兼撰《妙門由起》六篇，具列如左。及今所音經目與舊經目錄都爲一百十三卷。

崇等學昧琅書，情昏寶訣，伏承天渙，敢罄謏聞，披錦蘊而多慙，對絲言而自失。

太上老君說常清靜經註

題解

毛麾《序》　源之未發，流無不清；風之未扇，物無不靜。及乎流以汩之，則清者濁矣；吹而散之，則靜者動矣。此理之常也。道之生物，自然之性，何嘗不湛然而清，寂然而靜，感而遂通。性以情遷，失其天眞，逐而忘返，至于流浪生死，常沉苦海。顧不哀哉？太上以大慈悲、大方便，引接迷徒，將與復其本元，使得見道。謂道雖不可以言傳，而目擊道存之士，且幾何人？斯謂道雖不可以象教，而得魚忘筌之喻，若有所待。故經之所以作也。是經諄諄明誨，始曰清者濁之源，靜者動之基，人能常清靜，天地悉皆歸；繼而曰人神好清而心擾之，人心好靜而欲牽之，常能遣其欲而心自靜，澄其心而神自清；又繼之曰，內觀其心，心無其心，外觀其形，形無其形，遠觀其物，物無其物，湛然常寂，寂無所寂，即是眞靜，眞靜應物，漸入眞道。復曰，雖名得道，實無所得，爲化衆生，名爲得道。此眞經之大旨歟？蓋自西王母授之，仙人葛玄等傳之，太玄眞人贊之，世世遵奉。柰何愚者有終身不靈，惑者有終身不解，鮮克仰副太上慈悲方便之意。今驪山侯公先生，游方之外者也，念經之言，能悟之者，可傳聖道，乃即其說，爲之訓解，辭簡而甚易明，理達而甚易行，神而明之。自遣欲而滅三毒，由觀心而識無空；屏執著之妄心，誡貪求之煩惱；祖述聖作，以開以明。其間有云，悟而無爲者是，得而有作者非。有云，大道中無文字，文字中無大道，天文玉訣，須憑師匠口耳相傳。有云，不執空爲空，不著有爲有。有云，抱出靈華潔，回還一體光。學者儻於是經誦持不退，當得造於目擊之玄，不有待於忘筌之後也。

著録

《道藏目録詳註》卷三　一卷有圖。海南瓊琯子白玉蟾分章正誤，終南隱微子王元暉註。太極大道章、造化自然章、賢愚見識章、應現無方章，皆以圖像大道，顯性命之至眞，見眞空之妙有。又述大道淵源，老氏聖紀，混元三寶之圖，初眞內觀靜定之圖，金丹大道之圖，傳經證道品，傳經開經知覺明師口訣，行功成道超凡入聖等詩。

太上老君說常清靜妙經纂圖解註

題解

王玠《敘》　竊謂大而化之之謂聖，聖而化之不測之謂神。夫太上老君之神聖，居混沌之始，爲萬炁之宗，變化不可測也。於傳考之，初三皇時爲萬法天師，中三皇時爲盤古先生，後天皇之世爲鬱華子，神農時號大成子。至軒轅時爲崆峒山人，號廣成子，授道與軒轅氏。少皞時化號隨應子，顓帝時號赤精子，帝嚳時號錄圖子，帝堯時號務成子，帝舜時號尹壽子，夏禹時號眞行子，商湯時號錫則子。雖累世化身而未誕生之跡。至商王陽甲時分身化炁，寄胎於玄妙玉女八十一年，至武丁時庚辰歲二月十五日卯時誕於楚之苦縣瀨鄉曲仁里，母攀李樹，從左脇降生，鬚髮皓然，其顔如童，遂以李爲姓，名耳字伯陽，謚曰聃，號曰老子。至周文王時爲守藏史，武王時遷柱下史。見素抱朴，少思寡欲；執古之道以御今之有；隱道不彰，謙德不顯；內則固眞養命，外則遠害全身，博古知今，無理不徹。東訓尼父，故有如龍之歎；西化金仙，大地作獅子吼。述《道德》五千言，授之尹喜。歷代變現，以道弘化。爲見世人貪迷不悟，自失元眞，故說《清靜經》一卷，爲諸經之首。其言簡而道奧，垂示生死之因，開化玄風，誘人向道，領悟三生之理、不死萬劫之眞。余嘗參究其經，未得其趣。近因師點開心，易得造化眞常之宗，始識羲皇畫卦之妙，方知孔聖贊《易》之音，究其金仙般若之道，若合符節。夫太上之聖，超生死而獨立，亘今古而無雙，是以百王取則，累聖攸傳。人或以爲虛無異端之教者，便是非聖人者無法。道本不遠人，人之爲道而遠。人得之者，愚可以智，濁可以清；修之者，石可以金，凡可以聖，出乎三界之外，永爲上仙，豈不玄哉。余以管窺之見，將是經逐節引先聖先賢之語，解註于下，而又纂圖貫通經註，曲暢旁通，一覽澈見，言辭雖鄙，無非直解其義。未敢爲是，其與我同志者鑒諸。混然子王玠道淵叙。

太上老君說了心經

著録

《道藏目録詳註》卷三　內云：心了眞，住了性，眞心心無所住，住無所心。了無執，住無執，轉眞空無所處，空處了眞，此是了心。

太上靈寶智慧觀身經

著録

《道藏目録詳註》卷二　觀身實相，深達智慧，了見四大六種根識，內外照盡，悉皆空寂，此是觀身極則。

太上昇玄消災護命妙經

著録

《道藏目録詳註》卷一　內言視不見我，聽不得聞，離種種邊，名爲妙道。此四句，形容大道之妙，總括一篇之玄。

元始天尊説生天得道真經

著録

《道藏目録詳註》卷一　內云安寂六根，淨照八識，空其五蘊，證妙三元。心目內觀，眞炁所有，清淨光明，虛白朗耀。杳杳冥冥，內外無事，昏昏默默，正達無爲。古今常存，總持靜念，此性命至理也。

元始天尊説太古經註

題解

長筌子《序》　夫至道無言，眞空非色，思之者，莫能知，觀之者，不可見，賾之不可得，行之不能到，陶鑄天地，率循造化，寂而不動，應滿六虛，令萬物蒙休，羣生復命。巍巍乎至矣哉！非聖人孰能通之者耶？況元始天尊，慈心廣布，慧照十方，觀見衆生忘歸失本，宛轉世間，輪迴不息，長劫受苦，不能自明。遂感法雨敷滋，宣揚妙道，引接有情，出生死海，遊清虛之境，恬淡之鄉，超乎塵垢，步乎寥廓，逍遙獨化，微妙玄通，無爲自然，返於純素冥極混茫者也。

太上赤文洞古經註

題解

長筌子《序》 夫至道無言，眞空非色，思之者莫能知，觀之者不可見，賾之不可得，行之不能到，陶鑄天地，牽循造化，寂而不動，應滿六虛，令萬物蒙休，羣生復命。巍巍乎至矣哉！非聖人孰能通之者耶？況元始大聖，慈心廣布，慧照十方，觀見衆生忘歸失本，宛轉世間，輪迴不息，長劫受苦，不能自明。遂感法雨敷滋，宣揚妙道，引接有情，出生死海，遊清虛之境、恬惔之鄉，超乎塵垢，步乎寥廓，逍遙獨化，微妙玄通，無爲自然，返於純素冥極混茫者也。

太上説九幽拔罪心印妙經

著録

《道藏目録詳註》卷一 言一切罪根，皆從心起，天堂快樂，自由心生，三界沉淪，一從心起，心生邪見，妄想貪嗔，心生惑亂，生念非眞，心懷嫉害，諸惡類身，心生虛寂，與道相親數語，實心印妙境。

高上玉皇心印妙經

著録

《道藏目録詳註》卷一 内云上藥三品，神與氣精，履踐天光，呼吸玉清等語，此是内修神機。

高上玉皇本行經集註

題解

和應善天尊《皇經集註啓讚序》 原夫大道無刑，妙萬物而資始；至眞罔象，攝群心而自歸。機若洪鍾，扣之立應。邈哉上聖，至誠遂通。恭惟《本行經》者，玄皇之秘言，穹昊之樞要。浮黎眞境，紀談授道之初；紫微上宮，顯露緘藏之跡。實諸天之隱韻，乃大梵之仙章。八角垂亡，本由於宸翰；千眞列衛，普度於人靈。年劫孰究，世數莫知。蓋大地衆生迷謬，喪失眞源，自壞刑體，耽惑情慾，不能洗滌，聖文遂隱。今日崑山玉顯，巨海珠分，獲睹瓊文，伏增驚歎。所謂幽囚重繫，慕妙義以薦原；痼疾沉痾，仰德音而頓愈。昏衢惠炬，溟渤舟航，保國寧家，濟生度死。金編玉軸，浩渺難量。非慕眞風，曷契斯理？聊叙大要，以化未萌云耳。

張仲《高上玉皇本行集經前序》 道本無言，諸經皆眞聖唾迹，但因言顯道，文亦聖賢之所不廢。自三才分，名教立，理本一致，謬妄者或歧之，歧之非是也。元始坐照於諸劫之先，當時至運會，諸眞問玉帝行因，遂説是經。廼法品最尊，靈文第一，自來經書無有及此者。眞文隱奥，不事奇麗，梵對而旨自難窮，諸聖所不能言，思議所不能到，此經括盡明若掌。臣張仲事文中古，供職於周，祇承上帝，即聞此經，願終寶持。帝偶較人間功過，録臣仲在忠孝之途，命掌化九天，編輯此經。經中玄蘊，益得飽味。惜世觀經者，不能體聖意，契玄旨，謬刊訛傳，言韻或誤，遂分洞玄、高上二名，各執私見以傳習，大悖説經之意，甚至膠柱。狂誕之徒，或不信此經，或以爲因襲他典，或無知強解，皆不知是經之尊，而罪福報應不可逃也。其過何可言。臣仲不忍盛典之失傳，惜塵俗之愚謬，誤犯無知，不聞大道。奏承帝命，使仙眞解經説義，流傳凡世，作窮經之關鑰，爲人道之梯階。庶聖經法航，可濟久溺之流；玄宗妙藥，易醫積沉之病。聞經悟道，永無妄議；應機識眞，終免輪沉。三千大千，界界悉太和之域；從劫至劫，代代爲樂利之場。求道必得，無願不成。是經功德，斯無負矣。謹序。九天開化文昌梓橦帝君臣張仲頓首百拜。

羅洪先《皇經集註初纂前序》　宣聖不言神，而祇事上帝；儒者諱談玄，而敦尚心學。上帝固儒家之不敢慢矣，卒無觀道經，會玄旨，融三爲一者。豈意專立門耶？抑行道而不暇耶？吁，亦隘矣。事不在於徇名，道惟貴於實益。玄經非矣，何以言道；是矣，又何殊於儒，而可拘拘哉？臣洪先幼習孔訓，嘗及玄典，恍若有得，未敢輒是。迨長捷龍頭，居金鑾坡，得備覽三教書，益知莫尊於道，莫深於玄。三教語莫勝於《皇經》，如菽粟布帛之不可少。奧意難規，諸仙註不可不傳。因寄迹方外，虔輯成卷。惜弱軀日羸，未及刊布。後遇山東濟南隱客，周雲清氏，講玄經，修《道藏》，遂托友人天拙子記愚言以付之。

周玄貞《皇經集註纂序》　道之難言久矣。臣玄貞蒙爾蠢質，草莽下士，何足知道，而修玄藏，集《皇經編註》耶？以蚊負山，徒見其不勝任已。但大道不遺於卑陋，下學亦可以知言。玉經雖玄，諸仙明解。適羅太史付愚，不彙入藏，是秘天寶；參入，又於見未安。懼劣質管見，不能聯仙旨，融註意，嚼飯旁付，令人嘔噦，使道味至趣，爲某調亂，則罪益甚矣。嗚呼，述者之明，世亦希覯。臣愚陋而僭述者之事，宜無功而取罪也。然志在行道，罪我之議，孔子不辭。愚何人，斯敢避罪而不述已成之論耶？若重道英流，觀某管見而憐之，繼爲發明，以宣此經之義，是編爲不徒矣。謹序。

王静粹《皇經集註謄録序》　行道揚名，以光先人。世所謂忠以成孝，古今相襲之道也。臣静粹，幼業儒，雖知天帝之尊，行道不在功名，寔知所未逮矣。後從玄師周雲清修《道藏》，供書務，觀《皇經註》，廼知三教一理，性道無二。此經直指玄要，悟此則道盡。遂僭序卷首以自勉。

周玄貞《皇經集註刊傳疏文》　大明講道經修玄箴嗣全眞弟子山東小兆臣周玄貞，誠惶誠恐，稽首頓首，齋沐百拜，奏：

伏以道妙無爲，每因時而著見；人心有覺，宜隨地以積功。臣玄貞一介微質，三才末品，慕妙法以皈玄，本儒行而會道。一睹帝經，勝獲珍異，即逐字以精研，冀因文而了悟。但聖典無註，體認惟難。臣貞用發衷虔，博方解義。緒纂仙聖格言，彙入道藏函部。緣三卷之眞文，用集序次；敷五品之祕論，以列篇名。卷編爲十，幅計六百，總列一百八章，大略十餘萬言。千聖心法，睹冊昭然，浩劫玄宗，舉目如在。雖未能獨窺上聖之蘊奧，亦庶使衆觀最盛之眞文。寸勞既效，良緣若存。涓吉朝而虔刻，資善信以協成。預奏疏詞，上干玄鑒，增君民清淨之福，赦小兆僭妄之罪。使諸界多方，盡爲十七光明之照徹；絶今傾古，悉被三十大願之陶鎔。人物俱登重玄，冥陽永霑法利。庶臣玄貞之誠，少伸萬一矣。謹奏。

《經註名義序次攷》　經本文有作一卷者，從本傳，象太極也。分三卷者，象三才耳。今註作十卷，象十極之義，道數成於十也。分五品以象五行，合五行、四象、八卦，則得十七。皆太極之分。故帝於十七光明，天以生，地以成。玉帝此經，即地之曲成萬物。地數三十，故帝示三十種功德。帝德超出十極，故具十號。修億萬劫，故周萬德。今註六百幅，象火記六百篇。一百八章，從帝千八百戒。十萬餘言，象帝十萬妙行玄光也。至於所謂《皇經纂》，恐下愚不能全契聖文，舉大要以詔入耳。知此義，又何有不同之旨？

太上無極總真文昌大洞仙經

著録

《道藏目録詳註》卷一　五卷。此經三十九章，乃九天之奇訣，上元太素君金書之首經也。一名《三天龍書》，一名《九天太眞道經》。

玉清無極總真文昌大洞仙經註

題解

張與材《序》 經者，道之綱領也。夫道豈容言哉，上聖因言成文，因文演教，其所以經紀世道，類不可以測識，故凡經皆有難言之妙。近世學者方句評而篇註之，往往有得天人說經意，此大洞經之類是也，大洞自元始出，其言致玄總靈，超眞歷劫，蓋所謂妙哉者。今中陽衛氏，乃能自出新意爲之註釋，録以行世，見予京師，求所序引予觀之，詳乎而莫知其涯，眞不可以測識也，抑聞演經之旨有萬遍，而道備者味之深也，今子於是蓋有得矣，苟明夫味外之意，則自萬遍而至無言，其爲造元始閫域也無二道。

張仲壽《序》 大洞仙經，蓋西蜀之文，中原未之見也。中陽衛君自蓬山來京師，示予一編，且求爲序，引予諦觀之，皆世外之說。衛君以三教聖人有雜註於其間，旨意深遠，苟不能貫通三教之書，未易觀也。獨雌雄混玉房一語，所註陰陽交媾之事，頗涉形跡，豈中陽曲爲今時而然耶！但恐不可對癡人說夢耳。且西方聖人有云：始從鹿野苑，終至跋提河，於是二中間未嘗談一字；吾夫子亦云：天何言哉，四時行焉，百物生焉；老聖亦曰：多言數窮，不如守中。由是論之，文字語言者，聖人不得已而因言顯道耳，苟得其道，尙何文字言語之爲哉！我作是說，中陽子以爲何如。

趙炘《序》 圖書未龜馬以前，五文開化，已見於靈寶之書。天道昌熾斯文，如善養元氣，浩然獨存，濁之而愈清，晦之而愈明，無絶續，無存亡，劫火不能焚，世變不能移也。蒼然而在上者，不有剛健中正純粹精爲之情性，則機亦息矣，所以運行形體情性於不息者，其主宰之謂帝乎。七曲老仙以功行道德，經緯文章神而明之，大哉帝力，持是經籙，溥覺衆生，造化之樞，性命之源，主宰在是，自未始有形之先，暨四達無窮之外，寥乎廓哉，萬殊一本，千劫一途，以法眼視之，洞然而無礙也。吾之所謂太易太初太始太素太極，即元始所傳《文昌大洞》也，中陽先生衛氏洞測玄妙，句解字釋，本之以道學性理，參之以丹訣禪機，聖賢千古心法，透徹發露，更無餘藴，洋洋在上有神司之，覽者幸毋忽焉。

著録

《道藏目録詳註》卷一 七卷有圖，東蜀蓬萊山中陽子衛琪註。內有無極圖、太極圖、河圖、洛書、九統等圖。

梓潼帝君化書

題解

佚名《梓潼帝君化書序》 化有二理，有變化之化，有教化之化，自無入有，自昔爲今，以幼壯爲老死，以老死爲嬰稚，此變化之化也。三綱五常，是非邪正，上以風動其下，下以獻替其上，此教化之化也。今吾所降前後九十七化，元命者，序太始也。流形者，本太質也。生民者，明性習也。易俗者，變夷禮也。稽古者，覺後知也。奉眞者，遵道法也。寧親者，報劬勞也。幽婚者，戒苟合也。淵石者，重有子也。馴雉者，誠感通也。回流者，護先塋也。降瘟者，顯籙驗也。好生者，習醫業也。天官者，醫業成也。薦賢者，公道開也。格非者，和聖賢也。榮歸者，知止足也。敦宗者，念本支也。歸寂者，遇釋法也。君山者，喜幽清也。感生者，不能忘情也。奉先者，思繼志也。孝友者，繼絶緒也。沔水者，杜讒慝也。白駒者，冀留賢也。舉讎者，忘私憾也。恤孤者，敦友義也。慈訓者，傳內觀也。盡忠者，堅臣節也。棲眞者，屈雪山也。山王者，始護蜀也。刑賞者，罰淫而舉孝也。存褒者，憫無辜也。回風者，罪狂夫也。明冤者，恤無告也。苴邑者，滋生齒也。拯溺者，善賢侯也。雨穀者，惡私心也。曲雨者，惠小民也。殞賊者，旌孝婦也。北郭者，誨求嗣也。返火者，敗奸計也。平苴者，現陰佑也。費丁者，賤勇力也。石牛者，惡好財也。五婦者，諫重色也。顯靈者，不忍蜀之亡也。大丹者，遇聖師也。巴都者，嫉贓汙也。婆娑者，明天性也。戒龍者，和鄰祇也。鳳山者，尊所生也。魚腹者，矜老苦也。口業者，彰惡報也。東郭者，懲巧僞也。牛山者，分善惡也。天威者，戒逆婦也。尙義者，貴同氣也。旌隱者，厚士風也。佑正者，高烈女也。殺生者，遠庖廚也。酷虐者，戒害物也。憫世者，念黎元也。咸陽者，奉帝命也。邛池者，報父母也。解脫者，謂冤不可成也。仁政者，悟前非也。幽明者，戒欺暗也。籌帷者，償宿業也。如意者，大有爲也。丁未者，兆命佐聖也。水漕者，司天澤也。桂籍者，司文衡也。孝廉者，濟太平也。感時者，悼王化也。神扶者，顯八公山也。誅暴者，戒汙吏也。明經者，顯先聖也。護聖者，顯大功也。明威者，戒士夫不欺也。濟順者，奉帝保民也。濟迷者，懲不信也。忠顯者，佐皇國也。聖治者，歌太平也。摽忠者，濟時也。興國者，忠良也。止足者，辭王旨也。訓逆者，誅不孝也。戒欺者，正名也。誅悖者，勸孝也。眞元者，拯難也。拔苦者，悼亡也。福濾者，平夙冤也。昭明者，見畢工也。摩維洞天者，顯後化也。放生者，戒殺魚子也。弭蝗者，拯救萬民苦也。是故聖人神道設教，始有天人相因，人神共理之化，要其所歸，不過垂世立教之大端也。

延祐三年春，中書因太常定議，根予自周歷晉之出沒，原古迄今之事業，錄予爲忠國孝家益民正直祀典之神，閱予舊封神文聖武孝德忠仁王，崇褒爲輔元開化文昌司祿宏仁帝君，因予靈應廟額，表曰佑文成化之祠。徽號益彰，汗顏愈熾，每思所以裨益公道，輔治皇元者，其跡淺陋，不足稱述，聊以予所化之實，自爲一書，以答綸音之萬一。允以道業誨人者，謂之教，躬行於上，風動于下，謂之化，風化之源，在乎風化之主，考其事之美惡，則知化之所由，淳樸既衰，民心不古，刑政極而鬼神化焉。蓋天下之民，淪綱斁法，逭于朝典者，必受冥誅，古今昭昭，綽有常憲，故官府治民，神祇理世，一也，要在明教化，示斯民遷善遠罪耳。奈何幽明殊塗，隱顯異勢，聲跡既不能相接，雖有教化令典，將何舉而示民哉。此冥冥中理世尤爲力之難也。予素知此義，故曲爲神人交接之術，與承職百靈共白于帝，作飛鸞闡化之法，筆降人間，爲幽明通貫之理，仰蒙帝意，仁愛下民，允從奏議，故予往歲已曾宣傳化跡，其事雖若自修，此身作爲之實，然化跡之傳亦顯教明法，示人遷善遠罪之微意，其於淑人心，善風俗，力挽頹波，捨此則何以哉！比者，欽蒙上帝誕降嘉命，賜以二十一司官屬，明具所職，俯治下方，一則俾贊襄天府生成之功，一則俾密資聖朝平治之隆也，叠承寵光，罔敢逸墜，孜孜弗逮，于兹有年。矧予《化書》九十七帙，布在人間久矣，濫觴于腐儒之手，以魚爲魯，以根作銀，珷玞混石玉者衆矣，不訂炤以示人，彼將曰好事者附會妄誕尙鬼神耳，羣疑之中，得貞确端慤之士某等，爲吾反覆辨校南北二本，式質鬼神，予命之曰：比者南本則庯僻實多，北本經予親校，事實詳明，斷自丁未化前，更定舛訛，桂籍化後，删改繁亂，予又增及甦民化，科舉化，爲九十有九，姑虛其文，以存後意，俾正校者梓木傳行，以示來哲，庶無疑妄。人之言曰：聖人神道設教，九經並明日月，博雅君子，代不乏人，典明教化，猶不能家喻戶書，何區區《化書》之帙，能砥柱于中流耶？嗚呼！其亦不思而已矣，化之所存，道之所存也。居官者覽予化跡，若是之嚴忠廉幹濟之心，未必不凜凜也。文人儒士觀是化之終始，知赫赫之若臨，未必不祇懼修省。農工商賈雜家者流，聞千百載之駭聞，欺心者獲天誅，口業者被神戮，善有賞，惡有罰，未必不寒心竦毛、遷善改過。習釋道者，知劫運果報之昭昭，未必不全其心而蹈其矩，奚啻頑夫廉懦夫立耳。鄙夫之言曰：子不語怪力亂神，何怪神之多多？此非時中之人斯不可語上也，斯守白公之信也，予之匡人于修齊治平之途，非左道之術耳。斯化也，雖不能與天地立心，與生民立命，與後世開太平，識者未必不知予心之輕重也。若夫予之神在天下，若日月之運于天，予奪嗣祿職掌，文衡天下，小大事端，靡不該括。吁！回風返火既行之于往，雷勵風飛不能行之于今耶！咨爾天民，體予至意，立仁義于詩書之囿，策忠孝于廉讓之鄉，共躋仁壽，同樂太平，幸也。否則，恭行天罰，及悔何追？予忝膺重寄，恐負天子寵光，故此爲叙。

吾先奉玉帝敕，授以如意飛鸞墨跡于天地之間也，救末劫，爰命梓潼君也，今吾之九十余生之化，故命于勿于堅重校勘此文，今已周矣，請命於吾，親跋于後耶。

九十余生闡化機，扶生拔苦拯災危，證果梵迦如來藏，再出神文福他時。吾孝友也勿堅二生，吾文已就，重出斯寶如意持之萬里，古語云：千鍾馬金厥有名，一朵雲生腳下登，三天高臺入地去，一枝消息泄春靈。此中造化藏千里，可否人生在此中。二生知機否？

緣事將成信有時，人能弘道復何疑。不因百尺樓工畢，爭得多生事跡垂。典實任從讖衍耀，始終庶可見云爲。從今又被人間世，傳出清河百詠詩。

太上玄靈北斗本命延生真經

題解

《道藏目録詳註》卷三　桓帝永壽元年正月七日，太上降蜀臨邛，授天師張道陵《北斗延生經》一卷。上則有飛神金闕，中則有保國寧家，次則有延齡益壽、祈禱災福養生之訣。

太上説南斗六司延壽度人妙經

題解

佚名《太上説南斗六司延壽度人妙經序》　太清境太上老君兩度降蜀之臨邛，往大邑至于鶴鳴山，初授與徵士張道陵正一盟威祕籙二十四階品，次授朝拜日月高奔鬱儀結璘之眞訣，并三八謝罪滅除黑簿超度玄祖之文。道陵先於中嶽已獲得黄帝九鼎丹書，後始在鶴鳴山隱居，遂備藥物，乃依其方法，修鍊三年，丹成，未敢服之，乃謂弟子王長曰：神丹成就，若服餌之，當必冲天，便爲眞人矣。然吾未有大德，宜須爲國爲家除害興利，利濟民庶，所謂先施勤勞，後可服丹，即輕舉上昇，臣事三境，則吾無愧焉。由是果蒙太上老君親降法駕，薦授眞文，修行千日，忽於一時能內顧五藏，外集萬神。

太上復遣清和玉女，教以吐納清和之炁，行三步九跡，交乾履斗，呼召九元，以齊七政，隨罡之所指，立攝伏精邪，因吞餌大還，尋滅除小醜，至是乃與六天鬼魔，戰奪二十四治，改爲福庭，名之化宇，降其帥爲陰官，置道者令焚修，於是明分晝夜，人鬼殊途。又於陵州仁壽縣，降繫十二天游玉女，化地作鹹泉煎鍊爲鹽，因名其地曰陵郡。

道陵道之成也，至第三度，又蒙太上降臨，授以經籍千軸，皆修行之要道，將傳付有道者，令生身受度，使永劫長存，即與道陵同遊成都。太上駕龍車，道陵乘白鶴，頓下五雲，至太昊玉女修大丹之所，感地踴玉局座，高丈餘，太上登于座中，道陵稽首座下，老君此時爲説北斗七元經，削死延生之法，即漢桓帝永壽元年太歲乙未正月七日也，至其月十五日上元之辰，老君又復爲道陵説《南斗六司延壽度人妙經》耳。

著録

《道藏目録詳註》卷三　有符。桓帝時永壽元年上元之辰，老君復爲三天大法師張道陵、弟子左玄眞人王長、右玄眞人趙昇演説。

太上玄靈北斗本命延生經註

題解

傅洞眞《序》　北斗經者，太上老君之所説，漢天師之所受也。是時老君所宣聖語，天師下聆，而經之所作也，得不上體聖訓，增飾爲文，誨其隱訣，明其趣舍，曉其機栝者哉。而所行經句，多於四六，有愚者便自臆說云：其文類乎漢唐之作，必杜天師爲之耳，若非杜天師，則張天師之所爲也。固自以二天師便敢無稽而謗之，且夫二天師也，一則飛昇，一則解化，皆有絕代之文章爲其辭藻，豈鄙言哉。如五經六籍、諸子百家之書，及乎釋氏之典，若非撰述，何從而有？且儒書從古迄今，注釋修撰不已，而未及盡，況道妙之言，隱昧乎渺莽者哉！惟此經人天誦詠，祈福禳災，無不應驗，其諸謗毁，經有明言，命沉六趣，永失人身，深可悲哀，自致斯苦。洞眞今所以撰注者，將以驅愚人之黷，塞爾之辠根也，是乃引諸經教，及先師之語詳而釋之，又特以麤言而爲證者，蓋曉之於中下耳，上士高明不足觀也。

太上玄靈北斗本命延生真經註

題解

徐道齡《後序》 道可名，道非名，常行是道；名可道，名非道，常用是名。昔永壽元年正月七日，太上道祖老君降蜀都，授天師張眞人《北斗本命經訣》，蓋哀憫大地衆生迷惑眞途，沈溺苦海，不自知覺，永無輪轉，故垂无上之法橋，濟度存亡，無物不被其澤，而其好生之心，乾乾不息，則聖德玄功，豈易言哉。道齡甫自弱冠留志斯經，但聞一善言，見一善行，必書之於簡冊，及取諸先賢先覺解藴釋奥之文，未嘗去手，日就月將，玩味不怠，始知我太上以是經是訣垂之於世，特不虛設也。洪惟北斗九皇天尊，乃天地之樞機，人物之陶冶，司性命，判生死，運陰陽，建歲時，分晝夜，立寒暑，明貴賤，化賢愚，主禍福，振紀綱，開解謝之門，指延修之徑，上至帝王，下及士庶，皆由七星之主宰，三台之生養也。或云此經文辭淺近，旨意乖訛，殊不知太上故以日用常行之事，道之名之，啟發愚蒙，盡歸正道，其上智之士，當易境而行之，則自然長生也何疑。道齡吏遷吳中，幸獲考滿，暇日靜慮洗心，截長補短，別義綴章，少明太上授受之餘意，非敢爲訓詁之師也，遂援筆臨文，似有神助，不逾月而集成。噫！道不遠人，人能弘道，此之謂歟。道齡俚語鄙辭，不足以宣揚聖化之萬一，謹取前賢之訓以爲之釋，其有不與經旨相符，脈絡失經之處，余以日用常行之道，切於己身者證而解之，如宅舍得安寧，註之曰修身正心，六畜保興生，註之曰屏六賊淨六根，似不失本命之事實、延生之要訣也。夫道可名，名可道，如針芥之相投，註幸備刊已就，必聖眞而是相，雖文理不精，識見不廣，則不敢索怪搜奇，以眩高人之耳目也。道齡愚誠以斯經力上析聖朝，一人有慶，萬壽無疆，宮闈福千歲之秋，臣宰輔三台之化，下冀歲時豐稔，民物安榮，沉迷超碧落之天，人我樂玄靈之道，凡諸同志勿以人廢言，當以命爲重，謹序。

太上玄靈北斗本命延生真經註解

題解

李白《序》 原夫太素未分，無光無象，混黃成化，有始有終，則昇清而滯穢，輔善而貶兇，置百二十曹局，列於冥府，造三十六部經，祕於瓊宮，度天人之有道，啟含識之不矇，余歎曰，莫非三界十方，天地人倫，斯爲以而道之紀也。今竊見聖世，幸逢豐年，得遇皇朝，將道德而安家邦，效勳華而育黎庶，而況天下晏然，太玄彰耀，今即啟有道之心者，扶風氏等志奉日新，慕眞歲久，禱天祐而制凶魔，求師訓而傳道要，遂得遇崆峒山玄元眞人，明龍漢之玄文，演赤明之妙奥，敎符十洞三乘，化列萬機一義，註解《北斗延生經》一卷，上則有飛神金闕，中則有保國寧家，次則有延齡益壽，普度有情之品，同登無礙之門，於是謹作斯文，用題經首。

蘇軾《後序》 蓋聞昊天皇皇，至高至邈，無梯可以倚其上，無路可以達其中。大道默默，至幽至玄，無計可以度其元，無方可以測其理，於是以善爲昇天之徑，以經爲入道之門，善則通於雲衢，經則露其隱奥，則非善乃天之無路，則非經乃道之無門。是故立經度死，垂教開生，而況厥恩莫大乎經也，其福莫大乎善也。夫聖人垂經，則有恩而無，凡夫奉善，則無福而有，因心以作，所由生也，若得遇玄文，空披視已，不戒不奉，匪究匪窮，何異有患求醫，唯誦驗而不餌於藥，恐刑開律，但解科而罔戒於非，思之矣然，而覽之豈可獲其濟也。凡有得遇，可戒奉之，庶乎俾寒獄之冰消，使火山之焰息，可得蓬宫閬苑注籍得道之名，幽府羅酆落部拘囚之目，咸拯識靈，同登道岸，余行微性戇，不愧聾言，謬作嘆文，標其經關。

四輔真經部

太平經

題解

佚名《太平經複文序》 皇天金闕後聖太平帝君，太極宮之高帝也，地皇之裔。生而靈異，早悟大道，勳業著於丹臺，位號編於太極。上清錫命，總統羣眞，封掌兆民；山川河海，八極九垓，莫不盡關於帝君而受事焉。君有太師，上相上宰上傅，公卿侯伯，皆上眞寮屬，垂謨作典，預令下教。故作太平複文，先傳上相青童君，傳上宰西城王君，王君傳弟子帛和，帛和傳弟子干吉。干君初得惡疾，殆將不救，詣帛和求醫。帛君告曰，吾傳汝太平本文，可因易爲一百七十卷，編成三百六十章，普傳於天下，授有德之君，致太平，不但疾愈，兼而度世。干吉授教，究極精義，敷演成教。當東漢末，中國喪亂，賫經南遊吳越，居越東一百三十里，山名太平，溪曰干溪。遺跡見存，士庶翕然歸心。時孫策初定江南，方正霸業。策左右咸奉干吉，策以爲搖動人心，因誣以罪而縶之。策告曰，天久旱，得雨當免。倏忽之間，陰雲四合，風雨暴至。策愈惡之，令斬首，懸諸市門。一旦暴風至，而失尸所在。君因更名字，遂入蜀去。策覽鏡，見君首在鏡中，因發面瘡而卒。時咸以戮辱神仙，致斯旱殞。故孫權立，益信奉道術，師葛仙公，介先生亦遊其庭。南朝喪亂，太平不復行。暨梁陶先生弟子桓法闓。闓，東陽烏傷縣人，於溪谷間得太平本文，因取歸而疾作。先生曰，太平教未當行，汝強取之，故疾也。令却送本處，未幾疾愈。至陳宣帝時，海隅山漁人得素書，有光燭天。宣帝勅道士周智響往祝請，因得此文，丹書煥然。周智響善於太平經義，常自講習，時號太平法師。宣帝略知經旨而不能行，陳氏五主，宣帝最賢。爰自南朝湮沒，中國復興，法教雖存，罕有行者。綿歷年代，斯文不泯，繕寫寶持，將俟賢哲。壬辰之運，迎聖君下降，睹太平至理。仙侯莅事，天民受賜，復純古斯文之功彰也。凡四部，九十五章，二千一百二十八字，皆太平本文。其三百六十二章，是干君從本文中演出，並行於世。以複相輔成教而傳受焉，故不謬也。

著録

《文獻通考》卷二二五《經籍考》五二 《太平經》一百七十卷。《後漢書・襄楷傳》：植帝時，楷上書言：「臣前上琅邪宮崇受干吉神書，不合明聽。」干，姓；吉，名也。神書，即今道家《太平經》也。其經以甲乙丙丁戊己庚辛壬癸爲部，每部一十七卷。又言：「前者宮崇所獻神書，專以奉天地順五行爲本，亦有興國廣嗣之術，其文易曉，參同經典，而順帝不行，故國胤不興云云。」初，順帝時琅邪宮崇詣闕，上其師干吉於曲陽泉水上所得神書百七十卷，皆縹白素、朱介、青首、朱目，號《太平清領書》。其言陰陽五行爲家，而多巫覡雜語。有司奏崇所上妖妄不經，乃收藏之。後張角頗有其書焉。及靈帝即位，以楷書爲然。

按：道家之說，皆昉於後漢桓帝之時，今世所傳經典符籙，以爲張道陵天師永壽年間受於老君者是也，而《太平經》正出於此時，《范史》所書甚明。然隋以來藝文志道書中並不收入，至《宋中興史志》方有之，然以爲襄楷撰，則非也。今此經世所不見，獨章懷太子所注《漢書》略及其一二，如楷疏中所謂「奉天地順五行」者，經中所言亦淺易，無甚高論。至所謂「興國廣嗣之術」，則不過房中鄙褻之談耳。楷好學博古，於君昏政亂之時，能詣闕上書，明成瑨、李雲之冤，指常侍、黃門之過，不可謂非高明傑特之士。而疏中獨再三尊信此書，遂以來違背經誼、假托神靈之劾，幾不免獄死，惜哉！然此經流傳最古，卷帙最多，故附見於此。干吉者，後爲孫策所殺。按順帝至孫策據江東之時，垂七十年，而吉於順帝時已爲宮崇之師，則必非稚齒，度其死時當過百歲，必有長生久視之術。然亦不能晦跡山林，以全其天年，而乃招集徒衆，制作符水，襲黃巾、米賊之爲，以取誅戮，則亦不足稱也。

《道藏目録詳註》卷四 《太平經》卷一之十四，胞胎陰陽規矩正行消惡圖、虛無自然圖、道必成誡等章。卷十五至三十四缺。卷三十五之五十，分别貧富法、守三寶法、解師策、書訣、古文各書訣、大小正諫法、起土出書訣、上善正子爲君父師得仙方訣、三合相通訣、急學眞法、去邪文、飛明古訣等章。卷五十一之九十，內有缺卷，較文邪正法，使能無爭訟法、斷金兵法、六罪十治訣、三戒六子訣、學旨得訣、六齋戒思神救死訣、來善集、三道文、青訣、作來善宅等法。卷九十一之一百七，內缺九十四九十五，拘較三古文訣、三光蝕訣、方藥厭固相治訣、神存人守本陰佑訣、乘龍駕雲圖、東壁圖、西壁圖、神人自序出言圖、興上除害複文、德行吉昌複文、神佑複文。卷一百八之一百一十九，要訣十九條、大聖上章訣、有知人鬼慕與大神相見訣、長德福訣、有功天君勑進訣等章。已上經中第分，乃東漢時于吉嘗遇太上老君親授太平經。其經以甲乙丙丁戊己庚辛壬癸爲部，每部一十七卷，編成一百五十卷。皆以修身養性，保精愛神，內則治身長生，外則治國太平，消災治疾，無不驗者。

無上妙道文始真經

著録

《道藏目録詳註》卷三 一卷。關令尹喜，周大夫也，著書九篇。一宇篇、二柱篇、三極篇、四符篇、五鑑篇、六七篇、七釜篇、八籌篇、九藥篇。

文始真經註

題解

佚名《文始真經直解跋引》 皓月圓明，普見千江之水，眞空妙有，該通萬卷之經，因水見圓明，由經悟妙有。圓明以皓月爲本，妙有以眞空爲源，本末是同，源流非異，既循末以歸本，仍泝流而還源，源即眞空，乃是不容思議，流爲妙有，爰非專一無言，無言之言以爲經，無説之説以爲妙，無説之説以薦言前，無言之言以明意外。言前洞奥，意外幽深，非由直解以難通，不假詳箋而莫曉，因指見月忘指，而眞月昭彰，因解悟經忠解，而眞經洞徹，見千江之月影，知一月之維綱，究羣經之眞詮，悟一眞之統攝，見知雙泯，究悟俱忘，天眼龍睛，詎可窺於彷彿，神靈聖智，豈可測於依稀，意外難思，言前莫議也。

葛洪《文始真經後序》 洪體存蒿艾之質，偶好喬松之壽，知道之士，雖微賤必親也，雖夷狄必貴也。後遇鄭君思遠，鄭君多玉笈瓊笥之書，服餌開我以至道之良藥，呼吸洗我以紫清之上味，後屬洪以尹眞人《文始經》九篇，洪愛之誦之，藏之拜之。宇者，道也，柱者，建天地也，極者，尊聖人也，符者，精神魂魄也，鑑者，心也，匕者，食也，釜者，化也，籌者，物也，藥者，雜治也。洪每味之，泠泠然若躡飛葉，而游乎天地之混溟，茫茫乎若履橫杖，而浮乎大海之渺漠，超若處金碧琳琅之居，森若握鬼魅神姦之印，倏若飄鸞鶴，怒若鬥虎兕，清若浴碧，慘若夢紅，擒縱大道，渾淪至理，方士不能到，先儒未嘗言，可仰而不可攀，可玩而不可執，可鑒而不可思，可符而不可言，其忘物遺世者之所言乎，其絶跡去智者之所言乎，其同陰陽而冥彼此者之所言乎！何如此之尊高，何如此之廣大，又何如此之簡易也。洪親受之。

文始真經言外旨

題解

王夷《文始真經言外旨序》 愚聞三教鼎立於天地間，如三光在天，相須爲明，不可偏廢也。三家經文充府滿藏，其間各有精微極至之書，吾儒六經皆法言，而最精微者《易》也，釋氏大藏累千萬軸，最精微者《楞伽》也，道家大藏亦千萬卷，最精微者《關尹子》書也。三書之在三教，如三光之在三才，然三光雖明，人無眼目，無由見其明，三書雖妙，世無慧哲，無由知其妙，故三書雖存，旨昧久矣，《傳》曰：苟非其人，道不虛行，信哉。嗚呼！儒更三聖之後，《易》變而爲象數卜筮之書。釋傳四燈之後，《楞伽》變而爲象教之文。道歷秦漢而來，《關尹子》書付淮南方術家矣。況乎道隱小成，言隱浮僞，至人不常生，至言不常行，宜乎《關尹子》書祕而不傳於世矣。雖然天地至靈之氣，發而爲文，載道之言，陰有神護，終不可泯，行之有時爾。《易》自孔子之後數千年，至陳希夷始傳心法。《楞伽》自瞿曇涅槃數千年，至達摩始傳于中國。今《關尹子》書自老子西征出關，亦數千年矣，抱一先生始發明此書玄奧。然此書句讀且難，況通其義耶！先生證悟道眞，慈愍後學，乃探老關骨髓，述成言外經旨。或因言而悉旨，或轉語以明經，或設喻以彰玄，或反辭而顯奧，或句下隱義，或言外漏機，或指意於言前，或顯微於意外，大率多《關尹子》言外之旨，故總其多者目之曰《言外經旨》。是書也，眞所謂剖大化之祕藏，增日月之光明，泄大《易》未露之機，述《楞伽》祕密之蘊，即伏羲之本心，盡姬文之神思，探仲尼之精微，究諸佛之命脈，窮諸祖之骨髓，顯黄帝之機緘，露老聃之肺腑也。學者得見此書，誠爲不世之遇，豈可不知其幸耶！愚蒙師親授，得悟道眞，無以報稱師恩，敬鋟于梓，傳之無窮，使天下後世志道君子得遇此書，言下打發，了悟道眞，皆吾師抱一先生無窮之德施也。是書在處，當過於佛乘之經，陰有神天護持，豈可輕慢耶？學者當藏拜莊誦，如葛稚川可也。故爲之序。

陳顯微《文始真經言外旨序》 夫道本無名，《老子》曰有物混成，先天地生。吾不知其名，强名曰道。既曰無名，而不知其名矣，則不可以言言也，如是，則聖人於道，惟當不立言，不立文字，然聖人欲曉天下後世，苟不强立其名以述其實，則所謂道者，將絶學而無傳矣。關令尹望雲氣，以候老子出關，邀而留之，師其道，而請立言以惠天下後世，則聖人慈愍後學之心至矣。及乎得老子之道，傳五千言之後，乃述是書，以曉天下後世，而露五千言之所未述之旨。然是道也，不可名言之道也，而是書也，所述無言之言也，則其言豈可以百家窺哉，宜乎莊子聞其風而悅之，自以其學出於關尹，而稱之爲古之博大眞人也，列禦寇亦師之以傳其道焉。嗚呼！至人不常生，至言不常聞，而關尹之書，自昔以來，祕傳於世，少有知者。雖聖明之朝，以《莊》《列》二書名之爲經，而是書不傳，不得上達，使莊列二子有知，豈不有愧於地下乎！莊子不云乎，不離於宗，謂之天人，不離於精，謂之神人，不離於眞，謂之至人。以天爲宗，以德爲本，以道爲門，兆於變化，謂之聖人。今觀是書，則知關尹子咸備四者之道，宜其稱之爲博大眞人矣。自清濁兆分以來，未有立言垂訓，顯道神德，至精至微，至玄至妙，如此書者也。葛稚川謂擒縱大道渾淪至理，先儒未嘗言，方士不能到。惟其尊高也，故淺近者不能窺，惟其廣大也，故孤陋者不能造，惟其簡易也，故該博者不能測。學者望之不及，研之不得，契之不可，咀之無味，捫擷無門，探索無路，甚至指爲僞書，以爲出於漢儒之口。噫，是書也，莊列不能言，文程不能道，而謂漢儒能述之乎！自漢明帝時，西域之教始流入中國，而其書最精微者，《楞嚴》《楞伽》《金剛》《法華》也，其所言之神通妙義，變化正魔，以至無我無人之説，悉先述於是書矣。然其言簡其義詳，又非重譯之書所可比擬也。今關尹聖人，生周末之世，與孔子同時，二聖人皆親見老子，故其言間有一二與孔子同者，如朝聞道，夕死可矣之類，豈所聞所見亦有同得者乎。今觀是書首篇之言，似發明五千言之旨，而爲《道德經》作傳也，學者當與《道德經》參觀之，庶幾心釋神悟於是書矣。若夫因是書感悟之後，而復隨世俗一曲之士，輕生誣謗，不生恭敬，侮聖人之言，則其人，本以心之神靈者悟是書之旨，必復爲心之不神不靈者昧其性天，而隨失其悟矣。是書之靈，必至如是讀是書者，可不若葛稚川愛之誦之，葳之拜之哉！今欲於強名之下強字表德，故述言外經旨。有宋寶祐二年歲在甲寅重陽日，抱一子陳顯微再拜炷香敬序。

又 抱一子曰：宇者，盡四方上下之稱也，故以一宇冠篇首。謂無是宇，則無安身立命之地，道則徧四方上下無不在焉，無是道，則天地造化或幾乎廢矣，故一宇者，道也。宇既立，不可無柱，故以二柱次之。柱者，建天地也，天地定位，聖人居中。聖人者，道之體也，聖人建中立極，故以三極次之。三才既立，四象位焉，故以四符次之。符者，契神之物也，故爲精神魂魄。五居數之中，心居人之中，故以五鑑居中，以明眞心能照也。然無形，則心無所寓，故以六匕次之。匕者，食也，食以養形，故形食一體，形久則化，故以七釜次之。釜者，變化萬物之器也，釜中不可無物，故以八籌次之。籌者，物也，物物可爲藥，藥可以雜治，故以九藥終之。九者，究也，盡也，物至於爲藥，功用極矣。然藥之功，復能活人，有復生之理，以明萬物皆具是氣是性，可以生物，不逐形盡也，故以藥終焉。今將九篇分爲三卷，以見自一生三，自三成九之義。至九則復變爲一，而無窮矣。原上中下三卷，今離爲九卷。

太上洞玄寶元上經

著録

《道藏目録詳註》卷二 一卷。斯經名元一妙訣，又名自然經。玉晨君所修，五帝神皆秘大有之房，傳無上眞人也。

老子化胡經

題解

魏明帝《老子化胡經序》 渾元未始，老君唯先，長〔於太初，冥昧之前。無〕師無祖，誕生自然，合眞〔散樸，乃微乃玄。仰而〕舉之，耀乎霄乾；俯而循〔之，深乎淵源。敷二儀〕以布化，燭三光以列天。〔其性無欲，純粹精也〕；體虛抱素，妙難名也。撓之不〔濁，澄之不清，幽〕之不昧，顯之不榮。誰謂天高，〔懸象可標；誰謂〕地厚，重泉可洮。然夫道也，標〔之不高，洮之不〕浚。物受其形，莫鑒其源；人稟〔其中，莫識其全〕。美哉乎道，追之彌遠，挹之彌沖；□□□□，〔仰〕之彌崇；動之則行，靜之則止；開〔之則約，動靜〕斯否；爲萬物之宗，天地之始。吾〔欲書之，非筆〕可記；吾欲體之，無形可擬。飄乎無外，〔或沉或〕浮；淪乎九淵，潛豪翳餘。止如響紀，消若〔雲除〕，入水出火，探巢捕魚，比之於道，不足稱無。深慜後生，託下於陳，爲周柱史，經九百年。金身玉質，口方齒銀，額有叄午，龍顏犀文，耳高於頂，日角月玄，鼻有雙柱，天中平塡，足蹈二五，手把十文。無極之際，言歸崑崙，化彼胡域，次授罽賓，後及天竺，於是遂遷。文垂後世，永乎弗泯。

著録

《文獻通考》卷二二四《經籍考》五一 《老子化胡經》十卷。晁氏曰：魏明帝爲之序。經言老子歸崑崙化胡，次授罽賓，後及天竺。按裴松之《三國志注》言，世稱老子西入流沙，化胡成佛，其說蓋起於此。《議化胡經八狀》附於後。《唐志》云「萬歲通天元年，僧惠澄上言，乞毁《老子化胡經》，秋官侍郎劉如璿等議狀」，證其非僞，此是也。

老子西昇經 御註

綜述

宋徽宗《御制序》 萬物莫不由之之謂道，道之在我之謂德，道德，人所固有也，昧者常失之。周衰之末，民迷日久，世道交喪，爰有博大眞人，以本爲精，以物爲粗，著書二篇，言道德之意，以覺天下。後世之學者，復見天地之純，古人之大體，寔混元之力也，聖人之愛人終無已，猶慮未足以盡妙，又爲關尹言道之要，列爲三十九章，目曰《西昇經》。觀其辭旨激切，勸戒諄複，以得一爲要妙，以飛昇爲餘事，其意蓋使天下後世徑趨妙本，逍遙自得之場故也。善救之功，於此可見。朕萬機之暇，遊神太清，於道德之旨，每著意焉，既取二篇爲之訓解，於是書不可無述也，以意逆志，聊爲之說。昔吳筠嘗云：深於道者，無如五千言，其餘徒費紙札爾。是書蓋與五千言相爲表裏，不得不盡心焉。政和御制序。

著録

《文獻通考》卷二二四《經籍考》五一 《西昇經》四卷。晁氏曰：題曰太上眞人尹君記録。老子將遊西域，既爲關令尹喜說五千言，又留祕旨，凡三十六章，喜述之爲此經。其首稱「老君西昇，聞道竺乾有古先生，是以就有道」。說者以古先生，佛也。事見《廣洪明集·辯惑論》。

《道藏目録詳註》卷三 《西昇經》三卷。宋徽宗皇帝御製西昇經三十九章。乃關尹望氣，知有博大眞人西遊，迺齋莊遮道，邀迎至舍，請問益密，於是復爲著言若干。其微言奧旨，出入五千文之間。大率以得一爲要妙，以飛昇爲餘事。

西昇經集註

題解

佚名《西昇經集註序》 夫世道交喪，慰愍沉純，聖人雖不處山林之中，其德隱矣。周之衰也，老氏非伏其身而弗見也，非閉其言而不出也，非藏其智而不發也，時命大謬也。已而厭世去官，將反以無迹，且天地閉，賢人隱，其來久矣。當是時也，關尹望氣，知有博大眞人西遊，乃齋莊遮道，邀迎至舍，請問乙密。於是復爲著言若干，其微言奧旨，出入五千文之間，紀而成書，名曰《西昇記》云。道自然，行者能得，聞者能言，能得者庸詎曉焉，能言者庸詎知焉，故藏身於身而不出也，藏人於人而不見也。至若虛無恍惚，是有物之根，萬物共本，是有物之元，知之者去之，欲之者離之，近之者遠之，唯得之者在己不忘，故藏其狂言而默然。故今之傳者，非已陳之芻狗乎，今之味者，非古之糟粕乎。然則爲道日損，非忘行乎，爲學日益，非貴言乎，故有得一萬事畢，無心留德而鬼神服者，是知一與言爲二，二與一爲三，自此已往，密行至言曼衍而無窮極也，是故莊子多稱其言有在於是者。碧虛子聞其風而悅之，搜遺編於藏室，得注解者凡五家，先校取經之是者，後竄去注經之非者，集成二篇，今作六卷依舊號曰《老子西昇經》。將示同學，使昭昭乎見古人之大體，非徒因是因非，蔽精神於蹇淺，而忘太清寥廓者也。

著録

《道藏目録詳註》卷三 六卷。華陽韋處玄、句曲徐道邈、冲玄子、任眞子李榮、劉仁會註，碧虛子集。

傳授經戒儀注訣

著　録

《道藏目録詳註》卷四　一卷。有序次經法、傳授齋法、請師保法、經書法、書表法、書三師律法、辯信物法、衣服法、諸師投詞法，共一十三欵。

太上三五正一盟威經

著　録

《道藏目録詳註》卷四　六卷。以下諸階籙，皆太上授祖天師開教度人之信劵也。

洞玄靈寶課中法

著　録

《道藏目録詳註》卷四　與明鏡法同卷，有圖。紫虚籙文儀。凡受正一籙中某階法籙者，課召某氣用神，各階互異。

太上三天内解經

著　録

《道藏目録詳註》卷四　上下同卷。三天弟子徐氏撰。經云：怡心恬寂，思眞注玄，外若空虚，内若金城，恆作是觀，方造眞諦。

洞玄靈寶五感文

著　録

《道藏目録詳註》卷四　内五感文，乃是道士修六齋之法，皆出三洞大經。

道德真經

著　録

《道藏目録詳註》卷三　上下同卷。太上老君在天皇時爲通玄天師，地皇時爲有古先生，人皇時爲盤古先生，伏羲時爲欝華子，神農時爲大成子，祝融時爲廣壽子，黄帝時爲廣成子，帝嚳時爲錄圖子，帝堯時爲務成子，帝舜時爲尹壽子，夏禹時爲眞行子，商湯王時爲錫則子。後以商王陽甲十八年降胎，至武丁九年，生在周。西伯時爲藏史，號燮邑子。武王時爲柱下史，號育成子。成王時爲經成子，康王時爲郭叔子。西出關，自流沙還，授禮於孔子。在天以玉晨大道君爲師，在人間以常樅子爲師。太上脩道德，其學以自隱無名爲務。居周久之，見周之衰，迺遂去至關，關令尹喜曰：子符隱矣，強爲我著書上下篇，言道德之意五千餘言，爲衆經之祖。

《文獻通考》卷二一一《經籍考》三八 《老子道德經》二卷。晁氏曰：李耳撰。以周平王四十二年授關尹喜，凡五千七百四十有八言，八十一章，言道德之旨。予嘗學焉，通其大旨而悲之。蓋不幸居亂世憂懼者所爲之書乎！不然，何其求全之甚也？古之君子應世也，或知或愚，或勇或怯，惟其當之爲貴，初不滯於一曲也。至於成敗生死，則以爲有命，非人力所能及，不用智於其間以求全，特隨其所遇，而處之以道耳。是以臨禍福得喪，而未嘗有憂懼之心焉。今耳之書則不然，畏明之易暗，故守以昏；畏寵之必失，故不辭辱；畏剛之折，則致柔；畏直之挫，則致曲；畏厚亡也，則不敢多藏；畏盈溢也，則不如其已；既貴矣，畏其咎，故退；功成矣，畏其去，故不居。凡所以知雄守雌，知白守黑，以懦弱謙下爲道者，其意蓋曰不如是則將不免於咎矣。由此觀之，豈非所謂求全也哉？嗟夫！人惟有意於求全，故中懷憂懼，先事以謀，而有所不敢爲，有所不敢爲，則其蔽大矣。此老子之學所以雖深約博大，不免卒列於百家，而不爲天下達道歟！以諸家本參校，其不同者近二百字，互有得失，乙者五字，注者五十五字，塗者三十八字。其間徽宗御注最異。諸本云「天下柔弱莫過於水，而攻堅強者莫之能勝，以其無能易之」，而御注作「天下莫柔弱於水，而攻堅強者莫之能先，以其無以易之也」。諸本云「恬淡爲上，勝而不美，而美之者，是樂殺人者，不可得志於天下矣。吉事尚左，凶事尚右，偏將軍處左，上將軍處右，言以喪禮處之」，御注作「恬淡爲上，故不美也，若美，必樂之，樂之者，是樂殺人也，夫樂殺人也，不可得志於天下者。故吉事尚左，凶事尚右，偏將軍處左，上將軍處右，言居上則以喪禮處之」。其不同如此。

古老子

著録

《四庫全書總目・子部・道家類存目》 《古老子》二卷，舊本題許劒道人手刊。卷首有自題絶句一首云：道人自昔不談元，何事幡然繪此篇。料得浮雲無挂礙，欲從牛背學長年。稱壬子閏五題於申州傳舍。末有二小印，一曰史垂名，一曰青史，蓋其名字。次爲所畫老子像，亦有二小印。一曰許劒道人，一曰別號題橋生。又書首二小印，一曰垂名原名南，一曰兩江一字青史，不知何許人也。考《石墨鐫華》，有元至元閒盩厔樓觀説經臺篆書古老子及正書釋文，與此無異。末刻夷門天樂道人李道謙跋，云「魯之大儒高翿文舉者，善古篆。嘗爲會眞宮提點張志偉壽符書《道德》五千言，筆法精妙，古今罕有。至元庚寅，承命祀香嶽瀆，駐於終南山重陽萬壽宮。遂摹諸經臺，垂之永久」。然則高翿所書，李道謙摹刻於石，而是冊又從石刻摹出耳。字體怪異，不合六書。趙崡謂其雜出頡籀款識古文大小二篆，沾沾自喜，尚不堪郭忠恕一嗤，非過論也。考翿自識有云：《老子》舊有古本，歷歲滋久，不可復見，於《古文韻海》中檢討綴緝，越月乃成。據此，則翿所書篆體，徒本之《古文韻海》耳。其文視今本《老子》，惟增減數虛字，亦不足以資考校也。

道德真經指歸

綜述

嚴君平《道德真經指歸序》 昔者老子之作《道德經》也，原本形氣，以至神明。性命所始，情意所萌，進退感應，呼吸屈伸，叅以天地，稽以陰陽，變化終始，人物所安，窮微極妙，以睹自然。演要伸類，著經二篇，叙天之意，見地之心，將以爲國，養物生民。章有表裏，不得易位，章成體備，若本與根。文辭相踐，不可上下，廣被道德，若龍與麟。增一字即成疣贅，損一文即成瘢瘡。自大陳小爲之上，紀道論德謂之經。始焉上德不德，化由於道而道不爲之主，故授之以昔之得一。昔之得一，動由反行，非有性莫之能聞，故授之以上士。上士性高聰明，深遠獨聞，傲世輕物，唯道是荷，故授之以道生一。道生一，至虛無名，稟受混冥，造化清濁，陶冶太和，故授之以天下至柔。天下至柔，纖妙無形，貫堅穿遠，無所不勝，故授之以身有名貨。身有名貨則強大，強大則禍生，故授之以大成。大成若虛，空無名貨，萬物類通，故授之以天下有道。天下有道，在於人君，人君無欲，萬物以存，故授之以不出戶。不出戶以知萬民之性命，順受樂安，故授之以爲學日益。爲學日益，文生事起，傷神害民，故授之以聖人無心。聖人無心，合民之神，慎民性命，歸之素眞，故授之以出生入死。出生入死，動損精神，去無歸有，不得長存，故授之以道生之。道生之以虛無，無所不存，寂泊不動，無所不然，故授之以天下有始。天下有始，無爲是宗，以通萬事，無所不明，故授之以使我有知。使我有知，道修而行，恐失自然，禍及子孫，故授之以善建。善建以德，與物相連，澤及後世，流末繁昌，故授之以含德之士。含德之士，體道履神，比於赤子，若無見聞，故授之以知者不言。知者不言，陰陽玄化，內以正身，身以及家，家以及人，故授之以政治國。以正治國，無令而行，外方異俗，不制自賓，故授之以方而不割。方而不割，萬物以全，無所不克，天道大光，故授之以治大國。治大國者不可大作大爲，大作大爲，大亂大動則亡，故授之以大國。大國形便，天下願之，靜下見歸，躁上多兵，故授之以道物。道物之鑿鑿，得之者通，寶之者存，保之者玄，故授之以爲無爲。爲無爲則運變無形，不見所治而萬物滋生，故授之以其安易持。未兆易謀，持以若愚，不見所事而百禍自亡，萬福自來，故授之以古之爲道。古之爲道以愚萬民，絕端滅緒，冥塞知門，故授之以江海。江海不知，虛靜處下，以至百谷，故授之以天下謂我大似不肖。不肖之道獨合天心，興師動衆，無敵無勝，故授之以用兵。用兵之理，因天應人，自本而起，不由我心，故授之以吾言易知。吾言易知，無識無明，無言無務，使事自然，故授之以知不知。知不知，去心去意，生而若死，存而若亡，廢我巧態，以逐禍患，故授之以民不畏威。民不畏威，輕禁易入，身陷於司，大命絕天，故授之以勇於敢。勇於敢動其賊心，殺生失理，法廢滅亡，故授之以民不畏死。民不畏死，多欲不禁，適情順意，以至困窮，故授之以人之飢也。人之飢也，重稅多賦，好徵營營，堅強躁實，以伐其生，故授之以人之生也。人之生也，柔弱畏敬，和淖纖微，聰明日益，其死也堅強，故授之以天之道。天之道損滿益空，養柔順弱，敗堅破剛，故授之以天下莫柔弱於水。柔弱於水，以至堅強，安微樂小，危以爲寧，故授之以小國。小國之君，形虛勢弱，懸命於鄰，故授之以信者。信者萬民之所助，而將相之所存，天地之所祐，而道德之所助也。

著録

《道藏目録詳註》卷三　卷七之十三，內缺一之六。嚴君平。此解原本形氣，以至神明，性命所始，情意所萌，進退感應，呼吸屈伸，叅以天地，稽以陰陽，變化始終，人物所安，窮微極妙，以覩自然，演要伸類等語。

《文獻通考》卷二一一《經籍考》三八　《老子指歸》十三卷。晁氏曰：漢嚴遵君平撰，谷神子注。其章句頗與諸本不同，如以「曲則全」章末十七字，爲後章首之類。按《唐志》有嚴遵《指歸》四十卷，馮廓注《指歸》十三卷。此本卷數與廓注，題谷神子而不顯名姓，疑即廓也。

《四庫全書總目·子部·道家類》　《道德指歸論》六卷，舊本題漢嚴遵撰。《隋志》著録十一卷。晁公武《讀書志》曰：《唐志》有嚴遵《指歸》四十卷，馮廓注《指歸》十三卷。今考新舊《唐書》，均載嚴遵《老子指歸》十四卷，馮廓《老子指歸》十三卷，無嚴遵書四十卷之説，疑公武所記爲傳寫誤倒其文也。此書爲胡震亨祕冊彙函所刻，後以版歸毛晉，編入《津逮秘書》，止存六卷。錢曾《讀書敏求記》云：曾得錢叔寶抄本，自七卷至十三卷，前有總序，後有人之饑也至信言不實四章，今皆失去。又引谷神子序云：《道德指歸論》陳隋之間已逸其半，今所存者，止論德篇。近代嘉興刻本，列卷一之卷六，與序文大相逕庭云云。此本亦題卷一之卷六，然則震亨所刻，即據嘉興本也。曹學佺作元羽外編序稱：近刻嚴君平《道德指歸論》，乃吳中所僞作，今案《通考》引晁氏之言，案此條《通考》所引，與今本《讀書志》不同。稱其章句頗與諸本不同，如以「曲則全」章末十七字爲次章首之類，則是書原有經文。陸游集有是書跋，稱爲《道德經指歸》古文，亦以經文爲言，此本乃不載經文，體例互異。又谷神子注本，晁氏尚著録十三卷，不云佚闕，此本載谷神子序，乃云「陳隋之間已逸其半，今所存者止論德篇，因獵其訛舛定爲六卷」，與晁氏所録，亦顯相背觸。【略】以是推求，則學佺之説，不爲無據，錢曾所辨，殊逐末而遺其本矣。以其言不悖于理，猶能文之士所贋託，故仍著于録，備道家之一説焉。

道德真經註 河上公

著録

《道藏目録詳註》卷三 四卷。河上公章句解斯經。原係上下二篇，自河上公分爲八十一章。乃曰上經法，天天數奇，其章三十七。下經法，地地數隅，其章四十四。

《文獻通考》卷二一一《經籍考》三八 河上公注《老子》二卷。晁氏曰：太史公言河上丈人通《老子》，再傳而至蓋公，蓋公即齊相曹參師也。而晉葛洪曰：「河上公者，莫知其姓名，漢孝文時居河之濱，侍郎裴楷言其通《老子》，孝文詣問之，即授素書《道經章句》。」兩説不同，當從太史公也。其書頗言吐故納新、按摩導引之術，近神仙家。劉子玄稱其非眞，殆以此歟。傳奕謂「常善救人，故無棄人；常善救物，故無棄物」四句，古本無有，獨得於公耳。

老子道德經序訣

綜述

《老子道德經序訣序》 老子體自然而然，生乎太無之先，起乎無因，經歷天地終始不可稱載。終乎無終，窮乎無窮，極乎無極，故無極也。與大道而輪化，爲天地而立根，布氣于十方，抱道德之至純，浩浩蕩蕩，不可名也。煥乎其有文章，巍巍乎其有成功，淵乎其不可量，堂堂乎爲神明之宗。三光持以朗照，天地稟以得生，乾坤運以吐精，高而無民，貴而無位，覆載無窮，是教八方諸天，普弘大道。開闢以前，復下爲國師，代代不休，人莫能知之。匠成萬物，不言我爲，玄之德也。故衆聖所共尊。道尊德貴，莫之命而常自然，惟老氏乎！周時復託神李母，剖左腋而生，生即皓然，號曰老子。老子之號，因玄而生，在天地之先，無衰老之期，故曰老子。世人謂老子當始于周代。老子之號，始於無數之劫，甚窈窈冥冥，眇邈久遠矣。世衰，大道不行，西遊天下。關令尹喜曰：大道將隱乎？願爲我著書。于是作《道德》二篇，《五千文》上下經焉。夫《五千文》宣道德之源，大無不包，細無不入，天人之自然經也。余先師有言：精進研之，則聲參太極。高上遙唱，諸天懽樂，則攜契玄人。靜思期眞，則衆妙感會。內觀形影，則神氣長存。體洽道德，則萬神震伏。禍滅九陰，福生十方，安國寧家，孰能知乎？無爲之文，惡之不辱，餝之不榮，撓之不濁，澄之不清，自然也。應道而見，傳告無窮，常者也。故知常曰明。大道何爲哉，弘之由人。斯文尊妙，可不極精乎！粗述一篇，惟有道者寶之焉。

河上公者，莫知其姓名也。漢孝文皇帝時結草爲菴于河之濱，常讀《老子道德經》。文帝好《老子》之言，詔命諸王公大臣州牧二千石朝直衆官，皆令誦之。有所不解數句，時天下莫能通者。聞侍郎説河上公誦《老子》，乃遣詔使齎所不了義問之。公曰：道尊德貴，非可遙問也。文帝即駕從詣之。帝曰：普天之下，莫非王土；率土之濱，莫非王臣，域中有四大，王居其一也，子雖有道，猶朕民也，不能自屈，何乃高乎？朕足使人富貴貧賤。須臾，河上公即拊掌坐躍，冉冉在虛空之中，如雲之昇，去地百餘丈，而止於玄虛。良久，俛而答帝曰：余上不至天，中不累人，下不居地，何民之有？陛下焉能令余富貴貧賤乎。帝乃悟，知是神人，方下輦稽首禮謝曰：朕以不德，忝統先業，才不任大，憂於不堪，雖治世事，而心敬道德，直以闇昧，多所不了。惟蒙道君弘愍，有以教之，則幽夕睹太陽之耀光。河上公即授素書《老子道德經章句》二卷，謂帝曰：熟研此，則所疑自解。余注是經以來千七百餘年，凡傳三人，連子四矣，勿示非其人。文帝跪受經。言畢，失公所在。論者以爲：文帝好老子大道，世人不能盡通其議，而精思遐感仰徹，太上道君遣神人特下，教之便去耳。恐文帝心未純信，故示神變以悟帝意，欲成其道眞。時人因號曰河上公焉。

太極左仙公葛玄曰：老子以上皇元年正月十二日丙午太歲丁卯下爲周師，到無極元年太歲癸丑五月壬午去周西度關。關令尹喜宿命合道，豫占見紫雲西邁，知有道人當度，乃齋潔燒香，想見道眞。以其年十二月廿五日，老子度關也。喜見老子，迎設禮稱弟子。老子曰：汝應爲此宛利天下棄賢世傳弘大道，子神仙者矣。以二十八日日中授太上《道德經》。義洞虛無，大無不包，細無不入，聖王不能盡通其義。昔漢孝文皇帝好大道，縱容無爲之堂，嘆凡聖無能解此玄奧，精思遠感上徹，太上道君遣眞人下授文帝希微之旨，道人即信誓傳授。至人比字校定，外人所雜傳多誤，今當參校此正之，使與玄洞相應，十方諸天人神仙、天地鬼神所宗奉文同，無一異矣。吾已於諸天神仙大王校定，受傳天人至士賢儒，當宗極正眞，弘道大度，何可不精得聖人本文者乎？吾所以有言此，欲正玄妙於天地人耳。今說是至矣、明矣，夫學仙者，必能弘幽賾也。

道士鄭思遠曰：余家師葛仙公受太極眞人徐來勒《道德經》上下卷，仙公曩者所好，加親見眞人，教以口訣，云：此文道之祖宗也，誦詠萬遍，夷心注玄者，皆必升仙。尤尊是書，日夕朝拜。朝拜願念，具如靈寶法矣。學仙君子，宜弘之焉。仙公常秘此言，無應仙之相好者不傳也。

道德真經註 王弼

綜述

晁說之《道德真經註後序》 王弼《老子道德經》二卷，眞得老子之學歟？蓋嚴君平《指歸》之流也，其言仁義與禮不能自用，必待道以用之。天地萬物各得於一，豈特有功於《老子》哉？凡百學者蓋不可不知乎此也。予於是知弼本深於《老子》，而《易》則未矣。其於《易》多假諸《老子》之旨，而《老子》無資於《易》者，其有餘不足之迹，斷可見也。嗚呼，學其難哉。弼知佳兵者不祥之器，至於戰勝以喪禮處之，非《老子》之言，乃不知常善救人，故無棄人，常善救物，故無棄物，獨得諸河上公，而古本無有也，賴傅奕能辯之爾。然弼題是書曰《道德經》，不析乎《道》《德》而上下之，猶近於古歟？其文字則多誤謬，殆有不可讀者，令人惜之。嘗謂弼之於《老子》，張湛之於《列子》，郭象之於《莊子》，杜預之於《左氏》，范寧之於《穀梁》，毛萇之於《詩》，郭璞之於《爾雅》，完然成一家之學，後世雖有作者，未易加也。予既繕寫弼書，并以記之。

熊克《道德真經註後序》 克伏誦咸平聖語有曰：《老子道德經》，治世之要，明皇解雖燦然可觀，王弼所注，言簡意深，眞得老氏清淨之旨。克自此求弼所注甚力，而近世希有。蓋久而後得之，往歲攝建寧學官，嘗以刊行。既又得晁以道先生所題本，不分《道》《德》而上下之，亦無篇目。克喜其近古，繕寫藏之。乾道庚寅，分教京口，復鏤板以傳。若其字之謬訛，前人已不能證，克焉敢輒易，姑俟夫知者。

著録

《四庫全書提要・子部・道家類》《唐書・劉知幾傳》稱：《易》無子夏傳，《老子》無河上公注，請用王弼注，爲宋璟所格，僅廢子夏《易》，而弼注《老子》終不用。然陸德明《經典釋文》所著音訓即弼此注，是自隋以來，已以弼書爲重也。後諸家之解日衆，弼書遂微，僅有傳本，亦多訛謬。此本乃從明華亭張之象本録出，亦不免于訛脱，而大致尚可辨別。後有政和乙未晁以道跋，稱文字多謬誤。又有乾道庚寅熊克重刊跋，稱近世希有，蓋久而後得之，則自宋已然矣。然二跋皆稱不分《道經》《德經》。而今本《經典釋文》上卷雖不題《道經》，下卷乃題曰《老子德經》，音義與此本及跋皆不合，殆傳刻《釋文》者反據俗本增入。今謹據《永樂大典》所載本詳加參校，考訂同異，闕其所疑，而仍依弼原本，不題道經、德經字，以存其舊云。

道德真經註　李榮

綜述

李榮《道德真經註序》　榮聞冥寂先天，絡天無以昭其景；混成有物，周物不足洞其微。此則超繫象而玄玄，邈筌蹄而杳杳。運陶鈞之邃跡，理歸虛應；恢匠導之幽路，義在靈圖。是以瀨鄉仙籙，神交帝象之先；苦縣眞宗，慶發皇靈之首。五千垂裕，玄風表於配天；雙柱流禎，紫氣彰於御極。伏惟陛下玉宸纂聖，金闕應圖，榮光泛皎鏡之波，祥烟霏獻壽之嶽，嬉神汾水，撫洪鈞而獨化，問道河濱，施上仁而不宰。靈洞眞文，躬勞聖敬，仙都祕牒，親紆睿覽。凝黄庭而體妙，浴玄牝以流謙。故得霓裳息有待之風，鯤海截無爲之化。謹案經文，是以聖人治，處無爲之事，行不言之教。又云：聖人治，虛其心，實其腹。前後靈證，有若合符。今古師資，不詳幽旨，當由皇靈未睹聖德凝寂。今天啟之心，昭然顯著，實所謂兆太平之玄化，發揮百代之前，勒無爲之至功，摛祥千載之後。豈止河圖録籍，空傳漢后之名，昌戶丹書，纔表姬文之字。其言澹而妙，其理幽而遠。亦猶仰之於羲和，六虛均照，濡之於上善，萬物斯洽。是以往之賢俊爭探深隱，魏晉英儒滯玄通於有無之際，齊梁道士違徼勸於非迹之域。雷同者望之而霧委，唯事談空，迷方者仰之以雲蒸，確乎執有，或復但爲上機，則略而不備，苟存小識，則繁而未簡，遂使此經一部，注有百家，薰蕕亂警於仙風，涇渭混流於慧海。佐時導俗，時有闕於玄關，徹有洞空，乍未開於虛鑰。臣榮迹齒玄肆，名參丹籙，漱清流而心非止水，抗幽石而鑒殊懸鏡。淹留丹桂，夙徹耳於薰風，舞詠青溪，空曝背於唐日。猥以擁腫之性，再奉渙汗之言，遂得揮玉柄於紫庭，聽金章於丹陛，亟參高論，未展幽誠。以夫巨鼇三山，泛麟洲而未測；通泉九井，仰龍德以如存。敢罄庸愚，輒爲注解。自惟夕惕，竊憙朝聞，然纖蠡議海，信阻量於鼉波，而嶽鎖千雲，庶成功於蟻壞。寧髣髴於衆妙，希罔象於玄珠。塵黷旒扆，懼深水谷。無任惶恐之至，謹奉表以聞謹言。

唐玄宗御註道德真經

綜述

李隆基《唐玄宗御註道德真經序》　昔在元聖，強著玄言，權輿眞宗，啓迪來裔。遺文誠在，精義頗乖。撮其指歸，雖蜀嚴而猶病，摘其章句，自河公而或略。其餘浸微，固不足數。則我玄元妙旨，豈其將墜？朕誠寡薄，嘗感斯文，猥承有後之慶，恐失無爲之理，每因清宴，輒叩玄關，隨所意得，遂爲箋注。豈成一家之說，但備遺闕之文。今兹絶筆，是詢於衆公卿臣庶道釋二門，有能起予類於卜商，針疾同於左氏，渴於納善，朕所虛懷，苟副斯言，必加厚賞。且如諛臣自聖，幸非此流，縣市相矜，亦云小道，既其不諱，咸可直言，勿爲來者所嗤，以重朕之不德。

唐玄宗御製道德真經疏

綜述

李隆基《唐玄宗御製道德真經疏釋題》 老子者，太上玄元皇帝之內號也。玄玄道宗，降生伊亳，肅肅皇祖，命氏我唐。垂裕之訓，無疆之祉，長發遠祥，系本瓜瓞。其出處之迹，方冊備記。道家以爲玉晨應號，馬遷謂之隱君子，而仲尼師之。繙經中其大謾問禮，嘆乎龍德，是孔丘無間然矣。

在周室久之，將導西極，關令尹喜請著書，於是演二篇焉。明道德生畜之源，罔不盡此，而其要在乎理身理國。理國則絶矜尚華薄，以無爲不言爲教，故《經》曰：道常無爲而無不爲，侯王若能守，萬物將自化。又曰：我無爲而人自化，我無事而人自富，我好靜而人自正，我無欲而人自樸。理身則少私寡欲，以虛心實腹爲務。故經曰：常無欲以觀其妙，又曰：不貴難得之貨，不見可欲，又曰：塞其兑，閉其門，挫其鋭，解其紛。而皆守之以柔弱雌靜，故《經》曰：柔勝剛，弱勝強，又曰：知其雄，守其雌，此其大旨也。及乎窮理盡性，閉緣息想，處實行權，坐忘遺照，損之又損，玄之又玄，此殆不可得而言傳者矣。其教圓，其文約，其旨暢，其言邇，故游其廊廡者，皆自以爲升堂睹奥，及研精覃思，然後知其於秋毫之端，萬分未得其一也。

《經》曰：有物混成，先天地生，吾不知其名，字之曰道，強爲之名曰大，故知大道者虛極妙本之強名，名其通生也。莊子曰：太初有無，有無者，言有此妙無也。又曰：無有無名，無名者，未立強名也，故《經》曰：無名天地之始。強名通生曰道，故經曰：有名萬物之母。莊子又曰：物得以生謂之德，德，得也，言天地萬變，旁通品物，皆資妙本而以生成。得生爲德，故《經》曰：道生之，德畜之，則知道者德之體，德者道之用也。

而《經》分上下者，先明道而德之次也。然體用之名，可散也，體用之實，不可散也，故《經》曰：同出而異名，同謂之玄，語其出則分而爲二，咨其同則混而爲一，故曰可散而不可散也。則《上經》曰：是謂玄德，又曰：孔德之容，又曰：德者同於德，又曰：常德不離，《下經》曰：失道而後德，又曰：反者道之動，又曰：道生一，又曰：大道甚夷，是知體用互陳，遞明精要，不必定名於上下也。

經，徑也，言通徑也，又常也，言通徑常行之道。每惟聖祖垂訓，貽厥孫謀，聽理之餘，伏勤講讀，今復一二詮疏其要妙者，書不盡言，粗舉大綱，以裨助學者爾。

著録

《道藏目録詳註》卷三 十卷。內分章逐句解，言窮理盡性、閉錄息想、處實行權、坐忘遺照、損事無爲、理身理國之論。卷一之四，御注八十一章，製疏六卷，內則修身之本，外則理國之方。

《文獻通考》卷二一一《經籍考》三八 明皇《老子注》二卷、《疏》一卷。晁氏曰：唐玄宗撰。天寶中加號《玄邈道德經》，世不稱焉。又頗增其詞，如「而貴食母」作「兒貴求合於母」之類。貴食母者，嬰兒未孩之義，諸侯之子以大夫妻爲食母，增之贅矣。

道德真經次解

綜述

佚名《道德真經次解序》 述：夫事有萬端，義歸一揆。鼎分三教，理出百家。皆體古而存今，盡遺邪而歸正。莫不明標輪貫，互説端倪，欲使是者是而非者非，白者白而黑者黑。其那淳風雖散，天道猶同。衆聖肩隨，羣賢角立。孔子有言不順之誚，丘明有事不輒之稱。轉治轉繁，益整益亂。所以《禮》尚大順，《易》貴隨時。天既無言，人從何欲。洎乎造化之內，品物之中，雖任自然，各循本性。匹夫所能，聖人其有不識，匹夫所爲，聖人其有不解，況復玄元妙旨，大道精微？豈可輕言，妄稱得理。先者經過遂州，見龍興觀石碑上鐫道德二經，細而覽之，與今本又別。字多差錯，全無注解，亦無篇題。事既異同，義皆向背。舊云：爲而不恃，此云：爲而恃。舊云：不尚賢，此云：不上賢。舊云：不敢爲，此云：不敢不爲。舊云：跂者不立，此云：喘者不久。舊云：田甚蕪，此云：田甚苗。舊云：多言，此云：多聞。舊云：無私，此云：無尸。舊云：不釋，此云：不洵。舊云：不克，此云：不充。舊云：小鮮，此云：小腥。略叙一十條，不可偏舉。其於義類，自有區分。後學前賢，各懷所見。睹斯遺闕，寧無補云。不度荒虛，隨文解釋，分爲二卷，名曰《次解》。不繼他人之作，自成一家之文。孰是孰非，世多鑒裁。聊示同好，希毋忽焉。謹序。

道德真經傳

綜述

陸希聲《道德真經傳序》　序曰：大道隱，世教衰，天下方大亂，當是時，天必生聖人。聖人憂斯民之不底于治，而扶衰救亂之術作。周之末世其幾矣，於是仲尼闡五代之文，以扶其衰；老氏據三皇之質，以救其亂，其揆一也。蓋仲尼之術興於文，文以治情；老氏之術本於質，質以復性。性情之極，聖人所不能異；文質之變，萬世不能一也。《易》曰：顯諸仁。以文爲教之謂也。文之爲教，其事彰，故坦然明白。坦然明白，則雅言者詳矣。《易》曰：藏諸用。以質爲教之謂也。質之爲教，其理微，故深不可識。深不可識，則妄作者衆矣。夫唯老氏之術，道以爲體，名以爲用，無爲無不爲，而格於皇極者也。楊朱宗老氏之體，失於不及，以至於貴身賤物；莊周述老氏之用，失於太過，故務欲絶聖棄智；申、韓失老氏之名，而弊於苛繳刻急；王、何失老氏之道，而流於虛無放誕。此六子者，皆老氏之罪人也。而世因謂老氏之指，其歸不合於仲尼。故訾其名則曰搥提仁義，絶滅禮學；病其道則曰獨任清虛，何以爲治。於乎世之迷其來遠矣，是使老氏受誣於千載，道德不行於當世，良有以也。且老氏本原天地之始，歷陳古今之變，先明道德，次說仁義，下陳禮樂之失，刑政之煩，語其馴致而然耳。其秉要執本，在乎情性之極，故其道始於身心，形於家國，以施於天下，如此其備也。而或者尚多云云，豈不謂厚誣哉。昔伏羲畫八卦，象萬物，窮性命之理，順道德之和；老氏亦先天地，本陰陽，推性命之極，原道德之奧，此與伏羲同其元也。文王觀《大易》九六之動，貴剛尚變而要之以中；老氏亦察《大易》七八之正，致柔守靜而統之以大，此與文王通其宗也。孔子祖述堯舜，憲章文武，導斯民以仁義之教；老氏亦擬議伏羲，彌綸黄帝，冒天下以道德之化，此與夫子合其權也。此三君子者，聖人之極也，老氏皆變而通之，反而合之，研至變之機，探至精之賾，斯可謂至神者矣。而王弼以爲聖人與道合體，老氏未能體道，故阮籍謂之上賢亞聖之人，蓋同於輔嗣。豈以老氏經世之迹，未足充其所言耶？斯不然也。於乎聖人之在世也，有有迹，有無迹，故道之不行也，或俛身歷聘以天下爲其憂，或藏名飛遯示世故不能累。有跡無迹，殊途同歸，斯實道義之門，非徒相反而已。然則仲尼之所以出老氏之所以處，老氏之所以默仲尼之所以語，蓋屈伸隱顯之極也，二子安能識之哉。司馬遷統序衆家，以道德爲首，可謂知本末矣。班固作古今人表，乃絀老氏於第三品，雖其名可詘而道可貶乎哉。於戲老氏之術，見棄於當代久矣，斯數子者之由也。且仲尼親見老氏，歎其道曰猶龍乎，從之問禮無間然，著在記傳。後世不能通其意，是以異端之說紛然。蓋述之者不窮其源，故非之者不盡其致。噫，斯傳之不作，則老氏之指或幾乎息矣。今故極其致，顯其微，使昭昭然與群聖人意相合。有能體其道，用其名，執古以御今，致治如反掌耳。自昔言老氏術者，獨太史公近之；爲治少得其道，唯漢文耳。其他詖辭詭說，皆不足取。

道德真經廣聖義

綜述

杜光庭《道德真經廣聖義序》 序曰：《珠韜玉札》云：太上老君降跡行教，遠近有四。其一，歷劫稟形，隨方演化，即千二百號，百八十名散在諸經，可得徵驗矣。其二，此劫開皇之始，運道之功，孕育乾坤，胞胎日月，爲造化之本，爲天地之根，播氣分光，生成品彙，自五太之首逮殷周之前，爲帝王師，代代應見，即鬱華、錄圖、廣成、尹壽，因機表號是也。三皇迭往，五帝不歸，雲紀龍師，時遷數革，鳥官火運，川逝風移，步驟不同，澆淳漸變，雖揖讓斯在，而干戈屢興。阪泉有翦戮之師，丹浦有專征之旅。智詐行而大樸隱，仁愛顯而孝慈生，玄默希夷，日以寖薄。陶唐以耄昏猒位，虞舜以歷試登庸，憂軫萬方，服勤庶政。老君號尹壽子，居於河陽，以《道德眞經》降授于舜。經之旨也，道以無爲居先，德以有稱爲次，亦猶三皇之書，言大道也。五帝之書，言常道也。其下薄裁非之義，節兼愛之仁，損俯仰之禮，挫銛巧之智，斥用兵之暴，抑譎詐之謀，使人復樸還淳，以無爲無事爲理。舜雖力而行之，竄凶舉相，明目達聰，敦睦九族，平章百姓，而恬和清靜之道莫能致也。故禹湯之後，天下爲家，各親其親，各子其子。大道既隱，玄化不流，禮樂滋繁，政刑大用矣。其三，老君以商陽甲之代降神，寓胎武丁之年，誕生於亳，即今眞源縣九龍井，太清宮是其地也。或隱或顯，潛化羣方，當周昭王癸丑之年，以此二經授關令尹喜，尹傳於天下，世得而聞焉。其四，將化流沙，與尹喜期會於西蜀青羊之肆，示現降生，即昭王丁巳之年也。此《道德經》自函關所授，累代尊行。哲后明君、鴻儒碩學詮疏箋註六十餘家，則有：

《節解》上下、老君與尹喜解。

《內解》上下、尹喜以內修之旨解注。

《想爾》二卷、三天法師張道陵所注。

河上公《章句》、漢文帝時降居陝州河濱，今有廟見存。

嚴君平《指歸》十四卷、漢成帝時蜀人，名遵。

山陽王弼《注》、字輔嗣，魏時爲尚書郎。

南陽何晏、字平叔，魏駙馬都尉

河南郭象、字子玄，向秀弟子，魏晉時人

潁川鍾會、字士季，魏明帝時人。

隱士孫登、字公和，魏文明二帝時人。

晉僕射太山羊祜、字叔子，注爲四卷。

沙門羅什、本西胡人，苻堅時自玉門關入中國，注二卷。

沙門圖澄、後趙時西國胡僧也，注上下二卷。

沙門僧肇、晉時人，注四卷。

梁隱居陶弘景、武帝時人，貞白先生，注四卷。

范陽盧裕、後魏國子博士，一名白頭翁，注二卷。

草萊臣劉仁會、後魏伊州梁縣人，注二卷。

吳郡徵士顧歡、字景怡，南齊博士，注四卷。

松靈仙人、隱青溪山，無名氏年代。

晉人河東裴楚恩、注二卷。

秦人京兆杜弼、注二卷。

宋人河南張憑、字長宗，明帝太常博士，注四卷。

梁武帝蕭衍、注道德經四卷，證以因果爲義。

梁簡文帝蕭綱、作道德述義十卷。

清河張嗣、注四卷，不知年代。

梁道士臧玄靜、字道宗，作疏四卷。

梁道士孟安排、號大孟，作經義二卷。

梁道士孟智周、號小孟，注五卷。

梁道士竇略、注四卷，與武帝、羅什所宗無異。

陳道士諸糅、作玄覽六卷。

隋道士劉進喜、作疏六卷。

隋道士李播、注上下二卷。

唐太史令傅奕、注二卷，並作音義。
唐嵩山道士魏徵、作要義五卷，爲太宗丞相。
法師宋文明、作義泉五卷。
仙人胡超、作義疏十卷，西山得道。
道士安丘、作指歸五卷。
道士尹文操、作簡要義五卷。
法師韋節、字處玄，注兼義四卷。
道士王玄辯、作河上公釋義一十卷。
諫議大夫肅明觀主尹愔、作新義十五卷。
道士徐邈、注四卷。
直翰林道士何思遠、作指趣二卷，玄示八卷。
衡嶽道士薛季昌、作金繩一十卷，事數一卷。
洪源先生王鞮、注二卷，玄珠三卷，口訣二卷。
法師趙堅、作講疏六卷。
太子司議郎楊上善、高宗時人，作道德集注眞言二十卷。
吏部侍郎賈至、作述義十一卷，金鈕一卷。
道士車弼、作疏七卷。
任眞子李榮、注上下二卷。
成都道士黎元興、作注義四卷。
太原少尹王光庭、作契源注二卷。
道士張惠超、作志玄疏四卷。
龔法師、作集解四卷。
通義郡道士任太玄、注二卷。
道士沖虛先生殿中監申甫、作疏五卷。
岷山道士張君相、作集解四卷。
道士成玄英、作講疏六卷。
漢州刺史王眞、作論兵述義上下二卷。
道士符少明。作道譜策二卷。
玄宗皇帝所注《道德》上下二卷，講疏六卷，即今所廣疏矣。

所釋之理，諸家不同，或深了重玄，不滯空有。或溺推因果，偏執三生。或引合儒宗，或趣歸空寂。莫不並探驪室，競掇珠璣，俱陟鍾山，爭窺珪瓚，連城在握，照乘盈懷。敷弘則光燦縑緗，演暢則彩文編簡。語內修，則八瓊玉雪，雰靄於丹田；九轉琅膏，晶熒於絳闕。盡六氣迴環之妙，臻五靈夾輔之功。忘之於心，息之於踵，得無所得，而了達化元矣。語品證也，則擺落細塵，超登上秩，遊八外而放曠，指三境而躋昇，蹈太一之位矣。而惣內外之要，兼人天之能者，未有其倫。我開元至道昭肅孝皇帝降神龍變，接統象先，戡內難以乘乾，沓中興而御極，無爲在宥四十五年，汾水襄城，靡勞轍迹，具茨大隗，自得朋遊。廓八溟爲仁壽之庭，普萬寓爲華胥之國。至道至德，超哉明哉，欽若尊經，本朝家教。《象》《繫》不足以擬議，《風》《雅》不足以指陳。橫亘古今，獨立宇宙。雖諸家染翰，未窮衆妙之門，多士研精，莫造重玄之境。凝旒多暇，屬想有歸，躬注八十一章，製疏六卷。內則修身之本，囊括無遺，外即理國之方，洪纖畢舉。宸藻遐布，奪五雲之華，天光煥臨，增兩曜之色。固可以季仲《十翼》，輝映《二南》。若親稟於玄元，信躬傳於太上。冠九流而首出，垂萬古而不刊。則《大風》《朱雁》之謌，誠難接武，《典論》《金樓》之作，詎可同年。但以疏註之中引經合義，《周書》、《魯史》，互有發明，四始漆園，或申屬類。後學披卷，多昧本源。輒採摭衆書，研尋篇軸，隨有比況，咸得備書，纂成《廣聖義》三十卷。大明在上，而爝火不休；巨澤溥天，而灌浸不息。誠不知量，粗備闕文。

《道藏目録詳註》卷三　五十卷，唐廣成子杜光庭述。內述太上事跡、氏族、降生年代、叙經大義、解疏序、引釋御註序、釋疏題明道德義。

道德眞經玄德纂疏

綜　述

杜光庭《道德眞經玄德纂疏序》　道本至無，能生妙有。運至無之道，成妙有之功，其惟太上老君玄元皇帝乎。起於象先，尊爲化本，融神億劫之始，分靈覆載之中，亭毒萬殊，陶鈞庶品。由是三皇受命，尙遵淳一之風，五帝握圖，漸散無爲之樸。老君雖歷代降迹，隨時應機，或爲國師，或爲賓友，授經傳道，以教時君。洎唐虞禪讓之初，世道交喪之際，舉元凱於野，行四罪於朝，尙賢之迹既彰，癉惡之形又舉，內雖揖讓，外有干戈，人心漸澆，道樸雲散。老君號尹壽子，居於河陽，憫物性之遷訛，恐眞宗之陵替，以爲三皇大字，不足以程式後王，五帝常道，不可以垂訓末俗，撮重玄奧義，著《道德》二篇。欲明道無爲也，因德以顯之，德有用也，因道以明之。資立言以暢無言，因理本而弘妙本，爲理身理國之要，乃至精至極之宗，以授於舜。非謂絶仁義聖智，在乎抑澆詐聰明，將使君君臣臣，父父子子，見素抱樸，泯合於太和，體道復元，自臻於忠孝。世儒不知，以爲老君之道，棄仁義，隳禮智，非立教之大方。且夫至仁合天地之德，至義合天地之宜，至樂合天地之和，至禮合天地之節，至智合天地之辨，至信合天地之時，弘淳一之源，成大同之化，混合至道，歸仁壽之鄉，固不在乎踶跂雍容，噢咻蹩躠，然後謂之仁義等也。故仲尼亞聖，皆默而得之，隳體黜聰，遺形去智，超乎物表，永爲眞人，非末學小儒之所知也。綿夏商周漢，越數千百年，煥乎與日月齊光，巍乎與乾坤並運。雖百家詮注，群彥校揚，挹之彌深，酌之不竭，行之於國，刑措而太平，修之於身，神全而久視。拊几揮柄，時有其人。弘農強思齊，字默越，濛陽人也，幼栖玄關，早探妙旨，丱歲侍先師京金仙觀，講論大德，賜紫全眞，居葛仙中宮，熉頌之餘，服勤不怠，綽有聲稱，爲時所推。僖宗皇帝順動六飛，駐蹕三蜀，五月應天節，默起祝壽行殿，寵賜紫衣。高祖神武皇帝應曆開圖，配天立極，二月壽春節，允承明命，賜號玄德大師，奕世棲心，皆洽光寵，羽衣象簡，其何盛歟。每探討幽玄，發揮流俗，期以譚講之力，少報聖明之恩。手纘所講《道德》二經疏，採諸家之善者，明皇《御注》爲宗，蓋取乎文約而義該，詞捷而理當者，勒成二十卷，庶乎攬之易曉，傳之無窮，後之學者，知強君之深意焉。乃題曰《太上老君道德經玄德纂疏》。

著録

《道藏目録詳註》卷三　二十卷。唐玄宗御註并疏，河上公嚴君平李榮註，西華法師成玄英疏，蒙陽強思齊纂。言明道無爲，顯德有用，爲一部之關鍵也。

道德篇章玄頌

綜述

宋鸞《道德篇章玄頌序》　伏聞淳樸之性本乎自然，機智之源生於習作。乃知結繩闡化，可行於太古之時。染素興悲，漸變於中和之氣。既揚文字，乃別賢愚。干戈起堯舜之前，尙循正道。弔伐見湯武之際，竟薄眞風。其後磐石分封，剪桐錫寵，匡君有志，求霸潛功，閑思周室之衰，始自河陽之狩。晉文爲踐土之盟，天王赴會，《春秋》諱之，曰狩於河陽。周室漸微。

因有得士失士之論，昌國亡國之談，皆運巧心，竟搖辯舌。受黃金而不媿，取白璧以非難。蘇秦則佩印以榮家，張祿則強邦而刷耻，不韋立躋於顯位，李斯休歎於寒門。一時之遊說逢人，萬倍之貴榮入手。殊不知損傷顥氣，馳逐浮雲，初遊崇盛之鄉，終入危亡之域。及已獲走鹿，別有飛龍。秦祚告終，駕海之橋隳碧浪。漢皇啟運，斬蛇之劍倚青天。綿蕝既興，文物斯盛，東西南北見車書而混同，動植飛沉感生成而優泳。繇是鏡清八海，塵靜九州，詐僞之説不行，眞厚之風復振。乃有楊子雲、東方朔、邴原、袁安，並星辰鍾秀，蘭茝馳芳，淫於典墳，緩其進取。蓋洞知前事，別固後圖。是知蘇秦佩印以榮家，不如楊子雲執戟而仕漢；張祿強邦而刷耻，不如東方朔割肉以韜名；不韋顯位爰躋，不如邴原常辭於厚祿；李斯寒門休歎，不如袁安靜守於衡茅。匪生虛妄之心，但賦窮通之分，用之則如珠還浦，自有輝華；捨之則似玉藏山，孰知溫潤。進退得理，逍遙固躬，稟玄元上善之言，師《大易》隨時之義，無興躁競，有近沖和。遐想四賢流芳千古，但念燕臺龍職，渭水謀居。自揣鄙愚，敢言述作，直以仰窺聖旨，方扇眞風，弘四善以靜寰區，用三寶而撫黎庶，咸歸樸素，盡去浮華。因敢強味道經，輒編巴唱，隨其篇目，詠其指歸。或一句以分吟，或全章而紀事。雖非騷雅，但慕玄虛，唯剖丹心，上塵洞鑒。

道德眞經傳 呂惠卿

綜述

梁迥《道德眞經傳序》　老氏之書，傳於世也久矣，其言微，其旨遠，而莫能極。學者非明白洞達，窮道德性命之理，未易測其津涯也。夫老氏豈欲爲甚高之論，以取惑於世，蓋至道之極，窈冥昏默，雖聖人猶且不能名方。道術既散之際，苟不示其髣髴，明其大略，則天下後世，有愚而不靈者，蕩然無所適，茫然無所守，不知大道之本原，而爲倒置之民也。於是不得已強而爲之言以明。夫道大焉，彌滿六合而無外，小焉，入乎纖介而無間，其玄則爲衆妙之門，其粗則治家、治國、治天下，無乎不在。昔之爲註者有三，曰河上公，曰明皇，曰王弼，夫三家之說，其間不能無去取，然各有所長，要其歸宿，莫非究大道之本。近世王雱深於道德性命之學，而老氏之書，復訓厥旨，明微燭隱，自成一家之說，則八十一章愈顯於世。然世之學者，以老氏爲虛無無用之文，少嘗加意，陳言鄙論自以爲得，殊不知大道之本，由老氏而後明，老氏之經，由數家而後知，非俗學者所易聞也。

太守張公，深達夫道德性命之理，以文章作人，以經術訓多士，常患夫執經者不知道，乃命黌舍之學者，參其四說，無復加損，刊集以行於時，而廣其教，俾夫承學之士，知老氏之書非徒爲虛誕之辭，極深研精，皆足以造乎至理，其眞以治身，其緒餘土苴爲天下國家，則學者豈曰小補之哉。迥承教下風，幸得以親炙，故祗請以書歲月，且不泯其傳。

著録

《道藏目録詳註》卷三　四卷，資政殿大學士呂惠卿傳。言陰陽動靜知時盡神，渾融治身理國之道。

道德眞經註 蘇轍

著録

《文獻通考》卷二一一《經籍考》三八　蘇子由注《老子》二卷。晁氏曰：皇朝蘇轍子由注。子由謫官筠州，頗與學浮屠者游，而有所得焉，於是解《老子》。嘗曰：「《中庸》云：『喜怒哀樂未發謂之中，發而皆中節謂之和。致中和，天地位焉，萬物育焉。』此蓋佛法也。六祖謂：『不思善，不思惡，則喜怒哀樂之未發也。』蓋中者，佛法之異名，而和者，六度萬行之總目。致中極和而天地萬物生於其間，非佛法何以當之？天下無二道，而所以治人則異。古之聖人忠信行道，而不毁世法以此耳。故解《老子》，亦時有與佛法合者。」其自序云耳。其解「是謂襲明」，以爲釋氏《傳燈》之類。

陳氏曰：東坡跋曰：「使戰國有此書，則無商鞅、韓非；使漢初有此書，則孔、老爲一；使晉、宋間有此書，則佛、老不爲二。」

朱子《雜學辯》曰：蘇侍郎晚著此書，合吾儒於老子，以爲未足，又并釋氏而彌縫之，可謂舛矣。然其自許甚高，至謂當世無一人可與語此者，而其兄東坡公亦以爲不意晚年見此奇特。以予觀之，其可謂無忌憚者歟，因與之辯。而或者謂：「蘇氏兄弟以文義贊佛乘，蓋未得其所謂，如

《傳燈錄解》之屬，其失又有甚焉，不但此書爲可辯也。」應之曰：「予之所病，病其學儒之失而流於異端，不病其學佛未至而溺於文義也。其不得已而論，此豈好辯哉？誠懼其亂吾學之傳，而失人心之正爾。若求諸彼而不得其說，則予又何暇知焉？」」

《道藏目録詳註》卷三　四卷，眉山蘇轍註，見性之言。

老子解

著　録

《四庫全書提要·子部·道家類》《道德經解》二卷，宋蘇轍撰。蘇氏之學，本出入於二氏之間，故得力於二氏者特深。而其發揮二氏者，亦足以自暢其說。是書大旨，主於佛老同源，而又引《中庸》之說以相比附。蘇軾跋之謂：使漢初有此書，則孔老爲一，使晉宋有此書，則佛老不二。朱子則以其援儒入墨，作《雜學辨》以箴之。然二氏之書，往往陰取儒理而變其說，儒者說經明道，不可不辨別毫釐，剖析疑似，以杜學者之歧趨。若爲二氏之學，而注二氏之書，則爲二氏立言，不爲儒者立言矣。其書本不免援儒以入墨，注其書者安得不各尊所聞哉。故自儒者言之，則轍書爲兼涉兩岐，自道家言之，則轍書猶爲各明一義。今既存《老子》以備一家，轍書亦未可竟廢矣。

道德寶章

著　録

《四庫全書提要·子部·道家類》《道德寶章》一卷，宋葛長庚撰。長庚字白叟，閩清人，爲道士，居武夷山。舊本題紫清眞人白玉蟾，白玉蟾其別號，紫清眞人則嘉定間徵赴闕下所封也。其書隨文標識，不訓詁字句，亦不旁爲推闡，所注乃少于本經，語意多近禪偈，蓋佛老同源故也。此本爲元趙孟頫手書鈎摹雕板，字畫絶爲精楷。明陳繼儒亦嘗刻之彙祕笈中，改題曰《蟾仙解老》，非其本目。長庚世傳其神仙，而劉克莊集有王隱居六學九書序，稱所見丹家四人，鄒子益不登七十，曾景建、黄天谷僅六十，白玉蟾夭死。又陳振孫《書録解題》「羣仙珠玉集」條下云：白玉蟾，葛其姓，福之閩清人，嘗得罪亡命，蓋姦妄流也。余宰南城，有寓公稱其人，云近嘗過此，曾相識否？余言此輩何可使及吾門云云。二人與長庚同時，其說當確，流俗所傳，殆出附會。然道家自尊其教，往往如此。其書既頗有可取，則其人亦不足深詰矣。

道德真經藏室纂微開題科文疏

綜　述

李庭《道德真經藏室纂微開題科文疏序》老子道德五千言，行於世者，千五百年矣。燦然如日月之麗天，固不待贊。古今注釋，不啻百餘家，顧淺深詳略雖有不同，至於發揮妙理，啟迪人心，要皆有功於聖人之門者也。竊嘗觀碧虚陳君所解，中間貫穿百氏，剖析玄微，引證詳明，本末畢備，尤爲近世所貴。然初機之士開卷茫然，往往有望洋之歎。太霞眞人性純德粹，問學該通，號爲羽流宗匠，執經講演垂五十年，可謂陞堂睹奧矣。廼於靜練之暇，撰成《科文義疏》七卷、《纂微開題》及《總章夾頌》各二卷，丁寧覼縷蓋數十萬言，意欲使學者泝流而知源，因博以求約，如躡梯蹬以陟九層之臺，舉足愈高而所見益廣，及乎造重玄之極致，悟大道之強名，體用兩忘，有無雙遣，超然自得於筌蹄之外，然後敬爲此老，拈一瓣香，庶幾不負平昔用力之勤也。書成既久，祕而不出。鳳翔張公大師、美原白公顯道再三懇請，欲鏤版以廣其傳。京兆劉伯英贊而成之，且囑僕爲序引，其心俱可尙，故樂爲之書。

郭時中《道德真經藏室纂微開題科文疏序》 天地萬物之一，會於聖人之心，明於聖人之言。觀聖人之言，不察其所從出，無惑乎事物之多，紛紛藉藉，有萬不同，而莫能爲之總持而兼攝也。夫道生於一，散於萬，不知萬之歸於一者，皆推本窮源之學不講也。老子《道德經》之所從出者，一而已矣。曰《上經》，曰《下經》，似不一也，未嘗不一也。曰《八十一章》，曰《五千言》，似不一也，未嘗不一也。蓋以天地萬物之一寓於上下經、八十一章、五千言之中，使天下後世，由於一而知夫一也。夫一之理，廣大渾淪，難乎擬議形容也。謂之有邪，則不得於言。謂之無邪，則不離乎物。方天地萬物未形之先，是一也，已萌乎其中。及天地奠位萬物品彙之後，是一也，無所往而不在。天地得一而爲天地，萬物得一而爲萬物，聖人得天地萬物之一開悟天下。後世蓋非一言一論所能究悉，此老子道德五千言所由以作也。碧虛子生乎千載之後，虛心守一，得玄學之傳，爲之《纂微開題》，其言至矣。而太霞眞人以謂碧虛子博極羣書，敷引廣奧，非謭學謏聞之士所能窺測也。況變故之後，典籍焚蕩，無所考閱，恐久而失其傳也。於是乎推本碧虛，質以平昔所學，更互演繹，著爲《科文疏鈔》，又附之以《總章》，無慮數十萬言，支分節解，脈絡通貫，曲暢旁接，巨細畢舉，遂爲完書。蓋其慮之也至，故言之也審，憂之也深，故說之也詳。碧虛子之所述，殆無餘蘊矣。噫，是經也，老子作之，碧虛纂之，太霞又從而釋之，何經歷世數之久而述作之多，蓋一之理難乎擬議形容也。雖然，後之學者，不可畏高而怯其難，亦不可躐等而爲之易，必也睿思明辨，日就月將，孜孜汲汲，無少間斷，深玩而實體之，則是一也，洞然胸中，有不期悟而自悟者矣。將見自凡趨聖，超然物外，神遊八極，身居閬苑者，未必不由茲學始，其緒餘土苴，猶足以齊家、治國、平天下云。沖素大師美田白公顯道、葆光大師長安劉公伯英，同鳳翔張公大師鋟梓以行於世，且以蒲城党公講師公叔書來抵余，願丐序引，姑爲題其端首焉。

馮復《道德真經藏室纂微開題科文疏序》 康節先生云：《先天圖》，心法也。心乎，心乎，天地間一大義理之府乎。太易六十四卦，潔凈精微之旨，皆自心畫中來。二帝三王精一執中之傳，皆從心法中出。洙泗師弟子一貫忠恕之妙，皆由心學中得。靈府淵微之地，古初聖賢以此而極深研幾，探賾索隱，以此而超凡入聖，悟道希眞，學者欲悟先天圖之祕，希《道德經》之奧，大抵自一心而入。千萬世而下，以心印心，以聖契聖，得老氏不言之教，抉先天未露之機，獨惟太霞眞人爲能得之。方其漱藝苑流詞源，濟濟乎儒中領袖。迨其造道闡探玄機，井井然教門準繩。恩沐兩朝，名高千古。向棲神華嶽，風賓樹友，睥睨世塵，眞履實踐有日矣。丁未冬，平涼元帥王公加禮延請，我眞人不遠千里惠然肯來，鞭鸞跨鶴，以崆峒爲久駐之地，宛然廣成子之復出。山川改觀，草木增輝，薰蒸乎和氣之襲人，洋溢乎教聲之盈耳，聞下風而望餘光者，豈特陝西數十州而已哉。蓋寸地明而太空無礙，靈臺徹而止水湛然，霽月光風，一襟灑落，冰輪玉鑑，胸次昭融，以一心自得之學，造二經無爲之旨，開題訓注，援經引子，奧義冰釋，科文疏解，摭古驗今，羣疑睨消，言言皆玄妙之門，字字盡眞常之理。開者易悟，悟者易得。老氏胸懷本趣，燦若日星，玄中有悟，妙處無疑，讀之者耳目惺憁，覽之者形神混合，目曰《道德眞經疏義》。後生晚學，如披雲霧睹青天，登崑崙獲片玉，幸惠後學，豈不偉歟。元帥王公一日登諸生於庭，囑僕曰：眞人《道德眞經疏義》與老氏同一心法，誠後學所未見。道侶中，西岐張公大師已爲鋟諸梓矣。猶恐流傳未廣，欲從是邦點庭珪之漆，貯蔡生之楮，廣爲印施，以大其傳，爲學者抽關啟鑰，眞大惠也。子盍爲引其端。予應之曰：隋珠、趙璧，安用賈乎。僕素不才，何足以知聖人邪。固辭，弗獲。僭爲贅贊，是猶模倣天地，繪晝日月，多見其不知量云。若夫得魚忘筌，得兔忘蹄，得象忘言，又在後之造道者自得爾。

時己酉無射，寓平涼貢士馮復述。

道德真經集註 張氏

綜述

唐明皇《序》 昔在元聖，強著玄言。權輿眞宗，啟迪來裔。遺文誠在，精義頗乖。撮其指歸，雖蜀嚴而猶病。摘其章句，自河公而或略。其餘浸微，固不足數，則我玄元妙旨，豈其將墜。朕誠寡薄，嘗感斯文猥承有後之慶，恐失無爲之理。每因清宴，輒叩玄關，隨所意得，遂爲箋注。豈成一家之説，但備遺闕之文。今兹絶筆，是詢於衆公卿臣庶道釋二門，有能起予類於卜商，鍼疾同於左氏，渴於納善，朕所虚懷，苟副斯言，必加厚賞。且如諛臣自聖，幸非此流，懸市相矜，亦云小道。既其不諱，咸可直言，勿爲來者所嗤，以重朕之不德。

葛玄《序》 老子體自然而然，生乎太無之先，起乎無因，經歷天地，終始不可稱載，終乎無終，窮乎無窮，極乎無極，故無極也。與大道而倫化，爲天地而立根，布氣於十方，抱道德之至純，浩浩蕩蕩，不可名也。焕乎其有文章，巍巍乎其有成功，淵乎其不可量，堂堂乎爲神明之宗。三光持以朗照，天地稟以得生，乾坤運以吐精。高而無民，貴而無位，覆載無窮，是教八方諸天，普弘大道，開闢以前復下爲國師，代代不休，人莫能知之。匠成萬物，不言我爲玄之德也，故衆聖所共尊。道尊德貴，莫之命而常自然，惟老氏乎！周時復托神李母，剖左腋而生，生即皓然，號曰老子。老子之號，因玄而出，在天地之先，無衰老之期，故曰老子。世人謂老子當始於周代，老子之號，始於無數之劫，甚窈窈冥冥眇邈久遠矣。世衰大道不行，西遊天下，關令尹喜曰：大道將隱乎！願爲我著書。於是作《道德》二篇五千文，上下經焉。夫五千文宣道德之源，大無不包，細無不入，天人之自然經也。余先師有言，精進研之則聲參太極，高上遙唱，諸天歡樂，則攜契玄人，靜思期眞，則衆妙感會，内觀形影，則神氣長存，體洽道德，則萬神震伏，禍滅九陰，福生十方，安國寧家，孰能知乎？無爲之文，洿之不辱，飾之不榮，撓之不濁，澄之不清，自然也。應道而見，傳告無窮，常者也，故知常曰明，大道何爲哉？弘之由人，斯文尊妙，可不極精乎。粗述一篇，唯有道者寶之焉。

河上公者，莫知其姓名也。漢孝文皇帝時結草爲庵于河之濱，常讀老子《道德經》，文帝好老子之言，詔命諸王公大臣州牧二千石朝直衆官皆令誦之。有所不解數句，天下莫能通者，聞侍郎説河上公誦老子，乃遣詔使齎所不了義問之。公曰：道尊德貴，非可遙問也。文帝即駕從詣之。帝曰：普天之下，莫非王土。率土之濱，莫非王臣。域中有四大，王居其一也。子雖有道，猶朕民也。不能自屈，何乃高乎？朕足使人富貴貧賤。須臾，河上公即拊掌坐躍，冉冉在虚空之中，如雲之升，去地百餘丈而上，玄虚良久，俛而答帝曰：余上不至天，中不累人，下不居地，何民之有？陛下焉能令余富貴貧賤乎？帝乃悟知是神人，方下輦稽首禮謝曰：朕以不德，忝統先業，才不任大，憂於不堪。雖治世事，而心敬道德，直以闇昧，多所不了。惟蒙道君弘愍，有以教之，則幽夕睹太陽之耀光。河上公即授素書老子《道德經章句》二卷，謂帝曰：熟研此，則所疑自解，余注是經以來千七百餘年，凡傳三人，連子四矣，勿示非其人。文帝跪受經，言畢失公所在。論者以爲文帝好老子大道，世人不能盡通其義而精思遐感，仰徹太上道君，遣神人特下教之便去耳。恐文帝心未純信，故示神變以悟帝意，欲成其道眞，時人因號曰河上公焉。

老子以上皇元年正月十二日丙午太歲丁卯下爲周師，到無極元年太歲癸丑五月壬午去周西度關。關令尹喜宿命合道，預占見紫雲西邁，知有道人當度，乃齋潔燒香，想見道眞，以其年十二月二十五日老子度關也。喜見老子迎設禮稱弟子，老子曰：汝應爲此，宛利天下，棄賢世傳弘大道，子神仙者矣。以二十八日中授太上道德經，義洞虚無，大無不包，細無不入，聖王不能盡通其義。昔漢孝文皇帝好老子大道，從容無爲之堂，嘆凡聖無能解此玄奥，精思遠感上徹，太上道君，遣神人下授文帝希微之旨，道人即信誓傳授，至人比字校定，外儒所雜傳多誤，今當參校此正之，使與玄洞相應。十方諸天人神仙，天地鬼神所宗奉，文同無一異矣。吾已於諸天神仙大王校定，受傳天人，至士賢儒，當宗極正眞，弘道大度，何可不精，得聖人本文者乎！吾所以有言此，欲正玄妙於天地人耳。今説至矣明矣，夫學仙者必能弘幽賾也。

王雱《序》 昔老子當道術之變，故著書九九篇，以明生生之理。而末世爲學，蔽於前世之緒餘，亂於諸子之異論，智不足以明眞僞，乃或以聖人之經與楊墨之書比，雖有讀者，而燭理不深。乃復高言矯世，去理彌遠。今世傳注釋，王弼、張説兩家，經文殊舛，互有得失，害於理意者不一。今輒參對，定於至當，而以所聞，句爲之解。聖人之言，既爲難盡，而又知之所及，辭有不勝。覽者以意逆志，則吾之所發，亦過半矣。書成於熙寧三年七月十二日。

竊嘗論曰：聖人雖多，其道一也。生之相後，越宇宙而同時。居之相去，異天壤而共處。故其有言如首之有尾，外此道者，皆邪說也。然而道一者言固不同，言同者道固不一。而世儒徒識其言，故以言同者爲是；不知其道，故以道一者爲非。易曰：一陰一陽之謂道。老子曰：既得其母，以知其子。誠知是，則推五行之殊，觀四時之變，視形度志，以參萬物，則聖雖不言，吾其知之矣。故道，歲也；聖人，時也。自堯舜至於孔子，禮章樂明，寓之以形名度數，而精神之運，炳然見於製作之間。定尊卑，別賢否，以臨天下，事詳物衆，可謂盛矣。蓋於時有之，則夏是也。夏反而爲秋，秋則斂其散而一之，落其華而實之，以辨物爲德，以復性爲常，其志靜，其事簡，夫秋豈期於反夏乎，蓋將以成歲而生物也。於是時也，動植之死者過半，然豈天命之至，果非小智之所及邪。秋蓋非歲之終也，則又有至者焉，故四時之變，於吾有之，則幼壯老死是也。傳曰：終身由之，而不知其道者，其是之謂乎。嗚呼！學道而不期於死之說，則亦何以學爲哉。朝聞道，夕死可矣，則所謂道者，貴乎可以生死也。誠知道德之誠，而遡其所歸，則死生之說盡矣，故余盡心焉。

道德真經解　陳象古

綜述

陳象古《道德真經解序》　道本眞淳，理貴清淨。民興情欲，巧僞萬端。全生不能，救死不暇。太上愍於苦趣，爲著眞文，以謂道非己生，百姓咸有，惑於障蔽，遂失自然。故顯敎丁寧，立言親密，還淳反樸，寔在人心，分章設名，乃昔前訓。夫道包於德，德和於道，強名不德，妙用一同，以理究觀，何有分別。今以太上老君五千言爲標題，庶幾完其旨意。理深義奧，要在發明，若或膠柱不通，恐誤研精覃思，輒存解說，聊視管窺。

宋徽宗道德真經解義

綜述

章安《宋徽宗道德真經解義序》　臣聞道非言無以致顯，言非經無以載道，道之不行也，以經之不傳，經之不通也，以旨之不明。周季道降德衰，諸子嗣興，私其異端，自名一家，其巧辭渺論，漫不足以索理，迭爲簧鼓，流於虛僞，浮石沈木，肆爲邪說，喪其性命之眞，而陷溺梏亡，不能求復。老氏著言五千，明道德之常，將以絕學返樸，復乎無爲，而鎭以清淨，此載道之經也。然辭簡旨奧，窮之益遠，測之益深，非夫神解，蓋不得以議其略，此經之所以難傳也。

主上生知之學，天縱神聖，微言奧義，非苟知之，實允蹈之，發於宸藻，著爲成書，雖相去老氏於千載寥寥之後，言若符契，眞常妙本，坦然明白，此經之所以傳，旨之所以明，道之所以行也。臣實非常之遇，謹齋心滌慮，凝神致一，恭讀聖製，精思索至。臣之蔽蒙，豁爾抉發，恍若有得，輒不自已，妄意管見，仰稽睿訓，演爲《義解》，離爲十卷。井蛙甚下，識固不達於雲天，螢爝至微，明實難增於日月。然道化廣被，雖一介之微，得以形容天地造物之妙，亦足以彰聖治元功道被極致也。萬有一遇，采擇之幸，抑亦使天下萬世，知太平盛際，不以人微廢言，見經之所以傳，道之所以行，豈不韙歟。

元始說先天道德經註解

綜述

佚名《元始說先天道德經註解序》 此經故宋息齋先生李君嘉謀隨章爲之解，板行西蜀，蓋有年數。至寶祐間，天飴子謝公圖南爲序而傳，則蜀本已不存矣。初，公宦遊嶺表，即蒐訪是經，乃得於方外一蜀士之手，猶獲至寶。比來西浙，袖以見觀文殿大學士可齋李公曾伯，即慨然爲授之，嘉興道士李君可久募工鋟梓以傳。又得所謂《八威龍文》，亦出先天向異人所授者，併刻之，以爲世之全書。時觀文公提舉洞霄宮，亦爲序。大抵率循謝公所序，指爲《道經》之敷落五篇，謂其成文，敷布於碧落之中，非人所能爲者。然二公當時惜皆承訛而踵誤耳。今按元始安鎭敷落五篇，眞符與文，皆若吾徒相傳所爲，符篆緜隨炁以結成者，一爲明炁，二爲太丹，三爲黄眞，四爲素威，五爲玄精。如是而已。此元始所說妙元神眞道五篇，篇各有章，章章爲言，合爲五千，與吾《老子道德》五千並傳於世。殊於敷落，無所涉也。吳郡癸復道人雷所張善淵因獲其本，謹復募緣鋟梓以傳，輒贅辭經題之次者，惟以喻開卷之未喻者，知非爲敷落篇云。

著録

《道藏目録詳註》卷一 《元始說先天道德經》五卷，宋息齋李嘉謀註。此經妙元神眞道五千祕言，當與太上《道德經》互參，方明有無妙竅，道法自然。

道德真經疏義

綜述

江澂《道德真經疏義序》 恭惟聖主於帝，其訓開明道眞。爰以清閒之燕，取老子《道德經》，句爲之說，以幸天下。臣屬充賓貢，預太學弟子員，得以齋心滌慮，恭讀聖作。臣竊惟言之：有用莫如道德之文，而老氏五千文，猶爲道德之至。嘗試觀其言道，道中有德，即其言德，德中有道。約而能散，異而能同，可以復命之常，可以御今之有。其言甚簡，其旨甚遠，蓋非聖人不能與此。降周而來，爲之說者殆百有餘家，類皆蔽於己見，不識道眞，言之迂疏。其志將以尊崇聖道，而適爲抵迕。要非道足以優入聖域，而得於神解者，或不可與明焉。恭惟皇帝陛下，得一以爲天下正，抱一以爲天下式，體之以見素抱樸，推之以治人事天。道德之妙，固自存乎德行，又言而信之，使學者知所適歸。竊觀聖學淵懿，而言之要妙，廣大悉備，如《易》之有《繫》，眞所謂聖人之文者也。然道之出言，視聽不足以見聞，用之則爲不可既，而臣乃欲以耳目之近，形容視聽所不及之妙，以有盡之詞，述不可既之眞。臣固不揆，而自知其智有所不及也，臣嘗觀明皇爲謭謭之說，而杜光庭猶著《廣聖義》以申之，況臣久被教育，豈以聖作之淵懿難測，固敢自後哉。是用自決而忘其言之不逮也。

著録

《道藏目録詳註》卷三 十四卷，宋徽宗註，太學生江澂疏。內逐句解，以莊易文理參證。

道德真經直解

著録

《道藏目録詳註》卷三　四卷，本來子邵若愚直解。此解凡言德者事涉孔氏之門，言其大道虛寂，理准佛乘之旨，以儒釋二教爲證，撮道德合爲一家。

道德真經口義

綜述

林希逸《道德真經口義序》　老子姓李氏，名耳，字伯陽，以其耳漫無輪，故號曰聃，楚國苦縣人也。仕周，爲藏室史。當周景王時，吾夫子年三十，嘗問禮於聃，其言屢見於《禮記》。於夫子爲前一輩，語曰：述而不作，竊比於我老彭。太史公謂夫子所嚴事，亦非過與也。及夫子沒後百二十九年，有周太史儋，嘗見秦獻公，言離合之數，或曰儋即老子，非也。儋與聃同音，傳者訛云。周室既衰，老子西遊，將出散關。關令尹喜，知爲異人，強以著書，遂著上下篇五千餘言而去。其上下篇之中，雖有章數，亦猶《繫辭》上下。然河上公分爲八十一章，乃曰上經法天，天數奇，其章三十七；下經法地，地數偶，其章四十四。嚴遵又分爲七十二，曰陰道八，陽道九，以八乘九得七十二。上篇四十，下篇三十二。初非本旨，乃至逐章爲之名，皆非也。唐元宗改定章句，以上篇言道，下篇言德，尤非也。今傳本多有異同，或因一字而盡失其一章之意者，識眞愈難矣。大抵老子之書，其言皆借物以明道，或因時世習尙，就以諭之。而讀者未得其所以言，故晦翁以爲老子勞攘，西山謂其間有陰謀之言。蓋此書爲道家所宗，道家者流，過爲崇尙其言，易至於誕，既不足以明其書；而吾儒又指以異端，幸其可非而非之，亦不復爲之參究。前後注解雖多，往往皆病於此。獨穎濱起而明之，可謂得其近似，而文義語脈未能盡通，其間窒礙亦不少。且謂其多與佛書合，此却不然。莊子宗老子者也，其言實異於老子。故其自序以生與死與爲主，具見《天下篇》，所以多合於佛書。若老子所謂無爲而自化，不爭而善勝，皆不畔於吾書。其所異者，特矯世憤俗之辭，時有太過耳。伊川曰：老氏《谷神》一章最佳。故文定曰：老氏五千言，如我無事、我好靜、我有三寶皆至論也。朱文公亦曰：漢文帝、曹參只得老子皮膚，王導、謝安何曾得老子妙處。又曰：伯夷微似老子。又曰：晉宋人多說莊老，未足盡莊老實處。然則前輩諸儒亦未嘗不與之，但以其借諭之語，皆爲指實言之，所以未免有所貶議也。此從來一宗未了疑案，若研究推尋，得其初意，眞所謂千載而下知其解者，旦暮遇之也。

道德真經集解

綜述

董思靖《道德真經集解序説》　《史記·列傳》曰：老子者，楚苦縣瀨鄉曲仁里人也。姓李氏，名耳，字伯陽，謚曰聃。周守藏室之史也，孔子蓋嘗適周問禮焉。故《家語》云：孔子謂南宮敬叔曰：吾聞老聃博古知今，通禮樂之原，明道德之歸，則吾師也，今將往矣。老子居周久之，不得以行其道，乃去周。尋欲西化異俗，至函谷關，關令尹喜曰：子將隱矣，彊爲我著書。於是老子乃著書上下篇，言道德之意五千餘言而去，莫知所終。謂之老子者，蓋生而白首，亦以其脩道而養壽也。

《道德經》者，其文載道德之旨，而可以常由也。唐《藝文志》曰：天寶中加號《老子玄通道德經》云。

大抵老子之道，以清淨無爲自然爲宗，以虛明應物不滯爲用，以慈儉謙下不爭爲行，以無欲無事不先天以開人爲治。其於治身治人者，至矣。如用之，則太古之治可復也。以其所値之時，俗尚文勝，淳樸之風無復存者，而老子抱純素之道，與時偕極，必待感而後應，故不得位以推是道於天下。蓋知夫時數之有所忤也，然終不能恝然於其道之無傳，是以有教無類，而且睠睠於西方之異俗，則其憫當時慮後世之心何如哉。猶幸斯文不墜，故西關伺駕，東魯見龍，而書與言之尚存也。河上丈人、黃石公、樂臣公、蓋公之徒，蓋能究其旨而體之，歛厥用於一身，則在我之天下已羲皇矣。及其道之有所授，則孝文以之爲君，子房以之佐漢，曹參以之相齊，果能通一脈於苛秦之後。吁，亦驗也。然使又有進於是，如其人羲皇之則羲皇矣。或者見是書詞意含洪寬大，而不知致察於虛極靜篤之時，存乎體之至嚴至密者，以爲庶政庶事之本，乃徒務爲悶悶若昏之量，而習弊反墮於優游姑息，遂有清虛不及用之譏，故不經而子視之。嗚呼，惜哉。

是經大義固已見於諸家，然或病其無所折衷。僕昏蒙晚學，過不自量，輒採摭諸說，亦間出己見，以補一二。或詮其文，或逗其意，附以音釋，訂以異同，圖便觀覽，庶日益日損，而契言外之旨於絕學無憂之地也。或謂微言隱訣，多寓其間，故以首章有無，爲在二丹，則神炁水火也。虛心實腹則煉鈆之旨，用兵善戰則採鈆之方。沖字從水從中，乃喻氣中眞一之水。三十輻共一轂，爲取五藏各有六氣之象，及準一月火符之數。如斯等義，今皆略之。何則？性由自悟，術假師傳。使其果寓微旨，亦必已成之士口授纖悉，然後無惑。區區紙上，烏足明哉。況是經標道德之宗，暢無爲之旨，高超象外，妙入環中，遽容以他說小數雜之乎？白樂天云：元元皇帝五千言，不言藥，不言仙，不言白日升青天。亦確論也。噫，修之身，其德眞，以至天下，其德乃普，非二本也。學者果能得一而有以貫通，則所謂杳冥之精，恍惚之妙，實昭然於守中抱一之中，而玄牝之機，橐籥之用，莫非道之所爲也。惟深造自得者知之。

道德真經集註 彭耜

綜述

彭耜《道德真經集註序》 道常無言，不得已而有言，言之費也，從而言之，費之費者也。言固可廢乎，曰：不可也，以藥治病，非上醫也，方病而奪之藥，雖盧扁莫爲也。蓋老子一書，自列氏、莊氏，已陰立訓傳，而自爲一家者也。至漢相曹參用其言有驗，世益尊信之。文帝時，有河上公者，乃始泄道之蘊，名爲註釋。自是之後，有鄰氏、傅氏、徐氏、劉氏，晉魏以來，獨王氏最顯。唐玄宗又改定章句，刻石渦口廟中，而世之言《道德經》益繁。宋興，專守一道曰仁，其治以慈儉不爭爲本，幾若委靡不振，而實參用老子家法。故當時君臣於此書，頗盡心焉。耜雖不敏，亦覃思有年矣，常患註釋之繁，而矛盾迭興，復憂流派之廣，而門戶各異，求出世者多鄙薄於治世之常經，思治世者復忽略於出世之妙旨，於是合本朝註釋之書，畢力纂集，尊御註於其首，列諸子於其下，凡分一十二卷。其他如河上公、王弼所著，已載陳景元《纂微》，玆不復詳。吁，亦多言矣乎。然世方懵於其道，我又吝於其言，則道益晦矣。此經以自然爲體，無爲爲用，治世出世之法，皆在焉。如我無爲而民自化，我無欲而民自樸，此治世之法也。如生之徒十有三，死而不亡者壽，此出世之法也。若夫秦漢方術之士，所謂丹竈奇技，符籙小數，盡舉而歸之道家，此道之緒餘土苴者耳。學者當於此而有悟焉，則鑿開混沌，剖破藩籬，以之治世則反樸而還淳，以之出世則超凡而入聖，然後知孔老無異法。天生二聖人，迭爲賓主，以道詔天下後世，其功至不淺也。惟我同志相與勉之。

道德真經集註釋文

綜　述

彭耜《道德真經集註釋文序》　甚矣，文字之流傳，而說者之不一也。《魯語》一書，以何晏所傳，校之蔡邕石經已不同矣，况其他乎。余於老氏音釋，既集李、林二家以補陸德明之未備，其經之正文則專據政和御本，而諸家之同異，亦互見於其中，合爲一書，以繼篇末。惟老氏以清虛無爲爲本，領其學與經生學士異，固不在乎一句一讀之微，然亦安有辭義之未通而理道之頓悟，惟覽者互考焉。

道德真經取善集

綜　述

劉允升《道德真經取善集序》　老氏當商之季，憫其世道衰微由乎文弊，於是思復太古之純，載暢玄風，以激其流俗，至於輕蔑仁義，屏斥禮學，蓋非過直無以矯枉，仲尼所以欽服。既見，則歎其猶龍。惟聖知聖，始云其然也。關尹睹紫氣之瑞，識其眞人度關，虔誠叩請，方垂至言。議者咸謂五經浩浩不如二篇之約，良有以也。莊周、列禦寇羽翼其教，亦猶鼓大浪於滄溟，聳奇峻於喬嶽，此尚擬其迹而未盡其意，要在忘言而後識其指歸也。漢文、景間，治尚清靜，世治隆平，率自曹參，宗蓋公之訓，足知道德範世之驗，果不虛云惜乎。晉朝流爲浮誕，王衍清談，反壞淳風。阮籍猖狂，又隳名教。失其本而循其末，可不哀哉。賴隋之王仲淹，深識其故，以謂虛玄長而晉室亂，非老、莊之罪，以其用之不善也。唐韓愈猶譏其小仁義如坐井觀天。嗚呼，愈負其才而昧於道，是亦聾盲於心，而不知太山雷霆可以驚其耳而駭其視也。一言以爲不智，每貽君子之歎息焉。篤信之士，代不乏人，各隨其意，爲之註解，殆數十家，不惟觀覽之煩，抑掊集之不易。饒陽李霖，字宗傅，性善恬淡，自幼至老，終身確然，研精於五千之文，所謂知堅高之可慕，忘鑽仰之爲勞，會聚諸家之長，並叙己見，成六卷。譬若八音不同，均適於耳。五味各異，皆可於口。庶廣其見，而博其知，以斯而資同道，爲功豈小補哉。王賓，迺先生之舊友也，賞其勤而成其志，命工鏤板，俾好事者免繕寫之勞，推而用心，可不謂之仁乎。

李霖《序》　物之其由者道也。道之在我者德也。道妙無形，變化不測。德顯有體，同焉皆德。自其異者，視之則有兩名。自有同者，視之其實一致。末學之人言道者，每不及德。言德者，同及於道。此道德所以分裂不見其純全也。猶龍上聖，當商末世，嘆性命之爛漫，憫道德之衰微，著書九九篇，以明玄玄之妙。言不踰於五千，義實貫於三教。內則修心養命，外則治國安民，爲羣言之首，萬物之宗。大無不該，細無不徧，其辭簡，其義豐，洋洋乎大哉。自有書籍已來，未有如斯經之妙也。後之解者甚多，得其全者至寡。各隨所見，互有得失，通性者造全神之妙道，於命或有未至。達命者得養生之要訣，於性或有未盡。殊不知性命兼全，道德一致爾。霖自幼及壯，謾誦玄言，以待有司之問。今已老矣，欲討深義，以修自己之眞。自度耄荒難測聖意，今取諸家之善，斷以一己之善，非以啟迪後學，切要便於檢閱，目之曰《取善集》，覽者幸勿誚焉。

道德玄經原旨

綜　述

黎立武《道德玄經原旨序》　《老》《易》無二道。《易》有太極，聖經存而勿論，《易》首乾坤，後天之道也。效天法地，故儒道與天地同功。

太易者，未見氣，道家以爲大道之祖，無名天地之始，先天之道也。道法自然，故老聖得歸無之妙。噫，《道德》一經盡之矣。余惟至道不煩，故嘗寓諸圖贊而不敢盡。一日，內姪簡成性至自杭見，謂比識南谷杜先生，其論多與圖贊合，因得所著原旨，視余每歎世未有與論此事者，一讀莫逆於心。其曰玄之似無，而有又玄，似有而無，生物之天。由此大著，自然之天，隱然長存。曰太極中虛，谷神在焉。谷虛善應者心，神靜故靈者性。曰太極乃物初渾淪之太一，無極乃太極未形之太虛。曰道之爲物十其一，則太極。皆至論也。閉門造車，出戶合轍，信矣。其有人乃若此經，上下古今之故頓見，五千言間，則又爲之推闡明備，益信其非空言。老君道遡太初之先，神游浩古之上，身歷有周之末，天下之變，何所不閱，用垂訓爲千萬世，則是何仁義之說。世或病之，而未之思也。大抵道德，以無極太極言，仁義禮智信，以陰陽五行言，所謂天地聖人芻狗民物，是爲不仁，與六經言仁無異旨。有如上德上仁，失道失德，絕仁絕智等論。此則皇而帝，帝而王，道有升降，而伯氏假仁竊義僭禮鑿於智者所爲耳。《原旨》實契乎斯義，且謂爲民司命，不知有仁之生，禮之長，義之成，惟智藏是尚，是歲不春夏秋而常冬也，旨哉。嗟乎，天道之流行，世道之推移，往而不返者，勢也。變而通之存乎人，斯經所以作。其曰其精甚眞，其中有信，五常之信，五行之土，先天無極，太極之道，萬變不能易，所謂誠也。成性行因摭經之要旨，書卷末歸之。

張與材《道德玄經原旨序》 《道德》八十一章，註者三千餘家。南谷著《原旨》，首曰《玄經》之旨，本爲君上告。又曰老聖作《玄經》，所以明皇道帝德也。大綱大領，開卷甚明。是經之在人間世，舒之彌六合，卷之入微塵，中固不可局一方。《原旨》能識其大者，則小者不能違也。吾聞南谷嘗陪洞明入對，懷其耿耿者，而未及吐是書之作，殆其素蘊不得陳於當年，遂欲託之後世，得之者當不止漢文之治也。南谷亦奇矣哉。

牟巘《道德玄經原旨序》 偪仄塵埃中，胸次憒憒，對俗人譚益不樂。南谷杜君扁舟過余，論議超然，有以開余意，相與登道場雲峰宿焉。夜參半，篝燈，出所爲《老子原旨》示余，不寐幾徹曉。杜君博極群書，不但發明其宗旨而已，於某章曰：是堯、舜之事也。某章又曰：是禹、文王、武王之事也。其說以爲老聃爲柱下史，所職者史，而百篇之書亦史也，故以書求之，余驚異焉。自司馬子長以老韓同傳，千載不滿。河上公註《老子》，頗及吐納導引之類。其後孫登、陶弘景、松靈仙人、唐道士成玄英、張君相輩，亦皆註《老子》，又近神仙家。王輔嗣以《老子》解《易》，人或非之，然其解《老子》，則初不及《易》。至蘇子由，直以是謂襲明，爲釋氏之傳燈，《老子》亦豈意其末流之至此也。今杜君乃求之以帝王之書，參之以帝王之事，譬如披蒙昧，出幽深，明向正大，氣象頓殊，豈不甚韙，或者曰此蓋爲原道解也。嗚呼，世未有能察杜君之用心者。夫道術久裂，人各私其私，競立門戶，甚至保殘護缺，以相非詆，莫肯曠能舍己求爲眞是之歸。杜君雖自號《原旨》，而不主一家，惟理是同，惟經是從，惟正是宗，務使天下後世無所置疑於其師之說，其用心蓋若此，可謂弘也矣。豈固與原道異哉。余固陋於《原旨》未深究，姑論其大意云爾。

徐天佑《道德玄經原旨序》 爲老氏學者，率右老而左儒，列、莊二子，務尊其師，至詆訾堯、舜、孔子，用以相形。故儒者指爲異教，孔、老之學遂岐而二，然老教非果與儒戾也。彼其爲道，超有以用，無集虛以化實，直欲易聖智仁義，以素樸世。儒往往駭於絕棄之言，夫豈知其矯也，而非眞歟。故善用其意，則西漢以清靜治。不善循其迹，則西晉以清虛亡。豈必馳縱繩墨，異吾所謂道哉。南谷杜君之爲是學也，不以道家說訓老氏書，獨援儒以明之。章研句析，而前後相蒙，不喜爲破碎，引類比義，悉舉五三帝王、孔孟之道，傳諸其說，如五色隨物賦采，而調適以爲絢也。如五音清濁高下之相諧，而繹如成樂也。如三十輻一轂殊塗東西行，而卒合轍也。吾見其若一而已。夫老教欲復結繩之治，則羲、農邃古之事也。其谷神之論祖黃帝，其尚無爲類舜，貴不伐不矜類禹。諸微言眇旨，與六經合者，不可一二舉。觀於衆甫之會，謂孔、老不爲一家，吾不信也。杜君以上士聞道，由徼而妙，合異而同，太史公所謂道家精神專一，采儒之善者，非邪。始余弱冠官吳興，嘗泛奉溪，今老矣。一日，君往記介余友，示以所爲《原旨》之書。余雖不盡究其義，竊歎君之貫穿融液可謂勤且博矣。覽者當自詳之。

王易簡《道德玄經原旨序》 余愛太史公記西都孝文時，人民樂業，年六七十翁，嬉戲如小兒。太平盛際，猶可想見。豈非學黃老師淸淨致然哉。漢固不足徵也。老氏之書，大要言無爲不爭。此隆古帝王之事，雖湯、武猶難之。當周之衰，紫氣度關而西也。感慨時變，述五千言，而後行其辭，隱其旨，深其望於當世也。厚書既傳，非無宗尚。其學者刑名深刻之術，神仙玄遠之説，不能相發，而返以相病，況註者以百數，又不皆究其著經之本意。南谷杜君《原旨》最後出，乃斷之曰：是吾師探古史而作，以述羲、軒、堯、舜之道者也。蓋老氏職藏室史，舊聞未遠，垂衣結繩之治，粲然在目。文莫信於史，以古史徵之，而使人易信，實自今杜君始。班固論道家清虛自守，合於堯之讓，視君略焉。抑固之志，九流析儒與道，道原於天聖，聖之所授受，夫不知其名，字之曰道，而專以是名家，果老氏意耶。向今用其説，粹然壹返乎。古孔氏之道，亦將有助矣。君出儒家，從老氏學，能不私所主，而折衷二者之間，賢哉。余雖愚昧，未究厥旨，異時計籌山中，分白雲半席地，質疑辨惑，當有得於言語文字之外者。

玄經原旨發揮

綜述

杜道堅《玄經原旨序》 老子自孔子稱曰猶龍，莊周尊曰玄聖，歷代尊行其教，上尊號者至矣。竊觀由商歷周，九百餘年，三度散關，四掌史職，著《道德玄經》二篇，橐籥天地玄同有無，實一天人之書。道堅嘗著《玄經原旨》，亦既脱藁，思昔觀復謝高士所編《實錄年譜》，紀載頗詳，然引用年代尚多異同，久懷考正，未能也。今採摭《皇極》元會運世，參訂經旨，輯爲十有二章，非敢有作，吾猶及史之闕文也。夫孔子本魯史，作《春秋》，始周平王。邵氏本《連山》，著《皇極經世書》，自堯始。愚之本《玄經》著《原旨》，復徵古史爲發揮，故不得不自先天始也。此書之旨，不惟有極以來，已然之世代可徵，而無極以前，未然之眹兆庸有可推。後之有志古始者，當有考云。

黃石翁《玄經原旨序》 上古之初，人人老子，家家道德，言之不可聞，安有五千言以爲之經。大樸既散元經會之七，有聖人跨歷商周，笑視爭奪，遐想庸成大庭之不可復，於是出五千言以陳古義以正人心。青牛去遠微言轉堙，五千演爲數十萬言，將以發道德之所未盡，使博大眞人與上三皇同時，必不著書，使後世盡漢文，盡蓋公。則原旨之書，亦不出於今之河上。此書自先天而來，十有二章，別自爲書，開闔古今，經緯理數，得函關之的意，集玄學之大成。讀之者軒軒乎見鴻濛，泠泠然適建德，身世自遠，内外俱忘，亦猶淵明之羲皇，上禪宗之威音。前周茂叔之太極本無極，雖然運有汙隆，而古今無二。道術有分裂，而宇宙無兩身，安知老子之非先生，又安知先生之非我。異時白石洞天水光山色之中，從杖履而稽首三，問者必屬之我矣。

任士林《玄經原旨序》 生民果有初乎。夫開物成務，十三卦之外無餘聞，而雲火水龍鳥師之紀，郯子之學爲有徵。是故莊周之論容成而下，凡十二氏，夫豈寓言。黃帝以前封泰山者七十二，又豈臆説與？蓋五太肇而化育參，九紀終而甲歷作，推之而可求其故，溯之而可見其倪者，《易》《老》而外，惟《皇極》一書而已。然嘗論之，元會運世大年也，歲月日時小年也。皇帝王伯之所由分，開物閉物之所由遂，其可究者。日甲月巳星癸，爲少昊之世，而甲子紀年。日甲月午星甲，爲夏禹之日，而王道始著。然則六萬四千八百有一年以往之故，斷自堯。甲辰而上，豈無可載之事，特簡策散落，舉之而無其徵，此堯夫所由略也。南谷杜尊師，道際兩朝，學探古始，嘗以謂一身之八卦，爲盤古開天之徵，一日之旦夜，爲開物閉物之辨。故摭諸古史歷書所稱九紀，參之老子微意，迄禹二會半以前，逆推而分初中後三皇氏，以系人極既立之事。由是而求之，則於《皇極》一書爲有原始之補，而其意則尊皇道，尚帝德而已也。題其書曰《原旨發揮》，分爲十二章。上六章至周而終，下六章述老子本末。大抵發明老子身爲藏史，凡三皇五帝之書，無不目見，所著五千言，辭玄旨邃，隱然無名古史，故取之以補邵子之所不陳，殆人間宜有書也。尊師老子徒也，謂言涉天人不可也，然使爲國家者，得其言而用之，則君僉於上，臣敏於下，斯民囿玄穆之化，或者老子意乎。於是乎叙。

著録

《道藏目録詳註》卷三 二卷，杜道堅述。《原旨發揮》十有二章，前六章述皇王伯道德功力之叙，後六章述太上降生受經西遊之畧，總之不外理炁象數。

道德真經全解

綜述

時雍《道德真經全解序》 混元五千文，注解行於世者亦多矣。類皆分章析句，前後不相貫穿，智鑿臆說，非自得之學。致微言奥義，闇而不明，鬱而不發，覽者病於多岐，莫知所向。故人郤去華自眞定復歸於亳，出《道德全解》示僕，莫知名氏。玩味紬繹，心目洞開，平昔疑難，涣然冰釋。内外混融，義若貫珠，度越常情陪萬，殆非世學所能擬議。蓋高仙至人，愍世哀蒙，披發玄奥，所謂道隱無名，而善貸且成者也。僕既得斯文，不忍獨善，遂勉兩金諸友，裒諸好事，命工鏤版，以廣其傳。

道德真經解 佚名

綜述

佚名《道德真經解序》 聖人以神藏寂寞，道在杳冥，周流六虛，而莫足以知其然，酬酢萬變，孰敢以窺其跡？則一往一來而以元自虛，一造一化而以眞自修，又奚有言以好辯哉？聖人默而思之，輿情至愚，必待引之而後動，群性至昏，必待誨之而後悟，此所以有言載於方冊，垂乎不朽，以爲常善之救矣。洎乎千載，厥道彌遠。先聖之意，昧者不能取；至眞之言，愚者不能達。況我老君之書，言明而理遠，文近而旨幽，若不釋而申義，衆人視之則有如天之遠，而不能炳若丹青矣。是致今因行化得屆塵寰，不免援毫以彰大義，庶幾乎指示而已。

道德真經四子古道集解

綜述

寇才質《道德真經四子古道集解序》 僕草澤無名之野人也，素不以進取介意。及冠之後，酷嗜恬淡之樂，究丹經卜筮之術。至於晚年，讀古人書，披閲諸子，探賾聃經之奥，章章有旨，可謂深矣遠矣。因觀諸家解註，言多放誕，互起異端，朱紫殽亂，殆越百家，失其古道本眞，良可歎也。獨莊、列、文、庚四子之書，迺老氏門人親授五千言教，各著撰義與相同。其餘諸解，紛紜肆辯，徒以筆舌爲功，虛無爲用，了無所執，又豈可與四子同日而語哉。僕昔隨仕嘗遊京都，得叅高道。講師略扣玄關，盡爲空性之說，不能述道之一二。内省不疚，深其造道而自得，欲以拯世欲之多蔽，悼聖道之不行，又恐膠疑泥惑之流，翻起蜂喧之議，故摭其四子，引其眞經，集爲一編，計一十卷，以破雷同之說，因目之曰《四子古道義》。又述經史疏十卷，以相爲之表裏。今幸苟完是論，非當恃其臆說，不惟新當時聞見，抑爲千古之龜鑑也。請好事君子幸無哂焉，偃息之暇，因援筆而直書之。

劉諤庭《道德真經四子古道集解序》 竊聞莊、列、文、庚者，迺老氏之門人高弟也。當比周時，皆親授五千言教，探道德之奥旨，捨四子之外，其孰能與於此哉？今之諸集解，義多浮誕，了無所執，各尚異端，百無一當。尚辭者逞於談辯，遺於體要；玩理者拘於淺近，昧乎指歸。是以大道隱於小成，固閉而不能開，久屈而不能伸，由是天下莫不以空性爲科，邪説爲惑，皆不能反于正道也。今古襄寇志道者，多聞博識，有生知自然之性，自幼及冠，心不掛細務，不以名利爲急，酷嗜恬惔之樂。然而經史不輟，於涉獵諸子之中，僻好《道德》二篇，閲及舊注，背義者多，故慨然篤志，累日滋久，不捨晝夜，遂成一編之書，以論道德之根本。然猶不肯恃己所長，輒引莊、列、文、庚爲證，庶息天下未達者之謗議也，迺目之曰《四子古道義》十卷。或隨經辯注，或總章定名，纂違義者有一百餘家，譏改本者近八百餘家。尊上古結繩之化，述聖人體道之規，誚尚怪以遺眞，鄙泥空而失治。門目備次，章句有歸。鬼神之説，斥之於無稽；方術之事，屏之於不用。其道之功用，燦然靡所不載，可使後之宗風者，開卷見道而不勞聰明。昔孔子推高老氏之言，故嘗歎之猶龍，以其變化不測，可謂玄德深矣遠矣。驗之於古，考之於今，俾人甚易知，甚易行，爲萬世之龜鑑者，不據是論，余何言哉？於戲聖道之興，信有乎時業，得觀高論，醉眼豁然，如披霧而睹光明，蓋天之未喪斯文也。謹援筆直叙，跋之卷尾，姑以讚先生之用心耶。

著録

《道藏目録詳註》卷三　十卷，古襄寇才質集。其解多以《南華》《通玄》二經理會。

道德眞經集義大旨

著録

《道藏目録詳註》卷三　三卷，凝遠大師劉惟永編集。内有谷神圖、三十幅圖、得一圖、道生一圖、出生入死圖、道生德畜圖、太虚肇一圖、九天生神圖、四始圖、應心爲用圖、玄牝圖、天門開闔圖、守雌圖、十有三生死圖、十有三攝生無死圖、道德楷梯等圖。

道德眞經章句訓頌

綜述

張嗣成《道德眞經章句訓頌序》　太上老君，道大而德宏，守約而施博，藏大用於無用之地，寓無不爲於無爲之中，超乎太極之先而不爲古，行乎三極之後而不爲今。得其高明者曰天，得其博厚者曰地，日月得之以代明，四時得之以錯行，山川得之以流峙。洪者纖者、高者下者、飛者潛者、動者植者各得其一而爲萬物，靈於物者爲人。舉不能出乎範圍，曲成之外，吾求其故而不得，強名曰道。非聖人無以有此道，非經無以載此道，是故道難聞，因經而後聞，道難見，因經而後見。誦是經者，倘有得於無爲之緒，則可以脩身，可以齊家，可以安民，可以措天下於太平。雖然，此特其粗耳。《南華經》云：其塵垢粃糠，猶將陶鑄堯舜者。非耶？若夫性根命蔕，交攝互融，妙有眞空，微言顯説。險語稜層，則孤峰絶岸；至味澹泊，則元酒大羹；其澄涵，則鏡裏之花；其窈沉，則水中之月。可以默契而不可以言悟，可以神遇而不可以跡求。自非別具隻眼，與老君相見於寥廓惚怳間者，未易影響其萬一也。吾祖正一眞君，兩承神馭，下降西蜀，親授至道，發五千文言外之旨，無餘藴矣。家世守之，蓋千數百載，嗣成藐焉傳嗣，累奉德音，以遵行太上老君經教，爲祝釐第一義。是以每於三元開壇傳籙告祝之餘，必即此經敷暢之，使在壇弟子及慕道而來者如魚飲水，各滿其量。然四方萬里人人提耳而誨之，日亦不足矣。爲老君弟子而不知老君之道，猶終日飽食而不識五穀，終夜秉燭而不識火也。不惟自負其身，豈不深負聖朝崇尚經教之意哉。以是不自揆，輒繹其義，以爲章句。非敢自謂得老君之旨，然使吾門弟子與夫尊德樂道之士得而玩之，倘有悟入，則金丹不在他求，而至道吾所固有，功成行滿，法身不壞，亦劵內事耳。所謂千載而下知其解者，猶旦暮遇之也。凡我同志，可不勉旃。

道德會元

綜述

李道純《道德會元序》 竊謂伏羲畫易，剖露先天。老子著書，全彰道德。此二者，其諸經之祖乎。今之學者未造其理，何哉？蓋由不得其傳耳。予素不通書，因廣參遍訪，獲遇至人，點開心易，得造義經之妙。於是罄其所得，撰成《三天易髓》，授諸門人，惟老子《道德經》未能究竟。一日有傳濟庵者攜紫清眞人《道德寶章》示予，觀其注腳，頗合符節，其中略有未盡處，予欲饒舌，熟思之未敢。後有二三子，各出數家解注請益於予，先以正經參對，多有異同。或多一字，或少一字，或全句差殊，或字訛舛，互有得失，往往不同。予嘆曰：正經尚爾，況注解乎？或問其故，曰：始者，抄寫人差誤爾。或開板有失點對，或前人解不通處妄有增加，以訛傳訛，支離錯雜故也。曰：孰爲是？曰：《河上公章句》、紫清《道德寶章》頗通。曰：何故？曰：與上下文理血脈貫通者爲正。曰：諸家解義如何？曰：所見不同，各執一端耳。曰：請問其詳。曰：蓋由私意揣度，非自己胸中流出，故不能廣而推之也。得之於治道者執於治道，得之於丹道者執於丹道，得之於兵機者執於兵機，得之於禪機者執於禪機。或言理而不言事者，或言事而不言理者，至於權變智謀，旁蹊曲徑，遂墮於偏枯，皆失聖人之本意也。殊不知聖人作經之意，立極於天地之先，運化於陰陽之表，至於覆載之間，一事一理，無有不備，安可執一端而言之哉？予遂饒舌，將彼解不通處及與聖人經義相反處，逐一拈出，舉似諸子，衆皆曰然。自後請益者屢至，不容緘默，遂將正經逐句下添箇注腳，釋經之義，以證頤神養氣之要。又於各章下總言其理，以明究本窮源之序。又於各章後作頌，以盡明心見性之機。至於修齊治平、紀綱法度、百姓日用之間，平常履踐之道，洪纖巨細，廣大精微，靡所不備於中。又作正辭究理二說，冠之經首，明正言辭，究竟義理，以破經中異同之惑，目之曰《道德會元》。俾諸後學密探熟味，隨其所解而入，庶不墮於偏枯，會至道以歸元也。惟是言辭鄙俚，無非直解，經義未敢自以爲是。然較之諸本，其庶幾焉與我同志，其鑒諸時。

著録

《道藏目録詳註》卷三 二卷，清菴瑩蟾子李道純元素述。以正經逐句下添一注腳，又於各章後作頌，大類禪宗。

道德真經註 林志堅

綜述

林志堅《道德真經註序》 道尊德貴，天地覆載。無窮古聖先賢，經典註釋良多。出生入死，名爲修身之法。無爲而化，深乃治世之方。明心見性之人，乃知谷神不死一章最佳。治國安民之士，故解以正治國一篇深妙。人生於世，莫過如此。余因閒暇之時，靜觀聖賢之妙典，豈悟造化之淵源。愚意忘自以假太上老君道德經典始終相因，以正經註于正經之下，以經解經，略知經意，豈能表裏相通，熟讀玩味，自然解悟正經之玄妙。入道之門戶，立德之根基，可謂明矣。朱文公曰：道而可道，則非常道。名而可名，則非常名。司馬光曰：非常之道，故非常人之所知。余常切思，自見者不明，自是者不彰。愚意不避僭越之愆，互相引證，豈爲序註，何能盡善也歟。候來之君子見之勿吝，必須刪削，以求斧正，深爲良矣。

著　録

《道藏目録詳註》卷三　二卷，玄門開眞弘教大眞人廣陵仁齋林志堅註，以本經解本經。

道德眞經註 吴澄

著　録

《四庫全書提要・子部・道家類》《道德眞經註》四卷，元吴澄撰。澄有《易纂言》，已著録。據澄年譜稱：大德十一年，澄辭疾歸，自京南下，留清都觀，與門人論及《老》、《莊》、《太玄》等書，因爲正厥訛誤，而著其説。澄學出象山，以尊德性爲本，故此註所言，與蘇轍指意略同。雖不免援儒入墨，而就彼法言之，則較諸方士之所註精邃多矣。篇末有澄跋云：莊君平所傳章七十二，諸家所傳章八十一，然有不當分而分者。定有六十八章，上篇三十二章，三千三百六十六字，下篇三十六章，二千九百二十六字，凡五千二百九十三字。然大抵以意爲之，不必於古有所考。蓋澄好竄改古經，故於是書，亦多所更定，殆習慣成自然云。

道德眞經三解

著　録

《道藏目録詳註》卷三　四卷，玉賓子鄧錡述。内有三解。一曰解經，惟以正經句讀，增損一二虚字，使人先見一章，正意渾然天成，無有瑕讁。二曰解道，直述天地大道始終，原反其數，與理若合符節。一曰解德，交索乾坤，顛倒水火，東金西木，結汞凝鉛，一動一靜，俱合大道。凡五萬餘言，名曰三解。

大明太祖高皇帝御注道德眞經

綜　述

朱元璋《大明太祖高皇帝御注道德眞經序》　朕本寒微，遭胡運之天，更值群雄之並起，不得自安於鄉里，遂從軍而保命，幾喪其身，而免於是乎。受制不數年，脱他人之所制，獲帥諸雄，固守江左，十有三年，而即帝位，奉天以代元，統育黔黎。自即位以來，罔知前代哲王之道，宵晝遑遑，慮穹蒼之切。鑒於是，問道諸人，人皆我見，未達先賢。一日，試覽群書，檢間有《道德經》一冊，因便但觀，見數章中盡皆明理，其文淺而意奥，莫知可通。罷觀之後旬日，又獲他卷，注論不同。再尋較之，所注者人各異見，因有如是。朕悉視之，用神盤桓其書久之，以一己之見，似乎頗識，意欲試注，以遺方來。恐令後人笑，於是弗果。又久之，見本經云：民不畏死，奈何以死而懼之？當是時，天下初定，民頑吏弊，雖朝有十人而棄市，暮有百人而仍爲之，如此者豈不應經之所云？朕乃罷極刑而囚役之，不逾年而朕心減恐。復以斯經細睹其文之行用，若濃雲靄群山之疊嶂，外虚而内實，貌態彷彿，其境又不然。架空谷以秀奇峰，使昔有鬼巒，倏態成於幽壑。若不知其意，如入混沌鴻濛之中。方乃少知微旨，則又若皓月之沉澄淵，鏡中之睹實象，雖形體之如然，探親不可得而捫撫。

況本經云：吾言甚易知，甚易行，天下莫能知，莫能行。以此思之，豈不明鏡水月者乎？朕在中宵而深慮，明鏡水月，形體雖如，卻乃虚而不實，非着象於他處，安有影耶？故仰天則水月象明，棄鏡捫身，則知己象之不虛，是謂物外求眞，故能探其一二之旨微。遂於洪武七年冬十二月甲午，著筆強爲之辯論，未知後世果契高人之志歟？

朕雖菲材，惟知斯經乃萬物之至根，王者之上師，臣民之極寶，非金丹之術也。故悉朕之丹衷，盡其智慮，意利後人，是特注耳。是月甲辰書成，因爲之序。

道德真經集義

綜述

張宇初《道德真經集義序》 太上道德上下篇，凡五千餘言，內而葆鍊存養之道，外而修齊治平之事，無不備焉。此所謂內聖外王之學也。史氏列之申韓間，世因稱之黃老刑名，則與道家者流之所謂大殊，不能無病焉。蓋周衰，王道浸微，其垂世拯俗之意寓焉，而非一本諸自修也。而曹參蓋公以清靜無爲有驗於治，其用之去經世之理不遠矣，矧出世之教由是而大者焉。或不求其端緒之奥，一概訾以爲虛無怪誕之說，是豈眞知道者哉。古今注疏凡百餘家，各持其見，而必以辭理該貫者爲善，苟理塞義晦，辭雖工無取焉。盱江道紀危大有，端謹有志，行間探索諸家，擇其尤善者，類編成集，將募工鋟梓以傳，其志亦勤矣。使善味之者求之言外，踐之身心，則葆鍊存養之道內充，而修齊治平之事亦外著矣。道豈二哉，因其請，遂冒書於篇首。

危大有《道德真經集義序》 太上道德經，乃吾道經之祖也，以無爲自然爲體，以謙退慈儉爲用，以致修齊治平之道，靡不具焉。葛玄眞人曰：五千文實道德之源，大無不包，細無不入，天人自然之經。倪文節公曰：老子五千文，誠修身治國之要道，濟時救世之良劑也。由此而觀，非特道經之祖也，三教諸經，亦豈外此而別有其理哉。當今聖明在位，特加崇尚，復設道司以掌其敎，後之學者，必諳通經義，然後授以度牒。奈何世俗凋弊，讀亦未知，況其義乎。大有嘗於祝釐之暇，將諸家注釋校之，或異或同，有得有失，學者於此不能無惑，於是將河上公及何心山等十餘家注解，取其訓釋詳明，理長意同而不牽強者，集成一部，上下二卷，名曰《道德經集義》，欲俾後之學者，知一定之論，而無異同之惑也。若夫因義以明經，因經以造道，而樂乎無爲之業者，豈無其人焉。

著録

《道藏目録詳註》卷三 十卷，盱江危大有集義。以無爲自然爲體，以冲和默契爲用，內而葆煉存義，外而清靖臨民。

老子翼

著録

《四庫全書提要·子部·道家類》 《老子翼》三卷，明焦竑撰。竑有《易筌》，已著錄。是編輯韓非以下解老子者六十四家，而附以竑之《筆乘》，共成六十五家，各采其精語，裒爲一書。其首尾完具，自成章段者，仿李鼎祚《周易集解》之例，各標舉姓名，列本章之後。其音義訓詁但取一字一句者，則仿裴駰《史記集解》之例，聯貫其文，綴本章末句之下。上下篇各爲一卷，附錄及考異共爲一卷，不立道經、德經之名，亦不妄署篇名，體例特爲近古。所采諸說，大抵取諸《道藏》，多非世所常行之本。竑之去取，亦特精審，大旨主于闡發元言，務明清淨自然之理，如葛長庚等之參以道家爐火、禪學機鋒者，雖列其名，率屏不錄，於諸家註中，爲博贍而有理致。蓋竑于二氏之學，本深于儒學，故其說儒理者，多涉悠謬，說二氏之理者，轉具有別裁云。

御定道德經注

著録

《四庫全書提要・子部・道家類》《道德經注》二卷，順治十三年大學士成克鞏恭纂，仰邀欽定，御製序文，發明是書。本非虛無寂滅權謀術數之學，注中亦備論日用常行之理，治心治國之道，於是猶龍之旨，燦然明顯矣。此經自河上丈人而下，注釋著録者凡八十餘家，積三百餘卷。其間或爲之解，或爲之疏，或爲之音，或爲之章句，或爲之譜，或爲之傳。其人則名臣若羊祜、蘇轍，名儒若王弼、王肅，逸士若嚴遵、孫登、陶弘景、戴逵、皇甫謐，道流若葛洪、杜光庭輩，多所闡述。而梁武帝、唐明皇、宋徽宗、明太祖，亦各有注解。見淺見深，隨其識趣，而於老聃本旨，未免在離合顯晦之間。是注參取衆說，簡要明暢，眞足以益心智，閎治理，非徒以究清淨無爲之說而已也。

老子說畧

著録

《四庫全書提要・子部・道家類》《老子說畧》二卷，國朝張爾岐撰。爾岐有《儀禮鄭注句讀》，已著録。《道德經》，解者甚多，繳繞穿鑿，自生障礙。爾岐是編，獨屏除一切，畧爲疏通大意。其自序謂：「流覽本文，讀有未通，輒以己意占度，稍加一二言於句讀隙間，覺大義犂然。迴視諸注，勿計不能讀，亦已不欲讀」云云。又有自跋，稱：「人問朱子，道可道如何解？應之曰：道而可道則非常道，名而可名則非常名。朱子生平未嘗解《老》，使其解《老》，此即其解《老》之法，亦即可謂解一切諸書之法，要在不執解求解，反之是書以解是書而已」云云。蓋其大旨，在於涵泳本文，自得理趣，故不及縱横權譎之談，亦不涉金丹黃白之術，明白簡當，頗可以備參覽焉。

道德經注

著録

《四庫全書提要・子部・道家類》《道德經注》二卷，附《陰符經注》一卷，國朝徐大椿撰。大椿有《神農本草經百種録》，已著録。是編以老子舊注，人人異說，而本旨反晦，乃尋繹經文，疏通其義。仍分上下二篇，而削其道經、德經之目。仍分八十一章，而削其章名，但以每章第一句標題。其字句參考諸本，取其詞意通達者，其訓詁推求古義，取其上下融貫者。其所詮釋，主乎言簡理該，大旨與張爾岐《老子說略》相同，而研索較深，發揮較顯。在《老子》註中尙爲善本，附載《陰符經》一卷，詁以易理，義亦可通。惟其凡例，詆訶古人，王弼註，謂之膚近，河上公註，謂之文理不通，未免過當。又謂老氏之學，與六經旨趣，各有不同。六經爲中古以後文物極盛之書，老氏所云養生修德治國用兵之法，皆本上古聖人相傳之精意，故其教與黃帝並稱，其用甚簡，其效甚速。漢時循吏師其一二，已稱極治云云。亦不免務爲高論。夫老子生乎亂世，立清淨之說以救之，特權宜拯弊之一術，猶曰不藥得中醫耳。葢公以是術教曹參，亦適當秦虐之後，人思休息，猶適當靜攝可愈之病耳。必謂老氏欲以此術治萬世，非老氏之本意。至於黃帝以七十戰定天下，一切禮樂刑政，無一非其所制作，古書具在，班班可考。必謂黃帝以無爲治天下，尤非黃帝之實事。大椿此書，於《老子》之學，不爲無見，而躋《老子》於六經上，則不可以訓。故録存其書，而附辨其說如右。

道德經說奧

著録

《四庫全書總目·子部·道家類存目》《道德經說奧》一卷，舊本題朱孟嘗撰。附刻朱翊鈏廣讌堂集後。明宗室命名，每府以二十字爲次，其下一字則偏旁取五行相生。此曰孟嘗，蓋其字號，惟未審即翊鈏作，或其子孫所作耳。其書於每章之後寥寥各贅數言，殊未盡老氏之旨。

道德經編註

著録

《四庫全書總目·子部·道家類存目》《道德經編註》二卷，國朝胡與高撰。與高字岱瞻，黟縣人，雍正癸卯舉人。是書謂《老子》今本相沿，章句多舛，乃遍訪古本，考正其文，併註釋其義。而篇中分合增改之處，絕不註所據者何本，未免無徵。其謂《老子》與六經相發明，亦蘇轍之緒論。每章註釋之後又有附解，則其弟與宗所續。與高之註成於雍正甲寅，與宗之解成於乾隆戊辰。據與宗自跋，仍其兄之餘意云。

讀道德經私記

著録

《四庫全書總目·子部·道家類存目》《讀道德經私記》二卷，國朝汪縉撰。縉字大紳，吳縣人。是書以《易》義解《老子》。前有自序曰：釋《老子》者多矣，別於諸子方外與《易》相出入者私記之。蓋其大意，欲於諸註之外獨標新義。然晉人清談，實合《老》《莊》與《易》爲一。王弼以《老子》解《易》，人人類能言之。即三語掾之故實，亦非僻事也。

道德經懸解

著録

《四庫全書總目·子部·道家類存目》《道德經懸解》二卷，國朝黃元御撰。元御有《周易懸象》，已著錄。是書多以養生家言訓釋《老子》。於原文章次多所變更，字句亦多有竄亂。謂之改本老子可也。

南華真經

著録

《道藏目録詳註》卷三　五卷。莊子，宋人也，名周，字休生，睢陽蒙縣嘗爲漆園吏。學無所不窺，要本歸於老氏之言，著書三十三篇，十萬餘言。唐封南華眞人，書爲《南華眞經》。

莊子註

著録

《四庫全書提要・子部・道家類》《莊子註》十卷，晉郭象撰。象字子元，河南人，辟司徒掾，稍遷至黄門侍郎，東海王越引爲太傅主簿。事迹具《晉書》本傳。劉義慶《世説新語》曰：註《莊子》者數十家，莫能究其旨統。向秀於舊註外，别爲解義，妙演奇致，大暢元風。惟《秋水》、《至樂》二篇，未竟而秀卒。秀子幼，其義零落，然頗有别本遷流。象爲人行薄，以秀義不傳於世，遂竊以爲己註。乃自註《秋水》、《至樂》二篇，又易《馬蹄》一篇，其餘衆篇，或點定文句而已。其後秀義别本出，故今有向、郭二《莊》，其義一也。《晉書》象本傳亦采是文，絶無異語。考劉孝標《世説》註引《逍遥遊》向、郭義各一條，今本無之，《讓王》篇惟註三條，《漁父》篇惟註一條，《盗跖》篇惟註三十八字，《説劍》篇惟註七字，似不應簡畧至此，疑有所脱佚。又《列子》「生物者不生，化物者不化」二句，張湛註曰：《莊子》亦有此文，併引向秀註一條。而今本《莊子》皆無之，是併正文亦有所遺漏。蓋其亡已久，今已不可復考矣。

《文獻通考》卷二一一《經籍考》三八　郭象注《莊子》十卷。晁氏曰：莊周撰，郭象注。周爲蒙漆園吏。按《漢書志》本五十二篇，晉向秀、郭象合爲三十三篇，《内篇》八，《外篇》十五，《雜篇》十一。唐世號《南華眞經》。自孔子沒，天下之道術日散，老聃始著書垂世，而虚無自然之論起。周又從而羽翼之，掊擊百世之聖人，殫殘天下之聖法，而不忌其言，可謂反道矣。自荀卿、楊雄以來，諸儒莫不闢之，而放者猶謂自游方之外，尊其學以自肆。於是乎禮教大壞，戎狄亂華，而天下横流，兩晉之禍是已。自熙寧、元豐之後，學者用意過中，見其書末篇論天下之道術，雖老聃與其身皆列之爲一家，而不及孔子，莫不以爲陽訕孔子而陰尊焉，遂引而内之。殊不察其言之指歸宗老氏邪？宗孔氏邪？既曰宗老氏矣，詎有陰助孔子之理也邪？至其論道術而有是言，蓋不得已耳。夫盗之暴也，又何嘗不知主人之爲主人邪？顧可以其智及此，遂以爲尊我，開關揖而進之乎？竊懼夫禍之過乎兩晉也。

東坡蘇氏《莊子祠堂記》曰：謹按《史記》，莊子「與梁惠王、齊宣王同時，其學無所不窺，然要本歸於老子之言，故其著書十餘萬言，大抵率寓言也，作《漁父》、《盗蹠》、《胠篋》，以詆訾孔子之徒，以明老子之術」。此知莊子之粗者。余以爲莊子蓋助孔子者，要不可以爲法耳。楚公子微服出亡，而門者難之，其僕操箠而罵曰：「隸也不力，門者出之。」事固有倒行而逆施者，以僕爲不愛公子則不可，以爲事公子之法亦不可。故莊子之言皆實予而文不予，陽擠而陰助之。其正言蓋無幾，至於詆訾孔子，未嘗不微見其意。其論天下道術，自墨翟、禽滑釐、彭蒙、愼到、田駢、關尹、老聃之徒，以至於其身，皆以爲一家，而孔子不與，其尊之也至矣。然余嘗疑《盗蹠》、《漁父》則若眞詆孔子者。至於《讓王》、《説劍》，皆淺漏不入於道。反覆觀之，得其《寓言》之終曰：「陽子居西遊於秦，遇老子，老子曰：『而睢睢，而盱盱，而誰與居。太白若辱，盛德若不足。』陽子居蹵然變容。其往也，舍者將迎，其家公執席，妻執巾櫛，舍者避席，煬者避竈。其反也，舍者與之爭席矣。」去其《讓王》、《説劍》、《漁父》、《盗蹠》四篇，以合於《列禦寇》之篇，曰「列禦寇之齊，中道而反，曰：『吾驚焉。吾食於十漿而五漿先饋』」，然後悟而笑曰，是固一章也。莊子之言未終，而昧者剿之，以入其言，余不可以不辯。凡分章名篇，皆出於世俗，非莊子之本意。

《朱子語録》曰：莊、列亦似曾點底意思，他也不是專學老子，吾儒書他都看來，不知如何被他瞕見這箇物事，便放浪去了。今禪學也是恁地。列、莊本楊朱之學，故其書多引其語。莊子説「子之於親也，命也，不可解於心」，至臣之於君，則曰「義也，無所逃於天地之間」。是他看得那君臣之義，卻似是逃不得，不奈何，須着臣伏，他更無一箇自然相胥爲一體處可怪。故孟子以爲無君，此類是也。又莊子比列子見較高，氣較豪，他是事事識得，又却蹴踏了，以爲不足爲，列子却有規矩。問：「莊子、孟子同時，何不曾相遇，又不聞相道及？」先生曰：「莊子當時也無人宗之，他只是在僻處自説。孟子平生足跡只在齊、魯、滕、大梁之間，不曾過大梁之南。莊子自是楚人。想見聲聞止於梁而止。然當時南方亦多異端，如陳良之類是也。」

南華真經註疏

陳氏曰：按《晉郭象傳》，向秀解莊子，未竟而卒，頗有別本遷流。象竊以爲己注，乃自注《秋水》、《至樂》二篇，又易《馬蹄》一篇，其餘點定文句而已。其後秀義別出，故今有向、郭二《莊》，其義一也。然向義今不傳，但時見陸氏《釋文》。

著録

《道藏目録詳註》卷三　三十五卷，郭象註、成玄英疏。

《文獻通考》卷二一一《經籍考》三八　成玄英《莊子疏》三十三卷。晁氏曰：唐道士成玄英撰。本郭象注，爲之疏義。玄英字子實，陝州人隱居東海。貞觀五年召至京師，加號西華法師。永徽中流郁州，不知坐何事。書成，道士元慶邀文學賈鼎就授大義。序云周字子休，師長桑公子。《内篇》理深，故別立篇目。《外篇》、《雜篇》，其題取篇目二字而已。

南華真經新傳

著録

《四庫全書提要・子部・道家類》　《南華眞經新傳》二十卷，宋王雱撰。雱字元澤，臨川人，安石之子。未冠登進士，累官龍圖閣直學士。事蹟具《宋史》安石傳。是書體例略仿郭象之注，而更約其詞，標舉大意而不詮文句。謂内七篇皆有次序綸貫，其十五外篇、十一雜篇，不過藏内篇之宏綽幽廣。後附拾遺雜説一卷，以盡其義。史稱雱睥睨一世，無所顧忌，其狠愎本不足道，顧率其傲然自恣之意，與莊周之滉漾肆論、破規矩而任自然者性若相近，故往往能得其微旨。孫應鰲謂取言不以人廢，諒矣。《文獻通考》作十卷，此本倍之，疑《通考》誤脫二字。或明代重刊，每卷分而爲二歟？王宏撰《山志》曰：注《道德》、《南華》者，無慮百家，而吕惠卿、王雱所作，頗稱善。雱之才尤異，使當時從學於程子之門，所就當不可量。又曰：竊又疑惠卿之姦諂、雱之恣戾，豈宜有此，小人攘名，或倩門客爲之，亦未可知。案小人有才而無行，自其天性。邢恕何嘗不及程子之門，而一旦決裂，不可收拾。安見雱之必有所就？至於雱之材學，原自出羣，王安石所作新經義，惟《周禮》是其手稿，其餘皆雱之助成。蔡絛《鐵圍山叢談》言之甚詳。又何有於《莊子注》而必需假手乎？宏撰所言，不過好爲議論，均未詳考其實也。

莊子疏

著録

《文獻通考》卷二一一《經籍考》三八　文如海《莊子疏》十卷。晁氏曰：唐文如海撰。如海，明皇時道士也，以郭象注放乎自然而絶學習，失莊生之旨，因再爲之解，凡九萬餘言。

南華真經口義

綜述

林希逸《南華真經口義序》 莊子，宋人也，名周，字子休，生睢陽蒙縣。在戰國之初，與孟子同時，隱遁而放言者也。所著之書名以莊子，自分爲三，《內篇》七，《外篇》十五，《雜篇》十一，雖其分別次第如此，而所謂寓言、重言、卮言三者，通一書皆然也。《外篇》、《雜篇》則即其篇首而名之，《內篇》則立爲名字，各有意義，其文比之《外篇》、《雜篇》爲尤精，而立言之意則無彼此之異。陳同甫嘗曰：天下不可以無此人，亦不可以無此書，而後足以當君子之論。若莊子者，其書雖爲不經，實天下所不可無者。郭子玄謂其不經而爲百家之冠，此語甚公。然此書不可不讀，亦最難讀。東坡一生文字，只從此悟入。《大藏經》五百四十函，皆自此中紬繹出。左丘明、司馬子長諸人筆力，未易敵此，是豈可不讀。然謂之難者，何也。伊川曰：佛書如淫聲美色，易以惑人，蓋以其語震動而見易搖也。況此書所言仁義性命之類，字義皆與吾書不同，一難也；其意欲與吾夫子爭衡，故其言多過當，二難也；鄙略中下之人，如佛書所謂爲最上乘者說，故其言每每過高，三難也；又其筆端鼓舞變化，皆不可以尋常文字蹊徑求之，四難也；況語脈機鋒多如禪家頓宗所謂劍刃上事，吾儒書中未嘗有此，五難也。是必精於《語》、《孟》、《中庸》、《大學》等書，見理素定，識文字血脈，知禪宗解數，具此眼目而後知其言意，一一有所歸著，未嘗不跌蕩，未嘗不戲劇。而大綱領大宗旨未嘗於聖人異也。若此眼未明，強生意見，非以異端邪說鄙之，必爲其所恐動，或資以誕放，或流而空虛，則伊川淫聲美色之喻誠不可不懼。希逸少嘗有聞於樂軒，因樂軒而聞艾軒之說，文字血脈稍知梗概。又頗嘗涉獵佛書而後悟其縱橫變化之機，自謂於此書稍有所得，實前人所未盡究者。最後乃得呂吉甫、王元澤諸家解說，雖比郭象稍爲分章析句，而大旨不明。因王呂之言，愈使人有疑於莊子。若以管見推之，則此書自可獨行天地之間，初無得罪於聖門者，使莊子復生，謂之千載而下，子雲可也。非敢進之作者，聊與諸同志者共之。

著録

《四庫全書提要・子部・道家類》 《莊子口義》十卷，宋林希逸撰。希逸有《考工記解》，已著錄。是編爲其《三子口義》之一。前有自序，大意謂：讀《莊子》有五難，必精於《論》、《孟》、《學》、《庸》等書，見理素定，又必知文字血脈，知禪宗解數，而後知其言意。少嘗聞於樂軒，因樂軒而聞艾軒之說，文字血脈，頗知梗概。又嘗涉獵佛書，而後悟其縱橫變化之機，於此書稍有所得，實前人所未盡究者，云云。蓋希逸之學，本於陳藻，藻之學，得於林光朝。所謂樂軒者，藻之別號，艾軒者，光朝之別號。凡書中所稱先師，皆指藻也。序又謂「郭象之注，未能分章析句，王雱、呂惠卿之說，大旨不明，愈使人有疑於《莊子》」云云。今案郭象之注，標意旨於町畦之外，希逸乃以章句求之，所見頗陋。即王、呂二注，亦非希逸之所及。遽相詆斥，殊不自量。以其循文衍義，不務爲艱深之語，剖析尚爲明暢，差勝後來林雲銘輩以八比法詁《莊子》者，故姑錄存之，備一解焉。

南華真經義海纂微

綜述

劉震孫《南華真經義海纂微序》 始余讀《莊子》，頗疑齊物之論，荒怪汗漫，若與物情戾。偶緣病卧，夢中有以木雞之說告者。因復取其書而繹焉，始悟其立言本指，最切於救時，而人或未之識。蓋自周德下衰，禮樂征伐不自天子出，戰國諸侯，變觸並鬥，以糜爛其生民，其禍實起於不知分。莊子於是時，思有以覺其迷而砭其疾，故於《逍遥遊篇》首寓微言。其曰鳩鷃之不敢自擬於大鵬，物之知分者也。其曰許由不敢受堯之天下，人之知分者也。夫使天下而皆知分，則賤不慕貴，小不圖大，强不淩弱，衆不暴寡，君君而臣臣，父父而子子，舉一世莫不各安其天分之當然，而無僭踰爭奪天開之患。則夫物之不齊者，非必物物而齊之，而無不齊矣。且莊子與孟子同時，使其言而悖道，無補於世教，則孟子固亦距之矣。讀者泥其辭而不求其意，往往例以不經，目之如郭象所云者，是豈眞知莊子哉。一日，中都道士褚伯秀，持所集《莊子解》，且附以己見，示余。余喜其會粹之勤，去取之精，而所見之多有超詣也，因舉余言告之。矍然謝曰：以分一字斷齊物之説，此非我所及也。願得以爲序，鋟諸木可乎？余曰：此臆説也，世豈無深於是書者？子其博訪而求印可焉？他日以復於我，相與訂之未晚也。若夫爲序，則不敢。

本心翁、文及翁《南華眞經義海纂微序》 道一而已，形於言即爲二。故曰：道無問，問無應。又曰：知道易，勿言難。知者不言，言者不知。善者不辯，辯者不善。然則忘言可乎？言可忘，則《南華經》不作矣；言不可忘，是以有《南華經》。既有《南華經》，是以有諸家解。雖然，《南華經》十萬餘言，未嘗不言而亦未嘗言。何者？其言皆寓言也，後之人求其所已言，而不求其所未言。尋行數墨，分章析句，言愈支而道愈離矣。雪巘羽衣褚伯秀，身近尼五之天，而神遊乎漆園濮水之上，輯諸家解，斷以己見，筆之書以爲未足，且刻之梓以傳不朽，其用心亦勤矣。嗚呼！道以言而傳，昭氏之鼓琴也。道不可以言傳，昭氏之不鼓琴也。大音希聲，鼓不鼓琴，與音固無恙也。抑得魚忘筌，得兔忘蹄可也。筌蹄豈魚兔哉？道也，言也，一而二，二而一者也。噫！南華之經，諸家之解，褚之管見，子之臆説，是又寓言中之寓焉耳矣。

湯漢《南華眞經義海纂微序》 古諸子之書，若孟氏之正，蒙莊之奇，皆立言之極至，後世雖有作者，無以加之矣。而《莊子》尤難讀，大聰明如東坡翁，自謂於《莊子》有得，今觀其文，間有説莊者，往往猶未契本旨。況雱惠卿流，毒螯滿懷，而可與於帝之縣解乎？近時釋莊者益衆，其説亦有超於昔人。然未免翼以吾聖人言，挾以禪門關鍵，似則似矣，是則未是。余謂不若直以《莊子》解《莊子》，上絶攀援，下無拖帶，庶幾調適上遂之宗，可以見其端涯也。武林褚君伯秀，道家者流，非儒非墨，故其讀此書也，用志不分，無多歧亡羊之失，特欲索祖意於千載之上，會粹衆説，附以己見，采獲所安，不以人廢。白首成書，志亦勤矣。余視其目端而明，氣夷而靖，斯學之力也。余舊喜讀莊，時有欣然會心處，然未嘗筆之於冊。今老病目昏，嘉褚君之志有成而已，不暇一二勘其得失矣。君既竭力以板行其言，且屬余序其篇首。余笑曰：彼刻雕之工未竟歟，則釋椎鑿而上者能爲君序之矣。

《南華眞經義海纂微序》 張湛《列子釋文》載：莊子，宋之蒙城人，爲梁漆園吏，著書五十二篇，郭象合爲三十三篇，註之。一云：向秀先註《莊子》二十八篇而卒，郭象得其書，足成之以行於世，後向氏別本出，故向、郭二註文義一同。碧虛子陳景元註卷首叙云：莊子師長桑公，受其微旨，著書十萬餘言，目曰《南華》，論內篇三字標題者是其舊，外、雜篇則爲郭象所刪修。今通計正文，止存六萬五千九百餘字。唐開元十九年，侍中裴光庭請冊四子，天寶元年詔：冊《莊子》，宜依舊號，曰《南華眞經》，義取離明英華，發揮道妙也。竊詳南華之號，其來久矣。似是上天職任所司，猶東華南極之類，不可以人間義理臆度，故諸解無聞焉。謹表出以備解題一難，俟傳識考訂之。

著録

《道藏目録詳註》卷三 一百六卷，武林道士褚伯秀述。此解內集郭象、呂惠卿、林疑獨、陳詳道、陳景元、王雱、劉槩、吴儔、虙齋、趙以夫竹溪、林希逸、李士表、王旦、范無隱等，會粹衆説，附以褚公之解。

《四庫全書提要・子部・道家類》 《南華眞經義海纂微》一百六卷，宋褚伯秀撰。伯秀，杭州道士。其書成於咸淳庚午，下距宋亡僅六年。周密《癸辛雜識後集》載至元丁亥九月，與伯秀及王磐隱游閲古泉，則入元尚在也。其書纂郭象、呂惠卿、林疑獨、陳祥道、陳景元、王雱、劉槩、吴儔、趙以夫、林希逸、李士表、王旦、范元應十三家説，而斷以己意，謂之管見。中多引陸德明《經典釋文》，而不列於十三家中，以是書主義理，而不主音訓也。成元英疏，文如海正義，張潛夫補注，皆間引之，亦不列于十三家，以從陳景元書采用也。范元應乃蜀中道士，本未注《莊子》，以其爲伯秀之師，故多述其緒論焉。蓋宋以前解莊子者，梗槩畧具於是。其間如吳儔、趙以夫、王旦諸家，今皆罕見傳本，實賴是書以傳，則伯秀編纂之功，亦不可沒矣。前有劉震孫文，及翁湯漢三序，皆咸淳初所作也。

莊子翼

著録

《四庫全書提要・子部・道家類》 《莊子翼》八卷，《莊子闕誤》一卷，《附錄》一卷，明焦竑撰。竑有《易筌》，已著錄。是編成于萬曆戊子，體例與《老子翼》同。前列所載書目，自郭象注以下凡二十二家。旁引他說，互相發明者，自支遁以下凡十六家。又章句音義，自郭象以下凡十一家。今核其所引，惟郭象、呂惠卿、褚伯秀、羅勉學、陸西星五家之說爲多，其餘特間出數條，畧備家數而已。又稱褚氏《義海》引王雱注內篇，劉槩注外篇，《道藏》更有雱《新傳》十四卷，豈其先後所注不同，故並列之歟？今採其合者著于編，仍以《新傳》別之，云云。今考書中所引，自雱《新傳》以外，別無所謂雱注。而《養生主》注引劉槩一條，則槩注亦有內篇，其說殆不可解。蓋明人著書，好誇博奧，一核其實，多屬子虛。萬曆以後，風氣類然，固不足以深詰也。至于支遁注《莊》，前史未載，其《逍遙遊》義，本載劉孝標《世說新語》注中，乃沒其所出，竟標支道林注，亦明人改頭換面之伎倆，不足爲憑。然明代自楊慎以後，博洽者無過于竑，其所引據，究多古書，固較流俗注本爲有根據矣。

莊子通義

著録

《四庫全書總目・子部・道家類存目》 《莊子通義》十卷，明朱得之撰。得之有《宵練匣》，已著錄。此書以爲莊子之書命辭跌宕，設喻險奇，人多謂其荒唐謬悠，不知異者辭也，不異者道也。故爲作通義，并加旁註以詳釋之。先是，宋咸淳間錢塘道士褚伯秀嘗作《義海纂微》，未行於世。王潼錄其遺稾，以授得之，得之因附刻於每段之下。先列《通義》，次及《義海》。前有得之自序。案伯秀《義海纂微》，採掇詳博，今原本尚存，已著於錄。得之所解，議論陳因，殊無可採。至於評論文格，動至連篇累牘，尤冗蔓無謂矣。

解莊

著録

《四庫全書總目・子部・道家類存目》 《解莊》十二卷，明陶望齡撰。望齡字周望，號石簣，會稽人。萬曆癸丑進士，官至國子監祭酒。謚文簡。事蹟附見《明史・唐文獻傳》。是編僅寥寥數則，歸安茅兆河取與郭正域所評合刻之，均無所發明。

南華經副墨

著録

《四庫全書總目·子部·道家類存目》《南華經副墨》八卷，明陸西星撰。西星字長庚，號方壺外史，不知何許人。焦竑作《莊子翼》，引西星之説頗多，則其人在竑以前。書首有其從子律序，作於萬曆戊寅，則與竑相距亦不遠也。是書編次，一依郭象本，而以《天道》篇虚、靜、恬、淡、寂、寞、無、爲八字，分標八卷。每篇逐節詮次，末爲韻語，總論一篇之旨。其名副墨，即取《大宗師篇》副墨之子語也。大旨謂《南華》祖述《道德》，又即佛氏不二法門，蓋欲合老釋爲一家。其言博辨恣肆，詞勝於理。其謂《天下》篇爲即《莊子》後序，歷敘古今道術，而以己承之，即《孟子》終篇之意，則頗爲有見。故至今註《莊子》是篇者，承用其説云。

讀莊小言

著録

《四庫全書總目·子部·道家類存目》《讀莊小言》一卷，明文德翼撰。德翼有《宋史》存，已著録。此書就《莊子》諸篇隨筆記其所得，然未能拔奇於舊註之外。

藥地炮莊

著録

《四庫全書總目·子部·道家類存目》《藥地炮莊》九卷，明方以智撰。以智有《通雅》，已著録。是編乃所作《莊子》解。藥地者，以智僧號也。以《莊子》之説爲藥，而已解爲藥之炮，故曰炮莊。大旨詮以佛理，借滉洋恣肆之談，以自攄其意。蓋有託而言，非《莊子》當如是解，亦非以智所見眞謂《莊子》當如是解也。

古今南華内篇講録

著録

《四庫全書總目·子部·道家類存目》《古今南華内篇講録》十卷，題林屋洞藏書。不著撰人名氏，亦不著時代。卷一爲南華旨要，皆言註《莊》之大旨。其第五節云：洞庭今日首提虚用，其言何徵，亦惟得宗印於雲莊先師。卷二以莊子寓言一篇升冠於諸篇，前有小序云：洞庭山縹緲峯林屋洞天夢蝶易師從蕙谿老農學易於天都峯，嘗會門弟子詳説《南華》反約旨要，弟子三林輩因記録師語，著爲成書。而《南華旨要》中又有莊子至今二千年語，以長歷推之，當爲明末國初人也。卷三爲逍遙遊。卷四爲齊物論。卷五爲養生主。卷六爲人閒世。卷七爲德充符。卷八爲大宗師。卷九爲應帝王。卷十爲天下。蓋以《寓言》爲《莊子》前序，以《天下》爲《莊子》後序。而内七篇之次第，亦先後不同。其説以郭象註爲今本，以向秀註爲古本。然秀註，《經典釋文》尚引之，而陳氏《書録解題》

已稱亡佚。宋以來諸家書目皆不著錄，不知何由見之。且古人一書無兩序，其有序者必附於末。最可考者，《呂氏春秋》之序在十二紀末，《史記》自序、《漢書》序傳、揚雄《太元》《法言》、王符《潛夫論》、袁康《越絶書》，下至劉勰之《文心雕龍》諸序，亦皆在書末。此以前序後序指爲古本，是用後世之例推測三代，其爲依託無疑。又《唐書・藝文志》稱唐天寶元載尊《莊子》爲《南華眞經》，而此乃云加之南華之名，吾兹未之聞焉。意者郭子歟？向子歟？其在後之人歟？吾無聞焉耳矣。烏在其見古本也。

南華評註

著録

《四庫全書總目・子部・道家類存目》《南華評註》，國朝張坦撰。坦字方平，號一菴，泰安人。是書成於康熙戊午。自序謂廣求古註數十餘家，採其簡當，刪其繁蕪，又參以己意，爲之評釋。別爲或問十條，列於卷首。今案其書，分段加評，逐句加註，皆不言本某家之古註。其註似徐增之說唐詩，其評亦如金人瑞之評《西廂記》《水滸傳》而已。觀其或問第二條，以莊子爲風流才子，可知其所見矣。

莊子解

著録

《四庫全書總目・子部・道家類存目》《莊子解》三卷，國朝吳世尙撰。世尙，貴池人。是編成於康熙癸巳。所說止《莊子》內七篇。大旨引莊子而附之儒家，且發揮其文字之妙。觀其目錄後附記，稱向來解《莊子》者惟林西仲可觀，但有不盡洽乎文義者。是不知古有向、郭。又開卷即云莊子自名其書曰《南華經》。是併《唐書・藝文志》亦未考也。

南華通

著録

《四庫全書總目・子部・道家類存目》《南華通》七卷，國朝孫嘉淦撰。嘉淦有《春秋義》，已著錄。是編取《莊子》內篇，以時文之法評之，使起承轉合，提掇呼應，一一易曉。中亦頗以儒理文其說。

南華本義

著録

《四庫全書總目・子部・道家類存目》《南華本義》二卷，國朝林仲懿撰。仲懿不知何許人。是編祇註《莊子》內篇，語多附會。如釋《逍遙遊》，以北冥有魚爲太極靜而生陰，化而爲鵬爲太極動而生陽。以南冥北冥爲無極而太極，太極本無極之類。皆強生意見。其餘詮釋，亦多類金人瑞、徐增之流。

南華簡鈔

著録

《四庫全書總目・子部・道家類存目》《南華簡鈔》四卷，國朝徐廷槐撰。廷槐字立三，號笠山，會稽人。雍正庚戌進士。是編於《莊子》内篇全録其文，外篇、雜篇頗有刊削。漁父、盗跖、讓王、説劍之屬，則全篇删之。每篇各爲詳註。其論文論理，純以妙悟不測爲宗。大抵原本禪機，自矜神解也。

南華摸象記

著録

《四庫全書總目・子部・道家類存目》《南華模象記》八卷，國朝張世犖撰。世犖字無夜，錢塘人。乾隆甲子舉人。其學以禪爲宗，因以禪解莊子。以《天下》篇爲《莊子》自序，以《寓言》篇爲開宗第一爲首卷，如林屋洞《南華講録》之説。其下則悉取外篇之文附内七篇之後，亦明人移掇《管子》、《晏子》之意。其篇目皆依佛經之例，以内篇之名標曰某品某品。删去盗跖、漁父、説劍三篇，又删去蔣閭葂數段。每篇之首，各爲宗旨，敘其所以分并之故。昔蘇軾撰《莊子祠堂記》，欲删漁父、盗跖等篇，然不過託之文字，非眞有删本。今則分割併附，又多所芟薙。是直修改《莊子》，非註釋《莊子》矣。

觀老莊影響論

著録

《四庫全書總目・子部・道家類存目》《觀老莊影響論》一卷，明釋德清撰。德清字登印，全椒人。即當時所稱憨山大師者也。其書多引佛經以證老莊，大都欲援道入釋，多惝怳恣肆之言。以其借老莊爲名，故姑附之道家。其曰影響論者，取空谷傳聲，衆響斯應之義也。

冲虛至德真經

著録

《道藏目録詳註》卷三　三卷。列子名禦寇，鄭人也，著書八篇。天瑞第一、黄帝第二、周穆王第三、仲尼第四、湯問第五、力命第六、楊朱第七、説符第八。唐封冲虛至德眞人，書爲《冲虛至德眞經》。

《四庫全書提要・子部・道家類》《列子》八卷，周列禦寇撰。劉向校定爲八篇，以禦寇爲鄭穆公時人。柳宗元辨爲繻公時人，考據極確。唐天寶元年，冊爲冲虛眞人，尊其書爲《冲虛眞經》。宋景德間，加至德二字。宋元謂是書亦多增竄，非其實。高似孫《子略》以《莊子・天下篇》歷叙墨翟以下諸子，不及禦寇，司馬遷亦不傳列子，遂爲後人薈萃而成之，皆於理或近。似孫又謂出於莊子之寓言，並無其人，則太臆斷矣。晉張湛嘗爲之注，詞旨簡遠，可亞於王弼注《老》、郭象注《莊》。其注鍊石補天之類，皆妙得寓言之旨。葉夢得乃詆其逐事爲解，反多迷失。葢夢得僻於佞佛，欲取《列子》書一一比附於禪學，故於湛之注，合己説者則以爲微知其意，不合己説者則惡其害己而排之，非篤論也。其《楊朱》、《力命》二篇，宗元以所稱魏牟、孔穿皆在列子以後，疑爲楊朱之書，然劉向以來並無是説，今亦不取焉。

冲虛至德真經釋文

綜　述

碧虛子《冲虛至德真經釋文序》　夫莊子之未生，而列子之道已汪洋汗漫，充滿于太虛而無形畛可聞也。故著書發揚黄老之幽隱，剖抉生死之根柢，墮毁解袭，決疣潰癰，語其自然而不知其然，意其無爲而任其所爲。辭旨縱横，若木葉乾殼；乘風東西，飄飄乎天地之間無所不至。而後莊子多稱其言，載於論説，故世稱老莊而不稱老列者，是繇莊子合異爲同，義指一貫，離堅分白，有無并包也。昔列子陸沈圃田四十年而人莫識，藏形衆庶在國而君不知，天隱者也。人有道而人莫譽，道豈細也夫；書有理而世罕稱理，豈粗也夫。之人也，之書也，深矣遠矣，與物返矣，不其高哉！僕自總角，好讀是書，患無音義，解所闇惑。及長游天台山桐柏於司馬微水帳之下，獲爛書兩卷，標題隱約乃列子釋文，紙墨敗壞，不任展玩而急手抄録。其脱落蠹碎，墁滅棧損，十亡四五矣，而紙尾題云唐當塗縣丞殷敬順纂衡岳墨希子書，遂草寫藏於巾衍。後於潛山覽有唐道士徐靈府手寫列子，洎盧重玄注就於藏室，繙景德年中國子監印本，參有校無，會同帖異，比得國子監印本經并注，脱誤長乙共一百六十字，集成訛謬同異一卷，附於釋文之後，已而補亡拾遺，復其舊目。前人所解最善者，如程是豹之别名，离冏乃泰丙兩字古文。此其博學而多識者，其有越略，惟俟同志損益啟悟。熙寧二年九月九日碧虛子題序。

冲虛至德真經解

著　録

《道藏目録詳註》卷三　二卷，唐當塗縣丞殷敬順撰。列子新書目録，碧虛子陳景元補遺。

《四庫全書提要・子部・道家類》　《冲虛至德眞經解》八卷，宋江遹撰。遹自署杭州州學内舍生，始末未詳。是書乃所註《列子》，據舊刻標題，蓋經進之本。其稱《冲虛至德眞經》者，案《唐書・藝文志》，天寶元年詔號《莊子》爲《南華眞經》、《列子》爲《冲虛眞經》、《文子》爲《通元眞經》、《亢倉子》爲《洞靈眞經》故也。《老》、《莊》二子，自王弼、郭象作註以後，著録者不下百數十家。《列子》則隋唐二志著録者，惟張湛所註八卷。陸德明作《經典釋文》，有《老》《莊》而無《列子》。陳振孫《書録解題》載當塗丞殷敬順補作釋文二卷，今亦不傳。《宋史・藝文志》亦僅增政和御註八卷，今並未見。焦竑《國史經籍志》所載盧重元孫鶚註及冲虛至德眞經四解，其存佚益不可據。今行於世者，張湛以外，惟林希逸《口義》及遹此書而已。此書焦竑稱二十卷，與今本不符。然今本首尾完具，不似缺佚。竑所著録，大抵襍抄史志書目，舛漏相仍，僞妄百出，所記卷數，不足憑也。張湛註，旨趣簡遠，不尚繁詞。遹此註，則全仿郭象註《莊》之體，擺落訓詁，自抒會心，領要標新，往往得言外之旨。其間如《周穆王》篇註云：「穆王亦丹臺之舊侶也，謫降人間，塵俗之氣，尚未深染，故能安棲聖境。此雖下乘之所居，豈胎生肉人所能到哉。」殆似杜光庭、林靈素輩之語，未免自穢其書。然大致文詞都雅，思致超遠，足以雁行郭象，平揖張湛。林希逸書，不足以嬰其意也。

沖虛至德真經四解

綜　述

毛麾《沖虛至德真經四解序》　太史公叙黃老而先六經，蓋知崇道術矣。何偶遺《列子》劉向廼校勘成書，其言明内外，證死生，齊物我，大抵與蒙莊合。至於謂不知我之乘風、風之乘我，周之爲蝶、蝶之爲周，若出一口矣。然後世注説傳者，俱少《列子》。在晉有張湛，唐有盧重玄。方之《南華》，湛則郭象，盧則成玄英也。逮宋政和，有解而左轄范致虛謙叔亦有説。當是時，天下立道學，與三舍進士同教養法。儒臣王禮上言：《莊》《列》二書，羽翼老氏，猶孔門之有顔、孟。微言妙理，啟迪後人，使黃帝之道粲然復見，功不在顔、孟之下。宜詔有司講究所以崇事之，禮從之。故其書大行。平陽逸民高守元善長收得二解，並張、盧二家，合爲一書。誠增益於學者，因之得以叩玄關、探聖閫，致廣大而盡精微，顧不韙歟。竊嘗謂訓詁之義，自昔爲難，盧序曰：千載一賢，猶如比肩；萬代有知，不殊朝暮，可爲喟然歎息也。大定己酉春季月，承務郎前同知沁州軍州事雲騎尉賜緋魚袋致仕。毛麾序。

劉向《進列子表》　右《新書》定，著八章。護左都水使者、光禄大夫臣向言：所校中書《列子》五篇，臣向謹與長社尉臣參校讎《太常書》三篇，《太史書》四篇，臣向書六篇，臣參書二篇，《内外書》凡二十篇。以校除復重十二篇，定著八篇，中書多，外書少，章亂布在諸篇中，或字誤以盡爲進，以賢爲形，如此者衆。及在新書，有棧校讎從中書已定，皆以殺青，書可繕寫。列子者，鄭人也，與鄭穆公同時，蓋有道者也。其學本於黃帝、老子，號曰道家。道家者，秉要執本，清虛無爲。及其治身接物，務崇不競，合於六經。而《穆王》、《湯問》二篇，迂誕恢詭，非君子之言也。至於《力命》篇，一推分命《楊子》之篇，唯貴放逸。二義乖背，不似一家之書。然各有所明，亦有可觀者。孝景皇帝時，黃老術，此書頗行於世。及後遺落散在民間，未有傳者，且多寓言，與莊周相類。故太史公司馬遷不爲列傳，謹第録。臣向昧死上護左都水使者、光禄大夫臣向所校《列子》書録。永始三年八月壬寅上。

張湛《序》　湛聞之先父曰：吾先君與劉正輿、傅穎根，皆王氏之甥也，並少遊外家舅始周。始周從兄正宗、輔嗣，皆好集文籍。先並得仲宣家書，幾將萬卷。傅氏亦世爲學門，三君總角競録奇書。及長，遭永嘉之亂，與穎根同避難南行。車重各稱力並有所載，而寇虜彌盛，前途尚遠。張謂傅曰：今將不能盡全所載，且共料簡世所希有者，各各保録，令無遺棄。穎根於是唯齎其祖玄父咸子集。先君所録書中有《列子》八篇，及至江南，僅有存者。《列子》唯餘《楊朱》、《説符》、目録三卷。比亂，正輿爲揚州刺史，先來過江，復在其家，得四卷，尋從輔嗣女婿趙季子家得六卷，參校有無，始得全備。其書大略，明群有以至虛爲宗，萬品以終滅爲驗。神慧以凝寂常全。想念以著物自喪，生覺與化夢等情，巨細不限一域，窮達無假智力，治身貴於肆任。順性則所之皆適，水火可蹈；忘壞則無幽不照，此其旨也。然所明往往與佛經相參，大歸同於老莊，屬辭引類特與《莊子》相似。莊子、愼到、韓非、尸子、淮南子，玄示、指歸，多稱其言。遂注之云爾。

盧重玄《叙》　劉向云：列子者，鄭人也，與鄭穆公同時，蓋有道者也。其學本於黃帝、老子，號曰道家。道家者，秉要執本，清虛無爲。及其理身接物，務崇不競，合於六經。而《穆王》《湯問》二篇，迂誕恢詭，非君子之言也。至於《力命》篇，一推分命，《楊子》篇，唯貴放逸。二義乖背，不似一家之書。然各有所明，亦頗有可觀者。且多寓言，與莊周相類。故太史公司馬遷不爲列傳。張湛序云：其書大略，明群有以至虛爲宗，萬品以終滅爲驗，神慧以凝寂常全。想念以著物自喪，生覺與化夢等情，巨細不限一域，窮達無假智力，理身貴於肆任。順性則所之皆適，水火可蹈；忘懷則無幽不照，此其旨也。然所明往往與佛經相參，大歸同於老莊，重玄以爲黃老論道久矣，代無曉之者。咸以情智辯其眞宗，則所諭雖多，同歸於不了。所詮雖衆，但詳其糟粕，莫不以大道玄遠，遙指於太虛之中。道體精微，妙絶於言詮之表，遂使眞宗幽翳，空傳於文字；至理虛無，但存其言説，曾不知道之自我，假言以爲詮，得意忘言，離言以求證，徒以是非生滅之思慮，因情動用之俗心，矜彼道華，求名喪實。我開元聖文神武皇帝知道爲生本，至德非言，廣招四方，傍詢萬宇，冀有達其玄理，將欲濟於含生。小臣無知，偶慕斯道，再承聖旨，重考微言。謹尋《列子》之書，輒詮註其宗要，竊懷智此，非欲指南，儻默契於希夷，猶玄珠於象罔，是所願也，非敢望焉。論曰：夫生者何耶？神與形會也；死者何耶？神與形離也。形有生死，神無死生，故老子曰谷神不死，死而不亡者壽也。然此之死生，但約形而説耳，若於神用，都無死生。神本虛玄，契眞者爲性；形本質礙，受染者爲情。至人忘情歸性則近道；凡迷矜性殉情則喪眞，是故隳支黜聰，道者之恆性；貪生惡死，在物之常情。不矜愛以損生，不祈名而棄寶，故《莊子》曰：爲善無近名，爲惡無近刑。緣督以爲經，可以養生，可以盡年也。代人以不求於名則縱心爲惡，此又失之遠矣。何則？人笑亦笑，人號亦號，人之所畏，不可不畏，復安得爲不善耶？是知神爲生主，形報神功；神有濟物之功，形有尊崇之報；神有害物之用，報有賤陋之形。故神運無窮，形有修短，報盡則爲死，功著則別生。亦由清白者遷榮，貪殘者降黜。約位而説也，形不變則位殊；約神而辯也，神不易而形改。至人了知其道，故有而寶眞。眞神無形，心智爲用，用有染淨。凡聖所以分，在染溺者則爲凡，居清淨者則爲道。道無形質，但離其情，豈求之於冥漠之中，辯之於恍惚之外耳？故老子曰：吾道甚易知，甚易行，而不能知，不能行，其故何也？代人但約形以爲生，不知神者爲生主；約氣以爲死，不知神者爲氣根。繫形則有情，迷神則失道。封有惑本，溺喪忘歸。聖人嗟其滯執之如此也，乃歎夫知道者不易逢矣。故曰：千里一賢，猶如比肩；萬代有知，不殊朝暮者，惜之深矣。豈不然耶？儻因此論，以用心去情智以歸本，損之又損，爲於無爲，然後觀列子之書，斯亦思過之半矣。

著録

《道藏目録詳註》卷三 二十卷。晉張湛、唐盧重玄解、宋政和訓、宋左丞范致虛解、和光散人高守元集。

雜録

《政和解序》 道行于萬物，物囿於一曲。世之人見物而不見道，聖人則見物之無非道者，眞僞立而夢覺分，有無辯而古今異。得者不以智，失者不以愚，而窮達之差生于力命之不對。爲我者廢仁，爲人者廢義，而楊朱、墨翟之言見笑於大方之家。子列子方且冥眞僞而兩忘，會有無於一致，得喪窮達，付之自爾。爲我兼愛，通於大同，而深憫斯民之迷。見利而忘其眞，如彼爲盜，如彼攫金，迷而不反，馳而不顧。故著書八篇，以明妙物之神獨往獨來于範圍之外，而常勝之道持後守柔於不爭之地。其説汪洋大肆，籍外之論，託言於黃帝、孔子。要其歸，皆原於《道德》之指，然考其言，賾其意，究其所造，至其見神巫而心醉，觀伯昏無人之射而伏地，卒其所以進乎道者，止於乘風而歸，則其去莊周也遠矣。《莊子》曰：列子御風而行，猶有所待也。嗚呼，不疾而速，不行而至，惟天下之至神、老氏之實體。朕萬機之餘，既閲五千言，爲之訓解，又嘗注《莊子·内篇》，而子列子之書不可以無述也，聊釋以所聞，以俟後聖之知我者。政和戊戌閏九月朔日序。

《范左丞解吳師中撰序》 世之所貴者，書也，書不過語。語之所貴者，意也，意有所隨。得其意者，雖忘言可也。不明其意，非唯貴，非所貴，且又族坐錯立而共排之，烏足與言大方之家？列子，蓋鄭國有道之士，觀其立教坐議，闡揚性命之理；而救世發藥之言，超越諸子。言意之表，大抵以混元爲宗；而屬辭設喻，駸駸乎與《莊子》並駕而馳矣。俗學世師，窘束於名物，不能越拘攣之見，而尋其閫閾，遂相與拒之。於聖智之外。若司馬遷，尤尊道家之學，而獨不與爲列傳；劉向博物洽聞，校讎群書，乃指《穆王》《湯問》之篇爲迂誕恢詭，非君子之言，其排而斥之若此。豈非不明其意之所隨而失其所貴哉？伏見政和訓解，知其解於萬世之後，恢崇道教，將欲引天下之人反其性命之情而還太古，賜至渥也。洒命靈泮之儒，兼習道經，而老莊之書，一經大手，煥若日星。觀而化者，得所法象，不復可置議論矣。至《列子》書，張湛嘗爲之注，而舛駁尤甚，非特不得立言之法，抑亦失經之旨，故士每患之。則得是書之意者，雖欲忘言，其可得耶？左丞范公太初先生比於燮理之餘，親爲訓釋，推其意若出於列子之心，究其說足以解學者之蔽，微言妙道，歷數千百年間，一旦廓然，若披雲霧而睹青天，俾讀其書者，不待降席而得於目擊之際，則所以上裨吾君道化之方，其利博哉。爰因摹刻以廣其傳，謹題編之首云。宣和元年孟秋望日序。

列子辨

著録

《四庫全書總目·子部·道家類存目》《列子辨》二卷，不著撰人名氏。前有康熙後壬寅自序，署其號曰復堂，不知何許人也。其註用林希逸《口義》本，稍爲刪削，而閒附以劉辰翁評。卷首凡例稱：《列子》刻本，書肆絶少。此特借鈔，其中必多譌字云云。則亦寒鄉之士，罕睹舊籍者矣。其辨論大旨，謂漢《藝文志》載《列子》八篇，典午之禍，典籍蕩然。六朝清談之士依傍《藝文志》所云而妄託之。然其所證據，特以文句臆斷之耳。考《柳宗元集》有《辨列子》一篇，摘其言魏牟、孔穿皆出《列子》後，然特謂其不免增竄，不以爲僞也。高似孫《緯略》頗以《史記》無傳爲疑，又疑其出於後人之薈萃，然未敢定爲誰氏作也。是編漫無所據，竟毅然斷其出於六朝，極詆其文詞之惡，以朱筆勒其旁者，不一而足。文詞工拙，姑置無論。第考東晉光祿勳張湛所註，已疑其言鄭穆公以後事，與劉向所云鄭穆公時人者不合。則書在東晉以前審矣。作者未見湛註，遂以爲出自六朝耳。觀其批篇首「將嫁於衛」句云：「嫁字諸書所無，但此書率多譌字，嫁或家字之譌。」不知《爾雅·釋詁》曰：嫁，往也。郭璞註引《方言》曰：自家而出謂之嫁，猶女出爲嫁。古訓炳然，乃橫生揣度，其空言臆斷可知矣。

文子

著録

《四庫全書提要·子部·道家類》《文子》二卷。《漢志》道家《文子》九篇，注曰：「老子弟子，與孔子並時，而稱周平王問，似依託者也。」案此班固之原注，《讀書志》以爲顏師古注，誤也。《隋志》載《文子》十二篇，注曰：「老子弟子。《七畧》有九篇，梁十卷亡。」二志所載，不過篇數有多寡耳，無異說也。因《史記·貨殖傳》有「范蠡師計然」語，又因裴駰《集解》有「計然姓辛字文子，其先晉國公子」語。北魏李暹作《文子注》，遂以計然、文子合爲一人。文子乃有姓有名，謂之辛鈃。案暹注，今不傳，此據《讀書志》所引。案馬總《意林》列《文子》十二卷，注曰：周平王時人，師老君。又列《范子》十三卷，注曰：並是陰陽歷數也。又曰：計然者，葵丘濮上人，姓辛名文子，其先晉國公子也。其書皆范蠡問而計然答。是截然兩人兩書，更無疑義。暹移甲爲乙，誤之甚矣。柳宗元集有《辨文子》一篇，稱其旨意皆本老子，然考其書，蓋駁書也，其渾而類者少，竊取他書以合之者多，凡孟子輩數家，皆見剽竊，嶢然而出其類。其意緒文詞，互相牴牾而不合，不知人之增益之歟？或者衆爲聚斂以成其書歟？今刊去謬惡濫雜者，取其似是者，又頗爲發其意，藏于家。是此書不出一手，唐人固已言之。然宗元所刊之本，高似孫《子畧》已稱不可見。今所行者，仍十二篇之本，別本或題曰《通元眞經》，蓋唐天寶中嘗加是號，事見《唐書·藝文志》云。

通玄真經註

著録

《道藏目録詳註》卷三　十二卷，點然子註。文子姓辛，名鈃，一名計，葵丘濮上人也。師事老君，早聞大道，著書十有二篇，曰文子，歸本太上之言，歷陳天人之道，時變之宜，萃萬古於一篇，誠經世之樞要也。後唐玄宗時，有徵士徐靈府隱修衡嶽註文子之書上進，遂封通玄眞人，號其書爲《通玄經》。

通玄真經纘義

綜述

吴全節《通玄真經纘義序》　《文子》者，《道德經》之傳也。老子本《易》而著書，文子法老而立言。所以發明皇帝王伯之道。欲爲君者，必羲軒之君；爲民者，皆大庭、葛天之民。其垂意於世亦深矣。後人莫究，或相詆訾。今南谷杜高士探易老之賾，合儒老之説，每以著書立言爲心。其行於世者，有《道德原旨》若干卷。初居吴興計籌山，授奇訪古，得文子故居之地，創白石通玄觀，復得《文子全書》。遂爲析篇章，分句讀，纘義附説，使學者目擊道存。予嘗謂乾坤開闢之後，天道自北而南，聖朝肇基，朔方元運。一轉六合合爲家，洪荒之世復見。今日南谷應運著書以昭皇道，將措斯世於華胥氏之域。山林士不忘致君澤民之心，誠可尚也，吾教有人，喜而序其端云，至大三年六月旦日，玄教嗣師吴全節敬書。

黄石翁《通玄真經纘義序》　古之士用人家國，必有世外隱者爲之師，磨礲淬厲，受其書，盡其道，然後功成而名立。越有上將軍范蠡，其師爲計然。計然親見聖人於衰周，懷至寶而不耀，嘗究觀天道、人事、彊弱、興廢、自然之理，著書十有二篇，蠡用之平吴而霸越，又以其緒餘全身肥家，三積三散，保其令名。觀蠡之始終以信其師之道，觀蠡屢對勾踐之言，皆其師之言也。其書與諸子爲道家。柳子厚芟除冗駁，掇取精微，自爲一書，頗發其意，惜不傳。南谷先生按圖以得計然舊居之山，踞高峰之峻峙，俯具區之渺瀰。既爲之築室肖象，復取《文子》作纘義，融會貫通，削崄就夷，發舒皇帝、王伯之藴，與所著《玄經原旨》並行於代。先生有道者，其清勤儉素不爭而善勝，深得柱下宗旨。立言立事，見於薦紳韋布之所論著，固已勒堅石而鋟華梓矣。抑太史公之論陶朱，謂其苦身戮力與越深謀，又謂苦身戮力致產數千萬，復言之不厭。先生於此，事異而同其功，名高而不享其富，則其所以得於計然之書者，豈在文字章句之末？去之千載，眞有若合符契者焉。獨恨名卿大夫知先生者多，登門問道不少，乃未能盡用其説，如古人之謀國，豈信道之未篤歟？山林之士不忘斯世，肉食其忘之歟？不然，所以尊吾老子之道者，何所爲而然也？余故表記范師友之所從，受于篇端，以俟至大。庚戌仲夏，廬山道士寓南眞館黄石翁序。

杜道堅《通玄真經纘義序》　古之君天下者，太上無爲，其次有爲。是故皇以道化，帝以德教，王以功勸，伯以力率。四者之治，若四時焉。天道流行，固非人力之能强，然則時有可行，道無終否。冬變而春存乎歲，伯變而皇存乎君。此文子作而皇道昭矣。文子，晉之公孫，姓辛氏名鈃，字計然，文子其號。家睢之葵丘，屬宋地，一稱宋鈃。師老子學，早聞大道。著書十有二篇，曰《文子》。歸本老子之言，歷陳天人之道，時變之宜，萃萬古於一編，誠經世之樞要也。楚平王聘而問道，范蠡從而師之，勾踐位以大夫。佐越平吴，功成不有，退隱封禺之地，登雲仙去。吴興計籌之陽，乃其故處。唐玄宗時徵士徐靈府隱脩衡嶽，注文子之書上進，遂封通玄眞人，號其書爲《通玄眞經》。僕生江左，身老吴邦，訪文子之遺踪，建白石通玄觀，因獲《文子》故編，暇日分章纘義，參贊玄風，若夫化教勸率、道德功力之辯，則不無望於世之大賢云爾。後學當塗南谷子杜道堅謹序。

著録

《道藏目録詳註》卷三　十二卷，杜道堅内經於章首多稱老子曰者，尊師也。此蓋當時記習老子之言，故不敢自有其名。書十有二篇，凡一百八十八章。此註隨意析之，增八十一章。章別其旨，題曰讚義。

《四庫全書提要·子部·道家類》　《文子纘義》，宋杜道堅撰。道堅字南谷，當塗人，武康計籌山昇元觀道士也。其始末無攷。是書諸家書目亦罕著于錄。惟牟巘《陵陽集》有爲道堅所作集，又別有計籌峯眞率錄序，稱洞微先生祖常主昇元觀席，德壽宮錫之寶翰，至今歲某叩道堅，寔來上距祖君十二化，然才百年，云云。案自高宗内禪居德壽宮時，下至景定壬戌，正一百年，則道堅當爲理宗時人矣。《文子》一書，自北魏以來，有李暹、徐靈府、朱元三家註，惟靈府註僅存，亦大半闕佚。道堅因所居計籌山有文子故蹟，因註其書。所採諸家之說，不標姓名，但題曰舊註。道堅自爲說者，則題纘義，以別之。自元以來，傳本頗稀，獨《永樂大典》尚載其文。其精誠、符言、上德、微明、自然、下德、上義七篇，首尾完備。道原、十守、道德、上仁、上禮五篇，原本失載。或修《永樂大典》之時已散佚不完歟，今檢原目次第，排錄成帙，所闕之五篇，亦仍載其原文，釐爲十有二卷，仍符隋、唐志《文子》舊數。書中字句，與世傳明代道潛堂刊本多所同異。其間文義兩通者，不可勝舉。其顯然訛脱者，如《符言》篇「求爲寧求爲治」句，明刊本作無爲，與上下文義全反。又「不知言知病也」句，明刊本無言字，于義難通。又「時之去不可追而援也」句，明刊本追字作足。又「内在已者得」句，明刊本内字作則。又「夫氣者可以道而制也」句，明刊本夫字作二。又《微明》篇「聖人見福于重關之内」句，明刊本見字作先。又《上義》篇「奇伎逃亡」句，明刊本逃亡作天長。均譌誤不可解，當以此本爲正。又《符言》篇「故能以衆不勝成大勝者，惟聖人能之」二句，明刊本脱下一句。又「能成霸王者必德勝者也」句，明刊本脱德字。又《上義》篇「故天下可一也」句，明刊本一字下衍人字。此類甚多。蓋道堅生當宋季，猶見諸家善本，故所載原文，皆可正後來譌誤。不但註文明暢，足以宣通疑滯也。

洞靈真經

著録

《道藏目録詳註》卷三　一卷。庚桑子，一名亢倉子，楚者陳人也，著書有九篇。全道篇第一，用道篇第二，致道篇第三，君道篇第四，臣道篇第五，賢道篇第六，順道篇第七，農道篇第八，兵道篇第九。唐封洞靈眞人，書封《洞靈眞經》。

《文獻通考》卷二一一《經籍考》三八　《亢倉子》二卷。晁氏曰：唐柳宗元曰：「太史公爲《莊周列傳》，稱其爲書《畏累》、《亢倉子》，皆空言無事實。今世有《亢倉子》書，其首篇出《莊子》，而益以庸言。蓋周所云者，尚不能有事實，又况取其語而益之者，其爲空言尤也。劉向、班固録書無《亢倉子》，而今之爲術者，乃始爲之傳注，以教於世，不亦惑乎？」按唐天寶元年，詔號《亢倉子》爲《洞靈眞經》，然求之不獲。襄陽處士王士元謂「《莊子》作『庚桑子』，太史公、《列子》作『亢倉子』，其實一也」，取諸子文義類者補其亡。今此書乃士元補亡者，宗元不知其故而遽詆之，可見其鋭於譏議也。其書多作古文奇字，豈内不足者必假外飾歟？何璨註。

高氏《子略》曰：開元、天寶間，天子方鄉道家者流之說，尊表老氏、莊、列，又以《亢桑子》號《洞靈眞經》，既不知其人之仙否，又不識其書之可經，一旦表而出之，固未始有此書也。處士王褒乃趨世好，迫上意，撰而獻之。今讀其篇，往往采諸《列子》、《文子》，又采《呂氏春秋》、《新序》、《說苑》，又時采諸《戴氏禮》，源流不一，往往論殊而辭異，可謂雜而不純，濫而不實者矣。

周氏《涉筆》曰：《庚桑楚》固寓言，然所居以忘言化俗，以醇和感天。今所著切切用誅罰政術，蓋全未識庚桑者。其稱「危代以文章取士，剪巧綺濫益至」，正指唐事。又補賊廣引俟赦，率是獄案文書。又一鄉、一縣、一州，被青紫章服，皆近制。既爲唐人短淺者無書，不煩子厚掊擊也。惟《農道》一書可讀，自合孤行。

陳氏曰：首篇所載，與莊子《庚桑楚》同。「亢倉」者，「庚桑」聲之變也。《崇文總目》凡九篇。

《四庫全書提要・子部・道家類》 《亢倉子》一卷，舊本題庚桑楚撰。唐柳宗元嘗疑之，宋晁公武《讀書志》、高似孫《子畧》皆稱：唐開元、天寶間尊《庚桑子》爲《洞靈眞經》，求其書不獲，襄陽處士王士源采諸子文義類者，撰而獻之。周氏《涉筆》摘其唐代以文章取士語，又摘其一鄉一縣一州被青紫章服語，謂指唐制。宋濂《諸子辨》亦摘其以人易民、以代易世爲太宗諱，斷作之者爲唐士。今考《孟浩然集》，首有宣城王士源序，自稱修《亢倉子》九篇。又有天寶九載韋滔序，亦稱宣城王士源藻思清遠，深鑒文理，常游山水，不在人間，著《亢倉子》數篇，傳之後代云云。則此書乃士源補撰，原非僞託，當時已明言之，後人疑者紛紛，蓋未之考也。惟是庚桑楚居于畏壘，僅見《莊子》。而《史記・莊周列傳》則云周爲書如畏壘、亢倉子，皆空言無事。實則其人亦鴻濛雲將之流，有無蓋未可定。其書《漢志》、《隋志》皆不著錄。至于唐代，何以無所依據，憑虛漫求？毋亦士源先有此本，而出入禁中之方士如葉法善、羅公遠者，轉相煽惑，預爲之地，因而詔求歟？觀士源自序稱：天寶四載，徵謁京邑。適在書成之後，是亦明證矣。然士源本亦文士，故其書雖雜剽《老子》、《莊子》、《列子》、《文子》、《商君書》、《呂氏春秋》、劉向《說苑》、《新序》之詞，而聯絡貫通，亦殊亹亹有理致，非他僞書之比。其多作古文奇字，與衛元嵩《元包》相類。晁公武謂內不足者必假外飾，頗中其病。詞人好異之習，存而不論可矣。《崇文總目》作九篇。馬端臨《經籍攷》作二卷。宋濂《諸子辨》則作五卷。此本僅有一卷，而篇數與《崇文總目》合，蓋猶舊本云。

洞靈真經註

著　録

《四庫全書提要・子部・道家類》 《亢倉子注》九篇，舊本題何粲撰，不著時代。柳宗元《讀亢倉子》稱：劉向、班固錄書無《亢倉子》，而今之爲術者，乃始爲之傳注，以教於世。則注自宗元時已有，然宗元不著注者姓名。晁公武《讀書志》乃作《亢倉子》二卷，何璨注。公武當南北宋之間，則何璨當在北宋以前。惟璨字從王，與今本小異，或傳寫異文歟？注文簡質，不類宋以後語，疑即宗元所見也。注中又雜以音釋，爲明黃諫所補。卷末有諫跋。諫善作古字，所著有《從古正文》，頗迂怪不可行用。《亢倉子》多用奇字，與諫所學合，故諫喜而爲之音釋。然與注糅雜，不復識別，是則明人竄亂古書之惡習也。《亢倉子》爲王士源所補，高似孫《子畧》誤以士源爲王褒，紕繆特甚。諫跋亦以爲王褒所作，不能考正。蓋諫平生之精力，主于以篆改隸，以駭俗取名，其他皆未能深究，固其所矣。

黃帝陰符經

著　録

《道藏目録詳註》卷一 此經軒轅所著。文詞古奥涵蓄淵深。以知機爲運用，以食時爲先天，守三要爲隄防，見五賊爲觀執，所以觀其時而合其符，察其機而應其事，運生煞之柄，則神機鬼藏矣。

黃帝陰符經集注

綜　述

諸葛亮《黃帝陰符經注序》所謂命者，性也。性能命通，故聖人尊之，以天命愚其人而智其聖。故曰天機張而不死，地機弛而不生。觀乎《陰符》，造化在乎手，生死在乎人。故聖人藏之於心，所以陶甄天地，聚散天下而不見其跡者，天機也。故黃帝得之以登雲天，湯武得之以王天下，五霸得之以統諸侯。夫臣易而主難，不可以輕用。太公九十非不遇，蓋審其主焉。若使哲士執而用之，立石爲主，刻木爲君，亦可以享天下。夫臣盡其心而主反怖，有之不亦難乎？嗚呼，無賢君則義士自死而不仕，莫若散志巖石以養其命，待生於泰階。世人以夫子爲不遇，以秦儀爲得時，不然，志在立宇宙，安能馳心下走哉？文夫所恥。嗚呼，後世英哲審而用之，范蠡重而長，文種輕而亡，豈不爲泄天機？天機泄者，沉三劫宜然。故聖人藏諸名山，傳之同好，隱之金匱，恐小人竊而弄之。

著　録

《四庫全書提要·子部·道家類》《陰符經解》一卷。舊本題黃帝撰，太公、范蠡、鬼谷子、張良、諸葛亮、李筌六家註。《崇文總目》云：《陰符經叙》一卷，不解何代人叙，集太公以後爲《陰符經》註者凡六家，并以惠光嗣等傳附之。蓋即此書，而佚其傳也。晁公武《讀書志》引黃庭堅稱，《陰符》糅雜兵家語，又妄託子房、孔明諸賢訓註，則是書之註，以此本爲最古矣。案《隋書·經籍志》有《太公陰符鈐錄》一卷，又《周書陰符》九卷，皆不云黃帝。至唐李筌始稱於嵩山虎口巖得此書，題曰：魏道士寇謙之傳諸名山，而未曉其義，後於驪山逢老母傳授微旨。其說怪誕，不足信。胡應麟《筆叢》乃謂蘇秦所讀即此書。故書非僞，而託於黃帝，則李筌之僞。考《戰國策》載蘇秦發篋，得太公陰符，具有明文。又歷代史志皆以《周書陰符》入兵家，而黃帝陰符入道家，亦足爲判然兩書之證。應麟假借牽合，殊爲未確。至所云唐永徽初褚遂良嘗寫一百本者，考文徵明停雲館帖所刻遂良小字《陰符經》，卷末實有此文。然遂良此帖，自米芾《書史》、《寶章待訪錄》、《宣和書譜》俱不著錄，諸家鑒藏亦從不及其名。明之中葉，忽出於徵明之家，石刻之眞僞，尚不可定，又烏可據以定書之眞僞乎？特以書雖晚出，而深有理致，故文士多爲註釋，今亦錄而存之耳。註中別有稱尹曰者，不知何人。卷首有序一篇，不著名氏，亦不著年月。中有泄天機者沈三劫語，蓋麤野道流之鄙談，無足深詰。惟晁公武《讀書志》中所引筌註，今不見於此本，或傳寫有所竄亂，又非筌之原本歟？

黃帝陰符經注 黃居真

綜　述

黃居真《黃帝陰符經注序》臣聞冥冥之中倏然脗合，不可以形言也。以形言之，上下殊勢，疑若有間，烏得而脗合哉？夫惟此以神與彼以神受，通六極爲一炁，含萬象爲一體，統乾坤爲一物，化機一發，妙用潛該，孰爲彼？孰爲此？庸詎知天地之神非吾之神，吾之神非天地之神邪？昔之至人，動與神契，靜與神俱，動靜之中，間不容髮，故能與太空爲人，與造物者爲友。空性不壞，吾體亦然，體性無殊，是謂得道。與道相得，乃能物物。今古一息也，晝夜一照也。世之淺人，知神之神，不知不神之所以神，是以役於陰陽，囿於變化，恣睢轉徙，曾莫之悟，又豈知冥冥之中倏然脗合者哉？此西王母所以闡揚道樞，丁寧詳複爲黃帝言之也。然而聖人之言，隱而顯，曲而中，定觀諸妙，冥參眞有，汎觀諸徼，默造深玄。以此退藏，何泥於虛？以此進爲，何拘於實？神仙抱一，富國安民，強兵戰勝，特戲事爾。然是道也，豈他求哉？取諸身而足。微西王母不能告黃帝此言，微黃帝不能受西王母此道，二聖相値，若合符節，又豈在諄諄問應之間邪？著之典常，以詔天下來世，故曰《陰符》云爾。

黃帝陰符經注

沈亞夫

綜述

沈亞夫《黃帝陰符經注序》 夫《陰符》三百言，旨歸一也。《太玄》曰：陽推五福以類升，陰幽六極以類降。聖人敷演天一地二三生，萬物稟一炁而生，是以修心合性，修性合炁，炁合虛無，虛無合體。然後執天行道，觀象法言，測三要之奧文，煉五行之正炁，陶甄日月，潛運坎離，察陰陽造化之權，通天地發生之理。經曰：日月有數，大小有定，聖功生焉，神明出焉，大哉。深窮妙旨，洞測眞源，得之則長生，失之則輕命。有以見演道、演法、演術三字，古聖賢秘而存焉，乃天機密也，不可輕泄。今略注解，用導精微。直貴無文，易明大意。上則神仙抱一演道。夫演道者，還丹抱一之門，運炁走朝泥丸，人之元炁走於首，爲之道字。《仙經》曰：長生不老，還精補腦。《太清玉訣》曰：若到河車地，黃金滿我家是也。中則富國安民演法。夫演法者，中去邪欲之心，上朝淳坎之水，爲之法字。是心爲帝王，坦然得一，正其法度，富國安民也。《太清玉訣》曰：若到褐河津，造白色，藏眞是也。下則強兵戰勝演術。夫演術者，木生火，離中虛是水也，坎中實是火也，是以中心行，眞水眞火相伏，爲之術字也。《太清玉訣》曰：若到紫精丹，不死亦不難是也。

黃帝陰符經解

綜述

蹇昌辰《黃帝陰符經解序》 夫人生天地之間，稟形者父母，受炁者陰陽，載萬物者身也。然身與道應於物，幽契乎人心者，唯《陰符》而已。昔庖犧氏沒，神農氏出，黃帝作書契，使倉頡觀鳥獸之形與天地之儀，運用萬物之象制爲文字，鬼神泣，其大道裂於是乎？道一變至於事，事一變至於機，而機之用也，上有道德治國之行，中有全身保命之術，次有霸業安邦之理，備而無遺。當是時也，黃帝始祖，道家者流，欲廣眞風，得元女三百餘言，復繫以一百餘字，總萬化之機權，統群靈之妙用，藏微隱妙，該天括地，其經簡，其義深，理歸於自得者也。竊嘗考諸家註解，理各異端，義執偏見，徒知《陰符》爲黃帝之法言，非元女之所授。然觀《內傳》所載云：黃帝得元女授《陰符經義》，能內合天機，外契人事，則三百言實元女之所授，而百言乃黃帝之演釋者也。故辭要而旨遠，義深而理淵，觀其爰有奇器，是生萬象，八卦甲子，神機鬼藏。陰陽相勝之術，昭昭然進乎象矣。知此則《陰符》之義盡矣，後世不可以加諸。昔者，孔子之講《易》而繫其辭，則《易》之道無餘蘊，誠書不盡言，言不盡意，復何言哉？臣所以輒刪諸家舊解，創爲新註，所顯證用，貴無錯焉。且黃老設教，道貴集虛，高言廓論，離世異俗，不誘塵俗之耳目，唯露聖賢之腹心。玩志者得其衆妙，博物者造其至微，制自三皇，道敷萬代，益聖主之謀，資賢臣之用。上至秦漢，下及隋唐，將相名臣，高眞逸士，箋注者不勝其數矣。今《陰符》之用，妙在天機，苟造乎心，豈云小補？

黃帝陰符經注解

綜　述

任照一《黃帝陰符經注解序》 道之所貴者書也，書之所貴者言也，言之所貴者意也。故大道無言，非立言無以明乎理；大象無形，非立象無以測乎奧。象之妙非言不宣，言之妙非學不傳。

混元皇帝有言：吾學而得之，非得於自然也。意者未有不因學而能鑒道者也。蓋一眞之妙，道體顯然，其不知者天地相遠，知之者豈離目前？蓋上眞慈憫，垂元法於世中，撈攎群生，立教之言，言盡詮而理隱乎意也。黃帝《陰符》書三百餘言，直指人心，使諦觀天道與人道，有陰符契機之理。故言觀天之道，執天之行，盡矣。臣愚，嘗覽後人注解，往往穿鑿，不究經旨，首尾言意，但分門臆說汗漫，使學者無所適從。臣愚不揆，謾有解釋，非敢僭符聖教以光己說，蓋得至人一言，方敢注釋，以補萬分之一，待將來者矣。

黃帝陰符經集解

綜　述

袁淑真《黃帝陰符經集解序》 黃帝智窮恍惚，思極窈冥，辯天人合變之機，演陰陽動植之妙。《經》云：知之修鍊，謂之聖人。所言黃帝得之以登雲天，信其明矣。黃帝闡弘道義，務欲救人，或恐後來昧於修習，乃簡集其要三百餘言，洞啟眞源，傳示於世。賢人秘隱，寔曰《仙經》，世人相承，俱謂兵法。此經文少而義博，詞近而理深。先儒數賢，並精注解，義終省略，使中士或存或亡。洎乎唐隴西李筌，尤加說釋，亦不立章疏，何以光暢玄文？驪山母云：《陰符》三百言，百言演道，百言演法，百言演術。又曰：上有神仙抱一之道，中有富國安人之法，下有強兵戰勝之術。聖母發明三體，此乃三章顯然。儒流因循，然無分析。今輒叙三章之要義，以爲上中下三卷，各述其本，因義亦有等威，先註略舉其綱宗，後疏冀陳其周細，非厠前賢之廣達，聊申後學之寡文耳。

著　録

《四庫全書總目・子部・道家類存目》 《陰符經集解》三卷，宋袁淑眞撰。是書前有淑眞銜，稱朝散郎行潭州長沙縣主簿。其里貫則未詳也。其本亦分三篇，引驪山老姥百言演道百言演法百言演術之說。惟末附一段祗五十八字，又與諸本不同。

黃帝陰符經疏

綜　述

李筌《黃帝陰符經疏序》 少室山達觀子李筌，好神仙之道，常歷名山，博採方術。至嵩山虎口巖石壁中，得《陰符》本，絹素書，朱漆軸，以絳繒緘之。封云：魏眞君二年七月七日上清道士寇謙之藏諸名山，用傳同好。其本糜爛，應乎灰滅。筌略抄記，雖誦在口，竟不能曉其義理。因入秦，至驪山下，逢一老母，髽髻當頂，餘髮倒垂，弊衣扶杖路旁，見遺火燒樹，自語曰：火生於木，禍發必剋。筌驚而問之，曰：此是《黃帝陰符》上文，母何得而言？母曰：吾受此符三元六甲周甲子矣。謹按《太一遁甲經》云：一元六十歲，行一甲子，三元行一百八十歲，三甲子爲一周，六周積算一千八十歲。年少從何而知？筌稽首再拜，具告得處。母笑曰：年少顴頰貫於生門，命輪齊於月角，血腦未減，心影不偏，性賢而好法，神勇而樂智，是吾弟子也。然五十六年當有大厄。因出丹書符，冠杖端，刺筌口，令跪而吞之，曰：天地相保。乃坐樹下，說《陰符》玄義。言竟誡筌曰：《黃帝陰符》三百言，百言演道，百言演法，百言演術。參演其三，混而爲一。聖賢智愚，各量其分，得而學之矣。上有神仙抱一之道，中有富國安人之法，下有強兵戰勝之術。聖人學之得其道，賢人學之得其法，智人學之得其術，小人學之受其殃，識分不同也。皆內出於天機，外合於人事，若巨海之朝百谷，止水之含萬象。其機張，包宇宙，括九夷，不足以爲大；其機彌，隱微塵，納芥子，不足以爲小；觀其精微，《黃庭》八景不足以爲學；察其至要，經傳子史不足以爲文；任其巧智，孫吳韓白不足以爲奇。是以動植之性、成敗之數、死生之理，無非機者。一名《黃帝天機》之書。九竅四肢不具，慳貪、愚癡、風癇、狂誑者，並不得聞。如傳同好，必清齋三日，不擇卑幼，但有本者爲師，不得以富貴爲重、貧賤爲輕，違者奪二十紀。《河圖》、《洛書》云：黃帝曰：聖人生，天帝賜算三萬六千七百二十紀，主一歲，若有過，司命輒奪算，算盡奪紀，紀盡則身死。有功德，司命輒與算，算得與紀，紀得則身不死，長生矣。每年七月七日寫一卷，藏諸名山巖石間，得算一千二百本命；日誦七遍，令人多智慧，益心機，去邪魅，銷災害，出三尸，下九蟲，所以聖人藏之金匱，不妄傳也。母語畢，日已晡矣，曰：吾有麥飯相與爲食。因袖中出一瓢，令筌取水。筌往谷中盛水，其瓢忽重可百餘斤，力不能制，便沉於泉，隨覓不得。久而却來，已失母所在，唯留麥飯一升。筌悲泣號訴，至夕不復見。筌乃食麥飯而歸，漸覺不飢，至令能數日不食，亦能一日數食，氣力自倍。筌所注《陰符》並依驪山母所說，非筌自能。後來同好，敬爾天機，無妄傳也。

著録

《文獻通考》卷二一一《經籍考》三八　十一賢注《陰符經》一卷，李筌注《陰符經》一卷。晁氏曰：唐少室山人、布衣李筌註。云《陰符經》者，黃帝之書，或曰受之廣成子，或曰受之玄女，或曰黃帝與風后、玉女論陰陽六甲，退而自著其事。陰者，暗也。符者，合也。天機暗合於事機，故曰「陰符」。皇朝黃庭堅魯直嘗跋其後云：「陰符出於李筌。熟讀其文，知非黃帝書也。蓋欲其文奇古，反詭譎不經。蓋糅雜兵家語，又妄說太公、范蠡、鬼谷、張良、諸葛亮訓註，尤可笑。惜不經柳子厚一掊擊也。」

《朱子語錄》：閭邱主簿進《黃帝陰符經傳》，先生說：「《握奇經》等文字，恐非黃帝作，唐李筌爲之。聖賢言語自平正，卻無蹺欹如許。」

《崇文總目》：自太公而下，註傳尤多。今集諸家之說合爲一書，若太公、范蠡、鬼谷子、諸葛亮、張良、李筌、李合、李鑒、李銳、楊晟凡十一家，自淳風以下皆唐人。又有「傳曰」者，不詳何代人。太公之書，世遠不傳，張良本傳不云著書，二說疑後人假托云。又有《陰符經叙》一卷，不詳何人敘，集太公以後爲《陰符經》註者凡六家，并以惠光嗣等傳附之。

黃帝陰符經講義 夏元鼎

綜述

樓昉《黃帝陰符經講義序》　班孟堅志《漢藝文》，錄兵書四種，以權謀言者十三家，以形勢言者十一家，以陰陽言者十六家，以技巧言者亦十三家。雖門分戶析，各專其一，然血脈未嘗不相爲貫也。孟堅之言曰：權謀者，以正守國，以奇用兵，兼形勢，包陰陽，用技巧者也。然則四家實一家也。雖然，孟堅以形勢、陰陽、技巧總之以權謀，吾獨以權謀、形勢、技巧總之於陰陽，蓋天地之間，一陰一陽而已矣。權謀則有縱閉矣，形勢則有離合矣，技巧則有翕張矣，而所以爲之縱閉、離合、翕張者，陰陽之變化也。故曰一陰一陽之謂道。范蠡之謀吳也，精察於贏縮蚤晏之節，而推極於稻蟹之無種，然一鼓而俘之，既以此謀人之國。亦以此自謀其家，所謂後人發先人。至趁時若猛獸鷙鳥者，非陰陽之用乎？而權謀、形勢、技巧固行乎其間矣。古文善爲兵者，未有不通乎陰陽者也。風后之握奇，武侯之八陣，李衛公之孤虛烏占，特其著者爾。抑又有進此者，張留侯親屈圯下之膝，受書於老人，蘇長公深排之，以爲安知秦之世無隱君子者，吾亦以爲秦之世安知無神仙者，子房蓋偶有所遇耳。《陰符經》黃帝所著，文詞古奥奇澀，讀者尚不能句，況敢下一注腳子乎？夏君宗禹自浙來閩，手一編示予，則所著講義也。夏君少從永嘉諸大老游，而竊獨好觀此書，然未盡解也。他日之上饒，嘗默禱曰：未登龍虎榜，先登龍虎山。夜感異夢，後遇至人於祝融峰頂，若有所授者。復取是書讀之，章斷句析，援筆立成，若有神物陰來相助。此豈模擬料度如世之箋傳義疏云爾哉？是必有油然自得而默契者矣。雖然，兵與神仙，未易言也，言兵則流於詭譎變詐，言神仙則流於恍惚誕謾。神仙豈自外求哉？清明在躬，志氣如神，則神仙即兵。通乎神仙則知兵，通乎兵則知神仙矣。种明逸終身隱華山，而累世爲名將，姚平仲京城小不利，或者以爲遁去不死也。特吾儒之所謂神仙者，固在此而不在彼耳。讀夏君之書者，又當以是觀之。

留元剛《雲峰入藥鏡箋序》 東嘉夏宗禹奇偉俶儻之畫策，從事制幕，轉徙邊徼，數奇不耦。浩然遊方，訪飛昇還返之術，宜參默授，會稡箋解謁予書之。昔蘇東坡謂安期生世知其爲仙者也，然太史公曰：蒯通善齊人安期生，生以策干項羽。羽不能用，欲封此兩人，兩人終不肯受，亡去。每讀此，未嘗不廢書而歎，仙者非斯人而誰爲之？故意戰國之士，如魯仲連、虞卿，皆得道者歟。虞卿不忍魏齊，間行去趙，困梁失相，窮愁著書。蒯通說信不聽，陽狂爲巫，逃亨客參，自序其說，是得爲知道耶？必也。不肯仕宦，好持高節，辯魏客帝秦之害，罷燕將聊城之守。壽以金而辭，則曰：所貴於天下之士者，爲人排患釋難，解紛亂而無取也，即有取者，是商賈之事而不忍爲也。欲爵之而逃，則曰：吾與富貴而詘於人，寧貧賤而輕世肆志焉。嗟乎，有若魯仲連而後可以爲仙也。安期生附載之史傳，旁見雜記，似誕不經。應如魯仲連抵掌，吐長虹，難堪踞牀洗，寧挹扛鼎雄事，既兩大繆，飄然爾遺風。乃知經世士出世或乘龍，斯得之矣。宗禹所釋金丹三書，超軼世外，固異八篇雋永，刺譏權變，是將爲魯仲連、安期生書。彼虞卿、蒯通說士耳，又安足與二子並言哉？

王九萬《後序》 李鄴侯七歲能文，讀書萬卷，已乃衣道士衣，學神仙學，若將終身。惟懶殘勘破曰：無多語，領取十年宰相。其後侯謀人國，智略轃不下張子房。世言方外士，必遺世絕物，然歟否耶？意有道者特以此爲陳迹，而非所以迹耳。永嘉夏雲峰，少由童子郎振策場屋，遍從諸大老游。長出入兵間，以功得賞，驅馳於山東、河北。登日懽拜孔林，以充大其胸中浩然之氣。視世間物無足當其意，遂棄官學道。一日，出所注三書，使下走望洋向若是也。烏足以知之然？竊聞先訓九萬之曾王父殿撰公諱子獻，宣和間嘗偕呂元直丞相、霍安國尚書三人銜命漕燕。是時降虜郭藥師、劉舜仁、張令徽輩包藏不測，三使者同銜上章乞棄燕，忤大閹譚稹，各落職不得去。黠虜愈張，三使者極力隄虞，每夕不寐，曾王父因是得以神守氣之術，其後壽八十九，無疾而終。前一日，尚呼燈作小楷以復李伯紀丞相，中間顏夷仲門下嘗問以書，曾王父爲言人知氣爲體之充，而不知以神御氣，則神與氣相離而不相守，非養生之善者。夫以神御氣者，在於正心誠意，宴坐而數出入息。蓋息者，氣也。數之者，神也。氣猶馬，神猶馭，以神馭氣之出入而不相離，則可以長生矣。《莊子》曰：眞人之息以踵，衆人之息以喉。夫息不於喉而在丹田氣海中，能不以思欲干其神，不以蹶趨動其氣，綿綿然數之，以至于不可勝數，自淺而之深，自粗而之微，自有而入於無，則和氣充塞于頂踵之間，不知氣之爲神，神之爲氣，其妙有不容言者矣。是幾於坐忘者歟？至其助以經伸按摩之術，自亦無害，在乎不倦而已。晦翁先生嘗曰：此胎息法也，然亦《參同契》之緒餘耳。又孰若雲峰金丹三書超然自應，顯化通神，靈明妙用者哉？雖然，雲峰發身於童子，而得道於衡山，又十餘年頡頏兵間，其與鄴侯之事異世同轍。今聖天子寤寐不凡之士，共起治功，雲峰其以鄴侯之心爲心，爲國家了中原，而後訪子房未遲也。

著録

《四庫全書提要·子部·道家類》 《陰符經講義》四卷，宋夏元鼎撰。元鼎，字宗禹，自號雲峯散人，永嘉人。少以從戎得官。後登南嶽祝融峯，遇人授以丹法，遂歸隱於西山，講修煉之術。是編前有寶慶二年樓昉序，稱其少從永嘉諸老游好，觀《陰符》未盡解。後遇至人於祝融峯頂，若有所授者。復取《陰符》讀之，章斷句析，援筆立成，若有神物陰來相助云云，即其事也。卷末附内外三關圖、日月聖功圖、奇器萬象圖、三教歸一圖、先天後天圖、上下鵲橋圖、七十二候圖、五行生成圖，各繫以説，蓋以丹法注《陰符》者也。末又有寶慶丙戌留元剛雲峯入藥鏡箋序一篇，及元鼎自記自序二篇，寶慶丁亥王九萬後序一篇。俞琰《席上腐談》稱元鼎注陰符、藥鏡、悟眞三書，眞西山爲之序。今考諸序，皆稱三書與琰所記合，而獨不載德秀序，西山全集亦不載其文，豈當時依託，後遂不傳歟，抑或久而佚之也。

陰符經考異

著録

《四庫全書提要・子部・道家類》 《陰符經考異》一卷，宋朱子撰。黄庭堅以《陰符經》出唐李筌，《朱子語録》亦以爲然。然以其時有精語，非深于道者不能作，故爲考定。其文中自人以愚虞聖而下一百十四字，皆爲經文，蓋用褚氏、張氏二注本也。《語録》載閭邱次孟論陰符經自然之道靜數語，雖六經之言，無以加。朱子謂閭邱此等見處儘得，而楊道夫以爲《陰符經》無此語。蓋道夫所見，乃世傳驪山老母注本，以我以時物文理哲爲書之末句，故疑其語不見于本經也。書中有黄瑞節附錄，徵引亦頗駭備。考《吉安府志》，瑞節字觀樂，安福人，舉鄉試，授泰和州學正，元季棄官隱居。嘗輯《太極圖》、《通書》、《西銘》、《易學啓蒙》、《家禮》、《律呂精義》、《皇極經世》諸書，并加釋注，名曰《朱子成書》。此及《參同契》，蓋亦其中之二種。《志》蓋以其學涉道家，故諱而不載云。

陰符經三皇玉訣

綜述

舊題軒轅黄帝《陰符經三皇玉訣序》 朕詔文武百官同理國事，有護國岐師出班奏，表有奇怪鳥獸，銅頭鐵額，坐高三丈，兩翅如刀，飛騰遮蔽，日月皆昏，在地吞石颺沙，江河枯乾，又傷害人民性命甚多，天下無治。遂詔文武百官車駕親出，觀天下人民痛傷，視見蚩尤果有怪鳥難治。朕前去至一大山，夜見紅光紫霧，白氣青霞圍繞不散。再詔文武盡視皆見。岐師奏言：此山有名虚天壇第一洞天，上臨玉清元始之宫。朕親駕到山，有一石洞，不知深淺，差勇猛壯士名重山，身長三丈五尺，使入洞内，用燭火前去，經三日三夜方出。重山奏言：中有大石匣，金甲神人八員守定，各執斧鉞，仗劍喝云：不得到此。重山奏畢，朕發心燒香，上奏三清，願臣有分開取石匣，不避凶吉，要知天地祕密天機之事。焚香告禮三清，朕遂同入洞。亦有紅光遶定，不見金甲神人，朕於石匣見一卷經，號曰《元始天尊混元三皇玉訣陰符經》。即將經出洞，焚香拜禮，上謝三清。開看見字不常，盡是天文篆書，三百餘字，分爲三卷，上卷天皇，中卷地皇，下卷人皇。上卷按神仙抱一之道，中卷按富國安民之法，下卷按強兵戰勝之術。與天地陰陽萬物爲祖宗，治國齊家持身不死之道皆從。此經乃青陽秀炁自然結成文，每字方圓一丈。朕復回皇都，再集文武百官，議此經事之理。盡言不知此義理，不曾聞此經出處。朕遂行宣文天下，名山洞府恐有玄妙高士並世賢人，深曉經義之事，曾收此經者，便許奏呈解義，如通此《陰符》經義者，朕賞金賜命。天下盡無此經，豈通道理？朕遍訪名山洞府修道之士，盡拜爲師，求長生之路，要解此經之義，絶無人知義理，盡是旁門小法。自此四十餘年，入道身衰，皓髮如銀，道也難成。朕聞崆峒山有一高聖先生廣成子，妙道深玄，朕車駕親詣，自心屈弱，膝行肘步，禮拜侍立，告求廣成子先生指教：臣自石室中得《陰符經》一卷，不曉義理，在世盡不通曉此經。今遇先生，感天不忘，要通此經之妙道。廣成子先生言：此經者，是上天所祕，在世洞天隱此經一卷，鎮天下妖魔龍神精怪，當與世上有德行之人。遇此經者，修長生之路，復升天道，永世流傳天下信道有緣之人。此經要知義理，天下莫能知。見今峨嵋山有一高聖天眞皇人，深曉經義理。廣成子同去侍見天眞皇人，朕問此《陰符經》天皇、地皇、人皇、陰陽造化，治國、治家、治身、長生不死，復升於天界，如何修道？朕聞高聖廣成子先生説，高聖天眞皇人答。朕當時深曉陰陽造化成道之理。朕道成升天之日，恐後人信道修眞者，憑何經文，朕乃留此經偏行於世，復隱此經一卷於崆峒山，又留九宮八卦，分陰陽五行，奪造化，動天機，入室登壇，九宮局式，璇璣立斗，時分候節氣，金木生殺，擇眞至寶，取時造化，内煉輕清化神純陽之體，返金靈之虎變，赫火龍虛，騰炎天之上，入聖朝元之道，集成文序。又分造化陰陽，日月爲象，天地爲父母，八卦爲子孫，太一行乾坎艮震巽離坤兑，天發殺機，移星易宿，九宮之圖。如後人獲遇此經者不得輕泄不信之人，若傳下愚之人者，墮九玄七祖入輪迴，永不得出期，後殃及子孫也。

著録

《道藏目録詳註》卷一　上中下共三卷，軒轅黃帝製。上有神仙抱一之道，中有富國安民之術，下有強兵戰勝之法。

《四庫全書總目・子部・道家類存目》　《陰符經三皇玉訣》三卷，其書述黃帝得《陰符經》，問於廣成子及天眞皇人。皆稱黃帝問而二人答，詞旨鄙淺。前有黃帝御製序一首，文尤謬陋。蓋粗知字義道士所爲也。然金明昌中范懌作《陰符經註序》已引之，則其僞亦久矣。

黃帝陰符經注　劉處玄

綜述

范懌《黃帝陰符經注序》　《陰符眞經》三百餘字，言簡而意詳，文深而事備。天地生殺之機，陰陽造化之理，妙用眞功，包涵總括，盡在其中矣。昔軒轅黃帝萬機之暇，淵默沖虛，獲遇眞經，就崆峒山而問天眞皇人、廣成先生，得其眞趣，勤而行之，一旦鼎湖乘火龍而登天，斯文遂傳於世。後之修仙慕道者，而能默識玄機，深造閫域，往往高舉遠致，躡景升虛，不爲不多矣。數千載之間，爲之註解直説者曾無一二，皆辭多假諭，傍引曲説，眞源弗露，使夫學者困於多岐，以至皓首區區，勞而無功，愈窮而愈惑，半途而止者，不可勝紀，遂指仙經爲虛語，深可憫也。神山長生劉公眞人敎法令器，師席宏才學貫古今，心游道德，乃覃思研精，探賾索隱，爲之註解，坦然明白，易知易行，以利後人，可謂慈憫仁人之用心也。濟南畢守眞命懌作序，欲廣傳於四方，爲學者之指南。而學者詳覽斯文，可以寤疑辯惑，皆能擺脱塵網，直廁眞游，逍遙於混茫之域矣。

著録

《四庫全書總目・子部・道家類存目》　《陰符經註》一卷，金劉處元撰。處元即王重陽七弟子之一也。其説參以佛經。前有明昌辛亥寧海州學正范懌序。

黄帝陰符經注 唐 淳

綜 述

孟綽然《黄帝陰符經注序》 深達天機者乃能説天道之妙，未造聖域者烏能釋聖人之經？何哉？蓋聖人之言遠如天，非探賾索隱者，豈能知哉？如黄帝《陰符經》者，章纔止一二，字不過於三百，言雖約而旨益遠，文雖簡而意彌深。或以富國安民爲修鍊之術，或以強兵戰勝爲養攝之方，包羅乎天地，總括乎陰陽，視之無色，聽之無聲，冥冥然孰察其精眞，杳杳然莫窮其微妙。自非內外虛朗，表裏玲瓏，能提挈乎天地，把握乎陰陽者，先剖析而註解之，孰能窺其壺奧，測其涯涘矣？然註此經者，不啻十數家，得聖人之微旨者，唐公一人而已。公諱淳，號金陵道人，不知何代人也。於是乃述己所聞，依聖意而解之，傍引諸書而證之，使後來觀者視其經，則雖至深而至遠，求其註則誠易見而易知。一字所説，如燈之破闇；一言所解，若龜之決疑。非唐公素識有無之源，深窮造化之端，達乎天機，造乎聖域，安能爲此耶？邇來瑩然子周至明寔，今之好事者，因遊崆峒，感黄帝故事，慨然有兼善之心，懇求此本，鏤板印行。庶修眞者亦得淘眞而去僞，入聖而出凡，握陰陽乎掌上，攝日月於胸中，眞古人之用心也。求予爲序，予欲不言，蓋有美不揚友之辠也。於是援毫而書之，以繼公之好事耳。時正大己丑濩澤孟綽然序。

著 録

《四庫全書總目·子部·道家類存目》 《陰符經註》一卷，舊本題金陵道士唐淳撰。前有至大己丑孟綽然序，稱不知淳爲何代人。其説皆主於內丹。中稱「天性人也，人心機也，立天之道以定人也」十六字，爲杜光庭所加，則五代後人矣。

陰符經註 侯善淵

著 録

《四庫全書總目·子部·道家類存目》 《陰符經註》一卷，舊本題姑射山太元子侯善淵註。不知何許人。其本合三篇爲一，而末有人以愚虞以下一百十四字。註較他本頗有文義，而傷於簡略。

黄帝陰符經注 俞 琰

綜 述

師餘《黄帝陰符經注序》 蘇爲澗右甲郡，士林先輩，盛德如石澗翁者遠矣，今難其人矣。翁平生讀《易》有見有得，故能守恬淡，不炫耀，壽考以終。是經所解，發明朱夫子所未盡言者，使夫子復起，不易之矣。況繼志如子玉，力學如孫楨。天之報施，固未艾也。子玉以是示予，俾序篇端。予焉敢僭，披誦累日，感歎滋深，敬書數語以酬之，亦故交之情有不能自已焉耳。予老矣，言之豈足孚於人哉？言之豈足孚於人哉？

著 録

《四庫全書總目·子部·道家類存目》 《陰符經註》一卷，宋俞琓撰。琓有《周易集説》，已著録。琓本文士，故是編所註較他家具有條理。

其闢詹谷以容成之術釋強兵戰勝之義，尤爲正論。其本亦合爲一篇，而人以愚虞一百十四字則兩存經文註文之説。

黄帝陰符經夾頌解注

綜　述

王道淵《黄帝陰符經夾頌解注序》　天法人，人法天，陰符之所以作也。昔黄帝慕道懇切，故往崆峒山拜廣成子而問至道，授以返還長生之訣；後於峨嵋山又拜皇人，授以五芽三一之文，祕而修之而登上仙。憂道後世恐失其眞，遂述《陰符經》三篇，分爲上中下，以按三才而明精氣神，各有極趣之妙。又恐人不知返還之理，故首言以觀天之道，執天之行，盡矣。此所以爲《陰符經》三篇之綱目。知天道必知人道，知人道必知丹道，知丹道必知其陰陽動靜之機，知其機必知其内外返還之理。知其理，採鉛汞不失其時，運符火不失其候，經中所謂絶利一源，用師十倍；三返晝夜，用師萬倍。此又示人以修眞之要在乎收拾身心一定不移之志，次則用抽添工夫而不可間斷。全眞之道别無他也，一要精全，二要氣全，三要神全。收視則神眞，返聽則精眞，緘言則氣眞。了此三全三眞，自然混融於中，眞火煅煉，結成金胎，十月工足，陰盡陽純，當此時，脱胎神化，變現無方，超出生死之外，永爲金剛不壞之身，此所以爲還丹者也。余謂是經文簡而意奥。或有不明其説者，看於傍求而外其道，于是乎不愧僭狂之罪，將先師所授祕訣遂逐段釋其文意，而又述頌總證，剖露玄機，以俟後之同志，非敢爲是，可以爲初學者一助云爾。

陰符經解

著　録

《四庫全書總目・子部・道家類存目》　《陰符經解》一卷。明焦竑撰。竑有《易筌》，已著録。考《戰國策》，稱蘇秦得太公陰符之謀。其書《漢志》《隋志》皆不著録，蓋已不傳。今世所行之本，出唐李筌。宋黄庭堅以爲即筌所託。註其書者自筌而後凡數十家，或以爲道家言，或以爲兵家言，或以爲神仙家言。竑此註雖引張永叔眞土擒眞鉛、眞鉛制眞汞之説，似乎神仙家言。而核其宗旨，實以佛理解之，與劉處元註相近。蓋竑與李贄友善，故氣類薰染，喜談禪悦。其作此註，仍然三教歸一之旨也。

陰符經質劑

著　録

《四庫全書總目・子部・道家類存目》　《陰符經質劑》一卷，明方時化撰。時化有《易引》，已著録。是編大旨以《陰符》與《易》理相合。前有自序，謂已有《易引》百篇，不可不質劑於《陰符》。末又附陰符質劑問，設爲問荅以暢其説，大都不離乎禪學。

陰符經註 李光地

著録

《四庫全書總目・子部・道家類存目》《陰符經註》一卷，國朝李光地撰。光地有《周易觀象》，已著録。《陰符經》文意刻酷，五賊三盜之名，尤爲奇險。光地註義純粹，頗能補苴其罅漏。其註「禽之制在炁」，謂以心制目，以目制心，如禽鳥之以氣相制，雖雄鷙者不敢動。似較李筌註爲順。然此書本筌所僞撰，自作之而自註之，自必不失其本意，可不必與立異同。況此註「禽之制在炁」句，次在「心生於物、死於物，機在目」之下，故此註會通四語以立義。《漢魏叢書》本次此句於「天之至私、用之至公」二句下，則義有難通矣。傳寫互異，莫可究詰。楚失齊得，輾轉安窮。既非儒書要義，亦聽其各存一説於天地閒耳。

周易參同契

綜述

陰長生《周易參同契序》 蓋聞《參同契》者，昔是古《龍虎上經》，本出徐眞人。徐眞人青州從事，北海人也。後因越上虞人魏伯陽，造《五相類》以解前篇，遂改爲《參同契》。更有淳于叔通，補續其類，取象三才，乃爲三卷。叔通親事徐君，習此經，夜寢不寐，仰觀乾象而定陰陽，則以乾坤設其爻位，卦配日月，託《易》象焉。故夫子曰：懸象著明莫大乎日月。所以服此還丹者，皆得壽同天地。故日者太陽之火精，則朱汞爲龍是也。月者太陰之水精，即鉛銀爲虎是也。此之二寶，天地之至靈。七十二石之尊，莫過於鉛汞也。感於二十四氣，通於二十四名，變化爲丹，服者長生，乘龍紫府。朱砂者，火之子。水銀者，金之孫，金者，日之所生。銀者，月之所育。日月互用，水火合成，龍虎相須，陰陽制伏，而成大丹。其大丹者，有八而三品。最尊上品，有神符白雪，九轉金液大還丹，神水化之五符蒙覆，人食者當白日冲天，八石五金被化爲寶。次中品，有金花黄芽所制，養汞而成紫金丹砂，或有月月倍添，名曰正養之道。下品有雄黄，屬土，得位中宫。將軍之號，能偃於水，曾青屬木，明目養神，變化水銀，成砂洞耀，名紫金丹。八丹之中，唯三法爲貴也。烏食成鳳，蛇餌爲龍，人服長生，天地同壽。收人魂魄，返老歸童。呼風叱雲，玉女來侍。此實還丹之功力也。故乾、坤者，上下釜也；坎、離者，水火爲藥也；震、艮者，運卦合符也。中安金汞，傍助金華、黄芽，赤門養成，運火三歲，象自然之還丹，即太玄之炁足矣。何不成丹？夫大丹者，朱化爲汞，汞變爲金，金變爲砂，砂化爲丹，故曰還丹。還者，返舊之義；丹者，赤色之名。汞者，本體是金，成砂之後，故號金砂。紫赤成丹，還歸本體，故稱大還丹。其《參同契》具顯，人不能明究，擅意自裁，遂成敗失，所以無長生度世，非丹不能長年也。若服金丹大藥，雲騰羽化。不服金砂，而不可駕鶴。嘗聞無能生有，有能成無，既有既無，何不服金汞之藥？且五穀猶能益壽，何況神藥金丹？毒藥尚能殺人，還丹豈無仙壽？人無堅固之心，道豈違人之願？何棄紅顔白日，玉貌成塵，若不學長生，須臾而爲下鬼。惟此還丹之理，《參同》皎然，遂見諸賢所注，悉皆隱密。余翫其術，頗得其旨，勞苦不辭，所失無怨，志在金鼎。而翫《參同》，被褐常思雲林，性好常存道教。雖在世俗，其心不羣，思慕長生，而依仙術，道不違願。忽遇眞人，明旦而受之，親蒙口訣，兼夢神授，握筆記之，伏火汞成，還丹豈得謬也？余長嗟學道之人，未經爐火而欲疾成，纔有小失而起大怨，如此之流皆爲習氣不眞，邪正參雜，心生猶豫，彌歷歲年，血氣纔枯，奄歸朝露，深可悲哉。徒爲學道之名，而無鍊丹之志。若有清虚志士，立性淳和，見世務如探湯，棄妻子如脱屣，睹浮生之遄速，知大道之攸長，即可以授之此經，研尋義理，莫辭得失之必成。一成之後，看海水爲丘陵，睹人生如聚沫，飛騰於太虚之上，逍遙於造化之中，此非天地之功，實爲還丹之力，但尋《參同》，必曉其由，沿波索源，何憂不可？余今所注，頗異諸家。合正經理歸大道，論卦象即火候爲先，釋陰陽則藥物爲正，其事顯，其理明，看之炯然，必無疑惑，使後來君子同歸大道，豈不善歟？

著録

《文獻通考》卷二二四《經籍考》五一 《周易參同契》三卷。晁氏曰：漢魏伯陽撰。按《神仙傳》，伯陽，會稽上虞人，通貫詩律，文辭贍博，修眞養志，約《周易》作此書，凡九十篇，徐氏箋注。桓帝時，以授同郡淳于叔通，因行於世，彭曉爲之解。《隋》、《唐書》皆不載。按唐陸德明解「易」字云：「虞翻注《參同契》，言字從日下月。」今此書有「日月爲易」之文，其爲古書明矣。

金碧五相類參同契

綜述

陰長生《金碧五相類參同契序》 參者，離也。同者，通也。契者，合也。八十一章，儻有學人，欲傳於妙道修眞之門戶，先聖所傳天地陰陽造化玄妙之機，須化得三人，同心志慕，意性契合，別無差互，然後乃掛十方繒綵之衣，靜身除亂思，弟子掃五方之地，可以方丈晝壇三層之中，安香爐，虛心焚香，祝告三清，四面卓刀，八方懸鏡。學人稱弟子手捧千兩黃金，跪膝乃發弘願、盟說、誓言，方可傳之仙經奧理，存心志慕，修養鉛汞龍虎之機。但窮此門，必達天仙之徑路。若逢賊盜薄徒、浮游亂想之輩，不可傳之。

著録

《道藏目録詳註》卷三 陰長生撰，三卷。上卷叙說第一、識藥根苗第二、用功第三、鉛汞第四、日魂月魄第五、缺六。中卷金津玉液第七、神水曾青第八、日精月華第九、大小數第十、說卦體第十一、弦望第十二。下卷七寶第十三、九轉第十四、除三蟲第十五、九域第十六、嬰兒姹女第十七、彩眞玉霞出現第十八。

周易參同契分章通真義

綜述

彭曉《周易參同契分章通眞義序》 按《神仙傳》，眞人魏伯陽者，會稽上虞人也。世襲簪裾，唯公不仕，修眞潛默，養志虛無，博贍文詞，通諸緯候，恬惔守素，唯道是從，每視軒裳，如糠粃焉。不知師授誰氏，得《古文龍虎經》，盡獲妙旨。乃約《周易》，撰《參同契》三篇。又云未盡纖微，復作《補塞遺脫》一篇，繼演丹經之玄奧。所述多以寓言借事，隱顯異文，密示青州徐從事，徐乃隱名而註之。至後漢孝、桓帝時，公復傳授與同郡淳于叔通，遂行於世。公撰《參同契》者，謂修丹與天地造化同途，故托《易》象而論之。莫不假借君臣以彰內外，叙其離坎，直指汞鉛；列以乾坤，奠量鼎器；明之父母，係以始終；合以夫婦，拘其交媾；譬諸男女，顯以滋生，析以陰陽；導之反覆，示之晦朔；通以降騰，配以卦爻，形以變化；隨之斗柄，取其周星；分以晨昏，昭諸刻漏，故以乾坤爲鼎器，以陰陽爲隄防，以水火爲化機，以五行爲輔助，以眞鉛爲藥祖，以玄精爲丹基，以坎離爲夫妻，以天地爲父母，互施八卦，驅役四時，分三百八十四爻循行火候，運五星二十八宿環列鼎中。乃得水虎潛形，寄庚辛而西轉，火龍伏體，逐甲乙以東旋。《易》曰：聖人有以見天下之賾，而擬諸其形容，象其物宜。公因取象焉，非天下之至通，其孰能與於此哉？乃見鑿開混沌，擘裂鴻濛，徑指天地之靈根將爲藥祖，明視陰陽之聖母用作丹基，泄一氣變化之元，漏大冶生成之本，非天下之至達，其孰能與於此哉？其或定刻漏，分晷時，簇陰陽，走神鬼，蹙三千六百之正氣，回七十二候之要津，運六十四卦之陰符，天關在掌，鼓二十四氣之陽火，地軸由心，天地不能匿造化之機，陰陽不能藏亭育之本，致使神變無方，化生純粹，非天下之至明，其孰能與於此哉？《契》云：混沌金鼎，白黑相符。龍馬降精，牝牡襲氣。如霜馬齒，似玉犬牙。水銀與姹女同居，朱汞共嬰兒合體。明分藥質，細露丹形。盡周已化之潛功，大顯未萌之眹兆，非天下之至神，其孰能與於此哉？其有假借爻象，寓此事端，不敢漏泄天機，未忍祕藏玄理，是以鋪舒不已，羅縷再三，欲罷不能，遂成篇軸。蓋欲指陳要道，汲引將來，痛彼有生之身，竟作全陰之鬼，非天下之至仁，其孰能與於此哉？復有通德三光，遊精八極，服金砂而化形質，餌火汞以鍊精魂，故得體變純陽，神生真宅，落三尸而超三界，朝上清而登上仙，非天下之至真，其孰能與於此哉？

曉所分《真契》爲章義者，蓋以假借爲宗，上下無準；文泛而道正，事顯而言微；後世議之，各取所見，或則分字而議，或則合句而箋；不無畎澮殊流，因有妍媸互起；末學尋究，難便洞明；既首尾之議論不同，在取捨而是非無的。今乃分章定句，所貴道理相黏，合義正文，及冀藥門附就，故以四篇統分三卷，爲九十章，以應陽九之數，名曰《分章通真義》。復以朱書正文，墨書旁義，而顯然可覽也。上卷分四十章，中卷分三十八章，下卷分十二章，內有《歌鼎器》一篇，謂其詞理鈎連，字句零碎，分章不得，故獨存焉，以應水一之數。喻丹道陰陽之數備矣。復自依約《真契》，撰《明鏡圖訣》一篇，附于下卷之末，將以重啟《真契》之戶牖也。曉因師傳授，歲久留心，不敢隱蔽玄文，是用課成真義，庶希萬一貽及後人也。

著録

《文獻通考》卷二二四《經籍考》五一 《參同契分章通真義》三卷，《明鏡圖訣》一卷。陳氏曰：真一子彭曉秀川撰。蜀永康人也。《參同契》因《易》以言養生，後世言修鍊者祖之。序稱曉丁未以《參同契》分十九章而爲之注，且爲圖八環，謂之《明鏡圖》。曩在麻姑山傳錄，其本有秀川傳。汪綱會稽所刻本，其前題祠部員外郎彭曉，蓋據祕閣本云爾。麻姑本附傳亦言仕蜀爲此官。

《道藏目錄詳註》卷四 三卷，彭曉解。解中大率以乾坤爲鼎器、陰陽爲提防、水火爲化機、五行爲輔助、真鉛爲藥祖，互施八卦，驅役四時，得藥忘言，假易顯象。

《四庫全書提要·子部·道家類》 《周易參同契通真義》三卷，後蜀彭曉撰。曉字秀川，永康人，自號真一子。仕孟昶爲朝散郎守尚書祠部員外郎，賜紫金魚袋。其事迹未詳。楊慎序《古本參同契》則以曉爲道士。考王建之時，杜光庭嘗以道士授官，曉爲道士，亦事理所有，但未知所據何書也。葛洪《神仙傳》稱魏伯陽作《參同契五行相類》凡三卷。其說是《周易》其實假借爻象以論作丹之意。《隋書·經籍志》不著錄。《舊唐書·經籍志》始有《周易參同契》二卷，《周易五相類》一卷，而入之五行家，殊非其本旨。鄭樵《通志·藝文畧》始別立《參同契》一門，載注本十九部三十一卷，今亦多佚亡，獨曉此本尚傳。共分九十章，以應陽九之數。又以《歌鼎器》一篇字句零碎，難以分章，獨存於後，以應水一之數。又撰《明鏡圖訣》一篇，附下卷之末。曉自作前後序，闡發其義甚詳。諸家注《參同契》者，以此本爲最古。至明嘉靖中，楊慎稱南方有發地中石函者，得《古文參同契》，以爲伯陽真本，反謂曉此本淆亂經注，好異者往往信之。然朱子作《參同契考異》，其章次並從此本。《永樂大典》所載《參同契》本，亦全用曉書，而以俞琰諸家之注分隸其下。則知此本爲唐末之書，授受遠有端緒。慎所傳本，殆豐坊《古大學》之流，殊荒誕不足爲信。故今錄《參同契》之注，仍以此本爲冠焉。

周易參同契鼎器歌明鏡圖

綜述

鮑澣之《周易參同契鼎器歌明鏡圖纘序》《參同契》者，辭隱而道大，言微而旨深，列五帝以建業，配三皇而立政。若君臣差殊，上下無準；序以爲政，不至太平；服食奇法，未能長生；學以養性，又不延年。至于剖析陰陽，合其銖兩，日月弦望，八卦成象，男女施化，剛柔動靜，米鹽分判，以經爲證，用意健矣。故爲立法以傳後賢，推曉大象必得長生，爲吾道者重加意焉。

魏伯陽約《周易》而作《參同契》，以明修丹之訣，故指藥物之根基始於同類，示火符之進退終要相拘。梗槩敷陳，纖微備著，所以啟迪後人者，切且至矣。世之學者，誠心熟讀，定見精求義自曉。然惟是此書，作於漢世，詞意奧雅，類多古韻，其後讀者淺聞，妄輒更改。至五代末，彭曉爲之分章義解，誠可謂佐佑眞經矣。然承誤註釋，或取斷章，大義雖明，而古文闕裂意者。彭《義》亦爲近世淺學妄更，所以若是。今自秘館所藏，民間所錄，差誤衍脫，莫知適從。近者晦庵朱先生，嘗隱名而爲之讎定，考辨正文，引證有理，頗得其眞，可以依據。獨《分章義解》，絕無善本。臨安鄭煥所校，自謂詳備，而尤多舛誤。其視經語，每有不合；較之他本，則文意稍連。愚之試邑，適當繁劇，公餘得暇，嘗取其書而讀之，日覺有味，因合衆本，爲之校定。其於正文，多從晦庵之舊。而《通眞義解》大略從鄭本。其於衆本多同者，亦自從衆。其間《契》文與《義》說，不相附類，則亦兩存而互見。雖不可謂之盡善，然於丹經大意，亦略昭明矣。謹按彭序以謂：魏公得《古文龍虎經》而撰《參同契》。今所在有此書，而反不若《眞契》之古奧。或者以謂此，乃今之《三墳》書、《狐首經》之比，是未可知也。然而，其經固已出於五代之前矣。彭《義》之後，復撰《明鏡圖訣》，欲以啟《眞契》之戶牖。今於篇首，冠以其經，而後附以其訣，庶可通爲一書。識者得以審識焉。鋟版而行，以與同志，共證至道。

周易參同契分章注

著錄

《四庫全書提要・子部・道家類》《周易參同契分章注》三卷，元陳致虛撰。致虛字觀吾，自號上陽子。年四十，始從趙友欽學道，得長生久視之術。嘗著《上陽子》二十篇，見于《永樂大典》丹字韻中。又有《金丹大要》五卷，論丹術秘義，道家多推其微妙。故其言稱：金丹之道求于冊者，當以《陰符》、《道德》爲祖，《金碧》、《參同》次之。又稱：丹書多不可信，得眞訣者，要必以《參同契》、《悟眞篇》爲主。又所作《醒眼詩》有云：「端有長生不死方，常人緣淺豈承當。鉛銀砂汞分斤兩，德厚思深魏伯陽。」蓋實能于伯陽書中研討而有得者。此乃所作《參同契注》，凡分爲三十五章，與彭曉注本分九十章者不同，又以曉取《歌鼎器》一篇移置于後爲非，仍依原本，置之「法象成功」章之後。其所疏解，皆明白顯暢，可資學道者啓悟之益。近時李光地謂：《參同契》惟《漢魏叢書》所載朱長春本爲最得古意，今以朱本相勘其章次，皆與此相同。惟首篇「乾坤者易之門戶」云云，不立章名，故自乾坤設位以下，祇分爲三十四章，視此較少一章，其實即致虛之本也。

周易參同契解

綜　述

鄭伯謙《抱一子解周易參同契叙》　夫物之成乎形象者，久則必毀，而乾坤不毀。物之聚乎精華者，久則必散，而日月不散。物之麗乎木、火、土、水者，其質終壞，而眞金不壞。物之屬乎砂、石、草、木者，其性可死，而眞丹不死。然則乾坤也、日月也，眞金也，眞丹也，皆物之至神者爾。是以仙家金丹之號，非苟而取。故金丹者象乾坤以爲體，法日月以爲用。乾坤，吾身之天地也。坎離，吾身之日月也。乾坤升降則有候，坎離配合則有機。至寶鍊成，一得永得，此其所以不毀、不散、不壞、不死歟。大矣哉，金丹之道包空括壤，越數超形，非其他妙法、三千六百門所可望洋也。

先聖欽重道寶，懼泄非人，每以心傳，不形竹素。後漢魏伯陽，悼大道之幾鬱，憫志士之無師，始以所得《古文金碧龍虎經》，假象託趣，演而伸之，紓發丹祕，曉諸未悟，目之曰《周易參同契》。其辭古意深，人病難讀，徐從事、張隨、彭眞一皆嘗傳註，今所見惟彭耳。然文義雖詳，而眞機尚隱。近時俗解，類以旁門，附會視彭，益舛貽誤，後學不足觀矣。抱一先生陳君，天稟夙穎，洞明性宗。嘉定癸未，遇至人于淮之都梁，盡得金丹眞旨。寶慶初來輦下，以慈濟心接挽後輩，始得《參同契》讀之迎刃無留疑，已而盡謝朋從，入室修鍊者餘年，功益深而道益著。於是，以其親履實詣者，筆諸訓解，言入微而義釋，辭不費而理彰，猶蔡墨之辯神龍，和氏之指眞玉，丹道有所恃賴矣。昔伊川程子，謂世有至難者三事：爲國而至於祈天永命、養形而至於長生、學而至於聖人，三者其功則一，皆可以奪造化。今先生之道，非但養形而已也。後學能熟味此篇，深求而自得之，然後知先生之所謂道有非言語、文字之所能及者矣。《易》曰：神而明之，存乎其人。僕洗耳先生造極之論殊久，且預聞著述之意於是乎書。

先生，名顯微，字宗道。後隱以少微名，淮揚人也。號抱一子。有《立聖篇》及《顯微巵言》并《抱一子書》傳行于世云。

天台生《周易參同契解序》　丹經、紫書行于世者多矣，惟魏伯陽依《金碧龍虎經》，託《易》象，作《參同契》，敷叙丹法最爲精詳。呂眞人之歌嘗曰：金碧參同不計年，妙中妙兮玄中玄。高象先詩亦云：金碧龍虎參同契，留爲萬古丹中王。蓋美其至也。越郡舊有彭眞一註本，僕曩得之，玩讀無慮數過，而辭深義隱，邈不可窺；扣諸江湖學仙之流，亦莫不以是爲病，祇嘆曰：道淵乎哉。歲在甲辰陽月下弦日，天錫緣幸，獲遇抱一先生陳君于山陰之大雲。明年夏五圓日再遇於在所之佑聖觀，先生且語僕曰：子志於道，更當爲道立功。吾嘗徇友人之請，作《參同契解》一編，中所著辭，率皆直指，漏露丹祕，曾無留機，寔欲開後學冥昧之途，不敢爲古書幽深之語，子能謀爲傳行，計善行豈小哉？僕既受其書，篝燈靜讀，玄玄之妙，朗在目前，不惟魏君本旨赫然彰明，而諸經書所祕而不敢言者且昭揭于此矣。即舉手讚曰：吾先生可謂慈仁之至，而是書可謂讀《參同契》者指南也。敬募諸有緣相與而鋟之梓，所冀遞相授受，同志畢覽，因文悟解，立登眞玄。其或有未能盡悉淵微，猶俟夫師之親指者，則亦未免爲旁門邪徑殊術臆說，似是而寔非者亂惑也，後之覽者顧加之意。

王夷《周易參同契解序》　嘗聞先達高象先詩云：金碧龍虎參同契，留爲萬古丹中王。又古今諸仙多尊《參同契》爲丹法之祖，蓋古有《金碧龍虎經》，辭寡意深，世人莫曉，至漢魏君伯陽演經爲《契》。魏君，越之上虞人。今越之公庫板行，惟以彭曉箋義而爲善本。然世代遷革，今所行者已非彭眞，獨首叙與《明鏡圖》得魏君之旨，至於諸家之註，皆以旁門附會，故張平叔慨嘆世人將仙經妄行箋註者是也。抱一先生陳君自淮游浙，學者以是書質其眞僞。蓋世之好異之士，或以《參同契》爲僞書，猶今所行麻衣之《易》也。愚師事抱一先生最久，親聞奧論，謂魏君以伯陽自名，實老氏之化身也。而《參同契》辭章近古，全述眞機，實魏君之言，非常人所可擬述也。猶麻衣之《易》，實陳希夷記錄麻衣之言，非世儒可道，而或者妄傳以爲己作惑誤後人，是猶貪天之功，豈不獲罪於天耶？愚聞是語，心融意釋，因請抱一先生爲之註。然而先生無心，事事不可以筆硯凂愚時以一二段求釋其旨，歲月既久，方成全編，敬命梓工以傳同志。噫，《金碧經》待《參同》而始顯，《參同》得先生解而始明，是猶《春秋》之有左傳，又得杜預爲之釋也。上天憐憫學道者流，生先生於斯世，發明丹經之祕奧。學者祕而傳諸，毋貽輕泄漏慢之譴，不勝至禱。

著録

《四庫全書提要·子部·道家類》《周易叅同契解》三卷，宋陳顯微撰。顯微字宗道，自號抱一子，淮陽人。嘉定中遇異人於都梁，得金丹之訣。寶慶初至臨安，居佑聖觀，謝絶賓友，入室修鍊者逾年，道益進。嘗以近世箋註《叅同契》者非一，皆未明伯陽之旨，因別爲之解。端平元年，其弟子王夷授梓以行，顯微自爲之序。其書前後次第悉依彭曉本，惟分上、中、下三篇，而不分章，蓋依《神仙傳》所載篇目之舊。《鼎器歌》一首，則仍從彭本，附之于後。又經文中「象彼仲冬節」以下七十字，彭曉、陳致虛本俱在「枝莖華葉」之下，而是本乃在「太陽流珠」一節之下，則亦顯微據經中別序四象之語，移之於此，以起下文也。仙家丹書皆內景法象隱語，猝難領悟，所謂口訣，別有師授，然必依文以求，方能不失宗旨。顯微此解，明白敷暢，易於尋繹，在《叅同契》諸註中，稱爲善本。故存之，爲言內丹者備一家焉。

《道藏目録詳註》卷四 三卷，抱一子陳顯微解。是解以乾坤爲神室、以日月爲運用、以六十四卦爲行火、以升降往來爲樞轂。

周易參同契考異

綜述

黄瑞節《周易參同契考異序》 《周易參同契》，五代彭曉《解義序》曰：魏伯陽，會稽上虞人。修眞潛默，養志虛無，博贍文詞，通諸緯候。得《古文龍虎經》，盡獲妙旨。乃約《周易》，譔《參同契》三篇，復作《補塞遺脫》一篇，所述多以寓言借事，隱顯異文。密示青州徐從事，徐乃隱名而注之。桓帝時，公復傳授與同郡淳于叔通，遂行於世。參，雜也；同，通也；契，合也，謂與《周易》理通而義合也。其書假借君臣以彰內外，叙其離坎，直指汞鉛；列以乾坤，奠量鼎器，明之父母。保以始終；合以夫妻，拘其交媾；譬諸男女，顯以滋生，析以陰陽，導之反復，示之晦朔；通以降騰，配以卦爻，形於變化；隨之斗柄，取以周星；分以晨昏，昭諸刻漏，莫不託《易》象而論之，故名《周易參同契》云。

朱子曰：《參同契》本不爲明《易》，姑借此納甲之法，以寓其行持進退之候。異時每欲學之，而不得其傳，無下手處，不敢輕議。然其所言納甲之法，則今所傳京房占法。見於火珠林者，是其遺說。所云甲、乙、丙、丁、庚、辛者，乃以月之昏旦出沒言之，非以分六卦之方也。此雖非爲明《易》而設，然《易》中無所不有，苟其言自成一家，可推而通，則亦無害於《易》。○伯陽《參同契》，恐希夷之學，有些自其源流。○先天圖與納音相應，蔡季通言與《參同契》合，以圖觀之：《坤》《復》之間爲晦；震爲初三，一陽生；八日爲兌，月上弦；十五日爲乾；十八日爲巽，一陰生；二十三日爲艮，月下弦；坎離爲日、月，故不用。《參同》以坎離爲藥，餘者以爲火候。○邵子發明先天圖，圖傳自希夷，希夷又自有所傳，蓋方士技術，用以修鍊，《參同契》所言是也。○《參同契》文章極好，蓋後漢之能文者爲之，其用字皆根據古書，非今人所能解，以故皆爲人妄解。世間本子極多，其中有云：千周燦彬彬兮，萬變將可睹；神明或告人兮，魂靈忽自悟。言誦之久，則文義要訣自見。○須溪劉氏曰：古書惟《參同契》似先秦文。

著録

《文獻通考》卷二二四《經籍考》五一 《參同契考異》一卷。陳氏曰：朱熹撰。以其詞韻皆古，奥雅難通，讀者淺聞，妄輒更改，比他書尤多舛誤。合諸本更相讎正，其諸同異，皆並存之。

《朱子語録》曰：《參同契》所言坎、離、水、火、龍、虎、鉛、汞之屬，只是互換其名，其實只是精氣二者而已。精，水也，坎也，龍也，汞也。氣，火也，離也，虎也，鉛也。其法以神運精氣，結而爲丹。陽氣在下，初成水，以火鍊之，則凝神丹，其説甚異，內外異色，如鴨子卵，眞箇成此物。《參同契》文章極好，蓋後漢之能文者爲之，讀得亦不枉。其用字皆根括古書，非今人所能解，以故皆爲人妄解，世間本子極多。其中有云：「千周粲彬彬兮，萬遍將可覩，神明或告人兮，魂靈忽自悟。」言誦之久，則文義要訣自見。又曰：「二用無爻位，周流行六虛。」二用者，用九用六，九六亦《坎》、《離》也。六虛者，即《乾》、《坤》之初、二、三、四、五、上六爻位也。言二用雖無爻位，而常周流乎《乾》、《坤》六爻之間，猶人之精氣上下周流乎一身而無定所也。世有《龍虎經》，云在《參同契》之先，季通亦以爲好。及得觀之，不然，乃隱括《參同契》之語而爲之也。

又曰：《參同契》爲艱深之詞，使人難曉，其中有「千周」「萬遍」之説，欲令熟讀以得之也。大概其説以爲，欲明言之，恐泄天機，欲不説來，却又可惜。

《四庫全書提要・子部・道家類》《周易參同契考異》一卷，宋朱子撰。考陳振孫《書録解題》稱：朱子以《參同契》詞韻皆古，奥雅難通，讀者淺聞，妄輒更改，比他書尤多舛誤，因合諸本，更相讎正。朱子自跋亦稱：凡諸同異，悉存之以備考訂，故以考異爲名。今按書中注明同異者，惟「天下然後治」之治字，云「或作理」；「威光鼎乃熺」之熺字，云「本作僖」。參證他本者，不過二處。又如修字疑作循，六五疑作廿六，鉛字疑作飴，與字疑作爲之類。朱子所自校者，亦祇六七處。其餘每節之下，隨文詮釋，實皆箋註之體，不盡訂正文字，乃以考異爲名，未喻其旨。跋末自署空同道士鄒訢，蓋以鄒本邾國，其後去邑而爲朱，故以寓姓。《禮記》鄭氏註謂：訢當作熹。又《集韻》：熹，虛其切。訢亦虛其切，故以寓名。殆以究心丹訣非儒者之本務，故託諸廋詞歟？考《朱子語録》論參同契諸條，頗爲詳盡。年譜亦載有慶元三年，蔡元定將編管道州，與朱子會宿寒泉精舍，夜論《參同契》一事。文集又有《答蔡季通書》曰：《參同契》更無縫隙，亦無心思量，但望他日爲劉安之雞犬耳云云。蓋遭逢世難，不得已而託諸神仙，殆與韓愈謫潮州時邀大顛同游之意相類。故黄瑞節附録謂其師弟子有脱屣世外之意，深得其情。黄震《日抄》乃曰：「《參同契》者，上虞人魏伯陽作，其説出於神仙，不足憑。近世蔡季通學博而不免於雜，嘗留意此書，而晦菴與之游，因爲校正其書，頗行於世，而求其義，則絶無之」云云。其持論固正，然未喻有託而逃之意也。

周易參同契發揮

綜述

阮登炳《周易參同契發揮序》《參同契》乃萬古丹經之祖，其辭古奥密微，莫可測議。然亦未有眞知實踐，得其正傳，而不能通此者也。若其論議與之相戾，而曰我自有祕授，焉用此爲，則亦妄人而已。昔者紫陽朱夫子，鳴道於淳熙慶元間，旁通百氏，有異乎吾之説者，未嘗隨聲附和而苟同也。乃獨愛伯陽之書，爲之精研熟究，而不自以爲癖。有注釋，有考異，且嘗曰：邵子得於希夷，希夷源流自《參同契》。又曰：眼中見得了了如此，但無下手處。又曰：今始得頭緒，未得其作料孔穴。及西山蔡先生編置道州，夫子送之，留寒泉精舍，相與訂正是書，而竟夕不寐。至西山卒，又得所謂策數之説，恨不得與西山講之，居無何而夫子卒矣。是書之注，蓋行於西山既沒之後，而一時門人亦未有及此者，故不復有所詢訪。其間所未滿意者，正不無也。石澗俞君玉吾所著《發揮》三篇，蓋所以補空同道士之所不足，且以發明彭氏、陳氏、鄭氏、王氏之所未發者，旁搜博取，無所不至。蓋得至人指授，非區區訓詁者比。予老矣，鼎器頹弊，藥物耗竭，無復有所望矣。觀俞君之注釋是書，安得不重爲之太息也。巖谷之士，氣清神全，有能得是書以印正焉，則於後天而老凋三光者，其亦庶幾矣乎。遂爲書其篇首，而藉是以綴姓名於不朽云。

張與材《周易參同契發揮序》自《參同契》成書以來，近世考亭大儒亦復注腳。今觀全陽子所著《發揮》，研精覃思，鈎深致遠，可謂羽翼是書矣。然考亭當時，猶有願爲劉安雞犬之望。晚年感興之作，飄然直有往從脱屣意，豈非有得於此書而然耶。全陽子它日功成蟬蜕，從伯陽於閬風玄圃間，必相與曰：是可以《參同契》矣。

俞琰《周易參同契發揮序》朱文公謂：《參同契》文章極好，其用字皆根據古書。又謂：其做得極妙，極精緻。遂與蔡季通相訂正，而爲之解註。人見其解註之辭，尚多闕疑而未詳，遂謂：文公且然，寧復有詳於文公者？殊不知仙家丹書，皆内景法象隱語，所謂口訣之祕，則有師授，斷非世儒訓詁之學所能意解。夫文公之於是書，豈文義有所未究？蓋欠教外别傳一句耳。今觀全陽子之《發揮》，章剖句析，發前人之所未發，是得師授口訣而爲之説者也。其語意直截，大類蕭了眞，議論袞袞，且多引證。學者試一覽之，不惟得以通此一書，又可以兼明《悟眞》、《翠虚》諸書之旨。當塗南谷子杜道堅，見其發露天機，略不吝惜，深服其運心之普，敬歎不自休，遂爲之序，又從而爲之歌曰：

至道不遠兮，恆在目前。竊天地之機兮，修成胎僊。妙莫妙兮，凝吾之神。安以待之兮，若存而綿綿。黄帝求玄珠兮，象罔乃得。此理可心會兮，非言辭之可傳。虚極靜篤兮，怳惚變化。絪緼蟠構兮，如煙雲之迴旋。龍吟虎嘯兮，鉛汞交結。依時採取兮，進火烹煎。劍挂南宫兮，閉固神室。鍊成五色石兮，補自身之青天。結胎片餉兮，運火一年。如靈雞之抱卵兮，萬慮俱捐。轉天根月窟之關鍵兮，往來上下。融融液液兮，眞氣周匝乎三田。勤而行之兮，勿計得喪。累土成層臺兮，積涓流而成川。機緣難偶兮，時不待人。下手速修兮，毋待雪霜之滿顛。

神仙還丹之道，至簡至易，如此〇而已矣。此〇者何？《易》之太極是也。太極動而生陽，☾動極而靜，靜而生陰，☽靜極復動，一動一靜，互爲其根，此乃造化之妙、神之所爲、道之自然者也。《易》之爲書，廣大悉備，有天道焉，有人道焉，有地道焉。仁者見之謂之仁，知者見之謂之知。千變萬化，無往不可。是故東漢魏伯陽假之以論作丹之意，而號其書爲《周易參同契》也。參也者，參乎此〇也。同也者，同乎此〇也。契也者，契乎此〇也。得師傳而與此參，與此同，與此契，是爲正道。反是，則爲泛泛無稽之言，臆度不根之學，旁門小法而已，非吾之所謂道也。夫是書所述，皆寓言也。以天道言，則曰日月，曰寒暑。以地道言，則曰山澤，曰鉛汞。以人道言，則曰夫婦，曰男女。豈眞有所謂日月、寒暑、山澤、鉛汞、夫婦、男女哉？無非譬喻也。或言三五，或言二八，或言四象，或言兩弦，旁引曲喻，名雖不同，不過一陽☾一陰☽而已。合陰陽☯而言之，不過一太極〇而已。散而成萬，斂而成一，渾兮闢兮，其無窮兮，與《易》之造化相通，此其所以爲《周易參同契》也。僕初讀是書，莫省其説，妄意揣度，靡所不至。或謂予曰：子欲修丹，須得神仙口訣，研窮紙上語而求長生，徒自勞耳。而僕也篤信此書，終不忍去手。蓋魏公有千周萬遍、神告心悟之説。意者至人之言，必不我欺。於是憤悱研究矻矻者窮年。忽一日，果爾心靈自悟，得其門而入。自此遡流尋源，則怡然理順，若有神告之者。然而未得師承，猶弗敢遽執爲是。冥搜暗索，終夜忘寢，信心愈篤，遂感異人指示先天眞一〇之大要，開説後天火候之細微，決破重玄，洞無疑惑。歸而再取是書讀之，則勢如剖竹，迎刃而解。又參以劉海蟾之《還金》、張紫陽之《悟眞》、薛紫賢之《復命》、陳泥丸之《翠虚》，但見觸處皆同，而無有不契者矣。僕不揣凡骨，孜孜於神仙之學，竊亦自笑其愚。多幸夙有緣合，得聞斯道之秘。丹之眞運用，蓋嘗試之。丹之眞景象，蓋嘗見之。校之仙經，若合符節。因睹今之學仙而不得正傳者，往往偏執膠固，不務理之貫通，小見自足，不求道之大全，黨甲以伐乙，袒左以攻右，牽合附會，妄亂穿鑿，以似是而飾眞非，竟不究古仙本旨，非惟自誤，又以誤人。僕用是不忍隱默，敬爲是書添一註腳，其間漏泄眞機，並無靳悋。凡論天地陰陽，則參以先儒之語。述藥火造化，則證以諸仙之言。反覆辯論，務欲發明魏公本旨，固不敢祕玄妙之機以絶人，亦不敢雜謬悠之語以惑人。後之來者，與我同志，試留心玩誦此書，則斷斷有神告心悟之效無疑也。雖然，僕之言輶，又何足取信於人？明達之士，但以魏公之言爲信，而參其動☾靜☽之機，同其陰陽☯之運，契其畫前〇未畫之妙，方表僕之所述，果亦眞實不妄。幸無以先入之説爲主，而遽謂《參同契》爲紙上語云。

著録

人全陽子兪琰述。清靜虛無。

《道藏目録詳註》卷四 《周易參同契發揮》，九卷，俱有圖，林屋山人全陽子兪琰述。清靜虛無。

《四庫全書提要・子部・道家類》 《周易參同契發揮》三卷，《釋疑》一卷，元兪琰撰。琰字玉吾，吳縣人。隱居洞庭山，好言《周易》，有《集說舉要》諸書，又以爲養生家言源於易理，著《易外別傳》一卷。是書以一身之水火陰陽發揮丹道，論者以爲遜于彭曉、陳顯微、陳致虛三注。然取材甚博，其釋疑三篇，考核異同，較朱子尤爲詳備。明白雲霽《道藏目錄》謂二書共十四卷，焦竑《經籍志》則作十二卷。毛晉《津逮秘書》以琰注與曉等三家注合爲一編，已非其舊，又併其釋疑佚之。此本每卷俱有圖，乃至大三年嗣天師張與封所刻。實祇三卷，附以釋疑一卷。而琰《易外別傳》自序亦稱：丹道之口談細微，具載于《參同契發揮》三卷。焦竑等蓋未見此書，故所紀篇目有誤也。

易林

綜述

王俞《易林上下經卦序》 大凡變化，象數莫逃乎《易》。惟人之情僞，最爲難知。筮者尙占，憂者與處，貢明且哲，乃留其術。兪巖耕東鄙，目前困蒙。客有枉駕蓬廬，以焦辭數軸出示。兪嘗讀班、史列傳，及歷代名臣譜系、諸家襍說之文，盛稱：自夫子授《易》於商瞿，僅餘十輩；延壽經傳於孟喜，固是同時。當西漢元、成之間，凌夷厥政，先生或出或處，輒以《易》道上干梁王，遂爲郡察舉，詔補小黃令。而邑中隱伏之事，皆預知其情，得以寵異，蒙遷秩，亦卒於官次。所著《大易通變》，其卦總四千九十六題，事本彌綸，同歸簡易，辭假出於經史，其意合於神明。但齊潔精專，舉無不中，而言近意遠，易識難詳，不可瀆蒙以爲辭費，後之好事知君行者，則子雲之書爲不朽矣。旹聖唐會昌景虞歲周正主白靈越之雲溪漢王兪序。

佚名《校定焦貢易林序》 承議郎行秩書省校書郎臣黃伯思所校焦延壽《易林》中，或字誤，以快爲怏，以羊爲手，以喜爲嘉，以鵲爲鵲，義可兩存。焦延壽者，名貢，梁人，以好學得幸梁王，王供其資用，令極意學。既成，爲郡吏，舉補小黃令。但有盜先知，盜遂無敢舉者。考最當遷，吏民上書乞留，詔許增秩，卒于小黃。世人謂延壽之法，凡筮得某卦，則觀其所之卦林，以占吉凶。或卦爻不動，則但觀本卦林辭，爻本影。有王佖者，於雍熙二年春，遇異人，筮得觀之賁。林云：東行無門，西出華山。道塞於難，遊子爲患之語，最爲有準。後之觀者，不可不辨。延壽所著，雖卜筮之書，出於陰陽家流，然當西漢中葉，去三代未遠，文辭雅淡，頗有可觀覽。謹錄上。

雜録

《雜識》 東萊費直長翁曰：六十四卦變占者，王莽時建信天水焦延壽之所撰也。夫《易》廣矣，大矣。以言乎遠，則不禦；以言乎邇，則靜而正；以言乎天地之間，則備矣。然《易》謂六十四卦也，推而言之，則繇說卦之所未盡，故《連山》《歸藏》《周易》皆異詞而共卦。雖三家並行，猶舉一隅耳。貢善於陰陽，復造此以致《易》未見者。其射存亡吉凶，遇其事類則多中。至於靡碎小事非其類，則亦否矣。貢之通達隱幾，聖人之一隅也。延壽獨得隱士之說。

《前漢書》：京房字君明，治《易》，事梁人焦延壽，名貢。貢貧賤，好學得幸於梁王，王供其資用，令極意學。既成，爲郡吏，察舉補小黃令。以伺候先知姦邪，盜賊不得發。愛養吏民，化行縣中。舉最當遷，三老官屬上書願留貢，有詔許增秩留，卒於小黃。貢嘗曰：得我以亡身者，京生也。其說長於災變，分六十卦，更直日用事，以風雨寒溫爲候，各有占驗。房用之尤精。孟康曰：分卦直日之法，一爻主一日，六十卦爲三百六十日。餘四卦，震、離、兑、坎爲方伯監司之官。所以用震、離、坎、兑者，是二至二分用事之日，又是四時各專主之氣。各卦主一日，其占法各以其日觀善惡。

程迥《記驗》 宣和末，長慶福崔相公任州日。其時晏清無事。思此聖書虔誠，自卜得大過卦云：典冊法書，藏在蘭臺。雖遭亂潰，獨不遇災。之遯卦辭曰：坐席未温，憂來扣門。踰牆北走，兵來我後，脱於虎口。其時卜後十日，州亂。崔相公踰牆而出，家族不損，無事。歸京，乃知此書賢人所製。初雖難會，後詳無不中節。見者當所敬重。黄金自貴，未能蒙於此書。

紹興末，完顏亮入寇。時有人以焦貢《易林》筮遇解之大壯。其辭曰：驕胡火形，造惡作凶。無所能成，遂自滅身。其親切應驗如此，雖天網淳風不能過也。開闢以來，惟亮可以當之。延壽著書，何以知後世有亮也？其漢焦延壽傳《易》於孟喜何？事見《儒林傳》中。此其所著書也。費直題其前，曰：六十四卦變，又有唐王俞序所書。每卦變六十四，總四千九十六首，皆爲韻語，與《左氏傳》載鳳凰于飛、和鳴鏘鏘，《漢書》所載大横庚庚、予爲天王之語絶相類。豈古之卜者有此等書耶？曆皇歲在昭陽大荒落辜月皇極之日。

陳振孫《題識》 舊見沙隨程氏所紀，紹興初諸公以《易林》筮時事奇驗，求之歷年。寶慶丁亥，始得其書於莆田，録而藏之，皆韻語，古雅，頗類《左氏》所載繇辭，間嘗筮之，亦驗，獨恨多脱誤，無他本是正。嘉熙庚子，自吴門歸霅川，偶爲鄉守王寺丞侑道之，因以家藏本見假，雖復多脱誤，而因兩本參互相校，十頗得八九，於是兩家所藏皆成全書。其間亦多重復，或數爻共一繇，莫可稽究。校畢，歸其書王氏，而志其校正本末於篇後云。

彭華《題〈易林〉後》 易之道無所不該，學者各得其一偏耳，然皆不可語非易也。易自夏商已有三易，其後《連山》、《歸藏》不傳，唯《周易》獨傳。《周易》至漢儒分而爲三，有田何易、焦贛易、費直易。何之易傳自孔子，分上下經，以孔子所作爲十傳。而有章句。贛之易，專於占察，《易林》之十六卷。直之易，長於卦筮，無有章句，徒以彖象文言等參八卦中以解經。漢末田焦之翠微絶，而費氏獨存。蓋費之後，有鄭康成、王弼輩爲之注故也。宋程伊川據弼易爲傳，固出於費。朱氏晦庵據吕伯恭古易爲本義，則本之田何，於是田、費之易皆盛行於世，而贛獨不幸無傳者。近於内閣閲書得《易林》，觀其辭韻皆非後人所能到，頗類《左傳》中所載繇辭，因録而藏之，異日間有事以占，亦未嘗不驗也。然則贛之易，豈無所本者耶？惜乎末學淺識不能爲之傳注，使之盛行，以爲夫人之趨吉避凶一助云，姑識之，以俟能者。

馬驎《書〈易林〉後》 易有聖人之道四焉，以言者尚其辭，以動者尚其變，以制器者尚其象，以卜筮者尚其占。此四者，皆變化之道，神之所爲也。予讀焦氏《易林》演六十四卦爲四千九十六卦，而卦皆具夫辭變象占，其意精而深，其文簡而古，眞有以發羲文周孔之所未發，而開物成務通志業斷疑之妙，開卷具在。予未仕時，恆以不獲見恨。及知武功，對山先生出以示予，反覆誦味之餘，因命梓之以博其傳，而私識歲月於此。嘉靖四年春二月廣安姜恩書刊焦氏《易林》説。

世之談易者，每每以焦氏《易林》爲占察變驗，甚捷。又恆以其書不多見爲恨。近得余鄉對山康公付武功令所刻本，博覽者求相接踵。日侍兵憲蓉川齊公值訊疑未決，顧謂余曰發伏若焦延壽無遁情矣。余退而筮之，得訟之隨，云甲乙丙丁，俱歸我庭。三丑六子，入門見母。後五日獄得。稽其日乃乙丑，訟之者僅六人焉。聞者愈神其書，而雲録者弗絶於庭。余遂翻刊用成，欲與執疑之士適趨避之宜，俾焦易秘久而弗傳者，再爲之一倡廣也。

著録

《隋書·經籍志·五行類》 《易林》十六卷。焦贛撰，梁又本三十二卷。

《舊唐書·經籍志下·五行類》 《焦氏周易林》十六卷。

《宋史·藝文志五·蓍龜類》 焦贛《易林傳》十六卷。

《四庫全書總目·子部·術數類二》 蓋易於象數之中別爲占候一派

者，實自贛始，所撰有《易林》十六卷，又《易林變佔》十六卷，並見《隋志》。《變占》久佚，惟《易林》尚存。

周易圖

著録

《道藏目録詳註》卷一　上中下三卷。周氏太極圖、鄭氏太極貫一圖、天地自然十五數圖、三位三極圖、先後中天總圖、先天數圖、先天象圖、六十四卦陰陽倍乘之圖、乾坤六子圖、渾天六位圖、六十四卦生自兩儀圖、先甲後甲圖、八卦納甲圖、乾坤交成六十四卦圖、六十四卦萬物數圖、六十四卦氣候圖、八卦本象之圖、八卦生六十四卦圖、李氏八卦生六十四卦圖、八卦推六十四卦圖、帝出震圖、卦配方圖、乾坤不居四正位圖、坎離天地之十圖、河洛之數并諸圖等，略撮其要。

太易象數鉤深圖

著録

《道藏目録詳註》卷一　三卷，三衢劉牧撰。內言天地奇耦之數，自太極生兩儀而下，至於復卦，凡五十五位，點之成圖，於逐圖下各擇其義。上卷三十三圖，中卷一十五圖，下卷七圖。

易外別傳

著録

《四庫全書提要・子部・道家類》　《易外別傳》一卷，元俞琰撰。其書以邵子《先天圖》闡明丹家之旨。考《先天圖》傳自陳摶，南宋以來無不推爲伏羲之秘文，卦爻之本義。袁樞、林栗雖據理以攻之，然不能抉其假借之根。口衆我寡，無以相勝也。迨元延祐間，天台陳應潤始指爲《參同契》爐火之説，其言確有根據。然宗河洛者深諱之，巧辨萬端，轇轕彌甚。惟琰作此書，絶無文飾。其後序有曰：「名之曰《易外別傳》，蓋謂丹家之説，雖出于《易》，不過依仿而託之者，非《易》之本義也。」可謂是非皎然，不肯自誣其心者矣。後序稱是書附《周易集説》後。其子仲溫跋亦云：《易外別傳》一卷，先君子之所著，而附於《周易集説》後者。今通志堂所刊《集説》，成德序中雖稱《易圖纂要》一卷、《易外別傳》一卷附焉，而印本實無此卷。豈初鋟于木，後覺其不類而刪之耶？白雲霽《道藏目錄》以此書與《易圖通變》、《易筮通變》同載於太玄部若字號中，並題曰雷思齊撰。考揭傒斯爲思齊作序，稱所著有《老子林義》、《莊子旨義》《和陶詩》。吳全節序又稱其別有文集，而均不及此書。殆雲霽以三書同函而誤歟？

《道藏目録詳註》卷四　一卷，古吳石澗道人俞琰述。內康節先生心爲太極圖、朱紫陽太極虛中先天圖、先天六十四卦直圖、地承天炁圖、日受月光圖、乾坤坎離天地日月等圖，皆先天聖學，此處露機。

易圖通變

綜　述

張宗演《易圖通變序》　《道德》數千言，吾教之所獨尊，古今未有能廢之者。然傳注層出，渺茫叢惑，莫適指歸，徒見多岐之紛紛也。雷思齊嗜學有要，精研是書，探覈本旨，爲之傳釋，合儒、老之所同，歷詆其所異，條分緒別，終始一貫，不翅入老氏之室，避之席以相授受也。其將學是者，終究其説，知其玄之玄，而不昧其所嚮，傳之將來，庶幾於吾教非小補也。

揭傒斯《易圖通變序》　雷先生思齊，字齊賢者，臨川之高士也。遭宋亡，獨居空山之中，著《易圖筮通變義》、《老子本義》、《莊子旨義》凡數十卷，《和陶詩》三卷。去儒服，稱黃冠師，與故淳安令曾公子良、今翰林學士吳公澄相友善。四方名士大夫慕其人，往往以書、疏自通，或聞其講學，莫不爽然自失。故翰林侍講學士袁公桷，博雅君子也，稱其所著書，援據切至感厲，奮發合神以窮變，盡變以翼道。且曰：知齊賢不如是齊賢之意。不明方今天下稱爲斯文宗，莫先吳公；天下稱善著書，莫先吳公。亦曰：與談《老子》甚契。又稱其詩精深工緻，豪健奇傑，有杜、韓風。蓋皆以爲知言。嗚呼，古稱虞卿非窮愁不能著書，太史公世掌天官，使不遇禍，《史記》不作。夫求雷先生之志，讀雷先生之書，逌與世俗道哉。逌與世俗道哉。余讀其所著之書，想其爲人幾五十年。今又得其詩文二十卷，於其徒孫傳性眞與周惟和傳入京師來，因識以辭。

吳全節《易圖通變序》　昔世祖皇帝既定江南，首召三十六代天師入朝。未幾，天師奉旨掌道教。還山，遂禮請先生爲玄學講師，以訓迪後人。余時雖幼，而有志於學，遂受學於先生。先生嘗誨余曰：文章於道一技耳。人之爲學，將以明斯道也。不明斯道，不足以爲聖賢之學矣。余由是日知所省，益自奮發。及弱冠，入侍先師開府公於朝，遂不得事先生以終學焉。先生嘗註《易圖筮通變義》、《老子本義》、《莊子旨義》凡數十卷，詩文二十卷。至順二年秋，先生之徒弟傳性眞，遣徒孫周惟和持所註諸書，來京師示余，且曰：先生所註之書，雖有黃公震、曾公子良、吳公澄爲之序，而未得公一言以發明之，敢以爲請。余曰：嗟夫，先生之殁，迨三十年矣。今不可得見，得見所註之書斯可矣。然先生之學，豈所註之書可能盡哉？後之觀者，考諸書則知先生之學，誠不止若是也。余今且老，久留於朝，常欲集先生諸文而序之，未果也。今諸文既已成編，又豈敢嘿嘿無一言以發明先生之學哉？故續爲之序。先生諱思齊，字齊賢，學者尊之曰空山先生，撫之臨川人也。

雷思齊《易圖通變序》（《空山先生易圖通變序》）　河圖，八卦是也。圖之出，聖人則之。包犧氏仰觀象，俯觀法，近取身，遠取物，以通神明之德，類萬物之情，始因之畫八卦以作《易》者也。孔子謂其則之，豈欺我哉？圖之數以八卦成列，相蕩相錯，參天兩地，參伍以變，皆自然而然。後世不本其數，實惟四十，而以其十五會通于中，乃妄計天地之數五十有五，以意增制於四十之外，以求其合幸其中，故愈説愈迷，紛紛迄今。余因潛心有年，備討衆説，獨識先聖之指歸，遂作《通變》，傳以與四方千載學《易》者，同究於眞是焉。兼筮法亦乖素旨，附見後篇，求古同志宜能明其非敢誣也。

易象圖説内篇

綜　述

黃鎮成《易象圖説内篇序》　《易》之象與天地準，故於天地之理無所不該，是以陰陽錯綜，奇偶離合，無不有以相通焉。《周官》三易，經卦皆八，其別皆六十有四；以八爲經，以六十四爲緯，畫卦之次序，先天之圖位瞭然矣。則伏羲作《易》時，已有其圖，傳之三代，故夫子極儀、象、卦因而重之之説，與京君明、魏伯陽納甲卦氣之法，皆圓圖之序。則《先天圖》其來已久，持後之説《易》者不復追究作《易》原本，故其圖雖在，而學者不傳，至邵子而後得耳。先儒謂邵子傳之李穆，李穆自希夷意，其必不妄也。或又謂啟蒙《先天圖》出自蔡氏，而朱子因之，不知朱漢上已有此圖，則其出於邵氏爲無疑。雖聖人復起，不易其言矣。

然《易》道廣大無窮，學者能隨其所見，亦皆有得。惟其出於自然而無所穿鑿，則雖古人之所未發，亦足以成一家之言也。清江張君仲純，資敏而學篤，於諸經無不通，而尤邃於《易》。嘗以其玩索之力著爲《易象圖説》一篇，其極、儀、象、卦，圖以奇上偶下，各生陰陽、剛柔、內外、交變，而卦畫之原，四時之義，性命之説，圖書之數，蓍策變占，靡不周備。六十四卦圓圖，以乾、兌、離、震、坤、艮、坎、巽循環旋布，而天地之動靜，一歲周天之氣節，一月太陰之行度，皆可見；方圖以乾、兌、離、震、巽、坎、艮、坤，縱自上而下，横自左而右，而《參同契》、邵子《太易吟》十二月之卦氣、二十八舍之象，皆可推變通。圖由《乾》、《坤》反覆相推，陽以次而左升，陰以次而右降，而六陰、六陽辟卦之序粲然可考致用。圖以後天八宫各變七卦，而四正四隅反對之象秩然有紀，皆巧妙整齊，不煩智力，無毫髮可以增損，無纖隙有所疑議，所謂出於自然，而無所穿鑿者，當續邵子、朱子之圖，而自爲一家，亦可以見《易》象無所不通，惟學者能隨所見而實有得焉，然後可以傳世而不惑也。仲純學力高明，與予知最久。《圖説》既成，首辱見示。予特愛其象類渾成而條理精密，故僭書于首，簡而歸之。

張理《易象圖説內篇序》（《易象圖説序》）　《易》曰：河出圖，洛出書，聖人則之。圖書者，天地陰陽之象也。《易》者，聖人以寫天地陰陽之神也。故一動一靜，形而爲一▬一⚋，奇偶生生，動靜互變，四象上下，左右相交，而《易》卦畫矣。☰以畫天，☷以畫地，☵以畫水，☲以畫火，☱以畫澤，☶以畫山，風因於澤，雷因於山，卦以表象，象以命名，名以顯義，義以正辭，辭達而《易》書作矣。將以順性命之理，究禮樂之原，成變化而行鬼神者，要皆不出乎圖書之象與數而已。圖之天○者，▬也。圖之地⁘者，⚋也。圖之中⁙者，四象╳古五字行也。陽數一、三、五，參天也，三謂之參陰數二、四，兩地也。二謂之兩。參天數九，陽之用也。兩地數六，陰之用也。書之衡，三卦之體也。書之井，九卦之位也。書之縱横，十五卦之合也。河圖、洛書，相爲經緯。五十者，圖書之樞紐也。以五重十，則左右前後者，河圖四正之體也。以五交十，則四正四隅者，洛書九宫之文也。順而左還者，天之圓，渾儀歷象之所由制。逆而右布者，地之方，封建井牧之所由啟也。以圓函方⊡，以方局圓⊙，則範圍天地之化而不過，曲成萬物而不遺矣。唯人者，天地之德，陰陽之交，鬼神之會，五行之秀氣也。身半以上同乎天，身半以下同乎地；頭圓足方，腹陰背陽；離目外明，坎耳內聰；口鼻有肖乎山澤，聲氣有象乎雷風，故天下之理得而成位乎其中。是知《易》即我心，我心即《易》，故推而圖之，章之爲六位而三極備，叙之爲六節而四時行，合之爲六體而身形具，經之爲六脈而神氣完，表之爲六經而治教立，協之爲六律而音聲均，官之爲六典而政令修，統之爲六師而邦國平，是故因位以明道，因節以叙德，因體以原性，因脈以凝命，因經以考禮，因律以正樂，因典以平政，因師以慎刑，而大《易》八卦之體用備矣。已上八圖，今附外篇八卦相錯，相摩相盪，因而重之，變而通之，推而行之，而六十四卦圓方變用之圖出矣。圓者以效天，方者以法地，變者以從道，用者以和義，然後蓍策以綜其數，變占以明其筮，分掛揲歸，交重支變，悉皆爲圖以顯其象，爲説以敷其趣。雖其言不本於先儒傳註之旨，或者庶幾乎聖人作《易》之大意，改而正之，諗而訂之，是蓋深有望於同志。

著録

《道藏目録詳註》卷四　一卷之五共四卷，雷思齊著。內述河圖洛書參天兩地倚數之圖，錯綜會變等圖，河圖遺論，皆三成變化吉凶奇耦元數。

天原發微

著　録

《道藏目録詳註》卷四　魯齋鮑雲龍景翔編著。卷一之九，言太極、動静、辨方、玄渾、分二、衍五、觀象、太陰、象緯、少陽、少陰、天樞等論。卷十之十八，言歲會、卦氣、盈縮、象數、先後、二中、數原、鬼神、變化等論。

席上腐談

著　録

《四庫全書提要·子部·道家類》　《席上腐談》二卷，宋俞琰撰。是書乃其劄記雜説。惟上卷前數十條爲考證名物之語，詞意多膚淺無稽。如謂婦人俗稱媽媽，乃取坤卦利牝馬之貞意；謂㰅㺅之名，因出於渠搜；謂毾㲪之名，取於蹋以登牀。多附會穿鑿，不足爲據。其餘則皆闢容成之術，及論褚氏遺書胎孕之説。下卷則備述丹書，而終以黄白爲戒。大旨皆不出道家，而在道家之中，持論獨爲近正，亦由其先明儒理，故不惑方士之詭説也。朱存理《樓居雜著》有是書跋語二條，其一稱：石澗先生注《易》外，别有《席上腐談》。易説既有刻，此編特手筆存於家。黄巖林公守郡時，持之而去，其家别無副本，至今吴中失其傳。庚戌秋，與海昌董子壬會於逆旅，偶談家有是書，又已失去。遂同過祝秋官處，轉爲假之歸。幸此書又復來吴中云云。是此書之傳出於存理。其一稱：俞氏家集云《腐談》四卷，今止二卷。今本曰輔談者，雖聲相近，而字畫轉訛不同，必有據也云云。考《永樂大典》所引，或作輔，或作腐，參差不一。觀存理跋，知當時本自異文，非有兩書也。

古文參同契集解

著　録

《四庫全書提要·子部·道家類》　《古文參同契集解》三卷，明蔣一彪撰。一彪自號復陽子，餘姚人。魏伯陽作《參同契》，原本三篇，自彭曉分章作解，後來註家，雖通有併析，而上中下篇之次序俱仍舊目。至明楊慎，始别出一本，稱南方掘地得石函，中有《古文參同契》，自謂得見朱子所未見。一彪此註，即據慎本而作，故謂之古文。其彭曉、陳顯微、陳致虚、俞琰四家之註，悉割裂其文，綴于各段之下，故謂之集解。今考其書，於舊文多所顛倒。以原本所有讚一篇，則指爲景休後序；原本補塞遺脱一章，亦析出爲叔通後序。案《參同契》書，自虞翻註《易》，引其「日月爲易」一語外，見李鼎祚《周易集解》。他家罕所稱引。其授受源流，諸書亦不具載。所可據者，惟彭曉之序爲古。曉序但稱魏君示青州徐從事，徐隱名而註之。鄭樵《通志·藝文畧》有徐從事註陰陽統參同契三卷，亦不言爲徐景休。何以越二千年至慎，而其名忽顯。其讚序一首，朱子嘗謂其文意是註之後序，恐是徐君註，而註不復存。今此本乃適與相合，豈非因朱子之語而附會其説歟？一彪此本，於諸註原稱魏君者，輒改作徐君，以就其説，尤非闕疑之義。然自慎以後，世遂别有此本，諸家所註，往往沿之，亦遂不可磨滅。今姑依其篇第，各分子卷，與彭曉諸本，並著于録，以著作僞變亂之由，俾來者無惑焉。

周易參同契註解

著録

《四庫全書總目·子部·道家類存目》《周易參同契註解》三卷，明張位撰。位有《問奇集》，已著錄。是書章次，一依陳致虛本，而別爲之註。大抵參取諸家之説，以己意發明之。其震庚兌丁諸圖，及上下弦諸圖，則皆位所補入也。

參同契章句

著録

《四庫全書總目·子部·道家類存目》《參同契章句》一卷，國朝李光地撰。是書前有自序，謂《參同契》者，參之而同契也。《三相類》者，三字之義疏爾。魏氏作《參同契》，自以爲闕略未備，復作《三相類》一篇，互相解剝，而二千年來未有知者。心之不達，則竊易舊簡以就膚見，故此書獨無完編。惟《漢魏叢書》所載，似是原本，閒有竄互不多也。獨其不知中斷二書及截立標題，亦庸末者之妄云云。蓋據篇末《參同契》者以下有今更作此命《三相類》之文。考《舊唐書·經籍志》，載《周易參同契》二卷，《周易五相類》一卷，竝註魏伯陽撰。三五字形相近，未詳孰是，然足知伯陽原有此二書也。明楊愼稱：或掘地得石函，中有《古文參同契》，魏伯陽所著，上中下三篇，後序一篇。徐景休箋註亦三篇，後序一篇。淳于叔通補遺《三相類》二篇，後序一篇。合爲十一篇。其説頗怪。愼好僞託古書，疑其因唐志之言，別三相類於參同契，造爲古本。光地是書，又陰祖其説。惟愼以《三相類》爲淳于叔通補遺，光地則以爲亦伯陽著，與唐志相合，較爲有本耳。書中分章，大概亦與楊本同。惟不載徐景休箋註，又釐《三相類》爲三篇，而於二書之後各列《鑪火説》一篇，與楊本異。則不知光地又何所據也。

參同契註

著録

《四庫全書總目·子部·道家類存目》《參同契註》二卷，國朝陳兆成撰。兆成字宜赤，上虞人。案《浙江遺書目錄》，載有兩陳兆成。其作《太極圖説註解》者，稱爲常熟陳兆成，康熙初人。作此書者，稱爲上虞陳兆成。然《太極圖説註解》末有乾隆戊辰兆成子魯附記凡例，稱是書與《參同契》互有異同，是刻可分爲二，可合爲一云云。則似乎二書又出一人，疑不能明也。其書盡廢諸家舊註，獨以文義推尋，分《參同契》爲三篇，以補塞遺脱爲後篇，亦分爲三，與前篇相配。又統分爲二十九章。大旨謂首篇專明《易》理，御政章乃言人君治世之事，即《易》之神化流通處。其後乃配以服食之法，而總不外乎《易》之中。又自作《釋例》一篇附於末，反覆推闡，其説頗詳。

古文周易參同契註

著録

《四庫全書總目·子部·道家類存目》《古文周易參同契註》八卷，國朝袁仁林撰。仁林字振千，三原人。是編以《參同契》舊註往往各自爲說，反增障礙，因爲隨文解義，凡書中借喻之語，悉以身所自具者指明之。書成於雍正壬子。其曰古文者，蓋據楊慎所稱石函本云。

古參同契集註

著録

《四庫全書總目・子部・道家類存目》《古參同契集註》六卷，國朝劉吳龍撰。吳龍字紹聞，南昌人。雍正癸卯進士，官至都察院左都御史。是集前有自序，稱《參同契》自明楊慎掘地得原本，經傳始分。因本元俞琰發揮而爲是註。前載慎序，謂參同契書隋、唐《經籍志》是書原未著録，蓋據《讀書志》之説。考《舊唐書・經籍志》五行類有《周易參同契》二卷，魏伯陽撰。《周易五相類》一卷，亦魏伯陽撰。《新唐書・藝文志》同。晁氏所説，未免失考。慎述之，亦爲沿誤。至慎所稱古本，云掘地得之石函。夫文字託於金石，尚不免剝蝕銷泐。石函所藏，如在彭曉以後，則五代至宋，不應無一人見之，至明始出。如在彭曉以前，則絹素紙札，入土五六百年尚完全無闕，有是理耶？至俞琬之發揮，實不及彭曉、陳致虛所註。獨據以爲本，亦未爲確論也。

玄學正宗

著録

《四庫全書總目・子部・道家類存目》《玄學正宗》二卷，宋俞琬撰。上卷列經傳及儒先之説，以闡明《周易》坎離水火之旨。下卷載賦詩各一首，名《易外別傳》，附於《周易集説》之後。後又附以琬所解呂巖《沁園春》調及《陰符經》。總名《玄學正宗》。案宋張伯端《悟眞篇》自序曰：世之人以心腎爲坎離，配肝肺爲龍虎。皆日月失道，鉛汞異爐，欲望還丹，必無所就。今琰之言乃曰：子時曰坎卦，腎氣生。午時曰離卦，心氣生。又曰：內煉之道至簡至易，惟欲降心火於丹田耳。與伯端之言乃截然相反。又琬《陰符經註》本自爲一書，《易外別傳》亦別有一書。今以《陰符經註》併入此編，而所謂《易外別傳》者又止一詩一賦，不應兩書同名。蓋道流採合琬書，餖飣成帙，非所手著也。

集注揚子太玄經

綜述

司馬光《集注揚子太玄經序》 漢五業主事宋衷始爲《玄》作《解詁》，吳鬱林太守陸績作《釋正》，晉尚書郎范望作《解贊》，唐門下侍郎平章事王涯注《經》及首、測，宋興都官郎中直昭文館宋惟幹通爲之注，秦州天水尉陳漸作《演玄》，司封員外郎吳秘作《音義》。慶歷中，光始得《太玄》而讀之，作《讀玄》。自是求訪此數書，皆得之，又作《説玄》。疲精勞神，三十餘年，訖不能造其藩籬。以其用心之久，棄之似可惜，乃依《法言》，爲之《集注》。誠不知量，庶幾來者或有取焉。其直云宋者，仲子也；云小宋者，昭文郎中也。元豐五年六月丁丑序。

通玄秘術

綜述

沈知言《通玄秘術序》 夫人立身之本，以道德修術，固益肌體爲先。少年之盛，豈顧後衰。况人稟三才之貴，圓首方足，悉符天地之形，不可以自輕失也。知言丱角之年，棲心於道。昔太和初於霅苕之上，遇道士馬自然，示余祕訣，兼玄通如意丸，五解之法。知言顧慙幽陋，罔測玄機，時於其間人寰，採補延生，往往得其一二。洎咸通五年春之淮南，有故友滎陽鄭公，示余神丹諸家秘要，皆是濟世治療人間一切諸疾延駐之門，并制伏五金八石，點變造化，辟除寒暑，絕粒休糧。或箭鏃入肉取不去者，不限年月深遠，點摩丹藥，其鏃自出，有造化之神功，在三卷之內。好道後學覽之，必瑩心駭目。其於伏火金石靈丹，備在卷中，知言輒編次之，勒成上中下三卷，號曰：《通玄祕術》，以奉好尚君子。養生之本，將貽同志，幸勿輕傳耳。

懸解録

綜述

佚名《懸解録序》 余少甚抱疾，專意修養，至於金石服餌，亦嘗勤求。竊見時之好事者，不顧貨財，大修鑪鼎，謂河車立成，可變土石。謂金沙立化，可壯筋骸。然而往往有爲藥所悞者，醫救莫及，何哉。豈根源不正歟，師法不明歟，奚終始不相副，如此之甚也。余因覽道書，偶見九霄君告劉泓丹藥要訣，乃諭俗徒，都未窺至道之毫末，而妄自誇衒誑誘時人。凡所施爲，無非自伐之捷逕，能無悲乎。眞仙之言，定不誣矣。余久懷滯惑，方困於是，今故採其要語，書之座隅，目之曰《懸解錄》。冀觀覽之時，疑撓盡釋。雖未達金液守身之術，當必免毒丹傷命之虞，亦天年之幸也。如有同我斯志者，固願攻其未悟耳。大中九年乙亥歲五月十七日甲子也。

著録

《道藏目録詳註》卷三 與《玉碑子》同卷。漢安帝時，劉泓棄官入山，至延光元年，九霄君降世，授泓解金石藥毒五子守仙丸方。

雁門公妙解録

綜述

佚名《雁門公妙解録序》 余少甚抱疾，專意修養，至於金石服餌，亦嘗勤求。竊見今時好事者，不顧貨財，大修爐火，謂河車立成，變土石爲金丹，丹砂立化，可壯筋髓。然而往往爲藥所悞，醫救莫及，何哉。豈根源不正歟，將師法不明歟，奚終不相副，如此之甚也。余因覽道書，偶見九霄君告劉泓丹藥要訣，乃論俗徒都未窺至道毫末，而妄自誇衒，誑誘時人，凡所施爲，無非自戕之捷徑，能無悲乎。眞仙之言，定不誣矣。余以懷滯惑方困於是，今故訣其要語，書之座隅，目之曰《妙解錄》。冀觀覽之時，疑撓盡釋，雖未達金液保身之術，當必免毒丹傷命之虞，亦天年之幸也。如有同我斯志者，固願攻其未悟耳。大中九年乙亥歲五月十八日甲子謹序。

著録

《道藏目録詳註》卷三 言八石有毒，惟三丹可服。凡中毒者，伏龍肝汁、甘草湯、生菉豆汁、立定、保仙五子丸。

神仙服食靈芝菖蒲丸方

著録

《道藏目録詳註》卷三　言菖蒲者，水之精，神仙之靈草，大聖之珍方，服之身輕體健，血化玉膏。

太上肘後玉經方

綜述

盧道元《太上肘後玉經方序》　昔巢居子奉事東海青童君，以節苦心寂奉師禮，冒暑雨祁寒，無懈無怠，僅二十年，乃口授玄法，手錄聖方。曰：若求跨鶴升九霄，未易致也。優遊乾坤之內，守灝然之氣，容色不改，心目清朗，壽數百年，不歸得矣。然神仙祕術，不可傳失其人，長安年中，巢居子以寒棲子賢人也。使沐浴齋戒，乃授其事。而貞元八年，寒棲子以余不揆陋微，游放自釋，所從來者，匪世俗之士，無聲利之交，若天與之正性，謂不虛授，乃使傳在。余以隱棲子文華之士，昔登上科，忽遺馳騖，息心道門，僅六七年，其玄法祕術，無不得之，而至理之要，曾似未遇。顧余有此遺禮留愛，久之而言，余亦知其志士也。况忘爵祿遯時，稱騷雅之什，有而若無，實而若虛者哉。必當羽化雲飛，豈止龜鶴齊壽。故寶曆乙未歲，霞栖子盧道元，持《太上八方絪緼玄寶》一軸，以授隱棲施君。敬之戒之，善自勤勉，以致靈效云耳。

著録

《道藏目録詳註》卷三　與斷穀方同卷。霞棲子盧尊元編集。乃草藥服食，以八卦命名八方。

蓬萊山西竈還丹訣

著録

《道藏目録詳註》卷三　二卷，漢檢校僕射金紫光祿大夫黄玄鐘撰。言草木制伏五金八石歌一百七十二首，內皆隱名。

軒轅黄帝水經藥法

綜述

佚名《軒轅黄帝水經藥法序》　蓋聞萬古之靈，變化自別。良以一氣爲初，三才並立，點化凡軀而成聖，煉就凡石而成寶，本自然也。世間草木，一秋而有變化。人遇之服，而延年千載。何况萬年之變異爲水，豈不能超凡入聖，本亦自然之理也。昔徐久居山，徧歷學場，可謂煉丹而未滿，長吁歎息而已。因遊天台蓮溪洞邊，見古仙，不知何處人也。古仙曰：吾還丹妙訣，君肯爲之。徐久稽首曰：曾爲之久矣，未能得成。古仙曰：還不還，勿勞心耳，神仙之道自輕耳。因於此後之五載。後見古仙指草爲龍，方知其道矣。稽首拜曰：伏望吾師慈悲憫物，伏濟沈淪，未敢禮也，願求一小術耳。古仙曰：子當證道而已，天時已至，吾有水經一卷，可付於汝。時古仙道言未畢，忽睹三人齊至。古仙曰：此三人亦有分成道，授於四人水經，後不經半紀，皆成其仙道。得遇此水經者，得成道了性三千餘人。所有之藥，所製之法，皆按陰陽列篇于後。聖異靈通，變化無窮，萬無失一。時歲機稔甲子辰日序。

著録

《道藏目録詳註》卷三 一卷。煮諸石化水法，龍芽易名辯證，制伏五金八石。

陰真君金石五相

著録

《道藏目録詳註》卷三 一卷。配合金公第一，五條。配合水銀第二，十名。配合曾青第三，三名。配合硫黃第四，六名。配合雄黃第五，十一名。配合鉛精第六，廿一名。配合白丹砂第七，六名。配金第八，四名。配合硇砂第九，五名。配合硝石第十，十四名。配合空青第十一，三名。配合黃芽第十二，四名。配合丹鉛魂第十三，配合神丹宮第十四，配合胎宮第十五，配合神丹第十六，配合傳炁第十七，配合波斯鉛精第十八，十六門傍通氣法第十九，配合同炁第二十。

石藥爾雅

綜述

梅彪《石藥爾雅序》 夫爾雅者，古人以訓釋難尋之所作也。每想此機捷妙無以加，故朝廷用之，兼經多歷年代。余西蜀江源人也。少好道藝，性攻丹術，自弱至於知命，窮究經方，曾覽數百家論功者，如同指掌，用藥皆是隱名。就於隱名之中，又有多本。若不備見，猶畫餅夢桃，遇其經方，與不遇無別。每噫嗟此事悵恨，無師由何意也。因見《參同契》云：未能悉究，當施直義，其理盡矣。經曰：吾欲結舌不言，恐畏獲罪誅，寫情於竹帛，恐泄天之符。故知聖賢至道，玄妙之法，不欲流俗偶然之所聞解也。故委曲其事，令上士勤而習之，使下士棄而笑之，理昭然也。但恐後學同余苦心，今附六家之口訣，衆石之異名，象《爾雅》詞句，凡六篇，勒爲一卷，令疑迷者尋之稍易，習業者誦之不難。兼諸丹所有別名。奇方異術之號，有法可營造者，條列於前。無法難作之流，具名於後。

著録

《道藏目録詳註》卷三 上下同卷，唐梅彪集。飛煉要訣，釋諸藥隱名，考諸丹別名。

丹房鑑源

著　録

《道藏目録詳註》卷三　上中下同卷，紫閣山叟獨孤滔譔。金銀篇第一、諸黄篇第二、諸砂篇第三、諸礬篇第四、諸青篇第五、諸石篇第六、諸藥篇第七、諸霜篇第八、諸鹽篇第九、諸粉篇第十、諸硝篇第十一、諸水十二、諸土十三、雜藥十四、藥汁十五、諸油十六、脂髓十七、鳥獸糞十八、諸灰十九、草汁二十、雜要二十一、藥泥二十二、辯火二十三、造銅銀鉛砂二十四、雜論二十五、點制五黄丸子方。

神仙煉丹點鑄三元寶照法

著　録

《道藏目録詳註》卷三　唐大復二年歸耕子述。煉丹鑄天照法、鑄地照法、鑄人照法、煉丹點五金法、金鼎養丹法、爐養丹法、火候法、祭法。

大洞鍊真寶經妙訣

綜　述

陳少微《大洞鍊真寶經妙訣序》（《大洞鍊真寶經修伏靈砂妙訣序》）

余自天元之初，從衡嶽遊於黄龍，止于賓府，忽於巖穴之中，遇至眞之人，授余靈砂要訣。至人曰：吾自得於許僊君之後，僊君受訣於吳天師，天師本受於同郡丁眞人所出也。假如丹砂之本訣，玄理深奥，固難思尋。遂求好道之流，志慕神僊之侶，不究竟其眞原，長沉淪於塵俗，自上古僊經文，皆幽密隱蔽藏言，不流傳於世。余常愍然。今述爲《靈砂七返》七篇，及《金丹至訣》二章，並爲序論，以示後人同志之士者也。

《靈砂七返》論曰：丹砂者，太陽之至精，金火之正體也。通於八石，應二十四氣。丹者是金，感於火，名之爲丹。汞者是火，去於金，而名之爲汞。丹者受陽精而候足，汞即離本質而體不全。故丹砂是金火之精，而結成形，含玄元澄正之眞氣也，此是還丹之基本，大藥之根原。德含則萬象生焉，體離而杳冥難測。經曰：陽精赫赫，得之可以還魂反魄。故知餌陽精者，所以長生。服陰魄者，而爲死鬼。丹砂是正陽之主，赤帝之君，據於南方，火之正位也。只如丹砂之體數種，受氣不同，唯三種堪爲至藥。上者光明砂，中者白馬牙砂，下者紫靈砂，餘有溪土雜類之砂，不中入至藥，服餌所用。且光明砂一兩，服之力敵白馬牙砂四兩。白馬牙砂一兩，服之力敵紫靈砂八兩。如溪砂土砂之力，不可比量也。或曰：一等是丹砂，俱受太陽之精氣，因何有溪土雜類之砂，力有大小者。言光明砂者，受太陽清通澄朗正眞之精氣降結，而紅光曜曜，名曰光明砂。白馬牙砂者，受太陽平和柔順之精氣降結，而白光璨璨，如雲母色者，名曰白馬牙砂。紫靈砂者，半受山澤之靈氣結，而色紅紫，名曰紫靈砂。如溪土雜類之砂，俱受濁滯不眞之氣，結而成砂，即混沌無精光，故不中入至藥所用。且如光明砂一斤，伏鍊而得十四兩，伏火鼓得至寶七兩。白馬牙砂一斤，伏鍊而得十二兩，伏火鼓得至寶六兩。紫靈砂一斤，伏鍊而得十兩，伏火鼓得至寶四兩。溪砂土砂雜色之砂一斤，伏鍊可得六七兩，伏火鼓下得至寶一二兩。以來明知溪土之砂，受氣不清，澄濁參雜。高上賢明之士，先揀其砂，次調火候，在意消息，而成七返九還。且金石之中，至靈至聖，至神至明，而無過於丹砂者也。懷袖致之一兩，尚自辟去邪魔，況乎伏鍊，入於五臟者哉。且如七返九還，異名而同體。返者是砂化爲金，還者是金歸於丹。經曰：返我鄉，歸我常，服之白日朝玉皇。或曰：七返者，是丹砂，屬火變鍊成金，便名爲七返者乎。

論曰：火之成數是七，七度變轉，以應陽元之極體也。且七度變轉者，將丹砂伏鍊得伏火後，鼓成白銀，即是一返。將白銀化出砂，令伏火鼓成黃花銀，即是二返。將黃花銀化出砂，伏火鼓成青金，即是三返。將青金變化出砂，伏火鼓成黃金，即是四返。將黃金化出紅砂，伏火鼓成紅金，即是五返。將紅金還化出砂，伏火鼓成赤金，即是六返。將赤金復化爲砂，伏火鼓成紫金，至紫金，即是七返靈砂之金，而含積陽，眞元之精氣足矣。而將紫金變化爲砂，運火燒之一周，逈然通徹洞耀，名曰紫金還丹。得服之者，形神俱合，當日輕舉。且世人多誤取石硫黃，呼爲太陽之至精，和汞而燒七返。且硫黃受孤陽偏石之氣，汞又離於元和，二物俱偏，如何得成正眞之寶。切見世人伏鍊衆多，終無成者，蓋緣迷迷相傳，至於後世。余甚哀之。只如第一返伏火丹砂，服餌一兩，即去萬病。服之二兩，即鬚髮青緑。服之三兩，即顔悦色紅。服之四兩，即延年益壽。第二返藥，服之一兩，即體和神清，返老歸童。第三返藥，服之一兩，即虛夷忘情，心合至精。第四返藥，服之一兩，即身體明徹，通於表裏。第五返藥，服之一兩，入水不能溺，入火不能焦。第六返藥，服之一兩，即造化不能移，鬼神不能知。第七返藥，服之一兩，即超然於九天之上，逍遙乎宇宙之間。更服至紅英九丹，便居金闕，功位眞人。故知丹砂之力，昭然而可觀乎。自余得其眞旨。常欲周濟爲功，大道垂明，咸願同歸玄境。遂作《靈砂》七篇，《金丹》二章，并述火候次第，藥物品次，篇數高下，列之於後章別品，以授賢明至誠。君子得之寶之，即福壽無疆。輕泄之人，殃其九祖。亦不可誣言而蔽道，愼莫寫示於凡情。用測賢愚，可鑒而後授之此篇章矣。

著録

《道藏目録詳註》卷三 《大洞煉眞寶經脩伏靈砂妙訣》一卷，衡嶽眞人陳少微字子明撰。靈砂七返，共七篇。金丹二章，並火候藥物次第，乃八石制靈砂服食點化之法。

又 《大洞煉眞寶經九還金丹妙訣》一卷，衡嶽眞人陳少微字子明撰。內論煉汞要妙，備載二章。二章之中，分爲九品。上三品，則抽砂出汞、煉汞投金、脩金合藥、合於七篇。中三品，略陳五石之金、四黃制伏、陽金變通。下三品，和合大丹爐鼎火候。成丹證眞之訣，俱列於九品二章之中也。

丹房奧論

綜述

程了一《丹房奧論序》 竊謂金丹大藥，上全陰陽升降，下順物理迎逢。聖人所謂格物致知，大槩不過子母相生，夫婦配偶之理。須藉水火無私之力，結搆鉛汞二物之精。要得眞土擒鉛，眞鉛制汞，加以手法火候，故能超凡入聖，返老還童。後世學丹之士，不識眞土眞鉛，不知手法火候，惟求世間罕有之草木，衒惑於人，各述己私，妄施工巧，迷迷相指，白首無成，深可歎惜。某幼慕清高，樂聞至道，求師訪友，未造玄機。後因天禧戊午宦遊金陵，遇仙師魏君顔眞人第一，得傳太清六一紫虛九丹之妙，與夫造化口訣。遂回至湖湘，詣南岳，醮謝天眞，依訣修持，一一可驗信。知手法火候，不易傳之於世，遂使後學莫窺端涯。某不敢私秘，敬將師授口訣，已試之效，集成一帙，目之曰《丹房奧論》。得之者不宜輕泄漏慢，自當珍藏寶惜。觀此若能觸類而長，實有益於同志矣。

著録

《道藏目録詳註》卷三 《丹房奧論》一卷，天禧學仙子程了一著。一論眞土凡鉛，二論眞鉛凡鉛，三論眞汞凡汞，四論三砂，五論三黃，六論三白，七論用鉛，八論用母，九論假借，十論制轉，十一論澆漓，十二論點化，十三論灰霜，十四論烟煤，十五論作竈，十六論裝制。

指歸集

綜述

吴悮《指歸集序》 叙曰：天下有自然之道，萬物有自然之理。不得於理，物且不通，而况於道乎。神仙之道，至矣妙矣，由積行累功所致也。人生百歲，七十者少。縱勤功行，積累幾何。是以欲學仙者，必求長生，以積功累行，故有外丹點化之説。然一遇疾病，則行符運火之功度，故又有内丹安樂之術。自古至今，雖修内丹，未有不鍊外丹而飛昇者也。内丹之説，不過心腎交會，精氣般運，存神閉息，吐故納新。或專房中之術，或採日月精華，或服餌草木，或辟穀休妻，皆所以求安樂也。其中惟存神閉息，如能忘機絶慮，往往與禪定頗同。縱使成功，亦由陰宅，不免長用，遷徙則可矣。然亦説陰陽八卦，四象五行，汞鉛龍虎者，聖人不欲輕泄天機，託之以寓外丹耳。故古歌云：内藥還同外藥。厥旨深遠。

柰何後世不探古人之意，不達自然之理，得一旁門小法，便謂内丹可成，神仙可致。殊不知自古神仙，何不只修内丹，又不必鍊外丹乎。今天下洞天福地，皆因鍊丹飛昇，有爐井丹竈存焉。若曰先修内丹必功成，然後得用外丹點化，則古神仙奴婢鷄犬，隨之飛昇，又安有先成内丹者乎。復有偏尋靈草，煅鍊金石，殊不知草縱有靈，水浸則腐，火焚即焦，又豈能長久乎。皆不通理者也。

予幼知慕道，今二十年，常遇至人授以神訣。其説蓋自神農氏嘗百藥，教民服餌，曰某性寒，某性熱，某性溫平，某性殺人。唯丹砂一味，能存神與形。是以世人心神惕亂則砂，屍欲不朽則用水銀。水銀感陰陽之氣，八百歲而成砂，三千歲而成銀，八萬歲而成金，愈久愈堅，千變萬化。聖人運水火，法陰陽之氣，而畢其功，所謂奪得造化機者也。由砂以至銀，由銀以至金，金液還丹，取而服餌，長生之理，端在乎此。

夏侯天師云：古聖以上藥養神，中藥養性，下藥遣病。名曰丹者，以其色也。《本草》只曰丹砂。曰還者，曰天一之水，以至地十之土，而還其元色。呂眞人所謂五方還，盡得丹名者是也。天生成丹，世罕得之。今砂中之丹，止是水銀，生不可食，必鍊熟，故曰鍊丹。曰九轉者，一日行二卦，有十二爻，以應一年十二月。初起子一，終於九，而轉象也，此皆神農氏之訣。其書謂之《金碧龍虎經》。黄帝因修九鼎丹，成而飛昇，後世遂指爲黄帝之書，誤矣。

魏伯陽《參同契》、崔眞人《入藥鏡》、青霞子《還丹訣》、彭眞人《金鑰匙》，論其源始，且百家之源出於此也。大抵聖人之言其遠，如天文藉所載，理或幽微，唯得道之人口口相授，爲無不成，蓋理之所在也。張平叔云：外丹難遇而易成。眞達道也。愚切閔後學之難遇，痛大道之無傳，輒述先聖之言，而直指其要目，曰《指歸》，用貽同志云耳。

著録

《道藏目録詳註》卷三 一卷，高蓋山人吴悮譔。還丹不用藥一，只鉛汞二，鉛汞須得眞三，五行生尅四，火候五。其文多引經契古歌。

丹房須知

著録

《道藏目録詳註》卷三 與《大丹記》同卷，隆興高蓋山人自然子吴悮述。言擇友、擇地、造丹室、禁厭穢、鑿丹井、取眞土、造灰池、添水合香、建壇式、採鉛藥泥、燠養中胎、用火沐浴、火候開爐、服食功效、脩煉勸世，共二十四則，有圖，皆引經契之語。

金華玉液大丹

著録

《道藏目録詳註》卷三　一卷。煮砂法、養法、銀精丹、四聖丹、砒粉雌雄，以草藥制之，和母養至三三轉，乾汞成金，六神匱、獨砒匱變化、一點金、罨法、養粉、養硃、養硇膽、養雌雄、硃砂澆芽、四神匱、芽養硃爲糝制、四神匱法、硫貫汞爲匱、養雄點金、聖銀法、擸硇轉庚道、鴛鴦庚母砂法、庚道變化、胎息法、硫貫斷靈砂成金、盒金法、貼身硃砂法、靑金法、用足氣法、炡母法、支筆涯硃砂、轉庚梅核共三轉、法泥、琉璃法。

金華冲碧丹經秘旨

綜　述

孟煦《金華冲碧丹經秘旨序》　余之家世西蜀，孟君三世孫也。寓居峨嵋之西峰，生平酷嗜行持，而遍參雲水，游謁江湖，足跡半天下。偶於嘉定戊寅間，遊於福之三山，參訪鶴林彭眞士，所論行持叙話間，深有所喜。一日彭君攜出玉蟾白眞人所授傳法書數階，閱之皆神靈祕典。於內忽挾帶出一書，急收之。余再拜請觀。彭云：子夙有仙緣，令吾挾出。展讀之，即號《金華冲碧丹經》。內外皆出塵事業，二事皆同。余下拜叩求玄旨，蒙彭君一諾而授，當以焚香誓告，狀盟天帝尊師，而得其傳。後至己卯月，吾歸川所，閱前項所得丹經。雖得其傳，未嘗下手親作，乍信乍疑。平昔亦不曾舉拈此事，於是不敢下手，恐虛費功力。次嘉定庚辰年間，復遊至白鶴洞天，遊山至頂，遂極晚，見林巒幽古，蘿藤錯雜，鶴唳猿啼，於山嶺深處，似有草廬數間，扃戶無人。煦遂扣其門，有一小山童一人而出。曰：誰氏至此。某答曰：西蜀人氏孟煦，閒遊訪道參玄，而來至此，略求少歇，未審可乎。小童入而復出，曰：師尊請入相見。乃得進入，拜見仙顏。先生容貌奇古，聲若嬰兒。某方展威儀，炷香下拜，告問尊師先生仙號。先生曰：蘭爲姓，乃號元白老人者，此也。先生少留一宿，當夜得齋，但出山醪、埜果、白芋、黄精而已。一餐頓覺五臟清涼，四肢和悅，非比尋常。某自知其夤緣在此，有遇奇眞矣。

但先生請坐，所問某平日課何爲道。答曰：弟子行持爲功，內鍊爲道。先生笑曰：行持與內鍊，皆非至道。某遂下拜告曰：先生之付度弟子流派修持，未審師旨，如何可得聞乎。先生云：汝得誠信不怠，決志修之，吾當授汝。先生曰：內以玉鉛玉汞，外以金液金膏，一般調制，火候兩途。某且驚且異，再告先生曰：某曩遊三山，有彭鶴林眞官所傳白玉蟾仙師丹法，却符合此理。先生云：汝既得所傳否。某曰：見有斯文於此，取出與先生看之。求教良久，先生視過，曰：此書玉蟾子爲彭君內學不明，以平叔外丹之旨印可，倣言眞鉛一二。是書於採鉛結胎，分明法象，並火符缺欠。斯明彭君緣分淺，故以致不完者矣。先生云：聖人傳藥不傳火者，果如是乎。

復曰：此書上古丹經，自軒轅氏投廣成子，於崆峒山，傳授《九鍊金碧大還丹法》，扶天濟世，超脫塵寰之書，即《金碧古文龍虎上經》正文。外有九還七返，金液神丹隱旨，皆廣成君所傳於世。自後神仙隱士鍊丹，皆從此道，白日冲舉者，不可勝數。隱而不明者，亦多矣。知名者，漢天師、魏伯陽、唐葉靖能、繼長生、馬明生、杜光明等。得此書則形神俱妙。晉有吳許二君、葛金果，皆得斯旨，合家大小，咸得長生，改形度世。惟淮南劉安王，神人指授，皆自太極中鉛汞，煉成白雪靈丹。獨魏伯陽，吳之太守，棄官入山，與張李二子，同心修鍊大藥，完成不肯泄漏天機，隱去丹經隱旨，則作《叅同契》，補完於《龍虎丹經》正文之末。託大易而言火候，而法象，而藥物皆遺，作詞深古，難令曉會，至今無傳。先生云：吾得是道於奇仙古隱，知其本源，修鍊已畢。汝今有緣，而能至此，可以歃血盟，誓告天，流傳祕要，隱書法象，九轉神丹。某依師訓教，百拜誓盟，而得其傳。閱誦之間，大概皆與彭君相類，運水火法象全殊。是夕已晚，早間拜謝先生，迴山出嶺，頓覺心下未釋懸懸，便欲再回所隱，重求玄奧。但見白雲遮嶺，林木依稀，恍惚若夢，人迹俱無，草廬並隱，驚異惶然，如癡如醉。少頃日高，山下有一道人過嶺，詢問其故。其道人云：昔此山有高隱仙人，在此修丹之地。某遂聞知思之，號元白老人者，即玉蟾之化也。又見白雲覆嶺，正顯師化。古仙蘭公之姓耶，得遇祖師，夙緣有幸，再與重傳玄奥。吾即派嗣玉蟾仙師，不敢自怠，本末繼於仙踵，即號蘭元、白者二師，並其十一也。歸蜀，隱於峨嵋之西峰，告天築壇，建室復立，名曰金華冲碧丹室，亦依彭君之靖名也。

予得此書，齋戒沐浴，邀請至士三人，一志修鍊，周歲而成，時嘉定辛巳年也。予得合閭受福，老幼二十五人，皆男女親屬不等，悉霑天恩，俱服換質神丹，一載間改形度世。蜀守臣吴晞叛亂，不能爲吾之害也。余思之奇文秘旨，元白先生云：遇奇人勿隱，見非人莫張。今將縑素編成，來歷書于寶匣，藏隱名山石礐之中，遇有緣得之，天所傳也。吾所知後，獲斯文者，仙家之子也。或再鍊畢，隱於名山，後復藏是書，吾之願也。

著録

《道藏目録詳註》卷三　上下同卷。上卷海瓊老人白玉蟾授，乃以鉛煉山澤白金黄金造奩養煉服食點化。下卷，白鶴洞天養素眞人蘭元白授，以黄金養煉丹砂雌雄爲藥，七轉，皆有圖。

庚道集

著録

《道藏目録詳註》卷三　九卷。言五金八石服食爐火、砒匱養丹陽法、粉法、凡匱法、煅砂法、煮粉砒九轉法、煮砂法、煅砒粉法、火候、文眞子金丹大藥寶訣及二硫八汞昇丹服食、魏眞君頌藍子眞註有歌、寒林玉樹湧泉櫃法、母養六夾砂之法、固濟及煅法作華池法、洗汞法、熟汞法、伏火硃砂、擦鍮石如金銀法。卷二、月桂長春丹、又抽汞法、養黄芽法、養火法、黄芽大丹後段訣、炙金法、關庚法、擦銅如銀法、死硼礵法、劉浪仙感氣火丹母養砂子、太上資聖玄經內四神匱、神仙大藥四神匱、蒲眞人上品大藥、葛可久傳陳庶子、死陰陽法變化、死礵、點化、變化、陳庶子傳砒匱、養粉霜法、方可大傳煅粉霜點化法、急煅砒粉、急煅獨雄點化、伏雌黄法制黄芽法。卷三、朝議大夫知南劍州軍事揚勤序、太上靈砂大丹、昇靈砂丹法、第一炒靈砂法、第二造爐鼎法不録、第三打靈砂入鼎法、第四煮製靈砂法、第五煉道華池鉛硫匱法、第六立銀硫匱法、第七化母匱溫養法、第八溫養火候法、第一轉制珍成寶法、第二轉脱凡入聖、火候砂法、第三轉溫養眞陽、第四轉澆淋黄芽堅芽子法、第五轉大丹糝製法、第六轉産五庚伏三黄點解成珍法、伏礵砂法、第七轉七返還丹、第八轉糝汞成庚八卦全也、第九轉丹起死回生，以上每則俱有詩。黄芽金鼎九轉法、李洞玄神丹妙訣、金鼎第一變、入煅煉砂第二、點化銅鐵第三、脱凡入聖法第四、移魂合魄第五、以魂製魄法第六、煉陽消陽法第七、煉氣成化第八、煉神合道第九。卷四、東坡三黄匱法大有驗、辰砂澆淋法、結汞砂法、澆淋訣成火候、龍虎櫃法、金丹祕訣、以鉛煎母取鉛花作丹基、草匱藥、未濟爐、明離爐、玉田匱、白雪匱、火候並項火神符大丹長生匱、丹陽換骨法、硃砂匱澆淋法、丹法、包丹砂汞砂子法、煅丹砂成了澆淋養火訣、澆淋訣成了大丹、眞死硃砂成汁作匱澆淋成大丹法、取鉛黄花法、眞死硃砂點鉛成銀及作匱頭澆淋法、死硼法、祕授不脫胎陽君作匱養日月丹後澆淋成大丹、洗汞法、第一轉至第五轉訣、肘後靈藥、煆硃砂作汁爲匱死硃法、伏硫黃成汁、太上洞玄大丹歌訣。卷五、煆硃砂法、澆淋法、再添養生硃砂法、伏硃砂法、伏火硃砂成寶、糝制大丹法、煆白硃砂澆淋硃砂匱、死貼身藥、長生伏火澆淋硃砂匱、入匱法、養火法、養母砂法、神仙頻累庚法、入匱養法、入灰缺法、又固臍法、過爐法、煆硃砂作貼身法、煆硃砂法、硃砂澆淋法、坯藥法、硃砂澆淋法、獨體硃砂、獨體硃砂靈驗、薛自本家傳、祕授不脫胎陽候作匱養日月丹頭、伏制青龍寶匱、死硫法、煆死硫黃作匱、煮硫砂青金立例法、煆死硫黃作匱、祕授伏制養煉獨粉點化妙用訣法、祕授母匱養砂不吞此法妙用、伏制先取血膏後潔肌成體妙用、打砒粉霜點化法、制砒點杖、點丹陽砒匱、煆粉霜點丹陽、煆玉環砒法、煆砒養粉霜點丹法爲匱、死粉霜法、死砒法、丹陽砒方、死粉霜、死砒法、金鼎砒養煆靈丹眞死法。卷六、丹陽術、廣德沈先生傳華亭張道人，第一先制杖子法、第二制礬法、第三制砒粉法、第四造粉霜法、結煆粉霜丹陽換骨法、出骨法、死信法、死硝法、四白頭丹陽法、四白頭爲匱養白砂子、硃砂法、煮藥煮匱頭、製砒粉丹陽法、炒粉霜法、升砒硃粉霜硇點化法、葛仙翁見寶砒、製砒粉點化骨作骨頭匱養靈砂法、砒匱養煆粉霜又養白靈砂、砒匱中入水銀賀二物手法、白靈砂茱萸頭法、煆粉霜入砒匱養法、養粉火候、伏火硫雄法、煆硫黃法、煆玉黃匱法、煆硫黃法、煆雄黃法、四神匱、死硇砂、煮死硫黃法、伏三黃法、煆硫黃法、養雄丹法、閉制法、火伏砒法、閉運法、去運法、丹砒法、五金粉法、制粉法、三存法、煆粉霜法、煆信法、伏火硇砂、伏粉霜法、五神擒七魄、有一粉、煆信粉法、四神點化、金鼎法、打金鼎砒法、鉛煎丹陽粉、王母宮一輪月法伏硇砂、死硼法、神仙縮賀白神丹法、砂賀法。卷七、鑞製賀如銀法、銅又法、煆諸物黑色令眞潔淨寶法、軟杖子法、出血法、死砒點化法、死砒作匱、四白頭五刻點化法、換骨法、伏粉霜法、四白頭作匱養諸物成丹陽、倜母砂子法、死鉛作匱子法、煆鉛法、結母砂子法、貼身藥、匱子法、結庚砂隨母三在法、硃砂金法、造匱法、打靈砂法、煮法、葛仙翁九轉靈砂金法、脫殼換胎靈妙法、煮膽礬法、結三七母砂法、添汞養火生黃芽採摘收取法、大丹變成二丹法、九轉靈丹大藥取丹造化服食法、再沐浴訣、湧泉長生火候訣、紫粉別入神室變轉金、第一金液還丹變化、第二變黃芽添汞產藥法、第三變明窗塵脩六氣法、第四變明窗塵脩紫河車法、第五變紫河車變轉黃轝法、第六服黃轝法、第七紫金神化法、第八養一年分五丹、第九服食拔宅飛昇、天寶長生神符匱神變白雪、白雪匱、結霜、梅核白銀法。卷八、許眞君昇仙大丹九轉靈砂法、有歌、鑄鼎法、造爐法、打靈砂入鼎法、煮靈砂藥方、造匱法、貼身藥、入灰池養法、火候數、第一轉、第二轉靈砂點化成眞法、第三□靈砂種金脫殼法、第四轉朝種暮收澆淋法、第五轉玉筍琳琅法、第六轉產孕五金伏雌雄化假成眞法、伏火硇法、第七轉變化糝汞成銀七返硫法、第八轉白體成金糝汞成庚號爲八卦庚法、第九轉長生永壽仙丹飛昇大法、七轉火候、青霞子十六轉大丹、紫粉別入神室變化大丹法、第一轉黃芽脩白雪金精法、第二轉黃芽添汞產藥法、第三轉黃芽證用成藥法、第四轉明窗塵轉脩硃汞本源法、第五轉明窗塵脩二炁法、第六轉明窗塵脩紫河車法、第七轉紫河車變金液法、第八轉紫河車變黃轝法、第九轉黃轝伏雄變質法、第十轉雄黃點鉄成金法、十一轉河車糝製汞成寶法、十二轉黃轝脩紫金丹法、十三轉紫河車脩製五金法、十四轉紫金丹神化法、十五轉河車證驗法、十六轉分化五金法。卷九、西蜀玉鼎眞人九轉大丹、山澤養砂服食點化之法、葛仙翁長生九轉靈砂火丹、母匱養砂服食點化法、葛仙翁寶硝秘法、分胎見寶法、九轉十六變靈砂大丹、外丹、取銀末作匱法、硃砂法、三聖法、亦名小九轉、考異、脫胎芽子、離母芽子、華池法、天產黃芽、造紫金白雪、白馬芽變轉法、長生匱治大痲瘋藥方。

修煉大丹要訣

著　録

《道藏目録詳註》卷三　二卷。上卷外丹要訣、火龍玄珠丹鼎法象、火龍玄珠丹、金丹法、金丹論、造靈砂貼身要訣、養白雪要訣、造成五行法、白雪獨神養粉要訣、糝制要訣、硃靈口訣、神符要訣、鍊硃去硫第一法、鍊硃靈去硫存汞成寶法、神雪丹陽四皓丹、四皓丹轉、四寶神雪丹、四寶神雪丹轉神符白雪丹、神符白雪丹轉輕紅粉丹、神符白雪丹養靈砂爲紫河車丹、養成神粉轉雌黄名金英丹、神粉匱養雌黄爲金雄丹、丹房雜法、打靈砂法、打硃靈法、打硃砂法、煮硃法、煮藥、貼身法、小母匱法、點化、坯靈硃法、坯母匱、添補靈砂、結母砂法、硃砂取汞、分庚金縮法、品仙賜方、火田農務俱係山澤養砂之法。下卷，硃砂鼎方、丹華丹、通神丹、妙寶眞方、混元九轉金丹訣、至寶訣。亦係山澤養砂之法。

龍虎還丹訣

著録

《道藏目録詳註》卷三　二卷，金陵子述。上卷紫華紅英大還丹訣、變水銀、治汞法、辨眞鉛、龍虎還丹、有呪、金花還丹訣、黄花丹陽方、點丹。下卷，伏丹砂成紅銀法、青結紅銀法、結砂子法方、石膽紅銀法、結石膽砂子法、膽子團汞法、土綠結紅銀法、結砂子法、白鉛法、結砂子法、結紅銀法、飛出汞抽生法、倒抽砂子法、赤烏砂子法方、煗火砂子法、出紅銀暈法、藥櫃法、伏硝坯法、點化銀暈法、伏火藥法、草木去諸暈法。

通幽訣

著録

《道藏目録詳註》卷三　一卷。言丹砂、州縣山谷名、地符火木之精、地符直卦節候進退圖、用火不變色硫黄法、服朮法。

還丹肘後訣

著録

《道藏目録詳註》卷三　三卷，稚川葛眞人撰。上卷言砂鉛火候。中卷龍虎還丹、心鑒餌還丹、應候歌、指眞秘訣。下卷玄迪祇奥、證道歌、黄芽歌、金丹鉛汞歌、快活丸歌、金晶歌詩、唐仵達靈眞人記、呂祖寫眞、自贊。

太清修丹秘訣

著録

《道藏目録詳註》卷三　一卷。内有採種靈砂修丹法、冲虚子太藥眞鉛訣、坎離二用法，皆言清静，俱屬執象。

還丹金液歌註

綜述

元陽子撰、張薦明註《還丹金液歌註序》　夫論龍虎者，蓋鉛汞之別名也。《參》云：金虎是還丹之根本。金虎者，即非二物之名，蓋述於鉛也。鉛色黑，而屬北方。北方屬水，水數一，是以子能知一，萬事齊畢。《參》云：一物有五彩，永作仙人祿。鉛含五色，而屬五行。五行者，金木水火土也。鉛稟五行，是以爲五彩。老君云：天得一以淸，地得一以寧，神得一以靈，萬物得一以生，王侯得一以爲天下正。此言喻於大道，然並指事而說，非俗士之所知也。又云：抱一守中，子身自沖。一之大矣。《參》云：三黄一黑，求死不得。三黄一黑者，靈丹之號也。在人爲三一。能修三一，飛仙必得。一屬水，水者鉛也。三者屬木，木即丹砂也。丹砂者，南方太陽之精，精者汞也，汞者爲青龍。《參》云：丹砂木精，得金乃并。鉛即屬金，汞即屬木。木爲青龍，位居東方，爲中男。鉛即屬金之位在西，居西方，爲白虎，是中女。故《二十四聖歌》云：中男、中女子午居，卯酉之門惟日月，分明長最爲初。又《歌》云：中男御少女，皆成共水土。此五行大數也。汞成朱砂，爲太陽之精，名青龍。丹砂屬木，木色青，木中出火，火赤而屬南方，父母乃在東方，故名青龍。古歌曰：白馬牙，好丹砂。汞從朱砂出水銀。水銀屬陽，陽精好飛，故名姹女，難制伏也。故《參同》云：河上姹女，靈而最神。得火即飛，不見垢塵。鬼隱龍匿，莫知所存。將欲制之，黄牙爲根。黄牙者，鉛也。色黑，而屬北方壬癸水，爲太陰之精，善能制陽。陽性至剛，能被陰伏。汞屬火，鉛屬水，水能滅火也。木性雖直，而被金所傷。水性至柔，能被土剋。土雖德厚，而被木之所剋。金性雖堅，被火銷滅。此五行相剋，大道之常。鉛汞深根，世人莫測，耆年白首，據案而尋古方，疑惑之間，便云文義不實。鉛汞之義，金石浮沉，世人但將世上鉛汞相承，而成大丹，伏丹出毒，寶之服餌，呼爲大丹，未見服食之人，得終天命，皆至少亡，世人多被所惑，而被自悞也。且如修鉛服食，張果先生云：鉛有大毒，善能殺人。世人未曉其端，專功修鍊，徒自苦耳。《參同》云：沒水獵雉兔，登山索魚龍。以驗明之，何遠於此。世人修制靈藥諸石，都未辨陰陽浮沉，不知剛柔，不辨君臣，莫測制伏，未知修鍊何藥。夫陽藥陰伏，陰藥陽伏，須知君臣，明審制伏。知朱雀而調火候，審聽嬰兒之聲，九九數終，靈藥伏火。服食之道難矣，非藥難求，爲世人口是心非，難傳授也。

昔王陽頗得其術，而患家貧，以其方上獻於武帝。云：丹砂伏火，堪作黄金。猶假帝主之力，方以成道。右軍事白雲先生，二十餘年慕其道。但先賢皆勤苦二十餘年，况世人重財輕義，口是心非，陰德不施，妄貪競作，羨其色，妒其賢，世情終日，何以求於至士。學道者須虛其心，輕財重義，且以大慈爲本，廣行陰德，矜孤卹寡，自守恬淡，似有似無，如此之人，方遂求道。世人但修鉛汞伏火，便云固濟生人。張果先生云：昔有二人，契爲兄弟，人各將水銀一斤，入陽城山中燒燒，三年水銀伏火，如紅玻瓈色，光彩可愛，呼爲大丹。各服二兩，行履之間，須人扶持，不逾百日而死，又何以益於身命。

又今人多將金公，以汞投中，接其金花，取精氣，修之經年黄輕黄礬者，其鉛花如紫磨金色，呼爲大丹。服之未過累月，令人面目痿黄，而成勞疾，顏色轉青。張果先生云：鉛有大毒，善能殺人，搜人血脈。淺學之流，未審其義，將世上鉛汞修鍊，且如世上鉛汞，秖有變化五金之功，豈能延於生命之理。鉛汞深妙難測，世人豈知淺深。且如汞有三種，今人只識一味水銀。《參同》云，及《五相類》、《金碧潛通》、張君五篇諸仙經中，有此箇汞汞須。世人秖知用此，前二汞水銀都不識，緣學問不深，但以道聽途說，枉惜青春之年，竟無所見，被鉛汞所傷。是以服食求長生，多爲藥所誤。且如一陰一陽之謂道。又云：鉛汞二陰，還丹之心。又五金之主，陰爲主。又云：萬物負陰而抱陽。又云：陰即爲君，君即爲主。《陰符》云：金丹之術百數，要在神水華池，豈不明矣。世人但將鉛汞爲之神水華池，故知未識深妙之理。故《參同》云：據按託文，妄以意爲，玄妙之理，不書於竹帛。故《參同》云：寫情於竹帛，恐泄天之符。抱朴子云：此藥若使凡人知之，即天上仙人成群。老君云：知者不言，言者不知。左眞人云：知者出於心源，得者皆宿生積慶，三世留恩向下，子孫不學而得。今人淺志，何以求之，虛己勞神，終無得理。故知陰陽之道難成矣。古者勸人求道，教人尋方疏，至問經術，必洞曉古人之言，更若致意自思，必明大道。老君云：合抱之木，生於毫末。九層之臺，起於累土。千里之行，始於足下。夫學者且虛其心，勤苦積行，方乃漸進，而至通靈。今人情躁，何以求之，空生好事，未見至人傳法，而授輕浮者哉。

《張果先生傳》云：昔有二人，契爲兄弟，而不書姓字。業爲屠者，欠負官債，徒步入山，自求其釁。此人有志，忽遇一仙者，化爲凡徒，負草而賣，呼屠曰：此山幽絕人跡，子何得到此。屠曰：吾欠負官債，父子離隔，差見閭巷，今入此山，自取其斃。吾聞山中多有仙者，忽遇求其道，終不返人間。仙者曰：子欠官債入山求道，夫人求道，須有其志。余是仙人，子能存志乎。子之坐石約厚一丈，能命木鑽之得透，吾付汝道。屠曰：此試余志焉。乃以山中木鑽盡，已經二十餘年，方深七尺，猶有三尺未透。此人志不退，山中木盡，而告於天仙者，愍之遂使石透，乃付金丹大藥，白日昇天。如此之人甚衆，左慈禮洞三年，晝夜不捨。陰君受業二十餘年。未見得道之人，端坐而得。今人且貪名利輕義，重財世情，終日雖即心存於道，何以求之？骨敗氣衰，難成反老，數之欲盡，無以救之。豈知靈丹而有延年之功，納胎元氣，延生之理。今總纂集先賢遺文，以彰新學，並歌以示同好者，故無惑焉。

金丹賦

綜　述

馬蒞昭《金丹賦序》 竊聞生者，道之本，唯天地日月而長存。教者，道之尊，徵造化自然而立訓。元始懸黍珠，妙演玄玄之義。老君升玉扃，宏宣寂寂之宗。所謂金丹之名，所由以立也。是故漢之魏伯陽，倣《周易》以作《參同契》。以迨晉唐宋以來，若許旌陽、葛稚川之徒，皆造詣其極，而成其道者也。弟子馬蒞昭叨生天地，竊慕玄風，雖無爲之路大闢，動惟側足。然衆妙之門廣設，窺必兢心。賴聖人而推誘資深，知眞德而隨方引汲。是敢輒披妙典，猥諷玄文，惟堅似鐵之心，以鐫頑礦。只曠如灰之志，欲契靈根。念浮生而水沫風燈，知大道而天長地久。然則神運不息，研思豈精，欲決私誠，未有良已。向旅館而空驚秋，吹一夜蟬鳴。對霜燈而歛卷凝愁，幾傷蟲砌。有金丹賦，遇有偶也，不知誰所著矣。得已常誦此文，而自躅其抑。每每吟罷，莫不抱膝昂首，而顒無所容哉。然訣不輒造，理不虛擬，乃聖人之深誡。實以愚是率軌，難閲具思。亦冀遊心妙理，漸賾於眞奧之中。有冒謫筭之科，自責僭踰之極。謹藏筐篋，虔候至人，勉閲於衷，敢爲註省。

還金述

綜　述

陶埴《還金述序》 埴嘗讀《金碧經》，至魏先生云：三五與一，天地至精。研思十霜，妙旨斯在。謂一者水數，爲五行之始，色稟北方，包含五彩，修之合道，理契自然，故能生天生地，爲牝爲牡。然後還日精於月窟，結粹華於中氣，靈運潛應，與其合同，莫非人間術士所能窺竊。見今時學者，盛謂水銀可以爲金丹，砂汞可以爲河車。殊不知汞生於鉛，砂產於金。既不辯眞，遂假他物。譬如綴花以爲子，斷體以安孕，既傷爾精氣，莫能全。舉世作迷途之人，漏器非混成之物，茫茫志士，同歸有待。或謂古人妄設，終無此道，愚甚不取也。故徵經義，爲述上中下，以質之同志云爾。

大丹篇

著　録

《道藏目録詳註》卷三 一卷。言外丹，內有劉眞人一歌、九霄眞君大丹歌七首、斐相公大丹一歌，餘皆係摘古歌。

還丹衆仙論

綜述

楊在《還丹衆仙論序》 粤還丹者，華池爲初也。華池之中，能生神水。上下清靈，湛然明靜。神水變化，潔白如霜，號曰白金黄芽。次入三陽之精，水煮火煉。若經九轉，變成紫粉，號曰紫河車。河車之中投汞，又經九轉，產出眞金，號曰金公。將金公與汞相合，金水相見，再煉九轉，名曰金丹。丹者，人餌長生，老者反少，有病自除，變凡爲仙，自然不死。夫金丹者，須是親傳口訣，方識鉛汞。鉛者眞鉛，汞者眞汞，鉛非黑錫，汞非水銀。鉛者鉛精，汞者朱汞。鉛汞交媾，產出黄芽。黄芽者還丹之祖，大藥之基。坎戊月鉛，内藏眞虎。離己日汞，内藏眞龍。龍虎會合，自成戊己。坎水生金，離火生木，自然四象俱備，五行不虧。還丹者，金木水火土也。金者虎也，木者龍也，火者朱雀也，水者玄武也，土者四象聚也，非用世間金、銀、銅、鐵、鉛、錫、鹽、鹵、灰、霜之類也。還丹者，鉛汞也。鉛得水而無體，汞得火而通靈，從無生有，眞鉛因水化而有，眞汞自火化而成。若論眞鉛眞汞，神水華池，青龍白虎，黄芽白雪，河車神室，自古以來，非口訣不能得解。余汾陽西河人也，弱冠好道，至三十餘年，得遇明師，親蒙口訣，方曉丹經之理，洞達幽微之文，得見造化之眞，明了浮沈之妙。洎宋皇祐四年十一月八日，偶暇纂集諸家丹經節要，集成一卷，目曰《還丹衆仙論》，以俟同志者云。

著録

《道藏目録詳註》卷三 一卷，抱腹山人楊在集。引聖祖眞仙經訣，證外丹之理，附井爐火候辨鉛汞伏配之法，及服丹應候解丹藥毒馭草藥丹散。

上洞心丹經訣

著録

《道藏目録詳註》卷三 三卷，有圖，太極眞人嗣孫手述。卷上，心丹、作神室法、固神室玉牀藥法、五行玉匱法、火候法、火絡法、浴丹補氣藥水法、試丹法、論試丹説、太極眞人説言丹砂服食。卷中，神仙九轉祕方、第一轉法、轉丹立爐法、轉火候、服一轉丹法、脩内丹法祕旨、第二轉至第九轉及火候及服大丹砂養砂服食點化之法。卷下，太上内丹歌、太上外丹經節、入山年月忌宜、入山時日忌宜、入山却鬼辟邪驅虎狼大蛇諸符、作丹屋法、合和防辟法並符、作大丹宜忌。

修眞歷驗鈔圖

綜述

佚名《修眞歷驗鈔圖序》 夫至道眞旨，以凝性錬形長生爲上。所謂凝性者，心靈也。乃内觀不動，湛然无爲焉。雖云凝心一也，乃有二得。二得者，謂住心，空心。若凝住心，則身境與道同，形性俱超，此眞得長生不死，高眞妙道也。若凝空心，即性超而身沈，此得脱蛻尸解之下法也。蓋凝住心，無心即眞道自會，名曰虚无之身，實有之質。若凝空心，忘空即空无自合，名曰虚有歌之身，實無之質。此得性遺形之妙，不得錬形之要，名謂清靈善爽之鬼。故《經訣》云：下仙者，脱蛻尸解之法是也。凡此二説，成道之旨。若得性遺形，雖速成，然不契眞道之旨。蓋上士保生者，以爲斃法，而不修也。若凝住心，形性俱得者，壽延萬歲，名曰仙人。又鍊身成氣萬年，名曰眞人。又萬年鍊氣成神，名曰神人。又鍊神三千年，名曰至人。又鍊至人三千年，成道人而證高眞之果。此道爲上品之眞耳，及三萬六千年，至道方具。然初學凡人，習之者如毛，成之者如角，於是无上法母，爲太上道君，説《元精經》，令救度好生保命之人。蓋古有《龍虎經》，指天地自然默生還丹。夫自然還丹者，按上經説一千八十年，生眞金礦。眞金礦一千八十年，生眞丹砂。眞丹砂一千八十年，生眞水銀。眞水銀一千八十年，成還丹。爲得天地陰陽，五行眞氣，都合四千三百二十年，元精結成，出名山幽靜巖石之間，自成。成時光照千里，上眞仙官降下採之，凡學者難得之。又元精法母，慈念修行之人，遂令以時代年，採虛無之氣，成眞金。金成丹砂，砂成水銀，合三才爲用，以法促捉四千三百二十年陰陽元氣，就十二箇月感應，而生成還丹備矣。服之便證無上至道，白日昇天。又古仙得道聖人，猶恐初學之士，一年之內，寒暑侵傷。又令將初地聖藥，製凡藥成靈藥，生小紫河車，天生黃芽，爲延駐還丹，服餌者定命長生，漸可登眞，唯未有羽化之大功。此並依師口訣，及解眞經之要妙，不顯者，今略而顯之，以凡證聖，以外曉內，述易鑒難。集爲圖論，將俟好生君子比驗矣。立二十二圖，表一十二辰位，全聖功神明之道。及各證注如後。

爐火鑒戒録

著　録

《四庫全書總目・子部・道家類存目》《爐火鑒戒録》一卷，宋俞琬撰。琬所著書，多闡明元學。此書專爲言外丹爐火者而發。以爲爲之者未必成，而致禍者十居八九。歷引古今事蹟及前人議論以爲鑒戒。自序謂兵後稾不復存，姑舉其略。今核其文，即所作《席上腐談》第二卷之下半卷。曹溶割裂其文，別爲一書，收之《學海類編》中。然琬原有此書，特以散佚不完，附其大概於《席上腐談》中。溶摘出別行，較所收鑿空贋造之書，別立書名人名者，尚屬僞中之眞矣。

黃白鏡　續黃白鏡

著　録

《四庫全書總目・子部・道家類存目》《黃白鏡》一卷，《續黃白鏡》一卷，明李文燭撰。文燭字晦卿，自號夢覺道人，丹徒人。其第一卷專言丹汞之術。謂土稟中央之氣，色象故黃。鉛稟西方之氣，色象故白。黃者爲藥，白者爲丹。一藥一丹，是謂黃白。自取藥以至成仙。案其次序，分二十六條。前後有自序自跋。其續編一卷，則《醒醒歌》二十七則，《水心篇》五十則。卷末亦有自跋云：昔余遭劉青田累，幾成孔北海禍。姑蘇拙老獨不避去，由是多老遂欲以修煉胎仙之法告之，故續此鏡。題萬曆辛丑午月。然距劉基二百餘年，而稱受其累，爲不可解。大抵荒誕之談也。

太上九要心印妙經

綜　述

張果老《太上九要心印妙經序》夫九要者，要乃機要也，以應大丹九轉，故以道分九篇，法顯九門，九門合理，篇篇歸根。雖不得親師之旨，得此要如親師訓，得者坐獲天機，悟之者爲之心印。若依行者，在欲無欲，居塵出塵，分立九門，還元二儀。學道君子，細意詳之。先序顯用，次要應體，以體兼用，性命備矣。

著　録

《道藏目録詳註》卷一　仙人張果老述。九要者，眞一祕要、橐籥樞要、三五樞要、三一機要、日魂月魄眞要、日用五行的要、七返還丹簡要、八卦朝元統要、九還一炁總要，此九要祕。

金碧古文龍虎上經

著　録

《文獻通考》卷二二四《經籍考》五一　《金碧古文龍虎上經》一卷。

陳氏曰：不著名氏。麻姑所録本無「金碧」字。

《朱子語録》曰：曾景建謂：「《參同契》本是《龍虎上經》，果否？」先生曰：「不然，蓋是後人見魏伯陽有『龍虎上經』一句，遂僞作此經。大概皆是體《參同契》而爲，故其間有説錯了處。如《參同契》云：『二用無爻位，周流行六虚。』二用者，即《易》中用九用六也。《乾》、《坤》六爻上下，皆是有位，惟用九用六無位，故周流行於六虚。今《龍虎經》却錯説作虚危去，蓋討頭不見，胡亂牽合一字來説。」

古文龍虎經註疏

著　録

《四庫全書提要・子部・道家類》　《古文龍虎經註疏》三卷，宋王道撰。前有道自序，及太乙宫道士周眞一奏進劄子，又有道後序一篇。道本末不可考，自題稱保義郎差充恩平郡王府指揮使。自序又云一介武弁，隸職王府。蓋本藩邸環衛官，而依附道流者也。陳振孫《書録解題》載：《古文龍虎上經》一卷，不著名氏。道推衍其義，爲之註，又申註意，自爲之疏。其經分三十三章。上卷十三章，中卷六章，下卷十四章，末又載攢簇周天火候金火相交生藥二圖，以明用功之法。大旨謂眞鉛眞汞，止取天地之精，日月之華，混合造化，以成神丹，無事辨藥才之眞僞，抉金石之異同。又稱得其師口訣，以《龍虎經》行世之本謬誤爲多，故釐而正之，分章定句，于淳熙間奏進。所謂龍虎者，即水火之義，道家丹訣例用寓名耳。註疏中多引《參同契》語，蓋爐火之説，自魏伯陽始有書，猶彼法中之六經也。此書《宋史・藝文志》不著録，或疑出羽流依託。然《龍虎經》之爲古書，尚無確驗，亦無庸究註之眞僞矣。

大還丹照鑑

著　録

《道藏目録詳註》卷三　一卷，廣政壬戌年無名氏集。五方歌、五行異名論、二氣產黃芽第一，識鉛汞第二。歷代各祖師口訣，俱言外丹。

西山羣仙會眞記

著　録

《四庫全書總目・子部・道家類存目》　《西山羣仙會眞記》五卷，舊本題華陽眞人施肩吾撰。肩吾字希聖，洪州人。唐元和十年進士。隱洪州之西山，好事者以爲仙去。此書中引海蟾子語。海蟾子劉操，遼時燕山人，在肩吾之後遠矣。殆金元閒道流所依託也。其書凡五卷，卷各五篇。曰識道、識法、識人、識時、識物。曰養生、養形、養氣、養心、養壽。曰補內、補氣、補精、補益、補損。曰眞水火、眞龍虎、眞丹藥、眞鉛汞、眞陰陽。曰鍊法入道、鍊形化氣、鍊氣成神、鍊神合道、鍊道入聖。其大旨本於《參同契》，附會《周易》，參以醫經。戒人溺房帷，餌金石，收心斂氣，存神固命。有合於淸淨之旨，猶道書之不甚荒唐者。

《文獻通考》卷二二四《經籍考》五一 《西山群仙會眞記》五卷。

陳氏曰：九江施肩吾希聖撰。唐有施肩吾能詩，元和中進士也。而曾慥《集仙傳》稱呂巖之後，有施肩吾撰《會眞記》，蓋別是一人也。

晁氏曰：言煉養形氣，補鍊精神，成內丹之法，凡三十五篇。

《道藏目録詳註》卷一 五卷，淸虛洞天華陽眞人施肩吾希聖傳，三仙門弟子天下都閒客李竦全美編。識道識法識人識時識物等論。又言養生養形養氣養壽等論。又補內補炁補精補益補損等論。又眞水火眞龍虎眞丹藥眞鉛汞眞陰陽等論。煉法入道，煉形化氣，煉炁成神，煉神合道，煉道入聖等論。又超然子王志昌集論，太極水一火二木三金四土五、五行生成之數圖說，水六火七木八金九土十交互成十圖說。干合樞要，八卦還元圖說，五行顛倒圖說，木金間隔金木入火辨賓主浮沉水火既未坎離氣變還元等篇，並道詞詩歌曲賦等篇，盡言修性至命工夫。

秘傳正陽眞人靈寶畢法

綜　述

鍾離權《秘傳正陽眞人靈寶畢法序》 道不可以言傳，不可以名紀。歷古以來，昇仙達道者，不爲少矣。僕志慕前賢，心懷大道，不意運起刀兵，時危世亂，始以逃生，寄跡江湖巖谷，退而識性留心，唯在淸淨希夷。歷看丹經，累參道友，止言養命之小端，不說眞仙之大道。因於終南山石壁間，獲收《靈寶經》三十卷。上部《金誥書》，元始所著。中部《玉録》，元皇所述。下部《眞源義》，太上所傳。共數千言。予宵衣旰食，遠慮深省，乃悟陰中有陽，陽中有陰，本天地升降之宜，日月交合之理。氣中生水，水中生氣，亦心腎交合之理。比物之象，道不遠人。配合甲庚，方驗金丹之有準。抽添卯酉，自然火候之無差。紅鉛黑鉛，徹底不成大藥。金液玉液，到頭方是還丹。從無入有，常懷征戰之心。自下升高，漸入希夷之域。抽鉛添汞，致二八之陰消。換骨煉形，使九三之陽長。水源淸濁，辨於既濟之時。內景眞虛，識於坐忘之日。玄機奧旨，難以盡形方冊。靈寶妙理，可用入聖超凡。總而爲三乘之法，名《靈寶畢法》。大道聖言，不敢私入一己用，傳洞賓足下，道成勿祕，當詒後來之士。

著　録

《道藏目録詳註》卷四 三卷，雲房眞人鍾離權述。論天地陰陽昇降之道、日月消息交合之理、炁中生水、水中生炁、即心腎交會於中、配匹甲庚、抽添卯酉、辨水源淸濁、識內景眞虛之道。

陳先生内丹訣

綜　述

佚名《陳先生内丹訣序》 先生名朴，字冲用，唐末五代初人也。五代離亂，避世入蜀，隱居青城大面山，受道於鍾離先生，與呂洞賓同師也。先生才質奇偉，德行高妙，積年累功，今不知其幾百歲。或出世間，爲性不常，以歌酒爲樂。元豐戊午年間遊南都，宋城張方平官保，以其年高，傳接氣之術，延壽一紀。盤桓南都，不啻半載。攜一無底土罐，遊於市，人少有識之者。淮南野叟敬信尊崇，或師事之。先生憐其至誠，授以內丹訣，因以記之。先生內丹之訣，直指玄關，九轉成道。每一轉先述短歌，又託意於《望江南》，欲後來學方外之道者易曉也。

丹論訣旨心鑑

著　録

《道藏目録詳註》卷三　一卷，張元德撰。言眞鉛五兩，能制水銀二觔，專言鉛汞。

金晶論

綜　述

佚名《金晶論序》　夫金晶者，是造化之基，虛無之道，説空中之有，度天地之理。即空成色，即色是空，知空而不空，知色而不色。惚惚始達，照曜名爲妙音。金者，是月華之正氣；晶者，是日耀之眞晶也。故曰一氣所生，分爲二儀，二儀成備，方立三才，謂之天地人也。故以天圓地方，清氣爲天，濁氣爲地，人者中和之正氣，抱精恍惚之中，是虛中而有實，從空而爲有也。人者生居浮世，須知幻化。《陰符經》云：生者死之根，死者生之木。吾恐修行之輩，不曉聖理，難悟希夷之門，罔測其辭，妄生穿鑿，不達修鍊之門，迷徒志事，枉費其功，久而無益。況乃修鍊，須曉五行陰陽眞理，捉取金晶，與天地爲之寶柱，五嶽崩摧，方見衰槁。吾慮後學志人，不悟眞宗，中路而退，枉墮沈淪，不離愛河，墜於苦海。吾演《金晶論》三篇，流傳浮世，以度修鍊之徒，達其正理，奪造化之功，成於妙道，分爲上中下三篇。儻有志士，傳授此論，明設誓言，跪膝焚香，捧金十兩，方可傳之。若遇賤道之徒，不可傳授，此是天機，草草而勿傳，恐泄天機。遇人傳之，名度南宮，白日而冲天；遇人不傳，殃及七祖；不擇人傳之，殃及九祖，永墜幽泉，沈淪苦海，常爲下鬼。縱得人身，必是貧窮下賤，身無十全。故列論金晶於後，悟而修鍊，身超入聖，體插仙衣，渴飲瓊漿，飢餐天食。此文聊舉大綱，故演其序，顯明至論，審而詳意焉！

著　録

《道藏目録詳註》卷三　上中下三篇。言金者，月華之正炁。晶者，日耀之眞精。有鉛汞歌十一首。

還丹顯妙通幽集

綜　述

潛眞子《還丹顯妙通幽集序》　凡以丹竈留心，黃芽役慮，不明鉛汞，浪費珠珍。或求百草之霜，欲明制伏；或合五礬之匱，輒務變通。徒消歲月之功，莫達鉛汞之旨。余自從弱冠，常切親人才，逾立年，便逢至道。既悟希夷之旨，方知恍惚之間，軒帝去而垂衣，劉安昇而棄鼠，事不虛傳，迹唯昭驗。故達者指余曰：龍虎者，金水也；金水者，鉛汞也；鉛汞者，陰陽也；陰陽者，坎離也；坎離者，夫婦也；夫婦者，男女也。始自一源，終分數號，其寔同出而異名也。吾切見世人，向庚辛而求虎，詣甲乙以尋龍。殊不知龍在庚辛，虎居甲乙，火炎壬癸，水居丙丁。自古聖人不直書其事，蓋爲此道至易也。故歌曰：龍從火裏出，虎向水中生。又曰：龍不居東溟，虎不在西虜。又曰：俄然木位化爲金，便是大丹心。此之謂也。余今不期多幸，獲究玄文，敢罄菲材，效元陽子《金液集作》顯妙通幽詩三十首，以俟後來君子與余同志者印證耳。

著　録

《道藏目録詳註》卷三　一卷，少室山潛眞子效元陽子金液集。述詩三十首，附註《呂祖沁園春》。

洞元子内丹訣

綜　述

佚名《洞元子内丹訣序》　上古道士得道者百萬，其人著書誘善者，萬一分矣！然者辭多指示，則弗露眞源，文旨大綱，悉惑於衆。或使人考厥外典，用合玄元，比象既繁，闐闕莫履，非達道之士，無能曉諸。然聖道不書於簡冊，而修鍊自有於塗程，或成之於十月，或就之於千日，少有差誤，終墜下鬼。故畫八卦者，必列乎象，辯吉凶者，必重其爻，日月往還，變在其中矣！爻象成乎内，則變化見乎外，生乎萬物，天地之大德也。聖人則之，必寶乎位也。寶位者，聖人之身，匿名位歟。位存則仁者處之，位喪則仁者去之。仁者苟性，其能修鍊乎？知之修鍊，其匿聖人乎！烏兔奔馳，以成其明，寒暑交代，以成其歲，龍蟄而求化，蠖屈而求進，精想在神，終獲其用。寂然能守天下之事，殊塗而同歸也。故仁者安其身，默居以俟其用，崇乎德業，以達其身。近代迷謬之徒，纔達小乘，便云得道，惟求想脱，稱是神仙，殊不知想脱之塗，悉爲神亂，未若神仙，鍊神爲仙也。惟人有神，常能自見，雖目常睹，亦不自識，故聖人謂日用而不知也。設使有士，臨鑑自顧鑑中之像，其匿神乎！容質美陋，必形於照中，照中之姿，曷異於臨照之士？故照中之像，其曰神乎！人見其神，不期修鍊，其爲鬼乎！是以聖人謂人知其神而神，不知不神而神，此之謂也。夫以修鍊以神爲仙者，必先鍊厥形，厥形若全，神自全也。或曰：何謂形全則神全？對曰：謂有士瞽其一目，臨照自觀照中像，亦如之，未有瞽士臨照之中，像弗瞽也，全士臨照，中之像瞽焉！所以必先全形也。又問曰：神居於人身乎？曰：居之。何以對照而出也？答曰：對照弗出者，是人之盲，神出而不見也。且人身神，其如宅乎！神居人形，又若人之舍於室爾。苟出入無滯，關鍵牢密，亡差誤也。故室壞則人去，形敗則神逝，此之謂要道也。凡修鍊者必先寬仁厚德，多義足信，揚慈豐惠，惡貪遠害，嫉妒之行弗行焉，可謂明也已矣！矯佞之言弗出焉，可謂直也已矣！見溺必拯，見焚必救，見困必扶，見幼必懷，見耆必安，見危必濟，見難必拔，臨刑必減，臨怒而息，臨事而思，臨民而惠，見惡如探湯，見善如不及，陰功久積，陽德自繁，無加嫉妒以自壞也，無恃淫慾以自伐也，精存則神固，精竭則神去，故聖人言，先精而後神也，先神而後仙也。近代學徒，不知聖道，咸行戒潔戒行，專一林泉，糲食麤衣，不親房室，精無所漏，神亦自全，尚可延齡，以居濁世。及當數盡，積薪焚燒，所存無漏之精，盡爲戒珠之異，烈火不能爲燼，水流不能爲溺，此徒尚可如斯，至士豈不達矣！故諸子謂精也者，施之於人則生人，存之於身則生身，此誠至理也。夫修道之士，鍊神爲仙，陰籍削名，鬼顧遐逝，雖塵數及盡，復能逭諸。是以老君曰：我命在我，不在於天也。竊睹近代學道之士，纔看諸子之説，未明旨趣，便曰窮通，匪測淵深，則云洞達。或錄房中之妙，或稱鉛汞之功，言御女三千，可冲霄漢，餌丹一粒，便可飛仙。未能了達玄元，惟務詐揚聖道，至使人廣求鉛汞，多蓄嬌嬈。畫八卦以爲爐，仍煩僻觸，當一深而取用，更役心神。以祕精之有功，御女之得事。或有問之，則曰還精補腦，可得不老矣！又曰一陰一陽之謂道，一動一靜交相養矣！此蓋愚輩，不達奥旨，妄引聖言，據證淫書，以迷下鬼。豈不聞昔人謂服藥百裹，不如獨卧，又曰鍊鉛汞者，即云大藥，御少女者，即曰内丹。達士側聆，豈已歎息。或曰：上古神仙，所著經論修養之道，宴繁厥塗，或以玉津灌漱靈根，或以鼓咽納彼炁海，大數有八十一，小數有三十六，或運炁以入腦，即曰朝元，或斷穀以不食，則曰大道，或臨房而閉泄，或端坐而閉息。此能在意根尋，按本修鍊，其可飛仙乎？答曰：子言愚矣！竊觀近世學者，只憑鼓咽，馳運泥丸，斷穀不食，安禪入定，顛倒五藏，恃賴淫慾。斷穀者便曰神仙，入定者便曰菩薩，殊不知佛謂禪定爲大乘小乘，老君謂靜定爲大靜小靜，變化之道，同歸一塗。斯斷安定閉精存神，皆上古賢聖擒心之術也，至道示人之門也。若人之入國，未有不因門闕而至者，苟得其門而入者，國家之事可以目覽。斯皆學道者，以鼓咽朝元，存神入定擒其心者。存神之門戶也，未有不因斯而至者。夫修仙之道，始於十月，畢於三年，解脱穢軀，如蟬蛻殼。夫天生萬物，唯人最靈，故蟬之解也，以穢而刻之，是以速成於人也。子不見蛇乎，功積千年，方蛻爲龍。既蛻爲龍，後安大靜，又歷千年，荐解其屍，其骨色玄，爲第一蛻也。復安大靜，又歷千年，屍解其軀，骨唯色青，爲第二蛻也。次安大靜，復歷千年，又解其形，其骨色赤，爲第三蛻也。又鍊其炁，再度千年，復解其屍，骨唯色白，爲第四蛻也。復安大靜，又歷千年，更解其屍，骨唯色黄，爲第五蛻也。又安大靜，復滿千年，再解其形，是爲神龍。蛇一蛻而爲黑龍，二蛻而爲青龍，三蛻而爲赤龍，四蛻爲白龍，五蛻爲黄龍，六蛻爲神龍，七蛻爲應龍。故世有五色龍骨者，此之謂也。其俗夫下士，皆曰龍蛻骨也，蓋不知之所蛻者，皆龍之屍解乎！故人之千日，蛇之千年，蟬速成形者，以食穢而刻之，所以別貴賤耳。一蛻而黑者，爲坎卦之謂也；兩蛻而青者，震卦之謂也；三蛻而赤者，離卦之謂也；四蛻而白者，兑卦之謂也；五蛻而黄者，坤卦之謂也；六蛻而神龍者，乾卦之謂也；七蛻而應龍者，八卦備之謂也。燒大丹者，爐畫八卦，進以方位，燒以四時，皆其象也。夫聖人畫八卦，蓋飛仙修鍊之功也，聖人以之命決吉凶，人執之者，愚矣！運諸其象，差其爻者，凶故，吉凶悔吝生也。故經謂執著之者，不明道德，此之謂矣！今之人纔及斷穀安定之門，自階神仙，感執著之，吁！誠實可哀哉！夫鍊炁不由八卦者，悉虛疲役耳。今備述神仙修養之叙，咸爲篇次，欲諸學者，不枉其志，即不必以《周易參同契》《太易至圖》而合之，理實煥然。細述厥旨，凡諸道士，審而味之矣！

太玄朗然子進道詩

綜述

劉希岳《太玄朗然子進道詩序》 余乃生居漳水，業本豪家，幼習儒風，曾叨鄉貢。嗟浮世速如激箭，傷時光急若瀑流，未免退跡玄門，棲心冠褐。外丹達恍惚杳冥之旨，內氣明溯流胎息之源，功勤未及於旬年人驚不老，壽筭已踰於五紀自覺如斯。有此靈通，故難緘默，謹吟三十首，號曰《朗然子詩》。呈同道望迴心，聖意非遙，人自疑惑。時宋端拱戊子歲季冬，住洛京通玄觀內，偶興述之。

著録

《道藏目録詳註》卷三 劉希嶽秀峯述，唐通玄觀朗然子悟道仙詩三十首。

證道歌

綜述

左掌子《證道歌序》 夫求仙飛升，雲騰羽化者，先須明眞一。眞一者，道也。道者，元也。元者，人之元炁也。氣生萬象，人稟元氣而生。《道經》云：道沖而用之。《玉京山經》云：沖虛太和氣，吐納流霞津，胎息靜百關之道。《黄庭經》云：呼吸元氣以求仙，象嬰兒在母胞，中之用也。元氣多狀，卒不可知。所以上聖修經訣，《龍虎》、《參同契》、《道德經》五千言，衆仙歌及《陰符》、《璇璣》、《玉房》等篇，或爲頌，或爲詠，或爲符，或爲記，如此之法，皆說胎中之旨。教後學同歸大道，玄妙豈可直言。所以聖人留訣意旨，多作迴文，託金石而言，爲鉛爲汞；或云朱砂水銀而說。今之人未曉其由，不測聖意，而妄作有爲。燒丹鍊藥，服之而望長生，通仙道，遠矣！又愚人不能覽胎教，豈能知聖訣仙經淺深！古歌曰：鍊藥須通訣，玄關祕古經，還丹功若畢，天駕五雲迎。鬼谷先生言：聖人雖學，聖假學而成，聖非自然也。夫子言：吾非自然，學而得之。《法華經》云：有人於虛空中造宮殿，未必爲難。三元眞人曰：未有不學此道，而能雲飛羽化者。《法華經》云：如人掘井者，先去上黃土，漸見黑泥，即知水近。魏伯陽曰：訣不虛造，道不虛行。只如進士登科，皆久處深山幽谷之中，修習其業，業成方登科第，名列金榜。求仙尋其本源，必得其趣，如人揣著。問曰：此訣與何物是親？答曰：夫道與氣親，某物是以智慧測之，即揣著問也。夫尋道復與何物是親。答曰：道與氣親，且魚以水爲命，魚出水而死；人以氣爲命，氣竭人亡。氣是人之母，人是道之子。《西昇經》云：道養母，養母之道名曰孝道。道母者，則其炁是也。衆仙之母，人身之母，人身之中備有之。昔晉朝豫章西山吳、許等一十二人，同孝養其道母，後一十二人於晉元康年中，皆養道成，至今壇跡尚存，豈虛言哉！夫學道君子，欲求長生道，不離身中元氣。古歌曰：勿妄作凶。又云：萬般別理，徒爲苦辛。《道經》云：修之於身，其德乃眞。又云：留之於身即生神，施之於人即生人。除此外，別無所爲。又外鉛外汞，外石外金，四黃八石。草木等，並非神仙藥物。余修證道一十五首，以示後來，推而行之，得願同歸無爲大道。

真一金丹訣

著録

《道藏目録詳註》卷三　《胎息節要》附，宋王長集。內言神仙抱一之法、清虛煉神之法、煉元炁復本還元等法。

紫陽真人悟真篇註疏

綜述

戴起宗《紫陽真人悟真篇註疏序》　《悟眞篇》分性命爲二宗，訓人各進，分內外爲二藥，訓人同進，實爲千古丹經之祖。垂世立教，可與《周易參同契》並傳不朽。自葉文叔未註之前，道傳於師，無註其義者。自葉文叔既註之後，人晦於道，無辨其錯者。予所見數十家註，皆以獨修偏解，或以旁術妄箋。致使金丹大道，世不得聞，茫然無蹊徑以入其門奧，而師傳亦殆絕。既絕於師，則從何聞焉？是以能聞者寡人，安有能行之者乎？世傳紫賢所註，徒以眞人的傳而珍其文，亦不知世人竊翁葆光之註，易爲道光之註，予詳辯於篇末矣。無名子亦眞人的派，昔於乾道癸巳見文叔所註舛謬，恐後迷晦大道，乃爲解義，敷明詳演，讚一粒之神，分三乘之理，盡泄天機以明師旨。昔予在端陽，有以世傳紫賢所解《悟眞篇》數條示余，見其箋註與諸家異。又證以父師所授者，皆不合，深竊疑之。讀之再三，稍知其妙。及獲全文，反復尋繹，忘食廢寢，一字一句，深究綿思。與先兄、衆甫、縣丞，或詰或答，或難或攷，讀之數年，乃知與《參同契》大丹旨合。蓋予於《參同契》夙蒙玄教，以緣未合，無他用工，惟於《悟眞篇》。自此雖知旨，而《悟眞》又有內外之分，一時之玄，又未能洞明，況乎諸仙盡祕諸書不述。欲參師而無師可訣，欲考文而無文可考，以是介心，念念不忘。天誘其衷，於至順辛未夏，遇師得訣，歸以語兄，喜而不寐。厥後乃見無名子註，若合符契，乃知天仙可學，元神不死。鍾呂諸仙，皆同斯道。片餉工夫，立躋聖域。宜乎上天所祕，誓不傳人。嗚呼，余自延祐癸亥紹興路儒學教授，年五十有二矣，患難相仍，致命遂志，棄捐名利，專以了性了命爲事，好之之篤，參之之勤，不負道心。遇師授道，使余涉順境不過塵累百金，官增數級而止，汩汩一生，何益於己。今知之不鍊，自取愚癡，一失人身，千劫難遇，又況於聞道乎。當時聞道以後，立願普度，中夜以思，不敢妄泄天機，則將何以示人循逕縱入。不避天譴，故違師誓，述於文字，形於語言。世人久迷，焉能確信，因裒集歷代祖師所破旁門，使人知其爲此必無成天仙之效，庶可以返思從何入道，故標之曰學仙破惑。惑既破矣，又將何以示人入道閫奧，因選諸經仙道典同一揆者，凡十篇，以師傳祕旨推明仙意，述爲註解，明仙道之正，故標之者曰《學仙正宗》。具載別集。豈期先兄奄棄，不偕修鍊，愈增警省。年日衰邁，恪志速修。因以無名子註文間有未暢，法象未能申具，乃述各章疏義，以明其求盡之機，金丹法象，以顯其互用之理。又以《悟眞篇》所述內外殊訣故詩詞句異，既曰安爐立鼎，又曰謾守藥爐不用柴炭；既曰一時成，又曰一日成，十月熟；或以一物立諭而所用之訣不同，或以衆石取譬而所指之物則一。如此之類句異甚多，故讀者易迷，或證於彼則失於此，或證於此而失於彼，致使人易見曲合旁門，知之既偏，迷之愈固，將錯自修，以錯敎人，迷迷不已，深可歎也。今以詩詞各分類聚，標題于左，但讀正文，已見大意，何況註疏詳明，照然易見。得斯書者，與仙有緣。聞斯道者，與仙有緣。聞斯道者，速修無疑。方將投僻以道路，抱一而空心，全夫三乘之眞修，庶不虛度一生。得傳諸仙之後，勉力精進，何敢自怠。若夫最上一乘，必須自悟，又不在文字語言之傳。今以口耳之學，墮於外道之空，混爲仙道之玄，二宗皆非，二藥偏用，溺於迷流者多。所願學仙之士，必務於同進，融於各進其登天之品異，可以申酬師眞、父兄恩德之萬一云。

陳達靈《悟眞篇注序》 西山許眞君上昇之日曰：吾上昇後一千二百四十載，五陵之內有八百人得仙。豫章江中生出大洲，横過江口，是其時也。距今淳熙甲子凡一千二百二十六載，大洲横江，若合符契。噫，天生旌陽主仙事於晉室，今垂讖如此，吾知夫五陵之內坐進此道者，非《悟眞》的子即《悟眞》的孫。蓋天將扇眞風於宇宙，契仙讖於豫章。堂堂我宋，挺生悟眞，出掌仙籍，密贊皇家，不然安得獲加紫玄之號於九霄耶？悟眞仙翁聞道於青城之上，餌丹於荆湖之間，一傳而廣益子出焉，再傳而無名子出焉。是眞神仙之子，鍾陵孕秀，於五陵之內，兆洪都之仙讖也。奈何《悟眞》一書穿鑿者衆，其不可迴狂瀾於既倒，障百川而東之乎。無名與授毫而箋之，字字渾金，句句璞玉，有功於斯道隆矣。一日出以示余，余爲序，其大槩云爾。

翁葆光《悟真篇註序》 紫陽陳仙翁，武夷人，有語錄傳世，爲六十四說，分言性命二宗，內外二藥。又云：不讀《古文龍虎上經》，不知兩弦金水之妙。不讀《參同契》，不知日月一斤之精。不讀《悟眞篇》不知二章金碧之神。斯道也，妙中之妙，玄中之玄，必也採龍虎未分之氣，吸龜蛇初孕之精。三百爻中，或文或武。六十卦內，曰屯曰蒙。結丹於片餉之間，成道於九年之上。又云：道在內來，安爐立鼎却在外。道在外來，眞鉛眞汞却在內。內一斤，外一斤，紫金化紫粉，紫粉化金丹。此先天內藥、外藥之辨，如斯二者之同出，又斯二者之異名，內外之道至矣盡矣，不可以有加矣。所以道外藥還如內藥，內通外亦須通。以此觀之，紫陽之道與《悟眞》同。先子嘗謂余曰：天台仙翁道成，受命於上帝，爲紫玄眞人。默相皇都，時嘗顯沒，與世比肩，人莫之識。少偕我祖，肄業辟雍，惟翁不第。夙挺靈根，因翫佛書，忽至擊竹有感，頓悟無生，直超眞空清淨性海。晚年遇青城丈人於成都，盡得金丹妙旨，洞曉陰陽顛倒互用之機，天地返覆生成之理。故能修眞復命，鍊形升於無形，抱一虛心，性命咸臻於空寂。是以形神俱妙，與道合眞，變化無窮，普現法界。即玆妙用，廣度羣迷。向在元豐間，與劉奉眞之徒廣宣佛法，亦以無生留偈入寂。奉眞之徒，已焚其蛻，獲舍利千百，其大如芡。後七年，奉眞之徒到王屋山，復會仙翁如故，此又示其形神俱妙，性命兩全之玄也。仙翁蘊性仁慈，慷慨豁達，窮理盡性以至於命，三宗一致，妙用無殊，不欲獨善諸身，乃作《悟眞篇》提誨後學。先以神仙命道誘其修鍊，以金丹之術首詠是篇。終以眞如空性遣其幻妄，故以禪宗歌詠畢其卷末。所謂金丹之要者，以二八眞陰眞陽之物立於爐鼎，誘先天之一氣歸斯爐鼎之中，變成一粒，大如黍米，號曰太一眞氣。是以首列七言四韻一十六首，表其眞陰眞陽之數也。次詠五言四韻一首，以表太乙之奇即金丹一粒也。既得一粒餌歸丹田，然後運火，依約六十四卦而行之，故續以絶句六十四首，以按《周易》六十四卦也。夫火之功，有十月并沐浴，共十有二月，故又續《西江月》一十二首，以應周天之歲律也。十月功備，胎圓而形化爲純陽之氣，故總吟成律詩八十一首，象其純陽九九之數也。形化氣矣，然後抱元九載，鍊氣成神，以神合道，故得形神俱妙，升入無形，與道合眞而不測，是以神性形命俱歸於究竟空寂之本源也，故以禪宗性道歌頌詩詞三十六首，畢其卷末。已上皆取象金丹大旨，次序如此。乃若藥物、火候、口訣，纖微悉寓意在歌詠之中，覽者自可尋文悟解也。顧後傳之寖廣，文理、次序亦頗不同，多有舛謬，惟龍圖陸公之孫思誠所藏家本爲眞，此乃仙翁親授之本也。思誠亦自序其所得之詳於卷末矣。余因遊洞庭得斯眞本，改而正之，始悟仙翁所作之意，次序篇章莫不取金丹之法象也。其文雖約，而妙理該著。寓意雖微，而比類親切。誠爲學者之眞歸，羣經之要覽也。今之學者多取傍門，非類而證之。或以天庭、至寶、玉壺、圭丹、混元胎之類，妄亂穿鑿，終莫際其深根固蒂之要。又有葉文叔者，以太極大衍之數釋而辨之，復撰爲圖，附於卷末，謂之《悟眞篇外傳》，此乃簾瞻幕影，定馬爲乾，非惟紊亂眞經，致使學者爲之惑誤。仙翁有言曰：靡肯自思己錯，却將錯路教人。誤他永世在迷津，似恁欺心安忍。其文叔之謂乎。殊不知金丹一粒，即太極之一氣。聖人假借二八之物，擒此一氣，於一時中，變成一粒。殊不出一時辰中，餌之立超聖地。故仙翁曰：一時辰內管丹成。又曰：一粒靈丹吞入腹，方知我命不由天。豈虛語哉。文叔不達斯理，反以一時爲非止一時。若以非止用一時而言之，是非三年必九載矣，豈爲至簡至易，而仙翁何故有都來片餉工夫永，保無窮逸樂之語耶。又以一粒爲一日，以爲有一日之丹，妄引眞一子日食一粒之語爲證，尤不曉眞一子之意也。若以日食一粒，與一日有一日之丹而推之，三年九載必三千有餘粒矣，豈仙翁獨以一粒之語而誑人乎。舉此兩端，足知文叔不得金丹之術明矣。是以妄亂箋註，訛謬非一。抑不知太極大衍之數，其實運火之託象，似是而非也。若以託象求金丹之至道，是描龍致雨，畫餅充飢，不亦難乎。余固不才，幸踵仙翁之遺躅，既承眞蔭，寅夕不忘，安忍緘默坐視紅紫亂朱，而不能廣仙翁之意辭，而闢之以級將來，而祛未悟者耶。是以不懼天譴，直泄天機，課解眞文，謹依仙翁之祕旨，曰：夫鍊金丹大藥，先明天地未判之前混沌無名之始氣，立爲丹基。次辨眞陰、眞陽，同類無情之物，各重八兩，立爲爐鼎。假此爐鼎之眞氣，施設法象，運動周星，誘此先天之始氣。不越半箇時辰，結成一粒，附在鼎中，大如黍米，此名金丹也。取此金丹一粒，吞歸五內，擒伏一身之精氣，猶貓捕鼠，如鶻搦鳥，不能飛走矣。然後運以陰陽之眞氣，謂之陰符、陽火，養育精氣，化成金液之質。忽尾閭有物，直衝夾脊雙關，歷歷有聲，逆上泥丸，觸上腭，顆顆降入口中，狀如雀卵，馨香甘味美，此名金液還丹也。徐徐嚥下丹田，結成聖胎，十月胎圓火足，即脫胎沐浴，化爲純陽之軀，而無飢渴寒暑之患，刀兵虎兕之不能傷，而爲陸地神仙。方始投於靜僻之地，兀兀面壁九年，以空其心，謂之抱一。九年行滿，形神自然俱妙，性命雙圓，與道合眞，變化不測矣，此名九轉金液大還丹也。丹雖分三，道實一揆。必自小而中，自中而大，此修丹入道之次序也。余故分爲三卷，上卷以鍊金丹，爲強兵戰勝之術。中卷以運火金液丹，爲富國安民之法。下卷以九轉大還丹，爲神仙抱一之道。謂之三乘大法，以應《陰符經》之正義，此乃無上無極上品天仙之甲科，至眞之妙道也。五師宗祖口口相傳，惟此一法耳。其要至簡至易，不逾片言。聖人恐泄天機，故以乾坤、爐鼎、龍虎、鉛汞之類，以至不可勝舉之異名，無過比喻金丹法象而已。余今攢集異名，一一指其至當，罔敢遺漏纖微。又恐學者未明作用之妙，是以覼縷再三，復撰《悟眞直指詳說》《三乘祕要論》《三乘祕要詩》附於卷末，罄竭精微，可謂大泄天地之眞機，全露仙翁之祕旨矣。願貽同志，俾易研精灼然直際，悟眞之眞永爲正眼法印，而不惑於邪宗曲派之說也。

張伯端《悟真篇序》 嗟夫，人身難得，光陰易遷。罔測短脩，安逃業報。不自及早省悟，惟只甘分待終。若臨期一念有差，立墮三塗惡趣。則動經塵劫，無有出期。當此之時，雖悔何及。故老釋以性命學，開方便門，教人修種，以逃生死。釋氏以空寂爲宗，若頓悟圓通，則直超彼岸。如有習漏未盡，則尚徇於有生。老氏以鍊養爲眞，若得其樞要，則立躋聖位。如其未明本性，則猶滯於幻形。其次《周易》有窮理盡性至命之辭，《魯語》有毋意必固我之説，此又仲尼極臻乎性命之奥也。然其言之常略而不至於詳者何也？蓋欲序正人倫、施仁義禮樂有爲之教，故於無爲之道，未嘗顯言。但以命術寓諸《易》象，以性法混諸微言故耳。至於《莊子》推窮物累逍遙之性，《孟子》善養浩然之氣，皆切幾之矣。迨夫漢魏伯陽引《易》道陰陽交姤之體，作《參同契》以明大丹之作用，唐忠國師於語録首叙老莊言，以顯至道之本末。如此，豈非教雖分三，道乃歸一。奈何後世黄緇之流各自專門，互相非是，致使三家宗要迷沒邪歧，不能混一而同歸矣。且今人以道門尙於修命，而不知修命之法理出兩端，有易遇而難成者，有難遇而易成者。如鍊五芽之氣，服七耀之光，注想按摩，納清吐濁，念經持呪，噀水叱符，叩齒集神，休妻絶粒，存神閉息運眉間之思，補腦還精習房中之術，以致服鍊金石草木之類，皆易遇難成者。已上諸法，於修身之道率皆滅裂，故施功雖多而求效莫驗。若勤心苦志，日夕修持，上可辟病，免其非横，一旦不行，則前功漸棄。此乃遷延歲月，必難成功，欲望一得永得，還嬰返老，變化飛昇，不亦難乎，深可痛傷。蓋近世修行之徒，妄有執著，不悟妙法之眞，却怨神仙謾語。殊不知成道者皆因鍊金丹而得，恐泄天機，遂託數事爲名。其中間惟閉息一法，如能忘機息慮，即與二乘坐禪相同。若勤而行之，可以入定出神。奈何精神屬陰，宅舍難固，不免常用遷徙之法，既未得金汞還返之道，又豈能回陽換骨，白日而昇天哉。夫鍊金液還丹者，則難遇易成，須要洞曉陰陽，深達造化，方能追二氣於黄道，會三性於元宫，攢簇五行，和合四象，龍吟虎嘯，夫唱婦隨，玉鼎湯煎，金爐火熾，始得玄珠成象，太乙歸眞，都來片餉工夫，永保無窮逸樂。至若防危慮險，愼於運用抽添，養正持盈，要在守雌抱一。自然返陽生之氣，剥陰殺之形，節氣既周，脱胎神化，名題仙籍，位號眞人，此乃大丈夫功成名遂之時也。今之學者，有取鉛汞爲二氣，指藏府爲五行，分心腎爲坎離，以肝肺爲龍虎，用神氣爲子母，執津液爲鉛汞，不識浮沉，寧分主客。何異認他財爲己物，呼別姓爲親兒。又豈知金木相尅之幽微，陰陽互用之奥妙。是皆日月失道，鉛汞異爐，欲結還丹，不亦難乎。僕幼親善道，涉躐三教經書，以至刑法、書筭、醫卜、戰陣、天文、地理、吉凶死生之術，靡不留心詳究。惟金丹一法，閲盡群經及諸家歌詩論契，皆云日魂月魄、庚虎甲龍、水銀丹砂、白金黑錫、坎男離女，能成金液還丹，終不言眞鉛眞汞是何物也。又不説火候法度、溫養指歸，加以後世迷徒恣其臆説，將先聖典教妄行箋註，乖訛萬狀，不惟紊亂仙經，抑亦惑誤後學。僕以至人未遇，口訣難逢，遂至寢食不安，精神顦顇。雖詢求徧於海嶽，請益盡於賢愚，皆莫能通曉眞宗，開照心腑。後至熙寧己酉歲，因隨龍圖陸公入成都，以夙志不回，初誠愈恪，遂感眞人授金丹、藥物、火候之訣，其言甚簡，其要不繁，可謂指流知源，語一悟百，霧開日瑩，塵盡鑑明，校之仙經，若合符契。因謂世之學仙者十有八九，而達其眞要者未聞一二。僕既遇眞詮，安敢隱默，罄所得成律詩九九八十一首，號曰《悟眞篇》，内七言四韻一十六首，以表二八之數。絶句六十四首，按《周易》諸卦。五言一首，以象太一之奇。續添《西江月》一十二首，以周歲律。其如鼎器尊卑、藥物斤兩、火候進退、主客後先、存亡有無、吉凶悔吝，悉備其中矣。及乎篇集既成之後，又覺其中惟談養命固形之術，而於本源眞覺之性有所未究，遂翫佛書及《傳燈録》至於祖師有擊竹而悟者，乃形於歌頌詩曲雜言三十二首，今附之卷末，庶幾達本明性之道，盡於此矣。所期同志覽之，則見末而悟本，捨妄以從眞。

著録

《道藏目録詳註》卷一 四卷，象川無名子翁葆光註，集慶空玄子戴起宗疏，武夷陳達靈傳。蓋三法按周易諸卦、鼎器尊卑、藥物斤兩、火候進退、主客先後、存亡有無、吉凶悔吝，悉備其中。

《四庫全書提要·子部·道家類》 《悟眞篇註疏》三卷，附《直指詳説》一卷，宋張伯端撰，翁葆光註，而戴起宗所重增疏義也。伯端一名用成，字平叔，天台人。熙寧中遊蜀，遇異人傳金丹火候之秘。元豐中成道於荆湖，以無生留偈而逝。其徒焚之，若釋氏所謂舍利者千百。後七年，復有人見之王屋山中，故世相傳以爲仙去。是書專明金丹之要，與《參同契》並道家所推爲正宗。其中所云「要知產藥川源處，只在西南是本鄉」者，即《參同契》「三日出爲爽，震生庚西方」之旨。其云「藥重一斤須二八」者，即《參同契》「上弦兌數八，下弦艮亦八」之旨。其云「三五一都三個字，古今明者實然稀」者，即《參同契》「三五與一天地至精，可以口訣難以書傳」之旨。其云「本生于火本藏鋒，要須制伏覓金公」者，即《參同契》「河上姹女，得火則飛，將欲制之，黄芽爲根」之旨。彼此闡發，指蘊極爲深奥，學道者罕得眞解。乾道中，象川翁葆光始析爲三篇，作注以申繹其義，又附以《悟眞直指詳説》一篇。傳之既久，或訛爲薛道光撰，而葆光之名不顯。逮元至順間，集慶戴起宗訪得眞本，重加訂正，於是定爲葆光之注。而已復爲之疏，相輔而行。二人於丹術頗深，故言之皆有根柢。如所云假眞陰眞陽之二物，奪天地之一氣，以爲丹餌歸丹田氣海之中，以御一身。後天地之氣翕然歸之，若衆星之拱北辰。其説實能括丹家之秘。《悟眞篇》注釋雖多，其明白切要，未有能過於是本者。故録而存之，以備道家之一説焉。

悟眞篇注釋

綜述

翁葆光《悟眞篇注釋序》 夫子嘗謂余曰：天台仙翁道成授命紫陽眞人之號於上帝，默相皇家，時嘗隱顯於世，人莫之識也。翁少偕我祖肄業辟雍，唯翁不第，夙挺靈根，因翫佛書，忽生擊竹之感，頓悟無生，直超眞空淸静性海。晚景遇青城丈人於成都，盡得金丹之奥旨，洞曉陰陽互用之機，天地反覆生成之理，故能修眞復命，昇入無形，抱一明心，咸臻空寂。是以形神俱妙，與道合眞，變化無窮，普現法界。即兹妙用，廣度羣迷。逮今而有遇其性命之道者，誠爲鮮矣。元豐間，與劉奉眞之徒廣宣佛法，以無生留偈而入寂，奉眞之徒焚其蜕，獲舍利千百，其大如芡。後七年，奉眞之徒至王屋山，復會仙翁如故，此以示其形神俱妙也，性命兩全之意。仙翁藴性慈仁，慷慨特達，窮理盡性以至於命，三宗一致，妙用無殊，不欲獨善諸身，故作《悟眞篇》提誨後學。先以神仙命道誘其修錬，故以命金丹之術首詠是篇，終以眞如空性遣其幻妄，故以禪宗詠其歌詩畢其卷末。金丹之要，以二八眞陰、眞陽之物立爲爐鼎，取先天之一氣歸斯爐鼎之中，變成一粒大如黍米，號曰太一含眞。是以首立七言四韻一十五首，以表二八眞陰眞陽之數。五言一首，以表太一之一粒。既得一粒餌歸丹田，然後運火，依約六十四卦而行之，故吟成絶句六十四首，以按《周易》六十四卦。其運火之功有十月，并沐浴共有一十二月，又續添《西江月》一十二首，以應周天之歲紀。十月功備，胎圓而成，化爲純陽之氣，故總吟成律詩八十一首，以象純陽九九之數。形化氣矣，然後抱元九載，錬氣成神，以神合道，故得形神俱妙。妙而無形，神與道合冥而不測，是以神形命性悉居於究竟空寂之本源也，故以禪宗性道畢其卷末者也。故上皆取金丹大旨，次序如此。若乃藥物火候口訣皆寓意在歌詠之中，覽者可尋文而解悟。自後傳之浸廣，文理頗有不同，又多錯謬，唯龍圖陸公之孫思誠之家其本爲眞，此乃仙翁親傳之本也，仙翁亦自序其所得之詳於卷末矣。愚因遊於洞天，得斯眞文，改而正諸，始悟仙翁所作之意，次序篇章取金丹之法象。其言雖約而義理該著，寓意雖微而比類親切，誠爲後學之眞規，群經之要覽。今夫學者多取旁門非類而證之，或以天庭至寶、玉壺金丹、混元靈丹之類妄亂穿鑿，終莫證其深根固蒂而具者。又有葉文叔者，以太極大衍之數釋而辨之，復撰圖附於卷末，謂之《悟眞篇外傳》，此乃簾瞻幙影，定馬爲乾，非惟紊亂眞經，而使學者愈增疑惑。噫，仙翁有言曰：不解自思已錯，更將錯路教人，誤他永劫在迷津，似恁欺心安忍。非文叔之謂乎。焉知金丹一粒，即太極之一炁也。聖人假借二八之物，采其氣於一時之中，變成一粒餌之，則立躋聖地。仙翁曰：一時辰内管丹成。又曰：一粒金丹吞入腹，始知我命不由天。豈虚言哉。文叔不達斯理，反以一時爲非。若非止用一時而言之，是非三年必九載矣。爲至簡至易，而仙翁有都來片餉工夫，永保無窮逸樂之語哉。又以一粒而爲一日之丹，妄引眞一子有日食一粒之説。然則三年九載，必食千有餘粒，豈仙翁特以一時之語誑人乎。舉此兩端，足知文叔不得金丹之術明矣。是以妄亂箋注，紕謬非一，殊不知太極大衍之數其實運火託象之時也。若託象求金丹之至道，是猶象龍致雨，畫餅充飢，不亦難乎。愚固不敏，陪仙翁之遺躅，既承眞廕，寅夕不忘，安敢坐視紅紫亂朱而不能廣仙翁之辭意而明之者耶。是以不懼天譴，直泄天機，謹依師之秘旨，課解眞文。分爲三卷，上卷言其強兵戰勝之術，以採其金也。中卷言其富國安民之法，以運其火也。下卷言其神仙抱一之道，以入無形也。一一說其實事，罔有纖微遺漏，同志覽之，坦然明白，直證至道，而不昧於邪宗曲流也。

紫陽真人悟真篇三註

論說

薛式《悟真篇記》 張平叔先生者，天台人。少業進士，坐累謫嶺南兵籍。治平中，先大父龍圖公詵帥桂林，取置帳下典機事。公移他鎮，皆以自隨。最後公薨於成都，平叔轉徙秦隴，久之，事扶風馬默處厚於河東。處厚被召，臨行平叔以此書授之，曰：平生所學，盡在是矣。願公流布，當有因書而會意者。默爲司農少卿，南陽張公履坦夫爲寺主簿，坦夫曰：吾龍圖公之子壻也。默意坦夫能知其術，遂以書傳之坦夫。坦夫復以傳先考寶文公。余時童丱，在傍竊取而讀之不能通也。先公帥秦，陽平王箴衮臣在幕府，因言其兄冲熙先生學道，遇劉海蟾，得金丹之術。冲熙謂舉世道人無能達此者，獨張平叔知之。成道之難，非巨有力者不能也。冲熙入洛，謁冨韓公，賴其力而後就。余時年少氣鋭，雖聞其說，不甚介意，亦不省所謂平叔者爲何人。邇來年運日往，志氣日衰，稍以黃老方士之術自治。有以金丹之術見授者，曰：神者，生之體。形者，神之舍。道以全神，術以固形。神全而形固，則其去留得以自如矣。因卜吉戒誓，傳法既竟，再謂余曰：九轉金液大還丹，上聖祕重，不可輕易泄漏也。異日各見所授，先依盟誓，又須自修，功成方可審擇而付之。蓋欲親歷其事，然後開諭後學。俾抽添運用之時，得免危殆，則形神俱妙之道，由是著矣。古今相傳，皆有斯約，違者必有天譴。豈不知平叔傳非其人，三遭禍患者乎。子當勉之，宜無忽焉。復序其所從來，得之成都異人者，豈非海蟾耶。且冲熙成丹之難，及於世之所謂道人者，無所許可，唯平叔一人而已。其言與予昔者所聞於衮臣者皆合，因取此書讀之，始悟其說。又考世之所傳呂公《沁園春》及海蟾詩詞，無一語不相契者。是以知淵源所來，蓋有自矣。今好事者多收此篇，而文理頗有不同。疑其初成，未經裁益，時已有傳之者爾。亦嘗參較其舛誤二十餘處，而尤甚者，如詩所謂：纔見芽生須急採，若逢望遠不堪嘗。此本乃改云：鉛見癸生須急採，金逢望後不堪嘗。蓋補完丹訣於其間，顯見世之所傳辭旨有所未善也。其別本復有了悟眞如一絕，此乃以歐冶鑄劍之事，易去之。緣平叔自爲《悟眞篇後序》曰：此《悟眞篇》中所歌詠大丹、藥物、火候、細微之訣，無不備悉，觀之可以尋文解義。苟無是詩，則變鍊金木之妙，何從而得之。其文簡而理隱，故出此篇，以繼成其事。然後金木還返之旨，煥然可推。大丹既成，而聖胎可結也。學者當知此書傳之寖廣，獨吾家之本爲眞。蓋平叔之所親授者也。余雖得之，願力不足，當求同志者共成之。因此托其自。

陰道厭九一，濁亂弄元胞，諸術甚衆多，千條有萬餘。彭眞人云：世人不達大道之宗元，而無非傍門曲徑。此屬多般皆爲左道。乖訛天理，悖亂至眞。明違黃帝之言，全失老君之旨。本期永壽，反爾傷生。鍾離翁云：生我之門死我戶之意大哉。上賢說到，下稍無人承當，何哉，只爲世人執己而修，則千條百徑，無非傍門者矣。仙翁垂憫，直言窮取生身處，豈不忒露天機。緣爲世人因業識中來，却又因業識中而去。一陽奔失，形雖男子，而身中皆陰。若執一己而修，豈能還其元而返其本哉。既不能還元返本，又將何以迴陽換骨也。是以大修行人，求先天眞鉛，必從一初受氣生身之處求之，方可得先天眞一之氣，以還其元而返其本也。此謂男女修行如此。女人修仙，則以乳房爲生氣之所，其法尤簡。是以男子修仙曰煉氣，女人修仙曰煉形。女人修煉先積氣於乳房，然後安鼎立爐，行太陰煉形之法，其道最易成道也，良有妙旨。昔宣和中，洞賓遊吳興，見一娼妓張珍奴，色華容美，性好淡素，雖落風塵，每夕沐浴更衣，炷香告天，求解脫去甚切。洞賓作一士訪之，珍奴見之，風神異殊，心甚敬之。盡歡，士飄然而去。明日又至，亦如之。往往月餘，終不及亂。張珍奴曰：荷君眷顧甚久，獨不留一宿罄枕席之娛，豈妄猥漏不足奉君子耶。士曰：不然。人貴心相知，何必如此哉。且汝每夜告天，實何所求。珍奴曰：失身於此，又將何爲。但自念奴入是門中，妄施粉黛，以假爲眞，歌謳艷曲，以悲爲樂。本是一團臭膿皮袋，借僞飾以惑人。每每悔嘆世之愚夫不自尊貴，過我門者，睹我如花，情牽意惹，迷戀不捨。非但喪財，多致身殞。妾雖假容交歡，覺罪甚重。惟朝夕告天，早脱此門。士曰：汝志如何，何不學道。珍奴曰：陷于此地，何從得師。士曰：吾爲汝師乎。珍奴即拜叩，士曰：再來乃可。遂去。珍奴日夜望不至，深自懊恨，因書曰：逢師許多時，不説些兒箇。安得仍前相對坐，懊恨韶光空自過，直到如今悶損我。筆未竟，士忽來，見所書續其韻：道無巧妙，與你方兒一箇。子後午前定息坐，夾脊雙關崑崙過。恁時得氣力，思量我。珍奴大喜，士乃以太陰煉形太丹法與之。珍奴自是神氣裕然，若大開悟，不知密有，所傳尤多，珍奴亦不告人。臨別作《步蟾宫》云：坎離坤兑分子午，須認自家宗祖。地雷震動山頭雨，要洗濯黄芽出土。捉得金精牢閉固，辯甲庚，要生龍虎。待他問汝甚人傳，但説先生姓吕。珍奴方悟是吕先審是修行，然後付焉。金玉堆裏不可與焉，父子至親亦勿與焉。蓋輕泄妄漏，身則受殃，禍連九祖，門戶有災，子孫不祥。豈止如是，又將受種種惡報，或沉九地，永不受生。切戒毋忽。

綜述

陸子野《註悟真篇序》 正人行邪法，邪法悉歸正。邪人行正法，正法悉歸邪。噫，金丹之道大槩如此，苟差之毫釐，則失之千里。是道者，一陰一陽之道也。得其道則我命在我，身外有身，與天齊年，享其永壽。百姓日用而不知之，皆流於情僞愛□之歸矣。夫物不得陰陽則不生，何哉，畢竟陰陽合而然也，但有生人生仙之間爾。仙師所謂逆爲丹母，順爲人者此也。其法至簡至易，凡夫俗子信而行之，神仙可致，况上士乎。丹經垂救後世，多以譬喻爲辭，不截然而直指者，非祕吝也，蓋患世人信不能及，反爲毁謗故爾。此道鑿鑿，可以出生死。且如《龍虎上經》云：磁石吸鐵，隔礙潛通，何況萬物配合而生。《參同契》云：物無陰陽，違天背元。牝鷄自卵，其雛不全。學者須要察認仙師此意，還且説箇甚麼。僕自幼潛心此道，亦有年矣。道不負人，天其憐我，獲遇聖師，一語方知，妙在目前。參諸丹經，洞然明白。審一身之中所産者，無非汞爾。蓋於六慾七情之場，醉生夢死之境，易於走失，猶汞之性難制伏也。若非得眞鉛以制之，使其交媾，結成聖胎，將見春而秋，朝而暮，日復一日，斫喪殆盡，至於四大不起，可不痛歟。是篇詩云：休施巧僞爲功力，認取他家不死方。壺内旋添延命酒，鼎中收取返魂漿。又曰：須知死戶爲生戶，莫執生門號死門。若會殺機明反覆，始知害裏却生恩。作丹之要，於此二詩可見其底藴八九矣。賢哉，紫陽眞人之用心也。惜乎世人宜假而不宜眞，當面蹉過而誰肯認，悲夫。僕既得師一訣而粗知緒餘，更無别道以加此矣。而所難者，力薄志劣則不能行。嘗觀古人抱朴子得此道二十年，家無儋石之蓄，不得爲之，徒有長嘆三復，此語實可悲哉。此道正是知行兩途，不可同日而語。昔杏林眞人授道光禪師，且囑之曰：可疾往通邑大都，依有力者，方可圖之。後道光禪師領旨如教，棄僧伽黎幅巾縫掖，復俗以了其事。詳而質之，可無疑矣。僕不自愧，僭以愚得於此書，下一註脚，語雖草率，而旨意甚親。萬一賢明同志者，見而豁然默悟了此妙道，何異如僕之得也。苟有識見卑污，根器涼薄，素溺於名相之人，妄意竊謗，爲三峰採戰之術者，是所謂孔子不得不哭麟，卞和不得不泣玉。嗚呼，惟祖師神明鑒之。

上陽子《註悟真篇序》 形以道全，命以術延。此語盡備金丹之説。南華老仙云：魚相忘於江湖，人相忘於道術。老子曰：上德無爲而無以爲，下德爲之而有以爲。上德者，内丹之不虧，故以道全其形。下德者，外丹之作用，故以術延其命。若求天仙，須兼内外而修。何謂道，亦如治國也，天下太平，國家無事，此聖人上德之道，行無爲之化，雖有智士良將，無所用之。何謂術，若天下擾攘，兵役疊起，苟無智士良將，豈庸人所能制治哉。即如人身，初生神氣渾全，復以道而養之，則籛鏗之壽，信未爲多此人之上德也。倘年壯氣盛，與嗜慾俱，若非外丹之術，曷延其命。深斯道者，則道爲體，術爲用。假術以成其道者，猶借良智以安其國。然吾所謂術者，則非小伎也，乃天地陰陽造化生生之道也。如順則生物、生人者，是後天地之道也。逆則成仙、成佛者，是先天地金丹之道也。此所謂術者也。故列聖相傳，必師其術，以裨其道。伏羲、周、孔之《易》術也。故曰：一陰一陽之謂道。孔子曰：愼斯術也，以往其無所失矣。釋云：佛法者，法即術也。是以《華嚴合論》云：一切巧術智增悲，妙道曰黄老之術。蓋言黄帝、老子皆以此而成道也。三教一家，實無二道。天台紫陽眞人《悟眞篇》詩詞歌章，明示金丹之術，以全久視之道。故眞人自序云：黄老悲其貪着，乃以修生之術順其所欲，漸次導之。子野《序》亦云：正人行邪法，邪法悉歸正者。此皆深得其旨。其用則精、氣、神，其名則云金丹。吐露泄盡，世無知音者。況道光禪師及陸眞人解註，極爲明白，而一切人不參其陰陽造化，有必不可也。外道乃指爲傍門，甚而云三峰採戰之説者，豈不惜哉。道之不行也有三焉，上根法器者，不遇眞師，遂入空寂狂蕩，一也。中庸之士，愚執無師，謬妄猜臆，二也。下士愚人，逐波隨流，不信有道，三也。如葉文叔、袁公輔輩，臆度妄註，却引仙經古語證之，竟至玉石不分，果有何益。致虚首聞趙老師之旨，未敢自足，後遇青城老仙之祕方，知陰陽造化順則人，逆則仙之理，無復更議。至如象月出庚陽生、火候之奥、青城之訓，爲最的而易行。今不敢祕，乃《悟眞篇》每章之下出數語者，則薛陸所藏餘藴，更爲申之，使後來人不迷於疑網。噫，世之信道而行者，鮮而復鮮。金丹之道，未有若此《悟眞篇》之親且切矣。上有純陽、海蟾之面授也，我重陽、丹陽諸老仙之語，亦與是合。況杏林、道光、泥丸、紫清代相授受，皆以是而證仙道。世因稔聞而厭聽，此雖三尺童孩，亦知世有神仙之術。時人乃多訕謗者，抑不思之甚也。且青城翁授僕眞訣，既而囑曰：後必有王侯大人求師于子，夫道不可禁祕，又不可妄泄。孰能審之，吾有一驗法，頗得其情實，今以授子，可沙裏淘金去也。僕承師授，寢食若驚，首授田侯。至陽子遍遊夜郎、邛水、沅芷、辰陽、荆南、二鄂、長沙、廬阜、江之東西，凡授百餘人，皆只以道全形之旨。至於以術延命之祕，可語者百無二三。非僕所敢靳也，彼器有利鈍爾。因書于此，使聞道者各宜勉旃。妙矣哉，雖有拱璧，以先駟馬，不如坐進此道也。

張士弘《紫陽真人悟真篇筌蹄》 學仙之至要，雖世之愚人，得其妙訣，亦躋聖位。何也，爲堅信不疑，而勇於行耳。學者未得眞師口訣，望洋而退。否則，猜量臆説，説性説命，説禪説宗，以逞乾慧。孰知是書故一絶云：饒君了悟眞如性，未免抛身却入身。何似更兼修大藥，頓超無漏作眞人。是以三教殊途同歸，皆先了性，然後修命，未有知修命而不知了性者。蓋大藥從性而入，方是金丹也。獨知性者，又烏知玄牝生丹之妙。世多有悟性而不知修命者，故詩謂名爲四果徒之句，此乃明空性而不得達磨上乘之教。後之愚人，反謂修命之後，方求了性。誑惑至此，復奈之何。兼以近世有輩妄人，僞作歌頌，記于此書之後，以瞽性命之學如《讀祖英集》、《讀參同契》等禪宗歌頌四十餘篇，措辭殊甚鄙陋，似此何能明性。此乃初學無知，連床上習爲，此等不可捉摸底話，以愚惑世人。今皆削去，毋玷玄文。此輩不究紫陽眞人之書，言參妙道，語漏化工，其意甚殊，其言大切。如：先把乾坤爲鼎器，次搏烏兔藥來烹。又如鉛遇癸生二物會時之句，其高製妙語，豈識見卑污所能思議。故眞人自序云：教雖分三，道乃歸一。奈何後世黄緇之流，各自專門，互相非是，致使三家宗要迷沒邪歧不能混一而同歸矣。予項在中書有志于此，每疑仙與佛爲各道性與命爲兩途。後蒙師授，方得指歸，始知天下無二道之理。倘非師旨，皆是誑談。歷閲群書，遍加詢究，此《悟眞篇》前後註釋，可見三十餘家。於中有力行而深知，有洞達而未行，有及門而無火候，有略曉而無下手，有不得明師妄自箋註，大失其旨。眞人所謂學者隨量會解，自然成三乘之差。今集薛、陸、陳三家所註，壽梓以行，其意合而旨同，實後學之梯級。書之來歷，且有數説，是亦後人各述。得書之由所不足信，或云垣中三星潛耀降世，又云燒其蜕得舍利子千百，此皆杜撰，有所不取。明達之士，或是斯言，遵而行之，仙佛可證。

紫陽真人悟真篇講義

綜　述

真德秀《紫陽真人悟真篇講義序》 天台眞人張平叔作《悟眞》詩百餘篇行於世，識者謂《參同》之後纔有此書。予閑中雖頗涉獵，然未能識其妙處。雲峰夏宗禹自永嘉來游幔亭，示余所爲《悟眞講義》，章剖句析，讀之使人焕然無疑。顧方掩關謝賓客，不能從君從容咨叩，以盡其妙。然以君之爲人，材智磊落，蓋嘗入山東幕府，奉檄走燕齊間，功名之志鋭甚。年未五十，顧欲捐棄軒冕，從安期、羨門爲海山汗漫遊，其亦太蚤計矣。予頃聞道家言，學仙至難，唯大忠大孝，不俟修鍊而得。其説渺茫荒恍，未易測知，然使天上眞有仙人，必忠臣孝子爲之，非可幸而致也。今以君之才，雖不求用世，將有不吾置者，勉爲明時植立功業，報國榮家，忠孝兩盡，然後從君鼻祖夏黄公戲橘中遨商山，無不可者。君又有《陰符講義》諸書，留茂潛樓賜叔已爲之序引，故不復云。

曹叔遠《紫陽真人悟真篇講義序》 吾鄉諸儒以經學見推，文翰自命者，多矣，未有能傳張平叔《悟眞》訣者。夏君宗禹廼獨因祕受坐進此道，斯亦異矣。君少有奇抱，謂功名抵掌可致。自其二十年間，徧入應賈許三師，幕且與荀夢玉同艱難，繇青齊，跨太行，深入韃境，極其勞瘁。既而事與願違，始屏迹絶口不復道，著爲《藥鏡》、《陰符》、《悟眞》三書，羽流至有投誓而願受業者。予嘗諗君古人功成名遂，如泛五湖，從赤松遊者，迄無一字可傳，君今得無以言爲累耶。君對以吾非自能高擧遠引者，推吾之志將盡，欲天下後世人皆能返老還童，出凡入妙而後已，吾何愛於言也。此論尤高，宜加敬歎。

張宓子《紫陽真人悟真篇講義序》 何以爲道皆本諸身，長生不死之藥，誰能於吾身之外得之。坎、離、震、兑，吾身之物也。金、木、水、火，吾身之物也。交梨、火棗，吾身之英。瓊漿、玉液，吾身之精。千形萬狀，不出吾身，惟常人知方保護之術，不能運化。至人獨有顛倒之法，故守眞抱一，龍從火裏出，虎向水中生。不顛不倒，何以成道。七返、九還，妙品也。八歸、六居，神品也。張平叔知之，夏宗禹知之，壽張老人望洋而歎者也。

悟真篇註解

著録

《四庫全書總目・子部・道家類存目》 《悟眞篇註解》三卷，明張位註。位有《問奇集》，已著録。是編前有位序，謂《悟眞篇》自葉文叔著《外傳》，紊亂眞經，使學者愈增惑誤。故分此書爲三，而又撰直指、詳説、三乘祕要諸論，附於卷末。

玉洞藏書

著録

《四庫全書總目・子部・道家類存目》 《玉洞藏書》四卷，明李堪撰。堪號楚愚，應城人。書首何思沛序，稱其屢失利於棘闈，則嘗爲諸生也。是書成於萬曆壬子。前二卷取宋張伯端《悟眞篇》，句爲箋釋，而附以諸仙修煉之説。後二卷則註漢魏伯陽《參同契》《三相類》。其以《三相類》爲淳于叔通作，用楊愼本也。

玉清金笥青華祕文金寶内煉丹訣

著録

《道藏目録詳註》卷一 三卷，有圖像，紫陽眞人張平叔譔。金丹圖論序、心爲君論、口訣中口訣、神爲主論、氣爲用説、精爲氣説、意爲媒説、坎離説、下手工夫、精神論、幻丹説、捉丹法、神水華池説、百竅説、採取圖説、交會圖論、採取交會口訣、直泄天機圖、直泄天機圖論、火候圖論、陰盡圖論、總論金丹之要、次第秘訣火候秘訣採取圖等論。

還源篇

綜述

石泰《還源篇序》 泰素慕眞宗，遍游勝境，參傳正法，願以濟世爲心。專一存三，尤以養生爲重。蓋謂學仙甚易，而人自難，脫塵不難，而人未易。深可哀哉！古云：迷雲鎖慧月，業風吹定海。昔年於驛中遇先師紫陽張眞人，以簡易之語，不過半句，其證驗之效，只在片時。知仙之可學，私自生歡喜。及其金液交結，聖胎圓成。泰故作《還源篇》八十一章，五言四句，以授晚學。早悟眞筌，莫待老來鉛虛汞少，急須猛省，尋師訪道，修鍊金丹，同證仙階，變化飛昇，實所願望焉。

還丹復命篇

綜述

薛道光《還丹復命篇序》 嗟夫！人之有身，其味也久矣！以名利盜其心，以是非賊其志，日漸一日，寖成鄙吝，不知好道，而自與遠。然至道不遠，常在目前，故《仙經》云：大道汎兮！其可左右。雖有道者欲與之開發，孰爲之信？僕陋以狂言，不足以取信於人，以金鼎還返之道，陳於世者，尤非所宜。在有道者，當自知之。初年學道，所親無非理性之士，若禪宗之上乘，一悟則直超佛地，如其習漏未盡，則尚循於生死，至於坐脫立亡，投胎奪舍，未免一朝而長往。常思仲尼窮理盡性以至於命，釋氏不生不滅，老氏昇騰飛舉。由是聖人之意，不可一途而取之。宣和庚子歲，得至人口訣曰：大道之祖，不出一氣而成變，喻之爲日月，名之爲龍虎，因之爲陰陽，托之爲天地。一淸一濁，金木間隔於戊己之門；一情一性，陰陽會聚於生殺之戶，採二儀未判之氣，奪龍虎始媾之精，入於黃房，產成至寶。別有法象樞機，還返妙用，長生祕訣，畢於此矣！由是方知大道不繁，須逢至人授之口訣，始能造於眞際耳。數十年來所窮者，皆聖人之緒餘也，始明物有不遷之理。一陰一陽之謂道，偏陰偏陽之謂疾，龍虎之機，金木之理，此之眞訣。僕聞不疑，依法行之，果躋聖域。嘗聞奧旨混於六經書史之間，故《易》曰：男女媾精，萬物化生。豈不顯其道機！詳其書史，以仁義禮樂有爲而推之，故於無爲之道而相返也。昔鄒魯之士，縉紳先生，多能明之，近世不復有矣！依師口訣，輒成五言一十六首，以表二八一斤之數；七言絕句三十首，以應三十日之大功；續添《西江月》九首，以應九轉之法。辯藥物採取，五行相殺，主客先後，刑德圖訣，抽添運用，火候斤兩，無不備悉。好道之士，請熟究斯文，或以宿緣契合，自然遭遇，文雖鄙陋，一一皆言其實矣。

海瓊問道集

綜述

留元長《海瓊問道集序》 讀韓昌黎桃源之句，則起神仙渺茫之念；讀白居易海山之辭，則起兜率歸去之思。人心無根，隨語生智。噫！吾聞之神仙可以學得，不死可以力致，非曰能之，願學焉！幼時業愛，修仙鞭心於兹，不覺壬子又丁丑矣！人間歲月如許，頭顱皮袋又安以頓哉！天貸其逢，而於道有可聞之漸。是年春遭遇眞師海瓊君，姓白諱玉蟾，或云海南人，疑其家於襄沔也。時又蓬髮赤足，以入廛市，時又靑巾野服，以遊宮觀，浮湛俗間，人莫識也。自云二十有一矣，三教之書，靡所不究，每與客語，覺其典故若泉湧然，若當世飽學者，未能也。眞草篆隸，心匠妙明，琴棋書畫，間或翫世。所與交者，盡時髦世彥，雖敬慕之者，不可得親隨。身無片紙，落筆滿四方；踏遍江湖，名滿天下，其從之如毛也。時人多見其囊中曾不蓄銖銅粒黍以自備，或醉甚輒呼雷，或睡熟能飛章，或喜或怒，或笑或哭，狀如不慧，或亦出言與休咎合，觀其濟世利人之念，汲汲也。徹夜燒燭以坐，鎮日拍攔以歌，晨亦不沐，晝亦不炊，經年置水火於無用。稱其耳聵目眵，或對客以牙宣爲辭，未審厥旨也。無酒亦醉，睡醒亦昏，諸方士夫刊其文，碑其言，多矣！今多嗔少懽，與世甚相違，故慕之而針芥歟！荷相授以九鼎金鉛砂汞之書，太乙刀圭火符金液之訣，紫霄嘯命風霆之文，元長自惟曩者獲罪於天，失身墮世，何以得此，誓糜軀以修之焉！期不負所學矣！謹集間酬警悟之一二，以鋟諸木，使四海同志之士，有所啓發也。白君得之於陳泥丸，陳得於薛道光，薛得於石泰，石得於張平叔，張得於劉海蟾，劉得於呂洞賓。况人皆知其爲人，而讀其書也，吾何贅以叙哉。

著録

《道藏目録詳註》卷四　內歌賦、玄關顯祕論、隱山文、禪光寂國記等篇，露性命眞機。

海瓊傳道集

著録

《四庫全書總目·子部·道家類存目》《海瓊傳道集》一卷，舊本題廬山太平興國宮道士洪知常集。前有陳守默、詹繼瑞序。稱乙亥之秋，遇其師白玉蟾於武夷山。戊寅之春，復於廬山相會，有道友洪知常，字明道，號故離子云云。白玉蟾即葛長庚，宋末道士。則所謂乙亥者，爲宋德祐元年。所謂戊寅者，爲元至元十五年。知常蓋元人矣。其書稱白玉蟾所傳凡二篇，一曰金丹捷徑，一曰鈎鎖連環經。文詞鄙倍，殆村野黄冠所依託。前有錢曾名字二印，篆刻醜惡，亦庸劣書賈所贋造也。

長生指要篇

綜述

林自然《長生指要篇序》　僕蚤歲嬰戚，筆硯廢頓，且於世味澹然。忽讀《清靜經》而發深省，由是剛腸辭家，蓬頭赤腳，遊歷參訪，幾半天下。至如想腎存心，嚥津納氣之術，靡不嘗試。惟欲然於懷者，金丹一事，未究根宗。天開其運，西蜀陸公眞人，一見於長汀煙霞道院，欣相付授藥物火候，運用抽添，如指諸掌。服膺師訓，於兹有年矣！因見世人旁門曲徑，去道愈遠，不忍盡祕，遂以微言弘道，著爲七篇之書，目之曰《長生指要》。庶幾有心之子，由是悟入焉耳。

爰清子至命篇

綜述

王慶升《爰清子至命篇序》　人心道心云者，盡性之謂也。性苟盡矣！命斯可至焉。可道常道云者，至命之謂也。性猶未盡，烏可至於命也？捨性命以求道而得之者，未之有也。性命一也，有存滅者焉，有長生不滅者焉，有生死者焉，有長生不死者焉。存而滅，生而死，天下皆是也。人徒見其同而不見其異，故有諱言神仙者焉！神仙之在太空，自開闢以來則已有其人，而未見其名，曁乎黄老輩出，則人與名漸著矣。秦漢而降，則名愈彰，而人愈難得矣。僕潛心於性命有日，幸天愛道，得至人授之口訣，其言甚簡，其事甚易，誠可立爲。然非有大福德，大力量，則不能亟行之，私念電光易滅，石火難留，行止靡常，死生莫測，歎世人之篤好，受誑者之祟欺，指燕爲鸞，目狐作驥，詆訶先聖，乖惑後來，勇違太上之科，忍佛至眞之理，迷迷相汲，比比皆然。苟無言象之昭垂，深恐機械之終泯，故敢不揣愚陋，謹依師傳金丹軌則，述爲至命之篇，傳之私楮，以淑同志。曰安爐立鼎，曰火候法度，曰野戰守城，曰沐浴脱胎，皆是明述而實道，觀之者宜悉心焉！倘或因緣際會，而獲朝聞之慶，質諸斯文，泮然冰釋，怡然理順，如執左契而收舊物，豈小補哉。

三極至命筌蹄

著録

《道藏目録詳註》卷三　一卷，有圖，果齋王慶升述。諸法象圖註、紫淸白眞人金液大還內外丹訣、三要總序、三關總序、九鼎總序、丹經總要、陰符破迷贊、古仙眞訣集句、修眞六用、修眞十戒。

玉谿子丹經指要

綜述

李簡易《玉谿子丹經指要序》　僕家宜春郡城之東，遠祖朝議觀休官學道，自號玉谿叟，兩遇純陽眞人而不悟。後再遊南嶽，欲見藍養素，道中逢一人，荷釘鉸之具者，謂公曰：公非李某乎？往嶽山見養素乎？公曰：然。如此則煩公寄一信於藍，云劉處士奉問先生，十月懷胎，如何出得？遂長揖而去。公行數里，悒怏不快，因思此人既知余姓名，又知余心事，且言不類俗。因詢求之，不復得矣。暨見藍，具述所言。藍曰：眉間得無白痣乎？曰：有。藍曰：此劉海蟾也。吾養成聖胎，若非此人，不能證果。公更爲我言之。公曰：劉處士奉問先生，十月懷胎，如何出得？藍撫掌大笑。惟聞頂雷隱然見一人，如雪月之輝，與藍無異，直上冲霄，而藍已逝矣。公焚香嘆息而退，今嶽山長笑先生是也。公歸，取神仙傳記道書諸子，閉門不通賓客，盡日披玩。未幾，亦無疾而逝。僕其嗣孫也，幼習儒業，雖不遂志，其於道佛經典，星筭醫卜，靡不究心。獨於金丹一訣，尤酷意焉。於是參訪江湖，奔馳川陸，雖乞丐者，亦拜而問焉。以夙志不回，天誘其衷，得遇至人於桂仙坊王子廟內，繼而再遇於江陵府。一言點化，頓悟七返九還之旨。嘗寄跡武當，襄漢江淮，莫不經遊。其間鮮有明達圓機之士，遂絶口不談一玄字。迨景定癸亥，自荆襄而星沙鄉，關不遠矣。時逢故里之人，話問詢及親舊，而壯者老，老者逝，不覺流涕，因此念曰：紫陽眞人有云：自爲計則得矣！靳固天道，罪莫大焉！即啓心禱天，開金關玉鑰集而爲《悟眞篇指要》、《長生久視之書》，及《辯惑論》、《或問法語》，尤慮法象未盡，又述羲皇作用，以明符火進退，可謂洩天機矣！有志於道者，當自珍惜。所冀人人修鍊，箇箇圓成，功滿德就，同證仙果，或生輕慢，殃禍立彰。其中語句鄙質，無過入室中實事。好道君子，宜細味之，儻有所悟，乃天所賜，不在僕區區之口傳也。

許真君石函記

綜述

佚名《許真君石函記序》　眞君姓許，名遜，字敬之，汝南人。其祖父世慕至道，西晉武帝太康元年，舉孝廉，不就，朝廷加以禮聘，眞君不得已，拜蜀郡旌陽縣令。因世亂，棄官入道，精志修煉，乃踵孝道明王之敎，眞仙飛舉之宗，功著行成。收斬蛇蜃，呪施符水，療病回生，不計其數。後於東晉孝武帝寧康二年甲戌八月一日，於洪州西山，感上帝玉詔，舉家四十二口拚百好，拔宅上昇。乃留下一石函，謂曰：世變時遷，爲時之記，後爲張守發其函，得函中祕文九篇，乃眞君修煉金丹之上道也，名《石函記》。西山玉隆高士謝觀復，洎高弟淸虛羽衣朱明叔、東嘉鄭道全等，遞相授受，傳至於今。此文乃上品升舉之機關，非丹術旁門之小道，宿有仙骨，獲遇斯文，得之者寶而藏諸，非人勿示。篇中誓願深重，請細詧焉。

著録

《道藏目録詳註》卷三 二卷。太陽元精論、日月雄雌論、藥母論、藥母是非論、丹砂證道歌、聖石指玄篇、神室玄明論、金鼎虛無論、明堂正德論，言神丹大道。

先天金丹大道玄奥口訣

綜述

劉澄淸《先天金丹大道玄奥口訣序》 予壯讀丹經，經引物論理處，稍窺見一二。時旣有室，且宦遊，雖好誦，行之未暇也。行年二十有八，坐邊事，累責春陵。道岳陽，客有示晦翁北山萬壑雲氣深，萬死形魂生羽翼之句者，予感而歎之曰：天地循環，惡獨不能先蘧瑗一年知非耶！即遣婢妾，妄塵頓空。一日遇樵隱，說丹要於雅吟亭，詞甚不顯，瞭然易解。而予頗以易而忽之，未及竟而別。旣抵九嶷，友朋相與結茅深山，授業之暇，稍思爲己主，以靜而佐之，丹學火符卦節，無不合訣。然靜境亦身有悟解，追憶飛吟所授，方將弦圖改之，而被旨北歸遼鶴故鄉，見者已怪其霜髭之返黑，益信丹學之妙。雖髣髴依據，猶足自愛，況得的傳而行之哉！未幾蒙恩，起家參江閫幕，單騎就戍，官府如山，居輒玩《老》、《易》，每以無同志爲恨。忽毗陵霍君慧然袖丹訣來訪，讀之猶吾岳陽所聞也。大槩以眞藥、坤土、火候，爲丹家三要，源流出《悟眞篇》，而綱目與濂溪《太極圖》不異。且嫉世人借容成穢論傳《悟眞》以逢士大夫之慾，而誣紫陽之道。嗟乎！霍君曷不早值十年，使得參同以坐進此道於九嶷閑居之日，旣霍君以其訣求序。噫！水魄火魂，太極聖經，月戊日己，正位眞土。乾坤吾丹鼎，坎離吾丹材，復姤吾丹候，黃中通理，至道一凝，則昏氣濁質，變化無餘，而充實輝光，聖功純熟矣！探無極於後天，求正位於他體，不思吾氣質變化之不易，返欲假偏陰之至昏至濁者，而滋妄焉！其不趣鬼市也幾希。子澄世念久灰，不知富貴爲何味，吏塵厭行當棄去，結廬五老之下，雲藏一壑。霍君異時過我，相提攜，相警省，使悟眞之學，證驗昭晰，將濂溪《太極圖》，軻書之夜氣，太易之乾龍，並傳而不朽，則君之一身，雖窮猶達，而予亦免索隱行怪之譏。因序此書，將以贈別。

尤焴《先天金丹大道玄奥口訣序》 屈原之賦《遠遊》，朱文公之讀《參同》，其感激憂憤之心，一也。然金丹一術，其《黃帝內經》，而魏伯陽演之，則非誣誕矣！近世玩其文，著書以明其學者，汗牛充棟，而得其眞者，絶無一二。雖天分不可強，而亦由古學之無傳爾。焴幼而慕此，老而有聞，而年運已往，不復可傳乎！鄉友霍君見示此書，其間漏泄甚多，視他人所著述，絶不侔。因喜而爲之書，且爲道屈原朱文公之讀《參同》，以啓悟後學焉。

巨川《先天金丹大道玄奥口訣序》 神仙可以學得，不死可以力致，古有是語，信不誣矣！巨川世居毗陵，自高祖少師晉公以倫魁事徽宗，與仙人方士相往來，世傳有《金丹圖》，持以示林靈素，且曰：陳希夷之妙訣也。林靈素得其旨，而高祖分與道殊，聽之嚼蠟，而不能悟。持以遺僉樞郭公三益，乃高祖母越國夫人郭氏之父也。郭頗好道，不能盡究其事，此圖家藏。又越九十餘年，嘉定中，先君上谷府君，忽遇武當山赤脚陳眞人，首傳此道，歸玩舊圖，若合符契，因增註口訣，欲刊，先君解化。巨川歎玄學之無傳，慮此書之湮廢，於是露香盟天，命工鋟梓，續先志也。嗟夫！世人貪生惡死，皆有是心，奈以嗜慾爲累，不能堅志力行，以致中輟，是知聞道易而行道難。巨川幼喜學道，自丱角習靜，先君慮巨川之荒舉業，每止絶之，而巨川終不能已。弱冠時，異事殊利，名韁鎖念，不到此。後來先君以其訣，傳授諸門人，當世異姓貴戚之卿，有聞而行者，有行而未力者，有喜聽而不喜行者，而巨川得先君之心傳，且戒巨川曰：吾得神仙之道，無神仙之福，今老矣！玄功作輟，莫竟其事，靈宅頹舊，將用遷徙。吾於節齋有緣，可托大事。於甲寅良月遊霅川，與節齋飲酒歡，越一日忽告别，坐客聞知其意，翌日，以書報巨川曰：虎伏龍降，臨行不忙，有子可付，無事思量。嗚呼！使先君有餘力以畢其道，又奚止此而已哉！因書其事於丹圖之後，巨川百拜敬書。

郭三益《先天金丹大道玄奧口訣序》　按樞密郭公舊序云：余讀漢《張良傳》，觀其受書於黃石公，不亦異哉！談笑興王，人莫及之，誠有所憑藉。然《本傳》謂一篇書，乃《太公兵法》，今其書行於世，人皆讀之，子房所得，必不止於此。余意其妙旨，祕而不傳，觀婿霍端發家，世蓄其書，歷年之久，不知其所自來。林靈素見而奇之，謂陳希夷心傳之書，霍親攜以示余，果奇書也，求而得之。余後持以見林靈素，以得其眞旨，頃於高麗海泛海山，險阻多矣！歷試，無不獲驗，可以爲身中之寶，信乎！傳余之子孫，恨不得傳，故序以戒之。

佚名《先天金丹大道玄奧口訣序》　上谷總管霍君諱懷字伯玉，毗陵人也，崇寧大魁，少師晉公之曾孫。君生而聰慧，學該九流百家之奥，倜儻不羈，疏財好義，常急救人苦難，若己有之。曾遇聖人傳授丹訣，得尸解之道，甲寅冬，無疾示化于霅川趙觀文私第之别墅。其子巨川，亦有方外志，雖鵲抱之戰，累得虛名，視功名土苴，遯世無悶，若將終身焉。一日以其心傳丹訣刊行，以續先志。余因得炷香一觀，緜力淺末及問，以願學焉。

著録

《道藏目録詳註》卷三　有圖像，晉陵霍濟之述。歸根圖、金丹藥物直指圖、直指金丹大道、指述頌。

金液大丹口訣

綜述

鄭德安《金液大丹口訣序》　夫欲修眞，必須窮理盡性，以至於命，可也。性未明也，命不可知。故釋氏以性爲主，命爲伴；太上以命爲主，性爲伴。此二説甚好，性爲主者，先要明我父母未生已前是箇甚麽，將萬境萬緣悉皆看破，元來只這一點虛靈爲主，此箇身體亦是虛幻。既如此時，末後一着，作麽收拾回去？佛云：向上一着，千聖不傳。如得者，名爲六通無礙六自在如來。如無此着，終爲頑空。祖師云：饒君了悟眞如性，未免抛身却入身，從此更兼修大藥，頓超無漏作眞人。太上以命爲主者，先要人實腹養身，保精生炁，以炁化神，以神合道，縱横猶得，長以玉樹，枝莖花葉，茂盛之喻。工夫鍛鍊，純陽爲體，身外有身，千千變化，穿金透石，現種種之神通，與佛何異？性命二字，不可分作二，亦不可併作一件説。故仙家金液大丹妙訣，金箱玉笥，萬劫一傳。《玄科》云：遇人不傳閉天道，妄傳非人泄天寶，輕泄漏慢罪滅形，九玄七祖受冥考。伯陽祖師云：竊與賢者談，曷敢輕爲書，寫情記竹帛，又恐泄天符。若遂結舌瘖，閉道獲罪誅，可以口訣，難以書傳。諦思之，不須論，深藏守，莫傳文。平叔祖師云：吾昔三傳與人，三遭禍患，自今已往，當鉗口結舌。雖鼎鑊在前，刀劍加項，無復敢言矣！余思之，願天下人悉達此道，如此戒行深深，當如之何？既得師傳，不免漏泄，粉骨碎身，難報師德。先師云：一人傳道，福及九祖，太上願願長生，必不固靳。余遂撰六十四句口訣，號曰《太一含眞火符直指》七言詩一十七首，號《一秤金》、《西江月》六首，應純乾卦，於中括盡下手工夫，玄關一竅，藥物川源，火候祕旨，進退抽添，沐浴溫養，脱胎神化，無不備悉。此乃是余親行所得之妙，望學者勤心精進，刻日有驗，得驗之後，每日消息擬時，要准辯，認浮沉，識昏明，知早晚，莫瞌睡，節飲食。工夫到，降則取，升則迎，打成團，發光明。密密綿綿，而無大過之患；猖猖狂狂，則有不及之憂。得之非難，行之爲難，守之尤爲難。量都來十月之辛勤，永亨無窮之逸樂。然此未知那箇是決烈慷慨，特達能仁，明道者得之，默而行之，句句相應，方遂德安之願也。如遇師訣，誠與不誠，行與不行，勤與不勤，則非德安之咎也。余誓曰：我若悞了肯學人，萬劫風刀當受考。如遇此書，生輕慢怠惰者，永爲下鬼，禍及九玄，學者察焉！

著録

《道藏目録詳註》卷三　《金液大丹口訣》與《玄奥訣》同卷。太微洞天白衣道授，冲虚妙靜寗眞子鄭德安序。内言工夫到時、火候擬將要准、藥物景象、升降交結、抽添妙用、浮沉沐浴、聚散變化、養成炁母、百日成基、沐浴忌日、移胎換鼎、溫養胎仙、自然神化。已上一十三節工夫，俱言外丹藥物火候。

金丹詩訣

著録

《四庫全書總目·子部·道家類存目》　《金丹詩訣》二卷，舊本題唐純陽眞人呂巖撰，宋雲峯散人夏元鼎編。元鼎即作《陰符經講義》者也。卷中詩句皆言坎離交媾、嬰兒姹女、道家修養之術。其上卷末附載留題詩六首，厲鶚《宋詩紀事》亦採録之。然巖本唐人，其詩殊不類唐格。下卷歌行尤鄙俚。且唐人棋路，黑白各百五十，故《棊經》有枯棊三百之語。此所載《下棋歌》中乃稱「因看黑白，愕然悟頓，曉三百六十路」。又《窯頭坯歌》内有「君不見洛陽富鄭公，説與還丹如盲聾。又不聞三衢趙閲道，參禪作鬼終不懊」之句，是直爲入宋作矣。殆羽流所依託歟？下卷末附南嶽遇師本末，亦題夏元鼎編。述元鼎遇赤城周眞人指示得道事。考《蓬萊鼓吹附録》，稱元鼎博極羣書，屢試不第。應賈、許二帥幕，出入兵間。至上饒，夜感異夢，棄官入道。至南嶽祝融峯，得遇異人傳授。亦道家荒誕之言，不足信也。

存神固氣論

著録

《道藏目録詳註》卷二　一卷。論鑪鼎地位、論陰陽顛倒、論陰陽老少、論水火相求、論金木相刑、論五刑相返、論王氣盛衰、論添進火候、論虎龍關軸、論性情動靜、論身分色化、論胎息眞趣、論寂滅無爲、論形神俱妙、論法中源篇。

金液還丹印證圖

綜述

龍眉子《金液還丹印證圖序》　竊以剗死注生，名既簡於玉札；尋師訪道，心方契於丹書。善惡在人，升沉由己。伏觀《總仙》之傳，始知自古以來，冲舉者十萬人，拔宅者八千處。豈皆稟受之異，蓋因力學而然。若軒轅生而神靈，固由天授；如旌陽修而道備，豈非人爲！須待惡業消而後善緣就。或因守關而遇，或欲渡海而逢，或經魔而心愈堅，或歷試而志不退，得既艱苦，修必精專，採鍊於鴻都會府之中，棲遁於太華嵩山之下。或紅塵間散，若李蜺之八百，安期之三千。或白日飛騰，若子晉之驂鸞，琴高之控鯉。或厭世而尸解，或住世而留形，或師徒之皆升，或祖孫之咸達。或得之艱而成之易，或得之易而成之難。方冊具傳，厚誣不可。余從童稚，篤志清虛，門戶徧求，是非莫辨，留心三紀，倒指百師，所學皆非遇而方悟，是知難逢之事，豈可容易而成？欲爲跨鶴之遊，必假腰錢之助。下士聞而大笑，上聖所以不言。謬以毫釐，失之千里。廼若天機之輕洩，祖則罪延，而至道之不傳，己則過大。將言復輟，欲罷不能。謂其隱祕於玄微，孰若鋪陳其梗槩。因述師旨，繪作圖章。著外法象九章，所以盡造丹之微妙。著內法象九章，所以條養丹之詳細。夫鍊金丹者，必有所自，故有原本焉。有本然後生，故有乾坤焉。用乾坤烹鍊，故有鼎器焉。鼎器有藥物，故有鉛汞焉。鉛汞明分兩，故有和合焉。和合成黄芽，故有眞土焉。丹民貴能取，故有採取焉。作用有規模，故有制度焉。制造有同志，故有輔佐焉。此在外法，象造丹之力章也。採得然後服，故有服丹焉。服畢務溫養，故有九鼎焉。溫養全藉火，故有進火焉。火候有進退，故有退火焉。進退有藥象，故有抽添焉。進退有休息，故有沐浴焉。沐浴罷丹成，故有金液焉。丹雖已成，慮性未能，故有抱元焉。守一抱元，命固性徹，形飛天闕，位證眞人，故有朝元焉。此在內法象，養丹之九章也。服丹纔罷，養火一年，攢簇陰陽，縮歛節候，奪二千七十三萬六千之正氣，歸九一三七二四六八之寶。身壽則無窮，數盡有壞，故莫若均齊物我，混一色空，悟无上之自然，圓眞源之正覺。動爲游戲，靜入太虛，造無拘礙之乘，永返元來之本。通前警悟，及後還元，共二十章。接四五侶，外有鍊丹行，所以貫串首尾，錯綜篇章，指迷箴。所以明辯正邪，分別眞儒。列之于後，覽者詳焉。非敢爲達者之規模，姑留爲後學之印證耳。

修真太極混元圖

綜　述

蕭道存《修真太極混元圖序》 夫金丹者，上聖不傳之秘，實大道之源，包羅天地。其大無外，其小無內，運行莫測。立天立地，與人同焉。非聖人之不傳而閉塞仙路乎，乃世人之澆漓，人物蔑劣，而緣生分淺，安可傳乎！經云：以四萬劫一傳，非上天之所惜，在得人而傳，蓋不容輕泄。上至三清，中至上聖，下及群仙，皆因煉金丹而至聖也。豈不祕乎！予謂宿緣流慶，叨荷師資，非爲用心而致斯也。昔年已宿志不回，遍遊諸方，參傳至道，遂遇先師，憫余勤苦，遂將金火返還，刀圭符火之祕授予，不勝喜悅，遂歸試鍊，則一息之間，龍虎爭鬥，而追軒轅，撼崑崙，過扶桑。神哉！堪笑今之學徒，不悟大道之源，止求空寂，認爲了達。雖能入定出神，奈何精神屬陰，宅舍難固，豈能聚三花而回五氣，絕陰換骨，駕景乘鸞，而純陽之仙乎？然而情明性寂者，則爲清靈之鬼仙也。余以九丹者，金液爲上，然九轉之功，純陽之數足矣！故得陽神踴躍，魂長魄消，造化與天地同焉。其間鼎器萬物，吉凶消長，浮沉主客，抽添鉛汞，癸生消息，陽龍陰虎，升降水火，百端機含者，其間不出龍虎交媾，溫養癸生，捉出坎陽，去補離陰，潛龍衮浪，一撞三關，此乃一息之功能奪天地造化。然而二六時中，要審觀微妙，知機下手，不許昏朦，錯時亂刻，不合符節，則嚴冬大暑，夏月濃霜，而造化獘矣！因觀祖師施眞人《修鍊太極混元圖》者，其間天地人三才定位，鍊丹節要者，玄哉明矣！前輩曰：既得兔魚而忘棄蹄筌。今作是圖，私自生歡，知此身之不可死，故知了悟者，其來久矣！遂述序而爲諸同志幸爲一覽。

著　録

《道藏目録詳註》卷一 章貢混一子蕭道存著。八景之圖、三才定位圖、陰陽昇降圖、七十二福地圖、三島十洲圖、虛無洞天圖、生死路邪正圖、入道仙凡圖、三田五行正道圖、五行□象等圖。

修真太極混元指玄圖

著　録

《道藏目録詳註》卷一　一卷。祕傳胎息訣、龍虎交媾内丹訣圖、祕傳内丹訣、周天火候圖、煉形祕訣圖、内觀起火諸圖等祕。

悟玄篇

綜　述

余洞真《悟玄篇序》　蓋人生於天地之間，秉受陰陽之氣，故曰有死生。爲人者，可鬼可仙。鬼者，純陰之氣；仙者，純陽之體。以陰鍊陽甚易，以陽鍊陰不難。所謂學仙之士，無過以陽鍊陰之術，陰盡陽純，則曰仙矣！鍊陰有法，進火有數，退符有節。夫人身中一竅，名曰玄牝，若人明得此竅，則三才萬物悉備於我矣！此之一竅，非泥於物也，其理別無他術，止不過忘形滅念，如守其中矣。久久純熟，中宫靜極，則身中陽氣自然生也。陽氣漸生，陰氣漸剥，乃曰陽長陰消之意矣。予於古杭得受師傳，天機不隱，故以鄙句，盡心泄漏於此矣。使學仙之士，幸垂一覽，同登道岸，非豈異於我哉！

修真十書

著　録

《道藏目録詳註》卷一　卷一之十三有圖，杏林眞人石泰得之譔。白先生金丹火候圖、金液捷徑指玄圖、陰陽昇降論、丹房法語、還源篇序、還源篇、翠虛眞人紫庭經、陰符髓、内三要、外三要、修仙辯惑論、金丹四百字、謝張紫陽書、西山許眞君述、醉思仙歌、丹訣歌、石髓歌、修眞十戒、衛生歌、無極圖説、金丹問答、紫虛子、眞子、蕭廷芝詩詞歌曲、崔公入藥鏡註解。卷十四之二十七有圖，正陽眞人鍾離權雲房述，純陽眞人呂岩洞賓集，華陽眞人施肩吾希聖傳。傳道集、西王母握固法、抱一説、保精神、三茅眞君訣、呂眞人小乘導引法、存想咽炁明耳目訣、納津法、天地交神論、勸道諸歌、鍾呂八段錦、西嶽竇先生修眞指南、天元入藥鏡、烟蘿子體殼歌、朱提點内境論、内觀經、存守九宫訣、心臟總論、外丹、内丹論、泥丸眞人翠虛篇、悟眞篇。卷二十八之四十一，白玉蟾文集，許眞君玉隆宫記，羣仙傳。卷四十二之五十五，海南白玉蟾著，懶翁齊賦，屏睡魔文，道學自勉文，夢説，并諸讚銘，止止菴記，曲肱諸詩並詞賦歌頌，盤山語録，黄庭内景，五臟六府圖序，修養諸法，黄庭内景，玉經註并序。卷五十六之六十四，梁丘子黄庭内外二景玉經註解。

得一參五

著　録

《四庫全書總目・子部・道家類存目》　《得一參五》七卷，國朝姜中貞撰。中貞，會稽人。卷末有許尚質所作中貞小傳，稱嘗遇紫清眞人白玉蟾，因得仙術。蓋妄人也。是書闡明修煉之旨，所註《陰符經》《道德經》各一卷，《參同契》三卷，《黄庭經》《悟眞篇》各一卷，爲書凡五，故以「得一參五」名。案《陰符經》《道德經》皆黄老之言，無所謂丹法也。自宋夏尚鼎始以《陰符》言内丹，葛長庚又以《道德經》言内丹，而宗旨大變。中貞以《陰符經》所言九竅三要爲火候之訣，《道德經》所言「有物混成，先天地生」爲金丹之母。蓋因二家之書而衍之，即在道家亦旁支别解而已。

眞詮

著録

《四庫全書總目·子部·道家類存目》　《眞詮》二卷，不著撰人名氏。前有自序，稱葆眞子所留《眞詮》，余舊嘗删節之，猶病其多。今重爲訂正，撮其要旨云云。後跋題丁酉立秋前二日夢覺子書，亦不知爲誰。又一行署「西巖山人」四字，知爲無錫秦氏鈔本。則丁酉當爲順治十四年也。其書皆言煉氣還丹之術。大旨依傍《道德經》《陰符經》而傅合以《易》義，較道家荒誕之説，頗爲近理。

讀丹録

著録

《四庫全書總目·子部·道家類存目》　《讀丹錄》，明彭在份撰。在份號從野逸人，莆田人。是書論道家煉丹養生之法。前列道宗，起漢欒巴以下寥寥數則。次總論。次録杜道堅歌。次録白玉蟾《元關祕論》。自是以下，皆所自著。詳論修煉之法，自習靜至崑崙，共分四十四篇。其大旨以斷慾清淨爲宗，以煉氣凝神爲要云。

化機彙參

著録

《四庫全書總目·子部·道家類存目》　《化機彙參》五卷，明段元一撰。元一字思眞，號涵虚子，又號永明道人，自稱北郡人。明無北郡，不知爲何地也。自云一行作令，遂歸林下。則嘗官知縣矣。其書成於崇禎元年，摭拾《道藏》之言，以端、的、上、天、梯五字爲號，列爲五卷。凡六十四篇，皆内丹訣也。其序稱親請正於吕洞賓，殆爲乩仙幻術所惑。所列編次姓名，有新安吕維祺，自稱純陽子二十六世從孫。維祺儒者，且殉節名臣，不知何以如是也。其託名耶？

觀化集

著録

《四庫全書總目·子部·道家類存目》　《觀化集》一卷，明朱約佶撰。約佶號雲仙，又號弄丸山人，靖江王守謙之裔，居於廣西。集中所載詩，皆論内丹之旨。篇首有三圖，亦内養之法。原序稱其得僧古光之傳，蓋專以修煉爲事者。前有刑部郎中袁福徵序，稱其别有詩集行世，又精於繪素云。

黃帝素問

著録

《文獻通考》卷二二二《籍考》四九　《黃帝素問》二十四卷。晁氏曰：昔人謂《素問》者，以素書黃帝之問，猶言素書也，唐王砅注。砅謂《漢藝文志》有《黃帝内經》十八卷，《素問》即其經之九卷，兼《靈樞》九卷，迺其數焉。先是第七亡逸，砅時始獲，乃詮次注釋，凡八十一篇，分二十四卷。今又亡《刺法》、《本論》二篇。砅自號啟玄子。醫經之傳於世者多矣，原百病之起癒者本乎黃帝，辯百藥之味性者本乎神農，湯液則稱伊尹，三人皆古聖人也。憫世疾苦，親著書以垂後，而世之君子不察，乃以爲賤技，恥習之。由此故今稱醫者多庸人，治之失理，以生爲死者甚衆，激者至云「有病不治，常得中醫」，豈其然乎？故予錄醫頗詳。《隋志》以此書爲首，今從之。

陳氏曰：黃帝與岐伯問答。《三墳》之書無傳尚矣，此固出於後世依託，要是醫書之祖也。唐太僕令王砅注，自號啟玄子。按《漢書》但有《黃帝内外經》，至《隋志》乃有《素問》之名，又有全元起《素問注》八卷。嘉祐中，光祿卿林億、國子博士高保衡承詔校定補注，亦頗采元起之說，附見其中，其爲篇八十有一。王砅者，寶應中人也。

黃帝内經靈樞集注

綜述

史崧《黃帝内經靈樞集注序》　昔黃帝作《内經》十八卷，《靈樞》九卷，《素問》九卷，乃其數焉，世所奉行唯《素問》耳。越人得其一二而述《難經》，皇甫謐次而爲《甲乙》，諸家之説，悉自此始。其間或有得失，未可爲後世法。則謂如《南陽活人書》稱：咳逆者，噦也。謹按《靈樞經》曰：新穀氣入於胃，與故寒氣相爭，故曰噦。舉而并之，則理可斷矣。又如《難經》第六十五篇，是越人標指《靈樞》本輸之大略，世或以爲流注。謹按《靈樞經》曰：所言節者，神氣之所遊行出入也，非皮肉筋骨也。又曰：神氣者，正氣也。神氣之所遊行出入者，流注也，井滎輸經合者，本輸也。舉而并之，則知相去不啻天壤之異。但恨《靈樞》不傳久矣，世莫能究。夫爲醫者，在讀醫書耳，讀而不能爲醫者有矣，未有不讀而能爲醫者也。不讀醫書，又非世業，殺人尤毒於梃刃，是故古人有言曰：爲人子而不讀醫書，由爲不孝也。僕本庸昧，自髫迄壯，潛心斯道，頗涉其理，輒不自揣，參對諸書，再行校正家藏舊本《靈樞》九卷，共八十一篇，增修音釋，附於卷末，勒爲二十四卷。庶使好生之人，開卷易明，了無差別。除已具狀經所屬申明外，準使府指揮依條申轉運司選官詳定，具書送秘書省國子監。今崧專訪請名醫，更乞參詳，免誤將來。利益無窮，功實有自。

素問入式運氣論奧

綜述

劉温舒《素問入式運氣論奧序》　夫醫書者，乃三墳之經。伏羲觀天文，造甲曆，神農嘗百藥，制本草，黃帝論疾苦，成《素問》，因知其道奧妙，不易窮研，自非留心刻意，豈達玄機。且以其間氣運，最爲補瀉之要，雖備見黃帝與岐伯、鬼臾區問對，分糅篇章，卒無入法，稍難施用，余性識偏陋，竊慕眞風，棲心聖典，稍有歲月，雖吏役塵勞之暇，亦未嘗暫捨，筆萃斯文，久以盈軸，莫不究源附說，解惑分圖。括上古運氣之秘文，撮斯書陰陽之精論，若網之在綱，珠之在貫，粲然明白，箋明奥義，咸有指歸，詎飾文辭，庶易曉晤，使覽者經目，頓知妙道，幾過半矣。詎敢沽譽，且畏醫藥之差誤遺人，夭殃絕人長命爾。

黃帝八十一難經

綜述

李駉《黃帝八十一難經序》 可以生人，可以殺人，莫若兵與刑。然兵刑乃顯然之生殺，人皆可得而見；醫乃隱然之生殺，人不可得而見。年來妄一男子，耳不聞難素之語，口不誦難素之文，濫稱醫人，妄用藥餌，誤之於尺寸之脉，何啻乎尺寸之兵；差之於輕重之劑，有甚於輕重之刑。予業儒未效，惟祖醫是習，不揆所學，嘗集解王叔和《脉訣》矣，嘗句解幼幼歌矣。如《八十一難經》，乃越人授桑君之秘術，尤非膚淺者所能測其秘，隨句箋解，義不容辭。敬以十先生補注爲宗祖，言言有訓，字字有釋，必欲學醫君子口誦心惟，以我之生，觀彼之生，自必能回生起死矣，何至有實實虛虛，醫殺之譏吁。醫有生人之功如此，豈不賢於兵刑之生殺哉。

雜録

李駉《黃帝八十一難經注義圖序論》 《黃帝八十一難經》，盧國秦越人所撰。《史記・列傳》曰：扁鵲者，姓秦氏，名越人。楊雄所謂扁鵲盧人是也。假設問答以釋疑難之義，凡八十一篇，故謂之《八十一難經》。醫經之興，始於黃帝，故繫之黃帝焉，以明其義，皆有所受之，而非私智曲說也。今世所傳，雖有呂廣、楊玄操注釋，皆淺陋闊略，而又汨之以異端之說。近代爲之注者，率多蕪雜，無足觀焉。是故《難經》奧旨，闇而不彰，醫者莫能資其說以施世也。余讀其書，輒妄意古人言，爲之義解，又於終篇撮其大法，合以《素問》論而圖之。而楊玄操之注，有害義理者，指摘而詳辨焉。然後切脉之綱要，粲然可觀，醫者考之，可以審是非而闢邪說矣。

圖經衍義本草

論說

蘇頌等《補注總叙》 舊說《本草經》神農所作，而不經見，《漢書・藝文志》亦無録焉。《平帝紀》云：元始五年，舉天下通知方術、本草者，在所爲駕一封，軺傳遣詣京師。《樓護傳》稱：護，少誦醫經、本草、方術數十萬言。本草之名，蓋見於此。而英公李世勣等注引班固叙《黃帝內外經》云：本草石之寒溫，原疾病之深淺。此乃論經方之語，而無本草之名。惟梁《七録》載《神農本草》三卷，推以爲始，斯爲失矣。或疑其間所載生出郡縣，有後漢地名者，以爲似張仲景、華佗輩所爲，是又不然也。《淮南子》云：神農嘗百草之滋味，一日而七十毒，由是醫方興焉。蓋上世未著文字，師學相傳，謂之本草。兩漢以來，名醫益衆，張機、華佗輩，始因古學，附以新說，通爲編述，本草繇是見於經録。然舊經纔三卷，藥止三百六十五種，至梁陶隱居，又進《名醫別録》，亦三百六十五種，因而注釋，分爲七卷。唐顯慶中，監門衛長史蘇恭，又摭其差謬，表請刊定，乃命司空英國公李世勣等，與恭參考得失，又增一百一十四種，分門部類，廣爲二十卷，世謂之《唐本草》。國朝開寶中，兩詔醫工劉翰、道士馬志等，相與撰集，又取醫家嘗用有效者一百三十三種，而附益之；仍命翰林學士盧多遜、李昉、王祐、扈蒙等，重爲刊定，乃有《詳定》、《重定》之目，并鏤板摹行。由是，醫者用藥，遂知適從。而僞蜀孟昶，亦嘗命其學士韓保昇等，以《唐本圖經》參比爲書，稍或增廣，世謂之《蜀本草》，今亦傳行。是書自漢迄今甫千歲，其間三經譔著，所增藥六百餘種，收採彌廣，可謂大備。而知醫者，猶以爲傳行既久，後來講求，浸多參校；近之所用，頗亦漏略，宜有纂錄，以備頤生驅疾之用。嘉祐二年八月，有詔臣禹錫、臣億、臣頌、臣洞等，再加校正。臣等亦既被命，遂更研覈。竊謂前世醫工，原診用藥，隨效輒記，遂至增多。概見諸書，浩博難究；雖屢加删定，而去取非一。或《本經》已載，而所述粗略；或俚俗嘗用，而太醫未聞。嚮非因事詳著，則遺散多矣。乃請因其疏捂，更爲補注。應諸家醫書、藥譜所載物品功用，并從採掇；惟名近迂僻，類乎怪誕，則所不取。自餘經史百家，雖非方餌之急，其間或有參說，藥驗較然可據者，亦兼收載，務從該洽，以副詔意。凡名本草者非一家，今以《開寶重定》本爲正；其分布卷類、經注雜糅，間以朱墨，并從舊例，不復厘改。凡補注并據諸書所說，其意義與舊文相參者，則從删削，以避重複；其舊已著見，而意有未完，後書復言，亦具存之，欲詳而易曉；仍每條并以朱書其端，云臣等謹按某書云某事；其別立條者，則解於其末，云見某書。凡所引書，以唐、蜀二本草爲先，他書則以所著先後爲次第。凡書舊名本草者，今所引用，但著其所作人名曰某人，惟唐、蜀本則曰唐本云、蜀本云。凡字朱、墨之別，所謂《神農本經》者以朱字，名醫因《神農》舊條而有增補者，以墨字間於朱字；餘所增者，皆別立條，并以墨字。凡陶隱居所進者，謂之《名醫別錄》，并以其注附於末。凡顯慶所增者，亦注其末曰唐本先附。凡開寶所增者，亦注其末曰今附。凡今所增補，舊經未有者，於逐條後開列云新補。凡藥舊分上中下三品，今之新補，難於詳辨，但以類附見，如綠礬次於礬石，山薑花次於豆蔻，扶移次於水楊之類是也。凡藥有功用，《本經》未見，而舊注已曾引據，今之所增，但涉相類，更不立條，并附本注之末曰續注，如地衣附於垣衣，燕覆附於通草，馬藻附於海藻之類是也。凡舊注出於陶氏者曰陶隱居云；出於顯慶者，曰唐本注；出於開寶者，曰今注；其開寶考據傳記者，別曰今按、今詳、又按，皆以朱字別於其端。凡藥名《本經》已見而功用未備，今有所益者，亦附於本注之末。凡藥有今世已嘗用，而諸書未見，無所辨證者，如葫蘆巴、海帶之類，則請從太醫衆論參議，別立爲條，曰新定。舊藥九百八十三種；新補八十二種，附於注者不預焉；新定一十七種。總新、舊一千八十二條，皆隨類粗釋。推以十五凡，則補注之意可見矣。舊著《開寶》、英公、陶氏三序，皆有義例，所不可去，仍載於首篇云。

蘇頌《圖經序》 昔神農嘗百草之滋味，以救萬民之疾苦，後世師祖，由是本草之學興焉。漢魏以來，名醫相繼，傳其書者，則有吳普、李當之《藥錄》，陶隱居、蘇恭等注解。國初兩詔近臣，總領上醫，兼集諸家之說，則有《開寶重定本草》，其言藥之良毒，性之寒溫，味之甘苦，可謂備且詳矣。然而五方物產，風氣異宜，名類既多，贋僞難別，以虺床當蘼蕪，以薺苨亂人參，古人猶且患之，况今醫師所用，皆出於市賈，市賈所得，蓋自山野之人，隨時採獲，無復究其所從來，以此爲療，欲其中病，不亦遠乎？昔唐永徽中，删定本草之外，復有《圖經》相輔而行，圖以載其形色，經以釋其同異，而明皇御製又有《天寶單方藥圖》，皆所以叙物眞濫，使人易知，原診處方，有所依據。二書失傳且久，散落殆盡，雖鴻都秘府，亦無其本。天寶方書，但存一卷，類例粗見，本末可尋。宜乎聖君哲輔，留意於搜輯也。先是詔命儒臣，重校《神農本草》等凡八書，光祿卿直秘閣臣禹錫、尚書祠部郎中秘閣校理臣億、太常博士集賢校理臣頌、殿中丞臣檢、光祿寺丞臣保衡，相次被選，仍領醫官秦宗古、朱有章等，編繹累年，既而補注本草成書，奏御，又詔天下郡縣，圖上所產藥本，用永徽故事，重命編述。臣禹錫以謂：考正群書，資衆見，則其功易就；論著文事，出異手，則其體不一。今天下所上，繪事千名，其解說物類，皆據世醫之所聞見，事有詳略，言多鄙俚，嚮非專一整比，緣飾以文，則前後不倫，披尋難曉。乃以臣頌嚮嘗刻意此書，於是建言奏請，俾專撰述。臣頌既被旨，則裒集衆說，類聚詮次，粗有條目。其間玉石、金土之名，草木、蟲魚之別，有一物而雜出諸郡者，有同名而形類全別者，則參用古今之說，互相發明；其荄梗之細大，華實之榮落，雖與舊說相戾，并兼存之；崖略不備，則稍援舊注，以足成文意；注又不足，乃更旁引經史，及方書、小說，以條悉其本原。若陸英爲蒴藋花，則據《爾雅》之訓以言之；諸香本同，則用《嶺表錄異》以證之之類是也。生出郡縣，則以《本經》爲先，今時所宜次之。若菟絲生於朝鮮，今則出於冤句；奚獨生於少室，今乃來自三蜀之類是也。收採時月有不同者，亦兩存其說，若赤箭，《本經》但著採根，今乃并取莖苗之類是也。生於外夷者，則據今傳聞，或用書傳所載，若玉屑、玉泉，今人但云玉出於于闐，不究所得之因，乃用平居誨《行程記》爲質之類是也。藥有上中下品，皆用《本經》爲次第。其性類相近，而人未的識，或出於遠方，莫能形似者，但於前條附之，若溲疏附於枸杞，琥珀附於茯苓之類是也。又古方書所載，簡而要者，昔人已述其明驗，今世亦常用之，及今諸郡醫工所陳經效之藥，皆并載其方，用天寶之例也。自餘書傳所無，今醫又不能解，則不敢以臆說淺見，傅會其文，故但闕而不錄。又有今醫所用，而舊經不載者，并以類次，系於末卷，曰本經外類；其間功用尤著，與舊名附近者，則次於逐條載之，若通脫次於木通，石蛇次於石蟹之類是也。總二十卷，目錄一卷。撰次甫就，將備親覽。恭惟主上，以至仁厚德，函養生類，一物失所，則爲之惻然。且謂札瘥薦臻，四時代有，救恤之患，無先醫術。蚤歲屢敕近臣，讎校岐黃《內經》，重定針艾俞穴，或範金揭石，或鏤板聯編，憫南方蠱惑之妖，於是作《慶曆善救方》以賜之；思下民資用之闕，於是作《簡要濟衆方》以示之。今復廣藥譜之未備，圖地產之所宜；物色萬殊，指掌斯見；將使合和者，得十全之效；飲餌者，無未達之疑；納斯民於壽康，召和氣於穹壤，太平之致，茲有助焉。臣學不該通，職預編述，仰奉宸旨，深愧寡聞。

綜述

開寶《重定序》 三墳之書，神農預其一。百藥既辨，本草存其錄。舊經三卷，世所流傳。《名醫別錄》，互爲編纂。至梁貞白先生陶弘景，乃以《別錄》參其《本經》，朱墨雜書，時謂明白，而又考彼功用，爲之注釋，列爲七卷，南國行焉。逮乎有唐，別加參校，增藥餘八百味，添注爲二十一卷。《本經》漏功則補之，陶氏誤說則證之。然而載歷年祀，又逾四百，朱字、墨字，無本得同；舊注、新注，其文互闕；非聖主撫大同之運，永無疆之休，其何以改而正之哉！乃命盡考傳誤，刊爲定本；類例非允，從而革焉。至如筆頭灰，兔毫也，而在草部，今移附兔頭骨之下；半天河、地漿，皆水也，亦在草部，今移附土石類之間。敗鼓皮移附於獸皮，胡桐泪改從於木類。紫礦亦木也，自玉石品而取焉；伏翼實禽也，由蟲魚部而移焉。橘柚附於果實，食鹽附於光明鹽。生薑、乾薑，同歸一說。至於鷄腸、蘩蔞，陸英、蒴藋，以類相似，從而附之。仍採陳藏器《拾遺》、李含光《音義》，或討源於別本，或傳效於醫家，參而較之，辨其臧否。至如突屈白，舊說灰類，今是本根；天麻根解似赤箭，今又全異。去非取是，特立新條。自餘刊正，不可悉數，下採衆議，定爲印板。乃以白字爲神農所說，墨字爲名醫所傳，唐附、今附，各加顯注；詳其解釋，審其形性，證謬誤而辨之者，署爲今注；考文記而述之者，又爲今按。義既刊定，理亦詳明。今以新舊藥合九百八十三種，并目錄二十一卷，廣頒天下，傳而行焉。

孔志約《唐本序》 蓋聞天地之大德曰生，運陰陽以播物；含靈之所保曰命，資亭育以盡年。蟄穴棲巢，感物之情蓋寡；范金揉木，逐欲之道方滋。而五味或爽，時昧甘辛之節；六氣斯沴，易愆寒燠之宜。中外交侵，形神分戰。飲食伺釁，成腸胃之眚；風濕候隙，遘手足之災。幾纏膚腠，莫知救止；漸固膏肓，期於夭折。暨炎暉紀物，識藥石之功；雲瑞名官，窮診候之術。草木咸得其性，鬼神無所遁情。刳麝剸犀，驅泄邪惡；飛丹煉石，引納清和。大庇蒼生，普濟黔首；功侔造化，恩邁財成；日用不知，於今是賴。岐和彭緩，騰絕軌於前；李華張吴，振英聲於後。昔秦政煨燔，茲經不預；永嘉喪亂，斯道尙存。梁陶弘景雅好攝生，研精藥術。以爲《本草經》者，神農之所作，不刊之書也。惜其年代浸遠，簡編殘蠹，與桐雷衆記，頗或舛駁，興言撰緝，勒成一家，亦以雕琢經方，潤色醫業。然而時鍾鼎峙，聞見闕於殊方；事非僉議，詮釋拘於獨學。至如重建平之防己，棄槐里之半夏。秋採榆人，冬收雲實。謬粱米之黃白，混荆子之牡蔓；異蘩蔞於鷄腸，合由跋於鳶尾。防葵、狼毒，妄曰同根；鉤吻、黃精，引爲連類。鉛錫莫辨，橙柚不分。凡此比例，蓋亦多矣。自時厥後，以迄於今。雖方技分鑣，名醫繼軌，更相祖述，罕能釐正。乃復採杜衡於及已，求忍冬於絡石；捨陟厘而取莂藤，退飛廉而用馬薊。承疑行妄，曾無有覺；疾瘵多殆，良深慨嘆。既而朝議郎行右監門府長史騎都尉臣蘇恭，摭陶氏之乖違，辨俗用之紕紊，遂表請修定，深副聖懷。乃詔太尉揚州都督監修國史上柱國趙國公臣無忌、太中大夫行尙藥奉御臣許孝崇等二十二人，與蘇恭詳撰。竊以動植形生，因方舛性；春秋節變，感氣殊功。離其本土，則質同而效異，乖於採摘，乃物是而時非。名實既爽，寒溫多謬。用之凡庶，其欺已甚；施之君父，逆莫大焉。於是上稟神規，下詢衆議，普頒天下，營求藥物。羽毛鱗介，無遠不臻；根莖花實，有名咸萃。遂乃詳探秘要，博綜方術。《本經》雖闕，有驗必書；《別錄》雖存，無稽必正。考其同異，擇其去取。鉛翰昭章，定群言之得失；丹青綺煥，備庶物之形容。撰《本草》并《圖經》、《目録》等，凡成五十四卷。庶以網羅今古，開滌耳目，盡醫方之妙極，拯生靈之性命。傳萬祀而無昧，懸百王而不朽。

著録

《道藏目録詳註》卷三　卷一之七，玉石部上品、玉石部中品、玉石部下品、草部上品之上。卷八之十三，草部上品之上、草部上品之下、草部中品之上。卷十四之十九，草部中品之下、草部下品之上、草部下品之下。卷二十之二十五，木部上品、木部中品、木部下品。卷二十六之三十三，人部、獸部上品、獸部下品、禽部上品、蟲魚部上品、蟲魚部中品、蟲魚部下品。卷三十四之四十二，果部上品、果部中品、米穀部上品、米穀部中品、米穀部下品、菜部上品、菜部中品、菜部下品。

《文獻通考》卷二二二《經籍考》四九　《圖經本草》二十卷，《目録》一卷。晁氏曰：宋朝蘇頌等撰。先是，詔掌禹錫、林億等六人重校《神農本草》，累年成書，奏御。又詔郡縣圖上所產藥本，用永徽故事重命編述。於是頌再與禹錫等裒集衆說，類聚銓次，各有條目云。嘉祐六年上。

葛仙翁肘後備急方

綜述

葛洪《自序》　抱朴子丹陽葛稚川曰：余既窮覽墳索，以著述餘暇，兼綜術數，省仲景、元化、劉戴秘要、金匱、綠秩、黃素方，近將千卷，患其混雜煩重，有求難得，故周流華夏九州之中，收拾奇異，捃拾遺逸，選而集之，便種類殊分，緩急易簡，凡爲百卷，名曰《玉函》。然非有力不能盡寫，又見周甘唐阮諸家，各作備急，既不能窮諸病狀，兼多珍貴之藥，豈貧家野居所能立辦？又使人用針，自非究習醫方，素識明堂流注者，則身中榮衛尚不知其所在，安能用針以治之哉？是使鳧雁摯擊，牛羊搏噬，無以異也。雖有其方，猶不免殘害之疾。余今采其要約，以爲《肘後救卒》三卷，率多易得之藥，其不獲已須買之者，亦皆賤價，草石所在皆有。兼之以灸，灸但言其分寸，不名孔穴，凡人覽之，可了其所用，或不出乎垣籬之內，顧眄可具。苟能信之，庶免橫禍焉。世俗苦於貴遠賤近，是古非今，恐見此方，無黃帝、倉公、和、鵲、踰跗之目，不能采用，安可強乎？

段成己《葛仙翁肘後備急方序》　醫有方古也，古以來著方書者，無慮數十百家，其方殆未可以數計，篇帙浩瀚，苟無良醫師，安所適從？況窮鄉遠地，有病無醫，有方無藥，其不罹夭折者幾希。丹陽葛稚川，夷考古今醫家之說，驗其方簡要易得，針灸分寸易曉，必可以救人於死者，爲《肘後備急方》，使有病者得之，雖無韓伯休，家自有藥；雖無封君達，人可爲醫，其以備急固宜。華陽陶弘景曰：葛之此製，利世實多，但行之既久，不無謬誤，乃著《百一方》，疏於備急之後，訛者正之，缺者補之，附以炮製、服食諸法，纖悉備具，仍區別內、外、他犯爲三條，可不費討尋，開卷見病，其以備急益宜。葛、陶二君，世共知爲有道之士，於學無所不貫，於術無所不通，然猶積年僅成此編。蓋一方一論，已試而後錄之，非徒采其簡易而已，人能家置一帙，遇病得方，方必已病。如歷卞和之肆，舉皆美玉；入伯樂之廐，無非駿足，可以易而忽之邪？葛自序云：人能起信，可免夭橫。意可見矣。自天地大變，此方湮沒幾絕，間一存者，閟以自寶，是豈製方本意？連帥烏侯，夙多疹疾，宦學之餘，留心於醫藥，前按察河南北道，得此方於平鄉郭氏，郭之婦翁，得諸汴之掖庭，變亂之際，與身存亡，未嘗輕以示人，迨今而出焉，天也。侯命工刻之，以趣其成，唯恐病者見方之晚也。雖然方之顯晦，而人之生死休戚係焉，出自有時，而隱痛惻怛，如是其急者，不忍人之心也，有不忍人之心，斯有不忍人之政矣。則侯之仁斯民也，豈直一方書而已乎？方之出，乃吾仁心之發見者也。因以序見命，特書其始末，以告夫未知者。

著録

《道藏目録詳註》卷四　八卷。内方三卷，一百一方。上卷三十五首，治内病。中卷三十五首，治外發心病。下卷三十一首，治爲物所苦病。又三卷，一百一方。

孫真人備急千金要方

綜述

孫思邈《孫真人備急切千金要方序》　夫清濁剖判，上下攸分，三才肇基，五行俶落，萬物淳朴，無得而稱。燧人氏出，觀斗極以定方名，始有火化；伏羲氏作，因之而畫八卦，立庖廚。滋味既興，痾瘵萌起。大聖神農氏，愍黎元之多疾，遂嘗百藥以救療之，猶未盡善。黄帝受命，創制九針，與方士岐伯、雷公之倫，備論經脈，旁通問難，詳究義理，以爲經論，故後世可得依而暢焉。春秋之際，良醫和緩；六國之時，則有扁鵲；漢有仲景、倉公，魏有華佗，并皆探賾索隱，窮幽洞微，用藥不過二三，灸炷不逾七八，而疾無不愈者。晉宋以來，雖復名醫間出，然治十不能愈五六，良由今人嗜慾太甚，立心不常，淫放縱逸，有闕攝養所致耳。余緬尋聖人設教，欲使家家自學，人人自曉。君親有疾，不能療之者，非忠孝也。末俗小人，多行詭詐，倚傍聖教，而爲欺紿，遂令朝野士庶，咸耻醫術之名，多教子弟誦短文，構小策，以求出身之道，醫治之術，闕而弗論，吁可怪也。嗟乎！深乖聖賢之本意。吾幼遭風冷，屢造醫門，湯藥之資，罄盡家產。所以青衿之歲，高尚兹典；白首之年，未嘗釋卷。至於切脉診候，採藥合和，服餌節度，將息避慎，一事長於己者，不遠千里，伏膺取決。至於弱冠，頗覺有悟，是以親鄰中外有疾厄者，多所濟益，在身之患，斷絶醫門，故知方藥本草，不可不學。吾見諸方，部帙浩博，忽遇倉卒，求檢至難，比得方訖，疾已不救矣。嗚呼！痛夭枉之幽厄，惜墮學之昏愚，乃博採群經，删裁繁重，務在簡易，以爲《備急千金要方》一部，凡三十卷。雖不能究盡病源，但使留意於斯者，亦思過半矣。以爲人命至重，有貴千金，一方濟之，德踰於此，故以爲名也。未可傳於士族，庶以貽厥私門。張仲景曰：當今居世之士，曾不留神醫藥，精究方術，上以療君親之疾，下以救貧賤之厄，中以保身長全，以養其生。而但競逐榮勢，企踵權豪，孜孜汲汲，惟名利是務；崇飾其末，而忽棄其本，欲華其表，而悴其内。皮之不存，毛將安傅？進不能愛人知物，退不能愛躬知己，卒遇風邪之氣，嬰非常之疾，患及禍至，而後震慄，身居死地，蒙蒙昧昧，戇若游魂。降志屈節，欽望巫祝，告窮歸天，束手受敗。賫百年之壽命，將至貴之重器，委付庸醫，恣其所措。咄嗟暗悔！嘆身已斃，神明消滅，變爲異物，幽潛重泉，徒爲一悲。痛夫！舉世昏迷，莫能覺悟，自棄若是，夫何榮勢之云哉？此之謂也。

高保衡等《進孫真人備急切千金要方表》　昔神農遍嘗百藥，以辨五苦六辛之味，逮伊尹而湯液之劑備；黄帝欲創九針，以治三陰三陽之疾，得岐伯而砭艾之法精。雖大聖人有意於拯民之瘼，必待賢明博通之臣，或爲之先，或爲之後，然後聖人之所爲，得行於永久也。醫家之務，經是二聖二賢而能事畢矣。後之留意於方術者，苟知藥而不知灸，未足以盡治療之體；知灸而不知針，未足以極表裏之變。如能兼是聖賢之蘊者，其名醫之良乎。有唐眞人孫思邈者，乃其人也，以上智之材，抱康時之志，當太宗治平之際，思所以佐乃后庇民之事，以謂上醫之道，眞聖人之政，而王官之一守也。而乃祖述農黄之旨，發明岐摯之學，經掇扁鵲之《難》，方採倉公之《禁》，仲景《黄素》，元化《綠帙》，葛仙翁之《必效》，胡居士之《經驗》，張苗之《藥對》，叔和之《脉法》，皇甫謐之《三部》，陶隱居之《百一》，自餘郭玉、范汪、僧垣、阮炳，上極文字之初，下訖有隋之世，或經或方，無不採摭。集諸家之所秘要，去衆說之所未至，成書一部，總三十卷，目録一通。臟腑之論，針艾之法，脉證之辨，食治之宜，始婦人而次嬰孺，先腳氣而後中風，傷寒、癰疽、消渴、水腫，七竅之痾，五石之毒，備急之方，養性之術，總篇二百三十二門，合方論五千三百首，莫不十全可驗，四種兼包。厚德過於千金，遺法傳於百代，使二聖二賢之美不墜於地，而世之人得以階近而至遠，上識於三皇之奧者，孫眞人善述之功也。然以俗尚險怪，我道純正，不述刳腹易心之異；世務徑省，我書浩博，不可道聽途說而知。是以學寡其人，寖以紛靡，賢不繼世，簡編斷缺，不知者以異端見黜，好之者以闕疑輟功。恭惟我朝以好生爲德，以廣愛爲仁，乃詔儒臣，正是墜學。臣等術謝多通，職專典校，於是請內府之秘書，探道藏之別錄，公私衆本，搜訪幾遍，得以正其訛謬，補其遺佚，文之重復者削之，事之不倫者緝之，編次類聚，期月功至。綱領雖有所立，文義猶或疑阻，是用端本以正末，如《素問》、《九墟》、《靈樞》、《甲乙》、《太素》、《巢源》、諸家本草、前古脉書、《金匱玉函》、《肘後備急》、謝士秦《刪繁方》、劉涓子《鬼遺論》之類，事關所出，無不研核；尚有所闕，而又溯流以討源，如《五鑒經》、《千金翼》、《崔氏纂要》、《延年秘錄》、《正元廣利》、《外臺秘要》、《兵部手集》、《夢得傳信》之類，凡所派別，無不考理。互相質正，反覆稽參，然後遺文疑義，煥然悉明。書雖是舊，用之惟新。可以濟含靈，裨明聖好生之治；可以傳不朽，副主上廣愛之心。非徒爲太平之文致，實可佐皇極之錫福。校讎既成，繕寫伊始，恭以上進，庶備親覽。

著錄

《道藏目錄詳註》卷四　《孫眞人千金方目錄》二卷。目錄一通、臟腑之論、針艾之法、脉證之辨、食治之宜、始婦人而次嬰孺、先腳氣而後中風、傷寒癰疽消渴水腫七竅之痾、五石之毒、備急之方、養性之術，總篇二百三十二門，合方論五千三百首，莫不十全可驗，四種兼包，厚德過於千金，遺方傳於百代。

《孫眞人千金方》九十三卷。眞人諱思邈，京兆華源人。七歲就學，日誦萬言，後隱於太山，自學道成眞，精究醫藥。嘗醫龍子，得龍宮藥方三十首，歷試諸方，皆若神效。後著千金方百卷，散龍宮方於其內。

《文獻通考》卷二二二《經籍考》四九　《千金方》三十卷。晁氏曰：唐孫思邈撰。思邈博通經傳，洞明醫術，著用藥之方、診脉之訣、鍼灸之穴、禁架之法，以至導引養生之要，無不周悉。後世或能窺其一二，未有不爲名醫者，然議者頗恨其獨不知傷寒之數云。陳氏曰：自爲之序，名曰《千金備急要方》，以爲人命至重，有貴千金，一方濟之，德踰於此。其前類例數十條，林億等新纂。

《千金翼方》三十卷。晁氏曰：思邈著《千金方》，復掇集遺軼以羽翼其書，成一家之言。林億等謂首之以藥錄，次之以婦人、傷寒、小兒、養性、辟穀、退居、補益、雜病、瘡癰、色脉、鍼灸，而禁經終焉者，皆有指意云。

陳氏曰：其末兼及禁術，用之多驗。

急救仙方

綜述

徐守貞《急救仙方序》　醫之療疾，莫難於婦人，婦人之疾，莫重於胎產。胎產之重者何？蓋以一身之疾否，繫乎母子之存亡，故《千金方》部居獨以婦人廁其首，此思邈孫眞人之用心不苟矣。世之胎產諸方，不爲不富，然其間多犯冗、僻、貴。冗則倉卒之際難備，僻則窮鄉下邑難得，貴則貧窶之家難求，是三者雖非君子用心之不周，而人之蒙其惠者，往往求什一於千百。今此方之編，分爲三類，末附以雜病，雖不能如諸方之廣載博概，要之不犯冗、僻、貴，而凡胎產危急之證，大略亦盡之矣。俾倉卒之際、窮鄉下邑、貧窶之家，皆得易而求之，雖一草一木足以收效，豈若前三者之難爲功哉！苟有用者，始信其爲閨門之重寶云。

華陽隱居補闕肘後百一方

綜述

陶弘景《華陽隱居補闕肘後百一方序》 太歲庚辰隱居曰：余宅身幽嶺，迄將十載，雖每植德施功，多止一時之設，可以傳方遠裔者，莫過於撰述，見葛氏《肘後救卒》，殊足申一隅之思。夫生人所爲大患，莫急於疾。疾而不治，猶救火而不以水也。今輦掖左右，藥師易尋，郊郭之外，已似難値。況窮村迥野，遙山絶浦，其間枉夭，安可勝言？方術之書，卷軸徒煩，拯濟殊寡，欲就披覽，迷惑多端，抱朴此製，實爲深益。然尚闕漏未盡，輒更采集補闕，凡一百一首，以朱書甄別，爲《肘後百一方》，於雜病單治，略爲周遍矣。昔應璩爲百一詩，以箴規必行，今余撰此，蓋欲衛輔我躬，且《佛經》云：人用四大成身，一大輒有一百一病。是故深宜自想，上自通人，下達衆庶，莫不各加繕寫，而究括之。余又別撰《效驗方》五卷，具論諸病證，徒因藥變通，而并是大治，非窮居所資，若華軒鼎室，亦宜修省耳。葛序云：可以施於貧家野居。然亦不止如是，今搢紳君子，若常處閑佚，乃可披檢方書，或從祿外邑，將命遐征，或宿直禁門，晨宵隔絶，或急速戎陳，城柵嚴阻，忽遇疾倉卒，唯拱手相看，曷若探之囊笥，則可庸豎成醫。故備論證候，使曉然不滯，一披條領，無使過差也。尋葛氏舊方，至今已二百許年，播於海內，因而齊者，其效實多。余今重以該要，庶亦傳之千祀，豈止於空衛我躬乎？舊方都有八十六首，檢其四蛇兩犬，不假殊題；喉舌之間，亦非異處；入冢御氣，不足專名；雜治一條，猶是諸病部類。強致殊分，復成失例，今乃配合爲七十九首，於本文究具都無忖減，復添二十二首，或因葛一事，增構成篇，或補葛所遺，準文更撰，具如後錄，詳悉自究。先次比諸病，又不從類，遂具勞復在傷寒前，霍亂置耳目後。陰易之事，乃出雜治中，兼題與篇名不盡相符，卒急之時，難於尋撿，今亦復其銓次，庶歷然易曉。其解散腳弱、虛勞、渴痢、發背、嘔血，多是貴勝之疾；其傷寒中風，診候最難分別，皆應取之於脉，豈凡庸能究？今所載諸方，皆灼然可用，但依法施治，無使違逆。其癰疽、金瘡，形變甚衆，自非具方，未易根盡。其婦女之病，小兒之病，并難治之，方法不少，亦載其綱要。云：凡此諸方，皆是撮其樞要，或名醫垂記，或累世傳良，或博聞有驗，或自用得力，故復各題秘要之說，以避文繁。又用藥有舊法，亦不復假事事詮詔，今通立定格，共爲成準，凡服藥不言先食者，皆在食前，應食後者，自各言之。凡服湯云三服再服者，要袍山源涯味，或疏或數，足令勞力相及。毒利藥，皆須空腹，補瀉其間，自可進粥。凡散日三者，當取旦、中、暮進之。四五服，則一日之中，量時而分均也。凡下丸散，不云酒水飲者，本方如此，而別說用酒水飲，則是可通用三物服也。凡云分等，即皆是丸散，隨病輕重所須，多少無定，銖兩三種、五種，皆分均之分兩。凡云丸散之若干分兩者，是品諸藥，宜多宜少之分兩，非必止於若干分兩。假令日服三方寸匕，須差止，是三五兩藥耳。凡云末之，是擣篩如法。㕮咀者，皆細切之。凡云湯煮，取三升，分三服，皆絞去滓，而後酌量也。字，方中用鳥獸屎作矢字，尿作溺字，牡鼠亦作雄字，乾作干字。凡云錢匕者，以大錢上全抄之，若云半錢，則是一錢抄取一邊爾，并用五銖錢也。方寸匕，即用方一寸抄之可也。刀圭准如兩大豆。炮、熬、炙、洗治諸藥，凡用半夏，皆湯洗五六度，去滑。附子、烏頭炮去皮，有生用者，隨方言之。礬石熬令汁盡，椒皆出汗，麥門冬皆去心，丸散用膠皆炙，巴豆皆去心皮熬，有生用者，隨而言之。杏人去尖皮熬，生用者言之。葶藶皆熬，皂莢去皮子，藜蘆、枳殼、甘草皆炙，大棗、支子擘破，巴豆、桃杏人之類，皆別研擣如膏，乃和之。諸角皆屑之，麻黃皆去節。凡湯中用芒硝、阿膠、飴糖，皆絞去滓，內湯中，更微煮令消；紅雪、朴硝等皆狀此而入藥也。用麻黃即去節，先煮三五沸，掠去沫後，乃入餘藥。凡如上諸法，皆已具載在余所撰《本草》上卷中。今之人有此《肘後百一》者，未必得見《本草》，是以復疏方中所用者載之，此事若非留心藥術，不可盡知，則安得使之不僻繆也？案病雖千種，大略只有三條而已，一則府藏經絡因邪生疾，二則四支九竅內外交媾，三則假爲他物橫來傷害。此三條者，今各以類而分別之，貴圖倉卒之時，披尋簡易故也。今以內疾爲上卷，外發爲中卷，他犯爲下卷，具列之云：

上卷三十五首治内病。

中卷三十五首治外發病。

下卷三十一首治爲物所苦病。

佚名《鹿鳴山續古序》　觀夫古方藥品分兩，灸穴分寸不類者，蓋古今人體大小或異，藏府血脉亦有差焉，請以意酌量藥品分兩，古序已明，取所服多少配之，或一分爲兩，或二銖爲兩，以盞當升可也。如中卷末紫丸方，代赭、赤石脂各一兩，巴豆四十，杏仁五十枚，小兒服一麻子，百日者一小豆且多矣。若兩用二銖四絫，巴豆四，杏仁五枚，可療十數小兒，此其類也。灸之分寸，取其人左右中指中節可也。其使有毒狼虎性藥，乃急救性命者也，或遇發毒，急掘地作小坑，以水令滿，熟攪稍澄，飲水自解，名爲地漿。特加是說於品題之後爾。

楊用道《附廣肘後方序》　昔伊尹著《湯液》之論，周公設醫師之屬，皆所以拯救民疾，俾得以全生而盡年也。然則古之賢臣愛其君以及其民者，蓋非特生者遂之而已。人有疾病，坐視其危苦，而無以救療之，亦其心有所不忍也。仰惟國家受天成命，統一四海，主上以仁覆天下，輕稅損役，約法省刑，蠲積負，柔遠服，專務以德養民，故人臣奉承於下，亦莫不以體國愛民爲心，惟政府内外宗公，協同輔翼，以共固天，保無疆之業，其心則又甚焉於斯時也。蓋民罹兵火，獲見太平。邊境寧而盜賊息矣，則人無死於鋒鏑之慮。刑罰清而犴狴空矣，則人無死於桎梏之憂。年穀豐而畜積富矣，則人無死於溝壑之患。其所可虞者，獨民之有疾病夭傷而已。思亦有以救之，其不在於方書矣乎？然方之行於世者多矣，大編廣集，奇藥群品，自名醫貴胄，或不能以兼通而卒具，况可以施於民庶哉？於是行省乃得乾統間所刊《肘後方》善本，即葛洪所謂皆單行徑易，約而已驗，籬陌之間，顧眄皆藥，家有此方，可不用醫者也。其書經陶隱居增修而益完矣，既又得唐慎微《證類本草》，其所附方，皆治見精取，切於救治，而卷帙尤爲繁重，且方隨藥著，檢用卒難，乃復摘録其方，分以類例，而附於《肘後》隨證之下，目之曰《附廣肘後方》，下監俾更加讎次，且爲之序，而刊行之。方雖簡要而該病則衆，藥多易求而論效則遠，將使家自能醫，人無夭横，以溥濟斯民於仁壽之域。以上廣國家博施愛物之德，其爲利豈小補哉。

著録

《文獻通考》卷二二二《經籍考》四九　《肘後百一方》三卷。陳氏曰：晉葛洪撰，梁陶隱居增補。本名《肘後救卒方》，率多易得之藥，凡八十六首。陶併七首，加二十二首，共爲一百一首，取佛書「人有四大，一大輒有一百一病之義」名之。

黄庭内景經

著録

《文獻通考》卷二一四《經籍考》五一　《黄庭内景經》一卷。晁氏曰：題大帝内書，藏暘谷陰，三十六章，皆七言韻語。梁邱子叙云：「扶桑大帝命暘谷神王傳魏夫人，一名《東華玉篇》」。黄者中央之色，庭者四方之中，外指事即天、人、地，内指事即肺、心、脾，中故曰黄庭内景。

黄庭外景經

著録

《文獻通考》卷二一四《經籍考》五一　《黄庭外景經》三卷。晁氏曰：叙謂老子所作，與《法帖》所載晉王羲之所書本正同，而文句頗異。其首有「老子閒居作七言，解說身形及諸神」兩句，其末有「吾言畢矣而妄陳」一句，且改「淵」爲「泉」，改「治」爲「理」，疑唐人誕者附益之。《崇文總目》云記天皇氏至帝嚳受道得仙事，此本則無之。

太上黃庭外景經注

綜述

務成子《太上黃庭外景經注序》 《黃庭經》者，蓋老君之所作也。其旨遠，其詞微，其事肆而隱，實可爲典要。強識其情，則生之本也。故黃者，二儀之正色；庭者，四方之中庭。近取諸身則脾爲主，遠取諸象而天理自會。然谷神不死，是謂玄牝，是以寶其生也。后晉有道士好黃庭之術，意專書寫，常求於人。聞王右軍精於草隸，而復性愛白鵝，遂以數頭贈之，得乎妙翰。且右軍能書，繕錄斯文，頗多逸興自縱，而未免脫漏矣。後代之人，但美其書蹤而以爲本，固未睹於眞規耳。余每惜太上聖旨萬世莫測，今故纂注以成一卷，義分三部，理會萬神，冀得聖人之敎不泯於當來矣。

太上黃庭中景經

著録

《道藏目録詳註》卷四 一卷，上清元命眞人李千乘註。此經當與黃庭內外二景經參看。

黃庭遁甲緣身經

著録

《道藏目録詳註》卷三 與《內德》二經同卷。存想鍊神法，太極眞人服四極雲芽神仙上方，有呪，附魏夫人讚、誦黃庭經訣。

太清中黃真經

綜述

中黃真人《太清中黃真經序》 《中黃經》亦曰《胎藏論》。《胎藏論》者，九仙君黃眞人所集也。眞人常觀察元炁，浩然凝結成質。育之以五藏，法五行以相應；明之以七竅，象七曜以昭晰。其識潛萌，其神布行。安魂帶魄，神足而生。形神相託，神形相成。口受外味以忘識，身受內役以喪精。神離形以散壞，形離神以去生。殊不知皮肉相應，筋骨乃成。肝合筋以外爪，心合脉以外色，脾合肉其外唇，肺合皮其外毛，腎合骨其外髮。鹹傷筋，苦傷骨，甘傷肉，辛傷氣，酸傷血。故聖人曰：先除慾以養精，後禁食以存命。是知食胎炁、飲靈元，不死之道，返童還年。此蓋聖人之所重也。且夫一士專志，下學而上達；一夫有心，睹天道之不遠。學而無至謂之愚，不學不知謂之蒙。然三蟲未去，子踐荊榛之田；當三蟲已亡，自達華胥之國。顯彰雲路，備述胎仙。知聖行之根源，辯仙官之尊位。至於霞衣羽服，玉館天廚，蓋爲志士顯，聊泄天戒，非人妄告，殃爾明徵。密此聖門，必登雲路。愼無傳於淺學，誓莫示於斯文！慢而折神，輕言損壽。若非志士，無得顯言。總一十八章，列成一卷，號曰

《胎藏中黄經》，皆以篇目相銜，文句相繼。義精於成道，言盡於養生，行顯意直，事具文切。食炁之理備載，歸天之道悉成。援筆錄章，列篇於後。

著録

《道藏目録詳註》卷三 二卷，九仙君撰，中黄眞人註。內養形神章第一、食氣玄微章第二、五芽感惡章第三、烟霞靜志章第四、百竅關連章第五、長存之道章第六、鹹美辛酸章第七、穀食精華章第八、三蟲宅居章第九、九仙眞炁章第十、胎息眞仙章第十一、五臟眞氣章第十二、太極眞功章第十三、九炁眞仙章第十四、太微玄功章第十五、九行空門章第十六、六腑萬神章第十七、勿泄天機章第十八，已上皆服炁凝神眞訣。

太清元道真經

綜述

佚名《太清元道真經序》 元道者，玄元之上道，黄老之心秘也。元和中，孟謫仙降世，其胎親皆積至誠醇厚，謫仙又至慈敦孝，先感東山陶大通君，先示死生之變，因命執本根焉。本根即元道也。次感南統樊大君，戊戌歲降之，口授此經。故皆大紀樞要，直指長生久視之道，蓋《黄庭》云至道不煩矣。

太上老君元道真經註解

著録

《道藏目録詳註》卷三 一卷，合明子隱芝內秀註。元道上篇、元道中篇、元道下篇、兼行氣法、養氣導引等法。

南統大君内丹九章經

綜述

吴筠《南統大君内丹九章經序》 予於開元中著《玄綱論》及《養形論》行於世，詔授江州刺史，辭而不受，晦迹隱於驪山，養胎息。至元和中遊淮西，遇王師討蔡賊吴元濟，避亂東之於岳，遇李謫仙以斯術授予曰：此南統大君之生門也，入其門則我命在我。九章象陽之爻數也，其文略，其事簡，實學道之漸階，爲求生之眞路也。又曰：內丹者，即此也。吾今授汝，愼勿泄無器識洞神靈之徒，否則罹災矣。九章之旨，許度後人，但不授中下之才者爾。故錄爲之序引。唐元和戊戌吴筠序。

《後序》 東方角亢二星，列宿之長，故曰壽也。二星之間，則天門也，亦曰天關。凡得道朝元，皆由此門而入。得此道者，告元神則感通享壽星，則關奏錄繫於天門矣。功滿昇天，元辰接引入門，則無礙。予四十年方遂一第，既知命寡，遂慕尋眞，討究仙經，莫得生理，因南訪茅君修眞之跡，登茅巔，入石室，先得《元道眞經》，即太上道君歸根復本號而不嗄之理也。乃執其理十餘年，惟攻胎息，續用既勞，嗟乎非眼前之睫也。後再遊，逢老叟曰：汝欲學仙乎？學仙者從塵入眞，如煉礦而鎔金也，何不先求命術，以延其生，後修陰德，登其漸階乎？天仙也者，功感上天，詔授錫命，乃遂輕舉而爲仙人也。雖達仙境，猶煉眞氣，氣與神並，故曰神仙。神仙體虛，故能跨鸞馭鶴，乘雲氣飛騰太虛，壽齊天地。汝得《元道眞經》，求仙之筌蹄也。其莽蕩，魚兔難尋。昔茅君上昇，留《大君命術》藏於山巔石室，俾吾守之，蓋欲傳於夙分者也。汝格孤氣清，必有仙骨，乃出此九章，授予而去。囑曰：此即所求之魚兔也，道非身外，寶之！寶之！乃錄其言爲序以紀之，仍目之曰內丹神訣矣。

真氣還元銘

綜　述

佚名《真氣還元銘序》　余幼親墳典，長慕煙霞，比跳龍門，欲攀蟾桂。著錦衣於世上，騎躍馬於人間，置立機關，開張造化，榮沾父子，福及子孫。體仁義爲當代之楷模，用禮智作將來之規矩。夢未同於傅說，釣不遇於姜牙，而遂灰心志求仙道，詩書陡罷，筆硯頓拋。見寰區之多少是非，睹朝市之無限得失，榮如石火，貴似浮漚，不假高低，瞥然聚散。尸行鬼步，非聖哲莫可知之；動肉活塵，非賢良莫能分別。邇後專尋幽洞，遍訪名山，歷險登危，二十年矣。自梁貞明歲，遊於泰山頂高松之下，忽見一人，形容異俗，言語非常，唯稱萬代之師，秖道九天之主。余遂稽首長跪。爲余曰：汝有仙相，方得遇吾。付汝學仙之門，汝能受否？余又長跪，感謝形言。又曰：吾請汝剪髮歃血爲盟，與汝屈伸吐納煉形之術。又曰：兩紀之內，輒莫傳人，傳之非人，彼受譴責。余又長跪，忽然不見。余自後常依次第，不輟功夫，但是微言，無不神驗。余既承師命，合秘天機。兩紀將終，許傳人世。而乃重修舊則，翻作新經，寫之市朝，藏諸山石。後來學者得之幸哉！

老子說五厨經註

綜　述

尹愔《老子說五厨經註序》　臣聞《易》曰：精義入神，以致用也；利用安身，以崇德也。富哉言乎！富哉言乎！是知義必精然後可以入神致用，用必利然後可以安身崇德。義不精而云致用，用不利而云安身，身不安而云知道者，未之有也。然則，冲用者，生化之主也。精氣爲物，謂之委和，漠然無間，有與立矣。則天地大德不曰生乎？全其形生者，在乎少思寡欲，抱樸尋和，遊心於淡，合氣於漠，且清明在躬，志氣如神，嗜欲將至，有開必先。故聖人垂教以檢之，廣業以持之，專氣致柔以道其和，嚮晦宴息以窒其欲。洗心藏密，窮神知化，然後安身而國家可保，德用而百姓不知，是以自天祐之，吉無不利矣。伏讀此經五章盡，修身衛生之要，全和含一，精義可以入神，坐忘遺照，安身可以崇德，研味滋久，輒爲訓註。臣草茅微賤，恩霈特深，天光不違，自忘鄙陋，伏上慚懼，徊徨如失臣愔，頓首，頓首，謹言。

服氣精義論

著　録

《道藏目録詳註》卷三　有符，與《精微論》同卷。天台白雲子述。五芽論、服眞五芽法、服氣論、服六戊氣法、服三五七九氣法、養五藏五行氣法。

修真精義雜論

著　録

《道藏目録詳註》卷一　天台白雲子述。導引論、符水論、服水絶穀法、服藥論、愼忌論、五臟論、療病論、病候論、幷安和臟府丸方修養雜方。

胎息經

著　録

《四庫全書總目・子部・道家類存目》《胎息經》一卷，舊本題幻眞先生註。不著名氏，亦不著時代。經與註似出一人。大旨本老子谷神不死一章，而暢發其義。

幼真先生服内元炁訣

著　録

《道藏目録詳註》卷三　與《抱一歌》同卷。進取訣第一、淘氣訣第二、調氣訣第三、嚥氣訣第四、行氣訣第五、煉氣訣第六、委氣訣第七、閉氣訣第八、布氣訣第九、六氣訣第十、調氣液訣第十一、飲食調護訣第十二、休糧訣第十三、守眞訣第十四、服氣胎息訣第十五。

嵩山太無先生氣經

綜　述

佚名《嵩山太無先生氣經序》　夫形之所恃者氣也，氣之所依者形也。氣全即形全，氣竭即形斃。是以攝生之士，莫不煉形養氣，以保其生。未有有形而無氣者，即氣之與形相須而成，豈不皎然。余慕至道，備尋秘訣，自行氣守眞向三十餘載，所聞所見，殊未愜心。大歷中遇羅浮山王公自北岳而返，倚策高昂，依然相顧。余奇異人，延之與語，果然方外有道之君子也。哀余懇至，見授吐納，須一二理身之要道。其恩罔極，非言詞所能盡。每云道之要法，不在經書，悉傳口訣。其二景、五牙、六戊諸服氣法，皆爲外氣。外氣剛勁，非從中之事所能宜服也。至如内氣已正，是曰胎息。身中自有，非假外求，不得明師之口訣，徒爲勞苦，終無所成。今所撰録，皆承師之旨要，以申明之，諒非愚蒙所自裁。王公嘗謂余曰：老君云我命在我不在天地。又曰：吾與天地分一氣而自理焉，天地焉能死吾哉！斯實眞言要訣也。修奉之士，宜三復之，恭承誘訓，敢不佩服！有偶時得此訣者，須愼勿輕傳示，無或泄露，以致其殃耳。

著　録

《道藏目録詳註》卷三　上下同卷。内有服炁訣、進取訣、淘氣訣、調氣訣、咽氣訣、行氣訣、煉氣訣、委氣訣、閉氣訣、布氣訣、六氣訣、調氣訣、飲食訣、調護訣、休糧訣、愼眞訣、修存訣、愼氣訣。

延陵先生集新舊服氣經

著録

《道藏目録詳註》卷三　一卷。修養大略、張果先生服氣法、鸞法師服氣法、李奉時山人服氣法、蒙山賢者服氣法、王說山人服氣新訣、威儀先生玄素眞人用氣訣、胎息口訣、胎息精微論、胎息雜訣、祕要口訣、用氣集神訣、煉氣法、委氣法、閉氣法。

太上導引養生經

著録

《道藏目録詳註》卷三　一卷。愼修內法、王喬導引圖、彭祖導引圖、淘氣訣、咽氣訣、附六字氣法。

神仙保氣金櫃妙録

著録

《道藏目録詳註》卷三　一卷，宗里先生撰。服陰陽炁符、召六甲玉女法、中嶽郄儉食十二時氣法、食氣辟穀法、眞人食黃氣法、行氣法、行氣訣、治萬病法。

道樞

著録

《道藏目録詳註》卷四　卷一之十二，至遊子曾慥集，玄軸篇、五化篇、坐忘篇、集要篇。卷十二之二十四，指玄篇、歸根篇、呼吸篇、心鏡篇、胎息篇、聖胎篇、元炁篇、血脉篇。卷二十五之三十三，日月篇、玄樞篇、太清篇、養生等篇，俱修養導引法。卷三十四之四十二，衆妙篇、參同悟眞等篇，幷入藥鏡言，內外二用。

《文獻通考》卷二二五《經籍考》五二　《道樞》二十卷。陳氏曰：曾慥端伯撰。慥自號至游子，采諸家金丹大藥修鍊般運之術，爲百二十二篇，初無所發明，獨黜採御之法，以爲殘生害道云。

至游子

著録

《四庫全書總目・子部・道家類存目》　《至游子》二卷，不著撰人名氏。上卷凡十有三篇，下卷凡十有二篇。大旨主於清心寡欲，而歸於坎離配合，以保長生。且力闢容成御女之術，言頗近正。惟上篇多取佛經，而復附會以儒理，故謂顏子之不改其樂，與莊子、竺乾氏皆殊塗而同歸。《朱子語録》謂今世佛經皆六朝文士剽剟《莊》《老》以潤色之。此編又摭釋典以爲道書。蓋二氏本出一源，宜相假借。至援儒以入之，則陋見也。前有嘉靖丙寅姚汝循序，謂原書不著名氏。考宋曾慥號至游子，慥嘗作《集仙傳》，蓋亦好爲道家言者。則似乎當爲慥作。然《玉芝篇》首引朝元子註曰「陳舉寶，元人」，則明人所撰矣。毛漸傳《三墳》，世以爲即出於漸。張商英傳《素書》，世以爲即出於商英。然則是書也，其亦汝循所託名歟。

養性延命録

綜　述

陶弘景《養性延命録序》　夫禀氣含靈，唯人爲貴。人所貴者，蓋貴爲生。生者神之本，形者神之具。神大用則竭，形大勞則斃。若能游心虛靜，息慮無爲，服元氣於子後，時導引於閑室，攝養無虧，兼餌良藥，則百年耆壽，是常分也。如恣意以耽聲色，役智而圖富貴，得喪恆切於懷，躁撓未能自遣，不拘禮度，飲食無節，如斯之流，寧免夭傷之患也。

余因止觀微暇，聊復披覽《養生要集》。其集乃錢彥、張湛道林之徒，翟平、黄山之輩，咸是好事英奇，志在寶育，或鳩集仙經眞人壽考之規，或得採彭鏗老君長齡之術，上自農黄以來，下及魏晉之際，但有益於養生及招損於後患，諸本先皆記録，今略取要法，删棄繁蕪，類聚篇題，分爲上下兩卷，卷有三篇，號爲《養性延命録》。擬補助於有緣，冀憑緣以濟物耳。

著　録

《道藏目録詳註》卷三　二卷。此書孫思邈所集《千金方》間其說華陽陶隱居注。教誡篇第一、食誡篇第二、雜誡忌禳害祈善篇第三、服氣療病篇第四、導引按摩篇第五、御女損益篇第六。

枕中記

著　録

《道藏目録詳註》卷三　一卷。禁避忌導引法、行氣法、服日月芒法、守一法、餌藥法、斷穀當餌法、長生服餌大法、服油法、服巨勝法、餌雲母法、消玉法、服雄黄法、服雌黄法、合仙藥祭法、服藥禁忌法、仙人養生延年服五靈芝方採松栢法，皆養生接命之法。

上玄高真延壽赤書

綜　述

裴鉉《上玄高真延壽赤書進表》　臣聞明流八荒者，日也；聲飛萬古者，道也。故貞明不出於古先，德身豈遠於身外？是以聖人洗心，以至道如蹴踘焉。然則氣無形端，有若道凖固，以柔鞹，逃之無因，取興則小，其弘則大。微臣幸逢堯運，忝預巢由，服志中巖，有易潤澤，因編於儒典，薄求於道書，見仙家保命之眞言，思君親永壽而無極，眞言秘旨，累翳縑緗，誠則天鑒昭回，私心懼勞聖覽，是以披歷精要，載騰眞聲，進明白於一貫，退光宣於少得，故樂者易成功，見之不駭俗，誠皇極之道也。經所謂王侯得一以爲天下貞者，不空言哉！斯蓋上玄老眞延齡永壽之前梯也。因以名曰《上玄高眞延壽赤書》焉。赤書者，上以明星火資於土德，中以殷仲夏之朱明，下以達微臣之丹懇也。《靈經》云：俾國太平，轉災成福，當用《五老赤書》作鎮也。今屬三氣炳節降慶神期，敢獻延壽之書，冀申誕賀之禮。伏惟開元聖文神武法天至道皇帝陛下，道滿天大，覆燾無私，德通坤厚，光載罔極，不耻牧童之詞，豈愧芻蕘之言？言不賤廢，天下幸甚！書一軸，凡八篇，積數千字，皆衆聖高眞之至言也，在掌握之內，足見長生之道焉。

著録

《道藏目録詳註》卷三　一卷，唐終南山林臣裴鉉表進。乃存想日月禁忌起居解除咒語等法。

攝生纂録

著録

《道藏目録詳註》卷二　一卷。導引篇、赤松子坐引法、婆羅門道引法、調氣篇、吐納煉氣法、胎食胎息法、食日月精法、居處篇、攝理法、推歲德法、推月德法、理沙法、老君說河西曲父謝天地法、辟盜賊法、居家辟邪雜用方。

養生詠玄集

綜述

佚名《養生詠玄集序》　夫詠玄者，乃詠玄中深奧也。窈冥取理，恍惚求眞，撮衆妙之英華，採群經之要會。言止直而義正，道入重玄；旨似遠而意明，風存上祖。引龍虎同歸之躁競，顯玄牝絕利之玄微。直示指歸，立成妙用。正演開遮之說，明分去就之元。迴玄包羅，昇沈浩渺。故使下士撫掌，上士勤行，克成於神氣全眞，冀泯於根塵妄照。誠知珠玉兮何重，性命兮何輕，寧不窮解分息動之玄，而縱流光走魄之逝，深可悲哉！此詠玄詩，實長生度世之法要也。至如玄元帝之靈篆，常秘枕中；淮南王之神方，密藏肘後。蓋上聖所遵所重乎至言也。學者値遇，宜須秘愼，深自惜焉。

著録

《道藏目録詳註》卷三　一卷。集中論、榮衛論、氣論、魂魄論、谷神論、返本還元論、神與炁合論、抱一論、胎息論、自然論、龍虎論、煉陽消陰論、三丹田論、玄珠論、玄關論、玄門論，皆修性命之法。

保生要録

綜述

蒲虔貫《保生要録序》　嘗聞松有千歲之固，雪無一時之堅。若植松於腐壤，不期月而必蠹；藏雪於陰山，雖累年而不消。違其性則堅者脆，順其理則促者延，物情既爾，人理豈殊！然則所謂調攝之術者，又可忽乎！臣竊覽前人所撰保生之書，往往拘忌太多，節目太繁，行者難之。在於崇貴，尤不易爲。臣少也多病，留心養生，研究即久，編次云就，其術簡易，乘閑可行。先欲固其正氣，次欲調其肢體。至於衣服居處，藥餌之方，蔬果禽魚之性，有益者必錄，無補者不書。古方有誤者重明，俗用或乖者必正，目之曰《保生要錄》。雖無裨於聞道，粗有資於衛生，冒昧上獻，伏深戰灼。

著録

《道藏目録詳註》卷三 司議郎蒲虔實譔。養神氣門、調肢體門、衣服門、飲食門、起居門、藥枕方食門、食物類。

混俗頤生録

綜述

劉詞《混俗頤生録序》 天地之間，以人爲貴。言貴者，異於萬物也。人之所重者榮顯，所寶者性命。自天地精粹以生形，寒暑燥濕以生困，合順而守之，順則瘵癘不作，逆則萬瘥輻湊，雖大限而不能續。中間夭枉、沉痼、跛眇之疾，良由攝理乖方之致。然夫駢拇枝指，附贅懸疣，此乃生常之患，非關謂息之誤矣。是以五色亂目，五音聾耳，五味爽口，畋獵狂心。四事去之，塵外之人也。凡居深山，處窮谷，與猿猱爲侶，逐麋鹿爲群，棄寰中之美樂，食炁餐霞，保壽齊於天地者，萬萬人中未有一、二哉。稍能於飲食嗜慾間消息之，則無枉横之虞也。

詞昔年五味酒食過度，痼疾纏身，思其所因有自來矣。遂即棲心附道，肆志林泉，景慮都忘，漸至痊復。詞稟性頑愚，昧於忌犯將攝之理，粗約羈縻僅二十年來，頗獲其驗。且夫脩短窮通，人之定分。不能保存和氣，而乃騰倒精神，加以鍛鑄金沙，資助情慾，棄其仁義，冀信禎祥，妄圖永遠，此其大惑歟！謂皮之不能存，毛將安附。至於脱屣沖虚，駕龍控鶴者，此乃世世施陰德，生生履仁義，又有兀兀之性，所稟堅固，非藥餌之所致。古人有壽數百歲者不聞有學道求仙之術，龜龍蛇鶴亦無服食茹芝之方，松筠經霜而不凋，蔓草先秋而搖落，此物之自然性也，豈天地大道私於彼人物哉！是鳥獸非彈射不死，蓋以自適之性，飢啄渴飲，嗜慾以時，而無所縈。人多夭傷疾病，以貪求名利，追琢其神，強服藥餌，加以嗜慾無時，昧於忌犯，服翫奢侈，飲食過度，輒恣飽暖。且夫土木泉石莫非造化所成者，則負瑰奇詭怪之狀，而人亦然。況利祿榮顯暫時間耳，蓋非干身之事，惟攝生養性則神謐延齡而已。今輒具消息樞要十章，題目曰《混俗頤生録》。此皆歷試有驗，非乃謬言，雖不能究習研精，而乃梗概略備，不能盡文直書其事，倘遇同道覽之，冀微採綴云爾。

著録

《道藏目録詳註》卷三 上下同卷，茅山處士劉詞編。飲食消息第一、飲酒消息第二、春時消息第三、夏時消息第四、秋時消息第五、冬時消息第六、患勞消息第七、患風消息第八、戸内消息第九、禁忌消息第十。

三元延壽參贊書

綜述

唐兀䚟《三元延壽參贊書序》 達爲良相，未達爲良醫，先正語也。輔佐天子，使膏澤沐於黎庶，宰相之職。體國惠民，使疾苦轉爲懽欣，醫者之事。然苟德澤所加，刀圭所濟，止於暫而不傳於久，則不足以稱良之名。惟夫利用厚生，天下自任，制禮作樂，布在方冊，千萬世之下，受其賜者，如親見皋、夔、稷、契、伊、周。明脉病證治而密，知井俞榮經合而針，具載方書，千萬世之下，受其惠者，如親見雷公、歧伯、附俞、倉、扁。此醫相之所以爲良也歟！余自福建道奉詔入覲，遠涂頓疾，屢藥未應，至饒州石門，聞池州建德有儒醫李澄心，疾馳以召，至而診曰：可謂果一藥愈。他日，論養生術，曰：已撰集《三元延壽參贊書》五卷，《救急方》一集，欲鋟諸梓，以爲天朝躋民壽域之助。觀其書則奇，而法其用心活人，如此可謂醫之良者矣。余嘉之，就成其志，以廣其傳。衛生者，宜爭先快睹云。

和元杲《三元延壽參贊書跋》 夭壽不貳，修身以俟之，學者事也。是編所載，皆懲忿窒欲之類，其亦修身之要歟！鋟之梓，以廣其傳。讀者其勿以淺近而忽之。

葉應和《三元延壽參贊書跋》 余友李澄心，曩尋母數百里外，適母家多難，以藥活二十八人，時未深乎醫，嘗以幸爲慊，求正於余。余敬愛之，爲無隱焉。然其天性穎悟，有言必覺，又心不苟，取不倦，醫以是活人也。多皓首相逢，曰醫之功大矣。然耳目所及，焉得人人而濟之，伊欲咸知自衛，使疾寡而不俟脉藥可乎。出書以示觀之，眞衛生寶也。就爲校正，勉以鋟梓曰：子自是遇矣。謾記歲月。

著録

《道藏目録詳註》卷三 卷一之五共四卷，至元九江儒醫澄心老人李鵬飛集。論人説有飲食起居之節、養命調攝之方，悉備其中矣。

《四庫全書總目・子部・道家類存目》 《三元參贊延壽書》五卷，元李鵬飛撰。鵬飛，至元閒人，自稱九華澄心老人。所言皆攝生之事。凡節嗜欲，愼飲食，神仙導引之法，俚俗陰陽之忌，因果報應之説，無不悉載。其説頗爲叢雜。要其指歸，則道家流也。前有自序，亦稱得之飛來峯下道士云。

道教論集部

關尹子

著録

《四庫全書提要·子部·道家類》 《關尹子》一卷，舊本題周尹喜撰。按《經典釋文》載，喜字公度。未詳何本，然陸德明非杜撰者，當有所傳。李道謙《終南祖庭仙眞內傳》稱，終南樓觀爲尹喜故居，則秦人也。考《漢志》有《關尹子》九篇，劉向《列仙傳》作《關令子》。而《隋志》、《唐志》皆不著録，則其佚久矣。南宋時徐藏子禮始得本于永嘉孫定家，前有劉向校定序，後有葛洪序。向序稱蓋公授曹參，參薨，書塟。孝武帝時，有方士來上，淮南王秘而不出。向父德治淮南王事得之。其說頗誕，與《漢書》所載得淮南鴻寶秘書言作黄金事者不同，疑即假借此事以附會之。故宋濂《諸子辨》以爲文既與向不類，事亦無據，疑即定之所爲。然定爲南宋人，而《墨莊漫錄》載黄庭堅詩「尋師訪道魚千里」句，已稱用《關尹子》語，則其書未必出于定，或唐五代間方士解文章者所爲也。至濂謂其書多法釋氏及神仙方技家，如變識爲智、一息得道、嬰兒蕋女，全引《爾雅》證終軍許愼解豹文鼠之所以異。引《後漢書·李膺傳》，證師古解軒中之訛。引《孝經疏》，證《後漢書》辜較、估較、辜榷、酤榷之義。引《史記·貨殖傳》，證刁悍引爲雕悍。引《潛夫論》，證關龍即絭龍。引《莊子》，證《列子》蕉鹿之蕉爲樵。引《世說注》，證茗柯即酩酊。皆根柢訓典，鑿鑿可憑。至于引《莊子》斷在溝中解斷斷，引《王莽傳》謂青蠅蒼蠅當作挩，引《國策》解氓爲流民，引《易》奇偶證奇貨，間有穿鑿附會。又哉才通用，引顔眞卿碑，不引《考古圖》。昌樂肉飛，引《世說》，不引《吳春秋》。所許通用，引顏師古《漢書注》，不引《世說》。九德，引《三國志注》，不引《國語》。登時，引《集異說》，不引焦仲卿妻詩。亦有失之眉睫之前者。然小小疎舛，不足爲累。雖篇帙無多，其可取者，要不在方以智《通雅》下也。

《文獻通考》卷二一一《經籍考》三八 《關尹子》九卷。陳氏曰：周關令尹喜，蓋與老子同時，啟老子著書言道德者。按《漢志》有《關尹子》九篇，而《隋》、《唐》及《國史志》皆不著錄，意其書亡久矣。徐藏子禮得之於永嘉孫定，首載劉向校定序，末有葛洪後序。未知孫定從何傳授，殆皆依託也。序亦不類向文。

孫子遺說

綜述

鄭友賢《孫子遺說序》（《十家註孫子遺說序》） 求之而益深者，天下之備法也；叩之而不窮者，天下之能言也。爲法立言，至於益深不窮，而後可以垂教於當時，而傳諸後世矣。儒家者流，惟苦易之爲書，其道深遠而不可窮；學兵之士，嘗患武之爲說，微妙而不可究，則亦儒者之易乎？蓋易之爲言也，兼三才，備萬物，以陰陽不測爲神。是以仁者見之謂之仁，智者見之謂之智，百姓日用而不知。武之爲法也，包四種，籠百家，以奇正相生爲變。是以謀者見之謂之謀，巧者見之謂之巧，三軍由之而莫能知之。迨夫九師百氏之說興，而益見大易之義，如日月星辰之神，徒推步其輝光之迹，而不能考其所以爲神之深。十家之註出，而愈見十三篇之法，如五聲五色之變，惟詳其耳目之所聞見，而不能悉其所以爲變之妙。是則武之意，不得謂盡於十家之註也。然而學兵之徒，非十家之說，亦不能窺武之藩籬。尋流而之源，由徑而入戶，於武之法，不可謂無功矣。頃因餘暇，撫武之微旨而出於十家之不解者，略有數十事，託或者之問，具其應答之義，名曰十註遺說。學者見其說之有遺，則始信益深之法、不窮之言，庶幾大易不測之神矣。

尹文子

綜述

仲長氏《尹文子序》 尹文子者，蓋出於周之尹氏。齊宣王時，居稷下，與宋鈃、彭蒙、田駢同學，先於公孫龍。公孫龍稱之。著書一篇，多所彌綸。《莊子》曰：不累於物，不苟於人，不忮於衆，願天下之安寧以活於民命，人我之養畢足而止，以此白心，見侮不辱。此其道也。而劉向亦以其學本於黄老，大較刑名家也。近爲誣矣。余黄初末始到京師，繆熙伯以此書見示。意甚玩之，而多脱誤，聊試條次撰定爲上下篇，亦未能究其詳也。

著録

《道藏目録詳註》卷四 上下同卷。尹子出於周之尹氏，齊宣王時人也。論大道上下篇，多所彌綸。

鬻子

綜述

逢行珪《進鬻子表》 臣行珪言：臣聞結繩以往，書疏蔑然；文字之初，教義斯起。記言之史設，褒貶之迹聿興；書事之官置，勸誡之門由啓。於是國版稠疊，謨訓昭彰，唱讚之道以弘，闡揚之理兹暢。德業彌縟，英華日新，雕琢性情，振其徽烈。逮乎周文作聖，鬻子稱賢，意合道同，實申師傅。鬻子以文王降已，大啓心期，明宣布政之方，廣立輔成之策，足使萬機留想，一代咸休，稽古有宗，發明耳目。尋其著述之旨，探其斥救之辭，莫不原道心以裁章，研神理而啓沃，彌綸彝訓，經緯區中，不徒讚説微言，務於遺翰而已。鬻熊爲諸子之首，文王則聖德之宗。熊既文王之師，書乃政教之體，雖篇軸殘缺，提舉猶備紀綱，譬彼盤盂，發揚有愈。臣家傳儒素，積習忠良，睹明主奉師之蹤，覽賢者盡義之道，循環徵究，妙極機神。敢率至愚，爲之注解，研覃析理，以叙私情，剪截浮辭，用申狂瞽。伏惟陛下則天垂訓，越極宣風，稽太上之至和，興帝王之烱誡，股肱諒直，獻替無疑，大舉賢良，寧濟區宇，四海革面，八表宅心，務本修文，垂拱無事。臣以草萊卑賤，識度庸淺，荷堯沐舜，擊壤謳歌，周施政教之端，屬聽太平之詠，志存綴緝，以述矢言。簡牘難周，辭意斯拙，謹以繕寫，奉獻闕庭。庶日月昭明，布餘暉於漏隙；時雨咸洎，灑餘潤於纖枯。望希塵露之資，豈議沉舟之楫？天威咫尺，神魄震驚。謹上表以聞，伏聽慈旨。謹言。

又《鬻子序》 鬻子名熊，楚人，周文王之師也。年九十，見文王，王曰：老矣。鬻子曰：使臣捕獸逐麋，已老矣；使臣坐策國事，尚少也。文王師之。著書二十二篇，名曰《鬻子》。子者，男子之美稱。賢不逮聖，不以爲經，用題紀標子。因據劉氏九流即道流也。遭秦暴亂，書記略盡；《鬻子》雖不預焚燒，編秩由此殘缺。依《漢書·藝文志》，惟有六篇，今此本乃有十四篇，未詳孰是。篇或錯亂，文多遺闕，至敷演大道，銓撰明史，闡域中之教化，論刑德之是非，雖卷軸不全而其門可見，然鄧林之枝、荆山之玉、君子餘文，可得觀矣。鬻子博懷道德，善謀政事，故使周文屈節，大聖諮詢。情存帝王之道，辭多斥救之要，理致通遠，旨趣恢弘，實先達之奥言，爲諸子之首唱。織組仁義，經緯家邦，垂勸誡之風，陳弘濟之術，王者覽之可以理國，吏者遵之可以從政，足使賢者勵志，不肖者滌心。《語》曰：《詩》三百，一言以蔽之，曰思無邪。言而不朽，可爲龜鏡。《鬻子》論道，無邪之謂歟。幸以休務之隙，披閲子史；而書籍實繁，不能精備。至於此子，頗復留心，尋其立迹之端，探其闡教之旨，豈如寓言迂恢，馳術飛辯者矣，亦乃字重千金，辭高萬歲。聊爲注解，略起指歸。馳心於萬古之上，寄懷於千載之下，庶垂道見志，懸諸日月。將來君子，幸無忽焉。

著録

《道藏目録詳註》卷四 二卷，華州鄭縣尉逄行珪註。鬻子，楚人，名熊，周文王之師也。著書二十四篇，敷演大道，銓譔明史，闡域中之教化，論刑德之是非，雖卷軸不全，而其門可見矣。

《文獻通考》卷二一一《經籍考》三八 《鬻子》一卷。晁氏曰：楚鬻熊撰。按《漢志》云，「爲周師，自文王以下問焉，周封爲楚祖」，凡二十二篇。今存者十四篇，唐逄行珪注，永徽中上於朝。叙稱見文王時行年九十，而書載周公封康叔事，蓋著書時百餘歲矣。

石林葉氏曰：世傳《鬻子》一卷，出祖無擇家。《漢藝文志》本二十二篇，載之道家。鬻熊，文王所師，不知何以名道家。而小説家亦別出十九卷，亦莫知孰是，又何以名小説。今一卷，止十四篇，本唐永徽中逄行珪所獻。其文大略，古人著書不應爾。庾仲容《子抄》云六篇，馬總《意林》亦然。其所載辭略，與行珪先後差不倫，恐行珪書或有附益云。

巽岩李氏曰：《藝文志》二十六篇，今十四篇，《崇文總目》以爲其八篇亡，特存此十四篇耳。某謂劉向父子及班固所著録者，或有他本，此蓋後世所依託也。熊既年九十始遇文王，胡乃尚説三監曲阜時何邪？又文多殘闕，卷第與目篇皆錯亂，甚者幾不可曉，而注尤謬誤。然不敢以意刪定，姑存之以俟考。

高氏《子略》曰：魏相奏記載霍光曰：「文王見鬻子，年九十餘，文王曰：『噫！老矣。』鬻子曰：『君若使臣捕虎逐麢，臣已老矣，若使坐策國事，臣年尚少。』文王善之，遂以爲師。」今觀其書，則曰：「發政施仁謂之道，上下相親謂之和，不求而得謂之信，除天下之害謂之仁。」其所以啟文王者決矣。其與太公之遇文王有相合者。太公之言曰：「君有六守：仁、義、忠、信、勇、謀。」又曰：「鷙鳥將擊，卑飛斂翼；虎狼將擊，弭耳俯伏；聖人將動，必有愚色。」尤決於啟文王者矣。非二公之言殊相經緯，然其書辭意大略淆雜，若《大誥》、《洛誥》之所以爲書者，是亦漢儒之所綴輯者乎？太公又曰：「天下非一人之天下，天下之天下也。」奇矣！《藝文志》叙鬻子名熊，著書二十二篇。今一卷六篇。唐貞元間，柳伯存嘗言子書起於鬻熊，此語亦佳，因録之。永徽中，逄行珪爲之序曰：「《漢志》所載六篇，此本凡十四篇，予家所傳乃十有二篇。」

陳氏曰：《漢志》云二十二篇，今書十五篇，陸佃農師所校。唐鄭縣尉逄行珪注，止十四篇，蓋中間以二章合而爲一，故視陸本又少一篇。此書甲乙篇次，皆不可曉。二本前後亦不同，姑兩存之。

子華子

綜述

劉向《子華子序》 護左都水使者、光禄大夫，臣向言：所校讎中《子華子》書，凡二十有四篇，以相校，復重十有四篇，定著十篇，皆以殺青，書可繕寫。子華子程氏，名本，字子華，晉人也。晉自頃公失政，政在六卿，趙簡子始得志，招徠賢儁之士爲其家臣。子華子生於是時。博學，能通墳典丘索，及故府傳記之書。性闓爽，善持論。不肯苟容於諸侯，聚徒著書，自號程子，名稱籍甚，聞於諸侯。孔子遇諸郯，歎曰：天下之賢士也。簡子欲仕諸朝而不能致，乃遣使者奉纁幣，聘以爲爵執圭。是時，簡子殺竇犢及舜華，孔子爲作《臨河之操》，子華子亦逡巡不肯起。簡子大怒，將脅之以兵，子華子去而之齊。齊景公不能用也，子華子館於晏氏，更題其書曰《子華子》。簡子卒，襄子立，子華子反於晉。時已老矣，遂不復仕，以卒。今其書編離簡斷，以是門人弟子共相綴隨，紀其所聞，而無次叙，非子故所著之書也。大抵子華子以道德爲指歸，而經紀以仁義，存誠養操，不苟於售。唯孔子然後知其賢，齊大夫晏平仲與之爲久要之交。當時諸侯以勢相軋爭，結怨連禍，日以權譎爲事。子華子之言，如持水納石，不相醻答，卒以不遇，可爲酸鼻。謹目録。

著録

《道藏目録詳註》卷四 卷一之十共五卷。子華子，晉人也，著書二十四篇。

鶡冠子

綜述

佚名《鶡冠子序》 韓子曰：《鶡冠子》十有六篇，其詞雜黄老、刑名。其《博選篇》四稽五至之説當矣，使其人遇其時，援其道，而施於國家，功德豈少哉。《學問篇》稱賤生於無所用，中流失船，一壺千金者，余三讀其辭而悲之。文字脱繆，爲之正三十有五字，乙者三，滅者二十有二，注十有二字云。陸子曰：鶡冠子，楚人也，居於深山，以鶡爲冠，號曰鶡冠子。其道踳駁，著書初本黄老，而末流迪於刑名。《傳》曰：申、韓厲名實，切事情，其極慘礉少恩，而原於道德之意，蓋學之弊有如此者也。故曰孔、墨之後，儒分爲八，墨離爲三。嗚呼，可不慎哉。此書雖雜黄老、刑名，而要其宿，時若散亂而無家者，然其奇言奥旨，亦每每而有也。自《博選篇》至《武靈王問》，凡十有九篇，而退之讀此，云十有六篇者，非全書也。今其書雖具在，然文字脱繆，不可考者多矣。語曰：書三寫，魚成魯，帝成虎，豈虚言哉。余竊閔之，故爲釋其可知者，而其不可考者輒疑焉，以俟博洽君子。

著録

《道藏目録詳註》卷四 三卷。鶡冠子，楚人也，著書十有六篇。其詞雜黄老刑名之學。

《文獻通考》卷二一一《經籍考》三八 《鶡冠子》八卷。晁氏曰：班固載鶡冠子，楚人，居深山，以鶡羽爲冠，著書一篇，因以名之。至唐韓愈，稱愛其《博選》、《學問篇》，而柳宗元以其多取賈誼鵩賦，非斥之。今書《按四庫書目》，《鶡冠子》三十六篇，與愈合，已非《漢志》之舊。今書乃八卷，前三卷十三篇，與今所傳《墨子》書同。中三卷十九篇，愈所稱兩卷皆在，宗元非之者篇名《世兵》亦在。後兩卷有十九論，多稱引漢以後事，皆後人雜亂附益之。今削去前後五卷，止存十九篇，庶得其眞。其詞雜黄、老刑名，意皆淺鄙，宗元之評蓋不誣。

昌黎韓愈《讀鶡冠子》曰：《鶡冠子》十九篇，其詞雜黄、老刑名。其《博選篇》「四稽五至」之説當矣。使其人遇時，授其道而施於國家，功德豈少哉？《學問篇》稱「賤生於無所用，中流失船，一壺千金者」，余三讀其詞而悲之。文字脱謬，爲之正三十有五字，乙者三，滅者二十有二，注十有二字云。

河東柳氏《辯鶡冠子》曰：余讀賈誼《鵩賦》，嘉其詞，而學者以爲盡出《鶡冠子》。《鶡冠子》十九篇，論三才變通、古今治亂之道，其《世兵篇》頭與《鵩賦》相亂。余往來京師，求《鶡冠子》，無所見，至長沙始得其書。讀之，盡鄙淺言也，惟誼所引用爲美，餘無可者。吾意好事者僞爲其書，反用《鵩賦》以文飾之，非誼有取之決也。太史公《伯夷列傳》稱賈子曰「貪夫徇財，烈士徇名，夸者死權」，不稱鶡冠子。遷號爲博極群書，假令當時有其書，遷豈不見耶？假令眞有《鶡冠子》書，亦必不取《鵩賦》以充入之者，何以知其然邪？曰不類。

高氏《子略》曰：「鶡冠子，楚人，隱居，著書言道家事，則盡出於黄、老矣。」其書有曰：「小人事其君，務蔽其明，塞其聰，乘其威，以灼熱天下。天高不難追，有福不可請，有禍不可違。」其言如此，是蓋未能忘情於斯世者。

周氏《涉筆》曰：韓文《讀鶡冠子》，僅表出首篇「四稽五至」，末章「一壺千金」，蓋此外文勢闕，自不足録。柳子厚則斷然以爲非矣。按《王鈇篇》所載，全用楚制，又似非賈誼後所爲。先王比閭起教，鄉遂達才，道廣法寬，尊上帥下，君師之義然也。今自五長、里有司、扁長、鄉師、縣嗇夫、郡大夫遞相傳告，以及柱國、令尹。然動輒有誅，柱國滅門，令尹斬首，舉國上下，相持如束濕，而三事六官，亦皆非所取，通與編氓用三尺法，此何典也？處士山林談道可也，乃妄論王政何哉？

陳氏曰：陸佃解。今書十九篇，韓吏部稱十有六篇，故陸謂其非全。韓公頗道其書，而柳以盡鄙淺言。自今考之，柳説爲長。

《崇文總目》：今書十五篇，述三才變通、古今治亂之道。唐世嘗辯此書後出，非古所謂《鶡冠子》者。

黃石公素書

著録

《道藏目録詳註》卷四 一卷，張天覺著。其書上有道德治國之行，中有全身保命之術，次有霸業匡邦之理。

《文獻通考》卷二一一《經籍考》三八 《素書》一卷。晁氏曰：題黃石公著。凡一千三百六十六言。其書言治國、治家、治身之道，龐雜無統，蓋采諸書以成之者也。

陳氏曰：後人傳會依託以爲之者。

無盡居士注《素書》一卷。晁氏曰：皇朝張商英注。商英稱《素書》凡六篇，按《漢書》黃石公圯上授子房，世人多以《三略》爲是，蓋誤也，晉亂，有盜發子房塚，玉枕中獲此書。商英之言，世未有信之者。

淮南鴻烈集

綜述

高誘《淮南鴻烈集序》（《淮南鴻烈解叙》） 淮南王名安，厲王長子也。長，高皇帝之子也。其母趙氏女，爲趙王張敖美人。高皇帝七年，討韓信於銅鞮，信亡走匈奴。上遂北至樓煩，還過趙，不禮趙王。趙王獻美女。趙氏女得幸有身，趙王不敢内之於宫，爲築舍於外。及貫高等謀反發覺，並逮治王，盡收王家及美人，趙氏女亦與焉。吏以得幸有身聞上，上方怒趙王，未理也。趙美人弟兼，因辟陽侯審食其言之吕后，吕后不肯白，辟陽侯亦不强爭。及趙美人生男，恚而自殺。吏奉男詣上，上命吕后母之，封爲淮南王。暨孝文皇帝即位，長弟上書願相見。詔至長安，日從游宴，驕蹇如家人兄弟。怨辟陽侯不爭其母於吕后，因椎殺之。上非之。肉袒北闕謝罪，奪四縣還。歸國，爲黃屋左纛，稱東帝。坐徙蜀嚴道，死於雍。上閔之，封其四子爲列侯。時民歌之，曰：一尺繒，好童童；一升粟，飽蓬蓬。兄弟二人，不能相容。上聞之，曰：以我貪其地邪？乃召四侯而封之。其一人病薨；長子安，襲封淮南王；次爲衡山王；次爲廬江王。太傅賈誼諫曰：怨讎之人，不可貴也。後淮南、衡山卒反，如賈誼言。初，安爲辯達，善屬文，皇帝爲從父，數上書，召見。孝文皇帝甚重之，詔使爲《離騷賦》，自旦受詔，日早食已。上愛而祕之，天下方術之士多往歸焉。於是遂與蘇飛、李尚、左吳、田由、雷被、毛被、伍被、晉昌等八人，及諸儒大山、小山之徒，共講論道德，總統仁義，而著此書。其旨近老子，淡泊無爲，蹈虛守靜，出入經道。言其大也，則燾天載地；説其細也，則淪於無垠，及古今治亂、存亡、禍福，世間詭異瓌奇之事。其義也著，其文也富，物事其類，無所不載。然其大較，歸之於道，號曰《鴻烈》。鴻，大也；烈，明也。以爲大明道之言也。故夫學者，不論《淮南》，則不知大道之深也。是以先賢通儒，述作之士，莫不援采以驗經傳。

以父諱長，故其所著，諸長字皆曰脩。光祿大夫劉向校定撰具，名之《淮南》。又有十九篇者，謂之《淮南外篇》。自誘之少，從故侍中同縣盧君受其句讀，誦舉大義。會遭兵災，天下棋峙，亡失書傳，廢不尋脩二十餘載。建安十年，辟司空掾，除東郡濮陽令。睹時人少爲《淮南》者，懼遂陵遲，於是以朝餔事畢之間，乃深思先師之訓，參以經傳道家之言，比方其事，爲之注解，悉載本文，並舉音讀。典農中郎將弁揖，借八卷刺之，會揖身喪，遂亡不得。至十七年，遷監河東，復更補足。淺學寡見，未能備悉其所不達，注以未聞。唯博物君子，覽而詳之，以勸後學者云爾。

抱朴子内篇

著　録

葛洪《抱朴子内篇序》　洪體乏超逸之才，偶好無爲之業。假令奮翅則能凌厲玄霄，騁足則能追風躡景，猶故欲戢勁翮於鷦鷯之群，藏逸跡於跛驢之伍，豈況大塊稟我以尋常之短羽，造化假我於至駑之蹇足，以自卜者審，不能者止。豈敢力蒼蠅而慕冲天之舉，策跛鼈而追飛兔之軌，飾嫫母之陋醜，求媒揚之美談，推沙礫之賤質，索千金於和肆哉。

夫以焦僥之步，而企及夸父之蹤，近才所以躓閡也。以要離之羸，而強赴扛鼎之契，或作勢。秦人所以斷筋也。是以望絶於榮華之徒，而志安乎窮否之域。藜藿有八珍之甘，而蓬蓽有藻棁之樂也。故權貴之家，雖咫尺弗從也。知道之士，雖艱遠必造也。考覽奇書，既不少矣，率多隱語，難可卒解。自非至精，不能尋究，自非篤勤，不能悉見也。道士淵博洽聞者寡，而意斷妄説者衆。至於時有好事者，欲有所修爲，倉卒不知所從，而意之所疑，又無可諮問。今爲此書，粗舉長生之理，其至妙者，不得宣之於翰墨，蓋麤言較略，以示一隅。冀悱憤之徒省之，可以思過半矣，豈爲暗塞必能窮微暢遠乎。聊論其所先舉耳。

世儒徒知伏膺周、孔，桎梏皆死，莫信神仙之事，謂爲妖妄之説，見余此書，不特大笑之，又將謗毁眞正，故不以合於世。余所著子書之數，而則爲此一部，名曰内篇，凡二十卷，與外篇各起次第也。雖不足以藏名山石室，且欲緘之金匱，以示識者。其不可與言者，不令見也。貴使來世好長生者，有以釋其惑，豈求信於不信者乎。

《文獻通考》卷二二五《經籍考》五二　《抱朴子内篇》二十卷。晁氏曰：晉葛洪撰。洪字稚川，丹陽句容人。元帝時，累召不起，止羅浮山錬丹著書，推明飛昇之道、導養之理、黄白之事。三十卷，二十卷名曰《内篇》，十卷名曰《外篇》，自號抱朴子，因以命書。

陳氏曰：洪所著書，《内篇》言神仙黄白變化之事，《外篇》駁雜通釋。此二十卷者，《内篇》也。《館閣書目》有《外篇》五十卷，未見。

《道藏目録詳註》卷四　《抱朴子内篇》二十卷，稚川子葛洪著。内篇暢玄、論仙、對俗、金丹、至理、微旨、塞難、釋滯、道意、明本、仙藥、辨問、極言、勤求、雜應、黄白、登涉、地眞、遐覽、祛惑等篇二十篇，皆神仙方藥、鬼怪變化、養生延年、禳邪却禍之道。

抱朴子外篇

《文獻通考》卷二一四《經籍考》四一　十卷。晁氏曰：晉葛稚川撰。自號抱朴子，博聞深洽，江左絶倫，著書甚富。言黄白之事，名曰《内篇》，其餘《外篇》。《晉書》、《内》、《外》通有一百一十六篇，今世所傳者四十篇而已。《外篇》頗言君臣理國用刑之道，故附於雜家云。

《道藏目録詳註》卷四　抱朴子外篇五十卷。外篇言嘉遁、逸民、勗學、君道、崇教、臣節、良規、時難、官理、務正、貴賢、任能、欽士、用刑、交際、備闕、擢才、任命、名實、清鑒、行品、弭訟、酒誡、疾謬、譏惑、刺驕、百里、接疏、鈞世、省煩、尚博、漢過、吳失、守塉、安貧、仁明、博喻、廣譬、辭義、循本、應嘲、喻蔽、百家、文行、正郭、彈相、詰包、知止、窮達、重言、自序等篇五十卷。

《四庫全書提要・子部・道家類》　《抱朴子内外篇》八卷，晉葛洪撰。洪字稚川，丹陽句容人。躭嗜元術，嘗聞餌丹砂可延年，自乞爲句漏令。後退居羅浮山，鍊丹著書，推明導養黃白之術，自號抱朴子，因以名書。自序爲《内篇》二十卷，《外篇》五十卷。而《隋志》《唐志》及《通志》《通考》所載卷數，率多互異，疑傳寫者分晰不同。晁公武謂：《晉書》内外有一百一十六篇，今世所傳者四十篇。陳振孫又謂：《館閣書目》有《外篇》五十卷，未見。又《永樂大典》所載目校今本失去丹砂法等八篇，是宋元間流傳全本已尠。此本乃明烏程盧舜治以所得宋本及王府藏經二本參校付刊，視他本獨少闕畧。所列篇數，與洪自序卷數相符。知洪當時蓋以一篇爲一卷也。特晁氏所云一百十六篇者，未知何所據耳。其書《外篇》，言時政得失、人事臧否，旁引曲喻，饒有名理。《内篇》則論神仙、吐納、符籙之事，先儒或斥其不經。然詞旨辨博，文藻贍麗，實非六朝以後所能作，未可以其出于道家者言，而槩置之也。

劉子

著録

《文獻通考》卷二一四《經籍考》四一　《劉子》五卷。陳氏曰：劉晝孔昭撰。播州録事、參軍袁孝政爲序，凡五十五篇。按《唐志》十卷，劉勰撰。今序云：「晝傷己不遇，天下陵遲，播遷江表，故作此書。時人莫知，謂爲劉勰，或曰劉歆、劉孝標作。」孝政之言云爾，終不知晝爲何代人。其書近出，傳記無稱，莫詳其始末，不知何以知其名晝字孔昭也。

晁氏曰：唐袁政注。言修心治身之道，而辭頗俗薄。

素履子

著録

佚名《素履子序》　夫素履子者，取《周易》履卦：初九，素履往，無咎。以純素爲本履，以履行爲先，雖衣布素須履先王之政教。故取天地之始，乾坤之初，聖人設教之規，賢哲行道之跡。夫禍福之端生于所履，是以聖人以德履帝位而不疚光明者也。士庶履能辯上下，定民志。輒修一十四篇，號曰《素履子》，以爲箴誡而已。

《道藏目録詳註》卷四　素履子三卷，與天隱子同卷。將仕郎、大理平事賜緋魚袋張弧譔。

無能子

著録

佚名《無能子序》　無能子，余忘形友也。少博學寡欲，長於窮理盡性以至於命。黃巢亂，避地流轉，不常所處，凍餒淡如也。光啓三年，天子在褒，四方猶兵，無能子寓于左輔景氏民舍，自晦也。民舍之陋，雜處其間，循循如也。晝好卧不寐，卧則筆扎一二紙，興則懷之，而不余示。自仲春壬申至季春己亥，盈數十紙，卷而囊之，似有所著者。余竊得之，多紀所傳所見，或嘗與昆弟朋友問答之言。其旨歸於明自然之理，極性命之端。自然無作，性命無欲，是以略禮教而外世務焉。知之者不待喻而信，不知者能無罪乎。余因析爲品目，凡三十四篇，編上中下三卷。自與知之者共之爾。余蓋具審無能子行止中藏，故不述其姓名游宦焉。

《道藏目録詳註》卷四　《無能子》三卷。内三十四篇，編上中下三卷。蓋審無能子行止中藏，故不述其姓氏。

《文獻通考》卷二一一《經籍考》卷三八　《無能子》三卷。晁氏曰：不著撰人。唐光啟三年，天子在褒，寓三輔景氏舍，成書三十篇，述老、莊自然之旨。《總目》録之道家。

陳氏曰：《唐志》云光啟間隱民，蓋其自敘。

《四庫全書提要·子部·道家類》　《無能子》三卷，不著撰人名字。序稱光啟三年，天子在褒。則唐僖宗時人也。宋《崇文總目》録屬道家。晁公武《讀書志》云書三十篇，明老莊自然之旨。今按篇目，實三十四篇，與序所言篇數合。而卷上注闕第六篇，卷中注闕第五篇，卷下注闕第七、第九、第十、第十二、第十三、第十四等六篇，是其全書具在，又不止于三十四篇。豈當時有録無書，欲爲之而未成，姑虛列其目耶？《唐藝文志》以爲光啟間隱氏。考序中有不述姓名遊宦語，則非隱民也。其書多竊莊列之旨，又雜以釋氏之説，詞旨頗淺。第以唐代遺書，在今已少，姑以舊本録之，仍列于道家云。

意林

著録

《道藏目録詳註》卷四　《意林》五卷，撫州刺史戴叔倫撰，扶風馬總元會編。述諸子百家掌握千卷，又述十代興亡論一帙。

《文獻通考》卷二一四《經籍考》四一　《意林》三卷。晁氏曰：唐馬總會元撰。初，梁庾仲容取諸家書、術數、雜記，凡一百七家，抄其要語，爲三十卷，總以其繁略失中，增損成三軸。前有戴叔倫、楊伯存兩序。高氏《子略》曰：《子鈔》百十有七家，仲容所取，或數句，或一二百言，是有以契其意，入其用，而他人不可共享者也。馬總《意林》一遵庾目，多者十餘句，少者一二言，比《子鈔》更爲取之嚴，録之精且約也。戴叔倫序其書曰：「上以防守教之失，中以補比事之缺，下以佐屬文之緒，有疏通廣博、潔淨符信之要，無僻放拘刻、譎蔽邪蕩之患。」亦足以發其機，寫其志矣。孔子曰：「雖小道亦有可觀。」是於諸子未嘗廢也。聖人既遠，承學易殊，義向之少純，言議之多詭，則百氏之爲家，不能盡叶乎一，亦理之所必然也。當篇籍散缺，人所未見之時，而乃先識其名，又得其語，斯足以廣聞見，助發揮，何止嘗鼎臠，啖雞蹠也。陸機賦曰：「傾群言之瀝液，漱六藝之芳潤。」唐章展《日月如合璧賦》云：「獵英華於百氏，漱芳潤於六籍。」語自此來。是庶幾焉。

容齋洪氏《隨筆》曰：唐世未知尊孟子，故《意林》亦列其書，而有差不同者，如伊尹不以一介與人，亦不取一介於人之類。其他所引書，如《胡非子》、《隨巢子》、《纏子》、《王孫子》、《公孫尼子》、《阮子》、《生部》、姚信《士緯》、殷興《通語》、《牟子》、《周生烈子》、《秦菁子》、《梅子》、《任奕子》、《魏朗子》、《唐滂子》、《鄒子》、孫氏《成敗志》、《蔣子》、《譙子》、《鍾子》、張儼《默記》、《裴氏新書》、袁準《正書》、《袁子正論》、《蘇子》、《陸子》、張顯《析言》、《于子》、《顧子》、《諸葛子》、《陳子要言》、《符子》諸書，今皆不傳於世，亦有不知其名者。

陳氏曰：總後仕至尚書僕射，嘗副裴晉公平淮西者也。

伊川擊壤集

著録

邵雍《伊川擊壤集序》　《擊壤集》，伊川翁自樂之詩也。非唯自樂，又能樂時，與萬物之自得也。伊川翁曰：子夏謂：詩者，志之所之也。在心爲志，發言爲詩。情動於中而形於言，聲成其文而謂之音。是知懷其時則謂之志，感其物則謂之情，發其志則謂之言，揚其情則謂之聲，言成章則謂之詩，聲成文則謂之音。然後聞其詩，聽其音，則人之志情可知之矣。且情有七，其要在二。二謂身也，時也。謂身，則一身之休戚也；謂時，則一時之否泰也。一身之休戚，則不過貧富貴賤而已。一時之否泰，則在夫興廢治亂者焉。是以仲尼刪《詩》十去其九，諸侯千有餘國，《風》取十五；西周十有二王，《雅》取其六。蓋垂訓之道善惡明，著者存焉耳。近世詩人窮慼則職于怨憝，榮達則專于淫泆，身之休戚發于喜怒，時之否泰出于愛惡，殊不以天下大義而爲言者，故其詩大率溺于情好也。噫。情之溺人也，甚于水。古者謂水能載舟，亦能覆舟。是覆載在水也，不在人也。載則爲利，覆則爲害，是利害在人也，不在水也。不知覆載能使人有利害邪，利害能使人有覆載邪。二者之間必有處焉。就如人能蹈水，非水能蹈人也。然而有稱善蹈者，未始不爲水之所害也。若外利而蹈水，則水之情亦由人之情也；若内利而蹈水，則敗壞之患立至于前，又何必分乎人焉水焉，其傷性害命一也。性者，道之形體也。性傷，則道亦從之矣。心者，性之郛郭也。心傷，則性亦從之矣。身者，心之區宇也。身傷，則心亦從之矣。物者，身之舟車也。物傷，則亦從之矣。是知以道觀性，以性觀心，以心觀身，以身觀物，治則治矣，然猶未離乎害者也。不若以道觀道，以性觀性，以心觀心，以身觀身，以物觀物，則雖欲相傷其可得乎。若然，則以家觀家，以國觀國，以天下觀天下，亦從而可知之矣。予自壯歲業于儒術，謂人世之樂何嘗有萬之一二，而謂名教之樂固有萬萬焉。況觀物之樂復有萬萬者焉，雖死生榮辱轉戰于前，曾未入于胸中，則何異四時風花雪月一過乎眼也。誠爲能以物觀物而兩不相傷者焉，蓋其間情累都忘去爾，所未忘者獨有詩在焉。然而，雖曰未忘，其實亦若忘之矣。何者謂其所作異乎人之所作也。所作不限，聲律不沿，愛惡不立，固必不希名譽，如鑑之應形，如鐘之應聲。其或經道之餘，因閑觀時，因靜照物，因時起志，因物寓言，因志發詠，因言成詩，因詠成聲，因詩成音。是故哀而未嘗傷，樂而未嘗淫。雖曰吟詠情性，曾何累于性情哉。鐘鼓，樂也；玉帛，禮也。與其嗜鐘鼓玉帛，則斯言也不能無陋矣。必欲廢鐘鼓玉帛，則其如禮樂何。人謂風雅之道行于古而不行于今，殆非通論。牽于一身而爲言者也，吁，獨不念天下爲善者少，害善者多，造危者衆，而持危者寡。志士在畎畝，則以畎畝言，故其詩名之曰《伊川擊壤集》。時有宋治平丙午中秋日也。

玄珠録

著録

王大霄《玄珠録序》 先師族王氏，俗諱暉，法名玄覽。先祖自晉末從并州太原移來，今爲廣漢綿竹普閏人也。太霄繼體承華，蒙恩入道，豈能敵先人之舊德、測天性之涯量哉。伏聞鄉老説：師年十五時，忽異常日，獨處靜室，不羣希言，自是之後，數道人之死生、童兒之壽命，皆如言。時人謂之洞見。至年三十餘，亦卜筮，數年云不定，棄之不爲，而習弄玄性、鷰反折法，捷利不可當。躭翫大乘，遇物成論，抄嚴子《指歸》於三字後，注老經兩卷，及乎神仙方法、丹藥節度，咸心謀手試。既獲其要，乃攜二三鄉友往造茅山，半路覺同行人非仙才，遂却歸鄉里，歎長生之道無可共脩，此身既乖，須取心證。於是坐起行住，唯道是務。二教經論，悉遍披討，究其源奧，慧發生知，思窮天縱，辯若懸河瀉水，注而不竭。而好爲人相蠶種，逆知豐損；别宅地之利害，見墓田之氣色，識鬼神之情狀，況衆咸信重之。嘗有一家欲造屋，材木已具，問立屋得不。不許立。至明年，又問得不。又言不得。更至明年，又問得不。亦言不好。於是數月間，家遭官事，屋宅資財無以供賣。此人方念斯言。有一家兒子患眼，爲祭其門前桑樹朽孔，遂差。或有問病，爲處方合藥，驗後以爲奇。有人平常請問災厄，或報云：至明年四月一日方好。果至月前三十日夜中亡縣中。故人家有患難，無遠近皆往問，即便爲言臧否，人信之，及還如所言。或到深厚家，莫不盡出子女親表求相，皆爲列言其貧富壽夭，預鑒於未然。行事多奇，皆此類也。亦教人九宮六甲、陰陽術數，作遁甲四合圖，甚省要。年四十七，益州長史李孝逸召見，深禮愛，與同遊諸寺，將諸〔大〕德對論空義，皆語齊四句，理統一乘，問難雖衆，無能屈者。李公甚喜。時遇恩度爲道士，隸籍於至眞觀。太霄時年兩歲也。既處成都，遐邇瞻仰，四方人士，欽挹風猷。貴勝追尋，談經問道，將辭之際，多請著文。因是作《眞人菩薩觀門》兩卷，貽諸好事。曾住還州路，遇道靜人稀時，有賢者在後數十步，有一老人如隱者狀，逆行來過，顧視師良久，逢賢者語曰：此人是眞人。賢者問若爲。老人曰：眼瞳金色，言訖行去。以是論之，亦玄會於嘉號矣。年六十餘，漸不復言災祥，恆坐忘行心。時被他事繫獄一年，於獄中沉思，作《混成奧藏圖》。晚年又著《九眞任證頌》、《道德諸行門》兩卷。益州謝法師、彭州杜尊師、漢州李鍊師等及諸弟子，每諮論妙義，詢問經教，凡所受言，各錄爲《私記》。因解洪元義，以後諸子因以號師曰洪元先生。師亦不拒焉。又請釋老經，隨口便書，記爲《老經口訣》兩卷，並傳於世。時年七十二，則天神功元年戊戌歲，奉敕使張昌期就宅拜請，乘驛入都，閏十月九日至洛州三鄉驛羽化。嗚呼。人而云亡，道焉乎在，非經文翰，千載誰傳。《蘇遊靈驗記》雖略陳梗槩，大霄以暗乏，不明慈訓，有預聞見，寡於深遠，謹集諸子《私記》，分爲兩卷，並爲序傳，題曰《玄珠》。取其明淨圓流，好道玄人可貴爲心寶，故以珠名之。師亦名之爲《法寶》，故法寶序云：聖人之經，淺者見之有淺義，深者見之有深理，深淺俱通，眞僞等用。竊以往古當今，玄文空論，淸言脆句，趨道之速，未居于上，非得之於赤水，奚以鑒諸云爾。

坐忘論

著録

《文獻通考》卷二二五《經籍考》五二　《坐忘論》一卷。晁氏曰：唐司馬承禎子微撰。凡七篇，其後有文元公跋，謂子微之所謂「坐忘」，即釋氏之言「宴坐」也。

陳氏曰：言坐忘安心之法，凡七條，幷《樞翼》一卷，以爲修道階次，其論與釋氏相出入。

天隱子

著録

司馬承禎《天隱子序》　神仙之道，以長生爲本。長生之要，以養氣爲先。夫氣受之於天地，和之於陰陽。陰陽神虛謂之心，心主晝夜寤寐，謂之魂魄。如此，人之身大率不遠乎神仙之道。天隱子，吾不知其何許人，著書八篇，包括祕妙，殆非人間所能力學。觀夫修鍊形氣，養和心虛，歸根契於伯陽，遺照齊於莊叟。長生久視，無出是書。承禎服習道風，惜乎世人夭促眞壽，思欲傳之同志，使簡易而行。信哉。自伯陽而來，唯天隱子而已矣。

《文獻通考》卷二二五《經籍考》五二　《天隱子》一卷。晁氏曰：唐司馬子微爲之序。天隱子，不知何許人，著書八篇，修鍊形氣，養和心靈，歸根契於陰陽，遺照齊乎莊叟，殆非人間所能力學者也。王古以天隱子即子微也。一本有《三宮法》附於後。

陳氏曰：司馬子微序，言長生久視，無出此書。今觀其言，殆與《坐忘論》相表裏，豈天隱云者，托之別號歟？

宗玄先生文集

著録

權德輿《宗玄先生文集序》　道之爲物，無不由也，無不貫也。而況本於玄覽，發爲至言。言而蘊道，猶三辰之麗天，百卉之麗地，平夷章大，恬澹溫粹，飄飄然軼八紘而泝三古，與造物者爲徒。其不至者，遺言則華，涉理則泥，雖辯麗可嘉，采眞之士不與也。宗玄先生吳君，其知言者歟。先生諱筠，字貞節。華陰人也。年十五篤志於道，與同術者隱于南陽倚帝山，閱覽古先，遐蹈物表，芝耕雲卧，聲利不入。天寶初，玄纁鶴板徵至京師，用希夷啓沃，脗合玄聖，請度爲道士。宅居於嵩陽丘。乃就馮尊師，齊整受正一之法。初，梁貞白陶君以此道授昇玄王君，王君授體玄潘君，潘君授馮君。自陶君至于先生，凡五代矣。皆以陰功救物，爲王者師。〔天寶〕十三年，召入大同殿，尋又詔居翰林。明皇在宥，天下順風祈嚮，乃獻《玄綱》三篇，優詔嘉納。志在遐舉，累章乞還，以禽魚自況，藪澤爲樂。得請未幾，盜汙三川，羽衣虛舟，泛然東下，棲匡廬，登會稽，浮淛河，息天柱，隱機埋照，順吾靈龜。有時放言，以暢天理。且以園公歌詠於紫芝，弘景怡悦於白雲，故屬詞之中，尤工比興。觀其《自古王化詩》、與《大雅吟》、《步虛詞》、遊仙雜感之作，或遐想理古，以哀世道，或磅礴萬象，用冥環樞，稽性命之紀，達人事之變，大率以嗇神挫鋭爲本。至於奇采逸響，琅琅然若戛雲璈而淩倒景，崑閬松喬森然在目。近古遊方外而言六義者，先生實主盟焉。至若總論谷神之妙，則有《玄綱》。哀蓬心蒿目之遠於道也，則有《神仙可學論》。疏瀹澡雪，使無落吾事，則有《洗心賦》、《巖居賦》。脩胸中之誠而休乎天君，則有《心目論》、《契形神頌》。其他操章寓書，贊美叙別，非道不言，言而可行。泊然以微妙，卓爾而昭曠。合爲四百五十篇，博大眞人之言，盡在是矣。大曆十三歲歲直鶉首，止于宣城道觀，焚香返眞於虛室之中。門弟子有邵冀玄者，率籲其徒，寧神于天柱西麓，從其命也。冀玄偏得先生之道，如槁木止水，刳心遺形。太原王顔，嘗悦先生之風。自先生化去二十五歲，顔爲御史丞，類斯遺文爲三十編，拜章上獻，藏在祕府。厥後冀玄得其本，以授予請序，引其遐庭，庶傳永久。別有辯析世惑之論，不列於此編。至若挺神奇、祛物怪、告鍊蛻之地，合眝蠁之符，皆備刻於金石者之說。今徒采獲斯文，以序崖略，且俾後學知道者必知言云。

三論元旨

著　録

佚名《三論元旨序》　夫一悟所通，乃無幽而不照，一迷所執，亦無往而不愚。是知附贅懸疣，則形之病焉。妄想煩惱，則心之病焉。形病除而形骸泰矣，心病泯而正性明矣。除形病者必假於良醫，泯心病者必資於妙教。自然之理，猶乎鑪錘而成。生也有涯，須運庖丁之力。稟明師而作範，稟範隨樞。憑至典而爲筌，忘筌覩奥。市廛黑暗，則喪本而乖眞。靈府清虛，亦神全而氣妙。神全乃長生之本，氣妙爲不死之源。同乎大通，莫不因修而達矣。予久依山水，遠託幽棲，以不替之心，契無爲之性，恬乎林野，玄意常盈，聊舉一隅，以爲三論。雖文純若鄙，而理也可憑。庶學者無疑，修之有證，死生大患，孰不傷哉。普勸將來，共觀其妙爾。

玄真子外篇

著　録

《文獻通考》卷二一一《經籍考》三八　《玄眞子外篇》三卷。陳氏曰：唐隱士金華張志和撰。唐，《玄眞》十二卷，今纔三卷，非全書也。既曰外篇，則必有内篇矣。志和事跡，詳見余所集《碑傳》。

《四庫全書提要・子部・道家類》　玄眞子附天隱子。《玄眞子》一卷，唐張志和撰。志和字子同，婺州人。初名龜齡。肅宗時以明經擢第，待詔翰林，坐事貶南浦尉，後遇赦還，放浪江湖以終。自號曰烟波釣徒，又號曰玄眞子。事蹟具《新唐書・隱逸傳》。沈汾《續仙傳》載其行事甚怪，大抵好事者附會之，實則恬退自全之士而已。其書據《書録解題》稱，本十二卷。陳振孫時存三卷，已非完帙。此本併僅存三篇，一曰碧虛，二曰鸑鷟，三曰濤之靈，併爲一卷，與振孫所言又異。或當時之本，以一篇爲一卷歟？其言畧似《抱朴子外篇》，但文采不及其藻麗耳。《天隱子》亦唐人所撰，不知其姓名，前有司馬承禎序，則元宗時人。晁公武、陳振孫皆疑爲承禎所託名，然承禎自有《坐忘論》，已自著名，又何必託名爲此書也。書凡八篇，一曰神仙，二曰易簡，三曰漸門，四曰齋戒，五曰安處，六曰存想，七曰坐忘，八曰神解。《讀書志》稱一本有三宮法附于後。此本無之，殆傳寫佚脱矣。書寥寥僅兩三紙，不能自成卷帙，今以與《玄眞子》同時，即附之《玄眞子》後，俾從其類焉。

莊列十論

著録

《道藏目録詳註》卷四　太學教授李元卓著。莊周夢蝶論、庖丁解牛論、藏舟山於壑澤論、顔回坐忘論、季咸相壺子論、象罔得玄珠論、莊子遊濠梁論、醉者墜車論、古之道術論、宋華子病忘論。

六根歸道論

著録

《道藏目録詳註》卷四　與《精微》等三篇同卷。言心正乎內、身正乎外、養恬息機、致虛守靜、六根寧謐、大道依歸。

三十代天師虛靖真君語録

著録

張宇初《三十代天師虛靖真君語録序》　宇宙之間，鍾光嶽靈淑之氣者，惟人。而人之修乎身也，有諸內必形諸外，固凡蘊蓄之素者，其能已於言乎。雖老莊氏之學，墮肢體，黜聰明，凡役乎外者，一切斥絶，務一返乎內。而至於垂世立敎之道，亦必因言而後達且著焉。由是觀之，遊方之外者，豈盡以言爲無所用者哉。蓋其於言也，若太空行雲，澄淵微瀾，隨其動止而成文，不可以跡見之也。若儒之於言也，達則雄邁，放逸之情肆；窮則羈愁，感慨之語發者，異矣。雖然，其道隆神化之久，與天爲徒久，豈必以言之有無，而後謂之至哉。三十代祖虛靖眞君，以靈悟宿植，遭熙洽之朝。在崇寧、靖康間，徽廟崇道尤篤，而眞仙輩出。與眞君上下一時者，若徐神翁、王文卿、林靈素也。凡驅禁祟，平潮孽，驗禜禬，往往有異徵。曁國運艱否，預達災眹，及致風霆暘雨，特指顧間。其道神行著，誠足以羽儀天朝，澤被含品矣。雖相去數百載，迨今人猶道慕之。豈惟誇一時而後竟泯泯無聞者比哉。舊傳《應化録》，載述勳行詳矣。凡眞君流示世敎之語，陶冶性靈之篇，又皆足以警迷啓蔽，非遊神於胚腪块圠之初，蟬蛻於膠轕塵滓之表，無毫忽足以介其中者，其所造詣，能若是哉。四方傳誦，願見者惜不獲其全。往嘗刊行，久亦遺缺，因采之名山，重鋟諸梓，以廣其傳。庶俾冠褐之士，慕向之流，探索於言外意表，以悟火符之祕，窮鉛汞之妙，有餘師矣。以是而進乎道德之域，若所謂廣漠之野，虛無之濱，當層峰高林之間，風淸月霽之夕，哦詠其空歌靈韻，林唱泉答，又焉知其霓旌霞珮之不來降也哉。其可不與老莊氏之言而並傳乎。宇初忝嗣匪才，豈足以盡其讚頌揚美，嘗懼有所逸墜，姑序其槩於首，以俟諸大手筆焉。

著　録

《道藏目録詳註》卷四　《三十代天師虚靖眞君語録》卷一之七，共二卷。内心説、開壇法語、大道歌，并諸歌詩詞。

峴泉集

綜　述

王紳《耆山無爲天師峴泉集序》　天地間至精至微者，道也；至明至著者，文也。道非文不明，文非道不立。析而言之雖爲二，要而歸其實一也。乾坤之所以覆載，陰陽之所以變化，寒暑之所以代謝，日月之所以往來，山川之所以流峙，草木之所以榮悴，無非道也，無非文也。其可離而二哉，又可以強而合哉。故聖人者作，因其自然之道，著爲自然之文，未嘗以一毫己意加之也。是故因其變化之理而成《易》，因其訓詁之體而成《書》，因其治化之蹟而成《詩》，因其褒貶之法而成《春秋》，因其節文之實而成《禮》，因其和暢之用而成《樂》。此六經之文，所以終天地、亘古今而不易者，以其出於自然也。後之言文者，捨是何適焉。自周之衰，王道熄而百家興，競以私意臆説，騁辭立辨以相高，求弗戾於道者，百不一二焉。於時有若老子者，其言以清靜無爲爲道，著書五千餘言。後世嘗有以之爲治而治者矣，其庶幾於道者乎。嗣教眞人張公無爲，自其家世宗老子之教，至公凡四十三傳。公天資穎敏，器識卓邁，於琅函蘂笈金科玉訣之文，既無不博覽而該貫，益於六經子史百氏之書，大肆其窮索。至於辭章翰墨，各極其精妙。是以歷職天朝，皆以問學之懿，深蒙眷宁，凡殊褒前席之榮，歲賚有加。而王公貴卿縉紳之士，亦莫不禮貌焉。蓋江右文宗，多吳文正公、虞文靖公之遺緒，而公能充軼之也。其所造詣，豈苟然哉。間出其詩文若干卷，屬序焉。其詩之沖邃而幽遠，文之敷腴而典雅，讀之使人健羨不暇。視世之佔畢訓詁，拘拘以才藝自足者，爲何如哉。矧公領宗門之重任，專以化人誘善，輔國翊祚爲心，其見於此者，特其緒餘耳。雖然，予嘗考公德業既本於無爲，是能遊心太初，與道爲一。而且沈酣於六藝之文，蒐獵於百氏之説，於是發於文辭，理與意會，有不期工而自工者矣。其有補於老莊之道者，又豈神誕之誇者比哉。公以紳有世契，相與極論斯事，必撫掌劇談而後已。故爲序。其曰《峴泉》者，因精舍之稱云。國子博士金華王紳序。

程通《耆山無爲天師峴泉文集序》　《峴泉集》者，嗣漢四十三代天師張眞人之所作也。眞人學行淵邃，資識超穎，貫綜三氏，融爲一塗，旁及諸子百家之言，靡不暢曉。故其發爲文辭論議，雄邁偉傑，讀之令人擊節不已。予嘗愛其文，如行空之雲，昭回絢煥，變化莫測，頃刻萬狀，曄乎其成章也。又如入秋之水，膏渟黛蓄，微風興波，萬頃一碧，湛乎其泓澄也。詞賦詩歌又各極其婉麗清新，得天趣自然之妙，可謂兼勝具美矣。且聞龍虎名山，靈氣翕聚，鍾英毓秀，挺生列眞，以道德相傳，其來遠矣。若道腴内充，華藻外振，以文雄一代者，乃今獨於眞人見之。洪惟我朝太祖高皇帝，混一寰宇，光岳氣全，天運之興，文明三十餘年矣。今上皇帝踐祚以來，氣益昌而運益盛。雖遐陬僻壤，莫不呈材獻藝，摛文搜藻，以自見于時。況在文獻之邦，神明之胄，優游乎德澤，涵泳乎詩書，大肆厥辭，鋪張盛美，以黼黻太平之治，不亦宜乎。雖然，此特其餘事耳。至於眞人超然獨得之妙，艷道之士又當於詩文之外求之。

又　嘗聞有其道者，必有其文也。日月星辰，天之文也；山川花木，地之文也；禮樂制度，人之文也。蓋道爲體，文爲用。儒先謂文章爲貫道之器，不其然乎。龍虎嗣漢四十三代天師無爲張眞人，神明之胄也。天資超卓，學問淵源，本諸中者有道德之崇，著於外者有文章之懿。嘗銓次其平日所作詩文，凡若干卷，目曰《峴泉集》。英華煥發，昭耀簡編。以言乎詩，則託物寫情，優游不迫，得詩人情性之正；以言乎文，則雄奇汪濊，鋪叙有法，得古人述作之體。是以海内文人碩士，傳誦而稱羨者比比焉。自非眞人學通百氏，道貫三才，體用兼該，精詣獨得，安能發而爲此耶。及觀集中所著《沖道》、《愼本》、《太極》、《河圖》、《原性》諸篇，義理之玄微，研究之精極，議論之閎肆，其於天地造化、山川人物、禮樂制度，靡不該貫。雖專門擅業，皓首窮經之士，有不能及者。非惟有功於玄教，其於世教亦有裨焉。將見斯集流傳於天下，後世與峴泉相爲悠久而無窮也，必矣。且眞人嘗爲通著《尚義堂記》，俾先祖父之志行，亦得託於不朽。斂襟三復，深有感焉，因書此于卷末，以致其私意云。

純陽眞人渾成集

綜述

何志淵《純陽眞人渾成集序》 竊謂古人無心於爲文，故言發乎誠，而大體全。後世有心於爲名，故文過乎情，而華藻勝。大體者根於自然，華藻者出於使然。自然者同乎天，使然者參乎人。心聲之發見限量，不言而判爾。且煥而爲日月，章而爲雲漢，融而爲山川，散而爲草木，仰觀俯察，萬象森羅，莫非天之文、地之理，而天地大化，豈容心於此哉。無言而生，不爲而化，蓋有不期然而然也。我祖純陽呂翁眞人，學貫天人之際，手握造化之機，矢口成言，灑翰成章，初非心思智慮之所致，抑亦天機自發，沛然莫能禦者。其勸世也，隨方設化，辭白義精，觀之使人判然冰釋，怡然理順，廉貪敦薄，勃勃然稔絕塵之慮歟。其誅劍也，假物明理，氣豪心放，讀之使人釋然四解，神清氣逸，刮垢磨光，飄飄然有昇虛之思歟。夫仙翁之出神入聖，千變萬化，其文散落於人間，殆不可以兼收而備舉。甫於藏室中得其詩章二百有餘，釐爲二卷，名之曰《渾成集》，以其渾然天成，非人爲所能及也。執事於純陽宮者，議欲鋟木以廣其傳，庶與四方共之，因囑予序引。剛拒不能，姑爲道其梗槩。其中亥豕之疑不無一二，安敢以己意輒更之，疑以傳疑，當俟達者。嗚呼，有能即其詩以求其心，因其心以得其行，由其所行之行以造聖人之道，其亦庶幾乎。愚不能無望於俊之學者。

重陽立教十五論

著録

《道藏目録詳註》卷四 一卷。第一論住庵、二論雲遊、三論學書、四論合藥、五論蓋造、六論道伴、七論打坐、八論降心、九論煉性、十論五炁、十一論缺、十二論聖道、十三論超三界、十四論養身之法、十五論離凡世。

重陽全眞集

綜述

范懌《重陽全眞集序》 全眞之教大矣哉。謂眞者，至純不雜，浩劫常存，一元之始祖，萬殊之大宗也。上古之初，人有純德，性若嬰兒，不牧而自治，不化而自理，其居于于，自適自得，莫不康寧享壽，與道合其眞也。降及後世，人性漸殊，道亡德喪，樸散純離。情酒慾殺蠹於中，愁霜悲火魔於外，性隨情動，情逐物移，散而不收，迷而弗返，天眞盡耗，流浪死生，逐境隨緣，萬劫不復，可爲長太息也。重陽憫化妙行眞人，博通三教，洞曉百家，遇至人於甘河，得知友於東海，化三州之善士，結五社之良緣，行化度人，利生接物。聞其風者，咸敬憚之，杖屨所臨，人如霧集，有求教言，來者不拒。詩章詞曲、疏頌雜文，得於自然，應酬即辦。大率誘人，還醇返朴，靜息虛凝，養亘初之靈物，見眞如之妙性，識本來之面目，使復之於眞常，歸之於妙道也。或問眞人者曰：人生天地間，雖曰最靈，亦萬物中一物耳，孰能逃陰陽之數，孰能出造化之機？

有始必有終，有生必有死，此自然之常理也。不稟異氣，仙不可求。不契夙緣，道不可學。豈可苦身約己，如繫影捕風，鏤冰雕朽，爲必不得之事，求難成之效哉。眞人喟然歎曰：長生妙理人具，仙林孰不可求。有怠而弗成者，顯而至多；有勤而取驗者，隱而甚少。世人以多見爲信，以不見爲疑，遂以仙事茫茫，爲不可期也。試以物理驗之，鑛之鍜鍊，可以爲鐵，銅之點化，可以爲金。魚超呂梁而爲龍，雉入大水而化蜃。冰之易消者也，藏之可以度夏；草之易衰者也，覆之可以越冬。人能割愛去貪，守雌抱一，遊心於恬淡，合炁於虛無。亦可以高舉遠致，躡景登虛，逍遙乘飃冦之風，往來飛應眞之錫，騎鯨而遊滄海，跨鳳而上青冥，千年化兮如遼東之鶴，望日朝兮若葉縣之鳬。與安期羨門之流，洪崖洞玄之屬，同列仙班，不爲難矣。古今得道輕舉者，不可勝數。子謂無徵，如聾者不聞有絲竹之音，瞽者不知有丹青之色，彼淺見謏聞，烏足以語道哉。問者屏息汗顔而退。眞人開方便門，示慈悲海，出人於炎炎火宅，提人於浩浩迷津，識性命之祖宗，和氣神之子母，有无會於一致，空色泯於兩忘。使入是門者，如南柯夢覺，由是路者，似中山之酒醒。返我之眞，無欠無餘，復入於混成；歸我之宗，不墜不失，復同於太始。眞一之性，湛然圓明，變化感通，無所而不適也。眞人羽化之後，門人裒集遺文，約千餘篇。辭源浩博，旨意弘深，涵泳眞風，包藏妙有，實修眞之根柢，度人之梯航也。京兆道衆聚財發槧，雖已印行，而東州奉道者多以去版路遥，欲購斯文不易得也。長生劉公，教門標的，仙宗羽儀，爲一代之師眞，作四方之教主。謂全眞之風，起於西，興於東，徧於中外，其敎廣矣，大矣。乃命曹瑱、來靈玉、徐守道、劉眞一、梁通眞、翟道淸等化緣，特詣吾鄉，求序於懌。以眞人文集分爲九卷，載開版印行，廣傳四方。俾後人得是集者，研窮其辭，如鑿井見泥，去水不遠，鑽木見烟，知火必近。使人人早悟而速成，實仁者之用心也。噫，自古修眞之士，或跰足尋師而師不遇，或斷臂問法而法不知，至于皓首窮年，莫知所措，虛過一生，深可惜也。今全眞文集，散落人間，妙用玄機，昭然易見。學者宗之，大修則大驗，小求則小得。士之志於道者，適遇斯時，何其幸也。

重陽教化集

綜述

國師尹《重陽教化集序》 甚哉，高尚至人，世不常有也。譬如景星慶雲，非遇聖朝昌運，則豈泛泛而見。自太上出關之後，有關令尹喜傳襲其道，下逮鍾離處士呂洞賓、陳圖南者，皆相繼而出，于今得重陽眞人，及丹陽先生，亦接踵于世。噫，寥寥乎幾千百年之間，此數君者，未易多得，可謂高尚至人，世不常有者也。

丹陽先生馬宜甫，本冠裳大姓，富甲寧海。自童稚時，其仙風道骨、灑落不凡，已爲閭里欽重。長從鄉校積學爲文，便能入第一等。忽遇重陽眞人以一言悟意，棄金帛如弊屣，視妻子如路人，幅巾杖屨之外，一亡所有。澹如孤雲，悠然西邁，以爲物外之遊，意將不受幻化。儻非夙緣定分、了悟生死者，其孰能與於此。先生入道之後，凡述作賦詠，僅數百篇，一一明達至理，深得眞筌。門人高弟等命同其議，裒綴成集。門人靈眞子朱抱一，命工鏤板，將行於世。廼屬本府醫學博士韓扆，同扶風馬川，訪予求序。諄諄懇切，適有客在坐聞之，則掀髯抵掌，捨席趨進而問曰：道家者流，嘲弄風月，固當如是乎。予即應之曰：噫嘻，子亦悞矣。且如明眼禪和，欲傳妙道亦必垂一則語，以示後之學者。矧玆高尚至人，力欲恢弘正敎，闡揚家風，必以言語訓誡發爲文章，而啓迪迷人，庶有覺悟。況此冷淡生活，本是道人風味，兼其間無一字塵凡氣。殆非吟詠風月者，無用之空言也。子無誚焉。客乃醒然改容，悚赧請退曰：僕誠淺陋，言且過矣。其徒所請既堅，子盍序之。予因作此俚語，以書卷首。

范懌《重陽教化集序》 丹陽先生遇重陽眞人，顧不異哉！眞人一性靈明，夙悟前知。自終南至於吾鄉，地之相去三千餘里，不辭徒步之遠，而有知己之尋。大定丁亥中元後一日，眞人抵郡，竹冠弊衣、攜笠策杖，徑入於余姪明叔之南園，憩於遇仙亭。丹陽先生馬公繼踵而至，不差頌刻，可謂不期而會焉。二人相見禮揖而罷，問應之際，歡若親舊。坐中設瓜，唯眞人從蒂而食，衆皆異之。丹陽先生先題詩於亭壁，有沈醉無人扶之句。眞人讀而笑曰：吾不遠數千里而來，欲扶醉人爾。又問：如何是道。對曰：大道無形無名，出五行之外，是其道也。清談終晷，坐者聽之，纚纚忘倦，使人榮利之心，驕氣淫志，頓然釋去。先生邀眞人就城而館之，待以殊禮，日益恭謹，卒至於成。因命所居庵曰全眞。究其相遇之由，若合符節，苟非夙緣仙契，孰能至於是哉。先生系出扶風，累世青紫，吾鄉顯族也，生而異稟，識度不群。其所居之第，馬、范二街相對，與余世爲姻家，有朱陳之好。幼同嬉戲，長同講習，在郡庠數十年間，花時月夕，把酒論文，未嘗不相從爲樂也。先生資產豐厚，輕財好施，故能捨鉅萬之富，揖眞一之風。眞人遂以方便，誘夫婦入道，尚恐未從，乃出神入夢，以天堂地獄警之，俾漸悟焉。至於鎖庵百日，密付玄機，謂石火光陰，難得易失，如不早悟，虛過一生，下手速修猶太遲也。謂攀緣妄想，動成罪業。索梨分而送之，兼以栗芋賜之，使知其離分而立遇也。謂不捨冤親，煩惱不斷，去邑里之冗，爲雲水之遊，則鄉好離也。凡詩詞往來，賡唱迭和，皆余一一目覩而親見之。雖片言隻字，無非發揮至奧，冥合於希夷之趣也。是以收聚所藏，編次至三百餘篇，分爲三帙，共成一集。丹陽門人靈眞子朱抱一，欲鏤板印行，廣傳四方，屬余爲序。余忘其固陋，即其意而序之，既美其至人相遇之異，又美其仙風勝槩，可垂勸於後人，使修眞樂道之士，玩味斯文豈小補哉。

趙抗謹《重陽教化集序》　仁人之用心也，大矣哉。身已適於正也，欲天下之人，皆去僞而歸眞矣。吾鄉丹陽先生之徒，行是道者也。先生舊爲寧海著姓，祖宗皆以通儒顯官。自弱冠之年，遊庠序，工詞章，不喜進取。好虛無，樂恬淡，已深悟玄元之理。一日，重陽眞人自終南徒步而來，一見而四目相視，移時不已。及開談笑語，如舊交夙契。或對月臨風，或遊山翫水，或動作閒宴，靡不以詩詞唱和，皆以性命道德爲意。謂人生於電光石火，如隙駒朝露，不思治身，妄貪名利，儻修之不早，若一入異境，則雖悔可追。常以是而深切勸勉，冀一悟而超脫塵世。顧丹陽依違而未決，乃歎曰：下手遲也。遂入環堵，令丹陽日親饋一食。自十月朔而處，所須唯文房四寶、布衣草屨、枕石而席海藻。隔窗牖而求詩詞者，嘗入夢於丹陽，警之以天堂地獄。又索梨栗芋，每十日而分賜之。自一以至五十五，爲陰陽奇偶之數，皆以詩詞往復酬和，而顯其旨意。於是丹陽夫婦開悟，厭塵俗而樂雲水，書誓狀，願師事於眞人。玆分梨十化之由也。自此易麤衣，分三髻，日從事於重陽，視富貴如浮雲，棄子孫如弊屣，忻然違鄉里，西遊梁汴之間，盡傳其道。不久而眞人蛻昇，遂西入關陝，至終南重陽舊地，築環堵以居焉。無塵事之縈，無火院之累，專心致志以精窮內事。雖祁寒酷暑，不易常服，或忽然長嘯而自歌自舞，已得希夷之眞趣。故人心歸嚮，無賢不肖，咸願爲門弟子。吾邦之士，素慕其名德，不憚數千里之遠，往而求見者無虛日。斯見離五行之外，而超俗出世者也，豈不曰好離鄉乎。凡當時之一篇一詠，不徒然而發，皆所以勸戒愚蒙，免沈溺於愛河慾海，非專爲於己也。故門人裒聚二先生之詩詞，分爲三集。上曰教化下手遲，次曰分梨十化，又其次曰好離鄉，共三百餘篇。玩其文，究其理者，則全眞之道，思過半矣。

自丹陽得遇，殆今一紀有餘，闡揚其教，四民瞻禮，多入道而從化。下手遲三集，雖關中已鏤板印行，以道途遼邈，傳於山東者百無一二，而樂道之士罕得聞見。一日，丹陽門人靈眞子朱抱一，訪予曰：先生因重陽眞人之誘掖而棄俗，究重陽眞人之詩詞而悟道，或以篇章，或以言說，廣行其教，欲人人咸離迷津、超彼岸，得全眞之理，豈肯獨善其身哉。玆見仁人之用心也，廣大矣。況此三集，皆在吾鄉所作，有目有耳者，皆親聞見之。實丹陽發跡之根抵，而得道超脫之因，盡在是也。欲命工重雕印造，以廣其傳，俾世人皆得以披覽稽考，知趨正而歸眞矣。求予爲文，以叙其事。予老矣。昔與丹陽鄰里，同在郡庠，又相友好，不唯常仰丹陽之道高德重，抑又見門人之仁心弘遠也。雖才學淺陋，不足以形容其事，然於義固不可辭。姑以當時之親見，以道其實。其在他出處之跡，顯異之行，前數公序之詳矣，此不復載。

劉孝友《重陽教化集序》　有生最靈者人，人生至重者命。性命之眞弗克保全，其爲人也，末如之何語。所以保全性命之眞者，非大道將安之乎。世之人徒熹乎高爵之貴以爲榮，豐貲之富以爲樂，謂可以滋益性命於永久。而不知富貴之中，螘食華衣饒給於口體，繁聲艷色侈奉於視聽，心猿易放，情竇難窒，嗜慾耽荒，皆因以萌，驕奢淫泆，靡所不至。而勞神傷氣、戕性賊命之患，舉在於是，良可鄙也。豈侔乎邁世違凡，棲心懐道，黜聰明，去健羡，所樂者淡薄，所守者清靜。紛華弗容蠱於外，情欲無所啓於內，純純悶悶，專氣致柔，久而靈臺湛然，神明自得，全眞契妙，仙昇太清，不其韙歟。達是理者，今吾鄉丹陽先生其人也。

先生本儒官名家，金穴豪士。自幼讀書，聰敏之性，異於髫豎輩。迨冠，染翰摛藻，衡視秀造，吾儕亦咸所推重。每於暇日，親朋宴集間，多笑發名談，雅有方外趣。鄉黨以是知先生亦留道念之深也。大定丁亥，有重陽眞人自終南而來，一見先生，謂宿有仙骨，可與爲閬苑蓬壺逍遙侶。乃溫顏青眼，傾蓋交談，勸其遠俗脫塵，亟探道妙。先生初以家貲廣貯、妻孥愛深，未之遽從。迨重陽多方警化，屢示以詩詞，激切勸諭，識其玄機微旨，皆神仙語。忽爾覺悟，願執弟子禮，從眞人遊。將所示篇什，依韻賡酬，以形服教進道，永矢弗渝之意。己丑歲，重陽西返，道徒從焉。先生乃銳然捐產捨家，違妻離子，顛髻體褐，躡後而行，徑入梁汴間，棲泊朞月。重陽謂吾道之玄微，授先生者已竟，乃蟬蛻仙去。先生復挈徒西上，之終南，訪重陽舊庵所，築環堵而居。遵師踵武，養道闡教。居人及鄰州，不以長幼歆慕而宗師者，無慮千餘輩。閱祀逾紀，至壬寅仲夏，先生默想鄉邦遐僻之地，意其苦海愚迷，喪眞積孽者衆，即振策東歸。深慈悲之念，躬拯化之勤，庶使人人悟過修眞，俱登道岸。杖屨所至，亦靈異之徵屢昭，臨井呪泉，而泉即變甘，救旱祈雨，而雨遽應降；修醮儀而彩雲集於庵上，焚漁網而海市見於臘天。餘多異跡，謂非顯然，衆所共見者，難以縷形。遂致遠邇之人，咸欽風服化，其丱髮緼袍，願受教爲門弟子者，日差肩而前，不可數計。

先生既化行如是，復想其遇師得道之始，與重陽唱和詩詞數百篇，皆發揮道妙，足以爲破迷解惑，超凡度世之梯航。要廣傳於世，俾玩辭味旨者，率醒心明道，遠塵勞之苦，全性命之眞，異時俱爲丹臺籍客也。曩者雖門人已嘗編集，分卷命名，印施陝右，尙慮其傳之未周，及知其中多有舛謬字句，由是門人再行編集，詳加讎正，欲於鄉中募工鏤板，普傳四方。委丹陽門人靈眞子朱抱一辦其事。一日，朱公惠臨圭竇，喻予作序。予自啇埤汗椎魯，奚足以發揚玄旨。固辭弗可，遂勉摭先生遇師得道闡化之崖略，濡毫燥吻，作澳涊下俚語，姑酬其請云。

梁棟《重陽教化集序》 嘗聞之，得其道則仙可成，遇其人則道可得。以此知仙之難成，道之難得，人之尤難遇也。彼道家者流，例多不遇至人，徒學般運嚥漱，區區屑屑，殊可笑也。夫至人之道，其甚易知，其甚易行，所傳於人者，豈徒然哉。必視乎有仙風道骨，又知乎聯夙昔之契，雖相去數千里之遠，必勤勤懇懇，付之道而後已。此有以見重陽之於馬公也。重陽蚤遇至人，口傳至道，乃結廬於甘水之上。既而雲遊山東，直抵寧海，蓋預知有人可以傳道也。一見馬公，情契道合，其一話一言，未嘗不以下手速修爲喻。然馬公，寧海鉅族，家貲千萬，子孫詵詵，雖素樂恬澹，亦未易猛捨也。重陽乃於孟冬之首，鏁庵百日，出神入夢，以天堂地獄爲之警動。又嘗以賜馬公梨一枚，詩一篇，其後十日索梨一枚，分而爲二。又賜以芋栗，各有其數，冥合陰陽奇偶之妙，無非託物以喻意，假言而明理。馬公一旦開悟，以所賜詩頌，依韻賡和，欣然棄家，易於去弊屣矣。於是師重陽，西遊汴梁之間。重陽既傳道於馬公，屬以後事，遂尸解仙去。馬公果能敷暢玄風，發揚妙理，遠近奉教者不可勝數。其前日賡唱詩頌，有欲願見而不可得者。門人遂收散亡，共三百餘篇，欲鏤板印行，傳之四方。偉哉！用心之廣也。一日，馬公門人靈眞子朱抱一，攜下手遲集，以求序於余，曰：某欲刊行斯文，意使棲心向道之士，諷其言辭，味其旨趣，以之破迷解惑，皆知石火光中雖務速修，猶太遲也。余聞是言，加以素慕全眞之風，兼目覩其實，不能以鄙陋爲拒，姑叙其大槩云。

劉愚之《重陽教化集序》 夫全眞之教妙矣。其道以無爲爲本，以清淨爲宗，其旨易知，其實易從。然世之人類，履之而無終，行之而鮮久者，何哉？以其信之不篤，執之不固，抱兒女子之惑，無烈丈夫之志，徒眷眷於火宅，不能高蹈遠引而去故也。今丹陽先生，其能終始是道，而得至於仙者歟。先生世居東牟，資產鉅萬，貌偉神秀，無一點塵俗氣。自總角知書，澹乎無仕進意，混處閭里，德不外耀，鄉人以是慕之。已而重陽眞人徒步出關，直造寧海，具謂與先生有夙昔之契，因警之以詩，悟之以詞，要與俱遊於八極之表。先生始而疑，中而信，又終而從，遂執弟子之禮而師焉。一旦撥置家務，棄去井邑，而偕爲汴梁之行，無復有繫眷念，雖使涉危蹈傾，冒艱履困，竟志類鐵石，確然而不之變也。以是而盡能傳重陽公之道。若夫陰陽造化之理，性命保全之術，點化傳度之訣，無爲清淨之旨，靡不洞索而通明之。以至於重陽歸眞，卒赴其託，而主其敎焉。故全眞之風於今廣行，無智愚賢不肖，願從而歸之者，惟恐其後。先生事師凡四年而師終，師終凡十餘年而又不返，則先生離鄉之志可知矣。然先生之離鄉豈徒然哉，蓋有說在焉。僕爲先生里人，廼得其詳。方先生之遇也，心雖許之從，而身未之逮也。姑以私弟南館，名其庵而居。一日，重陽眞人招先生而誨之曰：子知學道之要乎，要在於遠離鄉而已。遠離鄉則無所係，無所係則心不亂，心不亂則欲不生。無欲欲之，是無爲也；無爲爲之，是清淨也。以是而求道，何道之不達；以是而望仙，何仙之不爲。今子之居是邦也，私故擾擾不能息於慮，男女嗷嗷不能絕於聽，紛華種種不能掩於視，吾懼終奪子之志，而無益於吾之道也。子其計之。先生乃懼而悟，顧而笑，即日拂袖去。用能斷俗緣，剔塵染，寂然與物無著，杳然與物無累，乘雲馭風，飄飄爲神仙中人矣。先生自受師前言，而至於了達，然不敢嘿默自蓄於胸中，特取疇昔唱和三帙，舉其一以名之，曰好離鄉。庶覺諸未悟者，必式此以爲進道之階。噫，先生之用心，可謂仁且大矣，僕敢不竭慮而讚揚之。因丹陽門人靈眞子朱抱一求序，姑序其萬一云。

重陽分梨十化集

綜述

馬大辨《重陽分梨十化集序》 丹陽先生系出扶風，大辨之宗親也。家貲鉅萬，子孫詵詵。自幼業儒，不僞利祿，謹性好恬澹，樂虛無。嘗謂其人曰：我因夢遇異人，笑中得悟。大定丁亥秋，果有重陽眞人，別終南，遊海島，欲結知友，同赴蓬萊，共禮本師之約。東抵寧海，首往范明叔之遇仙亭。丹陽繼至，參謁眞人，一見驩然。昔傾蓋目擊而道存，知丹陽夙有仙契，遂丁寧勸以學道修眞。丹陽識其諄誨，敬請眞人詣至郡城，居之南庵，命其名曰全眞。日夕與之講道於其中，必欲丹陽夫婦速修持，棄空緣，離鄉井，爲雲水遊。其初夫婦〔未〕易從也。眞人誓鏁庵百日，是孟冬初吉，賜渾梨，令丹陽食之。每十日索一梨，分送於夫婦，自兩塊至五十五塊。每五日又賜芋栗各六枚。及重重入夢，以天堂地獄十犯大戒罪警動之。每分送則作詩詞，或歌頌，隱其微旨。丹陽悉皆酬和，達天地陰陽奇偶之數，明性命禍福生死之機。由是屏俗累，改衣冠，焚誓狀，夫婦信嚮而師焉。逮己丑歲，從眞人西歸至梁汴間。居閱歲，眞人蟬蛻仙去。丹陽盡傳其道，廼與其徒西走終南，訪眞人舊隱，築環堵而居之十稔。宗闡其敎，徒弟雲集，不可勝數。歲在壬寅，丹陽飛錫東來，復還鄉邦。一日，語諸門人曰：眞人乎，昔著述已有《全眞前後集》。又其遊吾鄉時所著，類皆玄談妙理，裒集得三百餘篇，分爲三帙，上曰《下手遲》，中曰《分梨十化》，下曰《好離鄉》。此集關西雖已刊印，然傳到鄉者何其罕邪。門人共對曰：眞人向至寧海化師父，寔其根始，他處尚且刊行，況鄉中乎。當重加校證編次，亦作三帙，命工鏤板以廣其傳。丹陽門人靈眞子朱抱一，攜是集訪余。謂余曰：鄉老先生范、趙、劉三公，已作總序，每帙別求爲序引。余答曰：僕方且對燈窗，事雕篆以謀進身，繼箕裘之緒，得無媿於忘名利，出塵世者乎。然自謂爲兒童時，素識丹陽有慕道之心，又親覩眞人鏁庵勸化之事，不能以淺陋辭。因留其《分梨十化》一帙。故樂出是言，庶使四方嚮道之士知全眞之敎，有利於人也大矣。若夫二先生戒勸之文，神異之跡，其他記、序、歌、詩，載之已詳。姑叙其丹陽夫婦出家入道之本末云。

著録

《道藏目録詳註》卷四 《重陽分梨十化集》上下二卷。此集終南山重陽眞人居丹陽馬自然家結菴，以師事之，蓋重陽眞人欲丹陽夫婦速修持，棄家緣，離鄉井，爲雲水遊，其初夫婦易從也。眞人誓鏁菴百日，自孟冬初吉，賜混梨，令丹陽食之。每十日索一梨，分送於夫婦，自兩塊至五十塊。每五日，又賜芋栗各六枚。及重重入夢，以天堂地獄十犯大戒罪警動之。每分送，則作詩詞或歌頌，隱其微旨。丹陽悉皆酬和，達天地陰陽奇耦之數，明禍福生死之機。由是屏俗累，改衣冠，焚誓狀，夫婦信嚮而師焉。此集皆玄談妙理，裒集得三百餘篇，名之曰分梨十化。

丹陽神光燦

綜　述

甯師常《丹陽神光燦序》　道在邇而求諸遠，事在易而求之難者，此世之常情。至於目擊而存，不言而諭，此上士之趣，實丹陽先生得之也。先生以先覺之明，開發愚徒，穎悟後進，其有不逮者，又從而指示之。誠猶皓月流天，纖悉皆蒙顯煥；心燈在體，熱惱咸得清涼。先生又作《神光燦》百首，俾使歌揚紬繹，互相警策云爾。嗚呼，先生其化人之心也深，念人之意也重。豈不若菩提寶樹，布淸影於恆沙；般若神丹，濟塵勞於苦海者與。姑以鄙言序其首。

水雲集

綜　述

范懌《水雲集序》　東牟，古牟子之國，齊之大郡也。戶口浩繁，人性質朴。東連滄海，煙浪雲濤，浩渺無涯，不知其幾萬里。南揖崑嵛，層巒疊嶂，峻極于天，不知其幾千丈。海山鍾秀，人傑地靈，異人名士，代不乏人。宜乎眞人仙子，相繼而生也。譚公先生，名處端，號長眞子，吾鄉大族也。生而穎悟，識度不凡，善草隸書，爲人剛正有操行，鄉里敬憚之。大定丁亥歲，重陽憫化妙行眞人，飛錫東來，仙遊海上，以往契夙緣，訪尋知友。於吾鄉得丹陽子馬公、長眞子譚公，於東萊掖水得長生子劉公，又於登州棲霞得長春子丘公。結爲方外眷屬，所謂譚馬丘劉是也。相從眞人之遊，西抵夷門。眞人付以口訣，囑以後事，厭世而上昇。四子殯葬禮終，挈徒而西，至終南山，即眞人之舊隱。傳襲其道，十有餘年。自時厥後，各從所之。長眞先生往來於洛川之上，行化度人，從其教者，所至雲集。其述作賦詠，舉筆即成，詩頌詞章，僅數百篇。又述《語錄》、《骷髏落魄歌》，警悟世人。皆包藏妙用，敷暢眞風，引人歸善，甚有益於時也。濬州全眞菴主王琉輝等，鏤板印行，廣傳四方。值丙午歲，大水漂沒，其板散亡。掖水長生先生劉公，運慈悲心，開方便路，遣門人徐守道、李道微、于悟仙等，詣吾鄉屬余爲序，欲再命工發槧以永其傳，可謂仁人之用心也。竊嘗謂長眞先生與余同鄉里，年相若而志頗同，幼爲兒童之戲，長爲朋友之遊。而先生中年遇師學道，蟬蛻登眞。余蒼顏華髮，尙區區於名利之場，甘分待終，隨物衰謝，何其愚也。余將掣肘，捐老牛舐犢之愛，去碩鼠畏人之貪，逍遙於自得之鄉，笑傲於眞閑之境。學先生之道，誦先生之文，高養天和以寄餘生。未審先生異日有舊遊之念，肯乞飛霞佩乎。嗚呼，先生已羽化矣。後之學者，不能見先生之步趨，聞先生之謦欬。其玄機妙旨，遺範餘風，詳味斯文則可矣。

佚名《後序》　人生天地間，圓首方足，抱識含情，稟五行之秀，爲萬物之靈，佛性仙材無不具，藥爐丹竈無不備。若能屛嗜慾，棄浮華，絕貪求，去名利，靜息虛凝，則可以長生久視。長眞譚公仙人，以宿緣符契，壯歲得遇重陽祖師，與丹陽、長生、長春同師也。厥後相從眞人，西抵汴梁，付以口訣。後至洛川，積功累行，先厭世而登眞。有留語錄詞章，僅數百篇，皆包藏妙用，窮達造化，命之曰《水雲集》，傳之四方久矣。值丙午間，濬郡大水，漂沒其板。神仙長生劉公聞之，不勝憫悼，即命工重刊於東萊全眞堂。今又值累年兵革，天下無有全者。路鈐高友幷其妻孟常善，舉家孜孜慕道，往來於淮楚間，訪尋眞人遺藁。乃於門弟子處，疑若神授，其得全帙。恐其斯文泯絕，今復鏤板印行於山陽城西菴。實見高君用心於教門之切也。嗚呼，眞人羽化已久，斯文不可再得。及見僕先父所作前序，又屬予爲後跋。遂不揆荒蕪，勉述。

佚名《後序》 僕一日編類諸仙降批詞頌《珠璧集》間，忽有高牙大纛，森擁蓬扉。僕愕然興之而迎其門，乃蕭師故來下盼。相揖而進之，謂予曰：頃有道友張志全，不遠數千里而來，攜斯長眞子譚師父平世述作《水雲集》一部，特以見遺某。然而不解文墨，忝於教門，粗欽慕之。柰屢經兵火，將諸全眞玄奥之書板集，俱已焚毁殆盡。唯有此集，幸好事者藏諸屋壁，仍存焉。若不再行鏤板，傳於四方，誠恐泯絶，又閡將來慕道者參訪耳。願爲重刊之序。僕應之曰：曩者有東牟范學正父子，才高歆向，學富固彪，已序之矣。僕安敢措乎耶。屢辭不獲，聊爲散語，以塞雅命云爾。

著録

《道藏目録詳註》卷四 三卷，崑崙山長眞子譚處端述。内詩頌詞。

無爲清静長生真人至真語録

綜述

韓士倩《無爲清静長生真人至真語録序》 我聞道在域中，所宜馴致，仙居象外，不可苟求。故樂天詩云：若非金骨相，不列丹臺名。非種百千劫善根，得三五一眞之氣，安能至此境哉。今長生子劉先生，賦是相，藉是名。昔遇重陽王眞人，濟度點化，出俗入道，明識慧性，了達疏通。昨被宣詔見，有詩曰：昔年陝右先皇詔，今日東萊聖帝宣。再歲告歸，官僚索詞，云：飄飄雲水却東萊，太微仙伴星冠士。正似陳希夷，昔承宋眷，辭返華山，詔答云：玉堂金闕，暫喜於來朝；岫幌雲軿，遽求於歸隱。此二大士之不羈，各一明朝之擅美，蓋營道同耳，易地則然。自先生躬還故里，觀住太微，箋注諸經，祖述三聖。以文章疏放，以翰墨嬉游，著編籍演教之法，遵釋氏重輕之戒，造玄皇衆妙之門，服宣父五常之行，緝田宅，發梨棗，申申如也。凡有述作，競彫鏤以流傳，新視聽於衆庶，諷誦於人口，薰陶乎民風，知見者歸依，頑鄙者悛改。一日，先生門人徐、李二師，遠來垂訪。過溪館，入愚齋，息杖履之勞，餽水陸之味。良久，出示先生《至眞語録》一帙，懇求序引。義不復辭，余乃洗心徧覽。令人警誡覺悟，頓欲割俗緣，出業障邪。始終列八十款問，答踰一萬言。包羅揆叙，引證論評，根天地之化，迹陰陽之用，示死生之説，明禍福之報，談眞空之相，懲貪瞋之欲。以至苦樂之由，情僞之作，清濁之源，高下之本，若此者甚衆，無不究竟。皆引用黄老奥義斷之，天下之事畢矣。可使衆生判疑歸正，涣然冰釋，爲鑿大昏之墉，闢靈照之戶，一驅解脱矣。於是得超苦海，登覺岸，除三有五濁之穢，證三昧一空之因，去十二類舊染之污，受三千界更生之樂。信出自眞語，啓迪導化，法緣所致也，豈不偉歟。

磻溪集

綜述

胡光謙《磻溪集序》 玉峰老人講經四十年，緣深未斷。丙午春，演羲易于條陰之北郊。有三仙者自隴山來謁我祗宮，囊出一篇，乃磻溪丘公長春，舉揚玄諦，開誘迷朋而作也。啓緘閲焉，其文豪縱，意出新奇，蓋匪俗學所能知者。昔玉官李樂然，與玉峰俱出靳秀覺之門，而李自穎悟，玄言驚人，非世才之所能窺。既與序而傳之矣，嘉哉！道之聰非世之聰也，道之言非世之言也。何以徵之乎？俗學者雖能鼓頰撝毫，不過歌詠情性，搜邏景物。至造理者，明天人之際，助聖賢之教，亦可與日月爭懸。若夫悟眞之士特不斯然，發無言之言，上明造化，彰無形之形，下脱死生。信手拈來，不勞神思，空暗自震，奮爲雷霆，本文不作，燦成斗星。玉峰老人，今於群仙而證之，不求高而自高，不期神而自神。豈非一氣通徹，六窗洞闢，動容無不妙，出語總成眞，本來如是非，假他通者邪？如《磻溪集》云：手握靈珠常奮筆，心開天籟不吹簫。又云：頂戴松花喫松子，松溪和月飲松風。又云：偏撮山頭三伏暑，都敎化作一團冰。又云：有無皆自定，貪愛復何爲。又云：酒傾金露滑，茶點玉芝香。又詞云：般般放下頭頭是，選甚花街并柳市。虛空體，本來一物無凝滯。又云：天下周游身不動，人間照了心無用。又云：踏盡鐵鞋迷，不出菴門透。略舉二三數，讀者當廣知也。嗚呼，今之仙緣，必宿有仙契者乎。昔在東菴與王風仙全眞結緣，在長安與馬丹陽結緣。去秋滄州人來，與譚仙結緣。唯丘公遠處隴上，是數者皆風仙之徒，今悉得結其緣，非人力之所能致也。雖然，丘仙之道，豈爲吾而顯也。蓋光輝之大，世有不可掩者。於是乎亦得與結緣焉。

移剌霖《磻溪集序》 且夫至道之妙，不得以聲色求，而不得以形迹窺，必賴至人爲馴致計，摛章摘句，俾得傳誦之、歌詠之，而漸能游聖域，而造玄門者也。然而句乏警策，文無淵底，則烏可以歆艷當時，而激勵後學者哉。今見長春子丘公《磻溪集》，片言隻字，皆足以警聾瞽而洗塵囂也。寧非生而穎悟，未弱冠而志于道，不寐者餘四十載，日記三千言，身行萬里地，三教九流貯蓄於胸臆，照耀於神識故也。宜乎聲馳丹闕，有綸音之邀，契偶眞仙，喜金鱗之得。因知從重陽之役者，無慮千百輩，唯丘、劉、譚、馬四公，時爲秀出，然翹翹之譽，獨有歸焉。

陳大任《磻溪集序》 昔蒙莊著書三十三篇，大率寓言藉外之論。後之談道者〔亦〕然，以黜聰去羨，頤神養氣爲本。至於接物誘俗，革頑釋蔽，亦不免託默於語。東州高士長春子丘公，世居登之棲霞。未冠一年，游崑崙山，遇重陽子王害風，一言而道合，遂師事之。王遺以詩，有：被余緩緩收綸線，拽入蓬萊永自由。其深入理窟可知已。久之，與同志馬公、譚公、劉公，陪從重陽子游南京。識者目丘、劉、譚、馬爲林下四友。居無幾，重陽子捐館。四人護喪歸殯終南，廬於墓次。服除，各議所之適。惟公樂秦隴之風，居磻溪廟六年，龍門山七年。丐食飲以度朝夕，聲名籍甚。大定戊申，世宗皇帝聞之，驛召至京師，賜以冠巾絛服，見於便殿。前後凡四進長短句，以述修眞之意。上嘉歎焉。及還山之後，接物應俗，隨宜答問，有詩頌歌詞，無慮若干首。文直而理到，信乎無欲觀妙，深造自得者歟。其徒裒爲巨帙，將鋟木以廣其傳，謁文以冠篇首。

著　録

《道藏目録詳註》卷四　六卷，棲霞長春子丘處機集。内詩詞歌曲。

大丹直指

綜　述

丘處機《大丹直指卷上并序》 仙經曰：觀天之道，執天之行，盡矣。體天法象，則而行之可也。天地本太空一氣，靜極則動，變而爲二。輕淸向上，爲陽爲天，重濁向下，爲陰爲地。既分而爲二，亦不能靜。因天氣先動，降下以合地氣，至極復升。地氣本不升，因天氣混合，引帶而上，至極復降。上下相須不已，化生萬物。天化日月星辰，地化河海山嶽，次第而萬物生。蓋萬物得陰陽升降之氣方生，得日月精華鍊煮方實。日月運行周迴，自有逕路，不得中氣，斡旋不轉。蓋中氣屬北斗所居，斗柄破軍，即中天大聖，非北方也，對指天罡，逐時轉移，日月星辰，隨指自運。《斗經》云：天罡所指，晝夜常輪是也。天地升降，日月運行，不失其時，萬物化生，無有窮已。蓋人與天地稟受一同，始因父母二氣交感，混合成珠，内藏一點元陽眞氣，外包有精血，與母命蔕相連。母受胎之後，自覺有物，一呼一吸，皆到彼處，與所受胎元之氣相通。先生兩腎，其餘臟腑次第相生，至十月胎圓氣足。未生之前，在母腹中，雙手掩其面，九竅未通，受母氣滋養，混混沌沌，純一不雜，是爲先天之氣。纔至氣滿，神具精足，臍内不納母之氣血，與母命蔕相離，神氣向上，頭轉向下降生。一出母腹，雙手自開，其氣散於九竅，呼吸從口鼻出入，是爲後天也。臍内一寸三分，所存元陽眞氣，更不曾相親，迷忘本來面目，逐時耗散，以致病夭、憂愁、思慮、喜怒、哀樂。但臍在人身之中，名曰中宮命府、混沌神室、黄庭丹田、神氣穴、歸根竅、復命關、鴻濛竅、百會穴、生門、太乙神爐、本來面目，異名甚多。此處包藏精髓，貫通百脈，滋養一身，淨躶躶，赤洒洒，無可把蓋。常人不能親者，被七情六慾所牽，迷忘本來去處，呼吸之氣止到氣海往來，氣海在上，膈肺府也。既不曾得到中宮命府，與元氣眞氣相接，金木相間隔，如何得龍虎交媾，化生純粹。又不知運動之機，《陰符》云：天發殺機是也。如何是氣液流轉，以鍊神形？蓋心屬火，中藏正陽之精，名曰汞木龍。腎屬水，中藏元陽眞氣，名曰鉛金虎。先使水火二氣上下相交，升降相接，用意勾引，脱出眞精眞氣，混合於中宮，用神火烹鍊，使氣周流於一身，氣滿神壯，結成大丹。非特長生益壽，若功行兼修，可躋聖位。謹謹詳述于後。

著　録

《道藏目録詳註》卷一《大丹直指》二卷有圖，長春演道主教眞人丘處機述。五行顛倒，龍虎交姤圖、五行顛倒、周天火候圖、三天返復、肘後飛金晶圖、五炁朝元、太陽煉形圖、水火交合、三田既濟法、內觀起火、煉神合道圖、棄殼外仙、超凡入聖圖、五行顛倒、龍虎交姤訣圖、五行顛倒、龍虎交姤火候訣、義火候圖、五行顛倒、周天火候訣義、三田返復、金液還丹訣圖、行功應驗、五炁朝元煉神入頂圖、五炁朝元、煉神入頂訣義、內觀起火煉神合道訣義、十魔王坐工等訣。

太古集

綜　述

馮璧《太古集序》　余少時在燕趙間，聞太古眞人之名，然未嘗瞻拜履錫，聆謦欬之音，頗爲慊恨。每一思咏風烈，如想蓬萊瀛洲方丈中人也。今適得親見眞人法嗣，普照大師范君。君爲人聰明照了，八窗玲瓏。其在東平之正一也，道俗瞻依風聲，千里雲集，檀施興建道場、廣殿、齋廚、賓寮、廩舍，纔四三年，已不啻數十百楹矣。一日過璧，曰：圓曦所以區區成此功德者亡他，政欲推廣先師道範，俾行爾。其先師太古眞人，舊有《崑嵛文集》，當時刊行者，蔑裂訛漏極多。圓曦以謂宗風準的，道學淵源，在則人，亡則書，蓋不可須臾離也。雖甓甃浮圖增九級之高，曾未若心印書傳無片言之誤。衆人徒見圓曦營建葺累之勤，孰知於《崑嵛文集》補綴闕遺，改正差繆，亦頗有一日之勞焉。書已補完，子盍爲之序引？璧曰：少時傾嚮眞人風烈，以不及瞻拜履錫爲恨。今得附名於文集間，蓋甚幸也。然嚮所得皆傳聞語，大師實爲法嗣，親炙日久，知眞人之詳莫如大師。請追述眞人道德風烈之一二，以實叙引，以信後人。大師因手録行實見示。其録如左。

師俗姓郝，世居寧海，爲州人之首戶。昆季皆從儒學。兄諱俊彥，舉進士第，官至朝列大夫，昌邑縣令。師獨幼年穎異，識度夷曠，悠然有出塵之姿。祖師重陽眞人，大定丁亥自秦適齊，抵寧海，一見師，即以神仙許之。後於崑嵛山，對衆傳衣。師自傳衣之後，亦不以得道自居。蓋自韜晦，往往乞食於眞定、邢洺間。過趙州南石橋之下，因持不語，趺坐留六年，寒暑風雨不易其處。童子來劇者，見其土木形骸，至以瓦石周擁其旁，師居之晏如也。昌邑君之季女，適眞定少尹郭長倩。會郭夫婦，偕往眞定，車騎甚都，道出石橋。問知師在橋下，駐車拜禮，以衣物存慰者甚厚。師藐然若不相識，一無所受。夫人感泣，長倩嗟異，移時而去。師於世緣堅決乃爾，故能專意於道。歲月浸久，精神感格。一日至灤城南，神人授師大《易》，忽拉大開悟，事多前知，名滿天下。大安中，朝廷賜以命書：廣寧全道太古眞人，即其號也。自灤城授《易》之後，言人禍福，毫髮無差。且自知其壽數，當七十有三。至期，辭誡門人，無疾而逝。所著書六帙。《實録》所載如此。然則曩燕趙所聞，猶未盡眞人之所有也。

序既竟，大師謂璧曰：子作先師文集序，而載正一興造，得無贅乎。余應之曰：語録記述，以傳心也，功德興建，以示跡也。余年七十有五，回首嚮來燕趙傳聞，如隔再世。非大師裒集遺文，追録行實，則眞人之遺風餘烈，無自發明。況後學晚生，寧易知此。大師憑藉眞人道蔭，興建正一功德，照耀東方，今舉之所以聳動學人，俾易知耳。古人有言曰：雖無老成人，尙有典刑在。噫，正一功德，其亦眞人道蔭之典刑歟。大師曰：唯唯。大師諱圓曦，前宋名相文正公之裔也。

劉祁《太古集序》　癸巳之夏，余自大梁北遷至銅臺，聞天平有道士范公。大師道價甚高，且好賢喜事，爲東州冠。四方游士多往依之，師皆振恤不厭。遂欲一識之，而未能也。已而余還鄉里，凡二年。丙申歲南游，聞其名益甚，因至東原，得一拜下風。其言議宏深，胸懷灑落，飄飄然非塵土中人。余驚且服，遂館於其宮，踰兩旬，相與之意甚厚。將別，出一編書，曰：此予師郝崑崙太古歌詩。今將重鋟木以傳，子當爲我序。余受而讀之，則已有馮丈內翰題其首。因紬繹再四，歎曰：是亦古之有道者歟？何其言之精，而理之妙也。嘗謂士大夫生而爲學，則曰吾欲兼善天下，致君澤民，然志不與時偕，鮮克遂所願，幽憂憤恚，反自傷其身者多矣。所謂兼善不能，而獨善又失，深可歎嗟。彼方外之士，初無濟時心，則決然修鍊，惟以壽命爲事，精專篤愼，其功日新。雖不能白日飛昇，亦保體完神，康強終世。與夫逐逐於外物，爲虛名所劫持，耗智刓精而無補吾教者，相去亦遠矣。若今郝公幼而立志，挺挺不衰，其塊處數年，有玉潔松剛之操。一旦談玄論易，神解心融，著書立言，傳於身後。而范公能發揚其師之道，使大振於時，而又刊定遺文，以開悟晚學，俱爲方外偉人。故余有激而書，以予吾儕之兩失者云。

范圓曦《太古集序》　先師廣寧全道太古眞人郝君，遇師於寧海，傳衣於崑崙，神人授之以易，大安錫之以號。略見於內翰馮公之序，不復容聲。惟是平居製作，若《三教入易論》一卷、《示教直言》一卷，解《心經》、《救苦經》各一卷，《太古集》一十五卷，內《周易參同契簡要釋義》一卷。師西來日，眞定諸人已攻木行於代。〔師〕歸老之後，又多所撰述，至於舊集所傳，時有改定。世俗抄錄，往往訛舛，欲改新之，蓋未暇也。竊惟先師之道，獨得於曠代不傳之妙，粹之以易象，廣之以禪悅，精微宏廓，遺世獨立，法言遺論，人所願見。乃今魯魚莫辨，眞僞交雜，疑惑後學。在於門人弟子，寔任其責。圓曦不敏，蒙賴道蔭，今得灑掃東原之正一，居多暇日。謹以師後來所正，及世所未見者，點校精審，按爲定本，刻而傳之。敢以蕪辭，冠之篇首。

郝大通《自序》　大道恍惚，從無而入有；乾坤造化，自有以歸無。夫有入於無，故無出乎有。元之一氣，先天地生，既著三才，浸成萬物。萬物之動，有生有尅，有利有害，有順有逆，有好有惡，有是有非。方而類聚，物以羣分。尊卑有序，泰道將興，上下失節，否時斯遘。臨事之始而可潛，當事之期而可躍。履霜致堅冰之至，龍戰則其血玄黃。屯利居貞，訟孚窒惕。矯世以童蒙而處，申令取毒蠱而明，剛進待需柔而行有剝，出門貴乎同人，禍發基於大過。艮止之，兌說之，賁華而離麗，蹇滯而坎陷。睽背也，恆久也，取新可以固鼎，失律所以覆師。光明則海內可觀，晦跡則山林可遯。非神化靈通，其孰能與於此乎。予嘗研精於《周易》，刪《正義》以爲《參同》，畫兩儀四象、三才八卦、六律九宮、七政五行，星辰張布，日月度躔，有無混成，以爲圖象。述懷應問，詩詞歌賦，共一十五卷，分併三帙，以慕太古之風，目之曰《太古集》。

夫太古者，太謂太易、太初、太始、太素；古謂遠古、上古、邃古、亘古。務使將來慕道君子，知其不虛爲者也。且夫氣象莫大乎天地，變通莫大乎陰陽。天地之英華，陰陽之根本，二氣之謂也。木龍金虎，赤鳳烏龜，四象之謂也。六七八九，其數之謂也。刀圭鉛汞，生成備物之謂也。神遇氣交，性命之謂也。紫府丹宮、靈臺翠宇、瓊樓絳闕、玉洞珠簾、玄關陽道、地戶天門、玉液金精、黃芽白雪、眞水眞火、姹女嬰兒、石人木馬、九蟲三尸、金翁黃婆、芝草丹砂，皆五行造化之謂也。大抵動靜兩忘，性圓命固，契乎自然。自然之道甚易知，甚易行，而天下莫能知，莫能行者，蓋情慾緣想害之之謂也。人若去妄任眞，超塵離法，混俗而不凡，獨立而不改，抱一而不離，周行而不怠，於仙道其庶乎。顏子有坐忘之德，孟軻有養素之功，蓋亦專於一事也。今舉其大綱，開諸異號，所謂同歸而殊途，名多而理一，示之可以益於後學，能使道心堅固，眞正無私。若執志待終，則位標仙籍，永作眞人，神通萬變，羽化飛昇矣。如是則非我門而不入，非我道而不然，然而然，然於不然而然也。

著　録

《道藏目録詳註》卷四　卷一之四共三卷，廣寧子郝大通譔。內詩詞歌賦序文，共一十五卷，分爲三帙。

清和真人北游語録

綜　述

李進《清和真人北遊語録序》　嘗觀南伯子葵問女偊之聞道，對以聞諸副墨之子，副墨之子聞諸洛誦之孫，乃至瞻明、聶許、需役、於謳，逮夫玄冥參寥，極於疑始也。足見自非生而知之，目擊道存者，曷嘗不假修心錬性，漸證漸悟，自日益至於日損，自有爲至於無爲，道成功就，住世成仙，固亦有次第矣。然則修道之教，忘言之言，詎可已乎。清和尹眞人傳長春師之道，嗣掌天下大教，重闢玄門，宣演正派，如景星、丹鳳，爭先覩之爲快也。內則脱履摳衣者不下千計，外則送供請事者不遠千里，道價德馨被于夷夏，天下翕然推尊之，誠一代之宗匠也。〔眞人〕嘗赴北京運使侯進道等醮事。門人集師《北遊語録》一編，乃師資答問講論經法。諄諄然以眞實語指平常心，提正玄綱，折中妙理，誠入道之筌蹄也。沁郡長官杜德康，將大書鋟木，與四方信士、林泉幽人共之。遂釐爲上下二卷，冀覽者因言悟入，同證長生。顧不韙歟。噫，今眞人退堂就閑，終日靜坐，將與造物者遊於無何有之鄉，面且不得見，而況其言乎。

張天祚《序》　昔孔子嘗謂弟子曰：予欲無言。子貢曰：子如不言，則小子何述焉。故聖人之於道也，必以言傳。如或不然，何以明道。今清和眞人尹公，自幼出家，從長春師父五十餘年。朝參夕問，未嘗少怠，在衆中素號傑出者矣。遂親授訓墨，俾掌其教事，天下尊之。每於閑宴之際，與衆講論全眞妙旨，至於終日，亹亹不倦，言甚簡當，析理易曉。與夫談玄説妙干時惑衆者，固有間矣。故諸弟子恐其遺落，各記所聞，纂爲一編，目曰《清和眞人語録》，分爲二卷。庶使四方修眞之士皆得披讀，而易於入道也。以力未能就，嘗爲箋照會銅川長官杜德康，迎師南邁。聞而樂之，遂命工板行，欲永其傳。一日，平遙太平興國觀提點王志寧，洎李志方，懇求予爲序。義不敢辭，抑又嘉仁人君子之用心深也。聊摭其實，以叙其始末云。

李志常《序》　夫大道無象，至理無言。且無象之道既不可得而見，其無言之理，烏可得而明。理何以明，由言而明之。然言之則不類矣，故古之君子強爲之言。言必有宗，言有宗則理爲言筌而出之。以是知理在言外，得其理而言自忘矣。故曰至理無言。無言則無象矣，故曰大道無象。見無象之道，言無言之理者，非眞得眞知，其孰能哉。既可得而言矣，廣説而不爲之太過，約説而不爲之不及，即能動則有法，靜則會極，與道玄同之謂也。若人之出世，亦豈易遇哉。今清和眞人繼踵長春，綱領玄教，積有歲年。四方修眞之士，造席請益者歲無虛日，久而益敬，遠而益親，爭先覩者，不啻若景星之與鳳凰也。偉哉至人，平日以誠接物，以慈利人，不求保於人（而）人保之，其人天之眞依者歟。一日，知宮張德方諸君，捧北行所錄若干卷來謁，曰：在長春先師之門者，唯師知公最深，其所託亦可謂重矣。今將以是書刻梓，若得公之文序之，以廣諸方後學願見之心，豈不美乎。余竦爾謝曰：余言何足謂之文邪。惟眞人道純學奧，當代之偉人，其眞得眞知，無間乎語默，人得其一言一話，錄而成書者久矣，又何待余言而傳。德方曰：不然。挈裘者必以領，升堂者必自階，願借一言鉤深發至，列之卷首，庶使學者由領而舉，自階而升，亦非小補。余不敢復辭，乃筆以授之。

著　録

《道藏目録詳註》卷四　四卷，弟子段志堅編。性命雙脩，清淨至言。

葆光集

綜　述

烟霞逸人《葆光集序》　伏以渾淪未判，已含天地之眞；清濁將分，遂運陰陽之妙。由是三才既立，萬化俱成，品物咸亨，異人間出。如眞人者，姓尹氏，世族滄洲人也。祖先一母，三產九男，中內七人，各封八縣。厥後簪纓熾盛，抑今碑銘昭然。至眞人愈爲盛事。童年入定，看乾坤造化之原；卝歲出家，了性命超昇之訣。接人救物，考古規今，窮萬事之始終，列千賢之先後。博施廣化，汎愛寬容，爲而不爭，犯而不校。欲仁而斯仁至矣，不善者亦善覆之。蓋由達向背之情，曉幽明之故，既已往而弗諫，但將來者可追。知進退存亡，恕大小多少，流言不入，任毀譽以何移；凡事飽諳，信浮沉而所適。隨流若類，混迹同塵，受垢安身，託詞警世。清吟編簡，意傳萬古以無遺；法語敷揚，志取一時之有補。可以繼全眞而演教，叙正派以流芳，開衆妙之玄門，指三清之直路。高縣慧日，照破邪陰，大振宗風，蕩除凶穢。故使門庭洒落，境界清涼，屏幽夜之迷途，附長春之勝域。擬開靈沼，植萬朵之金蓮；空駕神舟，載一輪之皓月。是知人難調制，道不加行，可懷寶而坐忘，或寫憂而遊戲。不離方寸，歷遍遐荒，復挈大千，納于毫末。心田晃朗，照知聞見覺之前；性海淵澄，湛成住壞空之後。感而即應，捨之則藏，淡泊于無生，逍遙于寂滅。如如不動，冥超劫外之天；了了常存，永在現前之地。般般勘破，處處圓成，信手拈來，轉頭放下。諸門遍曉，悟萬法以歸心；多劫曾修，證一眞而合道。是以曩離塵世，久處仙鄉，優游于碧落之中，冥賞于清都之內。上方尅約，等師父之千年；下會來期，誕自身于次日。是謂至禮無體，至讓無辭，按美名無稱之稱，合上古不德之德。其緣有慶，其故無私。蓋懷弘道之微機，以示化人之雅範。不虧細行，終累大功，既足清標，敢無美譽。浪裁狂語，冒讚幽情，不防傒罪之三千，私發師眞之萬一云耳。

夫《葆光集》者，即眞人之所作也。自承教一十三年，常坐于大長春宮寶玄堂之重室葆光之軒，日有在京士大夫，及遠方尊宿，參問請益，求索唱和。或自述懷遣興，警誡勸示。復因諸方遊歷，經臨景物，題跋讚詠。所得詩詞歌頌，編列次第，分爲三卷，以軒名而立號焉。或謂葆者蔽也，謂蔽藏靈識，不令外馳，雖應萬變，不失虛寂之體。又光者照也，謂照破昏闇，坦然前進，不致陷墜，徑入希夷之域。又集者聚也，謂聚積珠玉衆寶等類，施設運用，以濟貧苦之者。述作之義，大略然否。或謂詩有四鍊，鍊字不如鍊句，鍊句不如鍊格，鍊格不如鍊意。意者志之用，詩思之委也。故在心爲志，發言成詩。詩之成也，不必字精句健。風騷屬時之爲美，美者美于德，尙于志也。志者稟於道，感而動之，託于辭；和而節之，成于文。文者奮于言，言者無罪，則思無邪也。夫正情性，明得失，主忠信，戒權謀，止強梁，守柔弱，寶慈儉，去奢泰，崇高節，美教化，眞人之詩爲深得之。如云：心中實行眞爲寶，口內虛詞未足奇。又云：智源起處姦邪盛，禮貌彰時道德衰。又云：性暴每聞人化虎，心慈果見木飛龍。又云：從他外境魔千遍，一片眞心不解驚。又云：寵辱不驚君子性，是非寧動法王身。凡此類例，篇篇皆然，幸覽者知之耳。若懈慢而不覽，魯莽而不知，嗚呼哀哉。唯沁州長官杜德康，爲當世賢者也。一見此集，普願衆聞，遂募工鏤板，以廣其傳。庶使英明之士、同器之流，覽其文而知其實，悟其理而得其趣。豁然穎脫塵累，高蹈眞空，名列丹臺，永超生滅，眞謂仁人之用心也哉。

盤山棲雲王真人語録

綜　述

論志焕《盤山棲雲王真人語録序》　夫瞽者無以預乎青黃之色，聾者無以預乎管籥之音。豈惟形骸有如此哉，而心智亦有之。若夫本分天眞，人皆具足，奈以積塵所昧，正眼不明，逐色隨聲，尋蹤覓跡。沉淪惡道，浩劫千生，摸竹管爲陽光，擊銅盤爲日景。不逢宗匠，皂白奚分，殢句執文，轉增迷惑。是以棲雲老師不得已應病施藥，剔耳挑聾，摩睛刮翳，冀得人人澈視，各各開聰，見見聞聞，洒洒落落，咸歸正道，不逐亡羊也。門下劉公先生從師有年，密記老師之謦欬，裒以成集，約百餘則。誠爲初機學道者之指南也。命工鋟梓，以廣其傳。孤峰道人亦得預其徒末行者，見而喜之，乃齋沐而敬爲之題辭。

析疑指迷論

綜述

劉道真《析疑指迷論跋》 神峰逍遙大師，出示高論二編，名曰《析疑指迷》。清談不吝於胸懷，奧妙發揮於翰墨，平生所養，於兹見矣。幸緣一覽，俾予泠泠然獨立於通衢，不知四肢之有無，則可以牆塹玄門，梯航後學者。

王道亨《序》 前火傳後火，薪異而焰同。今聖嗣古聖，時殊而道一。故宜乎馬、譚、劉、丘已來，演玄風敷妙化之眞人，繼繼而出也。神峰逍遙先生牛君練師，新出奇論二卷，目曰《析疑指迷》，屬余以文開卷，一閱不覺身世兩忘，若馭清飆而遊乎碧落矣。其誘人也，循循然有條而不紊，使人惑志頓消而朗徹。其進人也，端語一發，使人浩然長往而不留。其言簡，其理微，其示教也深，其用心也切，此可謂火傳而聖繼者也。門人恐其微言將沒，裒而錄之，以裨後進。其弘師之道如是，此亦可謂用心之厚者焉。

牛道淳《自序》 神峰逍遙子閑居幽室，倚軒塊坐，隱几忘懷。適有悟眞子李志恆，從座而起，恭然而立，攝襟作禮，拜而謂曰：敢問全眞妙理，至道精微，性命之義，修行次序？願師演而析疑矣。逍遙子答曰：夫至道精微，無形無名，難演難言，非容取捨而可得也。故心困焉而不能知，口辟焉而不能辭，在人虛府自悟耳。其人叩之不已，志之愈誠，由是不得已而應命。輒述是論，名曰《析疑指迷》，庶資初學之漸悟耳。

雲宮法語

綜述

汪可孫《雲宮法語序》 萬形皆有弊，惟道獨不朽。人之在天地間，斯道之寄也。有命焉，有性焉，天命之謂性，率性之謂道也。天下無二道，豈有二性命哉。危微精一，見於大舜之戒禹，恆性、習性、明性、節性，見於湯尹、周公之格言。夫子贊《易》曰：各正性命。則性與命並言之矣。然觀夫子罕言命與仁，而性與天道不可得聞。性命之學，非深造者不能貫通也。至曾、思、孟之相傳，性命之學愈著而愈詳。儒者以養性率性爲先，知命立命爲務，故功極於贊化育，參天地。彼道釋明心見性，修命復命，至於妙有眞空，與道合眞。道釋性命之學，亦不能泯滅也。後世流弊，儒以文章沽爵祿，道釋以禍福誘愚庸，躬行踐履之間，鮮有出於性命之正者。況三綱五常，道之大原，天命民彝，庸有未盡，豈所以爲道哉。聖明之朝，作之君師，吾儒之道尊勸益加，道釋二氏不廢崇獎，期天下咸歸於道。泰和盛治，家稷契而人皋陶，無上等正覺，釋老中之功用，於是談性命者多矣。然而未得其歸一之要。余倣之經傳，類而編之。吾儒之道由正心誠意而得，佛老之道亦由正心誠意而得也。人欲盡淨，天理流行，即一念不生，全體自見之大機括。大而化聖而神，捨是非吾所謂道，非吾所謂性命。名其集曰《雲宮法語》。道書謂偃息雲宮黃房之內，即心齋坐忘之時，究竟斯道，庶乎瞻前忽後，無時不然，仰不愧而俯不怍，豈徒虛無空寂之謂性命云。

中和集

綜　述

杜道堅《中和集叙》 維揚損菴蔡君志頤，瑩蟾子李清菴之門人也。勘破凡塵，篤修仙道，得清菴之殘膏賸馥，編次成書，題曰《中和集》，蓋取師之静室名也。大德丙午秋，謁余印可，欲壽諸梓，開悟後人。余未啓帙，先已知群妄掃空，一眞呈露。謂如天付之而爲命，人受之而爲性，至于先天太極，自然金丹，光照太虚，不假修鍊者，漏泄無餘矣。可以窮神知變而深根寧極，可以脱胎神化而復歸無極也。抑以見道之有物混成，儒之中和育物，釋之指心見性，此皆同工異曲，咸自太極中來。是故老聖常善救人，佛不輕於汝等，周公豈欺我哉。覽是集者，切忌生疑。

著　録

《道藏目録詳註》卷一 六卷，有圖，都梁清菴瑩蟾子李道純元素譔。言先天太極自然金丹，光照太虚，不假修煉者，漏泄無餘矣。可以窮神知變而深根寧極，可以脱胎神化而復歸無極矣。

《四庫全書總目・子部・道家類存目》 《中和集》三卷，《後集》三卷，元李道純撰。道純字元素，號清菴，都梁人。又自號瑩蟾子。是書乃其門人蔡志頤所編次。題曰《中和集》者，蓋取其師静室名也。前集上卷曰元門宗旨，曰畫前密意。中卷曰金丹祕訣。下卷曰問荅語録，曰全眞活法。後集上卷曰論，曰説，曰歌。中卷曰詩。下卷曰詞，曰隱語。大旨盡闢一切鑪鼎服食修煉之説，歸於沖虚渾化，與造化爲一。前有大德丙午杜道堅序，蓋世祖時人也。

清庵瑩蟾子語録

綜　述

廣蟾子《清庵瑩蟾子語録序》 作家話靶打頭相遇，便把自家屋裏話拈出，此豈非道中之作家者乎。予自幼業儒，壯愛談空，雖愚賤者有能道酸餡氣話，亦不以儒自高，必屈己下問，但未能遇作家爾。一日歸茅山，舊隱清庵瑩蟾子李君來訪。座未溫，發數語，字字無烟火氣。繼而講羲皇未畫以前易，透祖師過不切底關，把三教紙上語，掃得赤洒洒，將我輩瞎漢眼，點出圓陀陀。清氣襲人，和光滿座，恍不知移蟾窟於予身中耶，抑予潛身入蟾窟中耶？是夜驚喜萬倍，整心慮，爇心香，拜於床下曰：眞我師也，眞作家也。師不我棄，願加警誨。是後從師日久，問答頗多，集成一編，時爲展敬。直待向清庵座下，踼翻玄妙寨，粉碎太虚空，方爲了事漢。於斯時也，若有箇出來，問清庵老曰：到這裏要這骨董做甚。必則曰：便是我打頭遇作家底話靶。

混然子《後序》 嘗聞太上啓教，接引方來，故有神仙之學。神仙之學，豈尋常而語哉。必是遇其至人，點開心易，通陰陽闔闢之機，達性命混合之理，超然獨立，應化無窮，始可與言神仙之學也。自東華紹派，鍾呂流輝以後，列仙並駕而出者，皆鴻生碩士。上則匡君以行道，下則澤民以濟生，玄風益振，競起學仙者，代不少矣。繼而瑩蟾子李清庵，出道學淵源，得神仙祕授，三教之宗，了然粲於胸次，四方聞之，踵門而請益者，不可枚舉。其發揮金丹之妙，與弟子問答難疑之辭，機鋒捷對之句，凡若干言，錄而成書，名曰《清庵語錄》。余誦其文再三，篇篇無閑言，句句無閑字，皆發明太上之遺風，先眞之末露，可謂明矣妙矣。其文與《中和集》相表裏。荊南羽士鄧坦然，抄録已久，今則命匠綉梓，以壽其傳，不泯清庵之德音，可見運心之普矣。學仙之徒，覽斯文者，必有超然而作者，豈曰小補也哉。

會真集

綜述

揚志朴《會真集序》 夫易廣矣大矣，其無體也。始於一氣，即道也。易有三義：不易也，變易也，簡易也。不易者，獨立而不改。變易者，四時更代也。簡易者，天地簡易也。六爻者，內卦謂之貞，天地人爲之三才之定體也。因而重之曰悔，謂吉凶悔吝生乎動者也。下二爻爲地，中二爻爲人，上二爻爲天，上下無位。二五本以人事論之，故稱見龍飛龍，利見大人。三四本天地之位，不稱龍。以人事君子呼之，即天人相通之象也。乾坤，天地之德也。以剛柔相配，生三男三女，分制五材，謂之五行，代天地行事也。後生六十四卦，分布一年三百八十四爻，大約統以年月氣候日時，一日變十二卦。人爲萬物之靈，其性命全，與天地同體。惟聖知聖，仁者見之謂之仁，知者見之謂之知，能斡運於自身者，是謂養道之士也。後人判教有三，以《易》爲眞玄，以《老子》爲虛玄，以《莊子》爲談玄。其説則異，至於玄則同歸，非常人所通曉，惟神仙能之。

去歲春，余於青義清神觀，會識吉昌王先生，號曰超然子。與之語，咳唾珠玉，呼吸煙霞，混三玄而講義。惜乎別之速矣。雙凫西邁，俄變星霜，使老夫夙夕不忘。今者二仙子得得來雲谿，倒屣出迎，一者寫唐梁振之，一者紛南梁之秀，皆故人也。延之尙座，茗飲小會，坐中廼舉其師超然子所著《會眞文集》，欲鏤板通布於四方，請老拙作序引。袖出其文，老夫從首至尾，歷觀其詞語，以去歲一會之語話也。考其圖繪詠歌，皆出自胸臆中，埏埴輪旋，調和大塊，心腹間爐鞴煅煉混元，明七八九六之老少，水火木金土之生成。王子晉所謂顚倒五行，推移八卦，正謂此也。非神仙，孰能與此乎。若遍行於世，使學道之士如秉燭入於暗室也。欽二仙子能揚師之美，可謂不忘本也。故不敢違命，略序其實於卷首。

著録

《道藏目録詳註》卷一 五卷，有圖，超然子王志昌撰。圖繪詠歌，皆出自胸臆中。埏埴輪旋，調和大塊，心腹間爐鞴煆煉混元，明七八九六之老少，水火木金土之生成，顚倒五行，推移八卦之論。

啓真集

綜述

董師言《金峰山通玄子啓真集序》 竊以欲正春夏秋冬者，必得指而可知；欲達微妙玄通者，必藉言而可悟。奈言語者，心識之影；文字者，言語之影。意爲心影，言爲心響，終無眞體，而理可窮及，微妙雙泯，絕盡百非，無一法可親者，曷用乎言。蓋理非言銘，則若魚無筌而魚莫之求，兔非蹄而兔無以得。大抵言者，魚兔之筌蹄，足以紀綱至道，匡轄仙機，詎可忘之。是以聖人作而述《陰符》《道德》，發揮妙本之精。賢者擬聖作書，制《沖虛》《南華》之經，務啓迪後覺入聖超凡，何不假言而爲？況近朝五眞派別，教闡多方，丘、劉著《磻溪》、《仙樂》之集，譚、馬曰《金玉》、《水雲》之號。靡不鼓唱玄風，煥明智鑑，如霜天皓月，普現千潭，使彼味道者咀嚼膏腴，識趨向而不陷迷津，豈不以因言而明理哉。而後攀龍鱗，附鳳翼，詮道垂訓，拯溺指迷者，予於通玄師見之矣。

師姓劉氏，諱志淵，西慈高樓里人。生而慈愍，幼慕宗風，大乘契典，莫不精研。長值道運勃興，群教釋鄙，遇超然子，授以頤眞養素、見性識心無爲之旨。於是捨衆人之所愛，收衆人之所棄，慨然而逕詣重玄，入衆妙之門，一唉而三觀虛淨，再味而八面玲瓏。屢現化身，一途生死，其天機妙道，已印於胸中。凡謦咳文詞，形容翰墨，可謂駢珠驪玉，非雕蟲篆刻而成，飄飄然出旁羅搜索之表，眞學者之指南，寔大筆手爲之。雖一詞一詠，隻字片言，志在抉盲剔瞶，俾有所受用，非特獨善其身而爲之。斯文未振，一旦遺世，六探信通，迸破泥丸，無形昇入，厥有著述，寂寥無聞。門人平水李志全，恐綿遠湮滅，歷訪晉并，得諸友口誦者一二，洎劉志堅錄帙者，十得之八九矣。乃掇遺而鳩集一編，整比義類，列成三帙，目曰《啓眞》。袖示於僕求校，而再囑爲序引，庶幾刊行，以廣其傳。再四披玩，灼然文理碁布，妙趣星分，可以挈行昏衢者，入大光明清淨鄉。非心珠朗徹，出天地之外者，曷至於是耶？僕雖預道胤，造道髣髴，慊才輕蟬翼，辭短蛙鳴，安敢擊布鼓於雷門。執辭不獲已，姑以俚語道先生才藻軌範之萬一耳。時太歲甲辰仲呂下旬有二日，紀之卷首。

著録

《道藏目録詳註》卷一　三卷，金峯山通玄子劉志淵譔。十三章，天中天章、眞上章、心息相依章、死陰生陽章、氣神邪正章、證明道用章、疊用五教章、忘形養炁章、忘炁養神章、忘神養虛章、融攝不滯章、無修無證章，并詩詞歌曲等集。

抱一函三祕訣

著録

《道藏目録詳註》卷二　一卷，有圖，嗣全眞正宗金月巖編，嗣全眞大癡黃公望傳。內言明人身受胎之後、明人身受胎之始、明神室、明刻漏、明五行、採取其藥、生成圖說、炁數物理體用論、溫養赤子神方、金液還丹火候要旨。

玄虛子鳴真集

綜述

張志明《鳴真集序》　道本無言，非言不顯。道本無經，非經不明。令未聞者聞，使未悟者悟。僕肇拜玄沖師於汾陰龍興觀。侍歲餘，師南邁綿山之右誘矣，僕北遷姑射之陽寓焉。時師欬唾珠玉，不暇構思。或懷古，或託物，或贈答，或逸興，縱心所欲。或詞或頌，俱明宗旨。陳非心之心，言不言之言。言言見諦，句句朝宗，其文簡，其義淵。鳴眞云：無影樹頭花笑日，不萌枝上葉含春。又云：兔角敲開三毒鎖，龜毛拂盡九衢塵。斯言離物象，遠聲色，非徹法慧目，離念明智，焉能究之哉。深若淵泉，曠如太虛，恢恢焉，晃晃焉。尊上德之玄風，崇長春之英華，非詭詐以惑時，非佐道而衒世。玲玲瓏瓏，如明珠旋於金盤，清光罔極。煥煥輝輝，似秋月朗於碧天，瑞氣何窮。

師亡金承安間，有汾陰先生李公，自海隅而還故邑。師聞之，廼長春之英徒也。欲師之，固辭拜長春者。於是望拜，祕奥得其一二，悟機解有萬千。幸有蒲坂同道，寄世老人王巨川，嗟憶師之珠玉，特有英奇暢道之美。云動若行雲之安泰，止猶谷神之無隅。發歎不已。有寂子楊公、劉先生等，袖出師之集，目之曰《鳴眞集》。恐湮微散落，命繕鏤以廣其傳。謁僕等飾題辭，巨駭忸怩。斗筲之器，焉能納百川乎。再三叩命，固辭不已。綜覽如瓊漿羊羹，爽其羣口也。體道之妙，得道之用，吐辭發言，可不爲梯航耳。夫鳴眞者，鳴聲散宇宙，不屈愈出，若東君而發萌；眞光射乾坤，體在皆無，如冰輪之鑒物。明同杲日，響若雷霆，茲妙備矣。

玄教大公案

綜述

柯道冲《玄教大公案序》 道統之傳，其來久矣。始太上混元老祖以象先之妙，強名曰道，而立言以德輔翼之，而五千言著其中。然存言外之旨，微妙玄通，有不可得而言者，深不可識，亦強爲形容焉。自道德受關令尹子，其十子各得其妙，如列、莊諸子，至安期生、李仙卿、葛仙翁衆眞，更相授受，各有經典。然枝分派利，於洞天福地亦代不乏人。自周漢以來，惟尹子嗣祖位，金闕帝君繼道統，授東華帝君，帝君傳正陽鍾離仙君，鍾傳純陽呂仙君，呂傳海蟾劉仙君，劉南傳張紫陽。五〔祖〕紫〔陽〕北傳王重陽、七眞，道統一脈，自此分而爲二。惟清菴李君，得玉蟾白眞人弟子王金蟾眞人授受，爲玄門宗匠，繼道統正傳，以襲眞明。亦多典集見行于世。實菴苗太素師事之，心印其要，蓋青出于藍而青于藍者也。實菴抱負此道，以列祖道統心法，模範學人。採摭諸經樞妙，升堂入室，舉其綱要，於列祖言外著一轉語，復頌錄之。以易數爲六十四則，又入室三極則。門弟子王誠菴輩集成編，名曰《玄敎大公案》。言言明本，句句歸宗，體用一眞，圓混三敎。使人於羲皇畫外縱橫，玄聖象先游泳，至哉。華陽眞逸唐公，捐金繡梓，以廣其傳，義亦宏矣。誠有決烈漢，向此《大公案》外，具無極眼睛，覷得七穿八透，豁然四達六通，則道統明明，相繼而無息，豈不美歟。

唐道麟《序》 无極天心，中融萬法，象先慧目，圓燭無方。性至虛則八達六通，心雲障則千差萬別。是故欲得豁開天外眼，必先明了世間心。僕幼習儒業，長慕玄風，每研理性之元，叅究天道之妙，遍求愈遠，默探愈深，果謂不可得而聞也。夙生何幸，得詣中和，時聞實菴老師法誨，使人累釋心清而造元返本，神凝氣息而安命樂天。切切多方，諄諄曲化。一日，中和上足出示師之升堂入室，舉演法海寶珍，道統心法詩頌，目之曰《玄敎大公案》。僕靜咀玩，見其剖判一元，結絕萬法，抖擻群眞骨髓，貫通列祖肝腸。爲人硎慧劍，礪神鋒，斬三尸，誅六賊，解縛纏，脫桎梏，破憂疑網，斷煩惱障。活死漢，救生靈，誘明達，徹大用大機，造極乘極奧，優游未始，眞樂無生。其性理天道之妙，明心見性之機，圓混于中，一一明白。誠此透徹，豈果不得聞歟。然此亦皆師之緒餘耳。僕既霑受用欣然，不揣命工繡梓，與天下福慧大丈夫，同向此按欵中具一隻眼，撈翻關捩，粉破太虛，全本然，反純朴，逍遙无極，嘯傲先天，是所願也。

王從義《序》 聖仙至道，體玄先天，用妙萬法，以精誠中息而密固本元，以謙敬和順而美利天下。實菴先生《玄敎大公案》，體用全彰，行功圓備，融一眞而入妙，混萬理以歸元。俾夫養元炁融冲慧命，寂本性安平道心，偉乎美矣。豈憂寂空無機鋒，口鼓一曲異端之比哉。僕昔聞先生補註《伊川易傳》三分未盡之旨，默然驚嘆曰：伊川先生乃前宗六夫子中一夫子，尚有未盡，今實菴先生補註其未盡，是何人也？恨不能飛見。偶授南臺職，暇日與同僚三五，特踵中和相訪。一見先生，清寂安恬淡如也。及乎熏敬請益，雍容豁達，隨問隨答，的當通暢，使人廓如也。又得觀補註《易傳》未盡，及易網解惑，果謂辭簡理貫，純粹精明，將僕等積年叅學疑難，一旦冰釋。如《大公案》始一則，將三敎樞機精妙、中正體用、偏執見解，已盡剖判。中引諸經，一事一理，一玄一妙，若對鏡觀形，精粗圓照。如云三身混極，六慾沉空，虛極反元，動靜體道；以寬慈養天性，以儉約養道心，以謙巽養玄德；日用五音毒氣、十般貞病。至于舉兼山之艮，明靜止眞功，題日昃之離，明死生妄幻。畫前至妙，象外重玄，秉羲皇寶劍，劈開列聖玄關，現元始黍珠，照徹群仙天谷。實前代道儒宗師，皆未嘗道。可謂妙超今古，玄混始終，非先天之高明，其孰能與于此。宣聖云：先天而天弗違。信哉。僕敢不師禮事之，茲略序師之道德體用、事理實跡，其先天言前之妙，在乎同志慧力綿密中之體式。

王志道《序》 眞金不懼火，煆煉愈精明。美玉絕纖瑕，琢磨成寶器。朽木傯鐵，匠手難爲。故南華老仙云：有聖人之才，受聖人之道，易矣。或生而知之者，幾何人哉。然夙根靈慧，一徹萬融，亦在乎明師提挈，方可直超最上。我輩福薄根鈍，業力常勝道力，大言直超頓徹，恐亦自昧耳。若從師匠煉琢，自誠明而虛通，猶戒定而慧徹，步步踏實地，心心體太空，久久澄攪不濁，攧磕不碎，自然純粹堅固，豈不美哉。吾師實菴仙翁，道隆方外，教闡環中，發明太上心玄，剖判羲皇骨髓，掀翻三教，融混一元，掃蕩邪宗，豁開正道，斲削後學，造大本宗，烹鍊高明，達先天境。是以良朋霞友雲集，明公賢相風從。虛而往，實而歸，誠不言而信；近者悦，遠者來，咸無爲而成。乃知言未嘗言，弘衆妙迥出思議之表；〔可〕道非常道，備萬德獨立象帝之先。非極高明而通至化者，其孰能與于此。僕日侍玄堂，幸霑法雨，録集升堂之珠玉，緝熙入室之寶珍。然義適多方，理歸一極，歷代聖仙未結絶案款，吾師一一決斷明白。目之曰《玄教大公案》，列成六十四則，以象周易六十四卦；入室三極則，以象三極。誠有決烈漢，直下承當煅鍊，向中默會力行，泯聲色，淵識情，瑩天心，開道眼，頓超生滅，耀徹古今，大用大機咸備於斯，其眞樂奚可勝計哉。誠能如是，庶不負吾師諄諄之教，亦乃千載一時之遇也。雖然，僕亦駕渡舟一夫云耳。

著録

《道藏目録詳註》卷四 《玄教大公案》二卷，王志道集。撮老莊經中擇粹並頌，頗有機鋒。

玄宗直指萬法同歸

著録

《道藏目録詳註》卷四 七卷，有圖，建安仰山道院牧常晁譔。論无極太極理炁性命之源、萬法歸一圖説、三教合一等論。

上陽子金丹大要

綜述

明素蟾《上陽子金丹大要序》 伊川先生云：天下有大難事者三：一曰爲國而至於祈天永命；二曰爲學而至於聖人；三曰修身而至於神仙。斯確論也。天琮幼始知學，長而從玄，慨然信長生之道，可學而致。乃希高志，參玄訪微，刮垢磨光，斂華就實，擬向孤峰絶頂，把茅蓋頭，侶洪崖，友赤松，抱雞子之中黄，養蟾光之明素，庶幾萬一，克償素願也。豈謂天不愛道，善啓其衷。乙亥夏五，際遇我師紫霄絳宫上陽眞人於方壺天中，解襟傾蓋，歡如平生，瀹茗焚香，共談丹道，機緘微露，針芥相投，時以去就，匆匆莫究衷藴。既而瞻候紫氣，追隨黄鶴，至交泰別館，叩首上請，懇款再三，然後歃丹盟天，披青誓地，衆眞監度，盡授所祕。初則迅雷貫耳，驚駭異常；次則瘴霧中心，昧惑尤甚，乃至竟夕不寐，繼日弗寧，既未敢誚其非，亦未肯信其是，反覆紬繹，周悉搜羅，感神明之告人，忽心靈而自悟，於是掀翻迷網，打破疑團。比沈痾之頓甦，猶大夢之驚意，通身是汗，瞽目開明。遂將生平記誦丹經，如《參同契》、《悟眞篇》等書，參訂而印證之，則言言句句若合符節，千變萬化，總歸一貫。而今而後，宇宙在乎手，造化備吾身，可以大休歇，可以大自在，覩玄珠之有象，鍊金液以成丹，白日登晨，清都進秩，皆分内事也。回視半生學問，猶管窺天，蠡測海，其大小淺深，固已懸絶。亦猶炊沙作飯，攪水爲膏，欲求充飢繼明，不可得也。吁，金丹之學，近代自紫清白眞人返珮帝鄉，世無眞師，傳多失實。談性者，非流於狂蕩，則滯於空寂。論命者，非執於有作，則失於無爲。根器高而利者，不遇師傳，惟祗求之方冊，自證自是，自滿自足。自謂一聞百會，眼空四海，已與鍾呂並駕，寧肯謙抑而師問哉。根器劣而鈍者，求之盲師，一知半見，自喜自幸，自執自守。自謂休心歇妄，枯坐無爲，即道在其中矣，奚暇多事而更叩人哉。是非海闢，人我山高，毒藥入心，黥墨透骨。世無拔山竭海之力，又無補黥去毒之方，莫之能救，可勝歎哉！我師上陽眞人，駕拯溺之慈航，仗斬邪之慧劍，紹隆丹陽正傳之脈，發泄青城至祕之文，明前代所未明，説古人所未説，推赤心於人腹，垂青眼於學徒。所著《金丹大要》十卷，條理敷暢，斗拱星羅，詞意昭明，金聲玉振，體堂堂説透骨髓，血滴滴吐出肺肝。恨不與法界衆生，盡皆作大羅眷屬，其慈仁忠厚，盛德之至乃如此。僕懼學徒不察眞師之用心，將聖諦玄章，作泛常看過，非徒無益而生惑，或乃興謗而自棄，因述己所遇而爲之序。貴以拯拔沉迷，剖鑿聾瞽，庶幾摽指見月，發瓿知天，是亦一助也。金丹之妙，在乎三大要。一曰鼎器，二曰藥物，三曰火候。然鼎器有陰陽，藥物有内外，火候有時節，三者實爲金丹之樞要。知此則到家有期，可罷問程矣。所冀頭頭會合，口口叅同，慨興進道之心，高中選仙之舉。千年鐵柱，久締龍沙之盟；萬朵玉蓮，嘉慶天元之會。凡我同志，各宜勉旃。

歐陽天璹《序》　老易洩天機，《古文龍虎經》、《叅同契》作，以無爲物祖，有爲丹母，乾坤鑪鼎，坎離升降，闢鴻濛，鑿混沌，採藥物，明火符，無非法天地陰陽造化生生之功，有順逆而鍊成金丹也。紫陽《悟眞篇》繼出，發揮玄理，殆無餘藴矣。唯火候之祕，妙存口訣，世之學者往往趨於旁蹊，出於臆度，未能聞其大要，況通其微妙乎。紫霄絳宮上陽先生，繼眞師之絶響，指後學之迷津，千載一時，百年幾見。推明老易深造之道，紬啓仙聖未發之言，謂天人爲物靈，具足此理，知而行之，頓超生死，眞心化導，矢口成辭。演爲《金丹大要》十卷，諄諭反復，羅縷再三。誠欲與有志者原始要終，心靈自悟，一得永得，同躋仙祚。其慈憫之心亦溥矣。茗澧冰田王公，吏隱仙材，夙深丹契，知音有遇，思廣其傳。山中主席〔潘公〕太初，提點道林，隆揀静宇深淵，耽味重玄，首唱繡梓。當時及門〔弟子〕，皆鳳逸龍蟠，蟬蜺穎脱，列具序説，想見聲光。區區寄跡紫元，留心玄覽，種緣已熟，獲聆緒餘。所謂月現庚方，西南得朋，金歸性初，杳冥有信，依時採取，三性會融，赤水玄珠，得之罔象。當斯之時，至願畢矣。夫窮理盡性，以至于命，長生久視，而命在我《大要》之作，其老易之津涉乎。噫，將外老易而求之，奚言道。

著録

《道藏目録詳註》卷四　卷一之十四共十卷，紫霄絳宮上陽子觀吾陳致虚譔，言金丹大還最上乘之道。卷十五之十六，與門人論玄釋見性之語。

《四庫全書總目・子部・道家類存目》　《金丹大要》十卷，元陳致虚撰。致虚有《周易參同契分章註》，已著録。金丹二字，其源即出於《參同契》「巨勝尚延年，還丹可入口，金性不敗朽，故爲萬物寶」之語。自唐人專以金石爐火爲丹藥，服之反促其生，是循名而失其實也。致虚是書，猶不失魏氏之本旨。其牽合老莊佛氏之書，皆指爲金丹之説，則未免附會。學術各有源流，非惟佛道異塗，即道家不能概以一軌也。

上陽子金丹大要圖

著録

《道藏目録詳註》卷四　一卷。述无極、太極、先天、後天、九還、七返、五行、順逆、元炁、金丹、清濁、寶珠、火候十三圖。

鳴鶴餘音

綜述

虞集《鳴鶴餘音叙》　會稽馮尊師，本燕趙書生，游汴，遇異人得仙學。所賦歌曲，高潔雄暢。最傳者《蘇武慢》二十篇，前十篇道遺世之樂，後十篇論修仙之事。會稽費無隱獨善歌之，聞者有凌雲之思，無復留連光景者矣。予山居，每登高望遠，則與無隱歌而和之。無隱曰：公當爲我更作十篇。居兩年得兩篇半，殊未快意也。昭陽協洽之年，嘉平之月，長兒冏之官羅浮。予與清江趙伯友，臨川黃觀我、陳可立、吳文明，平陽李平幼子翁歸，泛舟送之。水涸，轉鄱陽湖，上豫章，遇風雪，十五六日不能達三百里。清夜秉燭危坐，高唱二三夕，得七篇半。每一篇成，無隱輒歌之。馮尊師天外有聞，必能乘風爲我一來聽耶。明年，舟中又得一篇，並《無俗念》二首。後三年，仙游山道士彭致中，採集古今仙眞歌辭，並而刻之，與瓢笠高明共一笑之樂也。

著録

《道藏目録詳註》卷四 《鶴鳴餘音》九卷，仙遊山道士彭致中集。諸仙詩歌詞賦。

全真清規

著録

《道藏目録詳註》卷四 一卷，姚江春庵清玄子陸道和編集。指蒙規式、簪披次序、游方禮師、堂門戒臘、坐鉢規示、祖師則例、全眞體用等則。

還真集

綜述

張宇初《還眞集序》 仙道自古尚矣，由黃帝問道廣成子，世稱黃老，蓋廣成即老子也。仙之說始焉，若唐之籛鏗，夏之嘯父，商之宛丘，周之王喬，三代則固有之。而周穆建草樓以延士，其說始著。迨秦皇漢武，惑方士藥石之術，雖王次仲、東方朔之徒而不知師，而其邪說滋蔓淆襍，卒以殞身。則世之鴻生碩士，並起而訾斥之，亦宜矣。若漢魏伯陽，倣易撰《參同契》，本《古文龍虎經》而充越之，以是丹道倡明，不溺於金石草木、雲霞補導之術，一明乎身心神炁自然之理，假卦爻晷刻以則之，靡不合乎奇耦象數也。厥後由鍾離雲房授唐呂嵒，則祖述其說，而歌辭論辯庶得乎指歸之正，代亦不乏其人焉。若宋之張紫陽、石杏林、陳泥丸、白紫清、李玉溪、李清菴，皆一時傑出。凡其辭旨，亦不下伯陽，而互有深造默會者焉。夫相去千百歲之間，何言之若合符節者，不期然而然哉。此無他，千百世之理同也，心同也。其所以淆異者，必邪妄詭誕之說，非取誇於時，必鼓惑於後。其能果合於身心神氣自然之道乎。此古之人必得人而授，而道不虛行也。抑亦非師之祕玄蘊奧，不妄啓示。而學之者無累功積行之實，徒飾虛文僞譽，馳聲揚耀者無異，尚何足語道哉，其能見諸言哉。

南昌脩江混然子，以故姓博學，嘗遇異人得祕授，猶勤於論著。予讀其言久矣，間會於客邸，匆遽未遑盡究。今春，吾徒袁文逸自吳還，持其所述《還眞集》，請一言。予味之再，信達乎金液還丹之旨。其顯微敷暢，可以明體會用矣。使由是而修之，雖上遡紫陽、清菴，亦未知孰後先也。矧予嘗憫夫世之膚陋狂僻之習，駁潰滋久，有莫得而盡絕者。猶喜其言，足以振發末季之弊也。庶或志士貞人，有碔砆美玉之辯焉，則遊神胚腪馮翼之初，煉氣混芒溟涬之表，爲不難矣。是所以盡乎原始返終，窮神知化也歟。尚容招黃鶴淩空而下，相與共論乎湘濱岳渚之間，未晚也。是書于編首以俟。

著録

《道藏目録詳註》**卷四** 三卷，有圖，混然子譔。言金丹妙旨，論心，論玄，論中，並修三寶口訣。

崔公入藥鏡注解

綜述

王玠《崔公入藥鏡注解序》 神仙之學，豈凡夫俗子之可聞。必是大根大器決烈丈夫、明眼高士之可爲也。且夫學者爲者何事？外則窮天地施化之理，內則明身心運用之機。然雖如是，宣尼若不遇老子親授，故無猶龍之歎。瞿曇不是古聖再來，豈有出世之見。所以學者如牛毛，達者如麟角。此無他，在乎得傳與不得傳耳。神仙之學，不過修鍊性命，返本還源而已。採先天一炁以爲丹母，運後天之氣以行火候。又火煉性，則金神不壞。以火鍊其命，則道氣長存。換盡陰濁之軀，變成純陽之體，神化自在，應運無窮，豈不奇哉。余見其今之學仙者紛紛之多，及至與其辯論眞訣，人各偏執一見，不合先師正傳之道。觀其《崔公入藥鏡》八十二句，言簡而意盡，貫穿諸丹經之骨髓。予不愧管窺之見，遂將吾師所授口訣，每四句下添一註腳，剖露玄機，作人天眼目。後之來者與我同志，試留心玩誦，斷斷有神告心悟之效無疑也。或者有云吾註不足爲信，而崔公之言當以爲實，依而行之，信而從之，運鍊一身，則學仙之能事畢矣。

隨機應化録

綜述

靈通子《無垢子隨機應化録序》 陝有全眞道者，祖貫浙之四明人也。父居錢塘，而生何君道全。君自幼修道，號無垢子，雲遊東海之上，人未之奇也。厥後西來終南，居於圭峰之墟而道成，人以爲異。碑有載焉。洪武己卯孟春望後，君卒於長安醫舍。王公贈以羽化之儀禮，葬鞏仙之塋。歲二載，孫壽通子來，以言而告曰：曩與何君交之已久，今已去世，無復可見。噫，何君之心高哉。復拜手而囑之，乞文以冠其目。予慨然曰：道不能顯諸於形容，必紀叙其實行。予雖學陋，必本諸於言而形容之。是以今古慕道之士者，多不能有達於至道之趣。而何君達性命之理，行無爲之教，庸人俗子皆仰其化，非其天性純篤，何能若是歟。賈道玄者，何君之門人也。齎槀以來，不憚千里，而必成於序。非壽通子，吾何爲而作也。然壽通子之道顯，而何君之道亦顯，若合符節。自何君去後，非壽通子，正教無復可傳。何君長於壽通子，而壽通子敬禮之，往矣而又彰之，足可以知何君之德。二人交契之深，語録之作，成於何君，既沒之後，其於教良有在焉。

原陽子法語

著録

《道藏目録詳註》**卷四** 二卷，國朝浚儀原陽眞人趙宜眞譔，門人章貢劉淵然編。內還丹金液歌並詩偈詞章序文等集。

諸真元奧集成

著録

《四庫全書總目・子部・道家類存目》《諸眞元奧集成》九卷，明朱載瑋編。第一卷爲宋張伯端《金丹四百字》，解者爲黄自如。第二卷爲石泰《還源篇》，泰字得之，號杏林。第三卷爲薛式《還丹復命篇》，式字道源，又號紫賢，嘗受訣於石泰。第四卷爲陳楠《翠虚篇》，楠號泥丸。第五卷爲《金液還丹印證圖》，序稱龍眉子，不著名氏，據林淨後序，龍眉子之師爲翁葆光，即註《悟眞篇》者。第六卷爲白玉蟾《指元篇》，白玉蟾即葛長庚，嘗受訣於陳楠，楠受之於薛式。第七卷爲蕭廷之《金丹大成集》，廷之號紫虚。第八卷爲趙友欽《仙佛同源》，友欽即趙緣督，嘗作《革象新書》者。第九卷爲許遜《石函記》上下篇，遜即道家所謂旌陽眞人也。宋元之間以仙佛著稱者，若石泰、薛式、陳楠、葛長庚之流，其源皆出於張伯端、蕭廷之、趙友欽。所言亦皆《悟眞篇》之旨。其《仙佛同源》一篇，繁稱博引，謂仙佛皆有入室求丹之事。再傳爲陳致虚《金丹大要》，其發明仙佛同源之義尤詳。但以爲即釋氏教外別傳，不立文字之旨，則未知其果合否也。

羣仙珠玉集成

著録

《四庫全書總目・子部・道家類存目》《羣仙珠玉集成》四卷，不著編輯者名氏。第一卷賦二十二篇，第二卷論十七篇，第三卷歌詞六十六首，第四卷爲錢道華《敲爻歌註》、李光元《海客論》。大概恍忽不可究詰，其詞亦多涉於鄙俚。

含素子麈譚

著録

《四庫全書總目・子部・道家類存目》《含素子麈譚》十卷，明朱清仁撰。清仁號懷白，別號含素子，黄州人。流寓南昌爲道士。此書分條劄記，而以類分爲十篇。曰行品，曰元眞，曰聖居，曰佛説，曰審世，曰博論，曰迂言，曰地形，曰雜記，曰疣批。疣批即諸篇之自評，彙之於末，其實九篇也。其説有頗切事理者，然大旨出於黄老。艾南英序取其闢佛。然清仁爲道士，自爭釋老之勝負，非儒者之闢佛。其地形一篇，雜採《山海經》《神異經》及道家附會之説，繪爲地圖，尤爲謬誕。

果山修道居誌

著録

《四庫全書總目・子部・道家類存目》《果山修道居誌》二卷，國朝葉鈐撰。鈐有《續小學》，已著録。果山在嘉興，鈐卜居其地，創修道居。此其所自爲誌也。其所居以釋教、道教與儒教合爲一堂，殊爲乖誕。後一卷爲同時諸人贈言，亦大抵荒謬之談。蓋明林兆恩等之流亞也。

無上祕要

著録

《文獻通考》卷二二五《經籍考》五二 《無上祕要》九十五卷。晁氏曰：題曰元始天尊說。《藝文志》止七十二卷，不知何時析出二十三通也。

《四庫全書總目・子部・道家類存目》 《無上祕要》一卷，不著撰人名氏。案晁公武《讀書志》載：此書稱元始天尊說，《藝文志》止七十二卷，不知何時析出二十三通。此本僅數十則，前後雜亂無次第，不特非七十二卷之舊，即所謂二十三通者，亦不可復辨。卷内引司命東鄉君語，又列張子房、司馬季主諸人，疑非晁公武所見之本。或後人襲原書之名，勦他書以成編也。其大旨推演尸解之術，而尸解之術在煉録形靈丸。又云：尸解者，當遺腳一骨以歸三官，餘骨隨身而遷。男留左骨，女留右骨。又有火解兵解諸術，俱怪誕不經。

《道藏目録詳註》卷四 卷一之二十，内三洞四輔集要、論劫運帝王修眞養生衆聖本迹。卷二十一之三十二，言仙都宫室、三界宫府、眞靈治所、正一炁治三寶眞文、天瑞三皇靈寶符劾、上清神符、九天生神經文所出諸品文集。卷三十三之四十七，言經傳受罰品、事師品、修學品、修道冠服品、受持品法諸階品目。卷四十八之五十九，内受持齋戒諸品文集。卷六十之八十八，内論專誠柔弱虚靖山居違俗尸解易形等品，皆入山修靜要術。卷八十九之一百，言諸天仙眞昇各天宫品目。

大道通玄要

綜述

《大道通玄要卷第一并序》 惟至道之爲妙言，默不足以載之。隨心所及，稱謂斯顯，故視之不見，名之曰無；彌落無窮，號之爲有。有無皆得而其體常玄，强名遍陳而其實彌外。是能周流六虚，陶鈞萬物，注之不滿，酌之不竭。淵兮寔覆載之所宗，生化之始母。是以修身治國，罔弗由之；性靈云云，咸注耳目，故樂餌雖美，不若淡言可尊；拱璧盈前，不如坐進此道。自玄老度關，五千垂訓，時或隱顯，世有行藏，經法仍傳宗塗度關，視聽之流，莫能鑚仰，見其若此。迺於中興十有五載，開三洞之靈文，探衆經之秘義，以類相從，集爲八十一品，應陽九之圓數，號曰《大道通玄要》，别序九科，名衆妙品義，以爲開唱之法，庶使文約易覽，修入有方，世道交興，微言不墜矣。

道典論

著録

《道藏目録詳註》卷四 四卷。論大君飛天童子大士道士先生上人至學貧道宗匠弟子，又論尸解主者誹謗毁辱攻擊耽酒放蕩不慈不孝三障三畏三毒四病五欲五濁七傷八難七患五敗畋獵漁捕若酷淫祀謀逆承負妙瑞災異怪妖夢想吉兇徵服一導引胎息雲芽服黄炁服六戊服三光丹品丹名等論，此是教門要典。

道要靈祇神呪品經

著録

《道藏目録詳註》卷四　一卷。內有神祇、魔王、力士、空神、社神、六十甲子各神鬼姓諱。

上清道類事相

著録

《道藏目録詳註》卷四　四卷，大唐陸海羽客王玄河修。言仙觀樓閣寶臺瓊室等品，皆天宮妙境，蕊芨雲宮勝境。

太平御覽 道部

著録

《道藏目録詳註》卷四　三卷。言道教神仙眞人天官神人應佩服色，至如冠幘、帔褐、褵袍、裘衣、佩綬、板笏、帬鈴、杖節、履舄帷帳等製。

道書援神契

著録

《道藏目録詳註》卷四　一卷。援神契有數條，一宮觀鐘磬帳幕法、服冠裳圭簡法尺法、劍方綵帝鐘氣訣法、令旛幢雲璈等儀。

天皇至道太清玉册

綜述

臞仙《天皇至道太清玉册序》　猗歟。盛哉！余謂世有非常之人，而能爲非常之事，不然，則天道之幽玄，道源之深邃，孰能究其實哉？夫破白雲，攀倉藤，躋翠阜，登層巒，涉萬仞之險，升泰岳之巔，下視寰塊，自以爲高也，孰不知披天風躡鴻毛，履長虹跨蒼虬，遨游乎太虛之表，捫日月，握星斗，舐青冥，俯視塵壤，其志又何其大也！自非咀三靈之華，吸九光之芒，漱紫瓊之腴，嚅元氣之眞者，安能遊神玄闕、駕景閬風、履空青而闡天道哉？今是書之作也，若羲馭之出滄溟，杲日之破昏暝，可以滌凡塵之俗陋，藻太華之神英。是以駐心靈域，探至道於天津；默契太玄，握神樞於紫極。而日嘗迹至眞之神奧，究造化之樞機，亦有年矣。於是剖玄黃之未造，劃混茫於先天，泄泰鴻未露之機，明太素生物之始，上自溟涬之未判，下至人文之始著，自有道教以來，三皇建極，五帝承天，其奉道而修天道者，其教之事物有未備，言奧有未宜，制度有未傳，儀制有未正，余乃考而新之，非余則孰能爲焉？於是三沐熏修，質於神明，告於天帝，大發群典，纘類分編，悉究其事，大宣玄化，其天地之始分，造化之始判，道統之始起，儀制之式，器用之備，衣冠禮樂之制，天心靈秘之奥，道門儀範之規，立爲定制，舉道門之所用，皆載此書也。於是命其名曰《天皇至道太清玉冊》。自開闢以來，至於今日，上下百千萬億斯年，有國有家者，莫不上奉天道，下修人事，所以建圜丘以祀天，立方丘以祭地，皆以天道爲尊也。凡誥命之端，必曰：奉天承運。《周書》曰：上天眷命。《湯書》曰：明王奉若天道，未嘗不奉天道而承天運也。吁！玄風之不振也久矣。余於是使道海揚波，再鼓拍天之巨浪；睹神光驟發，重開絶域之幽陰。正所謂望洪濤之暨天，非起於涔池之中；睹玄翰之汪穢，非出於章句之徒。余豈敢自矜者哉！是書也，乃若叱咤風霆，鞭蒼龍而沛時雨；其宣道也，若翺翔天宇，駕黄鶴以凌空明。其制度也，若恍兮振靈籟於丹霄；其製物也，若豁兮發神飇於銀漢。一新玄造，何其壯哉！遂壽諸梓，使天下後世知夫天皇之大道有如此之盛者，不亦偉歟！

道法科儀部

太上洞淵神呪經

綜　述

杜光庭《太上洞淵神呪經序》　西晉之末，中原亂罹，饑饉既臻，瘟癘乃作。金壇馬跡山道士王纂，常以陰功濟物，仁逮蠢類。値時有毒瘴，殞斃者多，閭里凋荒，死亡枕席。纂於靜室，飛章告天，三夕之中，繼之以泣。至第三夜，有光如晝，照耀庭中，即有祥風景雲紛馥空際。俄而，異香天樂下集庭中，介金執鋭之士三千餘人羅列，如有所候。少頃之間，珠幢寶幡，霓旌絳節，紅旗錦旆，相對前迎，白鶴交飛，朱鳳齊舞。又二青衣，持花捧香。又四侍玉女，擎持玉案。地舒錦席，前立巨屛，左右龍虎將軍，侍衛官吏各二十餘人，立屛兩畔，如有備衛焉。復有金甲將軍、諸大神王等，各數十人，次龍虎二君之外，班列肅如也。須臾笙簫駭空，自西北而下，五色奇光灼爍艷溢。有一人執簡佩劍，而前告纂曰：太上道君至矣。於是百寶大座自空而來，即見道君乘五色飛龍蓮花之座，去地丈餘，有二眞人、二天師侍立焉。纂遂拜手，跼蹐迎奉。道君曰：子憫生民，形于章奏，刳心泣淚，感動幽明，地司列言，吾得以鑑眄於子矣。纂匍匐禮謝畢。

道君曰：夫一陰一陽，化育萬物，禀五行爲之用。而五行互有相勝，萬物各有盛衰，代謝推遷，間不容息，是以生生不停，氣氣相續，億劫以來，未始暫輟。得以生者，合於純陽，昇天而爲仙。得其死者，淪于至陰，在地而爲鬼。鬼物之中，自有優劣、強弱、剛柔、善惡，與世人無異也。玉皇天尊，慮鬼神之肆横，災害於人，常命五帝三官檢制部御之律令，刑章罔不明備。然而季世之民，僥僞者衆，淳源既散，妖氣萌生。不忠於君，不孝於親，違三綱五常之教，自投死地。繇是六天故炁魔鬼等，與歷代敗軍死將，聚結成黨，戕害生民，駕雨乘風，因衰伺隙，爲種種病，中傷甚多，亦有不終天年，罹於夭枉。昔在杜陽宮中，出《神呪經》，授眞人唐平等，使其流布，以救於人。世間無知愚俗，見有王翦、白起之名，謂爲虛誕。此蓋從來將領者，生爲兵統，死作鬼帥，積功者遷爲陰官，殘暴者猶拘魔屬，乘五行敗氣，爲札爲瘥，然陽威憚之，神呪服之，自當殄戢矣。今以神呪化經，復授於子，按而行之，以拯護萬民也。即命侍童披九光之韞，以經及三五大齋之訣，授之於纂曰：勉而行之陰功，克充仙階可冀也。言訖，道君及侍衛衆眞，皆西北而舉。纂遂按經品齋科行於江表，生民康乂，疫毒消弭。自晉及今，蒙其福者，不可勝紀。在乎蠲潔莊敬，惟精惟勤，明誠感通，應猶響答。若怠慢輕泄，自惙罪尤。修奉之人，愼遵斯戒伏。况此經浩博，元皇之金口親宣，其理淵深。

太上之微言密示，若有冥心諷念，精意誦持，香炷纔然，眞靈立感，神兵騎吏應時而電掃姦妖，猛馬天騶隨處而風消毒癘。今此重求敏手，再啓勝因，極彫刻之能，盡濡染之妙，冀施行之不泯，俾流布以無遺。願國祚之延洪，更超周卜。祝聖年之遐永，克廣堯齡。車軌混於普天，正朔覃於率土。贊大道威神之德，助皇朝惠育之恩，洪福玄休，浩浩無極矣。

著　録

《道藏目録詳註》卷二　《太上洞淵神咒經》，杜光庭譔。卷一之十，誓魔品、遣鬼品、縛鬼殺鬼品、禁鬼品、誓殍品、斬鬼品、召鬼等品。卷十一之二十，三昧王召鬼神呪品、衆聖護身消災品、龍王品、殺鬼步頒品、步虛解考品、勑鬼品、召諸天神龍安鎭墓宅品、定六甲旬内災福祈恩品、諸天命魔品、長夜遣鬼品。内有六十甲子，定豐凶之占。

太上元始天尊説北斗伏魔神呪妙經

著録

《道藏目録詳註》卷四　十卷，有符圖。上清三洞經籙、碧霄洞華太乙吏歐陽雯受。序議品、七元祕訣品、酆都戮鬼品、九龍品、碎屍籙品、八字消災品、神兵護國品，並神符圖篆、七星符、五星符、二十八宿符、治諸病等符。

北帝説豁落七元經

著録

《道藏目録詳註》卷四　有符。内有觀斗燃燈之法，可以挑星撥度，飛步七元，攝伏惡魔，助國扶難。

七元真訣語驅疫秘經

著録

《道藏目録詳註》卷四　與《豁落七元經》同卷，有符。有靈書祕訣，出乎龍漢之初，北方黑帝、有征鬼之法、大著神功於一國。

七元璇璣召魔品經

著録

《道藏目録詳註》卷四　北極之上，名曰九道。置九宫，列八卦，皆有眞符。九道學人，佩之大驅鬼神，翻天轉地，攝伏惡魔，上可以助國扶難，下可以理救生民。

元始説度酆都經

著録

《道藏目録詳註》卷四　與《璇璣召魔品經》同卷。凡道士佩太上神呪、豁落經籙者，應佩此經。如違者，不得妙源，神靈罔助。

七元召魔伏六天神呪經

著録

《道藏目録詳註》卷四　一卷，有符。内有五方雲雷大符，眞人受此符，攝五方鬼神，禁忌惡魔之法。

上清天心正法

綜　述

鄧有功《上清天心正法序》粤惟浮丘王郭沖感三聖人者，實三清之應化。先示跡于華蓋，極乎江南東西妙高之境，其封號符瑞。翠琰傳之頗明，兹不繁述。作世福祥，大不思議。俯爲《太清伏魔經》顯説，正當下元生民甲午之歲也。遇宋崇興大道，淳化五年八月十五日，有肉身大士，夜觀山頂之上，有五色寶光衝上霄漢。翌旦尋光起處，即三清虚無瑤壇之上也。遂掘三尺許，得金函一所，開見金板玉篆天心祕式一部，名曰正法。欽哉，正法乃玉帝之心術，太清之眞文，太上之妙法，三洞之靈書，共成四階之經籙。所謂洞玄、洞神、洞眞靈寶，出于道德自然之始也。大士者，饒公處士也，名洞天。雖獲祕文，然未識訣目玉格行用之由。復遇神人，指令師于譚先生，名紫霄，授得其道。紫霄又令往見泰山天齊仁聖帝，得盡眞妙王，又奏請助以陰兵。大士作天心初祖，號正法功臣日直元君北極驅邪院使。昇天時，以法傳弟子朱監觀，名仲素。仲素次傳游道首，道首次傳通直郎鄒責，鄒責傳臣本師符法，師名天信，至臣有功傳于今矣。然華蓋者，是三清應化虚無之境，獨有虚皇靈壇即無道流居止。故時人不知有華蓋之名，今舉經籙大略之由。昔老君周昭王二十五年十二月二十八日午時，授關尹道德二經，及太清九丹八天隱文西昇敎誡等法。尹付杜眞人，眞人付小尹眞人，此乃道德自然之始也。至漢靈光和二年，太極徐眞人於天台山，授太極左仙翁眞人靈寶衆經，是謂洞玄洞神衆籙之祖也。又後漢順帝漢安元年五月一日，老君降鶴鳴山，授張天師二十四階祕籙印等，及於玉局觀授延生斬邪之術，是惟正一盟威之宗也。伏自周秦漢魏之間，三經雖傳于世而科品未彰。至晉哀興寧二年甲子正月先農日，紫虚元君南嶽夫人，始以上清授東華上佐司命楊眞人。彼時，天經寶文並作雲書龍篆八會之體，非世間可得而究識焉。眞人別有符文經訣，變作隸書，自此流傳方盛，是爲上清之祖也。獨吾正法出于大宋盛時，本山有橋仙觀靈跡，儼然是也。悲夫，不得其人，漸失宗旨。臣受持在末，濫領條綱，哀法衰微，諦承師訓，親受太上四階經籙祕要符文，豈敢不精思運神，實恐辜負先聖。故將所得妙道重刪，《天心正法》一部，分爲上下二卷仍略。今時法師所用符呪，皆是北帝符，別作三卷，名曰《北帝符文》。在正法之外，及修三洞四階寶籙祕譜焉。傳敎修道之士，其出者籙，度脱舍生，同歸大道矣。

著　録

《道藏目録詳註》卷二　卷一之七，共六卷。浮丘王郭沖掘地得金函一所，開見金板玉篆，大心秘式、乃玉帝之心術、太清之眞文、太上之妙法、三洞之靈書，分爲上下二卷。内有服三光炁法、治諸病符、煉化大變神法、步罡行持遠罩法、總眞大呪法、北極驅邪院帥將姓名禹步法、大禹鑿龍内長陣斗罡燃燈飛章、報應法、禹步法、勅符法、遣符法、收水法、天獄等法。

上清骨髓靈文鬼律

綜　述

鄧有功《上清骨髓靈文鬼律序》臣聞《書》曰：天道福善禍淫。又曰：天命有德，天討有罪。夫善者必福之，淫者必禍之，有德則在所命，有罪則在所討，此天之道也。天之臨下，豈特明之，於人爲然哉。雖幽之於鬼神，其不爾。是故神有功於國與民者，莫不載之祀典，而秩祭之。乃若邪怪之鬼物，爲祟爲厲，爲祆爲孽，擾民害物者，莫不有以治之，則其爲患可勝計耶。此《上清骨髓靈文》所以俾付正直者，使之以奉行也。其目有三，曰鬼律，曰玉格，曰行法儀式。合而言之，通謂之《骨髓靈文》也。鬼律者，天曹割判，入驅邪院，北帝主而行之。玉格幷行法儀式者，玉帝特賜驅邪院以掌判也。其要皆所以批斷鬼神罪犯，輔正驅邪，與民爲福，爲國禦災者焉。臣竊見玉格之文，尋常法師只以口傳，而行法儀式，又隱而不諭，故靈文因此散缺，所存者，鬼律而已。鬼律雖存，其俗師不能深曉其意，加之傳寫訛謬，文理舛錯，遂致廢缺，只以符水治病，多致誑惑，豈不負高天之意哉。蓋靈文五十六條者，尊一於北極，總領包括天地陰陽五行之數，殺生之理，以邪剋正者，罔不隸焉。玉格儀式六十四條，若八卦生生無窮之象也。鬼律配玉格，正條一十六，合七十二，即氣候所攝也。有所行邪，即付泰山七十二司，缺其一則法不全而司不正矣。是則以道爲法之體，以律爲法之用。鬼物邪氣之所干，必體道以正之，故曰正法也。行事儀式四十八條，以三十六表三十六將，餘十二時神，常置左右，攝歸一身，故曰行事儀。又以身爲一眞之舍，動爲仙化，靜與神默，豈非自然之妙耶。臣嘗紬繹鬼律，竊見其文，詳悉精緻，推原其本，則祖仙饒洞天。初爲府吏，用心公平，執法嚴正，斷獄不枉，衆心愜適。昭格乾象靈光，下燭地藏爲之開闢，而祕文出見，即斯鬼錄之法，實皇天之所賜也。祖仙洞天以謂，天人雖異，理則一致。即倣以國家法律參校，深得輕重之意，而定其刑罰之例。然則鬼神有影響而不可執著，無所施其鞭扑，有罪犯則苦役之。故《豐都律》言鬼以負山之勞，龍以穿池之役，則若是之，有徒役也。《女青鬼律》云：當天圓三币，則若世之有流竄也。《九地律》云：無上滅形則若世之處置也。《玄都律》云：分形散影，即若世之法外也。以此行於世間，斷治鬼神，最爲詳密。臣夙緣幸會，上覯眞科，遭遇名師，得以傳授。十數年間，嘗於洪州西山玉隆觀、江州廬山太平觀、南康軍簡寂觀、舒州靈仙觀，博求妙本，前後所收《上清鬼律》共五部，校對訛舛，一依舊本，排定編次。鬼律七門五十六條，玉格十六條，行法儀式四十八條，總計一百二十條，分爲三卷。逐一勘當，纖悉周備，遂以所得新故之文，焚上天闕，申驅邪院等處，繼獲報應分明，更無遺缺，是謂完本。若乃只自奉行，隱默不傳于世，則其功未廣，恐違天意而貽陰譴也。是以繕寫投進，抑嘗聞昔之以道御天，下者其鬼不神，非其鬼不神，其神不傷人，以至兩不相傷而德交歸焉。然後爲盛治之極致，豈不偉哉。伏惟皇帝陛下，操至權而獨運斡萬化於不測，百神受職，庶民安堵，則馭之者固自有道矣。臣且區區以進此者，非特欲乞頒行四方，以廣其傳。庶幾天下法師皆得完本，依此行持，使遐邦僻邑、祆邪靈怪皆不得以傷人，是亦少裨陛下道化之萬一也。

著録

《道藏目録詳註》卷二 二卷，有符。受上清大洞籙行天心正法臣鄧有功撰。其目有三：曰鬼律、曰玉格、曰行法儀式。合而言之，總謂之骨髓靈文也。

太上助國救民總真秘要

綜述

元妙宗《太上助國救民總真秘要序》 臣竊聞太上開化，運眞氣以育群生。正一傳宗，闡明威而顯幽隸。然則神章妙典，雖遇時而當出。元科眞律，實戒之於妄傳。恭承仁聖，在上受天寶命，闡揚至道，可謂至矣。近又建寶籙之宮於都城，設傳度之壇於禁近。拯濟符藥，保安黎元。受厚惠者，日有千人。向眞風者，十踰八九。裒訪仙經，補完遺闕。周於海寓，無不畢集。繼用校讎祕藏，將以刊鏤，傳諸無窮，俾天下治於淳古，人民敦於性命，可謂道炁純全之運，太平萬世之時也。臣夙遭幸會，叨居羽屬，遊歷四方名山靈嶽，尋訪師法。三十餘年，粗得衆要，備其施用，敢不激勵于其時者哉。臣曩寓南陽，遂嘗以符水拯其疾苦。僅及數年，仕民獲效者，不可勝數。一旦叨承詔旨，遣赴闕門，繼蒙命號誥錫之寵，自揣何功上報天澤。臣於前歲七月，被旨差入經局，詳定訪遺及瓊文藏經，開板符篆，因得竊覽經籙。殆至周遍神章寶篆，靡所不有，獨於救世治療符法，適時可施之術，殊爲隱閟，未有完顯備用之文。臣不敢惜其所聞，忘其淺陋，輒以所授符法祕用口訣，分爲十卷，名曰《太上助國救民總眞祕要》，繕寫成編，冒昧上進，庶以少裨聖志，搜揚道法萬分之一，且獲資於後學，少益見聞，亦愚臣在道之至願也。

著録

《道藏目録詳註》卷四　十卷，有符印圖像，洞幽法師元妙宗編。上清隱書、骨髓靈文、鬼律玉格儀、傳度立獄生天臺醮蓋斗燈推占訣法、太上正法、禹步斗罡掌目訣法圖文、驅除癆瘵衆病符并天蓬鍼邪眞法。

無上三天玉堂大法

著録

《道藏目録詳註》卷一　卷一之十五，太上自然三奔昇舉圖、昇堂戒律三條、玉堂通戒二十四條、昇堂科禁、每日進三光正炁法、朝王堂謁天炁天皇保命符、禳雞飛鳴法、禳蛇怪法、禳鼠怪法、星芒煥景寶符、治伏上公社鬼法、禁塚訟符法、解詛法、禖誕育嗣續法、延壽保命等法。卷十六之二十五，濟度幽冥品、神虎追攝品、仙化成人品、三五步罡品、生身受度品、役使將吏品、保制刦運品、斷除尸瘵品、延生度厄品、暨奏斗度厄法、辯可治不可治法、催生治産厄法、水池火沼燈法、禳彗孛法、禳寇法、七星却災符法、主將辟毒符、辟害符、辟煞氣符、禳人災法、禳地震法、禳蝗蟲法、禳旱祈雨法、治屋傳法、治衣傳法、治食傳法、治尸總法。卷二十六之三十共四卷，旦暮燒香訣、有事祈請訣、旦望服日月法、昇奔二景法、書符灌筆法、治大祟羣黨就一平符、玉蟾眞水十芒祕符。

上方大洞真元妙經品

綜述

《唐明皇御製序》　朕聞寥廓之際，眞宰存焉。溟涬之初，聖人利見。其教善貸而不有，其道日用而惟新。則煥乎雲篆仙書，祕乎瑤篇玉簡。非握圖授籙之后，不能行其教。非棲眞宅玄之士，不能窺其文。明眞有科，太上留誡。爲務度人，歸依大道。是者眞元聖主，上方開化無極太上靈寶天尊，居一氣化均之天，九清自然之國，翠華闕庭，紫眞宮掖，升千光雲殿，登七珍寶座。俯視蒼生，崇猷或略。於是，天尊宣揚教範，命眞仙之衆，傳經化人。誦之者履天尊之域，行之者遊太上之鄉。故《洞玄靈寶太上天關經》云：上方玉虛明皇天尊，見輕清之形儀，衣蒼穹之冠履。運春夏秋冬之動植，主君臣父子之枯榮。統三界仙凡修短，禍福增減，是以圖立形儀，欲世民歸命，信禮而求長生，仍可敬之。伏聞稱讚上方天尊，懺文欽哉。至聖至眞，五境出三羅之界。無顛無頂，八方朝七寶之宮。統黃上之天元，鎮中央之地極。威光奕奕，神德巍巍。精叩感通，至誠善應。如人禮念恭信，則見存獲福。香花供養，則已往生天。普願歸依，同成道果。

清微仙譜

綜述

陳采《清微仙譜序》　道在太極之先，何謂也？未有天地，已有太極，其容有先乎？吾聞之經曰：无名天地之始。始也者，豈非先天地而有者乎。今夫天，日月之往來，風雨之散潤，雷霆之鼓動，人知其爲天之造化，而不知其爲是道之功用也。嗟夫，使是道之功用，一息而不運乎其間，則天之造化息矣。《易》不云乎：大哉乾元，萬物資始，乃統天。又曰：先天而天弗違。天且弗違，而況於人乎，況於鬼神乎。而是道之秘，始不容於不洩矣。故其傳始於元始，二之爲玉晨與老君。又再一傳衍，而爲眞元、太華、關令、正一之四派。十傳至昭凝祖元君，又復合于一。繼是八傳，至混隱眞人南公。公學極天人，仕宋爲顯官，遇保一眞人，授以至道，遂役鬼神，致雷雨，動天使，陟仙曹。晚見雷囦黄先生，奇之，悉以其書傳焉。先生覃思著述，闡揚宗旨，而其書始大備。凡有祈禱，若持左券而能不動聲色，以取償責報於渺茫冲漠之中，弗爽晷刻，何其神也。一時王公大人爭欲羅致，四方來受學者以千數。或窺一斑，或剽半甲，驟加試用，靡不策效。然先生寶其書，不肯以授人，故學者浩浩，鮮睹大全之秘。近膺詔命入覲，得旨還山，予始獲登先生之門。每燕暇從容，與論道妙，必極反復。雖予際遇於先生爲最後，而受教於先生爲最深。間一日語予曰：某老矣，閱人多矣，未有默識心通，篤信力行能如子者。此殆天授，非人力也。因悉出所受南公書以授之。采拜受之日，私竊自誓曰：采雖晚出先生之門，能淑先生之教，今又獲先生之書，敢不廣其傳，俾千劫之下有目者，咸獲爭先快睹不更。復有望蓬萊隔弱水之歎，敬鋟諸堅梓，嘉與四海有志之士共之。因爲之説曰：是道也，原之於其始，固已先天地而有，要之於其終，又將後天地而存。嗚呼，其行與之俱傳於無窮矣。

著録

《道藏目録詳註》卷一　一卷。清微道宗，以元始上帝祖派起，上清啟圖玉宸大道君，次派靈寶宗旨，以靈寶天尊，列派道德正宗，以玄元老君，嗣派正一淵源，以天師爲法籙傳教之祖。以上諸祖，皆清微上仙，列於譜録。

《四庫全書總目・子部・道家類存目》　《清微仙譜》一卷、《附録》三卷，元陳采撰。采，建安道士。是書自序道教啟於元始，一再傳至老君，分爲四派：曰眞元，曰太華，曰關令，曰正一。十傳至清微侍元昭凝元君，復合於一。元君，零陵女子也。繼是八傳，至混隱眞人南公。南公傳雷囦黄先生。黄傳之於采，因著是譜。其所序四派傳授，亦不甚明了。大概今所云全眞者，乃關令派。張道陵者乃正一派。四派皆可以有清微之名。而采又自以會合四派，別爲清微派也。後附《道蹟靈仙記》一卷，《上清後聖道君列記》一卷，《洞元靈寶三師記》一卷。每卷各編爲一、致一、有一、有二等號。蓋自道藏鈔出別行者也。

清微元降大法

著録

《道藏目録詳註》卷一　卷一之十，元始清微應景玉京流派、太極自然大道雲篆、天經無極隱文、空同靈章符祕、無極無量天寶洞章、紫霄演慶五雷元始神運雷玄經篆文、雷霆樞要、碧虛至道雲篆、紫虛洞輝五雷大法、元靈鎭玄天經弁治病符法。卷十一之二十，元始一炁冲玄策法、混洞大劫始青天經西梵碧落五雷法、清微龍光内法、上清神烈五雷大法、上清昇眞火鈴雷法、紫虛洞耀五雷大法、太乙炎明五雷等法。卷二十一之二十五，清微衡法、祈禱通用諸符、高上神霄玉府西臺斬勘五雷大法、清微祕妙五陽符法、紫皇天乙玄初五雷祕篆、道宗統系正一流派，救苦簡十二品。

高上神霄玉清真王紫書大法

綜　述

佚名《高上神霄紫書大法序》　昔太空未成，元炁未生。元始天王，爲昊莽溟涬大梵之祖，凝神結胎，名曰混沌。混沌既折，乃有天地中外之炁，方名混虛。元始天王，運化開圖。金容赫日，玉相如天。陶育妙精，分闢乾坤。乃自玉京上山下遊，遇萬炁祖母太玄玉極元景自然九天上玄玉清神母，行上清大洞雌雄三一混化之道，生子八人。長曰南極長生大帝，亦號九龍扶桑日宮大帝，亦號高上神霄玉清王，一身三名，其聖一也。神霄眞王，凝神金闕。思念世間，一切衆生。三災八難，一切衆苦。九幽泉酆，一切罪魂。受報緣對，浩劫相求。無量衆苦，不捨晝夜。生死往來，如旋車輪。我今以神通力，憫三界一切衆生，即詣玉清天中，元始上帝金闕之下，禮請慇懃，乞問紫微上宮紫玉瓊蘂之笈，於九霄寶籙之內，請《神霄眞王祕法》一部三卷，皆梵炁成文，九天太玄雲霞之書。上隱萬天之禁；中隱神仙萬年之法；下明治人治鬼，保國寧家之道。元始上帝即敕太皇萬福眞君，以高上神霄玉清王長生護命祕法，傳付下世，首敎於我，以布世間學眞之士，佩法修行，永爲身寶。上衛帝王，安鎮國土，享祚萬年；下以爲民，延生度厄，學道成眞。面拜眞王，驅除六天，降伏魔魅。用以施行符檄，召攝鬼神。一如神霄王所敕，及億曾萬祖，宗緒種親，離苦昇遷。一身蒙福，萬萬安榮。次使自身得道，尸解隱遷，代代流傳，法門護持，使道通達；輕泄漏慢，風刀考身，萬劫不原。學士行之，切宜遵守矣。

著　録

《道藏目録詳註》卷四　十二卷。經序道法、混元神將大法、去三尸法、雷部文、大護身戰鬼伏魔法、神符、祈雨祕法、煉度諸階法。

道法心傳

綜　述

王惟一《道法心傳述》　余自幼酷好行道法，不惜勞苦，拜師傳授，不知其幾人矣。世問玄關一竅，玄牝之要，但即兩腎中間，臍下一寸三分，以爲玄關，明堂六合，丹田口鼻，以爲玄牝。世問五行生尅，水火激剝之妙。乃曰：書金木土水火，交錯於井字之中，以爲生尅；煅磚符投於水中，作駍駁之聲，以爲激剝。余思此說，恐未造玄。是以用心三十餘年，觀風雲聚散，氣候之變通，默會其心，喜不自知。宿生多幸，又遇至人，一言之下，即證無疑。蓋天地之動靜，日月之運行，四時之成序，萬物之發生，皆出乎太極流行之妙。聖人莫能形容，強名曰神。其神非青非白，非紅非黑，非火非水，非方非圓，亘古亘今，在乎人心，清靜則存，穢濁則亡。故精住則氣住，氣住則神住。三者既住，則道法備。散而爲風雲，聚而有雷霆，出則爲將吏，納則爲金丹。惜乎後之學者，濫游於邪徑，昏迷於慾海，斷喪本眞，却認紙上之文，以爲祕寶。可謂捨眞求妄，騎牛而尋牛。所以薩眞人曰：一點靈光便是符，時人錯認墨和硃。精神不散元陽定，萬怪千妖一掃除。虛靖天師曰：神若出，便收來，神返身中氣自迴，如此朝朝還暮暮，自然赤子產眞胎。何況人人有分，皆可爲也。豈可自棄，甘心赴爲九泉之下，深可嘆哉。余故作心傳，以明後學。如先達之士試覽之，心點頭也。

著録

《道藏目録詳註》卷四　有圖，王景陽述。言先天機竅、道法合一之旨。

明道篇

綜述

王惟一《明道篇序》　原夫道本常明，非人不足以明乎道。人能明道，非道不足以成乎人。是故，明哲之士，莫不立言以著道，以道而全身也。余少業儒，粗通六經，而知仁義禮樂教化之道，天地人物變化之理。竊怪夫三才既同此道而立，何天地之運如是其久，而人之數如是其短耶。及觀《老子》之言，憮然曰：天地之所以能長且久者，以其不自生，故能長生。人之所以夭且速者，以其厚於求生，是以輕死。遠觀諸物，則走飛動植皆能變化，糞蟲變蟬，腐草化螢，雀入水而化蛤，雉入海而化蜃，田鼠化爲鴐錦，鱗化爲龍。況人爲萬物之靈，豈不能全其所固有，而爲長生不死之仙乎。蓋其六慾七情所盜者衆，名韁利鎖所賊者深。斲喪既多，夭亡不免。是徒自好生，而無延生之術。莫不惡死，而無遠死之方。惟一既生人世，獲處中華，可不念生死大事，以求萬劫一傳之方。於是徧遊方外，求金丹之學、上乘之道。雖三教經書，行雷、祈禱、醫卜、星數，無不備攷，賢愚師友，莫不參求，卒不能一蹴是道之至，旦暮勤奉，積憂成疾，誠達于天，得遇至人親授無上至眞妙道，一言之下，直指眞詮。退而閱之易之，道初無怪異，要在至心誠意，格物致知。去人欲之私，存天理之公，自然見心中無限藥材、身中無限火符，藥愈探而不窮，火愈鍊而不息矣。惟一既得此道，不敢自私，謹以所學，著詩八十一首，以按純陽九九之數。內七言四韻一十六首，以按二八之數，內絶句六十四首，以按六十四卦。五言一首，以象太一之奇。《西江月》一十二闋，以周十二律呂。名之曰：《明道篇》。所謂藥物火候斤兩法度，諸丹經所未盡者，莫不敷露，所以率循。先哲立言著道，以道全眞之事，然天意祕密，寧無輕泄漏慢之愆但。惟一誓願天下學者，皆臻乎至道。用心既溥矣，奚暇爲禍福，而躊躇哉。同志之士，苟能尋文解意，忘象從眞，一得永得，惟一之願也。

著録

《道藏目録詳註》卷一　《明道篇》一卷，松江後學王景陽述。詩八十一首，以按純陽九九之數。七言四韻一十六首，以按二八之數。內絶句六十四首，以按六十四卦。五言一首，以象太一之奇。《西江月》一十二闋，以周十二律呂，名之曰《明道篇》。

道法宗旨圖衍義

綜述

張與材《道法宗旨圖衍義序》　養吾會三家爲一家者，雖然道不可圖，苟求其故，道非遠人，是能親禮，非揣籥聞鐘以爲日也。學者勉之。至大第二春，三十八代天師廣微子書。

章希賢《序》　道言：吾不知其名，強名曰道。道既無名，何以述之？苟求其故，雖萬八千篇，未爲過也。鐵崖子傷大道之不行，憫流俗之傍見，纂集諸象，爲《道法宗旨圖》。噫，大哉其心也。龍虎刊行，觀之若望洋焉。希賢不愧凡愚，嘗有志於三家微言，爲之術義。後因深省，若杳冥中有所警者，得遂初志。且夫太古以來，眞機未泄，雖有其象，然性與天道不可得而聞也。蘇子所謂：道不可言，可言皆其似者也。是書，亦似者也。故達者，因似以識其眞。昧者，執似以陷於僞。願與同志，因似以識其眞。明道之士，不必觀也。若夫眼看空花，手撈水月，又非予之願也。

又《述》 空玄子者，姓汪氏，諱萬頃，字淸伯，臨川人也。生長巨室，出家爲黃冠，號藥山。與道山徐先生順孫交遊，遍走名山，歸隱林下。或坐高松之上，或處小室之中，人密窺之，口中自語，人去則已。或求其文，横說竪說，千言立成。大德間，道山於龍興樵舍萬家坐化。玉筋下垂，先生至大戊申十一月十四日示疾化去。其徒以其寫眞喚之，作頌却去，復活起坐，書曰：居藥博施之，效高山仰企之神。先生之道如此。凌煙所記非眞咄，道在吾身，一天風月，擲筆大笑復化去。至順庚午秋，臨川張霖叔云：佃僕入閩見之。邵武道中盱江蔡志夫亦云：瓢笠人來說見之武夷。嘉禾聶敬安云：龍虎見金陀頭問之，云在武夷，不久見之。故孟子謂：所過者化，所存者神，即此道也。噫，非大丈夫孰能與於此哉。

空玄子《叙》 道之廣大，大且無邊。道之精微，微且蘊妙。是以道之以法，法之以圖，圖之以景，景之以玄，玄之又玄，空妙貫一。養吾章君，以風月典刑之外，煙霞涉趣之間，取與自新，變化莫極。豈不以造化歸之，功行疇著而爾然耶。今索叙言，盡取大藏一決，案贊明高道之妙。

高上月宮太陰元君孝道仙王靈寶净明黃素書

綜述

《高上月宮太陰元君孝道仙王靈寶净明黃素書序例》 序曰：太極無上始青之天，去日月之宮五千里，其有神機之道，分關昭彰，未易區別。上帝憫生靈之夭折，故召日月二宮天尊，爲說靈寶大法、黃素法、净明法、度人法各一也。說法之時，衆眞群聚。道君宗王上帝，登洞神之室，坐玉局之座，敬授此書。其文皆廣一丈，而此書，有黃素交光，垂芒照耀，映於月宮。遂以此付之，故號月宮太陰元君孝道仙王靈寶净明黃素天尊。而净明靈寶法，以付日宮太陽上帝孝道明王靈寶净明天尊。二書微妙，深不可曉。可以報君父，可以成大藥，可以伏災魅。見之者消屯，聞之者已疾，佩之者長生。曉其義者得仙。括陰陽造化之宜，明星辰交合之道。南北之斗四旋，東西之分統制。炁候交感，早晏分離。自非已得净明寶法者，未易能知也。

著録

《道藏目録詳註》卷二 四卷。紫微右典者少微都錄靈寶净明院司察右演教使傳飛鄉解。九老帝君印、總論黃素之法。

靈寶净明新修九老神印伏魔秘法

綜述

何守澄《序》 三洞眞經，列聖所寶，秘於上宮，約以科禁，自非天地一開，其文不出。有遇之者，皆金名玉字，夙著仙譜之人也。粵惟上淸伏魔印章受鍊形神秘法，乃九老帝君，龍漢劫初，親得元尊之旨，下教學仙之士，實爲靈寶之樞要。歷古以來，成功證爲列眞者，未易詳述。昔高明大使許君，受法於道君諶姆大仙，吏隱東晉，攝邪誅怪，標江呪水，以極生民之災病，積功累德，而後舉全家於霄漢者。逮諸弟子繼踵仙去，雖嗣法者代不乏人，然文字傳習之久，例多謬誤，無以取證。炎宋中興，歲在作噩，六眞降神於渝水，出示靈寶净明秘法，化民以忠孝廉愼之教，乃命洞神仙卿爲訓導學者師。越二年，秋八月，高明大使覲欵臨于遊帷故地，即今之江西玉隆萬壽宮也。於是肇建仙壇，名曰翼眞，以延善知識。

凡經典疑難，悉聽扣問。時新學九老法弟子，因以其書請益焉。果蒙眞慈，發明道要，說氣鏡、神印二篇，證諸闕誤。繼委門人，悉以符呪訣法釐正之。書成，以呈眞鑒，賜可。又命何守澄序，具重修之意，以久其傳。守澄自愧肉質地行，聞見隘塞，有何補於宗教。然誤蒙眞師收錄，充靈壇下弟子，今已三年矣，謹直序其事於篇首。顧唯龍沙已合，五陵之內，應地仙者八百人。而師出於豫章，此言載於方册。今黄童白叟，皆熟誦之，信不誣也。凡游於眞師之門，得此法者，宜精進焉。

著録

《道藏目録詳註》卷二 一卷，有符，翼眞壇副演教師何守澄撰。

太上靈寶浄明中黄八柱經

著録

《道藏目録詳註》卷四 與《九仙水經》同卷。言中黄之道，黄庭之景，虛四谷，塞二兑，開三洞，立八柱，正位正性，混合性命眞訣。

浄明忠孝全書

綜述

趙世延《浄明忠孝全書序》 余嘗待罪集賢，洪都黄冠師黄中黄，袖一編書來請曰：此吾師玉眞子，受都仙太史浄明忠孝之筌要也。敢丐一言，壽吾道脈。異哉，設教名義，得無類吾儒明明德，修天爵之謂歟。夫臣職忠，子職孝，萬古良知，有不可泯者，五常根於人心也。仁包四德而配春，故行仁必本之孝焉。四時行於天也，土旺四季而配信，故履信必主乎忠焉。然則綱三綱，常五常者，其惟忠孝乎。嗚呼，堯舜之道，孝弟而已矣。夫子之道，忠恕而已矣。是知大道至德之要，其在兹乎。太史憤世，高騖虛玄，徒事清談，未能力踐，去大道愈闊也。於是即秉彝之固有，開簡易進脩之徑，以化民範俗。言近指遠，厥惟休哉。竊惟大哉乾也，至哉坤也，先儒特以誠敬釋之。凡一意弗誠則非忠，一念不敬則非孝。學者能出忠入孝，由存誠持敬爲入道之門，服膺拳拳，無斯須之不在焉。一旦工夫至到，人欲浄盡，天理昭融，虛靈瑩徹。自得資深之妙，于以合天地，于以通神明，莫知其然而然，造夫大道之奥也，又何難矣。道家鍊神養性，吾斯未臻歆艷，導民忠孝，有胳乎大中至正之道。故爲之書。

虞集《浄明忠孝全書序》 古昔帝王之設教，未有不以明人倫爲事者。自天屬而言，必本於父子，而兄弟長幼其分也。自義合而言，莫嚴於君臣，而朋友夫婦其目也。故舉其總者，每曰忠孝。云治平之世，君君臣臣，父父子子，人盡其分，以脩其常職，泯然無表異之名。老子曰：六親不和，有孝子。國家昏亂，有忠臣者。蓋生乎周末，目睹乎倫隳法斁，庶幾見一二於千萬焉。其閔世憂俗之心，殆與吾夫子不異哉。然而道家之說，既專門於養生，又旁出於祈禬。而世人徒以爲邈然，無意於斯世，非要論也。至治三年夏，有方外之士謂予言：豫章之境有古仙人，曰許公旌陽，其教人亦以忠孝爲說。蓋其生在吳赤烏中，至晉太康，年百三十六歲而去世。豈其觀於人事，察乎世變，而爲此論哉。養生祈禬之家，傳之且千歲，而莫之察也。又從西山道士黄中黄，得玉眞劉君與許公神交事甚異。於是以許公忠孝之説，本之儒家，以謹其正，推之道家，以道其神。其書之出，又數年矣，世亦莫悟其所以然也。撫今懷昔，盡然深有感於予衷者，殆不可勝言也。仙人道士之所爲，豈偶然哉。噫，天理民彝，歷千萬古，無可泯滅之理，一息不存，人之類絶矣。神仙之學，豈有出於此之外者乎。知乎此，則長生久視在此矣，無爲之化在此矣。善讀者，尚以心會之。

滕賓《序》 神仙之説，上古所傳，軒轅鼎湖，周穆瑤池，皆是也。後世立言著書，超騰隱化，時有其人。惟都仙許君，以忠孝自脩得仙道，入以救世。余嘗謂，其功不在禹下，不但獨善其身也。龍沙應期，仙眞復出，玉眞之奇遇，見於其書中黄之正傳，蓋昔聞而今識之。語錄首篇，謂世儒習聞是語，此間却務眞實，一物不欺，一體皆愛，一念之欺即不忠，一念之孝印於天。此數則者，民彝世教之大綱大領歟。噫，方外之士，守其師之言而不畔，傳之世世，如金玉而藏諸正心脩身之學，躬行踐履之間，凜然如在左右。吾黨之士，當泚顙而深愧之矣。中黄貌和而心正，論直而行方。《易》曰：黄裳元吉，文在中也。又曰：黄中通理，正位居體。中黄之義，有取於此。正其心，脩其身者，如是矣。推而行之，上以續都仙忠孝之傳，下以達天下後世，莫不爲忠臣孝子。此君之師，與君之教多矣，則其師出於豫章，信矣夫，於戲盛哉。

曾巽申《序》 宇宙間形氣互相依附，而其中運行不息者，有理存焉。故得氣之清，而能明其理者，兼善則爲聖神，爲上智，獨善則爲隱君子，爲列仙。得氣之濁而昧于理者，反是。雖其爲品萬有不齊，而上知不常見也。若吾洪都西山都仙許公是已。公在晉嘗令旌陽，邑人懷其政。後得道來江西，從學者多所成，西江之人相傳其誅蜃等事，至于今神而宗之不敢忘。此誠非獨善而止者。道家者流，又有冲舉拔宅之説，縉紳之士所不敢質。然其以眞忠至孝爲教，則萬萬不可誣也。其傳言許公受教於日月二君，及諶姆蘭公傳忠孝之道。比二十年前，玉眞劉先生隱西山，復得是傳。其徒黄君元吉，彙所聞平時語，爲書刻布之。至治癸亥，巽申官太史，繇黄君獲觀焉，乃歎曰：此書行世，將人人知懲忿窒慾明理，充其忠孝之實，則聖賢閫域，可躋而跂也，豈徒曰列仙隱者之事乎？夫玉眞之心，都仙之心也。都仙之心，天地之心也。同志之士，苟毋忽其書，能深味切省，則庶乎其有契焉。

彭埜《序》 《易·坤卦·文言》曰：君子黄中通理，黄中央色也。夫子於坤卦取中正爲本，而能通達天下之道理，上天下地之宇，往古來今之宙，顧不可斯盡泯滅者，此中正之理耳。蠹蝕於春秋，相戕相靡，理幾晦矣。夫子繫《周易》，作《文言》，發爲黄中通理之論，正以救當時頹風敗俗，律天下爲中正之歸。夫子豈得已，而作斯言耶。使幸生堯舜之時，歌呼爲擊壤之民，又何必盡洩斯道之祕乎。比年龍沙叶識，建壇於鸞翔鶴峙之地，都仙親降壇記，又專發黄中之理，授於玉眞先生。都仙之心，夫子救世之心也。蓋欲惟忠惟孝，不乖不偏，盡叶中正之理，以躋聖世於隆平之盛。中黄黄先生，出示《玉眞先生語錄》，亟覽之，又首發正心誠意，扶植綱常之語。又曰：大忠者一物不欺，大孝者一體皆愛。又曰：萬法皆空，一誠爲實。斯言也，是眞能體認都仙之旨，以爲教矣。抑豈特都仙之旨，正吾夫子之旨也，亦堯舜以來精一執中之旨也。最後，又發明都仙道劍鐵柱之説，皆足以破千古之惑。雖然，都仙、玉眞之互相發明，亦豈得已，而盡洩斯道之祕乎。載覽之餘，再拜稽首，序而歸之。

徐慧《序》 癸亥夏五月，余與盛兄熙明，同拜中黄先生于京師澄清坊之東，時高朋滿座，先生顧余曰：夜夢子，今子來，似有夙契。遂授淨明忠孝書，并玉眞語錄。余讀未終集，平生諸疑，渙若冰釋。越數日，先生復問曰：前讀語錄何如。余應曰：萬法皆空，一誠爲實，盡矣。先生首肯之，良久復謂曰：子資質頗近道，當宏吾教，勉旃勉旃。復出語錄數段，云：此尚未刊，異時當併刻之。余以泰定甲子春南歸，而先生以乙丑臘，解化於京師矣。丙寅之秋，余詣玉隆，謁仙塋，會先生高弟雲隱陳兄，于清逸堂，出示所藏先生遺墨，并所集先生平昔答問諸善言，皆余嘗聞諸先生者。雖先生之言，實皆祖述玉眞之傳也。已而復於隱眞壇，得蒼崖熊先生所藏玉眞語錄數段，即向來先生示余者。因錄于別集，并以元所傳靈寶壇記、道説、法説、忠孝諸書，皆鋟梓而流傳之，總名曰《淨明忠孝全書》。同志之士讀之者，當守律勿失，敬之如神明，畏之如雷霆，奉而行之。回後天而先天，復有名而無名。殆猶日月晦而明，天地夜而旦，四時冬而春。則豈但騎鶴玉府，烹鳳瑤池，獨善其身而已矣。又將見忠孝之化，周流八荒。綱常正而天理明，雨暘若而民不疵癘。上以極聖君賢相雍熙和平之治，下以使昆蟲草木同躋仁壽之域。寧不偉與，寧不盛與。

劍靈子

著録

《道藏目録詳註》卷二 一卷，旌陽許眞君述。第一論學問、第二論服氣、第三論道海喩、第四論暗銘註、第五論幷補五臟勢。

靈寶歸空訣

綜述

《後序》 夫人生受形，既有成住，不免壞空，百歲光陰，過眼如夢，命終之際，情識昏迷，則隨其業習，淪入諸趣，無有出期。此所謂無常迅速，生死事大，而歸空之法，有自來矣。恪傳以爲達摩禪師之作，予觀其文義，訛舛不倫，不類大乘菩薩語句，況達摩西來不立文字，得非後人所撰，假大名以取信乎？今因舊本，參以異聞，正誤刪繁，序爲七言歌括一篇，凡十四章，章四句，以便記憶，仍就每章附注，務得其詳。有緣遇者，寶而祕之，毋成輕泄。急宜猛省，識破幻緣，對境忘境，廣行方便，多種善根。於十二時中，四威儀內，堅持戒定，勿助勿忘，眞積力行，則本來慧性一旦開明，直下承當，自作主宰，時節到來，把定玄關，驗其消息，撒手便行，斯乃大丈夫能事，而歸空之法，不爲無所濟矣。抑嘗見仙佛中或有不幸者，如景純郭眞人，既悟眞常之道，而不免枉遭刑戮，直道中義，竟以凶終。大慧禪師，既明正法眼藏，而不免疽發於背，洞見五臟，竟以苦終。人海中或有僥倖者，愚夫愚婦，汨沒塵勞，素無修習，而能先知去候，脫然令終。是皆宿令定業，各隨緣分順償。凡俗罔知，寧不以彼此令終凶終爲口實，而竊議之，多見其不智。須知明眼高人，性天已徹，縱遇風刀常坦坦，假饒毒藥也。閑閑自性，法身逍遙世外。設或塵情未滌，道眼未明，運應滅時，還如夢中，不知是夢，難忘熟境，隨順冥行，畢竟迷悟，不同聖凡有間。惟學仙學佛四輩高人，撫幻景之倏遷，脫苦輪之末易，回頭在早，覺岸同登，不亦善哉。是故爲之序，併說偈曰：生死無常本不干，只因貪著致多端。歸空有法原非法，日向東西一樣團。

著録

《道藏目録詳註》卷二 一卷。崇文廣道純德法師教門高士元陽子趙宜眞編述。言末後一著，知時歸空法。

靈寶天尊説洪恩靈濟真君妙經

綜述

《御製靈寶天尊説洪恩靈濟真君妙經序》 朕惟道之爲教，闡鴻濛虛玄之祕，具無極自然之妙。窈窈冥冥，昏昏默默，視之而不見其形，聽之而不聞其聲。上以陰翊皇度，下以利濟羣品。功德之大，不可名言。有若九天金闕明道達德大仙顯靈溥濟清微洞玄冲虛妙感慈惠護國庇民洪恩眞君江王，九天玉闕宣化扶教上仙昭靈博濟高明弘靜冲湛妙應仁惠輔國佑民洪恩眞君饒王。萃靈鍾秀，天挺人豪，寬惠慈祥，仁民愛物，忠君孝親，崇信三寶，篤志好善，精勤不二，功成行滿，遂感天封，昭錫徽號，序列仙品，弼亮化機，出幽入明，禦災捍患，驅沴致祥，敷祐下土，利濟羣生。乃者，弘闡靈貺，翊衛朕躬，扶持保庇，載底平寧。已而示以符藥，廣施寰宇，期在使人蠲除疾疢，蕃育子孫。大德深恩，同於天地。朕感神之惠，夙夜弗忘，萬幾之暇，因閱《靈寶天尊説洪恩靈濟眞君妙經》顯微玄奧，神化莫測，方便利益，拔濟曠劫，誠燭幽之日月，而濟海之舟航也。乃以鋟梓，用廣流傳，以報神休。善信之士，果能洗滌懺悔，崇信三寶，盡忠盡孝，行仁行義，弘發誓願，受持諷誦，則身家吉慶，命運亨通，子孫蕃衍，消災度厄，增福延壽，延及九祖，咸獲超躋。苟或訾毀輕慢，淩忽三寶，不忠不孝，不仁不義，不能敬信奉持，則身罹惡業，門戶衰替，子孫微弱，壽年夭促，累及九祖，永墮淪冥。歷觀已往，具有明徵。於乎吉凶善惡，皆由心造。爲善獲福，爲惡受殃，此自然之理。故曰：積善之家，必有餘慶，積不善之家，必有餘殃。又曰：惟上帝不常，作善降之百祥，作不善降之百殃。然則觀於此者，可不知所勉哉，可不知所勉哉。

洪恩靈濟真君禮願文

綜　述

佚名《洪恩靈濟真君禮願文序》 願者，眞人之願也，亦人之所願也。一跪一拜，心之專也。心之專，善之至也。人性之善，猶水就下也。不善不改，是吾憂也。此願所以爲善者設是，豈徒願文乎哉。仰觀於天，得數二十五。俯法於地，得數三十。合而言，得數五十五。蓋因此數得以成其願，若非與天地同功，安能至此。善人天地之紀也。苟有一毫矯僞慢怠之意，非吾之所謂願也。其可與善者同日語耶？《傳》曰：善無常主，協于克一。此無他，始於是，終於是，不以半塗而自畫，斯爲盡善而盡美也。善者，福之基。福者，善之積。唐高郢有言：積善以致福，不費財以求福，福既可以不費財而求，則爲善者可曰費財乎。見善以相示，聞善以相告，凡吾同志，當以此自相勉勵，庶無愧於天地，亦無愧於眞君，此又眞君之大願也。

徐仙翰藻

綜　述

陳夢根《徐仙翰藻跋》 文者，包三材而爲體，散萬有而爲用。鴻濛混而文未生，鰲極判而文漸露。天不愛道，故出圖書於河洛，寄之包犧神禹，封而入之，疇而九之，而人之始顯。既泄於天，而授之人，天上玉樓，亦將假筆，而長吉之手，今又授而之神，神得以騁其能矣。然未有如靈濟之神，下筆數千言，錄而集之，名曰《徐仙翰藻》。或曰神之盛，則人之哀。此陸雲玄學，必得於冢中之談《易》。《滕王閣記》，必得於長蘆之效靈。非扶肘擘口，文未必工。取筆還錦，文思頓減。人聽命於神耶，神聽命於人耶。驅瘧除魅等作，惟昌黎公足以當之，如是謂人之文。至於王知遠《易總》，郭公《青囊書》，造物所甚秘者，焉得不求之於神。誦神之文，驗神之靈，信乎言事驗，爲文富也。雖然，驟語《易》者必玩神，神而明之存乎人。神固不可盡洩於人，人亦不可盡諉於神，蓋神無方，而有知也。文之靈也，固宜。然神之靈也，不可知。不可知，則其謂之怪也，亦宜。苟神矣，何怪乎。怪於神，孔子不語也。是以太公之《陰符經・圯上之老人篇》，苟非人，則不傳。神亦豈易語人哉。愚故謂神之文，非誇奇門異也。自述一記，可以考神系之願未摭之。韓昌黎作嫗王廟碑，信有證也，無徵不信矣。且其言曰婉婉，偃王惟道之耽。人思王恩，記王之孫，是知鼻祖仁義一脈。世有大功，故其流澤蕃衍，或克至於今日休。識者猶謂：昔廟於衢，今廟於閩。王之不戰，不之彭城之越，斯廟焉，又何有於閩。余曰：此嫗王之孫，其在於提師入閩，晉之開運二年乎。神之在天下，如水在地中，無往而不在，獨閩人信之深，思之至，建祠之。余何敢重贅一詞。係之以詩曰：往古來今千百年，王之徽號至今傳。天燈獻瑞長爲燭，溪水安流密護田。跡顯肇於開運始，廣成迄自政和前。鰲峰懋績垂青史，東壁奎文正麗天。

著　録

《四庫全書總目·子部·道家類存目》　《徐仙翰藻》十四卷，附《贊靈集》四卷，不著編輯者名氏。前有至元乙未福州教諭周壯翁序，似元時舊本矣。所載皆唐末徐溫二子知證、知諤詩文。稱降神於閩所作，然不言其所自來。考第三卷塞謗文中有「今之箕筆」語，乃知皆附乩書也。謹案考《倪岳集》有《正祀典疏》，其第十條云「金闕上帝、玉闕上帝」。謹案《大明一統志》：「福州府閩縣南舊有洪恩靈濟宫一所，祀二徐眞人，即今之金闕、玉闕二眞人也。眞人五代時徐溫子，曰知證，封江王。曰知諤，封饒王。常提兵定福建，父老戴之，圖像以祀。宋賜今額。」又考御製碑文云：太宗文皇帝臨御之十有五年，適遇疾弗愈，百藥罔效。或有言神靈驗者，禱之輒應，脱然卒復。於是大新閩地廟云云。又《春明夢餘録》載劉健《革除濫祀疏》云：「謹案正史載，徐溫養子知誥簒僞吳王，楊氏諸子皆爲節度使。知證夭死，知諤病死。五代石晉時，無故立廟，稱之爲神。成化末年，加爲上帝」云云。是徐仙之祀，肇於晉，顯於宋，而大盛於明。此書元人輯之，明人刊之，蓋有以矣。後附《贊靈集》四卷，皆頌神之文，其中無一知名者。蓋未有端人正士肎列名於此等書也。

徐仙真録

綜　述

王用盛《徐仙真録序》　天生英才，用之於當時，則能忠君保民，榮膺顯爵。歿則廟祀一方，而其陰功靈貺，猶能闡揚于後世者，實非偶然。蓋天將有意於斯世斯民，而使其至於是也。不然何獨異於人哉。若徐二仙者，槩可見矣。神，海州朐山人也。出偃王之後。其父溫，五代時爲吳名將，能建軍功，累遷官至拜相，卒贈齊王，謚忠武。五子皆受王封，曰知證，曰知諤者，即二仙也。天福中，唐主受禪，封知證爲江王，知諤爲饒王，同鎭金陵。威德兼濟，民庶乂安。率兵入閩，蠻寇迎降，境土寧靜。閩人歸戴，遂立生祠於鰲峰之北，設像以敬事焉。神念其誠，一日，語閩人曰：我明年別汝輩，當默佑兹土。果符前言，於是閩人敬事益虔。而凡旱潦蟲蝗之災，水火寇盜之危，疾病婚葬之請，隨禱隨應，若響若荅。至若摛詞揮翰，雲漢昭回，耀人耳目。自宋以來，累受封號。逮至我朝永樂之間，以神有翊衛聖躬弗豫之功，聿新祠廟，御製碑刻，褒封有加，以昭神貺。由此而觀，則神生爲忠臣，歿爲明神，其功德有益於國家生民者。如此，豈非天有意於斯世斯民，而使其至於是歟。其祠官方文照，蓋凡神之世系、行實、靈跡、華翰，與夫前代我朝褒封碑刻，恐歲久湮沒失傳，彙成一編，名曰眞録。閩藩總戎孟城孫公，忠義士也，竊嘗觀之，而有感焉，乃捐俸，命工繡梓，以博其傳，命予序引。予謂神聰明正直，其顯跡著于今昔者，皆不出於隱僻怪誕，而至於惑世誣民之患，莫非忠君孝親，仁民愛物之事，蓋士君子之所當爲也。其近而耳聞目見者，固不待是編而知，使遐方僻壤未及見聞者，幸獲一覽，其於爲臣爲子之道，脩身愼行之方，亦足爲一助云耳。是爲序。

朱徽《重刊徐仙真録題辭》　徐仙眞録者，洪恩靈濟二眞君之行實也。内列圖像，與夫前代封贈之由，及我太宗文皇帝勑建宫宇，御製碑文、爲善陰隲之書所載贊頌、累受加封誥命，醮祭，褒揚詞旨，列聖崇祀，賜衣儀典，並眞君降筆所爲古賦、記序、詩歌、籤兆，翰藻雲章，天機煥發，照耀古今。其奉祠之官方文照等，彙而集之，釐爲上下之編，凡若干卷，以紀眞君斡運神化，福國裕民之功，默衛聖躬，陰翊皇度之德，靈應顯異，莫不具載。是書舊有刊本，年久，漫不可考，且無今日之全備。編訂校讎，繕寫成帙，將鋟棗以廣其傳。積歲累月，顧力有所弗及。適遇鎭國將軍，孟城孫公景康，奉命來鎭福唐都閫。居無何，躬謁眞君於鰲峰之祖宫，以嚴祀禮，拜跽酌獻，神人交孚。禮成，公即取是編讀之，忻躍贊歎，樂然損貲，期在必刻，以照靈蹟於不朽。甫庇工，俾予言以識之。予齋沐焚香，披誦連日，則知眞君積功累仁，極忠至孝，慕道成仙，利物濟人之眞蹟，悉在是編，靡有遺缺，亘萬古而不能泯也。然予於此，則有感焉，何也？昔者未刻，天下之目無見也，天下之耳無聞也。今既刻之，殆見四海之內，八紘之中，聾病耳開聰，盲者目明，無所不聞，無所不見。斯世斯民，誦斯書，玩斯理，皆知企慕眞君之高風遐躅，爲忠爲孝，修德行善，冀得登陟仙階，昇眞悟道。是則見眞君不惟成己於曩劫之先，尤將度人於浩劫無窮之後也已。抑觀孫公以是存心，可謂好善有誠，知敬天事神之禮，忠君愛親，景仰眞君之道之至者耳，豈他人所能及哉。嗚呼，一念之善，尙可以格乎彼蒼，況其善如此其大者乎，實宜書也。眞錄詳備，已成全書。其端則有前福建右布政使，鳳陽廡公洎諸文人之序，予不複贅，姑述此以誌其顛末顯晦，與今重刊之歲月云。

麻勉《徐仙眞録序》 閩三山城南九十里許，有金鰲峰，高凌霄漢，傑出世表。峰下，靈濟眞君之仙祠也。予授方面，蒞政，一日率僚屬謁祠。階序腆雅，神貌肅然，而不知神之由始也。時有鄉之父老黃恆，年幾八耋，進而言曰：神姓徐，乃偃王之裔。晉開運二年，率師入閩，道經金鰲，駐兵除寇。及歸仙，陰騭顯揚，民賴以生。鄉人方珏，始立祠於芝嶼，即今稱曰祖廟。珏之孫曰詢，曰感，曰仲，白其事於執政。聞于朝，勅命始下。繼世克紹先志，祀事惟謹。宋政和七年分香火，始擇地于今靈濟之宮，創建立祠。後有方渙、方汶，率鄉人增廣明堂，更立門表。神之威靈日盛，顯于聖朝，維新廟宇，而崇祀典，大光於前列矣。遂進《徐仙眞錄》，備載神之顯迹。及《徐仙翰藻》一書，皆錄神之筆也。其間碑銘、傳、跋、序、啓、頌、疏，至於鰲峰賦、壁像贊，遇事立言，千態萬狀，愈出愈奇。復謂於予曰：神之顯靈，揚揚在人耳目，陰騭功行，備存此書。書雖存，未有序其首，願求一言，辭不獲予。惟神生於當世，英邁絕倫，及宗玄學，伯仲聯芳，同登仙籍。因著跡於金鰲峰，山川英氣，復萃於神。榮享廟食，斂惠一方。久隱而弗揚者，何故？風土有盛衰之運，氣數有隱顯之機。惟神得兆朕之先，暫否其德，則泄爲文章，使虛空縹緲之筆，燎然而駭俗，粲然而耀衆。或彰其靈，祈禱感應，如響斯荅。至於行脩相傳次第，累成編迭，泄傳於世，含靈孕氣四百餘年。伏遇聖朝混一，德溢華夷，感神明，則致洪恩眞君，敷揚隱德，大闡威靈，翼輔國家，庇及生民，屢降禎祥，四海咸欽。是以載神之德，大顯榮封，春秋恆祀，彰績立碑，垂示於無窮。故其慶會之際，神人相依，誠非偶然矣。故爲序。

靈棋本章正經

綜　述

李遠《靈棋經序》 夫靈棋經者，不知其所起。或云漢武帝，命東方朔使之，占兆無不中者，朔之術用此書也。或云黃石公，以此書授張子房。又有客述淮南王神秘之事，亦此書也。蓋好事者，倚聲借價，以重其術，豈盡數公之爲乎。雖然，余聞之久矣，以其非經史之書，不以留意。及開成末，予將適閩中，聞其有建溪者，石鬪而湍激，舟子猱立嶕岏，雖有賁育，皆汗且慄，況予之懦者乎？以其懦，不自解。及至泗上，遇宗兄安，遂以懦狀告。安曰：予聞建溪，不應至此，蓋談者之過也。安有卜書，能決其惑，遂請而卜之。其詞云：上下俱安心，心不生奸。挺然無憂，勿信流言。乃笑曰，果流言，不足信也。安即授予，遂攜之閩。怡然無事，固信其書。又取決他疑，無不若目見。嗟乎，世所特輕者，未必不爲至寶也。世之所重者，未足爲美。一編之書，從顯前疑，而況他乎？以是知士之顯達窮餓，各有命數，不可以一途辨也。予觀其書，似若有道者之爲。以十二棋子三分之，上、中、下各四，一擲而成卦，即考書批詞，盡得其理意者。上爲天，中爲人，下爲地，三才之象也。十二棋子皆有文，其辭猶周易之辭也。棋布而成卦，遂目之曰靈棋。後予福州從事，居多暇日，凡集數十本，參而校之，去謬存眞，備集於此，後賢觀之，可以無疑。予在閩時，以其遐邈，鄉國萬里，水陸綿遠，心常不安。一日卜之，得坦天衢之卦，其言甚美，意中以爲信。然離閩數日，忽宸書降召爲御史，則卦之前定，不其神乎？時唐會昌九年秋九月，尙書司門員外郎李遠序。

《靈棋經》，黃石公遺書也。或云東方朔占法。又云：張良、淮南王劉安所撰，晉顏幼明、宋何承天註，唐李遠序，歷代相傳，以爲黃石公遺書，唐《經籍志・五行部》，僅載卷目。其法用雷霹棗木，斲爲十二圓棋，繇辭凡一百二十四首。四棋象天，書上字。四棋像人，書中字。四棋象地，書下字。禱而擲之，攷繇辭以占休咎。《南齊史》載：江謐占，得客從南來，遺我良財，寶貨珍玩，金盞玉杯。楊文公《談苑》載：咸平元年，在朝求補外郡，占得三上二中一下送貨課，繇辭與江謐所占同。時以《太宗實錄》纂修未畢，不允所請，尋充親王生辰使，有白金器皿之賜。厥後再占，得四中三下避世課，繇辭云：小人得志，君子失道，去我室廬，入彼深草。果以疾歸陽翟。他皆奇中，但所占一事一擲，再占即不驗。所謂瀆則不告，筮不二問也。朱文公與林正卿論《易》云：頃年有人問《易》答曰：公見靈棋課否？易之模樣，只是如此。觀其晉宋唐以來註序，及本朝兩文公云，信爲古書，大祭靈龜，占法具在。瓊茅瓦占，亦皆可用，況秦漢間古書乎？噫，出王游，衍昊天，且明如在，其上如在，其左右皆鬼神之德之盛，叩之立應，感而遂通，此心之神，奈何不敬？張南軒師八桂遇旱，烈日中占，遇六十二陰長課，云：中庭水深，堂下行舟。隨即大雨。公語錄中載，此書先公家藏，課有陰陽奇耦，惟陽勝陰則吉。自家精誠感之，無不應驗。

《靈棋經》者，昔漢留侯授之於黃石公，能知未然之事。初以占時、用兵、出行，萬無一失。至武帝時，命東方朔以覆射萬事，亦皆妙中。或云八公用此法，傳淮南王，有客自淮南得之，秘密莫有傳者。洎晉太康中，襄城道人常法和曰：有老翁衣黃皮衣以竹筒盛此書，以授法和，法和遂傳于世。其法用霹靂木，或梓木、棗木、檀木爲棋子十二枚，經一寸二分，厚三分。以四枚書上字，四枚書中字，四枚書下字。凡欲卜時，先須凝定精神，清淨焚香，冠帶安坐，存想少頃，然後捧十二棋子，虔心呵而祝之。即以十二棋子一時擲之，然後以所得上、中、下字，依次布之成卦，除去漫棋，於經中推之。每占一事，一度擲之，再擲則吉凶不定。宋世王胤兄弟及何承天，共論此經，但志心虔啓，無不中者。凡人不能研其微旨，以爲無驗，多慢之。知幾者，思之過半。不知幾者，動之微也。知幾知動，思過其半，出處殊途，取舍異道，皆不得以一句之美，便爲是事前定。至於東北喪朋，乃終有慶。行人得牛，邑人之災。明夷務闇，豐上老大，不可同倫而語也。其卦有上、中、下，則《易》之三才之義也。展轉都成一伯二十四卦，皆以奇耦爲吉凶。奇爲陽，陽吉。耦爲陰，陰凶。以此相推，吉凶可知。辭者，是其繇文，占者專於是非，則善惡定矣。或有詞理不相會者，則宜詳其趣焉。至如巍巍赫赫，不求自獲，當其所占，捕亡、討失之類則吉，若占疾病、婚姻則非也。又如歲當月昌，安知泰山，當其履危，求財則吉，於羈旅他鄉望遠歸者，則未至也。又如君臣易位，方興大利，君子遇之則吉，小人遇之大凶。又如盜賊我廬，賢人伏迯，小人得之則吉，君子得之則凶，皆須以類推之。夫稱君子小人者，論其得迹，不以官爵豪勢而論。向道者君子，背道者小人也。智者用之，則無惑矣。

玄真靈應寶籤

綜述

佚名《玄真靈應寶籤序》　始吾廟食劍嶺所降，清河內傳，落筆雙松，凡所禱者，竟以夢應。然未嘗以籤行於世，今正殿及家慶樓廟吏，率借佗籤爲苟且計，如十二眞君籤，即青城丈人觀籤，如易卦在家慶，尤無所證。況夫川蜀行祠，祇作朱眞人內外籤耳。今吾親考較妙用，上自天文，下至地理，與夫運數之向背，物情之離合者，委嗣子等七人，巧譬善諭，以上中下各作成一百二十籤，以十二時，每時各三十籤，又以五行金木水火土輳成三百六十五籤，以按周天三百六十五度之數，庶幾士之向信者，隨其願力而各有所得焉。

大慈好生九天衛房聖母元君靈應寶籤

綜述

佚名《大慈好生九天衛房聖母元君靈應寶籤序》 謹按九天玉樞寶經內天尊言：世人夫婦，其於婚合，或犯咸池，或犯天狗。三刑六害，隔角交加，孤陰寡陽，天羅地網，艱於嗣息，多是孤獨。若欲求男，即誦此經，當有九天監生大神，招神攝風，遂生賢子。於其生產之時，太乙在門，司命在庭，或有冤愆，或有鬼魅，或有禁忌，或有兇厄致令難產，請誦此經，即有九天衛房聖母默與抱送，故能臨盆有慶，坐草無虞。稽首大慈好生九天衛房聖母元君，高居九天之上，總職三界之中，宣太上好生之聖德，敕陰陽生成之號令，上自后妃下及民婦，俱蒙敕命，人物生成，錄人間之善惡，察女子之貞邪。有德者奏聞玉京，敕神祇而護佑，書名仙籍，益筭延年。有過者申告三官，付五雷斬勘之司，照依玉律施行刑，遭疾苦困危，魂繫酆都，常沉苦海，永失眞道。善者賜其賢子賢孫，不善者世遭苦厄，多諸憂惱。大哉聖母元君之功不可稱量，好生之德，豈只保於一時之生產，恩可佑於終身。善惡二事必書錄。舉行世人，未知恭侍者少，有負元君恩德者多矣。今幸欽承敕命，頒降寶籤九十九道九則妙理，無窮玄機，深奥昭天。省賞善之條，明雷府伐惡之令，怒責邪兇，勸其仁孝，露未萌之災福，闡大道之慈悲，彰其善惡，示以吉凶。欲化人民，咸行善道，勿墮邪非。自女人及於苦爽，蒙於元君恩命，方始生成。鑑今奉命告下九天監生司，帥將神祇，依上遵行，外人間之信善至誠，恭奉聖母香燈，以祈福佑。切勿輕慢，自招罪責。帥將威靈不可輕祀，敬之者萬災不干，神明護佑。輕之者生遭疾厄，死受風刀，可不敬歟。

黃帝龍首經

綜述

佚名《黃帝龍首經序》 黃帝將上天，次召其三子而告之曰：吾昔受此龍首經於玄女，經、章、傳、義十有二緒，言六壬十二經也。蓋吾所口受不傳者。謂龍首記三十六用也。吾今日告汝，汝固能行之乎？內以自輔，外修黔首，黔首者，民也。術與賢者。若不能行，則埋之名山三泉之下，愼無妄泄使不神。吾將爲汝參會其中，謂起用也。遂其終始，謂三傳也。要正之本，謂正日辰。同之一首，謂陰陽有四時其用一也。萬物俱主各自理，言事物唯非一名，各自其部分。義不相干，事不相擾，言雖有事事鋒至，各以其物次第期之，事雖聚多，各有次第，事不相擾亂也。敬修其神以爲天寶。天一常居太淵之宮，言天一至尊，固守而不行，以四時氣遊於四方。太淵者，宮名也。在北斗維之中央，直神后之左右。春遊玉堂，大吉，臨四仲時。夏遊明堂，神后加四神。秋遊絳堂，登明加四仲。冬遊生死之場。河魁。其居一也。言一坎數在干。右玄冥，少陰也，言向南面西六也。左明光，少陽也，言其向南面在東也。背太陰，背子亥也。向正陽。向巳午也。翳華蓋，斗名也。西乘玉衡，大吉小吉。迴璇璣斗七星也。而臨八方。東、西、南、北及四維也。將四七，謂二十八宿。使三光，日月星也。通八風，謂八節之風也。定五行。謂東方木南方火西方金北方水四季土更用事之比令六壬領吉凶，言日辰陰陽及所坐所養之御三陰、三陽。故曰六壬也。使旬始將五嶽。謂六甲之始也。三陽。凡數旬始，必以五子元起，假令甲子旬肯龍在神后，將兵所立，次得丙子。朱雀在神后，執法所立，次得庚子。白獸在神后，敵家之處，次得壬子。玄武在神后，補吏兵士處，此遁甲五方時下所在之也。二神受氣，或處陰，或處陽，言魁罡也。各盡其正，言魁罡臨人五方十二日也。以處五鄉。東、西、南、北及中央，爲五鄉也。天罡臨東方，木青臨南方，火赤臨西方，金靜臨北方，水淸臨四維，土盛下。天罡爲陽所臨，皆生。天魁爲陰所臨，則死也。金木水火土，上下相當。謂神與用日辰四課上下相尅傷也。死生之決，前後相更。謂天一前後將之吉凶，三傳思之也。子且識之，思念勿忘，常被服飲食，精習也。口授賢士，無傳泄其章。勿傳龍首，與非其人。三子拜受而起，龍忽騰翥，三子仰瞻，尙見龍頭矣。遂以名其經曰龍首云。

許真君玉匣記

綜述

吴子謹《許真君玉匣記序》 《玉匣記》者，旌陽許眞君之所著也。眞君昔以道濟人，化瓦爲金以輸民之逋負，置符於水愈人之疾，誅巨蟒於上遼，鹹毒蜃於江西。功德溥博，未可具述，及其拔宅上仙，而救世之心惓惓不已。見人之祈禳者，觸犯天地禁忌，致生災殃，連綿不寧。若曰：太上以好生爲德，而下民建齋設醮，本以謝過徼福，惟不知禁忌，反受殃咎。乃惻然憐之，躬攷天曹簿籍，日辰甲子，福禍災祥，毫分縷析，流傳於世。俾億兆有緣，或祈或禳，庶知避凶趍吉，同躋壽域。眞君是心，蓋亦太上之心也。近姑蘇道友倪守眞，得之於異人，受而敬信之。猶慮見聞者少，欲授諸梓，以廣其傳禮，予爲之序。惟夫人之福禍災祥，固本於天，非深知造化之理者，不能細究而明之。惟聖人能安之，賢人能知之，其餘衆人，不得知而安也。則有蹈禍機，觸禁網，雖欲懺悔首謝而復誤，罹天忌業又甚焉，此《玉匣記》之所繇以作也。守眞得之，不以自秘，而又傳之人。人知吉焉，而用凶焉，而避免戾於斯世，其功行不亦溥乎。慕道之士，誠能禮信而用之。於以禳災謝過，於以請福延生，其福慶必有所歸矣。

虛靜冲和先生徐神翁語録

綜述

朱翌《徐神翁語録序》 人生一世間，其所受用，有天有命，有分有數，絲毫不可易。以不能窮理，故不自知之，必就有道者問焉，所謂先得我心者。孔子知伯牛之死，知商瞿之有子，是豈用世之占卜法哉。蓋有得於目擊者，徐翁在海陵爲人書字，示以其人平生禍福，言無不驗。翌早時往來江淮，多聞其言，歲月深，知者益少嚴之。天慶觀道士苗希頤，翁弟子也。在翁左右數十年，録其書字藏之。求予刪次存其實，以告其徒，今二十七年矣。希頤死，其書爲人取去。予來守是邦，獲其初藁於民間，復次比之。孔子曰：吾不語怪力亂神。夫言而無驗怪也，不可知神也，若此可以忘言矣。若言而有驗，以禍福示人，使曉然知所避就，豈不可知者。蓋古之得道者，窮理盡性而已。理窮則天下之理，一能盡己之性則能盡物之性。故謂之先知，謂之先見，謂之先覺。世人以爲奇，而有道者不以爲高也。然所以爲神翁，豈止如是而已哉。

朱宋卿《徐神翁語録後序》 余舊聞海陵徐神翁異，常恨未及多見其說。淳熙乙巳，假守是邦，因得訪其遺蹟，而略無傳記可攷。詢之其徒，則曰：吾鄉自漢晉以來，仙者接踵。神翁之時，又有陳豆豆、周處士、唐先生相繼而出。亦曰：吾東家丘耳，況神翁得道五十餘年間，小夫賤隸、婦人孺子得其告戒者，不啻以萬數，曾何傳録之？有問其嘗所見聞者，或云：翁之仙去已七十八年，故老無復存矣。繼有以嚴陵所刊語録示余者，蓋道士苗希頤所記，而朱新仲舍人爲刪次也。雖哀集頗詳，而訛謬無以攷正。暇日訪諸邑子，則有能道其父兄與公弟子之所見聞者。質之苗録，時有異同，而其言則有攷焉。又出其往時鄉老潘汝一所爲行化狀，第嚴於采擇，惜其所記之不廣也。因俾取希頤之録，證以所聞，重爲編削。其間舛繆乖忤、刪正損益者，殆數十處，傳疑則兩存之。又益以耆舊所傳，及《東軒筆錄》、《龍川別志》、《孫公譚圃同安志》所載，凡十有八事，與行化狀合爲一編。攻之堅木，庶以傳信。且使是邦家誦遺訓，得以去惡就善，亦風俗之一助也。

玄圃山靈匼秘籙

綜述

皇甫朋《玄圃山靈匼秘籙序》 至哉是書，其來遠矣。自下邳先生得之泰山嵁岩石穴，後傳數子。得此書者，或輔于國，或伏于野，或超于物表，或幻于世俗。忽秘忽流，忽藏忽見，或代得，或偶爾，或神授，或師傳，出沒隱顯。得之者天緣也，得無不行，行無不應。猶響答聲，影逐形發，乍罕異世，不知其由，疑非人邪。張子房得之於下邳先生，李廣利得於子房，費長房得於壺中公，王光伯得於楚王廟，劉桓公得於光伯，張公超得於桓公，王子晉得於華山樵父，諸葛孔明得於南陽先生，茅山道人得於伏虎岩長蘆師，張晶得於張氏山，林自遙得於廟神腹。此書得者，多不傳於人，身老而書藏，事成而跡遁。唯張晶得之，而遺子孫授之。而秘眞泄，僞移事改質，撰詐訛眞，妄作門戶和十家，而布流于世之不聞取世之貨。世所得者，徒謹其執，罔無所能。問有得道符句呪，持用驗者，亦希矣。獨張氏一流，遞傳得踵，獨高自尙，聳動天聞。朝廷封張氏山爲龍虎山，建宮賜號，敕命累加，歷世有天師之稱，食祿不絕，聲馳四方，不亦異乎。嗚呼，玄圃山天下之祖也。有名四：一曰玄圃，二曰積石，三曰崑崙，四曰西山。在宇之西，出西江河源，經天下山嶽之骨脈，發天下川源之流轉。爲乾之變化也，爲坤之根也，實爲風雲之府藏，爲水火之宮室，爲鬼神之宅窟，爲精物之聚會。其勢狀也，貫于青天，截于一方，亂巃犀巓，峻峰巨穴，凌雲鎖其上，湧泉溢其下，綿邈杳冥，莫知其盡。極中有宛，玄洞乃鬼神精物之所聚也。有神宰曰虛陀，帝君有二十四將，布分分于十二州，制天下禍福之響應。書目所謂靈匼秘籙，乃玄圃山神靈密奧之妙用也。靈者，洞括虛無，總持要妙之無質，法之有應，即鬼也。眇于恍惚，應于物象，本虛本無，法于虛無，而運於所有異哉。且夫人身之神亦同矣，此天地山川之神也。人身炁血之神，有炁血則有神光，無炁血則莫。其來不見其往，生於有則滅於有，出於無而沒於無。日用動靜，有眼耳鼻口舌身一。身有所撓，則神運於內，神動則氣發，氣發則形作，有激於無而應於有，法術之運用，推之于此，則朗然可見矣。所以念呪書符，口噓心想，閉目叩齒，手指足步，皆有作之形，感動於虛無。虛無響應，而有所變作。正與形有所觸，而性動於內，而形役於外合焉。匼者，藏書之器也。從匚從金者，藏物之象。金者，至精之物。以此書諭至精之物，藏於匚函之中，而不泄于外，故所謂匼。世無此字，乃異世之神言爾。秘籙者，言此書神傳一所，而不行於天下。故總目謂靈匼秘籙也。古今之得是書者，唯仰其有靈，而驚其異應，則未嘗剖識於斯邪。書三卷，有二十四法。上卷八法，可以法天地，動雷霆，易乾象，祛陰霾，壅川流，合冰河烈火，馭雪氣；中卷八法，可以戰勝陣，藏兵卒，暴泉源，射火矢，興陰雲，化人馬，縮地脈，步江河；下卷八法，可以起光華，隱形質，變物貨，附魂夢，祛惡毒，伏蛟螭，滅妖精，治強祟。其旨甚簡，其應甚疾，得之者可以達一身，可以事一人，可以安世之民。上士得之，則登仙越世；中士得之，則輔佐國家；下士得之，則釁幻愚俗。登仙越世者，下邳先生、壺中公、費長房、張公超、王子晉、南陽先生、長蘆師、張晶、林自遙之徒也。輔佐國家者，李廣利、王光伯、劉桓公、諸葛孔明之徒也。釁幻愚俗者，茅山道人、張晶遺裔之徒也。朋昔爲潯陽守，罷歸長安，不趍天朝，與故人放飲，老妻、兒孫棄之而弗顧，飲不知止，醉不知所，醄然放浪於自得。一日，曉坐于渭水沂，見一人步自水面而至，異而叱喝。其人登岸，謹揖於余前。余俛而答之，揖罷就地對坐，熟視之，乃林也。驚而問之，子何術於此耶？答曰：遙善此久矣。今見子有放浪無憂之志，特爲子來，莫疑。來日拂旦，天輝臺相見。言訖，踏然至水面而去。余雖疑是夢，是晚出渭城外，醉臥天輝臺，以待來晨。是夜夢與林大飲，同遊積石山中，欲反忽覺，遂起坐臺，曙光欲開。須臾，林負一大瓢而來，歡迎登臺，傾酒恣飲，言論古今變化，啣然大笑，出書一卷示余，囑余曰：將來天下亂離，恐子遭世凌毀，佩我此書，持此術用，放蕩僻野，勿滯于此。拜受之，語罷大飲，馭雲氣淩空而去。予後一年，辭家離長安，招馭雲一術，游天下名山。三載後，至此山誓石岩，見林大飲圜廬，就止于此。余寄此山，已十載，朝夕見訪者，皆昔曾聞名之士。日與飛來翁及冲融子術，作耕釣，日計不足，歲計有餘，悠悠任其天運爾。思我往昔所作，今如隔世矣。嗟夫，人生寰中，疾如過矢，弗受人間之勞，去其寵辱，脱其羅網，絕世交遊，悟其眞趣。此大丈夫者，高蹈獨善，越于世表，得天地之至樂也。吁，世有超道，登仙之學有黄帝、老氏之書。唯傳其至理，而蔽其術用。戰爭之書，有《呂氏六韜》。唯行其知實，而秘其虛幻巫覡之法，有賁融指宛黄之炁，失其要妙，而撰其圈圖。後世之學者，得其粗不得其精，得其輻不得其轅，遞相訛舛不復其眞。致使希夷之道，執而不運，響應之法，作之不靈。失其玄虛，而持其實有，則用世之術，有矩有規。致當危難之時，禍無所逃，身不能脱。悲夫，今世之學道者，唯違其性理，不善其術用，運武之至者，唯善其籌策，不善其變化，所以守身而盡，而臨事有失。嗚呼，徒學爾曷？若見黄老之書，而善其術用，得六韜之要，而通子虛幻，然後可以有法，無而無導，而有靜勝動，而柔敵剛，圓通於變化之場，出入于有無之域，可以了一身，可以完一國，斯爲大全矣。子年九□，筋骨雖健，存亡未量，恐將來此書遺於巖壑，得之者不知其來，故考其前紀，就而序之，庶我後得之者，見其所由爾。

太上洞玄靈寶素靈真符

綜述

杜光庭《太上洞玄靈寶素靈真符序》 素靈符者，天師翟君乾祐，乾元中自黄鶴山泝流入蜀，至巫山峽，躭翫林泉，周歷峰岫，躊躕歲餘，南至清江，北及上庸，周旋千餘里，神墟靈跡，巖扃洞室，靡不臨眺。一夕，夢眞人長丈餘，素衣華冠，立於層崖之上，俯而視之，若有所命。君翌日登天尊峰，瞻仰禮謁，果見眞人也。俄於天尊手中得丹書一軸，拜而受之，即素靈符也。按而書用，蠲痾療疾，徵魔制靈，驅役鬼神，迴尸起死，召置風雨，鞭策虎狼，三峽之人，大享其惠。天寶中，詔入內殿，順風問道，復還仙都山。其後，平昌段成式，與當時朝彥荆郢帥臣，咸師奉之，累年乃得道而去。有得此符者，傳以赦人，用之必驗。余天復丙寅歲，請經於平都山，復得其本，編入三洞藏中，冀將來同好，共知濟物之志焉。

著録

《道藏目録詳註》卷二 三卷，陸先生受。治百病符、治瘟疫符、治傷寒符、治寒熱符、治頭痛等符。

太上秘法鎮宅靈符

綜述

佚名《按》 謹按上元經云：昔漢孝文皇帝，問天老曰：人家謂有三愚之宅者何？天老答曰：三愚之宅者，其宅前高後低者爲一愚，北有流水者爲二愚，東南高西北平爲三愚。帝忽因一日，私行至弘農縣界，見一家，正住三愚之宅。其宅甚是豪富，大小五十餘口。帝嘆訝非常，而回宮內。至來日，遂詔陰陽官二人，更換衣服，三人同至其家門首，欲問其宅因由。門人一見，即報主人。門前有三人，欲求相見。進平聞之，急令請入，邀於廳上。主客禮畢，就廳而坐。進平置酒，飲酒之次，帝問主人曰：何姓？答曰：姓劉，名進平。又問曰：住此宅得幾多年？進平答曰：住此宅，今經三十餘年。帝曰：謹按宅經云，此宅正係三愚之宅，其地大凶，人不可居之。有何方術，而成安吉之宅，願聞之。進平答曰：一自初居，此宅甚見災禍，損耗財物，傷折人口，官病連年，六畜不安，大小不寧，貧乏甚至。忽於一日，天將欲晚，有二書生，不知從何方來本家投宿謁食。進平緣爲家貧，只有些小糜粥，以供二生。食畢，遂問進平，此宅甚凶，何得居之？進平對曰：實爲家貧，遷移不得。二生曰：吾有法術，教公鎮宅，不須移動。進平拜告蒙賜法術，願聽教矣。其二生，即傳此七十二道鎮宅靈符。遂云鎮宅十年，大富貴二十年，子孫昌盛三十年，必有白衣天子入宅。所驗一一見之，但只有白衣天子未見其驗。文帝笑而問曰：二生何在？進平對曰：傳符法了，便辭而去。出門約五十步不見，惟有白氣一道，上天而去。帝曰：符其可得而聞乎？進平於是將符即時進上。文帝遂獲此符，回宮勑令奉行。此符傳於天下，鎮宅普護，家家清吉，戶戶康寧。上眞垂佑，災害不生。福壽增延，子孫榮顯。田蠶倍盛，六畜興生。掃除精怪，蕩滅妖氛。靈符祕妙，永鎮門庭。此符靈驗，來歷甚多。述之難盡，爰用鋟梓，以廣其傳云。

著録

《道藏目録詳註》卷一　漢文帝問劉進平相宅經，內有除滅妖氛靈符、璇璣八卦等圖。

天老神光經

綜述

李靖《天老神光經表》　臣聞人不見形，憑諸水鑑。事不可預，明其箝兆。著灼是虛，尙假精意。水鑑雖徹，資其目成。故形以目窺而見微，兆以識察而觀妙。斯事畢擧，孰可倣之。如有一闕，則難依據。臣性識愚劣，藝術淺薄。覽於異書，頗知至要。只如目前者，定近遠，察是非，辯青黃，知善惡。上觀乾象，中測人情，下鑒坤維。斯等，莫不皆由目中光也。若能見之，戰鬥出軍涉水陸，即目下烝黑。若光去目，患難立至。則上不能見輔星，中不能辯親疏，下不能觀萬物。此神光去矣，其不睹斯妙。臨患之時，夫何悞哉。頗有云：爲兼以昏晦，若能存神光於目眥，察輔星於武曲，則不勞著灼。休咎預分，未接兵戈，前知勝負。其文省而易教，其理精而易通。固可以去危就安，轉禍爲福。是知高祖心動，卒免迫人之謀。趙襄馬驚，懸知刺客之狀。古來賢哲，皆宗師曠。晉平張良，受黃石之要。此乃傳行世代，歷載既深。文字或謬，語有其繁。臣竊不自揆，輒次之，以此成一軸，號曰《天老神光》，謹進於闕庭。臣熟知陛下聖慮明暢，妙理精通。然臣今敢聞，以繁聽覽。臣恐陛下，以此微細不納。宸衷臣之愚直，實以爲保護。聖躬莫不至斯，道危難之代。實以保身，臨事便知吉凶。固詳察不鄙蒭蕘無任忠懃之誠，謹冒死奉表，謹獻以聞。臣誠惶誠恐，死罪，死罪，謹言。

著録

《道藏目録詳註》卷三　一卷，貞觀左僕射衛國公李靖脩。言人出行將兵，攻擊勝負，須察北斗星之傍轉，幷自已神光，占驗吉凶之法。

太上三洞神咒

著録

《道藏目録詳註》卷一　雷霆祈禱策役諸呪、雷霆祈禱驅役諸呪、雷霆召役諸品開度諸呪、雷霆祈禱諸呪、雷霆驅治諸咒、祈禱驅役諸咒、禬禳驅治諸呪、祈禳召遣諸呪、祈禳考召諸呪、開度祈禳諸呪，已上各雷部諸聖祕呪該載。

太極祭鍊内法

綜　述

張宇初《太極祭鍊内法序》　《易》曰：一陰一陽之謂道。天地之大，萬彙之衆，凡囿於形炁，窒於道器者，莫非陰陽二炁流行而有焉。故原始返終，死生之説，幽明之故，亦莫非流行，詘信之著見者也。是故鬼神者，二炁之良能，造化之跡，舉不違乎詘信動静而已耳。吾道之謂，死魂受鍊，生身受度者，豈誣世者哉。蓋以陽鍊陰，即以流行之炁，鍊不昧之神也。則已散之炁必聚，已昧之神必覺，詘者必信，沉者必升矣。是皆理炁之宜然也。靈寶齋法，始徐、葛、鄭三師，流於世。迄漢、唐、宋、元以來，蹊殊逕異，紛糾交錯，不啻千百而求。夫升堂入室之至則一也。且鍊度魂爽，猶爲靈寶之要。而鍊度之簡捷，猶以祭鍊事略而功博。自仙公葛眞君蒇其教，位證仙品，世傳則有丹陽、洞陽、通明、玉陽、陽晶諸派，而莫要於仙公丹陽者也。丹陽本夫南昌，而南昌乃靈寶一名也。得丹陽之要者，莫詳於所南鄭先生内法，議略深切著明，誠所謂發仙公未發之蘊也。其言首主於誠學之大本，何莫非誠。故曰：誠者天之道，誠之者人也。能存乎誠，則陰陽之機，鬼神之用得矣。其水火之祕，符籙之奥，内鍊升度之神，非合夫三五，體用之妙，其能造乎。五行陰陽，復歸太極也乎。若盡性致命拘魂制魄之道，可謂盡矣。其足爲齋法之軌轍亦宜矣。苟然，先生之言，皆極乎身心操存之實，是有變名易用，誑眩惑亂之戒。苟非含醇茹眞，屏絶氛濁者能哉。予嘗參討數派，莫善於斯。姑蘇袁靜和氏，純敏篤究，今秋，以與纂脩來吾山，一日請序，將梓以傳。其志可嘉，不辭而述其端，他日獲讀是者，反求諸己，篤志力行，非徒言之，不泥其於幽明之澤，豈不博大矣哉。

徐善政《序》　恭惟靈寶出書，自古高仙上士得之者，上可以消天災保帝王，下可以濟拔死魂開明長夜，其度人无量。著于祕典尚矣，其中祭鬼鍊度内法，自晉太極葛仙翁，脩此道於會稽上虞山中，功成道備，上升雲天。由是以來，靈寶之妙，師師相傳，祭鍊之法，從兹衍矣。厥後，師家科目繁出，同原而殊，流失夫靈寶之本意，於鬼神利益，或有未至者矣。吳郡所南鄭先生，念長夜之死魂體上虞，之惻隱發明祭鍊内法，寔靈寶之祕旨也，妙用神機，理明事簡。得是書者，信而行之，若幽若明，皆獲其惠。尚慮不能溥也，刊諸梓以廣其傳，天惜祕文梓燼于火，不有繼也，深負先生開度之心。吾家王道珪，學道勤苦，切切以所南翁爲心，募諸好事者，復鋟于梓，則先生之書不亡，於千載豈幽明小補哉。

張遜《序》　太極祭鍊内法者，葛仙公祭鬼之法也。人死魂升而魄降，是其常也。其變也，則有魂魄不能升降，而淪滯於昏冥之中。其飢渴之慾，幽暗之識，茫茫長夜，无有已時。是以仙翁憫之，在法中有祭煉之道。所謂祭者，設飲食以破其飢渴也。所謂鍊者，以精神而開其幽暗也。至使淪滯之徒，釋然如冰消凍解，以復其本眞，則其法大矣。吳人鄭所南，述其所傳，刻諸梓以教人。道家之書，以祕密爲謹，學者非賫金幣盟天而傳，則謂之褻漏，褻漏有冥咎。然而，所南翁之心，葛仙翁之心也。以謂世人之死，其親未知親之魂魄，升降耶？淪滯耶？倘以其道，開其幽暗，拔其淪滯，升于高明，如生死而肉骨也，得不慰其父兄子弟之心哉。則是法也，可使家有，而人信行之。故刻諸梓，以廣其傳，不得謂之褻漏矣。舊板燬於火，未有能重刊者，郡城玄明道院王道圭，能募諸好事者，重刊是書，使後之未聞者，得見是書而行之，是亦所南之心也，道圭善用其心哉。

清虚子《序》　太極仙翁，得靈寶之道於玄古三師，由是有祭鬼之科，鍊度之法，行于世。所謂一盂之飯，可以飽萬鬼。一道之符，可以度萬魂。其用簡，其旨深，其濟博，其功大。去世遠，而後之好奇者，往往增易其説，殽亂駁雜，學者无歸焉。所南鄭先生，通儒也。理貫三教，採摭道門諸家祭鍊之法，删煩剗僞，諄諄訓釋，聚而成編，以遺學者。使循源而趨，利濟幽爽，可謂博約而詳者也。嘗鋟版印施，繼罹火厄，版燬不存。今元中王道圭，志道者也。慮久無傳，乃募衆緣，復繡梓，以綿不朽。自非以仁存心，能如是乎。雖然大道無形也，人囿形而體道，先天有物也，心格物以知天人。吾同胞而物，吾同體也飢溺猶己，而哀樂不殊也。要在學者，日用常行，方寸澄靜，表裏明潔，如春行冰泮，雲散月明，合內外翕，闢之機生，生而不息，通幽顯晦，明之理化，化而常存，應物無私，隨應隨靜，必得一切天人七先靈識四生六趣，乃至昆蟲草木，與我混融一性，俱入自然，平等冤親普皆濟度，逍遙無礙，廓虛空以爲年，斯不負仙公祭鍊之法，所南標指之誠矣。外此弗脩而言祭鍊法，吾不知也，學者宜勉之。至正丁亥二月望日。

鄭所南《序》 我耕儒不穫餒於弓冶，見道不明，盲於玉石，所賴受先子菊山先生鞭撻之痛，迄今尚不可忍，所以終身不忘。時乎或夢一二於千萬也，或苦吟顛笑，或冷坐罵禪，直欲挾今古偕出於有形之表，坐狂自醉，浸命以死，又焉知其一切耶。有笑我者曰：昔者，著釋氏施食道家祭鍊二書，毋乃尚查滓乎？我聞之，如搦弄舊夢於掌上，竟不知爲何物是誠查滓矣。或者曰：請論之以次。曰：道者不得已之名也，法者不得已之用也。凡一切事事物物之用，皆法也。莊子謂：以本爲精，以物爲粗。其然豈其然乎。昔年，著二書，童習未斷耳。但世之祭鍊，紛然其旨。譬如，雷者陰陽擊剝之炁也。世之行乎雷者，必以我五行尅制之炁，擊剝而爲用。胡爲而雷，名雷祖、雷神，率皆不同。正一法外，別有清微法，雷名逾數百。白玉蟾書所述，正一法雷名逾於百數，以我見聞，彼尚未盡一切。諸雷諸法，浩渺無數，姑即一法，而論所傳呪炁符想旨要千差萬殊，始本一法，訛而爲百千本。或者所傳斬勘雷二百餘家，靈官三百餘家，地祇百八十餘家。又有師金丹大道者，或拜三百五十餘人，或拜九十餘人，尚皆未然他法類。此况今之言，大道金丹諸法者，森森然如麻如葦，實非一方之人，一夫之目所可盡矚。又他方外域，不行我中國，種種諸法，其所行之法，隨地各各自異，亦各各靈驗。前乎三五百年，亦未有斬勘、靈官、地祇之類。至如諸仙書、仙傳，載古神仙所受所行之法，其名雖存一二，然亦頗異，但今亦無傳。故知後十百千萬年，必迤邐變名易用，又廣爲種種諸法出於創見，驚人耳目，喧於末運，鬨以群訛，實不可以千萬億兆計。若以古今天下論，則四方所傳所學，荒怪無緒，展轉弄新，惑亂滋多，此皆叔季世變，人心好奇，眩名之過，亦群然損益，自誑自賣，以盲敎盲，有以致此宜乎焉。自然有道人，拜了千千箇之詩焉。自然六十四歲，始得眞傳。然則向者，所拜皆非師也。老子曰：吾道甚易知，甚易行。吾道甚夷，而民好徑。徑者，小路也。使天下學者，將何如問道問法。或自是其是，互非其非，學者終當從誰道一而已。苟以爲，道一而已，則已二之，又況支離而萬之耶。若不具眞眼，空今照古，孰不爲孽炁所蝕，欣然墮於華僞，終身不知。而天下後世，反皆爲道所迷。道本無以示人，而人自迷之。固有古聖賢神仙書在，但欲語之以妙其理，不肯身之以實其德，無大功深行，決不獲逢眞師。以我之業，蔕未斷眞心，未與天地爲一也。非天地有所禁也，非至人有所惜，而不常遊斯世也。且人以藐然之身，弄一星精神眩走，夢中天地，萬萬其心，萬萬其欲，萬萬其事，萬萬其僞，萬萬其說，萬萬其業，死欲牢鑄此夢，爲自己永永不壞之天。以是縱萬萬萬度，金石爛，海嶽枯，衆生顛倒雜亂，尚未寤於迷途。悲夫。是故太上俯就衆生，曲垂方便，以祭鍊拯幽冥之苦，遂有其法傳於下土。昔有葛仙公，大闡太上之心。後無大闡葛仙公之心者，久而愈訛流爲空雜，誰其正之。雖青天穹然在，上無從扣問玄旨，則我祭鍊書，亦寐語也，譯我之寐，覺彼之寐，其寐亦甚矣，其癡亦甚矣。此我之所以與衆生，俱落命於夢海之波濤也。尙舞空辭，以自衒耶。噫，誰其擊太空三下，以寤之沈之。我請爲序，故序焉。

著録

《道藏目録詳註》卷二 三卷，有符像。天師張宇初序。內煉法。三外老夫鄭所南集。

貫斗忠孝五雷武侯秘法

綜述

吴昇《貫斗忠孝五雷武侯秘法序》 天地設位而易行乎？其中道在

天地，而法立乎無外，二儀四象，陰陽互根；八卦九章，經緯錯綜神妙；萬物氣機，殊異雷城。指十二之門吉凶，有在斗柄；列九六之位，生殺攸司。日惟至人握造化之樞機，知鬼神之情狀。斯可去邪勿貳，惟精惟一，而志於道焉。元至元間，荆門貢士暉齋張公先生，以通經，教授其鄉。館人之家，漁江中得圓石，瑩淨可愛，拾置堂奥。先生夜坐，視之有光燁煜，乃損館俸，買而歸。剖之，中有方石似鐵，二面有文，剜剔洗抉，刻畫粲若模墨，印之，至數百幅，舉火燎之，煙氣鬱勃。先生愕然驚眩。及寐，俄見有神，英姿颯爽，羽氅綸巾，頎然突前，揮鐵如意曰：子聞漢有諸葛孔明乎？帝命我爲通天煞伐烈雷大神，此陰陽神印也。子既得之，當助道揚法。遇有山魈石祟，土木精邪，妄入人家，殃害生民，以神印檄我忠孝雷兵，按神禹洛書一坎、二坤、三震、四巽、五中、六乾、七兑、八艮、九離定位，按節候、陰陽、逆順以焚之，起坎終離，起離終坎，所謂雷風水火搏射，而精邪絶蹟矣。書以授子，子其寶之。先生寤，踴躍起拜，敬受其書。乃棄俗，入武當山從道參究天心正法，福國康民，聲聞朝野。大德中，錫封隱眞玄陽眞人，坐南嚴飛昇。其徒建祠宇嚴祀，請于朝，賜額昇眞觀。後二年，雷電閃爍，神印飛去。火鈴全陽趙眞人，以雷劈棗木傳刻，藏法江湖，於玉笥立化。再傳谷陽黄眞人，其法益著；天曆，出尹山陽；至正辛卯，蘄穎兵起，歸隱洪都西山；己酉上元，危坐仙化。吾少也獲侍教焉。玆不昧其善世不伐之功，濟人利物之行。且以武侯名成八陣，或蓋三分，一體君臣，昭映青史，知進退存亡，不失其正深造乎，大易法象之賾微也。百世之後，猶以勇烈正直命于帝庭，敷于下土，渙汗大號，屏斥妖魔，濯濯厥靈，洋洋在上，吁可畏也，敢不敬乎。

金鎖流珠引

綜　述

李淳風《太玄金籙金鎖流珠引序》　太上三五太玄金籙者，即元始天尊傳太上大道君也，號高聖太上玉晨玄皇大道君。

道君傳紫清太素高虚洞曜三元上道君，君傳紫晨太微天帝道君。

君傳紫明太微九道高元玉晨道君。又傳太上老君。

太微天帝君之下，玉晨道君傳紫元太微八素三元玄晨元君，君傳紫微元靈龜臺九靈太眞元君。

君傳大靈上霄飛晨中央黄老君，君傳太元東霞搏桑丹林大帝上道君。

君住搏桑，傳二十眞人。中土絶傳。紫晨太微天帝道君，傳上清太平金闕帝晨後聖玄元玉皇上道君。

前聖太上道君，稱萬道之主，號曰虚皇。後聖太上老君，稱萬道之君，號曰玉皇。自有金闕帝君，官臣具足，亦如世人君人臣之任，各有主掌，天宫九野皆周也。君姓李，名聃，字伯陽。改金籙名之曰太玄三五金鎖流珠經籙，正論履斗步綱之要。籙有八十六篇，四十三卷。上詣太上老君，號高聖太上玉晨玄皇大道君。請此四十三卷，下傳世人，係代爲眞君眞臣，願度十天。

世界，爲上天神仙都玉京，稱玉皇上帝也。以自撰略爲一十五卷正經，及掌訣圖書，論步綱躡紀之事，總號之金鎖大名，次流珠，次飛步天綱，次即禹步地紀。傳二十卷與尹君，君號後聖大法師左上卿。卿傳方諸大眞人，皆佐後聖。聖又傳後聖太師，太微左眞保皇道君。

後聖又傳九微太眞玉闕上相大司命高晨師東海玉明青華小童道君。

後聖君又傳後聖上保，司南極太丹元君紫元夫人，夫人有二人。一紫微夫人，姓李，後聖君第三女，曾事清河王君小子也。子爲周穆王上宰相，年百年而已，性不於道著功，夫人勸行履斗之法不行也。

君又傳白山太素眞君。

後聖君又傳後聖上宰。

西極總眞王君，總眞傳南極南嶽眞人左仙公太虚上眞赤君。

又傳侍帝晨領五嶽司右弼王桐栢眞人王君，佐後聖君。後聖君再授玄洲二十九眞人。

各主諸方界關奏合有仙功著仙，聞於太平金闕後聖君，便令教試，依功給道，可仙給仙，可眞與眞。其中除仙眞外，亦有三等，上等著功者。

第一等者，修身愼行謹言無妄，修鍊眞心，好樂經典，讀誦立功，香火連宵，與人治患。更遇六甲神符，服而年深，且得不死，人中之仙矣。再修得遇仙師，授此圖經，方以履步綱斗，亦得爲眞人神仙。第二等者，好鍊金石，以爲眞至之藥，救人疾病，堅身理藏，服餌於山間林藪，亦遠萬壽，百年不死，死後亦不爲下鬼，便得託生，受其本福。第三等志心好道，隨從明師。不遠萬里，捨心供力，不憚勞苦，年月深遠，師自與言功記德，即教此經，傳授之後，志心修行，却獲功德於師先，得闕奏後聖。當與給道，補爲眞人者多矣。

此三等説，後聖告正一眞人，及總眞王君金闕聖君。又授紫微左夫人，又下教授二十四眞人，昇天爲二十四玉京左右金闕上眞宮御史臣。又使王君總眞下校，授茅盈、李仲甫等，爲司命君。令教合道之志者，當以教之。盈以訓二弟及二許，楊左六人，盡以授修，行此經也。後以諸方仙眞得者，皆因此經。

或以天尊上眞前聖虛皇上帝大道君授傳，或以前聖太上大宰道君所傳後聖玄元玉皇帝大道君，或分身再傳，或以後聖大宰天師總眞，係代相授，賜拔宅，妻子俱昇。如此得仙眞之衆，或隱去，或見白日上昇者，人數蓋多，不可一一而書記也。今以略舉，相繼以爲引首之目，叙其前聖後聖金口所傳《金籙玉圖流珠示引》。次用前後合行用，依科排比篇名，一一圖分，折其祕要內訣，引入其大道之門。修行得者，繼代付授後學高賢，心命合仙之士。即不得妄傳非人。此引黑書者，老君所授。赤書者，後聖君再言。天師受告，及王君傳録，具一一注於書後篇用，一一隨卷題配之。

著録

《道藏目録詳註》卷四　卷一之十有符圖，總眞大仙宰王方平張道陵趙昇王長司命李仲甫茅盈許玉斧等一代選述，內有煞伐之術，行運消災等法。卷十一之二十，內有六甲、七星、步躡罡斗、爲國戰賊、救度災厄等法。卷二十一之二十九，二十八宿旁通曆、仰視命星明暗扶衰度厄法、北斗二十八宿醮祭日月時法、醮七星二十八宿法、役使天關助國安家一身出災度厄救人濟物衆法、言赤章助國伐賊法、行符斷邪治病法、治救病疾禁止鬼神追捉妖祟出牒法、伏虎使龍禁蛇法、三會日醮祭言功遷賞吏兵法、爲百姓斷瘟法、爲國除蝗蟲災等法。

上清靈寶大法 甯全真

綜述

《上清靈寶大法序・古序》　昔我祖師元始天尊，大慈悲憫，廣濟羣生，歷劫度人，先天立教，隨方應物，不拘於三境九泉布化流形，豈限於人間象外。自龍漢淳古之世，教之以大乘。逮延康朴散之時，授之以中法。大乘則無爲無事，任物自然。中法則有怠有勤，因機善誘。洎開皇以後，赤明乃還，俗變澆漓，人瀉眞素，亡緣棄本，溺性迷情，背妙有之玄功，失自然之奧旨。由是方諸闕下，多虛青簡之名。酆都臺中，益盛黑書之目。淪謝者崇朝接轂，升騰者千載比肩。大軫聖慈，遽茲開度。

所以三元品誡，四極明科，三洞四輔之經，隱地藏天之籙，女青玄都之律，八瓊九鼎之文，金眞八極之書，鳳炁龍章之篆，柔金水玉之法，開明震靈之符，五老策精之文，八海登眞之篆，大劫洪眞之札，靈寶召龍之篇，正一救世之章，洞神開山之印，上清八景之訣，玄眞曲素之辭，太平左右之圖，洞玄智慧之品，乘蹻躡虛之術，攀魁據斗之罡。或檢制身心，或蠲消罪垢，或呑芒餌景，或鍊氣胎元，或封山召雲，或坐忘遺照，開萬塗而汲引，垂衆法以提攜。欲令抱識懷生，皆登道岸。豈止簪星佩月，獨詣仙庭。乃出三五章儀，河圖醮法，拜表上章之訣，罡風驛騎之司。凡居世間有所膽奏，即日月主者，里域眞官，乘彼驛龍，聞于天闕。雖上天敻遠，下土卑凡，感而遂通，靡踰瞬息矣。

斯則大道救物，巨細無遺，請福祈眞，齋法爲天。齋有二十七等，備在三洞經中，則三洞各九品齋也。內黃籙齋者，遐福羣有，廣救三塗，報應之期，影隨響答，古今所驗，實繫其人。然以精專爲先，龍綵爲上，香煙處潔，抑又次之。苟有一缺，亦齋之瑕玷也。修奉之士，得不愼哉。且黃籙之法，拯度既多，君臣通修，人天普福，隨其所爲，理趣多門。又經云：三洞布化，遍滿人間，行道修齋，因宜立教，人間天上，久矣流行。若帝王國主人民土地一切衆生，有諸災厄，應當消却。召諸道士，及以女官，或多或寡，廣立瑤壇，懸諸旛蓋，散花燒香，然燈照夜，行道禮懺，晝夜六時，勤勤不息，克獲靈應，福德普臻。經曰：黃籙者，開度億曾萬祖，先亡後化，處在三塗，沉淪萬劫，超凌地獄，離苦升天，救拔幽魂，最爲第一。此經隨世所求，即可修設。或三日，或七日，一時九時，奏簡馳誠上天，無不御達。

且靈寶者，是大道之根宗，元始之妙化，虛無挺秀，劫化自然，鷺配陰陽，區分造化，保安帝祚，鎮護天民，握運璇璣，恢弘妙旨，總五帝大魔之法，召萬天合元之司，濟度存亡，統隸三界。按梵炁而爲符篆，敷奧義而作隱章，秘在蘂珠之宮，禁於華堂神府，諸天至重，萬劫一傳。遵奉明科，俯仰有格，非宿生之大慶，豈造次以能聞。得遇進修，實爲際會。可以召靈炁於三關，靄寶華於九戶，功滿德就，位列仙翁，起死迴骸，歸眞返本，人天欽仰，變用無方，招眞召靈，洞該三道，所謂巍巍大梵，萬法度人之上品者也。謹序。

又《玄序》 元始祖劫，爲天地之根宗。靈寶開圖，總陰陽之樞紐。推日月變通之理，統星罡躔度之機，妙集璇綱，提攜子午，還五行之造化，追三炁之魖魁，進退乾坤，飛旋離坎，擒龍伏虎，控鳳乘鸞，朝飱紫府之英，暮食青華之液，煉形流火，灌質東池，六龍飛蹈於層霄，九炁攢烹於玉鼎，道之生我，物無定爲。棄物流形，則氣神交而眞自徹。釋情養浩，則精血通而氣自凝。眞火高奔，飛扶丘之皎日。水金拘制，旺玉闕之蟾蜍。八鸞同鳴，讚空歌之雅韻。九鳳齊唱，揚十絕之玄音。俯仰靈阿，十方之天眞自集。朝參太上，萬靈之羽衛飛軒。黍米高懸，變通莫測。包含虛昧，則無鞅數衆咸歸。濁競奔趨，則萬炁千眞盡散。集炁爲寶，聚神爲靈，乾健純陽，坤柔陰質。自然之炁，無形無名。上極九清，以炁假名爲號。下徹九地，以形別號爲名。是知杳杳冥冥，恍恍惚惚，寂然不動，感而遂通。二炁回旋，隨天地應時而動。三田通妙，感陰陽運轉而爲。靡在他施，何勞自逸。

存神叩齒，警初眞入道之門。鍊氣書符，明學士守規之式。欲餌吞於九轉，當造物於四時，回運周天，交媾水火，烹金鑄鼎，鍊石補玄，盜日月之英華，結神眞之鉛汞。先明子午，次辯水金，進退抽添，知時適候，溫調養育，烹鍊無差，勿殺善以欲貪，勿嫉妬以淫盜，遠憎去姤，異骨成親，濟度天人，闡教凡世，通玄究微，悉章洞慧。束魔却惱，斷六根障塞之源。捨妄從眞，滅五苦輪迴之戶。拘魂制魄，養炁藏神，身有光明，形無影響。開明三景，離合自然。高晏鬱羅，萬劫蕭臺聳冠。飛升金闕，玉山絕境逍遙。飛駕瓊輪，十炁飛天自現。控乘綠輦，諸天五老傾光。疾除罪簿之因，落滅惡根之道。妙乎茲法，故品諸經，提悟迷荒，救攜未悟。

吾昔遇清微丈人，授以二氣吐納。次遇於玄皇玉帝，賜以金丹訣言。明天地權輿之數，了陰陽生殺之機。衆奔百花，盡守根而固蔕。奇禽異獸，咸抱一以含元。故知顛倒五行，翻覆四象，盜元一飛玄之炁，守眞精妙體之英，建寶鼎於崆峒，飛金晶於靈洞，媾內外之水火，合上下之刀圭，元炁周流，感元黃而玄珠光耀。包藏宇宙，含金丹而資用無窮。是知天地之獨尊，變化之無形無質。乾坤之妙道，生死之無始無終。道勿遠求，不出戶牖。親之者鮮，遠之者多。棄本妄眞，甘樂忘於泉壤。入邪於正，徒度夏以經冬。靜以生強，安而思極，七情鼓扇，陽絕陰化而性命危。六慾觸耽，精散形離而神氣泯。五臟搖蕩，九竅開關，靡知性命之端。奇偶相配，何明造化，豈辯玄機。吾啓大慈，願提仙子。將茲神氣，集號玄章。故名靈寶之筌蹄，以應眞經之內法。付于妙行，出世度人，化現十方，名號非一。編諸經典，遍滿恆沙，句句爲玄，頭頭是道。悟茲妙理，則出生入死而與道俱存。了此眞機，則離合自然而去來無碍。遇之者夙生仙骨，行之者累世慶緣。誤謫人天，慮差覺路，指明圓定，證悟法門，行道祕藏，了眞可度。謹序。

上清靈寶大法 金允中

金允中《上清靈寶大法總序》 嘗聞無極之先，混融莫測。洪濛之始，清濁方形。圓穹上浮，渺渺浩劫，自然之氣，宗主元綱，乾旋坤鎮而萬類生，運啓化興而五文煥。萌於天上者，凝雲結篆。降於人世者，譯而成章。發道德之機緣，作神仙之梯級。

粤自龍漢，敎以大乘。迨乎延康，授之中品。故洞玄之緒，神化大宏。後世之見於用者，齋修章表出焉，而其科條訣法符篆神文，散之羣書。蓋洞玄之部，品目繁多，詞章浩博。惟《度人》之一卷，備拯濟之深樞。內而鍊行修仙，可以登眞度世。外而立功蕆事，可以福顯利幽。隱訣靈音，悉存經內，其如理致幽晦，世未能詳。

中世以降，析請多門。宋簡寂先生陸君修靜，分三洞之源，列四輔之目，述科定制，漸見端緒。至唐廣成先生杜君光庭，遂按經誥，修成《黃籙齋科》四十卷，由是科條大備，典格具彰，跨古越今，以成軌範。當其成書露刺之日，上符玄穹昭允之祥，天下後世罔敢越此。至如符篆文移，則非齋科所載。行敎之士，轉相傳授。於是纂聚中洞諸經符呪訣目，集以成書，而實宗于《度人》之一卷。惟經乃法中之本，而法乃經之用。法出於靈寶，而隸乎洞玄，故謂之靈寶大法。由是經典之內，凡可以開度亡爽，利祐生民，符書法術，莫不兼收並錄，燦然聯屬矣。俾嗣法之人，不勞餘力。

如古者齋法，上品功用，則端嘿動天，存思格物，固非常人之可遽行。其餘齋法，通悃達誠，章詞爲首。後世增以文檄關申，實體世法而爲之，以輔章文之所不及。既有法職，則以洞玄部之籙冠其首。法籙相應，以爲階銜，聞奏上玄，通達三界，不得不備儀式。爾既立階位，又列文移，於是印篆不可無也。及夫得道登升，自有上天眞職，如許旌陽爲都仙太史，劉寬爲童初上帥，正一天師得老君玉印，費長房受壺公符籙，此乃天界神授，所謂仙職眞印是也。今應世行科佩籙，嗣法不過師傳。啓修眞之漸門，開立功之要路，固不在乎印篆之繁，職位之高也。

靈寶大法近者編述多門，有百二十卷者，似乎過詳，未免三洞經典，通取以入其中。福唐王升卿編作二十卷，頗爲適中。然多應世之科，亦分列曹局，及有預修之齋，頗無經據。似此等不無大醇而小疵。又有只編二十卷者，深爲簡當，而初授科法之士，多患不知根源。舊有隨經編法者，乃依經中之儀，製而爲用，乃是宗本。而世又指爲度人大法，或稱靈實經中，別爲異途。凡世之流傳者多門，未可盡睹。雖未能悉契靈旨大綱，亦粗可按行耳。

紹興之後，浙江以東，多宗天台四十九品，不究前輩編集之本意。首於序中直云：靈寶大法者，三十六部尊經之首，九品仙眞神靈之根。指法中編集之辭，俱是上帝口宣之語。殊不知符檄齋修、醮設書禁、驅治祈請鎭禳，悉是中古之後，因事立儀，隨時定制，輔翊元化，贊助靈風，非以爲法，出於後世，而不可行。乃其採諸經之要妙，搜衆典之符章，亦有遇異人之付傳，亦有蒙神仙之授受，凡可以立功宏化者，集爲中乘之法，却非上古之世天帝之言，而每叙事之條，見其間稱玄師曰，遂將上帝品排，謂救苦天尊爲玄師。彼蓋將以爲一言一論，悉出於天尊，其不加詳審，類多如此。惟本源之既失，故體格之益訛。是致於符章也欲其異，於印篆也欲其多，於法職也極其崇，於行用也肆其詐。及其授受之際，捧一編之書，轉相沿襲，師弟子略不深究博詢，問辯攷證，迷以傳迷，自神其說。

且夫玄元始三氣，爲萬化之根宗。自三氣肇而奠二儀，二儀定而生萬物，人稟中和之全氣，故像天地之大體。及其氣血運動，密契陰陽，是人身法天地而生成，非以此身，其爲天地也。修鍊之旨，有存三守一之門，即章文遺馭之所宗。以氣合氣，以神感神，覬天人交通，於恍惚之間，其事非稍知道者，不足與聞，法中略露其微意，台山書中不同其旨，乃取他處飛玄三氣印，編入法中，以發奏牘，使其印有所出。亦與洞玄之籙，靈寶之法，了不相屬。又不知氣可飛玄，則將升神矣。況三氣之妙，非可刻之印間。近來行其法者，又自相矛盾，印名同而篆文異者尤衆，甚至以經中之字合而爲印者，不可備數。

夫印者信也，文移申發，以示記識，如世之張官置吏，有一官則一印，上而君父，下而士民，莫不認以爲表誌也。如行天心正法，則以驅邪院印爲記，是行正法之科條，備驅邪院之屬吏，故此印發文移也。如籙進洞玄之品法，以靈寶爲職。舊儀只稱三天門下南曹，又以靈寶大法司爲曹局，故以其印而發文移，是本局之信記也。今又益以太上三天之印，既曰三天，又曰太上，非籙之階，又非法之職，此特摘其礙理之甚者。此外紛紛碌碌，不知其幾印，可惜謬用其心也。

邇來博古之人，亦嘗有著述儀範科條者矣，乃復取天台法中之符文印篆，雜入其中，玉石混淆，邪正交錯。至於職位，世人既未際眞授，未免佩籙於宗壇，求法於師友，以籙爲階，以法爲職，亦行教者不得不用耳。天台法中乃稱領教嗣師，或自稱宗師，復立玉陛仙卿太極眞宰，取以繫銜，大可驚畏。

且人之爲物，稟受冲粹，成兹一靈，迨夫卑形，不過父母氣血結爲胚胎，及其長也，百穀衆物養其軀體，自微至著，無非土滓。故《雲房三十九章》詩中有云：四大一身都屬陰，不知何物是陽精。蓋言人之五體百骸血津骨肉，莫非陰類。上士能修元鍊本，陰盡陽淳，如天之清，乃仙之品。猶未免受書洞府，效職仙曹，及其飛升輕舉，尚須攷證功過，量校數目，方遂高步雲烟，騰翔霄漢，仙眞等級，誠爲不輕。季世凡夫，地行濁質，佩籙傳法，則地界行教之司而已，五氣三雲，未徹修存之妙理。九還七返，莫全冶鍊之深功。袞袞塵途，前期叵測，滔滔俗浪，宿命難知，升舉之期，可謂遠矣，而乃遽稱大位，自處仙眞，用以爲銜，瀆天罔道，仙卿眞宰，豈地界治官之可當哉。如醮告斗，以伸祈禳，則靈寶大法中之一事也。在二十四等之中，只名北斗除災醮而已。

天台之行靈寶者，欲別立門戶，以傳於人。因見宣和間有璇璣之籙，故集諸家之說，以爲璇璣之法，別立玄靈璇璣府，印編末却歷言所本。如《北斗經》傍通圖諸書，皆列其後。雖法中言辭出於衆書，而立爲此印，又誰爲之耶。銜位稱主管璇璣府事，子生人則稱太上宮察訪使，是何說也。使有璇璣之府，亦斗星之宮，爾人而主管之，已與斗星同列矣。察訪之官，漢魏尚未有之，後世朝廷，廉使之任，非道法之階。殊不知受正一之籙，行天心正法，則通達誠祈，謄詞醮斗，有何不可。以致遷入洞玄法籙，則北斗醮，乃法中之一事，又待別立一銜，方可主行哉。儻每一等齋，則易一職，一品醮則更一銜，如此則古科二十七品之齋，四十二等之醮，當補數十等職位，乃可奉行，不期紛紛耶，使其職位之合典格。凡主行齋醮，進章拜表，禱雨祈晴，濟死度生，無所不通，又何必多立名稱，廣易銜位，大抵法籙階位，所以備儀式，符章印篆，所以是表誌。今以印篆階職，一至於此，其有不存于編，而用行矯僞者。如建齋醮之初，高功大書揭示，稱已於某日默朝上帝，啓告齋事，可謂不經。

且留形住世之術，惟金丹一法最爲正理，修仙之事，所當究心。自此之外，如鍊氣飡霞，服丹餌藥，收光吐納，熊經鳥伸，其類不一，而未可徑得鉛凝汞結，內就金丹，故謂之三千六百傍門小法，默朝上帝是其一也。蓋於身中升降運用，極於泥丸成者，可以却疾延年，失者未免動神損志。然專修此法，近來成就者亦希，非可以通天徹地而成眞者也。若夫火棗內榮，陰魔外絶，與道爲一，身外生身，升神而面朝九清，洞視而遐觀萬彙，此則靈寶中見玉清聖境之時，形神俱妙，隔絶囂塵，徯數待期，徑登金闕。得至此者，必不行科應世，身入齋壇，既能躬覿天眞，則章表文移，折旋音韻，一切不用，此又非默朝上帝例矣。

今方崇壇廣席，設像陳儀，牘盈編謄章表，是齋修之品格，卻稱默朝上帝。謂能面陳意於天，且人可罔也，天可欺乎。編中鋪聚，多乖正理，其書起自南渡之初，迄今將百載，邪說異論，幾徧浙東，歲月浸深，傳流漸廣，後學之事，習以爲常，亂敗典章，靡有窮已。太上之教，尊之而不加貴，毀之而不加卑，固不待辯是析非，然之後昭顯第以其法。行齋用事，違格失經，非獨書罪於三官五帝之司，而天下後世豈無達誠之士，將有秦無人之譏，欲加考正，又恐貽怒於其襲法之徒，故坐視神文之被穢，莫敢一言也。

允中每觀其窒礙，形神爲之震懼。初非以理推測，己見臆度。蓋戾古畔科，雖三尺之童，平心以觀，亦覺其謬。允中幸免陷身於邪僞之門，終不認後人之被誤，敬遵師傳之要旨，兼攷諸家之成書，務合古儀，略加編集。似失退遜而允中之管見，實謂居其職而任其事，矧佩籙傳符，久叨靈蔭冠星披羽，粗集冲科，雖非上天眞授之班，實玷地界職司之列。兼戴髮含齒，賦性立形，一切一毫，莫非元始祖氣，皇天之貺，大道之休，顧不重耶，是居其職而不任其事，可乎。由是不恤謗議，粗作編聯，使允中之言稍合科條，則其與同學共之。或允中之言，有違典格，則冀高人正之。是以略序其始末於卷首。允中不敢故爲險論，以是己非人。不過略删其續撰，頗從舊規，合理而有源，不厭其凡俗，背科而無據，不貴其新奇。

蓋以陸簡寂分三洞四輔爲別，以杜廣成立經定制爲宗，然後公其說，以定其法。是謂言之者無罪，聞之者足以戒。然允中見近世編錄法書，悉隱其機要。爲度師者，雖自無所得，而不應禁祕之文，亦委曲隱落。甚至減易古書，除削舊法，欲令不全，逐時出奇賣祕，以邀求嗣法弟子。此不獨靈寶齋法，其餘法書，莫不皆然，世態澆漓，一至於此，大抵靈機妙頤，便可飛升輕舉者，固不當顯書廣泄。如濟世立功，接人利物之用，豈宜略不具載。

允中於出世之法，登升之訣，未之聞也，但世之所行，幸頗識邪正，今成是編，深以市道爲戒，不敢故行隱落。凡靈寶之修存功用、救苦齋修，亦已備述。不至大段疏闕，理當而有據者，一毫不遺。論怪而無根者，雖詳不錄。意義相續者，不分兩卷。法之相須者，不敢離析。舊書分散，則取而序之。事涉別書，則攷而釋之。疏出條目，悉可按行，所其法中科禁至重，自來不存簡策者，亦備存條目。成書之後，錄奏上玄，告聞三界，對天立願，廣宏至教。爲學之士宜廣見聞，況今名山福地，僻境遐方，隱跡林泉，混塵朝市，有道之士，豈無其人。患不能廣參徧歷，別識仙眞而已。第亦須稍知，今之諸方，在家出家嗣行靈寶者多矣，而靈寶之法，今又幾家。然後攷自己之所得邪正淺深，亦不可略見。假使專執先入之說，而非他人，身坐井中，而作天論，則非有心於教者矣。學者更能平其心志，審其端緒，毋致日趨於乖眞叛道之途，實允中之至願也。允中經籍度三師，乃中原之宗派，已叙其姓名於卷末，允中非敢出私見，以誑世人。蓋以師授之旨，多口傳而心記，恐歲久泯沒，故次序古書，而略隱於其中，爲教門而設也。

著錄

《道藏目録詳註》卷四　王契眞集。卷一之八，入門、經緯修用門、開宗明義門、呑服玉札洞視隱文、神光大定圖、中理五炁修眞各圖、默朝煉頂法、朝元法、眞靜夜卧法、五解法、五方服色、五芽眞文、服靈芝雲液法、服元氣法、八十一品通玄祕旨。卷九之卷十五，朝修儀謝門、三界所治門、降眞召靈門、濟世立功門、治魔伏神門、九重三十六天圖、諸天星宿各圖、淵源三界五天魔王九官八節愈災法、禳治水怪法、除火怪法、三天驅蝗法、火鈴辟惡愈災法、火鈴印治病法、安鎮玉篇等法。卷十六之卷二十四，鎮禳攝制門、經旨訓解門、玉字三篇眞文、寶經大梵正音章、五嶽眞形圖、酆都山眞形圖、治身中萬病符法、治病佩帶符法、圭十干圭人佩帶諸符、誦經科條、修誦内用、修誦旨訣。卷二十五之卷三十三，洞玄仙格品、經旨訓解門、傳度儀範門、傳度科格門、齋法壇門、經句分類門。卷三十四之卷四十二，齋法壇圖門、神虎玄範門、齋法符篆門、登壇諸品符法。卷四十三之卷五十一，齋法符篆門、進簡投龍章、大煉符篆門、煉度諸品符祕。卷五十二之卷六十，大煉神符篆門、齋法宗旨門、五炁變九炁圖、煉形行持齋法等法。卷六十一之卷六十六，審奏門、正奏門、奏各上帝奏章式、正申門、申日月五星二十八宿五斗十二官等宮申式、齋法章奏門、牒清各神祇牒式、雜用牒帖關等文檢。

又《上清靈寶大法目録》一卷，洞玄靈寶大法金允中編。本法戒律品、元始洞玄靈寶無量度人上品、妙經洞章、七經八緯品、三界功書品、玉札靈章品、五芽内煉品、元始大定品、五芽之法、七日七夜呼吸定息至眞工夫在内。

《上清靈寶大法》，卷一之九，齋直禁忌等法。卷十之十八，本法印篆品、悔過謝愆品、濟生陽德品、祭煉幽魂品、祛妖拯厄品、列字爲符品、黄籙次序品、飈旛科式品、玉文眞篆品、皆音釋正字符篆幷各印文。卷十九之二十七，登壇科範品、臨壇符法品、章詞表牘品、上章科格品、六慕啓謝品。卷二十八之三十六，奏申文檄品、青詞昇度符誥品、受持策杖度品、燃燈破獄品、神虎攝召品。卷三十七之四十七，水火煉度品、施食普度品、散壇設醮品、投龍送簡品、煉度對齋品、煉度諸儀。

靈寶無量度人上品妙經

著錄

《道藏目録詳註》卷一　《靈寶無量度人上品妙經》卷一、元始無量度人上品。卷二、玉宸大道品。卷三、天地八維安鎮國祚品。卷四、永延刦運保世昇平品。卷五、消禳國君王侯世土災祥品。卷六、太乙神變五福護國禳兵品。卷七、顯瑞符應品。卷八、清微金科品。卷九、禹餘玉律品。卷十、大赤靈文品。卷十一、玉明運度品。卷十二、陰陽化生品。卷十三、太乙元精品。卷十四、日精陽明品。卷十五、月華陰景品。卷十六、陰陽離合五行化體品。卷十七、扶桑青陽品。卷十八、素景曜靈品。卷十九、十方勝境品。卷二十、碧落空歌品。卷二十一、生化胎根斷除邪穢品。卷二十二、飛神召靈品。卷二十三、降眞召靈品。卷二十四、神變氣化品。卷二十五、赤符丹光品。卷二十六、明體貫氣品。卷二十七、紫光丹靈品。卷二十八、缺。卷二十九、降眞延壽品。卷三十、斷絕胎根閉塞死戶品。卷三十一、長生久視品。卷三十二、五行順治品。卷三十三、五方正氣品。卷三十四、騰曜二景五星品。卷三十五、九宮仙籍品。卷三十六、八景神合品。卷三十七、七星除妖品。卷三十八、神符除難品。卷三十九、南宮延生品。卷四十、北都除殃品。卷四十一、五行備足生靈壽域品。卷四十二、祈求嗣續慶延門閥品。卷四十三、保胎護命品。卷四十四、洞神禳災品。卷四十五、解禳山谷瘴癘品。卷四十六、除禳水火漂焚品。卷四十七、祈禳水旱品。卷四十八、安鎭九壘品。卷四十九、消除病癘品。卷五十、蠲化水火災癘品。卷五十一、保命延年品。卷五十二、玄明洞淵品。卷五十三、斬滅邪怪品。卷五十四、斬馘不祥品。卷五十五、追度亡魂品。卷五十六、濟度死魂品。卷五十七、解釋幽牢品。卷五十八、迴生起死品。卷五十九、化屍變形品。卷六十、鍊氣變仙品。卷六十一、永斷輪轉品。

靈寶無量度人上經大法

綜述

天真皇人《靈寶無量度人上經大法序》 元始祖劫，爲天地之根宗。靈寶開圖，總陰陽之樞紐。推日月變通之理，統星罡躔運之機。妙集旋綱，提攜子午，達五行之造化，追二炁之魒魁。進退乾坤，飛旋離坎，擒龍伏虎，控鳳乘鸞，朝餐紫府之英，暮食青華之液，鍊形流火，濯質東池，六龍飛蹈於層霄，九炁攢烹於玉鼎。道之生我，物無定形。棄物留形，則炁神交而眞自徹。釋情養浩，則精血通而炁自凝。眞火高奔，飛扶丘之皎日。水金拘制，旺玉闕之蟾蜍。八鸞同鳴，讚空歌之雅韻。九鳳齊唱，揚十絕之玄音。俯仰靈阿，十方之天眞自集。朝叅太上，萬靈之羽衛飛軿。黍米高懸，變通莫測，含包虛昧，則無鞅數衆咸歸。濁競奔趨，則萬炁千眞盡散。集炁爲寶，聚神爲靈。乾健純陽，坤厚純陰。自然之炁，無形無名，上極九清，以炁假名爲號。下徹九地，以形則號爲名。是知杳杳冥冥，恍恍惚惚，寂然不動，感而遂通，二炁迴旋，天地應時而動。三田通妙，陰陽轉運而爲。靡在他施，何勞自造。存神叩齒，誓初眞八道之門。鍊炁書符，明學士守規之矩。欲餌吞於九轉，當造化於四時。迴運周天，交遘水火，烹金鑄鼎，鍊石補玄。盜日月之精華，結神眞之鉛汞。先明子午，次辨水金。進退抽添，知時識候，溫調養育，烹鍊無差。勿殺害以欲貪，勿嫉妬而婬盜，遠憎去娟，異骨成親，濟度天人，闡教凡世，通玄究微，悉章洞慧。束魔却惱，斷六根障塞之源。捨妄從眞，滅五苦輪迴之路。拘魂制魄，養炁藏神，身有光明，形無影響。開明三景，離合自然，高宴鬱羅，萬劫蕭臺，聳冠飛升，金闕玉山，絕境逍遙。飛駕瓊輪十炁飛天自現。控乘綠輦，諸天五老傾光。疾除罪薄之因，落滅惡根之道。妙乎茲法，故品諸經，提悟迷荒，救攜未悟。吾昔遇淸微丈人，授以二炁吐納。次遇於玄皇玉帝，賜以金丹訣言。遂明天地權輿之數，以了陰陽生殺之機。衆卉百華，盡守根而固蔕。奇禽異獸，咸抱一以含元。故知顛倒五行，番覆四象，盜元一飛玄之氣，守眞精妙體之英。建寶鼎於崆峒，飛金晶於靈洞。遘內外之水火，合上下之刀圭。元炁周流，感元黃而玄珠光耀。包藏宇宙，含金丹而資用無窮。是知天地之獨尊，變化之無形無質。乾坤之妙道，生死之無始無終。道勿遠求，不出戶牖。親之者鮮，遠之者多。棄本忘眞，甘樂忘於泉壤。入邪捨正，徒負夏以經冬。靜以生強，安而思極。七情鼓扇，陽絕陰生而性命危。六欲觸躭，精散形離而神炁泯。五藏搖蕩，九竅閉關，靡知性命之端，安得奇耦相配。何明造化，豈辨玄機。吾啓大慈，願提仙子。將茲神炁，集號玄章，故名靈寶之筌蹄，以應眞經之內法。付于妙行，出世度人，化現十方，名號非一，編諸經典，徧滿恆沙。句句爲玄，頭頭是道。悟茲妙理，則入生出死，而與道俱存。了此眞機，則離合自然，而去來無礙。遇之者夙非凡骨，行之者累世眞仙。悞讁人天，慮差覺路，指名圖定，證悟法門。行者祕藏，了眞可度。

著録

《道藏目録詳註》卷一　卷一之十，八明開聽品、五譯成書品、齋戒節度品、靈寶降世品、修誦瓊章品、靈寶符命品、訓釋經義品、神光入定品、十轉廻靈品、洞視降詔品、混元玉劄品、洞視修用品、遏絶魔試品、並天章雲篆各符圖諸品。卷十一之二十，六甲武剛氣符靈寶洞視品、洞視神眞品、佩服内音品、并諸天諸帝各諱符祕等訣。卷二十一之三十，五嶽眞形圖、招靈求仙品、飡吸元和品、吐納正炁品、内朝三景品、神受大法品、首愆謝過品、玄憲仙格品、上清所治品、禳度施用等品文圖。卷三十一之四十，禳度施用品、修禳條格品、五帝育物品、自煉形神品、還元叙玄品、並赤書玉文隱學修應條格、召十方飛天神王罡法、祈嗣符法、起死回生符法、治萬病符法、祈禳五災等符法。卷四十一之五十二，章表思存品、元綱流演品、運神合景品、十魔境化品、思神儀訣品、壇圖幕式品、十魔化境品、燃燈破獄品、并元綱流演飛步運神合景之法、太陽太陰煉形之法、習眞入定法、禦凶邪法、夜卧法、禦凶邪法、壇圖諸階符祕。卷五十三之六十四，九戹生神明燈科、靈寶五符、神虎召攝八門之壇式、神虎現形等符、煉度諸法、披黄受道、紫府誥、五篇、玉章諸符祕。卷六十五之七十二，九煉生尸品、神虎追攝品、煉度諸符品、凝香昭應品、修齋受詞品、發明大道品、眞師戒律品、存眞修證品、降奔内景品、昇斗奔神品、太玄制魔品、建壇威儀品、通眞達靈品、厭怪勝妖品、驅邪輔正品、慧光燭幽品、幽獄追攝品、驅拔禳禬品、福壽增崇品、延生度戹品、并九戹生神明燈科神虎隱書符法降太上眞水火法九天寶誥道德香符變食符法傳度詞式。

道法會元

著録

《道藏目録詳註》卷四　目録一卷，總計二百六十八卷。卷一至十二，清微宗旨、清微符章經道、清微祈禱内旨、清微天寶玄經。卷十三之二十三，玉宸登齋符品、玉宸煉度符法、煉度内旨、煉度科儀、清微齋法、發遣科文、文移符簡。卷二十四之三十五，清微灌斗、五雷大法、告奏科儀、清微道法、上清龍天通明煉度大法、玄樞玉訣祕旨、清微祈禱大法、紫極玄樞奏告大法。卷三十六之四十六，上清紫庭祕法、上清武春烈雷大法、馬溫殷趙等帥符法。卷四十七之五十五，上清神烈飛捷五雷大法、祈雨祈雪遣蝗蟲等法。卷五十六之六十五，上清玉府五雷大法、高上神霄玉樞斬勘五雷大法、祈禱驅治兼天干地支起雷罡煞方位等法。卷六十六之七十五，雷霆綱目、雷說、雷霆玄論、玉侍宸八段錦、白玉蟾玄珠歌、盧靖天師破妄章、天書雷篆等祕。卷七十六之八十二，火師汪眞君雷霆奥旨、雷霆妙契、雷霆契勘、欻火律令、鄧天君大法、負風猛吏辛天君大法、火雷張使者大法。卷八十三之九十二，先天雷晶隱書、先天一炁雷法、雷霆六一天喜使者祈禱大法、九天雷晶等章、一炁雷機先天祈禱諸階祕法。卷九十三之一百三，雷霆三要、一炁火雷使者大法、雷霆欻火張使者祕法、雷霆飛捷使者大法、雷霆碧潭起雷禱雨大法、上清金闕五雷祈禱祕法、雷霆、鐵劄、召龍致雨符祕、五雷祈禱行持祕法。卷一百四之一百十三，高上景霄三五混合都天大雷琅書、混元玄書、混沌玄書大法、帝令寶珠五雷祈禱大法、並厭妖星符。卷一百一十四之一百二十一，太極都雷隱書、南昌火府烏暘雷師祕法。卷一百二十二之一百三十二，太上三五邵陽鐵面火車五雷大法、九州社令蠻雷大法、九州社令雷法、九州社令陽雷大法、雷霆箭煞年月樞機北眞水部飛火擊雷大法、石匣水府起風雷致雨法。卷一百三十三之一百三十九，太乙眞雷霹靂大法、太乙天章陽雷霹靂大法。卷一百百四十之一百四十六，太乙天章陽雷霹靂大法、正一忠孝家書、白捉五雷大法。卷一百四十七之一百五十五，洞玄玉樞雷霆大法、混元六天妙道、一炁如意大法。卷一百五十六之一百六十三，天蓬伏魔大法、內有遺蝗蟲符、還魂等法。卷一百六十四之一百七十四，上清天蓬伏魔大法、混元飛捷伏魔大法。卷一百七十五之一百七十八，上清童初五元素府玉冊大法、元應太皇府玉冊、元景丹天府玉冊、元府太皇府玉冊、元和遷教府玉冊、元素元輝府玉冊。卷一百七十九之一百八十七，上清五元玉冊、九靈飛步章奏秘法。卷一百八十八之一百九十七，太乙火府五雷大法、太乙火府通神內殿秘法、祈禱秘法、太乙火府內旨、混元一炁八卦洞神天醫五雷大法。卷一百九十八之二百一十，神霄金火天丁大法、金火天丁神霄三炁火鈴歌、金火天丁鳳炁紫書、金火天丁玉神解關雲篆、玉陽祭煉內旨、太極先翁施食法。卷二百一十一之二百二十一，天罡主煞大法、中天總制飛星活曜天罡大法、廣靈宣化陳將軍秘法、玉旨乾元丹天雷法、元皇月孛秘法、九天玄女竈告秘法、紫庭追伐補斷大法、神霄斷瘟大法、神霄遣瘟送船儀、神霄遣瘟治病秘訣。卷二百二十二之二百三十一，正一吽神靈官火犀大仙考、召秘法、上清都統馬元帥驅邪秘法、金臂圓光火犀大仙正一靈官馬元帥秘法、雷霆火府朱帥考、邪大法、靈官陳馬朱三帥考召等法。卷二百三十二之二百四十三，正一玄壇六陰草野舞袖雷法、淸微西靈崇明月華大法、正一玄壇金輪如意大法、雷霆三五火車靈官王元帥祕法。卷二百四十四之二百五十二，玉淸靈寶無量度人上道、上淸靈寶無量度人上道、天心地師大法、北帝司殷元帥祕法、太上天壇玉格、太上女靑天律。卷二百五十三之二百六十一，地祇法、東嶽溫太保考召祕法、東平張元帥祕法、地祇馘魔上將關元帥祕法、酆都車下二元帥大法。卷二百六十二之二百六十八，酆都考召大法、北陰酆都太玄制魔黑律、靈都太玄酆都黑律。

靈寶領教濟度金書

著録

《道藏目録詳註》卷二　《濟度金書目錄》一卷，洞微高士開光救苦眞人寧全眞授，靈寶通玄弘教水南先生林靈素編。

《靈寶領教濟度金書》卷一之九，壇信經例品、開度祈禳通用、黃籙壇內合用、投龍簡合用、上章合用、餘齋壇內合用、修奉節目品、開度黃籙齋五日節目、明眞齋三日節目、遷拔道場二日節目、九天生神齋三日節目、靑玄黃籙救苦妙齋三日節目、血湖道場一日節目、滅度五煉生尸齋三日節目、師友命過行道諷經道場節目、度星滅罪齋三日節目、祈禳黃籙齋五日節目、預修黃籙齋五日節目、祈禳自然齋三日節目、消災集福道場三日節目、安宅齋三日節目、七曜齋三日節目、璇璣齋三日節目、玄靈經懺道場二日節目、保病齋三日節目、傳度道場二日節目、雷霆齋節日、十迴度人經法祈禳道場節目、壇幕制度品、開度祈禳通用、虛星壇總圖、聖眞班位品、朝奏次序品。卷十之二十四，讚誦應用品、科儀立成品、進拜朱表儀、九靈飛步上章儀、禮金籙燈儀、開啟祝幕儀、立眞師幕儀、關發三獻儀、大禁壇儀、豎遷神旛儀、幷各儀範。卷二十五之四十一，科儀、立成品、開度通用、九戹燈儀、催召儀、沐浴儀、安鎭儀、破獄儀、九幽燈儀、三途五苦燈儀、宿啓儀、陞壇誦經儀、眞靈醮儀。卷四十二之五十八，科儀立成品、開度黃籙齋九朝行道儀、宿啓儀、六上轉經儀、謝恩醮儀、投山簡儀、上十方□儀、立諸司幕儀、散壇儀。卷五十九之六十九，科儀、立成品、開度黃籙齋九煉返生儀、玄都大獻玉山淨供儀、淨供合用、大獻自然朝儀、大獻早朝行道儀、大獻謝醮儀、玉淸溟涬大梵甘露淨供儀。卷七十之八十五，科儀立成品、淨供合用、甘露淨供壇前煉水火池儀、開啓變壇儀、豎九天旛儀、靈官醮儀、生神開度用、催召儀、宿啓儀、九天懺儀、早朝行道儀、煉度儀、陞壇轉經儀、靑玄豎旛儀。卷八十六之一百，科儀立成品、青玄齋用、引魂朝禮沐浴儀、宿啓儀、早朝儀、懺方儀、煉度醮儀、普度淨供儀、謝恩儀、單朝儀。卷百一之百一十六，科儀立成品、朝眞齋用、十方懺儀、謝恩醮儀、煉度儀、傳戒儀、早朝行道儀、單朝儀、太極心法祭煉儀、冥官醮儀。卷百十七之一百三十，科儀立成品、五煉生尸齋用、早朝行道儀、謝恩醮儀、眞靈醮儀、經法煉度儀。卷一百三十一之一百四十七，科儀立成品、度星齋用、講經儀、早朝行道儀、誦經儀、師友命過午朝行道儀、晚朝行道儀、誦經分燈儀、祈禳通用南斗燈儀、周天燈儀、安鎮眞文儀、早朝誦經儀、壇中告符儀。卷一百四十八之一百六十九，科儀立成品、祈禳黃籙齋合用、第一日早朝行道儀、二日早朝行道儀、三日早朝行道儀、六上轉經儀、投山簡儀、第一日早朝齋儀、預修黃籙齋用二日早朝儀、三日早朝儀。卷一百七十之一百七十八，科儀立成品、預修黃籙齋用、預修黃籙謝恩醮儀、三官醮儀、十王醮儀、天曹寄庫醮儀、預修懺九幽燈儀、十方懺儀、安鎮眞文儀、生身受度儀、齋戒儀。卷一百七十九之一百九十三，科儀立成品、自然齋用、早朝行道儀、十方懺悔謝恩設醮儀、落景行道儀、消災集福道塲行道用、午朝行道儀、早朝行道儀、三界醮儀、宿啟建壇儀、七曜齋用、早朝行道儀、午朝行道儀、晚朝行道儀、散壇儀。卷一百九十四之二百一十，科儀立成品、安宅齋用、早朝行道儀、謝恩醮儀、九官八卦燈儀、早朝行道儀、保命齋午朝行道科儀、晚朝行道儀、禳瘟疫醮儀、早朝行道儀、北帝齋用、早朝行道儀、資福齋用、天醫醮儀。卷二百一十一之二百二十五，科儀立成品、璇璣齋用、早朝行道儀、開啟變壇儀、散壇儀、設醮開啟祝幕儀、玄靈經懺道塲用、宿啟儀、清旦升壇轉經行道儀、設醮儀、轉度道塲用、早朝行道儀、除尸累服金液神符儀。卷二百二十六之二百三十六，科儀立成品、受度齋用、傳度醮儀、弟子謝恩醮儀、雷霆齋合用、宿啟儀、懺方儀、午朝行道義、晚朝行道謝恩儀、十回齋用、十回度人經法、道塲三十二天燈儀。卷二百三十七之二百五十四，科儀立成品、祈嗣用、早朝行道儀、祈嗣醮儀、祈祿用、祈壽儀、早朝行道儀、祈晴齋合用、早朝行道儀、祈晴設醮儀、祈晴齋合用、早朝行道儀、禳熒道塲早朝行道儀、禳熒設醮等儀。卷二百五十五之二百六十六，科儀立成品、禳熒惑用、火部設醮儀、禳蝗道塲用、早朝行道儀、禳蝗設醮儀、紫英靈書品、鍊尸生仙品、上清滅度品、鍊尸生仙科法、符簡軌範品、開度祈禳通用、開度追攝品。卷二百六十七之二百七十四，符簡軌範品、鍊度品、五方赤書玉字二十八宿符、北帝齋用、璇璣齋用、解厄將軍符。卷二百七十五之二百八十二，書篆旨訣品、開度用、頒告諸符、書玉札法、追攝用、靈寶召二十四類傷亡符、存思玄妙品。卷二百八十三之二百九十，存思玄妙品、開度用、九天□朝內誦、水火鍊度祈禳用、玄靈內誦、資福齋用、誥命等級品。卷二百九十一之二百九十八，誥命等級品、祈禳用、旛蓋陳設品、表榜規智品。卷二百九十九之三百七，表榜規制品、青玄齋合用、祈禳十回度人道塲用、玄靈經懺、九晨表、開度祈禳通用、文檄發放品、開度黃籙齋用。卷三百八之三百十三，文檄發放品、開度黃籙齋用、祈禳通用、預修黃籙等用。卷三百十四之三百二十，文檄發放品、祈禳黃籙齋用、消災集福道塲用、保命齋用、傳度醮用、齋醮須知品。

法海遺珠

著録

《道藏目録詳註》卷四 卷一之十，神霄祕旨、神霄火府等法。卷十一之三十三，內祛治祈禱法、急告斗法、遣鶴等符法。卷三十四之四十四，起天罡法、遁月等法。卷四十五之五十六，紫微玉音、召雷大法、太歲武雷大法、趙帥劉帥辛天君關帥六一使者殷帥等階符法。

三洞衆戒文

綜述

張萬福《序》 萬福伏按三洞諸經，說戒多矣，難以具詳。學道求眞，莫不先持齋戒。故靈寶昇玄步虛章云：皆從齋戒起，累功結宿緣。又太極左仙公云：學道不修齋戒，亦徒勞山林矣。由是詳之，夫戒者，戒諸惡行，防衆行之最，若不持戒，道無由得，然道經不師受，則行之不神。三洞科儀，備有條格，而師資稟訓，各據一門，吳蜀京都，相承或異，良以教戒，須漸頓悟。人有賢愚，設法隨機，要存合道。恐跼見之徒，妄生疑惑，其傳授經法次第，已如三洞法目。今又依經，籙出戒文，附諸法次，受法之日，隨法轉授，令道士誦習，防非止惡，以制六情，進品上仙，遠超三界，自淺之深，非無優劣，從凡入聖，各有等差。聊舉大綱，庶通玄覺，即始起心入道，受三歸戒；籙生，五戒、八戒；在俗男女，無上十戒；新出家者，初眞戒；正一弟子，七十二戒；男官、女官，老君百八十戒；清信弟子，天尊十戒、十四持身品；五千文金紐，太清陰陽戒；太上高玄法師，二十七戒；洞神，三道要言、五戒、十三戒、七百二十戒門；昇玄內教，百二十九戒；靈寶初盟，閉塞六情戒；中盟，智慧上品大戒；大盟，三元百八十品戒；上清，智慧觀身三百大戒。凡受法，各授法服，宣示法服科戒，簡授法位，乃授天尊要戒，及勸戒三日後，設齋謝恩，授三師名諱形狀，居觀方所，並具之于左。

著録

《道藏目録詳註》卷一 上下同卷，三洞弟子京太清觀道士張萬福編録。始起心入道、三皈戒文、弟子奉師科戒文、閉塞六情戒文、三戒文、五戒文、八戒文、三訣文、八敗文、三要文、十三禁文、七百二十門要戒等訣文。

道門科範大全集

著録

《道藏目録詳註》卷四 廣成先生杜光庭刪定。卷一之二十四，生日本命儀、文昌註祿拜章道場儀、祈雨祈雪道場科儀、消災星曜儀、懺禳疾病儀。卷二十五之四十五，祈嗣拜章大醮儀、誓火禳災說戒儀、誓火禳災儀、安宅解犯儀、安宅解犯懺方儀、謝竈儀。卷四十六之六十七，眞武靈應大醮儀、南北二斗同壇醮儀、解禳星運儀、北斗延生清醮儀、北斗延生懺燈儀、北斗延生道場等儀。卷六十八之八十七，道士修眞謝罪儀、謝罪十方懺儀、上清昇化仙度遷神道場儀、東嶽濟度拜章大醮儀、三時懺方儀、靈寶崇神大醮等儀。

道門通教必用集

綜述

呂元素《序》 天師立教於西蜀，廣成終老於益州，故蜀之人奉道爲盛，而儀注亦甚。詳第所傳，素無刊本，差誤實夥。頃觀中藏書既成，適左史簡池劉公、太常眉山朱公，官中都。元素因宗丞二江李公有請，得都下道經數百卷，皆吾蜀所缺者。其間科儀居多，乃令小師太古，參較同異，考古辨今。始自童蒙，訖於行教，綴緝成集，以貽後人，會掌兩川黃籙。四方同人，莫不輻湊，用是俾鋟諸木，與衆共之。予嘗患不善，斲者旁觀袖手，又從而指笑之，或則鉗口結舌，祕爲己私，終身不肯吐一辭與吾徒。是正豈太上爲人，則愈有愈多之意，教門缺典，不特此識者，尙同是念，以修正一廣成之風，不亦宜乎？

韓混成《序》　古者，天子祀天地，格神明，皆具犧牲之禮，潔粢盛，備衣服，先散齋，而後致齋，以成其祭，猶慮儀不及物，與不成享也，而况士庶乎？是以太上談經立法，以好生惡殺爲務。繼之天師因經立教，而易祭祀爲齋醮之科，法天象地，備物表誠，行道誦經，飛章達款，亦將有以舉洪儀，修淸祀也。是故歌雍詩頌淸廟，使聲成文，謂之音可以通于神明，禱于上下，唱步虛，詠洞章，原其理也，亦無二致。自天師立教之後，而道家者流合規儀者，則失於聲音之學；得音聲者，失於規儀之備。亦猶公輸子之巧，不以規矩，安可以制其方圓乎？宋時鶴林呂氏，因詣京師，覽藏典而搜括道玄，編成集策，目之曰《通教集》焉。上自天子，下至庶人，爲國爲家，爲存爲亡，崇修醮祭，欽崇道教，無不旁通。抑亦使學人，必以規矩，而通達其教典。觀其用心，亦普矣。雲臺何公，亦因而發明，而使人諳鍊科教，編類《鍊教集》通行於世。二書之中，互有得失，觀覽之者，不無疑焉。今錦城三井觀道士馬道逸，簉跡於簪裳者，積有年矣，留心於科教者，未嘗時輟。於是混《通教》、《鍊教》二集，取其長者，類聚以成一家之書，鋟梓以廣其傳。囑予以叙其意，愚曰：講學之中，予每留心。科教之內，積年以來，予亦荒嬉。子以爲教，而弘是心，予敢不勉，以成其美。學人得此，以知軌範，志士修之，以通神明。是亦教門之盛事也，誰不予之。

著　録

《道藏目録詳註》卷四　九卷。矜式篇、詞讚篇、讚詠篇、步虛篇、職佐篇、讚導篇、威儀篇、精思篇。

道門定制

綜　述

呂元素《序》　至簡易者道，而至詳備者禮。凡人之所以事天者，道也。因事天而起至誠之心者，有禮存焉，此聖人垂世立教之本旨也。然於繁簡之間，當有所折衷，而不可過也。道門齋醮簡牘之設，古者止符篆朱章而已，其他表狀文移之屬，皆後世以人間禮，兼考合經教而增益者。所在無定式，或得之詳備，而失簡易之旨，使力所不逮者，不可跂及；或失之鹵莽，而使盡敬事天者，無所考定，不愜其意。元素常竊患之，欲別爲校定，使之適中，俾略者不得隱，而繁者不得踰，則事天奉道之禮，不因人而隆殺。其他有合講明，具于下方，當有能辯之者。

著　録

《道藏目録詳註》卷四　十卷，道門定制章奏表狀牒。文雲篆符誥黄籙都疏文移。

《四庫全書總目·子部·道家類存目》　《道門定制》十一卷，前五卷爲西蜀道士呂元素撰，所載皆齋醮中表狀文牒之式，兼及符籙。有淳熙戊申自序。後六卷爲元素門人呂太煥所補，兼録政和玉音長吟法事、短吟法事，及道君自製道詞。有嘉泰辛酉自序。皆道流以意爲之，自神其教者也。元素書作於孝宗時。太煥書作於寧宗時。而第五卷中有大元國鄉貫字樣，殆元代刊刻，又有所附益，非復二呂之舊。然本書既純構虛詞，則增竄亦不足詰，同歸於誕而已矣。

道門十規

著録

《道藏目録詳註》卷四　一卷，正一嗣教道合無爲闡祖光範眞人張宇初譔。一曰道教源派、二曰道門經籙、三曰坐圜守靜、入道之本、四曰齋法行持、乃上□籲天禱祭之理、五曰道法傳緒、六曰住持領袖、七曰雲水參訪、八曰立勸度人、九曰金穀田糧、多累朝給賜田土、十曰宮觀修葺等條。

赤松子中誡經

綜述

佚名《赤松子中誡經》卷首　昔公明子皋過宋，見大夫薛瑗有子一十人，六人僂跛癰臂顛癡，一子獄死，三子盲聾瘖瘂。子皋遂問：大夫所行之行，如何而禍至此？薛瑗對曰：今蒙先生顧問，實以衷腸之事奉告先生。予爲國之宰相，未曾舉一人，不曾接一士，見賢如讎，約截不令入。見人遺失，予如有所得；見人有得，予如有所失。恨身不爲之耳。皋曰：大夫所行，如此之行，須至滅門矣。千迍萬病，殃及子孫，受諸惡報，何至如此乎？薛瑗聞先生所説，神色憂懼，心魂茫然，稽首知過，寧許改乎。子皋語大夫曰：天雖高而察其下，行兇惡者必殃，行善事者必福，改往修來，轉敗爲成，不患晚矣。吾昔年曾於先生處，傳得赤松子誡箴一軸，能依此行，治身萬病，及拔見世子孫。吾今知大夫所作用心，從來皆錯，予將此誡箴，奉傳與大夫，但依此而行之，必知天之驗也。於是開篋取經，授與薛瑗。瑗拜而捧之，皋遂辭而去。得後數年還來，到國見大夫諸子，所疾並皆差矣。子皋見諸子疾愈，問大夫曰：予別後，得何良醫妙術，郎君所損諸疾皆痊。對曰：兒子亦不值良醫，別無方術。頃年於先生處，得《中誡經》，遂改過悛心，見人有所失，爲之慘然，見人有所得，内有喜悦，舉賢薦能，自退禄位，已前所貯金帛錢穀，散惠孤貧，救濟窮困，寬心饒借，與物無競，齋沐追薦君父，不淫服飾，不貪美味，敬天地，信鬼神，知足儉約，兒子各自愈。子皋語大夫曰：速哉，速哉，天之報善也，過於響應聲、影應形。今大夫一心行善，男女百病皆差，何況行一千餘事乎。薛瑗乃將千金拜上子皋，以酬賜經之恩，乞先生見受。子皋曰：予得大夫金亦無用處，可自留陰惠施人，唯抄此經，授與未悟之人，便是大夫報恩極也。於是先生乃辭大夫而去。

著録

《道藏目録詳註》卷一　一卷。此經乃軒轅黄帝問赤松子律身戒文。

太上感應篇

綜述

馮夢周《序》　先儒有言：天理人欲，同行異情。故飲食男女，謂之欲矣。然於其間，理欲所由分，邪正所由辯，於是善惡殊途，相去遠矣。使皆以飲食男女爲人欲，則是閉口枵腹，然後可以得飲食之正；絶滅種類，然後可以得人倫之正。是惡有此理哉？使夫人而渴飲飢食，男室女家，舉是兩端，驗之心術之微。達之家國天下，念念不離乎天理之正，則是諸惡莫作，衆善奉行也已。夫如是，則《感應篇》不必有可也。奈之何好善，未必能如好好色；惡惡，未必能如惡惡臭。始而涓涓，終而滔滔。

始而萌于一念慮，終而散爲千萬端。善念不勝惡念之多，君子不勝小人之衆也。此《感應篇》所由作，而注者之功，出入三教，網百家，因事引類，旁引曲證，孜孜勸人爲善之意也。是書在故宋時，嘗刊版于虎林之東、太一宮前，有李宗題識：諸惡莫作，衆善奉行八大字。其時大儒，若眞西山先生、鄭安晚丞相，皆有序引内附已。七十餘年，其爲版不存久矣。余鄉備員永嘉莫府，時刊積善錄諸書。今入吴，得《四書集注》，并《小學》善本，皆已勒諸梓，欲復刊是篇，則心力有所不迨矣。吴人溫懷仁君壽，家藏是篇，恆恐磨滅，於是捐金刊諸梓，不足則募施者以足之。經始於至正七年之冬，更九年秋八月，刊工告完。君壽刊是篇時，以余有意爲善也，實謀於余。余力雖不能振之，而時時勉之，以有終始，則余不爲無助。刊完乞余爲之序，故不敢以俗陋辭。

溫懷仁《序》 《太上感應篇》，舊出《道藏》宗季刊版臨安太一宮。其首題八字，蓋宋理宗御書。其以次序述之者，鄭安晚丞相，眞西山先生，餘皆其時宗工鉅儒。觀其意，無非勉人爲善之意也。懷仁生長吴下，自先人以來，莫不好善。至於懷仁，克守先業，今犬馬之齒，且望五十。竄身民籍中，及保父母遺體，要皆不敢爲惡之所致也。於是敬以此篇刻諸梓，庶與四方善人，因是篇也，日加修省，幾不孤太上開示之旨，叙者、注者誘掖之意云。

陳奐子《序》 史遷述《老子傳》，參舉萊子史儋之倫，未始定于一，殆不知孰爲老氏者。而葛稚川以爲所歷非一世，所出非一人，其論去遷遠矣。遷之言曰：無爲而自化，清靜而自定，則老氏者，吾不知其爲天人也耶。唐興，推其祖之所自出，躋於上帝，尊之也至矣。今讀其所著道德之篇言：用天下國家者，莫詳焉。至其窮極微妙，旁羅祕隱，於是莊周列禦寇之徒，始以其說，滂洋乎天下，而莫適於實用。載讀感應靈篇，與蜀士李昌齡之註，是殆推本道德之旨，發明禍福之端，究詰天人之證，嚴於訓戒，以警悟人心者乎？雖然人道邇，天道遠，人之盡，天之合也。蓋曰：善而無所勸則沮，惡而無所戒則流，使人知所勸而勉於善，知所戒而懼於爲不善，則夫保衛良心，適其情性之正，惕然不敢自肆，以速戾于厥躬，有關於治化審矣。天以天爲，不可不信；以己爲，不可欺；以人爲，不可逆；以物，不可不愛。順而行之，何往非福；反是，則禍之招也。可不謹與？論者曰：順德者祥，反正者殃，此天道也。爲善以邀福，不幾於有所爲而爲之乎？蓋視履考祥者，理也。小善未孚，覬心已生，則人事之作止，而天道之遠邇係焉，故貴乎誠之也。或者又曰：顏夭而跖壽，慶富而憲貧，董秦之官爵，黔婁之衣巾，天之報施，又何難諶之若此。蓋修人事而契天道，所以盡性也；順天道以修人事，所以至命也。人性無一之不善，則是訓；是行而不貳其心，抑亦可以立命矣。故知戒懼之不可忘，而充於至誠之久；知是心之不可妄用，而達於清靜無爲之妙。讀是書者，所當盡心焉。迺若注釋之搜冥抉怪，旁引曲喻，是又當嘉其用心之廑而審取焉，則可矣。

太微仙君功過格

綜述

又玄子《太微仙君功過格序》 《易》曰：積善之家，必有餘慶；積不善之家，必有餘殃。道科曰：積善則降之以祥，造惡則責之以禍，故儒道之教，一無異也。古者聖人君子、高道之士，皆著盟誡，内則洗心鍊行，外則訓誨於人，以備功業矣。余於大定辛卯之歲，仲春二日子正之時，夢遊紫府，朝禮太微仙君，得受功過之格，令傳信心之士。忽然夢覺，遂思功過，條目歷歷明了，尋乃披衣正坐，默而思之，知是高仙降靈，不敢疏慢，遂整衣戴冠，滌硯揮牋，走筆書之，不時而就，皆出乎無思，非干於用意，著斯功格三十六條、過律三十九條，各分四門，以明功過之數，付修眞之士明書日月，自記功過，一月一小比，一年一大比，自知功過多寡，與上天眞司考校之數，昭然相契，悉無異焉。大凡一日之終，書功下筆乃易，書過下筆的難。即使聰明之士，明然頓悟罪福因緣、善惡門戶，知之滅半，愼之全無。依此行持，遠惡遷善，誠爲眞誠，去仙不遠矣。西山會眞堂無憂軒又玄子序。

著　録

《道藏目録詳註》卷一　功格三十六條，過律三十九條。

太上慈悲道場消災九幽懺

綜　述

李含光《太上慈悲道場消災九幽懺序》　原夫赤明始開，雲篆肇形於霄極；炎漢後啓，靈文漸布於人間。西蜀則金闕遺科，東吳則太極傳教。繇是大有祕笈、洞眞瓊章，張徐顯之於前，陶陸敷之於後。師資繼踵，代生其人矣。

《太上慈悲道場消災九幽懺》者，始自太極左仙公葛玄於後漢桓帝時，居天台上虞山隱身修行，感太極眞人徐來勒下降于仙公之室，以靈寶天書、玉字洞眞、洞玄洞神、三十六部寶經授之於仙公焉。仙公在山，精思靜念，數十年間，通神感聖。山精木鬼，衛護稽首。沈魂逝魄，悉得超生。自謂大乘奥旨，可以開導衆生，拯濟沈溺。遂於三洞品內，撮其樞要，纂集懺文，使令當世群生悉聞悉見。將來多士易悟易行，至於無間酆都阿鼻寒夜，三途五苦，八難九幽，沈滯苦魂，不遭幽閉。乃及見存過去未來，所犯新罪宿愆，冤結災難，普得法潤，俱會正眞，因而流傳。當爾之後，趣惡緣者，百不二三；悟善因者，十有八九。是故仙班之業爰備，化導之功既盈。故立斯文，標于卷首云耳。

太上金櫃玉鏡延生洞玄燭幽懺

綜　述

虛一眞人《序》　夫清濁未分，無間昏曉。太極肇判，二儀乃分，皆本道之一炁而化者也。當龍漢、延康之先，道炁莽莽，質象未定，無復形器，但氤氳勃勃而已。至赤明之初，陽精始輝，迴運莫測，所謂非化而化，自然而然。龍漢之初，三千億萬九百五十一年，玉清交運，正度太初，流化萬象，纏結道炁。上清變化，七十九億萬三十九年，大丹成形，始有日月五星，道機沉蓄，微露化端。太清纏鍊，五十億萬一十二年，萬天棋布，神化洞明，造化發泄，景象列分，高玄明豁，大道行焉。

元始天尊，於清微天神霄玉清妙境，傳教道君，玄一眞經，靈寶金誥，無量妙訣，自開化已來，迄于茲世。道君凡萬有一千五百二十度降世。今當陽九運終，天地交變，民物夭傷。道君慈憫，敷宣此經三卷，遣左玄眞人賫付蓬萊宮，宮中眞人，刻書玉簡，日習誦詠。今見兆民受諸苦難，漂沉塗趣，難復人身。玉晨道旨，令降于世，傳付清信之人，護身保命。孽重不信之人，勿示窺笑，輕泄漏慢，殃及九祖，長役鬼官，勉而行之，祕而愼焉。此經凡有三名：一曰金櫃玉鏡眞經，二曰洞玄燭幽懺，三曰神寶祕章。敷明妙紀，開悟有緣，修而進之，可以召靈炁於三關，藹寶華於九戶。功滿德就，名書玉庭。至孝之士，報先化根宗，遵奉禮誦，雖億曾之遠、萬祖之衆，魂繫幽苦者，承是功德，皆即受度，上登朱陵。在世之人，年災月厄，非橫纏綿，禮誦修崇，則上消天災，下禳毒害，保寧家國。與善因緣修眞之士，究而悟之，則殃罪解於冥塗，靈眞備於純德，洞合妙道，身得神仙。更能立行立功，濟人及物，上超億祖，慶延子孫，世世昌榮，生賢出聖。此道尊妙，功德無邊。敬奉修持，無所不至矣。

大明玄教立成齋醮儀範

綜述

《御製玄教齋醮儀文序》　朕觀釋道之教，各有二徒。僧有禪，有教。道有正一，有全眞。禪與全眞，務以修身養性，獨爲自已而已。教與正一，專以超脱，特爲孝子慈親之設，益人倫，厚風俗，其功大矣哉。雖孔子之教明國家之法，嚴旌有德而責不善，則尚有不聽者。縱有聽者，行不合理又多少。其釋道兩家，絶無繩愆糾繆之爲，世人從而不異者甚廣。官民之家，若有喪事，非僧非道，難以殯送。若不用此二家殯送，則父母爲子孫者是爲不慈，子爲父母是爲不孝，恥見鄰里。此所以孔子云：西方有大聖人，不教而治，即此是也。

今之教僧教道，非理妄爲，廣設科儀，於理且不通，人情不近。其愚民無知者，妄從科儀，是有三、五、七日夜諷誦經文。經乃釋道化人爲善、戒人爲惡之言，猶國家之有律令。若誦經而使鬼魂聽之，以發揮其善念則可。若誦經而欲爲死者免罪，如犯刑憲而讀律令，欲免其罪，是爲不可。蓋靡費家資，僧道蠢蠢之徒，將以爲儀範之美，致使精神疲倦。觀其儀範之設，於中文訛字否，達者遂譏毁之。所以譏毁者，佛未請，三清未至，輒便望壁啓聞齋主之事。僧甚至日三遍對佛宣揚，道乃日三朝而敷奏，以此觀之，釋迦與老子非重聽而瞽目，故煩之於再三。若不如此，果何理耶？勑禮部會僧道，定擬釋道科儀格式，遍行諸處，使釋道遵守。庶不糜費貧民，亦全僧道之精靈，豈不美哉。洪武七年十一月。

《大明玄教立成齋醮儀範·序略》　神龜龍馬，圖書出應於明時；九鳳八鸞，鳴唱密諧於妙範。方寶珠之輝耀，至玉局之高呈。三十六部，藴奥之文，極披詳而莫既；五千餘言，道德之旨，與治化以同符。自經義隱而失眞，致科範傳而寖廣。百家異戶，歷代濫觴。唱讚繁，則質實之弗專；晝夜多，則精誠之必懈。考之於禮樂制度，既或僭差；質之於天地神祇，寧無冒瀆。喜有聖人之在上，庶幾仙道之重新。欽遇皇帝陛下，潔靜精微，高明博厚，綏萬邦，見梯航。入貢總三教，如江漢朝宗。昭事上帝之誠，郊焉而享；懷柔百神之禮，感而遂通。用斂福於庶民，復留神於兩教。洪武七年十一月二十三日，臣宋宗眞、趙允中、傅同虛、鄧仲修、周玄眞等欽奉聖旨，編定道門科儀，去繁就簡，立成定規進奏。臣宗眞等性質凡昧，學識淺陋，不揆率易，謹編定儀式，錄藁進呈。倘經天監，出自聖裁，行之於幽顯之間，有所益利，實道門萬世之幸。謹列品序，儀文于後。

道史仙傳部

列仙傳

著録

《四庫全書提要・子部・道家類》《列仙傳》二卷，舊本題漢劉向撰。紀古來仙人，自赤松子至玄俗凡七十一人。人係以讚，篇末又爲總贊一首。其體全仿《列女傳》。陳振孫《書録解題》以爲不類西漢文字，必非向撰。黄伯思《東觀餘論》謂是書雖非向筆，而事詳語約，詞旨明潤，疑東京人作。今考是書，《隋志》著録，則出于梁前。又葛洪《神仙傳》序亦稱此書爲向作，則晋時已有其本。然《漢志》列劉向序六十七篇，但有《新序》、《説苑》、《世説》、《列女傳》、《圖頌》，無《列仙傳》之名。又《漢志》所録，皆因《七畧》。其總贊引《孝經援神契》，爲《漢志》所不載。《涓子傳》稱其琴心三篇有條理，與《漢志》涓子十三篇不合。《老子傳》稱作《道德經》上下二篇，與《漢志》但稱《老子》亦不合。均不應自相違異，或魏晋間方士爲之，託名于向耶？振孫又云：《館閣書目》作三卷六十一人，《中興書目》作二卷七十二人，李石《續博物志》亦云劉向傳列仙七十二人，皆與此本小異。惟葛洪《神仙傳》序稱七十一人。此本上卷四十人，下卷三十人，内江妻二女應作二人，與洪所記適合。檢李善《文選注》及唐初《藝文類聚》諸書，所引文亦相符，當爲舊本。其篇末之贊，今槩以爲向作。考《隋志》載《列仙傳贊》二卷，劉向撰，晋郭元祖贊。又孫綽贊三卷。此本二卷，校孫綽所贊少一卷。又劉義慶《世説新語》載孫綽作商丘子胥贊曰：「所牧何物，殆非眞豬，儻遇風雲，爲我龍攄。」此本商丘子胥贊，亦無此語。然則此本之贊，其郭元祖所撰歟？以相傳舊刻未列郭名，疑以傳疑，今亦姑闕焉。

《文獻通考》卷二二五《經籍考》五二 《列仙傳》二卷。陳氏曰：漢劉向撰。凡七十二人，每傳有贊，似非向撰，西漢人文章不爾也。《館閣書目》三卷，六十二人。《崇文總目》作二卷，七十二人，與此合。

神仙傳

綜述

葛洪《神仙傳序》 洪著内篇。論神仙之事，凡二十卷。弟子滕升問曰：先生曰神仙可得不死。可學古之得仙者，豈有其人乎。答曰：昔秦大夫阮倉所記，有數百人，劉向所撰，又七十一人。蓋神仙幽隱，與世異流。世之所聞者，猶千不及一者也。故甯子入火而淩煙，馬皇見迎以獲龍。方回咀嚼以雲母，赤將茹葩以隨風。涓子餌朮以著經，嘯父烈火以無窮。務光游淵以脯薤，仇生却老以食松。邛疏服石以鍊形，琴高乘鯉於碭中。桂父改色以龜腦，女丸七十以增容。陵陽呑五脂以登高，商丘咀菖蒲以不終。雨師煉五色以厲天，子光轡虯雷於玄塗。周晋跨素禽於緱氏，軒轅控飛龍於鼎湖。葛由策木羊於綏山，陸通匝遐紀於黄盧。蕭史乘鳳而輕舉，東方飄衣於京都。犢子靈化以淪神，主柱飛行於丹砂。阮丘長存於睢嶺，英氏乘魚以登遐。脩羊陷石於西嶽，馬丹回風以電徂。鹿翁陟險而流泉，園客蟬蛻於五華。余今復抄集古之仙者，見於仙經服食方及百家之書，先師所説，耆儒所論。以爲十卷，以傳知眞識遠之士。其繫俗之徒思不經微者，亦不強以示之矣。則知劉向所述殊甚簡要。美事不舉。此傳雖深妙奇異，不可盡載，猶存大體，竊謂有愈於向，多所遺棄也。葛洪撰。

著録

《文獻通考》卷二二五《經籍考》五二 《神仙傳》十卷。晁氏曰：

晉葛洪弟子滕升嘗問洪曰：「古人之仙者，豈有其人乎？」洪答以秦阮倉所記有數百人，劉向所纂又七十一人，今《後錄》集古之仙者以傳眞識之士云。

《四庫全書提要・子部・道家類》 《神仙傳》十卷，晉葛洪撰。洪有《抱朴子內外篇》，已別著錄。是書據洪自序，蓋於內篇既成之後，因其弟子滕升問仙人有無而作。所錄凡八十四人。序稱：秦大夫阮倉所記凡數百人，劉向所撰又七十餘人，今復抄集古之仙者見於仙經服食方百家之書，先師所說，耆儒所論，以爲十卷。又稱劉向所述，殊甚簡畧，而自謂此傳，有愈於向。今考其書，惟容成公、彭祖二條，與《列仙傳》重出，餘皆補向所未載。其中如黄帝之見廣成子、盧敖之遇若士，皆莊周之寓言，不過鴻濛雲將之類，未嘗有其人。淮南王劉安謀反自殺，李少君病死，具載《史記》、《漢書》，亦實無登仙之事，洪一概登載，未免附會。至謂許由、巢父服箕山石流黄丹，今在中岳山中，若二人晉時尚存，洪目睹而記之者，尤爲虚誕。然《後漢書・方術傳》載壺公、薊子訓、劉根、左慈、甘始、封君達諸人，已多與此書相符，疑其亦據舊文，不盡僞撰。又流傳既久，遂爲故實。歷代詞人，轉相沿用，固不必一一核其眞僞也。諸家著錄，皆作十卷，與今本合。惟《隋書・經籍志》稱爲葛洪《列仙傳》，其名獨異。考新、舊《唐書》，並作葛洪《神仙傳》，知今本《隋志》，殆承上《列仙傳讚》之文，偶然誤刊矣。

洞仙傳

著錄

《四庫全書總目・子部・道家類存目》 《洞仙傳》一卷，不著撰人名氏。晁、陳諸家書目皆未著錄。然《太平廣記》嘗引之。《雲笈七籤》第十卷、第十一卷亦全載其文。則宋以前人作也。所錄自元君迄姜伯，凡爲傳七十有七。

集仙傳

著錄

《四庫全書總目・子部・道家類存目》 《集仙傳》十五卷，不著撰人名氏。《書錄解題》載《集仙傳》十二卷，曾慥撰。稱其書記岑道願而下一百六十二人。今《說郛》所載，雖非完本，然與此書體例迥殊，知非慥作。焦竑《國史經籍志》載《集仙傳》十卷，亦不著撰人名氏。竑書鈔本刊本皆多譌誤，豈十字下脫一五字歟？此書所載皆唐事，每條各註出典，如《太平廣記》之例。以《廣記》核之，無不符合。蓋即好事者從《廣記》鈔出耳。

道教靈驗記

綜述

宋徽宗《序》 夫妙道本於混成，至神彰於不測，經誥所以宣契象，宮觀所以宅威靈，符籙所以備眞科，齋祠所以達精懇。驗徵應之非一，明肸蠁之無差，誠覺寤於蒼黔，而彰亶於善惡也。朕顧惟寡昧，獲纂隆平，荷祉福之咸臻，務齊明而匪懈，思揚妙理，普示羣生。因覽杜光庭所集《道教靈驗記》二十卷，其事顯而要，其旨實而詳。今昔所聞，盈編而有次。殊尤之迹，開卷以斯存。冀永流傳，俾刊方版，庶資訓範，克暢淳風。直叙厥由，題於篇首云爾。

杜光庭《序》 道之爲用也，無言無爲。道之爲體也，有情有信。無爲則任物自化，有信則應用隨機，自化則冥乎至眞，隨機則彰乎立教。

《經》曰：善者吾善之，不善者吾亦善之，德善。此明太上渾其心，而等觀赤子也。《書》曰：不獨親其親，天下皆親。不獨子其子，天下皆子。此明聖人體其道，而慈育蒼生也。惡不可肆，善不可沮，當賞罰以評之。《經》曰：人之不善，何棄之有。故立天子，置三公。此聖人教民捨惡從善也。又曰：爲惡於明顯者，人得而誅之。爲惡於幽闇者，鬼得而誅之。又曰：爲善者善氣至，爲惡者惡氣至。此太上垂懲勸之旨也。《書》曰：惟上帝不常，作善降之百祥，作不善降之百殃。此聖人法天道福善禍淫之戒也。由是論之，罪福報應猶響答影隨，不差毫末，豈獨道釋言其事哉。抑儒術書之，固亦久矣。宣王之夢杜伯，晉侯之夢大厲，恭世子之非罪，渾良夫之無辜，化豕之報齊侯，結草之酬魏氏，良宵之殂駟帶，鄭玄之捽劉蘭。直筆不遺，良史攸載，足可以爲罪福之鑒戒，善惡之準繩者也。況積善有餘福，積惡有餘殃，幽則有鬼神，明則有刑憲，斯亦勸善懲惡。至矣，大道不宰，太上好生。固無責於芻狗，而示其報應。直以法宇像設，有所主張。眞文靈科，有所拱衛，苟或侵侮，必陷罪尤。故歷代以來，彰驗多矣。成紀李齊之《道門集驗記》十卷，始平蘇懷楚《玄門靈驗記》十卷，俱行於世。今訪諸耆舊，採之見聞作《道教靈驗記》，凡二十卷。庶廣愼徽之旨，以弘崇善之階，直而不文，聊記其事。

著録

《四庫全書總目・子部・道家類存目》 《道教靈驗記》十五卷，蜀杜光庭撰。光庭有《了證歌》，已著錄。其書歷述奉道之顯應，以自神其教。凡宫觀靈驗三卷，尊像靈驗二卷，天師靈驗一卷，眞人王母等神靈驗一卷，經法符籙靈驗三卷，鐘磬法物靈驗一卷，齋醮拜章靈驗二卷。以光庭自序及宋徽宗序考之，尚闕五卷。張君房《雲笈七籤》亦載此書，僅六卷一百十八條，又節刪之本，更非其舊矣。陶岳《五代史補》載：光庭，長安人。僖宗時應九經舉不第。嘗從道士潘尊師遊。會僖宗求可領蜀中道教者，潘薦光庭。遂奉詔披戴，賜號廣成先生。而《青城山志》載元符中彭崇一序，則云：光庭字賓聖，京兆杜陵人。與鄭云更應百篇舉不第，入天台爲道士。扈僖宗入蜀，留居青城以卒。其說小異，未詳孰是。然其爲由儒入道則同。故所述皆嫻於文字，較他道家之書詞采可觀。惜其純爲神怪之說，不足據爲典要耳。舊本題曰唐人。考朱子《通鑑綱目》書王建以道士杜光庭爲諫議大夫，而光庭《廣成集》中又有謝戶部侍郎表，則非惟入蜀，且仕蜀矣。故今改題焉。

録異記

綜述

杜光庭《録異記序》 怪力亂神，雖聖人不語，經誥史册，往往有之。前達作者《述異記》、《博物志》、《異聞集》皆其流也。至於六經圖緯，河洛之書，別著陰陽神變之事，吉凶兆朕之符，隨二氣而生，應五行而出。雖景星甘露，合璧連珠，嘉麥嘉禾，珍禽珍獸，神芝靈液，卿雲醴泉，異類爲人，人爲異類，皆數至而出，不得不生。數訖而化，不得不沒。亦由田鼠爲鴽，野雞爲蜃，雀化爲蛤，鷹化爲鳩，星精降而爲賢臣，嶽靈升而爲良輔，今吉所載，其從寔繁。又若晉石莘神，憑人約物，烏血魚大，爲災爲異，有之乍驚於聞聽，驗之乃關於數曆。大區之內，無日無之。聊因暇辰，偶爲集錄。或徵於聞見，或採諸方冊，庶好事者無志於披繹焉，命曰《録異記》。臣光庭謹叙。

著録

《道藏目録詳註》卷二 卷一之八共四卷，廣成先生杜光庭纂。言仙異、神人各異、言夢異、龍異、虎異、龜異、黿異、蛇異、魚異、洞異、水異、石異、墓異。

神仙感遇傳

著録

《四庫全書總目・子部・道家類存目》《神仙感遇傳》五卷，蜀杜光庭撰。記古來遇仙之事。《雲笈七籤》所載凡四十四條，此本凡七十五條。然第五卷末尚有闕文，不知凡佚幾條也。

墉城集仙録

著録

《四庫全書總目・子部・道家類存目》《墉城集仙録》六卷，蜀杜光庭撰。記古今仙女凡三十七人。云墉城者，以女仙統於王母，而王母居金墉城也。張君房《雲笈七籤》所載，與此本互異。然此本前數卷皆襲《漢武内傳》、陶宏景《眞誥》之文，眞僞蓋不可知。疑君房所録爲原本，而此本爲後人雜摭他書刱合成編。然均一荒唐悠謬之談，眞僞亦無足深辯耳。

《道藏目録詳註》卷三　六卷，廣成先生杜光庭集。仙録所載聖母元君、金母元君、上元夫人、靈華夫人、太眞夫人、麻姑太微、玄女左夫人、東華上房靈妃、紫微王夫人、雲林右英夫人、玄女孫夫人、嬰母鉤弋夫人、湘江二妃、洛川宓妃、楊都女、肝母、九天玄女、孫夫人、蠶女、彭女、弄玉女、園客妻、昌容漢中婦、河間王女、采女、太陽女、太陰女、太玄女、樊夫人、東陵聖女、西河少女，已上皆女眞登仙者，三十二位。

仙苑編珠

綜述

王松年《仙苑編珠序》　松年竊詳：三古之前，百王之後，修眞學道，證果成仙者，何代無人。《抱朴子》云：秦大夫阮倉所記有數百人，劉向撰《列仙傳》止於七十一人。葛洪復撰《神仙傳》有一百一十七人。松年伏按《登眞隱訣》及《元始上眞記》、《道學傳》，自開闢以來，皆是聖帝明王作神仙宗，爲造化祖。何者？如盤古爲元始天王，天皇氏爲扶桑大帝，伏羲氏爲青帝，祝融氏爲赤帝，軒轅氏爲黄帝，少昊氏爲白帝，顓頊氏爲黑帝。至於高辛、唐虞、夏禹、周穆、漢文，並在仙籍。松年又尋《眞誥》、《棲觀傳》、《靈驗傳》、《八眞傳》、《十二眞君傳》，近自唐梁已降，接於聞見者，得一百三十二人。伏以誥傳文繁，卒難尋究，松年輒敩蒙求四字比韻，撮其樞要，箋註於下，目爲《仙苑編珠》。謹序。

著録

《文獻通考》卷二二五《經籍考》五二　《仙苑編珠》二卷。晁氏曰：唐王松年撰。取阮倉、劉向、葛洪所傳神仙，又取經記中梁以後神仙百二十八人，比事屬辭，効《蒙求》體爲是書。

《四庫全書總目・子部・道家類存目》《仙苑編珠》三卷，舊本題唐王松年撰。松年，天台道士。《文獻通考》作唐人。然書中有梁開成二年事，則已入五代矣。是書以古來聖帝明王竝在仙籍，與後世修眞好道者竝數，得三百餘人。倣蒙求體以四字比韻，撮舉事要，而附箋註於下。《通考》作二卷。又序文及《通考》所舉人數，皆與今書不符，或後人有所附益歟。

三洞羣仙録

綜述

《三洞羣仙録序》　闕地求泉，雖至愚知其可得，鍊形致仙，雖賢者不能篤信。故神仙顯跡昭示世人，使鍊炁存眞，保命養神，以祈度世，脱囂塵，超凡穢，而游乎八極之外，其利物濟人之意弘矣。然仙凡異質，淨穢志殊。人之生也，資形以栖神，資物以養生。其弊也，後神以養形，逐物以喪眞，自壯而老，自老而衰，自衰而死，骨肉復土，形神離矣。仙者，養形以存生也，氣專志一，不以好惡累其心，不以得喪汩其和，游心於澹，合氣於漠。其至也心靜而神完，德全而不虧，故能出入虚無，獨與道俱，壽同天地，飛升太虚而爲眞仙矣。然知嵇康謂神仙稟之自然，非積學所致，吳筠謂神仙可學而成，二人矛盾如此。僕謂神仙苟非積學所致，則上帝之詔旌陽也，曰：學仙童子許遜，卿在多劫之前，積修至道，勤苦備嬰，萬法千門，罔不師歷，求災扞難，除害盪妖，功濟生靈，名刊仙籍，衆眞保擧，宜有甄升。可授九州高明太史。又詔曰：學仙童子許遜，脱子前世貪殺匿不祀先祖之罪，錄子今生咒水行藥治病伐惡馘毒之功，仰潛山司命君傳金丹於下界，閉債封形，回子身及家口廚宅百好歸三天。兩詔皆曰學仙童子，又曰積修至道，勤苦備嬰，是神仙果可學而致也。茅盈未生也，秦始皇三十一年，其祖初成於華山乘雲白日昇天，邑民謂之曰：神仙得者茅初成，駕龍上升入太清，時下玄洲戲赤城，繼世而往在我盈，帝若學之臘嘉平。按盈《内傳》及盈《九錫碑》言：盈生於漢景帝中元五年，蓋未生前七十二年，始皇世已謠當仙矣。漢哀帝元壽二年，上帝授位太元眞人東嶽上卿司命神君，時年一百四十有五歲，如此則神仙豈非稟之自然。二百一十七年，盈胎未兆前已謠當仙，實讖於未然，審爾豈積學所致也。末學之夫，謂神仙非積學所致而怠於勤修者，自賊其身者也。謂可學而能致者，欲磨磚爲鏡，坐禪成佛者也。夫忠信之道無他，誠一而已。

誠之與一，入水不溺，入火不焦，金石爲開，虎豹莫賊。如商丘開，如呂梁丈夫，彼一而猶若是。況神仙者，形神俱妙，與道合眞，其坐在立亡，分形散體，倏忽萬變，飛行八極，宜矣。修眞之士，虚緣葆眞，抱一沖素，以慈爲寶，以靜爲基，朝徹見獨，昭曠混冥，其要不離於老子莊周之書，捨是皆矯誣之論，非聖之書也。黄帝之遺玄珠，七聖迷道而象罔獨得。儵忽之遇混沌，日鑿一竅而返致其死。是明道者當遺形去智，虚無寂淡，靜一而不變，純粹而不雜，此養形神、反造化之本也。秦漢之君，侈於嗜慾，蕩於紛華，慕神仙之術，欲長年而保其尊榮，信金丹之説，資藥力以濟其荒淫，於是方士並出，而幻譎變化之術始彰。乃有合鉛汞、結丹砂而名大藥，嚥津氣、存龍虎以爲内丹。木公、金母之名，姹女、嬰兒之號，黄芽、白雪之稱，七返、九還之訣，其上則玄都、絳闕之異，赤明、龍漢之紀，三洞符籙之科，九壇齋醮之式，下逮尸解鑑形，投胎奪舍，飛符布炁，劾鬼治邪之術，悉由恍惚而立象，從虚無以課有，千門萬戸，錯出旁門。及其成功，則殊途同歸，百慮而一致也。天下之士，無本不立，無文不成。虚緣葆眞，抱一沖素，本也。變化飛升，尸解布炁，末也。故曰：本立而末自應，始質而文成，自然之理也。江陰靜應庵道士陳葆光，憤末學之夫怠於勤修，果於自棄，生存行尸，死爲下鬼，乃網羅九流百氏之書，下逮稗官俚語之説，凡載神仙事者，裒爲此書，以曉後學。使知夫列仙修眞之勤，濟物之功，奉天之嚴，得法之艱，如此之勤苦勞勩，卒能有成，丕顯有光，與天爲徒也。昔司馬子微著《坐忘樞》，陳碧虚作《混元鑑》以啓後人，皆旨趣深遠，初學蒙叟無自而入。今陳君集仙之行事，揚高眞之偉烈，以明示向道者，使開卷洞然知神仙之可學，歷世聖賢之跡，萃於目前，如視諸掌。激之勸之，使憤悱奮發，踴躍精進，以祈度世，如置尊通衢，人人可以酌取自飫，則其導迷翊教，濟物利人，豈淺淺者。陳君神氣虚靜，德性粹和，佩三洞之靈文，神飛碧落，窺九清之秘笈，名籍丹臺，他日繼列仙而授位，載雲氣而上浮，五帝校籍，三官策勳，所以酬著書之勤，而驚夫偷墮之士，使知有補於世者天必有以報也。

著録

《四庫全書總目・子部・道家類存目》 三洞羣仙録二十卷，宋陳葆光撰。葆光，江陰道士。是書採摭古來仙人事實，集爲四字儷語，而自註之。蓋王松年《仙苑編珠》之續。然所載但取怪異，不盡仙人事也。

《道藏目録詳註》卷四 二十卷。正一道士陳葆光撰集。言上古大羅天仙，始自盤古，以及歷代飛昇登天神仙眞人等第，分爲三洞。

續仙傳

綜述

沈汾《續仙傳序》 古今神仙，舉世知之。然飛騰隱化，俗稀可睹。先賢有言：人間得仙之人，猶千不得聞其一。況史書不長神仙之事，故多不傳於世。詳其史意，以君臣父子理亂忠孝之道激勵終古也。若敦尙虚無自然之迹，則人無所拘制矣。《史記》言：三神山在海中，仙人居金銀宫闕，不死之藥生其上，人有欲近山者，則風引船而去，終莫能到。斯亦激勵之意也。大哉神仙之事，靈異罕測。初之修也，守一鍊氣，拘謹法度，孜孜辛勤，恐失於纖微。及其成也，千變萬化，混於人間，或藏山林，或遊城市。其飛昇者，多往海上諸山，積功已高，便爲仙官。卑者猶爲仙民。十洲間動有仙家數十萬，耕植芝田，課計頃畝，如種稻焉。是有仙官，分理仙民及人間仙凡也。其隱化者，如蟬留皮換骨，保氣固形於巖洞，然後飛昇，成於眞仙，信非虚矣。汾生而慕道，尤愧積習。自幼及長，凡接高尙所説，兼復積年之間聞見，皆銘於心。又以國史不書，事散于野，矧當中和年兵火之後，墳籍猶缺，詎有秉筆紀而述作，處世斯久，人漸稀傳，惜哉。他時寂無遺聲。今故編録其事，分爲三卷，冀資好事君子，學道之人談柄，用顯眞仙者哉。

著録

《四庫全書提要・子部・道家類》 《續仙傳》三卷，舊本題唐溧水令沈汾撰。陳振孫《書録解題》曰：汾或作玢。案吴淑《江淮異人録》載，有侍御沈汾游戲坐蜕事，亦道家者流，疑即其人。書中記及譚峭，而稱楊行密曰吴太祖，則所謂唐者，南唐也。其書上卷載飛昇一十六人，以張志和爲首。中卷載隱化十二人，以孫思邈爲首。下卷載隱化八人，以司馬承禎爲首。雖其中附會傳聞，均所不免，而大抵因事緣飾，不盡子虚烏有之流。如張志和見《顔眞卿集》，藍采和見《南唐書》，謝自然見《韓愈集》，許宣平見《李白集》，孫思邈、司馬承禎、譚峭各有著述傳世，皆非鑿空。他如馬自然、許碏、戚逍遥、許宣平、李昇、徐釣者、譚峭、李陽氷，諸詩亦頗藉其採録。惟泛海遇仙使歸師司馬承禎事，上卷以爲女眞謝自然，下卷又以爲女眞焦静眞，不應二人同時均有此異，是其虚搆之詞，偶忘其自相矛盾者矣。

疑仙傳

著録

《四庫全書總目・子部・道家類存目》 《疑仙傳》三卷，舊本題隱夫玉簡撰。不著名氏。諸書或引作王簡，字形相似，莫能詳也。亦不著時代。中卷朱子眞趙穎一條，稱鑾輿將幸蜀，忽失子眞，穎服其藥，果得二百餘歲。考唐元宗、僖宗皆嘗幸蜀，即以元宗幸蜀計之，自天寶十四載乙未下推二百餘年，亦當乾德、開寶之間，知爲宋人所撰矣。所録凡二十二人，皆開元以後事。前有自序，稱不敢便以神仙爲名，因目之曰《疑仙傳》。其詞皆冗沓拙陋，或不成文。殆粗知字義者所爲。雖宋人舊本，無足採錄也。

玄品録

綜述

張天雨《玄品録序》 太史公曰：道家使人精神專一，動合無形，澹足萬物。其爲術也，因陰陽之大順，采儒墨之善，撮名法之要，與時遷徙，應物變化，立俗施事，無所不宜。指約而易操，事少而功多。予嘗感激以爲豈無其人，隱約而不可見，使太史之論不得信於後世。乃發憤求之於古人，由老子而下，若老子徒者，采其道德文藝而類次之，蓋彷彿得其人矣。昔南華之叙天下道術，尊孔子而不與。今倣其意，於是集，老子不與，尊之至也。楊子雲曰：孔子文足者也，老子玄足者也。因命題曰：《玄史》。寔道家之權輿博大，眞人之軌轍興世立教之法則也。太史公之論定，雨願學焉。

著録

《四庫全書總目・子部・道家類存目》 《元品録》五卷，元張雨撰。雨字伯雨，一字天雨，别號貞居子，錢塘人。宋崇國公九成後也。年二十餘，棄家爲道士。往來華陽雲右間，自稱句曲外史。能詩詞，工書翰，當時虞集、楊維楨亟稱之。是編載歷代道家者流，起周訖宋，列爲十品。曰道品、道權、道化、道儒、道術、道隱、道默、道言、道質、道華，得百三十五人。然書名《元品》，自應以清淨爲宗，故曹參、張良之流可以類入。至於神仙方士，别自成家。隱士逸人，各爲一傳。溷而一之，已昧老氏之宗。乃至范蠡權謀之士，鬼谷捭闔之師，亦復借材，未知其可。蒐羅雖富，難免蕪雜之譏矣。又雨自序中稱題曰「元史」，今標題之目與序不同。豈書後改名，而序則偶未及改歟？

搜神記

綜述

佚名《引搜神記首》 神何昉乎？百物之精乎？法施民，勞定國，死勤事，禦菑捍患，及山林川谷丘陵出雲爲風雨見怪物，皆曰神。其氣發揚于上，爲照明君蒿悽愴。祭法有天下者祭百神，重之也。昔新蔡于常侍著《搜神記》三十卷，劉惔見謂曰：鬼之董狐夫于晉人也，迄今日千百年，于斯善本已就圮，雖間刻間有之，而存什一，于千伯不免貽漏萬之譏。登不肖，走衣食嘗遡燕關探鄒魯，遊齊梁，下吳楚歐越之區，中間靈疆神界磅礴谽谺靡不領略，而悉數之。歲萬曆記元之癸巳，來止陪京爲披閱書記，得《搜神記》于三山富春堂。讀之，見其刻呂卷別以類，且繪呂像，質之不肖。前日所周覽者，而一墨蓋不襲于舊，能得于意發于未明，增于所未備卓哉，神也。要在造民福而同拱，翼我皇圖于億萬。斯水者不肖，媿非劉君能無董狐之賞于心耶。嗟又幽明也，神唯靈而後傳紀，記傳而神之靈益傳世，有峨大冠拖長紳呼可擁衛，既自赫然稱神矣。廼復身世與草木同朽腐，而令史冊闃無聞述可乎。

穆天子傳

綜述

王漸《穆天子傳序》 《穆天子傳》出汲冢，晉荀勗校定爲六卷。有序，言其事雖不典，其文甚古，頗可觀覽。子斿書序稱穆王享國百年，耄荒，太史公記穆王賓西王母事，與諸傳説所載多合，則此書蓋備記一時之詳，不可厚誣也。春秋之時，諸侯各有國史，多龐雜之言。下逮戰國，王迹熄而聖言湮，處士横議而異端起，人人家自爲説，求其欲不龐雜，其可得乎？其書紀王與七萃之士巡行天下，然則徒衛簡而徵求寡矣。非有如秦漢之千騎萬乘，空國而出也。王之自數其過，及七萃之規，未聞以爲迕也。登羣玉山，命邢侯攻玉，而不受其牢，是先王恤民之法，未嘗不行。至遇雨雪，士皆使休，獨王之八駿超騰以先待，輒旬日然後復發去，是非督令致期也。其承成康熙洽之餘，百姓晏然，雖以徐偃王之力行仁義，不足以爲倡而摇天下，以知非有暴行虐政。而君子猶以王爲獲沒於祗宮爲深幸，足以見人心之危之如此也。是豈可效哉，是豈可效哉。存其書者，固可以覽其古，徵其事者，又安可不攷其是非歟？南臺都事海岱劉貞庭幹舊藏是書，懼其無傳，暇日稍加讎校訛舛，命金陵學官重刊，與博雅之士共之，諗予題其篇端云。

荀勗《穆天子傳序》 古文《穆天子傳》者，太康二年，汲縣民不準盜發古冢所得書也。皆竹簡素絲編，以臣勗前所考定古尺度，其簡長二尺四寸，以墨書，一簡四十字。汲者，戰國時魏地也。案所得紀年，蓋魏惠成王子令王之冢也，於世本蓋襄王也。案《史記・六國年表》，自令王二十一年至秦始皇三十四年燔書之歲，八十六年，及至太康二年，初得此書，凡五百七十九年。其書言周穆王遊行之事。《春秋左氏傳》：曰穆王欲肆其心，周行於天下，將皆使有車轍馬迹焉。此書所載，則其事也。王好巡守，得盜驪騄耳之乘，造父爲御，以觀四荒，北絕流沙，西登昆侖，見西王母，與太史公記同。汲郡收書不謹，多毀落殘缺。雖其言不典，皆是古書，頗可觀覽。謹以二尺黄紙寫上，請事平以本簡書及所新寫並付祕書繕寫，藏之中經，副在三閣。謹序。

猶龍傳

綜　述

《猶龍傳序》 司馬子長唱始作史書，而帝紀、世家、列傳，叙前古聖哲之云爲，燦然若當年目擊，故班固而下，皆以爲則焉。聃聖降世之迹，雖預其列，大率簡約，學者莫能究始末。愚不揆淺陋，紬繹内外書而廣之，庶其詳也。然涉世之外，其間不能無耳目不相接之論，蓋著于傳記，無敢略之，且不以辭害意者，其是之謂歟。老氏姓李諱耳，字伯陽，謚曰聃。當商十八王陽甲之十七年，歲在庚申，其母晝寢，夢太陽化流珠入口，因吞而有娠，凡八十一年，極太陽九九之數。母氏因逍遥于李下，由左腋而生。既生，皓首而能言，指李曰：此吾姓也。一云：父姓李名靈飛，母尹氏名益壽，即商二十二王武丁之九年，歲在庚辰，二月十五日卯時生于楚國苦縣萬鄉一作瀨曲仁里渦水之陰。至紂王時，居岐山之陽，西伯命爲守藏史。武王克商，詔爲柱下史。至昭王二十五年，癸丑歲五月，乘青牛薄軬車，徐甲爲御，而去周。因度函谷關，關令尹喜善天文，知有聖人之來，乃齋戒迎伺。王七月十二日，老君至，授《道德》二經。約千日後，會蜀郡青羊肆，而俱適流沙。至幽王時，却還諸夏。故孔子適周而問禮。後於渦水故居，乘白鹿，登檜而昇天。或曰老萊子，或曰太史儋。或曰百有六十餘歲，以其修道而養壽也。或曰受學於容成，問道於常樅。士恭切。《説文》：松葉栢身也。古本文子作松字，讀俗，作摐非是。世莫知其然不，而謂之隱君子也。其子名宗，仕魏爲將軍，有功，封於段干。宗之子注，注之子宫，宫之遠孫假。假仕漢孝文帝。假之子解，解爲膠西王卬太傅，因家於齊。夫有天地則有道術，道術之士，自書契之作而至今，世世有之。且老氏本亦人靈，蓋得道之大者也。所以能通神達見而爲道主，故萬靈所奉，三界所歸。至若九丹八石，玉醴金液，存眞守元，思神歷藏，行炁鍊形，消災辟惡，治鬼養性，絕穀變化，役使魑彪，皆老氏常所經歷救世之術，非至至者。惟其虛無恬淡，寂寞無爲，清靜簡易，動與道合，故在周歷年之多而名位不遷者，蓋欲和光同塵而不自異。故著書稱：吾言甚易知，甚易行，天下莫能知，莫能行。以其當世之士，鄙純素，尙奇變，所以世與道交相喪也。而不知聖人起於無始，稟於自然，現眞身而啓師資，歷劫運而造天地。至于登位統，典靈篇，撰仙圖，傳寶蘊，爲帝師，示降生，皆聖人恢鴻妙本，匠成一切。逮夫涉世，則有宗緒之鴻源，歷官之華也。久之辭榮去周，青牛命駕，東離魏闕，西度函關，以吉祥草而試徐生，以上下篇而授尹喜。復昇紫府，宿約青羊。西入流沙，化于獷俗。却還諸夏，屢接宣尼。在孝文時，號河上公。在孝成時，授干吉《太平經》。在東漢時，授輔漢天師經籙。嘉禾中，葛孝先居天台山，而獲冲科祕典。至後魏道士寇謙之，繼有所受焉。有唐推眞鴻源，尊爲聖祖。聖宋有天下，至眞宗命駕朝謁。所謂無始者，子太極，孫三才，族萬物者，道也。聖人以道爲身，故無乎不在。推五太之先，則爲無始。逮夫以三炁氤氳，流乎混茫，則爲元炁之祖也。稟自然者，前起於無始，後見於眞身，自然而然，不知其所以然，故謂之自然。聖人體道之自然，則有所稟。由混元之泮而論之，生者性也。有賢愚焉，有壽夭焉，合其體則自然，離其用則非自然也。見眞身者，妙本無形，至眞非像，結氣凝形，強爲之容。靈寶經云：上無復祖，唯道爲身。道之身即眞身也，降此則爲法身。所謂法身，具足微妙，三界特尊。故九聖、九眞、九仙，位業昇降，申茲始也。啓師資者，聖人運茲興感，接物振人，故立于教。教既立矣，而師資之法行焉。經曰：爲學日益，爲道日損。始於學而日益，則有所得也。終於道而日損，則有所忘也。不得不足以爲學，不忘不足以造道，故聖人遺其學相而無大迷。要妙之異，則貴愛兩忘，師資雙泯也。歷劫運者，三界九地，有成壞之期，自種人四天至三清大羅，不干陽九百六之災，而亡拂石芥城之數。所以三境慈尊，四天種人，劫運終而無終，諸聖盡而無盡也。造天地者，太上降眞元始之三炁，而成三十六天，三十六地，每天立一天帝，每地立一地皇，以司百靈，以御萬有。《救苦經》云天上三十六，地下三十六，謂此也。登位統者，天地無爲也，而歲功歸焉，聖人無爲也，而位業成焉。三界十方，既廣且大，非統之有宗，會之有元，則亂矣。《易》曰：卑高以陳，貴賤位矣。世之以貴賤知其卑高，以黜陟明其昇降。而聖人則不然，若天之自高，地之自厚，無不覆也，無不載也。典靈篇者，太上道君以《大洞眞經》、《智慧消魔經》、《神虎寶章》，以《金簡玉書》，命老君典領，以付上學之士也。撰仙圖者，凡二十四階，上清大洞登眞上法慈尊，以洞陽之炁化生此圖，按而修之，能自致三部八景二十四神之現也。傳寶蘊者，開闢之初，天尊命天眞皇人裁雲作篆，字方一丈，八角垂芒，爲天書之始也。聖人欲詮妙本，故著之以爲經籙符圖，所以有三洞四輔，凡三十六部，爲大教之爐錘也。爲帝師者，在伏羲時號鬱華子，神農時號大成子，祝融時號廣壽子，黃帝時號廣成子，顓帝時號赤精子，帝嚳時號錄圖子，帝堯時號務成子，帝舜時號君臣子，夏禹時號眞行子，商王時號錫則子，皆以經術授帝，俾行化于世。降生者，以商第十八王陽甲十七年庚申歲，託孕於玄妙王女九十一年，誕於亳之苦縣，即武丁九年庚辰歲二月十五日也。明宗緒者，靈飛之先，起於顓帝之後，至靈飛凡數十世。靈飛娶天水尹氏，尹氏即玄妙玉女也。爲柱史者，聖人隱聖同凡，潛龍卑秩，以示臣子之道也。去周者，聖人委質以同塵，涉世以伸道，所以進非于時，退非匿迹，豈窮通得喪之所係哉。試徐甲者，孔子曰：如有所譽，必有所試。聖人雖目擊而道存，猶且試之，又況徐甲乎。故仙道有二十五試，以財色爲先。而徐甲試之以色，則有所不過也。試關令者，以其道緣深重，故有斯遇，所以凡試之皆過也。次授經者，蓋試之過則其行實，其心堅。聖人格量，中有主焉，故以上下經而授之，庶傳洪大道也。青羊肆者，太上與尹眞宿約之所，千日之期，一時之遇，忻躍稽首，命從雲駕，而後化八十一胡王。九十六種外道者，流沙異俗，聲教不聞，狸面狼心，惟知殺戮。其次或男或女，若人非人，斷髮爾須，烏衣蹠足，作種種魔事，以亂其土。太上乃命尹眞，攝以正法也。孔子問禮者，孔子問老氏之言，而起猶龍之歎。然以聖問聖，豈不玄同，蓋聖人尊道之大，爲起教之端也。號河上公者，孝文時應跡河濱，洎授微言，復昇雲漢。授《太平經》者，孝成時，北海人干吉，於琅琊遇太上授之。至後漢順帝時，琅琊人宮崇，詣闕投進。其表云：臣親受於干吉，吉言親受于太上，凡一百七十卷也。度漢天師者，天師，留侯之後，本大儒士。抑干祿之志，修出世之法。乃於維岳遇神人，授以丹訣，遂往西蜀修鍊。太上降駕，爲說《南北二斗經》，授二十四階法籙。已而戒五瘟八部六天故氣，化地作鹹泉，又建齋醮之法。久之，於雲臺化白日登眞。葛仙公者，修行於天台山，又降授以六齋之法。道士寇謙之隱于嵩岳，亦降授以經籙及太平眞君之號，具以聞太武帝，遂改太延爲太平眞君之年者，爲此耳。大唐聖祖者，自神堯御曆之初示現，自稱帝祖。至僖宗朝，每降迹，皆載之國史也。本朝眞宗，具法駕，詣景亳，朝謁以旌欽崇之意。

著録

《道藏目録詳註》卷三 《猶龍傳》六卷，左街都監同僉書教門公事崇德悟眞大師賈善淵編。傳內言太上起無始、稟自然、見眞身、起師資、歷刦運、造天地、典靈篇、撰仙圖經，藴爲帝師、降生年代、明宗緒七十二相、八十一好。爲柱史、去周、試徐甲、度關、試關令、試關令道德二篇等要典籍，皆叙述傳內。

混元聖紀

綜述

陳傅良《序》 懷英嘗爲舉子，知推尊孔氏矣。已而脱儒冠去爲道士，以推尊孔氏者尊老子。於是爲書若干卷，自開闢以來，凡老子名迹變化及其遺事微言散見於百家者，摭拾詮次無遺，爲《聖紀》。嗚呼，何其專且博也，則誠有功於道家者。儒者嗜仕，即不得專志於書，往往不暇[illegible]嶇及世次年月也。或有暇及此，又不敢不務差擇，則拘於六經而不得騁。故吾夫子之道與天地相爲無窮，夫人推尊之，故未有如懷英此書者。向使懷英幸卒舊業，不去爲道士，則此書將爲孔氏作，其有功何如哉。雖然，昔太史公嘗作《孔子世家》，蓋有志於此矣。説者反曰：夫子之道與天地相爲無窮，豈必與戰國若漢封君較久長者，則《世家》似不宜作。而孔氏之子孫輯所逮聞，作《家語》、《孔叢子》二三書，儒者亦弗甚稱道，至墳羊楛矢稍欲以夸大聖人，又或以其語神怪不取者。然則使懷英不去爲道士，將爲書尊孔氏，則亦以《六經》斷百氏，必不能騁其博如此。余以是嘆息於懷英，其不幸而不得自託於孔子也，夫其亦幸而得自託於老子也。夫因以爲序云。懷英姓謝氏，名守灝，永嘉人，余同舍生也。

著録

《道藏目録詳註》卷三 九卷，宋觀復大師高士謝守灝編。論太上老君乃大道之宗祖，三才之根本，隨方設教，歷刦爲師，隱顯有無，罔得而測，如是垂世立教，應現之迹，昭昭然若日月，其可無紀述乎？幸高士謝君，備考《仙鑑》、《總仙傳》、《猶龍傳》，列仙諸傳，編成八百二十章，名曰《混元聖紀》。

太上老君年譜要略

著録

《道藏目録詳註》卷三 永嘉謝守灝編集。譜考太上在天皇時降世，號通玄天師起，以至三皇五帝夏商周秦漢晉宋，歷代爲帝王師，顯迹年譜要略紀。

太上混元老子史略

著録

《道藏目録詳註》卷三　三卷，謝守灝編。言太上老君乃應號治世，爲上三皇師、中三皇師、下三皇師、五帝師，從開闢至虞舜間，爲師不絶，經二百七十五萬八千四百餘年。老君嘗命宛委山之神玄以夷使者，受禹玉書編，得治水之術，登位統天之道，述紀斯篇。

玄元十子圖

綜述

張與材《玄元十子圖序》　玄元十子，筆墨高古。長春路道通寓錢塘，集衆緣刻之。既成，以摹本至，稽首爲之贊。垂耽被素，熙然如春，瞠若十子親見。聖人鄭圃潦園，年徂人遠。瞻之在前，亦豈不見。月星明晰，上麗乎天。有此衆妙，方知又玄。趙子神遊而寓之筆，使張僧繇惘然若失。虛堂淨几，古鼎微煙。睟容咫尺，有聞其言。

姚雲《序》　趙人路雲溪，以子昂集賢手圖十子刻本示江西姚雲曰：請賦之。嗟乎，仙與不可傳者俱往矣，此猶足存乎。生民望治久矣，庶幾往者之復來乎。乃於謳成，相以招之。古之至人，龍德天隱，霆車在淵，莫襲其軫，春行萬花，疇搏其影。示有十子，芳郁縑素，一水千月，千牖二字。崖然侗然，言言亦寓。風御天縣，形形何故。集仙之人，覃思朱院，筆有幻力，截彼蓬苑，仙聖毒之，十子俱見。神遊精行，五嶽躅空。恍兮冥兮，墮阿堵中。路子肅然，如手貝璐。累金購工，刻玉葉楮，使千載人見此粲者，大道之行，三五之英，我武十亂，有聞無聲，可象可則，於穆大烝，大德不同，人乃脊脊。聖哲軌涂，或削其跡，恢譎變化，飛躍無息。天矜民艱，日夢昂生。丕應象求，來燕治明。

黄仲圭《序》　玄元十子，猶宣聖十哲也。十哲從祀，今昔所崇十子於吾門中，則未之或究。蓋自修文輔教之科，鮮有習者，故十子之學晦而隱，否而塞。方今眞風暢遠，玄俗還淳，孔老通家，道德同尚，集賢學士圖寫之，教主眞人讚揚之，二妙並行，十子之學彰彰有光矣。南谷翁亦不負平生之志矣。噫，名山洞府，珠宮琳觀，無地無之，安得通玄究微之士，日講誦其間，使諸學徒皆有所矜式，而爲道德之歸，誠教門盛事。愚庶幾見之，毋徒觀言象而已。全眞門人路雲溪嘗以《玄風慶會圖》、《七眞傳》求着語，茲復有請，喜其衛道心切，勉爲之書。

黄石翁《序》　往年平潮之役，石翁獲從教主。後見南谷老師，袖玄元十子圖，傳以獻教主。不奪所好，書軸尾而歸之。後數年，長春路明眞壽諸梓，於是四方學者，隱然得之。儀象之間，路爲余言。汴梁孫大方眞人昨遊錢塘，摹本欲刻而未遂。此版將歸亳州太清，以垂永久。南谷之於宗陽也，規制壯麗，創玄元十子殿，實與此圖相表裏。盛哉，道之將行也歟。

太極葛仙公傳

綜述

朱綽《序》　仙道尙矣，繇神農氏雨師而來，代有人焉。至周老氏以清靜無爲爲宗，學焉者奉之以爲教父，其道益顯白於天下。秦漢之君好長生，方士雲集，霧布飛騰變化者亦班班有人，載之傳記，不誣也。吾邑葛仙公，吳時得道而仙者也，距今蓋千二百年矣。種民相傳，觀宇祀事，逾久而逾盛，香燈晨夕崇奉如一日。然非夫道德有在亦烏能臻此歟？余宦山東秩滿丁家艱還鄉里，青元觀高士譚道林偕其同門友五人過余，袖書一通出以示余曰：此吾仙公傳也。觀本仙公故宅，仙公昇舉之後即宅爲觀以奉之，幾將千載矣。聞風訪道者恆至而問焉，患未有以語其詳也。先師竹巖翁有志於此有年所矣，問嘗語吾曰：夫蔭其樹者猶愛其枝，矧學其道而可不知所自哉。昔呂先生嘗撰《仙公傳》一卷，《道藏》之燬有間矣，訪求未之獲也。世遠而事逸，事之逸，玆非吾山中之甚闕典歟，僅得閤皂山所記《仙公傳》一卷，此書是已。將鋟諸梓，病其弗備而未果也。既而先師厭世羽化，弟子將圖踵成先志，以無忘先師平素眷眷攸念。惟先生爲加潤色，而傳諸好事者，則豈惟山林是幸，抑亦一邑神明之觀也。余再三辭不獲命，乃受書讀數過。顧其叙次繁蕪而尚多放失，於是重加編次，爲傳一卷。《易》曰：神而明之，存乎其人。仙公之道神矣，學其道者，能修而明之，則眞其人也，仙道亦烏有不可幾哉，道林勉之。竹巖翁姓貢氏，名惟琳。世家丹陽之柳茹，通儒者，善鼓琴，慕仙公之道而學焉者。道林受業師也。道林名嗣先，世家丹陽之於溪。師弟子皆丹陽望族云。

著録

《道藏目録詳註》卷二《太極葛仙翁傳》一卷，青元觀道士譚嗣先進。仙公諱玄，字孝先，姓葛氏，句曲人也。天台得道，閤皂成眞，昔受東華，復傳西蜀。詔命玉京金闕，位登太極仙班，帝號太極左仙公雷霆玄省天樞内相玉虛紫靈普化玄靜常道冲應孚佑眞君之上位。

侍帝晨東華上佐司命楊君傳記

著録

《道藏目録詳註》卷四一卷。紫清上宮九華眞妃受經。姓楊，諱羲和，南嶽夫人之弟子，許仙侯及帝晨度經之師也。君與紫微夫人有仙錄邂逅之會，酬和仙詩隱顯之迹，靈奇玄妙，紀述傳中。

華陽陶隱居内傳

綜述

賈嵩《華陽陶隱居傳序》 或曰：貞白先生在《梁書・高士傳》，今而爲傳，何謂？《梁書》云：陶君諱弘景，字通明，丹陽秣陵人也。母夢兩天人手執香鑪云云。齊高作相，引爲諸王侍讀。雖在朱門，不交外物。永明十年脱朝服掛神虎門，上表辭祿。詔許之。公卿送之征虜亭，供帳甚盛，咸云江東以來未有斯事。於是歷名山尋訖仙藥。每經澗谷，必坐卧其間。特愛松風，庭院皆植。及梁武即位，書問不絶，月常信數。時人謂爲山中宰相。大同二年卒，時年八十五，顏色不變，屈伸如常云云。今具此傳於注者，蓋明其簡略也。此又兼鄭暐、史雋《陶傳》同錄於此。曰：《梁書》之傳先生，猶《史記》之述老氏也。其叙事頗刪略，俾仙聖行業不得昭著而紛綸其間。韓非與老子同傳，論之者多矣。而《梁書》列先生在沈麟、阮孝緒、范元琰、馬之間矣。夫先生識洞古今，事炳山世，神棲寂泊，精騖玄樞，定三品以黜浮僞，分五域以鏡區貫，著《隱訣》以析綱目，述《眞誥》以旌降受。激揚隱微之外，馳騁淸虛之際，乃玄中之董狐，道家之尼父也。況發揮墳典，游泳百家，窮天地星辰之文，究陰陽龜筮之術，至於鯨死彗出，麟鬭月蝕，銅山崩而鐘鏗響，蠶珥絲而商絃絶，龍吟雲起，虎嘯風生，此性理冥濛，僉謂之感，先生商榷其微，非感非應。夫然將叔向、子產、京房、郭璞擬先生以爲人博乎？齊永明十年，謝詹事淪自吳興聞先生棄官隱華陽，乃於道中作《傳》。謝詹事作《傳》云：先生諱弘景，丹陽人也。幼標異操，聰明多識，五經子史皆悉詳究。善書，得古今法。在人間便有乘雲御龍之志，不肯婚宦。以資營未立，且薄游下位，爲宜都王侍讀。雖處朱門，恆獨居一室，罕接外物。晝夜尋寫、研集奇奧，二十餘年，稍就服食。殆通幽洞微，其事多祕，於是業用漸進，乃拂衣，止於茅山焉。觀其神儀明秀，眄睞有光，形細長項，耳間矯睞，顯然異衆矣。謝《傳》訖此。此《傳》並《梁書》彌爲脱略。吾不解謝淪既聞先生隱山，甚懷嗟賞，乃忻然道中作《傳》，所宜詳究功行，而卒然如此也。

陶翊乃云：王右軍作許先生傳者，正如此也。《傳》疏略不用，陶翊乃作本起錄。至齊末遂已亦事多遺闕。翊先生，猶子也。本起錄乃粗似詳究，而恚文氣太卑，叙述繁雜。自云：今此未便爲傳，且撰行業以備遺失耳。不知何緣至永元元年遂絶也。其後潘泉文復踵其作，泉文，先生門人也。自云：陶翊本起錄訖於齊末，從此已後二十餘年並未有題記，謹且隨年載錄，後撰《傳》人自更詳述。始天監元年，至七年夏四月。于時先生改名氏，潛訪遐嶽，天監七年夏四月先生改名南遊，其事具於《傳》中。旁無知覺，於是泉文又絶筆於此。嗚呼！前二《傳》既太簡，謂《梁書》及謝詹事所作《傳》。門人編錄復無條貫，俾君子辟世之道，清眞養翮之跡，其幾乎磨滅歟？乃於《登眞隱訣》及《眞誥》、《泰清經》、先生文集揣摩事迹，作三卷焉。

華陽陶隱居集

綜述

江總《序》 昔劉向通古今之學，馬融見天下之書，京房察風雨之占，裴楷曉陰陽之術。子政傷於簡易，季長敝於驕侈。君明遂不旋踵，公矩纔免殛誅。鮮有盡美之迹，罕聞克終之譽。若夫德行博敏，孔室四科，經術深長，鄭門六藝，丹陽陶先生備斯矣。至知紫臺青簡，緑帙丹經，玉版秘文，瑤壇怪牒，靡不貫彼精微，殫其旨趣。蓋非常之絶伎，命世之異人焉。文集缺亡，未有編錄。門人補輯，若逢遼東之本。好事研搜，如誦河西之篋。奉勑校之鉛墨，緘以緹緗。藏彼鴻都，副在延閣。

冥通記

著録

《四庫全書總目・子部・道家類存目》 《冥通記》四卷，梁周子良撰。《隋志》作一卷，《宋志》作十卷，與今本皆不同。然第四卷目錄末云：大凡四卷眞本書雜色合六十五番，或眞或草行。所言乃與今本合。則《隋志》、《宋志》均誤也。首有陶宏景所作《子良傳》。稱子良字元歙，本汝南縣人，寓居丹陽。年十二，從宏景於永嘉，受仙靈籙、老子五千文、西嶽公禁虎豹符。十一年從還茅山，受五岳圖、三星内文。十四年乙未歲五月二十三日，遂通眞靈。後一年卒，年二十。其説荒誕不經。此書所記遇仙之事，起乙未五月十三日，至丙申七月末，逐日縷載，亦宏景《眞誥》之流也。然其文頗古雅，時有奥字。黄生《義府》第二卷末附此書訓釋一篇，如治堂爲道士之居，彌淪爲夢魘，道義爲道友，婁羅一作覼縷，猶言委曲，水湯讀爲盪，謂以水滌器。道子爲弟子，約尺爲壓書尺，五尺爲牀之別名，忄乩忄乩爲夢魘鼻中作聲，塸字即甌字，角家爲風角家，壇靖皆爲修道之所。攣屐之攣音洛官反，爲二屐相疊。庨爲横展兩臂，乙爲以墨滅字，甲乙告之爲次第。詭請爲以財事神，登爲登時，栟檔爲安置，傳寫誤從木。畔等爲同伴。扇削爲起屋犯鬼神禁忌，靖檽爲道室之窗，輔病爲口頰病。各有考證，亦頗賅洽。惟薰陸爲乳香，則可不必箋註耳。

洞玄靈寶三師記

綜述

劉處靜《洞玄靈寶三師記序》 道之體也，至靜而無爲。道之用也，通生而赴感。始乎無始，先乎無先。起於妙無，而生妙有。至眞之教，由茲而立焉。我元始天尊，啓重玄，歷五太，握元化，運眞精，總括妙門以爲法印，付于大道君。道君纘統以光大之，敷暢以宣布之。凡十二印，包舉幽賾，窮達玄妙，以授于老君。老君奉而行之，上極三清，旁周無外，綿亘億載，開導未聞，帝帝爲師，方方立教，幽明巨細，靡不宗焉。自是奕葉紹承，師師授度，上自元始，下逮茲辰。故受道尊奉，其爲度師乎。度師之師，曰籍師。籍者，嗣也。嗣籍眞乘，離凡契道。籍師之師，曰經師。經者，由也。由師開悟，捨凡登仙。三師之重，媲于祖宗。祖宗能傳之，而不能使兆致道，父母能生之，而不能使兆昇仙。奉師之道，無以過矣。儒家在三之義，莫能及焉。欽惟三君，煥有明德，追仰尊稟，瞻慕無階。粵自上賓未列圖紀，雖貞猷茂範，刊勒於名山，而後學門人，難披於眞奧。敢條實錄，昭示將來。輒陳小序，仍爲頌述。道弟吳興陸甚夷已叙，道元先生休烈，但繼裁短讚以紀德風。庶劫歷有終，而清規不泯。有唐龍集庚辰中元日甲辰序。

著録

《道藏目録詳註》卷二 廣成先生劉處靜撰。經籍度爲三師之稱。蓋經師南嶽上清大洞田君，諱虛應，字良逸，齊國人也。籍師天台山桐栢觀上清大洞三徵君馮君，諱惟良，長樂人也。度師天台山道元院上清大洞道元先生賜紫應君，諱夷節，字適中，東陽郡人也。

唐葉真人傳

綜述

馬光祖《序》 道家以清淨虛無爲宗，仙家以導引修鍊爲法。秦皇漢武，嘗求神仙矣，求而不得，則曰：天下豈有仙人哉，盡妖妄矣。嗟夫，神變無方，希夷莫測。弊屣功名，泥塗軒冕。是豈多慾之君，所能屈致耶。余出守括蒼，有表兄張君，道統爲沖眞羽士。一日訪余，出示《葉天師傳》。觀其邀致神人，際遇仙客，皆平生精鍊修習。仙風道骨，夙與神會，故能感遇契合如此之易，亦其孝於親，忠於君，有以動天地，感鬼神。位在上卿，足以鞭風駕霆，膺天爵之榮，豈區區人爵之所能浼哉。今仙化幾千百年矣，祈晴禱雨，澤及生民。報應如響，故宜受享祀。香火綿綿，亘萬古而不窮者矣。

著録

《道藏目録詳註》卷三 一卷。眞人姓葉，名法善，字道元，一字太素，本南陽人也。大唐開元年登仙，闡教度人，事實紀述傳内。

三茅真君加封事典

綜述

張大淳《序》 道有原有統，原先天地而莫窮其始，統後天地而莫窮其終。世乃謂吾道有絶續，吁，有是哉。日用常行，飢食渴飲之天，何莫非道，一脈之傳，至今綿綿延延，一日初未嘗泯，惟患世無傳道之人耳。故曰人能弘道，非道弘人也。

茅君之仙蹤顯迹，著於先秦古史，續傳已書其詳。其仙班之尊崇，固非世人之所能測料。至如功濟九垓，恩流萬世，社稷攸資，宗祧有托，昔在思陵以至固陵，嘗增三君之休稱美號，時則有劉靜一泝其源而推其波矣。迨理宗朝，我虚白高士司徒道錄以爲國爲民禱祈響應，特俾以左街洞微之命，先生曰：嘻，是皆三君之靈也，何敢私有其所有，願以是寵光歸之三君，以崇報本之義。理宗允之，芝泥炳焕，照耀林泉。維時大淳實執弟子列，目擊斯事。司徒君屢期以加封事典載之金石，未及爲而君已仙去。大淳承乏下館，久思繼志，冗未遑也。丁卯春，《内傳》、《續傳》幸甫就緒，同班諸友復以事典未刊爲疑，謂事典不刊則不惟不足以彰三君之靈異、聖朝之尊崇，且不足以見我空山之能弘斯道之脈而闡斯道之傳也。余於是乎奉承惟謹，謹書此以識歲月。

漢天師世家

綜　述

宋濂《漢天師世家序》　嗣漢四十二代天師張眞人，以《世家》一卷，命上清道士傅同虚徵濂序其首。簡濂聞古者名世諸臣史官，必爲序其世系，表次以傳，所以敦本始，昭功伐也。况於神明之冑理，有不可得闕者。今所輯《世家》，祖始於留文成侯，而其上則無聞焉。濂因據氏族羣書補之，復用史法略載其相承之緒，使一閲輒知大都，而其詳別見於左方。云序曰：張出自姬姓，軒轅子靑陽氏第五子揮弓矢，正始造弓矢，張羅以取禽獸主祀弧星，世掌其職，賜姓張氏。周宣王時，有卿士張仲，其後裔事晉爲大夫。張侯生老，老生君巫，君巫生趯，趯生骼，其孫曰抑。朔至三卿分晉，張氏事韓，韓相開地，相韓昭侯，宣惠王。襄王開地生平，相釐王，悼惠王。平生良，字子房，漢太傅留文成侯，居沛之豐邑，生二子，侍中辟疆及不疑。不疑嗣侯生二子典高，典生默，默生大司馬金，金生陽陵公千秋，千秋字萬年，萬年生嵩，嵩生五子，壯讚彭睦述其後，多以功烈著傳。至於唐，列爲安定，范陽，太原，南陽，燉煌，脩武，上谷，沛國，梁國，榮陽，平原，京兆等四十三望族，中出宰相凡十七人。高生通，通生無妄，無妄生里仁，里仁生皓，皓生綱，綱生桐栢眞人大順，大順生漢天師道陵，是爲玄教之宗。其傳緒悠長，倍前望族之盛，論者弗察見留侯再世國除，即意其絶嗣，殊不知流裔南北，如斯之繁也。道遠字輔，漢建武十年生於吳之天目山。暨長，博習羣書，從學者千餘人。尋中直言極諫科拜巴郡江州令，棄官隱洛陽北邙山，脩鍊形之術。章帝以博士徵，不赴。和帝即位，召爲太傅，封冀侯，亦不就。乃杖策遊淮，入鄱陽，上龍虎山，合九天神丹。訪西仙源，獲制命五嶽，攝召萬靈及神虎秘文於壁魯洞。俄往嵩山石室，得黄帝九鼎書。及其道成，聞巴蜀沴氣爲人害，鋭意入蜀。初居陽平山，遷鶴鳴山，感玄元老君，屢授以經籙之法，於是分形示化，復立二十四治，增以四治，以應二十八宿。妖厲爲之衰熄，如發醎泉，破鬼城之事甚多，不能備載。永壽二年，復還渠亭山，出三五斬邪雌雄劍二，陽平治都功印一，授嗣天師衡，使世世相傳，乃乘雲上昇，壽一百二十又三云。衡字靈眞，有長材，詔徵黄門侍郎，辭隱居陽平山，誓以忠孝導民，君子謂其有繼宗開緒，納俗安善之功。衡生系師魯，字公祺，益纘前人之烈，以道術教人，自號師君。其來學道者，授以道業，已信，號祭酒，皆教以誠信不欺詐。有病者，自首其過。後設義倉，置義米内其中，任人量腹取飽，過取則有禍，人歸者日益衆，遂居漢中，詔授鎭民中郎將，領漢寧太守。其後歸魏太祖，拜鎭南將軍，封閬中侯，五子皆爲列侯，女歸太祖子彭祖。魯卒，追謚原侯。生盛，字元宗，魏太祖封都亭侯，弗受。始自漢中還龍虎山，遇三元日，陞壇傳籙。盛生昭成，字道融，端坐石室，虎豹逢之皆伏。暨化去，或見騎鶴遊空中，啓塚驗之，惟冠履留耳。昭成生樹晉，安帝召之，不至。樹生回，回生迥，迥生符，符生祥，字麟伯，隋洛陽尉，能吐丹寘掌中，光芒穿室，復吞之。祥生通玄，歲大疫，以標植水中，汲飲者咸愈。通玄生恆，唐高宗問治國，恆對曰：能無爲，則天下治矣。上嘉之。恆生光，光生慈正，慈正生士龍。士龍忘玉印長安酒家，一少年盡力舉之，不動。明日，士龍咲攜去。士龍生應韶。應韶生頤，頤生士元，字仲良，瘠而多髯，居應天山四十年。山多虎，人莫敢謁焉。每大風雨，遙見乘黑龍往來諸峰間。士元生脩，脩生諶，諶生秉，一字溫甫，目光如電，夜能視物。嘗負劍行山澤間，叱一老樹，雷即震烈，擊死二巨蟒及小蛇百餘。秉一生善，善生季文，五代之季，受其籙文者頗衆，乃鑄鐵環券數萬繼之。季文生正隨。宋大中祥符八年，召見，賜號曰眞靜先生。後凡稱先生者皆賜號也。吏部尚書王欽若爲奏，立授籙院。正隨生澄素先生乾曜，乾曜生虛白先生嗣宗，嗣宗生象中，字拱辰。生三月，能行，五月，能言。七歲朝京師，賜以紫衣，象中生葆光先生敦復，敦復無子，從子葆眞先生景端嗣，景端亦無子，從弟虛靖先生繼先嗣。繼先字嘉聞，五歲不能言，聞雞鳴，忽失咲賦詩，人異之。崇寧初，解鹽池水溢，遣使者召見，書鐵符投之，怒雷磔蛟，蛟死水裔。一日，隨上入寢殿，宮嬪競以扇求書。繼先以經語書之，皆密契其意，中舉一握，稽首書曰：保鎭國祚，與天長存。乃上所御者也，上奇之。命禱雨，三日乃止。授太虛大夫，不拜。詔江東漕臣，即山中度地，遷建上清觀，改爲上清正一宮。從其學道者，常數十百人。靖康初，上復召。時金人犯汴，行至泗州天慶觀，索紙筆寫詩，隱几而化，葬於龜山之麓。後十六年，西河薩守堅遊青城山，相遇於峽口。繼先以書一封，赤舄一隻，令達嗣天師。嗣天師家大驚，使人啓龜山之窆，惟一舄存。繼先無嗣，以象中之孫時脩嗣。時脩曰：吾從子也，烏得後之。衆曰：法統所在，孰得而辭。乃從。時脩生正應先生守眞，守眞在母胎，歷十九月始產。毗陵有妖，憑樹詔劾之。一夜，風雷拔去。復定江濤衝決，高宗賜以象簡，寶劍，《清靜》《陰符》二經。守眞生景淵，景淵生慶仙。張公洞有井，甚深，慶仙戲折木葉擲之。俄波濤騰湧，有一老翁從中出，慶仙訶戒之而去。慶仙無子，從子觀妙先生可大嗣，可大守眞之曾孫，其祖伯瑀，父天麟，皆嘗攝教事。鄱陽水漲，壞民廬無數，袁提刑甫請可大治之，殛死一大白蛇，水遂平。又遇旱蝗，可大禜之，雨作而蝗殪。勑授提舉三山符籙，兼御前諸宮觀教門公事，主領龍翔宮。時當宋季，元世祖聞其神異，密遣間使訊之。可大授以靈詮，且謂使者曰：善事爾主，後二十年，當混一天下。逮至元十三年，果驗。可大生宗演，字世傳，長而穎異。世祖平宋，憶其父言有徵應，遣兵部郎中王世英，刑部郎中蕭郁賫詔召之，賜玉冠，玉圭，授以演道靈應冲和眞人之號，仍給三品銀印，令主江南道教事，俾自出牒度人爲道士。宗演生與棣，字國華。世祖時，宣授體玄弘道廣教眞人，賞賚優渥，竟卒於京師。與棣無子，弟與材嗣。與材字國梁，元貞初，入見大明殿，制授太素凝神廣道大眞人。大德二年，海鹽、鹽官兩州潮水大作，沙岸百里，蝕齧殆盡，延及州城下。與材投鐵符於水，符躍出者三，雷電晦冥，殲怪物魚首龜身，其長丈餘，隄復故常。五年冬，無雪。上曰：冬無雪，民間得無有災害乎。與材爲建壇禱之。是夜，雪下盈尺。上大喜，命近臣賜酒曰：卿能感通神明，一至此耶。八年，錄平潮功，加授正一教主，兼主領三山符籙，給以銀印，視二品。九年，崇明州海隄崩，俾弟子持符往勑之。民夢有神塡海者，遂安。至大初，加賜寶冠金服，制授金紫光祿大夫，封留國公，給以銀印，視一品。與材生太玄子嗣成，其道行顯著，褒賜於朝者，不減父風。嗣成卒，弟嗣德嗣。嗣德卒，子正言嗣。正言卒，太玄之子正常嗣。字仲紀，即今天師。國朝，六覲京師。洪武初，制授正一嗣教護國闡祖通誠崇道弘德大眞人，領道教事，給以銀印，視二品，賜白金及金襴法衣。贈其父太玄弘化明誠崇道大眞人，母胡氏，封恭惠慈順淑靜玄君。復寵以褒文，稱其瞳樞電轉，法貌昂然，時以爲榮。蓋應代相傳，以眼圓而鉅者，爲玄應。故上因及之云濂。聞文成侯年少時，學禮淮揚，東謁蒼海君。蒼海君，先儒學士，以爲海神是也。後又見異人黃石公下邳圯上，則其未達之際，固已能交通於神明。至其晚年，名遂功成，乃欲辟穀從赤松子遊，實其初志，非曰托之以自逃也。故其九傳至漢天師，感慕興起，學輕舉延年之術，祓除陰慝，一以善道化民。而嗣師系師繼之脩，其業而弗墜，惟恐有人橫遭夭閼者。當漢之季，天下雲擾，惟巴蜀之間，民生晏然，行者不裹糧，居者不捍關，官府賴以成治，如此者垂三十年，其功之及物，可謂侈矣。宜其世有令人出裨至化，奚翅□諸侯之國，天之報施，不亦彰明者哉。或者專歸於名山神氣之所秀結，故能演迤盛大如斯，其論亦淺矣。嗚呼，文成侯子孫，南北在在有之，其以功烈顯著者，小則光法從，大則至宰輔，非不光明俊偉也。曾未幾何，降爲皀隸者，有不免焉。其視玄裔相仍，歷千二百有餘歲而未已者，爲何如，蓋必有其道矣。嗣是而興者，尚知朂哉，尚知最哉。

蘇伯衡《漢天師世家序》 武王克商，封國八百，考之於史，厥後可徵者，可以指數也，卓然不泯其世，惟宋魯齊晉吳楚燕趙陳杞管蔡而已。若其宗祀，與周並傳，又惟燕齊而已。漢初之豪傑並起，從高帝驅馳於中原，天下既定，高帝裂地以封之，大者王，小者侯，凡百有餘人。訖於孝武後之元年，僅五六十年，克有終者，十無八九矣。孝宣錄其子孫，多出傭保之中，降及孝成，不絕如綫，烏在其爲。黃河如帶，泰山如礪，國以永存，及苗裔也。由是觀之，系緒悠長，莫若孔子，其次莫若漢天師。孔子以卒之，又明年，即其故宅爲廟祀之。至唐武德而國子監有廟，至開元而郡邑有廟，天下通祀之。常以宗子一人襲封爵，奉祭祀。在漢曰褒成侯，在宋曰衍聖公，至今遵之焉。其支庶在曲阜，及散處四方者，偉然以科目自致仕宦，通顯功業，表表當世者，代不乏。漢天師系出留文成侯，文成則軒轅氏第五子揮之後也。由揮若干，傳至文成侯，由文成侯九傳至漢天師。由漢天師到于今，千二百有餘歲，而傳世四十有三，肖子喆孫，輝連響接，咸克濟美，以光裕於前，有國者，罔不崇尚而褒異之。神明之冑，繩繩乎其未有紀極。張氏與孔氏，豈不差似哉，何彼之泯滅無聞者衆，而此之世彌久而益振也，則其故有不可不知者矣。蓋自周衰，王者不作，諸侯暴横，桀驁之徒，鼓其虐以毒天下，民用顛隮，甚於洚水之害。賴孔子出，脩儒術以達王道，撥亂世而反之正，始獲胥匡以生。又以治天下之大經大法，筆之爲書，乘式百代。天以之而道明，地以之而理察，人以之而極立。三才既奠，萬化乃成。詩書仁義之澤，天地相爲終始，則其祚胤之昌大，所謂盛德百世祀者也，何獨漢天師而異是乎。漢天師與孔子，雖道不同，然其制鍊形魄，品配陰陽，斟酌元化，交通神明，捍大災，禦大患之爲務。妖孽由之而不作，疵癘由之而不生，疾苦由之而安全，夭閼者由之而壽考。其於斯世斯民，亦可謂有大造矣。天之封培其後，俾食其德，固自報施之理，殆亦曰：張氏之門，善繼善述，世有其人，則雖天災流行，無世無之，又何患焉。斯民也，同永有依怙哉。繼今而起者，思祖宗之積累，如彼上天之屬望。如此毅然以匹休對揚自任，則大書特書，又將什百於此矣。其《世家》一卷，四十二代天師制，授正一嗣敎護國闡祖通誠崇道弘德大眞人，命其徒創造之。故翰林承旨宋先生濂序之。今天師無爲子，謂行之也遠，由言之也文，脩飭潤色之，將摹刻傳於世，不鄙伯衡，使爲後序。觀無爲子注意此編，其於紹隆前烈，以世其家遺餘力乎。此其所以蒙一人之眷，副四衆之望，而克增玄敎於九鼎之重者與。伯衡誠不敢自附宋先生之後，然雅故於無爲子，非一日是用，忘其僭，而以此爲序。

王德新《漢天師世家序》 曩予栖玄崖，夢老子與之譚道，竊有感於赤松之遊，而不知嗣敎者。奚若玆予之金陵，帆瀉匡廬之下，倏爾，張眞人舟且近，晚泊。相揖驩若夙結已。出《漢天師世家》一帙視予，且曰：願子一言以焜燿我先世也。不佞受而讀之，歎曰：宋太史之筆不朽，則又奚益焉。無已，則聞天地之道，貞夫一者也。雖晦蝕崩竭，其或然之數，不可必而清寧者，未嘗毁。大上得此以主張，道敎正一眞人得此，益衍大上之緒。故靈氣託於後之人，而神妙用歷千百餘年，握玄化如一日，夫誰測其所以然，若曰符籙可制鬼神，禦災患，靖妖氛，有功於國家，天使之昌其世也。倘其然邪，抑其餘焉耳矣。張心湛君之光昭先業也，其契於眞一可想。異日，有王子吹簫而過龍山也，則以予夢老子之譚証之，張君得毋意乎。張君曰：敢不世守子之言行，且瞻紫氣於龍山之巓矣。

喻文偉《漢天師世家序》 方今寓內，譚世家者，疇弗以孔氏稱最，等而而論之，漢天師殆孔氏埒何者。夫漢天師道陵者，留文成侯苗裔也。文成侯授書黃石，辟穀而侶赤松遊，所爲濬道敎之源，蓋有其自。歷五代，道陵祖師興藴太上之心，學發造化之玄機，脩眞龍虎，直以道德爲宗，神明爲母，清靜爲師，太和爲友。叱咤風雲，步三台而斡旋宇宙，吸呼霆電，仗星劍而蕩滌氛塵。興於漢，弗止於漢，歷唐宋以逮我明，封誥之錫，代炳蔚焉。號尊正一爵等公侯，而媲美之微，直師祖一世之榮哉。迄今五十世，由萬萬世而道化之流衍子孫，駸駸乎其不泯，則所謂世家，非耶不庶幾哉。孔氏埒耶，或者以運符章，役鬼神，輒舉而歸之幻妄。噫，斯淺之乎。觀天師者也，詎知其食六氣而丹成白石，涵三極而道會玄元，固有先天地之始，不知其所繇始，後天地之終，不知其所繇終，奚啻世家之足云偉也。奇遊勝境，獲天師世家書，可無讚焉，以揚其盛，是故爲之序。

周天球《漢天師世家序》 漢天師既傳國累世，歷唐宋入明，復世掌道教，被天下。然而釋之傾，儒之詆，往往而是。夫我高皇帝神武，庸詎詭於春秋大一統之旨，顧追爲二十天師，貫錄其嗣褒顯之。遡漢迄于今，蓋其盛兟，與孔氏相終始，斯固不可以智力誣哉。世未有千百禩而未定者也，猥以符籙役鬼神，當之而止鬼神，故惝怳無羈欸乎。其有而無也，似而非也，厥有光景，風輒引去，執之皆鬼神，不執之皆道，故謂符籙不足役鬼神，妄也。然夫人而能符籙也，符籙盛於寇謙之，杜光庭，而不再世也。天師之歷五十代昌，其究無極，其大道綿邈，要自有不可知者在。不然雖漢高唐文之烈，今其裔有可考者乎。故玄光《辯惑論》，李膺《蜀記》之妄詆不足玷，輔漢《化胡經》不足尊，伯陽皆妄也。吾直以其世系之盛，能與仲尼聖冑埒，豈偶然耶。《天師世家》一帙，洪武中，四十二代天師徵序于金華宋太史先生，次其事大都甚悉。越二百餘年，而五十代天師識予，京邸一見，驩甚。已而入覲道吳門，輒過予，蓋彬彬儒雅有道，忽千里馳書，徵序其帙。蓋洪武迄嘉靖，凡八代事迹。予老而好道，篤然不敢黨而攻傳釋夫三教，詎非同歸者哉。

論說

張宇初《漢天師世家後序》 《易》曰：顯道神德行，是故可與酬酢，可與祐神矣。盈天地間，古今不息者，道也。能顯明於道，則功用之神具見，而合乎德者，故可與應萬變而贊祐於神矣，是所謂叅天地之化育者也。太史遷曰：道家無爲，精神專一，動合無形，贍足萬物，而與時遷移，應物變化，立俗施事，無所不宜。良有以哉。太上生於殷，爲周藏室史，復遷柱下史，以神化莫測之迹，代降於世，爲玄教宗。我祖漢天師，蒙留侯遺澤，嘗親受道於太上，由是仙經洞籙，秘刼不傳者，悉降於世。繼以降治妖魅，服煉神丹，功成沖舉，以劍印相傳於奕代者，今垂千五百年。雖運移物改，繼承不替。其非以清靜無爲之教，功用之神，有合乎天德，而足以贊化育者歟。迨今，凡名山區奧，靈迹具存。此其子孫流芳之遠，榮達之久，信有以陰翊皇度，博施生民者，蓋可見矣。漢末而下，居龍虎山者，岩棲谷隱，脩煉以自壽。宋初，漸以道行稱於時，暨大觀崇寧間，虛靖眞君出焉，其神功妙應，一發於御氣鍊形之實，而後益振，足以方駕於前矣。其下莫顯於曾大父薇山公，大父太玄公也，凡其禜禬禱祈之著，遭際寵渥之極。當是時，奇徵茂迹，雖簪纓縉紳之士，莫不禮敬之，視前或有所未逮焉。及我朝先君冲虛公，光際聖明，混一海宇，其崇賁偉望，昭赫一時，榮被終始，又豈昔之可倫擬者哉。其爲神明之冑，必若是乎。宇初以匪材庸質，仰紹先烈，惟忝竊是懼，代蒙聖恩，猶深戰慄，間以世家顛末未白於世，懼有遺闕。昔侍先君，手舊編一帙，授高道傳同虛，謁宋太史濂，序其首，而未暇整緝以行。然舊文辭意冗腐，僭用刪校，增次以廣諸梓，庶以成先志也。嗚呼，物理之有盛衰也。思所以承先啓後者，爲難哉。末降以來，棄實趨華兢於勢利者衆矣，苟不能造詣其學，輝光其德，以引厥宗，其可謂之克纘前人之緒乎，是豈足知夫昔之授於太上者，德行之隆，勛烈之大，其相傳之無窮也。果何使之然哉，抑神而明之，存乎其人。後之來者，尚必自勵，其有以章述焉，斯爲不墜其教矣。其曰《世家》，則本諸史云。

翊聖保德傳

綜述

《宋仁宗御製翊聖應感儲慶保德傳序》 蓋聞天心降顧邦家，所以會昌靈命，丕昭神道。所以協贊考載，籍之攸記。固今古而同符，矧復吾宗，在于戰國基緒，方始精感寔繁，或山祇而見形，或帝所而葉夢。其來已久，斯謂不誣。乃有接三統而開基，將隆景業。冠百神而儲祐，茂顯明徵。奠條梅之名區，號龜玉之奧主，見之於翊聖應感儲慶保德眞君矣。太祖肇膺元歷，觀德而無言。太宗祗紹睿圖，順期而前告。若夫述玉晨之寶晻，序斗極之仙階，告國命之延洪，示眞科之祕賾。洪威顯治，屏乎物魅神姦。諄誨博臨，揚乎天祺民祉。由是靈壇爰峙，徽稱斯崇，欽奉於芬馨，仰祈於先覺。固惟九域咸被厎綏，豈止三秦獨增忻戴。暨茲沖眇纘乃基扃，仰嘉話之在人，瞻至神之佑世。由是載稽茂典，恭益尊名，以爲上帝之禎符，文考之眞應，安可默而無述。故當垂之不刊，爰詔輔臣，俾詮靈訓，詢求斯至，篇帙旋成。想風烈而昭然，思音徽而可覿。誠足鏤之金版，祕于蘭臺。披封奏歸，美之心願，裁於序引。屬一夜觀文之暇，聊志於歲時，題曰：《翊聖保德傳》云爾。

著録

《四庫全書總目・子部・道家類存目》 《翊聖保德傳》三卷，宋王欽若撰。欽若爵里事蹟，具《宋史》本傳。初，澶淵之役，欽若忌寇準功，以孤注之説進。眞宗以爲恥，乃謀以符命誇四裔。於是天書之事起，東封西祀，諸説竝興。欽若嘗自言，少時見天中赤文成紫薇二字。復於褒城道見異人，告以他日當位至宰相。覗其刺，乃唐裴度。自以爲深達道教，遂創修醮儀，領校道書，凡增六百餘卷。復自著道書數種，此傳其一也。傳中所言翊聖眞君降盩厔民張守眞家，太祖、太宗皆崇信之。事殊怪妄。蓋自張魯之教有三官，天地之外獨有水官，而木金火土不與。故道家獨尊元武，此所謂翊聖眞君，即元武也。欽若小人，借神怪之説以固寵，不足多責。至著而爲書，則無忌憚之甚矣。

西山許真君八十五化録

綜述

施岑《西山許真君八十五化録跋》 嘉定甲申之歲，祖師許眞君降于金陵，示陳忠孝之教，溥化衆生，咸歸正道。有王居士者，感蒙聖教，罄捨家貲創崇眞道院于天慶觀之西，奉安香火，迄今廟貌存焉。而岑奉師旨共闡玄風，忽值弟子邢道堅、梁道寧亦建勇悟道院於嘉會酒樓之北，爲接待仙賓之地。霧輳雲輯者，衆何啻千餘。驗其抱金石之志懷饑渴之心者，惟汪道冲、宋道昇、趙道泰、趙道節、林守一、賈守澄、劉道益、孔守善而已。此數人者嘗讀《西山傳記》稱頌祖師功德有日，于茲邇來宋道昇捧所録《十二眞君傳》至，乞加訂正。因以觀之，見其詞理重復篇章混雜，使覽者易生厭倦，深竊惜焉。岑乃校正事蹟分別章句，析爲八十五化，化各著詩。又得邢道堅執卷待旨始終如一，殆可嘉賞，岑愈喜之。詩成，有朱守中來就命參詳，庶無亥豕之訛烏焉之舛，繇是祖師傳王而無可疑議者矣。然則祖師之聖功道行至此愈若青天白日之昭明乎，既修飾道院編集詩傳，復得邢道堅募金鏤梓以衍其傳，綿千載而罔極，豈斯傳之期永哉，使邢、梁二士之嘉名同不泯爾。

又《西山許真君八十五化録序》 神仙可以學得，不死可以力致，信哉，斯言也。夫神仙之道，在乎內積功勤、外施德行，使其功行既著，則動天地、感鬼神，理之自然也。矧夫功之與行，非智之與力，奚能致哉。昔者祖師許眞君正心誠意，眞淸常靜，存神固炁，抱元守一，豈非聖功歟。修仁蘊德，濟貧拔苦，見人危難，常行拯救，及化誘善人，入道修行，先人後己，與物無私，豈非道行歟。由此觀之，功行甫就聖道克全，拔宅飛昇於九淸之上，亘古及今人所未聞也。然則是傳之譔，實祖師立功積德之表鑑焉。是詩之作，豈門弟騁華衒藻之文詞焉。詩傳者，蓋紀述其行事，贊揚其偉蹟於祖師也。冀諸後學之士，知祖師如是而行功，如是而立行，苟能踐履之，擬鑄之，則充乎道德，證乎神仙，豈不與西山衆眞同驅而并駕矣。八十五化之設，非徒載往事，而祖師垂教設化之意深，有望於後學之士不淺矣，幸加勉進。

純陽帝君神化妙通紀

綜　述

苗善時《序引》　吾道或以神通誘掖塵俗，或以藥物救濟善良。委順曲成，隨機方便，大慈大化，會萬派咸歸一源。至願至仁，備衆德不居一德。悟不空之未始，了无生之有玄。論其微，言辭難盡。悟其的擬議，即遙不可智識以度思，當在精誠而默會。僕不揣井覩管量於諸經，集唐宋史傳，摭收實跡，削去浮華，續成一百二十化，析爲六卷。每章就，和詩詞，象章直說，目之神化妙通紀。使同心志士開卷朗然，得觀天象，默會道微，明通无極，重玄了徹。純陽至妙圓通，无上道眞，得先天春。不肖誠意集成，高明公心，靜鑑自然，不迷異逕，直造天衢矣。

韓仙傳

著　録

《四庫全書總目・子部・道家類存目》　《韓仙傳》一卷，舊本題唐瑤華帝君韓若雲撰。篇中自序：祖爲韓仲卿，父爲韓會，叔父爲韓愈。即世俗所傳韓湘事。然湘字北渚，不識何以稱韓若雲也。傳中自稱遇呂洞賓傳授得道。考呂巖爲呂渭之孫，當在湘後，何以湘轉師之。又《太平廣記》載「解造逡巡酒，能開頃刻花」，及牡丹瓣上現「雲横秦嶺家何在，雪擁藍關馬不前」句，稱爲愈之踈從自江淮來者，不云即湘。而愈集秦嶺藍關一詩題云「示姪孫湘」，亦不云姪，與此傳皆不合，其爲僞託明矣。元陳櫟跋韓昌黎《畫圖》一篇，辨湘事甚詳，見所作《定宇集》中。

凝陽董真人遇仙記

著　録

《道藏目録詳註》卷一　一卷，陸昭聞編纂。眞人家世隆安，本姓木虎，俗稱董氏，諱守志，字寬甫，號凝陽子，原係女直人也。

廬山太平興國宮採訪真君事實

綜　述

葉義問《序》　夢當時使者之語，以謂後五百年福及生靈。以曆考之，自開元辛未距今行及五百年矣。元宗皇帝建祠以事，而使者之名顯。國朝累聖崇奉，神宗皇帝虔進聖號，徽宗皇帝加上寶冊，而使者之位益重，祀典益崇，禮意益至。殊祥異貺，影從響答，其在斯歟。義問來九江，適太守大卿胡公紡以清靜理郡政，民神協從。甲戌春，舉行舊典，以義問攝祀事于太平興國宮。禮畢，因觀山川之勝，穹隆磅礴，層見曡出，不可名狀，是宜高眞之所愼擇也。宮之道士有向師尚者，清修自持，且有心於闡宗立教，以使者應化之迹泯泯未傳，求義問編次，義問不敢以鄙陋辭，謹列于左方。

華蓋山浮丘王郭三真君事實

綜　述

張宇初《序》　仙道自古尚矣，而世之紀錄或不得其詳焉。間因其微而病其著，一斥之以眇茫怪誕者有之。又孰知其靈蹤異跡昭赫彰著信有不可揜焉耳，其可均謂之誣哉。撫之崇仁華蓋山，又曰寶蓋山，浮丘、王、郭三眞之祠也。浮丘者，與容成子、黄帝遊，周末授靈王太子晉，漢授詩於申公，與楚元王友，度王褒以仙，即古浮丘公也。或傳王方平云，郭乃王氏族，因託邑尹姓，猶未之詳。然以代稽之，至人神化，因時而顯，固或然矣，而託姓之説亦鄙諺，不足取也。迨晉元康間王郭始師事公，永平二年二月一日二仙上升，則是山由晉始著稱矣。按紫清白眞人云：公生於商，仕於周，隱於漢，化於晉，至隋開皇間，尚留巴陵華蓋山也，宋元累旌以封謚。若山之曰華林山、衡州小廬山、潭州浮丘山、江陵之寶蓋山，歙縣宣州、太平州、金華俱有黄山，皆三仙遺跡也。當是時名卿鉅夫，若顔魯公、李宗諤、李冲元、吴文正、虞文靖輩之記審矣。而廣錄所載凡旱澇、疾疢禱祠，禜禬之應在在有之，故所奉祠宇亦不下百餘，是豈非至神無方而能然乎？余少慕靈跡，洪武己巳獲謁祠焉。壬申奉旨降香于山，皆有異徵。曁配孔氏，累疾，叩輒應。永樂甲申秋，復謁，夜夢白衣仙坐卧內，翌日登峰頂，初雨晝息，天燈夜現山麓。九月朔日，竣事畢，紫玄洞現圓光，大如室，芒彩燁煜，若仙居其中。予再拜，遂辭。殆還，感至德之神，亟欲叙其異焉。噫，是非目覿耳濡，其能盡信之哉。且夫眞仙神化蓋不世出，其靈質仙風皆天眞法慧所至，故其神庥靈貺，垂澤萬世而不泯，其亦宜矣。而兹山穹秀卓絕，迥出遊氛浮埃之表，孰無雲軿霞躅往來陟降於其間也，其可失所紀歟。惜先後所述多庸鄙弗典，願飾而未遑。今年夏蒙旨纂修道典，謹以是錄正而附之，因叙其實於首，使千萬載之下知慕夫仙者，庶不以眇茫怪誕視也乎。而生民蒙惠之大，昭之國祀，與兹山齊久，不其偉歟。

劉祥、王克明《序》　死而有靈之謂神，長生不死之謂仙，道不同也。神往往能禦災患，芘生民，仙志在修鍊飛升而已，鮮有推德以及人者。惟華蓋三仙則不然，禱雨雨應，禱疾疾瘳，求嗣而得嗣，求藥而得藥，四方之人蒙福者衆，此所以羣然傾心而起敬也歟。觀顔魯公碑，載本末甚詳，但稱晉元康三年二月一日二仙上升。攷之晉史，無所謂元康，有永康而已，豈公筆誤邪？因識其疑以竢知者。景定辛酉九月朔，崇禧散吏約山朱渙敬書。稟造化而生者，人也；妙造化而運者，神也；峙然爲造化之重鎮者，山也。山以神而靈，人以神而安，神居其山，人崇其神而能敬其山，此理勢之然也。撫州華山，三峰聳雲，爲江右絕嶺，乃浮丘、王、郭三眞君飛升得道之所。國有旱澇則禱之，民有疾疫則求之，危可轉而安，禍可轉而福，叩心一萌，其應如響。終歲朝謁不絕，於秋尤甚。景定庚子九月朔旦，祥偕里人王克明、羽衣郭守成，詣山朝拜，忽睹殿宇輪奐一新，裝嚴壯麗，乃夜醮于壇。事畢，睹當山住持延茶語話，議論清灑，爽氣逼人，待人接物，禮貌温如，且無嗜利之心，眞神仙地位中人。從而詢之，乃陳其姓，元應其名，顯者其字，荆山其號也。且言往來江湖已二百四十甲子矣，蔣山金壇、黄鶴開元、玉笥承天、南嶽壽寧、華林壽聖、平江乾元，皆嘗爲之領袖。祥笑而詰之曰：捨彼瑶宫瓊宇，而居此參天之山頂，去清華而然寂寞，得無慕道若王、郭之慕浮丘者乎？荆山肅容，儀之過矣，予豈敢當。姑舍是，但弔於仙眞有請於予焉。三眞之棟宇翬飛矣，三仙之像貌裝嚴矣，但缺實錄。昔亦有之，歲在戊午，炎帝炳靈，竟爲灰燼，今不復存。子能爲山間鋟梓乎？祥等夙蒙仙惠，聞言而悦，遂諾其請。翌日與王兄再炷瓣香，敬對三眞，誓刊此錄。洎歸，徧求其本，始得道士黄彌堅所纂者，紀載頗略。備述三眞受累朝之封命，歷代名公之序，記修鍊升舉之顛末，靈顯感應之實跡，視黄本差詳，而互有得失。祥等不愧愚庸，集二本所長，列爲一十四卷，未敢校正其是非，姑存本以竢知者。雖然，華山乃江南重鎮，三眞乃華山靈神，福澤於人多矣，必有民中之秀出，校正其是非，儻改而正諸，不亦宜乎。時景定辛酉貞元節，廬陵佩籙弟子劉祥、王克明百拜齋沐謹言。

張顔《序》　浮丘公事跡，多見於傳記諸書，故學者類能言之。惟王、郭二眞之仙道，非顔魯公及李沖元採摭其行實，記載其本末，則知之不能悉也。觀其服膺師訓，跋履山川，不憚險遠，積功累行，愈顯愈微，此老子所謂爲道日損，損之又損，以至於無爲之謂歟。吁，神仙之學豈易至哉。夫何吾黨之士學夫子之學而鮮克臻其域者，果能以二眞之學移以學吾夫子之學，有不至其至者哉？是足以爲吾儒之勸也。惜乎刊板毀於壬辰兵亂，人鮮克聞。主茲山之祠者江碧澄氏營搆殿亭寮宇，既畢，復慨念茲山靈響若此而事實將遂湮微，是不可不急也。乃購求全集，較其殘缺，勸率好道之士合力繡梓以廣其傳。有德容孔氏者，玄妙觀之管轄也，爲督其事，又得在城沙氏友和者捐資以足其美。於是不數月而功畢，仙之德澤濟人之多而感人之深如此也。俾余爲序。余四世祖綠峰兄弟，起廢玉庭觀而新三眞及衆聖之像，復架屋臨紫玄之崖，以爲隱息之所，雖經劫火，而至今名舊張家寮焉。其忠厚不沒，人善有自來矣。今得聯名仙籍，斯幸矣，又何辭？夫碧澄資質淵純，待衆以寬，不汲汲於利，惟以營造修葺爲務。每曰：此吾輩分內事也。使居是山者人人能如碧澄之用心，勤力以奉祠祀，則茲山之興復也不難矣。碧澄字源遠，今四十三代天師至山，嘉其年少而克守清規，撫景賦詩若干首，俾收之，賜以職劄，爲改今名云。此亦茲山之盛事也，故併及之。

著録

《道藏目録詳註》卷三　六卷。浮丘者，與容成子、黄帝遊。周末，授靈王太子，晉漢授詩於申公，與楚元王友，度王褒以仙，即古浮丘公也。王郭二眞君，本汴州陳留人，王則方平之遠孫，郭乃王之族弟。蓋登仙度人顯迹事實，亦載有歷代褒封冊文并傳記碑圖詩文典籍，共六卷，計六十篇。

南嶽小録

綜述

李沖昭《南嶽小録序》　沖昭弱年悟道，近歲依師洎臨嶽門，頻訪靈跡，唯求古來舊記，希窮勝異之事，莫之有者。咸云兵火之後，其文散失。遂遍閲古碑及衡山圖經、湘中説，仍致詰於師資長者、嶽下耆年，或得一事，旋貯篋笥。今據所得，上自五峰、三澗，古來宮觀藥院，至于歷代得道飛升之流、靈異之端，撮而直書，總成一卷，目爲《南嶽小録》。庶道侶遊山，得之披覽，粗知靈跡之所自云。

長春真人西遊記

綜述

孫錫《長春真人西遊記序》　長春子蓋有道之士。中年以來，意此老人固已飛昇變化，侶雲將而友鴻濛者久矣，恨其不可得而見也。己卯之冬，流聞師在海上，被安車之徵。明年春，果次於燕，駐車玉虛觀，始得一識其面。尸居而柴立，雷動而風行，眞異人也。與之言，又知博物洽聞，於書無所不讀。由是日益敬，聞其風而願執弟子禮者，不可勝計。自二、三遺老，且樂與之游，其餘可知也。居無何，有龍陽之行。及使者再至，始啓途而西。將別，道衆請還期，語以三載。時辛巳夾鍾之月也。迨甲申孟陬師至自西域，果如其旨，識者歎異之。自是月七日，入居燕京大天長觀，從疏請也。噫，今人將事行役，出門彷徨，有離別可憐之色。師之是行也，崎嶇數萬里之遠際。版圖之所不載，雨露之所弗霈。雖其所以禮遇之者，不爲不厚，然勞憊亦甚矣。所至輒徜徉容與，以樂山水之勝。賦詩談笑，視死生若寒暑，於其胸中曾不蒂芥。非有道者，能如是乎。門人李志常，從行者也。掇其所歷，而爲之記。凡山川、道里之險易，水土、風氣之差殊，與夫衣服、飲食、百果、草木、禽蟲之別，粲然靡不畢載。目之曰《西遊》，而徵序於僕。夫以四海之大，萬物之廣，耳目未接，雖有大智，猶不能遍知而盡識也，況四海之外者乎。所可考者，傳記而已。僕謂是集之行，不特新好事者之聞見，又以知至人之出處，無可無不可，隨時之義云。

著録

《道藏目録詳註》卷四 上下二卷。門人眞常子述大元成吉思皇帝特詔長春丘眞人問答顯道事蹟。

玄風慶會録

綜述

佚名《玄風慶會録序》 國師長春眞人昔承宣召，不得已而後起，遂別中土，過流沙，陳道德以致君，止干戈而救物，功成身退，厭世登天。自太上玄元西去之後，寥寥千百載，唯眞人一人而已。其往回事跡載於《西遊記》中詳矣，唯餘對上傳道玄言奥旨，上令近侍錄而秘之。歲乃踰旬，傳之及外，將以刊行於世，願與天下共知玄風慶會一段奇事云。

著録

《道藏目録詳註》卷一 一卷。元太祖成吉思皇帝手詔丘長春眞人，對御問答。皆大道無爲，理身治國之語。

金蓮正宗記

綜述

秦志安《金蓮正宗記序》 道無終始，教有後先。或曰：道與教不同乎。曰：不同。湛寂眞常道也，傳法度人教也。道之爲體，雖經無數劫，未嘗少變。教之爲用，有時而廢，有時而興。或曰：教之興也，自何而始。曰：軒轅黄帝鑄鼎之後，乘火龍而飛升太虚，然後知有長生久視之說。雖有其說，知而行之者七十二人而已。下逮殷王武丁之世，老君示現於瀨陽，東臨魏闕，西度流沙，演化者九百九十六歲，乃跨白鹿，昇蒼檜，超碧落，遊玉京。雖有如此顯異，而人猶顢頇而未知信向也。及漢天師張靜應之出世也，親受正一法籙，戰鬼獄而爲福庭，度道士而爲祭酒，其教甚盛，化行四海。繼之以寇、吳、杜、葉，祛妖馘祟，集福禳災，佐國救民，代天行化，歷數十世，宫觀如林，帝王崇奉。及正和之後，林天師屢出神變，天子信向，法教方興，而性命之說猶爲沉滯而未之究也。及炎宋之訖録，挺生重陽，再弘法教，專爲性命之說，普化三州，同歸五會，以金蓮居其首，東遊海上，度者七人，以柔弱謙下爲表，以清静虚無爲內，以九還七返爲實，以千變萬化爲權，更其名曰全眞，易其衣而衲甲。逮我長春子丘神仙受皇帝之宣，應陰山之聘，勸之以減酒色，戒之以少殺戮，一言愷切，萬國生春，救億兆於鼎鑊刀鋸之間，人心歸向者，如百川赴海而莫之能禦也，牧豎堯童咸知稽首，東夷西戎皆詠步虚，家家談道德之風，處處講希夷之說，懶衣髽髻雲連乎道路之間，琳宇瑤壇星布乎山澤之下，自軒轅以來，教門弘盛未有如今日者。是教也，源於東華，流於重陽，派於長春，而今而後滔滔溢溢，未可得而知其極也，故作《金蓮正宗記》。時太歲辛丑平水長春壺天述。

金蓮正宗仙源像傳

綜述

太玄子《序》 李全正攜至劉天素與謝西蟾所作《全眞正宗仙源像傳》一帙，余讀而善之，稽首爲之贊：天啓玄風，青牛西度，微言五千，無極道祖。傳之東華，爰及鍾呂。既投一錢，復遇二士。奇哉七蓮，景星甘露。禮重雪山，化被中土。世遠言存，道無今古。像而傳之，若聞若睹。黃鶴悠悠，白雲何許。素書一編，沈煙一縷。天上人間，桃花流水。

劉志玄《序》 大道之妙，有非文字可傳者，有非文字不傳者，此《仙源像傳》所以作也。惟我全眞，自玄元而下，五祖七眞，道高德厚，化被九有。長春丘祖師萬里雪山，玄風大闡，此固不待文字而後傳。然其事蹟之祥，未易推究，余每欲紹一全書紀之。一日以此意爲西蟾先生言之，西蟾欣然稱善，乃相與博搜傳記，旁及碑碣，編錄數年，始得詳悉。乃圖像於前，附傳於後，名曰《全眞正宗仙源像傳》。同志之士覽之者，因其所可傳求其所不可傳，則是書不爲無補，若其猶有未備，幸有以教之。

著録

《道藏目録詳註》卷一 一卷，劉天素、謝西蟾編。蓋仙源像傳，乃元世祖皇帝褒封五祖七眞徽號。惟東華已稱帝君，贈紫府少陽之字。其正

陽、純陽、海蟾、重陽四祖，錫封眞君之名。丹陽已下七眞，俱封眞人。并歷代勅書御製手札傳記碑文像贊等跡，皆序傳內。

終南山祖庭仙真内傳

綜述

王道明《序》 子綦之隱几坐忘，非南華之稱贊，則人莫知其爲有道。太白之仙丰道骨，非司馬子微之裁鑒，則世莫識其爲異人。學道之人，隱遯巖谷，跧守蘧廬，被褐懷玉。負抱經綸之才，不爲世用，獨善其身而恬然，委蛻千載而下不知其幾，千百人不幸，不爲世所知。卒於湮沒無聞，與草木俱腐，惜哉。幸而有好事者紀錄爲傳，則又過神其事，反使後世不能盡信。吾恐隱士之心必不汲汲於索隱，行怪以駭人之觀聽也。夫世之所貴乎修仙者，亦在乎守道不變，陰功濟人，正容悟物，處順安時而已。豈直以乘雲氣，跨箕尾，解水火，遺冠舄，拔宅昇，舉坐脫立亡，而後爲得道之證耶。嘗觀舊所謂列仙、總仙、高道等傳，未有不涉此議者，今已不存。天樂眞人李君復，於暇日編述嘗居祖庭者已往師眞道行，別爲一傳，使後人知所宗本。其辭直其事的，坦然明白，略無詭侈。信可以發潛德之幽光，示後學之楷式，其用心豈淺淺哉。昔劉翰林碑祖師仙跡，以謂師之出神入夢，擲傘投冠，其他騰凌滅沒之事，皆其權智，非師本教。噫，後之學者，有能體祖師之苦志，鍊行闡化度人，以達於成己成物，則將來秉筆者自有定論，固無但私於我祖庭焉。

著録

《四庫全書總目・子部・道家類存目》 《終南山祖庭仙眞内傳》三卷，附《終南山説經臺歷代仙眞碑記》一卷。《終南山祖庭仙眞内傳》，元

甘水仙源録

道士李道謙編。《終南山説經臺歷代仙眞碑記》，元道士朱象先編。終南山樓觀爲尹喜故居，故其徒目曰祖庭。是編載歷代羽流居是觀者。道謙所編，皆金、元人。象先所纂，則自尹喜而下，周、漢以來人也。象先自跋云：《樓觀先師傳》者，尹喜之弟尹軌所撰。至唐有尹文操者，續紀三十人，各列一傳，爲書三卷。今《碑記》僅一卷，而有三十五人。蓋象先節録文操所傳，又增入文操等五人耳。所言多涉神怪。異學之徒，自尊其教，不足與辨眞僞也。

綜述

李道謙《甘水仙源録序》 夫道家之學以祖述黄老而憲章莊列者也，後之學者去聖逾遠，所謂微妙玄通大本大宗閎衍博大之理，枝分派別莫得其傳，蓋已數千餘歲。於今矣，道不終否，待時而行。我重陽祖師挺天人之姿，奮乎百世之下，乃於金正隆己卯夏遇眞仙於終南山甘河鎮，飲之神水付以眞訣。自是盡斷諸緣同塵萬有，即養浩於劉蔣、南時等處者三年，故得心符至道。東遊海濱，度高弟子丹陽、長眞、長生、長春、玉陽、太古諸君，遞相闡化。於是高人達士應運而出，大則京都小則郡邑，建立名宮傑觀比比皆是，遂使眞風遐布於世間，聖澤丕敷於海內，開闢以來而道門弘闡未有如斯時之盛。嗚呼，其重陽祖師暨門下諸君有功於玄教者爲不淺矣。道謙爰從弱冠寓跡于終南劉蔣之祖庭，迄今甫五十載，每因教事歷覽多方，所在福地名山、仙宮道觀豎立各師眞之道行，及建作勝緣之碑銘者，往往多鴻儒鉅筆所作之文，雖荆金趙璧未易輕比。道謙既經所見隨即紀録，集爲一書，目之曰《甘水仙源録》，鋟梓以傳。如他日嗣有所得繼之斯後，庶使向上諸師仙功道行不離几席之上，得以觀覽者焉，亦可謂玄教盛事之一端也。

張好古《後序》 紀録之作多矣，雖復窮今極古波委雲集而事，或繁冗言必瑣細識者，病焉。吾師天樂眞人自養浩祖庭典教秦蜀，應事接物之暇，每以著述爲心，獨念重陽祖師開化以來，教法如此其盛，其出自全眞門下者，名師耆德項背相望。仙鄉道館什百爲耦，金石之所載莫不流芳於無窮，然大而天下，遠而四方，人固罕得而徧窺之也。乃因所歷遇有當世名賢所修之文，親手抄録，若道行，若宮觀，其爲碑記傳贊凡九十餘篇。皆事跡超邁，辭章雄雅，足以取信於天下後世者，裒爲一編，目之曰《甘水仙源録》。蓋甘水者，祖師遇眞之地。仙源者，全眞正派之傳。是編之作，亦猶道學諸公所著，伊洛淵源之謂，其取名也甚宜矣。近方鋟梓以廣其傳，予小子忝任校讎之責，自夏及冬首尾歷二十有六旬有六日，工既訖功，復以後序見命。予思師之用心，其所以扶植玄綱弘揚祖道，誠非小補，使有志之士新獲覩是書，不惟有以知前人功業之盛，又固足以見諸儒信與之。公不出戶庭，而玄元之心法求之有餘師矣，源流靡已何代無人後之，視今焉知不如今之視昔，嗣而緝之，庶幾斯傳之不朽也。

著録

《四庫全書總目・子部・道家類存目》 《甘水仙源録》十卷，元道士李道謙撰。自老子言清靜，佛言寂滅，神仙家言養生術，而張魯等教人以符籙祈禱之事，四者各別。至金源初，咸陽人王嘉棄家學道，狀若狂疾。正隆中自稱遇仙人於甘河鎮，飲神水，疾愈，遂自號重陽子。大定中聚徒寧海州，立三教平等會。以《孝經》《心經》《老子》教人諷誦，而自名其教曰全眞。元興之後，其教益盛。都卬《三餘贅筆》曰：今之道家有南北二宗。其南宗者，謂自東華少陽君得老聃之道，以授漢鍾離權，權授唐進士吕巖、遼進士劉操，操授宋張伯端，伯端授石泰，泰授薛道光，道光授白玉蟾，玉蟾授彭侶。其北宗者，謂吕巖授金王嘉，嘉授七弟子。其一邱處機，次譚處端，次劉處元，次王處一，次郝大通，次馬珏及珏之妻孫不二。此外又有所謂全眞者，其名始嘉。蓋嘉大定中抵寧海州，馬珏夫婦築菴事之，題曰全眞。由是四方之人凡宗其道者，皆號全眞道士云云。其説甚詳，然孰見其授受乎？厥後三教歸一之説，浸淫而及於儒者。

明代講學之家，矜爲祕密，實則嚞之緒餘耳。是書作於至元中，集文士所爲碑記詩歌，合爲此編。以其源出重陽子，故取甘河鎮神水之事名焉。

歷世真仙體道通鑑

綜　述

趙道一《序》　白海瓊先生曰：晉抱朴子作《神仙傳》，所紀千有餘人。劉綱法師復綴一千六百爲《續仙傳》，宋朝王太初集仙者九百人爲《集仙傳》。宣和間考古校今，述所得仙者五萬人，謂之《仙史》。盛矣哉，太上無爲之教也，每觀超俗至士，潔己高人，或孝子忠臣，或烈婦貞女，傲節於清虛之地，游心于玄妙之鄉，欲隱晦以韜光，慕超凡而躋聖。故乃嚼渾沌，握洪濛，餌日月之精，參天地之化，澡心而浴性，養素以存眞。探虛無以爲立鼎之根基，究妙有以爲煉丹之藥物。鉛升汞降，賴水火以烹煎；虎躍龍騰，仗陰陽而制伏。故有金翁姹女之號，黄婆丁老之名，是皆修煉之秘事，昇玄之密旨也。太上垂教，字曰金丹，得人則傳，誓盟授受。其始也，煉精爲氣，煉氣成神，煉神合道，以至羣陰剝盡，體變純陽，身外有身，胎仙變化。方曰丹圓九轉，法契大成。以至積陰功而至三千，修德行而逮八百，太一符召，移居蓬島之間；上帝詔徵，飛步大羅之境。其次功行則四種尸解，百變神遊，更且師資有殊有分，修習不一。或念經持咒，飲水吞符；或存思運用，嚥津服氣；或餌草木之藥，或烹金石之丹。萬法千門，總歸一道，所謂處處垂楊堪繫馬，家家有路到長安。然惟內煉金丹，該括萬化，如遵正路，如水朝宗。故凡尸解飛昇，莫不由此超度。方其修煉之時也，忘世榮華，甘心寂澹，灰頭垢面，破服弊衣。或露宿而雨眠，或松餐而澗飲，或和光而混俗，或厭世而避塵。散處山林，偏遊湖海，宴息洞府，涉覽世途。其庸輩凡流，輕耳賤目，耆以告稚，甲以諭乙：此貧道人也，此丐子流也。近之者轉身，睹之者回盻，其有能尊而事之者，幾希，有如貴宦者恃圭爵以爲高，富豪者懷金貲以爲重。其笑而耻爲之似者，紛紛皆是矣，及其潛功外修，精心內煉，乘雲馭氣，策空駕浮，名紀上清，身栖碧落，則旒冕屈尊而下拜，金紫仰慕而驚心。吁，吾於道又何損益哉。惟我元始天尊，在昔大浮黎土寶珠說經，都竟天人，廓散十方。當此之時，道浹群黎，恩霑萬有，茂開劫運，啓迪眞風。逮至無上道君太上老君繼演斯玄，迭振其化。暨我昊天上帝，符曆開極，眞道凝虛，梯級羣仙，陶冶萬類。白日飛昇之士，尸解神變之人，自古迄今，益盛而益隆也。愚者一介渺微，苦耽玄學，欲希度世，頗厭俗紛。常觀儒家有《資治通鑑》，釋門有《釋氏通鑑》，惟吾道教斯文獨闕。白海瓊先生之所謂傳、所謂史，皆不見行於世間，因錄集古今得道仙眞事跡，究其踐履，觀其是非，論之以大道而開化後人，進之以忠言而皈依太上，務遵至理，不詫虛文。但眞仙玩世，顯少隱多，其所留名，百不逮一。且傳記行藏每有聞見之先後，蹤跡變化難以次序而鋪舒，是故不可例世間作史編年紀事論也。如得一名眞仙證道，須是詳審校定，嚴行筆削，不敢妄書。庶幾剖判仙凡，垂名者貴，人間天上普見愚衷，惟萬劫至人上士鑒之焉。編成，名之曰《歷世眞仙體道通鑑》。

劉辰翁《序》　傳聞異辭，所傳聞異辭。况神仙狡獪，或亡氏名，變氏名，不可知。如張子房傳黄石公即赤松子，赤松子即圯上老人，圯上老人即四皓，四皓即東海君，東海君即力士。人自不悟，當時若非此一老人變化，豈有平沙曠野能自蔽幷蔽力士，又豈有路傍兵革，間有四老同處，爲上所知，而人無聞焉。從是而推，八公能老能少，眇道士遽如許，遽如許，皆意生身，一一不足怪。又從是而推，《眞誥》所稱聖賢忠孝，文人才士，古今一氣，有隨化而無誠死。蓋天地，一人之身也；吾天地之身也。嘗欲效班孟堅人名表譜，軒轅以來，得道之士雖有精有麤，有眞有僞，然此爲天仙，此爲地仙，此爲栖隱，如此而修煉成，如此而服食效，如此而無成與不幸。可師可慕，可警可懼，不得於其萃，則得於其類。如趙文子冠而受教，如諸菩薩一時對佛說法，至言滿眼，諸門洞開，要爲有益於無窮無量，非特記姓名事迹而已。古瑞趙全陽高士，乃能會聚劉子政、葛稚川至近年諸書，罷精竭力，朱窠細字，如蟲蝕葉，不可爲萬計。雖傳聞所傳聞異，而大略具是矣。予因是又見北方所謂作者，皆不爲詭怪方伎與不可知，而自不可及，殆眞教也。有蠹魚者，不可謂知。然得仙字食之如髮人者，得其髮食之亦仙。全陽痦痳，是間食仙也。多矣，非直蟬比也，儻得其一髮，足與老仙共傳。敬哉，吾題是集，爲顧將軍人物點眼。凡質已飛，復欲疑武陵人云，我則不暇。

鄧光薦《序》 自昔得仙者皆云名應圖史，此圖史在天上地下，名山洞府，不係世間。《度人經》言：元始說法始青天中，十方無極無量品至眞大神無鞅之衆，浮空而至。曰無極，曰無量，曰無鞅數衆，正猶佛書說三世十方河沙數，百千萬億那由他。不可說，不可說。諸佛菩薩欲人人而注名姓，字之竹帛，殆不堪紀。更生《列仙》，始赤松，終玄俗，上不及黄帝。稚川《神仙》，始廣成，至封君達，下不及晉代。沈玢《續仙》，謂人間得仙之人，猶千不得聞其一。《眞誥》載楊君筆受地下主者，謂有職位粗相識，其無位者不可一二盡知。如此，散者無限數也。要知，玄間有仙籍，人間有史籍。人不能知仙，仙不求聞於人，故數目懸而詳略異耳。浮雲山道士趙全陽，著仙鑑編纂，詳考訂核，可謂仙之董狐矣。抑余有疑焉，稚川傳淮南王八公事甚偉，謂漢史秘之可矣，更生父德治淮南獄，得《鴻寶枕中書》，誦之以爲奇，及著《列仙》，乃擯淮南八公而不列。江鄉間相傳旌陽事迹，焜曜耳目，及考《眞誥》，載諸許眞胄家世譜系、諱行伯仲君羣從，上自司徒，下至虎牙玉斧，獨一語不及旌陽，名不挂譜。《眞誥》作於梁，距東晉不遠，未應墮史之闕文，良可爲怪。今全陽所紀，劉安、許太史風績，相望於《列仙》、《眞誥》，得無間然否？若天眞列聖玄間地位已在經藏，若存之仙鑑之目，反似挂一漏萬，一一具述，不可勝書。全陽筆削間試重思之，闕逢敦牂。

著録

《道藏目録詳註》卷一 《歷世眞仙體道通鑑》，浮雲山聖壽萬年宮道士趙道一編修。卷一之十，軒轅黄帝等，飛昇者，大仙共一百八十一人。蓋仙鑑內考詳，神仙傳記所紀千有餘人，劉綱法師復綴一千六百餘人，有飛昇、沖昇、上昇、昇天、登天、軒舉、冲舉、昇舉、飛舉、登眞、昇眞、尸解、解化、昇化、羽化、隱化、示化、示卒、示終等，今述所得仙者，五萬餘人，謂之仙史。卷十一之二十，秦始皇時孔丘明起，至漢鍾離簡止，登仙飛昇者，共計一百三十四人。卷二十一之三十二，魏武帝時封衡起，至袁克止，飛昇登仙者，共計一百二十八人。卷三十三之四十三，陳興明等，飛昇登仙者，一百三十八人。卷四十四之五十三，登仙盧生等，飛昇沖舉者，一百四十二人。

《歷世眞仙體道通鑑續編》五卷。

《歷世眞仙體道通鑑後集》六卷。重陽王嘉等，飛昇登仙者，共一百四十四人。

周顛仙傳

著録

《四庫全書總目・子部・道家類存目》 《周顛仙傳》一卷，明太祖高皇帝御製。紀周顛仙事蹟。顛仙，建昌人。少得狂病，其蹤蹟甚怪。初謁太祖於南昌，隨至金陵。後從征陳友諒，旋即辭去。友諒既平，太祖遣使往廬山求之不得。洪武二十六年，太祖親製此傳，命中書舍人詹希庾書之，勒石廬山。後人録出別行，幷附以太祖御製祭天眼尊者文一首，羣仙詩及赤腳僧詩各一首。《明史・方技傳》敘周顛事，即據此文也。

鶴林類集

著録

《四庫全書總目・子部・道家類存目》 《鶴林類集》，明道士郭本中、步履常同編，以述其師周元眞之靈異者也。元眞字元初，吳縣人，居元妙觀。以雨暘祈禱頗有應驗，故一時文士多以詩文投贈。本中等因萃爲是編。又以元眞所授五雷法本於宋道士王文卿、莫起炎二人，故卷首先列二人繪像及事蹟碑傳像贊，以明淵源所自云。

香案牘

著録

《四庫全書總目・子部・道家類存目》《香案牘》一卷，明陳繼儒撰。繼儒有《邵康節外紀》，已著錄。是書述神仙故事，自軒轅以下凡七十二人，皆自《列仙傳》、《集仙傳》諸書中鈔撮成編，了無義例。末有王衡跋，稱乙未正月繼儒以此書寄衡云云。蓋衡嘗以書抵繼儒，約爲楊許碧落之遊，故繼儒以此相報也。然繼儒聲氣通天下，與棲神山澤、吐納清虛者，其趣固不同矣。

列仙通紀

著録

《四庫全書總目・子部・道家類存目》《列仙通紀》六十卷，國朝薛大訓撰。大訓字六詁，吳縣人。是書採摭《道藏》神仙故實，始於黃帝。次爲《穆天子傳》。次爲《廣黃帝本行記》。次爲《元始上眞衆仙記》。次爲《老子史略》。次關尹子以下至孫仙姑。凡八百七十七人。往往時代參錯，莫明其例。次以《文昌化書》。次以《元天上帝啟聖錄》。次以《金蓮正宗》。次以《純陽神化妙道通紀》。次以《六仙外傳》《桓眞人昇仙記》《洞天福地記》《十洲記》《閻祖師傳》《吳許二眞君傳》《羣仙總會錄》。前有華亭王宗熙、王辰熙二序，並稱親見許旌陽。辰熙又稱見潛山司命神與其兄宗熙對談，其言尤怪異無稽。二序皆不署年月。考此書先刊於崇禎庚辰，名《神仙通鑑》，卷數相符。則序中所謂壬午者，崇禎壬午。己丑者，順治己丑。蓋先刊於明，名《神仙通鑑》。至國朝版燬重刊，改此名云。

山海經

綜述

郭璞《注山海經敘》 世之覽山海者，皆以其閎誕迂誇、多奇怪俶儻之言，莫不疑焉。嘗試論之曰：莊生有云「人之所知，莫若其所不知」，吾於《山海經》見之矣。夫以宇宙之寥廓，羣生之紛紜，陰陽之煦蒸，萬殊之區分，精氣渾淆，自相濆薄，遊魂靈怪，觸像而構流形於山川，麗狀於木石者，惡可勝言乎。然則，總其所以乖鼓之於一響，成其所以變混之於一象。世之所謂異，未知其所以異；世之所謂不異，未知其所以不異。何者？物不自異，待我而後異，異果在我，非物異也。故胡人見布而疑黂，越人見罽而駭毳。夫翫所習見，而奇所希聞，此人情之常蔽也。今略舉可以明之者，陽火出於冰水，陰鼠生於炎山，而俗之論者莫之或怪；及談《山海經》所載而咸怪之，是不怪所可怪，而怪所不可怪也。不怪所可怪，則幾於無怪矣；怪所不可怪，則未始有可怪也。夫能然所不可、不可所不然，則理無不然矣。案《汲郡竹書》及《穆天子傳》：穆王西征，見西王母執璧帛之好，獻錦組之屬，穆王享王母于瑤池之上，賦詩往來，辭義可觀。遂襲崑崙之丘，遊軒轅之宮，眺鍾山之嶺，玩帝者之寶，勒石王母之山，紀跡玄圃之上。乃取其嘉木、豔草、奇鳥、怪獸、玉石、珍瑰之器，金膏、燭銀之寶，歸而殖養之於中國。穆王駕八駿之乘，右服盜驪，左驂騄耳。造父爲御，犇戎爲右，萬里長騖，以周歷四荒名山大川，靡不登濟。東升大人之堂，西燕王母之廬，南轢黿鼉之梁，北躡積羽之衢。窮歡極娛，然後旋歸。案《史記》：說穆王得盜驪、騄耳、驊騮之驥，使造父御之，以西巡狩，見西王母樂而忘歸。亦與《竹書》同。《左傳》曰：穆王欲肆其心，使天下皆有車轍、馬跡焉。《竹書》所載則是其事也。而譙周之徒只爲通識瑰儒而雅，不平此驗之史考，以著其妄。司馬遷叙《大宛傳》亦云：自張騫使大夏之後，窮河源，惡睹所謂崑崙者乎。至爲《本紀》、《山海經》所有怪物，余不敢言也，不亦悲乎。若《竹書》不潛出於千載，以作徵於今日者，則山海之言其幾乎廢矣。若乃東方生曉畢方之名，劉子政辨盜械之尸，王頎訪兩面之客，海民獲長臂之衣，精驗潛效，絶代懸符。於戲，羣惑者其可以少寤乎。是故聖皇原化以極變，象物以應怪，鑒無滯賾，曲盡幽情。神焉廋哉，神焉廋哉。蓋此書跨世七代，歷載三千，雖暫顯於漢，而尋亦寢廢。其山川名號所在多有舛謬，與今不同，師訓莫傳，遂將湮泯。道之所存，俗之所喪，悲夫。余有懼焉，故爲之創傳，疏其壅閡，闢其茀蕪，領其玄致，標其洞涉，庶幾令逸文不墜于世，奇言不絶於今，夏后之迹靡刊於將來，八荒之事有聞於後裔，不亦可乎。夫蘙薈之翔，叵以論垂天之凌，蹏涔之遊無以知絳虬之騰，鈞天之庭豈伶人之所躡，無航之津豈蒼兕之所涉，非天下之至通，難與言山海之義矣。嗚呼，達觀博物之客，其鑒之哉。

洞天福地嶽瀆名山記

綜　述

杜光庭《序》　乾坤既闢，清濁肇分，融爲江河，結爲山嶽。或上配辰宿，或下藏洞天，皆大聖上真，主宰其事，則有靈宮閟府，玉宇金臺，或結氣所成，凝雲虛構。或瑤池翠沼，流注於四隅。或珠樹瓊林，扶疏於其土。神鳳飛虬之所產，天驎澤馬之所棲。或日馭所經，或星躔所屬，含藏風雨，蘊畜雲雷，爲天地之關樞，爲陰陽之機軸。乍標華於海上，或迴疏於天中，或弱水之所縈，或洪濤之所隔，或日景所不照，人跡所不及，皆眞經祕冊，叙而載焉。太史公云：大荒之內，名山五千，其間五嶽作鎮，十山爲佐。又《龜山玉經》云：大天之內，有洞天三十六，別有日月星辰靈仙宮闕，主御罪福，典錄死生。有高眞所居，仙王所理。又有海外五嶽、三島、十洲、三十六靖廬、七十二福地、二十四化、四鎮諸山。今總一卷，用傳好事之士。其有宮城處所、得道姓名、洞府主張、仙曹品秩，事條繁廣，不可備書，聊紀所管郡縣及仙壇宮觀大數而已。

著　録

《四庫全書總目・子部・道家類存目》　《洞天福地嶽瀆名山記》一卷，蜀杜光庭撰。首仙山，次五岳，次十大洞天，附以青城山，次五鎮海瀆，次三十六精廬，次三十六洞天，次七十二福地，次靈化二十四。皆神仙幻窅之言。故雖紀山川，不隸之地理類焉。

《道藏目録詳註》卷二　一卷，廣成先生杜光庭撰。言嶽瀆衆山、中國五嶽、大洞十天、海鎮嶽瀆、十洲三島、三十六靖廬、七十二福地、二十四化、四鎮諸山，以及宮城處所得道姓名、洞府主張仙曹品秩等跡。

洞淵集

綜　述

李思聰《進洞天海嶽表》　臣竊以琅函翠札，玉笈紫書，卷帙頗繁，尋譯彌廣。粵若三清奧妙之典，煥乎《五嶽眞形之圖》，古存閬苑之文，今有十洲之記。眞風綿邈，史氏弗論，歷代英儒，罕留編錄。臣每因朝修之暇，焚炷之餘，密扣幽微，輒排次序。雖丹臺敻遠，紫府幽深，具載畫圖，豁如指掌。使崇上之士，同贊國風，味道之流，上祝宸筭。忝遇泰寧之運，式揚清淨之風，博採仙圖，久歸上聖。臣誠惶誠恐，頓首頓首。恭惟體天法道欽文聰武神聖孝德皇帝陛下。執祥符而御曆，握金鑑以臨民，道冠百王，德降千古。堯雲庇野，萬彙昭蘇；舜日麗天，八紘和煦。遂遣東夷南越之俗，稽顙歸仁；北胡西虜之民，傾心順化，凡遭聖運，盡罄惟深。切念臣幼年以來，苦心本教，每覽前賢述作，道門異事，率多汎濫，罕究根源。臣夙夜精心，討尋經籙，採摭事實，形於篇章，久歷歲時，頗盈編軸。今撰成《玉清璇極圖》、《洞天五嶽圖》、《蓬壺閬苑圖》、《大溟靈瀆圖》、《名山福地圖》、《金液還丹圖》。幸逢昭代，不敢藏於蝸室，輒思上達龍庭。若得少經睿覽，即臣生平苦辛，不爲虛棄。輒敢隨表進呈，干犯冕旒，無任戰汗憂兢、悚惕屏營之至。

又《乞進洞天海嶽名山圖狀》 右思聰，草野微軀，生逢昌運。長遇無爲之教，叨居有道之朝。性愚罔究於仙書，智淺曷量於溟渤。以思聰自明道元年，相次於道門祕典、列聖眞詮，探賾幽微，精究妙本，撰成《玉虛璇極圖》，述虛無旋象之神化；《洞天五嶽圖》，贊五嶽仙山之靈境；《蓬壺閬苑圖》，頌蓬島十洲之勝槩；《大溟靈瀆圖》，序龍宮海瀆之奧妙；《名山福地圖》，吟紫府丹臺之祕景；《金液還丹圖》，集神仙之火候；其圖廣大，慮煩尋繹，又別纂集《卧披圖》一十軸，並已了畢。念以思聰採摭事實，刻苦彌年，秪願美贊於皇猷，豈敢叨求於帝渥。今遇乾元節將近，擬乞以前件圖子陸本，並《卧披圖》一十軸，具狀通納，乞與進呈者。

《中書劄子付昭信軍》 虔州奏大中祥符宮道士李思聰狀，自明道元年，相次於道門祕典、列聖眞詮，探賾幽微，精窮妙本。撰成《玉清璇極圖》，述虛無璇象之神化；《洞天五嶽圖》，贊五嶽仙山之靈境；《蓬壺閬苑圖》，頌蓬島十洲之勝槩；《大溟靈瀆圖》，著龍宮海瀆之奧妙；《名山福地圖》，吟紫府丹臺之祕典；《金液還丹圖》，集神仙之火候。圖子六面，並《卧披圖》一十軸，乞與進呈。當州衆官看詳實可採，其圖見在本州收掌，未敢上進。伏候勅旨。

著録

《道藏目録詳註》卷四 卷一之九，共四卷，冲妙先生李思聰集。內言川源河瀆三十三天二十八宿分野主神應躔次並斗星罡氣等論。

大滌洞天記

綜述

張宇初《序》 淛之爲郡，山川雄秀，甲於東南，故爲吾道之奧區。而所謂洞天福地者，在在有焉。予過錢塘之上，每低佪延覽，不能捨去，惜不盡遊其名勝者。間讀予友大章徐先生所序杭之洞霄宮歸一規者，尤慕其山水之麗、宮宇之宏，而未之一造焉。今年春，其宮道士某持其宮志請序於予，因獲探其源委顛末，其大滌洞天天柱峰即洞霄宮也。始漢武元封間，而晉唐以來，修眞隱遁之士多居之，逮宋南渡，都於杭，則門地之盛，聲望之隆，與玉清、醴泉、崇福、昭應、太液、寶籙諸宮觀等矣。凡寵書幸駕，錫田賜額之異，尤冠一時涉元之盛。高人奇士輩出，於教益振。雖宮宇之變，或罹兵燹之革，輸賦之繁，復設規以守其成，益有復興之漸矣。而山川之推爲洞天福地之殊者，四方至今猶稱之，故其具諸載籍者，凡殿廡之盛、人物之異、文辭之偉，靡不備見之。若淛之名於東南者，舍是尚何求哉？昔之志，夫是者，可謂善述其事，張大其跡也。今某尤將廣于梓，亦抑知繼夫先志也。嗟乎，古今之盛衰興廢之無窮，雖僊眞靈異幻化之跡，尤有湮沒而無所考焉，其所可追索者，徒賴于名辭巨筆垂之金石，煥乎千百載而不泯也。雖然浙之地勝人傑，而琳宮璿宇卓稱於時者，爲不少矣，而能託於不泯之言者，又幾何哉？若洞霄之稱於一時，而文且著於不朽矣，使其傳之悠遠，與三山之書並行而不已，豈不亦吾道之盛典也？因嘉其志而序首焉。

吳全節《序》 大德九年夏，予奉旨搜賢，知葉玄文、鄧牧心隱餘杭天柱山，即而徵之，固辭不起，因得極山中奇偉絕特之觀。後六年，代祀南來，道士孟集虛出所編《洞霄圖》，記山川之奇秀，嵒洞之深杳，宮宇之沿革，人物之挺特，昔耳目之未及者，今一覽無遺。是編行乎世，集虛於兹山之功亦懋矣。況其賢而文沖澹不衒。其師介石沈公，端雅有容，疊膺綸命，典領本山，人稱其懷。山之洞天福地，歷漢晉唐宋，聞人世出。今介石師友如淵珠山玉，輝潤泉石。信乎山川之勝，亦繫乎其人。凡居者、游者，苟不潔涓身心，悠遵太上清静之教，嚴奮祝弘至道，以重兹山，是增林慚澗媿，負介石師友之心事。予併發之，於是乎書。

沈多福《序》 夫誌書者，所以叙事物之源委本末，名數凡目靡不登載，故貴乎廣記備言，使往者有傳，來者有徵也。大滌天柱，爲東南一大勝槩，其可紀者不少，而宋政和間唐子霞作《眞境録》已不可考，端平間所輯亦復疏略。余懼靈跡奇聞久將湮沒，遂俾道士孟宗寶、隱士鄧牧心相與蒐羅舊籍，詢咨故老，考訂作《洞霄圖志》。凡山川標致之勝、宫館規制之詳、聖遊化之跡、英賢紀述之美，皆收拾而無遺。非但游息於斯洞見今古，而足跡未能至者，一睹此志，便眇眇然如行翠蛟白鹿間，有頡頏飛霞之想，亦滌心一助也。

梅山觀記

著録

《四庫全書總目・子部・道家類存目》 《梅仙觀記》一卷，宋楊智遠編。智遠，仙壇觀道士。其始末未詳。是編記漢梅福仙迹。首列梅仙事實，不著撰人。稱自漢至今凡二十二丙寅，自元始中至今貞元二年丙申，計一千二百五十九年，則當爲唐人作。然其文前列福王莽時所上書，全録漢史，自「變名爲吳門市卒」以下備言煉丹遇魔、逢師昇舉之事。其詞甚鄙，至稱王莽爲國舅，殆粗野道流所依託也。次列羅隱碑及蕭山明、蕭泰來題後，次列宋敕誥，次列宋人贊詞及題詠，有後林李義山詩一首。考厲鶚《宋詩紀事》，宋别有李義山，非唐之商隱也。蕭山明碑陰文稱咸淳六年六月朔，則此書成於度宗時矣。

《道藏目録詳註》卷二 一卷，仙壇觀道士楊志遠編。梅山仙壇觀，在豐城縣宣風鄉南歧里，有梅仙君隱焉。蓋仙君河南壽春府人，名福，字子眞。乃西漢成帝時，受命洪州南昌縣尉，居官清節，志厭浮華，初至雞籠山修煉，被尸鬼相魔，後至劍江西嶺修煉。一日，祥雲瑞氣，覆於山巔，開戶視之，乃道師空洞君降舍，於是受道。梅君嗣後，修煉千日，神遊體外，丹光燭天，成道燈雲，位證仙品。其仙君顯道實蹟幷勅書碑文記傳詩文，皆録記內。

龍瑞觀禹穴陽明洞天圖經

著録

《道藏目録詳註》卷二 一卷，宋翰林學士李宗諤修定。龍瑞觀，在會稽縣東南一十五里，即大禹探靈寶五符治水之所。後得黄帝遁甲開山，因以治水。訖，乃緘書於洞穴，斯山亦名陽明洞天是也。

四明洞天丹山圖詠集

綜述

曾堅《四明洞天丹山圖詠集序》 四明山在東海上，山有四穴通，光昬天宇。澄霽望之，一如戶牖。土人名之曰石窗，故山以名。唐置州治今餘姚，又因以明名郡。宋改慶元舊治，更置縣。本朝陞州而山屬餘姚，在州南百里。圖則山麓祠宇觀所刻也。其一曰元建觀之圖，其二曰唐遷觀之圖，槩言之則曰四明山也。木玄虚云：天下洞天三十有六，四明第九，其號曰丹山赤水是也。按山接大蘭山，形勢蟠結，周回三百八十里，有二百八十峰，高二百一十丈。常有雲氣覆冒於中，凡二十里不絶。二十里間名曰過雲，南曰雲南，北曰雲北，山隴行三十里有峰曰三台山，曰屏風，曰石屋，曰雲根。石屋、雲根間有瀑布，如懸河旁，曰潺湲洞。三台之側有龍湫，後漢下邳劉綱爲上虞令，棄官同妻樊氏雲翹居潺湲洞側，從白君得仙術，其上有洗藥溪，學成會交友，登大蘭山頂，攀巨杉升其上，舉手別呼，夫人次之俱仙去，遺履山下，化爲卧虎。後人名其山曰昇仙山，木曰昇仙木，就其近立祠宇，以奉其祀。有樹曰樊樹，梁隱者孔祐仍居之。嘗視山谷中錢數百斛，樵者爭取之，化爲瓦礫。有鹿中矢來投祐，祐爲牧養，瘉而後去。故祠側建鹿亭。陳永定中，有敕建觀，因其舊祠，故曰祠宇云。唐天寶三年，遣使禱祠，病其險遠，勅道士崔銜、處士李建移置潺湲洞外，一名白水宮。宋龍虎山三華院吳君眞陽，號混朴子，從虛靜張天師學，游歷至此止焉。徽宗以凝神殿校籍，召不起。政和六年，詔大其觀，建玉皇殿，書其榜而門曰：丹山赤水洞天，封劉綱昇玄明議眞君，樊氏昇眞妙化元君，而混朴子授丹林郎。禁樵採，蠲租賦。高宗丞相張魏公知其徒孔容，因表混朴子爲眞人，許歲度道士一人，以甲乙傳次。嘉熙初元，理宗禱嗣於會稽之龍瑞宮，竣事分金龍玉簡藏焉。今毛尊師永貞由三華嗣主之。山之木曰青檽樹，其實味甘而不可倅破。山之獸曰鞠猴。唐咸通中謝遺塵隱此。陸龜蒙、皮日休時時往還，各賦詩九首，取以爲題。宋陸游記之：余再以使事航海，出慶元洋，掠餘姚，竟上者四，西望縹緲如輕雲，插入天末。舟師指以相告曰：大蘭山也。至京師，適薛君毅夫由毛尊師所來，示予二圖，想見其山川奇秀，思欲得相羊上下，從一二瀟灑士，坐鹿亭，酌潺湲，呼鞠猴，一洗其塵土之累而吏役驅迫。昔者舟行，徒悵望杳嗟而已。近世士大夫汨於利達，上之不能效劉綱脫屣簪紱，次之不能如皮陸忘形賦詠。宜乎高世之士揶揄哂唾而目其地曰洞天也。余故詳其本末，使有志物外者，得以覽觀焉。

著　録

《道藏目録詳註》卷二　一卷，滄海逸吏臨川曾堅撰。四明山，在東海上，山有四穴，通光晷，天宇澄霽，望之如戶牖，土人名之曰石窗，故山以名。其山形勢蟠結，周迴三百八十里，有二百八十峰，高二百一十丈，常有雲氣覆冒於中。雲根石屋，瀑布如懸，徽宗書榜曰：丹仙赤水洞天。建樹宮宇用方士法，所置金龍玉簡，至今存焉。

金華赤松山志

綜　述

倪守約《金華赤松山志序》　余自齠齔，慕希夷氏之風，覬爲葛天氏之民，家寓松山之左，耳所聞，目所見，凡赤松子二皇君得道之由來，雖未能詳知而歷貫，亦已默契乎胸中矣。遂捨家辭父母，來投師資。粤自承恩備冠裳末數，積今四十餘年，晨香夕燈，未嘗敢懈。每靜坐丹晨靖中，無他念想，惟恐靈蹤仙跡無以啓迪後人耳。家山舊有刊本事實，歲久而磨滅不存。余曰：既爲二皇君之子孫，忝沖和先生之餘裔，其可使祖師之道不顯乎？乃採摭源流，舉其宏綱，撮其機要，定爲一編，號曰赤松山志。俾來者有可考焉。若夫神仙傳記之所錄，經典碑銘之所載，父老之所傳，風月之所詠，觀乎此則不待旁搜而後知之也。偈曰：掛一漏萬，擇焉而不精，語焉而不詳，則負罪其奚以文。

著　録

《道藏目録詳註》卷二　一卷。金華山赤松子幻相而引之，絶棄世塵，追求象罔，煉丹修眞。遺跡有丹基丹皀丹井丼煉丹山，有洞天優游洞、石室洞、卧羊山、大簀山、聖石山、螺螄巖、劉道巖、壺屏山、桃源聖石灣、清水潭、寶積觀、金華觀、雲巢菴、太清殿、二皇君祠、壺天眞人祠、聖石仙宮祠、丹山仙宮祠、雲臺觀、凝神菴等蹟。

仙都志

綜述

佚名《仙都志序》 疆理之書，肇於禹貢而具於職方，然水有經，郡邑有乘，此《仙都志》所由作也。仙都，東吳勝，事在道家書，爲祈仙洞天，爰自發蹟軒轅，由唐建，宋錫名，薦祉符瑞，屢臻聖朝。延祐間，貞士趙虚一載奉璽書來領釐事，山川草木昭被寵光。獨峰鍊谿，若增而高浚而深也。住山陳君此一載筆于編，沿革瑰奇，鉅細畢錄，其有功玆山者歟。吾聞蓬萊在望而風輒引去，桃源既入而路忽迷，則名山大川豈人人之所能周覽哉。此編目擊道存可以卧游矣。至正戊子五月既望。

著録

《道藏目録詳註》卷二 《仙都志》一卷，玉虚住山少微陳性定編集。仙都山，古名縉雲山，按道書洞天三十六所，其仙山第二十九，名玄都祈仙洞。周廻三百里，黄帝駕火龍上昇處。山巔有石屋，世傳爲洞天之門。其山隱名不一，而曰獨峰山、步虚山、童子峰山。巖有隱眞洞，山麓有水仙洞。東有金龍洞、天堂洞、雙龍洞、忘歸洞、初暘谷。西有伏虎巖、翔鸞峰、靈龜石。練溪之下有小蓬萊、仙釋巖、天師巖、東蒙巖、玉甑巖、楊郎洞、仙巖洞、梯雲洞、鼎湖丹井。幷上古眞仙人物山水洞天題名詩集碑記。

西嶽華山志

綜述

劉大用《西嶽華山志序》 凡古之士，合作神藥，必入名山福地，不止小山之中，何則？小山無正神爲主，多是木石之精，千歲老物，此輩蘊邪之氣，不念爲人作福故也。謹按山經云：可以精思合作神藥者，華山、泰山、霍山、恆山、嵩山，餘係中州，或在諸侯五服之外，其間稱名山者以百數，廼不可以遍舉，此皆有正神在其山中，或隱地仙之人，又生芝草，若有道者登之，則此山神助之爲福，其藥必成矣。吾鄉金城千里，控壓三河，川英嶽秀，太華位焉。夫太華者，坐挹三公，抗衡四嶽，終南、太白却立而屏息，首陽、王屋不敢以爭雄，西觀昧谷之稍昏，東顧扶桑之已白，更無峻極，惟戴高穹，蓋得太素之元精，稟金天之爽氣，作成萬物，分主兑方，預之於十大洞天之中，則極眞爲號，含藏日月，吐納雲烟，生象外之樓臺，匪人間之風物。目之於十八水府之數，則車箱有潭，東南江海，地脈潛通，載祀典而爲常經，投金龍，進玉簡，若夫仙掌雲空，蒼龍日出，千山捧嶽，嵐氣川流，翠撲客衣，經時不落。已而斜陽映山，蓮峰弄色，如金如碧，匪丹匪青，奇麗萬千，不可名狀。松生琥珀，夜即有光，地出醴泉，爲國之瑞。固宜降五靈玄老，隱函谷眞人，或星冠羽衣，乘雲而謁帝王者有之，或寶車羽蓋，駕龍而覲大羅者有之，招邀眞聖，總集仙靈，則此又華山爲一都會也。吾友王公子淵，先覺而守道，獨立而全和，每語人曰：我欲曳杖雲林，舉觴霞嶺，斯志積有年矣。方畢婚娶，棄家入名山，修鍊金液，不有太華，其孰留意焉？人曰：可矣。公遂取舊藏《華山記》一通，慮有闕遺，更閲本郡《圖經》及劉向《列仙》等傳，有載華山事者，悉採拾而附益之，俾各有分位，不失其叙。以山水觀之，則峰穴、林谷、巖龕、池井、溪洞、潭泉之境，可得而見；以祠宇觀之，則宮殿、寺廟、藥爐、拜壇諸神降現之處，可得而知，語其所産藥品，則茯苓、菖蒲、細辛、紫栢，俱中炎帝之選；錄其所出仙人，則淸虛裴君、白羊公、黄初平十六眞人盡預；玉皇之游宴，而不與下界相關乎。噫！華山仙蹤聖跡於是大備，無不包也。其文僅七十餘篇，命工鏤板，務廣流傳，則豈曰小補之哉？既成，請余以文冠其首，余或拒且賀曰：余才乏卿雲，無力挽千鈞之筆，然喜見公之志即我之志也，我亦欲入名山，合作神藥，未知明指。會公有此，廼成我之志也。歟大凡入名山之中，合作神藥，必有所依。《書》曰：爲巫者，鬼必附之；設象者，神必主之。況修仙藥而入名山，豈山之正神而不佑我耶？其藥之成可立而待也。但勿謂靑天空闊，白龍來遲，一旦造玄洲，會群仙，翔紫霄，朝太一，聽鈞天之樂，享九芝之饌，行亦未昧其他，有諸天之隱語，空洞之靈章，約與公異日道也。時大定癸卯十二月壬申泥陽劉大用器之序。

唐玄宗《御制序》 天有四序，星辰辨其位，地有五方，山嶽鎭其域，陰陽交暢，則物形焉，精氣相射，則神明著矣。西嶽太華山者，當少陰用事，萬物生花，故曰華山。踞中土西偏七宮正位，是稱西嶽。按圖以察，削成而四方，信焉；立表以筭，其高五千仞，明焉；石壁傑竪而雄竦，衆山奔走而傾附。其氣肅，其勢威，其行配金，其辰直酉，前列華陽之谷，後壓華陰之郡，左抱桃林之塞，右產藍田之玉，下有方士眞人、金鼎石室，上有明星玉女、仙草瓊漿焉。

著錄

《四庫全書總目・子部・道家類存目》 《華山志》一卷，金王處一撰。處一始末未詳。前有大定癸卯泥陽劉大用序。其書皆載華山神仙故事。蓋道藏之餘文，非地志之正體，故隸之道家類焉。

太華希夷志

綜述

張輅《太華希夷志序》 愚除晉寧河中府之幕職，密邇華山，稔聞希夷先生遺事，公務之暇，采古書所錄，或諺語之談，其高風峻節，信乎前宋一代之異人也，故作《太華希夷志》，以紀之。先生明易，深造玄妙之理，視人之禍福、物之休咎，其應有如蓍龜。當五代之時，有撥亂濟世之志，所學得皇王帝伯之道，聞宋太祖登極，知天下已定，遂入華山爲道士，徵召不至。及太宗即位，三宣至闕下，待以賓禮；賜坐與語，所論事之凶吉，靡不徵驗，欲拜官，堅辭弗受。不久，放還山跡。雖方外之士，胷合中庸之道，其脫落塵世，泥滓軒冕，傲睨公侯，視萬乘若僚友，恬退高隱，不尙勢利，足抑奔競之流，可追配巢由嚴陵之節，其崇名敎，厚風俗，以助萬一云。回顧吮癰舐痔，奴顏婢膝，昏暮扣人之門戶，驕人於白日者，猶醬瓿之醯鷄，奚足論哉！輅遠居保郡，官除蒲川，爲家貧不免二千里來之任。初，兩任教官，連仕縣職，館閣名公鉅儒，累舉詞翰之選，當路齟齬，不果用。僕恥於奔競，故碌碌居州縣之職，以代耕未能展平生讀書之志，恆鬱鬱不遂。因閲古傳記，感希夷先生之高節，編次成一書，俾新學之士激勵其志，內有差訛，鄙俗傳者之誤，志其固陋，就撰以補綴之，以寫高遠之趣，庶幾有取焉。

岱史

綜述

譚耀《岱史序》 環區中而山者，萬不啻也，岳爲最；環區中而岳者，五不啻也，岱爲最，故曰岱宗。蓋自黄虞氏而下靡異號云，以故自昔受命而興者，靡不有事於岱。然而秦漢之事，君子諱之，惟我明一切屏絶封禪，矯誣之説，寘弗道，而諸所行望祀之禮，珪幣登祝之數，名爵之稱，又皆一洗近代訛謬而還古初。是自古有事於岱者，七十二君不啻也，我明爲最。乃岱於前世，率不過吐奇孕異，致靈怪以闡世符，惟我明建樞北極，而兹山屹立國門之東，汶、濟之水會焉。下國筐篚，舳艫相銜，際天地而來者以萬數，而兹山諸泉，實委輸之，儼若岳伯元僚，總率九牧之賦以歸天府，是岱之祚國佑民，即億萬年不啻也，亦我明爲最。夫岱既已最五岳而雄區中，而我明所以有事於岱，與其所以有功我明者，又爲百代之最。如此則其他瑰奇特絶之觀，與夫登臨嘯咏之蹟，見於仙經地志、殘碑斷碣之所記載者，在他名山往往籍之爲重，而要皆篾焉，無當於岱。惟是岱之所以最他名山，與我明所以最百代者，盖在彼而不在此，此載筆者之所宜詳也。予往奉璽書，按鹺政於濟上，間以職事一登兹山，四顧徘徊，求古皇王靈聖之遺趾，而世代綿邈，莫可尋詰，則慨焉。有感於前誌之浸廢，乃屬同轉運使查君輯而新之。查君則裁取舊編，斷以己意，擬例三史，取材百家，凡爲考若表、若紀、若志得若干卷，其於所稱瓌奇特絶之觀，登臨嘯咏之蹟，見於仙經地志、殘碑廢碣之所記載者，固已掇拾其槩，靡所漏捐。而自黄虞以下所以有事兹山，與夫我明之典禮名數，所以陋秦漢而還古初者，特加輯録，而例別之，以自附於大書特書之義，於是遂更其名曰《岱史》，厥義睻矣。兹史甫就刻，而皇上方以軫災祈年之故，特下德音，分遣大臣祠禱五岳，以徼福元元，展禮告虔，惟岱爲首，宜有禎祥符應以答上旨，俾後世徵奇考異之士見謂聖神之代百靈受職，惟我皇上最焉，則豈惟兹史之光，將是山實籍重焉。敬爲書其首簡以竢。若其他義例，查君自有述，予可略也。

茅山志

綜述

趙世延《茅山志序》 皇慶改元，制賜茅山四十五代宗師劉大彬洞觀微妙玄應眞人。後五年，褒封三茅眞君，徽號各加二字：曰眞應，曰妙應，曰神應。仍勅三峰爲觀，曰聖祐，曰德祐，曰仁祐。明年，傳壇之玉印久湮，至是復出。有司上其事，奉旨嘉昇本山。於是渙渥沓臻，靈芝挺瑞，神人以和。凡經籙棟宇，百廢之宜飭治繕完者，宗師得以悉其心力焉。又病夫山志前約而後闕也，廼囑諸入室弟子采集成書，來徵予序，閲其所載，詔誥之隆，仙眞之異，洞府之邃，壇籙之傳，人物之偉，樓觀之盛，山水之清，草木之秀，碑刻之紀，題詠之工，莫不盻分類析，粲然大備。按茅山本句曲山，第八華陽洞天，第一地肺福地，漢茅君昆季棲遁登晨于此，山因氏茅。迨晉魏，元君大暢厥緒，眞風靈蹟綿綿延延，鬱爲寰宇之名山，神靈之區奥也。皇元治尚清静，自版圖歸職方氏，主壇席者，徵至闕下，優降璽書金湯。其教至宗師始顯，被恩數度，越前躅。於戲懿哉，蓋山川之氣，發舒於休息。既久，亦宗師之道行升聞。寂通之妙，其在斯乎。顧山志不可不輯，而丕既不可無述也。昔唐玄宗問理化於李玄静，玄静對曰：《道德經》，君王之師也。漢文帝行其言，仁壽天下。又諮以金鼎，曰：道德公也。輕舉公中之私耳。後之人盍體玄静之格言，踵宗師之誠感。則庶幾休應，是又可續志與兹山爲無窮也。

吴全節《茅山志序》 欽惟皇元之有天下也，首崇清静之道以開泰平之基。是以方外祠臣特蒙簡注，恩輝炫焯，表章山林，若不著爲成書，後世何以考，見顧余斯語名山實聞。至大庚戌，予以祀事至茅山。因閲其山之舊志，遺闕甚多，嘗以語之四十四代宗師牧齋王眞人，未幾眞人傳眞，山志無所聞。後五年復祀其山，又以語之嗣宗師劉眞人，十又三年爲泰定丙寅，天子用故事醮其山，予實代禮，始獲睹其成書。凡十有五卷，自漢晉而下及齊梁唐宋之書，搜括無遺。噫，何其詳哉。其首篇曰誥副墨，則國朝所封三眞君制詞，三峰觀賜額敕書具在，皆予所奏請者。其末篇曰雜著，則有仁皇用先開府張公所奏還賜玉章始末。嗚呼，是書前後凡二十年始成，仙靈誠有所待耶。不然，國朝褒封錫額，還賜玉章諸異恩，又將補闕拾遺於成書之後，作者不無憾焉。平章趙公既爲之序，予嘉是書之傳有益斯道，而予言之勉成者不徒然也，故爲之書。

劉大彬《茅山志敘録》 句曲有記尚矣。宋紹興二十年，南豐曾恂孚仲昭臺道士傅霄子昂修山記四卷，所書山水祠宇，粗錄名號而已，考古述事則猶略焉。大彬登壇一紀，始克修證傳宗經籙，又五載而成。是書凡十二篇十五卷，題曰：《茅山志》，載惟玆山稟靈，異於開闢之初，應帝王於虛無之表。夏禹巡幸，秦始登崇。漢元壽二年太帝九錫茅君白日神仙，其名益大顯于天下。及晉宋經道之興，梁唐尊尙之篤，眞人道士代爲帝者師，龍文鳳札，積如雲霞。慨乎年世曠邈，璽書罕存。追錄見聞百餘一二，暨我皇元混一區宇，世祖聖德神功，文武皇帝首降明詔。召嗣宗師蔣君宗瑛詣闕，繇是累朝大護其教，洊延祐三載，加號三君，改觀三峰，光掩前古，聖人以神道設教有自來矣。作《誥副墨》第一加封明詔若曰：玆山之靈，以氏爲號。茅君眞胄，盍先傳焉。按《登眞隱訣眞傳》例，列聖道君稱紀，餘眞稱傳。夫以三茅秦漢道君，今日下士仰述聖蹟，何得稱傳？作《三神紀》第二。金壇華陽洞天，金陵地肺福地，桐栢眞人所謂養眞之福境，成神之靈墟，雖百世可知也，集諸山水洞穴，作《括神區》第三。觀方平海中揚塵之諭，令威華表去家之語，是知仙聖按行民間，亦嘗咄咄古今之異，玄蹤所在，不與陵谷遷變者幾希。作《稽古蹟》第四。上清經法下敎出世，始晉興寧二年，紫虛魏元君降㖟瑯琊王公府舍人楊君，作隸字寫出，以傳護軍長史許君父子。其圖籙秘，非盟跪不傳。今疏篇目，使學眞之子略見曉焉。書論附名其左。作《道山冊》第五。初元始七傳而至紫虛，自紫虛積于今四十五代。苟非其人，道不虛行，河東柳識故云：道門華陽，亦儒門洙泗。作《上清品》第六。劉向云：天有神司，仙人充之。洞宮官僚，自《眞誥》、《玄通記》傳出，時運變易，應有遷補。譬如周禮漢儀，不復相同。神道幽遠，非世所知。作《仙曹署》第七。山源曲而有容，高尙求志之士棲遁其間，不可殫紀，所采古今卓行之著明者。若夫深晦無爲，潛升晨景，則曷得而名作《采眞游》第八。魏晉六朝館宇，散居林麓。唐宋始敕改宮觀之盛，奉祠祝釐，此其地也。作《樓觀部》第九。丹砂寶氣，金玉華津，人服之而引年易質。其漬潤積久，發於芝英草木，神異而靈長信，物理之固然。作《靈植檢》第十。碑銘書刻，載道之舟車也。眞人手澤，猶得模楷。而立德立功立言者，文亦在玆乎？作《録金石》第十一。古人采詩，蓋有關名教，山中賦詠，散逸既多，此皆絶妙好辭，足麗於飛空謠歌之末。作《金薤編》第十二。終焉。是志之作，不間今昔，一行一言，録其至善。其或傳事謁謬，撰辭蕪惡，一無所取，非脱遺也。於戲，太史公稱天下名山，南華稱博大眞人。若句曲兼二者，蓋千數百年纂懿流光，未有若斯之盛者也。後之學士無狹其所居，無厭其所生，無小無大。臺是皆以清靜爲本，尙有徵於斯文哉。

南嶽總勝集

著録

《道藏目録詳註》卷二 一卷。南嶽山有衡嶽觀、紫蓋院、聖壽觀、華蓋院、上清宮、隱眞巖、元陽宮、田眞院、北帝院、靈虛宮、洞靈宮、招仙觀、九眞觀、降聖觀、九仙宮、光天觀、普賢觀、玉清觀、洞陽觀、洞門觀、太平觀、西臺觀、紫虛靈西觀。其諸宮觀，皆有眞仙神人隱顯事跡。

天台山志

著　録

《道藏目録詳註》卷二　一卷。會稽天台山，高一萬八千丈，周迴八百里，山有八重，四面如一，當斗牛之分，上應台宿，故曰天台。今言天台者，蓋山之都號，如桐栢、赤城、瀑布、佛壠、香爐、華頂、東倉，皆山之别名也。志有歷代眞仙詩文等集。

天壇王屋山聖跡記

綜　述

杜光庭《天壇王屋山聖跡叙》　國家保安宗社，金籙籍文，設羅天之醮，投金龍玉簡於天下名山洞府。謹按《道藏龜山白玉上經》具列所在去處，十大洞天内一王屋山清虚小有之洞，周迴萬里，在洛京西北王屋縣，仙人王眞人治之。傳曰：黄帝於元年正月甲子，列席於王屋山，清齋三日，登山至頂，於瓊林臺禱上帝，破蚩尤。遂勑王母降於天壇，母既降，黄帝親供侍焉。王母廼召東海青童君，召九天玄女，授與破蚩尤之策，黄帝依命殺蚩尤於冀，天下乃無不克，海内安然。王母遣西方白虎之神，賜黄帝玄羽之衣，廼命帝會於孤竹之野，帝欽命齋戒，嚴駕而行，既至孤竹，見空中千乘萬騎，或有丫髻青衣童子數百人，或五彩羽服，或乘飛龍，或乘飛虎，或乘鸞鶴，或執珠幢、錦傘、霓旌、絳節，或持如意、九曲几及前後歌舞妓樂，不可名狀。俄見寶車一乘，駕五色班龍，九頭，上有羽蓋，九重，中有女仙一人，衣黃裳，戴金冠，隱隱而至。左右侍從有仙童一人，謂帝曰：此西王母也。帝接至，母令仙童二人命帝坐，賀帝曰：聖躬安，天下寧矣。久即戎事，得無勞乎？帝謝曰：賴上帝厚恩，聖母論教，得寧天下，豈敢稱功乎。母乃命飲筵，上花果罇罍，器皿光赫，大小各異，而不能辯其一焉。復遣仙女宋妙英，歌萬年長生之曲。歌罷，母賜帝茹芝數枚，食之不飢不渴；又賜修眞七味之書。授訖，母冲天而去。後三載於八月一日，母遣西方白虎之神爲使命，黄帝時在大隗山受母命。帝即齋戒至洛陽，帝自白坡涉渡，至王屋，清齋三日，登山，即八月十五日。至頂上祝香禱焉，俄而西方天香馥郁，自天而下，遍聞山谷，青鳥先至，帝曰：阿母降矣。俄而見空中千乘萬騎，一如孤竹之儀。既降天壇，帝列席下，見仙衆羽服冠簡，環佩履舄，帝乃頻顧之，母曰：帝何爲哉？帝曰：恐左右不謹。母曰：帝何不實耶。帝乃實對，母曰：天上之服，非凡間之有，此衣非朝禮星辰、國王、父母不可服也。帝曰：朕南面承尊，不敢以羽衣賜人臣。母曰：善。羽衣不拜帝王者，自此始也。帝欲設食，母止之，謂帝曰：吾之仙衆，不饑不渴，豈欲造人間之饌乎？王母誡帝曰：設欲供養神仙、上界星辰、日、月，但擇吉日，築壇場，設淨席，布香燈花果而已，如無，用清水藥苗代之，餘皆不可。言畢，王母賜帝碧霞之漿、赤精之果訖，王母冲天而去。自此，每年八月十五日，四方善士雲集於此山，此日亦係清虚宫中考校功行仙籍於此山也。又《眞誥》云：玄元帝時，命四海龍神所修天下十大洞天，用彊鼓之石，重重相疊，於此尚存焉。又上方院者，即上訪院也。昔軒轅黄帝訪尋四山，故曰上訪院。後司馬承禎改作上方院也。唐睿宗皇帝時，玉眞公主於金仙觀修道，今即靈都觀是也。帝幸眞元、金仙二觀，與西京相對，出玄武門，渡大河，至東章村，爲之曰東章驛。勑東濟源縣，南河清縣，西邵源縣，北陽城縣，四縣界分巡護金仙、眞元二觀。王屋山自軒轅黄帝後，至晉南嶽魏夫人，上帝遷號，勑小有洞主王子登，下敎魏華存於小有清虚宫中，四十七眞受學道畢，南嶽靈官仙衆，自清虚宫迎夫人赴南嶽衡山司命之任矣。蓋天地不言，須憑集文籍，開示古傳，實迹今錄。聖境眞元，混沌未分，道氣包含，妙本陰陽。既判眞形，出見玄經，著爲圖經，俾來者知所自云。

武當福地總真集

綜　述

劉道明《序》　太極肇分，二儀始判。水火化生於一畫，風雷鼓舞於兩間。大塊結形，鍾爲海嶽。氣通山澤，品物流形。野處穴居，人民淳朴。指物象以爲號，紀雲鳥以名官。故有有熊之稱、有巢之氏。武當並玄帝事實，有自來矣。玄帝聖蹤，備具仙傳。是山先名太和，中古之時，天地定位，應翼、軫、角、亢分野。玄帝昇眞之後，故曰：非玄武不足以當之，因名焉。考之《圖經》，即上古麇九倫切地。謂人民樸野，安靜樂善，雖曰麇鹿，猶可安居。黃帝生於有熊之國，等矣三皇而次洚水襄陵。禹平水土，封山肇州。春秋之季，析於豫雍之域。秦韓之交，漢屬南陽郡，又易漢中郡。魏屬南鄉郡，晉屬順陽郡，懷帝永嘉置始平郡。齊因之，又置齊興郡。梁爲南始平郡。後魏改爲武當郡。梁置興州，西魏爲豐州，隋改爲均州。又爲淅陽郡、武當郡。唐宋復置均州。泉甘土肥，風物美秀。地靈人傑，神仙攸居。武當之集，古豈無之。山雖仰止，靈跡杳然。道統雖崇，變更數易。謂介乎金宋之間，百年之中三罹劫火。板既蕩於前日，事漸泯於後來。幸天道好還，車書混一，訛言頓掃，正道遂行。興復前規，無文不立。予也覃懷末裔，荆門鄙夫，叩嗣法源，嘗籍賢館。欣逢治化，無補明時。退居山林，修眞養性。然游人達士登陟者匪一，往往探賾索隱，令指諭峰巒。林下久居，精神內守，存心攝氣，倦於應酬。敬搜摘群書，詢諸耆舊，加以耳濡目染，究其的論確辭，筆之曰《武當總眞集》。會萬古之精華，歛一山之風月，開卷了然，又何待區區之饒舌也。

呂師順《跋》　自有宇宙，則有山川，然洞天福地，表表於宇宙間，則未有不因人而重者。故南障以匡俗所廬，而易其名，天台以桐栢所治，而新其號，山有仙則名，信矣。余生髮未燥，聞均州武當爲玄帝啓聖之地，長慕眞風，尤切仰止，獨恨未睹此山之勝，且不知其所以得名之由。一日，忽有王、米二生自武當來，訪余廬山下，袖示劉洞陽所編本山事實，名曰《總眞集》，肅容展玩，則知是山也。七十二峰擅其奇，三十六巖專其秀，澗溪潭洞之清幽，草木禽獸之珍異，殊庭仙跡粲然，靡所不載。蓋名山中之雄偉傑特者，由是觀之，微此山不足以稱玄帝之居，微玄帝不能以彰此山之勝，以武當易太和，蓋取諸此。然非洞陽紀述詳明，如指諸掌，則凡天下之奉道者，又豈能盡知其所自來哉！然則，此山固與天地爲無窮，而洞陽此集且將與此山相爲無窮，其有功於玄教大矣。三復讚嘆，遂書卷末，若夫帝眞行實，已載鉅編，又奚庸贅。

古樓觀紫雲衍慶集

著　録

《道藏目録詳註》卷三　三卷，句曲宋象先集。大唐宗聖觀記、尹尊師碑、大唐聖祖玄元皇帝靈應碑、古樓觀宗聖宮紀、終南山古樓觀、刊關尹子後序、尹眞人道行碑，共一十六通，並名公題咏，載在集中。

大明續道藏經目録

著　録

《道藏目録詳註》卷四　一卷。杜字號起，縲字號止，共三十二號。明萬曆三十五年正一嗣教五十代天師張國祥奉旨續入。

道藏目録詳註

著録

《四庫全書提要・子部・道家類》

《道藏目録詳註》四卷，明道士白雲霽撰。雲霽字明之，號在虚子，上元人。是書成於天啟丙寅，以《道藏》之文分門編次，大綱分三洞、四輔、十二類。每條各有解題，如《崇文總目》、《郡齋讀書志》之例。所列諸書，多捃拾以足卷帙。如劉牧《易數鈎隱圖》《遺論九事》、張理《易象圖說内外篇》、雷思齊《易外别傳》、案此本僉琰之書，雲霽誤以爲思齊。《易筮通變》《易圖通變》，舊皆入《易》類。《穆天子傳》舊入起居注類。《山海經》舊入地理類。揚雄《太玄經》、邵子《皇極經世》、鮑雲龍《天原發微》，舊皆入儒家類。《墨子》舊入墨家類。《素問》《靈樞經》《八十一難經》、孫思邈《千金方》、葛洪《肘後備急方》《急救仙方》《仙傳外科秘方》、寇宗奭《本草衍義》，舊皆入醫家類。《公孫龍子》《尹文子》，舊入名家類。《韓非子》舊入法家類。《孫子》舊入兵家類。《鬼谷子》舊入縱横家類。《鬻子》《鶡冠子》《淮南子》《子華子》《劉子》、馬總《意林》，舊皆入雜家類。《録異記》《江淮異人録》、舊皆入小說家類。《黄帝宅經》《龍首經》《金匱玉衡經》《元女經》《通占大象歷》《星經》《靈棋經》，舊皆入術數家類。陶宏景《華陽隱居集》、邵子《擊壤集》、吳筠《宗元集》，舊皆入别集類。雖配隸或有未安，門目或有改易，然總無以爲道家言者，今一概收載，殊爲牽强。蓋二氏之書，往往假借附會，以自尊其教，不足深詰也。